MATJEKA · PEETZ · WELZ

Vorschriftensammlung Europarecht

Vorschriftensammmlung Europarecht

mit Einführung für Studium und Praxis

herausgegeben von

Prof. Manfred Matjeka M. A.
Lehrbeauftragter an der
Hochschule für öffentliche Verwaltung und Finanzen, Ludwigsburg

Cornelius Peetz
Hauptamtlicher Dozent an der
Hochschule für den öffentlichen Dienst in Bayern, Hof

Prof. Dr. Christian Welz
Forschungsleiter, Europäische Stiftung zur Verbesserung
der Lebens- und Arbeitsbedingungen (Eurofound), Dublin

8., überarbeitete Auflage, 2018

BOORBERG

Bibliografische Information der Deutschen Nationalbibliothek | Die Deutsche Nationalbibliothek verzeichnet diese Publikation in der Deutschen Nationalbibliografie; detaillierte bibliografische Daten sind im Internet über www.dnb.de abrufbar.

8. Auflage, 2018
ISBN 978-3-415-06266-5

Titelfoto: © RBV/ccvision | Druck und Bindung: cpi books GmbH, Birkstraße 10, 25917 Leck

Richard Boorberg Verlag GmbH & Co KG | Scharrstraße 2 | 70563 Stuttgart
Stuttgart | München | Hannover | Berlin | Weimar | Dresden
www.boorberg.de

Vorwort zur 8. Auflage

Insbesondere die Eurokrise und die Flüchtlingskrise haben die Europäische Union seit 2008 bzw. 2015 vor gewaltige Herausforderungen gestellt. Wenn auch die Europäische Union nicht zuletzt auf Grundlage der durch den Vertrag von Lissabon reformierten Verträge durchaus Handlungsfähigkeit bewiesen hat, bleibt weiterhin abzuwarten, ob diese in den Augen vieler Beobachter auf absehbare Zeit letzte Reform des primären Unionsrechts den vielseitigen Herausforderungen der kommenden Jahre genügen wird.

Vor diesem politischen Hintergrund bietet die aktuelle Neuauflage eine umfassende Auswahl relevanter Vorschriften des primären und sekundären Unionsrechts sowie des die europäische Integration betreffenden nationalen Rechts.

Abgedruckt sind der EU-Vertrag (EUV) und der Vertrag über die Arbeitsweise der Europäischen Union (AEUV), jeweils in der konsolidierten Fassung vom 7. Juni 2016. Weiter sind ausgewählte zugehörige Protokolle, die Charta der Grundrechte der Europäischen Union und die Europäische Menschenrechtskonvention Bestandteil der Ausgabe.

Beim Sekundärrecht wurden insbesondere einige notwendige Streichungen und Aktualisierungen, aber auch Neuaufnahmen vorgenommen. Zu erwähnen ist hier insbesondere die Datenschutzgrundverordnung, die ab 25. Mai 2018 gilt und die EU-Datenschutzrichtlinie (Richtlinie 95/46/EG) ablöst. Nach wie vor werden dabei auch bereits umgesetzte Richtlinien abgedruckt – so nunmehr auch die Verbrauchsgüterkaufrichtlinie 1999/44/EG –, stellen diese doch die entscheidenden rechtlichen Grundlagen und Auslegungshilfen für den jeweiligen Umsetzungsrechtsakt dar.

Die Herausgeber der Vorschriftensammlung bedanken sich bei den Mitarbeitern des Richard Boorberg Verlags für ihre aktive engagierte Mitarbeit bei der Entstehung auch dieser Neuauflage, insbesondere bei Stefanie Assmann und Thomas Fietzke.

Ludwigsburg, Hof, Dublin, im März 2018

Manfred Matjeka
Cornelius Peetz
Christian Welz

Inhaltsverzeichnis

Einführung

A. Historische Entwicklung der Europäischen Union

I. Zur Entstehung der Europäischen Gemeinschaft

Auch wenn die europäische Idee insbesondere im Gedanken der Friedenssicherung in Europa auf eine lange Geschichte zurückblicken kann (die fränkisch-römische Reichsgründung Karls des Großen wird als dafür ursprünglich bezeichnet), fehlte es doch bis Mitte des 20. Jahrhunderts an ernsthaften Ansätzen zu einer wirklichen Integration. Nationalstaatliche Interessen wussten dies zu verhindern.

Erst nach dem Zweiten Weltkrieg wurde es „ernst" mit dem europäischen Zusammenwachsen, was sich wohl schon in der Gründung des Europarats am 5. Mai 1949 zeigte. Diese nicht mit den Europäischen Gemeinschaften zu verwechselnde völkerrechtliche Institution mit mittlerweile 47 Mitgliedern hat sich vor allem dem Schutz der Demokratie und der Menschenrechte verschrieben. Größte Bedeutung hat dabei die Europäische Menschenrechtskonvention (EMRK – siehe unter 12 der nachfolgenden Vorschriftensammlung) und der damit begründete – seit 1998 ständige – Europäische Gerichtshof für Menschenrechte in Straßburg, der nach Erschöpfung des innerstaatlichen Rechtswegs in „Menschenrechtsfragen" angerufen werden kann (vgl. Art. 34 f. EMRK).

Der erste Schritt zur **wirtschaftlichen** Zusammenarbeit ging 1950 vom französischen Außenminister Robert Schuman und seinem Mitarbeiter Jean Monnet aus. Deren Plan, die Produktion von Kohle und Stahl in Frankreich und Deutschland (sowie in weiteren beitrittswilligen Staaten) zusammenzuführen, wurde schließlich von sechs Staaten (den beiden oben genannten, Italien und den Beneluxstaaten) angenommen; am 23. Juli 1952 trat der Vertrag über die Gründung der EGKS, auch Montanunion genannt, in Kraft. (Seine Geltungsdauer endete – wie in Art. 97 vorgesehen – am 23. Juli 2002. Vom Abdruck dieses Vertrags wie auch des EAG-Vertrages – s.u. – wurde wegen der heute nur geringen Bedeutung abgesehen).

Die entscheidenden Gründungsakte zur wirtschaftlichen Integration wurden 1957 von den sechs EGKS-Gründerstaaten in Rom ausgehandelt. Zum 1. Januar 1958 traten die **Römischen Verträge** – EAG-Vertrag, auch Euratom genannt, und EWG-Vertrag (später EG-Vertrag und heute Vertrag über die Arbeitsweise der Europäischen Union – AEUV –, siehe unter 32) – in Kraft. Damit waren eine Europäische Atomgemeinschaft und ein Gemeinsamer Markt anvisiert.

In den folgenden Jahrzehnten traten den drei Gründungsgemeinschaften Großbritannien, Irland und Dänemark (1973), Griechenland (1981), Spanien und Portugal (1986) sowie Österreich, Finnland und Schweden (1995) bei. Bemerkenswert ist dabei, dass die meisten dieser Staaten ursprünglich Mitglieder der Europäischen Freihandelszone (EFTA) gewesen sind, die 1960 als eine Art „Konkurrenzunternehmen" zu den Gemeinschaften gegründet worden ist. Im Rahmen der sog. Osterweiterung kamen am 1. Mai 2004 Polen, Tschechien, Ungarn, Slowakei, Slowenien, Litauen, Lettland, Estland, Zypern und Malta sowie am 1. Januar 2007 Rumänien und Bulgarien als neue Mitgliedstaaten hinzu und am 1. Juli 2013 folgte Kroatien als bislang letztes neues Mitglied. Durch schriftliche Mitteilung an den Europäischen Rat leitete Großbritannien als erster Mitgliedstaat in der Geschichte der Europäischen Integration den Austrittsprozess gemäß Artikel 50

Seite 12

des Vertrags über die Europäische Union am 29. März 2017 rechtlich wirksam in die Wege. Damit ist nach der vertraglich vorgesehenen zweijährigen Verhandlungsperiode mit dem Austritt Großbritanniens („Brexit") für März 2019 zu rechnen. Nach Angaben der britischen Regierung soll der Austritt am 29. März 2019 um 23 Uhr britischer Zeit rechtskräftig werden. Um die Folgen des „Brexits" für die Bürger und Unternehmen abzufedern, wird sich hieran aber noch eine Übergangszeit bis 31. Dezember 2020 anschließen, in der sich Großbritannien an alle EU-Regeln halten wird und im Gegenzug den Zugang zum Binnenmarkt behält und Teil der Zollunion bleibt.

Durch den sog. Fusionsvertrag wurden 1965 **die Organe** der drei getrennten Gemeinschaften zusammengelegt. Im Laufe der Zeit hat sich danach mehr und mehr die Bezeichnung „EG" – stellvertretend für alle drei Gemeinschaften – eingebürgert. Im allgemeinen Sprachgebrauch wurde (und wird) EG häufig im Singular verwendet.

Wesentliche Einzelschritte zur wirtschaftlichen Zusammenführung waren die Vereinbarung einer Zollunion von 1968, die Gründung des Europäischen Währungssystems 1979 (ECU als Leitwährung unter voller Beibehaltung der nationalen Währungseinheiten und der nationalen Währungsverantwortung) sowie insbesondere das Binnenmarktkonzept, das durch die **Einheitliche Europäische Akte** (EEA) eingeführt wurde (vgl. Art. 3 Abs. 3 EUV). Dabei handelt es sich um einen Vertrag aus dem Jahre 1986, von dessen Abdruck hier abgesehen wurde, weil seine wesentlichen Bestimmungen in den AEUV eingearbeitet sind.

Viel weitergehender als die Zollunion von 1968, die vor allem die Beseitigung der Zölle und mengenmäßigen Beschränkungen im Innern sowie die Schaffung einheitlicher Außenzolltarife im Blick hatte, sollen im Binnenmarkt die Grenzkontrollen entfallen und sämtliche Handelshemmnisse zwischen den Mitgliedstaaten abgebaut werden. Um das Ziel, den freien Verkehr von Waren, Personen, Dienstleistungen und Kapital erreichen zu können, müssen die nationalen Rechtsordnungen weitgehend harmonisiert werden (vgl. dazu Art. 26, Art. 114 und Art. 115 AEUV; hier und im Folgenden werden die durch den Vertrag von Lissabon modifizierten Fassungen von EG-Vertrag (jetzt AEUV) und EU-Vertrag (EUV) zu Grunde gelegt. Nur soweit die relevanten Bestimmungen durch den Vertrag von Lissabon aufgehoben oder maßgeblich abgeändert wurden, werden die ursprünglichen Bestimmungen im Einklang mit der Zitierweise des EuGH „EG" (für EG-Vertrag) bzw. „EU" (für EU-Vertrag) zitiert). Diese Harmonisierung ist auch heute noch nicht vollständig erreicht.

Zur politischen Integration und strukturellen Stärkung der Europäischen Gemeinschaften trugen eine „Aufwertung" der europäischen Volksvertretung sowie Kompetenzerweiterungen insbesondere durch die EEA bei. Seit 1979 finden europaweite Wahlen zum Europäischen Parlament statt, das ursprünglich nach den Gründungsverträgen „Versammlung" hieß. Mit der Einheitlichen Europäischen Akte wurde das Parlament erstmals in bedeutsamer Weise in den Rechtssetzungsprozess einbezogen (sog. Verfahren der Zusammenarbeit, heute weitgehend obsolet und als Unterfall des sog. „besonderen Gesetzgebungsverfahrens" nur noch vereinzelt anzutreffen, vgl. Art. 289 Abs. 2 Alt. 2 AEUV – siehe zum Parlament auch unten B I.). Die EEA führte ausdrücklich die Gemeinschaftskompetenzen für Forschung, Technologie und Umwelt ein (Art. 191–193 AEUV; allerdings waren Teilbereiche davon auch schon vorher über die sehr offene Kompetenzbestimmung des sog. Kompetenzänderungsverfahrens Gegenstände der gemeinschaftlichen Politik – vgl. nunmehr Art. 352 AEUV, durch dessen Neufassung der Einfluss des Europäischen Parlaments allerdings entscheidend gestärkt wurde und auch erstmals die nationalen Parlamente in diesen Gesetzgebungsprozess einbezogen werden).

II. Die Gründung der Europäischen Union

Wie festgestellt, hat also bereits die EEA einen größeren Fortschritt im europäischen Integrationsprozess bewirkt. In noch stärkerem Maße gilt dies für den **Vertrag von Maastricht** vom 7. Februar 1992, der erst nach einer Entscheidung des Bundesverfassungsgerichts (siehe dazu unten) am 1. November 1993 in Kraft getreten ist (Unionsvertrag - EUV - siehe unter 31). Wesentlich waren dabei nicht nur die grundsätzlichen - häufig im „Politischen" verbleibenden - Ausführungen und Regelungen des EU-Vertrags selbst, sondern auch zahlreiche Änderungen des EWGV, der dadurch - noch mehr als vorher schon - zur entscheidenden Primärrechtsquelle des Unionsrechts geworden ist; er wurde nun als EG-Vertrag bezeichnet (siehe auch oben zur Zitierweise).

Die Europäische Union nach Maastricht setzte sich gemäß dem Vertrag aus „drei Säulen" zusammen: den Europäischen Gemeinschaften, die den Kernbereich der Union ausmachen, der Gemeinsamen Außen- und Sicherheitspolitik (GASP - vgl. dazu Art. 23 bis 46 EUV) und der Zusammenarbeit in den Bereichen Justiz und Inneres (vgl. nunmehr Art. 67 bis 89 AEUV). Während in den beiden zuletzt genannten Säulen zunächst „nur" eine verstärkte Zusammenarbeit der Regierungen der Mitgliedstaaten unter Einbeziehung der Organe der EG angestrebt wurde (also eine „völkerrechtlich-politische" Zielsetzung), stellten die Vereinbarungen zur ersten Säule (vorwiegend durch Aufnahme in den EG-Vertrag) eine kompetenziell bedeutsame Stärkung der EG dar: so wurde die Wirtschafts- und Währungsunion beschlossen (nunmehr Art. 3 Abs. 4 EUV i.V.m. Art. 119 bis 135 AEUV), die u.a. als entscheidende institutionelle Neuerung ein Europäisches System der Zentralbanken sowie eine Europäische Zentralbank mit sich gebracht hat (vgl. dazu auch die Neufassung des Art. 88 GG).

Neu in die Zuständigkeit der Union aufgenommen wurden die Bereiche Kultur (Art. 167 AEUV), Gesundheitswesen (Art. 168 AEUV), Verbraucherschutz (Art. 12, 169 AEUV), Transeuropäische Netze (Art. 170 bis 172 AEUV) und Industrie (Art. 173 AEUV). Verstärkt bzw. genauer gefasst wurden insbesondere die Kompetenzen in den Bereichen Sozialpolitik (Art. 151 bis 164 AEUV), allgemeine und berufliche Bildung (Art. 165 und 166 AEUV) und Umwelt (Art. 191 bis 193 AEUV).

Eine wesentliche institutionelle Änderung stellte das durch den Unionsvertrag eingeführte Verfahren der Mitentscheidung dar, das dem Europäischen Parlament erstmals die Möglichkeit gab - nach Einschaltung eines Vermittlungsausschusses -, die Entstehung eines gemeinschaftlichen Rechtsetzungsakts zu verhindern. Zu beachten sind dabei aber die diesbezüglichen Änderungen durch die Verträge von Amsterdam und Lissabon, welche das Mitentscheidungsverfahren als nunmehr „ordentliches Gesetzgebungsverfahren" (vgl. Art. 289 Abs. 1 i.V.m. Art. 294 AEUV) zur Regel werden ließen (siehe unter III. und IV. sowie B I.).

Besonders erwähnenswert ist schließlich die Einführung der Unionsbürgerschaft durch den Vertrag von Maastricht (vgl. Art. 20 bis 25 AEUV). Diese zieht nicht nur ein umfassendes Aufenthaltsrecht der Unionsbürger in den Hoheitsgebieten der Mitgliedstaaten nach sich (vgl. dazu Art. 21 AEUV sowie die unter 421 aufgeführte umfassende Richtlinie zu diesem Thema), sondern gewährt beispielsweise auch das kommunale Wahlrecht in dem Mitgliedstaat des Wohnsitzes (vgl. Art. 22 Abs. 1 AEUV sowie die Richtlinie unter 422).

Der Unionsvertrag war in der Bundesrepublik Deutschland sehr umstritten. Dabei wurde u.a. vorgebracht, dass die EU nach Maastricht einen neuen, eigenen

Seite 14

Staat darstelle und dass damit der „Boden“ des Grundgesetzes verlassen sei, was zumindest eine Beteiligung des Staatsvolks erfordere. Die Formulierungen in Art. 1 Abs. 2 EUV („… einer immer engeren Union …“) sowie in Art. 311 Abs. 1 AEUV (ehemals Art. 6 Abs. 4 EU: „Die Union stattet sich mit den Mitteln aus, die zum Erreichen ihrer Ziele und zur Durchführung ihrer Politiken erforderlich sind“) wurden zur Bekräftigung der Argumentation vom „neuen Staat“ angeführt.

Das **Bundesverfassungsgericht** (BVerfG) hat demgegenüber in seiner Entscheidung vom 12. Oktober 1993 über fünf Verfassungsbeschwerden gegen das innerstaatliche Zustimmungsgesetz zum Maastricht-Vertrag festgestellt, dass der EU-Vertrag („nur“) einen **Staatenverbund** zur Verwirklichung einer immer engeren Union begründe, aber keinen auf ein europäisches Staatsvolk sich stützenden Staat (BVerfG, NJW 1993, 3047). Immerhin spricht Art. 1 Abs. 2 EUV auch davon, dass in der Union „die Entscheidungen möglichst bürgernah getroffen werden“ (sollen). Zudem wird in Art. 4 Abs. 1 i.V.m. Art. 5 Abs. 1 und 3 EUV das Subsidiaritätsprinzip des Art. 296 Abs. 1 AEUV hervorgehoben. Im „selben Atemzug“ ist das Prinzip der begrenzten Einzelermächtigung gemäß Art. 4 Abs. 1 i.V.m. Art. 5 Abs. 2 EUV zu nennen. Dies bedeutet in Zusammenschau mit Art. 48 EUV, also den Voraussetzungen für Vertragsänderungen (einschließlich neuer Kompetenzzuweisungen), dass der EU – nach wie vor – keine so genannte Kompetenz-Kompetenz zukommt. Sie kann sich daher nicht „eigenmächtig“ neue Zuständigkeiten schaffen, die Mitgliedstaaten bleiben die „Herren der Verträge“.

Die Union verfügt auch grundsätzlich nicht über eine eigene Vollstreckungsmöglichkeit gegenüber einen das Unionsrecht nicht beachtenden Mitgliedstaat. Eine Ausnahme von dieser Regel bildet lediglich das Vertragsverletzungsverfahren (Art. 258 bis 260 AEUV), bei welchem nach dem Vertrag von Maastricht die Kommission die Möglichkeit hat, gegen einen Mitgliedstaat, der fortgesetzt ein Urteil des EuGH missachtet, die Verhängung eines Zwangsgeldes zu erwirken (vgl. Art. 260 AEUV).

Das BVerfG setzte sich in seiner Entscheidung auch intensiv mit Art. 6 Abs. 4 EUV auseinander und kam zu der Erkenntnis, dass dieser keinesfalls eine Befugnisnorm (etwa zur Erhebung einer unionseigenen Steuer) darstellen würde. Das Gericht betonte bei all dem aber auch, dass die Übertragung von Hoheitsrechten nach Art. 23 Abs. 1 Satz 2 GG (= verfassungsrechtliche Grundlage der Supranationalität der Europäischen Gemeinschaften bzw. des Europarechts) nur solange und soweit zulässig sei, als Grundstruktur und Wertordnung des Grundgesetzes erhalten blieben (vgl. dazu auch Art. 23 Abs. 1 Satz 3 i.V.m. Art. 79 Abs. 3 GG). Entscheidend sei schließlich – so das Bundesverfassungsgericht in diesem Zusammenhang –, dass der Staat gegenüber seinen Bürgern **letztverantwortlich** bleibe. Dies bedeutet, dass auch ein noch so integrationsoffener Staat – wie eben die Bundesrepublik Deutschland – den Schwerpunkt der Ausübung von Hoheitsrechten „in der Hand behalten“ müsse. Konkret heißt dies vor allem, dass den innerstaatlichen Parlamenten entscheidende Gesetzgebungszuständigkeiten verbleiben müssen (vgl. dazu wiederum den sog. „Europaartikel“ des Grundgesetzes, hier besonders Art. 23 Abs. 2 und 3, abgedruckt unter 51). Damit sind aber auch der Entwicklung der Europäischen Union Grenzen gesetzt. Einen eigenen europäischen (Bundes-) Staat wird es – zumindest aus deutscher, d.h. grundgesetzlicher Sicht – in absehbarer Zeit nicht geben. Unabhängig davon ist das Thema auch heute – im Frühjahr 2018 – nicht mehr auf der europapolitischen Tagesordnung.

III. Der Vertrag von Amsterdam

Der Vertrag von Amsterdam wurde am 2. Oktober 1997 unterzeichnet und ist nach Abschluss aller Ratifizierungen am 1. Mai 1999 in Kraft getreten. Ganz anders als beim Maastricht-Vertrag war Deutschland beim Amsterdamer Vertrag **erster** Ratifikationsstaat am 7. Mai 1998. Der Vertrag wurde in der deutschen Öffentlichkeit auch in deutlich geringerem Maße als sein Vorgänger diskutiert und kritisiert. Eine bundesverfassungsgerichtliche Überprüfung fand nicht statt. Der „Euro-Beschluss" des BVerfG vom 31. März 1998 (2 BvR 1877/97 und 2 BvR 50/98; BVerfGE 97, 350) befasste sich „nur" mit Verfassungsbeschwerden gegen die Teilnahme Deutschlands an der Europäischen Währungsunion. Freilich ist dabei die „politische Zurückhaltung" des Gerichts in einer gewissen Abkehr von Begründungspassagen der Maastricht-Entscheidung von Interesse. Die Verfassungsbeschwerden wurden vor allem deshalb als offensichtlich unbegründet verworfen, weil das Gericht Bundesregierung und Bundestag bei der maßgeblichen Beurteilung der Voraussetzungen für die dritte Stufe der Währungsunion gerichtlich nicht überprüfbare wirtschaftliche und politische Einschätzungs- und Prognoseräume zubilligte.

Der Vertrag von Amsterdam entwickelte den Maastricht-Vertrag fort und baute auf ihn auf. Die Grundstruktur der Union, d.h. insbesondere die Zusammensetzung aus drei Säulen (s.o. unter II.) blieb auch „nach Amsterdam" erhalten. Für viele Praktiker standen (und stehen) wohl die technischen Änderungen von EG-Vertrag und EU-Vertrag, also deren Konsolidierungen durch den Amsterdamer Vertrag im Vordergrund. Einige inhaltliche Änderungen und Neuerungen, die der Vertrag mit sich gebracht hat, sollen hier aber genannt werden: Das erweiterte Diskriminierungsverbot nach Art. 19 AEUV verließ die herkömmliche Ausrichtung der Grundfreiheiten und des in Art. 18 AEUV noch weiter bestehenden allgemeinen Diskriminierungsverbotes, welche an unterschiedliche Behandlung der Staatsangehörigkeiten anknüpfen. Art. 19 AEUV verbietet die Benachteiligung aus Gründen des Geschlechts, der Rasse, einer Behinderung, der sexuellen Ausrichtung etc. ohne Bezugnahme auf die Nationalität(en). Der Ausschluss der direkten Wirkung dieses Verbotes lässt es allerdings (noch) nicht zu einem vollwertigen subjektiven Grundrecht werden. Seine Verwirklichung bleibt der Aktivität der in der Vorschrift genannten Organe im Rahmen der Gemeinschaftszuständigkeiten vorbehalten. Mittlerweile sind dazu einige sekundärrechtliche Regelungen ergangen, siehe insbesondere die unter 424 und 425 abgedruckten Richtlinien. Der Amsterdamer Vertrag bemühte sich um Verstärkung des Grundrechtsschutzes **in den Mitgliedstaaten**, indem er erstmals die Verhängung von Sanktionen gegen einen Mitgliedstaat ermöglicht, welcher die Grundrechte verletzt (Art. 7 EUV). Hiervon wurde durch die Kommission am 20. Dezember 2017 erstmals in der Geschichte der EU Gebrauch gemacht, indem sie ein solches Sanktionsverfahren gegen Polen eingeleitet hat. Das durch den Unionsvertrag eingeführte Subsidiaritätsprinzip (Art. 4 Abs. 1 i.V.m. Art. 5 Abs. 1 und 3 EUV, Art. 296 Abs. 1 AEUV) wurde durch ein Protokoll (Nr. 2) ergänzt (siehe unter Nr. 33), das auf Empfehlungen des Europäischen Rates von Edinburgh im Dezember 1992 zurückgeht.

Als „Politik für den Bürger" kann zum einen die durch den Vertrag anvisierte Stärkung von Umwelt-, Verbraucher- und Gesundheitsschutz (Art. 191 f., 169 und 168 AEUV) bezeichnet werden. So wurden beispielsweise beim Gesundheitsschutz erstmals Veterinärwesen und Pflanzenschutz mit einbezogen (vgl. Art. 168 Abs. 4 Satz 1 Buchst. b AEUV). Zum anderen ist in diesem Zusammenhang vor allem das neue Kapitel „Beschäftigung" zu nennen, Art. 145 bis 150 AEUV. Durch die Zielvorgabe „hohes Beschäftigungsniveau“ und dahingehende Fördermaßnahmen möchte die Gemeinschaft ihren Beitrag zur Bekämpfung eines der großen Probleme unserer Zeit leisten.

Die Gemeinsame Außen- und Sicherheitspolitik erfuhr durch den Vertrag von Amsterdam eine Straffung des Beschlussverfahrens (nunmehr – in zusätzlich gestraffter Form – Art. 24 ff. EUV) und erhielt einen „hohen Vertreter“ in der Form des Generalsekretärs des Rates (jetzt mit deutlich erweitertem Funktionsumfang: „Hoher Vertreter der Union für Außen- und Sicherheitspolitik“ – Art. 18 EUV –, siehe unter V. und B IV.).

Im Bereich der ehemals dritten Säule „Justiz und Inneres“ sah der Amsterdamer Vertrag tiefgreifende(re) Änderungen vor. Insbesondere wurde die Visums-, Asyl- und Einwanderungspolitik bereits mit diesem Vertrag weitgehend integriert (vergemeinschaftet), d.h., für diese Rechtsbereiche konnten ab diesem Zeitpunkt durch die Organe der EU (i.d.R. mit qualifizierter Mehrheit im Rat) rechtlich verbindliche und justiziable Richtlinien und Verordnungen erlassen werden, statt lediglich politisch verbindlicher, einstimmig zu fassender Übereinkommen (Art. 77 ff. AEUV). Neben einer Verstärkung der justiziellen Zusammenarbeit (nunmehr ebenfalls vollständig integriert, Art. 81 ff. AEUV) erfolgte überdies die Einbeziehung des Schengen-Besitzstandes in den Rahmen der EU (vgl. Protokoll (Nr. 19) zur Einbeziehung des Schengen-Besitzstands in den Rahmen der Europäischen Union). Die institutionellen Änderungen, die im Vertrag von Amsterdam vereinbart wurden, blieben allerdings hinter den Erwartungen sowie hinter den Erfordernissen der Zukunft zurück (siehe unter IV.). So konnte man sich nicht dazu durchringen, die qualifizierten Mehrheitsentscheidungen des Rates entscheidend auszudehnen, indem man diese Art der Entscheidungsfindung fast nur für Neuregelungen des Vertrags – zusätzlich – vorsah. Das Problem der Anzahl der Kommissare bzw. der Zusammensetzung der Kommission wurde nicht gelöst bzw. verschoben. Immerhin erhielt der – designierte – Kommissionspräsident durch den Vertrag ein Mitspracherecht bei der Benennung der Kommissare (Art. 17 Abs. 7 UAbs. 2 EUV). Hervorzuheben war auch die Stärkung des Europäischen Parlaments durch eine deutliche Ausdehnung des Mitentscheidungsverfahrens bei der Gesetzgebung (nunmehr als ordentliches Gesetzgebungsverfahren bezeichnet, vgl. Art. 289 Abs. 1, Art. 294 AEUV).

Schließlich soll noch eine wesentliche strukturelle Neuerung erwähnt werden, die der Amsterdamer Vertrag mit sich gebracht hat: Unter bestimmten Voraussetzungen kann seitdem ein Teil der Mitgliedstaaten enger („verstärkt“) zusammenarbeiten, um so zu einer rascheren Integration einzelner bestimmter Gemeinschaftspolitiken zu gelangen (vgl. nunmehr – unter deutlich erleichterten Voraussetzungen – Art. 20 EUV i.V.m. Art. 326 ff. AEUV). Man kann in diesem Zusammenhang von einem Europa der „verschiedenen Geschwindigkeiten“ sprechen (siehe dazu auch unter IV. am Ende und unter V.).

IV. Der Vertrag von Nizza

Der am 26. Februar 2001 unterzeichnete und am 1. Februar 2003 in Kraft getretene Vertrag von Nizza verfolgte in erster Linie das Ziel, die in Amsterdam offen gebliebenen institutionellen Fragen – die sog. Amsterdam-left-overs – zu klären, um der Europäischen Union die für die Erweiterung um zwölf weitere Mitgliedstaaten in den Jahren 2004 und 2007 erforderliche institutionelle Handlungsfähigkeit zu geben. Die Art und Weise des Zustandekommens des Vertrags sowie auch sein Inhalt wurden heftig kritisiert. Insbesondere wurde den Mitgliedstaaten „Besitzstands-Mentalität“ und „Egoismus“ vorgeworfen. In der Tat ließ auch der

Vertrag von Nizza noch einige wesentliche institutionelle und entscheidungsstrukturelle Fragen offen, da man sich vor allem nicht auf ein stärkeres Abrücken vom Einstimmigkeitsprinzip im Rat und eine deutliche(re) Ausdehnung der Mitwirkungsbefugnisse des Europäischen Parlaments einigen konnte.

Der Vertrag sah im Einzelnen vor, dass zunächst ab 1. Januar 2005 jeder Mitgliedstaat nur noch ein Mitglied in der Kommission stellt. Daneben sollte ab November 2009 vom Rat die Anzahl der Kommissare verringert werden. Die Mitglieder sollten dann nach dem Prinzip gleichberechtigter Rotation unter den Mitgliedstaaten ausgewählt werden. Diese Regelung wurde jedoch obsolet durch das Inkrafttreten des Vertrags von Lissabon am 1. Dezember 2009 (siehe unter V.).

Der Vertrag von Nizza legte zudem eine neue Sitzverteilung im Europäischen Parlament fest. Mit Ausnahme von Deutschland und Luxemburg wurden die auf die – bisherigen – Mitgliedstaaten entfallenden Sitze verringert. Darin konnte man durchaus eine weitere – relative – Berücksichtigung der Bevölkerungsstärke Deutschlands erblicken. Auch diese Bestimmungen wurden durch den Vertrag von Lissabon modifiziert (siehe unter B I.).

In Bezug auf die durch Nizza aktualisierte Stimmgewichtung bei qualifizierten Mehrheitsentscheidungen im Rat (eine Regelung, die als Folge der Vorbehalte Spaniens und v.a. auch Polens auch nach Inkrafttreten des Vertrags von Lissabon noch unverändert bis zum 31.10.2014 gegolten hat, vgl. dazu Art. 16 Abs. 4 EUV und Art. 3 Abs. 3 des Protokolls (Nr. 36) über die Übergangsbestimmungen – abgedruckt unter 33) kann man eine entsprechende Berücksichtigung indes nicht erkennen. Insbesondere die geringe Differenz zwischen den „vier Großen" (DE, UK, FR, IT) einerseits sowie Spanien und Polen andererseits war „beeindruckend", da beide zuletzt genannte Staaten jeweils gerade ein mal 40 Millionen Einwohner aufweisen.

Die Schwelle für die qualifizierte Mehrheit lag danach bei ca. 71 % Gesamtstimmanteilen. Ein solcher Mehrheitsbeschluss konnte aber nur dann zu Stande kommen, wenn die Mehrheit der Mitglieder des Rats zugestimmt hatten. Überdies wurde auf Antrag eines Mitglieds überprüft, ob die Mitgliedstaaten, die die Mehrheit bilden, mindestens 62 % der Gesamtbevölkerung der EU umfassen. War dies nicht der Fall, kam der betreffende Beschluss nicht zu Stande.

Der Vertrag von Nizza gestaltete auch das europäische **Gerichtssystem** um. So brachte er eine Neuabgrenzung der Zuständigkeiten zwischen dem EuGH und dem Gericht erster Instanz (EuG) mit sich und schuf Kammern für besondere Sachgebiete (vgl. Art. 251 Abs. 1 AEUV).

Die durch den Vertrag von Amsterdam eingeführte Möglichkeit der verstärkten Zusammenarbeit zwischen Mitgliedstaaten wurde durch den Vertrag von Nizza erleichtert. Den verschiedenen Integrationsgeschwindigkeiten (s.o.) wurde damit noch ein Stück weiter „Tür und Tor geöffnet" (vgl. nunmehr Art. 20 EUV i.V.m. Art. 326 ff. AEUV).

Außerdem wurde im Rahmen der Konferenz von Nizza auch die Charta der Grundrechte der EU proklamiert (abgedruckt unter Nr. 2), die allerdings erst mit dem Vertrag von Lissabon Rechtskraft erlangt hat (vgl. Art. 6 Abs. 1 EUV).

V. Der Vertrag von Lissabon

Nachdem auch der Vertrag von Nizza – nach überwiegender Auffassung – die institutionellen Fragen zur Ermöglichung der jüngsten Erweiterungsrunden der EU in den Jahren 2004 und 2007 nicht vollständig geklärt hatte, waren hierzu weitere Anstrengungen von Nöten. Im Hinblick auf die künftig (wohl) noch größere Zahl an Mitgliedstaaten (vgl. dazu die Ausführungen unter E) sowie das nach wie vor vorhandene demokratische Defizit bedurfte es einerseits einer (weiteren) Ausdehnung der Mehrheitsentscheidungen im Ministerrat zu Lasten des Einstimmigkeitsprinzips, um die europäische Integrationspolitik nicht zu blockieren. Andererseits mussten die Mitwirkungsbefugnisse des Europäischen Parlaments weiter gestärkt werden. Anderenfalls würde das Spannungsverhältnis von Vertiefung der Integration auf der einen Seite und Erweiterung der Union auf der anderen Seite nicht aufgehoben werden können.

Aus diesen und weiteren Reformerwägungen heraus wurde im Winter 2001/2002 ein Konvent zur Zukunft der Europäischen Union eingesetzt. Unter Führung des ehemaligen französischen Staatspräsidenten Valerie Giscard d'Estaing widmete sich dieses Gremium, auch Verfassungskonvent genannt, grundlegenden Fragen der EU. So waren Gegenstand nicht nur die notwendigen institutionellen Reformen, sondern etwa auch der künftige Status der Charta der Grundrechte, eine klarere Abgrenzung der Zuständigkeiten zwischen der EU und den Mitgliedstaaten sowie die Rolle der nationalen Parlamente in Europa.

Am 29. Oktober 2004 wurde nach einigen Änderungen, die durch politische Kontroversen vor allem im institutionellen Bereich ausgelöst wurden, der sog. „Verfassungsvertrag" als das Ergebnis des Konvents von den Mitgliedstaaten in Rom unterzeichnet. Bis Januar 2005 hatten – immerhin – 16 Mitgliedstaaten parlamentarisch und/oder durch Referendum den Verfassungsvertrag ratifiziert. Allerdings scheiterten 2005 die Volksabstimmungen in Frankreich und in den Niederlanden, wobei neben innenpolitischen Gründen auch die in ihren Wirkungen falsch eingeschätzte Bezeichnung als „Verfassung" als Ursachen ausgemacht wurden.

Nach einer danach von den Regierungen der Mitgliedstaaten selbst verordneten „Reflexionsphase" wurde unter deutscher Ratspräsidentschaft der Reformprozess in der sog. „Berliner Erklärung" vom 24./25. März 2007 wieder aufgegriffen. Ergebnis dieses Prozesses war ein „Reformvertrag", der unter Aufgabe des Verfassungskonzepts nicht als neuer, die bestehenden Verträge ablösender Gründungsvertrag, sondern als bloßer Änderungsvertrag ausgestaltet ist. Dieser somit von jeglicher staats- und verfassungsrechtlicher Symbolik befreite Vertrag wurde schließlich – nach z.T. heftigem Widerstand einiger Mitgliedstaaten – unter portugiesischer Ratspräsidentschaft am 13. Dezember 2007 in Lissabon von allen Mitgliedstaaten unterzeichnet. Bei näherer Untersuchung wird allerdings deutlich, dass mit diesem auch für den Fachmann nahezu unlesbaren „Artikelvertrag" wohl unter dem Deckmantel eines bloßen Änderungsvertrags so viel wie möglich von der Substanz des Verfassungsvertrags gerettet werden sollte, ohne den Euroskeptikern über erneute Referenden die Möglichkeit zur nochmaligen Ablehnung des Vertrags zu geben. Die Regierungen haben sich jedenfalls – mit Ausnahme Irlands, wo ein Referendum verfassungsmäßig vorgeschrieben ist, – für die parlamentarische Ratifikation entschieden. Auch dieser Vertrag konnte jedoch nicht wie geplant am 1. Januar 2009 in Kraft treten, weil sich die Iren in ihrem Referendum zunächst mehrheitlich gegen den Vertrag ausgesprochen hatten. Erst nachdem ihnen vom Europäischen Rat zugesichert wurde, dass sie ihren Kommissar (siehe dazu auch B IV.), ihr Abtreibungsverbot, ihre militärische Neutralität und ihre eigene Steuerpolitik behalten dürfen, wurde der Vertrag im Zuge eines weiteren Referendums am 3. Oktober 2009 erfolgreich ratifiziert. Dem vorangegangen waren zudem Zugeständnisse an das Vereinigte Königreich und Polen. Und auch in Deutschland konnte der Ratifikationsprozess erst abgeschlossen werden, nachdem das BVerfG mit Urteil vom 30. Juni 2009 insgesamt sechs Klagen gegen das Zustimmungsgesetz zum Vertrag von Lissabon als im Ergebnis unbegründet abgewiesen hatte (siehe dazu noch unten in diesem Abschnitt).

Der „**Vertrag zur Änderung des Vertrags über die Europäische Union und des Vertrags zur Gründung der Europäischen Gemeinschaft**“ mit seinen 37 Protokollen und 65 Erklärungen schuf formal keine neue vertragliche Grundlage der Union, sondern änderte den bestehenden EU-Vertrag sowie den EG-Vertrag. Der EU-Vertrag (EUV) behielt seinen bisherigen Namen, während der EG-Vertrag in „Vertrag über die Arbeitsweise der Union (AEUV)“ umbenannt wurde. Diese Umbenennung ist Folge des Umstandes, dass sich die EU nunmehr als einheitliches, mit Rechtspersönlichkeit ausgestattetes Gebilde begreift, das auf zwei gleichrangigen Verträgen beruht (vgl. Art. 1 Abs. 3 EUV).

Durch die inhaltlichen Änderungen des Reformvertrags wurde die Europäische Union insbesondere in die Lage versetzt, sich den neuen Herausforderungen und Zukunftsfragen zu stellen. So wurde die Handlungsfähigkeit der Union insbesondere durch **Reformen im institutionellen Bereich** gestärkt. Ein auf zweieinhalb Jahre gewählter hauptamtlicher Präsident des Europäischen Rates dient der Stärkung der Kontinuität des Unionshandelns (Art. 15 Abs. 5 EUV). Für Entscheidungen des Rates gilt seit dem 1. November 2014 grundsätzlich die „doppelte qualifizierte Mehrheit“ (Einzelheiten hierzu unter B III.). Der im Sechsmonatsturnus rotierende Vorsitz in den Ministerräten blieb dabei in Form einer 18-monatigen Teampräsidentschaft aus drei Mitgliedstaaten grundsätzlich erhalten.

Im Bereich der **Gemeinsamen Außen- und Sicherheitspolitik** (GASP) blieb dem ersten Anschein nach die Säulenstruktur des Vertrags von Maastricht erhalten, wurde dieser Bereich doch – anders als die anderen ehemals intergouvernementalen Politikbereiche – nicht in den AEUV integriert und verblieb damit im EUV (siehe Art. 23 ff. EUV). Dennoch ist die Verschränkung der GASP mit der Rechtsordnung der Union insgesamt stärker ausgeprägt als zuvor: Ausdruck dessen ist nicht zuletzt der Umstand, dass sich die Rechtswirkungen der für diesen Bereich vorgesehenen „Beschlüsse“ nunmehr nach den allgemeinen Regeln bestimmen. Dies hat zum einen zur Folge, dass (einige wenige) Beschlüsse einer Kontrolle durch den EuGH zugänglich sind (Art. 24 Abs. 1 UAbs. 2 Satz 6 Halbsatz 2 EUV), führt zum anderen aber auch zu deren rechtlichen Verbindlichkeit (vgl. Art. 288 Abs. 4 AEUV), was aber notwendigerweise die vom EuGH noch nicht beantwortete Frage der unmittelbaren Wirkung und des Anwendungsvorrangs dieser Beschlüsse in den Mitgliedstaaten aufwirft – eine Folge, die von den Mitgliedstaaten gerade nicht beabsichtigt war. Vielleicht beinhaltet ja das Instrument der konstruktiven Enthaltung nach Art. 31 Abs. 1 UAbs. 2 EUV eine pragmatische Lösung für Mitgliedstaaten, die sich diesen Folgen entziehen wollen? Die Beschlüsse im Bereich der GASP sind in Abweichung von Art. 16 Abs. 3 EUV auch weiterhin grundsätzlich einstimmig zu fassen (vgl. Art. 31 Abs. 1 UAbs. 1 EUV); neben den in Art. 31 Abs. 2 EUV geregelten Ausnahmen kann aber auch durch einstimmigen Beschluss des Europäischen Rates, der der Billigung der nationalen Parlamente bedarf (in Deutschland durch ein Gesetz nach Art. 23 Abs. 1 Satz 2 GG!), eine Beschlussfassung des Rates mit qualifizierter Mehrheit festgelegt werden (vereinfachtes (Vertrags-) Änderungsverfahren nach Art. 48 Abs. 7 EUV).

Neu geschaffen wurde zudem das Amt des „**Hohen Vertreters der Union für Außen- und Sicherheitspolitik**“ (vgl. Art. 18 EUV), der an die Stelle des im Verfassungsvertrag vorgesehenen Europäischen Außenministers trat, um eine stärkere Kohärenz des Außenhandelns sicherzustellen. Dieser führt den Vorsitz im Rat für Auswärtige Angelegenheiten (Art. 18 Abs. 3, Art. 27 Abs. 1 EUV) und ist gleichzeitig als einer der Vizepräsidenten der Kommission zuständig für den Bereich der Außenbeziehungen (Art. 18 Abs. 4 EUV) – sog. „Doppelhutlösung“. Unterstützt wird er durch den am 1. Dezember 2010 ins Leben gerufenen Europäischen Auswärtigen Dienst, der aus Mitarbeitern der Kommission, des Ratssekretariats und entsandten Diplomaten der Mitgliedstaaten besteht (Art. 27 Abs. 3 EUV).

Die **Fortschritte in den Sachpolitiken** betrafen insbesondere die Bekämpfung von Terrorismus und Kriminalität (Art. 67 Abs. 3, Art. 75 und 83 AEUV), die Energiepolitik (Art. 194 AEUV) sowie den Bereich Soziales (Art. 152, 156 Abs. 2 AEUV). In diesem Kontext erwähnenswert ist insbesondere die auf dem EU-Sozialgipfel von Göteborg vom 17. November 2017 von den Staats- und Regierungschefs proklamierte „Säule sozialer Rechte“, welche für faire Jobs, Chancengleichheit und angemessenen Sozialschutz steht. Zusätzlich wurden neue Bestimmungen für Klimaschutz und Energiesolidarität (Art. 191 Abs. 1, Art. 194 Abs. 1 Buchstabe d AEUV) aufgenommen. In der Justiz- und Innenpolitik blieben die Integrationsfortschritte des Verfassungsvertrages (insbes. die Überführung der Regelung zum Raum der Freiheit, der Sicherheit und des Rechts aus dem alten EUV unter die Politiken des AEUV und die damit verbundene „Vergemeinschaftung“ und Ausweitung des Mehrheitsprinzips im Rat) weitgehend erhalten (vgl. Art. 3 Abs. 2 EUV i.V.m. Art. 67 ff. AEUV und Art. 16 Abs. 3 EUV).

Der Reformvertrag trug auch zu einer Stärkung von **Grundrechtsschutz und Demokratie** bei (vgl. Art. 1 bis 12 EUV). So wurde die Rolle der nationalen Parlamente und des Europäischen Parlaments im europäischen Gesetzgebungsprozess erheblich gestärkt. Die **nationalen Parlamente** sind nunmehr aktiv in den europäischen Gesetzgebungsprozess eingebunden (vgl. Art. 12 EUV). Hervorzuheben ist in diesem Zusammenhang insbesondere die Einführung des sog. „Subsidiaritätsfrühwarnsystems“. Dieses räumt den nationalen Parlamenten im Hinblick auf die Beachtung des Subsidiaritätsprinzips ein Überwachungs- und Rügerecht sowie ein – von den Mitgliedstaaten auszuübendes – Klagerecht gegen die Kommission ein (Art. 5 Abs. 3 UAbs. 2, i.V.m. Art. 6 und 8 des Protokolls (Nr. 2) über die Anwendung der Grundsätze der Subsidiarität und Verhältnismäßigkeit – Subsidiaritätsprotokoll –, abgedruckt unter 33 sowie Art. 23 Abs. 1a GG). Das **Europäische Parlament** ist nunmehr zusammen mit dem Rat gleichberechtigter Mitgesetzgeber und gleichberechtigter Teil der Haushaltsbehörde (vgl. Art. 289 Abs. 1 i.V.m. Art. 294 sowie Art. 314 AEUV). Der Kommissionspräsident wird nunmehr zudem direkt durch das Europäische Parlament gewählt und dadurch zusätzlich demokratisch legitimiert (Art. 17 Abs. 7 EUV). Ein Initiativrecht des Europäischen Parlaments für Rechtsakte ist demgegenüber allerdings nach wie vor nicht vorgesehen. Vielmehr verblieb das Initiativmonopol bei der Kommission (Art. 17 Abs. 2 EUV). Weiterhin zu erwähnen sind die Einführung einer Europäischen Bürgerinitiative (Art. 11 Abs. 4 EUV) und die **Grundrechte-Charta**, die zwar nicht unmittelbar in den Vertragstext aufgenommen wurde, aber durch den Verweis in Art. 6 Abs. 1 EUV gleichwohl unmittelbare Rechtsquelle für den Grundrechtsschutz innerhalb der EU ist (für Großbritannien und Polen gelten allerdings Ausnahmeregeln). In Art. 6 Abs. 2 EUV wurde außerdem die Verpflichtung zum Beitritt der EU zur EMRK postuliert.

Zudem erhöhte der Reformvertrag die **Transparenz und Verständlichkeit** der Union durch die – gerade von Deutschland seit Langem geforderte – klarere Kompetenzabgrenzung zwischen der Union und den Mitgliedstaaten (Art. 2 AEUV). Auch tagt der Rat nunmehr öffentlich, wenn er über Entwürfe zu Gesetzgebungsakten berät oder abstimmt (Art. 16 Abs. 8 EUV).

Der **Flexibilisierung** dienen die Vorschriften über die Vertragsänderung in einem vereinfachten Verfahren (betroffen hiervon ist der Dritte Teil des AEUV über die internen Politiken der EU sowie der Übergang von der Einstimmigkeit zur qualifizierten Mehrheit bzw. von einem besonderen zum ordentlichen Gesetzgebungsverfahren, vgl. Art. 48 Abs. 6 und 7 EUV) und die auf alle Politikbereiche erweiterte und erleichterte Möglichkeit der verstärkten Zusammenarbeit (Art. 20 EUV i.V.m. Art. 326ff. AEUV). Die bislang nur für den Gemeinsamen Markt geltende Flexibilitätsklausel wurde ebenfalls auf andere Politikbereiche erstreckt (Art. 352 Abs. 1 AEUV). Hiervon ausgenommen bleibt lediglich die GASP (Art. 352 Abs. 4 AEUV).

Schließlich wurde erstmalig die Möglichkeit eines einseitigen, rechtlich geordneten **Austritts** eines einzelnen Mitgliedstaats aus der EU geschaffen (Art. 50 EUV), von der Großbritannien mit schriftlicher Erklärung vom 29. März 2017 Gebrauch gemacht hat (siehe bereits unter A. I.).

Wie schon eingangs erwähnt, war der Vertrag von Lissabon auch in Deutschland nicht unumstritten. Gerügt wurde mit den Klagen zum **BVerfG** insbesondere die Verletzung des Demokratie- und Sozialstaatsprinzips sowie der Verlust der Staatlichkeit der Bundesrepublik Deutschland (Art. 38 Abs. 1 GG i.V.m. Art. 23 Abs. 1 Satz 3, Art. 79 Abs. 3 GG). Das Gericht hat die Klagen in seinem Urteil vom 30. Juni 2009 zum Anlass genommen, seine bereits im Maastricht-Urteil formulierten Prinzipien zu bestätigen und seine Kontrollbefugnisse um eine am Maßstab des Art. 79 Abs. 3 GG auszurichtende Befugnis zur „**Identitätskontrolle**" anzureichern. Im Mittelpunkt der Ausführungen stand dabei das Strukturproblem der EU: Während der Umfang der politischen Gestaltungsmacht der EU in einigen Politikbereichen inzwischen staatsanalog ausgestaltet sei, seien die internen Strukturen und Entscheidungsprozesse nach wie vor im wesentlichen völkerrechtsanalog, d.h. nach dem Prinzip der Staatengleichheit aufgebaut. Das hieraus resultierende Demokratiedefizit (siehe auch unten, B IX.) sei damit aber ohne Aufgabe der Eigenstaatlichkeit der Mitgliedstaaten unvermeidbar und insbesondere auch durch einen Ausbau der Kompetenzen des Europäischen Parlaments nicht auflösbar. Europäische Integration dürfe jedoch nicht zur Aushöhlung des demokratischen Herrschaftssystems in Deutschland führen. Der verfassten Staatsgewalt sei es daher – bei aller Integrationsfreundlichkeit des Grundgesetzes – verwehrt, über grundlegende Bestandteile der Verfassung, also über die Verfassungsidentität als unveräußerlichem Bestandteil der Souveränität des deutschen Volkes, zu verfügen (Art. 23 Abs. 1 Satz 3, Art. 79 Abs. 3 GG). Die mit dem Vertrag von Lissabon noch einmal verstärkte Übertragung von Zuständigkeiten und die Verselbständigung von Entscheidungsverfahren setze deshalb neben einer Ultra-vires-Kontrolle auch eine wirksame Identitätskontrolle sowohl des Übertragungsaktes als auch der hierauf gestützten Rechtsakte am Maßstab des Art. 79 Abs. 3 GG voraus, wofür allein das Bundesverfassungsgericht zuständig sei.

Im Ergebnis hat das BVerfG einen Verstoß gegen diese Grundsätze durch das Zustimmungsgesetz nicht erkannt. Lediglich die Ausgestaltung der Beteiligungsrechte von Bundestag und Bundesrat in der Begleitgesetzgebung zum vereinfachten Vertragsänderungsverfahren nach Art. 48 Abs. 6 und 7 EUV und zu einzelnen Sonderbefugnisnormen im AEUV wurde als unzureichend beanstandet und eine Nachbesserung durch den Gesetzgeber verlangt. Diese ist mit Inkrafttreten des Integrationsverantwortungsgesetzes am 25. September 2009 erfolgt (abgedruckt unter 57).

VI. Europäischer Stabilitätsmechanismus (ESM) und Europäischer Fiskalpakt

Als Hilfe für die in Zahlungsschwierigkeiten geratenen Mitgliedstaaten hat die EU ab Mai 2010 den **Euro-Rettungsschirm** aufgespannt, um die finanzielle Stabilität im gesamten Euro-Währungsgebiet zu sichern und das Vertrauen in die Stabilität des Euroraums wiederherzustellen. Kernbestandteil dieses Rettungsschirms ist der Europäische Stabilisierungsmechanismus (**ESM**), der durch den **Europäischen Fiskalpakt** sowie den sog. **OMT-Beschluss und das PSP-Programm der Europäischen Zentralbank** über den Ankauf von Staatsanleihen und Wertpapiere gefährdeter Staaten (siehe dazu unten, B. VI.) flankiert wird. Hinzu kommen jeweils Mittel des Internationalen Währungsfonds **IWF**.

Der **Euro-Rettungsschirm** war zunächst befristet und beruhte auf einer auf Art. 122 Abs. 2 AEUV gestützten „Verordnung zur Einführung eines europäischen Finanzstabilisierungsmechanismus (**EFSM**)" – VO (EU) Nr. 407/2010. Auf dieser Grundlage konnten aus dem EU-Haushalt Hilfskredite im Umfang von 60 Milliarden Euro an in Zahlungsschwierigkeiten befindliche Mitgliedstaaten vergeben werden. Zweites Standbein dieses zunächst befristeten Rettungsschirms war die Europäische Finanzstabilisierungsfazilität (**EFSF**). Über diese durch zwischenstaatliche Rahmenvereinbarung ins Leben gerufene und in Deutschland durch das Stabilisierungsmechanismusgesetz ratifizierte Zweckgesellschaft des Privatrechts mit Sitz in Luxemburg stockten die Mitgliedstaaten durch Kreditausfallbürgschaften in Höhe von 780 Milliarden Euro das Kreditvolumen des EFSM auf insgesamt 500 Milliarden Euro auf. Die Auszahlung der Finanzhilfen an die drei Programmländer Griechenland, Portugal und Irland in Höhe von insgesamt 188,3 Milliarden Euro wurde dabei an finanz- und wirtschaftspolitische Auflagen gekoppelt, deren strikte Einhaltung von Europäischer Kommission, EZB und Internationalem Währungsfonds (IWF), der sog. „Troika", engmaschig überwacht wird. EFSM und EFSF wurden Ende Juni 2013 in den permanenten Europäischen Stabilisierungsmechanismus (**ESM**) überführt und von diesem abgelöst. Die EFSF hat daher nur noch ihre an Griechenland bis einschließlich 2014 bereits zugesagten Mittel ausgereicht und wurde danach sukzessive abgewickelt (Irland und Portugal haben 2013 bzw. 2014 das Programm bereits erfolgreich abgeschlossen und den Rettungsschirm wieder verlassen).

Der **ESM** wurde durch völkerrechtlichen Vertrag als internationale Finanzinstitution mit Sitz in Luxemburg gegründet. Zweck des ESM ist es, Finanzmittel zu mobilisieren und diese unter strikten wirtschaftspolitischen Auflagen an in finanzielle Schwierigkeiten geratenen Mitgliedstaaten der Eurozone zu verausgaben. Die Gewährung von Finanzhilfen ist darüber hinaus an die Ratifizierung des – außerhalb des Unionsrechtsrahmen stehenden und mit Sanktionsmöglichkeiten versehenen- **Europäischen Fiskalpakts** („Vertrag über Stabilität, Koordinierung und Steuerung in der Wirtschafts- und Währungsunion – **SKS-Vertrag**") und an die Umsetzung der darin vereinbarten, neuen Regelungen zur **Schuldenbremse** gekoppelt. Ob ein Staat unterstützt wird, entscheidet der sog. Gouverneursrat des ESM, der aus den Finanzministern der Eurostaaten besteht. Der ESM-Vertrag wurde am 23. Januar 2012 von den Finanzministern der Euro-Staaten beschlossen und am 2. Februar 2012 unterzeichnet. Rechtsgrundlage ist Art. 136 Abs. 3 AEUV, welcher am 25. März 2011 im vereinfachten Vertragsänderungsverfahren nach Art. 48 Abs. 6 EUV vom Europäischen Rat beschlossen worden war und ebenfalls am 2. Februar 2012 von den Mitgliedstaaten unterzeichnet wurde. Die für die beiden Verträge sowie für den Beschluss des Europäischen Rates erforderlichen Ratifizierungsgesetze wurden am 29. Juni 2012 von Bundestag und Bundesrat mit der nach Art. 23 Abs. 1 Satz 2 i.V.m. Art. 79 Abs. 2 GG erforderlichen qualifizierten Mehrheit verabschiedet. Nachdem das BVerfG die Eilanträge gegen die Ausfertigung dieser Gesetze unter der Auflage zusätzlicher, völkerrechtlich gesicherter Regelungen abgewiesen hatte (siehe die nachfolgende Ausführungen zu den diesbezüglichen Entscheidungen des BVerfG), sind diese am 13. September 2012 vom Bundespräsidenten ausgefertigt worden und in Kraft getreten. Die Auflagen des

BVerfG wurden von den Eurostaaten am 27. September 2012 in einer gemeinsamen „interpretativen Erklärung" zur Auslegung des ESM-Vertrags gebilligt, so dass dieser noch am selben Tag in Kraft treten konnte, während der von allen Mitgliedstaaten bis auf England und Tschechien ratifizierte Fiskalpakt am 1. Januar 2013 in Kraft trat. Mit der konstituierenden Sitzung des ESM-Gouverneursrates hat der ESM am 8. Oktober 2012 seine Arbeit aufgenommen.

Das Stammkapital des ESM beträgt nach dem Beitritt Litauens zur Eurozone rund 705 Milliarden Euro. Diese Summe teilt sich auf in ca. 80,5 Milliarden Euro einzuzahlendes Kapital und weitere 624,3 Milliarden Euro abrufbares Kapital, auf deren Grundlage der ESM ebenfalls maximal ca. 500 Milliarden Euro vergeben kann. Der deutsche Finanzierungsanteil am ESM entspricht – wie bereits im Rahmen der EFSF – mit 27 % dem Kapitalanteil Deutschlands an der EZB und beläuft sich folglich auf ca. 21,7 Milliarden Euro an einzuzahlendem Kapital, und auf ca. 168,3 Milliarden Euro an abrufbarem Kapital. Im Gegensatz zum temporären Rettungsschirm EFSF stellt Deutschland für die Finanzierungsgeschäfte des ESM damit keine Gewährleistungen in Form von Garantien zur Verfügung. Das maximale Haftungsrisiko Deutschlands ist außerdem unter allen Umständen auf diese Gesamtsumme von insgesamt rd. 190,0 Mrd. Euro beschränkt. Bislang (Stand Februar 2018) wurden an Spanien, Griechenland und Zypern Auszahlungen im Gesamtumfang von knapp 88 Milliarden Euro getätigt, wobei Spanien und Zypern das Programm bereits wieder beendet haben, ohne die ihnen zugesagten Mittel komplett ausgeschöpft zu haben. Griechenland kann demgegenüber bis August 2018 noch weitere Mittel in Höhe von ca. 46 Milliarden Euro in Anspruch nehmen.

Sämtlichen Maßnahmen auf Europäischer Ebene im Rahmen des Rettungsschirms wurde insbesondere entgegen gehalten, dass damit gegen die „Nichtbeistandsklausel" des Art. 125 Abs. 1 AEUV verstoßen werde, wonach es den Mitgliedstaaten verboten ist, die Haftung für die Schulden anderer Staaten zu übernehmen. Die Vereinbarkeit des **Art. 136 Abs. 3 AEUV** mit dem Unionsrecht wurde allerdings vom **EuGH** in seinem Urteil vom 27. November 2012 – Rs. C-370/12 (Pringle) bestätigt. Ein Verstoß gegen Art. 125 Abs. 1 AEUV sei nicht festzustellen, da diese Vorschrift dem Wortlaut nach nicht jede Form der Unterstützung anderer Mitgliedstaaten verbiete. Der Normzweck verbiete allerdings eine Unterstützung, die Anreize zur soliden Haushaltsführung schmälert. Dies sei beim ESM aber gerade nicht der Fall, da dadurch keine Haftungsautomatismen begründet würden, und der Empfängerstaat weiterhin seinen Gläubigern gegenüber für seine Verbindlichkeiten haftbar bleibe.

Darüber hinaus waren die Ratifizierungsgesetze zum befristeten und permanenten Rettungsschirm wie auch zum Fiskalpakt Gegenstand von Verfassungsbeschwerden bzw. Organklagen zum **BVerfG**. Hauptargument war jeweils, dass sich der Deutsche Bundestag durch die weitreichenden Garantieübernahmen bzw. Kapitalzusagen im Rahmen der **EFSF** wie auch des **ESM** seiner haushaltspolitischen Gesamtverantwortung entäußere. Es werde somit in den Gewährleistungsgehalt des Wahlrechts (Art. 38 Abs. 1 GG) und damit in die Grundsätze des unveräußerlichen Demokratiegebots eingegriffen (Art. 20 Abs. 1 und 2 i.V.m. Art. 79 Abs. 3 GG). Das BVerfG hat in Fortführung seiner Lissabon-Rechtsprechung (siehe oben unter V.) jeweils eine diesbezügliche **Identitätskontrolle** vorgenommen. Die Regelungen wurden dabei insbesondere daraufhin überprüft, ob das finanzielle Gesamtengagement Deutschlands der Höhe nach begrenzt ist, der Bundestag jeder Hilfsmaßnahme größeren Umfangs im Einzelnen zustimmen muss, ihm die Kontrolle über die Konditionalität der Hilfen zusteht und diese Hilfen zeitlich begrenzt sind. Im Ergebnis hat das BVerfG einen Eingriff jeweils verneint (vgl.

Urteil vom 7. September 2011 zur ESFS, Urteil vom 18. März 2014 zum EMS sowie Urteil im Rahmen des einstweiligen Rechtsschutzes gegen die Ratifizierung des ESM vom 12. September 2012). Insbesondere komme dem Bundestag im Hinblick auf die Wahrscheinlichkeit, im Rahmen der EFSF bzw. des ESM für Gewährleistungen einstehen zu müssen, auf Grund seiner Integrationsverantwortung als Gesetzgeber ein Einschätzungsspielraum zu, den das BVerfG zu respektieren habe und nur auf evidente Überschreitungen äußerster Grenzen hin überprüfen dürfe. Entsprechendes gelte für die Abschätzung der künftigen Tragfähigkeit des Bundeshaushalts sowie der wirtschaftlichen Leistungsfähigkeit Deutschlands. Eine solche evidente Überschreitung äußerster Grenzen sei aber nicht ersichtlich. Allerdings dürfe die Ratifizierung nur erfolgen, wenn völkerrechtlich sichergestellt ist, dass die Zahlungsverpflichtungen Deutschlands der Höhe nach auf den im ESM-Vertrag festgelegten Betrag von 190.024.800.000 Euro beschränkt sind und die Regelungen des ESM-Vertrags einer umfassenden Unterrichtung des Bundestages und des Bundesrates nicht entgegenstehen (zur Umsetzung dieser Maßgaben siehe dazu bereits oben). Zudem sei haushaltsrechtlich sicherzustellen, dass Kapitalabrufe nach dem ESM-Vertrag fristgerecht und vollständig erfüllt werden können, um eine Aussetzung der Stimmrechte Deutschlands in den ESM-Gremien zuverlässig auszuschließen. **Art. 136 Abs. 3 AEUV** selbst könne demgegenüber schon nicht zum Verlust nationaler Haushaltsautonomie führen, sondern bilde lediglich die Grundlage für die Schaffung eines Stabilitätsmechanismus, die ihrerseits der Zustimmung des Bundestags bedürfe. Was den **Fiskalpakt** anbelangt, so führe selbst das Fehlen eines ausdrücklichen Kündigungsrechts nicht zu einer irreversiblen Bindung Deutschlands. Jedenfalls sei zumindest bei Änderung der Geschäftsgrundlage ein einseitiger Austritt völkergewohnheitsrechtlich anerkannt (vgl. Art. 54 ff. der Wiener Vertragsrechtskonvention).

B. Die Organe der EU und ihre wesentlichen Aufgaben

Die EU verfügt seit dem Inkrafttreten des Vertrags von Lissabon über sieben (statt bisher fünf) „Haupt"-Organe sowie einige Neben- und Hilfsorgane (Art. 13 EUV).

I. Das Europäische Parlament

Das Europäische Parlament (Art. 14 EUV, Art. 223 bis 234 AEUV) erfuhr durch den Vertrag von Lissabon eine weitere rechtliche und politische Aufwertung, was nicht zuletzt auch dadurch zum Ausdruck kommt, dass es unter den Organen als Erstes genannt und seine rechtliche Stellung noch vor der des Europäischen Rates geregelt wird.

Es war ursprünglich bloßes Beratungs- und Kontrollorgan. Hinsichtlich der letzteren Funktion ist die schon seit Längerem bestehende Möglichkeit eines Misstrauensvotums gegen die Kommission zu betonen (vgl. Art. 234 AEUV; die dort geforderten Mehrheiten sind bisher noch in keinem Fall zu Stande gekommen). Bereits der Vertrag von Maastricht hatte die Position des Europäischen Parlaments im Verhältnis zur Kommission gestärkt. Während die Ernennung der übrigen Kommissionsmitglieder durch den Europäischen Rat nach wie vor (nur) der vorherigen Zustimmung des Parlaments bedarf, wird nunmehr der Kommissionspräsident sogar direkt durch das Parlament gewählt (Art. 17 Abs. 7 EUV). Im Zusammenhang mit den Wahlen zum Europäischen Parlament 2014 führte dies erstmals zu einem echten Wahlkampf zwischen den Spitzenkandidaten der europäischen Fraktionen um dieses Amt.

„Echte“ legislative Befugnisse besaß das Parlament zunächst nur im **Haushaltsbereich** (vgl. dazu nunmehr Art. 314 AEUV). Im Laufe der Zeit hat sich das Parlament allerdings einige Mitwirkungsbefugnisse bei der Rechtsetzung erkämpft: 1986 das „Verfahren der Zusammenarbeit“ (das durch den Vertrag von Lissabon allerdings obsolet geworden ist) sowie – nach dem Vertrag von Maastricht – die Funktion als eine Art „zweite Kammer“ bzw. „Unterhaus“ im sog. „Verfahren der Mitentscheidung“. Dieses Verfahren erfuhr durch die Verträge von Amsterdam und Nizza eine entscheidende Ausdehnung auf – weitere – wesentliche Politikbereiche der Gemeinschaft. Mit Inkrafttreten des Vertrags von Lissabon ist dieses Verfahren nunmehr der als „ordentliches Gesetzgebungsverfahren“ bezeichnete Regelfall (Art. 289 Abs. 1, Art. 294 AEUV), der für über 95 % aller Rechtsetzungsvorhaben Anwendung findet. Das Parlament ist damit sowohl in Fragen materieller Gesetzgebung als auch im Haushaltsbereich grundsätzlich gleichberechtigter Gesetzgeber zusammen mit dem Rat. Daher kann man durchaus sagen, dass sich das Europäische Parlament auf dem Weg zu einem „Vollparlament“ befindet (siehe dazu aber auch unten unter IX. zum sog. Demokratiedefizit).

Das Parlament setzt sich nunmehr nicht mehr aus „Vertretern der Völker“, sondern aus „Vertretern der Unionsbürgerinnen und Unionsbürger“ zusammen (Art. 14 Abs. 2 UAbs. 1 EUV), wodurch eine neue, **unmittelbare Legitimationslinie** begründet wird, die sich auf den politischen Willen der Bürgerinnen und Bürger Europas beruft (vgl. auch Art. 10 Abs. 2 EUV). Im Gegensatz zur vorherigen Regelung wird zudem für die Verteilung der Sitze auf die Mitgliedstaaten kein fester Verteilungsschlüssel mehr vorgegeben, sondern nur noch die Gesamtzahl (750 Abgeordnete zuzüglich des Präsidenten) sowie die Mindestzahl (sechs) und Höchstzahl (96) der Abgeordneten genannt (auf Grund des Umstandes, dass der Vertrag von Lissabon erst nach den letzten Parlamentswahlen im Jahre 2009 in Kraft getreten ist, behielt Deutschland aber bis zu den Parlamentswahlen im Mai 2014 seine 99 Abgeordneten, so dass die Gesamtzahl der Abgeordneten zunächst auf 753 und nach dem Beitritt Kroatiens vorübergehend auf 765, jeweils zuzüglich des Präsidenten, erhöht wurde). Die **Sitzverteilung** im Einzelnen wurde durch einstimmigen Beschluss des Europäischen Rates vom 13. Juni 2013, welcher nach Art. 14 Abs. 2 UAbs. 2 EUV zudem der Zustimmung des Parlaments bedurfte, nach dem Prinzip der „degressiven Proportionalität“ festgelegt. Das Parlament wählt aus seiner Mitte für jeweils zweieinhalb Jahre seinen Präsidenten (Art. 14 Abs. 4 EUV i.V.m. Art. 17 der Geschäftsordnung des Europäischen Parlaments). Wahlen finden alle fünf Jahre statt – so wieder im Mai 2019 (siehe die Gesetze unter 54 und 55). Die hauptsächliche parlamentarische Arbeit erfolgt in den Ausschüssen. Zurzeit (Stand Februar 2018) gibt es 22 ständige Ausschüsse sowie den Sonderausschuss „Terrorismus“.

II. Der Europäische Rat

Formal neu in den Rang eines Organs erhoben wird durch den Vertrag von Lissabon der Europäische Rat (Art. 15 EUV, Art. 235 AEUV). Dieses Gremium wurde 1974 zunächst auf informeller Basis kreiert, ist aber bereits seit dem Vertrag von Maastricht das entscheidende Gremium der EU. Mindestens viermal im Jahr kommen im Europäischen Rat die **Staats- bzw. Regierungschefs der Mitgliedstaaten** zusammen, um der Union die „für ihre Entwicklung erforderlichen Impulse“ zu geben und die „allgemeinen politischen Zielvorstellungen und Prioritäten hierfür“ festzulegen (vgl. Art. 15 Abs. 1 Satz 1, Abs. 3 Satz 1 EUV). Als weiteres Mitglied gehört dem Europäischen Rat zudem nunmehr bereits in zweiter Amtszeit mit dem ehemaligen belgischen Premierminister Herman von Rompuy ein von diesem mit qualifizierter Mehrheit für die Dauer von zweieinhalb Jahren gewählter Präsident an (Art. 15 Abs. 2 Satz 1 und Abs. 5 EUV). Dieser nimmt im Bereich der GASP, unbeschadet der Befugnisse des Hohen Vertreters der Union für Außen- und Sicherheitspolitik (siehe unten, IV.), die Außenvertretung der EU wahr. Zudem führt er den Vorsitz im Europäischen Rat, wodurch dort – anders als im Rat der Europäischen Union (siehe sogleich unter III.) – die bislang im Sechsmonatsturnus vorgesehene Rotation im Vorsitz entfällt (Art. 15 Abs. 6 EUV).

Die **Bedeutung** des Europäischen Rates wird durch den Vertrag von Lissabon zudem funktional in wesentlichen Punkten **gestärkt**: Auch wenn der Europäische Rat nach wie vor nicht gesetzgeberisch tätig wird (Art. 15 Abs. 1 Satz 2 EUV), erstreckt sich seine Beschlussfassung, welche nach Art. 15 Abs. 4 EUV grundsätzlich im Konsensverfahren erfolgt, nunmehr auf wesentliche zusätzliche Bereiche. Zu nennen sind hier insbesondere seine Zuständigkeiten als „verfassungsänderndes" Organ im Rahmen des vereinfachten Vertragsänderungsverfahrens (Art. 48 Abs. 6 und 7 EUV) sowie die Wahrnehmung personalpolitischer Aufgaben, die bislang dem (Minister-)Rat in der Zusammensetzung der Staats- und Regierungschefs vorbehalten waren (z.B. die Nominierung des Kommissionspräsidenten, Art. 17 Abs. 7 EUV, die Ernennung der Mitglieder des Direktoriums der EZB, Art. 283 AEUV) sowie die Ernennung des Hohen Vertreters der Union für Außen- und Sicherheitspolitik, Art. 18 Abs. 1 EUV.

III. Der Rat

Der Rat der Europäischen Union (ehemals Ministerrat, Art. 16 EUV, Art. 237 bis 243 AEUV) als ehemals wichtigstes Organ wurde durch die Aufwertung des Europäischen Rates und des Europäischen Parlaments in seiner **Bedeutung** erheblich **herabgestuft**.

Nach Art. 16 Abs. 1 EUV wird der Rat gemeinsam mit dem Europäischen Parlament als Gesetzgeber tätig, übt gemeinsam mit ihm die Haushaltsbefugnisse aus, und zu seinen Aufgaben gehört die Festlegung der Politik und die Koordinierung nach Maßgabe der Verträge. Der Rat setzt sich aus den Ministern oder Staatssekretären der Mitgliedstaaten zusammen. Entsandt wird jeweils der Minister (oder Staatssekretär), der für die gerade zu behandelnde Sachfrage zuständig ist. Aus deutscher „föderaler" Sicht ist von Interesse, dass nach dem Maastricht-Vertrag auch ein Landesminister im Rat auftreten kann (vgl. Art. 16 Abs. 2 EUV und Art. 23 Abs. 6 GG). Den Vorsitz im Rat „Auswärtige Angelegenheiten" führt der Hohe Vertreter der Union für die Außen- und Sicherheitspolitik. Im Übrigen wird der Vorsitz künftig von den Mitgliedstaaten nach dem Prinzip der gleichberechtigten Rotation im 18-monatlichen Wechsel von einer aus drei aufeinander folgenden Mitgliedstaaten bestehenden Teampräsidentschaft wahrgenommen (vgl. Art. 16 Abs. 9 EUV i.V.m. Art. 236 AEUV sowie die unter 413-1 bis 413-3 abgedruckten Beschlüsse).

Der Vertrag von Lissabon hat zudem die **Abstimmung mit qualifizierter Mehrheit** in weiteren Politikbereichen eingeführt, in denen bislang das Einstimmigkeitsprinzip galt (v.a. im Bereich der Innen- und Justizpolitik, siehe bereits oben unter A.V.), und diese zum Regelfall gemacht (vgl. Art. 16 Abs. 3 EUV). Diese wird zudem seit dem 1. November 2014 nicht mehr nach dem Prinzip der Stimmgewichtung ermittelt, das den Mitgliedstaaten bei der Ermittlung der Mehrheit unterschiedliche Stimmenzahlen zuweist, sondern nach dem Prinzip der „doppelten qualifizierten Mehrheit" (Art. 16 Abs. 4 EUV). Diese setzt dabei eine Mehrheit von 55 % der Mitglieder des Rates, gebildet aus mindestens 15 Mitgliedstaaten, die 65 % der Bevölkerung repräsentieren, voraus. Eine Sperrminorität muss dabei mindestens vier Mitglieder des Rates umfassen, andernfalls gilt die qualifizierte Mehrheit als erreicht. Die damit einhergehende Beseitigung des unter dem Vertrag von Nizza bestehenden relativen Ungleichgewichts zwischen den Mitgliedstaaten (siehe oben unter A IV.) war zugleich eine der am heftigsten umstrittenen Neuregelungen des Vertrags von Lissabon und drohte lange Zeit am Widerstand Polens und Spaniens zu scheitern. Erst ein Politikwechsel in Spanien und die damit verbundene Isolation Polens ermöglichte die – freilich zeitlich gestaffelte – Einführung dieser Neuregelung. Bis zu deren Inkrafttreten am 1. November 2014 (und auf Antrag eines Mitglieds im Einzelfall auch noch bis zum 31. März 2017) galt für die Ermittlung der qualifizierten Mehrheit die bisherige Regelung des Vertrags von Nizza (vgl. auch Protokoll (Nr. 36) über die Übergangsbestimmungen – abgedruckt unter 33). Gleichzeitig wurde der sog. „Ioannina-Mechanismus" auf unbefristete Zeit verlängert und seine Anwendung ab dem Jahr 2017 erleichtert. Danach kann auch ohne Erreichung der Sperrminorität jeder der überstimmten Mitgliedstaaten erneute Verhandlungen zum Entscheidungsgegenstand verlangen und damit das Verfahren „abbremsen", sofern die überstimmten Staaten zusammen mindestens 55 % der für eine Sperrminorität notwendige Stimmen- oder Bevölkerungszahl auf sich vereinigen (vgl. Erklärung (Nr. 7) zu Art. 16 Abs. 4 EUV und zu Art. 238 Abs. 2 AEUV).

IV. Die Europäische Kommission

Die Bedeutung der Kommission (vgl. Art. 17 EUV i.V.m. Art. 244 bis 250 AEUV) resultiert vor allem aus ihrem sog. **Initiativmonopol für Gesetzgebungsakte**. Nur sie darf dem Rat – gegebenenfalls aber nach dessen Aufforderung (vgl. Art. 241 AEUV), nach Aufforderung des Europäischen Parlaments (vgl. Art. 225 AEUV) bzw. auf Veranlassung einer Bürgerinitiative (vgl. Art. 11 Abs. 4 EUV, Art. 24 AEUV) – Gesetzesvorschläge unterbreiten (Art. 17 Abs. 2 EUV). Darüber hinaus wacht die Kommission über Anwendung und Einhaltung des primären und sekundären Unionsrechts. Sie wird deshalb auch als „Hüterin der Verträge" bezeichnet (vgl. dazu Art. 228 AEUV).

Sie wird entgegen Art. 17 Abs. 5 EUV i.V.m. Art. 244 AEUV auch über den 31. Oktober 2014 hinaus wie bisher (vgl. Art. 17 Abs. 4 EUV) aus je einem Kommissar pro Mitgliedstaat bestehen (siehe schon oben unter A IV.). Nach diesem Zeitpunkt sollte die Anzahl der Kommissare an sich nur noch zwei Drittel der Anzahl der Mitgliedstaaten betragen. Im Hinblick auf die v.a. Irland mit der Ratifizierung dieses Vertrags gemachten Zugeständnisse (siehe oben unter A V.) hat jedoch der Europäische Rat mit Beschluss vom 13. Mai 2013 von seiner in Art. 17 Abs. 5 UAbs. 1 EUV verankerten Regelungskompetenz Gebrauch gemacht und durch einstimmigen Beschluss festgelegt, dass die Anzahl der Kommissionsmitglieder zumindest bis 2019 auch weiterhin der Anzahl der Mitgliedstaaten entsprechen wird.

Die Stellung der Kommissare, die von ihren Heimatregierungen völlig unabhängig sein sollen, ist am ehesten mit der eines Ministers vergleichbar. Der Kommissionspräsident wird auf Vorschlag des Europäischen Rates unmittelbar durch das Parlament gewählt (Art. 17 Abs. 7 EUV), ein Umstand, der 2014 dazu geführt hat, dass es um das Amt des Kommissionspräsidenten erstmals so etwas wie einen öffentlichen Wahlkampf zwischen den beiden Bewerbern gab. Einer der Vizepräsidenten ist zudem seit dem Inkrafttreten des Vertrags von Lissabon der Hohe Vertreter der Union für Außen- und Sicherheitspolitik (Art. 18 Abs. 4 AEUV – siehe hierzu bereits oben unter A V.). Die Amtszeit der Kommission beträgt fünf Jahre (Art. 17 Abs. 3 EUV).

V. Der Gerichtshof der Europäischen Union

Der Gerichtshof der Europäischen Union umfasst nach Art. 19 Abs. 1 EUV den Gerichtshof (EuGH), das Gericht und Fachgerichte (zu Einzelheiten vgl. Protokoll Nr. 3 zum AEUV über die Satzung des Gerichtshofs der europäischen Union, abgedruckt unter Nr. 33).

Zu seinen Aufgaben gehört nach Art. 19 Abs. 3 EUV i.V.m. Art. 251 bis 281 AEUV primär die gerichtliche Kontrolle der Organe der EU und der Mitgliedstaaten, aber auch die Kompetenz des Gerichtshofs, sich auf Ersuchen eines nationalen Gerichts im Wege des sog. Vorabentscheidungsverfahrens (Art. 267 AEUV) mit der Auslegung und der Gültigkeit von unionsrechtlichen Bestimmungen zu befassen. Durch den Vertrag von Lissabon wurde die Zuständigkeit des Gerichtshofs dabei auf alle Politikbereiche der EU ausgedehnt. Insbesondere sind die bisherigen Beschränkungen der Zuständigkeit für den Raum der Freiheit, der Sicherheit und des Rechts durch die Vergemeinschaftung dieses Politikbereichs größtenteils weggefallen, und auch im Bereich der GASP bestehen nunmehr (begrenzte) Rechtsschutzmöglichkeiten (vgl. Art. 24 Abs. 1 UAbs. 2 Satz 6 Halbsatz 2 i.V.m. Art. 40 EUV, Art. 275 Abs. 2 AEUV). Durch Streichung des Erfordernisses einer individuellen Betroffenheit beim Rechtsschutz gegen EG-Verordnungen (vgl. Art. 263 Abs. 4 AEUV) wird der Rechtsschutz des Einzelnen gegen EU-Rechtsakte mit unmittelbarer Wirkung zudem erheblich verbessert.

Der Gerichtshof besteht aus einem Richter je Mitgliedstaat und wird von acht Generalanwälten unterstützt (Art. 19 Abs. 2 UAbs. 1 i.V.m. Art. 252 AEUV). Neben der in der Gerichtspraxis sehr wichtigen Kammerbildung (Art. 251 AEUV) ist vor allem das bereits 1989 geschaffene Gericht (damals noch „Gericht erster Instanz“) von Bedeutung (Art. 19 Abs. 2 UAbs. 2 i.V.m. Art. 254 bis 257 AEUV). Es stellt einen eigenständigen Spruchkörper dar (siehe auch schon oben unter A IV.). Die Fachgerichte, die durch eine im ordentlichen Gesetzgebungsverfahren zu erlassene Verordnung zur Entlastung des Gerichts eingesetzt werden können, treten an die Stelle der bereits im Vertrag von Nizza vorgesehenen gerichtlichen Kammern (Art. 256 Abs. 1, Art. 257 AEUV).

VI. Die Europäische Zentralbank (EZB)

Formal neu in den Rang eines Organs erhoben wurde durch den Vertrag von Lissabon auch die EZB (Art. 282 bis 284 AEUV). Dieser Umstand änderte indes nichts an ihrer bereits bisher bestehenden Verpflichtung zur Unabhängigkeit und Preisstabilität (vgl. Art. 130, 282 Abs. 3 AEUV), welche durch die aktuelle Eurokrise derzeit auf eine harte Probe gestellt wird und die EZB in Abweichung von ihren bisherigen Grundprinzipien veranlasst hat, **Staatsanleihen** gefährdeter Euro-Staaten auf dem Sekundärmarkt aufkaufen zu wollen (Beschluss des Rats der EZB vom 6. September 2012 über „Technical features of Outright Monetary Transactions – OMT-Beschluss“). Diesem Beschluss wurde entgegengehalten, „ultra vires“ sowohl über das Mandat der EZB im Rahmen der Währungspolitik hinauszugehen als auch das Verbot des Art. 123 AEUV zu umgehen, wonach der EZB der unmittelbare Erwerb von Schuldtiteln der Mitgliedstaaten untersagt ist. Das BVerfG hat diese Fragen zur Vereinbarkeit mit dem Unionsrecht im März 2014 dem EuGH zur Vorabentscheidung vorgelegt. Dieser hat mit Beschluss vom 16.06.2015 den Ankauf von Staatsanleihen am Sekundärmarkt nur unter der Voraussetzung als mit dem Unionsrecht vereinbar angesehen, dass ein solches Programm mit hinreichenden Garantien versehen ist, um eine Beachtung des Verbots monetärer Staatsfinanzierung wirksam zu gewährleisten. Unter diesen Voraussetzungen hat anschließend auch das BVerfG ein Handeln der EZB „ultra vires“ verneint. Im August 2017 hat das BVerfG nunmehr auch das „Public Sector Purchase Programme (PSPP)“ als Hauptbestandteil des „Expanded Asset Purchase“ Rahmenprogramms der EZB zum Ankauf von Wertpapieren des öffentlichen Sektors am Sekundärmarkt wegen möglicher Verstöße gegen diese Grundsätze dem EuGH zur Vorabentscheidung vorgelegt. Das Ergebnis dieses Verfahrens bleibt abzuwarten.

VII. Der Europäische Rechnungshof

Der Europäische Rechnungshof (Art. 285 bis 287 AEUV) wurde bereits durch den Vertrag von Maastricht in den Rang eines (Haupt-)Organs der Gemeinschaft gehoben. So ist er z.B. in den Kreis der privilegierten Klagebefugten für eine Untätigkeitsklage nach Art. 265 AEUV aufgerückt; seine Unabhängigkeit wurde aufgewertet. Der Rechnungshof besteht derzeit aus 28 Mitgliedern (Art. 285 Abs. 2 AEUV).

VIII. Neben- und Hilfsorgane

Nebenorgane der EU sind der **Wirtschafts- und Sozialausschuss** (Art. 301 bis 304 AEUV) sowie der durch den Unionsvertrag neu geschaffene **Ausschuss der Regionen** gemäß Art. 305 bis 307 AEUV. Beide Institutionen haben ausschließlich beratende Funktion (vgl. Art. 300 Abs. 1 AEUV). Im Zusammenhang mit dem Ausschuss der Regionen, der nicht zuletzt auf Betreiben der Bundesländer ins Leben gerufen wurde, ist zu beachten, dass die meisten Mitgliedstaaten der Europäischen Union keine föderale Struktur haben. Insbesondere deshalb stellt Art. 300 Abs. 3 AEUV nicht nur auf „regionale“, sondern auch auf „lokale Gebietskörperschaften“ ab.

Daneben verfügt die Europäische Union über zahlreiche Agenturen, die im Gegensatz zu den Organen nicht durch die Gründungsverträge, sondern durch (Sekundär-)Rechtsakte der Organe ins Leben gerufen werden. Es handelt sich hierbei um Einrichtungen mit meist eigener Rechtsfähigkeit, deren Standorte über die gesamte EU verteilt sind, und die die Mitgliedstaaten und ihre Bürger unterstützen sollen. Pars pro toto seien hier die Europäische Stiftung zur Verbesserung der Lebens- und Arbeitsbedingungen (**EUROFOUND**), die Europäische Umweltagentur (**EEA**), das Europäische Polizeiamt (**Europol**) sowie die Europäische Agentur für die Grenz- und Küstenwache (**Frontex**) genannt.

IX. Demokratiedefizit

Im Zusammenhang mit dem Erlass von Rechtsakten durch die Institutionen der EU wird immer wieder auf das sog. Demokratiedefizit hingewiesen. Obwohl die Rolle des Europäischen Parlaments im Gesetzgebungsprozess durch den Vertrag von Lissabon eine erhebliche Stärkung erfahren hat, ist dieses dennoch auch weiterhin nur zusammen mit dem aus Regierungsvertretern der Mitgliedstaaten zusammengesetzten, d.h. nicht unmittelbar demokratisch legitimierten Rat zur Rechtsetzung berufen. Die Ausdehnung des ehemaligen Verfahrens der Mitentscheidung und dessen Aufwertung zum ordentlichen Gesetzgebungsverfahren (vgl. Art. 289 Abs. 1 i.V.m. Art. 294 AEUV) mindert dieses Problem zwar, löst es aber nicht. Dazu seien hier nur einige Stichpunkte genannt: Immerhin gibt es (noch) kein „europäisches Wahlvolk“, keinen „europäischen Parteienwahlkampf“ mit europäischen Themen, keine „europäische Öffentlichkeit“ etc. In diesem Zusammenhang sei auch an die äußerst geringe Wahlbeteiligung bei den Europawahlen erinnert (vgl. zum „deutschen Europawahlverfahren“ das EuWG unter 54). Insbesondere ist dabei aber dem Grundsatz der Gleichheit der Wahl nicht Rechnung getragen, da die bevölkerungsschwachen im Verhältnis zu den bevölkerungsreichen Mitgliedstaaten im Parlament überrepräsentiert sind (vgl. Art. 190 Abs. 2 AEUV). Andererseits wird auf der EU-Ebene gerade durch eine solche Stimmenverteilung bzw. -gewichtung ein gewisser Minderheitenschutz gewährleistet, d.h. es werden die Interessen auch der kleineren Mitgliedstaaten gewahrt. Aus diesen und weiteren – nicht zuletzt auch durch das BVerfG-Urteil zum Vertrag von Lissabon erneut herausgestellten – Gründen (siehe hierzu oben unter A V.) sind der demokratischen Entwicklung der Gemeinschaft im hier problematisierten Sinn Grenzen gesetzt. Die schlichte Forderung, dem Parlament deshalb mehr Kompetenzen zuzuweisen, greift daher zu kurz bzw. stößt ebenfalls an Grenzen.

C. Rechtsquellen des Unionsrechts und deren Einwirkung auf das deutsche Recht

Da zwischenzeitlich ein hoher Grad an Integration erreicht ist, Beeinflussung und „Überlagerung“ der nationalen Rechtsordnung durch das Unionsrecht einen beachtenswerten Umfang erreicht haben (mehr als jedes zweite nationale Gesetz soll seinen Ursprung im Unionsrecht haben), ist es unumgänglich, sich mit den Rechtsquellen des Unionsrechts und deren Einwirkungen auf das deutsche Recht zu beschäftigen. Zur begrifflichen Klärung ist festzustellen, dass unter Unionsrecht nur das von der Union gesetzte bzw. das von dieser übernommene Recht zu verstehen ist, nicht aber die Regelungen, die von anderen zwischenstaatlichen Institutionen erlassen wurden, denen die EU oder die Mitgliedstaaten der EU angehören – wie etwa die Europäische Menschenrechtskonvention.

I. Primäres und sekundäres Unionsrecht

Das **primäre Unionsrecht** bilden in erster Linie die Verträge, also EAG, AEUV sowie EUV, einschließlich ihrer jeweiligen Ergänzungen und Änderungen bis hin zum Vertrag von Lissabon – siehe dazu schon oben bei A I., insbesondere zur vorgenommenen Auswahl des Primärrechts (Abschnitt 3 der Vorschriftensammlung). Neben Kompetenz- und Organisationsnormen kommt dabei materiell-rechtlich vor allem den sog. **Grundfreiheiten** in den Verträgen große Bedeutung zu. Diese sind der freie Warenverkehr, die Freizügigkeit der Arbeitnehmer, die Niederlassungsfreiheit, die Dienstleistungsfreiheit, der freie Kapitalverkehr (also die Binnenmarktfreiheiten – siehe oben unter A I.) sowie das allgemeine **Diskriminierungsverbot** des Art. 18 AEUV (zum neuen, umfassenden Diskriminierungsverbot nach Art. 19 AEUV, siehe oben bei A III.). Zahlreichen Bestimmungen kommt hier unmittelbare Wirkung – auch für die Bürger – in den Mitgliedstaaten zu. Neben dem Diskriminierungsverbot des Art. 18 AEUV sind hier insbesondere Art. 34 und 35 AEUV (Verbot mengenmäßiger Ein- und Ausfuhrbeschränkungen ...), Art. 45 AEUV (Freizügigkeit der Arbeitnehmer) und Art. 157 AEUV (gleiches Entgelt für Männer und Frauen) zu nennen.

Die Grundfreiheiten gewinnen in der Rechtspraxis zunehmend an Bedeutung. Dies liegt nicht zuletzt an der allseits wachsenden diesbezüglichen Aufmerksamkeit, aber auch an der dogmatischen und systematischen Weiterentwicklung durch den Europäischen Gerichtshof. Über die herkömmliche, meist wortlautgemäße Bedeutung als spezielle Diskriminierungsverbote hinaus betrachtet der EuGH die Grundfreiheiten als Beschränkungsverbote, zu deren Anwendbarkeit es nur eines „grenzüberschreitenden Aspekts" des Sachverhalts bedarf. Vgl. hierzu beispielhaft das EuGH-Urteil „Bosman" vom 15. Dezember 1995, EuZW 1995, 82. Dass auch private Arbeitgeber dem Art. 45 AEUV verpflichtet sind, machte der EuGH in seinem Urteil „Angonese" vom 6. Juni 2000, EuZW 2000, 468, deutlich. Beachtlich ist auch die Fortentwicklung der Rechtsprechung des EuGH zur Warenverkehrsfreiheit aus Art. 34 AEUV. Im Zentrum steht dabei der Begriff „Maßnahmen gleicher Wirkung", der über die Entscheidungen „Dassonville" (1974), „Cassis de Dijon" (1979), „Reinheitsgebot für deutsches Bier" (1987) und „Keck" (1993) die Konturen seiner Definition gewinnt. Nach letzterer Entscheidung (EuZW 1993, 770) fallen unter den oben genannten Begriff – primär – produktspezifische Anforderungen und nicht (reine) Verkaufsmodalitäten. Über die genaue Abgrenzung dieser Maßgaben lässt sich natürlich im Einzelfall „prächtig" streiten.

Nur erwähnt sei in diesem Zusammenhang die Dienstleistungsfreiheit aus Art. 56, 57 AEUV, deren Bedeutung und unmittelbare Wirkung im Binnenmarkt durch die Dienstleistungsrichtlinie (siehe unter 434) konkretisiert und verstärkt wurde.

Von diesen Grundfreiheiten sind **Grundrechte** auf europäischer Ebene zu unterscheiden. Ein rechtlich verbindlicher Grundrechtskatalog fehlte zwar lange Zeit in den Verträgen. Allerdings hatte der EuGH in seiner Rechtsprechung Grundrechte auf europäischer Ebene als „allgemeine Rechtsgrundsätze" entwickelt und dadurch fast alle wichtigen Freiheits- und Gleichheitsgrundrechte als für die EU-Organe verbindlich festgestellt. Orientiert hat er sich dabei nicht nur an den gemeinsamen Verfassungsüberlieferungen der Mitgliedstaaten, sondern insbesondere an der Europäischen Menschenrechtskonvention. Art. 6 Abs. 3 EUV „lieferte" das „vertragliche Bekenntnis" dazu als „allgemeine Grundsätze" des Unionsrechts nach. Durch Integration in das Unionsrecht (siehe dazu oben, A V.) ist zudem die Charta der Grundrechte der Europäischen Union als Prüfungsmaßstab hinzugekommen (Art. 6 Abs. 1 EUV).

Zusammen mit weiteren, vom EuGH entwickelten **allgemeinen Rechtsgrundsätzen** – vor allem in rechtsstaatsprinzipieller Hinsicht – vervollständigen die „europäischen Grundrechte" das primäre Unionsrecht.

Das **sekundäre** (oder auch abgeleitete) **Unionsrecht** ist das Recht, das die EU-Organe (also vor allem das Europäische Parlament gemeinsam mit dem Rat, aber auch die Kommission) erlassen (vgl. Art. 288 AEUV). Anders als im Verfassungsvertrag vorgesehen, behält der Vertrag von Lissabon die bisherige Terminologie der Handlungsformen weitgehend bei. An die Stelle der „Entscheidung" ist nunmehr allerdings der „Beschluss" getreten, welcher zum einen diese umfasst, zum anderen jedoch nicht mehr an einen bestimmten Adressaten gerichtet sein muss (Art. 288 Abs. 4 AEUV). Zugleich löst der Beschluss im Bereich der GASP die dort bislang verwendeten Handlungsformen ab – was (eingeschränkte) Rechtsverbindlichkeit und Justiziabilität auch in diesem Bereich zur Folge hat (siehe bereits oben unter A V.).

Beim Erlass von Rechtsakten haben die EU-Organe dabei das Prinzip der begrenzten Einzelermächtigung sowie die Grundsätze der Subsidiarität und Verhältnismäßigkeit zu beachten (vgl. Art. 5 EUV). Dies bedeutet zum einen, dass die zuständigen Organe nur dann rechtsetzend tätig werden dürfen, wenn eine Vertragsbestimmung sie dazu ermächtigt; zum anderen darf die EU in Bereichen, die nicht in ihre ausschließliche Zuständigkeit fallen, nur dann tätig werden, sofern und soweit die Ziele der in Betracht gezogenen Maßnahmen auf Ebene der Mitgliedstaaten nicht ausreichend verwirklicht werden können. Der europäische „Vorbehalt des Gesetzes" darf in seiner Bedeutung allerdings nicht überschätzt werden. „Offene" Kompetenznormen (vgl. nur wiederum diejenigen zur Verwirklichung des Binnenmarktes), vom integrationsfreundlichen EuGH entwickelte Annexkompetenzen (sog. implied powers) sowie insbesondere auch die Ergänzungs- bzw. Lückenschließungskompetenz des Art. 352 AEUV relativieren die Wirkung des Vorbehalts beträchtlich. Ein Beispiel sei in diesem Zusammenhang erwähnt: Die Gemeinschaft gründete ihr im Frühjahr 1998 erlassenes Tabakwerbeverbot (mittels Richtlinie!) im Wesentlichen auf Art. 95 EG (nunmehr Art. 114 AEUV). Deutschland klagte erfolgreich vor dem EuGH gegen dieses Verbot, insbesondere mit dem Argument, dass es dabei gar nicht um die Verwirklichung des Binnenmarktes gehe und der Gemeinschaft daher die Kompetenz fehle. In geringfügig veränderter Form hat die Gemeinschaft allerdings im Jahre 2003 – gestützt auf dieselbe Rechtsgrundlage – erneut eine Tabakwerberichtlinie auf den Weg gebracht. Die erneute Klage Deutschlands dagegen ist erfolglos geblieben und die Richtlinie wurde mit Gesetz vom 21. Dezember 2006 (BGBl. I, S. 3365) zwischenzeitlich auch in nationales Recht umgesetzt.

Je nachdem, welches Verfahren die Ermächtigungsnorm für den Erlass des Rechtsakts vorsieht, ist nunmehr zudem wie folgt zu unterscheiden: Als **Gesetzgebungsakte** werden – unabhängig von der gewählten Handlungsform – nur die von Rat und Parlament gemeinsam entweder im ordentlichen oder im besonderen Gesetzgebungsverfahren zu erlassenden Rechtsakte bezeichnet (vgl. Art. 289 Abs. 1 bis 3 AEUV). Hiervon zu unterscheiden sind die nicht im Rahmen eines Gesetzgebungsverfahrens i.d.R. von der Kommission zu erlassenden **Rechtsakte ohne Gesetzescharakter**, die entweder auf delegierter Rechtsetzungsbefugnis beruhen (vgl. Art. 290 Abs. 1 AEUV) oder sog. Durchführungsrechtsakte darstellen (Art. 291 Abs. 2 AEUV). Dabei können Rechtsakte ohne Gesetzescharakter durch die gleichen Handlungsformen in Erscheinung treten wie Gesetzgebungsakte, also als Verordnungen, Richtlinien und Beschlüsse.

Nicht zuletzt wegen ihres abstrakt-generellen Charakters sind Verordnungen und Richtlinien die wichtigsten Rechtsetzungsakte. Dabei sind **Verordnungen** für die Mitgliedstaaten und ihre Bürger **unmittelbar verbindliches Recht** (vgl. Art. 288 Abs. 2 AEUV), müssen also nicht erst in nationales Recht umgesetzt werden. Sie stellen sozusagen die „direkte Konsequenz" aus der Übertragung von Hoheitsrechten auf die EU dar und sind daher mit nationalen Gesetzen vergleichbar.

Richtlinien richten sich demgegenüber an die Mitgliedstaaten (vgl. Art. 288 Abs. 3 AEUV), die deren Bestimmungen innerhalb einer bestimmten Frist in nationales Recht umsetzen müssen. **Vor** Ablauf dieser Frist können Richtlinien keine Direktwirkungen erzeugen (ausgenommen davon sind aktive Maßnahmen eines Mitgliedstaats, die das Ziel der fristgemäßen Umsetzung der Richtlinie gefährden, siehe dazu EuGH vom 18. Dezember 1997 im Fall „Wallonie"). **Nach** Fristablauf erlangen sie aber unter bestimmten Voraussetzungen unmittelbare Wirkung, auch wenn der Mitgliedstaat sie nicht oder nur unvollständig bzw. nicht ordnungsgemäß umgesetzt hat. Die Richtlinienbestimmung muss dafür – im Hinblick auf das zu erreichende Ziel – so hinreichend genau formuliert sein, dass daraus Rechte des Bürgers gegenüber dem Staat abgeleitet werden können (erstmals vom EuGH im Fall „Becker" festgestellt, vgl. EuGH, NJW 1982, 499; seitdem gefestigte Rechtsprechung des EuGH). Nicht rechtzeitig in deutsches Recht umgesetzt wurde beispielsweise die Umweltverträglichkeitsrichtlinie (vgl. unter 461). Da einzelnen Bestimmungen dieser Richtlinie unmittelbare Wirkung zukommt (mit der Folge etwa eines Anspruchs des Bürgers auf Anhörung gemäß Art. 6 der Richtlinie), musste die Richtlinie schon vor Inkrafttreten des UVP-Gesetzes des Bundes im Februar 1990 innerstaatlich beachtet werden.

Eine horizontale Drittwirkung nicht fristgerecht umgesetzter Richtlinien zwischen EU-Bürgern lehnt der EuGH dagegen grundsätzlich ab (so etwa im Fall „Dori", vgl. EuGH, EuZW 1994, 498). Allerdings hat der **EuGH** mehrfach die Verpflichtung der Gerichte der Mitgliedstaaten hervorgehoben, nationales Recht im Hinblick auf nicht bzw. fehlerhaft umgesetzte Richtlinien ggf. richtlinienkonform auszulegen bzw. dann, wenn die Richtlinie der Konkretisierung unmittelbar drittschützender (Grund-)Rechte dient, widersprechende nationale Regelungen auch im Verhältnis von Privatpersonen zueinander notfalls unangewendet zu lassen (vgl. hierzu beispielsweise die „Mangold"-Entscheidung oder die „Kücükdeveci"-Entscheidung des EuGH, Rs. C-144/04 bzw. Rs. C-555/07). Dass dann, wenn eine richtlinienkonforme Auslegung am eindeutigen Wortlaut der gesetzlichen Regelung scheitert, im Einzelfall sogar eine richterliche Rechtfortbildung „contra legem" zulässig und geboten sein kann, hat zudem der **BGH** in einem viel beachteten Urteil vom 26.11.2008, NJW 2009, 427 für den Fall eines durch den EuGH festgestellten, unbewussten Verstoßes gegen die Verbrauchsgüterkaufrichtlinie herausgearbeitet. Dies führt im Ergebnis dazu, dass zumindest durch die nationalen Gerichte in diesen Fällen de facto eine horizontale Drittwirkung nicht fristgerecht oder unzutreffend umgesetzter Richtlinien im Verhältnis Privater zueinander herbeizuführen ist. In den angesprochenen Entscheidungen musste dabei das Vertrauen der hierdurch belasteten Partei in das richtlinienwidrige nationale Recht jeweils hinter dem Grundsatz des effektiven Vollzugs des Unionsrechts (vgl. Art. 4 Abs. 3 EUV) zurückstehen.

Schließlich ist auch ein **Schadensersatzanspruch** des Bürgers gegen den nicht oder nicht ordnungsgemäß innerhalb der Frist umsetzenden Mitgliedstaat möglich. Nach dem oben Gesagten kommt dies vor allem dann in Betracht, wenn die Richtlinie keine unmittelbare Wirkung entfaltet. Das Ziel der Richtlinie muss allerdings die Verleihung von Rechten für Einzelne beinhalten; insbesondere kann es dabei um die Absicherung von finanziellen Risiken gehen, da der Schaden für den Einzelnen genau bestimmbar („bezifferbar") sein muss (vgl. dazu die „Francovich"-Entscheidung des EuGH, NJW 1992, 165). Der EuGH bejaht eine Schadensersatzpflicht der Mitgliedstaaten dann, wenn die den Unionsbürgern mit der Richtlinie verliehenen Rechte in der Richtlinie selbst hinreichend präzise bestimmt sind und zwischen dem beim Bürger eingetretenen Schaden und der mitgliedstaatlichen Nichtumsetzung bzw. der mangelhaften Umsetzung ein Kausalzusammenhang besteht. Bei Vorliegen dieser Voraussetzungen kommt in der Bundesrepublik eine **Amtshaftungsklage** auf der Grundlage von Art. 34 GG i.V.m. § 839 BGB in Betracht. Nach Art. 34 Satz 3 GG, § 40 Abs. 2 VwGO ist dafür die ordentliche Gerichtsbarkeit zuständig. In der Bundesrepublik Deutschland spielte diese Schadensersatzproblematik im Hinblick auf die nicht rechtzeitig umgesetzte Pauschalreise-Richtlinie eine Rolle. Wegen Zahlungsunfähigkeit des Reiseunternehmens „MP Travel Line" saßen deutsche Touristen im Sommer 1993 in Florida und an der Algarve fest bzw. mussten ihre Rückflüge selbst – nochmals – bezahlen. Genau für solche Fälle sieht die Richtlinie versicherungsrechtlichen Schutz vor, wobei sie einen „Spielraum" hinsichtlich des Schutzsystems lässt. Der EuGH sah in dieser Angelegenheit die in der „Francovich"-Entscheidung herausgestellten Kriterien als erfüllt an und hielt die Schadensersatzansprüche der 6000 (!) betroffenen Touristen für begründet (Urteil vom 8. Oktober 1996, EuZW 1996, 654). Der Bundesgerichtshof verurteilte daraufhin 1997 die Bundesrepublik Deutschland zur geforderten Schadensersatzleistung.

II. Verhältnis des Unionsrechts zum innerstaatlichen Recht

Auch wenn eine primärrechtliche Verankerung dieses Grundsatzes in den Verträgen nach wie vor fehlt und sich nur mittelbar aus dem Grundsatz der loyalen Zusammenarbeit (Art. 4 Abs. 3 EUV) sowie zur unmittelbaren Wirkung bestimmter Unionsrechtsakte ergibt (vgl. Art. 288 Abs. 2 und 4 AEUV), kommt nach der Rechtsprechung des EuGH dem gesamten Unionsrecht Vorrang vor nationalem Recht zu, also grundsätzlich auch vor Verfassungsrecht. Vor allem im Hinblick auf den Grundrechts(schutz)standard in Deutschland stößt dieser vorbehaltlose, absolute Vorrang auf Bedenken. Daher ist zu differenzieren:

Verhältnis zum einfachen nationalen Recht: Unmittelbar anwendbaren Vorschriften des Primärrechts, Verordnungen sowie unmittelbare Wirkung entfaltenden Richtlinien kommt – nach heute einhelliger Ansicht – ein höherer Rang als dem deutschen Gesetzesrecht zu. Nach herrschender Meinung bedeutet dies konkret, dass den europäischen Regelungen entgegenstehende nationale Bestimmungen **nicht angewendet** werden dürfen, ohne dass jedoch diese Bestimmungen nichtig würden (sog. Anwendungsvorrang).

Verhältnis zum Verfassungsrecht, insbesondere den Grundrechten des Grundgesetzes: Vor allem mit der Begründung, dass ein unionsrechtlicher Grundrechtskatalog fehle, hat sich das BVerfG zunächst für „zuständig“ erklärt, Verordnungen und Richtlinien der Union auf Vereinbarkeit mit den Grundrechten des Grundgesetzes zu überprüfen. In der Sache bedeutete dies, dass das Gericht von einem höheren Rang der deutschen Grundrechte ausging (sog. Solange I-Beschluss aus dem Jahre 1974, BVerfGE 37, 271). Interessant ist, dass dabei auch die fehlende demokratische Struktur der Gemeinschaft betont wurde.

In den folgenden Jahren ist das Gericht aber mehr und mehr von diesem Standpunkt abgerückt, bis es sich schließlich 1986 im sog. Solange II-Beschluss (BVerfGE 73, 339) sehr integrationsfreundlich zeigte: Danach lehnt(e) das Gericht (nun) eine Überprüfung sekundären Unionsrechts ab, solange die Europäischen Gemeinschaften bzw. die Union – d.h. vornehmlich der EuGH – einen wirksamen Grundrechtsschutz generell gewährleisten. Später stellte das Gericht klar, dass dieses „solange“ ernst zu nehmen sei: Sollte der EuGH nicht mehr den vom Grundgesetz als unabdingbar gebotenen Grundrechtsstandard gewährleisten, könne das BVerfG angerufen werden (BVerfG, NJW 1990, 974).

In der Entscheidung über den Maastricht-Vertrag (NJW 1993, 3047 – siehe auch oben) vollzog das Gericht wiederum eine Korrektur der „Solange II“-Rechtsprechung: Akte der EU-Organe seien danach – generell – an den Grundrechten des Grundgesetzes zu messen. Aufgabe des BVerfG sei es daher, „**in Kooperation**“ mit dem EuGH für Grundrechtsschutz gegenüber der Hoheitsgewalt der Union zu sorgen. Wie dieses „Kooperationsverhältnis“ im Einzelnen aussehen soll, blieb indes unklar. Klar ist jedenfalls, dass die Diskussion über das „brisante“ Verhältnis von sekundärem Unionsrecht und den Grundrechten des Grundgesetzes noch (lange) nicht an ihrem Ende angelangt ist.

Immerhin stellte das BVerfG in seiner Entscheidung über die EU-Bananenmarktordnung im Sommer 2000 klar, dass – grundsätzlich – der EuGH über die Grundrechtsgemäßheit von sekundärem Unionsrecht entscheide. Dabei betonte das Gericht, dass die Ausführungen im Maastricht-Urteil keine Abkehr von der Solange II-Rechtsprechung bedeuteten. Eine andere Auffassung beruhe wohl auf einem Missverständnis (vgl. BVerfG, EuZW 2002, 702). Das BVerfG könne Rechtsakte der Union aber nur daraufhin überprüfen, ob der unabdingbar gebotene Grundrechtsschutz generell nicht gewährleistet ist (was nur ganz ausnahmsweise der Fall sein dürfte). In seinem Lissabon-Urteil vom 30. Juni 2009 hat das BVerfG seine Prüfkompetenz zudem um eine am Maßstab des Art. 79 Abs. 3 GG durchzuführende „Identitätskontrolle" ergänzt, und durch die Entscheidungen zum Euro-Rettungsschirm bestätigt (siehe oben unter A V. und VI.).

D. Die Bedeutung des Unionsrechts für die Verwaltung

Das Unionsrecht wird – dies ist eine leider oft verkannte Tatsache – zum weitaus größten Teil nicht von den Brüsseler Beamten, sondern von den nationalen Behörden auf der Ebene der Länder und der Gebietskörperschaften vollzogen (unter Anwendung der innerstaatlichen Verfahrensvorschriften).

Der sog. gemeinschaftsunmittelbare **Vollzug** des Unionsrechts durch einen eigenen Verwaltungsunterbau der EU stellt die ganz große Ausnahme dar. Nur in seltenen Fällen – wie etwa bei der Anwendung des EU-Wettbewerbsrechts (Art. 101 ff. AEUV) – treten die Unionsorgane in unmittelbaren Kontakt mit den Unionsbürgern und vollziehen das Unionsrecht selbst. Auch eine etwaige Zwangsvollstreckung gegenüber Bürgern (vgl. Art. 299 Abs. 1 AEUV) erfolgt nicht gemeinschaftsunmittelbar, sondern nach den Vorschriften des Mitgliedstaates, in dessen Hoheitsgebiet sie stattfindet (Art. 299 Abs. 2 AEUV). Rechtlicher Ausgangspunkt für den Vollzug des Unionsrechts durch die Verwaltungen der Mitgliedstaaten ist der Grundsatz des Art. 4 Abs. 3 EUV, der die Pflicht zur effektiven Durchführung des Unionsrechts statuiert.

Unionsrechtliche Vorschriften sowohl des Sekundärrechts als auch des Primärrechts spielen auf allen „Vollzugsebenen" eine Rolle. Nur beispielhaft sollen einige **Verwaltungsbereiche** genannt werden: Mit der Dienstleistungsfreiheit der Art. 56 bis 62 AEUV ist die Verwaltung in ihrer Funktion als öffentlicher Auftraggeber konfrontiert. Zudem hat sie die Dienstleistungsrichtlinie (siehe unter 434) zu vollziehen. Als Arbeitgeber sind für sie die Freizügigkeitsregelungen der Art. 45 ff AEUV sowie zahlreiche Verordnungen und Richtlinien in diesem Bereich von Bedeutung (eine Auswahl findet sich unter 43). Auch die arbeits- und sozialrechtlichen Bestimmungen der Art. 151 bis 164 AEUV sowie einige Verordnungen und Richtlinien dazu (siehe einige wesentliche Regelungen unter 44) binden die Verwaltung in dieser Funktion. Viele Richtlinien im Bau- und Umweltbereich beeinflussen und „überlagern" in zunehmender Weise die in diesem Bereich so zahlreichen nationalen Regelungen. Dies betrifft die planende Verwaltung (z.B. Umweltverträglichkeitsprüfung) sowie inhaltlich den Immissionsschutz, den Gewässerschutz, die Abfallentsorgung und vieles mehr (vgl. dazu die Auswahl unter 45). Vor allem die Gemeinden müssen das auf den Vertrag von Maastricht zurückgehende Kommunalwahlrecht für Unionsbürger (Art. 19 Abs. 1 EG, Art. 28 Abs. 1 Satz 1 GG) bei den Kommunalwahlen in die Praxis „umsetzen" (vgl. dazu die Richtlinie unter 422).

Direkt vollzogen werden müssen dabei unmittelbar anwendbare primärrechtliche Bestimmungen (siehe dazu oben bei C I.), die „von Haus aus" unmittelbar geltenden Verordnungen der Union sowie unmittelbar wirksame Richtlinien. Die Verwaltung hat die Pflicht, nationales Recht, das mit solchen unionsrechtlichen Regelungen nicht in Einklang steht, **nicht** anzuwenden (siehe dazu auch oben bei C II.). Da Richtlinien heute einen großen Teil des Sekundärrechts ausmachen und verhältnismäßig häufig vom Bund bzw. von den – entsprechend ihrer innerstaatlichen Gesetzgebungskompetenz – gegebenenfalls zuständigen Ländern nicht rechtzeitig oder nicht ordnungsgemäß umgesetzt werden, hat die Verwaltung nicht selten die Aufgabe, anhand der vom EuGH dazu entwickelten Kriterien festzustellen, ob einer solchen Richtlinie nun unmittelbare Wirkung zukommt bzw. für welche einzelne Bestimmungen der Richtlinie dies der Fall ist und für welche nicht.

Darüber hinaus spielen Richtlinien auch häufig noch nach ihrer (vermeintlichen) Umsetzung durch den bzw. die nationalen Gesetzgeber eine Rolle. Dies ist zum einen dann der Fall, wenn – wie oben schon angesprochen – die **Umsetzung nicht korrekt** erfolgte (worauf nicht immer nur von der Kommission, sondern bisweilen auch „innerstaatlich" aufmerksam gemacht wird). Wenn eine richtlinienkonforme Auslegung (siehe dazu unten) der fehlerhaften bzw. defizitären nationalen Umsetzungsnorm nicht möglich ist, dann ist zur Lösung des Problems zunächst wiederum entscheidend, ob bzw. inwiefern Bestimmungen der Richtlinie unmittelbare Wirkung entfalten. Dass dann, wenn die Richtlinie keine unmittelbare Wirkung entfaltet, und eine richtlinienkonforme Auslegung am eindeutigen Wortlaut der gesetzlichen Regelung scheitert, sogar eine richterliche Rechtfortbildung „contra legem" zulässig und geboten sein kann, hat der BGH für den Fall eines unbewussten Umsetzungsdefizits in seinem bereits unter C I. angesprochenen Urteil vom 26.11.2008, NJW 2009, 427, herausgearbeitet.

Eine unzureichende Umsetzung kann dabei schon in der Qualität des Umsetzungsaktes begründet sein: So ist für den EuGH die Umsetzung einer Richtlinie durch Verwaltungsvorschriften dann nicht ausreichend, wenn der Inhalt der Richtlinie für das Verhältnis zwischen Bürger und Staat maßgebend ist (vgl. die Entscheidungen über die TA Luft EuGH, EuZW 1991, 440, sowie über die Vergabevorschriften EuGH, NVwZ 1996, 367).

Nicht selten geht es auch um inhaltliche Detailfragen – etwa in begrifflicher Hinsicht – beim Verhältnis zwischen Richtlinie und Umsetzungsvorschrift. Als Beispiel sei hier der Behördenbegriff der Umweltinformationsrichtlinie (den folgenden Ausführungen liegt die ursprüngliche Fassung der Richtlinie v. 7. Juni 1990 zu Grunde) einerseits und des Umweltinformationsgesetzes – UIG – (vom 8. Juni 1994, BGBl I S. 1490, geändert am 8. Juli 2001, BGBl. I S. 2219) andererseits genannt: Hier war streitig, ob **alle** Behörden (im Rahmen der sonstigen Vorschriften) bei Bürgeranfragen zur Information über Umweltdaten verpflichtet sind oder ob diese Pflicht nur die Umweltbehörden trifft bzw. treffen kann, wie dies das UIG vorsieht bzw. vorsah. In einer Entscheidung zur Umweltinformationsrichtlinie machte der EuGH deutlich, dass er von einer „breiten" Anwendbarkeit der Richtlinie (vom 17. Juni 1998, EuZW 1998, 470) ausgeht. Dabei ging es insbesondere um die Auslegung des Begriffs „Vorverfahren" in Art. 3 Nr. 2 Satz 1 Spiegelstrich 3 der Richtlinie aus dem Jahre 1990. Durch dessen restriktive Interpretation (der Begriff sei nur auf gerichtliche Verfahren bezogen) bekräftigte der EuGH die Informationspflicht der Behörden.

Zum anderen spielen Richtlinien auch nach ihrer **korrekten Umsetzung** zumindest noch eine „mittelbare" Rolle: Die Vorschriften des nationalen Rechts, die eine Richtlinie umgesetzt haben, sind nämlich im Lichte von Wortlaut und Zweck der Richtlinie richtlinienkonform auszulegen (vgl. EuGH, NJW 1984, 2021).

Vor diesem Hintergrund macht die Aufnahme auch älterer, seit längerer Zeit bereits umgesetzter Richtlinien in eine unionsrechtliche Vorschriftensammlung Sinn.

Die Bedeutung des – primären und sekundären – Unionsrechts für die Auslegung des nationalen Rechts geht aber noch weiter: So sind etwa innerstaatliche Vorschriften des Verwaltungsverfahrensrechts bei der Anwendung materiellen Unionsrechts so auszulegen, dass das Unionsrecht **effektiv** vollzogen wird (sog. effet utile, vgl. Art. 4 Abs. 3 EUV). Der EuGH hat im Hinblick auf die Anwendung des § 48 Abs. 2 VwVfG durch nationale Behörden z.B. verlangt, dass bei der Abwägung zwischen dem Vertrauen des Betroffenen auf den Bestand des Verwaltungsakts und dem öffentlichen Interesse an der Rücknahme das Unionsinteresse voll zu berücksichtigen ist – mit der Konsequenz, dass der Vertrauensschutz des Einzelnen regelmäßig zurückstehen muss. Dies spielt vor allem bei der Subventionsvergabe in Anbetracht der Beihilfenaufsicht der Kommission (vgl. Art. 107 bis 109 AEUV) eine große Rolle (siehe dazu EuGH „Deutsche Milchkontor", NJW 1984, 2024 sowie „Alcan", DÖV 1998, 287).

Der Grundsatz des effektiven Vollzugs des Unionsrechts durch das nationale Verwaltungsverfahrensrecht hat auch in der Rechtssache „Tafelwein" seinen Niederschlag gefunden (vgl. EuGH, EuZW 1990, 384). Um dem Verfall der Weinpreise in einem Weinwirtschaftsjahr zu begegnen, verpflichtete eine EG-Verordnung die Mitgliedstaaten, unter bestimmten Voraussetzungen die Destillation von Tafelwein gegenüber Weinerzeugern durchzusetzen. Die deutschen Behörden erließen im Zeitraum 1984/1985 in Ausführung dieser Verordnung eine Reihe von Bescheiden. Sofortvollzug wurde nicht angeordnet, so dass den Widersprüchen der Winzer gemäß § 80 Abs. 1 VwGO aufschiebende Wirkung zukam. Diesen blieb daher ausreichend Zeit, ihren Wein noch abzusetzen. Der EuGH stellte fest, dass damit die marktpolitische Zielsetzung der Verordnung vereitelt wurde. Die Bundesrepublik (bzw. die zuständigen deutschen Behörden) hätte(n) die sofortige Vollziehung der Bescheide nach § 80 Abs. 2 Nr. 4 VwGO anordnen müssen, um das sekundärrechtliche Ziel zu erreichen.

Vor diesem Hintergrund ist demnach festzuhalten, dass der institutionellen Eigenständigkeit der Mitgliedstaaten beim Vollzug des Unionsrechts durch das Gebot der Effektivität seiner Anwendung Grenzen gesetzt sind.

E. Ausblick zur Entwicklung der Europäischen Union

Nach der großen „Beitrittsrunde" im Mai 2004 (Polen, Tschechien, Ungarn, Slowakei, Slowenien, Litauen, Lettland, Estland, Zypern und Malta) sind im Januar 2007 Rumänien und Bulgarien sowie im Juli 2013 Kroatien hinzugekommen (siehe oben bei A I.).

Fünf weitere Länder (Albanien, Mazedonien, Montenegro, Serbien und die Türkei) haben Kandidatenstatus, zwei weitere (Bosnien und Herzegowina und Kosovo) sind potentielle Beitrittskandidaten. Island hat seinen Beitrittsantrag 2015 wieder zurückgezogen. Mit Serbien, Montenegro und der Türkei haben die Beitrittsverhandlungen bereits begonnen. Angesichts der autoritären Tendenzen in der Türkei, der türkischen Debatte über die Einführung der Todesstrafe, der Resolution des EU-Parlaments, in der es ein Einfrieren des Beitrittsprozesses fordert, und des politischen Drucks einzelner EU-Mitgliedstaaten sind die Beitrittsverhandlungen mit der Türkei allerdings ins Stocken geraten und ein Beitritt in absehbarer Zeit erscheint derzeit (Anfang 2018) mehr als fraglich. Andererseits wird mit dem für 2019 avisierten Abschluss der Austrittsverhandlungen Großbritanniens (siehe oben bei A.I.) erstmals auch ein Mitgliedstaat die EU wieder verlassen.

„So oder so" bedurfte die große EU der strukturellen Reform, um schon ihre derzeitige Größe zu schultern und um eine weitere Ausdehnung zu verkraften. Die Probleme werden durch die beabsichtigte Aufnahme neuer Mitglieder und den bevorstehenden Austritt Großbritanniens als einem der „großen" Mitgliedstaaten sicherlich nicht geringer werden.

Zudem befindet sich die EU seit nunmehr acht Jahren im permanenten Krisenmodus – angefangen mit der Euro- und Flüchtlingskrise über die Fragen des Umgangs mit der russischen Intervention in der Ukraine und in Syrien sowie den durch die USA angedrohten Strafzöllen gegen EU-Produkte bis hin zur Einleitung eines Sanktionsverfahrens nach Art. 7 EUV gegen Polen wegen der „Gefahr einer schwerwiegenden Gefährdung der Rechtsstaatlichkeit" – um nur die (Anfang 2018) aktuellsten Problemfelder zu nennen. Es ist der EU und ihren Mitgliedstaaten zwar immer wieder gelungen, die Krisen kurzfristig zu managen. In keinem dieser Bereiche jedoch konnten die Krisenursachen vollständig behoben werden. Gleichzeitig mehren sich bei nationalen Regierungen die Stimmen, die zumindest einen partiellen Rückbau der EU zu einer intergouvernementalen Union fordern, und antieuropäische Bewegungen und Parteien erfahren in den Mitgliedstaaten teilweise erhebliche Stimmenzuwächse. Gerade in der Euro- und der Flüchtlingskrise hat sich außerdem gezeigt, wie schnell längst überwunden geglaubte Vorurteile gegeneinander aktiviert werden können und wie sehr die Gemeinschaft darunter leidet, wenn die Partner sich nicht an die Absprachen halten. Schließlich wird auch die konkrete Ausgestaltung des „Brexits" Abwägungen etwa zwischen zukünftigen wirtschaftlichen Interessen und der Freizügigkeit erfordern, die den Zusammenhalt der verbleibenden EU-27 zusätzlich gefährden.

Um diese „existenzielle Krise" (so Kommissionspräsident Jean-Claude Juncker in seiner Rede zur Lage der Union im September 2016) zu bewältigen, muss es der EU daher insbesondere gelingen, mit den neuen Strukturen des Lissabonner Vertrags zu arbeiten und das Zusammenspiel der Mitgliedstaaten zu verbessern. Dazu gehört auch, das Vertrauen sowohl in der Bevölkerung als auch zueinander sowie die Verlässlichkeit untereinander im Hinblick auf gemeinsam getroffene Regelungen zu stärken.

Ob und inwieweit die EU auf Grundlage ihrer gemeinsamen Werte und der bestehenden Regelungen diesen Herausforderungen gewachsen ist, bleibt gleichwohl abzuwarten. Immerhin hat die im November 2017 auf Initiative Deutschlands erfolgte Gründung einer europäischen Verteidigungsunion, an der sich immerhin 23 Mitgliedstaaten beteiligen, die tief zerstrittene EU endlich wieder einmal zusammengeführt, was eine positive Signalwirkung entfalten könnte. Und auch die zur Bewältigung der Euro-Krise ergriffenen Maßnahmen scheinen zu greifen.

Vielleicht bedarf es aber auch noch weiterer Reformen der Verträge. Zu denken wäre insbesondere an zusätzliche Möglichkeiten für unterschiedliche Integrationsgeschwindigkeiten der Mitgliedstaaten und für verstärkte Zusammenarbeit in kleineren Kreisen, wie es auch als eines von fünf denkbaren Szenarien in dem Anfang März 2017 vorgelegten Weißbuch der Kommission zur Zukunft Europas (COM(2017) 2025) im Jahre 2025 angedacht wird. Benötigt die große, moderne Union mit ihren vielen Kompetenzen einerseits und der sich daraus sich ergebenden politischen Verantwortlichkeit andererseits nicht – längst – eine eigene finanzielle Ausstattung, eine Steuerhoheit, um unabhängig(er) und flexibel ihre Aufgaben erledigen zu können?

Jedenfalls wurde bereits in dem im Mai 2010 vorgelegten Bericht der vom Europäischen Rat am Tag nach der Unterzeichnung des Vertrags von Lissabon eingesetzten „Reflexionsgruppe" unter Leitung des früheren spanischen Ministerpräsidenten Felipe Gonzales die Notwendigkeit weiterer Reformen nachdrücklich hervorgehoben. Danach seien die Ergebnisse der Untersuchung „weder für die Union noch für ihre Bürger beruhigend" und es wird u.a. festgestellt, „dass Europa an einem historischen Wendepunkt steht" und „Herausforderungen nur bewältigt werden können, wenn … alle … in der Lage sind, im Interesse eines neuen gemeinsamen Ziels, das von den Erfordernissen der Gegenwart bestimmt wird, an einem Strang zu ziehen". Der Bericht regt hierzu unter anderem eine Reform der

Finanzinstitute, die „Wahrnehmung des Humankapitals als entscheidendes strategisches Instrument für den Erfolg in der Weltwirtschaft" sowie die Vollendung des Binnenmarkts in Verbindung mit einer engeren Koordinierung der Steuerpolitik an. Bis allerdings künftige Schritte in der weiteren Entwicklung der vertraglichen Grundlagen der europäischen Integration erfolgen, muss die neue EU auf der Grundlage des Vertrags von Lissabon und der dadurch geschaffenen Strukturen die gewachsenen und stetig wachsenden Anforderungen bewältigen. Dass dabei durchaus auch Lösungen außerhalb des durch das Unionsrecht gesetzten Rahmens denkbar und möglich sind, hat nicht zuletzt die Euro-Krise gezeigt.

1 Europarat

11 Satzung des Europarates

vom 5. Mai 1949, zuletzt geändert gemäß Bekanntmachung vom 17. Februar 2016 (BGBl. II S. 292)*

Inhaltsübersicht**

---

* Die Satzung trat am 3. August 1949 in Kraft. Die Bundesrepublik Deutschland war vom 13. Juli 1950 an assoziiert und ist seit dem 2. Mai 1951 Vollmitglied. Die hier veröffentlichte Fassung des Statuts schließt alle Änderungen ein. Abgedruckt ist die amtliche Übersetzung Deutschlands.

** Nicht amtlich.

Kapitel IX
Satzungsänderungen
Artikel 41 Satzungsänderungen

Kapitel X
Schlussbestimmungen
Artikel 42 Schlussbestimmungen

Die Regierungen des Königreichs Belgien, des Königreichs Dänemark, der Französischen Republik, der Irischen Republik, der Italienischen Republik, des Großherzogtums Luxemburg, des Königreichs der Niederlande, des Königreichs Norwegen, des Königreichs Schweden und des Vereinigten Königreichs von Großbritannien und Nordirland,

sind überzeugt, daß die Festigung des Friedens auf der Grundlage der Gerechtigkeit und internationalen Zusammenarbeit für die Erhaltung der menschlichen Gesellschaft und der Zivilisation von lebenswichtiger Bedeutung ist;

bestätigen ihre unerschütterliche Verbundenheit mit den geistigen und sittlichen Werten, die das gemeinsame Erbe ihrer Völker und von jeher die Quelle für Freiheit der Einzelperson, politische Freiheit und Herrschaft des Rechts sind, jene Prinzipien, welche die Grundlage jeder wahren Demokratie bilden;

glauben, daß für den Schutz und die weitere Verwirklichung dieser Ideale sowie zur Förderung des wirtschaftlichen und sozialen Fortschritts ein engerer Zusammenschluß aller gleichgesinnten Völker Europas notwendig ist;

sind der Meinung, daß es entsprechend diesem Bedürfnis und den ausdrücklichen Wünschen ihrer Völker notwendig ist, unverzüglich eine Organisation zu schaffen, die alle europäischen Staaten enger zusammenschließt,

haben deshalb beschlossen, einen Europarat, bestehend aus einem Ausschuß von Regierungsvertretern und einer Beratenden Versammlung zu errichten und ihm die folgende Satzung gegeben:

Kapitel I
Aufgabe des Europarats

Artikel 1 (Aufgaben und Ziele*)

a) Der Europarat hat die Aufgabe, einen engeren Zusammenschluß unter seinen Mitgliedern zu verwirklichen, um die Ideale und Grundsätze, die ihr gemeinsames Erbe sind, zu schützen und zu fördern und um ihren wirtschaftlichen und sozialen Fortschritt zu begünstigen.

b) Dieses Ziel wird mit Hilfe der Organe des Rates erstrebt durch die Prüfung von Fragen gemeinsamen Interesses, durch den Abschluß von Abkommen und durch gemeinsames Handeln auf den Gebieten der Wirtschaft, des sozialen Lebens, der Kultur, der Wissenschaft, der Rechtspflege und der Verwaltung sowie durch Schutz und Weiterentwicklung der Menschenrechte und Grundfreiheiten.

c) Die Beteiligung der Mitglieder an den Arbeiten des Europarats darf ihre Mitwirkung am Werk der Vereinigten Nationen und der anderen Organisationen oder internationalen Vereinigungen, denen sie angehören, nicht beeinträchtigen.

d) Die Fragen der nationalen Verteidigung gehören nicht zur Zuständigkeit des Europarats.

---

* Überschriften ohne Klammerzusatz sind amtlich; Überschriften mit Klammerzusatz sind nicht amtlich.

Kapitel II

Zusammensetzung

Artikel 2 (Mitglieder)

Die Mitglieder des Europarats sind die Vertragspartner der vorliegenden Satzung.

Artikel 3 (Verpflichtung zur Anerkennung der Menschenrechte und Grundfreiheiten)

Jedes Mitglied des Europarats erkennt den Grundsatz vom Vorrange des Rechts und den Grundsatz an, wonach jeder, der seiner Jurisdiktion unterliegt, der Menschenrechte und Grundfreiheiten teilhaftig werden solle. Es verpflichtet sich, aufrichtig und tatkräftig an der Verfolgung des in Kapitel I gekennzeichneten Zieles mitzuarbeiten.

Artikel 4 (Aufnahmevoraussetzungen)

Jeder europäische Staat, der für fähig und gewillt befunden wird, die Bestimmungen des Artikels 3 zu erfüllen, kann durch das Minister-Komitee aufgefordert werden, Mitglied des Europarats zu werden. Jeder derart eingeladene Staat erwirbt die Mitgliedschaft, sobald in seinem Namen eine Urkunde über den Eintritt zu dieser Satzung dem Generalsekretär übergeben wird.

Artikel 5 (Aufnahme assoziierter Mitglieder)

a) Unter besonderen Umständen kann ein europäisches Land, das für fähig und gewillt befunden wird, die Bestimmungen des Artikels 3 zu erfüllen, vom Minister-Komitee aufgefordert werden, Assoziiertes Mitglied des Europarats zu werden. Jedes derart eingeladene Land erwirbt die Eigenschaft eines Assoziierten Mitglieds, sobald in seinem Namen eine Urkunde der Annahme der vorliegenden Satzung dem Generalsekretär übergeben wird. Die Assoziierten Mitglieder dürfen nur in der Beratenden Versammlung vertreten sein.

b) Der in dieser Satzung verwandte Ausdruck "Mitglied" gilt in gleicher Weise für die Assoziierten Mitglieder, soweit es sich nicht um die Vertretung im Minister-Komitee handelt.

Artikel 6 (Festsetzung der Sitze und Finanzbeiträge bei Neuaufnahme)

Bevor die in den Artikeln 4 oder 5 vorgesehene Einladung ergeht, setzt das Minister-Komitee die Zahl der Sitze in der Beratenden Versammlung, auf die das künftige Mitglied Anspruch hat, sowie die Höhe seines Geldbeitrages fest.

Artikel 7 (Austrittserklärung)

Jedes Mitglied des Europarats kann aus diesem austreten, indem es seinen Entschluß dem Generalsekretär förmlich anzeigt. Die Anzeige wird mit Ablauf des laufenden Rechnungsjahres wirksam, wenn sie innerhalb der ersten 9 Monate dieses Jahres erfolgt ist, und bei Ablauf des folgenden Rechnungsjahres, wenn sie während der letzten drei Monate erfolgt ist.

Artikel 8 (Entziehung der Mitgliedschaft)

Jedem Mitglied des Europarats, das sich eines schweren Verstoßes gegen die Bestimmungen des Artikels 3 schuldig macht, kann sein Recht auf Vertretung vorläufig abgesprochen und es kann vom Minister-Komitee aufgefordert werden, gemäß den Bestimmungen des Artikels 7 auszutreten. Wird dieser Aufforderung nicht Folge geleistet, so kann das Minister-Komitee beschließen, daß das betreffende Mitglied, von einem durch das Komitee selbst bestimmten Zeitpunkt ab, dem Europarat nicht mehr angehört.

Artikel 9 (Sanktionen bei Vernachlässigung finanzieller Verpflichtungen)

Wenn ein Mitglied seinen finanziellen Verpflichtungen nicht nachkommt, kann das Minister-Komitee dessen Recht auf Vertretung im Komitee und in der Beratenden Versammlung solange aufheben, als es seinen Verpflichtungen nicht nachgekommen ist.

Kapitel III

Allgemeine Bestimmungen

Artikel 10 (Organe)

Die Organe des Europarats sind:

i. Das Minister-Komitee

ii. Die Beratende Versammlung* .

Diesen beiden Organen steht das Sekretariat des Europarats zur Seite.

Artikel 11 (Sitz)

Der Sitz des Europarats ist Straßburg.

Artikel 12 (Amtssprache)

Die amtlichen Sprachen des Europarats sind Französisch und Englisch. Die Geschäftsordnungen des Minister-Komitees und der Beratenden Versammlung haben Umstände und Voraussetzungen zu bestimmen, unter denen andere Sprachen gebraucht werden dürfen.

Kapitel IV

Das Minister-Komitee

Artikel 13 (Aufgabe)

Das Minister-Komitee ist das Organ, das dafür zuständig ist, im Namen des Europarats entsprechend den Artikeln 15 und 16 zu handeln.

Artikel 14 (Vertretung der Mitglieder, Stimmenanteil)

Jedes Mitglied hat einen Vertreter im Minister-Komitee; jeder Vertreter verfügt über eine Stimme. Die Vertreter im Komitee sind die Außenminister. Wenn ein Außenminister nicht in der Lage ist, an den Sitzungen teilzunehmen, oder wenn andere Umstände dies als wünschenswert erscheinen lassen, kann ein Stellvertre-

---

* Im Februar 1994 beschloß das Minister-Komitee, künftig die Bezeichnung "Parlamentarische Versammlung" in allen Europaratsdokumenten zu verwenden.

ter ernannt werden, der befugt ist, an seiner Stelle zu handeln. Dieser soll, soweit irgend möglich, ein Mitglied der Regierung seines Landes sein.

Artikel 15 (Beschlüsse und Empfehlungen)

a) Auf Empfehlung der Beratenden Versammlung oder auf eigene Veranlassung prüft das Minister-Komitee die Maßnahmen, die geeignet sind, die Aufgaben des Europarats zu verwirklichen, einschließlich des Abschlusses von Abkommen und Vereinbarungen und der Annahme einer gemeinsamen Politik durch die Regierungen bei bestimmten Fragen. Seine Beschlüsse werden durch den Generalsekretär den Mitgliedern mitgeteilt.

b) Die Beschlüsse des Minister-Komitees können gegebenenfalls in die Form von Empfehlungen an die Regierungen gekleidet werden. Das Komitee kann diese ersuchen, ihm mitzuteilen, was sie auf diese Empfehlungen hin veranlaßt haben.

Artikel 16 (Organisations- und Haushaltsbefugnisse)

Vorbehaltlich der in den Artikeln 24, 28, 30, 32, 33 und 35 genannten Vollmachten der Beratenden Versammlung, regelt das Minister-Komitee mit bindender Kraft alle Fragen, die sich auf die Organisation und die inneren Angelegenheiten des Europarats beziehen. Es erläßt zu diesem Zweck die erforderlichen Finanz- und Verwaltungsanordnungen.

Artikel 17 (Beratende oder technische Ausschüsse)

Das Minister-Komitee kann zu jedem ihm wünschenswert erscheinenden Zwecke beratende oder technische Komitees oder Ausschüsse einsetzen.

Artikel 18 (Geschäftsordnung)

Das Minister-Komitee gibt sich seine Geschäftsordnung; diese bestimmt insbesondere:

i. die zur Beschlußfähigkeit notwendige Mitgliederzahl;

ii. die Art der Ernennung des Präsidenten und dessen Amtsdauer;

iii. das Verfahren für Aufstellung der Tagesordnung und für die Einbringung von Vorschlägen zwecks Beschlußfassung; und

iv. die Bedingungen, unter denen die Ernennung von Stellvertretern gemäß Artikel 14 mitgeteilt werden muß.

Artikel 19 (Vorlagen an die Beratende Versammlung)

Das Minister-Komitee hat der Beratenden Versammlung bei jeder ihrer Tagungen Tätigkeitsberichte mit den dazugehörigen Unterlagen vorzulegen.

Artikel 20 (Beschlussfassung)

a) Mehrheit der Vertreter, die Anspruch auf einen Sitz im Minister-Komitee haben, und Einstimmigkeit der abgegebenen Stimmen sind für Beschlüsse des Komitees über folgende wichtige Fragen erforderlich:

   i. die Empfehlungen gemäß Artikel 15.b;

   ii. die Fragen, die sich auf den Artikel 19 beziehen;

   iii. die Fragen, die sich auf den Artikel 21.a.i und b beziehen;

iv. die Fragen, die sich auf den Artikel 33 beziehen;
v. die Empfehlungen, die Abänderungen der Artikel 1.d, 7, 15, 20 und 22 betreffen und
vi. jede andere Frage, die das Komitee mit Rücksicht auf deren Bedeutung durch eine gemäß dem nachstehenden Absatz d gefaßte Entschließung der Vorschrift der Einstimmigkeit unterwerfen will.

b) Die Fragen, die zur Geschäftsordnung oder zu den Haushalts- und Verwaltungsanordnungen gehören, können mit einfacher Stimmenmehrheit der Vertreter entschieden werden, die Anspruch auf einen Sitz im Komitee haben.

c) Die Beschlüsse des Komitees, die gemäß den Artikeln 4 und 5 gefaßt werden, erfordern Zweidrittel-Mehrheit der Vertreter, die Anspruch auf einen Sitz im Komitee haben.

d) Alle anderen Beschlüsse des Komitees erfordern Zweidrittel-Mehrheit der abgegebenen Stimmen und einfache Mehrheit der Vertreter, die Anspruch auf einen Sitz im Komitee haben. Hierunter fallen insbesondere die Beschlüsse über die Annahme des Haushaltsplans, die Geschäftsordnung, die Finanz- und Verwaltungsanordnungen, die Empfehlungen für Abänderung der im obigen Absatz a.v nicht erwähnten Artikel dieses Statuts, sowie darüber, welcher Absatz dieses Artikels im Zweifelsfalle anzuwenden ist.

Artikel 21 (Nichtöffentlichkeit der Sitzungen)

a) Sofern das Minister-Komitee nicht anders beschließt, finden seine Sitzungen:
i. unter Ausschluß der Öffentlichkeit und
ii. am Sitze des Rates statt.

b) Das Komitee entscheidet über die Veröffentlichung von Mitteilungen über Aussprachen, die unter Ausschluß der Öffentlichkeit stattfanden, und über die dabei gefaßten Beschlüsse.

c) Das Komitee muß vor Eröffnung der Tagungen der Beratenden Versammlung und zu Beginn dieser Tagung zusammentreten, außerdem jedes Mal, wenn es dies für erforderlich hält.

Kapitel V

Die Beratende Versammlung*

Artikel 22 (Aufgabe)

Die Beratende Versammlung ist das beratende Organ des Europarates. Sie erörtert Fragen, die nach dieser Satzung zu ihrer Zuständigkeit gehören; sie übermittelt ihre Beschlüsse dem Minister-Komitee in Form von Empfehlungen.

Artikel 23** (Beratungen, Ausarbeitung von Empfehlungen)

a) Die Beratende Versammlung kann über alle Fragen, die nach den Begriffsbestimmungen des Kapitels I der Aufgabe des Europarates entsprechen und in dessen Zuständigkeit fallen, beraten und Empfehlungen ausarbeiten; sie berät

* Im Februar 1994 beschloss das Minister-Komitee, künftig die Bezeichnung "Parlamentarische Versammlung" in allen Europaratsdokumenten zu verwenden.

** Geändert im Mai 1951.

ferner über jede Frage, die ihr vom Minister-Komitee zur Stellungnahme unterbreitet wird, und kann dazu Empfehlungen ausarbeiten.

b) Die Versammlung setzt ihre Tagesordnung im Einklang mit den Bestimmungen des vorstehenden Absatzes a und unter Berücksichtigung der Tätigkeit der anderen europäischen zwischenstaatlichen Organisationen, denen einige oder alle Mitglieder des Rates angehören, fest.

c) Der Präsident der Versammlung entscheidet im Zweifelsfalle, ob eine im Laufe einer Sitzungsperiode aufgeworfene Frage auf die Tagesordnung der Versammlung gehört.

Artikel 24 (Ausschüsse)

Die Beratende Versammlung kann, unter Beachtung der Bestimmungen des Artikels 38, Absatz d, Komitees oder Ausschüsse einsetzen, die beauftragt sind, alle Fragen zu prüfen, die zu ihrer Zuständigkeit nach Artikel 23 gehören, Berichte vorzulegen, die auf ihre Tagesordnung gesetzten Angelegenheiten zu bearbeiten und Gutachten über jede Verfahrensfrage abzugeben.

Artikel 25* (Vertretung der Mitglieder, Amtszeit der Vertreter)

a) Die Beratende Versammlung besteht aus Vertretern jedes Mitglieds, die von dessen Parlament aus seiner Mitte gewählt oder nach einem vom Parlament bestimmten Verfahren aus seiner Mitte ernannt werden; jedoch kann die Regierung eines jeden Mitglieds ergänzende Ernennungen vornehmen, wenn das Parlament nicht tagt und das in diesem Fall anzuwendende Verfahren nicht bestimmt hat. Jeder Vertreter muß Staatsangehöriger des von ihm vertretenen Mitglieds sein und darf nicht gleichzeitig Mitglied des Minister-Komitees sein. Die Amtszeit der auf diese Weise ernannten Vertreter beginnt mit der Eröffnung der auf ihre Ernennung folgenden ordentlichen Sitzungsperiode; sie endet mit der Eröffnung der darauffolgenden oder einer späteren ordentlichen Sitzungsperiode; jedoch können Mitglieder nach Parlamentswahlen neue Ernennungen vornehmen.
Nimmt ein Mitglied, weil ein Sitz durch Tod oder Rücktritt verwaist ist, oder infolge von Parlamentswahlen Neuernennungen vor, so beginnt die Amtszeit der neuen Vertreter mit der ersten auf die Ernennung folgenden Sitzung der Versammlung.

b) Kein Vertreter kann während einer Tagung der Versammlung ohne deren Zustimmung seines Mandates enthoben werden.

c) Jeder Vertreter darf einen Stellvertreter haben, der in seiner Abwesenheit befugt ist, an seiner Stelle den Sitzungen beizuwohnen, das Wort zu ergreifen und abzustimmen. Die Bestimmungen des vorstehenden Absatzes a gelten auch für die Ernennung der Stellvertreter.

Artikel 26** (Sitze der Mitglieder)

Die Mitglieder haben Anspruch auf die nachstehend angegebene Zahl von Sitzen:

---

* Der erste Satz von Absatz a wurde im Mai 1951 geändert. Die beiden letzten Unterabsätze von Absatz a wurden im Mai 1953 angefügt. Der erste Unterabsatz von Absatz a wurde im Oktober 1970 geändert.

** Die Fassung berücksichtigt die Änderungen vom Dezember 1951, Mai 1958, November 1961, Mai 1963, Mai 1965, Februar 1971, Dezember 1974, Oktober 1976, Januar 1978, November 1978, November 1988, Mai 1989, November 1990, November 1991, Mai 1992, Mai 1993, Juni 1993, Oktober 1993, November 1994, Februar 1995, November 1995, Februar 1996, November 1996, April 1999, Januar 2001, April 2002, April 2003, Oktober 2004, Mai 2007 und Juni 2015.

Seite 48

Albanien	4
Andorra	2
Armenien	4
Österreich	6
Aserbeidschan	6
Belgien	7
Bosnien und Herzegowina	5
Bulgarien	6
Kroatien	5
Zypern	3
Tschechische Republik	7
Dänemark	5
Estland	3
Finnland	5
Frankreich	18
Georgien	5
Deutschland	18
Griechenland	7
Ungarn	7
Island	3
Irland	4
Italien	18
Lettland	3
Liechtenstein	2
Litauen	4
Luxemburg	3
Malta	3
Moldau, Republik	5
Monaco	2
Montenegro	3
Niederlande	7
Norwegen	5

Polen	12
Portugal	7
Rumänien	10
Russische Föderation	18
San Marino	2
Serbien	7
Slowakische Republik	5
Slowenien	3
Spanien	12
Schweden	6
Schweiz	6
„die ehemalige jugoslawische Republik Mazedonien“	3
Türkei	18
Ukraine	12
Vereinigtes Königreich Großbritannien und Nordirland	18

Artikel 27* (Anwesenheit und Wortmeldung von Vertretern des Ministerkomitees)

Die Bedingungen, unter denen das Minister-Komitee insgesamt bei den Aussprachen der Beratenden Versammlung vertreten sein kann, und diejenigen, unter denen die Vertreter im Komitee und ihre Beauftragten einzeln das Wort vor der Versammlung ergreifen können, unterliegen den einschlägigen Bestimmungen der Geschäftsordnung, die nach Anhörung der Versammlung vom Komitee beschlossen werden können.

Artikel 28 (Wahl und Aufgabe des Präsidenten, Geschäftsordnung)

a) Die Beratende Versammlung gibt sich ihre Geschäftsordnung. Sie wählt aus dem Kreis ihrer Mitglieder ihren Präsidenten, der bis zur folgenden ordentlichen Tagung im Amte bleibt.

b) Der Präsident leitet die Verhandlungen, nimmt jedoch weder an den Aussprachen noch an der Abstimmung teil. Der Stellvertreter des Präsidenten ist befugt, an dessen Stelle den Sitzungen beizuwohnen, das Wort zu ergreifen und abzustimmen.

c) Die Geschäftsordnung bestimmt insbesondere:
   i. die zur Beschlußfähigkeit notwendige Mitgliederzahl (das Quorum);
   ii. das Verfahren der Wahl und die Amtsdauer des Präsidenten und der anderen Mitglieder des Büros;

* Geändert im Mai 1951.

iii. das Verfahren für die Aufstellung der Tagesordnung und für deren Mitteilung an die Vertreter;

iv. den Zeitpunkt und die Art und Weise für die Bekanntgabe der Namen der Vertreter und ihrer Stellvertreter.

Artikel 29 (Beschlussfassung)

Vorbehaltlich der Bestimmungen des Artikels 30 müssen alle Beschlüsse der Beratenden Versammlung mit Zweidrittel-Mehrheit der abgegebenen Stimmen gefaßt werden, einschließlich derjenigen, die folgende Gegenstände behandeln:

i. Empfehlungen an das Minister-Komitee;

ii. Vorschläge an das Komitee betreffend Fragen, die auf die Tagesordnung der Versammlung gesetzt werden sollen;

iii. Bildung von Komitees oder Ausschüssen;

iv. Festsetzung des Zeitpunktes für die Eröffnung der Tagungen;

v. Bestimmung der für die Beschlüsse verlangten Mehrheit, soweit diese nicht unter die vorstehenden Absätze i–iv fallen oder in Zweifelsfällen, die Festlegung einer angemessenen Mehrheit.

Artikel 30 (Beschlussfassung über innere Angelegenheiten)

Die Beschlüsse der Beratenden Versammlung über die Art und Weise des inneren Geschäftsganges, hauptsächlich hinsichtlich der Auswahl der Mitglieder des Büros, der Benennung der Komitee- und Ausschußmitglieder und der Annahme der Geschäftsordnung werden mit einer von der Versammlung gemäß Artikel 29, Ziffer v, zu bestimmenden Mehrheit gefaßt.

Artikel 31 (Beratung über Vorschläge an das Ministerkomitee)

Aussprachen über Vorschläge, die an das Minister-Komitee zwecks Aufnahme einer Frage in die Tagesordnung der Beratenden Versammlung gerichtet werden sollen, dürfen sich, nach genauer Bezeichnung des Gegenstandes, nur auf die Gründe erstrecken, die für oder gegen diese Aufnahme sprechen.

Artikel 32 (Festsetzung und Dauer der Sitzungsperiode)

Die Beratende Versammlung hält jedes Jahr eine ordentliche Tagung ab, deren Zeitpunkt und Dauer von der Versammlung so festgesetzt werden müssen, daß – soweit möglich – jede Überschneidung mit den Parlamentstagungen und mit den Tagungen der Generalversammlung der Vereinigten Nationen vermieden wird. Die Dauer der ordentlichen Tagungen darf einen Monat nicht überschreiten, sofern nicht die Versammlung und das Minister-Komitee in beiderseitigem Einvernehmen etwas anderes beschließen.

Artikel 33 (Ort der Sitzungen)

Die ordentlichen Tagungen der Beratenden Versammlung finden am Sitze des Rates statt, sofern nicht die Versammlung und das Minister-Komitee in beiderseitigem Einvernehmen etwas anderes beschließen.

Artikel 34* (Einberufung zu einer außerordentlichen Sitzungsperiode)

Die Beratende Versammlung kann auf Vorschlag des Minister-Komitees oder des Präsidenten der Versammlung nach einem zwischen ihnen erzielten diesbezüglichen Einvernehmen, das sich auch auf den Zeitpunkt und den Ort bezieht, zu einer außerordentlichen Sitzungsperiode einberufen werden.

Artikel 35 (Öffentlichkeit der Sitzungen)

Die Aussprachen der Beratenden Versammlung sind öffentlich, sofern diese nicht etwas anderes beschließt.

Kapitel VI
Sekretariat

Artikel 36 (Zusammensetzung, Generalsekretär)

a) Das Sekretariat besteht aus einem Generalsekretär, einem Stellvertretenden Generalsekretär und dem erforderlichen Personal.

b) Der Generalsekretär und der Stellvertretende Generalsekretär werden auf Empfehlung des Minister-Komitees von der Beratenden Versammlung ernannt.

c) Die anderen Mitglieder des Sekretariats werden vom Generalsekretär, entsprechend der Verwaltungsordnung, ernannt.

d) Kein Mitglied des Sekretariats darf ein von einer Regierung bezahltes Amt innehaben, Mitglied der Beratenden Versammlung oder eines Länderparlaments sein oder mit seinen Pflichten unvereinbare Tätigkeiten ausüben.

e) Jedes Mitglied des Personals des Sekretariats muß durch eine feierliche Erklärung seine Verbundenheit mit dem Europarat versichern und seine Entschlossenheit bekunden, seine Amtspflichten gewissenhaft zu erfüllen, ohne sich durch irgendwelche Rücksichten nationaler Art beeinflussen zu lassen. Es muß dabei seinen Willen zum Ausdruck bringen, daß es bei Ausübung des Dienstes weder von einer Regierung noch von irgendeiner außerhalb des Rates stehenden Stelle Weisungen einholen oder entgegennehmen wird und daß es sich jeder Handlung enthalten wird, die mit seiner Stellung als internationaler, ausschließlich dem Rate gegenüber verantwortlicher Beamter unvereinbar ist. Der Generalsekretär und der Stellvertretende Generalsekretär haben diese Erklärung vor dem Komitee, alle anderen Mitglieder des Personals vor dem Generalsekretär abzugeben.

f) jedes Mitglied hat den ausschließlich internationalen Charakter der Obliegenheiten des Generalsekretärs und des Personals des Sekretariats zu achten und sich jeder Beeinflussung dieser Personen bei der Ausübung ihrer Amtstätigkeit zu enthalten.

Artikel 37 (Sitz, Aufgabe)

a) Das Sekretariat wird am Sitze des Rates gebildet.

b) Der Generalsekretär ist dem Minister-Komitee für die Arbeit des Sekretariats verantwortlich. Unter Vorbehalt der Bestimmungen des Artikels 38d hat er

* Geändert im Mai 1951.

insbesondere der Beratenden Versammlung die von ihr benötigten verwaltungstechnischen und sonstigen Dienste zur Verfügung zu stellen.

Kapitel VII
Finanzen

Artikel 38* (Kostentragung, Haushalt)

a) Jeder Mitgliedstaat trägt die Kosten seiner eigenen Vertretung im Minister-Komitee und in der Beratenden Versammlung.

b) Die Kosten des Sekretariats und alle anderen gemeinsamen Ausgaben werden in dem Verhältnis auf die Mitgliedstaaten verteilt, das vom Minister-Komitee entsprechend der Bevölkerungszahl der einzelnen Mitgliedstaaten festgesetzt wird.
Der Beitrag eines jeden Assoziierten Mitgliedes wird vom Minister-Komitee festgesetzt.

c) Der Haushalt des Europarats wird jedes Jahr vom Generalsekretär gemäß den durch die Finanzordnung festgelegten Bestimmungen dem Minister-Komitee zur Billigung vorgelegt.

d) Der Generalsekretär legt dem Minister-Komitee die Anträge der Versammlung vor, die Ausgaben zur Folge haben könnten, welche die Höhe der bereits im Haushaltsplan für die Versammlung und ihre Arbeiten enthaltenen Kredite überschreiten.

e) Der Generalsekretär unterbreitet dem Minister-Komitee ferner einen Voranschlag der Ausgaben, die mit der Durchführung jeder der dem Komitee vorgelegten Empfehlungen verbunden sind. Ein Beschluß, dessen Durchführung zusätzliche Ausgaben verursacht, gilt erst dann als vom Minister-Komitee angenommen, wenn dieses die darauf bezüglichen zusätzlichen Kostenvoranschläge genehmigt hat.

Artikel 39 (Beitrag der Mitglieder)

Der Generalsekretär teilt jährlich den Regierungen der Mitgliedstaaten die Höhe ihres Beitrages mit. Die Beiträge gelten als am Tage dieser Mitteilung fällig; sie sind spätestens innerhalb von 6 Monaten zu Händen des Generalsekretärs zu entrichten.

Kapitel VIII
Privilegien und Immunitäten

Artikel 40 (Privilegien und Immunitäten)

a) Der Europarat, die Vertreter der Mitgliedstaaten und des Sekretariats genießen in den Gebieten der Mitgliedstaaten die für die Ausübung ihrer Amtstätigkeit erforderlichen Immunitäten und Privilegien. Insbesondere können die Vertreter der Beratenden Versammlung auf Grund dieser Immunität innerhalb der Hoheitsgebiete aller Mitgliedstaaten wegen der von ihnen im Laufe der

* Artikel 38e wurde im Mai 1951 angefügt.

Verhandlungen in der Versammlung, in ihren Komitees oder Ausschüssen geäußerten Meinungen oder abgegebenen Stimmen weder verhaftet noch strafrechtlich belangt werden.

b) Die Mitglieder verpflichten sich, sobald wie möglich ein Abkommen zur wirksamen Durchführung der im vorstehenden Absatz a enthaltenen Bestimmungen abzuschließen. Zu diesem Zweck wird das Minister-Komitee den Regierungen der Mitgliedstaaten den Abschluß eines Abkommens empfehlen, das die in den Hoheitsgebieten der Mitgliedstaaten anerkannten Privilegien und Immunitäten genau umschreibt. Außerdem wird ein Sonderabkommen mit der Regierung der Französischen Republik über die Privilegien und Immunitäten abgeschlossen werden, die der Rat an seinem Sitze genießen soll.

Kapitel IX

Satzungsänderungen

Artikel 41 (Satzungsänderungen)

a) Vorschläge zur Änderung der vorliegenden Satzung können beim Minister-Komitee oder, unter den in Artikel 23 vorgesehenen Bedingungen, bei der Beratenden Versammlung eingebracht werden.

b) Das Komitee empfiehlt die Abänderungen der Satzung, die es für wünschenswert hält, und veranlaßt ihre Eintragung in ein Protokoll.

c) Jedes Änderungsprotokoll tritt nach Unterzeichnung und Ratifizierung durch zwei Drittel der Mitgliedstaaten in Kraft.

d) Unbeschadet der Bestimmungen der vorstehenden Absätze dieses Artikels treten Satzungsänderungen zu den Artikeln 23 bis 35, 38 und 39 nach Zustimmung des Minister-Komitees und der Versammlung mit dem Tage der Beurkundung in Kraft, die vom Generalsekretär durchgeführt und den Regierungen der Mitgliedstaaten mitgeteilt wird und die die Billigung der Abänderungsvorschläge enthält. Die Bestimmungen dieses Absatzes können erst nach Ablauf der zweiten ordentlichen Tagung der Versammlung angewandt werden.

Kapitel X

Schlußbestimmungen

Artikel 42 (Schlußbestimmungen)

a) Die vorliegende Satzung bedarf der Ratifizierung. Die Ratifikations-Urkunden sind bei der Regierung des Vereinigten Königreichs von Großbritannien und Nordirland zu hinterlegen.

b) Die vorliegende Satzung tritt in Kraft, sobald sieben Ratifikations-Urkunden hinterlegt worden sind. Die Regierung des Vereinigten Königreichs wird allen Regierungen, die diese Satzung unterzeichnet haben, ihr Inkrafttreten und die Namen der dem Europarat zu diesem Zeitpunkt angehörenden Staaten bekanntgeben.

c) Für die Folgezeit wird jeder andere Unterzeichner am Tage der Hinterlegung seiner Ratifikations-Urkunde Vertragspartner der vorliegenden Satzung.

Zu Urkund dessen haben die für diesen Zweck gehörig bevollmächtigten Unterzeichner die vorliegende Satzung unterschrieben.

Geschehen zu London am 5. Mai 1949 in französischer und englischer Sprache, wobei die beiden Texte in gleicher Weise verbindlich sind, in einer einzigen Urkunde, die im Archiv der Regierung des Vereinigten Königreichs hinterlegt wird. Diese Regierung wird beglaubigte gleichlautende Abschriften davon den anderen Regierungen, die unterzeichnet haben, zugehen lassen.

12 Konvention zum Schutz der Menschenrechte und Grundfreiheiten (EMRK)

in der Fassung der Bekanntmachung vom 22. Oktober 2010 (BGBl. 2010 II S. 1198)

Inhaltsübersicht*

---

* Nicht amtlich.

Seite 56

Artikel 58 Kündigung Artikel 59 Unterzeichnung und Ratifikation

Auf Grund des Artikels 2 des Gesetzes vom 21. Februar 2006 zu dem Protokoll Nr. 14 vom 13. Mai 2004 zur Konvention zum Schutz der Menschenrechte und Grundfreiheiten über die Änderung des Kontrollsystems der Konvention (BGBl. 2006 II S. 138) wird nachstehend der Wortlaut der Konvention zum Schutz der Menschenrechte und Grundfreiheiten vom 4. November 1950 (BGBl. 1952 II S. 685, 686, 953), welche für die Bundesrepublik Deutschland am 3. September 1953 in Kraft getreten ist (BGBl. 1954 II S. 14) und die zuletzt durch das Protokoll Nr. 14 vom 13. Mai 2004 (BGBl. 2006 II S. 138, 139; 2010 II S. 1196) geändert worden ist, mit einer sprachlich überarbeiteten deutschen Übersetzung in der ab 1. Juni 2010 geltenden Fassung mit

- dem Zusatzprotokoll vom 20. März 1952 zur Konvention zum Schutz der Menschenrechte und Grundfreiheiten (BGBl. 1956 II S. 1879, 1880), für die Bundesrepublik Deutschland in Kraft getreten am 13. Februar 1957 (BGBl. 1957 II S. 226),
- dem Protokoll Nr. 4 vom 16. September 1963 zur Konvention zum Schutz der Menschenrechte und Grundfreiheiten, durch das gewisse Rechte und Freiheiten gewährleistet werden, die nicht bereits in der Konvention oder im ersten Zusatzprotokoll enthalten sind (BGBl. 1968 II S. 422, 423), für die Bundesrepublik Deutschland in Kraft getreten am 1. Juni 1968 (BGBl. 1968 II S. 1109),
- dem Protokoll Nr. 6 vom 28. April 1983 zur Konvention zum Schutz der Menschenrechte und Grundfreiheiten über die Abschaffung der Todesstrafe (BGBl. 1988 II S. 662, 663), für die Bundesrepublik Deutschland in Kraft getreten am 1. August 1989 (BGBl. 1989 II S. 814),
- dem Protokoll Nr. 13 vom 3. Mai 2002 zur Konvention zum Schutz der Menschenrechte und Grundfreiheiten über die vollständige Abschaffung der Todesstrafe (BGBl. 2004 II S. 982, 983), für die Bundesrepublik Deutschland in Kraft getreten am 1. Februar 2005 (BGBl. 2004 II S. 1722),

nachstehend bekannt gemacht.

Präambel

Die Unterzeichnerregierungen, Mitglieder des Europarats –

in Anbetracht der Allgemeinen Erklärung der Menschenrechte, die am 10. Dezember 1948 von der Generalversammlung der Vereinten Nationen verkündet worden ist;

in der Erwägung, dass diese Erklärung bezweckt, die universelle und wirksame Anerkennung und Einhaltung der in ihr aufgeführten Rechte zu gewährleisten;

in der Erwägung, dass es das Ziel des Europarats ist, eine engere Verbindung zwischen seinen Mitgliedern herzustellen, und dass eines der Mittel zur Erreichung dieses Zieles die Wahrung und Fortentwicklung der Menschenrechte und Grundfreiheiten ist;

in Bekräftigung ihres tiefen Glaubens an diese Grundfreiheiten, welche die Grundlage von Gerechtigkeit und Frieden in der Welt bilden und die am besten durch eine wahrhaft demokratische politische Ordnung sowie durch ein gemeinsames Verständnis und eine gemeinsame Achtung der diesen Grundfreiheiten zugrunde liegenden Menschenrechte gesichert werden;

entschlossen, als Regierungen europäischer Staaten, die vom gleichen Geist beseelt sind und ein gemeinsames Erbe an politischen Überlieferungen, Idealen, Achtung der Freiheit und Rechtsstaatlichkeit besitzen, die ersten Schritte auf dem

Weg zu einer kollektiven Garantie bestimmter in der Allgemeinen Erklärung aufgeführter Rechte zu unternehmen –

haben Folgendes vereinbart:

Artikel 1 Verpflichtung zur Achtung der Menschenrechte

Die Hohen Vertragsparteien sichern allen ihrer Hoheitsgewalt unterstehenden Personen die in Abschnitt I bestimmten Rechte und Freiheiten zu.

ABSCHNITT I

Rechte und Freiheiten

Artikel 2 Recht auf Leben

(1) Das Recht jedes Menschen auf Leben wird gesetzlich geschützt. Niemand darf absichtlich getötet werden, außer durch Vollstreckung eines Todesurteils, das ein Gericht wegen eines Verbrechens verhängt hat, für das die Todesstrafe gesetzlich vorgesehen ist.

(2) Eine Tötung wird nicht als Verletzung dieses Artikels betrachtet, wenn sie durch eine Gewaltanwendung verursacht wird, die unbedingt erforderlich ist, um

a) jemanden gegen rechtswidrige Gewalt zu verteidigen;

b) jemanden rechtmäßig festzunehmen oder jemanden, dem die Freiheit rechtmäßig entzogen ist, an der Flucht zu hindern;

c) einen Aufruhr oder Aufstand rechtmäßig niederzuschlagen.

Artikel 3 Verbot der Folter

Niemand darf der Folter oder unmenschlicher oder erniedrigender Behandlung oder Strafe unterworfen werden.

Artikel 4 Verbot der Sklaverei und der Zwangsarbeit

(1) Niemand darf in Sklaverei oder Leibeigenschaft gehalten werden.

(2) Niemand darf gezwungen werden, Zwangs- oder Pflichtarbeit zu verrichten.

(3) Nicht als Zwangs- oder Pflichtarbeit im Sinne dieses Artikels gilt:

a) eine Arbeit, die üblicherweise von einer Person verlangt wird, der unter den Voraussetzungen des Artikels 5 die Freiheit entzogen oder die bedingt entlassen worden ist;

b) eine Dienstleistung militärischer Art oder eine Dienstleistung, die an die Stelle des im Rahmen der Wehrpflicht zu leistenden Dienstes tritt, in Ländern, wo die Dienstverweigerung aus Gewissensgründen anerkannt ist;

c) eine Dienstleistung, die verlangt wird, wenn Notstände oder Katastrophen das Leben oder das Wohl der Gemeinschaft bedrohen;

d) eine Arbeit oder Dienstleistung, die zu den üblichen Bürgerpflichten gehört.

Artikel 5 Recht auf Freiheit und Sicherheit

(1) Jede Person hat das Recht auf Freiheit und Sicherheit. Die Freiheit darf nur in den folgenden Fällen und nur auf die gesetzlich vorgeschriebene Weise entzogen werden:

Seite 58

a) rechtmäßige Freiheitsentziehung nach Verurteilung durch ein zuständiges Gericht;

b) rechtmäßige Festnahme oder Freiheitsentziehung wegen Nichtbefolgung einer rechtmäßigen gerichtlichen Anordnung oder zur Erzwingung der Erfüllung einer gesetzlichen Verpflichtung;

c) rechtmäßige Festnahme oder Freiheitsentziehung zur Vorführung vor die zuständige Gerichtsbehörde, wenn hinreichender Verdacht besteht, dass die betreffende Person eine Straftat begangen hat, oder wenn begründeter Anlass zu der Annahme besteht, dass es notwendig ist, sie an der Begehung einer Straftat oder an der Flucht nach Begehung einer solchen zu hindern;

d) rechtmäßige Freiheitsentziehung bei Minderjährigen zum Zweck überwachter Erziehung oder zur Vorführung vor die zuständige Behörde;

e) rechtmäßige Freiheitsentziehung mit dem Ziel, eine Verbreitung ansteckender Krankheiten zu verhindern, sowie bei psychisch Kranken, Alkohol- oder Rauschgiftsüchtigen und Landstreichern;

f) rechtmäßige Festnahme oder Freiheitsentziehung zur Verhinderung der unerlaubten Einreise sowie bei Personen, gegen die ein Ausweisungs- oder Auslieferungsverfahren im Gange ist.

(2) Jeder festgenommenen Person muss innerhalb möglichst kurzer Frist in einer ihr verständlichen Sprache mitgeteilt werden, welches die Gründe für ihre Festnahme sind und welche Beschuldigungen gegen sie erhoben werden.

(3) Jede Person, die nach Absatz 1 Buchstabe c von Festnahme oder Freiheitsentziehung betroffen ist, muss unverzüglich einem Richter oder einer anderen gesetzlich zur Wahrnehmung richterlicher Aufgaben ermächtigten Person vorgeführt werden; sie hat Anspruch auf ein Urteil innerhalb angemessener Frist oder auf Entlassung während des Verfahrens. Die Entlassung kann von der Leistung einer Sicherheit für das Erscheinen vor Gericht abhängig gemacht werden.

(4) Jede Person, die festgenommen oder der die Freiheit entzogen ist, hat das Recht zu beantragen, dass ein Gericht innerhalb kurzer Frist über die Rechtmäßigkeit der Freiheitsentziehung entscheidet und ihre Entlassung anordnet, wenn die Freiheitsentziehung nicht rechtmäßig ist.

(5) Jede Person, die unter Verletzung dieses Artikels von Festnahme oder Freiheitsentziehung betroffen ist, hat Anspruch auf Schadensersatz.

Artikel 6 Recht auf ein faires Verfahren

(1) Jede Person hat ein Recht darauf, dass über Streitigkeiten in Bezug auf ihre zivilrechtlichen Ansprüche und Verpflichtungen oder über eine gegen sie erhobene strafrechtliche Anklage von einem unabhängigen und unparteiischen, auf Gesetz beruhenden Gericht in einem fairen Verfahren, öffentlich und innerhalb angemessener Frist verhandelt wird. Das Urteil muss öffentlich verkündet werden; Presse und Öffentlichkeit können jedoch während des ganzen oder eines Teiles des Verfahrens ausgeschlossen werden, wenn dies im Interesse der Moral, der öffentlichen Ordnung oder der nationalen Sicherheit in einer demokratischen Gesellschaft liegt, wenn die Interessen von Jugendlichen oder der Schutz des Privatlebens der Prozessparteien es verlangen oder - soweit das Gericht es für unbedingt erforderlich hält - wenn unter besonderen Umständen eine öffentliche Verhandlung die Interessen der Rechtspflege beeinträchtigen würde.

(2) Jede Person, die einer Straftat angeklagt ist, gilt bis zum gesetzlichen Beweis ihrer Schuld als unschuldig.

(3) Jede angeklagte Person hat mindestens folgende Rechte:

a) innerhalb möglichst kurzer Frist in einer ihr verständlichen Sprache in allen Einzelheiten über Art und Grund der gegen sie erhobenen Beschuldigung unterrichtet zu werden;

b) ausreichende Zeit und Gelegenheit zur Vorbereitung ihrer Verteidigung zu haben;

c) sich selbst zu verteidigen, sich durch einen Verteidiger ihrer Wahl verteidigen zu lassen oder, falls ihr die Mittel zur Bezahlung fehlen, unentgeltlich den Beistand eines Verteidigers zu erhalten, wenn dies im Interesse der Rechtspflege erforderlich ist;

d) Fragen an Belastungszeugen zu stellen oder stellen zu lassen und die Ladung und Vernehmung von Entlastungszeugen unter denselben Bedingungen zu erwirken, wie sie für Belastungszeugen gelten;

e) unentgeltliche Unterstützung durch einen Dolmetscher zu erhalten, wenn sie die Verhandlungssprache des Gerichts nicht versteht oder spricht.

Artikel 7 Keine Strafe ohne Gesetz

(1) Niemand darf wegen einer Handlung oder Unterlassung verurteilt werden, die zur Zeit ihrer Begehung nach innerstaatlichem oder internationalem Recht nicht strafbar war. Es darf auch keine schwerere als die zur Zeit der Begehung angedrohte Strafe verhängt werden.

(2) Dieser Artikel schließt nicht aus, dass jemand wegen einer Handlung oder Unterlassung verurteilt oder bestraft wird, die zur Zeit ihrer Begehung nach den von den zivilisierten Völkern anerkannten allgemeinen Rechtsgrundsätzen strafbar war.

Artikel 8 Recht auf Achtung des Privat- und Familienlebens

(1) Jede Person hat das Recht auf Achtung ihres Privat- und Familienlebens, ihrer Wohnung und ihrer Korrespondenz.

(2) Eine Behörde darf in die Ausübung dieses Rechts nur eingreifen, soweit der Eingriff gesetzlich vorgesehen und in einer demokratischen Gesellschaft notwendig ist für die nationale oder öffentliche Sicherheit, für das wirtschaftliche Wohl des Landes, zur Aufrechterhaltung der Ordnung, zur Verhütung von Straftaten, zum Schutz der Gesundheit oder der Moral oder zum Schutz der Rechte und Freiheiten anderer.

Artikel 9 Gedanken-, Gewissens- und Religionsfreiheit

(1) Jede Person hat das Recht auf Gedanken-, Gewissens- und Religionsfreiheit; dieses Recht umfasst die Freiheit, seine Religion oder Weltanschauung zu wechseln, und die Freiheit, seine Religion oder Weltanschauung einzeln oder gemeinsam mit anderen öffentlich oder privat durch Gottesdienst, Unterricht oder Praktizieren von Bräuchen und Riten zu bekennen.

(2) Die Freiheit, seine Religion oder Weltanschauung zu bekennen, darf nur Einschränkungen unterworfen werden, die gesetzlich vorgesehen und in einer demokratischen Gesellschaft notwendig sind für die öffentliche Sicherheit, zum Schutz der öffentlichen Ordnung, Gesundheit oder Moral oder zum Schutz der Rechte und Freiheiten anderer.

Artikel 10 Freiheit der Meinungsäußerung

(1) Jede Person hat das Recht auf freie Meinungsäußerung. Dieses Recht schließt die Meinungsfreiheit und die Freiheit ein, Informationen und Ideen ohne behördliche Eingriffe und ohne Rücksicht auf Staatsgrenzen zu empfangen und weiterzugeben. Dieser Artikel hindert die Staaten nicht, für Hörfunk-, Fernseh- oder Kinounternehmen eine Genehmigung vorzuschreiben.

(2) Die Ausübung dieser Freiheiten ist mit Pflichten und Verantwortung verbunden; sie kann daher Formvorschriften, Bedingungen, Einschränkungen oder Strafdrohungen unterworfen werden, die gesetzlich vorgesehen und in einer demokratischen Gesellschaft notwendig sind für die nationale Sicherheit, die territoriale Unversehrtheit oder die öffentliche Sicherheit, zur Aufrechterhaltung der Ordnung oder zur Verhütung von Straftaten, zum Schutz der Gesundheit oder der Moral, zum Schutz des guten Rufes oder der Rechte anderer, zur Verhinderung der Verbreitung vertraulicher Informationen oder zur Wahrung der Autorität und der Unparteilichkeit der Rechtsprechung.

Artikel 11 Versammlungs- und Vereinigungsfreiheit

(1) Jede Person hat das Recht, sich frei und friedlich mit anderen zu versammeln und sich frei mit anderen zusammenzuschließen; dazu gehört auch das Recht, zum Schutz seiner Interessen Gewerkschaften zu gründen und Gewerkschaften beizutreten.

(2) Die Ausübung dieser Rechte darf nur Einschränkungen unterworfen werden, die gesetzlich vorgesehen und in einer demokratischen Gesellschaft notwendig sind für die nationale oder öffentliche Sicherheit, zur Aufrechterhaltung der Ordnung oder zur Verhütung von Straftaten, zum Schutz der Gesundheit oder der Moral oder zum Schutz der Rechte und Freiheiten anderer. Dieser Artikel steht rechtmäßigen Einschränkungen der Ausübung dieser Rechte für Angehörige der Streitkräfte, der Polizei oder der Staatsverwaltung nicht entgegen.

Artikel 12 Recht auf Eheschließung

Männer und Frauen im heiratsfähigen Alter haben das Recht, nach den innerstaatlichen Gesetzen, welche die Ausübung dieses Rechts regeln, eine Ehe einzugehen und eine Familie zu gründen.

Artikel 13 Recht auf wirksame Beschwerde

Jede Person, die in ihren in dieser Konvention anerkannten Rechten oder Freiheiten verletzt worden ist, hat das Recht, bei einer innerstaatlichen Instanz eine wirksame Beschwerde zu erheben, auch wenn die Verletzung von Personen begangen worden ist, die in amtlicher Eigenschaft gehandelt haben.

Artikel 14 Diskriminierungsverbot

Der Genuss der in dieser Konvention anerkannten Rechte und Freiheiten ist ohne Diskriminierung insbesondere wegen des Geschlechts, der Rasse, der Hautfarbe, der Sprache, der Religion, der politischen oder sonstigen Anschauung, der nationalen oder sozialen Herkunft, der Zugehörigkeit zu einer nationalen Minderheit, des Vermögens, der Geburt oder eines sonstigen Status zu gewährleisten.

Artikel 15 Abweichen im Notstandsfall

(1) Wird das Leben der Nation durch Krieg oder einen anderen öffentlichen Notstand bedroht, so kann jede Hohe Vertragspartei Maßnahmen treffen, die von

den in dieser Konvention vorgesehenen Verpflichtungen abweichen, jedoch nur, soweit es die Lage unbedingt erfordert und wenn die Maßnahmen nicht im Widerspruch zu den sonstigen völkerrechtlichen Verpflichtungen der Vertragspartei stehen.

(2) Aufgrund des Absatzes 1 darf von Artikel 2 nur bei Todesfällen infolge rechtmäßiger Kriegshandlungen und von Artikel 3, Artikel 4 Absatz 1 und Artikel 7 in keinem Fall abgewichen werden.

(3) Jede Hohe Vertragspartei, die dieses Recht auf Abweichung ausübt, unterrichtet den Generalsekretär des Europarats umfassend über die getroffenen Maßnahmen und deren Gründe. Sie unterrichtet den Generalsekretär des Europarats auch über den Zeitpunkt, zu dem diese Maßnahmen außer Kraft getreten sind und die Konvention wieder volle Anwendung findet.

Artikel 16 Beschränkungen der politischen Tätigkeit ausländischer Personen

Die Artikel 10, 11 und 14 sind nicht so auszulegen, als untersagten sie den Hohen Vertragsparteien, die politische Tätigkeit ausländischer Personen zu beschränken.

Artikel 17 Verbot des Missbrauchs der Rechte

Diese Konvention ist nicht so auszulegen, als begründe sie für einen Staat, eine Gruppe oder eine Person das Recht, eine Tätigkeit auszuüben oder eine Handlung vorzunehmen, die darauf abzielt, die in der Konvention festgelegten Rechte und Freiheiten abzuschaffen oder sie stärker einzuschränken, als es in der Konvention vorgesehen ist.

Artikel 18 Begrenzung der Rechtseinschränkungen

Die nach dieser Konvention zulässigen Einschränkungen der genannten Rechte und Freiheiten dürfen nur zu den vorgesehenen Zwecken erfolgen.

ABSCHNITT II

Europäischer Gerichtshof für Menschenrechte

Artikel 19 Errichtung des Gerichtshofs

Um die Einhaltung der Verpflichtungen sicherzustellen, welche die Hohen Vertragsparteien in dieser Konvention und den Protokollen dazu übernommen haben, wird ein Europäischer Gerichtshof für Menschenrechte, im Folgenden als „Gerichtshof" bezeichnet, errichtet. Er nimmt seine Aufgaben als ständiger Gerichtshof wahr.

Artikel 20 Zahl der Richter

Die Zahl der Richter des Gerichtshofs entspricht derjenigen der Hohen Vertragsparteien.

Artikel 21 Voraussetzungen für das Amt

(1) Die Richter müssen hohes sittliches Ansehen genießen und entweder die für die Ausübung hoher richterlicher Ämter erforderlichen Voraussetzungen erfüllen oder Rechtsgelehrte von anerkanntem Ruf sein.

(2) Die Richter gehören dem Gerichtshof in ihrer persönlichen Eigenschaft an.

(3) Während ihrer Amtszeit dürfen die Richter keine Tätigkeit ausüben, die mit ihrer Unabhängigkeit, ihrer Unparteilichkeit oder mit den Erfordernissen der Vollzeitbeschäftigung in diesem Amt unvereinbar ist; alle Fragen, die sich aus der Anwendung dieses Absatzes ergeben, werden vom Gerichtshof entschieden.

Artikel 22 Wahl der Richter

Die Richter werden von der Parlamentarischen Versammlung für jede Hohe Vertragspartei mit der Mehrheit der abgegebenen Stimmen aus einer Liste von drei Kandidaten gewählt, die von der Hohen Vertragspartei vorgeschlagen werden.

Artikel 23 Amtszeit und Entlassung

(1) Die Richter werden für neun Jahre gewählt. Ihre Wiederwahl ist nicht zulässig.

(2) Die Amtszeit der Richter endet mit Vollendung des 70. Lebensjahrs.

(3) Die Richter bleiben bis zum Amtsantritt ihrer Nachfolger im Amt. Sie bleiben jedoch in den Rechtssachen tätig, mit denen sie bereits befasst sind.

(4) Ein Richter kann nur entlassen werden, wenn die anderen Richter mit Zweidrittelmehrheit entscheiden, dass er die erforderlichen Voraussetzungen nicht mehr erfüllt.

Artikel 24 Kanzlei und Berichterstatter

(1) Der Gerichtshof hat eine Kanzlei, deren Aufgaben und Organisation in der Verfahrensordnung des Gerichtshofs festgelegt werden.

(2) Wenn der Gerichtshof in Einzelrichterbesetzung tagt, wird er von Berichterstattern unterstützt, die ihre Aufgaben unter der Aufsicht des Präsidenten des Gerichtshofs ausüben. Sie gehören der Kanzlei des Gerichtshofs an.

Artikel 25 Plenum des Gerichtshofs

Das Plenum des Gerichtshofs

a) wählt seinen Präsidenten und einen oder zwei Vizepräsidenten für drei Jahre; ihre Wiederwahl ist zulässig;

b) bildet Kammern für einen bestimmten Zeitraum;

c) wählt die Präsidenten der Kammern des Gerichtshofs; ihre Wiederwahl ist zulässig;

d) beschließt die Verfahrensordnung des Gerichtshofs;

e) wählt den Kanzler und einen oder mehrere stellvertretende Kanzler;

f) stellt Anträge nach Artikel 26 Absatz 2.

Artikel 26 Einzelrichterbesetzung, Ausschüsse, Kammern und Große Kammer

(1) Zur Prüfung der Rechtssachen, die bei ihm anhängig gemacht werden, tagt der Gerichtshof in Einzelrichterbesetzung, in Ausschüssen mit drei Richtern, in Kammern mit sieben Richtern und in einer Großen Kammer mit siebzehn Richtern. Die Kammern des Gerichtshofs bilden die Ausschüsse für einen bestimmten Zeitraum.

(2) Auf Antrag des Plenums des Gerichtshofs kann die Anzahl Richter je Kammer für einen bestimmten Zeitraum durch einstimmigen Beschluss des Ministerkomitees auf fünf herabgesetzt werden.

(3) Ein Richter, der als Einzelrichter tagt, prüft keine Beschwerde gegen die Hohe Vertragspartei, für die er gewählt worden ist.

(4) Der Kammer und der Großen Kammer gehört von Amts wegen der für eine als Partei beteiligte Hohe Vertragspartei gewählte Richter an. Wenn ein solcher nicht vorhanden ist oder er an den Sitzungen nicht teilnehmen kann, nimmt eine Person in der Eigenschaft eines Richters an den Sitzungen teil, die der Präsident des Gerichtshofs aus einer Liste auswählt, welche ihm die betreffende Vertragspartei vorab unterbreitet hat.

(5) Der Großen Kammer gehören ferner der Präsident des Gerichtshofs, die Vizepräsidenten, die Präsidenten der Kammern und andere nach der Verfahrensordnung des Gerichtshofs ausgewählte Richter an. Wird eine Rechtssache nach Artikel 43 an die Große Kammer verwiesen, so dürfen Richter der Kammer, die das Urteil gefällt hat, der Großen Kammer nicht angehören; das gilt nicht für den Präsidenten der Kammer und den Richter, welcher in der Kammer für die als Partei beteiligte Hohe Vertragspartei mitgewirkt hat.

Artikel 27 Befugnisse des Einzelrichters

(1) Ein Einzelrichter kann eine nach Artikel 34 erhobene Beschwerde für unzulässig erklären oder im Register streichen, wenn eine solche Entscheidung ohne weitere Prüfung getroffen werden kann.

(2) Die Entscheidung ist endgültig.

(3) Erklärt der Einzelrichter eine Beschwerde nicht für unzulässig und streicht er sie auch nicht im Register des Gerichtshofs, so übermittelt er sie zur weiteren Prüfung an einen Ausschuss oder eine Kammer.

Artikel 28 Befugnisse der Ausschüsse

(1) Ein Ausschuss, der mit einer nach Artikel 34 erhobenen Beschwerde befasst wird, kann diese durch einstimmigen Beschluss

a) für unzulässig erklären oder im Register streichen, wenn eine solche Entscheidung ohne weitere Prüfung getroffen werden kann; oder

b) für zulässig erklären und zugleich ein Urteil über die Begründetheit fällen, sofern die der Rechtssache zugrunde liegende Frage der Auslegung oder Anwendung dieser Konvention oder der Protokolle dazu Gegenstand einer gefestigten Rechtsprechung des Gerichtshofs ist.

(2) Die Entscheidungen und Urteile nach Absatz 1 sind endgültig.

(3) Ist der für die als Partei beteiligte Hohe Vertragspartei gewählte Richter nicht Mitglied des Ausschusses, so kann er von Letzterem jederzeit während des Verfahrens eingeladen werden, den Sitz eines Mitglieds im Ausschuss einzunehmen; der Ausschuss hat dabei alle erheblichen Umstände einschließlich der Frage, ob diese Vertragspartei der Anwendung des Verfahrens nach Absatz 1 Buchstabe b entgegengetreten ist, zu berücksichtigen.

Artikel 29 Entscheidungen der Kammern über die Zulässigkeit und Begründetheit

(1) Ergeht weder eine Entscheidung nach Artikel 27 oder 28 noch ein Urteil nach Artikel 28, so entscheidet eine Kammer über die Zulässigkeit und Begründetheit der nach Artikel 34 erhobenen Beschwerden. Die Entscheidung über die Zulässigkeit kann gesondert ergehen.

(2) Eine Kammer entscheidet über die Zulässigkeit und Begründetheit der nach Artikel 33 erhobenen Staatenbeschwerden. Die Entscheidung über die Zulässigkeit ergeht gesondert, sofern der Gerichtshof in Ausnahmefällen nicht anders entscheidet.

Artikel 30 Abgabe der Rechtssache an die Große Kammer

Wirft eine bei einer Kammer anhängige Rechtssache eine schwerwiegende Frage der Auslegung dieser Konvention oder der Protokolle dazu auf oder kann die Entscheidung einer ihr vorliegenden Frage zu einer Abweichung von einem früheren Urteil des Gerichtshofs führen, so kann die Kammer diese Sache jederzeit, bevor sie ihr Urteil gefällt hat, an die Große Kammer abgeben, sofern nicht eine Partei widerspricht.

Artikel 31 Befugnisse der Großen Kammer

Die Große Kammer

a) entscheidet über nach Artikel 33 oder Artikel 34 erhobene Beschwerden, wenn eine Kammer die Rechtssache nach Artikel 30 an sie abgegeben hat oder wenn die Sache nach Artikel 43 an sie verwiesen worden ist,

b) entscheidet über Fragen, mit denen der Gerichtshof durch das Ministerkomitee nach Artikel 46 Absatz 4 befasst wird, und

c) behandelt Anträge nach Artikel 47 auf Erstattung von Gutachten.

Artikel 32 Zuständigkeit des Gerichtshofs

(1) Die Zuständigkeit des Gerichtshofs umfasst alle die Auslegung und Anwendung dieser Konvention und der Protokolle dazu betreffenden Angelegenheiten, mit denen er nach den Artikeln 33, 34, 46 und 47 befasst wird.

(2) Besteht Streit über die Zuständigkeit des Gerichtshofs, so entscheidet der Gerichtshof.

Artikel 33 Staatenbeschwerden

Jede Hohe Vertragspartei kann den Gerichtshof wegen jeder behaupteten Verletzung dieser Konvention und der Protokolle dazu durch eine andere Hohe Vertragspartei anrufen.

Artikel 34 Individualbeschwerden

Der Gerichtshof kann von jeder natürlichen Person, nichtstaatlichen Organisation oder Personengruppe, die behauptet, durch eine der Hohen Vertragsparteien in einem der in dieser Konvention oder den Protokollen dazu anerkannten Rechte verletzt zu sein, mit einer Beschwerde befasst werden. Die Hohen Vertragsparteien verpflichten sich, die wirksame Ausübung dieses Rechts nicht zu behindern.

Artikel 35 Zulässigkeitsvoraussetzungen

(1) Der Gerichtshof kann sich mit einer Angelegenheit erst nach Erschöpfung aller innerstaatlichen Rechtsbehelfe in Übereinstimmung mit den allgemein anerkannten Grundsätzen des Völkerrechts und nur innerhalb einer Frist von sechs Monaten nach der endgültigen innerstaatlichen Entscheidung befassen.

(2) Der Gerichtshof befasst sich nicht mit einer nach Artikel 34 erhobenen Individualbeschwerde, die

a) anonym ist oder
b) im Wesentlichen mit einer schon vorher vom Gerichtshof geprüften Beschwerde übereinstimmt oder schon einer anderen internationalen Untersuchungs- oder Vergleichsinstanz unterbreitet worden ist und keine neuen Tatsachen enthält.

(3) Der Gerichtshof erklärt eine nach Artikel 34 erhobene Individualbeschwerde für unzulässig,
a) wenn er sie für unvereinbar mit dieser Konvention oder den Protokollen dazu, für offensichtlich unbegründet oder für missbräuchlich hält oder
b) wenn er der Ansicht ist, dass dem Beschwerdeführer kein erheblicher Nachteil entstanden ist, es sei denn, die Achtung der Menschenrechte, wie sie in dieser Konvention und den Protokollen dazu anerkannt sind, erfordert eine Prüfung der Begründetheit der Beschwerde, und vorausgesetzt, es wird aus diesem Grund nicht eine Rechtssache zurückgewiesen, die noch von keinem innerstaatlichen Gericht gebührend geprüft worden ist.

(4) Der Gerichtshof weist eine Beschwerde zurück, die er nach diesem Artikel für unzulässig hält. Er kann dies in jedem Stadium des Verfahrens tun.

Artikel 36 Beteiligung Dritter

(1) In allen bei einer Kammer oder der Großen Kammer anhängigen Rechtssachen ist die Hohe Vertragspartei, deren Staatsangehörigkeit der Beschwerdeführer besitzt, berechtigt, schriftliche Stellungnahmen abzugeben und an den mündlichen Verhandlungen teilzunehmen.

(2) Im Interesse der Rechtspflege kann der Präsident des Gerichtshofs jeder Hohen Vertragspartei, die in dem Verfahren nicht Partei ist, oder jeder betroffenen Person, die nicht Beschwerdeführer ist, Gelegenheit geben, schriftlich Stellung zu nehmen oder an den mündlichen Verhandlungen teilzunehmen.

(3) In allen bei einer Kammer oder der Großen Kammer anhängigen Rechtssachen kann der Kommissar für Menschenrechte des Europarats schriftliche Stellungnahmen abgeben und an den mündlichen Verhandlungen teilnehmen.

Artikel 37 Streichung von Beschwerden

(1) Der Gerichtshof kann jederzeit während des Verfahrens entscheiden, eine Beschwerde in seinem Register zu streichen, wenn die Umstände Grund zur Annahme geben, dass
a) der Beschwerdeführer seine Beschwerde nicht weiterzuverfolgen beabsichtigt,
b) die Streitigkeit einer Lösung zugeführt worden ist oder
c) eine weitere Prüfung der Beschwerde aus anderen vom Gerichtshof festgestellten Gründen nicht gerechtfertigt ist.

Der Gerichtshof setzt jedoch die Prüfung der Beschwerde fort, wenn die Achtung der Menschenrechte, wie sie in dieser Konvention und den Protokollen dazu anerkannt sind, dies erfordert.

(2) Der Gerichtshof kann die Wiedereintragung einer Beschwerde in sein Register anordnen, wenn er dies den Umständen nach für gerechtfertigt hält.

Artikel 38 Prüfung der Rechtssache

Der Gerichtshof prüft die Rechtssache mit den Vertretern der Parteien und nimmt, falls erforderlich, Ermittlungen vor; die betreffenden Hohen Vertragsparteien haben alle zur wirksamen Durchführung der Ermittlungen erforderlichen Erleichterungen zu gewähren.

Artikel 39 Gütliche Einigung

(1) Der Gerichtshof kann sich jederzeit während des Verfahrens zur Verfügung der Parteien halten mit dem Ziel, eine gütliche Einigung auf der Grundlage der Achtung der Menschenrechte, wie sie in dieser Konvention und den Protokollen dazu anerkannt sind, zu erreichen.

(2) Das Verfahren nach Absatz 1 ist vertraulich.

(3) Im Fall einer gütlichen Einigung streicht der Gerichtshof durch eine Entscheidung, die sich auf eine kurze Angabe des Sachverhalts und der erzielten Lösung beschränkt, die Rechtssache in seinem Register.

(4) Diese Entscheidung ist dem Ministerkomitee zuzuleiten; dieses überwacht die Durchführung der gütlichen Einigung, wie sie in der Entscheidung festgehalten wird.

Artikel 40 Öffentliche Verhandlung und Akteneinsicht

(1) Die Verhandlung ist öffentlich, soweit nicht der Gerichtshof auf Grund besonderer Umstände anders entscheidet.

(2) Die beim Kanzler verwahrten Schriftstücke sind der Öffentlichkeit zugänglich, soweit nicht der Präsident des Gerichtshofs anders entscheidet.

Artikel 41 Gerechte Entschädigung

Stellt der Gerichtshof fest, dass diese Konvention oder die Protokolle dazu verletzt worden sind, und gestattet das innerstaatliche Recht der Hohen Vertragspartei nur eine unvollkommene Wiedergutmachung für die Folgen dieser Verletzung, so spricht der Gerichtshof der verletzten Partei eine gerechte Entschädigung zu, wenn dies notwendig ist.

Artikel 42 Urteile der Kammern

Urteile der Kammern werden nach Maßgabe des Artikels 44 Absatz 2 endgültig.

Artikel 43 Verweisung an die Große Kammer

(1) Innerhalb von drei Monaten nach dem Datum des Urteils der Kammer kann jede Partei in Ausnahmefällen die Verweisung der Rechtssache an die Große Kammer beantragen.

(2) Ein Ausschuss von fünf Richtern der Großen Kammer nimmt den Antrag an, wenn die Rechtssache eine schwerwiegende Frage der Auslegung oder Anwendung dieser Konvention oder der Protokolle dazu oder eine schwerwiegende Frage von allgemeiner Bedeutung aufwirft.

(3) Nimmt der Ausschuss den Antrag an, so entscheidet die Große Kammer die Sache durch Urteil.

Artikel 44 Endgültige Urteile

(1) Das Urteil der Großen Kammer ist endgültig.

(2) Das Urteil einer Kammer wird endgültig,

a) wenn die Parteien erklären, dass sie die Verweisung der Rechtssache an die Große Kammer nicht beantragen werden;
b) drei Monate nach dem Datum des Urteils, wenn nicht die Verweisung der Rechtssache an die Große Kammer beantragt worden ist; oder
c) wenn der Ausschuss der Großen Kammer den Antrag auf Verweisung nach Artikel 43 abgelehnt hat.

(3) Das endgültige Urteil wird veröffentlicht.

Artikel 45 Begründung der Urteile und Entscheidungen

(1) Urteile sowie Entscheidungen, mit denen Beschwerden für zulässig oder für unzulässig erklärt werden, werden begründet.

(2) Bringt ein Urteil ganz oder teilweise nicht die übereinstimmende Meinung der Richter zum Ausdruck, so ist jeder Richter berechtigt, seine abweichende Meinung darzulegen.

Artikel 46 Verbindlichkeit und Durchführung der Urteile

(1) Die Hohen Vertragsparteien verpflichten sich, in allen Rechtssachen, in denen sie Partei sind, das endgültige Urteil des Gerichtshofs zu befolgen.

(2) Das endgültige Urteil des Gerichtshofs ist dem Ministerkomitee zuzuleiten; dieses überwacht seine Durchführung.

(3) Wird die Überwachung der Durchführung eines endgültigen Urteils nach Auffassung des Ministerkomitees durch eine Frage betreffend die Auslegung dieses Urteils behindert, so kann das Ministerkomitee den Gerichtshof anrufen, damit er über diese Auslegungsfrage entscheidet. Der Beschluss des Ministerkomitees, den Gerichtshof anzurufen, bedarf der Zweidrittelmehrheit der Stimmen der zur Teilnahme an den Sitzungen des Komitees berechtigten Mitglieder.

(4) Weigert sich eine Hohe Vertragspartei nach Auffassung des Ministerkomitees, in einer Rechtssache, in der sie Partei ist, ein endgültiges Urteil des Gerichtshofs zu befolgen, so kann das Ministerkomitee, nachdem es die betreffende Partei gemahnt hat, durch einen mit Zweidrittelmehrheit der Stimmen der zur Teilnahme an den Sitzungen des Komitees berechtigten Mitglieder gefassten Beschluss den Gerichtshof mit der Frage befassen, ob diese Partei ihrer Verpflichtung nach Absatz 1 nachgekommen ist.

(5) Stellt der Gerichtshof eine Verletzung des Absatzes 1 fest, so weist er die Rechtssache zur Prüfung der zu treffenden Maßnahmen an das Ministerkomitee zurück. Stellt der Gerichtshof fest, dass keine Verletzung des Absatzes 1 vorliegt, so weist er die Rechtssache an das Ministerkomitee zurück; dieses beschließt die Einstellung seiner Prüfung.

Artikel 47 Gutachten

(1) Der Gerichtshof kann auf Antrag des Ministerkomitees Gutachten über Rechtsfragen erstatten, welche die Auslegung dieser Konvention und der Protokolle dazu betreffen.

(2) Diese Gutachten dürfen keine Fragen zum Gegenstand haben, die sich auf den Inhalt oder das Ausmaß der in Abschnitt I dieser Konvention und in den Protokollen dazu anerkannten Rechte und Freiheiten beziehen, noch andere Fragen, über die der Gerichtshof oder das Ministerkomitee auf Grund eines nach dieser Konvention eingeleiteten Verfahrens zu entscheiden haben könnte.

(3) Der Beschluss des Ministerkomitees, ein Gutachten beim Gerichtshof zu beantragen, bedarf der Mehrheit der Stimmen der zur Teilnahme an den Sitzungen des Komitees berechtigten Mitglieder.

Artikel 48 Gutachterliche Zuständigkeit des Gerichtshofs

Der Gerichtshof entscheidet, ob ein vom Ministerkomitee gestellter Antrag auf Erstattung eines Gutachtens in seine Zuständigkeit nach Artikel 47 fällt.

Artikel 49 Begründung der Gutachten

(1) Die Gutachten des Gerichtshofs werden begründet.

(2) Bringt das Gutachten ganz oder teilweise nicht die übereinstimmende Meinung der Richter zum Ausdruck, so ist jeder Richter berechtigt, seine abweichende Meinung darzulegen.

(3) Die Gutachten des Gerichtshofs werden dem Ministerkomitee übermittelt.

Artikel 50 Kosten des Gerichtshofs

Die Kosten des Gerichtshofs werden vom Europarat getragen.

Artikel 51 Vorrechte und Immunitäten der Richter

Die Richter genießen bei der Ausübung ihres Amtes die Vorrechte und Immunitäten, die in Artikel 40 der Satzung des Europarats und den aufgrund jenes Artikels geschlossenen Übereinkünften vorgesehen sind.

ABSCHNITT III

Verschiedene Bestimmungen

Artikel 52 Anfragen des Generalsekretärs

Auf Anfrage des Generalsekretärs des Europarats erläutert jede Hohe Vertragspartei, auf welche Weise die wirksame Anwendung aller Bestimmungen dieser Konvention in ihrem innerstaatlichen Recht gewährleistet wird.

Artikel 53 Wahrung anerkannter Menschenrechte

Diese Konvention ist nicht so auszulegen, als beschränke oder beeinträchtige sie Menschenrechte und Grundfreiheiten, die in den Gesetzen einer Hohen Vertragspartei oder in einer anderen Übereinkunft, deren Vertragspartei sie ist, anerkannt werden.

Artikel 54 Befugnisse des Ministerkomitees

Diese Konvention berührt nicht die dem Ministerkomitee durch die Satzung des Europarats übertragenen Befugnisse.

Artikel 55 Ausschluss anderer Verfahren zur Streitbeilegung

Die Hohen Vertragsparteien kommen überein, dass sie sich vorbehaltlich besonderer Vereinbarung nicht auf die zwischen ihnen geltenden Verträge, sonstigen Übereinkünfte oder Erklärungen berufen werden, um eine Streitigkeit über die Auslegung oder Anwendung dieser Konvention einem anderen als den in der Konvention vorgesehenen Beschwerdeverfahren zur Beilegung zu unterstellen.

Artikel 56 Räumlicher Geltungsbereich

(1) Jeder Staat kann bei der Ratifikation oder jederzeit danach durch eine an den Generalsekretär des Europarats gerichtete Notifikation erklären, dass diese Konvention vorbehaltlich des Absatzes 4 auf alle oder einzelne Hoheitsgebiete Anwendung findet, für deren internationale Beziehungen er verantwortlich ist.

(2) Die Konvention findet auf jedes in der Erklärung bezeichnete Hoheitsgebiet ab dem dreißigsten Tag nach Eingang der Notifikation beim Generalsekretär des Europarats Anwendung.

(3) In den genannten Hoheitsgebieten wird diese Konvention unter Berücksichtigung der örtlichen Notwendigkeiten angewendet.

(4) Jeder Staat, der eine Erklärung nach Absatz 1 abgegeben hat, kann jederzeit danach für eines oder mehrere der in der Erklärung bezeichneten Hoheitsgebiete erklären, dass er die Zuständigkeit des Gerichtshofs für die Entgegennahme von Beschwerden von natürlichen Personen, nichtstaatlichen Organisationen oder Personengruppen nach Artikel 34 anerkennt.

Artikel 57 Vorbehalte

(1) Jeder Staat kann bei der Unterzeichnung dieser Konvention oder bei der Hinterlegung seiner Ratifikationsurkunde einen Vorbehalt zu einzelnen Bestimmungen der Konvention anbringen, soweit ein zu dieser Zeit in seinem Hoheitsgebiet geltendes Gesetz mit der betreffenden Bestimmung nicht übereinstimmt. Vorbehalte allgemeiner Art sind nach diesem Artikel nicht zulässig.

(2) Jeder nach diesem Artikel angebrachte Vorbehalt muss mit einer kurzen Darstellung des betreffenden Gesetzes verbunden sein.

Artikel 58 Kündigung

(1) Eine Hohe Vertragspartei kann diese Konvention frühestens fünf Jahre nach dem Tag, an dem sie Vertragspartei geworden ist, unter Einhaltung einer Kündigungsfrist von sechs Monaten durch eine an den Generalsekretär des Europarats gerichtete Notifikation kündigen; dieser unterrichtet die anderen Hohen Vertragsparteien.

(2) Die Kündigung befreit die Hohe Vertragspartei nicht von ihren Verpflichtungen aus dieser Konvention in Bezug auf Handlungen, die sie vor dem Wirksamwerden der Kündigung vorgenommen hat und die möglicherweise eine Verletzung dieser Verpflichtungen darstellen.

(3) Mit derselben Maßgabe scheidet eine Hohe Vertragspartei, deren Mitgliedschaft im Europarat endet, als Vertragspartei dieser Konvention aus.

(4) Die Konvention kann in Bezug auf jedes Hoheitsgebiet, auf das sie durch eine Erklärung nach Artikel 56 anwendbar geworden ist, nach den Absätzen 1 bis 3 gekündigt werden.

Artikel 59 Unterzeichnung und Ratifikation

(1) Diese Konvention liegt für die Mitglieder des Europarats zur Unterzeichnung auf. Sie bedarf der Ratifikation. Die Ratifikationsurkunden werden beim Generalsekretär des Europarats hinterlegt.

(2) Die Europäische Union kann dieser Konvention beitreten.

(3) Diese Konvention tritt nach Hinterlegung von zehn Ratifikationsurkunden in Kraft.

(4) Für jeden Unterzeichner, der die Konvention später ratifiziert, tritt sie mit der Hinterlegung seiner Ratifikationsurkunde in Kraft.

(5) Der Generalsekretär des Europarats notifiziert allen Mitgliedern des Europarats das Inkrafttreten der Konvention, die Namen der Hohen Vertragsparteien, die sie ratifiziert haben, und jede spätere Hinterlegung einer Ratifikationsurkunde.

Geschehen zu Rom am 4. November 1950 in englischer und französischer Sprache, wobei jeder Wortlaut gleichermaßen verbindlich ist, in einer Urschrift, die im Archiv des Europarats hinterlegt wird. Der Generalsekretär übermittelt allen Unterzeichnern beglaubigte Abschriften.

121 Zusatzprotokoll zur Konvention zum Schutz der Menschenrechte und Grundfreiheiten

vom 20. März 1952 (BGBl. 1956 II S. 1879), in der Fassung der Bekanntmachung vom 22. Oktober 2010 (BGBl. 2010 II S. 1198)

Inhaltsübersicht*

Die Unterzeichnerregierungen, Mitglieder des Europarats –

entschlossen, Maßnahmen zur kollektiven Gewährleistung gewisser Rechte und Freiheiten zu treffen, die in Abschnitt I der am 4. November 1950 in Rom unterzeichneten Konvention zum Schutz der Menschenrechte und Grundfreiheiten (im Folgenden als „Konvention" bezeichnet) noch nicht enthalten sind –

haben Folgendes vereinbart:

Artikel 1 Schutz des Eigentums

Jede natürliche oder juristische Person hat das Recht auf Achtung ihres Eigentums. Niemandem darf sein Eigentum entzogen werden, es sei denn, dass das öffentliche Interesse es verlangt, und nur unter den durch Gesetz und durch die allgemeinen Grundsätze des Völkerrechts vorgesehenen Bedingungen.

Absatz 1 beeinträchtigt jedoch nicht das Recht des Staates, diejenigen Gesetze anzuwenden, die er für die Regelung der Benutzung des Eigentums im Einklang mit dem Allgemeininteresse oder zur Sicherung der Zahlung der Steuern oder sonstigen Abgaben oder von Geldstrafen für erforderlich hält.

Artikel 2 Recht auf Bildung

Niemandem darf das Recht auf Bildung verwehrt werden. Der Staat hat bei Ausübung der von ihm auf dem Gebiet der Erziehung und des Unterrichts übernommenen Aufgaben das Recht der Eltern zu achten, die Erziehung und den Unterricht entsprechend ihren eigenen religiösen und weltanschaulichen Überzeugungen sicherzustellen.

Artikel 3 Recht auf freie Wahlen

Die Hohen Vertragsparteien verpflichten sich, in angemessenen Zeitabständen freie und geheime Wahlen unter Bedingungen abzuhalten, welche die freie Äußerung der Meinung des Volkes bei der Wahl der gesetzgebenden Körperschaften gewährleisten.

Artikel 4 Räumlicher Geltungsbereich

Jede Hohe Vertragspartei kann im Zeitpunkt der Unterzeichnung oder Ratifikation dieses Protokolls oder zu jedem späteren Zeitpunkt an den Generalsekretär des Europarats eine Erklärung darüber richten, in welchem Umfang sie sich zur Anwendung dieses Protokolls auf die in der Erklärung angegebenen Hoheitsgebiete verpflichtet, für deren internationale Beziehungen sie verantwortlich ist.

---

* Nicht amtlich.

Jede Hohe Vertragspartei, die eine Erklärung nach Absatz 1 abgegeben hat, kann jederzeit eine weitere Erklärung abgeben, die den Inhalt einer früheren Erklärung ändert oder die Anwendung der Bestimmungen dieses Protokolls auf irgendein Hoheitsgebiet beendet.

Eine nach diesem Artikel abgegebene Erklärung gilt als eine Erklärung im Sinne des Artikels 56 Absatz 1 der Konvention.

Artikel 5 Verhältnis zur Konvention

Die Hohen Vertragsparteien betrachten die Artikel 1, 2, 3 und 4 dieses Protokolls als Zusatzartikel zur Konvention; alle Bestimmungen der Konvention sind dementsprechend anzuwenden.

Artikel 6 Unterzeichnung und Ratifikation

Dieses Protokoll liegt für die Mitglieder des Europarats, die Unterzeichner der Konvention sind, zur Unterzeichnung auf; es wird gleichzeitig mit der Konvention oder zu einem späteren Zeitpunkt ratifiziert. Es tritt nach Hinterlegung von zehn Ratifikationsurkunden in Kraft. Für jeden Unterzeichner, der das Protokoll später ratifiziert, tritt es mit der Hinterlegung seiner Ratifikationsurkunde in Kraft.

Die Ratifikationsurkunden werden beim Generalsekretär des Europarats hinterlegt, der allen Mitgliedern die Namen derjenigen Staaten, die das Protokoll ratifiziert haben, notifiziert.

Geschehen zu Paris am 20. März 1952 in englischer und französischer Sprache, wobei jeder Wortlaut gleichermaßen verbindlich ist, in einer Urschrift, die im Archiv des Europarats hinterlegt wird. Der Generalsekretär übermittelt allen Unterzeichnerregierungen beglaubigte Abschriften.

2 Grundrechte der Union

CHARTA DER GRUNDRECHTE DER EUROPÄISCHEN UNION

in der Fassung der Bekanntmachung vom 7. Juni 2016 (ABl. C 202 vom 7. 6. 2016 S. 391)

Inhaltsübersicht*

* Nicht amtlich.

Präambel

Die Völker Europas sind entschlossen, auf der Grundlage gemeinsamer Werte eine friedliche Zukunft zu teilen, indem sie sich zu einer immer engeren Union verbinden.

In dem Bewusstsein ihres geistig-religiösen und sittlichen Erbes gründet sich die Union auf die unteilbaren und universellen Werte der Würde des Menschen, der Freiheit, der Gleichheit und der Solidarität. Sie beruht auf den Grundsätzen der Demokratie und der Rechtsstaatlichkeit. Sie stellt den Menschen in den Mittelpunkt ihres Handelns, indem sie die Unionsbürgerschaft und einen Raum der Freiheit, der Sicherheit und des Rechts begründet.

Die Union trägt zur Erhaltung und zur Entwicklung dieser gemeinsamen Werte unter Achtung der Vielfalt der Kulturen und Traditionen der Völker Europas sowie der nationalen Identität der Mitgliedstaaten und der Organisation ihrer staatlichen Gewalt auf nationaler, regionaler und lokaler Ebene bei. Sie ist bestrebt, eine ausgewogene und nachhaltige Entwicklung zu fördern und stellt den freien Personen-, Dienstleistungs-, Waren- und Kapitalverkehr sowie die Niederlassungsfreiheit sicher.

Zu diesem Zweck ist es notwendig, angesichts der Weiterentwicklung der Gesellschaft, des sozialen Fortschritts und der wissenschaftlichen und technologischen Entwicklungen den Schutz der Grundrechte zu stärken, indem sie in einer Charta sichtbarer gemacht werden.

Diese Charta bekräftigt unter Achtung der Zuständigkeiten und Aufgaben der Union und des Subsidiaritätsprinzips die Rechte, die sich vor allem aus den gemeinsamen Verfassungstraditionen und den gemeinsamen internationalen Verpflichtungen der Mitgliedstaaten, aus der Europäischen Konvention zum Schutz der Menschenrechte und Grundfreiheiten, aus den von der Union und dem Europarat beschlossenen Sozialchartas sowie aus der Rechtsprechung des Gerichtshofs der Europäischen Union und des Europäischen Gerichtshofs für Menschenrechte ergeben. In diesem Zusammenhang erfolgt die Auslegung der Charta durch die Gerichte der Union und der Mitgliedstaaten unter gebührender Berücksichtigung der Erläuterungen, die unter der Leitung des Präsidiums des Konvents zur Ausarbeitung der Charta formuliert und unter der Verantwortung des Präsidiums des Europäischen Konvents aktualisiert wurden.

Die Ausübung dieser Rechte ist mit Verantwortung und mit Pflichten sowohl gegenüber den Mitmenschen als auch gegenüber der menschlichen Gemeinschaft und den künftigen Generationen verbunden.

Daher erkennt die Union die nachstehend aufgeführten Rechte, Freiheiten und Grundsätze an.

TITEL I

WÜRDE DES MENSCHEN

Artikel 1 Würde des Menschen

Die Würde des Menschen ist unantastbar. Sie ist zu achten und zu schützen.

Artikel 2 Recht auf Leben

(1) Jeder Mensch hat das Recht auf Leben.

(2) Niemand darf zur Todesstrafe verurteilt oder hingerichtet werden.

Artikel 3 Recht auf Unversehrtheit

(1) Jeder Mensch hat das Recht auf körperliche und geistige Unversehrtheit.

(2) Im Rahmen der Medizin und der Biologie muss insbesondere Folgendes beachtet werden:

a) die freie Einwilligung des Betroffenen nach vorheriger Aufklärung entsprechend den gesetzlich festgelegten Einzelheiten,

b) das Verbot eugenischer Praktiken, insbesondere derjenigen, welche die Selektion von Menschen zum Ziel haben,

c) das Verbot, den menschlichen Körper und Teile davon als solche zur Erzielung von Gewinnen zu nutzen,

d) das Verbot des reproduktiven Klonens von Menschen.

Artikel 4 Verbot der Folter und unmenschlicher oder erniedrigender Strafe oder Behandlung

Niemand darf der Folter oder unmenschlicher oder erniedrigender Strafe oder Behandlung unterworfen werden.

Artikel 5 Verbot der Sklaverei und der Zwangsarbeit

(1) Niemand darf in Sklaverei oder Leibeigenschaft gehalten werden.

(2) Niemand darf gezwungen werden, Zwangs- oder Pflichtarbeit zu verrichten.

(3) Menschenhandel ist verboten.

TITEL II

FREIHEITEN

Artikel 6 Recht auf Freiheit und Sicherheit

Jeder Mensch hat das Recht auf Freiheit und Sicherheit.

Artikel 7 Achtung des Privat- und Familienlebens

Jede Person hat das Recht auf Achtung ihres Privat- und Familienlebens, ihrer Wohnung sowie ihrer Kommunikation.

Artikel 8 Schutz personenbezogener Daten

(1) Jede Person hat das Recht auf Schutz der sie betreffenden personenbezogenen Daten.

(2) Diese Daten dürfen nur nach Treu und Glauben für festgelegte Zwecke und mit Einwilligung der betroffenen Person oder auf einer sonstigen gesetzlich geregelten legitimen Grundlage verarbeitet werden. Jede Person hat das Recht, Auskunft über die sie betreffenden erhobenen Daten zu erhalten und die Berichtigung der Daten zu erwirken.

(3) Die Einhaltung dieser Vorschriften wird von einer unabhängigen Stelle überwacht.

Artikel 9 Recht, eine Ehe einzugehen und eine Familie zu gründen

Das Recht, eine Ehe einzugehen, und das Recht, eine Familie zu gründen, werden nach den einzelstaatlichen Gesetzen gewährleistet, welche die Ausübung dieser Rechte regeln.

Artikel 10 Gedanken-, Gewissens- und Religionsfreiheit

(1) Jede Person hat das Recht auf Gedanken-, Gewissens- und Religionsfreiheit. Dieses Recht umfasst die Freiheit, die Religion oder Weltanschauung zu wechseln, und die Freiheit, seine Religion oder Weltanschauung einzeln oder gemeinsam mit anderen öffentlich oder privat durch Gottesdienst, Unterricht, Bräuche und Riten zu bekennen.

(2) Das Recht auf Wehrdienstverweigerung aus Gewissensgründen wird nach den einzelstaatlichen Gesetzen anerkannt, welche die Ausübung dieses Rechts regeln.

Artikel 11 Freiheit der Meinungsäußerung und Informationsfreiheit

(1) Jede Person hat das Recht auf freie Meinungsäußerung. Dieses Recht schließt die Meinungsfreiheit und die Freiheit ein, Informationen und Ideen ohne behördliche Eingriffe und ohne Rücksicht auf Staatsgrenzen zu empfangen und weiterzugeben.

(2) Die Freiheit der Medien und ihre Pluralität werden geachtet.

Artikel 12 Versammlungs- und Vereinigungsfreiheit

(1) Jede Person hat das Recht, sich insbesondere im politischen, gewerkschaftlichen und zivilgesellschaftlichen Bereich auf allen Ebenen frei und friedlich mit anderen zu versammeln und frei mit anderen zusammenzuschließen, was das Recht jeder Person umfasst, zum Schutz ihrer Interessen Gewerkschaften zu gründen und Gewerkschaften beizutreten.

(2) Politische Parteien auf der Ebene der Union tragen dazu bei, den politischen Willen der Unionsbürgerinnen und Unionsbürger zum Ausdruck zu bringen.

Artikel 13 Freiheit der Kunst und der Wissenschaft

Kunst und Forschung sind frei. Die akademische Freiheit wird geachtet.

Artikel 14 Recht auf Bildung

(1) Jede Person hat das Recht auf Bildung sowie auf Zugang zur beruflichen Ausbildung und Weiterbildung.

(2) Dieses Recht umfasst die Möglichkeit, unentgeltlich am Pflichtschulunterricht teilzunehmen.

(3) Die Freiheit zur Gründung von Lehranstalten unter Achtung der demokratischen Grundsätze sowie das Recht der Eltern, die Erziehung und den Unterricht ihrer Kinder entsprechend ihren eigenen religiösen, weltanschaulichen und erzieherischen Überzeugungen sicherzustellen, werden nach den einzelstaatlichen Gesetzen geachtet, welche ihre Ausübung regeln.

Artikel 15 Berufsfreiheit und Recht zu arbeiten

(1) Jede Person hat das Recht, zu arbeiten und einen frei gewählten oder angenommenen Beruf auszuüben.

(2) Alle Unionsbürgerinnen und Unionsbürger haben die Freiheit, in jedem Mitgliedstaat Arbeit zu suchen, zu arbeiten, sich niederzulassen oder Dienstleistungen zu erbringen.

(3) Die Staatsangehörigen dritter Länder, die im Hoheitsgebiet der Mitgliedstaaten arbeiten dürfen, haben Anspruch auf Arbeitsbedingungen, die denen der Unionsbürgerinnen und Unionsbürger entsprechen.

Artikel 16 Unternehmerische Freiheit

Die unternehmerische Freiheit wird nach dem Unionsrecht und den einzelstaatlichen Rechtsvorschriften und Gepflogenheiten anerkannt.

Artikel 17 Eigentumsrecht

(1) Jede Person hat das Recht, ihr rechtmäßig erworbenes Eigentum zu besitzen, zu nutzen, darüber zu verfügen und es zu vererben. Niemandem darf sein Eigentum entzogen werden, es sei denn aus Gründen des öffentlichen Interesses in den Fällen und unter den Bedingungen, die in einem Gesetz vorgesehen sind, sowie gegen eine rechtzeitige angemessene Entschädigung für den Verlust des Eigentums. Die Nutzung des Eigentums kann gesetzlich geregelt werden, soweit dies für das Wohl der Allgemeinheit erforderlich ist.

(2) Geistiges Eigentum wird geschützt.

Artikel 18 Asylrecht

Das Recht auf Asyl wird nach Maßgabe des Genfer Abkommens vom 28. Juli 1951 und des Protokolls vom 31. Januar 1967 über die Rechtsstellung der Flüchtlinge sowie nach Maßgabe des Vertrags über die Europäische Union und des Vertrags über die Arbeitsweise der Europäischen Union (im Folgenden „die Verträge“) gewährleistet.

Artikel 19 Schutz bei Abschiebung, Ausweisung und Auslieferung

(1) Kollektivausweisungen sind nicht zulässig.

(2) Niemand darf in einen Staat abgeschoben oder ausgewiesen oder an einen Staat ausgeliefert werden, in dem für sie oder ihn das ernsthafte Risiko der Todes-

strafe, der Folter oder einer anderen unmenschlichen oder erniedrigenden Strafe oder Behandlung besteht.

TITEL III
GLEICHHEIT

Artikel 20 Gleichheit vor dem Gesetz

Alle Personen sind vor dem Gesetz gleich.

Artikel 21 Nichtdiskriminierung

(1) Diskriminierungen insbesondere wegen des Geschlechts, der Rasse, der Hautfarbe, der ethnischen oder sozialen Herkunft, der genetischen Merkmale, der Sprache, der Religion oder der Weltanschauung, der politischen oder sonstigen Anschauung, der Zugehörigkeit zu einer nationalen Minderheit, des Vermögens, der Geburt, einer Behinderung, des Alters oder der sexuellen Ausrichtung sind verboten.

(2) Unbeschadet besonderer Bestimmungen der Verträge ist in ihrem Anwendungsbereich jede Diskriminierung aus Gründen der Staatsangehörigkeit verboten.

Artikel 22 Vielfalt der Kulturen, Religionen und Sprachen

Die Union achtet die Vielfalt der Kulturen, Religionen und Sprachen.

Artikel 23 Gleichheit von Frauen und Männern

Die Gleichheit von Frauen und Männern ist in allen Bereichen, einschließlich der Beschäftigung, der Arbeit und des Arbeitsentgelts, sicherzustellen.

Der Grundsatz der Gleichheit steht der Beibehaltung oder der Einführung spezifischer Vergünstigungen für das unterrepräsentierte Geschlecht nicht entgegen.

Artikel 24 Rechte des Kindes

(1) Kinder haben Anspruch auf den Schutz und die Fürsorge, die für ihr Wohlergehen notwendig sind. Sie können ihre Meinung frei äußern. Ihre Meinung wird in den Angelegenheiten, die sie betreffen, in einer ihrem Alter und ihrem Reifegrad entsprechenden Weise berücksichtigt.

(2) Bei allen Kinder betreffenden Maßnahmen öffentlicher Stellen oder privater Einrichtungen muss das Wohl des Kindes eine vorrangige Erwägung sein.

(3) Jedes Kind hat Anspruch auf regelmäßige persönliche Beziehungen und direkte Kontakte zu beiden Elternteilen, es sei denn, dies steht seinem Wohl entgegen.

Artikel 25 Rechte älterer Menschen

Die Union anerkennt und achtet das Recht älterer Menschen auf ein würdiges und unabhängiges Leben und auf Teilnahme am sozialen und kulturellen Leben.

Artikel 26 Integration von Menschen mit Behinderung

Die Union anerkennt und achtet den Anspruch von Menschen mit Behinderung auf Maßnahmen zur Gewährleistung ihrer Eigenständigkeit, ihrer sozialen und beruflichen Eingliederung und ihrer Teilnahme am Leben der Gemeinschaft.

TITEL IV

SOLIDARITÄT

Artikel 27 Recht auf Unterrichtung und Anhörung der Arbeitnehmerinnen und Arbeitnehmer im Unternehmen

Für die Arbeitnehmerinnen und Arbeitnehmer oder ihre Vertreter muss auf den geeigneten Ebenen eine rechtzeitige Unterrichtung und Anhörung in den Fällen und unter den Voraussetzungen gewährleistet sein, die nach dem Unionsrecht und den einzelstaatlichen Rechtsvorschriften und Gepflogenheiten vorgesehen sind.

Artikel 28 Recht auf Kollektivverhandlungen und Kollektivmaßnahmen

Die Arbeitnehmerinnen und Arbeitnehmer sowie die Arbeitgeberinnen und Arbeitgeber oder ihre jeweiligen Organisationen haben nach dem Unionsrecht und den einzelstaatlichen Rechtsvorschriften und Gepflogenheiten das Recht, Tarifverträge auf den geeigneten Ebenen auszuhandeln und zu schließen sowie bei Interessenkonflikten kollektive Maßnahmen zur Verteidigung ihrer Interessen, einschließlich Streiks, zu ergreifen.

Artikel 29 Recht auf Zugang zu einem Arbeitsvermittlungsdienst

Jeder Mensch hat das Recht auf Zugang zu einem unentgeltlichen Arbeitsvermittlungsdienst.

Artikel 30 Schutz bei ungerechtfertigter Entlassung

Jede Arbeitnehmerin und jeder Arbeitnehmer hat nach dem Unionsrecht und den einzelstaatlichen Rechtsvorschriften und Gepflogenheiten Anspruch auf Schutz vor ungerechtfertigter Entlassung.

Artikel 31 Gerechte und angemessene Arbeitsbedingungen

(1) Jede Arbeitnehmerin und jeder Arbeitnehmer hat das Recht auf gesunde, sichere und würdige Arbeitsbedingungen.

(2) Jede Arbeitnehmerin und jeder Arbeitnehmer hat das Recht auf eine Begrenzung der Höchstarbeitszeit, auf tägliche und wöchentliche Ruhezeiten sowie auf bezahlten Jahresurlaub.

Artikel 32 Verbot der Kinderarbeit und Schutz der Jugendlichen am Arbeitsplatz

Kinderarbeit ist verboten. Unbeschadet günstigerer Vorschriften für Jugendliche und abgesehen von begrenzten Ausnahmen darf das Mindestalter für den Eintritt in das Arbeitsleben das Alter, in dem die Schulpflicht endet, nicht unterschreiten.

Zur Arbeit zugelassene Jugendliche müssen ihrem Alter angepasste Arbeitsbedingungen erhalten und vor wirtschaftlicher Ausbeutung und vor jeder Arbeit geschützt werden, die ihre Sicherheit, ihre Gesundheit, ihre körperliche, geistige, sittliche oder soziale Entwicklung beeinträchtigen oder ihre Erziehung gefährden könnte.

Artikel 33 Familien- und Berufsleben

(1) Der rechtliche, wirtschaftliche und soziale Schutz der Familie wird gewährleistet.

(2) Um Familien- und Berufsleben miteinander in Einklang bringen zu können, hat jeder Mensch das Recht auf Schutz vor Entlassung aus einem mit der Mutterschaft zusammenhängenden Grund sowie den Anspruch auf einen bezahlten Mutterschaftsurlaub und auf einen Elternurlaub nach der Geburt oder Adoption eines Kindes.

Artikel 34 Soziale Sicherheit und soziale Unterstützung

(1) Die Union anerkennt und achtet das Recht auf Zugang zu den Leistungen der sozialen Sicherheit und zu den sozialen Diensten, die in Fällen wie Mutterschaft, Krankheit, Arbeitsunfall, Pflegebedürftigkeit oder im Alter sowie bei Verlust des Arbeitsplatzes Schutz gewährleisten, nach Maßgabe des Unionsrechts und der einzelstaatlichen Rechtsvorschriften und Gepflogenheiten.

(2) Jeder Mensch, der in der Union seinen rechtmäßigen Wohnsitz hat und seinen Aufenthalt rechtmäßig wechselt, hat Anspruch auf die Leistungen der sozialen Sicherheit und die sozialen Vergünstigungen nach dem Unionsrecht und den einzelstaatlichen Rechtsvorschriften und Gepflogenheiten.

(3) Um die soziale Ausgrenzung und die Armut zu bekämpfen, anerkennt und achtet die Union das Recht auf eine soziale Unterstützung und eine Unterstützung für die Wohnung, die allen, die nicht über ausreichende Mittel verfügen, ein menschenwürdiges Dasein sicherstellen sollen, nach Maßgabe des Unionsrechts und der einzelstaatlichen Rechtsvorschriften und Gepflogenheiten.

Artikel 35 Gesundheitsschutz

Jeder Mensch hat das Recht auf Zugang zur Gesundheitsvorsorge und auf ärztliche Versorgung nach Maßgabe der einzelstaatlichen Rechtsvorschriften und Gepflogenheiten. Bei der Festlegung und Durchführung der Politik und Maßnahmen der Union in allen Bereichen wird ein hohes Gesundheitsschutzniveau sichergestellt.

Artikel 36 Zugang zu Dienstleistungen von allgemeinem wirtschaftlichen Interesse

Die Union anerkennt und achtet den Zugang zu Dienstleistungen von allgemeinem wirtschaftlichen Interesse, wie er durch die einzelstaatlichen Rechtsvorschriften und Gepflogenheiten im Einklang mit den Verträgen geregelt ist, um den sozialen und territorialen Zusammenhalt der Union zu fördern.

Artikel 37 Umweltschutz

Ein hohes Umweltschutzniveau und die Verbesserung der Umweltqualität müssen in die Politik der Union einbezogen und nach dem Grundsatz der nachhaltigen Entwicklung sichergestellt werden.

Artikel 38 Verbraucherschutz

Die Politik der Union stellt ein hohes Verbraucherschutzniveau sicher.

TITEL V
BÜRGERRECHTE

Artikel 39 Aktives und passives Wahlrecht bei den Wahlen zum Europäischen Parlament

(1) Die Unionsbürgerinnen und Unionsbürger besitzen in dem Mitgliedstaat, in dem sie ihren Wohnsitz haben, das aktive und passive Wahlrecht bei den Wahlen zum Europäischen Parlament unter denselben Bedingungen wie die Angehörigen des betreffenden Mitgliedstaats.

(2) Die Mitglieder des Europäischen Parlaments werden in allgemeiner, unmittelbarer, freier und geheimer Wahl gewählt.

Artikel 40 Aktives und passives Wahlrecht bei den Kommunalwahlen

Die Unionsbürgerinnen und Unionsbürger besitzen in dem Mitgliedstaat, in dem sie ihren Wohnsitz haben, das aktive und passive Wahlrecht bei Kommunalwahlen unter denselben Bedingungen wie die Angehörigen des betreffenden Mitgliedstaats.

Artikel 41 Recht auf eine gute Verwaltung

(1) Jede Person hat ein Recht darauf, dass ihre Angelegenheiten von den Organen, Einrichtungen und sonstigen Stellen der Union unparteiisch, gerecht und innerhalb einer angemessenen Frist behandelt werden.

(2) Dieses Recht umfasst insbesondere

a) das Recht jeder Person, gehört zu werden, bevor ihr gegenüber eine für sie nachteilige individuelle Maßnahme getroffen wird,

b) das Recht jeder Person auf Zugang zu den sie betreffenden Akten unter Wahrung des berechtigten Interesses der Vertraulichkeit sowie des Berufs- und Geschäftsgeheimnisses,

c) die Verpflichtung der Verwaltung, ihre Entscheidungen zu begründen.

(3) Jede Person hat Anspruch darauf, dass die Union den durch ihre Organe oder Bediensteten in Ausübung ihrer Amtstätigkeit verursachten Schaden nach den allgemeinen Rechtsgrundsätzen ersetzt, die den Rechtsordnungen der Mitgliedstaaten gemeinsam sind.

(4) Jede Person kann sich in einer der Sprachen der Verträge an die Organe der Union wenden und muss eine Antwort in derselben Sprache erhalten.

Artikel 42 Recht auf Zugang zu Dokumenten

Die Unionsbürgerinnen und Unionsbürger sowie jede natürliche oder juristische Person mit Wohnsitz oder satzungsmäßigem Sitz in einem Mitgliedstaat haben das Recht auf Zugang zu den Dokumenten der Organe, Einrichtungen und sonstigen Stellen der Union, unabhängig von der Form der für diese Dokumente verwendeten Träger.

Artikel 43 Der Europäische Bürgerbeauftragte

Die Unionsbürgerinnen und Unionsbürger sowie jede natürliche oder juristische Person mit Wohnsitz oder satzungsmäßigem Sitz in einem Mitgliedstaat haben das Recht, den Europäischen Bürgerbeauftragten im Falle von Missständen bei der Tätigkeit der Organe, Einrichtungen und sonstigen Stellen der Union, mit

Ausnahme des Gerichtshofs der Europäischen Union in Ausübung seiner Rechtsprechungsbefugnisse, zu befassen.

Artikel 44 Petitionsrecht

Die Unionsbürgerinnen und Unionsbürger sowie jede natürliche oder juristische Person mit Wohnsitz oder satzungsmäßigem Sitz in einem Mitgliedstaat haben das Recht, eine Petition an das Europäische Parlament zu richten.

Artikel 45 Freizügigkeit und Aufenthaltsfreiheit

(1) Die Unionsbürgerinnen und Unionsbürger haben das Recht, sich im Hoheitsgebiet der Mitgliedstaaten frei zu bewegen und aufzuhalten.

(2) Staatsangehörigen von Drittländern, die sich rechtmäßig im Hoheitsgebiet eines Mitgliedstaats aufhalten, kann nach Maßgabe der Verträge Freizügigkeit und Aufenthaltsfreiheit gewährt werden.

Artikel 46 Diplomatischer und konsularischer Schutz

Die Unionsbürgerinnen und Unionsbürger genießen im Hoheitsgebiet eines Drittlands, in dem der Mitgliedstaat, dessen Staatsangehörigkeit sie besitzen, nicht vertreten ist, den Schutz durch die diplomatischen und konsularischen Behörden eines jeden Mitgliedstaats unter denselben Bedingungen wie Staatsangehörige dieses Staates.

TITEL VI
JUSTIZIELLE RECHTE

Artikel 47 Recht auf einen wirksamen Rechtsbehelf und ein unparteiisches Gericht

Jede Person, deren durch das Recht der Union garantierte Rechte oder Freiheiten verletzt worden sind, hat das Recht, nach Maßgabe der in diesem Artikel vorgesehenen Bedingungen bei einem Gericht einen wirksamen Rechtsbehelf einzulegen.

Jede Person hat ein Recht darauf, dass ihre Sache von einem unabhängigen, unparteiischen und zuvor durch Gesetz errichteten Gericht in einem fairen Verfahren, öffentlich und innerhalb angemessener Frist verhandelt wird. Jede Person kann sich beraten, verteidigen und vertreten lassen.

Personen, die nicht über ausreichende Mittel verfügen, wird Prozesskostenhilfe bewilligt, soweit diese Hilfe erforderlich ist, um den Zugang zu den Gerichten wirksam zu gewährleisten.

Artikel 48 Unschuldsvermutung und Verteidigungsrechte

(1) Jeder Angeklagte gilt bis zum rechtsförmlich erbrachten Beweis seiner Schuld als unschuldig.

(2) Jedem Angeklagten wird die Achtung der Verteidigungsrechte gewährleistet.

Artikel 49 Grundsätze der Gesetzmäßigkeit und der Verhältnismäßigkeit im Zusammenhang mit Straftaten und Strafen

(1) Niemand darf wegen einer Handlung oder Unterlassung verurteilt werden, die zur Zeit ihrer Begehung nach innerstaatlichem oder internationalem Recht nicht strafbar war. Es darf auch keine schwerere Strafe als die zur Zeit der Begehung angedrohte Strafe verhängt werden. Wird nach Begehung einer Straftat durch Gesetz eine mildere Strafe eingeführt, so ist diese zu verhängen.

(2) Dieser Artikel schließt nicht aus, dass eine Person wegen einer Handlung oder Unterlassung verurteilt oder bestraft wird, die zur Zeit ihrer Begehung nach den allgemeinen, von der Gesamtheit der Nationen anerkannten Grundsätzen strafbar war.

(3) Das Strafmaß darf zur Straftat nicht unverhältnismäßig sein.

Artikel 50 Recht, wegen derselben Straftat nicht zweimal strafrechtlich verfolgt oder bestraft zu werden

Niemand darf wegen einer Straftat, derentwegen er bereits in der Union nach dem Gesetz rechtskräftig verurteilt oder freigesprochen worden ist, in einem Strafverfahren erneut verfolgt oder bestraft werden.

TITEL VII

ALLGEMEINE BESTIMMUNGEN ÜBER DIE AUSLEGUNG UND ANWENDUNG DER CHARTA

Artikel 51 Anwendungsbereich

(1) Diese Charta gilt für die Organe, Einrichtungen und sonstigen Stellen der Union unter Wahrung des Subsidiaritätsprinzips und für die Mitgliedstaaten ausschließlich bei der Durchführung des Rechts der Union. Dementsprechend achten sie die Rechte, halten sie sich an die Grundsätze und fördern sie deren Anwendung entsprechend ihren jeweiligen Zuständigkeiten und unter Achtung der Grenzen der Zuständigkeiten, die der Union in den Verträgen übertragen werden.

(2) Diese Charta dehnt den Geltungsbereich des Unionsrechts nicht über die Zuständigkeiten der Union hinaus aus und begründet weder neue Zuständigkeiten noch neue Aufgaben für die Union, noch ändert sie die in den Verträgen festgelegten Zuständigkeiten und Aufgaben.

Artikel 52 Tragweite und Auslegung der Rechte und Grundsätze

(1) Jede Einschränkung der Ausübung der in dieser Charta anerkannten Rechte und Freiheiten muss gesetzlich vorgesehen sein und den Wesensgehalt dieser Rechte und Freiheiten achten. Unter Wahrung des Grundsatzes der Verhältnismäßigkeit dürfen Einschränkungen nur vorgenommen werden, wenn sie erforderlich sind und den von der Union anerkannten dem Gemeinwohl dienenden Zielsetzungen oder den Erfordernissen des Schutzes der Rechte und Freiheiten anderer tatsächlich entsprechen.

(2) Die Ausübung der durch diese Charta anerkannten Rechte, die in den Verträgen geregelt sind, erfolgt im Rahmen der in den Verträgen festgelegten Bedingungen und Grenzen.

(3) Soweit diese Charta Rechte enthält, die den durch die Europäische Konvention zum Schutz der Menschenrechte und Grundfreiheiten garantierten Rech-

ten entsprechen, haben sie die gleiche Bedeutung und Tragweite, wie sie ihnen in der genannten Konvention verliehen wird. Diese Bestimmung steht dem nicht entgegen, dass das Recht der Union einen weiter gehenden Schutz gewährt.

(4) Soweit in dieser Charta Grundrechte anerkannt werden, wie sie sich aus den gemeinsamen Verfassungsüberlieferungen der Mitgliedstaaten ergeben, werden sie im Einklang mit diesen Überlieferungen ausgelegt.

(5) Die Bestimmungen dieser Charta, in denen Grundsätze festgelegt sind, können durch Akte der Gesetzgebung und der Ausführung der Organe, Einrichtungen und sonstigen Stellen der Union sowie durch Akte der Mitgliedstaaten zur Durchführung des Rechts der Union in Ausübung ihrer jeweiligen Zuständigkeiten umgesetzt werden. Sie können vor Gericht nur bei der Auslegung dieser Akte und bei Entscheidungen über deren Rechtmäßigkeit herangezogen werden.

(6) Den einzelstaatlichen Rechtsvorschriften und Gepflogenheiten ist, wie es in dieser Charta bestimmt ist, in vollem Umfang Rechnung zu tragen.

(7) Die Erläuterungen, die als Anleitung für die Auslegung dieser Charta verfasst wurden, sind von den Gerichten der Union und der Mitgliedstaaten gebührend zu berücksichtigen.

Artikel 53 Schutzniveau

Keine Bestimmung dieser Charta ist als eine Einschränkung oder Verletzung der Menschenrechte und Grundfreiheiten auszulegen, die in dem jeweiligen Anwendungsbereich durch das Recht der Union und das Völkerrecht sowie durch die internationalen Übereinkünfte, bei denen die Union oder alle Mitgliedstaaten Vertragsparteien sind, darunter insbesondere die Europäische Konvention zum Schutz der Menschenrechte und Grundfreiheiten, sowie durch die Verfassungen der Mitgliedstaaten anerkannt werden.

Artikel 54 Verbot des Missbrauchs der Rechte

Keine Bestimmung dieser Charta ist so auszulegen, als begründe sie das Recht, eine Tätigkeit auszuüben oder eine Handlung vorzunehmen, die darauf abzielt, die in der Charta anerkannten Rechte und Freiheiten abzuschaffen oder sie stärker einzuschränken, als dies in der Charta vorgesehen ist.

Der vorstehende Wortlaut übernimmt mit Anpassungen die am 7. Dezember 2000 proklamierte Charta und ersetzt sie ab dem Zeitpunkt des Inkrafttretens des Vertrags von Lissabon.*

* Gemäß Bekanntmachung vom 13. November 2009 (BGBl. II S. 1223) ist der Vertrag von Lissabon nach seinem Artikel 6 Absatz 2 am 1. Dezember 2009 in Kraft getreten.

3 Primäres Unionrecht

31 Vertrag über die Europäische Union

in der konsolidierten Fassung vom 7. Juni 2016 (ABl. C 202 vom 7. 6. 2016 S. 13)

Inhaltsübersicht

PRÄAMBEL

SEINE MAJESTÄT DER KÖNIG DER BELGIER, IHRE MAJESTÄT DIE KÖNIGIN VON DÄNEMARK, DER PRÄSIDENT DER BUNDESREPUBLIK DEUTSCHLAND, DER PRÄSIDENT DER GRIECHISCHEN REPUBLIK, SEINE MAJESTÄT DER KÖNIG VON SPANIEN, DER PRÄSIDENT DER FRANZÖSISCHEN REPUBLIK, DER PRÄSIDENT IRLANDS, DER PRÄSIDENT DER ITALIENISCHEN REPUBLIK, SEINE KÖNIGLICHE HOHEIT DER GROSSHERZOG VON LUXEMBURG, IHRE MAJESTÄT DIE KÖNIGIN DER NIEDERLANDE, DER PRÄSIDENT DER PORTUGIESISCHEN REPUBLIK, IHRE MAJESTÄT DIE KÖNIGIN DES VEREINIGTEN KÖNIGREICHS GROSSBRITANNIEN UND NORDIRLAND[1)],

ENTSCHLOSSEN, den mit der Gründung der Europäischen Gemeinschaften eingeleiteten Prozess der europäischen Integration auf eine neue Stufe zu heben,

SCHÖPFEND aus dem kulturellen, religiösen und humanistischen Erbe Europas, aus dem sich die unverletzlichen und unveräußerlichen Rechte des Menschen sowie Freiheit, Demokratie, Gleichheit und Rechtsstaatlichkeit als universelle Werte entwickelt haben,

EINGEDENK der historischen Bedeutung der Überwindung der Teilung des europäischen Kontinents und der Notwendigkeit, feste Grundlagen für die Gestalt des zukünftigen Europas zu schaffen,

IN BESTÄTIGUNG ihres Bekenntnisses zu den Grundsätzen der Freiheit, der Demokratie und der Achtung der Menschenrechte und Grundfreiheiten und der Rechtsstaatlichkeit,

IN BESTÄTIGUNG der Bedeutung, die sie den sozialen Grundrechten beimessen, wie sie in der am 18. Oktober 1961 in Turin unterzeichneten Europäischen

---

1) Amtliche Fußnote: Seit dem ursprünglichen Vertragsschluss sind Mitgliedstaaten der Europäischen Union geworden: die Republik Bulgarien, die Tschechische Republik, die Republik Estland, die Republik Kroatien, die Republik Zypern, die Republik Lettland, die Republik Litauen, Ungarn, die Republik Malta, die Republik Österreich, die Republik Polen, Rumänien, die Republik Slowenien, die Slowakische Republik, die Republik Finnland und das Königreich Schweden.

Sozialcharta und in der Gemeinschaftscharta der sozialen Grundrechte der Arbeitnehmer von 1989 festgelegt sind,

IN DEM WUNSCH, die Solidarität zwischen ihren Völkern unter Achtung ihrer Geschichte, ihrer Kultur und ihrer Traditionen zu stärken,

IN DEM WUNSCH, Demokratie und Effizienz in der Arbeit der Organe weiter zu stärken, damit diese in die Lage versetzt werden, die ihnen übertragenen Aufgaben in einem einheitlichen institutionellen Rahmen besser wahrzunehmen,

ENTSCHLOSSEN, die Stärkung und die Konvergenz ihrer Volkswirtschaften herbeizuführen und eine Wirtschafts- und Währungsunion zu errichten, die im Einklang mit diesem Vertrag und dem Vertrag über die Arbeitsweise der Europäischen Union eine einheitliche, stabile Währung einschließt,

IN DEM FESTEN WILLEN, im Rahmen der Verwirklichung des Binnenmarkts sowie der Stärkung des Zusammenhalts und des Umweltschutzes den wirtschaftlichen und sozialen Fortschritt ihrer Völker unter Berücksichtigung des Grundsatzes der nachhaltigen Entwicklung zu fördern und Politiken zu verfolgen, die gewährleisten, dass Fortschritte bei der wirtschaftlichen Integration mit parallelen Fortschritten auf anderen Gebieten einhergehen,

ENTSCHLOSSEN, eine gemeinsame Unionsbürgerschaft für die Staatsangehörigen ihrer Länder einzuführen,

ENTSCHLOSSEN, eine Gemeinsame Außen- und Sicherheitspolitik zu verfolgen, wozu nach Maßgabe des Artikels 42 auch die schrittweise Festlegung einer gemeinsamen Verteidigungspolitik gehört, die zu einer gemeinsamen Verteidigung führen könnte, und so die Identität und Unabhängigkeit Europas zu stärken, um Frieden, Sicherheit und Fortschritt in Europa und in der Welt zu fördern,

ENTSCHLOSSEN, die Freizügigkeit unter gleichzeitiger Gewährleistung der Sicherheit ihrer Bürger durch den Aufbau eines Raums der Freiheit, der Sicherheit und des Rechts nach Maßgabe der Bestimmungen dieses Vertrags und des Vertrags über die Arbeitsweise der Europäischen Union zu fördern,

ENTSCHLOSSEN, den Prozess der Schaffung einer immer engeren Union der Völker Europas, in der die Entscheidungen entsprechend dem Subsidiaritätsprinzip möglichst bürgernah getroffen werden, weiterzuführen,

IM HINBLICK auf weitere Schritte, die getan werden müssen, um die europäische Integration voranzutreiben,

HABEN BESCHLOSSEN, eine Europäische Union zu gründen; sie haben zu diesem Zweck zu ihren Bevollmächtigten ernannt:

(Aufzählung der Bevollmächtigten nicht wiedergegeben)

DIESE SIND nach Austausch ihrer als gut und gehörig befundenen Vollmachten wie folgt ÜBEREINGEKOMMEN:

TITEL I
GEMEINSAME BESTIMMUNGEN

Artikel 1 (Gründung der Europäischen Union)

(ex-Artikel 1 EUV[1])

Durch diesen Vertrag gründen die HOHEN VERTRAGSPARTEIEN untereinander eine EUROPÄISCHE UNION (im Folgenden „Union"), der die Mitgliedstaaten Zuständigkeiten zur Verwirklichung ihrer gemeinsamen Ziele übertragen.

Dieser Vertrag stellt eine neue Stufe bei der Verwirklichung einer immer engeren Union der Völker Europas dar, in der die Entscheidungen möglichst offen und möglichst bürgernah getroffen werden.

Grundlage der Union sind dieser Vertrag und der Vertrag über die Arbeitsweise der Europäischen Union (im Folgenden „Verträge"). Beide Verträge sind rechtlich gleichrangig. Die Union tritt an die Stelle der Europäischen Gemeinschaft, deren Rechtsnachfolgerin sie ist.

Artikel 2 (Gemeinsame Werte)

Die Werte, auf die sich die Union gründet, sind die Achtung der Menschenwürde, Freiheit, Demokratie, Gleichheit, Rechtsstaatlichkeit und die Wahrung der Menschenrechte einschließlich der Rechte der Personen, die Minderheiten angehören. Diese Werte sind allen Mitgliedstaaten in einer Gesellschaft gemeinsam, die sich durch Pluralismus, Nichtdiskriminierung, Toleranz, Gerechtigkeit, Solidarität und die Gleichheit von Frauen und Männern auszeichnet.

Artikel 3 (Ziele der Union)

(ex-Artikel 2 EUV)

(1) Ziel der Union ist es, den Frieden, ihre Werte und das Wohlergehen ihrer Völker zu fördern.

(2) Die Union bietet ihren Bürgerinnen und Bürgern einen Raum der Freiheit, der Sicherheit und des Rechts ohne Binnengrenzen, in dem – in Verbindung mit geeigneten Maßnahmen in Bezug auf die Kontrollen an den Außengrenzen, das Asyl, die Einwanderung sowie die Verhütung und Bekämpfung der Kriminalität – der freie Personenverkehr gewährleistet ist.

(3) Die Union errichtet einen Binnenmarkt. Sie wirkt auf die nachhaltige Entwicklung Europas auf der Grundlage eines ausgewogenen Wirtschaftswachstums und von Preisstabilität, eine in hohem Maße wettbewerbsfähige soziale Marktwirtschaft, die auf Vollbeschäftigung und sozialen Fortschritt abzielt, sowie ein hohes Maß an Umweltschutz und Verbesserung der Umweltqualität hin. Sie fördert den wissenschaftlichen und technischen Fortschritt.

Sie bekämpft soziale Ausgrenzung und Diskriminierungen und fördert soziale Gerechtigkeit und sozialen Schutz, die Gleichstellung von Frauen und Männern, die Solidarität zwischen den Generationen und den Schutz der Rechte des Kindes.

Sie fördert den wirtschaftlichen, sozialen und territorialen Zusammenhalt und die Solidarität zwischen den Mitgliedstaaten.

---

1) Amtliche Fußnote: Dieser Verweis hat lediglich hinweisenden Charakter. Zur Vertiefung vgl. die Übereinstimmungstabellen für die Entsprechung zwischen bisheriger und neuer Nummerierung der Verträge.

Sie wahrt den Reichtum ihrer kulturellen und sprachlichen Vielfalt und sorgt für den Schutz und die Entwicklung des kulturellen Erbes Europas.

(4) Die Union errichtet eine Wirtschafts- und Währungsunion, deren Währung der Euro ist.

(5) In ihren Beziehungen zur übrigen Welt schützt und fördert die Union ihre Werte und Interessen und trägt zum Schutz ihrer Bürgerinnen und Bürger bei. Sie leistet einen Beitrag zu Frieden, Sicherheit, globaler nachhaltiger Entwicklung, Solidarität und gegenseitiger Achtung unter den Völkern, zu freiem und gerechtem Handel, zur Beseitigung der Armut und zum Schutz der Menschenrechte, insbesondere der Rechte des Kindes, sowie zur strikten Einhaltung und Weiterentwicklung des Völkerrechts, insbesondere zur Wahrung der Grundsätze der Charta der Vereinten Nationen.

(6) Die Union verfolgt ihre Ziele mit geeigneten Mitteln entsprechend den Zuständigkeiten, die ihr in den Verträgen übertragen sind.

Artikel 4 (Verhältnis zu den Mitgliedstaaten)

(1) Alle der Union nicht in den Verträgen übertragenen Zuständigkeiten verbleiben gemäß Artikel 5 bei den Mitgliedstaaten.

(2) Die Union achtet die Gleichheit der Mitgliedstaaten vor den Verträgen und ihre jeweilige nationale Identität, die in ihren grundlegenden politischen und verfassungsmäßigen Strukturen einschließlich der regionalen und lokalen Selbstverwaltung zum Ausdruck kommt. Sie achtet die grundlegenden Funktionen des Staates, insbesondere die Wahrung der territorialen Unversehrtheit, die Aufrechterhaltung der öffentlichen Ordnung und den Schutz der nationalen Sicherheit. Insbesondere die nationale Sicherheit fällt weiterhin in die alleinige Verantwortung der einzelnen Mitgliedstaaten.

(3) Nach dem Grundsatz der loyalen Zusammenarbeit achten und unterstützen sich die Union und die Mitgliedstaaten gegenseitig bei der Erfüllung der Aufgaben, die sich aus den Verträgen ergeben.

Die Mitgliedstaaten ergreifen alle geeigneten Maßnahmen allgemeiner oder besonderer Art zur Erfüllung der Verpflichtungen, die sich aus den Verträgen oder den Handlungen der Organe der Union ergeben.

Die Mitgliedstaaten unterstützen die Union bei der Erfüllung ihrer Aufgabe und unterlassen alle Maßnahmen, die die Verwirklichung der Ziele der Union gefährden könnten.

Artikel 5 (Prinzip der begrenzten Einzelermächtigung, Subsidiaritätsprinzip)

(ex-Artikel 5 EGV)

(1) Für die Abgrenzung der Zuständigkeiten der Union gilt der Grundsatz der begrenzten Einzelermächtigung. Für die Ausübung der Zuständigkeiten der Union gelten die Grundsätze der Subsidiarität und der Verhältnismäßigkeit.

(2) Nach dem Grundsatz der begrenzten Einzelermächtigung wird die Union nur innerhalb der Grenzen der Zuständigkeiten tätig, die die Mitgliedstaaten ihr in den Verträgen zur Verwirklichung der darin niedergelegten Ziele übertragen haben. Alle der Union nicht in den Verträgen übertragenen Zuständigkeiten verbleiben bei den Mitgliedstaaten.

(3) Nach dem Subsidiaritätsprinzip wird die Union in den Bereichen, die nicht in ihre ausschließliche Zuständigkeit fallen, nur tätig, sofern und soweit die Ziele der in Betracht gezogenen Maßnahmen von den Mitgliedstaaten weder auf zentra-

ler noch auf regionaler oder lokaler Ebene ausreichend verwirklicht werden können, sondern vielmehr wegen ihres Umfangs oder ihrer Wirkungen auf Unionsebene besser zu verwirklichen sind.

Die Organe der Union wenden das Subsidiaritätsprinzip nach dem Protokoll über die Anwendung der Grundsätze der Subsidiarität und der Verhältnismäßigkeit an. Die nationalen Parlamente achten auf die Einhaltung des Subsidiaritätsprinzips nach dem in jenem Protokoll vorgesehenen Verfahren.

(4) Nach dem Grundsatz der Verhältnismäßigkeit gehen die Maßnahmen der Union inhaltlich wie formal nicht über das zur Erreichung der Ziele der Verträge erforderliche Maß hinaus.

Die Organe der Union wenden den Grundsatz der Verhältnismäßigkeit nach dem Protokoll über die Anwendung der Grundsätze der Subsidiarität und der Verhältnismäßigkeit an.

Artikel 6 (Menschenrechte und Grundfreiheiten)

(ex-Artikel 6 EUV)

(1) Die Union erkennt die Rechte, Freiheiten und Grundsätze an, die in der Charta der Grundrechte der Europäischen Union vom 7. Dezember 2000 in der am 12. Dezember 2007 in Straßburg angepassten Fassung niedergelegt sind; die Charta der Grundrechte und die Verträge sind rechtlich gleichrangig.

Durch die Bestimmungen der Charta werden die in den Verträgen festgelegten Zuständigkeiten der Union in keiner Weise erweitert.

Die in der Charta niedergelegten Rechte, Freiheiten und Grundsätze werden gemäß den allgemeinen Bestimmungen des Titels VII der Charta, der ihre Auslegung und Anwendung regelt, und unter gebührender Berücksichtigung der in der Charta angeführten Erläuterungen, in denen die Quellen dieser Bestimmungen angegeben sind, ausgelegt.

(2) Die Union tritt der Europäischen Konvention zum Schutz der Menschenrechte und Grundfreiheiten bei. Dieser Beitritt ändert nicht die in den Verträgen festgelegten Zuständigkeiten der Union.

(3) Die Grundrechte, wie sie in der Europäischen Konvention zum Schutz der Menschenrechte und Grundfreiheiten gewährleistet sind und wie sie sich aus den gemeinsamen Verfassungsüberlieferungen der Mitgliedstaaten ergeben, sind als allgemeine Grundsätze Teil des Unionsrechts.

Artikel 7 (Verletzung der gemeinsamen Werte)

(ex-Artikel 7 EUV)

(1) Auf begründeten Vorschlag eines Drittels der Mitgliedstaaten, des Europäischen Parlaments oder der Europäischen Kommission kann der Rat mit der Mehrheit von vier Fünfteln seiner Mitglieder nach Zustimmung des Europäischen Parlaments feststellen, dass die eindeutige Gefahr einer schwerwiegenden Verletzung der in Artikel 2 genannten Werte durch einen Mitgliedstaat besteht. Der Rat hört, bevor er eine solche Feststellung trifft, den betroffenen Mitgliedstaat und kann Empfehlungen an ihn richten, die er nach demselben Verfahren beschließt.

Der Rat überprüft regelmäßig, ob die Gründe, die zu dieser Feststellung geführt haben, noch zutreffen.

(2) Auf Vorschlag eines Drittels der Mitgliedstaaten oder der Europäischen Kommission und nach Zustimmung des Europäischen Parlaments kann der Europäische Rat einstimmig feststellen, dass eine schwerwiegende und anhaltende

Verletzung der in Artikel 2 genannten Werte durch einen Mitgliedstaat vorliegt, nachdem er den betroffenen Mitgliedstaat zu einer Stellungnahme aufgefordert hat.

(3) Wurde die Feststellung nach Absatz 2 getroffen, so kann der Rat mit qualifizierter Mehrheit beschließen, bestimmte Rechte auszusetzen, die sich aus der Anwendung der Verträge auf den betroffenen Mitgliedstaat herleiten, einschließlich der Stimmrechte des Vertreters der Regierung dieses Mitgliedstaats im Rat. Dabei berücksichtigt er die möglichen Auswirkungen einer solchen Aussetzung auf die Rechte und Pflichten natürlicher und juristischer Personen.

Die sich aus den Verträgen ergebenden Verpflichtungen des betroffenen Mitgliedstaats sind für diesen auf jeden Fall weiterhin verbindlich.

(4) Der Rat kann zu einem späteren Zeitpunkt mit qualifizierter Mehrheit beschließen, nach Absatz 3 getroffene Maßnahmen abzuändern oder aufzuheben, wenn in der Lage, die zur Verhängung dieser Maßnahmen geführt hat, Änderungen eingetreten sind.

(5) Die Abstimmungsmodalitäten, die für die Zwecke dieses Artikels für das Europäische Parlament, den Europäischen Rat und den Rat gelten, sind in Artikel 354 des Vertrags über die Arbeitsweise der Europäischen Union festgelegt.

Artikel 8 (Beziehungen zu Ländern in der Nachbarschaft)

(1) Die Union entwickelt besondere Beziehungen zu den Ländern in ihrer Nachbarschaft, um einen Raum des Wohlstands und der guten Nachbarschaft zu schaffen, der auf den Werten der Union aufbaut und sich durch enge, friedliche Beziehungen auf der Grundlage der Zusammenarbeit auszeichnet.

(2) Für die Zwecke des Absatzes 1 kann die Union spezielle Übereinkünfte mit den betreffenden Ländern schließen. Diese Übereinkünfte können gegenseitige Rechte und Pflichten umfassen und die Möglichkeit zu gemeinsamem Vorgehen eröffnen. Zur Durchführung der Übereinkünfte finden regelmäßige Konsultationen statt.

TITEL II
BESTIMMUNGEN ÜBER DIE DEMOKRATISCHEN GRUNDSÄTZE

Artikel 9 (Unionsbürgerschaft)

Die Union achtet in ihrem gesamten Handeln den Grundsatz der Gleichheit ihrer Bürgerinnen und Bürger, denen ein gleiches Maß an Aufmerksamkeit seitens der Organe, Einrichtungen und sonstigen Stellen der Union zuteil wird. Unionsbürger ist, wer die Staatsangehörigkeit eines Mitgliedstaats besitzt. Die Unionsbürgerschaft tritt zur nationalen Staatsbürgerschaft hinzu, ersetzt sie aber nicht.

Artikel 10 (Prinzip der repräsentativen Demokratie)

(1) Die Arbeitsweise der Union beruht auf der repräsentativen Demokratie.

(2) Die Bürgerinnen und Bürger sind auf Unionsebene unmittelbar im Europäischen Parlament vertreten.

Die Mitgliedstaaten werden im Europäischen Rat von ihrem jeweiligen Staats- oder Regierungschef und im Rat von ihrer jeweiligen Regierung vertreten, die ihrerseits in demokratischer Weise gegenüber ihrem nationalen Parlament oder gegenüber ihren Bürgerinnen und Bürgern Rechenschaft ablegen müssen.

(3) Alle Bürgerinnen und Bürger haben das Recht, am demokratischen Leben der Union teilzunehmen. Die Entscheidungen werden so offen und bürgernah wie möglich getroffen.

(4) Politische Parteien auf europäischer Ebene tragen zur Herausbildung eines europäischen politischen Bewusstseins und zum Ausdruck des Willens der Bürgerinnen und Bürger der Union bei.

Artikel 11 (Meinungsaustausch und Transparenz; Bürgerinitiative)

(1) Die Organe geben den Bürgerinnen und Bürgern und den repräsentativen Verbänden in geeigneter Weise die Möglichkeit, ihre Ansichten in allen Bereichen des Handelns der Union öffentlich bekannt zu geben und auszutauschen.

(2) Die Organe pflegen einen offenen, transparenten und regelmäßigen Dialog mit den repräsentativen Verbänden und der Zivilgesellschaft.

(3) Um die Kohärenz und die Transparenz des Handelns der Union zu gewährleisten, führt die Europäische Kommission umfangreiche Anhörungen der Betroffenen durch.

(4) Unionsbürgerinnen und Unionsbürger, deren Anzahl mindestens eine Million betragen und bei denen es sich um Staatsangehörige einer erheblichen Anzahl von Mitgliedstaaten handeln muss, können die Initiative ergreifen und die Europäische Kommission auffordern, im Rahmen ihrer Befugnisse geeignete Vorschläge zu Themen zu unterbreiten, zu denen es nach Ansicht jener Bürgerinnen und Bürger eines Rechtsakts der Union bedarf, um die Verträge umzusetzen.

Die Verfahren und Bedingungen, die für eine solche Bürgerinitiative gelten, werden nach Artikel 24 Absatz 1 des Vertrags über die Arbeitsweise der Europäischen Union festgelegt.

Artikel 12 (Rolle der nationalen Parlamente)

Die nationalen Parlamente tragen aktiv zur guten Arbeitsweise der Union bei, indem sie

a) von den Organen der Union unterrichtet werden und ihnen die Entwürfe von Gesetzgebungsakten der Union gemäß dem Protokoll über die Rolle der nationalen Parlamente in der Europäischen Union zugeleitet werden;

b) dafür sorgen, dass der Grundsatz der Subsidiarität gemäß den in dem Protokoll über die Anwendung der Grundsätze der Subsidiarität und der Verhältnismäßigkeit vorgesehenen Verfahren beachtet wird;

c) sich im Rahmen des Raums der Freiheit, der Sicherheit und des Rechts an den Mechanismen zur Bewertung der Durchführung der Unionspolitiken in diesem Bereich nach Artikel 70 des Vertrags über die Arbeitsweise der Europäischen Union beteiligen und in die politische Kontrolle von Europol und die Bewertung der Tätigkeit von Eurojust nach den Artikeln 88 und 85 des genannten Vertrags einbezogen werden;

d) sich an den Verfahren zur Änderung der Verträge nach Artikel 48 dieses Vertrags beteiligen;

e) über Anträge auf Beitritt zur Union nach Artikel 49 dieses Vertrags unterrichtet werden;

f) sich an der interparlamentarischen Zusammenarbeit zwischen den nationalen Parlamenten und mit dem Europäischen Parlament gemäß dem Protokoll über die Rolle der nationalen Parlamente in der Europäischen Union beteiligen.

TITEL III
BESTIMMUNGEN ÜBER DIE ORGANE

Artikel 13 (Institutioneller Rahmen der Union)

(1) Die Union verfügt über einen institutionellen Rahmen, der zum Zweck hat, ihren Werten Geltung zu verschaffen, ihre Ziele zu verfolgen, ihren Interessen, denen ihrer Bürgerinnen und Bürger und denen der Mitgliedstaaten zu dienen sowie die Kohärenz, Effizienz und Kontinuität ihrer Politik und ihrer Maßnahmen sicherzustellen.

Die Organe der Union sind Protokoll Nr. 6

- das Europäische Parlament,
- der Europäische Rat,
- der Rat,
- die Europäische Kommission (im Folgenden „Kommission"),
- der Gerichtshof der Europäischen Union,
- die Europäische Zentralbank,
- der Rechnungshof.

(2) Jedes Organ handelt nach Maßgabe der ihm in den Verträgen zugewiesenen Befugnisse nach den Verfahren, Bedingungen und Zielen, die in den Verträgen festgelegt sind. Die Organe arbeiten loyal zusammen.

(3) Die Bestimmungen über die Europäische Zentralbank und den Rechnungshof sowie die detaillierten Bestimmungen über die übrigen Organe sind im Vertrag über die Arbeitsweise der Europäischen Union enthalten.

(4) Das Europäische Parlament, der Rat und die Kommission werden von einem Wirtschafts- und Sozialausschuss sowie einem Ausschuss der Regionen unterstützt, die beratende Aufgaben wahrnehmen.

Artikel 14 (Das Europäische Parlament) Art 223-234 AEUV

(1) Das Europäische Parlament wird gemeinsam mit dem Rat als Gesetzgeber tätig und übt gemeinsam mit ihm die Haushaltsbefugnisse aus. Es erfüllt Aufgaben der politischen Kontrolle und Beratungsfunktionen nach Maßgabe der Verträge. Es wählt den Präsidenten der Kommission.

(2) Das Europäische Parlament setzt sich aus Vertretern der Unionsbürgerinnen und Unionsbürger zusammen. Ihre Anzahl darf 750 nicht überschreiten, zuzüglich des Präsidenten. Die Bürgerinnen und Bürger sind im Europäischen Parlament degressiv proportional, mindestens jedoch mit sechs Mitgliedern je Mitgliedstaat vertreten. Kein Mitgliedstaat erhält mehr als 96 Sitze.

Der Europäische Rat erlässt einstimmig auf Initiative des Europäischen Parlaments und mit dessen Zustimmung einen Beschluss über die Zusammensetzung des Europäischen Parlaments, in dem die in Unterabsatz 1 genannten Grundsätze gewahrt sind.

(3) Die Mitglieder des Europäischen Parlaments werden in allgemeiner, unmittelbarer, freier und geheimer Wahl für eine Amtszeit von fünf Jahren gewählt.

(4) Das Europäische Parlament wählt aus seiner Mitte seinen Präsidenten und sein Präsidium.

Artikel 15 (Der Europäische Rat) Art 235, 236 AEUV

(1) Der Europäische Rat gibt der Union die für ihre Entwicklung erforderlichen Impulse und legt die allgemeinen politischen Zielvorstellungen und Prioritäten hierfür fest. Er wird nicht gesetzgeberisch tätig.

(2) Der Europäische Rat setzt sich zusammen aus den Staats- und Regierungschefs der Mitgliedstaaten sowie dem Präsidenten des Europäischen Rates und dem Präsidenten der Kommission. Der Hohe Vertreter der Union für Außen- und Sicherheitspolitik nimmt an seinen Arbeiten teil.

(3) Der Europäische Rat tritt zweimal pro Halbjahr zusammen; er wird von seinem Präsidenten einberufen. Wenn es die Tagesordnung erfordert, können die Mitglieder des Europäischen Rates beschließen, sich jeweils von einem Minister oder – im Fall des Präsidenten der Kommission – von einem Mitglied der Kommission unterstützen zu lassen. Wenn es die Lage erfordert, beruft der Präsident eine außerordentliche Tagung des Europäischen Rates ein.

(4) Soweit in den Verträgen nichts anderes festgelegt ist, entscheidet der Europäische Rat im Konsens.

(5) Der Europäische Rat wählt seinen Präsidenten mit qualifizierter Mehrheit für eine Amtszeit von zweieinhalb Jahren; der Präsident kann einmal wiedergewählt werden. Im Falle einer Verhinderung oder einer schweren Verfehlung kann der Europäische Rat ihn im Wege des gleichen Verfahrens von seinem Amt entbinden.

(6) Der Präsident des Europäischen Rates

a) führt den Vorsitz bei den Arbeiten des Europäischen Rates und gibt ihnen Impulse,
b) sorgt in Zusammenarbeit mit dem Präsidenten der Kommission auf der Grundlage der Arbeiten des Rates „Allgemeine Angelegenheiten" für die Vorbereitung und Kontinuität der Arbeiten des Europäischen Rates,
c) wirkt darauf hin, dass Zusammenhalt und Konsens im Europäischen Rat gefördert werden,
d) legt dem Europäischen Parlament im Anschluss an jede Tagung des Europäischen Rates einen Bericht vor.

Der Präsident des Europäischen Rates nimmt auf seiner Ebene und in seiner Eigenschaft, unbeschadet der Befugnisse des Hohen Vertreters der Union für Außen- und Sicherheitspolitik, die Außenvertretung der Union in Angelegenheiten der Gemeinsamen Außen- und Sicherheitspolitik wahr.

Der Präsident des Europäischen Rates darf kein einzelstaatliches Amt ausüben.

Artikel 16 (Der Rat der Europäischen Union) Art 237 - 243 AEUV

(1) Der Rat wird gemeinsam mit dem Europäischen Parlament als Gesetzgeber tätig und übt gemeinsam mit ihm die Haushaltsbefugnisse aus. Zu seinen Aufgaben gehört die Festlegung der Politik und die Koordinierung nach Maßgabe der Verträge.

(2) Der Rat besteht aus je einem Vertreter jedes Mitgliedstaats auf Ministerebene, der befugt ist, für die Regierung des von ihm vertretenen Mitgliedstaats verbindlich zu handeln und das Stimmrecht auszuüben.

(3) Soweit in den Verträgen nichts anderes festgelegt ist, beschließt der Rat mit qualifizierter Mehrheit.

(4) Ab dem 1. November 2014 gilt als qualifizierte Mehrheit eine Mehrheit von mindestens 55 % der Mitglieder des Rates, gebildet aus mindestens 15 Mitgliedern, sofern die von diesen vertretenen Mitgliedstaaten zusammen mindestens 65 % der Bevölkerung der Union ausmachen.

Für eine Sperrminorität sind mindestens vier Mitglieder des Rates erforderlich, andernfalls gilt die qualifizierte Mehrheit als erreicht.

Die übrigen Modalitäten für die Abstimmung mit qualifizierter Mehrheit sind in Artikel 238 Absatz 2 des Vertrags über die Arbeitsweise der Europäischen Union festgelegt.

(5) Die Übergangsbestimmungen für die Definition der qualifizierten Mehrheit, die bis zum 31. Oktober 2014 gelten, sowie die Übergangsbestimmungen, die zwischen dem 1. November 2014 und dem 31. März 2017 gelten, sind im Protokoll über die Übergangsbestimmungen festgelegt.

(6) Der Rat tagt in verschiedenen Zusammensetzungen; die Liste dieser Zusammensetzungen wird nach Artikel 236 des Vertrags über die Arbeitsweise der Europäischen Union angenommen.

Als Rat „Allgemeine Angelegenheiten“ sorgt er für die Kohärenz der Arbeiten des Rates in seinen verschiedenen Zusammensetzungen. In Verbindung mit dem Präsidenten des Europäischen Rates und mit der Kommission bereitet er die Tagungen des Europäischen Rates vor und sorgt für das weitere Vorgehen.

Als Rat „Auswärtige Angelegenheiten“ gestaltet er das auswärtige Handeln der Union entsprechend den strategischen Vorgaben des Europäischen Rates und sorgt für die Kohärenz des Handelns der Union.

(7) Ein Ausschuss der Ständigen Vertreter der Regierungen der Mitgliedstaaten ist für die Vorbereitung der Arbeiten des Rates verantwortlich.

(8) Der Rat tagt öffentlich, wenn er über Entwürfe zu Gesetzgebungsakten berät und abstimmt. Zu diesem Zweck wird jede Ratstagung in zwei Teile unterteilt, von denen der eine den Beratungen über die Gesetzgebungsakte der Union und der andere den nicht die Gesetzgebung betreffenden Tätigkeiten gewidmet ist.

(9) Der Vorsitz im Rat in allen seinen Zusammensetzungen mit Ausnahme des Rates „Auswärtige Angelegenheiten“ wird von den Vertretern der Mitgliedstaaten im Rat unter Bedingungen, die gemäß Artikel 236 des Vertrags über die Arbeitsweise der Europäischen Union festgelegt werden, nach einem System der gleichberechtigten Rotation wahrgenommen.

Artikel 17 (Die Europäische Kommission) Art. 244-250 AEUV

(1) Die Kommission fördert die allgemeinen Interessen der Union und ergreift geeignete Initiativen zu diesem Zweck. Sie sorgt für die Anwendung der Verträge sowie der von den Organen kraft der Verträge erlassenen Maßnahmen. Sie überwacht die Anwendung des Unionsrechts unter der Kontrolle des Gerichtshofs der Europäischen Union. Sie führt den Haushaltsplan aus und verwaltet die Programme. Sie übt nach Maßgabe der Verträge Koordinierungs-, Exekutiv- und Verwaltungsfunktionen aus. Außer in der Gemeinsamen Außen- und Sicherheitspolitik und den übrigen in den Verträgen vorgesehenen Fällen nimmt sie die Vertretung der Union nach außen wahr. Sie leitet die jährliche und die mehrjährige Programmplanung der Union mit dem Ziel ein, interinstitutionelle Vereinbarungen zu erreichen.

(2) Soweit in den Verträgen nichts anderes festgelegt ist, darf ein Gesetzgebungsakt der Union nur auf Vorschlag der Kommission erlassen werden. Andere Rechtsakte werden auf der Grundlage eines Kommissionsvorschlags erlassen, wenn dies in den Verträgen vorgesehen ist.

(3) Die Amtszeit der Kommission beträgt fünf Jahre.

Die Mitglieder der Kommission werden aufgrund ihrer allgemeinen Befähigung und ihres Einsatzes für Europa unter Persönlichkeiten ausgewählt, die volle Gewähr für ihre Unabhängigkeit bieten.

Die Kommission übt ihre Tätigkeit in voller Unabhängigkeit aus. Die Mitglieder der Kommission dürfen unbeschadet des Artikels 18 Absatz 2 Weisungen von einer Regierung, einem Organ, einer Einrichtung oder jeder anderen Stelle weder einholen noch entgegennehmen. Sie enthalten sich jeder Handlung, die mit ihrem Amt oder der Erfüllung ihrer Aufgaben unvereinbar ist.

(4) Die Kommission, die zwischen dem Zeitpunkt des Inkrafttretens des Vertrags von Lissabon und dem 31. Oktober 2014 ernannt wird, besteht einschließlich ihres Präsidenten und des Hohen Vertreters der Union für Außen- und Sicherheitspolitik, der einer der Vizepräsidenten der Kommission ist, aus je einem Staatsangehörigen jedes Mitgliedstaats.

(5) Ab dem 1. November 2014 besteht die Kommission, einschließlich ihres Präsidenten und des Hohen Vertreters der Union für Außen- und Sicherheitspolitik, aus einer Anzahl von Mitgliedern, die zwei Dritteln der Zahl der Mitgliedstaaten entspricht, sofern der Europäische Rat nicht einstimmig eine Änderung dieser Anzahl beschließt.

Die Mitglieder der Kommission werden unter den Staatsangehörigen der Mitgliedstaaten in einem System der strikt gleichberechtigten Rotation zwischen den Mitgliedstaaten so ausgewählt, dass das demografische und geografische Spektrum der Gesamtheit der Mitgliedstaaten zum Ausdruck kommt. Dieses System wird vom Europäischen Rat nach Artikel 244 des Vertrags über die Arbeitsweise der Europäischen Union einstimmig festgelegt.

(6) Der Präsident der Kommission

a) legt die Leitlinien fest, nach denen die Kommission ihre Aufgaben ausübt,
b) beschließt über die interne Organisation der Kommission, um die Kohärenz, die Effizienz und das Kollegialitätsprinzip im Rahmen ihrer Tätigkeit sicherzustellen,
c) ernennt, mit Ausnahme des Hohen Vertreters der Union für Außen- und Sicherheitspolitik, die Vizepräsidenten aus dem Kreis der Mitglieder der Kommission.

Ein Mitglied der Kommission legt sein Amt nieder, wenn es vom Präsidenten dazu aufgefordert wird. Der Hohe Vertreter der Union für Außen- und Sicherheitspolitik legt sein Amt nach dem Verfahren des Artikels 18 Absatz 1 nieder, wenn er vom Präsidenten dazu aufgefordert wird.

(7) Der Europäische Rat schlägt dem Europäischen Parlament nach entsprechenden Konsultationen mit qualifizierter Mehrheit einen Kandidaten für das Amt des Präsidenten der Kommission vor; dabei berücksichtigt er das Ergebnis der Wahlen zum Europäischen Parlament. Das Europäische Parlament wählt diesen Kandidaten mit der Mehrheit seiner Mitglieder. Erhält dieser Kandidat nicht die Mehrheit, so schlägt der Europäische Rat dem Europäischen Parlament innerhalb eines Monats mit qualifizierter Mehrheit einen neuen Kandidaten vor, für dessen Wahl das Europäische Parlament dasselbe Verfahren anwendet.

Der Rat nimmt, im Einvernehmen mit dem gewählten Präsidenten, die Liste der anderen Persönlichkeiten an, die er als Mitglieder der Kommission vorschlägt. Diese werden auf der Grundlage der Vorschläge der Mitgliedstaaten entsprechend den Kriterien nach Absatz 3 Unterabsatz 2 und Absatz 5 Unterabsatz 2 ausgewählt.

Der Präsident, der Hohe Vertreter der Union für Außen- und Sicherheitspolitik und die übrigen Mitglieder der Kommission stellen sich als Kollegium einem Zustimmungsvotum des Europäischen Parlaments. Auf der Grundlage dieser Zustimmung wird die Kommission vom Europäischen Rat mit qualifizierter Mehrheit ernannt.

(8) Die Kommission ist als Kollegium dem Europäischen Parlament verantwortlich. Das Europäische Parlament kann nach Artikel 234 des Vertrags über die Arbeitsweise der Europäischen Union einen Misstrauensantrag gegen die Kommission annehmen. Wird ein solcher Antrag angenommen, so müssen die Mitglieder der Kommission geschlossen ihr Amt niederlegen, und der Hohe Vertreter der Union für Außen- und Sicherheitspolitik muss sein im Rahmen der Kommission ausgeübtes Amt niederlegen.

Artikel 18 (Der Hohe Vertreter der Union für Außen- und Sicherheitspolitik)

(1) Der Europäische Rat ernennt mit qualifizierter Mehrheit und mit Zustimmung des Präsidenten der Kommission den Hohen Vertreter der Union für Außen- und Sicherheitspolitik. Der Europäische Rat kann die Amtszeit des Hohen Vertreters nach dem gleichen Verfahren beenden.

(2) Der Hohe Vertreter leitet die Gemeinsame Außen- und Sicherheitspolitik der Union. Er trägt durch seine Vorschläge zur Festlegung dieser Politik bei und führt sie im Auftrag des Rates durch. Er handelt ebenso im Bereich der Gemeinsamen Sicherheits- und Verteidigungspolitik.

(3) Der Hohe Vertreter führt den Vorsitz im Rat „Auswärtige Angelegenheiten".

(4) Der Hohe Vertreter ist einer der Vizepräsidenten der Kommission. Er sorgt für die Kohärenz des auswärtigen Handelns der Union. Er ist innerhalb der Kommission mit deren Zuständigkeiten im Bereich der Außenbeziehungen und mit der Koordinierung der übrigen Aspekte des auswärtigen Handelns der Union betraut. Bei der Wahrnehmung dieser Zuständigkeiten in der Kommission und ausschließlich im Hinblick auf diese Zuständigkeiten unterliegt der Hohe Vertreter den Verfahren, die für die Arbeitsweise der Kommission gelten, soweit dies mit den Absätzen 2 und 3 vereinbar ist.

Artikel 19 (Der Gerichtshof der Europäischen Union)

(1) Der Gerichtshof der Europäischen Union umfasst den Gerichtshof, das Gericht und Fachgerichte. Er sichert die Wahrung des Rechts bei der Auslegung und Anwendung der Verträge.

Die Mitgliedstaaten schaffen die erforderlichen Rechtsbehelfe, damit ein wirksamer Rechtsschutz in den vom Unionsrecht erfassten Bereichen gewährleistet ist.

(2) Der Gerichtshof besteht aus einem Richter je Mitgliedstaat. Er wird von Generalanwälten unterstützt.

Das Gericht besteht aus mindestens einem Richter je Mitgliedstaat.

Als Richter und Generalanwälte des Gerichtshofs und als Richter des Gerichts sind Persönlichkeiten auszuwählen, die jede Gewähr für Unabhängigkeit bieten und die Voraussetzungen der Artikel 253 und 254 des Vertrags über die Arbeitsweise der Europäischen Union erfüllen. Sie werden von den Regierungen der Mitgliedstaaten im gegenseitigen Einvernehmen für eine Amtszeit von sechs Jahren ernannt. Die Wiederernennung ausscheidender Richter und Generalanwälte ist zulässig.

(3) Der Gerichtshof der Europäischen Union entscheidet nach Maßgabe der Verträge

a) über Klagen eines Mitgliedstaats, eines Organs oder natürlicher oder juristischer Personen;

b) im Wege der Vorabentscheidung auf Antrag der einzelstaatlichen Gerichte über die Auslegung des Unionsrechts oder über die Gültigkeit der Handlungen der Organe;

c) in allen anderen in den Verträgen vorgesehenen Fällen.

TITEL IV

BESTIMMUNGEN ÜBER EINE VERSTÄRKTE ZUSAMMENARBEIT

Artikel 20 (Begründung einer Verstärkten Zusammenarbeit)

(ex-Artikel 27a bis 27e, 40 bis 40b und 43 bis 45 EUV und ex-Artikel 11 und 11a EGV)

(1) Die Mitgliedstaaten, die untereinander eine Verstärkte Zusammenarbeit im Rahmen der nicht ausschließlichen Zuständigkeiten der Union begründen wollen, können, in den Grenzen und nach Maßgabe dieses Artikels und der Artikel 326 bis 334 des Vertrags über die Arbeitsweise der Europäischen Union, die Organe der Union in Anspruch nehmen und diese Zuständigkeiten unter Anwendung der einschlägigen Bestimmungen der Verträge ausüben.

Eine Verstärkte Zusammenarbeit ist darauf ausgerichtet, die Verwirklichung der Ziele der Union zu fördern, ihre Interessen zu schützen und ihren Integrationsprozess zu stärken. Sie steht allen Mitgliedstaaten nach Artikel 328 des Vertrags über die Arbeitsweise der Europäischen Union jederzeit offen.

(2) Der Beschluss über die Ermächtigung zu einer Verstärkten Zusammenarbeit wird vom Rat als letztes Mittel erlassen, wenn dieser feststellt, dass die mit dieser Zusammenarbeit angestrebten Ziele von der Union in ihrer Gesamtheit nicht innerhalb eines vertretbaren Zeitraums verwirklicht werden können, und sofern an der Zusammenarbeit mindestens neun Mitgliedstaaten beteiligt sind. Der Rat beschließt nach dem in Artikel 329 des Vertrags über die Arbeitsweise der Europäischen Union vorgesehenen Verfahren.

(3) Alle Mitglieder des Rates können an dessen Beratungen teilnehmen, aber nur die Mitglieder des Rates, die die an der Verstärkten Zusammenarbeit beteiligten Mitgliedstaaten vertreten, nehmen an der Abstimmung teil. Die Abstimmungsmodalitäten sind in Artikel 330 des Vertrags über die Arbeitsweise der Europäischen Union vorgesehen.

(4) An die im Rahmen einer Verstärkten Zusammenarbeit erlassenen Rechtsakte sind nur die an dieser Zusammenarbeit beteiligten Mitgliedstaaten gebunden. Sie gelten nicht als Besitzstand, der von beitrittswilligen Staaten angenommen werden muss.

TITEL V
ALLGEMEINE BESTIMMUNGEN ÜBER DAS AUSWÄRTIGE HANDELN DER UNION UND BESONDERE BESTIMMUNGEN ÜBER DIE GEMEINSAME AUSSEN- UND SICHERHEITSPOLITIK

KAPITEL 1
ALLGEMEINE BESTIMMUNGEN ÜBER DAS AUSWÄRTIGE HANDELN DER UNION

Artikel 21 (Grundsätze des Handelns der Union auf internationaler Ebene)

(1) Die Union lässt sich bei ihrem Handeln auf internationaler Ebene von den Grundsätzen leiten, die für ihre eigene Entstehung, Entwicklung und Erweiterung maßgebend waren und denen sie auch weltweit zu stärkerer Geltung verhelfen will: Demokratie, Rechtsstaatlichkeit, die universelle Gültigkeit und Unteilbarkeit der Menschenrechte und Grundfreiheiten, die Achtung der Menschenwürde, der Grundsatz der Gleichheit und der Grundsatz der Solidarität sowie die Achtung der Grundsätze der Charta der Vereinten Nationen und des Völkerrechts.

Die Union strebt an, die Beziehungen zu Drittländern und zu regionalen oder weltweiten internationalen Organisationen, die die in Unterabsatz 1 aufgeführten Grundsätze teilen, auszubauen und Partnerschaften mit ihnen aufzubauen. Sie setzt sich insbesondere im Rahmen der Vereinten Nationen für multilaterale Lösungen bei gemeinsamen Problemen ein.

(2) Die Union legt die gemeinsame Politik sowie Maßnahmen fest, führt diese durch und setzt sich für ein hohes Maß an Zusammenarbeit auf allen Gebieten der internationalen Beziehungen ein, um

a) ihre Werte, ihre grundlegenden Interessen, ihre Sicherheit, ihre Unabhängigkeit und ihre Unversehrtheit zu wahren;

b) Demokratie, Rechtsstaatlichkeit, die Menschenrechte und die Grundsätze des Völkerrechts zu festigen und zu fördern;

c) nach Maßgabe der Ziele und Grundsätze der Charta der Vereinten Nationen sowie der Prinzipien der Schlussakte von Helsinki und der Ziele der Charta von Paris, einschließlich derjenigen, die die Außengrenzen betreffen, den Frieden zu erhalten, Konflikte zu verhüten und die internationale Sicherheit zu stärken;

d) die nachhaltige Entwicklung in Bezug auf Wirtschaft, Gesellschaft und Umwelt in den Entwicklungsländern zu fördern mit dem vorrangigen Ziel, die Armut zu beseitigen;

e) die Integration aller Länder in die Weltwirtschaft zu fördern, unter anderem auch durch den schrittweisen Abbau internationaler Handelshemmnisse;

f) zur Entwicklung von internationalen Maßnahmen zur Erhaltung und Verbesserung der Qualität der Umwelt und der nachhaltigen Bewirtschaftung der weltweiten natürlichen Ressourcen beizutragen, um eine nachhaltige Entwicklung sicherzustellen;

g) den Völkern, Ländern und Regionen, die von Naturkatastrophen oder von vom Menschen verursachten Katastrophen betroffen sind, zu helfen; und

h) eine Weltordnung zu fördern, die auf einer verstärkten multilateralen Zusammenarbeit und einer verantwortungsvollen Weltordnungspolitik beruht.

(3) Die Union wahrt bei der Ausarbeitung und Umsetzung ihres auswärtigen Handelns in den verschiedenen unter diesen Titel und den Fünften Teil des Vertrags über die Arbeitsweise der Europäischen Union fallenden Bereichen sowie der externen Aspekte der übrigen Politikbereiche die in den Absätzen 1 und 2 genannten Grundsätze und Ziele.

Die Union achtet auf die Kohärenz zwischen den einzelnen Bereichen ihres auswärtigen Handelns sowie zwischen diesen und ihren übrigen Politikbereichen. Der Rat und die Kommission, die vom Hohen Vertreter der Union für Außen- und Sicherheitspolitik unterstützt werden, stellen diese Kohärenz sicher und arbeiten zu diesem Zweck zusammen.

Artikel 22 (Festlegung strategischer Interessen und Ziele)

(1) Auf der Grundlage der in Artikel 21 aufgeführten Grundsätze und Ziele legt der Europäische Rat die strategischen Interessen und Ziele der Union fest.

Die Beschlüsse des Europäischen Rates über die strategischen Interessen und Ziele der Union erstrecken sich auf die Gemeinsame Außen- und Sicherheitspolitik sowie auf andere Bereiche des auswärtigen Handelns der Union. Sie können die Beziehungen der Union zu einem Land oder einer Region betreffen oder aber ein bestimmtes Thema zum Gegenstand haben. Sie enthalten Bestimmungen zu ihrer Geltungsdauer und zu den von der Union und den Mitgliedstaaten bereitzustellenden Mitteln.

Der Europäische Rat beschließt einstimmig auf Empfehlung des Rates, die dieser nach den für den jeweiligen Bereich vorgesehenen Regelungen abgibt. Die Beschlüsse des Europäischen Rates werden nach Maßgabe der in den Verträgen vorgesehenen Verfahren durchgeführt.

(2) Der Hohe Vertreter der Union für Außen- und Sicherheitspolitik und die Kommission können dem Rat gemeinsame Vorschläge vorlegen, wobei der Hohe Vertreter für den Bereich der Gemeinsamen Außen- und Sicherheitspolitik und die Kommission für die anderen Bereiche des auswärtigen Handelns zuständig ist.

KAPITEL 2
BESONDERE BESTIMMUNGEN ÜBER DIE GEMEINSAME AUSSEN- UND SICHERHEITSPOLITIK

ABSCHNITT 1
GEMEINSAME BESTIMMUNGEN

Artikel 23 (Grundsätze des Handelns)

Das Handeln der Union auf internationaler Ebene im Rahmen dieses Kapitels beruht auf den Grundsätzen des Kapitels 1, verfolgt die darin genannten Ziele und steht mit den allgemeinen Bestimmungen jenes Kapitels im Einklang.

Artikel 24 (Zuständigkeit und Verfahren; Rolle der Mitgliedstaaten)

(ex-Artikel 11 EUV)

(1) Die Zuständigkeit der Union in der Gemeinsamen Außen- und Sicherheitspolitik erstreckt sich auf alle Bereiche der Außenpolitik sowie auf sämtliche Fragen im Zusammenhang mit der Sicherheit der Union, einschließlich der schrittweisen Festlegung einer gemeinsamen Verteidigungspolitik, die zu einer gemeinsamen Verteidigung führen kann.

Für die Gemeinsame Außen- und Sicherheitspolitik gelten besondere Bestimmungen und Verfahren. Sie wird vom Europäischen Rat und vom Rat einstimmig festgelegt und durchgeführt, soweit in den Verträgen nichts anderes vorgesehen ist. Der Erlass von Gesetzgebungsakten ist ausgeschlossen. Die Gemeinsame Außen- und Sicherheitspolitik wird vom Hohen Vertreter der Union für Außen- und Sicherheitspolitik und von den Mitgliedstaaten gemäß den Verträgen durchgeführt. Die spezifische Rolle des Europäischen Parlaments und der Kommission in diesem Bereich ist in den Verträgen festgelegt. Der Gerichtshof der Europäischen Union ist in Bezug auf diese Bestimmungen nicht zuständig; hiervon ausgenommen ist die Kontrolle der Einhaltung des Artikels 40 dieses Vertrags und die Überwachung der Rechtmäßigkeit bestimmter Beschlüsse nach Artikel 275 Absatz 2 des Vertrags über die Arbeitsweise der Europäischen Union.

(2) Die Union verfolgt, bestimmt und verwirklicht im Rahmen der Grundsätze und Ziele ihres auswärtigen Handelns eine Gemeinsame Außen- und Sicherheitspolitik, die auf einer Entwicklung der gegenseitigen politischen Solidarität der Mitgliedstaaten, der Ermittlung der Fragen von allgemeiner Bedeutung und der Erreichung einer immer stärkeren Konvergenz des Handelns der Mitgliedstaaten beruht.

(3) Die Mitgliedstaaten unterstützen die Außen- und Sicherheitspolitik der Union aktiv und vorbehaltlos im Geiste der Loyalität und der gegenseitigen Solidarität und achten das Handeln der Union in diesem Bereich.

Die Mitgliedstaaten arbeiten zusammen, um ihre gegenseitige politische Solidarität zu stärken und weiterzuentwickeln. Sie enthalten sich jeder Handlung, die den Interessen der Union zuwiderläuft oder ihrer Wirksamkeit als kohärente Kraft in den internationalen Beziehungen schaden könnte.

Der Rat und der Hohe Vertreter tragen für die Einhaltung dieser Grundsätze Sorge.

Artikel 25 (Mittel)

(ex-Artikel 12 EUV)

Die Union verfolgt ihre Gemeinsame Außen- und Sicherheitspolitik, indem sie

a) die allgemeinen Leitlinien bestimmt,

b) Beschlüsse erlässt zur Festlegung

   i) der von der Union durchzuführenden Aktionen,

   ii) der von der Union einzunehmenden Standpunkte,

   iii) der Einzelheiten der Durchführung der unter den Ziffern i und ii genannten Beschlüsse,

   und

c) die systematische Zusammenarbeit der Mitgliedstaaten bei der Führung ihrer Politik ausbaut.

Artikel 26 (Aufgaben des Europäischen Rates; Durchführung)

(ex-Artikel 13 EUV)

(1) Der Europäische Rat bestimmt die strategischen Interessen der Union und legt die Ziele und die allgemeinen Leitlinien der Gemeinsamen Außen- und Sicherheitspolitik fest, und zwar auch bei Fragen mit verteidigungspolitischen Bezügen. Er erlässt die erforderlichen Beschlüsse.

Wenn eine internationale Entwicklung es erfordert, beruft der Präsident des Europäischen Rates eine außerordentliche Tagung des Europäischen Rates ein, um die strategischen Vorgaben für die Politik der Union angesichts dieser Entwicklung festzulegen.

(2) Der Rat gestaltet die Gemeinsame Außen- und Sicherheitspolitik und fasst die für die Festlegung und Durchführung dieser Politik erforderlichen Beschlüsse auf der Grundlage der vom Europäischen Rat festgelegten allgemeinen Leitlinien und strategischen Vorgaben.

Der Rat und der Hohe Vertreter der Union für Außen- und Sicherheitspolitik tragen für ein einheitliches, kohärentes und wirksames Vorgehen der Union Sorge.

(3) Die Gemeinsame Außen- und Sicherheitspolitik wird vom Hohen Vertreter und von den Mitgliedstaaten mit einzelstaatlichen Mitteln und den Mitteln der Union durchgeführt.

Artikel 27 (Aufgaben des Hohen Vertreters)

(1) Der Hohe Vertreter der Union für Außen- und Sicherheitspolitik, der im Rat „Auswärtige Angelegenheiten" den Vorsitz führt, trägt durch seine Vorschläge zur Festlegung der Gemeinsamen Außen- und Sicherheitspolitik bei und stellt sicher, dass die vom Europäischen Rat und vom Rat erlassenen Beschlüsse durchgeführt werden.

(2) Der Hohe Vertreter vertritt die Union in den Bereichen der Gemeinsamen Außen- und Sicherheitspolitik. Er führt im Namen der Union den politischen Dialog mit Dritten und vertritt den Standpunkt der Union in internationalen Organisationen und auf internationalen Konferenzen.

(3) Bei der Erfüllung seines Auftrags stützt sich der Hohe Vertreter auf einen Europäischen Auswärtigen Dienst. Dieser Dienst arbeitet mit den diplomatischen Diensten der Mitgliedstaaten zusammen und umfasst Beamte aus den einschlägigen Abteilungen des Generalsekretariats des Rates und der Kommission sowie abgeordnetes Personal der nationalen diplomatischen Dienste. Die Organisation und die Arbeitsweise des Europäischen Auswärtigen Dienstes werden durch einen Beschluss des Rates festgelegt. Der Rat beschließt auf Vorschlag des Hohen Vertreters nach Anhörung des Europäischen Parlaments und nach Zustimmung der Kommission.

Artikel 28 (Beschlüsse über ein operatives Vorgehen)

(ex-Artikel 14 EUV)

(1) Verlangt eine internationale Situation ein operatives Vorgehen der Union, so erlässt der Rat die erforderlichen Beschlüsse. In den Beschlüssen sind ihre Ziele, ihr Umfang, die der Union zur Verfügung zu stellenden Mittel sowie die Bedingungen und erforderlichenfalls der Zeitraum für ihre Durchführung festgelegt.

Tritt eine Änderung der Umstände mit erheblichen Auswirkungen auf eine Angelegenheit ein, die Gegenstand eines solchen Beschlusses ist, so überprüft der Rat die Grundsätze und Ziele dieses Beschlusses und erlässt die erforderlichen Beschlüsse.

(2) Die Beschlüsse nach Absatz 1 sind für die Mitgliedstaaten bei ihren Stellungnahmen und ihrem Vorgehen bindend.

(3) Jede einzelstaatliche Stellungnahme oder Maßnahme, die im Rahmen eines Beschlusses nach Absatz 1 geplant ist, wird von dem betreffenden Mitgliedstaat so rechtzeitig mitgeteilt, dass erforderlichenfalls eine vorherige Abstimmung im Rat stattfinden kann. Die Pflicht zur vorherigen Unterrichtung gilt nicht für Maßnahmen, die eine bloße praktische Umsetzung der Beschlüsse des Rates auf einzelstaatlicher Ebene darstellen.

(4) Bei zwingender Notwendigkeit aufgrund der Entwicklung der Lage und falls eine Überprüfung des Beschlusses des Rates nach Absatz 1 nicht stattfindet, können die Mitgliedstaaten unter Berücksichtigung der allgemeinen Ziele des genannten Beschlusses die erforderlichen Sofortmaßnahmen ergreifen. Der betreffende Mitgliedstaat unterrichtet den Rat sofort über derartige Maßnahmen.

(5) Ein Mitgliedstaat befasst den Rat, wenn sich bei der Durchführung eines Beschlusses nach diesem Artikel größere Schwierigkeiten ergeben; der Rat berät darüber und sucht nach angemessenen Lösungen. Diese dürfen nicht im Widerspruch zu den Zielen des Beschlusses nach Absatz 1 stehen oder seiner Wirksamkeit schaden.

Artikel 29 (Gemeinsame Standpunkte)

(ex-Artikel 15 EUV)

Der Rat erlässt Beschlüsse, in denen der Standpunkt der Union zu einer bestimmten Frage geografischer oder thematischer Art bestimmt wird. Die Mitgliedstaaten tragen dafür Sorge, dass ihre einzelstaatliche Politik mit den Standpunkten der Union in Einklang steht.

Artikel 30 (Verfahren)

(ex-Artikel 22 EUV)

(1) Jeder Mitgliedstaat, der Hohe Vertreter der Union für Außen- und Sicherheitspolitik oder der Hohe Vertreter mit Unterstützung der Kommission kann den Rat mit einer Frage der Gemeinsamen Außen- und Sicherheitspolitik befassen und ihm Initiativen beziehungsweise Vorschläge unterbreiten.

(2) In den Fällen, in denen eine rasche Entscheidung notwendig ist, beruft der Hohe Vertreter von sich aus oder auf Antrag eines Mitgliedstaats innerhalb von 48 Stunden, bei absoluter Notwendigkeit in kürzerer Zeit, eine außerordentliche Tagung des Rates ein.

Artikel 31 (Beschlussfassung)

(ex-Artikel 23 EUV)

(1) Beschlüsse nach diesem Kapitel werden vom Europäischen Rat und vom Rat einstimmig gefasst, soweit in diesem Kapitel nichts anderes festgelegt ist. Der Erlass von Gesetzgebungsakten ist ausgeschlossen.

Bei einer Stimmenthaltung kann jedes Ratsmitglied zu seiner Enthaltung eine förmliche Erklärung im Sinne dieses Unterabsatzes abgeben. In diesem Fall ist es nicht verpflichtet, den Beschluss durchzuführen, akzeptiert jedoch, dass der

Beschluss für die Union bindend ist. Im Geiste gegenseitiger Solidarität unterlässt der betreffende Mitgliedstaat alles, was dem auf diesem Beschluss beruhenden Vorgehen der Union zuwiderlaufen oder es behindern könnte, und die anderen Mitgliedstaaten respektieren seinen Standpunkt. Vertreten die Mitglieder des Rates, die bei ihrer Stimmenthaltung eine solche Erklärung abgeben, mindestens ein Drittel der Mitgliedstaaten, die mindestens ein Drittel der Unionsbevölkerung ausmachen, so wird der Beschluss nicht erlassen.

(2) Abweichend von Absatz 1 beschließt der Rat mit qualifizierter Mehrheit, wenn er

- auf der Grundlage eines Beschlusses des Europäischen Rates über die strategischen Interessen und Ziele der Union nach Artikel 22 Absatz 1 einen Beschluss erlässt, mit dem eine Aktion oder ein Standpunkt der Union festgelegt wird;
- auf einen Vorschlag hin, den ihm der Hohe Vertreter der Union für Außen- und Sicherheitspolitik auf spezielles Ersuchen des Europäischen Rates unterbreitet hat, das auf dessen eigene Initiative oder auf eine Initiative des Hohen Vertreters zurückgeht, einen Beschluss erlässt, mit dem eine Aktion oder ein Standpunkt der Union festgelegt wird;
- einen Beschluss zur Durchführung eines Beschlusses, mit dem eine Aktion oder ein Standpunkt der Union festgelegt wird, erlässt;
- nach Artikel 33 einen Sonderbeauftragten ernennt.

Erklärt ein Mitglied des Rates, dass es aus wesentlichen Gründen der nationalen Politik, die es auch nennen muss, die Absicht hat, einen mit qualifizierter Mehrheit zu fassenden Beschluss abzulehnen, so erfolgt keine Abstimmung. Der Hohe Vertreter bemüht sich in engem Benehmen mit dem betroffenen Mitgliedstaat um eine für diesen Mitgliedstaat annehmbare Lösung. Gelingt dies nicht, so kann der Rat mit qualifizierter Mehrheit veranlassen, dass die Frage im Hinblick auf einen einstimmigen Beschluss an den Europäischen Rat verwiesen wird.

(3) Der Europäische Rat kann einstimmig einen Beschluss erlassen, in dem vorgesehen ist, dass der Rat in anderen als den in Absatz 2 genannten Fällen mit qualifizierter Mehrheit beschließt.

(4) Die Absätze 2 und 3 gelten nicht für Beschlüsse mit militärischen oder verteidigungspolitischen Bezügen.

(5) In Verfahrensfragen beschließt der Rat mit der Mehrheit seiner Mitglieder.

Artikel 32 (Festlegung eines gemeinsamen Vorgehens in Fragen von allgemeiner Bedeutung)

(ex-Artikel 16 EUV)

Die Mitgliedstaaten stimmen sich im Europäischen Rat und im Rat zu jeder außen- und sicherheitspolitischen Frage von allgemeiner Bedeutung ab, um ein gemeinsames Vorgehen festzulegen. Bevor ein Mitgliedstaat in einer Weise, die die Interessen der Union berühren könnte, auf internationaler Ebene tätig wird oder eine Verpflichtung eingeht, konsultiert er die anderen Mitgliedstaaten im Europäischen Rat oder im Rat. Die Mitgliedstaaten gewährleisten durch konvergentes Handeln, dass die Union ihre Interessen und ihre Werte auf internationaler Ebene geltend machen kann. Die Mitgliedstaaten sind untereinander solidarisch.

Hat der Europäische Rat oder der Rat ein gemeinsames Vorgehen der Union im Sinne des Absatzes 1 festgelegt, so koordinieren der Hohe Vertreter der Union für Außen- und Sicherheitspolitik und die Minister für auswärtige Angelegenheiten der Mitgliedstaaten ihre Tätigkeiten im Rat.

Die diplomatischen Vertretungen der Mitgliedstaaten und die Delegationen der Union in Drittländern und bei internationalen Organisationen arbeiten zusammen und tragen zur Festlegung und Durchführung des gemeinsamen Vorgehens bei.

Artikel 33 (Sonderbeauftragter für besondere politische Fragen)

(ex-Artikel 18 EUV)

Der Rat kann auf Vorschlag des Hohen Vertreters der Union für Außen- und Sicherheitspolitik einen Sonderbeauftragten für besondere politische Fragen ernennen. Der Sonderbeauftragte übt sein Mandat unter der Verantwortung des Hohen Vertreters aus.

Artikel 34 (Koordination in internationalen Organisationen)

(ex-Artikel 19 EUV)

(1) Die Mitgliedstaaten koordinieren ihr Handeln in internationalen Organisationen und auf internationalen Konferenzen. Sie treten dort für die Standpunkte der Union ein. Der Hohe Vertreter der Union für Außen- und Sicherheitspolitik trägt für die Organisation dieser Koordinierung Sorge.

In den internationalen Organisationen und auf internationalen Konferenzen, bei denen nicht alle Mitgliedstaaten vertreten sind, setzen sich die dort vertretenen Mitgliedstaaten für die Standpunkte der Union ein.

(2) Nach Artikel 24 Absatz 3 unterrichten die Mitgliedstaaten, die in internationalen Organisationen oder auf internationalen Konferenzen vertreten sind, die dort nicht vertretenen Mitgliedstaaten und den Hohen Vertreter laufend über alle Fragen von gemeinsamem Interesse.

Die Mitgliedstaaten, die auch Mitglieder des Sicherheitsrats der Vereinten Nationen sind, stimmen sich ab und unterrichten die übrigen Mitgliedstaaten sowie den Hohen Vertreter in vollem Umfang. Die Mitgliedstaaten, die Mitglieder des Sicherheitsrats sind, setzen sich bei der Wahrnehmung ihrer Aufgaben unbeschadet ihrer Verantwortlichkeiten aufgrund der Charta der Vereinten Nationen für die Standpunkte und Interessen der Union ein.

Wenn die Union einen Standpunkt zu einem Thema festgelegt hat, das auf der Tagesordnung des Sicherheitsrats der Vereinten Nationen steht, beantragen die dort vertretenen Mitgliedstaaten, dass der Hohe Vertreter gebeten wird, den Standpunkt der Union vorzutragen.

Artikel 35 (Diplomatische und konsularische Vertretungen)

(ex-Artikel 20 EUV)

Die diplomatischen und konsularischen Vertretungen der Mitgliedstaaten und die Delegationen der Union in dritten Ländern und auf internationalen Konferenzen sowie ihre Vertretungen bei internationalen Organisationen stimmen sich ab, um die Einhaltung und Durchführung der nach diesem Kapitel erlassenen Beschlüsse, mit denen Standpunkte und Aktionen der Union festgelegt werden, zu gewährleisten.

Sie intensivieren ihre Zusammenarbeit durch Informationsaustausch und gemeinsame Bewertungen.

Sie tragen zur Verwirklichung des in Artikel 20 Absatz 2 Buchstabe c des Vertrags über die Arbeitsweise der Europäischen Union genannten Rechts der Unionsbürgerinnen und Unionsbürger auf Schutz im Hoheitsgebiet von Drittländern und zur Durchführung der nach Artikel 23 des genannten Vertrags erlassenen Maßnahmen bei.

Artikel 36 (Beteiligung des Europäischen Parlaments)

(ex-Artikel 21 EUV)

Der Hohe Vertreter der Union für Außen- und Sicherheitspolitik hört das Europäische Parlament regelmäßig zu den wichtigsten Aspekten und den grundlegenden Weichenstellungen der Gemeinsamen Außen- und Sicherheitspolitik und der Gemeinsamen Sicherheits- und Verteidigungspolitik und unterrichtet es über die Entwicklung der Politik in diesen Bereichen. Er achtet darauf, dass die Auffassungen des Europäischen Parlaments gebührend berücksichtigt werden. Die Sonderbeauftragten können zur Unterrichtung des Europäischen Parlaments mit herangezogen werden.

Das Europäische Parlament kann Anfragen oder Empfehlungen an den Rat und den Hohen Vertreter richten. Zweimal jährlich führt es eine Aussprache über die Fortschritte bei der Durchführung der Gemeinsamen Außen- und Sicherheitspolitik, einschließlich der Gemeinsamen Sicherheits- und Verteidigungspolitik.

Artikel 37 (Internationale Übereinkünfte)

(ex-Artikel 24 EUV)

Die Union kann in den unter dieses Kapitel fallenden Bereichen Übereinkünfte mit einem oder mehreren Staaten oder internationalen Organisationen schließen.

Artikel 38 (Politisches Komitee)

(ex-Artikel 25 EUV)

Unbeschadet des Artikels 240 des Vertrags über die Arbeitsweise der Europäischen Union verfolgt ein Politisches und Sicherheitspolitisches Komitee die internationale Lage in den Bereichen der Gemeinsamen Außen- und Sicherheitspolitik und trägt auf Ersuchen des Rates, des Hohen Vertreters der Union für Außen- und Sicherheitspolitik oder von sich aus durch an den Rat gerichtete Stellungnahmen zur Festlegung der Politiken bei. Ferner überwacht es die Durchführung vereinbarter Politiken; dies gilt unbeschadet der Zuständigkeiten des Hohen Vertreters.

Im Rahmen dieses Kapitels nimmt das Politische und Sicherheitspolitische Komitee unter der Verantwortung des Rates und des Hohen Vertreters die politische Kontrolle und strategische Leitung von Krisenbewältigungsoperationen im Sinne des Artikels 43 wahr.

Der Rat kann das Komitee für den Zweck und die Dauer einer Operation zur Krisenbewältigung, die vom Rat festgelegt werden, ermächtigen, geeignete Beschlüsse hinsichtlich der politischen Kontrolle und strategischen Leitung der Operation zu fassen.

Artikel 39 (Festlegung von Vorschriften zum Datenschutz)

Gemäß Artikel 16 des Vertrags über die Arbeitsweise der Europäischen Union und abweichend von Absatz 2 des genannten Artikels erlässt der Rat einen Beschluss zur Festlegung von Vorschriften über den Schutz natürlicher Personen bei der Verarbeitung personenbezogener Daten durch die Mitgliedstaaten im Rahmen der Ausübung von Tätigkeiten, die in den Anwendungsbereich dieses Kapitels fallen, und über den freien Datenverkehr. Die Einhaltung dieser Vorschriften wird von unabhängigen Behörden überwacht.

Artikel 40 (Verhältnis zum Vertrag über die Arbeitsweise der Europäischen Union)

(ex-Artikel 47 EUV)

Die Durchführung der Gemeinsamen Außen- und Sicherheitspolitik lässt die Anwendung der Verfahren und den jeweiligen Umfang der Befugnisse der Organe, die in den Verträgen für die Ausübung der in den Artikeln 3 bis 6 des Vertrags über die Arbeitsweise der Europäischen Union aufgeführten Zuständigkeiten der Union vorgesehen sind, unberührt.

Ebenso lässt die Durchführung der Politik nach den genannten Artikeln die Anwendung der Verfahren und den jeweiligen Umfang der Befugnisse der Organe, die in den Verträgen für die Ausübung der Zuständigkeiten der Union nach diesem Kapitel vorgesehen sind, unberührt.

Artikel 41 (Finanzierung)

(ex-Artikel 28 EUV)

(1) Die Verwaltungsausgaben, die den Organen aus der Durchführung dieses Kapitels entstehen, gehen zulasten des Haushalts der Union.

(2) Die operativen Ausgaben im Zusammenhang mit der Durchführung dieses Kapitels gehen ebenfalls zulasten des Haushalts der Union, mit Ausnahme der Ausgaben aufgrund von Maßnahmen mit militärischen oder verteidigungspolitischen Bezügen und von Fällen, in denen der Rat einstimmig etwas anderes beschließt.

In Fällen, in denen die Ausgaben nicht zulasten des Haushalts der Union gehen, gehen sie nach dem Bruttosozialprodukt-Schlüssel zulasten der Mitgliedstaaten, sofern der Rat nicht einstimmig etwas anderes beschließt. Die Mitgliedstaaten, deren Vertreter im Rat eine förmliche Erklärung nach Artikel 31 Absatz 1 Unterabsatz 2 abgegeben haben, sind nicht verpflichtet, zur Finanzierung von Ausgaben für Maßnahmen mit militärischen oder verteidigungspolitischen Bezügen beizutragen.

(3) Der Rat erlässt einen Beschluss zur Festlegung besonderer Verfahren, um den schnellen Zugriff auf die Haushaltsmittel der Union zu gewährleisten, die für die Sofortfinanzierung von Initiativen im Rahmen der Gemeinsamen Außen- und Sicherheitspolitik, insbesondere von Tätigkeiten zur Vorbereitung einer Mission nach Artikel 42 Absatz 1 und Artikel 43 bestimmt sind. Er beschließt nach Anhörung des Europäischen Parlaments.

Die Tätigkeiten zur Vorbereitung der in Artikel 42 Absatz 1 und in Artikel 43 genannten Missionen, die nicht zulasten des Haushalts der Union gehen, werden aus einem aus Beiträgen der Mitgliedstaaten gebildeten Anschubfonds finanziert.

Der Rat erlässt mit qualifizierter Mehrheit auf Vorschlag des Hohen Vertreters der Union für Außen- und Sicherheitspolitik die Beschlüsse über

a) die Einzelheiten für die Bildung und die Finanzierung des Anschubfonds, insbesondere die Höhe der Mittelzuweisungen für den Fonds;
b) die Einzelheiten für die Verwaltung des Anschubfonds;
c) die Einzelheiten für die Finanzkontrolle.

Kann die geplante Mission nach Artikel 42 Absatz 1 und Artikel 43 nicht aus dem Haushalt der Union finanziert werden, so ermächtigt der Rat den Hohen

Vertreter zur Inanspruchnahme dieses Fonds. Der Hohe Vertreter erstattet dem Rat Bericht über die Erfüllung dieses Mandats.

ABSCHNITT 2

BESTIMMUNGEN ÜBER DIE GEMEINSAME SICHERHEITS- UND VERTEIDIGUNGSPOLITIK

Artikel 42 (Ziele und Ausgestaltung)

(ex-Artikel 17 EUV)

(1) Die Gemeinsame Sicherheits- und Verteidigungspolitik ist integraler Bestandteil der Gemeinsamen Außen- und Sicherheitspolitik. Sie sichert der Union eine auf zivile und militärische Mittel gestützte Operationsfähigkeit. Auf diese kann die Union bei Missionen außerhalb der Union zur Friedenssicherung, Konfliktverhütung und Stärkung der internationalen Sicherheit in Übereinstimmung mit den Grundsätzen der Charta der Vereinten Nationen zurückgreifen. Sie erfüllt diese Aufgaben mit Hilfe der Fähigkeiten, die von den Mitgliedstaaten bereitgestellt werden.

(2) Die Gemeinsame Sicherheits- und Verteidigungspolitik umfasst die schrittweise Festlegung einer gemeinsamen Verteidigungspolitik der Union. Diese führt zu einer gemeinsamen Verteidigung, sobald der Europäische Rat dies einstimmig beschlossen hat. Er empfiehlt in diesem Fall den Mitgliedstaaten, einen Beschluss in diesem Sinne im Einklang mit ihren verfassungsrechtlichen Vorschriften zu erlassen.

Die Politik der Union nach diesem Abschnitt berührt nicht den besonderen Charakter der Sicherheits- und Verteidigungspolitik bestimmter Mitgliedstaaten; sie achtet die Verpflichtungen einiger Mitgliedstaaten, die ihre gemeinsame Verteidigung in der Nordatlantikvertrags-Organisation (NATO) verwirklicht sehen, aus dem Nordatlantikvertrag und ist vereinbar mit der in jenem Rahmen festgelegten gemeinsamen Sicherheits- und Verteidigungspolitik.

(3) Die Mitgliedstaaten stellen der Union für die Umsetzung der Gemeinsamen Sicherheits- und Verteidigungspolitik zivile und militärische Fähigkeiten als Beitrag zur Verwirklichung der vom Rat festgelegten Ziele zur Verfügung. Die Mitgliedstaaten, die zusammen multinationale Streitkräfte aufstellen, können diese auch für die Gemeinsame Sicherheits- und Verteidigungspolitik zur Verfügung stellen.

Die Mitgliedstaaten verpflichten sich, ihre militärischen Fähigkeiten schrittweise zu verbessern. Die Agentur für die Bereiche Entwicklung der Verteidigungsfähigkeiten, Forschung, Beschaffung und Rüstung (im Folgenden „Europäische Verteidigungsagentur") ermittelt den operativen Bedarf und fördert Maßnahmen zur Bedarfsdeckung, trägt zur Ermittlung von Maßnahmen zur Stärkung der industriellen und technologischen Basis des Verteidigungssektors bei und führt diese Maßnahmen gegebenenfalls durch, beteiligt sich an der Festlegung einer europäischen Politik im Bereich der Fähigkeiten und der Rüstung und unterstützt den Rat bei der Beurteilung der Verbesserung der militärischen Fähigkeiten.

(4) Beschlüsse zur Gemeinsamen Sicherheits- und Verteidigungspolitik, einschließlich der Beschlüsse über die Einleitung einer Mission nach diesem Artikel, werden vom Rat einstimmig auf Vorschlag des Hohen Vertreters der Union für Außen- und Sicherheitspolitik oder auf Initiative eines Mitgliedstaats erlassen.

Der Hohe Vertreter kann gegebenenfalls gemeinsam mit der Kommission den Rückgriff auf einzelstaatliche Mittel sowie auf Instrumente der Union vorschlagen.

(5) Der Rat kann zur Wahrung der Werte der Union und im Dienste ihrer Interessen eine Gruppe von Mitgliedstaaten mit der Durchführung einer Mission im Rahmen der Union beauftragen. Die Durchführung einer solchen Mission fällt unter Artikel 44.

(6) Die Mitgliedstaaten, die anspruchsvollere Kriterien in Bezug auf die militärischen Fähigkeiten erfüllen und die im Hinblick auf Missionen mit höchsten Anforderungen untereinander weiter gehende Verpflichtungen eingegangen sind, begründen eine Ständige Strukturierte Zusammenarbeit im Rahmen der Union. Diese Zusammenarbeit erfolgt nach Maßgabe von Artikel 46. Sie berührt nicht die Bestimmungen des Artikels 43.

(7) Im Falle eines bewaffneten Angriffs auf das Hoheitsgebiet eines Mitgliedstaats schulden die anderen Mitgliedstaaten ihm alle in ihrer Macht stehende Hilfe und Unterstützung, im Einklang mit Artikel 51 der Charta der Vereinten Nationen. Dies lässt den besonderen Charakter der Sicherheits- und Verteidigungspolitik bestimmter Mitgliedstaaten unberührt.

Die Verpflichtungen und die Zusammenarbeit in diesem Bereich bleiben im Einklang mit den im Rahmen der Nordatlantikvertrags-Organisation eingegangenen Verpflichtungen, die für die ihr angehörenden Staaten weiterhin das Fundament ihrer kollektiven Verteidigung und das Instrument für deren Verwirklichung ist.

Artikel 43 (Beschlüsse über Missionen)

(1) Die in Artikel 42 Absatz 1 vorgesehenen Missionen, bei deren Durchführung die Union auf zivile und militärische Mittel zurückgreifen kann, umfassen gemeinsame Abrüstungsmaßnahmen, humanitäre Aufgaben und Rettungseinsätze, Aufgaben der militärischen Beratung und Unterstützung, Aufgaben der Konfliktverhütung und der Erhaltung des Friedens sowie Kampfeinsätze im Rahmen der Krisenbewältigung einschließlich Frieden schaffender Maßnahmen und Operationen zur Stabilisierung der Lage nach Konflikten. Mit allen diesen Missionen kann zur Bekämpfung des Terrorismus beigetragen werden, unter anderem auch durch die Unterstützung für Drittländer bei der Bekämpfung des Terrorismus in ihrem Hoheitsgebiet.

(2) Der Rat erlässt die Beschlüsse über Missionen nach Absatz 1; in den Beschlüssen sind Ziel und Umfang der Missionen sowie die für sie geltenden allgemeinen Durchführungsbestimmungen festgelegt. Der Hohe Vertreter der Union für Außen- und Sicherheitspolitik sorgt unter Aufsicht des Rates und in engem und ständigem Benehmen mit dem Politischen und Sicherheitspolitischen Komitee für die Koordinierung der zivilen und militärischen Aspekte dieser Missionen.

Artikel 44 (Durchführung von Missionen)

(1) Im Rahmen der nach Artikel 43 erlassenen Beschlüsse kann der Rat die Durchführung einer Mission einer Gruppe von Mitgliedstaaten übertragen, die dies wünschen und über die für eine derartige Mission erforderlichen Fähigkeiten verfügen. Die betreffenden Mitgliedstaaten vereinbaren in Absprache mit dem Hohen Vertreter der Union für Außen- und Sicherheitspolitik untereinander die Ausführung der Mission.

(2) Die an der Durchführung der Mission teilnehmenden Mitgliedstaaten unterrichten den Rat von sich aus oder auf Antrag eines anderen Mitgliedstaats regelmäßig über den Stand der Mission. Die teilnehmenden Mitgliedstaaten befassen den Rat sofort, wenn sich aus der Durchführung der Mission schwerwiegende Konsequenzen ergeben oder das Ziel der Mission, ihr Umfang oder die für sie geltenden Regelungen, wie sie in den in Absatz 1 genannten Beschlüssen festgelegt sind, geändert werden müssen. Der Rat erlässt in diesen Fällen die erforderlichen Beschlüsse.

Artikel 45 (Europäische Verteidigungsagentur)

(1) Aufgabe der in Artikel 42 Absatz 3 genannten, dem Rat unterstellten Europäischen Verteidigungsagentur ist es,

a) bei der Ermittlung der Ziele im Bereich der militärischen Fähigkeiten der Mitgliedstaaten und der Beurteilung, ob die von den Mitgliedstaaten in Bezug auf diese Fähigkeiten eingegangenen Verpflichtungen erfüllt wurden, mitzuwirken;

b) auf eine Harmonisierung des operativen Bedarfs sowie die Festlegung effizienter und kompatibler Beschaffungsverfahren hinzuwirken;

c) multilaterale Projekte zur Erfüllung der Ziele im Bereich der militärischen Fähigkeiten vorzuschlagen und für die Koordinierung der von den Mitgliedstaaten durchgeführten Programme sowie die Verwaltung spezifischer Kooperationsprogramme zu sorgen;

d) die Forschung auf dem Gebiet der Verteidigungstechnologie zu unterstützen, gemeinsame Forschungsaktivitäten sowie Studien zu technischen Lösungen, die dem künftigen operativen Bedarf gerecht werden, zu koordinieren und zu planen;

e) dazu beizutragen, dass zweckdienliche Maßnahmen zur Stärkung der industriellen und technologischen Basis des Verteidigungssektors und für einen wirkungsvolleren Einsatz der Verteidigungsausgaben ermittelt werden, und diese Maßnahmen gegebenenfalls durchzuführen.

(2) Alle Mitgliedstaaten können auf Wunsch an der Arbeit der Europäischen Verteidigungsagentur teilnehmen. Der Rat erlässt mit qualifizierter Mehrheit einen Beschluss, in dem die Rechtsstellung, der Sitz und die Funktionsweise der Agentur festgelegt werden. Dieser Beschluss trägt dem Umfang der effektiven Beteiligung an den Tätigkeiten der Agentur Rechnung. Innerhalb der Agentur werden spezielle Gruppen gebildet, in denen Mitgliedstaaten zusammenkommen, die gemeinsame Projekte durchführen. Die Agentur versieht ihre Aufgaben erforderlichenfalls in Verbindung mit der Kommission.

Artikel 46 (Teilnahme an der Ständigen Strukturierten Zusammenarbeit)

(1) Die Mitgliedstaaten, die sich an der Ständigen Strukturierten Zusammenarbeit im Sinne des Artikels 42 Absatz 6 beteiligen möchten und hinsichtlich der militärischen Fähigkeiten die Kriterien erfüllen und die Verpflichtungen eingehen, die in dem Protokoll über die Ständige Strukturierte Zusammenarbeit enthalten sind, teilen dem Rat und dem Hohen Vertreter der Union für Außen- und Sicherheitspolitik ihre Absicht mit.

(2) Der Rat erlässt binnen drei Monaten nach der in Absatz 1 genannten Mitteilung einen Beschluss über die Begründung der Ständigen Strukturierten Zusammenarbeit und über die Liste der daran teilnehmenden Mitgliedstaaten. Der Rat beschließt nach Anhörung des Hohen Vertreters mit qualifizierter Mehrheit.

(3) Jeder Mitgliedstaat, der sich zu einem späteren Zeitpunkt an der Ständigen Strukturierten Zusammenarbeit beteiligen möchte, teilt dem Rat und dem Hohen Vertreter seine Absicht mit.

Der Rat erlässt einen Beschluss, in dem die Teilnahme des betreffenden Mitgliedstaats, der die Kriterien und Verpflichtungen nach den Artikeln 1 und 2 des Protokolls über die Ständige Strukturierte Zusammenarbeit erfüllt beziehungsweise eingeht, bestätigt wird. Der Rat beschließt mit qualifizierter Mehrheit nach Anhörung des Hohen Vertreters. Nur die Mitglieder des Rates, die die teilnehmenden Mitgliedstaaten vertreten, sind stimmberechtigt.

Die qualifizierte Mehrheit bestimmt sich nach Artikel 238 Absatz 3 Buchstabe a des Vertrags über die Arbeitsweise der Europäischen Union.

(4) Erfüllt ein teilnehmender Mitgliedstaat die Kriterien nach den Artikeln 1 und 2 des Protokolls über die Ständige Strukturierte Zusammenarbeit nicht mehr oder kann er den darin genannten Verpflichtungen nicht mehr nachkommen, so kann der Rat einen Beschluss erlassen, durch den die Teilnahme dieses Staates ausgesetzt wird.

Der Rat beschließt mit qualifizierter Mehrheit. Nur die Mitglieder des Rates, die die teilnehmenden Mitgliedstaaten mit Ausnahme des betroffenen Mitgliedstaats vertreten, sind stimmberechtigt.

Die qualifizierte Mehrheit bestimmt sich nach Artikel 238 Absatz 3 Buchstabe a des Vertrags über die Arbeitsweise der Europäischen Union.

(5) Wünscht ein teilnehmender Mitgliedstaat, von der Ständigen Strukturierten Zusammenarbeit Abstand zu nehmen, so teilt er seine Entscheidung dem Rat mit, der zur Kenntnis nimmt, dass die Teilnahme des betreffenden Mitgliedstaats beendet ist.

(6) Mit Ausnahme der Beschlüsse nach den Absätzen 2 bis 5 erlässt der Rat die Beschlüsse und Empfehlungen im Rahmen der Ständigen Strukturierten Zusammenarbeit einstimmig. Für die Zwecke dieses Absatzes bezieht sich die Einstimmigkeit allein auf die Stimmen der Vertreter der an der Zusammenarbeit teilnehmenden Mitgliedstaaten.

TITEL VI

SCHLUSSBESTIMMUNGEN

Artikel 47 (Rechtsfähigkeit)

Die Union besitzt Rechtspersönlichkeit. Art 335 AEUV

Artikel 48 (Verfahren der Vertragsänderung)

(ex-Artikel 48 EUV)

(1) Die Verträge können gemäß dem ordentlichen Änderungsverfahren geändert werden. Sie können ebenfalls nach vereinfachten Änderungsverfahren geändert werden.

Ordentliches Änderungsverfahren

(2) Die Regierung jedes Mitgliedstaats, das Europäische Parlament oder die Kommission kann dem Rat Entwürfe zur Änderung der Verträge vorlegen. Diese Entwürfe können unter anderem eine Ausdehnung oder Verringerung der der Union in den Verträgen übertragenen Zuständigkeiten zum Ziel haben. Diese

Entwürfe werden vom Rat dem Europäischen Rat übermittelt und den nationalen Parlamenten zur Kenntnis gebracht.

(3) Beschließt der Europäische Rat nach Anhörung des Europäischen Parlaments und der Kommission mit einfacher Mehrheit die Prüfung der vorgeschlagenen Änderungen, so beruft der Präsident des Europäischen Rates einen Konvent von Vertretern der nationalen Parlamente, der Staats- und Regierungschefs der Mitgliedstaaten, des Europäischen Parlaments und der Kommission ein. Bei institutionellen Änderungen im Währungsbereich wird auch die Europäische Zentralbank gehört. Der Konvent prüft die Änderungsentwürfe und nimmt im Konsensverfahren eine Empfehlung an, die an eine Konferenz der Vertreter der Regierungen der Mitgliedstaaten nach Absatz 4 gerichtet ist.

Der Europäische Rat kann mit einfacher Mehrheit nach Zustimmung des Europäischen Parlaments beschließen, keinen Konvent einzuberufen, wenn seine Einberufung aufgrund des Umfangs der geplanten Änderungen nicht gerechtfertigt ist. In diesem Fall legt der Europäische Rat das Mandat für eine Konferenz der Vertreter der Regierungen der Mitgliedstaaten fest.

(4) Eine Konferenz der Vertreter der Regierungen der Mitgliedstaaten wird vom Präsidenten des Rates einberufen, um die an den Verträgen vorzunehmenden Änderungen zu vereinbaren.

Die Änderungen treten in Kraft, nachdem sie von allen Mitgliedstaaten nach Maßgabe ihrer verfassungsrechtlichen Vorschriften ratifiziert worden sind.

(5) Haben nach Ablauf von zwei Jahren nach der Unterzeichnung eines Vertrags zur Änderung der Verträge vier Fünftel der Mitgliedstaaten den genannten Vertrag ratifiziert und sind in einem Mitgliedstaat oder mehreren Mitgliedstaaten Schwierigkeiten bei der Ratifikation aufgetreten, so befasst sich der Europäische Rat mit der Frage.

Vereinfachte Änderungsverfahren

(6) Die Regierung jedes Mitgliedstaats, das Europäische Parlament oder die Kommission kann dem Europäischen Rat Entwürfe zur Änderung aller oder eines Teils der Bestimmungen des Dritten Teils des Vertrags über die Arbeitsweise der Europäischen Union über die internen Politikbereiche der Union vorlegen.

Der Europäische Rat kann einen Beschluss zur Änderung aller oder eines Teils der Bestimmungen des Dritten Teils des Vertrags über die Arbeitsweise der Europäischen Union erlassen. Der Europäische Rat beschließt einstimmig nach Anhörung des Europäischen Parlaments und der Kommission sowie, bei institutionellen Änderungen im Währungsbereich, der Europäischen Zentralbank. Dieser Beschluss tritt erst nach Zustimmung der Mitgliedstaaten im Einklang mit ihren jeweiligen verfassungsrechtlichen Vorschriften in Kraft.

Der Beschluss nach Unterabsatz 2 darf nicht zu einer Ausdehnung der der Union im Rahmen der Verträge übertragenen Zuständigkeiten führen.

(7) In Fällen, in denen der Rat nach Maßgabe des Vertrags über die Arbeitsweise der Europäischen Union oder des Titels V dieses Vertrags in einem Bereich oder in einem bestimmten Fall einstimmig beschließt, kann der Europäische Rat einen Beschluss erlassen, wonach der Rat in diesem Bereich oder in diesem Fall mit qualifizierter Mehrheit beschließen kann. Dieser Unterabsatz gilt nicht für Beschlüsse mit militärischen oder verteidigungspolitischen Bezügen.

In Fällen, in denen nach Maßgabe des Vertrags über die Arbeitsweise der Europäischen Union Gesetzgebungsakte vom Rat gemäß einem besonderen Gesetzgebungsverfahren erlassen werden müssen, kann der Europäische Rat einen Beschluss erlassen, wonach die Gesetzgebungsakte gemäß dem ordentlichen Gesetzgebungsverfahren erlassen werden können.

Jede vom Europäischen Rat auf der Grundlage von Unterabsatz 1 oder Unterabsatz 2 ergriffene Initiative wird den nationalen Parlamenten übermittelt. Wird dieser Vorschlag innerhalb von sechs Monaten nach der Übermittlung von einem nationalen Parlament abgelehnt, so wird der Beschluss nach Unterabsatz 1 oder Unterabsatz 2 nicht erlassen. Wird die Initiative nicht abgelehnt, so kann der Europäische Rat den Beschluss erlassen.

Der Europäische Rat erlässt die Beschlüsse nach den Unterabsätzen 1 oder 2 einstimmig nach Zustimmung des Europäischen Parlaments, das mit der Mehrheit seiner Mitglieder beschließt.

Artikel 49 (Antrag auf Mitgliedschaft in der Union)

(ex-Artikel 49 EUV)

Jeder europäische Staat, der die in Artikel 2 genannten Werte achtet und sich für ihre Förderung einsetzt, kann beantragen, Mitglied der Union zu werden. Das Europäische Parlament und die nationalen Parlamente werden über diesen Antrag unterrichtet. Der antragstellende Staat richtet seinen Antrag an den Rat; dieser beschließt einstimmig nach Anhörung der Kommission und nach Zustimmung des Europäischen Parlaments, das mit der Mehrheit seiner Mitglieder beschließt. Die vom Europäischen Rat vereinbarten Kriterien werden berücksichtigt.

Die Aufnahmebedingungen und die durch eine Aufnahme erforderlich werdenden Anpassungen der Verträge, auf denen die Union beruht, werden durch ein Abkommen zwischen den Mitgliedstaaten und dem antragstellenden Staat geregelt. Das Abkommen bedarf der Ratifikation durch alle Vertragsstaaten gemäß ihren verfassungsrechtlichen Vorschriften.

Artikel 50 (Austritt aus der Union)

(1) Jeder Mitgliedstaat kann im Einklang mit seinen verfassungsrechtlichen Vorschriften beschließen, aus der Union auszutreten.

(2) Ein Mitgliedstaat, der auszutreten beschließt, teilt dem Europäischen Rat seine Absicht mit. Auf der Grundlage der Leitlinien des Europäischen Rates handelt die Union mit diesem Staat ein Abkommen über die Einzelheiten des Austritts aus und schließt das Abkommen, wobei der Rahmen für die künftigen Beziehungen dieses Staates zur Union berücksichtigt wird. Das Abkommen wird nach Artikel 218 Absatz 3 des Vertrags über die Arbeitsweise der Europäischen Union ausgehandelt. Es wird vom Rat im Namen der Union geschlossen; der Rat beschließt mit qualifizierter Mehrheit nach Zustimmung des Europäischen Parlaments.

(3) Die Verträge finden auf den betroffenen Staat ab dem Tag des Inkrafttretens des Austrittsabkommens oder andernfalls zwei Jahre nach der in Absatz 2 genannten Mitteilung keine Anwendung mehr, es sei denn, der Europäische Rat beschließt im Einvernehmen mit dem betroffenen Mitgliedstaat einstimmig, diese Frist zu verlängern.

(4) Für die Zwecke der Absätze 2 und 3 nimmt das Mitglied des Europäischen Rates und des Rates, das den austretenden Mitgliedstaat vertritt, weder an den diesen Mitgliedstaat betreffenden Beratungen noch an der entsprechenden Beschlussfassung des Europäischen Rates oder des Rates teil.

Die qualifizierte Mehrheit bestimmt sich nach Artikel 238 Absatz 3 Buchstabe b des Vertrags über die Arbeitsweise der Europäischen Union.

(5) Ein Staat, der aus der Union ausgetreten ist und erneut Mitglied werden möchte, muss dies nach dem Verfahren des Artikels 49 beantragen.

Artikel 51 (Protokolle und Anhänge)

Die Protokolle und Anhänge der Verträge sind Bestandteil der Verträge.

Artikel 52 (Geltungsbereich)

(1) Die Verträge gelten für das Königreich Belgien, die Republik Bulgarien, die Tschechische Republik, das Königreich Dänemark, die Bundesrepublik Deutschland, die Republik Estland, Irland, die Hellenische Republik, das Königreich Spanien, die Französische Republik, die Republik Kroatien, die Italienische Republik, die Republik Zypern, die Republik Lettland, die Republik Litauen, das Großherzogtum Luxemburg, die Republik Ungarn, die Republik Malta, das Königreich der Niederlande, die Republik Österreich, die Republik Polen, die Portugiesische Republik, Rumänien, die Republik Slowenien, die Slowakische Republik, die Republik Finnland, das Königreich Schweden und das Vereinigte Königreich Großbritannien und Nordirland.

(2) Der räumliche Geltungsbereich der Verträge wird in Artikel 355 des Vertrags über die Arbeitsweise der Europäischen Union im Einzelnen angegeben.

Artikel 53 (Geltungsdauer)

(ex-Artikel 51 EUV)

Dieser Vertrag gilt auf unbegrenzte Zeit.

Artikel 54 (Inkrafttreten)

(ex-Artikel 52 EUV)

(1) Dieser Vertrag bedarf der Ratifikation durch die Hohen Vertragsparteien gemäß ihren verfassungsrechtlichen Vorschriften. Die Ratifikationsurkunden werden bei der Regierung der Italienischen Republik hinterlegt.

(2) Dieser Vertrag tritt am 1. Januar 1993 in Kraft, sofern alle Ratifikationsurkunden hinterlegt worden sind, oder andernfalls am ersten Tag des auf die Hinterlegung der letzten Ratifikationsurkunde folgenden Monats.

Artikel 55 (Vertragssprachen)

(ex-Artikel 53 EUV)

(1) Dieser Vertrag ist in einer Urschrift in bulgarischer, dänischer, deutscher, englischer, estnischer, finnischer, französischer, griechischer, irischer, italienischer, kroatischer, lettischer, litauischer, maltesischer, niederländischer, polnischer, portugiesischer, rumänischer, schwedischer, slowakischer, slowenischer, spanischer, tschechischer und ungarischer Sprache abgefasst, wobei jeder Wortlaut gleichermaßen verbindlich ist; er wird im Archiv der Regierung der Italienischen Republik hinterlegt; diese übermittelt der Regierung jedes anderen Unterzeichnerstaats eine beglaubigte Abschrift.

(2) Dieser Vertrag kann ferner in jede andere von den Mitgliedstaaten bestimmte Sprache übersetzt werden, sofern diese Sprache nach der Verfassungsordnung des jeweiligen Mitgliedstaats in dessen gesamtem Hoheitsgebiet oder in

Teilen davon Amtssprache ist. Die betreffenden Mitgliedstaaten stellen eine beglaubigte Abschrift dieser Übersetzungen zur Verfügung, die in den Archiven des Rates hinterlegt wird.

ZU URKUND DESSEN haben die unterzeichneten Bevollmächtigten ihre Unterschriften unter diesen Vertrag gesetzt.

Geschehen zu Maastricht am siebten Februar neunzehnhundertzweiundneunzig.

(Aufzählung der Unterzeichner nicht wiedergegeben)

32 Vertrag über die Arbeitsweise der Europäischen Union

in der konsolidierten Fassung vom 7. Juni 2016 (ABl. C 202 vom 7. 6. 2016 S. 47, ber. ABl. C 400 vom 28. 10. 2016 S. 1)

Inhaltsübersicht*

* Nicht amtlich.

PRÄAMBEL

SEINE MAJESTÄT DER KÖNIG DER BELGIER, DER PRÄSIDENT DER BUNDESREPUBLIK DEUTSCHLAND, DER PRÄSIDENT DER FRANZÖSISCHEN REPUBLIK, DER PRÄSIDENT DER ITALIENISCHEN REPUBLIK, IHRE KÖNIGLICHE HOHEIT DIE GROSSHERZOGIN VON LUXEMBURG, IHRE MAJESTÄT DIE KÖNIGIN DER NIEDERLANDE,*

IN DEM FESTEN WILLEN, die Grundlagen für einen immer engeren Zusammenschluss der europäischen Völker zu schaffen,

* Amtliche Fußnote: Seit dem ursprünglichen Vertragsschluss sind Mitgliedstaaten der Europäischen Union geworden: die Republik Bulgarien, die Tschechische Republik, das Königreich Dänemark, die Republik Estland, Irland, die Hellenische Republik, das Königreich Spanien, die Republik Kroatien, die Republik Zypern, die Republik Lettland, die Republik Litauen, Ungarn, die Republik Malta, die Republik Österreich, die Republik Polen, die Portugiesische Republik, Rumänien, die Republik Slowenien, die Slowakische Republik, die Republik Finnland, das Königreich Schweden und das Vereinigte Königreich Großbritannien und Nordirland.

ENTSCHLOSSEN, durch gemeinsames Handeln den wirtschaftlichen und sozialen Fortschritt ihrer Staaten zu sichern, indem sie die Europa trennenden Schranken beseitigen,

IN DEM VORSATZ, die stetige Besserung der Lebens- und Beschäftigungsbedingungen ihrer Völker als wesentliches Ziel anzustreben,

IN DER ERKENNTNIS, dass zur Beseitigung der bestehenden Hindernisse ein einverständliches Vorgehen erforderlich ist, um eine beständige Wirtschaftsausweitung, einen ausgewogenen Handelsverkehr und einen redlichen Wettbewerb zu gewährleisten,

IN DEM BESTREBEN, ihre Volkswirtschaften zu einigen und deren harmonische Entwicklung zu fördern, indem sie den Abstand zwischen einzelnen Gebieten und den Rückstand weniger begünstigter Gebiete verringern,

IN DEM WUNSCH, durch eine gemeinsame Handelspolitik zur fortschreitenden Beseitigung der Beschränkungen im zwischenstaatlichen Wirtschaftsverkehr beizutragen,

IN DER ABSICHT, die Verbundenheit Europas mit den überseeischen Ländern zu bekräftigen, und in dem Wunsch, entsprechend den Grundsätzen der Satzung der Vereinten Nationen den Wohlstand der überseeischen Länder zu fördern,

ENTSCHLOSSEN, durch diesen Zusammenschluss ihrer Wirtschaftskräfte Frieden und Freiheit zu wahren und zu festigen, und mit der Aufforderung an die anderen Völker Europas, die sich zu dem gleichen hohen Ziel bekennen, sich diesen Bestrebungen anzuschließen,

ENTSCHLOSSEN, durch umfassenden Zugang zur Bildung und durch ständige Weiterbildung auf einen möglichst hohen Wissensstand ihrer Völker hinzuwirken,

HABEN zu diesem Zweck zu ihren Bevollmächtigten ERNANNT
(Aufzählung der Bevollmächtigten nicht wiedergegeben)

DIESE SIND nach Austausch ihrer als gut und gehörig befundenen Vollmachten wie folgt übereingekommen:

ERSTER TEIL
GRUNDSÄTZE

Artikel 1 (Regelungsgegenstand; Gründungsverträge)

(1) Dieser Vertrag regelt die Arbeitsweise der Union und legt die Bereiche, die Abgrenzung und die Einzelheiten der Ausübung ihrer Zuständigkeiten fest.

(2) Dieser Vertrag und der Vertrag über die Europäische Union bilden die Verträge, auf die sich die Union gründet. Diese beiden Verträge, die rechtlich gleichrangig sind, werden als „die Verträge" bezeichnet.

TITEL I
ARTEN UND BEREICHE DER ZUSTÄNDIGKEIT DER UNION

Artikel 2 (Zuständigkeiten der Union)

(1) Übertragen die Verträge der Union für einen bestimmten Bereich eine ausschließliche Zuständigkeit, so kann nur die Union gesetzgeberisch tätig werden

und verbindliche Rechtsakte erlassen; die Mitgliedstaaten dürfen in einem solchen Fall nur tätig werden, wenn sie von der Union hierzu ermächtigt werden, oder um Rechtsakte der Union durchzuführen.

(2) Übertragen die Verträge der Union für einen bestimmten Bereich eine mit den Mitgliedstaaten geteilte Zuständigkeit, so können die Union und die Mitgliedstaaten in diesem Bereich gesetzgeberisch tätig werden und verbindliche Rechtsakte erlassen. Die Mitgliedstaaten nehmen ihre Zuständigkeit wahr, sofern und soweit die Union ihre Zuständigkeit nicht ausgeübt hat. Die Mitgliedstaaten nehmen ihre Zuständigkeit erneut wahr, sofern und soweit die Union entschieden hat, ihre Zuständigkeit nicht mehr auszuüben.

(3) Die Mitgliedstaaten koordinieren ihre Wirtschafts- und Beschäftigungspolitik im Rahmen von Regelungen nach Maßgabe dieses Vertrags, für deren Festlegung die Union zuständig ist.

(4) Die Union ist nach Maßgabe des Vertrags über die Europäische Union dafür zuständig, eine gemeinsame Außen- und Sicherheitspolitik einschließlich der schrittweisen Festlegung einer gemeinsamen Verteidigungspolitik zu erarbeiten und zu verwirklichen.

(5) In bestimmten Bereichen ist die Union nach Maßgabe der Verträge dafür zuständig, Maßnahmen zur Unterstützung, Koordinierung oder Ergänzung der Maßnahmen der Mitgliedstaaten durchzuführen, ohne dass dadurch die Zuständigkeit der Union für diese Bereiche an die Stelle der Zuständigkeit der Mitgliedstaaten tritt.

Die verbindlichen Rechtsakte der Union, die aufgrund der diese Bereiche betreffenden Bestimmungen der Verträge erlassen werden, dürfen keine Harmonisierung der Rechtsvorschriften der Mitgliedstaaten beinhalten.

(6) Der Umfang der Zuständigkeiten der Union und die Einzelheiten ihrer Ausübung ergeben sich aus den Bestimmungen der Verträge zu den einzelnen Bereichen.

Artikel 3 (Ausschließliche Zuständigkeit)

(1) Die Union hat ausschließliche Zuständigkeit in folgenden Bereichen:

a) Zollunion,

b) Festlegung der für das Funktionieren des Binnenmarkts erforderlichen Wettbewerbsregeln,

c) Währungspolitik für die Mitgliedstaaten, deren Währung der Euro ist,

d) Erhaltung der biologischen Meeresschätze im Rahmen der gemeinsamen Fischereipolitik,

e) gemeinsame Handelspolitik.

(2) Die Union hat ferner die ausschließliche Zuständigkeit für den Abschluss internationaler Übereinkünfte, wenn der Abschluss einer solchen Übereinkunft in einem Gesetzgebungsakt der Union vorgesehen ist, wenn er notwendig ist, damit sie ihre interne Zuständigkeit ausüben kann, oder soweit er gemeinsame Regeln beeinträchtigen oder deren Tragweite verändern könnte.

Artikel 4 (Geteilte Zuständigkeit)

(1) Die Union teilt ihre Zuständigkeit mit den Mitgliedstaaten, wenn ihr die Verträge außerhalb der in den Artikeln 3 und 6 genannten Bereiche eine Zuständigkeit übertragen.

(2) Die von der Union mit den Mitgliedstaaten geteilte Zuständigkeit erstreckt sich auf die folgenden Hauptbereiche:

a) Binnenmarkt,

b) Sozialpolitik hinsichtlich der in diesem Vertrag genannten Aspekte,

c) wirtschaftlicher, sozialer und territorialer Zusammenhalt,

d) Landwirtschaft und Fischerei, ausgenommen die Erhaltung der biologischen Meeresschätze,

e) Umwelt,

f) Verbraucherschutz,

g) Verkehr,

h) transeuropäische Netze,

i) Energie,

j) Raum der Freiheit, der Sicherheit und des Rechts,

k) gemeinsame Sicherheitsanliegen im Bereich der öffentlichen Gesundheit hinsichtlich der in diesem Vertrag genannten Aspekte.

(3) In den Bereichen Forschung, technologische Entwicklung und Raumfahrt erstreckt sich die Zuständigkeit der Union darauf, Maßnahmen zu treffen, insbesondere Programme zu erstellen und durchzuführen, ohne dass die Ausübung dieser Zuständigkeit die Mitgliedstaaten hindert, ihre Zuständigkeit auszuüben.

(4) In den Bereichen Entwicklungszusammenarbeit und humanitäre Hilfe erstreckt sich die Zuständigkeit der Union darauf, Maßnahmen zu treffen und eine gemeinsame Politik zu verfolgen, ohne dass die Ausübung dieser Zuständigkeit die Mitgliedstaaten hindert, ihre Zuständigkeit auszuüben.

Artikel 5 (Koordinierung der Wirtschaftspolitik)

(1) Die Mitgliedstaaten koordinieren ihre Wirtschaftspolitik innerhalb der Union. Zu diesem Zweck erlässt der Rat Maßnahmen; insbesondere beschließt er die Grundzüge dieser Politik.

Für die Mitgliedstaaten, deren Währung der Euro ist, gelten besondere Regelungen.

(2) Die Union trifft Maßnahmen zur Koordinierung der Beschäftigungspolitik der Mitgliedstaaten, insbesondere durch die Festlegung von Leitlinien für diese Politik.

(3) Die Union kann Initiativen zur Koordinierung der Sozialpolitik der Mitgliedstaaten ergreifen.

Artikel 6 (Maßnahmen mit europäischer Zielsetzung)

Die Union ist für die Durchführung von Maßnahmen zur Unterstützung, Koordinierung oder Ergänzung der Maßnahmen der Mitgliedstaaten zuständig. Diese Maßnahmen mit europäischer Zielsetzung können in folgenden Bereichen getroffen werden:

a) Schutz und Verbesserung der menschlichen Gesundheit,

b) Industrie,

c) Kultur,

d) Tourismus,

e) allgemeine und berufliche Bildung, Jugend und Sport,

f) Katastrophenschutz,

g) Verwaltungszusammenarbeit.

TITEL II

ALLGEMEIN GELTENDE BESTIMMUNGEN

Artikel 7 (Kohärenz)

Die Union achtet auf die Kohärenz zwischen ihrer Politik und ihren Maßnahmen in den verschiedenen Bereichen und trägt dabei unter Einhaltung des Grundsatzes der begrenzten Einzelermächtigung ihren Zielen in ihrer Gesamtheit Rechnung.

Artikel 8 (Gleichstellung von Männern und Frauen)

(ex-Artikel 3 Absatz 2 EGV[1])

Bei allen ihren Tätigkeiten wirkt die Union darauf hin, Ungleichheiten zu beseitigen und die Gleichstellung von Männern und Frauen zu fördern.

Artikel 9 (Soziale Schutzziele)

Bei der Festlegung und Durchführung ihrer Politik und ihrer Maßnahmen trägt die Union den Erfordernissen im Zusammenhang mit der Förderung eines hohen Beschäftigungsniveaus, mit der Gewährleistung eines angemessenen sozialen Schutzes, mit der Bekämpfung der sozialen Ausgrenzung sowie mit einem hohen Niveau der allgemeinen und beruflichen Bildung und des Gesundheitsschutzes Rechnung.

Artikel 10 (Bekämpfung der Diskriminierung)

Bei der Festlegung und Durchführung ihrer Politik und ihrer Maßnahmen zielt die Union darauf ab, Diskriminierungen aus Gründen des Geschlechts, der Rasse, der ethnischen Herkunft, der Religion oder der Weltanschauung, einer Behinderung, des Alters oder der sexuellen Ausrichtung zu bekämpfen.

Artikel 11 (Umweltschutz)

(ex-Artikel 6 EGV)

Die Erfordernisse des Umweltschutzes müssen bei der Festlegung und Durchführung der Unionspolitiken und -maßnahmen insbesondere zur Förderung einer nachhaltigen Entwicklung einbezogen werden.

Artikel 12 (Verbraucherschutz)

(ex-Artikel 153 Absatz 2 EGV)

Den Erfordernissen des Verbraucherschutzes wird bei der Festlegung und Durchführung der anderen Unionspolitiken und -maßnahmen Rechnung getragen.

---

1) Amtliche Fußnote: Dieser Verweis hat lediglich hinweisenden Charakter. Zur Vertiefung vgl. die Übereinstimmungstabellen für die Entsprechung zwischen bisheriger und neuer Nummerierung der Verträge.

Artikel 13 (Tierschutz)

Bei der Festlegung und Durchführung der Politik der Union in den Bereichen Landwirtschaft, Fischerei, Verkehr, Binnenmarkt, Forschung, technologische Entwicklung und Raumfahrt tragen die Union und die Mitgliedstaaten den Erfordernissen des Wohlergehens der Tiere als fühlende Wesen in vollem Umfang Rechnung; sie berücksichtigen hierbei die Rechts- und Verwaltungsvorschriften und die Gepflogenheiten der Mitgliedstaaten insbesondere in Bezug auf religiöse Riten, kulturelle Traditionen und das regionale Erbe.

Artikel 14 (Dienste von allgemeinem wirtschaftlichem Interesse)

(ex-Artikel 16 EGV)

Unbeschadet des Artikels 4 des Vertrags über die Europäische Union und der Artikel 93, 106 und 107 dieses Vertrags und in Anbetracht des Stellenwerts, den Dienste von allgemeinem wirtschaftlichem Interesse innerhalb der gemeinsamen Werte der Union einnehmen, sowie ihrer Bedeutung bei der Förderung des sozialen und territorialen Zusammenhalts tragen die Union und die Mitgliedstaaten im Rahmen ihrer jeweiligen Befugnisse im Anwendungsbereich der Verträge dafür Sorge, dass die Grundsätze und Bedingungen, insbesondere jene wirtschaftlicher und finanzieller Art, für das Funktionieren dieser Dienste so gestaltet sind, dass diese ihren Aufgaben nachkommen können. Diese Grundsätze und Bedingungen werden vom Europäischen Parlament und vom Rat durch Verordnungen gemäß dem ordentlichen Gesetzgebungsverfahren festgelegt, unbeschadet der Zuständigkeit der Mitgliedstaaten, diese Dienste im Einklang mit den Verträgen zur Verfügung zu stellen, in Auftrag zu geben und zu finanzieren.

Artikel 15 (Grundsatz der Offenheit; Zugang zu Dokumenten)

(ex-Artikel 255 EGV)

(1) Um eine verantwortungsvolle Verwaltung zu fördern und die Beteiligung der Zivilgesellschaft sicherzustellen, handeln die Organe, Einrichtungen und sonstigen Stellen der Union unter weitestgehender Beachtung des Grundsatzes der Offenheit.

(2) Das Europäische Parlament tagt öffentlich; dies gilt auch für den Rat, wenn er über Entwürfe zu Gesetzgebungsakten berät oder abstimmt.

(3) Jeder Unionsbürger sowie jede natürliche oder juristische Person mit Wohnsitz oder satzungsgemäßem Sitz in einem Mitgliedstaat hat das Recht auf Zugang zu Dokumenten der Organe, Einrichtungen und sonstigen Stellen der Union, unabhängig von der Form der für diese Dokumente verwendeten Träger, vorbehaltlich der Grundsätze und Bedingungen, die nach diesem Absatz festzulegen sind.

Die allgemeinen Grundsätze und die aufgrund öffentlicher oder privater Interessen geltenden Einschränkungen für die Ausübung dieses Rechts auf Zugang zu Dokumenten werden vom Europäischen Parlament und vom Rat durch Verordnungen gemäß dem ordentlichen Gesetzgebungsverfahren festgelegt.

Die Organe, Einrichtungen und sonstigen Stellen gewährleisten die Transparenz ihrer Tätigkeit und legen im Einklang mit den in Unterabsatz 2 genannten Verordnungen in ihrer Geschäftsordnung Sonderbestimmungen hinsichtlich des Zugangs zu ihren Dokumenten fest.

Dieser Absatz gilt für den Gerichtshof der Europäischen Union, die Europäische Zentralbank und die Europäische Investitionsbank nur dann, wenn sie Verwaltungsaufgaben wahrnehmen.

Das Europäische Parlament und der Rat sorgen dafür, dass die Dokumente, die die Gesetzgebungsverfahren betreffen, nach Maßgabe der in Unterabsatz 2 genannten Verordnungen öffentlich zugänglich gemacht werden.

Artikel 16 (Datenschutz)

(ex-Artikel 286 EGV)

(1) Jede Person hat das Recht auf Schutz der sie betreffenden personenbezogenen Daten.

(2) Das Europäische Parlament und der Rat erlassen gemäß dem ordentlichen Gesetzgebungsverfahren Vorschriften über den Schutz natürlicher Personen bei der Verarbeitung personenbezogener Daten durch die Organe, Einrichtungen und sonstigen Stellen der Union sowie durch die Mitgliedstaaten im Rahmen der Ausübung von Tätigkeiten, die in den Anwendungsbereich des Unionsrechts fallen, und über den freien Datenverkehr. Die Einhaltung dieser Vorschriften wird von unabhängigen Behörden überwacht.

Die auf der Grundlage dieses Artikels erlassenen Vorschriften lassen die spezifischen Bestimmungen des Artikels 39 des Vertrags über die Europäische Union unberührt.

Artikel 17 (Kirchen und Glaubensgemeinschaften)

(1) Die Union achtet den Status, den Kirchen und religiöse Vereinigungen oder Gemeinschaften in den Mitgliedstaaten nach deren Rechtsvorschriften genießen, und beeinträchtigt ihn nicht.

(2) Die Union achtet in gleicher Weise den Status, den weltanschauliche Gemeinschaften nach den einzelstaatlichen Rechtsvorschriften genießen.

(3) Die Union pflegt mit diesen Kirchen und Gemeinschaften in Anerkennung ihrer Identität und ihres besonderen Beitrags einen offenen, transparenten und regelmäßigen Dialog.

ZWEITER TEIL
NICHTDISKRIMINIERUNG UND UNIONSBÜRGERSCHAFT

Artikel 18 (Diskriminierungsverbot) Art 116 GG

(ex-Artikel 12 EGV)

Unbeschadet besonderer Bestimmungen der Verträge ist in ihrem Anwendungsbereich jede Diskriminierung aus Gründen der Staatsangehörigkeit verboten.

Das Europäische Parlament und der Rat können gemäß dem ordentlichen Gesetzgebungsverfahren Regelungen für das Verbot solcher Diskriminierungen treffen.

Artikel 19 (Maßnahmen im Kampf gegen Diskriminierungen)

(ex-Artikel 13 EGV)

(1) Unbeschadet der sonstigen Bestimmungen der Verträge kann der Rat im Rahmen der durch die Verträge auf die Union übertragenen Zuständigkeiten gemäß einem besonderen Gesetzgebungsverfahren und nach Zustimmung des Europäischen Parlaments einstimmig geeignete Vorkehrungen treffen, um Diskrimi-

nierungen aus Gründen des Geschlechts, der Rasse, der ethnischen Herkunft, der Religion oder der Weltanschauung, einer Behinderung, des Alters oder der sexuellen Ausrichtung zu bekämpfen.

(2) Abweichend von Absatz 1 können das Europäische Parlament und der Rat gemäß dem ordentlichen Gesetzgebungsverfahren die Grundprinzipien für Fördermaßnahmen der Union unter Ausschluss jeglicher Harmonisierung der Rechts- und Verwaltungsvorschriften der Mitgliedstaaten zur Unterstützung der Maßnahmen festlegen, die die Mitgliedstaaten treffen, um zur Verwirklichung der in Absatz 1 genannten Ziele beizutragen.

Artikel 20 (Unionsbürgerschaft)

(ex-Artikel 17 EGV)

(1) Es wird eine Unionsbürgerschaft eingeführt. Unionsbürger ist, wer die Staatsangehörigkeit eines Mitgliedstaats besitzt. Die Unionsbürgerschaft tritt zur nationalen Staatsbürgerschaft hinzu, ersetzt diese aber nicht.

(2) Die Unionsbürgerinnen und Unionsbürger haben die in den Verträgen vorgesehenen Rechte und Pflichten. Sie haben unter anderem

a) das Recht, sich im Hoheitsgebiet der Mitgliedstaaten frei zu bewegen und aufzuhalten;

b) in dem Mitgliedstaat, in dem sie ihren Wohnsitz haben, das aktive und passive Wahlrecht bei den Wahlen zum Europäischen Parlament und bei den Kommunalwahlen, wobei für sie dieselben Bedingungen gelten wie für die Angehörigen des betreffenden Mitgliedstaats;

c) im Hoheitsgebiet eines Drittlands, in dem der Mitgliedstaat, dessen Staatsangehörigkeit sie besitzen, nicht vertreten ist, Recht auf Schutz durch die diplomatischen und konsularischen Behörden eines jeden Mitgliedstaats unter denselben Bedingungen wie Staatsangehörige dieses Staates;

d) das Recht, Petitionen an das Europäische Parlament zu richten und sich an den Europäischen Bürgerbeauftragten zu wenden, sowie das Recht, sich in einer der Sprachen der Verträge an die Organe und die beratenden Einrichtungen der Union zu wenden und eine Antwort in derselben Sprache zu erhalten.

Diese Rechte werden unter den Bedingungen und innerhalb der Grenzen ausgeübt, die in den Verträgen und durch die in Anwendung der Verträge erlassenen Maßnahmen festgelegt sind.

Artikel 21 (Freizügigkeit)

(ex-Artikel 18 EGV)

(1) Jeder Unionsbürger hat das Recht, sich im Hoheitsgebiet der Mitgliedstaaten vorbehaltlich der in den Verträgen und in den Durchführungsvorschriften vorgesehenen Beschränkungen und Bedingungen frei zu bewegen und aufzuhalten.

(2) Erscheint zur Erreichung dieses Ziels ein Tätigwerden der Union erforderlich und sehen die Verträge hierfür keine Befugnisse vor, so können das Europäische Parlament und der Rat gemäß dem ordentlichen Gesetzgebungsverfahren Vorschriften erlassen, mit denen die Ausübung der Rechte nach Absatz 1 erleichtert wird.

(3) Zu den gleichen wie den in Absatz 1 genannten Zwecken kann der Rat, sofern die Verträge hierfür keine Befugnisse vorsehen, gemäß einem besonderen Gesetzgebungsverfahren Maßnahmen erlassen, die die soziale Sicherheit oder den

sozialen Schutz betreffen. Der Rat beschließt einstimmig nach Anhörung des Europäischen Parlaments.

Artikel 22 (Wahlrecht)

(ex-Artikel 19 EGV)

(1) Jeder Unionsbürger mit Wohnsitz in einem Mitgliedstaat, dessen Staatsangehörigkeit er nicht besitzt, hat in dem Mitgliedstaat, in dem er seinen Wohnsitz hat, das aktive und passive Wahlrecht bei Kommunalwahlen, wobei für ihn dieselben Bedingungen gelten wie für die Angehörigen des betreffenden Mitgliedstaats. Dieses Recht wird vorbehaltlich der Einzelheiten ausgeübt, die vom Rat einstimmig gemäß einem besonderen Gesetzgebungsverfahren und nach Anhörung des Europäischen Parlaments festgelegt werden; in diesen können Ausnahmeregelungen vorgesehen werden, wenn dies aufgrund besonderer Probleme eines Mitgliedstaats gerechtfertigt ist.

(2) Unbeschadet des Artikels 223 Absatz 1 und der Bestimmungen zu dessen Durchführung besitzt jeder Unionsbürger mit Wohnsitz in einem Mitgliedstaat, dessen Staatsangehörigkeit er nicht besitzt, in dem Mitgliedstaat, in dem er seinen Wohnsitz hat, das aktive und passive Wahlrecht bei den Wahlen zum Europäischen Parlament, wobei für ihn dieselben Bedingungen gelten wie für die Angehörigen des betreffenden Mitgliedstaats. Dieses Recht wird vorbehaltlich der Einzelheiten ausgeübt, die vom Rat einstimmig gemäß einem besonderen Gesetzgebungsverfahren und nach Anhörung des Europäischen Parlaments festgelegt werden; in diesen können Ausnahmeregelungen vorgesehen werden, wenn dies aufgrund besonderer Probleme eines Mitgliedstaats gerechtfertigt ist.

Artikel 23 (Diplomatischer und konsularischer Schutz)

(ex-Artikel 20 EGV)

Jeder Unionsbürger genießt im Hoheitsgebiet eines dritten Landes, in dem der Mitgliedstaat, dessen Staatsangehörigkeit er besitzt, nicht vertreten ist, den diplomatischen und konsularischen Schutz eines jeden Mitgliedstaats unter denselben Bedingungen wie Staatsangehörige dieses Staates. Die Mitgliedstaaten treffen die notwendigen Vorkehrungen und leiten die für diesen Schutz erforderlichen internationalen Verhandlungen ein.

Der Rat kann gemäß einem besonderen Gesetzgebungsverfahren und nach Anhörung des Europäischen Parlaments Richtlinien zur Festlegung der notwendigen Koordinierungs- und Kooperationsmaßnahmen zur Erleichterung dieses Schutzes erlassen.

Artikel 24 (Bürgerinitiative; Beteiligungs-, Petitions- und Informationsrechte)

(ex-Artikel 21 EGV)

Die Bestimmungen über die Verfahren und Bedingungen, die für eine Bürgerinitiative im Sinne des Artikels 11 des Vertrags über die Europäische Union gelten, einschließlich der Mindestzahl der Mitgliedstaaten, aus denen die Bürgerinnen und Bürger, die diese Initiative ergreifen, kommen müssen, werden vom Europäischen Parlament und vom Rat gemäß dem ordentlichen Gesetzgebungsverfahren durch Verordnungen festgelegt.

Jeder Unionsbürger besitzt das Petitionsrecht beim Europäischen Parlament nach Artikel 227.

Jeder Unionsbürger kann sich an den nach Artikel 228 eingesetzten Bürgerbeauftragten wenden.

Jeder Unionsbürger kann sich schriftlich in einer der in Artikel 55 Absatz 1 des Vertrags über die Europäische Union genannten Sprachen an jedes Organ oder an jede Einrichtung wenden, die in dem vorliegenden Artikel oder in Artikel 13 des genannten Vertrags genannt sind, und eine Antwort in derselben Sprache erhalten.

Artikel 25 (Berichtspflicht der Kommission, ergänzende Bestimmungen)

(ex-Artikel 22 EGV)

Die Kommission erstattet dem Europäischen Parlament, dem Rat und dem Wirtschafts- und Sozialausschuss alle drei Jahre über die Anwendung dieses Teils Bericht. In dem Bericht wird der Fortentwicklung der Union Rechnung getragen.

Auf dieser Grundlage kann der Rat unbeschadet der anderen Bestimmungen der Verträge zur Ergänzung der in Artikel 20 Absatz 2 aufgeführten Rechte einstimmig gemäß einem besonderen Gesetzgebungsverfahren nach Zustimmung des Europäischen Parlaments Bestimmungen erlassen. Diese Bestimmungen treten nach Zustimmung der Mitgliedstaaten im Einklang mit ihren jeweiligen verfassungsrechtlichen Vorschriften in Kraft.

DRITTER TEIL

DIE INTERNEN POLITIKEN UND MASSNAHMEN DER UNION

TITEL I

DER BINNENMARKT

Artikel 26 (Gewährleistung des Binnenmarktes)

(ex-Artikel 14 EGV)

(1) Die Union erlässt die erforderlichen Maßnahmen, um nach Maßgabe der einschlägigen Bestimmungen der Verträge den Binnenmarkt zu verwirklichen beziehungsweise dessen Funktionieren zu gewährleisten.

(2) Der Binnenmarkt umfasst einen Raum ohne Binnengrenzen, in dem der freie Verkehr von Waren, Personen, Dienstleistungen und Kapital gemäß den Bestimmungen der Verträge gewährleistet ist.

(3) Der Rat legt auf Vorschlag der Kommission die Leitlinien und Bedingungen fest, die erforderlich sind, um in allen betroffenen Sektoren einen ausgewogenen Fortschritt zu gewährleisten.

Artikel 27 (Ausnahmeregelungen)

(ex-Artikel 15 EGV)

Bei der Formulierung ihrer Vorschläge zur Verwirklichung der Ziele des Artikels 26 berücksichtigt die Kommission den Umfang der Anstrengungen, die einigen Volkswirtschaften mit unterschiedlichem Entwicklungsstand für die Errichtung des Binnenmarkts abverlangt werden, und kann geeignete Bestimmungen vorschlagen.

Erhalten diese Bestimmungen die Form von Ausnahmeregelungen, so müssen sie vorübergehender Art sein und dürfen das Funktionieren des Binnenmarkts so wenig wie möglich stören.

TITEL II

DER FREIE WARENVERKEHR

Artikel 28 (Zollunion)

(ex-Artikel 23 EGV)

(1) Die Union umfasst eine Zollunion, die sich auf den gesamten Warenaustausch erstreckt; sie umfasst das Verbot, zwischen den Mitgliedstaaten Ein- und Ausfuhrzölle und Abgaben gleicher Wirkung zu erheben, sowie die Einführung eines Gemeinsamen Zolltarifs gegenüber dritten Ländern.

(2) Artikel 30 und Kapitel 3 dieses Titels gelten für die aus den Mitgliedstaaten stammenden Waren sowie für diejenigen Waren aus dritten Ländern, die sich in den Mitgliedstaaten im freien Verkehr befinden.

Artikel 29 (Freier Verkehr von Waren aus Drittstaaten)

(ex-Artikel 24 EGV)

Als im freien Verkehr eines Mitgliedstaats befindlich gelten diejenigen Waren aus dritten Ländern, für die in dem betreffenden Mitgliedstaat die Einfuhrförmlichkeiten erfüllt sowie die vorgeschriebenen Zölle und Abgaben gleicher Wirkung erhoben und nicht ganz oder teilweise rückvergütet worden sind.

KAPITEL 1

DIE ZOLLUNION

Artikel 30 (Verbot von Zöllen)

(ex-Artikel 25 EGV)

Ein- und Ausfuhrzölle oder Abgaben gleicher Wirkung sind zwischen den Mitgliedstaaten verboten. Dieses Verbot gilt auch für Finanzzölle.

Artikel 31 (Festlegung des Gemeinsamen Zolltarifs)

(ex-Artikel 26 EGV)

Der Rat legt die Sätze des Gemeinsamen Zolltarifs auf Vorschlag der Kommission fest.

Artikel 32 (Zielvorgaben für die Kommission)

(ex-Artikel 27 EGV)

Bei der Ausübung der ihr aufgrund dieses Kapitels übertragenen Aufgaben geht die Kommission von folgenden Gesichtspunkten aus:

a) der Notwendigkeit, den Handelsverkehr zwischen den Mitgliedstaaten und dritten Ländern zu fördern;

b) der Entwicklung der Wettbewerbsbedingungen innerhalb der Union, soweit diese Entwicklung zu einer Zunahme der Wettbewerbsfähigkeit der Unternehmen führt;
c) dem Versorgungsbedarf der Union an Rohstoffen und Halbfertigwaren; hierbei achtet die Kommission darauf, zwischen den Mitgliedstaaten die Wettbewerbsbedingungen für Fertigwaren nicht zu verfälschen;
d) der Notwendigkeit, ernsthafte Störungen im Wirtschaftsleben der Mitgliedstaaten zu vermeiden und eine rationelle Entwicklung der Erzeugung sowie eine Ausweitung des Verbrauchs innerhalb der Union zu gewährleisten.

KAPITEL 2

DIE ZUSAMMENARBEIT IM ZOLLWESEN

Artikel 33 (Zusammenarbeit im Zollwesen)

(ex-Artikel 135 EGV)

Das Europäische Parlament und der Rat treffen im Rahmen des Geltungsbereichs der Verträge gemäß dem ordentlichen Gesetzgebungsverfahren Maßnahmen zum Ausbau der Zusammenarbeit im Zollwesen zwischen den Mitgliedstaaten sowie zwischen den Mitgliedstaaten und der Kommission.

KAPITEL 3

VERBOT VON MENGENMÄSSIGEN BESCHRÄNKUNGEN ZWISCHEN DEN MITGLIEDSTAATEN

Artikel 34 (Verbot mengenmäßiger Einfuhrbeschränkungen)

(ex-Artikel 28 EGV)

Mengenmäßige Einfuhrbeschränkungen sowie alle Maßnahmen gleicher Wirkung sind zwischen den Mitgliedstaaten verboten.

Artikel 35 (Verbot mengenmäßiger Ausfuhrbeschränkungen)

(ex-Artikel 29 EGV)

Mengenmäßige Ausfuhrbeschränkungen sowie alle Maßnahmen gleicher Wirkung sind zwischen den Mitgliedstaaten verboten.

Artikel 36 (Zulässige Verbote und Beschränkungen)

(ex-Artikel 30 EGV)

Die Bestimmungen der Artikel 34 und 35 stehen Einfuhr-, Ausfuhr- und Durchfuhrverboten oder -beschränkungen nicht entgegen, die aus Gründen der öffentlichen Sittlichkeit, Ordnung und Sicherheit, zum Schutze der Gesundheit und des Lebens von Menschen, Tieren oder Pflanzen, des nationalen Kulturguts von künstlerischem, geschichtlichem oder archäologischem Wert oder des gewerblichen und kommerziellen Eigentums gerechtfertigt sind. Diese Verbote oder Beschränkungen dürfen jedoch weder ein Mittel zur willkürlichen Diskriminierung noch eine verschleierte Beschränkung des Handels zwischen den Mitgliedstaaten darstellen.

Artikel 37 (Umformung staatlicher Handelsmonopole)

(ex-Artikel 31 EGV)

(1) Die Mitgliedstaaten formen ihre staatlichen Handelsmonopole derart um, dass jede Diskriminierung in den Versorgungs- und Absatzbedingungen zwischen den Angehörigen der Mitgliedstaaten ausgeschlossen ist.

Dieser Artikel gilt für alle Einrichtungen, durch die ein Mitgliedstaat unmittelbar oder mittelbar die Einfuhr oder die Ausfuhr zwischen den Mitgliedstaaten rechtlich oder tatsächlich kontrolliert, lenkt oder merklich beeinflusst. Er gilt auch für die von einem Staat auf andere Rechtsträger übertragenen Monopole.

(2) Die Mitgliedstaaten unterlassen jede neue Maßnahme, die den in Absatz 1 genannten Grundsätzen widerspricht oder die Tragweite der Artikel über das Verbot von Zöllen und mengenmäßigen Beschränkungen zwischen den Mitgliedstaaten einengt.

(3) Ist mit einem staatlichen Handelsmonopol eine Regelung zur Erleichterung des Absatzes oder der Verwertung landwirtschaftlicher Erzeugnisse verbunden, so sollen bei der Anwendung dieses Artikels gleichwertige Sicherheiten für die Beschäftigung und Lebenshaltung der betreffenden Erzeuger gewährleistet werden.

TITEL III
DIE LANDWIRTSCHAFT UND DIE FISCHEREI

Artikel 38 (Gemeinsame Agrar- und Fischereipolitik; Reichweite des Binnenmarktes)

(ex-Artikel 32 EGV)

(1) Die Union legt eine gemeinsame Agrar- und Fischereipolitik fest und führt sie durch.

Der Binnenmarkt umfasst auch die Landwirtschaft, die Fischerei und den Handel mit landwirtschaftlichen Erzeugnissen. Unter landwirtschaftlichen Erzeugnissen sind die Erzeugnisse des Bodens, der Viehzucht und der Fischerei sowie die mit diesen in unmittelbarem Zusammenhang stehenden Erzeugnisse der ersten Verarbeitungsstufe zu verstehen. Die Bezugnahmen auf die gemeinsame Agrarpolitik oder auf die Landwirtschaft und die Verwendung des Wortes „landwirtschaftlich" sind in dem Sinne zu verstehen, dass damit unter Berücksichtigung der besonderen Merkmale des Fischereisektors auch die Fischerei gemeint ist.

(2) Die Vorschriften für die Errichtung oder das Funktionieren des Binnenmarkts finden auf die landwirtschaftlichen Erzeugnisse Anwendung, soweit in den Artikeln 39 bis 44 nicht etwas anderes bestimmt ist.

(3) Die Erzeugnisse, für welche die Artikel 39 bis 44 gelten, sind in Anhang I aufgeführt.

(4) Mit dem Funktionieren und der Entwicklung des Binnenmarkts für landwirtschaftliche Erzeugnisse muss die Gestaltung einer gemeinsamen Agrarpolitik Hand in Hand gehen.

Artikel 39 (Gemeinsame Agrarpolitik)

(ex-Artikel 33 EGV)

(1) Ziel der gemeinsamen Agrarpolitik ist es,

a) die Produktivität der Landwirtschaft durch Förderung des technischen Fortschritts, Rationalisierung der landwirtschaftlichen Erzeugung und den bestmöglichen Einsatz der Produktionsfaktoren, insbesondere der Arbeitskräfte, zu steigern;
b) auf diese Weise der landwirtschaftlichen Bevölkerung, insbesondere durch Erhöhung des Pro-Kopf-Einkommens der in der Landwirtschaft tätigen Personen, eine angemessene Lebenshaltung zu gewährleisten;
c) die Märkte zu stabilisieren;
d) die Versorgung sicherzustellen;
e) für die Belieferung der Verbraucher zu angemessenen Preisen Sorge zu tragen.

(2) Bei der Gestaltung der gemeinsamen Agrarpolitik und der hierfür anzuwendenden besonderen Methoden ist Folgendes zu berücksichtigen:

a) die besondere Eigenart der landwirtschaftlichen Tätigkeit, die sich aus dem sozialen Aufbau der Landwirtschaft und den strukturellen und naturbedingten Unterschieden der verschiedenen landwirtschaftlichen Gebiete ergibt;
b) die Notwendigkeit, die geeigneten Anpassungen stufenweise durchzuführen;
c) die Tatsache, dass die Landwirtschaft in den Mitgliedstaaten einen mit der gesamten Volkswirtschaft eng verflochtenen Wirtschaftsbereich darstellt.

Artikel 40 (Gemeinsame Organisation der Agrarmärkte)

(ex-Artikel 34 EGV)

(1) Um die Ziele des Artikels 39 zu erreichen, wird eine gemeinsame Organisation der Agrarmärkte geschaffen.

Diese besteht je nach Erzeugnis aus einer der folgenden Organisationsformen:

a) gemeinsame Wettbewerbsregeln,
b) bindende Koordinierung der verschiedenen einzelstaatlichen Marktordnungen,
c) eine europäische Marktordnung.

(2) Die nach Absatz 1 gestaltete gemeinsame Organisation kann alle zur Durchführung des Artikels 39 erforderlichen Maßnahmen einschließen, insbesondere Preisregelungen, Beihilfen für die Erzeugung und die Verteilung der verschiedenen Erzeugnisse, Einlagerungs- und Ausgleichsmaßnahmen, gemeinsame Einrichtungen zur Stabilisierung der Ein- oder Ausfuhr.

Die gemeinsame Organisation hat sich auf die Verfolgung der Ziele des Artikels 39 zu beschränken und jede Diskriminierung zwischen Erzeugern oder Verbrauchern innerhalb der Union auszuschließen.

Eine etwaige gemeinsame Preispolitik muss auf gemeinsamen Grundsätzen und einheitlichen Berechnungsmethoden beruhen.

(3) Um der in Absatz 1 genannten gemeinsamen Organisation die Erreichung ihrer Ziele zu ermöglichen, können ein oder mehrere Ausrichtungs- oder Garantiefonds für die Landwirtschaft geschaffen werden.

Artikel 41 (Maßnahmen gemeinsamer Agrarpolitik)

(ex-Artikel 35 EGV)

Um die Ziele des Artikels 39 zu erreichen, können im Rahmen der gemeinsamen Agrarpolitik folgende Maßnahmen vorgesehen werden:

a) eine wirksame Koordinierung der Bestrebungen auf dem Gebiet der Berufsausbildung, der Forschung und der Verbreitung landwirtschaftlicher Fachkenntnisse; hierbei können Vorhaben oder Einrichtungen gemeinsam finanziert werden;
b) gemeinsame Maßnahmen zur Förderung des Verbrauchs bestimmter Erzeugnisse.

Artikel 42 (Wettbewerbsregeln und Beihilfen)

(ex-Artikel 36 EGV)

Das Kapitel über die Wettbewerbsregeln findet auf die Produktion landwirtschaftlicher Erzeugnisse und den Handel mit diesen nur insoweit Anwendung, als das Europäische Parlament und der Rat dies unter Berücksichtigung der Ziele des Artikels 39 im Rahmen des Artikels 43 Absatz 2 und gemäß dem dort vorgesehenen Verfahren bestimmt.

Der Rat kann auf Vorschlag der Kommission genehmigen, dass Beihilfen gewährt werden

a) zum Schutz von Betrieben, die durch strukturelle oder naturgegebene Bedingungen benachteiligt sind, oder
b) im Rahmen wirtschaftlicher Entwicklungsprogramme.

Artikel 43 (Organisation der Agrarmärkte)

(ex-Artikel 37 EGV)

(1) Die Kommission legt zur Gestaltung und Durchführung der gemeinsamen Agrarpolitik Vorschläge vor, welche unter anderem die Ablösung der einzelstaatlichen Marktordnungen durch eine der in Artikel 40 Absatz 1 vorgesehenen gemeinsamen Organisationsformen sowie die Durchführung der in diesem Titel bezeichneten Maßnahmen vorsehen.

Diese Vorschläge müssen dem inneren Zusammenhang der in diesem Titel aufgeführten landwirtschaftlichen Fragen Rechnung tragen.

(2) Das Europäische Parlament und der Rat legen gemäß dem ordentlichen Gesetzgebungsverfahren und nach Anhörung des Wirtschafts- und Sozialausschusses die gemeinsame Organisation der Agrarmärkte nach Artikel 40 Absatz 1 sowie die anderen Bestimmungen fest, die für die Verwirklichung der Ziele der gemeinsamen Agrar- und Fischereipolitik notwendig sind.

(3) Der Rat erlässt auf Vorschlag der Kommission die Maßnahmen zur Festsetzung der Preise, der Abschöpfungen, der Beihilfen und der mengenmäßigen Beschränkungen sowie zur Festsetzung und Aufteilung der Fangmöglichkeiten in der Fischerei.

(4) Die einzelstaatlichen Marktordnungen können nach Maßgabe des Absatzes 2 durch die in Artikel 40 Absatz 1 vorgesehene gemeinsame Organisation ersetzt werden,

a) wenn sie den Mitgliedstaaten, die sich gegen diese Maßnahme ausgesprochen haben und eine eigene Marktordnung für die in Betracht kommende Erzeugung besitzen, gleichwertige Sicherheiten für die Beschäftigung und Lebenshaltung der betreffenden Erzeuger bietet; hierbei sind die im Zeitablauf möglichen Anpassungen und erforderlichen Spezialisierungen zu berücksichtigen, und

b) wenn die gemeinsame Organisation für den Handelsverkehr innerhalb der Union Bedingungen sicherstellt, die denen eines Binnenmarkts entsprechen.

(5) Wird eine gemeinsame Organisation für bestimmte Rohstoffe geschaffen, bevor eine gemeinsame Organisation für die entsprechenden weiterverarbeiteten Erzeugnisse besteht, so können die betreffenden Rohstoffe aus Ländern außerhalb der Union eingeführt werden, wenn sie für weiterverarbeitete Erzeugnisse verwendet werden, die zur Ausfuhr nach dritten Ländern bestimmt sind.

Artikel 44 (Ausgleichsabgaben)

(ex-Artikel 38 EGV)

Besteht in einem Mitgliedstaat für ein Erzeugnis eine innerstaatliche Marktordnung oder Regelung gleicher Wirkung und wird dadurch eine gleichartige Erzeugung in einem anderen Mitgliedstaat in ihrer Wettbewerbslage beeinträchtigt, so erheben die Mitgliedstaaten bei der Einfuhr des betreffenden Erzeugnisses aus dem Mitgliedstaat, in dem die genannte Marktordnung oder Regelung besteht, eine Ausgleichsabgabe, es sei denn, dass dieser Mitgliedstaat eine Ausgleichsabgabe bei der Ausfuhr erhebt.

Die Kommission setzt diese Abgaben in der zur Wiederherstellung des Gleichgewichts erforderlichen Höhe fest; sie kann auch andere Maßnahmen genehmigen, deren Bedingungen und Einzelheiten sie festlegt.

TITEL IV

DIE FREIZÜGIGKEIT, DER FREIE DIENSTLEISTUNGS- UND KAPITALVERKEHR

KAPITEL 1

DIE ARBEITSKRÄFTE

Artikel 45 (Freizügigkeit der Arbeitnehmer)

(ex-Artikel 39 EGV)

(1) Innerhalb der Union ist die Freizügigkeit der Arbeitnehmer gewährleistet.

(2) Sie umfasst die Abschaffung jeder auf der Staatsangehörigkeit beruhenden unterschiedlichen Behandlung der Arbeitnehmer der Mitgliedstaaten in Bezug auf Beschäftigung, Entlohnung und sonstige Arbeitsbedingungen.

(3) Sie gibt – vorbehaltlich der aus Gründen der öffentlichen Ordnung, Sicherheit und Gesundheit gerechtfertigten Beschränkungen – den Arbeitnehmern das Recht,

a) sich um tatsächlich angebotene Stellen zu bewerben;

b) sich zu diesem Zweck im Hoheitsgebiet der Mitgliedstaaten frei zu bewegen;

c) sich in einem Mitgliedstaat aufzuhalten, um dort nach den für die Arbeitnehmer dieses Staates geltenden Rechts- und Verwaltungsvorschriften eine Beschäftigung auszuüben;

d) nach Beendigung einer Beschäftigung im Hoheitsgebiet eines Mitgliedstaats unter Bedingungen zu verbleiben, welche die Kommission durch Verordnungen festlegt.

(4) Dieser Artikel findet keine Anwendung auf die Beschäftigung in der öffentlichen Verwaltung.

Artikel 46 (Maßnahmen zur Herstellung der Freizügigkeit)

(ex-Artikel 40 EGV)

Das Europäische Parlament und der Rat treffen gemäß dem ordentlichen Gesetzgebungsverfahren und nach Anhörung des Wirtschafts- und Sozialausschusses durch Richtlinien oder Verordnungen alle erforderlichen Maßnahmen, um die Freizügigkeit der Arbeitnehmer im Sinne des Artikels 45 herzustellen, insbesondere

a) durch Sicherstellung einer engen Zusammenarbeit zwischen den einzelstaatlichen Arbeitsverwaltungen;
b) durch die Beseitigung der Verwaltungsverfahren und -praktiken sowie der für den Zugang zu verfügbaren Arbeitsplätzen vorgeschriebenen Fristen, die sich aus innerstaatlichen Rechtsvorschriften oder vorher zwischen den Mitgliedstaaten geschlossenen Übereinkünften ergeben und deren Beibehaltung die Herstellung der Freizügigkeit der Arbeitnehmer hindert;
c) durch die Beseitigung aller Fristen und sonstigen Beschränkungen, die in innerstaatlichen Rechtsvorschriften oder vorher zwischen den Mitgliedstaaten geschlossenen Übereinkünften vorgesehen sind und die den Arbeitnehmern der anderen Mitgliedstaaten für die freie Wahl des Arbeitsplatzes andere Bedingungen als den inländischen Arbeitnehmern auferlegen;
d) durch die Schaffung geeigneter Verfahren für die Zusammenführung und den Ausgleich von Angebot und Nachfrage auf dem Arbeitsmarkt zu Bedingungen, die eine ernstliche Gefährdung der Lebenshaltung und des Beschäftigungsstands in einzelnen Gebieten und Industrien ausschließen.

Artikel 47 (Austausch junger Arbeitskräfte)

(ex-Artikel 41 EGV)

Die Mitgliedstaaten fördern den Austausch junger Arbeitskräfte im Rahmen eines gemeinsamen Programms.

Artikel 48 (Sicherung von Ansprüchen und Leistungen)

(ex-Artikel 42 EGV)

Das Europäische Parlament und der Rat beschließen gemäß dem ordentlichen Gesetzgebungsverfahren die auf dem Gebiet der sozialen Sicherheit für die Herstellung der Freizügigkeit der Arbeitnehmer notwendigen Maßnahmen; zu diesem Zweck führen sie insbesondere ein System ein, das zu- und abwandernden Arbeitnehmern und Selbstständigen sowie deren anspruchsberechtigten Angehörigen Folgendes sichert:

a) die Zusammenrechnung aller nach den verschiedenen innerstaatlichen Rechtsvorschriften berücksichtigten Zeiten für den Erwerb und die Aufrechterhaltung des Leistungsanspruchs sowie für die Berechnung der Leistungen;
b) die Zahlung der Leistungen an Personen, die in den Hoheitsgebieten der Mitgliedstaaten wohnen.

Erklärt ein Mitglied des Rates, dass ein Entwurf eines Gesetzgebungsakts nach Absatz 1 wichtige Aspekte seines Systems der sozialen Sicherheit, insbesondere dessen Geltungsbereich, Kosten oder Finanzstruktur, verletzen oder dessen finanzielles Gleichgewicht beeinträchtigen würde, so kann es beantragen, dass der Europäische Rat befasst wird. In diesem Fall wird das ordentliche Gesetzgebungsverfahren ausgesetzt. Nach einer Aussprache geht der Europäische Rat binnen vier Monaten nach Aussetzung des Verfahrens wie folgt vor:

a) er verweist den Entwurf an den Rat zurück, wodurch die Aussetzung des ordentlichen Gesetzgebungsverfahrens beendet wird, oder
b) er sieht von einem Tätigwerden ab, oder aber er ersucht die Kommission um Vorlage eines neuen Vorschlags; in diesem Fall gilt der ursprünglich vorgeschlagene Rechtsakt als nicht erlassen.

KAPITEL 2
DAS NIEDERLASSUNGSRECHT

Artikel 49 (Verbot von Niederlassungsbeschränkungen)

(ex-Artikel 43 EGV)

Die Beschränkungen der freien Niederlassung von Staatsangehörigen eines Mitgliedstaats im Hoheitsgebiet eines anderen Mitgliedstaats sind nach Maßgabe der folgenden Bestimmungen verboten. Das Gleiche gilt für Beschränkungen der Gründung von Agenturen, Zweigniederlassungen oder Tochtergesellschaften durch Angehörige eines Mitgliedstaats, die im Hoheitsgebiet eines Mitgliedstaats ansässig sind.

Vorbehaltlich des Kapitels über den Kapitalverkehr umfasst die Niederlassungsfreiheit die Aufnahme und Ausübung selbstständiger Erwerbstätigkeiten sowie die Gründung und Leitung von Unternehmen, insbesondere von Gesellschaften im Sinne des Artikels 54 Absatz 2, nach den Bestimmungen des Aufnahmestaats für seine eigenen Angehörigen.

Artikel 50 (Maßnahmen zur Verwirklichung der Niederlassungsfreiheit)

(ex-Artikel 44 EGV)

(1) Das Europäische Parlament und der Rat erlassen gemäß dem ordentlichen Gesetzgebungsverfahren und nach Anhörung des Wirtschafts- und Sozialausschusses Richtlinien zur Verwirklichung der Niederlassungsfreiheit für eine bestimmte Tätigkeit.

(2) Das Europäische Parlament, der Rat und die Kommission erfüllen die Aufgaben, die ihnen aufgrund der obigen Bestimmungen übertragen sind, indem sie insbesondere

a) im Allgemeinen diejenigen Tätigkeiten mit Vorrang behandeln, bei denen die Niederlassungsfreiheit die Entwicklung der Produktion und des Handels in besonderer Weise fördert;
b) eine enge Zusammenarbeit zwischen den zuständigen Verwaltungen der Mitgliedstaaten sicherstellen, um sich über die besondere Lage auf den verschiedenen Tätigkeitsgebieten innerhalb der Union zu unterrichten;
c) die aus innerstaatlichen Rechtsvorschriften oder vorher zwischen den Mitgliedstaaten geschlossenen Übereinkünften abgeleiteten Verwaltungsverfahren und -praktiken ausschalten, deren Beibehaltung der Niederlassungsfreiheit entgegensteht;
d) dafür Sorge tragen, dass Arbeitnehmer eines Mitgliedstaats, die im Hoheitsgebiet eines anderen Mitgliedstaats beschäftigt sind, dort verbleiben und eine

selbstständige Tätigkeit unter denselben Voraussetzungen ausüben können, die sie erfüllen müssten, wenn sie in diesen Staat erst zu dem Zeitpunkt einreisen würden, in dem sie diese Tätigkeit aufzunehmen beabsichtigen;

e) den Erwerb und die Nutzung von Grundbesitz im Hoheitsgebiet eines Mitgliedstaats durch Angehörige eines anderen Mitgliedstaats ermöglichen, soweit hierdurch die Grundsätze des Artikels 39 Absatz 2 nicht beeinträchtigt werden;

f) veranlassen, dass bei jedem in Betracht kommenden Wirtschaftszweig die Beschränkungen der Niederlassungsfreiheit in Bezug auf die Voraussetzungen für die Errichtung von Agenturen, Zweigniederlassungen und Tochtergesellschaften im Hoheitsgebiet eines Mitgliedstaats sowie für den Eintritt des Personals der Hauptniederlassung in ihre Leitungs- oder Überwachungsorgane schrittweise aufgehoben werden;

g) soweit erforderlich, die Schutzbestimmungen koordinieren, die in den Mitgliedstaaten den Gesellschaften im Sinne des Artikels 54 Absatz 2 im Interesse der Gesellschafter sowie Dritter vorgeschrieben sind, um diese Bestimmungen gleichwertig zu gestalten;

h) sicherstellen, dass die Bedingungen für die Niederlassung nicht durch Beihilfen der Mitgliedstaaten verfälscht werden.

Artikel 51 (Ausnahmen)

(ex-Artikel 45 EGV)

Auf Tätigkeiten, die in einem Mitgliedstaat dauernd oder zeitweise mit der Ausübung öffentlicher Gewalt verbunden sind, findet dieses Kapitel in dem betreffenden Mitgliedstaat keine Anwendung.

Das Europäische Parlament und der Rat können gemäß dem ordentlichen Gesetzgebungsverfahren beschließen, dass dieses Kapitel auf bestimmte Tätigkeiten keine Anwendung findet.

Artikel 52 (Sonderregelung für Ausländer)

(ex-Artikel 46 EGV)

(1) Dieses Kapitel und die aufgrund desselben getroffenen Maßnahmen beeinträchtigen nicht die Anwendbarkeit der Rechts- und Verwaltungsvorschriften, die eine Sonderregelung für Ausländer vorsehen und aus Gründen der öffentlichen Ordnung, Sicherheit oder Gesundheit gerechtfertigt sind.

(2) Das Europäische Parlament und der Rat erlassen gemäß dem ordentlichen Gesetzgebungsverfahren Richtlinien für die Koordinierung der genannten Vorschriften.

Artikel 53 (Anerkennung von Diplomen und Zeugnissen)

(ex-Artikel 47 EGV)

(1) Um die Aufnahme und Ausübung selbstständiger Tätigkeiten zu erleichtern, erlassen das Europäische Parlament und der Rat gemäß dem ordentlichen Gesetzgebungsverfahren Richtlinien für die gegenseitige Anerkennung der Diplome, Prüfungszeugnisse und sonstigen Befähigungsnachweise sowie für die Koordinierung der Rechts- und Verwaltungsvorschriften der Mitgliedstaaten über die Aufnahme und Ausübung selbstständiger Tätigkeiten.

(2) Die schrittweise Aufhebung der Beschränkungen für die ärztlichen, arztähnlichen und pharmazeutischen Berufe setzt die Koordinierung der Bedingungen für die Ausübung dieser Berufe in den einzelnen Mitgliedstaaten voraus.

Artikel 54 (Gleichstellung der Gesellschaften)

(ex-Artikel 48 EGV)

Für die Anwendung dieses Kapitels stehen die nach den Rechtsvorschriften eines Mitgliedstaats gegründeten Gesellschaften, die ihren satzungsmäßigen Sitz, ihre Hauptverwaltung oder ihre Hauptniederlassung innerhalb der Union haben, den natürlichen Personen gleich, die Angehörige der Mitgliedstaaten sind.

Als Gesellschaften gelten die Gesellschaften des bürgerlichen Rechts und des Handelsrechts einschließlich der Genossenschaften und die sonstigen juristischen Personen des öffentlichen und privaten Rechts mit Ausnahme derjenigen, die keinen Erwerbszweck verfolgen.

Artikel 55 (Gleichstellung bei Kapitalbeteiligungen)

(ex-Artikel 294 EGV)

Unbeschadet der sonstigen Bestimmungen der Verträge stellen die Mitgliedstaaten die Staatsangehörigen der anderen Mitgliedstaaten hinsichtlich ihrer Beteiligung am Kapital von Gesellschaften im Sinne des Artikels 54 den eigenen Staatsangehörigen gleich.

KAPITEL 3
DIENSTLEISTUNGEN

Artikel 56 (Freier Dienstleistungsverkehr)

(ex-Artikel 49 EGV)

Die Beschränkungen des freien Dienstleistungsverkehrs innerhalb der Union für Angehörige der Mitgliedstaaten, die in einem anderen Mitgliedstaat als demjenigen des Leistungsempfängers ansässig sind, sind nach Maßgabe der folgenden Bestimmungen verboten.

Das Europäische Parlament und der Rat können gemäß dem ordentlichen Gesetzgebungsverfahren beschließen, dass dieses Kapitel auch auf Erbringer von Dienstleistungen Anwendung findet, welche die Staatsangehörigkeit eines dritten Landes besitzen und innerhalb der Union ansässig sind.

Artikel 57 (Begriff der Dienstleistungen)

(ex-Artikel 50 EGV)

Dienstleistungen im Sinne der Verträge sind Leistungen, die in der Regel gegen Entgelt erbracht werden, soweit sie nicht den Vorschriften über den freien Waren- und Kapitalverkehr und über die Freizügigkeit der Personen unterliegen.

Als Dienstleistungen gelten insbesondere:

a) gewerbliche Tätigkeiten,

b) kaufmännische Tätigkeiten,

c) handwerkliche Tätigkeiten,

d) freiberufliche Tätigkeiten.

Unbeschadet des Kapitels über die Niederlassungsfreiheit kann der Leistende zwecks Erbringung seiner Leistungen seine Tätigkeit vorübergehend in dem Mitgliedstaat ausüben, in dem die Leistung erbracht wird, und zwar unter den Voraussetzungen, welche dieser Mitgliedstaat für seine eigenen Angehörigen vorschreibt.

Artikel 58 (Verkehr und Kapitalverkehr)

(ex-Artikel 51 EGV)

(1) Für den freien Dienstleistungsverkehr auf dem Gebiet des Verkehrs gelten die Bestimmungen des Titels über den Verkehr.

(2) Die Liberalisierung der mit dem Kapitalverkehr verbundenen Dienstleistungen der Banken und Versicherungen wird im Einklang mit der Liberalisierung des Kapitalverkehrs durchgeführt.

Artikel 59 (Maßnahmen zur Liberalisierung von Dienstleistungen)

(ex-Artikel 52 EGV)

(1) Das Europäische Parlament und der Rat erlassen gemäß dem ordentlichen Gesetzgebungsverfahren und nach Anhörung des Wirtschafts- und Sozialausschusses Richtlinien zur Liberalisierung einer bestimmten Dienstleistung.

(2) Bei den in Absatz 1 genannten Richtlinien sind im Allgemeinen mit Vorrang diejenigen Dienstleistungen zu berücksichtigen, welche die Produktionskosten unmittelbar beeinflussen oder deren Liberalisierung zur Förderung des Warenverkehrs beiträgt.

Artikel 60 (Weitergehende Liberalisierung)

(ex-Artikel 53 EGV)

Die Mitgliedstaaten bemühen sich, über das Ausmaß der Liberalisierung der Dienstleistungen, zu dem sie aufgrund der Richtlinien gemäß Artikel 59 Absatz 1 verpflichtet sind, hinauszugehen, falls ihre wirtschaftliche Gesamtlage und die Lage des betreffenden Wirtschaftszweigs dies zulassen.

Die Kommission richtet entsprechende Empfehlungen an die betreffenden Staaten.

Artikel 61 (Übergangsregelung)

(ex-Artikel 54 EGV)

Solange die Beschränkungen des freien Dienstleistungsverkehrs nicht aufgehoben sind, wendet sie jeder Mitgliedstaat ohne Unterscheidung nach Staatsangehörigkeit oder Aufenthaltsort auf alle in Artikel 56 Absatz 1 bezeichneten Erbringer von Dienstleistungen an.

Artikel 62 (Anwendung der Artikel 51 bis 54)

(ex-Artikel 55 EGV)

Die Bestimmungen der Artikel 51 bis 54 finden auf das in diesem Kapitel geregelte Sachgebiet Anwendung.

KAPITEL 4

DER KAPITAL- UND ZAHLUNGSVERKEHR

Artikel 63 (Freier Kapitalverkehr)

(ex-Artikel 56 EGV)

(1) Im Rahmen der Bestimmungen dieses Kapitels sind alle Beschränkungen des Kapitalverkehrs zwischen den Mitgliedstaaten sowie zwischen den Mitgliedstaaten und dritten Ländern verboten.

(2) Im Rahmen der Bestimmungen dieses Kapitels sind alle Beschränkungen des Zahlungsverkehrs zwischen den Mitgliedstaaten sowie zwischen den Mitgliedstaaten und dritten Ländern verboten.

Artikel 64 (Ausnahmsweise zulässige Beschränkungen auf Drittstaaten)

(ex-Artikel 57 EGV)

(1) Artikel 63 berührt nicht die Anwendung derjenigen Beschränkungen auf dritte Länder, die am 31. Dezember 1993 aufgrund einzelstaatlicher Rechtsvorschriften oder aufgrund von Rechtsvorschriften der Union für den Kapitalverkehr mit dritten Ländern im Zusammenhang mit Direktinvestitionen einschließlich Anlagen in Immobilien, mit der Niederlassung, der Erbringung von Finanzdienstleistungen oder der Zulassung von Wertpapieren zu den Kapitalmärkten bestehen. Für in Bulgarien, Estland und Ungarn bestehende Beschränkungen nach innerstaatlichem Recht ist der maßgebliche Zeitpunkt der 31. Dezember 1999. Für in Kroatien nach innerstaatlichem Recht bestehende Beschränkungen ist der maßgebliche Zeitpunkt der 31. Dezember 2002.

(2) Unbeschadet der anderen Kapitel der Verträge sowie ihrer Bemühungen um eine möglichst weit gehende Verwirklichung des Zieles eines freien Kapitalverkehrs zwischen den Mitgliedstaaten und dritten Ländern beschließen das Europäische Parlament und der Rat gemäß dem ordentlichen Gesetzgebungsverfahren Maßnahmen für den Kapitalverkehr mit dritten Ländern im Zusammenhang mit Direktinvestitionen einschließlich Anlagen in Immobilien, mit der Niederlassung, der Erbringung von Finanzdienstleistungen oder der Zulassung von Wertpapieren zu den Kapitalmärkten.

(3) Abweichend von Absatz 2 kann nur der Rat gemäß einem besonderen Gesetzgebungsverfahren und nach Anhörung des Europäischen Parlaments Maßnahmen einstimmig beschließen, die im Rahmen des Unionsrechts für die Liberalisierung des Kapitalverkehrs mit Drittländern einen Rückschritt darstellen.

Artikel 65 (Einzelstaatliche Beschränkungen)

(ex-Artikel 58 EGV)

(1) Artikel 63 berührt nicht das Recht der Mitgliedstaaten,

a) die einschlägigen Vorschriften ihres Steuerrechts anzuwenden, die Steuerpflichtige mit unterschiedlichem Wohnort oder Kapitalanlageort unterschiedlich behandeln,

b) die unerlässlichen Maßnahmen zu treffen, um Zuwiderhandlungen gegen innerstaatliche Rechts- und Verwaltungsvorschriften, insbesondere auf dem Gebiet des Steuerrechts und der Aufsicht über Finanzinstitute, zu verhindern, sowie Meldeverfahren für den Kapitalverkehr zwecks administrativer oder statistischer Information vorzusehen oder Maßnahmen zu ergreifen, die aus Gründen der öffentlichen Ordnung oder Sicherheit gerechtfertigt sind.

(2) Dieses Kapitel berührt nicht die Anwendbarkeit von Beschränkungen des Niederlassungsrechts, die mit den Verträgen vereinbar sind.

(3) Die in den Absätzen 1 und 2 genannten Maßnahmen und Verfahren dürfen weder ein Mittel zur willkürlichen Diskriminierung noch eine verschleierte Beschränkung des freien Kapital- und Zahlungsverkehrs im Sinne des Artikels 63 darstellen.

(4) Sind keine Maßnahmen nach Artikel 64 Absatz 3 erlassen worden, so kann die Kommission oder, wenn diese binnen drei Monaten nach der Vorlage eines entsprechenden Antrags des betreffenden Mitgliedstaats keinen Beschluss erlassen hat, der Rat einen Beschluss erlassen, mit dem festgelegt wird, dass die von einem Mitgliedstaat in Bezug auf ein oder mehrere Drittländer getroffenen restriktiven steuerlichen Maßnahmen insofern als mit den Verträgen vereinbar anzusehen sind, als sie durch eines der Ziele der Union gerechtfertigt und mit dem ordnungsgemäßen Funktionieren des Binnenmarkts vereinbar sind. Der Rat beschließt einstimmig auf Antrag eines Mitgliedstaats.

Artikel 66 (Kurzfristige Schutzmaßnahmen)

(ex-Artikel 59 EGV)

Falls Kapitalbewegungen nach oder aus dritten Ländern unter außergewöhnlichen Umständen das Funktionieren der Wirtschafts- und Währungsunion schwerwiegend stören oder zu stören drohen, kann der Rat auf Vorschlag der Kommission und nach Anhörung der Europäischen Zentralbank gegenüber dritten Ländern Schutzmaßnahmen mit einer Geltungsdauer von höchstens sechs Monaten treffen, wenn diese unbedingt erforderlich sind.

TITEL V

DER RAUM DER FREIHEIT, DER SICHERHEIT UND DES RECHTS

KAPITEL 1

ALLGEMEINE BESTIMMUNGEN

Artikel 67 (Zielsetzungen)

(ex-Artikel 61 EGV und ex-Artikel 29 EUV)

(1) Die Union bildet einen Raum der Freiheit, der Sicherheit und des Rechts, in dem die Grundrechte und die verschiedenen Rechtsordnungen und -traditionen der Mitgliedstaaten geachtet werden.

(2) Sie stellt sicher, dass Personen an den Binnengrenzen nicht kontrolliert werden, und entwickelt eine gemeinsame Politik in den Bereichen Asyl, Einwanderung und Kontrollen an den Außengrenzen, die sich auf die Solidarität der Mitgliedstaaten gründet und gegenüber Drittstaatsangehörigen angemessen ist. Für die Zwecke dieses Titels werden Staatenlose den Drittstaatsangehörigen gleichgestellt.

(3) Die Union wirkt darauf hin, durch Maßnahmen zur Verhütung und Bekämpfung von Kriminalität sowie von Rassismus und Fremdenfeindlichkeit, zur Koordinierung und Zusammenarbeit von Polizeibehörden und Organen der Strafrechtspflege und den anderen zuständigen Behörden sowie durch die gegenseitige Anerkennung strafrechtlicher Entscheidungen und erforderlichenfalls durch die Angleichung der strafrechtlichen Rechtsvorschriften ein hohes Maß an Sicherheit zu gewährleisten.

(4) Die Union erleichtert den Zugang zum Recht, insbesondere durch den Grundsatz der gegenseitigen Anerkennung gerichtlicher und außergerichtlicher Entscheidungen in Zivilsachen.

Artikel 68 (Strategische Leitlinien des Europäischen Rates)

Der Europäische Rat legt die strategischen Leitlinien für die gesetzgeberische und operative Programmplanung im Raum der Freiheit, der Sicherheit und des Rechts fest.

Artikel 69 (Subsidiaritätsprinzip)

Die nationalen Parlamente tragen bei Gesetzgebungsvorschlägen und -initiativen, die im Rahmen der Kapitel 4 und 5 vorgelegt werden, Sorge für die Achtung des Subsidiaritätsprinzips nach Maßgabe des Protokolls über die Anwendung der Grundsätze der Subsidiarität und der Verhältnismäßigkeit.

Artikel 70 (Erlass von Maßnahmen zur Evaluation der Unionspolitik)

Unbeschadet der Artikel 258, 259 und 260 kann der Rat auf Vorschlag der Kommission Maßnahmen erlassen, mit denen Einzelheiten festgelegt werden, nach denen die Mitgliedstaaten in Zusammenarbeit mit der Kommission eine objektive und unparteiische Bewertung der Durchführung der unter diesen Titel fallenden Unionspolitik durch die Behörden der Mitgliedstaaten vornehmen, insbesondere um die umfassende Anwendung des Grundsatzes der gegenseitigen Anerkennung zu fördern. Das Europäische Parlament und die nationalen Parlamente werden vom Inhalt und den Ergebnissen dieser Bewertung unterrichtet.

Artikel 71 (Ständiger Ausschuss)

(ex-Artikel 36 EUV)

Im Rat wird ein ständiger Ausschuss eingesetzt, um sicherzustellen, dass innerhalb der Union die operative Zusammenarbeit im Bereich der inneren Sicherheit gefördert und verstärkt wird. Er fördert unbeschadet des Artikels 240 die Koordinierung der Maßnahmen der zuständigen Behörden der Mitgliedstaaten. Die Vertreter der betroffenen Einrichtungen und sonstigen Stellen der Union können an den Arbeiten des Ausschusses beteiligt werden. Das Europäische Parlament und die nationalen Parlamente werden über die Arbeiten des Ausschusses auf dem Laufenden gehalten.

Artikel 72 (Zuständigkeit der Mitgliedstaaten)

(ex-Artikel 64 Absatz 1 EGV und ex-Artikel 33 EUV)

Dieser Titel berührt nicht die Wahrnehmung der Zuständigkeiten der Mitgliedstaaten für die Aufrechterhaltung der öffentlichen Ordnung und den Schutz der inneren Sicherheit.

Artikel 73 (Innerstaatliche Verwaltungszusammenarbeit)

Es steht den Mitgliedstaaten frei, untereinander und in eigener Verantwortung Formen der Zusammenarbeit und Koordinierung zwischen den zuständigen Dienststellen ihrer für den Schutz der nationalen Sicherheit verantwortlichen Verwaltungen einzurichten, die sie für geeignet halten.

Artikel 74 (Maßnahmen zur Förderung der Verwaltungszusammenarbeit)

(ex-Artikel 66 EGV)

Der Rat erlässt Maßnahmen, um die Verwaltungszusammenarbeit zwischen den zuständigen Dienststellen der Mitgliedstaaten in den Bereichen dieses Titels sowie die Zusammenarbeit zwischen diesen Dienststellen und der Kommission zu gewährleisten. Dabei beschließt er auf Vorschlag der Kommission vorbehaltlich des Artikels 76 und nach Anhörung des Europäischen Parlaments.

Artikel 75 (Sofortmaßnahmen zur Verhütung und Bekämpfung von Terrorismus)

(ex-Artikel 60 EGV)

Sofern dies notwendig ist, um die Ziele des Artikels 67 in Bezug auf die Verhütung und Bekämpfung von Terrorismus und damit verbundener Aktivitäten zu verwirklichen, schaffen das Europäische Parlament und der Rat gemäß dem ordentlichen Gesetzgebungsverfahren durch Verordnungen einen Rahmen für Verwaltungsmaßnahmen in Bezug auf Kapitalbewegungen und Zahlungen, wozu das Einfrieren von Geldern, finanziellen Vermögenswerten oder wirtschaftlichen Erträgen gehören kann, deren Eigentümer oder Besitzer natürliche oder juristische Personen, Gruppierungen oder nichtstaatliche Einheiten sind.

Der Rat erlässt auf Vorschlag der Kommission Maßnahmen zur Umsetzung des in Absatz 1 genannten Rahmens.

In den Rechtsakten nach diesem Artikel müssen die erforderlichen Bestimmungen über den Rechtsschutz vorgesehen sein.

Artikel 76 (Initiativrecht)

Die in den Kapiteln 4 und 5 genannten Rechtsakte sowie die in Artikel 74 genannten Maßnahmen, mit denen die Verwaltungszusammenarbeit in den Bereichen der genannten Kapitel gewährleistet wird, werden wie folgt erlassen:

a) auf Vorschlag der Kommission oder

b) auf Initiative eines Viertels der Mitgliedstaaten.

KAPITEL 2

POLITIK IM BEREICH GRENZKONTROLLEN, ASYL UND EINWANDERUNG

Artikel 77 (Europäischer Binnenraum)

(ex-Artikel 62 EGV)

(1) Die Union entwickelt eine Politik, mit der

a) sichergestellt werden soll, dass Personen unabhängig von ihrer Staatsangehörigkeit beim Überschreiten der Binnengrenzen nicht kontrolliert werden;

b) die Personenkontrolle und die wirksame Überwachung des Grenzübertritts an den Außengrenzen sichergestellt werden soll;

c) schrittweise ein integriertes Grenzschutzsystem an den Außengrenzen eingeführt werden soll.

(2) Für die Zwecke des Absatzes 1 erlassen das Europäische Parlament und der Rat gemäß dem ordentlichen Gesetzgebungsverfahren Maßnahmen, die folgende Bereiche betreffen:

a) die gemeinsame Politik in Bezug auf Visa und andere kurzfristige Aufenthaltstitel;

b) die Kontrollen, denen Personen beim Überschreiten der Außengrenzen unterzogen werden;

c) die Voraussetzungen, unter denen sich Drittstaatsangehörige innerhalb der Union während eines kurzen Zeitraums frei bewegen können;

d) alle Maßnahmen, die für die schrittweise Einführung eines integrierten Grenzschutzsystems an den Außengrenzen erforderlich sind;

e) die Abschaffung der Kontrolle von Personen gleich welcher Staatsangehörigkeit beim Überschreiten der Binnengrenzen.

(3) Erscheint zur Erleichterung der Ausübung des in Artikel 20 Absatz 2 Buchstabe a genannten Rechts ein Tätigwerden der Union erforderlich, so kann der Rat gemäß einem besonderen Gesetzgebungsverfahren Bestimmungen betreffend Pässe, Personalausweise, Aufenthaltstitel oder diesen gleichgestellte Dokumente erlassen, sofern die Verträge hierfür anderweitig keine Befugnisse vorsehen. Der Rat beschließt einstimmig nach Anhörung des Europäischen Parlaments.

(4) Dieser Artikel berührt nicht die Zuständigkeit der Mitgliedstaaten für die geografische Festlegung ihrer Grenzen nach dem Völkerrecht.

Artikel 78 (Asylpolitik; Notstandsklausel)

(ex-Artikel 63 Nummern 1 und 2 und ex-Artikel 64 Absatz 2 EGV)

(1) Die Union entwickelt eine gemeinsame Politik im Bereich Asyl, subsidiärer Schutz und vorübergehender Schutz, mit der jedem Drittstaatsangehörigen, der internationalen Schutz benötigt, ein angemessener Status angeboten und die Einhaltung des Grundsatzes der Nicht-Zurückweisung gewährleistet werden soll. Diese Politik muss mit dem Genfer Abkommen vom 28. Juli 1951 und dem Protokoll vom 31. Januar 1967 über die Rechtsstellung der Flüchtlinge sowie den anderen einschlägigen Verträgen im Einklang stehen.

(2) Für die Zwecke des Absatzes 1 erlassen das Europäische Parlament und der Rat gemäß dem ordentlichen Gesetzgebungsverfahren Maßnahmen in Bezug auf ein gemeinsames europäisches Asylsystem, das Folgendes umfasst:

a) einen in der ganzen Union gültigen einheitlichen Asylstatus für Drittstaatsangehörige;

b) einen einheitlichen subsidiären Schutzstatus für Drittstaatsangehörige, die keinen europäischen Asylstatus erhalten, aber internationalen Schutz benötigen;

c) eine gemeinsame Regelung für den vorübergehenden Schutz von Vertriebenen im Falle eines Massenzustroms;

d) gemeinsame Verfahren für die Gewährung und den Entzug des einheitlichen Asylstatus beziehungsweise des subsidiären Schutzstatus;

e) Kriterien und Verfahren zur Bestimmung des Mitgliedstaats, der für die Prüfung eines Antrags auf Asyl oder subsidiären Schutz zuständig ist;

f) Normen über die Aufnahmebedingungen von Personen, die Asyl oder subsidiären Schutz beantragen;

g) Partnerschaft und Zusammenarbeit mit Drittländern zur Steuerung des Zustroms von Personen, die Asyl oder subsidiären beziehungsweise vorübergehenden Schutz beantragen.

(3) Befinden sich ein oder mehrere Mitgliedstaaten aufgrund eines plötzlichen Zustroms von Drittstaatsangehörigen in einer Notlage, so kann der Rat auf Vorschlag der Kommission vorläufige Maßnahmen zugunsten der betreffenden Mitgliedstaaten erlassen. Er beschließt nach Anhörung des Europäischen Parlaments.

Artikel 79 (Einwanderungspolitik)

(ex-Artikel 63 Nummern 3 und 4 EGV)

(1) Die Union entwickelt eine gemeinsame Einwanderungspolitik, die in allen Phasen eine wirksame Steuerung der Migrationsströme, eine angemessene Behandlung von Drittstaatsangehörigen, die sich rechtmäßig in einem Mitgliedstaat aufhalten, sowie die Verhütung und verstärkte Bekämpfung von illegaler Einwanderung und Menschenhandel gewährleisten soll.

(2) Für die Zwecke des Absatzes 1 erlassen das Europäische Parlament und der Rat gemäß dem ordentlichen Gesetzgebungsverfahren Maßnahmen in folgenden Bereichen:

a) Einreise- und Aufenthaltsvoraussetzungen sowie Normen für die Erteilung von Visa und Aufenthaltstiteln für einen langfristigen Aufenthalt, einschließlich solcher zur Familienzusammenführung, durch die Mitgliedstaaten;

b) Festlegung der Rechte von Drittstaatsangehörigen, die sich rechtmäßig in einem Mitgliedstaat aufhalten, einschließlich der Bedingungen, unter denen sie sich in den anderen Mitgliedstaaten frei bewegen und aufhalten dürfen;

c) illegale Einwanderung und illegaler Aufenthalt, einschließlich Abschiebung und Rückführung solcher Personen, die sich illegal in einem Mitgliedstaat aufhalten;

d) Bekämpfung des Menschenhandels, insbesondere des Handels mit Frauen und Kindern.

(3) Die Union kann mit Drittländern Übereinkünfte über eine Rückübernahme von Drittstaatsangehörigen in ihr Ursprungs- oder Herkunftsland schließen, die die Voraussetzungen für die Einreise in das Hoheitsgebiet eines der Mitgliedstaaten oder die Anwesenheit oder den Aufenthalt in diesem Gebiet nicht oder nicht mehr erfüllen.

(4) Das Europäische Parlament und der Rat können gemäß dem ordentlichen Gesetzgebungsverfahren unter Ausschluss jeglicher Harmonisierung der Rechtsvorschriften der Mitgliedstaaten Maßnahmen festlegen, mit denen die Bemühungen der Mitgliedstaaten um die Integration der sich rechtmäßig in ihrem Hoheitsgebiet aufhaltenden Drittstaatsangehörigen gefördert und unterstützt werden.

(5) Dieser Artikel berührt nicht das Recht der Mitgliedstaaten, festzulegen, wie viele Drittstaatsangehörige aus Drittländern in ihr Hoheitsgebiet einreisen dürfen, um dort als Arbeitnehmer oder Selbstständige Arbeit zu suchen.

Artikel 80 (Grundsatz der Solidarität)

Für die unter dieses Kapitel fallende Politik der Union und ihre Umsetzung gilt der Grundsatz der Solidarität und der gerechten Aufteilung der Verantwortlichkeiten unter den Mitgliedstaaten, einschließlich in finanzieller Hinsicht. Die aufgrund dieses Kapitels erlassenen Rechtsakte der Union enthalten, immer wenn dies erforderlich ist, entsprechende Maßnahmen für die Anwendung dieses Grundsatzes.

KAPITEL 3
JUSTIZIELLE ZUSAMMENARBEIT IN ZIVILSACHEN

Artikel 81 (Justizielle Zusammenarbeit in Zivilsachen)

(ex-Artikel 65 EGV)

(1) Die Union entwickelt eine justizielle Zusammenarbeit in Zivilsachen mit grenzüberschreitendem Bezug, die auf dem Grundsatz der gegenseitigen Anerkennung gerichtlicher und außergerichtlicher Entscheidungen beruht. Diese Zusammenarbeit kann den Erlass von Maßnahmen zur Angleichung der Rechtsvorschriften der Mitgliedstaaten umfassen.

(2) Für die Zwecke des Absatzes 1 erlassen das Europäische Parlament und der Rat, insbesondere wenn dies für das reibungslose Funktionieren des Binnenmarkts erforderlich ist, gemäß dem ordentlichen Gesetzgebungsverfahren Maßnahmen, die Folgendes sicherstellen sollen:

a) die gegenseitige Anerkennung und die Vollstreckung gerichtlicher und außergerichtlicher Entscheidungen zwischen den Mitgliedstaaten;
b) die grenzüberschreitende Zustellung gerichtlicher und außergerichtlicher Schriftstücke;
c) die Vereinbarkeit der in den Mitgliedstaaten geltenden Kollisionsnormen und Vorschriften zur Vermeidung von Kompetenzkonflikten;
d) die Zusammenarbeit bei der Erhebung von Beweismitteln;
e) einen effektiven Zugang zum Recht;
f) die Beseitigung von Hindernissen für die reibungslose Abwicklung von Zivilverfahren, erforderlichenfalls durch Förderung der Vereinbarkeit der in den Mitgliedstaaten geltenden zivilrechtlichen Verfahrensvorschriften;
g) die Entwicklung von alternativen Methoden für die Beilegung von Streitigkeiten;
h) die Förderung der Weiterbildung von Richtern und Justizbediensteten.

(3) Abweichend von Absatz 2 werden Maßnahmen zum Familienrecht mit grenzüberschreitendem Bezug vom Rat gemäß einem besonderen Gesetzgebungsverfahren festgelegt. Dieser beschließt einstimmig nach Anhörung des Europäischen Parlaments.

Der Rat kann auf Vorschlag der Kommission einen Beschluss erlassen, durch den die Aspekte des Familienrechts mit grenzüberschreitendem Bezug bestimmt werden, die Gegenstand von Rechtsakten sein können, die gemäß dem ordentlichen Gesetzgebungsverfahren erlassen werden. Der Rat beschließt einstimmig nach Anhörung des Europäischen Parlaments.

Der in Unterabsatz 2 genannte Vorschlag wird den nationalen Parlamenten übermittelt. Wird dieser Vorschlag innerhalb von sechs Monaten nach der Übermittlung von einem nationalen Parlament abgelehnt, so wird der Beschluss nicht erlassen. Wird der Vorschlag nicht abgelehnt, so kann der Rat den Beschluss erlassen.

KAPITEL 4
JUSTIZIELLE ZUSAMMENARBEIT IN STRAFSACHEN

Artikel 82 (Justizielle Zusammenarbeit in Strafsachen)

(ex-Artikel 31 EUV)

(1) Die justizielle Zusammenarbeit in Strafsachen in der Union beruht auf dem Grundsatz der gegenseitigen Anerkennung gerichtlicher Urteile und Entscheidungen und umfasst die Angleichung der Rechtsvorschriften der Mitgliedstaaten in den in Absatz 2 und in Artikel 83 genannten Bereichen.

Das Europäische Parlament und der Rat erlassen gemäß dem ordentlichen Gesetzgebungsverfahren Maßnahmen, um

a) Regeln und Verfahren festzulegen, mit denen die Anerkennung aller Arten von Urteilen und gerichtlichen Entscheidungen in der gesamten Union sichergestellt wird;
b) Kompetenzkonflikte zwischen den Mitgliedstaaten zu verhindern und beizulegen;
c) die Weiterbildung von Richtern und Staatsanwälten sowie Justizbediensteten zu fördern;
d) die Zusammenarbeit zwischen den Justizbehörden oder entsprechenden Behörden der Mitgliedstaaten im Rahmen der Strafverfolgung sowie des Vollzugs und der Vollstreckung von Entscheidungen zu erleichtern.

(2) Soweit dies zur Erleichterung der gegenseitigen Anerkennung gerichtlicher Urteile und Entscheidungen und der polizeilichen und justiziellen Zusammenarbeit in Strafsachen mit grenzüberschreitender Dimension erforderlich ist, können das Europäische Parlament und der Rat gemäß dem ordentlichen Gesetzgebungsverfahren durch Richtlinien Mindestvorschriften festlegen. Bei diesen Mindestvorschriften werden die Unterschiede zwischen den Rechtsordnungen und -traditionen der Mitgliedstaaten berücksichtigt.

Die Vorschriften betreffen Folgendes:

a) die Zulässigkeit von Beweismitteln auf gegenseitiger Basis zwischen den Mitgliedstaaten;
b) die Rechte des Einzelnen im Strafverfahren;
c) die Rechte der Opfer von Straftaten;
d) sonstige spezifische Aspekte des Strafverfahrens, die zuvor vom Rat durch Beschluss bestimmt worden sind; dieser Beschluss wird vom Rat einstimmig nach Zustimmung des Europäischen Parlaments erlassen.

Der Erlass von Mindestvorschriften nach diesem Absatz hindert die Mitgliedstaaten nicht daran, ein höheres Schutzniveau für den Einzelnen beizubehalten oder einzuführen.

(3) Ist ein Mitglied des Rates der Auffassung, dass ein Entwurf einer Richtlinie nach Absatz 2 grundlegende Aspekte seiner Strafrechtsordnung berühren würde, so kann es beantragen, dass der Europäische Rat befasst wird. In diesem Fall wird das ordentliche Gesetzgebungsverfahren ausgesetzt. Nach einer Aussprache

verweist der Europäische Rat im Falle eines Einvernehmens den Entwurf binnen vier Monaten nach Aussetzung des Verfahrens an den Rat zurück, wodurch die Aussetzung des ordentlichen Gesetzgebungsverfahrens beendet wird.

Sofern kein Einvernehmen erzielt wird, mindestens neun Mitgliedstaaten aber eine Verstärkte Zusammenarbeit auf der Grundlage des betreffenden Entwurfs einer Richtlinie begründen möchten, teilen diese Mitgliedstaaten dies binnen derselben Frist dem Europäischen Parlament, dem Rat und der Kommission mit. In diesem Fall gilt die Ermächtigung zu einer Verstärkten Zusammenarbeit nach Artikel 20 Absatz 2 des Vertrags über die Europäische Union und Artikel 329 Absatz 1 dieses Vertrags als erteilt, und die Bestimmungen über die Verstärkte Zusammenarbeit finden Anwendung.

Artikel 83 (Bekämpfung von schwerer grenzüberschreitender Kriminalität)

(ex-Artikel 31 EUV)

(1) Das Europäische Parlament und der Rat können gemäß dem ordentlichen Gesetzgebungsverfahren durch Richtlinien Mindestvorschriften zur Festlegung von Straftaten und Strafen in Bereichen besonders schwerer Kriminalität festlegen, die aufgrund der Art oder der Auswirkungen der Straftaten oder aufgrund einer besonderen Notwendigkeit, sie auf einer gemeinsamen Grundlage zu bekämpfen, eine grenzüberschreitende Dimension haben.

Derartige Kriminalitätsbereiche sind: Terrorismus, Menschenhandel und sexuelle Ausbeutung von Frauen und Kindern, illegaler Drogenhandel, illegaler Waffenhandel, Geldwäsche, Korruption, Fälschung von Zahlungsmitteln, Computerkriminalität und organisierte Kriminalität.

Je nach Entwicklung der Kriminalität kann der Rat einen Beschluss erlassen, in dem andere Kriminalitätsbereiche bestimmt werden, die die Kriterien dieses Absatzes erfüllen. Er beschließt einstimmig nach Zustimmung des Europäischen Parlaments.

(2) Erweist sich die Angleichung der strafrechtlichen Rechtsvorschriften der Mitgliedstaaten als unerlässlich für die wirksame Durchführung der Politik der Union auf einem Gebiet, auf dem Harmonisierungsmaßnahmen erfolgt sind, so können durch Richtlinien Mindestvorschriften für die Festlegung von Straftaten und Strafen auf dem betreffenden Gebiet festgelegt werden. Diese Richtlinien werden unbeschadet des Artikels 76 gemäß dem gleichen ordentlichen oder besonderen Gesetzgebungsverfahren wie die betreffenden Harmonisierungsmaßnahmen erlassen.

(3) Ist ein Mitglied des Rates der Auffassung, dass der Entwurf einer Richtlinie nach den Absätzen 1 oder 2 grundlegende Aspekte seiner Strafrechtsordnung berühren würde, so kann es beantragen, dass der Europäische Rat befasst wird. In diesem Fall wird das ordentliche Gesetzgebungsverfahren ausgesetzt. Nach einer Aussprache verweist der Europäische Rat im Falle eines Einvernehmens den Entwurf binnen vier Monaten nach Aussetzung des Verfahrens an den Rat zurück, wodurch die Aussetzung des ordentlichen Gesetzgebungsverfahrens beendet wird.

Sofern kein Einvernehmen erzielt wird, mindestens neun Mitgliedstaaten aber eine Verstärkte Zusammenarbeit auf der Grundlage des betreffenden Entwurfs einer Richtlinie begründen möchten, teilen diese Mitgliedstaaten dies binnen derselben Frist dem Europäischen Parlament, dem Rat und der Kommission mit. In diesem Fall gilt die Ermächtigung zu einer Verstärkten Zusammenarbeit nach Artikel 20 Absatz 2 des Vertrags über die Europäische Union und Artikel 329 Absatz 1 dieses Vertrags als erteilt, und die Bestimmungen über die Verstärkte Zusammenarbeit finden Anwendung.

Artikel 84 (Förderung der Kriminalprävention)

Das Europäische Parlament und der Rat können gemäß dem ordentlichen Gesetzgebungsverfahren unter Ausschluss jeglicher Harmonisierung der Rechtsvorschriften der Mitgliedstaaten Maßnahmen festlegen, um das Vorgehen der Mitgliedstaaten im Bereich der Kriminalprävention zu fördern und zu unterstützen.

Artikel 85 (Eurojust)

(ex-Artikel 31 EUV)

(1) Eurojust hat den Auftrag, die Koordinierung und Zusammenarbeit zwischen den nationalen Behörden zu unterstützen und zu verstärken, die für die Ermittlung und Verfolgung von schwerer Kriminalität zuständig sind, wenn zwei oder mehr Mitgliedstaaten betroffen sind oder eine Verfolgung auf gemeinsamer Grundlage erforderlich ist; Eurojust stützt sich dabei auf die von den Behörden der Mitgliedstaaten und von Europol durchgeführten Operationen und gelieferten Informationen.

Zu diesem Zweck legen das Europäische Parlament und der Rat gemäß dem ordentlichen Gesetzgebungsverfahren durch Verordnungen den Aufbau, die Arbeitsweise, den Tätigkeitsbereich und die Aufgaben von Eurojust fest. Zu diesen Aufgaben kann Folgendes gehören:

a) Einleitung von strafrechtlichen Ermittlungsmaßnahmen sowie Vorschläge zur Einleitung von strafrechtlichen Verfolgungsmaßnahmen, die von den zuständigen nationalen Behörden durchgeführt werden, insbesondere bei Straftaten zum Nachteil der finanziellen Interessen der Union;

b) Koordinierung der unter Buchstabe a genannten Ermittlungs- und Verfolgungsmaßnahmen;

c) Verstärkung der justiziellen Zusammenarbeit, unter anderem auch durch die Beilegung von Kompetenzkonflikten und eine enge Zusammenarbeit mit dem Europäischen Justiziellen Netz.

Durch diese Verordnungen werden ferner die Einzelheiten für die Beteiligung des Europäischen Parlaments und der nationalen Parlamente an der Bewertung der Tätigkeit von Eurojust festgelegt.

(2) Im Rahmen der Strafverfolgungsmaßnahmen nach Absatz 1 werden die förmlichen Prozesshandlungen unbeschadet des Artikels 86 durch die zuständigen einzelstaatlichen Bediensteten vorgenommen.

Artikel 86 (Europäische Staatsanwaltschaft)

(1) Zur Bekämpfung von Straftaten zum Nachteil der finanziellen Interessen der Union kann der Rat gemäß einem besonderen Gesetzgebungsverfahren durch Verordnungen ausgehend von Eurojust eine Europäische Staatsanwaltschaft einsetzen. Der Rat beschließt einstimmig nach Zustimmung des Europäischen Parlaments.

Sofern keine Einstimmigkeit besteht, kann eine Gruppe von mindestens neun Mitgliedstaaten beantragen, dass der Europäische Rat mit dem Entwurf einer Verordnung befasst wird. In diesem Fall wird das Verfahren im Rat ausgesetzt. Nach einer Aussprache verweist der Europäische Rat im Falle eines Einvernehmens den Entwurf binnen vier Monaten nach Aussetzung des Verfahrens an den Rat zur Annahme zurück.

Sofern kein Einvernehmen erzielt wird, mindestens neun Mitgliedstaaten aber eine Verstärkte Zusammenarbeit auf der Grundlage des betreffenden Entwurfs einer Verordnung begründen möchten, teilen diese Mitgliedstaaten dies binnen derselben Frist dem Europäischen Parlament, dem Rat und der Kommission mit. In diesem Fall gilt die Ermächtigung zu einer Verstärkten Zusammenarbeit nach Artikel 20 Absatz 2 des Vertrags über die Europäische Union und Artikel 329 Absatz 1 dieses Vertrags als erteilt, und die Bestimmungen über die Verstärkte Zusammenarbeit finden Anwendung.

(2) Die Europäische Staatsanwaltschaft ist, gegebenenfalls in Verbindung mit Europol, zuständig für die strafrechtliche Untersuchung und Verfolgung sowie die Anklageerhebung in Bezug auf Personen, die als Täter oder Teilnehmer Straftaten zum Nachteil der finanziellen Interessen der Union begangen haben, die in der Verordnung nach Absatz 1 festgelegt sind. Die Europäische Staatsanwaltschaft nimmt bei diesen Straftaten vor den zuständigen Gerichten der Mitgliedstaaten die Aufgaben der Staatsanwaltschaft wahr.

(3) Die in Absatz 1 genannte Verordnung legt die Satzung der Europäischen Staatsanwaltschaft, die Einzelheiten für die Erfüllung ihrer Aufgaben, die für ihre Tätigkeit geltenden Verfahrensvorschriften sowie die Regeln für die Zulässigkeit von Beweismitteln und für die gerichtliche Kontrolle der von der Europäischen Staatsanwaltschaft bei der Erfüllung ihrer Aufgaben vorgenommenen Prozesshandlungen fest.

(4) Der Europäische Rat kann gleichzeitig mit der Annahme der Verordnung oder im Anschluss daran einen Beschluss zur Änderung des Absatzes 1 mit dem Ziel einer Ausdehnung der Befugnisse der Europäischen Staatsanwaltschaft auf die Bekämpfung der schweren Kriminalität mit grenzüberschreitender Dimension und zur entsprechenden Änderung des Absatzes 2 hinsichtlich Personen, die als Täter oder Teilnehmer schwere, mehr als einen Mitgliedstaat betreffende Straftaten begangen haben, erlassen. Der Europäische Rat beschließt einstimmig nach Zustimmung des Europäischen Parlaments und nach Anhörung der Kommission.

KAPITEL 5
POLIZEILICHE ZUSAMMENARBEIT

Artikel 87 (Polizeiliche Zusammenarbeit)

(ex-Artikel 30 EUV)

(1) Die Union entwickelt eine polizeiliche Zusammenarbeit zwischen allen zuständigen Behörden der Mitgliedstaaten, einschließlich der Polizei, des Zolls und anderer auf die Verhütung oder die Aufdeckung von Straftaten sowie entsprechende Ermittlungen spezialisierter Strafverfolgungsbehörden.

(2) Für die Zwecke des Absatzes 1 können das Europäische Parlament und der Rat gemäß dem ordentlichen Gesetzgebungsverfahren Maßnahmen erlassen, die Folgendes betreffen:

a) Einholen, Speichern, Verarbeiten, Analysieren und Austauschen sachdienlicher Informationen;

b) Unterstützung bei der Aus- und Weiterbildung von Personal sowie Zusammenarbeit in Bezug auf den Austausch von Personal, die Ausrüstungsgegenstände und die kriminaltechnische Forschung;

c) gemeinsame Ermittlungstechniken zur Aufdeckung schwerwiegender Formen der organisierten Kriminalität.

(3) Der Rat kann gemäß einem besonderen Gesetzgebungsverfahren Maßnahmen erlassen, die die operative Zusammenarbeit zwischen den in diesem Artikel genannten Behörden betreffen. Der Rat beschließt einstimmig nach Anhörung des Europäischen Parlaments.

Sofern keine Einstimmigkeit besteht, kann eine Gruppe von mindestens neun Mitgliedstaaten beantragen, dass der Europäische Rat mit dem Entwurf von Maßnahmen befasst wird. In diesem Fall wird das Verfahren im Rat ausgesetzt. Nach einer Aussprache verweist der Europäische Rat im Falle eines Einvernehmens den Entwurf binnen vier Monaten nach Aussetzung des Verfahrens an den Rat zur Annahme zurück.

Sofern kein Einvernehmen erzielt wird, mindestens neun Mitgliedstaaten aber eine Verstärkte Zusammenarbeit auf der Grundlage des betreffenden Entwurfs von Maßnahmen begründen möchten, teilen diese Mitgliedstaaten dies binnen derselben Frist dem Europäischen Parlament, dem Rat und der Kommission mit. In diesem Fall gilt die Ermächtigung zu einer Verstärkten Zusammenarbeit nach Artikel 20 Absatz 2 des Vertrags über die Europäische Union und Artikel 329 Absatz 1 dieses Vertrags als erteilt, und die Bestimmungen über die Verstärkte Zusammenarbeit finden Anwendung.

Das besondere Verfahren nach den Unterabsätzen 2 und 3 gilt nicht für Rechtsakte, die eine Weiterentwicklung des Schengen-Besitzstands darstellen.

Artikel 88 (Europol)

(ex-Artikel 30 EUV)

(1) Europol hat den Auftrag, die Tätigkeit der Polizeibehörden und der anderen Strafverfolgungsbehörden der Mitgliedstaaten sowie deren gegenseitige Zusammenarbeit bei der Verhütung und Bekämpfung der zwei oder mehr Mitgliedstaaten betreffenden schweren Kriminalität, des Terrorismus und der Kriminalitätsformen, die ein gemeinsames Interesse verletzen, das Gegenstand einer Politik der Union ist, zu unterstützen und zu verstärken.

(2) Das Europäische Parlament und der Rat legen gemäß dem ordentlichen Gesetzgebungsverfahren durch Verordnungen den Aufbau, die Arbeitsweise, den Tätigkeitsbereich und die Aufgaben von Europol fest. Zu diesen Aufgaben kann Folgendes gehören:

a) Einholen, Speichern, Verarbeiten, Analysieren und Austauschen von Informationen, die insbesondere von den Behörden der Mitgliedstaaten oder Drittländern beziehungsweise Stellen außerhalb der Union übermittelt werden;

b) Koordinierung, Organisation und Durchführung von Ermittlungen und von operativen Maßnahmen, die gemeinsam mit den zuständigen Behörden der Mitgliedstaaten oder im Rahmen gemeinsamer Ermittlungsgruppen durchgeführt werden, gegebenenfalls in Verbindung mit Eurojust.

Durch diese Verordnungen werden ferner die Einzelheiten für die Kontrolle der Tätigkeiten von Europol durch das Europäische Parlament festgelegt; an dieser Kontrolle werden die nationalen Parlamente beteiligt.

(3) Europol darf operative Maßnahmen nur in Verbindung und in Absprache mit den Behörden des Mitgliedstaats oder der Mitgliedstaaten ergreifen, deren Hoheitsgebiet betroffen ist. Die Anwendung von Zwangsmaßnahmen bleibt ausschließlich den zuständigen einzelstaatlichen Behörden vorbehalten.

Artikel 89 (Grenzüberschreitende Behördentätigkeit)

(ex-Artikel 32 EUV)

Der Rat legt gemäß einem besonderen Gesetzgebungsverfahren fest, unter welchen Bedingungen und innerhalb welcher Grenzen die in den Artikeln 82 und 87 genannten zuständigen Behörden der Mitgliedstaaten im Hoheitsgebiet eines anderen Mitgliedstaats in Verbindung und in Absprache mit dessen Behörden tätig werden dürfen. Der Rat beschließt einstimmig nach Anhörung des Europäischen Parlaments.

TITEL VI

DER VERKEHR

Artikel 90 (Gemeinsame Verkehrspolitik)

(ex-Artikel 70 EGV)

Auf dem in diesem Titel geregelten Sachgebiet werden die Ziele der Verträge im Rahmen einer gemeinsamen Verkehrspolitik verfolgt.

Artikel 91 (Durchführungsmaßnahmen)

(ex-Artikel 71 EGV)

(1) Zur Durchführung des Artikels 90 werden das Europäische Parlament und der Rat unter Berücksichtigung der Besonderheiten des Verkehrs gemäß dem ordentlichen Gesetzgebungsverfahren und nach Anhörung des Wirtschafts- und Sozialausschusses sowie des Ausschusses der Regionen

a) für den internationalen Verkehr aus oder nach dem Hoheitsgebiet eines Mitgliedstaats oder für den Durchgangsverkehr durch das Hoheitsgebiet eines oder mehrerer Mitgliedstaaten gemeinsame Regeln aufstellen;
b) für die Zulassung von Verkehrsunternehmern zum Verkehr innerhalb eines Mitgliedstaats, in dem sie nicht ansässig sind, die Bedingungen festlegen;
c) Maßnahmen zur Verbesserung der Verkehrssicherheit erlassen;
d) alle sonstigen zweckdienlichen Vorschriften erlassen.

(2) Beim Erlass von Maßnahmen nach Absatz 1 wird den Fällen Rechnung getragen, in denen die Anwendung den Lebensstandard und die Beschäftigungslage in bestimmten Regionen sowie den Betrieb der Verkehrseinrichtungen ernstlich beeinträchtigen könnte.

Artikel 92 (Verbot der Schlechterstellung)

(ex-Artikel 72 EGV)

Bis zum Erlass der in Artikel 91 Absatz 1 genannten Vorschriften darf ein Mitgliedstaat die verschiedenen, am 1. Januar 1958 oder, im Falle später beigetretener Staaten, zum Zeitpunkt ihres Beitritts auf diesem Gebiet geltenden Vorschriften in ihren unmittelbaren oder mittelbaren Auswirkungen auf die Verkehrsunternehmer anderer Mitgliedstaaten im Vergleich zu den inländischen Verkehrsunternehmern nicht ungünstiger gestalten, es sei denn, dass der Rat einstimmig eine Maßnahme billigt, die eine Ausnahmeregelung gewährt.

Artikel 93 (Beihilfen)

(ex-Artikel 73 EGV)

Mit den Verträgen vereinbar sind Beihilfen, die den Erfordernissen der Koordinierung des Verkehrs oder der Abgeltung bestimmter, mit dem Begriff des öffentlichen Dienstes zusammenhängender Leistungen entsprechen.

Artikel 94 (Wirtschaftliche Lage der Verkehrsunternehmer)

(ex-Artikel 74 EGV)

Jede Maßnahme auf dem Gebiet der Beförderungsentgelte und -bedingungen, die im Rahmen der Verträge getroffen wird, hat der wirtschaftlichen Lage der Verkehrsunternehmer Rechnung zu tragen.

Artikel 95 (Verbot von Diskriminierungen)

(ex-Artikel 75 EGV)

(1) Im Verkehr innerhalb der Union sind Diskriminierungen verboten, die darin bestehen, dass ein Verkehrsunternehmer in denselben Verkehrsverbindungen für die gleichen Güter je nach ihrem Herkunfts- oder Bestimmungsland unterschiedliche Frachten und Beförderungsbedingungen anwendet.

(2) Absatz 1 schließt sonstige Maßnahmen nicht aus, die das Europäische Parlament und der Rat gemäß Artikel 91 Absatz 1 treffen können.

(3) Der Rat trifft auf Vorschlag der Kommission und nach Anhörung des Europäischen Parlaments und des Wirtschafts- und Sozialausschusses eine Regelung zur Durchführung des Absatzes 1.

Er kann insbesondere die erforderlichen Vorschriften erlassen, um es den Organen der Union zu ermöglichen, für die Beachtung des Absatzes 1 Sorge zu tragen, und um den Verkehrsnutzern die Vorteile dieser Bestimmung voll zukommen zu lassen.

(4) Die Kommission prüft von sich aus oder auf Antrag eines Mitgliedstaats die Diskriminierungsfälle des Absatzes 1 und erlässt nach Beratung mit jedem in Betracht kommenden Mitgliedstaat die erforderlichen Beschlüsse im Rahmen der gemäß Absatz 3 getroffenen Regelung.

Artikel 96 (Verbot von Unterstützungs- und Schutzmaßnahmen)

(ex-Artikel 76 EGV)

(1) Im Verkehr innerhalb der Union sind die von einem Mitgliedstaat auferlegten Frachten und Beförderungsbedingungen verboten, die in irgendeiner Weise der Unterstützung oder dem Schutz eines oder mehrerer bestimmter Unternehmen oder Industrien dienen, es sei denn, dass die Kommission die Genehmigung hierzu erteilt.

(2) Die Kommission prüft von sich aus oder auf Antrag eines Mitgliedstaats die in Absatz 1 bezeichneten Frachten und Beförderungsbedingungen; hierbei berücksichtigt sie insbesondere sowohl die Erfordernisse einer angemessenen Standortpolitik, die Bedürfnisse der unterentwickelten Gebiete und die Probleme der durch politische Umstände schwer betroffenen Gebiete als auch die Auswirkungen dieser Frachten und Beförderungsbedingungen auf den Wettbewerb zwischen den Verkehrsarten.

Die Kommission erlässt die erforderlichen Beschlüsse nach Beratung mit jedem in Betracht kommenden Mitgliedstaat.

(3) Das in Absatz 1 genannte Verbot trifft nicht die Wettbewerbstarife.

Artikel 97 (Abgaben und Gebühren beim Grenzübergang)

(ex-Artikel 77 EGV)

Die Abgaben oder Gebühren, die ein Verkehrsunternehmer neben den Frachten beim Grenzübergang in Rechnung stellt, dürfen unter Berücksichtigung der hierdurch tatsächlich verursachten Kosten eine angemessene Höhe nicht übersteigen.

Die Mitgliedstaaten werden bemüht sein, diese Kosten schrittweise zu verringern.

Die Kommission kann zur Durchführung dieses Artikels Empfehlungen an die Mitgliedstaaten richten.

Artikel 98 (Ausnahmen für teilungsbedingte Nachteile in Deutschland)

(ex-Artikel 78 EGV)

Die Bestimmungen dieses Titels stehen Maßnahmen in der Bundesrepublik Deutschland nicht entgegen, soweit sie erforderlich sind, um die wirtschaftlichen Nachteile auszugleichen, die der Wirtschaft bestimmter, von der Teilung Deutschlands betroffener Gebiete der Bundesrepublik aus dieser Teilung entstehen. Der Rat kann fünf Jahre nach dem Inkrafttreten des Vertrags von Lissabon auf Vorschlag der Kommission einen Beschluss erlassen, mit dem dieser Artikel aufgehoben wird.

Artikel 99 (Ausschuss für Verkehrsfragen)

(ex-Artikel 79 EGV)

Bei der Kommission wird ein beratender Ausschuss gebildet; er besteht aus Sachverständigen, die von den Regierungen der Mitgliedstaaten ernannt werden. Die Kommission hört den Ausschuss je nach Bedarf in Verkehrsfragen an.

Artikel 100 (Betroffene Verkehrsmittel)

(ex-Artikel 80 EGV)

(1) Dieser Titel gilt für die Beförderungen im Eisenbahn-, Straßen- und Binnenschiffsverkehr.

(2) Das Europäische Parlament und der Rat können gemäß dem ordentlichen Gesetzgebungsverfahren geeignete Vorschriften für die Seeschifffahrt und die Luftfahrt erlassen. Sie beschließen nach Anhörung des Wirtschafts- und Sozialausschusses und des Ausschusses der Regionen.

TITEL VII
GEMEINSAME REGELN BETREFFEND WETTBEWERB, STEUERFRAGEN UND ANGLEICHUNG DER RECHTSVORSCHRIFTEN

KAPITEL 1
WETTBEWERBSREGELN

ABSCHNITT 1
VORSCHRIFTEN FÜR UNTERNEHMEN

Artikel 101 (Kartellverbot)

(ex-Artikel 81 EGV)

(1) Mit dem Binnenmarkt unvereinbar und verboten sind alle Vereinbarungen zwischen Unternehmen, Beschlüsse von Unternehmensvereinigungen und aufeinander abgestimmte Verhaltensweisen, welche den Handel zwischen Mitgliedstaaten zu beeinträchtigen geeignet sind und eine Verhinderung, Einschränkung oder Verfälschung des Wettbewerbs innerhalb des Binnenmarkts bezwecken oder bewirken, insbesondere

a) die unmittelbare oder mittelbare Festsetzung der An- oder Verkaufspreise oder sonstiger Geschäftsbedingungen;
b) die Einschränkung oder Kontrolle der Erzeugung, des Absatzes, der technischen Entwicklung oder der Investitionen;
c) die Aufteilung der Märkte oder Versorgungsquellen;
d) die Anwendung unterschiedlicher Bedingungen bei gleichwertigen Leistungen gegenüber Handelspartnern, wodurch diese im Wettbewerb benachteiligt werden;
e) die an den Abschluss von Verträgen geknüpfte Bedingung, dass die Vertragspartner zusätzliche Leistungen annehmen, die weder sachlich noch nach Handelsbrauch in Beziehung zum Vertragsgegenstand stehen.

(2) Die nach diesem Artikel verbotenen Vereinbarungen oder Beschlüsse sind nichtig.

(3) Die Bestimmungen des Absatzes 1 können für nicht anwendbar erklärt werden auf

- Vereinbarungen oder Gruppen von Vereinbarungen zwischen Unternehmen,
- Beschlüsse oder Gruppen von Beschlüssen von Unternehmensvereinigungen,
- aufeinander abgestimmte Verhaltensweisen oder Gruppen von solchen,

die unter angemessener Beteiligung der Verbraucher an dem entstehenden Gewinn zur Verbesserung der Warenerzeugung oder -verteilung oder zur Förderung des technischen oder wirtschaftlichen Fortschritts beitragen, ohne dass den beteiligten Unternehmen

a) Beschränkungen auferlegt werden, die für die Verwirklichung dieser Ziele nicht unerlässlich sind, oder
b) Möglichkeiten eröffnet werden, für einen wesentlichen Teil der betreffenden Waren den Wettbewerb auszuschalten.

Seite 154

Artikel 102 (Missbrauch einer marktbeherrschenden Stellung)

(ex-Artikel 82 EGV)

Mit dem Binnenmarkt unvereinbar und verboten ist die missbräuchliche Ausnutzung einer beherrschenden Stellung auf dem Binnenmarkt oder auf einem wesentlichen Teil desselben durch ein oder mehrere Unternehmen, soweit dies dazu führen kann, den Handel zwischen Mitgliedstaaten zu beeinträchtigen.

Dieser Missbrauch kann insbesondere in Folgendem bestehen:

a) der unmittelbaren oder mittelbaren Erzwingung von unangemessenen Einkaufs- oder Verkaufspreisen oder sonstigen Geschäftsbedingungen;

b) der Einschränkung der Erzeugung, des Absatzes oder der technischen Entwicklung zum Schaden der Verbraucher;

c) der Anwendung unterschiedlicher Bedingungen bei gleichwertigen Leistungen gegenüber Handelspartnern, wodurch diese im Wettbewerb benachteiligt werden;

d) der an den Abschluss von Verträgen geknüpften Bedingung, dass die Vertragspartner zusätzliche Leistungen annehmen, die weder sachlich noch nach Handelsbrauch in Beziehung zum Vertragsgegenstand stehen.

Artikel 103 (Erlass von sekundärem Wettbewerbsrecht)

(ex-Artikel 83 EGV)

(1) Die zweckdienlichen Verordnungen oder Richtlinien zur Verwirklichung der in den Artikeln 101 und 102 niedergelegten Grundsätze werden vom Rat auf Vorschlag der Kommission und nach Anhörung des Europäischen Parlaments beschlossen.

(2) Die in Absatz 1 vorgesehenen Vorschriften bezwecken insbesondere,

a) die Beachtung der in Artikel 101 Absatz 1 und Artikel 102 genannten Verbote durch die Einführung von Geldbußen und Zwangsgeldern zu gewährleisten;

b) die Einzelheiten der Anwendung des Artikels 101 Absatz 3 festzulegen; dabei ist dem Erfordernis einer wirksamen Überwachung bei möglichst einfacher Verwaltungskontrolle Rechnung zu tragen;

c) gegebenenfalls den Anwendungsbereich der Artikel 101 und 102 für die einzelnen Wirtschaftszweige näher zu bestimmen;

d) die Aufgaben der Kommission und des Gerichtshofs der Europäischen Union bei der Anwendung der in diesem Absatz vorgesehenen Vorschriften gegeneinander abzugrenzen;

e) das Verhältnis zwischen den innerstaatlichen Rechtsvorschriften einerseits und den in diesem Abschnitt enthaltenen oder aufgrund dieses Artikels getroffenen Bestimmungen andererseits festzulegen.

Artikel 104 (Zulässigkeit wettbewerbsrechtlicher Vereinbarungen)

(ex-Artikel 84 EGV)

Bis zum Inkrafttreten der gemäß Artikel 103 erlassenen Vorschriften entscheiden die Behörden der Mitgliedstaaten im Einklang mit ihren eigenen Rechtsvorschriften und den Bestimmungen der Artikel 101, insbesondere Absatz 3, und 102 über die Zulässigkeit von Vereinbarungen, Beschlüssen und aufeinander abgestimmten Verhaltensweisen sowie über die missbräuchliche Ausnutzung einer beherrschenden Stellung auf dem Binnenmarkt.

Artikel 105 (Interventionsrecht der Kommission)

(ex-Artikel 85 EGV)

(1) Unbeschadet des Artikels 104 achtet die Kommission auf die Verwirklichung der in den Artikeln 101 und 102 niedergelegten Grundsätze. Sie untersucht auf Antrag eines Mitgliedstaats oder von Amts wegen in Verbindung mit den zuständigen Behörden der Mitgliedstaaten, die ihr Amtshilfe zu leisten haben, die Fälle, in denen Zuwiderhandlungen gegen diese Grundsätze vermutet werden. Stellt sie eine Zuwiderhandlung fest, so schlägt sie geeignete Mittel vor, um diese abzustellen.

(2) Wird die Zuwiderhandlung nicht abgestellt, so trifft die Kommission in einem mit Gründen versehenen Beschluss die Feststellung, dass eine derartige Zuwiderhandlung vorliegt. Sie kann den Beschluss veröffentlichen und die Mitgliedstaaten ermächtigen, die erforderlichen Abhilfemaßnahmen zu treffen, deren Bedingungen und Einzelheiten sie festlegt.

(3) Die Kommission kann Verordnungen zu den Gruppen von Vereinbarungen erlassen, zu denen der Rat nach Artikel 103 Absatz 2 Buchstabe b eine Verordnung oder Richtlinie erlassen hat.

Artikel 106 (Öffentliche und monopolartige Unternehmen)

(ex-Artikel 86 EGV)

(1) Die Mitgliedstaaten werden in Bezug auf öffentliche Unternehmen und auf Unternehmen, denen sie besondere oder ausschließliche Rechte gewähren, keine den Verträgen und insbesondere den Artikeln 18 und 101 bis 109 widersprechende Maßnahmen treffen oder beibehalten.

(2) Für Unternehmen, die mit Dienstleistungen von allgemeinem wirtschaftlichem Interesse betraut sind oder den Charakter eines Finanzmonopols haben, gelten die Vorschriften der Verträge, insbesondere die Wettbewerbsregeln, soweit die Anwendung dieser Vorschriften nicht die Erfüllung der ihnen übertragenen besonderen Aufgabe rechtlich oder tatsächlich verhindert. Die Entwicklung des Handelsverkehrs darf nicht in einem Ausmaß beeinträchtigt werden, das dem Interesse der Union zuwiderläuft.

(3) Die Kommission achtet auf die Anwendung dieses Artikels und richtet erforderlichenfalls geeignete Richtlinien oder Beschlüsse an die Mitgliedstaaten.

ABSCHNITT 2

STAATLICHE BEIHILFEN

Artikel 107 (Beihilfeverbot, Ausnahmen)

(ex-Artikel 87 EGV)

(1) Soweit in den Verträgen nicht etwas anderes bestimmt ist, sind staatliche oder aus staatlichen Mitteln gewährte Beihilfen gleich welcher Art, die durch die Begünstigung bestimmter Unternehmen oder Produktionszweige den Wettbewerb verfälschen oder zu verfälschen drohen, mit dem Binnenmarkt unvereinbar, soweit sie den Handel zwischen Mitgliedstaaten beeinträchtigen.

(2) Mit dem Binnenmarkt vereinbar sind:

a) Beihilfen sozialer Art an einzelne Verbraucher, wenn sie ohne Diskriminierung nach der Herkunft der Waren gewährt werden;

b) Beihilfen zur Beseitigung von Schäden, die durch Naturkatastrophen oder sonstige außergewöhnliche Ereignisse entstanden sind;

c) Beihilfen für die Wirtschaft bestimmter, durch die Teilung Deutschlands betroffener Gebiete der Bundesrepublik Deutschland, soweit sie zum Ausgleich der durch die Teilung verursachten wirtschaftlichen Nachteile erforderlich sind. Der Rat kann fünf Jahre nach dem Inkrafttreten des Vertrags von Lissabon auf Vorschlag der Kommission einen Beschluss erlassen, mit dem dieser Buchstabe aufgehoben wird.

(3) Als mit dem Binnenmarkt vereinbar können angesehen werden:

a) Beihilfen zur Förderung der wirtschaftlichen Entwicklung von Gebieten, in denen die Lebenshaltung außergewöhnlich niedrig ist oder eine erhebliche Unterbeschäftigung herrscht, sowie der in Artikel 349 genannten Gebiete unter Berücksichtigung ihrer strukturellen, wirtschaftlichen und sozialen Lage;

b) Beihilfen zur Förderung wichtiger Vorhaben von gemeinsamem europäischem Interesse oder zur Behebung einer beträchtlichen Störung im Wirtschaftsleben eines Mitgliedstaats;

c) Beihilfen zur Förderung der Entwicklung gewisser Wirtschaftszweige oder Wirtschaftsgebiete, soweit sie die Handelsbedingungen nicht in einer Weise verändern, die dem gemeinsamen Interesse zuwiderläuft;

d) Beihilfen zur Förderung der Kultur und der Erhaltung des kulturellen Erbes, soweit sie die Handels- und Wettbewerbsbedingungen in der Union nicht in einem Maß beeinträchtigen, das dem gemeinsamen Interesse zuwiderläuft;

e) sonstige Arten von Beihilfen, die der Rat durch einen Beschluss auf Vorschlag der Kommission bestimmt.

Artikel 108 (Maßnahmen gegen unzulässige Beihilfen, Notifizierung)

(ex-Artikel 88 EGV)

(1) Die Kommission überprüft fortlaufend in Zusammenarbeit mit den Mitgliedstaaten die in diesen bestehenden Beihilferegelungen. Sie schlägt ihnen die zweckdienlichen Maßnahmen vor, welche die fortschreitende Entwicklung und das Funktionieren des Binnenmarkts erfordern.

(2) Stellt die Kommission fest, nachdem sie den Beteiligten eine Frist zur Äußerung gesetzt hat, dass eine von einem Staat oder aus staatlichen Mitteln gewährte Beihilfe mit dem Binnenmarkt nach Artikel 107 unvereinbar ist oder dass sie missbräuchlich angewandt wird, so beschließt sie, dass der betreffende Staat sie binnen einer von ihr bestimmten Frist aufzuheben oder umzugestalten hat.

Kommt der betreffende Staat diesem Beschluss innerhalb der festgesetzten Frist nicht nach, so kann die Kommission oder jeder betroffene Staat in Abweichung von den Artikeln 258 und 259 den Gerichtshof der Europäischen Union unmittelbar anrufen.

Art 256 Abs. 1 AEUV

Der Rat kann einstimmig auf Antrag eines Mitgliedstaats beschließen, dass eine von diesem Staat gewährte oder geplante Beihilfe in Abweichung von Artikel 107 oder von den nach Artikel 109 erlassenen Verordnungen als mit dem Binnenmarkt vereinbar gilt, wenn außergewöhnliche Umstände einen solchen Beschluss rechtfertigen. Hat die Kommission bezüglich dieser Beihilfe das in Unterabsatz 1 dieses Absatzes vorgesehene Verfahren bereits eingeleitet, so bewirkt der Antrag des betreffenden Staates an den Rat die Aussetzung dieses Verfahrens, bis der Rat sich geäußert hat.

Äußert sich der Rat nicht binnen drei Monaten nach Antragstellung, so beschließt die Kommission.

(3) Die Kommission wird von jeder beabsichtigten Einführung oder Umgestaltung von Beihilfen so rechtzeitig unterrichtet, dass sie sich dazu äußern kann. Ist sie der Auffassung, dass ein derartiges Vorhaben nach Artikel 107 mit dem Binnenmarkt unvereinbar ist, so leitet sie unverzüglich das in Absatz 2 vorgesehene Verfahren ein. Der betreffende Mitgliedstaat darf die beabsichtigte Maßnahme nicht durchführen, bevor die Kommission einen abschließenden Beschluss erlassen hat.

(4) Die Kommission kann Verordnungen zu den Arten von staatlichen Beihilfen erlassen, für die der Rat nach Artikel 109 festgelegt hat, dass sie von dem Verfahren nach Absatz 3 ausgenommen werden können.

Artikel 109 (Durchführungsverordnungen)

(ex-Artikel 89 EGV)

Der Rat kann auf Vorschlag der Kommission und nach Anhörung des Europäischen Parlaments alle zweckdienlichen Durchführungsverordnungen zu den Artikeln 107 und 108 erlassen und insbesondere die Bedingungen für die Anwendung des Artikels 108 Absatz 3 sowie diejenigen Arten von Beihilfen festlegen, die von diesem Verfahren ausgenommen sind.

KAPITEL 2

STEUERLICHE VORSCHRIFTEN

Artikel 110 (Keine höheren Abgaben auf Waren aus anderen Mitgliedstaaten)

(ex-Artikel 90 EGV)

Die Mitgliedstaaten erheben auf Waren aus anderen Mitgliedstaaten weder unmittelbar noch mittelbar höhere inländische Abgaben gleich welcher Art, als gleichartige inländische Waren unmittelbar oder mittelbar zu tragen haben.

Die Mitgliedstaaten erheben auf Waren aus anderen Mitgliedstaaten keine inländischen Abgaben, die geeignet sind, andere Produktionen mittelbar zu schützen.

Artikel 111 (Rückvergütung)

(ex-Artikel 91 EGV)

Werden Waren in das Hoheitsgebiet eines Mitgliedstaats ausgeführt, so darf die Rückvergütung für inländische Abgaben nicht höher sein als die auf die ausgeführten Waren mittelbar oder unmittelbar erhobenen inländischen Abgaben.

Artikel 112 (Genehmigung gewisser Rückvergütungen)

(ex-Artikel 92 EGV)

Für Abgaben außer Umsatzsteuern, Verbrauchsabgaben und sonstigen indirekten Steuern sind Entlastungen und Rückvergütungen bei der Ausfuhr nach anderen Mitgliedstaaten sowie Ausgleichsabgaben bei der Einfuhr aus den Mitgliedstaaten nur zulässig, soweit der Rat sie vorher auf Vorschlag der Kommission für eine begrenzte Frist genehmigt hat.

Artikel 113 (Harmonisierung der indirekten Steuern)

(ex-Artikel 93 EGV)

Der Rat erlässt gemäß einem besonderen Gesetzgebungsverfahren und nach Anhörung des Europäischen Parlaments und des Wirtschafts- und Sozialausschusses einstimmig die Bestimmungen zur Harmonisierung der Rechtsvorschriften über die Umsatzsteuern, die Verbrauchsabgaben und sonstige indirekte Steuern, soweit diese Harmonisierung für die Errichtung und das Funktionieren des Binnenmarkts und die Vermeidung von Wettbewerbsverzerrungen notwendig ist.

KAPITEL 3

ANGLEICHUNG DER RECHTSVORSCHRIFTEN

Artikel 114 (Harmonisierungsmaßnahmen im ordentlichen Gesetzgebungsverfahren)

(ex-Artikel 95 EGV)

(1) Soweit in den Verträgen nichts anderes bestimmt ist, gilt für die Verwirklichung der Ziele des Artikels 26 die nachstehende Regelung. Das Europäische Parlament und der Rat erlassen gemäß dem ordentlichen Gesetzgebungsverfahren und nach Anhörung des Wirtschafts- und Sozialausschusses die Maßnahmen zur Angleichung der Rechts- und Verwaltungsvorschriften der Mitgliedstaaten, welche die Errichtung und das Funktionieren des Binnenmarkts zum Gegenstand haben.

(2) Absatz 1 gilt nicht für die Bestimmungen über die Steuern, die Bestimmungen über die Freizügigkeit und die Bestimmungen über die Rechte und Interessen der Arbeitnehmer.

(3) Die Kommission geht in ihren Vorschlägen nach Absatz 1 in den Bereichen Gesundheit, Sicherheit, Umweltschutz und Verbraucherschutz von einem hohen Schutzniveau aus und berücksichtigt dabei insbesondere alle auf wissenschaftliche Ergebnisse gestützten neuen Entwicklungen. Im Rahmen ihrer jeweiligen Befugnisse streben das Europäische Parlament und der Rat dieses Ziel ebenfalls an.

(4) Hält es ein Mitgliedstaat nach dem Erlass einer Harmonisierungsmaßnahme durch das Europäische Parlament und den Rat beziehungsweise durch den Rat oder die Kommission für erforderlich, einzelstaatliche Bestimmungen beizubehalten, die durch wichtige Erfordernisse im Sinne des Artikels 36 oder in Bezug auf den Schutz der Arbeitsumwelt oder den Umweltschutz gerechtfertigt sind, so teilt er diese Bestimmungen sowie die Gründe für ihre Beibehaltung der Kommission mit.

(5) Unbeschadet des Absatzes 4 teilt ferner ein Mitgliedstaat, der es nach dem Erlass einer Harmonisierungsmaßnahme durch das Europäische Parlament und den Rat beziehungsweise durch den Rat oder die Kommission für erforderlich hält, auf neue wissenschaftliche Erkenntnisse gestützte einzelstaatliche Bestimmungen zum Schutz der Umwelt oder der Arbeitsumwelt aufgrund eines spezifischen Problems für diesen Mitgliedstaat, das sich nach dem Erlass der Harmonisierungsmaßnahme ergibt, einzuführen, die in Aussicht genommenen Bestimmungen sowie die Gründe für ihre Einführung der Kommission mit.

(6) Die Kommission beschließt binnen sechs Monaten nach den Mitteilungen nach den Absätzen 4 und 5, die betreffenden einzelstaatlichen Bestimmungen zu billigen oder abzulehnen, nachdem sie geprüft hat, ob sie ein Mittel zur willkürli-

chen Diskriminierung und eine verschleierte Beschränkung des Handels zwischen den Mitgliedstaaten darstellen und ob sie das Funktionieren des Binnenmarkts behindern.

Erlässt die Kommission innerhalb dieses Zeitraums keinen Beschluss, so gelten die in den Absätzen 4 und 5 genannten einzelstaatlichen Bestimmungen als gebilligt.

Die Kommission kann, sofern dies aufgrund des schwierigen Sachverhalts gerechtfertigt ist und keine Gefahr für die menschliche Gesundheit besteht, dem betreffenden Mitgliedstaat mitteilen, dass der in diesem Absatz genannte Zeitraum gegebenenfalls um einen weiteren Zeitraum von bis zu sechs Monaten verlängert wird.

(7) Wird es einem Mitgliedstaat nach Absatz 6 gestattet, von der Harmonisierungsmaßnahme abweichende einzelstaatliche Bestimmungen beizubehalten oder einzuführen, so prüft die Kommission unverzüglich, ob sie eine Anpassung dieser Maßnahme vorschlägt.

(8) Wirft ein Mitgliedstaat in einem Bereich, der zuvor bereits Gegenstand von Harmonisierungsmaßnahmen war, ein spezielles Gesundheitsproblem auf, so teilt er dies der Kommission mit, die dann umgehend prüft, ob sie dem Rat entsprechende Maßnahmen vorschlägt.

(9) In Abweichung von dem Verfahren der Artikel 258 und 259 kann die Kommission oder ein Mitgliedstaat den Gerichtshof der Europäischen Union unmittelbar anrufen, wenn die Kommission oder der Staat der Auffassung ist, dass ein anderer Mitgliedstaat die in diesem Artikel vorgesehenen Befugnisse missbraucht.

(10) Die vorgenannten Harmonisierungsmaßnahmen sind in geeigneten Fällen mit einer Schutzklausel verbunden, welche die Mitgliedstaaten ermächtigt, aus einem oder mehreren der in Artikel 36 genannten nicht wirtschaftlichen Gründe vorläufige Maßnahmen zu treffen, die einem Kontrollverfahren der Union unterliegen.

Artikel 115 (Harmonisierungsmaßnahmen im besonderen Gesetzgebungsverfahren)

(ex-Artikel 94 EGV)

Unbeschadet des Artikels 114 erlässt der Rat gemäß einem besonderen Gesetzgebungsverfahren einstimmig und nach Anhörung des Europäischen Parlaments und des Wirtschafts- und Sozialausschusses Richtlinien für die Angleichung derjenigen Rechts- und Verwaltungsvorschriften der Mitgliedstaaten, die sich unmittelbar auf die Errichtung oder das Funktionieren des Binnenmarkts auswirken.

Artikel 116 (Beseitigung von Wettbewerbsverzerrungen)

(ex-Artikel 96 EGV)

Stellt die Kommission fest, dass vorhandene Unterschiede in den Rechts- und Verwaltungsvorschriften der Mitgliedstaaten die Wettbewerbsbedingungen auf dem Binnenmarkt verfälschen und dadurch eine Verzerrung hervorrufen, die zu beseitigen ist, so tritt sie mit den betreffenden Mitgliedstaaten in Beratungen ein.

Führen diese Beratungen nicht zur Beseitigung dieser Verzerrung, so erlassen das Europäische Parlament und der Rat gemäß dem ordentlichen Gesetzgebungsverfahren die erforderlichen Richtlinien. Es können alle sonstigen in den Verträgen vorgesehenen zweckdienlichen Maßnahmen erlassen werden.

Artikel 117 (Vermeidung von Wettbewerbsverzerrungen)

(ex-Artikel 97 EGV)

(1) Ist zu befürchten, dass der Erlass oder die Änderung einer Rechts- oder Verwaltungsvorschrift eine Verzerrung im Sinne des Artikels 116 verursacht, so setzt sich der Mitgliedstaat, der diese Maßnahme beabsichtigt, mit der Kommission ins Benehmen. Diese empfiehlt nach Beratung mit den Mitgliedstaaten den beteiligten Staaten die zur Vermeidung dieser Verzerrung geeigneten Maßnahmen.

(2) Kommt der Staat, der innerstaatliche Vorschriften erlassen oder ändern will, der an ihn gerichteten Empfehlung der Kommission nicht nach, so kann nicht gemäß Artikel 116 verlangt werden, dass die anderen Mitgliedstaaten ihre innerstaatlichen Vorschriften ändern, um die Verzerrung zu beseitigen. Verursacht ein Mitgliedstaat, der die Empfehlung der Kommission außer Acht lässt, eine Verzerrung lediglich zu seinem eigenen Nachteil, so findet Artikel 116 keine Anwendung.

Artikel 118 (Maßnahmen zum Schutz des geistigen Eigentums)

Im Rahmen der Verwirklichung oder des Funktionierens des Binnenmarkts erlassen das Europäische Parlament und der Rat gemäß dem ordentlichen Gesetzgebungsverfahren Maßnahmen zur Schaffung europäischer Rechtstitel über einen einheitlichen Schutz der Rechte des geistigen Eigentums in der Union sowie zur Einführung von zentralisierten Zulassungs-, Koordinierungs- und Kontrollregelungen auf Unionsebene.

Der Rat legt gemäß einem besonderen Gesetzgebungsverfahren durch Verordnungen die Sprachenregelungen für die europäischen Rechtstitel fest. Der Rat beschließt einstimmig nach Anhörung des Europäischen Parlaments.

TITEL VIII

DIE WIRTSCHAFTS- UND WÄHRUNGSPOLITIK

Artikel 119 (Grundsätze der Wirtschafts- und Währungspolitik)

(ex-Artikel 4 EGV)

(1) Die Tätigkeit der Mitgliedstaaten und der Union im Sinne des Artikels 3 des Vertrags über die Europäische Union umfasst nach Maßgabe der Verträge die Einführung einer Wirtschaftspolitik, die auf einer engen Koordinierung der Wirtschaftspolitik der Mitgliedstaaten, dem Binnenmarkt und der Festlegung gemeinsamer Ziele beruht und dem Grundsatz einer offenen Marktwirtschaft mit freiem Wettbewerb verpflichtet ist.

(2) Parallel dazu umfasst diese Tätigkeit nach Maßgabe der Verträge und der darin vorgesehenen Verfahren eine einheitliche Währung, den Euro, sowie die Festlegung und Durchführung einer einheitlichen Geld- sowie Wechselkurspolitik, die beide vorrangig das Ziel der Preisstabilität verfolgen und unbeschadet dieses Zieles die allgemeine Wirtschaftspolitik in der Union unter Beachtung des Grundsatzes einer offenen Marktwirtschaft mit freiem Wettbewerb unterstützen sollen.

(3) Diese Tätigkeit der Mitgliedstaaten und der Union setzt die Einhaltung der folgenden richtungweisenden Grundsätze voraus: stabile Preise, gesunde öffentli-

che Finanzen und monetäre Rahmenbedingungen sowie eine tragfähige Zahlungsbilanz.

KAPITEL 1
DIE WIRTSCHAFTSPOLITIK

Artikel 120 (Marktwirtschaftliche Ausrichtung)

(ex-Artikel 98 EGV)

Die Mitgliedstaaten richten ihre Wirtschaftspolitik so aus, dass sie im Rahmen der in Artikel 121 Absatz 2 genannten Grundzüge zur Verwirklichung der Ziele der Union im Sinne des Artikels 3 des Vertrags über die Europäische Union beitragen. Die Mitgliedstaaten und die Union handeln im Einklang mit dem Grundsatz einer offenen Marktwirtschaft mit freiem Wettbewerb, wodurch ein effizienter Einsatz der Ressourcen gefördert wird, und halten sich dabei an die in Artikel 119 genannten Grundsätze.

Artikel 121 (Koordinierung der Wirtschaftspolitik)

(ex-Artikel 99 EGV)

(1) Die Mitgliedstaaten betrachten ihre Wirtschaftspolitik als eine Angelegenheit von gemeinsamem Interesse und koordinieren sie im Rat nach Maßgabe des Artikels 120.

(2) Der Rat erstellt auf Empfehlung der Kommission einen Entwurf für die Grundzüge der Wirtschaftspolitik der Mitgliedstaaten und der Union und erstattet dem Europäischen Rat hierüber Bericht.

Der Europäische Rat erörtert auf der Grundlage dieses Berichtes des Rates eine Schlussfolgerung zu den Grundzügen der Wirtschaftspolitik der Mitgliedstaaten und der Union.

Auf der Grundlage dieser Schlussfolgerung verabschiedet der Rat eine Empfehlung, in der diese Grundzüge dargelegt werden. Der Rat unterrichtet das Europäische Parlament über seine Empfehlung.

(3) Um eine engere Koordinierung der Wirtschaftspolitik und eine dauerhafte Konvergenz der Wirtschaftsleistungen der Mitgliedstaaten zu gewährleisten, überwacht der Rat anhand von Berichten der Kommission die wirtschaftliche Entwicklung in jedem Mitgliedstaat und in der Union sowie die Vereinbarkeit der Wirtschaftspolitik mit den in Absatz 2 genannten Grundzügen und nimmt in regelmäßigen Abständen eine Gesamtbewertung vor.

Zum Zwecke dieser multilateralen Überwachung übermitteln die Mitgliedstaaten der Kommission Angaben zu wichtigen einzelstaatlichen Maßnahmen auf dem Gebiet ihrer Wirtschaftspolitik sowie weitere von ihnen für erforderlich erachtete Angaben.

(4) Wird im Rahmen des Verfahrens nach Absatz 3 festgestellt, dass die Wirtschaftspolitik eines Mitgliedstaats nicht mit den in Absatz 2 genannten Grundzügen vereinbar ist oder das ordnungsgemäße Funktionieren der Wirtschafts- und Währungsunion zu gefährden droht, so kann die Kommission eine Verwarnung an den betreffenden Mitgliedstaat richten. Der Rat kann auf Empfehlung der Kommission die erforderlichen Empfehlungen an den betreffenden Mitgliedstaat richten. Der Rat kann auf Vorschlag der Kommission beschließen, seine Empfehlungen zu veröffentlichen.

Der Rat beschließt im Rahmen dieses Absatzes ohne Berücksichtigung der Stimme des den betreffenden Mitgliedstaat vertretenden Mitglieds des Rates.

Die qualifizierte Mehrheit der übrigen Mitglieder des Rates bestimmt sich nach Artikel 238 Absatz 3 Buchstabe a.

(5) Der Präsident des Rates und die Kommission erstatten dem Europäischen Parlament über die Ergebnisse der multilateralen Überwachung Bericht. Der Präsident des Rates kann ersucht werden, vor dem zuständigen Ausschuss des Europäischen Parlaments zu erscheinen, wenn der Rat seine Empfehlungen veröffentlicht hat.

(6) Das Europäische Parlament und der Rat können gemäß dem ordentlichen Gesetzgebungsverfahren durch Verordnungen die Einzelheiten des Verfahrens der multilateralen Überwachung im Sinne der Absätze 3 und 4 festlegen.

Artikel 122 (Maßnahmen bei Versorgungsschwierigkeiten)

(ex-Artikel 100 EGV)

(1) Der Rat kann auf Vorschlag der Kommission unbeschadet der sonstigen in den Verträgen vorgesehenen Verfahren im Geiste der Solidarität zwischen den Mitgliedstaaten über die der Wirtschaftslage angemessenen Maßnahmen beschließen, insbesondere falls gravierende Schwierigkeiten in der Versorgung mit bestimmten Waren, vor allem im Energiebereich, auftreten.

(2) Ist ein Mitgliedstaat aufgrund von Naturkatastrophen oder außergewöhnlichen Ereignissen, die sich seiner Kontrolle entziehen, von Schwierigkeiten betroffen oder von gravierenden Schwierigkeiten ernstlich bedroht, so kann der Rat auf Vorschlag der Kommission beschließen, dem betreffenden Mitgliedstaat unter bestimmten Bedingungen einen finanziellen Beistand der Union zu gewähren. Der Präsident des Rates unterrichtet das Europäische Parlament über den Beschluss.

Artikel 123 (Verbot von Kreditfazilitäten für öffentliche Einrichtungen)

(ex-Artikel 101 EGV)

(1) Überziehungs- oder andere Kreditfazilitäten bei der Europäischen Zentralbank oder den Zentralbanken der Mitgliedstaaten (im Folgenden als „nationale Zentralbanken" bezeichnet) für Organe, Einrichtungen oder sonstige Stellen der Union, Zentralregierungen, regionale oder lokale Gebietskörperschaften oder andere öffentlich-rechtliche Körperschaften, sonstige Einrichtungen des öffentlichen Rechts oder öffentliche Unternehmen der Mitgliedstaaten sind ebenso verboten wie der unmittelbare Erwerb von Schuldtiteln von diesen durch die Europäische Zentralbank oder die nationalen Zentralbanken.

(2) Die Bestimmungen des Absatzes 1 gelten nicht für Kreditinstitute in öffentlichem Eigentum; diese werden von der jeweiligen nationalen Zentralbank und der Europäischen Zentralbank, was die Bereitstellung von Zentralbankgeld betrifft, wie private Kreditinstitute behandelt.

Artikel 124 (Verbot bevorrechtigten Zugangs zu Finanzinstituten für öffentliche Einrichtungen)

(ex-Artikel 102 EGV)

Maßnahmen, die nicht aus aufsichtsrechtlichen Gründen getroffen werden und einen bevorrechtigten Zugang der Organe, Einrichtungen oder sonstigen Stellen der Union, der Zentralregierungen, der regionalen oder lokalen Gebietskörperschaften oder anderen öffentlich-rechtlichen Körperschaften, sonstiger Einrichtungen des öffentlichen Rechts oder öffentlicher Unternehmen der Mitgliedstaaten zu den Finanzinstituten schaffen, sind verboten.

Artikel 125 (Keine Haftung der Gemeinschaft für Verbindlichkeiten der Mitgliedstaaten)

(ex-Artikel 103 EGV)

(1) Die Union haftet nicht für die Verbindlichkeiten der Zentralregierungen, der regionalen oder lokalen Gebietskörperschaften oder anderen öffentlich-rechtlichen Körperschaften, sonstiger Einrichtungen des öffentlichen Rechts oder öffentlicher Unternehmen von Mitgliedstaaten und tritt nicht für derartige Verbindlichkeiten ein; dies gilt unbeschadet der gegenseitigen finanziellen Garantien für die gemeinsame Durchführung eines bestimmten Vorhabens. Ein Mitgliedstaat haftet nicht für die Verbindlichkeiten der Zentralregierungen, der regionalen oder lokalen Gebietskörperschaften oder anderen öffentlich-rechtlichen Körperschaften, sonstiger Einrichtungen des öffentlichen Rechts oder öffentlicher Unternehmen eines anderen Mitgliedstaats und tritt nicht für derartige Verbindlichkeiten ein; dies gilt unbeschadet der gegenseitigen finanziellen Garantien für die gemeinsame Durchführung eines bestimmten Vorhabens.

(2) Der Rat kann erforderlichenfalls auf Vorschlag der Kommission und nach Anhörung des Europäischen Parlaments die Definitionen für die Anwendung der in den Artikeln 123 und 124 sowie in diesem Artikel vorgesehenen Verbote näher bestimmen.

Artikel 126 (Vermeidung übermäßiger öffentlicher Defizite, Haushaltsdisziplin)

(ex-Artikel 104 EGV)

(1) Die Mitgliedstaaten vermeiden übermäßige öffentliche Defizite.

(2) Die Kommission überwacht die Entwicklung der Haushaltslage und der Höhe des öffentlichen Schuldenstands in den Mitgliedstaaten im Hinblick auf die Feststellung schwerwiegender Fehler. Insbesondere prüft sie die Einhaltung der Haushaltsdisziplin anhand von zwei Kriterien, nämlich daran,

a) ob das Verhältnis des geplanten oder tatsächlichen öffentlichen Defizits zum Bruttoinlandsprodukt einen bestimmten Referenzwert überschreitet, es sei denn, dass
   - entweder das Verhältnis erheblich und laufend zurückgegangen ist und einen Wert in der Nähe des Referenzwerts erreicht hat
   - oder der Referenzwert nur ausnahmsweise und vorübergehend überschritten wird und das Verhältnis in der Nähe des Referenzwerts bleibt,

b) ob das Verhältnis des öffentlichen Schuldenstands zum Bruttoinlandsprodukt einen bestimmten Referenzwert überschreitet, es sei denn, dass das Verhältnis hinreichend rückläufig ist und sich rasch genug dem Referenzwert nähert.

Die Referenzwerte werden in einem den Verträgen beigefügten Protokoll über das Verfahren bei einem übermäßigen Defizit im Einzelnen festgelegt.

(3) Erfüllt ein Mitgliedstaat keines oder nur eines dieser Kriterien, so erstellt die Kommission einen Bericht. In diesem Bericht wird berücksichtigt, ob das öffentliche Defizit die öffentlichen Ausgaben für Investitionen übertrifft; berücksichtigt werden ferner alle sonstigen einschlägigen Faktoren, einschließlich der mittelfristigen Wirtschafts- und Haushaltslage des Mitgliedstaats.

Die Kommission kann ferner einen Bericht erstellen, wenn sie ungeachtet der Erfüllung der Kriterien der Auffassung ist, dass in einem Mitgliedstaat die Gefahr eines übermäßigen Defizits besteht.

(4) Der Wirtschafts- und Finanzausschuss gibt eine Stellungnahme zu dem Bericht der Kommission ab.

(5) Ist die Kommission der Auffassung, dass in einem Mitgliedstaat ein übermäßiges Defizit besteht oder sich ergeben könnte, so legt sie dem betreffenden Mitgliedstaat eine Stellungnahme vor und unterrichtet den Rat.

(6) Der Rat beschließt auf Vorschlag der Kommission und unter Berücksichtigung der Bemerkungen, die der betreffende Mitgliedstaat gegebenenfalls abzugeben wünscht, nach Prüfung der Gesamtlage, ob ein übermäßiges Defizit besteht.

(7) Stellt der Rat nach Absatz 6 ein übermäßiges Defizit fest, so richtet er auf Empfehlung der Kommission unverzüglich Empfehlungen an den betreffenden Mitgliedstaat mit dem Ziel, dieser Lage innerhalb einer bestimmten Frist abzuhelfen. Vorbehaltlich des Absatzes 8 werden diese Empfehlungen nicht veröffentlicht.

(8) Stellt der Rat fest, dass seine Empfehlungen innerhalb der gesetzten Frist keine wirksamen Maßnahmen ausgelöst haben, so kann er seine Empfehlungen veröffentlichen.

(9) Falls ein Mitgliedstaat den Empfehlungen des Rates weiterhin nicht Folge leistet, kann der Rat beschließen, den Mitgliedstaat mit der Maßgabe in Verzug zu setzen, innerhalb einer bestimmten Frist Maßnahmen für den nach Auffassung des Rates zur Sanierung erforderlichen Defizitabbau zu treffen.

Der Rat kann in diesem Fall den betreffenden Mitgliedstaat ersuchen, nach einem konkreten Zeitplan Berichte vorzulegen, um die Anpassungsbemühungen des Mitgliedstaats überprüfen zu können.

(10) Das Recht auf Klageerhebung nach den Artikeln 258 und 259 kann im Rahmen der Absätze 1 bis 9 dieses Artikels nicht ausgeübt werden.

(11) Solange ein Mitgliedstaat einen Beschluss nach Absatz 9 nicht befolgt, kann der Rat beschließen, eine oder mehrere der nachstehenden Maßnahmen anzuwenden oder gegebenenfalls zu verschärfen, nämlich

- von dem betreffenden Mitgliedstaat verlangen, vor der Emission von Schuldverschreibungen und sonstigen Wertpapieren vom Rat näher zu bezeichnende zusätzliche Angaben zu veröffentlichen,
- die Europäische Investitionsbank ersuchen, ihre Darlehenspolitik gegenüber dem Mitgliedstaat zu überprüfen,
- von dem Mitgliedstaat verlangen, eine unverzinsliche Einlage in angemessener Höhe bei der Union zu hinterlegen, bis das übermäßige Defizit nach Ansicht des Rates korrigiert worden ist,
- Geldbußen in angemessener Höhe verhängen.

Der Präsident des Rates unterrichtet das Europäische Parlament von den Beschlüssen.

(12) Der Rat hebt einige oder sämtliche Beschlüsse oder Empfehlungen nach den Absätzen 6 bis 9 und 11 so weit auf, wie das übermäßige Defizit in dem betreffenden Mitgliedstaat nach Ansicht des Rates korrigiert worden ist. Hat der Rat zuvor Empfehlungen veröffentlicht, so stellt er, sobald der Beschluss nach Absatz 8 aufgehoben worden ist, in einer öffentlichen Erklärung fest, dass in dem betreffenden Mitgliedstaat kein übermäßiges Defizit mehr besteht.

(13) Die Beschlussfassung und die Empfehlungen des Rates nach den Absätzen 8, 9, 11 und 12 erfolgen auf Empfehlung der Kommission.

Erlässt der Rat Maßnahmen nach den Absätzen 6 bis 9 sowie den Absätzen 11 und 12, so beschließt er ohne Berücksichtigung der Stimme des den betreffenden Mitgliedstaat vertretenden Mitglieds des Rates.

Die qualifizierte Mehrheit der übrigen Mitglieder des Rates bestimmt sich nach Artikel 238 Absatz 3 Buchstabe a.

(14) Weitere Bestimmungen über die Durchführung des in diesem Artikel beschriebenen Verfahrens sind in dem den Verträgen beigefügten Protokoll über das Verfahren bei einem übermäßigen Defizit enthalten.

Der Rat verabschiedet gemäß einem besonderen Gesetzgebungsverfahren einstimmig und nach Anhörung des Europäischen Parlaments sowie der Europäischen Zentralbank die geeigneten Bestimmungen, die sodann das genannte Protokoll ablösen.

Der Rat beschließt vorbehaltlich der sonstigen Bestimmungen dieses Absatzes auf Vorschlag der Kommission und nach Anhörung des Europäischen Parlaments nähere Einzelheiten und Begriffsbestimmungen für die Durchführung des genannten Protokolls.

KAPITEL 2

DIE WÄHRUNGSPOLITIK

Artikel 127 (Europäisches System der Zentralbanken (ESZB))

(ex-Artikel 105 EGV)

(1) Das vorrangige Ziel des Europäischen Systems der Zentralbanken (im Folgenden „ESZB") ist es, die Preisstabilität zu gewährleisten. Soweit dies ohne Beeinträchtigung des Zieles der Preisstabilität möglich ist, unterstützt das ESZB die allgemeine Wirtschaftspolitik in der Union, um zur Verwirklichung der in Artikel 3 des Vertrags über die Europäische Union festgelegten Ziele der Union beizutragen. Das ESZB handelt im Einklang mit dem Grundsatz einer offenen Marktwirtschaft mit freiem Wettbewerb, wodurch ein effizienter Einsatz der Ressourcen gefördert wird, und hält sich dabei an die in Artikel 119 genannten Grundsätze.

(2) Die grundlegenden Aufgaben des ESZB bestehen darin,

- die Geldpolitik der Union festzulegen und auszuführen,
- Devisengeschäfte im Einklang mit Artikel 219 durchzuführen,
- die offiziellen Währungsreserven der Mitgliedstaaten zu halten und zu verwalten,
- das reibungslose Funktionieren der Zahlungssysteme zu fördern.

(3) Absatz 2 dritter Gedankenstrich berührt nicht die Haltung und Verwaltung von Arbeitsguthaben in Fremdwährungen durch die Regierungen der Mitgliedstaaten.

(4) Die Europäische Zentralbank wird gehört

- zu allen Vorschlägen für Rechtsakte der Union im Zuständigkeitsbereich der Europäischen Zentralbank,
- von den nationalen Behörden zu allen Entwürfen für Rechtsvorschriften im Zuständigkeitsbereich der Europäischen Zentralbank, und zwar innerhalb der

Grenzen und unter den Bedingungen, die der Rat nach dem Verfahren des Artikels 129 Absatz 4 festlegt.

Die Europäische Zentralbank kann gegenüber den zuständigen Organen, Einrichtungen oder sonstigen Stellen der Union und gegenüber den nationalen Behörden Stellungnahmen zu in ihren Zuständigkeitsbereich fallenden Fragen abgeben.

(5) Das ESZB trägt zur reibungslosen Durchführung der von den zuständigen Behörden auf dem Gebiet der Aufsicht über die Kreditinstitute und der Stabilität des Finanzsystems ergriffenen Maßnahmen bei.

(6) Der Rat kann einstimmig durch Verordnungen gemäß einem besonderen Gesetzgebungsverfahren und nach Anhörung des Europäischen Parlaments und der Europäischen Zentralbank besondere Aufgaben im Zusammenhang mit der Aufsicht über Kreditinstitute und sonstige Finanzinstitute mit Ausnahme von Versicherungsunternehmen der Europäischen Zentralbank übertragen.

Artikel 128 (Ausgabe von Banknoten und Münzen)

(ex-Artikel 106 EGV)

(1) Die Europäische Zentralbank hat das ausschließliche Recht, die Ausgabe von Euro-Banknoten innerhalb der Union zu genehmigen. Die Europäische Zentralbank und die nationalen Zentralbanken sind zur Ausgabe dieser Banknoten berechtigt. Die von der Europäischen Zentralbank und den nationalen Zentralbanken ausgegebenen Banknoten sind die einzigen Banknoten, die in der Union als gesetzliches Zahlungsmittel gelten.

(2) Die Mitgliedstaaten haben das Recht zur Ausgabe von Euro-Münzen, wobei der Umfang dieser Ausgabe der Genehmigung durch die Europäische Zentralbank bedarf. Der Rat kann auf Vorschlag der Kommission und nach Anhörung des Europäischen Parlaments und der Europäischen Zentralbank Maßnahmen erlassen, um die Stückelung und die technischen Merkmale aller für den Umlauf bestimmten Münzen so weit zu harmonisieren, wie dies für deren reibungslosen Umlauf innerhalb der Union erforderlich ist.

Artikel 129 (Leitung und Satzung des ESZB)

(ex-Artikel 107 EGV)

(1) Das ESZB wird von den Beschlussorganen der Europäischen Zentralbank, nämlich dem Rat der Europäischen Zentralbank und dem Direktorium, geleitet.

(2) Die Satzung des Europäischen Systems der Zentralbanken und der Europäischen Zentralbank (im Folgenden „Satzung des ESZB und der EZB") ist in einem den Verträgen beigefügten Protokoll festgelegt.

(3) Das Europäische Parlament und der Rat können die Artikel 5.1, 5.2, 5.3, 17, 18, 19.1, 22, 23, 24, 26, 32.2, 32.3, 32.4, 32.6, 33.1 Buchstabe a und 36 der Satzung des ESZB und der EZB gemäß dem ordentlichen Gesetzgebungsverfahren ändern. Sie beschließen entweder auf Empfehlung der Europäischen Zentralbank nach Anhörung der Kommission oder auf Empfehlung der Kommission nach Anhörung der Europäischen Zentralbank.

(4) Der Rat erlässt entweder auf Vorschlag der Kommission und nach Anhörung des Europäischen Parlaments und der Europäischen Zentralbank oder auf Empfehlung der Europäischen Zentralbank und nach Anhörung des Europäischen Parlaments und der Kommission die in den Artikeln 4, 5.4, 19.2, 20, 28.1, 29.2, 30.4 und 34.3 der Satzung des ESZB und der EZB genannten Bestimmungen.

Artikel 130 (Unabhängigkeit, Verbot von Weisungen)

(ex-Artikel 108 EGV)

Bei der Wahrnehmung der ihnen durch die Verträge und die Satzung des ESZB und der EZB übertragenen Befugnisse, Aufgaben und Pflichten darf weder die Europäische Zentralbank noch eine nationale Zentralbank noch ein Mitglied ihrer Beschlussorgane Weisungen von Organen, Einrichtungen oder sonstigen Stellen der Union, Regierungen der Mitgliedstaaten oder anderen Stellen einholen oder entgegennehmen. Die Organe, Einrichtungen oder sonstigen Stellen der Union sowie die Regierungen der Mitgliedstaaten verpflichten sich, diesen Grundsatz zu beachten und nicht zu versuchen, die Mitglieder der Beschlussorgane der Europäischen Zentralbank oder der nationalen Zentralbanken bei der Wahrnehmung ihrer Aufgaben zu beeinflussen.

Artikel 131 (Anpassung der mitgliedstaatlichen Vorschriften)

(ex-Artikel 109 EGV)

Jeder Mitgliedstaat stellt sicher, dass seine innerstaatlichen Rechtsvorschriften einschließlich der Satzung seiner nationalen Zentralbank mit den Verträgen sowie mit der Satzung des ESZB und der EZB im Einklang stehen.

Artikel 132 (Rechtsetzung durch die EZB)

(ex-Artikel 110 EGV)

(1) Zur Erfüllung der dem ESZB übertragenen Aufgaben werden von der Europäischen Zentralbank gemäß den Verträgen und unter den in der Satzung des ESZB und der EZB vorgesehenen Bedingungen

- Verordnungen erlassen, insoweit dies für die Erfüllung der in Artikel 3.1 erster Gedankenstrich, Artikel 19.1, Artikel 22 oder Artikel 25.2 der Satzung des ESZB und der EZB festgelegten Aufgaben erforderlich ist; sie erlässt Verordnungen ferner in den Fällen, die in den Rechtsakten des Rates nach Artikel 129 Absatz 4 vorgesehen werden,
- Beschlüsse erlassen, die zur Erfüllung der dem ESZB nach den Verträgen und der Satzung des ESZB und der EZB übertragenen Aufgaben erforderlich sind,
- Empfehlungen und Stellungnahmen abgegeben.

(2) Die Europäische Zentralbank kann die Veröffentlichung ihrer Beschlüsse, Empfehlungen und Stellungnahmen beschließen.

(3) Innerhalb der Grenzen und unter den Bedingungen, die der Rat nach dem Verfahren des Artikels 129 Absatz 4 festlegt, ist die Europäische Zentralbank befugt, Unternehmen bei Nichteinhaltung der Verpflichtungen, die sich aus ihren Verordnungen und Beschlüssen ergeben, mit Geldbußen oder in regelmäßigen Abständen zu zahlenden Zwangsgeldern zu belegen.

Artikel 133 (Rechtsetzung die Verwendung des Euro betreffend)

Unbeschadet der Befugnisse der Europäischen Zentralbank erlassen das Europäische Parlament und der Rat gemäß dem ordentlichen Gesetzgebungsverfahren die Maßnahmen, die für die Verwendung des Euro als einheitliche Währung erforderlich sind. Diese Maßnahmen werden nach Anhörung der Europäischen Zentralbank erlassen.

KAPITEL 3
INSTITUTIONELLE BESTIMMUNGEN

Artikel 134 (Wirtschafts- und Finanzausschuss)

(ex-Artikel 114 EGV)

(1) Um die Koordinierung der Politiken der Mitgliedstaaten in dem für das Funktionieren des Binnenmarkts erforderlichen Umfang zu fördern, wird ein Wirtschafts- und Finanzausschuss eingesetzt.

(2) Der Wirtschafts- und Finanzausschuss hat die Aufgabe,

- auf Ersuchen des Rates oder der Kommission oder von sich aus Stellungnahmen an diese Organe abzugeben;
- die Wirtschafts- und Finanzlage der Mitgliedstaaten und der Union zu beobachten und dem Rat und der Kommission regelmäßig darüber Bericht zu erstatten, insbesondere über die finanziellen Beziehungen zu dritten Ländern und internationalen Einrichtungen;
- unbeschadet des Artikels 240 an der Vorbereitung der in Artikel 66, Artikel 75, Artikel 121 Absätze 2, 3, 4 und 6, Artikel 122, Artikel 124, Artikel 125, Artikel 126, Artikel 127 Absatz 6, Artikel 128 Absatz 2, Artikel 129 Absätze 3 und 4, Artikel 138, Artikel 140 Absätze 2 und 3, Artikel 143, Artikel 144 Absätze 2 und 3 und Artikel 219 genannten Arbeiten des Rates mitzuwirken und die sonstigen ihm vom Rat übertragenen Beratungsaufgaben und vorbereitenden Arbeiten auszuführen;
- mindestens einmal jährlich die Lage hinsichtlich des Kapitalverkehrs und der Freiheit des Zahlungsverkehrs, wie sie sich aus der Anwendung der Verträge und der Maßnahmen des Rates ergeben, zu prüfen; die Prüfung erstreckt sich auf alle Maßnahmen im Zusammenhang mit dem Kapital- und Zahlungsverkehr; der Ausschuss erstattet der Kommission und dem Rat Bericht über das Ergebnis dieser Prüfung.

Jeder Mitgliedstaat sowie die Kommission und die Europäische Zentralbank ernennen jeweils höchstens zwei Mitglieder des Ausschusses.

(3) Der Rat legt auf Vorschlag der Kommission und nach Anhörung der Europäischen Zentralbank und des in diesem Artikel genannten Ausschusses im Einzelnen fest, wie sich der Wirtschafts- und Finanzausschuss zusammensetzt. Der Präsident des Rates unterrichtet das Europäische Parlament über diesen Beschluss.

(4) Sofern und solange es Mitgliedstaaten gibt, für die eine Ausnahmeregelung nach Artikel 139 gilt, hat der Ausschuss zusätzlich zu den in Absatz 2 beschriebenen Aufgaben die Währungs- und Finanzlage sowie den allgemeinen Zahlungsverkehr der betreffenden Mitgliedstaaten zu beobachten und dem Rat und der Kommission regelmäßig darüber Bericht zu erstatten.

Artikel 135 (Einholung von Vorschlägen der Kommission)

(ex-Artikel 115 EGV)

Bei Fragen, die in den Geltungsbereich von Artikel 121 Absatz 4, Artikel 126 mit Ausnahme von Absatz 14, Artikel 138, Artikel 140 Absatz 1, Artikel 140 Absatz 2 Unterabsatz 1, Artikel 140 Absatz 3 und Artikel 219 fallen, kann der Rat oder ein Mitgliedstaat die Kommission ersuchen, je nach Zweckmäßigkeit eine

Empfehlung oder einen Vorschlag zu unterbreiten. Die Kommission prüft dieses Ersuchen und unterbreitet dem Rat umgehend ihre Schlussfolgerungen.

KAPITEL 4

BESONDERE BESTIMMUNGEN FÜR DIE MITGLIEDSTAATEN, DEREN WÄHRUNG DER EURO IST

Artikel 136 (Maßnahmen zur Funktionsfähigkeit der Wirtschafts- und Währungsunion)

(1) Im Hinblick auf das reibungslose Funktionieren der Wirtschafts- und Währungsunion erlässt der Rat für die Mitgliedstaaten, deren Währung der Euro ist, Maßnahmen nach den einschlägigen Bestimmungen der Verträge und dem entsprechenden Verfahren unter den in den Artikeln 121 und 126 genannten Verfahren, mit Ausnahme des in Artikel 126 Absatz 14 genannten Verfahrens, um

a) die Koordinierung und Überwachung ihrer Haushaltsdisziplin zu verstärken,

b) für diese Staaten Grundzüge der Wirtschaftspolitik auszuarbeiten, wobei darauf zu achten ist, dass diese mit den für die gesamte Union angenommenen Grundzügen der Wirtschaftspolitik vereinbar sind, und ihre Einhaltung zu überwachen.

(2) Bei den in Absatz 1 genannten Maßnahmen sind nur die Mitglieder des Rates stimmberechtigt, die die Mitgliedstaaten vertreten, deren Währung der Euro ist.

Die qualifizierte Mehrheit dieser Mitglieder bestimmt sich nach Artikel 238 Absatz 3 Buchstabe a.

(3) Die Mitgliedstaaten, deren Währung der Euro ist, können einen Stabilitätsmechanismus einrichten, der aktiviert wird, wenn dies unabdingbar ist, um die Stabilität des Euro-Währungsgebiets insgesamt zu wahren. Die Gewährung aller erforderlichen Finanzhilfen im Rahmen des Mechanismus wird strengen Auflagen unterliegen.

Artikel 137 (Tagungen der Minister)

Die Einzelheiten für die Tagungen der Minister der Mitgliedstaaten, deren Währung der Euro ist, sind in dem Protokoll betreffend die Euro-Gruppe festgelegt.

Artikel 138 (Gemeinsamen Standpunkte und einheitliche Vertretung)

(ex-Artikel 111 Absatz 4 EGV)

(1) Zur Gewährleistung der Stellung des Euro im internationalen Währungssystem erlässt der Rat auf Vorschlag der Kommission einen Beschluss zur Festlegung der innerhalb der zuständigen internationalen Einrichtungen und Konferenzen im Finanzbereich einzunehmenden gemeinsamen Standpunkte zu den Fragen, die von besonderer Bedeutung für die Wirtschafts- und Währungsunion sind. Der Rat beschließt nach Anhörung der Europäischen Zentralbank.

(2) Der Rat kann auf Vorschlag der Kommission geeignete Maßnahmen mit dem Ziel erlassen, eine einheitliche Vertretung bei den internationalen Einrichtungen und Konferenzen im Finanzbereich sicherzustellen. Der Rat beschließt nach Anhörung der Europäischen Zentralbank.

(3) Bei den in den Absätzen 1 und 2 genannten Maßnahmen sind nur die Mitglieder des Rates stimmberechtigt, die die Mitgliedstaaten vertreten, deren Währung der Euro ist.

Die qualifizierte Mehrheit dieser Mitglieder bestimmt sich nach Artikel 238 Absatz 3 Buchstabe a.

KAPITEL 5
ÜBERGANGSBESTIMMUNGEN

Artikel 139 (Rechtsrahmen für Mitgliedstaaten mit Ausnahmeregelung)

(1) Die Mitgliedstaaten, für die der Rat nicht beschlossen hat, dass sie die erforderlichen Voraussetzungen für die Einführung des Euro erfüllen, werden im Folgenden als „Mitgliedstaaten, für die eine Ausnahmeregelung gilt" oder „Mitgliedstaaten mit Ausnahmeregelung" bezeichnet.

(2) Auf die Mitgliedstaaten, für die eine Ausnahmeregelung gilt, finden die im Folgenden aufgeführten Bestimmungen der Verträge keine Anwendung:

a) Annahme der das Euro-Währungsgebiet generell betreffenden Teile der Grundzüge der Wirtschaftspolitik (Artikel 121 Absatz 2);

b) Zwangsmittel zum Abbau eines übermäßigen Defizits (Artikel 126 Absätze 9 und 11);

c) Ziele und Aufgaben des ESZB (Artikel 127 Absätze 1, 2, 3 und 5);

d) Ausgabe des Euro (Artikel 128);

e) Rechtsakte der Europäischen Zentralbank (Artikel 132);

f) Maßnahmen bezüglich der Verwendung des Euro (Artikel 133);

g) Währungsvereinbarungen und andere Maßnahmen bezüglich der Wechselkurspolitik (Artikel 219);

h) Ernennung der Mitglieder des Direktoriums der Europäischen Zentralbank (Artikel 283 Absatz 2);

i) Beschlüsse zur Festlegung der innerhalb der zuständigen internationalen Einrichtungen und Konferenzen im Finanzbereich einzunehmenden gemeinsamen Standpunkte zu den Fragen, die von besonderer Bedeutung für die Wirtschafts- und Währungsunion sind (Artikel 138 Absatz 1);

j) Maßnahmen zur Sicherstellung einer einheitlichen Vertretung bei den internationalen Einrichtungen und Konferenzen im Finanzbereich (Artikel 138 Absatz 2).

Somit sind „Mitgliedstaaten" im Sinne der in den Buchstaben a bis j genannten Artikel die Mitgliedstaaten, deren Währung der Euro ist.

(3) Die Mitgliedstaaten, für die eine Ausnahmeregelung gilt, und deren nationale Zentralbanken sind nach Kapitel IX der Satzung des ESZB und der EZB von den Rechten und Pflichten im Rahmen des ESZB ausgeschlossen.

(4) Das Stimmrecht der Mitglieder des Rates, die Mitgliedstaaten mit Ausnahmeregelung vertreten, ruht beim Erlass von Maßnahmen nach den in Absatz 2 genannten Artikeln durch den Rat sowie bei

a) Empfehlungen an die Mitgliedstaaten, deren Währung der Euro ist, im Rahmen der multilateralen Überwachung, einschließlich Empfehlungen zu den Stabilitätsprogrammen und Verwarnungen (Artikel 121 Absatz 4);

b) Maßnahmen bei übermäßigem Defizit von Mitgliedstaaten, deren Währung der Euro ist (Artikel 126 Absätze 6, 7, 8, 12 und 13).

Die qualifizierte Mehrheit der übrigen Mitglieder des Rates bestimmt sich nach Artikel 238 Absatz 3 Buchstabe a.

Artikel 140 (Konvergenzkriterien; Aufhebung der Ausnahmeregelung)

(ex-Artikel 121 Absatz 1, ex-Artikel 122 Absatz 2 Satz 2 und ex-Artikel 123 Absatz 5 EGV)

(1) Mindestens einmal alle zwei Jahre oder auf Antrag eines Mitgliedstaats, für den eine Ausnahmeregelung gilt, berichten die Kommission und die Europäische Zentralbank dem Rat, inwieweit die Mitgliedstaaten, für die eine Ausnahmeregelung gilt, bei der Verwirklichung der Wirtschafts- und Währungsunion ihren Verpflichtungen bereits nachgekommen sind. In ihren Berichten wird auch die Frage geprüft, inwieweit die innerstaatlichen Rechtsvorschriften jedes einzelnen dieser Mitgliedstaaten einschließlich der Satzung der jeweiligen nationalen Zentralbank mit Artikel 130 und Artikel 131 sowie der Satzung des ESZB und der EZB vereinbar sind. Ferner wird darin geprüft, ob ein hoher Grad an dauerhafter Konvergenz erreicht ist; Maßstab hierfür ist, ob die einzelnen Mitgliedstaaten folgende Kriterien erfüllen:

- Erreichung eines hohen Grades an Preisstabilität, ersichtlich aus einer Inflationsrate, die der Inflationsrate jener – höchstens drei – Mitgliedstaaten nahe kommt, die auf dem Gebiet der Preisstabilität das beste Ergebnis erzielt haben;
- eine auf Dauer tragbare Finanzlage der öffentlichen Hand, ersichtlich aus einer öffentlichen Haushaltslage ohne übermäßiges Defizit im Sinne des Artikels 126 Absatz 6;
- Einhaltung der normalen Bandbreiten des Wechselkursmechanismus des Europäischen Währungssystems seit mindestens zwei Jahren ohne Abwertung gegenüber dem Euro;
- Dauerhaftigkeit der von dem Mitgliedstaat mit Ausnahmeregelung erreichten Konvergenz und seiner Teilnahme am Wechselkursmechanismus, die im Niveau der langfristigen Zinssätze zum Ausdruck kommt.

Die vier Kriterien in diesem Absatz sowie die jeweils erforderliche Dauer ihrer Einhaltung sind in einem den Verträgen beigefügten Protokoll näher festgelegt. Die Berichte der Kommission und der Europäischen Zentralbank berücksichtigen auch die Ergebnisse bei der Integration der Märkte, den Stand und die Entwicklung der Leistungsbilanzen, die Entwicklung bei den Lohnstückkosten und andere Preisindizes.

(2) Der Rat beschließt nach Anhörung des Europäischen Parlaments und nach Aussprache im Europäischen Rat auf Vorschlag der Kommission, welche der Mitgliedstaaten, für die eine Ausnahmeregelung gilt, die auf den Kriterien des Absatzes 1 beruhenden Voraussetzungen erfüllen, und hebt die Ausnahmeregelungen der betreffenden Mitgliedstaaten auf.

Der Rat beschließt auf Empfehlung einer qualifizierten Mehrheit derjenigen seiner Mitglieder, die Mitgliedstaaten vertreten, deren Währung der Euro ist. Diese Mitglieder beschließen innerhalb von sechs Monaten nach Eingang des Vorschlags der Kommission beim Rat.

Die in Unterabsatz 2 genannte qualifizierte Mehrheit dieser Mitglieder bestimmt sich nach Artikel 238 Absatz 3 Buchstabe a.

(3) Wird nach dem Verfahren des Absatzes 2 beschlossen, eine Ausnahmeregelung aufzuheben, so legt der Rat aufgrund eines einstimmigen Beschlusses der Mitgliedstaaten, deren Währung der Euro ist, und des betreffenden Mitgliedstaats auf Vorschlag der Kommission und nach Anhörung der Europäischen Zentralbank den Kurs, zu dem dessen Währung durch den Euro ersetzt wird, unwiderruflich fest und ergreift die sonstigen erforderlichen Maßnahmen zur Einführung des Euro als einheitliche Währung in dem betreffenden Mitgliedstaat.

Artikel 141 (Aufgabe der EZB in Bezug auf Mitgliedstaaten mit Ausnahmeregelung)

(ex-Artikel 123 Absatz 3 und ex-Artikel 117 Absatz 2 erster bis fünfter Gedankenstrich EGV)

(1) Sofern und solange es Mitgliedstaaten gibt, für die eine Ausnahmeregelung gilt, wird unbeschadet des Artikels 129 Absatz 1 der in Artikel 44 der Satzung des ESZB und der EZB bezeichnete Erweiterte Rat der Europäischen Zentralbank als drittes Beschlussorgan der Europäischen Zentralbank errichtet.

(2) Sofern und solange es Mitgliedstaaten gibt, für die eine Ausnahmeregelung gilt, ist es die Aufgabe der Europäischen Zentralbank, in Bezug auf diese Mitgliedstaaten

- die Zusammenarbeit zwischen den nationalen Zentralbanken zu verstärken;
- die Koordinierung der Geldpolitiken der Mitgliedstaaten mit dem Ziel zu verstärken, die Preisstabilität aufrechtzuerhalten;
- das Funktionieren des Wechselkursmechanismus zu überwachen;
- Konsultationen zu Fragen durchzuführen, die in die Zuständigkeit der nationalen Zentralbanken fallen und die Stabilität der Finanzinstitute und -märkte berühren;
- die seinerzeitigen Aufgaben des Europäischen Fonds für währungspolitische Zusammenarbeit, die zuvor vom Europäischen Währungsinstitut übernommen worden waren, wahrzunehmen.

Artikel 142 (Wechselkurspolitik der Mitgliedstaaten mit Ausnahmeregelung)

(ex-Artikel 124 Absatz 1 EGV)

Jeder Mitgliedstaat, für den eine Ausnahmeregelung gilt, behandelt seine Wechselkurspolitik als eine Angelegenheit von gemeinsamem Interesse. Er berücksichtigt dabei die Erfahrungen, die bei der Zusammenarbeit im Rahmen des Wechselkursmechanismus gesammelt worden sind.

Artikel 143 (Maßnahmen bei Zahlungsschwierigkeiten)

(ex-Artikel 119 EGV)

(1) Ist ein Mitgliedstaat, für den eine Ausnahmeregelung gilt, hinsichtlich seiner Zahlungsbilanz von Schwierigkeiten betroffen oder ernstlich bedroht, die sich entweder aus einem Ungleichgewicht seiner Gesamtzahlungsbilanz oder aus der Art der ihm zur Verfügung stehenden Devisen ergeben, und sind diese Schwierigkeiten geeignet, insbesondere das Funktionieren des Binnenmarkts oder die Verwirklichung der gemeinsamen Handelspolitik zu gefährden, so prüft die Kommission unverzüglich die Lage dieses Staates sowie die Maßnahmen, die er getroffen hat oder unter Einsatz aller ihm zur Verfügung stehenden Mittel nach den Verträ-

gen treffen kann. Die Kommission gibt die Maßnahmen an, die sie dem betreffenden Mitgliedstaat empfiehlt.

Erweisen sich die von einem Mitgliedstaat mit Ausnahmeregelung ergriffenen und die von der Kommission angeregten Maßnahmen als unzureichend, die aufgetretenen oder drohenden Schwierigkeiten zu beheben, so empfiehlt die Kommission dem Rat nach Anhörung des Wirtschafts- und Finanzausschusses einen gegenseitigen Beistand und die dafür geeigneten Methoden.

Die Kommission unterrichtet den Rat regelmäßig über die Lage und ihre Entwicklung.

(2) Der Rat gewährt den gegenseitigen Beistand; er erlässt Richtlinien oder Beschlüsse, welche die Bedingungen und Einzelheiten hierfür festlegen. Der gegenseitige Beistand kann insbesondere erfolgen

a) durch ein abgestimmtes Vorgehen bei anderen internationalen Organisationen, an die sich die Mitgliedstaaten, für die eine Ausnahmeregelung gilt, wenden können;
b) durch Maßnahmen, die notwendig sind, um Verlagerungen von Handelsströmen zu vermeiden, falls der in Schwierigkeiten befindliche Mitgliedstaat mit Ausnahmeregelung mengenmäßige Beschränkungen gegenüber dritten Ländern beibehält oder wieder einführt;
c) durch Bereitstellung von Krediten in begrenzter Höhe seitens anderer Mitgliedstaaten; hierzu ist ihr Einverständnis erforderlich.

(3) Stimmt der Rat dem von der Kommission empfohlenen gegenseitigen Beistand nicht zu oder sind der gewährte Beistand und die getroffenen Maßnahmen unzureichend, so ermächtigt die Kommission den in Schwierigkeiten befindlichen Mitgliedstaat mit Ausnahmeregelung, Schutzmaßnahmen zu treffen, deren Bedingungen und Einzelheiten sie festlegt.

Der Rat kann diese Ermächtigung aufheben und die Bedingungen und Einzelheiten ändern.

Artikel 144 (Plötzliche Zahlungsbilanzkrise)

(ex-Artikel 120 EGV)

(1) Gerät ein Mitgliedstaat, für den eine Ausnahmeregelung gilt, in eine plötzliche Zahlungsbilanzkrise und wird ein Beschluss im Sinne des Artikels 143 Absatz 2 nicht unverzüglich getroffen, so kann der betreffende Staat vorsorglich die erforderlichen Schutzmaßnahmen ergreifen. Sie dürfen nur ein Mindestmaß an Störungen im Funktionieren des Binnenmarkts hervorrufen und nicht über das zur Behebung der plötzlich aufgetretenen Schwierigkeiten unbedingt erforderliche Ausmaß hinausgehen.

(2) Die Kommission und die anderen Mitgliedstaaten werden über die Schutzmaßnahmen spätestens bei deren Inkrafttreten unterrichtet. Die Kommission kann dem Rat den gegenseitigen Beistand nach Artikel 143 empfehlen.

(3) Auf Empfehlung der Kommission und nach Anhörung des Wirtschafts- und Finanzausschusses kann der Rat beschließen, dass der betreffende Mitgliedstaat diese Schutzmaßnahmen zu ändern, auszusetzen oder aufzuheben hat.

TITEL IX

BESCHÄFTIGUNG

Artikel 145 (Koordinierte Beschäftigungsstrategie)

(ex-Artikel 125 EGV)

Die Mitgliedstaaten und die Union arbeiten nach diesem Titel auf die Entwicklung einer koordinierten Beschäftigungsstrategie und insbesondere auf die Förderung der Qualifizierung, Ausbildung und Anpassungsfähigkeit der Arbeitnehmer sowie der Fähigkeit der Arbeitsmärkte hin, auf die Erfordernisse des wirtschaftlichen Wandels zu reagieren, um die Ziele des Artikels 3 des Vertrags über die Europäische Union zu erreichen.

Artikel 146 (Abgestimmte Beschäftigungspolitik)

(ex-Artikel 126 EGV)

(1) Die Mitgliedstaaten tragen durch ihre Beschäftigungspolitik im Einklang mit den nach Artikel 121 Absatz 2 verabschiedeten Grundzügen der Wirtschaftspolitik der Mitgliedstaaten und der Union zur Erreichung der in Artikel 145 genannten Ziele bei.

(2) Die Mitgliedstaaten betrachten die Förderung der Beschäftigung als Angelegenheit von gemeinsamem Interesse und stimmen ihre diesbezüglichen Tätigkeiten nach Maßgabe des Artikels 148 im Rat aufeinander ab, wobei die einzelstaatlichen Gepflogenheiten in Bezug auf die Verantwortung der Sozialpartner berücksichtigt werden.

Artikel 147 (Hohes Beschäftigungsniveau)

(ex-Artikel 127 EGV)

(1) Die Union trägt zu einem hohen Beschäftigungsniveau bei, indem sie die Zusammenarbeit zwischen den Mitgliedstaaten fördert und deren Maßnahmen in diesem Bereich unterstützt und erforderlichenfalls ergänzt. Hierbei wird die Zuständigkeit der Mitgliedstaaten beachtet.

(2) Das Ziel eines hohen Beschäftigungsniveaus wird bei der Festlegung und Durchführung der Unionspolitiken und -maßnahmen berücksichtigt.

Artikel 148 (Jahresbericht, Berichtsprüfung, Empfehlungen an die Mitgliedstaaten)

(ex-Artikel 128 EGV)

(1) Anhand eines gemeinsamen Jahresberichts des Rates und der Kommission prüft der Europäische Rat jährlich die Beschäftigungslage in der Union und nimmt hierzu Schlussfolgerungen an.

(2) Anhand der Schlussfolgerungen des Europäischen Rates legt der Rat auf Vorschlag der Kommission und nach Anhörung des Europäischen Parlaments, des Wirtschafts- und Sozialausschusses, des Ausschusses der Regionen und des in Artikel 150 genannten Beschäftigungsausschusses jährlich Leitlinien fest, welche die Mitgliedstaaten in ihrer Beschäftigungspolitik berücksichtigen. Diese Leitlinien müssen mit den nach Artikel 121 Absatz 2 verabschiedeten Grundzügen in Einklang stehen.

(3) Jeder Mitgliedstaat übermittelt dem Rat und der Kommission jährlich einen Bericht über die wichtigsten Maßnahmen, die er zur Durchführung seiner

Beschäftigungspolitik im Lichte der beschäftigungspolitischen Leitlinien nach Absatz 2 getroffen hat.

(4) Anhand der in Absatz 3 genannten Berichte und nach Stellungnahme des Beschäftigungsausschusses unterzieht der Rat die Durchführung der Beschäftigungspolitik der Mitgliedstaaten im Lichte der beschäftigungspolitischen Leitlinien jährlich einer Prüfung. Der Rat kann dabei auf Empfehlung der Kommission Empfehlungen an die Mitgliedstaaten richten, wenn er dies aufgrund der Ergebnisse dieser Prüfung für angebracht hält.

(5) Auf der Grundlage der Ergebnisse der genannten Prüfung erstellen der Rat und die Kommission einen gemeinsamen Jahresbericht für den Europäischen Rat über die Beschäftigungslage in der Union und über die Umsetzung der beschäftigungspolitischen Leitlinien.

Artikel 149 (Förderung der Zusammenarbeit und Unterstützung von Beschäftigungsmaßnahmen)

(ex-Artikel 129 EGV)

Das Europäische Parlament und der Rat können gemäß dem ordentlichen Gesetzgebungsverfahren und nach Anhörung des Wirtschafts- und Sozialausschusses sowie des Ausschusses der Regionen Anreizmaßnahmen zur Förderung der Zusammenarbeit zwischen den Mitgliedstaaten und zur Unterstützung ihrer Beschäftigungsmaßnahmen durch Initiativen beschließen, die darauf abzielen, den Austausch von Informationen und bewährten Verfahren zu entwickeln, vergleichende Analysen und Gutachten bereitzustellen sowie innovative Ansätze zu fördern und Erfahrungen zu bewerten, und zwar insbesondere durch den Rückgriff auf Pilotvorhaben.

Diese Maßnahmen schließen keinerlei Harmonisierung der Rechts- und Verwaltungsvorschriften der Mitgliedstaaten ein.

Artikel 150 (Beschäftigungsausschuss)

(ex-Artikel 130 EGV)

Der Rat, der mit einfacher Mehrheit beschließt, setzt nach Anhörung des Europäischen Parlaments einen Beschäftigungsausschuss mit beratender Funktion zur Förderung der Koordinierung der Beschäftigungs- und Arbeitsmarktpolitik der Mitgliedstaaten ein. Der Ausschuss hat folgende Aufgaben:

- Er verfolgt die Beschäftigungslage und die Beschäftigungspolitik in den Mitgliedstaaten und der Union;
- er gibt unbeschadet des Artikels 240 auf Ersuchen des Rates oder der Kommission oder von sich aus Stellungnahmen ab und trägt zur Vorbereitung der in Artikel 148 genannten Beratungen des Rates bei.

Bei der Erfüllung seines Auftrags hört der Ausschuss die Sozialpartner.

Jeder Mitgliedstaat und die Kommission entsenden zwei Mitglieder in den Ausschuss.

TITEL X
SOZIALPOLITIK

Artikel 151 (Verbesserung und Angleichung der Lebens- und Arbeitsbedingungen)

(ex-Artikel 136 EGV)

Die Union und die Mitgliedstaaten verfolgen eingedenk der sozialen Grundrechte, wie sie in der am 18. Oktober 1961 in Turin unterzeichneten Europäischen Sozialcharta und in der Gemeinschaftscharta der sozialen Grundrechte der Arbeitnehmer von 1989 festgelegt sind, folgende Ziele: die Förderung der Beschäftigung, die Verbesserung der Lebens- und Arbeitsbedingungen, um dadurch auf dem Wege des Fortschritts ihre Angleichung zu ermöglichen, einen angemessenen sozialen Schutz, den sozialen Dialog, die Entwicklung des Arbeitskräftepotenzials im Hinblick auf ein dauerhaft hohes Beschäftigungsniveau und die Bekämpfung von Ausgrenzungen.

Zu diesem Zweck führen die Union und die Mitgliedstaaten Maßnahmen durch, die der Vielfalt der einzelstaatlichen Gepflogenheiten, insbesondere in den vertraglichen Beziehungen, sowie der Notwendigkeit, die Wettbewerbsfähigkeit der Wirtschaft der Union zu erhalten, Rechnung tragen.

Sie sind der Auffassung, dass sich eine solche Entwicklung sowohl aus dem eine Abstimmung der Sozialordnungen begünstigenden Wirken des Binnenmarkts als auch aus den in den Verträgen vorgesehenen Verfahren sowie aus der Angleichung ihrer Rechts- und Verwaltungsvorschriften ergeben wird.

Artikel 152 (Sozialer Dialog)

Die Union anerkennt und fördert die Rolle der Sozialpartner auf Ebene der Union unter Berücksichtigung der Unterschiedlichkeit der nationalen Systeme. Sie fördert den sozialen Dialog und achtet dabei die Autonomie der Sozialpartner.

Der Dreigliedrige Sozialgipfel für Wachstum und Beschäftigung trägt zum sozialen Dialog bei.

Artikel 153 (Zusammenarbeit in sozialen Fragen)

(ex-Artikel 137 EGV)

(1) Zur Verwirklichung der Ziele des Artikels 151 unterstützt und ergänzt die Union die Tätigkeit der Mitgliedstaaten auf folgenden Gebieten:

a) Verbesserung insbesondere der Arbeitsumwelt zum Schutz der Gesundheit und der Sicherheit der Arbeitnehmer,

b) Arbeitsbedingungen,

c) soziale Sicherheit und sozialer Schutz der Arbeitnehmer,

d) Schutz der Arbeitnehmer bei Beendigung des Arbeitsvertrags,

e) Unterrichtung und Anhörung der Arbeitnehmer,

f) Vertretung und kollektive Wahrnehmung der Arbeitnehmer- und Arbeitgeberinteressen, einschließlich der Mitbestimmung, vorbehaltlich des Absatzes 5,

g) Beschäftigungsbedingungen der Staatsangehörigen dritter Länder, die sich rechtmäßig im Gebiet der Union aufhalten,

h) berufliche Eingliederung der aus dem Arbeitsmarkt ausgegrenzten Personen, unbeschadet des Artikels 166,

i) Chancengleichheit von Männern und Frauen auf dem Arbeitsmarkt und Gleichbehandlung am Arbeitsplatz,

j) Bekämpfung der sozialen Ausgrenzung,

k) Modernisierung der Systeme des sozialen Schutzes, unbeschadet des Buchstabens c.

(2) Zu diesem Zweck können das Europäische Parlament und der Rat

a) unter Ausschluss jeglicher Harmonisierung der Rechts- und Verwaltungsvorschriften der Mitgliedstaaten Maßnahmen annehmen, die dazu bestimmt sind, die Zusammenarbeit zwischen den Mitgliedstaaten durch Initiativen zu fördern, die die Verbesserung des Wissensstands, die Entwicklung des Austauschs von Informationen und bewährten Verfahren, die Förderung innovativer Ansätze und die Bewertung von Erfahrungen zum Ziel haben;

b) in den in Absatz 1 Buchstaben a bis i genannten Bereichen unter Berücksichtigung der in den einzelnen Mitgliedstaaten bestehenden Bedingungen und technischen Regelungen durch Richtlinien Mindestvorschriften erlassen, die schrittweise anzuwenden sind. Diese Richtlinien sollen keine verwaltungsmäßigen, finanziellen oder rechtlichen Auflagen vorschreiben, die der Gründung und Entwicklung von kleinen und mittleren Unternehmen entgegenstehen.

Das Europäische Parlament und der Rat beschließen gemäß dem ordentlichen Gesetzgebungsverfahren nach Anhörung des Wirtschafts- und Sozialausschusses und des Ausschusses der Regionen.

In den in Absatz 1 Buchstaben c, d, f und g genannten Bereichen beschließt der Rat einstimmig gemäß einem besonderen Gesetzgebungsverfahren nach Anhörung des Europäischen Parlaments und der genannten Ausschüsse.

Der Rat kann einstimmig auf Vorschlag der Kommission nach Anhörung des Europäischen Parlaments beschließen, dass das ordentliche Gesetzgebungsverfahren auf Absatz 1 Buchstaben d, f und g angewandt wird.

(3) Ein Mitgliedstaat kann den Sozialpartnern auf deren gemeinsamen Antrag die Durchführung von aufgrund des Absatzes 2 angenommenen Richtlinien oder gegebenenfalls die Durchführung eines nach Artikel 155 erlassenen Beschlusses des Rates übertragen.

In diesem Fall vergewissert sich der Mitgliedstaat, dass die Sozialpartner spätestens zu dem Zeitpunkt, zu dem eine Richtlinie umgesetzt oder ein Beschluss durchgeführt sein muss, im Wege einer Vereinbarung die erforderlichen Vorkehrungen getroffen haben; dabei hat der Mitgliedstaat alle erforderlichen Maßnahmen zu treffen, um jederzeit gewährleisten zu können, dass die durch diese Richtlinie oder diesen Beschluss vorgeschriebenen Ergebnisse erzielt werden.

(4) Die aufgrund dieses Artikels erlassenen Bestimmungen

- berühren nicht die anerkannte Befugnis der Mitgliedstaaten, die Grundprinzipien ihres Systems der sozialen Sicherheit festzulegen, und dürfen das finanzielle Gleichgewicht dieser Systeme nicht erheblich beeinträchtigen;
- hindern die Mitgliedstaaten nicht daran, strengere Schutzmaßnahmen beizubehalten oder zu treffen, die mit den Verträgen vereinbar sind.

(5) Dieser Artikel gilt nicht für das Arbeitsentgelt, das Koalitionsrecht, das Streikrecht sowie das Aussperrungsrecht.

Artikel 154 (Förderung des sozialen Dialogs durch die Kommission)

(ex-Artikel 138 EGV)

(1) Die Kommission hat die Aufgabe, die Anhörung der Sozialpartner auf Unionsebene zu fördern, und erlässt alle zweckdienlichen Maßnahmen, um den Dialog zwischen den Sozialpartnern zu erleichtern, wobei sie für Ausgewogenheit bei der Unterstützung der Parteien sorgt.

(2) Zu diesem Zweck hört die Kommission vor Unterbreitung von Vorschlägen im Bereich der Sozialpolitik die Sozialpartner zu der Frage, wie eine Unionsaktion gegebenenfalls ausgerichtet werden sollte.

(3) Hält die Kommission nach dieser Anhörung eine Unionsmaßnahme für zweckmäßig, so hört sie die Sozialpartner zum Inhalt des in Aussicht genommenen Vorschlags. Die Sozialpartner übermitteln der Kommission eine Stellungnahme oder gegebenenfalls eine Empfehlung.

(4) Bei den Anhörungen nach den Absätzen 2 und 3 können die Sozialpartner der Kommission mitteilen, dass sie den Prozess nach Artikel 155 in Gang setzen wollen. Die Dauer dieses Prozesses darf höchstens neun Monate betragen, sofern die betroffenen Sozialpartner und die Kommission nicht gemeinsam eine Verlängerung beschließen.

Artikel 155 (Vertragliche Beziehungen zwischen den Sozialpartnern)

(ex-Artikel 139 EGV)

(1) Der Dialog zwischen den Sozialpartnern auf Unionsebene kann, falls sie es wünschen, zur Herstellung vertraglicher Beziehungen einschließlich des Abschlusses von Vereinbarungen führen.

(2) Die Durchführung der auf Unionsebene geschlossenen Vereinbarungen erfolgt entweder nach den jeweiligen Verfahren und Gepflogenheiten der Sozialpartner und der Mitgliedstaaten oder – in den durch Artikel 153 erfassten Bereichen – auf gemeinsamen Antrag der Unterzeichnerparteien durch einen Beschluss des Rates auf Vorschlag der Kommission. Das Europäische Parlament wird unterrichtet.

Der Rat beschließt einstimmig, sofern die betreffende Vereinbarung eine oder mehrere Bestimmungen betreffend einen der Bereiche enthält, für die nach Artikel 153 Absatz 2 Einstimmigkeit erforderlich ist.

Artikel 156 (Förderung der Zusammenarbeit der Mitgliedstaaten in der Sozialpolitik)

(ex-Artikel 140 EGV)

Unbeschadet der sonstigen Bestimmungen der Verträge fördert die Kommission im Hinblick auf die Erreichung der Ziele des Artikels 151 die Zusammenarbeit zwischen den Mitgliedstaaten und erleichtert die Abstimmung ihres Vorgehens in allen unter dieses Kapitel fallenden Bereichen der Sozialpolitik, insbesondere auf dem Gebiet

- der Beschäftigung,
- des Arbeitsrechts und der Arbeitsbedingungen,
- der beruflichen Ausbildung und Fortbildung,
- der sozialen Sicherheit,
- der Verhütung von Berufsunfällen und Berufskrankheiten,

- des Gesundheitsschutzes bei der Arbeit,
- des Koalitionsrechts und der Kollektivverhandlungen zwischen Arbeitgebern und Arbeitnehmern.

Zu diesem Zweck wird die Kommission in enger Verbindung mit den Mitgliedstaaten durch Untersuchungen, Stellungnahmen und die Durchführung von Konsultationen in Bezug auf innerstaatlich oder in den internationalen Organisationen zu behandelnde Fragen tätig, und zwar insbesondere im Wege von Initiativen, die darauf abzielen, Leitlinien und Indikatoren festzulegen, den Austausch bewährter Verfahren durchzuführen und die erforderlichen Elemente für eine regelmäßige Überwachung und Bewertung auszuarbeiten. Das Europäische Parlament wird in vollem Umfang unterrichtet.

Vor Abgabe der in diesem Artikel vorgesehenen Stellungnahmen hört die Kommission den Wirtschafts- und Sozialausschuss.

Artikel 157 (Gleiches Entgelt für Männer und Frauen)

(ex-Artikel 141 EGV)

(1) Jeder Mitgliedstaat stellt die Anwendung des Grundsatzes des gleichen Entgelts für Männer und Frauen bei gleicher oder gleichwertiger Arbeit sicher.

(2) Unter „Entgelt" im Sinne dieses Artikels sind die üblichen Grund- oder Mindestlöhne und -gehälter sowie alle sonstigen Vergütungen zu verstehen, die der Arbeitgeber aufgrund des Dienstverhältnisses dem Arbeitnehmer unmittelbar oder mittelbar in bar oder in Sachleistungen zahlt.

Gleichheit des Arbeitsentgelts ohne Diskriminierung aufgrund des Geschlechts bedeutet,

a) dass das Entgelt für eine gleiche nach Akkord bezahlte Arbeit aufgrund der gleichen Maßeinheit festgesetzt wird,

b) dass für eine nach Zeit bezahlte Arbeit das Entgelt bei gleichem Arbeitsplatz gleich ist.

(3) Das Europäische Parlament und der Rat beschließen gemäß dem ordentlichen Gesetzgebungsverfahren und nach Anhörung des Wirtschafts- und Sozialausschusses Maßnahmen zur Gewährleistung der Anwendung des Grundsatzes der Chancengleichheit und der Gleichbehandlung von Männern und Frauen in Arbeits- und Beschäftigungsfragen, einschließlich des Grundsatzes des gleichen Entgelts bei gleicher oder gleichwertiger Arbeit.

(4) Im Hinblick auf die effektive Gewährleistung der vollen Gleichstellung von Männern und Frauen im Arbeitsleben hindert der Grundsatz der Gleichbehandlung die Mitgliedstaaten nicht daran, zur Erleichterung der Berufstätigkeit des unterrepräsentierten Geschlechts oder zur Verhinderung bzw. zum Ausgleich von Benachteiligungen in der beruflichen Laufbahn spezifische Vergünstigungen beizubehalten oder zu beschließen.

Artikel 158 (Bezahlte Freizeit)

(ex-Artikel 142 EGV)

Die Mitgliedstaaten sind bestrebt, die bestehende Gleichwertigkeit der Ordnungen über die bezahlte Freizeit beizubehalten.

Artikel 159 (Jahresbericht über die demographische Lage)

(ex-Artikel 143 EGV)

Die Kommission erstellt jährlich einen Bericht über den Stand der Verwirklichung der in Artikel 151 genannten Ziele sowie über die demografische Lage in der Union. Sie übermittelt diesen Bericht dem Europäischen Parlament, dem Rat und dem Wirtschafts- und Sozialausschuss.

Artikel 160 (Ausschuss für Sozialschutz)

(ex-Artikel 144 EGV)

Der Rat, der mit einfacher Mehrheit beschließt, setzt nach Anhörung des Europäischen Parlaments einen Ausschuss für Sozialschutz mit beratender Aufgabe ein, um die Zusammenarbeit im Bereich des sozialen Schutzes zwischen den Mitgliedstaaten und mit der Kommission zu fördern. Der Ausschuss hat folgende Aufgaben:

- Er verfolgt die soziale Lage und die Entwicklung der Politiken im Bereich des sozialen Schutzes in den Mitgliedstaaten und der Union;
- er fördert den Austausch von Informationen, Erfahrungen und bewährten Verfahren zwischen den Mitgliedstaaten und mit der Kommission;
- unbeschadet des Artikels 240 arbeitet er auf Ersuchen des Rates oder der Kommission oder von sich aus in seinem Zuständigkeitsbereich Berichte aus, gibt Stellungnahmen ab oder wird auf andere Weise tätig.

Bei der Erfüllung seines Auftrags stellt der Ausschuss geeignete Kontakte zu den Sozialpartnern her.

Jeder Mitgliedstaat und die Kommission ernennen zwei Mitglieder des Ausschusses.

Artikel 161 (Berichtspflichten der Kommission über die soziale Lage)

(ex-Artikel 145 EGV)

Der Jahresbericht der Kommission an das Europäische Parlament hat stets ein besonderes Kapitel über die Entwicklung der sozialen Lage in der Union zu enthalten.

Das Europäische Parlament kann die Kommission auffordern, Berichte über besondere, die soziale Lage betreffende Fragen auszuarbeiten.

TITEL XI

DER EUROPÄISCHE SOZIALFONDS

Artikel 162 (Errichtung und Zweck)

(ex-Artikel 146 EGV)

Um die Beschäftigungsmöglichkeiten der Arbeitskräfte im Binnenmarkt zu verbessern und damit zur Hebung der Lebenshaltung beizutragen, wird nach Maßgabe der folgenden Bestimmungen ein Europäischer Sozialfonds errichtet, dessen Ziel es ist, innerhalb der Union die berufliche Verwendbarkeit und die örtliche und berufliche Mobilität der Arbeitskräfte zu fördern sowie die Anpassung an die industriellen Wandlungsprozesse und an Veränderungen der Produktionssysteme insbesondere durch berufliche Bildung und Umschulung zu erleichtern.

Artikel 163 (Verwaltung)

(ex-Artikel 147 EGV)

Die Verwaltung des Fonds obliegt der Kommission.

Die Kommission wird hierbei von einem Ausschuss unterstützt, der aus Vertretern der Regierungen sowie der Arbeitgeber- und der Arbeitnehmerverbände besteht; den Vorsitz führt ein Mitglied der Kommission.

Artikel 164 (Durchführungsverordnungen)

(ex-Artikel 148 EGV)

Das Europäische Parlament und der Rat erlassen gemäß dem ordentlichen Gesetzgebungsverfahren und nach Anhörung des Wirtschafts- und Sozialausschusses sowie des Ausschusses der Regionen die den Europäischen Sozialfonds betreffenden Durchführungsverordnungen.

TITEL XII

ALLGEMEINE UND BERUFLICHE BILDUNG, JUGEND UND SPORT

Artikel 165 (Bildungspolitik; europäische Dimension des Sports)

(ex-Artikel 149 EGV)

(1) Die Union trägt zur Entwicklung einer qualitativ hoch stehenden Bildung dadurch bei, dass sie die Zusammenarbeit zwischen den Mitgliedstaaten fördert und die Tätigkeit der Mitgliedstaaten unter strikter Beachtung der Verantwortung der Mitgliedstaaten für die Lehrinhalte und die Gestaltung des Bildungssystems sowie der Vielfalt ihrer Kulturen und Sprachen erforderlichenfalls unterstützt und ergänzt.

Die Union trägt zur Förderung der europäischen Dimension des Sports bei und berücksichtigt dabei dessen besondere Merkmale, dessen auf freiwilligem Engagement basierende Strukturen sowie dessen soziale und pädagogische Funktion.

(2) Die Tätigkeit der Union hat folgende Ziele:

- Entwicklung der europäischen Dimension im Bildungswesen, insbesondere durch Erlernen und Verbreitung der Sprachen der Mitgliedstaaten;
- Förderung der Mobilität von Lernenden und Lehrenden, auch durch die Förderung der akademischen Anerkennung der Diplome und Studienzeiten;
- Förderung der Zusammenarbeit zwischen den Bildungseinrichtungen;
- Ausbau des Informations- und Erfahrungsaustauschs über gemeinsame Probleme im Rahmen der Bildungssysteme der Mitgliedstaaten;
- Förderung des Ausbaus des Jugendaustauschs und des Austauschs sozialpädagogischer Betreuer und verstärkte Beteiligung der Jugendlichen am demokratischen Leben in Europa;
- Förderung der Entwicklung der Fernlehre;
- Entwicklung der europäischen Dimension des Sports durch Förderung der Fairness und der Offenheit von Sportwettkämpfen und der Zusammenarbeit

zwischen den für den Sport verantwortlichen Organisationen sowie durch den Schutz der körperlichen und seelischen Unversehrtheit der Sportler, insbesondere der jüngeren Sportler.

(3) Die Union und die Mitgliedstaaten fördern die Zusammenarbeit mit dritten Ländern und den für den Bildungsbereich und den Sport zuständigen internationalen Organisationen, insbesondere dem Europarat.

(4) Als Beitrag zur Verwirklichung der Ziele dieses Artikels

- erlassen das Europäische Parlament und der Rat gemäß dem ordentlichen Gesetzgebungsverfahren und nach Anhörung des Wirtschafts- und Sozialausschusses und des Ausschusses der Regionen Fördermaßnahmen unter Ausschluss jeglicher Harmonisierung der Rechts- und Verwaltungsvorschriften der Mitgliedstaaten;
- erlässt der Rat auf Vorschlag der Kommission Empfehlungen.

Artikel 166 (Berufliche Bildung)

(ex-Artikel 150 EGV)

(1) Die Union führt eine Politik der beruflichen Bildung, welche die Maßnahmen der Mitgliedstaaten unter strikter Beachtung der Verantwortung der Mitgliedstaaten für Inhalt und Gestaltung der beruflichen Bildung unterstützt und ergänzt.

(2) Die Tätigkeit der Union hat folgende Ziele:

- Erleichterung der Anpassung an die industriellen Wandlungsprozesse, insbesondere durch berufliche Bildung und Umschulung;
- Verbesserung der beruflichen Erstausbildung und Weiterbildung zur Erleichterung der beruflichen Eingliederung und Wiedereingliederung in den Arbeitsmarkt;
- Erleichterung der Aufnahme einer beruflichen Bildung sowie Förderung der Mobilität der Ausbilder und der in beruflicher Bildung befindlichen Personen, insbesondere der Jugendlichen;
- Förderung der Zusammenarbeit in Fragen der beruflichen Bildung zwischen Unterrichtsanstalten und Unternehmen;
- Ausbau des Informations- und Erfahrungsaustauschs über gemeinsame Probleme im Rahmen der Berufsbildungssysteme der Mitgliedstaaten.

(3) Die Union und die Mitgliedstaaten fördern die Zusammenarbeit mit dritten Ländern und den für die berufliche Bildung zuständigen internationalen Organisationen.

(4) Das Europäische Parlament und der Rat erlassen gemäß dem ordentlichen Gesetzgebungsverfahren und nach Anhörung des Wirtschafts- und Sozialausschusses sowie des Ausschusses der Regionen Maßnahmen, die zur Verwirklichung der Ziele dieses Artikels beitragen, unter Ausschluss jeglicher Harmonisierung der Rechts- und Verwaltungsvorschriften der Mitgliedstaaten, und der Rat erlässt auf Vorschlag der Kommission Empfehlungen.

TITEL XIII
KULTUR

Artikel 167 (Kulturpolitik)
(ex-Artikel 151 EGV)

(1) Die Union leistet einen Beitrag zur Entfaltung der Kulturen der Mitgliedstaaten unter Wahrung ihrer nationalen und regionalen Vielfalt sowie gleichzeitiger Hervorhebung des gemeinsamen kulturellen Erbes.

(2) Die Union fördert durch ihre Tätigkeit die Zusammenarbeit zwischen den Mitgliedstaaten und unterstützt und ergänzt erforderlichenfalls deren Tätigkeit in folgenden Bereichen:

- Verbesserung der Kenntnis und Verbreitung der Kultur und Geschichte der europäischen Völker,
- Erhaltung und Schutz des kulturellen Erbes von europäischer Bedeutung,
- nichtkommerzieller Kulturaustausch,
- künstlerisches und literarisches Schaffen, einschließlich im audiovisuellen Bereich.

(3) Die Union und die Mitgliedstaaten fördern die Zusammenarbeit mit dritten Ländern und den für den Kulturbereich zuständigen internationalen Organisationen, insbesondere mit dem Europarat.

(4) Die Union trägt bei ihrer Tätigkeit aufgrund anderer Bestimmungen der Verträge den kulturellen Aspekten Rechnung, insbesondere zur Wahrung und Förderung der Vielfalt ihrer Kulturen.

(5) Als Beitrag zur Verwirklichung der Ziele dieses Artikels

- erlassen das Europäische Parlament und der Rat gemäß dem ordentlichen Gesetzgebungsverfahren und nach Anhörung des Ausschusses der Regionen Fördermaßnahmen unter Ausschluss jeglicher Harmonisierung der Rechts- und Verwaltungsvorschriften der Mitgliedstaaten,
- erlässt der Rat auf Vorschlag der Kommission Empfehlungen.

TITEL XIV
GESUNDHEITSWESEN

Artikel 168 (Gesundheitspolitik)
(ex-Artikel 152 EGV)

(1) Bei der Festlegung und Durchführung aller Unionspolitiken und -maßnahmen wird ein hohes Gesundheitsschutzniveau sichergestellt.

Die Tätigkeit der Union ergänzt die Politik der Mitgliedstaaten und ist auf die Verbesserung der Gesundheit der Bevölkerung, die Verhütung von Humankrankheiten und die Beseitigung von Ursachen für die Gefährdung der körperlichen und geistigen Gesundheit gerichtet. Sie umfasst die Bekämpfung der weit verbreiteten schweren Krankheiten, wobei die Erforschung der Ursachen, der Übertragung und der Verhütung dieser Krankheiten sowie Gesundheitsinformation und -erziehung gefördert werden; außerdem umfasst sie die Beobachtung, frühzeitige Meldung und Bekämpfung schwerwiegender grenzüberschreitender Gesundheitsgefahren.

Die Union ergänzt die Maßnahmen der Mitgliedstaaten zur Verringerung drogenkonsumbedingter Gesundheitsschäden einschließlich der Informations- und Vorbeugungsmaßnahmen.

(2) Die Union fördert die Zusammenarbeit zwischen den Mitgliedstaaten in den in diesem Artikel genannten Bereichen und unterstützt erforderlichenfalls deren Tätigkeit. Sie fördert insbesondere die Zusammenarbeit zwischen den Mitgliedstaaten, die darauf abzielt, die Komplementarität ihrer Gesundheitsdienste in den Grenzgebieten zu verbessern.

Die Mitgliedstaaten koordinieren untereinander im Benehmen mit der Kommission ihre Politiken und Programme in den in Absatz 1 genannten Bereichen. Die Kommission kann in enger Verbindung mit den Mitgliedstaaten alle Initiativen ergreifen, die dieser Koordinierung förderlich sind, insbesondere Initiativen, die darauf abzielen, Leitlinien und Indikatoren festzulegen, den Austausch bewährter Verfahren durchzuführen und die erforderlichen Elemente für eine regelmäßige Überwachung und Bewertung auszuarbeiten. Das Europäische Parlament wird in vollem Umfang unterrichtet.

(3) Die Union und die Mitgliedstaaten fördern die Zusammenarbeit mit dritten Ländern und den für das Gesundheitswesen zuständigen internationalen Organisationen.

(4) Abweichend von Artikel 2 Absatz 5 und Artikel 6 Buchstabe a tragen das Europäische Parlament und der Rat nach Artikel 4 Absatz 2 Buchstabe k gemäß dem ordentlichen Gesetzgebungsverfahren und nach Anhörung des Wirtschafts- und Sozialausschusses sowie des Ausschusses der Regionen mit folgenden Maßnahmen zur Verwirklichung der Ziele dieses Artikels bei, um den gemeinsamen Sicherheitsanliegen Rechnung zu tragen:

a) Maßnahmen zur Festlegung hoher Qualitäts- und Sicherheitsstandards für Organe und Substanzen menschlichen Ursprungs sowie für Blut und Blutderivate; diese Maßnahmen hindern die Mitgliedstaaten nicht daran, strengere Schutzmaßnahmen beizubehalten oder einzuführen;

b) Maßnahmen in den Bereichen Veterinärwesen und Pflanzenschutz, die unmittelbar den Schutz der Gesundheit der Bevölkerung zum Ziel haben;

c) Maßnahmen zur Festlegung hoher Qualitäts- und Sicherheitsstandards für Arzneimittel und Medizinprodukte.

(5) Das Europäische Parlament und der Rat können unter Ausschluss jeglicher Harmonisierung der Rechtsvorschriften der Mitgliedstaaten gemäß dem ordentlichen Gesetzgebungsverfahren und nach Anhörung des Wirtschafts- und Sozialausschusses und des Ausschusses der Regionen auch Fördermaßnahmen zum Schutz und zur Verbesserung der menschlichen Gesundheit sowie insbesondere zur Bekämpfung der weit verbreiteten schweren grenzüberschreitenden Krankheiten, Maßnahmen zur Beobachtung, frühzeitigen Meldung und Bekämpfung schwerwiegender grenzüberschreitender Gesundheitsgefahren sowie Maßnahmen, die unmittelbar den Schutz der Gesundheit der Bevölkerung vor Tabakkonsum und Alkoholmissbrauch zum Ziel haben, erlassen.

(6) Der Rat kann ferner auf Vorschlag der Kommission für die in diesem Artikel genannten Zwecke Empfehlungen erlassen.

(7) Bei der Tätigkeit der Union wird die Verantwortung der Mitgliedstaaten für die Festlegung ihrer Gesundheitspolitik sowie für die Organisation des Gesundheitswesens und die medizinische Versorgung gewahrt. Die Verantwortung der Mitgliedstaaten umfasst die Verwaltung des Gesundheitswesens und der medizinischen Versorgung sowie die Zuweisung der dafür bereitgestellten Mittel.

Die Maßnahmen nach Absatz 4 Buchstabe a lassen die einzelstaatlichen Regelungen über die Spende oder die medizinische Verwendung von Organen und Blut unberührt.

TITEL XV
VERBRAUCHERSCHUTZ

Artikel 169 (Verbraucherschutz)

(ex-Artikel 153 EGV)

(1) Zur Förderung der Interessen der Verbraucher und zur Gewährleistung eines hohen Verbraucherschutzniveaus leistet die Union einen Beitrag zum Schutz der Gesundheit, der Sicherheit und der wirtschaftlichen Interessen der Verbraucher sowie zur Förderung ihres Rechtes auf Information, Erziehung und Bildung von Vereinigungen zur Wahrung ihrer Interessen.

(2) Die Union leistet einen Beitrag zur Erreichung der in Absatz 1 genannten Ziele durch

a) Maßnahmen, die sie im Rahmen der Verwirklichung des Binnenmarkts nach Artikel 114 erlässt;

b) Maßnahmen zur Unterstützung, Ergänzung und Überwachung der Politik der Mitgliedstaaten.

(3) Das Europäische Parlament und der Rat beschließen gemäß dem ordentlichen Gesetzgebungsverfahren und nach Anhörung des Wirtschafts- und Sozialausschusses die Maßnahmen nach Absatz 2 Buchstabe b.

(4) Die nach Absatz 3 beschlossenen Maßnahmen hindern die einzelnen Mitgliedstaaten nicht daran, strengere Schutzmaßnahmen beizubehalten oder zu ergreifen. Diese Maßnahmen müssen mit den Verträgen vereinbar sein. Sie werden der Kommission mitgeteilt.

TITEL XVI
TRANSEUROPÄISCHE NETZE

Artikel 170 (Auf- und Ausbau transeuropäischer Netze)

(ex-Artikel 154 EGV)

(1) Um einen Beitrag zur Verwirklichung der Ziele der Artikel 26 und 174 zu leisten und den Bürgern der Union, den Wirtschaftsbeteiligten sowie den regionalen und lokalen Gebietskörperschaften in vollem Umfang die Vorteile zugute kommen zu lassen, die sich aus der Schaffung eines Raumes ohne Binnengrenzen ergeben, trägt die Union zum Auf- und Ausbau transeuropäischer Netze in den Bereichen der Verkehrs-, Telekommunikations- und Energieinfrastruktur bei.

(2) Die Tätigkeit der Union zielt im Rahmen eines Systems offener und wettbewerbsorientierter Märkte auf die Förderung des Verbunds und der Interoperabilität der einzelstaatlichen Netze sowie des Zugangs zu diesen Netzen ab. Sie trägt insbesondere der Notwendigkeit Rechnung, insulare, eingeschlossene und am Rande gelegene Gebiete mit den zentralen Gebieten der Union zu verbinden.

Artikel 171 (Maßnahmen)

(ex-Artikel 155 EGV)

(1) Zur Erreichung der Ziele des Artikels 170 geht die Union wie folgt vor:

- Sie stellt eine Reihe von Leitlinien auf, in denen die Ziele, die Prioritäten und die Grundzüge der im Bereich der transeuropäischen Netze in Betracht gezogenen Aktionen erfasst werden; in diesen Leitlinien werden Vorhaben von gemeinsamem Interesse ausgewiesen;
- sie führt jede Aktion durch, die sich gegebenenfalls als notwendig erweist, um die Interoperabilität der Netze zu gewährleisten, insbesondere im Bereich der Harmonisierung der technischen Normen;
- sie kann von den Mitgliedstaaten unterstützte Vorhaben von gemeinsamem Interesse, die im Rahmen der Leitlinien gemäß dem ersten Gedankenstrich ausgewiesen sind, insbesondere in Form von Durchführbarkeitsstudien, Anleihebürgschaften oder Zinszuschüssen unterstützen; die Union kann auch über den nach Artikel 177 errichteten Kohäsionsfonds zu spezifischen Verkehrsinfrastrukturvorhaben in den Mitgliedstaaten finanziell beitragen.

Die Union berücksichtigt bei ihren Maßnahmen die potenzielle wirtschaftliche Lebensfähigkeit der Vorhaben.

(2) Die Mitgliedstaaten koordinieren untereinander in Verbindung mit der Kommission die einzelstaatlichen Politiken, die sich erheblich auf die Verwirklichung der Ziele des Artikels 170 auswirken können. Die Kommission kann in enger Zusammenarbeit mit den Mitgliedstaaten alle Initiativen ergreifen, die dieser Koordinierung förderlich sind.

(3) Die Union kann beschließen, mit dritten Ländern zur Förderung von Vorhaben von gemeinsamem Interesse sowie zur Sicherstellung der Interoperabilität der Netze zusammenzuarbeiten.

Artikel 172 (Festlegung der Leitlinien)

(ex-Artikel 156 EGV)

Die Leitlinien und die übrigen Maßnahmen nach Artikel 171 Absatz 1 werden vom Europäischen Parlament und vom Rat gemäß dem ordentlichen Gesetzgebungsverfahren und nach Anhörung des Wirtschafts- und Sozialausschusses und des Ausschusses der Regionen festgelegt.

Leitlinien und Vorhaben von gemeinsamem Interesse, die das Hoheitsgebiet eines Mitgliedstaats betreffen, bedürfen der Billigung des betroffenen Mitgliedstaats.

TITEL XVII

INDUSTRIE

Artikel 173 (Industriepolitik)

(ex-Artikel 157 EGV)

(1) Die Union und die Mitgliedstaaten sorgen dafür, dass die notwendigen Voraussetzungen für die Wettbewerbsfähigkeit der Industrie der Union gewährleistet sind.

Zu diesem Zweck zielt ihre Tätigkeit entsprechend einem System offener und wettbewerbsorientierter Märkte auf Folgendes ab:

- Erleichterung der Anpassung der Industrie an die strukturellen Veränderungen;
- Förderung eines für die Initiative und Weiterentwicklung der Unternehmen in der gesamten Union, insbesondere der kleinen und mittleren Unternehmen, günstigen Umfelds;
- Förderung eines für die Zusammenarbeit zwischen Unternehmen günstigen Umfelds;
- Förderung einer besseren Nutzung des industriellen Potenzials der Politik in den Bereichen Innovation, Forschung und technologische Entwicklung.

(2) Die Mitgliedstaaten konsultieren einander in Verbindung mit der Kommission und koordinieren, soweit erforderlich, ihre Maßnahmen. Die Kommission kann alle Initiativen ergreifen, die dieser Koordinierung förderlich sind, insbesondere Initiativen, die darauf abzielen, Leitlinien und Indikatoren festzulegen, den Austausch bewährter Verfahren durchzuführen und die erforderlichen Elemente für eine regelmäßige Überwachung und Bewertung auszuarbeiten. Das Europäische Parlament wird in vollem Umfang unterrichtet.

(3) Die Union trägt durch die Politik und die Maßnahmen, die sie aufgrund anderer Bestimmungen der Verträge durchführt, zur Erreichung der Ziele des Absatzes 1 bei. Das Europäische Parlament und der Rat können unter Ausschluss jeglicher Harmonisierung der Rechtsvorschriften der Mitgliedstaaten gemäß dem ordentlichen Gesetzgebungsverfahren und nach Anhörung des Wirtschafts- und Sozialausschusses spezifische Maßnahmen zur Unterstützung der in den Mitgliedstaaten durchgeführten Maßnahmen im Hinblick auf die Verwirklichung der Ziele des Absatzes 1 beschließen.

Dieser Titel bietet keine Grundlage dafür, dass die Union irgendeine Maßnahme einführt, die zu Wettbewerbsverzerrungen führen könnte oder steuerliche Vorschriften oder Bestimmungen betreffend die Rechte und Interessen der Arbeitnehmer enthält.

TITEL XVIII

WIRTSCHAFTLICHER, SOZIALER UND TERRITORIALER ZUSAMMENHALT

Artikel 174 (Stärkung des Zusammenhalts; Förderung benachteiligter Gebiete)

(ex-Artikel 158 EGV)

Die Union entwickelt und verfolgt weiterhin ihre Politik zur Stärkung ihres wirtschaftlichen, sozialen und territorialen Zusammenhalts, um eine harmonische Entwicklung der Union als Ganzes zu fördern.

Die Union setzt sich insbesondere zum Ziel, die Unterschiede im Entwicklungsstand der verschiedenen Regionen und den Rückstand der am stärksten benachteiligten Gebiete zu verringern.

Unter den betreffenden Gebieten gilt besondere Aufmerksamkeit den ländlichen Gebieten, den vom industriellen Wandel betroffenen Gebieten und den Gebieten mit schweren und dauerhaften natürlichen oder demografischen Nachteilen, wie den nördlichsten Regionen mit sehr geringer Bevölkerungsdichte sowie den Insel-, Grenz- und Bergregionen.

Artikel 175 (Strukturfonds; Berichtspflicht; Aktionen außerhalb des Fonds)

(ex-Artikel 159 EGV)

Die Mitgliedstaaten führen und koordinieren ihre Wirtschaftspolitik in der Weise, dass auch die in Artikel 174 genannten Ziele erreicht werden. Die Festlegung und Durchführung der Politiken und Aktionen der Union sowie die Errichtung des Binnenmarkts berücksichtigen die Ziele des Artikels 174 und tragen zu deren Verwirklichung bei. Die Union unterstützt auch diese Bemühungen durch die Politik, die sie mit Hilfe der Strukturfonds (Europäischer Ausrichtungs- und Garantiefonds für die Landwirtschaft – Abteilung Ausrichtung, Europäischer Sozialfonds, Europäischer Fonds für regionale Entwicklung), der Europäischen Investitionsbank und der sonstigen vorhandenen Finanzierungsinstrumente führt.

Die Kommission erstattet dem Europäischen Parlament, dem Rat, dem Wirtschafts- und Sozialausschuss und dem Ausschuss der Regionen alle drei Jahre Bericht über die Fortschritte bei der Verwirklichung des wirtschaftlichen, sozialen und territorialen Zusammenhalts und über die Art und Weise, in der die in diesem Artikel vorgesehenen Mittel hierzu beigetragen haben. Diesem Bericht werden erforderlichenfalls entsprechende Vorschläge beigefügt.

Falls sich spezifische Aktionen außerhalb der Fonds und unbeschadet der im Rahmen der anderen Politiken der Union beschlossenen Maßnahmen als erforderlich erweisen, so können sie vom Europäischen Parlament und vom Rat gemäß dem ordentlichen Gesetzgebungsverfahren nach Anhörung des Wirtschafts- und Sozialausschusses und des Ausschusses der Regionen beschlossen werden.

Artikel 176 (Europäischer Fonds für regionale Entwicklung (EFRE))

(ex-Artikel 160 EGV)

Aufgabe des Europäischen Fonds für regionale Entwicklung ist es, durch Beteiligung an der Entwicklung und an der strukturellen Anpassung der rückständigen Gebiete und an der Umstellung der Industriegebiete mit rückläufiger Entwicklung zum Ausgleich der wichtigsten regionalen Ungleichgewichte in der Union beizutragen.

Artikel 177 (Ziele und Organisation der Strukturfonds)

(ex-Artikel 161 EGV)

Unbeschadet des Artikels 178 legen das Europäische Parlament und der Rat durch Verordnungen gemäß dem ordentlichen Gesetzgebungsverfahren und nach Anhörung des Wirtschafts- und Sozialausschusses und des Ausschusses der Regionen die Aufgaben, die vorrangigen Ziele und die Organisation der Strukturfonds fest, was ihre Neuordnung einschließen kann. Nach demselben Verfahren werden ferner die für die Fonds geltenden allgemeinen Regeln sowie die Bestimmungen festgelegt, die zur Gewährleistung einer wirksamen Arbeitsweise und zur Koordinierung der Fonds sowohl untereinander als auch mit den anderen vorhandenen Finanzierungsinstrumenten erforderlich sind.

Ein nach demselben Verfahren errichteter Kohäsionsfonds trägt zu Vorhaben in den Bereichen Umwelt und transeuropäische Netze auf dem Gebiet der Verkehrsinfrastruktur finanziell bei.

Artikel 178 (Durchführungsvorschriften des EFRE)

(ex-Artikel 162 EGV)

Die den Europäischen Fonds für regionale Entwicklung betreffenden Durchführungsverordnungen werden vom Europäischen Parlament und vom Rat gemäß dem ordentlichen Gesetzgebungsverfahren und nach Anhörung des Wirtschafts- und Sozialausschusses sowie des Ausschusses der Regionen gefasst.

Für den Europäischen Ausrichtungs- und Garantiefonds für die Landwirtschaft, Abteilung Ausrichtung, und den Europäischen Sozialfonds sind die Artikel 43 bzw. 164 weiterhin anwendbar.

TITEL XIX

FORSCHUNG, TECHNOLOGISCHE ENTWICKLUNG UND RAUMFAHRT

Artikel 179 (Forschung und Entwicklung)

(ex-Artikel 163 EGV)

(1) Die Union hat zum Ziel, ihre wissenschaftlichen und technologischen Grundlagen dadurch zu stärken, dass ein europäischer Raum der Forschung geschaffen wird, in dem Freizügigkeit für Forscher herrscht und wissenschaftliche Erkenntnisse und Technologien frei ausgetauscht werden, die Entwicklung ihrer Wettbewerbsfähigkeit einschließlich der ihrer Industrie zu fördern sowie alle Forschungsmaßnahmen zu unterstützen, die aufgrund anderer Kapitel der Verträge für erforderlich gehalten werden.

(2) In diesem Sinne unterstützt sie in der gesamten Union die Unternehmen – einschließlich der kleinen und mittleren Unternehmen –, die Forschungszentren und die Hochschulen bei ihren Bemühungen auf dem Gebiet der Forschung und technologischen Entwicklung von hoher Qualität; sie fördert ihre Zusammenarbeitsbestrebungen, damit vor allem die Forscher ungehindert über die Grenzen hinweg zusammenarbeiten und die Unternehmen die Möglichkeiten des Binnenmarkts in vollem Umfang nutzen können, und zwar insbesondere durch Öffnen des einzelstaatlichen öffentlichen Auftragswesens, Festlegung gemeinsamer Normen und Beseitigung der dieser Zusammenarbeit entgegenstehenden rechtlichen und steuerlichen Hindernisse.

(3) Alle Maßnahmen der Union aufgrund der Verträge auf dem Gebiet der Forschung und der technologischen Entwicklung einschließlich der Demonstrationsvorhaben werden nach Maßgabe dieses Titels beschlossen und durchgeführt.

Artikel 180 (Maßnahmen)

(ex-Artikel 164 EGV)

Zur Erreichung dieser Ziele trifft die Union folgende Maßnahmen, welche die in den Mitgliedstaaten durchgeführten Aktionen ergänzen:

a) Durchführung von Programmen für Forschung, technologische Entwicklung und Demonstration unter Förderung der Zusammenarbeit mit und zwischen Unternehmen, Forschungszentren und Hochschulen;

b) Förderung der Zusammenarbeit mit dritten Ländern und internationalen Organisationen auf dem Gebiet der Forschung, technologischen Entwicklung und Demonstration der Union;

c) Verbreitung und Auswertung der Ergebnisse der Tätigkeiten auf dem Gebiet der Forschung, technologischen Entwicklung und Demonstration der Union;
d) Förderung der Ausbildung und der Mobilität der Forscher aus der Union.

Artikel 181 (Koordinierung)

(ex-Artikel 165 EGV)

(1) Die Union und die Mitgliedstaaten koordinieren ihre Tätigkeiten auf dem Gebiet der Forschung und der technologischen Entwicklung, um die Kohärenz der einzelstaatlichen Politiken und der Politik der Union sicherzustellen.

(2) Die Kommission kann in enger Zusammenarbeit mit den Mitgliedstaaten alle Initiativen ergreifen, die der Koordinierung nach Absatz 1 förderlich sind, insbesondere Initiativen, die darauf abzielen, Leitlinien und Indikatoren festzulegen, den Austausch bewährter Verfahren durchzuführen und die erforderlichen Elemente für eine regelmäßige Überwachung und Bewertung auszuarbeiten. Das Europäische Parlament wird in vollem Umfang unterrichtet.

Artikel 182 (Mehrjähriges Rahmenprogramm)

(ex-Artikel 166 EGV)

(1) Das Europäische Parlament und der Rat stellen gemäß dem ordentlichen Gesetzgebungsverfahren und nach Anhörung des Wirtschafts- und Sozialausschusses ein mehrjähriges Rahmenprogramm auf, in dem alle Aktionen der Union zusammengefasst werden.

In dem Rahmenprogramm werden

– die wissenschaftlichen und technologischen Ziele, die mit den Maßnahmen nach Artikel 180 erreicht werden sollen, sowie die jeweiligen Prioritäten festgelegt;
– die Grundzüge dieser Maßnahmen angegeben;
– der Gesamthöchstbetrag und die Einzelheiten der finanziellen Beteiligung der Union am Rahmenprogramm sowie die jeweiligen Anteile der vorgesehenen Maßnahmen festgelegt.

(2) Das Rahmenprogramm wird je nach Entwicklung der Lage angepasst oder ergänzt.

(3) Die Durchführung des Rahmenprogramms erfolgt durch spezifische Programme, die innerhalb einer jeden Aktion entwickelt werden. In jedem spezifischen Programm werden die Einzelheiten seiner Durchführung, seine Laufzeit und die für notwendig erachteten Mittel festgelegt. Die Summe der in den spezifischen Programmen für notwendig erachteten Beträge darf den für das Rahmenprogramm und für jede Aktion festgesetzten Gesamthöchstbetrag nicht überschreiten.

(4) Die spezifischen Programme werden vom Rat gemäß einem besonderen Gesetzgebungsverfahren nach Anhörung des Europäischen Parlaments und des Wirtschafts- und Sozialausschusses beschlossen.

(5) Ergänzend zu den in dem mehrjährigen Rahmenprogramm vorgesehenen Aktionen erlassen das Europäische Parlament und der Rat gemäß dem ordentlichen Gesetzgebungsverfahren und nach Anhörung des Wirtschafts- und Sozialausschusses die Maßnahmen, die für die Verwirklichung des Europäischen Raums der Forschung notwendig sind.

Artikel 183 (Durchführungsregeln)

(ex-Artikel 167 EGV)

Zur Durchführung des mehrjährigen Rahmenprogramms legt die Union Folgendes fest:

- die Regeln für die Beteiligung der Unternehmen, der Forschungszentren und der Hochschulen;
- die Regeln für die Verbreitung der Forschungsergebnisse.

Artikel 184 (Zusatzprogramme)

(ex-Artikel 168 EGV)

Bei der Durchführung des mehrjährigen Rahmenprogramms können Zusatzprogramme beschlossen werden, an denen nur bestimmte Mitgliedstaaten teilnehmen, die sie vorbehaltlich einer etwaigen Beteiligung der Union auch finanzieren.

Die Union legt die Regeln für die Zusatzprogramme fest, insbesondere hinsichtlich der Verbreitung der Kenntnisse und des Zugangs anderer Mitgliedstaaten.

Artikel 185 (Beteiligung der Union)

(ex-Artikel 169 EGV)

Die Union kann im Einvernehmen mit den betreffenden Mitgliedstaaten bei der Durchführung des mehrjährigen Rahmenprogramms eine Beteiligung an Forschungs- und Entwicklungsprogrammen mehrerer Mitgliedstaaten, einschließlich der Beteiligung an den zu ihrer Durchführung geschaffenen Strukturen, vorsehen.

Artikel 186 (Internationale Zusammenarbeit)

(ex-Artikel 170 EGV)

Die Union kann bei der Durchführung des mehrjährigen Rahmenprogramms eine Zusammenarbeit auf dem Gebiet der Forschung, technologischen Entwicklung und Demonstration der Union mit dritten Ländern oder internationalen Organisationen vorsehen.

Die Einzelheiten dieser Zusammenarbeit können Gegenstand von Abkommen zwischen der Union und den betreffenden dritten Parteien sein.

Artikel 187 (Gemeinsame Unternehmen)

(ex-Artikel 171 EGV)

Die Union kann gemeinsame Unternehmen gründen oder andere Strukturen schaffen, die für die ordnungsgemäße Durchführung der Programme für Forschung, technologische Entwicklung und Demonstration der Union erforderlich sind.

Artikel 188 (Beschlussfassung)

(ex-Artikel 172)

Der Rat legt auf Vorschlag der Kommission und nach Anhörung des Europäischen Parlaments und des Wirtschafts- und Sozialausschusses die in Artikel 187 vorgesehenen Bestimmungen fest.

Das Europäische Parlament und der Rat legen gemäß dem ordentlichen Gesetzgebungsverfahren und nach Anhörung des Wirtschafts- und Sozialausschusses die in den Artikeln 183, 184 und 185 vorgesehenen Bestimmungen fest. Für die Verabschiedung der Zusatzprogramme ist die Zustimmung der daran beteiligten Mitgliedstaaten erforderlich.

Artikel 189 (Raumfahrtpolitik)

(1) Zur Förderung des wissenschaftlichen und technischen Fortschritts, der Wettbewerbsfähigkeit der Industrie und der Durchführung ihrer Politik arbeitet die Union eine europäische Raumfahrtpolitik aus. Sie kann zu diesem Zweck gemeinsame Initiativen fördern, die Forschung und technologische Entwicklung unterstützen und die Anstrengungen zur Erforschung und Nutzung des Weltraums koordinieren.

(2) Als Beitrag zur Erreichung der Ziele des Absatzes 1 werden vom Europäischen Parlament und vom Rat unter Ausschluss jeglicher Harmonisierung der Rechtsvorschriften der Mitgliedstaaten gemäß dem ordentlichen Gesetzgebungsverfahren die notwendigen Maßnahmen erlassen, was in Form eines europäischen Raumfahrtprogramms geschehen kann.

(3) Die Union stellt die zweckdienlichen Verbindungen zur Europäischen Weltraumorganisation her.

(4) Dieser Artikel gilt unbeschadet der sonstigen Bestimmungen dieses Titels.

Artikel 190 (Berichtspflicht)

(ex-Artikel 173 EGV)

Zu Beginn jedes Jahres unterbreitet die Kommission dem Europäischen Parlament und dem Rat einen Bericht. Dieser Bericht erstreckt sich insbesondere auf die Tätigkeiten auf dem Gebiet der Forschung und technologischen Entwicklung und der Verbreitung der Ergebnisse dieser Tätigkeiten während des Vorjahres sowie auf das Arbeitsprogramm des laufenden Jahres.

TITEL XX
UMWELT

Artikel 191 (Umweltpolitik)

(ex-Artikel 174 EGV)

(1) Die Umweltpolitik der Union trägt zur Verfolgung der nachstehenden Ziele bei:

- Erhaltung und Schutz der Umwelt sowie Verbesserung ihrer Qualität;
- Schutz der menschlichen Gesundheit;
- umsichtige und rationelle Verwendung der natürlichen Ressourcen;
- Förderung von Maßnahmen auf internationaler Ebene zur Bewältigung regionaler oder globaler Umweltprobleme und insbesondere zur Bekämpfung des Klimawandels.

(2) Die Umweltpolitik der Union zielt unter Berücksichtigung der unterschiedlichen Gegebenheiten in den einzelnen Regionen der Union auf ein hohes Schutzniveau ab. Sie beruht auf den Grundsätzen der Vorsorge und Vorbeugung,

§6 Abs. 1 Satz 2 WHG

auf dem Grundsatz, Umweltbeeinträchtigungen mit Vorrang an ihrem Ursprung zu bekämpfen, sowie auf dem Verursacherprinzip.

Im Hinblick hierauf umfassen die den Erfordernissen des Umweltschutzes entsprechenden Harmonisierungsmaßnahmen gegebenenfalls eine Schutzklausel, mit der die Mitgliedstaaten ermächtigt werden, aus nicht wirtschaftlich bedingten umweltpolitischen Gründen vorläufige Maßnahmen zu treffen, die einem Kontrollverfahren der Union unterliegen.

(3) Bei der Erarbeitung ihrer Umweltpolitik berücksichtigt die Union

- die verfügbaren wissenschaftlichen und technischen Daten;
- die Umweltbedingungen in den einzelnen Regionen der Union;
- die Vorteile und die Belastung aufgrund des Tätigwerdens bzw. eines Nichttätigwerdens;
- die wirtschaftliche und soziale Entwicklung der Union insgesamt sowie die ausgewogene Entwicklung ihrer Regionen.

(4) Die Union und die Mitgliedstaaten arbeiten im Rahmen ihrer jeweiligen Befugnisse mit dritten Ländern und den zuständigen internationalen Organisationen zusammen. Die Einzelheiten der Zusammenarbeit der Union können Gegenstand von Abkommen zwischen dieser und den betreffenden dritten Parteien sein.

Unterabsatz 1 berührt nicht die Zuständigkeit der Mitgliedstaaten, in internationalen Gremien zu verhandeln und internationale Abkommen zu schließen.

Artikel 192 (Beschlussfassung, Finanzierung)

(ex-Artikel 175 EGV)

(1) Das Europäische Parlament und der Rat beschließen gemäß dem ordentlichen Gesetzgebungsverfahren und nach Anhörung des Wirtschafts- und Sozialausschusses sowie des Ausschusses der Regionen über das Tätigwerden der Union zur Erreichung der in Artikel 191 genannten Ziele.

(2) Abweichend von dem Beschlussverfahren des Absatzes 1 und unbeschadet des Artikels 114 erlässt der Rat gemäß einem besonderen Gesetzgebungsverfahren nach Anhörung des Europäischen Parlaments, des Wirtschafts- und Sozialausschusses sowie des Ausschusses der Regionen einstimmig

a) Vorschriften überwiegend steuerlicher Art;

b) Maßnahmen, die
   - die Raumordnung berühren,
   - die mengenmäßige Bewirtschaftung der Wasserressourcen berühren oder die Verfügbarkeit dieser Ressourcen mittelbar oder unmittelbar betreffen,
   - die Bodennutzung mit Ausnahme der Abfallbewirtschaftung berühren;

c) Maßnahmen, welche die Wahl eines Mitgliedstaats zwischen verschiedenen Energiequellen und die allgemeine Struktur seiner Energieversorgung erheblich berühren.

Der Rat kann auf Vorschlag der Kommission und nach Anhörung des Europäischen Parlaments, des Wirtschafts- und Sozialausschusses und des Ausschusses der Regionen einstimmig festlegen, dass für die in Unterabsatz 1 genannten Bereiche das ordentliche Gesetzgebungsverfahren gilt.

(3) Das Europäische Parlament und der Rat beschließen gemäß dem ordentlichen Gesetzgebungsverfahren und nach Anhörung des Wirtschafts- und Sozial-

ausschusses sowie des Ausschusses der Regionen allgemeine Aktionsprogramme, in denen die vorrangigen Ziele festgelegt werden.

Die zur Durchführung dieser Programme erforderlichen Maßnahmen werden, je nach Fall, nach dem in Absatz 1 beziehungsweise Absatz 2 vorgesehenen Verfahren erlassen.

(4) Unbeschadet bestimmter Maßnahmen der Union tragen die Mitgliedstaaten für die Finanzierung und Durchführung der Umweltpolitik Sorge.

(5) Sofern eine Maßnahme nach Absatz 1 mit unverhältnismäßig hohen Kosten für die Behörden eines Mitgliedstaats verbunden ist, werden darin unbeschadet des Verursacherprinzips geeignete Bestimmungen in folgender Form vorgesehen:

- vorübergehende Ausnahmeregelungen und/oder
- eine finanzielle Unterstützung aus dem nach Artikel 177 errichteten Kohäsionsfonds.

Artikel 193 (Verstärkte mitgliedstaatliche Schutzmaßnahmen)

(ex-Artikel 176 EGV)

Die Schutzmaßnahmen, die aufgrund des Artikels 192 getroffen werden, hindern die einzelnen Mitgliedstaaten nicht daran, verstärkte Schutzmaßnahmen beizubehalten oder zu ergreifen. Die betreffenden Maßnahmen müssen mit den Verträgen vereinbar sein. Sie werden der Kommission notifiziert.

TITEL XXI

ENERGIE

Artikel 194 (Energiepolitik)

(1) Die Energiepolitik der Union verfolgt im Geiste der Solidarität zwischen den Mitgliedstaaten im Rahmen der Verwirklichung oder des Funktionierens des Binnenmarkts und unter Berücksichtigung der Notwendigkeit der Erhaltung und Verbesserung der Umwelt folgende Ziele:

a) Sicherstellung des Funktionierens des Energiemarkts;

b) Gewährleistung der Energieversorgungssicherheit in der Union;

c) Förderung der Energieeffizienz und von Energieeinsparungen sowie Entwicklung neuer und erneuerbarer Energiequellen und

d) Förderung der Interkonnektion der Energienetze.

(2) Unbeschadet der Anwendung anderer Bestimmungen der Verträge erlassen das Europäische Parlament und der Rat gemäß dem ordentlichen Gesetzgebungsverfahren die Maßnahmen, die erforderlich sind, um die Ziele nach Absatz 1 zu verwirklichen. Der Erlass dieser Maßnahmen erfolgt nach Anhörung des Wirtschafts- und Sozialausschusses und des Ausschusses der Regionen.

Diese Maßnahmen berühren unbeschadet des Artikels 192 Absatz 2 Buchstabe c nicht das Recht eines Mitgliedstaats, die Bedingungen für die Nutzung seiner Energieressourcen, seine Wahl zwischen verschiedenen Energiequellen und die allgemeine Struktur seiner Energieversorgung zu bestimmen.

(3) Abweichend von Absatz 2 erlässt der Rat die darin genannten Maßnahmen gemäß einem besonderen Gesetzgebungsverfahren einstimmig nach Anhörung des Europäischen Parlaments, wenn sie überwiegend steuerlicher Art sind.

TITEL XXII
TOURISMUS

Artikel 195 (Ergänzende Maßnahmen im Tourismussektor)

(1) Die Union ergänzt die Maßnahmen der Mitgliedstaaten im Tourismussektor, insbesondere durch die Förderung der Wettbewerbsfähigkeit der Unternehmen der Union in diesem Sektor.

Die Union verfolgt zu diesem Zweck mit ihrer Tätigkeit das Ziel,

a) die Schaffung eines günstigen Umfelds für die Entwicklung der Unternehmen in diesem Sektor anzuregen;

b) die Zusammenarbeit zwischen den Mitgliedstaaten insbesondere durch den Austausch bewährter Praktiken zu unterstützen.

(2) Das Europäische Parlament und der Rat erlassen unter Ausschluss jeglicher Harmonisierung der Rechtsvorschriften der Mitgliedstaaten gemäß dem ordentlichen Gesetzgebungsverfahren die spezifischen Maßnahmen zur Ergänzung der Maßnahmen, die die Mitgliedstaaten zur Verwirklichung der in diesem Artikel genannten Ziele durchführen.

TITEL XXIII
KATASTROPHENSCHUTZ

Artikel 196 (Katastrophenschutz)

(1) Die Union fördert die Zusammenarbeit zwischen den Mitgliedstaaten, um die Systeme zur Verhütung von Naturkatastrophen oder von vom Menschen verursachten Katastrophen und zum Schutz vor solchen Katastrophen wirksamer zu gestalten.

Die Tätigkeit der Union hat folgende Ziele:

a) Unterstützung und Ergänzung der Tätigkeit der Mitgliedstaaten auf nationaler, regionaler und kommunaler Ebene im Hinblick auf die Risikoprävention, auf die Ausbildung der in den Mitgliedstaaten am Katastrophenschutz Beteiligten und auf Einsätze im Falle von Naturkatastrophen oder von vom Menschen verursachten Katastrophen in der Union;

b) Förderung einer schnellen und effizienten Zusammenarbeit in der Union zwischen den einzelstaatlichen Katastrophenschutzstellen;

c) Verbesserung der Kohärenz der Katastrophenschutzmaßnahmen auf internationaler Ebene.

(2) Das Europäische Parlament und der Rat erlassen unter Ausschluss jeglicher Harmonisierung der Rechtsvorschriften der Mitgliedstaaten gemäß dem ordentlichen Gesetzgebungsverfahren die erforderlichen Maßnahmen zur Verfolgung der Ziele des Absatzes 1.

TITEL XXIV
VERWALTUNGSZUSAMMENARBEIT

Artikel 197 (Effektive Durchführung des Unionsrechts)

(1) Die für das ordnungsgemäße Funktionieren der Union entscheidende effektive Durchführung des Unionsrechts durch die Mitgliedstaaten ist als Frage von gemeinsamem Interesse anzusehen.

(2) Die Union kann die Mitgliedstaaten in ihren Bemühungen um eine Verbesserung der Fähigkeit ihrer Verwaltung zur Durchführung des Unionsrechts unterstützen. Dies kann insbesondere die Erleichterung des Austauschs von Informationen und von Beamten sowie die Unterstützung von Aus- und Weiterbildungsprogrammen beinhalten. Die Mitgliedstaaten müssen diese Unterstützung nicht in Anspruch nehmen. Das Europäische Parlament und der Rat erlassen die erforderlichen Maßnahmen unter Ausschluss jeglicher Harmonisierung der Rechtsvorschriften der Mitgliedstaaten durch Verordnungen gemäß dem ordentlichen Gesetzgebungsverfahren.

(3) Dieser Artikel berührt weder die Verpflichtung der Mitgliedstaaten, das Unionsrecht durchzuführen, noch die Befugnisse und Pflichten der Kommission. Er berührt auch nicht die übrigen Bestimmungen der Verträge, in denen eine Verwaltungszusammenarbeit unter den Mitgliedstaaten sowie zwischen diesen und der Union vorgesehen ist.

VIERTER TEIL
DIE ASSOZIIERUNG DER ÜBERSEEISCHEN LÄNDER UND HOHEITSGEBIETE

Artikel 198 (Assoziierung)
(ex-Artikel 182 EGV)

Die Mitgliedstaaten kommen überein, die außereuropäischen Länder und Hoheitsgebiete, die mit Dänemark, Frankreich, den Niederlanden und dem Vereinigten Königreich besondere Beziehungen unterhalten, der Union zu assoziieren. Diese Länder und Hoheitsgebiete, im Folgenden als „Länder und Hoheitsgebiete" bezeichnet, sind in Anhang II aufgeführt.

Ziel der Assoziierung ist die Förderung der wirtschaftlichen und sozialen Entwicklung der Länder und Hoheitsgebiete und die Herstellung enger Wirtschaftsbeziehungen zwischen ihnen und der gesamten Union.

Entsprechend den in der Präambel dieses Vertrags aufgestellten Grundsätzen soll die Assoziierung in erster Linie den Interessen der Einwohner dieser Länder und Hoheitsgebiete dienen und ihren Wohlstand fördern, um sie der von ihnen erstrebten wirtschaftlichen, sozialen und kulturellen Entwicklung entgegenzuführen.

Artikel 199 (Zwecke der Assoziierung)
(ex-Artikel 183 EGV)

Mit der Assoziierung werden folgende Zwecke verfolgt:

1. Die Mitgliedstaaten wenden auf ihren Handelsverkehr mit den Ländern und Hoheitsgebieten das System an, das sie aufgrund der Verträge untereinander anwenden.
2. Jedes Land oder Hoheitsgebiet wendet auf seinen Handelsverkehr mit den Mitgliedstaaten und den anderen Ländern und Hoheitsgebieten das System an, das es auf den europäischen Staat anwendet, mit dem es besondere Beziehungen unterhält.
3. Die Mitgliedstaaten beteiligen sich an den Investitionen, welche die fortschreitende Entwicklung dieser Länder und Hoheitsgebiete erfordert.
4. Bei Ausschreibungen und Lieferungen für Investitionen, die von der Union finanziert werden, steht die Beteiligung zu gleichen Bedingungen allen natürlichen und juristischen Personen offen, welche die Staatsangehörigkeit der Mitgliedstaaten oder der Länder oder Hoheitsgebiete besitzen.
5. Soweit aufgrund des Artikels 203 nicht Sonderregelungen getroffen werden, gelten zwischen den Mitgliedstaaten und den Ländern und Hoheitsgebieten für das Niederlassungsrecht ihrer Staatsangehörigen und Gesellschaften die Bestimmungen und Verfahrensregeln des Kapitels Niederlassungsfreiheit, und zwar unter Ausschluss jeder Diskriminierung.

Artikel 200 (Abschaffung der Zölle)

(ex-Artikel 184 EGV)

(1) Zölle bei der Einfuhr von Waren aus den Ländern und Hoheitsgebieten in die Mitgliedstaaten sind verboten; dies geschieht nach Maßgabe des in den Verträgen vorgesehenen Verbots von Zöllen zwischen den Mitgliedstaaten.

(2) In jedem Land und Hoheitsgebiet sind Zölle bei der Einfuhr von Waren aus den Mitgliedstaaten und den anderen Ländern und Hoheitsgebieten nach Maßgabe des Artikels 30 verboten.

(3) Die Länder und Hoheitsgebiete können jedoch Zölle erheben, die den Erfordernissen ihrer Entwicklung und Industrialisierung entsprechen oder als Finanzzölle der Finanzierung ihres Haushalts dienen.

Die in Unterabsatz 1 genannten Zölle dürfen nicht höher sein als diejenigen, die für die Einfuhr von Waren aus dem Mitgliedstaat gelten, mit dem das entsprechende Land oder Hoheitsgebiet besondere Beziehungen unterhält.

(4) Absatz 2 gilt nicht für die Länder und Hoheitsgebiete, die aufgrund besonderer internationaler Verpflichtungen bereits einen nichtdiskriminierenden Zolltarif anwenden.

(5) Die Festlegung oder Änderung der Zollsätze für Waren, die in die Länder und Hoheitsgebiete eingeführt werden, darf weder rechtlich noch tatsächlich zu einer mittelbaren oder unmittelbaren Diskriminierung zwischen den Einfuhren aus den einzelnen Mitgliedstaaten führen.

Artikel 201 (Abhilfemaßnahmen bei Verkehrsverlagerungen)

(ex-Artikel 185 EGV)

Ist die Höhe der Zollsätze, die bei der Einfuhr in ein Land oder Hoheitsgebiet für Waren aus einem dritten Land gelten, bei Anwendung des Artikels 200 Absatz 1 geeignet, Verkehrsverlagerungen zum Nachteil eines Mitgliedstaats hervorzurufen, so kann dieser die Kommission ersuchen, den anderen Mitgliedstaaten die erforderlichen Abhilfemaßnahmen vorzuschlagen.

Artikel 202 (Freizügigkeit der Arbeitskräfte)

(ex-Artikel 186 EGV)

Vorbehaltlich der Bestimmungen über die Volksgesundheit und die öffentliche Sicherheit und Ordnung werden für die Freizügigkeit der Arbeitskräfte aus den Ländern und Hoheitsgebieten in den Mitgliedstaaten und der Arbeitskräfte aus den Mitgliedstaaten in den Ländern und Hoheitsgebieten Rechtsakte nach Artikel 203 erlassen.

Artikel 203 (Beschlussfassung)

(ex-Artikel 187 EGV)

Der Rat erlässt einstimmig auf Vorschlag der Kommission und aufgrund der im Rahmen der Assoziierung der Länder und Hoheitsgebiete an die Union erzielten Ergebnisse und der Grundsätze der Verträge die Bestimmungen über die Einzelheiten und das Verfahren für die Assoziierung der Länder und Hoheitsgebiete an die Union. Werden diese Bestimmungen vom Rat gemäß einem besonderen Gesetzgebungsverfahren angenommen, so beschließt er einstimmig auf Vorschlag der Kommission nach Anhörung des Europäischen Parlaments.

Artikel 204 (Anwendung auf Grönland)

(ex-Artikel 188 EGV)

Die Artikel 198 bis 203 sind auf Grönland anwendbar, vorbehaltlich der spezifischen Bestimmungen für Grönland in dem Protokoll über die Sonderregelung für Grönland im Anhang zu den Verträgen.

FÜNFTER TEIL
DAS AUSWÄRTIGE HANDELN DER UNION

TITEL I
ALLGEMEINE BESTIMMUNGEN ÜBER DAS AUSWÄRTIGE HANDELN DER UNION

Artikel 205 (Verweisklausel)

Das Handeln der Union auf internationaler Ebene im Rahmen dieses Teils wird von den Grundsätzen bestimmt, von den Zielen geleitet und an den allgemeinen Bestimmungen ausgerichtet, die in Titel V Kapitel 1 des Vertrags über die Europäische Union niedergelegt sind.

TITEL II
GEMEINSAME HANDELSPOLITIK

Artikel 206 (Zollunion)

(ex-Artikel 131 EGV)

Durch die Schaffung einer Zollunion nach den Artikeln 28 bis 32 trägt die Union im gemeinsamen Interesse zur harmonischen Entwicklung des Welthandels, zur schrittweisen Beseitigung der Beschränkungen im internationalen Handelsverkehr und bei den ausländischen Direktinvestitionen sowie zum Abbau der Zollschranken und anderer Schranken bei.

Artikel 207 (Gemeinsame Handelspolitik) Art 256 Abs. 1 AEUV

(ex-Artikel 133 EGV)

(1) Die gemeinsame Handelspolitik wird nach einheitlichen Grundsätzen gestaltet; dies gilt insbesondere für die Änderung von Zollsätzen, für den Abschluss von Zoll- und Handelsabkommen, die den Handel mit Waren und Dienstleistungen betreffen, und für die Handelsaspekte des geistigen Eigentums, die ausländischen Direktinvestitionen, die Vereinheitlichung der Liberalisierungsmaßnahmen, die Ausfuhrpolitik sowie die handelspolitischen Schutzmaßnahmen, zum Beispiel im Fall von Dumping und Subventionen. Die gemeinsame Handelspolitik wird im Rahmen der Grundsätze und Ziele des auswärtigen Handelns der Union gestaltet.

(2) Das Europäische Parlament und der Rat erlassen durch Verordnungen gemäß dem ordentlichen Gesetzgebungsverfahren die Maßnahmen, mit denen der Rahmen für die Umsetzung der gemeinsamen Handelspolitik bestimmt wird.

(3) Sind mit einem oder mehreren Drittländern oder internationalen Organisationen Abkommen auszuhandeln und zu schließen, so findet Artikel 218 vorbehaltlich der besonderen Bestimmungen dieses Artikels Anwendung.

Die Kommission legt dem Rat Empfehlungen vor; dieser ermächtigt die Kommission zur Aufnahme der erforderlichen Verhandlungen. Der Rat und die Kommission haben dafür Sorge zu tragen, dass die ausgehandelten Abkommen mit der internen Politik und den internen Vorschriften der Union vereinbar sind.

Die Kommission führt diese Verhandlungen im Benehmen mit einem zu ihrer Unterstützung vom Rat bestellten Sonderausschuss und nach Maßgabe der Richtlinien, die ihr der Rat erteilen kann. Die Kommission erstattet dem Sonderausschuss sowie dem Europäischen Parlament regelmäßig Bericht über den Stand der Verhandlungen.

(4) Über die Aushandlung und den Abschluss der in Absatz 3 genannten Abkommen beschließt der Rat mit qualifizierter Mehrheit.

Über die Aushandlung und den Abschluss eines Abkommens über den Dienstleistungsverkehr, über Handelsaspekte des geistigen Eigentums oder über ausländische Direktinvestitionen beschließt der Rat einstimmig, wenn das betreffende Abkommen Bestimmungen enthält, bei denen für die Annahme interner Vorschriften Einstimmigkeit erforderlich ist.

Der Rat beschließt ebenfalls einstimmig über die Aushandlung und den Abschluss von Abkommen in den folgenden Bereichen:

a) Handel mit kulturellen und audiovisuellen Dienstleistungen, wenn diese Abkommen die kulturelle und sprachliche Vielfalt in der Union beeinträchtigen könnten;

b) Handel mit Dienstleistungen des Sozial-, des Bildungs- und des Gesundheitssektors, wenn diese Abkommen die einzelstaatliche Organisation dieser Dienstleistungen ernsthaft stören und die Verantwortlichkeit der Mitgliedstaaten für ihre Erbringung beeinträchtigen könnten.

(5) Für die Aushandlung und den Abschluss von internationalen Abkommen im Bereich des Verkehrs gelten der Dritte Teil Titel VI sowie Artikel 218.

(6) Die Ausübung der durch diesen Artikel übertragenen Zuständigkeiten im Bereich der gemeinsamen Handelspolitik hat keine Auswirkungen auf die Abgrenzung der Zuständigkeiten zwischen der Union und den Mitgliedstaaten und führt nicht zu einer Harmonisierung der Rechtsvorschriften der Mitgliedstaaten, soweit eine solche Harmonisierung in den Verträgen ausgeschlossen wird.

TITEL III
ZUSAMMENARBEIT MIT DRITTLÄNDERN UND HUMANITÄRE HILFE

KAPITEL 1
ENTWICKLUNGSZUSAMMENARBEIT

Artikel 208 (Ziele der Entwicklungspolitik)

(ex-Artikel 177 EGV)

(1) Die Politik der Union auf dem Gebiet der Entwicklungszusammenarbeit wird im Rahmen der Grundsätze und Ziele des auswärtigen Handelns der Union durchgeführt. Die Politik der Union und die Politik der Mitgliedstaaten auf dem Gebiet der Entwicklungszusammenarbeit ergänzen und verstärken sich gegenseitig.

Hauptziel der Unionspolitik in diesem Bereich ist die Bekämpfung und auf längere Sicht die Beseitigung der Armut. Bei der Durchführung politischer Maßnahmen, die sich auf die Entwicklungsländer auswirken können, trägt die Union den Zielen der Entwicklungszusammenarbeit Rechnung.

(2) Die Union und die Mitgliedstaaten kommen den im Rahmen der Vereinten Nationen und anderer zuständiger internationaler Organisationen gegebenen Zusagen nach und berücksichtigen die in diesem Rahmen gebilligten Zielsetzungen.

Artikel 209 (Durchführungsmaßnahmen)

(ex-Artikel 179 EGV)

(1) Das Europäische Parlament und der Rat erlassen gemäß dem ordentlichen Gesetzgebungsverfahren die zur Durchführung der Politik im Bereich der Entwicklungszusammenarbeit erforderlichen Maßnahmen; diese Maßnahmen können Mehrjahresprogramme für die Zusammenarbeit mit Entwicklungsländern oder thematische Programme betreffen.

(2) Die Union kann mit Drittländern und den zuständigen internationalen Organisationen alle Übereinkünfte schließen, die zur Verwirklichung der Ziele des Artikels 21 des Vertrags über die Europäische Union und des Artikels 208 dieses Vertrags beitragen.

Unterabsatz 1 berührt nicht die Zuständigkeit der Mitgliedstaaten, in internationalen Gremien zu verhandeln und Übereinkünfte zu schließen.

(3) Die Europäische Investitionsbank trägt nach Maßgabe ihrer Satzung zur Durchführung der Maßnahmen im Sinne des Absatzes 1 bei.

Artikel 210 (Koordinierung)

(ex-Artikel 180 EGV)

(1) Die Union und die Mitgliedstaaten koordinieren ihre Politik auf dem Gebiet der Entwicklungszusammenarbeit und stimmen ihre Hilfsprogramme aufeinander ab, auch in internationalen Organisationen und auf internationalen Konferenzen, damit ihre Maßnahmen einander besser ergänzen und wirksamer sind. Sie können gemeinsame Maßnahmen ergreifen. Die Mitgliedstaaten tragen erforderlichenfalls zur Durchführung der Hilfsprogramme der Union bei.

(2) Die Kommission kann alle Initiativen ergreifen, die der in Absatz 1 genannten Koordinierung förderlich sind.

Artikel 211 (Zusammenarbeit mit Drittstaaten und internationalen Organisationen)

(ex-Artikel 181 EGV)

Die Union und die Mitgliedstaaten arbeiten im Rahmen ihrer jeweiligen Befugnisse mit dritten Ländern und den zuständigen internationalen Organisationen zusammen.

KAPITEL 2

WIRTSCHAFTLICHE, FINANZIELLE UND TECHNISCHE ZUSAMMENARBEIT MIT DRITTLÄNDERN

Artikel 212 (Maßnahmen der wirtschaftlichen, finanziellen und technischen Zusammenarbeit)

(ex-Artikel 181a EGV)

(1) Unbeschadet der übrigen Bestimmungen der Verträge, insbesondere der Artikel 208 bis 211, führt die Union mit Drittländern, die keine Entwicklungsländer sind, Maßnahmen der wirtschaftlichen, finanziellen und technischen Zusammenarbeit durch, die auch Unterstützung, insbesondere im finanziellen Bereich, einschließen. Diese Maßnahmen stehen mit der Entwicklungspolitik der Union im Einklang und werden im Rahmen der Grundsätze und Ziele ihres auswärtigen Handelns durchgeführt. Die Maßnahmen der Union und die Maßnahmen der Mitgliedstaaten ergänzen und verstärken sich gegenseitig.

(2) Das Europäische Parlament und der Rat erlassen gemäß dem ordentlichen Gesetzgebungsverfahren die zur Durchführung des Absatzes 1 erforderlichen Maßnahmen.

(3) Die Union und die Mitgliedstaaten arbeiten im Rahmen ihrer jeweiligen Zuständigkeiten mit Drittländern und den zuständigen internationalen Organisationen zusammen. Die Einzelheiten der Zusammenarbeit der Union können in Abkommen zwischen dieser und den betreffenden dritten Parteien geregelt werden.

Unterabsatz 1 berührt nicht die Zuständigkeit der Mitgliedstaaten, in internationalen Gremien zu verhandeln und internationale Abkommen zu schließen.

Artikel 213 (Umgehende finanzielle Hilfe)

Ist es aufgrund der Lage in einem Drittland notwendig, dass die Union umgehend finanzielle Hilfe leistet, so erlässt der Rat auf Vorschlag der Kommission die erforderlichen Beschlüsse.

KAPITEL 3
HUMANITÄRE HILFE

Artikel 214 (Grundsätze, Ziele und Maßnahmen; Europäisches Freiwilligenkorps)

(1) Den Rahmen für die Maßnahmen der Union im Bereich der humanitären Hilfe bilden die Grundsätze und Ziele des auswärtigen Handelns der Union. Die Maßnahmen dienen dazu, Einwohnern von Drittländern, die von Naturkatastrophen oder von vom Menschen verursachten Katastrophen betroffen sind, gezielt Hilfe, Rettung und Schutz zu bringen, damit die aus diesen Notständen resultierenden humanitären Bedürfnisse gedeckt werden können. Die Maßnahmen der Union und die Maßnahmen der Mitgliedstaaten ergänzen und verstärken sich gegenseitig.

(2) Die Maßnahmen der humanitären Hilfe werden im Einklang mit den Grundsätzen des Völkerrechts sowie den Grundsätzen der Unparteilichkeit, der Neutralität und der Nichtdiskriminierung durchgeführt.

(3) Das Europäische Parlament und der Rat legen gemäß dem ordentlichen Gesetzgebungsverfahren die Maßnahmen zur Festlegung des Rahmens fest, innerhalb dessen die Maßnahmen der humanitären Hilfe der Union durchgeführt werden.

(4) Die Union kann mit Drittländern und den zuständigen internationalen Organisationen alle Übereinkünfte schließen, die zur Verwirklichung der Ziele des Absatzes 1 und des Artikels 21 des Vertrags über die Europäische Union beitragen.

Unterabsatz 1 berührt nicht die Zuständigkeit der Mitgliedstaaten, in internationalen Gremien zu verhandeln und Übereinkünfte zu schließen.

(5) Als Rahmen für gemeinsame Beiträge der jungen Europäer zu den Maßnahmen der humanitären Hilfe der Union wird ein Europäisches Freiwilligenkorps für humanitäre Hilfe geschaffen. Das Europäische Parlament und der Rat legen gemäß dem ordentlichen Gesetzgebungsverfahren durch Verordnungen die Rechtsstellung und die Einzelheiten der Arbeitsweise des Korps fest.

(6) Die Kommission kann alle Initiativen ergreifen, die der Koordinierung zwischen den Maßnahmen der Union und denen der Mitgliedstaaten förderlich sind, damit die Programme der Union und der Mitgliedstaaten im Bereich der humanitären Hilfe wirksamer sind und einander besser ergänzen.

(7) Die Union trägt dafür Sorge, dass ihre Maßnahmen der humanitären Hilfe mit den Maßnahmen der internationalen Organisationen und Einrichtungen, insbesondere derer, die zum System der Vereinten Nationen gehören, abgestimmt werden und im Einklang mit ihnen stehen.

TITEL IV
RESTRIKTIVE MASSNAHMEN

Artikel 215 (Maßnahmen zur Umsetzung von Wirtschaftssanktionen)

(ex-Artikel 301 EGV)

(1) Sieht ein nach Titel V Kapitel 2 des Vertrags über die Europäische Union erlassener Beschluss die Aussetzung, Einschränkung oder vollständige Einstellung der Wirtschafts- und Finanzbeziehungen zu einem oder mehreren Drittlän-

dern vor, so erlässt der Rat die erforderlichen Maßnahmen mit qualifizierter Mehrheit auf gemeinsamen Vorschlag des Hohen Vertreters der Union für Außen- und Sicherheitspolitik und der Kommission. Er unterrichtet hierüber das Europäische Parlament.

(2) Sieht ein nach Titel V Kapitel 2 des Vertrags über die Europäische Union erlassener Beschluss dies vor, so kann der Rat nach dem Verfahren des Absatzes 1 restriktive Maßnahmen gegen natürliche oder juristische Personen sowie Gruppierungen oder nichtstaatliche Einheiten erlassen.

(3) In den Rechtsakten nach diesem Artikel müssen die erforderlichen Bestimmungen über den Rechtsschutz vorgesehen sein.

TITEL V
INTERNATIONALE ÜBEREINKÜNFTE

Artikel 216 (Voraussetzungen und Bindungswirkung)

(1) Die Union kann mit einem oder mehreren Drittländern oder einer oder mehreren internationalen Organisationen eine Übereinkunft schließen, wenn dies in den Verträgen vorgesehen ist oder wenn der Abschluss einer Übereinkunft im Rahmen der Politik der Union entweder zur Verwirklichung eines der in den Verträgen festgesetzten Ziele erforderlich oder in einem verbindlichen Rechtsakt der Union vorgesehen ist oder aber gemeinsame Vorschriften beeinträchtigen oder deren Anwendungsbereich ändern könnte.

(2) Die von der Union geschlossenen Übereinkünfte binden die Organe der Union und die Mitgliedstaaten.

Artikel 217 (Assoziierungsabkommen mit Drittländern oder internationalen Organisationen)

(ex-Artikel 310 EGV)

Die Union kann mit einem oder mehreren Drittländern oder einer oder mehreren internationalen Organisationen Abkommen schließen, die eine Assoziierung mit gegenseitigen Rechten und Pflichten, gemeinsamem Vorgehen und besonderen Verfahren herstellen.

Artikel 218 (Bestimmungen zum Abschluss internationaler Übereinkünfte)

(ex-Artikel 300 EGV)

(1) Unbeschadet der besonderen Bestimmungen des Artikels 207 werden Übereinkünfte zwischen der Union und Drittländern oder internationalen Organisationen nach dem im Folgenden beschriebenen Verfahren ausgehandelt und geschlossen.

(2) Der Rat erteilt eine Ermächtigung zur Aufnahme von Verhandlungen, legt Verhandlungsrichtlinien fest, genehmigt die Unterzeichnung und schließt die Übereinkünfte.

(3) Die Kommission oder, wenn sich die geplante Übereinkunft ausschließlich oder hauptsächlich auf die Gemeinsame Außen- und Sicherheitspolitik bezieht, der Hohe Vertreter der Union für Außen- und Sicherheitspolitik legt dem Rat Empfehlungen vor; dieser erlässt einen Beschluss über die Ermächtigung zur Aufnahme von Verhandlungen und über die Benennung, je nach dem Gegenstand der

geplanten Übereinkunft, des Verhandlungsführers oder des Leiters des Verhandlungsteams der Union.

(4) Der Rat kann dem Verhandlungsführer Richtlinien erteilen und einen Sonderausschuss bestellen; die Verhandlungen sind im Benehmen mit diesem Ausschuss zu führen.

(5) Der Rat erlässt auf Vorschlag des Verhandlungsführers einen Beschluss, mit dem die Unterzeichnung der Übereinkunft und gegebenenfalls deren vorläufige Anwendung vor dem Inkrafttreten genehmigt werden.

(6) Der Rat erlässt auf Vorschlag des Verhandlungsführers einen Beschluss über den Abschluss der Übereinkunft.

Mit Ausnahme der Übereinkünfte, die ausschließlich die Gemeinsame Außen- und Sicherheitspolitik betreffen, erlässt der Rat den Beschluss über den Abschluss der Übereinkunft

a) nach Zustimmung des Europäischen Parlaments in folgenden Fällen:
   i) Assoziierungsabkommen;
   ii) Übereinkunft über den Beitritt der Union zur Europäischen Konvention zum Schutz der Menschenrechte und Grundfreiheiten;
   iii) Übereinkünfte, die durch die Einführung von Zusammenarbeitsverfahren einen besonderen institutionellen Rahmen schaffen;
   iv) Übereinkünfte mit erheblichen finanziellen Folgen für die Union;
   v) Übereinkünfte in Bereichen, für die entweder das ordentliche Gesetzgebungsverfahren oder, wenn die Zustimmung des Europäischen Parlaments erforderlich ist, das besondere Gesetzgebungsverfahren gilt.

   Das Europäische Parlament und der Rat können in dringenden Fällen eine Frist für die Zustimmung vereinbaren.
b) nach Anhörung des Europäischen Parlaments in den übrigen Fällen. Das Europäische Parlament gibt seine Stellungnahme innerhalb einer Frist ab, die der Rat entsprechend der Dringlichkeit festlegen kann. Ergeht innerhalb dieser Frist keine Stellungnahme, so kann der Rat einen Beschluss fassen.

(7) Abweichend von den Absätzen 5, 6 und 9 kann der Rat den Verhandlungsführer bei Abschluss einer Übereinkunft ermächtigen, im Namen der Union Änderungen der Übereinkunft zu billigen, wenn die Übereinkunft vorsieht, dass diese Änderungen im Wege eines vereinfachten Verfahrens oder durch ein durch die Übereinkunft eingesetztes Gremium anzunehmen sind. Der Rat kann diese Ermächtigung gegebenenfalls mit besonderen Bedingungen verbinden.

(8) Der Rat beschließt während des gesamten Verfahrens mit qualifizierter Mehrheit.

Er beschließt jedoch einstimmig, wenn die Übereinkunft einen Bereich betrifft, in dem für den Erlass eines Rechtsakts der Union Einstimmigkeit erforderlich ist, sowie bei Assoziierungsabkommen und Übereinkünften nach Artikel 212 mit beitrittswilligen Staaten. Auch über die Übereinkunft über den Beitritt der Union zur Europäischen Konvention zum Schutz der Menschenrechte und Grundfreiheiten beschließt der Rat einstimmig; der Beschluss zum Abschluss dieser Übereinkunft tritt in Kraft, nachdem die Mitgliedstaaten im Einklang mit ihren jeweiligen verfassungsrechtlichen Vorschriften zugestimmt haben.

(9) Der Rat erlässt auf Vorschlag der Kommission oder des Hohen Vertreters der Union für Außen- und Sicherheitspolitik einen Beschluss über die Aussetzung der Anwendung einer Übereinkunft und zur Festlegung der Standpunkte, die im Namen der Union in einem durch eine Übereinkunft eingesetzten Gremium zu

vertreten sind, sofern dieses Gremium rechtswirksame Akte, mit Ausnahme von Rechtsakten zur Ergänzung oder Änderung des institutionellen Rahmens der betreffenden Übereinkunft, zu erlassen hat.

(10) Das Europäische Parlament wird in allen Phasen des Verfahrens unverzüglich und umfassend unterrichtet.

(11) Ein Mitgliedstaat, das Europäische Parlament, der Rat oder die Kommission können ein Gutachten des Gerichtshofs über die Vereinbarkeit einer geplanten Übereinkunft mit den Verträgen einholen. Ist das Gutachten des Gerichtshofs ablehnend, so kann die geplante Übereinkunft nur in Kraft treten, wenn sie oder die Verträge geändert werden.

Artikel 219 (Wechselkurssystem; Euro-Leitkurse; Wechselkurspolitik)

(ex-Artikel 111 Absätze 1 bis 3 und Absatz 5 EGV)

(1) Abweichend von Artikel 218 kann der Rat entweder auf Empfehlung der Europäischen Zentralbank oder auf Empfehlung der Kommission und nach Anhörung der Europäischen Zentralbank in dem Bemühen, zu einem mit dem Ziel der Preisstabilität im Einklang stehenden Konsens zu gelangen, förmliche Vereinbarungen über ein Wechselkurssystem für den Euro gegenüber den Währungen von Drittstaaten treffen. Der Rat beschließt nach dem Verfahren des Absatzes 3 einstimmig nach Anhörung des Europäischen Parlaments.

Der Rat kann entweder auf Empfehlung der Europäischen Zentralbank oder auf Empfehlung der Kommission und nach Anhörung der Europäischen Zentralbank in dem Bemühen, zu einem mit dem Ziel der Preisstabilität im Einklang stehenden Konsens zu gelangen, die Euro-Leitkurse innerhalb des Wechselkurssystems festlegen, ändern oder aufgeben. Der Präsident des Rates unterrichtet das Europäische Parlament von der Festlegung, Änderung oder Aufgabe der Euro-Leitkurse.

(2) Besteht gegenüber einer oder mehreren Währungen von Drittstaaten kein Wechselkurssystem nach Absatz 1, so kann der Rat entweder auf Empfehlung der Kommission und nach Anhörung der Europäischen Zentralbank oder auf Empfehlung der Europäischen Zentralbank allgemeine Orientierungen für die Wechselkurspolitik gegenüber diesen Währungen aufstellen. Diese allgemeinen Orientierungen dürfen das vorrangige Ziel des ESZB, die Preisstabilität zu gewährleisten, nicht beeinträchtigen.

(3) Wenn von der Union mit einem oder mehreren Drittstaaten oder internationalen Organisationen Vereinbarungen im Zusammenhang mit Währungsfragen oder Devisenregelungen auszuhandeln sind, beschließt der Rat abweichend von Artikel 218 auf Empfehlung der Kommission und nach Anhörung der Europäischen Zentralbank die Modalitäten für die Aushandlung und den Abschluss solcher Vereinbarungen. Mit diesen Modalitäten wird gewährleistet, dass die Union einen einheitlichen Standpunkt vertritt. Die Kommission wird an den Verhandlungen in vollem Umfang beteiligt.

(4) Die Mitgliedstaaten haben das Recht, unbeschadet der Unionszuständigkeit und der Unionsvereinbarungen über die Wirtschafts- und Währungsunion in internationalen Gremien Verhandlungen zu führen und internationale Vereinbarungen zu treffen.

TITEL VI

BEZIEHUNGEN DER UNION ZU INTERNATIONALEN ORGANISATIONEN UND DRITTLÄNDERN SOWIE DELEGATIONEN DER UNION

Artikel 220 (Beziehungen zu internationalen Organisationen; Zuständigkeit)

(ex-Artikel 302 bis 304 EGV)

(1) Die Union betreibt jede zweckdienliche Zusammenarbeit mit den Organen der Vereinten Nationen und ihrer Sonderorganisationen, dem Europarat, der Organisation für Sicherheit und Zusammenarbeit in Europa und der Organisation für wirtschaftliche Zusammenarbeit und Entwicklung.

Die Union unterhält ferner, soweit zweckdienlich, Beziehungen zu anderen internationalen Organisationen.

(2) Die Durchführung dieses Artikels obliegt dem Hohen Vertreter der Union für Außen- und Sicherheitspolitik und der Kommission.

Artikel 221 (Delegationen)

(1) Die Delegationen der Union in Drittländern und bei internationalen Organisationen sorgen für die Vertretung der Union.

(2) Die Delegationen der Union unterstehen der Leitung des Hohen Vertreters der Union für Außen- und Sicherheitspolitik. Sie werden in enger Zusammenarbeit mit den diplomatischen und konsularischen Vertretungen der Mitgliedstaaten tätig.

TITEL VII

SOLIDARITÄTSKLAUSEL

Artikel 222 (Solidaritätsklausel)

(1) Die Union und ihre Mitgliedstaaten handeln gemeinsam im Geiste der Solidarität, wenn ein Mitgliedstaat von einem Terroranschlag, einer Naturkatastrophe oder einer vom Menschen verursachten Katastrophe betroffen ist. Die Union mobilisiert alle ihr zur Verfügung stehenden Mittel, einschließlich der ihr von den Mitgliedstaaten bereitgestellten militärischen Mittel, um

a) – terroristische Bedrohungen im Hoheitsgebiet von Mitgliedstaaten abzuwenden;
   – die demokratischen Institutionen und die Zivilbevölkerung vor etwaigen Terroranschlägen zu schützen;
   – im Falle eines Terroranschlags einen Mitgliedstaat auf Ersuchen seiner politischen Organe innerhalb seines Hoheitsgebiets zu unterstützen;

b) im Falle einer Naturkatastrophe oder einer vom Menschen verursachten Katastrophe einen Mitgliedstaat auf Ersuchen seiner politischen Organe innerhalb seines Hoheitsgebiets zu unterstützen.

(2) Ist ein Mitgliedstaat von einem Terroranschlag, einer Naturkatastrophe oder einer vom Menschen verursachten Katastrophe betroffen, so leisten die anderen Mitgliedstaaten ihm auf Ersuchen seiner politischen Organe Unterstützung. Zu diesem Zweck sprechen die Mitgliedstaaten sich im Rat ab.

(3) Die Einzelheiten für die Anwendung dieser Solidaritätsklausel durch die Union werden durch einen Beschluss festgelegt, den der Rat aufgrund eines gemeinsamen Vorschlags der Kommission und des Hohen Vertreters der Union für Außen- und Sicherheitspolitik erlässt. Hat dieser Beschluss Auswirkungen im Bereich der Verteidigung, so beschließt der Rat nach Artikel 31 Absatz 1 des Vertrags über die Europäische Union. Das Europäische Parlament wird darüber unterrichtet.

Für die Zwecke dieses Absatzes unterstützen den Rat unbeschadet des Artikels 240 das Politische und Sicherheitspolitische Komitee, das sich hierbei auf die im Rahmen der Gemeinsamen Sicherheits- und Verteidigungspolitik entwickelten Strukturen stützt, sowie der Ausschuss nach Artikel 71, die dem Rat gegebenenfalls gemeinsame Stellungnahmen vorlegen.

(4) Damit die Union und ihre Mitgliedstaaten auf effiziente Weise tätig werden können, nimmt der Europäische Rat regelmäßig eine Einschätzung der Bedrohungen vor, denen die Union ausgesetzt ist.

SECHSTER TEIL
INSTITUTIONELLE BESTIMMUNGEN UND FINANZVORSCHRIFTEN

TITEL I
VORSCHRIFTEN ÜBER DIE ORGANE

KAPITEL 1
DIE ORGANE

ABSCHNITT 1
DAS EUROPÄISCHE PARLAMENT

Artikel 223 (Wahlverfahren; Regelungen zur Aufgabenwahrnehmung)

(ex-Artikel 190 Absätze 4 und 5 EGV)

(1) Das Europäische Parlament erstellt einen Entwurf der erforderlichen Bestimmungen für die allgemeine unmittelbare Wahl seiner Mitglieder nach einem einheitlichen Verfahren in allen Mitgliedstaaten oder im Einklang mit den allen Mitgliedstaaten gemeinsamen Grundsätzen.

Der Rat erlässt die erforderlichen Bestimmungen einstimmig gemäß einem besonderen Gesetzgebungsverfahren und nach Zustimmung des Europäischen Parlaments, die mit der Mehrheit seiner Mitglieder erteilt wird. Diese Bestimmungen treten nach Zustimmung der Mitgliedstaaten im Einklang mit ihren jeweiligen verfassungsrechtlichen Vorschriften in Kraft.

(2) Das Europäische Parlament legt aus eigener Initiative gemäß einem besonderen Gesetzgebungsverfahren durch Verordnungen nach Anhörung der Kommission und mit Zustimmung des Rates die Regelungen und allgemeinen Bedingungen für die Wahrnehmung der Aufgaben seiner Mitglieder fest. Alle Vorschriften

und Bedingungen, die die Steuerregelung für die Mitglieder oder ehemaligen Mitglieder betreffen, sind vom Rat einstimmig festzulegen.

Artikel 224 (Politische Parteien)

(ex-Artikel 191 Absatz 2 EGV)

Das Europäische Parlament und der Rat legen gemäß dem ordentlichen Gesetzgebungsverfahren durch Verordnungen die Regelungen für die politischen Parteien auf europäischer Ebene nach Artikel 10 Absatz 4 des Vertrags über die Europäische Union und insbesondere die Vorschriften über ihre Finanzierung fest.

Artikel 225 (Initiativrecht)

(ex-Artikel 192 Absatz 2 EGV)

Das Europäische Parlament kann mit der Mehrheit seiner Mitglieder die Kommission auffordern, geeignete Vorschläge zu Fragen zu unterbreiten, die nach seiner Auffassung die Ausarbeitung eines Unionsakts zur Durchführung der Verträge erfordern. Legt die Kommission keinen Vorschlag vor, so teilt sie dem Europäischen Parlament die Gründe dafür mit.

Artikel 226 (Untersuchungsrecht)

(ex-Artikel 193 EGV)

Das Europäische Parlament kann bei der Erfüllung seiner Aufgaben auf Antrag eines Viertels seiner Mitglieder die Einsetzung eines nichtständigen Untersuchungsausschusses beschließen, der unbeschadet der Befugnisse, die anderen Organen oder Einrichtungen durch die Verträge übertragen sind, behauptete Verstöße gegen das Unionsrecht oder Missstände bei der Anwendung desselben prüft; dies gilt nicht, wenn ein Gericht mit den behaupteten Sachverhalten befasst ist, solange das Gerichtsverfahren nicht abgeschlossen ist.

Mit der Vorlage seines Berichts hört der nichtständige Untersuchungsausschuss auf zu bestehen.

Die Einzelheiten der Ausübung des Untersuchungsrechts werden vom Europäischen Parlament festgelegt, das aus eigener Initiative gemäß einem besonderen Gesetzgebungsverfahren durch Verordnungen nach Zustimmung des Rates und der Kommission beschließt.

Artikel 227 (Petitionsrecht)

(ex-Artikel 194 EGV)

Jeder Bürger der Union sowie jede natürliche oder juristische Person mit Wohnort oder satzungsmäßigem Sitz in einem Mitgliedstaat kann allein oder zusammen mit anderen Bürgern oder Personen in Angelegenheiten, die in die Tätigkeitsbereiche der Union fallen und die ihn oder sie unmittelbar betreffen, eine Petition an das Europäische Parlament richten.

Artikel 228 (Bürgerbeauftragter)

(ex-Artikel 195 EGV)

(1) Ein vom Europäischen Parlament gewählter Europäischer Bürgerbeauftragter ist befugt, Beschwerden von jedem Bürger der Union oder von jeder natürlichen oder juristischen Person mit Wohnort oder satzungsmäßigem Sitz in einem

Mitgliedstaat über Missstände bei der Tätigkeit der Organe, Einrichtungen oder sonstigen Stellen der Union, mit Ausnahme des Gerichtshofs der Europäischen Union in Ausübung seiner Rechtsprechungsbefugnisse, entgegenzunehmen. Er untersucht diese Beschwerden und erstattet darüber Bericht.

Der Bürgerbeauftragte führt im Rahmen seines Auftrags von sich aus oder aufgrund von Beschwerden, die ihm unmittelbar oder über ein Mitglied des Europäischen Parlaments zugehen, Untersuchungen durch, die er für gerechtfertigt hält; dies gilt nicht, wenn die behaupteten Sachverhalte Gegenstand eines Gerichtsverfahrens sind oder waren. Hat der Bürgerbeauftragte einen Missstand festgestellt, so befasst er das betreffende Organ, die betreffende Einrichtung oder sonstige Stelle, das bzw. die über eine Frist von drei Monaten verfügt, um ihm seine bzw. ihre Stellungnahme zu übermitteln. Der Bürgerbeauftragte legt anschließend dem Europäischen Parlament und dem betreffenden Organ, der betreffenden Einrichtung oder sonstigen Stelle einen Bericht vor. Der Beschwerdeführer wird über das Ergebnis dieser Untersuchungen unterrichtet.

Der Bürgerbeauftragte legt dem Europäischen Parlament jährlich einen Bericht über die Ergebnisse seiner Untersuchungen vor.

(2) Der Bürgerbeauftragte wird nach jeder Wahl des Europäischen Parlaments für die Dauer der Wahlperiode gewählt. Wiederwahl ist zulässig.

Der Bürgerbeauftragte kann auf Antrag des Europäischen Parlaments vom Gerichtshof seines Amtes enthoben werden, wenn er die Voraussetzungen für die Ausübung seines Amtes nicht mehr erfüllt oder eine schwere Verfehlung begangen hat.

(3) Der Bürgerbeauftragte übt sein Amt in völliger Unabhängigkeit aus. Er darf bei der Erfüllung seiner Pflichten von keiner Regierung, keinem Organ, keiner Einrichtung oder sonstigen Stelle Weisungen einholen oder entgegennehmen. Der Bürgerbeauftragte darf während seiner Amtszeit keine andere entgeltliche oder unentgeltliche Berufstätigkeit ausüben.

(4) Das Europäische Parlament legt aus eigener Initiative gemäß einem besonderen Gesetzgebungsverfahren durch Verordnungen nach Stellungnahme der Kommission und nach Zustimmung des Rates die Regelungen und allgemeinen Bedingungen für die Ausübung der Aufgaben des Bürgerbeauftragten fest.

Artikel 229 (Sitzungsperiode)

(ex-Artikel 196 EGV)

Das Europäische Parlament hält jährlich eine Sitzungsperiode ab. Es tritt, ohne dass es einer Einberufung bedarf, am zweiten Dienstag des Monats März zusammen.

Das Europäische Parlament kann auf Antrag der Mehrheit seiner Mitglieder sowie auf Antrag des Rates oder der Kommission zu einer außerordentlichen Sitzungsperiode zusammentreten.

Artikel 230 (Teilnahmerechte; Anfragen)

(ex-Artikel 197 Absätze 2, 3 und 4 EGV)

Die Kommission kann an allen Sitzungen des Europäischen Parlaments teilnehmen und wird auf ihren Antrag gehört.

Die Kommission antwortet mündlich oder schriftlich auf die ihr vom Europäischen Parlament oder von dessen Mitgliedern gestellten Fragen.

Der Europäische Rat und der Rat werden vom Europäischen Parlament nach Maßgabe der Geschäftsordnung des Europäischen Rates und der Geschäftsordnung des Rates gehört.

Artikel 231 (Beschlussfassung, Beschlussfähigkeit)

(ex-Artikel 198 EGV)

Soweit die Verträge nicht etwas anderes bestimmen, beschließt das Europäische Parlament mit der Mehrheit der abgegebenen Stimmen.

Die Geschäftsordnung legt die Beschlussfähigkeit fest.

Artikel 232 (Geschäftsordnung; Verhandlungsniederschriften)

(ex-Artikel 199 EGV)

Das Europäische Parlament gibt sich seine Geschäftsordnung; hierzu sind die Stimmen der Mehrheit seiner Mitglieder erforderlich.

Die Verhandlungsniederschriften des Europäischen Parlaments werden nach Maßgabe der Verträge und seiner Geschäftsordnung veröffentlicht.

Artikel 233 (Erörterung des Gesamtberichts der Kommission)

(ex-Artikel 200 EGV)

Das Europäische Parlament erörtert in öffentlicher Sitzung den jährlichen Gesamtbericht, der ihm von der Kommission vorgelegt wird.

Artikel 234 (Misstrauensantrag gegen die Kommission)

(ex-Artikel 201 EGV)

Wird wegen der Tätigkeit der Kommission ein Misstrauensantrag eingebracht, so darf das Europäische Parlament nicht vor Ablauf von drei Tagen nach seiner Einbringung und nur in offener Abstimmung darüber entscheiden.

Wird der Misstrauensantrag mit der Mehrheit von zwei Dritteln der abgegebenen Stimmen und mit der Mehrheit der Mitglieder des Europäischen Parlaments angenommen, so legen die Mitglieder der Kommission geschlossen ihr Amt nieder, und der Hohe Vertreter der Union für Außen- und Sicherheitspolitik legt sein im Rahmen der Kommission ausgeübtes Amt nieder. Sie bleiben im Amt und führen die laufenden Geschäfte bis zu ihrer Ersetzung nach Artikel 17 des Vertrags über die Europäische Union weiter. In diesem Fall endet die Amtszeit der zu ihrer Ersetzung ernannten Mitglieder der Kommission zu dem Zeitpunkt, zu dem die Amtszeit der Mitglieder der Kommission, die ihr Amt geschlossen niederlegen mussten, geendet hätte.

ABSCHNITT 2

DER EUROPÄISCHE RAT

Artikel 235 (Beschlussfassung; Teilnahmerechte; Geschäftsordnung)

(1) Jedes Mitglied des Europäischen Rates kann sich das Stimmrecht höchstens eines anderen Mitglieds übertragen lassen.

Beschließt der Europäische Rat mit qualifizierter Mehrheit, so gelten für ihn Artikel 16 Absatz 4 des Vertrags über die Europäische Union und Artikel 238 Absatz 2 dieses Vertrags. An Abstimmungen im Europäischen Rat nehmen dessen Präsident und der Präsident der Kommission nicht teil.

Die Stimmenthaltung von anwesenden oder vertretenen Mitgliedern steht dem Zustandekommen von Beschlüssen des Europäischen Rates, zu denen Einstimmigkeit erforderlich ist, nicht entgegen.

(2) Der Präsident des Europäischen Parlaments kann vom Europäischen Rat gehört werden.

(3) Der Europäische Rat beschließt mit einfacher Mehrheit über Verfahrensfragen sowie über den Erlass seiner Geschäftsordnung.

(4) Der Europäische Rat wird vom Generalsekretariat des Rates unterstützt.

Artikel 236 (Beschlüsse zur Zusammensetzung und zum Vorsitz des Rates)

Der Europäische Rat erlässt mit qualifizierter Mehrheit

a) einen Beschluss zur Festlegung der Zusammensetzungen des Rates, mit Ausnahme des Rates „Allgemeine Angelegenheiten“ und des Rates „Auswärtige Angelegenheiten“ nach Artikel 16 Absatz 6 des Vertrags über die Europäische Union;

b) einen Beschluss nach Artikel 16 Absatz 9 des Vertrags über die Europäische Union zur Festlegung des Vorsitzes im Rat in allen seinen Zusammensetzungen mit Ausnahme des Rates „Auswärtige Angelegenheiten“.

ABSCHNITT 3
DER RAT

Artikel 237 (Einberufung)

(ex-Artikel 204 EGV)

Der Rat wird von seinem Präsidenten aus eigenem Entschluss oder auf Antrag eines seiner Mitglieder oder der Kommission einberufen.

Artikel 238 (Beschlussfassung)

(ex-Artikel 205 Absätze 1 und 2 EGV)

(1) Ist zu einem Beschluss des Rates die einfache Mehrheit erforderlich, so beschließt der Rat mit der Mehrheit seiner Mitglieder.

(2) Beschließt der Rat nicht auf Vorschlag der Kommission oder des Hohen Vertreters der Union für Außen- und Sicherheitspolitik, so gilt ab dem 1. November 2014 abweichend von Artikel 16 Absatz 4 des Vertrags über die Europäische Union und vorbehaltlich der Vorschriften des Protokolls über die Übergangsbestimmungen als qualifizierte Mehrheit eine Mehrheit von mindestens 72 % der Mitglieder des Rates, sofern die von ihnen vertretenen Mitgliedstaaten zusammen mindestens 65 % der Bevölkerung der Union ausmachen.

(3) In den Fällen, in denen in Anwendung der Verträge nicht alle Mitglieder des Rates stimmberechtigt sind, gilt ab dem 1. November 2014 vorbehaltlich der Vorschriften des Protokolls über die Übergangsbestimmungen für die qualifizierte Mehrheit Folgendes:

a) Als qualifizierte Mehrheit gilt eine Mehrheit von mindestens 55 % derjenigen Mitglieder des Rates, die die beteiligten Mitgliedstaaten vertreten, sofern die von ihnen vertretenen Mitgliedstaaten zusammen mindestens 65 % der Bevölkerung der beteiligten Mitgliedstaaten ausmachen.

Für eine Sperrminorität bedarf es mindestens der Mindestzahl von Mitgliedern des Rates, die zusammen mehr als 35 % der Bevölkerung der beteiligten Mitgliedstaaten vertreten, zuzüglich eines Mitglieds; andernfalls gilt die qualifizierte Mehrheit als erreicht.

b) Beschließt der Rat nicht auf Vorschlag der Kommission oder des Hohen Vertreters der Union für Außen- und Sicherheitspolitik, so gilt abweichend von Buchstabe a als qualifizierte Mehrheit eine Mehrheit von mindestens 72 % derjenigen Mitglieder des Rates, die die beteiligten Mitgliedstaaten vertreten, sofern die von ihnen vertretenen Mitgliedstaaten zusammen mindestens 65 % der Bevölkerung der beteiligten Mitgliedstaaten ausmachen.

(4) Die Stimmenthaltung von anwesenden oder vertretenen Mitgliedern steht dem Zustandekommen von Beschlüssen des Rates, zu denen Einstimmigkeit erforderlich ist, nicht entgegen.

Artikel 239 (Übertragung des Stimmrechts)

(ex-Artikel 206 EGV)

Jedes Mitglied kann sich das Stimmrecht höchstens eines anderen Mitglieds übertragen lassen.

Artikel 240 (Ausschuss der Ständigen Vertreter; Generalsekretariat)

(ex-Artikel 207 EGV)

(1) Ein Ausschuss, der sich aus den Ständigen Vertretern der Regierungen der Mitgliedstaaten zusammensetzt, trägt die Verantwortung, die Arbeiten des Rates vorzubereiten und die ihm vom Rat übertragenen Aufträge auszuführen. Der Ausschuss kann in Fällen, die in der Geschäftsordnung des Rates vorgesehen sind, Verfahrensbeschlüsse fassen.

(2) Der Rat wird von einem Generalsekretariat unterstützt, das einem vom Rat ernannten Generalsekretär untersteht.

Der Rat beschließt mit einfacher Mehrheit über die Organisation des Generalsekretariats.

(3) Der Rat beschließt mit einfacher Mehrheit über Verfahrensfragen sowie über den Erlass seiner Geschäftsordnung.

Artikel 241 (Aufforderung an die Kommission)

(ex-Artikel 208 EGV)

Der Rat, der mit einfacher Mehrheit beschließt, kann die Kommission auffordern, die nach seiner Ansicht zur Verwirklichung der gemeinsamen Ziele geeigneten Untersuchungen vorzunehmen und ihm entsprechende Vorschläge zu unterbreiten. Legt die Kommission keinen Vorschlag vor, so teilt sie dem Rat die Gründe dafür mit.

Artikel 242 (Rechtsstellung der Ausschüsse)

(ex-Artikel 209 EGV)

Der Rat, der mit einfacher Mehrheit beschließt, regelt nach Anhörung der Kommission die rechtliche Stellung der in den Verträgen vorgesehenen Ausschüsse.

Artikel 243 (Festsetzung der Gehälter und Vergütungen)

(ex-Artikel 210 EGV)

Der Rat setzt die Gehälter, Vergütungen und Ruhegehälter für den Präsidenten des Europäischen Rates, den Präsidenten der Kommission, den Hohen Vertreter der Union für Außen- und Sicherheitspolitik, die Mitglieder der Kommission, die Präsidenten, die Mitglieder und die Kanzler des Gerichtshofs der Europäischen Union sowie den Generalsekretär des Rates fest. Er setzt ebenfalls alle als Entgelt gezahlten Vergütungen fest.

ABSCHNITT 4
DIE KOMMISSION

Artikel 244 (Auswahl der Kommissionsmitglieder)

Gemäß Artikel 17 Absatz 5 des Vertrags über die Europäische Union werden die Kommissionsmitglieder in einem vom Europäischen Rat einstimmig festgelegten System der Rotation ausgewählt, das auf folgenden Grundsätzen beruht:

a) Die Mitgliedstaaten werden bei der Festlegung der Reihenfolge und der Dauer der Amtszeiten ihrer Staatsangehörigen in der Kommission vollkommen gleich behandelt; demzufolge kann die Gesamtzahl der Mandate, welche Staatsangehörige zweier beliebiger Mitgliedstaaten innehaben, niemals um mehr als eines voneinander abweichen.

b) Vorbehaltlich des Buchstabens a ist jede der aufeinander folgenden Kommissionen so zusammengesetzt, dass das demografische und geografische Spektrum der Gesamtheit der Mitgliedstaaten auf zufrieden stellende Weise zum Ausdruck kommt.

Artikel 245 (Pflichten der Kommissionsmitglieder; Unabhängigkeit)

(ex-Artikel 213 EGV)

Die Mitglieder der Kommission haben jede Handlung zu unterlassen, die mit ihren Aufgaben unvereinbar ist. Die Mitgliedstaaten achten ihre Unabhängigkeit und versuchen nicht, sie bei der Erfüllung ihrer Aufgaben zu beeinflussen.

Die Mitglieder der Kommission dürfen während ihrer Amtszeit keine andere entgeltliche oder unentgeltliche Berufstätigkeit ausüben. Bei der Aufnahme ihrer Tätigkeit übernehmen sie die feierliche Verpflichtung, während der Ausübung und nach Ablauf ihrer Amtstätigkeit die sich aus ihrem Amt ergebenden Pflichten zu erfüllen, insbesondere die Pflicht, bei der Annahme gewisser Tätigkeiten oder Vorteile nach Ablauf dieser Tätigkeit ehrenhaft und zurückhaltend zu sein. Werden diese Pflichten verletzt, so kann der Gerichtshof auf Antrag des Rates, der mit einfacher Mehrheit beschließt, oder der Kommission das Mitglied je nach Lage des Falles gemäß Artikel 247 seines Amtes entheben oder ihm seine Ruhegehaltsansprüche oder andere an ihrer Stelle gewährte Vergünstigungen aberkennen.

Artikel 246 (Beendigung des Amts)

(ex-Artikel 215 EGV)

Abgesehen von den regelmäßigen Neubesetzungen und von Todesfällen endet das Amt eines Mitglieds der Kommission durch Rücktritt oder Amtsenthebung.

Für ein zurückgetretenes, seines Amtes enthobenes oder verstorbenes Mitglied wird für die verbleibende Amtszeit vom Rat mit Zustimmung des Präsidenten der Kommission nach Anhörung des Europäischen Parlaments und nach den Anforderungen des Artikels 17 Absatz 3 Unterabsatz 2 des Vertrags über die Europäische Union ein neues Mitglied derselben Staatsangehörigkeit ernannt.

Der Rat kann auf Vorschlag des Präsidenten der Kommission einstimmig beschließen, dass ein ausscheidendes Mitglied der Kommission für die verbleibende Amtszeit nicht ersetzt werden muss, insbesondere wenn es sich um eine kurze Zeitspanne handelt.

Bei Rücktritt, Amtsenthebung oder Tod des Präsidenten wird für die verbleibende Amtszeit ein Nachfolger ernannt. Für die Ersetzung findet das Verfahren des Artikels 17 Absatz 7 Unterabsatz 1 des Vertrags über die Europäische Union Anwendung.

Bei Rücktritt, Amtsenthebung oder Tod des Hohen Vertreters der Union für die Außen- und Sicherheitspolitik wird für die verbleibende Amtszeit nach Artikel 18 Absatz 1 des Vertrags über die Europäische Union ein Nachfolger ernannt.

Bei Rücktritt aller Mitglieder der Kommission bleiben diese bis zur Neubesetzung ihres Sitzes nach Artikel 17 des Vertrags über die Europäische Union für die verbleibende Amtszeit im Amt und führen die laufenden Geschäfte weiter.

Artikel 247 (Amtsenthebung)

(ex-Artikel 216 EGV)

Jedes Mitglied der Kommission, das die Voraussetzungen für die Ausübung seines Amtes nicht mehr erfüllt oder eine schwere Verfehlung begangen hat, kann auf Antrag des Rates, der mit einfacher Mehrheit beschließt, oder der Kommission durch den Gerichtshof seines Amtes enthoben werden.

Artikel 248 (Zuständigkeitsverteilung; Leitungsfunktion des Präsidenten)

(ex-Artikel 217 Absatz 2 EGV)

Die Zuständigkeiten der Kommission werden unbeschadet des Artikels 18 Absatz 4 des Vertrags über die Europäische Union von ihrem Präsidenten nach Artikel 17 Absatz 6 des genannten Vertrags gegliedert und zwischen ihren Mitgliedern aufgeteilt. Der Präsident kann diese Zuständigkeitsverteilung im Laufe der Amtszeit ändern. Die Mitglieder der Kommission üben die ihnen vom Präsidenten übertragenen Aufgaben unter dessen Leitung aus.

Artikel 249 (Geschäftsordnung; jährlicher Gesamtbericht)

(ex-Artikel 218 Absatz 2 und ex-Artikel 212 EGV)

(1) Die Kommission gibt sich eine Geschäftsordnung, um ihr ordnungsgemäßes Arbeiten und das ihrer Dienststellen zu gewährleisten. Sie sorgt für die Veröffentlichung dieser Geschäftsordnung.

(2) Die Kommission veröffentlicht jährlich, und zwar spätestens einen Monat vor Beginn der Sitzungsperiode des Europäischen Parlaments, einen Gesamtbericht über die Tätigkeit der Union.

Artikel 250 (Beschlussfassung; Beschlussfähigkeit)

(ex-Artikel 219 EGV)

Die Beschlüsse der Kommission werden mit der Mehrheit ihrer Mitglieder gefasst.

Die Beschlussfähigkeit wird in ihrer Geschäftsordnung festgelegt.

ABSCHNITT 5
DER GERICHTSHOF DER EUROPÄISCHEN UNION

Artikel 251 (Kammern, Große Kammer, Plenum)

(ex-Artikel 221 EGV)

Der Gerichtshof tagt in Kammern oder als Große Kammer entsprechend den hierfür in der Satzung des Gerichtshofs der Europäischen Union vorgesehenen Regeln.

Wenn die Satzung es vorsieht, kann der Gerichtshof auch als Plenum tagen.

Artikel 252 (Generalanwälte)

(ex-Artikel 222 EGV)

Der Gerichtshof wird von acht Generalanwälten unterstützt. Auf Antrag des Gerichtshofs kann der Rat einstimmig die Zahl der Generalanwälte erhöhen.

Der Generalanwalt hat öffentlich in völliger Unparteilichkeit und Unabhängigkeit begründete Schlussanträge zu den Rechtssachen zu stellen, in denen nach der Satzung des Gerichtshofs der Europäischen Union seine Mitwirkung erforderlich ist.

Artikel 253 (Ernennung der Richter und Generalanwälte; Verfahrensordnung; Kanzler)

(ex-Artikel 223 EGV)

Zu Richtern und Generalanwälten des Gerichtshofs sind Persönlichkeiten auszuwählen, die jede Gewähr für Unabhängigkeit bieten und in ihrem Staat die für die höchsten richterlichen Ämter erforderlichen Voraussetzungen erfüllen oder Juristen von anerkannt hervorragender Befähigung sind; sie werden von den Regierungen der Mitgliedstaaten im gegenseitigen Einvernehmen nach Anhörung des in Artikel 255 vorgesehenen Ausschusses auf sechs Jahre ernannt.

Alle drei Jahre findet nach Maßgabe der Satzung des Gerichtshofs der Europäischen Union eine teilweise Neubesetzung der Stellen der Richter und Generalanwälte statt.

Die Richter wählen aus ihrer Mitte den Präsidenten des Gerichtshofs für die Dauer von drei Jahren. Wiederwahl ist zulässig.

Die Wiederernennung ausscheidender Richter und Generalanwälte ist zulässig.

Der Gerichtshof ernennt seinen Kanzler und bestimmt dessen Stellung.

Der Gerichtshof erlässt seine Verfahrensordnung. Sie bedarf der Genehmigung des Rates.

Artikel 254 (Organisation des Gerichts)

(ex-Artikel 224 EGV)

Die Zahl der Richter des Gerichts wird in der Satzung des Gerichtshofs der Europäischen Union festgelegt. In der Satzung kann vorgesehen werden, dass das Gericht von Generalanwälten unterstützt wird.

Zu Mitgliedern des Gerichts sind Personen auszuwählen, die jede Gewähr für Unabhängigkeit bieten und über die Befähigung zur Ausübung hoher richterlicher Tätigkeiten verfügen. Sie werden von den Regierungen der Mitgliedstaaten im gegenseitigen Einvernehmen nach Anhörung des in Artikel 255 vorgesehenen Ausschusses für sechs Jahre ernannt. Alle drei Jahre wird das Gericht teilweise neu besetzt. Die Wiederernennung ausscheidender Mitglieder ist zulässig.

Die Richter wählen aus ihrer Mitte den Präsidenten des Gerichts für die Dauer von drei Jahren. Wiederwahl ist zulässig.

Das Gericht ernennt seinen Kanzler und bestimmt dessen Stellung.

Das Gericht erlässt seine Verfahrensordnung im Einvernehmen mit dem Gerichtshof. Sie bedarf der Genehmigung des Rates.

Soweit die Satzung des Gerichtshofs der Europäischen Union nichts anderes vorsieht, finden die den Gerichtshof betreffenden Bestimmungen der Verträge auf das Gericht Anwendung.

Artikel 255 (Ausschuss zur Stellungnahme über die Eignung der Bewerber)

Es wird ein Ausschuss eingerichtet, der die Aufgabe hat, vor einer Ernennung durch die Regierungen der Mitgliedstaaten nach den Artikeln 253 und 254 eine Stellungnahme zur Eignung der Bewerber für die Ausübung des Amts eines Richters oder Generalanwalts beim Gerichtshof oder beim Gericht abzugeben.

Der Ausschuss setzt sich aus sieben Persönlichkeiten zusammen, die aus dem Kreis ehemaliger Mitglieder des Gerichtshofs und des Gerichts, der Mitglieder der höchsten einzelstaatlichen Gerichte und der Juristen von anerkannt hervorragender Befähigung ausgewählt werden, von denen einer vom Europäischen Parlament vorgeschlagen wird. Der Rat erlässt einen Beschluss zur Festlegung der Vorschriften für die Arbeitsweise und einen Beschluss zur Ernennung der Mitglieder dieses Ausschusses. Er beschließt auf Initiative des Präsidenten des Gerichtshofs.

Artikel 256 (Zuständigkeiten des Gerichts)

(ex-Artikel 225 EGV)

(1) Das Gericht ist für Entscheidungen im ersten Rechtszug über die in den Artikeln 263, 265, 268, 270 und 272 genannten Klagen zuständig, mit Ausnahme derjenigen Klagen, die einem nach Artikel 257 gebildeten Fachgericht übertragen werden, und der Klagen, die gemäß der Satzung dem Gerichtshof vorbehalten sind. In der Satzung kann vorgesehen werden, dass das Gericht für andere Kategorien von Klagen zuständig ist.

Gegen die Entscheidungen des Gerichts aufgrund dieses Absatzes kann nach Maßgabe der Bedingungen und innerhalb der Grenzen, die in der Satzung vorgesehen sind, beim Gerichtshof ein auf Rechtsfragen beschränktes Rechtsmittel eingelegt werden.

(2) Das Gericht ist für Entscheidungen über Rechtsmittel gegen die Entscheidungen der Fachgerichte zuständig.

Die Entscheidungen des Gerichts aufgrund dieses Absatzes können nach Maßgabe der Bedingungen und innerhalb der Grenzen, die in der Satzung vorgesehen sind, in Ausnahmefällen vom Gerichtshof überprüft werden, wenn die ernste Gefahr besteht, dass die Einheit oder Kohärenz des Unionsrechts berührt wird.

(3) Das Gericht ist in besonderen in der Satzung festgelegten Sachgebieten für Vorabentscheidungen nach Artikel 267 zuständig.

Wenn das Gericht der Auffassung ist, dass eine Rechtssache eine Grundsatzentscheidung erfordert, die die Einheit oder die Kohärenz des Unionsrechts berühren könnte, kann es die Rechtssache zur Entscheidung an den Gerichtshof verweisen.

Die Entscheidungen des Gerichts über Anträge auf Vorabentscheidung können nach Maßgabe der Bedingungen und innerhalb der Grenzen, die in der Satzung vorgesehen sind, in Ausnahmefällen vom Gerichtshof überprüft werden, wenn die ernste Gefahr besteht, dass die Einheit oder die Kohärenz des Unionsrechts berührt wird.

Artikel 257 (Beigeordnete Fachgerichte)

(ex-Artikel 225a EGV)

Das Europäische Parlament und der Rat können gemäß dem ordentlichen Gesetzgebungsverfahren dem Gericht beigeordnete Fachgerichte bilden, die für Entscheidungen im ersten Rechtszug über bestimmte Kategorien von Klagen zuständig sind, die auf besonderen Sachgebieten erhoben werden. Das Europäische Parlament und der Rat beschließen durch Verordnungen entweder auf Vorschlag der Kommission nach Anhörung des Gerichtshofs oder auf Antrag des Gerichtshofs nach Anhörung der Kommission.

In der Verordnung über die Bildung eines Fachgerichts werden die Regeln für die Zusammensetzung dieses Gerichts und der ihm übertragene Zuständigkeitsbereich festgelegt.

Gegen die Entscheidungen der Fachgerichte kann vor dem Gericht ein auf Rechtsfragen beschränktes Rechtsmittel oder, wenn die Verordnung über die Bildung des Fachgerichts dies vorsieht, ein auch Sachfragen betreffendes Rechtsmittel eingelegt werden.

Zu Mitgliedern der Fachgerichte sind Personen auszuwählen, die jede Gewähr für Unabhängigkeit bieten und über die Befähigung zur Ausübung richterlicher Tätigkeiten verfügen. Sie werden einstimmig vom Rat ernannt.

Die Fachgerichte erlassen ihre Verfahrensordnung im Einvernehmen mit dem Gerichtshof. Diese Verfahrensordnung bedarf der Genehmigung des Rates.

Soweit die Verordnung über die Bildung der Fachgerichte nichts anderes vorsieht, finden die den Gerichtshof der Europäischen Union betreffenden Bestimmungen der Verträge und die Satzung des Gerichtshofs der Europäischen Union auf die Fachgerichte Anwendung. Titel I und Artikel 64 der Satzung gelten auf jeden Fall für die Fachgerichte.

Artikel 258 (Einleitung von Vertragsverletzungsverfahren durch die Kommission)

(ex-Artikel 226 EGV)

Hat nach Auffassung der Kommission ein Mitgliedstaat gegen eine Verpflichtung aus den Verträgen verstoßen, so gibt sie eine mit Gründen versehene Stellungnahme hierzu ab; sie hat dem Staat zuvor Gelegenheit zur Äußerung zu geben.

Kommt der Staat dieser Stellungnahme innerhalb der von der Kommission gesetzten Frist nicht nach, so kann die Kommission den Gerichtshof der Europäischen Union anrufen.

Artikel 259 (Einleitung von Vertragsverletzungsverfahren durch einen Mitgliedstaat)

(ex-Artikel 227 EGV)

Jeder Mitgliedstaat kann den Gerichtshof der Europäischen Union anrufen, wenn er der Auffassung ist, dass ein anderer Mitgliedstaat gegen eine Verpflichtung aus den Verträgen verstoßen hat.

Bevor ein Mitgliedstaat wegen einer angeblichen Verletzung der Verpflichtungen aus den Verträgen gegen einen anderen Staat Klage erhebt, muss er die Kommission damit befassen.

Die Kommission erlässt eine mit Gründen versehene Stellungnahme; sie gibt den beteiligten Staaten zuvor Gelegenheit zu schriftlicher und mündlicher Äußerung in einem kontradiktorischen Verfahren.

Gibt die Kommission binnen drei Monaten nach dem Zeitpunkt, in dem ein entsprechender Antrag gestellt wurde, keine Stellungnahme ab, so kann ungeachtet des Fehlens der Stellungnahme vor dem Gerichtshof geklagt werden.

Artikel 260 (Handlungspflicht des verurteilten Mitgliedstaates, Sanktionen)

(ex-Artikel 228 EGV)

(1) Stellt der Gerichtshof der Europäischen Union fest, dass ein Mitgliedstaat gegen eine Verpflichtung aus den Verträgen verstoßen hat, so hat dieser Staat die Maßnahmen zu ergreifen, die sich aus dem Urteil des Gerichtshofs ergeben.

(2) Hat der betreffende Mitgliedstaat die Maßnahmen, die sich aus dem Urteil des Gerichtshofs ergeben, nach Auffassung der Kommission nicht getroffen, so kann die Kommission den Gerichtshof anrufen, nachdem sie diesem Staat zuvor Gelegenheit zur Äußerung gegeben hat. Hierbei benennt sie die Höhe des von dem betreffenden Mitgliedstaat zu zahlenden Pauschalbetrags oder Zwangsgelds, die sie den Umständen nach für angemessen hält.

Stellt der Gerichtshof fest, dass der betreffende Mitgliedstaat seinem Urteil nicht nachgekommen ist, so kann er die Zahlung eines Pauschalbetrags oder Zwangsgelds verhängen.

Dieses Verfahren lässt den Artikel 259 unberührt.

(3) Erhebt die Kommission beim Gerichtshof Klage nach Artikel 258, weil sie der Auffassung ist, dass der betreffende Mitgliedstaat gegen seine Verpflichtung verstoßen hat, Maßnahmen zur Umsetzung einer gemäß einem Gesetzgebungsverfahren erlassenen Richtlinie mitzuteilen, so kann sie, wenn sie dies für zweckmäßig hält, die Höhe des von dem betreffenden Mitgliedstaat zu zahlenden Pauschalbetrags oder Zwangsgelds benennen, die sie den Umständen nach für angemessen hält.

Stellt der Gerichtshof einen Verstoß fest, so kann er gegen den betreffenden Mitgliedstaat die Zahlung eines Pauschalbetrags oder eines Zwangsgelds bis zur Höhe des von der Kommission genannten Betrags verhängen. Die Zahlungsverpflichtung gilt ab dem vom Gerichtshof in seinem Urteil festgelegten Zeitpunkt.

Artikel 261 (Ermessensüberprüfung der Sanktionen aufgrund von Verordnungen)

(ex-Artikel 229 EGV)

Aufgrund der Verträge vom Europäischen Parlament und vom Rat gemeinsam sowie vom Rat erlassene Verordnungen können hinsichtlich der darin vorgesehenen Zwangsmaßnahmen dem Gerichtshof der Europäischen Union eine Zuständigkeit übertragen, welche die Befugnis zu unbeschränkter Ermessensnachprüfung und zur Änderung oder Verhängung solcher Maßnahmen umfasst.

Artikel 262 (Zuständigkeit des Gerichtshofs bei Streitigkeiten über geistiges Eigentum)

(ex-Artikel 229a EGV)

Unbeschadet der sonstigen Bestimmungen der Verträge kann der Rat gemäß einem besonderen Gesetzgebungsverfahren nach Anhörung des Europäischen Parlaments einstimmig Bestimmungen erlassen, mit denen dem Gerichtshof der Europäischen Union in dem vom Rat festgelegten Umfang die Zuständigkeit übertragen wird, über Rechtsstreitigkeiten im Zusammenhang mit der Anwendung von aufgrund der Verträge erlassenen Rechtsakten, mit denen europäische Rechtstitel für das geistige Eigentum geschaffen werden, zu entscheiden. Diese Bestimmungen treten nach Zustimmung der Mitgliedstaaten im Einklang mit ihren jeweiligen verfassungsrechtlichen Vorschriften in Kraft.

Artikel 263 (Nichtigkeitsklage) Art 256 Abs. 1 AEUV

(ex-Artikel 230 EGV) ↓ Art 51 Protokoll Nr. 3

Der Gerichtshof der Europäischen Union überwacht die Rechtmäßigkeit der Gesetzgebungsakte sowie der Handlungen des Rates, der Kommission und der Europäischen Zentralbank, soweit es sich nicht um Empfehlungen oder Stellungnahmen handelt, und der Handlungen des Europäischen Parlaments und des Europäischen Rates mit Rechtswirkung gegenüber Dritten. Er überwacht ebenfalls die Rechtmäßigkeit der Handlungen der Einrichtungen oder sonstigen Stellen der Union mit Rechtswirkung gegenüber Dritten.

Zu diesem Zweck ist der Gerichtshof der Europäischen Union für Klagen zuständig, die ein Mitgliedstaat, das Europäische Parlament, der Rat oder die Kommission wegen Unzuständigkeit, Verletzung wesentlicher Formvorschriften, Verletzung der Verträge oder einer bei ihrer Durchführung anzuwendenden Rechtsnorm oder wegen Ermessensmissbrauchs erhebt.

Der Gerichtshof der Europäischen Union ist unter den gleichen Voraussetzungen zuständig für Klagen des Rechnungshofs, der Europäischen Zentralbank und des Ausschusses der Regionen, die auf die Wahrung ihrer Rechte abzielen.

Jede natürliche oder juristische Person kann unter den Bedingungen nach den Absätzen 1 und 2 gegen die an sie gerichteten oder sie unmittelbar und individuell betreffenden Handlungen sowie gegen Rechtsakte mit Verordnungscharakter, die sie unmittelbar betreffen und keine Durchführungsmaßnahmen nach sich ziehen, Klage erheben.

In den Rechtsakten zur Gründung von Einrichtungen und sonstigen Stellen der Union können besondere Bedingungen und Einzelheiten für die Erhebung von Klagen von natürlichen oder juristischen Personen gegen Handlungen dieser Einrichtungen und sonstigen Stellen vorgesehen werden, die eine Rechtswirkung gegenüber diesen Personen haben.

Die in diesem Artikel vorgesehenen Klagen sind binnen zwei Monaten zu erheben; diese Frist läuft je nach Lage des Falles von der Bekanntgabe der betreffenden Handlung, ihrer Mitteilung an den Kläger oder in Ermangelung dessen von dem Zeitpunkt an, zu dem der Kläger von dieser Handlung Kenntnis erlangt hat.

Artikel 264 (Nichtigerklärung)

(ex-Artikel 231 EGV)

Ist die Klage begründet, so erklärt der Gerichtshof der Europäischen Union die angefochtene Handlung für nichtig.

Erklärt der Gerichtshof eine Handlung für nichtig, so bezeichnet er, falls er dies für notwendig hält, diejenigen ihrer Wirkungen, die als fortgeltend zu betrachten sind.

Artikel 265 (Untätigkeitsklage) Art 256 Abs 1 AEUV

(ex-Artikel 232 EGV) + Art 51 Protokoll Nr 3

Unterlässt es das Europäische Parlament, der Europäische Rat, der Rat, die Kommission oder die Europäische Zentralbank unter Verletzung der Verträge, einen Beschluss zu fassen, so können die Mitgliedstaaten und die anderen Organe der Union beim Gerichtshof der Europäischen Union Klage auf Feststellung dieser Vertragsverletzung erheben. Dieser Artikel gilt entsprechend für die Einrichtungen und sonstigen Stellen der Union, die es unterlassen, tätig zu werden.

Diese Klage ist nur zulässig, wenn das in Frage stehende Organ, die in Frage stehende Einrichtung oder sonstige Stelle zuvor aufgefordert worden ist, tätig zu werden. Hat es bzw. sie binnen zwei Monaten nach dieser Aufforderung nicht Stellung genommen, so kann die Klage innerhalb einer weiteren Frist von zwei Monaten erhoben werden.

Jede natürliche oder juristische Person kann nach Maßgabe der Absätze 1 und 2 vor dem Gerichtshof Beschwerde darüber führen, dass ein Organ oder eine Einrichtung oder sonstige Stelle der Union es unterlassen hat, einen anderen Akt als eine Empfehlung oder eine Stellungnahme an sie zu richten.

Artikel 266 (Verpflichtung aus dem Urteil)

(ex-Artikel 233 EGV)

Die Organe, Einrichtungen oder sonstigen Stellen, denen das für nichtig erklärte Handeln zur Last fällt oder deren Untätigkeit als vertragswidrig erklärt worden ist, haben die sich aus dem Urteil des Gerichtshofs der Europäischen Union ergebenden Maßnahmen zu ergreifen.

Diese Verpflichtung besteht unbeschadet der Verpflichtungen, die sich aus der Anwendung des Artikels 340 Absatz 2 ergeben.

Artikel 267 (Vorabentscheidung)

(ex-Artikel 234 EGV)

Der Gerichtshof der Europäischen Union entscheidet im Wege der Vorabentscheidung

a) über die Auslegung der Verträge,

b) über die Gültigkeit und die Auslegung der Handlungen der Organe, Einrichtungen oder sonstigen Stellen der Union.

Wird eine derartige Frage einem Gericht eines Mitgliedstaats gestellt und hält dieses Gericht eine Entscheidung darüber zum Erlass seines Urteils für erforderlich, so kann es diese Frage dem Gerichtshof zur Entscheidung vorlegen.

Wird eine derartige Frage in einem schwebenden Verfahren bei einem einzelstaatlichen Gericht gestellt, dessen Entscheidungen selbst nicht mehr mit Rechtsmitteln des innerstaatlichen Rechts angefochten werden können, so ist dieses Gericht zur Anrufung des Gerichtshofs verpflichtet.

Wird eine derartige Frage in einem schwebenden Verfahren, das eine inhaftierte Person betrifft, bei einem einzelstaatlichen Gericht gestellt, so entscheidet der Gerichtshof innerhalb kürzester Zeit.

Artikel 268 (Zuständigkeit in Amtshaftungssachen)

(ex-Artikel 235 EGV)

Der Gerichtshof der Europäischen Union ist für Streitsachen über den in Artikel 340 Absätze 2 und 3 vorgesehenen Schadensersatz zuständig.

Artikel 269 (Zuständigkeit bei Streitsachen über die Verletzung gemeinsamer Werte)

Der Gerichtshof ist für Entscheidungen über die Rechtmäßigkeit eines nach Artikel 7 des Vertrags über die Europäische Union erlassenen Rechtsakts des Europäischen Rates oder des Rates nur auf Antrag des von einer Feststellung des Europäischen Rates oder des Rates betroffenen Mitgliedstaats und lediglich im Hinblick auf die Einhaltung der in dem genannten Artikel vorgesehenen Verfahrensbestimmungen zuständig.

Der Antrag muss binnen eines Monats nach der jeweiligen Feststellung gestellt werden. Der Gerichtshof entscheidet binnen eines Monats nach Antragstellung.

Artikel 270 (Zuständigkeit bei Streitsachen mit Bediensteten)

(ex-Artikel 236 EGV)

Der Gerichtshof der Europäischen Union ist für alle Streitsachen zwischen der Union und deren Bediensteten innerhalb der Grenzen und nach Maßgabe der Bedingungen zuständig, die im Statut der Beamten der Union und in den Beschäftigungsbedingungen für die sonstigen Bediensteten der Union festgelegt sind.

Artikel 271 (Zuständigkeit bei Streitsachen im Bankwesen)

(ex-Artikel 237 EGV)

Der Gerichtshof der Europäischen Union ist nach Maßgabe der folgenden Bestimmungen zuständig in Streitsachen über

a) die Erfüllung der Verpflichtungen der Mitgliedstaaten aus der Satzung der Europäischen Investitionsbank. Der Verwaltungsrat der Bank besitzt hierbei die der Kommission in Artikel 258 übertragenen Befugnisse;

b) die Beschlüsse des Rates der Gouverneure der Europäischen Investitionsbank. Jeder Mitgliedstaat, die Kommission und der Verwaltungsrat der Bank können hierzu nach Maßgabe des Artikels 263 Klage erheben;

c) die Beschlüsse des Verwaltungsrats der Europäischen Investitionsbank. Diese können nach Maßgabe des Artikels 263 nur von Mitgliedstaaten oder der Kommission und lediglich wegen Verletzung der Formvorschriften des Artikels 19 Absatz 2 und Absätze 5 bis 7 der Satzung der Investitionsbank angefochten werden;

d) die Erfüllung der sich aus den Verträgen und der Satzung des ESZB und der EZB ergebenden Verpflichtungen durch die nationalen Zentralbanken. Der Rat der Gouverneure der Europäischen Zentralbank besitzt hierbei gegenüber den nationalen Zentralbanken die Befugnisse, die der Kommission in Artikel 258 gegenüber den Mitgliedstaaten eingeräumt werden. Stellt der Gerichtshof der Europäischen Union fest, dass eine nationale Zentralbank gegen eine Verpflichtung aus den Verträgen verstoßen hat, so hat diese Bank die Maßnahmen zu ergreifen, die sich aus dem Urteil des Gerichtshofs ergeben.

Artikel 272 (Zuständigkeit aufgrund von Schiedsklauseln)

(ex-Artikel 238 EGV) Art 256 Abs. 1 AEUV

Der Gerichtshof der Europäischen Union ist für Entscheidungen aufgrund einer Schiedsklausel zuständig, die in einem von der Union oder für ihre Rechnung abgeschlossenen öffentlich-rechtlichen oder privatrechtlichen Vertrag enthalten ist.

Artikel 273 (Zuständigkeit aufgrund von Schiedsverträgen)

(ex-Artikel 239 EGV)

Der Gerichtshof ist für jede mit dem Gegenstand der Verträge in Zusammenhang stehende Streitigkeit zwischen Mitgliedstaaten zuständig, wenn diese bei ihm aufgrund eines Schiedsvertrags anhängig gemacht wird.

Artikel 274 (Zuständigkeit einzelstaatlicher Gerichte)

(ex-Artikel 240 EGV)

Soweit keine Zuständigkeit des Gerichtshofs der Europäischen Union aufgrund der Verträge besteht, sind Streitsachen, bei denen die Union Partei ist, der Zuständigkeit der einzelstaatlichen Gerichte nicht entzogen.

Artikel 275 (Zuständigkeit bei Streitsachen aus Art. 40 EUV und nach Art. 263 Abs. 4 erhobenen Klagen)

Der Gerichtshof der Europäischen Union ist nicht zuständig für die Bestimmungen hinsichtlich der Gemeinsamen Außen- und Sicherheitspolitik und für die auf der Grundlage dieser Bestimmungen erlassenen Rechtsakte.

Der Gerichtshof ist jedoch zuständig für die Kontrolle der Einhaltung von Artikel 40 des Vertrags über die Europäische Union und für die unter den Voraussetzungen des Artikels 263 Absatz 4 dieses Vertrags erhobenen Klagen im Zusammenhang mit der Überwachung der Rechtmäßigkeit von Beschlüssen über restriktive Maßnahmen gegenüber natürlichen oder juristischen Personen, die der Rat auf der Grundlage von Titel V Kapitel 2 des Vertrags über die Europäische Union erlassen hat.

Artikel 276 (Zuständigkeitsgrenzen)

Bei der Ausübung seiner Befugnisse im Rahmen der Bestimmungen des Dritten Teils Titel V Kapitel 4 und 5 über den Raum der Freiheit, der Sicherheit und des Rechts ist der Gerichtshof der Europäischen Union nicht zuständig für die Überprüfung der Gültigkeit oder Verhältnismäßigkeit von Maßnahmen der Polizei oder anderer Strafverfolgungsbehörden eines Mitgliedstaats oder der Wahrnehmung der Zuständigkeiten der Mitgliedstaaten für die Aufrechterhaltung der öffentlichen Ordnung und den Schutz der inneren Sicherheit.

Artikel 277 (Geltendmachung der Unanwendbarkeit)

(ex-Artikel 241 EGV)

Ungeachtet des Ablaufs der in Artikel 263 Absatz 6 genannten Frist kann jede Partei in einem Rechtsstreit, bei dem die Rechtmäßigkeit eines von einem Organ, einer Einrichtung oder einer sonstigen Stelle der Union erlassenen Rechtsakts mit allgemeiner Geltung angefochten wird, vor dem Gerichtshof der Europäischen Union die Unanwendbarkeit dieses Rechtsakts aus den in Artikel 263 Absatz 2 genannten Gründen geltend machen.

Artikel 278 (Keine aufschiebende Wirkung; Aussetzung der Vollziehung)

(ex-Artikel 242 EGV)

Klagen bei dem Gerichtshof der Europäischen Union haben keine aufschiebende Wirkung. Der Gerichtshof kann jedoch, wenn er dies den Umständen nach für nötig hält, die Durchführung der angefochtenen Handlung aussetzen.

Artikel 279 (Einstweilige Anordnungen)

(ex-Artikel 243 EGV)

Der Gerichtshof der Europäischen Union kann in den bei ihm anhängigen Sachen die erforderlichen einstweiligen Anordnungen treffen.

Artikel 280 (Vollstreckbarkeit der Urteile)

(ex-Artikel 244 EGV)

Die Urteile des Gerichtshofs der Europäischen Union sind gemäß Artikel 299 vollstreckbar.

Artikel 281 (Satzung)

(ex-Artikel 245 EGV)

Die Satzung des Gerichtshofs der Europäischen Union wird in einem besonderen Protokoll festgelegt.

Das Europäische Parlament und der Rat können gemäß dem ordentlichen Gesetzgebungsverfahren die Satzung mit Ausnahme ihres Titels I und ihres Artikels 64 ändern. Das Europäische Parlament und der Rat beschließen entweder auf Antrag des Gerichtshofs nach Anhörung der Kommission oder auf Vorschlag der Kommission nach Anhörung des Gerichtshofs.

ABSCHNITT 6

DIE EUROPÄISCHE ZENTRALBANK

Artikel 282 (Europäisches System der Zentralbanken (ESZB))

(1) Die Europäische Zentralbank und die nationalen Zentralbanken bilden das Europäische System der Zentralbanken (ESZB). Die Europäische Zentralbank und die nationalen Zentralbanken der Mitgliedstaaten, deren Währung der Euro ist, bilden das Eurosystem und betreiben die Währungspolitik der Union.

(2) Das ESZB wird von den Beschlussorganen der Europäischen Zentralbank geleitet. Sein vorrangiges Ziel ist es, die Preisstabilität zu gewährleisten. Unbeschadet dieses Zieles unterstützt es die allgemeine Wirtschaftspolitik in der Union, um zur Verwirklichung ihrer Ziele beizutragen.

(3) Die Europäische Zentralbank besitzt Rechtspersönlichkeit. Sie allein ist befugt, die Ausgabe des Euro zu genehmigen. Sie ist in der Ausübung ihrer Befugnisse und der Verwaltung ihrer Mittel unabhängig. Die Organe, Einrichtungen und sonstigen Stellen der Union sowie die Regierungen der Mitgliedstaaten achten diese Unabhängigkeit.

(4) Die Europäische Zentralbank erlässt die für die Erfüllung ihrer Aufgaben erforderlichen Maßnahmen nach den Artikeln 127 bis 133 und Artikel 138 und nach Maßgabe der Satzung des ESZB und der EZB. Nach diesen Artikeln behalten die Mitgliedstaaten, deren Währung nicht der Euro ist, sowie deren Zentralbanken ihre Zuständigkeiten im Währungsbereich.

(5) Die Europäische Zentralbank wird in den Bereichen, auf die sich ihre Befugnisse erstrecken, zu allen Entwürfen für Rechtsakte der Union sowie zu allen Entwürfen für Rechtsvorschriften auf einzelstaatlicher Ebene gehört und kann Stellungnahmen abgeben.

Artikel 283 (Struktur der EZB)

(ex-Artikel 112 EGV)

(1) Der Rat der Europäischen Zentralbank besteht aus den Mitgliedern des Direktoriums der Europäischen Zentralbank und den Präsidenten der nationalen Zentralbanken der Mitgliedstaaten, deren Währung der Euro ist.

(2) Das Direktorium besteht aus dem Präsidenten, dem Vizepräsidenten und vier weiteren Mitgliedern.

Der Präsident, der Vizepräsident und die weiteren Mitglieder des Direktoriums werden vom Europäischen Rat auf Empfehlung des Rates, der hierzu das Europäische Parlament und den Rat der Europäischen Zentralbank anhört, aus dem Kreis der in Währungs- oder Bankfragen anerkannten und erfahrenen Persönlichkeiten mit qualifizierter Mehrheit ausgewählt und ernannt.

Ihre Amtszeit beträgt acht Jahre; Wiederernennung ist nicht zulässig.

Nur Staatsangehörige der Mitgliedstaaten können Mitglieder des Direktoriums werden.

Artikel 284 (Teilnahmerechte, Jahresbericht)

(ex-Artikel 113 EGV)

(1) Der Präsident des Rates und ein Mitglied der Kommission können ohne Stimmrecht an den Sitzungen des Rates der Europäischen Zentralbank teilnehmen.

Der Präsident des Rates kann dem Rat der Europäischen Zentralbank einen Antrag zur Beratung vorlegen.

(2) Der Präsident der Europäischen Zentralbank wird zur Teilnahme an den Tagungen des Rates eingeladen, wenn dieser Fragen im Zusammenhang mit den Zielen und Aufgaben des ESZB erörtert.

(3) Die Europäische Zentralbank unterbreitet dem Europäischen Parlament, dem Rat und der Kommission sowie auch dem Europäischen Rat einen Jahresbericht über die Tätigkeit des ESZB und die Geld- und Währungspolitik im vergangenen und im laufenden Jahr. Der Präsident der Europäischen Zentralbank legt den Bericht dem Rat und dem Europäischen Parlament vor, das auf dieser Grundlage eine allgemeine Aussprache durchführen kann.

Der Präsident der Europäischen Zentralbank und die anderen Mitglieder des Direktoriums können auf Ersuchen des Europäischen Parlaments oder auf ihre

Initiative hin von den zuständigen Ausschüssen des Europäischen Parlaments gehört werden.

ABSCHNITT 7
DER RECHNUNGSHOF

Artikel 285 (Aufgaben und Zusammensetzung)

(ex-Artikel 246 EGV)

Der Rechnungshof nimmt die Rechnungsprüfung der Union wahr.

Der Rechnungshof besteht aus einem Staatsangehörigen je Mitgliedstaat. Seine Mitglieder üben ihre Aufgaben in voller Unabhängigkeit zum allgemeinen Wohl der Union aus.

Artikel 286 (Ernennung, Ausscheiden und Stellung der Mitglieder)

(ex-Artikel 247 EGV)

(1) Zu Mitgliedern des Rechnungshofs sind Persönlichkeiten auszuwählen, die in ihren Staaten Rechnungsprüfungsorganen angehören oder angehört haben oder die für dieses Amt besonders geeignet sind. Sie müssen jede Gewähr für Unabhängigkeit bieten.

(2) Die Mitglieder des Rechnungshofs werden auf sechs Jahre ernannt. Der Rat nimmt die gemäß den Vorschlägen der einzelnen Mitgliedstaaten erstellte Liste der Mitglieder nach Anhörung des Europäischen Parlaments an. Die Wiederernennung der Mitglieder des Rechnungshofs ist zulässig.

Sie wählen aus ihrer Mitte den Präsidenten des Rechnungshofs für drei Jahre. Wiederwahl ist zulässig.

(3) Die Mitglieder des Rechnungshofs dürfen bei der Erfüllung ihrer Pflichten Anweisungen von einer Regierung oder einer anderen Stelle weder anfordern noch entgegennehmen. Sie haben jede Handlung zu unterlassen, die mit ihren Aufgaben unvereinbar ist.

(4) Die Mitglieder des Rechnungshofs dürfen während ihrer Amtszeit keine andere entgeltliche oder unentgeltliche Berufstätigkeit ausüben. Bei der Aufnahme ihrer Tätigkeit übernehmen sie die feierliche Verpflichtung, während der Ausübung und nach Ablauf ihrer Amtstätigkeit die sich aus ihrem Amt ergebenden Pflichten zu erfüllen, insbesondere die Pflicht, bei der Annahme gewisser Tätigkeiten oder Vorteile nach Ablauf dieser Tätigkeit ehrenhaft und zurückhaltend zu sein.

(5) Abgesehen von regelmäßigen Neubesetzungen und von Todesfällen endet das Amt eines Mitglieds des Rechnungshofs durch Rücktritt oder durch Amtsenthebung durch den Gerichtshof gemäß Absatz 6.

Für das ausscheidende Mitglied wird für die verbleibende Amtszeit ein Nachfolger ernannt.

Außer im Fall der Amtsenthebung bleiben die Mitglieder des Rechnungshofs bis zur Neubesetzung ihres Sitzes im Amt.

(6) Ein Mitglied des Rechnungshofs kann nur dann seines Amtes enthoben oder seiner Ruhegehaltsansprüche oder anderer an ihrer Stelle gewährter Vergünstigungen für verlustig erklärt werden, wenn der Gerichtshof auf Antrag des Rechnungshofs feststellt, dass es nicht mehr die erforderlichen Voraussetzungen

erfüllt oder den sich aus seinem Amt ergebenden Verpflichtungen nicht mehr nachkommt.

(7) Der Rat setzt die Beschäftigungsbedingungen für den Präsidenten und die Mitglieder des Rechnungshofs fest, insbesondere die Gehälter, Vergütungen und Ruhegehälter. Er setzt alle sonstigen als Entgelt gezahlten Vergütungen fest.

(8) Die für die Richter des Gerichtshofs der Europäischen Union geltenden Bestimmungen des Protokolls über die Vorrechte und Befreiungen der Europäischen Union gelten auch für die Mitglieder des Rechnungshofs.

Artikel 287 (Umfang der Rechnungsprüfung; Berichtswesen; Geschäftsordnung)

(ex-Artikel 248 EGV)

(1) Der Rechnungshof prüft die Rechnung über alle Einnahmen und Ausgaben der Union. Er prüft ebenfalls die Rechnung über alle Einnahmen und Ausgaben jeder von der Union geschaffenen Einrichtung oder sonstigen Stelle, soweit der Gründungsakt dies nicht ausschließt.

Der Rechnungshof legt dem Europäischen Parlament und dem Rat eine Erklärung über die Zuverlässigkeit der Rechnungsführung sowie die Rechtmäßigkeit und Ordnungsmäßigkeit der zugrunde liegenden Vorgänge vor, die im *Amtsblatt der Europäischen Union* veröffentlicht wird. Diese Erklärung kann durch spezifische Beurteilungen zu allen größeren Tätigkeitsbereichen der Union ergänzt werden.

(2) Der Rechungshof prüft die Rechtmäßigkeit und Ordnungsmäßigkeit der Einnahmen und Ausgaben und überzeugt sich von der Wirtschaftlichkeit der Haushaltsführung. Dabei berichtet er insbesondere über alle Fälle von Unregelmäßigkeiten.

Die Prüfung der Einnahmen erfolgt anhand der Feststellungen und der Zahlungen der Einnahmen an die Union.

Die Prüfung der Ausgaben erfolgt anhand der Mittelbindungen und der Zahlungen.

Diese Prüfungen können vor Abschluss der Rechnung des betreffenden Haushaltsjahrs durchgeführt werden.

(3) Die Prüfung wird anhand der Rechnungsunterlagen und erforderlichenfalls an Ort und Stelle bei den anderen Organen der Union, in den Räumlichkeiten der Einrichtungen oder sonstigen Stellen, die Einnahmen oder Ausgaben für Rechnung der Union verwalten, sowie der natürlichen und juristischen Personen, die Zahlungen aus dem Haushalt erhalten, und in den Mitgliedstaaten durchgeführt. Die Prüfung in den Mitgliedstaaten erfolgt in Verbindung mit den einzelstaatlichen Rechnungsprüfungsorganen oder, wenn diese nicht über die erforderliche Zuständigkeit verfügen, mit den zuständigen einzelstaatlichen Dienststellen. Der Rechnungshof und die einzelstaatlichen Rechnungsprüfungsorgane arbeiten unter Wahrung ihrer Unabhängigkeit vertrauensvoll zusammen. Diese Organe oder Dienststellen teilen dem Rechnungshof mit, ob sie an der Prüfung teilzunehmen beabsichtigen.

Die anderen Organe der Union, die Einrichtungen oder sonstigen Stellen, die Einnahmen oder Ausgaben für Rechnung der Union verwalten, die natürlichen oder juristischen Personen, die Zahlungen aus dem Haushalt erhalten, und die einzelstaatlichen Rechnungsprüfungsorgane oder, wenn diese nicht über die erforderliche Zuständigkeit verfügen, die zuständigen einzelstaatlichen Dienststellen übermitteln dem Rechnungshof auf dessen Antrag die für die Erfüllung seiner Aufgabe erforderlichen Unterlagen oder Informationen.

Die Rechte des Rechnungshofs auf Zugang zu Informationen der Europäischen Investitionsbank im Zusammenhang mit deren Tätigkeit bei der Verwaltung von Einnahmen und Ausgaben der Union werden in einer Vereinbarung zwischen dem Rechnungshof, der Bank und der Kommission geregelt. Der Rechnungshof hat auch dann Recht auf Zugang zu den Informationen, die für die Prüfung der von der Bank verwalteten Einnahmen und Ausgaben der Union erforderlich sind, wenn eine entsprechende Vereinbarung nicht besteht.

(4) Der Rechnungshof erstattet nach Abschluss eines jeden Haushaltsjahrs einen Jahresbericht. Dieser Bericht wird den anderen Organen der Union vorgelegt und im *Amtsblatt der Europäischen Union* zusammen mit den Antworten dieser Organe auf die Bemerkungen des Rechnungshofs veröffentlicht.

Der Rechnungshof kann ferner jederzeit seine Bemerkungen zu besonderen Fragen vorlegen, insbesondere in Form von Sonderberichten, und auf Antrag eines der anderen Organe der Union Stellungnahmen abgeben.

Er nimmt seine jährlichen Berichte, Sonderberichte oder Stellungnahmen mit der Mehrheit seiner Mitglieder an. Er kann jedoch für die Annahme bestimmter Arten von Berichten oder Stellungnahmen nach Maßgabe seiner Geschäftsordnung Kammern bilden.

Er unterstützt das Europäische Parlament und den Rat bei der Kontrolle der Ausführung des Haushaltsplans.

Der Rechnungshof gibt sich eine Geschäftsordnung. Diese bedarf der Genehmigung des Rates.

KAPITEL 2

RECHTSAKTE DER UNION, ANNAHMEVERFAHREN UND SONSTIGE VORSCHRIFTEN

ABSCHNITT 1

DIE RECHTSAKTE DER UNION

Artikel 288 (Begriffsbestimmungen)

(ex-Artikel 249 EGV)

Für die Ausübung der Zuständigkeiten der Union nehmen die Organe Verordnungen, Richtlinien, Beschlüsse, Empfehlungen und Stellungnahmen an.

Die Verordnung hat allgemeine Geltung. Sie ist in allen ihren Teilen verbindlich und gilt unmittelbar in jedem Mitgliedstaat.

Die Richtlinie ist für jeden Mitgliedstaat, an den sie gerichtet wird, hinsichtlich des zu erreichenden Ziels verbindlich, überlässt jedoch den innerstaatlichen Stellen die Wahl der Form und der Mittel.

Beschlüsse sind in allen ihren Teilen verbindlich. Sind sie an bestimmte Adressaten gerichtet, so sind sie nur für diese verbindlich.

Die Empfehlungen und Stellungnahmen sind nicht verbindlich.

Artikel 289 (Gesetzgebungsverfahren)

(1) Das ordentliche Gesetzgebungsverfahren besteht in der gemeinsamen Annahme einer Verordnung, einer Richtlinie oder eines Beschlusses durch das Euro-

päische Parlament und den Rat auf Vorschlag der Kommission. Dieses Verfahren ist in Artikel 294 festgelegt.

(2) In bestimmten, in den Verträgen vorgesehenen Fällen erfolgt als besonderes Gesetzgebungsverfahren die Annahme einer Verordnung, einer Richtlinie oder eines Beschlusses durch das Europäische Parlament mit Beteiligung des Rates oder durch den Rat mit Beteiligung des Europäischen Parlaments.

(3) Rechtsakte, die gemäß einem Gesetzgebungsverfahren angenommen werden, sind Gesetzgebungsakte.

(4) In bestimmten, in den Verträgen vorgesehenen Fällen können Gesetzgebungsakte auf Initiative einer Gruppe von Mitgliedstaaten oder des Europäischen Parlaments, auf Empfehlung der Europäischen Zentralbank oder auf Antrag des Gerichtshofs oder der Europäischen Investitionsbank erlassen werden.

Artikel 290 (Delegierte Rechtsakte)

(1) In Gesetzgebungsakten kann der Kommission die Befugnis übertragen werden, Rechtsakte ohne Gesetzescharakter mit allgemeiner Geltung zur Ergänzung oder Änderung bestimmter nicht wesentlicher Vorschriften des betreffenden Gesetzgebungsaktes zu erlassen.

In den betreffenden Gesetzgebungsakten werden Ziele, Inhalt, Geltungsbereich und Dauer der Befugnisübertragung ausdrücklich festgelegt. Die wesentlichen Aspekte eines Bereichs sind dem Gesetzgebungsakt vorbehalten und eine Befugnisübertragung ist für sie deshalb ausgeschlossen.

(2) Die Bedingungen, unter denen die Übertragung erfolgt, werden in Gesetzgebungsakten ausdrücklich festgelegt, wobei folgende Möglichkeiten bestehen:

a) Das Europäische Parlament oder der Rat kann beschließen, die Übertragung zu widerrufen.

b) Der delegierte Rechtsakt kann nur in Kraft treten, wenn das Europäische Parlament oder der Rat innerhalb der im Gesetzgebungsakt festgelegten Frist keine Einwände erhebt.

Für die Zwecke der Buchstaben a und b beschließt das Europäische Parlament mit der Mehrheit seiner Mitglieder und der Rat mit qualifizierter Mehrheit.

(3) In den Titel der delegierten Rechtsakte wird das Wort „delegiert“ eingefügt.

Artikel 291 (Durchführung verbindlicher Rechtsakte)

(1) Die Mitgliedstaaten ergreifen alle zur Durchführung der verbindlichen Rechtsakte der Union erforderlichen Maßnahmen nach innerstaatlichem Recht.

Art 256 Abs. 1 AEUV

(2) Bedarf es einheitlicher Bedingungen für die Durchführung der verbindlichen Rechtsakte der Union, so werden mit diesen Rechtsakten der Kommission oder, in entsprechend begründeten Sonderfällen und in den in den Artikeln 24 und 26 des Vertrags über die Europäische Union vorgesehenen Fällen, dem Rat Durchführungsbefugnisse übertragen.

(3) Für die Zwecke des Absatzes 2 legen das Europäische Parlament und der Rat gemäß dem ordentlichen Gesetzgebungsverfahren durch Verordnungen im Voraus allgemeine Regeln und Grundsätze fest, nach denen die Mitgliedstaaten die Wahrnehmung der Durchführungsbefugnisse durch die Kommission kontrollieren.

(4) In den Titel der Durchführungsrechtsakte wird der Wortteil „Durchführungs-“ eingefügt.

Artikel 292 (Handlungsformen der Organe)

Der Rat gibt Empfehlungen ab. Er beschließt auf Vorschlag der Kommission in allen Fällen, in denen er nach Maßgabe der Verträge Rechtsakte auf Vorschlag der Kommission erlässt. In den Bereichen, in denen für den Erlass eines Rechtsakts der Union Einstimmigkeit vorgesehen ist, beschließt er einstimmig. Die Kommission und, in bestimmten in den Verträgen vorgesehenen Fällen, die Europäische Zentralbank geben Empfehlungen ab.

ABSCHNITT 2
ANNAHMEVERFAHREN UND SONSTIGE VORSCHRIFTEN

Artikel 293 (Abweichung vom Kommissionsvorschlag, Änderungsrecht der Kommission)

(ex-Artikel 250 EGV)

(1) Wird der Rat aufgrund der Verträge auf Vorschlag der Kommission tätig, so kann er diesen Vorschlag nur einstimmig abändern; dies gilt nicht in den Fällen nach Artikel 294 Absätze 10 und 13, nach Artikel 310, Artikel 312, Artikel 314 und nach Artikel 315 Absatz 2.

(2) Solange ein Beschluss des Rates nicht ergangen ist, kann die Kommission ihren Vorschlag jederzeit im Verlauf der Verfahren zur Annahme eines Rechtsakts der Union ändern.

Artikel 294 (Ordentliches Gesetzgebungsverfahren)

(ex-Artikel 251 EGV)

(1) Wird in den Verträgen hinsichtlich der Annahme eines Rechtsakts auf das ordentliche Gesetzgebungsverfahren Bezug genommen, so gilt das nachstehende Verfahren.

(2) Die Kommission unterbreitet dem Europäischen Parlament und dem Rat einen Vorschlag.

Erste Lesung

(3) Das Europäische Parlament legt seinen Standpunkt in erster Lesung fest und übermittelt ihn dem Rat.

(4) Billigt der Rat den Standpunkt des Europäischen Parlaments, so ist der betreffende Rechtsakt in der Fassung des Standpunkts des Europäischen Parlaments erlassen.

(5) Billigt der Rat den Standpunkt des Europäischen Parlaments nicht, so legt er seinen Standpunkt in erster Lesung fest und übermittelt ihn dem Europäischen Parlament.

(6) Der Rat unterrichtet das Europäische Parlament in allen Einzelheiten über die Gründe, aus denen er seinen Standpunkt in erster Lesung festgelegt hat. Die Kommission unterrichtet das Europäische Parlament in vollem Umfang über ihren Standpunkt.

Zweite Lesung

(7) Hat das Europäische Parlament binnen drei Monaten nach der Übermittlung

a) den Standpunkt des Rates in erster Lesung gebilligt oder sich nicht geäußert, so gilt der betreffende Rechtsakt als in der Fassung des Standpunkts des Rates erlassen;
b) den Standpunkt des Rates in erster Lesung mit der Mehrheit seiner Mitglieder abgelehnt, so gilt der vorgeschlagene Rechtsakt als nicht erlassen;
c) mit der Mehrheit seiner Mitglieder Abänderungen an dem Standpunkt des Rates in erster Lesung vorgeschlagen, so wird die abgeänderte Fassung dem Rat und der Kommission zugeleitet; die Kommission gibt eine Stellungnahme zu diesen Abänderungen ab.

(8) Hat der Rat binnen drei Monaten nach Eingang der Abänderungen des Europäischen Parlaments mit qualifizierter Mehrheit
a) alle diese Abänderungen gebilligt, so gilt der betreffende Rechtsakt als erlassen;
b) nicht alle Abänderungen gebilligt, so beruft der Präsident des Rates im Einvernehmen mit dem Präsidenten des Europäischen Parlaments binnen sechs Wochen den Vermittlungsausschuss ein.

(9) Über Abänderungen, zu denen die Kommission eine ablehnende Stellungnahme abgegeben hat, beschließt der Rat einstimmig.

Vermittlung

(10) Der Vermittlungsausschuss, der aus den Mitgliedern des Rates oder deren Vertretern und ebenso vielen das Europäische Parlament vertretenden Mitgliedern besteht, hat die Aufgabe, mit der qualifizierten Mehrheit der Mitglieder des Rates oder deren Vertretern und der Mehrheit der das Europäische Parlament vertretenden Mitglieder binnen sechs Wochen nach seiner Einberufung eine Einigung auf der Grundlage der Standpunkte des Europäischen Parlaments und des Rates in zweiter Lesung zu erzielen.

(11) Die Kommission nimmt an den Arbeiten des Vermittlungsausschusses teil und ergreift alle erforderlichen Initiativen, um auf eine Annäherung der Standpunkte des Europäischen Parlaments und des Rates hinzuwirken.

(12) Billigt der Vermittlungsausschuss binnen sechs Wochen nach seiner Einberufung keinen gemeinsamen Entwurf, so gilt der vorgeschlagene Rechtsakt als nicht erlassen.

Dritte Lesung

(13) Billigt der Vermittlungsausschuss innerhalb dieser Frist einen gemeinsamen Entwurf, so verfügen das Europäische Parlament und der Rat ab dieser Billigung über eine Frist von sechs Wochen, um den betreffenden Rechtsakt entsprechend diesem Entwurf zu erlassen, wobei im Europäischen Parlament die Mehrheit der abgegebenen Stimmen und im Rat die qualifizierte Mehrheit erforderlich ist. Andernfalls gilt der vorgeschlagene Rechtsakt als nicht erlassen.

(14) Die in diesem Artikel genannten Fristen von drei Monaten beziehungsweise sechs Wochen werden auf Initiative des Europäischen Parlaments oder des Rates um höchstens einen Monat beziehungsweise zwei Wochen verlängert.

Besondere Bestimmungen

(15) Wird in den in den Verträgen vorgesehenen Fällen ein Gesetzgebungsakt auf Initiative einer Gruppe von Mitgliedstaaten, auf Empfehlung der Europäischen Zentralbank oder auf Antrag des Gerichtshofs im ordentlichen Gesetzge-

bungsverfahren erlassen, so finden Absatz 2, Absatz 6 Satz 2 und Absatz 9 keine Anwendung.

In diesen Fällen übermitteln das Europäische Parlament und der Rat der Kommission den Entwurf des Rechtsakts sowie ihre jeweiligen Standpunkte in erster und zweiter Lesung. Das Europäische Parlament oder der Rat kann die Kommission während des gesamten Verfahrens um eine Stellungnahme bitten, die die Kommission auch von sich aus abgeben kann. Sie kann auch nach Maßgabe des Absatzes 11 an dem Vermittlungsausschuss teilnehmen, sofern sie dies für erforderlich hält.

Artikel 295 (Interinstitutionelle Zusammenarbeit)

Das Europäische Parlament, der Rat und die Kommission beraten sich und regeln einvernehmlich die Einzelheiten ihrer Zusammenarbeit. Dazu können sie unter Wahrung der Verträge interinstitutionelle Vereinbarungen schließen, die auch bindenden Charakter haben können.

Artikel 296 (Wahl der Art des zu erlassenden Rechtsakts; Begründungspflicht)

(ex-Artikel 253 EGV)

Wird die Art des zu erlassenden Rechtsakts von den Verträgen nicht vorgegeben, so entscheiden die Organe darüber von Fall zu Fall unter Einhaltung der geltenden Verfahren und des Grundsatzes der Verhältnismäßigkeit.

Die Rechtsakte sind mit einer Begründung zu versehen und nehmen auf die in den Verträgen vorgesehenen Vorschläge, Initiativen, Empfehlungen, Anträge oder Stellungnahmen Bezug.

Werden das Europäische Parlament und der Rat mit dem Entwurf eines Gesetzgebungsakts befasst, so nehmen sie keine Rechtsakte an, die gemäß dem für den betreffenden Bereich geltenden Gesetzgebungsverfahren nicht vorgesehen sind.

Artikel 297 (Veröffentlichung, Inkrafttreten, Bekanntgabe)

(ex-Artikel 254 EGV)

(1) Gesetzgebungsakte, die gemäß dem ordentlichen Gesetzgebungsverfahren erlassen wurden, werden vom Präsidenten des Europäischen Parlaments und vom Präsidenten des Rates unterzeichnet.

Gesetzgebungsakte, die gemäß einem besonderen Gesetzgebungsverfahren erlassen wurden, werden vom Präsidenten des Organs unterzeichnet, das sie erlassen hat.

Die Gesetzgebungsakte werden im *Amtsblatt der Europäischen Union* veröffentlicht. Sie treten zu dem durch sie festgelegten Zeitpunkt oder anderenfalls am zwanzigsten Tag nach ihrer Veröffentlichung in Kraft.

(2) Rechtsakte ohne Gesetzescharakter, die als Verordnung, Richtlinie oder Beschluss, der an keinen bestimmten Adressaten gerichtet ist, erlassen wurden, werden vom Präsidenten des Organs unterzeichnet, das sie erlassen hat.

Verordnungen, Richtlinien, die an alle Mitgliedstaaten gerichtet sind, sowie Beschlüsse, die an keinen bestimmten Adressaten gerichtet sind, werden im *Amtsblatt der Europäischen Union* veröffentlicht. Sie treten zu dem durch sie festgelegten Zeitpunkt oder anderenfalls am zwanzigsten Tag nach ihrer Veröffentlichung in Kraft.

Die anderen Richtlinien sowie die Beschlüsse, die an einen bestimmten Adressaten gerichtet sind, werden denjenigen, für die sie bestimmt sind, bekannt gegeben und durch diese Bekanntgabe wirksam.

Artikel 298 (Ausgestaltung der europäischen Verwaltung)

(1) Zur Ausübung ihrer Aufgaben stützen sich die Organe, Einrichtungen und sonstigen Stellen der Union auf eine offene, effiziente und unabhängige europäische Verwaltung.

(2) Die Bestimmungen zu diesem Zweck werden unter Beachtung des Statuts und der Beschäftigungsbedingungen nach Artikel 336 vom Europäischen Parlament und vom Rat gemäß dem ordentlichen Gesetzgebungsverfahren durch Verordnungen erlassen.

Artikel 299 (Vollstreckbare Titel, Zwangsvollstreckung)

(ex-Artikel 256 EGV)

Die Rechtsakte des Rates, der Kommission oder der Europäischen Zentralbank, die eine Zahlung auferlegen, sind vollstreckbare Titel; dies gilt nicht gegenüber Staaten.

Die Zwangsvollstreckung erfolgt nach den Vorschriften des Zivilprozessrechts des Staates, in dessen Hoheitsgebiet sie stattfindet. Die Vollstreckungsklausel wird nach einer Prüfung, die sich lediglich auf die Echtheit des Titels erstrecken darf, von der staatlichen Behörde erteilt, welche die Regierung jedes Mitgliedstaats zu diesem Zweck bestimmt und der Kommission und dem Gerichtshof der Europäischen Union benennt.

Sind diese Formvorschriften auf Antrag der die Vollstreckung betreibenden Partei erfüllt, so kann diese die Zwangsvollstreckung nach innerstaatlichem Recht betreiben, indem sie die zuständige Stelle unmittelbar anruft.

Die Zwangsvollstreckung kann nur durch eine Entscheidung des Gerichtshofs der Europäischen Union ausgesetzt werden. Für die Prüfung der Ordnungsmäßigkeit der Vollstreckungsmaßnahmen sind jedoch die einzelstaatlichen Rechtsprechungsorgane zuständig.

KAPITEL 3

DIE BERATENDEN EINRICHTUNGEN DER UNION

Artikel 300 (Wirtschafts- und Sozialausschuss; Ausschuss der Regionen)

(1) Das Europäische Parlament, der Rat und die Kommission werden von einem Wirtschafts- und Sozialausschuss sowie einem Ausschuss der Regionen unterstützt, die beratende Aufgaben wahrnehmen.

(2) Der Wirtschafts- und Sozialausschuss setzt sich zusammen aus Vertretern der Organisationen der Arbeitgeber und der Arbeitnehmer sowie anderen Vertretern der Zivilgesellschaft, insbesondere aus dem sozialen und wirtschaftlichen, dem staatsbürgerlichen, dem beruflichen und dem kulturellen Bereich.

(3) Der Ausschuss der Regionen setzt sich zusammen aus Vertretern der regionalen und lokalen Gebietskörperschaften, die entweder ein auf Wahlen beruhendes Mandat in einer regionalen oder lokalen Gebietskörperschaft innehaben oder gegenüber einer gewählten Versammlung politisch verantwortlich sind.

(4) Die Mitglieder des Wirtschafts- und Sozialausschusses und des Ausschusses der Regionen sind an keine Weisungen gebunden. Sie üben ihre Tätigkeit in voller Unabhängigkeit zum allgemeinen Wohl der Union aus.

(5) Die Vorschriften der Absätze 2 und 3 über die Art der Zusammensetzung dieser Ausschüsse werden in regelmäßigen Abständen vom Rat überprüft, um der wirtschaftlichen, sozialen und demografischen Entwicklung in der Union Rechnung zu tragen. Der Rat erlässt auf Vorschlag der Kommission Beschlüsse zu diesem Zweck.

ABSCHNITT 1
DER WIRTSCHAFTS- UND SOZIALAUSSCHUSS

Artikel 301 (Mitglieder und Vergütung)

(ex-Artikel 258 EGV)

Der Wirtschafts- und Sozialausschuss hat höchstens dreihundertfünfzig Mitglieder.

Der Rat erlässt einstimmig auf Vorschlag der Kommission einen Beschluss über die Zusammensetzung des Ausschusses.

Der Rat setzt die Vergütungen für die Mitglieder des Ausschusses fest.

Artikel 302 (Kandidatenliste)

(ex-Artikel 259 EGV)

(1) Die Mitglieder des Ausschusses werden für fünf Jahre ernannt. Der Rat nimmt die gemäß den Vorschlägen der einzelnen Mitgliedstaaten erstellte Liste der Mitglieder an. Die Wiederernennung der Mitglieder des Ausschusses ist zulässig.

(2) Der Rat beschließt nach Anhörung der Kommission. Er kann die Meinung der maßgeblichen europäischen Organisationen der verschiedenen Zweige des Wirtschafts- und Soziallebens und der Zivilgesellschaft einholen, die von der Tätigkeit der Union betroffen sind.

Artikel 303 (Präsidium, Geschäftsordnung)

(ex-Artikel 260 EGV)

Der Ausschuss wählt aus seiner Mitte seinen Präsidenten und sein Präsidium auf zweieinhalb Jahre.

Er gibt sich eine Geschäftsordnung.

Der Ausschuss wird von seinem Präsidenten auf Antrag des Europäischen Parlaments, des Rates oder der Kommission einberufen. Er kann auch von sich aus zusammentreten.

Artikel 304 (Obligatorische und fakultative Stellungnahmen)

(ex-Artikel 262 EGV)

Der Ausschuss wird vom Europäischen Parlament, vom Rat oder der Kommission in den in den Verträgen vorgesehenen Fällen gehört. Er kann von diesen Organen in allen Fällen gehört werden, in denen diese es für zweckmäßig erachten. Er kann von sich aus eine Stellungnahme in den Fällen abgeben, in denen er dies für zweckmäßig erachtet.

Wenn das Europäische Parlament, der Rat oder die Kommission es für notwendig erachten, setzen sie dem Ausschuss für die Vorlage seiner Stellungnahme eine Frist; diese beträgt mindestens einen Monat, vom Eingang der Mitteilung beim Präsidenten des Ausschusses an gerechnet. Nach Ablauf der Frist kann das Fehlen einer Stellungnahme unberücksichtigt bleiben.

Die Stellungnahmen des Ausschusses sowie ein Bericht über die Beratungen werden dem Europäischen Parlament, dem Rat und der Kommission übermittelt.

ABSCHNITT 2
DER AUSSCHUSS DER REGIONEN

Artikel 305 (Mitglieder)

(ex-Artikel 263 Absätze 2, 3 und 4 EGV)

Der Ausschuss der Regionen hat höchstens dreihundertfünfzig Mitglieder.

Der Rat erlässt einstimmig auf Vorschlag der Kommission einen Beschluss über die Zusammensetzung des Ausschusses.

Die Mitglieder des Ausschusses sowie eine gleiche Anzahl von Stellvertretern werden auf fünf Jahre ernannt. Wiederernennung ist zulässig. Der Rat nimmt die gemäß den Vorschlägen der einzelnen Mitgliedstaaten erstellte Liste der Mitglieder und Stellvertreter an. Die Amtszeit der Mitglieder des Ausschusses endet automatisch bei Ablauf des in Artikel 300 Absatz 3 genannten Mandats, aufgrund dessen sie vorgeschlagen wurden; für die verbleibende Amtszeit wird nach demselben Verfahren ein Nachfolger ernannt. Ein Mitglied des Ausschusses darf nicht gleichzeitig Mitglied des Europäischen Parlaments sein.

Artikel 306 (Präsidium, Geschäftsordnung, Einberufung)

(ex-Artikel 264 EGV)

Der Ausschuss der Regionen wählt aus seiner Mitte seinen Präsidenten und sein Präsidium auf zweieinhalb Jahre.

Er gibt sich eine Geschäftsordnung.

Der Ausschuss wird von seinem Präsidenten auf Antrag des Europäischen Parlaments, des Rates oder der Kommission einberufen. Er kann auch von sich aus zusammentreten.

Artikel 307 (Obligatorische und fakultative Stellungnahmen)

(ex-Artikel 265 EGV)

Der Ausschuss der Regionen wird vom Europäischen Parlament, vom Rat oder von der Kommission in den in den Verträgen vorgesehenen Fällen und in allen anderen Fällen gehört, in denen eines dieser Organe dies für zweckmäßig erachtet, insbesondere in Fällen, welche die grenzüberschreitende Zusammenarbeit betreffen.

Wenn das Europäische Parlament, der Rat oder die Kommission es für notwendig erachten, setzen sie dem Ausschuss für die Vorlage seiner Stellungnahme eine Frist; diese beträgt mindestens einen Monat, vom Eingang der diesbezüglichen Mitteilung beim Präsidenten des Ausschusses an gerechnet. Nach Ablauf der Frist kann das Fehlen einer Stellungnahme unberücksichtigt bleiben.

Wird der Wirtschafts- und Sozialausschuss nach Artikel 304 gehört, so wird der Ausschuss der Regionen vom Europäischen Parlament, vom Rat oder von der

Kommission über dieses Ersuchen um Stellungnahme unterrichtet. Der Ausschuss der Regionen kann, wenn er der Auffassung ist, dass spezifische regionale Interessen berührt werden, eine entsprechende Stellungnahme abgeben.

Er kann, wenn er dies für zweckdienlich erachtet, von sich aus eine Stellungnahme abgeben.

Die Stellungnahme des Ausschusses sowie ein Bericht über die Beratungen werden dem Europäischen Parlament, dem Rat und der Kommission übermittelt.

KAPITEL 4

DIE EUROPÄISCHE INVESTITIONSBANK

Artikel 308 (Rechtspersönlichkeit, Mitglieder, Satzung)

(ex-Artikel 266 EGV)

Die Europäische Investitionsbank besitzt Rechtspersönlichkeit.

Mitglieder der Europäischen Investitionsbank sind die Mitgliedstaaten.

Die Satzung der Europäischen Investitionsbank ist den Verträgen als Protokoll beigefügt. Der Rat kann auf Antrag der Europäischen Investitionsbank und nach Anhörung des Europäischen Parlaments und der Kommission oder auf Vorschlag der Kommission und nach Anhörung des Europäischen Parlaments und der Europäischen Investitionsbank die Satzung der Bank einstimmig gemäß einem besonderen Gesetzgebungsverfahren ändern.

Artikel 309 (Aufgaben)

(ex-Artikel 267 EGV)

Aufgabe der Europäischen Investitionsbank ist es, zu einer ausgewogenen und reibungslosen Entwicklung des Binnenmarkts im Interesse der Union beizutragen; hierbei bedient sie sich des Kapitalmarkts sowie ihrer eigenen Mittel. In diesem Sinne erleichtert sie ohne Verfolgung eines Erwerbszwecks durch Gewährung von Darlehen und Bürgschaften die Finanzierung der nachstehend bezeichneten Vorhaben in allen Wirtschaftszweigen:

a) Vorhaben zur Erschließung der weniger entwickelten Gebiete;

b) Vorhaben zur Modernisierung oder Umstellung von Unternehmen oder zur Schaffung neuer Arbeitsmöglichkeiten, die sich aus der Errichtung oder dem Funktionieren des Binnenmarkts ergeben und wegen ihres Umfangs oder ihrer Art mit den in den einzelnen Mitgliedstaaten vorhandenen Mitteln nicht vollständig finanziert werden können;

c) Vorhaben von gemeinsamem Interesse für mehrere Mitgliedstaaten, die wegen ihres Umfangs oder ihrer Art mit den in den einzelnen Mitgliedstaaten vorhandenen Mitteln nicht vollständig finanziert werden können.

In Erfüllung ihrer Aufgabe erleichtert die Bank die Finanzierung von Investitionsprogrammen in Verbindung mit der Unterstützung aus den Strukturfonds und anderen Finanzierungsinstrumenten der Union.

TITEL II
FINANZVORSCHRIFTEN

Artikel 310 (Haushaltsplan)

(ex-Artikel 268 EGV)

(1) Alle Einnahmen und Ausgaben der Union werden für jedes Haushaltsjahr veranschlagt und in den Haushaltsplan eingesetzt.

Der jährliche Haushaltsplan der Union wird vom Europäischen Parlament und vom Rat nach Maßgabe des Artikels 314 aufgestellt.

Der Haushaltsplan ist in Einnahmen und Ausgaben auszugleichen.

(2) Die in den Haushaltsplan eingesetzten Ausgaben werden für ein Haushaltsjahr entsprechend der Verordnung nach Artikel 322 bewilligt.

(3) Die Ausführung der in den Haushaltsplan eingesetzten Ausgaben setzt den Erlass eines verbindlichen Rechtsakts der Union voraus, mit dem die Maßnahme der Union und die Ausführung der entsprechenden Ausgabe entsprechend der Verordnung nach Artikel 322 eine Rechtsgrundlage erhalten, soweit nicht diese Verordnung Ausnahmen vorsieht.

(4) Um die Haushaltsdisziplin sicherzustellen, erlässt die Union keine Rechtsakte, die erhebliche Auswirkungen auf den Haushaltsplan haben könnten, ohne die Gewähr zu bieten, dass die mit diesen Rechtsakten verbundenen Ausgaben im Rahmen der Eigenmittel der Union und unter Einhaltung des mehrjährigen Finanzrahmens nach Artikel 312 finanziert werden können.

(5) Der Haushaltsplan wird entsprechend dem Grundsatz der Wirtschaftlichkeit der Haushaltsführung ausgeführt. Die Mitgliedstaaten arbeiten mit der Union zusammen, um sicherzustellen, dass die in den Haushaltsplan eingesetzten Mittel nach diesem Grundsatz verwendet werden.

(6) Die Union und die Mitgliedstaaten bekämpfen nach Artikel 325 Betrügereien und sonstige gegen die finanziellen Interessen der Union gerichtete rechtswidrige Handlungen.

KAPITEL 1
DIE EIGENMITTEL DER UNION

Artikel 311 (System der Eigenmittel)

(ex-Artikel 269 EGV)

Die Union stattet sich mit den erforderlichen Mitteln aus, um ihre Ziele erreichen und ihre Politik durchführen zu können.

Der Haushalt wird unbeschadet der sonstigen Einnahmen vollständig aus Eigenmitteln finanziert.

Der Rat erlässt gemäß einem besonderen Gesetzgebungsverfahren einstimmig und nach Anhörung des Europäischen Parlaments einen Beschluss, mit dem die Bestimmungen über das System der Eigenmittel der Union festgelegt werden. Darin können neue Kategorien von Eigenmitteln eingeführt oder bestehende Kategorien abgeschafft werden. Dieser Beschluss tritt erst nach Zustimmung der Mitgliedstaaten im Einklang mit ihren jeweiligen verfassungsrechtlichen Vorschriften in Kraft.

Der Rat legt gemäß einem besonderen Gesetzgebungsverfahren durch Verordnungen Durchführungsmaßnahmen zu dem System der Eigenmittel der Union fest, sofern dies in dem nach Absatz 3 erlassenen Beschluss vorgesehen ist. Der Rat beschließt nach Zustimmung des Europäischen Parlaments.

KAPITEL 2

DER MEHRJÄHRIGE FINANZRAHMEN

Artikel 312 (Zielsetzung und Ausgestaltung)

(1) Mit dem mehrjährigen Finanzrahmen soll sichergestellt werden, dass die Ausgaben der Union innerhalb der Grenzen ihrer Eigenmittel eine geordnete Entwicklung nehmen.

Er wird für einen Zeitraum von mindestens fünf Jahren aufgestellt.

Bei der Aufstellung des jährlichen Haushaltsplans der Union ist der mehrjährige Finanzrahmen einzuhalten.

(2) Der Rat erlässt gemäß einem besonderen Gesetzgebungsverfahren eine Verordnung zur Festlegung des mehrjährigen Finanzrahmens. Er beschließt einstimmig nach Zustimmung des Europäischen Parlaments, die mit der Mehrheit seiner Mitglieder erteilt wird.

Der Europäische Rat kann einstimmig einen Beschluss fassen, wonach der Rat mit qualifizierter Mehrheit beschließen kann, wenn er die in Unterabsatz 1 genannte Verordnung erlässt.

(3) In dem Finanzrahmen werden die jährlichen Obergrenzen der Mittel für Verpflichtungen je Ausgabenkategorie und die jährliche Obergrenze der Mittel für Zahlungen festgelegt. Die Ausgabenkategorien, von denen es nur wenige geben darf, entsprechen den Haupttätigkeitsbereichen der Union.

Der Finanzrahmen enthält auch alle sonstigen für den reibungslosen Ablauf des jährlichen Haushaltsverfahrens sachdienlichen Bestimmungen.

(4) Hat der Rat bis zum Ablauf des vorangegangenen Finanzrahmens keine Verordnung zur Aufstellung eines neuen Finanzrahmens erlassen, so werden die Obergrenzen und sonstigen Bestimmungen des letzten Jahres des vorangegangenen Finanzrahmens bis zum Erlass dieses Rechtsakts fortgeschrieben.

(5) Das Europäische Parlament, der Rat und die Kommission treffen während des gesamten Verfahrens zur Annahme des Finanzrahmens alle erforderlichen Maßnahmen, um den Erlass des Rechtsakts zu erleichtern.

KAPITEL 3

DER JAHRESHAUSHALTSPLAN DER UNION

Artikel 313 (Annuitätsprinzip)

(ex-Artikel 272 Absatz 1 EGV)

Das Haushaltsjahr beginnt am 1. Januar und endet am 31. Dezember.

Artikel 314 (Verfahren zum Erlass des Jahreshaushaltsplans)

(ex-Artikel 272 Absätze 2 bis 10 EGV)

Das Europäische Parlament und der Rat legen den Jahreshaushaltsplan der Union im Rahmen eines besonderen Gesetzgebungsverfahrens nach den folgenden Bestimmungen fest:

(1) Jedes Organ, mit Ausnahme der Europäischen Zentralbank, stellt vor dem 1. Juli einen Haushaltsvoranschlag für seine Ausgaben für das folgende Haushaltsjahr auf. Die Kommission fasst diese Voranschläge in einem Entwurf für den Haushaltsplan zusammen, der abweichende Voranschläge enthalten kann.

Dieser Entwurf umfasst den Ansatz der Einnahmen und den Ansatz der Ausgaben.

(2) Die Kommission legt dem Europäischen Parlament und dem Rat spätestens am 1. September des Jahres, das dem entsprechenden Haushaltsjahr vorausgeht, einen Vorschlag mit dem Entwurf des Haushaltsplans vor.

Die Kommission kann den Entwurf des Haushaltsplans während des laufenden Verfahrens bis zur Einberufung des in Absatz 5 genannten Vermittlungsausschusses ändern.

(3) Der Rat legt seinen Standpunkt zu dem Entwurf des Haushaltsplans fest und leitet ihn spätestens am 1. Oktober des Jahres, das dem entsprechenden Haushaltsjahr vorausgeht, dem Europäischen Parlament zu. Er unterrichtet das Europäische Parlament in vollem Umfang über die Gründe, aus denen er seinen Standpunkt festgelegt hat.

(4) Hat das Europäische Parlament binnen 42 Tagen nach der Übermittlung

a) den Standpunkt des Rates gebilligt, so ist der Haushaltsplan erlassen;

b) keinen Beschluss gefasst, so gilt der Haushaltsplan als erlassen;

c) mit der Mehrheit seiner Mitglieder Abänderungen angenommen, so wird die abgeänderte Fassung des Entwurfs dem Rat und der Kommission zugeleitet. Der Präsident des Europäischen Parlaments beruft im Einvernehmen mit dem Präsidenten des Rates umgehend den Vermittlungsausschuss ein. Der Vermittlungsausschuss tritt jedoch nicht zusammen, wenn der Rat dem Europäischen Parlament binnen zehn Tagen nach der Übermittlung des geänderten Entwurfs mitteilt, dass er alle seine Abänderungen billigt.

(5) Der Vermittlungsausschuss, der aus den Mitgliedern des Rates oder deren Vertretern und ebenso vielen das Europäische Parlament vertretenden Mitgliedern besteht, hat die Aufgabe, binnen 21 Tagen nach seiner Einberufung auf der Grundlage der Standpunkte des Europäischen Parlaments und des Rates mit der qualifizierten Mehrheit der Mitglieder des Rates oder deren Vertretern und der Mehrheit der das Europäische Parlament vertretenden Mitglieder eine Einigung über einen gemeinsamen Entwurf zu erzielen.

Die Kommission nimmt an den Arbeiten des Vermittlungsausschusses teil und ergreift alle erforderlichen Initiativen, um eine Annäherung der Standpunkte des Europäischen Parlaments und des Rates zu bewirken.

(6) Einigt sich der Vermittlungsausschuss innerhalb der in Absatz 5 genannten Frist von 21 Tagen auf einen gemeinsamen Entwurf, so verfügen das Europäische Parlament und der Rat ab dieser Einigung über eine Frist von 14 Tagen, um den gemeinsamen Entwurf zu billigen.

(7) Wenn innerhalb der in Absatz 6 genannten Frist von 14 Tagen

a) der gemeinsame Entwurf sowohl vom Europäischen Parlament als auch vom Rat gebilligt wird oder beide keinen Beschluss fassen oder eines dieser Organe den gemeinsamen Entwurf billigt, während das andere Organ keinen Beschluss fasst, so gilt der Haushaltsplan als entsprechend dem gemeinsamen Entwurf endgültig erlassen, oder

b) der gemeinsame Entwurf sowohl vom Europäischen Parlament mit der Mehrheit seiner Mitglieder als auch vom Rat abgelehnt wird oder eines dieser Organe den gemeinsamen Entwurf ablehnt, während das andere Organ keinen Beschluss fasst, so legt die Kommission einen neuen Entwurf für den Haushaltsplan vor, oder

c) der gemeinsame Entwurf vom Europäischen Parlament mit der Mehrheit seiner Mitglieder abgelehnt wird, während er vom Rat gebilligt wird, so legt die Kommission einen neuen Entwurf für den Haushaltsplan vor, oder

d) der gemeinsame Entwurf vom Europäischen Parlament gebilligt wird, während er vom Rat abgelehnt wird, so kann das Europäische Parlament binnen 14 Tagen ab dem Tag der Ablehnung durch den Rat mit der Mehrheit seiner Mitglieder und drei Fünfteln der abgegebenen Stimmen beschließen, alle oder einige der in Absatz 4 Buchstabe c genannten Abänderungen zu bestätigen. Wird eine Abänderung des Europäischen Parlaments nicht bestätigt, so wird der im Vermittlungsausschuss vereinbarte Standpunkt zu dem Haushaltsposten, der Gegenstand der Abänderung ist, übernommen. Der Haushaltsplan gilt als auf dieser Grundlage endgültig erlassen.

(8) Einigt sich der Vermittlungsausschuss nicht binnen der in Absatz 5 genannten Frist von 21 Tagen auf einen gemeinsamen Entwurf, so legt die Kommission einen neuen Entwurf für den Haushaltsplan vor.

(9) Nach Abschluss des Verfahrens dieses Artikels stellt der Präsident des Europäischen Parlaments fest, dass der Haushaltsplan endgültig erlassen ist.

(10) Jedes Organ übt die ihm aufgrund dieses Artikels zufallenden Befugnisse unter Wahrung der Verträge und der Rechtsakte aus, die auf der Grundlage der Verträge insbesondere im Bereich der Eigenmittel der Union und des Gleichgewichts von Einnahmen und Ausgaben erlassen wurden.

Artikel 315 (Vorläufige Haushalts- und Wirtschaftsführung)

(ex-Artikel 273 EGV)

Ist zu Beginn eines Haushaltsjahres der Haushaltsplan noch nicht endgültig erlassen, so können nach der gemäß Artikel 322 festgelegten Haushaltsordnung für jedes Kapitel monatliche Ausgaben bis zur Höhe eines Zwölftels der im betreffenden Kapitel des Haushaltsplans des vorangegangenen Haushaltsjahres eingesetzten Mittel vorgenommen werden, die jedoch ein Zwölftel der Mittelansätze des gleichen Kapitels des Haushaltsplanentwurfs nicht überschreiten dürfen.

Der Rat kann auf Vorschlag der Kommission unter Beachtung der sonstigen Bestimmungen des Absatzes 1 entsprechend der nach Artikel 322 erlassenen Verordnung Ausgaben genehmigen, die über dieses Zwölftel hinausgehen. Er leitet seinen Beschluss unverzüglich dem Europäischen Parlament zu.

In dem Beschluss nach Absatz 2 werden unter Beachtung der in Artikel 311 genannten Rechtsakte die zur Durchführung dieses Artikels erforderlichen Maßnahmen betreffend die Mittel vorgesehen.

Der Beschluss tritt 30 Tage nach seinem Erlass in Kraft, sofern das Europäische Parlament nicht innerhalb dieser Frist mit der Mehrheit seiner Mitglieder beschließt, diese Ausgaben zu kürzen.

Artikel 316 (Übertragbarkeit der Mittel; Gliederung und Gruppierung)

(ex-Artikel 271 EGV)

Nach Maßgabe der aufgrund des Artikels 322 erlassenen Vorschriften dürfen die nicht für Personalausgaben vorgesehenen Mittel, die bis zum Ende der Durchführungszeit eines Haushaltsplans nicht verbraucht worden sind, lediglich auf das nächste Haushaltsjahr übertragen werden.

Die vorgesehenen Mittel werden nach Kapiteln gegliedert, in denen die Ausgaben nach Art oder Bestimmung zusammengefasst sind; die Kapitel werden nach der gemäß Artikel 322 festgelegten Haushaltsordnung unterteilt.

Die Ausgaben des Europäischen Parlaments, des Europäischen Rates und des Rates, der Kommission sowie des Gerichtshofs der Europäischen Union werden unbeschadet einer besonderen Regelung für bestimmte gemeinsame Ausgaben in gesonderten Teilen des Haushaltsplans aufgeführt.

KAPITEL 4
AUSFÜHRUNG DES HAUSHALTSPLANS UND ENTLASTUNG

Artikel 317 (Ausführung des Haushaltsplanes)

(ex-Artikel 274 EGV)

Die Kommission führt den Haushaltsplan zusammen mit den Mitgliedstaaten gemäß der nach Artikel 322 festgelegten Haushaltsordnung in eigener Verantwortung und im Rahmen der zugewiesenen Mittel entsprechend dem Grundsatz der Wirtschaftlichkeit der Haushaltsführung aus. Die Mitgliedstaaten arbeiten mit der Kommission zusammen, um sicherzustellen, dass die Mittel nach dem Grundsatz der Wirtschaftlichkeit der Haushaltsführung verwendet werden.

In der Haushaltsordnung sind die Kontroll- und Wirtschaftsprüfungspflichten der Mitgliedstaaten bei der Ausführung des Haushaltsplans sowie die damit verbundenen Verantwortlichkeiten geregelt. Darin sind ferner die Verantwortlichkeiten und die besonderen Einzelheiten geregelt, nach denen jedes Organ an der Vornahme seiner Ausgaben beteiligt ist.

Die Kommission kann nach der gemäß Artikel 322 festgelegten Haushaltsordnung Mittel von Kapitel zu Kapitel oder von Untergliederung zu Untergliederung übertragen.

Artikel 318 (Rechnungslegung; Übersicht; Evaluierungsbericht)

(ex-Artikel 275 EGV)

Die Kommission legt dem Europäischen Parlament und dem Rat jährlich die Rechnung des abgelaufenen Haushaltsjahres für die Rechnungsvorgänge des Haushaltsplans vor. Sie übermittelt ihnen ferner eine Übersicht über das Vermögen und die Schulden der Union.

Die Kommission legt dem Europäischen Parlament und dem Rat ferner einen Evaluierungsbericht zu den Finanzen der Union vor, der sich auf die Ergebnisse stützt, die insbesondere in Bezug auf die Vorgaben erzielt wurden, die vom Europäischen Parlament und vom Rat nach Artikel 319 erteilt wurden.

Artikel 319 (Entlastung der Kommission)

(ex-Artikel 276 EGV)

(1) Auf Empfehlung des Rates erteilt das Europäische Parlament der Kommission Entlastung zur Ausführung des Haushaltsplans. Zu diesem Zweck prüft es nach dem Rat die Rechnung, die Übersicht und den Evaluierungsbericht nach Artikel 318 sowie den Jahresbericht des Rechnungshofs zusammen mit den Antworten der kontrollierten Organe auf dessen Bemerkungen, die in Artikel 287 Absatz 1 Unterabsatz 2 genannte Zuverlässigkeitserklärung und die einschlägigen Sonderberichte des Rechnungshofs.

(2) Das Europäische Parlament kann vor der Entlastung der Kommission sowie auch zu anderen Zwecken im Zusammenhang mit der Ausübung ihrer Haushaltsbefugnisse die Kommission auffordern, Auskunft über die Vornahme der Ausgaben oder die Arbeitsweise der Finanzkontrollsysteme zu erteilen. Die Kommission legt dem Europäischen Parlament auf dessen Ersuchen alle notwendigen Informationen vor.

(3) Die Kommission trifft alle zweckdienlichen Maßnahmen, um den Bemerkungen in den Entlastungsbeschlüssen und anderen Bemerkungen des Europäischen Parlaments zur Vornahme der Ausgaben sowie den Erläuterungen, die den Entlastungsempfehlungen des Rates beigefügt sind, nachzukommen.

Auf Ersuchen des Europäischen Parlaments oder des Rates erstattet die Kommission Bericht über die Maßnahmen, die aufgrund dieser Bemerkungen und Erläuterungen getroffen wurden, insbesondere über die Weisungen, die den für die Ausführung des Haushaltsplans zuständigen Dienststellen erteilt worden sind. Diese Berichte sind auch dem Rechnungshof zuzuleiten.

KAPITEL 5
GEMEINSAME BESTIMMUNGEN

Artikel 320 (Rechnungseinheit)

(ex-Artikel 277 EGV)

Der mehrjährige Finanzrahmen und der Jahreshaushaltsplan werden in Euro aufgestellt.

Artikel 321 (Transferierungen, Finanzgeschäfte)

(ex-Artikel 278 EGV)

Die Kommission kann vorbehaltlich der Unterrichtung der zuständigen Behörden der betreffenden Mitgliedstaaten ihre Guthaben in der Währung eines dieser Staaten in die Währung eines anderen Mitgliedstaats transferieren, soweit dies erforderlich ist, um diese Guthaben für die in den Verträgen vorgesehenen Zwecke zu verwenden. Besitzt die Kommission verfügbare oder flüssige Guthaben in der benötigten Währung, so vermeidet sie soweit möglich derartige Transferierungen.

Die Kommission verkehrt mit jedem Mitgliedstaat über die von diesem bezeichnete Behörde. Bei der Durchführung ihrer Finanzgeschäfte nimmt sie die Notenbank des betreffenden Mitgliedstaats oder ein anderes von diesem genehmigtes Finanzinstitut in Anspruch.

Artikel 322 (Haushaltsordnung)

(ex-Artikel 279 EGV)

(1) Das Europäische Parlament und der Rat erlassen gemäß dem ordentlichen Gesetzgebungsverfahren durch Verordnungen nach Anhörung des Rechnungshofs

a) die Haushaltsvorschriften, in denen insbesondere die Aufstellung und Ausführung des Haushaltsplans sowie die Rechnungslegung und Rechnungsprüfung im Einzelnen geregelt werden;

b) die Vorschriften, die die Kontrolle der Verantwortung der Finanzakteure und insbesondere der Anweisungsbefugten und der Rechnungsführer regeln.

(2) Der Rat legt auf Vorschlag der Kommission und nach Anhörung des Europäischen Parlaments und des Rechnungshofs die Einzelheiten und das Verfahren fest, nach denen die Haushaltseinnahmen, die in der Regelung über die Eigenmittel der Union vorgesehen sind, der Kommission zur Verfügung gestellt werden, sowie die Maßnahmen, die zu treffen sind, um gegebenenfalls die erforderlichen Kassenmittel bereitzustellen.

Artikel 323 (Ausstattung mit Finanzmitteln)

Das Europäische Parlament, der Rat und die Kommission stellen sicher, dass der Union die Finanzmittel zur Verfügung stehen, die es ihr ermöglichen, ihren rechtlichen Verpflichtungen gegenüber Dritten nachzukommen.

Artikel 324 (Regelmäßige Treffen zur Förderung der Durchführung)

Auf Initiative der Kommission werden im Rahmen der nach diesem Titel vorgesehenen Haushaltsverfahren regelmäßige Treffen der Präsidenten des Europäischen Parlaments, des Rates und der Kommission einberufen. Diese treffen alle erforderlichen Maßnahmen, um die Abstimmung und Annäherung der Standpunkte der Organe, denen sie vorstehen, zu fördern und so die Durchführung dieses Titels zu erleichtern.

KAPITEL 6

BETRUGSBEKÄMPFUNG

Artikel 325 (Bekämpfung von Betrügereien; Berichtspflicht)

(ex-Artikel 280 EGV)

(1) Die Union und die Mitgliedstaaten bekämpfen Betrügereien und sonstige gegen die finanziellen Interessen der Union gerichtete rechtswidrige Handlungen mit Maßnahmen nach diesem Artikel, die abschreckend sind und in den Mitgliedstaaten sowie in den Organen, Einrichtungen und sonstigen Stellen der Union einen effektiven Schutz bewirken.

(2) Zur Bekämpfung von Betrügereien, die sich gegen die finanziellen Interessen der Union richten, ergreifen die Mitgliedstaaten die gleichen Maßnahmen, die sie auch zur Bekämpfung von Betrügereien ergreifen, die sich gegen ihre eigenen finanziellen Interessen richten.

(3) Die Mitgliedstaaten koordinieren unbeschadet der sonstigen Bestimmungen der Verträge ihre Tätigkeit zum Schutz der finanziellen Interessen der Union vor Betrügereien. Sie sorgen zu diesem Zweck zusammen mit der Kommission für eine enge, regelmäßige Zusammenarbeit zwischen den zuständigen Behörden.

(4) Zur Gewährleistung eines effektiven und gleichwertigen Schutzes in den Mitgliedstaaten sowie in den Organen, Einrichtungen und sonstigen Stellen der Union beschließen das Europäische Parlament und der Rat gemäß dem ordentlichen Gesetzgebungsverfahren nach Anhörung des Rechnungshofs die erforderlichen Maßnahmen zur Verhütung und Bekämpfung von Betrügereien, die sich gegen die finanziellen Interessen der Union richten.

(5) Die Kommission legt in Zusammenarbeit mit den Mitgliedstaaten dem Europäischen Parlament und dem Rat jährlich einen Bericht über die Maßnahmen vor, die zur Durchführung dieses Artikels getroffen wurden.

TITEL III
VERSTÄRKTE ZUSAMMENARBEIT

Artikel 326 (Grundsätze einer Verstärkten Zusammenarbeit)

(ex-Artikel 27a bis 27e, 40 bis 40b und 43 bis 45 EUV sowie ex-Artikel 11 und 11a EGV)

Eine Verstärkte Zusammenarbeit achtet die Verträge und das Recht der Union.

Sie darf weder den Binnenmarkt noch den wirtschaftlichen, sozialen und territorialen Zusammenhalt beeinträchtigen. Sie darf für den Handel zwischen den Mitgliedstaaten weder ein Hindernis noch eine Diskriminierung darstellen noch darf sie zu Verzerrungen des Wettbewerbs zwischen den Mitgliedstaaten führen.

Artikel 327 (Unbeteiligte Mitgliedstaaten)

(ex-Artikel 27a bis 27e, 40 bis 40b und 43 bis 45 EUV sowie ex-Artikel 11 und 11a EGV)

Eine Verstärkte Zusammenarbeit achtet die Zuständigkeiten, Rechte und Pflichten der nicht an der Zusammenarbeit beteiligten Mitgliedstaaten. Diese stehen der Durchführung der Verstärkten Zusammenarbeit durch die daran beteiligten Mitgliedstaaten nicht im Wege.

Artikel 328 (Teilnahme; Berichtspflicht)

(ex-Artikel 27a bis 27e, 40 bis 40b und 43 bis 45 EUV sowie ex-Artikel 11 und 11a EGV)

(1) Bei ihrer Begründung steht eine Verstärkte Zusammenarbeit allen Mitgliedstaaten offen, sofern sie die in dem hierzu ermächtigenden Beschluss gegebenenfalls festgelegten Teilnahmevoraussetzungen erfüllen. Dies gilt auch zu jedem anderen Zeitpunkt, sofern sie neben den genannten Voraussetzungen auch die in diesem Rahmen bereits erlassenen Rechtsakte beachten.

Die Kommission und die an einer Verstärkten Zusammenarbeit teilnehmenden Mitgliedstaaten tragen dafür Sorge, dass die Teilnahme möglichst vieler Mitgliedstaaten gefördert wird.

(2) Die Kommission und gegebenenfalls der Hohe Vertreter der Union für die Außen- und Sicherheitspolitik unterrichten das Europäische Parlament und den Rat regelmäßig über die Entwicklung einer Verstärkten Zusammenarbeit.

Artikel 329 (Antragserfordernis und Ermächtigungserteilung)

(ex-Artikel 27a bis 27e, 40 bis 40b und 43 bis 45 EUV sowie ex-Artikel 11 und 11a EGV)

(1) Die Mitgliedstaaten, die in einem der Bereiche der Verträge - mit Ausnahme der Bereiche, für die die Union die ausschließliche Zuständigkeit besitzt, und der Gemeinsamen Außen- und Sicherheitspolitik - untereinander eine Verstärkte Zusammenarbeit begründen möchten, richten einen Antrag an die Kommission, in dem der Anwendungsbereich und die Ziele aufgeführt werden, die mit der beabsichtigten Verstärkten Zusammenarbeit angestrebt werden. Die Kommission kann dem Rat einen entsprechenden Vorschlag vorlegen. Legt die Kommission keinen Vorschlag vor, so teilt sie den betroffenen Mitgliedstaaten ihre Gründe dafür mit.

Die Ermächtigung zur Einleitung einer Verstärkten Zusammenarbeit nach Unterabsatz 1 wird vom Rat auf Vorschlag der Kommission und nach Zustimmung des Europäischen Parlaments erteilt.

(2) Der Antrag der Mitgliedstaaten, die untereinander im Rahmen der Gemeinsamen Außen- und Sicherheitspolitik eine Verstärkte Zusammenarbeit begründen möchten, wird an den Rat gerichtet. Er wird dem Hohen Vertreter der Union für die Außen- und Sicherheitspolitik, der zur Kohärenz der beabsichtigten Verstärkten Zusammenarbeit mit der Gemeinsamen Außen- und Sicherheitspolitik der Union Stellung nimmt, sowie der Kommission übermittelt, die insbesondere zur Kohärenz der beabsichtigten Verstärkten Zusammenarbeit mit der Politik der Union in anderen Bereichen Stellung nimmt. Der Antrag wird ferner dem Europäischen Parlament zur Unterrichtung übermittelt.

Die Ermächtigung zur Einleitung einer Verstärkten Zusammenarbeit wird mit einem Beschluss des Rates erteilt, der einstimmig beschließt.

Artikel 330 (Beschlussfassung)

(ex-Artikel 27a bis 27e, 40 bis 40b und 43 bis 45 EUV sowie ex-Artikel 11 und 11a EGV)

Alle Mitglieder des Rates können an dessen Beratungen teilnehmen, aber nur die Mitglieder des Rates, die die an der Verstärkten Zusammenarbeit beteiligten Mitgliedstaaten vertreten, sind stimmberechtigt.

Die Einstimmigkeit bezieht sich allein auf die Stimmen der Vertreter der an der Verstärkten Zusammenarbeit beteiligten Mitgliedstaaten.

Die qualifizierte Mehrheit bestimmt sich nach Artikel 238 Absatz 3.

Artikel 331 (Anschluss an eine bestehende Verstärkte Zusammenarbeit)

(ex-Artikel 27a bis 27e, 40 bis 40b und 43 bis 45 EUV sowie ex-Artikel 11 und 11a EGV)

(1) Jeder Mitgliedstaat, der sich einer bestehenden Verstärkten Zusammenarbeit in einem der in Artikel 329 Absatz 1 genannten Bereiche anschließen will, teilt dem Rat und der Kommission seine Absicht mit.

Die Kommission bestätigt binnen vier Monaten nach Eingang der Mitteilung die Beteiligung des betreffenden Mitgliedstaats. Dabei stellt sie gegebenenfalls fest, dass die Beteiligungsvoraussetzungen erfüllt sind, und erlässt die notwendigen Übergangsmaßnahmen zur Anwendung der im Rahmen der Verstärkten Zusammenarbeit bereits erlassenen Rechtsakte.

Ist die Kommission jedoch der Auffassung, dass die Beteiligungsvoraussetzungen nicht erfüllt sind, so gibt sie an, welche Bestimmungen zur Erfüllung dieser Voraussetzungen erlassen werden müssen, und legt eine Frist für die erneute Prüfung des Antrags fest. Nach Ablauf dieser Frist prüft sie den Antrag erneut nach dem in Unterabsatz 2 vorgesehenen Verfahren. Ist die Kommission der Auffassung, dass die Beteiligungsvoraussetzungen weiterhin nicht erfüllt sind, so kann der betreffende Mitgliedstaat mit dieser Frage den Rat befassen, der über den Antrag befindet. Der Rat beschließt nach Artikel 330. Er kann außerdem auf Vorschlag der Kommission die in Unterabsatz 2 genannten Übergangsmaßnahmen erlassen.

(2) Jeder Mitgliedstaat, der an einer bestehenden Verstärkten Zusammenarbeit im Rahmen der Gemeinsamen Außen- und Sicherheitspolitik teilnehmen möchte, teilt dem Rat, dem Hohen Vertreter der Union für die Außen- und Sicherheitspolitik und der Kommission seine Absicht mit.

Der Rat bestätigt die Teilnahme des betreffenden Mitgliedstaats nach Anhörung des Hohen Vertreters der Union für die Außen- und Sicherheitspolitik und gegebenenfalls nach der Feststellung, dass die Teilnahmevoraussetzungen erfüllt sind. Der Rat kann auf Vorschlag des Hohen Vertreters ferner die notwendigen Übergangsmaßnahmen zur Anwendung der im Rahmen der Verstärkten Zusammenarbeit bereits erlassenen Rechtsakte treffen. Ist der Rat jedoch der Auffassung, dass die Teilnahmevoraussetzungen nicht erfüllt sind, so gibt er an, welche Schritte zur Erfüllung dieser Voraussetzungen notwendig sind, und legt eine Frist für die erneute Prüfung des Antrags auf Teilnahme fest.

Für die Zwecke dieses Absatzes beschließt der Rat einstimmig nach Artikel 330.

Artikel 332 (Kostentragung)

(ex-Artikel 27a bis 27e, 40 bis 40b und 43 bis 45 EUV sowie ex-Artikel 11 und 11a EGV)

Die sich aus der Durchführung einer Verstärkten Zusammenarbeit ergebenden Ausgaben, mit Ausnahme der Verwaltungskosten der Organe, werden von den beteiligten Mitgliedstaaten getragen, sofern der Rat nicht nach Anhörung des Europäischen Parlaments durch einstimmigen Beschluss sämtlicher Mitglieder des Rates etwas anderes beschließt.

Artikel 333 (Wahlrechte hinsichtlich des Beschlussverfahrens)

(ex-Artikel 27a bis 27e, 40 bis 40b und 43 bis 45 EUV sowie ex-Artikel 11 und 11a EGV)

(1) Wenn nach einer Bestimmung der Verträge, die im Rahmen einer Verstärkten Zusammenarbeit angewendet werden könnte, der Rat einstimmig beschließen muss, kann der Rat nach Artikel 330 einstimmig einen Beschluss dahin gehend erlassen, dass er mit qualifizierter Mehrheit beschließt.

(2) Wenn nach einer Bestimmung der Verträge, die im Rahmen einer Verstärkten Zusammenarbeit angewendet werden könnte, Rechtsakte vom Rat gemäß einem besonderen Gesetzgebungsverfahren erlassen werden müssen, kann der Rat nach Artikel 330 einstimmig einen Beschluss dahin gehend erlassen, dass er gemäß dem ordentlichen Gesetzgebungsverfahren beschließt. Der Rat beschließt nach Anhörung des Europäischen Parlaments.

(3) Die Absätze 1 und 2 gelten nicht für Beschlüsse mit militärischen oder verteidigungspolitischen Bezügen.

Artikel 334 (Sicherstellung der Kohärenz)

(ex-Artikel 27a bis 27e, 40 bis 40b und 43 bis 45 EUV sowie ex-Artikel 11 und 11a EGV)

Der Rat und die Kommission stellen sicher, dass die im Rahmen einer Verstärkten Zusammenarbeit durchgeführten Maßnahmen untereinander und mit der Politik der Union im Einklang stehen, und arbeiten entsprechend zusammen.

SIEBTER TEIL

ALLGEMEINE UND SCHLUSSBESTIMMUNGEN

Artikel 335 (Rechts- und Geschäftsfähigkeit)

(ex-Artikel 282 EGV)

Die Union besitzt in jedem Mitgliedstaat die weitestgehende Rechts- und Geschäftsfähigkeit, die juristischen Personen nach dessen Rechtsvorschriften zuerkannt ist; sie kann insbesondere bewegliches und unbewegliches Vermögen erwerben und veräußern sowie vor Gericht stehen. Zu diesem Zweck wird sie von der Kommission vertreten. In Fragen, die das Funktionieren der einzelnen Organe betreffen, wird die Union hingegen aufgrund von deren Verwaltungsautonomie von dem betreffenden Organ vertreten.

Artikel 336 (Statut der Beamten)

(ex-Artikel 283 EGV)

Das Europäische Parlament und der Rat erlassen gemäß dem ordentlichen Gesetzgebungsverfahren durch Verordnungen nach Anhörung der anderen betroffenen Organe das Statut der Beamten der Europäischen Union und die Beschäftigungsbedingungen für die sonstigen Bediensteten der Union.

Artikel 337 (Auskunftsrechte der Kommission)

(ex-Artikel 284 EGV)

Zur Erfüllung der ihr übertragenen Aufgaben kann die Kommission alle erforderlichen Auskünfte einholen und alle erforderlichen Nachprüfungen vornehmen; der Rahmen und die nähere Maßgabe hierfür werden vom Rat, der mit einfacher Mehrheit beschließt, gemäß den Bestimmungen der Verträge festgelegt.

Artikel 338 (Erstellung von Unionsstatistiken)

(ex-Artikel 285 EGV)

(1) Unbeschadet des Artikels 5 des Protokolls über die Satzung des Europäischen Systems der Zentralbanken und der Europäischen Zentralbank beschließen das Europäische Parlament und der Rat gemäß dem ordentlichen Gesetzgebungsverfahren Maßnahmen für die Erstellung von Statistiken, wenn dies für die Durchführung der Tätigkeiten der Union erforderlich ist.

(2) Die Erstellung der Unionsstatistiken erfolgt unter Wahrung der Unparteilichkeit, der Zuverlässigkeit, der Objektivität, der wissenschaftlichen Unabhängigkeit, der Kostenwirksamkeit und der statistischen Geheimhaltung; der Wirtschaft dürfen dadurch keine übermäßigen Belastungen entstehen.

Artikel 339 (Berufsgeheimnis)

(ex-Artikel 287 EGV)

Die Mitglieder der Organe der Union, die Mitglieder der Ausschüsse sowie die Beamten und sonstigen Bediensteten der Union sind verpflichtet, auch nach

Beendigung ihrer Amtstätigkeit Auskünfte, die ihrem Wesen nach unter das Berufsgeheimnis fallen, nicht preiszugeben; dies gilt insbesondere für Auskünfte über Unternehmen sowie deren Geschäftsbeziehungen oder Kostenelemente.

Artikel 340 (Haftung der Union)

(ex-Artikel 288 EGV)

Die vertragliche Haftung der Union bestimmt sich nach dem Recht, das auf den betreffenden Vertrag anzuwenden ist.

Im Bereich der außervertraglichen Haftung ersetzt die Union den durch ihre Organe oder Bediensteten in Ausübung ihrer Amtstätigkeit verursachten Schaden nach den allgemeinen Rechtsgrundsätzen, die den Rechtsordnungen der Mitgliedstaaten gemeinsam sind.

Abweichend von Absatz 2 ersetzt die Europäische Zentralbank den durch sie oder ihre Bediensteten in Ausübung ihrer Amtstätigkeit verursachten Schaden nach den allgemeinen Rechtsgrundsätzen, die den Rechtsordnungen der Mitgliedstaaten gemeinsam sind.

Die persönliche Haftung der Bediensteten gegenüber der Union bestimmt sich nach den Vorschriften ihres Statuts oder der für sie geltenden Beschäftigungsbedingungen.

Artikel 341 (Sitz der Organe)

(ex-Artikel 289 EGV)

Der Sitz der Organe der Union wird im Einvernehmen zwischen den Regierungen der Mitgliedstaaten bestimmt.

Artikel 342 (Sprachenfrage)

(ex-Artikel 290 EGV)

Die Regelung der Sprachenfrage für die Organe der Union wird unbeschadet der Satzung des Gerichtshofs der Europäischen Union vom Rat einstimmig durch Verordnungen getroffen.

Artikel 343 (Vorrechte und Befreiungen)

(ex-Artikel 291 EGV)

Die Union genießt im Hoheitsgebiet der Mitgliedstaaten die zur Erfüllung ihrer Aufgabe erforderlichen Vorrechte und Befreiungen nach Maßgabe des Protokolls vom 8. April 1965 über die Vorrechte und Befreiungen der Europäischen Union. Dasselbe gilt für die Europäische Zentralbank und die Europäische Investitionsbank.

Artikel 344 (Regelung von Streitigkeiten)

(ex-Artikel 292 EGV)

Die Mitgliedstaaten verpflichten sich, Streitigkeiten über die Auslegung oder Anwendung der Verträge nicht anders als hierin vorgesehen zu regeln.

Artikel 345 (Eigentumsordnung)

(ex-Artikel 295 EGV)

Die Verträge lassen die Eigentumsordnung in den verschiedenen Mitgliedstaaten unberührt.

Artikel 346 (Wahrung von Sicherheitsinteressen der Mitgliedstaaten)

(ex-Artikel 296 EGV)

(1) Die Vorschriften der Verträge stehen folgenden Bestimmungen nicht entgegen:

a) Ein Mitgliedstaat ist nicht verpflichtet, Auskünfte zu erteilen, deren Preisgabe seines Erachtens seinen wesentlichen Sicherheitsinteressen widerspricht;

b) jeder Mitgliedstaat kann die Maßnahmen ergreifen, die seines Erachtens für die Wahrung seiner wesentlichen Sicherheitsinteressen erforderlich sind, soweit sie die Erzeugung von Waffen, Munition und Kriegsmaterial oder den Handel damit betreffen; diese Maßnahmen dürfen auf dem Binnenmarkt die Wettbewerbsbedingungen hinsichtlich der nicht eigens für militärische Zwecke bestimmten Waren nicht beeinträchtigen.

(2) Der Rat kann die von ihm am 15. April 1958 festgelegte Liste der Waren, auf die Absatz 1 Buchstabe b Anwendung findet, einstimmig auf Vorschlag der Kommission ändern.

Artikel 347 (Vorgehen bei schwerwiegenden innerstaatlichen Störungen)

(ex-Artikel 297 EGV)

Die Mitgliedstaaten setzen sich miteinander ins Benehmen, um durch gemeinsames Vorgehen zu verhindern, dass das Funktionieren des Binnenmarkts durch Maßnahmen beeinträchtigt wird, die ein Mitgliedstaat bei einer schwerwiegenden innerstaatlichen Störung der öffentlichen Ordnung, im Kriegsfall, bei einer ernsten, eine Kriegsgefahr darstellenden internationalen Spannung oder in Erfüllung der Verpflichtungen trifft, die er im Hinblick auf die Aufrechterhaltung des Friedens und der internationalen Sicherheit übernommen hat.

Artikel 348 (Ausnahmeregelung bei Wettbewerbsverzerrungen aufgrund der Artikel 346 und 347)

(ex-Artikel 298 EGV)

Werden auf dem Binnenmarkt die Wettbewerbsbedingungen durch Maßnahmen aufgrund der Artikel 346 und 347 verfälscht, so prüft die Kommission gemeinsam mit dem beteiligten Staat, wie diese Maßnahmen den Vorschriften der Verträge angepasst werden können.

In Abweichung von dem in den Artikeln 258 und 259 vorgesehenen Verfahren kann die Kommission oder ein Mitgliedstaat den Gerichtshof unmittelbar anrufen, wenn die Kommission oder der Staat der Auffassung ist, dass ein anderer Mitgliedstaat die in den Artikeln 346 und 347 vorgesehenen Befugnisse missbraucht. Der Gerichtshof entscheidet unter Ausschluss der Öffentlichkeit.

Artikel 349 (Spezifische Maßnahmen für die abgelegenen Unionsgebiete)

(ex-Artikel 299 Absatz 2 Unterabsätze 2, 3 und 4 EGV)

Unter Berücksichtigung der strukturbedingten sozialen und wirtschaftlichen Lage von Guadeloupe, Französisch-Guayana, Martinique, Mayotte, Réunion und Saint-Martin, der Azoren, Madeiras und der Kanarischen Inseln, die durch die Faktoren Abgelegenheit, Insellage, geringe Größe, schwierige Relief- und Klimabedingungen und wirtschaftliche Abhängigkeit von einigen wenigen Erzeugnissen erschwert wird, die als ständige Gegebenheiten und durch ihr Zusammenwirken die Entwicklung schwer beeinträchtigen, beschließt der Rat auf Vorschlag der Kommission nach Anhörung des Europäischen Parlaments spezifische Maßnahmen, die insbesondere darauf abzielen, die Bedingungen für die Anwendung der Verträge auf die genannten Gebiete, einschließlich gemeinsamer Politiken, festzulegen. Werden die betreffenden spezifischen Maßnahmen vom Rat gemäß einem besonderen Gesetzgebungsverfahren erlassen, so beschließt er ebenfalls auf Vorschlag der Kommission und nach Anhörung des Europäischen Parlaments.

Die Maßnahmen nach Absatz 1 betreffen insbesondere die Zoll- und Handelspolitik, Steuerpolitik, Freizonen, Agrar- und Fischereipolitik, die Bedingungen für die Versorgung mit Rohstoffen und grundlegenden Verbrauchsgütern, staatliche Beihilfen sowie die Bedingungen für den Zugang zu den Strukturfonds und zu den horizontalen Unionsprogrammen.

Der Rat beschließt die in Absatz 1 genannten Maßnahmen unter Berücksichtigung der besonderen Merkmale und Zwänge der Gebiete in äußerster Randlage, ohne dabei die Integrität und Kohärenz der Rechtsordnung der Union, die auch den Binnenmarkt und die gemeinsamen Politiken umfasst, auszuhöhlen.

Artikel 350 (Zusammenarbeit der Benelux-Staaten)

(ex-Artikel 306 EGV)

Die Verträge stehen dem Bestehen und der Durchführung der regionalen Zusammenschlüsse zwischen Belgien und Luxemburg sowie zwischen Belgien, Luxemburg und den Niederlanden nicht entgegen, soweit die Ziele dieser Zusammenschlüsse durch Anwendung der Verträge nicht erreicht sind.

Artikel 351 (Verhältnis zu früheren Verträgen der Mitgliedstaaten)

(ex-Artikel 307 EGV)

Die Rechte und Pflichten aus Übereinkünften, die vor dem 1. Januar 1958 oder, im Falle später beigetretener Staaten, vor dem Zeitpunkt ihres Beitritts zwischen einem oder mehreren Mitgliedstaaten einerseits und einem oder mehreren dritten Ländern andererseits geschlossen wurden, werden durch die Verträge nicht berührt.

Soweit diese Übereinkünfte mit den Verträgen nicht vereinbar sind, wenden der oder die betreffenden Mitgliedstaaten alle geeigneten Mittel an, um die festgestellten Unvereinbarkeiten zu beheben. Erforderlichenfalls leisten die Mitgliedstaaten zu diesem Zweck einander Hilfe; sie nehmen gegebenenfalls eine gemeinsame Haltung ein.

Bei Anwendung der in Absatz 1 bezeichneten Übereinkünfte tragen die Mitgliedstaaten dem Umstand Rechnung, dass die in den Verträgen von jedem Mitgliedstaat gewährten Vorteile Bestandteil der Errichtung der Union sind und daher in untrennbarem Zusammenhang stehen mit der Schaffung gemeinsamer Organe, der Übertragung von Zuständigkeiten auf diese und der Gewährung der gleichen Vorteile durch alle anderen Mitgliedstaaten.

Artikel 352 (Kompetenzergänzung)

(ex-Artikel 308 EGV)

(1) Erscheint ein Tätigwerden der Union im Rahmen der in den Verträgen festgelegten Politikbereiche erforderlich, um eines der Ziele der Verträge zu verwirklichen, und sind in den Verträgen die hierfür erforderlichen Befugnisse nicht vorgesehen, so erlässt der Rat einstimmig auf Vorschlag der Kommission und nach Zustimmung des Europäischen Parlaments die geeigneten Vorschriften. Werden

diese Vorschriften vom Rat gemäß einem besonderen Gesetzgebungsverfahren erlassen, so beschließt er ebenfalls einstimmig auf Vorschlag der Kommission und nach Zustimmung des Europäischen Parlaments.

(2) Die Kommission macht die nationalen Parlamente im Rahmen des Verfahrens zur Kontrolle der Einhaltung des Subsidiaritätsprinzips nach Artikel 5 Absatz 3 des Vertrags über die Europäische Union auf die Vorschläge aufmerksam, die sich auf diesen Artikel stützen.

(3) Die auf diesem Artikel beruhenden Maßnahmen dürfen keine Harmonisierung der Rechtsvorschriften der Mitgliedstaaten in den Fällen beinhalten, in denen die Verträge eine solche Harmonisierung ausschließen.

(4) Dieser Artikel kann nicht als Grundlage für die Verwirklichung von Zielen der Gemeinsamen Außen- und Sicherheitspolitik dienen, und Rechtsakte, die nach diesem Artikel erlassen werden, müssen innerhalb der in Artikel 40 Absatz 2 des Vertrags über die Europäische Union festgelegten Grenzen bleiben.

Artikel 353 (Anwendungsbereich des Artikels 48 Absatz 7)

Artikel 48 Absatz 7 des Vertrags über die Europäische Union findet keine Anwendung auf die folgenden Artikel:

- Artikel 311 Absätze 3 und 4,
- Artikel 312 Absatz 2 Unterabsatz 1,
- Artikel 352 und
- Artikel 354.

Artikel 354 (Verfahren bei Verletzung gemeinsamer Werte)

(ex-Artikel 309 EGV)

Für die Zwecke des Artikels 7 des Vertrags über die Europäische Union über die Aussetzung bestimmter mit der Zugehörigkeit zur Union verbundener Rechte ist das Mitglied des Europäischen Rates oder des Rates, das den betroffenen Mitgliedstaat vertritt, nicht stimmberechtigt und der betreffende Mitgliedstaat wird bei der Berechnung des Drittels oder der vier Fünftel der Mitgliedstaaten nach den Absätzen 1 und 2 des genannten Artikels nicht berücksichtigt. Die Stimmenthaltung von anwesenden oder vertretenen Mitgliedern steht dem Erlass von Beschlüssen nach Absatz 2 des genannten Artikels nicht entgegen.

Für den Erlass von Beschlüssen nach Artikel 7 Absätze 3 und 4 des Vertrags über die Europäische Union bestimmt sich die qualifizierte Mehrheit nach Artikel 238 Absatz 3 Buchstabe b dieses Vertrags.

Beschließt der Rat nach dem Erlass eines Beschlusses über die Aussetzung der Stimmrechte nach Artikel 7 Absatz 3 des Vertrags über die Europäische Union auf der Grundlage einer Bestimmung der Verträge mit qualifizierter Mehrheit, so bestimmt sich die qualifizierte Mehrheit hierfür nach Artikel 238 Absatz 3 Buchstabe b dieses Vertrags oder, wenn der Rat auf Vorschlag der Kommission oder des Hohen Vertreters der Union für die Außen- und Sicherheitspolitik handelt, nach Artikel 238 Absatz 3 Buchstabe a.

Für die Zwecke des Artikels 7 des Vertrags über die Europäische Union beschließt das Europäische Parlament mit der Mehrheit von zwei Dritteln der abgegebenen Stimmen und mit der Mehrheit seiner Mitglieder.

Artikel 355 (Räumlicher Geltungsbereich der Verträge)

(ex-Artikel 299 Absatz 2 Unterabsatz 1 und Absätze 3 bis 6 EGV)

Zusätzlich zu den Bestimmungen des Artikels 52 des Vertrags über die Europäische Union über den räumlichen Geltungsbereich der Verträge gelten folgende Bestimmungen:

(1) Die Verträge gelten nach Artikel 349 für Guadeloupe, Französisch-Guayana, Martinique, Mayotte, Réunion, Saint Martin, die Azoren, Madeira und die Kanarischen Inseln.

(2) Für die in Anhang II aufgeführten überseeischen Länder und Hoheitsgebiete gilt das besondere Assoziierungssystem, das im Vierten Teil festgelegt ist.

Die Verträge finden keine Anwendung auf die überseeischen Länder und Hoheitsgebiete, die besondere Beziehungen zum Vereinigten Königreich Großbritannien und Nordirland unterhalten und die in dem genannten Anhang nicht aufgeführt sind.

(3) Die Verträge finden auf die europäischen Hoheitsgebiete Anwendung, deren auswärtige Beziehungen ein Mitgliedstaat wahrnimmt.

(4) Die Verträge finden entsprechend den Bestimmungen des Protokolls Nr. 2 zur Akte über die Bedingungen des Beitritts der Republik Österreich, der Republik Finnland und des Königreichs Schweden auf die Ålandinseln Anwendung.

(5) Abweichend von Artikel 52 des Vertrags über die Europäische Union und von den Absätzen 1 bis 4 dieses Artikels gilt:

a) Die Verträge finden auf die Färöer keine Anwendung.

b) Die Verträge finden auf die Hoheitszonen des Vereinigten Königreichs auf Zypern, Akrotiri und Dhekelia, nur insoweit Anwendung, als dies erforderlich ist, um die Anwendung der Regelungen des Protokolls über die Hoheitszonen des Vereinigten Königreichs Großbritannien und Nordirland in Zypern, das der Akte über die Bedingungen des Beitritts der Tschechischen Republik, der Republik Estland, der Republik Zypern, der Republik Lettland, der Republik Litauen, der Republik Ungarn, der Republik Malta, der Republik Polen, der Republik Slowenien und der Slowakischen Republik zur Europäischen Union beigefügt ist, nach Maßgabe jenes Protokolls sicherzustellen.

c) Die Verträge finden auf die Kanalinseln und die Insel Man nur insoweit Anwendung, als dies erforderlich ist, um die Anwendung der Regelung sicherzustellen, die in dem am 22. Januar 1972 unterzeichneten Vertrag über den Beitritt neuer Mitgliedstaaten zur Europäischen Wirtschaftsgemeinschaft und zur Europäischen Atomgemeinschaft für diese Inseln vorgesehen ist.

(6) Der Europäische Rat kann auf Initiative des betroffenen Mitgliedstaats einen Beschluss zur Änderung des Status eines in den Absätzen 1 und 2 genannten dänischen, französischen oder niederländischen Landes oder Hoheitsgebiets gegenüber der Union erlassen. Der Europäische Rat beschließt einstimmig nach Anhörung der Kommission.

Artikel 356 (Geltungsdauer)

(ex-Artikel 312 EGV)

Dieser Vertrag gilt auf unbegrenzte Zeit.

Artikel 357 (Ratifizierung, Inkrafttreten)

(ex-Artikel 313 EGV)

Dieser Vertrag bedarf der Ratifizierung durch die Hohen Vertragsparteien gemäß ihren verfassungsrechtlichen Vorschriften. Die Ratifikationsurkunden werden bei der Regierung der Italienischen Republik hinterlegt.

Dieser Vertrag tritt am ersten Tag des auf die Hinterlegung der letzten Ratifikationsurkunde folgenden Monats in Kraft. Findet diese Hinterlegung weniger als fünfzehn Tage vor Beginn des folgenden Monats statt, so tritt der Vertrag am ersten Tag des zweiten Monats nach dieser Hinterlegung in Kraft.

Artikel 358 (Regelung zu den Vertragssprachen)

Die Bestimmungen des Artikels 55 des Vertrags über die Europäische Union sind auf diesen Vertrag anwendbar.

ZU URKUND DESSEN haben die unterzeichneten Bevollmächtigten ihre Unterschriften unter diesen Vertrag gesetzt.

Geschehen zu Rom am fünfundzwanzigsten März neunzehnhundertsiebenundfünfzig.

(Aufzählung der Unterzeichner nicht wiedergegeben)

33 Protokolle zum AEUV – Übersicht

Protokoll (Nr. 1):	Über die Rolle der nationalen Parlamente in der Europäischen Union
Protokoll (Nr. 2):	Über die Anwendung der Grundsätze der Subsidiarität und der Verhältnismäßigkeit
Protokoll (Nr. 3):	Über die Satzung des Gerichtshofs der Europäischen Union
Protokoll (Nr. 4):	Über die Satzung des europäischen Systems der Zentralbanken und der Europäischen Zentralbank
Protokoll (Nr. 6):	Über die Festlegung der Sitze der Organe und bestimmter Einrichtungen, sonstiger Stellen und Dienststellen der Europäischen Union
Protokoll (Nr. 8):	Zu Artikel 6 Absatz 2 des Vertrags über die Europäische Union über den Beitritt der Union zur Europäischen Konvention zum Schutz der Menschenrechte und Grundfreiheiten
Protokoll (Nr. 9):	Über den Beschluss des Rats über die Anwendung des Artikels 16 Absatz 4 des Vertrags über die Europäische Union und des Artikels 238 Absatz 2 des Vertrags über die Arbeitsweise der Europäischen Union zwischen dem 1. November 2014 und dem 31. März 2017 einerseits und ab dem 1. April 2017 andererseits
Protokoll (Nr. 10):	Über die ständige strukturierte Zusammenarbeit nach Artikel 42 des Vertrags über die Europäische Union
Protokoll (Nr. 11):	Zu Artikel 42 des Vertrags über die Europäische Union
Protokoll (Nr. 12):	Über das Verfahren bei einem übermäßigen Defizit
Protokoll (Nr. 13):	Über die Konvergenzkriterien
Protokoll (Nr. 19):	Über den in den Rahmen der Europäischen Union einbezogenen Schengen-Besitzstand
Protokoll (Nr. 21):	Über die Position des Vereinigten Königreichs und Irlands hinsichtlich des Raums der Freiheit, der Sicherheit und des Rechts
Protokoll (Nr. 23):	Über die Außenbeziehungen der Mitgliedstaaten hinsichtlich des Überschreitens der Außengrenzen
Protokoll (Nr. 24):	Über die Gewährung von Asyl für Staatsangehörige von Mitgliedstaaten der Europäischen Union
Protokoll (Nr. 25):	Über die Ausübung der geteilten Zuständigkeit
Protokoll (Nr. 26):	Über Dienste von allgemeinem Interesse
Protokoll (Nr. 30):	Über die Anwendung der Charta der Grundrechte der Europäischen Union auf Polen und das vereinigte Königreich
Protokoll (Nr. 36):	Über die Übergangsbestimmungen
Protokoll (Nr. 37):	Über die finanziellen Folgen des Ablaufs des EGKS-Vertrags und über den Forschungsfonds für Kohle und Stahl

Protokoll über die Rolle der Nationalen Parlamente in der Europäischen Union (Nr. 1)

in der Fassung der Bekanntmachung vom 7. Juni 2016 (ABl. C 202 vom 7. 6. 2016 S. 203)*

DIE HOHEN VERTRAGSPARTEIEN –

EINGEDENK dessen, dass die Art der Kontrolle der Regierungen durch die nationalen Parlamente hinsichtlich der Tätigkeiten der Europäischen Union Sache der besonderen verfassungsrechtlichen Gestaltung und Praxis jedes Mitgliedstaats ist,

IN DEM WUNSCH, eine stärkere Beteiligung der nationalen Parlamente an den Tätigkeiten der Europäischen Union zu fördern und ihnen bessere Möglichkeiten zu geben, sich zu den Entwürfen von Gesetzgebungsakten der Europäischen Union sowie zu anderen Fragen, die für sie von besonderem Interesse sein können, zu äußern –

SIND über folgende Bestimmungen ÜBEREINGEKOMMEN, die dem Vertrag über die Europäische Union, dem Vertrag über die Arbeitsweise der Europäischen Union und dem Vertrag zur Gründung der Europäischen Atomgemeinschaft beigefügt sind:

TITEL I

UNTERRICHTUNG DER NATIONALEN PARLAMENTE

Artikel 1

Die Konsultationsdokumente der Kommission (Grün- und Weißbücher sowie Mitteilungen) werden bei ihrer Veröffentlichung von der Kommission direkt den nationalen Parlamenten zugeleitet. Ferner leitet die Kommission den nationalen Parlamenten gleichzeitig mit der Übermittlung an das Europäische Parlament und den Rat das jährliche Rechtsetzungsprogramm sowie alle weiteren Dokumente für die Ausarbeitung der Rechtsetzungsprogramme oder politischen Strategien zu.

Artikel 2

Die an das Europäische Parlament und den Rat gerichteten Entwürfe von Gesetzgebungsakten werden den nationalen Parlamenten zugeleitet.

Im Sinne dieses Protokolls bezeichnet „Entwurf eines Gesetzgebungsakts" die Vorschläge der Kommission, die Initiativen einer Gruppe von Mitgliedstaaten, die Initiativen des Europäischen Parlaments, die Anträge des Gerichtshofs, die Empfehlungen der Europäischen Zentralbank und die Anträge der Europäischen Investitionsbank, die den Erlass eines Gesetzgebungsaktes zum Ziel haben.

Die von der Kommission vorgelegten Entwürfe von Gesetzgebungsakten werden von der Kommission gleichzeitig mit der Übermittlung an das Europäische Parlament und den Rat direkt den nationalen Parlamenten zugeleitet.

---

* Dieses Protokoll ist eines der Protokolle des Vertrags von Lissabon, die dem Vertrag über die Europäische Union, dem Vertrag über die Arbeitsweise der Europäischen Union und gegebenenfalls dem Vertrag zur Gründung der Europäischen Atomgemeinschaft beizufügen sind.

Die vom Europäischen Parlament vorgelegten Entwürfe von Gesetzgebungsakten werden vom Europäischen Parlament direkt den nationalen Parlamenten zugeleitet.

Die von einer Gruppe von Mitgliedstaaten, vom Gerichtshof, von der Europäischen Zentralbank oder von der Europäischen Investitionsbank vorgelegten Entwürfe von Gesetzgebungsakten werden vom Rat den nationalen Parlamenten zugeleitet.

Artikel 3

Die nationalen Parlamente können nach dem im Protokoll über die Anwendung der Grundsätze der Subsidiarität und der Verhältnismäßigkeit vorgesehenen Verfahren eine begründete Stellungnahme zur Übereinstimmung eines Entwurfs eines Gesetzgebungsakts mit dem Subsidiaritätsprinzip an die Präsidenten des Europäischen Parlaments, des Rates und der Kommission richten.

Wird der Entwurf eines Gesetzgebungsakts von einer Gruppe von Mitgliedstaaten vorgelegt, so übermittelt der Präsident des Rates die begründete Stellungnahme oder die begründeten Stellungnahmen den Regierungen dieser Mitgliedstaaten.

Wird der Entwurf eines Gesetzgebungsakts vom Gerichtshof, von der Europäischen Zentralbank oder von der Europäischen Investitionsbank vorgelegt, so übermittelt der Präsident des Rates die begründete Stellungnahme oder die begründeten Stellungnahmen dem betreffenden Organ oder der betreffenden Einrichtung.

Artikel 4

Zwischen dem Zeitpunkt, zu dem ein Entwurf eines Gesetzgebungsakts den nationalen Parlamenten in den Amtssprachen der Union zugeleitet wird, und dem Zeitpunkt, zu dem er zwecks Erlass oder zur Festlegung eines Standpunkts im Rahmen eines Gesetzgebungsverfahrens auf die vorläufige Tagesordnung des Rates gesetzt wird, müssen acht Wochen liegen. In dringenden Fällen, die in dem Rechtsakt oder dem Standpunkt des Rates begründet werden, sind Ausnahmen möglich. Außer in ordnungsgemäß begründeten dringenden Fällen darf in diesen acht Wochen keine Einigung über den Entwurf eines Gesetzgebungsakts festgestellt werden. Außer in ordnungsgemäß begründeten dringenden Fällen müssen zwischen der Aufnahme des Entwurfs eines Gesetzgebungsakts in die vorläufige Tagesordnung für die Tagung des Rates und der Festlegung eines Standpunkts zehn Tage liegen.

Artikel 5

Den nationalen Parlamenten werden die Tagesordnungen für die Tagungen des Rates und die Ergebnisse dieser Tagungen, einschließlich der Protokolle der Tagungen, auf denen der Rat über Entwürfe von Gesetzgebungsakten berät, gleichzeitig mit der Übermittlung an die Regierungen der Mitgliedstaaten direkt zugeleitet.

Artikel 6

Beabsichtigt der Europäische Rat, Artikel 48 Absatz 7 Unterabsatz 1 oder Unterabsatz 2 des Vertrags über die Europäische Union in Anspruch zu nehmen, so werden die nationalen Parlamente mindestens sechs Monate vor dem Erlass eines Beschlusses von der Initiative des Europäischen Rates unterrichtet.

Artikel 7

Der Rechnungshof übermittelt den nationalen Parlamenten gleichzeitig mit der Übermittlung an das Europäische Parlament und den Rat seinen Jahresbericht zur Unterrichtung.

Artikel 8

Handelt es sich bei dem System des nationalen Parlaments nicht um ein Einkammersystem, so gelten die Artikel 1 bis 7 für jede der Kammern des Parlaments.

TITEL II
ZUSAMMENARBEIT ZWISCHEN DEN PARLAMENTEN

Artikel 9

Das Europäische Parlament und die nationalen Parlamente legen gemeinsam fest, wie eine effiziente und regelmäßige Zusammenarbeit zwischen den Parlamenten innerhalb der Union gestaltet und gefördert werden kann.

Artikel 10

Eine Konferenz der Europa-Ausschüsse der Parlamente kann jeden ihr zweckmäßig erscheinenden Beitrag dem Europäischen Parlament, dem Rat und der Kommission zur Kenntnis bringen. Diese Konferenz fördert ferner den Austausch von Informationen und bewährten Praktiken zwischen den nationalen Parlamenten und dem Europäischen Parlament, einschließlich ihrer Fachausschüsse. Sie kann auch interparlamentarische Konferenzen zu Einzelthemen organisieren, insbesondere zur Erörterung von Fragen der Gemeinsamen Außen- und Sicherheitspolitik, einschließlich der Gemeinsamen Sicherheits- und Verteidigungspolitik. Die Beiträge der Konferenz binden nicht die nationalen Parlamente und greifen ihrem Standpunkt nicht vor.

Protokoll über die Anwendung der Grundsätze der Subsidiarität und der Verhältnismäßigkeit (Nr. 2)

in der Fassung der Bekanntmachung vom 7. Juni 2016 (ABl. C 202 vom 7. 6. 2016 S. 206)*

DIE HOHEN VERTRAGSPARTEIEN –

IN DEM WUNSCH sicherzustellen, dass die Entscheidungen in der Union so bürgernah wie möglich getroffen werden,

ENTSCHLOSSEN, die Bedingungen für die Anwendung der in Artikel 5 des Vertrags über die Europäische Union verankerten Grundsätze der Subsidiarität und der Verhältnismäßigkeit festzulegen und ein System zur Kontrolle der Anwendung dieser Grundsätze zu schaffen –

SIND über folgende Bestimmungen ÜBEREINGEKOMMEN, die dem Vertrag über die Europäische Union und dem Vertrag über die Arbeitsweise der Europäischen Union beigefügt sind:

Artikel 1

Jedes Organ trägt stets für die Einhaltung der in Artikel 5 des Vertrags über die Europäische Union niedergelegten Grundsätze der Subsidiarität und der Verhältnismäßigkeit Sorge.

Artikel 2

Die Kommission führt umfangreiche Anhörungen durch, bevor sie einen Gesetzgebungsakt vorschlägt. Dabei ist gegebenenfalls der regionalen und lokalen Bedeutung der in Betracht gezogenen Maßnahmen Rechnung zu tragen. In außergewöhnlich dringenden Fällen führt die Kommission keine Konsultationen durch. Sie begründet dies in ihrem Vorschlag.

Artikel 3

Im Sinne dieses Protokolls bezeichnet „Entwurf eines Gesetzgebungsakts" die Vorschläge der Kommission, die Initiativen einer Gruppe von Mitgliedstaaten, die Initiativen des Europäischen Parlaments, die Anträge des Gerichtshofs, die Empfehlungen der Europäischen Zentralbank und die Anträge der Europäischen Investitionsbank, die den Erlass eines Gesetzgebungsakts zum Ziel haben.

Artikel 4

Die Kommission leitet ihre Entwürfe für Gesetzgebungsakte und ihre geänderten Entwürfe den nationalen Parlamenten und dem Unionsgesetzgeber gleichzeitig zu.

Das Europäische Parlament leitet seine Entwürfe von Gesetzgebungsakten sowie seine geänderten Entwürfe den nationalen Parlamenten zu.

Der Rat leitet die von einer Gruppe von Mitgliedstaaten, vom Gerichtshof, von der Europäischen Zentralbank oder von der Europäischen Investitionsbank

---

* Dieses Protokoll ist eines der Protokolle des Vertrags von Lissabon, die dem Vertrag über die Europäische Union, dem Vertrag über die Arbeitsweise der Europäischen Union und gegebenenfalls dem Vertrag zur Gründung der Europäischen Atomgemeinschaft beizufügen sind.

vorgelegten Entwürfe von Gesetzgebungsakten sowie die geänderten Entwürfe den nationalen Parlamenten zu.

Sobald das Europäische Parlament seine legislativen Entschließungen angenommen und der Rat seine Standpunkte festgelegt hat, leiten sie diese den nationalen Parlamenten zu.

Artikel 5

Die Entwürfe von Gesetzgebungsakten werden im Hinblick auf die Grundsätze der Subsidiarität und der Verhältnismäßigkeit begründet. Jeder Entwurf eines Gesetzgebungsakts sollte einen Vermerk mit detaillierten Angaben enthalten, die es ermöglichen zu beurteilen, ob die Grundsätze der Subsidiarität und der Verhältnismäßigkeit eingehalten wurden. Dieser Vermerk sollte Angaben zu den voraussichtlichen finanziellen Auswirkungen sowie im Fall einer Richtlinie zu den Auswirkungen auf die von den Mitgliedstaaten zu erlassenden Rechtsvorschriften, einschließlich gegebenenfalls der regionalen Rechtsvorschriften, enthalten. Die Feststellung, dass ein Ziel der Union besser auf Unionsebene erreicht werden kann, beruht auf qualitativen und, soweit möglich, quantitativen Kriterien. Die Entwürfe von Gesetzgebungsakten berücksichtigen dabei, dass die finanzielle Belastung und der Verwaltungsaufwand der Union, der nationalen Regierungen, der regionalen und lokalen Behörden, der Wirtschaftsteilnehmer und der Bürgerinnen und Bürger so gering wie möglich gehalten werden und in einem angemessenen Verhältnis zu dem angestrebten Ziel stehen müssen.

Artikel 6

Die nationalen Parlamente oder die Kammern eines dieser Parlamente können binnen acht Wochen nach dem Zeitpunkt der Übermittlung eines Entwurfs eines Gesetzgebungsakts in den Amtssprachen der Union in einer begründeten Stellungnahme an die Präsidenten des Europäischen Parlaments, des Rates und der Kommission darlegen, weshalb der Entwurf ihres Erachtens nicht mit dem Subsidiaritätsprinzip vereinbar ist. Dabei obliegt es dem jeweiligen nationalen Parlament oder der jeweiligen Kammer eines nationalen Parlaments, gegebenenfalls die regionalen Parlamente mit Gesetzgebungsbefugnissen zu konsultieren.

Wird der Entwurf eines Gesetzgebungsakts von einer Gruppe von Mitgliedstaaten vorgelegt, so übermittelt der Präsident des Rates die Stellungnahme den Regierungen dieser Mitgliedstaaten.

Wird der Entwurf eines Gesetzgebungsakts vom Gerichtshof, von der Europäischen Zentralbank oder von der Europäischen Investitionsbank vorgelegt, so übermittelt der Präsident des Rates die Stellungnahme dem betreffenden Organ oder der betreffenden Einrichtung.

Artikel 7

(1) Das Europäische Parlament, der Rat und die Kommission sowie gegebenenfalls die Gruppe von Mitgliedstaaten, der Gerichtshof, die Europäische Zentralbank oder die Europäische Investitionsbank, sofern der Entwurf eines Gesetzgebungsakts von ihnen vorgelegt wurde, berücksichtigen die begründeten Stellungnahmen der nationalen Parlamente oder einer der Kammern eines dieser Parlamente.

Jedes nationale Parlament hat zwei Stimmen, die entsprechend dem einzelstaatlichen parlamentarischen System verteilt werden. In einem Zweikammersystem hat jede der beiden Kammern eine Stimme.

(2) Erreicht die Anzahl begründeter Stellungnahmen, wonach der Entwurf eines Gesetzgebungsakts nicht mit dem Subsidiaritätsprinzip im Einklang steht, mindestens ein Drittel der Gesamtzahl der den nationalen Parlamenten nach Absatz 1 Unterabsatz 2 zugewiesenen Stimmen, so muss der Entwurf überprüft werden. Die Schwelle beträgt ein Viertel der Stimmen, wenn es sich um den Entwurf eines Gesetzgebungsakts auf der Grundlage des Artikels 76 des Vertrags über die Arbeitsweise der Europäischen Union betreffend den Raum der Freiheit, der Sicherheit und des Rechts handelt.

Nach Abschluss der Überprüfung kann die Kommission oder gegebenenfalls die Gruppe von Mitgliedstaaten, das Europäische Parlament, der Gerichtshof, die Europäische Zentralbank oder die Europäische Investitionsbank, sofern der Entwurf eines Gesetzgebungsakts von ihr beziehungsweise ihm vorgelegt wurde, beschließen, an dem Entwurf festzuhalten, ihn zu ändern oder ihn zurückzuziehen. Dieser Beschluss muss begründet werden.

(3) Außerdem gilt im Rahmen des ordentlichen Gesetzgebungsverfahrens Folgendes: Erreicht die Anzahl begründeter Stellungnahmen, wonach der Vorschlag für einen Gesetzgebungsakt nicht mit dem Subsidiaritätsprinzip im Einklang steht, mindestens die einfache Mehrheit der Gesamtzahl der den nationalen Parlamenten nach Absatz 1 Unterabsatz 2 zugewiesenen Stimmen, so muss der Vorschlag überprüft werden. Nach Abschluss dieser Überprüfung kann die Kommission beschließen, an dem Vorschlag festzuhalten, ihn zu ändern oder ihn zurückzuziehen.

Beschließt die Kommission, an dem Vorschlag festzuhalten, so hat sie in einer begründeten Stellungnahme darzulegen, weshalb der Vorschlag ihres Erachtens mit dem Subsidiaritätsprinzip im Einklang steht. Die begründete Stellungnahme der Kommission wird zusammen mit den begründeten Stellungnahmen der nationalen Parlamente dem Unionsgesetzgeber vorgelegt, damit dieser sie im Rahmen des Verfahrens berücksichtigt:

a) Vor Abschluss der ersten Lesung prüft der Gesetzgeber (das Europäische Parlament und der Rat), ob der Gesetzgebungsvorschlag mit dem Subsidiaritätsprinzip im Einklang steht; hierbei berücksichtigt er insbesondere die angeführten Begründungen, die von einer Mehrheit der nationalen Parlamente unterstützt werden, sowie die begründete Stellungnahme der Kommission.

b) Ist der Gesetzgeber mit der Mehrheit von 55 % der Mitglieder des Rates oder einer Mehrheit der abgegebenen Stimmen im Europäischen Parlament der Ansicht, dass der Vorschlag nicht mit dem Subsidiaritätsprinzip im Einklang steht, wird der Gesetzgebungsvorschlag nicht weiter geprüft.

Artikel 8

Der Gerichtshof der Europäischen Union ist für Klagen wegen Verstoßes eines Gesetzgebungsakts gegen das Subsidiaritätsprinzip zuständig, die nach Maßgabe des Artikels 263 des Vertrags über die Arbeitsweise der Europäischen Union von einem Mitgliedstaat erhoben oder entsprechend der jeweiligen innerstaatlichen Rechtsordnung von einem Mitgliedstaat im Namen seines nationalen Parlaments oder einer Kammer dieses Parlaments übermittelt werden.

Nach Maßgabe des genannten Artikels können entsprechende Klagen in Bezug auf Gesetzgebungsakte, für deren Erlass die Anhörung des Ausschusses der Regionen nach dem Vertrag über die Arbeitsweise der Europäischen Union vorgeschrieben ist, auch vom Ausschuss der Regionen erhoben werden.

Artikel 9

Die Kommission legt dem Europäischen Rat, dem Europäischen Parlament, dem Rat und den nationalen Parlamenten jährlich einen Bericht über die Anwendung des Artikels 5 des Vertrags über die Europäische Union vor. Dieser Jahresbericht wird auch dem Wirtschafts- und Sozialausschuss und dem Ausschuss der Regionen zugeleitet.

Protokoll über die Satzung des Gerichtshofs der Europäischen Union (Nr. 3)

in der konsolidierten Fassung vom 7. Juni 2016 (ABl. C 202 vom 7. 6. 2016 S. 210), geändert durch Verordnung (EU, Euratom) 2016/1192 des Europäischen Parlaments und des Rates vom 6. Juli 2016 (ABl. L 200 vom 26. 7. 2016 S. 137)

DIE HOHEN VERTRAGSPARTEIEN –

IN DEM WUNSCH, die in Artikel 281 des Vertrags über die Arbeitsweise der Europäischen Union (AEUV) vorgesehene Satzung des Gerichtshofs der Europäischen Union festzulegen –

SIND über folgende Bestimmungen ÜBEREINGEKOMMEN, die dem Vertrag über die Europäische Union, dem Vertrag über die Arbeitsweise der Europäischen Union und dem Vertrag zur Gründung der Europäischen Atomgemeinschaft beigefügt sind:

Artikel 1

Errichtung und Tätigkeit

Für die Errichtung und die Tätigkeit des Gerichtshofs der Europäischen Union gelten die Bestimmungen der Verträge, des Vertrags zur Gründung der Europäischen Atomgemeinschaft (EAG-Vertrag) und dieser Satzung.

Titel I

Die Richter und die Generalanwälte

Artikel 2

Amtseid der Richter

Jeder Richter leistet vor Aufnahme seiner Amtstätigkeit vor dem in öffentlicher Sitzung tagenden Gerichtshof den Eid, sein Amt unparteiisch und gewissenhaft auszuüben und das Beratungsgeheimnis zu wahren.

Artikel 3

Befreiung von der Gerichtsbarkeit

Die Richter sind keiner Gerichtsbarkeit unterworfen. Hinsichtlich ihrer in amtlicher Eigenschaft vorgenommenen Handlungen, einschließlich ihrer mündlichen und schriftlichen Äußerungen, steht ihnen diese Befreiung auch nach Abschluss ihrer Amtstätigkeit zu.

Der Gerichtshof kann die Befreiung durch Plenarentscheidung aufheben. Betrifft die Entscheidung ein Mitglied des Gerichts oder eines Fachgerichts, so entscheidet der Gerichtshof nach Anhörung des betreffenden Gerichts.

Wird nach Aufhebung der Befreiung ein Strafverfahren gegen einen Richter eingeleitet, so darf dieser in jedem Mitgliedstaat nur vor ein Gericht gestellt werden, das für Verfahren gegen Richter der höchsten Gerichte dieses Mitgliedstaats zuständig ist.

Die Artikel 11 bis 14 und Artikel 17 des Protokolls über die Vorrechte und Befreiungen der Europäischen Union finden auf die Richter, die Generalanwälte, den Kanzler und die Hilfsberichterstatter des Gerichtshofs der Europäischen

Union Anwendung; die Bestimmungen der Absätze 1 bis 3 betreffend die Befreiung der Richter von der Gerichtsbarkeit bleiben hiervon unberührt.

Artikel 4

Verbot der Amtsausübung und Berufstätigkeit

Die Richter dürfen weder ein politisches Amt noch ein Amt in der Verwaltung ausüben.

Sie dürfen keine entgeltliche oder unentgeltliche Berufstätigkeit ausüben, es sei denn, dass der Rat mit einfacher Mehrheit ausnahmsweise von dieser Vorschrift Befreiung erteilt.

Bei der Aufnahme ihrer Tätigkeit übernehmen sie die feierliche Verpflichtung, während der Ausübung und nach Ablauf ihrer Amtstätigkeit die sich aus ihrem Amt ergebenden Pflichten zu erfüllen, insbesondere die Pflicht, bei der Annahme bestimmter Tätigkeiten oder Vorteile nach Ablauf dieser Tätigkeit ehrenhaft und zurückhaltend zu sein.

Im Zweifelsfalle entscheidet der Gerichtshof. Betrifft die Entscheidung ein Mitglied des Gerichts oder eines Fachgerichts, so entscheidet der Gerichtshof nach Anhörung des betreffenden Gerichts.

Artikel 5

Beendigung des Richteramts

Abgesehen von den regelmäßigen Neubesetzungen und von Todesfällen endet das Amt eines Richters durch Rücktritt.

Bei Rücktritt eines Richters ist das Rücktrittsschreiben an den Präsidenten des Gerichtshofs zur Weiterleitung an den Präsidenten des Rates zu richten. Mit der Benachrichtigung des Letzteren wird der Sitz frei.

Mit Ausnahme der Fälle, in denen Artikel 6 Anwendung findet, bleibt jeder Richter bis zum Amtsantritt seines Nachfolgers im Amt.

Artikel 6

Amtsenthebung; Entzug von Vergünstigungen

Ein Richter kann nur dann seines Amtes enthoben oder seiner Ruhegehaltsansprüche oder anderer an ihrer Stelle gewährter Vergünstigungen für verlustig erklärt werden, wenn er nach einstimmigem Urteil der Richter und Generalanwälte des Gerichtshofs nicht mehr die erforderlichen Voraussetzungen erfüllt oder den sich aus seinem Amt ergebenden Verpflichtungen nicht mehr nachkommt. Der Betroffene wirkt bei der Beschlussfassung nicht mit. Ist der Betroffene ein Mitglied des Gerichts oder eines Fachgerichts, so entscheidet der Gerichtshof nach Anhörung des betreffenden Gerichts.

Der Kanzler bringt den Präsidenten des Europäischen Parlaments und der Kommission die Entscheidung des Gerichtshofs zur Kenntnis und übermittelt sie dem Präsidenten des Rates.

Wird durch eine solche Entscheidung ein Richter seines Amtes enthoben, so wird sein Sitz mit der Benachrichtigung des Präsidenten des Rates frei.

Artikel 7

Amtsende vor Ablauf der Amtszeit

Endet das Amt eines Richters vor Ablauf seiner Amtszeit, so wird es für die verbleibende Amtszeit neu besetzt.

Artikel 8

Anwendung auf Generalanwälte

Die Artikel 2 bis 7 finden auf die Generalanwälte Anwendung.

Titel II

Organisation des Gerichtshofs

Artikel 9

Neubesetzung

Bei der alle drei Jahre stattfindenden teilweisen Neubesetzung der Richterstellen wird die Hälfte der Richterstellen neu besetzt. Ist die Zahl der Richterstellen ungerade, so ist die Zahl der neu zu besetzenden Richterstellen abwechselnd die Zahl, die direkt über bzw. direkt unter der Hälfte der Anzahl der Richterstellen liegt.

Absatz 1 gilt auch für die alle drei Jahre stattfindende teilweise Neubesetzung der Stellen der Generalanwälte.

Artikel 9a

Präsident und Vizepräsident

Die Richter wählen aus ihrer Mitte den Präsidenten und den Vizepräsidenten des Gerichtshofs für die Dauer von drei Jahren. Die Wiederwahl ist zulässig.

Der Vizepräsident unterstützt den Präsidenten nach Maßgabe der Verfahrensordnung. Er vertritt den Präsidenten, wenn dieser verhindert oder sein Amt unbesetzt ist.

Artikel 10

Amtseid des Kanzlers

Der Kanzler leistet vor dem Gerichtshof den Eid, sein Amt unparteiisch und gewissenhaft auszuüben und das Beratungsgeheimnis zu wahren.

Artikel 11

Vertretung des Kanzlers

Der Gerichtshof regelt die Vertretung des Kanzlers für den Fall seiner Verhinderung.

Artikel 12

Beamte und sonstige Bedienstete

Dem Gerichtshof werden Beamte und sonstige Bedienstete beigegeben, um ihm die Erfüllung seiner Aufgaben zu ermöglichen. Sie unterstehen dem Kanzler unter Aufsicht des Präsidenten.

Artikel 13

Hilfsberichterstatter

Das Europäische Parlament und der Rat können gemäß dem ordentlichen Gesetzgebungsverfahren auf Antrag des Gerichtshofs die Ernennung von Hilfsberichterstattern vorsehen und ihre Stellung bestimmen. Die Hilfsberichterstatter können nach Maßgabe der Verfahrensordnung berufen werden, an der Bearbeitung der beim Gerichtshof anhängigen Sachen teilzunehmen und mit dem Berichterstatter zusammenzuarbeiten.

Zu Hilfsberichterstattern sind Persönlichkeiten auszuwählen, die jede Gewähr für Unabhängigkeit bieten und die erforderlichen juristischen Befähigungsnachweise erbringen; sie werden vom Rat mit einfacher Mehrheit ernannt. Sie leisten vor dem Gerichtshof den Eid, ihr Amt unparteiisch und gewissenhaft auszuüben und das Beratungsgeheimnis zu wahren.

Artikel 14

Obligatorischer Wohnsitz

Die Richter, die Generalanwälte und der Kanzler sind verpflichtet, am Sitz des Gerichtshofs zu wohnen.

Artikel 15

Gerichtsferien

Der Gerichtshof übt seine Tätigkeit ständig aus. Die Dauer der Gerichtsferien wird vom Gerichtshof unter Berücksichtigung der dienstlichen Erfordernisse festgesetzt.

Artikel 16

Spruchkörper

Der Gerichtshof bildet aus seiner Mitte Kammern mit drei und mit fünf Richtern. Die Richter wählen aus ihrer Mitte die Präsidenten der Kammern. Die Präsidenten der Kammern mit fünf Richtern werden für drei Jahre gewählt. Einmalige Wiederwahl ist zulässig.

Die Große Kammer ist mit fünfzehn Richtern besetzt. Den Vorsitz führt der Präsident des Gerichtshofs. Der Großen Kammer gehören außerdem der Vizepräsident des Gerichtshofs sowie nach Maßgabe der Verfahrensordnung drei der Präsidenten der Kammern mit fünf Richtern und weitere Richter an.

Der Gerichtshof tagt als Große Kammer, wenn ein am Verfahren beteiligter Mitgliedstaat oder ein am Verfahren beteiligtes Unionsorgan dies beantragt.

Der Gerichtshof tagt als Plenum, wenn er gemäß Artikel 228 Absatz 2, Artikel 245 Absatz 2, Artikel 247 oder Artikel 286 Absatz 6 AEUV befasst wird.

Außerdem kann der Gerichtshof, wenn er zu der Auffassung gelangt, dass eine Rechtssache, mit der er befasst ist, von außergewöhnlicher Bedeutung ist, nach Anhörung des Generalanwalts entscheiden, diese Rechtssache an das Plenum zu verweisen.

Artikel 17

Beschlussfähigkeit

Der Gerichtshof kann nur in der Besetzung mit einer ungeraden Zahl von Richtern rechtswirksam entscheiden.

Die Entscheidungen der Kammern mit drei oder fünf Richtern sind nur dann gültig, wenn sie von drei Richtern getroffen werden.

Die Entscheidungen der Großen Kammer sind nur dann gültig, wenn elf Richter anwesend sind.

Die vom Plenum getroffenen Entscheidungen des Gerichtshofs sind nur dann gültig, wenn siebzehn Richter anwesend sind.

Bei Verhinderung eines Richters einer Kammer kann nach Maßgabe der Verfahrensordnung ein Richter einer anderen Kammer herangezogen werden.

Artikel 18

Befangenheit

Die Richter und Generalanwälte dürfen nicht an der Erledigung einer Sache teilnehmen, in der sie vorher als Bevollmächtigte, Beistände oder Anwälte einer der Parteien tätig gewesen sind oder über die zu befinden sie als Mitglied eines Gerichts, eines Untersuchungsausschusses oder in anderer Eigenschaft berufen waren.

Glaubt ein Richter oder Generalanwalt, bei der Entscheidung oder Untersuchung einer bestimmten Sache aus einem besonderen Grund nicht mitwirken zu können, so macht er davon dem Präsidenten Mitteilung. Hält der Präsident die Teilnahme eines Richters oder Generalanwalts an der Verhandlung oder Entscheidung einer bestimmten Sache aus einem besonderen Grund für unangebracht, so setzt er diesen hiervon in Kenntnis.

Ergibt sich bei der Anwendung dieses Artikels eine Schwierigkeit, so entscheidet der Gerichtshof.

Eine Partei kann den Antrag auf Änderung der Zusammensetzung des Gerichtshofs oder einer seiner Kammern weder mit der Staatsangehörigkeit eines Richters noch damit begründen, dass dem Gerichtshof oder einer seiner Kammern kein Richter ihrer Staatsangehörigkeit angehört.

Titel III

Verfahren vor dem Gerichtshof

Artikel 19

Vertretung im Prozess; Anwaltszwang

Die Mitgliedstaaten sowie die Unionsorgane werden vor dem Gerichtshof durch einen Bevollmächtigten vertreten, der für jede Sache bestellt wird; der Bevollmächtigte kann sich der Hilfe eines Beistands oder eines Anwalts bedienen.

Die Vertragsstaaten des Abkommens über den Europäischen Wirtschaftsraum, die nicht Mitgliedstaaten sind, und die in jenem Abkommen genannte EFTA-Überwachungsbehörde werden in der gleichen Weise vertreten.

Die anderen Parteien müssen durch einen Anwalt vertreten sein.

Nur ein Anwalt, der berechtigt ist, vor einem Gericht eines Mitgliedstaats oder eines anderen Vertragsstaats des Abkommens über den Europäischen Wirtschaftsraum aufzutreten, kann vor dem Gerichtshof als Vertreter oder Beistand einer Partei auftreten.

Die vor dem Gerichtshof auftretenden Bevollmächtigten, Beistände und Anwälte genießen nach Maßgabe der Verfahrensordnung die zur unabhängigen Ausübung ihrer Aufgaben erforderlichen Rechte und Sicherheiten.

Der Gerichtshof hat nach Maßgabe der Verfahrensordnung gegenüber den vor ihm auftretenden Beiständen und Anwälten die den Gerichten üblicherweise zuerkannten Befugnisse.

Hochschullehrer, die Angehörige von Mitgliedstaaten sind, deren Rechtsordnung ihnen gestattet, vor Gericht als Vertreter einer Partei aufzutreten, haben vor dem Gerichtshof die durch diesen Artikel den Anwälten eingeräumte Rechtsstellung.

Artikel 20

Abschnitte des Verfahrens

Das Verfahren vor dem Gerichtshof gliedert sich in ein schriftliches und ein mündliches Verfahren.

Das schriftliche Verfahren umfasst die Übermittlung der Klageschriften, Schriftsätze, Klagebeantwortungen und Erklärungen und gegebenenfalls der Repliken sowie aller zur Unterstützung vorgelegten Belegstücke und Urkunden oder ihrer beglaubigten Abschriften an die Parteien sowie an diejenigen Unionsorgane, deren Entscheidungen Gegenstand des Verfahrens sind.

Die Übermittlung obliegt dem Kanzler in der Reihenfolge und innerhalb der Fristen, die die Verfahrensordnung bestimmt.

Das mündliche Verfahren umfasst die Anhörung der Bevollmächtigten, Beistände und Anwälte und der Schlussanträge des Generalanwalts durch den Gerichtshof sowie gegebenenfalls die Vernehmung von Zeugen und Sachverständigen.

Ist der Gerichtshof der Auffassung, dass eine Rechtssache keine neue Rechtsfrage aufwirft, so kann er nach Anhörung des Generalanwalts beschließen, dass ohne Schlussanträge des Generalanwalts über die Sache entschieden wird.

Artikel 21

Klageerhebung

Die Klageerhebung bei dem Gerichtshof erfolgt durch Einreichung einer an den Kanzler zu richtenden Klageschrift. Die Klageschrift muss Namen und Wohnsitz des Klägers, die Stellung des Unterzeichnenden, die Partei oder die Parteien, gegen die die Klage erhoben wird, und den Streitgegenstand angeben sowie die Anträge und eine kurze Darstellung der Klagegründe enthalten.

Ihr ist gegebenenfalls der Rechtsakt beizufügen, dessen Nichtigerklärung beantragt wird, oder in dem in Artikel 265 AEUV geregelten Fall eine Unterlage, aus der sich der Zeitpunkt der in dem genannten Artikel vorgesehenen Aufforderung ergibt. Sind der Klageschrift diese Unterlagen nicht beigefügt, so fordert der Kanzler den Kläger auf, sie innerhalb einer angemessenen Frist beizubringen; die Klage kann nicht deshalb zurückgewiesen werden, weil die Beibringung erst nach Ablauf der für die Klageerhebung vorgeschriebenen Frist erfolgt.

Artikel 22

Sonderregeln für Art. 18 EAG-Vertrag

In den Fällen nach Artikel 18 des EAG-Vertrags erfolgt die Klageerhebung bei dem Gerichtshof durch Einreichung einer an den Kanzler zu richtenden Klageschrift. Die Klageschrift muss Namen und Wohnsitz des Klägers, die Stellung des Unterzeichnenden, die Entscheidung, gegen die Klage erhoben wird, die Gegenparteien und den Streitgegenstand angeben sowie die Anträge und eine kurze Darstellung der Klagegründe enthalten.

Eine beglaubigte Abschrift der angefochtenen Entscheidung des Schiedsausschusses ist beizufügen.

Weist der Gerichtshof die Klage ab, so wird die Entscheidung des Schiedsausschusses rechtskräftig.

Hebt der Gerichtshof die Entscheidung des Schiedsausschusses auf, so kann das Verfahren gegebenenfalls auf Betreiben einer Prozesspartei vor dem Schiedsausschuss wieder aufgenommen werden. Dieser ist an die vom Gerichtshof gegebene rechtliche Beurteilung gebunden.

Artikel 23

Verfahren bei Vorabentscheidungen

In den Fällen nach Artikel 267 AEUV obliegt es dem Gericht des Mitgliedstaats, das ein Verfahren aussetzt und den Gerichtshof anruft, diese Entscheidung dem Gerichtshof zu übermitteln. Der Kanzler des Gerichtshofs stellt diese Entscheidung den beteiligten Parteien, den Mitgliedstaaten und der Kommission zu und außerdem den Organen, Einrichtungen oder sonstigen Stellen der Union, von denen die Handlung, deren Gültigkeit oder Auslegung streitig ist, ausgegangen ist.

Binnen zwei Monaten nach dieser Zustellung können die Parteien, die Mitgliedstaaten, die Kommission und gegebenenfalls die Organe, Einrichtungen oder sonstigen Stellen der Union, von denen die Handlung, deren Gültigkeit oder Auslegung streitig ist, ausgegangen ist, beim Gerichtshof Schriftsätze einreichen oder schriftliche Erklärungen abgeben.

In den Fällen nach Artikel 267 AEUV stellt der Kanzler des Gerichtshofs die Entscheidung des Gerichts des Mitgliedstaats darüber hinaus den Vertragsstaaten des Abkommens über den Europäischen Wirtschaftsraum, die nicht Mitgliedstaaten sind, und der in jenem Abkommen genannten EFTA-Überwachungsbehörde zu, die binnen zwei Monaten nach der Zustellung beim Gerichtshof Schriftsätze einreichen oder schriftliche Erklärungen abgeben können, wenn einer der Anwendungsbereiche des Abkommens betroffen ist.

Sieht ein vom Rat mit einem oder mehreren Drittstaaten über einen bestimmten Bereich geschlossenes Abkommen vor, dass diese Staaten Schriftsätze einreichen oder schriftliche Erklärungen abgeben können, wenn ein Gericht eines Mitgliedstaats dem Gerichtshof eine in den Anwendungsbereich des Abkommens fallende Frage zur Vorabentscheidung vorgelegt hat, so wird die Entscheidung des Gerichts des Mitgliedstaats, die eine solche Frage enthält, auch den betreffenden Drittstaaten zugestellt, die binnen zwei Monaten nach der Zustellung beim Gerichtshof Schriftsätze einreichen oder schriftliche Erklärungen abgeben können.

Artikel 23a*)

Beschleunigtes Verfahren; Eilverfahren

In der Verfahrensordnung können ein beschleunigtes Verfahren und für Vorabentscheidungsersuchen zum Raum der Freiheit, der Sicherheit und des Rechts ein Eilverfahren vorgesehen werden.

Diese Verfahren können vorsehen, dass für die Einreichung von Schriftsätzen oder schriftlichen Erklärungen eine kürzere Frist als die des Artikels 23 gilt und dass abweichend von Artikel 20 Absatz 4 keine Schlussanträge des Generalanwalts gestellt werden.

Das Eilverfahren kann außerdem eine Beschränkung der in Artikel 23 bezeichneten Parteien und sonstigen Beteiligten, die Schriftsätze einreichen oder schriftliche Erklärungen abgeben können, und in Fällen äußerster Dringlichkeit das Entfallen des schriftlichen Verfahrens vorsehen.

---

*) Amtliche Fußnote: Artikel eingefügt durch Beschluss 2008/79/EG, Euratom (ABl. L 24 vom 29. 1. 2008, S. 42).

Artikel 24

Urkundenvorlegung; Auskunftserteilung

Der Gerichtshof kann von den Parteien die Vorlage aller Urkunden und die Erteilung aller Auskünfte verlangen, die er für wünschenswert hält. Im Falle einer Weigerung stellt der Gerichtshof diese ausdrücklich fest.

Der Gerichtshof kann ferner von den Mitgliedstaaten und den Organen, Einrichtungen oder sonstigen Stellen, die nicht Parteien in einem Rechtsstreit sind, alle Auskünfte verlangen, die er zur Regelung dieses Rechtsstreits für erforderlich erachtet.

Artikel 25

Gutachten

Der Gerichtshof kann jederzeit Personen, Personengemeinschaften, Dienststellen, Ausschüsse oder Einrichtungen seiner Wahl mit der Abgabe von Gutachten betrauen.

Artikel 26

Zeugenvernehmung

Zeugen können nach Maßgabe der Verfahrensordnung vernommen werden.

Artikel 27

Ausbleiben des Zeugen

Nach Maßgabe der Verfahrensordnung kann der Gerichtshof gegenüber ausbleibenden Zeugen die den Gerichten allgemein zuerkannten Befugnisse ausüben und Geldbußen verhängen.

Artikel 28

Vereidigung

Zeugen und Sachverständige können unter Benutzung der in der Verfahrensordnung vorgeschriebenen Eidesformel oder in der in der Rechtsordnung ihres Landes vorgesehenen Weise eidlich vernommen werden.

Artikel 29

Rechtshilfe

Der Gerichtshof kann anordnen, dass ein Zeuge oder Sachverständiger von dem Gericht seines Wohnsitzes vernommen wird.

Diese Anordnung ist gemäß den Bestimmungen der Verfahrensordnung zur Ausführung an das zuständige Gericht zu richten. Die in Ausführung des Rechtshilfeersuchens abgefassten Schriftstücke werden dem Gerichtshof nach denselben Bestimmungen übermittelt.

Der Gerichtshof übernimmt die anfallenden Auslagen; er erlegt sie gegebenenfalls den Parteien auf.

Artikel 30

Ahndung von Meineid

Jeder Mitgliedstaat behandelt die Eidesverletzung eines Zeugen oder Sachverständigen wie eine vor seinen eigenen in Zivilsachen zuständigen Gerichten begangene Straftat. Auf Anzeige des Gerichtshofs verfolgt er den Täter vor seinen zuständigen Gerichten.

Artikel 31

Öffentlichkeit der Verhandlung

Die Verhandlung ist öffentlich, es sei denn, dass der Gerichtshof von Amts wegen oder auf Antrag der Parteien aus wichtigen Gründen anders beschließt.

Artikel 32

Vernehmung durch den Gerichtshof

Der Gerichtshof kann während der Verhandlung Sachverständige, Zeugen sowie die Parteien selbst vernehmen. Für die Letzteren können jedoch nur ihre bevollmächtigten Vertreter mündlich verhandeln.

Artikel 33

Verhandlungsprotokoll

Über jede mündliche Verhandlung ist ein vom Präsidenten und vom Kanzler zu unterschreibendes Protokoll aufzunehmen.

Artikel 34

Terminliste

Die Terminliste wird vom Präsidenten festgelegt.

Artikel 35

Beratungsgeheimnis

Die Beratungen des Gerichtshofs sind und bleiben geheim.

Artikel 36

Urteilsbegründung

Die Urteile sind mit Gründen zu versehen. Sie enthalten die Namen der Richter, die bei der Entscheidung mitgewirkt haben.

Artikel 37

Urteilsverkündung

Die Urteile sind vom Präsidenten und vom Kanzler zu unterschreiben. Sie werden in öffentlicher Sitzung verlesen.

Artikel 38

Kostenentscheid

Der Gerichtshof entscheidet über die Kosten.

Artikel 39

Abgekürztes Verfahren

Der Präsident des Gerichtshofs kann in einem abgekürzten Verfahren, das erforderlichenfalls von einzelnen Bestimmungen dieser Satzung abweichen kann und in der Verfahrensordnung geregelt ist, über Anträge auf Aussetzung gemäß Artikel 278 AEUV und Artikel 157 EAG-Vertrag, auf Erlass einstweiliger Anordnungen gemäß Artikel 279 AEUV oder auf Aussetzung der Zwangsvollstreckung gemäß Artikel 299 Absatz 4 AEUV oder Artikel 164 Absatz 3 EAG-Vertrag entscheiden.

Die in Absatz 1 genannten Befugnisse können nach Maßgabe der Verfahrensordnung vom Vizepräsidenten des Gerichtshofs ausgeübt werden.

Bei Verhinderung des Präsidenten und des Vizepräsidenten werden diese durch einen anderen Richter nach Maßgabe der Verfahrensordnung vertreten.

Die von dem Präsidenten oder seinem Vertreter getroffene Anordnung stellt eine einstweilige Regelung dar und greift der Entscheidung des Gerichtshofs in der Hauptsache nicht vor.

Artikel 40

Verfahrensbeitritt Dritter

Die Mitgliedstaaten und die Unionsorgane können einem bei dem Gerichtshof anhängigen Rechtsstreit beitreten.

Dasselbe gilt für die Einrichtungen und sonstigen Stellen der Union sowie alle anderen Personen, sofern sie ein berechtigtes Interesse am Ausgang eines bei dem Gerichtshof anhängigen Rechtsstreits glaubhaft machen können. Natürliche oder juristische Personen können Rechtssachen zwischen Mitgliedstaaten, zwischen Organen der Union oder zwischen Mitgliedstaaten und Organen der Union nicht beitreten.

Unbeschadet des Absatzes 2 können die Vertragsstaaten des Abkommens über den Europäischen Wirtschaftsraum, die nicht Mitgliedstaaten sind, und die in jenem Abkommen genannte EFTA-Überwachungsbehörde einem bei dem Gerichtshof anhängigen Rechtsstreit beitreten, wenn dieser einen der Anwendungsbereiche jenes Abkommens betrifft.

Mit den aufgrund des Beitritts gestellten Anträgen können nur die Anträge einer Partei unterstützt werden.

Artikel 41

Verfahren und Urteil bei Säumnis

Stellt der ordnungsmäßig geladene Beklagte keine schriftlichen Anträge, so ergeht gegen ihn Versäumnisurteil. Gegen dieses Urteil kann binnen einem Monat nach Zustellung Einspruch eingelegt werden. Der Einspruch hat keine Aussetzung der Vollstreckung aus dem Versäumnisurteil zur Folge, es sei denn, dass der Gerichtshof anders beschließt.

Artikel 42

Drittwiderspruch

Mitgliedstaaten, Organe, Einrichtungen oder sonstige Stellen der Union und alle sonstigen natürlichen und juristischen Personen können nach Maßgabe der Verfahrensordnung in den dort genannten Fällen Drittwiderspruch gegen ein Urteil erheben, wenn dieses Urteil ihre Rechte beeinträchtigt und in einem Rechtsstreit erlassen worden ist, an dem sie nicht teilgenommen haben.

Artikel 43

Urteilsauslegung

Bestehen Zweifel über Sinn und Tragweite eines Urteils, so ist der Gerichtshof zuständig, dieses Urteil auf Antrag einer Partei oder eines Unionsorgans auszulegen, wenn diese ein berechtigtes Interesse hieran glaubhaft machen.

Artikel 44

Wiederaufnahme des Verfahrens

Die Wiederaufnahme des Verfahrens kann beim Gerichtshof nur dann beantragt werden, wenn eine Tatsache von entscheidender Bedeutung bekannt wird, die vor Verkündung des Urteils dem Gerichtshof und der die Wiederaufnahme beantragenden Partei unbekannt war.

Das Wiederaufnahmeverfahren wird durch eine Entscheidung des Gerichtshofs eröffnet, die das Vorliegen der neuen Tatsache ausdrücklich feststellt, ihr die für die Eröffnung des Wiederaufnahmeverfahrens erforderlichen Merkmale zuerkennt und deshalb den Antrag für zulässig erklärt.

Nach Ablauf von zehn Jahren nach Erlass des Urteils kann kein Wiederaufnahmeantrag mehr gestellt werden.

Artikel 45

Fristfestlegung; Fristversäumnis

In der Verfahrensordnung sind besondere, den Entfernungen Rechnung tragende Fristen festzulegen.

Der Ablauf von Fristen hat keinen Rechtsnachteil zur Folge, wenn der Betroffene nachweist, dass ein Zufall oder ein Fall höherer Gewalt vorliegt.

Artikel 46

Verjährung

Die aus außervertraglicher Haftung der Union hergeleiteten Ansprüche verjähren in fünf Jahren nach Eintritt des Ereignisses, das ihnen zugrunde liegt. Die Verjährung wird durch Einreichung der Klageschrift beim Gerichtshof oder dadurch unterbrochen, dass der Geschädigte seinen Anspruch vorher gegenüber dem zuständigen Unionsorgan geltend macht. In letzterem Fall muss die Klage innerhalb der in Artikel 263 AEUV vorgesehenen Frist von zwei Monaten erhoben werden; gegebenenfalls findet Artikel 265 Absatz 2 AEUV Anwendung.

Dieser Artikel gilt auch für Ansprüche, die aus außervertraglicher Haftung der Europäischen Zentralbank hergeleitet werden.

Titel IV
Das Gericht

Artikel 47

Analoge Anwendungen

Artikel 9 Absatz 1, Artikel 9a, Artikel 14 und 15, Artikel 17 Absätze 1, 2, 4 und 5 sowie Artikel 18 finden auf das Gericht und dessen Mitglieder Anwendung.

Artikel 3 Absatz 4 sowie die Artikel 10, 11 und 14 finden auf den Kanzler des Gerichts entsprechende Anwendung.

Artikel 48

Mitgliederzahl

Das Gericht besteht

a) ab dem 25. Dezember 2015 aus 40 Mitgliedern,

b) ab dem 1. September 2016 aus 47 Mitgliedern,

c) ab dem 1. September 2019 aus zwei Mitgliedern je Mitgliedstaat.

Artikel 49

Generalanwalt

Die Mitglieder des Gerichts können dazu bestellt werden, die Tätigkeit eines Generalanwalts auszuüben.

Der Generalanwalt hat in völliger Unparteilichkeit und Unabhängigkeit begründete Schlussanträge zu bestimmten dem Gericht unterbreiteten Rechtssachen öffentlich zu stellen, um das Gericht bei der Erfüllung seiner Aufgaben zu unterstützen.

Die Kriterien für die Bestimmung solcher Rechtssachen sowie die Einzelheiten für die Bestellung der Generalanwälte werden in der Verfahrensordnung des Gerichts festgelegt.

Ein in einer Rechtssache zum Generalanwalt bestelltes Mitglied darf bei der Entscheidung dieser Rechtssache nicht mitwirken.

Artikel 50

Kammern des Gerichts

Das Gericht tagt in Kammern mit drei oder mit fünf Richtern. Die Richter wählen aus ihrer Mitte die Präsidenten der Kammern. Die Präsidenten der Kammern mit fünf Richtern werden für drei Jahre gewählt. Einmalige Wiederwahl ist zulässig.

Die Besetzung der Kammern und die Zuweisung der Rechtssachen an sie richten sich nach der Verfahrensordnung. In bestimmten in der Verfahrensordnung festgelegten Fällen kann das Gericht als Plenum oder als Einzelrichter tagen.

Die Verfahrensordnung kann auch vorsehen, dass das Gericht in den Fällen und unter den Bedingungen, die in der Verfahrensordnung festgelegt sind, als Große Kammer tagt.

Artikel 50a

Zuständigkeit bei Streitigkeiten im öffentlichen Dienst

(1) Das Gericht ist für die Entscheidung im ersten Rechtszug über Rechtsstreitigkeiten zwischen der Union und deren Bediensteten gemäß Artikel 270 des Vertrags über die Arbeitsweise der Europäischen Union zuständig, einschließlich der Rechtsstreitigkeiten zwischen den Organen, Einrichtungen und sonstigen Stellen einerseits und deren Bediensteten andererseits, für die der Gerichtshof der Europäischen Union zuständig ist.

(2) Das Gericht kann in jedem Verfahrensstadium, auch bereits ab der Einreichung der Klageschrift, die Möglichkeiten für eine gütliche Beilegung des Rechtsstreits prüfen und versuchen, eine solche Beilegung zu erleichtern.

Artikel 51

Zuständigkeit

Abweichend von der in Artikel 256 Absatz 1 AEUV vorgesehenen Regelung sind dem Gerichtshof die Klagen gemäß den Artikeln 263 und 265 AEUV vorbehalten,

a) die von einem Mitgliedstaat gegen eine Handlung oder wegen unterlassener Beschlussfassung des Europäischen Parlaments oder des Rates oder dieser beiden Organe in den Fällen, in denen sie gemeinsam beschließen, erhoben werden, mit Ausnahme

- der Beschlüsse des Rates gemäß Artikel 108 Absatz 2 Unterabsatz 3 AEUV;
- der Rechtsakte, die der Rat aufgrund einer Verordnung des Rates über handelspolitische Schutzmaßnahmen im Sinne von Artikel 207 AEUV erlässt;
- der Handlungen des Rates, mit denen dieser gemäß Artikel 291 Absatz 2 AEUV Durchführungsbefugnisse ausübt;

b) die von einem Mitgliedstaat gegen eine Handlung oder wegen unterlassener Beschlussfassung der Kommission gemäß Artikel 331 Absatz 1 AEUV erhoben werden.

Dem Gerichtshof sind ebenfalls die Klagen gemäß denselben Artikeln vorbehalten, die von einem Unionsorgan gegen eine Handlung oder wegen unterlassener Beschlussfassung des Europäischen Parlaments, des Rates, dieser beiden Organe in den Fällen, in denen sie gemeinsam beschließen, oder der Kommission erhoben werden, sowie die Klagen, die von einem Unionsorgan gegen eine Handlung oder wegen unterlassener Beschlussfassung der Europäischen Zentralbank erhoben werden.

Artikel 52

Beamte oder sonstige Bedienstete

Der Präsident des Gerichtshofs und der Präsident des Gerichts legen einvernehmlich fest, in welcher Weise Beamte und sonstige Bedienstete, die dem Gerichtshof beigegeben sind, dem Gericht Dienste leisten, um ihm die Erfüllung seiner Aufgaben zu ermöglichen. Einzelne Beamte oder sonstige Bedienstete unterstehen dem Kanzler des Gerichts unter Aufsicht des Präsidenten des Gerichts.

Artikel 53

Verfahren

Das Verfahren vor dem Gericht bestimmt sich nach Titel III.

Das Verfahren vor dem Gericht wird, soweit dies erforderlich ist, durch seine Verfahrensordnung im Einzelnen geregelt und ergänzt. Die Verfahrensordnung kann von Artikel 40 Absatz 4 und Artikel 41 abweichen, um den Besonderheiten der Rechtsstreitigkeiten auf dem Gebiet des geistigen Eigentums Rechnung zu tragen.

Abweichend von Artikel 20 Absatz 4 kann der Generalanwalt seine begründeten Schlussanträge schriftlich stellen.

Artikel 54

Übermittlung, Verweisung und Aussetzung

Wird eine Klageschrift oder ein anderer Schriftsatz, die an das Gericht gerichtet sind, irrtümlich beim Kanzler des Gerichtshofs eingereicht, so übermittelt dieser sie unverzüglich an den Kanzler des Gerichts; wird eine Klageschrift oder ein anderer Schriftsatz, die an den Gerichtshof gerichtet sind, irrtümlich beim Kanzler des Gerichts eingereicht, so übermittelt dieser sie unverzüglich an den Kanzler des Gerichtshofs.

Stellt das Gericht fest, dass es für eine Klage nicht zuständig ist, die in die Zuständigkeit des Gerichtshofs fällt, so verweist es den Rechtsstreit an den Gerichtshof; stellt der Gerichtshof fest, dass eine Klage in die Zuständigkeit des

Gerichts fällt, so verweist er den Rechtsstreit an das Gericht, das sich dann nicht für unzuständig erklären kann.

Sind bei dem Gerichtshof und dem Gericht Rechtssachen anhängig, die den gleichen Gegenstand haben, die gleiche Auslegungsfrage aufwerfen oder die Gültigkeit desselben Rechtsaktes betreffen, so kann das Gericht nach Anhörung der Parteien das Verfahren bis zum Erlass des Urteils des Gerichtshofs aussetzen, oder, wenn es sich um Klagen gemäß Artikel 263 AEUV handelt, sich für nicht zuständig erklären, damit der Gerichtshof über diese Klagen entscheidet. Unter den gleichen Voraussetzungen kann auch der Gerichtshof die Aussetzung des bei ihm anhängigen Verfahrens beschließen; in diesem Fall wird das Verfahren vor dem Gericht fortgeführt.

Fechten ein Mitgliedstaat und ein Unionsorgan denselben Rechtsakt an, so erklärt sich das Gericht für nicht zuständig, damit der Gerichtshof über diese Klagen entscheidet.

Artikel 55

Übermittlung von Entscheidungen

Der Kanzler des Gerichts übermittelt jeder Partei sowie allen Mitgliedstaaten und den Unionsorganen, auch wenn diese vor dem Gericht der Rechtssache nicht als Streithelfer beigetreten sind, die Endentscheidungen des Gerichts und die Entscheidungen, die über einen Teil des Streitgegenstands ergangen sind oder die einen Zwischenstreit beenden, der eine Einrede wegen Unzuständigkeit oder Unzulässigkeit zum Gegenstand hat.

Artikel 56

Rechtsmittel

Gegen die Endentscheidungen des Gerichts und gegen die Entscheidungen, die über einen Teil des Streitgegenstands ergangen sind oder die einen Zwischenstreit beenden, der eine Einrede der Unzuständigkeit oder Unzulässigkeit zum Gegenstand hat, kann ein Rechtsmittel beim Gerichtshof eingelegt werden; die Rechtsmittelfrist beträgt zwei Monate und beginnt mit der Zustellung der angefochtenen Entscheidung.

Dieses Rechtsmittel kann von einer Partei eingelegt werden, die mit ihren Anträgen ganz oder teilweise unterlegen ist. Andere Streithelfer als Mitgliedstaaten oder Unionsorgane können dieses Rechtsmittel jedoch nur dann einlegen, wenn die Entscheidung des Gerichts sie unmittelbar berührt.

Mit Ausnahme von Fällen, die sich auf Streitsachen zwischen der Union und ihren Bediensteten beziehen, kann dieses Rechtsmittel auch von den Mitgliedstaaten und den Unionsorganen eingelegt werden, die dem Rechtsstreit vor dem Gericht nicht beigetreten sind. In diesem Fall befinden sie sich in derselben Stellung wie Mitgliedstaaten und Organe, die dem Rechtsstreit im ersten Rechtszug beigetreten sind.

Artikel 57

Rechtsmittel zur Entscheidung nach Maßgabe des Artikels 39

Wird ein Antrag auf Zulassung als Streithelfer von dem Gericht abgelehnt, so kann der Antragsteller binnen zwei Wochen nach Zustellung der ablehnenden Entscheidung ein Rechtsmittel beim Gerichtshof einlegen.

Gegen die aufgrund des Artikels 278, des Artikels 279 oder des Artikels 299 Absatz 4 AEUV oder aufgrund des Artikels 157 oder des Artikels 164 Absatz 3

EAG-Vertrag ergangenen Entscheidungen des Gerichts können die Parteien des Verfahrens binnen zwei Monaten nach Zustellung ein Rechtsmittel beim Gerichtshof einlegen.

Die Entscheidung über gemäß den Absätzen 1 und 2 eingelegte Rechtsmittel ergeht nach Maßgabe des Artikels 39.

Artikel 58

Rechtsmittelgründe

Das beim Gerichtshof eingelegte Rechtsmittel ist auf Rechtsfragen beschränkt. Es kann nur auf die Unzuständigkeit des Gerichts, auf einen Verfahrensfehler, durch den die Interessen des Rechtsmittelführers beeinträchtigt werden, sowie auf eine Verletzung des Unionsrechts durch das Gericht gestützt werden.

Ein Rechtsmittel nur gegen die Kostenentscheidung oder gegen die Kostenfestsetzung ist unzulässig.

Artikel 59

Rechtsmittelverfahren

Wird gegen eine Entscheidung des Gerichts ein Rechtsmittel eingelegt, so besteht das Verfahren vor dem Gerichtshof aus einem schriftlichen und einem mündlichen Verfahren. Unter den in der Verfahrensordnung festgelegten Voraussetzungen kann der Gerichtshof nach Anhörung des Generalanwalts und der Parteien ohne mündliches Verfahren entscheiden.

Artikel 60

Aufschiebende Wirkung; Wirksamwerden der Entscheidungen

Unbeschadet der Artikel 278 und 279 AEUV oder des Artikels 157 EAG-Vertrag haben Rechtsmittel keine aufschiebende Wirkung.

Abweichend von Artikel 280 AEUV werden die Entscheidungen des Gerichts, in denen eine Verordnung für nichtig erklärt wird, erst nach Ablauf der in Artikel 56 Absatz 1 dieser Satzung vorgesehenen Frist oder, wenn innerhalb dieser Frist ein Rechtsmittel eingelegt worden ist, nach dessen Zurückweisung wirksam; ein Beteiligter kann jedoch gemäß den Artikeln 278 und 279 AEUV oder dem Artikel 157 EAG-Vertrag beim Gerichtshof die Aussetzung der Wirkungen der für nichtig erklärten Verordnung oder sonstige einstweilige Anordnungen beantragen.

Artikel 61

Aufhebung; Zurückverweisung

Ist das Rechtsmittel begründet, so hebt der Gerichtshof die Entscheidung des Gerichts auf. Er kann sodann den Rechtsstreit selbst endgültig entscheiden, wenn dieser zur Entscheidung reif ist, oder die Sache zur Entscheidung an das Gericht zurückverweisen.

Im Falle der Zurückverweisung ist das Gericht an die rechtliche Beurteilung in der Entscheidung des Gerichtshofs gebunden.

Ist das von einem Mitgliedstaat oder einem Unionsorgan, die dem Rechtsstreit vor dem Gericht nicht beigetreten sind, eingelegte Rechtsmittel begründet, so kann der Gerichtshof, falls er dies für notwendig hält, diejenigen Wirkungen der aufgehobenen Entscheidung des Gerichts bezeichnen, die für die Parteien des Rechtsstreits als fortgeltend zu betrachten sind.

Artikel 62

Überprüfung erstinstanzlicher Rechtsmittel- und Vorabentscheidungen

Wenn in Fällen nach Artikel 256 Absätze 2 und 3 AEUV der Erste Generalanwalt der Auffassung ist, dass die ernste Gefahr einer Beeinträchtigung der Einheit oder der Kohärenz des Unionsrechts besteht, so kann er dem Gerichtshof vorschlagen, die Entscheidung des Gerichts zu überprüfen.

Der Vorschlag muss innerhalb eines Monats nach Verkündung der Entscheidung des Gerichts erfolgen. Der Gerichtshof entscheidet innerhalb eines Monats nach Vorlage des Vorschlags durch den Ersten Generalanwalt, ob die Entscheidung zu überprüfen ist oder nicht.

Artikel 62a

Überprüfungsverfahren

Der Gerichtshof entscheidet über die Fragen, die Gegenstand der Überprüfung sind, im Wege eines Eilverfahrens auf der Grundlage der ihm vom Gericht übermittelten Akten.

Die in Artikel 23 dieses Statuts bezeichneten Beteiligten sowie – in den Fällen des Artikels 256 Absatz 2 AEUV – die Parteien des Verfahrens vor dem Gericht können zu den Fragen, die Gegenstand der Überprüfung sind, beim Gerichtshof innerhalb einer hierfür bestimmten Frist Schriftsätze einreichen oder schriftliche Erklärungen abgeben.

Der Gerichtshof kann beschließen, vor einer Entscheidung das mündliche Verfahren zu eröffnen.

Artikel 62b

Entscheidung

In den Fällen des Artikels 256 Absatz 2 AEUV haben unbeschadet der Artikel 278 und 279 AEUV der Vorschlag einer Überprüfung und die Entscheidung, das Überprüfungsverfahren zu eröffnen, keine aufschiebende Wirkung. Stellt der Gerichtshof fest, dass die Entscheidung des Gerichts die Einheit oder die Kohärenz des Unionsrechts beeinträchtigt, verweist er die Sache an das Gericht zurück, das an die rechtliche Beurteilung durch den Gerichtshof gebunden ist; der Gerichtshof kann die Wirkungen der Entscheidung des Gerichts bezeichnen, die für die Parteien des Rechtsstreits als endgültig zu betrachten sind. Ergibt sich jedoch der Ausgang des Rechtsstreits unter Berücksichtigung des Ergebnisses der Überprüfung aus den Tatsachenfeststellungen, auf denen die Entscheidung des Gerichts beruht, so entscheidet der Gerichtshof endgültig.

In den Fällen des Artikels 256 Absatz 3 AEUV werden, sofern ein Überprüfungsvorschlag oder eine Entscheidung zur Eröffnung des Überprüfungsverfahrens nicht vorliegt, die Antwort oder die Antworten des Gerichts auf die ihm unterbreiteten Fragen nach Ablauf der hierzu in Artikel 62 Absatz 2 vorgesehenen Fristen wirksam. Im Fall der Eröffnung eines Überprüfungsverfahrens werden die Antwort oder die Antworten, die Gegenstand der Überprüfung sind, am Ende dieses Verfahrens wirksam, es sei denn, dass der Gerichtshof anders beschließt. Stellt der Gerichtshof fest, dass die Entscheidung des Gerichts die Einheit oder die Kohärenz des Unionsrechts beeinträchtigt, so ersetzt die Antwort des Gerichtshofs auf die Fragen, die Gegenstand der Überprüfung waren, die Antwort des Gerichts.

Titel IVa

Die Fachgerichte

Artikel 62c

Verweisklausel

Die Bestimmungen über die Zuständigkeiten, die Zusammensetzung, die Organisation und das Verfahren von gemäß Artikel 257 des Vertrags über die Arbeitsweise der Europäischen Union errichteten Fachgerichten werden in einem Anhang dieser Satzung aufgeführt.

Titel V

Schlussbestimmungen

Artikel 63

Anwendung und Ergänzung dieser Satzung

Die Verfahrensordnungen des Gerichtshofs und des Gerichts enthalten alle Bestimmungen, die für die Anwendung dieser Satzung und erforderlichenfalls für ihre Ergänzung notwendig sind.

Artikel 64

Regelung der Sprachenfrage

Die Vorschriften über die Regelung der Sprachenfrage für den Gerichtshof der Europäischen Union werden in einer vom Rat einstimmig erlassenen Verordnung festgelegt. Diese Verordnung wird entweder auf Antrag des Gerichtshofs nach Anhörung der Kommission und des Europäischen Parlaments oder auf Vorschlag der Kommission nach Anhörung des Gerichtshofs und des Europäischen Parlaments erlassen.

Bis zum Erlass dieser Vorschriften gelten die Bestimmungen der Verfahrensordnung des Gerichtshofs und der Verfahrensordnung des Gerichts, die die Regelung der Sprachenfrage betreffen, fort. Abweichend von den Artikeln 253 und 254 AEUV bedürfen Änderungen der genannten Bestimmungen oder deren Aufhebung der einstimmigen Genehmigung durch den Rat.

Protokoll über die Satzung des Europäischen Systems der Zentralbanken und der Europäischen Zentralbank (Nr. 4)*

in der konsolidierten Fassung vom 7. Juni 2016 (ABl. C 202 vom 7. 6. 2016 S. 230)

DIE HOHEN VERTRAGSPARTEIEN –

IN DEM WUNSCH, die in Artikel 129 Absatz 2 des Vertrags über die Arbeitsweise der Europäischen Union vorgesehene Satzung des Europäischen Systems der Zentralbanken und der Europäischen Zentralbank festzulegen –

SIND über folgende Bestimmungen ÜBEREINGEKOMMEN, die dem Vertrag über die Europäische Union und dem Vertrag über die Arbeitsweise der Europäischen Union beigefügt sind:

KAPITEL I

DAS EUROPÄISCHE SYSTEM DER ZENTRALBANKEN

Artikel 1

Das Europäische System der Zentralbanken

Die Europäische Zentralbank (EZB) und die nationalen Zentralbanken bilden nach Artikel 282 Absatz 1 des Vertrags über die Arbeitsweise der Europäischen Union das Europäische System der Zentralbanken (ESZB). Die EZB und die nationalen Zentralbanken der Mitgliedstaaten, deren Währung der Euro ist, bilden das Eurosystem.

Das ESZB und die EZB nehmen ihre Aufgaben und ihre Tätigkeit nach Maßgabe der Verträge und dieser Satzung wahr.

KAPITEL II

ZIELE UND AUFGABEN DES ESZB

Artikel 2

Ziele

Nach Artikel 127 Absatz 1 und Artikel 282 Absatz 2 des Vertrags über die Arbeitsweise der Europäischen Union ist es das vorrangige Ziel des ESZB, die Preisstabilität zu gewährleisten. Soweit dies ohne Beeinträchtigung des Zieles der Preisstabilität möglich ist, unterstützt das ESZB die allgemeine Wirtschaftspolitik in der Union, um zur Verwirklichung der in Artikel 3 des Vertrags über die Europäische Union festgelegten Ziele der Union beizutragen. Das ESZB handelt im Einklang mit dem Grundsatz einer offenen Marktwirtschaft mit freiem Wettbewerb, wodurch ein effizienter Einsatz der Ressourcen gefördert wird, und hält sich dabei an die in Artikel 119 des Vertrags über die Arbeitsweise der Europäischen Union genannten Grundsätze.

---

* Dieses Protokoll ist eines der Protokolle des Vertrags von Maastricht über die Europäische Union vom 7. Februar 1992 (ABl. C 191 vom 29. 7. 1992 S. 1). Die Artikelbezeichnungen wurden gemäß dem Vertrag von Lissabon angepasst.

Artikel 3

Aufgaben

(3.1.) Nach Artikel 127 Absatz 2 des Vertrags über die Arbeitsweise der Europäischen Union bestehen die grundlegenden Aufgaben des ESZB darin,

- die Geldpolitik der Union festzulegen und auszuführen,
- Devisengeschäfte im Einklang mit Artikel 219 des genannten Vertrags durchzuführen,
- die offiziellen Währungsreserven der Mitgliedstaaten zu halten und zu verwalten,
- das reibungslose Funktionieren der Zahlungssysteme zu fördern.

(3.2.) Nach Artikel 127 Absatz 3 des genannten Vertrags berührt Artikel 3.1 dritter Gedankenstrich nicht die Haltung und Verwaltung von Arbeitsguthaben in Fremdwährungen durch die Regierungen der Mitgliedstaaten.

(3.3.) Das ESZB trägt nach Artikel 127 Absatz 5 des genannten Vertrags zur reibungslosen Durchführung der von den zuständigen Behörden auf dem Gebiet der Aufsicht über die Kreditinstitute und der Stabilität des Finanzsystems ergriffenen Maßnahmen bei.

Artikel 4

Beratende Funktionen

Nach Artikel 127 Absatz 4 des Vertrags über die Arbeitsweise der Europäischen Union

a) wird die EZB gehört
   - zu allen Vorschlägen für Rechtsakte der Union im Zuständigkeitsbereich der EZB;
   - von den nationalen Behörden zu allen Entwürfen für Rechtsvorschriften im Zuständigkeitsbereich der EZB, und zwar innerhalb der Grenzen und unter den Bedingungen, die der Rat nach dem Verfahren des Artikels 41 festlegt;

b) kann die EZB gegenüber den Organen, Einrichtungen oder sonstigen Stellen der Union und gegenüber den nationalen Behörden Stellungnahmen zu in ihren Zuständigkeitsbereich fallenden Fragen abgeben.

Artikel 5

Erhebung von statistischen Daten

(5.1.) Zur Wahrnehmung der Aufgaben des ESZB holt die EZB mit Unterstützung der nationalen Zentralbanken die erforderlichen statistischen Daten entweder von den zuständigen nationalen Behörden oder unmittelbar von den Wirtschaftssubjekten ein. Zu diesem Zweck arbeitet sie mit den Organen, Einrichtungen oder sonstigen Stellen der Union und den zuständigen Behörden der Mitgliedstaaten oder dritter Länder sowie mit internationalen Organisationen zusammen.

(5.2.) Die in Artikel 5.1 bezeichneten Aufgaben werden so weit wie möglich von den nationalen Zentralbanken ausgeführt.

(5.3.) Soweit erforderlich, fördert die EZB die Harmonisierung der Bestimmungen und Gepflogenheiten auf dem Gebiet der Erhebung, Zusammenstellung und Weitergabe von statistischen Daten in den in ihre Zuständigkeit fallenden Bereichen.

(5.4.) Der Kreis der berichtspflichtigen natürlichen und juristischen Personen, die Bestimmungen über die Vertraulichkeit sowie die geeigneten Vorkehrungen zu ihrer Durchsetzung werden vom Rat nach dem Verfahren des Artikels 41 festgelegt.

Artikel 6

Internationale Zusammenarbeit

(6.1.) Im Bereich der internationalen Zusammenarbeit, die die dem ESZB übertragenen Aufgaben betrifft, beschließt die EZB, wie das ESZB vertreten wird.

(6.2.) Die EZB und, soweit diese zustimmt, die nationalen Zentralbanken sind befugt, sich an internationalen Währungseinrichtungen zu beteiligen.

(6.3.) Die Artikel 6.1 und 6.2 finden unbeschadet des Artikels 138 des Vertrags über die Arbeitsweise der Europäischen Union Anwendung.

KAPITEL III
ORGANISATION DES ESZB

Artikel 7

Unabhängigkeit

Nach Artikel 130 des Vertrags über die Arbeitsweise der Europäischen Union darf bei der Wahrnehmung der ihnen durch die Verträge und diese Satzung übertragenen Befugnisse, Aufgaben und Pflichten weder die EZB noch eine nationale Zentralbank noch ein Mitglied ihrer Beschlussorgane Weisungen von Organen, Einrichtungen oder sonstigen Stellen der Union, Regierungen der Mitgliedstaaten oder anderen Stellen einholen oder entgegennehmen. Die Organe, Einrichtungen oder sonstigen Stellen der Union sowie die Regierungen der Mitgliedstaaten verpflichten sich, diesen Grundsatz zu beachten und nicht zu versuchen, die Mitglieder der Beschlussorgane der EZB oder der nationalen Zentralbanken bei der Wahrnehmung ihrer Aufgaben zu beeinflussen.

Artikel 8

Allgemeiner Grundsatz

Das ESZB wird von den Beschlussorganen der EZB geleitet.

Artikel 9

Die Europäische Zentralbank

(9.1.) Die EZB, die nach Artikel 282 Absatz 3 des Vertrags über die Arbeitsweise der Europäischen Union mit Rechtspersönlichkeit ausgestattet ist, besitzt in jedem Mitgliedstaat die weitestgehende Rechts- und Geschäftsfähigkeit, die juristischen Personen nach dessen Rechtsvorschriften zuerkannt ist; sie kann insbesondere bewegliches und unbewegliches Vermögen erwerben und veräußern sowie vor Gericht stehen.

(9.2.) Die EZB stellt sicher, dass die dem ESZB nach Artikel 127 Absätze 2, 3 und 5 des genannten Vertrags übertragenen Aufgaben entweder durch ihre eigene Tätigkeit nach Maßgabe dieser Satzung oder durch die nationalen Zentralbanken nach den Artikeln 12.1 und 14 erfüllt werden.

(9.3.) Die Beschlussorgane der EZB sind nach Artikel 129 Absatz 1 des genannten Vertrags der EZB-Rat und das Direktorium.

Artikel 10

Der EZB-Rat

(10.1.) Nach Artikel 283 Absatz 1 des Vertrags über die Arbeitsweise der Europäischen Union besteht der EZB-Rat aus den Mitgliedern des Direktoriums der EZB und den Präsidenten der nationalen Zentralbanken der Mitgliedstaaten, deren Währung der Euro ist.

(10.2.) Jedes Mitglied des EZB-Rates hat eine Stimme. Ab dem Zeitpunkt, zu dem die Anzahl der Mitglieder des EZB-Rates 21 übersteigt, hat jedes Mitglied des Direktoriums eine Stimme und beträgt die Anzahl der stimmberechtigten Präsidenten der nationalen Zentralbanken 15. Die Verteilung und Rotation dieser Stimmrechte erfolgt wie im Folgenden dargelegt:

- Ab dem Zeitpunkt, zu dem die Anzahl der Präsidenten der nationalen Zentralbanken 15 übersteigt, und bis zu dem Zeitpunkt, zu dem diese 22 beträgt, werden die Präsidenten der nationalen Zentralbanken aufgrund der Position des Mitgliedstaats ihrer jeweiligen nationalen Zentralbank, die sich aus der Größe des Anteils des Mitgliedstaats ihrer jeweiligen nationalen Zentralbank am aggregierten Bruttoinlandsprodukt zu Marktpreisen und an der gesamten aggregierten Bilanz der monetären Finanzinstitute der Mitgliedstaaten, deren Währung der Euro ist, ergibt, in zwei Gruppen eingeteilt. Die Gewichtung der Anteile am aggregierten Bruttoinlandsprodukt zu Marktpreisen und an der gesamten aggregierten Bilanz der monetären Finanzinstitute beträgt $^5/_6$ bzw. $^1/_6$. Die erste Gruppe besteht aus fünf Präsidenten der nationalen Zentralbanken und die zweite Gruppe aus den übrigen Präsidenten der nationalen Zentralbanken. Die Präsidenten der nationalen Zentralbanken, die in die erste Gruppe eingeteilt werden, sind nicht weniger häufig stimmberechtigt als die Präsidenten der nationalen Zentralbanken der zweiten Gruppe. Vorbehaltlich des vorstehenden Satzes werden der ersten Gruppe vier Stimmrechte und der zweiten Gruppe elf Stimmrechte zugeteilt.
- Ab dem Zeitpunkt, zu dem die Anzahl der Präsidenten der nationalen Zentralbanken 22 beträgt, werden die Präsidenten der nationalen Zentralbanken nach Maßgabe der sich aufgrund der oben genannten Kriterien ergebenden Position in drei Gruppen eingeteilt. Die erste Gruppe, der vier Stimmrechte zugeteilt werden, besteht aus fünf Präsidenten der nationalen Zentralbanken. Die zweite Gruppe, der acht Stimmrechte zugeteilt werden, besteht aus der Hälfte aller Präsidenten der nationalen Zentralbanken, wobei jeder Bruchteil auf die nächste ganze Zahl aufgerundet wird. Die dritte Gruppe, der drei Stimmrechte zugeteilt werden, besteht aus den übrigen Präsidenten der nationalen Zentralbanken.
- Innerhalb jeder Gruppe sind die Präsidenten der nationalen Zentralbanken für gleich lange Zeiträume stimmberechtigt.
- Artikel 29.2 gilt für die Berechnung der Anteile am aggregierten Bruttoinlandsprodukt zu Marktpreisen. Die gesamte aggregierte Bilanz der monetären Finanzinstitute wird gemäß dem zum Zeitpunkt der Berechnung in der Europäischen Union geltenden statistischen Berichtsrahmen berechnet.
- Bei jeder Anpassung des aggregierten Bruttoinlandsprodukts zu Marktpreisen gemäß Artikel 29.3 oder bei jeder Erhöhung der Anzahl der Präsidenten der nationalen Zentralbanken wird die Größe und/oder die Zusammensetzung der Gruppen nach den oben genannten Grundsätzen angepasst.
- Der EZB-Rat trifft mit einer Mehrheit von zwei Dritteln seiner stimmberechtigten und nicht stimmberechtigten Mitglieder alle zur Durchführung der oben

genannten Grundsätze erforderlichen Maßnahmen und kann beschließen, den Beginn des Rotationssystems bis zu dem Zeitpunkt zu verschieben, zu dem die Anzahl der Präsidenten der nationalen Zentralbanken 18 übersteigt.

Das Stimmrecht wird persönlich ausgeübt. Abweichend von dieser Bestimmung kann in der in Artikel 12.3 genannten Geschäftsordnung vorgesehen werden, dass Mitglieder des EZB-Rates im Wege einer Telekonferenz an der Abstimmung teilnehmen können. In der Geschäftsordnung wird ferner vorgesehen, dass ein für längere Zeit an der Teilnahme an Sitzungen des EZB-Rates verhindertes Mitglied einen Stellvertreter als Mitglied des EZB-Rates benennen kann.

Die Stimmrechte aller stimmberechtigten und nicht stimmberechtigten Mitglieder des EZB-Rates gemäß den Artikeln 10.3, 40.2 und 40.3 bleiben von den Bestimmungen der vorstehenden Absätze unberührt.

Soweit in dieser Satzung nichts anderes bestimmt ist, beschließt der EZB-Rat mit einfacher Mehrheit seiner stimmberechtigten Mitglieder. Bei Stimmengleichheit gibt die Stimme des Präsidenten den Ausschlag.

Der EZB-Rat ist beschlussfähig, wenn mindestens zwei Drittel seiner stimmberechtigten Mitglieder an der Abstimmung teilnehmen. Ist der EZB-Rat nicht beschlussfähig, so kann der Präsident eine außerordentliche Sitzung einberufen, bei der für die Beschlussfähigkeit die Mindestteilnahmequote nicht erforderlich ist.

(10.3.) Für alle Beschlüsse im Rahmen der Artikel 28, 29, 30, 32 und 33 werden die Stimmen im EZB-Rat nach den Anteilen der nationalen Zentralbanken am gezeichneten Kapital der EZB gewogen. Die Stimmen der Mitglieder des Direktoriums werden mit Null gewogen. Ein Beschluss, der die qualifizierte Mehrheit der Stimmen erfordert, gilt als angenommen, wenn die abgegebenen Ja-Stimmen mindestens zwei Drittel des gezeichneten Kapitals der EZB und mindestens die Hälfte der Anteilseigner vertreten. Bei Verhinderung eines Präsidenten einer nationalen Zentralbank kann dieser einen Stellvertreter zur Abgabe seiner gewogenen Stimme benennen.

(10.4.) Die Aussprachen in den Ratssitzungen sind vertraulich. Der EZB-Rat kann beschließen, das Ergebnis seiner Beratungen zu veröffentlichen.

(10.5.) Der EZB-Rat tritt mindestens zehnmal im Jahr zusammen.

Artikel 11

Das Direktorium

(11.1.) Nach Artikel 283 Absatz 2 Buchstabe a des Vertrags über die Arbeitsweise der Europäischen Union besteht das Direktorium aus dem Präsidenten, dem Vizepräsidenten und vier weiteren Mitgliedern.

Die Mitglieder erfüllen ihre Pflichten hauptamtlich. Ein Mitglied darf weder entgeltlich noch unentgeltlich einer anderen Beschäftigung nachgehen, es sei denn, der EZB-Rat erteilt hierzu ausnahmsweise seine Zustimmung.

(11.2.) Nach Artikel 283 Absatz 2 Unterabsatz 2 des genannten Vertrags werden der Präsident, der Vizepräsident und die weiteren Mitglieder des Direktoriums vom Europäischen Rat auf Empfehlung des Rates, der hierzu das Europäische Parlament und den EZB-Rat anhört, aus dem Kreis der in Währungs- oder Bankfragen anerkannten und erfahrenen Persönlichkeiten mit qualifizierter Mehrheit ernannt.

Ihre Amtszeit beträgt acht Jahre; Wiederernennung ist nicht zulässig.

Nur Staatsangehörige der Mitgliedstaaten können Mitglieder des Direktoriums sein.

(11.3.) Die Beschäftigungsbedingungen für die Mitglieder des Direktoriums, insbesondere ihre Gehälter und Ruhegehälter sowie andere Leistungen der sozialen Sicherheit, sind Gegenstand von Verträgen mit der EZB und werden vom EZB-Rat auf Vorschlag eines Ausschusses festgelegt, der aus drei vom EZB-Rat und drei vom Rat ernannten Mitgliedern besteht. Die Mitglieder des Direktoriums haben in den in diesem Absatz bezeichneten Angelegenheiten kein Stimmrecht.

(11.4.) Ein Mitglied des Direktoriums, das die Voraussetzungen für die Ausübung seines Amtes nicht mehr erfüllt oder eine schwere Verfehlung begangen hat, kann auf Antrag des EZB-Rates oder des Direktoriums durch den Gerichtshof seines Amtes enthoben werden.

(11.5.) Jedes persönlich anwesende Mitglied des Direktoriums ist berechtigt, an Abstimmungen teilzunehmen, und hat zu diesem Zweck eine Stimme. Soweit nichts anderes bestimmt ist, beschließt das Direktorium mit der einfachen Mehrheit der abgegebenen Stimmen. Bei Stimmengleichheit gibt die Stimme des Präsidenten den Ausschlag. Die Abstimmungsmodalitäten werden in der in Artikel 12.3 bezeichneten Geschäftsordnung geregelt.

(11.6.) Das Direktorium führt die laufenden Geschäfte der EZB.

(11.7.) Frei werdende Sitze im Direktorium sind durch Ernennung eines neuen Mitglieds nach Artikel 11.2 zu besetzen.

Artikel 12

Aufgaben der Beschlussorgane

(12.1.) Der EZB-Rat erlässt die Leitlinien und Beschlüsse, die notwendig sind, um die Erfüllung der dem ESZB nach den Verträgen und dieser Satzung übertragenen Aufgaben zu gewährleisten. Der EZB-Rat legt die Geldpolitik der Union fest, gegebenenfalls einschließlich von Beschlüssen in Bezug auf geldpolitische Zwischenziele, Leitzinssätze und die Bereitstellung von Zentralbankgeld im ESZB, und erlässt die für ihre Ausführung notwendigen Leitlinien.

Das Direktorium führt die Geldpolitik gemäß den Leitlinien und Beschlüssen des EZB-Rates aus. Es erteilt hierzu den nationalen Zentralbanken die erforderlichen Weisungen. Ferner können dem Direktorium durch Beschluss des EZB-Rates bestimmte Befugnisse übertragen werden.

Unbeschadet dieses Artikels nimmt die EZB die nationalen Zentralbanken zur Durchführung von Geschäften, die zu den Aufgaben des ESZB gehören, in Anspruch, soweit dies möglich und sachgerecht erscheint.

(12.2.) Die Vorbereitung der Sitzungen des EZB-Rates obliegt dem Direktorium.

(12.3.) Der EZB-Rat beschließt eine Geschäftsordnung, die die interne Organisation der EZB und ihrer Beschlussorgane regelt.

(12.4.) Der EZB-Rat nimmt die in Artikel 4 genannten beratenden Funktionen wahr.

(12.5.) Der EZB-Rat trifft die Beschlüsse nach Artikel 6.

Artikel 13

Der Präsident

(13.1.) Den Vorsitz im EZB-Rat und im Direktorium der EZB führt der Präsident oder, bei seiner Verhinderung, der Vizepräsident.

(13.2.) Unbeschadet des Artikels 38 vertritt der Präsident oder eine von ihm benannte Person die EZB nach außen.

Artikel 14

Nationale Zentralbanken

(14.1.) Nach Artikel 131 des Vertrags über die Arbeitsweise der Europäischen Union stellt jeder Mitgliedstaat sicher, dass seine innerstaatlichen Rechtsvorschriften einschließlich der Satzung seiner Zentralbank mit den Verträgen und dieser Satzung im Einklang stehen.

(14.2.) In den Satzungen der nationalen Zentralbanken ist insbesondere vorzusehen, dass die Amtszeit des Präsidenten der jeweiligen nationalen Zentralbank mindestens fünf Jahre beträgt.

Der Präsident einer nationalen Zentralbank kann aus seinem Amt nur entlassen werden, wenn er die Voraussetzungen für die Ausübung seines Amtes nicht mehr erfüllt oder eine schwere Verfehlung begangen hat. Gegen einen entsprechenden Beschluss kann der betreffende Präsident einer nationalen Zentralbank oder der EZB-Rat wegen Verletzung der Verträge oder einer bei ihrer Durchführung anzuwendenden Rechtsnorm den Gerichtshof anrufen. Solche Klagen sind binnen zwei Monaten zu erheben; diese Frist läuft je nach Lage des Falles von der Bekanntgabe des betreffenden Beschlusses, ihrer Mitteilung an den Kläger oder in Ermangelung dessen von dem Zeitpunkt an, zu dem der Kläger von diesem Beschluss Kenntnis erlangt hat.

(14.3.) Die nationalen Zentralbanken sind integraler Bestandteil des ESZB und handeln gemäß den Leitlinien und Weisungen der EZB. Der EZB-Rat trifft die notwendigen Maßnahmen, um die Einhaltung der Leitlinien und Weisungen der EZB sicherzustellen, und kann verlangen, dass ihm hierzu alle erforderlichen Informationen zur Verfügung gestellt werden.

(14.4.) Die nationalen Zentralbanken können andere als die in dieser Satzung bezeichneten Aufgaben wahrnehmen, es sei denn, der EZB-Rat stellt mit Zweidrittelmehrheit der abgegebenen Stimmen fest, dass diese Aufgaben nicht mit den Zielen und Aufgaben des ESZB vereinbar sind. Derartige Aufgaben werden von den nationalen Zentralbanken in eigener Verantwortung und auf eigene Rechnung wahrgenommen und gelten nicht als Aufgaben des ESZB.

Artikel 15

Berichtspflichten

(15.1.) Die EZB erstellt und veröffentlicht mindestens vierteljährlich Berichte über die Tätigkeit des ESZB.

(15.2.) Ein konsolidierter Ausweis des ESZB wird wöchentlich veröffentlicht.

(15.3.) Nach Artikel 284 Absatz 3 des Vertrags über die Arbeitsweise der Europäischen Union unterbreitet die EZB dem Europäischen Parlament, dem Rat und der Kommission sowie auch dem Europäischen Rat einen Jahresbericht über die Tätigkeit des ESZB und die Geld- und Währungspolitik im vergangenen und im laufenden Jahr.

(15.4.) Die in diesem Artikel bezeichneten Berichte und Ausweise werden Interessenten kostenlos zur Verfügung gestellt.

Artikel 16

Banknoten

Nach Artikel 128 Absatz 1 des Vertrags über die Arbeitsweise der Europäischen Union hat der EZB-Rat das ausschließliche Recht, die Ausgabe von Euro-Banknoten innerhalb der Union zu genehmigen. Die EZB und die nationalen Zentralbanken sind zur Ausgabe dieser Banknoten berechtigt. Die von der EZB und den nationalen Zentralbanken ausgegebenen Banknoten sind die einzigen Banknoten, die in der Union als gesetzliches Zahlungsmittel gelten.

Die EZB berücksichtigt so weit wie möglich die Gepflogenheiten bei der Ausgabe und der Gestaltung von Banknoten.

KAPITEL IV

WÄHRUNGSPOLITISCHE AUFGABEN UND OPERATIONEN DES ESZB

Artikel 17

Konten bei der EZB und den nationalen Zentralbanken

Zur Durchführung ihrer Geschäfte können die EZB und die nationalen Zentralbanken für Kreditinstitute, öffentliche Stellen und andere Marktteilnehmer Konten eröffnen und Vermögenswerte, einschließlich Schuldbuchforderungen, als Sicherheit hereinnehmen.

Artikel 18

Offenmarkt- und Kreditgeschäfte

(18.1.) Zur Erreichung der Ziele des ESZB und zur Erfüllung seiner Aufgaben können die EZB und die nationalen Zentralbanken

- auf den Finanzmärkten tätig werden, indem sie auf Euro oder sonstige Währungen lautende Forderungen und börsengängige Wertpapiere sowie Edelmetalle endgültig (per Kasse oder Termin) oder im Rahmen von Rückkaufsvereinbarungen kaufen und verkaufen oder entsprechende Darlehensgeschäfte tätigen;
- Kreditgeschäfte mit Kreditinstituten und anderen Marktteilnehmern abschließen, wobei für die Darlehen ausreichende Sicherheiten zu stellen sind.

(18.2.) Die EZB stellt allgemeine Grundsätze für ihre eigenen Offenmarkt- und Kreditgeschäfte und die der nationalen Zentralbanken auf; hierzu gehören auch die Grundsätze für die Bekanntmachung der Bedingungen, zu denen sie bereit sind, derartige Geschäfte abzuschließen.

Artikel 19

Mindestreserven

(19.1.) Vorbehaltlich des Artikels 2 kann die EZB zur Verwirklichung der geldpolitischen Ziele verlangen, dass die in den Mitgliedstaaten niedergelassenen Kreditinstitute Mindestreserven auf Konten bei der EZB und den nationalen Zentralbanken unterhalten. Verordnungen über die Berechnung und Bestimmung des Mindestreservesolls können vom EZB-Rat erlassen werden. Bei Nichteinhaltung kann die EZB Strafzinsen erheben und sonstige Sanktionen mit vergleichbarer Wirkung verhängen.

(19.2.) Zum Zwecke der Anwendung dieses Artikels legt der Rat nach dem Verfahren des Artikels 41 die Basis für die Mindestreserven und die höchstzulässigen Relationen zwischen diesen Mindestreserven und ihrer Basis ... messenen Sanktionen fest, die bei Nichteinhaltung anzuwenden sind.

Artikel 20

Sonstige geldpolitische Instrumente

Der EZB-Rat kann mit der Mehrheit von zwei Dritteln der abgegebenen Stimmen über die Anwendung anderer Instrumente der Geldpolitik entscheiden, die er bei Beachtung des Artikels 2 für zweckmäßig hält.

Der Rat legt nach dem Verfahren des Artikels 41 den Anwendungsbereich solcher Instrumente fest, wenn sie Verpflichtungen für Dritte mit sich bringen.

Artikel 21

Geschäfte mit öffentlichen Stellen

(21.1.) Nach Artikel 123 des Vertrags über die Arbeitsweise der Europäischen Union sind Überziehungs- oder andere Kreditfazilitäten bei der EZB oder den nationalen Zentralbanken für Organe, Einrichtungen oder sonstige Stellen der Union, Zentralregierungen, regionale oder lokale Gebietskörperschaften oder andere öffentlich-rechtliche Körperschaften, sonstige Einrichtungen des öffentlichen Rechts oder öffentliche Unternehmen der Mitgliedstaaten ebenso verboten wie der unmittelbare Erwerb von Schuldtiteln von diesen durch die EZB oder die nationalen Zentralbanken.

(21.2.) Die EZB und die nationalen Zentralbanken können als Fiskalagent für die in Artikel 21.1 bezeichneten Stellen tätig werden.

(21.3.) Die Bestimmungen dieses Artikels gelten nicht für Kreditinstitute in öffentlichem Eigentum; diese werden von der jeweiligen nationalen Zentralbank und der EZB, was die Bereitstellung von Zentralbankgeld betrifft, wie private Kreditinstitute behandelt.

Artikel 22

Verrechnungs- und Zahlungssysteme

Die EZB und die nationalen Zentralbanken können Einrichtungen zur Verfügung stellen und die EZB kann Verordnungen erlassen, um effiziente und zuverlässige Verrechnungs- und Zahlungssysteme innerhalb der Union und im Verkehr mit dritten Ländern zu gewährleisten.

Artikel 23

Geschäfte mit dritten Ländern und internationalen Organisationen

Die EZB und die nationalen Zentralbanken sind befugt,

- mit Zentralbanken und Finanzinstituten in dritten Ländern und, soweit zweckdienlich, mit internationalen Organisationen Beziehungen aufzunehmen;
- alle Arten von Devisen und Edelmetalle per Kasse und per Termin zu kaufen und zu verkaufen; der Begriff „Devisen“ schließt Wertpapiere und alle sonstigen Vermögenswerte, die auf beliebige Währungen oder Rechnungseinheiten lauten, unabhängig von deren Ausgestaltung ein;
- die in diesem Artikel bezeichneten Vermögenswerte zu halten und zu verwalten;
- alle Arten von Bankgeschäften, einschließlich der Aufnahme und Gewährung von Krediten, im Verkehr mit dritten Ländern sowie internationalen Organisationen zu tätigen.

Artikel 24

Sonstige Geschäfte

Die EZB und die nationalen Zentralbanken sind befugt, außer den mit ihren Aufgaben verbundenen Geschäften auch Geschäfte für ihren eigenen Betrieb und für ihre Bediensteten zu tätigen.

KAPITEL V

AUFSICHT

Artikel 25

Aufsicht

(25.1.) Die EZB kann den Rat, die Kommission und die zuständigen Behörden der Mitgliedstaaten in Fragen des Geltungsbereichs und der Anwendung der Rechtsvorschriften der Union hinsichtlich der Aufsicht über die Kreditinstitute sowie die Stabilität des Finanzsystems beraten und von diesen konsultiert werden.

(25.2.) Aufgrund von Verordnungen des Rates nach Artikel 127 Absatz 6 des Vertrags über die Arbeitsweise der Europäischen Union kann die EZB besondere Aufgaben im Zusammenhang mit der Aufsicht über die Kreditinstitute und sonstige Finanzinstitute mit Ausnahme von Versicherungsunternehmen wahrnehmen.

KAPITEL VI

FINANZVORSCHRIFTEN DES ESZB

Artikel 26

Jahresabschlüsse

(26.1.) Das Geschäftsjahr der EZB und der nationalen Zentralbanken beginnt am 1. Januar und endet am 31. Dezember.

(26.2.) Der Jahresabschluss der EZB wird vom Direktorium nach den vom EZB-Rat aufgestellten Grundsätzen erstellt. Der Jahresabschluss wird vom EZB-Rat festgestellt und sodann veröffentlicht.

(26.3.) Für Analyse- und Geschäftsführungszwecke erstellt das Direktorium eine konsolidierte Bilanz des ESZB, in der die zum ESZB gehörenden Aktiva und Passiva der nationalen Zentralbanken ausgewiesen werden.

(26.4.) Zur Anwendung dieses Artikels erlässt der EZB-Rat die notwendigen Vorschriften für die Standardisierung der buchmäßigen Erfassung und der Meldung der Geschäfte der nationalen Zentralbanken.

Artikel 27

Rechnungsprüfung

(27.1.) Die Jahresabschlüsse der EZB und der nationalen Zentralbanken werden von unabhängigen externen Rechnungsprüfern, die vom EZB-Rat empfohlen und vom Rat anerkannt wurden, geprüft. Die Rechnungsprüfer sind befugt, alle Bücher und Konten der EZB und der nationalen Zentralbanken zu prüfen und alle Auskünfte über deren Geschäfte zu verlangen.

(27.2.) Artikel 287 des Vertrags über die Arbeitsweise der Europäischen Union ist nur auf eine Prüfung der Effizienz der Verwaltung der EZB anwendbar.

Artikel 28

Kapital der EZB

(28.1.) Das Kapital der EZB beträgt 5 Milliarden Euro. Das Kapital kann durch einen Beschluss des EZB-Rates mit der in Artikel 10.3 vorgesehenen qualifizierten Mehrheit innerhalb der Grenzen und unter den Bedingungen, die der Rat nach dem Verfahren des Artikels 41 festlegt, erhöht werden.

(28.2.) Die nationalen Zentralbanken sind alleinige Zeichner und Inhaber des Kapitals der EZB. Die Zeichnung des Kapitals erfolgt nach dem gemäß Artikel 29 festgelegten Schlüssel.

(28.3.) Der EZB-Rat bestimmt mit der in Artikel 10.3 vorgesehenen qualifizierten Mehrheit, in welcher Höhe und welcher Form das Kapital einzuzahlen ist.

(28.4.) Vorbehaltlich des Artikels 28.5 können die Anteile der nationalen Zentralbanken am gezeichneten Kapital der EZB nicht übertragen, verpfändet oder gepfändet werden.

(28.5.) Im Falle einer Anpassung des in Artikel 29 bezeichneten Schlüssels sorgen die nationalen Zentralbanken durch Übertragungen von Kapitalanteilen untereinander dafür, dass die Verteilung der Kapitalanteile dem angepassten Schlüssel entspricht. Die Bedingungen für derartige Übertragungen werden vom EZB-Rat festgelegt.

Artikel 29

Schlüssel für die Kapitalzeichnung

(29.1.) Der Schlüssel für die Zeichnung des Kapitals der EZB, der 1998 bei der Errichtung des ESZB erstmals festgelegt wurde, wird festgelegt, indem jede nationale Zentralbank in diesem Schlüssel einen Gewichtsanteil, der der Summe folgender Prozentsätze entspricht, erhält:

- 50% des Anteils des jeweiligen Mitgliedstaats an der Bevölkerung der Union im vorletzten Jahr vor der Errichtung des ESZB;
- 50% des Anteils des jeweiligen Mitgliedstaats am Bruttoinlandsprodukt der Union zu Marktpreisen in den fünf Jahren vor dem vorletzten Jahr vor der Errichtung des ESZB.

Die Prozentsätze werden zum nächsten Vielfachen von 0,0001 Prozentpunkten ab- oder aufgerundet.

(29.2.) Die zur Anwendung dieses Artikels zu verwendenden statistischen Daten werden von der Kommission nach den Regeln bereitgestellt, die der Rat nach dem Verfahren des Artikels 41 festlegt.

(29.3.) Die den nationalen Zentralbanken zugeteilten Gewichtsanteile werden nach Errichtung des ESZB alle fünf Jahre unter sinngemäßer Anwendung der Bestimmungen des Artikels 29.1 angepasst. Der neue Schlüssel gilt jeweils vom ersten Tag des folgenden Jahres an.

(29.4.) Der EZB-Rat trifft alle weiteren Maßnahmen, die zur Anwendung dieses Artikels erforderlich sind.

Artikel 30

Übertragung von Währungsreserven auf die EZB

(30.1.) Unbeschadet des Artikels 28 wird die EZB von den nationalen Zentralbanken mit Währungsreserven, die jedoch nicht aus Währungen der Mitgliedstaaten, Euro, IWF-Reservepositionen und SZR gebildet werden dürfen, bis zu einem

Gegenwert von 50 Milliarden Euro ausgestattet. Der EZB-Rat entscheidet über den von der EZB nach ihrer Errichtung einzufordernden Teil sowie die zu späteren Zeitpunkten einzufordernden Beträge. Die EZB hat das uneingeschränkte Recht, die ihr übertragenen Währungsreserven zu halten und zu verwalten sowie für die in dieser Satzung genannten Zwecke zu verwenden.

(30.2.) Die Beiträge der einzelnen nationalen Zentralbanken werden entsprechend ihrem jeweiligen Anteil am gezeichneten Kapital der EZB bestimmt.

(30.3.) Die EZB schreibt jeder nationalen Zentralbank eine ihrem Beitrag entsprechende Forderung gut. Der EZB-Rat entscheidet über die Denominierung und Verzinsung dieser Forderungen.

(30.4.) Die EZB kann nach Artikel 30.2 über den in Artikel 30.1 festgelegten Betrag hinaus innerhalb der Grenzen und unter den Bedingungen, die der Rat nach dem Verfahren des Artikels 41 festlegt, die Einzahlung weiterer Währungsreserven fordern.

(30.5.) Die EZB kann IWF-Reservepositionen und SZR halten und verwalten sowie die Zusammenlegung solcher Aktiva vorsehen.

(30.6.) Der EZB-Rat trifft alle weiteren Maßnahmen, die zur Anwendung dieses Artikels erforderlich sind.

Artikel 31

Währungsreserven der nationalen Zentralbanken

(31.1.) Die nationalen Zentralbanken sind befugt, zur Erfüllung ihrer Verpflichtungen gegenüber internationalen Organisationen nach Artikel 23 Geschäfte abzuschließen.

(31.2.) Alle sonstigen Geschäfte mit den Währungsreserven, die den nationalen Zentralbanken nach den in Artikel 30 genannten Übertragungen verbleiben, sowie von Mitgliedstaaten ausgeführte Transaktionen mit ihren Arbeitsguthaben in Fremdwährungen bedürfen oberhalb eines bestimmten im Rahmen des Artikels 31.3 festzulegenden Betrags der Zustimmung der EZB, damit Übereinstimmung mit der Wechselkurs- und der Währungspolitik der Union gewährleistet ist.

(31.3.) Der EZB-Rat erlässt Richtlinien mit dem Ziel, derartige Geschäfte zu erleichtern.

Artikel 32

Verteilung der monetären Einkünfte der nationalen Zentralbanken

(32.1.) Die Einkünfte, die den nationalen Zentralbanken aus der Erfüllung der währungspolitischen Aufgaben des ESZB zufließen (im Folgenden als „monetäre Einkünfte" bezeichnet), werden am Ende eines jeden Geschäftsjahres nach diesem Artikel verteilt.

(32.2.) Der Betrag der monetären Einkünfte einer jeden nationalen Zentralbank entspricht ihren jährlichen Einkünften aus Vermögenswerten, die sie als Gegenposten zum Bargeldumlauf und zu ihren Verbindlichkeiten aus Einlagen der Kreditinstitute hält. Diese Vermögenswerte werden von den nationalen Zentralbanken gemäß den vom EZB-Rat zu erlassenden Richtlinien gesondert erfasst.

(32.3.) Wenn nach der Einführung des Euro die Bilanzstrukturen der nationalen Zentralbanken nach Auffassung des EZB-Rates die Anwendung des Artikels 32.2 nicht gestatten, kann der EZB-Rat beschließen, dass die monetären Einkünfte für einen Zeitraum von höchstens fünf Jahren abweichend von Artikel 32.2 nach einem anderen Verfahren bemessen werden.

(32.4.) Der Betrag der monetären Einkünfte einer jeden nationalen Zentralbank vermindert sich um den Betrag etwaiger Zinsen, die von dieser Zentralbank auf ihre Verbindlichkeiten aus Einlagen der Kreditinstitute nach Artikel 19 gezahlt werden.

Der EZB-Rat kann beschließen, dass die nationalen Zentralbanken für Kosten in Verbindung mit der Ausgabe von Banknoten oder unter außergewöhnlichen Umständen für spezifische Verluste aus für das ESZB unternommenen währungspolitischen Operationen entschädigt werden. Die Entschädigung erfolgt in einer Form, die der EZB-Rat für angemessen hält; diese Beträge können mit den monetären Einkünften der nationalen Zentralbanken verrechnet werden.

(32.5.) Die Summe der monetären Einkünfte der nationalen Zentralbanken wird vorbehaltlich etwaiger Beschlüsse des EZB-Rates nach Artikel 33.2 unter den nationalen Zentralbanken entsprechend ihren eingezahlten Anteilen am Kapital der EZB verteilt.

(32.6.) Die Verrechnung und den Ausgleich der Salden aus der Verteilung der monetären Einkünfte nimmt die EZB gemäß den Richtlinien des EZB-Rates vor.

(32.7.) Der EZB-Rat trifft alle weiteren Maßnahmen, die zur Anwendung dieses Artikels erforderlich sind.

Artikel 33

Verteilung der Nettogewinne und Verluste der EZB

(33.1.) Der Nettogewinn der EZB wird in der folgenden Reihenfolge verteilt:

a) Ein vom EZB-Rat zu bestimmender Betrag, der 20% des Nettogewinns nicht übersteigen darf, wird dem allgemeinen Reservefonds bis zu einer Obergrenze von 100% des Kapitals zugeführt;

b) der verbleibende Nettogewinn wird an die Anteilseigner der EZB entsprechend ihren eingezahlten Anteilen ausgeschüttet.

(33.2.) Falls die EZB einen Verlust erwirtschaftet, kann der Fehlbetrag aus dem allgemeinen Reservefonds der EZB und erforderlichenfalls nach einem entsprechenden Beschluss des EZB-Rates aus den monetären Einkünften des betreffenden Geschäftsjahres im Verhältnis und bis in Höhe der Beträge gezahlt werden, die nach Artikel 32.5 an die nationalen Zentralbanken verteilt werden.

KAPITEL VII
ALLGEMEINE BESTIMMUNGEN

Artikel 34
Rechtsakte

(34.1.) Nach Artikel 132 des Vertrags über die Arbeitsweise der Europäischen Union werden von der EZB

- Verordnungen erlassen, insoweit dies für die Erfüllung der in Artikel 3.1 erster Gedankenstrich, Artikel 19.1, Artikel 22 oder Artikel 25.2 festgelegten Aufgaben erforderlich ist; sie erlässt Verordnungen ferner in den Fällen, die in den Rechtsakten des Rates nach Artikel 41 vorgesehen werden;
- die Beschlüsse erlassen, die zur Erfüllung der dem ESZB nach den Verträgen und dieser Satzung übertragenen Aufgaben erforderlich sind;
- Empfehlungen und Stellungnahmen abgegeben.

(34.2.) Die EZB kann die Veröffentlichung ihrer Beschlüsse, Empfehlungen und Stellungnahmen beschließen.

(34.3.) Innerhalb der Grenzen und unter den Bedingungen, die der Rat nach dem Verfahren des Artikels 41 festlegt, ist die EZB befugt, Unternehmen bei Nichteinhaltung der Verpflichtungen, die sich aus ihren Verordnungen und Beschlüssen ergeben, mit Geldbußen oder in regelmäßigen Abständen zu zahlenden Strafgeldern zu belegen.

Artikel 35

Gerichtliche Kontrolle und damit verbundene Angelegenheiten

(35.1.) Die Handlungen und Unterlassungen der EZB unterliegen in den Fällen und unter den Bedingungen, die in den Verträgen vorgesehen sind, der Überprüfung und Auslegung durch den Gerichtshof der Europäischen Union. Die EZB ist in den Fällen und unter den Bedingungen, die in den Verträgen vorgesehen sind, klageberechtigt.

(35.2.) Über Rechtsstreitigkeiten zwischen der EZB einerseits und ihren Gläubigern, Schuldnern oder dritten Personen andererseits entscheiden die zuständigen Gerichte der einzelnen Staaten vorbehaltlich der Zuständigkeiten, die dem Gerichtshof der Europäischen Union zuerkannt sind.

(35.3.) Die EZB unterliegt der Haftungsregelung des Artikels 340 des Vertrags über die Arbeitsweise der Europäischen Union. Die Haftung der nationalen Zentralbanken richtet sich nach dem jeweiligen innerstaatlichen Recht.

(35.4.) Der Gerichtshof der Europäischen Union ist für Entscheidungen aufgrund einer Schiedsklausel zuständig, die in einem von der EZB oder für ihre Rechnung abgeschlossenen öffentlich-rechtlichen oder privatrechtlichen Vertrag enthalten ist.

(35.5.) Für einen Beschluss der EZB, den Gerichtshof der Europäischen Union anzurufen, ist der EZB-Rat zuständig.

(35.6.) Der Gerichtshof der Europäischen Union ist für Streitsachen zuständig, die die Erfüllung der Verpflichtungen aus den Verträgen und dieser Satzung durch eine nationale Zentralbank betreffen. Ist die EZB der Auffassung, dass eine nationale Zentralbank einer Verpflichtung aus den Verträgen und dieser Satzung nicht nachgekommen ist, so legt sie in der betreffenden Sache eine mit Gründen versehene Stellungnahme vor, nachdem sie der nationalen Zentralbank Gelegenheit zur Vorlage von Bemerkungen gegeben hat. Entspricht die nationale Zentralbank nicht innerhalb der von der EZB gesetzten Frist deren Stellungnahme, so kann die EZB den Gerichtshof der Europäischen Union anrufen.

Artikel 36

Personal

(36.1.) Der EZB-Rat legt auf Vorschlag des Direktoriums die Beschäftigungsbedingungen für das Personal der EZB fest.

(36.2.) Der Gerichtshof der Europäischen Union ist für alle Streitsachen zwischen der EZB und deren Bediensteten innerhalb der Grenzen und unter den Bedingungen zuständig, die sich aus den Beschäftigungsbedingungen ergeben.

Artikel 37

Geheimhaltung

(ex-Artikel 38)

(37.1.) Die Mitglieder der Leitungsgremien und des Personals der EZB und der nationalen Zentralbanken dürfen auch nach Beendigung ihres Dienstverhältnisses keine der Geheimhaltungspflicht unterliegenden Informationen weitergeben.

(37.2.) Auf Personen mit Zugang zu Daten, die unter Unionsvorschriften fallen, die eine Verpflichtung zur Geheimhaltung vorsehen, finden diese Unionsvorschriften Anwendung.

Artikel 38

Unterschriftsberechtigte

(ex-Artikel 39)

Die EZB wird Dritten gegenüber durch den Präsidenten oder zwei Direktoriumsmitglieder oder durch die Unterschriften zweier vom Präsidenten zur Zeichnung im Namen der EZB gehörig ermächtigter Bediensteter der EZB rechtswirksam verpflichtet.

Artikel 39

Vorrechte und Befreiungen

(ex-Artikel 40)

Die EZB genießt im Hoheitsgebiet der Mitgliedstaaten die zur Erfüllung ihrer Aufgabe erforderlichen Vorrechte und Befreiungen nach Maßgabe des Protokolls über die Vorrechte und Befreiungen der Europäischen Union.

KAPITEL VIII

ÄNDERUNG DER SATZUNG UND ERGÄNZENDE RECHTSVORSCHRIFTEN

Artikel 40

Vereinfachtes Änderungsverfahren

(ex-Artikel 41)

(40.1.) Nach Artikel 129 Absatz 3 des Vertrags über die Arbeitsweise der Europäischen Union können das Europäische Parlament und der Rat gemäß dem ordentlichen Gesetzgebungsverfahren die Artikel 5.1, 5.2, 5.3, 17, 18, 19.1, 22, 23, 24, 26, 32.2, 32.3, 32.4, 32.6, 33.1.a und 36 dieser Satzung entweder auf Empfehlung der EZB nach Anhörung der Kommission oder auf Vorschlag der Kommission nach Anhörung der EZB ändern.

(40.2.) Artikel 10.2 kann durch einen Beschluss des Europäischen Rates entweder auf Empfehlung der Europäischen Zentralbank nach Anhörung des Europäischen Parlaments und der Kommission oder auf Empfehlung der Kommission nach Anhörung des Europäischen Parlaments und der Europäischen Zentralbank einstimmig geändert werden. Diese Änderungen treten erst nach Zustimmung der Mitgliedstaaten im Einklang mit ihren jeweiligen verfassungsrechtlichen Vorschriften in Kraft.

(40.3.) Eine Empfehlung der EZB nach diesem Artikel erfordert einen einstimmigen Beschluss des EZB-Rates.

Artikel 41

Ergänzende Rechtsvorschriften

(ex-Artikel 42)

Nach Artikel 129 Absatz 4 des Vertrags über die Arbeitsweise der Europäischen Union erlässt der Rat entweder auf Vorschlag der Kommission nach Anhörung des Europäischen Parlaments und der EZB oder auf Empfehlung der EZB nach Anhörung des Europäischen Parlaments und der Kommission die in den Artikeln 4, 5.4, 19.2, 20, 28.1, 29.2, 30.4 und 34.3 dieser Satzung genannten Bestimmungen.

KAPITEL IX
ÜBERGANGSBESTIMMUNGEN UND SONSTIGE BESTIMMUNGEN FÜR DAS ESZB

Artikel 42
Allgemeine Bestimmungen
(ex-Artikel 43)

(42.1.) Eine Ausnahmeregelung nach Artikel 139 des Vertrags über die Arbeitsweise der Europäischen Union bewirkt, dass folgende Artikel dieser Satzung für den betreffenden Mitgliedstaat keinerlei Rechte oder Verpflichtungen entstehen lassen: Artikel 3, 6, 9.2, 12.1, 14.3, 16, 18, 19, 20, 22, 23, 26.2, 27, 30, 31, 32, 33, 34 und 49.

(42.2.) Die Zentralbanken der Mitgliedstaaten, für die eine Ausnahmeregelung nach Artikel 139 des genannten Vertrags gilt, behalten ihre währungspolitischen Befugnisse nach innerstaatlichem Recht.

(42.3.) In den Artikeln 3, 11.2 und 19 bezeichnet der Ausdruck „Mitgliedstaaten" gemäß Artikel 139 des genannten Vertrags die „Mitgliedstaaten, deren Währung der Euro ist".

(42.4.) In den Artikeln 9.2, 10.2, 10.3, 12.1, 16, 17, 18, 22, 23, 27, 30, 31, 32, 33.2 und 49 dieser Satzung ist der Ausdruck „nationale Zentralbanken" im Sinne von „Zentralbanken der Mitgliedstaaten, deren Währung der Euro ist" zu verstehen.

(42.5.) In den Artikeln 10.3 und 33.1 bezeichnet der Ausdruck „Anteilseigner" die „Zentralbanken der Mitgliedstaaten, deren Währung der Euro ist".

(42.6.) In den Artikeln 10.3 und 30.2 ist der Ausdruck „gezeichnetes Kapital der EZB" im Sinne von „Kapital der EZB, das von den Zentralbanken der Mitgliedstaaten gezeichnet wurde, deren Währung der Euro ist" zu verstehen.

Artikel 43
Vorübergehende Aufgaben der EZB
(ex-Artikel 44)

Die EZB übernimmt die in Artikel 141 Absatz 2 des Vertrags über die Arbeitsweise der Europäischen Union genannten früheren Aufgaben des EWI, die infolge der für einen oder mehrere Mitgliedstaaten geltenden Ausnahmeregelungen nach der Einführung des Euro noch erfüllt werden müssen.

Bei der Vorbereitung der Aufhebung der Ausnahmeregelungen nach Artikel 140 des genannten Vertrags nimmt die EZB eine beratende Funktion wahr.

Artikel 44
Der Erweiterte Rat der EZB
(ex-Artikel 45)

(44.1.) Unbeschadet des Artikels 129 Absatz 1 des Vertrags über die Arbeitsweise der Europäischen Union wird der Erweiterte Rat als drittes Beschlussorgan der EZB eingesetzt.

(44.2.) Der Erweiterte Rat besteht aus dem Präsidenten und dem Vizepräsidenten der EZB sowie den Präsidenten der nationalen Zentralbanken. Die weiteren Mitglieder des Direktoriums können an den Sitzungen des Erweiterten Rates teilnehmen, besitzen aber kein Stimmrecht.

(44.3.) Die Verantwortlichkeiten des Erweiterten Rates sind in Artikel 46 dieser Satzung vollständig aufgeführt.

Artikel 45

Geschäftsordnung des Erweiterten Rates

(ex-Artikel 46)

(45.1.) Der Präsident oder bei seiner Verhinderung der Vizepräsident der EZB führt den Vorsitz im Erweiterten Rat der EZB.

(45.2.) Der Präsident des Rates und ein Mitglied der Kommission können an den Sitzungen des Erweiterten Rates teilnehmen, besitzen aber kein Stimmrecht.

(45.3.) Der Präsident bereitet die Sitzungen des Erweiterten Rates vor.

(45.4.) Abweichend von Artikel 12.3 gibt sich der Erweiterte Rat eine Geschäftsordnung.

(45.5.) Das Sekretariat des Erweiterten Rates wird von der EZB gestellt.

Artikel 46

Verantwortlichkeiten des Erweiterten Rates

(ex-Artikel 47)

(46.1.) Der Erweiterte Rat

- nimmt die in Artikel 43 aufgeführten Aufgaben wahr,
- wirkt bei der Erfüllung der Beratungsfunktionen nach den Artikeln 4 und 25.1 mit.

(46.2.) Der Erweiterte Rat wirkt auch mit bei

- der Erhebung der statistischen Daten im Sinne von Artikel 5;
- den Berichtstätigkeiten der EZB im Sinne von Artikel 15;
- der Festlegung der erforderlichen Regeln für die Anwendung von Artikel 26 gemäß Artikel 26.4;
- allen sonstigen erforderlichen Maßnahmen zur Anwendung von Artikel 29 gemäß Artikel 29.4;
- der Festlegung der Beschäftigungsbedingungen für das Personal der EZB gemäß Artikel 36.

(46.3.) Der Erweiterte Rat trägt zu den Vorarbeiten bei, die erforderlich sind, um für die Währungen der Mitgliedstaaten, für die eine Ausnahmeregelung gilt, die Wechselkurse gegenüber dem Euro gemäß Artikel 140 Absatz 3 des Vertrags über die Arbeitsweise der Europäischen Union unwiderruflich festzulegen.

(46.4.) Der Erweiterte Rat wird vom Präsidenten der EZB über die Beschlüsse des EZB-Rates unterrichtet.

Artikel 47

Übergangsbestimmungen für das Kapital der EZB

(ex-Artikel 48)

Nach Artikel 29.1 wird jeder nationalen Zentralbank ein Gewichtsanteil in dem Schlüssel für die Zeichnung des Kapitals der EZB zugeteilt. Abweichend von

Artikel 28.3 zahlen Zentralbanken von Mitgliedstaaten, für die eine Ausnahmeregelung gilt, das von ihnen gezeichnete Kapital nicht ein, es sei denn, dass der Erweiterte Rat mit der Mehrheit von mindestens zwei Dritteln des gezeichneten Kapitals der EZB und zumindest der Hälfte der Anteilseigner beschließt, dass als Beitrag zu den Betriebskosten der EZB ein Mindestprozentsatz eingezahlt werden muss.

Artikel 48

Zurückgestellte Einzahlung von Kapital, Reserven und Rückstellungen der EZB

(ex-Artikel 49)

(48.1.) Die Zentralbank eines Mitgliedstaats, dessen Ausnahmeregelung aufgehoben wurde, zahlt den von ihr gezeichneten Anteil am Kapital der EZB im selben Verhältnis wie die Zentralbanken von anderen Mitgliedstaaten ein, deren Währung der Euro ist, und überträgt der EZB Währungsreserven gemäß Artikel 30.1. Die Höhe der Übertragungen bestimmt sich durch Multiplikation des in Euro zum jeweiligen Wechselkurs ausgedrückten Wertes der Währungsreserven, die der EZB schon gemäß Artikel 30.1 übertragen wurden, mit dem Faktor, der das Verhältnis zwischen der Anzahl der von der betreffenden nationalen Zentralbank gezeichneten Anteile und der Anzahl der von den anderen nationalen Zentralbanken bereits eingezahlten Anteile ausdrückt.

(48.2.) Zusätzlich zu der Einzahlung nach Artikel 48.1 leistet die betreffende Zentralbank einen Beitrag zu den Reserven der EZB und zu den diesen Reserven gleichwertigen Rückstellungen sowie zu dem Betrag, der gemäß dem Saldo der Gewinn-und-Verlust-Rechnung zum 31. Dezember des Jahres vor der Aufhebung der Ausnahmeregelung noch für die Reserven und Rückstellungen bereitzustellen ist. Die Höhe des zu leistenden Beitrags bestimmt sich durch Multiplikation des in der genehmigten Bilanz der EZB ausgewiesenen Betrags der Reserven im Sinne der obigen Definition mit dem Faktor, der das Verhältnis zwischen der Anzahl der von der betreffenden Zentralbank gezeichneten Anteile und der Anzahl der von den anderen Zentralbanken bereits eingezahlten Anteile ausdrückt.

(48.3.) Wenn ein Land oder mehrere Länder Mitgliedstaaten werden und ihre jeweiligen nationalen Zentralbanken sich dem ESZB anschließen, erhöht sich automatisch das gezeichnete Kapital der EZB und der Höchstbetrag der Währungsreserven, die der EZB übertragen werden können. Die Erhöhung bestimmt sich durch Multiplikation der dann jeweils geltenden Beträge mit dem Faktor, der das Verhältnis zwischen dem Gewichtsanteil der betreffenden beitretenden nationalen Zentralbanken und dem Gewichtsanteil der nationalen Zentralbanken, die bereits Mitglied des ESZB sind, im Rahmen des erweiterten Schlüssels für die Zeichnung des Kapitals ausdrückt. Der Gewichtsanteil jeder nationalen Zentralbank am Schlüssel für die Zeichnung des Kapitals wird analog zu Artikel 29.1 und nach Maßgabe des Artikels 29.2 berechnet. Die Bezugszeiträume für die statistischen Daten entsprechen denjenigen, die für die letzte der alle fünf Jahre vorzunehmenden Anpassungen der Gewichtsanteile nach Artikel 29.3 herangezogen wurden.

Artikel 49

Umtausch von auf Währungen der Mitgliedstaaten lautenden Banknoten

(ex-Artikel 52)

Im Anschluss an die unwiderrufliche Festlegung der Wechselkurse nach Artikel 140 Absatz 3 des Vertrags über die Arbeitsweise der Europäischen Union ergreift der EZB-Rat die erforderlichen Maßnahmen, um sicherzustellen, dass Banknoten, die auf Währungen mit unwiderruflich festgelegten Wechselkursen lauten, von den nationalen Zentralbanken zu ihrer jeweiligen Parität umgetauscht werden.

Artikel 50

Anwendbarkeit der Übergangsbestimmungen

(ex-Artikel 53)

Sofern und solange es Mitgliedstaaten gibt, für die eine Ausnahmeregelung gilt, sind die Artikel 42 bis 47 anwendbar.

Protokoll über die Festlegung der Sitze der Organe und bestimmter Einrichtungen, sonstiger Stellen und Dienststellen der Europäischen Union (Nr. 6)*

in der konsolidierten Fassung vom 7. Juni 2016 (ABl. C 202 vom 7. 6. 2016 S. 265)

DIE VERTRETER DER REGIERUNGEN DER MITGLIEDSTAATEN –

GESTÜTZT auf Artikel 341 des Vertrags über die Arbeitsweise der Europäischen Union und Artikel 189 des Vertrags zur Gründung der Europäischen Atomgemeinschaft,

EINGEDENK UND IN BESTÄTIGUNG des Beschlusses vom 8. April 1965, jedoch unbeschadet der Beschlüsse über den Sitz künftiger Organe, Einrichtungen, sonstiger Stellen und Dienststellen –

SIND über folgende Bestimmungen ÜBEREINGEKOMMEN, die dem Vertrag über die Europäische Union, dem Vertrag über die Arbeitsweise der Europäischen Union und dem Vertrag zur Gründung der Europäischen Atomgemeinschaft beigefügt sind:

Einziger Artikel

a) Das Europäische Parlament hat seinen Sitz in Straßburg; dort finden die 12 monatlichen Plenartagungen einschließlich der Haushaltstagung statt. Zusätzliche Plenartagungen finden in Brüssel statt. Die Ausschüsse des Europäischen Parlaments treten in Brüssel zusammen. Das Generalsekretariat des Europäischen Parlaments und dessen Dienststellen verbleiben in Luxemburg.

b) Der Rat hat seinen Sitz in Brüssel. In den Monaten April, Juni und Oktober hält der Rat seine Tagungen in Luxemburg ab.

c) Die Kommission hat ihren Sitz in Brüssel. Die in den Artikeln 7, 8 und 9 des Beschlusses vom 8. April 1965 aufgeführten Dienststellen sind in Luxemburg untergebracht.

d) Der Gerichtshof der Europäischen Union hat seinen Sitz in Luxemburg.

e) Der Rechnungshof hat seinen Sitz in Luxemburg.

f) Der Wirtschafts- und Sozialausschuss hat seinen Sitz in Brüssel.

g) Der Ausschuss der Regionen hat seinen Sitz in Brüssel.

h) Die Europäische Investitionsbank hat ihren Sitz in Luxemburg.

i) Die Europäische Zentralbank hat ihren Sitz in Frankfurt.

j) Das Europäische Polizeiamt (Europol) hat seinen Sitz in Den Haag.

---

* Dieses Protokoll ist eines der Protokolle des Vertrags von Amsterdam vom 2. Oktober 1997 (ABl. C 340 vom 10. 11. 1997 S. 1). Die Artikelbezeichnungen wurden gemäß dem Vertrag von Lissabon angepasst.

Protokoll zu Artikel 6 Absatz 2 des Vertrags über die Europäische Union über den Beitritt der Union zur Europäischen Konvention zum Schutz der Menschenrechte und Grundfreiheiten (Nr. 8)

in der Fassung der Bekanntmachung vom 7. Juni 2016 (ABl. C 202 vom 7. 6. 2016 S. 273)

DIE HOHEN VERTRAGSPARTEIEN

SIND über folgende Bestimmungen ÜBEREINGEKOMMEN, die dem Vertrag über die Europäische Union und dem Vertrag über die Arbeitsweise der Europäischen Union beigefügt sind:

Artikel 1

In der Übereinkunft über den Beitritt der Union zur Europäischen Konvention zum Schutz der Menschenrechte und Grundfreiheiten (im Folgenden „Europäische Konvention") nach Artikel 6 Absatz 2 des Vertrags über die Europäische Union wird dafür Sorge getragen, dass die besonderen Merkmale der Union und des Unionsrechts erhalten bleiben, insbesondere in Bezug auf

a) die besondere Regelung für eine etwaige Beteiligung der Union an den Kontrollgremien der Europäischen Konvention;

b) die nötigen Mechanismen, um sicherzustellen, dass Beschwerden von Nichtmitgliedstaaten und Individualbeschwerden den Mitgliedstaaten und/oder gegebenenfalls der Union ordnungsgemäß übermittelt werden.

Artikel 2

In der Übereinkunft nach Artikel 1 wird sichergestellt, dass der Beitritt der Union die Zuständigkeiten der Union und die Befugnisse ihrer Organe unberührt lässt. Es wird sichergestellt, dass die Bestimmungen der Übereinkunft die besondere Situation der Mitgliedstaaten in Bezug auf die Europäische Konvention unberührt lassen, insbesondere in Bezug auf ihre Protokolle, auf Maßnahmen, die von den Mitgliedstaaten in Abweichung von der Europäischen Konvention nach deren Artikel 15 getroffen werden, und auf Vorbehalte, die die Mitgliedstaaten gegen die Europäische Konvention nach deren Artikel 57 anbringen.

Artikel 3

Keine der Bestimmungen der Übereinkunft nach Artikel 1 berührt Artikel 344 des Vertrags über die Arbeitsweise der Europäischen Union.

Protokoll über den Beschluss des Rates über die Anwendung des Artikels 16 Absatz 4 des Vertrags über die Europäische Union und des Artikels 238 Absatz 2 des Vertrags über die Arbeitsweise der Europäischen Union zwischen dem 1. November 2014 und dem 31. März 2017 einerseits und ab dem 1. April 2017 andererseits (Nr. 9)

in der Fassung der Bekanntmachung vom 7. Juni 2016 (ABl. C 202 vom 7. 6. 2016 S. 274)

DIE HOHEN VERTRAGSPARTEIEN –

UNTER BERÜCKSICHTIGUNG der Tatsache, dass es zum Zeitpunkt der Billigung des Vertrags von Lissabon von grundlegender Bedeutung war, dass eine Einigung über den Beschluss des Rates über die Anwendung des Artikels 16 Absatz 4 des Vertrags über die Europäische Union und des Artikels 238 Absatz 2 des Vertrags über die Arbeitsweise der Europäischen Union zwischen dem 1. November 2014 und dem 31. März 2017 einerseits und ab dem 1. April 2017 andererseits (im Folgenden „Beschluss“) zustande kommt –

SIND über folgende Bestimmung ÜBEREINGEKOMMEN, die dem Vertrag über die Europäische Union und dem Vertrag über die Arbeitsweise der Europäischen Union beigefügt ist:

Einziger Artikel

Bevor der Rat einen Entwurf prüft, der entweder darauf abzielt, den Beschluss oder eine seiner Bestimmungen zu ändern oder aufzuheben, oder aber darauf abzielt, eine mittelbare Änderung seines Geltungsbereichs oder seiner Bedeutung zu bewirken, indem ein anderer Rechtsakt der Union geändert wird, führt der Europäische Rat eine vorläufige Beratung über diesen Entwurf durch, wobei er gemäß Artikel 15 Absatz 4 des Vertrags über die Europäische Union im Konsens handelt.

Protokoll über die ständige strukturierte Zusammenarbeit nach Artikel 42 des Vertrags über die Europäische Union (Nr. 10)

in der Fassung der Bekanntmachung vom 7. Juni 2016 (ABl. C 202 vom 7. 6. 2016 S. 275)

DIE HOHEN VERTRAGSPARTEIEN –

GESTÜTZT AUF Artikel 42 Absatz 6 und Artikel 46 des Vertrags über die Europäische Union,

EINGEDENK DESSEN, dass die Union eine Gemeinsame Außen- und Sicherheitspolitik verfolgt, die auf der Erreichung einer immer stärkeren Konvergenz des Handelns der Mitgliedstaaten beruht,

EINGEDENK DESSEN, dass die Gemeinsame Sicherheits- und Verteidigungspolitik integraler Bestandteil der Gemeinsamen Außen- und Sicherheitspolitik ist, dass sie der Union eine auf zivile und militärische Mittel gestützte Fähigkeit zu Operationen sichert, dass die Union hierauf bei Missionen nach Artikel 43 des Vertrags über die Europäische Union außerhalb der Union zur Friedenssicherung, Konfliktverhütung und Stärkung der internationalen Sicherheit nach den Grundsätzen der Charta der Vereinten Nationen zurückgreifen kann und dass diese Aufgaben dank der von den Mitgliedstaaten nach dem Grundsatz der „nur einmal einsetzbaren Streitkräfte" bereitgestellten militärischen Fähigkeiten erfüllt werden,

EINGEDENK DESSEN, dass die Gemeinsame Sicherheits- und Verteidigungspolitik der Union den besonderen Charakter der Sicherheits- und Verteidigungspolitik bestimmter Mitgliedstaaten unberührt lässt,

EINGEDENK DESSEN, dass die Gemeinsame Sicherheits- und Verteidigungspolitik der Union die aus dem Nordatlantikvertrag erwachsenden Verpflichtungen der Mitgliedstaaten achtet, die ihre gemeinsame Verteidigung als durch die Nordatlantikvertrags-Organisation verwirklicht betrachten, die das Fundament der kollektiven Verteidigung ihrer Mitglieder bleibt, und dass sie mit der in jenem Rahmen festgelegten gemeinsamen Sicherheits- und Verteidigungspolitik vereinbar ist,

IN DER ÜBERZEUGUNG, dass eine maßgeblichere Rolle der Union im Bereich von Sicherheit und Verteidigung im Einklang mit den so genannten Berlin-plus-Vereinbarungen zur Vitalität eines erneuerten Atlantischen Bündnisses beitragen wird,

FEST ENTSCHLOSSEN, dass die Union in der Lage sein muss, die ihr im Rahmen der Staatengemeinschaft obliegenden Verantwortungen in vollem Umfang wahrzunehmen,

IN DER ERKENNTNIS, dass die Organisation der Vereinten Nationen die Union für die Durchführung dringender Missionen nach den Kapiteln VI und VII der Charta der Vereinten Nationen um Unterstützung ersuchen kann,

IN DER ERKENNTNIS, dass die Stärkung der Sicherheits- und Verteidigungspolitik von den Mitgliedstaaten Anstrengungen im Bereich der Fähigkeiten erfordern wird,

IN DEM BEWUSSTSEIN, dass der Eintritt in eine neue Phase der Entwicklung der Europäischen Sicherheits- und Verteidigungspolitik von den Mitgliedstaaten, die dazu bereit sind, entschiedene Anstrengungen erfordert,

EINGEDENK der Bedeutung, die der umfassenden Beteiligung des Hohen Vertreters der Union für Außen- und Sicherheitspolitik an den Arbeiten im Rahmen der Ständigen Strukturierten Zusammenarbeit zukommt –

SIND über folgende Bestimmungen ÜBEREINGEKOMMEN, die dem Vertrag über die Europäische Union und dem Vertrag über die Arbeitsweise der Europäischen Union beigefügt sind:

Artikel 1

An der Ständigen Strukturierten Zusammenarbeit nach Artikel 42 Absatz 6 des Vertrags über die Europäische Union kann jeder Mitgliedstaat teilnehmen, der sich ab dem Zeitpunkt des Inkrafttretens des Vertrags von Lissabon verpflichtet,

a) seine Verteidigungsfähigkeiten durch Ausbau seiner nationalen Beiträge und gegebenenfalls durch Beteiligung an multinationalen Streitkräften, an den wichtigsten europäischen Ausrüstungsprogrammen und an der Tätigkeit der Agentur für die Bereiche Entwicklung der Verteidigungsfähigkeiten, Forschung, Beschaffung und Rüstung (Europäische Verteidigungsagentur) intensiver zu entwickeln und

b) spätestens 2010 über die Fähigkeit zu verfügen, entweder als nationales Kontingent oder als Teil von multinationalen Truppenverbänden bewaffnete Einheiten bereitzustellen, die auf die in Aussicht genommenen Missionen ausgerichtet sind, taktisch als Gefechtsverband konzipiert sind, über Unterstützung unter anderem für Transport und Logistik verfügen und fähig sind, innerhalb von 5 bis 30 Tagen Missionen nach Artikel 43 des Vertrags über die Europäische Union aufzunehmen, um insbesondere Ersuchen der Organisation der Vereinten Nationen nachzukommen, und diese Missionen für eine Dauer von zunächst 30 Tagen, die bis auf 120 Tage ausgedehnt werden kann, aufrechtzuerhalten.

Artikel 2

Die an der Ständigen Strukturierten Zusammenarbeit teilnehmenden Mitgliedstaaten verpflichten sich zwecks Erreichung der in Artikel 1 genannten Ziele zu

a) einer Zusammenarbeit ab dem Inkrafttreten des Vertrags von Lissabon zur Verwirklichung der vereinbarten Ziele für die Höhe der Investitionsausgaben für Verteidigungsgüter und zur regelmäßigen Überprüfung dieser Ziele im Lichte des Sicherheitsumfelds und der internationalen Verantwortung der Union;

b) einer möglichst weit gehenden Angleichung ihres Verteidigungsinstrumentariums, indem sie insbesondere die Ermittlung des militärischen Bedarfs harmonisieren, ihre Verteidigungsmittel und -fähigkeiten gemeinsam nutzen und gegebenenfalls spezialisieren sowie die Zusammenarbeit auf den Gebieten Ausbildung und Logistik stärken;

c) konkreten Maßnahmen zur Stärkung der Verfügbarkeit, der Interoperabilität, der Flexibilität und der Verlegefähigkeit ihrer Truppen insbesondere, indem sie gemeinsame Ziele für die Entsendung von Streitkräften aufstellen und gegebenenfalls ihre nationalen Beschlussfassungsverfahren überprüfen;

d) einer Zusammenarbeit mit dem Ziel, dass sie die erforderlichen Maßnahmen ergreifen, um unter anderem durch multinationale Konzepte und unbeschadet der sie betreffenden Verpflichtungen im Rahmen der Nordatlantikvertrags-Organisation die im Rahmen des „Mechanismus zur Entwicklung der Fähigkeiten" festgestellten Lücken zu schließen;

e) einer eventuellen Mitwirkung an der Entwicklung gemeinsamer oder europäischer Programme für wichtige Güter im Rahmen der Europäischen Verteidigungsagentur.

Artikel 3

Die Europäische Verteidigungsagentur trägt zur regelmäßigen Beurteilung der Beiträge der teilnehmenden Mitgliedstaaten zu den Fähigkeiten bei, insbesondere der Beiträge nach den unter anderem auf der Grundlage von Artikel 2 aufgestellten Kriterien, und erstattet hierüber mindestens einmal jährlich Bericht. Die Beurteilung kann als Grundlage für die Empfehlungen sowie für die Beschlüsse des Rates dienen, die nach Artikel 46 des Vertrags über die Europäische Union erlassen werden.

Protokoll zu Artikel 42 des Vertrags über die Europäische Union (Nr. 11)*

in der konsolidierten Fassung vom 7. Juni 2016 (ABl. C 202 vom 7. 6. 2016 S. 278)

DIE HOHEN VERTRAGSPARTEIEN –

IN ANBETRACHT der Notwendigkeit, den Artikel 42 Absatz 2 des Vertrags über die Europäische Union in vollem Umfang umzusetzen,

IN ANBETRACHT der Tatsache, dass die Politik der Union nach Artikel 42 den besonderen Charakter der Sicherheits- und Verteidigungspolitik bestimmter Mitgliedstaaten nicht berührt, die Verpflichtungen einiger Mitgliedstaaten, die ihre gemeinsame Verteidigung in der NATO verwirklicht sehen, aus dem Nordatlantikvertrag achtet und mit der in jenem Rahmen festgelegten gemeinsamen Sicherheits- und Verteidigungspolitik vereinbar ist –

SIND über folgende Bestimmungen ÜBEREINGEKOMMEN, die dem Vertrag über die Europäische Union und dem Vertrag über die Arbeitsweise der Europäischen Union beigefügt sind:

Die Europäische Union erarbeitet zusammen mit der Westeuropäischen Union Regelungen für eine verstärkte Zusammenarbeit zwischen der Europäischen Union und der Westeuropäischen Union.

---

* Dieses Protokoll ist eines der Protokolle des Vertrags von Amsterdam vom 2. Oktober 1997 (ABl. C 340 vom 10. 11. 1997 S. 1). Titel und Artikelbezeichnungen wurden gemäß dem Vertrag von Lissabon angepasst.

Protokoll über das Verfahren bei einem übermäßigen Defizit (Nr. 12)*

in der konsolidierten Fassung vom 7. Juni 2016 (ABl. C 202 vom 7. 6. 2016 S. 279)

DIE HOHEN VERTRAGSPARTEIEN –

IN DEM WUNSCH, die Einzelheiten des in Artikel 126 des Vertrags über die Arbeitsweise der Europäischen Union genannten Verfahrens bei einem übermäßigen Defizit festzulegen –

SIND über folgende Bestimmungen ÜBEREINGEKOMMEN, die dem Vertrag über die Europäische Union und dem Vertrag über die Arbeitsweise der Europäischen Union beigefügt sind:

Artikel 1
Referenzwerte

Die in Artikel 126 Absatz 2 des Vertrags über die Arbeitsweise der Europäischen Union genannten Referenzwerte sind:

- 3 % für das Verhältnis zwischen dem geplanten oder tatsächlichen öffentlichen Defizit und dem Bruttoinlandsprodukt zu Marktpreisen,
- 60 % für das Verhältnis zwischen dem öffentlichen Schuldenstand und dem Bruttoinlandsprodukt zu Marktpreisen.

Artikel 2
Begriffsbestimmungen

In Artikel 126 des genannten Vertrags und in diesem Protokoll bedeutet

- „öffentlich“ zum Staat, d.h. zum Zentralstaat (Zentralregierung), zu regionalen oder lokalen Gebietskörperschaften oder Sozialversicherungseinrichtungen gehörig, mit Ausnahme von kommerziellen Transaktionen, im Sinne des Europäischen Systems volkswirtschaftlicher Gesamtrechnungen;
- „Defizit“ das Finanzierungsdefizit im Sinne des Europäischen Systems volkswirtschaftlicher Gesamtrechnungen;
- „Investitionen“ die Brutto-Anlageinvestitionen im Sinne des Europäischen Systems volkswirtschaftlicher Gesamtrechnungen;
- „Schuldenstand“ den Brutto-Gesamtschuldenstand zum Nominalwert am Jahresende nach Konsolidierung innerhalb und zwischen den einzelnen Bereichen des Staatssektors im Sinne des ersten Gedankenstrichs.

Artikel 3
Verantwortlichkeit; Meldepflicht

Um die Wirksamkeit des Verfahrens bei einem übermäßigen Defizit zu gewährleisten, sind die Regierungen der Mitgliedstaaten im Rahmen dieses Verfahrens für die Defizite des Staatssektors im Sinne von Artikel 2 erster Gedankenstrich

---

* Dieses Protokoll ist eines der Protokolle des Vertrags von Maastricht vom 7. Februar 1992 (ABl. C 191 vom 29. 7. 1992 S. 1).

verantwortlich. Die Mitgliedstaaten gewährleisten, dass die innerstaatlichen Verfahren im Haushaltsbereich sie in die Lage versetzen, ihre sich aus den Verträgen ergebenden Verpflichtungen in diesem Bereich zu erfüllen. Die Mitgliedstaaten müssen ihre geplanten und tatsächlichen Defizite und die Höhe ihres Schuldenstands der Kommission unverzüglich und regelmäßig mitteilen.

Artikel 4

Statistische Daten

Die zur Anwendung dieses Protokolls erforderlichen statistischen Daten werden von der Kommission zur Verfügung gestellt.

Protokoll über die Konvergenzkriterien (Nr. 13)*

in der konsolidierten Fassung vom 7. Juni 2016 (ABl. C 202 vom 7. 6. 2016 S. 281)

DIE HOHEN VERTRAGSPARTEIEN –

IN DEM WUNSCH, die Konvergenzkriterien, welche die Union bei den Beschlüssen nach Artikel 140 des Vertrags über die Arbeitsweise der Europäischen Union über die Aufhebung der Ausnahmeregelungen für die Mitgliedstaaten, für die eine Ausnahmeregelung gilt, leiten sollen, näher festzulegen –

SIND über folgende Bestimmungen ÜBEREINGEKOMMEN, die dem Vertrag über die Europäische Union und dem Vertrag über die Arbeitsweise der Europäischen Union beigefügt sind:

Artikel 1

Preisstabilität

Das in Artikel 140 Absatz 1 erster Gedankenstrich des Vertrags über die Arbeitsweise der Europäischen Union genannte Kriterium der Preisstabilität bedeutet, dass ein Mitgliedstaat eine anhaltende Preisstabilität und eine während des letzten Jahres vor der Prüfung gemessene durchschnittliche Inflationsrate aufweisen muss, die um nicht mehr als 1½ Prozentpunkte über der Inflationsrate jener – höchstens drei – Mitgliedstaaten liegt, die auf dem Gebiet der Preisstabilität das beste Ergebnis erzielt haben. Die Inflation wird anhand des Verbraucherpreisindexes auf vergleichbarer Grundlage unter Berücksichtigung der unterschiedlichen Definitionen in den einzelnen Mitgliedstaaten gemessen.

Artikel 2

Finanzlage der öffentlichen Hand

Das in Artikel 140 Absatz 1 zweiter Gedankenstrich des genannten Vertrags genannte Kriterium der Finanzlage der öffentlichen Hand bedeutet, dass zum Zeitpunkt der Prüfung kein Beschluss des Rates nach Artikel 126 Absatz 6 des genannten Vertrags vorliegt, wonach in dem betreffenden Mitgliedstaat ein übermäßiges Defizit besteht.

Artikel 3

Teilnahme am Wechselkursmechanismus

Das in Artikel 140 Absatz 1 dritter Gedankenstrich des genannten Vertrags genannte Kriterium der Teilnahme am Wechselkursmechanismus des Europäischen Währungssystems bedeutet, dass ein Mitgliedstaat die im Rahmen des Wechselkursmechanismus des Europäischen Währungssystems vorgesehenen normalen Bandbreiten zumindest in den letzten zwei Jahren vor der Prüfung ohne starke Spannungen eingehalten haben muss. Insbesondere darf er den bilateralen Leitkurs seiner Währung innerhalb des gleichen Zeitraums gegenüber dem Euro nicht von sich aus abgewertet haben.

---

* Dieses Protokoll ist eines der Protokolle des Vertrags von Maastricht vom 7. Februar 1992 (ABl. C 191 vom 29. 7. 1992 S. 1).

Artikel 4

Konvergenz der Zinssätze

Das in Artikel 140 Absatz 1 vierter Gedankenstrich des genannten Vertrags genannte Kriterium der Konvergenz der Zinssätze bedeutet, dass im Verlauf von einem Jahr vor der Prüfung in einem Mitgliedstaat der durchschnittliche langfristige Nominalzinssatz um nicht mehr als 2 Prozentpunkte über dem entsprechenden Satz in jenen – höchstens drei – Mitgliedstaaten liegt, die auf dem Gebiet der Preisstabilität das beste Ergebnis erzielt haben. Die Zinssätze werden anhand langfristiger Staatsschuldverschreibungen oder vergleichbarer Wertpapiere unter Berücksichtigung der unterschiedlichen Definitionen in den einzelnen Mitgliedstaaten gemessen.

Artikel 5

Statistische Daten

Die zur Anwendung dieses Protokolls erforderlichen statistischen Daten werden von der Kommission zur Verfügung gestellt.

Artikel 6

Konvergenzkriterien

Der Rat erlässt auf Vorschlag der Kommission und nach Anhörung des Europäischen Parlaments und der EZB sowie des Wirtschafts- und Finanzausschusses einstimmig geeignete Vorschriften zur Festlegung der Einzelheiten der in Artikel 140 des genannten Vertrags genannten Konvergenzkriterien, die dann an die Stelle dieses Protokolls treten.

Protokoll über den in den Rahmen der Europäischen Union einbezogenen Schengen-Besitzstand (Nr. 19)*

in der konsolidierten Fassung vom 7. Juni 2016 (ABl. C 202 vom 7. 6. 2016 S. 290)

DIE HOHEN VERTRAGSPARTEIEN –

ANGESICHTS dessen, dass die von einigen Mitgliedstaaten der Europäischen Union am 14. Juni 1985 und am 19. Juni 1990 in Schengen unterzeichneten Übereinkommen betreffend den schrittweisen Abbau der Kontrollen an den gemeinsamen Grenzen sowie damit zusammenhängende Übereinkommen und die auf deren Grundlage erlassenen Regelungen durch den Vertrag von Amsterdam vom 2. Oktober 1997 in den Rahmen der Europäischen Union einbezogen wurden,

IN DEM WUNSCH, den seit Inkrafttreten des Vertrags von Amsterdam weiterentwickelten Schengen-Besitzstand zu wahren und diesen Besitzstand fortzuentwickeln, um zur Verwirklichung des Ziels beizutragen, den Unionsbürgerinnen und Unionsbürgern einen Raum der Freiheit, der Sicherheit und des Rechts ohne Binnengrenzen zu bieten,

MIT RÜCKSICHT auf die besondere Position Dänemarks,

MIT RÜCKSICHT darauf, dass Irland und das Vereinigte Königreich Großbritannien und Nordirland sich nicht an sämtlichen Bestimmungen des Schengen-Besitzstands beteiligen, dass es diesen Mitgliedstaaten jedoch ermöglicht werden sollte, andere Bestimmungen dieses Besitzstands ganz oder teilweise anzunehmen,

IN DER ERKENNTNIS, dass es infolgedessen erforderlich ist, auf die in den Verträgen enthaltenen Bestimmungen über eine Verstärkte Zusammenarbeit zwischen einigen Mitgliedstaaten zurückzugreifen,

MIT RÜCKSICHT darauf, dass es notwendig ist, ein besonderes Verhältnis zur Republik Island und zum Königreich Norwegen aufrechtzuerhalten, da diese beiden Staaten sowie diejenigen nordischen Staaten, die Mitglieder der Europäischen Union sind, durch die Bestimmungen der Nordischen Passunion gebunden sind –

SIND über folgende Bestimmungen ÜBEREINGEKOMMEN, die dem Vertrag über die Europäische Union und dem Vertrag über die Arbeitsweise der Europäischen Union beigefügt sind:

Artikel 1

Verstärkte Zusammenarbeit

Das Königreich Belgien, die Republik Bulgarien, die Tschechische Republik, das Königreich Dänemark, die Bundesrepublik Deutschland, die Republik Estland, die Hellenische Republik, das Königreich Spanien, die Französische Republik, die Italienische Republik, die Republik Zypern, die Republik Lettland, die

* Dieses Protokoll ist eines der Protokolle des Vertrages von Amsterdam vom 2. Oktober 1997 (ABl. C 340 vom 10. 11. 1997 S. 1). Titel und Artikelbezeichnungen wurden gemäß dem Vertrag von Lissabon angepasst.

Republik Litauen, das Großherzogtum Luxemburg, die Republik Ungarn, die Republik Malta, das Königreich der Niederlande, die Republik Österreich, die Republik Polen, die Portugiesische Republik, Rumänien, die Republik Slowenien, die Slowakische Republik, die Republik Finnland und das Königreich Schweden werden ermächtigt, untereinander eine Verstärkte Zusammenarbeit in den Bereichen der vom Rat festgelegten Bestimmungen, die den Schengen-Besitzstand bilden, zu begründen.* Diese Zusammenarbeit erfolgt innerhalb des institutionellen und rechtlichen Rahmens der Europäischen Union und unter Beachtung der einschlägigen Bestimmungen der Verträge.

Artikel 2

Anwendbarkeit

Der Schengen-Besitzstand ist unbeschadet des Artikels 3 der Beitrittsakte vom 16. April 2003 und des Artikels 4 der Beitrittsakte vom 25. April 2005 für die in Artikel 1 aufgeführten Mitgliedstaaten anwendbar.** Der Rat tritt an die Stelle des durch die Schengener Übereinkommen eingesetzten Exekutivausschusses.

Artikel 3

Regelungen betreffend Dänemark

Die Beteiligung Dänemarks am Erlass der Maßnahmen, die eine Weiterentwicklung des Schengen-Besitzstands darstellen, sowie die Umsetzung und Anwendung dieser Maßnahmen in Dänemark unterliegt den einschlägigen Bestimmungen des Protokolls über die Position Dänemarks.

Artikel 4

Anwendbarkeit von Bestimmungen auf Irland und das VK Großbritannien und Nordirland

Irland und das Vereinigte Königreich Großbritannien und Nordirland können jederzeit beantragen, dass einzelne oder alle Bestimmungen des Schengen-Besitzstands auch auf sie Anwendung finden sollen.

Der Rat beschließt einstimmig über einen solchen Antrag, wobei die Einstimmigkeit mit den Stimmen seiner in Artikel 1 genannten Mitglieder und der Stimme des Vertreters der Regierung des betreffenden Staates zustande kommt.

Artikel 5

Fiktion der Ermächtigungserteilung; Durchführung

(1) Vorschläge und Initiativen auf der Grundlage des Schengen-Besitzstands unterliegen den einschlägigen Bestimmungen der Verträge.

In diesem Zusammenhang gilt, sofern Irland oder das Vereinigte Königreich dem Rat nicht innerhalb eines vertretbaren Zeitraums schriftlich mitgeteilt hat, dass es sich beteiligen möchte, die Ermächtigung nach Artikel 329 des Vertrags über die Arbeitsweise der Europäischen Union gegenüber den in Artikel 1 genannten Mitgliedstaaten sowie gegenüber Irland oder dem Vereinigten Königreich als erteilt, sofern einer dieser beiden Mitgliedstaaten sich in den betreffenden Bereichen der Zusammenarbeit beteiligen möchte.

---

* Amtliche Fußnote: Gemäß der Beitrittsakte vom 9. Dezember 2011 ist die Republik Kroatien inzwischen Mitglied der Europäischen Union geworden.

** Amtliche Fußnote: Diese Bestimmung ist auch unbeschadet des Artikels 4 der Beitrittsakte vom 9. Dezember 2011 anwendbar.

(2) Gilt eine Mitteilung durch Irland oder das Vereinigte Königreich nach einem Beschluss gemäß Artikel 4 als erfolgt, so kann Irland oder das Vereinigte Königreich dennoch dem Rat innerhalb von drei Monaten schriftlich mitteilen, dass es sich an dem Vorschlag oder der Initiative nicht beteiligen möchte. In diesem Fall beteiligt sich Irland bzw. das Vereinigte Königreich nicht an der Annahme des Vorschlags oder der Initiative. Ab der letzteren Mitteilung wird das Verfahren zur Annahme der Maßnahme auf der Grundlage des Schengen-Besitzstands bis zum Ende des Verfahrens nach Absatz 3 oder Absatz 4 oder bis zu dem Zeitpunkt, zu dem die genannte Mitteilung während des Verfahrens zurückgenommen wird, ausgesetzt.

(3) In Bezug auf den Mitgliedstaat, der eine Mitteilung nach Absatz 2 vorgenommen hat, gilt ein Beschluss des Rates nach Artikel 4 ab dem Inkrafttreten der vorgeschlagenen Maßnahme nicht mehr, und zwar in dem vom Rat für erforderlich gehaltenen Ausmaß und unter den vom Rat mit qualifizierter Mehrheit auf Vorschlag der Kommission in einem Beschluss festzulegenden Bedingungen. Dieser Beschluss wird nach den folgenden Kriterien gefasst: Der Rat bemüht sich, das größtmögliche Maß an Beteiligung des betreffenden Mitgliedstaats aufrechtzuerhalten, ohne dass dabei die praktische Durchführbarkeit der verschiedenen Teile des Schengen-Besitzstands ernsthaft beeinträchtigt wird und unter Wahrung ihrer Kohärenz. Die Kommission unterbreitet ihren Vorschlag so bald wie möglich nach der Mitteilung nach Absatz 2. Der Rat beschließt innerhalb von vier Monaten nach dem Vorschlag der Kommission erforderlichenfalls nach Einberufung von zwei aufeinander folgenden Tagungen.

(4) Hat der Rat nach Ablauf von vier Monaten keinen Beschluss gefasst, so kann ein Mitgliedstaat unverzüglich beantragen, dass der Europäische Rat befasst wird. In diesem Fall fasst der Europäische Rat auf seiner nächsten Tagung mit qualifizierter Mehrheit auf der Grundlage des Vorschlags der Kommission einen Beschluss nach den in Absatz 3 genannten Kriterien.

(5) Hat der Rat oder gegebenenfalls der Europäische Rat bis zum Ende des Verfahrens nach Absatz 3 oder Absatz 4 keinen Beschluss gefasst, so ist die Aussetzung des Verfahrens für die Annahme der Maßnahme auf der Grundlage des Schengen-Besitzstands beendet. Wird die Maßnahme im Anschluss daran angenommen, so gilt ein Beschluss des Rates nach Artikel 4 für den betreffenden Mitgliedstaat ab dem Inkrafttreten der Maßnahme in dem Ausmaß und unter den Bedingungen, die von der Kommission beschlossen wurden, nicht mehr, es sei denn, der betreffende Mitgliedstaat hat seine Mitteilung nach Absatz 2 vor Annahme der Maßnahme zurückgezogen. Die Kommission beschließt bis zum Tag dieser Annahme. Die Kommission beachtet bei ihrem Beschluss die Kriterien nach Absatz 3.

Artikel 6

Assoziierung Islands und Norwegens

Die Republik Island und das Königreich Norwegen werden bei der Durchführung des Schengen-Besitzstands und bei seiner weiteren Entwicklung assoziiert. Die entsprechenden Verfahren hierfür werden in einem Übereinkommen mit diesen Staaten festgelegt, das vom Rat mit einstimmigem Beschluss seiner in Artikel 1 genannten Mitglieder geschlossen wird. Das Übereinkommen enthält auch Bestimmungen über den Beitrag Islands und Norwegens zu etwaigen finanziellen Folgen der Durchführung dieses Protokolls.

Mit Island und Norwegen schließt der Rat mit einstimmigem Beschluss ein gesondertes Übereinkommen zur Festlegung der Rechte und Pflichten zwischen

Irland und dem Vereinigten Königreich Großbritannien und Nordirland einerseits und Island und Norwegen andererseits in den für diese Staaten geltenden Bereichen des Schengen-Besitzstands.

Artikel 7

Aufnahme neuer Mitgliedstaaten

Bei den Verhandlungen über die Aufnahme neuer Mitgliedstaaten in die Europäische Union gelten der Schengen-Besitzstand und weitere Maßnahmen, welche die Organe im Rahmen seines Anwendungsbereichs getroffen haben, als ein Besitzstand, der von allen Staaten, die Beitrittskandidaten sind, vollständig zu übernehmen ist.

Protokoll über die Position des Vereinigten Königreichs und Irlands hinsichtlich des Raums der Freiheit, der Sicherheit und des Rechts (Nr. 21)*

in der konsolidierten Fassung vom 7. Juni 2016 (ABl. C 202 vom 7. 6. 2016 S. 295)

DIE HOHEN VERTRAGSPARTEIEN –

IN DEM WUNSCH, bestimmte das Vereinigte Königreich und Irland betreffende Fragen zu regeln,

UNTER BERÜCKSICHTIGUNG des Protokolls über die Anwendung bestimmter Aspekte des Artikels 26 des Vertrags über die Arbeitsweise der Europäischen Union auf das Vereinigte Königreich und auf Irland –

SIND über folgende Bestimmungen ÜBEREINGEKOMMEN, die dem Vertrag über die Europäische Union und dem Vertrag über die Arbeitsweise der Europäischen Union beigefügt sind:

Artikel 1

Maßnahmen gemäß dem Dritten Teil Titel V

Vorbehaltlich des Artikels 3 beteiligen sich das Vereinigte Königreich und Irland nicht an der Annahme von Maßnahmen durch den Rat, die nach dem Dritten Teil Titel V des Vertrags über die Arbeitsweise der Europäischen Union vorgeschlagen werden. Für Beschlüsse des Rates, die einstimmig angenommen werden müssen, ist die Zustimmung der Mitglieder des Rates mit Ausnahme der Vertreter der Regierungen des Vereinigten Königreichs und Irlands erforderlich.

Für die Zwecke dieses Artikels bestimmt sich die qualifizierte Mehrheit nach Artikel 238 Absatz 3 des Vertrags über die Arbeitsweise der Europäischen Union.

Artikel 2

Unverbindlichkeit von Vorschriften des Dritten Teils Titel V

Entsprechend Artikel 1 und vorbehaltlich der Artikel 3, 4 und 6 sind Vorschriften des Dritten Teils Titel V des Vertrags über die Arbeitsweise der Europäischen Union, nach jenem Titel beschlossene Maßnahmen, Vorschriften internationaler Übereinkünfte, die von der Union nach jenem Titel geschlossen werden, sowie Entscheidungen des Gerichtshofs der Europäischen Union, in denen solche Vorschriften oder Maßnahmen ausgelegt werden, für das Vereinigte Königreich oder Irland nicht bindend oder anwendbar; und diese Vorschriften, Maßnahmen oder Entscheidungen berühren in keiner Weise die Zuständigkeiten, Rechte und Pflichten dieser Staaten; ebenso wenig berühren diese Vorschriften, Maßnahmen oder Entscheidungen in irgendeiner Weise den Besitzstand der Gemeinschaft oder der Union oder sind sie Teil des Unionsrechts, soweit sie auf das Vereinigte Königreich und Irland Anwendung finden.

---

* Dieses Protokoll ist eines der Protokolle des Vertrages von Amsterdam vom 2. Oktober 1997 (ABl. C 340 vom 10. 11. 1997 S. 1). Titel und Artikelbezeichnungen wurden gemäß dem Vertrag von Lissabon angepasst.

Artikel 3

Beteiligung an Vorschlägen oder an Initiativen

(1) Das Vereinigte Königreich oder Irland kann dem Präsidenten des Rates innerhalb von drei Monaten nach der Vorlage eines Vorschlags oder einer Initiative nach dem Dritten Teil Titel V des Vertrags über die Arbeitsweise der Europäischen Union beim Rat schriftlich mitteilen, dass es sich an der Annahme und Anwendung der betreffenden Maßnahme beteiligen möchte, was dem betreffenden Staat daraufhin gestattet ist.

Für Beschlüsse des Rates, die einstimmig angenommen werden müssen, ist die Zustimmung aller Mitglieder des Rates mit Ausnahme der Mitglieder, die keine solche Mitteilung gemacht haben, erforderlich. Eine nach diesem Absatz beschlossene Maßnahme ist für alle an der Annahme beteiligten Mitgliedstaaten bindend.

Die Bedingungen für eine Beteiligung des Vereinigten Königreichs und Irlands an den Bewertungen, die die unter den Dritten Teil Titel V des Vertrags über die Arbeitsweise der Europäischen Union fallenden Bereiche betreffen, werden in den nach Artikel 70 des genannten Vertrags erlassenen Maßnahmen geregelt.

Für die Zwecke dieses Artikels bestimmt sich die qualifizierte Mehrheit nach Artikel 238 Absatz 3 des Vertrags über die Arbeitsweise der Europäischen Union.

(2) Kann eine Maßnahme nach Absatz 1 nicht innerhalb eines angemessenen Zeitraums mit Beteiligung des Vereinigten Königreichs oder Irlands angenommen werden, so kann der Rat die betreffende Maßnahme nach Artikel 1 ohne Beteiligung des Vereinigten Königreichs oder Irlands annehmen. In diesem Fall findet Artikel 2 Anwendung.

Artikel 4

Annahme einer Maßnahme gemäß des Dritten Teils Titel V

Das Vereinigte Königreich oder Irland kann nach der Annahme einer Maßnahme nach dem Dritten Teil Titel V des Vertrags über die Arbeitsweise der Europäischen Union durch den Rat dem Rat und der Kommission jederzeit mitteilen, dass es die Maßnahme anzunehmen wünscht. In diesem Fall findet das in Artikel 331 Absatz 1 des Vertrags über die Arbeitsweise der Europäischen Union vorgesehene Verfahren sinngemäß Anwendung.

Artikel 4a

Geltungsbereich; Verfahren

(1) Die Bestimmungen dieses Protokolls gelten für das Vereinigte Königreich und Irland auch für nach dem Dritten Teil Titel V des Vertrags über die Arbeitsweise der Europäischen Union vorgeschlagene oder erlassene Maßnahmen, mit denen eine bestehende Maßnahme, die für sie bindend ist, geändert wird.

(2) In Fällen, in denen der Rat auf Vorschlag der Kommission feststellt, dass die Nichtbeteiligung des Vereinigten Königreichs oder Irlands an der geänderten Fassung einer bestehenden Maßnahme die Anwendung dieser Maßnahme für andere Mitgliedstaaten oder die Union unpraktikabel macht, kann er das Vereinigte Königreich bzw. Irland nachdrücklich ersuchen, eine Mitteilung nach Artikel 3 oder Artikel 4 vorzunehmen. Für die Zwecke des Artikels 3 beginnt ab dem Tag, an dem der Rat die Feststellung trifft, eine weitere Frist von zwei Monaten.

Hat das Vereinigte Königreich oder Irland bei Ablauf der Frist von zwei Monaten ab der Feststellung des Rates keine Mitteilung nach Artikel 3 oder Artikel 4 vorgenommen, so ist die bestehende Maßnahme für den betreffenden Mitgliedstaat weder bindend noch anwendbar, es sei denn, er nimmt vor dem Inkrafttreten der Änderungsmaßnahme eine Mitteilung nach Artikel 4 vor. Dies gilt mit Wirkung ab dem Tag des Inkrafttretens der Änderungsmaßnahme oder ab dem Tag des Ablaufs der Frist von zwei Monaten, je nachdem, welcher Zeitpunkt später liegt.

Für die Zwecke dieses Absatzes beschließt der Rat nach eingehender Erörterung der Angelegenheit mit der qualifizierten Mehrheit derjenigen Mitglieder des Rates, die Mitgliedstaaten vertreten, die sich an der Annahme der Änderungsmaßnahme beteiligen oder beteiligt haben. Die qualifizierte Mehrheit des Rates bestimmt sich nach Artikel 238 Absatz 3 Buchstabe a des Vertrags über die Arbeitsweise der Europäischen Union.

(3) Der Rat kann mit qualifizierter Mehrheit auf Vorschlag der Kommission festlegen, dass das Vereinigte Königreich oder Irland etwaige unmittelbare finanzielle Folgen zu tragen hat, die sich zwangsläufig und unvermeidbar daraus ergeben, dass sich das Vereinigte Königreich bzw. Irland nicht mehr an der bestehenden Maßnahme beteiligt.

(4) Dieser Artikel lässt Artikel 4 unberührt.

Artikel 5

Finanzielle Folgen

Ein Mitgliedstaat, der durch eine nach dem Dritten Teil Titel V des Vertrags über die Arbeitsweise der Europäischen Union beschlossene Maßnahme nicht gebunden ist, hat außer den für die Organe sich ergebenden Verwaltungskosten keine finanziellen Folgen dieser Maßnahme zu tragen, sofern der Rat nicht mit allen seinen Mitgliedern nach Anhörung des Europäischen Parlaments einstimmig etwas anderes beschließt.

Artikel 6

Bindungswirkung

In Fällen, in denen nach diesem Protokoll das Vereinigte Königreich oder Irland durch eine vom Rat nach dem Dritten Teil Titel V des Vertrags über die Arbeitsweise der Europäischen Union beschlossene Maßnahme gebunden ist, gelten hinsichtlich dieser Maßnahme für den betreffenden Staat die einschlägigen Bestimmungen der Verträge.

Artikel 6a

Personenbezogene Daten

Die auf der Grundlage des Artikels 16 des Vertrags über die Arbeitsweise der Europäischen Union festgelegten Vorschriften über die Verarbeitung personenbezogener Daten durch die Mitgliedstaaten im Rahmen der Ausübung von Tätigkeiten, die in den Anwendungsbereich des Dritten Teils Titel V Kapitel 4 und 5 des genannten Vertrags fallen, werden für das Vereinigte Königreich und Irland nicht bindend sein, wenn das Vereinigte Königreich und Irland nicht durch Unionsvorschriften gebunden sind, die Formen der justiziellen Zusammenarbeit in Strafsachen oder der polizeilichen Zusammenarbeit regeln, in deren Rahmen die auf der Grundlage des Artikels 16 festgelegten Vorschriften eingehalten werden müssen.

Artikel 7

Ausnahmeregelung

Die Artikel 3, 4 und 4a berühren nicht das Protokoll über den in den Rahmen der Europäischen Union einbezogenen Schengen-Besitzstand.

Artikel 8

Möglichkeit des Verzichts

Irland kann dem Rat schriftlich mitteilen, dass dieses Protokoll nicht mehr für Irland gelten soll. In diesem Fall gelten für Irland die üblichen Vertragsbestimmungen.

Artikel 9

Geltungsbereich für Irland

Im Falle Irlands gilt dieses Protokoll nicht für Artikel 75 des Vertrags über die Arbeitsweise der Europäischen Union.

Protokoll über die Außenbeziehungen der Mitgliedstaaten hinsichtlich des Überschreitens der Außengrenzen (Nr. 23)*

in der konsolidierten Fassung vom 7. Juni 2016 (ABl. C 202 vom 7. 6. 2016 S. 303)

DIE HOHEN VERTRAGSPARTEIEN –

EINGEDENK der Notwendigkeit, dass die Mitgliedstaaten, gegebenenfalls in Zusammenarbeit mit Drittländern, für wirksame Kontrollen an ihren Außengrenzen sorgen –

SIND über folgende Bestimmungen ÜBEREINGEKOMMEN, die dem Vertrag über die Europäische Union und dem Vertrag über die Arbeitsweise der Europäischen Union beigefügt sind:

Die in Artikel 77 Absatz 2 Buchstabe b des Vertrags über die Arbeitsweise der Europäischen Union aufgenommenen Bestimmungen über Maßnahmen in Bezug auf das Überschreiten der Außengrenzen berühren nicht die Zuständigkeit der Mitgliedstaaten für die Aushandlung und den Abschluss von Übereinkünften mit Drittländern, sofern sie mit den Rechtsvorschriften der Union und anderen in Betracht kommenden internationalen Übereinkünften in Einklang stehen.

* Dieses Protokoll ist eines der Protokolle des Vertrags von Amsterdam vom 2. Oktober 1997 (ABl. C 340 vom 10. 11. 1997 S. 1). Die Artikelbezeichnungen wurden gemäß dem Vertrag von Lissabon angepasst.

Protokoll über die Gewährung von Asyl für Staatsangehörige von Mitgliedstaaten der Europäischen Union (Nr. 24)*

in der konsolidierten Fassung vom 7. Juni 2016 (ABl. C 202 vom 7. 6. 2016 S. 304)

DIE HOHEN VERTRAGSPARTEIEN –

IN DER ERWÄGUNG, dass die Union nach Artikel 6 Absatz 1 des Vertrags über die Europäische Union die Rechte, Freiheiten und Grundsätze anerkennt, die in der Charta der Grundrechte der Europäischen Union enthalten sind,

IN DER ERWÄGUNG, dass die Grundrechte nach Artikel 6 Absatz 3 des Vertrags über die Europäische Union, wie sie in der Europäischen Konvention zum Schutz der Menschenrechte und Grundfreiheiten gewährleistet sind, als allgemeine Grundsätze zum Unionsrecht gehören,

IN DER ERWÄGUNG, dass der Gerichtshof der Europäischen Union dafür zuständig ist, sicherzustellen, dass die Union bei der Auslegung und Anwendung des Artikels 6 Absätze 1 und 3 des Vertrags über die Europäische Union die Rechtsvorschriften einhält,

IN DER ERWÄGUNG, dass nach Artikel 49 des Vertrags über die Europäische Union jeder europäische Staat, der beantragt, Mitglied der Union zu werden, die in Artikel 2 des Vertrags über die Europäische Union genannten Werte achten muss,

EINGEDENK dessen, dass Artikel 7 des Vertrags über die Europäische Union ein Verfahren für die Aussetzung bestimmter Rechte im Falle einer schwerwiegenden und anhaltenden Verletzung dieser Werte durch einen Mitgliedstaat vorsieht,

UNTER HINWEIS darauf, dass jeder Staatsangehörige eines Mitgliedstaats als Unionsbürger einen besonderen Status und einen besonderen Schutz genießt, welche die Mitgliedstaaten gemäß dem Zweiten Teil des Vertrags über die Arbeitsweise der Europäischen Union gewährleisten,

IN DEM BEWUSSTSEIN, dass die Verträge einen Raum ohne Binnengrenzen schaffen und jedem Unionsbürger das Recht gewähren, sich im Hoheitsgebiet der Mitgliedstaaten frei zu bewegen und aufzuhalten,

IN DEM WUNSCH, zu verhindern, dass Asyl für andere als die vorgesehenen Zwecke in Anspruch genommen wird,

IN DER ERWÄGUNG, dass dieses Protokoll den Zweck und die Ziele des Genfer Abkommens vom 28. Juli 1951 über die Rechtsstellung der Flüchtlinge beachtet –

SIND über folgende Bestimmungen ÜBEREINGEKOMMEN, die dem Vertrag über die Europäische Union und dem Vertrag über die Arbeitsweise der Europäischen Union beigefügt sind:

---

* Dieses Protokoll ist eines der Protokolle des Vertrages von Amsterdam vom 2. Oktober 1997 (ABl. C 340 vom 10. 11. 1997 S. 1). Die Artikelbezeichnungen wurden gemäß dem Vertrag von Lissabon angepasst.

Einziger Artikel

In Anbetracht des Niveaus des Schutzes der Grundrechte und Grundfreiheiten in den Mitgliedstaaten der Europäischen Union gelten die Mitgliedstaaten füreinander für alle rechtlichen und praktischen Zwecke im Zusammenhang mit Asylangelegenheiten als sichere Herkunftsländer. Dementsprechend darf ein Asylantrag eines Staatsangehörigen eines Mitgliedstaats von einem anderen Mitgliedstaat nur berücksichtigt oder zur Bearbeitung zugelassen werden,

a) wenn der Mitgliedstaat, dessen Staatsangehöriger der Antragsteller ist, nach Inkrafttreten des Vertrags von Amsterdam Artikel 15 der Konvention zum Schutze der Menschenrechte und Grundfreiheiten anwendet und Maßnahmen ergreift, die in seinem Hoheitsgebiet die in der Konvention vorgesehenen Verpflichtungen außer Kraft setzen;

b) wenn das Verfahren des Artikels 7 Absatz 1 des Vertrags über die Europäische Union eingeleitet worden ist und bis der Rat oder gegebenenfalls der Europäische Rat diesbezüglich einen Beschluss im Hinblick auf den Mitgliedstaat, dessen Staatsangehöriger der Antragsteller ist, gefasst hat;

c) wenn der Rat einen Beschluss nach Artikel 7 Absatz 1 des Vertrags über die Europäische Union im Hinblick auf den Mitgliedstaat, dessen Staatsangehöriger der Antragsteller ist, erlassen hat, oder wenn der Europäische Rat einen Beschluss nach Artikel 7 Absatz 2 des genannten Vertrags im Hinblick auf den Mitgliedstaat, dessen Staatsangehöriger der Antragsteller ist, erlassen hat;

d) wenn ein Mitgliedstaat in Bezug auf den Antrag eines Staatsangehörigen eines anderen Mitgliedstaats einseitig einen solchen Beschluss fasst; in diesem Fall wird der Rat umgehend unterrichtet; bei der Prüfung des Antrags wird von der Vermutung ausgegangen, dass der Antrag offensichtlich unbegründet ist, ohne dass die Entscheidungsbefugnis des Mitgliedstaats in irgendeiner Weise beeinträchtigt wird.

Protokoll über die Ausübung der geteilten Zuständigkeit (Nr. 25)

in der Fassung der Bekanntmachung vom 7. Juni 2016 (ABl. C 202 vom 7. 6. 2016 S. 306)

DIE HOHEN VERTRAGSPARTEIEN –

SIND über folgende Bestimmungen ÜBEREINGEKOMMEN, die dem Vertrag über die Europäische Union und dem Vertrag über die Arbeitsweise der Europäischen Union beigefügt sind:

Einziger Artikel

Ist die Union in einem bestimmten Bereich im Sinne des Artikels 2 Absatz 2 des Vertrags über die Arbeitsweise der Europäischen Union betreffend die geteilte Zuständigkeit tätig geworden, so erstreckt sich die Ausübung der Zuständigkeit nur auf die durch den entsprechenden Rechtsakt der Union geregelten Elemente und nicht auf den gesamten Bereich.

Protokoll über Dienste von allgemeinem Interesse (Nr. 26)

in der Fassung der Bekanntmachung vom 7. Juni 2016 (ABl. C 202 vom 7. 6. 2016 S. 307)

DIE HOHEN VERTRAGSPARTEIEN –

IN DEM WUNSCH, die Bedeutung der Dienste von allgemeinem Interesse hervorzuheben –

SIND über folgende auslegende Bestimmungen ÜBEREINGEKOMMEN, die dem Vertrag über die Europäische Union und dem Vertrag über die Arbeitsweise der Europäischen Union beigefügt sind:

Artikel 1

Zu den gemeinsamen Werten der Union in Bezug auf Dienste von allgemeinem wirtschaftlichem Interesse im Sinne des Artikels 14 des Vertrags über die Arbeitsweise der Europäischen Union zählen insbesondere:

- die wichtige Rolle und der weite Ermessensspielraum der nationalen, regionalen und lokalen Behörden in der Frage, wie Dienste von allgemeinem wirtschaftlichem Interesse auf eine den Bedürfnissen der Nutzer so gut wie möglich entsprechende Weise zur Verfügung zu stellen, in Auftrag zu geben und zu organisieren sind;
- die Vielfalt der jeweiligen Dienstleistungen von allgemeinem wirtschaftlichem Interesse und die Unterschiede bei den Bedürfnissen und Präferenzen der Nutzer, die aus unterschiedlichen geografischen, sozialen oder kulturellen Gegebenheiten folgen können;
- ein hohes Niveau in Bezug auf Qualität, Sicherheit und Bezahlbarkeit, Gleichbehandlung und Förderung des universellen Zugangs und der Nutzerrechte.

Artikel 2

Die Bestimmungen der Verträge berühren in keiner Weise die Zuständigkeit der Mitgliedstaaten, nichtwirtschaftliche Dienste von allgemeinem Interesse zur Verfügung zu stellen, in Auftrag zu geben und zu organisieren.

Protokoll über die Anwendung der Charta der Grundrechte der Europäischen Union auf Polen und das Vereinigte Königreich (Nr. 30)

in der Fassung der Bekanntmachung vom 7. Juni 2016 (ABl. C 202 vom 7. 6. 2016 S. 312)

DIE HOHEN VERTRAGSPARTEIEN –

IN DER ERWÄGUNG, dass die Union in Artikel 6 des Vertrags über die Europäische Union die in der Charta der Grundrechte der Europäischen Union enthaltenen Rechte, Freiheiten und Grundsätze anerkennt;

IN DER ERWÄGUNG, dass die Charta streng im Einklang mit den Bestimmungen des genannten Artikels 6 und mit Titel VII der Charta anzuwenden ist;

IN DER ERWÄGUNG, dass der genannte Artikel 6 vorsieht, dass die Charta von den Gerichten Polens und des Vereinigten Königreichs streng im Einklang mit den in jenem Artikel erwähnten Erläuterungen anzuwenden und auszulegen ist;

IN DER ERWÄGUNG, dass die Charta sowohl Rechte als auch Grundsätze enthält;

IN DER ERWÄGUNG, dass die Charta sowohl Bestimmungen bürgerlicher und politischer Art als auch Bestimmungen wirtschaftlicher und sozialer Art enthält;

IN DER ERWÄGUNG, dass die Charta die in der Union anerkannten Rechte, Freiheiten und Grundsätze bekräftigt und diese Rechte besser sichtbar macht, aber keine neuen Rechte oder Grundsätze schafft;

EINGEDENK DER Verpflichtungen Polens und des Vereinigten Königreichs aufgrund des Vertrags über die Europäische Union, des Vertrags über die Arbeitsweise der Europäischen Union und des Unionsrechts im Allgemeinen;

IN KENNTNIS des Wunsches Polens und des Vereinigten Königreichs, bestimmte Aspekte der Anwendung der Charta zu klären;

demzufolge IN DEM WUNSCH, die Anwendung der Charta in Bezug auf die Gesetze und Verwaltungsmaßnahmen Polens und des Vereinigten Königreichs und die Frage der Einklagbarkeit in Polen und im Vereinigten Königreich zu klären;

IN BEKRÄFTIGUNG DESSEN, dass in diesem Protokoll enthaltene Bezugnahmen auf die Wirkungsweise spezifischer Bestimmungen der Charta auf keinen Fall die Wirkungsweise anderer Bestimmungen der Charta berühren;

IN BEKRÄFTIGUNG DESSEN, dass dieses Protokoll die Anwendung der Charta auf andere Mitgliedstaaten nicht berührt;

IN BEKRÄFTIGUNG DESSEN, dass dieses Protokoll andere Verpflichtungen Polens und des Vereinigten Königreichs aufgrund des Vertrags über die Europäische Union, des Vertrags über die Arbeitsweise der Europäischen Union und des Unionsrechts im Allgemeinen nicht berührt –

SIND über folgende Bestimmungen ÜBEREINGEKOMMEN, die dem Vertrag über die Europäische Union und dem Vertrag über die Arbeitsweise der Europäischen Union beigefügt sind:

Artikel 1

(1) Die Charta bewirkt keine Ausweitung der Befugnis des Gerichtshofs der Europäischen Union oder eines Gerichts Polens oder des Vereinigten Königreichs zu der Feststellung, dass die Rechts- und Verwaltungsvorschriften, die Verwaltungspraxis oder -maßnahmen Polens oder des Vereinigten Königreichs nicht mit den durch die Charta bekräftigten Grundrechten, Freiheiten und Grundsätzen im Einklang stehen.

(2) Insbesondere – und um jeden Zweifel auszuräumen – werden mit Titel IV der Charta keine für Polen oder das Vereinigte Königreich geltenden einklagbaren Rechte geschaffen, soweit Polen bzw. das Vereinigte Königreich solche Rechte nicht in seinem nationalen Recht vorgesehen hat.

Artikel 2

Wird in einer Bestimmung der Charta auf das innerstaatliche Recht und die innerstaatliche Praxis Bezug genommen, so findet diese Bestimmung auf Polen und das Vereinigte Königreich nur in dem Maße Anwendung, in dem die darin enthaltenen Rechte oder Grundsätze durch das Recht oder die Praxis Polens bzw. des Vereinigten Königreichs anerkannt sind.

Protokoll über die Übergangsbestimmungen (Nr. 36)

in der Fassung der Bekanntmachung vom 7. Juni 2016 (ABl. C 202 vom 7. 6. 2016 S. 321)

Artikel 1

In diesem Protokoll bezeichnet der Ausdruck „die Verträge“ den Vertrag über die Europäische Union, den Vertrag über die Arbeitsweise der Europäischen Union und den Vertrag zur Gründung der Europäischen Atomgemeinschaft.

TITEL I
BESTIMMUNGEN ÜBER DAS EUROPÄISCHE PARLAMENT

Artikel 2

(1) Für den ab Inkrafttreten dieses Artikels verbleibenden Zeitraum der Legislaturperiode 2009–2014 werden in Abweichung von Artikel 189 Absatz 2 und Artikel 190 Absatz 2 des Vertrags zur Gründung der Europäischen Gemeinschaft sowie von Artikel 107 Absatz 2 und Artikel 108 Absatz 2 des Vertrags zur Gründung der Europäischen Atomgemeinschaft, die zum Zeitpunkt der Wahlen zum Europäischen Parlament im Juni 2009 in Kraft waren, sowie in Abweichung von der in Artikel 14 Absatz 2 Unterabsatz 1 des Vertrags über die Europäische Union vorgesehenen Anzahl der Sitze den bestehenden 736 Sitzen die folgenden 18 Sitze hinzugefügt, wodurch sich die Gesamtzahl der Mitglieder des Europäischen Parlaments bis zum Ende der Legislaturperiode 2009–2014 vorübergehend auf 754 erhöht:

Bulgarien	1
Spanien	4
Frankreich	2
Italien	1
Lettland	1
Malta	1
Niederlande	1
Österreich	2
Polen	1
Slowenien	1
Schweden	2
Vereinigtes Königreich	1

(2) In Abweichung von Artikel 14 Absatz 3 des Vertrags über die Europäische Union benennen die betroffenen Mitgliedstaaten die Personen, die die zusätzlichen Sitze nach Absatz 1 einnehmen werden, nach ihren innerstaatlichen Rechts-

vorschriften und unter der Voraussetzung, dass diese Personen in allgemeinen unmittelbaren Wahlen gewählt wurden, und zwar:

a) in allgemeinen, unmittelbaren Ad-hoc-Wahlen in dem betroffenen Mitgliedstaat gemäß den für die Wahlen zum Europäischen Parlament geltenden Bestimmungen,
b) auf der Grundlage der Ergebnisse der Wahlen zum Europäischen Parlament vom 4. bis 7. Juni 2009 oder
c) indem das nationale Parlament des betroffenen Mitgliedstaats die erforderliche Zahl von Mitgliedern aus seiner Mitte nach dem von dem jeweiligen Mitgliedstaat festgelegten Verfahren benennt.

(3) Rechtzeitig vor den Wahlen zum Europäischen Parlament 2014 erlässt der Europäische Rat nach Artikel 14 Absatz 2 Unterabsatz 2 des Vertrags über die Europäische Union einen Beschluss über die Zusammensetzung des Europäischen Parlaments.

TITEL II
BESTIMMUNGEN ÜBER DIE QUALIFIZIERTE MEHRHEIT

Artikel 3

(1) Nach Artikel 16 Absatz 4 des Vertrags über die Europäische Union treten die Bestimmungen dieses Absatzes und die Bestimmungen des Artikels 238 Absatz 2 des Vertrags über die Arbeitsweise der Europäischen Union zur Definition der qualifizierten Mehrheit im Europäischen Rat und im Rat am 1. November 2014 in Kraft.

(2) Für den Zeitraum vom 1. November 2014 bis zum 31. März 2017 gilt Folgendes: Ist für eine Beschlussfassung eine qualifizierte Mehrheit erforderlich, kann ein Mitglied des Rates beantragen, dass die Beschlussfassung mit der qualifizierten Mehrheit nach Absatz 3 erfolgt. In diesem Fall finden die Absätze 3 und 4 Anwendung.

(3) Bis zum 31. Oktober 2014 gelten unbeschadet des Artikels 235 Absatz 1 Unterabsatz 2 des Vertrags über die Arbeitsweise der Europäischen Union die nachstehenden Bestimmungen.

Ist für die Beschlussfassung im Europäischen Rat und im Rat eine qualifizierte Mehrheit erforderlich, so werden die Stimmen der Mitglieder wie folgt gewichtet:

Belgien	12
Bulgarien	10
Tschechische Republik	12
Dänemark	7
Deutschland	29
Estland	4
Irland	7
Griechenland	12
Spanien	27
Frankreich	29

Kroatien	7
Italien	29
Zypern	4
Lettland	4
Litauen	7
Luxemburg	4
Ungarn	12
Malta	3
Niederlande	13
Österreich	10
Polen	27
Portugal	12
Rumänien	14
Slowenien	4
Slowakei	7
Finnland	7
Schweden	10
Vereinigtes Königreich	29

In den Fällen, in denen Beschlüsse nach den Verträgen auf Vorschlag der Kommission zu fassen sind, kommen diese Beschlüsse mit einer Mindestzahl von 260 Stimmen zustande, die die Zustimmung der Mehrheit der Mitglieder umfasst. In den anderen Fällen kommen die Beschlüsse mit einer Mindestzahl von 260 Stimmen zustande, die die Zustimmung von mindestens zwei Dritteln der Mitglieder umfasst.

Ein Mitglied des Europäischen Rates oder des Rates kann beantragen, dass beim Erlass eines Rechtsakts des Europäischen Rates oder des Rates mit qualifizierter Mehrheit überprüft wird, ob die Mitgliedstaaten, die diese qualifizierte Mehrheit bilden, mindestens 62 % der Gesamtbevölkerung der Union ausmachen. Falls sich erweist, dass diese Bedingung nicht erfüllt ist, wird der betreffende Rechtsakt nicht erlassen.

(4) Bis zum 31. Oktober 2014 gilt in den Fällen, in denen in Anwendung der Verträge nicht alle Mitglieder des Rates stimmberechtigt sind, das heißt in den Fällen, in denen auf die qualifizierte Mehrheit nach Artikel 238 Absatz 3 des Vertrags über die Arbeitsweise der Europäischen Union Bezug genommen wird, als qualifizierte Mehrheit derselbe Anteil der gewogenen Stimmen und derselbe Anteil der Anzahl der Mitglieder des Rates sowie gegebenenfalls derselbe Prozentsatz der Bevölkerung der betreffenden Mitgliedstaaten wie in Absatz 3 dieses Artikels festgelegt.

TITEL III

BESTIMMUNGEN ÜBER DIE ZUSAMMENSETZUNGEN DES RATES

Artikel 4

Bis zum Inkrafttreten des Beschlusses nach Artikel 16 Absatz 6 Unterabsatz 1 des Vertrags über die Europäische Union kann der Rat in den in den Unterabsätzen 2 und 3 des genannten Absatzes vorgesehenen Zusammensetzungen sowie in anderen Zusammensetzungen zusammentreten, deren Liste durch einen Beschluss des Rates in seiner Zusammensetzung „Allgemeine Angelegenheiten" festgesetzt wird, der mit einfacher Mehrheit beschließt.

TITEL IV

BESTIMMUNGEN ÜBER DIE KOMMISSION EINSCHLIESSLICH DES HOHEN VERTRETERS DER UNION FÜR AUSSEN- UND SICHERHEITSPOLITIK

Artikel 5

Die zum Zeitpunkt des Inkrafttretens des Vertrags von Lissabon amtierenden Mitglieder der Kommission bleiben bis zum Ende ihrer Amtszeit im Amt. Am Tag der Ernennung des Hohen Vertreters der Union für Außen- und Sicherheitspolitik endet jedoch die Amtszeit des Mitglieds, das die gleiche Staatsangehörigkeit wie dieser besitzt.

TITEL V

BESTIMMUNGEN BETREFFEND DEN GENERALSEKRETÄR DES RATES UND HOHEN VERTRETER FÜR DIE GEMEINSAME AUSSEN- UND SICHERHEITSPOLITIK UND DEN STELLVERTRETENDEN GENERALSEKRETÄR DES RATES

Artikel 6

Die Amtszeit des Generalsekretärs des Rates und Hohen Vertreters für die Gemeinsame Außen- und Sicherheitspolitik sowie des Stellvertretenden Generalsekretärs des Rates endet zum Zeitpunkt des Inkrafttretens des Vertrags von Lissabon. Der Rat ernennt seinen Generalsekretär nach Artikel 240 Absatz 2 des Vertrags über die Arbeitsweise der Europäischen Union.

TITEL VI

BESTIMMUNGEN ÜBER DIE BERATENDEN EINRICHTUNGEN

Artikel 7

Bis zum Inkrafttreten des Beschlusses nach Artikel 301 des Vertrags über die Arbeitsweise der Europäischen Union verteilen sich die Mitglieder des Wirtschafts- und Sozialausschusses wie folgt:

Belgien	12
Bulgarien	12
Tschechische Republik	12
Dänemark	9
Deutschland	24

Estland	7
Irland	9
Griechenland	12
Spanien	21
Frankreich	24
Italien	24
Zypern	6
Lettland	7
Litauen	9
Luxemburg	6
Ungarn	12
Malta	5
Niederlande	12
Österreich	12
Polen	21
Portugal	12
Rumänien	15
Slowenien	7
Slowakei	9
Finnland	9
Schweden	12
Vereinigtes Königreich	24

Artikel 8

Bis zum Inkrafttreten des Beschlusses nach Artikel 305 des Vertrags über die Arbeitsweise der Europäischen Union verteilen sich die Mitglieder des Ausschusses der Regionen wie folgt:

Belgien	12
Bulgarien	12
Tschechische Republik	12
Dänemark	9
Deutschland	24
Estland	7

Irland	9
Griechenland	12
Spanien	21
Frankreich	24
Italien	24
Zypern	6
Lettland	7
Litauen	9
Luxemburg	6
Ungarn	12
Malta	5
Niederlande	12
Österreich	12
Polen	21
Portugal	12
Rumänien	15
Slowenien	7
Slowakei	9
Finnland	9
Schweden	12
Vereinigtes Königreich	24

TITEL VII
ÜBERGANGSBESTIMMUNGEN ÜBER DIE VOR DEM INKRAFTTRETEN DES VERTRAGS VON LISSABON AUF DER GRUNDLAGE DER TITEL V UND VI DES VERTRAGS ÜBER DIE EUROPÄISCHE UNION ANGENOMMENEN RECHTSAKTE

Artikel 9

Die Rechtsakte der Organe, Einrichtungen und sonstigen Stellen der Union, die vor dem Inkrafttreten des Vertrags von Lissabon auf der Grundlage des Vertrags über die Europäische Union angenommen wurden, behalten so lange Rechtswirkung, bis sie in Anwendung der Verträge aufgehoben, für nichtig erklärt oder geändert werden. Dies gilt auch für Übereinkommen, die auf der Grundlage des Vertrags über die Europäische Union zwischen Mitgliedstaaten geschlossen wurden.

Artikel 10

(1) Als Übergangsmaßnahme gilt bezüglich der Befugnisse der Organe bei Rechtsakten der Union im Bereich der polizeilichen Zusammenarbeit und der justiziellen Zusammenarbeit in Strafsachen, die vor dem Inkrafttreten des Vertrags von Lissabon angenommen wurden, bei Inkrafttreten des genannten Vertrags Folgendes: Die Befugnisse der Kommission nach Artikel 258 des Vertrags über die Arbeitsweise der Europäischen Union gelten nicht, und die Befugnisse des Gerichtshofs der Europäischen Union nach Titel VI des Vertrags über die Europäische Union in der vor dem Inkrafttreten des Vertrags von Lissabon geltenden Fassung bleiben unverändert, einschließlich in den Fällen, in denen sie nach Artikel 35 Absatz 2 des genannten Vertrags über die Europäische Union anerkannt wurden.

(2) Die Änderung eines in Absatz 1 genannten Rechtsakts hat zur Folge, dass hinsichtlich des geänderten Rechtsakts in Bezug auf diejenigen Mitgliedstaaten, für die der geänderte Rechtsakt gilt, die in den Verträgen vorgesehenen Befugnisse der in Absatz 1 genannten Organe gelten.

(3) Die Übergangsmaßnahme nach Absatz 1 tritt auf jeden Fall fünf Jahre nach dem Inkrafttreten des Vertrags von Lissabon außer Kraft.

(4) Das Vereinigte Königreich kann dem Rat spätestens sechs Monate vor dem Ende des Übergangszeitraums nach Absatz 3 mitteilen, dass es hinsichtlich der Rechtsakte nach Absatz 1 die in den Verträgen festgelegten Befugnisse der in Absatz 1 genannten Organe nicht anerkennt. Im Falle einer solchen Mitteilung durch das Vereinigte Königreich gelten alle Rechtsakte nach Absatz 1 für das Vereinigte Königreich nicht mehr ab dem Tag, an dem der Übergangszeitraum nach Absatz 3 endet. Dieser Unterabsatz gilt nicht in Bezug auf die geänderten Rechtsakte nach Absatz 2, die für das Vereinigte Königreich gelten.

Der Rat beschließt mit qualifizierter Mehrheit auf Vorschlag der Kommission die erforderlichen Folge- und Übergangsmaßnahmen. Das Vereinigte Königreich nimmt an der Annahme dieses Beschlusses nicht teil. Die qualifizierte Mehrheit des Rates bestimmt sich nach Artikel 238 Absatz 3 Buchstabe a des Vertrags über die Arbeitsweise der Europäischen Union.

Der Rat kann mit qualifizierter Mehrheit auf Vorschlag der Kommission ferner einen Beschluss annehmen, mit dem bestimmt wird, dass das Vereinigte Königreich etwaige unmittelbare finanzielle Folgen trägt, die sich zwangsläufig und unvermeidbar daraus ergeben, dass es sich nicht mehr an diesen Rechtsakten beteiligt.

(5) Das Vereinigte Königreich kann dem Rat in der Folge jederzeit mitteilen, dass es sich an Rechtsakten beteiligen möchte, die nach Absatz 4 Unterabsatz 1 für das Vereinigte Königreich nicht mehr gelten. In diesem Fall finden die einschlägigen Bestimmungen des Protokolls über den in den Rahmen der Europäischen Union einbezogenen Schengen-Besitzstand bzw. des Protokolls über die Position des Vereinigten Königreichs und Irlands hinsichtlich des Raums der Freiheit, der Sicherheit und des Rechts Anwendung. In Bezug auf diese Rechtsakte gelten die in den Verträgen festgelegten Befugnisse der Organe. Handeln die Organe der Union und das Vereinigte Königreich im Rahmen der betreffenden Protokolle, so bemühen sie sich, das größtmögliche Maß an Beteiligung des Vereinigten Königreichs am Besitzstand der Union bezüglich des Raums der Freiheit, der Sicherheit und des Rechts wiederherzustellen, ohne dass die praktische Funktionsfähigkeit seiner verschiedenen Bestandteile ernsthaft beeinträchtigt wird, und unter Wahrung von deren Kohärenz.

Protokoll über die finanziellen Folgen des Ablaufs des EGKS-Vertrags und über den Forschungsfonds für Kohle und Stahl (Nr. 37)*

in der konsolidierten Fassung vom 7. Juni 2016 (ABl. C 202 vom 7. 6. 2016 S. 327)

DIE HOHEN VERTRAGSPARTEIEN –

UNTER HINWEIS DARAUF, dass das gesamte Vermögen und alle Verbindlichkeiten der Europäischen Gemeinschaft für Kohle und Stahl zum Stand vom 23. Juli 2002 am 24. Juli 2002 auf die Europäische Gemeinschaft übergegangen sind,

EINGEDENK der Tatsache, dass diese Mittel für die Forschung in Sektoren verwendet werden sollten, die mit der Kohle- und Stahlindustrie zusammenhängen, und der sich daraus ergebenden Notwendigkeit, hierfür eine Reihe besonderer Vorschriften vorzusehen –

SIND über folgende Bestimmungen ÜBEREINGEKOMMEN, die dem Vertrag über die Europäische Union und dem Vertrag über die Arbeitsweise der Europäischen Union beigefügt sind:

Artikel 1

EGKS in Abwicklung; Vermögen des Forschungsfonds für Kohle und Stahl

(1) Der Nettowert dieses Vermögens und dieser Verbindlichkeiten gemäß der Bilanz der EGKS vom 23. Juli 2002, vorbehaltlich etwaiger Erhöhungen oder Minderungen infolge der Abwicklungsvorgänge, gilt als Vermögen für Forschung in Sektoren, die die Kohle- und Stahlindustrie betreffen, und erhält die Bezeichnung „EGKS in Abwicklung“. Nach Abschluss der Abwicklung wird dieses Vermögen als „Vermögen des Forschungsfonds für Kohle und Stahl“ bezeichnet.

(2) Die Erträge aus diesem Vermögen, die als „Forschungsfonds für Kohle und Stahl“ bezeichnet werden, werden im Einklang mit diesem Protokoll und den auf dieser Grundlage erlassenen Rechtsakten ausschließlich für die außerhalb des Forschungsrahmenprogramms durchgeführten Forschungsarbeiten in Sektoren, die mit der Kohle- und Stahlindustrie zusammenhängen, verwendet.

Artikel 2

Zuständigkeit des Rates zum Erlass der erforderlichen Bestimmungen

Der Rat erlässt gemäß einem besonderen Gesetzgebungsverfahren und nach Zustimmung des Europäischen Parlaments alle für die Durchführung dieses Protokolls erforderlichen Bestimmungen, einschließlich der wesentlichen Grundsätze.

Der Rat erlässt auf Vorschlag der Kommission und nach Anhörung des Europäischen Parlaments die Maßnahmen zur Festlegung der mehrjährigen Finanzleitlinien für die Verwaltung des Vermögens des Forschungsfonds für Kohle und Stahl sowie technischer Leitlinien für das Forschungsprogramm des Fonds.

---

* Dieses Protokoll ist eines der Protokolle des Vertrags von Nizza vom 26. Februar 2001 (ABl. C 80 vom 10. 3. 2001 S. 1, ber. C 96 vom 27. 3. 2001 S. 27).

Artikel 3

Anwendbarkeit der Verträge

Soweit in diesem Protokoll und in den auf der Grundlage dieses Protokolls erlassenen Rechtsakten nichts anderes vorgesehen ist, finden die Verträge Anwendung.

4 Sekundäres Unionrecht

41 Organisation/Finanzen

411 Beschluss des Rates vom 26. Mai 2014 über das Eigenmittelsystem der Europäischen Union (2014/335/EU, Euratom)

(ABl. L 168 vom 7. 6. 2014 S. 105)

Inhaltsübersicht*

DER RAT DER EUROPÄISCHEN UNION –

gestützt auf den Vertrag über die Arbeitsweise der Europäischen Union, insbesondere auf Artikel 311 Absatz 3,

gestützt auf den Vertrag zur Gründung der Europäischen Atomgemeinschaft, insbesondere auf Artikel 106a,

auf Vorschlag der Europäischen Kommission,

nach Zuleitung des Entwurfs des Gesetzgebungsakts an die nationalen Parlamente,

nach Stellungnahme des Europäischen Parlaments,

gemäß einem besonderen Gesetzgebungsverfahren,

in Erwägung nachstehender Gründe:

(1) Das Eigenmittelsystem der Union muss gewährleisten, dass die Union über angemessene Einnahmen für eine geordnete Finanzierung der Politikbereiche der Union verfügt; dabei ist eine strikte Haushaltsdisziplin zu wahren. Die Entwicklung des Eigenmittelsystems kann und soll auch zu den Bemühungen der Mitgliedstaaten um eine Konsolidierung ihrer Haushalte insgesamt beitragen und in größtmöglichem Umfang in die Entwicklung der Politikbereiche der Union einbezogen werden.

(2) Dieser Beschluss kann erst in Kraft treten, wenn ihm alle Mitgliedstaaten in Einklang mit ihren jeweiligen verfassungsrechtlichen Vorschriften zugestimmt haben und somit die Souveränität der Mitgliedstaaten in vollem Umfang gewahrt ist.

---

* Nicht amtlich.

(3) Der Europäische Rat hat auf seiner Tagung vom 7./8. Februar 2013 unter anderem festgestellt, dass die allgemeinen Ziele der Einfachheit, Transparenz und Gerechtigkeit Richtschnur für die Eigenmittelvereinbarungen sein sollten. Folglich sollten diese Vereinbarungen im Einklang mit den einschlägigen Schlussfolgerungen des Europäischen Rates von 1984 in Fontainebleau sicherstellen, dass keinem Mitgliedstaat eine – gemessen an seinem relativen Wohlstand – überhöhte Haushaltsbelastung auferlegt wird. Es ist daher angebracht, Bestimmungen für bestimmte Mitgliedstaaten vorzusehen.

(4) Der Europäische Rat hat auf seiner Tagung vom 7./8. Februar 2013 festgestellt, dass für Deutschland, die Niederlande und Schweden nur im Zeitraum 2014–2020 geringere Abrufsätze für die Eigenmittel auf der Grundlage der Mehrwertsteuer gelten sollen. Er hat ferner festgestellt, dass Dänemark, die Niederlande und Schweden in den Genuss einer Bruttoverminderung ihres jährlichen BNE-Beitrags kommen sollen, die nur für den Zeitraum 2014–2020 gilt, und dass Österreich in den Genuss einer Bruttoverminderung seines jährlichen BNE-Beitrags kommen soll, die nur für den Zeitraum 2014–2016 gilt. Der Europäische Rat hat auf seiner Tagung vom 7./8. Februar 2013 festgestellt, dass der bestehende Korrekturmechanismus für das Vereinigte Königreich weiterhin Anwendung finden soll.

(5) Der Europäische Rat hat auf seiner Tagung vom 7./8. Februar 2013 festgestellt, dass das System für die Erhebung der traditionellen Eigenmittel nicht geändert werden soll. Ab 1. Januar 2014 sollen die Mitgliedstaaten jedoch 20 % der von ihnen erhobenen Beträge als Erhebungskosten einbehalten.

(6) Zur Wahrung einer strikten Haushaltsdisziplin und unter Berücksichtigung der Mitteilung der Kommission vom 16. April 2010 über die Anpassung der Eigenmittelobergrenze und der Obergrenze für Mittel für Verpflichtungen nach Inkrafttreten des Beschlusses zur Berücksichtigung der FISIM für die Zwecke der Eigenmittel sollte die Eigenmittel-Obergrenze der Mittel für Zahlungen auf 1,23 % des Gesamtbetrags des BNE der Mitgliedstaaten zu Marktpreisen und die Obergrenze der Mittel für Verpflichtungen auf 1,29 % des Gesamtbetrags des BNE der Mitgliedstaaten festgesetzt werden. Diese Obergrenzen beruhen auf dem ESVG 95 einschließlich der unterstellten Bankgebühr (FISIM), da die Daten, die auf dem mit der Verordnung (EU) Nr. 549/2013 des Europäischen Parlaments und des Rates[1)] (ESVG 2010) eingeführten überarbeiteten europäischen System volkswirtschaftlicher Gesamtrechnungen beruhen, zum Zeitpunkt der Annahme des vorliegenden Beschlusses nicht verfügbar waren. Damit sich der Betrag der der Union zur Verfügung gestellten Finanzmittel nicht ändert, ist es angebracht, diese in Prozent des BNE ausgedrückten Obergrenzen anzupassen. Diese Obergrenzen sollten angepasst werden, sobald alle Mitgliedstaaten ihre Daten auf der Grundlage des ESVG 2010 übermittelt haben. Sollte das ESVG 2010 in einer Weise geändert werden, die zu erheblichen Änderungen der Höhe des BNE führt, so sollten die Obergrenzen für Eigenmittel und für Mittel für Verpflichtungen erneut angepasst werden.

(7) Der Europäische Rat hat den Rat auf seiner Tagung vom 7./8. Februar 2013 aufgefordert, die Arbeit an dem Vorschlag der Kommission für eine neue

---

1) Amtliche Fußnote: Verordnung (EU) Nr. 549/2013 des Europäischen Parlaments und des Rates vom 21. Mai 2013 zum Europäischen System Volkswirtschaftlicher Gesamtrechnungen auf nationaler und regionaler Ebene in der Europäischen Union (ABl. L 174 vom 26. 6. 2013, S. 1).

Eigenmittelkategorie auf der Grundlage der Mehrwertsteuer mit dem Ziel fortzusetzen, größtmögliche Einfachheit und Transparenz zu gewährleisten, die Verknüpfung mit der Mehrwertsteuerpolitik der EU und der tatsächlich erhobenen Mehrwertsteuer zu verstärken und für eine Gleichbehandlung der Steuerzahler in allen Mitgliedstaaten zu sorgen. Der Europäische Rat hat festgestellt, dass die neue Mehrwertsteuer-Eigenmittelkategorie das System für die Bereitstellung der Eigenmittel auf der Grundlage der Mehrwertsteuer in seiner jetzigen Form ablösen könnte. Der Europäische Rat hat ferner zur Kenntnis genommen, dass der Rat am 22. Januar 2013 den Beschluss des Rates über die Ermächtigung zu einer Verstärkten Zusammenarbeit im Bereich der Finanztransaktionssteuer[1)] erlassen hat. Er hat die teilnehmenden Mitgliedstaaten ersucht zu prüfen, ob dies die Grundlage für eine neue Eigenmittelkategorie für den EU-Haushalt werden könnte. Er hat festgestellt, dass dies weder Auswirkungen auf die nicht teilnehmenden Mitgliedstaaten noch auf die Berechnung der Korrektur zugunsten des Vereinigten Königreichs hätte.

(8) Der Europäische Rat hat auf seiner Tagung vom 7./8. Februar 2013 festgestellt, dass nach Maßgabe des Artikels 311 Absatz 4 des Vertrags über die Arbeitsweise der Europäischen Union (AEUV) eine Verordnung des Rates zur Festlegung von Durchführungsbestimmungen für das Eigenmittelsystem der Union ausgearbeitet wird. Dementsprechend sollten Bestimmungen allgemeiner Art, die für alle Arten von Eigenmitteln gelten und bei denen entsprechend den Verträgen eine angemessene parlamentarische Kontrolle erforderlich ist, in die genannte Verordnung aufgenommen werden, wie insbesondere das Verfahren für die Berechnung und Budgetierung des jährlichen Haushaltssaldos sowie Aspekte der Kontrolle und Überwachung der Einnahmen.

(9) Aus Gründen der Kohärenz, der Kontinuität und der Rechtssicherheit sollten Vorschriften für den Übergang von dem mit dem Beschluss 2007/436/EG, Euratom des Rates[2)] eingeführten System auf das mit dem vorliegenden Beschluss eingeführte System erlassen werden.

(10) Der Beschluss 2007/436/EG, Euratom sollte aufgehoben werden.

(11) Für die Zwecke dieses Beschlusses sollten alle Geldbeträge in Euro ausgedrückt werden.

(12) Der Europäische Rechnungshof und der Europäische Wirtschafts- und Sozialausschuss wurden angehört und haben Stellungnahmen[3)] abgegeben.

(13) Damit der Übergang auf das überarbeitete Eigenmittelsystem mit dem Haushaltsjahr zusammenfällt, sollte dieser Beschluss vom 1. Januar 2014 an gelten –

HAT FOLGENDEN BESCHLUSS ERLASSEN:

Artikel 1 Gegenstand

Dieser Beschluss enthält die Vorschriften für die Bereitstellung der Eigenmittel der Union, damit in Einklang mit Artikel 311 des Vertrags über die Arbeits-

---

1) Amtliche Fußnote: ABl. L 22 vom 25. 1. 2013, S. 11.

2) Amtliche Fußnote: Beschluss 2007/436/EG, Euratom des Rates vom 7. Juni 2007 über das System der Eigenmittel der Europäischen Gemeinschaften (ABl. L 163 vom 23. 6. 2007, S. 17).

3) Amtliche Fußnote: Stellungnahme Nr. 2/2012 des Europäischen Rechnungshofs vom 20. März 2012 (ABl. C 112 vom 18. 4. 2012, S. 1) und Stellungnahme des Europäischen Wirtschafts- und Sozialausschusses vom 29. März 2012 (ABl. C 181 vom 21. 6. 2012, S. 45).

weise der Europäischen Union (AEUV) die Finanzierung des Jahreshaushalts der Union gewährleistet ist.

Artikel 2 Eigenmittelkategorien und konkrete Methoden für ihre Berechnung

(1) Folgende Einnahmen stellen in den Haushaltsplan der Union einzusetzende Eigenmittel dar:

a) traditionelle Eigenmittel in Form von Abschöpfungen, Prämien, Zusatz- oder Ausgleichsbeträgen, zusätzlichen Teilbeträgen und anderen Abgaben, Zöllen des Gemeinsamen Zolltarifs und anderen Zöllen auf den Warenverkehr mit Drittländern, die von den Organen der Union eingeführt worden sind oder noch eingeführt werden, Zöllen auf die unter den ausgelaufenen Vertrag über die Gründung der Europäischen Gemeinschaft für Kohle und Stahl fallenden Erzeugnisse sowie Abgaben, die im Rahmen der gemeinsamen Marktorganisation für Zucker vorgesehen sind;

b) unbeschadet des Absatzes 4 Unterabsatz 2 Einnahmen, die sich aus der Anwendung eines für alle Mitgliedstaaten einheitlichen Satzes auf die nach Unionsvorschriften bestimmten harmonisierten MwSt.-Eigenmittelbemessungsgrundlagen ergeben. Die für diese Zwecke heranzuziehende Bemessungsgrundlage darf 50 % des in Absatz 7 definierten Bruttonationaleinkommens (BNE) eines jeden Mitgliedstaats nicht überschreiten;

c) unbeschadet des Absatzes 5 Unterabsatz 2 Einnahmen, die sich aus der Anwendung eines im Rahmen des Haushaltsverfahrens unter Berücksichtigung aller übrigen Einnahmen festzulegenden einheitlichen Satzes auf den Gesamtbetrag der BNE aller Mitgliedstaaten ergeben.

(2) In den Haushaltsplan der Union einzusetzende Eigenmittel sind ferner Einnahmen aus sonstigen, gemäß dem Verfahren des Artikels 311 AEUV im Rahmen einer gemeinsamen Politik eingeführten Abgaben.

(3) Die Mitgliedstaaten behalten von den in Absatz 1 Buchstabe a genannten Einnahmen 20 % für die Erhebung ein.

(4) Der in Absatz 1 Buchstabe b genannte einheitliche Satz wird auf 0,30 % festgesetzt.

Ausschließlich für den Zeitraum 2014–2020 wird der Abrufsatz der MwSt.-Eigenmittel für Deutschland, die Niederlande und Schweden auf 0,15 % festgesetzt.

(5) Der in Absatz 1 Buchstabe c genannte einheitliche Satz wird auf das BNE eines jeden Mitgliedstaats angewandt.

Ausschließlich für den Zeitraum 2014–2020 werden die jährlichen BNE-Beiträge Dänemarks, der Niederlande und Schwedens brutto um 130 Mio. EUR, 695 Mio. EUR bzw. 185 Mio. EUR gesenkt. Der jährliche BNE-Beitrag Österreichs wird brutto im Jahr 2014 um 30 Mio. EUR gesenkt, im Jahr 2015 um 20 Mio. EUR und im Jahr 2016 um 10 Mio. EUR. Alle diese Beträge werden in Preisen von 2011 ausgedrückt und in jeweilige Preise umgerechnet, indem der jeweils jüngste von der Kommission errechnete BIP-Deflator für die EU in Euro herangezogen wird, der zum Zeitpunkt der Aufstellung des Haushaltsplanentwurfs vorliegt. Diese Bruttokürzungen erfolgen nach der Berechnung der Korrektur zugunsten des Vereinigten Königreichs und der Finanzierung des betreffenden Korrekturbetrags gemäß den Artikeln 4 und 5 und beeinflussen diese nicht. Diese Bruttokürzungen werden von allen Mitgliedstaaten finanziert.

(6) Ist der Haushaltsplan zu Beginn des Haushaltsjahres noch nicht angenommen, bleiben die geltenden MwSt.- und BNE-Abrufsätze bis zum Inkrafttreten der neuen Sätze gültig.

(7) BNE im Sinne des Absatzes 1 Buchstabe c bezeichnet das BNE eines Jahres zu Marktpreisen, wie es von der Kommission in Anwendung der Verordnung (EU) Nr. 549/2013 des Europäischen Parlaments und des Rates (ESVG 2010) errechnet wird.

Sollten Änderungen des ESVG 2010 zu wesentlichen Änderungen des in Absatz 1 Buchstabe c genannten BNE führen, beschließt der Rat einstimmig auf Vorschlag der Kommission und nach Anhörung des Europäischen Parlaments, ob diese Änderungen für die Zwecke dieses Beschlusses zu berücksichtigen sind.

Artikel 3 Eigenmittelobergrenze

(1) Der Gesamtbetrag der Eigenmittel, der der Union für die jährlichen Mittel für Zahlungen zur Verfügung steht, darf 1,23 % der Summe der BNE der Mitgliedstaaten nicht übersteigen.

(2) Der Gesamtbetrag der jährlichen Mittel für Verpflichtungen, die in den Haushaltsplan der Union eingesetzt werden, darf 1,29 % der Summe der BNE der Mitgliedstaaten nicht übersteigen.

Es ist für ein angemessenes Verhältnis zwischen Mitteln für Verpflichtungen und Mitteln für Zahlungen zu sorgen, um zu gewährleisten, dass sie miteinander vereinbar sind und dass die in Absatz 1 genannten Obergrenzen in den folgenden Jahren eingehalten werden können.

(3) Sobald alle Mitgliedstaaten ihre Daten auf der Grundlage des ESVG 2010 übermittelt haben, nimmt die Kommission für die Zwecke dieses Beschlusses anhand nachstehender Formel eine Neuberechnung der in den Absätzen 1 und 2 genannten Obergrenzen vor:

$$1{,}23\,\%(1{,}29\,\%) \times \frac{\text{BNEt} - 2 + \text{BNEt} - 1 + \text{BNEt ESA 95}}{\text{BNEt} - 2 + \text{BNEt} - 1 + \text{BNEt ESA 2010}}$$

Dabei ist „t“ das letzte volle Jahr, für das Daten zur Berechnung des BNE vorliegen.

(4) Führen Änderungen des ESVG 2010 zu wesentlichen Änderungen bei der Höhe des BNE, so nimmt die Kommission anhand nachstehender Formel eine Neuberechnung der in den Absätzen 1 und 2 genannten und gemäß Absatz 3 neuberechneten Obergrenzen vor:

$$x\,\%(y\,\%) \times \frac{\text{BNEt} - 2 + \text{BNEt} - 1 + \text{BNEt ESA aktuell}}{\text{BNEt} - 2 + \text{BNEt} - 1 + \text{BNEt ESA geändert}}$$

Dabei ist „t“ das letzte volle Jahr, für das Daten zur Berechnung des BNE vorliegen.

„x“ und „y“ sind dabei jeweils die gemäß Absatz 3 neuberechneten Obergrenzen.

Artikel 4 Korrekturmechanismus zugunsten des Vereinigten Königreichs

Es wird eine Korrektur der Haushaltsungleichgewichte zugunsten des Vereinigten Königreichs vorgenommen.

Diese Korrektur wird wie folgt berechnet:

a) Es wird die sich im vorhergehenden Haushaltsjahr ergebende Differenz berechnet zwischen
   - dem prozentualen Anteil des Vereinigten Königreichs an der Summe der nichtbegrenzten MwSt.-Bemessungsgrundlagen und
   - dem prozentualen Anteil des Vereinigten Königreichs an den aufteilbaren Gesamtausgaben.

b) Der Differenzbetrag wird mit den aufteilbaren Gesamtausgaben multipliziert.

c) Das Ergebnis nach Buchstabe b wird mit 0,66 multipliziert.

d) Von dem gemäß Buchstabe c ermittelten Betrag wird der Betrag abgezogen, der sich für das Vereinigte Königreich aus der Begrenzung der MwSt.-Eigenmittelbemessungsgrundlage und den Zahlungen gemäß Artikel 2 Absatz 1 Buchstabe c ergibt, d.h. die Differenz zwischen
   - den Zahlungen, die durch die Einnahmen gemäß Artikel 2 Absatz 1 Buchstaben b und c finanziert werden und die das Vereinigte Königreich hätte leisten müssen, wenn der einheitliche Satz auf die nichtbegrenzten Bemessungsgrundlagen angewandt worden wäre, und
   - den Zahlungen des Vereinigten Königreichs gemäß Artikel 2 Absatz 1 Buchstaben b und c.

e) Von dem gemäß Buchstabe d ermittelten Betrag wird der Nettogewinn abgezogen, der sich für das Vereinigte Königreich aufgrund des höheren Anteils an den Eigenmitteleinnahmen gemäß Artikel 2 Absatz 1 Buchstabe a ergibt, den die Mitgliedstaaten für die Erhebung und damit verbundene Kosten einbehalten.

f) Die Berechnung wird angepasst, indem von den aufteilbaren Gesamtausgaben die Ausgaben für Mitgliedstaaten, die der Union nach dem 30. April 2004 beigetreten sind, abgezogen werden; davon ausgenommen sind Direktzahlungen und marktbezogene Ausgaben sowie die Ausgaben für die Entwicklung des ländlichen Raums, die aus dem EAGFL – Abteilung Garantie – finanziert werden.

Artikel 5 Finanzierung des Korrekturmechanismus zugunsten des Vereinigten Königreichs

(1) Der Korrekturbetrag nach Artikel 4 wird von den anderen Mitgliedstaaten als dem Vereinigten Königreich nach folgenden Modalitäten finanziert:

a) Die Aufteilung des zu finanzierenden Betrags wird zunächst nach dem jeweiligen Anteil der Mitgliedstaaten an den Zahlungen gemäß Artikel 2 Absatz 1 Buchstabe c unter Ausschluss des Vereinigten Königreichs und ohne Berücksichtigung der Bruttokürzungen der BNE-Beiträge Dänemarks, der Niederlande, Österreichs und Schwedens gemäß Artikel 2 Absatz 5 berechnet.

b) Dieser Betrag wird dann in der Weise angepasst, dass der Finanzierungsanteil Deutschlands, der Niederlande, Österreichs und Schwedens auf ein Viertel der sich normalerweise aus dieser Berechnung ergebenden Anteile begrenzt wird.

(2) Die Ausgleichszahlung an das Vereinigte Königreich wird mit seinen Zahlungen gemäß Artikel 2 Absatz 1 Buchstabe c verrechnet. Die von den übrigen Mitgliedstaaten zu tragende Finanzlast kommt zu deren jeweiligen Zahlungen gemäß Artikel 2 Absatz 1 Buchstabe c hinzu.

(3) Die Kommission nimmt die zur Anwendung von Artikel 2 Absatz 5, Artikel 4 und des vorliegenden Artikels erforderlichen Berechnungen vor.

(4) Ist der Haushaltsplan zu Beginn des Haushaltsjahres noch nicht verabschiedet, so bleiben die im letzten endgültig festgestellten Haushaltsplan eingesetzten Ausgleichszahlungen an das Vereinigte Königreich und der dafür von den übrigen Mitgliedstaaten aufzubringende Betrag anwendbar.

Artikel 6 Universalitätsprinzip

Die in Artikel 2 genannten Einnahmen dienen unterschiedslos der Finanzierung aller im Jahreshaushaltsplan der Union ausgewiesenen Ausgaben.

Artikel 7 Übertragung von Überschüssen

Ein etwaiger Mehrbetrag der Einnahmen der Union gegenüber den tatsächlichen Gesamtausgaben im Verlauf eines Haushaltsjahres wird auf das folgende Haushaltsjahr übertragen.

Artikel 8 Erhebung der Eigenmittel und deren Bereitstellung für die Kommission

(1) Die in Artikel 2 Absatz 1 Buchstabe a genannten Eigenmittel der Union werden von den Mitgliedstaaten nach ihren innerstaatlichen Rechts- und Verwaltungsvorschriften erhoben, die gegebenenfalls den Erfordernissen der Unionsvorschriften anzupassen sind.

Die Kommission prüft die einschlägigen innerstaatlichen Bestimmungen, die ihr von den Mitgliedstaaten mitgeteilt werden, teilt den Mitgliedstaaten die Anpassungen mit, die sie im Hinblick auf die Übereinstimmung mit den Unionsvorschriften für notwendig hält, und erstattet erforderlichenfalls der Haushaltsbehörde Bericht.

(2) Die Mitgliedstaaten stellen die in Artikel 2 Absatz 1 Buchstaben a, b und c genannten Eigenmittel der Kommission gemäß der Verordnung nach Artikel 322 Absatz 2 AEUV zur Verfügung.

Artikel 9 Durchführungsbestimmungen

Der Rat erlässt gemäß dem Verfahren des Artikels 311 Absatz 4 AEUV Durchführungsbestimmungen in Bezug auf folgende Elemente des Eigenmittelsystems:

a) das Verfahren für die Berechnung und Budgetierung des jährlichen Haushaltssaldos gemäß Artikel 7;

b) die Bestimmungen und Regelungen zur Kontrolle und Überwachung der in Artikel 2 genannten Einnahmen sowie etwaige einschlägige Mitteilungspflichten.

Artikel 10 Schluss- und Übergangsbestimmungen

(1) Der Beschluss 2007/436/EG, Euratom wird vorbehaltlich des Absatzes 2 aufgehoben. Verweise auf den Beschluss 70/243/EGKS, EWG, Euratom des Rates[1)], den Beschluss 85/257/EWG, Euratom des Rates[2)], den Beschluss 88/376/

---

1) Amtliche Fußnote: Beschluss 70/243/EGKS, EWG, Euratom des Rates vom 21. April 1970 über die Ersetzung der Finanzbeiträge der Mitgliedstaaten durch eigene Mittel der Gemeinschaften (ABl. L 94 vom 28. 4. 1970, S. 19).

2) Amtliche Fußnote: Beschluss 85/257/EWG, Euratom des Rates vom 7. Mai 1985 über das System der eigenen Mittel der Gemeinschaften (ABl. L 128 vom 14. 5. 1985, S. 15).

EWG, Euratom des Rates[1], den Beschluss 94/728/EG, Euratom des Rates[2], den Beschluss 2000/597/EG, Euratom des Rates[3] oder auf den Beschluss 2007/436/EG, Euratom gelten als Verweise auf den vorliegenden Beschluss nach der Entsprechungstabelle im Anhang zu diesem Beschluss.

(2) Die Artikel 2, 4 und 5 der Beschlüsse 94/728/EG, Euratom, 2000/597/EG, Euratom und 2007/436/EG, Euratom finden für die betreffenden Jahre weiterhin Anwendung bei der Berechnung und der Anpassung der Einnahmen, die sich aus der Anwendung eines Abrufsatzes auf die für alle Mitgliedstaaten einheitlich festgelegte, auf 50 % bis 55 % des BSP oder des BNE eines jeden Mitgliedstaats begrenzte MwSt.-Bemessungsgrundlage ergeben, sowie bei der Berechnung der Korrektur der Haushaltsungleichgewichte zugunsten des Vereinigten Königreichs für die Haushaltsjahre 1995 bis 2013.

(3) Die Mitgliedstaaten behalten als Erhebungskosten weiterhin 10 % der Beträge gemäß Artikel 2 Absatz 1 Buchstabe a ein, die nach dem geltenden Unionsrecht bis zum 28. Februar 2001 von den Mitgliedstaaten hätten zur Verfügung gestellt werden müssen.

Die Mitgliedstaaten behalten als Erhebungskosten weiterhin 25 % der Beträge gemäß Artikel 2 Absatz 1 Buchstabe a ein, die nach dem geltenden Unionsrecht zwischen dem 1. März 2001 und dem 28. Februar 2014 von den Mitgliedstaaten hätten zur Verfügung gestellt werden müssen.

(4) Für die Zwecke dieses Beschlusses werden alle Geldbeträge in Euro ausgedrückt.

Artikel 11 Inkrafttreten

Dieser Beschluss wird den Mitgliedstaaten vom Generalsekretär des Rates bekannt gegeben.

Die Mitgliedstaaten teilen dem Generalsekretär des Rates unverzüglich den Abschluss der Verfahren mit, die nach ihren verfassungsrechtlichen Vorschriften zur Annahme dieses Beschlusses erforderlich sind.

Dieser Beschluss tritt am ersten Tag des Monats in Kraft, der auf den Monat des Eingangs der letzten Mitteilung gemäß Absatz 2 folgt.

Er gilt ab dem 1. Januar 2014.

Artikel 12 Veröffentlichung

Dieser Beschluss wird im *Amtsblatt der Europäischen Union* veröffentlicht.

ANHANG I

ENTSPRECHUNGSTABELLE

Beschluss 2007/436/EG, Euratom	vorliegender Beschluss
Artikel 1	Artikel 1

1) Amtliche Fußnote: Beschluss 88/376/EWG, Euratom des Rates vom 24. Juni 1988 über das System der Eigenmittel der Gemeinschaften (ABl. L 185 vom 15. 7. 1988, S. 24).

2) Amtliche Fußnote: Beschluss 94/728/EG, Euratom des Rates vom 31. Oktober 1994 über das System der Eigenmittel der Europäischen Gemeinschaften (ABl. L 293 vom 12. 11. 1994, S. 9).

3) Amtliche Fußnote: Beschluss 2000/597/EG, Euratom des Rates vom 29. September 2000 über das System der Eigenmittel der Gemeinschaften (ABl. L 253 vom 7. 10. 2000, S. 42).

Beschluss 2007/436/EG, Euratom	vorliegender Beschluss
Artikel 2	Artikel 2
Artikel 3 Absatz 1	Artikel 3 Absatz 1
Artikel 3 Absatz 2	Artikel 3 Absatz 2
–	Artikel 3 Absatz 3
Artikel 3 Absatz 3	Artikel 3 Absatz 4
Artikel 4 Absatz 1 Unterabsatz 1	Artikel 4 Absatz 1
Artikel 4 Absatz 1 Unterabsatz 2, Buchstaben a bis e	Artikel 4, Absatz 2 Buchstaben a bis e
Artikel 4 Absatz 1 Unterabsatz 2 Buchstabe f	–
Artikel 4 Absatz 1 Unterabsatz 2 Buchstabe g	Artikel 4 Absatz 2 Buchstabe f
Artikel 4 Absatz 2	–
Artikel 5	Artikel 5
Artikel 6	Artikel 6
Artikel 7	Artikel 7
Artikel 8 Absatz 1 Unterabsätze 1 und 2	Artikel 8 Absatz 1
Artikel 8 Absatz 1 Unterabsatz 3	Artikel 8 Absatz 2
Artikel 8 Absatz 2	–
–	Artikel 9
Artikel 9	–
Artikel 10	–
–	Artikel 10
Artikel 11	–
–	Artikel 11
Artikel 12	Artikel 12

412 Einvernehmlicher Beschluß der auf Ebene der Staats- und Regierungschefs vereinigten Vertreter der Regierungen der Mitgliedstaaten über die Festlegung des Sitzes bestimmter Einrichtungen und Dienststellen der Europäischen Gemeinschaften sowie des Sitzes von Europol

vom 29. Oktober 1993 (ABl. C 323 vom 30. 11. 1993 S. 1)

DIE AUF EBENE DER STAATS- UND REGIERUNGSCHEFS VEREINIGTEN VERTRETER DER REGIERUNGEN DER MITGLIEDSTAATEN –

gestützt auf Artikel 216 des Vertrages zur Gründung der Europäischen Wirtschaftsgemeinschaft, Artikel 77 des Vertrages über die Gründung der Europäischen Gemeinschaft für Kohle und Stahl und Artikel 189 des Vertrages zur Gründung der Europäischen Atomgemeinschaft,

gestützt auf die Verordnung (EWG) Nr. 1210/90 des Rates vom 7. Mai 1990 zur Errichtung einer Europäischen Umweltagentur und eines Europäischen Umweltinformations- und Umweltbeobachtungsnetzes[1)], insbesondere auf Artikel 21,

gestützt auf die Verordnung (EWG) Nr. 1360/90 des Rates vom 7. Mai 1990 zur Errichtung einer Europäischen Stiftung für Berufsbildung[2)], insbesondere auf Artikel 19,

gestützt auf den Beschluß vom 18. Dezember 1991, mit dem die Kommission die Schaffung des Inspektionsbüros für Veterinär- und Pflanzenschutzkontrollen gebilligt hat,

gestützt auf die Verordnung (EWG) Nr. 302/93 des Rates vom 8. Februar 1993 zur Schaffung einer Europäischen Beobachtungsstelle für Drogen und Drogensucht[3)], insbesondere auf Artikel 19,

gestützt auf die Verordnung (EWG) Nr. 2309/93 des Rates vom 22. Juli 1993 zur Festlegung von Gemeinschaftsverfahren für die Genehmigung und Überwachung von Human- und Tierarzneimitteln und zur Schaffung einer Europäischen Agentur für die Beurteilung von Arzneimitteln[4)], insbesondere auf Artikel 74,

in der Erwägung, daß der Europäische Rat entsprechend dem Aktionsprogramm der Kommission vom 20. November 1989 über die Einführung der Gemeinschaftscharta der sozialen Grundrechte der Arbeitnehmer die Einrichtung der Agentur für Gesundheitsschutz und Sicherheit am Arbeitsplatz vorgesehen hat,

in der Erwägung, daß im Vertrag über die Europäische Union, der am 7. Februar 1992 unterzeichnet wurde und am 1. November 1993 in Kraft tritt, die Schaffung des Europäischen Währungsinstituts und der Europäischen Zentralbank vorgesehen ist,

---

1) Amtliche Fußnote: ABl. Nr. L 120 vom 11. 5. 1990, S. 1.
2) Amtliche Fußnote: ABl. Nr. L 131 vom 23. 5. 1990, S. 1.
3) Amtliche Fußnote: ABl. Nr. L 36 vom 12. 2. 1993, S. 1.
4) Amtliche Fußnote: ABl. Nr. L 214 vom 24. 8. 1993, S. 1.

Seite 344

in der Erwägung, daß die Organe der Europäischen Gemeinschaften beabsichtigen, ein Harmonisierungsamt für den Binnenmarkt (Marken, Muster und Modelle) einzurichten,

in der Erwägung, daß gemäß den Schlußfolgerungen des Europäischen Rates von Maastricht die Mitgliedstaaten beabsichtigen, ein Übereinkommen über Europol (Europäisches Polizeiamt) zu schließen, mit dem Europol geschaffen wird und das ferner an die Stelle des Ministerübereinkommens vom 2. Juni 1993 über die Einrichtung der Europol-Drogenstelle treten wird,

in der Erwägung, daß für diese verschiedenen Einrichtungen und Dienststellen die Sitze festzulegen sind,

unter Verweis auf die Beschlüsse vom 8. April 1965 und 12. Dezember 1992 –

BESCHLIESSEN:

Artikel 1

a) Die Europäische Umweltagentur hat ihren Sitz im Gebiet von Kopenhagen.

b) Die Europäische Stiftung für Berufsbildung hat ihren Sitz in Turin.

c) Das Inspektionsbüro für Veterinär- und Pflanzenschutzkontrollen wird seinen Sitz in einer irischen Stadt haben, die von der irischen Regierung noch zu benennen ist.

d) Die Europäische Drogenbeobachtungsstelle hat ihren Sitz in Lissabon.

e) Die Europäische Agentur für die Beurteilung von Arzneimitteln hat ihren Sitz in London.

f) Die Agentur für Gesundheitsschutz und Sicherheit am Arbeitsplatz wird ihren Sitz in einer spanischen Stadt haben, die von der spanischen Regierung noch zu benennen ist.

g) Das Europäische Währungsinstitut und die künftige Europäische Zentralbank werden ihren Sitz in Frankfurt haben.

h) Das Harmonisierungsamt für den Binnenmarkt (Marken, Muster und Modelle), einschließlich seiner Beschwerdekammer, wird seinen Sitz in einer spanischen Stadt haben, die von der spanischen Regierung noch zu benennen ist.

i) Europol sowie die Europol-Drogenstelle werden ihren Sitz in Den Haag haben.

Artikel 2

Dieser Beschluß, der im Amtsblatt der Europäischen Gemeinschaften veröffentlicht wird, tritt am heutigen Tage in Kraft.

ERKLÄRUNGEN

Bei der Verabschiedung des vorstehenden Beschlusses am 29. Oktober 1993 haben die Vertreter der Regierungen der Mitgliedstaaten einvernehmlich folgende Erklärungen angenommen:

– Als Sitz des Europäischen Zentrums für die Förderung der Berufsbildung wurde durch die Verordnung (EWG) Nr. 337/75 des Rates vom 10. Februar 1975, die auf Vorschlag der Kommission und nach Anhörung des Europäischen Parlaments vom Rat einstimmig angenommen wurde, Berlin festgelegt. Die Vertreter der Regierungen der Mitgliedstaaten ersuchen die Organe der Europäischen

Gemeinschaft vorzusehen, daß Thessaloniki so bald wie möglich als künftiger Sitz festgelegt wird.

Die Kommission hat sich bereit erklärt, bald einen Vorschlag in diesem Sinne vorzulegen.

- Bei den Übersetzungsdiensten der Kommission in Luxemburg wird eine Übersetzungszentrale für die Einrichtungen der Union geschaffen, welche die Übersetzungsdienste leistet, die für die Arbeit der Einrichtungen und Dienststellen erforderlich sind, deren Sitz mit dem vorstehenden Beschluß vom 29. Oktober 1993 festgelegt worden ist; dies betrifft nicht die Übersetzer des Europäischen Währungsinstituts.
- Die Mitgliedstaaten verpflichten sich, die Kandidatur Luxemburgs für den Sitz des Gemeinsamen Berufungsgerichts für Gemeinschaftspatente zu unterstützen, das im Protokoll über die Regelung von Streitigkeiten über die Verletzung und die Rechtsgültigkeit von Gemeinschaftspatenten im Anhang zur Vereinbarung über Gemeinschaftspatente vom 15. Dezember 1989 vorgesehen ist.

Anläßlich der Konferenz der Vertreter der Regierungen der Mitgliedstaaten hat die Kommission bestätigt, daß sie ihre Dienststellen mit Standort in Luxemburg auf Dauer dort unterbringen will.

Schließlich stellten die Mitgliedstaaten fest, daß Haushaltsmittel zur Verfügung stehen, die es der Europäischen Stiftung zur Verbesserung der Lebens- und Arbeitsbedingungen mit Sitz in Dublin ermöglichen, einige neue Aufgaben zu erfüllen.

413-1 Beschluss des Rates vom 1. Januar 2007 zur Festlegung der Reihenfolge für die Wahrnehmung des Vorsitzes im Rat (2007/5/EG, Euratom)

(ABl. L 1 vom 4. 1. 2007 S. 11)

DER RAT DER EUROPÄISCHEN UNION –

gestützt auf den Vertrag zur Gründung der Europäischen Gemeinschaft, insbesondere auf Artikel 203 Absatz 2,

gestützt auf den Vertrag zur Gründung der Europäischen Atomgemeinschaft, insbesondere auf Artikel 116 Absatz 2,

gestützt auf den Vertrag über die Europäische Union, insbesondere auf die Artikel 28 Absatz 1 und Artikel 41 Absatz 1,

in Erwägung nachstehender Gründe:

(1) Mit dem Beschluss 2005/902/EG, Euratom[1] hat der Rat die Reihenfolge für die Wahrnehmung des Vorsitzes im Rat für die Mitgliedstaaten der Europäischen Union zum Zeitpunkt des 1. Januar 2006 festgelegt.

(2) Die Europäische Union wird am 1. Januar 2007 um zwei neue Mitgliedstaaten erweitert.

(3) Die Reihenfolge für die Wahrnehmung des Vorsitzes im Rat sollte unter Einbeziehung der neuen Mitgliedstaaten festgelegt werden, und es sollte ein neuer Beschluss angenommen werden, der den Beschluss 2005/902/EG, Euratom ersetzt –

BESCHLIESST:

Artikel 1

(1) Die Reihenfolge, in der die Mitgliedstaaten ab dem 1. Januar 2007 den Vorsitz im Rat wahrnehmen, ist im Anhang festgelegt.

(2) Der Rat kann auf Vorschlag der betreffenden Mitgliedstaaten einstimmig beschließen, dass ein Mitgliedstaat den Vorsitz zu einem anderen Zeitraum als dem Zeitraum ausübt, der sich aus der im Anhang festgelegten Reihenfolge ergibt.

Artikel 2

Dieser Beschluss wird am 1. Januar 2007 wirksam.

Der Beschluss 2005/902/EG, Euratom wird aufgehoben.

Artikel 3

Dieser Beschluss wird im *Amtsblatt der Europäischen Union* veröffentlicht.

---

1) Amtliche Fußnote: ABl. L 328 vom 12. 12. 2005, S. 60.

ANHANG

Deutschland	Januar–Juni	2007
Portugal	Juli–Dezember	2007
Slowenien	Januar–Juni	2008
Frankreich	Juli–Dezember	2008
Tschechische Republik	Januar–Juni	2009
Schweden	Juli–Dezember	2009
Spanien	Januar–Juni	2010
Belgien	Juli–Dezember	2010
Ungarn	Januar–Juni	2011
Polen	Juli–Dezember	2011
Dänemark	Januar–Juni	2012
Zypern	Juli–Dezember	2012
Irland	Januar–Juni	2013
Litauen	Juli–Dezember	2013
Griechenland	Januar–Juni	2014
Italien	Juli–Dezember	2014
Lettland	Januar–Juni	2015
Luxemburg	Juli–Dezember	2015
Niederlande	Januar–Juni	2016
Slowakei	Juli–Dezember	2016
Malta	Januar–Juni	2017
Vereinigtes Königreich	Juli–Dezember	2017
Estland	Januar–Juni	2018
Bulgarien	Juli–Dezember	2018
Österreich	Januar–Juni	2019
Rumänien	Juli–Dezember	2019
Finnland	Januar–Juni	2020

413-2 Beschluss des Europäischen Rates vom 1. Dezember 2009 über die Ausübung des Vorsitzes im Rat (2009/881/EU)

(ABl. L 315 vom 2. 12. 2009 S. 50)

DER EUROPÄISCHE RAT –

gestützt auf den Vertrag über die Europäische Union, insbesondere Artikel 16 Absatz 9,

gestützt auf den Vertrag über die Arbeitsweise der Europäischen Union, insbesondere auf Artikel 236 Buchstabe b,

in Erwägung nachstehender Gründe:

(1) In der Erklärung Nr. 9 im Anhang zur Schlussakte der Regierungskonferenz, auf der der Vertrag von Lissabon angenommen wurde, ist vorgesehen, dass der Europäische Rat am Tag des Inkrafttretens des Vertrags von Lissabon einen Beschluss annimmt, dessen Wortlaut in der genannten Erklärung wiedergegeben ist.

(2) Daher sollte dieser Beschluss angenommen werden –

HAT FOLGENDEN BESCHLUSS ERLASSEN:

Artikel 1

(1) Der Vorsitz im Rat außer in der Zusammensetzung „Auswärtige Angelegenheiten" wird von zuvor festgelegten Gruppen von drei Mitgliedstaaten für einen Zeitraum von 18 Monaten wahrgenommen. Diese Gruppen werden in gleichberechtigter Rotation der Mitgliedstaaten unter Berücksichtigung ihrer Verschiedenheit und des geografischen Gleichgewichts innerhalb der Union zusammengestellt.

(2) Jedes Mitglied der Gruppe nimmt den Vorsitz in allen Zusammensetzungen des Rates außer in der Zusammensetzung „Auswärtige Angelegenheiten" im Wechsel für einen Zeitraum von sechs Monaten wahr. Die anderen Mitglieder der Gruppe unterstützen den Vorsitz auf der Grundlage eines gemeinsamen Programms bei all seinen Aufgaben. Die Mitglieder der Gruppe können untereinander alternative Regelungen beschließen.

Artikel 2

Der Vorsitz im Ausschuss der Ständigen Vertreter der Regierungen der Mitgliedstaaten wird von einem Vertreter des Mitgliedstaats wahrgenommen, der den Vorsitz im Rat in der Zusammensetzung „Allgemeine Angelegenheiten" innehat.

Der Vorsitz im Politischen und Sicherheitspolitischen Komitee wird von einem Vertreter des Hohen Vertreters der Union für Außen- und Sicherheitspolitik wahrgenommen.

Der Vorsitz in den vorbereitenden Gremien des Rates in seinen verschiedenen Zusammensetzungen außer in der Zusammensetzung „Auswärtige Angelegenheiten" wird von dem Mitglied der Gruppe wahrgenommen, das den Vorsitz in der entsprechenden Zusammensetzung des Rates führt, sofern nach Artikel 4 nichts anderes beschlossen wird.

Artikel 3

Der Rat in der Zusammensetzung „Allgemeine Angelegenheiten“ sorgt im Rahmen einer Mehrjahresplanung in Zusammenarbeit mit der Kommission für die Kohärenz und die Kontinuität der Arbeiten des Rates in seinen verschiedenen Zusammensetzungen. Die den Vorsitz wahrnehmenden Mitgliedstaaten treffen mit Unterstützung des Generalsekretariats des Rates alle für die Organisation und den reibungslosen Ablauf der Arbeiten des Rates erforderlichen Vorkehrungen.

Artikel 4

Der Rat erlässt einen Beschluss mit Bestimmungen zur Anwendung dieses Beschlusses.

Artikel 5

Dieser Beschluss tritt am Tag seiner Annahme in Kraft.

Er wird im *Amtsblatt der Europäischen Union* veröffentlicht.

413-3 Beschluss des Rates vom 1. Dezember 2009 zur Festlegung von Maßnahmen für die Durchführung des Beschlusses des Europäischen Rates über die Ausübung des Vorsitzes im Rat und über den Vorsitz in den Vorbereitungsgremien des Rates (2009/908/EU)

(ABl. L 322 vom 9. 12. 2009 S. 28, ber. ABl. L 344 vom 23. 12. 2009 S. 56), geändert durch Beschluss (EU) 2016/1316 des Rates vom 26. Juli 2016 (ABl. L 208 vom 2. 8. 2016 S. 42)

DER RAT DER EUROPÄISCHEN UNION –

gestützt auf den Vertrag über die Europäische Union, insbesondere Artikel 16 Absatz 9,

unter Hinweis auf den Vertrag über die Arbeitsweise der Europäischen Union, insbesondere Artikel 236 Buchstabe b,

unter Hinweis auf den Beschluss des Europäischen Rates vom 1. Dezember 2009 über die Ausübung des Vorsitzes im Rat[1)], insbesondere Artikel 2 Absatz 3 und Artikel 4,

in Erwägung nachstehender Gründe:

(1) Es sollten Maßnahmen für die Durchführung des Beschlusses des Europäischen Rates über die Ausübung des Vorsitzes im Rat (nachstehend „Beschluss des Europäischen Rates“ genannt) festgelegt werden.

(2) Zu diesen Durchführungsmaßnahmen gehört die Festlegung der Reihenfolge, in der die zuvor festgelegten Gruppen von drei Mitgliedstaaten den Vorsitz für aufeinander folgende Zeiträume von 18 Monaten wahrnehmen werden, wobei zu berücksichtigen ist, dass am 1. Januar 2007 nach der Geschäftsordnung des Rates ein System von Achtzehnmonatsprogrammen des Rates eingeführt wurde, die von den drei in dem betreffenden Zeitraum amtierenden Vorsitzen vereinbart werden.

(3) Nach Artikel 1 des Beschlusses des Europäischen Rates müssen bei der Zusammenstellung der Gruppen die Verschiedenartigkeit der Mitgliedstaaten und das geografische Gleichgewicht innerhalb der Union berücksichtigt werden.

(4) Artikel 1 Absatz 2 des Beschlusses des Europäischen Rates regelt die Aufteilung der Zuständigkeiten unter den Mitgliedstaaten innerhalb jeder Gruppe. In beiden in Artikel 2 Absatz 1 dieses Beschlusses vorgesehenen Fällen werden die praktischen Modalitäten für die Zusammenarbeit der Mitgliedstaaten innerhalb jeder Gruppe von den betreffenden Mitgliedstaaten einvernehmlich festgelegt.

(5) Darüber hinaus sollte in diesen Durchführungsmaßnahmen speziell geregelt werden, wer den Vorsitz in den Vorbereitungsgremien des Rates (Auswärtige Angelegenheiten) nach Artikel 2 Absatz 3 des Beschlusses des Europäischen Rates wahrnimmt.

---

1) Amtliche Fußnote: ABl. L 315 vom 2. 12. 2009, S. 50.

(6) In den meisten dieser Vorbereitungsgremien sollte der Vorsitz von einem Vertreter des Hohen Vertreters der Union für Außen- und Sicherheitspolitik (nachstehend „Hoher Vertreter" genannt) wahrgenommen werden, während der Vorsitz in den übrigen Gremien weiterhin vom halbjährlich wechselnden Ratsvorsitz wahrgenommen werden sollte. Wird der Vorsitz in solchen Gremien von einem Vertreter des Hohen Vertreters wahrgenommen, kann eine Übergangsphase angewandt werden.

(7) Vorbereitungsgremien, deren Vorsitz sich nach einem anderen System richtet als dem halbjährlich wechselnden Ratsvorsitz, sollten nach Artikel 2 Absatz 3 des Beschlusses des Europäischen Rates ebenfalls in diesem Beschluss aufgeführt werden.

(8) In Vorbereitungsgremien, die in diesem Beschluss nicht aufgeführt sind, wird der Vorsitz nach Artikel 2 des Beschlusses des Europäischen Rates wahrgenommen.

HAT FOLGENDEN BESCHLUSS ERLASSEN:

Artikel 1

Die Reihenfolge, in der die Mitgliedstaaten den Vorsitz im Rat vom 1. Juli 2017 bis zum 31. Dezember 2030 wahrnehmen, sowie die Einteilung dieser Reihenfolge der Vorsitze in Gruppen von drei Mitgliedstaaten ist in Anhang I festgelegt.

Artikel 2

(1) Jedes Mitglied einer Gruppe nach Artikel 1 Absatz 1 nimmt den Vorsitz in allen Zusammensetzungen des Rates außer in der Zusammensetzung „Auswärtige Angelegenheiten" im Wechsel für einen Zeitraum von sechs Monaten wahr. Die anderen Mitglieder der Gruppe unterstützen den Vorsitz auf der Grundlage des Achtzehnmonatsprogramms des Rates bei all seinen Aufgaben.

(2) Die Mitglieder einer Gruppe nach Artikel 1 können untereinander alternative Regelungen beschließen.

(3) In den nach den Absätzen 1 und 2 vorgesehenen Fällen legen die Mitgliedstaaten innerhalb einer jeden Gruppe einvernehmlich die praktischen Modalitäten für ihre Zusammenarbeit fest.

Artikel 3

Der Rat beschließt vor dem 31. Dezember 2029 über die Reihenfolge, in der die Mitgliedstaaten den Vorsitz des Rates ab dem 1. Januar 2031 wahrnehmen werden.

Artikel 4

Der Vorsitz in den Vorbereitungsgremien des Rates (Auswärtige Angelegenheiten) wird nach den Vorschriften in Anhang II wahrgenommen.

Artikel 5

Der Vorsitz in den in Anhang III aufgeführten Vorbereitungsgremien des Rates wird von den in jenem Anhang aufgeführten festen Vorsitzen wahrgenommen.

Artikel 6

Dieser Beschluss tritt am Tag seiner Annahme in Kraft.

Er wird im *Amtsblatt der Europäischen Union* veröffentlicht.

ANHANG I

Entwurf der Tabelle der Vorsitze im Rat (*)

Niederlande (**)	Januar–Juni	2016
Slowakei (**)	Juli–Dezember	2016
Malta (**)	Januar–Juni	2017
Estland	Juli–Dezember	2017
Bulgarien	Januar–Juni	2018
Österreich	Juli–Dezember	2018
Rumänien	Januar–Juni	2019
Finnland	Juli–Dezember	2019
Kroatien	Januar–Juni	2020
Deutschland	Juli–Dezember	2020
Portugal	Januar–Juni	2021
Slowenien	Juli–Dezember	2021
Frankreich	Januar–Juni	2022
Tschechische Republik	Juli–Dezember	2022
Schweden	Januar–Juni	2023
Spanien	Juli–Dezember	2023
Belgien	Januar–Juni	2024
Ungarn	Juli–Dezember	2024
Polen	Januar–Juni	2025
Dänemark	Juli–Dezember	2025
Zypern	Januar–Juni	2026
Irland	Juli–Dezember	2026
Litauen	Januar–Juni	2027
Griechenland	Juli–Dezember	2027
Italien	Januar–Juni	2028
Lettland	Juli–Dezember	2028
Luxemburg	Januar–Juni	2029
Niederlande	Juli–Dezember	2029
Slowakei	Januar–Juni	2030
Malta	Juli–Dezember	2030

(*) Unbeschadet der Rechte und Pflichten des Vereinigten Königreichs als Mitgliedstaat.

(**) Der derzeitige Dreiervorsitz wurde zu Informationszwecken aufgenommen.

ANHANG II

VORSITZ DER VORBEREITUNGSGREMIEN DES RATES (AUSWÄRTIGE ANGELEGENHEITEN)[1]

Der Vorsitz der in den Kategorien 1 bis 4 der nachstehenden Tabelle genannten Vorbereitungsgremien des Rates (Auswärtige Angelegenheiten) wird wie folgt organisiert:

1) Kategorie 1 (Vorbereitungsgremien für die Bereiche Handel und Entwicklung)

   Der Vorsitz in den Vorbereitungsgremien wird vom halbjährlichen Vorsitz wahrgenommen.

2) Kategorie 2 (geografische Vorbereitungsgremien)

   Der Vorsitz in den Vorbereitungsgremien wird von einem Vertreter des Hohen Vertreters wahrgenommen.

3) Kategorie 3 (horizontale Vorbereitungsgremien, überwiegend GASP-Themen)

   Der Vorsitz in den Vorbereitungsgremien wird von einem Vertreter des Hohen Vertreters wahrgenommen, mit Ausnahme der folgenden Vorbereitungsgremien, in denen der Vorsitz vom halbjährlichen Vorsitz wahrgenommen wird:

   - Gruppe der Referenten für Außenbeziehungen (RELEX);
   - Gruppe „Terrorismus (Internationale Aspekte)“ (COTER);
   - Gruppe „Anwendung spezifischer Maßnahmen zur Bekämpfung des Terrorismus“ (COCOP);
   - Gruppe „Konsularische Angelegenheiten“ (COCON);
   - Gruppe „Völkerrecht“ (COJUR); und
   - Gruppe „Seerecht“ (COMAR).

4) Kategorie 4 (Vorbereitungsgremien für GSVP-Themen)

   Der Vorsitz in den Vorbereitungsgremien für GSVP-Themen wird von einem Vertreter des Hohen Vertreters wahrgenommen[2].

Der Hohe Vertreter und der halbjährliche Vorsitz arbeiten eng zusammen, um Kohärenz zwischen allen Vorbereitungsgremien des Rates (Auswärtige Angelegenheiten) zu gewährleisten.

Was die Kategorien 3 und 4 betrifft, so wird der Vorsitz in diesen Vorbereitungsgremien nach dem Erlass des Beschlusses des Rates über die Organisation und die Arbeitsweise des Europäischen Auswärtigen Dienstes (EAD) noch während einer Übergangszeit von bis zu sechs Monaten vom halbjährlichen Vorsitz wahrgenommen. Für die Kategorie 2 beträgt diese Übergangszeit bis zu 12 Monate.

---

1) Amtliche Fußnote: Nach dem 1. Dezember 2009 sollte rasch eine Überprüfung des Geltungsbereichs und der Organisation der Arbeitsstrukturen im Bereich der auswärtigen Angelegenheiten vorgenommen werden, insbesondere im Bereich der Entwicklungspolitik. Die Regelungen für den Vorsitz der überprüften Arbeitsgruppen sollten erforderlichenfalls entsprechend den allgemeinen Grundsätzen in diesem Anhang angepasst werden.

2) Amtliche Fußnote: Der Vorsitz im EU-Militärausschuss (EUMC) und in der Arbeitsgruppe des EU-Militärausschusses (EUMCWG) wird weiterhin – wie vor dem Inkrafttreten dieses Beschlusses – von einem gewählten Vorsitzenden wahrgenommen.

Modalitäten für die Ernennung der Vorsitzenden

In den Fällen, in denen nach dem Beschluss des Europäischen Rates oder nach diesem Beschluss der Vorsitz in einem Vorbereitungsgremium (PSK und die betreffenden Arbeitsgruppen) von einem Vertreter des Hohen Vertreters wahrgenommen wird, obliegt es dem Hohen Vertreter, diesen Vorsitzenden zu ernennen. Diese Ernennungen erfolgen aufgrund der Befähigung, wobei auf hinreichende geografische Ausgewogenheit und auf Transparenz zu achten ist. Der Hohe Vertreter trägt dafür Sorge, dass die Person, deren Ernennung zum Vorsitzenden er beabsichtigt, das Vertrauen der Mitgliedstaaten genießt. Die betreffende Person wird im Einklang mit den Einstellungsverfahren des Europäischen Auswärtigen Dienstes (EAD) mit ihrer Ernennung zumindest für die Dauer ihrer Amtszeit Mitglied des EAD, sofern sie diesem noch nicht angehört. Eine Bewertung dieser Regelung wird im Rahmen des für 2012 vorgesehenen Sachstandsberichts über den EAD vorgenommen.

1. Vorbereitungsgremien für die Bereiche Handel und Entwicklung	Ausschuss „Artikel 207“
	Gruppe „AKP“
	Gruppe „Entwicklungszusammenarbeit“ (DEVGEN)
	Gruppe „EFTA“
	Gruppe „Güter mit doppeltem Verwendungszweck“
	Gruppe „Handelsfragen“
	Gruppe „Grundstoffe“
	Gruppe „Allgemeines Präferenzsystem“
	Gruppe „Vorbereitung internationaler Entwicklungskonferenzen“/UNCCD Wüstenbildung/UNCTAD
	Gruppe „Humanitäre Hilfe und Nahrungsmittelhilfe“
	Arbeitskreis „Ausfuhrkredite“
2. Geografische Vorbereitungsgremien	Gruppe „Maschrik/Maghreb“ (COMAG/MaMa)
	Gruppe „Osteuropa und Zentralasien“ (COEST)
	Gruppe „Westliche Balkanstaaten“ (COWEB)
	Gruppe „Naher Osten/Golfstaaten“ (COMEM/MOG)
	Gruppe „Asien – Ozeanien“ (COASI)
	Gruppe „Lateinamerika“ (COLAT)

	Gruppe „Transatlantische Beziehungen" (COTRA)
	Gruppe „Afrika" (COAFR)
3. Horizontale Vorbereitungsgremien (überwiegend GASP-Themen)	Gruppe der Referenten für Außenbeziehungen (RELEX)
	Nicolaidis-Gruppe
	Gruppe „Globale Abrüstung und Rüstungskontrolle" (CODUN)
	Gruppe „Nichtverbreitung" (CONOP)
	Gruppe „Ausfuhr konventioneller Waffen" (COARM)
	Gruppe „Menschenrechte" (COHOM)
	Gruppe „Terrorismus (Internationale Aspekte)" (COTER) ([1])
	Gruppe „Anwendung spezifischer Maßnahmen zur Bekämpfung des Terrorismus" (COCOP) ([1])
	Gruppe „OSZE und Europarat" (COSCE)
	Gruppe „Vereinte Nationen" (CONUN)
	Ad-hoc-Gruppe „Nahost-Friedensprozess" (COMEP)
	Gruppe „Völkerrecht" (COJUR, COJUR-ICC)
	Gruppe „Seerecht" (COMAR)
	Gruppe „Konsularische Angelegenheiten" (COCON)
	Gruppe „GASP-Verwaltungsangelegenheiten und Protokoll" (COADM)
4. Vorbereitungsgremien für GSVP-Themen	Militärausschuss (EUMC)
	Arbeitsgruppe des EU-Militärausschusses (EUMCWG)
	Gruppe „Politisch-militärische Angelegenheiten" (PMG)
	Ausschuss für die zivilen Aspekte der Krisenbewältigung (CIVCOM)
	Gruppe „Europäische Rüstungspolitik"

([1]) Die Frage der Gruppe „Terrorismus (Internationale Aspekte)“ (COTER) und der Gruppe „Anwendung spezifischer Maßnahmen zur Bekämpfung des Terrorismus“ (COCOP) wird auch im Rahmen der Beratungen über die Arbeitsstrukturen im JI-Bereich erörtert werden.

ANHANG III

VORSITZENDE DER VORBEREITUNGSGREMIEN DES RATES MIT FESTEM VORSITZ

Gewählter Vorsitzender

Wirtschafts- und Finanzausschuss

Beschäftigungsausschuss
Ausschuss für Sozialschutz
Militärausschuss[1]
Ausschuss für Wirtschaftspolitik
Ausschuss für Finanzdienstleistungen
Arbeitsgruppe des EU-Militärausschusses[1]
Gruppe „Verhaltenskodex (Unternehmensbesteuerung)“

Vorsitz vom Generalsekretariat des Rates wahrgenommen

Sicherheitsausschuss
Gruppe „Information“
Gruppe „Rechtsinformatik“
Gruppe „Elektronische Kommunikation“
Gruppe „Kodifizierung“
Gruppe der Rechts- und Sprachsachverständigen
Gruppe „Neue Gebäude“

1) Amtliche Fußnote: Siehe auch Anhang II.

414 Verordnung (EU) Nr. 182/2011 des Europäischen Parlaments und des Rates vom 16. Februar 2011 zur Festlegung der allgemeinen Regeln und Grundsätze, nach denen die Mitgliedstaaten die Wahrnehmung der Durchführungsbefugnisse durch die Kommission kontrollieren

(ABl. L 55 vom 28. 2. 2011 S. 13)

Inhaltsübersicht*

DAS EUROPÄISCHE PARLAMENT UND DER RAT DER EUROPÄISCHEN UNION –

gestützt auf den Vertrag über die Arbeitsweise der Europäischen Union, insbesondere auf Artikel 291 Absatz 3,

auf Vorschlag der Europäischen Kommission,

nach Zuleitung des Entwurfs des Gesetzgebungsakts an die nationalen Parlamente,

nach dem ordentlichen Gesetzgebungsverfahren[1)],

in Erwägung nachstehender Gründe:

(1) Bedarf es einheitlicher Bedingungen für die Durchführung der verbindlichen Rechtsakte der Union, so werden mit diesen Rechtsakten (nachstehend „Basisrechtsakte“ genannt) der Kommission oder, in entsprechend begründeten Sonderfällen und den in den Artikeln 24 und 26 des Vertrags über die Europäische Union vorgesehenen Fällen, dem Rat Durchführungsbefugnisse übertragen.

(2) Es ist Sache des Gesetzgebers, unter Beachtung aller im Vertrag über die Arbeitsweise der Europäischen Union („AEUV“) festgelegten Kriterien im Hinblick auf den jeweiligen Basisrechtsakt zu entscheiden, ob der Kommission Durchführungsbefugnisse gemäß Artikel 291 Absatz 2 AEUV übertragen werden.

---

* Nicht amtlich.

1) Amtliche Fußnote: Standpunkt des Europäischen Parlaments vom 16. Dezember 2010 (noch nicht im Amtsblatt veröffentlicht) und Beschluss des Rates vom 14. Februar 2011.

(3) Bisher wurde die Ausübung der Durchführungsbefugnisse durch die Kommission durch den Beschluss 1999/468/EG des Rates[1)] geregelt.

(4) Gemäß dem AEUV sind nunmehr das Europäische Parlament und der Rat gehalten, allgemeine Regeln und Grundsätze festzulegen, nach denen die Mitgliedstaaten die Wahrnehmung der Durchführungsbefugnisse durch die Kommission kontrollieren.

(5) Es muss sichergestellt werden, dass die Verfahren für eine solche Kontrolle transparent, wirksam und der Art der Durchführungsrechtsakte angemessen sind und dass sie die institutionellen Anforderungen des AEUV sowie die bisherigen Erfahrungen und die gängige Praxis bei der Durchführung des Beschlusses 1999/468/EG widerspiegeln.

(6) Für jene Basisrechtsakte, bei denen die Kontrolle der Mitgliedstaaten Bedingung für den Erlass von Durchführungsrechtsakten durch die Kommission ist, sollten zum Zwecke dieser Kontrolle Ausschüsse eingerichtet werden, die sich aus Vertretern der Mitgliedstaaten zusammensetzen und in denen die Kommission den Vorsitz führt.

(7) Gegebenenfalls sollte der Kontrollmechanismus die Befassung eines Berufungsausschusses einschließen, der auf der geeigneten Ebene zusammentreten sollte.

(8) Im Interesse einer Vereinfachung sollte die Kommission die Durchführungsbefugnisse nur nach einem von zwei Verfahren wahrnehmen: dem Beratungsverfahren oder dem Prüfverfahren.

(9) Zur weiteren Vereinfachung sollten für die Ausschüsse einheitliche Verfahrensregeln gelten, einschließlich der wichtigsten Bestimmungen über ihre Funktionsweise und die Möglichkeit, eine Stellungnahme im schriftlichen Verfahren abzugeben.

(10) Es sollten Kriterien festgelegt werden, nach denen das Verfahren für den Erlass von Durchführungsrechtsakten durch die Kommission bestimmt wird. Im Hinblick auf eine stärkere Kohärenz sollten die verfahrensrechtlichen Anforderungen in einem angemessenen Verhältnis zur Art und zu den Auswirkungen der zu erlassenden Durchführungsrechtsakte stehen.

(11) Das Prüfverfahren sollte insbesondere beim Erlass von Rechtsakten von allgemeiner Tragweite zur Umsetzung von Basisrechtsakten und von spezifischen Durchführungsrechtsakten mit potenziell bedeutenden Auswirkungen zur Anwendung kommen. Dieses Verfahren sollte sicherstellen, dass die Kommission keine Durchführungsrechtsakte erlassen kann, die nicht im Einklang mit der Stellungnahme des Ausschusses stehen, es sei denn, es liegen sehr außergewöhnliche Umstände vor; dann sollten sie für einen begrenzten Zeitraum gelten. Das Verfahren sollte auch sicherstellen, dass die Kommission die Möglichkeit hat, den Entwurf des Durchführungsrechtsakts unter Berücksichtigung der im Ausschuss vorgetragenen Standpunkte zu überarbeiten, wenn der Ausschuss keine Stellungnahme abgibt.

(12) Sofern der Basisrechtsakt der Kommission Durchführungsbefugnisse in Bezug auf Programme überträgt, die erhebliche Auswirkungen auf den Haushalt haben oder sich an Drittländer richten, sollte das Prüfverfahren zur Anwendung gelangen.

(13) Der Vorsitz eines Ausschusses sollte sich um Lösungen bemühen, die im Ausschuss bzw. Berufungsausschuss eine möglichst breite Unterstützung

---

1) Amtliche Fußnote: ABl. L 184 vom 17. 7. 1999, S. 23.

finden, und sollte erläutern, inwieweit die Beratungen und die vorgeschlagenen Änderungen berücksichtigt wurden. Hierfür sollte die Kommission den im Ausschuss bzw. Berufungsausschuss vorgetragenen Standpunkten hinsichtlich von Entwürfen für endgültige Antidumping- oder Ausgleichsmaßnahmen besondere Aufmerksamkeit schenken.

(14) Erwägt die Kommission die Annahme von Entwürfen von anderen Durchführungsrechtsakten in besonders sensiblen Bereichen, insbesondere Besteuerung, Gesundheit der Verbraucher, Nahrungsmittelsicherheit und Umweltschutz, wird sie es im Bemühen um eine ausgewogene Lösung so weit wie möglich vermeiden, sich einem gegebenenfalls im Berufungsausschuss vorherrschenden Standpunkt, dass der Durchführungsrechtsakt nicht angemessen sei, entgegenzustellen.

(15) Das Beratungsverfahren sollte grundsätzlich in allen anderen Fällen, oder wann immer dies für zweckmäßiger erachtet wird, zur Anwendung gelangen.

(16) Sofern dies im Basisrechtsakt vorgesehen ist, sollte es möglich sein, in Fällen äußerster Dringlichkeit sofort geltende Durchführungsrechtsakte zu erlassen.

(17) Das Europäische Parlament und der Rat sollten rasch und regelmäßig über die Ausschussverfahren informiert werden.

(18) Angesichts ihrer Rechte im Zusammenhang mit der Überprüfung der Rechtmäßigkeit von Rechtsakten der Union sollten das Europäische Parlament oder der Rat die Kommission jederzeit darauf hinweisen können, dass der Entwurf eines Durchführungsrechtsakts ihres Erachtens die im Basisrechtsakt vorgesehenen Durchführungsbefugnisse überschreitet.

(19) Der Zugang der Öffentlichkeit zu Informationen über die Ausschussverfahren sollte im Einklang mit der Verordnung (EG) Nr. 1049/2001 des Europäischen Parlaments und des Rates vom 30. Mai 2001 über den Zugang der Öffentlichkeit zu Dokumenten des Europäischen Parlaments, des Rates und der Kommission[1)] sichergestellt werden.

(20) Die Kommission sollte ein Register führen, das Informationen über Ausschussverfahren enthält. Folglich sollten die für die Kommission geltenden Vorschriften zum Schutz von als vertraulich eingestuften Dokumenten auch für die Benutzung des Registers gelten.

(21) Der Beschluss 1999/468/EG sollte aufgehoben werden. Um den Übergang von der Regelung gemäß Beschluss 1999/468/EG auf die Regelung gemäß der vorliegenden Verordnung sicherzustellen, sollte jede Bezugnahme in bestehenden Vorschriften auf in dem Beschluss vorgesehene Verfahren, mit Ausnahme des Regelungsverfahrens mit Kontrolle im Sinne von Artikel 5a jenes Beschlusses, als Bezugnahme auf die entsprechenden Verfahren dieser Verordnung gelten. Artikel 5a des Beschlusses 1999/468/EG sollte für die Zwecke bestehender Basisrechtsakte, in denen auf jenen Artikel verwiesen wird, vorläufig weiterhin seine Wirkung entfalten.

(22) Diese Verordnung berührt nicht die im AEUV niedergelegten Befugnisse der Kommission zur Durchführung der Wettbewerbsvorschriften –

HABEN FOLGENDE VERORDNUNG ERLASSEN:

---

1) Amtliche Fußnote: ABl. 145 vom 31. 5. 2001, S. 43.

Seite 362

Artikel 1 Gegenstand

Diese Verordnung legt die allgemeinen Regeln und Grundsätze fest, die anzuwenden sind, wenn ein verbindlicher Rechtsakt der Union (nachstehend „Basisrechtsakt" genannt) die Notwendigkeit einheitlicher Durchführungsbedingungen feststellt und vorschreibt, dass Durchführungsrechtsakte von der Kommission vorbehaltlich einer Kontrolle durch die Mitgliedstaaten erlassen werden.

Artikel 2 Wahl des Verfahrens

(1) Ein Basisrechtsakt kann die Anwendung des Beratungsverfahrens oder des Prüfverfahrens vorsehen, wobei die Art oder die Auswirkungen des erforderlichen Durchführungsrechtsakts berücksichtigt werden.

(2) Das Prüfverfahren wird insbesondere angewendet zum Erlass von:

a) Durchführungsrechtsakten von allgemeiner Tragweite;

b) sonstigen Durchführungsrechtsakten in Bezug auf:

   i) Programme mit wesentlichen Auswirkungen;

   ii) die gemeinsame Agrarpolitik und die gemeinsame Fischereipolitik;

   iii) die Umwelt, Sicherheit oder den Schutz der Gesundheit oder der Sicherheit von Menschen, Tieren und Pflanzen;

   iv) die gemeinsame Handelspolitik;

   v) die Besteuerung.

(3) Das Beratungsverfahren wird grundsätzlich zum Erlass von Durchführungsrechtsakten angewendet, die nicht in den Anwendungsbereich des Absatzes 2 fallen. Das Beratungsverfahren kann jedoch in hinreichend begründeten Fällen zum Erlass von in Absatz 2 genannten Durchführungsrechtsakten angewendet werden.

Artikel 3 Gemeinsame Bestimmungen

(1) Die in diesem Artikel genannten gemeinsamen Bestimmungen werden auf alle in den Artikeln 4 bis 8 genannten Verfahren angewendet.

(2) Die Kommission wird von einem Ausschuss unterstützt, der sich aus Vertretern der Mitgliedstaaten zusammensetzt. Den Vorsitz führt ein Vertreter der Kommission. Der Vorsitz nimmt nicht an den Abstimmungen im Ausschuss teil.

(3) Der Vorsitz unterbreitet dem Ausschuss den Entwurf des von der Kommission zu erlassenden Durchführungsrechtsakts.

Außer in hinreichend begründeten Fällen setzt der Vorsitz eine Sitzung frühestens 14 Tage, nachdem der Entwurf des Durchführungsrechtsakts und der Entwurf der Tagesordnung dem Ausschuss vorgelegt wurden, an. Der Ausschuss gibt seine Stellungnahme zu dem Entwurf des Durchführungsrechtsakts innerhalb einer Frist ab, die der Vorsitz entsprechend der Dringlichkeit der betreffenden Sache festsetzen kann. Die Frist muss angemessen sein und den Ausschussmitgliedern frühzeitig und effektiv die Möglichkeit geben, den Entwurf des Durchführungsrechtsakts zu prüfen und dazu Stellung zu nehmen.

(4) Bis der Ausschuss eine Stellungnahme abgibt, kann jedes Ausschussmitglied Änderungen vorschlagen und der Vorsitz kann geänderte Fassungen des Entwurfs des Durchführungsrechtsakts vorlegen.

Der Vorsitz bemüht sich um Lösungen, die im Ausschuss eine möglichst breite Unterstützung finden. Der Vorsitz unterrichtet den Ausschuss darüber, in welcher Form die Beratungen und die vorgeschlagenen Änderungen berücksichtigt wurden, insbesondere was diejenigen Vorschläge angeht, die im Ausschuss breite Unterstützung gefunden haben.

(5) Der Vorsitz kann in hinreichend begründeten Fällen die Stellungnahme des Ausschusses im schriftlichen Verfahren einholen. Hierzu übermittelt der Vorsitz den Ausschussmitgliedern den Entwurf des Durchführungsrechtsakts und setzt entsprechend der Dringlichkeit der betreffenden Sache eine Frist für die Stellungnahme fest. Wenn ein Ausschussmitglied den Entwurf des Durchführungsrechtsakts nicht innerhalb der festgesetzten Frist ablehnt oder sich nicht ausdrücklich innerhalb der festgesetzten Frist der Stimme enthält, so gilt dies als stillschweigende Zustimmung zum Entwurf des Durchführungsrechtsakts.

Sofern im Basisrechtsakt nichts anderes vorgesehen ist, wird das schriftliche Verfahren ohne Ergebnis abgeschlossen, wenn der Vorsitz dies innerhalb der in Unterabsatz 1 genannten Frist beschließt oder ein Ausschussmitglied dies innerhalb der in Unterabsatz 1 genannten Frist verlangt. In einem solchen Fall beruft der Vorsitz innerhalb einer angemessenen Frist eine Ausschusssitzung ein.

(6) Die Stellungnahme des Ausschusses wird im Protokoll vermerkt. Jedes Ausschussmitglied kann verlangen, dass sein Standpunkt im Protokoll festgehalten wird. Der Vorsitz übermittelt das Protokoll unverzüglich den Ausschussmitgliedern.

(7) Gegebenenfalls schließt der Kontrollmechanismus die Befassung eines Berufungsausschusses ein.

Der Berufungsausschuss gibt sich auf Vorschlag der Kommission mit einfacher Mehrheit seiner Mitglieder eine Geschäftsordnung.

Wird der Berufungsausschuss befasst, so tritt er – außer in hinreichend begründeten Fällen – frühestens 14 Tage und spätestens sechs Wochen nach dem Zeitpunkt der Befassung zusammen. Unbeschadet des Absatzes 3 gibt der Berufungsausschuss seine Stellungnahme innerhalb von zwei Monaten nach dem Zeitpunkt der Befassung ab.

Den Vorsitz im Berufungsausschuss führt ein Vertreter der Kommission.

Der Vorsitz legt in enger Zusammenarbeit mit den Ausschussmitgliedern den Zeitpunkt für die Sitzung des Berufungsausschusses fest, damit die Mitgliedstaaten und die Kommission für eine Vertretung auf angemessener Ebene sorgen können. Die Kommission beruft bis zum 1. April 2011 die erste Sitzung des Berufungsausschusses zur Annahme seiner Geschäftsordnung ein.

Artikel 4 Beratungsverfahren

(1) Findet das Beratungsverfahren Anwendung, so gibt der Ausschuss – erforderlichenfalls auf der Grundlage einer Abstimmung – seine Stellungnahme ab. Im Falle einer Abstimmung gibt der Ausschuss seine Stellungnahme mit der einfachen Mehrheit seiner Mitglieder ab.

(2) Die Kommission beschließt über den zu erlassenden Entwurf des Durchführungsrechtsakts; wobei sie soweit wie möglich das Ergebnis der Beratungen im Ausschuss und die abgegebene Stellungnahme berücksichtigt.

Artikel 5 Prüfverfahren

(1) Findet das Prüfverfahren Anwendung, so gibt der Ausschuss seine Stellungnahme mit der Mehrheit nach Artikel 16 Absätze 4 und 5 des Vertrags über die Europäische Union und gegebenenfalls nach Artikel 238 Absatz 3 AEUV bei Rechtsakten, die auf Vorschlag der Kommission zu erlassen sind, ab. Die Stimmen

der Vertreter der Mitgliedstaaten im Ausschuss werden gemäß den vorgenannten Artikeln gewichtet.

(2) Gibt der Ausschuss eine befürwortende Stellungnahme ab, so erlässt die Kommission den im Entwurf vorgesehenen Durchführungsrechtsakt.

(3) Unbeschadet des Artikels 7 erlässt die Kommission den im Entwurf vorgesehenen Durchführungsrechtsakt nicht, wenn der Ausschuss eine ablehnende Stellungnahme abgibt. Wird ein Durchführungsrechtsakt für erforderlich erachtet, so kann der Vorsitz entweder demselben Ausschuss innerhalb von zwei Monaten nach Abgabe der ablehnenden Stellungnahme eine geänderte Fassung des Entwurfs des Durchführungsrechtsakts unterbreiten oder den Entwurf des Durchführungsrechtsakts innerhalb eines Monats nach Abgabe der ablehnenden Stellungnahme dem Berufungsausschuss zur weiteren Beratung vorlegen.

(4) Wird keine Stellungnahme abgegeben, so kann die Kommission außer in den in Unterabsatz 2 vorgesehenen Fällen den im Entwurf vorgesehenen Durchführungsrechtsakt erlassen. Erlässt die Kommission den im Entwurf vorgesehenen Durchführungsrechtsakt nicht, so kann der Vorsitz dem Ausschuss eine geänderte Fassung des Entwurfs des Durchführungsrechtsakts unterbreiten.

Unbeschadet des Artikels 7 erlässt die Kommission den im Entwurf vorgesehenen Durchführungsrechtsakt nicht,

a) wenn dieser Rechtsakt die Besteuerung, Finanzdienstleistungen, den Schutz der Gesundheit oder der Sicherheit von Menschen, Tieren oder Pflanzen oder endgültige multilaterale Schutzmaßnahmen betrifft,

b) wenn im Basisrechtsakt vorgesehen ist, dass der im Entwurf vorgesehene Durchführungsrechtsakt ohne Stellungnahme nicht erlassen werden darf, oder

c) wenn die Mitglieder des Ausschusses ihn mit einfacher Mehrheit ablehnen.

In allen in Unterabsatz 2 genannten Fällen kann der Vorsitz, wenn ein Durchführungsrechtsakt für erforderlich erachtet wird, entweder demselben Ausschuss innerhalb von zwei Monaten nach der Abstimmung eine geänderte Fassung des Entwurfs des Durchführungsrechtsakts unterbreiten oder den Entwurf des Durchführungsrechtsakts innerhalb eines Monats nach der Abstimmung dem Berufungsausschuss zur weiteren Beratung vorlegen.

(5) Abweichend von Absatz 4 gilt das folgende Verfahren für die Annahme von Entwürfen für endgültige Antidumping- oder Ausgleichsmaßnahmen, wenn keine Stellungnahme im Ausschuss abgegeben wird und die Mitglieder des Ausschusses den Entwurf des Durchführungsrechtsakts mit einfacher Mehrheit ablehnen.

Die Kommission führt Konsultationen mit den Mitgliedstaaten durch. Frühestens 14 Tage und spätestens einen Monat nach der Sitzung des Ausschusses unterrichtet die Kommission die Ausschussmitglieder über die Ergebnisse dieser Konsultationen und legt dem Berufungsausschuss den Entwurf eines Durchführungsrechtsakts vor. Abweichend von Artikel 3 Absatz 7 tritt der Berufungsausschuss frühestens 14 Tage und spätestens einen Monat nach der Vorlage des Entwurfs des Durchführungsrechtsakts zusammen. Der Berufungsausschuss gibt seine Stellungnahme gemäß Artikel 6 ab. Die in diesem Absatz festgelegten Fristen lassen die Notwendigkeit, die Einhaltung der in dem betreffenden Basisrechtsakt festgelegten Fristen zu wahren, unberührt.

Artikel 6 Befassung des Berufungsausschusses

(1) Der Berufungsausschuss gibt seine Stellungnahme mit der in Artikel 5 Absatz 1 vorgesehenen Mehrheit ab.

(2) Bis zur Abgabe einer Stellungnahme kann jedes Mitglied des Berufungsausschusses Änderungen am Entwurf des Durchführungsrechtsakts vorschlagen und der Vorsitz kann beschließen, ihn zu ändern bzw. nicht zu ändern.

Der Vorsitz bemüht sich um Lösungen, die im Berufungsausschuss möglichst breite Unterstützung finden.

Der Vorsitz unterrichtet den Berufungsausschuss darüber, in welcher Form die Beratungen und die vorgeschlagenen Änderungen berücksichtigt wurden, insbesondere was Änderungsvorschläge angeht, die im Berufungsausschuss breite Unterstützung gefunden haben.

(3) Gibt der Berufungsausschuss eine befürwortende Stellungnahme ab, so erlässt die Kommission den im Entwurf vorgesehenen Durchführungsrechtsakt.

Wird keine Stellungnahme abgegeben, so kann die Kommission den im Entwurf vorgesehenen Durchführungsrechtsakt erlassen.

Gibt der Berufungsausschuss eine ablehnende Stellungnahme ab, so erlässt die Kommission den im Entwurf vorgesehenen Durchführungsrechtsakt nicht.

(4) Abweichend von Absatz 3 erlässt die Kommission bei der Annahme endgültiger multilateraler Schutzmaßnahmen die im Entwurf vorgesehenen Maßnahmen nicht, wenn keine befürwortende Stellungnahme vorliegt, die mit der in Artikel 5 Absatz 1 genannten Mehrheit angenommen wurde.

(5) Abweichend von Absatz 1 gibt der Berufungsausschuss bis zum 1. September 2012 seine Stellungnahme zu Entwürfen für endgültige Antidumping- oder Ausgleichsmaßnahmen mit der einfachen Mehrheit seiner Mitglieder ab.

Artikel 7 Erlass von Durchführungsrechtsakten in Ausnahmefällen

Abweichend von Artikel 5 Absatz 3 und Artikel 5 Absatz 4 Unterabsatz 2 kann die Kommission den im Entwurf vorgesehenen Durchführungsrechtsakt erlassen, wenn er unverzüglich erlassen werden muss, um eine erhebliche Störung der Agrarmärkte oder eine Gefährdung der finanziellen Interessen der Union im Sinne des Artikels 325 AEUV abzuwenden.

In diesem Fall legt die Kommission den erlassenen Durchführungsrechtsakt unverzüglich dem Berufungsausschuss vor. Gibt der Berufungsausschuss eine ablehnende Stellungnahme zu dem erlassenen Durchführungsrechtsakt ab, so hebt die Kommission diesen Rechtsakt unverzüglich auf. Gibt der Berufungsausschuss eine befürwortende Stellungnahme oder keine Stellungnahme ab, so bleibt der Durchführungsrechtsakt in Kraft.

Artikel 8 Sofort geltende Durchführungsrechtsakte

(1) Abweichend von den Artikeln 4 und 5 kann ein Basisrechtsrecht vorsehen, dass in hinreichend begründeten Fällen äußerster Dringlichkeit dieser Artikel anzuwenden ist.

(2) Die Kommission erlässt einen Durchführungsrechtsakt, der sofort gilt, ohne dass er vorher einem Ausschuss unterbreitet wurde, und für einen Zeitraum von höchstens sechs Monaten in Kraft bleibt, sofern im Basisrechtsakt nicht etwas anderes bestimmt ist.

(3) Der Vorsitz legt den in Absatz 2 genannten Rechtsakt spätestens 14 Tage nach seinem Erlass dem zuständigen Ausschuss zur Stellungnahme vor.

(4) Findet das Prüfverfahren Anwendung und gibt der Ausschuss eine ablehnende Stellungnahme ab, so hebt die Kommission den gemäß Absatz 2 erlassenen Durchführungsrechtsakt unverzüglich auf.

(5) Nimmt die Kommission vorläufige Antidumping- oder Ausgleichsmaßnahmen an, so findet das in diesem Artikel vorgesehene Verfahren Anwendung. Die Kommission ergreift solche Maßnahmen nach Konsultation oder – bei äußerster Dringlichkeit – nach Unterrichtung der Mitgliedstaaten. In letzterem Fall finden spätestens zehn Tage, nachdem die von der Kommission ergriffenen Maßnahmen den Mitgliedstaaten mitgeteilt wurden, Konsultationen statt.

Artikel 9 Geschäftsordnung

(1) Jeder Ausschuss gibt sich mit der einfachen Mehrheit seiner Mitglieder auf Vorschlag seines Vorsitzes sowie auf der Grundlage der von der Kommission nach Konsultation mit den Mitgliedstaaten festzulegenden Standardgeschäftsordnung eine Geschäftsordnung. Die Standardgeschäftsordnung wird von der Kommission im *Amtsblatt der Europäischen Union* veröffentlicht.

Soweit erforderlich passen bestehende Ausschüsse ihre Geschäftsordnung an die Standardgeschäftsordnung an.

(2) Die für die Kommission geltenden Grundsätze und Bedingungen für den Zugang der Öffentlichkeit zu Dokumenten und die für sie geltenden Datenschutzvorschriften gelten auch für die Ausschüsse.

Artikel 10 Information über Ausschussverfahren

(1) Die Kommission führt ein Register der Ausschussverfahren, das Folgendes enthält:

a) eine Liste der Ausschüsse,

b) die Tagesordnungen der Ausschusssitzungen,

c) die Kurzniederschriften sowie Listen der Behörden und Stellen, denen die Personen angehören, die die Mitgliedstaaten in deren Auftrag vertreten,

d) die Entwürfe der Durchführungsrechtsakte, zu denen die Ausschüsse um eine Stellungnahme ersucht werden,

e) die Abstimmungsergebnisse,

f) die endgültigen Entwürfe der Durchführungsrechtsakte nach Abgabe der Stellungnahme der Ausschüsse,

g) Angaben zum Erlass der im endgültigen Entwurf vorgesehenen Durchführungsrechtsakte durch die Kommission sowie

h) statistische Angaben zur Arbeit der Ausschüsse.

(2) Die Kommission veröffentlicht darüber hinaus einen jährlichen Bericht über die Arbeit der Ausschüsse.

(3) Das Europäische Parlament und der Rat haben im Einklang mit den geltenden Vorschriften Zugriff auf die in Absatz 1 genannten Angaben.

(4) Die Kommission stellt die in Absatz 1 Buchstaben b, d und f genannten Dokumente dem Europäischen Parlament und dem Rat zur gleichen Zeit, zu der sie den Ausschussmitgliedern übermittelt werden, zur Verfügung und unterrichtet sie über die Verfügbarkeit dieser Dokumente.

(5) Die Fundstellen der in Absatz 1 Buchstaben a bis g genannten Dokumente sowie die in Absatz 1 Buchstabe h genannten Angaben werden in dem Register öffentlich zugänglich gemacht.

Artikel 11 Kontrollrecht des Europäischen Parlaments und des Rates

Wurde der Basisrechtsakt nach dem ordentlichen Gesetzgebungsverfahren erlassen, so können das Europäische Parlament oder der Rat die Kommission jederzeit darauf hinweisen, dass der Entwurf eines Durchführungsrechtsakts ihres Erachtens die im Basisrechtsakt vorgesehenen Durchführungsbefugnisse überschreitet. In diesem Fall überprüft die Kommission den Entwurf des Durchführungsrechtsakts unter Berücksichtigung der vorgetragenen Standpunkte und unterrichtet das Europäische Parlament und den Rat darüber, ob sie beabsichtigt, den Entwurf des Durchführungsrechtsakts beizubehalten, abzuändern oder zurückzuziehen.

Artikel 12 Aufhebung des Beschlusses 1999/468/EG

Der Beschluss 1999/468/EG wird aufgehoben.

Artikel 5a des Beschlusses 1999/468/EG behält bei bestehenden Basisrechtsakten, in denen darauf verwiesen wird, weiterhin seine Wirkung.

Artikel 13 Übergangsbestimmungen: Anpassung bestehender Basisrechtsakte

(1) Wenn vor Inkrafttreten dieser Verordnung erlassene Basisrechtsakte die Wahrnehmung von Durchführungsbefugnissen durch die Kommission gemäß dem Beschluss 1999/468/EG vorsehen, gelten folgende Regeln:

a) Wird im Basisrechtsakt auf Artikel 3 des Beschlusses 1999/468/EG Bezug genommen, so findet das in Artikel 4 der vorliegenden Verordnung genannte Beratungsverfahren Anwendung;

b) wird im Basisrechtsakt auf Artikel 4 des Beschlusses 1999/468/EG Bezug genommen, so findet das in Artikel 5 der vorliegenden Verordnung genannte Prüfverfahren Anwendung, mit Ausnahme von Artikel 5 Absatz 4 Unterabsätze 2 und 3;

c) wird im Basisrechtsakt auf Artikel 5 des Beschlusses 1999/468/EG Bezug genommen, so findet das in Artikel 5 der vorliegenden Verordnung genannte Prüfverfahren Anwendung und es wird davon ausgegangen, dass der Basisrechtsakt vorsieht, dass die Kommission, wie in Artikel 5 Absatz 4 Unterabsatz 2 Buchstabe b vorgesehen, den im Entwurf vorgesehenen Durchführungsrechtsakt ohne Stellungnahme nicht erlassen darf;

d) wird im Basisrechtsakt auf Artikel 6 des Beschlusses 1999/468/EG Bezug genommen, so findet Artikel 8 der vorliegenden Verordnung Anwendung;

e) wird im Basisrechtsakt auf die Artikel 7 und 8 des Beschlusses 1999/468/EG Bezug genommen, so finden die Artikel 10 und 11 der vorliegenden Verordnung Anwendung.

(2) Die Artikel 3 und 9 dieser Verordnung gelten für die Zwecke von Absatz 1 für alle bestehenden Ausschüsse.

(3) Artikel 7 dieser Verordnung gilt nur für bestehende Verfahren, in denen auf Artikel 4 des Beschlusses 1999/468/EG Bezug genommen wird.

(4) Die Übergangsbestimmungen nach diesem Artikel greifen der Art der betreffenden Rechtsakte nicht vor.

Artikel 14 Übergangsregelung

Laufende Verfahren, in denen ein Ausschuss bereits eine Stellungnahme gemäß dem Beschluss 1999/468/EG abgegeben hat, bleiben von dieser Verordnung unberührt.

Seite 368

Artikel 15 Überprüfung

Die Kommission legt dem Europäischen Parlament und dem Rat bis zum 1. März 2016 einen Bericht über die Durchführung dieser Verordnung vor, dem erforderlichenfalls geeignete Gesetzgebungsvorschläge beigefügt werden.

Artikel 16 Inkrafttreten

Diese Verordnung tritt am 1. März 2011 in Kraft.

Diese Verordnung ist in allen ihren Teilen verbindlich und gilt unmittelbar in jedem Mitgliedstaat.

42 Unionsbürgerschaft

421 Richtlinie 2004/38/EG des Europäischen Parlaments und des Rates vom 29. April 2004 über das Recht der Unionsbürger und ihrer Familienangehörigen, sich im Hoheitsgebiet der Mitgliedstaaten frei zu bewegen und aufzuhalten, zur Änderung der Verordnung (EWG) Nr. 1612/68 und zur Aufhebung der Richtlinien 64/221/EWG, 68/360/EWG, 72/194/EWG, 73/148/EWG, 75/34/EWG, 75/35/EWG, 90/364/EWG, 90/365/EWG und 93/96/EWG

(ABl. L 158 vom 30. 4. 2004 S. 77, ber. ABl. L 229 vom 29. 6. 2004 S. 35, ber. ABl. L 204 vom 4. 8. 2007 S. 28)

Inhaltsübersicht*

* Nicht amtlich.

DAS EUROPÄISCHE PARLAMENT UND DER RAT DER EUROPÄISCHEN UNION –

gestützt auf den Vertrag zur Gründung der Europäischen Gemeinschaft, insbesondere auf die Artikel 12, 18, 40, 44 und 52,

auf Vorschlag der Kommission[1)],

nach Stellungnahme des Europäischen Wirtschafts- und Sozialausschusses[2)],

nach Stellungnahme des Ausschusses der Regionen[3)],

gemäß dem Verfahren des Artikels 251 des Vertrags[4)],

in Erwägung nachstehender Gründe:

(1) Die Unionsbürgerschaft verleiht jedem Bürger der Union das elementare und persönliche Recht, sich im Hoheitsgebiet der Mitgliedstaaten vorbehaltlich der im Vertrag und in den Durchführungsvorschriften vorgesehenen Beschränkungen und Bedingungen frei zu bewegen und aufzuhalten.

(2) Die Freizügigkeit von Personen stellt eine der Grundfreiheiten des Binnenmarkts dar, der einen Raum ohne Binnengrenzen umfasst, in dem diese Freiheit gemäß den Bestimmungen des Vertrags gewährleistet ist.

---

1) Amtliche Fußnote: ABl. C 270 E vom 25. 9. 2001, S. 150.

2) Amtliche Fußnote: ABl. C 149 vom 21. 6. 2002, S. 46.

3) Amtliche Fußnote: ABl. C 192 vom 12. 8. 2002, S. 17.

4) Amtliche Fußnote: Stellungnahme des Europäischen Parlaments vom 11. Februar 2003 (ABl. C 43 E vom 19. 2. 2004, S. 42), Gemeinsamer Standpunkt des Rates vom 5. Dezember 2003 (ABl. C 54 E vom 2. 3. 2004, S. 12) und Standpunkt des Europäischen Parlaments vom 10. März 2004 (noch nicht im Amtsblatt veröffentlicht).

(3) Die Unionsbürgerschaft sollte der grundsätzliche Status der Staatsangehörigen der Mitgliedstaaten sein, wenn sie ihr Recht auf Freizügigkeit und Aufenthalt wahrnehmen. Daher müssen die bestehenden Gemeinschaftsinstrumente, die Arbeitnehmer und Selbstständige sowie Studierende und andere beschäftigungslose Personen getrennt behandeln, kodifiziert und überarbeitet werden, um das Freizügigkeits- und Aufenthaltsrecht aller Unionsbürger zu vereinfachen und zu verstärken.

(4) Um diese bereichsspezifischen und fragmentarischen Ansätze des Freizügigkeits- und Aufenthaltsrechts zu überwinden und die Ausübung dieses Rechts zu erleichtern, ist ein einziger Rechtsakt erforderlich, in dem die Verordnung (EWG) Nr. 1612/68 des Rates vom 15. Oktober 1968 über die Freizügigkeit der Arbeitnehmer innerhalb der Gemeinschaft[1] geändert und die folgenden Rechtsakte aufgehoben werden: die Richtlinie 68/360/EWG des Rates vom 15. Oktober 1968 zur Aufhebung der Reise- und Aufenthaltsbeschränkungen für Arbeitnehmer der Mitgliedstaaten und ihre Familienangehörigen innerhalb der Gemeinschaft[2], die Richtlinie 73/148/EWG des Rates vom 21. Mai 1973 zur Aufhebung der Reise- und Aufenthaltsbeschränkungen für Staatsangehörige der Mitgliedstaaten innerhalb der Gemeinschaft auf dem Gebiet der Niederlassung und des Dienstleistungsverkehrs[3], die Richtlinie 90/364/EWG des Rates vom 28. Juni 1990 über das Aufenthaltsrecht[4], die Richtlinie 90/365/EWG des Rates vom 28. Juni 1990 über das Aufenthaltsrecht der aus dem Erwerbsleben ausgeschiedenen Arbeitnehmer und selbstständig Erwerbstätigen[5] und die Richtlinie 93/96/EWG des Rates vom 29. Oktober 1993 über das Aufenthaltsrecht der Studenten[6].

(5) Das Recht aller Unionsbürger, sich im Hoheitsgebiet der Mitgliedstaaten frei zu bewegen und aufzuhalten, sollte, wenn es unter objektiven Bedingungen in Freiheit und Würde ausgeübt werden soll, auch den Familienangehörigen ungeachtet ihrer Staatsangehörigkeit gewährt werden. Für die Zwecke dieser Richtlinie sollte der Begriff des Familienangehörigen auch den eingetragenen Lebenspartner umfassen, wenn nach den Rechtsvorschriften des Aufnahmemitgliedstaats die eingetragene Partnerschaft der Ehe gleichgestellt wird.

(6) Um die Einheit der Familie im weiteren Sinne zu wahren und unbeschadet des Verbots der Diskriminierung aus Gründen der Staatsangehörigkeit sollte die Lage derjenigen Personen, die nicht als Familienangehörige im Sinne dieser Richtlinie gelten und die daher kein automatisches Einreise- und Aufenthaltsrecht im Aufnahmemitgliedstaat genießen, von dem Aufnahmemitgliedstaat auf der Grundlage seiner eigenen innerstaatlichen Rechtsvorschriften daraufhin geprüft werden, ob diesen Personen die Einreise und der Aufenthalt gestattet werden könnte, wobei ihrer Beziehung zu dem Unionsbürger sowie anderen Aspekten, wie ihre finanzielle oder physische Abhängigkeit von dem Unionsbürger, Rechnung zu tragen ist.

(7) Unbeschadet der für die Kontrollen an den nationalen Grenzen geltenden Vorschriften sollten die Formalitäten im Zusammenhang mit der Freizügig-

---

1) Amtliche Fußnote: ABl. L 257 vom 19. 10. 1968, S. 2. Zuletzt geändert durch die Verordnung (EWG) Nr. 2434/92 (ABl. L 245 vom 26. 8. 1992, S. 1).

2) Amtliche Fußnote: ABl. L 257 vom 19. 10. 1968, S. 13. Zuletzt geändert durch die Beitrittsakte von 2003.

3) Amtliche Fußnote: ABl. L 172 vom 28. 6. 1973, S. 14.

4) Amtliche Fußnote: ABl. L 180 vom 13. 7. 1990, S. 26.

5) Amtliche Fußnote: ABl. L 180 vom 13. 7. 1990, S. 28.

6) Amtliche Fußnote: ABl. L 317 vom 18. 12. 1993, S. 59.

keit von Unionsbürgern im Hoheitsgebiet der Mitgliedstaaten genau festgelegt werden.

(8) Um die Ausübung der Freizügigkeit für Familienangehörige, die nicht die Staatsangehörigkeit eines Mitgliedstaats besitzen, zu erleichtern, sollten Familienangehörige, die bereits im Besitz einer Aufenthaltskarte sind, von der Pflicht befreit werden, sich ein Einreisevisum gemäß der Verordnung (EG) Nr. 539/2001 des Rates vom 15. März 2001 zur Aufstellung der Liste der Drittländer, deren Staatsangehörige beim Überschreiten der Außengrenzen im Besitz eines Visums sein müssen, sowie der Liste der Drittländer, deren Staatsangehörige von dieser Visumpflicht befreit sind[1)], oder gegebenenfalls gemäß den geltenden einzelstaatlichen Rechtsvorschriften zu beschaffen.

(9) Die Unionsbürger sollten das Aufenthaltsrecht im Aufnahmemitgliedstaat für einen Zeitraum von bis zu drei Monaten haben, ohne jegliche Bedingungen oder Formalitäten außer der Pflicht, im Besitz eines gültigen Personalausweises oder Reisepasses zu sein, unbeschadet einer günstigeren Behandlung für Arbeitssuchende gemäß der Rechtsprechung des Gerichtshofs.

(10) Allerdings sollten Personen, die ihr Aufenthaltsrecht ausüben, während ihres ersten Aufenthalts die Sozialhilfeleistungen des Aufnahmemitgliedstaats nicht unangemessen in Anspruch nehmen. Daher sollte das Aufenthaltsrecht von Unionsbürgern und ihren Familienangehörigen für eine Dauer von über drei Monaten bestimmten Bedingungen unterliegen.

(11) Das elementare und persönliche Recht auf Aufenthalt in einem anderen Mitgliedstaat erwächst den Unionsbürgern unmittelbar aus dem Vertrag und hängt nicht von der Einhaltung von Verwaltungsverfahren ab.

(12) Für Aufenthalte von über drei Monaten sollten die Mitgliedstaaten die Möglichkeit haben, eine – durch eine Anmeldebescheinigung bestätigte – Anmeldung des Unionsbürgers bei der zuständigen Behörde des Aufenthaltsortes vorzuschreiben.

(13) Für Aufenthalte von über drei Monaten sollte das Erfordernis der Aufenthaltskarte auf Familienangehörige von Unionsbürgern beschränkt werden, die nicht die Staatsangehörigkeit eines Mitgliedstaats besitzen.

(14) Um zu vermeiden, dass abweichende Verwaltungspraktiken oder Auslegungen die Ausübung des Aufenthaltsrechts der Unionsbürger und ihrer Familienangehörigen unangemessen behindern, sollte genau und abschließend festgelegt werden, welche Dokumente erforderlich sind, damit die zuständige Behörde eine Anmeldebescheinigung oder eine Aufenthaltskarte ausstellen kann.

(15) Ferner bedarf es eines rechtlichen Schutzes für die Familienangehörigen, wenn der Unionsbürger verstirbt, die Ehe geschieden oder aufgehoben oder die eingetragene Partnerschaft beendet wird. Daher sollten Maßnahmen getroffen werden, damit unter Achtung des Familienlebens und der menschlichen Würde, aber unter bestimmten Voraussetzungen zum Schutz vor Missbrauch sichergestellt ist, dass in solchen Fällen Familienangehörigen, die sich bereits im Hoheitsgebiet des Aufnahmemitgliedstaats aufhalten, das Aufenthaltsrecht ausschließlich auf persönlicher Grundlage erhalten bleibt.

---

1) Amtliche Fußnote: ABl. L 81 vom 21. 3. 2001, S. 1. Zuletzt geändert durch die Verordnung (EG) Nr. 453/2003 (ABl. L 69 vom 13. 3. 2003, S. 10).

(16) Solange die Aufenthaltsberechtigten die Sozialhilfeleistungen des Aufnahmemitgliedstaats nicht unangemessen in Anspruch nehmen, sollte keine Ausweisung erfolgen. Die Inanspruchnahme von Sozialhilfeleistungen sollte daher nicht automatisch zu einer Ausweisung führen. Der Aufnahmemitgliedstaat sollte prüfen, ob es sich bei dem betreffenden Fall um vorübergehende Schwierigkeiten handelt, und die Dauer des Aufenthalts, die persönlichen Umstände und den gewährten Sozialhilfebetrag berücksichtigen, um zu beurteilen, ob der Leistungsempfänger die Sozialhilfeleistungen unangemessen in Anspruch genommen hat, und in diesem Fall seine Ausweisung zu veranlassen. In keinem Fall sollte eine Ausweisungsmaßnahme gegen Arbeitnehmer, Selbstständige oder Arbeitssuchende in dem vom Gerichtshof definierten Sinne erlassen werden, außer aus Gründen der öffentlichen Ordnung oder Sicherheit.

(17) Wenn Unionsbürger, die beschlossen haben, sich dauerhaft in dem Aufnahmemitgliedstaat niederzulassen, das Recht auf Daueraufenthalt erhielten, würde dies ihr Gefühl der Unionsbürgerschaft verstärken und entscheidend zum sozialen Zusammenhalt – einem grundlegenden Ziel der Union – beitragen. Es gilt daher, für alle Unionsbürger und ihre Familienangehörigen, die sich gemäß den in dieser Richtlinie festgelegten Bedingungen fünf Jahre lang ununterbrochen in dem Aufnahmemitgliedstaat aufgehalten haben und gegen die keine Ausweisungsmaßnahme angeordnet wurde, ein Recht auf Daueraufenthalt vorzusehen.

(18) Um ein wirksames Instrument für die Integration in die Gesellschaft des Aufnahmemitgliedstaats darzustellen, in dem der Unionsbürger seinen Aufenthalt hat, sollte das einmal erlangte Recht auf Daueraufenthalt keinen Bedingungen unterworfen werden.

(19) Bestimmte für abhängig oder selbstständig erwerbstätige Unionsbürger und ihre Familienangehörigen geltende Vergünstigungen sollten aufrechterhalten werden, die diesen Personen gegebenenfalls gestatten, ein Recht auf Daueraufenthalt zu erwerben, bevor sie einen Aufenthalt von fünf Jahren in dem Aufnahmemitgliedstaat vollendet haben, da sie erworbene Rechte aufgrund der Verordnung (EWG) Nr. 1251/70 der Kommission vom 29. Juni 1970 über das Recht der Arbeitnehmer, nach Beendigung einer Beschäftigung im Hoheitsgebiet eines Mitgliedstaats zu verbleiben[1)], und der Richtlinie 75/34/EWG des Rates vom 17. Dezember 1974 über das Recht der Staatsangehörigen eines Mitgliedstaats, nach Beendigung der Ausübung einer selbstständigen Tätigkeit im Hoheitsgebiet eines anderen Mitgliedstaats zu verbleiben[2)], darstellen.

(20) Das Verbot der Diskriminierung aus Gründen der Staatsangehörigkeit erfordert, dass alle Unionsbürger und ihre Familienangehörigen, die sich aufgrund dieser Richtlinie in einem Mitgliedstaat aufhalten, in diesem Mitgliedstaat in den Anwendungsbereichen des Vertrags die gleiche Behandlung wie Inländer genießen; dies gilt vorbehaltlich spezifischer und ausdrücklich im Vertrag und im abgeleiteten Recht vorgesehener Bestimmungen.

(21) Allerdings sollte es dem Aufnahmemitgliedstaat überlassen bleiben, zu bestimmen, ob er anderen Personen als Arbeitnehmern oder Selbstständigen, Personen, die diesen Status beibehalten, und ihren Familienangehörigen

---

1) Amtliche Fußnote: ABl. L 142 vom 30. 6. 1970, S. 24.
2) Amtliche Fußnote: ABl. L 14 vom 20. 1. 1975, S. 10.

Sozialhilfe während der ersten drei Monate des Aufenthalts oder im Falle von Arbeitssuchenden für einen längeren Zeitraum gewährt oder vor Erwerb des Rechts auf Daueraufenthalt Unterhaltsbeihilfen für die Zwecke des Studiums, einschließlich einer Berufsausbildung, gewährt.

(22) Der Vertrag sieht Beschränkungen des Rechts auf Freizügigkeit und Aufenthalt aus Gründen der öffentlichen Ordnung, Sicherheit oder Gesundheit vor. Um eine genauere Definition der Umstände und Verfahrensgarantien sicherzustellen, unter denen Unionsbürgern und ihren Familienangehörigen die Erlaubnis zur Einreise verweigert werden kann oder unter denen sie ausgewiesen werden können, sollte die vorliegende Richtlinie die Richtlinie 64/221/EWG des Rates vom 25. Februar 1964 zur Koordinierung der Sondervorschriften für die Einreise und den Aufenthalt von Ausländern, soweit sie aus Gründen der öffentlichen Ordnung, Sicherheit und Gesundheit gerechtfertigt sind[1)], ersetzen.

(23) Die Ausweisung von Unionsbürgern und ihren Familienangehörigen aus Gründen der öffentlichen Ordnung oder Sicherheit ist eine Maßnahme, die Personen, die ihre Rechte und Freiheiten aus dem Vertrag in Anspruch genommen haben und vollständig in den Aufnahmemitgliedstaat integriert sind, sehr schaden kann. Die Wirkung derartiger Maßnahmen sollte daher gemäß dem Verhältnismäßigkeitsprinzip begrenzt werden, damit der Grad der Integration der Betroffenen, die Dauer des Aufenthalts im Aufnahmemitgliedstaat, ihr Alter, ihr Gesundheitszustand, die familiäre und wirtschaftliche Situation und die Bindungen zum Herkunftsstaat berücksichtigt werden.

(24) Daher sollte der Schutz vor Ausweisung in dem Maße zunehmen, wie die Unionsbürger und ihre Familienangehörigen in den Aufnahmemitgliedstaat stärker integriert sind. Gegen Unionsbürger, die sich viele Jahre im Hoheitsgebiet des Aufnahmemitgliedstaats aufgehalten haben, insbesondere in Fällen, in denen sie dort geboren sind und dort ihr ganzes Leben lang ihren Aufenthalt gehabt haben, sollte nur unter außergewöhnlichen Umständen aus zwingenden Gründen der öffentlichen Sicherheit eine Ausweisung verfügt werden. Gemäß dem Übereinkommen der Vereinten Nationen vom 20. November 1989 über die Rechte des Kindes sollten solche außergewöhnlichen Umstände zudem auch für Ausweisungsmaßnahmen gegen Minderjährige gelten, damit die familiären Bande unter Schutz stehen.

(25) Ferner sollten Verfahrensgarantien festgelegt werden, damit einerseits im Falle eines Verbots, in einen anderen Mitgliedstaat einzureisen oder sich dort aufzuhalten, ein hoher Schutz der Rechte des Unionsbürgers und seiner Familienangehörigen gewährleistet ist und andererseits der Grundsatz eingehalten wird, dass behördliche Handlungen ausreichend begründet sein müssen.

(26) Der Unionsbürger und seine Familienangehörigen, denen untersagt wird, in einen anderen Mitgliedstaat einzureisen oder sich dort aufzuhalten, müssen stets die Möglichkeit haben, den Rechtsweg zu beschreiten.

(27) Im Sinne der Rechtsprechung des Gerichtshofs, wonach die Mitgliedstaaten gegen die Begünstigten dieser Richtlinie kein Aufenthaltsverbot auf Lebenszeit verhängen dürfen, sollte bestätigt werden, dass ein Unionsbürger oder einer seiner Familienangehörigen, gegen den ein Mitgliedstaat ein

---

1) Amtliche Fußnote: ABl. 56 vom 4. 4. 1964, S. 850. Zuletzt geändert durch die Richtlinie 75/35/EWG (ABl. L 14 vom 20. 1. 1975, S. 14).

Aufenthaltsverbot verhängt hat, nach einem angemessenen Zeitraum, in jedem Fall aber nach Ablauf von drei Jahren nach Vollstreckung des endgültigen Aufenthaltsverbots, einen neuen Antrag auf Aufhebung des Aufenthaltsverbots stellen kann.

(28) Zum Schutz gegen Rechtsmissbrauch oder Betrug, insbesondere Scheinehen oder andere Arten von Bindungen, die lediglich zum Zweck der Inanspruchnahme des Freizügigkeits- und Aufenthaltsrechts geschlossen wurden, sollten die Mitgliedstaaten die Möglichkeit zum Erlass der erforderlichen Maßnahmen haben.

(29) Diese Richtlinie sollte nicht die Anwendung günstigerer einzelstaatlicher Rechtsvorschriften berühren.

(30) Zur Untersuchung der Frage, wie die Ausübung des Freizügigkeits- und Aufenthaltsrechts weiter erleichtert werden kann, sollte von der Kommission ein Bericht erarbeitet werden, aufgrund dessen die Möglichkeit zur Vorlage etwaiger hierfür erforderlicher Vorschläge abschätzbar ist, insbesondere zur Verlängerung des Zeitraums des nicht an Bedingungen geknüpften Aufenthalts.

(31) Diese Richtlinie steht im Einklang mit den Grundrechten und -freiheiten und den Grundsätzen, die insbesondere mit der Charta der Grundrechte der Europäischen Union anerkannt wurden. Dem in der Charta enthaltenen Diskriminierungsverbot zufolge sollten die Mitgliedstaaten diese Richtlinie ohne Diskriminierung zwischen den Begünstigten dieser Richtlinie etwa aufgrund des Geschlechts, der Rasse, der Hautfarbe, der ethnischen oder sozialen Herkunft, der genetischen Merkmale, der Sprache, der Religion oder Weltanschauung, der politischen oder sonstigen Anschauung, der Zugehörigkeit zu einer nationalen Minderheit, des Vermögens, der Geburt, einer Behinderung, des Alters oder der sexuellen Ausrichtung umsetzen –

HABEN FOLGENDE RICHTLINIE ERLASSEN:

KAPITEL I

ALLGEMEINE BESTIMMUNGEN

Artikel 1 Gegenstand

Diese Richtlinie regelt

a) die Bedingungen, unter denen Unionsbürger und ihre Familienangehörigen das Recht auf Freizügigkeit und Aufenthalt innerhalb des Hoheitsgebiets der Mitgliedstaaten genießen;

b) das Recht auf Daueraufenthalt der Unionsbürger und ihrer Familienangehörigen im Hoheitsgebiet der Mitgliedstaaten;

c) die Beschränkungen der in den Buchstaben a) und b) genannten Rechte aus Gründen der öffentlichen Ordnung, Sicherheit oder Gesundheit.

Artikel 2 Begriffsbestimmungen

Im Sinne dieser Richtlinie bezeichnet der Ausdruck

1. „Unionsbürger“ jede Person, die die Staatsangehörigkeit eines Mitgliedstaats besitzt;

2. „Familienangehöriger“

a) den Ehegatten;
b) den Lebenspartner, mit dem der Unionsbürger auf der Grundlage der Rechtsvorschriften eines Mitgliedstaats eine eingetragene Partnerschaft eingegangen ist, sofern nach den Rechtsvorschriften des Aufnahmemitgliedstaats die eingetragene Partnerschaft der Ehe gleichgestellt ist und die in den einschlägigen Rechtsvorschriften des Aufnahmemitgliedstaats vorgesehenen Bedingungen erfüllt sind;
c) die Verwandten in gerader absteigender Linie des Unionsbürgers und des Ehegatten oder des Lebenspartners im Sinne von Buchstabe b), die das 21. Lebensjahr noch nicht vollendet haben oder denen von diesen Unterhalt gewährt wird;
d) die Verwandten in gerader aufsteigender Linie des Unionsbürgers und des Ehegatten oder des Lebenspartners im Sinne von Buchstabe b), denen von diesen Unterhalt gewährt wird;

3. „Aufnahmemitgliedstaat" den Mitgliedstaat, in den sich der Unionsbürger begibt, um dort sein Recht auf Freizügigkeit oder Aufenthalt auszuüben.

Artikel 3 Berechtigte

(1) Diese Richtlinie gilt für jeden Unionsbürger, der sich in einen anderen als den Mitgliedstaat, dessen Staatsangehörigkeit er besitzt, begibt oder sich dort aufhält, sowie für seine Familienangehörigen im Sinne von Artikel 2 Nummer 2, die ihn begleiten oder ihm nachziehen.

(2) Unbeschadet eines etwaigen persönlichen Rechts auf Freizügigkeit und Aufenthalt der Betroffenen erleichtert der Aufnahmemitgliedstaat nach Maßgabe seiner innerstaatlichen Rechtsvorschriften die Einreise und den Aufenthalt der folgenden Personen:

a) jedes nicht unter die Definition in Artikel 2 Nummer 2 fallenden Familienangehörigen ungeachtet seiner Staatsangehörigkeit, dem der primär aufenthaltsberechtigte Unionsbürger im Herkunftsland Unterhalt gewährt oder der mit ihm im Herkunftsland in häuslicher Gemeinschaft gelebt hat, oder wenn schwerwiegende gesundheitliche Gründe die persönliche Pflege des Familienangehörigen durch den Unionsbürger zwingend erforderlich machen;
b) des Lebenspartners, mit dem der Unionsbürger eine ordnungsgemäß bescheinigte dauerhafte Beziehung eingegangen ist.

Der Aufnahmemitgliedstaat führt eine eingehende Untersuchung der persönlichen Umstände durch und begründet eine etwaige Verweigerung der Einreise oder des Aufenthalts dieser Personen.

KAPITEL II

RECHT AUF AUSREISE UND EINREISE

Artikel 4 Recht auf Ausreise

(1) Unbeschadet der für die Kontrollen von Reisedokumenten an den nationalen Grenzen geltenden Vorschriften haben alle Unionsbürger, die einen gültigen Personalausweis oder Reisepass mit sich führen, und ihre Familienangehörigen, die nicht die Staatsangehörigkeit eines Mitgliedstaats besitzen und die einen gültigen Reisepass mit sich führen, das Recht, das Hoheitsgebiet eines Mitgliedstaats zu verlassen und sich in einen anderen Mitgliedstaat zu begeben.

(2) Für die Ausreise von Personen gemäß Absatz 1 darf weder ein Visum noch eine gleichartige Formalität verlangt werden.

(3) Die Mitgliedstaaten stellen ihren Staatsangehörigen gemäß ihren Rechtsvorschriften einen Personalausweis oder einen Reisepass aus, der ihre Staatsangehörigkeit angibt, und verlängern diese Dokumente.

(4) Der Reisepass muss zumindest für alle Mitgliedstaaten und die unmittelbar zwischen den Mitgliedstaaten liegenden Durchreiseländer gelten. Sehen die Rechtsvorschriften eines Mitgliedstaats keinen Personalausweis vor, so ist der Reisepass mit einer Gültigkeit von mindestens fünf Jahren auszustellen oder zu verlängern.

Artikel 5 Recht auf Einreise

(1) Unbeschadet der für die Kontrollen von Reisedokumenten an den nationalen Grenzen geltenden Vorschriften gestatten die Mitgliedstaaten Unionsbürgern, die einen gültigen Personalausweis oder Reisepass mit sich führen, und ihren Familienangehörigen, die nicht die Staatsangehörigkeit eines Mitgliedstaats besitzen und die einen gültigen Reisepass mit sich führen, die Einreise.

Für die Einreise von Unionsbürgern darf weder ein Visum noch eine gleichartige Formalität verlangt werden.

(2) Von Familienangehörigen, die nicht die Staatsangehörigkeit eines Mitgliedstaats besitzen, ist gemäß der Verordnung (EG) Nr. 539/2001 oder gegebenenfalls den einzelstaatlichen Rechtsvorschriften lediglich ein Einreisevisum zu fordern. Für die Zwecke dieser Richtlinie entbindet der Besitz einer gültigen Aufenthaltskarte gemäß Artikel 10 diese Familienangehörigen von der Visumspflicht.

Die Mitgliedstaaten treffen alle erforderlichen Maßnahmen, um diesen Personen die Beschaffung der erforderlichen Visa zu erleichtern. Die Visa werden so bald wie möglich nach einem beschleunigten Verfahren unentgeltlich erteilt.

(3) Der Aufnahmemitgliedstaat bringt im Reisepass eines Familienangehörigen, der nicht die Staatsangehörigkeit eines Mitgliedstaats besitzt, keinen Einreise- oder Ausreisestempel an, wenn der Betroffene die Aufenthaltskarte gemäß Artikel 10 mit sich führt.

(4) Verfügt ein Unionsbürger oder ein Familienangehöriger, der nicht die Staatsangehörigkeit eines Mitgliedstaats besitzt, nicht über die erforderlichen Reisedokumente oder gegebenenfalls die erforderlichen Visa, so gewährt der betreffende Mitgliedstaat dieser Person jede angemessene Möglichkeit, sich die erforderlichen Dokumente in einer angemessenen Frist zu beschaffen oder übermitteln zu lassen oder sich mit anderen Mitteln bestätigen zu lassen oder nachzuweisen, dass sie das Recht auf Freizügigkeit und Aufenthalt genießt, bevor er eine Zurückweisung verfügt.

(5) Der Mitgliedstaat kann von dem Betroffenen verlangen, dass er seine Anwesenheit im Hoheitsgebiet dieses Mitgliedstaats innerhalb eines angemessenen und nicht diskriminierenden Zeitraums meldet. Die Nichterfüllung dieser Meldepflicht kann mit verhältnismäßigen und nicht diskriminierenden Sanktionen geahndet werden.

KAPITEL III
AUFENTHALTSRECHT

Artikel 6 Recht auf Aufenthalt bis zu drei Monaten

(1) Ein Unionsbürger hat das Recht auf Aufenthalt im Hoheitsgebiet eines anderen Mitgliedstaats für einen Zeitraum von bis zu drei Monaten, wobei er lediglich im Besitz eines gültigen Personalausweises oder Reisepasses sein muss und ansonsten keine weiteren Bedingungen zu erfüllen oder Formalitäten zu erledigen braucht.

(2) Absatz 1 gilt auch für Familienangehörige im Besitz eines gültigen Reisepasses, die nicht die Staatsangehörigkeit eines Mitgliedstaats besitzen und die den Unionsbürger begleiten oder ihm nachziehen.

Artikel 7 Recht auf Aufenthalt für mehr als drei Monate

(1) Jeder Unionsbürger hat das Recht auf Aufenthalt im Hoheitsgebiet eines anderen Mitgliedstaats für einen Zeitraum von über drei Monaten, wenn er

a) Arbeitnehmer oder Selbstständiger im Aufnahmemitgliedstaat ist oder

b) für sich und seine Familienangehörigen über ausreichende Existenzmittel verfügt, so dass sie während ihres Aufenthalts keine Sozialhilfeleistungen des Aufnahmemitgliedstaats in Anspruch nehmen müssen, und er und seine Familienangehörigen über einen umfassenden Krankenversicherungsschutz im Aufnahmemitgliedstaat verfügen oder

c) – bei einer privaten oder öffentlichen Einrichtung, die von dem Aufnahmemitgliedstaat aufgrund seiner Rechtsvorschriften oder seiner Verwaltungspraxis anerkannt oder finanziert wird, zur Absolvierung einer Ausbildung einschließlich einer Berufsausbildung als Hauptzweck eingeschrieben ist und
   – über einen umfassenden Krankenversicherungsschutz im Aufnahmemitgliedstaat verfügt und der zuständigen nationalen Behörde durch eine Erklärung oder durch jedes andere gleichwertige Mittel seiner Wahl glaubhaft macht, dass er für sich und seine Familienangehörigen über ausreichende Existenzmittel verfügt, so dass sie während ihres Aufenthalts keine Sozialhilfeleistungen des Aufnahmemitgliedstaats in Anspruch nehmen müssen, oder

d) ein Familienangehöriger ist, der den Unionsbürger, der die Voraussetzungen des Buchstabens a), b) oder c) erfüllt, begleitet oder ihm nachzieht.

(2) Das Aufenthaltsrecht nach Absatz 1 gilt auch für Familienangehörige, die nicht die Staatsangehörigkeit eines Mitgliedstaats besitzen und die den Unionsbürger in den Aufnahmemitgliedstaat begleiten oder ihm nachziehen, sofern der Unionsbürger die Voraussetzungen des Absatzes 1 Buchstabe a), b) oder c) erfüllt.

(3) Für die Zwecke des Absatzes 1 Buchstabe a) bleibt die Erwerbstätigeneigenschaft dem Unionsbürger, der seine Erwerbstätigkeit als Arbeitnehmer oder Selbstständiger nicht mehr ausübt, in folgenden Fällen erhalten:

a) Er ist wegen einer Krankheit oder eines Unfalls vorübergehend arbeitsunfähig;

b) er stellt sich bei ordnungsgemäß bestätigter unfreiwilliger Arbeitslosigkeit nach mehr als einjähriger Beschäftigung dem zuständigen Arbeitsamt zur Verfügung;

c) er stellt sich bei ordnungsgemäß bestätigter unfreiwilliger Arbeitslosigkeit nach Ablauf seines auf weniger als ein Jahr befristeten Arbeitsvertrags oder bei im Laufe der ersten zwölf Monate eintretender unfreiwilliger Arbeitslosigkeit dem zuständigen Arbeitsamt zur Verfügung; in diesem Fall bleibt die Erwerbstätigeneigenschaft während mindestens sechs Monaten aufrechterhalten;

d) er beginnt eine Berufsausbildung; die Aufrechterhaltung der Erwerbstätigeneigenschaft setzt voraus, dass zwischen dieser Ausbildung und der früheren beruflichen Tätigkeit ein Zusammenhang besteht, es sei denn, der Betroffene hat zuvor seinen Arbeitsplatz unfreiwillig verloren.

(4) Abweichend von Absatz 1 Buchstabe d) und Absatz 2 haben nur der Ehegatte, der eingetragene Lebenspartner im Sinne von Artikel 2 Nummer 2 Buchstabe b) und Kinder, denen Unterhalt gewährt wird, das Recht auf Aufenthalt als Familienangehörige eines Unionsbürgers, der die Voraussetzungen des Absatzes 1 Buchstabe c) erfüllt. Artikel 3 Absatz 2 findet Anwendung auf die Verwandten in gerader aufsteigender Linie des Unionsbürgers und des Ehegatten oder eingetragenen Lebenspartners, denen Unterhalt gewährt wird.

Artikel 8 Verwaltungsformalitäten für Unionsbürger

(1) Unbeschadet von Artikel 5 Absatz 5 kann der Aufnahmemitgliedstaat von Unionsbürgern für Aufenthalte von über drei Monaten verlangen, dass sie sich bei den zuständigen Behörden anmelden.

(2) Die Frist für die Anmeldung muss mindestens drei Monate ab dem Zeitpunkt der Einreise betragen. Eine Anmeldebescheinigung wird unverzüglich ausgestellt; darin werden Name und Anschrift der die Anmeldung vornehmenden Person sowie der Zeitpunkt der Anmeldung angegeben. Die Nichterfüllung der Anmeldepflicht kann mit verhältnismäßigen und nicht diskriminierenden Sanktionen geahndet werden.

(3) Für die Ausstellung der Anmeldebescheinigung dürfen die Mitgliedstaaten nur Folgendes verlangen:

- von einem Unionsbürger, auf den Artikel 7 Absatz 1 Buchstabe a) Anwendung findet, nur die Vorlage eines gültigen Personalausweises oder Reisepasses, einer Einstellungsbestätigung des Arbeitgebers oder einer Beschäftigungsbescheinigung oder eines Nachweises der Selbstständigkeit;
- von einem Unionsbürger, auf den Artikel 7 Absatz 1 Buchstabe b) Anwendung findet, nur die Vorlage eines gültigen Personalausweises oder Reisepasses sowie einen Nachweis, dass er die dort genannten Voraussetzungen erfüllt;
- von einem Unionsbürger, auf den Artikel 7 Absatz 1 Buchstabe c) Anwendung findet, nur die Vorlage eines gültigen Personalausweises oder Reisepasses, einer Bescheinigung über die Einschreibung bei einer anerkannten Einrichtung und über den umfassenden Krankenversicherungsschutz sowie einer Erklärung oder eines gleichwertigen Mittels nach Artikel 7 Absatz 1 Buchstabe c). Die Mitgliedstaaten dürfen nicht verlangen, dass sich diese Erklärung auf einen bestimmten Existenzmittelbetrag bezieht.

(4) Die Mitgliedstaaten dürfen keinen festen Betrag für die Existenzmittel festlegen, die sie als ausreichend betrachten, sondern müssen die persönliche Situation des Betroffenen berücksichtigen. Dieser Betrag darf in keinem Fall über dem Schwellenbetrag liegen, unter dem der Aufnahmemitgliedstaat seinen Staatsangehörigen Sozialhilfe gewährt, oder, wenn dieses Kriterium nicht an-

wendbar ist, über der Mindestrente der Sozialversicherung des Aufnahmemitgliedstaats.

(5) Für die Ausstellung der Anmeldebescheinigung an die Familienangehörigen des Unionsbürgers, die selbst Unionsbürger sind, können die Mitgliedstaaten die Vorlage folgender Dokumente verlangen:

a) gültiger Personalausweis oder Reisepass;

b) Bescheinigung über das Bestehen einer familiären Beziehung oder einer eingetragenen Partnerschaft;

c) gegebenenfalls die Anmeldebescheinigung des Unionsbürgers, den sie begleiten oder dem sie nachziehen;

d) in den Fällen des Artikels 2 Nummer 2 Buchstaben c) und d) der urkundliche Nachweis, dass die dort genannten Voraussetzungen vorliegen;

e) in den Fällen des Artikels 3 Absatz 2 Buchstabe a) ein durch die zuständige Behörde des Ursprungs- oder Herkunftslands ausgestelltes Dokument, aus dem hervorgeht, dass die Betroffenen vom Unionsbürger Unterhalt beziehen oder mit ihm in häuslicher Gemeinschaft gelebt haben, oder der Nachweis schwerwiegender gesundheitlicher Gründe, die die persönliche Pflege des Familienangehörigen durch den Unionsbürger zwingend erforderlich machen;

f) in den Fällen des Artikels 3 Absatz 2 Buchstabe b) der Nachweis über das Bestehen einer dauerhaften Beziehung mit dem Unionsbürger.

Artikel 9 Verwaltungsformalitäten für Familienangehörige, die nicht die Staatsangehörigkeit eines Mitgliedstaats besitzen

(1) Die Mitgliedstaaten stellen den Familienangehörigen eines Unionsbürgers, die nicht die Staatsangehörigkeit eines Mitgliedstaats besitzen, eine Aufenthaltskarte aus, wenn ein Aufenthalt von über drei Monaten geplant ist.

(2) Die Frist für die Einreichung des Antrags auf Ausstellung der Aufenthaltskarte muss mindestens drei Monate ab dem Zeitpunkt der Einreise betragen.

(3) Die Nichterfüllung der Pflicht zur Beantragung einer Aufenthaltskarte kann mit verhältnismäßigen und nicht diskriminierenden Sanktionen geahndet werden.

Artikel 10 Ausstellung der Aufenthaltskarte

(1) Zum Nachweis des Aufenthaltsrechts der Familienangehörigen eines Unionsbürgers, die nicht die Staatsangehörigkeit eines Mitgliedstaats besitzen, wird spätestens sechs Monate nach Einreichung des betreffenden Antrags eine „Aufenthaltskarte für Familienangehörige eines Unionsbürgers" ausgestellt. Eine Bescheinigung über die Einreichung des Antrags auf Ausstellung einer Aufenthaltskarte wird unverzüglich ausgestellt.

(2) Für die Ausstellung der Aufenthaltskarte verlangen die Mitgliedstaaten die Vorlage folgender Dokumente:

a) gültiger Reisepass;

b) Bescheinigung über das Bestehen einer familiären Beziehung oder einer eingetragenen Partnerschaft;

c) Anmeldebescheinigung des Unionsbürgers, den sie begleiten oder dem sie nachziehen, oder, wenn kein Anmeldesystem besteht, ein anderer Nachweis über den Aufenthalt des betreffenden Unionsbürgers im Aufnahmemitgliedstaat;

d) in den Fällen des Artikels 2 Nummer 2 Buchstaben c) und d) der urkundliche Nachweis, dass die dort genannten Voraussetzungen vorliegen;

e) in den Fällen des Artikels 3 Absatz 2 Buchstabe a) ein durch die zuständige Behörde des Ursprungs- oder Herkunftslands ausgestelltes Dokument, aus dem hervorgeht, dass die Betroffenen vom Unionsbürger Unterhalt beziehen oder mit ihm in häuslicher Gemeinschaft gelebt haben, oder der Nachweis schwerwiegender gesundheitlicher Gründe, die die persönliche Pflege des Familienangehörigen durch den Unionsbürger zwingend erforderlich machen;

f) in den Fällen des Artikels 3 Absatz 2 Buchstabe b) der Nachweis über das Bestehen einer dauerhaften Beziehung mit dem Unionsbürger.

Artikel 11 Gültigkeit der Aufenthaltskarte

(1) Die Aufenthaltskarte gemäß Artikel 10 Absatz 1 gilt für fünf Jahre ab dem Zeitpunkt der Ausstellung oder für die geplante Aufenthaltsdauer des Unionsbürgers, wenn diese weniger als fünf Jahre beträgt.

(2) Die Gültigkeit der Aufenthaltskarte wird weder durch vorübergehende Abwesenheiten von bis zu sechs Monaten im Jahr, noch durch längere Abwesenheiten wegen der Erfüllung militärischer Pflichten, noch durch eine einzige Abwesenheit von höchstens zwölf aufeinander folgenden Monaten aus wichtigen Gründen wie Schwangerschaft und Niederkunft, schwere Krankheit, Studium oder Berufsausbildung oder berufliche Entsendung in einen anderen Mitgliedstaat oder einen Drittstaat berührt.

Artikel 12 Aufrechterhaltung des Aufenthaltsrechts der Familienangehörigen bei Tod oder Wegzug des Unionsbürgers

(1) Unbeschadet von Unterabsatz 2 berührt der Tod des Unionsbürgers oder sein Wegzug aus dem Aufnahmemitgliedstaat nicht das Aufenthaltsrecht seiner Familienangehörigen, die die Staatsangehörigkeit eines Mitgliedstaats besitzen.

Bevor die Betroffenen das Recht auf Daueraufenthalt erwerben, müssen sie die Voraussetzungen des Artikels 7 Absatz 1 Buchstabe a), b), c) oder d) erfüllen.

(2) Unbeschadet von Unterabsatz 2 führt der Tod des Unionsbürgers für Familienangehörige, die nicht die Staatsangehörigkeit eines Mitgliedstaats besitzen und die sich im Aufnahmemitgliedstaat als Familienangehörige vor dem Tod des Unionsbürgers mindestens ein Jahr lang aufgehalten haben, nicht zum Verlust des Aufenthaltsrechts.

Bevor die Betroffenen das Recht auf Daueraufenthalt erwerben, bleibt ihr Aufenthaltsrecht an die Voraussetzung geknüpft, dass sie nachweisen können, dass sie Arbeitnehmer oder Selbstständige sind oder für sich und ihre Familienangehörigen über ausreichende Existenzmittel verfügen, so dass sie während ihres Aufenthalts keine Sozialhilfeleistungen des Aufnahmemitgliedstaats in Anspruch nehmen müssen, und dass sie über einen umfassenden Krankenversicherungsschutz im Aufnahmemitgliedstaat verfügen oder dass sie bereits im Aufnahmemitgliedstaat als Familienangehörige einer Person gelten, die diese Voraussetzungen erfüllt. Als ausreichende Existenzmittel gelten die in Artikel 8 Absatz 4 vorgesehenen Beträge.

Die betreffenden Familienangehörigen behalten ihr Aufenthaltsrecht ausschließlich auf persönlicher Grundlage.

(3) Der Wegzug des Unionsbürgers aus dem Aufnahmemitgliedstaat oder sein Tod führt weder für seine Kinder noch für den Elternteil, der die elterliche Sorge

für die Kinder tatsächlich wahrnimmt, ungeachtet ihrer Staatsangehörigkeit, bis zum Abschluss der Ausbildung zum Verlust des Aufenthaltsrechts, wenn sich die Kinder im Aufnahmemitgliedstaat aufhalten und in einer Bildungseinrichtung zu Ausbildungszwecken eingeschrieben sind.

Artikel 13 Aufrechterhaltung des Aufenthaltsrechts der Familienangehörigen bei Scheidung oder Aufhebung der Ehe oder bei Beendigung der eingetragenen Partnerschaft

(1) Unbeschadet von Unterabsatz 2 berührt die Scheidung oder Aufhebung der Ehe des Unionsbürgers oder die Beendigung seiner eingetragenen Partnerschaft im Sinne von Artikel 2 Nummer 2 Buchstabe b) nicht das Aufenthaltsrecht seiner Familienangehörigen, die die Staatsangehörigkeit eines Mitgliedstaats besitzen.

Bevor die Betroffenen das Recht auf Daueraufenthalt erwerben, müssen sie die Voraussetzungen des Artikels 7 Absatz 1 Buchstabe a), b), c) oder d) erfüllen.

(2) Unbeschadet von Unterabsatz 2 führt die Scheidung oder Aufhebung der Ehe oder die Beendigung der eingetragenen Partnerschaft im Sinne von Artikel 2 Nummer 2 Buchstabe b) für Familienangehörige eines Unionsbürgers, die nicht die Staatsangehörigkeit eines Mitgliedstaats besitzen, nicht zum Verlust des Aufenthaltsrechts, wenn

a) die Ehe oder die eingetragene Partnerschaft im Sinne von Artikel 2 Nummer 2 Buchstabe b) bis zur Einleitung des gerichtlichen Scheidungs- oder Aufhebungsverfahrens oder bis zur Beendigung der eingetragenen Partnerschaft mindestens drei Jahre bestanden hat, davon mindestens ein Jahr im Aufnahmemitgliedstaat, oder

b) dem Ehegatten oder dem Lebenspartner im Sinne von Artikel 2 Nummer 2 Buchstabe b), der nicht die Staatsangehörigkeit eines Mitgliedstaats besitzt, aufgrund einer Vereinbarung der Ehegatten oder der Lebenspartner oder durch gerichtliche Entscheidung das Sorgerecht für die Kinder des Unionsbürgers übertragen wird oder

c) es aufgrund besonders schwieriger Umstände erforderlich ist, wie etwa bei Opfern von Gewalt im häuslichen Bereich während der Ehe oder der eingetragenen Partnerschaft, oder

d) dem Ehegatten oder dem Lebenspartner im Sinne von Artikel 2 Nummer 2 Buchstabe b), der nicht die Staatsangehörigkeit eines Mitgliedstaats besitzt, aufgrund einer Vereinbarung der Ehegatten oder der Lebenspartner oder durch gerichtliche Entscheidung das Recht zum persönlichen Umgang mit dem minderjährigen Kind zugesprochen wird, sofern das Gericht zu der Auffassung gelangt ist, dass der Umgang – solange er für nötig erachtet wird – ausschließlich im Aufnahmemitgliedstaat erfolgen darf.

Bevor die Betroffenen das Recht auf Daueraufenthalt erwerben, bleibt ihr Aufenthaltsrecht an die Voraussetzung geknüpft, dass sie nachweisen können, dass sie Arbeitnehmer oder Selbstständige sind oder für sich und ihre Familienangehörigen über ausreichende Existenzmittel verfügen, so dass sie während ihres Aufenthalts keine Sozialhilfeleistungen des Aufnahmemitgliedstaats in Anspruch nehmen müssen, und dass sie über einen umfassenden Krankenversicherungsschutz im Aufnahmemitgliedstaat verfügen oder dass sie bereits im Aufnahmemitgliedstaat als Familienangehörige einer Person gelten, die diese Voraussetzungen erfüllt. Als ausreichende Existenzmittel gelten die in Artikel 8 Absatz 4 vorgesehenen Beträge.

Die betreffenden Familienangehörigen behalten ihr Aufenthaltsrecht ausschließlich auf persönlicher Grundlage.

Artikel 14 Aufrechterhaltung des Aufenthaltsrechts

(1) Unionsbürgern und ihren Familienangehörigen steht das Aufenthaltsrecht nach Artikel 6 zu, solange sie die Sozialhilfeleistungen des Aufnahmemitgliedstaats nicht unangemessen in Anspruch nehmen.

(2) Unionsbürgern und ihren Familienangehörigen steht das Aufenthaltsrecht nach den Artikeln 7, 12 und 13 zu, solange sie die dort genannten Voraussetzungen erfüllen.

In bestimmten Fällen, in denen begründete Zweifel bestehen, ob der Unionsbürger oder seine Familienangehörigen die Voraussetzungen der Artikel 7, 12 und 13 erfüllen, können die Mitgliedstaaten prüfen, ob diese Voraussetzungen erfüllt sind. Diese Prüfung wird nicht systematisch durchgeführt.

(3) Die Inanspruchnahme von Sozialhilfeleistungen durch einen Unionsbürger oder einen seiner Familienangehörigen im Aufnahmemitgliedstaat darf nicht automatisch zu einer Ausweisung führen.

(4) Abweichend von den Absätzen 1 und 2 und unbeschadet der Bestimmungen des Kapitels VI darf gegen Unionsbürger oder ihre Familienangehörigen auf keinen Fall eine Ausweisung verfügt werden, wenn

a) die Unionsbürger Arbeitnehmer oder Selbstständige sind oder

b) die Unionsbürger in das Hoheitsgebiet des Aufnahmemitgliedstaats eingereist sind, um Arbeit zu suchen. In diesem Fall dürfen die Unionsbürger und ihre Familienangehörigen nicht ausgewiesen werden, solange die Unionsbürger nachweisen können, dass sie weiterhin Arbeit suchen und dass sie eine begründete Aussicht haben, eingestellt zu werden.

Artikel 15 Verfahrensgarantien

(1) Die Verfahren der Artikel 30 und 31 finden sinngemäß auf jede Entscheidung Anwendung, die die Freizügigkeit von Unionsbürgern und ihren Familienangehörigen beschränkt und nicht aus Gründen der öffentlichen Ordnung, Sicherheit oder Gesundheit erlassen wird.

(2) Wird der Personalausweis oder Reisepass, der die Einreise des Betroffenen in den Aufnahmemitgliedstaat sowie die Ausstellung der Anmeldebescheinigung oder der Aufenthaltskarte ermöglicht hat, ungültig, so rechtfertigt dies keine Ausweisung aus dem Aufnahmemitgliedstaat.

(3) Eine Entscheidung gemäß Absatz 1, mit der die Ausweisung verfügt wird, darf nicht mit einem Einreiseverbot des Aufnahmemitgliedstaats einhergehen.

KAPITEL IV
RECHT AUF DAUERAUFENTHALT

Abschnitt I
Erwerb

Artikel 16 Allgemeine Regel für Unionsbürger und ihre Familienangehörigen

(1) Jeder Unionsbürger, der sich rechtmäßig fünf Jahre lang ununterbrochen im Aufnahmemitgliedstaat aufgehalten hat, hat das Recht, sich dort auf Dauer

aufzuhalten. Dieses Recht ist nicht an die Voraussetzungen des Kapitels III geknüpft.

(2) Absatz 1 gilt auch für Familienangehörige, die nicht die Staatsangehörigkeit eines Mitgliedstaats besitzen und die sich rechtmäßig fünf Jahre lang ununterbrochen mit dem Unionsbürger im Aufnahmemitgliedstaat aufgehalten haben.

(3) Die Kontinuität des Aufenthalts wird weder durch vorübergehende Abwesenheiten von bis zu insgesamt sechs Monaten im Jahr, noch durch längere Abwesenheiten wegen der Erfüllung militärischer Pflichten, noch durch eine einzige Abwesenheit von höchstens zwölf aufeinander folgenden Monaten aus wichtigen Gründen wie Schwangerschaft und Niederkunft, schwere Krankheit, Studium oder Berufsausbildung oder berufliche Entsendung in einen anderen Mitgliedstaat oder einen Drittstaat berührt.

(4) Wenn das Recht auf Daueraufenthalt erworben wurde, führt nur die Abwesenheit vom Aufnahmemitgliedstaat, die zwei aufeinander folgende Jahre überschreitet, zu seinem Verlust.

Artikel 17 Ausnahmeregelung für Personen, die im Aufnahmemitgliedstaat aus dem Erwerbsleben ausgeschieden sind, und ihre Familienangehörigen

(1) Abweichend von Artikel 16 haben folgende Personen vor Ablauf des ununterbrochenen Zeitraums von fünf Jahren das Recht auf Daueraufenthalt im Aufnahmemitgliedstaat:

a) Arbeitnehmer oder Selbstständige, die zum Zeitpunkt des Ausscheidens aus dem Erwerbsleben das in dem betreffenden Mitgliedstaat für die Geltendmachung einer Altersrente gesetzlich vorgesehene Alter erreicht haben, oder Arbeitnehmer, die ihre abhängige Erwerbstätigkeit im Rahmen einer Vorruhestandsregelung beenden, sofern sie diese Erwerbstätigkeit in dem betreffenden Mitgliedstaat mindestens während der letzten zwölf Monate ausgeübt und sich dort seit mindestens drei Jahren ununterbrochen aufgehalten haben.

   Haben bestimmte Kategorien von Selbstständigen nach den Rechtsvorschriften des Aufnahmemitgliedstaats keinen Anspruch auf eine Altersrente, so gilt die Altersvoraussetzung als erfüllt, wenn der Betroffene das 60. Lebensjahr vollendet hat.

b) Arbeitnehmer oder Selbstständige, die sich seit mindestens zwei Jahren ununterbrochen im Aufnahmemitgliedstaat aufgehalten haben und ihre Erwerbstätigkeit infolge einer dauernden Arbeitsunfähigkeit aufgeben.

   Ist die Arbeitsunfähigkeit durch einen Arbeitsunfall oder eine Berufskrankheit eingetreten, aufgrund deren ein Anspruch auf eine Rente entsteht, die ganz oder teilweise zulasten eines Trägers des Aufnahmemitgliedstaats geht, entfällt die Voraussetzung der Aufenthaltsdauer.

c) Arbeitnehmer oder Selbstständige, die nach drei Jahren ununterbrochener Erwerbstätigkeit und ununterbrochenen Aufenthalts im Aufnahmemitgliedstaat eine abhängige oder selbstständige Erwerbstätigkeit in einem anderen Mitgliedstaat ausüben, ihren Wohnsitz jedoch im Aufnahmemitgliedstaat beibehalten und in der Regel jeden Tag oder mindestens einmal in der Woche dorthin zurückkehren.

   Für den Erwerb der in den Buchstaben a) und b) genannten Rechte gelten die Zeiten der Erwerbstätigkeit in dem Mitgliedstaat, in dem der Betroffene seine Erwerbstätigkeit ausübt, als im Aufnahmemitgliedstaat abgeleistet.

Zeiten unfreiwilliger Arbeitslosigkeit, die vom zuständigen Arbeitsamt ordnungsgemäß festgestellt werden, oder vom Willen des Betroffenen unabhängige

Arbeitsunterbrechungen sowie krankheits- oder unfallbedingte Fehlzeiten oder Unterbrechungen gelten als Zeiten der Erwerbstätigkeit.

(2) Die Voraussetzungen der Dauer des Aufenthalts und der Dauer der Erwerbstätigkeit in Absatz 1 Buchstabe a) sowie der Aufenthaltsdauer in Absatz 1 Buchstabe b) entfallen, wenn der Ehegatte oder der Lebenspartner im Sinne von Artikel 2 Nummer 2 Buchstabe b) des Arbeitnehmers oder des Selbstständigen die Staatsangehörigkeit des Aufnahmemitgliedstaats besitzt oder die Staatsangehörigkeit jenes Mitgliedstaats durch Eheschließung mit dem Arbeitnehmer oder Selbstständigen verloren hat.

(3) Die Familienangehörigen eines Arbeitnehmers oder eines Selbstständigen, die sich mit ihm im Hoheitsgebiet des Aufnahmemitgliedstaats aufhalten, haben ungeachtet ihrer Staatsangehörigkeit das Recht auf Daueraufenthalt in diesem Mitgliedstaat, wenn der Arbeitnehmer oder Selbstständige für sich das Recht auf Daueraufenthalt gemäß Absatz 1 in diesem Mitgliedstaat erworben hat.

(4) Ist der Arbeitnehmer oder Selbstständige jedoch im Laufe seines Erwerbslebens verstorben, bevor er gemäß Absatz 1 das Recht auf Daueraufenthalt im Aufnahmemitgliedstaat erworben hat, so erwerben seine Familienangehörigen, die sich mit ihm in dem Aufnahmemitgliedstaat aufgehalten haben, das Recht, sich dort dauerhaft aufzuhalten, sofern

a) der Arbeitnehmer oder Selbstständige sich zum Zeitpunkt seines Todes seit zwei Jahren im Hoheitsgebiet dieses Mitgliedstaats ununterbrochen aufgehalten hat oder

b) der Tod infolge eines Arbeitsunfalls oder einer Berufskrankheit eingetreten ist oder

c) sein überlebender Ehegatte die Staatsangehörigkeit dieses Mitgliedstaats durch Eheschließung mit dem Arbeitnehmer oder dem Selbstständigen verloren hat.

Artikel 18 Erwerb des Rechts auf Daueraufenthalt durch bestimmte Familienangehörige, die nicht die Staatsangehörigkeit eines Mitgliedstaats besitzen

Unbeschadet des Artikels 17 erwerben die Familienangehörigen eines Unionsbürgers, auf die Artikel 12 Absatz 2 und Artikel 13 Absatz 2 Anwendung finden und die die dort genannten Voraussetzungen erfüllen, das Recht auf Daueraufenthalt, wenn sie sich rechtmäßig fünf Jahre lang ununterbrochen im Aufnahmemitgliedstaat aufgehalten haben.

Abschnitt II

Verwaltungsformalitäten

Artikel 19 Dokument für Unionsbürger zur Bescheinigung des Daueraufenthalts

(1) Auf Antrag stellen die Mitgliedstaaten den zum Daueraufenthalt berechtigten Unionsbürgern nach Überprüfung der Dauer ihres Aufenthalts ein Dokument zur Bescheinigung ihres Daueraufenthalts aus.

(2) Das Dokument zur Bescheinigung des Daueraufenthalts wird so bald wie möglich ausgestellt.

Artikel 20 Daueraufenthaltskarte für Familienangehörige, die nicht die Staatsangehörigkeit eines Mitgliedstaats besitzen

(1) Die Mitgliedstaaten stellen den Familienangehörigen, die nicht die Staatsangehörigkeit eines Mitgliedstaats besitzen und die zum Daueraufenthalt berechtigt sind, binnen sechs Monaten nach Einreichung des Antrags eine Daueraufenthaltskarte aus. Die Daueraufenthaltskarte ist automatisch alle zehn Jahre verlängerbar.

(2) Der Antrag auf Ausstellung einer Daueraufenthaltskarte muss vor Ablauf der Gültigkeit der Aufenthaltskarte gestellt werden. Die Nichterfüllung der Pflicht zur Beantragung einer Daueraufenthaltskarte kann mit verhältnismäßigen und nicht diskriminierenden Sanktionen geahndet werden.

(3) Aufenthaltsunterbrechungen von bis zu zwei aufeinander folgenden Jahren berühren nicht die Gültigkeit der Daueraufenthaltskarte.

Artikel 21 Kontinuität des Aufenthalts

Für die Zwecke dieser Richtlinie wird die Kontinuität des Aufenthalts durch eines der im Aufenthaltsmitgliedstaat üblichen Beweismittel nachgewiesen. Jede rechtmäßig vollstreckte Ausweisungsverfügung gegen den Betroffenen stellt eine Unterbrechung des Aufenthalts dar.

KAPITEL V

GEMEINSAME BESTIMMUNGEN ÜBER DAS AUFENTHALTSRECHT UND DAS RECHT AUF DAUERAUFENTHALT

Artikel 22 Räumlicher Geltungsbereich

Das Recht auf Aufenthalt und das Recht auf Daueraufenthalt erstrecken sich auf das gesamte Hoheitsgebiet des Aufnahmemitgliedstaats. Die Mitgliedstaaten können das Aufenthaltsrecht und das Recht auf Daueraufenthalt nur in den Fällen räumlich beschränken, in denen sie dieselben Beschränkungen auch für ihre eigenen Staatsangehörigen vorsehen.

Artikel 23 Verbundene Rechte

Die Familienangehörigen eines Unionsbürgers, die das Recht auf Aufenthalt oder das Recht auf Daueraufenthalt in einem Mitgliedstaat genießen, sind ungeachtet ihrer Staatsangehörigkeit berechtigt, dort eine Erwerbstätigkeit als Arbeitnehmer oder Selbstständiger aufzunehmen.

Artikel 24 Gleichbehandlung

(1) Vorbehaltlich spezifischer und ausdrücklich im Vertrag und im abgeleiteten Recht vorgesehener Bestimmungen genießt jeder Unionsbürger, der sich aufgrund dieser Richtlinie im Hoheitsgebiet des Aufnahmemitgliedstaats aufhält, im Anwendungsbereich des Vertrags die gleiche Behandlung wie die Staatsangehörigen dieses Mitgliedstaats. Das Recht auf Gleichbehandlung erstreckt sich auch auf Familienangehörige, die nicht die Staatsangehörigkeit eines Mitgliedstaats besitzen und das Recht auf Aufenthalt oder das Recht auf Daueraufenthalt genießen.

(2) Abweichend von Absatz 1 ist der Aufnahmemitgliedstaat jedoch nicht verpflichtet, anderen Personen als Arbeitnehmern oder Selbstständigen, Personen, denen dieser Status erhalten bleibt, und ihren Familienangehörigen während der ersten drei Monate des Aufenthalts oder gegebenenfalls während des längeren Zeitraums nach Artikel 14 Absatz 4 Buchstabe b) einen Anspruch auf Sozialhilfe oder vor Erwerb des Rechts auf Daueraufenthalt Studienbeihilfen, einschließlich Beihilfen zur Berufsausbildung, in Form eines Stipendiums oder Studiendarlehens, zu gewähren.

Artikel 25 Allgemeine Bestimmungen bezüglich der Aufenthaltsdokumente

(1) Die Ausübung eines Rechts oder die Erledigung von Verwaltungsformalitäten dürfen unter keinen Umständen vom Besitz einer Anmeldebescheinigung nach Artikel 8, eines Dokuments zur Bescheinigung des Daueraufenthalts, einer Bescheinigung über die Beantragung einer Aufenthaltskarte für Familienangehörige, einer Aufenthaltskarte oder einer Daueraufenthaltskarte abhängig gemacht werden, wenn das Recht durch ein anderes Beweismittel nachgewiesen werden kann.

(2) Alle in Absatz 1 genannten Dokumente werden unentgeltlich oder gegen Entrichtung eines Betrags ausgestellt, der die Gebühr für die Ausstellung entsprechender Dokumente an Inländer nicht übersteigt.

Artikel 26 Kontrolle

Die Mitgliedstaaten können kontrollieren, ob der sich gegebenenfalls aus ihren Rechtsvorschriften ergebenden Verpflichtung für fremde Staatsangehörige nachgekommen wird, ständig die Anmeldebescheinigung oder die Aufenthaltskarte mit sich zu führen, sofern sie diese Verpflichtung ihren eigenen Staatsangehörigen in Bezug auf deren Personalausweis auferlegen. Wird dieser Verpflichtung nicht nachgekommen, so können die Mitgliedstaaten die Sanktionen verhängen, die sie auch gegen ihre eigenen Staatsangehörigen verhängen, die ihren Personalausweis nicht mit sich führen.

KAPITEL VI

BESCHRÄNKUNGEN DES EINREISE- UND AUFENTHALTSRECHTS AUS GRÜNDEN DER ÖFFENTLICHEN ORDNUNG, SICHERHEIT ODER GESUNDHEIT

Artikel 27 Allgemeine Grundsätze

(1) Vorbehaltlich der Bestimmungen dieses Kapitels dürfen die Mitgliedstaaten die Freizügigkeit und das Aufenthaltsrecht eines Unionsbürgers oder seiner Familienangehörigen, ungeachtet ihrer Staatsangehörigkeit, aus Gründen der öffentlichen Ordnung, Sicherheit oder Gesundheit beschränken. Diese Gründe dürfen nicht zu wirtschaftlichen Zwecken geltend gemacht werden.

(2) Bei Maßnahmen aus Gründen der öffentlichen Ordnung oder Sicherheit ist der Grundsatz der Verhältnismäßigkeit zu wahren und darf ausschließlich das persönliche Verhalten des Betroffenen ausschlaggebend sein. Strafrechtliche Verurteilungen allein können ohne Weiteres diese Maßnahmen nicht begründen.

Das persönliche Verhalten muss eine tatsächliche, gegenwärtige und erhebliche Gefahr darstellen, die ein Grundinteresse der Gesellschaft berührt. Vom Einzelfall losgelöste oder auf Generalprävention verweisende Begründungen sind nicht zulässig.

(3) Um festzustellen, ob der Betroffene eine Gefahr für die öffentliche Ordnung oder Sicherheit darstellt, kann der Aufnahmemitgliedstaat bei der Ausstellung der Anmeldebescheinigung oder – wenn es kein Anmeldesystem gibt – spätestens drei Monate nach dem Zeitpunkt der Einreise des Betroffenen in das Hoheitsgebiet oder nach dem Zeitpunkt, zu dem der Betroffene seine Anwesenheit im Hoheitsgebiet gemäß Artikel 5 Absatz 5 gemeldet hat, oder bei Ausstellung der Aufenthaltskarte den Herkunftsmitgliedstaat und erforderlichenfalls andere Mitgliedstaaten um Auskünfte über das Vorleben des Betroffenen in strafrechtlicher Hinsicht ersuchen, wenn er dies für unerlässlich hält. Diese Anfragen dürfen nicht systematisch erfolgen. Der ersuchte Mitgliedstaat muss seine Antwort binnen zwei Monaten erteilen.

(4) Der Mitgliedstaat, der den Reisepass oder Personalausweis ausgestellt hat, lässt den Inhaber des Dokuments, der aus Gründen der öffentlichen Ordnung, Sicherheit oder Gesundheit aus einem anderen Mitgliedstaat ausgewiesen wurde, ohne jegliche Formalitäten wieder einreisen, selbst wenn der Personalausweis oder Reisepass ungültig geworden ist oder die Staatsangehörigkeit des Inhabers bestritten wird.

Artikel 28 Schutz vor Ausweisung

(1) Bevor der Aufnahmemitgliedstaat eine Ausweisung aus Gründen der öffentlichen Ordnung oder Sicherheit verfügt, berücksichtigt er insbesondere die Dauer des Aufenthalts des Betroffenen im Hoheitsgebiet, sein Alter, seinen Gesundheitszustand, seine familiäre und wirtschaftliche Lage, seine soziale und kulturelle Integration im Aufnahmemitgliedstaat und das Ausmaß seiner Bindungen zum Herkunftsstaat.

(2) Der Aufnahmemitgliedstaat darf gegen Unionsbürger oder ihre Familienangehörigen, ungeachtet ihrer Staatsangehörigkeit, die das Recht auf Daueraufenthalt in seinem Hoheitsgebiet genießen, eine Ausweisung nur aus schwerwiegenden Gründen der öffentlichen Ordnung oder Sicherheit verfügen.

(3) Gegen Unionsbürger darf eine Ausweisung nicht verfügt werden, es sei denn, die Entscheidung beruht auf zwingenden Gründen der öffentlichen Sicherheit, die von den Mitgliedstaaten festgelegt wurden, wenn sie

a) ihren Aufenthalt in den letzten zehn Jahren im Aufnahmemitgliedstaat gehabt haben oder

b) minderjährig sind, es sei denn, die Ausweisung ist zum Wohl des Kindes notwendig, wie es im Übereinkommen der Vereinten Nationen vom 20. November 1989 über die Rechte des Kindes vorgesehen ist.

Artikel 29 Öffentliche Gesundheit

(1) Als Krankheiten, die eine die Freizügigkeit beschränkende Maßnahme rechtfertigen, gelten ausschließlich die Krankheiten mit epidemischem Potenzial im Sinne der einschlägigen Rechtsinstrumente der Weltgesundheitsorganisation und sonstige übertragbare, durch Infektionserreger oder Parasiten verursachte Krankheiten, sofern gegen diese Krankheiten Maßnahmen zum Schutz der Staatsangehörigen des Aufnahmemitgliedstaats getroffen werden.

(2) Krankheiten, die nach Ablauf einer Frist von drei Monaten ab dem Zeitpunkt der Einreise auftreten, stellen keinen Ausweisungsgrund dar.

(3) Wenn ernsthafte Anhaltspunkte dies rechtfertigen, können die Mitgliedstaaten für die Personen, die zum Aufenthalt berechtigt sind, binnen drei Monaten nach der Einreise eine kostenlose ärztliche Untersuchung anordnen, um feststellen zu lassen, dass sie nicht an einer Krankheit im Sinne von Absatz 1 leiden. Diese ärztlichen Untersuchungen dürfen nicht systematisch angeordnet werden.

Artikel 30 Mitteilung der Entscheidungen

(1) Entscheidungen nach Artikel 27 Absatz 1 müssen dem Betroffenen schriftlich in einer Weise mitgeteilt werden, dass er deren Inhalt und Wirkung nachvollziehen kann.

(2) Dem Betroffenen sind die Gründe der öffentlichen Ordnung, Sicherheit oder Gesundheit, die der ihn betreffenden Entscheidung zugrunde liegen, genau und umfassend mitzuteilen, es sei denn, dass Gründe der Sicherheit des Staates dieser Mitteilung entgegenstehen.

(3) In der Mitteilung ist anzugeben, bei welchem Gericht oder bei welcher Verwaltungsbehörde der Betroffene einen Rechtsbehelf einlegen kann, innerhalb welcher Frist der Rechtsbehelf einzulegen ist und gegebenenfalls binnen welcher Frist er das Hoheitsgebiet des Mitgliedstaats zu verlassen hat. Außer in ordnungsgemäß begründeten dringenden Fällen muss die Frist zum Verlassen des Hoheitsgebiets mindestens einen Monat, gerechnet ab dem Zeitpunkt der Mitteilung, betragen.

Artikel 31 Verfahrensgarantien

(1) Gegen eine Entscheidung aus Gründen der öffentlichen Ordnung, Sicherheit oder Gesundheit müssen die Betroffenen einen Rechtsbehelf bei einem Gericht und gegebenenfalls bei einer Behörde des Aufnahmemitgliedstaats einlegen können.

(2) Wird neben dem Rechtsbehelf gegen die Entscheidung, mit der die Ausweisung verfügt wurde, auch ein Antrag auf vorläufigen Rechtsschutz gestellt, um die Vollstreckung dieser Entscheidung auszusetzen, so darf die Abschiebung aus dem Hoheitsgebiet nicht erfolgen, solange nicht über den Antrag auf vorläufigen Rechtsschutz entschieden wurde, es sei denn,

- die Entscheidung, mit der die Ausweisung verfügt wird, stützt sich auf eine frühere gerichtliche Entscheidung, oder
- die Betroffenen hatten bereits früher die Möglichkeit, eine gerichtliche Überprüfung zu beantragen, oder
- die Entscheidung, mit der die Ausweisung verfügt wird, beruht auf zwingenden Gründen der öffentlichen Sicherheit nach Artikel 28 Absatz 3.

(3) Im Rechtsbehelfsverfahren sind die Rechtmäßigkeit der Entscheidung sowie die Tatsachen und die Umstände, auf denen die Entscheidung beruht, zu überprüfen. Es gewährleistet, dass die Entscheidung insbesondere im Hinblick auf die Erfordernisse gemäß Artikel 28 nicht unverhältnismäßig ist.

(4) Die Mitgliedstaaten können dem Betroffenen verbieten, sich während des anhängigen Rechtsbehelfsverfahrens in ihrem Hoheitsgebiet aufzuhalten, dürfen ihn jedoch nicht daran hindern, sein Verfahren selbst zu führen, es sei denn, die öffentliche Ordnung oder Sicherheit können durch sein persönliches Erscheinen

ernsthaft gestört werden oder der Rechtsbehelf richtet sich gegen die Verweigerung der Einreise in das Hoheitsgebiet.

Artikel 32 Zeitliche Wirkung eines Aufenthaltsverbots

(1) Personen, gegen die aus Gründen der öffentlichen Ordnung oder Sicherheit ein Aufenthaltsverbot verhängt worden ist, können nach einem entsprechend den Umständen angemessenen Zeitraum, in jedem Fall aber drei Jahre nach Vollstreckung des nach dem Gemeinschaftsrecht ordnungsgemäß erlassenen endgültigen Aufenthaltsverbots einen Antrag auf Aufhebung des Aufenthaltsverbots unter Hinweis darauf einreichen, dass eine materielle Änderung der Umstände eingetreten ist, die das Aufenthaltsverbot gerechtfertigt haben.

Der betreffende Mitgliedstaat muss binnen sechs Monaten nach Einreichung des Antrags eine Entscheidung treffen.

(2) Die Personen gemäß Absatz 1 sind nicht berechtigt, während der Prüfung ihres Antrags in das Hoheitsgebiet des betreffenden Mitgliedstaats einzureisen.

Artikel 33 Ausweisung als Strafe oder Nebenstrafe

(1) Der Aufnahmemitgliedstaat kann eine Ausweisungsverfügung als Strafe oder Nebenstrafe zu einer Freiheitsstrafe nur erlassen, wenn die Voraussetzungen der Artikel 27, 28 und 29 eingehalten werden.

(2) Wird eine Ausweisungsverfügung nach Absatz 1 mehr als zwei Jahre nach ihrem Erlass vollstreckt, so muss der Mitgliedstaat überprüfen, ob von dem Betroffenen eine gegenwärtige und tatsächliche Gefahr für die öffentliche Ordnung oder Sicherheit ausgeht, und beurteilen, ob seit dem Erlass der Ausweisungsverfügung eine materielle Änderung der Umstände eingetreten ist.

KAPITEL VII
SCHLUSSBESTIMMUNGEN

Artikel 34 Verbreitung von Informationen

Die Mitgliedstaaten verbreiten die Informationen hinsichtlich der Rechte und Pflichten der Unionsbürger und ihrer Familienangehörigen in den von dieser Richtlinie erfassten Bereichen, insbesondere durch Sensibilisierungskampagnen über nationale und lokale Medien und andere Kommunikationsmittel.

Artikel 35 Rechtsmissbrauch

Die Mitgliedstaaten können die Maßnahmen erlassen, die notwendig sind, um die durch diese Richtlinie verliehenen Rechte im Falle von Rechtsmissbrauch oder Betrug – wie z.B. durch Eingehung von Scheinehen – zu verweigern, aufzuheben oder zu widerrufen. Solche Maßnahmen müssen verhältnismäßig sein und unterliegen den Verfahrensgarantien nach den Artikeln 30 und 31.

Artikel 36 Sanktionen

Die Mitgliedstaaten legen Bestimmungen über Sanktionen fest, die bei einem Verstoß gegen die einzelstaatlichen Vorschriften zur Umsetzung dieser Richtlinie zu verhängen sind, und treffen die zu ihrer Durchsetzung erforderlichen Maßnahmen. Die Sanktionen müssen wirksam und verhältnismäßig sein. Die Mitgliedstaaten teilen diese Bestimmungen der Kommission spätestens am 30. April 2004 und eventuelle spätere Änderungen so rasch wie möglich mit.

Artikel 37 Günstigere innerstaatliche Rechtsvorschriften

Diese Richtlinie lässt Rechts- und Verwaltungsvorschriften der Mitgliedstaaten, die für die in den Anwendungsbereich dieser Richtlinie fallenden Personen günstiger sind, unberührt.

Artikel 38 Aufhebung

(1) Die Artikel 10 und 11 der Verordnung (EWG) Nr. 1612/68 werden mit Wirkung vom 30. April 2006 aufgehoben.*

(2) Die Richtlinien 64/221/EWG, 68/360/EWG, 72/194/EWG, 73/148/EWG, 75/34/EWG, 75/35/EWG, 90/364/EWG, 90/365/EWG und 93/96/EWG werden mit Wirkung vom 30. April 2006 aufgehoben.

(3) Bezugnahmen auf die aufgehobenen Bestimmungen oder Richtlinien gelten als Bezugnahmen auf die vorliegende Richtlinie.

Artikel 39 Bericht

Spätestens am 30. April 2008 erstattet die Kommission dem Europäischen Parlament und dem Rat Bericht über die Anwendung dieser Richtlinie und schlägt gegebenenfalls die erforderlichen Änderungen vor, insbesondere bezüglich der Möglichkeit, die Zeitspanne zu verlängern, während der Unionsbürger und ihre Familienangehörigen ohne weitere Bedingungen im Hoheitsgebiet des Aufnahmemitgliedstaats verbleiben können.

Die Mitgliedstaaten teilen der Kommission die zur Erstellung des Berichts erforderlichen Informationen mit.

Artikel 40 Umsetzung

(1) Die Mitgliedstaaten setzen die Rechts- und Verwaltungsvorschriften in Kraft, die erforderlich sind, um dieser Richtlinie bis zum 30. April 2006 nachzukommen.

Wenn die Mitgliedstaaten diese Vorschriften erlassen, nehmen sie in den Vorschriften selbst oder durch einen Hinweis bei der amtlichen Veröffentlichung auf diese Richtlinie Bezug. Die Mitgliedstaaten regeln die Einzelheiten der Bezugnahme.

(2) Die Mitgliedstaaten teilen der Kommission den Wortlaut der innerstaatlichen Rechtsvorschriften mit, die sie auf dem unter diese Richtlinie fallenden Gebiet erlassen und übermitteln ihr eine Entsprechungstabelle zwischen den Bestimmungen dieser Richtlinie und den von ihnen erlassenen innerstaatlichen Vorschriften.

Artikel 41 Inkrafttreten

Diese Richtlinie tritt am Tag ihrer Veröffentlichung im *Amtsblatt der Europäischen Union* in Kraft.**

---

* Art. 38 Abs. 1 ist obsolet, da VO (EWG) Nr. 1612/68 durch Art. 41 VO (EU) Nr. 492/2011 aufgehoben wurde.

** Die Veröffentlichung erfolgte am 30. April 2004.

Artikel 42 Adressaten

Diese Richtlinie ist an die Mitgliedstaaten gerichtet.

422 Richtlinie 94/80/EG des Rates vom 19. Dezember 1994 über die Einzelheiten der Ausübung des aktiven und passiven Wahlrechts bei den Kommunalwahlen für Unionsbürger mit Wohnsitz in einem Mitgliedstaat, dessen Staatsangehörigkeit sie nicht besitzen

(ABl. L 368 vom 31. 12. 1994 S. 38), geändert durch Richtlinie 96/30/EG des Rates vom 13. Mai 1996 (ABl. L 122 vom 22. 5. 1996 S. 14), durch Akte vom 23. September 2003 (ABl. L 236 vom 23. 9. 2003 S. 33), durch Richtlinie 2006/106/EG des Rates vom 20. November 2006 (ABl. L 363 vom 20. 12. 2006 S. 409), durch Beschluss der Kommission vom 19. Juli 2012 (ABl. L 192 vom 20. 7. 2012 S. 29), durch Richtlinie 2013/19/EU des Rates vom 13. Mai 2013 (ABl. L 158 vom 10. 6. 2013 S. 231)*

Inhaltsübersicht**

---

* Die Richtlinie wurde von allen Bundesländern umgesetzt.
Baden-Württemberg G vom 13. 11. 1995 und VO vom 27 11. 1995 (GBl. 1995 S. 761 und S. 784),
Bayern G vom 26. 7. 1995 und VO vom 28. 8. 1995 (GVBl. 1995 S. 371 und S. 605, ber. S. 727),
Berlin G vom 20. 6. 1995 (GVBl. 1995 S. 375),
Brandenburg G vom 14. 12. 1995 und VO vom 18. 12. 1995 (GVBl. 1995 I S. 274 und II S. 738),
Hessen G vom 12. 9. 1995 und VO vom 8. 11. 1995 (GVBl. 1995 I S. 462 und S. 522),
Mecklenburg-Vorpommern G vom 18. 12. 1995 und VO vom 21. 12. 1995 (GVBl. 1995 S. 651 und S. 675),
Niedersachsen G vom 20. 11. 1995 (GVBl. 1995 S. 432),
Nordrhein-Westfalen G vom 12. 12. 1995 und VO vom 19. 12. 1995 (GVBl. 1995 S. 1198 und S. 1262),
Rheinland Pfalz G vom 22. 12. 1995 (GVBl. 1995 S. 521),
Saarland G vom 27. 9. 1995 und VO vom 6. 10. 1995 (ABl. 1995 S. 990 und 1010),
Sachsen G vom 14. 12. 1995 und VO vom 29. 12. 1995 (GVBl. 1995 S. 414 und S. 436),
Sachsen-Anhalt G vom 6. 11. 1995 und VO vom 5. 12. 1995 (GVBl. 1995 S. 314 und S. 383),
Schleswig-Holstein G vom 8. 12. 1995 und VO vom 22. 12. 1995 (GVBl. 1995 S. 480 und 1996, S. 19),
Thüringen G vom 16. 8. 1995 und VO vom 12. 12. 1995 (GVBl. 1995 S. 530 und 1995 S. 420).

** Nicht amtlich.

Seite 394

DER RAT DER EUROPÄISCHEN UNION –

gestützt auf den Vertrag zur Gründung der Europäischen Gemeinschaft, insbesondere auf Artikel 8b Absatz 1,

auf Vorschlag der Kommission,

nach Stellungnahme des Europäischen Parlaments[1)],

nach Stellungnahme des Wirtschafts- und Sozialausschusses[2)],

nach Stellungnahme des Ausschusses der Regionen[3)],

in Erwägung nachstehender Gründe:

Der Vertrag über die Europäische Union stellt eine neue Stufe bei der Verwirklichung einer immer engeren Union der Völker Europas dar. Die Union hat insbesondere die Aufgabe, die Beziehungen zwischen den Völkern der Mitgliedstaaten kohärent und solidarisch zu gestalten. Zu ihren Grundzielen gehört es, den Schutz der Rechte und Interessen der Staatsangehörigen ihrer Mitgliedstaaten durch die Einführung einer Unionsbürgerschaft zu stärken.

Zu diesem Zweck wird mit den Bestimmungen des Titels II des Vertrags über die Europäische Union eine Unionsbürgerschaft für alle Staatsangehörigen der Mitgliedstaaten eingeführt und ihnen daraus eine Reihe von Rechten zuerkannt.

Das in Artikel 8b Absatz 1 des Vertrags zur Gründung der Europäischen Gemeinschaft vorgesehene aktive und passive Wahlrecht bei den Kommunalwahlen im Wohnsitzmitgliedstaat stellt eine Anwendung des Grundsatzes der Gleichheit und Nichtdiskriminierung zwischen in- und ausländischen Unionsbürgern sowie eine Ergänzung des in Artikel 8a festgeschriebenen Rechts auf Freizügigkeit und freien Aufenthalt dar.

Die Anwendung von Artikel 8b Absatz 1 des Vertrags setzt keine globale Harmonisierung der Wahlrechtsordnungen der Mitgliedstaaten voraus. Er zielt im wesentlichen darauf ab, die Bedingung der Staatsangehörigkeit aufzuheben, an die zur Zeit in den meisten Mitgliedstaaten die Ausübung des aktiven und passiven Wahlrechts geknüpft ist. Mit Rücksicht auf den in Artikel 3b Absatz 3 des Vertrags festgeschriebenen Grundsatz der Verhältnismäßigkeit darf zudem der Inhalt der einschlägigen Gemeinschaftsvorschriften nicht über das für die Erreichung des Ziels von Artikel 8b Absatz 1 des Vertrags erforderliche Maß hinausgehen.

Artikel 8b Absatz 1 des Vertrags zielt darauf ab, daß alle Unionsbürger, unabhängig davon, ob sie Staatsangehörige des Wohnsitzmitgliedstaats sind oder nicht, dort ihr aktives und passives Wahlrecht bei den Kommunalwahlen unter den gleichen Bedingungen ausüben können. Deshalb müssen für die Unionsbürger, die nicht Staatsangehörige des betreffenden Mitgliedstaats sind, insbesondere bezüglich der Wohnsitzdauer und des Wohnsitznachweises die gleichen Bedingungen gelten, wie sie gegebenenfalls für die Staatsangehörigen dieses Mitgliedstaats gelten. Die Unionsbürger, die keine Staatsangehörigen des betreffenden Mitgliedstaats sind, dürfen keinen besonderen Voraussetzungen unterworfen sein, es sei denn, die unterschiedliche Behandlung von in- und ausländischen Staatsangehörigen wäre durch besondere Umstände letzterer gerechtfertigt, die sie von den ersteren unterscheiden.

---

1) Amtliche Fußnote: ABl. Nr. C 323 vom 21. 11. 1994.

2) Amtliche Fußnote: Stellungnahme vom 14. September 1994 (noch nicht im Amtsblatt veröffentlicht).

3) Amtliche Fußnote: Stellungnahme vom 28. September 1994 (noch nicht im Amtsblatt veröffentlicht).

Artikel 8b Absatz 1 des Vertrags garantiert das aktive und passive Wahlrecht bei den Kommunalwahlen im Wohnsitzmitgliedstaat, ohne es an die Stelle des aktiven und passiven Wahlrechts in dem Mitgliedstaat zu setzen, dessen Staatsangehörigkeit der Unionsbürger besitzt. Die freie Entscheidung dieser Unionsbürger, ob sie an den Kommunalwahlen im Wohnsitzmitgliedstaat teilnehmen wollen oder nicht, ist zu respektieren. Deshalb ist es sachgerecht, daß diese Bürger ihren Willen zum Ausdruck bringen, ihr Wahlrecht dort auszuüben, wohingegen in Mitgliedstaaten, in denen keine Wahlpflicht besteht, eine Eintragung dieser Bürger von Amts wegen zugelassen werden kann.

Die Kommunalverwaltung der Mitgliedstaaten spiegelt politische und rechtliche Traditionen wider und zeichnet sich durch eine große Vielfalt der Strukturen aus. Der Begriff der Kommunalwahlen ist nicht in allen Mitgliedstaaten identisch. Daher sollte der Gegenstand der Richtlinie durch die Definition des Begriffs der Kommunalwahlen präzisiert werden. Diese Wahlen schließen die allgemeinen und unmittelbaren Wahlen auf der Ebene der lokalen Gebietskörperschaften der Grundstufe und ihrer Untergliederungen ein. Es handelt sich sowohl um die allgemeinen unmittelbaren Wahlen zu den kommunalen Vertretungskörperschaften als auch um die Wahlen der Mitglieder der kommunalen Exekutivorgane.

Der Ausschluß vom passiven Wahlrecht kann sich aus einer Einzelfallentscheidung der Behörden des Wohnsitz- oder des Herkunftsmitgliedstaats ergeben. Angesichts der politischen Bedeutung des Amtes eines kommunalen Mandatsträgers sollten die Mitgliedstaaten die erforderlichen Maßnahmen ergreifen können, um zu verhindern, daß eine in ihrem Herkunftsmitgliedstaat vom passiven Wahlrecht ausgeschlossene Person in dieses Recht allein deshalb wieder eingesetzt wird, weil sie ihren Wohnsitz in einem anderen Mitgliedstaat hat. Dieses besondere Problem von Kandidaten, die die Staatsangehörigkeit eines anderen Mitgliedstaats besitzen, rechtfertigt es, daß die Mitgliedstaaten, die dies für erforderlich halten, die Kandidaten nicht allein den Ausschlußvorschriften des Wohnsitzmitgliedstaats, sondern auch jenen des Herkunftsmitgliedstaats unterwerfen können. Unter Berücksichtigung des Grundsatzes der Verhältnismäßigkeit ist es ausreichend, das aktive Wahlrecht allein den Ausschlußgründen des Wohnsitzmitgliedstaats unterzuordnen.

Die Aufgaben des Exekutivorgangs der lokalen Gebietskörperschaften der Grundstufe können die Teilnahme an der Ausübung der Staatsgewalt und die Wahrung der allgemeinen Interessen umfassen. Die Mitgliedstaaten sollten folglich diese Ämter ihren Staatsangehörigen vorbehalten können. Außerdem sollten die Mitgliedstaaten zu diesem Zweck geeignete Maßnahmen ergreifen können, die jedoch die Möglichkeit der Staatsbürger der anderen Mitgliedstaaten, das passive Wahlrecht auszuüben, nicht über das für die Erreichung des obengenannten Ziels erforderliche Maß hinaus beschränken dürfen.

Ebenso ist es angemessen, daß die Teilnahme von kommunalen Mandatsträgern an der Wahl einer parlamentarischen Versammlung den eigenen Staatsangehörigen vorbehalten werden kann.

Wenn die Rechtsvorschriften der Mitgliedstaaten die Eigenschaft eines kommunalen Mandatsträgers als unvereinbar mit anderen Ämtern ansehen, sollten die Mitgliedstaaten diese Unvereinbarkeit auf in anderen Mitgliedstaaten wahrgenommene gleichwertige Ämter ausdehnen können.

Jede Ausnahme von den allgemeinen Regeln dieser Richtlinie muß nach Artikel 8b Absatz 1 des Vertrags durch besondere Probleme eines Mitgliedstaats gerechtfertigt sein, wobei jede Ausnahmeregelung auf ihren Ausnahmecharakter hin überprüft werden muß.

Solche besonderen Probleme können sich insbesondere in einem Mitgliedstaat ergeben, in dem der Anteil von Unionsbürgern im Wahlalter, die in diesem Mitgliedstaat ihren Wohnsitz haben, ohne dessen Staatsangehörigkeit zu besitzen, ganz erheblich über dem Durchschnitt liegt. Ein Anteil von 20 v.H. solcher Unionsbürger an der gesamten Wählerschaft rechtfertigt eine Ausnahmeregelung, die sich auf das Kriterium der Wohnsitzdauer stützt.

Die Unionsbürgerschaft zielt darauf ab, die Unionsbürger in ihrem Aufnahmeland besser zu integrieren; in diesem Zusammenhang entspricht es den Absichten der Verfasser des Vertrags, jede Polarisierung zwischen den Listen von in- und ausländischen Kandidaten zu vermeiden.

Dieses Risiko der Polarisierung betrifft vornehmlich einen Mitgliedstaat, in dem der Anteil der Unionsbürger im Wahlalter, die nicht seine Staatsbürgerschaft besitzen, 20 v.H. aller Unionsbürger im Wahlalter mit Wohnsitz in diesem Mitgliedstaat übersteigt. Von daher ist es wichtig, daß dieser Mitgliedstaat unter Beachtung von Artikel 8b des Vertrags besondere Bestimmungen hinsichtlich der Zusammensetzung der Kandidatenlisten vorsehen kann.

Es ist zu berücksichtigen, daß in bestimmten Mitgliedstaaten die dort wohnhaften Staatsangehörigen anderer Mitgliedstaaten das Wahlrecht zum nationalen Parlament besitzen und infolgedessen die in dieser Richtlinie vorgesehenen Formalitäten erleichtert werden können.

Das Königreich Belgien weist besondere Gegebenheiten und Gleichgewichtsverhältnisse auf, da die belgische Verfassung (Artikel 1 bis 4) drei Amtssprachen und eine Aufteilung in Regionen und Gemeinschaften vorsieht. Die uneingeschränkte Anwendung dieser Richtlinie könnte daher in einigen Gemeinden zu Auswirkungen führen, aufgrund deren es angebracht ist, zur Berücksichtigung dieser Gegebenheiten und Gleichgewichtsverhältnisse eine Ausnahme von den Bestimmungen dieser Richtlinie vorzusehen.

Die Kommission wird eine Bewertung der rechtlichen und tatsächlichen Anwendung der Richtlinie, einschließlich der Entwicklung der Wählerschaft nach dem Inkrafttreten der Richtlinie, durchführen. Zu diesem Zweck wird sie dem Europäischen Parlament und dem Rat Bericht erstatten –

HAT FOLGENDE RICHTLINIE ERLASSEN:

KAPITEL I

Allgemeines

Artikel 1 (Ziel der Richtlinie, Verhältnis zu einzelstaatlichen Regelungen)

(1) In dieser Richtlinie werden die Einzelheiten festgelegt, nach denen die Unionsbürger, die ihren Wohnsitz in einem Mitgliedstaat haben, dessen Staatsangehörigkeit sie nicht besitzen, dort das aktive und das passive Wahlrecht bei den Kommunalwahlen ausüben können.

(2) Die Bestimmungen dieser Richtlinie berühren nicht die einzelstaatlichen Bestimmungen über das aktive und passive Wahlrecht der Staatsangehörigen des betreffenden Mitgliedstaats, die ihren Wohnsitz außerhalb des Staatsgebiets dieses Mitgliedstaats haben, sowie der Staatsangehörigen dritter Länder, die in diesem Staat ihren Wohnsitz haben.

Artikel 2 (Begriffsbestimmungen)

(1) Im Sinne dieser Richtlinie bezeichnet der Ausdruck

a) „lokale Gebietskörperschaft der Grundstufe“ die im Anhang* aufgeführten Verwaltungseinheiten, die nach Maßgabe der einzelstaatlichen Rechtsvorschriften in allgemeiner, unmittelbarer Wahl gewählte Organe besitzen und auf der Grundstufe der politischen und administrativen Organisation für die Verwaltung bestimmter örtlicher Angelegenheiten unter eigener Verantwortung zuständig sind;

b) „Kommunalwahlen“ die allgemeinen, unmittelbaren Wahlen, die darauf abzielen, die Mitglieder der Vertretungskörperschaft und gegebenenfalls gemäß den Rechtsvorschriften jedes Mitgliedstaats den Leiter und die Mitglieder des Exekutivorgans einer lokalen Gebietskörperschaft der Grundstufe zu bestimmen;

c) „Wohnsitzmitgliedstaat“ den Mitgliedstaat, in dem der Unionsbürger seinen Wohnsitz hat, ohne dessen Staatsangehörigkeit zu besitzen;

d) „Herkunftsmitgliedstaat“ den Mitgliedstaat, dessen Staatsangehörigkeit der Unionsbürger besitzt;

e) „Wählerverzeichnis“ das von der zuständigen Behörde nach der Wahlrechtsordnung des Wohnsitzmitgliedstaats erstellte und fortgeschriebene amtliche Verzeichnis aller aktiv Wahlberechtigten, die das Recht haben, in einer bestimmten lokalen Gebietskörperschaft der Grundstufe oder in einem ihrer Wahlkreise zu wählen, oder das Melderegister, wenn die Wahlberechtigung dort ausgewiesen ist;

f) „maßgeblicher Tag“ den Tag oder die Tage, an denen die Unionsbürger gemäß dem Recht des Wohnsitzmitgliedstaats die Voraussetzungen erfüllen müssen, um dort wählen oder gewählt werden zu können;

g) „förmliche Erklärung“ die Erklärung des Betreffenden, deren falsche Abgabe nach den geltenden einzelstaatlichen Rechtsvorschriften strafbar ist.

(2) Wenn eine im Anhang aufgeführte lokale Gebietskörperschaft der Grundstufe aufgrund einer Änderung einzelstaatlicher Rechtsvorschriften durch eine andere lokale Gebietskörperschaft der Grundstufe ersetzt wird, die die in Absatz 1 Buchstabe a) genannten Aufgaben hat, oder wenn aufgrund einer solchen Änderung der Rechtsvorschriften eine lokale Gebietskörperschaft der Grundstufe abgeschafft oder geschaffen wird, teilt der betreffende Mitgliedstaat dies der Kommission mit.

Innerhalb von drei Monaten nach Erhalt einer solchen Mitteilung in Verbindung mit der Erklärung des Mitgliedstaats, daß die im Rahmen dieser Richtlinie zuerkannten Rechte unberührt bleiben, paßt die Kommission den Anhang durch die entsprechenden Ersetzungen, Streichungen oder Hinzufügungen an. Der solchermaßen geänderte Antrag wird im *Amtsblatt der Europäischen Gemeinschaften* veröffentlicht.

Artikel 3 (Aktives und passives Wahlrecht)

Jede Person, die am maßgeblichen Tag

a) Unionsbürger im Sinne von Artikel 8 Absatz 1 Unterabsatz 2 des Vertrags ist und,

---

* Nicht abgedruckt.

b) ohne die Staatsangehörigkeit des Wohnsitzmitgliedstaats zu besitzen, die Bedingungen erfüllt, an die die Rechtsvorschriften dieses Staates das aktive und das passive Wahlrecht seiner Staatsangehörigkeit knüpfen,

besitzt das aktive und das passive Wahlrecht bei den Kommunalwahlen im Wohnsitzmitgliedstaat gemäß dieser Richtlinie.

Artikel 4 (Wohnsitz, Mindestwohndauer)

(1) Wenn die Staatsangehörigen des Wohnsitzmitgliedstaats das aktive oder passive Wahlrecht nur unter der Voraussetzung besitzen, daß sie ihren Wohnsitz seit einer Mindestzeit im Staatsgebiet haben, so gilt diese Bedingung von den aktiv und passiv Wahlberechtigten im Sinne des Artikels 3 als erfüllt, wenn sie in anderen Mitgliedstaaten für die gleiche Dauer einen Wohnsitz hatten.

(2) Können die Staatsangehörigen des Wohnsitzmitgliedstaats nach dessen Rechtsvorschriften nur in der lokalen Gebietskörperschaft der Grundstufe wählen oder gewählt werden, in der sie ihren Hauptwohnsitz haben, so unterliegen auch die aktiv und passiv Wahlberechtigten im Sinne des Artikels 3 dieser Bedingung.

(3) Absatz 1 berührt nicht die einzelstaatlichen Rechtsvorschriften, nach denen die Ausübung des aktiven und passiven Wahlrechts durch jeden aktiv und passiv Wahlberechtigten in einer bestimmten lokalen Gebietskörperschaft der Grundstufe oder einem ihrer Wahlkreise von einer Mindestwohndauer im Gebiet dieser Gebietskörperschaft abhängt.

Ferner berührt Absatz 1 nicht die einzelstaatlichen Rechtsvorschriften, die bei der Annahme dieser Richtlinie bereits in Kraft sind und nach denen die Ausübung des aktiven und passiven Wahlrechts durch jeden aktiv oder passiv Wahlberechtigten von einer Mindestwohndauer in dem Teilgebiet des Mitgliedstaats abhängt, zu dem die lokale Gebietskörperschaft der Grundstufe gehört.

Artikel 5 (Verlust des Wahlrechts, Ausnahmeregelungen)

(1) Die Wohnsitzmitgliedstaaten können bestimmen, daß jeder Unionsbürger, der nach dem Recht seines Herkunftsmitgliedstaats infolge einer zivilrechtlichen Einzelfallentscheidung oder einer strafrechtlichen Entscheidung des passiven Wahlrechts verlustig gegangen ist, von der Ausübung dieses Rechts bei den Kommunalwahlen ausgeschlossen ist.

(2) Die Kandidatur eines Unionsbürgers bei den Kommunalwahlen im Wohnsitzmitgliedstaat kann für unzulässig erklärt werden, wenn er die nach Artikel 9 Absatz 2 Buchstabe a) erforderliche Erklärung oder die nach Artikel 9 Absatz 2 Buchstabe b) erforderliche Bescheinigung nicht vorlegen kann.

(3) Die Mitgliedstaaten können bestimmen, daß nur ihre eigenen Staatsangehörigen in die Ämter des Leiters des Exekutivorgans, seines Vertreters oder eines Mitglieds des leitenden kollegialen Exekutivorgans einer lokalen Gebietskörperschaft der Grundstufe wählbar sind, wenn diese Personen gewählt worden sind, um diese Ämter während der Dauer des Mandats auszuüben.

Die Mitgliedstaaten können ebenfalls bestimmen, daß die vorübergehende und vertretungsweise Wahrnehmung der Aufgaben des Leiters des Exekutivorgans, seines Vertreters oder eines Mitglieds des leitenden kollegialen Exekutivorgans einer lokalen Gebietskörperschaft der Grundstufe den eigenen Staatsangehörigen vorbehalten werden kann.

Die Vorschriften, die die Mitgliedstaaten erlassen können, um sicherzustellen, daß die Ausübung der Ämter im Sinne des Unterabsatzes 1 und die Wahrnehmung der Vertretungsbefugnisse im Sinne des Unterabsatzes 2 nur durch ihre eigenen Staatsangehörigen erfolgen kann, müssen den Vertrag und die allgemeinen Prinzipien des Rechts beachten und geeignet, erforderlich und verhältnismäßig sein.

(4) Die Mitgliedstaaten können ferner bestimmen, daß die Unionsbürger, die als Mitglied einer Vertretungskörperschaft gewählt werden, weder an der Ernennung der Wahlmänner einer parlamentarischen Versammlung noch an der Wahl deren Mitglieder teilnehmen dürfen.

Artikel 6 (Unvereinbarkeitsbedingungen)

(1) Die passiv Wahlberechtigten im Sinne des Artikels 3 unterliegen denselben Unvereinbarkeitsbedingungen, die nach den Rechtsvorschriften des Wohnsitzmitgliedstaats für die Staatsangehörigen dieses Staates gelten.

(2) Die Mitgliedstaaten können bestimmen, daß die Eigenschaft eines kommunalen Mandatsträgers im Wohnsitzmitgliedstaat auch unvereinbar ist mit in anderen Mitgliedstaaten ausgeübten Ämtern, die den Ämtern entsprechen, die eine Unvereinbarkeit im Wohnsitzmitgliedstaat nach sich ziehen.

KAPITEL II

Ausübung des aktiven und des passiven Wahlrechts

Artikel 7 (Ausübung des aktiven Wahlrechts, Wahlpflicht)

(1) Der aktiv Wahlberechtigte im Sinne des Artikels 3 übt sein Wahlrecht im Wohnsitzmitgliedstaat aus, wenn er eine entsprechende Willensbekundung abgegeben hat.

(2) Besteht im Wohnsitzmitgliedstaat Wahlpflicht, so gilt diese Pflicht auch für die aktiv Wahlberechtigten im Sinne des Artikels 3, die sich dort in das Wählerverzeichnis haben eintragen lassen.

(3) Die Mitgliedstaaten, in denen keine Wahlpflicht besteht, können eine Eintragung der Wahlberechtigten im Sinne des Artikels 3 in das Wählerverzeichnis von Amts wegen vorsehen.

Artikel 8 (Eintragung in das Wählerverzeichnis)

(1) Die Mitgliedstaaten treffen die erforderlichen Maßnahmen, damit die aktiv Wahlberechtigten im Sinne des Artikels 3 rechtzeitig vor den Wahlen in das Wählerverzeichnis eingetragen werden können.

(2) Um in das Wählerverzeichnis eingetragen zu werden, hat der aktiv Wahlberechtigte im Sinne des Artikels 3 die gleichen Nachweise wie ein inländischer aktiv Wahlberechtigter zu erbringen.

Ferner kann der Wohnsitzmitgliedstaat verlangen, daß der aktiv Wahlberechtigte im Sinne des Artikels 3 einen gültigen Identitätsausweis sowie eine förmliche Erklärung mit der Angabe seiner Staatsangehörigkeit und seiner Anschriften im Wohnsitzmitgliedstaat vorlegt.

(3) Aktiv Wahlberechtigte im Sinne des Artikels 3, die in das Wählerverzeichnis eingetragen worden sind, bleiben unter den gleichen Bedingungen wie inländische aktiv Wahlberechtigte so lange eingetragen, bis sie von Amts wegen aus diesem Wählerverzeichnis gestrichen werden, weil sie die Voraussetzungen für die Ausübung des aktiven Wahlrechts nicht mehr erfüllen.

Aktiv Wahlberechtigte, die auf ihren Antrag hin in das Wählerverzeichnis eingetragen worden sind, können auf Antrag auch wieder aus dem Wählerverzeichnis gestrichen werden.

Im Fall der Verlegung des Wohnsitzes in eine andere lokale Gebietskörperschaft der Grundstufe desselben Mitgliedstaats werden diese aktiv Wahlberechtigten in das Wählerverzeichnis dieser Gebietskörperschaft unter denselben Voraussetzungen wie ein inländischer aktiv Wahlberechtigter eingetragen.

Artikel 9 (Ausübung des passiven Wahlrechts)

(1) Bei Einreichung der Erklärung über seine Kandidatur hat der passiv Wahlberechtigte im Sinne des Artikels 3 die gleichen Nachweise beizubringen wie ein inländischer Kandidat. Der Wohnsitzmitgliedstaat kann verlangen, daß er eine förmliche Erklärung mit der Angabe seiner Staatsangehörigkeit und seiner Anschrift im Wohnsitzmitgliedstaat vorlegt.

(2) Ferner kann der Wohnsitzmitgliedstaat verlangen, daß der passiv Wahlberechtigte im Sinne des Artikels 3

a) bei Einreichung der Erklärung über seine Kandidatur in seiner förmlichen Erklärung nach Absatz 1 angibt, daß er in seinem Herkunftsmitgliedstaat seines passiven Wahlrechts nicht verlustig gegangen ist;

b) bei Zweifeln am Inhalt der Erklärung nach Buchstabe a) oder wenn die Rechtsvorschriften eines Mitgliedstaats dies fordern, vor oder nach der Wahl eine Bescheinigung der zuständigen Verwaltungsbehörden seines Herkunftsmitgliedstaats vorlegt, mit der bestätigt wird, daß er in diesem Mitgliedstaat seines passiven Wahlrechts nicht verlustig gegangen oder daß diesen Behörden ein solcher Verlust nicht bekannt ist;

c) einen gültigen Identitätsausweis vorlegt;

d) in seiner förmlichen Erklärung nach Absatz 1 angibt, daß er kein nach Artikel 6 Absatz 2 unvereinbares Amt ausübt;

e) gegebenenfalls seine letzte Adresse im Herkunftsmitgliedstaat angibt.

Artikel 10 (Mitteilungspflicht des Wohnsitzstaates über den Antrag des Wahlberechtigten, Rechtsbehelfe)

(1) Der Wohnsitzmitgliedstaat unterrichtet den Betreffenden rechtzeitig darüber, wie über seinen Antrag auf Eintragung in das Wählerverzeichnis oder die Frage der Zulässigkeit seiner Kandidatur entschieden wurde.

(2) Bei Nichteintragung in das Wählerverzeichnis, bei Ablehnung des Antrags auf Eintragung in das Wählerverzeichnis oder bei Ablehnung der Kandidatur kann der Betreffende die Rechtsbehelfe einlegen, die die Rechtsvorschriften des Wohnsitzmitgliedstaats in vergleichbaren Fällen für die inländischen aktiv und passiv Wahlberechtigten vorsehen.

Artikel 11 (Informationspflicht)

Der Wohnsitzmitgliedstaat unterrichtet die aktiv und passiv Wahlberechtigten im Sinne des Artikels 3 rechtzeitig und in geeigneter Form über die Bedingungen und Einzelheiten für die Ausübung des aktiven und des passiven Wahlrechts in diesem Staat.

KAPITEL III
Ausnahme- und Übergangsregelungen

Artikel 12 (Ausnahmen, Übergangsregelungen)

(1) Überschreitet in einem Mitgliedstaat am 1. Januar 1996 der Anteil der Unionsbürger im Wahlalter, die ihren Wohnsitz in diesem Mitgliedstaat haben, ohne dessen Staatsangehörigkeit zu besitzen, 20 v.H. aller Unionsbürger im Wahlalter mit Wohnsitz in diesem Mitgliedstaat, so kann dieser Mitgliedstaat in Abweichung von dieser Richtlinie

a) das aktive Wahlrecht denjenigen aktiv Wahlberechtigten im Sinne des Artikels 3 vorbehalten, die in diesem Mitgliedstaat seit einer Mindestzeit, die die Dauer einer Amtszeit der kommunalen Vertretungskörperschaft nicht überschreiten darf, ihren Wohnsitz haben, und
b) das passive Wahlrecht denjenigen passiv Wahlberechtigten im Sinne des Artikels 3 vorbehalten, die in diesem Mitgliedstaat seit einer Mindestzeit, die die Dauer von zwei Amtszeiten dieser Vertretungskörperschaft nicht überschreiten darf, ihren Wohnsitz haben, und
c) geeignete Maßnahmen hinsichtlich der Zusammensetzung der Kandidatenlisten erlassen, die insbesondere darauf abzielen, die Integration von Unionsbürgern, die Staatsangehörige eines anderen Mitgliedstaats sind, zu erleichtern.

(2) Das Königreich Belgien kann, abweichend von den Bestimmungen dieser Richtlinie, Artikel 12 Absatz 1 Buchstabe a) auf eine begrenzte Anzahl von Gemeinden anwenden, deren Verzeichnis es mindestens ein Jahr vor der Kommunalwahl, für die diese Ausnahmeregelung gelten soll, mitteilt.

(3) Wenn am 1. Januar 1996 die Staatsangehörigen eines Mitgliedstaats, die in einem anderen Mitgliedstaat ihren Wohnsitz haben, nach den Rechtsvorschriften eines Mitgliedstaats dort das Wahlrecht für die Wahlen zum nationalen Parlament dieses Mitgliedstaats besitzen und zu diesem Zweck unter genau denselben Bedingungen wie die inländischen aktiv Wahlberechtigten in die Wählerverzeichnisse eingetragen werden können, so braucht der erstgenannte Mitgliedstaat abweichend von den Bestimmungen dieser Richtlinie die Artikel 6 bis 11 auf diese Staatsangehörigen nicht anzuwenden.

(4) Die Kommission legt dem Europäischen Parlament und dem Rat bis zum 31. Dezember 1998 und danach jeweils alle sechs Jahre einen Bericht vor, in dem sie prüft, ob die Gründe, die die Gewährung einer Ausnahme nach Artikel 8b Absatz 1 des Vertrags zugunsten der betreffenden Mitgliedstaaten gerechtfertigt haben, fortbestehen; sie schlägt gegebenenfalls vor, daß geeignete Anpassungen vorgenommen werden. Die Mitgliedstaaten, die Ausnahmeregelungen nach den Absätzen 1 und 2 anwenden, übermitteln der Kommission die erforderlichen Begründungen.

KAPITEL IV
Schlußbestimmungen

Artikel 13 (Berichterstattung der Kommission)

Die Kommission erstattet dem Europäischen Parlament und dem Rat innerhalb eines Jahres, nachdem in allen Mitgliedstaaten Kommunalwahlen auf der Grundlage der obengenannten Bestimmungen durchgeführt worden sind, Bericht über die Anwendung dieser Richtlinie und über die seit ihrem Inkrafttreten erfolgte Entwicklung der Wählerschaft und schlägt gegebenenfalls geeignete Anpassungen vor.

Artikel 14 (Umsetzungsfrist)

Die Mitgliedstaaten erlassen die erforderlichen Rechts- und Verwaltungsvorschriften, um dieser Richtlinie vor dem 1. Januar 1996 nachzukommen. Sie setzen die Kommission unverzüglich davon in Kenntnis.

Wenn die Mitgliedstaaten diese Vorschriften erlassen, nehmen sie in den Vorschriften selbst oder durch einen Hinweis bei der amtlichen Veröffentlichung auf diese Richtlinie Bezug. Die Mitgliedstaaten regeln die Einzelheiten der Bezugnahme.

Artikel 15 (Inkrafttreten)

Diese Richtlinie tritt am zwanzigsten Tag nach ihrer Veröffentlichung im *Amtsblatt der Europäischen Gemeinschaften* in Kraft.*

Artikel 16 (Adressaten der Richtlinie)

Diese Richtlinie ist an die Mitgliedstaaten gerichtet.

Vom Abdruck des Anhangs wurde abgesehen.

---

* Die Veröffentlichung erfolgte am 31. Dezember 1994.

423 Richtlinie 93/109/EG des Rates vom 6. Dezember 1993 über die Einzelheiten der Ausübung des aktiven und passiven Wahlrechts bei den Wahlen zum Europäischen Parlament für Unionsbürger mit Wohnsitz in einem Mitgliedstaat, dessen Staatsangehörigkeit sie nicht besitzen

(ABl. L 329 vom 30. 12. 1993 S. 34), geändert durch Richtlinie 2013/1/EU des Rates vom 20. Dezember 2012 (ABl. L 26 vom 26. 1. 2013 S. 27)

Inhaltsübersicht*

DER RAT DER EUROPÄISCHEN UNION –

gestützt auf den Vertrag zur Gründung der Europäischen Gemeinschaft, insbesondere auf Artikel 8b Absatz 2,

auf Vorschlag der Kommission,

nach Stellungnahme des Europäischen Parlaments[1)],

in Erwägung nachstehender Gründe:

Der Vertrag über die Europäische Union stellt eine neue Stufe bei der Verwirklichung einer immer engeren Union der Völker Europas dar. Seine Aufgabe ist es insbesondere, die Beziehungen zwischen den Völkern der Mitgliedstaaten kohärent und solidarisch zu gestalten. Zu seinen Grundzielen gehört es, den Schutz der Rechte und Interessen der Staatsangehörigen der Mitgliedstaaten

* Nicht amtlich.

1) Amtliche Fußnote: ABl. Nr. C 329 vom 6. 12. 1993.

der Europäischen Union durch Einführung einer Unionsbürgerschaft zu stärken.

Zu diesem Zweck wird mit den Bestimmungen des Titels II des Vertrages über die Europäische Union, durch den der Vertrag zur Gründung der Europäischen Wirtschaftsgemeinschaft im Hinblick auf die Gründung der Europäischen Gemeinschaft geändert wird, eine Unionsbürgerschaft für alle Staatsangehörigen der Mitgliedstaaten eingeführt und ihnen daraus eine Reihe von Rechten zuerkannt.

Das in Artikel 8b Absatz 2 des Vertrages zur Gründung der Europäischen Gemeinschaft vorgesehene aktive und passive Wahlrecht bei den Wahlen zum Europäischen Parlament im Wohnsitzmitgliedstaat stellt eine Anwendung des Grundsatzes der Nichtdiskriminierung zwischen in- und ausländischen Gemeinschaftsbürgern sowie eine Ergänzung des in Artikel 8a des EG-Vertrags festgeschriebenen Rechts auf Freizügigkeit und freien Aufenthalt dar.

Artikel 8b Absatz 2 des EG-Vertrags betrifft nur die Möglichkeit der Ausübung des aktiven und passiven Wahlrechts bei den Wahlen zum Europäischen Parlament – unbeschadet der Durchführung von Artikel 138 Absatz 3 des EG-Vertrags, der die Einführung eines in allen Mitgliedstaaten einheitlichen Verfahrens für diese Wahlen vorsieht – und zielt vor allem darauf ab, die Bedingung der Staatsangehörigkeit, an die heute in den meisten Mitgliedstaaten die Ausübung dieser Rechte geknüpft ist, aufzuheben.

Die Anwendung von Artikel 8b Absatz 2 des EG-Vertrags setzt keine Harmonisierung der Wahlrechtsordnungen der Mitgliedstaaten voraus. Mit Rücksicht auf den in Artikel 3b Absatz 3 des EG-Vertrags festgeschriebenen Grundsatz der Verhältnismäßigkeit darf zudem der Inhalt der einschlägigen Gemeinschaftsvorschriften nicht über das für die Erreichung des Ziels von Artikel 8b Absatz 2 des EG-Vertrags erforderliche Maß hinausgehen.

Artikel 8b Absatz 2 des EG-Vertrags zielt darauf ab, daß alle Unionsbürger, gleich, ob sie Staatsangehörige des Mitgliedstaats ihres Wohnsitzes sind oder nicht, dort ihr aktives und passives Wahlrecht bei den Wahlen zum Europäischen Parlament unter den gleichen Bedingungen ausüben können. Deshalb müssen für die Unionsbürger, die keine Staatsangehörigen des betreffenden Mitgliedstaats sind, die gleichen Bedingungen, insbesondere bezüglich der Wohnsitzdauer und des Wohnsitznachweises, gelten, wie sie gegebenenfalls für die Staatsangehörigen dieses Mitgliedstaats gelten.

Artikel 8b Absatz 2 des EG-Vertrags sieht das aktive und passive Wahlrecht bei den Wahlen zum Europäischen Parlament im Wohnsitzmitgliedstaat vor, ohne dieses an die Stelle des aktiven und passiven Wahlrechts im Mitgliedstaat, dessen Staatsangehörigkeit der Unionsbürger besitzt, zu setzen. Es gilt, die freie Entscheidung des Unionsbürgers bezüglich des Mitgliedstaats, in dem er sich an der Europawahl beteiligen möchte, zu respektieren, wobei ein Mißbrauch dieser Freiheit durch eine doppelte Stimmabgabe oder eine doppelte Kandidatur auszuschließen ist.

Jede Ausnahme von den allgemeinen Regeln dieser Richtlinie muß nach Artikel 8b Absatz 2 des EG-Vertrags aufgrund besonderer Probleme eines Mitgliedstaats gerechtfertigt sein, wobei jede Ausnahmeregelung auf ihren Ausnahmecharakter hin überprüft werden muß.

Solche besonderen Probleme können sich insbesondere in einem Mitgliedstaat ergeben, in dem der Anteil von Unionsbürgern im Wahlalter, die in diesem Mitgliedstaat ihren Wohnsitz haben, ohne dessen Staatsangehörigkeit zu besitzen, ganz erheblich über dem Durchschnitt liegt. Ein Anteil von 20 v.H. solcher Unionsbürger an der gesamten Wählerschaft rechtfertigt eine Ausnahmeregelung, die sich auf das Kriterium der Wohnsitzdauer stützt.

Die Unionsbürgerschaft zielt darauf ab, die Unionsbürger in ihrem Aufnahmeland besser zu integrieren; in diesem Zusammenhang entspricht es den Absichten der Verfasser des Vertrages, jede Polarisierung zwischen den Listen von in- und ausländischen Kandidaten zu vermeiden.

Dieses Risiko der Polarisierung betrifft vornehmlich einen Mitgliedstaat, in dem der Anteil der Unionsbürger im Wahlalter, die nicht seine Staatsangehörigkeit besitzen, 20 v.H. aller Unionsbürger im Wahlalter mit Wohnsitz in diesem Mitgliedstaat übersteigt; von daher ist es wichtig, daß dieser Mitgliedstaat unter Beachtung von Artikel 8b des EG-Vertrags besondere Bestimmungen hinsichtlich der Zusammensetzung der Kandidatenlisten vorsehen kann.

Es ist zu berücksichtigen, daß in einigen Mitgliedstaaten die dort wohnenden Staatsangehörigen anderer Mitgliedstaaten zur Wahl des nationalen Parlaments berechtigt sind. Bestimmte Vorschriften dieser Richtlinie brauchen infolgedessen auf sie nicht angewendet zu werden –

HAT FOLGENDE RICHTLINIE ERLASSEN:

KAPITEL I

ALLGEMEINES

Artikel 1 (Ziel der Richtlinie, Verhältnis zu einzelstaatlichen Regelungen)

(1) In dieser Richtlinie werden die Einzelheiten festgelegt, nach denen die Unionsbürger, die ihren Wohnsitz in einem Mitgliedstaat haben, dessen Staatsangehörigkeit sie nicht besitzen, dort das aktive und das passive Wahlrecht bei den Wahlen zum Europäischen Parlament ausüben können.

(2) Die Bestimmungen dieser Richtlinie berühren nicht die einzelstaatlichen Bestimmungen über das aktive und passive Wahlrecht der Staatsangehörigen des betreffenden Mitgliedstaats, die ihren Wohnsitz außerhalb des Wahlgebiets dieses Mitgliedstaats haben.

Artikel 2 (Begriffsbestimmungen)

Im Sinne dieser Richtlinie bezeichnet der Ausdruck

1. „Wahlen zum Europäischen Parlament" die allgemeinen unmittelbaren Wahlen der Abgeordneten des Europäischen Parlaments entsprechend dem Akt vom 20. September 1976[1)];
2. „Wahlgebiet" das Gebiet eines Mitgliedstaats, in dem gemäß dem unter Nummer 1 genannten Akt und – in dessen Rahmen – gemäß der Wahlrechtsordnung dieses Mitgliedstaats dessen Volk die Abgeordneten des Europäischen Parlaments wählt;
3. „Wohnsitzmitgliedstaat" den Mitgliedstaat, in dem der Unionsbürger seinen Wohnsitz hat, ohne dessen Staatsangehörigkeit zu besitzen;
4. „Herkunftsmitgliedstaat" den Mitgliedstaat, dessen Staatsangehörigkeit der Unionsbürger besitzt;

---

1) Amtliche Fußnote: ABl. Nr. L 278 vom 8. 10. 1976, S. 5.

5. „aktiv Wahlberechtigter der Gemeinschaft“ einen Unionsbürger, der gemäß den Bestimmungen dieser Richtlinie im Wohnsitzmitgliedstaat das aktive Wahlrecht bei den Wahlen zum Europäischen Parlament hat;
6. „passiv Wahlberechtigter der Gemeinschaft“ einen Unionsbürger, der gemäß den Bestimmungen dieser Richtlinie im Wohnsitzmitgliedstaat das passive Wahlrecht bei den Wahlen zum Europäischen Parlament hat;
7. „Wählerverzeichnis“ das von der zuständigen Behörde nach der Wahlrechtsordnung des Wohnsitzmitgliedstaats erstellte und fortgeschriebene amtliche Verzeichnis aller Wähler, die das Recht haben, in einem bestimmten Wahlkreis oder einer bestimmten Gebietskörperschaft zu wählen, oder das Melderegister, wenn die Wahlberechtigung dort ausgewiesen ist;
8. „maßgeblicher Tag“ den Tag oder die Tage, an denen die Unionsbürger gemäß dem Recht des Wohnsitzmitgliedstaats die Voraussetzungen erfüllen müssen, um dort wählen oder gewählt werden zu können;
9. „förmliche Erklärung“ die Erklärung des Betreffenden, deren falsche Abgabe nach den geltenden nationalen Rechtsvorschriften strafbar ist.

Artikel 3 (Aktives und passives Wahlrecht)

Das aktive und passive Wahlrecht bei den Wahlen zum Europäischen Parlament im Wohnsitzmitgliedstaat hat, wer am maßgeblichen Tag

a) Unionsbürger im Sinne von Artikel 8 Absatz 1 Unterabsatz 2 des EG-Vertrags ist und
b) – ohne die Staatsangehörigkeit des Wohnsitzmitgliedstaats zu besitzen – im übrigen die Bedingungen erfüllt, an die das Recht des Wohnsitzmitgliedstaats das aktive und das passive Wahlrecht seiner Staatsangehörigen knüpft,

und nicht gemäß Artikel 6 oder 7 des aktiven und passiven Wahlrechts verlustig gegangen ist.

Wenn die Staatsangehörigen des Wohnsitzmitgliedstaats nur unter der Voraussetzung wählbar sind, daß sie ihre Staatsangehörigkeit seit einer Mindestzeit erworben haben, so gilt diese Voraussetzung als von den Unionsbürgern erfüllt, wenn sie die Staatsangehörigkeit eines Mitgliedstaats seit derselben Zeit erworben haben.

Artikel 4 (Wohnsitz- oder Herkunftsstaat)

(1) Jeder aktiv Wahlberechtigte der Gemeinschaft kann sein aktives Wahlrecht entweder im Wohnsitzmitgliedstaat oder im Herkunftsmitgliedstaat ausüben. Niemand kann bei einer Wahl mehr als eine Stimme abgeben.

(2) Niemand kann bei einer Wahl in mehr als einem Mitgliedstaat als Kandidat aufgestellt werden.

Artikel 5 (Mindestwohndauer)

Wenn die Staatsangehörigen des Wohnsitzmitgliedstaats das aktive oder passive Wahlrecht nur unter der Voraussetzung besitzen, daß sie ihren Wohnsitz seit einer Mindestzeit im Wahlgebiet haben, so gilt diese Bedingung als von den aktiv und passiv Wahlberechtigten der Gemeinschaft erfüllt, wenn sie in anderen Mitgliedstaaten für die gleiche Dauer einen Wohnsitz hatten. Diese Bestimmung findet unbeschadet spezifischer Bedingungen im Zusammenhang mit der Dauer des Wohnsitzes in einem bestimmten Wahlkreis oder einer bestimmten Gebietskörperschaft Anwendung.

Artikel 6 (Verlust des Wahlrechts)

(1) Jeder Unionsbürger, der seinen Wohnsitz in einem Mitgliedstaat hat, ohne dessen Staatsangehörigkeit zu besitzen, und der nach dem Recht des Wohnsitzmitgliedstaats oder nach dem Recht seines Herkunftsmitgliedstaats infolge einer Einzelfallentscheidung einer Justizbehörde oder einer Einzelfallentscheidung einer Verwaltungsbehörde, die vor Gericht angefochten werden kann, des passiven Wahlrechts verlustig gegangen ist, ist von der Ausübung dieses Rechts bei den Wahlen zum Europäischen Parlament im Wohnsitzmitgliedstaat ausgeschlossen.

(2) Der Wohnsitzmitgliedstaat überzeugt sich davon, dass der Unionsbürger, der den Wunsch zum Ausdruck gebracht hat, sein passives Wahlrecht in diesem Mitgliedstaat auszuüben, dieses Rechts im Herkunftsmitgliedstaat nicht infolge einer Einzelfallentscheidung einer Justizbehörde oder einer Einzelfallentscheidung einer Verwaltungsbehörde, die vor Gericht angefochten werden kann, verlustig gegangen ist.

(3) Zur Durchführung von Absatz 2 übermittelt der Wohnsitzmitgliedstaat dem Herkunftsmitgliedstaat die in Artikel 10 Absatz 1 vorgesehene Erklärung. Zu diesem Zweck werden die verfügbaren zweckdienlichen Informationen aus dem Herkunftsmitgliedstaat binnen fünf Arbeitstagen nach Eingang der Notifikation oder auf Ersuchen des Wohnsitzmitgliedstaats, wenn möglich, noch rascher in angemessener Form übermittelt. Diese Informationen dürfen nur die Angaben enthalten, die für die Durchführung dieses Artikels unbedingt notwendig sind, und dürfen nur zu diesem Zweck verwendet werden.

Gehen innerhalb der Frist keine Informationen beim Wohnsitzmitgliedstaat ein, so ist der Kandidat dennoch zuzulassen.

(4) Widerlegen die bereitgestellten Informationen die Erklärung inhaltlich, so trifft der Wohnsitzmitgliedstaat unabhängig davon, ob diese Informationen fristgerecht oder zu einem späteren Zeitpunkt eingegangen sind, die geeigneten Maßnahmen im Einklang mit dem nationalen Recht, um die Kandidatur der betreffenden Person zu verhindern oder, wenn dies nicht möglich ist, um zu verhindern, dass die betreffende Person gewählt wird oder dass sie das Mandat ausübt.

(5) Die Mitgliedstaaten benennen eine Kontaktstelle, die die für die Anwendung des Absatzes 3 erforderlichen Informationen entgegennimmt und weiterleitet. Sie teilen der Kommission die Bezeichnung und die Kontaktdaten der Kontaktstelle mit und unterrichten sie über diesbezügliche Änderungen. Die Kommission führt ein Verzeichnis der Kontaktstellen und stellt dieses den Mitgliedstaaten zur Verfügung.

Artikel 7 (Informationsaustausch zwischen Herkunftsstaat und Wohnsitzstaat über den Verlust des Wahlrechts)

(1) Der Wohnsitzmitgliedstaat kann sich davon überzeugen, daß der Unionsbürger, der den Wunsch zum Ausdruck gebracht hat, sein aktives Wahlrecht dort auszuüben, dieses Rechts nicht infolge einer zivil- oder strafrechtlichen Einzelfallentscheidung im Herkunftsmitgliedstaat verlustig gegangen ist.

(2) Zur Durchführung von Absatz 1 kann der Wohnsitzmitgliedstaat die in Artikel 9 Absatz 2 vorgesehene Erklärung dem Herkunftsmitgliedstaat übermitteln. Zu diesem Zweck werden die zweckdienlichen und im Regelfall verfügbaren Mitteilungen aus dem Herkunftsmitgliedstaat in angemessener Form und Frist übermittelt; diese Mitteilungen dürfen nur die Angaben enthalten, die für die Durchführung dieses Artikels unbedingt notwendig sind, und dürfen nur zu diesem Zweck verwendet werden. Wenn die Mitteilungen den Inhalt der Erklärung in

Abrede stellen, trifft der Wohnsitzmitgliedstaat die geeigneten Maßnahmen, um die Teilnahme des Betreffenden an der Wahl zu verhindern.

(3) Außerdem kann der Herkunftsmitgliedstaat dem Wohnsitzmitgliedstaat in angemessener Form und Frist alle für die Durchführung dieses Artikels erforderlichen Informationen übermitteln.

Artikel 8 (Ausübung des aktiven Wahlrechts, Wahlpflicht)

(1) Ein aktiv Wahlberechtigter der Gemeinschaft übt das aktive Wahlrecht auf seinen Wunsch hin im Wohnsitzmitgliedstaat aus.

(2) Besteht im Wohnsitzmitgliedstaat Wahlpflicht, so gilt diese Pflicht auch für die aktiv Wahlberechtigten der Gemeinschaft, die den Wunsch geäußert haben, das aktive Wahlrecht dort auszuüben.

KAPITEL II

AUSÜBUNG DES AKTIVEN UND DES PASSIVEN WAHLRECHTS

Artikel 9 (Eintragung in das Wählerverzeichnis)

(1) Die Mitgliedstaaten treffen die erforderlichen Maßnahmen, damit die aktiv Wahlberechtigten der Gemeinschaft, die dies wünschen, rechtzeitig vor den Wahlen in das Wählerverzeichnis eingetragen werden können.

(2) Um in das Wählerverzeichnis eingetragen zu werden, hat der aktiv Wahlberechtigte der Gemeinschaft die gleichen Nachweise wie ein nationaler aktiv Wahlberechtigter beizubringen. Außerdem hat er eine förmliche Erklärung vorzulegen, aus der folgendes hervorgeht:

a) seine Staatsangehörigkeit und seine Anschrift im Wahlgebiet des Wohnsitzmitgliedstaats;

b) im Wählerverzeichnis welcher Gebietskörperschaft oder welchen Wahlkreises des Herkunftsmitgliedstaats er gegebenenfalls zuletzt eingetragen gewesen ist und

c) daß er sein aktives Wahlrecht nur im Wohnsitzmitgliedstaat ausüben wird.

(3) Ferner kann der Wohnsitzmitgliedstaat verlangen, daß der aktiv Wahlberechtigte der Gemeinschaft

a) in seiner Erklärung gemäß Absatz 2 angibt, daß er im Herkunftsmitgliedstaat seines aktiven Wahlrechts nicht verlustig gegangen ist;

b) einen gültigen Identitätsausweis vorlegt;

c) den Zeitpunkt angibt, seit dem er seinen Wohnsitz in diesem Staat oder in einem anderen Mitgliedstaat hat.

(4) Aktiv Wahlberechtigte der Gemeinschaft, die in das Wählerverzeichnis eingetragen worden sind, bleiben unter den gleichen Bedingungen wie nationale aktiv Wahlberechtigte so lange eingetragen, bis sie die Streichung aus diesem Wählerverzeichnis beantragen oder von Amts wegen gestrichen werden, weil sie die Bedingungen für die Ausübung des aktiven Wahlrechts nicht mehr erfüllen.

Artikel 10 (Ausübung des passiven Wahlrechts)

(1) Bei der Einreichung seiner Kandidaturerklärung hat der passiv Wahlberechtigte der Gemeinschaft die gleichen Nachweise wie ein nationaler passiv

Wahlberechtigter beizubringen. Außerdem hat er eine förmliche Erklärung vorzulegen, aus der folgendes hervorgeht:

a) seine Staatsangehörigkeit, sein Geburtsdatum und sein Geburtsort, seine letzte Anschrift im Herkunftsmitgliedstaat sowie seine Anschrift im Wahlgebiet des Wohnsitzmitgliedstaats;

b) daß er nicht gleichzeitig in einem anderen Mitgliedstaat bei den Wahlen zum Europäischen Parlament kandidiert;

c) im Wählerverzeichnis welcher Gebietskörperschaft oder welchen Wahlkreises des Herkunftsmitgliedstaats er gegebenenfalls zuletzt eingetragen gewesen ist;

d) dass er in seinem Herkunftsmitgliedstaat nicht infolge einer Einzelfallentscheidung einer Justizbehörde oder einer Einzelfallentscheidung einer Verwaltungsbehörde, die vor Gericht angefochten werden kann, des passiven Wahlrechts verlustig gegangen ist.

(2) *weggefallen*

(3) Ferner kann der Wohnsitzmitgliedstaat verlangen, daß der passiv Wahlberechtigte der Gemeinschaft einen gültigen Identitätsausweis vorlegt; er kann außerdem verlangen, daß der passiv Wahlberechtigte den Zeitpunkt angibt, seit dem er Staatsangehöriger eines Mitgliedstaats ist.

Artikel 11 (Mitteilungspflicht des Wohnsitzstaates über den Antrag des Wahlberechtigten, Rechtsbehelf)

(1) Der Wohnsitzmitgliedstaat unterrichtet den Betreffenden darüber, wie sein Antrag auf Eintragung in das Wählerverzeichnis oder die Frage der Zulässigkeit seiner Kandidatur beschieden wurde.

(2) Bei Ablehnung des Antrags auf Eintragung in das Wählerverzeichnis oder bei Ablehnung der Kandidatur kann der Betreffende den Rechtsbehelf einlegen, den die Rechtsvorschriften des Wohnsitzmitgliedstaats in gleichen Fällen für die nationalen aktiv und passiv Wahlberechtigten vorsehen.

Artikel 12 (Informationspflicht)

Der Wohnsitzmitgliedstaat unterrichtet die aktiv und passiv Wahlberechtigten der Gemeinschaft rechtzeitig und in geeigneter Form über die Bedingungen und die Einzelheiten für die Ausübung des aktiven und des passiven Wahlrechts in diesem Mitgliedstaat.

Artikel 13 (Übermittlung von Informationen zwischen den Mitgliedstaaten)

Die Mitgliedstaaten tauschen untereinander die Informationen aus, die für die Durchführung des Artikels 4 notwendig sind. Hierfür übermittelt der Wohnsitzmitgliedstaat auf der Grundlage der förmlichen Erklärung nach den Artikeln 9 und 10 dem Herkunftsmitgliedstaat rechtzeitig vor jeder Wahl die Informationen über dessen Staatsangehörige, die in das Wählerverzeichnis eingetragen wurden oder die eine Kandidatur eingereicht haben. Der Herkunftsmitgliedstaat trifft gemäß seinen Rechtsvorschriften die geeigneten Maßnahmen, um die doppelte Stimmabgabe und die doppelte Kandidatur seiner Staatsangehörigen zu verhindern.

KAPITEL III

AUSNAHME- UND ÜBERGANGSREGELUNGEN

Artikel 14 (Ausnahmen, Übergangsregelungen)

(1) Überschreitet in einem Mitgliedstaat am 1. Januar 1993 der Anteil der Unionsbürger im Wahlalter, die ihren Wohnsitz in diesem Mitgliedstaat haben, ohne dessen Staatsangehörigkeit zu besitzen, 20 v.H. aller Unionsbürger im Wahlalter mit Wohnsitz in diesem Mitgliedstaat, so kann dieser Mitgliedstaat in Abweichung von den Artikeln 3, 9 und 10

a) das aktive Wahlrecht denjenigen aktiv Wahlberechtigten der Gemeinschaft vorbehalten, die in diesem Mitgliedstaat seit einer Mindestzeit, die auf höchstens fünf Jahre festgesetzt werden darf, ihren Wohnsitz haben;

b) das passive Wahlrecht denjenigen passiv Wahlberechtigten der Gemeinschaft vorbehalten, die in diesem Mitgliedstaat seit einer Mindestzeit, die auf höchstens zehn Jahre festgesetzt werden darf, ihren Wohnsitz haben.

Diese Bestimmungen berühren nicht die angemessenen Maßnahmen, die dieser Mitgliedstaat hinsichtlich der Zusammensetzung der Kandidatenlisten erlassen kann und die insbesondere darauf abzielen, die Integration von Unionsbürgern, die Staatsangehörige eines anderen Mitgliedstaats sind, zu erleichtern.

Jedoch können aktiv und passiv Wahlberechtigten der Gemeinschaft, die aufgrund der Tatsache, daß sie ihren Wohnsitz außerhalb ihres Herkunftsmitgliedstaats haben, oder aufgrund der Dauer dieses Wohnsitzes dort das aktive oder passive Wahlrecht nicht haben, die in Unterabsatz 1 genannten Bedingungen der Wohnsitzdauer nicht engegengehalten werden.

(2) Wenn in den Rechtsvorschriften eines Mitgliedstaats nach dem Stand vom 1. Februar 1994 vorgesehen ist, daß Staatsangehörige eines anderen Mitgliedstaats, die im erstgenannten Mitgliedstaat ihren Wohnsitz haben, das Wahlrecht für die Wahlen zum nationalen Parlament dieses Mitgliedstaats besitzen und hierzu in die Wählerverzeichnisse dieses Mitgliedstaats unter völlig gleichen Bedingungen wie die nationalen aktiv Wahlberechtigten eingetragen werden können, so braucht der erstgenannte Mitgliedstaat abweichend von dieser Richtlinie die Artikel 6 bis 13 nicht auf diese Staatsangehörigen anzuwenden.

(3) Die Kommission legt dem Europäischen Parlement und dem Rat bis zum 31. Dezember 1997 und danach jeweils 18 Monate vor jeder Wahl zum Europäischen Parlament einen Bericht vor, in dem sie prüft, ob die Gründe, die die Gewährung einer Ausnahme nach Artikel 8b Absatz 2 des EG-Vertrags für die betreffenden Mitgliedstaaten gerechtfertigt haben, fortbestehen, und schlägt gegebenenfalls vor, daß entsprechende Anpassungen vorgenommen werden.

Die Mitgliedstaaten, die Ausnahmeregelungen nach Absatz 1 anwenden, übermitteln der Kommission die erforderlichen Begründungen.

Artikel 15 (Sonderbestimmungen für die Wahlen im Juni 1994)

Für die vierten Direktwahlen zum Europäischen Parlament gelten die folgenden Sonderbestimmungen:

a) Die Unionsbürger, die am 15. Februar 1994 bereits das aktive Wahlrecht im Wohnsitzmitgliedstaat haben und in diesem Mitgliedstaat in einem Wählerverzeichnis geführt werden, brauchen die in Artikel 9 vorgesehenen Formalitäten nicht zu erfüllen.

b) Die Mitgliedstaaten, in denen die Wählerverzeichnisse vor dem 15. Februar 1994 festgestellt worden sind, treffen die erforderlichen Maßnahmen, damit die aktiv Wahlberechtigten der Gemeinschaft, die dort ihr aktives Wahlrecht ausüben möchten, rechtzeitig vor dem Wahltag in die Wählerverzeichnisse eingetragen werden können.

c) Die Mitgliedstaaten, die kein spezielles Wählerverzeichnis erstellen, die aktiv Wahlberechtigten jedoch im Melderegister führen, und in denen keine Wahlpflicht besteht, können diese Regelung auch auf diejenigen aktiv Wahlberechtigten der Gemeinschaft anwenden, die in diesem Register geführt werden und die, nachdem sie persönlich von ihren Rechten in Kenntnis gesetzt worden sind, nicht erklärt haben, daß sie ihr Wahlrecht im Herkunftsmitgliedstaat ausüben wollen. Sie übermitteln den Behörden des Herkunftsmitgliedstaats das Dokument mit der Erklärung dieser aktiv Wahlberechtigten, daß sie ihr Wahlrecht im Wohnsitzmitgliedstaat ausüben wollen.

d) Die Mitgliedstaaten, in denen das Verfahren der Kandidatenaufstellung innerhalb der politischen Parteien oder Wählervereinigungen gesetzlich geregelt ist, können bestimmen, daß die Verfahren, die entsprechend diesen gesetzlichen Bestimmungen vor dem 1. Februar 1994 eingeleitet worden sind, und die auf dieser Grundlage getroffenen Entscheidungen gültig bleiben.

KAPITEL IV

SCHLUSSBESTIMMUNGEN

Artikel 16 (Berichterstattung der Kommission)

Die Kommission erstattet dem Europäischen Parlament und dem Rat vor dem 31. Dezember 1995 Bericht über die Anwendung dieser Richtlinie bei den Wahlen zum Europäischen Parlament im Juni 1994. Auf der Grundlage dieses Berichts kann der Rat auf Vorschlag der Kommission und nach Anhörung des Europäischen Parlaments einstimmig Bestimmungen zur Änderung dieser Richtlinie erlassen.

Artikel 17 (Umsetzungsfrist)

Die Mitgliedstaaten erlassen die erforderlichen Rechts- und Verwaltungsvorschriften, um dieser Richtlinie spätestens zum 1. Februar 1994 nachzukommen. Sie setzen die Kommission unverzüglich davon in Kenntnis.

Wenn die Mitgliedstaaten Vorschriften nach Absatz 1 erlassen, nehmen sie in den Vorschriften selbst oder durch einen Hinweis bei der amtlichen Veröffentlichung auf diese Richtlinie Bezug. Die Mitgliedstaaten regeln die Einzelheiten der Bezugnahme.

Artikel 18 (Inkrafttreten)

Diese Richtlinie tritt am Tag ihrer Veröffentlichung im *Amtsblatt der Europäischen Gemeinschaften* in Kraft.*

Artikel 19 (Adressaten der Richtlinie)

Diese Richtlinie ist an die Mitgliedstaaten gerichtet.

---

* Die Veröffentlichung erfolgte am 30. Dezember 1993.

424 Richtlinie 2000/43/EG des Rates vom 29. Juni 2000 zur Anwendung des Gleichbehandlungsgrundsatzes ohne Unterschied der Rasse oder der ethnischen Herkunft

(ABl. L 180 vom 19. 7. 2000 S. 22)

Inhaltsübersicht*

DER RAT DER EUROPÄISCHEN UNION –

gestützt auf den Vertrag zur Gründung der Europäischen Gemeinschaft, insbesondere auf Artikel 13,

auf Vorschlag der Kommission[1)],

nach Stellungnahme des Europäischen Parlaments[2)],

nach Stellungnahme des Wirtschafts- und Sozialausschusses[3)],

nach Stellungnahme des Ausschusses der Regionen[4)],

in Erwägung nachstehender Gründe:

(1) Der Vertrag über die Europäische Union markiert den Beginn einer neuen Etappe im Prozeß des immer engeren Zusammenwachsens der Völker Europas.

(2) Nach Artikel 6 des Vertrags über die Europäische Union beruht die Europäische Union auf den Grundsätzen der Freiheit, der Demokratie, der Achtung der Menschenrechte und Grundfreiheiten sowie der Rechtsstaatlichkeit; diese Grundsätze sind den Mitgliedstaaten gemeinsam. Nach Artikel 6 EU-Vertrag sollte die Union ferner die Grundrechte, wie sie in der Europäischen Konvention zum Schutze der Menschenrechte und Grundfreiheiten gewährleistet sind und wie sie sich aus den gemeinsamen Verfassungsüberlieferungen als allgemeine Grundsätze des Gemeinschaftsrechts ergeben, achten.

---

* Nicht amtlich.

1) Amtliche Fußnote: Noch nicht im Amtsblatt veröffentlicht.

2) Amtliche Fußnote: Stellungnahme vom 18. Mai 2000 (noch nicht im Amtsblatt veröffentlicht).

3) Amtliche Fußnote: Stellungnahme vom 12. April 2000 (noch nicht im Amtsblatt veröffentlicht).

4) Amtliche Fußnote: Stellungnahme vom 31. Mai 2000 (noch nicht im Amtsblatt veröffentlicht).

(3) Die Gleichheit vor dem Gesetz und der Schutz aller Menschen vor Diskriminierung ist ein allgemeines Menschenrecht. Dieses Recht wurde in der Allgemeinen Erklärung der Menschenrechte, im VN-Übereinkommen über die Beseitigung aller Formen der Diskriminierung von Frauen, im Internationalen Übereinkommen zur Beseitigung jeder Form von Rassendiskriminierung, im Internationalen Pakt der VN über bürgerliche und politische Rechte sowie im Internationalen Pakt der VN über wirtschaftliche, soziale und kulturelle Rechte und in der Europäischen Konvention zum Schutz der Menschenrechte und der Grundfreiheiten anerkannt, die von allen Mitgliedstaaten unterzeichnet wurden.

(4) Es ist wichtig, daß diese Grundrechte und Grundfreiheiten, einschließlich der Vereinigungsfreiheit, geachtet werden. Ferner ist es wichtig, daß im Zusammenhang mit dem Zugang zu und der Versorgung mit Gütern und Dienstleistungen der Schutz der Privatsphäre und des Familienlebens sowie der in diesem Kontext getätigten Geschäfte gewahrt bleibt.

(5) Das Europäische Parlament hat eine Reihe von Entschließungen zur Bekämpfung des Rassismus in der Europäischen Union angenommen.

(6) Die Europäische Union weist Theorien, mit denen versucht wird, die Existenz verschiedener menschlicher Rassen zu belegen, zurück. Die Verwendung des Begriffs „Rasse“ in dieser Richtlinie impliziert nicht die Akzeptanz solcher Theorien.

(7) Auf seiner Tagung in Tampere vom 15. und 16. Oktober 1999 ersuchte der Europäische Rat die Kommission, so bald wie möglich Vorschläge zur Durchführung des Artikels 13 EG-Vertrag im Hinblick auf die Bekämpfung von Rassismus und Fremdenfeindlichkeit vorzulegen.

(8) In den vom Europäischen Rat auf seiner Tagung vom 10. und 11. Dezember 1999 in Helsinki vereinbarten beschäftigungspolitischen Leitlinien für das Jahr 2000 wird die Notwendigkeit unterstrichen, günstigere Bedingungen für die Entstehung eines Arbeitsmarktes zu schaffen, der soziale Integration fördert; dies soll durch ein Bündel aufeinander abgestimmter Maßnahmen geschehen, die darauf abstellen, Diskriminierungen bestimmter gesellschaftlicher Gruppen, wie ethnischer Minderheiten, zu bekämpfen.

(9) Diskriminierungen aus Gründen der Rasse oder der ethnischen Herkunft können die Verwirklichung der im EG-Vertrag festgelegten Ziele unterminieren, insbesondere die Erreichung eines hohen Beschäftigungsniveaus und eines hohen Maßes an sozialem Schutz, die Hebung des Lebensstandards und der Lebensqualität, den wirtschaftlichen und sozialen Zusammenhalt sowie die Solidarität. Ferner kann das Ziel der Weiterentwicklung der Europäischen Union zu einem Raum der Freiheit, der Sicherheit und des Rechts beeinträchtigt werden.

(10) Die Kommission legte im Dezember 1995 eine Mitteilung über Rassismus, Fremdenfeindlichkeit und Antisemitismus vor.

(11) Der Rat hat am 15. Juli 1996 die Gemeinsame Maßnahme 96/443/JI zur Bekämpfung von Rassismus und Fremdenfeindlichkeit[1] angenommen, mit der sich die Mitgliedstaaten verpflichten, eine wirksame justitielle Zusammenarbeit bei Vergehen, die auf rassistischen oder fremdenfeindlichen Verhaltensweisen beruhen, zu gewährleisten.

---

1) Amtliche Fußnote: ABl. L 185 vom 24. 7. 1996, S. 5.

(12) Um die Entwicklung demokratischer und toleranter Gesellschaften zu gewährleisten, die allen Menschen – ohne Unterschied der Rasse oder der ethnischen Herkunft – eine Teilhabe ermöglichen, sollten spezifische Maßnahmen zur Bekämpfung von Diskriminierungen aus Gründen der Rasse oder der ethnischen Herkunft über die Gewährleistung des Zugangs zu unselbständiger und selbständiger Erwerbstätigkeit hinausgehen und auch Aspekte wie Bildung, Sozialschutz, einschließlich sozialer Sicherheit und der Gesundheitsdienste, soziale Vergünstigungen, Zugang zu und Versorgung mit Gütern und Dienstleistungen, mit abdecken.

(13) Daher sollte jede unmittelbare oder mittelbare Diskriminierung aus Gründen der Rasse oder der ethnischen Herkunft in den von der Richtlinie abgedeckten Bereichen gemeinschaftsweit untersagt werden. Dieses Diskriminierungsverbot sollte auch hinsichtlich Drittstaatsangehörigen angewandt werden, betrifft jedoch keine Ungleichbehandlungen aufgrund der Staatsangehörigkeit und läßt die Vorschriften über die Einreise und den Aufenthalt von Drittstaatsangehörigen und ihren Zugang zu Beschäftigung und Beruf unberührt.

(14) Bei der Anwendung des Grundsatzes der Gleichbehandlung ohne Ansehen der Rasse oder der ethnischen Herkunft sollte die Gemeinschaft im Einklang mit Artikel 3 Absatz 2 EG-Vertrag bemüht sein, Ungleichheiten zu beseitigen und die Gleichstellung von Männern und Frauen zu fördern, zumal Frauen häufig Opfer mehrfacher Diskriminierungen sind.

(15) Die Beurteilung von Tatbeständen, die auf eine unmittelbare oder mittelbare Diskriminierung schließen lassen, obliegt den einzelstaatlichen gerichtlichen Instanzen oder anderen zuständigen Stellen nach den nationalen Rechtsvorschriften oder Gepflogenheiten. In diesen einzelstaatlichen Vorschriften kann insbesondere vorgesehen sein, daß mittelbare Diskriminierung mit allen Mitteln, einschließlich statistischer Beweise, festzustellen ist.

(16) Es ist wichtig, alle natürlichen Personen gegen Diskriminierung aus Gründen der Rasse oder der ethnischen Herkunft zu schützen. Die Mitgliedstaaten sollten auch, soweit es angemessen ist und im Einklang mit ihren nationalen Gepflogenheiten und Verfahren steht, den Schutz juristischer Personen vorsehen, wenn diese aufgrund der Rasse oder der ethnischen Herkunft ihrer Mitglieder Diskriminierungen erleiden.

(17) Das Diskriminierungsverbot sollte nicht der Beibehaltung oder dem Erlaß von Maßnahmen entgegenstehen, mit denen bezweckt wird, Benachteiligungen von Angehörigen einer bestimmten Rasse oder ethnischen Gruppe zu verhindern oder auszugleichen, und diese Maßnahmen können Organisation von Personen einer bestimmten Rasse oder ethnischen Herkunft gestatten, wenn deren Zweck hauptsächlich darin besteht, für die besonderen Bedürfnisse dieser Personen einzutreten.

(18) Unter sehr begrenzten Bedingungen kann eine unterschiedliche Behandlung gerechtfertigt sein, wenn ein Merkmal, das mit der Rasse oder ethnischen Herkunft zusammenhängt, eine wesentliche und entscheidende berufliche Anforderung darstellt, sofern es sich um einen legitimen Zweck und eine angemessene Anforderung handelt. Diese Bedingungen sollten in die Informationen aufgenommen werden, die die Mitgliedstaaten der Kommission übermitteln.

(19) Opfer von Diskriminierungen aus Gründen der Rasse oder der ethnischen Herkunft sollten über einen angemessenen Rechtsschutz verfügen. Um einen effektiveren Schutz zu gewährleisten, sollte auch die Möglichkeit bestehen,

daß sich Verbände oder andere juristische Personen unbeschadet der nationalen Verfahrensordnung bezüglich der Vertretung und Verteidigung vor Gericht bei einem entsprechenden Beschluß der Mitgliedstaaten im Namen eines Opfers oder zu seiner Unterstützung an einem Verfahren beteiligen.

(20) Voraussetzungen für eine effektive Anwendung des Gleichheitsgrundsatzes sind ein angemessener Schutz vor Viktimisierung.

(21) Eine Änderung der Regeln für die Beweislastverteilung ist geboten, wenn ein glaubhafter Anschein einer Diskriminierung besteht. Zur wirksamen Anwendung des Gleichbehandlungsgrundsatzes ist eine Verlagerung der Beweislast auf die beklagte Partei erforderlich, wenn eine solche Diskriminierung nachgewiesen ist.

(22) Die Mitgliedstaaten können davon absehen, die Regeln für die Beweislastverteilung auf Verfahren anzuwenden, in denen die Ermittlung des Sachverhalts dem Gericht oder der zuständigen Stelle obliegt. Dies betrifft Verfahren, in denen die klagende Partei den Beweis des Sachverhalts, dessen Ermittlung dem Gericht oder der zuständigen Stelle obliegt, nicht anzutreten braucht.

(23) Die Mitgliedstaaten sollten den Dialog zwischen den Sozialpartnern und mit Nichtregierungsorganisationen fördern, mit dem Ziel, gegen die verschiedenen Formen von Diskriminierung anzugehen und diese zu bekämpfen.

(24) Der Schutz vor Diskriminierung aus Gründen der Rasse oder der ethnischen Herkunft würde verstärkt, wenn es in jedem Mitgliedstaat eine Stelle bzw. Stellen gäbe, die für die Analyse der mit Diskriminierungen verbundenen Probleme, die Prüfung möglicher Lösungen und die Bereitstellung konkreter Hilfsangebote an die Opfer zuständig wäre.

(25) In dieser Richtlinie werden Mindestanforderungen festgelegt; den Mitgliedstaaten steht es somit frei, günstigere Vorschriften beizubehalten oder einzuführen. Die Umsetzung der Richtlinie darf nicht als Rechtfertigung für eine Absenkung des in den Mitgliedstaaten bereits bestehenden Schutzniveaus benutzt werden.

(26) Die Mitgliedstaaten sollten wirksame, verhältnismäßige und abschreckende Sanktionen für den Fall vorsehen, daß gegen die aus der Richtlinie erwachsenden Verpflichtungen verstoßen wird.

(27) Die Mitgliedstaaten können den Sozialpartnern auf deren gemeinsamen Antrag die Durchführung der Bestimmungen dieser Richtlinie übertragen, die in den Anwendungsbereich von Tarifverträgen fallen, sofern sie alle erforderlichen Maßnahmen treffen, um jederzeit gewährleisten zu können, daß die durch diese Richtlinie vorgeschriebenen Ergebnisse erzielt werden.

(28) Entsprechend dem in Artikel 5 EG-Vertrag niedergelegten Subsidiaritäts- und Verhältnismäßigkeitsprinzip kann das Ziel dieser Richtlinie, nämlich ein einheitliches, hohes Niveau des Schutzes vor Diskriminierungen in allen Mitgliedstaaten zu gewährleisten, auf der Ebene der Mitgliedstaaten nicht ausreichend erreicht werden; es kann daher wegen des Umfangs und der Wirkung der vorgeschlagenen Maßnahme besser auf Gemeinschaftsebene verwirklicht werden. Diese Richtlinie geht nicht über das für die Erreichung dieser Ziele erforderliche Maß hinaus –

HAT FOLGENDE RICHTLINIE ERLASSEN:

Kapitel I
ALLGEMEINE BESTIMMUNGEN

Artikel 1 Zweck

Zweck dieser Richtlinie ist die Schaffung eines Rahmens zur Bekämpfung der Diskriminierung aufgrund der Rasse oder der ethnischen Herkunft im Hinblick auf die Verwirklichung des Grundsatzes der Gleichbehandlung in den Mitgliedstaaten.

Artikel 2 Der Begriff „Diskriminierung"

(1) Im Sinne dieser Richtlinie bedeutet „Gleichbehandlungsgrundsatz", daß es keine unmittelbare oder mittelbare Diskriminierung aus Gründen der Rasse oder der ethnischen Herkunft geben darf.

(2) Im Sinne von Absatz 1

a) liegt eine unmittelbare Diskriminierung vor, wenn eine Person aufgrund ihrer Rasse oder ethnischen Herkunft in einer vergleichbaren Situation eine weniger günstige Behandlung als eine andere Person erfährt, erfahren hat oder erfahren würde;

b) liegt eine mittelbare Diskriminierung vor, wenn dem Anschein nach neutrale Vorschriften, Kriterien oder Verfahren Personen, die einer Rasse oder ethnischen Gruppe angehören, in besonderer Weise benachteiligen können, es sei denn, die betreffenden Vorschriften, Kriterien oder Verfahren sind durch ein rechtmäßiges Ziel sachlich gerechtfertigt, und die Mittel sind zur Erreichung dieses Ziels angemessen und erforderlich.

(3) Unerwünschte Verhaltensweisen, die im Zusammenhang mit der Rasse oder der ethnischen Herkunft einer Person stehen und bezwecken oder bewirken, daß die Würde der betreffenden Person verletzt und ein von Einschüchterungen, Anfeindungen, Erniedrigungen, Entwürdigungen oder Beleidigungen gekennzeichnetes Umfeld geschaffen wird, sind Belästigungen, die als Diskriminierung im Sinne von Absatz 1 gelten. In diesem Zusammenhang können die Mitgliedstaaten den Begriff „Belästigung" im Einklang mit den einzelstaatlichen Rechtsvorschriften und Gepflogenheiten definieren.

(4) Die Anweisung zur Diskriminierung einer Person aus Gründen der Rasse oder der ethnischen Herkunft gilt als Diskriminierung im Sinne von Absatz 1.

Artikel 3 Geltungsbereich

(1) Im Rahmen der auf die Gemeinschaft übertragenen Zuständigkeiten gilt diese Richtlinie für alle Personen in öffentlichen und privaten Bereichen, einschließlich öffentlicher Stellen, in bezug auf:

a) die Bedingungen – einschließlich Auswahlkriterien und Einstellungsbedingungen – für den Zugang zu unselbständiger und selbständiger Erwerbstätigkeit, unabhängig von Tätigkeitsfeld und beruflicher Position, sowie für den beruflichen Aufstieg;

b) den Zugang zu allen Formen und allen Ebenen der Berufsberatung, der Berufsausbildung, der beruflichen Weiterbildung und der Umschulung einschließlich der praktischen Berufserfahrung;

c) die Beschäftigungs- und Arbeitsbedingungen, einschließlich Entlassungsbedingungen und Arbeitsentgelt;

d) die Mitgliedschaft und Mitwirkung in einer Arbeitnehmer- oder Arbeitgeberorganisation oder einer Organisation, deren Mitglieder einer bestimmten Berufsgruppe angehören, einschließlich der Innanspruchnahme der Leistungen solcher Organisationen;
e) den Sozialschutz, einschließlich der sozialen Sicherheit und der Gesundheitsdienste;
f) die sozialen Vergünstigungen;
g) die Bildung;
h) den Zugang zu und die Versorgung mit Gütern und Dienstleistungen, die der Öffentlichkeit zur Verfügung stehen, einschließlich von Wohnraum.

(2) Diese Richtlinie betrifft nicht unterschiedliche Behandlungen aus Gründen der Staatsangehörigkeit und berührt nicht die Vorschriften und Bedingungen für die Einreise von Staatsangehörigen dritter Staaten oder staatenlosen Personen in das Hoheitsgebiet der Mitgliedstaaten oder deren Aufenthalt in diesem Hoheitsgebiet sowie eine Behandlung, die sich aus der Rechtsstellung von Staatsangehörigen dritter Staaten oder staatenlosen Personen ergibt.

Artikel 4 Wesentliche und entscheidende berufliche Anforderungen

Ungeachtet des Artikels 2 Absätze 1 und 2 können die Mitgliedstaaten vorsehen, daß eine Ungleichbehandlung aufgrund eines mit der Rasse oder der ethnischen Herkunft zusammenhängenden Merkmals keine Diskriminierung darstellt, wenn das betreffende Merkmal aufgrund der Art einer bestimmten beruflichen Tätigkeit oder der Rahmenbedingungen ihrer Ausübung eine wesentliche und entscheidende berufliche Voraussetzung darstellt und sofern es sich um einen rechtmäßigen Zweck und eine angemessene Anforderung handelt.

Artikel 5 Positive Maßnahmen

Der Gleichbehandlungsgrundsatz hindert die Mitgliedstaaten nicht daran, zur Gewährleistung der vollen Gleichstellung in der Praxis spezifische Maßnahmen, mit denen Benachteiligungen aufgrund der Rasse oder ethnischen Herkunft verhindert oder ausgeglichen werden, beizubehalten oder zu beschließen.

Artikel 6 Mindestanforderungen

(1) Es bleibt den Mitgliedstaaten unbenommen, Vorschriften einzuführen oder beizubehalten, die im Hinblick auf die Wahrung des Gleichbehandlungsgrundsatzes günstiger als die in dieser Richtlinie vorgesehenen Vorschriften sind.

(2) Die Umsetzung dieser Richtlinie darf keinesfalls als Rechtfertigung für eine Absenkung des von den Mitgliedstaaten bereits garantierten Schutzniveaus in bezug auf Diskriminierungen in den von der Richtlinie abgedeckten Bereichen benutzt werden.

Kapitel II
RECHTSBEHELFE UND RECHTSDURCHSETZUNG

Artikel 7 Rechtsschutz

(1) Die Mitgliedstaaten stellen sicher, daß alle Personen, die sich durch die Nichtanwendung des Gleichbehandlungsgrundsatzes in ihren Rechten für ver-

letzt halten, ihre Ansprüche aus dieser Richtlinie auf dem Gerichts- und/oder Verwaltungsweg sowie, wenn die Mitgliedstaaten es für angezeigt halten, in Schlichtungsverfahren geltend machen können, selbst wenn das Verhältnis, während dessen die Diskriminierung vorgekommen sein soll, bereits beendet ist.

(2) Die Mitgliedstaaten stellen sicher, daß Verbände, Organisationen oder andere juristische Personen, die gemäß den in ihrem einzelstaatlichen Recht festgelegten Kriterien ein rechtmäßiges Interesse daran haben, für die Einhaltung der Bestimmungen dieser Richtlinie zu sorgen, sich entweder im Namen der beschwerten Person oder zu deren Unterstützung und mit deren Einwilligung an den in dieser Richtlinie zur Durchsetzung der Ansprüche vorgesehenen Gerichts- und/oder Verwaltungsverfahren beteiligen können.

(3) Die Absätze 1 und 2 lassen einzelstaatliche Regelungen über Fristen für die Rechtsverfolgung betreffend den Gleichbehandlungsgrundsatz unberührt.

Artikel 8 Beweislast

(1) Die Mitgliedstaaten ergreifen im Einklang mit ihrem nationalen Gerichtswesen die erforderlichen Maßnahmen, um zu gewährleisten, daß immer dann, wenn Personen, die sich durch die Nichtanwendung des Gleichbehandlungsgrundsatzes für verletzt halten und bei einem Gericht oder einer anderen zuständigen Stelle Tatsachen glaubhaft machen, die das Vorliegen einer unmittelbaren oder mittelbaren Diskriminierung vermuten lassen, es dem Beklagten obliegt zu beweisen, daß keine Verletzung des Gleichbehandlungsgrundsatzes vorgelegen hat.

(2) Absatz 1 läßt das Recht der Mitgliedstaaten, eine für den Kläger günstigere Beweislastregelung vorzusehen, unberührt.

(3) Absatz 1 gilt nicht für Strafverfahren.

(4) Die Absätze 1, 2 und 3 gelten auch für Verfahren gemäß Artikel 7 Absatz 2.

(5) Die Mitgliedstaaten können davon absehen, Absatz 1 auf Verfahren anzuwenden, in denen die Ermittlung des Sachverhalts dem Gericht oder der zuständigen Stelle obliegt.

Artikel 9 Viktimisierung

Die Mitgliedstaaten treffen im Rahmen ihrer nationalen Rechtsordnung die erforderlichen Maßnahmen, um den einzelnen vor Benachteiligungen zu schützen, die als Reaktion auf eine Beschwerde oder auf die Einleitung eines Verfahrens zur Durchsetzung des Gleichbehandlungsgrundsatzes erfolgen.

Artikel 10 Unterrichtung

Die Mitgliedstaaten tragen dafür Sorge, daß die gemäß dieser Richtlinie getroffenen Maßnahmen sowie die bereits geltenden einschlägigen Vorschriften allen Betroffenen in geeigneter Form in ihrem Hoheitsgebiet bekanntgemacht werden.

Artikel 11 Sozialer Dialog

(1) Die Mitgliedstaaten treffen im Einklang mit den nationalen Gepflogenheiten und Verfahren geeignete Maßnahmen zur Förderung des sozialen Dialogs zwischen Arbeitgebern und Arbeitnehmern, mit dem Ziel, die Verwirklichung des Gleichbehandlungsgrundsatzes durch Überwachung der betrieblichen Praxis,

durch Tarifverträge, Verhaltenskodizes, Forschungsarbeiten oder durch einen Austausch von Erfahrungen und bewährten Lösungen voranzubringen.

(2) Soweit vereinbar mit den nationalen Gepflogenheiten und Verfahren, fordern die Mitgliedstaaten Arbeitgeber und Arbeitnehmer ohne Eingriff in deren Autonomie auf, auf geeigneter Ebene Antidiskriminierungsvereinbarungen zu schließen, die die in Artikel 3 genannten Bereiche betreffen, soweit diese in den Verantwortungsbereich der Tarifparteien fallen. Die Vereinbarungen müssen den in dieser Richtlinie festgelegten Mindestanforderungen sowie den einschlägigen nationalen Durchführungsbestimmungen entsprechen.

Artikel 12 Dialog mit Nichtregierungsorganisationen

Die Mitgliedstaaten fördern den Dialog mit geeigneten Nichtregierungsorganisationen, die gemäß ihren nationalen Rechtsvorschriften und Gepflogenheiten ein rechtmäßiges Interesse daran haben, sich an der Bekämpfung von Diskriminierung aus Gründen der Rasse oder der ethnischen Herkunft zu beteiligen, um den Grundsatz der Gleichbehandlung zu fördern.

Kapitel III
MIT DER FÖRDERUNG DER GLEICHBEHANDLUNG BEFASSTE STELLEN

Artikel 13

(1) Jeder Mitgliedstaat bezeichnet eine oder mehrere Stellen, deren Aufgabe darin besteht, die Verwirklichung des Grundsatzes der Gleichbehandlung aller Personen ohne Diskriminierung aufgrund der Rasse oder der ethnischen Herkunft zu fördern. Diese Stellen können Teil einer Einrichtung sein, die auf nationaler Ebene für den Schutz der Menschenrechte oder der Rechte des einzelnen zuständig ist.

(2) Die Mitgliedstaaten stellen sicher, daß es zu den Zuständigkeiten dieser Stellen gehört,

- unbeschadet der Rechte der Opfer und der Verbände, der Organisationen oder anderer juristischer Personen nach Artikel 7 Absatz 2 die Opfer von Diskriminierungen auf unabhängige Weise dabei zu unterstützen, ihrer Beschwerde wegen Diskriminierung nachzugehen;
- unabhängige Untersuchungen zum Thema der Diskriminierung durchzuführen;
- unabhängige Berichte zu veröffentlichen und Empfehlungen zu allen Aspekten vorzulegen, die mit diesen Diskriminierungen in Zusammenhang stehen.

Kapitel IV
SCHLUSSBESTIMMUNGEN

Artikel 14 Einhaltung

Die Mitgliedstaaten treffen die erforderlichen Maßnahmen, um sicherzustellen,

a) daß sämtliche Rechts- und Verwaltungsvorschriften, die dem Gleichbehandlungsgrundsatz zuwiderlaufen, aufgehoben werden;

b) daß sämtliche mit dem Gleichbehandlungsgrundsatz nicht zu vereinbarenden Bestimmungen in Einzel- oder Kollektivverträgen oder -vereinbarungen, Betriebsordnungen, Statuten von Vereinigungen mit oder ohne Erwerbszweck sowie Statuten der freien Berufe und der Arbeitnehmer- und Arbeitgeberorganisationen für nichtig erklärt werden oder erklärt werden können oder geändert werden.

Artikel 15 Sanktionen

Die Mitgliedstaaten legen die Sanktionen fest, die bei einem Verstoß gegen die einzelstaatlichen Vorschriften zur Anwendung dieser Richtlinie zu verhängen sind, und treffen alle geeigneten Maßnahmen, um deren Durchsetzung zu gewährleisten. Die Sanktionen, die auch Schadenersatzleistungen an die Opfer umfassen können, müssen wirksam, verhältnismäßig und abschreckend sein. Die Mitgliedstaaten teilen der Kommission diese Bestimmungen bis zum 19. Juli 2003 mit und melden alle sie betreffenden Änderungen unverzüglich.

Artikel 16 Umsetzung

Die Mitgliedstaaten erlassen die erforderlichen Rechts- und Verwaltungsvorschriften, um dieser Richtlinie bis zum 19. Juli 2003 nachzukommen, oder können den Sozialpartnern auf deren gemeinsamen Antrag die Durchführung der Bestimmungen dieser Richtlinie übertragen, die in den Anwendungsbereich von Tarifverträgen fallen. In diesem Fall gewährleisten die Mitgliedstaaten, daß die Sozialpartner bis zum 19. Juli 2003 im Wege einer Vereinbarung die erforderlichen Maßnahmen getroffen haben; dabei haben die Mitgliedstaaten alle erforderlichen Maßnahmen zu treffen, um jederzeit gewährleisten zu können, daß die durch diese Richtlinie vorgeschriebenen Ergebnisse erzielt werden. Sie setzen die Kommission unverzüglich davon in Kenntnis.

Wenn die Mitgliedstaaten derartige Vorschriften erlassen, nehmen sie in den Vorschriften selbst oder durch einen Hinweis bei der amtlichen Veröffentlichung auf diese Richtlinie Bezug. Die Mitgliedstaaten regeln die Einzelheiten der Bezugnahme.

Artikel 17 Bericht

(1) Bis zum 19. Juli 2005 und in der Folge alle fünf Jahre übermitteln die Mitgliedstaaten der Kommission sämtliche Informationen, die diese für die Erstellung eines dem Europäischen Parlament und dem Rat vorzulegenden Berichts über die Anwendung dieser Richtlinie benötigt.

(2) Die Kommission berücksichtigt in ihrem Bericht in angemessener Weise die Ansichten der Europäischen Stelle zur Beobachtung von Rassismus und Fremdenfeindlichkeit sowie die Standpunkte der Sozialpartner und der einschlägigen Nichtregierungsorganisationen. Im Einklang mit dem Grundsatz der Berücksichtigung geschlechterspezifischer Fragen wird ferner in dem Bericht die Auswirkung der Maßnahmen auf Frauen und Männer bewertet. Unter Berücksichtigung der übermittelten Informationen enthält der Bericht gegebenenfalls auch Vorschläge für eine Änderung und Aktualisierung dieser Richtlinie.

Artikel 18 Inkrafttreten

Diese Richtlinie tritt am Tag ihrer Veröffentlichung im Amtsblatt der Europäischen Gemeinschaften in Kraft.

Seite 422

Artikel 19 Adressaten

Diese Richtlinie ist an die Mitgliedstaaten gerichtet.

425 Richtlinie 2000/78/EG des Rates vom 27. November 2000 zur Festlegung eines allgemeinen Rahmens für die Verwirklichung der Gleichbehandlung in Beschäftigung und Beruf

(ABl. L 303 vom 2. 12. 2000 S. 16)

Inhaltsübersicht*

DER RAT DER EUROPÄISCHEN UNION –

gestützt auf den Vertrag zur Gründung der Europäischen Gemeinschaft, insbesondere auf Artikel 13,

auf Vorschlag der Kommission[1)],

nach Stellungnahme des Europäischen Parlaments[2)],

nach Stellungnahme des Wirtschafts- und Sozialausschusses[3)],

nach Stellungnahme des Ausschusses der Regionen[4)],

in Erwägung nachstehender Gründe:

(1) Nach Artikel 6 Absatz 2 des Vertrags über die Europäische Union beruht die Europäische Union auf den Grundsätzen der Freiheit, der Demokratie, der Achtung der Menschenrechte und Grundfreiheiten sowie der Rechtsstaatlichkeit; diese Grundsätze sind allen Mitgliedstaaten gemeinsam. Die Union achtet die Grundrechte, wie sie in der Europäischen Konvention zum Schutze der Menschenrechte und Grundfreiheiten gewährleistet sind und wie sie sich aus den gemeinsamen Verfassungsüberlieferungen der Mitgliedstaaten als allgemeine Grundsätze des Gemeinschaftsrechts ergeben.

(2) Der Grundsatz der Gleichbehandlung von Männern und Frauen wurde in zahlreichen Rechtsakten der Gemeinschaft fest verankert, insbesondere in der Richtlinie 76/207/EWG des Rates vom 9. Februar 1976 zur Verwirkli-

---

* Nicht amtlich.

1) Amtliche Fußnote: ABl. C 177 E vom 27. 6. 2000, S. 42.

2) Amtliche Fußnote: Stellungnahme vom 12. Oktober 2000 (noch nicht im Amtsblatt veröffentlicht).

3) Amtliche Fußnote: ABl. C 204 vom 18. 7. 2000, S. 82.

4) Amtliche Fußnote: ABl. C 226 vom 8. 8. 2000, S. 1.

chung des Grundsatzes der Gleichbehandlung von Männern und Frauen hinsichtlich des Zugangs zur Beschäftigung, zur Berufsbildung und zum beruflichen Aufstieg sowie in Bezug auf die Arbeitsbedingungen[1].

(3) Bei der Anwendung des Grundsatzes der Gleichbehandlung ist die Gemeinschaft gemäß Artikel 3 Absatz 2 des EG-Vertrags bemüht, Ungleichheiten zu beseitigen und die Gleichstellung von Männern und Frauen zu fördern, zumal Frauen häufig Opfer mehrfacher Diskriminierung sind.

(4) Die Gleichheit aller Menschen vor dem Gesetz und der Schutz vor Diskriminierung ist ein allgemeines Menschenrecht; dieses Recht wurde in der Allgemeinen Erklärung der Menschenrechte, im VN-Übereinkommen zur Beseitigung aller Formen der Diskriminierung von Frauen, im Internationalen Pakt der VN über bürgerliche und politische Rechte, im Internationalen Pakt der VN über wirtschaftliche, soziale und kulturelle Rechte sowie in der Europäischen Konvention zum Schutze der Menschenrechte und Grundfreiheiten anerkannt, die von allen Mitgliedstaaten unterzeichnet wurden. Das Übereinkommen 111 der Internationalen Arbeitsorganisation untersagt Diskriminierungen in Beschäftigung und Beruf.

(5) Es ist wichtig, dass diese Grundrechte und Grundfreiheiten geachtet werden. Diese Richtlinie berührt nicht die Vereinigungsfreiheit, was das Recht jeder Person umfasst, zum Schutze ihrer Interessen Gewerkschaften zu gründen und Gewerkschaften beizutreten.

(6) In der Gemeinschaftscharta der sozialen Grundrechte der Arbeitnehmer wird anerkannt, wie wichtig die Bekämpfung jeder Art von Diskriminierung und geeignete Maßnahmen zur sozialen und wirtschaftlichen Eingliederung älterer Menschen und von Menschen mit Behinderung sind.

(7) Der EG-Vertrag nennt als eines der Ziele der Gemeinschaft die Förderung der Koordinierung der Beschäftigungspolitiken der Mitgliedstaaten. Zu diesem Zweck wurde in den EG-Vertrag ein neues Beschäftigungskapitel eingefügt, das die Grundlage bildet für die Entwicklung einer koordinierten Beschäftigungsstrategie und für die Förderung der Qualifizierung, Ausbildung und Anpassungsfähigkeit der Arbeitnehmer.

(8) In den vom Europäischen Rat auf seiner Tagung am 10. und 11. Dezember 1999 in Helsinki vereinbarten beschäftigungspolitischen Leitlinien für 2000 wird die Notwendigkeit unterstrichen, einen Arbeitsmarkt zu schaffen, der die soziale Eingliederung fördert, indem ein ganzes Bündel aufeinander abgestimmter Maßnahmen getroffen wird, die darauf abstellen, die Diskriminierung von benachteiligten Gruppen, wie den Menschen mit Behinderung, zu bekämpfen. Ferner wird betont, dass der Unterstützung älterer Arbeitnehmer mit dem Ziel der Erhöhung ihres Anteils an der Erwerbsbevölkerung besondere Aufmerksamkeit gebührt.

(9) Beschäftigung und Beruf sind Bereiche, die für die Gewährleistung gleicher Chancen für alle und für eine volle Teilhabe der Bürger am wirtschaftlichen, kulturellen und sozialen Leben sowie für die individuelle Entfaltung von entscheidender Bedeutung sind.

(10) Der Rat hat am 29. Juni 2000 die Richtlinie 2000/43/EG[2] zur Anwendung des Gleichbehandlungsgrundsatzes ohne Unterschied der Rasse oder der ethnischen Herkunft angenommen, die bereits einen Schutz vor solchen Diskriminierungen in Beschäftigung und Beruf gewährleistet.

---

1) Amtliche Fußnote: ABl. L 39 vom 14. 2. 1976, S. 40.

2) Amtliche Fußnote: ABl. L 180 vom 19. 7. 2000, S. 22.

(11) Diskriminierungen wegen der Religion oder der Weltanschauung, einer Behinderung, des Alters oder der sexuellen Ausrichtung können die Verwirklichung der im EG-Vertrag festgelegten Ziele unterminieren, insbesondere die Erreichung eines hohen Beschäftigungsniveaus und eines hohen Maßes an sozialem Schutz, die Hebung des Lebensstandards und der Lebensqualität, den wirtschaftlichen und sozialen Zusammenhalt, die Solidarität sowie die Freizügigkeit.

(12) Daher sollte jede unmittelbare oder mittelbare Diskriminierung wegen der Religion oder der Weltanschauung, einer Behinderung, des Alters oder der sexuellen Ausrichtung in den von der Richtlinie abgedeckten Bereichen gemeinschaftsweit untersagt werden. Dieses Diskriminierungsverbot sollte auch für Staatsangehörige dritter Länder gelten, betrifft jedoch nicht die Ungleichbehandlungen aus Gründen der Staatsangehörigkeit und lässt die Vorschriften über die Einreise und den Aufenthalt von Staatsangehörigen dritter Länder und ihren Zugang zu Beschäftigung und Beruf unberührt.

(13) Diese Richtlinie findet weder Anwendung auf die Sozialversicherungs- und Sozialschutzsysteme, deren Leistungen nicht einem Arbeitsentgelt in dem Sinne gleichgestellt werden, der diesem Begriff für die Anwendung des Artikels 141 des EG-Vertrags gegeben wurde, noch auf Vergütungen jeder Art seitens des Staates, die den Zugang zu einer Beschäftigung oder die Aufrechterhaltung eines Beschäftigungsverhältnisses zum Ziel haben.

(14) Diese Richtlinie berührt nicht die einzelstaatlichen Bestimmungen über die Festsetzung der Altersgrenzen für den Eintritt in den Ruhestand.

(15) Die Beurteilung von Tatbeständen, die auf eine unmittelbare oder mittelbare Diskriminierung schließen lassen, obliegt den einzelstaatlichen gerichtlichen Instanzen oder anderen zuständigen Stellen nach den einzelstaatlichen Rechtsvorschriften oder Gepflogenheiten; in diesen einzelstaatlichen Vorschriften kann insbesondere vorgesehen sein, dass mittelbare Diskriminierung mit allen Mitteln, einschließlich statistischer Beweise, festzustellen ist.

(16) Maßnahmen, die darauf abstellen, den Bedürfnissen von Menschen mit Behinderung am Arbeitsplatz Rechnung zu tragen, spielen eine wichtige Rolle bei der Bekämpfung von Diskriminierungen wegen einer Behinderung.

(17) Mit dieser Richtlinie wird unbeschadet der Verpflichtung, für Menschen mit Behinderung angemessene Vorkehrungen zu treffen, nicht die Einstellung, der berufliche Aufstieg, die Weiterbeschäftigung oder die Teilnahme an Aus- und Weiterbildungsmaßnahmen einer Person vorgeschrieben, wenn diese Person für die Erfüllung der wesentlichen Funktionen des Arbeitsplatzes oder zur Absolvierung einer bestimmten Ausbildung nicht kompetent, fähig oder verfügbar ist.

(18) Insbesondere darf mit dieser Richtlinie den Streitkräften sowie der Polizei, den Haftanstalten oder den Notfalldiensten unter Berücksichtigung des rechtmäßigen Ziels, die Einsatzbereitschaft dieser Dienste zu wahren, nicht zur Auflage gemacht werden, Personen einzustellen oder weiter zu beschäftigen, die nicht den jeweiligen Anforderungen entsprechen, um sämtliche Aufgaben zu erfüllen, die ihnen übertragen werden können.

(19) Ferner können die Mitgliedstaaten zur Sicherung der Schlagkraft ihrer Streitkräfte sich dafür entscheiden, dass die eine Behinderung und das Alter betreffenden Bestimmungen dieser Richtlinie auf alle Streitkräfte oder einen Teil ihrer Streitkräfte keine Anwendung finden. Die Mitgliedstaaten, die eine derartige Entscheidung treffen, müssen den Anwendungsbereich dieser Ausnahmeregelung festlegen.

(20) Es sollten geeignete Maßnahmen vorgesehen werden, d.h. wirksame und praktikable Maßnahmen, um den Arbeitsplatz der Behinderung entsprechend einzurichten, z.B. durch eine entsprechende Gestaltung der Räumlichkeiten oder eine Anpassung des Arbeitsgeräts, des Arbeitsrhythmus, der Aufgabenverteilung oder des Angebots an Ausbildungs- und Einarbeitungsmaßnahmen.

(21) Bei der Prüfung der Frage, ob diese Maßnahmen zu übermäßigen Belastungen führen, sollten insbesondere der mit ihnen verbundene finanzielle und sonstige Aufwand sowie die Größe, die finanziellen Ressourcen und der Gesamtumsatz der Organisation oder des Unternehmens und die Verfügbarkeit von öffentlichen Mitteln oder anderen Unterstützungsmöglichkeiten berücksichtigt werden.

(22) Diese Richtlinie lässt die einzelstaatlichen Rechtsvorschriften über den Familienstand und davon abhängige Leistungen unberührt.

(23) Unter sehr begrenzten Bedingungen kann eine unterschiedliche Behandlung gerechtfertigt sein, wenn ein Merkmal, das mit der Religion oder Weltanschauung, einer Behinderung, dem Alter oder der sexuellen Ausrichtung zusammenhängt, eine wesentliche und entscheidende berufliche Anforderung darstellt, sofern es sich um einen rechtmäßigen Zweck und eine angemessene Anforderung handelt. Diese Bedingungen sollten in die Informationen aufgenommen werden, die die Mitgliedstaaten der Kommission übermitteln.

(24) Die Europäische Union hat in ihrer der Schlussakte zum Vertrag von Amsterdam beigefügten Erklärung Nr. 11 zum Status der Kirchen und weltanschaulichen Gemeinschaften ausdrücklich anerkannt, dass sie den Status, den Kirchen und religiöse Vereinigungen oder Gemeinschaften in den Mitgliedstaaten nach deren Rechtsvorschriften genießen, achtet und ihn nicht beeinträchtigt und dass dies in gleicher Weise für den Status von weltanschaulichen Gemeinschaften gilt. Die Mitgliedstaaten können in dieser Hinsicht spezifische Bestimmungen über die wesentlichen, rechtmäßigen und gerechtfertigten beruflichen Anforderungen beibehalten oder vorsehen, die Voraussetzung für die Ausübung einer diesbezüglichen beruflichen Tätigkeit sein können.

(25) Das Verbot der Diskriminierung wegen des Alters stellt ein wesentliches Element zur Erreichung der Ziele der beschäftigungspolitischen Leitlinien und zur Förderung der Vielfalt im Bereich der Beschäftigung dar. Ungleichbehandlungen wegen des Alters können unter bestimmten Umständen jedoch gerechtfertigt sein und erfordern daher besondere Bestimmungen, die je nach der Situation der Mitgliedstaaten unterschiedlich sein können. Es ist daher unbedingt zu unterscheiden zwischen einer Ungleichbehandlung, die insbesondere durch rechtmäßige Ziele im Bereich der Beschäftigungspolitik, des Arbeitsmarktes und der beruflichen Bildung gerechtfertigt ist, und einer Diskriminierung, die zu verbieten ist.

(26) Das Diskriminierungsverbot sollte nicht der Beibehaltung oder dem Erlass von Maßnahmen entgegenstehen, mit denen bezweckt wird, Benachteiligungen von Personen mit einer bestimmten Religion oder Weltanschauung, einer bestimmten Behinderung, einem bestimmten Alter oder einer bestimmten sexuellen Ausrichtung zu verhindern oder auszugleichen, und diese Maßnahmen können die Einrichtung und Beibehaltung von Organisationen von Personen mit einer bestimmten Religion oder Weltanschauung, einer bestimmten Behinderung, einem bestimmten Alter oder einer bestimmten se-

xuellen Ausrichtung zulassen, wenn deren Zweck hauptsächlich darin besteht, die besonderen Bedürfnisse dieser Personen zu fördern.

(27) Der Rat hat in seiner Empfehlung 86/379/EWG vom 24. Juli 1986[1] zur Beschäftigung von Behinderten in der Gemeinschaft einen Orientierungsrahmen festgelegt, der Beispiele für positive Aktionen für die Beschäftigung und Berufsbildung von Menschen mit Behinderung anführt; in seiner Entschließung vom 17. Juni 1999 betreffend gleiche Beschäftigungschancen für behinderte Menschen[2] hat er bekräftigt, dass es wichtig ist, insbesondere der Einstellung, der Aufrechterhaltung des Beschäftigungsverhältnisses sowie der beruflichen Bildung und dem lebensbegleitenden Lernen von Menschen mit Behinderung besondere Aufmerksamkeit zu widmen.

(28) In dieser Richtlinie werden Mindestanforderungen festgelegt; es steht den Mitgliedstaaten somit frei, günstigere Vorschriften einzuführen oder beizubehalten. Die Umsetzung dieser Richtlinie darf nicht eine Absenkung des in den Mitgliedstaaten bereits bestehenden Schutzniveaus rechtfertigen.

(29) Opfer von Diskriminierungen wegen der Religion oder Weltanschauung, einer Behinderung, des Alters oder der sexuellen Ausrichtung sollten über einen angemessenen Rechtsschutz verfügen. Um einen effektiveren Schutz zu gewährleisten, sollte auch die Möglichkeit bestehen, dass sich Verbände oder andere juristische Personen unbeschadet der nationalen Verfahrensordnung bezüglich der Vertretung und Verteidigung vor Gericht bei einem entsprechenden Beschluss der Mitgliedstaaten im Namen eines Opfers oder zu seiner Unterstützung an einem Verfahren beteiligen.

(30) Die effektive Anwendung des Gleichheitsgrundsatzes erfordert einen angemessenen Schutz vor Viktimisierung.

(31) Eine Änderung der Regeln für die Beweislast ist geboten, wenn ein glaubhafter Anschein einer Diskriminierung besteht. Zur wirksamen Anwendung des Gleichbehandlungsgrundsatzes ist eine Verlagerung der Beweislast auf die beklagte Partei erforderlich, wenn eine solche Diskriminierung nachgewiesen ist. Allerdings obliegt es dem Beklagten nicht, nachzuweisen, dass der Kläger einer bestimmten Religion angehört, eine bestimmte Weltanschauung hat, eine bestimmte Behinderung aufweist, ein bestimmtes Alter oder eine bestimmte sexuelle Ausrichtung hat.

(32) Die Mitgliedstaaten können davon absehen, die Regeln für die Beweislastverteilung auf Verfahren anzuwenden, in denen die Ermittlung des Sachverhalts dem Gericht oder der zuständigen Stelle obliegt. Dies betrifft Verfahren, in denen die klagende Partei den Beweis des Sachverhalts, dessen Ermittlung dem Gericht oder der zuständigen Stelle obliegt, nicht anzutreten braucht.

(33) Die Mitgliedstaaten sollten den Dialog zwischen den Sozialpartnern und im Rahmen der einzelstaatlichen Gepflogenheiten mit Nichtregierungsorganisationen mit dem Ziel fördern, gegen die verschiedenen Formen von Diskriminierung am Arbeitsplatz anzugehen und diese zu bekämpfen.

(34) In Anbetracht der Notwendigkeit, den Frieden und die Aussöhnung zwischen den wichtigsten Gemeinschaften in Nordirland zu fördern, sollten in diese Richtlinie besondere Bestimmungen aufgenommen werden.

---

1) Amtliche Fußnote: ABl. L 225 vom 12. 8. 1986, S. 43.
2) Amtliche Fußnote: ABl. C 186 vom 2. 7. 1999, S. 3.

(35) Die Mitgliedstaaten sollten wirksame, verhältnismäßige und abschreckende Sanktionen für den Fall vorsehen, dass gegen die aus dieser Richtlinie erwachsenden Verpflichtungen verstoßen wird.

(36) Die Mitgliedstaaten können den Sozialpartnern auf deren gemeinsamen Antrag die Durchführung der Bestimmungen dieser Richtlinie übertragen, die in den Anwendungsbereich von Tarifverträgen fallen, sofern sie alle erforderlichen Maßnahmen treffen, um jederzeit gewährleisten zu können, dass die durch diese Richtlinie vorgeschriebenen Ergebnisse erzielt werden.

(37) Im Einklang mit dem Subsidiaritätsprinzip nach Artikel 5 des EG-Vertrags kann das Ziel dieser Richtlinie, nämlich die Schaffung gleicher Ausgangsbedingungen in der Gemeinschaft bezüglich der Gleichbehandlung in Beschäftigung und Beruf, auf der Ebene der Mitgliedstaaten nicht ausreichend erreicht werden und kann daher wegen des Umfangs und der Wirkung der Maßnahme besser auf Gemeinschaftsebene verwirklicht werden. Im Einklang mit dem Verhältnismäßigkeitsprinzip nach jenem Artikel geht diese Richtlinie nicht über das für die Erreichung dieses Ziels erforderliche Maß hinaus –

HAT FOLGENDE RICHTLINIE ERLASSEN:

Kapitel I

ALLGEMEINE BESTIMMUNGEN

Artikel 1 Zweck

Zweck dieser Richtlinie ist die Schaffung eines allgemeinen Rahmens zur Bekämpfung der Diskriminierung wegen der Religion oder der Weltanschauung, einer Behinderung, des Alters oder der sexuellen Ausrichtung in Beschäftigung und Beruf im Hinblick auf die Verwirklichung des Grundsatzes der Gleichbehandlung in den Mitgliedstaaten.

Artikel 2 Der Begriff „Diskriminierung"

(1) Im Sinne dieser Richtlinie bedeutet „Gleichbehandlungsgrundsatz", dass es keine unmittelbare oder mittelbare Diskriminierung wegen eines der in Artikel 1 genannten Gründe geben darf.

(2) Im Sinne des Absatzes 1

a) liegt eine unmittelbare Diskriminierung vor, wenn eine Person wegen eines der in Artikel 1 genannten Gründe in einer vergleichbaren Situation eine weniger günstige Behandlung erfährt, als eine andere Person erfährt, erfahren hat oder erfahren würde;

b) liegt eine mittelbare Diskriminierung vor, wenn dem Anschein nach neutrale Vorschriften, Kriterien oder Verfahren Personen mit einer bestimmten Religion oder Weltanschauung, einer bestimmten Behinderung, eines bestimmten Alters oder mit einer bestimmten sexuellen Ausrichtung gegenüber anderen Personen in besonderer Weise benachteiligen können, es sei denn:

   i) diese Vorschriften, Kriterien oder Verfahren sind durch ein rechtmäßiges Ziel sachlich gerechtfertigt, und die Mittel sind zur Erreichung dieses Ziels angemessen und erforderlich, oder

   ii) der Arbeitgeber oder jede Person oder Organisation, auf die diese Richtlinie Anwendung findet, ist im Falle von Personen mit einer bestimmten Behinderung aufgrund des einzelstaatlichen Rechts verpflichtet, geeignete

Maßnahmen entsprechend den in Artikel 5 enthaltenen Grundsätzen vorzusehen, um die sich durch diese Vorschrift, dieses Kriterium oder dieses Verfahren ergebenden Nachteile zu beseitigen.

(3) Unerwünschte Verhaltensweisen, die mit einem der Gründe nach Artikel 1 in Zusammenhang stehen und bezwecken oder bewirken, dass die Würde der betreffenden Person verletzt und ein von Einschüchterungen, Anfeindungen, Erniedrigungen, Entwürdigungen oder Beleidigungen gekennzeichnetes Umfeld geschaffen wird, sind Belästigungen, die als Diskriminierung im Sinne von Absatz 1 gelten. In diesem Zusammenhang können die Mitgliedstaaten den Begriff „Belästigung" im Einklang mit den einzelstaatlichen Rechtsvorschriften und Gepflogenheiten definieren.

(4) Die Anweisung zur Diskriminierung einer Person wegen eines der Gründe nach Artikel 1 gilt als Diskriminierung im Sinne des Absatzes 1.

(5) Diese Richtlinie berührt nicht die im einzelstaatlichen Recht vorgesehenen Maßnahmen, die in einer demokratischen Gesellschaft für die Gewährleistung der öffentlichen Sicherheit, die Verteidigung der Ordnung und die Verhütung von Straftaten, zum Schutz der Gesundheit und zum Schutz der Rechte und Freiheiten anderer notwendig sind.

Artikel 3 Geltungsbereich

(1) Im Rahmen der auf die Gemeinschaft übertragenen Zuständigkeiten gilt diese Richtlinie für alle Personen in öffentlichen und privaten Bereichen, einschließlich öffentlicher Stellen, in Bezug auf

a) die Bedingungen – einschließlich Auswahlkriterien und Einstellungsbedingungen – für den Zugang zu unselbständiger und selbständiger Erwerbstätigkeit, unabhängig von Tätigkeitsfeld und beruflicher Position, einschließlich des beruflichen Aufstiegs;

b) den Zugang zu allen Formen und allen Ebenen der Berufsberatung, der Berufsausbildung, der beruflichen Weiterbildung und der Umschulung, einschließlich der praktischen Berufserfahrung;

c) die Beschäftigungs- und Arbeitsbedingungen, einschließlich der Entlassungsbedingungen und des Arbeitsentgelts;

d) die Mitgliedschaft und Mitwirkung in einer Arbeitnehmer- oder Arbeitgeberorganisation oder einer Organisation, deren Mitglieder einer bestimmten Berufsgruppe angehören, einschließlich der Inanspruchnahme der Leistungen solcher Organisationen.

(2) Diese Richtlinie betrifft nicht unterschiedliche Behandlungen aus Gründen der Staatsangehörigkeit und berührt nicht die Vorschriften und Bedingungen für die Einreise von Staatsangehörigen dritter Länder oder staatenlosen Personen in das Hoheitsgebiet der Mitgliedstaaten oder deren Aufenthalt in diesem Hoheitsgebiet sowie eine Behandlung, die sich aus der Rechtsstellung von Staatsangehörigen dritter Länder oder staatenlosen Personen ergibt.

(3) Diese Richtlinie gilt nicht für Leistungen jeder Art seitens der staatlichen Systeme oder der damit gleichgestellten Systeme einschließlich der staatlichen Systeme der sozialen Sicherheit oder des sozialen Schutzes.

(4) Die Mitgliedstaaten können vorsehen, dass diese Richtlinie hinsichtlich von Diskriminierungen wegen einer Behinderung und des Alters nicht für die Streitkräfte gilt.

Artikel 4 Berufliche Anforderungen

(1) Ungeachtet des Artikels 2 Absätze 1 und 2 können die Mitgliedstaaten vorsehen, dass eine Ungleichbehandlung wegen eines Merkmals, das im Zusammenhang mit einem der in Artikel 1 genannten Diskriminierungsgründe steht, keine Diskriminierung darstellt, wenn das betreffende Merkmal aufgrund der Art einer bestimmten beruflichen Tätigkeit oder der Bedingungen ihrer Ausübung eine wesentliche und entscheidende berufliche Anforderung darstellt, sofern es sich um einen rechtmäßigen Zweck und eine angemessene Anforderung handelt.

(2) Die Mitgliedstaaten können in Bezug auf berufliche Tätigkeiten innerhalb von Kirchen und anderen öffentlichen oder privaten Organisationen, deren Ethos auf religiösen Grundsätzen oder Weltanschauungen beruht, Bestimmungen in ihren zum Zeitpunkt der Annahme dieser Richtlinie geltenden Rechtsvorschriften beibehalten oder in künftigen Rechtsvorschriften Bestimmungen vorsehen, die zum Zeitpunkt der Annahme dieser Richtlinie bestehende einzelstaatliche Gepflogenheiten widerspiegeln und wonach eine Ungleichbehandlung wegen der Religion oder Weltanschauung einer Person keine Diskriminierung darstellt, wenn die Religion oder die Weltanschauung dieser Person nach der Art dieser Tätigkeiten oder der Umstände ihrer Ausübung eine wesentliche, rechtmäßige und gerechtfertigte berufliche Anforderung angesichts des Ethos der Organisation darstellt. Eine solche Ungleichbehandlung muss die verfassungsrechtlichen Bestimmungen und Grundsätze der Mitgliedstaaten sowie die allgemeinen Grundsätze des Gemeinschaftsrechts beachten und rechtfertigt keine Diskriminierung aus einem anderen Grund.

Sofern die Bestimmungen dieser Richtlinie im übrigen eingehalten werden, können die Kirchen und anderen öffentlichen oder privaten Organisationen, deren Ethos auf religiösen Grundsätzen oder Weltanschauungen beruht, im Einklang mit den einzelstaatlichen verfassungsrechtlichen Bestimmungen und Rechtsvorschriften von den für sie arbeitenden Personen verlangen, dass sie sich loyal und aufrichtig im Sinne des Ethos der Organisation verhalten.

Artikel 5 Angemessene Vorkehrungen für Menschen mit Behinderung

Um die Anwendung des Gleichbehandlungsgrundsatzes auf Menschen mit Behinderung zu gewährleisten, sind angemessene Vorkehrungen zu treffen. Das bedeutet, dass der Arbeitgeber die geeigneten und im konkreten Fall erforderlichen Maßnahmen ergreift, um den Menschen mit Behinderung den Zugang zur Beschäftigung, die Ausübung eines Berufes, den beruflichen Aufstieg und die Teilnahme an Aus- und Weiterbildungsmaßnahmen zu ermöglichen, es sei denn, diese Maßnahmen würden den Arbeitgeber unverhältnismäßig belasten. Diese Belastung ist nicht unverhältnismäßig, wenn sie durch geltende Maßnahmen im Rahmen der Behindertenpolitik des Mitgliedstaates ausreichend kompensiert wird.

Artikel 6 Gerechtfertigte Ungleichbehandlung wegen des Alters

(1) Ungeachtet des Artikels 2 Absatz 2 können die Mitgliedstaaten vorsehen, dass Ungleichbehandlungen wegen des Alters keine Diskriminierung darstellen, sofern sie objektiv und angemessen sind und im Rahmen des nationalen Rechts durch ein legitimes Ziel, worunter insbesondere rechtmäßige Ziele aus den Bereichen Beschäftigungspolitik, Arbeitsmarkt und berufliche Bildung zu verstehen sind, gerechtfertigt sind und die Mittel zur Erreichung dieses Ziels angemessen und erforderlich sind.

Derartige Ungleichbehandlungen können insbesondere Folgendes einschließen:

a) die Festlegung besonderer Bedingungen für den Zugang zur Beschäftigung und zur beruflichen Bildung sowie besonderer Beschäftigungs- und Arbeitsbedingungen, einschließlich der Bedingungen für Entlassung und Entlohnung, um die berufliche Eingliederung von Jugendlichen, älteren Arbeitnehmern und Personen mit Fürsorgepflichten zu fördern oder ihren Schutz sicherzustellen;
b) die Festlegung von Mindestanforderungen an das Alter, die Berufserfahrung oder das Dienstalter für den Zugang zur Beschäftigung oder für bestimmte mit der Beschäftigung verbundene Vorteile;
c) die Festsetzung eines Höchstalters für die Einstellung aufgrund der spezifischen Ausbildungsanforderungen eines bestimmten Arbeitsplatzes oder aufgrund der Notwendigkeit einer angemessenen Beschäftigungszeit vor dem Eintritt in den Ruhestand.

(2) Ungeachtet des Artikels 2 Absatz 2 können die Mitgliedstaaten vorsehen, dass bei den betrieblichen Systemen der sozialen Sicherheit die Festsetzung von Altersgrenzen als Voraussetzung für die Mitgliedschaft oder den Bezug von Altersrente oder von Leistungen bei Invalidität einschließlich der Festsetzung unterschiedlicher Altersgrenzen im Rahmen dieser Systeme für bestimmte Beschäftigte oder Gruppen bzw. Kategorien von Beschäftigten und die Verwendung im Rahmen dieser Systeme von Alterskriterien für versicherungsmathematische Berechnungen keine Diskriminierung wegen des Alters darstellt, solange dies nicht zu Diskriminierungen wegen des Geschlechts führt.

Artikel 7 Positive und spezifische Maßnahmen

(1) Der Gleichbehandlungsgrundsatz hindert die Mitgliedstaaten nicht daran, zur Gewährleistung der völligen Gleichstellung im Berufsleben spezifische Maßnahmen beizubehalten oder einzuführen, mit denen Benachteiligungen wegen eines in Artikel 1 genannten Diskriminierungsgrunds verhindert oder ausgeglichen werden.

(2) Im Falle von Menschen mit Behinderung steht der Gleichbehandlungsgrundsatz weder dem Recht der Mitgliedstaaten entgegen, Bestimmungen zum Schutz der Gesundheit und der Sicherheit am Arbeitsplatz beizubehalten oder zu erlassen, noch steht er Maßnahmen entgegen, mit denen Bestimmungen oder Vorkehrungen eingeführt oder beibehalten werden sollen, die einer Eingliederung von Menschen mit Behinderung in die Arbeitswelt dienen oder diese Eingliederung fördern.

Artikel 8 Mindestanforderungen

(1) Die Mitgliedstaaten können Vorschriften einführen oder beibehalten, die im Hinblick auf die Wahrung des Gleichbehandlungsgrundsatzes günstiger als die in dieser Richtlinie vorgesehenen Vorschriften sind.

(2) Die Umsetzung dieser Richtlinie darf keinesfalls als Rechtfertigung für eine Absenkung des von den Mitgliedstaaten bereits garantierten allgemeinen Schutzniveaus in Bezug auf Diskriminierungen in den von der Richtlinie abgedeckten Bereichen benutzt werden.

Kapitel II
RECHTSBEHELFE UND RECHTSDURCHSETZUNG

Artikel 9 Rechtsschutz

(1) Die Mitgliedstaaten stellen sicher, dass alle Personen, die sich durch die Nichtanwendung des Gleichbehandlungsgrundsatzes in ihren Rechten für verletzt halten, ihre Ansprüche aus dieser Richtlinie auf dem Gerichts- und/oder Verwaltungsweg sowie, wenn die Mitgliedstaaten es für angezeigt halten, in Schlichtungsverfahren geltend machen können, selbst wenn das Verhältnis, während dessen die Diskriminierung vorgekommen sein soll, bereits beendet ist.

(2) Die Mitgliedstaaten stellen sicher, dass Verbände, Organisationen oder andere juristische Personen, die gemäß den in ihrem einzelstaatlichen Recht festgelegten Kriterien ein rechtmäßiges Interesse daran haben, für die Einhaltung der Bestimmungen dieser Richtlinie zu sorgen, sich entweder im Namen der beschwerten Person oder zu deren Unterstützung und mit deren Einwilligung an den in dieser Richtlinie zur Durchsetzung der Ansprüche vorgesehenen Gerichts- und/oder Verwaltungsverfahren beteiligen können.

(3) Die Absätze 1 und 2 lassen einzelstaatliche Regelungen über Fristen für die Rechtsverfolgung betreffend den Gleichbehandlungsgrundsatz unberührt.

Artikel 10 Beweislast

(1) Die Mitgliedstaaten ergreifen im Einklang mit ihrem nationalen Gerichtswesen die erforderlichen Maßnahmen, um zu gewährleisten, dass immer dann, wenn Personen, die sich durch die Nichtanwendung des Gleichbehandlungsgrundsatzes für verletzt halten und bei einem Gericht oder einer anderen zuständigen Stelle Tatsachen glaubhaft machen, die das Vorliegen einer unmittelbaren oder mittelbaren Diskriminierung vermuten lassen, es dem Beklagten obliegt zu beweisen, dass keine Verletzung des Gleichbehandlungsgrundsatzes vorgelegen hat.

(2) Absatz 1 lässt das Recht der Mitgliedstaaten, eine für den Kläger günstigere Beweislastregelung vorzusehen, unberührt.

(3) Absatz 1 gilt nicht für Strafverfahren.

(4) Die Absätze 1, 2 und 3 gelten auch für Verfahren gemäß Artikel 9 Absatz 2.

(5) Die Mitgliedstaaten können davon absehen, Absatz 1 auf Verfahren anzuwenden, in denen die Ermittlung des Sachverhalts dem Gericht oder der zuständigen Stelle obliegt.

Artikel 11 Viktimisierung

Die Mitgliedstaaten treffen im Rahmen ihrer nationalen Rechtsordnung die erforderlichen Maßnahmen, um die Arbeitnehmer vor Entlassung oder anderen Benachteiligungen durch den Arbeitgeber zu schützen, die als Reaktion auf eine Beschwerde innerhalb des betreffenden Unternehmens oder auf die Einleitung eines Verfahrens zur Durchsetzung des Gleichbehandlungsgrundsatzes erfolgen.

Artikel 12 Unterrichtung

Die Mitgliedstaaten tragen dafür Sorge, dass die gemäß dieser Richtlinie getroffenen Maßnahmen sowie die bereits geltenden einschlägigen Vorschriften allen Betroffenen in geeigneter Form, zum Beispiel am Arbeitsplatz, in ihrem Hoheitsgebiet bekannt gemacht werden.

Artikel 13 Sozialer Dialog

(1) Die Mitgliedstaaten treffen im Einklang mit den einzelstaatlichen Gepflogenheiten und Verfahren geeignete Maßnahmen zur Förderung des sozialen Dialogs zwischen Arbeitgebern und Arbeitnehmern mit dem Ziel, die Verwirklichung des Gleichbehandlungsgrundsatzes durch Überwachung der betrieblichen Praxis, durch Tarifverträge, Verhaltenskodizes, Forschungsarbeiten oder durch einen Austausch von Erfahrungen und bewährten Verfahren, voranzubringen.

(2) Soweit vereinbar mit den einzelstaatlichen Gepflogenheiten und Verfahren, fordern die Mitgliedstaaten Arbeitgeber und Arbeitnehmer ohne Eingriff in deren Autonomie auf, auf geeigneter Ebene Antidiskriminierungsvereinbarungen zu schließen, die die in Artikel 3 genannten Bereiche betreffen, soweit diese in den Verantwortungsbereich der Tarifparteien fallen. Die Vereinbarungen müssen den in dieser Richtlinie sowie den in den einschlägigen nationalen Durchführungsbestimmungen festgelegten Mindestanforderungen entsprechen.

Artikel 14 Dialog mit Nichtregierungsorganisationen

Die Mitgliedstaaten fördern den Dialog mit den jeweiligen Nichtregierungsorganisationen, die gemäß den einzelstaatlichen Rechtsvorschriften und Gepflogenheiten ein rechtmäßiges Interesse daran haben, sich an der Bekämpfung von Diskriminierung wegen eines der in Artikel 1 genannten Gründe zu beteiligen, um die Einhaltung des Grundsatzes der Gleichbehandlung zu fördern.

Kapitel III
BESONDERE BESTIMMUNGEN

Artikel 15 Nordirland

(1) Angesichts des Problems, dass eine der wichtigsten Religionsgemeinschaften Nordirlands im dortigen Polizeidienst unterrepräsentiert ist, gilt die unterschiedliche Behandlung bei der Einstellung der Bediensteten dieses Dienstes – auch von Hilfspersonal – nicht als Diskriminierung, sofern diese unterschiedliche Behandlung gemäß den einzelstaatlichen Rechtsvorschriften ausdrücklich gestattet ist.

(2) Um eine Ausgewogenheit der Beschäftigungsmöglichkeiten für Lehrkräfte in Nordirland zu gewährleisten und zugleich einen Beitrag zur Überwindung der historischen Gegensätze zwischen den wichtigsten Religionsgemeinschaften Nordirlands zu leisten, finden die Bestimmungen dieser Richtlinie über Religion oder Weltanschauung keine Anwendung auf die Einstellung von Lehrkräften in Schulen Nordirlands, sofern dies gemäß den einzelstaatlichen Rechtsvorschriften ausdrücklich gestattet ist.

Kapitel IV
SCHLUSSBESTIMMUNGEN

Artikel 16 Einhaltung

Die Mitgliedstaaten treffen die erforderlichen Maßnahmen, um sicherzustellen, dass

a) die Rechts- und Verwaltungsvorschriften, die dem Gleichbehandlungsgrundsatz zuwiderlaufen, aufgehoben werden;
b) die mit dem Gleichbehandlungsgrundsatz nicht zu vereinbarenden Bestimmungen in Arbeits- und Tarifverträgen, Betriebsordnungen und Statuten der freien Berufe und der Arbeitgeber- und Arbeitnehmerorganisationen für nichtig erklärt werden oder erklärt werden können oder geändert werden.

Artikel 17 Sanktionen

Die Mitgliedstaaten legen die Sanktionen fest, die bei einem Verstoß gegen die einzelstaatlichen Vorschriften zur Anwendung dieser Richtlinie zu verhängen sind, und treffen alle erforderlichen Maßnahmen, um deren Durchführung zu gewährleisten. Die Sanktionen, die auch Schadenersatzleistungen an die Opfer umfassen können, müssen wirksam, verhältnismäßig und abschreckend sein. Die Mitgliedstaaten teilen diese Bestimmungen der Kommission spätestens am 2. Dezember 2003 mit und melden alle sie betreffenden späteren Änderungen unverzüglich.

Artikel 18 Umsetzung der Richtlinie

Die Mitgliedstaaten erlassen die erforderlichen Rechts- und Verwaltungsvorschriften, um dieser Richtlinie spätestens zum 2. Dezember 2003 nachzukommen, oder können den Sozialpartnern auf deren gemeinsamen Antrag die Durchführung der Bestimmungen dieser Richtlinie übertragen, die in den Anwendungsbereich von Tarifverträgen fallen. In diesem Fall gewährleisten die Mitgliedstaaten, dass die Sozialpartner spätestens zum 2. Dezember 2003 im Weg einer Vereinbarung die erforderlichen Maßnahmen getroffen haben; dabei haben die Mitgliedstaaten alle erforderlichen Maßnahmen zu treffen, um jederzeit gewährleisten zu können, dass die durch diese Richtlinie vorgeschriebenen Ergebnisse erzielt werden. Sie setzen die Kommission unverzüglich davon in Kenntnis.

Um besonderen Bedingungen Rechnung zu tragen, können die Mitgliedstaaten erforderlichenfalls eine Zusatzfrist von drei Jahren ab dem 2. Dezember 2003, d.h. insgesamt sechs Jahre, in Anspruch nehmen, um die Bestimmungen dieser Richtlinie über die Diskriminierung wegen des Alters und einer Behinderung umzusetzen. In diesem Fall setzen sie die Kommission unverzüglich davon in Kenntnis. Ein Mitgliedstaat, der die Inanspruchnahme dieser Zusatzfrist beschließt, erstattet der Kommission jährlich Bericht über die von ihm ergriffenen Maßnahmen zur Bekämpfung der Diskriminierung wegen des Alters und einer Behinderung und über die Fortschritte, die bei der Umsetzung der Richtlinie erzielt werden konnten. Die Kommission erstattet dem Rat jährlich Bericht.

Wenn die Mitgliedstaaten derartige Vorschriften erlassen, nehmen sie in den Vorschriften selbst oder durch einen Hinweis bei der amtlichen Veröffentlichung auf diese Richtlinie Bezug. Die Mitgliedstaaten regeln die Einzelheiten der Bezugnahme.

Artikel 19 Bericht

(1) Bis zum 2. Dezember 2005 und in der Folge alle fünf Jahre übermitteln die Mitgliedstaaten der Kommission sämtliche Informationen, die diese für die Erstellung eines dem Europäischen Parlament und dem Rat vorzulegenden Berichts über die Anwendung dieser Richtlinie benötigt.

(2) Die Kommission berücksichtigt in ihrem Bericht in angemessener Weise die Standpunkte der Sozialpartner und der einschlägigen Nichtregierungsorgani-

sationen. Im Einklang mit dem Grundsatz der systematischen Berücksichtigung geschlechterspezifischer Fragen wird ferner in dem Bericht die Auswirkung der Maßnahmen auf Frauen und Männer bewertet. Unter Berücksichtigung der übermittelten Informationen enthält der Bericht erforderlichenfalls auch Vorschläge für eine Änderung und Aktualisierung dieser Richtlinie.

Artikel 20 Inkrafttreten

Diese Richtlinie tritt am Tag ihrer Veröffentlichung im Amtsblatt der Europäischen Gemeinschaften in Kraft.

Artikel 21 Adressaten

Diese Richtlinie ist an die Mitgliedstaaten gerichtet.

43 Freizügigkeit

431 Verordnung (EU) Nr. 492/2011 des Europäischen Parlaments und des Rates vom 5. April 2011 über die Freizügigkeit der Arbeitnehmer innerhalb der Union

(ABl. L 141 vom 27. 5. 2011 S. 1), geändert durch Verordnung (EU) 2016/589 des Europäischen Parlaments und des Rates vom 13. April 2016 (ABl. L 107 vom 22. 4. 2016 S. 1)

Inhaltsübersicht*

* Nicht amtlich.

DAS EUROPÄISCHE PARLAMENT UND DER RAT DER EUROPÄISCHEN UNION –

gestützt auf den Vertrag über die Arbeitsweise der Europäischen Union, insbesondere auf Artikel 46,

auf Vorschlag der Europäischen Kommission,

nach Zuleitung des Entwurfs des Gesetzgebungsakts an die nationalen Parlamente,

nach Stellungnahme des Europäischen Wirtschafts- und Sozialausschusses[1],

gemäß dem ordentlichen Gesetzgebungsverfahren[2],

in Erwägung nachstehender Gründe:

(1) Die Verordnung (EWG) Nr. 1612/68 des Rates vom 15. Oktober 1968 über die Freizügigkeit der Arbeitnehmer innerhalb der Gemeinschaft[3] wurde mehrfach und erheblich geändert[4]. *Aus Gründen der Klarheit und der Übersichtlichkeit empfiehlt es sich, die genannte Verordnung zu kodifizieren.

---

1) Amtliche Fußnote: ABl. C 44 vom 11. 2. 2011, S. 170.

2) Amtliche Fußnote: Standpunkt des Europäischen Parlaments vom 7. September 2010 (noch nicht im Amtsblatt veröffentlicht) und Beschluss des Rates vom 21. März 2011.

3) Amtliche Fußnote: ABl. L 257 vom 19. 10. 1968, S. 2.

4) Amtliche Fußnote: Siehe Anhang I.

* Die Verordnung (EWG) Nr. 1612/68 wurde aufgehoben (vgl. Art. 41 der vorliegenden Verordnung.

(2) Die Freizügigkeit der Arbeitnehmer muss innerhalb der Union gewährleistet sein. Dies schließt die Abschaffung jeder auf der Staatsangehörigkeit beruhenden unterschiedlichen Behandlung der Arbeitnehmer der Mitgliedstaaten in Bezug auf Beschäftigung, Entlohnung und sonstige Arbeitsbedingungen ein sowie das Recht für diese Arbeitnehmer, sich vorbehaltlich der aus Gründen der öffentlichen Ordnung, Sicherheit und Gesundheit gerechtfertigten Beschränkungen innerhalb der Union zur Ausübung einer Beschäftigung im Lohn- oder Gehaltsverhältnis frei zu bewegen.

(3) Es sollten Bestimmungen festgelegt werden, mit denen die in den Artikeln 45 und 46 des Vertrags über die Arbeitsweise der Europäischen Union auf dem Gebiet der Freizügigkeit festgelegten Ziele erreicht werden können.

(4) Die Freizügigkeit ist ein Grundrecht der Arbeitnehmer und ihrer Familien. Die Mobilität der Arbeitskräfte innerhalb der Union soll für den Arbeitnehmer eines der Mittel sein, die ihm die Möglichkeit einer Verbesserung der Lebens- und Arbeitsbedingungen garantieren und damit auch seinen sozialen Aufstieg erleichtern, wobei gleichzeitig der Bedarf der Wirtschaft der Mitgliedstaaten befriedigt wird. Allen Arbeitnehmern der Mitgliedstaaten sollte das Recht zuerkannt werden, eine von ihnen gewählte Tätigkeit innerhalb der Union auszuüben.

(5) Dieses Recht sollte gleichermaßen Dauerarbeitnehmern, Saisonarbeitern, Grenzarbeitnehmern oder Arbeitnehmern zustehen, die ihre Tätigkeit im Zusammenhang mit einer Dienstleistung ausüben.

(6) Damit das Recht auf Freizügigkeit nach objektiven Maßstäben in Freiheit und Menschenwürde wahrgenommen werden kann, muss sich die Gleichbehandlung tatsächlich und rechtlich auf alles erstrecken, was mit der eigentlichen Ausübung einer Tätigkeit im Lohn- oder Gehaltsverhältnis und mit der Beschaffung einer Wohnung im Zusammenhang steht; ferner müssen alle Hindernisse beseitigt werden, die sich der Mobilität der Arbeitnehmer entgegenstellen, insbesondere in Bezug auf die Bedingungen für die Integration der Familie des Arbeitnehmers im Aufnahmeland.

(7) Das Prinzip der Gleichbehandlung aller Arbeitnehmer der Union schließt ein, dass sämtlichen Staatsangehörigen der Mitgliedstaaten der gleiche Vorrang beim Zugang zu einer Beschäftigung zuerkannt wird wie den inländischen Arbeitnehmern.

(8) Die Zusammenführungs- und Ausgleichsverfahren und zwar insbesondere durch das Mittel der unmittelbaren Zusammenarbeit zwischen den zentralen Dienststellen wie auch den regionalen Dienststellen der Arbeitsverwaltungen sowie durch eine koordinierte Information gewährleisten ganz allgemein eine bessere Transparenz des Arbeitsmarktes. Die wanderungswilligen Arbeitnehmer sollten regelmäßig über die Lebens- und Arbeitsbedingungen unterrichtet werden.

(9) Zwischen der Freizügigkeit der Arbeitnehmer, der Beschäftigung und der Berufsausbildung, insbesondere soweit diese zum Ziel hat, die Arbeitnehmer in die Lage zu versetzen, sich auf konkrete Stellenangebote hin zu bewerben, die in anderen Gebieten der Union veröffentlicht worden sind, besteht ein enger Zusammenhang. Infolgedessen ist es notwendig, die Probleme, die sich in dieser Hinsicht stellen, nicht mehr getrennt, sondern in ihrer wechselseitigen Abhängigkeit zu prüfen und hierbei zugleich die Arbeitsmarktprobleme auf regionaler Ebene zu berücksichtigen. Es ist daher erforderlich, dass sich die Mitgliedstaaten bemühen, ihre Beschäftigungspolitik zu koordinieren –

HABEN FOLGENDE VERORDNUNG ERLASSEN:

KAPITEL I
DIE BESCHÄFTIGUNG, DIE GLEICHBEHANDLUNG UND DIE FAMILIENANGEHÖRIGEN DER ARBEITNEHMER

ABSCHNITT 1
Zugang zur Beschäftigung

Artikel 1 (Freiheit der Berufswahl und Berufsausübung)

(1) Jeder Staatsangehörige eines Mitgliedstaats ist ungeachtet seines Wohnorts berechtigt, eine Tätigkeit im Lohn- oder Gehaltsverhältnis im Hoheitsgebiet eines anderen Mitgliedstaats nach den für die Arbeitnehmer dieses Staates geltenden Rechts- und Verwaltungsvorschriften aufzunehmen und auszuüben.

(2) Er hat insbesondere im Hoheitsgebiet eines anderen Mitgliedstaats mit dem gleichen Vorrang Anspruch auf Zugang zu den verfügbaren Stellen wie die Staatsangehörigen dieses Staates.

Artikel 2 (Ausschluss von Diskriminierungen gegenüber Beschäftigten und Arbeitgeber)

Jeder Staatsangehörige eines Mitgliedstaats und jeder Arbeitgeber, der eine Tätigkeit im Hoheitsgebiet eines Mitgliedstaats ausübt, können nach den geltenden Rechts- und Verwaltungsvorschriften ihre Stellenangebote und Arbeitsgesuche austauschen sowie Arbeitsverträge schließen und erfüllen, ohne dass sich Diskriminierungen daraus ergeben dürfen.

Artikel 3 (Nichtanwendung von nationalen freizügigkeitsbeschränkenden Vorschriften)

(1) Die folgenden Rechts- und Verwaltungsvorschriften oder Verwaltungspraktiken eines Mitgliedstaats finden im Rahmen dieser Verordnung keine Anwendung:

a) Vorschriften, die das Stellenangebot und das Arbeitsgesuch, den Zugang zur Beschäftigung und deren Ausübung durch Ausländer einschränken oder von Bedingungen abhängig machen, die für Inländer nicht gelten; oder

b) Vorschriften, die, ohne auf die Staatsangehörigkeit abzustellen, ausschließlich oder hauptsächlich bezwecken oder bewirken, dass Angehörige der übrigen Mitgliedstaaten von der angebotenen Stelle ferngehalten werden.

Unterabsatz 1 gilt nicht für Bedingungen, welche die in Anbetracht der Besonderheit der zu vergebenden Stelle erforderlichen Sprachkenntnisse betreffen.

(2) Zu den in Absatz 1 Unterabsatz 1 genannten Vorschriften oder Praktiken gehören insbesondere solche, die in einem Mitgliedstaat

a) ein besonderes Verfahren für die Anwerbung ausländischer Arbeitnehmer zwingend vorschreiben;

b) die Veröffentlichung eines Stellenangebots durch die Presse oder durch irgendwelche anderen Wege einschränken oder von anderen als den Bedingungen abhängig machen, die für den Arbeitgeber, der seine Tätigkeit im Hoheitsgebiet dieses Staates ausübt, gelten;

c) den Zugang zur Beschäftigung von Bedingungen abhängig machen, die sich auf die Einschreibung beim Arbeitsamt beziehen, oder die namentliche Anwerbung eines Arbeitnehmers hindern, soweit dadurch Personen betroffen sind, die nicht im Hoheitsgebiet dieses Mitgliedstaats wohnen.

Artikel 4 (Verbot der Quotierung von Arbeitnehmern und deren Gleichstellung)

(1) Rechts- und Verwaltungsvorschriften der Mitgliedstaaten, durch welche die Beschäftigung von ausländischen Arbeitnehmern zahlen- oder anteilmäßig nach Unternehmen, Wirtschaftszweigen, Gebieten oder im gesamten Hoheitsgebiet beschränkt wird, finden auf Staatsangehörige der übrigen Mitgliedstaaten keine Anwendung.

(2) Wenn in einem Mitgliedstaat für Unternehmen vorgesehene Vergünstigungen von der Beschäftigung eines bestimmten Hundertsatzes von inländischen Arbeitnehmern abhängig gemacht werden, werden Staatsangehörige der anderen Mitgliedstaaten vorbehaltlich der Richtlinie 2005/36/EG des Europäischen Parlaments und des Rates vom 7. September 2005 über die Anerkennung von Berufsqualifikationen[1)/*] als inländische Arbeitnehmer gezählt.

Artikel 5 (Gleiche Hilfe für alle Arbeitssuchenden)

Ein Staatsangehöriger eines Mitgliedstaats, der im Hoheitsgebiet eines anderen Mitgliedstaats eine Beschäftigung sucht, erhält dort die gleiche Hilfe, wie sie die Arbeitsämter dieses Staates den eigenen Staatsangehörigen gewähren, die eine Beschäftigung suchen.

Artikel 6 (Gleicher Maßstab für alle Arbeitnehmer hinsichtlich des Gesundheitszustandes, des Berufes oder sonstiger Anforderungen; Voraussetzung der Prüfung beruflicher Fähigkeiten)

(1) Wird ein Staatsangehöriger eines Mitgliedstaats in einem anderen Mitgliedstaat eingestellt oder für eine Beschäftigung angeworben, so darf bei ihm hinsichtlich des Gesundheitszustands, des Berufes oder sonstiger Anforderungen aufgrund der Staatsangehörigkeit kein anderer Maßstab angelegt werden als bei den Arbeitnehmern, die Staatsangehörige des anderen Mitgliedstaats sind und die gleiche Beschäftigung ausüben wollen.

(2) Besitzt ein Staatsangehöriger eines Mitgliedstaats ein auf seinen Namen lautendes Stellenangebot eines Arbeitgebers aus einem anderen Mitgliedstaat als dem Staat, dessen Staatsangehöriger er ist, so darf er auf seine beruflichen Fähigkeiten hin geprüft werden, wenn der Arbeitgeber eine solche Prüfung bei Abgabe seines Stellenangebots ausdrücklich verlangt.

ABSCHNITT 2

Ausübung der Beschäftigung und Gleichbehandlung

Artikel 7 (Statusrechtliche Gleichbehandlung aller Arbeitnehmer; Nichtigkeit diskriminierender Bestimmungen)

(1) Ein Arbeitnehmer, der Staatsangehöriger eines Mitgliedstaats ist, darf aufgrund seiner Staatsangehörigkeit im Hoheitsgebiet der anderen Mitgliedstaaten hinsichtlich der Beschäftigungs- und Arbeitsbedingungen, insbesondere im Hinblick auf Entlohnung, Kündigung und, falls er arbeitslos geworden ist, im Hin-

1) Amtliche Fußnote: ABl. L 255 vom 30. 9. 2005, S. 22.
* Abgedruckt unter Nr. 447.

blick auf berufliche Wiedereingliederung oder Wiedereinstellung, nicht anders behandelt werden als die inländischen Arbeitnehmer.

(2) Er genießt dort die gleichen sozialen und steuerlichen Vergünstigungen wie die inländischen Arbeitnehmer.

(3) Er kann mit dem gleichen Recht und unter den gleichen Bedingungen wie die inländischen Arbeitnehmer Berufsschulen und Umschulungszentren in Anspruch nehmen.

(4) Alle Bestimmungen in Tarif- oder Einzelarbeitsverträgen oder sonstigen Kollektivvereinbarungen betreffend Zugang zur Beschäftigung, Entlohnung und sonstige Arbeits- und Kündigungsbedingungen sind von Rechts wegen nichtig, soweit sie für Arbeitnehmer, die Staatsangehörige anderer Mitgliedstaaten sind, diskriminierende Bedingungen vorsehen oder zulassen.

Artikel 8 (Gleichbehandlung bei Ausübung gewerkschaftlicher Betätigung)

Ein Arbeitnehmer, der die Staatsangehörigkeit eines Mitgliedstaats besitzt und im Hoheitsgebiet eines anderen Mitgliedstaats beschäftigt ist, hat Anspruch auf gleiche Behandlung hinsichtlich der Zugehörigkeit zu Gewerkschaften und der Ausübung gewerkschaftlicher Rechte, einschließlich des Wahlrechts sowie des Zugangs zur Verwaltung oder Leitung von Gewerkschaften. Er kann von der Teilnahme an der Verwaltung von Körperschaften des öffentlichen Rechts und der Ausübung eines öffentlich-rechtlichen Amtes ausgeschlossen werden. Er hat ferner das Recht auf Wählbarkeit zu den Organen der Arbeitnehmervertretungen in den Betrieben.

Absatz 1 berührt nicht die Rechts- und Verwaltungsvorschriften, durch die in einigen Mitgliedstaaten weitergehende Rechte an Arbeitnehmer aus anderen Mitgliedstaaten eingeräumt werden.

Artikel 9 (Gleiches Recht an Wohnraum einschließlich des Eigentumserwerbs)

(1) Arbeitnehmer, die die Staatsangehörigkeit eines Mitgliedstaats besitzen und im Hoheitsgebiet eines anderen Mitgliedstaats beschäftigt sind, genießen hinsichtlich einer Wohnung, einschließlich der Erlangung des Eigentums an der von ihnen benötigten Wohnung, alle Rechte und Vergünstigungen wie inländische Arbeitnehmer.

(2) Die Arbeitnehmer gemäß Absatz 1 können sich mit dem gleichen Recht wie die inländischen Arbeitnehmer in dem Gebiet, in dem sie beschäftigt sind, in die Listen der Wohnungssuchenden einschreiben, wo solche geführt werden, und so die gleichen Vergünstigungen und den gleichen Rang erlangen.

Ihre im Herkunftsland verbliebene Familie wird zu diesem Zweck als in diesem Gebiet wohnend betrachtet, soweit auch für inländische Arbeitnehmer eine entsprechende Vermutung gilt.

ABSCHNITT 3

Familienangehörige der Arbeitnehmer

Artikel 10 (Gleicher Anspruch der Kinder von Arbeitnehmern auf Teilnahme an der Schul- und Berufsausbildung)

Die Kinder eines Staatsangehörigen eines Mitgliedstaats, der im Hoheitsgebiet eines anderen Mitgliedstaats beschäftigt ist oder beschäftigt gewesen ist, können, wenn sie im Hoheitsgebiet dieses Mitgliedstaats wohnen, unter den gleichen Bedingungen wie die Staatsangehörigen dieses Mitgliedstaats am allgemeinen Unterricht sowie an der Lehrlings- und Berufsausbildung teilnehmen.

Die Mitgliedstaaten fördern die Bemühungen, durch die diesen Kindern ermöglicht werden soll, unter den besten Voraussetzungen am Unterricht teilzunehmen.

KAPITEL II
ZUSAMMENFÜHRUNG UND AUSGLEICH VON STELLENANGEBOTEN UND ARBEITSGESUCHEN

ABSCHNITT 1
Zusammenarbeit zwischen den Mitgliedstaaten und mit der Kommission

Artikel 11 und 12 *(weggefallen)*

ABSCHNITT 2
Ausgleichsverfahren

Artikel 13 bis 16 *(weggefallen)*

ABSCHNITT 3
Regulierende Maßnahmen zur Förderung des Gleichgewichts auf dem Arbeitsmarkt

Art. 17 *(weggefallen)*

ABSCHNITT 4
Das Europäische Koordinierungsbüro

Artikel 18 bis 20 *(weggefallen)*

KAPITEL III
ORGANE ZUR HERBEIFÜHRUNG EINER ENGEN ZUSAMMENARBEIT ZWISCHEN DEN MITGLIEDSTAATEN AUF DEM GEBIET DER FREIZÜGIGKEIT UND DER BESCHÄFTIGUNG DER ARBEITNEHMER

ABSCHNITT 1
Der Beratende Ausschuss

Artikel 21 (Beauftragung des Beratenden Ausschusses zur Unterstützung der Kommission)

Der Beratende Ausschuss ist beauftragt, die Kommission bei der Prüfung der Fragen zu unterstützen, die sich aus der Anwendung des Vertrags über die Arbeitsweise der Europäischen Union und der zu seiner Durchführung getroffenen Maßnahmen auf dem Gebiet der Freizügigkeit und der Beschäftigung der Arbeitnehmer ergeben.

Artikel 22 (Untersuchungs- und Prüfungsaufgaben des Beratenden Ausschusses und seine Zusammenarbeit mit der Kommission)

Der Beratende Ausschuss ist insbesondere beauftragt,

a) die Probleme der Freizügigkeit und der Beschäftigung im Rahmen der einzelstaatlichen Arbeitsmarktpolitik im Hinblick auf eine Koordinierung der Beschäftigungspolitik der Mitgliedstaaten auf Unionsebene zu prüfen, die zu einem weiteren Ausbau der Volkswirtschaften sowie zu einer ausgeglicheneren Arbeitsmarktlage beitragen soll;

b) allgemein die Auswirkungen der Durchführung dieser Verordnung und etwaiger ergänzender Bestimmungen zu untersuchen;

c) der Kommission gegebenenfalls mit Gründen versehene Vorschläge zur Änderung dieser Verordnung vorzulegen;

d) auf Ersuchen der Kommission oder von sich aus mit Gründen versehene Stellungnahmen zu allgemeinen oder grundsätzlichen Fragen abzugeben, insbesondere zum Informationsaustausch betreffend die Entwicklung auf dem Arbeitsmarkt, zur Zu- und Abwanderung von Arbeitnehmern zwischen den Mitgliedstaaten, zu den Programmen oder Maßnahmen, die geeignet sind, die Berufsberatung und die Berufsausbildung im Interesse einer größeren Freizügigkeit und besserer Beschäftigungsmöglichkeiten zu fördern, sowie zu jeder Form der Betreuung der Arbeitnehmer und ihrer Familienangehörigen, einschließlich der sozialen Betreuung und der Unterbringung der Arbeitnehmer.

Artikel 23 (Zusammensetzung des Beratenden Ausschusses)

(1) Der Beratende Ausschuss besteht aus sechs Mitgliedern je Mitgliedstaat, und zwar zwei Regierungsvertretern, zwei Vertretern der Arbeitnehmerverbände und zwei Vertretern der Arbeitgeberverbände.

(2) Für jede der in Absatz 1 bezeichneten Gruppen wird ein Stellvertreter je Mitgliedstaat ernannt.

(3) Die Amtszeit der Mitglieder und der Stellvertreter beträgt zwei Jahre. Ihre Wiederernennung ist zulässig.

Nach Ablauf der Amtszeit bleiben die Mitglieder und die Stellvertreter im Amt, bis ihre Ersetzung oder ihre Wiederernennung vollzogen ist.

Artikel 24 (Ernennung der Mitglieder und Stellvertreter des Beratenden Ausschusses)

Die Mitglieder des Beratenden Ausschusses und ihre Stellvertreter werden vom Rat ernannt, der sich bei der Auswahl der Vertreter der Arbeitnehmer- und Arbeitgeberverbände um eine angemessene Vertretung der verschiedenen in Betracht kommenden Wirtschaftsbereiche bemüht.

Die Liste der Mitglieder und der Stellvertreter wird vom Rat im *Amtsblatt der Europäischen Union* zur Unterrichtung veröffentlicht.

Artikel 25 (Vorsitz und Durchführung der Sitzungen im Beratenden Ausschuss)

Den Vorsitz im Beratenden Ausschuss führt ein Mitglied der Kommission oder dessen Vertreter. Der Vorsitz nimmt an der Abstimmung nicht teil. Der Ausschuss tritt mindestens zweimal im Jahr zusammen. Er wird von seinem Vorsitz auf eigene Veranlassung oder auf Antrag von mindestens einem Drittel der Mitglieder einberufen.

Die Sekretariatsgeschäfte werden von den Dienststellen der Kommission wahrgenommen.

Artikel 26 (Mitwirkung von Beobachtern, Sachverständigen und Fachberatern bei Sitzungen)

Der Vorsitz kann Personen oder Vertreter von Einrichtungen, die über umfassende Erfahrungen auf dem Gebiet der Beschäftigung und dem Gebiet der Zu- und Abwanderung von Arbeitnehmern verfügen, als Beobachter oder Sachverständige zu den Sitzungen einladen. Er kann Fachberater hinzuziehen.

Artikel 27 (Beschlussfähigkeit und erforderliche Mehrheiten bei Abstimmungen)

(1) Der Beratende Ausschuss ist beschlussfähig, wenn zwei Drittel seiner Mitglieder anwesend sind.

(2) Die Stellungnahmen sind mit Gründen zu versehen; sie werden mit der absoluten Mehrheit der gültig abgegebenen Stimmen beschlossen; ihnen ist eine Darstellung der Auffassungen der Minderheit beizufügen, wenn diese es beantragt.

Artikel 28 (Geschäftsordnung des Beratenden Ausschusses)

Der Beratende Ausschuss legt seine Arbeitsmethoden in einer Geschäftsordnung fest, die in Kraft tritt, wenn der Rat sie nach Stellungnahme der Kommission genehmigt hat. Die vom Beratenden Ausschuss eventuell beschlossenen Änderungen treten nach dem gleichen Verfahren in Kraft.

ABSCHNITT 2

Der Fachausschuss

Artikel 29 (Beauftragung des Fachausschusses zur Unterstützung der Kommission)

Der Fachausschuss ist beauftragt, die Kommission bei der Vorbereitung, der Förderung und der laufenden Beobachtung der Ergebnisse aller technischen Arbeiten und Maßnahmen zur Durchführung dieser Verordnung und etwaiger ergänzender Bestimmungen zu unterstützen.

Artikel 30 (Aufgabenbeschreibung des Fachausschusses)

Der Fachausschuss ist insbesondere beauftragt,

a) die Zusammenarbeit zwischen den betreffenden Verwaltungen der Mitgliedstaaten in allen fachlichen Fragen, die die Freizügigkeit und die Beschäftigung der Arbeitnehmer betreffen, zu fördern und zu vervollkommnen;

b) Verfahren für die organisatorische Durchführung der gemeinsamen Tätigkeit der betreffenden Verwaltungen auszuarbeiten;

c) die Zusammenstellung zweckdienlicher Auskünfte für die Kommission und die Durchführung der in dieser Verordnung vorgesehenen Untersuchungen und Ermittlungen zu erleichtern, sowie den Informations- und Erfahrungsaustausch zwischen den betreffenden Verwaltungen zu fördern;

d) in technischer Hinsicht zu prüfen, wie die Kriterien, nach denen die Mitgliedstaaten die Lage auf ihrem Arbeitsmarkt beurteilen, einander angeglichen werden können.

Artikel 31 (Zusammensetzung der Mitglieder des Fachausschusses und deren Stellvertreter)

(1) Der Fachausschuss besteht aus Regierungsvertretern der Mitgliedstaaten. Jede Regierung ernennt als Mitglied des Fachausschusses eines der Mitglieder, die sie im Beratenden Ausschuss vertreten.

(2) Jede Regierung ernennt einen Stellvertreter aus dem Kreis der übrigen Regierungsvertreter, die dem Beratenden Ausschuss als Mitglieder oder Stellvertreter angehören.

Artikel 32 (Vorsitz und Sekretariatsgeschäfte im Fachausschuss)

Den Vorsitz im Fachausschuss führt ein Mitglied der Kommission oder dessen Vertreter. Der Vorsitzende nimmt an der Abstimmung nicht teil. Der Vorsitzende und die Mitglieder des Ausschusses können Fachberater hinzuziehen.

Die Sekretariatsgeschäfte werden von den Dienststellen der Kommission wahrgenommen.

Artikel 33 (Weiterleitung der Vorschläge und Stellungnahmen des Fachausschusses an Kommission und Beratenden Ausschuss)

Die vom Fachausschuss ausgearbeiteten Vorschläge und Stellungnahmen werden der Kommission zugeleitet und dem Beratenden Ausschuss zur Kenntnis gebracht. Diesen Vorschlägen und Stellungnahmen ist eine Darstellung der Auffassungen der einzelnen Mitglieder des Fachausschusses beigefügt, wenn diese es beantragen.

Artikel 34 (Geschäftsordnung des Fachausschusses)

Der Fachausschuss legt seine Arbeitsmethoden in einer Geschäftsordnung fest, die in Kraft tritt, wenn der Rat sie nach Stellungnahme der Kommission genehmigt hat. Die vom Fachausschuss eventuell beschlossenen Änderungen treten nach dem gleichen Verfahren in Kraft.

KAPITEL IV

SCHLUSSBESTIMMUNGEN

Artikel 35 (Weitere Anwendung der geltenden Geschäftsordnungen)

Die am 8. November 1968 geltenden Geschäftsordnungen des Beratenden Ausschusses und des Fachausschusses werden weiter angewandt.

Artikel 36 (Verhältnis dieser Verordnung zu Bestimmungen in EAG, AEUV und in bestimmten Abkommen mit außereuropäischen Staaten)

(1) Diese Verordnung berührt nicht die Bestimmungen des Vertrags zur Gründung der Europäischen Atomgemeinschaft über den Zugang zu qualifizierten Beschäftigungen auf dem Gebiet der Kernenergie und die Vorschriften zur Durchführung dieses Vertrags.

Diese Verordnung gilt jedoch für die in Unterabsatz 1 genannte Gruppe von Arbeitnehmern sowie ihre Familienangehörigen, soweit deren Rechtsstellung in dem in Unterabsatz 1 genannten Vertrag oder den in Unterabsatz 1 genannten Vorschriften nicht geregelt ist.

(2) Diese Verordnung berührt nicht die gemäß Artikel 48 des Vertrags über die Arbeitsweise der Europäischen Union erlassenen Bestimmungen.

(3) Diese Verordnung berührt nicht jene Verpflichtungen der Mitgliedstaaten, die sich aus besonderen Beziehungen zu einzelnen außereuropäischen Ländern oder Gebieten oder aus künftigen Abkommen mit diesen Ländern oder Gebieten aufgrund institutioneller Bindungen herleiten, die am 8. November 1968 bestanden haben oder die sich aus den am 8. November 1968 bestehenden Abkommen mit einzelnen außereuropäischen Ländern oder Gebieten aufgrund institutioneller Bindungen herleiten.

Die Arbeitnehmer dieser Länder und Gebiete, die entsprechend der vorliegenden Vorschrift eine Tätigkeit im Lohn- oder Gehaltsverhältnis im Hoheitsgebiet eines der betreffenden Mitgliedstaaten ausüben, können sich im Hoheitsgebiet anderer Mitgliedstaaten nicht auf diese Verordnung berufen.

Artikel 37 (Unterrichtung der Kommission durch die Mitgliedstaaten über ihre abgeschlossenen vertraglichen Verpflichtungen auf dem Gebiet der Beschäftigung)

Die Mitgliedstaaten übermitteln der Kommission zur Unterrichtung den Wortlaut der zwischen ihnen auf dem Gebiet der Beschäftigung geschlossenen Abkommen, Übereinkommen oder Vereinbarungen, und zwar in der Zeit von der Unterzeichnung bis zum Inkrafttreten dieser Abkommen, Übereinkommen oder Vereinbarungen.

Art. 38 *(weggefallen)*

Artikel 39 (Verwaltungsausgaben der Ausschüsse)

Die Verwaltungsausgaben des Beratenden Ausschusses und des Fachausschusses werden im Gesamthaushaltsplan der Europäischen Union im Einzelplan der Kommission aufgeführt.

Artikel 40 (Geltungsbereich der Verordnung)

Diese Verordnung gilt für die Mitgliedstaaten und für deren Staatsangehörige, unbeschadet der Artikel 2 und 3.

Artikel 41 (Aufhebung der VO (EWG) Nr. 1612/68 und Bezugnahmen)

Die Verordnung (EWG) Nr. 1612/68 wird aufgehoben.

Bezugnahmen auf die aufgehobene Verordnung gelten als Bezugnahmen auf die vorliegende Verordnung und sind nach Maßgabe der Entsprechungstabelle in Anhang II zu lesen.

Artikel 42 (Inkrafttreten der Verordnung)

Diese Verordnung tritt am zwanzigsten Tag nach ihrer Veröffentlichung im *Amtsblatt der Europäischen Union* in Kraft.*

---

* Die Veröffentlichung erfolgte am 27. Mai 2011.

Diese Verordnung ist in allen ihren Teilen verbindlich und gilt unmittelbar in jedem Mitgliedstaat.

ANHANG I

AUFGEHOBENE VERORDNUNG MIT IHREN NACHFOLGENDEN ÄNDERUNGEN

Verordnung (EWG) Nr. 1612/68 des Rates
(ABl. L 257 vom 19. 10. 1968, S. 2)

Verordnung (EWG) Nr. 312/76 des Rates
(ABl. L 39 vom 14. 2. 1976, S. 2)

Verordnung (EWG) Nr. 2434/92 des Rates
(ABl. L 245 vom 26. 8. 1992, S. 1)

Richtlinie 2004/38/EG* des Europäischen Parlaments und des Rates – Nur Artikel 38 Absatz 1
(ABl. L 158 vom 30. 4. 2004, S. 77)

(Vom Abdruck des Anhangs II wurde abgesehen)

* Abgedruckt unter Nr. 421.

434 Richtlinie 2006/123/EG des Europäischen Parlaments und des Rates vom 12. Dezember 2006 über Dienstleistungen im Binnenmarkt

(ABl. L 376 vom 27. 12. 2006 S. 36)

Inhaltsübersicht*

* Nicht amtlich.

DAS EUROPÄISCHE PARLAMENT UND DER RAT DER EUROPÄISCHEN UNION –

gestützt auf den Vertrag zur Gründung der Europäischen Gemeinschaft, insbesondere auf Artikel 47 Absatz 2 Sätze 1 und 3 und Artikel 55,

auf Vorschlag der Kommission,

nach Stellungnahme des Europäischen Wirtschafts- und Sozialausschusses[1)],

nach Stellungnahme des Ausschusses der Regionen[2)],

gemäß dem Verfahren des Artikels 251 des Vertrags[3)],

in Erwägung nachstehender Gründe:

(1) Ziel der Europäischen Gemeinschaft ist es, eine immer engere Zusammengehörigkeit der Staaten und Völker Europas zu erreichen und den wirtschaftlichen und sozialen Fortschritt zu sichern. Gemäß Artikel 14 Absatz 2 des Vertrags umfasst der Binnenmarkt einen Raum ohne Binnengrenzen, in dem der freie Verkehr von Dienstleistungen gewährleistet ist. Gemäß Artikel 43 des Vertrags wird die Niederlassungsfreiheit gewährleistet. Artikel 49 des Vertrags regelt den freien Dienstleistungsverkehr innerhalb der Gemeinschaft. Die Beseitigung der Beschränkungen für die Entwicklung von Dienstleistungstätigkeiten zwischen den Mitgliedstaaten ist ein wichtiges Mittel für ein stärkeres Zusammenwachsen der Völker Europas und für die Förderung eines ausgewogenen und nachhaltigen wirtschaftlichen und sozialen Fortschritts. Bei der Beseitigung solcher Beschränkungen muss unbedingt gewährleistet werden, dass die Entfaltung von Dienstleistungstätigkeiten zur Verwirklichung der in Artikel 2 des Vertrags verankerten Aufgaben beiträgt, in der gesamten Gemeinschaft eine harmonische, ausgewogene und nachhaltige Entwicklung des Wirtschaftslebens, ein hohes Beschäftigungsniveau und ein hohes Maß an sozialem Schutz, die Gleichstellung von Männern und Frauen, ein nachhaltiges, nichtinflationäres Wachstum, einen hohen Grad von Wettbewerbsfähigkeit und Konvergenz der Wirtschaftsleistungen, ein hohes Maß an Umweltschutz und Verbesserung der Umweltqualität, die Hebung der Lebenshaltung und der Lebensqualität, den wirtschaftlichen und sozialen Zusammenhalt und die Solidarität zwischen den Mitgliedstaaten zu fördern.

(2) Ein wettbewerbsfähiger Dienstleistungsmarkt ist für die Förderung des Wirtschaftswachstums und die Schaffung von Arbeitsplätzen in der Europäischen Union wesentlich. Gegenwärtig hindert eine große Anzahl von Beschränkungen im Binnenmarkt Dienstleistungserbringer, insbesondere

1) Amtliche Fußnote: ABl. C 221 vom 8. 9. 2005, S. 113.

2) Amtliche Fußnote: ABl. C 43 vom 18. 2. 2005, S. 18.

3) Amtliche Fußnote: Stellungnahme des Europäischen Parlaments vom 16. Februar 2006 (noch nicht im Amtsblatt veröffentlicht), Gemeinsamer Standpunkt des Rates vom 24. Juli 2006 (ABl. C 270 E vom 7. 11. 2006, S. 1) und Standpunkt des Europäischen Parlaments vom 15. November 2006. Beschluss des Rates vom 11. Dezember 2006.

kleine und mittlere Unternehmen (KMU), daran, über ihre nationalen Grenzen hinauszuwachsen und uneingeschränkt Nutzen aus dem Binnenmarkt zu ziehen. Dies schwächt die globale Wettbewerbsfähigkeit der Dienstleistungserbringer aus der Europäischen Union. Ein freier Markt, der die Mitgliedstaaten zwingt, Beschränkungen im grenzüberschreitenden Dienstleistungsverkehr abzubauen, bei gleichzeitiger größerer Transparenz und besserer Information der Verbraucher, würde für die Verbraucher größere Auswahl und bessere Dienstleistungen zu niedrigeren Preisen bedeuten.

(3) In ihrem Bericht über den „Stand des Binnenmarktes für Dienstleistungen" führt die Kommission eine Vielzahl von Hindernissen auf, die die Entwicklung grenzüberschreitender Dienstleistungstätigkeiten zwischen den Mitgliedstaaten behindern oder bremsen, insbesondere diejenigen von KMU, die im Dienstleistungsgewerbe vorherrschend sind. Der Bericht kommt zu dem Ergebnis, dass ein Jahrzehnt nach der beabsichtigten Vollendung des Binnenmarktes noch immer eine breite Kluft zwischen der Vision einer wirtschaftlich integrierten Europäischen Union und der Wirklichkeit besteht, die die europäischen Bürger und Dienstleistungserbringer erleben. Die Beschränkungen betreffen eine große Bandbreite von Dienstleistungstätigkeiten und sämtliche Phasen der Dienstleistungserbringung und weisen zahlreiche Gemeinsamkeiten auf; so sind sie häufig auf schwerfällige Verwaltungsverfahren, die Rechtsunsicherheit, mit denen grenzüberschreitende Tätigkeiten behaftet sind, oder auf das fehlende gegenseitige Vertrauen zwischen den Mitgliedstaaten zurückzuführen.

(4) Die Dienstleistungen sind zwar der Motor des Wirtschaftswachstums und tragen in den meisten Mitgliedstaaten 70 % zu BIP und Beschäftigung bei, aber die Fragmentierung des Binnenmarktes beeinträchtigt die europäische Wirtschaft insgesamt, insbesondere die Wettbewerbsfähigkeit von KMU und die Zu- und Abwanderung von Arbeitskräften, und behindert den Zugang der Verbraucher zu einer größeren Auswahl an Dienstleistungen zu konkurrenzfähigen Preisen. Es ist wichtig darauf hinzuweisen, dass die Dienstleistungsbranche ein Schlüsselsektor insbesondere für die Beschäftigung von Frauen ist und dass sie deshalb großen Nutzen von den neuen Möglichkeiten, die von der Vollendung des Binnenmarktes für Dienstleistungen geboten werden, zu erwarten haben. Das Europäische Parlament und der Rat haben betont, dass die Beseitigung rechtlicher Beschränkungen, die einen wirklichen Binnenmarkt verhindern, eine der vorrangigen Aufgaben zur Erreichung des vom Europäischen Rat in Lissabon vom 23. und 24. März 2000 vorgegebenen Ziels ist, die Beschäftigungslage und den sozialen Zusammenhalt zu verbessern und zu einem nachhaltigen Wirtschaftswachstum zu gelangen, um die Europäische Union bis zum Jahre 2010 zum wettbewerbsfähigsten und dynamischsten wissensbasierten Wirtschaftsraum der Welt mit mehr und besseren Arbeitsplätzen zu machen. Die Beseitigung dieser Beschränkungen bei gleichzeitiger Gewährleistung eines fortschrittlichen europäischen Gesellschaftsmodells ist somit eine Grundvoraussetzung für die Überwindung der Schwierigkeiten bei der Umsetzung der Lissabon- Strategie und für die wirtschaftliche Erholung in Europa, insbesondere für Investitionen und Beschäftigung. Es ist deshalb wichtig, bei der Schaffung eines Binnenmarktes für Dienstleistungen auf Ausgewogenheit zwischen Marktöffnung und dem Erhalt öffentlicher Dienstleistungen sowie der Wahrung sozialer Rechte und der Rechte der Verbraucher zu achten.

(5) Es ist deshalb erforderlich, die Beschränkungen der Niederlassungsfreiheit von Dienstleistungserbringern in den Mitgliedstaaten und des freien Dienstleistungsverkehrs zwischen Mitgliedstaaten zu beseitigen und den Dienstleistungsempfängern und -erbringern die Rechtssicherheit zu garantieren, die sie für die wirksame Wahrnehmung dieser beiden Grundfreiheiten des Vertrags benötigen. Da die Beschränkungen im Binnenmarkt für Dienstleistungen sowohl die Dienstleistungserbringer beeinträchtigen, die sich in einem anderen Mitgliedstaat niederlassen möchten, als auch diejenigen, die in einem anderen Mitgliedstaat Dienstleistungen erbringen, ohne dort niedergelassen zu sein, ist es erforderlich, den Dienstleistungserbringern zu ermöglichen, ihre Dienstleistungstätigkeiten im Binnenmarkt dadurch zu entwickeln, dass sie sich entweder in einem anderen Mitgliedstaat niederlassen oder den freien Dienstleistungsverkehr nutzen. Die Dienstleistungserbringer sollten zwischen diesen beiden Freiheiten wählen und sich für diejenige entscheiden können, die ihrer Geschäftsstrategie für die einzelnen Mitgliedstaaten am besten gerecht wird.

(6) Diese Beschränkungen können nicht allein durch die direkte Anwendung der Artikel 43 und 49 des Vertrags beseitigt werden, weil – insbesondere nach der Erweiterung – die Handhabung von Fall zu Fall im Rahmen von Vertragsverletzungsverfahren sowohl für die nationalen als auch für die gemeinschaftlichen Organe äußerst kompliziert wäre; außerdem können zahlreiche Beschränkungen nur im Wege der vorherigen Koordinierung der nationalen Regelungen beseitigt werden, einschließlich der Einführung einer Verwaltungszusammenarbeit. Wie vom Europäischen Parlament und vom Rat anerkannt wurde, ermöglicht ein gemeinschaftliches Rechtsinstrument die Schaffung eines wirklichen Binnenmarktes für Dienstleistungen.

(7) Mit dieser Richtlinie wird ein allgemeiner Rechtsrahmen geschaffen, der einem breiten Spektrum von Dienstleistungen zugute kommt und gleichzeitig die Besonderheiten einzelner Tätigkeiten und Berufe und ihre Reglementierung berücksichtigt. Grundlage dieses Rechtsrahmens ist ein dynamischer und selektiver Ansatz, der vorrangig die leicht zu beseitigenden Beschränkungen beseitigt; hinsichtlich der übrigen wird ein Prozess der Evaluierung, Konsultation und ergänzenden Harmonisierung bei besonderen Fragen eingeleitet, um so schrittweise und koordiniert eine Modernisierung der nationalen Regelungen für Dienstleistungstätigkeiten zu erreichen, wie sie für die Schaffung eines wirklichen Binnenmarktes für Dienstleistungen bis zum Jahr 2010 unerlässlich ist. Es ist angezeigt, bei den Maßnahmen eine ausgewogene Kombination aus gezielter Harmonisierung, Verwaltungszusammenarbeit, den Bestimmungen über die Dienstleistungsfreiheit und der Förderung der Erarbeitung von Verhaltenskodizes für bestimmte Bereiche vorzusehen. Diese Koordinierung der nationalen Rechtsvorschriften sollte ein hohes Maß an rechtlicher Integration auf Gemeinschaftsebene und ein hohes Niveau des Schutzes von Gemeinwohlinteressen, insbesondere den Schutz der Verbraucher, sicherstellen, wie es für die Schaffung von Vertrauen zwischen den Mitgliedstaaten unerlässlich ist. Die Richtlinie berücksichtigt auch andere Gemeinwohlinteressen, einschließlich des Schutzes der Umwelt, der öffentlichen Sicherheit und der öffentlichen Gesundheit sowie der Einhaltung des Arbeitsrechts.

(8) Die Bestimmungen dieser Richtlinie über die Niederlassungsfreiheit und die Dienstleistungsfreiheit sollten nur insoweit Anwendung finden, als die betreffenden Tätigkeiten dem Wettbewerb offen stehen, so dass sie die Mit-

gliedstaaten weder verpflichten, Dienstleistungen von allgemeinem wirtschaftlichem Interesse zu liberalisieren, noch öffentliche Einrichtungen, die solche Dienstleistungen anbieten, zu privatisieren, noch bestehende Monopole für andere Tätigkeiten oder bestimmte Vertriebsdienste abzuschaffen.

(9) Diese Richtlinie findet nur auf die Anforderungen für die Aufnahme oder Ausübung einer Dienstleistungstätigkeit Anwendung. Sie findet somit keine Anwendung auf Anforderungen wie Straßenverkehrsvorschriften, Vorschriften bezüglich der Stadtentwicklung oder Bodennutzung, der Stadtplanung und der Raumordnung, Baunormen sowie verwaltungsrechtliche Sanktionen, die wegen der Nichteinhaltung solcher Vorschriften verhängt werden, die nicht die Dienstleistungstätigkeit als solche regeln oder betreffen, sondern von Dienstleistungserbringern im Zuge der Ausübung ihrer Wirtschaftstätigkeit genauso beachtet werden müssen wie von Privatpersonen.

(10) Diese Richtlinie betrifft nicht die Anforderungen für den Zugang bestimmter Dienstleistungsanbieter zu öffentlichen Mitteln. Zu diesen Anforderungen gehören insbesondere Anforderungen, die Bedingungen vorsehen, unter denen Dienstleistungserbringer Anspruch auf öffentliche Mittel haben, einschließlich spezifischer Vertragsbedingungen und vor allem Qualitätsnormen, die erfüllt werden müssen, um öffentliche Gelder erhalten zu können, z.B. für soziale Dienstleistungen.

(11) Diese Richtlinie greift nicht in die Maßnahmen ein, die die Mitgliedstaaten im Einklang mit dem Gemeinschaftsrecht treffen, um die kulturelle und sprachliche Vielfalt sowie den Medienpluralismus zu schützen oder zu fördern; dies gilt auch für deren Finanzierung. Diese Richtlinie hindert die Mitgliedstaaten nicht daran, ihre Grundregeln und Prinzipien für die Pressefreiheit und die Freiheit der Meinungsäußerung anzuwenden. Diese Richtlinie berührt nicht die Rechtsvorschriften der Mitgliedstaaten, die Diskriminierungen aus Gründen der Staatsangehörigkeit oder aus Gründen wie den in Artikel 13 des Vertrags genannten verbieten.

(12) Ziel dieser Richtlinie ist die Schaffung eines Rechtsrahmens, der die Niederlassungsfreiheit und den freien Dienstleistungsverkehr zwischen den Mitgliedstaaten garantiert, wobei sie weder zu einer Harmonisierung des Strafrechts führt noch in dieses eingreift. Ein Mitgliedstaat sollte die Dienstleistungsfreiheit jedoch nicht unter Umgehung der Vorschriften dieser Richtlinie durch Anwendung von Strafrechtsbestimmungen einschränken, die die Aufnahme oder Ausübung einer Dienstleistungstätigkeit gezielt regeln oder beeinflussen.

(13) Es ist gleichermaßen wichtig, dass diese Richtlinie uneingeschränkt die Gemeinschaftsinitiativen aufgrund des Artikels 137 des Vertrags zur Verwirklichung der Ziele des Artikels 136 des Vertrags zur Förderung der Beschäftigung und Verbesserung der Lebens- und Arbeitsbedingungen beachtet.

(14) Diese Richtlinie berührt weder Arbeits- und Beschäftigungsbedingungen wie Höchstarbeits- und Mindestruhezeiten, bezahlten Mindestjahresurlaub, Mindestlohnsätze, Gesundheitsschutz, Sicherheit und Hygiene am Arbeitsplatz, die von den Mitgliedstaaten im Einklang mit dem Gemeinschaftsrecht angewandt werden, noch greift sie in die gemäß nationalem Recht und nationalen Praktiken unter Wahrung des Gemeinschaftsrechts geregelten Beziehungen zwischen den Sozialpartnern ein, z.B. in das Recht, Tarifverträge auszuhandeln und abzuschließen, das Streikrecht und das Recht auf Arbeitskampfmaßnahmen, noch ist sie auf Dienstleistungen von

Leiharbeitsagenturen anwendbar. Diese Richtlinie berührt nicht die Rechtsvorschriften der Mitgliedstaaten über die soziale Sicherheit.

(15) Diese Richtlinie wahrt die Ausübung der in den Mitgliedstaaten geltenden Grundrechte, wie sie in der Charta der Grundrechte der Europäischen Union und den zugehörigen Erläuterungen anerkannt werden, und bringt sie mit den in den Artikeln 43 und 49 des Vertrags festgelegten Grundfreiheiten in Einklang. Zu diesen Grundrechten gehört das Recht auf Arbeitskampfmaßnahmen gemäß nationalem Recht und nationalen Praktiken unter Wahrung des Gemeinschaftsrechts.

(16) Diese Richtlinie betrifft ausschließlich Dienstleistungserbringer, die in einem Mitgliedstaat niedergelassen sind und regelt keine externen Aspekte. Sie betrifft nicht Verhandlungen innerhalb internationaler Organisationen über den Handel mit Dienstleistungen, insbesondere im Rahmen des Allgemeinen Abkommens über den Handel mit Dienstleistungen (GATS).

(17) Diese Richtlinie gilt nur für Dienstleistungen, die für eine wirtschaftliche Gegenleistung erbracht werden. Dienstleistungen von allgemeinem Interesse fallen nicht unter die Begriffsbestimmung des Artikels 50 des Vertrags und somit nicht in den Anwendungsbereich dieser Richtlinie. Dienstleistungen von allgemeinem wirtschaftlichem Interesse sind Dienstleistungen, die für eine wirtschaftliche Gegenleistung erbracht werden, und fallen deshalb in den Anwendungsbereich dieser Richtlinie. Gleichwohl sind bestimmte Dienstleistungen von allgemeinem wirtschaftlichem Interesse, wie solche, die gegebenenfalls im Verkehrsbereich erbracht werden, vom Anwendungsbereich dieser Richtlinie ausgenommen und für einige andere Dienstleistungen von allgemeinem wirtschaftlichem Interesse, wie solche, die gegebenenfalls im Bereich der Postdienste erbracht werden, gelten Ausnahmen von den Bestimmungen dieser Richtlinie über die Dienstleistungsfreiheit. Diese Richtlinie regelt nicht die Finanzierung von Dienstleistungen von allgemeinem wirtschaftlichem Interesse und gilt auch nicht für die von den Mitgliedstaaten insbesondere auf sozialem Gebiet im Einklang mit den gemeinschaftlichen Wettbewerbsvorschriften gewährten Beihilfen. Diese Richtlinie betrifft nicht die Folgemaßnahmen zum Weißbuch der Kommission zu Dienstleistungen von allgemeinem Interesse.

(18) Finanzdienstleistungen sollten aus dem Anwendungsbereich dieser Richtlinie ausgeschlossen sein, da diese Tätigkeiten Gegenstand besonderer Gemeinschaftsrechtsvorschriften sind, die wie die vorliegende Richtlinie darauf abzielen, einen wirklichen Binnenmarkt für Dienstleistungen zu schaffen. Folglich sollte dieser Ausschluss für alle Finanzdienstleistungen wie Bankdienstleistungen, Kreditgewährung, Versicherung, einschließlich Rückversicherung, betriebliche oder individuelle Altersversorgung, Wertpapiere, Geldanlagen, Zahlungen und Anlageberatung, einschließlich der in Anhang I der Richtlinie 2006/48/EG des Europäischen Parlaments und des Rates vom 14. Juni 2006 über die Aufnahme und Ausübung der Tätigkeit der Kreditinstitute[1)] aufgeführten Dienstleistungen gelten.

(19) Angesichts der im Jahr 2002 erfolgten Verabschiedung einer Reihe von Rechtsakten über die Netze und Dienste der elektronischen Kommunikation sowie über die damit zusammenhängenden Ressourcen und Dienste, die insbesondere durch die Abschaffung der Mehrzahl der Einzelgenehmigungsverfahren einen Rechtsrahmen für die Erleichterung des Zugangs zu

1) Amtliche Fußnote: ABl. L 177 vom 30. 6. 2006, S. 1.

diesen Tätigkeiten im Binnenmarkt geschaffen hat, müssen die durch diese Rechtsakte geregelten Fragen vom Anwendungsbereich der vorliegenden Richtlinie ausgenommen werden.

(20) Die Ausnahmen vom Anwendungsbereich der vorliegenden Richtlinie hinsichtlich Angelegenheiten der elektronischen Kommunikationsdienste im Sinne der Richtlinie 2002/19/EG des Europäischen Parlaments und des Rates vom 7. März 2002 über den Zugang zu elektronischen Kommunikationsnetzen und zugehörigen Einrichtungen sowie deren Zusammenschaltung (Zugangsrichtlinie)[1], der Richtlinie 2002/20/EG des Europäischen Parlaments und des Rates vom 7. März 2002 über die Genehmigung elektronischer Kommunikationsnetze und -dienste (Genehmigungsrichtlinie)[2], der Richtlinie 2002/21/EG des Europäischen Parlaments und des Rates vom 7. März 2002 über einen gemeinsamen Rechtsrahmen für elektronische Kommunikationsnetze und -dienste (Rahmenrichtlinie)[3], der Richtlinie 2002/22/EG des Europäischen Parlaments und des Rates vom 7. März 2002 über den Universaldienst und Nutzerrechte bei elektronischen Kommunikationsnetzen und -diensten (Universaldienstrichtlinie)[4] und der Richtlinie 2002/58/EG des Europäischen Parlaments und des Rates vom 12. Juli 2002 über die Verarbeitung personenbezogener Daten und den Schutz der Privatsphäre in der elektronischen Kommunikation (Datenschutzrichtlinie für elektronische Kommunikation)[5] sollten nicht nur für Fragen gelten, die spezifisch in den genannten Richtlinien geregelt sind, sondern auch für Bereiche, bei denen die Richtlinien den Mitgliedstaaten ausdrücklich die Möglichkeit belassen, bestimmte Maßnahmen auf nationaler Ebene zu erlassen.

(21) Verkehrsdienstleistungen, einschließlich des Personennahverkehrs, Taxis und Krankenwagen sowie Hafendienste, sollten vom Anwendungsbereich dieser Richtlinie ausgenommen sein.

(22) Der Ausschluss des Gesundheitswesens vom Anwendungsbereich dieser Richtlinie sollte Gesundheits- und pharmazeutische Dienstleistungen umfassen, die von Angehörigen eines Berufs im Gesundheitswesen gegenüber Patienten erbracht werden, um deren Gesundheitszustand zu beurteilen, zu erhalten oder wiederherzustellen, wenn diese Tätigkeiten in dem Mitgliedstaat, in dem die Dienstleistungen erbracht werden, einem reglementierten Gesundheitsberuf vorbehalten sind.

(23) Diese Richtlinie betrifft nicht die Kostenerstattung für eine Gesundheitsdienstleistung, die in einem anderen Mitgliedstaat als demjenigen, in dem der Empfänger der Behandlungsleistung seinen Wohnsitz hat, erbracht wurde. Mit dieser Frage hat sich der Gerichtshof mehrfach befasst, wobei der Gerichtshof die Rechte der Patienten anerkannt hat. Es ist wichtig, dieses Thema, soweit es nicht bereits von der Verordnung (EWG) Nr. 1408/71 des Rates vom 14. Juni 1971 zur Anwendung der Systeme der sozialen Sicherheit auf Arbeitnehmer und deren Familien, die innerhalb der Gemeinschaft zu- und abwandern[6], erfasst ist, in einem anderen Rechtsakt

---

1) Amtliche Fußnote: ABl. L 108 vom 24. 4. 2002, S. 7.
2) Amtliche Fußnote: ABl. L 108 vom 24. 4. 2002, S. 21.
3) Amtliche Fußnote: ABl. L 108 vom 24. 4. 2002, S. 33.
4) Amtliche Fußnote: ABl. L 108 vom 24. 4. 2002, S. 51.
5) Amtliche Fußnote: ABl. L 201 vom 31. 7. 2002, S. 37. Geändert durch die Richtlinie 2006/24/EG (ABl. L 105 vom 13. 4. 2006, S. 54).
6) Amtliche Fußnote: ABl. L 149 vom 5. 7. 1971, S. 2. Zuletzt geändert durch die Verordnung (EG) Nr. 629/2006 des Europäischen Parlaments und des Rates (ABl. L 114 vom 27. 4. 2006, S. 1).

der Gemeinschaft zu behandeln, um mehr Rechtssicherheit und -klarheit zu erreichen.

(24) Audiovisuelle Dienste, auch in Kinos, sollten unabhängig von der Art ihrer Ausstrahlung ebenfalls vom Anwendungsbereich dieser Richtlinie ausgenommen sein. Ebenso wenig sollte diese Richtlinie für Beihilfen gelten, die von den Mitgliedstaaten im audiovisuellen Sektor gewährt werden und die unter die gemeinschaftlichen Wettbewerbsvorschriften fallen.

(25) Glücksspiele einschließlich Lotterien und Wetten sollten aufgrund der spezifischen Natur dieser Tätigkeiten, die von Seiten der Mitgliedstaaten Politikansätze zum Schutz der öffentlichen Ordnung und zum Schutz der Verbraucher bedingen, vom Anwendungsbereich dieser Richtlinie ausgenommen sein.

(26) Diese Richtlinie lässt die Anwendung des Artikels 45 des Vertrags unberührt.

(27) Diese Richtlinie sollte keine sozialen Dienstleistungen im Bereich Wohnung, Kinderbetreuung und Unterstützung von hilfsbedürftigen Familien und Personen erfassen, die vom Staat selbst – auf nationaler, regionaler oder lokaler Ebene –, durch von ihm beauftragte Dienstleistungserbringer oder durch von ihm anerkannte gemeinnützige Einrichtungen erbracht werden, um Menschen zu unterstützen, die aufgrund ihres unzureichenden Familieneinkommens oder des völligen oder teilweisen Verlustes ihrer Selbstständigkeit dauerhaft oder vorübergehend besonders hilfsbedürftig sind oder Gefahr laufen, marginalisiert zu werden. Diese Dienstleistungen tragen entscheidend dazu bei, das Grundrecht auf Schutz der Würde und Integrität des Menschen zu garantieren; sie sind Ausfluss der Grundsätze des sozialen Zusammenhalts und der Solidarität und sollten daher von dieser Richtlinie unberührt bleiben.

(28) Diese Richtlinie berührt nicht die Finanzierung von sozialen Dienstleistungen oder des damit verbundenen Beihilfesystems. Sie berührt auch nicht die Kriterien und Bedingungen, die von den Mitgliedstaaten festgelegt werden, um zu gewährleisten, dass die sozialen Dienstleistungen dem öffentlichen Interesse und dem sozialen Zusammenhalt dienen. Zudem sollte diese Richtlinie nicht den Grundsatz des Universaldienstes bei den sozialen Dienstleistungen der Mitgliedstaaten berühren.

(29) Angesichts der Tatsache, dass der Vertrag besondere Rechtsgrundlagen im Bereich der Steuern enthält, und angesichts der in diesem Bereich bereits verabschiedeten Gemeinschaftsrechtsakte muss der Bereich der Steuern aus dem Anwendungsbereich dieser Richtlinie ausgenommen sein.

(30) Dienstleistungstätigkeiten sind bereits Gegenstand einer Vielzahl von Gemeinschaftsvorschriften. Diese Richtlinie ergänzt und vervollständigt diesen gemeinschaftsrechtlichen Besitzstand. Kollisionen zwischen dieser Richtlinie und anderen Gemeinschaftsinstrumenten sind festgestellt worden und werden in dieser Richtlinie berücksichtigt, unter anderem durch Ausnahmeregelungen. Dennoch bedarf es einer Regelung für verbleibende Fälle und Ausnahmefälle für den Fall, dass eine Bestimmung dieser Richtlinie mit einer Bestimmung eines anderen Gemeinschaftsinstruments kollidiert. Ob eine Kollision vorliegt, sollte in Übereinstimmung mit den Bestimmungen des Vertrags über die Niederlassungsfreiheit und den freien Dienstleistungsverkehr festgestellt werden.

(31) Diese Richtlinie steht im Einklang mit der Richtlinie 2005/36/EG des Europäischen Parlaments und des Rates vom 7. September 2005 über die Aner-

kennung von Berufsqualifikationen[1] und lässt diese unberührt. Sie behandelt andere Fragen als diejenigen im Zusammenhang mit Berufsqualifikationen, z.B. Fragen der Berufshaftpflichtversicherung, der kommerziellen Kommunikation, multidisziplinärer Tätigkeiten und der Verwaltungsvereinfachung. Bezüglich der vorübergehenden grenzüberschreitenden Erbringung von Dienstleistungen stellt eine Ausnahme von den Bestimmungen der vorliegenden Richtlinie über die Dienstleistungsfreiheit sicher, dass der Titel II „Dienstleistungsfreiheit" der Richtlinie 2005/36/EG nicht berührt wird. Somit werden keine gemäß der Richtlinie 2005/36/EG im Mitgliedstaat der Dienstleistungserbringung anwendbaren Maßnahmen von den Bestimmungen der vorliegenden Richtlinie über die Dienstleistungsfreiheit berührt.

(32) Diese Richtlinie steht im Einklang mit der gemeinschaftlichen Gesetzgebung zum Verbraucherschutz wie etwa der Richtlinie 2005/29/EG des Europäischen Parlaments und des Rates vom 11. Mai 2005 über unlautere Geschäftspraktiken im binnenmarktinternen Geschäftsverkehr zwischen Unternehmen und Verbrauchern (Richtlinie über unlautere Geschäftspraktiken)[2] und der Verordnung (EG) Nr. 2006/2004 des Europäischen Parlaments und des Rates vom 27. Oktober 2004 über die Zusammenarbeit zwischen den für die Durchsetzung der Verbraucherschutzgesetze zuständigen nationalen Behörden (Verordnung über die Zusammenarbeit im Verbraucherschutz)[3].

(33) Die von dieser Richtlinie erfassten Dienstleistungen umfassen einen weiten Bereich von Tätigkeiten, die einem ständigen Wandel unterworfen sind, wie etwa Dienstleistungen für Unternehmen wie Unternehmensberatung, Zertifizierungs- und Prüfungstätigkeiten, Anlagenverwaltung einschließlich Unterhaltung von Büroräumen, Werbung, Personalagenturen und die Dienste von Handelsvertretern. Die von dieser Richtlinie erfassten Dienstleistungen umfassen ferner Dienstleistungen, die sowohl für Unternehmen als auch für Verbraucher angeboten werden, wie etwa Rechts- oder Steuerberatung, Dienstleistungen des Immobilienwesens wie die Tätigkeit der Immobilienmakler, Dienstleistungen des Baugewerbes einschließlich Dienstleistungen von Architekten, Handel, die Veranstaltung von Messen, die Vermietung von Kraftfahrzeugen und Dienste von Reisebüros. Hinzu kommen Verbraucherdienstleistungen, beispielsweise im Bereich des Fremdenverkehrs, einschließlich Leistungen von Fremdenführern, Dienstleistungen im Freizeitbereich, Sportzentren und Freizeitparks, und, sofern sie nicht aus dem Anwendungsbereich dieser Richtlinie ausgenommen sind, Unterstützungsdienste im Haushalt wie etwa Hilfeleistungen für ältere Menschen. Hierbei handelt es sich sowohl um Tätigkeiten, die die räumliche Nähe zwischen Dienstleistungserbringer und Dienstleistungsempfänger oder aber auch den Ortswechsel des einen oder anderen erfordern, als auch um Leistungen, die im Fernabsatz, beispielsweise über das Internet, erbracht werden können.

(34) Nach der Rechtsprechung des Gerichtshofs muss die Frage, ob bestimmte Tätigkeiten – insbesondere Tätigkeiten, die mit öffentlichen Mitteln finanziert oder durch öffentliche Einrichtungen erbracht werden – eine „Dienstleistung" darstellen, von Fall zu Fall im Lichte sämtlicher Merkmale, insbe-

1) Amtliche Fußnote: ABl. L 255 vom 30. 9. 2005, S. 22.
2) Amtliche Fußnote: ABl. L 149 vom 11. 6. 2005, S. 22.
3) Amtliche Fußnote: ABl. L 364 vom 9. 12. 2004, S. 1. Geändert durch die Richtlinie 2005/29/EG.

sondere der Art, wie die Leistungen im betreffenden Mitgliedstaat erbracht, organisiert und finanziert werden, beurteilt werden. Der Gerichtshof hat entschieden, dass das wesentliche Merkmal eines Entgelts darin liegt, dass es eine Gegenleistung für die betreffenden Dienstleistungen darstellt, und hat anerkannt, dass das Merkmal des Entgelts bei Tätigkeiten fehlt, die vom Staat oder für den Staat ohne wirtschaftliche Gegenleistung im Rahmen der sozialen, kulturellen, bildungspolitischen und rechtlichen Verpflichtungen des Staates ausgeübt werden, wie etwa bei im Rahmen des nationalen Bildungssystems erteiltem Unterricht oder der Verwaltung von Systemen der sozialen Sicherheit, die keine wirtschaftliche Tätigkeit bewirken. Die Zahlung einer Gebühr durch den Dienstleistungsempfänger, z.B. eine Unterrichts- oder Einschreibegebühr, die Studenten als Beitrag zu den Betriebskosten eines Systems entrichten, stellt als solche kein Entgelt dar, da die Dienstleistung noch überwiegend aus öffentlichen Mitteln finanziert wird. Diese Tätigkeiten entsprechen daher nicht der in Artikel 50 des Vertrags enthaltenen Definition von „Dienstleistungen“ und fallen somit nicht in den Anwendungsbereich dieser Richtlinie.

(35) Der Amateursport, bei dem kein Gewinnzweck verfolgt wird, ist von beträchtlicher sozialer Bedeutung. Er dient oftmals uneingeschränkt sozialen Zielvorgaben oder Freizeitzwecken. Somit stellt er unter Umständen keine Wirtschaftstätigkeit im Sinne des Gemeinschaftsrechts dar und sollte nicht in den Anwendungsbereich dieser Richtlinie fallen.

(36) Der Begriff des Dienstleistungserbringers sollte alle natürlichen Personen mit der Staatsangehörigkeit eines Mitgliedstaats und alle juristischen Personen erfassen, die in einem Mitgliedstaat eine Dienstleistungstätigkeit ausüben, entweder unter Inanspruchnahme der Niederlassungsfreiheit oder des freien Dienstleistungsverkehrs. Der Begriff des Dienstleistungserbringers sollte deshalb nicht nur die Fälle erfassen, in denen die Leistung grenzüberschreitend im Rahmen des freien Dienstleistungsverkehrs erbracht wird, sondern auch die Fälle, in denen sich ein Marktteilnehmer in einem anderen Mitgliedstaat niederlässt, um dort Dienstleistungstätigkeiten zu erbringen. Andererseits sollte der Begriff des Dienstleistungserbringers nicht den Fall der Zweigniederlassung einer Gesellschaft aus einem Drittstaat in einem Mitgliedstaat erfassen, denn die Niederlassungsfreiheit und der freie Dienstleistungsverkehr finden gemäß Artikel 48 des Vertrags nur auf Gesellschaften Anwendung, die nach den Rechtsvorschriften eines Mitgliedstaates gegründet wurden und ihren satzungsmäßigen Sitz, ihre Hauptverwaltung oder ihre Hauptniederlassung in der Gemeinschaft haben. Der Begriff des Dienstleistungsempfängers sollte auch Drittstaatsangehörige erfassen, die bereits in den Genuss von Rechten aus Gemeinschaftsrechtsakten kommen wie etwa der Verordnung (EWG) Nr. 1408/71, der Richtlinie 2003/109/EG des Rates vom 25. November 2003 betreffend die Rechtsstellung der langfristig aufenthaltsberechtigten Drittstaatsangehörigen[1)], der Verordnung (EG) Nr. 859/2003 des Rates vom 14. Mai 2003 zur Ausdehnung der Bestimmungen der Verordnung (EWG) Nr. 1408/71 und der Verordnung (EWG) Nr. 574/72 auf Drittstaatsangehörige, die ausschließlich aufgrund ihrer Staatsangehörigkeit nicht bereits unter diese Bestimmungen fallen[2)], und der Richtlinie 2004/38/EG des Europäischen Parlaments und des Rates vom 29. April 2004 über das Recht der Unionsbürger

---

1) Amtliche Fußnote: ABl. L 16 vom 23. 1. 2004, S. 44.
2) Amtliche Fußnote: ABl. L 124 vom 20. 5. 2003, S. 1.

und ihrer Familienangehörigen, sich im Hoheitsgebiet der Mitgliedstaaten frei zu bewegen und aufzuhalten[1]. Darüber hinaus können die Mitgliedstaaten den Begriff des Dienstleistungsempfängers auf andere Drittstaatsangehörige ausdehnen, die sich in ihrem Hoheitsgebiet aufhalten.

(37) Der Ort, an dem ein Dienstleistungserbringer niedergelassen ist, sollte nach der Rechtsprechung des Gerichtshofs bestimmt werden, nach der der Begriff der Niederlassung die tatsächliche Ausübung einer wirtschaftlichen Tätigkeit mittels einer festen Einrichtung auf unbestimmte Zeit umfasst. Diese Anforderung kann auch erfüllt sein, wenn ein Unternehmen für einen bestimmten Zeitraum gegründet wird oder es das Gebäude oder die Anlage mietet, von dem bzw. der aus es seine Tätigkeit ausübt. Sie kann ferner erfüllt sein, wenn ein Mitgliedstaat eine befristete Genehmigung ausschließlich für bestimmte Dienstleistungen erteilt. Eine Niederlassung muss nicht die Form einer Tochtergesellschaft, Zweigniederlassung oder Agentur haben, sondern kann aus einer Geschäftsstelle bestehen, die von einem Beschäftigten des Dienstleistungserbringers oder von einem Selbstständigen, der ermächtigt ist, dauerhaft für das Unternehmen zu handeln, betrieben wird, wie dies z.B. bei einer Agentur der Fall ist. Gemäß dieser Definition, die die tatsächliche Ausübung einer wirtschaftlichen Tätigkeit am Ort der Niederlassung des Dienstleistungserbringers erfordert, begründet ein bloßer Briefkasten keine Niederlassung. Hat ein Dienstleistungserbringer mehrere Niederlassungsorte, so ist es wichtig zu bestimmen, von welchem Niederlassungsort aus die betreffende Dienstleistung tatsächlich erbracht wird. In den Fällen, in denen es schwierig ist zu bestimmen, von welchem der verschiedenen Niederlassungsorte aus eine bestimmte Dienstleistung erbracht wird, sollte der Ort als Niederlassungsort angesehen werden, an dem der Dienstleistungserbringer das Zentrum seiner Tätigkeiten in Bezug auf diese konkrete Dienstleistung hat.

(38) Der Begriff der juristischen Person im Sinne der Bestimmungen des Vertrags über die Niederlassung stellt es dem Marktteilnehmer frei, die Rechtsform zu wählen, die er für die Ausübung seiner Tätigkeit für geeignet hält. Folglich sind „juristische Personen" im Sinne des Vertrags sämtliche Einrichtungen, die nach dem Recht eines Mitgliedstaats gegründet wurden oder diesem Recht unterstehen, unabhängig von ihrer Rechtsform.

(39) Der Begriff der Genehmigungsregelung sollte unter anderem die Verwaltungsverfahren, in denen Genehmigungen, Lizenzen, Zulassungen oder Konzessionen erteilt werden, erfassen sowie die Verpflichtung zur Eintragung bei einer Berufskammer oder in einem Berufsregister, einer Berufsrolle oder einer Datenbank, die Zulassung durch eine Einrichtung oder den Besitz eines Ausweises, der die Zugehörigkeit zu einem bestimmten Beruf bescheinigt, falls diese Voraussetzung dafür sind, eine Tätigkeit ausüben zu können. Die Erteilung einer Genehmigung kann nicht nur durch eine förmliche Entscheidung erfolgen, sondern auch durch eine stillschweigende Entscheidung, beispielsweise, wenn die zuständige Behörde nicht reagiert oder der Antragsteller die Empfangsbestätigung einer Erklärung abwarten muss, um eine Tätigkeit aufnehmen oder sie rechtmäßig ausüben zu können.

(40) Der Begriff der zwingenden Gründe des Allgemeininteresses, auf den sich einige Bestimmungen dieser Richtlinie beziehen, ist in der Rechtsprechung

1) Amtliche Fußnote: ABl. L 158 vom 30. 4. 2004, S. 77.

Seite 460

des Gerichtshofes zu den Artikeln 43 und 49 des Vertrags entwickelt worden und kann sich noch weiterentwickeln. Der Begriff umfasst entsprechend der Auslegung des Gerichtshofes zumindest folgende Gründe: öffentliche Ordnung, öffentliche Sicherheit und öffentliche Gesundheit im Sinne der Artikel 46 und 55 des Vertrags; Wahrung der gesellschaftlichen Ordnung; sozialpolitische Zielsetzungen; Schutz von Dienstleistungsempfängern; Verbraucherschutz; Schutz der Arbeitnehmer einschließlich des sozialen Schutzes von Arbeitnehmern; Tierschutz; Erhaltung des finanziellen Gleichgewichts des Systems der sozialen Sicherheit; Betrugsvorbeugung; Verhütung von unlauterem Wettbewerb; Schutz der Umwelt und der städtischen Umwelt einschließlich der Stadt- und Raumplanung; Gläubigerschutz; Wahrung der ordnungsgemäßen Rechtspflege; Straßenverkehrssicherheit; Schutz des geistigen Eigentums; kulturpolitische Zielsetzungen einschließlich der Wahrung des Rechts auf freie Meinungsäußerung, insbesondere im Hinblick auf soziale, kulturelle, religiöse und philosophische Werte der Gesellschaft; die Notwendigkeit, ein hohes Bildungsniveau zu gewährleisten; Wahrung der Pressevielfalt und Förderung der Nationalsprache; Wahrung des nationalen historischen und künstlerischen Erbes sowie Veterinärpolitik.

(41) Der Begriff der öffentlichen Ordnung in der Auslegung des Gerichtshofs umfasst den Schutz vor einer tatsächlichen und hinreichend erheblichen Gefahr, die ein Grundinteresse der Gesellschaft berührt; hierunter können insbesondere Fragen der menschlichen Würde, des Schutzes von Minderjährigen und hilfsbedürftigen Erwachsenen sowie der Tierschutz fallen. Entsprechend umfasst der Begriff der öffentlichen Sicherheit auch Fragen der nationalen Sicherheit und Fragen der Sicherheit der Bevölkerung.

(42) Die Bestimmungen in Bezug auf Verwaltungsverfahren sollten nicht darauf abzielen, die Verwaltungsverfahren zu harmonisieren, sondern darauf, übermäßig schwerfällige Genehmigungsregelungen, -verfahren und -formalitäten zu beseitigen, die die Niederlassungsfreiheit und die daraus resultierende Gründung neuer Dienstleistungsunternehmen behindern.

(43) Eine der grundlegenden Schwierigkeiten bei der Aufnahme und Ausübung von Dienstleistungstätigkeiten, insbesondere für KMU, besteht in der Komplexität, Langwierigkeit und mangelnden Rechtssicherheit der Verwaltungsverfahren. Deshalb sind, nach dem Vorbild einiger Initiativen zur Modernisierung und Verbesserung der Verwaltungspraxis auf Gemeinschaftsebene und auf nationaler Ebene, Grundsätze für die Verwaltungsvereinfachung aufzustellen, unter anderem durch die Beschränkung der Pflicht zur Vorabgenehmigung auf die Fälle, in denen diese unerlässlich ist, und die Einführung des Grundsatzes, wonach eine Genehmigung nach Ablauf einer bestimmten Frist als von den zuständigen Behörden stillschweigend erteilt gilt. Eine solche Modernisierung soll – bei gleichzeitiger Sicherstellung der Transparenz und ständiger Aktualisierung der Informationen über die Marktteilnehmer – die Verzögerungen, Kosten und abschreckende Wirkung beseitigen, die beispielsweise durch überflüssige oder zu komplexe und aufwändige Verfahren, Mehrfachanforderungen, überzogene Formerfordernisse für Unterlagen, willkürliche Ausübung von Befugnissen der zuständigen Behörden, vage oder überlange Fristen bis zur Erteilung einer Antwort, die Befristung von erteilten Genehmigungen oder unverhältnismäßige Gebühren und Sanktionen verursacht werden. Die betreffenden Verwaltungspraktiken schrecken ganz besonders Dienstleistungserbringer ab, die in an-

deren Mitgliedstaaten tätig sein wollen, und erfordern deshalb eine koordinierte Modernisierung in einem auf 25 Mitgliedstaaten erweiterten Binnenmarkt.

(44) Die Mitgliedstaaten sollten, sofern dies angebracht ist, auf Gemeinschaftsebene harmonisierte, von der Kommission erstellte Formblätter einführen, die Zeugnissen, Bescheinigungen oder sonstigen für die Niederlassung erforderlichen Dokumenten gleichwertig sind.

(45) Bei der Prüfung der Frage, ob eine Vereinfachung der Verfahren und Formalitäten erforderlich ist, sollten die Mitgliedstaaten insbesondere die Notwendigkeit und die Zahl der Verfahren und Formalitäten, mögliche Überschneidungen, die Kosten, die Klarheit, die Zugänglichkeit sowie die zeitliche Verzögerung und die praktischen Schwierigkeiten, die die Verfahren und Formalitäten dem betroffenen Dienstleistungserbringer bereiten könnten, berücksichtigen.

(46) Um die Aufnahme und Ausübung von Dienstleistungstätigkeiten im Binnenmarkt zu erleichtern, muss das Ziel der Verwaltungsvereinfachung für alle Mitgliedstaaten festgelegt und müssen Bestimmungen über u.a. das Recht auf Information, die elektronische Abwicklung von Verfahren und die für Genehmigungsregelungen geltenden Grundsätze vorgesehen werden. Weitere Maßnahmen auf nationaler Ebene zur Verwirklichung dieses Ziels könnten in der Verringerung der Zahl der Verfahren und Formalitäten für Dienstleistungstätigkeiten bestehen sowie in der Beschränkung dieser Verfahren und Formalitäten auf diejenigen, die aus Gründen des Allgemeininteresses unerlässlich sind und nach Zweck oder Inhalt keine Mehrfachanforderungen darstellen.

(47) Um die Verwaltungsabläufe zu vereinfachen sollten nicht generelle formale Anforderungen vorgesehen werden, wie etwa die Vorlage von Originaldokumenten, beglaubigten Kopien oder beglaubigten Übersetzungen, es sei denn, dies ist objektiv durch einen zwingenden Grund des Allgemeininteresses gerechtfertigt, wie etwa durch den Schutz der Arbeitnehmer, die öffentliche Gesundheit, den Schutz der Umwelt oder den Schutz der Verbraucher. Es ist weiterhin erforderlich, dass eine Genehmigung grundsätzlich die Aufnahme und Ausübung einer Dienstleistungstätigkeit im gesamten nationalen Hoheitsgebiet ermöglicht, es sei denn, dass eine Genehmigung für jede einzelne Niederlassung, beispielsweise für jede Verkaufsstätte großer Einkaufszentren, oder eine Genehmigung, die auf einen spezifischen Teil des nationalen Hoheitsgebiets beschränkt ist, objektiv durch einen zwingenden Grund des Allgemeininteresses gerechtfertigt ist.

(48) Um die Verwaltungsverfahren weiter zu vereinfachen, ist es angebracht sicherzustellen, dass jeder Dienstleistungserbringer über eine Kontaktstelle verfügt, über die er alle Verfahren und Formalitäten abwickeln kann (nachstehend „einheitliche Ansprechpartner“ genannt). Die Zahl der einheitlichen Ansprechpartner kann von Mitgliedstaat zu Mitgliedstaat verschieden sein, je nach den regionalen oder lokalen Zuständigkeiten oder den betreffenden Tätigkeiten. Die Schaffung einheitlicher Ansprechpartner sollte die Zuständigkeitsverteilungen zwischen den zuständigen Behörden in den nationalen Systemen unberührt lassen. Sind mehrere Behörden auf regionaler oder lokaler Ebene zuständig, so kann eine von ihnen die Rolle des einheitlichen Ansprechpartners und Koordinators wahrnehmen. Die einheitlichen Ansprechpartner können nicht nur bei Verwaltungsbehörden angesiedelt werden, sondern auch bei Handels- oder Handwerkskammern, Berufsorga-

nisationen oder privaten Einrichtungen, die die Mitgliedstaaten mit dieser Aufgabe betrauen. Den einheitlichen Ansprechpartnern kommt eine wichtige Unterstützerfunktion gegenüber den Dienstleistungserbringern zu, entweder als Behörde, die für die Ausstellung der für die der Aufnahme einer Dienstleistungstätigkeit erforderlichen Dokumente unmittelbar zuständig ist, oder als Mittler zwischen dem Dienstleistungserbringer und den unmittelbar zuständigen Behörden.

(49) Die Gebühr, die die einheitlichen Ansprechpartner erheben können, sollte in einem angemessenen Verhältnis zu den Kosten der entsprechenden Verfahren und Formalitäten stehen. Dies sollte die Mitgliedstaaten nicht daran hindern, die einheitlichen Ansprechpartner zu ermächtigen, andere Verwaltungsgebühren wie etwa die Gebühren für die Aufsichtsorgane zu erheben.

(50) Dienstleistungserbringer und -empfänger müssen leichten Zugang zu bestimmten Arten von Informationen haben. Jeder Mitgliedstaat sollte im Rahmen dieser Richtlinie selbst bestimmen, wie die Informationen den Dienstleistungserbringern und -empfängern zur Verfügung gestellt werden. Insbesondere kann die Verpflichtung der Mitgliedstaaten sicherzustellen, dass die einschlägigen Informationen für Dienstleistungserbringer und Dienstleistungsempfänger und für die Öffentlichkeit leicht zugänglich sind, dadurch erfüllt werden, dass diese Informationen auf einer Website öffentlich zugänglich gemacht werden. Alle Informationen sollten in einer klaren und unzweideutigen Weise erteilt werden.

(51) Die Informationen, die den Dienstleistungserbringern und -empfängern zur Verfügung gestellt werden, sollten insbesondere die Informationen über Verfahren und Formalitäten, Kontaktinformationen der zuständigen Behörden, Bedingungen für den Zugang zu öffentlichen Registern und Datenbanken sowie Angaben über Rechtsbehelfe und Kontaktinformationen von Vereinigungen und Organisationen, bei denen Dienstleistungserbringer bzw. -empfänger praktische Unterstützung erhalten können, umfassen. Die Verpflichtung der zuständigen Behörden, Dienstleistungserbringer und -empfänger zu unterstützen, sollte nicht die Rechtsberatung in Einzelfällen umfassen. Allgemeine Informationen darüber, wie Anforderungen gewöhnlich ausgelegt oder angewandt werden, sollten jedoch erteilt werden. Fragen wie etwa die Haftung für die Übermittlung unrichtiger oder irreführender Informationen sollten durch die Mitgliedstaaten geregelt werden.

(52) Die Einrichtung eines Systems zur elektronischen Abwicklung von Verfahren und Formalitäten in einer angemessen nahen Zukunft ist unerlässlich für die Verwaltungsvereinfachung im Bereich der Dienstleistungstätigkeiten, was sowohl den Dienstleistungserbringern und -empfängern als auch den zuständigen Behörden zugute kommen wird. Die Erfüllung dieser Verpflichtung, d. h. die Verwirklichung des vorgegebenen Ergebnisses, kann die Anpassung nationaler Rechtsvorschriften sowie anderer für den Dienstleistungssektor geltender Vorschriften erfordern. Diese Verpflichtung sollte die Mitgliedstaaten nicht daran hindern, neben dem elektronischen Weg auch andere Möglichkeiten zur Abwicklung der Verfahren und Formalitäten vorzusehen. Das Erfordernis, die Verfahren und Formalitäten auch aus der Ferne abwickeln zu können, verlangt von den Mitgliedstaaten insbesondere, eine grenzüberschreitende Abwicklung zu ermöglichen. Die Pflicht, das genannte Ergebnis zu erreichen, gilt nicht für Verfahren oder Formalitäten, die sich naturgemäß nicht aus der Ferne abwickeln lassen. Darüber

hinaus bleiben die Rechtsvorschriften der Mitgliedstaaten über die Verwendung von Sprachen hiervon unberührt.

(53) Die Erteilung von Lizenzen für bestimmte Dienstleistungstätigkeiten kann es erforderlich machen, dass die zuständige Behörde ein Gespräch mit dem Antragsteller führt, um zu bewerten, ob er zuverlässig und für die Erbringung des entsprechenden Dienstes geeignet ist. In derartigen Fällen kann eine elektronische Abwicklung der Formalitäten ungeeignet sein.

(54) Die Möglichkeit zur Aufnahme einer Dienstleistungstätigkeit sollte nur von einer Genehmigung der zuständigen Behörde abhängig gemacht werden, wenn diese Entscheidung nicht diskriminierend sowie notwendig und verhältnismäßig ist. Demnach sollten Genehmigungsregelungen insbesondere nur zulässig sein, wenn eine nachträgliche Kontrolle nicht gleich wirksam wäre, weil Mängel der betreffenden Dienstleistung später nicht festgestellt werden können, wobei die Risiken und Gefahren zu berücksichtigen sind, die sich aus dem Verzicht auf eine Vorabkontrolle ergeben könnten. Diese Bestimmungen der Richtlinie können jedoch keine Genehmigungsregelungen rechtfertigen, die durch andere Gemeinschaftsrechtsakte untersagt sind, wie durch die Richtlinie 1999/93/EG des Europäischen Parlaments und des Rates vom 13. Dezember 1999 über gemeinschaftliche Rahmenbedingungen für elektronische Signaturen[1] oder die Richtlinie 2000/31/EG des Europäischen Parlaments und des Rates vom 8. Juni 2000 über bestimmte rechtliche Aspekte der Dienste der Informationsgesellschaft, insbesondere des elektronischen Geschäftsverkehrs, im Binnenmarkt (Richtlinie über den elektronischen Geschäftsverkehr)[2]. Anhand des Ergebnisses der gegenseitigen Evaluierung kann auf Gemeinschaftsebene ermittelt werden, für welche Arten von Tätigkeiten die Genehmigungsregelungen abgeschafft werden sollten.

(55) Diese Richtlinie sollte die Möglichkeit der Mitgliedstaaten unberührt lassen, Genehmigungen nachträglich zu widerrufen, wenn die Voraussetzungen für die Erteilung der Genehmigung nicht mehr erfüllt sind.

(56) Gemäß der Rechtsprechung des Gerichtshofes sind Ziele im Bereich der öffentlichen Gesundheit, des Schutzes der Verbraucher, der Gesundheit von Tieren und der städtischen Umwelt zwingende Gründe des Allgemeininteresses. Solche zwingenden Gründe können die Anwendung von Genehmigungsregelungen und weitere Einschränkungen rechtfertigen. Allerdings sollte keine derartige Genehmigungsregelung oder Einschränkung eine Diskriminierung aus Gründen der Staatsangehörigkeit des Antragstellers bewirken. Darüber hinaus sollten die Grundsätze der Erforderlichkeit und der Verhältnismäßigkeit immer geachtet werden.

(57) Die Bestimmungen dieser Richtlinie über Genehmigungsregelungen sollten die Fälle betreffen, in denen Marktteilnehmer für die Aufnahme oder Ausübung einer Dienstleistungstätigkeit eine Entscheidung einer zuständigen Behörde benötigen. Dies betrifft weder Entscheidungen der zuständigen Behörden zur Schaffung einer öffentlichen oder privaten Einrichtung für die Erbringung einer bestimmten Dienstleistung noch den Abschluss von Verträgen durch die zuständigen Behörden für die Erbringung einer bestimmten Dienstleistung, die den Vorschriften über das öffentliche Beschaf-

---

1) Amtliche Fußnote: ABl. L 13 vom 19. 1. 2000, S. 12.
2) Amtliche Fußnote: ABl. L 178 vom 17. 7. 2000, S. 1.

Seite 464

fungswesen unterliegt, da diese Richtlinie Vorschriften über das öffentliche Beschaffungswesen nicht behandelt.

(58) Um die Aufnahme und Ausübung von Dienstleistungstätigkeiten zu erleichtern, ist es wichtig, Genehmigungsregelungen und ihre Begründungen zu evaluieren und darüber Bericht zu erstatten. Diese Berichtspflicht bezieht sich nur auf die Existenz von Genehmigungsregelungen und nicht auf die Kriterien und Voraussetzungen für die Erteilung von Genehmigungen.

(59) Die Genehmigung sollte dem Dienstleistungserbringer in der Regel die Aufnahme oder Ausübung der Dienstleistungstätigkeit im gesamten Hoheitsgebiet des Mitgliedstaats ermöglichen, sofern nicht eine territoriale Einschränkung durch einen zwingenden Grund des Allgemeininteresses gerechtfertigt ist. Zum Beispiel kann der Umweltschutz die Auflage rechtfertigen, eine Einzelgenehmigung für jede Anlage im nationalen Hoheitsgebiet einzuholen. Diese Bestimmung sollte keine regionalen oder lokalen Zuständigkeiten für die Erteilung von Genehmigungen in den Mitgliedstaaten berühren.

(60) Diese Richtlinie, insbesondere ihre Bestimmungen zu den Genehmigungsregelungen und zum territorialen Geltungsbereich einer Genehmigung, sollte nicht die Aufteilung der regionalen oder lokalen Zuständigkeiten in den Mitgliedstaaten, einschließlich der regionalen und lokalen Selbstverwaltung und der Verwendung von Amtssprachen, berühren.

(61) Die Bestimmung über das Verbot der doppelten Anwendung gleichwertiger Voraussetzungen für die Erteilung der Genehmigungen sollte die Mitgliedstaaten nicht daran hindern, ihre eigenen, in der Genehmigungsregelung festgelegten Voraussetzungen anzuwenden. Diese Bestimmung sollte nur verlangen, dass die zuständigen Behörden bei der Prüfung der Frage, ob der Antragsteller diese Voraussetzungen erfüllt, den gleichwertigen Voraussetzungen Rechnung tragen, die der Antragsteller bereits in einem anderen Mitgliedstaat erfüllt hat. Diese Bestimmung sollte nicht die Anwendung der Voraussetzungen für die Erteilung der Genehmigungen vorschreiben, die in der Genehmigungsregelung eines anderen Mitgliedstaats vorgesehen sind.

(62) Ist die Zahl der für eine bestimmte Tätigkeit verfügbaren Genehmigungen aufgrund der Knappheit der natürlichen Ressourcen oder der technischen Kapazitäten begrenzt, so sollte ein Verfahren für die Auswahl zwischen mehreren Antragstellern vorgesehen werden, um mit Hilfe des freien Wettbewerbs höchstmögliche Qualität und optimale Angebotsbedingungen im Interesse der Dienstleistungsempfänger zu erzielen. Ein solches Verfahren sollte Garantien für Transparenz und Neutralität bieten und gewährleisten, dass solchermaßen erteilte Genehmigungen keine übermäßig lange Geltungsdauer besitzen, nicht automatisch verlängert werden und keinerlei Begünstigungen des Dienstleistungserbringers vorsehen, dessen Genehmigung gerade abgelaufen ist. Insbesondere sollte die Geltungsdauer der Genehmigung so bemessen sein, dass sie den freien Wettbewerb nicht über das für die Amortisierung der Investitionen und die Erwirtschaftung einer angemessenen Investitionsrendite notwendige Maß hinaus einschränkt oder begrenzt. Diese Bestimmung sollte die Mitgliedstaaten nicht daran hindern, die Zahl der Genehmigungen aus anderen Gründen als der Knappheit der natürlichen Ressourcen oder der technischen Kapazitäten zu begrenzen. Diese Genehmigungen sollten in jedem Fall den weiteren Vorschriften dieser Richtlinie zu den Genehmigungsregelungen unterworfen sein.

(63) Eine Genehmigung sollte, sofern keine andere Regelung vorliegt, als erteilt gelten, falls keine Antwort binnen einer bestimmten Frist erfolgt. Für bestimmte Tätigkeiten können jedoch andere Regelungen vorgesehen werden, wenn dies durch zwingende Gründe des Allgemeininteresses objektiv gerechtfertigt ist, wozu auch berechtigte Interessen Dritter gehören. Zu diesen anderen Regelungen könnten auch nationale Vorschriften gehören, wonach bei Ausbleiben einer Antwort der zuständigen Behörde der Antrag als abgelehnt gilt, und die Ablehnung einer gerichtlichen Überprüfung zugänglich ist.

(64) Wenn ein wirklicher Binnenmarkt für Dienstleistungen geschaffen werden soll, müssen die in den Rechtsvorschriften bestimmter Mitgliedstaaten noch enthaltenen Beschränkungen der Niederlassungsfreiheit und des freien Dienstleistungsverkehrs, die mit Artikel 43 bzw. 49 des Vertrags unvereinbar sind, beseitigt werden. Die unzulässigen Beschränkungen beeinträchtigen den Binnenmarkt für Dienstleistungen und sollten unverzüglich systematisch abgebaut werden.

(65) Die Niederlassungsfreiheit beruht insbesondere auf dem Grundsatz der Gleichbehandlung, der nicht nur jede Diskriminierung aus Gründen der Staatsangehörigkeit verbietet, sondern auch indirekte Diskriminierungen aufgrund anderer Unterscheidungsmerkmale, die faktisch zum gleichen Ergebnis führen. So sollte die Aufnahme oder Ausübung einer Dienstleistungstätigkeit in einem Mitgliedstaat als Haupt- oder Nebentätigkeit nicht von Kriterien wie dem Niederlassungsort, dem Wohnsitz oder Aufenthaltsort oder dem Standort der überwiegenden Tätigkeit abhängen. Zu diesen Kriterien sollte jedoch nicht die Anforderung gehören, dass der Dienstleistungserbringer bzw. einer seiner Arbeitnehmer oder Vertreter bei der Ausübung seiner Tätigkeit präsent sein muss, wenn zwingende Gründe des Allgemeininteresses dies rechtfertigen. Zudem sollte ein Mitgliedstaat die Rechts- oder Parteifähigkeit von Gesellschaften nicht beschränken, die nach dem Recht eines anderen Mitgliedstaates, in dessen Hoheitsgebiet sie ihre Hauptniederlassung haben, gegründet wurden. Desgleichen sollte ein Mitgliedstaat keinerlei Begünstigungen für Dienstleistungserbringer vorsehen, die eine besondere Bindung zur nationalen oder regionalen Wirtschaft und Gesellschaft haben; er sollte ferner die Freiheit des Dienstleistungserbringers, Rechte und Güter zu erwerben, zu nutzen oder zu übertragen, sowie seinen Zugang zu verschiedenen Formen von Finanzierungen oder Geschäftsräumen nicht aufgrund des Niederlassungsortes beschränken, soweit diese Möglichkeiten für die Aufnahme und tatsächliche Ausübung seiner Dienstleistungstätigkeit von Nutzen sind.

(66) Die Aufnahme oder Ausübung einer Dienstleistungstätigkeit im Hoheitsgebiet eines Mitgliedstaates sollte nicht von einer Überprüfung eines wirtschaftlichen Bedarfs abhängen. Das Verbot von Überprüfungen eines wirtschaftlichen Bedarfs als Vorbedingung für die Erteilung einer Genehmigung sollte sich auf wirtschaftliche Erwägungen als solche beziehen und nicht auf andere Anforderungen, die objektiv durch zwingende Gründe des Allgemeininteresses gerechtfertigt sind, wie etwa den Schutz der städtischen Umwelt, die Sozialpolitik und Ziele der öffentlichen Gesundheit. Das Verbot sollte nicht die Ausübung der Befugnisse der für das Wettbewerbsrecht zuständigen Behörden betreffen.

(67) Hinsichtlich finanzieller Sicherheiten oder Versicherungen sollte sich die Unzulässigkeit von Anforderungen nur auf die Verpflichtung erstrecken,

Seite 466

dass die erforderlichen finanziellen Sicherheiten und Versicherungen von einem in dem betroffenen Mitgliedstaat niedergelassenen Finanzinstitut stammen.

(68) Hinsichtlich der Voreintragung in ein Register sollte sich die Unzulässigkeit von Anforderungen nur auf die Verpflichtung erstrecken, dass der Dienstleistungserbringer bereits vor der Niederlassung für einen bestimmten Zeitraum in einem in dem betroffenen Mitgliedstaat geführten Register eingetragen gewesen sein muss.

(69) Zur Koordinierung der Modernisierung der nationalen Vorschriften zur Anpassung an die Erfordernisse des Binnenmarktes ist es erforderlich, bestimmte nicht diskriminierende nationale Anforderungen, die ihrer Art nach die Aufnahme oder Ausübung einer Tätigkeit unter Inanspruchnahme der Niederlassungsfreiheit maßgeblich einschränken oder sogar verhindern könnten, zu überprüfen. Diese Überprüfung sollte sich auf die Vereinbarkeit dieser Anforderungen mit den bereits vom Gerichtshof zur Niederlassungsfreiheit festgelegten Kriterien beschränken. Sie sollte nicht die Anwendung des Wettbewerbsrechts der Gemeinschaft betreffen. Sind solche Anforderungen diskriminierend oder nicht objektiv durch einen zwingenden Grund des Allgemeininteresses gerechtfertigt oder unverhältnismäßig, so müssen sie beseitigt oder geändert werden. Das Ergebnis dieser Überprüfung kann je nach Art der betreffenden Tätigkeit und des Allgemeininteresses unterschiedlich ausfallen. Insbesondere könnten solche Anforderungen voll gerechtfertigt sein, wenn damit sozialpolitische Ziele verfolgt werden.

(70) Für die Zwecke dieser Richtlinie und unbeschadet des Artikels 16 des Vertrags können Dienstleistungen nur dann als Dienstleistungen von allgemeinem wirtschaftlichem Interesse angesehen werden, wenn sie der Erfüllung eines besonderen Auftrags von öffentlichem Interesse dienen, mit dem der Dienstleistungserbringer von dem betreffenden Mitgliedstaat betraut wurde. Diese Beauftragung sollte durch einen oder mehrere Akte erfolgen, deren Form von dem betreffenden Mitgliedstaat selbst bestimmt wird; darin sollte die genaue Art des besonderen Auftrags angegeben werden.

(71) Das in dieser Richtlinie vorgesehene Verfahren der gegenseitigen Evaluierung sollte nicht die Freiheit der Mitgliedstaaten berühren, in ihren Rechtsvorschriften ein hohes Schutzniveau in Bezug auf Allgemeininteressen festzusetzen, insbesondere bezüglich sozialpolitischer Ziele. Darüber hinaus ist es erforderlich, dass der Prozess der gegenseitigen Evaluierung der Besonderheit der Dienstleistungen von allgemeinem wirtschaftlichem Interesse und der damit verbundenen besonderen Aufgaben umfassend Rechnung trägt. Diese können bestimmte Einschränkungen der Niederlassungsfreiheit rechtfertigen, insbesondere wenn solche Beschränkungen dem Schutz der öffentlichen Gesundheit oder sozialpolitischen Zielen dienen und wenn sie die Bedingungen des Artikels 15 Absatz 3 Buchstaben a, b und c erfüllen. So hat der Gerichtshof beispielsweise bezüglich der Verpflichtung, eine bestimmte Rechtsform für die Ausübung bestimmter Dienstleistungen im sozialen Bereich zu wählen, anerkannt, dass es gerechtfertigt sein kann, von dem Dienstleistungserbringer die Rechtsform einer gemeinnützigen Gesellschaft zu verlangen.

(72) Dienstleistungen von allgemeinem wirtschaftlichem Interesse sind mit wichtigen Aufgaben für den sozialen und territorialen Zusammenhalt verbunden. Die Durchführung dieser Aufgaben sollte durch den in dieser

Richtlinie vorgesehenen Evaluierungsprozess nicht behindert werden. Zur Erfüllung dieser Aufgaben erforderliche Anforderungen sollten von diesem Prozess nicht berührt werden; zugleich sollte aber das Problem ungerechtfertigter Beschränkungen der Niederlassungsfreiheit behandelt werden.

(73) Zu den zu prüfenden Anforderungen gehören nationale Regelungen, die aus nicht mit der beruflichen Qualifikation zusammenhängenden Gründen die Aufnahme bestimmter Tätigkeiten bestimmten Dienstleistungserbringern vorbehalten. Zu diesen Anforderungen zählen auch solche Anforderungen, die vom Dienstleistungserbringer verlangen, eine bestimmte Rechtsform zu wählen, insbesondere die Rechtsform einer juristischen Person, einer Personengesellschaft, einer Gesellschaft ohne Erwerbszweck oder eine Gesellschaft, deren Anteilseigner ausschließlich natürliche Personen sind, oder Anforderungen im Hinblick auf die Beteiligungen am Gesellschaftskapital, insbesondere eine Mindestkapitalausstattung für bestimmte Dienstleistungstätigkeiten oder den Besitz besonderer Qualifikationen für die Anteilseigner oder das Führungspersonal bestimmter Unternehmen. Die Evaluierung der Vereinbarkeit von festgelegten Mindest- und/oder Höchstpreisen mit der Niederlassungsfreiheit betrifft nur Preise, die von zuständigen Behörden spezifisch für die Erbringung bestimmter Dienstleistungen festgelegt werden, und nicht etwa allgemeine Vorschriften über die Festlegung von Preisen, wie z.B. für die Vermietung von Häusern.

(74) Der Prozess der gegenseitigen Evaluierung bedeutet, dass die Mitgliedstaaten während der Umsetzungsfrist zunächst eine Überprüfung ihrer Rechtsvorschriften vornehmen müssen, um festzustellen, ob eine der oben genannten Anforderungen in ihrem Rechtssystem existiert. Spätestens bis zum Ende der Umsetzungsfrist sollten die Mitgliedstaaten einen Bericht über die Ergebnisse dieser Überprüfung erstellen. Jeder Bericht wird allen anderen Mitgliedstaaten und Interessengruppen übermittelt. Die Mitgliedstaaten können dann innerhalb von sechs Monaten ihre Bemerkungen zu diesen Berichten vorlegen. Die Kommission sollte spätestens ein Jahr nach Ablauf der Umsetzungsfrist einen zusammenfassenden Bericht erstellen, gegebenenfalls mit Vorschlägen für weitere Initiativen. Die Kommission könnte – in Zusammenarbeit mit den Mitgliedstaaten – die Mitgliedstaaten erforderlichenfalls bei der Erstellung einer gemeinsamen Methodik unterstützen.

(75) Die Tatsache, dass diese Richtlinie eine Reihe von Anforderungen festlegt, die die Mitgliedstaaten während der Umsetzungsfrist beseitigen oder prüfen müssen, lässt die Möglichkeit der Einleitung von Vertragsverletzungsverfahren gegen einen Mitgliedstaat wegen eines Verstoßes gegen die Artikel 43 oder 49 des Vertrags unberührt.

(76) Diese Richtlinie betrifft nicht die Anwendung der Artikel 28, 29 und 30 des Vertrags über den freien Warenverkehr. Bei den nach den Bestimmungen über die Dienstleistungsfreiheit unzulässigen Beschränkungen handelt es sich um Anforderungen für die Aufnahme und Ausübung von Dienstleistungstätigkeiten und nicht um Anforderungen, die sich auf Waren als solche beziehen.

(77) Begibt sich ein Marktteilnehmer in einen anderen Mitgliedstaat, um dort eine Dienstleistungstätigkeit auszuüben, so sollte zwischen Sachverhalten, die unter die Niederlassungsfreiheit und solchen, die unter den freien Dienstleistungsverkehr fallen, unterschieden werden, je nachdem, ob es sich um eine vorübergehende Tätigkeit handelt oder nicht. Nach der Rechtsprechung des Gerichtshofs ist für die Unterscheidung zwischen der Nie-

derlassungsfreiheit und dem freien Dienstleistungsverkehr ausschlaggebend, ob der Marktteilnehmer in dem Mitgliedstaat, in dem er die betreffende Dienstleistung erbringt, niedergelassen ist oder nicht. Ist der Marktteilnehmer in dem Mitgliedstaat, in dem er seine Dienstleistungen erbringt, niedergelassen, so sollte in seinem Fall die Niederlassungsfreiheit anwendbar sein. Ist der Marktteilnehmer dagegen nicht in dem Mitgliedstaat niedergelassen, in dem die Dienstleistung erbracht wird, so sollte seine Tätigkeit unter den freien Dienstleistungsverkehr fallen. Nach der ständigen Rechtsprechung des Gerichtshofs sollte der vorübergehende Charakter der betreffenden Tätigkeiten nicht nur unter Berücksichtigung der Dauer der Erbringung der Leistung, sondern auch ihrer Häufigkeit, ihrer regelmäßigen Wiederkehr oder ihrer Kontinuität beurteilt werden. Der vorübergehende Charakter der Dienstleistung sollte nicht die Möglichkeit für den Dienstleistungserbringer ausschließen, sich in dem Mitgliedstaat, in dem die Dienstleistung erbracht wird, mit einer bestimmten Infrastruktur, wie etwa Geschäftsräumen, einer Kanzlei oder Praxis auszustatten, soweit diese Infrastruktur für die Erbringung der betreffenden Leistung erforderlich ist.

(78) Um die wirksame Verwirklichung des freien Dienstleistungsverkehrs sicherzustellen und zu gewährleisten, dass Dienstleistungsempfänger und -erbringer gemeinschaftsweit ohne Rücksicht auf die Grenzen Dienstleistungen in Anspruch nehmen und erbringen können, ist es erforderlich, zu klären, inwieweit die Anforderungen des Mitgliedstaats, in dem die Dienstleistung erbracht wird, zur Anwendung kommen können. Es muss unbedingt geregelt werden, dass die Bestimmungen über die Dienstleistungsfreiheit den Mitgliedstaat, in dem die Dienstleistung erbracht wird, nicht daran hindern, gemäß den in Artikel 16 Absatz 1 Buchstaben a bis c festgelegten Grundsätzen seine besonderen Anforderungen aus Gründen der öffentlichen Ordnung oder der öffentlichen Sicherheit oder der öffentlichen Gesundheit oder des Schutzes der Umwelt anzuwenden.

(79) Nach ständiger Rechtsprechung des Gerichtshofs behält ein Mitgliedstaat das Recht, Maßnahmen zu ergreifen, um Dienstleistungserbringer daran zu hindern, die Grundsätze des Binnenmarktes missbräuchlich zu nutzen. Missbrauch durch einen Dienstleistungserbringer sollte auf Einzelfallbasis festgestellt werden.

(80) Es muss sichergestellt werden, dass Dienstleistungserbringer in der Lage sind, Ausrüstungsgegenstände, die für die Erbringung ihrer Dienstleistung unerlässlich sind, mitzunehmen, wenn sie sich in einen anderen Mitgliedstaat begeben, um dort Dienstleistungen zu erbringen. Insbesondere ist zu vermeiden, dass Dienstleistungserbringern in Fällen, in denen die Dienstleistung ohne die Ausrüstungsgegenstände nicht erbracht werden könnte, zusätzliche Kosten z.B. dadurch entstehen, dass sie andere Ausrüstungsgegenstände als die, die sie gewöhnlich verwenden, mieten oder kaufen müssen oder dass sie die Art und Weise, wie sie ihre Tätigkeit gewöhnlich ausüben, erheblich ändern müssen.

(81) Der Begriff der Ausrüstungsgegenstände bezieht sich nicht auf materielle Gegenstände, die entweder vom Dienstleistungserbringer an den -empfänger geliefert werden oder die – wie beispielsweise Baustoffe oder Ersatzteile – aufgrund der Dienstleistungstätigkeit Teil eines materiellen Gegenstands werden oder – wie beispielsweise Brennstoffe, Sprengstoffe, pyrotechnische Erzeugnisse, Pestizide, Giftstoffe oder Arzneimittel – im Zuge

der Erbringung der Dienstleistung verbraucht oder vor Ort belassen werden.

(82) Diese Richtlinie sollte der Anwendung von Vorschriften über Beschäftigungsbedingungen durch einen Mitgliedstaat nicht entgegenstehen. Rechts- und Verwaltungsvorschriften sollten nach dem Vertrag aus Gründen des Schutzes der Arbeitnehmer gerechtfertigt und – nach der Auslegung des Gerichtshofes – nicht diskriminierend, erforderlich und verhältnismäßig sein sowie mit sonstigen einschlägigen Rechtsvorschriften der Gemeinschaft in Einklang stehen.

(83) Es ist erforderlich sicherzustellen, dass Abweichungen von den Bestimmungen über die Dienstleistungsfreiheit nur in den Bereichen zulässig sind, für die Ausnahmeregelungen gelten. Diese Ausnahmeregelungen sind notwendig, um dem Ausmaß der Rechtsvereinheitlichung im Binnenmarkt bzw. bestimmten Gemeinschaftsrechtsakten im Bereich der Dienstleistungen Rechnung zu tragen, nach denen ein Dienstleistungserbringer einem anderen Recht als dem des Niederlassungsmitgliedstaates unterliegt. Darüber hinaus sollten in bestimmten Ausnahmefällen und unter strengen verfahrensrechtlichen und materiellen Voraussetzungen gegenüber einem Dienstleistungserbringer Maßnahmen im Einzelfall ergriffen werden. Des Weiteren sollte jede in Ausnahmefällen zulässige Beschränkung des freien Dienstleistungsverkehrs im Einklang mit den Grundrechten stehen, die integraler Bestandteil der im gemeinschaftlichen Rechtssystem anerkannten allgemeinen Rechtsgrundsätze sind.

(84) Die Ausnahme von den Bestimmungen über die Dienstleistungsfreiheit im Falle der Postdienste sollte sowohl Tätigkeiten, die Universaldiensterbringern vorbehalten sind, als auch sonstige Postdienste betreffen.

(85) Die Ausnahme von den Bestimmungen über die Dienstleistungsfreiheit im Falle der gerichtlichen Beitreibung von Forderungen und die Bezugnahme auf einen möglichen künftigen Harmonisierungsrechtsakt sollten ausschließlich die Aufnahme und Ausübung von Tätigkeiten betreffen, die im Wesentlichen in der Einreichung von Klagen zur Beitreibung von Forderungen vor einem Gericht bestehen.

(86) Diese Richtlinie sollte nicht die Arbeits- und Beschäftigungsbedingungen berühren, die gemäß der Richtlinie 96/71/EG des Europäischen Parlaments und des Rates vom 16. Dezember 1996 über die Entsendung von Arbeitnehmern im Rahmen der Erbringung von Dienstleistungen[1] für Arbeitnehmer gelten, die für die Erbringung von Dienstleistungen in das Hoheitsgebiet eines anderen Mitgliedstaats entsandt werden. In diesen Fällen sieht die Richtlinie 96/71/EG vor, dass die Dienstleistungserbringer in den im Einzelnen aufgeführten Bereichen die in dem Mitgliedstaat, in dem die Dienstleistung erbracht wird, geltenden Arbeits- und Beschäftigungsbedingungen einhalten müssen. Dabei handelt es sich um folgende Bereiche: Höchstarbeitszeiten und Mindestruhezeiten, bezahlter Mindestjahresurlaub, Mindestlohnsätze einschließlich der Überstundensätze, die Bedingungen für die Überlassung von Arbeitskräften, insbesondere Schutz der von Leiharbeitsunternehmen zur Verfügung gestellten Arbeitskräfte, Gesundheitsschutz, Sicherheit und Hygiene am Arbeitsplatz, Schutzmaßnahmen im Zusammenhang mit den Arbeits- und Beschäftigungsbedingungen von Schwangeren und Wöchnerinnen, Kindern und Jugendlichen, Gleichbe-

1) Amtliche Fußnote: ABl. L 18 vom 21. 1. 1997, S. 1.

Seite 470

handlung von Männern und Frauen sowie andere Nichtdiskriminierungsbestimmungen. Dies betrifft nicht nur die gesetzlich festgelegten Arbeits- und Beschäftigungsbedingungen, sondern auch die in allgemein verbindlich erklärten oder im Sinne der Richtlinie 96/71/EG de facto allgemein verbindlichen Tarifverträgen oder Schiedssprüchen festgelegten Bedingungen. Außerdem sollte diese Richtlinie die Mitgliedstaaten nicht daran hindern, Arbeits- und Beschäftigungsbedingungen für andere als die in Artikel 3 Absatz 1 der Richtlinie 96/71/EG aufgeführten Aspekte aus Gründen der öffentlichen Ordnung vorzuschreiben.

(87) Diese Richtlinie sollte ebenso wenig die Arbeits- und Beschäftigungsbedingungen in Fällen betreffen, in denen der für die Erbringung einer grenzüberschreitenden Dienstleistung beschäftigte Arbeitnehmer in dem Mitgliedstaat, in dem die Dienstleistung erbracht wird, eingestellt wird. Außerdem sollte diese Richtlinie nicht das Recht der Mitgliedstaaten, in denen die Dienstleistung erbracht wird, berühren, das Bestehen eines Arbeitsverhältnisses zu bestimmen und den Unterschied zwischen Selbstständigen und abhängig beschäftigten Personen, einschließlich so genannter Scheinselbstständiger, festzulegen. In diesem Zusammenhang sollte das wesentliche Merkmal eines Arbeitsverhältnisses im Sinne des Artikels 39 des Vertrags die Tatsache sein, dass jemand während einer bestimmten Zeit für einen anderen nach dessen Weisung Leistungen erbringt, für die er als Gegenleistung eine Vergütung erhält; jedwede Tätigkeit einer Person außerhalb eines Unterordnungsverhältnisses muss als selbstständige Beschäftigung im Sinne der Artikel 43 und 49 des Vertrags angesehen werden.

(88) Die Bestimmungen über die Dienstleistungsfreiheit sollten in Fällen, in denen eine Tätigkeit in einem Mitgliedstaat im Einklang mit dem Gemeinschaftsrecht einem bestimmten Beruf vorbehalten ist, keine Anwendung finden, z.B. wenn Rechtsberatung nur von Juristen durchgeführt werden darf.

(89) Die Ausnahme von den Bestimmungen über die Dienstleistungsfreiheit für die Zulassung von Kraftfahrzeugen, die nicht in dem Mitgliedstaat geleast wurden, in dem sie genutzt werden, ergibt sich aus der Rechtsprechung des Gerichtshofes, der anerkannt hat, dass ein Mitgliedstaat Fahrzeuge, die in seinem Hoheitsgebiet genutzt werden, einer solchen Anforderung unterwerfen kann, sofern sie das Erfordernis der Verhältnismäßigkeit erfüllt. Diese Ausnahme betrifft nicht die gelegentliche oder vorübergehende Anmietung.

(90) Vertragsbeziehungen zwischen dem Dienstleistungserbringer und dem Kunden sowie zwischen Arbeitgeber und Arbeitnehmer sollten nicht unter diese Richtlinie fallen. Die Festlegung des auf vertragliche oder außervertragliche Schuldverhältnisse des Dienstleistungserbringers anzuwendenden Rechts sollte durch die Regeln des internationalen Privatrechts erfolgen.

(91) Den Mitgliedstaaten muss die Möglichkeit gelassen werden, ausnahmsweise in bestimmten Einzelfällen aus Gründen der Sicherheit der Dienstleistungen in Abweichung von den Bestimmungen über die Dienstleistungsfreiheit Maßnahmen gegenüber einem Dienstleistungserbringer zu ergreifen, der in einem anderen Mitgliedstaat niedergelassen ist. Es sollte jedoch nur möglich sein, solche Maßnahmen bei Fehlen einer gemeinschaftlichen Harmonisierung zu ergreifen.

(92) Dieser Richtlinie entgegenstehende Beschränkungen des freien Dienstleistungsverkehrs können sich nicht nur aus Maßnahmen gegenüber den Dienstleistungserbringern, sondern auch aus vielfältigen Beschränkungen ergeben, denen die Dienstleistungsempfänger und insbesondere die Verbraucher bei der Nutzung von Dienstleistungen begegnen. Diese Richtlinie enthält Beispiele für bestimmte Arten von Beschränkungen gegenüber einem Dienstleistungsempfänger, der eine Dienstleistung in Anspruch nehmen möchte, die von einem in einem anderen Mitgliedstaat niedergelassenen Dienstleistungserbringer angeboten wird. Dies umfasst auch Fälle, in denen Dienstleistungsempfänger verpflichtet sind, eine Genehmigung ihrer zuständigen Behörden einzuholen oder bei diesen Behörden eine Erklärung abzugeben, um eine Dienstleistung eines Dienstleistungserbringers, der in einem anderen Mitgliedstaat niedergelassen ist, in Anspruch nehmen zu können. Dies betrifft keine allgemeinen Genehmigungsregelungen, die auch für die Inanspruchnahme einer Dienstleistung gelten, die von einem in demselben Mitgliedstaat niedergelassenen Dienstleistungserbringer erbracht wird.

(93) Der Begriff der finanziellen Unterstützung für die Inanspruchnahme einer bestimmten Dienstleistung sollte weder für Beihilferegelungen der Mitgliedstaaten, insbesondere im sozialen oder kulturellen Bereich, die unter die gemeinschaftlichen Wettbewerbsvorschriften fallen, gelten, noch für allgemeine finanzielle Unterstützung, die nicht mit der Inanspruchnahme einer bestimmten Dienstleistung verknüpft ist, z.B. Zuschüsse oder Darlehen für Studenten.

(94) Gemäß den Vorschriften des Vertrags über den freien Dienstleistungsverkehr sind Diskriminierungen des Dienstleistungsempfängers aufgrund seiner Staatsangehörigkeit, seines Wohnsitzstaates oder seines Wohnortes verboten. Eine solche Diskriminierung kann in einer Verpflichtung bestehen, wonach lediglich Staatsangehörige eines anderen Mitgliedstaats Originaldokumente, beglaubigte Kopien, einen Staatsangehörigkeitsnachweis oder beglaubigte Übersetzungen von Unterlagen vorzulegen haben, um in den Genuss bestimmter Dienstleistungen, günstigerer Bedingungen oder Preisvorteile zu kommen. Gleichwohl sollte das Verbot diskriminierender Anforderungen nicht verhindern, dass bestimmte Vergünstigungen, namentlich Preisvorteile, bestimmten Dienstleistungsempfängern vorbehalten sind, wenn dies auf berechtigten und objektiven Kriterien beruht.

(95) Der Grundsatz der Nichtdiskriminierung im Binnenmarkt beinhaltet, dass einem Dienstleistungsempfänger, insbesondere einem Verbraucher, der Zugriff auf allgemein angebotene Dienstleistungen nicht aufgrund eines Kriteriums verwehrt oder erschwert werden darf, das in veröffentlichten allgemeinen Geschäftsbedingungen enthalten ist und an seine Staatsangehörigkeit oder seines Wohnsitzes anknüpft. Hieraus folgt nicht, dass es eine rechtswidrige Diskriminierung darstellt, wenn in solchen allgemeinen Geschäftsbedingungen für eine Dienstleistung unterschiedliche Preise oder Bedingungen festgelegt werden, die durch objektive Gründe gerechtfertigt sind, die von Land zu Land unterschiedlich sein können, wie beispielsweise entfernungsabhängige Zusatzkosten, technische Merkmale der Erbringung der Dienstleistung, unterschiedliche Marktbedingungen wie saisonbedingte stärkere oder geringere Nachfrage, unterschiedliche Ferienzeiten in den Mitgliedstaaten, unterschiedliche Preisgestaltung der Wettbewerber oder zusätzliche Risiken, die damit verbunden sind, dass sich die rechtlichen

Seite 472

Rahmenbedingungen von denen des Niederlassungsmitgliedstaates unterscheiden. Hieraus folgt auch nicht, dass es eine rechtswidrige Diskriminierung darstellen würde, wenn einem Verbraucher eine Dienstleistung nicht erbracht wird, weil die erforderlichen Rechte des geistigen Eigentums in einem bestimmten Hoheitsgebiet nicht vorliegen.

(96) Bei den Möglichkeiten, die der Dienstleistungserbringer hat, um dem Dienstleistungsempfänger die von ihm bereitzustellenden Informationen leicht zugänglich zu machen, sollte die Angabe seiner elektronischen Adresse einschließlich seiner Website vorgesehen werden. Im Übrigen sollte die Verpflichtung des Dienstleistungserbringers, in den ausführlichen Informationsunterlagen über seine Tätigkeit bestimmte Angaben zu machen, nicht für die allgemeine kommerzielle Kommunikation wie etwa Werbung gelten, sondern vielmehr für Dokumente, die ausführliche Angaben über die angebotenen Dienstleistungen enthalten, einschließlich der Dokumente auf einer Website.

(97) Es ist erforderlich, in diese Richtlinie bestimmte Vorschriften zur Gewährleistung einer hohen Qualität der Dienstleistungen, insbesondere in Bezug auf Informations- und Transparenzerfordernisse, aufzunehmen. Diese Vorschriften sollten sowohl für die grenzüberschreitende Erbringung von Dienstleistungen zwischen Mitgliedstaaten als auch für Dienstleistungen, die in einem Mitgliedstaat von einem dort niedergelassenen Anbieter erbracht werden, gelten, ohne dass KMU vermeidbare Belastungen auferlegt werden. Diese Vorschriften sollten die Mitgliedstaaten in keiner Weise daran hindern, in Übereinstimmung mit dieser Richtlinie und anderem Gemeinschaftsrecht zusätzliche oder andere Qualitätsanforderungen zu stellen.

(98) Jeder Marktteilnehmer, dessen Dienstleistungen ein unmittelbares und besonderes Risiko für die Gesundheit, Sicherheit oder die finanzielle Lage des Dienstleistungsempfängers oder eines Dritten darstellen, sollte grundsätzlich über eine angemessene Berufshaftpflichtversicherung oder eine andere gleichwertige oder vergleichbare Sicherheit verfügen, was insbesondere bedeutet, dass ein solcher Marktteilnehmer in der Regel für die Erbringung der Dienstleistung in einem oder mehreren anderen Mitgliedstaaten als dem Niederlassungsmitgliedstaat angemessen versichert sein sollte.

(99) Die Versicherung oder Sicherheit sollte der Art und dem Ausmaß des Risikos angemessen sein. Deshalb sollte ein Dienstleistungserbringer nur dann über eine grenzüberschreitende Deckung verfügen müssen, wenn dieser Dienstleistungserbringer tatsächlich in anderen Mitgliedstaaten Dienstleistungen erbringt. Die Mitgliedstaaten sollten keine detaillierteren Vorschriften für die Versicherungsdeckung festlegen und z.B. Mindestwerte für die Versicherungssumme oder Begrenzungen für Ausnahmen von der Deckung vorsehen. Dienstleistungserbringer und Versicherer sollten weiterhin über die nötige Flexibilität verfügen, um genau auf die Art und das Ausmaß des Risikos abgestimmte Versicherungspolicen auszuhandeln. Darüber hinaus ist es nicht notwendig, dass die Verpflichtung zu einer angemessenen Versicherung gesetzlich festgelegt wird. Es sollte ausreichen, wenn die Versicherungspflicht Teil der von den Berufsverbänden festgelegten Standesregeln ist. Ferner sollten Versicherungsunternehmen nicht gezwungen werden, Versicherungsverträge abzuschließen.

(100) Es ist erforderlich absolute Verbote kommerzieller Kommunikation für reglementierte Berufe zu beseitigen, wobei nicht Verbote gemeint sind, die sich

auf den Inhalt der kommerziellen Kommunikation beziehen, sondern solche, die diese allgemein und für ganze Berufsgruppen in einer oder mehreren Formen untersagen, beispielsweise ein Verbot von Werbung in einem bestimmten Medium oder in einer Reihe von Medien. Hinsichtlich des Inhalts und der Art und Weise der kommerziellen Kommunikation ist es erforderlich, die Angehörigen der reglementierten Berufe aufzufordern, im Einklang mit dem Gemeinschaftsrecht gemeinschaftsweite Verhaltenskodizes zu erarbeiten.

(101) Es ist erforderlich und im Interesse der Dienstleistungsempfänger, insbesondere der Verbraucher, sicherzustellen, dass die Dienstleistungserbringer die Möglichkeit haben, multidisziplinäre Dienstleistungen anzubieten, und dass die diesbezüglichen Beschränkungen auf das begrenzt werden, was erforderlich ist, um die Unparteilichkeit und Unabhängigkeit sowie die Integrität der reglementierten Berufe zu gewährleisten. Hiervon unberührt bleiben solche Beschränkungen oder Verbote, besondere Tätigkeiten auszuführen, mit denen die Unabhängigkeit in Fällen sichergestellt werden soll, in denen ein Mitgliedstaat einen Dienstleistungserbringer mit einer besonderen Aufgabe, insbesondere im Bereich der Stadtentwicklung, betraut; ferner sollte dies nicht die Anwendung von Wettbewerbsvorschriften berühren.

(102) Um die Transparenz zu erhöhen und sicherzustellen, dass Bewertungen der Qualität der angebotenen und erbrachten Dienstleistungen sich auf vergleichbare Kriterien stützen, ist es wichtig, dass die Informationen über die Bedeutung der Gütesiegel und sonstigen Kennzeichnungen der Dienstleistungen leicht zugänglich sind. Eine solche Transparenzpflicht ist in Bereichen wie dem Fremdenverkehr, namentlich im Hotelgewerbe mit seinen weit verbreiteten Klassifizierungssystemen, besonders wichtig. Im Übrigen ist es angebracht zu untersuchen, in welchem Maß europäische Normung von Nutzen sein kann, um die Vergleichbarkeit und die Qualität der Dienstleistungen zu erleichtern. Europäische Normen werden von den europäischen Normungsorganisationen, dem Europäischen Komitee für Normung (CEN), dem Europäischen Komitee für elektrotechnische Normung (CENELEC) und dem Europäischen Institut für Telekommunikationsnormen (ETSI) erarbeitet. Soweit erforderlich, kann die Kommission nach den in der Richtlinie 98/34/EG des Europäischen Parlaments und des Rates vom 22. Juni 1998 über ein Informationsverfahren auf dem Gebiet der Normen und technischen Vorschriften und der Vorschriften für die Dienste der Informationsgesellschaft[1)] vorgesehenen Verfahren einen Auftrag zur Erarbeitung europäischer Normen erteilen.

(103) Um eventuelle Probleme bei der Befolgung einer Gerichtsentscheidung zu lösen, ist es angezeigt, dass die Mitgliedstaaten gleichwertige Sicherheiten anerkennen, die bei in einem anderen Mitgliedstaat niedergelassenen Instituten oder Einrichtungen wie Banken, Versicherern oder anderen Finanzdienstleistungserbringern bestellt wurden.

(104) Die Entwicklung eines Netzes der für den Verbraucherschutz zuständigen Behörden der Mitgliedstaaten, das Gegenstand der Verordnung (EG) Nr. 2006/2004 ist, ergänzt die in dieser Richtlinie vorgesehene Zusammenarbeit. Die Anwendung der Rechtsvorschriften über den Verbraucherschutz in grenzüberschreitenden Fällen, insbesondere im Hinblick auf die Ent-

1) Amtliche Fußnote: ABl. L 204 vom 21. 7. 1998, S. 37. Zuletzt geändert durch die Beitrittsakte von 2003.

wicklung neuer Marketing- und Vertriebspraktiken, ebenso wie die Notwendigkeit, bestimmte Hindernisse für die Zusammenarbeit in diesem Bereich zu beseitigen, erfordern ein erhöhtes Maß an Zusammenarbeit zwischen den Mitgliedstaaten. Insbesondere ist es in diesem Bereich erforderlich sicherzustellen, dass die Mitgliedstaaten von Marktteilnehmern die Beendigung rechtswidriger Praktiken in ihrem Hoheitsgebiet fordern, die auf Verbraucher in anderen Mitgliedstaaten abzielen.

(105) Für ein reibungsloses Funktionieren des Binnenmarktes für Dienstleistungen ist eine Zusammenarbeit der Verwaltungen unerlässlich. Mangelnde Zusammenarbeit zwischen Mitgliedstaaten führt zu einer Zunahme von Vorschriften für Dienstleistungserbringer oder zu doppelten Kontrollen von grenzüberschreitenden Tätigkeiten und kann auch von unseriösen Geschäftemachern dazu genutzt werden, sich einer Kontrolle zu entziehen oder auf Dienstleistungen anwendbare nationale Vorschriften zu umgehen. Es ist daher unverzichtbar, klare und rechtsverbindliche Verpflichtungen der Mitgliedstaaten zur wirksamen Zusammenarbeit festzulegen.

(106) Für die Zwecke des Kapitels über Verwaltungszusammenarbeit sollte „Kontrolle“ Tätigkeiten wie Überwachung und Faktenermittlung, Problemlösung, Verhängung und Vollstreckung von Sanktionen sowie die damit verbundenen Folgemaßnahmen umfassen.

(107) Unter normalen Umständen sollte die Amtshilfe direkt zwischen den zuständigen Behörden erfolgen. Die von den Mitgliedstaaten benannten Verbindungsstellen sollten nur dann aufgefordert werden, diesen Prozess zu unterstützen, wenn Schwierigkeiten auftreten, z.B. wenn Hilfe erforderlich ist, um die entsprechende zuständige Behörde zu ermitteln.

(108) Bestimmte Verpflichtungen zur Amtshilfe sollten für alle Fragen gelten, auf die sich diese Richtlinie erstreckt; hierzu gehören auch Verpflichtungen im Zusammenhang mit Fällen, in denen sich der Dienstleistungserbringer in einem anderen Mitgliedstaat niederlässt. Andere Verpflichtungen zur Amtshilfe sollten nur in den Fällen der grenzüberschreitenden Erbringung von Dienstleistungen Anwendung finden, in denen die Bestimmungen über die Dienstleistungsfreiheit gelten. Eine Reihe weiterer Verpflichtungen sollten in allen Fällen der grenzüberschreitenden Erbringung von Dienstleistungen Anwendung finden, also auch in Bereichen, die nicht von den Bestimmungen über die Dienstleistungsfreiheit erfasst werden. Die grenzüberschreitende Erbringung von Dienstleistungen sollte auch solche Fälle umfassen, in denen die Dienstleistungen aus der Ferne erbracht werden, und solche, in denen sich der Dienstleistungsempfänger in den Niederlassungsmitgliedstaat des Dienstleistungserbringers begibt, um die Dienstleistung in Anspruch zu nehmen.

(109) Für die Fälle, in denen sich der Dienstleistungserbringer vorübergehend in einen anderen Mitgliedstaat als seinen Niederlassungsmitgliedstaat begibt, muss eine Amtshilfe zwischen diesen beiden Mitgliedstaaten vorgesehen werden, damit der Bestimmungsmitgliedstaat im Auftrag des Niederlassungsmitgliedstaats Überprüfungen, Kontrollen und Untersuchungen durchführen kann oder aber, wenn es lediglich um die Sachverhaltsfeststellung geht, von sich aus tätig werden kann.

(110) Es sollte Mitgliedstaaten nicht möglich sein, die Vorschriften dieser Richtlinie, einschließlich der Bestimmungen über die Dienstleistungsfreiheit, dadurch zu umgehen, dass sie diskriminierende oder unverhältnismäßige Überprüfungen, Kontrollen oder Ermittlungen durchführen.

(111) Die sich auf den Austausch von Informationen über die Zuverlässigkeit der Dienstleistungserbringer beziehenden Bestimmungen dieser Richtlinie sollten Initiativen im Bereich der polizeilichen und justiziellen Zusammenarbeit in Strafsachen nicht vorgreifen, insbesondere nicht Initiativen zum Austausch von Informationen zwischen den Strafverfolgungsbehörden und über Strafregister der Mitgliedstaaten.

(112) Die Zusammenarbeit zwischen den Mitgliedstaaten erfordert ein gut funktionierendes elektronisches Informationssystem, damit die zuständigen Behörden ihre jeweiligen Ansprechpartner in anderen Mitgliedstaaten leicht ermitteln und wirksam mit ihnen kommunizieren können.

(113) Es ist vorzusehen, dass die Mitgliedstaaten in Zusammenarbeit mit der Kommission Interessengruppen ermutigen, gemeinschaftsweite Verhaltenskodizes auszuarbeiten, die, unter Berücksichtigung der Besonderheiten jedes Berufs, insbesondere die Dienstleistungsqualität verbessern sollen. Diese Verhaltenskodizes sollten mit dem Gemeinschaftsrecht, vor allem dem Wettbewerbsrecht, vereinbar sein. Sie sollten mit rechtsverbindlichen Berufsregeln in den Mitgliedstaaten vereinbar sein.

(114) Die Mitgliedstaaten sollten die Ausarbeitung von Verhaltenskodizes insbesondere durch Berufsverbände, -organisationen und -vereinigungen auf Gemeinschaftsebene unterstützen. Diese Verhaltenskodizes sollten je nach Art der einzelnen Berufe Bestimmungen über die kommerzielle Kommunikation in den reglementierten Berufen sowie die Standesregeln der reglementierten Berufe enthalten, die insbesondere die Wahrung der Unabhängigkeit, der Unparteilichkeit und des Berufsgeheimnisses gewährleisten sollen. Darüber hinaus sollten die Voraussetzungen für die Ausübung der Tätigkeit von Immobilienmaklern in diese Verhaltenskodizes einbezogen werden. Die Mitgliedstaaten sollten begleitende Maßnahmen ergreifen, um die Berufsverbände, -organisationen und -vereinigungen zu ermutigen, die auf Gemeinschaftsebene verabschiedeten Verhaltenskodizes auf nationaler Ebene umzusetzen.

(115) Verhaltenskodizes auf Gemeinschaftsebene sollen dazu dienen, Mindestverhaltensnormen festzulegen, und sie ergänzen die rechtlichen Anforderungen der Mitgliedstaaten. Sie hindern die Mitgliedstaaten nicht daran, im Einklang mit dem Gemeinschaftsrecht strengere rechtliche Maßnahmen zu erlassen, oder die nationalen Berufsverbände, einen stärkeren Schutz in ihren nationalen Verhaltenskodizes vorzusehen.

(116) Da die Ziele dieser Richtlinie, nämlich die Beseitigung von Beschränkungen der Niederlassungsfreiheit von Dienstleistungserbringern in den Mitgliedstaaten und für den freien Dienstleistungsverkehr zwischen den Mitgliedstaaten, auf Ebene der Mitgliedstaaten nicht ausreichend verwirklicht werden können und daher wegen des Umfangs der Maßnahme besser auf Gemeinschaftsebene zu verwirklichen sind, kann die Gemeinschaft im Einklang mit dem in Artikel 5 des Vertrags niedergelegten Subsidiaritätsprinzip tätig werden. Entsprechend dem in demselben Artikel genannten Grundsatz der Verhältnismäßigkeit geht diese Richtlinie nicht über das zur Erreichung dieser Ziele erforderliche Maß hinaus.

(117) Die zur Durchführung dieser Richtlinie erforderlichen Maßnahmen sollten gemäß dem Beschluss 1999/468/EG des Rates vom 28. Juni 1999 zur Festle-

gung der Modalitäten für die Ausübung der der Kommission übertragenen Durchführungsbefugnisse[1] erlassen werden.

(118) Gemäß Nummer 34 der Interinstitutionellen Vereinbarung über bessere Rechtsetzung[2] sind die Mitgliedstaaten aufgefordert, für ihre eigenen Zwecke und im Interesse der Gemeinschaft eigene Tabellen aufzustellen, aus denen im Rahmen des Möglichen die Entsprechungen zwischen dieser Richtlinie und den Umsetzungsmaßnahmen zu entnehmen sind, und diese zu veröffentlichen –

HABEN FOLGENDE RICHTLINIE ERLASSEN:

KAPITEL I

ALLGEMEINE BESTIMMUNGEN

Artikel 1 Gegenstand

(1) Diese Richtlinie enthält allgemeine Bestimmungen, die bei gleichzeitiger Gewährleistung einer hohen Qualität der Dienstleistungen die Wahrnehmung der Niederlassungsfreiheit durch Dienstleistungserbringer sowie den freien Dienstleistungsverkehr erleichtern sollen.

(2) Diese Richtlinie betrifft weder die Liberalisierung von Dienstleistungen von allgemeinem wirtschaftlichem Interesse, die öffentlichen oder privaten Einrichtungen vorbehalten sind, noch die Privatisierung öffentlicher Einrichtungen, die Dienstleistungen erbringen.

(3) Diese Richtlinie betrifft weder die Abschaffung von Dienstleistungsmonopolen noch von den Mitgliedstaaten gewährte Beihilfen, die unter die gemeinschaftlichen Wettbewerbsvorschriften fallen.

Diese Richtlinie berührt nicht das Recht der Mitgliedstaaten, im Einklang mit dem Gemeinschaftsrecht festzulegen, welche Leistungen sie als von allgemeinem wirtschaftlichem Interesse erachten, wie diese Dienstleistungen unter Beachtung der Vorschriften über staatliche Beihilfen organisiert und finanziert werden sollten und welchen spezifischen Verpflichtungen sie unterliegen sollten.

(4) Diese Richtlinie berührt nicht die Maßnahmen, die auf gemeinschaftlicher oder nationaler Ebene im Einklang mit dem Gemeinschaftsrecht ergriffen werden, um die kulturelle oder sprachliche Vielfalt oder den Medienpluralismus zu schützen oder zu fördern.

(5) Diese Richtlinie berührt nicht das Strafrecht der Mitgliedstaaten. Die Mitgliedstaaten dürfen jedoch nicht unter Umgehung der Vorschriften dieser Richtlinie die Dienstleistungsfreiheit dadurch einschränken, dass sie Strafrechtsbestimmungen anwenden, die die Aufnahme oder Ausübung einer Dienstleistungstätigkeit gezielt regeln oder beeinflussen.

(6) Diese Richtlinie berührt nicht das Arbeitsrecht, d.h. gesetzliche oder vertragliche Bestimmungen über Arbeits- und Beschäftigungsbedingungen, einschließlich des Gesundheitsschutzes und der Sicherheit am Arbeitsplatz und über die Beziehungen zwischen Arbeitgebern und Arbeitnehmern, die von den Mitgliedstaaten gemäß nationalem Recht unter Wahrung des Gemeinschaftsrechts angewandt werden. In gleicher Weise berührt die Richtlinie auch nicht die Rechtsvorschriften der Mitgliedstaaten über die soziale Sicherheit.

---

1) Amtliche Fußnote: ABl. L 184 vom 17. 7. 1999, S. 23. Geändert durch den Beschluss 2006/512/EG (ABl. L 200 vom 22. 7. 2006, S. 11)

2) Amtliche Fußnote: ABl. C 321 vom 31. 12. 2003, S. 1.

(7) Diese Richtlinie berührt nicht die Ausübung der in den Mitgliedstaaten und durch das Gemeinschaftsrecht anerkannten Grundrechte. Sie berührt auch nicht das Recht, gemäß nationalem Recht und nationalen Praktiken unter Wahrung des Gemeinschaftsrechts Tarifverträge auszuhandeln, abzuschließen und durchzusetzen sowie Arbeitskampfmaßnahmen zu ergreifen.

Artikel 2 Anwendungsbereich

(1) Diese Richtlinie gilt für Dienstleistungen, die von einem in einem Mitgliedstaat niedergelassenen Dienstleistungserbringer angeboten werden.

(2) Diese Richtlinie findet auf folgende Tätigkeiten keine Anwendung:

a) nicht-wirtschaftliche Dienstleistungen von allgemeinem Interesse;

b) Finanzdienstleistungen wie Bankdienstleistungen und Dienstleistungen im Zusammenhang mit einer Kreditgewährung, Versicherung und Rückversicherung, betrieblicher oder individueller Altersversorgung, Wertpapieren, Geldanlagen, Zahlungen, Anlageberatung, einschließlich der in Anhang I der Richtlinie 2006/48/EG aufgeführten Dienstleistungen;

c) Dienstleistungen und Netze der elektronischen Kommunikation sowie zugehörige Einrichtungen und Dienste in den Bereichen, die in den Richtlinien 2002/19/EG, 2002/20/EG, 2002/21/EG, 2002/22/EG und 2002/58/EG geregelt sind;

d) Verkehrsdienstleistungen einschließlich Hafendienste, die in den Anwendungsbereich von Titel V des Vertrags fallen;

e) Dienstleistungen von Leiharbeitsagenturen;

f) Gesundheitsdienstleistungen, unabhängig davon, ob sie durch Einrichtungen der Gesundheitsversorgung erbracht werden, und unabhängig davon, wie sie auf nationaler Ebene organisiert und finanziert sind, und ob es sich um öffentliche oder private Dienstleistungen handelt;

g) audiovisuelle Dienste, auch im Kino- und Filmbereich, ungeachtet der Art ihrer Herstellung, Verbreitung und Ausstrahlung, und Rundfunk;

h) Glücksspiele, die einen geldwerten Einsatz verlangen, einschließlich Lotterien, Glücksspiele in Spielkasinos und Wetten;

i) Tätigkeiten, die im Sinne des Artikels 45 des Vertrags mit der Ausübung öffentlicher Gewalt verbunden sind;

j) soziale Dienstleistungen im Zusammenhang mit Sozialwohnungen, der Kinderbetreuung und der Unterstützung von Familien und dauerhaft oder vorübergehend hilfsbedürftigen Personen, die vom Staat, durch von ihm beauftragte Dienstleistungserbringer oder durch von ihm als gemeinnützig anerkannte Einrichtungen erbracht werden;

k) private Sicherheitsdienste;

l) Tätigkeiten von Notaren und Gerichtsvollziehern, die durch staatliche Stellen bestellt werden.

(3) Die Richtlinie gilt nicht für den Bereich der Steuern.

Artikel 3 Verhältnis zu geltendem Gemeinschaftsrecht

(1) Widersprechen Bestimmungen dieser Richtlinie einer Bestimmung eines anderen Gemeinschaftsrechtsaktes, der spezifische Aspekte der Aufnahme oder Ausübung einer Dienstleistungstätigkeit in bestimmten Bereichen oder bestimmten Berufen regelt, so hat die Bestimmung des anderen Gemeinschaftsrechtsaktes

Vorrang und findet auf die betreffenden Bereiche oder Berufe Anwendung. Dies gilt insbesondere für:

a) die Richtlinie 96/71/EG;

b) die Verordnung (EWG) Nr. 1408/71;

c) die Richtlinie 89/552/EWG des Rates vom 3. Oktober 1989 zur Koordinierung bestimmter Rechts- und Verwaltungsvorschriften der Mitgliedstaaten über die Ausübung der Fernsehtätigkeit[1];

d) die Richtlinie 2005/36/EG.

(2) Diese Richtlinie betrifft nicht die Regeln des internationalen Privatrechts, insbesondere die Regeln des auf vertragliche und außervertragliche Schuldverhältnisse anzuwendenden Rechts, einschließlich der Bestimmungen, die sicherstellen, dass die Verbraucher durch die im Verbraucherrecht ihres Mitgliedstaats niedergelegten Verbraucherschutzregeln geschützt sind.

(3) Die Mitgliedstaaten setzen die Bestimmungen dieser Richtlinie in Übereinstimmung mit den Bestimmungen des Vertrags über die Niederlassungsfreiheit und den freien Dienstleistungsverkehr um.

Artikel 4 Begriffsbestimmungen

Für die Zwecke dieser Richtlinie bezeichnet der Ausdruck:

1. „Dienstleistung" jede von Artikel 50 des Vertrags erfasste selbstständige Tätigkeit, die in der Regel gegen Entgelt erbracht wird;
2. „Dienstleistungserbringer" jede natürliche Person, die die Staatsangehörigkeit eines Mitgliedstaats besitzt, und jede in einem Mitgliedstaat niedergelassene juristische Person im Sinne des Artikels 48 des Vertrags, die eine Dienstleistung anbietet oder erbringt;
3. „Dienstleistungsempfänger" jede natürliche Person, die die Staatsangehörigkeit eines Mitgliedstaats besitzt oder die in den Genuss von Rechten aus gemeinschaftlichen Rechtsakten kommt, oder jede in einem Mitgliedstaat niedergelassene juristische Person im Sinne des Artikels 48 des Vertrags, die für berufliche oder andere Zwecke eine Dienstleistung in Anspruch nimmt oder in Anspruch nehmen möchte;
4. „Niederlassungsmitgliedstaat" den Mitgliedstaat, in dessen Hoheitsgebiet der Dienstleistungserbringer niedergelassen ist;
5. „Niederlassung" die tatsächliche Ausübung einer von Artikel 43 des Vertrags erfassten wirtschaftlichen Tätigkeit durch den Dienstleistungserbringer auf unbestimmte Zeit und mittels einer festen Infrastruktur, von der aus die Geschäftstätigkeit der Dienstleistungserbringung tatsächlich ausgeübt wird;
6. „Genehmigungsregelung" jedes Verfahren, das einen Dienstleistungserbringer oder -empfänger verpflichtet, bei einer zuständigen Behörde eine förmliche oder stillschweigende Entscheidung über die Aufnahme oder Ausübung einer Dienstleistungstätigkeit zu erwirken;
7. „Anforderungen" alle Auflagen, Verbote, Bedingungen oder Beschränkungen, die in den Rechts- oder Verwaltungsvorschriften der Mitgliedstaaten festgelegt sind oder sich aus der Rechtsprechung, der Verwaltungspraxis, den Regeln von Berufsverbänden oder den kollektiven Regeln, die von Berufsvereinigungen oder sonstigen Berufsorganisationen in Ausübung ihrer Rechtsau-

[1] Amtliche Fußnote: ABl. L 298 vom 17. 10. 1998, S. 23. Geändert durch Richtlinie 97/36/EG des Europäischen Parlaments und des Rates (ABl. L 202 vom 30. 7. 1997, S. 60).

tonomie erlassen wurden, ergeben; Regeln, die in von den Sozialpartnern ausgehandelten Tarifverträgen festgelegt wurden, sind als solche keine Anforderungen im Sinne dieser Richtlinie;

8. „zwingende Gründe des Allgemeininteresses" Gründe, die der Gerichtshof in ständiger Rechtsprechung als solche anerkannt hat, einschließlich folgender Gründe: öffentliche Ordnung; öffentliche Sicherheit; Sicherheit der Bevölkerung; öffentliche Gesundheit; Erhaltung des finanziellen Gleichgewichts der Systeme der sozialen Sicherung; Schutz der Verbraucher, der Dienstleistungsempfänger und der Arbeitnehmer; Lauterkeit des Handelsverkehrs; Betrugsbekämpfung; Schutz der Umwelt und der städtischen Umwelt; Tierschutz; geistiges Eigentum; Erhaltung des nationalen historischen und künstlerischen Erbes; Ziele der Sozialpolitik und Ziele der Kulturpolitik;
9. „zuständige Behörde" jede Stelle oder Behörde, die in einem Mitgliedstaat eine Kontroll- oder Regulierungsfunktion für Dienstleistungstätigkeiten innehat, insbesondere Verwaltungsbehörden, einschließlich der als Verwaltungsbehörden fungierenden Gerichte, Berufsverbände und der Berufsvereinigungen oder sonstigen Berufsorganisationen, die im Rahmen ihrer Rechtsautonomie die Aufnahme oder Ausübung einer Dienstleistungstätigkeit kollektiv regeln;
10. „Mitgliedstaat der Dienstleistungserbringung" den Mitgliedstaat, in dem die Dienstleistung von einem in einem anderen Mitgliedstaat niedergelassenen Dienstleistungserbringer erbracht wird;
11. „reglementierter Beruf" eine berufliche Tätigkeit oder eine Gruppe beruflicher Tätigkeiten im Sinne des Artikels 3 Absatz 1 Buchstabe a der Richtlinie 2005/36/EG;
12. „kommerzielle Kommunikation" alle Formen der Kommunikation, die der unmittelbaren oder mittelbaren Förderung des Absatzes von Waren und Dienstleistungen oder des Erscheinungsbildes eines Unternehmens, einer Organisation oder einer natürlichen Person dienen, die eine Tätigkeit in Handel, Gewerbe oder Handwerk oder einen reglementierten Beruf ausübt. Folgende Angaben stellen als solche keine Form der kommerziellen Kommunikation dar:
    a) Angaben, die direkten Zugang zur Tätigkeit des Unternehmens, der Organisation oder der Person ermöglichen, wie insbesondere ein Domain-Name oder eine E-Mail-Adresse,
    b) Angaben in Bezug auf Waren und Dienstleistungen oder das Erscheinungsbild eines Unternehmens, einer Organisation oder einer Person, die unabhängig und insbesondere ohne finanzielle Gegenleistung zusammengestellt werden.

KAPITEL II

VERWALTUNGSVEREINFACHUNG

Artikel 5 Vereinfachung der Verfahren

(1) Die Mitgliedstaaten prüfen die für die Aufnahme und die Ausübung einer Dienstleistungstätigkeit geltenden Verfahren und Formalitäten. Sind die nach diesem Absatz geprüften Verfahren und Formalitäten nicht einfach genug, so werden sie von den Mitgliedstaaten vereinfacht.

(2) Die Kommission kann nach dem in Artikel 40 Absatz 2 genannten Verfahren auf Gemeinschaftsebene einheitliche Formblätter einführen. Diese Formblätter sind Zeugnissen, Bescheinigungen und sonstigen vom Dienstleistungserbringer vorzulegenden Dokumenten gleichwertig.

(3) Verlangen die Mitgliedstaaten von einem Dienstleistungserbringer oder -empfänger ein Zeugnis, eine Bescheinigung oder ein sonstiges Dokument zum Nachweis der Erfüllung einer Anforderung, so erkennen die Mitgliedstaaten alle Dokumente eines anderen Mitgliedstaates an, die eine gleichwertige Funktion haben oder aus denen hervorgeht, dass die betreffende Anforderung erfüllt ist. Die Mitgliedstaaten dürfen nicht verlangen, dass Dokumente eines anderen Mitgliedstaates im Original, in beglaubigter Kopie oder in beglaubigter Übersetzung vorgelegt werden, außer in den Fällen, in denen dies in anderen Gemeinschaftsrechtsakten vorgesehen ist, oder wenn zwingende Gründe des Allgemeininteresses, einschließlich der öffentlichen Ordnung und Sicherheit, dies erfordern.

Unterabsatz 1 berührt nicht das Recht der Mitgliedstaaten, nicht beglaubigte Übersetzungen von Dokumenten in einer ihrer Amtssprachen zu verlangen.

(4) Absatz 3 gilt nicht für Dokumente im Sinne des Artikels 7 Absatz 2 und des Artikels 50 der Richtlinie 2005/36/EG, des Artikels 45 Absatz 3 und der Artikel 46, 49 und 50 der Richtlinie 2004/18/EG des Europäischen Parlaments und des Rates vom 31. März 2004 über die Koordinierung der Verfahren zur Vergabe öffentlicher Bauaufträge, Lieferaufträge und Dienstleistungsaufträge[1)], des Artikels 3 Absatz 2 der Richtlinie 98/5/EG des Europäischen Parlaments und des Rates vom 16. Februar 1998 zur Erleichterung der ständigen Ausübung des Rechtsanwaltsberufs in einem anderen Mitgliedstaat als dem, in dem die Qualifikation erworben wurde[2)], der Ersten Richtlinie 68/151/EWG des Rates vom 9. März 1968 zur Koordinierung der Schutzbestimmungen, die in den Mitgliedstaaten den Gesellschaften im Sinne des Artikels 58 Absatz 2 des Vertrages im Interesse der Gesellschafter sowie Dritter vorgeschrieben sind, um diese Bestimmungen gleichwertig zu gestalten[3)] und der Elften Richtlinie 89/666/EWG des Rates vom 21. Dezember 1989 über die Offenlegung von Zweigniederlassungen, die in einem Mitgliedstaat von Gesellschaften bestimmter Rechtsformen errichtet wurden, die dem Recht eines anderen Staates unterliegen[4)].

Artikel 6 Einheitliche Ansprechpartner

(1) Die Mitgliedstaaten stellen sicher, dass Dienstleistungserbringer folgende Verfahren und Formalitäten über einheitliche Ansprechpartner abwickeln können:

a) alle Verfahren und Formalitäten, die für die Aufnahme ihrer Dienstleistungstätigkeiten erforderlich sind, insbesondere Erklärungen, Anmeldungen oder die Beantragung von Genehmigungen bei den zuständigen Behörden, einschließlich der Beantragung der Eintragung in Register, Berufsrollen oder Datenbanken oder der Registrierung bei Berufsverbänden oder Berufsorganisationen;

b) die Beantragung der für die Ausübung ihrer Dienstleistungstätigkeit erforderlichen Genehmigungen.

---

1) Amtliche Fußnote: ABl. L 134 vom 30. 4. 2004, S. 114. Zuletzt geändert durch die Verordnung (EG) Nr. 2083/2005 der Kommission (ABl. L 333 vom 20. 12. 2005, S. 28).

2) Amtliche Fußnote: ABl. L 77 vom 14. 3. 1998, S. 36. Geändert durch die Beitrittsakte von 2003.

3) Amtliche Fußnote: ABl. L 65 vom 14. 3. 1968, S. 8. Zuletzt geändert durch die Richtlinie 2003/58/EG des Europäischen Parlaments und des Rates (ABl. L 221 vom 4. 9. 2003, S. 13).

4) Amtliche Fußnote: ABl. L 395 vom 30. 12. 1989, S. 36.

(2) Die Schaffung einheitlicher Ansprechpartner berührt nicht die Verteilung von Zuständigkeiten und Befugnissen zwischen Behörden innerhalb der nationalen Systeme.

Artikel 7 Recht auf Information

(1) Die Mitgliedstaaten stellen sicher, dass Dienstleistungserbringern und -empfängern über die einheitlichen Ansprechpartner folgende Informationen leicht zugänglich sind:

a) die Anforderungen, die für in ihrem Hoheitsgebiet niedergelassene Dienstleistungserbringer gelten, insbesondere bezüglich der Verfahren und Formalitäten für die Aufnahme und Ausübung von Dienstleistungstätigkeiten;

b) die Angaben über die zuständigen Behörden, einschließlich der für die Ausübung von Dienstleistungstätigkeiten zuständigen Behörden, um eine direkte Kontaktaufnahme mit diesen zu ermöglichen;

c) die Mittel und Bedingungen für den Zugang zu öffentlichen Registern und Datenbanken über Dienstleistungserbringer und Dienstleistungen;

d) die allgemein verfügbaren Rechtsbehelfe im Falle von Streitigkeiten zwischen den zuständigen Behörden und den Dienstleistungserbringern oder -empfängern oder zwischen Dienstleistungserbringern und -empfängern oder zwischen Dienstleistungserbringern;

e) die Angaben zu Verbänden oder Organisationen, die, ohne eine zuständige Behörde zu sein, Dienstleistungserbringer oder -empfänger praktisch unterstützen.

(2) Die Mitgliedstaaten stellen sicher, dass die Dienstleistungserbringer und -empfänger von den zuständigen Behörden auf Anfrage Unterstützung in Form von Informationen über die gewöhnliche Auslegung und Anwendung der maßgeblichen Anforderungen gemäß Absatz 1 Buchstabe a erhalten können. Sofern angebracht, schließt diese Beratung einen einfachen Schritt-für-Schritt-Leitfaden ein. Die Informationen sind in einfacher und verständlicher Sprache zu erteilen.

(3) Die Mitgliedstaaten stellen sicher, dass die in den Absätzen 1 und 2 genannten Informationen und Unterstützung in einer klaren und unzweideutigen Weise erteilt werden, aus der Ferne und elektronisch leicht zugänglich sind sowie dem neuesten Stand entsprechen.

(4) Die Mitgliedstaaten stellen sicher, dass die einheitlichen Ansprechpartner und die zuständigen Behörden alle Auskunfts- oder Unterstützungsersuchen gemäß den Absätzen 1 und 2 so schnell wie möglich beantworten und den Antragsteller unverzüglich davon in Kenntnis setzen, wenn sein Ersuchen fehlerhaft oder unbegründet ist.

(5) Die Mitgliedstaaten und die Kommission ergreifen begleitende Maßnahmen, um die Bereitschaft der einheitlichen Ansprechpartner zu fördern, die in diesem Artikel genannten Informationen auch in anderen Gemeinschaftssprachen bereitzustellen. Dies berührt nicht die Rechtsvorschriften der Mitgliedstaaten über die Verwendung von Sprachen.

(6) Die Verpflichtung der zuständigen Behörden zur Unterstützung der Dienstleistungserbringer und -empfänger umfasst keine Rechtsberatung in Einzelfällen, sondern betrifft lediglich allgemeine Informationen darüber, wie Anforderungen gewöhnlich ausgelegt oder angewandt werden.

Seite 482

Artikel 8 Elektronische Verfahrensabwicklung

(1) Die Mitgliedstaaten stellen sicher, dass alle Verfahren und Formalitäten, die die Aufnahme oder die Ausübung einer Dienstleistungstätigkeit betreffen, problemlos aus der Ferne und elektronisch über den betreffenden einheitlichen Ansprechpartner oder bei der betreffenden zuständigen Behörde abgewickelt werden können.

(2) Absatz 1 betrifft nicht die Kontrolle des Ortes der Dienstleistungserbringung oder die Überprüfung der vom Dienstleistungserbringer verwendeten Ausrüstungsgegenstände oder die physische Untersuchung der Eignung oder persönlichen Zuverlässigkeit des Dienstleistungserbringers oder seiner zuständigen Mitarbeiter.

(3) Die Kommission erlässt nach dem in Artikel 40 Absatz 2 genannten Verfahren Durchführungsbestimmungen zu Absatz 1 des vorliegenden Artikels, um die Interoperabilität der Informationssysteme und die Nutzung der elektronischen Verfahren zwischen den Mitgliedstaaten zu erleichtern, wobei auf Gemeinschaftsebene entwickelte gemeinsame Standards berücksichtigt werden.

KAPITEL III

NIEDERLASSUNGSFREIHEIT DER DIENSTLEISTUNGSERBRINGER

ABSCHNITT 1

Genehmigungen

Artikel 9 Genehmigungsregelungen

(1) Die Mitgliedstaaten dürfen die Aufnahme und die Ausübung einer Dienstleistungstätigkeit nur dann Genehmigungsregelungen unterwerfen, wenn folgende Voraussetzungen erfüllt sind:

a) die Genehmigungsregelungen sind für den betreffenden Dienstleistungserbringer nicht diskriminierend;

b) die Genehmigungsregelungen sind durch zwingende Gründe des Allgemeininteresses gerechtfertigt;

c) das angestrebte Ziel kann nicht durch ein milderes Mittel erreicht werden, insbesondere weil eine nachträgliche Kontrolle zu spät erfolgen würde, um wirksam zu sein.

(2) Die Mitgliedstaaten nennen in dem in Artikel 39 Absatz 1 genannten Bericht die in ihrer jeweiligen Rechtsordnung vorgesehenen Genehmigungsregelungen und begründen deren Vereinbarkeit mit Absatz 1 des vorliegenden Artikels.

(3) Dieser Abschnitt gilt nicht für diejenigen Aspekte der Genehmigungsregelungen, die direkt oder indirekt durch andere Gemeinschaftsrechtsakte geregelt sind.

Artikel 10 Voraussetzungen für die Erteilung der Genehmigung

(1) Die Genehmigungsregelungen müssen auf Kriterien beruhen, die eine willkürliche Ausübung des Ermessens der zuständigen Behörden verhindern.

(2) Die in Absatz 1 genannten Kriterien müssen:

a) nicht diskriminierend sein;
b) durch einen zwingenden Grund des Allgemeininteresses gerechtfertigt sein;
c) in Bezug auf diesen Grund des Allgemeininteresses verhältnismäßig sein;
d) klar und unzweideutig sein;
e) objektiv sein;
f) im Voraus bekannt gemacht werden;
g) transparent und zugänglich sein.

(3) Die Voraussetzungen für die Erteilung der Genehmigung für eine neue Niederlassung dürfen nicht zu einer doppelten Anwendung von gleichwertigen oder aufgrund ihrer Zielsetzung im Wesentlichen vergleichbaren Anforderungen und Kontrollen führen, denen der Dienstleistungserbringer bereits in einem anderen oder im selben Mitgliedstaat unterworfen ist. Die in Artikel 28 Absatz 2 genannten Verbindungsstellen und der Dienstleistungserbringer unterstützen die zuständige Behörde durch Übermittlung der im Hinblick auf diese Anforderungen notwendigen Informationen.

(4) Die Genehmigung ermöglicht dem Dienstleistungserbringer die Aufnahme oder die Ausübung der Dienstleistungstätigkeit im gesamten Hoheitsgebiet des betreffenden Mitgliedstaats, einschließlich der Einrichtung von Agenturen, Zweigniederlassungen, Tochtergesellschaften oder Geschäftsstellen, sofern nicht zwingende Gründe des Allgemeininteresses eine Genehmigung für jede einzelne Betriebsstätte oder eine Beschränkung der Genehmigung auf einen bestimmten Teil des Hoheitsgebiets rechtfertigen.

(5) Die Genehmigung wird erteilt, sobald eine angemessene Prüfung ergibt, dass die Genehmigungsvoraussetzungen erfüllt sind.

(6) Abgesehen von dem Fall, in dem eine Genehmigung erteilt wird, sind alle anderen Entscheidungen der zuständigen Behörden, einschließlich der Ablehnung oder des Widerrufs einer Genehmigung, ausführlich zu begründen; sie sind einer Überprüfung durch ein Gericht oder eine andere Rechtsbehelfsinstanz zugänglich.

(7) Dieser Artikel stellt die Verteilung der lokalen oder regionalen Zuständigkeiten der mitgliedstaatlichen Behörden, die solche Genehmigungen erteilen, nicht in Frage.

Artikel 11 Geltungsdauer der Genehmigung

(1) Die dem Dienstleistungserbringer erteilte Genehmigung darf nicht befristet werden, es sei denn:

a) die Genehmigung wird automatisch verlängert oder hängt lediglich von der fortbestehenden Erfüllung der Anforderungen ab;
b) die Zahl der verfügbaren Genehmigungen ist durch zwingende Gründe des Allgemeininteresses begrenzt,
oder
c) eine Befristung ist durch einen zwingenden Grund des Allgemeininteresses gerechtfertigt.

(2) Absatz 1 betrifft nicht die Höchstfrist, innerhalb derer der Dienstleistungserbringer nach Erteilung der Genehmigung seine Tätigkeit tatsächlich aufnehmen muss.

(3) Die Mitgliedstaaten verpflichten den Dienstleistungserbringer, den betreffenden in Artikel 6 genannten einheitlichen Ansprechpartner über folgende Änderungen zu informieren:

a) die Gründung von Tochtergesellschaften, deren Tätigkeiten der Genehmigungsregelung unterworfen sind;
b) Änderungen seiner Situation, die dazu führen, dass die Voraussetzungen für die Erteilung der Genehmigung nicht mehr erfüllt sind.

(4) Dieser Artikel lässt die Möglichkeit der Mitgliedstaaten unberührt, Genehmigungen zu widerrufen, wenn die Voraussetzungen für die Erteilung der Genehmigung nicht mehr erfüllt sind.

Artikel 12 Auswahl zwischen mehreren Bewerbern

(1) Ist die Zahl der für eine bestimmte Dienstleistungstätigkeit verfügbaren Genehmigungen aufgrund der Knappheit der natürlichen Ressourcen oder der verfügbaren technischen Kapazitäten begrenzt, so wenden die Mitgliedstaaten ein neutrales und transparentes Verfahren zur Auswahl der Bewerber an und machen insbesondere die Eröffnung, den Ablauf und den Ausgang des Verfahrens angemessen bekannt.

(2) In den in Absatz 1 genannten Fällen wird die Genehmigung für einen angemessen befristeten Zeitraum gewährt und darf weder automatisch verlängert werden noch dem Dienstleistungserbringer, dessen Genehmigung gerade abgelaufen ist, oder Personen, die in besonderer Beziehung zu diesem Dienstleistungserbringer stehen, irgendeine andere Begünstigung gewähren.

(3) Vorbehaltlich des Absatzes 1 und der Artikel 9 und 10 können die Mitgliedstaaten bei der Festlegung der Regeln für das Auswahlverfahren unter Beachtung des Gemeinschaftsrechts Überlegungen im Hinblick auf die öffentliche Gesundheit, sozialpolitische Ziele, die Gesundheit und Sicherheit von Arbeitnehmern oder Selbstständigen, den Schutz der Umwelt, die Erhaltung des kulturellen Erbes sowie jeden anderen zwingenden Grund des Allgemeininteresses berücksichtigen.

Artikel 13 Genehmigungsverfahren

(1) Die Genehmigungsverfahren und -formalitäten müssen klar, im Voraus bekannt gemacht und so ausgestaltet sein, dass eine objektive und unparteiische Behandlung der Anträge der Antragsteller gewährleistet ist.

(2) Die Genehmigungsverfahren und -formalitäten dürfen weder abschreckend sein noch die Erbringung der Dienstleistung in unangemessener Weise erschweren oder verzögern. Sie müssen leicht zugänglich sein, und eventuelle dem Antragsteller mit dem Antrag entstehende Kosten müssen vertretbar und zu den Kosten der Genehmigungsverfahren verhältnismäßig sein und dürfen die Kosten der Verfahren nicht übersteigen.

(3) Die Genehmigungsverfahren und -formalitäten müssen sicherstellen, dass Anträge unverzüglich und in jedem Fall binnen einer vorab festgelegten und bekannt gemachten angemessenen Frist bearbeitet werden. Die Frist läuft erst, wenn alle Unterlagen vollständig eingereicht wurden. Die zuständige Behörde kann die Frist einmal für eine begrenzte Dauer verlängern, wenn dies durch die Komplexität der Angelegenheit gerechtfertigt ist. Die Fristverlängerung und deren Ende sind ausreichend zu begründen und dem Antragsteller vor Ablauf der ursprünglichen Frist mitzuteilen.

(4) Wird der Antrag nicht binnen der nach Absatz 3 festgelegten oder verlängerten Frist beantwortet, so gilt die Genehmigung als erteilt. Jedoch kann eine andere Regelung vorgesehen werden, wenn dies durch einen zwingenden Grund des Allgemeininteresses, einschließlich eines berechtigten Interesses Dritter, gerechtfertigt ist.

(5) Für jeden Genehmigungsantrag wird so schnell wie möglich eine Empfangsbestätigung übermittelt. Die Bestätigung muss folgende Angaben enthalten:

a) die in Absatz 3 genannte Frist;

b) die verfügbaren Rechtsbehelfe;

c) gegebenenfalls eine Erklärung, dass die Genehmigung als erteilt gilt, wenn der Antrag nicht binnen der vorgesehenen Frist beantwortet wird.

(6) Im Falle eines unvollständigen Antrags wird der Antragsteller so schnell wie möglich darüber informiert, dass Unterlagen nachzureichen sind und welche Auswirkungen dies möglicherweise auf die in Absatz 3 genannte Frist hat.

(7) Wird ein Antrag wegen Nichtbeachtung der erforderlichen Verfahren oder Formalitäten abgelehnt, so ist der Antragsteller so schnell wie möglich von der Ablehnung in Kenntnis zu setzen.

ABSCHNITT 2

Unzulässige oder zu prüfende Anforderungen

Artikel 14 Unzulässige Anforderungen

Die Mitgliedstaaten dürfen die Aufnahme oder Ausübung einer Dienstleistungstätigkeit in ihrem Hoheitsgebiet nicht von einer der folgenden Anforderungen abhängig machen:

1. diskriminierenden Anforderungen, die direkt oder indirekt auf der Staatsangehörigkeit oder – für Unternehmen – dem satzungsmäßigen Sitz beruhen, insbesondere:
   a) einem Staatsangehörigkeitserfordernis für den Dienstleistungserbringer, seine Beschäftigten, seine Gesellschafter oder die Mitglieder der Geschäftsführung oder Kontrollorgane;
   b) einer Residenzpflicht des Dienstleistungserbringers, seiner Beschäftigten, der Gesellschafter oder der Mitglieder der Geschäftsführung oder Kontrollorgane im betreffenden Hoheitsgebiet;
2. einem Verbot der Errichtung von Niederlassungen in mehr als einem Mitgliedstaat oder der Eintragung in Register oder der Registrierung bei Berufsverbänden oder -vereinigungen in mehr als einem Mitgliedstaat;
3. Beschränkungen der Wahlfreiheit des Dienstleistungserbringers zwischen einer Hauptniederlassung und einer Zweitniederlassung, insbesondere der Verpflichtung für den Dienstleistungserbringer, seine Hauptniederlassung in ihrem Hoheitsgebiet zu unterhalten, oder Beschränkungen der Wahlfreiheit für eine Niederlassung in Form einer Agentur, einer Zweigstelle oder einer Tochtergesellschaft;
4. Bedingungen der Gegenseitigkeit in Bezug auf den Mitgliedstaat, in dem der Dienstleistungserbringer bereits eine Niederlassung unterhält, mit Ausnahme solcher, die durch Gemeinschaftsrechtsakte im Bereich der Energie vorgesehen sind;

Seite 486

5. einer wirtschaftlichen Überprüfung im Einzelfall, bei der die Erteilung der Genehmigung vom Nachweis eines wirtschaftlichen Bedarfs oder einer Marktnachfrage abhängig gemacht wird, oder der Beurteilung der tatsächlichen oder möglichen wirtschaftlichen Auswirkungen der Tätigkeit oder der Bewertung ihrer Eignung für die Verwirklichung wirtschaftlicher, von der zuständigen Behörde festgelegter Programmziele; dieses Verbot betrifft nicht Planungserfordernisse, die keine wirtschaftlichen Ziele verfolgen, sondern zwingenden Gründen des Allgemeininteresses dienen;
6. der direkten oder indirekten Beteiligung von konkurrierenden Marktteilnehmern, einschließlich in Beratungsgremien, an der Erteilung von Genehmigungen oder dem Erlass anderer Entscheidungen der zuständigen Behörden, mit Ausnahme der Berufsverbände und -vereinigungen oder anderen Berufsorganisationen, die als zuständige Behörde fungieren; dieses Verbot gilt weder für die Anhörung von Organisationen wie Handelskammern oder Sozialpartnern zu Fragen, die nicht einzelne Genehmigungsanträge betreffen, noch für die Anhörung der Öffentlichkeit;
7. der Pflicht, eine finanzielle Sicherheit zu stellen oder sich daran zu beteiligen, oder eine Versicherung bei einem Dienstleistungserbringer oder einer Einrichtung, die in ihrem Hoheitsgebiet niedergelassen sind, abzuschließen. Dies berührt weder die Möglichkeit der Mitgliedstaaten, Versicherungen oder finanzielle Sicherheiten als solche zu verlangen, noch Anforderungen, die sich auf die Beteiligung an einem kollektiven Ausgleichsfonds, z.B. für Mitglieder von Berufsverbänden oder -organisationen, beziehen;
8. der Pflicht, bereits vorher während eines bestimmten Zeitraums in den in ihrem Hoheitsgebiet geführten Registern eingetragen gewesen zu sein oder die Tätigkeit vorher während eines bestimmten Zeitraums in ihrem Hoheitsgebiet ausgeübt zu haben.

Artikel 15 Zu prüfende Anforderungen

(1) Die Mitgliedstaaten prüfen, ob ihre Rechtsordnungen die in Absatz 2 aufgeführten Anforderungen vorsehen, und stellen sicher, dass diese Anforderungen die Bedingungen des Absatzes 3 erfüllen. Die Mitgliedstaaten ändern ihre Rechts- und Verwaltungsvorschriften, um sie diesen Bedingungen anzupassen.

(2) Die Mitgliedstaaten prüfen, ob ihre Rechtsordnung die Aufnahme oder Ausübung einer Dienstleistungstätigkeit von folgenden nicht diskriminierenden Anforderungen abhängig macht:

a) mengenmäßigen oder territorialen Beschränkungen, insbesondere in Form von Beschränkungen aufgrund der Bevölkerungszahl oder bestimmter Mindestentfernungen zwischen Dienstleistungserbringern;

b) der Verpflichtung des Dienstleistungserbringers, eine bestimmte Rechtsform zu wählen;

c) Anforderungen im Hinblick auf die Beteiligungen am Gesellschaftsvermögen;

d) Anforderungen, die die Aufnahme der betreffenden Dienstleistungstätigkeit aufgrund ihrer Besonderheiten bestimmten Dienstleistungserbringern vorbehalten, mit Ausnahme von Anforderungen, die Bereiche betreffen, die von der Richtlinie 2005/36/EG erfasst werden, oder solchen, die in anderen Gemeinschaftsrechtsakten vorgesehen sind;

e) dem Verbot, in ein und demselben Hoheitsgebiet mehrere Niederlassungen zu unterhalten;

f) Anforderungen, die eine Mindestbeschäftigtenzahl verlangen;

g) der Beachtung von festgesetzten Mindest- und/oder Höchstpreisen durch den Dienstleistungserbringer;

h) der Verpflichtung des Dienstleistungserbringers, zusammen mit seiner Dienstleistung bestimmte andere Dienstleistungen zu erbringen.

(3) Die Mitgliedstaaten prüfen, ob die in Absatz 2 genannten Anforderungen folgende Bedingungen erfüllen:

a) Nicht-Diskriminierung: die Anforderungen dürfen weder eine direkte noch eine indirekte Diskriminierung aufgrund der Staatsangehörigkeit oder – bei Gesellschaften – aufgrund des Orts des satzungsmäßigen Sitzes darstellen;

b) Erforderlichkeit: die Anforderungen müssen durch einen zwingenden Grund des Allgemeininteresses gerechtfertigt sein;

c) Verhältnismäßigkeit: die Anforderungen müssen zur Verwirklichung des mit ihnen verfolgten Ziels geeignet sein; sie dürfen nicht über das hinausgehen, was zur Erreichung dieses Ziels erforderlich ist; diese Anforderungen können nicht durch andere weniger einschneidende Maßnahmen ersetzt werden, die zum selben Ergebnis führen.

(4) Die Absätze 1, 2 und 3 gelten für Rechtsvorschriften im Bereich der Dienstleistungen von allgemeinem wirtschaftlichem Interesse nur insoweit, als die Anwendung dieser Absätze die Erfüllung der anvertrauten besonderen Aufgabe nicht rechtlich oder tatsächlich verhindert.

(5) In dem in Artikel 39 Absatz 1 genannten Bericht für die gegenseitige Evaluierung geben die Mitgliedstaaten an:

a) welche Anforderungen sie beabsichtigen beizubehalten und warum sie der Auffassung sind, dass diese die Bedingungen des Absatzes 3 erfüllen;

b) welche Anforderungen sie aufgehoben oder gelockert haben.

(6) Ab dem 28. Dezember 2006 dürfen die Mitgliedstaaten keine neuen Anforderungen der in Absatz 2 genannten Art einführen, es sei denn, diese neuen Anforderungen erfüllen die in Absatz 3 aufgeführten Bedingungen.

(7) Die Mitgliedstaaten teilen der Kommission alle neuen Rechts- und Verwaltungsvorschriften mit, die die in Absatz 6 genannten Anforderungen vorsehen, sowie deren Begründung. Die Kommission bringt den anderen Mitgliedstaaten diese Vorschriften zur Kenntnis. Die Mitteilung hindert die Mitgliedstaaten nicht daran, die betreffenden Vorschriften zu erlassen.

Binnen drei Monaten nach Erhalt der Mitteilung prüft die Kommission die Vereinbarkeit aller neuen Anforderungen mit dem Gemeinschaftsrecht und entscheidet gegebenenfalls, den betroffenen Mitgliedstaat aufzufordern, diese neuen Anforderungen nicht zu erlassen oder aufzuheben.

Die Mitteilung eines Entwurfs für einen nationalen Rechtsakt gemäß der Richtlinie 98/34/EG erfüllt gleichzeitig die in der vorliegenden Richtlinie vorgesehene Verpflichtung zur Mitteilung.

Seite 488

KAPITEL IV
FREIER DIENSTLEISTUNGSVERKEHR

ABSCHNITT 1
Dienstleistungsfreiheit und damit zusammenhängende Ausnahmen

Artikel 16 Dienstleistungsfreiheit

(1) Die Mitgliedstaaten achten das Recht der Dienstleistungserbringer, Dienstleistungen in einem anderen Mitgliedstaat als demjenigen ihrer Niederlassung zu erbringen.

Der Mitgliedstaat, in dem die Dienstleistung erbracht wird, gewährleistet die freie Aufnahme und freie Ausübung von Dienstleistungstätigkeiten innerhalb seines Hoheitsgebiets.

Die Mitgliedstaaten dürfen die Aufnahme oder Ausübung einer Dienstleistungstätigkeit in ihrem Hoheitsgebiet nicht von Anforderungen abhängig machen, die gegen folgende Grundsätze verstoßen:

a) Nicht-Diskriminierung: die Anforderung darf weder eine direkte noch eine indirekte Diskriminierung aufgrund der Staatsangehörigkeit oder – bei juristischen Personen – aufgrund des Mitgliedstaats, in dem sie niedergelassen sind, darstellen;

b) Erforderlichkeit: die Anforderung muss aus Gründen der öffentlichen Ordnung, der öffentlichen Sicherheit, der öffentlichen Gesundheit oder des Schutzes der Umwelt gerechtfertigt sein;

c) Verhältnismäßigkeit: die Anforderung muss zur Verwirklichung des mit ihr verfolgten Ziels geeignet sein und darf nicht über das hinausgehen, was zur Erreichung dieses Ziels erforderlich ist.

(2) Die Mitgliedstaaten dürfen die Dienstleistungsfreiheit eines in einem anderen Mitgliedstaat niedergelassenen Dienstleistungserbringers nicht einschränken, indem sie diesen einer der folgenden Anforderungen unterwerfen:

a) der Pflicht, in ihrem Hoheitsgebiet eine Niederlassung zu unterhalten;

b) der Pflicht, bei ihren zuständigen Behörden eine Genehmigung einzuholen; dies gilt auch für die Verpflichtung zur Eintragung in ein Register oder die Mitgliedschaft in einem Berufsverband oder einer Berufsvereinigung in ihrem Hoheitsgebiet, außer in den in dieser Richtlinie oder anderen Rechtsvorschriften der Gemeinschaft vorgesehenen Fällen;

c) dem Verbot, in ihrem Hoheitsgebiet eine bestimmte Form oder Art von Infrastruktur zu errichten, einschließlich Geschäftsräumen oder einer Kanzlei, die der Dienstleistungserbringer zur Erbringung der betreffenden Leistungen benötigt;

d) der Anwendung bestimmter vertraglicher Vereinbarungen zur Regelung der Beziehungen zwischen dem Dienstleistungserbringer und dem Dienstleistungsempfänger, die eine selbstständige Tätigkeit des Dienstleistungserbringers verhindert oder beschränkt;

e) der Pflicht, sich von ihren zuständigen Behörden einen besonderen Ausweis für die Ausübung einer Dienstleistungstätigkeit ausstellen zu lassen;

f) Anforderungen betreffend die Verwendung von Ausrüstungsgegenständen und Materialien, die integraler Bestandteil der Dienstleistung sind, es sei denn, diese Anforderungen sind für den Schutz der Gesundheit und die Sicherheit am Arbeitsplatz notwendig;

g) der in Artikel 19 genannten Beschränkungen des freien Dienstleistungsverkehrs.

(3) Der Mitgliedstaat, in den sich der Dienstleistungserbringer begibt, ist nicht daran gehindert, unter Beachtung des Absatzes 1 Anforderungen in Bezug auf die Erbringung von Dienstleistungen zu stellen, die aus Gründen der öffentlichen Ordnung, der öffentlichen Sicherheit, der öffentlichen Gesundheit oder des Schutzes der Umwelt gerechtfertigt sind. Dieser Mitgliedstaat ist ferner nicht daran gehindert, im Einklang mit dem Gemeinschaftsrecht seine Bestimmungen über Beschäftigungsbedingungen, einschließlich derjenigen in Tarifverträgen, anzuwenden.

(4) Bis zum 28. Dezember 2011 unterbreitet die Kommission nach Konsultation der Mitgliedstaaten und der Sozialpartner auf Gemeinschaftsebene dem Europäischen Parlament und dem Rat einen Bericht über die Anwendung dieses Artikels, in dem sie prüft, ob es notwendig ist, Harmonisierungsmaßnahmen hinsichtlich der unter diese Richtlinie fallenden Dienstleistungstätigkeiten vorzuschlagen.

Artikel 17 Weitere Ausnahmen von der Dienstleistungsfreiheit

Artikel 16 findet keine Anwendung auf:

1. Dienstleistungen von allgemeinem wirtschaftlichem Interesse, die in einem anderen Mitgliedstaat erbracht werden, unter anderem:
   a) im Postsektor die von der Richtlinie 97/67/EG des Europäischen Parlaments und des Rates vom 15. Dezember 1997 über gemeinsame Vorschriften für die Entwicklung des Binnenmarktes der Postdienste der Gemeinschaft und die Verbesserung der Dienstqualität[1)] erfassten Dienstleistungen;
   b) im Elektrizitätssektor die von der Richtlinie 2003/54/EG[2)] des Europäischen Parlaments und des Rates vom 26. Juni 2003 über gemeinsame Vorschriften für den Elektrizitätsbinnenmarkt erfassten Dienstleistungen;
   c) im Gassektor die von der Richtlinie 2003/55/EG des Europäischen Parlaments und des Rates vom 26. Juni 2003 über gemeinsame Vorschriften für den Erdgasbinnenmarkt[3)] erfassten Dienstleistungen;
   d) die Dienste der Wasserverteilung und -versorgung sowie der Abwasserbewirtschaftung;
   e) Dienste der Abfallbewirtschaftung;
2. die Angelegenheiten, die unter die Richtlinie 96/71/EG fallen;
3. die Angelegenheiten, die unter die Richtlinie 95/46/EG des Europäischen Parlaments und des Rates vom 24. Oktober 1995 zum Schutz natürlicher Personen bei der Verarbeitung personenbezogener Daten und zum freien Datenverkehr[4)] fallen;

---

1) Amtliche Fußnote: ABl. L 15 vom 21. 1. 1998, S. 14. Zuletzt geändert durch die Verordnung (EG) Nr. 1882/2003 (ABl. L 284 vom 31. 10. 2003, S. 1).

2) Amtliche Fußnote: ABl. L 176 vom 15. 7. 2003, S. 37. Zuletzt geändert durch die Entscheidung 2006/653/EG der Kommission (ABl. L 270 vom 29. 9. 2006, S. 72).

3) Amtliche Fußnote: ABl. L 176 vom 15. 7. 2003, S. 57.

4) Amtliche Fußnote: ABl. L 281 vom 23. 11. 1995, S. 31. Geändert durch die Verordnung (EG) Nr. 1882/2003.

4. die Angelegenheiten, die unter die Richtlinie 77/249/EWG des Rates vom 22. März 1977 zur Erleichterung der tatsächlichen Ausübung des freien Dienstleistungsverkehrs der Rechtsanwälte[1] fallen;
5. die gerichtliche Beitreibung von Forderungen;
6. die Angelegenheiten, die unter Titel II der Richtlinie 2005/36/EG fallen, sowie Anforderungen im Mitgliedstaat der Dienstleistungserbringung, die eine Tätigkeit den Angehörigen eines bestimmten Berufs vorbehalten;
7. die Angelegenheiten, die unter die Verordnung (EWG) Nr. 1408/71 fallen;
8. bezüglich Verwaltungsformalitäten betreffend die Freizügigkeit von Personen und ihren Wohnsitz die Angelegenheiten, die unter diejenigen Bestimmungen der Richtlinie 2004/38/EG fallen, die Verwaltungsformalitäten vorsehen, die die Begünstigten bei den zuständigen Behörden des Mitgliedstaates, in dem die Dienstleistung erbracht wird, erfüllen müssen;
9. in Bezug auf Drittstaatsangehörige, die sich im Rahmen einer Dienstleistungserbringung in einen anderen Mitgliedstaat begeben, die Möglichkeit der Mitgliedstaaten, Visa oder Aufenthaltstitel für Drittstaatsangehörige zu verlangen, die nicht dem in Artikel 21 des Übereinkommens zur Durchführung des Übereinkommens von Schengen vom 14. Juni 1985 betreffend den schrittweisen Abbau der Kontrollen an den gemeinsamen Grenzen[2] vorgesehenen System der gegenseitigen Anerkennung unterfallen, oder die Möglichkeit, Drittstaatsangehörige zu verpflichten, sich bei oder nach der Einreise in den Mitgliedstaat der Dienstleistungserbringung bei den dortigen zuständigen Behörden zu melden;
10. bezüglich der Verbringung von Abfällen die Angelegenheiten, die von der Verordnung (EWG) Nr. 259/93 des Rates vom 1. Februar 1993 zur Überwachung und Kontrolle der Verbringung von Abfällen in der, in die und aus der Europäischen Gemeinschaft[3] erfasst werden;
11. die Urheberrechte, die verwandten Schutzrechte, Rechte im Sinne der Richtlinie 87/54/EWG des Rates vom 16. Dezember 1986 über den Rechtsschutz der Topographien von Halbleitererzeugnissen[4] und der Richtlinie 96/9/EG des Europäischen Parlaments und des Rates vom 11. März 1996 über den rechtlichen Schutz von Datenbanken[5] sowie die Rechte an gewerblichem Eigentum;
12. die Handlungen, für die die Mitwirkung eines Notars gesetzlich vorgeschrieben ist;
13. die Angelegenheiten, die unter die Richtlinie 2006/43/EG des Europäischen Parlaments und des Rates vom 17. Mai 2006 über die Prüfung des Jahresabschlusses und des konsolidierten Abschlusses[6] fallen;
14. die Zulassung von Fahrzeugen, die in einem anderen Mitgliedstaat geleast wurden;

---

1) Amtliche Fußnote: ABl. L 78 vom 26. 3. 1977, S. 17. Zuletzt geändert durch die Beitrittsakte von 2003.

2) Amtliche Fußnote: ABl. L 239 vom 22. 9. 2000, S. 19. Zuletzt geändert durch die Verordnung (EG) Nr. 1160/2005 des Europäischen Parlaments und des Rates (ABl. L 191 vom 22. 7. 2005, S. 18).

3) Amtliche Fußnote: ABl. L 30 vom 6. 2. 1993, S. 1. Zuletzt geändert durch die Verordnung (EG) Nr. 2557/2001 der Kommission (ABl. L 349 vom 31. 12. 2001, S. 1).

4) Amtliche Fußnote: ABl. L 24 vom 27. 1. 1987, S. 36.

5) Amtliche Fußnote: ABl. L 77 vom 27. 3. 1996, S. 20.

6) Amtliche Fußnote: ABl. L 157 vom 9. 6. 2006, S. 87.

15. Bestimmungen betreffend vertragliche und außervertragliche Schuldverhältnisse, einschließlich der Form von Verträgen, die nach den Vorschriften des internationalen Privatrechts festgelegt werden.

Artikel 18 Ausnahmen im Einzelfall

(1) Abweichend von Artikel 16 und nur in Ausnahmefällen können die Mitgliedstaaten Maßnahmen gegenüber einem in einem anderen Mitgliedstaat niedergelassenen Dienstleistungserbringer ergreifen, die sich auf die Sicherheit der Dienstleistungen beziehen.

(2) Die in Absatz 1 genannten Maßnahmen können nur unter Einhaltung des in Artikel 35 genannten Amtshilfeverfahrens und bei Vorliegen aller folgenden Voraussetzungen ergriffen werden:

a) die nationalen Rechtsvorschriften, aufgrund deren die Maßnahme getroffen wird, waren nicht Gegenstand einer Harmonisierung auf Gemeinschaftsebene im Bereich der Sicherheit von Dienstleistungen;

b) die Maßnahmen bewirken für den Dienstleistungsempfänger einen größeren Schutz als die Maßnahmen, die der Niederlassungsmitgliedstaat aufgrund seiner nationalen Vorschriften ergreifen würde;

c) der Niederlassungsmitgliedstaat hat keine bzw. im Hinblick auf Artikel 35 Absatz 2 unzureichende Maßnahmen ergriffen;

d) die Maßnahmen sind verhältnismäßig.

(3) Die Absätze 1 und 2 lassen die in den Gemeinschaftsrechtsakten festgelegten Bestimmungen zur Gewährleistung der Dienstleistungsfreiheit oder zur Gewährung von Ausnahmen von dieser Freiheit unberührt.

ABSCHNITT 2

Rechte der Dienstleistungsempfänger

Artikel 19 Unzulässige Beschränkungen

Die Mitgliedstaaten dürfen an den Dienstleistungsempfänger keine Anforderungen stellen, die die Inanspruchnahme einer Dienstleistung beschränken, die von einem in einem anderen Mitgliedstaat niedergelassenen Dienstleistungserbringer angeboten wird; dies gilt insbesondere für folgende Anforderungen:

a) die Pflicht, bei den zuständigen Behörden eine Genehmigung einzuholen oder diesen gegenüber eine Erklärung abzugeben;

b) diskriminierende Beschränkungen der Möglichkeit zur Erlangung finanzieller Unterstützung, die auf der Tatsache beruhen, dass der Dienstleistungserbringer in einem anderen Mitgliedstaat niedergelassen ist, oder aufgrund des Ortes, an dem die Dienstleistung erbracht wird.

Artikel 20 Nicht-Diskriminierung

(1) Die Mitgliedstaaten stellen sicher, dass dem Dienstleistungsempfänger keine diskriminierenden Anforderungen auferlegt werden, die auf dessen Staatsangehörigkeit oder Wohnsitz beruhen.

(2) Die Mitgliedstaaten stellen sicher, dass die allgemeinen Bedingungen für den Zugang zu einer Dienstleistung, die der Dienstleistungserbringer bekannt gemacht hat, keine auf der Staatsangehörigkeit oder dem Wohnsitz des Dienst-

leistungsempfängers beruhenden diskriminierenden Bestimmungen enthalten; dies berührt jedoch nicht die Möglichkeit, Unterschiede bei den Zugangsbedingungen vorzusehen, die unmittelbar durch objektive Kriterien gerechtfertigt sind.

Artikel 21 Unterstützung der Dienstleistungsempfänger

(1) Die Mitgliedstaaten stellen sicher, dass die Dienstleistungsempfänger in ihrem Wohnsitzstaat folgende Informationen erhalten:

a) allgemeine Informationen über die in anderen Mitgliedstaaten geltenden Anforderungen bezüglich der Aufnahme und der Ausübung von Dienstleistungstätigkeiten, vor allem solche über den Verbraucherschutz;

b) allgemeine Informationen über die bei Streitfällen zwischen Dienstleistungserbringer und -empfänger zur Verfügung stehenden Rechtsbehelfe;

c) Angaben zur Erreichbarkeit der Verbände und Organisationen, die den Dienstleistungserbringer oder -empfänger beraten und unterstützen können, einschließlich der Zentren des Netzes der europäischen Verbraucherzentren.

Sofern angebracht umfasst die Beratung der zuständigen Behörden einen einfachen Schritt-für-Schritt-Leitfaden. Die Informationen und Unterstützung müssen in einer klaren und unzweideutigen Weise erteilt werden, aus der Ferne und elektronisch leicht zugänglich sein und dem neuesten Stand entsprechen.

(2) Die Mitgliedstaaten können die in Absatz 1 genannte Aufgabe den einheitlichen Ansprechpartnern oder jeder anderen Einrichtung, wie beispielsweise den Zentren des Netzes der europäischen Verbraucherzentren, den Verbraucherverbänden oder den Euro Info Zentren, übertragen.

Die Mitgliedstaaten teilen der Kommission die Angaben zur Erreichbarkeit der benannten Einrichtungen mit. Die Kommission leitet sie an die anderen Mitgliedstaaten weiter.

(3) Zur Erfüllung der in den Absätzen 1 und 2 genannten Anforderungen wendet sich die angerufene Einrichtung erforderlichenfalls an die zuständige Einrichtung des betreffenden Mitgliedstaates. Letztere übermittelt die angeforderten Informationen so schnell wie möglich der ersuchenden Einrichtung, die sie an den Dienstleistungsempfänger weiterleitet. Die Mitgliedstaaten stellen sicher, dass diese Einrichtungen einander unterstützen und effizient zusammenarbeiten. Sie treffen gemeinsam mit der Kommission die praktischen Vorkehrungen zur Durchführung des Absatzes 1.

(4) Die Kommission erlässt nach dem in Artikel 40 Absatz 2 genannten Verfahren Durchführungsbestimmungen für die Absätze 1, 2 und 3 des vorliegenden Artikels, die unter Berücksichtigung gemeinsamer Standards die technischen Modalitäten des Austauschs von Informationen zwischen den Einrichtungen der verschiedenen Mitgliedstaaten und insbesondere die Interoperabilität der Informationssysteme regeln.

KAPITEL V
QUALITÄT DER DIENSTLEISTUNGEN

Artikel 22 Informationen über die Dienstleistungserbringer und deren Dienstleistungen

(1) Die Mitgliedstaaten stellen sicher, dass die Dienstleistungserbringer den Dienstleistungsempfängern folgende Informationen zur Verfügung stellen:

a) den Namen des Dienstleistungserbringers, seinen Rechtsstatus und seine Rechtsform, die geografische Anschrift, unter der er niedergelassen ist, und Angaben, die, gegebenenfalls auf elektronischem Weg, eine schnelle Kontaktaufnahme und eine direkte Kommunikation mit ihm ermöglichen;
b) falls der Dienstleistungserbringer in ein Handelsregister oder ein vergleichbares öffentliches Register eingetragen ist, den Namen dieses Registers und die Nummer der Eintragung des Dienstleistungserbringers oder eine gleichwertige in diesem Register verwendete Kennung;
c) falls die Tätigkeit einer Genehmigungsregelung unterliegt, die Angaben zur zuständigen Behörde oder zum einheitlichen Ansprechpartner;
d) falls der Dienstleistungserbringer eine Tätigkeit ausübt, die der Mehrwertsteuer unterliegt, die Identifikationsnummer gemäß Artikel 22 Absatz 1 der Sechsten Richtlinie 77/388/EWG des Rates vom 17. Mai 1977 zur Harmonisierung der Rechtsvorschriften der Mitgliedstaaten über die Umsatzsteuern – Gemeinsames Mehrwertsteuersystem: einheitliche steuerpflichtige Bemessungsgrundlage[1)];
e) bei den reglementierten Berufen den Berufsverband oder eine ähnliche Einrichtung, dem oder der der Dienstleistungserbringer angehört, sowie die Berufsbezeichnung und den Mitgliedstaat, in dem sie verliehen wurde;
f) gegebenenfalls die vom Dienstleistungserbringer verwendeten allgemeinen Geschäftsbedingungen und Klauseln;
g) gegebenenfalls das Vorliegen vom Dienstleistungserbringer verwendeter Vertragsklauseln über das auf den Vertrag anwendbare Recht und/oder den Gerichtsstand;
h) gegebenenfalls das Vorliegen einer gesetzlich nicht vorgeschriebenen nachvertraglichen Garantie;
i) den Preis der Dienstleistung, falls der Preis für eine bestimmte Art von Dienstleistung im Vorhinein vom Dienstleistungserbringer festgelegt wurde;
j) die Hauptmerkmale der Dienstleistung, wenn diese nicht bereits aus dem Zusammenhang hervorgehen;
k) Angaben zur Versicherung oder zu den Sicherheiten gemäß Artikel 23 Absatz 1, insbesondere den Namen und die Kontaktdaten des Versicherers oder Sicherungsgebers und den räumlichen Geltungsbereich.

(2) Die Mitgliedstaaten stellen sicher, dass die in Absatz 1 genannten Informationen nach Wahl des Dienstleistungserbringers:

a) vom Dienstleistungserbringer von sich aus mitgeteilt werden;
b) für den Dienstleistungsempfänger am Ort der Leistungserbringung oder des Vertragsabschlusses leicht zugänglich sind;
c) für den Dienstleistungsempfänger elektronisch über eine vom Dienstleistungserbringer angegebene Adresse leicht zugänglich sind;
d) in allen von den Dienstleistungserbringern den Dienstleistungsempfängern zur Verfügung gestellten ausführlichen Informationsunterlagen über die angebotene Dienstleistung enthalten sind.

(3) Die Mitgliedstaaten stellen sicher, dass die Dienstleistungserbringer den Dienstleistungsempfängern auf Anfrage folgende Zusatzinformationen mitteilen:

---

1) Amtliche Fußnote: ABl. L 145 vom 13. 6. 1977, S. 1. Zuletzt geändert durch die Richtlinie 2006/18/EG (ABl. L 51 vom 22. 2. 2006, S. 12).

Seite 494

a) falls der Preis nicht im Vorhinein vom Dienstleistungserbringer festgelegt wurde, den Preis der Dienstleistung oder, wenn kein genauer Preis angegeben werden kann, die Vorgehensweise zur Berechnung des Preises, die es dem Dienstleistungsempfänger ermöglicht, den Preis zu überprüfen, oder einen hinreichend ausführlichen Kostenvoranschlag;

b) bei reglementierten Berufen einen Verweis auf die im Niederlassungsmitgliedstaat geltenden berufsrechtlichen Regeln und wie diese zugänglich sind;

c) Informationen über ihre multidisziplinären Tätigkeiten und Partnerschaften, die in direkter Verbindung zu der fraglichen Dienstleistung stehen, und über die Maßnahmen, die sie ergriffen haben, um Interessenkonflikte zu vermeiden. Diese Informationen müssen in allen ausführlichen Informationsunterlagen der Dienstleistungserbringer über ihre Tätigkeit enthalten sein;

d) Verhaltenskodizes, die für den Dienstleistungserbringer gelten, und die Adresse, unter der diese elektronisch abgerufen werden können, sowie Angaben über die Sprachen, in denen sie vorliegen;

e) falls ein Dienstleistungserbringer einem Verhaltenskodex unterliegt oder einer Handelsvereinigung oder einem Berufsverband angehört, die außergerichtliche Verfahren der Streitbeilegung vorsehen, einschlägige Informationen hierzu. Der Dienstleistungserbringer hat näher anzugeben, wie ausführliche Auskünfte über die Merkmale der außergerichtlichen Verfahren der Streitbeilegung und über die Bedingungen, unter denen die Verfahren angewandt werden, eingeholt werden können.

(4) Die Mitgliedstaaten stellen sicher, dass die Informationen, die der Dienstleistungserbringer gemäß diesem Kapitel zur Verfügung stellen oder mitteilen muss, klar und unzweideutig sind und rechtzeitig vor Abschluss des Vertrages oder, wenn kein schriftlicher Vertrag geschlossen wird, vor Erbringung der Dienstleistung bereitgestellt werden.

(5) Die Informationsanforderungen gemäß diesem Kapitel ergänzen die bereits im Gemeinschaftsrecht vorgesehenen Anforderungen und hindern die Mitgliedstaaten nicht daran, zusätzliche Informationsanforderungen für Dienstleistungserbringer, die in ihrem Hoheitsgebiet niedergelassen sind, vorzuschreiben.

(6) Die Kommission kann nach dem in Artikel 40 Absatz 2 genannten Verfahren den Inhalt der in den Absätzen 1 und 3 des vorliegenden Artikels genannten Informationen entsprechend den Besonderheiten bestimmter Tätigkeiten präzisieren und die Modalitäten der praktischen Durchführung von Absatz 2 des vorliegenden Artikels präzisieren.

Artikel 23 Berufshaftpflichtversicherungen und Sicherheiten

(1) Die Mitgliedstaaten können sicherstellen, dass die Dienstleistungserbringer, deren Dienstleistungen ein unmittelbares und besonderes Risiko für die Gesundheit oder Sicherheit des Dienstleistungsempfängers oder eines Dritten oder für die finanzielle Sicherheit des Dienstleistungsempfängers darstellen, eine der Art und dem Umfang des Risikos angemessene Berufshaftpflichtversicherung abschließen oder eine aufgrund ihrer Zweckbestimmung im Wesentlichen vergleichbare Sicherheit oder gleichwertige Vorkehrung vorsehen.

(2) Wenn ein Dienstleistungserbringer sich in ihrem Hoheitsgebiet niederlässt, dürfen die Mitgliedstaaten keine Berufshaftpflichtversicherung oder Sicherheit vom Dienstleistungserbringer verlangen, sofern er bereits durch eine gleichwertige oder aufgrund ihrer Zweckbestimmung und der vorgesehenen Deckung bezüglich des versicherten Risikos, der Versicherungssumme oder einer Höchst-

grenze der Sicherheit und möglicher Ausnahmen von der Deckung im Wesentlichen vergleichbare Sicherheit in einem anderen Mitgliedstaat, in dem er bereits niedergelassen ist, abgedeckt ist. Besteht nur eine teilweise Gleichwertigkeit, so können die Mitgliedstaaten eine zusätzliche Sicherheit verlangen, um die nicht gedeckten Risiken abzusichern.

Verlangt ein Mitgliedstaat von einem in seinem Hoheitsgebiet niedergelassenen Dienstleistungserbringer den Abschluss einer Berufshaftpflichtversicherung oder eine andere Sicherheit, so hat er die von in anderen Mitgliedstaaten niedergelassenen Kreditinstituten und Versicherern ausgestellten Bescheinigungen, dass ein solcher Versicherungsschutz besteht, als hinreichenden Nachweis anzuerkennen.

(3) Die Absätze 1 und 2 berühren nicht die in anderen Gemeinschaftsrechtsakten vorgesehenen Berufshaftpflichtversicherungen oder Sicherheiten.

(4) Im Rahmen der Durchführung des Absatzes 1 kann die Kommission nach dem in Artikel 40 Absatz 2 genannten Regelungsverfahren Dienstleistungen benennen, die die in Absatz 1 des vorliegenden Artikels genannten Eigenschaften aufweisen. Die Kommission kann ferner nach dem in Artikel 40 Absatz 3 genannten Verfahren Maßnahmen erlassen, die dazu bestimmt sind, nicht wesentliche Bestimmungen dieser Richtlinie zu ändern, indem sie durch Festlegung gemeinsamer Kriterien ergänzt wird, nach denen festgestellt wird, ob eine Versicherung oder Sicherheit im Sinne des Absatzes 1 des vorliegenden Artikels im Hinblick auf die Art und den Umfang des Risikos angemessen ist.

(5) Im Sinne dieses Artikels bedeutet:

- „unmittelbares und besonderes Risiko" ein Risiko, das sich unmittelbar aus der Erbringung der Dienstleistung ergibt;
- „Gesundheit oder Sicherheit" in Bezug auf einen Dienstleistungsempfänger oder einen Dritten die Verhinderung des Todes oder einer schweren Körperverletzung;
- „finanzielle Sicherheit" in Bezug auf einen Dienstleistungsempfänger die Vermeidung erheblicher Geldverluste oder Einbußen bei Vermögenswerten;
- „Berufshaftpflichtversicherung" eine Versicherung, die ein Dienstleistungserbringer bezüglich seiner potenziellen Haftung gegenüber Dienstleistungsempfängern und gegebenenfalls Dritten, die sich aus der Erbringung der Dienstleistung ergibt, abgeschlossen hat.

Artikel 24 Kommerzielle Kommunikation für reglementierte Berufe

(1) Die Mitgliedstaaten heben sämtliche absoluten Verbote der kommerziellen Kommunikation für reglementierte Berufe auf.

(2) Die Mitgliedstaaten stellen sicher, dass die kommerzielle Kommunikation durch Angehörige reglementierter Berufe die Anforderungen der berufsrechtlichen Regeln erfüllt, die im Einklang mit dem Gemeinschaftsrecht je nach Beruf insbesondere die Unabhängigkeit, die Würde und die Integrität des Berufsstandes sowie die Wahrung des Berufsgeheimnisses gewährleisten sollen. Berufsrechtliche Regeln über die kommerzielle Kommunikation müssen nicht diskriminierend, durch einen zwingenden Grund des Allgemeininteresses gerechtfertigt und verhältnismäßig sein.

Artikel 25 Multidisziplinäre Tätigkeiten

(1) Die Mitgliedstaaten stellen sicher, dass die Dienstleistungserbringer keinen Anforderungen unterworfen werden, die sie verpflichten, ausschließlich eine be-

stimmte Tätigkeit auszuüben, oder die die gemeinschaftliche oder partnerschaftliche Ausübung unterschiedlicher Tätigkeiten beschränken.

Jedoch können folgende Dienstleistungserbringer solchen Anforderungen unterworfen werden:

a) Angehörige reglementierter Berufe, soweit dies gerechtfertigt ist, um die Einhaltung der verschiedenen Standesregeln im Hinblick auf die Besonderheiten der jeweiligen Berufe sicherzustellen und soweit dies nötig ist, um ihre Unabhängigkeit und Unparteilichkeit zu gewährleisten;
b) Dienstleistungserbringer, die Dienstleistungen auf dem Gebiet der Zertifizierung, der Akkreditierung, der technischen Überwachung oder des Versuchs- oder Prüfwesens erbringen, wenn dies zur Gewährleistung ihrer Unabhängigkeit und Unparteilichkeit erforderlich ist.

(2) Sofern multidisziplinäre Tätigkeiten zwischen den in Absatz 1 Buchstaben a und b genannten Dienstleistungserbringern erlaubt sind, stellen die Mitgliedstaaten sicher, dass

a) Interessenkonflikte und Unvereinbarkeiten zwischen bestimmten Tätigkeiten vermieden werden;
b) die Unabhängigkeit und Unparteilichkeit, die bestimmte Tätigkeiten erfordern, gewährleistet sind;
c) die Anforderungen der Standesregeln für die verschiedenen Tätigkeiten miteinander vereinbar sind, insbesondere im Hinblick auf das Berufsgeheimnis.

(3) Die Mitgliedstaaten nennen in dem in Artikel 39 Absatz 1 genannten Bericht die Dienstleistungserbringer, die den Anforderungen gemäß Absatz 1 des vorliegenden Artikels unterworfen sind, ferner den Inhalt dieser Anforderungen und die Gründe, aus denen sie diese für gerechtfertigt halten.

Artikel 26 Maßnahmen zur Qualitätssicherung

(1) Die Mitgliedstaaten ergreifen in Zusammenarbeit mit der Kommission begleitende Maßnahmen, um die Dienstleistungserbringer dazu anzuhalten, freiwillig die Qualität der Dienstleistungen zu sichern, insbesondere durch eine der folgenden Methoden:

a) Zertifizierung ihrer Tätigkeiten oder Bewertung durch unabhängige oder akkreditierte Einrichtungen,
b) Erarbeitung eigener Qualitätscharten oder Beteiligung an auf Gemeinschaftsebene erarbeiteten Qualitätscharten oder Gütesiegeln von Berufsverbänden.

(2) Die Mitgliedstaaten stellen sicher, dass den Dienstleistungserbringern und -empfängern die Informationen über die Bedeutung bestimmter Gütesiegel und die Voraussetzungen zur Verleihung der Gütesiegel und sonstiger Qualitätskennzeichnungen für Dienstleistungen leicht zugänglich sind.

(3) Die Mitgliedstaaten ergreifen in Zusammenarbeit mit der Kommission begleitende Maßnahmen, um die Berufsverbände sowie die Handels- und Handwerkskammern und die Verbraucherverbände in ihrem Hoheitsgebiet zu ermutigen, auf Gemeinschaftsebene zusammenzuarbeiten, um die Dienstleistungsqualität zu fördern, insbesondere indem sie die Einschätzung der Kompetenz eines Dienstleistungserbringers erleichtern.

(4) Die Mitgliedstaaten ergreifen in Zusammenarbeit mit der Kommission begleitende Maßnahmen, um, vor allem durch die Verbraucherverbände, eine unabhängige Bewertung der Qualität und Mängel von Dienstleistungen, insbesondere

vergleichende Versuchs- oder Prüfverfahren auf Gemeinschaftsebene sowie die Veröffentlichung ihrer Ergebnisse, zu fördern.

(5) Die Mitgliedstaaten fördern in Zusammenarbeit mit der Kommission die Entwicklung von freiwilligen europäischen Standards, um die Vereinbarkeit der von Dienstleistungserbringern aus verschiedenen Mitgliedstaaten erbrachten Dienstleistungen, die Information der Dienstleistungsempfänger und die Qualität der Dienstleistungen zu verbessern.

Artikel 27 Streitbeilegung

(1) Die Mitgliedstaaten ergreifen die erforderlichen allgemeinen Maßnahmen um sicherzustellen, dass die Dienstleistungserbringer Kontaktdaten, insbesondere eine Postanschrift, eine Faxnummer oder eine E-Mail-Adresse und eine Telefonnummer angeben, an die alle Dienstleistungsempfänger, auch diejenigen, die in einem anderen Mitgliedstaat ansässig sind, direkt eine Beschwerde oder eine Bitte um Information über die erbrachte Dienstleistung richten können. Die Dienstleistungserbringer teilen ihre Firmenanschrift mit, falls diese nicht ihre übliche Korrespondenzanschrift ist.

Die Mitgliedstaaten ergreifen die erforderlichen allgemeinen Maßnahmen um sicherzustellen, dass die Dienstleistungserbringer die in Unterabsatz 1 genannten Beschwerden so schnell wie möglich beantworten und sich um zufrieden stellende Lösungen bemühen.

(2) Die Mitgliedstaaten ergreifen die erforderlichen allgemeinen Maßnahmen um sicherzustellen, dass die Dienstleistungserbringer verpflichtet werden nachzuweisen, dass sie die in dieser Richtlinie vorgesehenen Informationspflichten erfüllen und ihre Informationen zutreffend sind.

(3) Ist es um eine Gerichtsentscheidung zu befolgen notwendig, eine finanzielle Sicherheit zu stellen, so erkennen die Mitgliedstaaten gleichwertige Sicherheiten an, die bei einem in einem anderen Mitgliedstaat niedergelassenen Kreditinstitut oder Versicherer bestellt werden. Solche Kreditinstitute müssen nach Maßgabe der Richtlinie 2006/48/EG zugelassen sein, und solche Versicherer müssen nach Maßgabe der Ersten Richtlinie 73/239/EWG des Rates vom 24. Juli 1973 zur Koordinierung der Rechts- und Verwaltungsvorschriften betreffend die Aufnahme und Ausübung der Tätigkeit der Direktversicherung (mit Ausnahme der Lebensversicherung)[1] bzw. der Richtlinie 2002/83/EG des Europäischen Parlaments und des Rates vom 5. November 2002 über Lebensversicherungen[2] zugelassen sein.

(4) Die Mitgliedstaaten ergreifen die erforderlichen allgemeinen Maßnahmen um sicherzustellen, dass die Dienstleistungserbringer, die Verhaltenskodizes unterworfen sind oder Handelsvereinigungen oder Berufsverbänden angehören, die außergerichtliche Verfahren der Streitbeilegung vorsehen, die Dienstleistungsempfänger davon in Kenntnis setzen und in allen ausführlichen Informationsunterlagen über ihre Tätigkeit darauf hinweisen; dabei ist anzugeben, wie ausführliche Informationen über dieses Streitbeilegungsverfahren und die Bedingungen für seine Inanspruchnahme erlangt werden können.

---

1) Amtliche Fußnote: ABl. L 228 vom 16. 8. 1973, S. 3. Zuletzt geändert durch die Richtlinie 2005/68/EG des Europäischen Parlaments und des Rates (ABl. L 323 vom 9. 12. 2005, S. 1).

2) Amtliche Fußnote: ABl. L 345 vom 19. 12. 2002, S. 1. Zuletzt geändert durch die Richtlinie 2005/68/EG.

KAPITEL VI
VERWALTUNGSZUSAMMENARBEIT

Artikel 28 Amtshilfe – Allgemeine Verpflichtungen

(1) Die Mitgliedstaaten leisten einander Amtshilfe und ergreifen Maßnahmen, die für eine wirksame Zusammenarbeit bei der Kontrolle der Dienstleistungserbringer und ihrer Dienstleistungen erforderlich sind.

(2) Für die Zwecke dieses Kapitels benennen die Mitgliedstaaten eine oder mehrere Verbindungsstellen und teilen den übrigen Mitgliedstaaten und der Kommission die Kontaktdaten dieser Stellen mit. Die Kommission veröffentlicht die Liste der Verbindungsstellen und aktualisiert diese Liste regelmäßig.

(3) Ersuchen um Informationen und um Durchführung von Überprüfungen, Kontrollen und Untersuchungen nach Maßgabe dieses Kapitels müssen ordnungsgemäß begründet sein; insbesondere ist anzugeben, weshalb die betreffenden Informationen angefordert werden. Die ausgetauschten Informationen dürfen nur im Zusammenhang mit der Angelegenheit verwendet werden, für die sie angefordert wurden.

(4) Die Mitgliedstaaten stellen bei Erhalt eines Ersuchens um Amtshilfe von den zuständigen Behörden eines anderen Mitgliedstaats sicher, dass die in ihrem Hoheitsgebiet niedergelassenen Dienstleistungserbringer ihren zuständigen Behörden alle Informationen zur Verfügung stellen, die für die Kontrolle ihrer Tätigkeiten nach Maßgabe ihrer nationalen Gesetze erforderlich sind.

(5) Treten bei der Beantwortung eines Ersuchens um Informationen oder bei der Durchführung von Überprüfungen, Kontrollen und Untersuchungen Schwierigkeiten auf, so informiert der betroffene Mitgliedstaat umgehend den ersuchenden Mitgliedstaat, um eine gemeinsame Lösung zu finden.

(6) Die Mitgliedstaaten stellen die von anderen Mitgliedstaaten oder von der Kommission angeforderten Informationen so schnell wie möglich auf elektronischem Wege zur Verfügung.

(7) Die Mitgliedstaaten stellen sicher, dass die Register, in die die Dienstleistungserbringer eingetragen sind und die von den zuständigen Behörden in ihrem Hoheitsgebiet eingesehen werden können, unter denselben Bedingungen auch von den entsprechenden zuständigen Behörden der anderen Mitgliedstaaten eingesehen werden können.

(8) Die Mitgliedstaaten unterrichten die Kommission über Fälle, in denen andere Mitgliedstaaten ihrer Verpflichtung zur Amtshilfe nicht nachkommen. Soweit erforderlich, ergreift die Kommission geeignete Maßnahmen, einschließlich der Verfahren nach Artikel 226 des Vertrags, um sicherzustellen, dass die betreffenden Mitgliedstaaten ihre Verpflichtungen zur gegenseitigen Amtshilfe erfüllen. Die Kommission informiert die Mitgliedstaaten in regelmäßigen Abständen über das Funktionieren der Bestimmungen über die Amtshilfe.

Artikel 29 Amtshilfe – Allgemeine Verpflichtungen für den Niederlassungsmitgliedstaat

(1) In Bezug auf Dienstleistungserbringer, die in einem anderen Mitgliedstaat Dienstleistungen erbringen, übermittelt der Niederlassungsmitgliedstaat die von diesem anderen Mitgliedstaat angeforderten Informationen über Dienstleistungserbringer, die in seinem Hoheitsgebiet niedergelassen sind, und bestätigt insbesondere, dass ein Dienstleistungserbringer in seinem Hoheitsgebiet niedergelas-

sen ist und – seines Wissens – seine Tätigkeiten nicht in rechtswidriger Weise ausübt.

(2) Der Niederlassungsmitgliedstaat nimmt die von einem anderen Mitgliedstaat erbetenen Überprüfungen, Kontrollen und Untersuchungen vor und informiert diesen über die Ergebnisse und, gegebenenfalls, über die veranlassten Maßnahmen. Die zuständigen Behörden werden im Rahmen der Befugnisse tätig, die sie in ihrem Mitgliedstaat besitzen. Die zuständigen Behörden können entscheiden, welche Maßnahmen in jedem Einzelfall am besten zu ergreifen sind, um dem Ersuchen eines anderen Mitgliedstaats nachzukommen.

(3) Sobald der Niederlassungsmitgliedstaat tatsächliche Kenntnis von einem Verhalten oder spezifischen Handlungen eines in seinem Hoheitsgebiet niedergelassenen und in anderen Mitgliedstaaten tätigen Dienstleistungserbringers erhält, von denen – seines Wissens – eine ernste Gefahr für die Gesundheit oder die Sicherheit von Personen oder für die Umwelt ausgehen könnte, unterrichtet er so schnell wie möglich alle anderen Mitgliedstaaten sowie die Kommission.

Artikel 30 Kontrolle durch den Niederlassungsmitgliedstaat im Fall eines vorübergehenden Ortswechsels eines Dienstleistungserbringers in einen anderen Mitgliedstaat

(1) In Fällen, die nicht von Artikel 31 Absatz 1 erfasst werden, stellt der Niederlassungsmitgliedstaat sicher, dass die Einhaltung seiner Anforderungen gemäß den in seinem nationalen Recht vorgesehenen Kontrollbefugnissen überwacht wird, insbesondere durch Kontrollmaßnahmen am Ort der Niederlassung des Dienstleistungserbringers.

(2) Der Niederlassungsmitgliedstaat kann die Ergreifung von Kontroll- oder Durchführungsmaßnahmen in seinem Hoheitsgebiet nicht aus dem Grund unterlassen, dass die Dienstleistung in einem anderen Mitgliedstaat erbracht wurde oder dort Schaden verursacht hat.

(3) Die in Absatz 1 genannte Verpflichtung bedeutet für den Niederlassungsmitgliedstaat nicht, dass er verpflichtet ist, Prüfungen des Sachverhalts und Kontrollen im Hoheitsgebiet des Mitgliedstaats durchzuführen, in dem die Dienstleistung erbracht wird. Solche Prüfungen und Kontrollen werden auf Ersuchen der Behörden des Niederlassungsmitgliedstaats und im Einklang mit Artikel 31 von den Behörden des Mitgliedstaats durchgeführt, in dem der Dienstleistungserbringer vorübergehend tätig ist.

Artikel 31 Kontrolle durch den Mitgliedstaat, in dem die Dienstleistung erbracht wird, im Fall eines vorübergehenden Ortswechsels des Dienstleistungserbringers

(1) In Bezug auf nationale Anforderungen, die gemäß Artikel 16 oder 17 gestellt werden können, ist der Mitgliedstaat der Dienstleistungserbringung für die Kontrolle der Tätigkeit der Dienstleistungserbringer in seinem Hoheitsgebiet zuständig. Im Einklang mit dem Gemeinschaftsrecht:

a) ergreift der Mitgliedstaat der Dienstleistungserbringung alle erforderlichen Maßnahmen um sicherzustellen, dass die Dienstleistungserbringer die Anforderungen über die Aufnahme und Ausübung der betreffenden Tätigkeit erfüllen;

b) führt der Mitgliedstaat der Dienstleistungserbringung die Überprüfungen, Kontrollen und Untersuchungen durch, die für die Kontrolle der erbrachten Dienstleistung erforderlich sind.

(2) Wechselt ein Dienstleistungserbringer vorübergehend in einen anderen Mitgliedstaat, in dem er keine Niederlassung hat, um eine Dienstleistung zu erbringen, so wirken die zuständigen Behörden dieses Mitgliedstaates in Bezug auf andere Anforderungen als die in Absatz 1 genannten gemäß den Absätzen 3 und 4 an der Kontrolle des Dienstleistungserbringers mit.

(3) Auf Ersuchen des Niederlassungsmitgliedstaats nehmen die zuständigen Behörden des Mitgliedstaats der Dienstleistungserbringung die Überprüfungen, Kontrollen und Untersuchungen vor, die notwendig sind, um die Wirksamkeit der Kontrolle des Niederlassungsmitgliedstaats sicherzustellen. Die zuständigen Behörden werden im Rahmen der Befugnisse tätig, die sie in ihrem Mitgliedstaat besitzen. Die zuständigen Behörden können entscheiden, welche Maßnahmen in jedem Einzelfall am besten zu ergreifen sind, um dem Ersuchen des Niederlassungsmitgliedstaats nachzukommen.

(4) Die zuständigen Behörden des Mitgliedstaats der Dienstleistungserbringung können von Amts wegen Überprüfungen, Kontrollen und Untersuchungen vor Ort durchführen, vorausgesetzt, diese Maßnahmen sind nicht diskriminierend, beruhen nicht darauf, dass der Dienstleistungserbringer seine Niederlassung in einem anderen Mitgliedstaat hat und sind verhältnismäßig.

Artikel 32 Vorwarnungsmechanismus

(1) Erhält ein Mitgliedstaat Kenntnis von bestimmten Handlungen oder Umständen im Zusammenhang mit einer Dienstleistungstätigkeit, die einen schweren Schaden für die Gesundheit oder Sicherheit von Personen oder für die Umwelt in seinem Hoheitsgebiet oder im Hoheitsgebiet anderer Mitgliedstaaten verursachen könnten, so unterrichtet dieser Mitgliedstaat so schnell wie möglich den Niederlassungsmitgliedstaat, die übrigen betroffenen Mitgliedstaaten und die Kommission hierüber.

(2) Zur Durchführung von Absatz 1 unterstützt die Kommission den Betrieb eines europäischen Netzes der Behörden der Mitgliedstaaten und beteiligt sich daran.

(3) Nach dem in Artikel 40 Absatz 2 genannten Verfahren erlässt die Kommission detaillierte Regeln zur Verwaltung des in Absatz 2 des vorliegenden Artikels genannten Netzes und aktualisiert diese regelmäßig.

Artikel 33 Informationen über die Zuverlässigkeit von Dienstleistungserbringern

(1) Auf Ersuchen einer zuständigen Behörde eines anderen Mitgliedstaats übermitteln die Mitgliedstaaten unter Beachtung ihres nationalen Rechts Informationen über Disziplinar- oder Verwaltungsmaßnahmen oder strafrechtliche Sanktionen und Entscheidungen wegen Insolvenz oder Konkurs mit betrügerischer Absicht, die von ihren zuständigen Behörden gegen einen Dienstleistungserbringer verhängt wurden und die von direkter Bedeutung für die Kompetenz oder berufliche Zuverlässigkeit des Dienstleistungserbringers sind. Der Mitgliedstaat, der die Informationen zur Verfügung stellt, informiert den Dienstleistungserbringer darüber.

Ersuchen gemäß Unterabsatz 1 müssen hinreichend begründet sein, insbesondere bezüglich der Gründe für den Antrag auf Information.

(2) Die in Absatz 1 genannten Sanktionen und Maßnahmen werden nur mitgeteilt, wenn eine endgültige Entscheidung ergangen ist. Hinsichtlich der anderen in Absatz 1 genannten vollstreckbaren Entscheidungen muss der Mitgliedstaat,

der die Informationen übermittelt, angeben, ob es sich um eine endgültige Entscheidung handelt oder ob Rechtsbehelfe dagegen eingelegt wurden und wann voraussichtlich über diese entschieden wird.

Dieser Mitgliedstaat muss darüber hinaus angeben, aufgrund welcher nationaler Rechtsvorschriften der Dienstleistungserbringer verurteilt oder bestraft wurde.

(3) Bei der Anwendung der Absätze 1 und 2 müssen die Vorschriften über den Schutz personenbezogener Daten und die Rechte von in den betreffenden Mitgliedstaaten – auch durch Berufsverbände – verurteilten oder bestraften Personen beachtet werden. Alle diesbezüglichen Informationen, die öffentlich zugänglich sind, müssen den Verbrauchern zugänglich sein.

Artikel 34 Begleitende Maßnahmen

(1) Die Kommission richtet in Zusammenarbeit mit den Mitgliedstaaten ein elektronisches System für den Austausch von Informationen zwischen den Mitgliedstaaten ein, wobei sie bestehende Informationssysteme berücksichtigt.

(2) Die Mitgliedstaaten ergreifen mit Unterstützung der Kommission begleitende Maßnahmen, um den Austausch der mit der Amtshilfe betrauten Beamten und deren Fortbildung einschließlich Sprach- und Computerkursen zu fördern.

(3) Die Kommission prüft die Erforderlichkeit der Einrichtung eines Mehrjahresprogramms zur Organisation derartiger Beamtenaustausch- und Fortbildungsmaßnahmen.

Artikel 35 Amtshilfe bei Ausnahmen im Einzelfall

(1) Beabsichtigt ein Mitgliedstaat, eine Maßnahme gemäß Artikel 18 zu ergreifen, so ist unbeschadet der gerichtlichen Verfahren, einschließlich Vorverfahren und Handlungen, die im Rahmen einer strafrechtlichen Ermittlung durchgeführt werden, die in den Absätzen 2 bis 6 des vorliegenden Artikels festgelegte Vorgehensweise einzuhalten.

(2) Der in Absatz 1 genannte Mitgliedstaat ersucht den Niederlassungsmitgliedstaat, Maßnahmen gegen den betreffenden Dienstleistungserbringer zu ergreifen und übermittelt alle zweckdienlichen Informationen über die in Frage stehende Dienstleistung und den jeweiligen Sachverhalt.

Der Niederlassungsmitgliedstaat stellt unverzüglich fest, ob der Dienstleistungserbringer seine Tätigkeit rechtmäßig ausübt und überprüft den Sachverhalt, der Anlass des Ersuchens ist. Er teilt dem ersuchenden Mitgliedstaat unverzüglich mit, welche Maßnahmen getroffen wurden oder beabsichtigt sind, oder aus welchen Gründen keine Maßnahmen getroffen wurden.

(3) Nachdem eine Mitteilung der Angaben gemäß Absatz 2 Unterabsatz 2 durch den Niederlassungsmitgliedstaat erfolgt ist, unterrichtet der ersuchende Mitgliedstaat die Kommission und den Niederlassungsmitgliedstaat über die von ihm beabsichtigten Maßnahmen, wobei er mitteilt:

a) aus welchen Gründen er die vom Niederlassungsmitgliedstaat getroffenen oder beabsichtigten Maßnahmen für unzureichend hält;
b) warum er der Auffassung ist, dass die von ihm beabsichtigten Maßnahmen die Voraussetzungen des Artikels 18 erfüllen.

(4) Die Maßnahmen dürfen frühestens fünfzehn Arbeitstage nach der in Absatz 3 genannten Mitteilung getroffen werden.

(5) Unbeschadet der Möglichkeit des ersuchenden Mitgliedstaates, nach Ablauf der Frist gemäß Absatz 4 die betreffenden Maßnahmen zu ergreifen, muss die Kommission so schnell wie möglich prüfen, ob die mitgeteilten Maßnahmen mit dem Gemeinschaftsrecht vereinbar sind.

Kommt die Kommission zu dem Ergebnis, dass die Maßnahme nicht mit dem Gemeinschaftsrecht vereinbar ist, so erlässt sie eine Entscheidung, in der sie den betreffenden Mitgliedstaat auffordert, von den beabsichtigten Maßnahmen Abstand zu nehmen oder sie unverzüglich aufzuheben.

(6) In dringenden Fällen kann der Mitgliedstaat, der beabsichtigt, eine Maßnahme zu ergreifen, von den Absätzen 2, 3 und 4 abweichen. In diesen Fällen sind die Maßnahmen der Kommission und dem Niederlassungsmitgliedstaat unverzüglich unter Begründung der Dringlichkeit mitzuteilen.

Artikel 36 Durchführungsmaßnahmen

Die Kommission erlässt nach dem in Artikel 40 Absatz 3 genannten Verfahren die zur Änderung nicht wesentlicher Bestimmungen dieses Kapitels bestimmten Durchführungsmaßnahmen, indem sie es durch Angabe der in den Artikeln 28 und 35 genannten Fristen ergänzt. Die Kommission erlässt ferner nach dem in Artikel 40 Absatz 2 genannten Verfahren die praktischen Regelungen des Informationsaustauschs auf elektronischem Wege zwischen den Mitgliedstaaten und insbesondere die Bestimmungen über die Interoperabilität der Informationssysteme.

KAPITEL VII
KONVERGENZPROGRAMM

Artikel 37 Verhaltenskodizes auf Gemeinschaftsebene

(1) Die Mitgliedstaaten ergreifen in Zusammenarbeit mit der Kommission begleitende Maßnahmen, um insbesondere Berufsverbände, -organisationen und -vereinigungen zu ermutigen, auf Gemeinschaftsebene im Einklang mit dem Gemeinschaftsrecht Verhaltenskodizes auszuarbeiten, die die Dienstleistungserbringung oder die Niederlassung von Dienstleistungserbringern in einem anderen Mitgliedstaat erleichtern sollen.

(2) Die Mitgliedstaaten stellen sicher, dass die in Absatz 1 genannten Verhaltenskodizes aus der Ferne und elektronisch zugänglich sind.

Artikel 38 Ergänzende Harmonisierung

Die Kommission prüft bis zum 28. Dezember 2010 die Möglichkeit, Vorschläge für harmonisierende Rechtsakte zu folgenden Punkten vorzulegen:

a) die Aufnahme von Tätigkeiten zur gerichtlichen Beitreibung von Forderungen;

b) private Sicherheitsdienste und Beförderung von Geld und Wertgegenständen.

Artikel 39 Gegenseitige Evaluierung

(1) Die Mitgliedstaaten legen der Kommission bis zum 28. Dezember 2009 einen Bericht vor, der die folgenden Angaben enthält:

a) Informationen gemäß Artikel 9 Absatz 2 über die Genehmigungsregelungen;

b) Informationen gemäß Artikel 15 Absatz 5 über die zu prüfenden Anforderungen;

c) Informationen gemäß Artikel 25 Absatz 3 über die multidisziplinären Tätigkeiten.

(2) Die Kommission leitet die in Absatz 1 genannten Berichte an die anderen Mitgliedstaaten weiter, die binnen sechs Monaten nach Erhalt zu jedem dieser Berichte ihre Stellungnahme übermitteln. Gleichzeitig konsultiert die Kommission die betroffenen Interessengruppen zu diesen Berichten.

(3) Die Kommission legt die Berichte und Anmerkungen der Mitgliedstaaten dem in Artikel 40 Absatz 1 genannten Ausschuss vor, der dazu Stellung nehmen kann.

(4) Unter Berücksichtigung der in den Absätzen 2 und 3 genannten Stellungnahme legt die Kommission dem Europäischen Parlament und dem Rat spätestens bis zum 28. Dezember 2010 einen zusammenfassenden Bericht vor; diesem fügt sie gegebenenfalls Vorschläge für ergänzende Initiativen bei.

(5) Die Mitgliedstaaten legen der Kommission spätestens bis zum 28. Dezember 2009 einen Bericht über die nationalen Anforderungen vor, deren Anwendung unter Artikel 16 Absatz 1 Unterabsatz 3 und Absatz 3 Satz 1 fallen könnte; in diesem Bericht legen sie die Gründe dar, aus denen die betreffenden Anforderungen ihres Erachtens mit den Kriterien nach Artikel 16 Absatz 1 Unterabsatz 3 und Artikel 16 Absatz 3 Satz 1 vereinbar sind.

Danach übermitteln die Mitgliedstaaten der Kommission alle Änderungen der vorstehend genannten Anforderungen einschließlich neuer Anforderungen und begründen dies.

Die Kommission setzt die anderen Mitgliedstaaten von den übermittelten Anforderungen in Kenntnis. Diese Übermittlung steht dem Erlass der betreffenden Vorschriften durch den jeweiligen Mitgliedstaat nicht entgegen. Die Kommission legt danach jährlich Analysen und Orientierungshinweise in Bezug auf die Anwendung derartiger Vorschriften im Rahmen dieser Richtlinie vor.

Artikel 40 Ausschussverfahren

(1) Die Kommission wird von einem Ausschuss unterstützt.

(2) Wird auf diesen Absatz Bezug genommen, so gelten die Artikel 5 und 7 des Beschlusses 1999/468/EG unter Beachtung von dessen Artikel 8. Der Zeitraum nach Artikel 5 Absatz 6 des Beschlusses 1999/468/EG wird auf drei Monate festgesetzt.

(3) Wird auf diesen Absatz Bezug genommen, so gelten die Artikel 5a Absätze 1 bis 4 und Artikel 7 des Beschlusses 1999/468/EG unter Beachtung von dessen Artikel 8.

Artikel 41 Überprüfungsklausel

Die Kommission legt dem Europäischen Parlament und dem Rat bis zum 28. Dezember 2011 und danach alle drei Jahre einen umfassenden Bericht über die Anwendung dieser Richtlinie vor. Im Einklang mit Artikel 16 Absatz 4 geht dieser Bericht insbesondere auf die Anwendung des Artikels 16 ein. Er behandelt ferner die Frage, ob zusätzliche Maßnahmen in Bereichen außerhalb des Anwendungsbereichs dieser Richtlinie erforderlich sind. Er enthält gegebenenfalls Vorschläge für die Anpassung dieser Richtlinie im Hinblick auf die Vollendung des Binnenmarktes für Dienstleistungen.

Artikel 42 Änderung der Richtlinie 98/27/EG

Dem Anhang der Richtlinie 98/27/EG des Europäischen Parlaments und des Rates vom 19. Mai 1998 über Unterlassungsklagen zum Schutz der Verbraucherinteressen[1] wird folgende Nummer angefügt:

„13. Richtlinie 2006/123/EG des Europäischen Parlaments und des Rates vom 12. Dezember 2006 über Dienstleistungen im Binnenmarkt (ABl. L 376 vom 27. 12. 2006, S. 36).“

Artikel 43 Schutz personenbezogener Daten

Bei der Umsetzung und Anwendung dieser Richtlinie und insbesondere der Bestimmungen über Kontrollen werden die Vorschriften zum Schutz personenbezogener Daten, der Richtlinie 95/46/EG und der Richtlinie 2002/58/EG eingehalten.

KAPITEL VIII

SCHLUSSBESTIMMUNGEN

Artikel 44 Umsetzung

(1) Die Mitgliedstaaten setzen die erforderlichen Rechts- und Verwaltungsvorschriften in Kraft, die erforderlich sind, um dieser Richtlinie bis spätestens ab dem 28. Dezember 2009 nachzukommen.

Sie teilen der Kommission unverzüglich den Wortlaut dieser Rechtsvorschriften mit.

Wenn die Mitgliedstaaten diese Vorschriften erlassen, nehmen sie in den Vorschriften selbst oder durch einen Hinweis bei der amtlichen Veröffentlichung auf diese Richtlinie Bezug. Die Mitgliedstaaten regeln die Einzelheiten der Bezugnahme.

(2) Die Mitgliedstaaten teilen der Kommission den Wortlaut der wichtigsten innerstaatlichen Rechtsvorschriften mit, die sie auf dem unter diese Richtlinie fallenden Gebiet erlassen.

Artikel 45 Inkrafttreten

Diese Richtlinie tritt am Tag nach ihrer Veröffentlichung im *Amtsblatt der Europäischen Union* in Kraft.

Artikel 46 Adressaten

Diese Richtlinie ist an die Mitgliedstaaten gerichtet.

---

1) Amtliche Fußnote: ABl. L 166 vom 11. 6. 1998, S. 51. Zuletzt geändert durch die Richtlinie 2005/29/EG.

44 Arbeit und Soziales

444 Richtlinie 96/71/EG des Europäischen Parlaments und des Rates vom 16. Dezember 1996 über die Entsendung von Arbeitnehmern im Rahmen der Erbringung von Dienstleistungen

(ABl. L 18 vom 21. 1. 1997 S. 1)

Inhaltsübersicht*

Das Europäische Parlament und der Rat der Europäischen Union –

gestützt auf den Vertrag zur Gründung der Europäischen Gemeinschaft, insbesondere auf Artikel 57 Absatz 2 und Artikel 66,

auf Vorschlag der Kommission,**

nach Stellungnahme des Wirtschafts- und Sozialausschusses,***

gemäß dem Verfahren des Artikels 189 b des Vertrags,****

in Erwägung nachstehender Gründe:

(1) Die Beseitigung der Hindernisse für den freien Personen- und Dienstleistungsverkehr zwischen den Mitgliedstaaten gehört gemäß Artikel 3 Buchstabe c) des Vertrages zu den Zielen der Gemeinschaft.

(2) Für die Erbringung von Dienstleistungen sind nach dem Vertrag seit Ende der Übergangszeit Einschränkungen auf Grund der Staatsangehörigkeit oder einer Wohnsitzvoraussetzung unzulässig.

(3) Die Verwirklichung des Binnenmarktes bietet einen dynamischen Rahmen für die länderübergreifende Erbringung von Dienstleistungen. Das veranlaßt eine wachsende Zahl von Unternehmen, Arbeitnehmer für eine zeitlich begrenzte Arbeitsleistung in das Hoheitsgebiet eines Mitgliedstaats zu entsenden, der nicht der Staat ist, in dem sie normalerweise beschäftigt werden.

(4) Die Erbringung von Dienstleistungen kann entweder als Ausführung eines Auftrags durch ein Unternehmen, in seinem Namen und unter seiner Leitung im Rahmen eines Vertrags zwischen diesem Unternehmen und dem Leistungsempfänger oder in Form des Zurverfügungstellens von Arbeitnehmern für ein Unternehmen im Rahmen eines öffentlichen oder privaten Auftrags erfolgen.

---

* Nicht amtlich.

** Amtliche Fußnote: ABl. Nr. C 225 vom 30. 8. 1991, S. 6, und ABl. Nr. C 187 vom 9. 7. 1993, S. 5.

*** Amtliche Fußnote: ABl. Nr. C 49 vom 24. 2. 1992, S. 41.

**** Amtliche Fußnote: Stellungnahme des Europäischen Parlaments vom 10. Februar 1993 (ABl. Nr. C 72 vom 13. 3. 1993, S. 78), gemeinsamer Standpunkt des Rates vom 3. Juni 1996 (ABl. Nr. C 220 vom 29. 7. 1996, S. 1) und Beschluß des Europäischen Parlaments vom 18. September 1996 (ABl. Nr. C 320 vom 28. 10. 1996, S. 73). Beschluß des Rates vom 24. September 1996.

Seite 506

(5) Voraussetzung für eine solche Förderung des länderübergreifenden Dienstleistungsverkehrs sind ein fairer Wettbewerb sowie Maßnahmen, die die Wahrung der Rechte der Arbeitnehmer garantieren.

(6) Mit der Transnationalisierung der Arbeitsverhältnisse entstehen Probleme hinsichtlich des auf ein Arbeitsverhältnis anwendbaren Rechts. Es liegt im Interesse der betroffenen Parteien, die für das geplante Arbeitsverhältnis geltenden Arbeits- und Beschäftigungsbedingungen festzulegen.

(7) Das Übereinkommen von Rom vom 19. Juni 1980 über das auf vertragliche Schuldverhältnisse anzuwendende Recht*, das von zwölf Mitgliedstaaten unterzeichnet wurde, ist am 1. April 1991 in der Mehrheit der Mitgliedstaaten in Kraft getreten.

(8) In Artikel 3 dieses Übereinkommens wird als allgemeine Regel die freie Rechtswahl der Parteien festgelegt. Mangels einer Rechtswahl ist nach Artikel 6 Absatz 2 auf den Arbeitsvertrag das Recht des Staates anzuwenden, in dem der Arbeitnehmer in Erfüllung des Vertrages gewöhnlich seine Arbeit verrichtet, selbst wenn er vorübergehend in einen anderen Staat entsandt ist, oder das Recht des Staates, in dem sich die Niederlassung befindet, die den Arbeitnehmer eingestellt hat, sofern dieser seine Arbeit gewöhnlich nicht in ein und demselben Staat verrichtet, es sei denn, daß sich aus der Gesamtheit der Umstände ergibt, daß der Arbeitsvertrag engere Verbindungen zu einem anderen Staat aufweist; in diesem Fall ist das Recht dieses anderen Staates anzuwenden.

(9) Nach Artikel 6 Absatz 1 dieses Übereinkommens darf die Rechtswahl der Parteien nicht dazu führen, daß dem Arbeitnehmer der Schutz entzogen wird, der ihm durch die zwingenden Bestimmungen des Rechts gewährt wird, das nach Absatz 2 mangels einer Rechtswahl anzuwenden wäre.

(10) Nach Artikel 7 dieses Übereinkommens kann – zusammen mit dem für anwendbar erklärten Recht – den zwingenden Bestimmungen des Rechts eines anderen Staates, insbesondere des Mitgliedstaats, in dessen Hoheitsgebiet der Arbeitnehmer vorübergehend entsandt wird, Wirkung verliehen werden.

(11) Nach dem in Artikel 20 dieses Übereinkommens anerkannten Grundsatz des Vorrangs des Gemeinschaftsrechts berührt das Übereinkommen nicht die Anwendung der Kollisionsnormen für vertragliche Schuldverhältnisse auf besonderen Gebieten, die in Rechtsakten der Organe der Europäischen Gemeinschaften oder in dem in Ausführung dieser Akte harmonisierten innerstaatlichen Recht enthalten sind oder enthalten sein werden.

(12) Das Gemeinschaftsrecht hindert die Mitgliedstaaten nicht daran, ihre Gesetze oder die von den Sozialpartnern abgeschlossenen Tarifverträge auf sämtliche Personen anzuwenden, die – auch nur vorübergehend – in ihrem Hoheitsgebiet beschäftigt werden, selbst wenn ihr Arbeitgeber in einem anderen Mitgliedstaat ansässig ist. Das Gemeinschaftsrecht verbietet es den Mitgliedstaaten nicht, die Einhaltung dieser Bestimmungen mit angemessenen Mitteln sicherzustellen.

(13) Die Gesetze der Mitgliedstaaten müssen koordiniert werden, um einen Kern zwingender Bestimmungen über ein Mindestmaß an Schutz festzulegen, das im Gastland von Arbeitgebern zu gewährleisten ist, die Arbeitnehmer für eine zeitlich begrenzte Arbeitsleistung in das Hoheitsgebiet eines Mitgliedstaats entsenden, in dem eine Dienstleistung zu erbringen ist. Eine solche Koordinierung kann nur durch Rechtsvorschriften der Gemeinschaft erfolgen.

(14) Ein „harter Kern" klar definierter Schutzbestimmungen ist vom Dienstleistungserbringer unabhängig von der Dauer der Entsendung des Arbeitnehmers einzuhalten.

---

* Amtliche Fußnote: ABl. Nr. L 266 vom 9. 10. 1980, S. 1.

(15) In bestimmten Einzelfällen von Montage- und/oder Einbauarbeiten sind die Bestimmungen über die Mindestlohnsätze und den bezahlten Mindestjahresurlaub nicht anzuwenden.

(16) Die Anwendung der Bestimmungen über die Mindestlohnsätze und den bezahlten Mindestjahresurlaub bedarf außerdem einer gewissen Flexibilität. Beträgt die Dauer der Entsendung nicht mehr als einen Monat, so können die Mitgliedstaaten unter bestimmten Bedingungen von den Bestimmungen über die Mindestlohnsätze abweichen oder die Möglichkeit von Abweichungen im Rahmen von Tarifverträgen vorsehen. Ist der Umfang der zu verrichtenden Arbeiten gering, so können die Mitgliedstaaten von den Bestimmungen über die Mindestlohnsätze und den bezahlten Mindestjahresurlaub abweichen.

(17) Die im Gastland geltenden zwingenden Bestimmungen über ein Mindestmaß an Schutz dürfen jedoch nicht der Anwendung von Arbeitsbedingungen, die für die Arbeitnehmer günstiger sind, entgegenstehen.

(18) Es sollte der Grundsatz eingehalten werden, daß außerhalb der Gemeinschaft ansässige Unternehmen nicht besser gestellt werden dürfen als Unternehmen, die im Hoheitsgebiet eines Mitgliedstaats ansässig sind.

(19) Unbeschadet anderer Gemeinschaftsbestimmungen beinhaltet diese Richtlinie weder die Verpflichtung zur rechtlichen Anerkennung der Existenz von Leiharbeitsunternehmen, noch hindert sie die Mitgliedstaaten, ihre Rechtsvorschriften über das Zurverfügungstellen von Arbeitskräften und über Leiharbeitsunternehmen auf Unternehmen anzuwenden, die nicht in ihrem Hoheitsgebiet niedergelassen, dort aber im Rahmen der Erbringung von Dienstleistungen tätig sind.

(20) Diese Richtlinie berührt weder die von der Gemeinschaft mit Drittländern geschlossenen Übereinkünfte noch die Rechtsvorschriften der Mitgliedstaaten, die den Zugang von Dienstleistungserbringern aus Drittländern zu ihrem Hoheitsgebiet betreffen. Ebenso bleiben die einzelstaatlichen Rechtsvorschriften, die die Einreise und den Aufenthalt von Arbeitnehmern aus Drittländern sowie deren Zugang zur Beschäftigung regeln, von dieser Richtlinie unberührt.

(21) Welche Bestimmungen im Bereich der Sozialversicherungsleistungen und -beiträge anzuwenden sind, ist in der Verordnung (EWG) Nr. 1408/71 des Rates vom 14. Juni 1971 zur Anwendung der Systeme der sozialen Sicherheit auf Arbeitnehmer und deren Familien, die innerhalb der Gemeinschaft zu- und abwandern*, geregelt.

(22) Diese Richtlinie berührt nicht das Recht der Mitgliedstaaten über kollektive Maßnahmen zur Verteidigung beruflicher Interessen.

(23) Die zuständigen Stellen in den Mitgliedstaaten müssen bei der Anwendung dieser Richtlinie zusammenarbeiten. Die Mitgliedstaaten haben geeignete Maßnahmen für den Fall der Nichteinhaltung dieser Richtlinie vorzusehen.

(24) Es muß sichergestellt werden, daß diese Richtlinie ordnungsgemäß angewandt wird. Hierzu ist eine enge Zusammenarbeit zwischen der Kommission und den Mitgliedstaaten vorzusehen.

(25) Spätestens fünf Jahre nach Annahme dieser Richtlinie hat die Kommission die Anwendung dieser Richtlinie zu überprüfen und, falls erforderlich, Änderungsvorschläge zu unterbreiten –

haben folgende Richtlinie erlassen:

---

* Amtliche Fußnote: ABl. Nr. L 149 vom 5. 7. 1971, S. 2. Verordnung zuletzt geändert durch die Verordnung (EG) Nr. 3096/95 (ABl. Nr. L 335 vom 30. 12. 1995, S. 10).

Seite 508

Artikel 1 Anwendungsbereich

(1) Diese Richtlinie gilt für Unternehmen mit Sitz in einem Mitgliedstaat, die im Rahmen der länderübergreifenden Erbringung von Dienstleistungen Arbeitnehmer gemäß Absatz 3 in das Hoheitsgebiet eines Mitgliedstaats entsenden.

(2) Diese Richtlinie gilt nicht für Schiffsbesatzungen von Unternehmen der Handelsmarine.

(3) Diese Richtlinie findet Anwendung, soweit die in Absatz 1 genannten Unternehmen eine der folgenden länderübergreifenden Maßnahmen treffen:

a) einen Arbeitnehmer in ihrem Namen und unter ihrer Leitung in das Hoheitsgebiet eines Mitgliedstaats im Rahmen eines Vertrags entsenden, der zwischen dem entsendenden Unternehmen und dem in diesem Mitgliedstaat tätigen Dienstleistungsempfänger geschlossen wurde, sofern für die Dauer der Entsendung ein Arbeitsverhältnis zwischen dem entsendenden Unternehmen und dem Arbeitnehmer besteht, oder

b) einen Arbeitnehmer in eine Niederlassung oder ein der Unternehmensgruppe angehörendes Unternehmen im Hoheitsgebiet eines Mitgliedstaats entsenden, sofern für die Dauer der Entsendung ein Arbeitsverhältnis zwischen dem entsendenden Unternehmen und dem Arbeitnehmer besteht, oder

c) als Leiharbeitsunternehmen oder als einen Arbeitnehmer zur Verfügung stellendes Unternehmen einen Arbeitnehmer in ein verwendendes Unternehmen entsenden, das seinen Sitz im Hoheitsgebiet eines Mitgliedstaats hat oder dort seine Tätigkeit ausübt, sofern für die Dauer der Entsendung ein Arbeitsverhältnis zwischen dem Leiharbeitsunternehmen oder dem einen Arbeitnehmer zur Verfügung stellenden Unternehmen und dem Arbeitnehmer besteht.

(4) Unternehmen mit Sitz in einem Nichtmitgliedstaat darf keine günstigere Behandlung zuteil werden als Unternehmen mit Sitz in einem Mitgliedstaat.

Artikel 2 Begriffsbestimmung

(1) Im Sinne dieser Richtlinie gilt als entsandter Arbeitnehmer jeder Arbeitnehmer, der während eines begrenzten Zeitraums seine Arbeitsleistung im Hoheitsgebiet eines anderen Mitgliedstaats als demjenigen erbringt, in dessen Hoheitsgebiet er normalerweise arbeitet.

(2) Für die Zwecke dieser Richtlinie wird der Begriff des Arbeitnehmers in dem Sinne verwendet, in dem er im Recht des Mitgliedstaats, in dessen Hoheitsgebiet der Arbeitnehmer entsandt wird, gebraucht wird.

Artikel 3 Arbeits- und Beschäftigungsbedingungen

(1) Die Mitgliedstaaten sorgen dafür, daß unabhängig von dem auf das jeweilige Arbeitsverhältnis anwendbaren Recht die in Artikel 1 Absatz 1 genannten Unternehmen den in ihr Hoheitsgebiet entsandten Arbeitnehmern bezüglich der nachstehenden Aspekte die Arbeits- und Beschäftigungsbedingungen garantieren, die in dem Mitgliedstaat, in dessen Hoheitsgebiet die Arbeitsleistung erbracht wird,

- durch Rechts- oder Verwaltungsvorschriften und/oder
- durch für allgemein verbindlich erklärte Tarifverträge oder Schiedssprüche im Sinne des Absatzes 8, sofern sie die im Anhang genannten Tätigkeiten betreffen,

festgelegt sind:

a) Höchstarbeitszeiten und Mindestruhezeiten;

b) bezahlter Mindestjahresurlaub;

c) Mindestlohnsätze einschließlich der Überstundensätze; dies gilt nicht für die zusätzlichen betrieblichen Altersversorgungssysteme;

d) Bedingungen für die Überlassung von Arbeitskräften, insbesondere durch Leiharbeitsunternehmen;

e) Sicherheit, Gesundheitsschutz und Hygiene am Arbeitsplatz;

f) Schutzmaßnahmen im Zusammenhang mit den Arbeits- und Beschäftigungsbedingungen von Schwangeren und Wöchnerinnen, Kindern und Jugendlichen;

g) Gleichbehandlung von Männern und Frauen sowie andere Nichtdiskriminierungsbestimmungen.

Zum Zweck dieser Richtlinie wird der in Unterabsatz 1 Buchstabe c) genannte Begriff der Mindestlohnsätze durch die Rechtsvorschriften und/oder Praktiken des Mitgliedstaats bestimmt, in dessen Hoheitsgebiet der Arbeitnehmer entsandt wird.

(2) Absatz 1 Unterabsatz 1 Buchstaben b) und c) gilt nicht für Erstmontage- und/oder Einbauarbeiten, die Bestandteil eines Liefervertrags sind, für die Inbetriebnahme der gelieferten Güter unerläßlich sind und von Facharbeitern und/oder angelernten Arbeitern des Lieferunternehmens ausgeführt werden, wenn die Dauer der Entsendung acht Tage nicht übersteigt. Dies gilt nicht für die im Anhang aufgeführten Bauarbeiten.

(3) Die Mitgliedstaaten können gemäß ihren üblichen Verfahren und Praktiken nach Konsultation der Sozialpartner beschließen, Absatz 1 Unterabsatz 1 Buchstabe c) in den in Artikel 1 Absatz 3 Buchstaben a) und b) genannten Fällen nicht anzuwenden, wenn die Dauer der Entsendung einen Monat nicht übersteigt.

(4) Die Mitgliedstaaten können gemäß ihren Rechtsvorschriften und/oder Praktiken vorsehen, daß durch Tarifverträge im Sinne des Absatzes 8 für einen oder mehrere Tätigkeitsbereiche in den in Artikel 1 Absatz 3 Buchstaben a) und b) genannten Fällen von Absatz 1 Unterabsatz 1 Buchstabe c) sowie von dem Beschluß eines Mitgliedstaats nach Absatz 3 abgewichen werden kann, wenn die Dauer der Entsendung einen Monat nicht übersteigt.

(5) Die Mitgliedstaaten können in den in Artikel 1 Absatz 3 Buchstaben a) und b) genannten Fällen eine Ausnahme von Absatz 1 Unterabsatz 1 Buchstaben b) und c) vorsehen, wenn der Umfang der zu verrichtenden Arbeiten gering ist.

Die Mitgliedstaaten, die von der in Unterabsatz 1 gebotenen Möglichkeit Gebrauch machen, legen die Modalitäten fest, denen die zu verrichtenden Arbeiten entsprechen müssen, um als Arbeiten von geringem Umfang zu gelten.

(6) Die Dauer der Entsendung berechnet sich unter Zugrundelegung eines Bezugszeitraums von einem Jahr ab Beginn der Entsendung.

Bei der Berechnung der Entsendungsdauer wird die Dauer einer gegebenenfalls im Rahmen einer Entsendung von einem zu ersetzenden Arbeitnehmer bereits zurückgelegten Entsendungsdauer berücksichtigt.

(7) Die Absätze 1 bis 6 stehen der Anwendung von für die Arbeitnehmer günstigeren Beschäftigungs- und Arbeitsbedingungen nicht entgegen.

Die Entsendungszulagen gelten als Bestandteil des Mindestlohns, soweit sie nicht als Erstattung für infolge der Entsendung tatsächlich entstandenen Kosten wie z.B. Reise-, Unterbringungs- und Verpflegungskosten gezahlt werden.

(8) Unter „für allgemein verbindlich erklärten Tarifverträgen oder Schiedssprüchen“ sind Tarifverträge oder Schiedssprüche zu verstehen, die von allen in den jeweiligen geographischen Bereich fallenden und die betreffende Tätigkeit oder das betreffende Gewerbe ausübenden Unternehmen einzuhalten sind.

Gibt es kein System zur Allgemeinverbindlicherklärung von Tarifverträgen oder Schiedssprüchen im Sinne von Unterabsatz 1, so können die Mitgliedstaaten auch beschließen, folgendes zugrunde zu legen:

- die Tarifverträge oder Schiedssprüche, die für alle in den jeweiligen geographischen Bereich fallenden und die betreffende Tätigkeit oder das betreffende Gewerbe ausübenden gleichartigen Unternehmen allgemein wirksam sind, und/oder
- die Tarifverträge, die von den auf nationaler Ebene repräsentativsten Organisationen der Tarifvertragsparteien geschlossen werden und innerhalb des gesamten nationalen Hoheitsgebiets zur Anwendung kommen,

sofern deren Anwendung auf die in Artikel 1 Absatz 1 genannten Unternehmen eine Gleichbehandlung dieser Unternehmen in bezug auf die in Absatz 1 Unterabsatz 1 genannten Aspekte gegenüber den im vorliegenden Unterabsatz genannten anderen Unternehmen, die sich in einer vergleichbaren Lage befinden, gewährleistet.

Gleichbehandlung im Sinne dieses Artikels liegt vor, wenn für die inländischen Unternehmen, die sich in einer vergleichbaren Lage befinden,

- am betreffenden Ort oder in der betreffenden Sparte hinsichtlich der Aspekte des Absatzes 1 Unterabsatz 1 dieselben Anforderungen gelten wie für die Entsendeunternehmen und
- diese Anforderungen ihnen gegenüber mit derselben Wirkung durchgesetzt werden können.

(9) Die Mitgliedstaaten können vorsehen, daß die in Artikel 1 Absatz 1 genannten Unternehmen Arbeitnehmern im Sinne von Artikel 1 Absatz 3 Buchstabe c) diejenigen Bedingungen garantieren, die in dem Mitgliedstaat, in dessen Hoheitsgebiet die Arbeitsleistung erbracht wird, für Leiharbeitnehmer gelten.

(10) Diese Richtlinie berührt nicht das Recht der Mitgliedstaaten, unter Einhaltung des Vertrags für inländische und ausländische Unternehmen in gleicher Weise

- Arbeits- und Beschäftigungsbedingungen für andere als die in Absatz 1 Unterabsatz 1 aufgeführten Aspekte, soweit es sich um Vorschriften im Bereich der öffentlichen Ordnung handelt,
- Arbeits- und Beschäftigungsbedingungen, die in Tarifverträgen oder Schiedssprüchen nach Absatz 8 festgelegt sind und andere als im Anhang genannte Tätigkeiten betreffen,

vorzuschreiben.

Artikel 4 Zusammenarbeit im Informationsbereich

(1) Zur Durchführung dieser Richtlinie benennen die Mitgliedstaaten gemäß ihren Rechtsvorschriften und/oder Praktiken ein oder mehrere Verbindungsbüros oder eine oder mehrere zuständige einzelstaatliche Stellen.

(2) Die Mitgliedstaaten sehen die Zusammenarbeit der Behörden vor, die entsprechend den einzelstaatlichen Rechtsvorschriften für die Überwachung der in Artikel 3 aufgeführten Arbeits- und Beschäftigungsbedingungen zuständig sind. Diese Zusammenarbeit besteht insbesondere darin, begründete Anfragen dieser

Behörden zu beantworten, die das länderübergreifende Zurverfügungstellen von Arbeitnehmern, einschließlich offenkundiger Verstöße oder Fälle von Verdacht auf unzulässige länderübergreifende Tätigkeiten, betreffen.

Die Kommission und die in Unterabsatz 1 bezeichneten Behörden arbeiten eng zusammen, um etwaige Schwierigkeiten bei der Anwendung des Artikels 3 Absatz 10 zu prüfen.

Die gegenseitige Amtshilfe erfolgt unentgeltlich.

(3) Jeder Mitgliedstaat ergreift die geeigneten Maßnahmen, damit die Informationen über die nach Artikel 3 maßgeblichen Arbeits- und Beschäftigungsbedingungen allgemein zugänglich sind.

(4) Jeder Mitgliedstaat nennt den anderen Mitgliedstaaten und der Kommission die in Absatz 1 bezeichneten Verbindungsbüros und/oder zuständigen Stellen.

Artikel 5 Maßnahmen

Die Mitgliedstaaten sehen geeignete Maßnahmen für den Fall der Nichteinhaltung dieser Richtlinie vor.

Sie stellen insbesondere sicher, daß den Arbeitnehmern und/oder ihren Vertretern für die Durchsetzung der sich aus dieser Richtlinie ergebenden Verpflichtungen geeignete Verfahren zur Verfügung stehen.

Artikel 6 Gerichtliche Zuständigkeit

Zur Durchsetzung des Rechts auf die in Artikel 3 gewährleisteten Arbeits- und Beschäftigungsbedingungen kann eine Klage in dem Mitgliedstaat erhoben werden, in dessen Hoheitsgebiet der Arbeitnehmer entsandt ist oder war; dies berührt nicht die Möglichkeit, gegebenenfalls gemäß den geltenden internationalen Übereinkommen über die gerichtliche Zuständigkeit in einem anderen Staat Klage zu erheben.

Artikel 7 Durchführung

Die Mitgliedstaaten erlassen die Rechts- und Verwaltungsvorschriften, die erforderlich sind, um dieser Richtlinie spätestens ab dem 16. Dezember 1999 nachzukommen. Sie setzen die Kommission hiervon unverzüglich in Kenntnis.

Wenn die Mitgliedstaaten diese Vorschriften erlassen, nehmen sie in den Vorschriften selbst oder durch einen Hinweis bei der amtlichen Veröffentlichung auf diese Richtlinie Bezug. Die Mitgliedstaaten regeln die Einzelheiten dieser Bezugnahme.

Artikel 8 Überprüfung durch die Kommission

Spätestens zum 16. Dezember 2001 überprüft die Kommission die Anwendung dieser Richtlinie, um dem Rat erforderlichenfalls entsprechende Änderungen vorzuschlagen.

Artikel 9 (Adressaten der Richtlinie)

Diese Richtlinie ist an die Mitgliedstaaten gerichtet.
Geschehen zu Brüssel am 16. Dezember 1996.

Seite 512

Anhang

Die in Artikel 3 Absatz 1 zweiter Gedankenstrich genannten Tätigkeiten umfassen alle Bauarbeiten, die der Errichtung, der Instandsetzung, der Instandhaltung, dem Umbau oder dem Abriß von Bauwerken dienen, insbesondere

1. Aushub
2. Erdarbeiten
3. Bauarbeiten im engeren Sinne
4. Errichtung und Abbau von Fertigbauelementen
5. Einrichtung oder Ausstattung
6. Umbau
7. Renovierung
8. Reparatur
9. Abbauarbeiten
10. Abbrucharbeiten
11. Wartung
12. Instandhaltung (Maler- und Reinigungsarbeiten)
13. Sanierung.

445 Richtlinie 2001/23/EG des Rates vom 12. März 2001 zur Angleichung der Rechtsvorschriften der Mitgliedstaaten über die Wahrung von Ansprüchen der Arbeitnehmer beim Übergang von Unternehmen, Betrieben oder Unternehmens- oder Betriebsteilen

(ABl. L 82 vom 22. 3. 2001 S. 16), geändert durch Richtlinie (EU) 2015/1794 des Europäischen Parlaments und des Rates vom 6. Oktober 2015 (ABl. L 263 vom 8. 10. 2015 S. 1)

Inhaltsübersicht*

DER RAT DER EUROPÄISCHEN UNION –

gestützt auf den Vertrag zur Gründung der Europäischen Gemeinschaft, insbesondere auf Artikel 94,

auf Vorschlag der Kommission,

nach Stellungnahme des Europäischen Parlaments[1)],

nach Anhörung des Wirtschafts- und Sozialausschusses[2)],

in Erwägung nachstehender Gründe:

(1) Die Richtlinie 77/187/EWG des Rates vom 14. Februar 1977 zur Angleichung der Rechtsvorschriften der Mitgliedstaaten über die Wahrung von Ansprüchen der Arbeitnehmer beim Übergang von Unternehmen, Betrieben oder Unternehmens- oder Betriebsteilen[3)] wurde erheblich geändert[4)]. Aus Gründen der Klarheit und Wirtschaftlichkeit empfiehlt es sich daher, die genannte Richtlinie zu kodifizieren.

(2) Die wirtschaftliche Entwicklung führt auf einzelstaatlicher und gemeinschaftlicher Ebene zu Änderungen in den Unternehmensstrukturen, die sich unter anderem aus dem Übergang von Unternehmen, Betrieben oder Unternehmens- oder Betriebsteilen auf einen anderen Inhaber durch vertragliche Übertragung oder durch Verschmelzung ergeben.

---

* Nicht amtlich.

1) Amtliche Fußnote: Stellungnahme vom 25. Oktober 2000 (noch nicht im Amtsblatt veröffentlicht.

2) Amtliche Fußnote: ABl. C 367 vom 20. 12. 2000, S. 21.

3) Amtliche Fußnote: ABl. L 61 vom 5. 3. 1977, S. 26.

4) Amtliche Fußnote: Siehe Anhang I Teil A.

(3) Es sind Bestimmungen notwendig, die die Arbeitnehmer bei einem Inhaberwechsel schützen und insbesondere die Wahrung ihrer Ansprüche gewährleisten.

(4) Zwischen den Mitgliedstaaten bestehen in Bezug auf den Umfang des Arbeitnehmerschutzes auf diesem Gebiet weiterhin Unterschiede, die verringert werden sollten.

(5) In der am 9. Dezember 1989 verabschiedeten Gemeinschaftscharta der sozialen Grundrechte der Arbeitnehmer (Sozialcharta) wird unter Nummer 7, Nummer 17 und Nummer 18 insbesondere folgendes festgestellt: „Die Verwirklichung des Binnenmarktes muss zu einer Verbesserung der Lebens- und Arbeitsbedingungen der Arbeitnehmer in der Europäischen Gemeinschaft führen. Diese Verbesserung muss, soweit nötig, dazu führen, dass bestimmte Bereiche des Arbeitsrechts, wie die Verfahren bei Massenentlassungen oder bei Konkursen, ausgestaltet werden. Unterrichtung, Anhörung und Mitwirkung der Arbeitnehmer müssen in geeigneter Weise, unter Berücksichtigung der in den verschiedenen Mitgliedstaaten herrschenden Gepflogenheiten, weiterentwickelt werden. Unterrichtung, Anhörung und Mitwirkung sind rechtzeitig vorzusehen, vor allem bei der Umstrukturierung oder Verschmelzung von Unternehmen, wenn dadurch die Beschäftigung der Arbeitnehmer berührt wird.“

(6) Im Jahre 1977 hat der Rat die Richtlinie 77/187/EWG erlassen, um auf eine Harmonisierung der einschlägigen nationalen Rechtsvorschriften hinsichtlich der Wahrung der Ansprüche und Rechte der Arbeitnehmer hinzuwirken; Veräußerer und Erwerber werden aufgefordert, die Vertreter der Arbeitnehmer rechtzeitig zu unterrichten und anzuhören.

(7) Die Richtlinie 77/187/EWG wurde nachfolgend geändert unter Berücksichtigung der Auswirkungen des Binnenmarktes, der Tendenzen in der Gesetzgebung der Mitgliedstaaten hinsichtlich der Sanierung von Unternehmen in wirtschaftlichen Schwierigkeiten, der Rechtsprechung des Gerichtshofs der Europäischen Gemeinschaften, der Richtlinie 75/129/EWG des Rates vom 17. Februar 1975 zur Angleichung der Rechtsvorschriften der Mitgliedstaaten über Massenentlassungen[1)] sowie der bereits in den meisten Mitgliedstaaten geltenden gesetzlichen Normen.

(8) Aus Gründen der Rechtssicherheit und Transparenz war es erforderlich, den juristischen Begriff des Übergangs unter Berücksichtigung der Rechtsprechung des Gerichtshofs zu klären. Durch diese Klärung wurde der Anwendungsbereich der Richtlinie 77/187/EWG gemäß der Auslegung durch den Gerichtshof nicht geändert.

(9) In der Sozialcharta wird die Bedeutung des Kampfes gegen alle Formen der Diskriminierung, insbesondere aufgrund von Geschlecht, Hautfarbe, Rasse, Meinung oder Glauben, gewürdigt.

(10) Diese Richtlinie sollte die Pflichten der Mitgliedstaaten hinsichtlich der Umsetzungsfristen der in Anhang I Teil B angegebenen Richtlinien unberührt lassen –

HAT FOLGENDE RICHTLINIE ERLASSEN:

---

1) Amtliche Fußnote: ABl. L 48 vom 22. 2. 1975, S. 29. Richtlinie ersetzt durch die Richtlinie 98/59/EG (ABl. L 225 vom 12. 8. 1998, S. 16).

KAPITEL I
Anwendungsbereich und Definitionen

Artikel 1

(1)

a) Diese Richtlinie ist auf den Übergang von Unternehmen, Betrieben oder Unternehmens- bzw. Betriebsteilen auf einen anderen Inhaber durch vertragliche Übertragung oder durch Verschmelzung anwendbar.

b) Vorbehaltlich Buchstabe a) und der nachstehenden Bestimmungen dieses Artikels gilt als Übergang im Sinne dieser Richtlinie der Übergang einer ihre Identität bewahrenden wirtschaftlichen Einheit im Sinne einer organisierten Zusammenfassung von Ressourcen zur Verfolgung einer wirtschaftlichen Haupt- oder Nebentätigkeit.

c) Diese Richtlinie gilt für öffentliche und private Unternehmen, die eine wirtschaftliche Tätigkeit ausüben, unabhängig davon, ob sie Erwerbszwecke verfolgen oder nicht. Bei der Übertragung von Aufgaben im Zuge einer Umstrukturierung von Verwaltungsbehörden oder bei der Übertragung von Verwaltungsaufgaben von einer Behörde auf eine andere handelt es sich nicht um einen Übergang im Sinne dieser Richtlinie.

(2) Diese Richtlinie ist anwendbar, wenn und soweit sich das Unternehmen, der Betrieb oder der Unternehmens- bzw. Betriebsteil, das bzw. der übergeht, innerhalb des räumlichen Geltungsbereichs des Vertrages befindet.

(3) Diese Richtlinie gilt für den Übergang eines Seeschiffs, das Teil des Übergangs eines Unternehmens, Betriebs oder Unternehmens- bzw. Betriebsteils im Sinne der Absätze 1 und 2 ist, sofern der Erwerber sich im räumlichen Geltungsbereich des Vertrags befindet oder das übertragene Unternehmen, der übertragene Betrieb oder Unternehmens- bzw. Betriebsteil dort verbleibt.

Diese Richtlinie gilt nicht, wenn es sich bei dem Gegenstand des Übergangs ausschließlich um eines oder mehrere Seeschiffe handelt.

Artikel 2

(1) Im Sinne dieser Richtlinie gelten folgende Begriffsbestimmungen:

a) „Veräußerer" ist jede natürliche oder juristische Person, die aufgrund eines Übergangs im Sinne von Artikel 1 Absatz 1 als Inhaber aus dem Unternehmen, dem Betrieb oder dem Unternehmens- bzw. Betriebsteil ausscheidet:

b) „Erwerber" ist jede natürliche oder juristische Person, die aufgrund eines Übergangs im Sinne von Artikel 1 Absatz 1 als Inhaber in das Unternehmen, den Betrieb oder den Unternehmens- bzw. Betriebsteil eintritt.

c) „Vertreter der Arbeitnehmer" oder ein entsprechender Ausdruck bezeichnet die Vertreter der Arbeitnehmer nach den Rechtsvorschriften oder der Praxis der Mitgliedstaaten.

d) „Arbeitnehmer" ist jede Person, die in dem betreffenden Mitgliedstaat aufgrund des einzelstaatlichen Arbeitsrechts geschützt, ist.

(2) Diese Richtlinie lässt das einzelstaatliche Recht in Bezug auf die Begriffsbestimmung des Arbeitsvertrags oder des Arbeitsverhältnisses unberührt.

Die Mitgliedstaaten können jedoch vom Anwendungsbereich der Richtlinie Arbeitsverträge und Arbeitsverhältnisse nicht allein deshalb ausschließen, weil

a) nur eine bestimmte Anzahl von Arbeitsstunden geleistet wird oder zu leisten ist,

b) es sich um Arbeitsverhältnisse aufgrund eines befristeten Arbeitsvertrags im Sinne von Artikel 1 Nummer 1 der Richtlinie 91/383/EWG des Rates vom 25. Juni 1991 zur Ergänzung der Maßnahmen zur Verbesserung der Sicherheit und des Gesundheitsschutzes von Arbeitnehmern mit befristetem Arbeitsverhältnis oder Leiharbeitsverhältnis[1] handelt,

c) es sich um Leiharbeitsverhältnisse im Sinne von Artikel 1 Nummer 2 der Richtlinie 91/383/EWG und bei dem übertragenen Unternehmen oder dem übertragenen Betrieb oder Unternehmens- bzw. Betriebsteil als Verleihunternehmen oder Teil eines Verleihunternehmens um den Arbeitgeber handelt.

KAPITEL II

Wahrung der Ansprüche und Rechte der Arbeitnehmer

Artikel 3

(1) Die Rechte und Pflichten des Veräußerers aus einem zum Zeitpunkt des Übergangs bestehenden Arbeitsvertrag oder Arbeitsverhältnis gehen aufgrund des Übergangs auf den Erwerber über.

Die Mitgliedstaaten können vorsehen, dass der Veräußerer und der Erwerber nach dem Zeitpunkt des Übergangs gesamtschuldnerisch für die Verpflichtungen haften, die vor dem Zeitpunkt des Übergangs durch einen Arbeitsvertrag oder ein Arbeitsverhältnis entstanden sind, der bzw. das zum Zeitpunkt des Übergangs bestand.

(2) Die Mitgliedstaaten können geeignete Maßnahmen ergreifen, um zu gewährleisten, dass der Veräußerer den Erwerber über alle Rechte und Pflichten unterrichtet, die nach diesem Artikel auf den Erwerber übergehen, soweit diese dem Veräußerer zum Zeitpunkt des Übergangs bekannt waren oder bekannt sein mussten. Unterlässt der Veräußerer diese Unterrichtung des Erwerbers, so berührt diese Unterlassung weder den Übergang solcher Rechte und Pflichten noch die Ansprüche von Arbeitnehmern gegenüber dem Erwerber und/oder Veräußerer in Bezug auf diese Rechte und Pflichten.

(3) Nach dem Übergang erhält der Erwerber die in einem Kollektivvertrag vereinbarten Arbeitsbedingungen bis zur Kündigung oder zum Ablauf des Kollektivvertrags bzw. bis zum Inkrafttreten oder bis zur Anwendung eines anderen Kollektivvertrags in dem gleichen Maße aufrecht, wie sie in dem Kollektivvertrag für den Veräußerer vorgesehen waren.

Die Mitgliedstaaten können den Zeitraum der Aufrechterhaltung der Arbeitsbedingungen begrenzen, allerdings darf dieser nicht weniger als ein Jahr betragen.

(4)

a) Sofern die Mitgliedstaaten nicht anderes vorsehen, gelten die Absätze 1 und 3 nicht für die Rechte der Arbeitnehmer auf Leistungen bei Alter, Invalidität oder für Hinterbliebene aus betrieblichen oder überbetrieblichen Zusatzversorgungseinrichtungen außerhalb der gesetzlichen Systeme der sozialen Sicherheit der Mitgliedstaaten.

---

1) Amtliche Fußnote: ABl. L 206 vom 29. 7. 1991, S. 19.

b) Die Mitgliedstaaten treffen auch dann, wenn sie gemäß Buchstabe a) nicht vorsehen, dass die Absätze 1 und 3 für die unter Buchstabe a) genannten Rechte gelten, die notwendigen Maßnahmen zum Schutz der Interessen der Arbeitnehmer sowie der Personen, die zum Zeitpunkt des Übergangs bereits aus dem Betrieb des Veräußerers ausgeschieden sind, hinsichtlich ihrer Rechte oder Anwartschaftsrechte auf Leistungen bei Alter, einschließlich Leistungen für Hinterbliebene, aus den unter Buchstabe a) genannten Zusatzversorgungseinrichtungen.

Artikel 4

(1) Der Übergang eines Unternehmens, Betriebs oder Unternehmens- bzw. Betriebsteils stellt als solcher für den Veräußerer oder den Erwerber keinen Grund zur Kündigung dar. Diese Bestimmung steht etwaigen Kündigungen aus wirtschaftlichen, technischen oder organisatorischen Gründen, die Änderungen im Bereich der Beschäftigung mit sich bringen, nicht entgegen.

Die Mitgliedstaaten können vorsehen, dass Unterabsatz 1 auf einige abgegrenzte Gruppen von Arbeitnehmern, auf die sich die Rechtsvorschriften oder die Praxis der Mitgliedstaaten auf dem Gebiet des Kündigungsschutzes nicht erstrecken, keine Anwendung findet.

(2) Kommt es zu einer Beendigung des Arbeitsvertrags oder Arbeitsverhältnisses, weil der Übergang eine wesentliche Änderung der Arbeitsbedingungen zum Nachteil des Arbeitnehmers zur Folge hat, so ist davon auszugehen, dass die Beendigung des Arbeitsvertrags oder Arbeitsverhältnisses durch den Arbeitgeber erfolgt ist.

Artikel 5

(1) Sofern die Mitgliedstaaten nichts anderes vorsehen, gelten die Artikel 3 und 4 nicht für Übergänge von Unternehmen, Betrieben oder Unternehmens- bzw. Betriebsteilen, bei denen gegen den Veräußerer unter der Aufsicht einer zuständigen öffentlichen Stelle (worunter auch ein von einer zuständigen Behörde ermächtigter Insolvenzverwalter verstanden werden kann) ein Konkursverfahren oder ein entsprechendes Verfahren mit dem Ziel der Auflösung des Vermögens des Veräußerers eröffnet wurde.

(2) Wenn die Artikel 3 und 4 für einen Übergang während eines Insolvenzverfahrens gegen den Veräußerer (unabhängig davon, ob dieses Verfahren zur Auflösung seines Vermögens eingeleitet wurde) gelten und dieses Verfahren unter der Aufsicht einer zuständigen öffentlichen Stelle (worunter auch ein nach dem innerstaatlichen Recht bestimmter Insolvenzverwalter verstanden werden kann) steht, kann ein Mitgliedstaat vorsehen, dass

a) ungeachtet des Artikels 3 Absatz 1 die vor dem Übergang bzw. vor der Eröffnung des Insolvenzverfahrens fälligen Verbindlichkeiten des Veräußerers aufgrund von Arbeitsverträgen oder Arbeitsverhältnissen nicht auf den Erwerber übergehen, sofern dieses Verfahren nach dem Recht des betreffenden Mitgliedstaats einen Schutz gewährt, der dem von der Richtlinie 80/987/EWG des Rates vom 20. Oktober 1980 zur Angleichung der Rechtsvorschriften der Mitgliedstaaten über den Schutz der Arbeitnehmer bei Zahlungsunfähigkeit des Arbeitgebers[1] vorgesehenen Schutz zumindest gleichwertig ist, und/oder

---

1) Amtliche Fußnote: ABl. L 283 vom 20. 10. 1980, S. 23. Richtlinie zuletzt geändert durch die Beitrittsakte von 1994.

b) der Erwerber, der Veräußerer oder die seine Befugnisse ausübenden Personen auf der einen Seite und die Vertreter der Arbeitnehmer auf der anderen Seite Änderungen der Arbeitsbedingungen der Arbeitnehmer, insoweit das geltende Recht oder die geltende Praxis dies zulassen, vereinbaren können, die den Fortbestand des Unternehmens, Betriebs oder Unternehmens- bzw. Betriebsteils sichern und dadurch der Erhaltung von Arbeitsplätzen dienen.

(3) Die Mitgliedstaaten können Absatz 2 Buchstabe b) auf Übergänge anwenden, bei denen sich der Veräußerer nach dem einzelstaatlichen Recht in einer schwierigen wirtschaftlichen Lage befindet, sofern das Bestehen einer solchen Notlage von einer zuständigen öffentlichen Stelle bescheinigt wird und die Möglichkeit einer gerichtlichen Aufsicht gegeben ist, falls das innerstaatliche Recht solche Bestimmungen am 17. Juli 1998 bereits enthielt.

Die Kommission legt vor dem 17. Juli 2003 einen Bericht über die Auswirkungen dieser Bestimmung vor und unterbreitet dem Rat erforderlichenfalls entsprechende Vorschläge.

(4) Die Mitgliedstaaten treffen die erforderlichen Maßnahmen, damit Insolvenzverfahren nicht in missbräuchlicher Weise in Anspruch genommen werden, um den Arbeitnehmern die in dieser Richtlinie vorgesehenen Rechte vorzuenthalten.

Artikel 6

(1) Sofern das Unternehmen, der Betrieb oder der Unternehmens- bzw. Betriebsteil seine Selbständigkeit behält, bleiben die Rechtsstellung und die Funktion der Vertreter oder der Vertretung der vom Übergang betroffenen Arbeitnehmer unter den gleichen Bedingungen erhalten, wie sie vor dem Zeitpunkt des Übergangs aufgrund von Rechts- und Verwaltungsvorschriften oder aufgrund einer Vereinbarung bestanden haben, sofern die Bedingungen für die Bildung der Arbeitnehmervertretung erfüllt sind.

Unterabsatz 1 findet keine Anwendung, wenn gemäß den Rechts- und Verwaltungsvorschriften oder der Praxis der Mitgliedstaaten oder durch Vereinbarung mit den Vertretern der betroffenen Arbeitnehmer die Bedingungen für die Neubestellung der Vertreter der Arbeitnehmer oder die Neubildung der Vertretung der Arbeitnehmer erfüllt sind.

Wurde gegen den Veräußerer unter der Aufsicht einer zuständigen öffentlichen Stelle (worunter auch ein von einer zuständigen Behörde ermächtigter Insolvenzverwalter verstanden werden kann) ein Konkursverfahren oder ein entsprechendes Insolvenzverfahren mit dem Ziel der Auflösung des Vermögens des Veräußerers eröffnet, können die Mitgliedstaaten die erforderlichen Maßnahmen ergreifen, um sicherzustellen, dass die vom Übergang betroffenen Arbeitnehmer bis zur Neuwahl oder Benennung von Arbeitnehmervertretern angemessen vertreten sind.

Behält das Unternehmen, der Betrieb oder der Unternehmens- bzw. Betriebsteil seine Selbständigkeit nicht, so treffen die Mitgliedstaaten die erforderlichen Maßnahmen, damit die vom Übergang betroffenen Arbeitnehmer, die vor dem Übergang vertreten wurden, während des Zeitraums, der für die Neubildung oder Neubenennung der Arbeitnehmervertretung erforderlich ist, im Einklang mit dem Recht oder der Praxis der Mitgliedstaaten weiterhin angemessen vertreten werden.

(2) Erlischt das Mandat der Vertreter der vom Übergang betroffenen Arbeitnehmer aufgrund des Übergangs, so gelten für diese Vertreter weiterhin die nach

den Rechts- und Verwaltungsvorschriften oder der Praxis der Mitgliedstaaten vorgesehenen Schutzmaßnahmen.

KAPITEL III
Information und Konsultation

Artikel 7

(1) Der Veräußerer und der Erwerber sind verpflichtet, die Vertreter ihrer jeweiligen von einem Übergang betroffenen Arbeitnehmer über Folgendes zu informieren:

- den Zeitpunkt bzw. den geplanten Zeitpunkt des Übergangs,
- den Grund für den Übergang,
- die rechtlichen, wirtschaftlichen und sozialen Folgen des Übergangs für die Arbeitnehmer,
- die hinsichtlich der Arbeitnehmer in Aussicht genommenen Maßnahmen.

Der Veräußerer ist verpflichtet, den Vertretern seiner Arbeitnehmer diese Informationen rechtzeitig vor dem Vollzug des Übergangs zu übermitteln.

Der Erwerber ist verpflichtet, den Vertretern seiner Arbeitnehmer diese Informationen rechtzeitig zu übermitteln, auf jeden Fall aber bevor diese Arbeitnehmer von dem Übergang hinsichtlich ihrer Beschäftigungs- und Arbeitsbedingungen unmittelbar betroffen werden.

(2) Zieht der Veräußerer bzw. der Erwerber Maßnahmen hinsichtlich seiner Arbeitnehmer in Betracht, so ist er verpflichtet, die Vertreter seiner Arbeitnehmer rechtzeitig zu diesen Maßnahmen zu konsultieren, um eine Übereinkunft anzustreben.

(3) Die Mitgliedstaaten, deren Rechts- und Verwaltungsvorschriften vorsehen, dass die Vertreter der Arbeitnehmer eine Schiedsstelle anrufen können, um eine Entscheidung über hinsichtlich der Arbeitnehmer zu treffende Maßnahmen zu erhalten, können die Verpflichtungen gemäß den Absätzen 1 und 2 auf den Fall beschränken, in dem der vollzogene Übergang eine Betriebsänderung hervorruft, die wesentliche Nachteile für einen erheblichen Teil der Arbeitnehmer zur Folge haben kann.

Die Information und die Konsultation müssen sich zumindest auf die hinsichtlich der Arbeitnehmer in Aussicht genommenen Maßnahmen erstrecken.

Die Information und die Konsultation müssen rechtzeitig vor dem Vollzug der in Unterabsatz 1 genannten Betriebsänderung erfolgen.

(4) Die in diesem Artikel vorgesehenen Verpflichtungen gelten unabhängig davon, ob die zum Übergang führende Entscheidung vom Arbeitgeber oder von einem den Arbeitgeber beherrschendes Unternehmen getroffen wird.

Hinsichtlich angeblicher Verstöße gegen die in dieser Richtlinie vorgesehenen Informations- und Konsultationspflichten findet der Einwand, der Verstoß gehe darauf zurück, dass die Information von einem den Arbeitgeber beherrschenden Unternehmen nicht übermittelt worden sei, keine Berücksichtigung.

(5) Die Mitgliedstaaten können die in den Absätzen 1, 2 und 3 vorgesehenen Verpflichtungen auf Unternehmen oder Betriebe beschränken, die hinsichtlich der Zahl der beschäftigten Arbeitnehmer die Voraussetzungen für die Wahl oder Bestellung eines Kollegiums als Arbeitnehmervertretung erfüllen.

(6) Die Mitgliedstaaten sehen vor, dass die betreffenden Arbeitnehmer für den Fall, dass es unabhängig von ihrem Willen in einem Unternehmen oder in einem Betrieb keine Vertreter der Arbeitnehmer gibt, vorher zu informieren sind über

- den Zeitpunkt bzw. den geplanten Zeitpunkt des Übergangs,
- den Grund für den Übergang,
- die rechtlichen, wirtschaftlichen und sozialen Folgen des Übergangs für die Arbeitnehmer,
- die hinsichtlich der Arbeitnehmer in Aussicht genommenen Maßnahmen.

KAPITEL IV
Schlussbestimmungen

Artikel 8

Diese Richtlinie schränkt die Möglichkeit der Mitgliedstaaten nicht ein, für die Arbeitnehmer günstigere Rechts- oder Verwaltungsvorschriften anzuwenden oder zu erlassen oder für die Arbeitnehmer günstigere Kollektivverträge und andere zwischen den Sozialpartnern abgeschlossene Vereinbarungen, die für die Arbeitnehmer günstiger sind, zu fördern oder zuzulassen.

Artikel 9

Die Mitgliedstaaten nehmen in ihre innerstaatlichen Rechtssysteme die erforderlichen Bestimmungen auf, um allen Arbeitnehmern und Vertretern der Arbeitnehmer, die ihrer Ansicht nach durch die Nichtbeachtung der sich aus dieser Richtlinie ergebenden Verpflichtungen benachteiligt sind, die Möglichkeit zu geben, ihre Forderungen durch Gerichtsverfahren einzuklagen, nachdem sie gegebenenfalls andere zuständige Stellen damit befasst haben.

Artikel 10

Die Kommission unterbreitet dem Rat vor dem 17. Juli 2006 einen Bericht, in dem die Auswirkungen der Bestimmungen dieser Richtlinie untersucht werden. Sie legt gegebenenfalls die erforderlichen Änderungsvorschläge vor.

Artikel 11

Die Mitgliedstaaten teilen der Kommission den Wortlaut der Rechts- und Verwaltungsvorschriften mit, die sie auf dem unter diese Richtlinie fallenden Gebiet erlassen.

Artikel 12

Die Richtlinie 77/187/EWG, geändert durch die in Anhang I Teil A aufgeführte Richtlinie, wird unbeschadet der Pflichten der Mitgliedstaaten hinsichtlich der in Anhang I Teil B genannten Fristen für ihre Umsetzung aufgehoben.

Verweisungen auf die aufgehobene Richtlinie gelten als Verweisungen auf die vorliegende Richtlinie und sind nach der Übereinstimmungstabelle in Anhang II zu lesen.

Artikel 13

Diese Richtlinie tritt am zwanzigsten Tag nach ihrer Veröffentlichung im *Amtsblatt der Europäischen Gemeinschaften* in Kraft.[1)]

Artikel 14

Diese Richtlinie ist an alle Mitgliedstaaten gerichtet.

Anhang I

TEIL A Aufgehobene Richtlinie und ihre Änderung

(gemäß Artikel 12)

Richtlinie 77/187/EWG des Rates (ABl. L 61 vom 5. 3. 1977, S. 26)

Richtlinie 98/50/EG des Rates (ABl. L 201 vom 17. 7. 1998, S. 88)

TEIL B Umsetzungsfristen

(gemäß Artikel 12)

Richtlinie	Endgültiger Termin für ihre Umsetzung
77/187/EWG	16. Februar 1979
98/50/EG	17. Juli 2001

ANHANG II

ÜBEREINSTIMMUNGSTABELLE

Richtlinie 77/187/EWG	Vorliegende Richtlinie
Artikel 1	Artikel 1
Artikel 2	Artikel 2
Artikel 3	Artikel 3
Artikel 4	Artikel 4
Artikel 4a	Artikel 5
Artikel 5	Artikel 6
Artikel 6	Artikel 7
Artikel 7	Artikel 8
Artikel 7a	Artikel 9
Artikel 7b	Artikel 10
Artikel 8	Artikel 11

1) Die Veröffentlichung erfolgte am 22. März 2001

Seite 522

Richtlinie 77/187/EWG	Vorliegende Richtlinie
–	Artikel 12
–	Artikel 13
–	Artikel 14
–	Anhang I
–	Anhang II

446 Richtlinie 2003/88/EG des Europäischen Parlaments und des Rates vom 4. November 2003 über bestimmte Aspekte der Arbeitszeitgestaltung

(ABl. L 299 vom 18. 11. 2003 S. 9)

Inhaltsübersicht*

DAS EUROPÄISCHE PARLAMENT UND DER RAT DER EUROPÄISCHEN UNION –

gestützt auf den Vertrag zur Gründung der Europäischen Gemeinschaft, insbesondere auf Artikel 137 Absatz 2,

---

* Nicht amtlich.

auf Vorschlag der Kommission,

nach Stellungnahme des Europäischen Wirtschafts- und Sozialausschusses[1)],

nach Anhörung des Ausschusses der Regionen,

gemäß dem Verfahren des Artikels 251 des Vertrags[2)],

in Erwägung nachstehender Gründe:

(1) Die Richtlinie 93/104/EG des Rates vom 23. November 1993 über bestimmte Aspekte der Arbeitszeitgestaltung[3)], die Mindestvorschriften für Sicherheit und Gesundheitsschutz bei der Arbeitszeitgestaltung im Hinblick auf tägliche Ruhezeiten, Ruhepausen, wöchentliche Ruhezeiten, wöchentliche Höchstarbeitszeit, Jahresurlaub sowie Aspekte der Nacht- und der Schichtarbeit und des Arbeitsrhythmus enthält, ist in wesentlichen Punkten geändert worden. Aus Gründen der Übersichtlichkeit und Klarheit empfiehlt es sich deshalb, die genannten Bestimmungen zu kodifizieren.

(2) Nach Artikel 137 des Vertrags unterstützt und ergänzt die Gemeinschaft die Tätigkeit der Mitgliedstaaten, um die Arbeitsumwelt zum Schutz der Sicherheit und der Gesundheit der Arbeitnehmer zu verbessern. Richtlinien, die auf der Grundlage dieses Artikels angenommen werden, sollten keine verwaltungsmäßigen, finanziellen oder rechtlichen Auflagen vorschreiben, die der Gründung und Entwicklung von kleinen und mittleren Unternehmen entgegenstehen.

(3) Die Bestimmungen der Richtlinie 89/391/EWG des Rates vom 12. Juni 1989 über die Durchführung von Maßnahmen zur Verbesserung der Sicherheit und des Gesundheitsschutzes der Arbeitnehmer bei der Arbeit[4)] bleiben auf die durch die vorliegende Richtlinie geregelte Materie – unbeschadet der darin enthaltenen strengeren und/oder spezifischen Vorschriften – in vollem Umfang anwendbar.

(4) Die Verbesserung von Sicherheit, Arbeitshygiene und Gesundheitsschutz der Arbeitnehmer bei der Arbeit stellen Zielsetzungen dar, die keinen rein wirtschaftlichen Überlegungen untergeordnet werden dürfen.

(5) Alle Arbeitnehmer sollten angemessene Ruhezeiten erhalten. Der Begriff „Ruhezeit“ muss in Zeiteinheiten ausgedrückt werden, d.h. in Tagen, Stunden und/oder Teilen davon. Arbeitnehmern in der Gemeinschaft müssen Mindestruhezeiten – je Tag, Woche und Jahr – sowie angemessene Ruhepausen zugestanden werden. In diesem Zusammenhang muss auch eine wöchentliche Höchstarbeitszeit festgelegt werden.

(6) Hinsichtlich der Arbeitszeitgestaltung ist den Grundsätzen der Internationalen Arbeitsorganisation Rechnung zu tragen; dies betrifft auch die für Nachtarbeit geltenden Grundsätze.

(7) Untersuchungen zeigen, dass der menschliche Organismus während der Nacht besonders empfindlich auf Umweltstörungen und auf bestimmte belastende Formen der Arbeitsorganisation reagiert und dass lange Nachtarbeitszeiträume für die Gesundheit der Arbeitnehmer nachteilig sind und ihre Sicherheit bei der Arbeit beeinträchtigen können.

---

1) Amtliche Fußnote: ABl. C 61 vom 14. 3. 2003, S. 123.

2) Amtliche Fußnote: Stellungnahme des Europäischen Parlaments vom 17. Dezember 2002 (noch nicht im Amtsblatt veröffentlicht) und Beschluss des Rates vom 22. September 2003.

3) Amtliche Fußnote: ABl. L 307 vom 13. 12. 1993, S. 18. Geändert durch die Richtlinie 2000/34/EG des Europäischen Parlaments und des Rates (ABl. L 195 vom 1. 8. 2000, S. 41).

4) Amtliche Fußnote: ABl. L 183 vom 29. 6. 1989, S. 1.

(8) Infolgedessen ist die Dauer der Nachtarbeit, auch in Bezug auf die Mehrarbeit, einzuschränken und vorzusehen, dass der Arbeitgeber im Fall regelmäßiger Inanspruchnahme von Nachtarbeitern die zuständigen Behörden auf Ersuchen davon in Kenntnis setzt.

(9) Nachtarbeiter haben vor Aufnahme der Arbeit – und danach regelmäßig – Anspruch auf eine unentgeltliche Untersuchung ihres Gesundheitszustands und müssen, wenn sie gesundheitliche Schwierigkeiten haben, soweit jeweils möglich auf eine für sie geeignete Arbeitsstelle mit Tagarbeit versetzt werden.

(10) In Anbetracht der besonderen Lage von Nacht- und Schichtarbeitern müssen deren Sicherheit und Gesundheit in einem Maß geschützt werden, das der Art ihrer Arbeit entspricht, und die Schutz- und Vorsorgeleistungen oder -mittel müssen effizient organisiert und eingesetzt werden.

(11) Die Arbeitsbedingungen können die Sicherheit und Gesundheit der Arbeitnehmer beeinträchtigen. Die Gestaltung der Arbeit nach einem bestimmten Rhythmus muss dem allgemeinen Grundsatz Rechnung tragen, dass die Arbeitsgestaltung dem Menschen angepasst sein muss.

(12) Eine europäische Vereinbarung über die Regelung der Arbeitszeit von Seeleuten ist gemäß Artikel 139 Absatz 2 des Vertrags durch die Richtlinie 1999/63/EG des Rates vom 21. Juni 1999 zu der vom Verband der Reeder in der Europäischen Gemeinschaft (European Community Shipowners' Association ECSA) und dem Verband der Verkehrsgewerkschaften in der Europäischen Union (Federation of Transport Workers' Unions in the European Union FST) getroffenen Vereinbarung über die Regelung der Arbeitszeit von Seeleuten[1)] durchgeführt worden. Daher sollten die Bestimmungen dieser Richtlinie nicht für Seeleute gelten.

(13) Im Fall jener „am Ertrag beteiligten Fischer“, die in einem Arbeitsverhältnis stehen, ist es Aufgabe der Mitgliedstaaten, gemäß dieser Richtlinie die Bedingungen für das Recht auf und die Gewährung von Jahresurlaub einschließlich der Regelungen für die Bezahlung festzulegen.

(14) Die spezifischen Vorschriften anderer gemeinschaftlicher Rechtsakte über zum Beispiel Ruhezeiten, Arbeitszeit, Jahresurlaub und Nachtarbeit bestimmter Gruppen von Arbeitnehmern sollten Vorrang vor den Bestimmungen dieser Richtlinie haben.

(15) In Anbetracht der Fragen, die sich aufgrund der Arbeitszeitgestaltung im Unternehmen stellen können, ist eine gewisse Flexibilität bei der Anwendung einzelner Bestimmungen dieser Richtlinie vorzusehen, wobei jedoch die Grundsätze des Schutzes der Sicherheit und der Gesundheit der Arbeitnehmer zu beachten sind.

(16) Je nach Lage des Falles sollten die Mitgliedstaaten oder die Sozialpartner die Möglichkeit haben, von einzelnen Bestimmungen dieser Richtlinie abzuweichen. Im Fall einer Abweichung müssen jedoch den betroffenen Arbeitnehmern in der Regel gleichwertige Ausgleichsruhezeiten gewährt werden.

(17) Diese Richtlinie sollte die Pflichten der Mitgliedstaaten hinsichtlich der in Anhang I Teil B aufgeführten Richtlinien und deren Umsetzungsfristen unberührt lassen –

HABEN FOLGENDE RICHTLINIE ERLASSEN:

---

1) Amtliche Fußnote: ABl. L 167 vom 2. 7. 1999, S. 33.

KAPITEL 1
ANWENDUNGSBEREICH UND BEGRIFFSBESTIMMUNGEN

Artikel 1 Gegenstand und Anwendungsbereich

(1) Diese Richtlinie enthält Mindestvorschriften für Sicherheit und Gesundheitsschutz bei der Arbeitszeitgestaltung.

(2) Gegenstand dieser Richtlinie sind

a) die täglichen und wöchentlichen Mindestruhezeiten, der Mindestjahresurlaub, die Ruhepausen und die wöchentliche Höchstarbeitszeit sowie

b) bestimmte Aspekte der Nacht- und der Schichtarbeit sowie des Arbeitsrhythmus.

(3) Diese Richtlinie gilt unbeschadet ihrer Artikel 14, 17, 18 und 19 für alle privaten oder öffentlichen Tätigkeitsbereiche im Sinne des Artikels 2 der Richtlinie 89/391/EWG.

Diese Richtlinie gilt unbeschadet des Artikels 2 Nummer 8 nicht für Seeleute gemäß der Definition in der Richtlinie 1999/63/EG.

(4) Die Bestimmungen der Richtlinie 89/391/EWG finden unbeschadet strengerer und/oder spezifischer Vorschriften in der vorliegenden Richtlinie auf die in Absatz 2 genannten Bereiche voll Anwendung.

Artikel 2 Begriffsbestimmungen

Im Sinne dieser Richtlinie sind:

1. Arbeitszeit: jede Zeitspanne, während der ein Arbeitnehmer gemäß den einzelstaatlichen Rechtsvorschriften und/oder Gepflogenheiten arbeitet, dem Arbeitgeber zur Verfügung steht und seine Tätigkeit ausübt oder Aufgaben wahrnimmt;
2. Ruhezeit: jede Zeitspanne außerhalb der Arbeitszeit;
3. Nachtzeit: jede, in den einzelstaatlichen Rechtsvorschriften festgelegte Zeitspanne von mindestens sieben Stunden, welche auf jeden Fall die Zeitspanne zwischen 24 Uhr und 5 Uhr umfasst;
4. Nachtarbeiter:
   a) einerseits: jeder Arbeitnehmer, der während der Nachtzeit normalerweise mindestens drei Stunden seiner täglichen Arbeitszeit verrichtet;
   b) andererseits: jeder Arbeitnehmer, der während der Nachtzeit gegebenenfalls einen bestimmten Teil seiner jährlichen Arbeitszeit verrichtet, der nach Wahl des jeweiligen Mitgliedstaats festgelegt wird:
      i) nach Anhörung der Sozialpartner in den einzelstaatlichen Rechtsvorschriften oder
      ii) in Tarifverträgen oder Vereinbarungen zwischen den Sozialpartnern auf nationaler oder regionaler Ebene;
5. Schichtarbeit: jede Form der Arbeitsgestaltung kontinuierlicher oder nicht kontinuierlicher Art mit Belegschaften, bei der Arbeitnehmer nach einem bestimmten Zeitplan, auch im Rotationsturnus, sukzessive an den gleichen Arbeitsstellen eingesetzt werden, so dass sie ihre Arbeit innerhalb eines Tages oder Wochen umfassenden Zeitraums zu unterschiedlichen Zeiten verrichten müssen;
6. Schichtarbeiter: jeder in einem Schichtarbeitsplan eingesetzte Arbeitnehmer;

7. mobiler Arbeitnehmer: jeder Arbeitnehmer, der als Mitglied des fahrenden oder fliegenden Personals im Dienst eines Unternehmens beschäftigt ist, das Personen oder Güter im Straßen- oder Luftverkehr oder in der Binnenschifffahrt befördert;
8. Tätigkeiten auf Offshore-Anlagen: Tätigkeiten, die größtenteils auf oder von einer Offshore-Plattform (einschließlich Bohrplattformen) aus direkt oder indirekt im Zusammenhang mit der Exploration, Erschließung oder wirtschaftlichen Nutzung mineralischer Ressourcen einschließlich Kohlenwasserstoffe durchgeführt werden, sowie Tauchen im Zusammenhang mit derartigen Tätigkeiten, entweder von einer Offshore-Anlage oder von einem Schiff aus;
9. ausreichende Ruhezeiten: die Arbeitnehmer müssen über regelmäßige und ausreichend lange und kontinuierliche Ruhezeiten verfügen, deren Dauer in Zeiteinheiten angegeben wird, damit sichergestellt ist, dass sie nicht wegen Übermüdung oder wegen eines unregelmäßigen Arbeitsrhythmus sich selbst, ihre Kollegen oder sonstige Personen verletzen und weder kurzfristig noch langfristig ihre Gesundheit schädigen.

KAPITEL 2

MINDESTRUHEZEITEN - SONSTIGE ASPEKTE DER ARBEITSZEITGESTALTUNG

Artikel 3 Tägliche Ruhezeit

Die Mitgliedstaaten treffen die erforderlichen Maßnahmen, damit jedem Arbeitnehmer pro 24-Stunden-Zeitraum eine Mindestruhezeit von elf zusammenhängenden Stunden gewährt wird.

Artikel 4 Ruhepause

Die Mitgliedstaaten treffen die erforderlichen Maßnahmen, damit jedem Arbeitnehmer bei einer täglichen Arbeitszeit von mehr als sechs Stunden eine Ruhepause gewährt wird; die Einzelheiten, insbesondere Dauer und Voraussetzung für die Gewährung dieser Ruhepause, werden in Tarifverträgen oder Vereinbarungen zwischen den Sozialpartnern oder in Ermangelung solcher Übereinkünfte in den innerstaatlichen Rechtsvorschriften festgelegt.

Artikel 5 Wöchentliche Ruhezeit

Die Mitgliedstaaten treffen die erforderlichen Maßnahmen, damit jedem Arbeitnehmer pro Siebentageszeitraum eine kontinuierliche Mindestruhezeit von 24 Stunden zuzüglich der täglichen Ruhezeit von elf Stunden gemäß Artikel 3 gewährt wird.

Wenn objektive, technische oder arbeitsorganisatorische Umstände dies rechtfertigen, kann eine Mindestruhezeit von 24 Stunden gewählt werden.

Artikel 6 Wöchentliche Höchstarbeitszeit

Die Mitgliedstaaten treffen die erforderlichen Maßnahmen, damit nach Maßgabe der Erfordernisse der Sicherheit und des Gesundheitsschutzes der Arbeitnehmer:

a) die wöchentliche Arbeitszeit durch innerstaatliche Rechts- und Verwaltungsvorschriften oder in Tarifverträgen oder Vereinbarungen zwischen den Sozialpartnern festgelegt wird;

b) die durchschnittliche Arbeitszeit pro Siebentageszeitraum 48 Stunden einschließlich der Überstunden nicht überschreitet.

Artikel 7 Jahresurlaub

(2) Die Mitgliedstaaten treffen die erforderlichen Maßnahmen, damit jeder Arbeitnehmer einen bezahlten Mindestjahresurlaub von vier Wochen nach Maßgabe der Bedingungen für die Inanspruchnahme und die Gewährung erhält, die in den einzelstaatlichen Rechtsvorschriften und/oder nach den einzelstaatlichen Gepflogenheiten vorgesehen sind.

(2) Der bezahlte Mindestjahresurlaub darf außer bei Beendigung des Arbeitsverhältnisses nicht durch eine finanzielle Vergütung ersetzt werden.

KAPITEL 3
NACHTARBEIT - SCHICHTARBEIT - ARBEITSRHYTHMUS

Artikel 8 Dauer der Nachtarbeit

Die Mitgliedstaaten treffen die erforderlichen Maßnahmen, damit:

a) die normale Arbeitszeit für Nachtarbeiter im Durchschnitt acht Stunden pro 24-Stunden-Zeitraum nicht überschreitet;

b) Nachtarbeiter, deren Arbeit mit besonderen Gefahren oder einer erheblichen körperlichen oder geistigen Anspannung verbunden ist, in einem 24-Stunden-Zeitraum, während dessen sie Nachtarbeit verrichten, nicht mehr als acht Stunden arbeiten.

Zum Zweck von Buchstabe b) wird im Rahmen von einzelstaatlichen Rechtsvorschriften und/oder Gepflogenheiten oder von Tarifverträgen oder Vereinbarungen zwischen den Sozialpartnern festgelegt, welche Arbeit unter Berücksichtigung der Auswirkungen der Nachtarbeit und der ihr eigenen Risiken mit besonderen Gefahren oder einer erheblichen körperlichen und geistigen Anspannung verbunden ist.

Artikel 9 Untersuchung des Gesundheitszustands von Nachtarbeitern und Versetzung auf Arbeitsstellen mit Tagarbeit

(1) Die Mitgliedstaaten treffen die erforderlichen Maßnahmen, damit:

a) der Gesundheitszustand der Nachtarbeiter vor Aufnahme der Arbeit und danach regelmäßig unentgeltlich untersucht wird;

b) Nachtarbeiter mit gesundheitlichen Schwierigkeiten, die nachweislich damit verbunden sind, dass sie Nachtarbeit leisten, soweit jeweils möglich auf eine Arbeitsstelle mit Tagarbeit versetzt werden, für die sie geeignet sind.

(2) Die unentgeltliche Untersuchung des Gesundheitszustands gemäß Absatz 1 Buchstabe a) unterliegt der ärztlichen Schweigepflicht.

(3) Die unentgeltliche Untersuchung des Gesundheitszustands gemäß Absatz 1 Buchstabe a) kann im Rahmen des öffentlichen Gesundheitswesens durchgeführt werden.

Artikel 10 Garantien für Arbeit während der Nachtzeit

Die Mitgliedstaaten können die Arbeit bestimmter Gruppen von Nachtarbeitern, die im Zusammenhang mit der Arbeit während der Nachtzeit einem Sicherheits- oder Gesundheitsrisiko ausgesetzt sind, nach Maßgabe der einzelstaatlichen Rechtsvorschriften und/oder Gepflogenheiten von bestimmten Garantien abhängig machen.

Artikel 11 Unterrichtung bei regelmäßiger Inanspruchnahme von Nachtarbeitern

Die Mitgliedstaaten treffen die erforderlichen Maßnahmen, damit der Arbeitgeber bei regelmäßiger Inanspruchnahme von Nachtarbeitern die zuständigen Behörden auf Ersuchen davon in Kenntnis setzt.

Artikel 12 Sicherheits- und Gesundheitsschutz

Die Mitgliedstaaten treffen die erforderlichen Maßnahmen, damit:

a) Nacht- und Schichtarbeitern hinsichtlich Sicherheit und Gesundheit in einem Maß Schutz zuteil wird, das der Art ihrer Arbeit Rechnung trägt;

b) die zur Sicherheit und zum Schutz der Gesundheit von Nacht- und Schichtarbeitern gebotenen Schutz- und Vorsorgeleistungen oder -mittel denen für die übrigen Arbeitnehmer entsprechen und jederzeit vorhanden sind.

Artikel 13 Arbeitsrhythmus

Die Mitgliedstaaten treffen die erforderlichen Maßnahmen, damit ein Arbeitgeber, der beabsichtigt, die Arbeit nach einem bestimmten Rhythmus zu gestalten, dem allgemeinen Grundsatz Rechnung trägt, dass die Arbeitsgestaltung dem Menschen angepasst sein muss, insbesondere im Hinblick auf die Verringerung der eintönigen Arbeit und des maschinenbestimmten Arbeitsrhythmus, nach Maßgabe der Art der Tätigkeit und der Erfordernisse der Sicherheit und des Gesundheitsschutzes, insbesondere was die Pausen während der Arbeitszeit betrifft.

KAPITEL 4

SONSTIGE BESTIMMUNGEN

Artikel 14 Spezifischere Gemeinschaftsvorschriften

Die Bestimmungen dieser Richtlinie gelten nicht, soweit andere Gemeinschaftsinstrumente spezifischere Vorschriften über die Arbeitszeitgestaltung für bestimmte Beschäftigungen oder berufliche Tätigkeiten enthalten.

Artikel 15 Günstigere Vorschriften

Das Recht der Mitgliedstaaten, für die Sicherheit und den Gesundheitsschutz der Arbeitnehmer günstigere Rechts- und Verwaltungsvorschriften anzuwenden oder zu erlassen oder die Anwendung von für die Sicherheit und den Gesundheitsschutz der Arbeitnehmer günstigeren Tarifverträgen oder Vereinbarungen zwischen den Sozialpartnern zu fördern oder zu gestatten, bleibt unberührt.

Artikel 16 Bezugszeiträume

Die Mitgliedstaaten können für die Anwendung der folgenden Artikel einen Bezugszeitraum vorsehen, und zwar

a) für Artikel 5 (wöchentliche Ruhezeit) einen Bezugszeitraum bis zu 14 Tagen;

b) für Artikel 6 (wöchentliche Höchstarbeitszeit) einen Bezugszeitraum bis zu vier Monaten.

Die nach Artikel 7 gewährten Zeiten des bezahlten Jahresurlaubs sowie die Krankheitszeiten bleiben bei der Berechnung des Durchschnitts unberücksichtigt oder sind neutral;

c) für Artikel 8 (Dauer der Nachtarbeit) einen Bezugszeitraum, der nach Anhörung der Sozialpartner oder in Tarifverträgen oder Vereinbarungen zwischen den Sozialpartnern auf nationaler oder regionaler Ebene festgelegt wird.

Fällt die aufgrund von Artikel 5 verlangte wöchentliche Mindestruhezeit von 24 Stunden in den Bezugszeitraum, so bleibt sie bei der Berechnung des Durchschnitts unberücksichtigt.

KAPITEL 5
ABWEICHUNGEN UND AUSNAHMEN

Artikel 17 Abweichungen

(1) Unter Beachtung der allgemeinen Grundsätze des Schutzes der Sicherheit und der Gesundheit der Arbeitnehmer können die Mitgliedstaaten von den Artikeln 3 bis 6, 8 und 16 abweichen, wenn die Arbeitszeit wegen der besonderen Merkmale der ausgeübten Tätigkeit nicht gemessen und/oder nicht im Voraus festgelegt wird oder von den Arbeitnehmern selbst festgelegt werden kann, und zwar insbesondere in Bezug auf nachstehende Arbeitnehmer:

a) leitende Angestellte oder sonstige Personen mit selbstständiger Entscheidungsbefugnis;

b) Arbeitskräfte, die Familienangehörige sind;

c) Arbeitnehmer, die im liturgischen Bereich von Kirchen oder Religionsgemeinschaften beschäftigt sind.

(2) Sofern die betroffenen Arbeitnehmer gleichwertige Ausgleichsruhezeiten oder in Ausnahmefällen, in denen die Gewährung solcher gleichwertigen Ausgleichsruhezeiten aus objektiven Gründen nicht möglich ist, einen angemessenen Schutz erhalten, kann im Wege von Rechts- und Verwaltungsvorschriften oder im Wege von Tarifverträgen oder Vereinbarungen zwischen den Sozialpartnern gemäß den Absätzen 3, 4 und 5 abgewichen werden.

(3) Gemäß Absatz 2 dieses Artikels sind Abweichungen von den Artikeln 3, 4, 5, 8 und 16 zulässig:

a) bei Tätigkeiten, die durch eine Entfernung zwischen dem Arbeitsplatz und dem Wohnsitz des Arbeitnehmers – einschließlich Tätigkeiten auf Offshore-Anlagen – oder durch eine Entfernung zwischen verschiedenen Arbeitsplätzen des Arbeitnehmers gekennzeichnet sind;

b) für den Wach- und Schließdienst sowie die Dienstbereitschaft, die durch die Notwendigkeit gekennzeichnet sind, den Schutz von Sachen und Personen zu gewährleisten, und zwar insbesondere in Bezug auf Wachpersonal oder Hausmeister oder Wach- und Schließunternehmen;

c) bei Tätigkeiten, die dadurch gekennzeichnet sind, dass die Kontinuität des Dienstes oder der Produktion gewährleistet sein muss, und zwar insbesondere bei

i) Aufnahme-, Behandlungs- und/oder Pflegediensten von Krankenhäusern oder ähnlichen Einrichtungen, einschließlich der Tätigkeiten von Ärzten in der Ausbildung, Heimen sowie Gefängnissen,

ii) Hafen- und Flughafenpersonal,

iii) Presse-, Rundfunk-, Fernsehdiensten oder kinematografischer Produktion, Post oder Telekommunikation, Ambulanz-, Feuerwehr- oder Katastrophenschutzdiensten,

iv) Gas-, Wasser- oder Stromversorgungsbetrieben, Hausmüllabfuhr oder Verbrennungsanlagen,

v) Industriezweigen, in denen der Arbeitsprozess aus technischen Gründen nicht unterbrochen werden kann,

vi) Forschungs- und Entwicklungstätigkeiten,

vii) landwirtschaftlichen Tätigkeiten,

viii) Arbeitnehmern, die im regelmäßigen innerstädtischen Personenverkehr beschäftigt sind;

d) im Fall eines vorhersehbaren übermäßigen Arbeitsanfalls, insbesondere

i) in der Landwirtschaft,

ii) im Fremdenverkehr,

iii) im Postdienst;

e) im Fall von Eisenbahnpersonal

i) bei nichtständigen Tätigkeiten,

ii) bei Beschäftigten, die ihre Arbeitszeit in Zügen verbringen, oder

iii) bei Tätigkeiten, die an Fahrpläne gebunden sind und die die Kontinuität und Zuverlässigkeit des Verkehrsablaufs sicherstellen;

f) unter den in Artikel 5 Absatz 4 der Richtlinie 89/391/EWG aufgeführten Bedingungen;

g) im Fall eines Unfalls oder der Gefahr eines unmittelbar bevorstehenden Unfalls.

(4) Gemäß Absatz 2 dieses Artikels sind Abweichungen von den Artikeln 3 und 5 zulässig:

a) wenn bei Schichtarbeit der Arbeitnehmer die Gruppe wechselt und zwischen dem Ende der Arbeit in einer Schichtgruppe und dem Beginn der Arbeit in der nächsten nicht in den Genuss der täglichen und/oder wöchentlichen Ruhezeit kommen kann;

b) bei Tätigkeiten, bei denen die Arbeitszeiten über den Tag verteilt sind, insbesondere im Fall von Reinigungspersonal.

(5) Gemäß Absatz 2 dieses Artikels sind Abweichungen von Artikel 6 und von Artikel 16 Buchstabe b) bei Ärzten in der Ausbildung nach Maßgabe der Unterabsätze 2 bis 7 dieses Absatzes zulässig.

In Unterabsatz 1 genannte Abweichungen von Artikel 6 sind für eine Übergangszeit von fünf Jahren ab dem 1. August 2004 zulässig.

Die Mitgliedstaaten verfügen erforderlichenfalls über einen zusätzlichen Zeitraum von höchstens zwei Jahren, um den Schwierigkeiten bei der Einhaltung der Arbeitszeitvorschriften im Zusammenhang mit ihren Zuständigkeiten für die Organisation und Bereitstellung von Gesundheitsdiensten und medizinischer Versorgung Rechnung zu tragen. Spätestens sechs Monate vor dem Ende der Übergangszeit unterrichtet der betreffende Mitgliedstaat die Kommission hierüber unter Angabe der Gründe, so dass die Kommission nach entsprechenden Konsultationen innerhalb von drei Monaten nach dieser Unterrichtung eine Stellungnahme abgeben kann. Falls der Mitgliedstaat der Stellungnahme der Kommission nicht folgt, rechtfertigt er seine Entscheidung. Die Unterrichtung und die Rechtfertigung des Mitgliedstaats sowie die Stellungnahme der Kommission werden im *Amtsblatt der Europäischen Union* veröffentlicht und dem Europäischen Parlament übermittelt.

Die Mitgliedstaaten verfügen erforderlichenfalls über einen zusätzlichen Zeitraum von höchstens einem Jahr, um den besonderen Schwierigkeiten bei der Wahrnehmung der in Unterabsatz 3 genannten Zuständigkeiten Rechnung zu tragen. Sie haben das Verfahren des Unterabsatzes 3 einzuhalten.

Die Mitgliedstaaten stellen sicher, dass die Zahl der Wochenarbeitsstunden keinesfalls einen Durchschnitt von 58 während der ersten drei Jahre der Übergangszeit, von 56 während der folgenden zwei Jahre und von 52 während des gegebenenfalls verbleibenden Zeitraums übersteigt.

Der Arbeitgeber konsultiert rechtzeitig die Arbeitnehmervertreter, um – soweit möglich – eine Vereinbarung über die Regelungen zu erreichen, die während der Übergangszeit anzuwenden sind. Innerhalb der in Unterabsatz 5 festgelegten Grenzen kann eine derartige Vereinbarung sich auf Folgendes erstrecken:

a) die durchschnittliche Zahl der Wochenarbeitsstunden während der Übergangszeit und

b) Maßnahmen, die zur Verringerung der Wochenarbeitszeit auf einen Durchschnitt von 48 Stunden bis zum Ende der Übergangszeit zu treffen sind.

In Unterabsatz 1 genannte Abweichungen von Artikel 16 Buchstabe b) sind zulässig, vorausgesetzt, dass der Bezugszeitraum während des in Unterabsatz 5 festgelegten ersten Teils der Übergangszeit zwölf Monate und danach sechs Monate nicht übersteigt.

Artikel 18 Abweichungen im Wege von Tarifverträgen

Von den Artikeln 3, 4, 5, 8 und 16 kann abgewichen werden im Wege von Tarifverträgen oder Vereinbarungen zwischen den Sozialpartnern auf nationaler oder regionaler Ebene oder, bei zwischen den Sozialpartnern getroffenen Abmachungen, im Wege von Tarifverträgen oder Vereinbarungen zwischen Sozialpartnern auf niedrigerer Ebene.

Mitgliedstaaten, in denen es keine rechtliche Regelung gibt, wonach über die in dieser Richtlinie geregelten Fragen zwischen den Sozialpartnern auf nationaler oder regionaler Ebene Tarifverträge oder Vereinbarungen geschlossen werden können, oder Mitgliedstaaten, in denen es einen entsprechenden rechtlichen Rahmen gibt und innerhalb dessen Grenzen, können im Einklang mit den einzelstaatlichen Rechtsvorschriften und/oder Gepflogenheiten Abweichungen von den Artikeln 3, 4, 5, 8 und 16 durch Tarifverträge oder Vereinbarungen zwischen den Sozialpartnern auf geeigneter kollektiver Ebene zulassen.

Die Abweichungen gemäß den Unterabsätzen 1 und 2 sind nur unter der Voraussetzung zulässig, dass die betroffenen Arbeitnehmer gleichwertige Ausgleichsruhezeiten oder in Ausnahmefällen, in denen die Gewährung solcher Ausgleichsruhezeiten aus objektiven Gründen nicht möglich ist, einen angemessenen Schutz erhalten.

Die Mitgliedstaaten können Vorschriften vorsehen

a) für die Anwendung dieses Artikels durch die Sozialpartner und

b) für die Erstreckung der Bestimmungen von gemäß diesem Artikel geschlossenen Tarifverträgen oder Vereinbarungen auf andere Arbeitnehmer gemäß den einzelstaatlichen Rechtsvorschriften und/oder Gepflogenheiten.

Artikel 19 Grenzen der Abweichungen von Bezugszeiträumen

Die in Artikel 17 Absatz 3 und in Artikel 18 vorgesehene Möglichkeit der Abweichung von Artikel 16 Buchstabe b) darf nicht die Festlegung eines Bezugszeitraums zur Folge haben, der länger ist als sechs Monate.

Den Mitgliedstaaten ist es jedoch mit der Maßgabe, dass sie dabei die allgemeinen Grundsätze der Sicherheit und des Gesundheitsschutzes der Arbeitnehmer wahren, freigestellt zuzulassen, dass in den Tarifverträgen oder Vereinbarungen zwischen Sozialpartnern aus objektiven, technischen oder arbeitsorganisatorischen Gründen längere Bezugszeiträume festgelegt werden, die auf keinen Fall zwölf Monate überschreiten dürfen.

Der Rat überprüft vor dem 23. November 2003 anhand eines Vorschlags der Kommission, dem ein Evaluierungsbericht beigefügt ist, die Bestimmungen dieses Absatzes und befindet über das weitere Vorgehen.

Artikel 20 Mobile Arbeitnehmer und Tätigkeiten auf Offshore-Anlagen

(1) Die Artikel 3, 4, 5 und 8 gelten nicht für mobile Arbeitnehmer.

Die Mitgliedstaaten treffen jedoch die erforderlichen Maßnahmen, um zu gewährleisten, dass die mobilen Arbeitnehmer – außer unter den in Artikel 17 Absatz 3 Buchstaben f) und g) vorgesehenen Bedingungen – Anspruch auf ausreichende Ruhezeiten haben.

(2) Vorbehaltlich der Einhaltung der allgemeinen Grundsätze der Sicherheit und des Gesundheitsschutzes der Arbeitnehmer und sofern die betreffenden Sozialpartner konsultiert wurden und Anstrengungen zur Förderung aller einschlägigen Formen des sozialen Dialogs – einschließlich der Konzertierung, falls die Parteien dies wünschen – unternommen wurden, können die Mitgliedstaaten aus objektiven, technischen oder arbeitsorganisatorischen Gründen den in Artikel 16 Buchstabe b) genannten Bezugszeitraum für Arbeitnehmer, die hauptsächlich Tätigkeiten auf Offshore-Anlagen ausüben, auf zwölf Monate ausdehnen.

(3) Die Kommission überprüft bis zum 1. August 2005 nach Konsultation der Mitgliedstaaten sowie der Arbeitgeber und Arbeitnehmer auf europäischer Ebene die Durchführung der Bestimmungen für Arbeitnehmer auf Offshore-Anlagen unter dem Gesichtspunkt der Gesundheit und Sicherheit, um, falls erforderlich, geeignete Änderungen vorzuschlagen.

Artikel 21 Arbeitnehmer an Bord von seegehenden Fischereifahrzeugen

(1) Die Artikel 3 bis 6 und 8 gelten nicht für Arbeitnehmer an Bord von seegehenden Fischereifahrzeugen, die unter der Flagge eines Mitgliedstaats fahren.

Die Mitgliedstaaten treffen jedoch die erforderlichen Maßnahmen, um zu gewährleisten, dass jeder Arbeitnehmer an Bord von seegehenden Fischereifahrzeugen, die unter der Flagge eines Mitgliedstaats fahren, Anspruch auf eine ausreichende Ruhezeit hat, und um die Wochenarbeitszeit auf 48 Stunden im Durchschnitt während eines Bezugszeitraums von höchstens zwölf Monaten zu begrenzen.

(2) Innerhalb der in Absatz 1 Unterabsatz 2 sowie den Absätzen 3 und 4 angegebenen Grenzen treffen die Mitgliedstaaten die erforderlichen Maßnahmen, um

zu gewährleisten, dass unter Berücksichtigung der Notwendigkeit der Sicherheit und des Gesundheitsschutzes der betroffenen Arbeitnehmer

a) die Arbeitsstunden auf eine Höchstarbeitszeit beschränkt werden, die in einem gegebenen Zeitraum nicht überschritten werden darf, oder
b) eine Mindestruhezeit in einem gegebenen Zeitraum gewährleistet ist.

Die Höchstarbeits- oder Mindestruhezeit wird durch Rechts- und Verwaltungsvorschriften, durch Tarifverträge oder durch Vereinbarungen zwischen den Sozialpartnern festgelegt.

(3) Für die Arbeits- oder Ruhezeiten gelten folgende Beschränkungen:

a) die Höchstarbeitszeit darf nicht überschreiten:
   i) 14 Stunden in jedem Zeitraum von 24 Stunden und
   ii) 72 Stunden in jedem Zeitraum von sieben Tagen,
   oder
b) die Mindestruhezeit darf nicht unterschreiten:
   i) zehn Stunden in jedem Zeitraum von 24 Stunden und
   ii) 77 Stunden in jedem Zeitraum von sieben Tagen.

(4) Die Ruhezeit kann in höchstens zwei Zeiträume aufgeteilt werden, von denen einer eine Mindestdauer von sechs Stunden haben muss; der Zeitraum zwischen zwei aufeinander folgenden Ruhezeiten darf 14 Stunden nicht überschreiten.

(5) In Übereinstimmung mit den allgemeinen Grundsätzen für die Sicherheit und den Gesundheitsschutz der Arbeitnehmer und aus objektiven, technischen oder arbeitsorganisatorischen Gründen können die Mitgliedstaaten, auch bei der Festlegung von Bezugszeiträumen, Ausnahmen von den in Absatz 1 Unterabsatz 2 sowie den Absätzen 3 und 4 festgelegten Beschränkungen gestatten. Diese Ausnahmen haben so weit wie möglich den festgelegten Normen zu folgen, können aber häufigeren oder längeren Urlaubszeiten oder der Gewährung von Ausgleichsurlaub für die Arbeitnehmer Rechnung tragen. Diese Ausnahmen können festgelegt werden

a) durch Rechts- oder Verwaltungsvorschriften, vorausgesetzt, dass – soweit dies möglich ist – die Vertreter der betroffenen Arbeitgeber und Arbeitnehmer konsultiert und Anstrengungen zur Förderung aller einschlägigen Formen des sozialen Dialogs unternommen werden, oder
b) durch Tarifverträge oder Vereinbarungen zwischen den Sozialpartnern.

(6) Der Kapitän eines seegehenden Fischereifahrzeugs hat das Recht, von Arbeitnehmern an Bord die Ableistung jeglicher Anzahl von Arbeitsstunden zu verlangen, wenn diese Arbeit für die unmittelbare Sicherheit des Schiffes, von Personen an Bord oder der Ladung oder zum Zweck der Hilfeleistung für andere Schiffe oder Personen in Seenot erforderlich ist.

(7) Die Mitgliedstaaten können vorsehen, dass Arbeitnehmer an Bord von seegehenden Fischereifahrzeugen, bei denen einzelstaatliches Recht oder einzelstaatliche Praxis während eines bestimmten, einen Monat überschreitenden Zeitraums des Kalenderjahres den Betrieb nicht erlauben, ihren Jahresurlaub gemäß Artikel 7 während dieses Zeitraums nehmen.

Artikel 22 Sonstige Bestimmungen

(1) Es ist einem Mitgliedstaat freigestellt, Artikel 6 nicht anzuwenden, wenn er die allgemeinen Grundsätze der Sicherheit und des Gesundheitsschutzes der Arbeitnehmer einhält und mit den erforderlichen Maßnahmen dafür sorgt, dass

a) kein Arbeitgeber von einem Arbeitnehmer verlangt, im Durchschnitt des in Artikel 16 Buchstabe b) genannten Bezugszeitraums mehr als 48 Stunden innerhalb eines Siebentagezeitraums zu arbeiten, es sei denn der Arbeitnehmer hat sich hierzu bereit erklärt;

b) keinem Arbeitnehmer Nachteile daraus entstehen, dass er nicht bereit ist, eine solche Arbeit zu leisten;

c) der Arbeitgeber aktuelle Listen über alle Arbeitnehmer führt, die eine solche Arbeit leisten;

d) die Listen den zuständigen Behörden zur Verfügung gestellt werden, die aus Gründen der Sicherheit und/oder des Schutzes der Gesundheit der Arbeitnehmer die Möglichkeit zur Überschreitung der wöchentlichen Höchstarbeitszeit unterbinden oder einschränken können;

e) der Arbeitgeber die zuständigen Behörden auf Ersuchen darüber unterrichtet, welche Arbeitnehmer sich dazu bereit erklärt haben, im Durchschnitt des in Artikel 16 Buchstabe b) genannten Bezugszeitraums mehr als 48 Stunden innerhalb eines Siebentagezeitraums zu arbeiten.

Vor dem 23. November 2003 überprüft der Rat anhand eines Vorschlags der Kommission, dem ein Evaluierungsbericht beigefügt ist, die Bestimmungen dieses Absatzes und befindet über das weitere Vorgehen.

(2) Für die Anwendung des Artikels 7 ist es den Mitgliedstaaten freigestellt, eine Übergangszeit von höchstens drei Jahren ab dem 23. November 1996 in Anspruch zu nehmen, unter der Bedingung, dass während dieser Übergangszeit

a) jeder Arbeitnehmer einen bezahlten Mindestjahresurlaub von drei Wochen nach Maßgabe der in den einzelstaatlichen Rechtsvorschriften und/oder nach den einzelstaatlichen Gepflogenheiten vorgesehenen Bedingungen für dessen Inanspruchnahme und Gewährung erhält und

b) der bezahlte Jahresurlaub von drei Wochen außer im Fall der Beendigung des Arbeitsverhältnisses nicht durch eine finanzielle Vergütung ersetzt wird.

(3) Sofern die Mitgliedstaaten von den in diesem Artikel genannten Möglichkeiten Gebrauch machen, setzen sie die Kommission unverzüglich davon in Kenntnis.

KAPITEL 6
SCHLUSSBESTIMMUNGEN

Artikel 23 Niveau des Arbeitnehmerschutzes

Unbeschadet des Rechts der Mitgliedstaaten, je nach der Entwicklung der Lage im Bereich der Arbeitszeit unterschiedliche Rechts- und Verwaltungsvorschriften sowie Vertragsvorschriften zu entwickeln, sofern die Mindestvorschriften dieser Richtlinie eingehalten werden, stellt die Durchführung dieser Richtlinie keine wirksame Rechtfertigung für eine Zurücknahme des allgemeinen Arbeitnehmerschutzes dar.

Seite 536

Artikel 24 Berichtswesen

(1) Die Mitgliedstaaten teilen der Kommission den Wortlaut der innerstaatlichen Rechtsvorschriften mit, die sie auf dem unter diese Richtlinie fallenden Gebiet erlassen oder bereits erlassen haben.

(2) Die Mitgliedstaaten erstatten der Kommission alle fünf Jahre Bericht über die Anwendung der Bestimmungen dieser Richtlinie in der Praxis und geben dabei die Standpunkte der Sozialpartner an.

Die Kommission unterrichtet darüber das Europäische Parlament, den Rat, den Europäischen Wirtschafts- und Sozialausschuss sowie den Beratenden Ausschuss für Sicherheit, Arbeitshygiene und Gesundheitsschutz am Arbeitsplatz.

(3) Die Kommission legt dem Europäischen Parlament, dem Rat und dem Europäischen Wirtschafts- und Sozialausschuss nach dem 23. November 1996 alle fünf Jahre einen Bericht über die Anwendung dieser Richtlinie unter Berücksichtigung der Artikel 22 und 23 und der Absätze 1 und 2 dieses Artikels vor.

Artikel 25 Überprüfung der Durchführung der Bestimmungen für Arbeitnehmer an Bord von seegehenden Fischereifahrzeugen

Die Kommission überprüft bis zum 1. August 2009 nach Konsultation der Mitgliedstaaten und der Sozialpartner auf europäischer Ebene die Durchführung der Bestimmungen für Arbeitnehmer an Bord von seegehenden Fischereifahrzeugen und untersucht insbesondere, ob diese Bestimmungen vor allem in Bezug auf Gesundheit und Sicherheit nach wie vor angemessen sind, um, falls erforderlich, geeignete Änderungen vorzuschlagen.

Artikel 26 Überprüfung des Durchführungsstands der Bestimmungen für Arbeitnehmer, die im regelmäßigen innerstädtischen Personenverkehr beschäftigt sind

Die Kommission überprüft bis zum 1. August 2005 nach Konsultation der Mitgliedstaaten sowie der Arbeitgeber und Arbeitnehmer auf europäischer Ebene den Stand der Durchführung der Bestimmungen für Arbeitnehmer, die im regelmäßigen innerstädtischen Personenverkehr beschäftigt sind, um, falls erforderlich, im Hinblick auf die Gewährleistung eines kohärenten und angemessenen Ansatzes für diesen Sektor geeignete Änderungen vorzuschlagen.

Artikel 27 Aufhebung

(1) Die Richtlinie 93/104/EG in der Fassung der in Anhang I Teil A genannten Richtlinie wird unbeschadet der Pflichten der Mitgliedstaaten hinsichtlich der in Anhang I Teil B genannten Umsetzungsfristen aufgehoben.

(2) Bezugnahmen auf die aufgehobene Richtlinie gelten als Bezugnahmen auf die vorliegende Richtlinie und sind nach Maßgabe der Entsprechungstabelle in Anhang II zu lesen.

Artikel 28 Inkrafttreten

Diese Richtlinie tritt am 2. August 2004 in Kraft.

Artikel 29 Adressaten

Diese Richtlinie ist an alle Mitgliedstaaten gerichtet.

ANHANG I

TEIL A

AUFGEHOBENE RICHTLINIE UND IHRE NACHFOLGENDEN ÄNDERUNGEN

(Artikel 27)

Richtlinie 93/104/EG des Rates	(ABl. L 307 vom 13. 12. 1993, S. 18)
Richtlinie 2000/34/EG des Europäischen Parlaments und des Rates	(ABl. L 195 vom 1. 8. 2000, S. 41)

TEIL B

FRISTEN FÜR DIE UMSETZUNG UND ANWENDUNG

(Artikel 27)

Richtlinie	Frist für die Umsetzung
93/104/EG	23. November 1996
2000/34/EG	1. August 2003 (1)

(1) 1. August 2004 für Ärzte in der Ausbildung. Siehe Artikel 2 der Richtlinie 2000/34/EG.

Vom Abdruck des Anhangs II wurde abgesehen.

447 Richtlinie 2005/36/EG des Europäischen Parlaments und des Rates vom 7. September 2005 über die Anerkennung von Berufsqualifikationen

(ABl. L 255 vom 30. 9. 2005 S. 22, ber. ABl. L 271 vom 16. 10. 2007 S. 18, ber. ABl. L 93 vom 4. 4. 2008 S. 28, ber. ABl. L 33 vom 3. 2. 2009 S. 49, ber. ABl. L 305 vom 24. 10. 2014 S. 115), zuletzt geändert durch Delegierten Beschluss (EU) 2017/2113 der Kommission vom 11. September 2017 (ABl. L 317 vom 1. 12. 2017 S. 119)

Inhaltsübersicht*

* Nicht amtlich.

DAS EUROPÄISCHE PARLAMENT UND DER RAT DER EUROPÄISCHEN UNION –

gestützt auf den Vertrag zur Gründung der Europäischen Gemeinschaft, insbesondere auf Artikel 40, Artikel 47 Absatz 1, Artikel 47 Absatz 2 Sätze 1 und 3 und Artikel 55,

auf Vorschlag der Kommission[1)],

nach Stellungnahme des Europäischen Wirtschafts- und Sozialausschusses[2)],

gemäß dem Verfahren des Artikels 251 des Vertrags[3)],

in Erwägung nachstehender Gründe:

(1) Nach Artikel 3 Absatz 1 Buchstabe c des Vertrages ist die Beseitigung der Hindernisse für den freien Personen- und Dienstleistungsverkehr zwischen den Mitgliedstaaten eines der Ziele der Gemeinschaft. Dies bedeutet für die Staatsangehörigen der Mitgliedstaaten insbesondere die Möglichkeit, als Selbstständige oder abhängig Beschäftigte einen Beruf in einem anderen Mitgliedstaat als dem auszuüben, in dem sie ihre Berufsqualifikationen erworben haben. Ferner sieht Artikel 47 Absatz 1 des Vertrags vor, dass Richtlinien für die gegenseitige Anerkennung der Diplome, Prüfungszeugnisse und sonstigen Befähigungsnachweise erlassen werden.

(2) Nach der Tagung des Europäischen Rates in Lissabon vom 23. und 24. März 2000 hat die Kommission eine Mitteilung „Eine Binnenmarktstrategie für den Dienstleistungssektor“ vorgelegt, die insbesondere darauf abzielt, die Erbringung von Dienstleistungen innerhalb der Gemeinschaft ebenso einfach zu machen wie innerhalb eines Mitgliedstaats. Nach Annahme der Mitteilung „Neue europäische Arbeitsmärkte – offen und zugänglich für alle“ durch die Kommission hat der Europäische Rat auf seiner Tagung vom 23. und 24. März 2001 in Stockholm die Kommission beauftragt, für die Frühjahrstagung des Europäischen Rates im Jahr 2002 spezifische Vorschläge für ein einheitlicheres, transparenteres und flexibleres System der Anerkennung von beruflichen Qualifikationen zu unterbreiten.

(3) Diese Richtlinie gibt Personen, die ihre Berufsqualifikationen in einem Mitgliedstaat erworben haben, Garantien hinsichtlich des Zugangs zu demselben Beruf und seiner Ausübung in einem anderen Mitgliedstaat unter denselben Voraussetzungen wie Inländern; sie schließt jedoch nicht aus, dass der Migrant nicht diskriminierende Ausübungsvoraussetzungen, die dieser Mitgliedstaat vorschreibt, erfüllen muss, soweit diese objektiv gerechtfertigt und verhältnismäßig sind.

(4) Es ist angezeigt, zur Erleichterung des freien Dienstleistungsverkehrs besondere Vorschriften zu erlassen, durch die die Möglichkeiten zur Ausübung beruflicher Tätigkeiten unter der im Herkunftsmitgliedstaat erworbenen Be-

---

1) Amtliche Fußnote: ABl. C 181E vom 30. 7. 2002, S. 183.

2) Amtliche Fußnote: ABl. C 61 vom 14. 3. 2003, S. 67.

3) Amtliche Fußnote: Stellungnahme des Europäischen Parlaments vom 11. Februar 2004 (ABl. C 97E vom 22. 4. 2004, S. 230), Gemeinsamer Standpunkt des Rates vom 21. Dezember 2004 (ABl. C 58E vom 8. 3. 2005, S. 1) und Standpunkt des Europäischen Parlaments vom 11. Mai 2005 (noch nicht im Amtsblatt veröffentlicht). Beschluss des Rates vom 6. Juni 2005.

rufsbezeichnung erweitert werden. Für Dienstleistungen der Informationsgesellschaft, die im Fernabsatz erbracht werden, gilt neben dieser Richtlinie noch die Richtlinie 2000/31/EG des Europäischen Parlaments und des Rates vom 8. Juni 2000 über bestimmte rechtliche Aspekte der Dienste der Informationsgesellschaft, insbesondere des elektronischen Geschäftsverkehrs, im Binnenmarkt[1].

(5) Da für die zeitweilige und gelegentliche grenzüberschreitende Erbringung von Dienstleistungen einerseits und für die Niederlassung andererseits jeweils unterschiedliche Regelungen gelten, sollten für den Fall, dass sich der Dienstleister in den Aufnahmemitgliedstaat begibt, die Kriterien für die Unterscheidung zwischen diesen beiden Konzepten genauer bestimmt werden.

(6) Im Rahmen der Erleichterung der Erbringung von Dienstleistungen ist der öffentlichen Gesundheit und Sicherheit sowie dem Verbraucherschutz unbedingt Rechnung zu tragen. Daher sollten spezifische Bestimmungen für reglementierte Berufe vorgesehen werden, die die öffentliche Gesundheit oder Sicherheit berühren und deren Angehörige vorübergehend oder gelegentlich grenzüberschreitende Dienstleistungen erbringen.

(7) Die Aufnahmemitgliedstaaten können erforderlichenfalls im Einklang mit dem Gemeinschaftsrecht Meldevorschriften erlassen. Diese Vorschriften sollten nicht zu einer unverhältnismäßig hohen Belastung der Dienstleister führen und die Ausübung des freien Dienstleistungsverkehrs nicht behindern oder weniger attraktiv machen. Die Notwendigkeit derartiger Vorschriften sollte regelmäßig unter Berücksichtigung der Fortschritte, die bei der Schaffung eines Gemeinschaftsrahmens für eine behördliche Zusammenarbeit zwischen den Mitgliedstaaten erzielt worden sind, überprüft werden.

(8) Für den Dienstleister sollten Disziplinarvorschriften des Aufnahmemitgliedstaats gelten, die unmittelbar und konkret mit den Berufsqualifikationen verbunden sind, wie die Definition des Berufes, der Umfang der zu einem Beruf gehörenden oder diesem vorbehaltenen Tätigkeiten, das Führen von Titeln und schwerwiegende berufliche Fehler in unmittelbarem und spezifischem Zusammenhang mit dem Schutz und der Sicherheit der Verbraucher.

(9) Die Grundsätze und Garantien für die Niederlassungsfreiheit, die in den verschiedenen derzeit geltenden Anerkennungsregelungen enthalten sind, sollen aufrechterhalten werden, wobei aber die Vorschriften dieser Anerkennungsregeln im Lichte der Erfahrungen verbessert werden sollten. Außerdem sind die einschlägigen Richtlinien mehrfach geändert worden, und es sollte daher durch eine Vereinheitlichung der geltenden Grundsätze eine Neuordnung und Straffung ihrer Bestimmungen vorgenommen werden. Es ist daher erforderlich, folgende Richtlinien aufzuheben und in einem einzigen neuen Text zusammenzufassen: die Richtlinien 89/48/EWG[2] und 92/51/EWG[3] des Rates sowie die Richtlinie 1999/42/EG des Europäischen Parlaments und des Rates über die allgemeine Regelung zur Anerkennung beruflicher Befähigungsnachweise[4] sowie die Richtlinien 77/452/EWG[5], 77/453/

---

1) Amtliche Fußnote: ABl. L 178 vom 17. 7. 2000, S. 1.

2) Amtliche Fußnote: ABl. L 19 vom 24. 1. 1989, S. 16. Geändert durch die Richtlinie 2001/19/EG des Europäischen Parlaments und des Rates (ABl. L 206 vom 31. 7. 2001, S. 1).

3) Amtliche Fußnote: ABl. L 209 vom 24. 7. 1992, S. 25. Zuletzt geändert durch die Entscheidung 2004/108/EG (ABl. L 32 vom 5. 2. 2004, S. 15).

4) Amtliche Fußnote: ABl. L 201 vom 31. 7. 1999, S. 77.

5) Amtliche Fußnote: ABl. L 176 vom 15. 7. 1977, S. 1. Zuletzt geändert durch die Beitrittsakte von 2003.

EWG[1], 78/686/EWG[2], 78/687/EWG[3], 78/1026/EWG[4], 78/1027/EWG[5], 80/154/EWG[6], 80/155/EWG[7], 85/384/EWG[8], 85/432/EWG[9], 85/433/EWG[10] und 93/16/EWG[11] des Rates, die die Tätigkeiten der Krankenschwester und des Krankenpflegers, die für die allgemeine Pflege verantwortlich sind, des Zahnarztes, des Tierarztes, der Hebamme, des Architekten, des Apothekers bzw. des Arztes betreffen.

(10) Diese Richtlinie hindert die Mitgliedstaaten nicht daran, gemäß ihren Rechtsvorschriften Berufsqualifikationen anzuerkennen, die außerhalb des Gebiets der Europäischen Union von einem Staatsangehörigen eines Drittstaats erworben wurden. In jedem Fall sollte die Anerkennung unter Beachtung der Mindestanforderungen an die Ausbildung für bestimmte Berufe erfolgen.

(11) Für die Berufe, die unter die allgemeine Regelung zur Anerkennung von Ausbildungsnachweisen – nachstehend „allgemeine Regelung" genannt – fallen, sollten die Mitgliedstaaten die Möglichkeit behalten, das Mindestniveau der notwendigen Qualifikation festzulegen, um die Qualität der in ihrem Hoheitsgebiet erbrachten Leistungen zu sichern. Nach den Artikeln 10, 39 und 43 des Vertrags sollten sie einem Angehörigen eines Mitgliedstaates jedoch nicht vorschreiben, dass er Qualifikationen, die sie in der Regel durch schlichte Bezugnahme auf die in ihrem innerstaatlichen Bildungssystem ausgestellten Diplome bestimmen, erwirbt, wenn die betreffende Person diese Qualifikationen bereits ganz oder teilweise in einem anderen Mitgliedstaat erworben hat. Deshalb sollte vorgesehen werden, dass jeder Aufnahmemitgliedstaat, in dem ein Beruf reglementiert ist, die in einem anderen Mitgliedstaat erworbenen Qualifikationen berücksichtigen und dabei beurteilen muss, ob sie den von ihm geforderten Qualifikationen entsprechen. Dieses allgemeine System zur Anerkennung steht jedoch dem nicht entgegen, dass ein Mitgliedstaat jeder Person, die einen Beruf in diesem Mitgliedstaat ausübt, spezifische Erfordernisse vorschreibt, die durch die Anwendung der durch das allgemeine Interesse gerechtfertigten Berufsregeln begründet sind. Diese betreffen insbesondere die Regeln hinsichtlich der Organisation des Berufs, die beruflichen Standards, einschließlich der standesrechtlichen Regeln, die Vorschriften für die Kontrolle und die Haftung. Schließlich zielt diese Richtlinie nicht auf einen Eingriff in das berechtigte Interesse der Mitgliedstaaten ab, zu verhindern, dass einige ihrer Staatsangehörigen sich in missbräuchlicher Weise der Anwendung des nationalen Rechts im Bereich der Berufe entziehen.

(12) Diese Richtlinie regelt die Anerkennung von in anderen Mitgliedstaaten erworbenen Berufsqualifikationen durch die Mitgliedstaaten. Sie gilt jedoch nicht für die Anerkennung von aufgrund dieser Richtlinie gefassten Aner-

---

1) Amtliche Fußnote: ABl. L 176 vom 15. 7. 1977, S. 8. Zuletzt geändert durch die Richtlinie 2001/19/EG.
2) Amtliche Fußnote: ABl. L 233 vom 24. 8. 1978, S. 1. Zuletzt geändert durch die Beitrittsakte von 2003.
3) Amtliche Fußnote: ABl. L 233 vom 24. 8. 1978, S. 10. Zuletzt geändert durch die Beitrittsakte von 2003.
4) Amtliche Fußnote: ABl. L 362 vom 23. 12. 1978, S. 1. Zuletzt geändert durch die Richtlinie 2001/19/EG.
5) Amtliche Fußnote: ABl. L 362 vom 23. 12. 1978, S. 7. Zuletzt geändert durch die Richtlinie 2001/19/EG.
6) Amtliche Fußnote: ABl. L 33 vom 11. 2. 1980, S. 1. Zuletzt geändert durch die Beitrittsakte von 2003.
7) Amtliche Fußnote: ABl. L 33 vom 11. 2. 1980, S. 8. Zuletzt geändert durch die Richtlinie 2001/19/EG.
8) Amtliche Fußnote: ABl. L 223 vom 21. 8. 1985, S. 15. Zuletzt geändert durch die Beitrittsakte von 2003.
9) Amtliche Fußnote: ABl. L 253 vom 24. 9. 1985, S. 34. Geändert durch die Richtlinie 2001/19/EG.
10) Amtliche Fußnote: ABl. L 253 vom 24. 9. 1985, S. 37. Zuletzt geändert durch die Beitrittsakte von 2003.
11) Amtliche Fußnote: ABl. L 165 vom 7. 7. 1993, S. 1. Zuletzt geändert durch die Verordnung (EG) Nr. 1882/2003 des Europäischen Parlaments und des Rates (ABl. L 284 vom 31. 10. 2003, S. 1).

kennungsbeschlüssen anderer Mitgliedstaaten durch die Mitgliedstaaten. Eine Person, deren Berufsqualifikationen aufgrund dieser Richtlinie anerkannt worden sind, kann sich somit nicht auf diese Anerkennung berufen, um in ihrem Herkunftsmitgliedstaat Rechte in Anspruch zu nehmen, die sich nicht aus der in diesem Mitgliedstaat erworbenen Berufsqualifikation ableiten, es sei denn, sie weist nach, dass sie zusätzliche Berufsqualifikationen im Aufnahmemitgliedstaat erworben hat.

(13) Um den Anerkennungsmechanismus aufgrund der allgemeinen Regelung festzulegen, müssen die einzelstaatlichen Systeme der allgemeinen und beruflichen Bildung in Niveaus unterteilt werden. Diese Niveaus, die nur zum Zweck der Anwendung der allgemeinen Regelung festgelegt werden, haben keine Auswirkungen auf die einzelstaatlichen Strukturen der allgemeinen und beruflichen Bildung oder auf die Zuständigkeit der Mitgliedstaaten auf diesem Gebiet.

(14) Der durch die Richtlinien 89/48/EWG und 92/51/EWG eingeführte Anerkennungsmechanismus ändert sich nicht. Folglich sollte der Inhaber eines Zeugnisses, das den erfolgreichen Abschluss einer postsekundären Ausbildung von mindestens einem Jahr bescheinigt, Zugang zu einem reglementierten Beruf in einem Mitgliedstaat erhalten, in dem dieser Zugang von der Vorlage eines Zeugnisses über den erfolgreichen Abschluss einer Hochschul- oder Universitätsausbildung von vier Jahren abhängt, unabhängig von dem Niveau, zu dem der im Aufnahmemitgliedstaat verlangte Ausbildungsabschluss gehört. Umgekehrt sollte der Zugang zu einem reglementierten Beruf, soweit er vom erfolgreichen Abschluss einer Hochschul- oder Universitätsausbildung von mehr als vier Jahren abhängt, nur den Inhabern eines Zeugnisses über den erfolgreichen Abschluss einer Hochschul- oder Universitätsausbildung von mindestens drei Jahren gewährt werden.

(15) Da die Mindestanforderungen an die Ausbildung für die Aufnahme und Ausübung der unter die allgemeine Regelung fallenden Berufe nicht harmonisiert sind, sollte der Aufnahmemitgliedstaat die Möglichkeit haben, eine Ausgleichsmaßnahme vorzuschreiben. Diese Maßnahme sollte dem Grundsatz der Verhältnismäßigkeit entsprechen und insbesondere die Berufserfahrung des Antragstellers berücksichtigen. Die Erfahrung zeigt, dass die Möglichkeit, dem Migranten nach seiner Wahl einen Eignungstest oder einen Anpassungslehrgang vorzuschreiben, hinreichende Garantien hinsichtlich seines Qualifikationsniveaus bietet, so dass jede Abweichung von dieser Wahlmöglichkeit in jedem Einzelfall durch einen zwingenden Grund des Allgemeininteresses gerechtfertigt sein müsste.

(16) Um die Freizügigkeit von Berufstätigen zu fördern und gleichzeitig ein angemessenes Qualifikationsniveau zu gewährleisten, sollten verschiedene Berufsverbände und -organisationen oder die Mitgliedstaaten auf europäischer Ebene gemeinsame Plattformen vorschlagen können. Unter bestimmten Voraussetzungen und unter Beachtung der Zuständigkeit der Mitgliedstaaten für die Festlegung der für die Ausübung der Berufe in ihrem Hoheitsgebiet erforderlichen beruflichen Qualifikationen sowie für den Inhalt und die Organisation ihrer Systeme für die allgemeine und berufliche Bildung und unter Beachtung des Gemeinschaftsrechts, insbesondere des gemeinschaftlichen Wettbewerbsrechts, sollte diese Richtlinie diesen Initiativen Rechnung tragen, während sie gleichzeitig einen stärkeren Automatismus der Anerkennung im Rahmen der allgemeinen Regelung fördert. Die Berufsverbände, die gemeinsame Plattformen vorlegen können, sollten auf einzelstaatlicher und

europäischer Ebene repräsentativ sein. Eine gemeinsame Plattform besteht in einer Reihe von Kriterien, mit denen wesentliche Unterschiede, die zwischen den Ausbildungsanforderungen in mindestens zwei Dritteln der Mitgliedstaaten, einschließlich all jener Mitgliedstaaten, in denen der Beruf reglementiert ist, festgestellt wurden, möglichst umfassend ausgeglichen werden können. Zu den Kriterien könnten beispielsweise Anforderungen wie eine Zusatzausbildung, ein Anpassungslehrgang in der Praxis unter Aufsicht, eine Eignungsprüfung, ein vorgeschriebenes Minimum an Berufserfahrung oder eine Kombination solcher Anforderungen gehören.

(17) Damit alle Sachverhalte berücksichtigt werden, die bisher keiner Regelung zur Anerkennung von Berufsqualifikationen unterliegen, sollte die allgemeine Regelung auf die Fälle ausgedehnt werden, die nicht durch eine Einzelregelung abgedeckt werden, entweder weil der Beruf unter keine der Regelungen fällt oder weil der Beruf zwar unter eine bestimmte Regelung fällt, der Antragsteller aus besonderen und außergewöhnlichen Gründen die Voraussetzungen für die Inanspruchnahme dieser Regelung jedoch nicht erfüllt.

(18) Es ist geboten, die Vorschriften zu vereinfachen, die in den Mitgliedstaaten, in denen die betreffenden Berufe reglementiert sind, die Aufnahme bestimmter Tätigkeiten in Industrie, Handel und Handwerk ermöglichen, sofern die entsprechenden Tätigkeiten in einem Mitgliedstaat während eines angemessenen, nicht zu weit zurückliegenden Zeitraums ausgeübt worden sind; gleichzeitig gilt es aber, an einem System der automatischen Anerkennung auf der Grundlage der Berufserfahrung für diese Tätigkeiten festzuhalten.

(19) Die Freizügigkeit und die gegenseitige Anerkennung der Ausbildungsnachweise der Ärzte, Krankenschwestern und Krankenpfleger, die für die allgemeine Pflege verantwortlich sind, Zahnärzte, Tierärzte, Hebammen, Apotheker und Architekten sollte sich auf den Grundsatz der automatischen Anerkennung der Ausbildungsnachweise im Zuge der Koordinierung der Mindestanforderungen an die Ausbildung stützen. Ferner sollte die Aufnahme und Ausübung der Tätigkeiten des Arztes, der Krankenschwester und des Krankenpflegers, die für die allgemeine Pflege verantwortlich sind, des Zahnarztes, des Tierarztes, der Hebamme und des Apothekers vom Besitz eines bestimmten Ausbildungsnachweises abhängig gemacht werden, wodurch gewährleistet wird, dass die betreffenden Personen eine Ausbildung absolviert haben, die den festgelegten Mindestanforderungen genügt. Dieses System sollte durch eine Reihe erworbener Rechte ergänzt werden, auf die sich qualifizierte Berufsangehörige unter bestimmten Voraussetzungen berufen können.

(20) Um den Besonderheiten des Ausbildungssystems der Ärzte und Zahnärzte und dem entsprechenden gemeinschaftlichen Besitzstand im Bereich der gegenseitigen Anerkennung Rechnung zu tragen, ist es gerechtfertigt, für alle Fachrichtungen, die zum Zeitpunkt des Erlasses der vorliegenden Richtlinie anerkannt sind, den Grundsatz der automatischen Anerkennung der medizinischen und zahnmedizinischen Fachrichtungen, die mindestens zwei Mitgliedstaaten gemeinsam sind, beizubehalten. Hingegen sollte sich im Interesse der Vereinfachung des Systems die Erweiterung der automatischen Anerkennung auf neue medizinische Fachrichtungen nach dem Zeitpunkt des Inkrafttretens der vorliegenden Richtlinie auf diejenigen beschränken, die in mindestens zwei Fünfteln der Mitgliedstaaten vertreten sind. Im Übrigen hindert die vorliegende Richtlinie die Mitgliedstaaten nicht daran, unterei-

nander für bestimmte medizinische und zahnmedizinische Fachrichtungen, die sie gemeinsam haben und die nicht Gegenstand einer automatischen Anerkennung im Sinne dieser Richtlinie sind, eine automatische Anerkennung nach ihren eigenen Regeln zu vereinbaren.

(21) Die automatische Anerkennung der Ausbildungsnachweise des Arztes mit Grundausbildung sollte nicht die Zuständigkeit der Mitgliedstaaten berühren, diesen Nachweis mit beruflichen Tätigkeiten zu verbinden oder auch nicht.

(22) Alle Mitgliedstaaten sollten den Beruf des Zahnarztes als eigenen Beruf anerkennen, der sich von dem des Arztes oder Facharztes für Zahn- und Mundheilkunde unterscheidet. Die Mitgliedstaaten sollten sicherstellen, dass dem Zahnarzt in seiner Ausbildung die erforderlichen Fähigkeiten zur Ausübung aller Tätigkeiten der Verhütung, Diagnose und Behandlung von Anomalien und Krankheiten von Zähnen, Mund und Kiefer sowie der dazugehörigen Gewebe vermittelt werden. Die Tätigkeit des Zahnarztes sollte nur von Inhabern eines zahnärztlichen Ausbildungsnachweises im Sinne dieser Richtlinie ausgeübt werden.

(23) Es erscheint nicht wünschenswert, für alle Mitgliedstaaten einen einheitlichen Ausbildungsgang für Hebammen vorzuschreiben. Es ist sogar angezeigt, den Mitgliedstaaten möglichst viel Freiheit bei der Gestaltung der Ausbildung zu lassen.

(24) Im Interesse der Vereinfachung ist es angezeigt, die Bezeichnung „Apotheker" zu verwenden, um den Anwendungsbereich der Bestimmungen über die automatische Anerkennung der Ausbildungsnachweise abzugrenzen, unbeschadet der Besonderheiten der nationalen Vorschriften für diese Tätigkeiten.

(25) Inhaber eines Ausbildungsnachweises des Apothekers sind Arzneimittelspezialisten und sollten grundsätzlich in allen Mitgliedstaaten Zugang zu einem Mindesttätigkeitsfeld innerhalb dieses Fachgebiets haben. Mit der Definition dieses Mindesttätigkeitsfeldes sollte diese Richtlinie weder eine Begrenzung der Betätigungsmöglichkeiten für Apotheker in den Mitgliedstaaten, insbesondere hinsichtlich der biomedizinischen Analysen, bewirken noch zugunsten dieser Berufsangehörigen ein Monopol begründen, da die Einräumung eines solchen Monopols weiterhin in die alleinige Zuständigkeit der Mitgliedstaaten fällt. Diese Richtlinie hindert die Mitgliedstaaten nicht daran, die Aufnahme von Tätigkeiten, die nicht in das koordinierte Mindesttätigkeitsfeld einbezogen sind, an zusätzliche Ausbildungsanforderungen zu knüpfen. Daher sollte der Aufnahmemitgliedstaat, der solche Anforderungen stellt, die Möglichkeit haben, Staatsangehörige der Mitgliedstaaten, die im Besitz von Ausbildungsnachweisen sind, die unter die automatische Anerkennung im Sinne dieser Richtlinie fallen, diesen Anforderungen zu unterwerfen.

(26) Diese Richtlinie gewährleistet nicht die Koordinierung aller Bedingungen für die Aufnahme und die Ausübung der Tätigkeiten des Apothekers. Insbesondere sollten die geografische Verteilung der Apotheken und das Abgabemonopol für Arzneimittel weiterhin in die Zuständigkeit der Mitgliedstaaten fallen. Diese Richtlinie berührt keine Rechts- und Verwaltungsvorschriften der Mitgliedstaaten, die Gesellschaften die Ausübung bestimmter Tätigkeiten des Apothekers verbieten oder ihnen für die Ausübung solcher Tätigkeiten bestimmte Auflagen machen.

(27) Die architektonische Gestaltung, die Qualität der Bauwerke, ihre harmonische Einpassung in die Umgebung, der Respekt vor der natürlichen und der städtischen Landschaft sowie vor dem kollektiven und dem privaten Erbe sind von öffentlichem Interesse. Daher sollte sich die gegenseitige Anerkennung der Ausbildungsnachweise auf qualitative und quantitative Kriterien stützen, die gewährleisten, dass die Inhaber der anerkannten Ausbildungsnachweise in der Lage sind, die Bedürfnisse der Einzelpersonen, sozialen Gruppen und Gemeinwesen im Bereich der Raumordnung, der Konzeption, der Vorbereitung und Errichtung von Bauwerken, der Erhaltung und Zurgeltungbringung des architektonischen Erbes sowie des Schutzes der natürlichen Gleichgewichte zu verstehen und ihnen Ausdruck zu verleihen.

(28) Die nationalen Vorschriften für das Gebiet der Architektur und die Aufnahme und Ausübung der Architektentätigkeit sind ihrem Geltungsumfang nach sehr unterschiedlich. In den meisten Mitgliedstaaten werden die Tätigkeiten auf dem Gebiet der Architektur de jure oder de facto von Personen mit dem Berufstitel Architekt, gegebenenfalls in Verbindung mit einem weiteren Berufstitel, ausgeübt, ohne dass deshalb ausschließlich diese Personen das Recht hätten, diese Tätigkeiten auszuüben, es sei denn, es liegen gegenteilige Rechtsvorschriften vor. Diese Tätigkeiten, oder einige davon, können auch von Angehörigen anderer Berufe ausgeübt werden, insbesondere von Ingenieuren, die auf dem Gebiet des Bauwesens oder der Baukunst eine besondere Ausbildung erhalten haben. Im Interesse der Vereinfachung dieser Richtlinie ist es angezeigt, die Bezeichnung „Architekt" zu verwenden, um den Anwendungsbereich der Bestimmungen über die automatische Anerkennung der Ausbildungsnachweise auf dem Gebiet der Architektur abzugrenzen, unbeschadet der Besonderheiten der nationalen Vorschriften für diese Tätigkeiten.

(29) Wenn die nationale oder europäische Berufsorganisation bzw. der nationale oder europäische Berufsverband eines reglementierten Berufs ein begründetes Ersuchen um eine Sonderregelung für die Anerkennung der Berufsqualifikationen im Hinblick auf die Koordinierung der Mindestanforderungen an die Ausbildung vorlegt, prüft die Kommission die Möglichkeit, einen Vorschlag zur Änderung dieser Richtlinie zu verabschieden.

(30) Um die Wirksamkeit des Systems der Anerkennung von Berufsqualifikationen zu gewährleisten, sollten einheitliche Formalitäten und Verfahrensregeln für seine Anwendung sowie bestimmte Modalitäten für die Ausübung der Berufe festgelegt werden.

(31) Da die Zusammenarbeit zwischen den Mitgliedstaaten sowie zwischen den Mitgliedstaaten und der Kommission die Anwendung dieser Richtlinie und die Beachtung der sich daraus ergebenden Verpflichtungen sicher erleichtert, ist es angezeigt, die Einrichtungen dafür festzulegen.

(32) Mit der Einführung von Berufsausweisen auf europäischer Ebene durch Berufsverbände und -organisationen kann sich die Mobilität von Berufsangehörigen erhöhen, insbesondere durch Beschleunigung des Austauschs von Informationen zwischen dem Aufnahmemitgliedstaat und dem Herkunftsmitgliedstaat. Diese Berufsausweise sollen es ermöglichen, den beruflichen Werdegang von Berufsangehörigen zu verfolgen, die sich in verschiedenen Mitgliedstaaten niederlassen. Die Ausweise könnten unter voller Einhaltung der Datenschutzvorschriften Informationen über die beruflichen Qualifikationen des Berufsangehörigen (Universität bzw. Bildungseinrichtungen, Qualifikationen, Berufserfahrungen), seine Niederlassung und die gegen ihn

verhängten berufsbezogenen Sanktionen sowie Einzelangaben der zuständigen Behörde umfassen.

(33) Die Einrichtung eines Systems von Kontaktstellen, die die Bürger der Mitgliedstaaten informieren und unterstützen sollen, wird die Transparenz der Anerkennungsregelung gewährleisten. Die Kontaktstellen liefern den Bürgern die von ihnen angeforderten Informationen und übermitteln der Kommission alle Angaben und Anschriften, die für das Anerkennungsverfahren von Nutzen sein können. Durch die Benennung einer einzigen Kontaktstelle durch jeden Mitgliedstaat im Rahmen des Netzes bleibt die Zuständigkeitsverteilung auf nationaler Ebene unberührt. Insbesondere steht dies dem nicht entgegen, dass auf nationaler Ebene mehrere Stellen benannt werden, wobei der im Rahmen dieses Netzes benannten Kontaktstelle die Aufgabe zukommt, die anderen Stellen zu koordinieren und den Bürger erforderlichenfalls im Einzelnen über die für ihn zuständige Stelle zu informieren.

(34) Die Verwaltung der unterschiedlichen Anerkennungssysteme, die in den Einzelrichtlinien und in der allgemeinen Regelung festgelegt sind, hat sich als schwerfällig und komplex erwiesen. Es ist daher angezeigt, die Verwaltung dieser Richtlinie und ihre Aktualisierung zwecks Anpassung an den wissenschaftlichen und technischen Fortschritt zu vereinfachen, insbesondere, wenn die Mindestanforderungen an die Ausbildungen zur automatischen Anerkennung der Ausbildungsnachweise koordiniert werden. Zu diesem Zweck sollte ein gemeinsamer Ausschuss für die Anerkennung der Berufsqualifikationen eingesetzt und gleichzeitig eine angemessene Einbindung der Vertreter der Berufsorganisationen, auch auf europäischer Ebene, sichergestellt werden.

(35) Die zur Durchführung dieser Richtlinie erforderlichen Maßnahmen sollten gemäß dem Beschluss 1999/468/EG des Rates vom 28. Juni 1999 zur Festlegung der Modalitäten für die Ausübung der der Kommission übertragenen Durchführungsbefugnisse[1] erlassen werden.

(36) Ein regelmäßig vorgelegter Bericht der Mitgliedstaaten mit statistischen Daten über die Anwendung dieser Richtlinie wird Aufschluss über die Wirkung des Systems zur Anerkennung von Berufsqualifikationen geben.

(37) Für den Fall, dass die Anwendung einer Bestimmung dieser Richtlinie einem Mitgliedstaat erhebliche Schwierigkeiten bereitet, sollte ein geeignetes Verfahren für die Annahme befristeter Maßnahmen vorgesehen werden.

(38) Die Bestimmungen dieser Richtlinie berühren nicht die Zuständigkeit der Mitgliedstaaten für die Gestaltung ihres nationalen Sozialversicherungssystems und die Festlegung der Tätigkeiten, die im Rahmen dieses Systems ausgeübt werden müssen.

(39) Angesichts der raschen Weiterentwicklung von Wissenschaft und Technik ist das lebenslange Lernen in einer Vielzahl von Berufen äußerst wichtig. Vor diesem Hintergrund ist es Aufgabe der Mitgliedstaaten, die Regelungen einer angemessenen Fortbildung im Einzelnen festzulegen, die die Berufsangehörigen auf dem neuesten Stand von Wissenschaft und Technik hält.

(40) Da die Ziele dieser Richtlinie, nämlich die Straffung, Vereinfachung und Verbesserung der Vorschriften für die Anerkennung beruflicher Qualifikationen, auf Ebene der Mitgliedstaaten nicht ausreichend erreicht werden können und daher besser auf Gemeinschaftsebene zu erreichen sind, kann die

---

1) Amtliche Fußnote: ABl. L 184 vom 17. 7. 1999, S. 23.

Gemeinschaft im Einklang mit dem in Artikel 5 des Vertrags niedergelegten Subsidiaritätsprinzip tätig werden. Entsprechend dem in demselben Artikel genannten Verhältnismäßigkeitsprinzip geht diese Richtlinie nicht über das für die Erreichung dieser Ziele erforderliche Maß hinaus.

(41) Diese Richtlinie berührt nicht die Anwendung des Artikels 39 Absatz 4 und des Artikels 45 des Vertrags, insbesondere auf Notare.

(42) In Bezug auf das Niederlassungsrecht und die Erbringung von Dienstleistungen gilt diese Richtlinie unbeschadet anderer spezifischer Rechtsvorschriften über die Anerkennung von Berufsqualifikationen, wie zum Beispiel der bestehenden Vorschriften in den Bereichen Verkehr, Versicherungsvermittler und gesetzlich zugelassene Abschlussprüfer. Diese Richtlinie berührt nicht die Anwendung der Richtlinie 77/249/EWG des Rates vom 22. März 1977 zur Erleichterung der tatsächlichen Ausübung des freien Dienstleistungsverkehrs der Rechtsanwälte[1)] oder der Richtlinie 98/5/EG des Europäischen Parlaments und des Rates vom 16. Februar 1998 zur Erleichterung der ständigen Ausübung des Rechtsanwaltsberufs in einem anderen Mitgliedstaat als dem, in dem die Qualifikation erworben wurde[2)]. Die Anerkennung der Berufsqualifikationen von Anwälten zum Zwecke der umgehenden Niederlassung unter der Berufsbezeichnung des Aufnahmemitgliedstaats sollte von dieser Richtlinie abgedeckt werden.

(43) Diese Richtlinie betrifft auch freie Berufe soweit sie reglementiert sind, die gemäß den Bestimmungen dieser Richtlinie auf der Grundlage einschlägiger Berufsqualifikationen persönlich, in verantwortungsbewusster Weise und fachlich unabhängig von Personen ausgeübt werden, die für ihre Kunden und die Allgemeinheit geistige und planerische Dienstleistungen erbringen. Die Ausübung der Berufe unterliegt möglicherweise in den Mitgliedstaaten in Übereinstimmung mit dem Vertrag spezifischen gesetzlichen Beschränkungen nach Maßgabe des innerstaatlichen Rechts und des in diesem Rahmen von der jeweiligen Berufsvertretung autonom gesetzten Rechts, das die Professionalität, die Dienstleistungsqualität und die Vertraulichkeit der Beziehungen zu den Kunden gewährleistet und fortentwickelt.

(44) Diese Richtlinie lässt die Maßnahmen unberührt, die erforderlich sind, um ein hohes Gesundheits- und Verbraucherschutzniveau sicherzustellen –

HABEN FOLGENDE RICHTLINIE ERLASSEN:

TITEL I

ALLGEMEINE BESTIMMUNGEN

Artikel 1 Gegenstand

Diese Richtlinie legt die Vorschriften fest, nach denen ein Mitgliedstaat, der den Zugang zu einem reglementierten Beruf oder dessen Ausübung in seinem Hoheitsgebiet an den Besitz bestimmter Berufsqualifikationen knüpft (im Folgenden „Aufnahmemitgliedstaat“ genannt), für den Zugang zu diesem Beruf und dessen Ausübung die in einem oder mehreren anderen Mitgliedstaaten (im Folgenden „Herkunftsmitgliedstaat“ genannt) erworbenen Berufsqualifikationen anerkennt, die ihren Inhaber berechtigen, dort denselben Beruf auszuüben.

---

1) Amtliche Fußnote: ABl. L 78 vom 26. 3. 1977, S. 17. Zuletzt geändert durch die Beitrittsakte von 2003.
2) Amtliche Fußnote: ABl. L 77 vom 14. 3. 1998, S. 36. Geändert durch die Beitrittsakte von 2003.

Mit dieser Richtlinie werden auch Regeln über den partiellen Zugang zu einem reglementierten Beruf sowie die Anerkennung von in einem anderen Mitgliedstaat absolvierten Berufspraktika festgelegt.

Artikel 2 Anwendungsbereich

(1) Diese Richtlinie gilt für alle Staatsangehörigen eines Mitgliedstaats, die als Selbstständige oder abhängig Beschäftigte, einschließlich der Angehörigen der freien Berufe, einen reglementierten Beruf in einem anderen Mitgliedstaat als dem, in dem sie ihre Berufsqualifikationen erworben haben, ausüben wollen.

Diese Richtlinie gilt auch für alle Staatsangehörigen eines Mitgliedstaats, die ein Berufspraktikum außerhalb ihres Herkunftsmitgliedstaats abgeleistet haben.

(2) Jeder Mitgliedstaat kann in seinem Hoheitsgebiet nach Maßgabe seiner Vorschriften den Staatsangehörigen der Mitgliedstaaten, die eine Berufsqualifikation vorweisen können, die nicht in einem Mitgliedstaat erworben wurde, die Ausübung eines reglementierten Berufs im Sinne von Artikel 3 Absatz 1 Buchstabe a gestatten. Für die Berufe in Titel III Kapitel III erfolgt diese erste Anerkennung unter Beachtung der dort genannten Mindestanforderungen an die Ausbildung.

(3) Wurden für einen bestimmten reglementierten Beruf in einem gesonderten gemeinschaftlichen Rechtsakt andere spezielle Regelungen unmittelbar für die Anerkennung von Berufsqualifikationen festgelegt, so finden die entsprechenden Bestimmungen dieser Richtlinie keine Anwendung.

(4) Diese Richtlinie gilt nicht für durch einen Hoheitsakt bestellte Notare.

Artikel 3 Begriffsbestimmungen

(1) Für die Zwecke dieser Richtlinie gelten folgende Begriffsbestimmungen:

a) „reglementierter Beruf" ist eine berufliche Tätigkeit oder eine Gruppe beruflicher Tätigkeiten, bei der die Aufnahme oder Ausübung oder eine der Arten der Ausübung direkt oder indirekt durch Rechts- und Verwaltungsvorschriften an den Besitz bestimmter Berufsqualifikationen gebunden ist; eine Art der Ausübung ist insbesondere die Führung einer Berufsbezeichnung, die durch Rechts- oder Verwaltungsvorschriften auf Personen beschränkt ist, die über eine bestimmte Berufsqualifikation verfügen. Trifft Satz 1 dieser Begriffsbestimmung nicht zu, so wird ein unter Absatz 2 fallender Beruf als reglementierter Beruf behandelt;

b) „Berufsqualifikationen" sind die Qualifikationen, die durch einen Ausbildungsnachweis, einen Befähigungsnachweis nach Artikel 11 Buchstabe a Ziffer i und/oder Berufserfahrung nachgewiesen werden;

c) „Ausbildungsnachweise" sind Diplome, Prüfungszeugnisse und sonstige Befähigungsnachweise, die von einer Behörde eines Mitgliedstaats, die entsprechend dessen Rechts- und Verwaltungsvorschriften benannt wurde, für den Abschluss einer überwiegend in der Gemeinschaft absolvierten Berufsausbildung ausgestellt werden. Findet Satz 1 keine Anwendung, so sind Ausbildungsnachweise im Sinne des Absatzes 3 den hier genannten Ausbildungsnachweisen gleichgestellt;

d) „zuständige Behörde": jede von den Mitgliedstaaten mit der besonderen Befugnis ausgestattete Behörde oder Stelle, Ausbildungsnachweise und andere Dokumente oder Informationen auszustellen bzw. entgegenzunehmen sowie Anträge zu erhalten und Beschlüsse zu fassen, auf die in der vorliegenden Richtlinie abgezielt wird;

e) „reglementierte Ausbildung“ ist eine Ausbildung, die speziell auf die Ausübung eines bestimmten Berufes ausgerichtet ist und aus einem abgeschlossenen Ausbildungsgang oder mehreren abgeschlossenen Ausbildungsgängen besteht, der gegebenenfalls durch eine Berufsausbildung, durch ein Berufspraktikum oder durch Berufspraxis ergänzt wird;
Der Aufbau und das Niveau der Berufsausbildung, des Berufspraktikums oder der Berufspraxis müssen in den Rechts- und Verwaltungsvorschriften des jeweiligen Mitgliedstaats festgelegt sein oder von einer zu diesem Zweck bestimmten Behörde kontrolliert oder genehmigt werden;

f) „Berufserfahrung“: ist die tatsächliche und rechtmäßige Ausübung des betreffenden Berufs als Vollzeitbeschäftigung oder als entsprechende Teilzeitbeschäftigung in einem Mitgliedstaat;

g) „Anpassungslehrgang“ ist die Ausübung eines reglementierten Berufs, die in dem Aufnahmemitgliedstaat unter der Verantwortung eines qualifizierten Berufsangehörigen erfolgt und gegebenenfalls mit einer Zusatzausbildung einhergeht. Der Lehrgang ist Gegenstand einer Bewertung. Die Einzelheiten des Anpassungslehrgangs und seiner Bewertung sowie die Rechtsstellung des beaufsichtigten zugewanderten Lehrgangsteilnehmers werden von der zuständigen Behörde des Aufnahmemitgliedstaats festgelegt.
Die Rechtsstellung des Lehrgangsteilnehmers im Aufnahmemitgliedstaat, insbesondere im Bereich des Aufenthaltsrechts sowie der Verpflichtungen, sozialen Rechte und Leistungen, Vergütungen und Bezüge wird von den zuständigen Behörden des betreffenden Mitgliedstaats gemäß dem geltenden Gemeinschaftsrecht festgelegt;

h) „Eignungsprüfung“: ist eine die beruflichen Kenntnisse, Fähigkeiten und Kompetenzen des Antragstellers betreffende und von den zuständigen Behörden des Aufnahmemitgliedstaats durchgeführte oder anerkannte Prüfung, mit der die Fähigkeit des Antragstellers, in diesem Mitgliedstaat einen reglementierten Beruf auszuüben, beurteilt werden soll.
Um die Durchführung dieser Prüfung zu ermöglichen, erstellen die zuständigen Behörden ein Verzeichnis der Sachgebiete, die aufgrund eines Vergleichs zwischen der im Aufnahmemitgliedstaat verlangten Ausbildung und der bisherigen Ausbildung des Antragstellers von dem Diplom oder den sonstigen Ausbildungsnachweisen, über die der Antragsteller verfügt, nicht abgedeckt werden.
Bei der Eignungsprüfung muss dem Umstand Rechnung getragen werden, dass der Antragsteller in seinem Herkunftsmitgliedstaat oder dem Mitgliedstaat, aus dem der Antragsteller kommt, über eine berufliche Qualifikation verfügt. Die Eignungsprüfung erstreckt sich auf Sachgebiete, die aus dem Verzeichnis ausgewählt werden und deren Kenntnis eine wesentliche Voraussetzung für die Ausübung des Berufs im Aufnahmemitgliedstaat ist. Diese Prüfung kann sich auch auf die Kenntnis der sich auf die betreffenden Tätigkeiten im Aufnahmemitgliedstaat beziehenden berufsständischen Regeln erstrecken.
Die Einzelheiten der Durchführung der Eignungsprüfung und die Rechtsstellung des Antragstellers in dem Aufnahmemitgliedstaat, in dem er sich auf die Eignungsprüfung vorzubereiten wünscht, werden von den zuständigen Behörden dieses Mitgliedstaats festgelegt.

i) „Betriebsleiter“ ist eine Person, die in einem Unternehmen des entsprechenden Berufszweigs

i) die Position des Leiters des Unternehmens oder einer Zweigniederlassung innehat oder

ii) Stellvertreter eines Inhabers oder Leiters eines Unternehmens ist, sofern mit dieser Position eine Verantwortung verbunden ist, die der des vertretenen Inhabers oder Leiters vergleichbar ist, oder

iii) in leitender Stellung mit kaufmännischen und/oder technischen Aufgaben und mit der Verantwortung für eine oder mehrere Abteilungen des Unternehmens tätig ist;

j) „Berufspraktikum“: ist unbeschadet des Artikels 46 Absatz 4 ein Zeitraum der Berufstätigkeit unter Aufsicht, vorausgesetzt, es stellt eine Bedingung für den Zugang zu einem reglementierten Beruf dar; es kann entweder während oder nach dem Abschluss einer Ausbildung stattfinden, die zu einem Diplom führt;

k) „Europäischer Berufsausweis“: ist eine elektronische Bescheinigung entweder zum Nachweis, dass der Berufsangehörige sämtliche notwendigen Voraussetzungen für die vorübergehende und gelegentliche Erbringung von Dienstleistungen in einem Aufnahmemitgliedstaat erfüllt oder zum Nachweis der Anerkennung von Berufsqualifikationen für die Niederlassung in einem Aufnahmemitgliedstaat;

l) „lebenslanges Lernen“: umfasst jegliche Aktivitäten der allgemeinen Bildung, beruflichen Bildung, nichtformalen Bildung und des informellen Lernens während des gesamten Lebens, aus denen sich eine Verbesserung von Kenntnissen, Fähigkeiten und Kompetenzen ergibt und zu denen auch Berufsethik gehören kann;

m) „zwingende Gründe des Allgemeininteresses“: sind Gründe, die als solche in der Rechtsprechung des Gerichtshofs der Europäischen Union anerkannt sind;

n) „Europäisches System zur Übertragung von Studienleistungen oder ECTS-Punkte“: ist das Punktesystem für Hochschulausbildung, das im Europäischen Hochschulraum verwendet wird.

(2) Einem reglementierten Beruf gleichgestellt ist ein Beruf, der von Mitgliedern von Verbänden oder Organisationen im Sinne des Anhangs I ausgeübt wird.

Die in Unterabsatz 1 genannten Verbände oder Organisationen verfolgen insbesondere das Ziel der Wahrung und Förderung eines hohen Niveaus in dem betreffenden Beruf. Zur Erreichung dieses Ziels werden sie von einem Mitgliedstaat in besonderer Form anerkannt; sie stellen ihren Mitgliedern einen Ausbildungsnachweis aus, gewähren, dass ihre Mitglieder die von ihnen vorgeschriebenen berufsständischen Regeln beachten und verleihen ihnen das Recht, einen Titel zu führen, eine bestimmte Kurzbezeichnung zu verwenden oder einen diesem Ausbildungsnachweis entsprechenden Status in Anspruch zu nehmen.

Die Mitgliedstaaten unterrichten die Kommission über jede Anerkennung eines Verbandes oder einer Organisation im Sinne des Unterabsatzes 1. Die Kommission prüft, ob dieser Verband oder diese Organisation die Bedingungen nach Unterabsatz 2 erfüllt. Um die ordnungspolitischen Entwicklungen in den Mitgliedstaaten gebührend zu berücksichtigen, wird der Kommission die Befugnis übertragen, gemäß Artikel 57c in Bezug auf die Aktualisierung des Anhangs I delegierte Rechtsakte zu erlassen, wenn die Bedingungen nach Unterabsatz 2 erfüllt sind.

Sind die Bedingungen nach Unterabsatz 2 nicht erfüllt, so erlässt die Kommission einen Durchführungsrechtsakt zur Ablehnung der beantragten Aktualisierung des Anhangs I.

(3) Einem Ausbildungsnachweis gleichgestellt ist jeder in einem Drittland ausgestellte Ausbildungsnachweis, sofern sein Inhaber in dem betreffenden Beruf drei Jahre Berufserfahrung im Hoheitsgebiet des Mitgliedstaats, der diesen Ausbildungsnachweis nach Artikel 2 Absatz 2 anerkannt hat, besitzt und dieser Mitgliedstaat diese Berufserfahrung bescheinigt.

Artikel 4 Wirkungen der Anerkennung

(1) Die Anerkennung der Berufsqualifikationen durch den Aufnahmemitgliedstaat ermöglicht es den begünstigten Personen, in diesem Mitgliedstaat denselben Beruf wie den, für den sie in ihrem Herkunftsmitgliedstaat qualifiziert sind, aufzunehmen und unter denselben Voraussetzungen wie Inländer auszuüben.

(2) Für die Zwecke dieser Richtlinie ist der Beruf, den der Antragsteller im Aufnahmemitgliedstaat ausüben möchte, derselbe wie derjenige, für den er in seinem Herkunftsmitgliedstaat qualifiziert ist, wenn die Tätigkeiten, die er umfasst, vergleichbar sind.

(3) Abweichend von Absatz 1 wird partieller Zugang zu einem Beruf im Aufnahmemitgliedstaat unter den in Artikel 4f genannten Bedingungen gewährt.

Artikel 4a Europäischer Berufsausweis

(1) Die Mitgliedstaaten stellen Inhabern einer Berufsqualifikation auf Antrag einen Europäischen Berufsausweis aus, sofern die Kommission die in Absatz 7 vorgesehenen entsprechenden Durchführungsrechtsakte erlassen hat.

(2) Wurde ein Europäischer Berufsausweis für einen bestimmten Beruf mittels entsprechender, nach Absatz 7 erlassener Durchführungsrechtsakte eingeführt, so kann der Inhaber einer betreffenden Berufsqualifikation entscheiden, einen solchen Ausweis zu beantragen oder sich der Verfahren nach den Titeln II und III zu bedienen.

(3) Die Mitgliedstaaten sorgen dafür, dass der Inhaber eines Europäischen Berufsausweises alle Rechte aus den Artikeln 4b bis 4e wahrnehmen kann.

(4) Sofern der Inhaber einer Berufsqualifikation Dienstleistungen im Rahmen von Titel II erbringen will, die nicht von Artikel 7 Absatz 4 erfasst werden, stellt die zuständige Behörde des Herkunftsmitgliedstaats den Europäischen Berufsausweis gemäß den Artikeln 4b und 4c aus. Der Europäische Berufsausweis stellt gegebenenfalls die Meldung nach Artikel 7 dar.

(5) Beabsichtigt der Inhaber einer Berufsqualifikation, sich im Rahmen von Titel III Kapitel I bis IIIa in einem anderen Mitgliedstaat niederzulassen oder dort Dienstleistungen im Rahmen von Artikel 7 Absatz 4 zu erbringen, so muss die zuständige Behörde des Herkunftsmitgliedstaats alle vorbereitenden Schritte hinsichtlich der eigenen Datei des Antragstellers abschließen, die innerhalb des Binnenmarkt-Informationssystems (im Folgenden „IMI") entsprechend der Regelung der Artikel 4b und 4d erstellt wird (im Folgenden „IMI-Datei"). Die zuständige Behörde des Aufnahmemitgliedstaats stellt den Europäischen Berufsausweis gemäß den Artikeln 4b und 4d aus.

Für die Zwecke der Niederlassung begründet die Ausstellung eines Europäischen Berufsausweises kein automatisches Recht zur Ausübung eines bestimmten Berufs, wenn es im Aufnahmemitgliedstaat bereits vor Einführung des Europäischen Berufsausweises für diesen Beruf Registrierungsanforderungen oder andere Kontrollverfahren gibt.

(6) Die Mitgliedstaaten benennen die für die Handhabung der IMI-Dateien und die Ausstellung des Europäischen Berufsausweises zuständigen Behörden. Diese Behörden gewährleisten eine unparteiische, objektive und zeitnahe Bearbeitung der Anträge auf Europäische Berufsausweise. Die in Artikel 57b genannten Beratungszentren können ebenfalls als zuständige Behörde fungieren. Die Mitgliedstaaten gewährleisten, dass die zuständigen Behörden und Beratungszentren die Bürger, einschließlich möglicher Antragsteller, über die Funktion und den zusätzlichen Nutzen eines Europäischen Berufsausweises bei den Berufen, für die er verfügbar ist, informieren.

(7) Die Kommission erlässt im Wege von Durchführungsrechtsakten die Maßnahmen, die notwendig sind, um für die einheitliche Anwendung der Vorschriften über den Europäischen Berufsausweis auf diejenigen Berufe zu sorgen, die die Bedingungen nach Unterabsatz 2 dieses Absatzes erfüllen, einschließlich Maßnahmen bezüglich des Formats des Europäischen Berufsausweises, der Bearbeitung schriftlicher Anträge, der Übersetzungen, die der Antragsteller zur Unterstützung einer Beantragung eines Europäischen Berufsausweises vorlegen muss, der Einzelheiten der Dokumente, die nach Artikel 7 Absatz 2 oder Anhang VII für die Einreichung eines vollständigen Antrags erforderlich sind, und der Verfahren für die Leistung und Bearbeitung von Zahlungen für den Europäischen Berufsausweis, und berücksichtigt dabei die Besonderheiten des jeweiligen Berufs. Die Kommission legt zudem im Wege von Durchführungsrechtsakten fest, wie, wann und bei welchen Dokumenten die zuständigen Behörden beglaubigte Kopien gemäß Artikel 4b Absatz 3 Unterabsatz 2, Artikel 4d Absatz 2 und Artikel 4d Absatz 3 im Zusammenhang mit dem jeweiligen Beruf verlangen dürfen.

Für die Einführung eines Europäischen Berufsausweises für einen bestimmten Beruf durch den Erlass entsprechender Durchführungsrechtsakte nach Unterabsatz 1 müssen alle folgenden Bedingungen erfüllt sein:

a) Es gibt eine signifikante Mobilität oder ein Potenzial für eine signifikante Mobilität in dem Beruf.
b) Die betroffenen Interessenträger haben ein ausreichendes Interesse geäußert.
c) Der Beruf oder die allgemeine und berufliche Bildung, die auf die Ausübung des Berufs ausgerichtet ist, ist in einer signifikanten Anzahl von Mitgliedstaaten reglementiert.

Diese Durchführungsrechtsakte werden gemäß dem in Artikel 58 Absatz 2 genannten Prüfverfahren erlassen.

(8) Eventuelle den Antragstellern in Verbindung mit den Verwaltungsverfahren zur Ausstellung eines Europäischen Berufsausweises entstehende Gebühren müssen vertretbar und verhältnismäßig sein und den dem Herkunfts- und Aufnahmemitgliedstaat entstandenen Kosten entsprechen; sie dürfen keinen Hinderungsgrund für die Beantragung eines Europäischen Berufsausweises darstellen.

Artikel 4b Beantragung eines Europäischen Berufsausweises und Erstellung einer IMI-Datei

(1) Der Herkunftsmitgliedstaat ermöglicht es dem Inhaber einer Berufsqualifikation, einen Europäischen Berufsausweis über ein durch die Kommission zur Verfügung gestelltes Online-Instrument zu beantragen, durch das eine eigene IMI-Datei für diesen Antragsteller erstellt wird. Lässt der Herkunftsmitgliedstaat auch schriftliche Anträge zu, so trifft er die notwendigen Vorkehrungen für die

Erstellung der IMI-Datei, für alle Informationen, die dem Antragsteller zu übermitteln sind, und für die Ausstellung des Europäischen Berufsausweises.

(2) Den Anträgen sind die in den nach Artikel 4a Absatz 7 erlassenen Durchführungsrechtsakten vorgeschriebenen Dokumente beizufügen.

(3) Binnen einer Woche nach Eingang des Antrags bestätigt die zuständige Behörde des Herkunftsmitgliedstaates dem Antragsteller den Empfang der Unterlagen und teilt ihm gegebenenfalls mit, welche Unterlagen fehlen.

Gegebenenfalls stellt die zuständige Behörde des Herkunftsmitgliedstaats alle unterstützenden Bescheinigungen, die nach dieser Richtlinie erforderlich sind, aus. Die zuständige Behörde des Herkunftsmitgliedstaats überprüft, ob der Antragsteller im Herkunftsmitgliedstaat rechtmäßig niedergelassen ist und ob alle notwendigen Dokumente, die im Herkunftsmitgliedstaat ausgestellt wurden, gültig und echt sind. Im Fall hinreichend begründeter Zweifel konsultiert die zuständige Behörde des Herkunftsmitgliedstaats die einschlägige Stelle, und sie kann vom Antragsteller beglaubigte Kopien der Dokumente verlangen. Stellt derselbe Antragsteller mehrere Anträge nacheinander, so dürfen die zuständigen Behörden der Herkunfts- und der Aufnahmemitgliedstaaten nicht die Wiedereinreichung von Dokumenten verlangen, die bereits in der IMI-Datei enthalten und nach wie vor gültig sind.

(4) Die Kommission kann im Wege von Durchführungsrechtsakten die technischen Spezifikationen und Maßnahmen, die zur Gewährleistung der Integrität, Vertraulichkeit und Richtigkeit der Angaben im Europäischen Berufsausweis und in der IMI-Datei erforderlich sind, sowie die Bedingungen und Verfahren für die Ausstellung eines Europäischen Berufsausweises festlegen; dazu gehört die Möglichkeit, dass der Inhaber den Ausweis herunterlädt oder aktualisierte Fassungen für die IMI-Datei einreicht. Diese Durchführungsrechtsakte werden nach dem Prüfverfahren gemäß Artikel 58 Absatz 2 erlassen.

Artikel 4c Europäischer Berufsausweis für die vorübergehende und gelegentliche Erbringung von Dienstleistungen, die nicht unter Artikel 7 Absatz 4 fallen

(1) Die zuständige Behörde des Herkunftmitgliedstaats prüft den Antrag und die Dokumente in der IMI-Datei und stellt den Europäischen Berufsausweis für die vorübergehende und gelegentliche Erbringung von Dienstleistungen, die nicht unter Artikel 7 Absatz 4 fallen, binnen drei Wochen aus. Diese Frist beginnt mit dem Eingang der fehlenden Dokumente, die in Artikel 4b Absatz 3 Unterabsatz 1 genannt werden, oder, wenn keine weiteren Dokumente verlangt wurden, nach Ablauf des in jenem Unterabsatz genannten Zeitraums von einer Woche. Daraufhin übermittelt sie den Europäischen Berufsausweis unverzüglich der zuständigen Behörde jedes Aufnahmemitgliedstaats und informiert den Antragsteller darüber. Der Aufnahmemitgliedstaat darf während der folgenden 18 Monate keine weitere Meldung nach Artikel 7 verlangen.

(2) Gegen die Entscheidung der zuständigen Behörde des Herkunftsmitgliedstaats oder das Nichtvorliegen einer Entscheidung innerhalb des in Absatz 1 genannten Zeitraums von drei Wochen müssen Rechtsbehelfe nach innerstaatlichem Recht eingelegt werden können.

(3) Will der Inhaber eines Europäischen Berufsausweises Dienstleistungen in anderen als den ursprünglich in dem Antrag gemäß Absatz 1 genannten Mitgliedstaaten erbringen, so kann dieser Inhaber eine solche Erweiterung beantragen. Will der Inhaber Dienstleistungen über den in Absatz 1 erwähnten Zeitraum von

18 Monaten hinaus erbringen, so informiert dieser Inhaber die zuständige Behörde darüber. In beiden Fällen muss der Inhaber Informationen zu wesentlichen Änderungen der in der IMI-Datei gespeicherten Sachlage liefern, die von der zuständigen Behörde des Herkunftsmitgliedstaats im Einklang mit den nach Artikel 4 Absatz 7 zu erlassenden Durchführungsrechtsakten verlangt werden können. Die zuständige Behörde des Herkunftsmitgliedstaats übermittelt den betroffenen Aufnahmemitgliedstaaten den aktualisierten Europäischen Berufsausweis.

(4) Der Europäische Berufsausweis ist im gesamten Hoheitsgebiet aller betroffenen Aufnahmemitgliedstaaten so lange gültig, wie sein Inhaber das Recht behält, auf der Grundlage der in der IMI-Datei enthaltenen Dokumente und Informationen tätig zu sein.

Artikel 4d Europäischer Berufsausweis für die Niederlassung und die vorübergehende und gelegentliche Erbringung von Dienstleistungen gemäß Artikel 7 Absatz 4

(1) Die zuständige Behörde des Herkunftsmitgliedstaats prüft binnen eines Monats die Echtheit und Gültigkeit der in der IMI-Datei hinterlegten Dokumente zum Zweck der Ausstellung des Europäischen Berufsausweises für die Niederlassung oder für die vorübergehende und gelegentliche Erbringung von Dienstleistungen gemäß Artikel 7 Absatz 4. Diese Frist beginnt mit dem Eingang der fehlenden Dokumente, die in Artikel 4b Absatz 3 Unterabsatz 1 genannt werden, oder, wenn keine weiteren Dokumente verlangt wurden, nach Ablauf des in jenem Unterabsatz genannten Zeitraums von einer Woche. Sie übermittelt den Antrag dann unverzüglich der zuständigen Behörde des Aufnahmemitgliedstaats. Der Herkunftsmitgliedstaat unterrichtet den Antragsteller über den Verfahrensstand zur gleichen Zeit, zu der er den Antrag dem Aufnahmemitgliedstaat übermittelt.

(2) In den in den Artikeln 16, 21, 49a und 49b genannten Fällen entscheidet ein Aufnahmemitgliedstaat, ob er einen Europäischen Berufsausweis nach Absatz 1 binnen einem Monat nach Eingang des vom Herkunftmitgliedstaat übermittelten Antrags ausstellt. Bei hinreichend begründeten Zweifeln kann der Aufnahmemitgliedstaat vom Herkunftsmitgliedstaat weitere Informationen oder die Beifügung einer beglaubigten Kopie eines Dokuments durch den Herkunftsmitgliedstaat anfordern, die dieser spätestens zwei Wochen nach Einreichung des Ersuchens zur Verfügung stellen muss. Die Frist von einem Monat ist vorbehaltlich des Absatzes 5 Unterabsatz 2 anwendbar, ungeachtet eines solchen Ersuchens.

(3) In den in Artikel 7 Absatz 4 und Artikel 14 genannten Fällen entscheidet ein Aufnahmemitgliedstaat, ob er einen Europäischen Berufsausweis ausstellt oder dem Inhaber einer Berufsqualifikation binnen zwei Monaten nach Eingang des vom Herkunftsmitgliedstaat übermittelten Antrags Ausgleichsmaßnahmen auferlegt. Bei hinreichend begründeten Zweifeln kann der Aufnahmemitgliedstaat vom Herkunftsmitgliedstaat weitere Informationen oder die Beifügung einer beglaubigten Kopie eines Dokuments durch den Herkunftsmitgliedstaat anfordern, die dieser spätestens zwei Wochen nach dem Ersuchen zur Verfügung stellen muss. Die Frist von zwei Monaten ist vorbehaltlich des Absatzes 5 Unterabsatz 2 anwendbar, ungeachtet eines solchen Ersuchens.

(4) Falls der Aufnahmemitgliedstaat nicht die notwendigen Informationen erhält, die er gemäß dieser Richtlinie für eine Entscheidung über die Ausstellung des Europäischen Berufsausweises entweder von dem Herkunftsmitgliedstaat oder dem Antragsteller verlangen kann, darf er die Ausstellung des Ausweises verweigern. Eine solche Verweigerung wird ordnungsgemäß begründet.

(5) Trifft der Aufnahmemitgliedstaat eine Entscheidung nicht binnen der in den Absätzen 2 und 3 dieses Artikels festgelegten Fristen oder führt er keinen Eignungstest gemäß Artikel 7 Absatz 4 durch, so gilt der Europäische Berufsausweis als ausgestellt, und er wird automatisch über das IMI dem Inhaber einer Berufsqualifikation übermittelt.

Der Aufnahmemitgliedstaat hat die Möglichkeit, die Fristen nach den Absätzen 2 und 3 für die automatische Ausstellung des Europäischen Berufsausweises um zwei Wochen zu verlängern. Er erläutert die Gründe für eine solche Verlängerung und unterrichtet den Antragsteller entsprechend. Eine solche Verlängerung kann einmal und nur dann wiederholt werden, wenn dies unbedingt notwendig ist, insbesondere aus Gründen im Zusammenhang mit der öffentlichen Gesundheit oder der Sicherheit der Dienstleistungsempfänger.

(6) Die vom Herkunftsmitgliedstaat gemäß Absatz 1 ergriffenen Maßnahmen ersetzen jeden Antrag auf Anerkennung von Berufsqualifikationen im Rahmen des einzelstaatlichen Rechts des Aufnahmemitgliedstaats.

(7) Gegen die vom Herkunfts- und vom Aufnahmemitgliedstaat nach den Absätzen 1 bis 5 getroffenen Entscheidungen oder das Fehlen einer Entscheidung durch den Herkunftsmitgliedstaat müssen Rechtsbehelfe nach dem innerstaatlichen Recht des betreffenden Mitgliedstaats eingelegt werden können.

Artikel 4e Datenverarbeitung und Zugang zu Daten bezüglich des Europäischen Berufsausweises

(1) Unbeschadet der Unschuldsvermutung aktualisieren die zuständigen Behörden der Herkunfts- und Aufnahmemitgliedstaaten rechtzeitig die entsprechende IMI-Datei mit Angaben über das Vorliegen disziplinarischer oder strafrechtlicher Sanktionen, die sich auf eine Untersagung oder Beschränkung beziehen und die sich auf die Ausübung von Tätigkeiten durch den Inhaber eines Europäischen Berufsausweises nach dieser Richtlinie auswirken. Dabei halten sie die Vorschriften zum Schutz personenbezogener Daten ein, die in der Richtlinie 95/46/EG des Europäischen Parlaments und des Rates vom 24. Oktober 1995 zum Schutz natürlicher Personen bei der Verarbeitung personenbezogener Daten und zum freien Datenverkehr[1] und der Richtlinie 2002/58/EG des Europäischen Parlaments und des Rates vom 12. Juli 2002 über die Verarbeitung personenbezogener Daten und den Schutz der Privatsphäre in der elektronischen Kommunikation (Datenschutzrichtlinie für elektronische Kommunikation)[2] festgelegt sind. Zu diesen Aktualisierungen gehört auch das Löschen von Informationen, die nicht mehr benötigt werden. Der Inhaber des Europäischen Berufsausweises und die zuständigen Behörden, die Zugang zu der entsprechenden IMI-Datei haben, werden unverzüglich über etwaige Aktualisierungen informiert. Durch diese Pflicht werden die Pflichten der Mitgliedstaaten zu Vorwarnungen gemäß Artikel 56a nicht berührt.

(2) Die Aktualisierungen der Informationen nach Absatz 1 beschränken sich inhaltlich auf folgende Angaben:

a) die Identität des Berufsangehörigen,

b) den betroffenen Beruf,

c) Informationen über die nationale Behörde oder das nationale Gericht, die/das die Entscheidung über die Beschränkung oder die Untersagung getroffen hat,

---

1) Amtliche Fußnote: ABl. L 281 vom 23. 11. 1995, S. 31.
2) Amtliche Fußnote: ABl. L 201 vom 31. 7. 2002, S. 37.

d) den Umfang der Beschränkung oder Untersagung und

e) den Zeitraum, für den die Beschränkung oder Untersagung gilt.

(3) Der Zugang zu den Informationen in der IMI-Datei wird gemäß der Richtlinie 95/46/EG auf die zuständigen Behörden der Herkunfts- und Aufnahmemitgliedstaaten beschränkt. Die zuständigen Behörden unterrichten den Inhaber des Europäischen Berufsausweises über den Inhalt der IMI-Datei, wenn der Inhaber dies beantragt.

(4) Die in den Europäischen Berufsausweis aufgenommenen Angaben beschränken sich auf die Daten, die zur Überprüfung des Rechts des Inhabers auf die Ausübung des Berufs, für den der Ausweis ausgestellt wurde, erforderlich sind, nämlich Vorname, Nachname, Geburtstag und -ort, Beruf, förmliche Qualifikationen des Inhabers, und die anwendbare Regelung, beteiligte zuständige Behörden, Ausweisnummer, Sicherheitsmerkmale, Bezug auf ein gültiges Identitätsdokument. Informationen über die durch den Inhaber des Europäischen Berufsausweises erworbene Berufserfahrung oder bestandene Ausgleichsmaßnahmen werden in die IMI-Datei aufgenommen.

(5) Die in der IMI-Datei enthaltenen personenbezogenen Daten können so lange verarbeitet werden, wie es für die Zwecke des Anerkennungsverfahrens als solchem und als Nachweis der Anerkennung oder der Übermittlung der nach Artikel 7 erforderlichen Meldung notwendig ist. Die Mitgliedstaaten gewährleisten, dass der Inhaber eines Europäischen Berufsausweises jederzeit berechtigt ist, die Berichtigung unrichtiger oder unvollständiger Daten oder die Löschung und Sperrung der entsprechenden IMI-Datei zu verlangen, ohne dass diesem Inhaber hierdurch Kosten entstehen. Der Inhaber wird über dieses Recht zum Zeitpunkt der Ausstellung des Ausweises informiert und alle zwei Jahre danach daran erinnert. Wurde der ursprüngliche Antrag auf einen Europäischen Berufsausweis online eingereicht, wird die Erinnerung automatisch über das IMI übermittelt.

Steht der Antrag auf Löschung einer IMI-Datei im Zusammenhang mit einem Europäischen Berufsausweis für die Zwecke der Niederlassung oder der vorübergehenden und gelegentlichen Erbringung von Dienstleistungen gemäß Artikel 7 Absatz 4, so erteilen die zuständigen Behörden des betroffenen Aufnahmemitgliedstaats dem Inhaber einer Berufsqualifikation einen Nachweis zur Bescheinigung der Anerkennung seiner Berufsqualifikationen.

(6) Bezüglich der Verarbeitung personenbezogener Daten im Europäischen Berufsausweis und allen IMI-Dateien gelten die jeweils zuständigen Behörden der Mitgliedstaaten als für die Verarbeitung Verantwortliche im Sinne von Artikel 2 Buchstabe d der Richtlinie 95/46/EG. Bezüglich ihrer Aufgaben gemäß den Absätzen 1 bis 4 dieses Artikels und die damit verbundene Verarbeitung personenbezogener Daten gilt die Kommission als für die Verarbeitung Verantwortlicher im Sinne von Artikel 2 Buchstabe d der Verordnung (EG) Nr. 45/2001 des Europäischen Parlaments und des Rates vom 18. Dezember 2000 zum Schutz natürlicher Personen bei der Verarbeitung personenbezogener Daten durch die Organe und Einrichtungen der Gemeinschaft und zum freien Datenverkehr[1)].

(7) Unbeschadet des Absatzes 3 bestimmen die Aufnahmemitgliedstaaten, dass Arbeitgeber, Kunden, Behörden, Patienten und andere Interessengruppen die Echtheit und Gültigkeit eines ihnen vom Inhaber vorgelegten Europäischen Berufsausweises prüfen können.

---

1) Amtliche Fußnote: ABl. L 8 vom 12. 1. 2001, S. 1.

Die Kommission legt im Wege von Durchführungsrechtsakten die Bedingungen für den Zugang zur IMI-Datei, die technischen Mittel und die Verfahren für die in Unterabsatz 1 genannte Prüfung fest. Diese Durchführungsrechtsakte werden nach dem Prüfverfahren gemäß Artikel 58 Absatz 2 erlassen.

Artikel 4f Partieller Zugang

(1) Die zuständige Behörde des Aufnahmemitgliedstaats gewährt auf Einzelfallbasis partiellen Zugang zu einer Berufstätigkeit im Hoheitsgebiet dieses Staates nur, wenn alle folgenden Bedingungen erfüllt sind:

a) der Berufsangehörige ist ohne Einschränkung qualifiziert, im Herkunftsmitgliedstaat die berufliche Tätigkeit auszuüben, für die im Aufnahmemitgliedstaat ein partieller Zugang begehrt wird;

b) die Unterschiede zwischen der rechtmäßig ausgeübten Berufstätigkeit im Herkunftsmitgliedstaat und dem reglementierten Beruf im Aufnahmemitgliedstaat sind so groß, dass die Anwendung von Ausgleichsmaßnahmen der Anforderung an den Antragsteller gleichkäme, das vollständige Ausbildungsprogramm im Aufnahmemitgliedstaat zu durchlaufen, um Zugang zum ganzen reglementierten Beruf im Aufnahmemitgliedstaat zu erlangen;

c) die Berufstätigkeit lässt sich objektiv von anderen im Aufnahmemitgliedstaat unter den reglementierten Beruf fallenden Tätigkeiten trennen.

Für die Zwecke von Buchstabe c berücksichtigt die zuständige Behörde des Aufnahmemitgliedstaats, ob die berufliche Tätigkeit im Herkunftsmitgliedstaat eigenständig ausgeübt werden kann.

(2) Der partielle Zugang kann verweigert werden, wenn diese Verweigerung durch zwingende Gründe des Allgemeininteresses gerechtfertigt und geeignet ist, die Erreichung des verfolgten Ziels zu gewährleisten und nicht über das hinaus geht, was zur Erreichung dieses Ziels erforderlich ist.

(3) Anträge für die Zwecke der Niederlassung in einem Aufnahmemitgliedstaat werden gemäß Titel III Kapitel I und IV geprüft.

(4) Anträge für die Zwecke der vorübergehenden und gelegentlichen Erbringung von Dienstleistungen im Aufnahmemitgliedstaat im Zusammenhang mit Berufstätigkeiten, die die öffentliche Gesundheit und Sicherheit berühren, werden gemäß Titel II geprüft.

(5) Abweichend von Artikel 7 Absatz 4 Unterabsatz 6 und Artikel 52 Absatz 1 wird die Berufstätigkeit unter der Berufsbezeichnung des Herkunftsmitgliedstaats ausgeübt, sobald partieller Zugang gewährt worden ist. Der Aufnahmemitgliedstaat kann vorschreiben, dass die Berufsbezeichnung in den Sprachen des Aufnahmemitgliedstaats benutzt wird. Berufsangehörige, denen partieller Zugang gewährt wurde, müssen den Empfängern der Dienstleistung eindeutig den Umfang ihrer beruflichen Tätigkeiten angeben.

(6) Dieser Artikel gilt nicht für Berufsangehörige, für die die automatische Anerkennung ihrer Berufsqualifikationen nach Titel III Kapitel II, III und IIIa gilt.

TITEL II
DIENSTLEISTUNGSFREIHEIT

Artikel 5 Grundsatz der Dienstleistungsfreiheit

(1) Unbeschadet spezifischer Vorschriften des Gemeinschaftsrechts sowie der Artikel 6 und 7 dieser Richtlinie können die Mitgliedstaaten die Dienstleistungsfreiheit nicht aufgrund der Berufsqualifikationen einschränken,

a) wenn der Dienstleister zur Ausübung desselben Berufs rechtmäßig in einem Mitgliedstaat niedergelassen ist (nachstehend „Niederlassungsmitgliedstaat" genannt) und

b) für den Fall, dass sich der Dienstleister in einen anderen Mitgliedstaat begibt, wenn er diesen Beruf in einem oder mehreren Mitgliedstaaten mindestens ein Jahr während der vorhergehenden zehn Jahre ausgeübt hat, sofern der Beruf im Niederlassungsmitgliedstaat nicht reglementiert ist. Die Bedingung, dass der Dienstleister den Beruf ein Jahr ausgeübt haben muss, gilt nicht, wenn der Beruf oder die Ausbildung zu diesem Beruf reglementiert ist.

(2) Die Bestimmungen dieses Titels gelten nur für den Fall, dass sich der Dienstleister zur vorübergehenden und gelegentlichen Ausübung des Berufs nach Absatz 1 in den Aufnahmemitgliedstaat begibt.

Der vorübergehende und gelegentliche Charakter der Erbringung von Dienstleistungen wird im Einzelfall beurteilt, insbesondere anhand der Dauer, der Häufigkeit, der regelmäßigen Wiederkehr und der Kontinuität der Dienstleistung.

(3) Begibt sich der Dienstleister in einen anderen Mitgliedstaat, so unterliegt er im Aufnahmemitgliedstaat den berufsständischen, gesetzlichen oder verwaltungsrechtlichen Berufsregeln, die dort in unmittelbarem Zusammenhang mit den Berufsqualifikationen für Personen gelten, die denselben Beruf wie er ausüben, und den dort geltenden Disziplinarbestimmungen; zu diesen Bestimmungen gehören etwa Regelungen für die Definition des Berufs, das Führen von Titeln und schwerwiegende berufliche Fehler in unmittelbarem und speziellem Zusammenhang mit dem Schutz und der Sicherheit der Verbraucher.

Artikel 6 Befreiungen

Gemäß Artikel 5 Absatz 1 befreit der Aufnahmemitgliedstaat den Dienstleister, der in einem anderen Mitgliedstaat niedergelassen ist, insbesondere von den folgenden Erfordernissen, die er an die in seinem Hoheitsgebiet niedergelassenen Berufsangehörigen stellt:

a) Zulassung, Eintragung oder Mitgliedschaft bei einer Berufsorganisation. Um die Anwendung der in ihrem Hoheitsgebiet geltenden Disziplinarbestimmungen gemäß Artikel 5 Absatz 3 zu erleichtern, können die Mitgliedstaaten entweder eine automatische vorübergehende Eintragung oder eine Pro-Forma-Mitgliedschaft bei einer solchen Berufsorganisation vorsehen, sofern diese Eintragung oder Mitgliedschaft die Erbringung der Dienstleistungen in keiner Weise verzögert oder erschwert und für den Dienstleister keine zusätzlichen Kosten verursacht. Die zuständige Behörde übermittelt der betreffenden Berufsorganisation eine Kopie der Meldung und gegebenenfalls der erneuerten Meldung nach Artikel 7 Absatz 1, der im Falle der in Artikel 7 Absatz 4 genannten Berufe, die die öffentliche Gesundheit und Sicherheit berühren, oder im Falle von Berufen, die unter die automatische Anerkennung nach Artikel III Kapitel III fallen, eine Kopie der in Artikel 7 Absatz 2 genannten Dokumente beizufügen ist; für die Zwecke der Befreiung gilt dies als automatische vorübergehende Eintragung oder Pro-Forma-Mitgliedschaft.

b) Mitgliedschaft bei einer Körperschaft des öffentlichen Rechts im Bereich der sozialen Sicherheit zur Abrechnung mit einem Versicherer für Tätigkeiten zugunsten von Sozialversicherten.

Der Dienstleister unterrichtet jedoch zuvor oder in dringenden Fällen nachträglich die in Absatz 1 Buchstabe b bezeichnete Körperschaft von der Erbringung seiner Dienstleistungen.

Artikel 7 Vorherige Meldung bei Ortswechsel des Dienstleisters

(1) Die Mitgliedstaaten können verlangen, dass der Dienstleister in dem Fall, dass er zur Erbringung von Dienstleistungen erstmals von einem Mitgliedstaat in einen anderen wechselt, den zuständigen Behörden im Aufnahmemitgliedstaat vorher schriftlich Meldung erstattet und sie dabei über Einzelheiten zu einem Versicherungsschutz oder einer anderen Art des individuellen oder kollektiven Schutzes in Bezug auf die Berufshaftpflicht informiert. Diese Meldung ist einmal jährlich zu erneuern, wenn der Dienstleister beabsichtigt, während des betreffenden Jahres vorübergehend oder gelegentlich Dienstleistungen in dem Mitgliedstaat zu erbringen. Der Dienstleister kann die Meldung in beliebiger Form vornehmen.

(2) Darüber hinaus können die Mitgliedstaaten fordern, dass, wenn Dienstleistungen erstmals erbracht werden oder sich eine wesentliche Änderung gegenüber der in den Dokumenten bescheinigten Situation ergibt, der Meldung folgende Dokumente beigefügt sein müssen:

a) ein Nachweis über die Staatsangehörigkeit des Dienstleisters;

b) eine Bescheinigung darüber, dass der Dienstleister in einem Mitgliedstaat rechtmäßig zur Ausübung der betreffenden Tätigkeiten niedergelassen ist und dass ihm die Ausübung dieser Tätigkeiten zum Zeitpunkt der Vorlage der Bescheinigung nicht, auch nicht vorübergehend, untersagt ist;

c) ein Berufsqualifikationsnachweis;

d) in den in Artikel 5 Absatz 1 Buchstabe b genannten Fällen ein Nachweis in beliebiger Form darüber, dass der Dienstleister die betreffende Tätigkeit mindestens ein Jahr während der vorhergehenden zehn Jahre ausgeübt hat;

e) im Fall von Berufen im Sicherheitssektor, Berufen im Gesundheitswesen und Berufen im Bereich der Erziehung Minderjähriger, einschließlich Kinderbetreuungseinrichtungen und frühkindliche Erziehung, eine Bescheinigung zur Bestätigung, dass die Ausübung des Berufs weder vorübergehend noch endgültig untersagt wurde und keine Vorstrafen vorliegen, soweit der Mitgliedstaat diesen Nachweis von den eigenen Staatsangehörigen verlangt;

f) für Berufe, die die Patientensicherheit berühren, eine Erklärung über die Sprachkenntnisse des Antragstellers, die für die Ausübung des Berufs im Herkunftsmitgliedstaat notwendig sind;

g) für Berufe, die die Tätigkeiten nach Artikel 16 umfassen und die vom Mitgliedstaat gemäß Artikel 59 Absatz 2 mitgeteilt wurden, eine Bescheinigung über die Art und Dauer der Tätigkeit, die von der zuständigen Behörde oder Stelle des Mitgliedstaats ausgestellt wird, in dem der Dienstleister niedergelassen ist.

(2a) Die Vorlage einer erforderlichen Meldung durch einen Dienstleister gemäß Absatz 1 berechtigt diesen Dienstleister zum Zugang zu der Dienstleistungstätigkeit oder zur Ausübung dieser Tätigkeit im gesamten Hoheitsgebiet des betreffenden Mitgliedstaats. Ein Mitgliedstaat kann die zusätzlichen, in Absatz 2 aufgeführten Informationen bezüglich der Berufsqualifikationen des Dienstleisters vorschreiben, wenn

a) der Beruf in Teilen des Hoheitsgebiets dieses Mitgliedstaats unterschiedlich reglementiert ist,

b) eine solche Reglementierung auch für alle Staatsangehörigen des Mitgliedstaats gilt,

c) die Unterschiede bei dieser Reglementierung aus zwingenden Gründen des Allgemeininteresses im Zusammenhang mit der öffentlichen Gesundheit oder Sicherheit der Empfänger der Dienstleistung gerechtfertigt sind und

d) der Mitgliedstaat diese Informationen nicht auf andere Weise erlangen kann.

(3) Die Dienstleistung wird unter der Berufsbezeichnung des Niederlassungsmitgliedstaats erbracht, sofern in diesem Mitgliedstaat für die betreffende Tätigkeit eine solche Berufsbezeichnung existiert. Die Berufsbezeichnung wird in der Amtssprache oder einer der Amtssprachen des Niederlassungsmitgliedstaats geführt, und zwar so, dass keine Verwechslung mit der Berufsbezeichnung des Aufnahmemitgliedstaats möglich ist. Falls die genannte Berufsbezeichnung im Niederlassungsmitgliedstaat nicht existiert, gibt der Dienstleister seinen Ausbildungsnachweis in der Amtssprache oder einer der Amtssprachen dieses Mitgliedstaats an. In den im Titel III Kapitel III genannten Fällen wird die Dienstleistung ausnahmsweise unter der Berufsbezeichnung des Aufnahmemitgliedstaats erbracht.

(4) Im Fall reglementierter Berufe, die die öffentliche Gesundheit oder Sicherheit berühren und die nicht unter die automatische Anerkennung gemäß Titel III Kapitel II, III oder IIIa fallen, kann die zuständige Behörde im Aufnahmemitgliedstaat bei der erstmaligen Erbringung einer Dienstleistung die Berufsqualifikationen des Dienstleisters vor dieser erstmaligen Erbringung nachprüfen. Eine solche Nachprüfung ist nur möglich, wenn ihr Zweck darin besteht, eine schwerwiegende Beeinträchtigung der Gesundheit oder Sicherheit des Dienstleistungsempfängers aufgrund einer mangelnden Berufsqualifikation des Dienstleisters zu verhindern, und sofern die Nachprüfung nicht über das für diesen Zweck erforderliche Maß hinausgeht.

Die zuständige Behörde unterrichtet den Dienstleister spätestens einen Monat nach Eingang der in den Absätzen 1 und 2 genannten Meldung und Begleitdokumente über ihre Entscheidung

a) die Erbringung der Dienstleistungen zuzulassen, ohne seine Berufsqualifikationen nachzuprüfen,

b) nach der Nachprüfung seiner Berufsqualifikationen

   i) von dem Dienstleister zu verlangen, sich einem Eignungstest zu unterziehen, oder

   ii) die Erbringung der Dienstleistungen zuzulassen.

Sollten Schwierigkeiten auftreten, die zu einer Verzögerung der Entscheidung nach Unterabsatz 2 führen könnten, so unterrichtet die zuständige Behörde den Dienstleister innerhalb derselben Frist über die Gründe für diese Verzögerung. Die Schwierigkeiten werden binnen eines Monats nach dieser Mitteilung behoben und die Entscheidung ergeht binnen zwei Monaten nach Behebung der Schwierigkeiten.

Besteht ein wesentlicher Unterschied zwischen der beruflichen Qualifikation des Dienstleisters und der im Aufnahmemitgliedstaat geforderten Ausbildung und ist er so groß, dass dies der öffentlichen Gesundheit oder Sicherheit abträglich ist und durch Berufserfahrung oder durch Kenntnisse, Fähigkeiten und Kompetenzen des Dienstleisters, die durch lebenslanges Lernen erworben und hierfür förmlich von einer einschlägigen Stelle als gültig anerkannt wurden, nicht ausgeglichen werden kann, so muss der Aufnahmemitgliedstaat diesem Dienstleister die Möglichkeit geben, durch eine in Unterabsatz 2 Buchstabe b genannte Eignungsprüfung nachzuweisen, dass er die fehlenden Kenntnisse, Fähigkeiten oder Kompetenzen erworben hat. Der Aufnahmemitgliedstaat trifft auf dieser Grundlage eine Entscheidung, ob er die Erbringung dieser Dienstleistungen erlaubt. In jedem Fall muss die Erbringung der Dienstleistung innerhalb des Monats erfolgen können, der auf die nach Unterabsatz 2 getroffene Entscheidung folgt.

Bleibt eine Reaktion der zuständigen Behörde binnen der in den Unterabsätzen 2 und 3 festgesetzten Fristen aus, so darf die Dienstleistung erbracht werden.

In den Fällen, in denen die Berufsqualifikationen gemäß diesem Absatz nachgeprüft worden sind, erfolgt die Erbringung der Dienstleistung unter der Berufsbezeichnung des Aufnahmemitgliedstaats.

Artikel 8 Verwaltungszusammenarbeit

(1) Die zuständigen Behörden des Aufnahmemitgliedstaats können bei berechtigten Zweifeln von den zuständigen Behörden des Niederlassungsmitgliedstaats alle Informationen über die Rechtmäßigkeit der Niederlassung und die gute Führung des Dienstleisters anfordern sowie Informationen darüber, dass keine berufsbezogenen disziplinarischen oder strafrechtlichen Sanktionen vorliegen. Entscheiden die zuständigen Behörden des Aufnahmemitgliedstaats, die Berufsqualifikationen des Dienstleisters zu kontrollieren, so können sie bei den zuständigen Behörden des Niederlassungsmitgliedstaats Informationen über die Ausbildungsgänge des Dienstleisters anfordern, soweit dies für die Beurteilung der Frage, ob wesentliche Unterschiede vorliegen, die der öffentlichen Gesundheit oder Sicherheit wahrscheinlich abträglich sind, erforderlich ist. Die zuständigen Behörden des Niederlassungsmitgliedstaats übermitteln diese Informationen gemäß Artikel 56. Im Fall von Berufen, die in dem Herkunftsmitgliedstaat nicht reglementiert sind, können auch die in Artikel 57b genannten Beratungszentren diese Informationen zur Verfügung stellen.

(2) Die zuständigen Behörden sorgen für den Austausch aller Informationen, die im Falle von Beschwerden eines Dienstleistungsempfängers gegen einen Dienstleister für ein ordnungsgemäßes Beschwerdeverfahren erforderlich sind. Der Dienstleistungsempfänger wird über das Ergebnis der Beschwerde unterrichtet.

Artikel 9 Unterrichtung der Dienstleistungsempfänger

Wird die Dienstleistung unter der Berufsbezeichnung des Niederlassungsmitgliedstaats oder auf der Grundlage des Ausbildungsnachweises des Dienstleisters erbracht, so können die zuständigen Behörden des Aufnahmemitgliedstaats verlangen, dass der Dienstleister zusätzlich zur Erfüllung der sonstigen Informationsanforderungen nach dem Gemeinschaftsrecht dem Dienstleistungsempfänger jeder oder alle der folgenden Informationen liefert:

a) falls der Dienstleister in ein Handelsregister oder ein ähnliches öffentliches Register eingetragen ist, das Register, in das er eingetragen ist, und die Nummer der Eintragung oder gleichwertige, der Identifikation dienende Angaben aus diesem Register;

b) falls die Tätigkeit im Niederlassungsmitgliedstaat zulassungspflichtig ist, den Namen und die Anschrift der zuständigen Aufsichtsbehörde;

c) die Berufskammern oder vergleichbare Organisationen, denen der Dienstleister angehört;

d) die Berufsbezeichnung oder, falls eine solche Berufsbezeichnung nicht existiert, den Ausbildungsnachweis des Dienstleisters und den Mitgliedstaat, in dem die Berufsbezeichnung verliehen bzw. der Ausbildungsnachweis ausgestellt wurde;

e) falls der Dienstleister eine mehrwertsteuerpflichtige Tätigkeit ausübt, die Umsatzsteueridentifikationsnummer nach Artikel 22 Absatz 1 der Richtlinie 77/388/EWG des Rates vom 17. Mai 1977 zur Harmonisierung der Rechtsvorschriften der Mitgliedstaaten über die Umsatzsteuern – Gemeinsames Mehrwertsteuersystem: einheitliche steuerpflichtige Bemessungsgrundlage[1];

f) Einzelheiten zu einem Versicherungsschutz oder einer anderen Art des individuellen oder kollektiven Schutzes in Bezug auf die Berufshaftpflicht.

TITEL III
NIEDERLASSUNGSFREIHEIT

KAPITEL I
Allgemeine Regelung für die Anerkennung von Ausbildungsnachweisen

Artikel 10 Anwendungsbereich

Dieses Kapitel gilt für alle Berufe, die nicht unter Kapitel II und III dieses Titels fallen, sowie für die folgenden Fälle, in denen der Antragsteller aus besonderen und außergewöhnlichen Gründen die in diesen Kapiteln genannten Voraussetzungen nicht erfüllt:

a) für die in Anhang IV aufgeführten Tätigkeiten, wenn der Migrant die Anforderungen der Artikel 17, 18 und 19 nicht erfüllt,

b) für Ärzte mit Grundausbildung, Fachärzte, Krankenschwestern und Krankenpfleger für allgemeine Pflege, Zahnärzte, Fachzahnärzte, Tierärzte, Hebammen, Apotheker und Architekten, wenn der Migrant die Anforderungen der tatsächlichen und rechtmäßigen Berufspraxis gemäß den Artikeln 23, 27, 33, 37, 39, 43 und 49 nicht erfüllt,

c) für Architekten, wenn der Migrant über einen Ausbildungsnachweis verfügt, der nicht in Anhang V Nummer 5.7. aufgeführt ist,

d) unbeschadet des Artikels 21 Absatz 1 und der Artikel 23 und 27 für Ärzte, Krankenschwestern und Krankenpfleger, Zahnärzte, Tierärzte, Hebammen, Apotheker und Architekten, die über einen Ausbildungsnachweis für eine Spezialisierung verfügen, der nach der Ausbildung zum Erwerb einer der in

---

1 Amtliche Fußnote: ABl. L 145 vom 13. 6. 1977, S. 1. Zuletzt geändert durch die Richtlinie 2004/66/EG (ABl. L 168 vom 1. 5. 2004, S. 35).

Anhang V Nummern 5.1.1., 5.2.2., 5.3.2., 5.4.2., 5.5.2., 5.6.2. und 5.7.1. aufgeführten Bezeichnungen erworben worden sein muss, und zwar ausschließlich zum Zwecke der Anerkennung der betreffenden Spezialisierung,

e) für Krankenschwestern und Krankenpfleger für allgemeine Pflege und für spezialisierte Krankenschwestern und Krankenpfleger, die über einen Ausbildungsnachweis für eine Spezialisierung verfügen, der nach der Ausbildung zum Erwerb einer der in Anhang V Nummer 5.2.2. aufgeführten Bezeichnungen erworben wurde, wenn der Migrant die Anerkennung in einem anderen Mitgliedstaat beantragt, in dem die betreffenden beruflichen Tätigkeiten von spezialisierten Krankenschwestern und Krankenpflegern, die keine Ausbildung für die allgemeine Pflege absolviert haben, ausgeübt werden,

f) für spezialisierte Krankenschwestern und Krankenpfleger, die keine Ausbildung für die allgemeine Pflege absolviert haben, wenn der Migrant die Anerkennung in einem anderen Mitgliedstaat beantragt, in dem die betreffenden beruflichen Tätigkeiten von Krankenschwestern und Krankenpflegern für allgemeine Pflege, von spezialisierten Krankenschwestern und Krankenpflegern, die keine Ausbildung für die allgemeine Pflege absolviert haben, oder von spezialisierten Krankenschwestern und Krankenpflegern, die über einen Ausbildungsnachweis für eine Spezialisierung verfügen, der nach der Ausbildung zum Erwerb einer der in Anhang V Nummer 5.2.2. aufgeführten Bezeichnungen erworben wurde, ausgeübt werden,

g) für Migranten, die die Anforderungen nach Artikel 3 Absatz 3 erfüllen.

Artikel 11 Qualifikationsniveaus

Für die Zwecke des Artikels 13 und des Artikels 14 Absatz 6 werden die Berufsqualifikationen den nachstehenden Niveaus wie folgt zugeordnet:

a) Befähigungsnachweis, den eine zuständige Behörde des Herkunftsmitgliedstaats, die entsprechend dessen Rechts- und Verwaltungsvorschriften benannt wurde, ausstellt

   i) entweder aufgrund einer Ausbildung, für die kein Zeugnis oder Diplom im Sinne der Buchstaben b, c, d oder e erteilt wird, oder einer spezifischen Prüfung ohne vorhergehende Ausbildung oder aufgrund der Ausübung des Berufs als Vollzeitbeschäftigung in einem Mitgliedstaat während drei aufeinander folgender Jahre oder als Teilzeitbeschäftigung während eines entsprechenden Zeitraums in den letzten zehn Jahren;

   ii) oder aufgrund einer allgemeinen Schulbildung von Primär- oder Sekundarniveau, wodurch dem Inhaber des Befähigungsnachweises bescheinigt wird, dass er Allgemeinkenntnisse besitzt.

b) Zeugnis, das nach Abschluss einer Ausbildung auf Sekundarniveau erteilt wird,

   i) entweder einer allgemein bildenden Sekundarausbildung, die durch eine Fach- oder Berufsausbildung, die keine Fach- oder Berufsausbildung im Sinne des von Buchstabe c ist, und/oder durch ein neben dem Ausbildungsgang erforderliches Berufspraktikum oder eine solche Berufspraxis ergänzt wird;

   ii) oder einer technischen oder berufsbildenden Sekundarausbildung, die gegebenenfalls durch eine Fach- oder Berufsausbildung gemäß Ziffer i und/oder durch ein neben dem Ausbildungsgang erforderliches Berufspraktikum oder eine solche Berufspraxis ergänzt wird.

c) Diplom, das erteilt wird nach Abschluss

   i) einer postsekundären Ausbildung von mindestens einem Jahr oder einer Teilzeitausbildung von entsprechender Dauer, die keine postsekundäre Ausbildung im Sinne der Buchstaben d und e ist und für die im Allgemeinen eine der Zugangsbedingungen der Abschluss einer zum Universitäts- oder Hochschulstudium berechtigenden Sekundarausbildung oder eine abgeschlossene entsprechende Schulbildung der Sekundarstufe II ist, sowie der Berufsausbildung, die gegebenenfalls neben der postsekundären Ausbildung gefordert wird;

   ii) eines reglementierten Ausbildungsgangs oder – im Fall eines reglementierten Berufs – einer dem Ausbildungsniveau gemäß Ziffer i entsprechenden besonders strukturierten Berufsausbildung, durch die Kompetenzen vermittelt werden, die über das hinausgehen, was durch das Qualifikationsniveau nach Buchstabe b vermittelt wird, wenn diese Ausbildung eine vergleichbare Berufsbefähigung vermittelt und auf eine vergleichbare berufliche Funktion und Verantwortung vorbereitet, sofern dem Diplom eine Bescheinigung des Herkunftsmitgliedstaats beigefügt ist.

d) Diplom, mit dem nachgewiesen wird, dass der Inhaber eine postsekundäre Ausbildung von mindestens drei und höchstens vier Jahren oder eine Teilzeitausbildung von entsprechender Dauer, die zusätzlich in der entsprechenden Anzahl von ECTS-Punkten ausgedrückt werden kann, an einer Universität oder einer anderen Hochschule oder einer anderen Ausbildungseinrichtung mit gleichwertigem Ausbildungsniveau erfolgreich abgeschlossen sowie gegebenenfalls die Berufsausbildung, die neben dem Studium gefordert wird, erfolgreich abgeschlossen hat.

e) Diplom, mit dem nachgewiesen wird, dass der Inhaber einen postsekundären Ausbildungsgang von mindestens vier Jahren oder eine Teilzeitausbildung von entsprechender Dauer, die zusätzlich in der entsprechenden Anzahl an ECTS-Punkten ausgedrückt werden kann, an einer Universität oder einer anderen Hochschule oder in einer anderen Ausbildungseinrichtung mit gleichwertigem Ausbildungsniveau erfolgreich abgeschlossen sowie gegebenenfalls die Berufsausbildung, die neben dem Studium gefordert wird, erfolgreich abgeschlossen hat.

Artikel 12 Gleichgestellte Ausbildungsgänge

Jeder Ausbildungsnachweis oder jede Gesamtheit von Ausbildungsnachweisen, die von einer zuständigen Behörde in einem Mitgliedstaat ausgestellt wurden, sofern sie den erfolgreichen Abschluss einer in der Union auf Voll- oder Teilzeitbasis im Rahmen formaler oder nichtformaler Ausbildungsprogramme erworbenen Ausbildung bescheinigen und von diesem Mitgliedstaat als gleichwertig anerkannt werden und in Bezug auf die Aufnahme oder Ausübung eines Berufs dieselben Rechte verleihen oder auf die Ausübung dieses Berufs vorbereiten, sind Ausbildungsnachweisen nach Artikel 11 gleichgestellt, auch in Bezug auf das entsprechende Niveau.

Unter den Voraussetzungen des Absatzes 1 sind solchen Ausbildungsnachweisen Berufsqualifikationen gleichgestellt, die zwar nicht den Erfordernissen der Rechts- oder Verwaltungsvorschriften des Herkunftsmitgliedstaats für die Aufnahme oder Ausübung eines Berufs entsprechen, ihrem Inhaber jedoch erworbene Rechte gemäß diesen Vorschriften verleihen. Dies gilt insbesondere, wenn der Herkunftsmitgliedstaat das Niveau der Ausbildung, die für die Zulassung zu einem Beruf oder für dessen Ausübung erforderlich ist, hebt und wenn eine Person, die zuvor eine Ausbildung durchlaufen hat, die nicht den Erfordernissen der neuen Qualifikation entspricht, aufgrund nationaler Rechts- oder Verwaltungsvorschriften erworbene Rechte besitzt; in einem solchen Fall stuft der Aufnahmemitgliedstaat zur Anwendung von Artikel 13 diese zuvor durchlaufene Ausbildung als dem Niveau der neuen Ausbildung entsprechend ein.

Artikel 13 Anerkennungsbedingungen

(1) Setzt die Aufnahme oder Ausübung eines reglementierten Berufs in einem Aufnahmemitgliedstaat den Besitz bestimmter Berufsqualifikationen voraus, so gestattet die zuständige Behörde dieses Mitgliedstaats den Antragstellern die Aufnahme oder Ausübung dieses Berufs unter denselben Voraussetzungen wie Inländern, wenn sie den Befähigungs- oder Ausbildungsnachweis nach Artikel 11 besitzen, der in einem anderen Mitgliedstaat erforderlich ist, um in dessen Hoheitsgebiet die Erlaubnis zur Aufnahme und Ausübung dieses Berufs zu erhalten.

Befähigungs- oder Ausbildungsnachweise werden in einem Mitgliedstaat von einer nach dessen Rechts- und Verwaltungsvorschriften benannten zuständigen Behörde ausgestellt.

(2) Aufnahme und Ausübung eines Berufs, wie in Absatz 1 beschrieben, müssen auch den Antragstellern gestattet werden, die den betreffenden Beruf ein Jahr lang in Vollzeit oder während einer entsprechender Gesamtdauer in Teilzeit in den vorangegangenen zehn Jahren in einem anderen Mitgliedstaat, in dem dieser Beruf nicht reglementiert ist, ausgeübt haben und die im Besitz eines oder mehrerer in einem anderen Mitgliedstaat, in dem dieser Beruf nicht reglementiert ist, ausgestellten Befähigungs- oder Ausbildungsnachweise sind.

Die Befähigungs- oder Ausbildungsnachweise müssen

a) in einem Mitgliedstaat von einer entsprechend dessen Rechts- und Verwaltungsvorschriften benannten zuständigen Behörde ausgestellt worden sein;
b) bescheinigen, dass der Inhaber auf die Ausübung des betreffenden Berufs vorbereitet wurde.

Die in Unterabsatz 1 genannte einjährige Berufserfahrung darf allerdings nicht verlangt werden, wenn durch den Ausbildungsnachweis, über die der Antragsteller verfügt, ein reglementierter Ausbildungsgang belegt wird.

(3) Der Aufnahmemitgliedstaat erkennt das vom Herkunftsmitgliedstaat gemäß Artikel 11 bescheinigte Ausbildungsniveau und die Bescheinigung an, durch die der Herkunftsmitgliedstaat bestätigt, dass die in Artikel 11 Buchstabe c Ziffer ii genannte Ausbildung dem in Artikel 11 Buchstabe c Ziffer i vorgesehenen Niveau gleichwertig ist.

(4) Abweichend von den Absätzen 1 und 2 dieses Artikels und von Artikel 14 kann die zuständige Behörde des Aufnahmemitgliedstaats den Inhabern eines Befähigungs- oder Ausbildungsnachweises, der unter Artikel 11 Buchstabe a eingestuft ist, die Aufnahme oder Ausübung eines Berufs verweigern, wenn die zur Ausübung des Berufes im Hoheitsgebiet des Aufnahmemitgliedstaats erforderliche nationale Berufsqualifikation unter Artikel 11 Buchstabe e eingestuft ist.

Artikel 14 Ausgleichsmaßnahmen

(1) Artikel 13 hindert den Aufnahmemitgliedstaat nicht daran, in einem der nachstehenden Fälle vom Antragsteller zu verlangen, dass er einen höchstens dreijährigen Anpassungslehrgang absolviert oder eine Eignungsprüfung ablegt,

a) wenn die bisherige Ausbildung des Antragstellers sich hinsichtlich der beruflichen Tätigkeit auf Fächer bezieht, die sich wesentlich von denen unterscheiden, die durch den Ausbildungsnachweis im Aufnahmemitgliedstaat abgedeckt werden,
b) wenn der reglementierte Beruf im Aufnahmemitgliedstaat eine oder mehrere reglementierte berufliche Tätigkeiten umfasst, die im Herkunftsmitgliedstaat des Antragstellers nicht Bestandteil des entsprechenden reglementierten Berufs sind, und wenn sich die im Aufnahmemitgliedstaat geforderte Ausbildung auf Fächer bezieht, die sich wesentlich von denen unterscheiden, die von dem Befähigungs- oder Ausbildungsnachweis des Antragstellers abgedeckt werden.

(2) Wenn der Aufnahmemitgliedstaat von der Möglichkeit nach Absatz 1 Gebrauch macht, muss er dem Antragsteller die Wahl zwischen dem Anpassungslehrgang und der Eignungsprüfung lassen.

Wenn ein Mitgliedstaat es für erforderlich hält, für einen bestimmten Beruf vom Grundsatz der Wahlmöglichkeit des Antragstellers nach Unterabsatz 1 zwischen Anpassungslehrgang und Eignungsprüfung abzuweichen, unterrichtet er vorab die anderen Mitgliedstaaten und die Kommission davon und begründet diese Abweichung in angemessener Weise.

Gelangt die Kommission zu der Ansicht, dass die in Unterabsatz 2 bezeichnete Abweichung nicht angemessen ist oder nicht dem Unionsrecht entspricht, erlässt sie binnen drei Monaten nach Erhalt aller nötigen Informationen einen Durchführungsrechtsakt, um den betreffenden Mitgliedstaat aufzufordern, von der geplanten Maßnahme Abstand zu nehmen. Wenn die Kommission innerhalb dieser Frist nicht tätig wird, darf der Mitgliedstaat von der Wahlfreiheit abweichen.

(3) Abweichend vom Grundsatz der freien Wahl des Antragstellers nach Absatz 2 kann der Aufnahmemitgliedstaat bei Berufen, deren Ausübung eine genaue Kenntnis des einzelstaatlichen Rechts erfordert und bei denen Beratung und/oder Beistand in Bezug auf das einzelstaatliche Recht ein wesentlicher und beständiger Teil der Berufsausübung ist, entweder einen Anpassungslehrgang oder eine Eignungsprüfung vorschreiben.

Dies gilt auch für die Fälle nach Artikel 10 Buchstaben b und c, für die Fälle nach Artikel 10 Buchstabe d – betreffend Ärzte und Zahnärzte –, für die Fälle nach Artikel 10 Buchstabe f – wenn der Migrant die Anerkennung in einem anderen Mitgliedstaat beantragt, in dem die betreffenden beruflichen Tätigkeiten von Krankenschwestern und Krankenpflegern für allgemeine Pflege oder von spezialisierten Krankenschwestern und Krankenpflegern, die über einen Ausbildungsnachweis für eine Spezialisierung verfügen, der nach der Ausbildung zur Erlangung einer der in Anhang V Nummer 5.2.2. aufgeführten Berufsbezeichnungen erworben wurde, ausgeübt werden – sowie für die Fälle nach Artikel 10 Buchstabe g.

In den Fällen nach Artikel 10 Buchstabe a kann der Aufnahmemitgliedstaat einen Anpassungslehrgang oder eine Eignungsprüfung verlangen, wenn Tätigkeiten als Selbstständiger oder als Betriebsleiter ausgeübt werden sollen, die die Kenntnis und die Anwendung der geltenden spezifischen innerstaatlichen Vorschriften erfordern, soweit die zuständige Behörde des Aufnahmemitgliedstaats für die eigenen Staatsangehörigen die Kenntnis und die Anwendung dieser innerstaatlichen Vorschriften für den Zugang zu den Tätigkeiten vorschreibt.

Abweichend von dem Grundsatz, dass der Antragsteller die Wahlmöglichkeit nach Absatz 2 hat, kann der Aufnahmemitgliedstaat entweder einen Anpassungslehrgang oder einen Eignungstest vorschreiben, wenn

a) der Inhaber einer Berufsqualifikation gemäß Artikel 11 Buchstabe a die Anerkennung seiner Berufsqualifikation beantragt und die erforderliche nationale Berufsqualifikation unter Artikel 11 Buchstabe c eingestuft ist, oder
b) der Inhaber einer Berufsqualifikation gemäß Artikel 11 Buchstabe b die Anerkennung seiner Berufsqualifikationen beantragt und die erforderliche nationale Berufsqualifikation unter Artikel 11 Buchstabe d oder e eingestuft ist.

Beantragt ein Inhaber einer Berufsqualifikation gemäß Artikel 11 Buchstabe a die Anerkennung seiner Berufsqualifikationen und ist die erforderliche Berufsqualifikation unter Artikel 11 Buchstabe d eingestuft, so kann der Aufnahmemitgliedstaat sowohl einen Anpassungslehrgang als auch eine Eignungsprüfung vorschreiben.

(4) Für die Zwecke der Absätze 1 und 5 sind unter „Fächer, die sich wesentlich unterscheiden" jene Fächer zu verstehen, bei denen Kenntnis, Fähigkeiten und Kompetenzen eine wesentliche Voraussetzung für die Ausübung des Berufs sind und bei denen die bisherige Ausbildung des Migranten wesentliche Abweichungen hinsichtlich des Inhalts gegenüber der im Aufnahmemitgliedstaat geforderten Ausbildung aufweist.

(5) Bei der Anwendung des Absatzes 1 ist nach dem Grundsatz der Verhältnismäßigkeit zu verfahren. Insbesondere muss der Aufnahmemitgliedstaat, wenn er beabsichtigt, dem Antragsteller einen Anpassungslehrgang oder eine Eignungsprüfung aufzuerlegen, zunächst prüfen, ob die vom Antragsteller im Rahmen seiner Berufspraxis oder durch lebenslanges Lernen in einem Mitgliedstaat oder einem Drittland erworbenen Kenntnisse, Fähigkeiten und Kompetenzen, die hierfür von einer einschlägigen Stelle formell als gültig anerkannt wurden, den wesentlichen Unterschied in Bezug auf die Fächer im Sinne des Absatzes 4 ganz oder teilweise ausgleichen können.

(6) Der Beschluss zur Auferlegung eines Anpassungslehrgangs oder einer Eignungsprüfung muss hinreichend begründet sein. Insbesondere sind dem Antragsteller folgende Informationen mitzuteilen:
a) das Niveau der im Aufnahmemitgliedstaat verlangten Berufsqualifikation und das Niveau der vom Antragsteller vorgelegten Berufsqualifikation gemäß der Klassifizierung in Artikel 11; und
b) die wesentlichen in Absatz 4 genannten Unterschiede und die Gründe, aus denen diese Unterschiede nicht durch Kenntnisse, Fähigkeiten und Kompetenzen, die durch lebenslanges Lernen erworben und hierfür von einer einschlägigen Stelle formell als gültig anerkannt wurden, ausgeglichen werden können.

(7) Die Mitgliedstaaten stellen sicher, dass der Antragsteller die Möglichkeit hat, die Eignungsprüfung nach Absatz 1 spätestens sechs Monate nach der ursprünglichen Entscheidung, dem Antragsteller eine Eignungsprüfung aufzuerlegen, abzulegen.

Art. 15 *(weggefallen)*

KAPITEL II
Anerkennung der Berufserfahrung

Artikel 16 Erfordernisse in Bezug auf die Berufserfahrung

Wird in einem Mitgliedstaat die Aufnahme einer der in Anhang IV genannten Tätigkeiten oder ihre Ausübung vom Besitz allgemeiner, kaufmännischer oder fachlicher Kenntnisse und Fertigkeiten abhängig gemacht, so erkennt der betreffende Mitgliedstaat als ausreichenden Nachweis für diese Kenntnisse und Fertigkeiten die vorherige Ausübung der betreffenden Tätigkeit in einem anderen Mitgliedstaat an. Die Tätigkeit muss gemäß den Artikeln 17, 18 und 19 ausgeübt worden sein.

Artikel 17 Tätigkeiten nach Anhang IV Verzeichnis I

(1) Im Falle der in Anhang IV Verzeichnis I aufgeführten Tätigkeiten muss die betreffende Tätigkeit zuvor wie folgt ausgeübt worden sein:

a) als ununterbrochene sechsjährige Tätigkeit als Selbstständiger oder als Betriebsleiter; oder

b) als ununterbrochene dreijährige Tätigkeit als Selbstständiger oder als Betriebsleiter, wenn die begünstigte Person für die betreffende Tätigkeit eine mindestens dreijährige vorherige Ausbildung nachweist, die durch ein staatlich anerkanntes Zeugnis bescheinigt oder von einer zuständigen Berufsorganisation als vollwertig anerkannt ist; oder

c) als ununterbrochene vierjährige Tätigkeit als Selbstständiger oder als Betriebsleiter, wenn die begünstigte Person für die betreffende Tätigkeit eine mindestens zweijährige vorherige Ausbildung nachweisen kann, die durch ein staatlich anerkanntes Zeugnis bescheinigt oder von einer zuständigen Berufsorganisation als vollwertig anerkannt ist; oder

d) als ununterbrochene dreijährige Tätigkeit als Selbstständiger, wenn die begünstigte Person für die betreffende Tätigkeit eine mindestens fünfjährige Tätigkeit als abhängig Beschäftigter nachweisen kann; oder

e) als ununterbrochene fünfjährige Tätigkeit in leitender Stellung, davon eine mindestens dreijährige Tätigkeit mit technischen Aufgaben und mit der Verantwortung für mindestens eine Abteilung des Unternehmens, wenn die begünstigte Person für die betreffende Tätigkeit eine mindestens dreijährige Ausbildung nachweisen kann, die durch ein staatlich anerkanntes Zeugnis bescheinigt oder von einer zuständigen Berufsorganisation als vollwertig anerkannt ist.

(2) In den Fällen der Buchstaben a und d darf die Beendigung dieser Tätigkeit nicht mehr als zehn Jahre zurückliegen, gerechnet ab dem Zeitpunkt der Einreichung des vollständigen Antrags der betroffenen Person bei der zuständigen Behörde nach Artikel 56.

(3) Auf Tätigkeiten der Gruppe Ex 855 (Frisiersalons) der ISIC-Systematik findet Absatz 1 Buchstabe e keine Anwendung.

Artikel 18 Tätigkeiten nach Anhang IV Verzeichnis II

(1) Im Falle der in Anhang IV Verzeichnis II aufgeführten Tätigkeiten muss die betreffende Tätigkeit zuvor wie folgt ausgeübt worden sein:

a) als ununterbrochene fünfjährige Tätigkeit als Selbstständiger oder als Betriebsleiter; oder

b) als ununterbrochene dreijährige Tätigkeit als Selbstständiger oder als Betriebsleiter, wenn die begünstigte Person für die betreffende Tätigkeit eine mindestens dreijährige vorherige Ausbildung nachweist, die durch ein staatlich anerkanntes Zeugnis bescheinigt oder von einer zuständigen Berufsorganisation als vollwertig anerkannt ist; oder

c) als ununterbrochene vierjährige Tätigkeit als Selbstständiger oder als Betriebsleiter, wenn die begünstigte Person für die betreffende Tätigkeit eine mindestens zweijährige vorherige Ausbildung nachweisen kann, die durch ein staatlich anerkanntes Zeugnis bescheinigt oder von einer zuständigen Berufsorganisation als vollwertig anerkannt ist; oder

d) als ununterbrochene dreijährige Tätigkeit als Selbstständiger oder Betriebsleiter, wenn die begünstigte Person in der betreffenden Tätigkeit eine mindestens fünfjährige Tätigkeit als abhängig Beschäftigter nachweisen kann; oder

e) als ununterbrochene fünfjährige Tätigkeit als abhängig Beschäftigter, wenn die begünstigte Person für die betreffende Tätigkeit eine mindestens dreijährige vorherige Ausbildung nachweisen kann, die durch ein staatlich anerkanntes Zeugnis bescheinigt oder von einer zuständigen Berufsorganisation als vollwertig anerkannt ist; oder

f) als ununterbrochene sechsjährige Tätigkeit als abhängig Beschäftigter, wenn die begünstigte Person für die betreffende Tätigkeit eine mindestens zweijährige vorherige Ausbildung nachweisen kann, die durch ein staatlich anerkanntes Zeugnis bescheinigt oder von einer zuständigen Berufsorganisation als vollwertig anerkannt ist.

(2) In den Fällen der Buchstaben a und d darf die Beendigung dieser Tätigkeit nicht mehr als zehn Jahre zurückliegen, gerechnet ab dem Zeitpunkt der Einreichung des vollständigen Antrags der betroffenen Person bei der zuständigen Behörde nach Artikel 56.

Artikel 19 Tätigkeiten nach Anhang IV Verzeichnis III

(1) Im Falle der in Anhang IV Verzeichnis III aufgeführten Tätigkeiten muss die betreffende Tätigkeit zuvor wie folgt ausgeübt worden sein:

a) als ununterbrochene dreijährige Tätigkeit entweder als Selbstständiger oder als Betriebsleiter; oder

b) als ununterbrochene zweijährige Tätigkeit als Selbstständiger oder als Betriebsleiter, wenn die begünstigte Person für die betreffende Tätigkeit eine vorherige Ausbildung nachweisen kann, die durch ein staatlich anerkanntes Zeugnis bescheinigt oder von einer zuständigen Berufsorganisation als vollwertig anerkannt ist; oder

c) als ununterbrochene zweijährige Tätigkeit als Selbstständiger oder als Betriebsleiter, wenn die begünstigte Person nachweist, dass sie die betreffende Tätigkeit mindestens drei Jahre als abhängig Beschäftigter ausgeübt hat; oder

d) als ununterbrochene dreijährige Tätigkeit als abhängig Beschäftigter, wenn die begünstigte Person für die betreffende Tätigkeit eine vorherige Ausbildung nachweisen kann, die durch ein staatlich anerkanntes Zeugnis bescheinigt oder von einer zuständigen Berufsorganisation als vollwertig anerkannt ist.

(2) In den Fällen der Buchstaben a und c darf die Beendigung dieser Tätigkeit nicht mehr als zehn Jahre zurückliegen, gerechnet ab dem Zeitpunkt der Einreichung des vollständigen Antrags der betroffenen Person bei der zuständigen Behörde nach Artikel 56.

Artikel 20 Anpassung der Verzeichnisse der Tätigkeiten in Anhang IV

Die Kommission wird ermächtigt, delegierte Rechtsakte nach Artikel 57c zur Anpassung der Verzeichnisse der Tätigkeiten in Anhang IV zu erlassen, für die die Berufserfahrung nach Artikel 16 anerkannt wird, um die in Anhang IV aufgeführten Tätigkeiten zu aktualisieren oder klarzustellen, insbesondere, um den Umfang zu präzisieren und die jüngsten Entwicklungen im Bereich der tätigkeitsbezogenen Nomenklaturen zu berücksichtigen, vorausgesetzt, dass dadurch nicht der Umfang der Tätigkeiten eingeschränkt wird, auf die sich die einzelnen Kategorien beziehen, und dass es keine Übertragung von Tätigkeiten zwischen den bestehenden Verzeichnissen I, II und III in Anhang IV gibt.

KAPITEL III

Anerkennung auf der Grundlage der Koordinierung der Mindestanforderungen an die Ausbildung

Abschnitt 1

Allgemeine Bestimmungen

Artikel 21 Grundsatz der automatischen Anerkennung

(1) Jeder Mitgliedstaat erkennt die in Anhang V unter den Nummern 5.1.1., 5.1.2., 5.2.2., 5.3.2., 5.3.3., 5.4.2., 5.6.2. und 5.7.1. aufgeführten Ausbildungsnachweise an, die die Mindestanforderungen für die Ausbildung nach den Artikeln 24, 25, 31, 34, 35, 38, 44 und 46 erfüllen und die Aufnahme der beruflichen Tätigkeiten des Arztes mit Grundausbildung und des Facharztes, der Krankenschwester und des Krankenpflegers für allgemeine Pflege, des Zahnarztes und Fachzahnarztes, des Tierarztes, des Apothekers und des Architekten gestatten, und verleiht diesen Nachweisen in Bezug auf die Aufnahme und Ausübung der beruflichen Tätigkeiten in seinem Hoheitsgebiet dieselbe Wirkung wie den von ihm ausgestellten Ausbildungsnachweisen.

Diese Ausbildungsnachweise müssen von den zuständigen Stellen der Mitgliedstaaten ausgestellt und gegebenenfalls mit den Bescheinigungen versehen sein, die in Anhang V unter den Nummern 5.1.1., 5.1.2., 5.2.2., 5.3.2., 5.3.3., 5.4.2., 5.6.2. bzw. 5.7.1. aufgeführt sind.

Die Bestimmungen der Unterabsätze 1 und 2 gelten unbeschadet der erworbenen Rechte nach den Artikeln 23, 27, 33, 37, 39 und 49.

(2) Jeder Mitgliedstaat erkennt im Hinblick auf die Ausübung des Berufs des praktischen Arztes im Rahmen seines Sozialversicherungssystems die in Anhang V Nummer 5.1.4. aufgeführten Ausbildungsnachweise an, die andere Mitgliedstaaten den Staatsangehörigen der Mitgliedstaaten unter Beachtung der Mindestanforderungen an die Ausbildung nach Artikel 28 ausgestellt haben.

Die Bestimmung des Unterabsatzes 1 gilt unbeschadet der erworbenen Rechte nach Artikel 30.

(3) Jeder Mitgliedstaat erkennt die in Anhang V Nummer 5.5.2. aufgeführten Ausbildungsnachweise der Hebamme an, die Staatsangehörigen der Mitgliedstaaten von anderen Mitgliedstaaten ausgestellt wurden und die den Mindestanforderungen nach Artikel 40 und den Modalitäten im Sinne von Artikel 41 entsprechen, und verleiht ihnen in seinem Hoheitsgebiet in Bezug auf die Aufnahme und Ausübung der beruflichen Tätigkeiten dieselbe Wirkung wie den von ihm ausgestell-

ten Ausbildungsnachweisen. Diese Bestimmung gilt unbeschadet der erworbenen Rechte nach Artikel 23 und 43.

(4) In Bezug auf den Betrieb von Apotheken, die keinen territorialen Beschränkungen unterliegen, kann ein Mitgliedstaat im Wege einer Ausnahmeregelung entscheiden, Ausbildungsnachweise nach Anhang V Nummer 5.6.2 für die Errichtung neuer, der Öffentlichkeit zugänglicher Apotheken nicht wirksam werden zu lassen. Als solche gelten im Sinne dieses Absatzes auch Apotheken, die vor weniger als drei Jahren eröffnet wurden.

Diese Ausnahmeregelung darf nicht auf Apotheker angewandt werden, deren förmliche Qualifikationen bereits durch die zuständigen Behörden des Aufnahmemitgliedstaats für andere Zwecke anerkannt wurden, und die tatsächlich und rechtmäßig die beruflichen Tätigkeiten eines Apothekers mindestens drei Jahre lang ununterbrochen in diesem Mitgliedstaat ausgeübt haben.

(5) Die in Anhang V Nummer 5.7.1. aufgeführten Ausbildungsnachweise des Architekten, die Gegenstand einer automatischen Anerkennung nach Absatz 1 sind, schließen eine Ausbildung ab, die frühestens in dem in diesem Anhang genannten akademischen Bezugsjahr begonnen hat.

(6) Jeder Mitgliedstaat macht die Aufnahme und Ausübung der beruflichen Tätigkeiten des Arztes, der Krankenschwester und des Krankenpflegers, die für die allgemeine Pflege verantwortlich sind, des Zahnarztes, des Tierarztes, der Hebamme und des Apothekers vom Besitz eines in Anhang V Nummern 5.1.1, 5.1.2, 5.1.4, 5.2.2, 5.3.2, 5.3.3, 5.4.2, 5.5.2 bzw. 5.6.2 aufgeführten Ausbildungsnachweises abhängig, der nachweist, dass der betreffende Berufsangehörige im Verlauf seiner Gesamtausbildungszeit die in Artikel 24 Absatz 3, Artikel 31 Absätze 6 und 7, Artikel 34 Absatz 3, Artikel 38 Absatz 3, Artikel 40 Absatz 3 und Artikel 44 Absatz 3 aufgeführten entsprechenden Kenntnisse, Fähigkeiten und Kompetenzen erworben hat.

Um den allgemein anerkannten wissenschaftlichen und technischen Fortschritt zu berücksichtigen, wird die Kommission ermächtigt, delegierte Rechtsakte nach Artikel 57c zur Aktualisierung der in Artikel 24 Absatz 3, Artikel 31 Absatz 6, Artikel 34 Absatz 3, Artikel 38 Absatz 3, Artikel 40 Absatz 3, Artikel 44 Absatz 3 und Artikel 46 Absatz 4 genannten Kenntnisse und Fähigkeiten zu erlassen, um die Entwicklung des Unionsrechts, das unmittelbare Auswirkungen auf die betroffenen Berufsangehörigen hat, widerzuspiegeln.

Diese Aktualisierungen dürfen keine Änderung der in den Mitgliedstaaten bestehenden wesentlichen gesetzlichen Grundsätze der Struktur der Berufe hinsichtlich der Ausbildung und der Bedingungen für den Zugang natürlicher Personen zu dem Beruf erfordern. Bei diesen Aktualisierungen ist die Verantwortung der Mitgliedstaaten für die Gestaltung der Bildungssysteme entsprechend der Regelung in Artikel 165 Absatz 1 des Vertrags über die Arbeitsweise der Europäischen Union (AEUV) zu achten.

(7) *weggefallen*

Artikel 21a Meldeverfahren

(1) Jeder Mitgliedstaat teilt der Kommission die von ihm erlassenen Rechts- und Verwaltungsvorschriften über die Ausstellung von Ausbildungsnachweisen in den unter dieses Kapitel fallenden Berufen mit.

Im Fall von Ausbildungsnachweisen im Bereich des Abschnitts 8 wird diese Meldung gemäß Unterabsatz 1 auch an die anderen Mitgliedstaaten gerichtet.

(2) Die Meldung nach Absatz 1 enthält Informationen über die Dauer und den Inhalt der Ausbildungsgänge.

(3) Die Meldung nach Absatz 1 wird über das IMI übermittelt.

(4) Um die legislativen und administrativen Entwicklungen in den Mitgliedstaaten gebührend zu berücksichtigen und unter der Bedingung, dass die gemäß Absatz 1 dieses Artikels mitgeteilten Rechts- und Verwaltungsvorschriften im Einklang mit den in diesem Kapitel festgelegten Bedingungen stehen, wird die Kommission ermächtigt, delegierte Rechtsakte nach Artikel 57c zu erlassen, um Anhang V Nummern 5.1.1 bis 5.1.4, 5.2.2, 5.3.2, 5.3.3, 5.4.2, 5.5.2, 5.6.2 und 5.7.1 zu ändern, die die Aktualisierung der von den Mitgliedstaaten festgelegten Bezeichnungen der Ausbildungsnachweise sowie gegebenenfalls der Stelle, die den Ausbildungsnachweis ausstellt, der zusätzlichen Bescheinigung und der entsprechenden Berufsbezeichnung betreffen.

(5) Stehen die gemäß Absatz 1 mitgeteilten Rechts- und Verwaltungsvorschriften nicht im Einklang mit den in diesem Kapitel festgelegten Bedingungen, so erlässt die Kommission einen Durchführungsrechtsakt zur Ablehnung der beantragten Änderung von Anhang V Nummern 5.1.1 bis 5.1.4, 5.2.2, 5.3.2, 5.3.3, 5.4.2, 5.5.2, 5.6.2 und 5.7.1.

Artikel 22 Gemeinsame Bestimmungen zur Ausbildung

Bei den in den Artikeln 24, 25, 28, 31, 34, 35, 38, 40, 44 und 46 erwähnten Ausbildungen

a) können die Mitgliedstaaten gestatten, dass die Ausbildung unter von den zuständigen Behörden genehmigten Voraussetzungen auf Teilzeitbasis erfolgt; die Behörden stellen sicher, dass die Gesamtdauer, das Niveau und die Qualität dieser Ausbildung nicht geringer sind als bei einer Vollzeitausbildung;

b) Die Mitgliedstaaten sorgen im Einklang mit den spezifischen Verfahren der einzelnen Mitgliedstaaten durch die Stärkung einer steten beruflichen Fortbildung dafür, dass Berufsangehörige, deren Berufsqualifikation von Kapitel III dieses Titels erfasst wird, ihre Kenntnisse, Fähigkeiten und Kompetenzen aktualisieren können, um eine sichere und effektive Praxis zu wahren und mit den beruflichen Entwicklungen Schritt zu halten.

Die Mitgliedstaaten teilen der Kommission die gemäß Absatz 1 Buchstabe b ergriffenen Maßnahmen bis zum 18. Januar 2016 mit.

Artikel 23 Erworbene Rechte

(1) Unbeschadet der spezifischen erworbenen Rechte in den betreffenden Berufen erkennt jeder Mitgliedstaat bei Staatsangehörigen der Mitgliedstaaten als ausreichenden Nachweis deren von Mitgliedstaaten ausgestellte Ausbildungsnachweise an, die die Aufnahme des Berufes des Arztes mit Grundausbildung und des Facharztes, der Krankenschwester und des Krankenpflegers, die für die allgemeine Pflege verantwortlich sind, des Zahnarztes und des Fachzahnarztes, des Tierarztes, der Hebamme und des Apothekers gestatten, auch wenn diese Ausbildungsnachweise nicht alle Anforderungen an die Ausbildung nach den Artikeln 24, 25, 31, 34, 35, 38, 40 und 44 erfüllen, sofern diese Nachweise den Abschluss einer Ausbildung belegen, die vor den in Anhang V Nummern 5.1.1., 5.1.2., 5.2.2., 5.3.2., 5.3.3., 5.4.2., 5.5.2. bzw. 5.6.2. aufgeführten Stichtagen begonnen wurde, und sofern ihnen eine Bescheinigung darüber beigefügt ist, dass der Inhaber während der letzten fünf Jahre vor Ausstellung der Bescheinigung mindestens

drei Jahre lang ununterbrochen tatsächlich und rechtmäßig die betreffenden Tätigkeiten ausgeübt hat.

(2) Dieselben Bestimmungen gelten für auf dem Gebiet der ehemaligen Deutschen Demokratischen Republik erworbene Ausbildungsnachweise, die die Aufnahme des Berufes des Arztes mit Grundausbildung und des Facharztes, der Krankenschwester und des Krankenpflegers, die für die allgemeine Pflege verantwortlich sind, des Zahnarztes und des Fachzahnarztes, des Tierarztes, der Hebamme und des Apothekers gestatten, auch wenn sie nicht alle Mindestanforderungen an die Ausbildung gemäß den Artikeln 24, 25, 31, 34, 35, 38, 40 und 44 erfüllen, sofern diese Nachweise den erfolgreichen Abschluss einer Ausbildung belegen, die

a) im Falle von Ärzten mit Grundausbildung, Krankenschwestern und Krankenpflegern, die für die allgemeine Pflege verantwortlich sind, Zahnärzten mit Grundausbildung und Fachzahnärzten, Tierärzten, Hebammen und Apothekern vor dem 3. Oktober 1990 begonnen wurde,

b) im Falle von Fachärzten vor dem 3. April 1992 begonnen wurde.

Die in Unterabsatz 1 aufgeführten Ausbildungsnachweise berechtigen zur Ausübung der beruflichen Tätigkeiten im gesamten Hoheitsgebiet Deutschlands unter denselben Voraussetzungen wie die in Anhang V Nummern 5.1.1., 5.1.2., 5.2.2., 5.3.2., 5.3.3., 5.4.2., 5.5.2. und 5.6.2. aufgeführten Ausbildungsnachweise, die von den zuständigen deutschen Behörden ausgestellt werden.

(3) Unbeschadet des Artikels 37 Absatz 1 erkennt jeder Mitgliedstaat bei den Staatsangehörigen der Mitgliedstaaten, deren Ausbildungsnachweise von der früheren Tschechoslowakei verliehen wurden und die Aufnahme des Berufs des Arztes mit Grundausbildung und des Facharztes, der Krankenschwester und des Krankenpflegers, die für die allgemeine Pflege verantwortlich sind, des Tierarztes, der Hebamme, des Apothekers sowie des Architekten gestatten bzw. deren Ausbildung im Falle der Tschechischen Republik und der Slowakei vor dem 1. Januar 1993 aufgenommen wurde, diese Ausbildungsnachweise an, wenn die Behörden eines der beiden genannten Mitgliedstaaten bescheinigen, dass diese Ausbildungsnachweise hinsichtlich der Aufnahme und Ausübung des Berufs des Arztes mit Grundausbildung und des Facharztes, der Krankenschwester und des Krankenpflegers, die für die allgemeine Pflege verantwortlich sind, des Tierarztes, der Hebamme, des Apothekers – bezüglich der Tätigkeiten nach Artikel 45 Absatz 2 – sowie des Architekten – bezüglich der Tätigkeiten nach Artikel 48 – in ihrem Hoheitsgebiet die gleiche Rechtsgültigkeit haben wie die von ihnen verliehenen Ausbildungsnachweise und, im Falle von Architekten, wie die für diese Mitgliedstaaten in Anhang VI Nummer 6 aufgeführten Ausbildungsnachweise.

Dieser Bescheinigung muss eine von den gleichen Behörden ausgestellte Bescheinigung darüber beigefügt sein, dass die betreffende Person in den fünf Jahren vor Ausstellung der Bescheinigung mindestens drei Jahre ununterbrochen tatsächlich und rechtmäßig die betreffenden Tätigkeiten in ihrem Hoheitsgebiet ausgeübt hat.

(4) Bei den Staatsangehörigen der Mitgliedstaaten, deren Ausbildungsnachweise von der früheren Sowjetunion verliehen wurden und die Aufnahme des Berufs des Arztes mit Grundausbildung und des Facharztes, der Krankenschwester und des Krankenpflegers, die für die allgemeine Pflege verantwortlich sind, des Zahnarztes, des Fachzahnarztes, des Tierarztes, der Hebamme, des Apothekers sowie des Architekten gestatten bzw. deren Ausbildung

a) im Falle Estlands vor dem 20. August 1991,

b) im Falle Lettlands vor dem 21. August 1991,

c) im Falle Litauens vor dem 11. März 1990

aufgenommen wurde, erkennt jeder der Mitgliedstaaten diese Ausbildungsnachweise an, wenn die Behörden eines der drei genannten Mitgliedstaaten bescheinigen, dass diese Ausbildungsnachweise hinsichtlich der Aufnahme und Ausübung des Berufes des Arztes mit Grundausbildung und des Facharztes, der Krankenschwester und des Krankenpflegers, die für die allgemeine Pflege verantwortlich sind, des Zahnarztes, des Fachzahnarztes, des Tierarztes, der Hebamme, des Apothekers – bezüglich der Tätigkeiten nach Artikel 45 Absatz 2 – sowie des Architekten – bezüglich der Tätigkeiten nach Artikel 48 – in ihrem Hoheitsgebiet die gleiche Rechtsgültigkeit haben wie die von ihnen verliehenen Ausbildungsnachweise und, im Falle von Architekten, wie die für diese Mitgliedstaaten in Anhang VI Nummer 6 aufgeführten Ausbildungsnachweise.

Dieser Bescheinigung muss eine von den gleichen Behörden ausgestellte Bescheinigung darüber beigefügt sein, dass die betreffende Person in den fünf Jahren vor Ausstellung der Bescheinigung mindestens drei Jahre ununterbrochen tatsächlich und rechtmäßig die betreffenden Tätigkeiten in ihrem Hoheitsgebiet ausgeübt hat.

Bei Tierärzten, deren Ausbildungsnachweise von der früheren Sowjetunion verliehen wurden oder deren Ausbildung im Falle Estlands vor dem 20. August 1991 aufgenommen wurde, muss der Bescheinigung nach Unterabsatz 2 eine von den estnischen Behörden ausgestellte Bescheinigung darüber beigefügt sein, dass die betreffende Person in den sieben Jahren vor Ausstellung der Bescheinigung mindestens fünf Jahre ununterbrochen tatsächlich und rechtmäßig die betreffenden Tätigkeiten in ihrem Hoheitsgebiet ausgeübt hat.

(5) Bei den Staatsangehörigen der Mitgliedstaaten, deren Ausbildungsnachweise vom früheren Jugoslawien verliehen wurden und die Aufnahme des Berufes des Arztes mit Grundausbildung und des Facharztes, der Krankenschwester und des Krankenpflegers, die für die allgemeine Pflege verantwortlich sind, des Zahnarztes, des Fachzahnarztes, des Tierarztes, der Hebamme, des Apothekers sowie des Architekten gestatten bzw. deren Ausbildung

a) im Falle Sloweniens vor dem 25. Juni 1991 und

b) im Falle Kroatiens vor dem 8. Oktober 1991

aufgenommen wurde, erkennt jeder der Mitgliedstaaten unbeschadet des Artikels 43b diese Ausbildungsnachweise an, wenn die Behörden der vorgenannten Mitgliedstaaten bescheinigen, dass diese Ausbildungsnachweise hinsichtlich der Aufnahme und Ausübung des Berufes des Arztes mit Grundausbildung und des Facharztes, der Krankenschwester und des Krankenpflegers, die für die allgemeine Pflege verantwortlich sind, des Zahnarztes, des Fachzahnarztes, des Tierarztes, der Hebamme, des Apothekers – bezüglich der Tätigkeiten nach Artikel 45 Absatz 2 – sowie des Architekten – bezüglich der Tätigkeiten nach Artikel 48 – in ihrem Hoheitsgebiet die gleiche Rechtsgültigkeit haben wie die von ihnen verliehenen Ausbildungsnachweise und, im Falle von Architekten, wie die für diese Mitgliedstaaten in Anhang VI Nummer 6 aufgeführten Ausbildungsnachweise.

Dieser Bescheinigung muss eine von den gleichen Behörden ausgestellte Bescheinigung darüber beigefügt sein, dass die betreffende Person in den fünf Jahren vor Ausstellung der Bescheinigung mindestens drei Jahre ununterbrochen tatsächlich und rechtmäßig die betreffenden Tätigkeiten in ihrem Hoheitsgebiet ausgeübt hat.

(6) Jeder Mitgliedstaat erkennt bei Staatsangehörigen der Mitgliedstaaten als ausreichenden Nachweis deren Ausbildungsnachweise des Arztes, der Krankenschwester und des Krankenpflegers, die für die allgemeine Pflege verantwortlich sind, des Zahnarztes, des Tierarztes, der Hebamme und des Apothekers an, auch wenn sie den in Anhang V Nummern 5.1.1., 5.1.2., 5.1.3., 5.1.4., 5.2.2., 5.3.2., 5.3.3., 5.4.2., 5.5.2. bzw. 5.6.2. aufgeführten Bezeichnungen nicht entsprechen, sofern ihnen eine von den zuständigen Behörden oder Stellen ausgestellte Bescheinigung beigefügt ist.

Die Bescheinigung im Sinne des Unterabsatzes 1 gilt als Nachweis, dass diese Ausbildungsnachweise den erforderlichen Abschluss einer Ausbildung bescheinigen, die den in den Artikeln 24, 25, 28, 31, 34, 35, 38, 40 und 44 genannten Bestimmungen entspricht, und dass sie von dem Mitgliedstaat, der sie ausgestellt hat, den Ausbildungsnachweisen gleichgestellt werden, deren Bezeichnungen in Anhang V Nummern 5.1.1., 5.1.2., 5.1.3., 5.1.4., 5.2.2., 5.3.2., 5.3.3., 5.4.2., 5.5.2. bzw. 5.6.2. aufgeführt sind.

Artikel 23a Besondere Umstände

(1) Abweichend von dieser Richtlinie kann Bulgarien den Inhabern eines vor dem 31. Dezember 1999 in Bulgarien ausgestellten Befähigungsnachweises für den Beruf des „фелдшер" („Feldscher"), die diesen Beruf im Rahmen der staatlichen bulgarischen Sozialversicherung am 1. Januar 2000 ausgeübt haben, gestatten, diesen Beruf weiterhin auszuüben, auch wenn ihre Tätigkeit teilweise unter die Bestimmungen dieser Richtlinie für Ärzte bzw. Krankenschwestern und Krankenpfleger für allgemeine Pflege fällt.

(2) Die Inhaber eines bulgarischen Befähigungsnachweises für den Beruf des „фелдшер" („Feldscher") nach Absatz 1 haben keinen Anspruch darauf, dass ihr beruflicher Befähigungsnachweis in anderen Mitgliedstaaten im Rahmen dieser Richtlinie als der eines Arztes oder einer Krankenschwester bzw. eines Krankenpfleger für allgemeine Pflege anerkannt wird.

Abschnitt 2
Arzt

Artikel 24 Ärztliche Grundausbildung

(1) Die Zulassung zur ärztlichen Grundausbildung setzt den Besitz eines Diploms oder eines Prüfungszeugnisses voraus, das für das betreffende Studium die Zulassung zu den Universitäten ermöglicht.

(2) Die ärztliche Grundausbildung umfasst mindestens fünf Jahre (kann zusätzlich in der entsprechenden Anzahl von ECTS-Punkten ausgedrückt werden) und besteht aus mindestens 5500 Stunden theoretischer und praktischer Ausbildung an einer Universität oder unter Aufsicht einer Universität.

Bei Berufsangehörigen, die ihre Ausbildung vor dem 1. Januar 1972 begonnen haben, kann die in Unterabsatz 1 genannte Ausbildung eine praktische Vollzeitausbildung von sechs Monaten auf Universitätsniveau unter Aufsicht der zuständigen Behörden umfassen.

(3) Die ärztliche Grundausbildung gewährleistet, dass die betreffende Person die folgenden Kenntnisse und Fähigkeiten erwirbt:

a) angemessene Kenntnisse in den Wissenschaften, auf denen die Medizin beruht, und ein gutes Verständnis für die wissenschaftlichen Methoden, einschließlich der Grundsätze der Messung biologischer Funktionen, der Bewertung wissenschaftlich festgestellter Sachverhalte sowie der Analyse von Daten;

b) angemessene Kenntnisse über die Struktur, die Funktionen und das Verhalten gesunder und kranker Menschen sowie über die Einflüsse der physischen und sozialen Umwelt auf die Gesundheit des Menschen;

c) angemessene Kenntnisse hinsichtlich der klinischen Sachgebiete und Praktiken, die ihr ein zusammenhängendes Bild von den geistigen und körperlichen Krankheiten, von der Medizin unter den Aspekten der Vorbeugung, der Diagnostik und der Therapeutik sowie von der menschlichen Fortpflanzung vermitteln;

d) angemessene klinische Erfahrung unter entsprechender Leitung in Krankenhäusern.

Artikel 25 Fachärztliche Weiterbildung

(1) Die Zulassung zur fachärztlichen Weiterbildung setzt voraus, dass eine ärztliche Grundausbildung nach Artikel 24 Absatz 2 abgeschlossen und als gültig anerkannt worden ist, mit der angemessene medizinische Grundkenntnisse erworben wurden.

(2) Die Weiterbildung zum Facharzt umfasst eine theoretische und praktische Ausbildung an einem Universitätszentrum, einer Universitätsklinik oder gegebenenfalls in einer hierzu von den zuständigen Behörden oder Stellen zugelassenen Einrichtung der ärztlichen Versorgung.

Die Mitgliedstaaten sorgen dafür, dass die in Anhang V Nummer 5.1.3. für die verschiedenen Fachgebiete angegebene Mindestdauer der Facharztausbildung eingehalten wird. Die Weiterbildung erfolgt unter Aufsicht der zuständigen Behörden oder Stellen. Die Facharztanwärter müssen in den betreffenden Abteilungen persönlich zur Mitarbeit herangezogen werden und Verantwortung übernehmen.

(3) Die Weiterbildung erfolgt als Vollzeitausbildung an besonderen Weiterbildungsstellen, die von den zuständigen Behörden anerkannt sind. Sie setzt die Beteiligung an sämtlichen ärztlichen Tätigkeiten in dem Bereich voraus, in dem die Weiterbildung erfolgt, einschließlich des Bereitschaftsdienstes, so dass der in der ärztlichen Weiterbildung befindliche Arzt während der gesamten Dauer der Arbeitswoche und während des gesamten Jahres gemäß den von den zuständigen Behörden festgesetzten Bedingungen seine volle berufliche Tätigkeit dieser praktischen und theoretischen Weiterbildung widmet. Dementsprechend werden diese Stellen angemessen vergütet.

(3a) Die Mitgliedstaaten können in ihren nationalen Rechtsvorschriften Befreiungen für Teilbereiche der in Anhang V Nummer 5.1.3 aufgeführten fachärztlichen Weiterbildungen festlegen, über die im Einzelfall zu entscheiden ist, wenn dieser Teil der Ausbildung bereits im Rahmen einer anderen fachärztlichen Weiterbildung nach Anhang V Nummer 5.1.3 absolviert wurde und sofern der Berufsangehörige bereits die frühere fachärztliche Berufsqualifikation in einem Mitgliedstaat erworben hat. Die Mitgliedstaaten sorgen dafür, dass die gewährte Befreiung höchstens der Hälfte der Mindestdauer der jeweiligen Facharztausbildung entspricht.

Jeder Mitgliedstaat teilt der Kommission und den übrigen Mitgliedstaaten die einschlägigen nationalen Rechtsvorschriften für jede dieser teilweisen Befreiungen mit.

(4) Die Mitgliedstaaten machen die Ausstellung eines Ausbildungsnachweises des Facharztes vom Besitz eines der in Anhang V Nummer 5.1.1. aufgeführten Ausbildungsnachweise für die ärztliche Grundausbildung abhängig.

(5) Die Kommission wird ermächtigt, zur Anpassung der Mindestdauer der Weiterbildung nach Anhang V Nummer 5.1.3 an den wissenschaftlichen und technischen Fortschritt delegierte Rechtsakte nach Artikel 57c zu erlassen.

Artikel 26 Bezeichnungen der fachärztlichen Weiterbildungen

Als Ausbildungsnachweise des Facharztes nach Artikel 21 gelten diejenigen Nachweise, die von einer der in Anhang V Nummer 5.1.2. aufgeführten zuständigen Behörden oder Stellen ausgestellt sind und hinsichtlich der betreffenden fachärztlichen Weiterbildung den in den einzelnen Mitgliedstaaten geltenden Bezeichnungen entsprechen, die in Anhang V Nummer 5.1.2. aufgeführt sind.

Die Kommission wird ermächtigt, delegierte Rechtsakte nach Artikel 57c zur Aufnahme neuer Facharztrichtungen, die in mindestens zwei Fünfteln der Mitgliedstaaten vertreten sind, in Anhang V Nummer 5.1.3 zu erlassen, um Änderungen der nationalen Rechtsvorschriften gebührend Rechnung zu tragen und diese Richtlinie zu aktualisieren.

Artikel 27 Besondere erworbene Rechte von Fachärzten

(1) Jeder Aufnahmemitgliedstaat ist berechtigt, von Fachärzten, deren Facharztausbildung auf Teilzeitbasis nach Rechts- und Verwaltungsvorschriften erfolgte, die am 20. Juni 1975 in Kraft waren, und die ihre ärztliche Weiterbildung spätestens am 31. Dezember 1983 begonnen haben, neben ihren Ausbildungsnachweisen eine Bescheinigung darüber zu verlangen, dass sie in den fünf Jahren vor Ausstellung der Bescheinigung mindestens drei Jahre lang ununterbrochen tatsächlich und rechtmäßig die betreffende Tätigkeiten ausgeübt haben.

(2) Jeder Mitgliedstaat erkennt den Facharzttitel an, der in Spanien Ärzten ausgestellt worden ist, die ihre Facharztausbildung vor dem 1. Januar 1995 abgeschlossen haben, auch wenn sie nicht den Mindestanforderungen nach Artikel 25 entspricht, sofern diesem Nachweis eine von den zuständigen spanischen Behörden ausgestellte Bescheinigung beigefügt ist, die bestätigt, dass die betreffende Person den beruflichen Eignungstest erfolgreich abgelegt hat, der im Rahmen der im Königlichen Dekret 1497/99 vorgesehenen außerordentlichen Regulierungsmaßnahmen abgenommen wird, um zu überprüfen, ob die betreffende Person Kenntnisse und Fähigkeiten besitzt, die denen der Ärzte vergleichbar sind, die die Ausbildungsnachweise des Facharztes besitzen, die für Spanien in Anhang V Nummern 5.1.2. und 5.1.3. aufgeführt sind.

(2a) Die Mitgliedstaaten erkennen die in Anhang V Nummern 5.1.2 und 5.1.3 aufgeführten in Italien verliehenen Facharztqualifikationen von Ärzten an, die ihre Facharztausbildung nach dem 31. Dezember 1983 und vor dem 1. Januar 1991 begonnen haben, obgleich deren Ausbildung nicht allen Ausbildungsanforderungen nach Artikel 25 genügt, sofern der Qualifikation eine von den zuständigen italienischen Behörden ausgestellte Bescheinigung beigefügt ist, aus der hervorgeht, dass der betreffende Arzt während der letzten zehn Jahre vor Ausstellung der Bescheinigung mindestens sieben Jahre lang ununterbrochen tatsächlich und rechtmäßig in Italien die Tätigkeiten eines Facharztes auf dem entsprechenden Facharztgebiet ausgeübt hat.

(3) Jeder Mitgliedstaat, der Rechts- oder Verwaltungsvorschriften über die Ausstellung von Ausbildungsnachweisen des Facharztes, die in Anhang V Num-

mer 5.1.2. und Anhang V Nummer 5.1.3. aufgeführt sind, aufgehoben und Maßnahmen in Bezug auf die erworbenen Rechte zugunsten seiner eigenen Staatsangehörigen getroffen hat, räumt Staatsangehörigen der anderen Mitgliedstaaten das Recht auf die Inanspruchnahme derselben Maßnahmen ein, wenn deren Ausbildungsnachweise vor dem Zeitpunkt ausgestellt wurden, an dem der Aufnahmemitgliedstaat die Ausstellung von Ausbildungsnachweisen für die entsprechende Fachrichtung eingestellt hat.

Der Zeitpunkt der Aufhebung der betreffenden Rechts- und Verwaltungsvorschriften ist in Anhang V Nummer 5.1.3. aufgeführt.

Artikel 28 Besondere Ausbildung in der Allgemeinmedizin

(1) Die Zulassung zur besonderen Ausbildung in der Allgemeinmedizin setzt voraus, dass eine ärztliche Grundausbildung nach Artikel 24 Absatz 2 abgeschlossen und als gültig anerkannt worden ist, mit der der Auszubildende die angemessenen medizinischen Grundkenntnisse erworben hat.

(2) Bei der besonderen Ausbildung in der Allgemeinmedizin, die zum Erwerb von Ausbildungsnachweisen führt, die vor dem 1. Januar 2006 ausgestellt werden, muss es sich um eine mindestens zweijährige Vollzeitausbildung handeln. Für Ausbildungsnachweise, die ab diesem Datum ausgestellt werden, muss eine mindestens dreijährige Vollzeitausbildung abgeschlossen werden.

Umfasst die in Artikel 24 genannte Ausbildung eine praktische Ausbildung in zugelassenen Krankenhäusern mit entsprechender Ausrüstung und entsprechenden Abteilungen für Allgemeinmedizin oder eine Ausbildung in einer zugelassenen Allgemeinpraxis oder einem zugelassenen Zentrum für ärztliche Erstbehandlung, kann für Ausbildungsnachweise, die ab 1. Januar 2006 ausgestellt werden, bis zu einem Jahr dieser praktischen Ausbildung auf die in Unterabsatz 1 vorgeschriebene Ausbildungsdauer angerechnet werden.

Von der in Unterabsatz 2 genannten Möglichkeit können nur die Mitgliedstaaten Gebrauch machen, in denen die spezifische Ausbildung in der Allgemeinmedizin am 1. Januar 2001 zwei Jahre betrug.

(3) Die besondere Ausbildung in der Allgemeinmedizin muss als Vollzeitausbildung unter der Aufsicht der zuständigen Behörden oder Stellen erfolgen. Sie ist mehr praktischer als theoretischer Art.

Die praktische Ausbildung findet zum einen während mindestens sechs Monaten in zugelassenen Krankenhäusern mit entsprechender Ausrüstung und entsprechenden Abteilungen und zum anderen während mindestens sechs Monaten in zugelassenen Allgemeinpraxen oder in zugelassenen Zentren für Erstbehandlung statt.

Sie erfolgt in Verbindung mit anderen Einrichtungen oder Diensten des Gesundheitswesens, die sich mit Allgemeinmedizin befassen. Unbeschadet der in Unterabsatz 2 genannten Mindestzeiten kann die praktische Ausbildung jedoch während eines Zeitraums von höchstens sechs Monaten in anderen zugelassenen Einrichtungen oder Diensten des Gesundheitswesens, die sich mit Allgemeinmedizin befassen, stattfinden.

Die Anwärter müssen von den Personen, mit denen sie beruflich arbeiten, persönlich zur Mitarbeit herangezogen werden und Mitverantwortung übernehmen.

(4) Die Mitgliedstaaten machen die Ausstellung von Ausbildungsnachweisen in der Allgemeinmedizin vom Besitz eines der in Anhang V Nummer 5.1.1. aufgeführten Ausbildungsnachweise für die ärztliche Grundausbildung abhängig.

(5) Die Mitgliedstaaten können die in Anhang V Nummer 5.1.4. aufgeführten Ausbildungsnachweise einem Arzt ausstellen, der zwar nicht die Ausbildung nach diesem Artikel absolviert hat, der aber anhand eines von den zuständigen Behörden eines Mitgliedstaates ausgestellten Ausbildungsnachweises eine andere Zusatzausbildung nachweisen kann. Sie dürfen den Ausbildungsnachweis jedoch nur dann ausstellen, wenn damit Kenntnisse bescheinigt werden, die qualitativ den Kenntnissen nach Absolvierung der in diesem Artikel vorgesehenen Ausbildung entsprechen.

Die Mitgliedstaaten regeln unter anderem, inwieweit die von dem Antragsteller absolvierte Zusatzausbildung sowie seine Berufserfahrung auf die Ausbildung nach diesem Artikel angerechnet werden können.

Die Mitgliedstaaten dürfen den in Anhang V Nummer 5.1.4. aufgeführten Ausbildungsnachweis nur dann ausstellen, wenn der Antragsteller mindestens sechs Monate Erfahrung in der Allgemeinmedizin nachweisen kann, die er nach Absatz 3 in einer Allgemeinpraxis oder in einem Zentrum für Erstbehandlung erworben hat.

Artikel 29 Ausübung der Tätigkeit des praktischen Arztes

Jeder Mitgliedstaat macht vorbehaltlich der Vorschriften über erworbene Rechte die Ausübung des ärztlichen Berufs als praktischer Arzt im Rahmen seines Sozialversicherungssystems vom Besitz eines in Anhang V Nummer 5.1.4. aufgeführten Ausbildungsnachweises abhängig.

Von dieser Bedingung können die Mitgliedstaaten jedoch Personen freistellen, die gerade eine spezifische Ausbildung in der Allgemeinmedizin absolvieren.

Artikel 30 Besondere erworbene Rechte von praktischen Ärzten

(1) Jeder Mitgliedstaat bestimmt die erworbenen Rechte. Er muss jedoch das Recht, den ärztlichen Beruf als praktischer Arzt im Rahmen seines Sozialversicherungssystems auszuüben, ohne einen in Anhang V Nummer 5.1.4. aufgeführten Ausbildungsnachweis zu besitzen, im Falle solcher Ärzte als erworbenes Recht betrachten, die dieses Recht bis zu dem im oben genannten Anhang aufgeführten Stichtag aufgrund der Vorschriften über den Arztberuf, die die Ausübung der beruflichen Tätigkeit des Arztes mit Grundausbildung betreffen, erworben haben und sich bis zu diesem Zeitpunkt unter Inanspruchnahme von Artikel 21 oder Artikel 23 im Gebiet des betreffenden Mitgliedstaats niedergelassen haben.

Die zuständigen Behörden jedes Mitgliedstaats stellen auf Antrag eine Bescheinigung aus, mit der den Ärzten, die gemäß Unterabsatz 1 Rechte erworben haben, das Recht bescheinigt wird, den ärztlichen Beruf als praktischer Arzt im Rahmen des betreffenden einzelstaatlichen Sozialversicherungssystems auszuüben, ohne einen in Anhang V Nummer 5.1.4. aufgeführten Ausbildungsnachweis zu besitzen.

(2) Jeder Mitgliedstaat erkennt die Bescheinigungen nach Absatz 1 Unterabsatz 2 an, die andere Mitgliedstaaten den Staatsangehörigen der Mitgliedstaaten ausstellen, und verleiht ihnen in seinem Hoheitsgebiet dieselbe Wirkung wie den von ihm ausgestellten Ausbildungsnachweisen, die die Ausübung des ärztlichen Berufes als praktischer Arzt im Rahmen seines Sozialversicherungssystems gestatten.

Seite 582

Abschnitt 3

Krankenschwestern und Krankenpfleger für allgemeine Pflege

Artikel 31 Ausbildung von Krankenschwestern und Krankenpflegern für allgemeine Pflege

(1) Die Zulassung zur Ausbildung zur Krankenschwester und zum Krankenpfleger, die für die allgemeine Pflege verantwortlich sind, setzt Folgendes voraus:

a) entweder eine zwölfjährige allgemeine Schulausbildung, deren erfolgreicher Abschluss durch ein von den zuständigen Behörden oder Stellen eines Mitgliedstaats ausgestelltes Diplom oder Prüfungszeugnis oder durch einen sonstigen Befähigungsnachweis oder durch ein Zeugnis über eine bestandene Prüfung von gleichwertigem Niveau bescheinigt wird, das zum Besuch von Universitäten oder anderen Hochschuleinrichtungen mit anerkannt gleichwertigem Niveau berechtigt, oder

b) eine mindestens zehnjährige allgemeine Schulausbildung, deren erfolgreicher Abschluss durch ein von den zuständigen Behörden oder Stellen eines Mitgliedstaats ausgestelltes Diplom oder Prüfungszeugnis oder durch einen sonstigen Befähigungsnachweis oder durch ein Zeugnis über eine bestandene Prüfung von gleichwertigem Niveau bescheinigt wird, das zum Besuch von Berufsschulen für Krankenpflege oder zur Teilnahme an Berufsausbildungsgängen für Krankenpflege berechtigt.

(2) Die Ausbildung zur Krankenschwester und zum Krankenpfleger, die für die allgemeine Pflege verantwortlich sind, erfolgt als Vollzeitausbildung und umfasst mindestens das in Anhang V Nummer 5.2.1. aufgeführte Programm.

Die Kommission wird ermächtigt, delegierte Rechtsakte nach Artikel 57c zur Änderung des Verzeichnisses in Anhang V Nummer 5.2.1 zu erlassen, um dieses an den wissenschaftlichen und technischen Fortschritt anzupassen.

Die Änderungen nach Unterabsatz 2 dürfen keine Änderung der in den Mitgliedstaaten bestehenden wesentlichen gesetzlichen Grundsätze der Berufsstruktur in den Mitgliedstaaten hinsichtlich der Ausbildung und der Bedingungen für den Zugang natürlicher Personen zu dem Beruf erfordern. Bei derartigen Änderungen ist die Verantwortung der Mitgliedstaaten für die Gestaltung der Bildungssysteme im Sinne des Artikels 165 Absatz 1 AEUV zu achten.

(3) Die Ausbildung zur Krankenschwester und zum Krankenpfleger für allgemeine Pflege umfasst insgesamt mindestens drei Jahre (kann zusätzlich in der entsprechenden Anzahl von ECTS-Punkten ausgedrückt werden) und besteht aus mindestens 4600 Stunden theoretischer und klinisch-praktischer Ausbildung; die Dauer der theoretischen Ausbildung muss mindestens ein Drittel und die der klinisch-praktischen Ausbildung mindestens die Hälfte der Mindestausbildungsdauer betragen. Ist ein Teil der Ausbildung im Rahmen anderer Ausbildungsgänge von mindestens gleichwertigem Niveau erworben worden, so können die Mitgliedstaaten den betreffenden Berufsangehörigen für Teilbereiche Befreiungen gewähren.

Die Mitgliedstaaten tragen dafür Sorge, dass die mit der Ausbildung der Krankenschwestern und Krankenpfleger betrauten Einrichtungen die Verantwortung dafür übernehmen, dass Theorie und Praxis für das gesamte Ausbildungsprogramm koordiniert werden.

(4) Die theoretische Ausbildung ist der Teil der Krankenpflegeausbildung, in dem die Krankenpflegeschülerinnen und -schüler die in den Absätzen 6 und 7

verlangten beruflichen Kenntnisse, Fähigkeiten und Kompetenzen erwerben. Die Ausbildung wird an Universitäten, an Hochschulen mit anerkannt gleichwertigem Niveau oder Berufsschulen für Krankenpflege oder in Berufsausbildungsgängen für Krankenpflege von Lehrenden für Krankenpflege und anderen fachkundigen Personen durchgeführt.

(5) Die klinisch-praktische Unterweisung ist der Teil der Krankenpflegeausbildung, in dem die Krankenpflegeschülerinnen und -schüler als Mitglied eines Pflegeteams und in unmittelbarem Kontakt mit Gesunden und Kranken und/oder im Gemeinwesen lernen, anhand ihrer erworbenen Kenntnisse, Fähigkeiten und Kompetenzen die erforderliche umfassende Krankenpflege zu planen, durchzuführen und zu bewerten. Die Krankenpflegeschülerinnen und -schüler lernen nicht nur, als Mitglieder eines Pflegeteams tätig zu sein, sondern auch, ein Pflegeteam zu leiten und die umfassende Krankenpflege einschließlich der Gesundheitserziehung für Einzelpersonen und kleine Gruppen im Rahmen von Gesundheitseinrichtungen oder im Gemeinwesen zu organisieren.

Diese Unterweisung wird in Krankenhäusern und anderen Gesundheitseinrichtungen sowie im Gemeinwesen unter der Verantwortung des Krankenpflegelehrpersonals und in Zusammenarbeit mit anderen fachkundigen Krankenpflegern bzw. mit deren Unterstützung durchgeführt. Auch anderes fachkundiges Personal kann in diesen Unterricht mit einbezogen werden.

Die Krankenpflegeschülerinnen und Krankenpflegeschüler beteiligen sich an dem Arbeitsprozess der betreffenden Abteilungen, soweit diese Tätigkeiten zu ihrer Ausbildung beitragen und es ihnen ermöglichen, verantwortliches Handeln im Zusammenhang mit der Krankenpflege zu erlernen.

(6) Die Ausbildung von Krankenschwestern/Krankenpflegern, die für die allgemeine Pflege verantwortlich sind, stellt sicher, dass der betreffende Berufsangehörige folgende Kenntnisse und Fähigkeiten erwirbt:

a) umfassende Kenntnisse in den Wissenschaften, auf denen die allgemeine Krankenpflege beruht, einschließlich ausreichender Kenntnisse über den Organismus, die Körperfunktionen und das Verhalten des gesunden und des kranken Menschen sowie über die Einflüsse der physischen und sozialen Umwelt auf die Gesundheit des Menschen;

b) Kenntnisse in der Berufskunde und in der Berufsethik sowie über die allgemeinen Grundsätze der Gesundheit und der Krankenpflege;

c) eine angemessene klinische Erfahrung; diese muss der Ausbildung dienen und unter der Aufsicht von qualifiziertem Krankenpflegepersonal an Orten erworben werden, die aufgrund ihrer Ausstattung und wegen des in ausreichender Anzahl vorhandenen Personals für die Krankenpflege geeignet sind;

d) die Fähigkeit, an der praktischen Ausbildung von Angehörigen von Gesundheitsberufen mitzuwirken, und Erfahrung in der Zusammenarbeit mit diesem Personal;

e) Erfahrung in der Zusammenarbeit mit anderen im Gesundheitswesen tätigen Berufsangehörigen.

(7) Formale Qualifikationen von Krankenschwestern/Krankenpflegern, die für die allgemeine Pflege verantwortlich sind, dienen unabhängig davon, ob die Ausbildung an einer Universität, einer Hochschule mit anerkannt gleichwertigem Niveau oder einer Berufsschule für Krankenpflege oder in einem Berufsausbildungsgang für Krankenpflege erfolgte, als Nachweis dafür, dass der betreffende Berufsangehörige mindestens über die folgenden Kompetenzen verfügt:

a) die Kompetenz, den Krankenpflegebedarf unter Rückgriff auf aktuelle theoretische und klinisch-praktische Kenntnisse eigenverantwortlich festzustellen und die Krankenpflege im Rahmen der Behandlung von Patienten auf der Grundlage der gemäß Absatz 6 Buchstaben a, b und c erworbenen Kenntnisse und Fähigkeiten im Hinblick auf die Verbesserung der Berufspraxis zu planen, zu organisieren und durchzuführen;
b) die Kompetenz zur effektiven Zusammenarbeit mit anderen Akteuren im Gesundheitswesen, einschließlich der Mitwirkung an der praktischen Ausbildung von Angehörigen von Gesundheitsberufen, auf der Grundlage der gemäß Absatz 6 Buchstaben d und e erworbenen Kenntnisse und Fähigkeiten;
c) die Kompetenz, Einzelpersonen, Familien und Gruppen auf der Grundlage der gemäß Absatz 6 Buchstaben a und b erworbenen Kenntnisse und Fähigkeiten zu einer gesunden Lebensweise und zur Selbsthilfe zu verhelfen;
d) die Kompetenz, eigenverantwortlich lebenserhaltende Sofortmaßnahmen einzuleiten und in Krisen- und Katastrophenfällen Maßnahmen durchzuführen;
e) die Kompetenz, pflegebedürftige Personen und deren Bezugspersonen eigenverantwortlich zu beraten, anzuleiten und zu unterstützen;
f) die Kompetenz, die Qualität der Krankenpflege eigenverantwortlich sicherzustellen und zu bewerten;
g) die Kompetenz zur umfassenden fachlichen Kommunikation und zur Zusammenarbeit mit anderen im Gesundheitswesen tätigen Berufsangehörigen;
h) die Kompetenz, die Pflegequalität im Hinblick auf die Verbesserung der eigenen Berufspraxis als Krankenschwestern und Krankenpfleger, die für die allgemeine Pflege verantwortlich sind, zu analysieren.

Artikel 32 Ausübung der Tätigkeiten der Krankenschwester und des Krankenpflegers für allgemeine Pflege

Für die Zwecke dieser Richtlinie sind die Tätigkeiten der Krankenschwester und des Krankenpflegers, die für die allgemeine Pflege verantwortlich sind, die Tätigkeiten, die unter den in Anhang V Nummer 5.2.2. aufgeführten Berufsbezeichnungen ausgeübt werden.

Artikel 33 Besondere erworbene Rechte von Krankenschwestern und Krankenpflegern für allgemeine Pflege

(1) Die allgemeinen Vorschriften über die erworbenen Rechte sind auf Krankenschwestern und Krankenpfleger, die für die allgemeine Pflege verantwortlich sind, nur dann anwendbar, wenn sich die Tätigkeiten nach Artikel 23 auf die volle Verantwortung für die Planung, Organisation und Ausführung der Krankenpflege des Patienten erstreckt haben.

(2) *weggefallen*

(3) Die Mitgliedstaaten erkennen Ausbildungsnachweise an:

a) die in Polen für Krankenschwestern und Krankenpfleger verliehen wurden, deren Ausbildung vor dem 1. Mai 2004 abgeschlossen wurde und den Mindestanforderungen an die Berufsausbildung gemäß Artikel 31 nicht genügte, und
b) die durch ein „Bakkalaureat"-Diplom bescheinigt sind, das auf der Grundlage eines speziellen Aufstiegsfortbildungsprogramms erworben wurde, welches in folgenden Gesetzen enthalten ist
   i) Artikel 11 des Gesetzes vom 20. April 2004 zur Änderung des Gesetzes über den Beruf der Krankenschwester, des Krankenpflegers und der Hebamme

und zu einigen anderen Rechtsakten (Amtsblatt der Republik Polen von 2004 Nr. 92 Pos. 885 und von 2007, Nr. 176 Pos. 1237), und Verordnung des Gesundheitsministers vom 11. Mai 2004 über die Ausbildungsbedingungen für Krankenschwestern, Krankenpfleger und Hebammen, die einen Sekundarschulabschluss (Abschlussexamen – Matura) und eine abgeschlossene medizinische Schul- und Fachschulausbildung für den Beruf der Krankenschwester, des Krankenpflegers und der Hebamme nachweisen können (Amtsblatt der Republik Polen von 2004 Nr. 110 Pos. 1170 und von 2010 Nr. 65 Pos. 420); oder

ii) Artikel 52.3 Nummer 2 des Gesetzes vom 15. Juli 2011 über den Krankenpfleger- und Hebammenberuf (Amtsblatt der Republik Polen von 2011 Nr. 174 Pos. 1039) und Verordnung des Gesundheitsministers vom 14. Juni 2012 über die genauen Bedingungen der Hochschulkurse für Krankenschwestern, Krankenpfleger und Hebammen, die einen Sekundarschulabschluss (Abschlussexamen – Matura) und eine abgeschlossene medizinische Sekundarschul- oder Postsekundarschulausbildung für den Beruf der Krankenschwester, des Krankenpflegers und der Hebamme nachweisen können (Amtsblatt der Republik Polen von 2012, Pos. 770),

um zu überprüfen, ob die betreffende Krankenschwester bzw. der betreffende Krankenpfleger über einen Kenntnisstand und eine Fachkompetenz verfügt, die mit denen der Krankenschwestern und Krankenpfleger vergleichbar sind, die Inhaber der für Polen in Anhang V Nummer 5.2.2. genannten Ausbildungsnachweise sind.

Artikel 33a

Auf rumänische Ausbildungsnachweise für Krankenschwestern und Krankenpfleger, die für die allgemeine Pflege verantwortlich sind, finden ausschließlich folgende Bestimmungen über die erworbenen Rechte Anwendung:

Im Fall der Staatsangehörigen von Mitgliedstaaten, die in Rumänien als Krankenschwester oder Krankenpfleger, die für die allgemeine Pflege verantwortlich sind, ausgebildet wurden und deren Ausbildung den Mindestanforderungen an die Berufsausbildung gemäß Artikel 31 nicht genügt, erkennen die Mitgliedstaaten die nachstehend genannten Ausbildungsnachweise für Krankenschwestern und Krankenpfleger, die für die allgemeine Pflege verantwortlich sind, als hinreichend an, sofern diesen Nachweisen eine Bescheinigung beigefügt ist, aus der hervorgeht, dass diese Staatsangehörigen von Mitgliedstaaten während der letzten fünf Jahre vor der Ausstellung der Bescheinigung mindestens drei Jahre lang ununterbrochen tatsächlich und rechtmäßig in Rumänien die Tätigkeiten einer Krankenschwester bzw. eines Krankenpflegers, die bzw. der für die allgemeine Pflege verantwortlich ist, ausgeübt haben und dabei die volle Verantwortung für Planung, Organisation und Durchführung der Krankenpflege von Patienten hatten:

a) „Certificat de competenţe profesionale de asistent medical generalist“ mit einer postsekundären Ausbildung an einer „şcoală postliceală“, wobei zu bescheinigen ist, dass die Ausbildung vor dem 1. Januar 2007 begonnen wurde;

b) „Diplomă de absolvire de asistent medical generalist“ mit einer Hochschulausbildung von kurzer Dauer, wobei zu bescheinigen ist, dass die Ausbildung vor dem 1. Oktober 2003 begonnen wurde;

c) „Diplomă de licenţă de asistent medical generalist“ mit einer Hochschulausbildung von langer Dauer, wobei zu bescheinigen ist, dass die Ausbildung vor dem 1. Oktober 2003 begonnen wurde.

Abschnitt 4
Zahnärzte

Artikel 34 Grundausbildung des Zahnarztes

(1) Die Zulassung zur zahnärztlichen Grundausbildung setzt den Besitz eines Diploms oder Prüfungszeugnisses voraus, das in einem Mitgliedstaat für das betreffende Studium die Zulassung zu den Universitäten oder den Hochschulen mit anerkannt gleichwertigem Niveau ermöglicht.

(2) Die zahnärztliche Grundausbildung umfasst mindestens fünf Jahre (kann zusätzlich in der entsprechenden Anzahl von ECTS-Punkten ausgedrückt werden) und besteht aus mindestens 5000 Stunden theoretischer und praktischer Ausbildung auf Vollzeitbasis, die mindestens das in Anhang V Nummer 5.3.1 aufgeführte Ausbildungsprogramm umfasst und an einer Universität, einer Hochschule mit anerkannt gleichwertigem Niveau oder unter Aufsicht einer Universität erteilt wurde.

Die Kommission wird ermächtigt, zur Änderung des Verzeichnisses in Anhang V Nummer 5.3.1 delegierte Rechtsakte nach Artikel 57c zu erlassen, um es an den wissenschaftlichen und technischen Fortschritt anzupassen.

Die Änderungen nach Unterabsatz 2 dürfen keine Änderung der in den Mitgliedstaaten bestehenden wesentlichen gesetzlichen Grundsätze der Berufsstruktur hinsichtlich der Ausbildung und der Bedingungen für den Zugang natürlicher Personen zu dem Beruf erfordern. Bei derartigen Änderungen ist die Verantwortung der Mitgliedstaaten für die Gestaltung der Bildungssysteme im Sinne des Artikels 165 Absatz 1 AEUV zu achten.

(3) Die zahnärztliche Grundausbildung gewährleistet, dass die betreffende Person die folgenden Kenntnisse und Fähigkeiten erwirbt:

a) angemessene Kenntnisse in den Wissenschaften, auf denen die Zahnheilkunde beruht, und ein gutes Verständnis für die wissenschaftlichen Methoden, einschließlich der Grundsätze der Messung biologischer Funktionen, der Bewertung wissenschaftlich festgestellter Sachverhalte sowie der Analyse von Daten;

b) angemessene Kenntnisse – soweit für die Ausübung der Zahnheilkunde von Belang – des Körperbaus, der Funktionen und des Verhaltens des gesunden und des kranken Menschen sowie des Einflusses der natürlichen und sozialen Umwelt auf die Gesundheit des Menschen;

c) angemessene Kenntnisse der Struktur und der Funktion der Zähne, des Mundes, des Kiefers und der dazugehörigen Gewebe, jeweils in gesundem und in krankem Zustand, sowie ihr Einfluss auf die allgemeine Gesundheit und das allgemeine physische und soziale Wohlbefinden des Patienten;

d) angemessene Kenntnisse der klinischen Disziplinen und Methoden, die ihr ein zusammenhängendes Bild von den Anomalien, Beschädigungen und Verletzungen sowie Krankheiten der Zähne, des Mundes, des Kiefers und der dazugehörigen Gewebe sowie von der Zahnheilkunde unter dem Gesichtspunkt der Verhütung und Vorbeugung, der Diagnose und Therapie vermitteln;

e) angemessene klinische Erfahrung unter entsprechender Leitung.

Diese Ausbildung vermittelt dem Betroffenen die erforderlichen Fähigkeiten zur Ausübung aller Tätigkeiten der Verhütung, Diagnose und Behandlung von Krankheiten der Zähne, des Mundes, des Kiefers und der dazugehörigen Gewebe.

Artikel 35 Ausbildung zum Fachzahnarzt

(1) Die Zulassung zur fachzahnärztlichen Weiterbildung setzt voraus, dass eine zahnärztliche Grundausbildung nach Artikel 34 abgeschlossen und als gültig anerkannt worden ist, oder den Besitz der in den Artikeln 23 und 37 genannten Unterlagen.

(2) Die fachzahnärztliche Ausbildung umfasst ein theoretisches und praktisches Studium in einem Universitätszentrum, einem Ausbildungs- und Forschungszentrum oder gegebenenfalls in einer hierzu von den zuständigen Behörden oder Stellen zugelassenen Gesundheitseinrichtung.

Fachzahnarztlehrgänge auf Vollzeitbasis dauern mindestens drei Jahre und stehen unter Aufsicht der zuständigen Behörden oder Stellen. Die Fachzahnarztanwärter müssen in der betreffenden Einrichtung persönlich zur Mitarbeit herangezogen werden und Verantwortung übernehmen.

(3) Die Mitgliedstaaten machen die Ausstellung eines Ausbildungsnachweises des Fachzahnarztes vom Besitz eines der in Anhang V Nummer 5.3.2. aufgeführten Ausbildungsnachweise für die zahnärztliche Grundausbildung abhängig.

(4) Die Kommission wird ermächtigt, zur Anpassung der Mindestdauer der Weiterbildung nach Absatz 2 an den wissenschaftlichen und technischen Fortschritt delegierte Rechtsakte nach Artikel 57c zu erlassen.

(5) Die Kommission wird ermächtigt, delegierte Rechtsakte nach Artikel 57c zur Aufnahme neuer Fachzahnarztrichtungen, die in mindestens zwei Fünfteln der Mitgliedstaaten vertreten sind, in Anhang V Nummer 5.3.3 zu erlassen, um Änderungen der nationalen Rechtsvorschriften gebührend Rechnung zu tragen und um diese Richtlinie zu aktualisieren.

Artikel 36 Ausübung der Tätigkeiten des Zahnarztes

(1) Für die Zwecke dieser Richtlinie sind Tätigkeiten des Zahnarztes die in Absatz 3 definierten Tätigkeiten, die unter den in Anhang V Nummer 5.3.2. aufgeführten Berufsbezeichnungen ausgeübt werden.

(2) Der Beruf des Zahnarztes basiert auf der zahnärztlichen Ausbildung nach Artikel 34 und stellt einen eigenen Beruf dar, der sich von dem des Arztes und des Facharztes unterscheidet. Die Ausübung der Tätigkeiten des Zahnarztes setzt den Besitz eines in Anhang V Nummer 5.3.2. aufgeführten Ausbildungsnachweises voraus. Den Inhabern eines solchen Ausbildungsnachweises gleichgestellt sind Personen, die Artikel 23 oder 37 in Anspruch nehmen können.

(3) Die Mitgliedstaaten sorgen dafür, dass die Zahnärzte allgemein Tätigkeiten der Verhütung, Diagnose und Behandlung von Anomalien und Krankheiten der Zähne, des Mundes und der Kiefer und des dazugehörigen Gewebes aufnehmen und ausüben dürfen, wobei die für den Beruf des Zahnarztes zu den in Anhang V Nummer 5.3.2. aufgeführten Stichtagen maßgeblichen Rechtsvorschriften und Standesregeln einzuhalten sind.

Artikel 37 Erworbene Rechte von Zahnärzten

(1) Jeder Mitgliedstaat erkennt zum Zwecke der Ausübung der Tätigkeiten des Zahnarztes unter den in Anhang V Nummer 5.3.2. aufgeführten Berufsbezeichnungen die Ausbildungsnachweise des Arztes an, die in Italien, Spanien, Österreich, der Tschechischen Republik, der Slowakei und Rumänien Personen ausgestellt worden sind, die ihre ärztliche Ausbildung spätestens an dem im oben genannten Anhang für den betreffenden Mitgliedstaat aufgeführten Stichtag begon-

nen haben, sofern ihnen eine von den zuständigen Behörden des betreffenden Mitgliedstaats ausgestellte Bescheinigung darüber beigefügt ist.

Aus dieser Bescheinigung muss hervorgehen, dass die beiden folgenden Bedingungen erfüllt sind:

a) Die betreffende Person hat sich während der letzten fünf Jahre vor Ausstellung der Bescheinigung mindestens drei Jahre lang ununterbrochen tatsächlich und rechtmäßig sowie hauptsächlich den Tätigkeiten nach Artikel 36 gewidmet, und

b) die betreffende Person ist berechtigt, diese Tätigkeiten unter denselben Bedingungen auszuüben wie die Inhaber des für diesen Mitgliedstaat in Anhang V Nummer 5.3.2. aufgeführten Ausbildungsnachweises.

Von dem in Unterabsatz 2 Buchstabe a genannten Erfordernis einer dreijährigen Tätigkeit befreit sind Personen, die ein mindestens dreijähriges Studium erfolgreich absolviert haben, dessen Gleichwertigkeit mit der in Artikel 34 genannten Ausbildung von den zuständigen Behörden des betreffenden Staates bescheinigt wird.

Was die Tschechische Republik und die Slowakei anbelangt, so werden die in der früheren Tschechoslowakei erworbenen Ausbildungsnachweise in gleicher Weise wie die tschechischen und slowakischen Ausbildungsnachweise unter den in den vorstehenden Unterabsätzen genannten Bedingungen anerkannt.

(2) Jeder Mitgliedstaat erkennt die Ausbildungsnachweise des Arztes an, die in Italien Personen ausgestellt wurden, die ihre Universitätsausbildung nach dem 28. Januar 1980, spätestens jedoch am 31. Dezember 1984 begonnen haben, sofern eine diesbezügliche Bescheinigung der zuständigen italienischen Behörden beigefügt ist.

Aus dieser Bescheinigung muss hervorgehen, dass die drei folgenden Bedingungen erfüllt sind:

a) Die betreffende Person hat mit Erfolg eine von den zuständigen italienischen Behörden durchgeführte spezifische Eignungsprüfung abgelegt, bei der überprüft wurde, ob sie Kenntnisse und Fähigkeiten besitzt, die denen derjenigen Personen vergleichbar sind, die Inhaber eines in Anhang V Nummer 5.3.2. für Italien aufgeführten Ausbildungsnachweises sind;

b) die betreffende Person hat sich während der letzten fünf Jahre vor Ausstellung der Bescheinigung mindestens drei Jahre lang ununterbrochen in Italien tatsächlich und rechtmäßig sowie hauptsächlich den Tätigkeiten nach Artikel 36 gewidmet;

c) die betreffende Person ist berechtigt, die Tätigkeiten nach Artikel 36 unter denselben Bedingungen wie die Inhaber der Ausbildungsnachweise, die für Italien in Anhang V Nummer 5.3.2. aufgeführt sind, auszuüben oder übt diese tatsächlich, rechtmäßig sowie hauptsächlich aus.

Von der in Unterabsatz 2 Buchstabe a genannten Eignungsprüfung befreit sind Personen, die ein mindestens dreijähriges Studium erfolgreich absolviert haben, dessen Gleichwertigkeit mit der Ausbildung nach Artikel 34 von den zuständigen Behörden bescheinigt wird.

Personen, die ihre medizinische Universitätsausbildung nach dem 31. Dezember 1984 begonnen haben, sind den oben genannten Personen gleichgestellt, sofern das im vorstehenden Unterabsatz genannte dreijährige Studium vor dem 31. Dezember 1994 aufgenommen wurde.

(3) Die Mitgliedstaaten erkennen die Ausbildungsnachweise von Zahnärzten gemäß Artikel 21 an, wenn die Antragsteller ihre Ausbildung spätestens am 18. Januar 2016 begonnen haben.

(4) Jeder Mitgliedstaat erkennt die Ausbildungsnachweise von Ärzten an, die in Spanien Berufsangehörigen ausgestellt wurden, die ihre ärztliche Universitätsausbildung zwischen dem 1. Januar 1986 und dem 31. Dezember 1997 begonnen haben, sofern eine diesbezügliche Bescheinigung der zuständigen spanischen Behörden beigefügt ist.

Durch die Bescheinigung ist zu bestätigen, dass folgende Bedingungen erfüllt sind:

a) Der betreffende Berufsangehörige hat ein mindestens dreijähriges Studium erfolgreich abgeschlossen, und die zuständigen spanischen Behörden haben dessen Gleichwertigkeit mit der in Artikel 34 genannten Ausbildung bescheinigt;

b) der betreffende Berufsangehörige hat während der letzten fünf Jahre vor Ausstellung der Bescheinigung mindestens drei Jahre lang ununterbrochen in Spanien tatsächlich, rechtmäßig und hauptsächlich die Tätigkeiten nach Artikel 36 ausgeübt;

c) der betreffende Berufsangehörige ist berechtigt, die Tätigkeiten nach Artikel 36 unter denselben Bedingungen wie die Inhaber der Ausbildungsnachweise, die für Spanien in Anhang V Nummer 5.3.2 aufgeführt sind, auszuüben, oder übt sie tatsächlich, rechtmäßig und hauptsächlich aus.

Abschnitt 5

Tierärzte

Artikel 38 Ausbildung des Tierarztes

(1) Die tierärztliche Ausbildung umfasst insgesamt mindestens fünf Jahre theoretischen und praktischen Unterricht auf Vollzeitbasis (kann zusätzlich in der entsprechenden Anzahl von ECTS-Punkten ausgedrückt werden), der mindestens das in Anhang V Nummer 5.4.1 aufgeführte Ausbildungsprogramm umfasst und an einer Universität, einer Hochschule mit anerkannt gleichwertigem Niveau oder unter Aufsicht einer Universität erteilt wurde.

Die Kommission wird ermächtigt, zur Änderung des Verzeichnisses in Anhang V Nummer 5.4.1 delegierte Rechtsakte nach Artikel 57c zu erlassen, um es an den wissenschaftlichen und technischen Fortschritt anzupassen.

Die Änderungen nach Absatz 2 dürfen keine Änderung der in den Mitgliedstaaten bestehenden wesentlichen gesetzlichen Grundsätze der Berufsstruktur hinsichtlich der Ausbildung und der Bedingungen für den Zugang natürlicher Personen zu dem Beruf erfordern. Bei derartigen Änderungen ist die Verantwortung der Mitgliedstaaten für die Gestaltung der Bildungssysteme im Sinne des Artikels 165 Absatz 1 AEUV zu achten.

(2) Die Zulassung zur tierärztlichen Ausbildung setzt den Besitz eines Diploms oder eines Prüfungszeugnisses voraus, das in einem Mitgliedstaat für das betreffende Studium die Zulassung zu den Universitäten oder den Hochschulen mit anerkannt gleichwertigem Niveau ermöglicht.

(3) Die Ausbildung des Tierarztes stellt sicher, dass der betreffende Berufsangehörige folgende Kenntnisse und Fähigkeiten erwirbt:

a) angemessene Kenntnis in den Wissenschaften, auf denen die Tätigkeiten eines Tierarztes beruhen, und der diese Tätigkeiten betreffenden Rechtsvorschriften der Union;

b) angemessene Kenntnisse über die Struktur, die biologischen Funktionen, das Verhalten und die physiologischen Bedürfnisse von Tieren sowie die Fähigkeiten und Kompetenzen, die allgemein zur Zucht, zur Ernährung, zum Wohlergehen, zur Fortpflanzung und zur Hygiene im Allgemeinen im Zusammenhang mit Tieren gehören;

c) die klinischen, epidemiologischen und analytischen Fähigkeiten und Kompetenzen, die für die Prävention, Diagnose und Behandlung der Krankheiten von Tieren erforderlich sind, einschließlich der Anästhesie, der aseptischen Chirurgie und der schmerzlosen Tötung, unabhängig davon, ob sie einzeln oder in Gruppen betrachtet werden, einschließlich besonderer Kenntnisse der auf Menschen übertragbaren Krankheiten;

d) angemessene Kenntnisse, Fähigkeiten und Kompetenzen auf dem Gebiet der Präventivmedizin, einschließlich Kompetenzen in Bezug auf Auskunftsersuchen und Zertifizierung;

e) angemessene Kenntnisse der Hygiene und der Technologie bei der Gewinnung, der Herstellung und dem Inverkehrbringen von Futtermitteln oder von zum menschlichen Verzehr bestimmten Lebensmitteln tierischer Herkunft, einschließlich der Fähigkeiten und Kompetenzen, die zum Verständnis und zur Erläuterung der diesbezüglichen bewährten Praxis notwendig sind;

f) die Kenntnisse, Fähigkeiten und Kompetenzen, die im Hinblick auf die Behandlung von Tieren sowie die Sicherheit der Lebensmittelkette und den Schutz der Umwelt für einen verantwortungsvollen und sinnvollen Umgang mit Tierarzneimitteln benötigt werden.

Artikel 39 Erworbene Rechte von Tierärzten

Unbeschadet des Artikels 23 Absatz 4 erkennen die Mitgliedstaaten bei den Staatsangehörigen der Mitgliedstaaten, deren Ausbildungsnachweise des Tierarztes von Estland vor dem 1. Mai 2004 verliehen wurden bzw. deren Ausbildung in Estland vor dem 1. Mai 2004 aufgenommen wurde, diese Ausbildungsnachweise des Tierarztes an, wenn ihnen eine Bescheinigung darüber beigefügt ist, dass die betreffende Person in den sieben Jahren vor Ausstellung der Bescheinigung die betreffenden Tätigkeiten mindestens fünf Jahre ohne Unterbrechung tatsächlich und rechtmäßig in Estland ausgeübt hat.

Abschnitt 6
Hebammen

Artikel 40 Ausbildung der Hebamme

(1) Die Ausbildung zur Hebamme muss mindestens eine der folgenden Ausbildungen umfassen:

a) eine spezielle Ausbildung zur Hebamme auf Vollzeitbasis, die theoretischen und praktischen Unterricht von mindestens drei Jahren (Ausbildungsmöglichkeit I) umfasst, der mindestens das in Anhang V Nummer 5.5.1. aufgeführte Ausbildungsprogramm beinhaltet; oder

b) eine spezielle Ausbildung zur Hebamme von mindestens 18 Monaten (Ausbildungsmöglichkeit II) auf Vollzeitbasis, die mindestens das in Anhang V Nummer 5.5.1. aufgeführte Ausbildungsprogramm umfasst, das nicht Gegenstand eines gleichwertigen Unterrichts im Rahmen der Ausbildung zur Krankenschwester und zum Krankenpfleger, die für die allgemeine Pflege verantwortlich sind, war.

Die Mitgliedstaaten tragen dafür Sorge, dass die mit der Ausbildung der Hebammen betrauten Einrichtungen die Verantwortung dafür übernehmen, dass Theorie und Praxis für das gesamte Ausbildungsprogramm koordiniert werden.

Die Kommission wird ermächtigt, zur Änderung des Verzeichnisses in Anhang V Nummer 5.5.1 delegierte Rechtsakte nach Artikel 57c zu erlassen, um es an den wissenschaftlichen und technischen Fortschritt anzupassen.

Die Änderungen nach Unterabsatz 3 dürfen keine Änderung der in den Mitgliedstaaten bestehenden wesentlichen gesetzlichen Grundsätze der Berufsstruktur hinsichtlich der Ausbildung und der Bedingungen für den Zugang natürlicher Personen zu dem Beruf erfordern. Bei derartigen Änderungen ist die Verantwortung der Mitgliedstaaten für die Gestaltung der Bildungssysteme im Sinne des Artikels 165 Absatz 1 AEUV zu achten.

(2) Für die Zulassung zur Hebammenausbildung muss eine der folgenden Voraussetzungen erfüllt sein:

a) Abschluss einer mindestens zwölfjährigen allgemeinen Schulausbildung oder der Besitz eines Zeugnisses, durch das eine bestandene Aufnahmeprüfung von gleichwertigem Niveau für die Hebammenschule bescheinigt wird, für Ausbildungsmöglichkeit I;
b) Besitz eines in Anhang V Nummer 5.2.2. aufgeführten Ausbildungsnachweises der Krankenschwester/des Krankenpflegers, die/der für die allgemeine Pflege verantwortlich sind, für Ausbildungsmöglichkeit II.

(3) Die Ausbildung der Hebamme muss sicherstellen, dass der betreffende Berufsangehörige folgende Kenntnisse und Fähigkeiten erwirbt:

a) genaue Kenntnisse der Wissenschaften, auf denen die Tätigkeiten der Hebamme beruhen, insbesondere der Geburtshilfe und der Frauenheilkunde;
b) angemessene Kenntnisse der Berufsethik und der Rechtsvorschriften, die für die Ausübung des Berufs einschlägig sind;
c) angemessene Kenntnisse der Allgemeinmedizin (biologische Funktionen, Anatomie und Physiologie) und der Pharmakologie auf den Gebieten der Geburtshilfe und der perinatalen Medizin, sowie Kenntnisse über den Zusammenhang zwischen dem Gesundheitszustand und der physischen und sozialen Umwelt des Menschen und über sein Verhalten;
d) angemessene, in anerkannten Einrichtungen erworbene klinische Erfahrung, durch die die Hebamme in der Lage ist, unabhängig und in eigener Verantwortung in dem nötigen Umfang und mit Ausnahme von pathologischen Situationen vorgeburtliche Gesundheitsfürsorge zu leisten, die Entbindung und die Folgemaßnahmen in anerkannten Einrichtungen durchzuführen sowie die Wehen und die Geburt, die nachgeburtliche Gesundheitsfürsorge und die Wiederbelebung von Neugeborenen bis zum Eintreffen eines Arztes zu überwachen;
e) angemessenes Verständnis der Ausbildung des Personals im Gesundheitswesen und Erfahrung in der Zusammenarbeit mit diesem Personal.

Artikel 41 Bedingungen der Anerkennung der Ausbildungsnachweise der Hebamme

(1) Die in Anhang V Nummer 5.5.2 aufgeführten Ausbildungsnachweise der Hebamme werden nur dann nach Artikel 21 automatisch anerkannt, wenn sie eine der folgenden Ausbildungen abschließen:

a) eine mindestens dreijährige Hebammenausbildung auf Vollzeitbasis (kann zusätzlich in der entsprechenden Anzahl von ECTS-Punkten ausgedrückt werden), die aus mindestens 4600 Stunden theoretischer und praktischer Ausbildung besteht, mit mindestens einem Drittel der Mindestausbildungsdauer in Form klinisch-praktischer Ausbildung;

b) eine mindestens zweijährige Hebammenausbildung auf Vollzeitbasis (kann zusätzlich in der entsprechenden Anzahl von ECTS-Punkten ausgedrückt werden), die aus mindestens 3600 Stunden besteht und die den Besitz eines der in Anhang V Nummer 5.2.2 aufgeführten Ausbildungsnachweise der Krankenschwester und des Krankenpflegers, die für die allgemeine Pflege verantwortlich sind, voraussetzt;

c) eine mindestens 18-monatige Hebammenausbildung auf Vollzeitbasis (kann zusätzlich in der entsprechenden Anzahl von ECTS-Punkten ausgedrückt werden), die aus mindestens 3000 Stunden besteht und die den Besitz eines der in Anhang V Nummer 5.2.2 genannten Ausbildungsnachweise der Krankenschwester und des Krankenpflegers, die für die allgemeine Pflege verantwortlich sind, voraussetzt, nach deren Abschluss eine einjährige Berufserfahrung erworben wird, über die die in Absatz 2 genannte Bescheinigung ausgestellt wird.

(2) Die in Absatz 1 genannte Bescheinigung wird von den zuständigen Behörden des Herkunftsmitgliedstaats ausgestellt. In ihr wird bescheinigt, dass der Inhaber nach Erhalt des Ausbildungsnachweises der Hebamme in zufrieden stellender Weise alle mit dem Beruf einer Hebamme verbundenen Tätigkeiten in einem Krankenhaus oder in einer Einrichtung des Gesundheitswesens, die im Hinblick auf diesen Zweck anerkannt worden ist, während eines entsprechenden Zeitraums ausgeübt hat.

Artikel 42 Ausübung der Tätigkeiten der Hebamme

(1) Dieser Abschnitt gilt für die von den einzelnen Mitgliedstaaten unbeschadet des Absatzes 2 definierten und unter den in Anhang V Nummer 5.5.2. aufgeführten Berufsbezeichnungen ausgeübten Tätigkeiten der Hebamme.

(2) Die Mitgliedstaaten sorgen dafür, dass Hebammen zumindest die Aufnahme und Ausübung folgender Tätigkeiten gestattet wird:

a) angemessene Aufklärung und Beratung in Fragen der Familienplanung;

b) Feststellung der Schwangerschaft und Beobachtung der normal verlaufenden Schwangerschaft, Durchführung der zur Beobachtung eines normalen Schwangerschaftsverlaufs notwendigen Untersuchungen;

c) Verschreibung der Untersuchungen, die für eine möglichst frühzeitige Feststellung einer Risikoschwangerschaft notwendig sind, oder Aufklärung über diese Untersuchungen;

d) Vorbereitung auf die Elternschaft, umfassende Vorbereitung auf die Niederkunft und Beratung in Fragen der Hygiene und Ernährung;

e) Betreuung der Gebärenden während der Geburt und Überwachung des Fötus in der Gebärmutter mit Hilfe geeigneter klinischer und technischer Mittel;

f) Durchführung von Normalgeburten bei Kopflage, einschließlich – sofern erforderlich – des Scheidendammschnitts sowie im Dringlichkeitsfall Durchführung von Steißgeburten;

g) Erkennung der Anzeichen von Anomalien bei der Mutter oder beim Kind, die das Eingreifen eines Arztes erforderlich machen, sowie Hilfeleistung bei etwaigen ärztlichen Maßnahmen; Ergreifen der notwendigen Maßnahmen bei Abwesenheit des Arztes, insbesondere manuelle Ablösung der Plazenta, an die sich gegebenenfalls eine manuelle Nachuntersuchung der Gebärmutter anschließt;

h) Untersuchung und Pflege des Neugeborenen; Einleitung und Durchführung der erforderlichen Maßnahmen in Notfällen und, wenn erforderlich, Durchführung der sofortigen Wiederbelebung des Neugeborenen;

i) Pflege der Wöchnerin, Überwachung des Zustandes der Mutter nach der Niederkunft und zweckdienliche Beratung über die bestmögliche Pflege des Neugeborenen;

j) Durchführung der vom Arzt verordneten Behandlung;

k) Abfassen der erforderlichen schriftlichen Berichte.

Artikel 43 Erworbene Rechte von Hebammen

(1) Jeder Mitgliedstaat erkennt bei Staatsangehörigen von Mitgliedstaaten, deren Ausbildungsnachweise den in Artikel 40 gestellten Mindestanforderungen an die Ausbildung entsprechen, jedoch gemäß Artikel 41 nur anerkannt werden müssen, wenn gleichzeitig die in Artikel 41 Absatz 2 genannte Bescheinigung über die Berufspraxis vorgelegt wird, die von diesen Mitgliedstaaten vor dem in Anhang V Nummer 5.5.2. aufgeführten Stichtag ausgestellten Ausbildungsnachweise der Hebamme als ausreichenden Nachweis an, wenn ihnen eine Bescheinigung darüber beigefügt ist, dass die betreffende Person in den letzten fünf Jahren vor Ausstellung der Bescheinigung mindestens zwei Jahre ohne Unterbrechung tatsächlich und rechtmäßig den Beruf der Hebamme ausgeübt hat.

(1a) Bezüglich der Ausbildungsnachweise von Hebammen erkennen die Mitgliedstaaten die Qualifikationen automatisch an, bei denen die Antragsteller die Ausbildung vor dem 18. Januar 2016 begonnen haben und die Zulassungsvoraussetzung für diese Ausbildung eine zehnjährige allgemeine Schulausbildung oder ein gleichwertiges Ausbildungsniveau im Fall der Ausbildungsmöglichkeit I war, oder wenn sie vor Beginn der Hebammenausbildung, die unter Ausbildungsmöglichkeit II fällt, eine Ausbildung zur Krankenschwester/zum Krankenpfleger, die für die allgemeine Pflege verantwortlich sind, bescheinigt durch einen Ausbildungsnachweis gemäß Anhang V Nummer 5.2.2, abgeschlossen haben.

(2) Die Bestimmungen von Absatz 1 gelten für auf dem Gebiet der ehemaligen Deutschen Demokratischen Republik erworbene Ausbildungsnachweise der Hebamme, die den in Artikel 40 gestellten Mindestanforderungen an die Ausbildung entsprechen, jedoch gemäß Artikel 41 nur anerkannt werden, wenn gleichzeitig die in Artikel 41 Absatz 2 genannte Bescheinigung über die Berufspraxis vorgelegt wird, sofern sie eine Ausbildung abschließen, die vor dem 3. Oktober 1990 begonnen wurde.

(3) *weggefallen*

(4) Die Mitgliedstaaten erkennen Ausbildungsnachweise an:

a) wenn sie in Polen für Hebammen verliehen wurden, deren Ausbildung vor dem 1. Mai 2004 abgeschlossen wurde und den Mindestanforderungen an die Berufsausbildung gemäß Artikel 40 nicht genügte, und

b) die durch ein „Bakkalaureat“-Diplom bescheinigt sind, das auf der Grundlage eines speziellen Aufstiegsfortbildungsprogramms erworben wurde, das in folgenden Gesetzen enthalten ist:
   i) Artikel 11 des Gesetzes vom 20. April 2004 zur Änderung des Gesetzes über den Beruf der Krankenschwester, des Krankenpflegers und der Hebamme und zu einigen anderen Rechtsakten (Amtsblatt der Republik Polen von 2004 Nr. 92 Pos. 885 und von 2007 Nr. 176 Pos. 1237) und Verordnung des Gesundheitsministers vom 11. Mai 2004 über die Ausbildungsbedingungen für Krankenschwestern, Krankenpfleger und Hebammen, die einen Sekundarschulabschluss (Abschlussexamen – Matura) und eine abgeschlossene medizinische Schul- und Fachschulausbildung für den Beruf der Krankenschwester, des Krankenpflegers und der Hebamme nachweisen können (Amtsblatt der Republik Polen von 2004 Nr. 110 Pos. 1170 und von 2010 Nr. 65 Pos. 420); oder
   ii) Artikel 53.3 Nummer 3 des Gesetzes vom 15. Juli 2011 über den Krankenpfleger- und Hebammenberuf (Amtsblatt der Republik Polen von 2011 Nr. 174 Pos. 1039) und Verordnung des Gesundheitsministers vom 14. Juni 2012 über die genauen Bedingungen der Hochschulabschlüsse für Krankenschwestern, Krankenpfleger und Hebammen, die einen Sekundarschulabschluss (Abschlussexamen – Matura) und eine abgeschlossene medizinische Sekundarschul- und Postsekundarschulausbildung für den Beruf der Krankenschwester, des Krankenpflegers und der Hebamme nachweisen können (Amtsblatt der Republik Polen von 2012, Pos. 770),

   um zu überprüfen, ob die Hebamme über einen Kenntnisstand und eine Fachkompetenz verfügt, die mit denen der Hebammen vergleichbar sind, die Inhaber der für Polen in Anhang V Nummer 5.5.2 genannten Ausbildungsnachweise sind.

Artikel 43a

Auf die rumänischen Ausbildungsnachweise für Hebammen finden lediglich die folgenden Bestimmungen über die erworbenen Rechte Anwendung.

Bei den Staatsangehörigen der Mitgliedstaaten, deren Ausbildungsnachweis für Hebammen (*asistent medical obstetrică-ginecologie*/Krankenschwestern bzw. Krankenpfleger für Frauenheilkunde und Geburtshilfe) von Rumänien vor dem Tag des Beitritts verliehen wurde und den Mindestanforderungen an die Berufsausbildung nach Artikel 40 nicht genügt, erkennen die Mitgliedstaaten den genannten Ausbildungsnachweis als ausreichenden Nachweis für die Zwecke der Ausübung der Tätigkeiten einer Hebamme an, wenn ihm eine Bescheinigung darüber beigefügt ist, dass die betreffende Person die Tätigkeiten einer Hebamme in den sieben Jahren vor Ausstellung der Bescheinigung mindestens fünf Jahre ohne Unterbrechung in Rumänien tatsächlich und rechtmäßig ausgeübt hat.

Artikel 43b

Erworbene Rechte für die Tätigkeit als Hebamme/Geburtshelfer gelten nicht für die folgenden Ausbildungsnachweise, die in Kroatien vor dem 1. Juli 2013 erworben wurden: viša medicinska sestra ginekološko-opstetričkog smjera (Oberschwester/Oberpfleger für Frauenheilkunde und Geburtshilfe), medicinska sestra ginekološko-opstetričkog smjera (Krankenschwester/Krankenpfleger für Frauenheilkunde und Geburtshilfe), viša medicinska sestra primaljskog smjera (Oberschwester/Oberpfleger mit Hebammen-/Geburtshelferabschluss), medicinska sestra primaljskog smjera (Krankenschwester/Krankenpfleger mit Hebammen-/Geburtshelferabschluss), ginekološko-opstetrička primalja (Hebamme/Geburtshelfer für Frauenheilkunde und Geburtshilfe) und primalja (Hebamme/Geburtshelfer).

Abschnitt 7

Apotheker

Artikel 44 Ausbildung des Apothekers

(1) Die Zulassung zur Apothekerausbildung setzt den Besitz eines Diploms oder eines Prüfungszeugnisses voraus, das in einem Mitgliedstaat für das betreffende Studium die Zulassung zu den Universitäten oder den Hochschulen mit anerkannt gleichwertigem Niveau ermöglicht.

(2) Der Ausbildungsnachweis des Apothekers schließt eine Ausbildung ab, die sich auf einen Zeitraum von mindestens fünf Jahren (kann zusätzlich in der entsprechenden Anzahl von ECTS-Punkten ausgedrückt werden) erstreckt und mindestens Folgendes umfasst:

a) eine vierjährige theoretische und praktische Vollzeitausbildung an einer Universität oder einer Hochschule mit anerkannt gleichwertigem Niveau oder unter der Aufsicht einer Universität;

b) während oder am Ende der theoretischen und praktischen Ausbildung ein sechsmonatiges Praktikum in einer der Öffentlichkeit zugänglichen Apotheke oder in einem Krankenhaus unter der Aufsicht des pharmazeutischen Dienstes dieses Krankenhauses.

Der in diesem Absatz genannte Ausbildungsgang umfasst mindestens das in Anhang V Nummer 5.6.1 aufgeführte Ausbildungsprogramm. Die Kommission wird ermächtigt, zur Änderung des Verzeichnisses in Anhang V Nummer 5.6.1 delegierte Rechtsakte nach Artikel 57c zu erlassen, um es an den wissenschaftlichen und technischen Fortschritt, einschließlich der Entwicklung der pharmazeutischen Praxis, anzupassen.

Die Änderungen nach Unterabsatz 2 dürfen keine Änderung der in den Mitgliedstaaten bestehenden wesentlichen gesetzlichen Grundsätze der Berufsstruktur hinsichtlich der Ausbildung und der Bedingungen für den Zugang natürlicher Personen zu dem Beruf erfordern. Bei derartigen Änderungen ist die Verantwortung der Mitgliedstaaten für die Gestaltung der Bildungssysteme im Sinne des Artikels 165 Absatz 1 AEUV zu achten.

(3) Die Ausbildung des Apothekers gewährleistet, dass die betreffende Person die folgenden Kenntnisse und Fähigkeiten erwirbt:

a) angemessene Kenntnisse der Arzneimittel und der zur Arzneimittelherstellung verwendeten Stoffe;

b) angemessene Kenntnisse der pharmazeutischen Technologie und der physikalischen, chemischen, biologischen und mikrobiologischen Prüfung der Arzneimittel;

c) angemessene Kenntnisse des Metabolismus und der Wirkungen von Arzneimitteln und Giftstoffen sowie der Anwendung von Arzneimitteln;

d) angemessene Kenntnisse zur Beurteilung der die Arzneimittel betreffenden wissenschaftlichen Angaben zur Erteilung einschlägiger Informationen;

e) angemessene Kenntnisse der rechtlichen und sonstigen Voraussetzungen im Zusammenhang mit der Ausübung der pharmazeutischen Tätigkeiten.

Seite 596

Artikel 45 Ausübung der Tätigkeiten des Apothekers

(1) Für die Zwecke dieser Richtlinie sind Tätigkeiten des Apothekers die Tätigkeiten, deren Aufnahme und Ausübung in einem oder mehreren Mitgliedstaaten beruflichen Eignungsbedingungen unterliegen und die den Inhabern eines der in Anhang V Nummer 5.6.2. aufgeführten Ausbildungsnachweise offen stehen.

(2) Die Mitgliedstaaten sorgen dafür, dass Inhaber eines pharmazeutischen Ausbildungsnachweises einer Universität oder eines als gleichwertig anerkannten Ausbildungsnachweises, der den Anforderungen des Artikels 44 genügt, mindestens die folgenden Tätigkeiten aufnehmen und ausüben dürfen, gegebenenfalls vorbehaltlich des Erfordernisses einer ergänzenden Berufserfahrung:

a) Herstellung der Darreichungsform von Arzneimitteln,

b) Herstellung und Prüfung von Arzneimitteln,

c) Arzneimittelprüfung in einem Laboratorium für die Prüfung von Arzneimitteln,

d) Lagerung, Qualitätserhaltung und Abgabe von Arzneimitteln auf der Großhandelsstufe,

e) Bevorratung, Herstellung, Prüfung, Lagerung, Verteilung und Verkauf von unbedenklichen und wirksamen Arzneimitteln der erforderlichen Qualität in der Öffentlichkeit zugänglichen Apotheken,

f) Herstellung, Prüfung, Lagerung und Verkauf von unbedenklichen und wirksamen Arzneimitteln der erforderlichen Qualität in Krankenhäusern,

g) Information und Beratung über Arzneimittel als solche, einschließlich ihrer angemessenen Verwendung,

h) Meldung von unerwünschten Arzneimittelwirkungen an die zuständigen Behörden,

i) personalisierte Unterstützung von Patienten bei Selbstmedikation,

j) Beiträge zu örtlichen oder landesweiten gesundheitsbezogenen Kampagnen.

(3) Ist in einem Mitgliedstaat die Aufnahme oder Ausübung einer der Tätigkeiten des Apothekers nicht nur vom Besitz eines der in Anhang V Nummer 5.6.2. aufgeführten Ausbildungsnachweise abhängig, sondern auch von dem Erfordernis zusätzlicher Berufserfahrung, so erkennt dieser Mitgliedstaat als ausreichenden Nachweis hierfür die Bescheinigung des Herkunftsmitgliedstaats darüber an, dass die betreffende Person diese Tätigkeiten während einer gleichen Zeitdauer im Herkunftsmitgliedstaat ausgeübt hat.

(4) Die Anerkennung gemäß Absatz 3 gilt nicht für die Berufserfahrung von zwei Jahren, die im Großherzogtum Luxemburg für die Erteilung einer staatlichen Konzession für eine der Öffentlichkeit zugängliche Apotheke vorgeschrieben ist.

(5) War in einem Mitgliedstaat am 16. September 1985 ein Auswahlverfahren aufgrund von Prüfungen vorgeschrieben zur Auswahl der in Absatz 2 genannten Inhaber, die zu Inhabern neuer Apotheken bestellt werden, deren Errichtung im Rahmen eines nationalen Systems geografischer Aufteilung beschlossen worden ist, so kann dieser Mitgliedstaat abweichend von Absatz 1 dieses Auswahlverfahren beibehalten und es auf Staatsangehörige der Mitgliedstaaten anwenden, die Inhaber eines in Anhang V Nummer 5.6.2. aufgeführten Ausbildungsnachweises sind oder Artikel 23 in Anspruch nehmen.

Abschnitt 8

Architekt

Artikel 46 Ausbildung von Architekten

(1) Die Ausbildung zum Architekten umfasst

a) insgesamt mindestens fünf Studienjahre auf Vollzeitbasis an einer Hochschule oder einer vergleichbaren Bildungseinrichtung, die mit einer Prüfung auf Hochschulniveau erfolgreich abgeschlossen werden, oder

b) mindestens vier Studienjahre auf Vollzeitbasis an einer Hochschule oder einer vergleichbaren Bildungseinrichtung, die mit einer Prüfung auf Hochschulniveau erfolgreich abgeschlossen werden, und ein Zeugnis, das den Abschluss von zwei Jahren Berufspraktikum gemäß Absatz 4 bescheinigt.

(2) Das Studium nach Absatz 1 muss hauptsächlich auf Architektur ausgerichtet sein. In dem Studium müssen die theoretischen und praktischen Aspekte der Architekturausbildung ausgewogen zur Geltung kommen und mindestens der Erwerb der folgenden Kenntnisse, Fähigkeiten und Kompetenzen sichergestellt werden:

a) die Fähigkeit zu architektonischer Gestaltung, die sowohl ästhetischen als auch technischen Erfordernissen gerecht wird;

b) angemessene Kenntnisse der Geschichte und Lehre der Architektur und damit verwandter Künste, Technologien und Geisteswissenschaften;

c) Kenntnisse in den bildenden Künsten wegen ihres Einflusses auf die Qualität der architektonischen Gestaltung;

d) angemessene Kenntnisse in der städtebaulichen Planung und Gestaltung, der Planung im Allgemeinen und in den Planungstechniken;

e) Verständnis der Beziehung zwischen Menschen und Gebäuden sowie zwischen Gebäuden und ihrer Umgebung und Verständnis der Notwendigkeit, Gebäude und die Räume zwischen ihnen mit menschlichen Bedürfnissen und Maßstäben in Beziehung zu bringen;

f) Verständnis des Architekten für seinen Beruf und seine Aufgabe in der Gesellschaft, besonders bei der Erstellung von Entwürfen, die sozialen Faktoren Rechnung tragen;

g) Kenntnis der Methoden zur Prüfung und Erarbeitung des Entwurfs für ein Gestaltungsvorhaben;

h) Kenntnis der strukturellen und bautechnischen Probleme im Zusammenhang mit der Baugestaltung;

i) angemessene Kenntnisse der physikalischen Probleme und der Technologien, die mit der Funktion eines Gebäudes – Schaffung von Komfort und Schutz gegen Witterungseinflüsse – im Rahmen nachhaltiger Entwicklung zusammenhängen;

j) die technischen Fähigkeiten, die erforderlich sind, um den Bedürfnissen der Benutzer eines Gebäudes innerhalb der durch Kostenfaktoren und Bauvorschriften gesteckten Grenzen Rechnung zu tragen;

k) angemessene Kenntnisse derjenigen Gewerbe, Organisationen, Vorschriften und Verfahren, die bei der praktischen Durchführung von Bauplänen betroffen sind, sowie der Eingliederung der Pläne in die Gesamtplanung.

(3) Die Anzahl der Studienjahre auf Hochschulniveau nach den Absätzen 1 und 2 kann zusätzlich in der entsprechenden Anzahl von ECTS-Punkten ausgedrückt werden.

(4) Das Berufspraktikum nach Absatz 1 Buchstabe b darf erst nach Abschluss der ersten drei Studienjahre stattfinden. Mindestens ein Jahr des Berufspraktikums muss auf den während des Studiums nach Absatz 2 erworbenen Kenntnissen, Fähigkeiten und Kompetenzen aufbauen. Hierzu wird das Berufspraktikum unter der Aufsicht einer Person oder einer Stelle absolviert, die von der zuständigen Behörde des Herkunftsmitgliedstaates zugelassen wurde. Ein solches Praktikum unter Aufsicht kann in einem beliebigen Land absolviert werden. Das Berufspraktikum ist von der zuständigen Behörde des Herkunftsmitgliedstaates zu bewerten.

Artikel 47 Ausnahmen von den Bedingungen für die Ausbildung des Architekten

Abweichend von Artikel 46 wird ferner als den Bestimmungen des Artikels 21 entsprechend anerkannt: die Ausbildung im Rahmen der sozialen Förderung oder eines Hochschulstudiums auf Teilzeitbasis, die den Erfordernissen des Artikels 46 entspricht und von einem Berufsangehörigen, der seit mindestens sieben Jahren in der Architektur unter der Aufsicht eines Architekten oder Architekturbüros tätig war, durch eine erfolgreiche Prüfung auf dem Gebiet der Architektur abgeschlossen wird. Diese Prüfung muss Hochschulniveau aufweisen und dem in Artikel 46 Absatz 1 Buchstabe b genannten Abschlussexamen gleichwertig sein.

Artikel 48 Ausübung der Tätigkeiten des Architekten

(1) Für die Zwecke dieser Richtlinie sind Tätigkeiten des Architekten die Tätigkeiten, die üblicherweise unter der Berufsbezeichnung „Architekt“ ausgeübt werden.

(2) Die Voraussetzungen für die Ausübung der Tätigkeiten des Architekten unter der Berufsbezeichnung „Architekt“ sind auch bei Staatsangehörigen eines Mitgliedstaats als gegeben anzusehen, die zur Führung dieses Titels aufgrund eines Gesetzes ermächtigt worden sind, das der zuständigen Behörde eines Mitgliedstaats die Befugnis zuerkennt, diesen Titel Staatsangehörigen der Mitgliedstaaten zu verleihen, die sich durch die Qualität ihrer Leistungen auf dem Gebiet der Architektur besonders ausgezeichnet haben. Den betreffenden Personen wird von ihrem Herkunftsmitgliedstaat bescheinigt, dass ihre Tätigkeit als Architektentätigkeit gilt.

Artikel 49 Erworbene Rechte von Architekten

(1) Jeder Mitgliedstaat erkennt die in Anhang VI aufgeführten Ausbildungsnachweise des Architekten an, die die anderen Mitgliedstaaten ausgestellt haben und die eine Ausbildung abschließen, die spätestens im akademischen Bezugsjahr begann, das in diesem Anhang angegeben ist, selbst wenn sie den Mindestanforderungen von Artikel 46 nicht genügen, und verleiht ihnen in seinem Hoheitsgebiet dieselbe Wirkung wie den Ausbildungsnachweisen, mit denen er selbst die Aufnahme und Ausübung der Tätigkeiten des Architekten ermöglicht.

Die von den zuständigen Behörden der Bundesrepublik Deutschland ausgestellten Bescheinigungen über die Gleichwertigkeit der nach dem 8. Mai 1945 von den zuständigen Behörden der Deutschen Demokratischen Republik ausgestellten

Ausbildungsnachweise und der in diesem Anhang aufgeführten Nachweise werden nach diesen Bedingungen anerkannt.

(1a) Absatz 1 gilt auch für die in Anhang V aufgeführten Ausbildungsnachweise als Architekt, sofern die Ausbildung vor dem 18. Januar 2016 aufgenommen wurde.

(2) Jeder Mitgliedstaat erkennt unbeschadet des Absatzes 1 folgende Ausbildungsnachweise an und verleiht ihnen im Hinblick auf die Aufnahme und Ausübung der Tätigkeiten des Architekten in seinem Hoheitsgebiet dieselbe Wirkung wie den von ihm selbst ausgestellten Ausbildungsnachweisen: Bescheinigungen, die Staatsangehörigen der Mitgliedstaaten von denjenigen Mitgliedstaaten ausgestellt wurden, in denen die Aufnahme und Ausübung der Tätigkeiten des Architekten an den nachstehenden Stichtagen reglementiert war:

a) 1. Januar 1995 für Österreich, Finnland und Schweden;

b) 1. Mai 2004 für Tschechische Republik, Estland, Zypern, Lettland, Litauen, Ungarn, Malta, Polen, Slowenien und die Slowakei;

ba) 1. Juli 2013 für Kroatien;

c) 5. August 1987 für alle anderen Mitgliedstaaten.

Die in Unterabsatz 1 genannten Bescheinigungen bestätigen, dass ihr Inhaber spätestens am betreffenden Stichtag die Berechtigung erhielt, die Berufsbezeichnung „Architekt" zu führen und dass er die entsprechend reglementierten Tätigkeiten während der letzten fünf Jahre vor Ausstellung der Bescheinigung mindestens drei Jahre lang ununterbrochen tatsächlich ausgeübt hat.

(3) Jeder Mitgliedstaat erkennt in seinem Hoheitsgebiet folgenden Nachweis als gleichwertig mit den Ausbildungsnachweisen an, die er selbst im Hinblick auf die Aufnahme und die Ausübung der beruflichen Tätigkeiten eines Architekten ausstellt: Nachweis darüber, dass die am 5. August 1985 bestehende dreijährige Ausbildung an den Fachhochschulen in der Bundesrepublik Deutschland, die den Anforderungen des Artikels 46 Absatz 2 entspricht und die Aufnahme der in Artikel 48 genannten Tätigkeiten in diesem Mitgliedstaat unter der Berufsbezeichnung „Architekt" ermöglicht, abgeschlossen und spätestens am 17. Januar 2014 begonnen wurde, sofern die Ausbildung durch eine vierjährige Berufserfahrung in der Bundesrepublik Deutschland ergänzt wurde; diese Berufserfahrung muss durch eine Bescheinigung bestätigt werden, welche von der Architektenkammer ausgestellt wird, in deren Architektenliste der Architekt eingetragen ist, der die Vorschriften dieser Richtlinie in Anspruch nehmen möchte.

KAPITEL IIIA

Automatische Anerkennung auf der Grundlage gemeinsamer Ausbildungsgrundsätze

Artikel 49a Gemeinsamer Ausbildungsrahmen

(1) Für die Zwecke dieses Artikels bedeutet „gemeinsamer Ausbildungsrahmen" ein gemeinsames Spektrum von für die Ausübung des betreffenden Berufs mindestens erforderlichen Kenntnissen, Fähigkeiten und Kompetenzen. Ein gemeinsamer Ausbildungsrahmen darf nationale Ausbildungsprogramme nicht ersetzen sofern nicht ein Mitgliedstaat nach innerstaatlichem Recht eine andere Regelung trifft. Für die Zwecke der Aufnahme und Ausübung eines Berufs in Mitgliedstaaten, die diesen Beruf reglementieren, verleiht ein Mitgliedstaat den

auf der Grundlage dieses Ausbildungsrahmens erworbenen Ausbildungsnachweisen in seinem Hoheitsgebiet dieselbe Wirkung wie den von ihm ausgestellten Ausbildungsnachweisen, sofern dieser Ausbildungsrahmen die Bedingungen nach Absatz 2 erfüllt.

(2) Ein gemeinsamer Ausbildungsrahmen erfüllt folgende Bedingungen:

a) der gemeinsame Ausbildungsrahmen ermöglicht mehr Berufsangehörigen den Wechsel in einen anderen Mitgliedstaat;

b) der betreffende Beruf, auf den der gemeinsame Ausbildungsrahmen anwendbar ist, oder die Bildung und Ausbildung, die zu dem Beruf hinführt, ist in mindestens einem Drittel der Mitgliedstaaten reglementiert;

c) das gemeinsame Spektrum von Kenntnissen, Fähigkeiten und Kompetenzen kombiniert die in den nationalen Systemen der allgemeinen und beruflichen Bildung von mindestens einem Drittel der Mitgliedstaaten verlangten Kenntnisse, Fähigkeiten und Kompetenzen; es kommt nicht darauf an, ob die jeweiligen Kenntnisse, Fähigkeiten und Kompetenzen im Rahmen einer allgemeinen Ausbildung an einer Universität oder einer anderen Hochschuleinrichtung oder im Rahmen einer beruflichen Ausbildung in Mitgliedstaaten erworben worden sind;

d) der gemeinsame Ausbildungsrahmen beruht auf den Niveaus des EQR gemäß Anhang II der Empfehlung des Europäischen Parlaments und des Rates vom 23. April 2008 zur Einrichtung des Europäischen Qualifikationsrahmens für lebenslanges Lernen[1)];

e) der betreffende Beruf fällt weder unter einen anderen gemeinsamen Ausbildungsrahmen noch unterliegt er der automatischen Anerkennung nach Titel III Kapitel III;

f) der gemeinsame Ausbildungsrahmen wurde in einem geeigneten transparenten Verfahren unter Beteiligung der betroffenen Interessenträger aus Mitgliedstaaten, in denen der Beruf nicht reglementiert ist, festgelegt;

g) der gemeinsame Ausbildungsrahmen ermöglicht es Staatsangehörigen aller Mitgliedstaaten, die Berufsqualifikation innerhalb dieses Rahmens zu erwerben, ohne zunächst Mitglied einer berufsständischen Organisation oder bei einer solchen Organisation registriert sein zu müssen.

(3) Repräsentative Berufsorganisationen auf Unionsebene und nationale Berufsorganisationen oder zuständige Behörden, die mindestens einem Drittel der Mitgliedstaaten angehören, können der Kommission Vorschläge für gemeinsame Ausbildungsrahmen, die die Bedingungen des Absatzes 2 erfüllen, vorlegen.

(4) Die Kommission wird ermächtigt, delegierte Rechtsakte nach Artikel 57c zu erlassen, um einen gemeinsamen Ausbildungsrahmen für einen bestimmten Beruf nach Maßgabe der Bedingungen des Absatzes 2 dieses Artikels festzulegen.

(5) Ein Mitgliedstaat ist ausgenommen von der Verpflichtung, den gemeinsamen Ausbildungsrahmen nach Absatz 4 auf seinem Hoheitsgebiet einzuführen, und von der Verpflichtung, die in dem gemeinsamen Ausbildungsrahmen erworbenen Berufsqualifikationen automatisch anzuerkennen, wenn eine der folgenden Bedingungen erfüllt ist:

a) Auf seinem Hoheitsgebiet bestehen keine Bildungs- oder Ausbildungseinrichtungen, die die entsprechende Ausbildung für den jeweiligen Beruf anbieten;

---

1) Amtliche Fußnote: ABl. C 111 vom 6. 5. 2008, S. 1.

b) die Einführung des gemeinsamen Ausbildungsrahmens würde die Organisation seines Bildungs- und Berufsbildungssystems beeinträchtigen;

c) zwischen dem gemeinsamen Ausbildungsrahmen und der auf seinem Hoheitsgebiet verlangten Ausbildung bestehen wesentliche Unterschiede, die erhebliche Risiken für die öffentliche Ordnung, die öffentliche Sicherheit, die öffentliche Gesundheit oder die Sicherheit der Dienstleistungsempfänger oder für den Schutz der Umwelt mit sich bringen.

(6) Die Mitgliedstaaten unterrichten binnen sechs Monaten ab dem Inkrafttreten des delegierten Rechtsakts nach Absatz 4 die Kommission und die übrigen Mitgliedstaaten über

a) die dem gemeinsamen Ausbildungsrahmen entsprechenden nationalen Berufsqualifikationen und, soweit relevant, nationalen Berufsbezeichnungen oder

b) jede Inanspruchnahme der in Absatz 5 aufgeführten Ausnahmen mit einer Begründung, welche der in jenem Absatz genannten Bedingungen erfüllt wurden. Die Kommission kann binnen drei Monaten eine zusätzliche Klarstellung verlangen, wenn sie der Auffassung ist, dass ein Mitgliedstaat nicht oder nicht ausreichend begründet hat, dass eine der genannten Bedingungen erfüllt ist. Der Mitgliedstaat beantwortet eine solche Aufforderung binnen drei Monaten.

Die Kommission kann durch einen Durchführungsrechtsakt ein Verzeichnis der nationalen Berufsqualifikationen und nationalen Berufsbezeichnungen festlegen, die unter die automatische Anerkennung aufgrund des gemäß Absatz 4 festgelegten gemeinsamen Ausbildungsrahmens fallen.

(7) Dieser Artikel gilt auch für Spezialisierungen von Berufen, wenn die Spezialisierungen berufliche Tätigkeiten betreffen, deren Aufnahme und Ausübung in den Mitgliedstaaten reglementiert sind, sofern der Beruf, nicht jedoch die betreffende Spezialisierung, bereits der automatischen Anerkennung gemäß Titel III Kapitel III unterliegt.

Artikel 49b Gemeinsame Ausbildungsprüfungen

(1) Für die Zwecke dieses Artikels bedeutet „gemeinsame Ausbildungsprüfung" eine standardisierte Eignungsprüfung, die in allen teilnehmenden Mitgliedstaaten zur Verfügung steht und den Inhabern einer bestimmten Berufsqualifikation vorbehalten ist. Das Bestehen einer solchen Prüfung in einem Mitgliedstaat berechtigt den Inhaber einer bestimmten Berufsqualifikation zur Ausübung des Berufs in jedem der betroffenen Aufnahmemitgliedstaaten unter den gleichen Bedingungen, wie sie für Inhaber von in diesem Mitgliedstaat erworbenen Berufsqualifikationen gelten.

(2) Die gemeinsame Ausbildungsprüfung muss folgende Bedingungen erfüllen:

a) die gemeinsame Ausbildungsprüfung ermöglicht mehr Berufsangehörigen den Wechsel in einen anderen Mitgliedstaat;

b) der Beruf, auf den die gemeinsame Ausbildungsprüfung angewandt wird, ist in mindestens einem Drittel aller Mitgliedstaaten reglementiert oder die Bildung und Ausbildung, die zu dem Beruf hinführen, sind in mindestens einem Drittel der Mitgliedstaaten reglementiert;

c) die gemeinsame Ausbildungsprüfung wurde in einem geeigneten transparenten Verfahren unter Beteiligung der betroffenen Interessenträger aus Mitgliedstaaten, in denen der Beruf nicht reglementiert ist, festgelegt;

d) die gemeinsame Ausbildungsprüfung ermöglicht es Staatsangehörigen aller Mitgliedstaaten, an einer solchen Prüfung und der praktischen Organisation dieser Prüfungen in den Mitgliedstaaten teilzunehmen, ohne zunächst Mitglied einer berufsständischen Organisation oder bei einer solchen Organisation registriert sein zu müssen.

(3) Repräsentative Berufsorganisationen auf Unionsebene und einzelstaatliche Berufsorganisationen oder zuständige Behörden, die mindestens einem Drittel der Mitgliedstaaten angehören, können der Kommission Vorschläge für gemeinsame Ausbildungsprüfungen, die die Bedingungen des Absatzes 2 erfüllen, vorlegen.

(4) Die Kommission wird ermächtigt, delegierte Rechtsakte nach Artikel 57c zu erlassen, um die Inhalte einer gemeinsamen Ausbildungsprüfung und die Bedingungen für die Teilnahme an der Prüfung und das Bestehen der Prüfung festzulegen.

(5) Ein Mitgliedstaat ist von der Verpflichtung, die gemeinsame Ausbildungsprüfung nach Absatz 4 auf seinem Hoheitsgebiet einzuführen, und den Personen, die die gemeinsame Ausbildungsprüfung bestanden haben, automatische Anerkennung zu gewähren, ausgenommen wenn eine der folgenden Bedingungen erfüllt ist:

a) der jeweilige Beruf ist in seinem Hoheitsgebiet nicht reglementiert;

b) durch die Inhalte der gemeinsamen Ausbildungsprüfung werden erhebliche und in seinem Hoheitsgebiet relevante Risiken für die öffentliche Gesundheit oder die Sicherheit der Dienstleistungsempfänger nicht ausreichend gemindert;

c) infolge der Inhalte der gemeinsamen Ausbildungsprüfung, verglichen mit nationalen Anforderungen, würde die Aufnahme des Berufs deutlich weniger attraktiv.

(6) Die Mitgliedstaaten unterrichten binnen sechs Monaten ab dem Inkrafttreten des delegierten Rechtsakts nach Absatz 4 die Kommission und die übrigen Mitgliedstaaten über

a) die zur Durchführung solcher Prüfungen verfügbaren Kapazitäten oder

b) eine Inanspruchnahme der in Absatz 5 aufgeführten Ausnahmen mit der Begründung, welche der in jenem Absatz genannten Bedingungen erfüllt wurden. Die Kommission kann binnen drei Monaten eine zusätzliche Klarstellung verlangen, wenn sie der Auffassung ist, dass ein Mitgliedstaat nicht oder nicht ausreichend begründet hat, dass eine der genannten Bedingungen erfüllt ist. Der Mitgliedstaat beantwortet eine solche Aufforderung binnen drei Monaten.

Die Kommission kann im Wege eines Durchführungrechtsakts die Liste der Mitgliedstaaten, in denen die gemäß Absatz 4 verabschiedeten gemeinsamen Ausbildungsprüfungen stattfinden sollen, sowie die Häufigkeit innerhalb eines Kalenderjahrs und andere zur Veranstaltung gemeinsamer Ausbildungsprüfungen in den Mitgliedstaaten notwendige Regelungen festlegen.

KAPITEL IV

Gemeinsame Bestimmungen für die Niederlassung

Artikel 50 Unterlagen und Formalitäten

(1) Wenn die zuständigen Behörden des Aufnahmemitgliedstaates in Anwendung der Bestimmungen dieses Titels über einen Antrag auf Zulassung zu einem reglementierten Beruf befinden, können sie die in Anhang VII aufgeführten Unterlagen und Bescheinigungen verlangen.

Die in Anhang VII Nummer 1 Buchstaben d, e und f genannten Bescheinigungen dürfen bei ihrer Vorlage nicht älter als drei Monate sein.

Die Mitgliedstaaten, Stellen und sonstigen juristischen Personen sorgen für die Vertraulichkeit der übermittelten Angaben.

(2) Hat der Aufnahmemitgliedstaat berechtigte Zweifel, so kann er von den zuständigen Behörden eines Mitgliedstaats eine Bestätigung der Authentizität der in jenem Mitgliedstaat ausgestellten Bescheinigungen und Ausbildungsnachweise sowie gegebenenfalls eine Bestätigung darüber verlangen, dass der Antragsteller für die in Kapitel III genannten Berufe die Mindestanforderungen der Ausbildung erfüllt, die in den Artikeln 24, 25, 28, 31, 34, 35, 38, 40, 44 und 46 verlangt werden.

(3) Beziehen sich Ausbildungsnachweise nach Artikel 3 Absatz 1 Buchstabe c, die von der zuständigen Behörde eines Mitgliedstaats ausgestellt wurden, auf eine Ausbildung, die ganz oder teilweise in einer rechtmäßig im Hoheitsgebiet eines anderen Mitgliedstaats niedergelassenen Einrichtung absolviert wurde, so kann der Aufnahmemitgliedstaat bei berechtigten Zweifeln bei der zuständigen Stelle des Ausstellungsmitgliedstaats überprüfen,

a) ob der Ausbildungsgang in der betreffenden Einrichtung von der Ausbildungseinrichtung des Ausstellungsmitgliedstaats offiziell bescheinigt worden ist;
b) ob der ausgestellte Ausbildungsnachweis dem entspricht, der verliehen worden wäre, wenn der Ausbildungsgang vollständig im Ausstellungsmitgliedstaat absolviert worden wäre, und
c) ob mit dem Ausbildungsnachweis im Hoheitsgebiet des Ausstellungsmitgliedstaats dieselben beruflichen Rechte verliehen werden.

(3a) Hat der Aufnahmemitgliedstaat berechtigte Zweifel, so kann er von den zuständigen Behörden eines Mitgliedstaats eine Bestätigung der Tatsache verlangen, dass die Ausübung dieses Berufes durch den Antragsteller nicht aufgrund eines schwerwiegenden standeswidrigen Verhaltens oder einer Verurteilung wegen strafbarer Handlungen ausgesetzt oder untersagt wurde.

(3b) Der Informationsaustausch, der aufgrund dieses Artikels zwischen den zuständigen Behörden der einzelnen Mitgliedstaaten stattfindet, erfolgt über das IMI.

(4) Verlangt ein Aufnahmemitgliedstaat von seinen Staatsangehörigen für die Aufnahme oder Ausübung eines reglementierten Berufes eine Eidesleistung oder eine feierliche Erklärung, so sorgt er dafür, dass die Angehörigen der anderen Mitgliedstaaten, die die Formel dieses Eides oder dieser feierlichen Erklärung nicht benutzen können, auf eine geeignete, gleichwertige Formel zurückgreifen können.

Artikel 51 Verfahren für die Anerkennung der Berufsqualifikationen

(1) Die zuständige Behörde des Aufnahmemitgliedstaates bestätigt dem Antragsteller binnen eines Monats den Empfang der Unterlagen und teilt ihm gegebenenfalls mit, welche Unterlagen fehlen.

(2) Das Verfahren für die Prüfung eines Antrags auf Zulassung zu einem reglementierten Beruf muss innerhalb kürzester Frist abgeschlossen werden, spätestens jedoch drei Monate nach Einreichung der vollständigen Unterlagen der betreffenden Person; die Entscheidung muss von der zuständigen Behörde des Aufnahmemitgliedstaates ordnungsgemäß begründet werden. Diese Frist kann jedoch in Fällen, die unter die Kapitel I und II dieses Titels fallen, um einen Monat verlängert werden.

(3) Gegen diese Entscheidung bzw. gegen eine nicht fristgerecht getroffene Entscheidung müssen Rechtsbehelfe nach innerstaatlichem Recht eingelegt werden können.

Artikel 52 Führen der Berufsbezeichnung

(1) Ist in einem Aufnahmemitgliedstaat das Führen der Berufsbezeichnung im Zusammenhang mit einer der betreffenden beruflichen Tätigkeiten reglementiert, so führen die Angehörigen der übrigen Mitgliedstaaten, die nach Titel III einen reglementierten Beruf ausüben dürfen, die entsprechende Berufsbezeichnung des Aufnahmemitgliedstaats und verwenden deren etwaige Abkürzung.

(2) Wenn ein Beruf im Aufnahmemitgliedstaat durch einen Verband oder eine Organisation im Sinne des Artikels 3 Absatz 2 reglementiert ist, dürfen die Staatsangehörigen der Mitgliedstaaten die von diesem Verband oder dieser Organisation zuerkannte Berufsbezeichnung oder deren Abkürzung nur führen, wenn sie nachweisen, dass sie Mitglied des betreffenden Verbandes oder der betreffenden Organisation sind.

Wenn der Verband oder die Organisation die Mitgliedschaft von bestimmten Qualifikationen abhängig macht, sind bei Angehörigen anderer Mitgliedstaaten, die über die Berufsqualifikationen verfügen, die Vorschriften dieser Richtlinie zu beachten.

(3) Ein Mitgliedstaat darf die Führung der Berufsbezeichnung nicht den Inhabern einer Berufsqualifikation vorbehalten, wenn er der Kommission und den übrigen Mitgliedstaaten nicht nach Artikel 3 Absatz 2 den Verband oder die Organisation gemeldet hat.

TITEL IV

MODALITÄTEN DER BERUFSAUSÜBUNG

Artikel 53 Sprachkenntnisse

(1) Berufsangehörige, deren Berufsqualifikation anerkannt wird, müssen über die Spachkenntnisse verfügen, die für die Ausübung ihrer Berufstätigkeit im Aufnahmemitgliedstaat erforderlich sind.

(2) Ein Mitgliedstaat stellt sicher, dass Überprüfungen, die von der zuständigen Behörde oder unter ihrer Aufsicht zur Überprüfung der Einhaltung der Verpflichtung nach Absatz 1 vorgenommen werden, auf die Kenntnis einer Amtssprache des Aufnahmemitgliedstaats oder einer Verwaltungssprache des Aufnahmemitgliedstaats, sofern diese Verwaltungssprache auch Amtssprache der Union ist, beschränkt sind.

(3) Die gemäß Absatz 2 durchgeführten Überprüfungen können vorgeschrieben werden, wenn der auszuübende Beruf Auswirkungen auf die Patientensicherheit hat. Die Überprüfungen können im Fall anderer Berufe vorgeschrieben werden, wenn erhebliche und konkrete Zweifel daran bestehen, dass der Berufsangehörige hinsichtlich der beruflichen Tätigkeit, die der Berufsangehörige auszuüben beabsichtigt, über ausreichende Sprachkenntnisse verfügt.

Die Überprüfungen dürfen erst nach der Ausstellung eines Europäischen Berufsausweises gemäß Artikel 4d bzw. nach der Anerkennung einer Berufsqualifikation vorgenommen werden.

(4) Überprüfungen der Sprachkenntnisse müssen in angemessenem Verhältnis zur auszuübenden Tätigkeit stehen. Der betroffene Berufsangehörige kann gegen diese Überprüfungen Rechtsbehelfe nach nationalem Recht einlegen.

Artikel 54 Führen von Ausbildungsbezeichnungen

Unbeschadet der Artikel 7 und 52 trägt der Aufnahmemitgliedstaat dafür Sorge, dass die betreffenden Personen zum Führen von Ausbildungsbezeichnungen ihres Herkunftsmitgliedstaats und gegebenenfalls der entsprechenden Abkürzung in der Sprache des Herkunftsmitgliedstaats berechtigt sind. Der Aufnahmemitgliedstaat kann vorschreiben, dass neben dieser Bezeichnung Name und Ort der Lehranstalt oder des Prüfungsausschusses aufgeführt werden, die bzw. der diese Ausbildungsbezeichnung verliehen hat. Kann die Ausbildungsbezeichnung des Herkunftsmitgliedstaats im Aufnahmemitgliedstaat mit einer Bezeichnung verwechselt werden, die in Letzterem eine zusätzliche Ausbildung voraussetzt, die die betreffende Person aber nicht erworben hat, so kann der Aufnahmemitgliedstaat vorschreiben, dass die betreffende Person ihre im Herkunftsmitgliedstaat gültige Ausbildungsbezeichnung in einer vom Aufnahmemitgliedstaat festgelegten Form verwendet.

Artikel 55 Kassenzulassung

Unbeschadet des Artikels 5 Absatz 1 und des Artikels 6 Absatz 1 Buchstabe b gilt Folgendes: Mitgliedstaaten, die den Personen, die ihre Berufsqualifikationen in ihrem Hoheitsgebiet erworben haben, nur dann eine Kassenzulassung erteilen, wenn sie einen Vorbereitungslehrgang absolviert und/oder Berufserfahrung erworben haben, befreien die Personen, die ihre Berufsqualifikationen als Arzt bzw. Zahnarzt in einem anderen Mitgliedstaat erworben haben, von dieser Pflicht.

Artikel 55a Anerkennung eines Berufspraktikums

(1) Wenn der Abschluss eines Berufspraktikums Voraussetzung für den Zugang zu einem reglementierten Beruf ist, erkennt die zuständige Behörde des Herkunftsmitgliedstaats bei der Prüfung von Anträgen auf Genehmigung der Ausübung des reglementierten Berufs in einem anderen Mitgliedstaat absolvierte Berufspraktika an, sofern sie den veröffentlichten Leitlinien nach Absatz 2 entsprechen, und berücksichtigt in einem Drittland absolvierte Berufspraktika. Die Mitgliedstaaten können jedoch in nationalen Rechtsvorschriften die Dauer des Teils des Berufspraktikums, der im Ausland absolviert werden kann, auf einen angemessenen Zeitraum begrenzen.

(2) Die Anerkennung des Berufspraktikums ersetzt nicht die Erfüllung geltender Anforderungen bezüglich des Bestehens einer Prüfung, die den Zugang zu dem jeweiligen Beruf ermöglicht. Die zuständigen Behörden veröffentlichen Leitlinien zur Organisation und Anerkennung von in einem anderen Mitgliedstaat oder einem Drittland absolvierten Berufspraktika und insbesondere zu den Aufgaben der Person, die das Berufspraktikum überwacht.

TITEL V

VERWALTUNGSZUSAMMENARBEIT UND DURCHFÜHRUNGSBEFUGNISSE GEGENÜBER DEN BÜRGERN

Artikel 56 Zuständige Behörden

(1) Die zuständigen Behörden der Aufnahme- und Herkunftsmitgliedstaaten arbeiten eng zusammen und leisten sich Amtshilfe, um die Anwendung dieser Richtlinie zu erleichtern. Sie stellen die Vertraulichkeit der ausgetauschten Informationen sicher.

(2) Die zuständigen Behörden im Herkunfts- und im Aufnahmemitgliedstaat unterrichten sich gegenseitig über das Vorliegen disziplinarischer oder strafrechtlicher Sanktionen oder über sonstige schwerwiegende, genau bestimmte Sachverhalte, die sich auf die Ausübung der in dieser Richtlinie erfassten Tätigkeiten auswirken könnten. Dabei sind die Rechtsvorschriften über den Schutz personenbezogener Daten im Sinn der Richtlinien 95/46/EG und 2002/58/EG einzuhalten.

Der Herkunftsmitgliedstaat prüft die Richtigkeit der Sachverhalte; seine Behörden befinden über Art und Umfang der durchzuführenden Prüfungen und unterrichten den Aufnahmemitgliedstaat über die Konsequenzen, die sie aus den übermittelten Auskünften ziehen.

(2a) Für die Zwecke der Absätze 1 und 2 nutzen die zuständigen Behörden das IMI.

(3) Jeder Mitgliedstaat benennt bis 20. Oktober 2007 die Behörden und Stellen, die für die Ausstellung oder Entgegennahme der in dieser Richtlinie genannten Ausbildungsnachweise und sonstigen Unterlagen oder Informationen zuständig sind; ferner benennt er die Behörden und Stellen, die die Anträge annehmen und die Entscheidungen treffen können, die im Zusammenhang mit dieser Richtlinie stehen, und unterrichtet unverzüglich die anderen Mitgliedstaaten und die Kommission hiervon.

(4) Jeder Mitgliedstaat benennt einen Koordinator für die Tätigkeiten der in Absatz 1 genannten zuständigen Behörden und setzt die anderen Mitgliedstaaten und die Kommission davon in Kenntnis.

Die Koordinatoren haben folgende Aufgaben:

a) die Förderung der einheitlichen Anwendung dieser Richtlinie;

b) Sammlung aller Informationen, die für die Anwendung dieser Richtlinie nützlich sind, insbesondere aller Informationen über die Bedingungen für den Zugang zu reglementierten Berufen in den Mitgliedstaaten;

c) Prüfung von Vorschlägen für gemeinsame Ausbildungsrahmen und gemeinsame Ausbildungsprüfungen;

d) Austausch von Informationen und bewährten Verfahren im Hinblick auf die Optimierung der ständigen beruflichen Weiterbildung in den Mitgliedstaaten;

e) Austausch von Informationen und bewährten Verfahren zur Anwendung von Ausgleichsmaßnahmen nach Artikel 14.

Zur Erfüllung ihrer Aufgabe nach Buchstabe b dieses Absatzes können die Koordinatoren die Hilfe der in Artikel 57b genannten Kontaktstellen in Anspruch nehmen.

Artikel 56a Vorwarnmechanismus

(1) Die zuständigen Behörden eines Mitgliedstaats unterrichten die zuständigen Behörden aller anderen Mitgliedstaaten über einen Berufsangehörigen, dem von nationalen Behörden oder Gerichten die Ausübung folgender beruflicher Tätigkeiten im Hoheitsgebiet dieses Mitgliedstaats ganz oder teilweise – auch vorübergehend – untersagt worden ist oder diesbezügliche Beschränkungen auferlegt worden sind:

a) Arzt und Arzt für Allgemeinmedizin als Inhaber eines in Anhang V Nummern 5.1.1 und 5.1.4 aufgeführten Ausbildungsnachweises;

b) Facharzt, der eine in Anhang V Nummer 5.1.3 aufgeführten Bezeichnung führt;

c) Krankenschwester/Krankenpfleger, die/der für die allgemeine Pflege verantwortlich ist, als Inhaber eines in Anhang V Nummer 5.2.2 aufgeführten Ausbildungsnachweises;

d) Zahnarzt als Inhaber eines in Anhang V Nummer 5.3.2 aufgeführten Ausbildungsnachweises;

e) Fachzahnarzt als Inhaber eines in Anhang V Nummer 5.3.3 aufgeführten Ausbildungsnachweises;

f) Tierarzt als Inhaber eines in Anhang V Nummer 5.4.2. aufgeführten Ausbildungsnachweises;

g) Hebamme als Inhaber eines in Anhang V Nummer 5.5.2 aufgeführten Ausbildungsnachweises;

h) Apotheker als Inhaber eines in Anhang V Nummer 5.6.2 aufgeführten Ausbildungsnachweises;

i) Inhaber von in Anhang VII Nummer 2 genannten Bescheinigungen, die bescheinigen, dass der Inhaber eine Ausbildung abgeschlossen hat, die den in den Artikeln 24, 25, 31, 34, 35, 38, 40 oder 44 aufgeführten Mindestanforderungen jeweils entspricht, jedoch vor den in Anhang V Nummer 5.1.3, 5.1.4, 5.2.2, 5.3.2, 5.3.3, 5.4.2, 5.5.2 bzw. 5.6.2 genannten Stichtagen für die Qualifikationen begonnen wurde;

j) Inhaber von Bescheinigungen über die erworbenen Rechte nach den Artikeln 23, 27, 29, 33, 33a, 37, 43 und 43a;

k) sonstige Berufsangehörige, die Tätigkeiten ausüben, die Auswirkungen auf die Patientensicherheit haben, sofern diese Berufsangehörigen einen in dem jeweiligen Mitgliedstaat reglementierten Beruf ausüben;

l) Berufsangehörige, die Tätigkeiten im Bereich der Erziehung Minderjähriger, einschließlich Kinderbetreuungseinrichtungen und frühkindliche Erziehung, ausüben, sofern diese Berufsangehörigen einen in dem jeweiligen Mitgliedstaat reglementierten Beruf ausüben.

(2) Die zuständigen Behörden übermitteln die in Absatz 1 genannten Angaben mittels einer Warnung über das IMI spätestens drei Tage nach Erlass der Entscheidung über die vollständige oder teilweise Beschränkung oder Untersagung der Ausübung der beruflichen Tätigkeit durch den betreffenden Berufsangehörigen. Die Angaben beschränken sich auf Folgendes:

a) Identität des Berufsangehörigen;

b) betroffener Beruf;

c) Angaben über die einzelstaatliche Behörde oder das einzelstaatliche Gericht, die/das die Entscheidung über die Beschränkung oder Untersagung getroffen hat;

d) Umfang der Beschränkung oder Untersagung;

e) Zeitraum, in dem die Beschränkung oder Untersagung gilt.

(3) Die zuständigen Behörden eines betroffenen Mitgliedstaats unterrichten die zuständigen Behörden aller übrigen Mitgliedstaaten spätestens drei Tage nach Annahme der Gerichtsentscheidung mittels einer Warnung über das IMI von der Identität von Berufsangehörigen, die die Anerkennung einer Qualifikation gemäß dieser Richtlinie beantragt haben und bei denen später gerichtlich festgestellt wurde, dass sie dabei gefälschte Berufsqualifikationsnachweise verwendet haben.

(4) Die Verarbeitung personenbezogener Daten für die Zwecke des Informationsaustauschs nach den Absätzen 1 und 3 erfolgt im Einklang mit den Richtlinien 95/46/EG und 2002/58/EG. Die Verarbeitung personenbezogener Daten durch die Kommission erfolgt im Einklang mit der Verordnung (EG) Nr. 45/2001.

(5) Die zuständigen Behörden aller Mitgliedstaaten sind unverzüglich zu unterrichten, wenn die Geltungsdauer einer Untersagung oder Beschränkung nach Absatz 1 abgelaufen ist. Hierzu ist die zuständige Behörde des Mitgliedstaats, der die Informationen nach Absatz 1 übermittelt, auch zu verpflichten, das Datum des Ablaufs der Geltungsdauer und spätere Änderungen dieses Datums anzugeben.

(6) Die Mitgliedstaaten sehen vor, dass Berufsangehörige, bezüglich derer Warnungen an andere Mitgliedstaaten übermittelt werden, gleichzeitig mit der Warnung schriftlich von der Entscheidung über die Warnung unterrichtet werden, nach nationalem Recht Rechtsbehelfe gegen die Entscheidung einlegen oder die Berichtigung dieser Entscheidung verlangen können und Zugang zu Abhilfemaßnahmen im Fall von Schäden haben, die durch zu Unrecht an andere Mitgliedstaaten übermittelte Warnungen entstanden sind; in diesen Fällen wird die Entscheidung über die Warnung durch den Hinweis ergänzt, dass der Berufsangehörige Rechtsmittel gegen die Entscheidung eingelegt hat.

(7) Daten bezüglich Warnungen dürfen nur so lange im IMI bleiben, wie sie gültig sind. Warnungen sind binnen drei Tagen ab dem Datum der Annahme der Entscheidung über ihren Widerruf oder ab dem Zeitpunkt des Ablaufs der Geltungsdauer der Untersagung oder Beschränkung nach Absatz 1 zu löschen.

(8) Die Kommission erlässt Durchführungsrechtsakte für die Anwendung des Vorwarnmechanismus. Diese Durchführungsrechtsakte enthalten Bestimmungen über die Behörden, die berechtigt sind, Warnungen zu übermitteln oder entgegenzunehmen und über Widerruf und Aufhebung von Warnungen und über Maßnahmen zur Gewährleistung der Sicherheit bei der Datenverarbeitung. Die Durchführungsrechtsakte werden nach dem Prüfverfahren gemäß Artikel 58 Absatz 2 erlassen.

Artikel 57 Zentraler Online-Zugang zu Informationen

(1) Die Mitgliedstaaten tragen dafür Sorge, dass folgende Informationen über die einheitlichen Ansprechpartner nach Artikel 6 der Richtlinie 2006/123/EG des Europäischen Parlaments und des Rates vom 12. Dezember 2006 über Dienstleistungen im Binnenmarkt[1)] online zugänglich sind und regelmäßig aktualisiert werden:

---

1) Amtliche Fußnote: ABl. ABl. L 376 vom 27. 12. 2006, S. 36.

a) ein Verzeichnis aller in dem Mitgliedstaat reglementierten Berufe im Sinn von Artikel 3 Absatz 1 Buchstabe a sowie die Kontaktdaten der für die einzelnen reglementierten Berufe zuständigen Behörden und der Beratungszentren nach Artikel 57b;

b) ein Verzeichnis aller Berufe, für die ein Europäischer Berufsausweis verfügbar ist, der Funktionsweise des Ausweises – einschließlich aller für die Berufsangehörigen anfallenden Gebühren – und der für seine Ausstellung zuständigen Behörden;

c) ein Verzeichnis aller Berufe, auf die nach den nationalen Rechts- und Verwaltungsvorschriften des Mitgliedstaats Artikel 7 Absatz 4 Anwendung findet;

d) ein Verzeichnis der reglementierten Ausbildungsgänge und der besonders strukturierten Ausbildungsgänge nach Artikel 11 Buchstabe c Ziffer ii;

e) die in den Artikeln 7, 50, 51 und 53 aufgeführten Anforderungen und Verfahren für die in den Mitgliedstaaten reglementierten Berufe, einschließlich aller damit verbundenen von den Bürgern zu entrichtenden Gebühren und aller von den Bürgern bei den zuständigen Behörden vorzulegenden Unterlagen;

f) Angaben über das Einlegen von Rechtsbehelfen gemäß den nationalen Rechts- und Verwaltungsvorschriften gegen aufgrund dieser Richtlinie erlassene Entscheidungen der zuständigen Behörden.

(2) Die Mitgliedstaaten stellen sicher, dass die Informationen nach Absatz 1 in für die Nutzer klarer und umfassender Weise erteilt werden, aus der Ferne und elektronisch leicht zugänglich sind und dem neuesten Stand entsprechen.

(3) Die Mitgliedstaaten stellen sicher, dass an die einheitlichen Ansprechpartner gerichtete Informationsersuchen so rasch wie möglich beantwortet werden.

(4) Die Mitgliedstaaten und die Kommission ergreifen begleitende Maßnahmen, um den einheitlichen Ansprechpartnern nahe zu legen, die Informationen nach Absatz 1 auch in anderen Amtssprachen der Union bereitzustellen. Die Rechtsvorschriften der Mitgliedstaaten über die Verwendung von Sprachen bleiben davon unberührt.

(5) Die Mitgliedstaaten arbeiten für die Zwecke der Umsetzung der Absätze 1, 2 und 4 miteinander und mit der Kommission zusammen.

Artikel 57a Elektronische Verfahren

(1) Die Mitgliedstaaten stellen sicher, dass alle Verfahren und Formalitäten, die die unter diese Richtlinie fallenden Angelegenheiten betreffen, leicht aus der Ferne und elektronisch über den jeweiligen einheitlichen Ansprechpartner oder die jeweiligen zuständigen Behörden abgewickelt werden können. Dies hindert die zuständigen Behörden der Mitgliedstaaten nicht daran, später im Fall begründeter Zweifel und soweit unbedingt geboten beglaubigte Kopien zu verlangen.

(2) Absatz 1 findet keine Anwendung auf die Durchführung eines Anpassungslehrgangs oder einer Eignungsprüfung.

(3) Wenn es gerechtfertigt ist, dass die Mitgliedstaaten zur Abwicklung der Verfahren nach Absatz 1 dieses Artikels um die Verwendung fortgeschrittener elektronischer Signaturen im Sinne der Definition in Artikel 2 Nummer 2 der Richtlinie 1999/93/EG des Europäischen Parlaments und des Rates über gemeinschaftliche Rahmenbedingungen für elektronische Signaturen[1)] bitten, akzeptieren die Mitgliedstaaten elektronische Signaturen, die mit der Entscheidung 2009/

---

1) Amtliche Fußnote: ABl. ABl. L 13 vom 19. 1. 2000, S. 12.

767/EG der Kommission vom 16. Oktober 2009 über Maßnahmen zur Erleichterung der Nutzung elektronischer Verfahren über „einheitliche Ansprechpartner“ gemäß der Richtlinie 2006/123/EG des Europäischen Parlaments und des Rates über Dienstleistungen im Binnenmarkt[1] konform sind, und sorgen für die technischen Mittel zur Verarbeitung von Dokumenten mit fortgeschrittenen elektronischen Signaturen in Formaten, die in dem Beschluss 2011/130/EU der Kommission vom 25. Februar 2011 über Mindestanforderungen für die grenzüberschreitende Verarbeitung von Dokumenten, die gemäß der Richtlinie 2006/123/EG des Europäischen Parlaments und des Rates über Dienstleistungen im Binnenmarkt von zuständigen Behörden elektronisch signiert worden sind[2], festgelegt sind.

(4) Alle Verfahren werden in Einklang mit Artikel 8 der Richtlinie 2006/123/EG, der einheitliche Ansprechpartner betrifft, durchgeführt. Die Verfahrensfristen nach Artikel 7 Absatz 4 und Artikel 51 dieser Richtlinie laufen ab dem Zeitpunkt, in dem ein Bürger seinen Antrag oder ein fehlendes Dokument bei einem einheitlichen Ansprechpartner oder unmittelbar bei der jeweiligen zuständigen Behörde einreicht. Eine Aufforderung zur Vorlage beglaubigter Kopien im Sinn von Absatz 1 dieses Artikels gilt nicht als Aufforderung zur Vorlage fehlender Dokumente.

Artikel 57b Beratungszentren

(1) Jeder Mitgliedstaat benennt bis spätestens 18. Januar 2016 ein Beratungszentrum, das den Auftrag hat, die Bürger und die Beratungszentren der anderen Mitgliedstaaten hinsichtlich der Anerkennung von Berufsqualifikationen gemäß dieser Richtlinie zu beraten, einschließlich der Information über die nationalen Rechtsvorschriften für die Aufnahme und Ausübung einer Berufstätigkeit, des Sozialrechts, sowie über etwaige Standesregeln und berufsethische Regeln.

(2) Die Beratungszentren in den Aufnahmemitgliedstaaten unterstützen die Bürger bei der Wahrnehmung der Rechte aus dieser Richtlinie, bei Bedarf unter Einschaltung des Beratungszentrums im Herkunftsmitgliedstaat sowie der zuständigen Behörden und des einheitlichen Ansprechpartners im Aufnahmemitgliedstaat.

(3) Alle zuständigen Behörden im Herkunfts- oder im Aufnahmemitgliedstaat sind aufgefordert, mit dem Beratungszentrum im Aufnahmemitgliedstaat und, soweit zweckmäßig, im Herkunftsmitgliedstaat uneingeschränkt zusammenzuarbeiten und diesen Beratungszentren auf Antrag und unter Einhaltung der Datenschutzvorschriften entsprechend den Richtlinien 95/46/EG und 2002/58/EG alle relevanten Informationen über Einzelfälle bereitzustellen.

(4) Auf Ersuchen der Kommission unterrichten die Beratungszentren binnen zwei Monaten nach Eingang dieses Ersuchens die Kommission über die Ergebnisse der Untersuchungen, mit denen sie befasst sind.

Artikel 57c Ausübung der Befugnisübertragung

(1) Die Befugnis zum Erlass delegierter Rechtsakte wird der Kommission unter den in diesem Artikel festgelegten Bedingungen übertragen.

(2) Die Befugnis zum Erlass delegierter Rechtsakte nach Artikel 3 Absatz 2 Unterabsatz 3, Artikel 20, Artikel 21 Absatz 6 Unterabsatz 2, Artikel 21a Absatz 4, Artikel 25 Absatz 5, Artikel 26 Absatz 2, Artikel 31 Absatz 2 Unterab-

1) Amtliche Fußnote: ABl. ABl. L 274 vom 20. 10. 2009, S. 36.
2) Amtliche Fußnote: ABl. ABl. L 53 vom 26. 2. 2011, S. 66.

satz 2, Artikel 34 Absatz 2 Unterabsatz 2, Artikel 35 Absätze 4 und 5, Artikel 38 Absatz 1 Unterabsatz 2, Artikel 40 Absatz 1 Unterabsatz 3, Artikel 44 Absatz 2 Unterabsatz 2, Artikel 49a Absatz 4 und Artikel 49b Absatz 4 wird der Kommission für einen Zeitraum von fünf Jahren ab dem 17. Januar 2014 übertragen. Die Kommission erstellt spätestens neun Monate vor Ablauf des Zeitraums von fünf Jahren einen Bericht über die Befugnisübertragung. Die Befugnisübertragung verlängert sich stillschweigend um Zeiträume gleicher Länge, es sei denn, das Europäische Parlament oder der Rat widersprechen einer solchen Verlängerung spätestens drei Monate vor Ablauf des jeweiligen Zeitraums.

(3) Die Befugnisübertragung nach Artikel 3 Absatz 2 Unterabsatz 3, Artikel 20, Artikel 21 Absatz 6 Unterabsatz 2, Artikel 21a Absatz 4, Artikel 25 Absatz 5, Artikel 26 Absatz 2, Artikel 31 Absatz 2 Unterabsatz 2, Artikel 34 Absatz 2 Unterabsatz 2, Artikel 35 Absätze 4 und 5, Artikel 38 Absatz 1 Unterabsatz 2, Artikel 40 Absatz 1 Unterabsatz 3, Artikel 44 Absatz 2 Unterabsatz 2, Artikel 49a Absatz 4 und Artikel 49b Absatz 4 kann vom Europäischen Parlament oder vom Rat jederzeit widerrufen werden. Der Beschluss über den Widerruf beendet die Übertragung der in diesem Beschluss genannten Befugnis. Er wird am Tag nach seiner Veröffentlichung im *Amtsblatt der Europäischen Union* oder zu einem im Beschluss angegebenen späteren Zeitpunkt wirksam. Die Gültigkeit von delegierten Rechtsakten, die bereits in Kraft sind, wird von dem Beschluss über den Widerruf nicht berührt.

(4) Sobald die Kommission einen delegierten Rechtsakt erlässt, teilt sie ihn gleichzeitig dem Europäischen Parlament und dem Rat mit.

(5) Ein delegierter Rechtsakt, der gemäß Artikel 3 Absatz 2 Unterabsatz 3, Artikel 20, Artikel 21 Absatz 6 Unterabsatz 2, Artikel 21a Absatz 4, Artikel 25 Absatz 5, Artikel 26 Absatz 2, Artikel 31 Absatz 2 Unterabsatz 2, Artikel 34 Absatz 2 Unterabsatz 2, Artikel 35 Absätze 4 und 5, Artikel 38 Absatz 1 Unterabsatz 2, Artikel 40 Absatz 1 Unterabsatz 3, Artikel 44 Absatz 2 Unterabsatz 2, Artikel 49a Absatz 4 und Artikel 49b Absatz 4 erlassen wurde, tritt nur in Kraft, wenn weder das Europäische Parlament noch der Rat innerhalb von zwei Monaten nach Übermittlung dieses Rechtsakts an das Europäische Parlament und den Rat Einwände erhoben haben oder wenn vor Ablauf dieser Frist das Europäische Parlament und der Rat beide der Kommission mitgeteilt haben, dass sie keine Einwände erheben werden. Auf Initiative des Europäischen Parlaments oder des Rates wird diese Frist um zwei Monate verlängert.

Artikel 58 Ausschussverfahren

(1) Die Kommission wird von einem Ausschuss für die Anerkennung von Berufsqualifikationen unterstützt. Dabei handelt es sich um einen Ausschuss im Sinne der Verordnung (EU) Nr. 182/2011.

(2) Wird auf diesen Absatz Bezug genommen, so gilt Artikel 5 der Verordnung (EU) Nr. 182/2011.

Artikel 59 Transparenz

(1) Die Mitgliedstaaten übermitteln der Kommission bis zum 18. Januar 2016 ein Verzeichnis der derzeit reglementierten Berufe mit Angabe der Tätigkeiten, die durch die einzelnen Berufe abgedeckt werden, sowie ein Verzeichnis der in ihrem Hoheitsgebiet reglementierten Ausbildungsgänge und der besonders strukturierten Berufsausbildungen im Sinne von Artikel 11 Buchstabe c Ziffer ii. Auch jede Änderung dieser Verzeichnisse wird der Kommission unverzüglich mitgeteilt.

Die Kommission richtet eine öffentlich verfügbare Datenbank der reglementierten Berufe, einschließlich einer allgemeinen Beschreibung der Tätigkeiten, die durch die einzelnen Berufe abgedeckt werden, ein und unterhält sie.

(2) Die Mitgliedstaaten übermitteln der Kommission bis zum 18. Januar 2016 das Verzeichnis der Berufe, bei denen eine Nachprüfung der Qualifikationen gemäß Artikel 7 Absatz 4 erforderlich ist. Die Mitgliedstaaten rechtfertigen gegenüber der Kommission gesondert die Aufnahme jedes einzelnen Berufs in dieses Verzeichnis.

(3) Die Mitgliedstaaten prüfen, ob nach ihrer Rechtsordnung geltende Anforderungen zur Beschränkung der Aufnahme oder Ausübung eines Berufs durch die Inhaber einer bestimmten Berufsqualifikation, einschließlich des Führens der Berufsbezeichnung und der im Rahmen dieser Berufsbezeichnung erlaubten beruflichen Tätigkeiten, die in diesem Artikel als „Anforderungen" bezeichnet werden, mit folgenden Grundsätzen vereinbar sind:

a) Die Anforderungen dürfen weder eine direkte noch eine indirekte Diskriminierung aufgrund der Staatsangehörigkeit oder des Wohnsitzes darstellen;
b) die Anforderungen müssen durch übergeordnete Gründe des Allgemeininteresses gerechtfertigt sein;
c) die Anforderungen müssen zur Verwirklichung des mit ihnen verfolgten Ziels geeignet sein und dürfen nicht über das hinausgehen, was zur Erreichung dieses Ziels erforderlich ist.

(4) Absatz 1 gilt auch für Berufe, die in einem Mitgliedstaat durch einen Verband oder eine Organisation im Sinne des Artikels 3 Absatz 2 reglementiert sind, sowie für alle Anforderungen in Verbindung mit der Mitgliedschaft dieser Verbände oder Organisationen.

(5) Bis zum 18. Januar 2016 geben die Mitgliedstaaten der Kommission bekannt, welche Anforderungen sie aufrechterhalten wollen und aus welchen Gründen die Anforderungen ihrer Ansicht nach mit Absatz 3 konform sind. Zudem machen die Mitgliedstaaten binnen sechs Monaten nach ihrer Annahme Angaben dazu, welche Anforderungen sie zu einem späteren Zeitpunkt eingeführt haben und aus welchen Gründen die Anforderungen ihrer Ansicht nach mit Absatz 3 konform sind.

(6) Bis zum 18. Januar 2016 und danach alle zwei Jahre erstatten die Mitgliedstaaten der Kommission außerdem Bericht über die Anforderungen, die aufgehoben oder gelockert wurden.

(7) Die Kommission leitet die in Absatz 6 genannten Berichte an die anderen Mitgliedstaaten weiter, die binnen sechs Monaten ihre Anmerkungen dazu vorlegen. Innerhalb desselben Zeitraums konsultiert die Kommission interessierte Parteien einschließlich der Angehörigen der betreffenden Berufe.

(8) Die Kommission erstellt auf der Grundlage der von den Mitgliedstaaten vorgelegten Angaben einen zusammenfassenden Bericht für die durch den Beschluss 2007/172/EG der Kommission vom 19. März 2007 zur Einsetzung einer Koordinatorengruppe auf dem Gebiet der Anerkennung der Berufsqualifikationen eingesetzte Koordinatorengruppe, die dazu Stellung nehmen kann[1)].

(9) Unter Berücksichtigung der in den Absätzen 7 und 8 genannten Stellungnahme legt die Kommission dem Europäischen Parlament und dem Rat bis zum 18. Januar 2017 einen zusammenfassenden Bericht vor; diesem fügt sie gegebenenfalls Vorschläge für ergänzende Initiativen bei.

---

1) Amtliche Fußnote: ABl. ABl. L 79 vom 20. 3. 2007, S. 38.

TITEL VI
SONSTIGE BESTIMMUNGEN

Artikel 60 Berichte

(1) Ab 20. Oktober 2007 legen die Mitgliedstaaten der Kommission alle zwei Jahre einen Bericht über die Anwendung des eingeführten Systems vor. Neben den allgemeinen Ausführungen enthält dieser Bericht eine statistische Aufstellung der getroffenen Entscheidungen sowie eine Beschreibung der Hauptprobleme, die sich aus der Anwendung dieser Richtlinie ergeben.

Ab dem 18. Januar 2016 umfasst die statistische Aufstellung der getroffenen Entscheidungen nach Unterabsatz 1 ausführliche Angaben über die Anzahl und die Art der aufgrund dieser Richtlinie getroffenen Entscheidungen, einschließlich der Art von Entscheidungen, die die zuständigen Behörden gemäß Artikel 4f über partiellen Zugang treffen, und eine Darlegung der wichtigsten Probleme, die sich aus der Anwendung dieser Richtlinie ergeben.

(2) Bis zum 18. Januar 2019 und danach alle fünf Jahre veröffentlicht die Kommission einen Bericht über die Durchführung dieser Richtlinie.

In dem ersten Bericht ist ein besonderer Schwerpunkt auf die durch diese Richtlinie eingeführten neuen Elemente zu legen, und es sind folgende Themen besonders zu behandeln:

a) Funktion des Europäischen Berufsausweises,
b) Aktualisierung der Kenntnisse, Fähigkeiten und Kompetenzen bei den unter Titel III Kapitel III fallenden Berufen, einschließlich der Liste der Kompetenzen gemäß Artikel 31 Absatz 7,
c) Funktion der gemeinsamen Ausbildungsrahmen und der gemeinsamen Ausbildungsprüfungen,
d) Ergebnisse des in den rumänischen Rechts- und Verwaltungsvorschriften festgelegten speziellen Aufstiegsfortbildungsprogramms für die Inhaber der Ausbildungsnachweise nach Artikel 33a und die Inhaber der Ausbildungsnachweise der postsekundären Stufe, damit geprüft werden kann, ob die aktuellen Bestimmungen über das System der erworbenen Rechte, das auf die rumänischen Ausbildungsnachweise von für die allgemeine Pflege verantwortlichen Krankenschwestern/Krankenpflegern Anwendung findet, geändert werden müssen.

Die Mitgliedstaaten stellen sämtliche Informationen zur Verfügung, die zur Ausarbeitung dieses Berichts notwendig sind.

Artikel 61 Ausnahmebestimmung

Falls ein Mitgliedstaat bei der Anwendung einer Bestimmung dieser Richtlinie in bestimmten Bereichen auf erhebliche Schwierigkeiten stößt, untersucht die Kommission diese Schwierigkeiten gemeinsam mit diesem Mitgliedstaat.

Bei Bedarf erlässt die Kommission einen Durchführungsrechtsakt, um dem betreffenden Mitgliedstaat zu erlauben, vorübergehend von der Anwendung der betreffenden Vorschrift abzusehen.

Artikel 62 Aufhebung

Die Richtlinien 77/452/EWG, 77/453/EWG, 78/686/EWG, 78/687/EWG, 78/1026/EWG, 78/1027/EWG, 80/154/EWG, 80/155/EWG, 85/384/EWG, 85/432/EWG, 85/

433/EWG, 89/48/EWG, 92/51/EWG, 93/16/EWG und 1999/42/EG werden mit Wirkung vom 20. Oktober 2007 aufgehoben. Bezugnahmen auf die aufgehobenen Richtlinien sind als Bezugnahmen auf diese Richtlinie zu verstehen und erfolgen unbeschadet der auf der Grundlage dieser Richtlinien verabschiedeten Rechtsakte.

Artikel 63 Umsetzung

Die Mitgliedstaaten setzen die Rechts- und Verwaltungsvorschriften in Kraft, die erforderlich sind, um dieser Richtlinie bis spätestens 20. Oktober 2007 nachzukommen. Sie unterrichten die Kommission unverzüglich darüber.

Wenn die Mitgliedstaaten diese Vorschriften erlassen, nehmen sie in diesen Vorschriften selbst oder durch einen Hinweis bei der amtlichen Veröffentlichung auf diese Richtlinie Bezug. Die Mitgliedstaaten regeln die Einzelheiten der Bezugnahme.

Artikel 64 Inkrafttreten

Diese Richtlinie tritt am zwanzigsten Tag nach ihrer Veröffentlichung im *Amtsblatt der Europäischen Union* in Kraft.*

Artikel 65 Adressaten

Diese Richtlinie ist an die Mitgliedstaaten gerichtet.

(Vom Abdruck der Anhänge I-VII wurde abgesehen)

---

* Die Veröffentlichung erfolgte am 30. September 2005.

448 Richtlinie 2006/54/EG des Europäischen Parlaments und des Rates vom 5. Juli 2006 zur Verwirklichung des Grundsatzes der Chancengleichheit und Gleichbehandlung von Männern und Frauen in Arbeits- und Beschäftigungsfragen (Neufassung)

(ABl. L 204 vom 26. 7. 2006 S. 23)

Inhaltsübersicht*

---

* Nicht amtlich.

DAS EUROPÄISCHE PARLAMENT UND DER RAT DER EUROPÄISCHEN UNION –

gestützt auf den Vertrag zur Gründung der Europäischen Gemeinschaft, insbesondere auf Artikel 141 Absatz 3,

auf Vorschlag der Kommission,

nach Stellungnahme des Europäischen Wirtschafts- und Sozialausschusses*,

gemäß dem Verfahren des Artikels 251 des Vertrags**,

in Erwägung nachstehender Gründe:

(1) Die Richtlinie 76/207/EWG des Rates vom 9. Februar 1976 zur Verwirklichung des Grundsatzes der Gleichbehandlung von Männern und Frauen hinsichtlich des Zugangs zur Beschäftigung, zur Berufsbildung und zum beruflichen Aufstieg sowie in Bezug auf die Arbeitsbedingungen*** und die Richtlinie 86/378/EWG des Rates vom 24. Juli 1986 zur Verwirklichung des Grundsatzes der Gleichbehandlung von Männern und Frauen bei den betrieblichen Systemen der sozialen Sicherheit**** wurden erheblich geändert*****. Die Richtlinie 75/117/EWG des Rates vom 10. Februar 1975 zur Angleichung der Rechtsvorschriften der Mitgliedstaaten über die Anwendung des Grundsatzes des gleichen Entgelts für Männer und Frauen****** und die Richtlinie 97/80/EG des Rates vom 15. Dezember 1997 über die Beweislast bei Diskriminierung aufgrund des Geschlechts******* enthalten ebenfalls Bestimmungen, deren Ziel die Verwirklichung des Grundsatzes der Gleichbehandlung von Männern und Frauen ist. Anlässlich neuerlicher Änderungen der genannten Richtlinien empfiehlt sich aus Gründen der Klarheit eine Neufassung sowie die Zusammenfassung der wichtigsten Bestimmungen auf diesem Gebiet mit verschiedenen Entwicklungen aufgrund der Rechtsprechung des Gerichtshofs der Europäischen Gemeinschaften (im Folgenden „Gerichtshof") in einem einzigen Text.

(2) Die Gleichstellung von Männern und Frauen stellt nach Artikel 2 und Artikel 3 Absatz 2 des Vertrags sowie nach der Rechtsprechung des Gerichtshofs ein grundlegendes Prinzip dar. In diesen Vertragsbestimmungen wird die Gleichstellung von Männern und Frauen als Aufgabe und Ziel der Gemeinschaft bezeichnet, und es wird eine positive Verpflichtung begründet, sie bei allen Tätigkeiten der Gemeinschaft zu fördern.

---

* Amtliche Fußnote: ABl. C 157 vom 28. 6. 2005, S. 83.

** Amtliche Fußnote: Stellungnahme des Europäischen Parlaments vom 6. Juli 2005 (noch nicht im Amtsblatt veröffentlicht), Gemeinsamer Standpunkt des Rates vom 10. März 2006 (ABl. C 126 E vom 30. 5. 2006, S. 33) und Standpunkt des Europäischen Parlaments vom 1. Juni 2006 (noch nicht im Amtsblatt veröffentlicht).

*** Amtliche Fußnote: ABl. L 39 vom 14. 2. 1976, S. 40. Geändert durch die Richtlinie 2002/73/EG des Europäischen Parlaments und des Rates (ABl. L 269 vom 5. 10. 2002, S. 15).

**** Amtliche Fußnote: ABl. L 225 vom 12. 8. 1986, S. 40. Geändert durch die Richtlinie 96/97/EG (ABl. L 46 vom 17. 2. 1997, S. 20).

***** Amtliche Fußnote: Siehe Anhang I Teil A.

****** Amtliche Fußnote: ABl. L 45 vom 19. 2. 1975, S. 19.

******* Amtliche Fußnote: ABl. L 14 vom 20. 1. 1998, S. 6. Geändert durch die Richtlinie 98/52/EG (ABl. L 205 vom 22. 7. 1998, S. 66).

(3) Der Gerichtshof hat festgestellt, dass die Tragweite des Grundsatzes der Gleichbehandlung von Männern und Frauen nicht auf das Verbot der Diskriminierung aufgrund des natürlichen Geschlechts einer Person beschränkt werden kann. Angesichts seiner Zielsetzung und der Art der Rechte, die damit geschützt werden sollen, gilt er auch für Diskriminierungen aufgrund einer Geschlechtsumwandlung.

(4) Artikel 141 Absatz 3 des Vertrags bietet nunmehr eine spezifische Rechtsgrundlage für den Erlass von Gemeinschaftsmaßnahmen zur Sicherstellung des Grundsatzes der Chancengleichheit und der Gleichbehandlung in Arbeits- und Beschäftigungsfragen, einschließlich des gleichen Entgelts für gleiche oder gleichwertige Arbeit.

(5) Die Artikel 21 und 23 der Charta der Grundrechte der Europäischen Union verbieten ebenfalls jegliche Diskriminierung aufgrund des Geschlechts und verankern das Recht auf Gleichbehandlung von Männern und Frauen in allen Bereichen, einschließlich Beschäftigung, Arbeit und Entgelt.

(6) Die Belästigung einer Person und die sexuelle Belästigung stellen einen Verstoß gegen den Grundsatz der Gleichbehandlung von Männern und Frauen dar und sind somit als Diskriminierung aufgrund des Geschlechts im Sinne dieser Richtlinie anzusehen. Diese Formen der Diskriminierung kommen nicht nur am Arbeitsplatz vor, sondern auch im Zusammenhang mit dem Zugang zur Beschäftigung, zur Berufsbildung und zum beruflichen Aufstieg. Diese Formen der Diskriminierung sollten daher verboten werden, und es sollten wirksame, verhältnismäßige und abschreckende Sanktionen vorgesehen werden.

(7) In diesem Zusammenhang sollten die Arbeitgeber und die für Berufsbildung zuständigen Personen ersucht werden, Maßnahmen zu ergreifen, um im Einklang mit den innerstaatlichen Rechtsvorschriften und Gepflogenheiten gegen alle Formen der Diskriminierung aufgrund des Geschlechts vorzugehen und insbesondere präventive Maßnahmen zur Bekämpfung der Belästigung und der sexuellen Belästigung am Arbeitsplatz ebenso wie beim Zugang zur Beschäftigung, zur Berufsbildung und zum beruflichen Aufstieg zu treffen.

(8) Der Grundsatz des gleichen Entgelts für gleiche oder gleichwertige Arbeit, gemäß Artikel 141 des Vertrags, der vom Gerichtshof in ständiger Rechtsprechung bestätigt wurde, ist ein wichtiger Aspekt des Grundsatzes der Gleichbehandlung von Männern und Frauen und ein wesentlicher und unverzichtbarer Bestandteil sowohl des gemeinschaftlichen Besitzstands als auch der Rechtsprechung des Gerichtshofs im Bereich der Diskriminierung aufgrund des Geschlechts. Daher sollten weitere Bestimmungen zu seiner Verwirklichung festgelegt werden.

(9) Um festzustellen, ob Arbeitnehmer eine gleiche oder gleichwertige Arbeit verrichten, sollte gemäß der ständigen Rechtsprechung des Gerichtshofs geprüft werden, ob sich diese Arbeitnehmer in Bezug auf verschiedene Faktoren, zu denen unter anderem die Art der Arbeit und der Ausbildung und die Arbeitsbedingungen gehören, in einer vergleichbaren Lage befinden.

(10) Der Gerichtshof hat festgestellt, dass der Grundsatz des gleichen Entgelts unter bestimmten Umständen nicht nur für Situationen gilt, in denen Männer und Frauen für denselben Arbeitgeber arbeiten.

(11) Die Mitgliedstaaten sollten weiterhin gemeinsam mit den Sozialpartnern dem Problem des anhaltenden geschlechtsspezifischen Lohngefälles und der nach wie vor ausgeprägten Geschlechtertrennung auf dem Arbeitsmarkt bei-

spielsweise durch flexible Arbeitszeitregelungen entgegenwirken, die es sowohl Männern als auch Frauen ermöglichen, Familie und Beruf besser miteinander in Einklang zu bringen. Dies könnte auch angemessene Regelungen für den Elternurlaub, die von beiden Elternteilen in Anspruch genommen werden könnten, sowie die Bereitstellung zugänglicher und erschwinglicher Einrichtungen für die Kinderbetreuung und die Betreuung pflegebedürftiger Personen einschließen.

(12) Es sollten spezifische Maßnahmen erlassen werden, um die Verwirklichung des Grundsatzes der Gleichbehandlung in den betrieblichen Systemen der sozialen Sicherheit zu gewährleisten und seinen Geltungsbereich klarer zu definieren.

(13) Mit seinem Urteil vom 17. Mai 1990 in der Rechtssache C-262/88* befand der Gerichtshof, dass alle Formen von Betriebsrenten Bestandteil des Entgelts im Sinne von Artikel 141 des Vertrags sind.

(14) Auch wenn sich der Begriff des Entgelts im Sinne des Artikels 141 des Vertrags nicht auf Sozialversicherungsleistungen erstreckt, steht nunmehr fest, dass ein Rentensystem für Beschäftigte im öffentlichen Dienst unter den Grundsatz des gleichen Entgelts fällt, wenn die aus einem solchen System zu zahlenden Leistungen dem Arbeitnehmer aufgrund seines Beschäftigungsverhältnisses mit dem öffentlichen Arbeitgeber gezahlt werden, ungeachtet der Tatsache, dass ein solches System Teil eines allgemeinen, durch Gesetz geregelten Systems ist. Nach den Urteilen des Gerichtshofs vom 28. August 1984 in der Rechtssache C-7/93** und vom 12. August in der Rechtssache C-351/00*** ist diese Bedingung erfüllt, wenn das Rentensystem eine bestimmte Gruppe von Arbeitnehmern betrifft und die Leistungen unmittelbar von der abgeleisteten Dienstzeit abhängig sind und ihre Höhe aufgrund der letzten Bezüge des Beamten berechnet wird. Um der Klarheit willen ist es daher angebracht, entsprechende spezifische Bestimmungen zu erlassen.

(15) Der Gerichtshof hat bestätigt, dass, auch wenn die Beiträge männlicher und weiblicher Arbeitnehmer zu einem Rentensystem mit Leistungszusage unter Artikel 141 des Vertrags fallen, Ungleichheiten bei den im Rahmen von durch Kapitalansammlung finanzierten Systemen mit Leistungszusage gezahlten Arbeitgeberbeiträgen, die sich aus der Verwendung je nach Geschlecht unterschiedlicher versicherungsmathematischer Faktoren ergeben, nicht im Lichte dieser Bestimmung beurteilt werden können.

(16) Beispielsweise ist bei durch Kapitalansammlung finanzierten Systemen mit Leistungszusage hinsichtlich einiger Punkte, wie der Umwandlung eines Teils der regelmäßigen Rentenzahlungen in Kapital, der Übertragung der Rentenansprüche, der Hinterbliebenenrente, die an einen Anspruchsberechtigten auszuzahlen ist, der im Gegenzug auf einen Teil der jährlichen Rentenbezüge verzichtet oder einer gekürzten Rente, wenn der Arbeitnehmer sich für den vorgezogenen Ruhestand entscheidet, eine Ungleichbehandlung gestattet, wenn die Ungleichheit der Beträge darauf zurückzuführen ist, dass bei der Durchführung der Finanzierung des Systems je nach Geschlecht un-

---

* Amtliche Fußnote: Rechtssache C-262/88: Barber gegen Guardian Royal Exchange Assurance Group, Slg. 1990, I-1889.

** Amtliche Fußnote: Rechtssache C-7/93: Bestuur van het Algemeen Burgerlijk Pensioensfonds gegen G. A. Beune, Slg. 1994, I-4471.

*** Amtliche Fußnote: Rechtssache C-351/00: Pirkko Niemi, Slg. 2002, I-7007.

terschiedliche versicherungstechnische Berechnungsfaktoren angewendet worden sind.

(17) Es steht fest, dass Leistungen, die aufgrund eines betrieblichen Systems der sozialen Sicherheit zu zahlen sind, nicht als Entgelt gelten, insofern sie auf Beschäftigungszeiten vor dem 17. Mai 1990 zurückgeführt werden können, außer im Fall von Arbeitnehmern oder ihren anspruchsberechtigten Angehörigen, die vor diesem Zeitpunkt eine Klage bei Gericht oder ein gleichwertiges Verfahren nach geltendem einzelstaatlichen Recht angestrengt haben. Es ist daher notwendig, die Anwendung des Grundsatzes der Gleichbehandlung entsprechend einzuschränken.

(18) Nach der ständigen Rechtsprechung des Gerichtshofs hat das Barber-Protokoll* keine Auswirkung auf den Anspruch auf Anschluss an ein Betriebsrentensystem, und die zeitliche Beschränkung der Wirkungen des Urteils in der Rechtssache C-262/88 gilt nicht für den Anspruch auf Anschluss an ein Betriebsrentensystem. Der Gerichtshof hat auch für Recht erkannt, dass Arbeitnehmern, die ihren Anspruch auf Anschluss an ein Betriebsrentensystem geltend machen, die einzelstaatlichen Vorschriften über die Fristen für die Rechtsverfolgung entgegengehalten werden können, sofern sie für derartige Klagen nicht ungünstiger sind als für gleichartige Klagen, die das innerstaatliche Recht betreffen, und sofern sie die Ausübung der durch das Gemeinschaftsrecht gewährten Rechte nicht praktisch unmöglich machen. Der Gerichtshof hat zudem dargelegt, dass ein Arbeitnehmer, der Anspruch auf den rückwirkenden Anschluss an ein Betriebsrentensystem hat, sich der Zahlung der Beiträge für den betreffenden Anschlusszeitraum nicht entziehen kann.

(19) Die Sicherstellung des gleichen Zugangs zur Beschäftigung und zur entsprechenden Berufsbildung ist grundlegend für die Anwendung des Grundsatzes der Gleichbehandlung von Männern und Frauen in Arbeits- und Beschäftigungsfragen. Jede Einschränkung dieses Grundsatzes sollte daher auf diejenigen beruflichen Tätigkeiten beschränkt bleiben, die aufgrund ihrer Art oder der Bedingungen ihrer Ausübung die Beschäftigung einer Person eines bestimmten Geschlechts erfordern, sofern damit ein legitimes Ziel verfolgt und dem Grundsatz der Verhältnismäßigkeit entsprochen wird.

(20) Diese Richtlinie berührt nicht die Vereinigungsfreiheit, einschließlich des Rechts jeder Person, zum Schutz ihrer Interessen Gewerkschaften zu gründen und Gewerkschaften beizutreten. Maßnahmen im Sinne von Artikel 141 Absatz 4 des Vertrags können die Mitgliedschaft in oder die Fortsetzung der Tätigkeit von Organisationen oder Gewerkschaften einschließen, deren Hauptziel es ist, dem Grundsatz der Gleichbehandlung von Männern und Frauen in der Praxis Geltung zu verschaffen.

(21) Das Diskriminierungsverbot sollte nicht der Beibehaltung oder dem Erlass von Maßnahmen entgegenstehen, mit denen bezweckt wird, Benachteiligungen von Personen eines Geschlechts zu verhindern oder auszugleichen. Diese Maßnahmen lassen die Einrichtung und Beibehaltung von Organisationen von Personen desselben Geschlechts zu, wenn deren Hauptzweck darin besteht, die besonderen Bedürfnisse dieser Personen zu berücksichtigen und die Gleichstellung von Männern und Frauen zu fördern.

---

* Amtliche Fußnote: Protokoll Nr. 17 zu Artikel 141 des Vertrags zur Gründung der Europäischen Gemeinschaft (1992).

(22) In Übereinstimmung mit Artikel 141 Absatz 4 des Vertrags hindert der Grundsatz der Gleichbehandlung die Mitgliedstaaten im Hinblick auf die effektive Gewährleistung der vollen Gleichstellung von Männern und Frauen im Arbeitsleben nicht daran, zur Erleichterung der Berufstätigkeit des unterrepräsentierten Geschlechts oder zur Verhinderung bzw. zum Ausgleich von Benachteiligungen in der beruflichen Laufbahn spezifische Vergünstigungen beizubehalten oder zu beschließen. Angesichts der derzeitigen Lage und in Kenntnis der Erklärung Nr. 28 zum Vertrag von Amsterdam sollten die Mitgliedstaaten in erster Linie darauf hinwirken, die Lage der Frauen im Arbeitsleben zu verbessern.

(23) Aus der Rechtsprechung des Gerichtshofs ergibt sich klar, dass die Schlechterstellung einer Frau im Zusammenhang mit Schwangerschaft oder Mutterschaft eine unmittelbare Diskriminierung aufgrund des Geschlechts darstellt. Eine solche Behandlung sollte daher von der vorliegenden Richtlinie ausdrücklich erfasst werden.

(24) Der Gerichtshof hat in ständiger Rechtsprechung anerkannt, dass der Schutz der körperlichen Verfassung der Frau während und nach einer Schwangerschaft sowie Maßnahmen zum Mutterschutz legitime Mittel zur Erreichung einer nennenswerten Gleichstellung sind. Diese Richtlinie sollte somit die Richtlinie 92/85/EWG des Rates vom 19. Oktober 1992 über die Durchführung von Maßnahmen zur Verbesserung der Sicherheit und des Gesundheitsschutzes von schwangeren Arbeitnehmerinnen, Wöchnerinnen und stillenden Arbeitnehmerinnen am Arbeitsplatz* unberührt lassen. Sie sollte ferner die Richtlinie 96/34/EG des Rates vom 3. Juni 1996 zu der von UNICE, CEEP und EGB geschlossenen Rahmenvereinbarung über Elternurlaub** unberührt lassen.

(25) Aus Gründen der Klarheit ist es außerdem angebracht, ausdrücklich Bestimmungen zum Schutz der Rechte der Frauen im Bereich der Beschäftigung im Falle des Mutterschaftsurlaubs aufzunehmen, insbesondere den Anspruch auf Rückkehr an ihren früheren Arbeitsplatz oder einen gleichwertigen Arbeitsplatz ohne Verschlechterung der Arbeitsbedingungen aufgrund dieses Mutterschaftsurlaubs sowie darauf, dass ihnen auch alle Verbesserungen der Arbeitsbedingungen zugute kommen, auf die sie während ihrer Abwesenheit Anspruch gehabt hätten.

(26) In der Entschließung des Rates und der im Rat vereinigten Minister für Beschäftigung und Sozialpolitik vom 29. Juni 2000 über eine ausgewogene Teilhabe von Frauen und Männern am Berufs- und Familienleben*** wurden die Mitgliedstaaten ermutigt, die Möglichkeit zu prüfen, in ihren jeweiligen Rechtsordnungen männlichen Arbeitnehmern unter Wahrung ihrer bestehenden arbeitsbezogenen Rechte ein individuelles, nicht übertragbares Recht auf Vaterschaftsurlaub zuzuerkennen.

(27) Ähnliche Bedingungen gelten für die Zuerkennung – durch die Mitgliedstaaten – eines individuellen, nicht übertragbaren Rechts auf Urlaub nach Adoption eines Kindes an Männer und Frauen. Es ist Sache der Mitgliedstaaten zu entscheiden, ob sie ein solches Recht auf Vaterschaftsurlaub und/oder Adoptionsurlaub zuerkennen oder nicht, sowie alle außerhalb des Geltungsbereichs dieser Richtlinie liegenden Bedingungen, mit Ausnahme derjenigen,

---

* Amtliche Fußnote: ABl. L 348 vom 28. 11. 1992, S. 1.

** Amtliche Fußnote: ABl. L 145 vom 19. 6. 1996, S. 4. Geändert durch die Richtlinie 97/75/EG (ABl. L 10 vom 16. 1. 1998, S. 24).

*** Amtliche Fußnote: ABl. C 218 vom 31. 7. 2000, S. 5.

die die Entlassung und die Rückkehr an den Arbeitsplatz betreffen, festzulegen.

(28) Die wirksame Anwendung des Grundsatzes der Gleichbehandlung erfordert die Schaffung angemessener Verfahren durch die Mitgliedstaaten.

(29) Die Schaffung angemessener rechtlicher und administrativer Verfahren zur Durchsetzung der Verpflichtungen aufgrund der vorliegenden Richtlinie ist wesentlich für die tatsächliche Verwirklichung des Grundsatzes der Gleichbehandlung.

(30) Der Erlass von Bestimmungen zur Beweislast ist wesentlich, um sicherzustellen, dass der Grundsatz der Gleichbehandlung wirksam durchgesetzt werden kann. Wie der Gerichtshof entschieden hat, sollten daher Bestimmungen vorgesehen werden, die sicherstellen, dass die Beweislast – außer im Zusammenhang mit Verfahren, in denen die Ermittlung des Sachverhalts dem Gericht oder der zuständigen nationalen Stelle obliegt – auf die beklagte Partei verlagert wird, wenn der Anschein einer Diskriminierung besteht. Es ist jedoch klarzustellen, dass die Bewertung der Tatsachen, die das Vorliegen einer unmittelbaren oder mittelbaren Diskriminierung vermuten lassen, weiterhin der einschlägigen einzelstaatlichen Stelle im Einklang mit den innerstaatlichen Rechtsvorschriften oder Gepflogenheiten obliegt. Außerdem bleibt es den Mitgliedstaaten überlassen, auf jeder Stufe des Verfahrens eine für die klagende Partei günstigere Beweislastregelung vorzusehen.

(31) Um den durch diese Richtlinie gewährleisteten Schutz weiter zu verbessern, sollte auch die Möglichkeit bestehen, dass sich Verbände, Organisationen und andere juristische Personen unbeschadet der nationalen Verfahrensregeln bezüglich der Vertretung und Verteidigung bei einem entsprechenden Beschluss der Mitgliedstaaten im Namen der beschwerten Person oder zu deren Unterstützung an einem Verfahren beteiligen.

(32) In Anbetracht des grundlegenden Charakters des Anspruchs auf einen effektiven Rechtsschutz ist es angebracht, dass Arbeitnehmer diesen Schutz selbst noch nach Beendigung des Verhältnisses genießen, aus dem sich der behauptete Verstoß gegen den Grundsatz der Gleichbehandlung ergibt. Ein Arbeitnehmer, der eine Person, die nach dieser Richtlinie Schutz genießt, verteidigt oder für sie als Zeuge aussagt, sollte den gleichen Schutz genießen.

(33) Der Gerichtshof hat eindeutig festgestellt, dass der Gleichbehandlungsgrundsatz nur dann als tatsächlich verwirklicht angesehen werden kann, wenn bei allen Verstößen eine dem erlittenen Schaden angemessene Entschädigung zuerkannt wird. Es ist daher angebracht, die Vorabfestlegung irgendeiner Höchstgrenze für eine solche Entschädigung auszuschließen, außer in den Fällen, in denen der Arbeitgeber nachweisen kann, dass der einem Bewerber infolge einer Diskriminierung im Sinne dieser Richtlinie entstandene Schaden allein darin besteht, dass die Berücksichtigung seiner Bewerbung verweigert wurde.

(34) Um die wirksame Umsetzung des Grundsatzes der Gleichbehandlung zu verstärken, sollten die Mitgliedstaaten den Dialog zwischen den Sozialpartnern und – im Rahmen der einzelstaatlichen Praxis – mit den Nichtregierungsorganisationen fördern.

(35) Die Mitgliedstaaten sollten wirksame, verhältnismäßige und abschreckende Sanktionen festlegen, die bei einer Verletzung der aus dieser Richtlinie erwachsenden Verpflichtungen zu verhängen sind.

(36) Da die Ziele dieser Richtlinie auf Ebene der Mitgliedstaaten nicht ausreichend verwirklicht werden können und daher besser auf Gemeinschaftsebene zu erreichen sind, kann die Gemeinschaft im Einklang mit dem in Artikel 5 des Vertrags niedergelegten Subsidiaritätsprinzip tätig werden. Entsprechend dem in demselben Artikel genannten Grundsatz der Verhältnismäßigkeit geht diese Richtlinie nicht über das zur Erreichung dieser Ziele erforderliche Maß hinaus.

(37) Zum besseren Verständnis der Ursachen der unterschiedlichen Behandlung von Männern und Frauen in Arbeits- und Beschäftigungsfragen sollten vergleichbare, nach Geschlechtern aufgeschlüsselte Statistiken weiterhin erstellt, ausgewertet und auf den geeigneten Ebenen zur Verfügung gestellt werden.

(38) Die Gleichbehandlung von Männern und Frauen in Arbeits- und Beschäftigungsfragen kann sich nicht auf gesetzgeberische Maßnahmen beschränken. Die Europäische Union und die Mitgliedstaaten sind vielmehr aufgefordert, den Prozess der Bewusstseinsbildung für das Problem der Lohndiskriminierung und ein Umdenken verstärkt zu fördern und dabei alle betroffenen Kräfte auf öffentlicher wie privater Ebene so weit wie möglich einzubinden. Dabei kann der Dialog zwischen den Sozialpartnern einen wichtigen Beitrag leisten.

(39) Die Verpflichtung zur Umsetzung dieser Richtlinie in nationales Recht sollte auf diejenigen Bestimmungen beschränkt werden, die eine inhaltliche Veränderung gegenüber den früheren Richtlinien darstellen. Die Verpflichtung zur Umsetzung derjenigen Bestimmungen, die inhaltlich unverändert bleiben, ergibt sich aus den früheren Richtlinien.

(40) Diese Richtlinie sollte unbeschadet der Verpflichtungen der Mitgliedstaaten in Bezug auf die Fristen zur Umsetzung der in Anhang I Teil B aufgeführten Richtlinien in einzelstaatliches Recht und zu ihrer Anwendung gelten.

(41) Entsprechend Nummer 34 der Interinstitutionellen Vereinbarung über bessere Rechtsetzung* sollten die Mitgliedstaaten für ihre eigenen Zwecke und im Interesse der Gemeinschaft eigene Tabellen aufstellen, denen im Rahmen des Möglichen die Entsprechungen zwischen dieser Richtlinie und den Umsetzungsmaßnahmen zu entnehmen sind, und diese veröffentlichen –

HABEN FOLGENDE RICHTLINIE ERLASSEN:

TITEL I

ALLGEMEINE BESTIMMUNGEN

Artikel 1 Gegenstand

Ziel der vorliegenden Richtlinie ist es, die Verwirklichung des Grundsatzes der Chancengleichheit und Gleichbehandlung von Männern und Frauen in Arbeits- und Beschäftigungsfragen sicherzustellen.

Zu diesem Zweck enthält sie Bestimmungen zur Verwirklichung des Grundsatzes der Gleichbehandlung in Bezug auf

a) den Zugang zur Beschäftigung einschließlich des beruflichen Aufstiegs und zur Berufsbildung,

---

* Amtliche Fußnote: ABl. C 321 vom 31. 12. 2003, S. 1.

b) Arbeitsbedingungen einschließlich des Entgelts,

c) betriebliche Systeme der sozialen Sicherheit.

Weiter enthält sie Bestimmungen, mit denen sichergestellt werden soll, dass die Verwirklichung durch die Schaffung angemessener Verfahren wirksamer gestaltet wird.

Artikel 2 Begriffsbestimmungen

(1) Im Sinne dieser Richtlinie bezeichnet der Ausdruck

a) „unmittelbare Diskriminierung“ eine Situation, in der eine Person aufgrund ihres Geschlechts eine weniger günstige Behandlung erfährt, als eine andere Person in einer vergleichbaren Situation erfährt, erfahren hat oder erfahren würde;

b) „mittelbare Diskriminierung“ eine Situation, in der dem Anschein nach neutrale Vorschriften, Kriterien oder Verfahren Personen des einen Geschlechts in besonderer Weise gegenüber Personen des anderen Geschlechts benachteiligen können, es sei denn, die betreffenden Vorschriften, Kriterien oder Verfahren sind durch ein rechtmäßiges Ziel sachlich gerechtfertigt und die Mittel sind zur Erreichung dieses Ziels angemessen und erforderlich;

c) „Belästigung“ unerwünschte auf das Geschlecht einer Person bezogene Verhaltensweisen, die bezwecken oder bewirken, dass die Würde der betreffenden Person verletzt und ein von Einschüchterungen, Anfeindungen, Erniedrigungen, Entwürdigungen oder Beleidigungen gekennzeichnetes Umfeld geschaffen wird;

d) „sexuelle Belästigung“ jede Form von unerwünschtem Verhalten sexueller Natur, das sich in unerwünschter verbaler, nicht-verbaler oder physischer Form äußert und das bezweckt oder bewirkt, dass die Würde der betreffenden Person verletzt wird, insbesondere wenn ein von Einschüchterungen, Anfeindungen, Erniedrigungen, Entwürdigungen und Beleidigungen gekennzeichnetes Umfeld geschaffen wird;

e) „Entgelt“ die üblichen Grund- oder Mindestlöhne und -gehälter sowie alle sonstigen Vergütungen, die der Arbeitgeber aufgrund des Dienstverhältnisses dem Arbeitnehmer mittelbar oder unmittelbar als Geld- oder Sachleistung zahlt;

f) „betriebliche Systeme der sozialen Sicherheit“ Systeme, die nicht durch die Richtlinie 79/7/EWG des Rates vom 19. Dezember 1978 zur schrittweisen Verwirklichung des Grundsatzes der Gleichbehandlung von Männern und Frauen im Bereich der sozialen Sicherheit* geregelt werden und deren Zweck darin besteht, den abhängig Beschäftigten und den Selbständigen in einem Unternehmen oder einer Unternehmensgruppe, in einem Wirtschaftszweig oder den Angehörigen eines Berufes oder einer Berufsgruppe Leistungen zu gewähren, die als Zusatzleistungen oder Ersatzleistungen die gesetzlichen Systeme der sozialen Sicherheit ergänzen oder an ihre Stelle treten, unabhängig davon, ob der Beitritt zu diesen Systemen Pflicht ist oder nicht.

(2) Im Sinne dieser Richtlinie gelten als Diskriminierung

a) Belästigung und sexuelle Belästigung sowie jede nachteilige Behandlung aufgrund der Zurückweisung oder Duldung solcher Verhaltensweisen durch die betreffende Person;

---

* Amtliche Fußnote: ABl. L 6 vom 10. 1. 1979, S. 24.

b) die Anweisung zur Diskriminierung einer Person aufgrund des Geschlechts;
c) jegliche ungünstigere Behandlung einer Frau im Zusammenhang mit Schwangerschaft oder Mutterschaftsurlaub im Sinne der Richtlinie 92/85/EWG.

Artikel 3 Positive Maßnahmen

Die Mitgliedstaaten können im Hinblick auf die Gewährleistung der vollen Gleichstellung von Männern und Frauen im Arbeitsleben Maßnahmen im Sinne von Artikel 141 Absatz 4 des Vertrags beibehalten oder beschließen.

TITEL II
BESONDERE BESTIMMUNGEN

Kapitel 1
Gleiches Entgelt

Artikel 4 Diskriminierungsverbot

Bei gleicher Arbeit oder bei einer Arbeit, die als gleichwertig anerkannt wird, wird mittelbare und unmittelbare Diskriminierung aufgrund des Geschlechts in Bezug auf sämtliche Entgeltbestandteile und -bedingungen beseitigt.

Insbesondere wenn zur Festlegung des Entgelts ein System beruflicher Einstufung verwendet wird, muss dieses System auf für männliche und weibliche Arbeitnehmer gemeinsamen Kriterien beruhen und so beschaffen sein, dass Diskriminierungen aufgrund des Geschlechts ausgeschlossen werden.

Kapitel 2
Gleichbehandlung in betrieblichen Systemen der sozialen Sicherheit

Artikel 5 Diskriminierungsverbot

Unbeschadet des Artikels 4 darf es in betrieblichen Systemen der sozialen Sicherheit keine unmittelbare oder mittelbare Diskriminierung aufgrund des Geschlechts geben, insbesondere hinsichtlich

a) des Anwendungsbereichs solcher Systeme und die Bedingungen für den Zugang zu ihnen,
b) der Beitragspflicht und der Berechnung der Beiträge,
c) der Berechnung der Leistungen, einschließlich der Zuschläge für den Ehegatten und für unterhaltsberechtigte Personen, sowie der Bedingungen betreffend die Geltungsdauer und die Aufrechterhaltung des Leistungsanspruchs.

Artikel 6 Persönlicher Anwendungsbereich

Dieses Kapitel findet entsprechend den einzelstaatlichen Rechtsvorschriften und/oder Gepflogenheiten Anwendung auf die Erwerbsbevölkerung einschließlich der Selbständigen, der Arbeitnehmer, deren Erwerbstätigkeit durch Krankheit, Mutterschaft, Unfall oder unverschuldete Arbeitslosigkeit unterbrochen ist, und der Arbeitssuchenden sowie auf die sich im Ruhestand befindlichen oder arbeitsunfähigen Arbeitnehmer und auf ihre anspruchsberechtigten Angehörigen.

Artikel 7 Sachlicher Anwendungsbereich

(1) Dieses Kapitel findet Anwendung

a) auf betriebliche Systeme der sozialen Sicherheit, die Schutz gegen folgende Risiken bieten:
   i) Krankheit,
   ii) Invalidität,
   iii) Alter, einschließlich vorzeitige Versetzung in den Ruhestand,
   iv) Arbeitsunfall und Berufskrankheit,
   v) Arbeitslosigkeit;

b) auf betriebliche Systeme der sozialen Sicherheit, die sonstige Sozialleistungen in Form von Geld- oder Sachleistungen vorsehen, insbesondere Leistungen an Hinterbliebene und Familienleistungen, wenn diese Leistungen als vom Arbeitgeber aufgrund des Beschäftigungsverhältnisses an den Arbeitnehmer gezahlte Vergütungen gelten.

(2) Dieses Kapitel findet auch Anwendung auf Rentensysteme für eine besondere Gruppe von Arbeitnehmern wie beispielsweise Beamte, wenn die aus dem System zu zahlenden Leistungen aufgrund des Beschäftigungsverhältnisses mit dem öffentlichen Arbeitgeber gezahlt werden. Die Tatsache, dass ein solches System Teil eines allgemeinen durch Gesetz geregelten Systems ist, steht dem nicht entgegen.

Artikel 8 Ausnahmen vom sachlichen Anwendungsbereich

(1) Dieses Kapitel gilt nicht

a) für Einzelverträge Selbständiger,

b) für Systeme Selbständiger mit nur einem Mitglied,

c) im Fall von abhängig Beschäftigten für Versicherungsverträge, bei denen der Arbeitgeber nicht Vertragspartei ist,

d) für fakultative Bestimmungen betrieblicher Systeme der sozialen Sicherheit, die einzelnen Mitgliedern eingeräumt werden, um ihnen
   i) entweder zusätzliche Leistungen
   ii) oder die Wahl des Zeitpunkts, zu dem die regulären Leistungen für Selbständige einsetzen, oder die Wahl zwischen mehreren Leistungen

   zu garantieren,

e) für betriebliche Systeme der sozialen Sicherheit, sofern die Leistungen durch freiwillige Beiträge der Arbeitnehmer finanziert werden.

(2) Diesem Kapitel steht nicht entgegen, dass ein Arbeitgeber Personen, welche die Altersgrenze für die Gewährung einer Rente aus einem betrieblichen System der sozialen Sicherheit, jedoch noch nicht die Altersgrenze für die Gewährung einer gesetzlichen Rente erreicht haben, eine Zusatzrente gewährt, damit der Betrag der gesamten Leistungen dem Betrag entspricht oder nahe kommt, der Personen des anderen Geschlechts in derselben Lage, die bereits das gesetzliche Rentenalter erreicht haben, gewährt wird, bis die Bezieher der Zusatzrente das gesetzliche Rentenalter erreicht haben.

Artikel 9 Beispiele für Diskriminierung

(1) Dem Grundsatz der Gleichbehandlung entgegenstehende Bestimmungen sind solche, die sich unmittelbar oder mittelbar auf das Geschlecht stützen und Folgendes bewirken:

a) Festlegung der Personen, die zur Mitgliedschaft in einem betrieblichen System der sozialen Sicherheit zugelassen sind;

b) Regelung der Zwangsmitgliedschaft oder der freiwilligen Mitgliedschaft in einem betrieblichen System der sozialen Sicherheit;

c) unterschiedliche Regeln für das Beitrittsalter zum System oder für die Mindestdauer der Beschäftigung oder Zugehörigkeit zum System, die einen Leistungsanspruch begründen;

d) Festlegung – außer in den unter den Buchstaben h und j genannten Fällen – unterschiedlicher Regeln für die Erstattung der Beiträge, wenn der Arbeitnehmer aus dem System ausscheidet, ohne die Bedingungen erfüllt zu haben, die ihm einen aufgeschobenen Anspruch auf die langfristigen Leistungen garantieren;

e) Festlegung unterschiedlicher Bedingungen für die Gewährung der Leistungen oder die Beschränkung dieser Leistungen auf eines der beiden Geschlechter;

f) Festsetzung unterschiedlicher Altersgrenzen für den Eintritt in den Ruhestand;

g) Unterbrechung der Aufrechterhaltung oder des Erwerbs von Ansprüchen während eines gesetzlich oder tarifvertraglich festgelegten Mutterschaftsurlaubs oder Urlaubs aus familiären Gründen, der vom Arbeitgeber bezahlt wird;

h) Gewährung unterschiedlicher Leistungsniveaus, es sei denn, dass dies notwendig ist, um versicherungstechnischen Berechnungsfaktoren Rechnung zu tragen, die im Fall von Festbeitragssystemen je nach Geschlecht unterschiedlich sind; bei durch Kapitalansammlung finanzierten Festleistungssystemen ist hinsichtlich einiger Punkte eine Ungleichbehandlung gestattet, wenn die Ungleichheit der Beträge darauf zurückzuführen ist, dass bei der Durchführung der Finanzierung des Systems je nach Geschlecht unterschiedliche versicherungstechnische Berechnungsfaktoren angewendet worden sind;

i) Festlegung unterschiedlicher Höhen für die Beiträge der Arbeitnehmer;

j) Festlegung unterschiedlicher Höhen für die Beiträge der Arbeitgeber, außer
   i) im Fall von Festbeitragssystemen, sofern beabsichtigt wird, die Höhe der auf diesen Beiträgen beruhenden Rentenleistungen für Männer und Frauen auszugleichen oder anzunähern;
   ii) im Fall von durch Kapitalansammlung finanzierten Festleistungssystemen, sofern die Arbeitgeberbeiträge dazu bestimmt sind, die zur Deckung der Aufwendungen für die zugesagten Leistungen unerlässliche Finanzierungsgrundlage zu ergänzen;

k) Festlegung unterschiedlicher oder nur für Arbeitnehmer eines der Geschlechter geltender Regelungen – außer in den unter den Buchstaben h und j vorgesehenen Fällen – hinsichtlich der Garantie oder der Aufrechterhaltung des Anspruchs auf spätere Leistungen, wenn der Arbeitnehmer aus dem System ausscheidet.

(2) Steht die Gewährung von unter dieses Kapitel fallenden Leistungen im Ermessen der für das System zuständigen Verwaltungsstellen, so beachten diese den Grundsatz der Gleichbehandlung.

Artikel 10 Durchführung in Bezug auf Selbständige

(1) Die Mitgliedstaaten treffen die notwendigen Maßnahmen, um sicherzustellen, dass Bestimmungen betrieblicher Systeme der sozialen Sicherheit selbständig Erwerbstätiger, die dem Grundsatz der Gleichbehandlung entgegenstehen, spätestens mit Wirkung vom 1. Januar 1993 oder – für Mitgliedstaaten, die nach diesem Datum beigetreten sind – ab dem Datum, zu dem die Richtlinie 86/378/EG in ihrem Hoheitsgebiet anwendbar wurde, geändert werden.

(2) Dieses Kapitel steht dem nicht entgegen, dass für die Rechte und Pflichten, die sich aus einer vor dem Zeitpunkt der Änderung eines betrieblichen Systems der sozialen Sicherheit Selbständiger liegenden Zeit der Mitgliedschaft in dem betreffenden System ergeben, weiterhin die Bestimmungen des Systems gelten, die während dieses Versicherungszeitraums galten.

Artikel 11 Möglichkeit des Aufschubs in Bezug auf Selbständige

Was die betrieblichen Systeme der sozialen Sicherheit Selbständiger betrifft, können die Mitgliedstaaten die obligatorische Anwendung des Grundsatzes der Gleichbehandlung aufschieben

a) für die Festsetzung des Rentenalters für die Gewährung von Altersrenten oder Ruhestandsrenten sowie die Folgen, die sich daraus für andere Leistungen ergeben können, und zwar
   i) entweder bis zu dem Zeitpunkt, zu dem diese Gleichbehandlung in den gesetzlichen Systemen verwirklicht ist,
   ii) oder längstens bis zu dem Zeitpunkt, zu dem eine Richtlinie diese Gleichbehandlung vorschreibt;
b) für Hinterbliebenenrenten bis zu dem Zeitpunkt, zu dem für diese der Grundsatz der Gleichbehandlung in den gesetzlichen Systemen der sozialen Sicherheit durch das Gemeinschaftsrecht vorgeschrieben ist;
c) für die Anwendung des Artikels 9 Absatz 1 Buchstabe i in Bezug auf die Anwendung von versicherungstechnischen Berechnungsfaktoren bis zum 1. Januar 1999 oder – für Mitgliedstaaten, die nach diesem Datum beigetreten sind – bis zu dem Datum, zu dem die Richtlinie 86/378/EG in ihrem Hoheitsgebiet anwendbar wurde.

Artikel 12 Rückwirkung

(1) Jede Maßnahme zur Umsetzung dieses Kapitels in Bezug auf die Arbeitnehmer deckt alle Leistungen der betrieblichen Systeme der sozialen Sicherheit ab, die für Beschäftigungszeiten nach dem 17. Mai 1990 gewährt werden, und gilt rückwirkend bis zu diesem Datum, außer im Fall von Arbeitnehmern oder ihren anspruchsberechtigten Angehörigen, die vor diesem Zeitpunkt Klage bei Gericht oder ein gleichwertiges Verfahren nach dem geltenden einzelstaatlichen Recht angestrengt haben. In diesem Fall werden die Umsetzungsmaßnahmen rückwirkend bis zum 8. April 1976 angewandt und decken alle Leistungen ab, die für Beschäftigungszeiten nach diesem Zeitpunkt gewährt werden. Für Mitgliedstaaten, die der Gemeinschaft nach dem 8. April 1976 und vor dem 17. Mai 1990 beigetreten sind, gilt anstelle dieses Datums das Datum, an dem Artikel 141 des Vertrags auf ihrem Hoheitsgebiet anwendbar wurde.

(2) Absatz 1 Satz 2 steht dem nicht entgegen, dass den Arbeitnehmern oder ihren Anspruchsberechtigten, die vor dem 17. Mai 1990 Klage erhoben haben, einzelstaatliche Vorschriften über die Fristen für die Rechtsverfolgung nach in-

nerstaatlichem Recht entgegengehalten werden können, sofern sie für derartige Klagen nicht ungünstiger sind als für gleichartige Klagen, die das innerstaatliche Recht betreffen, und sofern sie die Ausübung der durch das Gemeinschaftsrecht gewährten Rechte nicht praktisch unmöglich machen.

(3) Für Mitgliedstaaten, die nach dem 17. Mai 1990 der Gemeinschaft beigetreten sind und zum 1. Januar 1994 Vertragsparteien des Abkommens über den Europäischen Wirtschaftsraum waren, wird das Datum „17. Mai 1990“ in Absatz 1 Satz 1 durch „1. Januar 1994“ ersetzt.

(4) Für andere Mitgliedstaaten, die nach dem 17. Mai 1990 beigetreten sind, wird das Datum „17. Mai 1990“ in den Absätzen 1 und 2 durch das Datum ersetzt, zu dem Artikel 141 des Vertrags in ihrem Hoheitsgebiet anwendbar wurde.

Artikel 13 Flexibles Rentenalter

Haben Frauen und Männer zu gleichen Bedingungen Anspruch auf ein flexibles Rentenalter, so ist dies nicht als mit diesem Kapitel unvereinbar anzusehen.

Kapitel 3
Gleichbehandlung hinsichtlich des Zugangs zur Beschäftigung zur Berufsbildung und zum beruflichen Aufstieg sowie in Bezug auf die Arbeitsbedingungen

Artikel 14 Diskriminierungsverbot

(1) Im öffentlichen und privaten Sektor einschließlich öffentlicher Stellen darf es in Bezug auf folgende Punkte keinerlei unmittelbare oder mittelbare Diskriminierung aufgrund des Geschlechts geben:

a) die Bedingungen – einschließlich Auswahlkriterien und Einstellungsbedingungen – für den Zugang zur Beschäftigung oder zu abhängiger oder selbständiger Erwerbstätigkeit, unabhängig von Tätigkeitsfeld und beruflicher Position einschließlich des beruflichen Aufstiegs;

b) den Zugang zu allen Formen und allen Ebenen der Berufsberatung, der Berufsausbildung, der beruflichen Weiterbildung und der Umschulung einschließlich der praktischen Berufserfahrung;

c) die Beschäftigungs- und Arbeitsbedingungen einschließlich der Entlassungsbedingungen sowie das Arbeitsentgelt nach Maßgabe von Artikel 141 des Vertrags;

d) die Mitgliedschaft und Mitwirkung in einer Arbeitnehmer- oder Arbeitgeberorganisation oder einer Organisation, deren Mitglieder einer bestimmten Berufsgruppe angehören, einschließlich der Inanspruchnahme der Leistungen solcher Organisationen.

(2) Die Mitgliedstaaten können im Hinblick auf den Zugang zur Beschäftigung einschließlich der zu diesem Zweck erfolgenden Berufsbildung vorsehen, dass eine Ungleichbehandlung wegen eines geschlechtsbezogenen Merkmals keine Diskriminierung darstellt, wenn das betreffende Merkmal aufgrund der Art einer bestimmten beruflichen Tätigkeit oder der Bedingungen ihrer Ausübung eine wesentliche und entscheidende berufliche Anforderung darstellt, sofern es sich um einen rechtmäßigen Zweck und eine angemessene Anforderung handelt.

Artikel 15 Rückkehr aus dem Mutterschaftsurlaub

Frauen im Mutterschaftsurlaub haben nach Ablauf des Mutterschaftsurlaubs Anspruch darauf, an ihren früheren Arbeitsplatz oder einen gleichwertigen Arbeitsplatz unter Bedingungen, die für sie nicht weniger günstig sind, zurückzukehren, und darauf, dass ihnen auch alle Verbesserungen der Arbeitsbedingungen, auf die sie während ihrer Abwesenheit Anspruch gehabt hätten, zugute kommen.

Artikel 16 Vaterschaftsurlaub und Adoptionsurlaub

Diese Richtlinie lässt das Recht der Mitgliedstaaten unberührt, eigene Rechte auf Vaterschaftsurlaub und/oder Adoptionsurlaub anzuerkennen. Die Mitgliedstaaten, die derartige Rechte anerkennen, treffen die erforderlichen Maßnahmen, um männliche und weibliche Arbeitnehmer vor Entlassung infolge der Inanspruchnahme dieser Rechte zu schützen, und gewährleisten, dass sie nach Ablauf des Urlaubs Anspruch darauf haben, an ihren früheren Arbeitsplatz oder einen gleichwertigen Arbeitsplatz unter Bedingungen, die für sie nicht weniger günstig sind, zurückzukehren, und darauf, dass ihnen auch alle Verbesserungen der Arbeitsbedingungen, auf die sie während ihrer Abwesenheit Anspruch gehabt hätten, zugute kommen.

TITEL III
HORIZONTALE BESTIMMUNGEN

Kapitel 1
Rechtsmittel und Rechtsdurchsetzung

Abschnitt 1
Rechtsmittel

Artikel 17 Rechtsschutz

(1) Die Mitgliedstaaten stellen sicher, dass alle Personen, die sich durch die Nichtanwendung des Gleichbehandlungsgrundsatzes in ihren Rechten für verletzt halten, ihre Ansprüche aus dieser Richtlinie gegebenenfalls nach Inanspruchnahme anderer zuständiger Behörden oder, wenn die Mitgliedstaaten es für angezeigt halten, nach einem Schlichtungsverfahren auf dem Gerichtsweg geltend machen können, selbst wenn das Verhältnis, während dessen die Diskriminierung vorgekommen sein soll, bereits beendet ist.

(2) Die Mitgliedstaaten stellen sicher, dass Verbände, Organisationen oder andere juristische Personen, die gemäß den in ihrem einzelstaatlichen Recht festgelegten Kriterien ein rechtmäßiges Interesse daran haben, für die Einhaltung der Bestimmungen dieser Richtlinie zu sorgen, sich entweder im Namen der beschwerten Person oder zu deren Unterstützung mit deren Einwilligung an den in dieser Richtlinie zur Durchsetzung der Ansprüche vorgesehenen Gerichts- und/oder Verwaltungsverfahren beteiligen können.

(3) Die Absätze 1 und 2 lassen einzelstaatliche Regelungen über Fristen für die Rechtsverfolgung betreffend den Grundsatz der Gleichbehandlung unberührt.

Artikel 18 Schadenersatz oder Entschädigung

Die Mitgliedstaaten treffen im Rahmen ihrer nationalen Rechtsordnungen die erforderlichen Maßnahmen, um sicherzustellen, dass der einer Person durch eine Diskriminierung aufgrund des Geschlechts entstandene Schaden – je nach den Rechtsvorschriften der Mitgliedstaaten – tatsächlich und wirksam ausgeglichen oder ersetzt wird, wobei dies auf eine abschreckende und dem erlittenen Schaden angemessene Art und Weise geschehen muss. Dabei darf ein solcher Ausgleich oder eine solche Entschädigung nur in den Fällen durch eine im Voraus festgelegte Höchstgrenze begrenzt werden, in denen der Arbeitgeber nachweisen kann, dass der einem Bewerber durch die Diskriminierung im Sinne dieser Richtlinie entstandene Schaden allein darin besteht, dass die Berücksichtigung seiner Bewerbung verweigert wurde.

Abschnitt 2

Beweislast

Artikel 19 Beweislast

(1) Die Mitgliedstaaten ergreifen im Einklang mit dem System ihrer nationalen Gerichtsbarkeit die erforderlichen Maßnahmen, nach denen dann, wenn Personen, die sich durch die Verletzung des Gleichbehandlungsgrundsatzes für beschwert halten und bei einem Gericht bzw. einer anderen zuständigen Stelle Tatsachen glaubhaft machen, die das Vorliegen einer unmittelbaren oder mittelbaren Diskriminierung vermuten lassen, es dem Beklagten obliegt zu beweisen, dass keine Verletzung des Gleichbehandlungsgrundsatzes vorgelegen hat.

(2) Absatz 1 lässt das Recht der Mitgliedstaaten, eine für die klagende Partei günstigere Beweislastregelung vorzusehen, unberührt.

(3) Die Mitgliedstaaten können davon absehen, Absatz 1 auf Verfahren anzuwenden, in denen die Ermittlung des Sachverhalts dem Gericht oder einer anderen zuständigen Stelle obliegt.

(4) Die Absätze 1, 2 und 3 finden ebenfalls Anwendung auf

a) die Situationen, die von Artikel 141 des Vertrags und – sofern die Frage einer Diskriminierung aufgrund des Geschlechts angesprochen ist – von den Richtlinien 92/85/EWG und 96/34/EG erfasst werden;

b) zivil- und verwaltungsrechtliche Verfahren sowohl im öffentlichen als auch im privaten Sektor, die Rechtsbehelfe nach innerstaatlichem Recht bei der Anwendung der Vorschriften gemäß Buchstabe a vorsehen, mit Ausnahme der freiwilligen oder in den innerstaatlichen Rechtsvorschriften vorgesehenen außergerichtlichen Verfahren.

(5) Soweit von den Mitgliedstaaten nicht anders geregelt, gilt dieser Artikel nicht für Strafverfahren.

Kapitel 2

Förderung der Gleichbehandlung – Dialog

Artikel 20 Stellen zur Förderung der Gleichbehandlung

(1) Jeder Mitgliedstaat bezeichnet eine oder mehrere Stellen, deren Aufgabe darin besteht, die Verwirklichung der Gleichbehandlung aller Personen ohne Dis-

kriminierung aufgrund des Geschlechts zu fördern, zu analysieren, zu beobachten und zu unterstützen. Diese Stellen können Teil von Einrichtungen sein, die auf nationaler Ebene für den Schutz der Menschenrechte oder der Rechte des Einzelnen verantwortlich sind.

(2) Die Mitgliedstaaten stellen sicher, dass es zu den Befugnissen dieser Stellen gehört,

a) unbeschadet der Rechte der Opfer und der Verbände, Organisationen oder anderer juristischer Personen nach Artikel 17 Absatz 2 die Opfer von Diskriminierungen auf unabhängige Weise dabei zu unterstützen, ihre Beschwerde wegen Diskriminierung zu verfolgen;

b) unabhängige Untersuchungen zum Thema der Diskriminierung durchzuführen;

c) unabhängige Berichte zu veröffentlichen und Empfehlungen zu allen Aspekten vorzulegen, die mit diesen Diskriminierungen in Zusammenhang stehen;

d) auf geeigneter Ebene mit entsprechenden europäischen Einrichtungen, wie beispielsweise einem künftigen Europäischen Institut für Gleichstellungsfragen verfügbare Informationen auszutauschen.

Artikel 21 Sozialer Dialog

(1) Die Mitgliedstaaten treffen im Einklang mit den nationalen Gepflogenheiten und Verfahren geeignete Maßnahmen zur Förderung des sozialen Dialogs zwischen den Sozialpartnern mit dem Ziel, die Verwirklichung der Gleichbehandlung voranzubringen, beispielsweise durch Beobachtung der Praktiken am Arbeitsplatz und beim Zugang zur Beschäftigung, zur Berufsbildung und zum beruflichen Aufstieg sowie durch Beobachtung der Tarifverträge und durch Verhaltenskodizes, Forschungsarbeiten oder den Austausch von Erfahrungen und bewährten Verfahren.

(2) Soweit mit den nationalen Gepflogenheiten und Verfahren vereinbar, ersuchen die Mitgliedstaaten die Sozialpartner ohne Eingriff in deren Autonomie, die Gleichstellung von Männern und Frauen durch flexible Arbeitsbedingungen zur besseren Vereinbarkeit von Privatleben und Beruf zu fördern und auf geeigneter Ebene Antidiskriminierungsvereinbarungen zu schließen, die die in Artikel 1 genannten Bereiche betreffen, soweit diese in den Verantwortungsbereich der Tarifparteien fallen. Die Vereinbarungen müssen den Bestimmungen dieser Richtlinie sowie den einschlägigen nationalen Durchführungsbestimmungen entsprechen.

(3) Die Mitgliedstaaten ersuchen in Übereinstimmung mit den nationalen Gesetzen, Tarifverträgen oder Gepflogenheiten die Arbeitgeber, die Gleichbehandlung von Männern und Frauen am Arbeitsplatz sowie beim Zugang zur Beschäftigung, zur Berufsbildung und zum beruflichen Aufstieg in geplanter und systematischer Weise zu fördern.

(4) Zu diesem Zweck werden die Arbeitgeber ersucht, den Arbeitnehmern und/oder den Arbeitnehmervertretern in regelmäßigen angemessenen Abständen Informationen über die Gleichbehandlung von Männern und Frauen in ihrem Betrieb zu geben.

Diese Informationen können Übersichten über den Anteil von Männern und Frauen auf den unterschiedlichen Ebenen des Betriebs, ihr Entgelt sowie Unterschiede beim Entgelt und mögliche Maßnahmen zur Verbesserung der Situation in Zusammenarbeit mit den Arbeitnehmervertretern enthalten.

Artikel 22 Dialog mit Nichtregierungsorganisationen

Die Mitgliedstaaten fördern den Dialog mit den jeweiligen Nichtregierungsorganisationen, die gemäß den einzelstaatlichen Rechtsvorschriften und Gepflogenheiten ein rechtmäßiges Interesse daran haben, sich an der Bekämpfung von Diskriminierung aufgrund des Geschlechts zu beteiligen, um die Einhaltung des Grundsatzes der Gleichbehandlung zu fördern.

Kapitel 3

Allgemeine horizontale Bestimmungen

Artikel 23 Einhaltung

Die Mitgliedstaaten treffen alle erforderlichen Maßnahmen, um sicherzustellen, dass

a) die Rechts- und Verwaltungsvorschriften, die dem Gleichbehandlungsgrundsatz zuwiderlaufen, aufgehoben werden;

b) mit dem Gleichbehandlungsgrundsatz nicht zu vereinbarende Bestimmungen in Arbeits- und Tarifverträgen, Betriebsordnungen und Statuten der freien Berufe und der Arbeitgeber- und Arbeitnehmerorganisationen und allen sonstigen Vereinbarungen und Regelungen nichtig sind, für nichtig erklärt werden können oder geändert werden;

c) betriebliche Systeme der sozialen Sicherheit, die solche Bestimmungen enthalten, nicht durch Verwaltungsmaßnahmen genehmigt oder für allgemeinverbindlich erklärt werden können.

Artikel 24 Viktimisierung

Die Mitgliedstaaten treffen im Rahmen ihrer nationalen Rechtsordnungen die erforderlichen Maßnahmen, um die Arbeitnehmer sowie die aufgrund der innerstaatlichen Rechtsvorschriften und/oder Gepflogenheiten vorgesehenen Arbeitnehmervertreter vor Entlassung oder anderen Benachteiligungen durch den Arbeitgeber zu schützen, die als Reaktion auf eine Beschwerde innerhalb des betreffenden Unternehmens oder auf die Einleitung eines Verfahrens zur Durchsetzung des Gleichbehandlungsgrundsatzes erfolgen.

Artikel 25 Sanktionen

Die Mitgliedstaaten legen die Regeln für die Sanktionen fest, die bei einem Verstoß gegen die einzelstaatlichen Vorschriften zur Umsetzung dieser Richtlinie zu verhängen sind, und treffen alle erforderlichen Maßnahmen, um deren Anwendung zu gewährleisten. Die Sanktionen, die auch Schadenersatzleistungen an die Opfer umfassen können, müssen wirksam, verhältnismäßig und abschreckend sein. Die Mitgliedstaaten teilen diese Vorschriften der Kommission spätestens bis zum 5. Oktober 2005 mit und unterrichten sie unverzüglich über alle späteren Änderungen dieser Vorschriften.

Artikel 26 Vorbeugung von Diskriminierung

Die Mitgliedstaaten ersuchen in Einklang mit ihren nationalen Rechtsvorschriften, Tarifverträgen oder Gepflogenheiten die Arbeitgeber und die für Berufsbildung zuständigen Personen, wirksame Maßnahmen zu ergreifen, um allen Formen der Diskriminierung aufgrund des Geschlechts und insbesondere Belästigung und sexueller Belästigung am Arbeitsplatz sowie beim Zugang zur Beschäftigung, zur Berufsbildung und zum beruflichen Aufstieg vorzubeugen.

Artikel 27 Mindestanforderungen

(1) Die Mitgliedstaaten können Vorschriften erlassen oder beibehalten, die im Hinblick auf die Wahrung des Gleichbehandlungsgrundsatzes günstiger als die in dieser Richtlinie vorgesehenen Vorschriften sind.

(2) Die Durchführung dieser Richtlinie rechtfertigt in keinem Fall eine Beeinträchtigung des Schutzniveaus der Arbeitnehmer in dem von ihr abgedeckten Bereich; das Recht der Mitgliedstaaten, als Reaktion auf eine veränderte Situation Rechts- und Verwaltungsvorschriften zu erlassen, die sich von denen unterscheiden, die zum Zeitpunkt der Bekanntgabe dieser Richtlinie in Kraft waren, bleibt unberührt, solange die Bestimmungen dieser Richtlinie eingehalten werden.

Artikel 28 Verhältnis zu gemeinschaftlichen und einzelstaatlichen Vorschriften

(1) Diese Richtlinie steht Vorschriften zum Schutz der Frau, insbesondere bei Schwangerschaft und Mutterschaft, nicht entgegen.

(2) Diese Richtlinie berührt nicht die Bestimmungen der Richtlinien 96/34/EG und 92/85/EWG.

Artikel 29 Durchgängige Berücksichtigung des Gleichstellungsaspekts

Die Mitgliedstaaten berücksichtigen aktiv das Ziel der Gleichstellung von Männern und Frauen bei der Formulierung und Durchführung von Rechts- und Verwaltungsvorschriften, Politiken und Tätigkeiten in den in dieser Richtlinie genannten Bereichen.

Artikel 30 Verbreitung von Informationen

Die Mitgliedstaaten tragen dafür Sorge, dass die in Anwendung dieser Richtlinie ergehenden Maßnahmen sowie die bereits geltenden einschlägigen Vorschriften allen Betroffenen in geeigneter Form und gegebenenfalls in den Betrieben bekannt gemacht werden.

TITEL IV

SCHLUSSBESTIMMUNGEN

Artikel 31 Berichte

(1) Die Mitgliedstaaten übermitteln der Kommission bis zum 15. Februar 2011 alle Informationen, die diese benötigt, um einen Bericht an das Europäische Parlament und den Rat über die Anwendung der Richtlinie zu erstellen.

(2) Unbeschadet des Absatzes 1 übermitteln die Mitgliedstaaten der Kommission alle vier Jahre den Wortlaut aller Maßnahmen nach Artikel 141 Absatz 4 des Vertrags sowie Berichte über diese Maßnahmen und deren Durchführung. Auf der Grundlage dieser Informationen verabschiedet und veröffentlicht die Kommission alle vier Jahre einen Bericht, der eine vergleichende Bewertung solcher Maßnahmen unter Berücksichtigung der Erklärung Nr. 28 in der Schlussakte des Vertrags von Amsterdam enthält.

(3) Die Mitgliedstaaten prüfen in regelmäßigen Abständen die in Artikel 14 Absatz 2 genannten beruflichen Tätigkeiten, um unter Berücksichtigung der sozi-

alen Entwicklung festzustellen, ob es gerechtfertigt ist, die betreffenden Ausnahmen aufrechtzuerhalten. Sie übermitteln der Kommission das Ergebnis dieser Prüfung regelmäßig, zumindest aber alle acht Jahre.

Artikel 32 Überprüfung

Die Kommission überprüft spätestens bis zum 15. Februar 2013 die Anwendung dieser Richtlinie und schlägt, soweit sie dies für erforderlich hält, Änderungen vor.

Artikel 33 Umsetzung

Die Mitgliedstaaten setzen die Rechts- und Verwaltungsvorschriften in Kraft, die erforderlich sind, um dieser Richtlinie spätestens ab dem 15. August 2008 nachzukommen, oder stellen bis zu diesem Zeitpunkt sicher, dass die Sozialpartner im Wege einer Vereinbarung die erforderlichen Bestimmungen einführen. Den Mitgliedstaaten kann längstens ein weiteres Jahr eingeräumt werden, um dieser Richtlinie nachzukommen, wenn dies aufgrund besonderer Schwierigkeiten erforderlich ist. Die Mitgliedstaaten treffen alle notwendigen Maßnahmen, um jederzeit gewährleisten zu können, dass die durch die Richtlinie vorgeschriebenen Ergebnisse erzielt werden. Sie teilen der Kommission unverzüglich den Wortlaut dieser Vorschriften mit.

Wenn die Mitgliedstaaten diese Vorschriften erlassen, nehmen sie in den Vorschriften selbst oder durch einen Hinweis bei der amtlichen Veröffentlichung auf diese Richtlinie Bezug. Diese Bezugnahme enthält außerdem eine Erklärung, wonach Bezugnahmen in bestehenden Rechts- oder Verwaltungsvorschriften auf durch diese Richtlinie aufgehobene Richtlinien als Bezugnahmen auf die vorliegende Richtlinie zu verstehen sind. Die Mitgliedstaaten regeln die Einzelheiten der Bezugnahme und die Formulierung der genannten Erklärung.

Die Verpflichtung zur Umsetzung dieser Richtlinie in innerstaatliches Recht beschränkt sich auf diejenigen Bestimmungen, die eine inhaltliche Veränderung gegenüber den früheren Richtlinien darstellen. Die Verpflichtung zur Umsetzung derjenigen Bestimmungen, die inhaltlich unverändert bleiben, ergibt sich aus den früheren Richtlinien.

Die Mitgliedstaaten teilen der Kommission den Wortlaut der wichtigsten innerstaatlichen Rechtsvorschriften mit, die sie auf dem unter diese Richtlinie fallenden Gebiet erlassen.

Artikel 34 Aufhebung

(1) Die Richtlinien 75/117/EWG, 76/207/EWG, 86/378/EWG und 97/80/EG werden mit Wirkung vom 15. August 2009 aufgehoben; die Verpflichtung der Mitgliedstaaten hinsichtlich der Fristen für die Umsetzung der in Anhang I Teil B genannten Richtlinien in einzelstaatliches Recht und für ihre Anwendung bleibt hiervon unberührt.

(2) Verweisungen auf die aufgehobenen Richtlinien gelten als Verweisungen auf die vorliegende Richtlinie und sind nach der Entsprechungstabelle in Anhang II zu lesen.

Artikel 35 Inkrafttreten

Diese Richtlinie tritt am zwanzigsten Tag nach ihrer Veröffentlichung im Amtsblatt der Europäischen Union in Kraft.

Artikel 36 Adressaten

Diese Richtlinie ist an die Mitgliedstaaten gerichtet.

Anhang I

TEIL A

Aufgehobene Richtlinien und Änderungsrichtlinien

Richtlinie 75/117/EWG des Rates	ABl. L 45 vom 19. 2. 1975, S. 19
Richtlinie 76/207/EWG des Rates	ABl. L 39 vom 14. 2. 1976, S. 40
Richtlinie 2002/73/EG des Europäischen Parlaments und des Rates	ABl. L 269 vom 5. 10. 2002, S. 15
Richtlinie 86/378/EWG des Rates	ABl. L 225 vom 12. 8. 1986, S. 40
Richtlinie 96/97/EG des Rates	ABl. L 46 vom 17. 2. 1997, S. 20
Richtlinie 97/80/EG des Rates	ABl. L 14 vom 20. 1. 1998, S. 6
Richtlinie 98/52/EG des Rates	ABl. L 205 vom 22. 7. 1998, S. 66

TEIL B

Fristen für die Umsetzung in nationales Recht und Datum der Anwendung (gemäß Artikel 34 Absatz 1)

Richtlinie	Frist für die Umsetzung	Datum der Anwendung
Richtlinie 75/117/EWG	19. 2. 1976	
Richtlinie 76/207/EWG	14. 8. 1978	
Richtlinie 86/378/EWG	1. 1. 1993	
Richtlinie 96/97/EG	1. 7. 1997	17. 5. 1990 in Bezug auf Arbeitnehmer, außer im Fall von Arbeitnehmern oder deren anspruchsberechtigten Angehörigen, die vor diesem Zeitpunkt eine Klage bei Gericht oder ein gleichwertiges Verfahren nach geltendem einzelstaatlichen Recht anhängig gemacht haben Artikel 8 der Richtlinie 86/378/ EWG – spätestens 1. 1. 1993 Artikel 6 Absatz 1 Buchstabe i erster Gedankenstrich der Richtlinie 86/378/ EWG – spätestens 1. 1. 1999
Richtlinie 97/80/EG	1. 1. 2001	In Bezug auf das Vereinigte Königreich von Großbritan-

Richtlinie	Frist für die Umsetzung	Datum der Anwendung
		nien und Nordirland: 22. 7. 2001
Richtlinie 98/52/EG	22. 7. 2001	
Richtlinie 2002/73/EG	5. 10. 2005	

(Vom Abdruck des Anhangs II wurde abgesehen.)

449 Verordnung (EG) Nr. 883/2004 des Europäischen Parlaments und des Rates vom 29. April 2004 zur Koordinierung der Systeme der sozialen Sicherheit

(ABl. L 166 vom 30. 4. 2004 S. 1, ber. ABl. L 200 vom 7. 6. 2004 S. 1, ber. ABl. L 204 vom 4. 8. 2007 S. 30), zuletzt geändert durch Verordnung (EU) 2017/492 der Kommission vom 21. März 2017 (ABl. L 76 vom 21. 3. 2017 S. 13)

Inhaltsübersicht*

* Nicht amtlich.

staaten in Bezug auf den Grad der Invalidität *(vom Abdruck wurde abgesehen)*

Anhang VIII Fälle, in denen die autonome Leistung gleich hoch oder höher als die anteilige Leistung ist *(vom Abdruck wurde abgesehen)*

Anhang IX Leistung und Abkommen, die es ermöglichen, Artikel 54 anzuwenden *(vom Abdruck wurde abgesehen)*

Anhang X Besondere beitragsunabhängige Geldleistungen *(vom Abdruck wurde abgesehen)*

Anhang XI Besondere Vorschriften für die Anwendung der Rechtsvorschriften der Mitgliedstaaten *(vom Abdruck wurde abgesehen)*

DAS EUROPÄISCHE PARLAMENT UND DER RAT DER EUROPÄISCHEN UNION –

gestützt auf den Vertrag zur Gründung der Europäischen Gemeinschaft, insbesondere auf die Artikel 42 und 308,

auf Vorschlag der Kommission, vorgelegt nach Anhörung der Sozialpartner und der Verwaltungskommission für die soziale Sicherheit der Wanderarbeitnehmer[1)],

nach Stellungnahme des Europäischen Wirtschafts- und Sozialausschusses[2)],

gemäß dem Verfahren des Artikels 251 des Vertrags[3)],

in Erwägung nachstehender Gründe:

(1) Die Vorschriften zur Koordinierung der nationalen Systeme der sozialen Sicherheit sind Teil des freien Personenverkehrs und sollten zur Verbesserung des Lebensstandards und der Arbeitsbedingungen beitragen.

(2) Für die Annahme geeigneter Maßnahmen im Bereich der sozialen Sicherheit für andere Personen als Arbeitnehmer sieht der Vertrag keine anderen Befugnisse als diejenigen des Artikels 308 vor.

(3) Die Verordnung (EWG) Nr. 1408/71 des Rates vom 14. Juni 1971 über die Anwendung der Systeme der sozialen Sicherheit auf Arbeitnehmer und Selbstständige sowie deren Familienangehörige, die innerhalb der Gemeinschaft zu- und abwandern[4)], ist mehrfach geändert und aktualisiert worden, um nicht nur den Entwicklungen auf Gemeinschaftsebene – einschließlich der Urteile des Gerichtshofes –, sondern auch den Änderungen der Rechtsvorschriften auf nationaler Ebene Rechnung zu tragen. Diese Faktoren haben dazu beigetragen, dass die gemeinschaftlichen Koordinierungsregeln komplex und umfangreich geworden sind. Zur Erreichung des Ziels des freien Personenverkehrs ist es daher von wesentlicher Bedeutung, diese Vorschriften zu ersetzen und dabei gleichzeitig zu aktualisieren und zu vereinfachen.

(4) Es ist notwendig, die Eigenheiten der nationalen Rechtsvorschriften über soziale Sicherheit zu berücksichtigen und nur eine Koordinierungsregelung vorzusehen.

---

1) Amtliche Fußnote: ABl. C 38 vom 12. 2. 1999, S. 10.

2) Amtliche Fußnote: ABl. C 75 vom 15. 3. 2000, S. 29.

3) Amtliche Fußnote: Stellungnahme des Europäischen Parlaments vom 3. September 2003 (noch nicht im Amtsblatt veröffentlicht), Gemeinsamer Standpunkt des Rates vom 26. Januar 2004 (ABl. C 79 E vom 30. 3. 2004, S. 15) und Standpunkt des Europäischen Parlaments vom 20. April 2004 (noch nicht im Amtsblatt veröffentlicht). Beschluss des Rates vom 26. April 2004.

4) Amtliche Fußnote: ABl. L 149 vom 5. 7. 1971, S. 2. Zuletzt geändert durch die Verordnung (EG) Nr. 631/2004 des Europäischen Parlaments und des Rates (ABl. L 187 vom 6. 4. 2004, S. 1).

(5) Es ist erforderlich, bei dieser Koordinierung innerhalb der Gemeinschaft sicherzustellen, dass die betreffenden Personen nach den verschiedenen nationalen Rechtsvorschriften gleich behandelt werden.

(6) Die enge Beziehung zwischen den Rechtsvorschriften der sozialen Sicherheit und den tarifvertraglichen Vereinbarungen, die diese Rechtsvorschriften ergänzen oder ersetzen und die durch eine behördliche Entscheidung für allgemein verbindlich erklärt oder in ihrem Geltungsbereich erweitert wurden, kann einen Schutz bei der Anwendung dieser Bestimmungen erfordern, der demjenigen vergleichbar ist, der durch diese Verordnung gewährt wird. Als erster Schritt könnten die Erfahrungen der Mitgliedstaaten, die solche Regelungen notifiziert haben, evaluiert werden.

(7) Wegen der großen Unterschiede hinsichtlich des persönlichen Geltungsbereichs der nationalen Rechtsvorschriften ist es vorzuziehen, den Grundsatz festzulegen, dass diese Verordnung auf Staatsangehörige eines Mitgliedstaats, Staatenlose und Flüchtlinge mit Wohnort im Hoheitsgebiet eines Mitgliedstaats, für die die Rechtsvorschriften der sozialen Sicherheit eines oder mehrerer Mitgliedstaaten gelten oder galten, sowie auf ihre Familienangehörigen und Hinterbliebenen Anwendung findet.

(8) Der allgemeine Grundsatz der Gleichbehandlung ist für Arbeitnehmer, die nicht im Beschäftigungsmitgliedstaat wohnen, einschließlich Grenzgängern, von besonderer Bedeutung.

(9) Der Gerichtshof hat mehrfach zur Möglichkeit der Gleichstellung von Leistungen, Einkünften und Sachverhalten Stellung genommen; dieser Grundsatz sollte explizit aufgenommen und ausgeformt werden, wobei Inhalt und Geist der Gerichtsentscheidungen zu beachten sind.

(10) Der Grundsatz, dass bestimmte Sachverhalte oder Ereignisse, die im Hoheitsgebiet eines anderen Mitgliedstaats eingetreten sind, so zu behandeln sind, als ob sie im Hoheitsgebiet des Mitgliedstaats, dessen Rechtsvorschriften Anwendung finden, eingetreten wären, sollte jedoch nicht zu einem Widerspruch mit dem Grundsatz der Zusammenrechnung von Versicherungszeiten, Beschäftigungszeiten, Zeiten einer selbstständigen Erwerbstätigkeit oder Wohnzeiten, die nach den Rechtsvorschriften eines anderen Mitgliedstaats zurückgelegt worden sind, mit Zeiten, die nach den Rechtsvorschriften des zuständigen Mitgliedstaats zurückgelegt worden sind, führen. Zeiten, die nach den Rechtsvorschriften eines anderen Mitgliedstaats zurückgelegt worden sind, sollten deshalb nur durch die Anwendung des Grundsatzes der Zusammenrechnung der Zeiten berücksichtigt werden.

(11) Die Gleichstellung von Sachverhalten oder Ereignissen, die in einem Mitgliedstaat eingetreten sind, kann in keinem Fall bewirken, dass ein anderer Mitgliedstaat zuständig wird oder dessen Rechtsvorschriften anwendbar werden.

(12) Im Lichte der Verhältnismäßigkeit sollte sichergestellt werden, dass der Grundsatz der Gleichstellung von Sachverhalten oder Ereignissen nicht zu sachlich nicht zu rechtfertigenden Ergebnissen oder zum Zusammentreffen von Leistungen gleicher Art für denselben Zeitraum führt.

(13) Die Koordinierungsregeln müssen den Personen, die sich innerhalb der Gemeinschaft bewegen, sowie ihren Angehörigen und Hinterbliebenen die Wahrung erworbener Ansprüche und Vorteile sowie der Anwartschaften ermöglichen.

(14) Diese Ziele müssen insbesondere durch die Zusammenrechnung aller Zeiten, die nach den verschiedenen nationalen Rechtsvorschriften für die Begründung und Aufrechterhaltung des Leistungsanspruchs und für dessen Berechnung zu berücksichtigen sind, sowie durch die Gewährung von Leistungen an die verschiedenen unter diese Verordnung fallenden Personengruppen, erreicht werden.

(15) Es ist erforderlich, Personen, die sich innerhalb der Gemeinschaft bewegen, dem System der sozialen Sicherheit nur eines Mitgliedstaats zu unterwerfen, um eine Kumulierung anzuwendender nationaler Rechtsvorschriften und die sich daraus möglicherweise ergebenden Komplikationen zu vermeiden.

(16) Innerhalb der Gemeinschaft ist es grundsätzlich nicht gerechtfertigt, Ansprüche der sozialen Sicherheit vom Wohnort der betreffenden Person abhängig zu machen; in besonderen Fällen jedoch – vor allem bei besonderen Leistungen, die an das wirtschaftliche und soziale Umfeld der betreffenden Person gebunden sind – könnte der Wohnort berücksichtigt werden.

(17) Um die Gleichbehandlung aller im Hoheitsgebiet eines Mitgliedstaats erwerbstätigen Personen am besten zu gewährleisten, ist es zweckmäßig, als allgemeine Regel die Anwendung der Rechtsvorschriften des Mitgliedstaats vorzusehen, in dem die betreffende Person eine Beschäftigung oder eine selbstständige Erwerbstätigkeit ausübt.

(17a) Sobald Rechtsvorschriften eines Mitgliedstaats für eine Person nach Titel II dieser Verordnung anwendbar werden, sollten die Voraussetzungen für einen Anschluss und den Anspruch auf Leistungen durch die Rechtsvorschriften des zuständigen Mitgliedstaats geregelt werden, wobei das Gemeinschaftsrecht einzuhalten ist.

(18) Von dieser allgemeinen Regel ist in besonderen Fällen, die andere Zugehörigkeitskriterien rechtfertigen, abzuweichen.

(18a) Der Grundsatz, dass nur die Rechtsvorschriften eines einzigen Mitgliedstaats anzuwenden sind, ist von großer Bedeutung und sollte hervorgehoben werden. Dies sollte jedoch nicht bedeuten, dass allein die Gewährung einer Leistung nach dieser Verordnung, einschließlich der Zahlung von Versicherungsbeiträgen oder der Gewährung eines Versicherungsschutzes für den Begünstigten, die Rechtsvorschriften des Mitgliedstaats, dessen Träger diese Leistung erbracht hat, zu den für diese Person geltenden Rechtsvorschriften macht.

(18b) In Anhang III der Verordnung (EWG) Nr. 3922/91 des Rates vom 16. Dezember 1991 zur Harmonisierung der technischen Vorschriften und der Verwaltungsverfahren in der Zivilluftfahrt[1] ist das Konzept der „Heimatbasis“ für Mitglieder von Flug- und Kabinenbesatzungen definiert als der vom Luftfahrtunternehmer gegenüber dem Besatzungsmitglied benannte Ort, wo das Besatzungsmitglied normalerweise eine Dienstzeit oder eine Abfolge von Dienstzeiten beginnt und beendet und wo der Luftfahrtunternehmer normalerweise nicht für die Unterbringung des betreffenden Besatzungsmitglieds verantwortlich ist. Um die Anwendung des Titels II dieser Verordnung auf Mitglieder von Flug- und Kabinenbesatzungen zu erleichtern, ist es gerechtfertigt, das Konzept der „Heimatbasis“ als das Kriterium für die Bestimmung der für die Mitglieder von Flug- und Kabinenbesatzungen geltenden Rechtsvorschriften heranzuzie-

---

1) Amtliche Fußnote: ABl. L 373 vom 31. 12. 1991, S. 4.

hen. Es sollte jedoch für Kontinuität bei den für die Mitglieder von Flug- und Kabinenbesatzungen geltenden Rechtsvorschriften gesorgt werden, und das Prinzip der Heimatbasis sollte nicht zu einem häufigen Wechsel der geltenden Rechtsvorschriften aufgrund der Arbeitsmuster oder des saisonbedingten Bedarfs der Branche führen.

(19) In einigen Fällen können Leistungen bei Mutterschaft und gleichgestellte Leistungen bei Vaterschaft von der Mutter oder dem Vater in Anspruch genommen werden; weil sich für Väter diese Leistungen von Erziehungsleistungen unterscheiden und mit Leistungen bei Mutterschaft im engeren Sinne gleichgesetzt werden können, da sie in den ersten Lebensmonaten eines Neugeborenen gewährt werden, ist es angezeigt, Leistungen bei Mutterschaft und gleichgestellte Leistungen bei Vaterschaft gemeinsam zu regeln.

(20) In Bezug auf Leistungen bei Krankheit, Leistungen bei Mutterschaft und gleichgestellten Leistungen bei Vaterschaft sollte den Versicherten sowie ihren Familienangehörigen, die in einem anderen als dem zuständigen Mitgliedstaat wohnen oder sich dort aufhalten, Schutz gewährt werden.

(21) Die Bestimmungen über Leistungen bei Krankheit, Leistungen bei Mutterschaft und gleichgestellte Leistungen bei Vaterschaft wurden im Lichte der Rechtsprechung des Gerichtshofes erstellt. Die Bestimmungen über die vorherige Genehmigung wurden unter Berücksichtigung der einschlägigen Entscheidungen des Gerichtshofes verbessert.

(22) Die besondere Lage von Rentenantragstellern und Rentenberechtigten sowie ihrer Familienangehörigen erfordert Bestimmungen auf dem Gebiet der Krankenversicherung, die dieser Situation gerecht werden.

(23) In Anbetracht der Unterschiede zwischen den verschiedenen nationalen Systemen ist es angezeigt, dass die Mitgliedstaaten nach Möglichkeit vorsehen, dass Familienangehörigen von Grenzgängern in dem Mitgliedstaat, in dem die Grenzgänger ihre Tätigkeit ausüben, medizinische Behandlung gewährt wird.

(24) Es ist erforderlich, spezifische Bestimmungen vorzusehen, die ein Zusammentreffen von Sachleistungen bei Krankheit mit Geldleistungen bei Krankheit ausschließen, wie sie Gegenstand der Urteile des Gerichtshofes in den Rechtssachen C-215/99 (Jauch) und C-160/96 (Molenaar) waren, sofern diese Leistungen das gleiche Risiko abdecken.

(25) In Bezug auf Leistungen bei Arbeitsunfällen und Berufskrankheiten sollten Regeln erlassen werden, die Personen, die in einem anderen als dem zuständigen Mitgliedstaat wohnen oder sich dort aufhalten, Schutz gewähren.

(26) Für Leistungen bei Invalidität sollten Koordinierungsregeln vorgesehen werden, die die Eigenheiten der nationalen Rechtsvorschriften, insbesondere im Hinblick auf die Anerkennung des Invaliditätszustands und seiner Verschlimmerung, berücksichtigen.

(27) Es ist erforderlich, ein System zur Feststellung der Leistungen bei Alter und an Hinterbliebene für Personen zu erarbeiten, für die die Rechtsvorschriften eines oder mehrerer Mitgliedstaaten galten.

(28) Es ist erforderlich, den Betrag einer Rente festzulegen, die nach der Zusammenrechnungs- und Zeitenverhältnisregelung berechnet und durch das Gemeinschaftsrecht garantiert ist, wenn sich die Anwendung der nationalen Rechtsvorschriften einschließlich ihrer Kürzungs-, Ruhens- und

Entziehungsvorschriften als weniger günstig erweist als die genannte Regelung.

(29) Um Wanderarbeitnehmer und ihre Hinterbliebenen gegen eine übermäßig strenge Anwendung der nationalen Kürzungs-, Ruhens- und Entziehungsvorschriften zu schützen, ist es erforderlich, Bestimmungen aufzunehmen, die für die Anwendung dieser Vorschriften strenge Regeln festlegen.

(30) Wie der Gerichtshof stets bekräftigt hat, ist der Rat nicht dafür zuständig, Rechtsvorschriften zu erlassen, mit denen das Zusammentreffen von zwei oder mehr Rentenansprüchen, die in verschiedenen Mitgliedstaaten erworben wurden, dadurch eingeschränkt wird, dass der Betrag einer Rente, deren Anspruch ausschließlich nach nationalen Rechtsvorschriften erworben wurde, gekürzt wird.

(31) Nach Auffassung des Gerichtshofes ist es Sache des nationalen Gesetzgebers, derartige Rechtsvorschriften zu erlassen, wobei der Gemeinschaftsgesetzgeber die Grenzen festlegt, in denen die nationalen Kürzungs-, Ruhens- oder Entziehungsvorschriften anzuwenden sind.

(32) Zur Förderung der Mobilität der Arbeitnehmer ist vor allem ihre Arbeitssuche in den verschiedenen Mitgliedstaaten zu erleichtern; daher ist eine stärkere und wirksamere Koordinierung zwischen den Systemen der Arbeitslosenversicherung und der Arbeitsverwaltung aller Mitgliedstaaten notwendig.

(33) Es ist erforderlich, gesetzliche Vorruhestandsregelungen in den Geltungsbereich dieser Verordnung einzubeziehen und dadurch die Gleichbehandlung und die Möglichkeit des „Exports" von Vorruhestandsleistungen sowie die Feststellung von Familien- und Gesundheitsleistungen für die betreffende Person nach den Bestimmungen dieser Verordnung zu gewährleisten; da es gesetzliche Vorruhestandsregelungen jedoch nur in einer sehr begrenzten Anzahl von Mitgliedstaaten gibt, sollten die Vorschriften über die Zusammenrechnung von Zeiten auf diese Regelungen nicht angewendet werden.

(34) Da die Familienleistungen sehr vielfältig sind und Schutz in Situationen gewähren, die als klassisch beschrieben werden können, sowie in Situationen, die durch ganz spezifische Faktoren gekennzeichnet sind und die Gegenstand der Urteile des Gerichtshofes in den verbundenen Rechtssachen C-245/94 und C-312/94 (Hoever) und (Zachow) und in der Rechtssache C-275/96 (Kuusijärvi) waren, ist es erforderlich, diese Leistungen in ihrer Gesamtheit zu regeln.

(35) Zur Vermeidung ungerechtfertigter Doppelleistungen sind für den Fall des Zusammentreffens von Ansprüchen auf Familienleistungen nach den Rechtsvorschriften des zuständigen Mitgliedstaats mit Ansprüchen auf Familienleistungen nach den Rechtsvorschriften des Wohnmitgliedstaats der Familienangehörigen Prioritätsregeln vorzusehen.

(36) Unterhaltsvorschüsse sind zurückzuzahlende Vorschüsse, mit denen ein Ausgleich dafür geschaffen werden soll, dass ein Elternteil seiner gesetzlichen Verpflichtung zur Leistung von Unterhalt für sein Kind nicht nachkommt; hierbei handelt es sich um eine familienrechtliche Verpflichtung. Daher sollten diese Vorschüsse nicht als direkte Leistungen aufgrund einer kollektiven Unterstützung zu Gunsten der Familien angesehen werden. Aufgrund dieser Besonderheiten sollten die Koordinierungsregeln nicht für solche Unterhaltsvorschüsse gelten.

(37) Der Gerichtshof hat wiederholt festgestellt, dass Vorschriften, mit denen vom Grundsatz der „Exportierbarkeit" der Leistungen der sozialen Sicherheit abgewichen wird, eng ausgelegt werden müssen. Dies bedeutet, dass sie nur auf Leistungen angewendet werden können, die den genau festgelegten Bedingungen entsprechen. Daraus folgt, dass Titel III Kapitel 9 dieser Verordnung nur auf Leistungen angewendet werden kann, die sowohl besonders als auch beitragsunabhängig sind und in Anhang X dieser Verordnung aufgeführt sind.

(38) Es ist erforderlich, eine Verwaltungskommission einzusetzen, der ein Regierungsvertreter jedes Mitgliedstaats angehört und die insbesondere damit beauftragt ist, alle Verwaltungs- und Auslegungsfragen zu behandeln, die sich aus dieser Verordnung ergeben, und die Zusammenarbeit zwischen den Mitgliedstaaten zu fördern.

(39) Es hat sich herausgestellt, dass die Entwicklung und Benutzung von elektronischen Datenverarbeitungsdiensten für den Informationsaustausch die Einsetzung eines Fachausschusses unter der Verantwortung der Verwaltungskommission mit spezifischen Zuständigkeiten in den Bereichen der Datenverarbeitung erforderlich machen.

(40) Die Benutzung von elektronischen Datenverarbeitungsdiensten für den Datenaustausch zwischen Trägern erfordert Bestimmungen, die gewährleisten, dass elektronisch ausgetauschte oder herausgegebene Dokumente genauso anerkannt werden wie Dokumente in Papierform. Ein solcher Austausch hat unter Beachtung der Gemeinschaftsbestimmungen über den Schutz natürlicher Personen bei der Verarbeitung personenbezogener Daten und den freien Datenverkehr zu erfolgen.

(41) Zur Erleichterung der Anwendung der Koordinierungsregeln ist es erforderlich, besondere Bestimmungen vorzusehen, die den jeweiligen Eigenheiten der nationalen Rechtsvorschriften gerecht werden.

(42) Im Einklang mit dem Verhältnismäßigkeitsprinzip und der Absicht, diese Verordnung auf alle Unionsbürger auszudehnen, und mit dem Ziel, eine Lösung zu erreichen, die allen Zwängen Rechnung trägt, die mit den besonderen Merkmalen von auf dem Wohnortkriterium basierenden Systemen verknüpft sein könnten, wurde eine besondere Ausnahmeregelung in Form eines Eintrags für Dänemark in Anhang XI für zweckdienlich erachtet, die ausschließlich auf Sozialrentenansprüche für die neue Kategorie von nicht erwerbstätigen Personen, auf die diese Verordnung ausgeweitet wurde, beschränkt ist; damit wird den besonderen Merkmalen des dänischen Systems sowie der Tatsache Rechnung getragen, dass diese Renten nach dem geltenden dänischen Recht (Rentengesetz) nach einer Wohnzeit von zehn Jahren „exportiert" werden können.

(43) Im Einklang mit dem Grundsatz der Gleichbehandlung wird eine besondere Ausnahmeregelung in Form eines Eintrags für Finnland in Anhang XI für zweckdienlich erachtet, die auf wohnsitzabhängige staatliche Renten beschränkt ist, um den besonderen Merkmalen der finnischen Rechtsvorschriften über die soziale Sicherheit Rechnung zu tragen; dadurch soll sichergestellt werden, dass die staatliche Rente nicht niedriger sein darf als die staatliche Rente, die sich ergäbe, wenn sämtliche Versicherungszeiten, die in anderen Mitgliedstaaten zurückgelegt wurden, in Finnland zurückgelegt worden wären.

(44) Es ist erforderlich, eine neue Verordnung zu erlassen, um die Verordnung (EWG) Nr. 1408/71 aufzuheben. Dabei muss die Verordnung (EWG)

Nr. 1408/71 jedoch im Hinblick auf bestimmte Rechtsakte der Gemeinschaft und Abkommen, bei denen die Gemeinschaft Vertragspartei ist, zur Wahrung der Rechtssicherheit in Kraft bleiben und weiterhin Rechtsgültigkeit besitzen.

(45) Da das Ziel der beabsichtigten Maßnahme, nämlich Koordinierungsmaßnahmen zur Sicherstellung, dass das Recht auf Freizügigkeit wirksam ausgeübt werden kann, auf Ebene der Mitgliedstaaten nicht ausreichend erreicht werden kann und daher wegen des Umfangs und der Wirkungen der Maßnahme besser auf Gemeinschaftsebene zu erreichen ist, kann die Gemeinschaft im Einklang mit dem in Artikel 5 des Vertrags niedergelegten Subsidiaritätsprinzip tätig werden. Entsprechend dem in demselben Artikel genannten Verhältnismäßigkeitsprinzip geht diese Verordnung nicht über das für die Erreichung dieses Ziels erforderliche Maß hinaus –

HABEN FOLGENDE VERORDNUNG ERLASSEN:

TITEL I
ALLGEMEINE BESTIMMUNGEN

Artikel 1 Definitionen

Für die Zwecke dieser Verordnung bezeichnet der Ausdruck:

a) „Beschäftigung“ jede Tätigkeit oder gleichgestellte Situation, die für die Zwecke der Rechtsvorschriften der sozialen Sicherheit des Mitgliedstaats, in dem die Tätigkeit ausgeübt wird oder die gleichgestellte Situation vorliegt, als solche gilt;

b) „selbstständige Erwerbstätigkeit“ jede Tätigkeit oder gleichgestellte Situation, die für die Zwecke der Rechtsvorschriften der sozialen Sicherheit des Mitgliedstaats, in dem die Tätigkeit ausgeübt wird oder die gleichgestellte Situation vorliegt, als solche gilt;

c) „Versicherter“ in Bezug auf die von Titel III Kapitel 1 und 3 erfassten Zweige der sozialen Sicherheit jede Person, die unter Berücksichtigung der Bestimmungen dieser Verordnung die für einen Leistungsanspruch nach den Rechtsvorschriften des gemäß Titel II zuständigen Mitgliedstaats vorgesehenen Voraussetzungen erfüllt;

d) „Beamter“ jede Person, die in dem Mitgliedstaat, dem die sie beschäftigende Verwaltungseinheit angehört, als Beamter oder diesem gleichgestellte Person gilt;

e) „Sondersystem für Beamte“ jedes System der sozialen Sicherheit, das sich von dem allgemeinen System der sozialen Sicherheit, das auf die Arbeitnehmer des betreffenden Mitgliedstaats anwendbar ist, unterscheidet und das für alle oder bestimmte Gruppen von Beamten unmittelbar gilt;

f) „Grenzgänger“ eine Person, die in einem Mitgliedstaat eine Beschäftigung oder eine selbstständige Erwerbstätigkeit ausübt und in einem anderen Mitgliedstaat wohnt, in den sie in der Regel täglich, mindestens jedoch einmal wöchentlich zurückkehrt;

g) „Flüchtling“ eine Person im Sinne des Artikels 1 des am 28. Juli 1951 in Genf unterzeichneten Abkommens über die Rechtsstellung der Flüchtlinge;

h) „Staatenloser“ eine Person im Sinne des Artikels 1 des am 28. September 1954 in New York unterzeichneten Abkommens über die Rechtsstellung der Staatenlosen;

i) „Familienangehöriger“:

1. i) jede Person, die in den Rechtsvorschriften, nach denen die Leistungen gewährt werden, als Familienangehöriger bestimmt oder anerkannt oder als Haushaltsangehöriger bezeichnet wird;

   ii) in Bezug auf Sachleistungen nach Titel III Kapitel 1 über Leistungen bei Krankheit sowie Leistungen bei Mutterschaft und gleichgestellte Leistungen bei Vaterschaft jede Person, die in den Rechtsvorschriften des Mitgliedstaats, in dem sie wohnt, als Familienangehöriger bestimmt oder anerkannt wird oder als Haushaltsangehöriger bezeichnet wird;

2. unterscheiden die gemäß Nummer 1 anzuwendenden Rechtsvorschriften eines Mitgliedstaats die Familienangehörigen nicht von anderen Personen, auf die diese Rechtsvorschriften anwendbar sind, so werden der Ehegatte, die minderjährigen Kinder und die unterhaltsberechtigten volljährigen Kinder als Familienangehörige angesehen;

3. wird nach den gemäß Nummern 1 und 2 anzuwendenden Rechtsvorschriften eine Person nur dann als Familien- oder Haushaltsangehöriger angesehen, wenn sie mit dem Versicherten oder dem Rentner in häuslicher Gemeinschaft lebt, so gilt diese Voraussetzung als erfüllt, wenn der Unterhalt der betreffenden Person überwiegend von dem Versicherten oder dem Rentner bestritten wird;

j) „Wohnort“ den Ort des gewöhnlichen Aufenthalts einer Person;

k) „Aufenthalt“ den vorübergehenden Aufenthalt;

l) „Rechtsvorschriften“ für jeden Mitgliedstaat die Gesetze, Verordnungen, Satzungen und alle anderen Durchführungsvorschriften in Bezug auf die in Artikel 3 Absatz 1 genannten Zweige der sozialen Sicherheit.

Dieser Begriff umfasst keine tarifvertraglichen Vereinbarungen, mit Ausnahme derjenigen, durch die eine Versicherungsverpflichtung, die sich aus den in Unterabsatz 1 genannten Gesetzen oder Verordnungen ergibt, erfüllt wird oder die durch eine behördliche Entscheidung für allgemein verbindlich erklärt oder in ihrem Geltungsbereich erweitert wurden, sofern der betreffende Mitgliedstaat in einer einschlägigen Erklärung den Präsidenten des Europäischen Parlaments und den Präsidenten des Rates der Europäischen Union davon unterrichtet. Diese Erklärung wird im *Amtsblatt der Europäischen Union* veröffentlicht;

m) „zuständige Behörde“ in jedem Mitgliedstaat den Minister, die Minister oder eine entsprechende andere Behörde, die im gesamten Gebiet des betreffenden Mitgliedstaates oder einem Teil davon für die Systeme der sozialen Sicherheit zuständig sind;

n) „Verwaltungskommission“ die in Artikel 71 genannte Kommission;

o) „Durchführungsverordnung“ die in Artikel 89 genannte Verordnung;

p) „Träger“ in jedem Mitgliedstaat die Einrichtung oder Behörde, der die Anwendung aller Rechtsvorschriften oder eines Teils hiervon obliegt;

q) „zuständiger Träger“:

i) den Träger, bei dem die betreffende Person zum Zeitpunkt der Stellung des Antrags auf Leistungen versichert ist,

oder

ii) den Träger, gegenüber dem die betreffende Person einen Anspruch auf Leistungen hat oder hätte, wenn sie selbst oder ihr Familienangehöriger bzw. ihre Familienangehörigen in dem Mitgliedstaat wohnen würden, in dem dieser Träger seinen Sitz hat,

oder

iii) den von der zuständigen Behörde des betreffenden Mitgliedstaats bezeichneten Träger,

oder

iv) bei einem System, das die Verpflichtungen des Arbeitgebers hinsichtlich der in Artikel 3 Absatz 1 genannten Leistungen betrifft, den Arbeitgeber oder den betreffenden Versicherer oder, falls es einen solchen nicht gibt, die von der zuständigen Behörde des betreffenden Mitgliedstaats bezeichnete Einrichtung oder Behörde;

r) „Träger des Wohnorts“ und „Träger des Aufenthaltsorts“ den Träger, der nach den Rechtsvorschriften, die für diesen Träger gelten, für die Gewährung der Leistungen an dem Ort zuständig ist, an dem die betreffende Person wohnt oder sich aufhält, oder, wenn es einen solchen Träger nicht gibt, den von der zuständigen Behörde des betreffenden Mitgliedstaats bezeichneten Träger;

s) „zuständiger Mitgliedstaat“ den Mitgliedstaat, in dem der zuständige Träger seinen Sitz hat;

t) „Versicherungszeiten“ die Beitragszeiten, Beschäftigungszeiten oder Zeiten einer selbstständigen Erwerbstätigkeit, die nach den Rechtsvorschriften, nach denen sie zurückgelegt worden sind oder als zurückgelegt gelten, als Versicherungszeiten bestimmt oder anerkannt sind, sowie alle gleichgestellten Zeiten, soweit sie nach diesen Rechtsvorschriften als den Versicherungszeiten gleichwertig anerkannt sind;

u) „Beschäftigungszeiten“ oder „Zeiten einer selbstständigen Erwerbstätigkeit“ die Zeiten, die nach den Rechtsvorschriften, nach denen sie zurückgelegt worden sind, als solche bestimmt oder anerkannt sind, sowie alle gleichgestellten Zeiten, soweit sie nach diesen Rechtsvorschriften als den Beschäftigungszeiten oder den Zeiten einer selbstständigen Erwerbstätigkeit gleichwertig anerkannt sind;

v) „Wohnzeiten“ die Zeiten, die nach den Rechtsvorschriften, nach denen sie zurückgelegt worden sind oder als zurückgelegt gelten, als solche bestimmt oder anerkannt sind;

va) „Sachleistungen“

i) für Titel III Kapitel 1 (Leistungen bei Krankheit sowie Leistungen bei Mutterschaft und gleichgestellte Leistungen bei Vaterschaft) Sachleistungen, die nach den Rechtsvorschriften eines Mitgliedstaats vorgesehen sind und die den Zweck verfolgen, die ärztliche Behandlung und die diese Behandlung ergänzenden Produkte und Dienstleistungen zu erbringen bzw. zur Verfügung zu stellen oder direkt zu bezahlen oder die diesbezüglichen Kosten zu erstatten. Dazu gehören auch Sachleistungen bei Pflegebedürftigkeit;

ii) für Titel III Kapitel 2 (Leistungen bei Arbeitsunfällen und Berufskrankheiten) alle Sachleistungen im Zusammenhang mit Arbeitsunfällen und Berufskrankheiten gemäß der Definition nach Ziffer i, die nach den Arbeitsunfall- und Berufskrankheitenregelungen der Mitgliedstaaten vorgesehen sind;

w) „Renten“ nicht nur Renten im engeren Sinn, sondern auch Kapitalabfindungen, die an deren Stelle treten können, und Beitragserstattungen sowie, soweit Titel III nichts anderes bestimmt, Anpassungsbeträge und Zulagen;

x) „Vorruhestandsleistungen“ alle anderen Geldleistungen als Leistungen bei Arbeitslosigkeit und vorgezogene Leistungen wegen Alters, die ab einem bestimmten Lebensalter Arbeitnehmern, die ihre berufliche Tätigkeit eingeschränkt oder beendet haben oder ihr vorübergehend nicht mehr nachgehen, bis zu dem Lebensalter gewährt werden, in dem sie Anspruch auf Altersrente oder auf vorzeitiges Altersruhegeld geltend machen können, und deren Bezug nicht davon abhängig ist, dass sie der Arbeitsverwaltung des zuständigen Staates zur Verfügung stehen; eine „vorgezogene Leistung wegen Alters“ ist eine Leistung, die vor dem Erreichen des Lebensalters, ab dem üblicherweise Anspruch auf Rente entsteht, gewährt und nach Erreichen dieses Lebensalters weiterhin gewährt oder durch eine andere Leistung bei Alter abgelöst wird;

y) „Sterbegeld“ jede einmalige Zahlung im Todesfall, mit Ausnahme der unter Buchstabe w) genannten Kapitalabfindungen;

z) „Familienleistungen“ alle Sach- oder Geldleistungen zum Ausgleich von Familienlasten, mit Ausnahme von Unterhaltsvorschüssen und besonderen Geburts- und Adoptionsbeihilfen nach Anhang I.

Artikel 2 Persönlicher Geltungsbereich

(1) Diese Verordnung gilt für Staatsangehörige eines Mitgliedstaats, Staatenlose und Flüchtlinge mit Wohnort in einem Mitgliedstaat, für die die Rechtsvorschriften eines oder mehrerer Mitgliedstaaten gelten oder galten, sowie für ihre Familienangehörigen und Hinterbliebenen.

(2) Diese Verordnung gilt auch für Hinterbliebene von Personen, für die die Rechtsvorschriften eines oder mehrerer Mitgliedstaaten galten, und zwar ohne Rücksicht auf die Staatsangehörigkeit dieser Personen, wenn die Hinterbliebenen Staatsangehörige eines Mitgliedstaats sind oder als Staatenlose oder Flüchtlinge in einem Mitgliedstaat wohnen.

Artikel 3 Sachlicher Geltungsbereich

(1) Diese Verordnung gilt für alle Rechtsvorschriften, die folgende Zweige der sozialen Sicherheit betreffen:

a) Leistungen bei Krankheit;

b) Leistungen bei Mutterschaft und gleichgestellte Leistungen bei Vaterschaft;

c) Leistungen bei Invalidität;

d) Leistungen bei Alter;

e) Leistungen an Hinterbliebene;

f) Leistungen bei Arbeitsunfällen und Berufskrankheiten;

g) Sterbegeld;

h) Leistungen bei Arbeitslosigkeit;

i) Vorruhestandsleistungen;

j) Familienleistungen.

(2) Sofern in Anhang XI nichts anderes bestimmt ist, gilt diese Verordnung für die allgemeinen und die besonderen, die auf Beiträgen beruhenden und die

beitragsfreien Systeme der sozialen Sicherheit sowie für die Systeme betreffend die Verpflichtungen von Arbeitgebern und Reedern.

(3) Diese Verordnung gilt auch für die besonderen beitragsunabhängigen Geldleistungen gemäß Artikel 70.

(4) Die Rechtsvorschriften der Mitgliedstaaten über die Verpflichtungen von Reedern werden jedoch durch Titel III nicht berührt.

(5) Diese Verordnung gilt nicht für

a) soziale und medizinische Fürsorge oder

b) Leistungen, bei denen ein Mitgliedstaat die Haftung für Personenschäden übernimmt und Entschädigung leistet, beispielsweise für Opfer von Krieg und militärischen Aktionen oder der sich daraus ergebenden Folgen, Opfer von Straftaten, Attentaten oder Terrorakten, Opfer von Schäden, die von Bediensteten eines Mitgliedstaats in Ausübung ihrer Pflichten verursacht wurden, oder für Personen, die aus politischen oder religiösen Gründen oder aufgrund ihrer Abstammung Nachteile erlitten haben.

Artikel 4 Gleichbehandlung

Sofern in dieser Verordnung nichts anderes bestimmt ist, haben Personen, für die diese Verordnung gilt, die gleichen Rechte und Pflichten aufgrund der Rechtsvorschriften eines Mitgliedstaats wie die Staatsangehörigen dieses Staates.

Artikel 5 Gleichstellung von Leistungen, Einkünften, Sachverhalten oder Ereignissen

Sofern in dieser Verordnung nicht anderes bestimmt ist, gilt unter Berücksichtigung der besonderen Durchführungsbestimmungen Folgendes:

a) Hat nach den Rechtsvorschriften des zuständigen Mitgliedstaats der Bezug von Leistungen der sozialen Sicherheit oder sonstiger Einkünfte bestimmte Rechtswirkungen, so sind die entsprechenden Rechtsvorschriften auch bei Bezug von nach den Rechtsvorschriften eines anderen Mitgliedstaats gewährten gleichartigen Leistungen oder bei Bezug von in einem anderen Mitgliedstaat erzielten Einkünften anwendbar.

b) Hat nach den Rechtsvorschriften des zuständigen Mitgliedstaats der Eintritt bestimmter Sachverhalte oder Ereignisse Rechtswirkungen, so berücksichtigt dieser Mitgliedstaat die in einem anderen Mitgliedstaat eingetretenen entsprechenden Sachverhalte oder Ereignisse, als ob sie im eigenen Hoheitsgebiet eingetreten wären.

Artikel 6 Zusammenrechnung der Zeiten

Sofern in dieser Verordnung nichts anderes bestimmt ist, berücksichtigt der zuständige Träger eines Mitgliedstaats, dessen Rechtsvorschriften:

- den Erwerb, die Aufrechterhaltung, die Dauer oder das Wiederaufleben des Leistungsanspruchs,
- die Anwendung bestimmter Rechtsvorschriften,

  oder
- den Zugang zu bzw. die Befreiung von der Pflichtversicherung, der freiwilligen Versicherung oder der freiwilligen Weiterversicherung,

von der Zurücklegung von Versicherungszeiten, Beschäftigungszeiten, Zeiten einer selbstständigen Erwerbstätigkeit oder Wohnzeiten abhängig machen, soweit erforderlich die nach den Rechtsvorschriften eines anderen Mitgliedstaats zurückgelegten Versicherungszeiten, Beschäftigungszeiten, Zeiten einer selbstständigen Erwerbstätigkeit oder Wohnzeiten, als ob es sich um Zeiten handeln würde, die nach den für diesen Träger geltenden Rechtsvorschriften zurückgelegt worden sind.

Artikel 7 Aufhebung der Wohnortklauseln

Sofern in dieser Verordnung nichts anderes bestimmt ist, dürfen Geldleistungen, die nach den Rechtsvorschriften eines oder mehrerer Mitgliedstaaten oder nach dieser Verordnung zu zahlen sind, nicht aufgrund der Tatsache gekürzt, geändert, zum Ruhen gebracht, entzogen oder beschlagnahmt werden, dass der Berechtigte oder seine Familienangehörigen in einem anderen als dem Mitgliedstaat wohnt bzw. wohnen, in dem der zur Zahlung verpflichtete Träger seinen Sitz hat.

Artikel 8 Verhältnis zwischen dieser Verordnung und anderen Koordinierungsregelungen

(1) Im Rahmen ihres Geltungsbereichs tritt diese Verordnung an die Stelle aller zwischen den Mitgliedstaaten geltenden Abkommen über soziale Sicherheit. Einzelne Bestimmungen von Abkommen über soziale Sicherheit, die von den Mitgliedstaaten vor dem Beginn der Anwendung dieser Verordnung geschlossen wurden, gelten jedoch fort, sofern sie für die Berechtigten günstiger sind oder sich aus besonderen historischen Umständen ergeben und ihre Geltung zeitlich begrenzt ist. Um weiterhin Anwendung zu finden, müssen diese Bestimmungen in Anhang II aufgeführt sein. Ist es aus objektiven Gründen nicht möglich, einige dieser Bestimmungen auf alle Personen auszudehnen, für die diese Verordnung gilt, so ist dies anzugeben.

(2) Zwei oder mehr Mitgliedstaaten können bei Bedarf nach den Grundsätzen und im Geist dieser Verordnung Abkommen miteinander schließen.

Artikel 9 Erklärungen der Mitgliedstaaten zum Geltungsbereich dieser Verordnung

(1) Die Mitgliedstaaten notifizieren der Europäischen Kommission schriftlich die Erklärungen gemäß Artikel 1 Buchstabe l, die Rechtsvorschriften, Systeme und Regelungen im Sinne des Artikels 3, die Abkommen im Sinne des Artikels 8 Absatz 2, die Mindestleistungen im Sinne des Artikels 58 und das Fehlen eines Versicherungssystems im Sinne des Artikels 65a Absatz 1 sowie wesentliche Änderungen. In diesen Notifizierungen ist das Datum anzugeben, ab dem diese Verordnung auf die von den Mitgliedstaaten darin genannten Regelungen Anwendung findet.

(2) Diese Notifizierungen werden der Europäischen Kommission jährlich übermittelt und im erforderlichen Umfang bekannt gemacht.

Artikel 10 Verbot des Zusammentreffens von Leistungen

Sofern nichts anderes bestimmt ist, wird aufgrund dieser Verordnung ein Anspruch auf mehrere Leistungen gleicher Art aus derselben Pflichtversicherungszeit weder erworben noch aufrechterhalten.

TITEL II
BESTIMMUNG DES ANWENDBAREN RECHTS

Artikel 11 Allgemeine Regelung

(1) Personen, für die diese Verordnung gilt, unterliegen den Rechtsvorschriften nur eines Mitgliedstaats. Welche Rechtsvorschriften dies sind, bestimmt sich nach diesem Titel.

(2) Für die Zwecke dieses Titels wird bei Personen, die aufgrund oder infolge ihrer Beschäftigung oder selbstständigen Erwerbstätigkeit eine Geldleistung beziehen, davon ausgegangen, dass sie diese Beschäftigung oder Tätigkeit ausüben. Dies gilt nicht für Invaliditäts-, Alters- oder Hinterbliebenenrenten oder für Renten bei Arbeitsunfällen oder Berufskrankheiten oder für Geldleistungen bei Krankheit, die eine Behandlung von unbegrenzter Dauer abdecken.

(3) Vorbehaltlich der Artikel 12 bis 16 gilt Folgendes:

a) eine Person, die in einem Mitgliedstaat eine Beschäftigung oder selbstständige Erwerbstätigkeit ausübt, unterliegt den Rechtsvorschriften dieses Mitgliedstaats;

b) ein Beamter unterliegt den Rechtsvorschriften des Mitgliedstaats, dem die ihn beschäftigende Verwaltungseinheit angehört;

c) eine Person, die nach den Rechtsvorschriften des Wohnmitgliedstaats Leistungen bei Arbeitslosigkeit gemäß Artikel 65 erhält, unterliegt den Rechtsvorschriften dieses Mitgliedstaats;

d) eine zum Wehr- oder Zivildienst eines Mitgliedstaats einberufene oder wiedereinberufene Person unterliegt den Rechtsvorschriften dieses Mitgliedstaats;

e) jede andere Person, die nicht unter die Buchstaben a) bis d) fällt, unterliegt unbeschadet anders lautender Bestimmungen dieser Verordnung, nach denen ihr Leistungen aufgrund der Rechtsvorschriften eines oder mehrerer anderer Mitgliedstaaten zustehen, den Rechtsvorschriften des Wohnmitgliedstaats.

(4) Für die Zwecke dieses Titels gilt eine Beschäftigung oder selbstständige Erwerbstätigkeit, die gewöhnlich an Bord eines unter der Flagge eines Mitgliedstaats fahrenden Schiffes auf See ausgeübt wird, als in diesem Mitgliedstaat ausgeübt. Eine Person, die einer Beschäftigung an Bord eines unter der Flagge eines Mitgliedstaats fahrenden Schiffes nachgeht und ihr Entgelt für diese Tätigkeit von einem Unternehmen oder einer Person mit Sitz oder Wohnsitz in einem anderen Mitgliedstaat erhält, unterliegt jedoch den Rechtsvorschriften des letzteren Mitgliedstaats, sofern sie in diesem Staat wohnt. Das Unternehmen oder die Person, das bzw. die das Entgelt zahlt, gilt für die Zwecke dieser Rechtsvorschriften als Arbeitgeber.

(5) Eine Tätigkeit, die ein Flug- oder Kabinenbesatzungsmitglied in Form von Leistungen im Zusammenhang mit Fluggästen oder Luftfracht ausübt, gilt als in dem Mitgliedstaat ausgeübte Tätigkeit, in dem sich die „Heimatbasis" im Sinne von Anhang III der Verordnung (EWG) Nr. 3922/91 befindet.

Artikel 12 Sonderregelung

(1) Eine Person, die in einem Mitgliedstaat für Rechnung eines Arbeitgebers, der gewöhnlich dort tätig ist, eine Beschäftigung ausübt und die von diesem Arbeitgeber in einen anderen Mitgliedstaat entsandt wird, um dort eine Arbeit für dessen Rechnung auszuführen, unterliegt weiterhin den Rechtsvorschriften des

ersten Mitgliedstaats, sofern die voraussichtliche Dauer dieser Arbeit 24 Monate nicht überschreitet und diese Person nicht eine andere entsandte Person ablöst.

(2) Eine Person, die gewöhnlich in einem Mitgliedstaat eine selbstständige Erwerbstätigkeit ausübt und die eine ähnliche Tätigkeit in einem anderen Mitgliedstaat ausübt, unterliegt weiterhin den Rechtsvorschriften des ersten Mitgliedstaats, sofern die voraussichtliche Dauer dieser Tätigkeit vierundzwanzig Monate nicht überschreitet.

Artikel 13 Ausübung von Tätigkeiten in zwei oder mehr Mitgliedstaaten

(1) Eine Person, die gewöhnlich in zwei oder mehr Mitgliedstaaten eine Beschäftigung ausübt, unterliegt:

a) den Rechtsvorschriften des Wohnmitgliedstaats, wenn sie dort einen wesentlichen Teil ihrer Tätigkeit ausübt, oder

b) wenn sie im Wohnmitgliedstaat keinen wesentlichen Teil ihrer Tätigkeit ausübt,

   i) den Rechtsvorschriften des Mitgliedstaats, in dem das Unternehmen oder der Arbeitgeber seinen Sitz oder Wohnsitz hat, sofern sie bei einem Unternehmen bzw. einem Arbeitgeber beschäftigt ist, oder

   ii) den Rechtsvorschriften des Mitgliedstaats, in dem die Unternehmen oder Arbeitgeber ihren Sitz oder Wohnsitz haben, wenn sie bei zwei oder mehr Unternehmen oder Arbeitgebern beschäftigt ist, die ihren Sitz oder Wohnsitz in nur einem Mitgliedstaat haben, oder

   iii) den Rechtsvorschriften des Mitgliedstaats, in dem das Unternehmen oder der Arbeitgeber außerhalb des Wohnmitgliedstaats seinen Sitz oder Wohnsitz hat, sofern sie bei zwei oder mehr Unternehmen oder Arbeitgebern beschäftigt ist, die ihre Sitze oder Wohnsitze in zwei Mitgliedstaaten haben, von denen einer der Wohnmitgliedstaat ist, oder

   iv) den Rechtsvorschriften des Wohnmitgliedstaats, sofern sie bei zwei oder mehr Unternehmen oder Arbeitgebern beschäftigt ist, von denen mindestens zwei ihren Sitz oder Wohnsitz in verschiedenen Mitgliedstaaten außerhalb des Wohnmitgliedstaats haben.

(2) Eine Person, die gewöhnlich in zwei oder mehr Mitgliedstaaten eine selbstständige Erwerbstätigkeit ausübt, unterliegt:

a) den Rechtsvorschriften des Wohnmitgliedstaats, wenn sie dort einen wesentlichen Teil ihrer Tätigkeit ausübt,
   oder

b) den Rechtsvorschriften des Mitgliedstaats, in dem sich der Mittelpunkt ihrer Tätigkeiten befindet, wenn sie nicht in einem der Mitgliedstaaten wohnt, in denen sie einen wesentlichen Teil ihrer Tätigkeit ausübt.

(3) Eine Person, die gewöhnlich in verschiedenen Mitgliedstaaten eine Beschäftigung und eine selbstständige Erwerbstätigkeit ausübt, unterliegt den Rechtsvorschriften des Mitgliedstaats, in dem sie eine Beschäftigung ausübt, oder, wenn sie eine solche Beschäftigung in zwei oder mehr Mitgliedstaaten ausübt, den nach Absatz 1 bestimmten Rechtsvorschriften.

(4) Eine Person, die in einem Mitgliedstaat als Beamter beschäftigt ist und die eine Beschäftigung und/oder eine selbstständige Erwerbstätigkeit in einem oder mehreren anderen Mitgliedstaaten ausübt, unterliegt den Rechtsvorschriften des Mitgliedstaats, dem die sie beschäftigende Verwaltungseinheit angehört.

(5) Die in den Absätzen 1 bis 4 genannten Personen werden für die Zwecke der nach diesen Bestimmungen ermittelten Rechtsvorschriften so behandelt, als ob sie ihre gesamte Beschäftigung oder selbstständige Erwerbstätigkeit in dem betreffenden Mitgliedstaat ausüben und dort ihre gesamten Einkünfte erzielen würden.

Artikel 14 Freiwillige Versicherung oder freiwillige Weiterversicherung

(1) Die Artikel 11 bis 13 gelten nicht für die freiwillige Versicherung oder die freiwillige Weiterversicherung, es sei denn, in einem Mitgliedstaat gibt es für einen der in Artikel 3 Absatz 1 genannten Zweige nur ein System der freiwilligen Versicherung.

(2) Unterliegt die betreffende Person nach den Rechtsvorschriften eines Mitgliedstaats der Pflichtversicherung in diesem Mitgliedstaat, so darf sie in einem anderen Mitgliedstaat keiner freiwilligen Versicherung oder freiwilligen Weiterversicherung unterliegen. In allen übrigen Fällen, in denen für einen bestimmten Zweig eine Wahlmöglichkeit zwischen mehreren Systemen der freiwilligen Versicherung oder der freiwilligen Weiterversicherung besteht, tritt die betreffende Person nur dem System bei, für das sie sich entschieden hat.

(3) Für Leistungen bei Invalidität, Alter und an Hinterbliebene kann die betreffende Person jedoch auch dann der freiwilligen Versicherung oder der freiwilligen Weiterversicherung eines Mitgliedstaats beitreten, wenn sie nach den Rechtsvorschriften eines anderen Mitgliedstaats pflichtversichert ist, sofern sie in der Vergangenheit zu einem Zeitpunkt ihrer beruflichen Laufbahn aufgrund oder infolge einer Beschäftigung oder selbstständigen Erwerbstätigkeit den Rechtsvorschriften des ersten Mitgliedstaats unterlag und ein solches Zusammentreffen nach den Rechtsvorschriften des ersten Mitgliedstaats ausdrücklich oder stillschweigend zugelassen ist.

(4) Hängt nach den Rechtsvorschriften eines Mitgliedstaats das Recht auf freiwillige Versicherung oder freiwillige Weiterversicherung davon ab, dass der Berechtigte seinen Wohnort in diesem Mitgliedstaat hat oder dass er zuvor beschäftigt bzw. selbstständig erwerbstätig war, so gilt Artikel 5 Buchstabe b ausschließlich für Personen, die zu irgendeinem Zeitpunkt in der Vergangenheit den Rechtsvorschriften dieses Mitgliedstaats unterlagen, weil sie dort eine Beschäftigung oder eine selbstständige Erwerbstätigkeit ausgeübt haben.

Artikel 15 Hilfskräfte der Europäischen Gemeinschaften

Die Vertragsbediensteten der Europäischen Gemeinschaften können zwischen der Anwendung der Rechtsvorschriften des Mitgliedstaats, in dem sie beschäftigt sind, der Rechtsvorschriften des Mitgliedstaats, denen sie zuletzt unterlagen, oder der Rechtsvorschriften des Mitgliedstaats, dessen Staatsangehörigkeit sie besitzen, wählen; ausgenommen hiervon sind die Vorschriften über Familienbeihilfen, die nach den Beschäftigungsbedingungen für diese Vertragsbediensteten gewährt werden. Dieses Wahlrecht kann nur einmal ausgeübt werden und wird mit dem Tag des Dienstantritts wirksam.

Artikel 16 Ausnahmen von den Artikeln 11 bis 15

(1) Zwei oder mehr Mitgliedstaaten, die zuständigen Behörden dieser Mitgliedstaaten oder die von diesen Behörden bezeichneten Einrichtungen können im gemeinsamen Einvernehmen Ausnahmen von den Artikeln 11 bis 15 im Interesse bestimmter Personen oder Personengruppen vorsehen.

(2) Wohnt eine Person, die eine Rente oder Renten nach den Rechtsvorschriften eines oder mehrerer Mitgliedstaaten erhält, in einem anderen Mitgliedstaat, so kann sie auf Antrag von der Anwendung der Rechtsvorschriften des letzteren Staates freigestellt werden, sofern sie diesen Rechtsvorschriften nicht aufgrund der Ausübung einer Beschäftigung oder selbstständigen Erwerbstätigkeit unterliegt.

TITEL III

BESONDERE BESTIMMUNGEN ÜBER DIE VERSCHIEDENEN ARTEN VON LEISTUNGEN

KAPITEL 1

Leistungen bei Krankheit sowie Leistungen bei Mutterschaft und gleichgestellte Leistungen bei Vaterschaft

Abschnitt 1

Versicherte und ihre Familienangehörigen mit Ausnahme von Rentnern und deren Familienangehörigen

Artikel 17 Wohnort in einem anderen als dem zuständigen Mitgliedstaat

Ein Versicherter oder seine Familienangehörigen, die in einem anderen als dem zuständigen Mitgliedstaat wohnen, erhalten in dem Wohnmitgliedstaat Sachleistungen, die vom Träger des Wohnorts nach den für ihn geltenden Rechtsvorschriften für Rechnung des zuständigen Trägers erbracht werden, als ob sie nach diesen Rechtsvorschriften versichert wären.

Artikel 18 Aufenthalt in dem zuständigen Mitgliedstaat, wenn sich der Wohnort in einem anderen Mitgliedstaat befindet – Besondere Vorschriften für die Familienangehörigen von Grenzgängern

(1) Sofern in Absatz 2 nichts anderes bestimmt ist, haben der in Artikel 17 genannte Versicherte und seine Familienangehörigen auch während des Aufenthalts in dem zuständigen Mitgliedstaat Anspruch auf Sachleistungen. Die Sachleistungen werden vom zuständigen Träger für dessen Rechnung nach den für ihn geltenden Rechtsvorschriften erbracht, als ob die betreffenden Personen in diesem Mitgliedstaat wohnen würden.

(2) Die Familienangehörigen von Grenzgängern haben Anspruch auf Sachleistungen während ihres Aufenthalts im zuständigen Mitgliedstaat.

Ist dieser Mitgliedstaat jedoch in Anhang III aufgeführt, haben die Familienangehörigen von Grenzgängern, die im selben Mitgliedstaat wie der Grenzgänger wohnen, im zuständigen Mitgliedstaat nur unter den Voraussetzungen des Artikels 19 Absatz 1 Anspruch auf Sachleistungen.

Artikel 19 Aufenthalt außerhalb des zuständigen Mitgliedstaats

(1) Sofern in Absatz 2 nichts anderes bestimmt ist, haben ein Versicherter und seine Familienangehörigen, die sich in einem anderen als dem zuständigen Mitgliedstaat aufhalten, Anspruch auf die Sachleistungen, die sich während ihres

Aufenthalts als medizinisch notwendig erweisen, wobei die Art der Leistungen und die voraussichtliche Dauer des Aufenthalts zu berücksichtigen sind. Diese Leistungen werden vom Träger des Aufenthaltsorts nach den für ihn geltenden Rechtsvorschriften für Rechnung des zuständigen Trägers erbracht, als ob die betreffenden Personen nach diesen Rechtsvorschriften versichert wären.

(2) Die Verwaltungskommission erstellt eine Liste der Sachleistungen, für die aus praktischen Gründen eine vorherige Vereinbarung zwischen der betreffenden Person und dem die medizinische Leistung erbringenden Träger erforderlich ist, damit sie während eines Aufenthalts in einem anderen Mitgliedstaat erbracht werden können.

Artikel 20 Reisen zur Inanspruchnahme von Sachleistungen

(1) Sofern in dieser Verordnung nichts anderes bestimmt ist, muss ein Versicherter, der sich zur Inanspruchnahme von Sachleistungen in einen anderen Mitgliedstaat begibt, die Genehmigung des zuständigen Trägers einholen.

(2) Ein Versicherter, der vom zuständigen Träger die Genehmigung erhalten hat, sich in einen anderen Mitgliedstaat zu begeben, um eine seinem Zustand angemessene Behandlung zu erhalten, erhält Sachleistungen, die vom Träger des Aufenthaltsorts nach den für ihn geltenden Rechtsvorschriften für Rechnung des zuständigen Trägers erbracht werden, als ob er nach diesen Rechtsvorschriften versichert wäre. Die Genehmigung wird erteilt, wenn die betreffende Behandlung Teil der Leistungen ist, die nach den Rechtsvorschriften des Wohnmitgliedstaats der betreffenden Person vorgesehen sind, und ihr diese Behandlung nicht innerhalb eines in Anbetracht ihres derzeitigen Gesundheitszustands und des voraussichtlichen Verlaufs ihrer Krankheit medizinisch vertretbaren Zeitraums gewährt werden kann.

(3) Die Absätze 1 und 2 gelten für die Familienangehörigen des Versicherten entsprechend.

(4) Wohnen die Familienangehörigen eines Versicherten in einem anderen Mitgliedstaat als der Versicherte selbst und hat sich dieser Mitgliedstaat für die Erstattung in Form von Pauschalbeträgen entschieden, so werden die Sachleistungen nach Absatz 2 für Rechnung des Trägers des Wohnorts der Familienangehörigen erbracht. In diesem Fall gilt für die Zwecke des Absatzes 1 der Träger des Wohnorts der Familienangehörigen als zuständiger Träger.

Artikel 21 Geldleistungen

(1) Ein Versicherter und seine Familienangehörigen, die in einem anderen als dem zuständigen Mitgliedstaat wohnen oder sich dort aufhalten, haben Anspruch auf Geldleistungen, die vom zuständigen Träger nach den für ihn geltenden Rechtsvorschriften erbracht werden. Im Einvernehmen zwischen dem zuständigen Träger und dem Träger des Wohn- oder Aufenthaltsorts können diese Leistungen jedoch vom Träger des Wohn- oder Aufenthaltsorts nach den Rechtsvorschriften des zuständigen Mitgliedstaats für Rechnung des zuständigen Trägers erbracht werden.

(2) Der zuständige Träger eines Mitgliedstaats, nach dessen Rechtsvorschriften Geldleistungen anhand eines Durchschnittserwerbseinkommens oder einer durchschnittlichen Beitragsgrundlage zu berechnen sind, ermittelt das Durchschnittserwerbseinkommen oder die durchschnittliche Beitragsgrundlage ausschließlich anhand der Erwerbseinkommen oder Beitragsgrundlagen, die für die nach diesen Rechtsvorschriften zurückgelegten Zeiten festgestellt worden sind.

(3) Der zuständige Träger eines Mitgliedstaats, nach dessen Rechtsvorschriften Geldleistungen anhand eines pauschalen Erwerbseinkommens zu berechnen sind, berücksichtigt ausschließlich das pauschale Erwerbseinkommen oder gegebenenfalls den Durchschnitt der pauschalen Erwerbseinkommen für Zeiten, die nach diesen Rechtsvorschriften zurückgelegt worden sind.

(4) Die Absätze 2 und 3 gelten entsprechend, wenn nach den für den zuständigen Träger geltenden Rechtsvorschriften ein bestimmter Bezugszeitraum vorgesehen ist, der in dem betreffenden Fall ganz oder teilweise den Zeiten entspricht, die die betreffende Person nach den Rechtsvorschriften eines oder mehrerer anderer Mitgliedstaaten zurückgelegt hat.

Artikel 22 Rentenantragsteller

(1) Ein Versicherter, der bei der Einreichung eines Rentenantrags oder während dessen Bearbeitung nach den Rechtsvorschriften des letzten zuständigen Mitgliedstaats den Anspruch auf Sachleistungen verliert, hat weiterhin Anspruch auf Sachleistungen nach den Rechtsvorschriften des Mitgliedstaats, in dem er wohnt, sofern der Rentenantragsteller die Versicherungsvoraussetzungen nach den Rechtsvorschriften des in Absatz 2 genannten Mitgliedstaats erfüllt. Der Anspruch auf Sachleistungen in dem Wohnmitgliedstaat besteht auch für die Familienangehörigen des Rentenantragstellers.

(2) Die Sachleistungen werden für Rechnung des Trägers des Mitgliedstaats erbracht, der im Falle der Zuerkennung der Rente nach den Artikeln 23 bis 25 zuständig wäre.

Abschnitt 2

Rentner und ihre Familienangehörigen

Artikel 23 Sachleistungsanspruch nach den Rechtsvorschriften des Wohnmitgliedstaats

Eine Person, die eine Rente oder Renten nach den Rechtsvorschriften von zwei oder mehr Mitgliedstaaten erhält, wovon einer der Wohnmitgliedstaat ist, und die Anspruch auf Sachleistungen nach den Rechtsvorschriften dieses Mitgliedstaats hat, erhält wie auch ihre Familienangehörigen diese Sachleistungen vom Träger des Wohnorts für dessen Rechnung, als ob sie allein nach den Rechtsvorschriften dieses Mitgliedstaats Anspruch auf Rente hätte.

Artikel 24 Nichtvorliegen eines Sachleistungsanspruchs nach den Rechtsvorschriften des Wohnmitgliedstaats

(1) Eine Person, die eine Rente oder Renten nach den Rechtsvorschriften eines oder mehrerer Mitgliedstaaten erhält und die keinen Anspruch auf Sachleistungen nach den Rechtsvorschriften des Wohnmitgliedstaats hat, erhält dennoch Sachleistungen für sich selbst und ihre Familienangehörigen, sofern nach den Rechtsvorschriften des für die Zahlung ihrer Rente zuständigen Mitgliedstaats oder zumindest eines der für die Zahlung ihrer Rente zuständigen Mitgliedstaaten Anspruch auf Sachleistungen bestünde, wenn sie in diesem Mitgliedstaat wohnte. Die Sachleistungen werden vom Träger des Wohnorts für Rechnung des in Absatz 2 genannten Trägers erbracht, als ob die betreffende Person Anspruch auf Rente und Sachleistungen nach den Rechtsvorschriften dieses Mitgliedstaats hätte.

(2) In den in Absatz 1 genannten Fällen werden die Kosten für die Sachleistungen von dem Träger übernommen, der nach folgenden Regeln bestimmt wird:

a) hat der Rentner nur Anspruch auf Sachleistungen nach den Rechtsvorschriften eines einzigen Mitgliedstaats, so übernimmt der zuständige Träger dieses Mitgliedstaats die Kosten;

b) hat der Rentner Anspruch auf Sachleistungen nach den Rechtsvorschriften von zwei oder mehr Mitgliedstaaten, so übernimmt der zuständige Träger des Mitgliedstaats die Kosten, dessen Rechtsvorschriften für die betreffende Person am längsten gegolten haben; sollte die Anwendung dieser Regel dazu führen, dass die Kosten von mehreren Trägern zu übernehmen wären, gehen die Kosten zulasten des Trägers, der für die Anwendung der Rechtsvorschriften zuständig ist, die für den Rentner zuletzt gegolten haben.

Artikel 25 Renten nach den Rechtsvorschriften eines oder mehrerer anderer Mitgliedstaaten als dem Wohnmitgliedstaat, wenn ein Sachleistungsanspruch in diesem Mitgliedstaat besteht

Wohnt eine Person, die eine Rente oder Renten nach den Rechtsvorschriften eines oder mehrerer Mitgliedstaaten erhält, in einem Mitgliedstaat, nach dessen Rechtsvorschriften der Anspruch auf Sachleistungen nicht vom Bestehen einer Versicherung, einer Beschäftigung oder einer selbstständigen Erwerbstätigkeit abhängt und von dem sie keine Rente erhält, so werden die Kosten für die Sachleistungen, die ihr oder ihren Familienangehörigen gewährt werden, von dem Träger eines der für die Zahlung ihrer Rente zuständigen Mitgliedstaaten übernommen, der nach Artikel 24 Absatz 2 bestimmt wird, soweit dieser Rentner und seine Familienangehörigen Anspruch auf diese Leistungen hätten, wenn sie in diesem Mitgliedstaat wohnen würden.

Artikel 26 Familienangehörige, die in einem anderen Mitgliedstaat als dem Wohnmitgliedstaat des Rentners wohnen

Familienangehörige einer Person, die eine Rente oder Renten nach den Rechtsvorschriften eines oder mehrerer Mitgliedstaaten erhält, haben, wenn sie in einem anderen Mitgliedstaat als der Rentner wohnen, Anspruch auf Sachleistungen vom Träger ihres Wohnorts nach den für ihn geltenden Rechtsvorschriften, sofern der Rentner nach den Rechtsvorschriften eines Mitgliedstaats Anspruch auf Sachleistungen hat. Die Kosten übernimmt der zuständige Träger, der auch die Kosten für die dem Rentner in dessen Wohnmitgliedstaat gewährten Sachleistungen zu tragen hat.

Artikel 27 Aufenthalt des Rentners oder seiner Familienangehörigen in einem anderen Mitgliedstaat als ihrem Wohnmitgliedstaat – Aufenthalt im zuständigen Mitgliedstaat – Zulassung zu einer notwendigen Behandlung außerhalb des Wohnmitgliedstaats

(1) Artikel 19 gilt entsprechend für eine Person, die eine Rente oder Renten nach den Rechtsvorschriften eines oder mehrerer Mitgliedstaaten erhält und Anspruch auf Sachleistungen nach den Rechtsvorschriften eines der ihre Rente(n) gewährenden Mitgliedstaaten hat, oder für ihre Familienangehörigen, wenn sie sich in einem anderen Mitgliedstaat als ihrem Wohnmitgliedstaat aufhalten.

(2) Artikel 18 Absatz 1 gilt entsprechend für die in Absatz 1 genannten Personen, wenn sie sich in dem Mitgliedstaat aufhalten, in dem der zuständige Träger seinen Sitz hat, der die Kosten für die dem Rentner in dessen Wohnmitgliedstaat

gewährten Sachleistungen zu tragen hat, und wenn dieser Mitgliedstaat sich dafür entschieden hat und in Anhang IV aufgeführt ist.

(3) Artikel 20 gilt entsprechend für einen Rentner und/oder seine Familienangehörigen, die sich in einem anderen Mitgliedstaat als ihrem Wohnmitgliedstaat aufhalten, um dort die ihrem Zustand angemessene Behandlung zu erhalten.

(4) Sofern in Absatz 5 nichts anderes bestimmt ist, übernimmt der zuständige Träger die Kosten für die Sachleistungen nach den Absätzen 1 bis 3, der auch die Kosten für die dem Rentner in dessen Wohnmitgliedstaat gewährten Sachleistungen zu tragen hat.

(5) Die Kosten für die Sachleistungen nach Absatz 3 werden vom Träger des Wohnortes des Rentners oder seiner Familienangehörigen übernommen, wenn diese Personen in einem Mitgliedstaat wohnen, der sich für die Erstattung in Form von Pauschalbeträgen entschieden hat. In diesen Fällen gilt für die Zwecke des Absatzes 3 der Träger des Wohnorts des Rentners oder seiner Familienangehörigen als zuständiger Träger.

Artikel 28 Besondere Vorschriften für Grenzgänger in Rente

(1) Ein Grenzgänger, der wegen Alters oder Invalidität Rentner wird, hat bei Krankheit weiterhin Anspruch auf Sachleistungen in dem Mitgliedstaat, in dem er zuletzt eine Beschäftigung oder eine selbstständige Erwerbstätigkeit ausgeübt hat, soweit es um die Fortsetzung einer Behandlung geht, die in diesem Mitgliedstaat begonnen wurde. Als „Fortsetzung einer Behandlung" gilt die fortlaufende Untersuchung, Diagnose und Behandlung einer Krankheit während ihrer gesamten Dauer.

Unterabsatz 1 gilt entsprechend für die Familienangehörigen eines ehemaligen Grenzgängers, es sei denn, der Mitgliedstaat, in dem der Grenzgänger seine Erwerbstätigkeit zuletzt ausübte, ist in Anhang III aufgeführt.

(2) Ein Rentner, der in den letzten fünf Jahren vor dem Zeitpunkt des Anfalls einer Alters- oder Invaliditätsrente mindestens zwei Jahre als Grenzgänger eine Beschäftigung oder eine selbstständige Erwerbstätigkeit ausgeübt hat, hat Anspruch auf Sachleistungen in dem Mitgliedstaat, in dem er als Grenzgänger eine solche Beschäftigung oder Tätigkeit ausgeübt hat, wenn dieser Mitgliedstaat und der Mitgliedstaat, in dem der zuständige Träger seinen Sitz hat, der die Kosten für die dem Rentner in dessen Wohnmitgliedstaat gewährten Sachleistungen zu tragen hat, sich dafür entschieden haben und beide in Anhang V aufgeführt sind.

(3) Absatz 2 gilt entsprechend für die Familienangehörigen eines ehemaligen Grenzgängers oder für seine Hinterbliebenen, wenn sie während der in Absatz 2 genannten Zeiträume Anspruch auf Sachleistungen nach Artikel 18 Absatz 2 hatten, und zwar auch dann, wenn der Grenzgänger vor dem Anfall seiner Rente verstorben ist, sofern er in den letzten fünf Jahren vor seinem Tod mindestens zwei Jahre als Grenzgänger eine Beschäftigung oder eine selbstständige Erwerbstätigkeit ausgeübt hat.

(4) Die Absätze 2 und 3 gelten so lange, bis auf die betreffende Person die Rechtsvorschriften eines Mitgliedstaats aufgrund der Ausübung einer Beschäftigung oder einer selbstständigen Erwerbstätigkeit Anwendung finden.

(5) Die Kosten für die Sachleistungen nach den Absätzen 1 bis 3 übernimmt der zuständige Träger, der auch die Kosten für die dem Rentner oder seinen Hinterbliebenen in ihrem jeweiligen Wohnmitgliedstaat gewährten Sachleistungen zu tragen hat.

Artikel 29 Geldleistungen für Rentner

(1) Geldleistungen werden einer Person, die eine Rente oder Renten nach den Rechtsvorschriften eines oder mehrerer Mitgliedstaaten erhält, vom zuständigen Träger des Mitgliedstaats gewährt, in dem der zuständige Träger seinen Sitz hat, der die Kosten für die dem Rentner in dessen Wohnmitgliedstaat gewährten Sachleistungen zu tragen hat. Artikel 21 gilt entsprechend.

(2) Absatz 1 gilt auch für die Familienangehörigen des Rentners.

Artikel 30 Beiträge der Rentner

(1) Der Träger eines Mitgliedstaats, der nach den für ihn geltenden Rechtsvorschriften Beiträge zur Deckung der Leistungen bei Krankheit sowie der Leistungen bei Mutterschaft und der gleichgestellten Leistungen bei Vaterschaft einzubehalten hat, kann diese Beiträge, die nach den für ihn geltenden Rechtsvorschriften berechnet werden, nur verlangen und erheben, soweit die Kosten für die Leistungen nach den Artikeln 23 bis 26 von einem Träger in diesem Mitgliedstaat zu übernehmen sind.

(2) Sind in den in Artikel 25 genannten Fällen nach den Rechtsvorschriften des Mitgliedstaats, in dem der betreffende Rentner wohnt, Beiträge zu entrichten oder ähnliche Zahlungen zu leisten, um Anspruch auf Leistungen bei Krankheit sowie auf Leistungen bei Mutterschaft und gleichgestellte Leistungen bei Vaterschaft zu haben, können solche Beiträge nicht eingefordert werden, weil der Rentner dort wohnt.

Abschnitt 3
Gemeinsame Vorschriften

Artikel 31 Allgemeine Bestimmung

Die Artikel 23 bis 30 finden keine Anwendung auf einen Rentner oder seine Familienangehörigen, die aufgrund einer Beschäftigung oder einer selbstständigen Erwerbstätigkeit Anspruch auf Leistungen nach den Rechtsvorschriften eines Mitgliedstaats haben. In diesem Fall gelten für die Zwecke dieses Kapitels für die betreffende Person die Artikel 17 bis 21.

Artikel 32 Rangfolge der Sachleistungsansprüche – Besondere Vorschrift für den Leistungsanspruch von Familienangehörigen im Wohnmitgliedstaat

(1) Ein eigenständiger Sachleistungsanspruch aufgrund der Rechtsvorschriften eines Mitgliedstaats oder dieses Kapitels hat Vorrang vor einem abgeleiteten Anspruch auf Leistungen für Familienangehörige. Ein abgeleiteter Anspruch auf Sachleistungen hat jedoch Vorrang vor eigenständigen Ansprüchen, wenn der eigenständige Anspruch im Wohnmitgliedstaat unmittelbar und ausschließlich aufgrund des Wohnorts der betreffenden Person in diesem Mitgliedstaat besteht.

(2) Wohnen die Familienangehörigen eines Versicherten in einem Mitgliedstaat, nach dessen Rechtsvorschriften der Anspruch auf Sachleistungen nicht vom Bestehen einer Versicherung, einer Beschäftigung oder einer selbstständigen Erwerbstätigkeit abhängt, so werden die Sachleistungen für Rechnung des zuständigen Trägers in dem Mitgliedstaat erbracht, in dem sie wohnen, sofern der Ehegatte oder die Person, die das Sorgerecht für die Kinder des Versicherten hat, eine Beschäftigung oder eine selbstständige Erwerbstätigkeit in diesem Mitgliedstaat

ausübt oder von diesem Mitgliedstaat aufgrund einer Beschäftigung oder einer selbstständigen Erwerbstätigkeit eine Rente erhält.

Artikel 33 Sachleistungen von erheblicher Bedeutung

(1) Hat ein Träger eines Mitgliedstaats einem Versicherten oder einem seiner Familienangehörigen vor dessen Versicherung nach den für einen Träger eines anderen Mitgliedstaats geltenden Rechtsvorschriften den Anspruch auf ein Körperersatzstück, ein größeres Hilfsmittel oder andere Sachleistungen von erheblicher Bedeutung zuerkannt, so werden diese Leistungen auch dann für Rechnung des ersten Trägers gewährt, wenn die betreffende Person zum Zeitpunkt der Gewährung dieser Leistungen bereits nach den für den zweiten Träger geltenden Rechtsvorschriften versichert ist.

(2) Die Verwaltungskommission legt die Liste der von Absatz 1 erfassten Leistungen fest.

Artikel 34 Zusammentreffen von Leistungen bei Pflegebedürftigkeit

(1) Kann der Bezieher von Geldleistungen bei Pflegebedürftigkeit, die als Leistungen bei Krankheit gelten und daher von dem für die Gewährung von Geldleistungen zuständigen Mitgliedstaat nach den Artikeln 21 oder 29 erbracht werden, im Rahmen dieses Kapitels gleichzeitig für denselben Zweck vorgesehene Sachleistungen vom Träger des Wohn- oder Aufenthaltsortes in einem anderen Mitgliedstaat in Anspruch nehmen, für die ebenfalls ein Träger des ersten Mitgliedstaats die Kosten nach Artikel 35 zu erstatten hat, so ist das allgemeine Verbot des Zusammentreffens von Leistungen nach Artikel 10 mit der folgenden Einschränkung anwendbar: Beantragt und erhält die betreffende Person die Sachleistung, so wird die Geldleistung um den Betrag der Sachleistung gemindert, der dem zur Kostenerstattung verpflichteten Träger des ersten Mitgliedstaats in Rechnung gestellt wird oder gestellt werden könnte.

(2) Die Verwaltungskommission legt die Liste der von Absatz 1 erfassten Geldleistungen und Sachleistungen fest.

(3) Zwei oder mehr Mitgliedstaaten oder deren zuständige Behörden können andere oder ergänzende Regelungen vereinbaren, die für die betreffenden Personen nicht ungünstiger als die Grundsätze des Absatzes 1 sein dürfen.

Artikel 35 Erstattungen zwischen Trägern

(1) Die von dem Träger eines Mitgliedstaats für Rechnung des Trägers eines anderen Mitgliedstaats nach diesem Kapitel gewährten Sachleistungen sind in voller Höhe zu erstatten.

(2) Die Erstattungen nach Absatz 1 werden nach Maßgabe der Durchführungsverordnung festgestellt und vorgenommen, und zwar entweder gegen Nachweis der tatsächlichen Aufwendungen oder auf der Grundlage von Pauschalbeträgen für Mitgliedstaaten, bei deren Rechts- und Verwaltungsstruktur eine Erstattung auf der Grundlage der tatsächlichen Aufwendungen nicht zweckmäßig ist.

(3) Zwei oder mehr Mitgliedstaaten und deren zuständige Behörden können andere Erstattungsverfahren vereinbaren oder auf jegliche Erstattung zwischen den in ihre Zuständigkeit fallenden Trägern verzichten.

KAPITEL 2
Leistungen bei Arbeitsunfällen und Berufskrankheiten

Artikel 36 Anspruch auf Sach- und Geldleistungen

(1) Unbeschadet der günstigeren Bestimmungen der Absätze 2 und 2a des vorliegenden Artikels gelten Artikel 17, Artikel 18 Absatz 1, Artikel 19 Absatz 1 und Artikel 20 Absatz 1 auch für Leistungen als Folge eines Arbeitsunfalls oder einer Berufskrankheit.

(2) Eine Person, die einen Arbeitsunfall erlitten oder sich eine Berufskrankheit zugezogen hat und in einem anderen als dem zuständigen Mitgliedstaat wohnt oder sich dort aufhält, hat Anspruch auf die besonderen Sachleistungen bei Arbeitsunfällen und Berufskrankheiten, die vom Träger des Wohn- oder Aufenthaltsorts nach den für ihn geltenden Rechtsvorschriften für Rechnung des zuständigen Trägers erbracht werden, als ob die betreffende Person nach diesen Rechtsvorschriften versichert wäre.

(2a) Der zuständige Träger kann die in Artikel 20 Absatz 1 vorgesehene Genehmigung einer Person nicht verweigern, die einen Arbeitsunfall erlitten hat oder die an einer Berufskrankheit leidet und die zu Lasten dieses Trägers leistungsberechtigt geworden ist, wenn ihr die ihrem Zustand angemessene Behandlung im Gebiet ihres Wohnmitgliedstaats nicht innerhalb eines in Anbetracht ihres derzeitigen Gesundheitszustands und des voraussichtlichen Verlaufs der Krankheit medizinisch vertretbaren Zeitraums gewährt werden kann.

(3) Artikel 21 gilt auch für Leistungen nach diesem Kapitel.

Artikel 37 Transportkosten

(1) Der zuständige Träger eines Mitgliedstaats, nach dessen Rechtsvorschriften die Übernahme der Kosten für den Transport einer Person, die einen Arbeitsunfall erlitten hat oder an einer Berufskrankheit leidet, bis zu ihrem Wohnort oder bis zum Krankenhaus vorgesehen ist, übernimmt die Kosten für den Transport bis zu dem entsprechenden Ort in einem anderen Mitgliedstaat, in dem die Person wohnt, sofern dieser Träger den Transport unter gebührender Berücksichtigung der hierfür sprechenden Gründe zuvor genehmigt hat. Eine solche Genehmigung ist bei Grenzgängern nicht erforderlich.

(2) Der zuständige Träger eines Mitgliedstaats, nach dessen Rechtsvorschriften bei einem tödlichen Arbeitsunfall die Übernahme der Kosten für die Überführung der Leiche bis zur Begräbnisstätte vorgesehen ist, übernimmt nach den für ihn geltenden Rechtsvorschriften die Kosten der Überführung bis zu dem entsprechenden Ort in einem anderen Mitgliedstaat, in dem die betreffende Person zum Zeitpunkt des Unfalls gewohnt hat.

Artikel 38 Leistungen bei Berufskrankheiten, wenn die betreffende Person in mehreren Mitgliedstaaten dem gleichen Risiko ausgesetzt war

Hat eine Person, die sich eine Berufskrankheit zugezogen hat, nach den Rechtsvorschriften von zwei oder mehr Mitgliedstaaten eine Tätigkeit ausgeübt, die ihrer Art nach geeignet ist, eine solche Krankheit zu verursachen, so werden die Leistungen, auf die sie oder ihre Hinterbliebenen Anspruch haben, ausschließlich nach den Rechtsvorschriften des letzten dieser Mitgliedstaaten gewährt, dessen Voraussetzungen erfüllt sind.

Artikel 39 Verschlimmerung einer Berufskrankheit

Bei Verschlimmerung einer Berufskrankheit, für die die betreffende Person nach den Rechtsvorschriften eines Mitgliedstaats Leistungen bezogen hat oder bezieht, gilt Folgendes:

a) Hat die betreffende Person während des Bezugs der Leistungen keine Beschäftigung oder selbstständige Erwerbstätigkeit nach den Rechtsvorschriften eines anderen Mitgliedstaats ausgeübt, die geeignet war, eine solche Krankheit zu verursachen oder zu verschlimmern, so übernimmt der zuständige Träger des ersten Mitgliedstaats die Kosten für die Leistungen nach den für ihn geltenden Rechtsvorschriften unter Berücksichtigung der Verschlimmerung der Krankheit.

b) Hat die betreffende Person während des Bezugs der Leistungen eine solche Tätigkeit nach den Rechtsvorschriften eines anderen Mitgliedstaats ausgeübt, so übernimmt der zuständige Träger des ersten Mitgliedstaats die Kosten für die Leistungen nach den für ihn geltenden Rechtsvorschriften ohne Berücksichtigung der Verschlimmerung der Krankheit. Der zuständige Träger des zweiten Mitgliedstaats gewährt der betreffenden Person eine Zulage in Höhe des Unterschiedsbetrags zwischen dem Betrag der nach der Verschlimmerung geschuldeten Leistungen und dem Betrag, den er vor der Verschlimmerung aufgrund der für ihn geltenden Rechtsvorschriften geschuldet hätte, wenn die betreffende Person sich die Krankheit zugezogen hätte, während die Rechtsvorschriften dieses Mitgliedstaats für sie galten.

c) Die in den Rechtsvorschriften eines Mitgliedstaats vorgesehenen Bestimmungen über die Kürzung, das Ruhen oder die Entziehung sind nicht auf die Empfänger von Leistungen anwendbar, die gemäß Buchstabe b) von den Trägern zweier Mitgliedstaaten gewährt werden.

Artikel 40 Regeln zur Berücksichtigung von Besonderheiten bestimmter Rechtsvorschriften

(1) Besteht in dem Mitgliedstaat, in dem die betreffende Person wohnt oder sich aufhält, keine Versicherung gegen Arbeitsunfälle oder Berufskrankheiten oder besteht dort zwar eine derartige Versicherung, ist jedoch kein für die Gewährung von Sachleistungen zuständiger Träger vorgesehen, so werden diese Leistungen von dem Träger des Wohn- oder Aufenthaltsorts gewährt, der für die Gewährung von Sachleistungen bei Krankheit zuständig ist.

(2) Besteht in dem zuständigen Mitgliedstaat keine Versicherung gegen Arbeitsunfälle oder Berufskrankheiten, so finden die Bestimmungen dieses Kapitels über Sachleistungen dennoch auf eine Person Anwendung, die bei Krankheit, Mutterschaft oder gleichgestellter Vaterschaft nach den Rechtsvorschriften dieses Mitgliedstaats Anspruch auf diese Leistungen hat, falls die betreffende Person einen Arbeitsunfall erleidet oder an einer Berufskrankheit leidet, während sie in einem anderen Mitgliedstaat wohnt oder sich dort aufhält. Die Kosten werden von dem Träger übernommen, der nach den Rechtsvorschriften des zuständigen Mitgliedstaats für die Sachleistungen zuständig ist.

(3) Artikel 5 gilt für den zuständigen Träger eines Mitgliedstaats in Bezug auf die Gleichstellung von später nach den Rechtsvorschriften eines anderen Mitgliedstaats eingetretenen oder festgestellten Arbeitsunfällen und Berufskrankheiten bei der Bemessung des Grades der Erwerbsminderung, der Begründung des Leistungsbetrags oder der Festsetzung des Leistungsbetrags, sofern:

a) für einen bzw. eine früher nach den für ihn geltenden Rechtsvorschriften eingetretene(n) oder festgestellte(n) Arbeitsunfall oder Berufskrankheit kein Leistungsanspruch bestand,

und

b) für einen bzw. eine später eingetretene(n) oder festgestellte(n) Arbeitsunfall oder Berufskrankheit kein Leistungsanspruch nach den Rechtsvorschriften des anderen Mitgliedstaats, nach denen der Arbeitsunfall oder die Berufskrankheit eingetreten ist oder festgestellt wurde, besteht.

Artikel 41 Erstattungen zwischen Trägern

(1) Artikel 35 gilt auch für Leistungen nach diesem Kapitel; die Erstattung erfolgt auf der Grundlage der tatsächlichen Aufwendungen.

(2) Zwei oder mehr Mitgliedstaaten oder ihre zuständigen Behörden können andere Erstattungsverfahren vereinbaren oder auf jegliche Erstattung zwischen den in ihre Zuständigkeit fallenden Trägern verzichten.

KAPITEL 3
Sterbegeld

Artikel 42 Anspruch auf Sterbegeld, wenn der Tod in einem anderen als dem zuständigen Mitgliedstaat eintritt oder wenn die berechtigte Person in einem anderen als dem zuständigen Mitgliedstaat wohnt

(1) Tritt der Tod eines Versicherten oder eines seiner Familienangehörigen in einem anderen als dem zuständigen Mitgliedstaat ein, so gilt der Tod als in dem zuständigen Mitgliedstaat eingetreten.

(2) Der zuständige Träger ist zur Gewährung von Sterbegeld nach den für ihn geltenden Rechtsvorschriften auch dann verpflichtet, wenn die berechtigte Person in einem anderen als dem zuständigen Mitgliedstaat wohnt.

(3) Die Absätze 1 und 2 finden auch dann Anwendung, wenn der Tod als Folge eines Arbeitsunfalls oder einer Berufskrankheit eingetreten ist.

Artikel 43 Gewährung von Leistungen bei Tod eines Rentners

(1) Bei Tod eines Rentners, der Anspruch auf eine Rente nach den Rechtsvorschriften eines Mitgliedstaats oder auf Renten nach den Rechtsvorschriften von zwei oder mehr Mitgliedstaaten hatte und in einem anderen als dem Mitgliedstaat wohnte, in dem der für die Übernahme der Kosten für die nach den Artikeln 24 und 25 gewährten Sachleistungen zuständige Träger seinen Sitz hat, so wird das Sterbegeld nach den für diesen Träger geltenden Rechtsvorschriften zu seinen Lasten gewährt, als ob der Rentner zum Zeitpunkt seines Todes in dem Mitgliedstaat gewohnt hätte, in dem dieser Träger seinen Sitz hat.

(2) Absatz 1 gilt für die Familienangehörigen eines Rentners entsprechend.

KAPITEL 4
Leistungen bei Invalidität

Artikel 44 Personen, für die ausschließlich Rechtsvorschriften des Typs A galten

(1) Im Sinne dieses Kapitels bezeichnet der Ausdruck „Rechtsvorschriften des Typs A“ alle Rechtsvorschriften, nach denen die Höhe der Leistungen bei Invali-

dität von der Dauer der Versicherungs- oder Wohnzeiten unabhängig ist und die durch den zuständigen Mitgliedstaat ausdrücklich in Anhang VI aufgenommen wurden, und der Ausdruck „Rechtsvorschriften des Typs B" alle anderen Rechtsvorschriften.

(2) Eine Person, für die nacheinander oder abwechselnd die Rechtsvorschriften von zwei oder mehr Mitgliedstaaten galten und die Versicherungs- oder Wohnzeiten ausschließlich unter Rechtsvorschriften des Typs A zurückgelegt hat, hat Anspruch auf Leistungen – gegebenenfalls unter Berücksichtigung des Artikels 45 – nur gegenüber dem Träger des Mitgliedstaats, dessen Rechtsvorschriften bei Eintritt der Arbeitsunfähigkeit mit anschließender Invalidität anzuwenden waren; sie erhält diese Leistungen nach diesen Rechtsvorschriften.

(3) Eine Person, die keinen Leistungsanspruch nach Absatz 2 hat, erhält die Leistungen, auf die sie nach den Rechtsvorschriften eines anderen Mitgliedstaats – gegebenenfalls unter Berücksichtigung des Artikels 45 – noch Anspruch hat.

(4) Sehen die in Absatz 2 oder 3 genannten Rechtsvorschriften bei Zusammentreffen mit anderen Einkünften oder mit Leistungen unterschiedlicher Art im Sinne des Artikels 53 Absatz 2 Bestimmungen über die Kürzung, das Ruhen oder die Entziehung von Leistungen bei Invalidität vor, so gelten die Artikel 53 Absatz 3 und Artikel 55 Absatz 3 entsprechend.

Artikel 45 Besondere Vorschriften für die Zusammenrechnung von Zeiten

Der zuständige Träger eines Mitgliedstaats, nach dessen Rechtsvorschriften der Erwerb, die Aufrechterhaltung oder das Wiederaufleben des Leistungsanspruchs davon abhängig ist, dass Versicherungs- oder Wohnzeiten zurückgelegt wurden, wendet, soweit erforderlich, Artikel 51 Absatz 1 entsprechend an.

Artikel 46 Personen, für die entweder ausschließlich Rechtsvorschriften des Typs B oder sowohl Rechtsvorschriften des Typs A als auch des Typs B galten

(1) Eine Person, für die nacheinander oder abwechselnd die Rechtsvorschriften von zwei oder mehr Mitgliedstaaten galten, erhält, sofern die Rechtsvorschriften mindestens eines dieser Staaten nicht Rechtsvorschriften des Typs A sind, Leistungen nach Kapitel 5, das unter Berücksichtigung von Absatz 3 entsprechend gilt.

(2) Wird jedoch eine Person, für die ursprünglich Rechtsvorschriften des Typs B galten, im Anschluss an eine Arbeitsunfähigkeit invalide, während für sie Rechtsvorschriften des Typs A gelten, so erhält sie Leistungen nach Artikel 44 unter folgenden Voraussetzungen:

- Sie erfüllt – gegebenenfalls unter Berücksichtigung des Artikels 45 – ausschließlich die in diesen oder anderen Rechtsvorschriften gleicher Art vorgesehenen Voraussetzungen, ohne jedoch Versicherungs- oder Wohnzeiten einzubeziehen, die nach Rechtsvorschriften des Typs B zurückgelegt wurden, und
- sie macht keine Ansprüche auf Leistungen bei Alter – unter Berücksichtigung des Artikels 50 Absatz 1 – geltend.

(3) Eine vom Träger eines Mitgliedstaats getroffene Entscheidung über den Grad der Invalidität eines Antragstellers ist für den Träger jedes anderen in Betracht kommenden Mitgliedstaats verbindlich, sofern die in den Rechtsvorschriften dieser Mitgliedstaaten festgelegten Definitionen des Grads der Invalidität in Anhang VII als übereinstimmend anerkannt sind.

Seite 664

Artikel 47 Verschlimmerung des Invaliditätszustands

(1) Bei Verschlimmerung des Invaliditätszustands, für den eine Person nach den Rechtsvorschriften eines oder mehrerer Mitgliedstaaten Leistungen erhält, gilt unter Berücksichtigung dieser Verschlimmerung Folgendes:

a) Die Leistungen werden nach Kapitel 5 gewährt, das entsprechend gilt.

b) Unterlag die betreffende Person jedoch zwei oder mehr Rechtsvorschriften des Typs A und waren die Rechtsvorschriften eines anderen Mitgliedstaats seit dem Bezug der Leistungen auf sie nicht anwendbar, so werden die Leistungen nach Artikel 44 Absatz 2 gewährt.

(2) Ist der nach Absatz 1 geschuldete Gesamtbetrag der Leistung oder Leistungen niedriger als der Betrag der Leistung, den die betreffende Person zulasten des zuvor für die Zahlung zuständigen Trägers erhalten hat, so gewährt ihr dieser Träger eine Zulage in Höhe des Unterschiedsbetrags.

(3) Hat die betreffende Person keinen Anspruch auf Leistungen zulasten des Trägers eines anderen Mitgliedstaats, so hat der zuständige Träger des zuvor zuständigen Mitgliedstaats die Leistungen nach den für ihn geltenden Rechtsvorschriften unter Berücksichtigung der Verschlimmerung und gegebenenfalls des Artikel 45 zu gewähren.

Artikel 48 Umwandlung von Leistungen bei Invalidität in Leistungen bei Alter

(1) Die Leistungen bei Invalidität werden gegebenenfalls nach Maßgabe der Rechtsvorschriften des Staates oder der Staaten, nach denen sie gewährt worden sind und nach Kapitel 5 in Leistungen bei Alter umgewandelt.

(2) Kann eine Person, die Leistungen bei Invalidität erhält, nach den Rechtsvorschriften eines oder mehrerer anderer Mitgliedstaaten nach Artikel 50 Ansprüche auf Leistungen bei Alter geltend machen, so gewährt jeder nach den Rechtsvorschriften eines Mitgliedstaats zur Gewährung der Leistungen bei Invalidität verpflichtete Träger bis zu dem Zeitpunkt, zu dem für diesen Träger Absatz 1 Anwendung findet, die Leistungen bei Invalidität weiter, auf die nach den für diesen Träger geltenden Rechtsvorschriften Anspruch besteht; andernfalls werden die Leistungen gewährt, solange die betreffende Person die Voraussetzungen für ihren Bezug erfüllt.

(3) Werden Leistungen bei Invalidität, die nach den Rechtsvorschriften eines Mitgliedstaats nach Artikel 44 gewährt werden, in Leistungen bei Alter umgewandelt und erfüllt die betreffende Person noch nicht die für den Anspruch auf diese Leistungen nach den Rechtsvorschriften eines oder mehrerer anderer Mitgliedstaaten geltenden Voraussetzungen, so erhält sie von diesem Mitgliedstaat oder diesen Mitgliedstaaten vom Tag der Umwandlung an Leistungen bei Invalidität.

Diese Leistungen werden nach Kapitel 5 gewährt, als ob dieses Kapitel bei Eintritt der Arbeitsunfähigkeit mit nachfolgender Invalidität anwendbar gewesen wäre, und zwar bis die betreffende Person die für den Anspruch auf Leistung bei Alter nach den Rechtsvorschriften des oder der anderen betreffenden Staaten geltenden Voraussetzungen erfüllt, oder, sofern eine solche Umwandlung nicht vorgesehen ist, so lange, wie sie Anspruch auf Leistungen bei Invalidität nach den Rechtsvorschriften des betreffenden Staates oder der betreffenden Staaten hat.

(4) Die nach Artikel 44 gewährten Leistungen bei Invalidität werden nach Kapitel 5 neu berechnet, sobald die berechtigte Person die Voraussetzungen für den Anspruch auf Leistungen bei Invalidität nach den Rechtsvorschriften des Typs B

erfüllt oder Leistungen bei Alter nach den Rechtsvorschriften eines anderen Mitgliedstaats erhält.

Artikel 49 Besondere Vorschriften für Beamte

Die Artikel 6, 44, 46, 47, 48 und Artikel 60 Absätze 2 und 3 gelten entsprechend für Personen, die von einem Sondersystem für Beamte erfasst sind.

KAPITEL 5
Alters- und Hinterbliebenenrenten

Artikel 50 Allgemeine Vorschriften

(1) Wird ein Leistungsantrag gestellt, so stellen alle zuständigen Träger die Leistungsansprüche nach den Rechtsvorschriften aller Mitgliedstaaten fest, die für die betreffende Person galten, es sei denn, die betreffende Person beantragt ausdrücklich, die Feststellung der nach den Rechtsvorschriften eines oder mehrerer Mitgliedstaaten erworbenen Ansprüche auf Leistungen bei Alter aufzuschieben.

(2) Erfüllt die betreffende Person zu einem bestimmten Zeitpunkt nicht oder nicht mehr die Voraussetzungen für die Leistungsgewährung nach den Rechtsvorschriften aller Mitgliedstaaten, die für sie galten, so lassen die Träger, nach deren Rechtsvorschriften die Voraussetzungen erfüllt sind, bei der Berechnung nach Artikel 52 Absatz 1 Buchstabe a) oder b) die Zeiten, die nach den Rechtsvorschriften zurückgelegt wurden, deren Voraussetzungen nicht oder nicht mehr erfüllt sind, unberücksichtigt, wenn diese Berücksichtigung zu einem niedrigeren Leistungsbetrag führt.

(3) Hat die betreffende Person ausdrücklich beantragt, die Feststellung von Leistungen bei Alter aufzuschieben, so gilt Absatz 2 entsprechend.

(4) Sobald die Voraussetzungen nach den anderen Rechtsvorschriften erfüllt sind oder die betreffende Person die Feststellung einer nach Absatz 1 aufgeschobenen Leistung bei Alter beantragt, werden die Leistungen von Amts wegen neu berechnet, es sei denn, die Zeiten, die nach den anderen Rechtsvorschriften zurückgelegt wurden, sind bereits nach Absatz 2 oder 3 berücksichtigt worden.

Artikel 51 Besondere Vorschriften über die Zusammenrechnung von Zeiten

(1) Ist nach den Rechtsvorschriften eines Mitgliedstaats die Gewährung bestimmter Leistungen davon abhängig, dass die Versicherungszeiten nur in einer bestimmten Beschäftigung oder selbstständigen Erwerbstätigkeit oder einem Beruf zurückgelegt wurden, für die ein Sondersystem für beschäftigte oder selbstständig erwerbstätige Personen gilt, so berücksichtigt der zuständige Träger dieses Mitgliedstaats die nach den Rechtsvorschriften eines anderen Mitgliedstaats zurückgelegten Zeiten nur dann, wenn sie in einem entsprechenden System, oder, falls es ein solches nicht gibt, in dem gleichen Beruf oder gegebenenfalls in der gleichen Beschäftigung oder selbstständigen Erwerbstätigkeit zurückgelegt wurden.

Erfüllt die betreffende Person auch unter Berücksichtigung solcher Zeiten nicht die Anspruchsvoraussetzungen für Leistungen im Rahmen eines Sondersystems, so werden diese Zeiten für die Gewährung von Leistungen des allgemeinen Systems oder, falls es ein solches nicht gibt, des Systems für Arbeiter bzw. Angestellte berücksichtigt, sofern die betreffende Person dem einen oder anderen dieser Systeme angeschlossen war.

(2) Die im Rahmen eines Sondersystems eines Mitgliedstaats zurückgelegten Versicherungszeiten werden für die Gewährung von Leistungen des allgemeinen Systems oder, falls es ein solches nicht gibt, des Systems für Arbeiter bzw. Angestellte eines anderen Mitgliedstaats berücksichtigt, sofern die betreffende Person dem einen oder anderen dieser Systeme angeschlossen war, selbst wenn diese Zeiten bereits in dem letztgenannten Mitgliedstaat im Rahmen eines Sondersystems berücksichtigt wurden.

(3) Machen die Rechtsvorschriften oder ein bestimmtes System eines Mitgliedstaats den Erwerb, die Aufrechterhaltung oder das Wiederaufleben des Leistungsanspruchs davon abhängig, dass die betreffende Person bei Eintritt des Versicherungsfalls versichert ist, gilt diese Voraussetzung als erfüllt, wenn die betreffende Person zuvor nach den Rechtsvorschriften bzw. in dem bestimmten System dieses Mitgliedstaats versichert war und wenn sie beim Eintreten des Versicherungsfalls nach den Rechtsvorschriften eines anderen Mitgliedstaats für denselben Versicherungsfall versichert ist oder wenn ihr in Ermangelung dessen nach den Rechtsvorschriften eines anderen Mitgliedstaats für denselben Versicherungsfall eine Leistung zusteht. Die letztgenannte Voraussetzung gilt jedoch in den in Artikel 57 genannten Fällen als erfüllt.

Artikel 52 Feststellung der Leistungen

(1) Der zuständige Träger berechnet den geschuldeten Leistungsbetrag:

a) allein nach den für ihn geltenden Rechtsvorschriften, wenn die Voraussetzungen für den Leistungsanspruch ausschließlich nach nationalem Recht erfüllt wurden (autonome Leistung);

b) indem er einen theoretischen Betrag und im Anschluss daran einen tatsächlichen Betrag (anteilige Leistung) wie folgt berechnet:

   i) Der theoretische Betrag der Leistung entspricht der Leistung, auf die die betreffende Person Anspruch hätte, wenn alle nach den Rechtsvorschriften der anderen Mitgliedstaaten zurückgelegten Versicherungs- und/oder Wohnzeiten nach den für diesen Träger zum Zeitpunkt der Feststellung der Leistung geltenden Rechtsvorschriften zurückgelegt worden wären. Ist nach diesen Rechtsvorschriften die Höhe der Leistung von der Dauer der zurückgelegten Zeiten unabhängig, so gilt dieser Betrag als theoretischer Betrag.

   ii) Der zuständige Träger ermittelt sodann den tatsächlichen Betrag der anteiligen Leistung auf der Grundlage des theoretischen Betrags nach dem Verhältnis zwischen den nach den für ihn geltenden Rechtsvorschriften vor Eintritt des Versicherungsfalls zurückgelegten Zeiten und den gesamten nach den Rechtsvorschriften aller beteiligten Mitgliedstaaten vor Eintritt des Versicherungsfalls zurückgelegten Zeiten.

(2) Der zuständige Träger wendet gegebenenfalls auf den nach Absatz 1 Buchstaben a) und b) berechneten Betrag innerhalb der Grenzen der Artikel 53 bis 55 alle Bestimmungen über die Kürzung, das Ruhen oder die Entziehung nach den für ihn geltenden Rechtsvorschriften an.

(3) Die betreffende Person hat gegenüber dem zuständigen Träger jedes Mitgliedstaats Anspruch auf den höheren der Leistungsbeträge, die nach Absatz 1 Buchstaben a) und b) berechnet wurden.

(4) Führt in einem Mitgliedstaat die Berechnung nach Absatz 1 Buchstabe a immer dazu, dass die autonome Leistung gleich hoch oder höher als die anteilige Leistung ist, die nach Absatz 1 Buchstabe b berechnet wird, verzichtet der zuständige Träger auf die Berechnung der anteiligen Leistung unter der Bedingung, dass

i) dieser Fall in Anhang VIII Teil 1 aufgeführt ist, und

ii) keine Doppelleistungsbestimmungen im Sinne der Artikel 54 und 55 anwendbar sind, es sei denn, die in Artikel 55 Absatz 2 enthaltenen Bedingungen sind erfüllt, und

iii) Artikel 57 in diesem bestimmten Fall nicht auf Zeiten anwendbar ist, die nach den Rechtsvorschriften eines anderen Mitgliedstaats zurückgelegt wurden.

(5) Unbeschadet der Absätze 1, 2 und 3 wird die anteilige Berechnung nicht auf Systeme angewandt, die Leistungen vorsehen, bei denen Zeiträume für die Berechnung keine Rolle spielen, sofern solche Systeme in Anhang VIII Teil 2 aufgeführt sind. In diesen Fällen hat die betroffene Person Anspruch auf die gemäß den Rechtsvorschriften des betreffenden Mitgliedstaats berechnete Leistung.

Artikel 53 Doppelleistungsbestimmungen

(1) Jedes Zusammentreffen von Leistungen bei Invalidität, bei Alter oder an Hinterbliebene, die auf der Grundlage der von derselben Person zurückgelegten Versicherungs- und/oder Wohnzeiten berechnet oder gewährt wurden, gilt als Zusammentreffen von Leistungen gleicher Art.

(2) Das Zusammentreffen von Leistungen, die nicht als Leistungen gleicher Art im Sinne des Absatzes 1 angesehen werden können, gilt als Zusammentreffen von Leistungen unterschiedlicher Art.

(3) Für die Zwecke von Doppelleistungsbestimmungen, die in den Rechtsvorschriften eines Mitgliedstaats für den Fall des Zusammentreffens von Leistungen bei Invalidität, bei Alter oder an Hinterbliebene mit Leistungen gleicher Art oder Leistungen unterschiedlicher Art oder mit sonstigen Einkünften festgelegt sind, gilt Folgendes:

a) Der zuständige Träger berücksichtigt die in einem anderen Mitgliedstaat erworbenen Leistungen oder erzielten Einkünfte nur dann, wenn die für ihn geltenden Rechtsvorschriften die Berücksichtigung von im Ausland erworbenen Leistungen oder erzielten Einkünften vorsehen.

b) Der zuständige Träger berücksichtigt nach den in der Durchführungsverordnung festgelegten Bedingungen und Verfahren den von einem anderen Mitgliedstaat zu zahlenden Leistungsbetrag vor Abzug von Steuern, Sozialversicherungsbeiträgen und anderen individuellen Abgaben oder Abzügen, sofern nicht die für ihn geltenden Rechtsvorschriften vorsehen, dass die Doppelleistungsbestimmungen nach den entsprechenden Abzügen anzuwenden sind.

c) Der zuständige Träger berücksichtigt nicht den Betrag der Leistungen, die nach den Rechtsvorschriften eines anderen Mitgliedstaats auf der Grundlage einer freiwilligen Versicherung oder einer freiwilligen Weiterversicherung erworben wurden.

d) Wendet ein einzelner Mitgliedstaat Doppelleistungsbestimmungen an, weil die betreffende Person Leistungen gleicher oder unterschiedlicher Art nach den Rechtsvorschriften anderer Mitgliedstaaten bezieht oder in anderen Mitgliedstaaten Einkünfte erzielt hat, so kann die geschuldete Leistung nur um den Betrag dieser Leistungen oder Einkünfte gekürzt werden.

Seite 668

Artikel 54 Zusammentreffen von Leistungen gleicher Art

(1) Treffen Leistungen gleicher Art, die nach den Rechtsvorschriften von zwei oder mehr Mitgliedstaaten geschuldet werden, zusammen, so gelten die in den Rechtsvorschriften eines Mitgliedstaats vorgesehenen Doppelleistungsbestimmungen nicht für eine anteilige Leistung.

(2) Doppelleistungsbestimmungen gelten nur dann für eine autonome Leistung, wenn es sich:

a) um eine Leistung handelt, deren Höhe von der Dauer der zurückgelegten Versicherungs- oder Wohnzeiten unabhängig ist,

oder

b) um eine Leistung handelt, deren Höhe unter Berücksichtigung einer fiktiven Zeit bestimmt wird, die als zwischen dem Eintritt des Versicherungsfalls und einem späteren Zeitpunkt zurückgelegt angesehen wird, und die zusammentrifft:

i) mit einer Leistung gleicher Art, außer wenn zwei oder mehr Mitgliedstaaten ein Abkommen zur Vermeidung einer mehrfachen Berücksichtigung der gleichen fiktiven Zeit geschlossen haben,

oder

ii) mit einer Leistung nach Buchstabe a).

Die unter den Buchstaben a) und b) genannten Leistungen und Abkommen sind in Anhang IX aufgeführt.

Artikel 55 Zusammentreffen von Leistungen unterschiedlicher Art

(1) Erfordert der Bezug von Leistungen unterschiedlicher Art oder von sonstigen Einkünften die Anwendung der in den Rechtsvorschriften der betreffenden Mitgliedstaaten vorgesehenen Doppelleistungsbestimmungen:

a) auf zwei oder mehrere autonome Leistungen, so teilen die zuständigen Träger die Beträge der Leistung oder Leistungen oder sonstigen Einkünfte, die berücksichtigt worden sind, durch die Zahl der Leistungen, auf die diese Bestimmungen anzuwenden sind;

die Anwendung dieses Buchstabens darf jedoch nicht dazu führen, dass der betreffenden Person ihr Status als Rentner für die Zwecke der übrigen Kapitel dieses Titels nach den in der Durchführungsverordnung festgelegten Bedingungen und Verfahren aberkannt wird;

b) auf eine oder mehrere anteilige Leistungen, so berücksichtigen die zuständigen Träger die Leistung oder Leistungen oder sonstigen Einkünfte sowie alle für die Anwendung der Doppelleistungsbestimmungen vorgesehenen Bezugsgrößen nach dem Verhältnis zwischen den Versicherungs- und/oder Wohnzeiten, die für die Berechnung nach Artikel 52 Absatz 1 Buchstabe b) Ziffer ii) berücksichtigt wurden;

c) auf eine oder mehrere autonome Leistungen und eine oder mehrere anteilige Leistungen, so wenden die zuständigen Träger Buchstabe a) auf die autonomen Leistungen und Buchstabe b) auf die anteiligen Leistungen entsprechend an.

(2) Der zuständige Träger nimmt keine für autonome Leistungen vorgesehene Teilung vor, wenn die für ihn geltenden Rechtsvorschriften die Berücksichtigung von Leistungen unterschiedlicher Art und/oder sonstiger Einkünfte und aller übrigen Bezugsgrößen in Höhe eines Teils ihres Betrags entsprechend dem Verhält-

nis zwischen den nach Artikel 52 Absatz 1 Buchstabe b) Ziffer ii) zu berücksichtigenden Versicherungs- und/oder Wohnzeiten vorsehen.

(3) Die Absätze 1 und 2 gelten entsprechend, wenn nach den Rechtsvorschriften eines oder mehrerer Mitgliedstaaten bei Bezug einer Leistung unterschiedlicher Art nach den Rechtsvorschriften eines anderen Mitgliedstaats oder bei sonstigen Einkünften kein Leistungsanspruch entsteht.

Artikel 56 Ergänzende Vorschriften für die Berechnung der Leistungen

(1) Für die Berechnung des theoretischen Betrags und des anteiligen Betrags nach Artikel 52 Absatz 1 Buchstabe b) gilt Folgendes:

a) Übersteigt die Gesamtdauer der vor Eintritt des Versicherungsfalls nach den Rechtsvorschriften aller beteiligten Mitgliedstaaten zurückgelegten Versicherungs- und/oder Wohnzeiten die in den Rechtsvorschriften eines dieser Mitgliedstaaten für die Gewährung der vollen Leistung vorgeschriebene Höchstdauer, so berücksichtigt der zuständige Träger dieses Mitgliedstaats diese Höchstdauer anstelle der Gesamtdauer der zurückgelegten Zeiten; diese Berechnungsmethode verpflichtet diesen Träger nicht zur Gewährung einer Leistung, deren Betrag die volle nach den für ihn geltenden Rechtsvorschriften vorgesehene Leistung übersteigt. Diese Bestimmung gilt nicht für Leistungen, deren Höhe nicht von der Versicherungsdauer abhängig ist.

b) Das Verfahren zur Berücksichtigung sich überschneidender Zeiten ist in der Durchführungsverordnung geregelt.

c) Erfolgt nach den Rechtsvorschriften eines Mitgliedstaats die Berechnung von Leistungen auf der Grundlage von Einkünften, Beiträgen, Beitragsgrundlagen, Steigerungsbeträgen, Entgelten, anderen Beträgen oder einer Kombination mehrerer von ihnen (durchschnittlich, anteilig, pauschal oder fiktiv), so verfährt der zuständige Träger gegebenenfalls nach den in Anhang XI für den betreffenden Mitgliedstaat genannten Verfahren wie folgt:

   i) Er ermittelt die Berechnungsgrundlage der Leistungen ausschließlich aufgrund der Versicherungszeiten, die nach den für ihn geltenden Rechtsvorschriften zurückgelegt wurden.

   ii) Er zieht zur Berechnung des Betrags aufgrund von Versicherungs- und/oder Wohnzeiten, die nach den Rechtsvorschriften anderer Mitgliedstaaten zurückgelegt wurden, die gleichen Bezugsgrößen heran, die für die Versicherungszeiten festgestellt oder aufgezeichnet wurden, die nach den für ihn geltenden Rechtsvorschriften zurückgelegt wurden.

d) Für den Fall, dass Buchstabe c nicht gilt, da die Leistung nach den Rechtsvorschriften eines Mitgliedstaats nicht aufgrund von Versicherungs- oder Wohnzeiten, sondern aufgrund anderer nicht mit Zeit verknüpfter Faktoren berechnet werden muss, berücksichtigt der zuständige Träger für jede nach den Rechtsvorschriften eines anderen Mitgliedstaats zurückgelegte Versicherungs- oder Wohnzeit den Betrag des angesparten Kapitals, das Kapital, das als angespart gilt, und alle anderen Elemente für die Berechnung nach den von ihm angewandten Rechtsvorschriften, geteilt durch die entsprechenden Zeiteinheiten in dem betreffenden Rentensystem.

(2) Die Rechtsvorschriften eines Mitgliedstaats über die Anpassung der Bezugsgrößen, die für die Berechnung der Leistungen berücksichtigt wurden, gelten gegebenenfalls für die Bezugsgrößen, die der zuständige Träger dieses Mitgliedstaats nach Absatz 1 für Versicherungs- oder Wohnzeiten berücksichtigen muss, die nach den Rechtsvorschriften anderer Mitgliedstaaten zurückgelegt wurden.

Seite 670

Artikel 57 Versicherungs- oder Wohnzeiten von weniger als einem Jahr

(1) Ungeachtet des Artikels 52 Absatz 1 Buchstabe b) ist der Träger eines Mitgliedstaats nicht verpflichtet, Leistungen für Zeiten zu gewähren, die nach den für ihn geltenden Rechtsvorschriften zurückgelegt wurden und bei Eintritt des Versicherungsfalls zu berücksichtigen sind, wenn:

- die Dauer dieser Zeiten weniger als ein Jahr beträgt,

  und
- aufgrund allein dieser Zeiten kein Leistungsanspruch nach diesen Rechtsvorschriften erworben wurde.

Für die Zwecke dieses Artikels bezeichnet der Ausdruck „Zeiten“ alle Versicherungszeiten, Beschäftigungszeiten, Zeiten einer selbstständigen Erwerbstätigkeit oder Wohnzeiten, die entweder für den Leistungsanspruch oder unmittelbar für die Leistungshöhe heranzuziehen sind.

(2) Für die Zwecke des Artikels 52 Absatz 1 Buchstabe b) Ziffer i) werden die in Absatz 1 genannten Zeiten vom zuständigen Träger jedes betroffenen Mitgliedstaats berücksichtigt.

(3) Würde die Anwendung des Absatzes 1 zur Befreiung aller Träger der betreffenden Mitgliedstaaten von der Leistungspflicht führen, so werden die Leistungen ausschließlich nach den Rechtsvorschriften des letzten dieser Mitgliedstaaten gewährt, dessen Voraussetzungen erfüllt sind, als ob alle zurückgelegten und nach Artikel 6 und Artikel 51 Absätze 1 und 2 berücksichtigten Versicherungs- und Wohnzeiten nach den Rechtsvorschriften dieses Mitgliedstaats zurückgelegt worden wären.

(4) Dieser Artikel gilt nicht für die in Teil 2 des Anhangs VIII aufgeführten Systeme.

Artikel 58 Gewährung einer Zulage

(1) Ein Leistungsempfänger, auf den dieses Kapitel Anwendung findet, darf in dem Wohnmitgliedstaat, nach dessen Rechtsvorschriften ihm eine Leistung zusteht, keinen niedrigeren Leistungsbetrag als die Mindestleistung erhalten, die in diesen Rechtsvorschriften für eine Versicherungs- oder Wohnzeit festgelegt ist, die den Zeiten insgesamt entspricht, die bei der Feststellung der Leistung nach diesem Kapitel berücksichtigt wurden.

(2) Der zuständige Träger dieses Mitgliedstaats zahlt der betreffenden Person während der gesamten Zeit, in der sie in dessen Hoheitsgebiet wohnt, eine Zulage in Höhe des Unterschiedsbetrags zwischen der Summe der nach diesem Kapitel geschuldeten Leistungen und dem Betrag der Mindestleistung.

Artikel 59 Neuberechnung und Anpassung der Leistungen

(1) Tritt nach den Rechtsvorschriften eines Mitgliedstaats eine Änderung des Feststellungsverfahrens oder der Berechnungsmethode für die Leistungen ein oder erfährt die persönliche Situation der betreffenden Personen eine erhebliche Veränderung, die nach diesen Rechtsvorschriften zu einer Anpassung des Leistungsbetrags führen würde, so ist eine Neuberechnung nach Artikel 52 vorzunehmen.

(2) Der Prozentsatz oder der Betrag, um den bei einem Anstieg der Lebenshaltungskosten, bei Änderung des Lohnniveaus oder aus anderen Anpassungsgründen die Leistungen des betreffenden Mitgliedstaats geändert werden, gilt unmit-

telbar für die nach Artikel 52 festgestellten Leistungen, ohne dass eine Neuberechnung vorzunehmen ist.

Artikel 60 Besondere Vorschriften für Beamte

(1) Die Artikel 6, 50, Artikel 51 Absatz 3 und die Artikel 52 bis 59 gelten entsprechend für Personen, die von einem Sondersystem für Beamte erfasst sind.

(2) Ist jedoch nach den Rechtsvorschriften eines zuständigen Mitgliedstaats der Erwerb, die Auszahlung, die Aufrechterhaltung oder das Wiederaufleben des Leistungsanspruchs aufgrund eines Sondersystems für Beamte davon abhängig, dass alle Versicherungszeiten in einem oder mehreren Sondersystemen für Beamte in diesem Mitgliedstaat zurückgelegt wurden oder durch die Rechtsvorschriften dieses Mitgliedstaats solchen Zeiten gleichgestellt sind, so berücksichtigt der zuständige Träger dieses Staates nur die Zeiten, die nach den für ihn geltenden Rechtsvorschriften anerkannt werden können.

Erfüllt die betreffende Person auch unter Berücksichtigung solcher Zeiten nicht die Voraussetzungen für den Bezug dieser Leistungen, so werden diese Zeiten für die Feststellung von Leistungen im allgemeinen System oder, falls es ein solches nicht gibt, im System für Arbeiter bzw. Angestellte berücksichtigt.

(3) Werden nach den Rechtsvorschriften eines Mitgliedstaats die Leistungen eines Sondersystems für Beamte auf der Grundlage des bzw. der in einem Bezugszeitraum zuletzt erzielten Entgelts berechnet, so berücksichtigt der zuständige Träger dieses Staates als Berechnungsgrundlage unter entsprechender Anpassung nur das Entgelt, das in dem Zeitraum bzw. den Zeiträumen bezogen wurden, während dessen bzw. deren die betreffende Person diesen Rechtsvorschriften unterlag.

KAPITEL 6
Leistungen bei Arbeitslosigkeit

Artikel 61 Besondere Vorschriften für die Zusammenrechnung von Versicherungszeiten, Beschäftigungszeiten und Zeiten einer selbstständigen Erwerbstätigkeit

(1) Der zuständige Träger eines Mitgliedstaats, nach dessen Rechtsvorschriften der Erwerb, die Aufrechterhaltung, das Wiederaufleben oder die Dauer des Leistungsanspruchs von der Zurücklegung von Versicherungszeiten, Beschäftigungszeiten oder Zeiten einer selbstständigen Erwerbstätigkeit abhängig ist, berücksichtigt, soweit erforderlich, die Versicherungszeiten, Beschäftigungszeiten oder Zeiten einer selbstständigen Erwerbstätigkeit, die nach den Rechtsvorschriften eines anderen Mitgliedstaats zurückgelegt wurden, als ob sie nach den für ihn geltenden Rechtsvorschriften zurückgelegt worden wären.

Ist jedoch nach den anzuwendenden Rechtsvorschriften der Leistungsanspruch von der Zurücklegung von Versicherungszeiten abhängig, so werden die nach den Rechtsvorschriften eines anderen Mitgliedstaats zurückgelegten Beschäftigungszeiten oder Zeiten einer selbstständigen Erwerbstätigkeit nicht berücksichtigt, es sei denn, sie hätten als Versicherungszeiten gegolten, wenn sie nach den anzuwendenden Rechtsvorschriften zurückgelegt worden wären.

(2) Außer in den Fällen des Artikels 65 Absatz 5 Buchstabe a) gilt Absatz 1 des vorliegenden Artikels nur unter der Voraussetzung, dass die betreffende Person unmittelbar zuvor nach den Rechtsvorschriften, nach denen die Leistungen beantragt werden, folgende Zeiten zurückgelegt hat:

- Versicherungszeiten, sofern diese Rechtsvorschriften Versicherungszeiten verlangen,
- Beschäftigungszeiten, sofern diese Rechtsvorschriften Beschäftigungszeiten verlangen,

  oder
- Zeiten einer selbstständigen Erwerbstätigkeit, sofern diese Rechtsvorschriften Zeiten einer selbstständigen Erwerbstätigkeit verlangen.

Artikel 62 Berechnung der Leistungen

(1) Der zuständige Träger eines Mitgliedstaats, nach dessen Rechtsvorschriften bei der Berechnung der Leistungen die Höhe des früheren Entgelts oder Erwerbseinkommens zugrunde zu legen ist, berücksichtigt ausschließlich das Entgelt oder Erwerbseinkommen, das die betreffende Person während ihrer letzten Beschäftigung oder selbstständigen Erwerbstätigkeit nach diesen Rechtsvorschriften erhalten hat.

(2) Absatz 1 findet auch Anwendung, wenn nach den für den zuständigen Träger geltenden Rechtsvorschriften ein bestimmter Bezugszeitraum für die Ermittlung des als Berechnungsgrundlage für die Leistungen heranzuziehenden Entgelts vorgesehen ist und die betreffende Person während dieses Zeitraums oder eines Teils davon den Rechtsvorschriften eines anderen Mitgliedstaats unterlag.

(3) Abweichend von den Absätzen 1 und 2 berücksichtigt der Träger des Wohnorts im Falle von Arbeitslosen, auf die Artikel 65 Absatz 5 Buchstabe a) anzuwenden ist, nach Maßgabe der Durchführungsverordnung das Entgelt oder Erwerbseinkommen, das die betreffende Person in dem Mitgliedstaat erhalten hat, dessen Rechtsvorschriften für sie während ihrer letzten Beschäftigung oder selbstständigen Erwerbstätigkeit galten.

Artikel 63 Besondere Bestimmungen für die Aufhebung der Wohnortklauseln

Für die Zwecke dieses Kapitels gilt Artikel 7 nur in den in den Artikeln 64, 65 und 65a vorgesehenen Fällen und Grenzen.

Artikel 64 Arbeitslose, die sich in einen anderen Mitgliedstaat begeben

(1) Eine vollarbeitslose Person, die die Voraussetzungen für einen Leistungsanspruch nach den Rechtsvorschriften des zuständigen Mitgliedstaats erfüllt und sich zur Arbeitsuche in einen anderen Mitgliedstaat begibt, behält den Anspruch auf Geldleistungen bei Arbeitslosigkeit unter folgenden Bedingungen und innerhalb der folgenden Grenzen:

a) vor der Abreise muss der Arbeitslose während mindestens vier Wochen nach Beginn der Arbeitslosigkeit bei der Arbeitsverwaltung des zuständigen Mitgliedstaats als Arbeitsuchender gemeldet gewesen sein und zur Verfügung gestanden haben. Die zuständige Arbeitsverwaltung oder der zuständige Träger kann jedoch die Abreise vor Ablauf dieser Frist genehmigen;

b) der Arbeitslose muss sich bei der Arbeitsverwaltung des Mitgliedstaats, in den er sich begibt, als Arbeitsuchender melden, sich dem dortigen Kontrollverfahren unterwerfen und die Voraussetzungen der Rechtsvorschriften dieses Mitgliedstaats erfüllen. Diese Bedingung gilt für den Zeitraum vor der Meldung als erfüllt, wenn sich die betreffende Person innerhalb von sieben Tagen ab dem Zeitpunkt meldet, ab dem sie der Arbeitsverwaltung des Mitgliedstaats, den sie verlassen hat, nicht mehr zur Verfügung gestanden hat. In Ausnahmefällen kann diese Frist von der zuständigen Arbeitsverwaltung oder dem zuständigen Träger verlängert werden;

c) der Leistungsanspruch wird während drei Monaten von dem Zeitpunkt an aufrechterhalten, ab dem der Arbeitslose der Arbeitsverwaltung des Mitgliedstaats, den er verlassen hat, nicht mehr zur Verfügung gestanden hat, vorausgesetzt die Gesamtdauer der Leistungsgewährung überschreitet nicht den Gesamtzeitraum, für den nach den Rechtsvorschriften dieses Mitgliedstaats ein Leistungsanspruch besteht; der Zeitraum von drei Monaten kann von der zuständigen Arbeitsverwaltung oder dem zuständigen Träger auf höchstens sechs Monate verlängert werden;

d) die Leistungen werden vom zuständigen Träger nach den für ihn geltenden Rechtsvorschriften und für seine Rechnung gewährt.

(2) Kehrt die betreffende Person bei Ablauf oder vor Ablauf des Zeitraums, für den sie nach Absatz 1 Buchstabe c) einen Leistungsanspruch hat, in den zuständigen Mitgliedstaat zurück, so hat sie weiterhin einen Leistungsanspruch nach den Rechtsvorschriften dieses Mitgliedstaats. Sie verliert jedoch jeden Leistungsanspruch nach den Rechtsvorschriften des zuständigen Mitgliedstaats, wenn sie nicht bei Ablauf oder vor Ablauf dieses Zeitraums dorthin zurückkehrt, es sei denn, diese Rechtsvorschriften sehen eine günstigere Regelung vor. In Ausnahmefällen kann die zuständige Arbeitsverwaltung oder der zuständige Träger der betreffenden Person gestatten, zu einem späteren Zeitpunkt zurückzukehren, ohne dass sie ihren Anspruch verliert.

(3) Der Höchstzeitraum, für den zwischen zwei Beschäftigungszeiten ein Leistungsanspruch nach Absatz 1 aufrechterhalten werden kann, beträgt drei Monate, es sei denn, die Rechtsvorschriften des zuständigen Mitgliedstaats sehen eine günstigere Regelung vor; dieser Zeitraum kann von der zuständigen Arbeitsverwaltung oder dem zuständigen Träger auf höchstens sechs Monate verlängert werden.

(4) Die Einzelheiten des Informationsaustauschs, der Zusammenarbeit und der gegenseitigen Amtshilfe zwischen den Trägern und Arbeitsverwaltungen des zuständigen Mitgliedstaats und des Mitgliedstaats, in den sich die betreffende Person zur Arbeitssuche begibt, werden in der Durchführungsverordnung geregelt.

Artikel 65 Arbeitslose, die in einem anderen als dem zuständigen Mitgliedstaat gewohnt haben

(1) Eine Person, die während ihrer letzten Beschäftigung oder selbstständigen Erwerbstätigkeit in einem anderen als dem zuständigen Mitgliedstaat gewohnt hat, muss sich bei Kurzarbeit oder sonstigem vorübergehendem Arbeitsausfall ihrem Arbeitgeber oder der Arbeitsverwaltung des zuständigen Mitgliedstaats zur Verfügung stellen. Sie erhält Leistungen nach den Rechtsvorschriften des zuständigen Mitgliedstaats, als ob sie in diesem Mitgliedstaat wohnen würde. Diese Leistungen werden von dem Träger des zuständigen Mitgliedstaats gewährt.

(2) Eine vollarbeitslose Person, die während ihrer letzten Beschäftigung oder selbstständigen Erwerbstätigkeit in einem anderen als dem zuständigen Mitgliedstaat gewohnt hat und weiterhin in diesem Mitgliedstaat wohnt oder in ihn zurückkehrt, muss sich der Arbeitsverwaltung des Wohnmitgliedstaats zur Verfügung stellen. Unbeschadet des Artikels 64 kann sich eine vollarbeitslose Person zusätzlich der Arbeitsverwaltung des Mitgliedstaats zur Verfügung stellen, in dem

sie zuletzt eine Beschäftigung oder eine selbstständige Erwerbstätigkeit ausgeübt hat.

Ein Arbeitsloser, der kein Grenzgänger ist und nicht in seinen Wohnmitgliedstaat zurückkehrt, muss sich der Arbeitsverwaltung des Mitgliedstaats zur Verfügung stellen, dessen Rechtsvorschriften zuletzt für ihn gegolten haben.

(3) Der in Absatz 2 Satz 1 genannte Arbeitslose muss sich bei der zuständigen Arbeitsverwaltung des Wohnmitgliedstaats als Arbeitsuchender melden, sich dem dortigen Kontrollverfahren unterwerfen und die Voraussetzungen der Rechtsvorschriften dieses Mitgliedstaats erfüllen. Entscheidet er sich dafür, sich auch in dem Mitgliedstaat, in dem er zuletzt eine Beschäftigung oder eine selbstständige Erwerbstätigkeit ausgeübt hat, als Arbeitsuchender zu melden, so muss er den in diesem Mitgliedstaat geltenden Verpflichtungen nachkommen.

(4) Die Durchführung des Absatzes 2 Satz 2 und des Absatzes 3 Satz 2 sowie die Einzelheiten des Informationsaustauschs, der Zusammenarbeit und der gegenseitigen Amtshilfe zwischen den Trägern und Arbeitsverwaltungen des Wohnmitgliedstaats und des Mitgliedstaats, in dem er zuletzt eine Erwerbstätigkeit ausgeübt hat, werden in der Durchführungsverordnung geregelt.

(5)

a) Der in Absatz 2 Sätze 1 und 2 genannte Arbeitslose erhält Leistungen nach den Rechtsvorschriften des Wohnmitgliedstaats, als ob diese Rechtsvorschriften für ihn während seiner letzten Beschäftigung oder selbstständigen Erwerbstätigkeit gegolten hätten. Diese Leistungen werden von dem Träger des Wohnorts gewährt.

b) Jedoch erhält ein Arbeitnehmer, der kein Grenzgänger war und dem zulasten des zuständigen Trägers des Mitgliedstaats, dessen Rechtsvorschriften zuletzt für ihn gegolten haben, Leistungen gewährt wurden, bei seiner Rückkehr in den Wohnmitgliedstaat zunächst Leistungen nach Artikel 64; der Bezug von Leistungen nach Buchstabe a) ist während des Bezugs von Leistungen nach den Rechtsvorschriften, die zuletzt für ihn gegolten haben, ausgesetzt.

(6) Die Leistungen des Trägers des Wohnorts nach Absatz 5 werden zu seinen Lasten erbracht. Vorbehaltlich des Absatzes 7 erstattet der zuständige Träger des Mitgliedstaats, dessen Rechtsvorschriften zuletzt für ihn gegolten haben, dem Träger des Wohnorts den Gesamtbetrag der Leistungen, die dieser Träger während der ersten drei Monate erbracht hat. Der zu erstattende Betrag für diesen Zeitraum darf nicht höher sein als der Betrag, der nach den Rechtsvorschriften des zuständigen Mitgliedstaats bei Arbeitslosigkeit zu zahlen gewesen wäre. In den Fällen des Absatzes 5 Buchstabe b) wird der Zeitraum, während dessen Leistungen nach Artikel 64 erbracht werden, von dem in Satz 2 des vorliegenden Absatzes genannten Zeitraum abgezogen. Die Einzelheiten der Erstattung werden in der Durchführungsverordnung geregelt.

(7) Der Zeitraum, für den nach Absatz 6 eine Erstattung erfolgt, wird jedoch auf fünf Monate ausgedehnt, wenn die betreffende Person in den vorausgegangenen 24 Monaten Beschäftigungszeiten oder Zeiten einer selbstständigen Erwerbstätigkeit von mindestens 12 Monaten in dem Mitgliedstaat zurückgelegt hat, dessen Rechtsvorschriften zuletzt für sie gegolten haben, sofern diese Zeiten einen Anspruch auf Leistungen bei Arbeitslosigkeit begründen würden.

(8) Für die Zwecke der Absätze 6 und 7 können zwei oder mehr Mitgliedstaaten oder ihre zuständigen Behörden andere Erstattungsverfahren vereinbaren oder auf jegliche Erstattung zwischen den in ihre Zuständigkeit fallenden Trägern verzichten.

Artikel 65a Besondere Bestimmungen für vollarbeitslose selbständig erwerbstätige Grenzgänger, sofern in dem Wohnmitgliedstaat für selbständig Erwerbstätige kein System der Leistungen bei Arbeitslosigkeit besteht

(1) Abweichend von Artikel 65 hat sich eine vollarbeitslose Person, die als Grenzgänger zuletzt in einem anderen Mitgliedstaat als ihrem Wohnmitgliedstaat Versicherungszeiten als Selbständiger oder Zeiten einer selbständigen Erwerbstätigkeit zurückgelegt hat, die für die Zwecke der Gewährung von Leistungen bei Arbeitslosigkeit anerkannt werden, und deren Wohnmitgliedstaat gemeldet hat, dass für keine Kategorie von Selbständigen ein System der Leistungen bei Arbeitslosigkeit dieses Mitgliedstaats besteht, bei der zuständigen Arbeitsverwaltung in dem Mitgliedstaat, in dem sie zuletzt eine selbständige Erwerbstätigkeit ausgeübt hat, anzumelden und sich zu ihrer Verfügung zu stellen sowie, wenn sie Leistungen beantragt, ununterbrochen die Voraussetzungen der Rechtsvorschriften dieses Mitgliedstaats zu erfüllen. Zusätzlich kann die vollarbeitslose Person sich der Arbeitsverwaltung des Wohnmitgliedstaats zur Verfügung stellen.

(2) Die vollarbeitslose Person nach Absatz 1 erhält Leistungen des Mitgliedstaats, dessen Rechtsvorschriften sie zuletzt unterlag, entsprechend den Rechtsvorschriften, die dieser Mitgliedstaat anwendet.

(3) Sollte die vollarbeitslose Person nach Absatz 1 sich der Arbeitsverwaltung des Mitgliedstaats der letzten Erwerbstätigkeit nicht oder nicht länger zur Verfügung stellen wollen, nachdem sie sich dort gemeldet hat, und in dem Wohnmitgliedstaat nach Arbeit suchen wollen, gilt Artikel 64 mit Ausnahme seines Absatzes 1 Buchstabe a entsprechend. Der zuständige Träger kann den in Artikel 64 Absatz 1 Buchstabe c Satz 1 genannten Zeitraum bis zum Ende des Berechtigungszeitraums verlängern.

KAPITEL 7

Vorruhestandsleistungen

Artikel 66 Leistungen

Sind nach den anzuwendenden Rechtsvorschriften Ansprüche auf Vorruhestandsleistungen von der Zurücklegung von Versicherungszeiten, Beschäftigungszeiten oder Zeiten einer selbstständigen Erwerbstätigkeit abhängig, so findet Artikel 6 keine Anwendung.

KAPITEL 8

Familienleistungen

Artikel 67 Familienangehörige, die in einem anderen Mitgliedstaat wohnen

Eine Person hat auch für Familienangehörige, die in einem anderen Mitgliedstaat wohnen, Anspruch auf Familienleistungen nach den Rechtsvorschriften des zuständigen Mitgliedstaats, als ob die Familienangehörigen in diesem Mitgliedstaat wohnen würden. Ein Rentner hat jedoch Anspruch auf Familienleistungen nach den Rechtsvorschriften des für die Rentengewährung zuständigen Mitgliedstaats.

Artikel 68 Prioritätsregeln bei Zusammentreffen von Ansprüchen

(1) Sind für denselben Zeitraum und für dieselben Familienangehörigen Leistungen nach den Rechtsvorschriften mehrerer Mitgliedstaaten zu gewähren, so gelten folgende Prioritätsregeln:

a) Sind Leistungen von mehreren Mitgliedstaaten aus unterschiedlichen Gründen zu gewähren, so gilt folgende Rangfolge: an erster Stelle stehen die durch eine Beschäftigung oder eine selbstständige Erwerbstätigkeit ausgelösten Ansprüche, darauf folgen die durch den Bezug einer Rente ausgelösten Ansprüche und schließlich die durch den Wohnort ausgelösten Ansprüche.

b) Sind Leistungen von mehreren Mitgliedstaaten aus denselben Gründen zu gewähren, so richtet sich die Rangfolge nach den folgenden subsidiären Kriterien:

   i) bei Ansprüchen, die durch eine Beschäftigung oder eine selbstständige Erwerbstätigkeit ausgelöst werden: der Wohnort der Kinder, unter der Voraussetzung, dass dort eine solche Tätigkeit ausgeübt wird, und subsidiär gegebenenfalls die nach den widerstreitenden Rechtsvorschriften zu gewährende höchste Leistung. Im letztgenannten Fall werden die Kosten für die Leistungen nach in der Durchführungsverordnung festgelegten Kriterien aufgeteilt;

   ii) bei Ansprüchen, die durch den Bezug einer Rente ausgelöst werden: der Wohnort der Kinder, unter der Voraussetzung, dass nach diesen Rechtsvorschriften eine Rente geschuldet wird, und subsidiär gegebenenfalls die längste Dauer der nach den widerstreitenden Rechtsvorschriften zurückgelegten Versicherungs- oder Wohnzeiten;

   iii) bei Ansprüchen, die durch den Wohnort ausgelöst werden: der Wohnort der Kinder.

(2) Bei Zusammentreffen von Ansprüchen werden die Familienleistungen nach den Rechtsvorschriften gewährt, die nach Absatz 1 Vorrang haben. Ansprüche auf Familienleistungen nach anderen widerstreitenden Rechtsvorschriften werden bis zur Höhe des nach den vorrangig geltenden Rechtsvorschriften vorgesehenen Betrags ausgesetzt; erforderlichenfalls ist ein Unterschiedsbetrag in Höhe des darüber hinausgehenden Betrags der Leistungen zu gewähren. Ein derartiger Unterschiedsbetrag muss jedoch nicht für Kinder gewährt werden, die in einem anderen Mitgliedstaat wohnen, wenn der entsprechende Leistungsanspruch ausschließlich durch den Wohnort ausgelöst wird.

(3) Wird nach Artikel 67 beim zuständigen Träger eines Mitgliedstaats, dessen Rechtsvorschriften gelten, aber nach den Prioritätsregeln der Absätze 1 und 2 des vorliegenden Artikels nachrangig sind, ein Antrag auf Familienleistungen gestellt, so gilt Folgendes:

a) Dieser Träger leitet den Antrag unverzüglich an den zuständigen Träger des Mitgliedstaats weiter, dessen Rechtsvorschriften vorrangig gelten, teilt dies der betroffenen Person mit und zahlt unbeschadet der Bestimmungen der Durchführungsverordnung über die vorläufige Gewährung von Leistungen erforderlichenfalls den in Absatz 2 genannten Unterschiedsbetrag;

b) der zuständige Träger des Mitgliedstaats, dessen Rechtsvorschriften vorrangig gelten, bearbeitet den Antrag, als ob er direkt bei ihm gestellt worden wäre; der Tag der Einreichung des Antrags beim ersten Träger gilt als der Tag der Einreichung bei dem Träger, der vorrangig zuständig ist.

Artikel 68a Gewährung von Leistungen

Verwendet die Person, der die Familienleistungen zu gewähren sind, diese nicht für den Unterhalt der Familienangehörigen, zahlt der zuständige Träger auf Antrag des Trägers im Mitgliedstaat des Wohnorts der Familienangehörigen, des von der zuständigen Behörde im Mitgliedstaat ihres Wohnorts hierfür bezeichneten Trägers oder der von dieser Behörde hierfür bestimmten Stelle die Familienleistungen mit befreiender Wirkung über diesen Träger bzw. über diese Stelle an die natürliche oder juristische Person, die tatsächlich für die Familienangehörigen sorgt.

Artikel 69 Ergänzende Bestimmungen

(1) Besteht nach den gemäß den Artikeln 67 und 68 bestimmten Rechtsvorschriften kein Anspruch auf zusätzliche oder besondere Familienleistungen für Waisen, so werden diese Leistungen grundsätzlich in Ergänzung zu den anderen Familienleistungen, auf die nach den genannten Rechtsvorschriften ein Anspruch besteht, nach den Rechtsvorschriften des Mitgliedstaats gewährt, die für den Verstorbenen die längste Zeit gegolten haben, sofern ein Anspruch nach diesen Rechtsvorschriften besteht. Besteht kein Anspruch nach diesen Rechtsvorschriften, so werden die Anspruchsvoraussetzungen nach den Rechtsvorschriften der anderen Mitgliedstaaten in der Reihenfolge der abnehmenden Dauer der nach den Rechtsvorschriften dieser Mitgliedstaaten zurückgelegten Versicherungs- oder Wohnzeiten geprüft und die Leistungen entsprechend gewährt.

(2) Leistungen in Form von Renten oder Rentenzuschüssen werden nach Kapitel 5 berechnet und gewährt.

KAPITEL 9

Besondere beitragsunabhängige Geldleistungen

Artikel 70 Allgemeine Vorschrift

(1) Dieser Artikel gilt für besondere beitragsunabhängige Geldleistungen, die nach Rechtsvorschriften gewährt werden, die aufgrund ihres persönlichen Geltungsbereichs, ihrer Ziele und/oder ihrer Anspruchsvoraussetzungen sowohl Merkmale der in Artikel 3 Absatz 1 genannten Rechtsvorschriften der sozialen Sicherheit als auch Merkmale der Sozialhilfe aufweisen.

(2) Für die Zwecke dieses Kapitels bezeichnet der Ausdruck „besondere beitragsunabhängige Geldleistungen" die Leistungen:

a) die dazu bestimmt sind:

   i) einen zusätzlichen, ersatzweisen oder ergänzenden Schutz gegen die Risiken zu gewähren, die von den in Artikel 3 Absatz 1 genannten Zweigen der sozialen Sicherheit gedeckt sind, und den betreffenden Personen ein Mindesteinkommen zur Bestreitung des Lebensunterhalts garantieren, das in Beziehung zu dem wirtschaftlichen und sozialen Umfeld in dem betreffenden Mitgliedstaat steht,

   oder

   ii) allein dem besonderen Schutz des Behinderten zu dienen, der eng mit dem sozialen Umfeld dieser Person in dem betreffenden Mitgliedstaat verknüpft ist,

und

b) deren Finanzierung ausschließlich durch obligatorische Steuern zur Deckung der allgemeinen öffentlichen Ausgaben erfolgt und deren Gewährung und Berechnung nicht von Beiträgen hinsichtlich der Leistungsempfänger abhängen. Jedoch sind Leistungen, die zusätzlich zu einer beitragsabhängigen Leistung gewährt werden, nicht allein aus diesem Grund als beitragsabhängige Leistungen zu betrachten,

und

c) die in Anhang X aufgeführt sind.

(3) Artikel 7 und die anderen Kapitel dieses Titels gelten nicht für die in Absatz 2 des vorliegenden Artikels genannten Leistungen.

(4) Die in Absatz 2 genannten Leistungen werden ausschließlich in dem Mitgliedstaat, in dem die betreffenden Personen wohnen, und nach dessen Rechtsvorschriften gewährt. Die Leistungen werden vom Träger des Wohnorts und zu seinen Lasten gewährt.

TITEL IV

VERWALTUNGSKOMMISSION UND BERATENDER AUSSCHUSS

Artikel 71 Zusammensetzung und Arbeitsweise der Verwaltungskommission

(1) Der bei der Europäischen Kommission eingesetzten Verwaltungskommission für die Koordinierung der Systeme der sozialen Sicherheit (im Folgenden „Verwaltungskommission" genannt) gehört je ein Regierungsvertreter jedes Mitgliedstaats an, der erforderlichenfalls von Fachberatern unterstützt wird. Ein Vertreter der Europäischen Kommission nimmt mit beratender Stimme an den Sitzungen der Verwaltungskommission teil.

(2) Die Verwaltungskommission beschließt mit der in den Verträgen festgelegten qualifizierten Mehrheit; dies gilt nicht für die Annahme ihrer Satzung, die von ihren Mitgliedern im gegenseitigen Einvernehmen erstellt wird.

Entscheidungen zu den in Artikel 72 Buchstabe a genannten Auslegungsfragen werden im erforderlichen Umfang bekannt gemacht.

(3) Die Sekretariatsgeschäfte der Verwaltungskommission werden von der Europäischen Kommission wahrgenommen.

Artikel 72 Aufgaben der Verwaltungskommission

Die Verwaltungskommission hat folgende Aufgaben:

a) Sie behandelt alle Verwaltungs- und Auslegungsfragen, die sich aus dieser Verordnung oder der Durchführungsverordnung oder in deren Rahmen geschlossenen Abkommen oder getroffenen Vereinbarungen ergeben; jedoch bleibt das Recht der betreffenden Behörden, Träger und Personen, die Verfahren und Gerichte in Anspruch zu nehmen, die nach den Rechtsvorschriften der Mitgliedstaaten, nach dieser Verordnung sowie nach dem Vertrag vorgesehen sind, unberührt.

b) Sie erleichtert die einheitliche Anwendung des Gemeinschaftsrechts, insbesondere, indem sie den Erfahrungsaustausch und die Verbreitung der besten Verwaltungspraxis fördert.

c) Sie fördert und stärkt die Zusammenarbeit zwischen den Mitgliedstaaten und ihren Trägern im Bereich der sozialen Sicherheit, um u.a. spezifische Fragen in Bezug auf bestimmte Personengruppen zu berücksichtigen; sie erleichtert die Durchführung von Maßnahmen der grenzüberschreitenden Zusammenarbeit auf dem Gebiet der Koordinierung der sozialen Sicherheit.

d) Sie fördert den größtmöglichen Einsatz neuer Technologien, um den freien Personenverkehr zu erleichtern, insbesondere durch die Modernisierung der Verfahren für den Informationsaustausch und durch die Anpassung des Informationsflusses zwischen den Trägern zum Zweck des Austauschs mit elektronischen Mitteln unter Berücksichtigung des Entwicklungsstands der Datenverarbeitung in dem jeweiligen Mitgliedstaat; die Verwaltungskommission erlässt die gemeinsamen strukturellen Regeln für die elektronischen Datenverarbeitungsdienste, insbesondere zu Sicherheit und Normenverwendung, und legt die Einzelheiten für den Betrieb des gemeinsamen Teils dieser Dienste fest.

e) Sie nimmt alle anderen Aufgaben wahr, für die sie nach dieser Verordnung, der Durchführungsverordnung und aller in deren Rahmen geschlossenen Abkommen oder getroffenen Vereinbarungen zuständig ist.

f) Sie unterbreitet der Europäischen Kommission geeignete Vorschläge zur Koordinierung der Systeme der sozialen Sicherheit mit dem Ziel, den gemeinschaftlichen Besitzstand durch die Erarbeitung weiterer Verordnungen oder durch andere im Vertrag vorgesehene Instrumente zu verbessern und zu modernisieren.

g) Sie stellt die Unterlagen zusammen, die für die Rechnungslegung der Träger der Mitgliedstaaten über deren Aufwendungen aufgrund dieser Verordnung zu berücksichtigen sind, und stellt auf der Grundlage eines Berichts des in Artikel 74 genannten Rechnungsausschusses die Jahresabrechnung zwischen diesen Trägern auf.

Artikel 73 Fachausschuss für Datenverarbeitung

(1) Der Verwaltungskommission ist ein Fachausschuss für Datenverarbeitung (im Folgenden „Fachausschuss“ genannt) angeschlossen. Der Fachausschuss unterbreitet der Verwaltungskommission Vorschläge für die gemeinsamen Architekturregeln zur Verwaltung der elektronischen Datenverarbeitungsdienste, insbesondere zu Sicherheit und Normenverwendung; er erstellt Berichte und gibt eine mit Gründen versehene Stellungnahme ab, bevor die Verwaltungskommission eine Entscheidung nach Artikel 72 Buchstabe d) trifft. Die Zusammensetzung und die Arbeitsweise des Fachausschusses werden von der Verwaltungskommission bestimmt.

(2) Zu diesem Zweck hat der Fachausschuss folgende Aufgaben:

a) Er trägt die einschlägigen fachlichen Unterlagen zusammen und übernimmt die zur Erledigung seiner Aufgaben erforderlichen Untersuchungen und Arbeiten.

b) Er legt der Verwaltungskommission die in Absatz 1 genannten Berichte und mit Gründen versehenen Stellungnahmen vor.

c) Er erledigt alle sonstigen Aufgaben und Untersuchungen zu Fragen, die die Verwaltungskommission an ihn verweist.

d) Er stellt den Betrieb der gemeinschaftlichen Pilotprojekte unter Einsatz elektronischer Datenverarbeitungsdienste und, für den gemeinschaftlichen Teil, der operativen Systeme unter Einsatz elektronischer Datenverarbeitungsdienste sicher.

Artikel 74 Rechnungsausschuss

Der Verwaltungskommission ist ein Rechnungsausschuss angeschlossen. Seine Zusammensetzung und seine Arbeitsweise werden von der Verwaltungskommission bestimmt.

Der Rechnungsausschuss hat folgende Aufgaben:

a) Er prüft die Methode zur Feststellung und Berechnung der von den Mitgliedstaaten vorgelegten durchschnittlichen jährlichen Kosten.

b) Er trägt die erforderlichen Daten zusammen und führt die Berechnungen aus, die erforderlich sind, um den jährlichen Forderungsstand jedes einzelnen Mitgliedstaats festzustellen.

c) Er erstattet der Verwaltungskommission regelmäßig Bericht über die Ergebnisse der Anwendung dieser Verordnung und der Durchführungsverordnung, insbesondere in finanzieller Hinsicht.

d) Er stellt die für die Beschlussfassung der Verwaltungskommission gemäß Artikel 72 Buchstabe g) erforderlichen Daten und Berichte zur Verfügung.

e) Er unterbreitet der Verwaltungskommission alle geeigneten Vorschläge im Zusammenhang mit den Buchstaben a), b) und c), einschließlich derjenigen, die diese Verordnung betreffen.

f) Er erledigt alle Arbeiten, Untersuchungen und Aufträge zu Fragen, die die Verwaltungskommission an ihn verweist.

Artikel 75 Beratender Ausschuss für die Koordinierung der Systeme der sozialen Sicherheit

(1) Es wird ein Beratender Ausschuss für die Koordinierung der Systeme der sozialen Sicherheit (im Folgenden „Beratender Ausschuss" genannt) eingesetzt, der sich für jeden Mitgliedstaat wie folgt zusammensetzt:

a) ein Vertreter der Regierung,

b) ein Vertreter der Arbeitnehmerverbände,

c) ein Vertreter der Arbeitgeberverbände.

Für jede der oben aufgeführten Kategorien wird für jeden Mitgliedstaat ein stellvertretendes Mitglied ernannt.

Die Mitglieder und stellvertretenden Mitglieder des Beratenden Ausschusses werden vom Rat ernannt. Den Vorsitz im Beratenden Ausschuss führt ein Vertreter der Europäischen Kommission. Der Beratende Ausschuss gibt sich eine Geschäftsordnung.

(2) Der Beratende Ausschuss ist befugt, auf Antrag der Europäischen Kommission, der Verwaltungskommission oder auf eigene Initiative:

a) über allgemeine oder grundsätzliche Fragen und über die Probleme zu beraten, die die Anwendung der gemeinschaftlichen Bestimmungen über die Koordinierung der Systeme der sozialen Sicherheit, insbesondere in Bezug auf bestimmte Personengruppen, aufwirft;

b) Stellungnahmen zu diesen Bereichen für die Verwaltungskommission sowie Vorschläge für eine etwaige Überarbeitung der genannten Bestimmungen zu formulieren.

TITEL V
VERSCHIEDENE BESTIMMUNGEN

Artikel 76 Zusammenarbeit

(1) Die zuständigen Behörden der Mitgliedstaaten unterrichten einander über:

a) alle zur Anwendung dieser Verordnung getroffenen Maßnahmen;

b) alle Änderungen ihrer Rechtsvorschriften, die die Anwendung dieser Verordnung berühren können.

(2) Für die Zwecke dieser Verordnung unterstützen sich die Behörden und Träger der Mitgliedstaaten, als handelte es sich um die Anwendung ihrer eigenen Rechtsvorschriften. Die gegenseitige Amtshilfe dieser Behörden und Träger ist grundsätzlich kostenfrei. Die Verwaltungskommission legt jedoch die Art der erstattungsfähigen Ausgaben und die Schwellen für die Erstattung dieser Ausgaben fest.

(3) Die Behörden und Träger der Mitgliedstaaten können für die Zwecke dieser Verordnung miteinander sowie mit den betroffenen Personen oder deren Vertretern unmittelbar in Verbindung treten.

(4) Die Träger und Personen, die in den Geltungsbereich dieser Verordnung fallen, sind zur gegenseitigen Information und Zusammenarbeit verpflichtet, um die ordnungsgemäße Anwendung dieser Verordnung zu gewährleisten.

Die Träger beantworten gemäß dem Grundsatz der guten Verwaltungspraxis alle Anfragen binnen einer angemessenen Frist und übermitteln den betroffenen Personen in diesem Zusammenhang alle erforderlichen Angaben, damit diese die ihnen durch diese Verordnung eingeräumten Rechte ausüben können.

Die betroffenen Personen müssen die Träger des zuständigen Mitgliedstaats und des Wohnmitgliedstaats so bald wie möglich über jede Änderung ihrer persönlichen oder familiären Situation unterrichten, die sich auf ihre Leistungsansprüche nach dieser Verordnung auswirkt.

(5) Die Verletzung der Informationspflicht gemäß Absatz 4 Unterabsatz 3 kann angemessene Maßnahmen nach dem nationalen Recht nach sich ziehen. Diese Maßnahmen müssen jedoch denjenigen entsprechen, die für vergleichbare Tatbestände der nationalen Rechtsordnung gelten, und dürfen die Ausübung der den Antragstellern durch diese Verordnung eingeräumten Rechte nicht praktisch unmöglich machen oder übermäßig erschweren.

(6) Werden durch Schwierigkeiten bei der Auslegung oder Anwendung dieser Verordnung die Rechte einer Person im Geltungsbereich der Verordnung in Frage gestellt, so setzt sich der Träger des zuständigen Mitgliedstaats oder des Wohnmitgliedstaats der betreffenden Person mit dem Träger des anderen betroffenen Mitgliedstaats oder den Trägern der anderen betroffenen Mitgliedstaaten in Verbindung. Wird binnen einer angemessenen Frist keine Lösung gefunden, so können die betreffenden Behörden die Verwaltungskommission befassen.

(7) Die Behörden, Träger und Gerichte eines Mitgliedstaats dürfen die bei ihnen eingereichten Anträge oder sonstigen Schriftstücke nicht deshalb zurückweisen, weil sie in einer Amtssprache eines anderen Mitgliedstaats abgefasst sind, die gemäß Artikel 290 des Vertrags als Amtssprache der Organe der Gemeinschaft anerkannt ist.

Artikel 77 Schutz personenbezogener Daten

(1) Werden personenbezogene Daten aufgrund dieser Verordnung oder der Durchführungsverordnung von den Behörden oder Trägern eines Mitgliedstaats den Behörden oder Trägern eines anderen Mitgliedstaats übermittelt, so gilt für diese Datenübermittlung das Datenschutzrecht des übermittelnden Mitgliedstaats. Für jede Weitergabe durch die Behörde oder den Träger des Empfängermitgliedstaats sowie für die Speicherung, Veränderung oder Löschung der Daten durch diesen Mitgliedstaat gilt das Datenschutzrecht des Empfängermitgliedstaats.

(2) Die für die Anwendung dieser Verordnung und der Durchführungsverordnung erforderlichen Daten werden durch einen Mitgliedstaat an einen anderen Mitgliedstaat unter Beachtung der Gemeinschaftsbestimmungen über den Schutz natürlicher Personen bei der Verarbeitung personenbezogener Daten und den freien Datenverkehr übermittelt.

Artikel 78 Elektronische Datenverarbeitung

(1) Die Mitgliedstaaten verwenden schrittweise die neuen Technologien für den Austausch, den Zugang und die Verarbeitung der für die Anwendung dieser Verordnung und der Durchführungsverordnung erforderlichen Daten. Die Europäische Kommission gewährt bei Aufgaben von gemeinsamem Interesse Unterstützung, sobald die Mitgliedstaaten diese elektronischen Datenverarbeitungsdienste eingerichtet haben.

(2) Jeder Mitgliedstaat betreibt seinen Teil der elektronischen Datenverarbeitungsdienste in eigener Verantwortung unter Beachtung der Gemeinschaftsbestimmungen über den Schutz natürlicher Personen bei der Verarbeitung personenbezogener Daten und den freien Datenverkehr.

(3) Ein von einem Träger nach dieser Verordnung und der Durchführungsverordnung versandtes oder herausgegebenes elektronisches Dokument darf von einer Behörde oder einem Träger eines anderen Mitgliedstaats nicht deshalb abgelehnt werden, weil es elektronisch empfangen wurde, wenn der Empfängerträger zuvor erklärt hat, dass er in der Lage ist, elektronische Dokumente zu empfangen. Bei der Wiedergabe und der Aufzeichnung solcher Dokumente wird davon ausgegangen, dass sie eine korrekte und genaue Wiedergabe des Originaldokuments oder eine Darstellung der Information ist, auf die sich dieses Dokument bezieht, sofern kein gegenteiliger Beweis vorliegt.

(4) Ein elektronisches Dokument wird als gültig angesehen, wenn das EDV-System, in dem dieses Dokument aufgezeichnet wurde, die erforderlichen Sicherheitselemente aufweist, um jede Veränderung, Übermittlung oder jeden unberechtigten Zugang zu dieser Aufzeichnung zu verhindern. Die aufgezeichnete Information muss jederzeit in einer sofort lesbaren Form reproduziert werden können. Wird ein elektronisches Dokument von einem Träger der sozialen Sicherheit an einen anderen Träger übermittelt, so werden geeignete Sicherheitsmaßnahmen gemäß den Gemeinschaftsbestimmungen über den Schutz natürlicher Personen bei der Verarbeitung personenbezogener Daten und den freien Datenverkehr getroffen.

Artikel 79 Finanzierung von Maßnahmen im Bereich der sozialen Sicherheit

Im Zusammenhang mit dieser Verordnung und der Durchführungsverordnung kann die Europäische Kommission folgende Tätigkeiten ganz oder teilweise finanzieren:

a) Tätigkeiten, die der Verbesserung des Informationsaustauschs – insbesondere des elektronischen Datenaustauschs – zwischen Behörden und Trägern der sozialen Sicherheit der Mitgliedstaaten dienen,

b) jede andere Tätigkeit, die dazu dient, den Personen, die in den Geltungsbereich dieser Verordnung fallen, und ihren Vertretern auf dem dazu am besten geeigneten Wege Informationen über die sich aus dieser Verordnung ergebenden Rechte und Pflichten zu vermitteln.

Artikel 80 Befreiungen

(1) Jede in den Rechtsvorschriften eines Mitgliedstaats vorgesehene Befreiung oder Ermäßigung von Steuern, Stempel-, Gerichts- oder Eintragungsgebühren für Schriftstücke oder Urkunden, die gemäß den Rechtsvorschriften dieses Mitgliedstaats vorzulegen sind, findet auch auf die entsprechenden Schriftstücke und Urkunden Anwendung, die gemäß den Rechtsvorschriften eines anderen Mitgliedstaats oder gemäß dieser Verordnung einzureichen sind.

(2) Urkunden, Dokumente und Schriftstücke jeglicher Art, die in Anwendung dieser Verordnung vorzulegen sind, brauchen nicht durch diplomatische oder konsularische Stellen legalisiert zu werden.

Artikel 81 Anträge, Erklärungen oder Rechtsbehelfe

Anträge, Erklärungen oder Rechtsbehelfe, die gemäß den Rechtsvorschriften eines Mitgliedstaats innerhalb einer bestimmten Frist bei einer Behörde, einem Träger oder einem Gericht dieses Mitgliedstaats einzureichen sind, können innerhalb der gleichen Frist bei einer entsprechenden Behörde, einem entsprechenden Träger oder einem entsprechenden Gericht eines anderen Mitgliedstaats eingereicht werden. In diesem Fall übermitteln die in Anspruch genommenen Behörden, Träger oder Gerichte diese Anträge, Erklärungen oder Rechtsbehelfe entweder unmittelbar oder durch Einschaltung der zuständigen Behörden der beteiligten Mitgliedstaaten unverzüglich der zuständigen Behörde, dem zuständigen Träger oder dem zuständigen Gericht des ersten Mitgliedstaats. Der Tag, an dem diese Anträge, Erklärungen oder Rechtsbehelfe bei einer Behörde, einem Träger oder einem Gericht des zweiten Mitgliedstaats eingegangen sind, gilt als Tag des Eingangs bei der zuständigen Behörde, dem zuständigen Träger oder dem zuständigen Gericht.

Artikel 82 Ärztliche Gutachten

Die in den Rechtsvorschriften eines Mitgliedstaats vorgesehenen ärztlichen Gutachten können auf Antrag des zuständigen Trägers in einem anderen Mitgliedstaat vom Träger des Wohn- oder Aufenthaltsorts des Antragstellers oder des Leistungsberechtigten unter den in der Durchführungsverordnung festgelegten Bedingungen oder den von den zuständigen Behörden der beteiligten Mitgliedstaaten vereinbarten Bedingungen angefertigt werden.

Artikel 83 Anwendung von Rechtsvorschriften

Die besonderen Bestimmungen zur Anwendung der Rechtsvorschriften bestimmter Mitgliedstaaten sind in Anhang XI aufgeführt.

Artikel 84 Einziehung von Beiträgen und Rückforderung von Leistungen

(1) Beiträge, die einem Träger eines Mitgliedstaats geschuldet werden, und nichtgeschuldete Leistungen, die von dem Träger eines Mitgliedstaats gewährt

wurden, können in einem anderen Mitgliedstaat nach den Verfahren und mit den Sicherungen und Vorrechten eingezogen bzw. zurückgefordert werden, die für die Einziehung der dem entsprechenden Träger des letzteren Mitgliedstaats geschuldeten Beiträge bzw. für die Rückforderung der vom entsprechenden Träger des letzteren Mitgliedstaats nichtgeschuldeten Leistungen gelten.

(2) Vollstreckbare Entscheidungen der Gerichte und Behörden über die Einziehung von Beiträgen, Zinsen und allen sonstigen Kosten oder die Rückforderung nichtgeschuldeter Leistungen gemäß den Rechtsvorschriften eines Mitgliedstaats werden auf Antrag des zuständigen Trägers in einem anderen Mitgliedstaat innerhalb der Grenzen und nach Maßgabe der in diesem Mitgliedstaat für ähnliche Entscheidungen geltenden Rechtsvorschriften und anderen Verfahren anerkannt und vollstreckt. Solche Entscheidungen sind in diesem Mitgliedstaat für vollstreckbar zu erklären, sofern die Rechtsvorschriften und alle anderen Verfahren dieses Mitgliedstaats dies erfordern.

(3) Bei Zwangsvollstreckung, Konkurs oder Vergleich genießen die Forderungen des Trägers eines Mitgliedstaats in einem anderen Mitgliedstaat die gleichen Vorrechte, die die Rechtsvorschriften des letzteren Mitgliedstaats Forderungen gleicher Art einräumen.

(4) Das Verfahren zur Durchführung dieses Artikels, einschließlich der Kostenerstattung, wird durch die Durchführungsverordnung und, soweit erforderlich, durch ergänzende Vereinbarungen zwischen den Mitgliedstaaten geregelt.

Artikel 85 Ansprüche der Träger

(1) Werden einer Person nach den Rechtsvorschriften eines Mitgliedstaats Leistungen für einen Schaden gewährt, der sich aus einem in einem anderen Mitgliedstaat eingetretenen Ereignis ergibt, so gilt für etwaige Ansprüche des zur Leistung verpflichteten Trägers gegenüber einem zum Schadenersatz verpflichteten Dritten folgende Regelung:

a) Sind die Ansprüche, die der Leistungsempfänger gegenüber dem Dritten hat, nach den für den zur Leistung verpflichteten Träger geltenden Rechtsvorschriften auf diesen Träger übergegangen, so erkennt jeder Mitgliedstaat diesen Übergang an.

b) Hat der zur Leistung verpflichtete Träger einen unmittelbaren Anspruch gegen den Dritten, so erkennt jeder Mitgliedstaat diesen Anspruch an.

(2) Werden einer Person nach den Rechtsvorschriften eines Mitgliedstaats Leistungen für einen Schaden gewährt, der sich aus einem in einem anderen Mitgliedstaat eingetretenen Ereignis ergibt, so gelten für die betreffende Person oder den zuständigen Träger die Bestimmungen dieser Rechtsvorschriften, in denen festgelegt ist, in welchen Fällen die Arbeitgeber oder ihre Arbeitnehmer von der Haftung befreit sind.

Absatz 1 gilt auch für etwaige Ansprüche des zur Leistung verpflichteten Trägers gegenüber Arbeitgebern oder ihren Arbeitnehmern, wenn deren Haftung nicht ausgeschlossen ist.

(3) Haben zwei oder mehr Mitgliedstaaten oder ihre zuständigen Behörden gemäß Artikel 35 Absatz 3 und/oder Artikel 41 Absatz 2 eine Vereinbarung über den Verzicht auf Erstattung zwischen Trägern, die in ihre Zuständigkeit fallen, geschlossen oder erfolgt die Erstattung unabhängig von dem Betrag der tatsächlich gewährten Leistungen, so gilt für etwaige Ansprüche gegenüber einem für den Schaden haftenden Dritten folgende Regelung:

a) Gewährt der Träger des Wohn- oder Aufenthaltsmitgliedstaats einer Person Leistungen für einen in seinem Hoheitsgebiet erlittenen Schaden, so übt dieser Träger nach den für ihn geltenden Rechtsvorschriften das Recht auf Forderungsübergang oder direktes Vorgehen gegen den schadenersatzpflichtigen Dritten aus.

b) Für die Anwendung von Buchstabe a) gilt:

   i) der Leistungsempfänger als beim Träger des Wohn- oder Aufenthaltsorts versichert,

   und

   ii) dieser Träger als zur Leistung verpflichteter Träger.

c) Die Absätze 1 und 2 bleiben für alle Leistungen anwendbar, die nicht unter die Verzichtsvereinbarung fallen oder für die keine Erstattung gilt, die unabhängig von dem Betrag der tatsächlich gewährten Leistungen erfolgt.

Artikel 86 Bilaterale Vereinbarungen

Bezüglich der Beziehungen zwischen Luxemburg einerseits und Frankreich, Deutschland und Belgien andererseits werden über die Anwendung und die Dauer des in Artikel 65 Absatz 7 genannten Zeitraums bilaterale Vereinbarungen geschlossen.

TITEL VI
ÜBERGANGS- UND SCHLUSSBESTIMMUNGEN

Artikel 87 Übergangsbestimmungen

(1) Diese Verordnung begründet keinen Anspruch für den Zeitraum vor dem Beginn ihrer Anwendung.

(2) Für die Feststellung des Leistungsanspruchs nach dieser Verordnung werden alle Versicherungszeiten sowie gegebenenfalls auch alle Beschäftigungszeiten, Zeiten einer selbstständigen Erwerbstätigkeit oder Wohnzeiten berücksichtigt, die nach den Rechtsvorschriften eines Mitgliedstaats vor dem Beginn der Anwendung dieser Verordnung in dem betreffenden Mitgliedstaat zurückgelegt worden sind.

(3) Vorbehaltlich des Absatzes 1 begründet diese Verordnung einen Leistungsanspruch auch für Ereignisse vor dem Beginn der Anwendung dieser Verordnung in dem betreffenden Mitgliedstaat.

(4) Leistungen jeder Art, die wegen der Staatsangehörigkeit oder des Wohnorts der betreffenden Person nicht festgestellt worden sind oder geruht haben, werden auf Antrag dieser Person ab dem Beginn der Anwendung dieser Verordnung in dem betreffenden Mitgliedstaat gewährt oder wieder gewährt, vorausgesetzt, dass Ansprüche, aufgrund deren früher Leistungen gewährt wurden, nicht durch Kapitalabfindung abgegolten wurden.

(5) Die Ansprüche einer Person, der vor dem Beginn der Anwendung dieser Verordnung in einem Mitgliedstaat eine Rente gewährt wurde, können auf Antrag der betreffenden Person unter Berücksichtigung dieser Verordnung neu festgestellt werden.

(6) Wird ein Antrag nach Absatz 4 oder 5 innerhalb von zwei Jahren nach dem Beginn der Anwendung dieser Verordnung in einem Mitgliedstaat gestellt, so wer-

den die Ansprüche aufgrund dieser Verordnung mit Wirkung von diesem Zeitpunkt an erworben, ohne dass der betreffenden Person Ausschlussfristen oder Verjährungsfristen eines Mitgliedstaats entgegengehalten werden können.

(7) Wird ein Antrag nach Absatz 4 oder 5 erst nach Ablauf von zwei Jahren nach dem Beginn der Anwendung dieser Verordnung in dem betreffenden Mitgliedstaat gestellt, so werden nicht ausgeschlossene oder verjährte Ansprüche – vorbehaltlich etwaiger günstigerer Rechtsvorschriften eines Mitgliedstaats – vom Tag der Antragstellung an erworben.

(8) Gelten für eine Person infolge dieser Verordnung die Rechtsvorschriften eines anderen Mitgliedstaats als desjenigen, der durch Titel II der Verordnung (EWG) Nr. 1408/71 bestimmt wird, bleiben diese Rechtsvorschriften so lange, wie sich der bis dahin vorherrschende Sachverhalt nicht ändert, und auf jeden Fall für einen Zeitraum von höchstens zehn Jahren ab dem Geltungsbeginn dieser Verordnung anwendbar, es sei denn, die betreffende Person beantragt, den nach dieser Verordnung anzuwendenden Rechtsvorschriften unterstellt zu werden. Der Antrag ist innerhalb von drei Monaten nach dem Geltungsbeginn dieser Verordnung bei dem zuständigen Träger des Mitgliedstaats, dessen Rechtsvorschriften nach dieser Verordnung anzuwenden sind, zu stellen, wenn die betreffende Person den Rechtsvorschriften dieses Mitgliedstaats ab dem Beginn der Anwendung dieser Verordnung unterliegen soll. Wird der Antrag nach Ablauf dieser Frist gestellt, gelten diese Rechtsvorschriften für die betreffende Person ab dem ersten Tag des darauf folgenden Monats.

(9) Artikel 55 dieser Verordnung findet ausschließlich auf Renten Anwendung, für die Artikel 46c der Verordnung (EWG) Nr. 1408/71 bei Beginn der Anwendung dieser Verordnung nicht gilt.

(10) Die Bestimmungen des Artikels 65 Absatz 2 Satz 2 und Absatz 3 Satz 2 gelten in Luxemburg spätestens zwei Jahre nach dem Beginn der Anwendung dieser Verordnung.

(10a) Die auf Estland, Spanien, Italien, Litauen, Ungarn und die Niederlande bezogenen Einträge in Anhang III treten vier Jahre nach dem Geltungsbeginn dieser Verordnung außer Kraft.

(10b) Die Liste in Anhang III wird spätestens bis zum 31. Oktober 2014 auf der Grundlage eines Berichts der Verwaltungskommission überprüft. Dieser Bericht enthält eine Folgenabschätzung sowohl unter absoluten als auch relativen Gesichtspunkten in Bezug auf die Relevanz, die Häufigkeit, den Umfang und die Kosten der Anwendung der Vorschriften des Anhangs III. Der Bericht enthält auch mögliche Auswirkungen einer Aufhebung jener Vorschriften für diejenigen Mitgliedstaaten, die nach dem in Absatz 10a genannten Zeitpunkt weiterhin in jenem Anhang aufgeführt sind. Auf der Grundlage dieses Berichts entscheidet die Kommission über die Vorlage eines Vorschlags zur Überarbeitung dieser Liste, grundsätzlich mit dem Ziel, die Liste aufzuheben, es sei denn der Bericht der Verwaltungskommission enthält zwingende Gründe, die dagegen sprechen.

(11) Die Mitgliedstaaten stellen sicher, dass ausreichende Informationen über die mit dieser Verordnung und der Durchführungsverordnung eingeführten Änderungen der Rechte und Pflichten zur Verfügung gestellt werden.

Artikel 87a Übergangsvorschrift für die Anwendung der Verordnung (EU) Nr. 465/2012

(1) Gelten für eine Person aufgrund des Inkrafttretens der Verordnung (EU) Nr. 465/2012 nach deren Inkrafttreten die Rechtsvorschriften eines anderen Mit-

gliedstaats als desjenigen, der durch Titel II dieser Verordnung bestimmt wird, bleiben diese Rechtsvorschriften für einen Übergangszeitraum, der so lange andauert, wie sich der bis dahin vorherrschende Sachverhalt nicht ändert, und in jedem Fall für nicht länger als zehn Jahre ab dem Datum des Inkrafttretens der Verordnung (EU) Nr. 465/2012 anwendbar. Die betreffende Person kann beantragen, dass der Übergangszeitraum auf sie nicht mehr Anwendung findet. Der Antrag ist bei dem von der zuständigen Behörde des Wohnmitgliedstaats bezeichneten Träger zu stellen. Bis zum 29. September 2012 gestellte Anträge gelten ab dem 28. Juni 2012 als wirksam. Nach dem 29. September 2012 gestellte Anträge gelten ab dem ersten Tag des darauf folgenden Monats als wirksam.

(2) Spätestens am 29. Juni 2014 beurteilt die Verwaltungskommission die Umsetzung der Bestimmungen des Artikels 65a dieser Verordnung und legt einen Bericht über deren Anwendung vor. Auf der Grundlage dieses Berichts kann die Kommission gegebenenfalls Vorschläge zur Änderung dieser Bestimmungen vorlegen.

Artikel 88 Aktualisierung der Anhänge

Die Anhänge dieser Verordnung werden regelmäßig überarbeitet.

Artikel 89 Durchführungsverordnung

Die Durchführung dieser Verordnung wird in einer weiteren Verordnung geregelt.

Artikel 90 Aufhebung

(1) Die Verordnung (EWG) Nr. 1408/71 wird mit dem Beginn der Anwendung dieser Verordnung aufgehoben.

Die Verordnung (EWG) Nr. 1408/71 bleibt jedoch in Kraft und behält ihre Rechtswirkung für die Zwecke:

a) der Verordnung (EG) Nr. 859/2003 des Rates vom 14. Mai 2003 zur Ausdehnung der Bestimmungen der Verordnung (EWG) Nr. 1408/71 und der Verordnung (EWG) Nr. 574/72 auf Drittstaatsangehörige, die ausschließlich aufgrund ihrer Staatsangehörigkeit nicht bereits unter diese Bestimmungen fallen[1)], solange jene Verordnung nicht aufgehoben oder geändert ist;

b) der Verordnung (EWG) Nr. 1661/85 des Rates vom 13. Juni 1985 zur Festlegung der technischen Anpassungen der Gemeinschaftsregelung auf dem Gebiet der sozialen Sicherheit der Wanderarbeitnehmer in Bezug auf Grönland[2)], solange jene Verordnung nicht aufgehoben oder geändert ist;

c) des Abkommens über den Europäischen Wirtschaftsraum[3)] und des Abkommens zwischen der Europäischen Gemeinschaft und ihren Mitgliedstaaten einerseits und der Schweizerischen Eidgenossenschaft andererseits über die Freizügigkeit[4)] sowie anderer Abkommen, die auf die Verordnung (EWG) Nr. 1408/71 Bezug nehmen, solange diese Abkommen nicht infolge der vorliegenden Verordnung geändert worden sind.

---

1) Amtliche Fußnote: ABl. L 124 vom 20. 5. 2003, S. 1.

2) Amtliche Fußnote: ABl. L 160 vom 20. 6. 1985, S. 7.

3) Amtliche Fußnote: ABl. L 1 vom 3. 1. 1994, S. 1.

4) Amtliche Fußnote: ABl. L 114 vom 30. 4. 2002, S. 6. Zuletzt geändert durch den Beschluss Nr. 2/2003 des Gemischten Ausschusses EU-Schweiz (ABl. L 187 vom 26. 7. 2003, S. 55).

(2) Bezugnahmen auf die Verordnung (EWG) Nr. 1408/71 in der Richtlinie 98/49/EG des Rates vom 29. Juni 1998 zur Wahrung ergänzender Rentenansprüche von Arbeitnehmern und Selbstständigen, die innerhalb der Europäischen Gemeinschaft zu- und abwandern[1)], gelten als Bezugnahmen auf die vorliegende Verordnung.

Artikel 91 Inkrafttreten

Diese Verordnung tritt am zwanzigsten Tag nach ihrer Veröffentlichung im *Amtsblatt der Europäischen Union* in Kraft.*

Sie gilt ab dem Tag des Inkrafttretens der Durchführungsverordnung.**

(Vom Abdruck der Anhänge I-XI wurde abgesehen)

---

1) Amtliche Fußnote: ABl. L 209 vom 25. 7. 1998, S. 46.

* Die Veröffentlichung erfolgte am 30. April 2004.

** Die Verordnung (EG) Nr. 987/2009 des Europäischen Parlaments und des Rates vom 16. September 2009 zur Festlegung der Modalitäten für die Durchführung der Verordnung (EG) Nr. 883/2004 über die Koordinierung der Systeme der sozialen Sicherheit (ABl. L 284 vom 30. 10. 2009 S. 1) ist gemäß ihrem Artikel 97 Satz 2 am 1. Mai 2010 in Kraft getreten.

4410 Richtlinie 2008/104/EG des Europäischen Parlaments und des Rates vom 19. November 2008 über Leiharbeit

(ABl. L 327 vom 5. 12. 2008 S. 9)

Inhaltsübersicht*

DAS EUROPÄISCHE PARLAMENT UND DER RAT DER EUROPÄISCHEN UNION –

gestützt auf den Vertrag zur Gründung der Europäischen Gemeinschaft, insbesondere auf Artikel 137 Absatz 2,

auf Vorschlag der Kommission,

nach Stellungnahme des Europäischen Wirtschafts- und Sozialausschusses[1)],

nach Anhörung des Ausschusses der Regionen,

gemäß dem Verfahren des Artikels 251 des Vertrags[2)],

in Erwägung nachstehender Gründe:

(1) Diese Richtlinie steht im Einklang mit den Grundrechten und befolgt die in der Charta der Grundrechte der Europäischen Union anerkannten Prinzipien[3)]. Sie soll insbesondere die uneingeschränkte Einhaltung von Artikel 31 der Charta gewährleisten, wonach jede Arbeitnehmerin und jeder Arbeitnehmer das Recht auf gesunde, sichere und würdige Arbeitsbedingungen sowie auf eine Begrenzung der Höchstarbeitszeit, auf tägliche und wöchentliche Ruhezeiten sowie auf bezahlten Jahresurlaub hat.

(2) Nummer 7 der Gemeinschaftscharta der sozialen Grundrechte der Arbeitnehmer sieht unter anderem vor, dass die Verwirklichung des Binnenmarktes zu einer Verbesserung der Lebens- und Arbeitsbedingungen der Arbeitnehmer in der Europäischen Gemeinschaft führen muss; dieser Prozess erfolgt durch eine Angleichung dieser Bedingungen auf dem Wege des Fort-

---

* Nicht amtlich.

1) Amtliche Fußnote: ABl. C 61 vom 14. 3. 2003, S. 124.

2) Amtliche Fußnote: Stellungnahme des Europäischen Parlaments vom 21. November 2002 (ABl. C 25 E vom 29. 1. 2004, S. 368), Gemeinsamer Standpunkt des Rates vom 15. September 2008 und Standpunkt des Europäischen Parlaments vom 22. Oktober 2008 (noch nicht im Amtsblatt veröffentlicht).

3) Amtliche Fußnote: ABl. C 303 vom 14. 12. 2007, S. 1.

schritts und betrifft namentlich Arbeitsformen wie das befristete Arbeitsverhältnis, Teilzeitarbeit, Leiharbeit und Saisonarbeit.

(3) Die Kommission hat die Sozialpartner auf Gemeinschaftsebene am 27. September 1995 gemäß Artikel 138 Absatz 2 des Vertrags zu einem Tätigwerden auf Gemeinschaftsebene hinsichtlich der Flexibilität der Arbeitszeit und der Arbeitsplatzsicherheit gehört.

(4) Da die Kommission nach dieser Anhörung eine Gemeinschaftsaktion für zweckmäßig hielt, hat sie die Sozialpartner am 9. April 1996 erneut gemäß Artikel 138 Absatz 3 des Vertrags zum Inhalt des in Aussicht genommenen Vorschlags gehört.

(5) In der Präambel zu der am 18. März 1999 geschlossenen Rahmenvereinbarung über befristete Arbeitsverträge bekundeten die Unterzeichneten ihre Absicht, die Notwendigkeit einer ähnlichen Vereinbarung zum Thema Leiharbeit zu prüfen und entschieden, Leiharbeitnehmer nicht in der Richtlinie über befristete Arbeitsverträge zu behandeln.

(6) Die allgemeinen branchenübergreifenden Wirtschaftsverbände, nämlich die Union der Industrie- und Arbeitgeberverbände Europas (UNICE)[1)], der Europäische Zentralverband der öffentlichen Wirtschaft (CEEP) und der Europäische Gewerkschaftsbund (EGB), haben der Kommission in einem gemeinsamen Schreiben vom 29. Mai 2000 mitgeteilt, dass sie den Prozess nach Artikel 139 des Vertrags in Gang setzen wollen. Sie haben die Kommission in einem weiteren gemeinsamen Schreiben vom 28. Februar 2001 um eine Verlängerung der in Artikel 138 Absatz 4 genannten Frist um einen Monat ersucht. Die Kommission hat dieser Bitte entsprochen und die Verhandlungsfrist bis zum 15. März 2001 verlängert.

(7) Am 21. Mai 2001 erkannten die Sozialpartner an, dass ihre Verhandlungen über Leiharbeit zu keinem Ergebnis geführt hatten.

(8) Der Europäische Rat hat es im März 2005 für unabdingbar gehalten, der Lissabon-Strategie neue Impulse zu geben und ihre Prioritäten erneut auf Wachstum und Beschäftigung auszurichten. Der Rat hat die Integrierten Leitlinien für Wachstum und Beschäftigung (2005–2008) angenommen, die unter gebührender Berücksichtigung der Rolle der Sozialpartner unter anderem der Förderung von Flexibilität in Verbindung mit Beschäftigungssicherheit und der Verringerung der Segmentierung des Arbeitsmarktes dienen sollen.

(9) Im Einklang mit der Mitteilung der Kommission zur sozialpolitischen Agenda für den Zeitraum bis 2010, die vom Europäischen Rat im März 2005 als Beitrag zur Verwirklichung der Ziele der Lissabon-Strategie durch Stärkung des europäischen Sozialmodells begrüßt wurde, hat der Europäische Rat die Ansicht vertreten, dass auf Seiten der Arbeitnehmer und der Unternehmen neue Formen der Arbeitsorganisation und eine größere Vielfalt der Arbeitsverträge mit besserer Kombination von Flexibilität und Sicherheit zur Anpassungsfähigkeit beitragen würden. Im Dezember 2007 hat der Europäische Rat darüber hinaus die vereinbarten gemeinsamen Flexicurity-Grundsätze gebilligt, die auf ein ausgewogenes Verhältnis zwischen Flexibilität und Sicherheit auf dem Arbeitsmarkt abstellen und sowohl Arbeitnehmern als auch Arbeitgebern helfen sollen, die durch die Globalisierung gebotenen Chancen zu nutzen.

---

1) Amtliche Fußnote: Die UNICE hat ihren Namen im Januar 2007 in BUSINESSEUROPE geändert.

(10) In Bezug auf die Inanspruchnahme der Leiharbeit sowie die rechtliche Stellung, den Status und die Arbeitsbedingungen der Leiharbeitnehmer lassen sich innerhalb der Union große Unterschiede feststellen.

(11) Die Leiharbeit entspricht nicht nur dem Flexibilitätsbedarf der Unternehmen, sondern auch dem Bedürfnis der Arbeitnehmer, Beruf und Privatleben zu vereinbaren. Sie trägt somit zur Schaffung von Arbeitsplätzen und zur Teilnahme am und zur Eingliederung in den Arbeitsmarkt bei.

(12) Die vorliegende Richtlinie legt einen diskriminierungsfreien, transparenten und verhältnismäßigen Rahmen zum Schutz der Leiharbeitnehmer fest und wahrt gleichzeitig die Vielfalt der Arbeitsmärkte und der Arbeitsbeziehungen.

(13) Die Richtlinie 91/383/EWG des Rates vom 25. Juni 1991 zur Ergänzung der Maßnahmen zur Verbesserung der Sicherheit und des Gesundheitsschutzes von Arbeitnehmern mit befristetem Arbeitsverhältnis oder Leiharbeitsverhältnis[1)] enthält die für Leiharbeitnehmer geltenden Bestimmungen im Bereich von Sicherheit und Gesundheitsschutz am Arbeitsplatz.

(14) Die wesentlichen Arbeits- und Beschäftigungsbedingungen für Leiharbeitnehmer sollten mindestens denjenigen entsprechen, die für diese Arbeitnehmer gelten würden, wenn sie von dem entleihenden Unternehmen für den gleichen Arbeitsplatz eingestellt würden.

(15) Unbefristete Arbeitsverträge sind die übliche Form des Beschäftigungsverhältnisses. Im Falle von Arbeitnehmern, die einen unbefristeten Vertrag mit dem Leiharbeitsunternehmen geschlossen haben, sollte angesichts des hierdurch gegebenen besonderen Schutzes die Möglichkeit vorgesehen werden, von den im entleihenden Unternehmen geltenden Regeln abzuweichen.

(16) Um der Vielfalt der Arbeitsmärkte und der Arbeitsbeziehungen auf flexible Weise gerecht zu werden, können die Mitgliedstaaten den Sozialpartnern gestatten, Arbeits- und Beschäftigungsbedingungen festzulegen, sofern das Gesamtschutzniveau für Leiharbeitnehmer gewahrt bleibt.

(17) Außerdem sollten die Mitgliedstaaten unter bestimmten, genau festgelegten Umständen auf der Grundlage einer zwischen den Sozialpartnern auf nationaler Ebene geschlossenen Vereinbarung vom Grundsatz der Gleichbehandlung in beschränktem Maße abweichen dürfen, sofern ein angemessenes Schutzniveau gewährleistet ist.

(18) Die Verbesserung des Mindestschutzes der Leiharbeitnehmer sollte mit einer Überprüfung der Einschränkungen oder Verbote einhergehen, die möglicherweise in Bezug auf Leiharbeit gelten. Diese können nur aus Gründen des Allgemeininteresses, vor allem des Arbeitnehmerschutzes, der Erfordernisse von Gesundheitsschutz und Sicherheit am Arbeitsplatz und der Notwendigkeit, das reibungslose Funktionieren des Arbeitsmarktes zu gewährleisten und eventuellen Missbrauch zu verhüten, gerechtfertigt sein.

(19) Die vorliegende Richtlinie beeinträchtigt weder die Autonomie der Sozialpartner, noch sollte sie die Beziehungen zwischen den Sozialpartnern beeinträchtigen, einschließlich des Rechts, Tarifverträge gemäß nationalem Recht und nationalen Gepflogenheiten bei gleichzeitiger Einhaltung des geltenden Gemeinschaftsrechts auszuhandeln und zu schließen.

(20) Die in dieser Richtlinie enthaltenen Bestimmungen über Einschränkungen oder Verbote der Beschäftigung von Leiharbeitnehmern lassen die nationa-

---

1) Amtliche Fußnote: ABl. L 206 vom 29. 7. 1991, S. 19.

len Rechtsvorschriften und Gepflogenheiten unberührt, die es verbieten, streikende Arbeitnehmer durch Leiharbeitnehmer zu ersetzen.

(21) Die Mitgliedstaaten sollten für Verstöße gegen die Verpflichtungen aus dieser Richtlinie Verwaltungs- oder Gerichtsverfahren zur Wahrung der Rechte der Leiharbeitnehmer sowie wirksame, abschreckende und verhältnismäßige Sanktionen vorsehen.

(22) Die vorliegende Richtlinie sollte im Einklang mit den Vorschriften des Vertrags über die Dienstleistungs- und Niederlassungsfreiheit und unbeschadet der Richtlinie 96/71/EG des Europäischen Parlaments und des Rates vom 16. Dezember 1996 über die Entsendung von Arbeitnehmern im Rahmen der Erbringung von Dienstleistungen[1)] umgesetzt werden.*

(23) Da das Ziel dieser Richtlinie, nämlich die Schaffung eines auf Gemeinschaftsebene harmonisierten Rahmens zum Schutz der Leiharbeitnehmer, auf Ebene der Mitgliedstaaten nicht ausreichend verwirklicht werden kann und daher wegen des Umfangs und der Wirkungen der Maßnahme besser auf Gemeinschaftsebene zu verwirklichen ist, und zwar durch Einführung von Mindestvorschriften, die in der gesamten Europäischen Gemeinschaft Geltung besitzen, kann die Gemeinschaft im Einklang mit dem in Artikel 5 des Vertrags niedergelegten Subsidiaritätsprinzip tätig werden. Entsprechend dem in demselben Artikel genannten Grundsatz der Verhältnismäßigkeit geht diese Richtlinie nicht über das zur Erreichung dieses Ziels erforderliche Maß hinaus –

HABEN FOLGENDE RICHTLINIE ERLASSEN:

KAPITEL I

ALLGEMEINE BESTIMMUNGEN

Artikel 1 Anwendungsbereich

(1) Diese Richtlinie gilt für Arbeitnehmer, die mit einem Leiharbeitsunternehmen einen Arbeitsvertrag geschlossen haben oder ein Beschäftigungsverhältnis eingegangen sind und die entleihenden Unternehmen zur Verfügung gestellt werden, um vorübergehend unter deren Aufsicht und Leitung zu arbeiten.

(2) Diese Richtlinie gilt für öffentliche und private Unternehmen, bei denen es sich um Leiharbeitsunternehmen oder entleihende Unternehmen handelt, die eine wirtschaftliche Tätigkeit ausüben, unabhängig davon, ob sie Erwerbszwecke verfolgen oder nicht.

(3) Die Mitgliedstaaten können nach Anhörung der Sozialpartner vorsehen, dass diese Richtlinie nicht für Arbeitsverträge oder Beschäftigungsverhältnisse gilt, die im Rahmen eines spezifischen öffentlichen oder von öffentlichen Stellen geförderten beruflichen Ausbildungs-, Eingliederungs- und Umschulungsprogramms geschlossen wurden.

Artikel 2 Ziel

Ziel dieser Richtlinie ist es, für den Schutz der Leiharbeitnehmer zu sorgen und die Qualität der Leiharbeit zu verbessern, indem die Einhaltung des Grundsatzes der Gleichbehandlung von Leiharbeitnehmern gemäß Artikel 5 gesichert wird und die Leiharbeitsunternehmen als Arbeitgeber anerkannt werden, wobei

---

1) Amtliche Fußnote: ABl. L 18 vom 21. 1. 1997, S. 1.

* Abgedruckt unter Nr. 444.

zu berücksichtigen ist, dass ein angemessener Rahmen für den Einsatz von Leiharbeit festgelegt werden muss, um wirksam zur Schaffung von Arbeitsplätzen und zur Entwicklung flexibler Arbeitsformen beizutragen.

Artikel 3 Begriffsbestimmungen

(1) Im Sinne dieser Richtlinie bezeichnet der Ausdruck

a) „Arbeitnehmer" eine Person, die in dem betreffenden Mitgliedstaat nach dem nationalen Arbeitsrecht als Arbeitnehmer geschützt ist;

b) „Leiharbeitsunternehmen" eine natürliche oder juristische Person, die nach einzelstaatlichem Recht mit Leiharbeitnehmern Arbeitsverträge schließt oder Beschäftigungsverhältnisse eingeht, um sie entleihenden Unternehmen zu überlassen, damit sie dort unter deren Aufsicht und Leitung vorübergehend arbeiten;

c) „Leiharbeitnehmer" einen Arbeitnehmer, der mit einem Leiharbeitsunternehmen einen Arbeitsvertrag geschlossen hat oder ein Beschäftigungsverhältnis eingegangen ist, um einem entleihenden Unternehmen überlassen zu werden und dort unter dessen Aufsicht und Leitung vorübergehend zu arbeiten;

d) „entleihendes Unternehmen" eine natürliche oder juristische Person, in deren Auftrag und unter deren Aufsicht und Leitung ein Leiharbeitnehmer vorübergehend arbeitet;

e) „Überlassung" den Zeitraum, während dessen der Leiharbeitnehmer dem entleihenden Unternehmen zur Verfügung gestellt wird, um dort unter dessen Aufsicht und Leitung vorübergehend zu arbeiten;

f) „wesentliche Arbeits- und Beschäftigungsbedingungen" die Arbeits- und Beschäftigungsbedingungen, die durch Gesetz, Verordnung, Verwaltungsvorschrift, Tarifvertrag und/oder sonstige verbindliche Bestimmungen allgemeiner Art, die im entleihenden Unternehmen gelten, festgelegt sind und sich auf folgende Punkte beziehen:

   i) Dauer der Arbeitszeit, Überstunden, Pausen, Ruhezeiten, Nachtarbeit, Urlaub, arbeitsfreie Tage,

   ii) Arbeitsentgelt.

(2) Diese Richtlinie lässt das nationale Recht in Bezug auf die Begriffsbestimmungen von „Arbeitsentgelt", „Arbeitsvertrag", „Beschäftigungsverhältnis" oder „Arbeitnehmer" unberührt.

Die Mitgliedstaaten dürfen Arbeitnehmer, Arbeitsverträge oder Beschäftigungsverhältnisse nicht lediglich deshalb aus dem Anwendungsbereich dieser Richtlinie ausschließen, weil sie Teilzeitbeschäftigte, befristet beschäftigte Arbeitnehmer oder Personen sind bzw. betreffen, die mit einem Leiharbeitsunternehmen einen Arbeitsvertrag geschlossen haben oder ein Beschäftigungsverhältnis eingegangen sind.

Artikel 4 Überprüfung der Einschränkungen und Verbote

(1) Verbote oder Einschränkungen des Einsatzes von Leiharbeit sind nur aus Gründen des Allgemeininteresses gerechtfertigt; hierzu zählen vor allem der Schutz der Leiharbeitnehmer, die Erfordernisse von Gesundheitsschutz und Sicherheit am Arbeitsplatz oder die Notwendigkeit, das reibungslose Funktionieren des Arbeitsmarktes zu gewährleisten und eventuellen Missbrauch zu verhüten.

(2) Nach Anhörung der Sozialpartner gemäß den nationalen Rechtsvorschriften, Tarifverträgen und Gepflogenheiten überprüfen die Mitgliedstaaten bis zum

5. Dezember 2011 die Einschränkungen oder Verbote des Einsatzes von Leiharbeit, um festzustellen, ob sie aus den in Absatz 1 genannten Gründen gerechtfertigt sind.

(3) Sind solche Einschränkungen oder Verbote durch Tarifverträge festgelegt, so kann die Überprüfung gemäß Absatz 2 von denjenigen Sozialpartnern durchgeführt werden, die die einschlägige Vereinbarung ausgehandelt haben.

(4) Die Absätze 1, 2 und 3 gelten unbeschadet der nationalen Anforderungen hinsichtlich der Eintragung, Zulassung, Zertifizierung, finanziellen Garantie und Überwachung der Leiharbeitsunternehmen.

(5) Die Mitgliedstaaten informieren die Kommission über die Ergebnisse der Überprüfung gemäß den Absätzen 2 und 3 bis zum 5. Dezember 2011.

KAPITEL II

ARBEITS- UND BESCHÄFTIGUNGSBEDINGUNGEN

Artikel 5 Grundsatz der Gleichbehandlung

(1) Die wesentlichen Arbeits- und Beschäftigungsbedingungen der Leiharbeitnehmer entsprechen während der Dauer ihrer Überlassung an ein entleihendes Unternehmen mindestens denjenigen, die für sie gelten würden, wenn sie von jenem genannten Unternehmen unmittelbar für den gleichen Arbeitsplatz eingestellt worden wären.

Bei der Anwendung von Unterabsatz 1 müssen die im entleihenden Unternehmen geltenden Regeln in Bezug auf

a) den Schutz schwangerer und stillender Frauen und den Kinder- und Jugendschutz sowie
b) die Gleichbehandlung von Männern und Frauen und sämtliche Maßnahmen zur Bekämpfung von Diskriminierungen aufgrund des Geschlechts, der Rasse oder der ethnischen Herkunft, der Religion oder Weltanschauung, einer Behinderung, des Alters oder der sexuellen Orientierung

so eingehalten werden, wie sie durch Gesetze, Verordnungen, Verwaltungsvorschriften, Tarifverträge und/oder sonstige Bestimmungen allgemeiner Art festgelegt sind.

(2) In Bezug auf das Arbeitsentgelt können die Mitgliedstaaten nach Anhörung der Sozialpartner die Möglichkeit vorsehen, dass vom Grundsatz des Absatzes 1 abgewichen wird, wenn Leiharbeitnehmer, die einen unbefristeten Vertrag mit dem Leiharbeitsunternehmen abgeschlossen haben, auch in der Zeit zwischen den Überlassungen bezahlt werden.

(3) Die Mitgliedstaaten können nach Anhörung der Sozialpartner diesen die Möglichkeit einräumen, auf der geeigneten Ebene und nach Maßgabe der von den Mitgliedstaaten festgelegten Bedingungen Tarifverträge aufrechtzuerhalten oder zu schließen, die unter Achtung des Gesamtschutzes von Leiharbeitnehmern Regelungen in Bezug auf die Arbeits- und Beschäftigungsbedingungen von Leiharbeitnehmern, welche von den in Absatz 1 aufgeführten Regelungen abweichen können, enthalten können.

(4) Sofern Leiharbeitnehmern ein angemessenes Schutzniveau gewährt wird, können Mitgliedstaaten, in denen es entweder kein gesetzliches System, durch das Tarifverträge allgemeine Gültigkeit erlangen, oder kein gesetzliches System bzw. keine Gepflogenheiten zur Ausweitung von deren Bestimmungen auf alle

vergleichbaren Unternehmen in einem bestimmten Sektor oder bestimmten geografischen Gebiet gibt, – nach Anhörung der Sozialpartner auf nationaler Ebene und auf der Grundlage einer von ihnen geschlossenen Vereinbarung – Regelungen in Bezug auf die wesentlichen Arbeits- und Beschäftigungsbedingungen von Leiharbeitnehmern festlegen, die vom Grundsatz des Absatzes 1 abweichen. Zu diesen Regelungen kann auch eine Wartezeit für Gleichbehandlung zählen.

Die in diesem Absatz genannten Regelungen müssen mit den gemeinschaftlichen Bestimmungen in Einklang stehen und hinreichend präzise und leicht zugänglich sein, damit die betreffenden Sektoren und Firmen ihre Verpflichtungen bestimmen und einhalten können. Insbesondere müssen die Mitgliedstaaten in Anwendung des Artikels 3 Absatz 2 angeben, ob betriebliche Systeme der sozialen Sicherheit, einschließlich Rentensysteme, Systeme zur Lohnfortzahlung im Krankheitsfall oder Systeme der finanziellen Beteiligung, zu den in Absatz 1 genannten wesentlichen Arbeits- und Beschäftigungsbedingungen zählen. Solche Vereinbarungen lassen Vereinbarungen auf nationaler, regionaler, lokaler oder sektoraler Ebene, die für Arbeitnehmer nicht weniger günstig sind, unberührt.

(5) Die Mitgliedstaaten ergreifen die erforderlichen Maßnahmen gemäß ihren nationalen Rechtsvorschriften und/oder Gepflogenheiten, um eine missbräuchliche Anwendung dieses Artikels zu verhindern und um insbesondere aufeinander folgende Überlassungen, mit denen die Bestimmungen der Richtlinie umgangen werden sollen, zu verhindern. Sie unterrichten die Kommission über solche Maßnahmen.

Artikel 6 Zugang zu Beschäftigung, Gemeinschaftseinrichtungen und beruflicher Bildung

(1) Die Leiharbeitnehmer werden über die im entleihenden Unternehmen offenen Stellen unterrichtet, damit sie die gleichen Chancen auf einen unbefristeten Arbeitsplatz haben wie die übrigen Arbeitnehmer dieses Unternehmens. Diese Unterrichtung kann durch allgemeine Bekanntmachung an einer geeigneten Stelle in dem Unternehmen erfolgen, in dessen Auftrag und unter dessen Aufsicht die Leiharbeitnehmer arbeiten.

(2) Die Mitgliedstaaten ergreifen die erforderlichen Maßnahmen, damit Klauseln, die den Abschluss eines Arbeitsvertrags oder die Begründung eines Beschäftigungsverhältnisses zwischen dem entleihenden Unternehmen und dem Leiharbeitnehmer nach Beendigung seines Einsatzes verbieten oder darauf hinauslaufen, diese zu verhindern, nichtig sind oder für nichtig erklärt werden können.

Dieser Absatz lässt die Bestimmungen unberührt, aufgrund deren Leiharbeitsunternehmen für die dem entleihenden Unternehmen erbrachten Dienstleistungen in Bezug auf Überlassung, Einstellung und Ausbildung von Leiharbeitnehmern einen Ausgleich in angemessener Höhe erhalten.

(3) Leiharbeitsunternehmen dürfen im Gegenzug zur Überlassung an ein entleihendes Unternehmen oder in dem Fall, dass Arbeitnehmer nach beendigter Überlassung mit dem betreffenden entleihenden Unternehmen einen Arbeitsvertrag abschließen oder ein Beschäftigungsverhältnis eingehen, kein Entgelt von den Arbeitnehmern verlangen.

(4) Unbeschadet des Artikels 5 Absatz 1 haben Leiharbeitnehmer in dem entleihenden Unternehmen zu den gleichen Bedingungen wie die unmittelbar von dem Unternehmen beschäftigten Arbeitnehmer Zugang zu den Gemeinschaftseinrichtungen oder -diensten, insbesondere zur Gemeinschaftsverpflegung, zu Kinderbetreuungseinrichtungen und zu Beförderungsmitteln, es sei denn, eine unterschiedliche Behandlung ist aus objektiven Gründen gerechtfertigt.

(5) Die Mitgliedstaaten treffen die geeigneten Maßnahmen oder fördern den Dialog zwischen den Sozialpartnern nach ihren nationalen Traditionen und Gepflogenheiten mit dem Ziel,

a) den Zugang der Leiharbeitnehmer zu Fort- und Weiterbildungsangeboten und Kinderbetreuungseinrichtungen in den Leiharbeitsunternehmen - auch in der Zeit zwischen den Überlassungen - zu verbessern, um deren berufliche Entwicklung und Beschäftigungsfähigkeit zu fördern;

b) den Zugang der Leiharbeitnehmer zu den Fort- und Weiterbildungsangeboten für die Arbeitnehmer der entleihenden Unternehmen zu verbessern.

Artikel 7 Vertretung der Leiharbeitnehmer

(1) Leiharbeitnehmer werden unter Bedingungen, die die Mitgliedstaaten festlegen, im Leiharbeitsunternehmen bei der Berechnung des Schwellenwertes für die Einrichtung der Arbeitnehmervertretungen berücksichtigt, die nach Gemeinschaftsrecht und nationalem Recht oder in den Tarifverträgen vorgesehen sind.

(2) Die Mitgliedstaaten können unter den von ihnen festgelegten Bedingungen vorsehen, dass Leiharbeitnehmer im entleihenden Unternehmen bei der Berechnung des Schwellenwertes für die Einrichtung der nach Gemeinschaftsrecht und nationalem Recht oder in den Tarifverträgen vorgesehenen Arbeitnehmervertretungen im gleichen Maße berücksichtigt werden wie Arbeitnehmer, die das entleihende Unternehmen für die gleiche Dauer unmittelbar beschäftigen würde.

(3) Die Mitgliedstaaten, die die Option nach Absatz 2 in Anspruch nehmen, sind nicht verpflichtet, Absatz 1 umzusetzen.

Artikel 8 Unterrichtung der Arbeitnehmervertreter

Unbeschadet strengerer und/oder spezifischerer einzelstaatlicher oder gemeinschaftlicher Vorschriften über Unterrichtung und Anhörung und insbesondere der Richtlinie 2002/14/EG des Europäischen Parlaments und des Rates vom 11. März 2002 zur Festlegung eines allgemeinen Rahmens für die Unterrichtung und Anhörung der Arbeitnehmer in der Europäischen Gemeinschaft[1)] hat das entleihende Unternehmen den gemäß einzelstaatlichem und gemeinschaftlichem Recht eingesetzten Arbeitnehmervertretungen im Zuge der Unterrichtung über die Beschäftigungslage in dem Unternehmen angemessene Informationen über den Einsatz von Leiharbeitnehmern in dem Unternehmen vorzulegen.

KAPITEL III
SCHLUSSBESTIMMUNGEN

Artikel 9 Mindestvorschriften

(1) Diese Richtlinie lässt das Recht der Mitgliedstaaten unberührt, für Arbeitnehmer günstigere Rechts- und Verwaltungsvorschriften anzuwenden oder zu erlassen oder den Abschluss von Tarifverträgen oder Vereinbarungen zwischen den Sozialpartnern zu fördern oder zuzulassen, die für die Arbeitnehmer günstiger sind.

(2) Die Durchführung dieser Richtlinie ist unter keinen Umständen ein hinreichender Grund zur Rechtfertigung einer Senkung des allgemeinen Schutzniveaus

---

1) Amtliche Fußnote: ABl. L 80 vom 23. 3. 2002, S. 29.

für Arbeitnehmer in den von dieser Richtlinie abgedeckten Bereichen. Dies gilt unbeschadet der Rechte der Mitgliedstaaten und/oder der Sozialpartner, angesichts sich wandelnder Bedingungen andere Rechts- und Verwaltungsvorschriften oder vertragliche Regelungen festzulegen als diejenigen, die zum Zeitpunkt des Erlasses dieser Richtlinie gelten, sofern die Mindestvorschriften dieser Richtlinie eingehalten werden.

Artikel 10 Sanktionen

(1) Für den Fall der Nichteinhaltung dieser Richtlinie durch Leiharbeitsunternehmen oder durch entleihende Unternehmen sehen die Mitgliedstaaten geeignete Maßnahmen vor. Sie sorgen insbesondere dafür, dass es geeignete Verwaltungs- oder Gerichtsverfahren gibt, um die Erfüllung der sich aus der Richtlinie ergebenden Verpflichtungen durchsetzen zu können.

(2) Die Mitgliedstaaten legen die Sanktionen fest, die im Falle eines Verstoßes gegen die einzelstaatlichen Vorschriften zur Umsetzung dieser Richtlinie Anwendung finden, und treffen alle erforderlichen Maßnahmen, um deren Durchführung zu gewährleisten. Die Sanktionen müssen wirksam, angemessen und abschreckend sein. Die Mitgliedstaaten teilen der Kommission diese Bestimmungen bis zum 5. Dezember 2011 mit. Die Mitgliedstaaten melden der Kommission rechtzeitig alle nachfolgenden Änderungen dieser Bestimmungen. Sie stellen insbesondere sicher, dass die Arbeitnehmer und/oder ihre Vertreter über angemessene Mittel zur Erfüllung der in dieser Richtlinie vorgesehenen Verpflichtungen verfügen.

Artikel 11 Umsetzung

(1) Die Mitgliedstaaten setzen die erforderlichen Rechts- und Verwaltungsvorschriften in Kraft und veröffentlichen sie, um dieser Richtlinie bis spätestens zum 5. Dezember 2011 nachzukommen, oder sie vergewissern sich, dass die Sozialpartner die erforderlichen Vorschriften im Wege von Vereinbarungen festlegen; dabei sind die Mitgliedstaaten gehalten, die erforderlichen Vorkehrungen zu treffen, damit sie jederzeit gewährleisten können, dass die Ziele dieser Richtlinie erreicht werden. Sie setzen die Kommission unverzüglich davon in Kenntnis.

(2) Wenn die Mitgliedstaaten diese Maßnahmen erlassen, nehmen sie in den Vorschriften selbst oder durch einen Hinweis bei deren amtlicher Veröffentlichung auf diese Richtlinie Bezug. Die Mitgliedstaaten regeln die Einzelheiten der Bezugnahme.

Artikel 12 Überprüfung durch die Kommission

Die Kommission überprüft im Benehmen mit den Mitgliedstaaten und den Sozialpartnern auf Gemeinschaftsebene die Anwendung dieser Richtlinie bis zum 5. Dezember 2013, um erforderlichenfalls die notwendigen Änderungen vorzuschlagen.

Artikel 13 Inkrafttreten

Diese Richtlinie tritt am Tag ihrer Veröffentlichung im *Amtsblatt der Europäischen Union* in Kraft.*

Artikel 14 Adressaten

Diese Richtlinie ist an die Mitgliedstaaten gerichtet.

---

* Die Veröffentlichung erfolgte am 5. Dezember 2008.

45 Umwelt

451 Richtlinie 2011/92/EU des Europäischen Parlaments und des Rates vom 13. Dezember 2011 über die Umweltverträglichkeitsprüfung bei bestimmten öffentlichen und privaten Projekten

(ABl. L 26 vom 28. 1. 2012 S. 1), geändert durch Richtlinie 2014/52/EU des Europäischen Parlaments und des Rates vom 16. April 2014 (ABl. L 124 vom 25. 4. 2014 S. 1)

Inhaltsübersicht*

DAS EUROPÄISCHE PARLAMENT UND DER RAT DER EUROPÄISCHEN UNION –

gestützt auf den Vertrag über die Arbeitsweise der Europäischen Union, insbesondere auf Artikel 192 Absatz 1,

auf Vorschlag der Europäischen Kommission,

nach Zuleitung des Entwurfs des Gesetzgebungsakts an die nationalen Parlamente,

nach Stellungnahme des Europäischen Wirtschafts- und Sozialausschusses[1],

---

* Nicht amtlich.

1) Amtliche Fußnote: ABl. C 248 vom 25. 8. 2011, S. 154.

nach Anhörung des Ausschusses der Regionen,

gemäß dem ordentlichen Gesetzgebungsverfahren[1)],

in Erwägung nachstehender Gründe:

(1) Die Richtlinie 85/337/EWG des Rates vom 27. Juni 1985 über die Umweltverträglichkeitsprüfung bei bestimmten öffentlichen und privaten Projekten[2)] ist mehrfach und in wesentlichen Punkten geändert worden[3)]. Aus Gründen der Übersichtlichkeit und Klarheit empfiehlt es sich, die genannte Richtlinie zu kodifizieren.

(2) Gemäß Artikel 191 des Vertrags über die Arbeitsweise der Europäischen Union beruht die Umweltpolitik der Union auf den Grundsätzen der Vorsorge und Vorbeugung und auf dem Grundsatz, Umweltbeeinträchtigungen mit Vorrang an ihrem Ursprung zu bekämpfen, sowie auf dem Verursacherprinzip. Bei allen technischen Planungs- und Entscheidungsprozessen sollten die Auswirkungen auf die Umwelt so früh wie möglich berücksichtigt werden.

(3) Es sollte eine Harmonisierung der Grundsätze für die Umweltverträglichkeitsprüfung vorgenommen werden, insbesondere hinsichtlich der Art der zu prüfenden Projekte, der Hauptauflagen für den Projektträger und des Inhalts der Prüfung. Die Mitgliedstaaten können jedoch strengere Umweltschutzvorschriften festlegen.

(4) Es erscheint ferner erforderlich, eines der Ziele der Union im Bereich des Schutzes der Umwelt und der Lebensqualität zu verwirklichen.

(5) Die Umweltrechtsvorschriften der Union enthalten auch Bestimmungen, die es Behörden und anderen Stellen ermöglichen, Entscheidungen zu treffen, die erhebliche Auswirkungen auf die Umwelt und auf die Gesundheit und das Wohlbefinden des Einzelnen haben können.

(6) Zur Ergänzung und Koordinierung der Genehmigungsverfahren für öffentliche und private Projekte, die möglicherweise erhebliche Auswirkungen auf die Umwelt haben, sollten allgemeine Grundsätze für Umweltverträglichkeitsprüfungen eingeführt werden.

(7) Die Genehmigung für öffentliche und private Projekte, bei denen mit erheblichen Auswirkungen auf die Umwelt zu rechnen ist, sollte erst nach einer Prüfung der möglichen erheblichen Umweltauswirkungen dieser Projekte erteilt werden. Diese Prüfung sollte anhand sachgerechter Angaben des Projektträgers erfolgen, die gegebenenfalls von den Behörden und von der Öffentlichkeit, die möglicherweise von dem Projekt betroffen ist, ergänzt werden können.

(8) Projekte bestimmter Klassen haben erhebliche Auswirkungen auf die Umwelt und sollten grundsätzlich einer systematischen Prüfung unterzogen werden.

(9) Projekte anderer Klassen haben nicht unter allen Umständen zwangsläufig erhebliche Auswirkungen auf die Umwelt; sie sollten einer Prüfung unterzogen werden, wenn sie nach Auffassung der Mitgliedstaaten möglicherweise erhebliche Auswirkungen auf die Umwelt haben.

---

1) Amtliche Fußnote: Standpunkt des Europäischen Parlaments vom 13. September 2011 (noch nicht im Amtsblatt veröffentlicht) und Beschluss des Rates vom 15. November 2011.

2) Amtliche Fußnote: ABl. L 175 vom 5. 7. 1985, S. 40.

3) Amtliche Fußnote: Siehe Anhang VI Teil A.

(10) Die Mitgliedstaaten können Schwellenwerte oder Kriterien festlegen, um zu bestimmen, welche dieser Projekte wegen der Erheblichkeit ihrer Auswirkungen auf die Umwelt einer Prüfung unterzogen werden sollten; die Mitgliedstaaten sollten nicht verpflichtet sein, Projekte, bei denen diese Schwellenwerte nicht erreicht werden bzw. diese Kriterien nicht erfüllt sind, in jedem Einzelfall zu prüfen.

(11) Legen die Mitgliedstaaten derartige Schwellenwerte oder Kriterien fest oder nehmen sie Einzelfalluntersuchungen vor, um zu bestimmen, welche Projekte wegen der Erheblichkeit ihrer Auswirkungen auf die Umwelt einer Prüfung unterzogen werden sollten, so sollten sie den in dieser Richtlinie aufgestellten relevanten Auswahlkriterien Rechnung tragen. Entsprechend dem Subsidiaritätsprinzip werden diese Kriterien in konkreten Fällen am besten durch die Mitgliedstaaten angewandt.

(12) Bei Projekten, die einer Prüfung unterzogen werden, sollten bestimmte Mindestangaben über das Projekt und seine Auswirkungen gemacht werden.

(13) Es ist angebracht, ein Verfahren vorzusehen, damit der Projektträger von den zuständigen Behörden eine Stellungnahme zu Inhalt und Umfang der Angaben erhalten kann, die für die Umweltverträglichkeitsprüfung erstellt und vorgelegt werden müssen. Die Mitgliedstaaten können im Rahmen dieses Verfahrens den Projektträger verpflichten, auch Alternativen für die Projekte vorzulegen, für die er einen Antrag stellen will.

(14) Die Umweltauswirkungen eines Projekts sollten mit Rücksicht auf folgende Bestrebungen geprüft werden: die menschliche Gesundheit zu schützen, durch eine Verbesserung der Umweltbedingungen zur Lebensqualität beizutragen, für die Erhaltung der Artenvielfalt zu sorgen und die Reproduktionsfähigkeit des Ökosystems als Grundlage allen Lebens zu erhalten.

(15) Es ist ratsam, strengere Bestimmungen über die Umweltverträglichkeitsprüfung im grenzüberschreitenden Rahmen vorzusehen, um den Entwicklungen auf internationaler Ebene Rechnung zu tragen. Die Europäische Gemeinschaft hat am 25. Februar 1991 das Übereinkommen über die Umweltverträglichkeitsprüfung im grenzüberschreitenden Rahmen unterzeichnet und am 24. Juni 1997 ratifiziert.

(16) Eine effektive Beteiligung der Öffentlichkeit bei Entscheidungen ermöglicht es der Öffentlichkeit, Meinungen und Bedenken zu äußern, die für diese Entscheidungen von Belang sein können, und ermöglicht es den Entscheidungsträgern, diese Meinungen und Bedenken zu berücksichtigen; dadurch wird der Entscheidungsprozess nachvollziehbarer und transparenter, und in der Öffentlichkeit wächst das Bewusstsein für Umweltbelange sowie die Unterstützung für die getroffenen Entscheidungen.

(17) Die Beteiligung – einschließlich die Beteiligung von Verbänden, Organisationen und Gruppen, insbesondere Nichtregierungsorganisationen, die sich für den Umweltschutz einsetzen –, sollte daher gefördert werden, unter anderem auch durch Förderung der Umwelterziehung der Öffentlichkeit.

(18) Die Europäische Gemeinschaft hat das UN/ECE-Übereinkommen über den Zugang zu Informationen, die Öffentlichkeitsbeteiligung an Entscheidungsverfahren und den Zugang zu Gerichten in Umweltangelegenheiten („Übereinkommen von Aarhus“) am 25. Juni 1998 unterzeichnet und am 17. Februar 2005 ratifiziert.

(19) Eines der Ziele des Übereinkommens von Aarhus ist es, das Recht auf Beteiligung der Öffentlichkeit an Entscheidungsverfahren in Umweltangelegenheiten zu gewährleisten und somit dazu beizutragen, dass das Recht des Einzelnen auf ein Leben in einer der Gesundheit und dem Wohlbefinden zuträglichen Umwelt geschützt wird.

(20) Artikel 6 des Übereinkommens von Aarhus sieht die Beteiligung der Öffentlichkeit an Entscheidungen über bestimmte Tätigkeiten, die in Anhang I des Übereinkommens aufgeführt sind, sowie über dort nicht aufgeführte Tätigkeiten, die eine erhebliche Auswirkung auf die Umwelt haben können, vor.

(21) Artikel 9 Absätze 2 und 4 des Übereinkommens von Aarhus sieht Bestimmungen über den Zugang zu gerichtlichen oder anderen Verfahren zwecks Anfechtung der materiell- und verfahrensrechtlichen Rechtmäßigkeit von Entscheidungen, Handlungen oder Unterlassungen in Fällen vor, in denen gemäß Artikel 6 des genannten Übereinkommens eine Öffentlichkeitsbeteiligung vorgesehen ist.

(22) Hingegen sollte diese Richtlinie nicht auf Projekte angewendet werden, die im einzelnen durch einen besonderen einzelstaatlichen Gesetzgebungsakt genehmigt werden, da die mit dieser Richtlinie verfolgten Ziele, einschließlich desjenigen der Bereitstellung von Informationen, im Wege des Gesetzgebungsverfahrens erreicht werden.

(23) Im Übrigen kann es sich in Ausnahmefällen als sinnvoll erweisen, ein spezifisches Projekt von den in dieser Richtlinie vorgesehenen Prüfungsverfahren zu befreien, sofern die Kommission und die betroffene Öffentlichkeit hiervon in geeigneter Weise unterrichtet werden.

(24) Da die Ziele dieser Richtlinie auf Ebene der Mitgliedstaaten nicht ausreichend erreicht werden können und daher wegen des Umfangs und der Wirkungen der Maßnahme besser auf Unionsebene zu erreichen sind, kann die Union im Einklang mit dem in Artikel 5 des Vertrags über die Europäische Union niedergelegten Subsidiaritätsprinzip tätig werden. Entsprechend dem in demselben Artikel genannten Verhältnismäßigkeitsprinzip geht diese Richtlinie nicht über das für die Erreichung dieser Ziele erforderliche Maß hinaus.

(25) Diese Richtlinie sollte die Verpflichtung der Mitgliedstaaten hinsichtlich der Fristen für die Umsetzung in innerstaatliches Recht der in Anhang V Teil B aufgeführten Richtlinien unberührt lassen –

HABEN FOLGENDE RICHTLINIE ERLASSEN:

Artikel 1 (Gegenstand der Richtlinie)

(1) Gegenstand dieser Richtlinie ist die Umweltverträglichkeitsprüfung bei öffentlichen und privaten Projekten, die möglicherweise erhebliche Auswirkungen auf die Umwelt haben.

(2) Im Sinne dieser Richtlinie gelten folgende Begriffsbestimmungen:

a) „Projekt“:
- die Errichtung von baulichen oder sonstigen Anlagen,
- sonstige Eingriffe in Natur und Landschaft einschließlich derjenigen zum Abbau von Bodenschätzen;

b) „Projektträger“: Person, die die Genehmigung für ein privates Projekt beantragt, oder die Behörde, die ein Projekt betreiben will;

c) „Genehmigung“: Entscheidung der zuständigen Behörde oder der zuständigen Behörden, aufgrund deren der Projektträger das Recht zur Durchführung des Projekts erhält;

d) „Öffentlichkeit“: eine oder mehrere natürliche oder juristische Personen und, in Übereinstimmung mit den innerstaatlichen Rechtsvorschriften oder der innerstaatlichen Praxis, deren Vereinigungen, Organisationen oder Gruppen;

e) „betroffene Öffentlichkeit“: die von umweltbezogenen Entscheidungsverfahren gemäß Artikel 2 Absatz 2 betroffene oder wahrscheinlich betroffene Öffentlichkeit oder die Öffentlichkeit mit einem Interesse daran. Im Sinne dieser Begriffsbestimmung haben Nichtregierungsorganisationen, die sich für den Umweltschutz einsetzen und alle nach innerstaatlichem Recht geltenden Voraussetzungen erfüllen, ein Interesse;

f) „zuständige Behörde(n)“: die Behörde(n), die von den Mitgliedstaaten für die Durchführung der sich aus dieser Richtlinie ergebenden Aufgaben bestimmt wird (werden);

g) „Umweltverträglichkeitsprüfung“: ein aus den folgenden Schritten bestehendes Verfahren:

   i) Ausarbeitung eines Berichts über die Umweltverträglichkeitsprüfung (im Folgenden „UVP-Bericht“) durch den Projektträger gemäß Artikel 5 Absätze 1 und 2;

   ii) Durchführung von Konsultationen gemäß Artikel 6 und, soweit relevant, Artikel 7;

   iii) Prüfung der im Rahmen des UVP-Berichts vom Projektträger gemäß Artikel 5 Absatz 3 vorgelegten Informationen und erforderlichenfalls vorgelegten ergänzenden Informationen sowie der aus den Konsultationen gemäß Artikeln 6 und 7 gewonnenen einschlägigen Informationen durch die zuständige Behörde;

   iv) begründete Schlussfolgerung der zuständigen Behörde in Bezug auf die erheblichen Auswirkungen des Projekts auf die Umwelt unter Berücksichtigung der Ergebnisse der Prüfung gemäß Ziffer iii und gegebenenfalls ihrer eigenen ergänzenden Prüfung; und

   v) die Integration der begründeten Schlussfolgerung der zuständigen Behörde in alle Entscheidungen gemäß Artikel 8a.

(3) Die Mitgliedstaaten können – auf Grundlage einer Einzelfallbeurteilung und sofern dies nach innerstaatlichem Recht vorgesehen ist – entscheiden, diese Richtlinie nicht auf Projekte oder Teile von Projekten anzuwenden, die ausschließlich Zwecken der Verteidigung dienen, oder auf Projekte, die ausschließlich der Bewältigung von Katastrophenfällen dienen, wenn sie der Auffassung sind, dass sich eine derartige Anwendung negativ auf diese Zwecke auswirken würde.

(4) *weggefallen*

Artikel 2 (Einführung der Genehmigungspflicht)

(1) Die Mitgliedstaaten treffen die erforderlichen Maßnahmen, damit vor Erteilung der Genehmigung die Projekte, bei denen unter anderem aufgrund ihrer Art, ihrer Größe oder ihres Standortes mit erheblichen Auswirkungen auf die Umwelt zu rechnen ist, einer Genehmigungspflicht unterworfen und einer Prüfung in Bezug auf ihre Auswirkungen auf die Umwelt unterzogen werden. Diese Projekte sind in Artikel 4 definiert.

(2) Die Umweltverträglichkeitsprüfung kann in den Mitgliedstaaten im Rahmen der bestehenden Verfahren zur Genehmigung der Projekte durchgeführt werden oder, falls solche nicht bestehen, im Rahmen anderer Verfahren oder der Verfahren, die einzuführen sind, um den Zielen dieser Richtlinie zu entsprechen.

(3) Für Projekte, bei denen die Verpflichtung zur Durchführung einer Prüfung der Umweltauswirkungen sowohl aufgrund dieser Richtlinie als auch aufgrund der Richtlinie 92/43/EWG des Rates[1)] und/oder der Richtlinie 2009/147/EG des Europäischen Parlaments und des Rates[2)] besteht, stellen die Mitgliedstaaten sicher, dass gegebenenfalls koordinierte und/oder gemeinsame Verfahren durchgeführt werden, die die Anforderungen dieser Unionsgesetzgebung erfüllen.

Für Projekte, bei denen die Verpflichtung zur Durchführung einer Prüfung der Umweltauswirkungen sowohl aufgrund dieser Richtlinie als auch aufgrund anderer Unionsgesetzgebung als den in Unterabsatz 1 genannten Richtlinien besteht, können die Mitgliedstaaten koordinierte und/oder gemeinsame Verfahren vorsehen.

Im Rahmen des koordinierten Verfahrens nach den Unterabsätzen 1 und 2 sind die Mitgliedstaaten bestrebt, die verschiedenen aufgrund der einschlägigen Unionsgesetzgebung vorgeschriebenen Einzelprüfungen der Auswirkungen eines bestimmten Projekts auf die Umwelt unbeschadet anders lautender Bestimmungen anderer einschlägiger Unionsgesetzgebung zu koordinieren, indem sie zu diesem Zweck eine Behörde benennen.

Im Rahmen des gemeinsamen Verfahrens nach den Unterabsätzen 1 und 2 sind die Mitgliedstaaten bestrebt, dafür zu sorgen, dass unbeschadet anders lautender Bestimmungen anderer einschlägiger Unionsgesetzgebung eine einzige Prüfung der Umweltauswirkungen eines bestimmten Projekts auf die Umwelt erstellt wird, die der einschlägigen Unionsgesetzgebung entspricht.

Die Kommission formuliert Leitlinien zur Einführung koordinierter oder gemeinsamer Verfahren für Projekte, für die sowohl gemäß dieser Richtlinie als auch gemäß den Richtlinien 92/43/EWG, 2000/60/EG, 2009/147/EG und 2010/75/EU eine Bewertung erforderlich ist.

(4) Unbeschadet des Artikels 7 können die Mitgliedstaaten in Ausnahmefällen ein bestimmtes Projekt von den Bestimmungen dieser Richtlinie ausnehmen, wenn sich die Anwendung dieser Bestimmungen nachteilig auf den Zweck des Projekts auswirken würde, jedoch unter der Voraussetzung, dass die Ziele dieser Richtlinie verwirklicht werden.

In diesem Fall müssen die Mitgliedstaaten:

a) prüfen, ob eine andere Form der Prüfung angemessen ist;

b) der betroffenen Öffentlichkeit die im Rahmen anderer Formen der Prüfung nach Buchstabe a gewonnenen Informationen, die Informationen betreffend die Entscheidung, die die Ausnahme gewährt, und die Gründe für die Gewährung der Ausnahme zugänglich machen;

c) die Kommission vor Erteilung der Genehmigung über die Gründe für die Gewährung dieser Ausnahme unterrichten und ihr die Informationen übermitteln, die sie gegebenenfalls ihren eigenen Staatsangehörigen zur Verfügung stellen.

---

1) Amtliche Fußnote: Richtlinie 92/43/EWG des Rates vom 21. Mai 1992 zur Erhaltung der natürlichen Lebensräume sowie der wildlebenden Tiere und Pflanzen (ABl. L 206 vom 22. 7. 1992, S. 7).

2) Amtliche Fußnote: Richtlinie 2009/147/EG des Europäischen Parlaments und des Rates vom 30. November 2009 über die Erhaltung der wildlebenden Vogelarten (ABl. L 20 vom 26. 1. 2010, S. 7).

Die Kommission übermittelt den anderen Mitgliedstaaten unverzüglich die ihr zugegangenen Unterlagen.

Die Kommission erstattet dem Europäischen Parlament und dem Rat jährlich über die Anwendung dieses Absatzes Bericht.

(5) Unbeschadet des Artikels 7 können die Mitgliedstaaten ein Projekt, das durch einen besonderen einzelstaatlichen Gesetzgebungsakt zugelassen wird, von den Bestimmungen dieser Richtlinie, die sich auf die Beteiligung der Öffentlichkeit beziehen, ausnehmen, jedoch unter der Voraussetzung, dass die Ziele dieser Richtlinie verwirklicht werden.

Alle zwei Jahre ab dem 16. Mai 2017 unterrichten die Mitgliedstaaten die Kommission über die Fälle, in denen sie die in Unterabsatz 1 genannte Ausnahme angewandt haben.

Artikel 3 (Inhalt der Umweltverträglichkeitsprüfung)

(1) Die Umweltverträglichkeitsprüfung identifiziert, beschreibt und bewertet in geeigneter Weise nach Maßgabe eines jeden Einzelfalls die unmittelbaren und mittelbaren erheblichen Auswirkungen eines Projekts auf folgende Faktoren:

a) Bevölkerung und menschliche Gesundheit;

b) biologische Vielfalt, unter besonderer Berücksichtigung der gemäß der Richtlinie 92/43/EWG und der Richtlinie 2009/147/EG geschützten Arten und Lebensräume;

c) Fläche, Boden, Wasser, Luft und Klima;

d) Sachgüter, kulturelles Erbe und Landschaft;

d) Wechselbeziehung zwischen den unter den Buchstaben a bis d genannten Faktoren.

(2) Die in Absatz 1 genannten Auswirkungen auf die dort genannten Faktoren schließen die Auswirkungen ein, die aufgrund der Anfälligkeit des Projekts für schwere Unfälle und/oder Katastrophen zu erwarten sind, die für das betroffene Projekt relevant sind.

Artikel 4 (Einteilung der Projekte und Umfang der Prüfung)

(1) Projekte des Anhangs I werden vorbehaltlich des Artikels 2 Absatz 4 einer Prüfung gemäß den Artikeln 5 bis 10 unterzogen.

(2) Bei Projekten des Anhangs II bestimmen die Mitgliedstaaten vorbehaltlich des Artikels 2 Absatz 4, ob das Projekt einer Prüfung gemäß den Artikeln 5 bis 10 unterzogen werden muss. Die Mitgliedstaaten treffen diese Entscheidung anhand

a) einer Einzelfalluntersuchung
oder

b) der von den Mitgliedstaaten festgelegten Schwellenwerte bzw. Kriterien.

Die Mitgliedstaaten können entscheiden, beide unter den Buchstaben a und b genannten Verfahren anzuwenden.

(3) Bei der Einzelfalluntersuchung oder der Festlegung von Schwellenwerten bzw. Kriterien für die Zwecke des Absatzes 2 sind die relevanten Auswahlkriterien des Anhangs III zu berücksichtigen. Die Mitgliedstaaten können Schwellenwerte oder Kriterien festlegen, bei deren Erfüllung Projekte weder der Feststellung gemäß den Absätzen 4 und 5 noch einer Umweltverträglichkeitsprüfung unterliegen, und/oder Schwellenwerte oder Kriterien, bei deren Erfüllung Projekte

in jedem Fall einer Umweltverträglichkeitsprüfung ohne Durchführung einer Feststellung gemäß den Absätzen 4 und 5 unterliegen.

(4) Beschließen Mitgliedstaaten, eine Feststellung für in Anhang II aufgeführte Projekte zu verlangen, liefert der Projektträger Informationen über die Merkmale des Projekts und die damit verbundenen möglichen erheblichen Auswirkungen auf die Umwelt. Anhang II.A enthält eine detaillierte Aufstellung der zu liefernden Informationen. Der Projektträger berücksichtigt gegebenenfalls verfügbare Ergebnisse anderer einschlägiger Bewertungen der Auswirkungen auf die Umwelt, die aufgrund anderer Unionsgesetzgebung als dieser Richtlinie durchgeführt wurden. Der Projektträger kann darüber hinaus eine Beschreibung aller Aspekte des Projekts und/oder aller Maßnahmen zur Verfügung stellen, mit denen erhebliche nachteilige Auswirkungen auf die Umwelt vermieden oder verhindert werden sollen.

(5) Die zuständige Behörde trifft die Feststellung auf der Grundlage der vom Projektträger gemäß Absatz 4 gelieferten Informationen, wobei sie gegebenenfalls die Ergebnisse von vorgelagerten Prüfungen oder aufgrund anderer Unionsgesetzgebung als dieser Richtlinie durchgeführten Prüfungen der Umweltauswirkungen berücksichtigt. Die Feststellung wird der Öffentlichkeit zugänglich gemacht und es werden darin

a) unter Verweis auf die einschlägigen Kriterien in Anhang III die wesentlichen Gründe für die Entscheidung angegeben, eine Umweltverträglichkeitsprüfung vorzuschreiben, oder

b) unter Verweis auf die einschlägigen Kriterien in Anhang III die wesentlichen Gründe für die Entscheidung angegeben, keine Umweltverträglichkeitsprüfung vorzuschreiben, und, sofern vom Projektträger vorgelegt, alle Aspekte des Projekts und/oder Maßnahmen, mit denen erhebliche nachteilige Auswirkungen auf die Umwelt vermieden oder verhindert werden sollen.

(6) Die Mitgliedstaaten stellen sicher, dass die zuständige Behörde die Feststellung so bald als möglich und innerhalb eines Zeitraums von höchstens 90 Tagen ab dem Tag trifft, an dem der Projektträger alle gemäß Absatz 4 erforderlichen Informationen vorgelegt hat. In Ausnahmefällen, beispielsweise aufgrund der Art, der Komplexität, des Standorts und des Umfangs des Projekts, kann die zuständige Behörde die Frist für die Feststellung verlängern; in diesem Fall teilt sie dem Projektträger schriftlich mit, aus welchen Gründen die Frist verlängert wurde und wann mit ihrer Entscheidung zu rechnen ist.

Artikel 5 (Anforderungen an den UVP-Bericht)

(1) Ist eine Umweltverträglichkeitsprüfung durchzuführen, so erstellt der Projektträger einen UVP-Bericht und legt diesen vor. Die durch den Projektträger bereitzustellenden Informationen umfassen mindestens

a) eine Beschreibung des Projekts mit Angaben zum Standort, zur Ausgestaltung, zur Größe und zu anderen einschlägigen Aspekten des Projekts,

b) eine Beschreibung der möglichen erheblichen Auswirkungen des Projekts auf die Umwelt,

c) eine Beschreibung der Aspekte des Projekts und/oder der Maßnahmen, mit denen mögliche erhebliche nachteilige Auswirkungen auf die Umwelt vermieden, verhindert oder verringert und, wenn möglich, ausgeglichen werden sollen,

d) eine Beschreibung der vom Projektträger untersuchten vernünftigen Alternativen, die für das Projekt und seine spezifischen Merkmale relevant sind, und die Angabe der wesentlichen Gründe für die getroffene Wahl unter Berücksichtigung der Auswirkungen des Projekts auf die Umwelt,

e) eine nichttechnische Zusammenfassung der unter den Buchstaben a bis d genannten Angaben und

f) ergänzende Informationen gemäß Anhang IV, die für die spezifischen Merkmale eines bestimmten Projekts oder einer bestimmten Projektart und der Umweltfaktoren, die möglicherweise beeinträchtigt werden, von Bedeutung sind.

Wurde eine Stellungnahme gemäß Absatz 2 abgegeben, so stützt sich der UVP-Bericht auf diese Stellungnahme und enthält die Angaben, die vernünftigerweise für eine begründete Schlussfolgerung in Bezug auf die erheblichen Auswirkungen des Projekts auf die Umwelt verlangt werden können, und berücksichtigt dabei den gegenwärtigen Wissensstand und aktuelle Prüfmethoden. Der Projektträger berücksichtigt bei der Ausarbeitung des UVP-Berichts die vorhandenen Ergebnisse anderer einschlägiger Prüfungen, die gemäß anderer Unionsgesetzgebung oder nationaler Gesetzgebung durchgeführt wurden, um Mehrfachprüfungen zu vermeiden.

(2) Die zuständige Behörde gibt auf Antrag des Projektträgers unter Berücksichtigung der von diesem vorgelegten Informationen, insbesondere zu den spezifischen Merkmalen des Projekts (einschließlich seines Standorts und der technischen Kapazität) und den möglichen Auswirkungen auf die Umwelt, eine Stellungnahme zum Umfang und zur Detailtiefe der Informationen ab, die gemäß Absatz 1 dieses Artikels vom Projektträger in den UVP-Bericht aufzunehmen sind. Die zuständige Behörde hört vor Abgabe ihrer Stellungnahme die in Artikel 6 Absatz 1 genannten Behörden an.

Die Mitgliedstaaten können ferner vorschreiben, dass die zuständigen Behörden eine Stellungnahme gemäß Unterabsatz 1 abgeben, unabhängig davon, ob der Projektträger dies beantragt hat.

(3) Zur Sicherstellung der Vollständigkeit und Qualität des UVP-Berichts

a) stellt der Projektträger sicher, dass der UVP-Bericht von kompetenten Fachleuten erstellt wird,

b) stellt die zuständige Behörde sicher, dass sie über Personal mit ausreichenden Fachkenntnissen verfügt oder erforderlichenfalls Fachkenntnisse einholt, um den UVP-Bericht zu prüfen, und

c) fordert die zuständige Behörde von dem Projektträger erforderlichenfalls ergänzende Informationen gemäß Anhang IV an, die für die Erstellung der begründeten Schlussfolgerung in Bezug auf die erheblichen Auswirkungen des Projekts auf die Umwelt unmittelbar relevant sind.

(4) Die Mitgliedstaaten sorgen erforderlichenfalls dafür, dass die Behörden, die über relevante Informationen, insbesondere hinsichtlich des Artikels 3, verfügen, diese dem Projektträger zur Verfügung stellen.

Artikel 6 (Beteiligung der Öffentlichkeit)

(1) Die Mitgliedstaaten treffen die erforderlichen Maßnahmen, damit die Behörden, die in ihrem umweltbezogenen Aufgabenbereich oder in ihrer lokalen oder regionalen Zuständigkeit voraussichtlich von dem Projekt berührt sein könnten, die Möglichkeit haben, ihre Stellungnahme zu den Angaben des Projektträgers und zu dem Antrag auf Genehmigung abzugeben, wobei gegebenenfalls den Fällen gemäß Artikel 8a Absatz 3 Rechnung zu tragen ist. Zu diesem Zweck

benennen die Mitgliedstaaten – allgemein oder von Fall zu Fall – die Behörden, die anzuhören sind. Diesen Behörden werden die nach Artikel 5 eingeholten Informationen übermittelt. Die Einzelheiten der Anhörung werden von den Mitgliedstaaten festgelegt.

(2) Um eine wirksame Beteiligung der betroffenen Öffentlichkeit an den Entscheidungsverfahren zu gewährleisten, wird die Öffentlichkeit elektronisch und durch öffentliche Bekanntmachung oder auf anderem geeigneten Wege im Rahmen umweltbezogener Entscheidungsverfahren gemäß Artikel 2 Absatz 2 frühzeitig über Folgendes informiert, spätestens jedoch, sobald die Informationen nach vernünftigem Ermessen zur Verfügung gestellt werden können:

a) den Genehmigungsantrag;

b) die Tatsache, dass das Projekt Gegenstand einer Umweltverträglichkeitsprüfung ist, und gegebenenfalls die Tatsache, dass Artikel 7 Anwendung findet;

c) genaue Angaben zu den jeweiligen Behörden, die für die Entscheidung zuständig sind, bei denen relevante Informationen erhältlich sind bzw. bei denen Stellungnahmen oder Fragen eingereicht werden können, sowie zu vorgesehenen Fristen für die Übermittlung von Stellungnahmen oder Fragen;

d) die Art möglicher Entscheidungen, oder, soweit vorhanden, den Entscheidungsentwurf;

e) die Angaben über die Verfügbarkeit der Informationen, die gemäß Artikel 5 eingeholt wurden;

f) die Angaben, wann, wo und in welcher Weise die relevanten Informationen zugänglich gemacht werden;

g) Einzelheiten zu den Vorkehrungen für die Beteiligung der Öffentlichkeit nach Absatz 5 dieses Artikels.

(3) Die Mitgliedstaaten stellen sicher, dass der betroffenen Öffentlichkeit innerhalb eines angemessenen zeitlichen Rahmens Folgendes zugänglich gemacht wird:

a) alle Informationen, die gemäß Artikel 5 eingeholt wurden;

b) in Übereinstimmung mit den nationalen Rechtsvorschriften die wichtigsten Berichte und Empfehlungen, die der bzw. den zuständigen Behörden zu dem Zeitpunkt vorliegen, zu dem die betroffene Öffentlichkeit nach Absatz 2 dieses Artikels informiert wird;

c) in Übereinstimmung mit den Bestimmungen der Richtlinie 2003/4/EG des Europäischen Parlaments und des Rates vom 28. Januar 2003 über den Zugang der Öffentlichkeit zu Umweltinformationen[1)] andere als die in Absatz 2 dieses Artikels genannten Informationen, die für die Entscheidung nach Artikel 8 dieser Richtlinie von Bedeutung sind und die erst zugänglich werden, nachdem die betroffene Öffentlichkeit nach Absatz 2 dieses Artikels informiert wurde.

(4) Die betroffene Öffentlichkeit erhält frühzeitig und in effektiver Weise die Möglichkeit, sich an den umweltbezogenen Entscheidungsverfahren gemäß Artikel 2 Absatz 2 zu beteiligen, und hat zu diesem Zweck das Recht, der zuständigen Behörde bzw. den zuständigen Behörden gegenüber Stellung zu nehmen und Meinungen zu äußern, wenn alle Optionen noch offen stehen und bevor die Entscheidung über den Genehmigungsantrag getroffen wird.

---

1) Amtliche Fußnote: ABl. L 41 vom 14. 2. 2003, S. 26.

(5) Die genauen Vorkehrungen für die Unterrichtung der Öffentlichkeit (beispielsweise durch Anschläge innerhalb eines gewissen Umkreises oder Veröffentlichung in Lokalzeitungen) und Anhörung der betroffenen Öffentlichkeit (beispielsweise durch Aufforderung zu schriftlichen Stellungnahmen oder durch eine öffentliche Anhörung) werden von den Mitgliedstaaten festgelegt. Die Mitgliedstaaten treffen die erforderlichen Maßnahmen um sicherzustellen, dass die einschlägigen Informationen der Öffentlichkeit auf der angemessenen Verwaltungsebene elektronisch zugänglich sind, wenigstens über ein zentrales Portal oder über einfach zugängliche Zugangspunkte.

(6) Der Zeitrahmen für die verschiedenen Phasen muss so gewählt werden, dass ausreichend Zeit zur Verfügung steht, um

a) die Behörden gemäß Absatz 1 und die Öffentlichkeit zu informieren und
b) den Behörden gemäß Absatz 1 und der betroffenen Öffentlichkeit die Möglichkeit zu geben, sich vorzubereiten und effektiv an dem umweltbezogenen Entscheidungsverfahren gemäß diesem Artikel teilzunehmen.

(7) Die Frist, innerhalb der die betroffene Öffentlichkeit zu dem in Artikel 5 Absatz 1 genannten UVP-Bericht zu konsultieren ist, beträgt mindestens 30 Tage.

Artikel 7 (Grenzüberschreitende Projekte)

(1) Stellt ein Mitgliedstaat fest, dass ein Projekt erhebliche Auswirkungen auf die Umwelt eines anderen Mitgliedstaats haben könnte, oder stellt ein Mitgliedstaat, der möglicherweise davon erheblich betroffen ist, einen entsprechenden Antrag, so übermittelt der Mitgliedstaat, in dessen Hoheitsgebiet das Projekt durchgeführt werden soll, dem betroffenen Mitgliedstaat so bald wie möglich, spätestens aber zu dem Zeitpunkt, zu dem er in seinem eigenen Land die Öffentlichkeit unterrichtet, unter anderem

a) eine Beschreibung des Projekts zusammen mit allen verfügbaren Angaben über dessen mögliche grenzüberschreitende Auswirkungen;
b) Angaben über die Art der möglichen Entscheidung.

Der Mitgliedstaat, in dessen Hoheitsgebiet das Projekt durchgeführt werden soll, räumt dem anderen Mitgliedstaat eine angemessene Frist für dessen Mitteilung ein, ob er an dem umweltbezogenen Entscheidungsverfahren gemäß Artikel 2 Absatz 2 teilzunehmen wünscht oder nicht; ferner kann er die in Absatz 2 dieses Artikels genannten Angaben beifügen.

(2) Teilt ein Mitgliedstaat nach Erhalt der in Absatz 1 genannten Angaben mit, dass er an dem umweltbezogenen Entscheidungsverfahren gemäß Artikel 2 Absatz 2 teilzunehmen beabsichtigt, so übermittelt der Mitgliedstaat, in dessen Hoheitsgebiet das Projekt durchgeführt werden soll, sofern noch nicht geschehen, dem betroffenen Mitgliedstaat die nach Artikel 6 Absatz 2 erforderlichen und nach Artikel 6 Absatz 3 Buchstaben a und b bereitgestellten Informationen.

(3) Ferner haben die beteiligten Mitgliedstaaten, soweit sie jeweils berührt sind,

a) dafür Sorge zu tragen, dass die Angaben gemäß den Absätzen 1 und 2 innerhalb einer angemessenen Frist den in Artikel 6 Absatz 1 genannten Behörden sowie der betroffenen Öffentlichkeit im Hoheitsgebiet des möglicherweise von dem Projekt erheblich betroffenen Mitgliedstaats zur Verfügung gestellt werden, und
b) sicherzustellen, dass den in Artikel 6 Absatz 1 genannten Behörden und der betroffenen Öffentlichkeit Gelegenheit gegeben wird, der zuständigen Behörde

des Mitgliedstaats, in dessen Hoheitsgebiet das Projekt durchgeführt werden soll, vor der Genehmigung des Projekts innerhalb einer angemessenen Frist ihre Stellungnahme zu den vorgelegten Angaben zuzuleiten.

(4) Die beteiligten Mitgliedstaaten nehmen Konsultationen auf, die unter anderem die potenziellen grenzüberschreitenden Auswirkungen des Projekts und die Maßnahmen zum Gegenstand haben, die der Verringerung oder Vermeidung dieser Auswirkungen dienen sollen, und vereinbaren einen angemessenen Zeitrahmen für die Dauer der Konsultationsphase.

Diese Konsultationen können von einem geeigneten gemeinsamen Gremium durchgeführt werden.

(5) Die Einzelheiten der Durchführung der Absätze 1 bis 4 des vorliegenden Artikels, einschließlich der Festlegung von Fristen für Konsultationen, werden von den betroffenen Mitgliedstaaten auf der Grundlage der Regelungen und Zeitrahmen gemäß Artikel 6 Absätze 5 bis 7 festgelegt; sie müssen derart beschaffen sein, dass die betroffene Öffentlichkeit im Hoheitsgebiet des betroffenen Mitgliedstaats die Möglichkeit erhält, effektiv an den umweltbezogenen Entscheidungsverfahren gemäß Artikel 2 Absatz 2 für das Projekt teilzunehmen.

Artikel 8 (Inhalt des Genehmigungsverfahrens)

Die Ergebnisse der Konsultationen und die gemäß den Artikeln 5 bis 7 eingeholten Angaben sind beim Genehmigungsverfahren gebührend zu berücksichtigen.

Artikel 8a (Inhalt der Entscheidungen)

(1) In die Entscheidung über die Erteilung einer Genehmigung werden mindestens folgende Angaben aufgenommen:

a) die begründete Schlussfolgerung gemäß Artikel 1 Absatz 2 Buchstabe g Ziffer iv;

b) etwaige Umweltauflagen, die mit der Entscheidung verbunden sind, sowie eine Beschreibung der Aspekte des Projekts und/oder der Maßnahmen, mit denen erhebliche nachteilige Auswirkungen auf die Umwelt vermieden, verhindert oder verringert und soweit möglich ausgeglichen werden sollen, und, soweit angemessen, eine Beschreibung der Überwachungsmaßnahmen.

(2) Wird die Entscheidung getroffen, die Genehmigung nicht zu erteilen, so werden in dieser Entscheidung die wesentlichen Gründe hierfür erläutert.

(3) Wenden die Mitgliedstaaten Verfahren gemäß Artikel 2 Absatz 2 an, die keine Genehmigungsverfahren sind, gelten die Anforderungen von Absatz 1 bzw. Absatz 2 des vorliegenden Artikels als erfüllt, wenn eine im Rahmen dieser Verfahren getroffene Entscheidung die in diesen Absätzen genannten Informationen umfasst und Mechanismen bestehen, die für die Erfüllung der Anforderungen gemäß Absatz 6 des vorliegenden Artikels geeignet sind.

(4) Im Einklang mit den Anforderungen gemäß Absatz 1 Buchstabe b stellen die Mitgliedstaaten sicher, dass die Aspekte des Projekts und/oder die Maßnahmen, mit denen erhebliche nachteilige Auswirkungen auf die Umwelt vermieden, verhindert, verringert und soweit möglich ausgeglichen werden sollen, vom Projektträger umgesetzt werden, und legen die Verfahren zur Überwachung erheblicher nachteiliger Auswirkungen auf die Umwelt fest.

Die Art der zu überwachenden Parameter und die Dauer der Überwachung müssen der Art, dem Standort und dem Umfang des Projekts sowie dem Ausmaß seiner Auswirkungen auf die Umwelt angemessen sein.

Geeignete Überwachungsmechanismen, die aufgrund anderer Unionsgesetzgebung als dieser Richtlinie und nationaler Gesetzgebung bestehen, können angewandt werden, um Doppelgleisigkeiten bei der Überwachung zu vermeiden.

(5) Die Mitgliedstaaten stellen sicher, dass die zuständige Behörde alle Entscheidungen gemäß den Absätzen 1 bis 3 innerhalb eines angemessenen Zeitraums trifft.

(6) Die zuständige Behörde muss der Auffassung sein, dass die begründete Schlussfolgerung gemäß Artikel 1 Absatz 2 Buchstabe g Ziffer iv oder Entscheidungen gemäß Absatz 3 des vorliegenden Artikels aktuell sind, wenn sie eine Entscheidung zur Erteilung einer Genehmigung trifft. Zu diesem Zweck können die Mitgliedstaaten Fristen für die Gültigkeit der begründeten Schlussfolgerungen gemäß Artikel 1 Absatz 2 Buchstabe g Ziffer iv oder der Entscheidungen gemäß Absatz 3 des vorliegenden Artikels festlegen.

Artikel 9 (Veröffentlichung von Entscheidungen)

(1) Wurde eine Entscheidung über die Erteilung oder die Ablehnung einer Genehmigung getroffen, so gibt/geben die zuständige(n) Behörde(n) dies unverzüglich der Öffentlichkeit und den in Artikel 6 Absatz 1 genannten Behörden nach den entsprechenden nationalen Verfahren bekannt und stellt/stellen sicher, dass die folgenden Informationen der Öffentlichkeit und den in Artikel 6 Absatz 1 genannten Behörden zugänglich sind, wobei gegebenenfalls den Fällen gemäß Artikel 8a Absatz 3 Rechnung zu tragen ist:

a) den Inhalt der Entscheidung und etwaige mit der Entscheidung verbundenen Auflagen gemäß Artikel 8a Absätze 1 und 2;

b) die Hauptgründe und -erwägungen, auf denen die Entscheidung beruht, einschließlich Angaben über das Verfahren zur Beteiligung der Öffentlichkeit. Dies umfasst auch die Zusammenfassung der Ergebnisse der Anhörungen und der gemäß den Artikeln 5 bis 7 erhaltenen Informationen sowie der Art und Weise, wie diese einbezogen wurden oder wie ihnen anderweitig Rechnung getragen wurde, insbesondere, was die Stellungnahmen der betroffenen Mitgliedstaaten gemäß Artikel 7 angeht.

(2) Die zuständige(n) Behörde(n) unterrichtet/unterrichten die gemäß Artikel 7 konsultierten Mitgliedstaaten und übermittelt/übermitteln ihnen die in Absatz 1 dieses Artikels genannten Angaben.

Die konsultierten Mitgliedstaaten stellen sicher, dass diese Informationen der betroffenen Öffentlichkeit in ihrem eigenen Hoheitsgebiet in geeigneter Weise zugänglich gemacht werden.

Artikel 9a (Vermeidung von Interessenkonflikten)

Die Mitgliedstaaten stellen sicher, dass die zuständige Behörde oder die zuständigen Behörden den ihr bzw. ihnen aus dieser Richtlinie erwachsenden Pflichten auf objektive Weise nachkommt bzw. nachkommen und sich nicht in einer Situation befindet bzw. befinden, die Anlass zu einem Interessenkonflikt geben könnte.

Ist die zuständige Behörde auch Projektträger, so sorgen die Mitgliedstaaten im Rahmen der Organisation der Verwaltungszuständigkeiten zumindest für eine angemessene Trennung solcher Funktionen, die bei der Durchführung der sich aus dieser Richtlinie ergebenden Aufgaben nicht miteinander vereinbar sind.

Artikel 10 (Beachtung von Offenbarungsverboten)

Unbeschadet der Richtlinie 2003/4/EG berühren die Bestimmungen dieser Richtlinie nicht die Verpflichtung der zuständigen Behörden, die von den einzelstaatlichen Rechts- und Verwaltungsvorschriften auferlegten Beschränkungen und die herrschende Rechtspraxis zur Wahrung der gewerblichen und handelsbezogenen Geheimnisse einschließlich des geistigen Eigentums und des öffentlichen Interesses zu beachten.

Soweit Artikel 7 Anwendung findet, unterliegen die Übermittlung von Angaben an einen anderen Mitgliedstaat und der Empfang von Angaben eines anderen Mitgliedstaats den Beschränkungen, die in dem Mitgliedstaat gelten, in dem das Projekt durchgeführt werden soll.

Artikel 10a (Sanktionen)

Die Mitgliedstaaten legen fest, welche Sanktionen bei Verstößen gegen innerstaatliche Vorschriften zur Umsetzung dieser Richtlinie zu verhängen sind. Die Sanktionen müssen wirksam und verhältnismäßig sein und eine abschreckende Wirkung haben.

Artikel 11 (Rechtsschutz)

(1) Die Mitgliedstaaten stellen im Rahmen ihrer innerstaatlichen Rechtsvorschriften sicher, dass Mitglieder der betroffenen Öffentlichkeit, die

a) ein ausreichendes Interesse haben oder alternativ
b) eine Rechtsverletzung geltend machen, sofern das Verwaltungsverfahrensrecht bzw. Verwaltungsprozessrecht eines Mitgliedstaats dies als Voraussetzung erfordert,

Zugang zu einem Überprüfungsverfahren vor einem Gericht oder einer anderen auf gesetzlicher Grundlage geschaffenen unabhängigen und unparteiischen Stelle haben, um die materiellrechtliche und verfahrensrechtliche Rechtmäßigkeit von Entscheidungen, Handlungen oder Unterlassungen anzufechten, für die die Bestimmungen dieser Richtlinie über die Öffentlichkeitsbeteiligung gelten.

(2) Die Mitgliedstaaten legen fest, in welchem Verfahrensstadium die Entscheidungen, Handlungen oder Unterlassungen angefochten werden können.

(3) Was als ausreichendes Interesse und als Rechtsverletzung gilt, bestimmen die Mitgliedstaaten im Einklang mit dem Ziel, der betroffenen Öffentlichkeit einen weiten Zugang zu Gerichten zu gewähren. Zu diesem Zweck gilt das Interesse jeder Nichtregierungsorganisation, welche die in Artikel 1 Absatz 2 genannten Voraussetzungen erfüllt, als ausreichend im Sinne von Absatz 1 Buchstabe a dieses Artikels. Derartige Organisationen gelten auch als Träger von Rechten, die im Sinne von Absatz 1 Buchstabe b dieses Artikels verletzt werden können.

(4) Dieser Artikel schließt die Möglichkeit eines vorausgehenden Überprüfungsverfahrens bei einer Verwaltungsbehörde nicht aus und lässt das Erfordernis einer Ausschöpfung der verwaltungsbehördlichen Überprüfungsverfahren vor der Einleitung gerichtlicher Überprüfungsverfahren unberührt, sofern ein derartiges Erfordernis nach innerstaatlichem Recht besteht.

Die betreffenden Verfahren werden fair, gerecht, zügig und nicht übermäßig teuer durchgeführt.

(5) Um die Effektivität dieses Artikels zu fördern, stellen die Mitgliedstaaten sicher, dass der Öffentlichkeit praktische Informationen über den Zugang zu verwaltungsbehördlichen und gerichtlichen Überprüfungsverfahren zugänglich gemacht werden.

Artikel 12 (Erfahrungsaustausch)

(1) Die Mitgliedstaaten und die Kommission tauschen Angaben über ihre Erfahrungen bei der Anwendung dieser Richtlinie aus.

(2) Insbesondere teilen die Mitgliedstaaten der Kommission alle sechs Jahre ab dem 16. Mai 2017 Folgendes mit, sofern entsprechende Angaben verfügbar sind:

a) die Anzahl der in den Anhängen I und II genannten Projekte, die einer Umweltverträglichkeitsprüfung gemäß den Artikeln 5 bis 10 unterzogen wurden;

b) eine Aufschlüsselung der Umweltverträglichkeitsprüfungen nach den in den Anhängen I und II beschriebenen Projektkategorien;

c) die Anzahl der in Anhang II genannten Projekte, für die eine Feststellung gemäß Artikel 4 Absatz 2 getroffen wurde;

d) die durchschnittliche Dauer der Verfahren der Umweltverträglichkeitsprüfungen;

e) allgemeine Abschätzungen der durchschnittlichen unmittelbaren Kosten von Umweltverträglichkeitsprüfungen, einschließlich der Auswirkungen infolge der Anwendung dieser Richtlinie auf KMU.

(3) Falls notwendig, unterbreitet die Kommission auf der Grundlage dieses Informationsaustauschs dem Europäischen Parlament und dem Rat zusätzliche Vorschläge im Hinblick darauf, dass diese Richtlinie hinreichend koordiniert angewendet wird.

Artikel 13 (Mitteilungspflicht der Mitgliedstaaten)

Die Mitgliedstaaten teilen der Kommission den Wortlaut der innerstaatlichen Rechtsvorschriften mit, die sie auf dem unter diese Richtlinie fallenden Gebiet erlassen.

Artikel 14 (Aufhebung der Richtlinie 85/337/EWG)

Die Richtlinie 85/337/EWG, in der Fassung der in Anhang V Teil A aufgeführten Richtlinien, wird unbeschadet der Verpflichtung der Mitgliedstaaten hinsichtlich der in Anhang V Teil B genannten Fristen für die Umsetzung in innerstaatliches Recht aufgehoben.

Bezugnahmen auf die aufgehobene Richtlinie gelten als Bezugnahmen auf die vorliegende Richtlinie und sind nach Maßgabe der Entsprechungstabelle in Anhang VI zu lesen.

Artikel 15 (Inkrafttreten)

Diese Richtlinie tritt am zwanzigsten Tag nach ihrer Veröffentlichung im *Amtsblatt der Europäischen Union* in Kraft.*

Artikel 16 (Adressaten)

Diese Richtlinie ist an die Mitgliedstaaten gerichtet.

---

* Die Veröffentlichung erfolgte am 28. Januar 2012.

ANHANG I

IN ARTIKEL 4 ABSATZ 1 GENANNTE PROJEKTE

1. Raffinerien für Erdöl (ausgenommen Unternehmen, die nur Schmiermittel aus Erdöl herstellen) sowie Anlagen zur Vergasung und zur Verflüssigung von täglich mindestens 500 Tonnen Kohle oder bituminösem Schiefer.
2. a) Wärmekraftwerke und andere Verbrennungsanlagen mit einer Wärmeleistung von mindestens 300 MW;
   b) Kernkraftwerke und andere Kernreaktoren einschließlich der Demontage oder Stilllegung solcher Kraftwerke oder Reaktoren[1] (mit Ausnahme von Forschungseinrichtungen zur Erzeugung und Bearbeitung von spaltbaren und brutstoffhaltigen Stoffen, deren Höchstleistung 1 kW thermische Dauerleistung nicht übersteigt).
3. a) Anlagen zur Wiederaufarbeitung bestrahlter Kernbrennstoffe;
   b) Anlagen:
      i) mit dem Zweck der Erzeugung oder Anreicherung von Kernbrennstoffen,
      ii) mit dem Zweck der Aufarbeitung bestrahlter Kernbrennstoffe oder hochradioaktiver Abfälle,
      iii) mit dem Zweck der endgültigen Beseitigung bestrahlter Kernbrennstoffe,
      iv) mit dem ausschließlichen Zweck der endgültigen Beseitigung radioaktiver Abfälle,
      v) mit dem ausschließlichen Zweck der (für mehr als 10 Jahre geplanten) Lagerung bestrahlter Kernbrennstoffe oder radioaktiver Abfälle an einem anderen Ort als dem Produktionsort.
4. a) Integrierte Hüttenwerke zur Erzeugung von Roheisen und Rohstahl;
   b) Anlagen zur Gewinnung von Nichteisenrohmetallen aus Erzen, Konzentraten oder sekundären Rohstoffen durch metallurgische, chemische oder elektrolytische Verfahren.
5. Anlagen zur Gewinnung von Asbest sowie zur Be- und Verarbeitung von Asbest und Asbesterzeugnissen: bei Asbestzementerzeugnissen mit einer Jahresproduktion von mehr als 20000 t Fertigerzeugnissen; bei Reibungsbelägen mit einer Jahresproduktion von mehr als 50 t Fertigerzeugnissen; bei anderen Verwendungszwecken von Asbest mit einem Einsatz von mehr als 200 t im Jahr.
6. Integrierte chemische Anlagen, d.h. Anlagen zur Herstellung von Stoffen unter Verwendung chemischer Umwandlungsverfahren im industriellen Umfang, bei denen sich mehrere Einheiten nebeneinander befinden und in funktioneller Hinsicht miteinander verbunden sind und die Folgendem dienen:
   a) der Herstellung von organischen Grundchemikalien;
   b) der Herstellung von anorganischen Grundchemikalien;
   c) der Herstellung von phosphor-, stickstoff- oder kaliumhaltigen Düngemitteln (Einnährstoff oder Mehrnährstoff);

---

[1] Amtliche Fußnote: Kernkraftwerke und andere Kernreaktoren gelten nicht mehr als solche, wenn der gesamte Kernbrennstoff und andere radioaktiv kontaminierte Komponenten auf Dauer vom Standort der Anlage entfernt wurden.

d) der Herstellung von Ausgangsstoffen für Pflanzenschutzmittel und von Bioziden;

e) der Herstellung von Grundarzneimitteln unter Verwendung eines chemischen oder biologischen Verfahrens;

f) der Herstellung von Explosivstoffen.

7. a) Bau von Eisenbahn-Fernverkehrsstrecken und Flugplätzen[1] mit einer Start- und Landebahngrundlänge von 2100 m und mehr.

b) Bau von Autobahnen und Schnellstraßen[2];

c) Bau von neuen vier- oder mehrspurigen Straßen oder Verlegung und/oder Ausbau von bestehenden ein- oder zweispurigen Straßen zu vier- oder mehrspurigen Straßen, wenn diese neue Straße oder dieser verlegte und/oder ausgebaute Straßenabschnitt eine durchgehende Länge von 10 km oder mehr aufweisen würde.

8. a) Wasserstraßen und Häfen für die Binnenschifffahrt, die für Schiffe mit mehr als 1350 t zugänglich sind;

b) Seehandelshäfen, mit Binnen- oder Außenhäfen verbundene Landungsstege (mit Ausnahme von Landungsstegen für Fährschiffe) zum Laden und Löschen, die Schiffe mit mehr als 1350 t aufnehmen können.

9. Abfallbeseitigungsanlagen zur Verbrennung, chemischen Behandlung gemäß der Definition in Anhang I Nummer D9 der Richtlinie 2008/98/EG des Europäischen Parlaments und des Rates vom 19. November 2008 über Abfälle[3] oder Deponierung gefährlicher Abfälle wie in Artikel 3 Nummer 2 der genannten Richtlinie definiert.

10. Abfallbeseitigungsanlagen zur Verbrennung oder chemischen Behandlung gemäß der Definition in Anhang I Nummer D9 der Richtlinie 2008/98/EG ungefährlicher Abfälle mit einer Kapazität von mehr als 100 t pro Tag.

11. Grundwasserentnahme- oder künstliche Grundwasserauffüllungssysteme mit einem jährlichen Entnahme- oder Auffüllungsvolumen von mindestens 10 Mio. m^3.

12. a) Bauvorhaben zur Umleitung von Wasserressourcen von einem Flusseinzugsgebiet in ein anderes, wenn durch diese Umleitung Wassermangel verhindert werden soll und mehr als 100 Mio. m^3/Jahr an Wasser umgeleitet werden;

b) in allen anderen Fällen Bauvorhaben zur Umleitung von Wasserressourcen von einem Flusseinzugsgebiet in ein anderes, wenn der langjährige durchschnittliche Wasserdurchfluss des Flusseinzugsgebiets, dem Wasser entnommen wird, 2000 Mio. m^3/Jahr übersteigt und mehr als 5 % dieses Durchflusses umgeleitet werden.

In beiden Fällen wird der Transport von Trinkwasser in Rohren nicht berücksichtigt.

13. Abwasserbehandlungsanlagen mit einer Leistung von mehr als 150000 Einwohnerwerten gemäß der Definition in Artikel 2 Nummer 6 der Richtlinie 91/

---

1) Amtliche Fußnote: „Flugplatz" im Sinne dieser Richtlinie ist ein Flugplatz gemäß der Begriffsbestimmung des Abkommens von Chicago von 1944 zur Errichtung der Internationalen Zivilluftfahrt-Organisation (Anhang 14).

2) Amtliche Fußnote: „Schnellstraße" im Sinne dieser Richtlinie ist eine Schnellstraße gemäß der Begriffsbestimmung des Europäischen Übereinkommens über die Hauptstraßen des internationalen Verkehrs vom 15. November 1975.

3) Amtliche Fußnote: ABl. L 312 vom 22. 11. 2008, S. 3.

271/EWG des Rates vom 21. Mai 1991 über die Behandlung von kommunalem Abwasser[1].

14. Gewinnung von Erdöl und Erdgas zu gewerblichen Zwecken mit einem Fördervolumen von mehr als 500 t/Tag bei Erdöl und von mehr als 500000 m^3/Tag bei Erdgas.
15. Stauwerke und sonstige Anlagen zur Zurückhaltung oder dauerhaften Speicherung von Wasser, in denen über 10 Mio. m^3 Wasser neu oder zusätzlich zurückgehalten oder gespeichert werden.
16. Pipelines mit einem Durchmesser von mehr als 800 mm und einer Länge von mehr als 40 km:
    a) für den Transport von Gas, Öl, Chemikalien;
    b) für den Transport von Kohlendioxidströmen für die Zwecke der geologischen Speicherung einschließlich der zugehörigen Verdichterstationen.
17. Anlagen zur Intensivhaltung oder -aufzucht von Geflügel oder Schweinen mit mehr als
    a) 85000 Plätzen für Masthähnchen und -hühnchen, 60000 Plätzen für Hennen;
    b) 3000 Plätzen für Mastschweine (Schweine über 30 kg) oder
    c) 900 Plätzen für Sauen.
18. Industrieanlagen zur Herstellung von:
    a) Zellstoff aus Holz oder anderen Faserstoffen;
    b) Papier und Pappe, deren Produktionskapazität 200 t pro Tag übersteigt.
19. Steinbrüche und Tagebau auf einer Abbaufläche von mehr als 25 Hektar oder Torfgewinnung auf einer Fläche von mehr als 150 Hektar.
20. Bau von Hochspannungsfreileitungen für eine Stromstärke von 220 kV oder mehr und mit einer Länge von mehr als 15 km.
21. Anlagen zur Lagerung von Erdöl, petrochemischen und chemischen Erzeugnissen mit einer Kapazität von 200000 Tonnen und mehr.
22. Speicherstätten gemäß der Richtlinie 2009/31/EG des Europäischen Parlaments und des Rates vom 23. April 2009 über die geologische Speicherung von Kohlendioxid[2].
23. Anlagen für die Abscheidung von CO_2-Strömen zum Zwecke der geologischen Speicherung gemäß der Richtlinie 2009/31/EG aus unter diesen Anhang fallenden Anlagen oder mit einer jährlichen CO_2-Abscheidung von insgesamt mindestens 1,5 Megatonnen.
24. Jede Änderung oder Erweiterung von Projekten, die in diesem Anhang aufgeführt sind, wenn sie für sich genommen die Schwellenwerte, sofern solche in diesem Anhang festgelegt sind, erreicht.

ANHANG II

IN ARTIKEL 4 ABSATZ 2 GENANNTE PROJEKTE

1. LANDWIRTSCHAFT, FORSTWIRTSCHAFT UND FISCHZUCHT
    a) Flurbereinigungsprojekte;

1) Amtliche Fußnote: ABl. L 135 vom 30. 5. 1991, S. 40.
2) Amtliche Fußnote: ABl. L 140 vom 5. 6. 2009, S. 114.

b) Projekte zur Verwendung von Ödland oder naturnahen Flächen zu intensiver Landwirtschaftsnutzung;

c) Wasserwirtschaftliche Projekte in der Landwirtschaft, einschließlich Bodenbe- und -entwässerungsprojekte;

d) Erstaufforstungen und Abholzungen zum Zweck der Umwandlung in eine andere Bodennutzungsart;

e) Anlagen zur Intensivtierhaltung (nicht durch Anhang I erfasste Projekte);

f) intensive Fischzucht;

g) Landgewinnung am Meer.

2. BERGBAU

a) Steinbrüche, Tagebau und Torfgewinnung (nicht durch Anhang I erfasste Projekte);

b) Untertagebau;

c) Gewinnung von Mineralien durch Baggerung auf See oder in Flüssen;

d) Tiefbohrungen, insbesondere:

i) Bohrungen zur Gewinnung von Erdwärme,

ii) Bohrungen im Zusammenhang mit der Lagerung von Kernabfällen,

iii) Bohrungen im Zusammenhang mit der Wasserversorgung,

ausgenommen Bohrungen zur Untersuchung der Bodenfestigkeit;

e) oberirdische Anlagen zur Gewinnung von Steinkohle, Erdöl, Erdgas und Erzen sowie von bituminösem Schiefer.

3. ENERGIEWIRTSCHAFT

a) Anlagen der Industrie zur Erzeugung von Strom, Dampf und Warmwasser (nicht durch Anhang I erfasste Projekte);

b) Anlagen der Industrie zum Transport von Gas, Dampf und Warmwasser; Beförderung elektrischer Energie über Freileitungen (nicht durch Anhang I erfasste Projekte);

c) oberirdische Speicherung von Erdgas;

d) Lagerung von brennbaren Gasen in unterirdischen Behältern;

e) oberirdische Speicherung von fossilen Brennstoffen;

f) industrielles Pressen von Steinkohle und Braunkohle;

g) Anlagen zur Bearbeitung und Lagerung radioaktiver Abfälle (soweit nicht durch Anhang I erfasst);

h) Anlagen zur hydroelektrischen Energieerzeugung;

i) Anlagen zur Nutzung von Windenergie zur Stromerzeugung (Windfarmen);

j) Anlagen für die Abscheidung von CO_2-Strömen zum Zwecke der geologischen Speicherung gemäß der Richtlinie 2009/31/EG aus nicht unter Anhang I dieser Richtlinie fallenden Anlagen.

4. HERSTELLUNG UND VERARBEITUNG VON METALLEN

a) Anlagen zur Herstellung von Roheisen oder Stahl (Primär- oder Sekundärschmelzung) einschließlich Stranggießen;

b) Anlagen zur Verarbeitung von Eisenmetallen durch:

i) Warmwalzen,

ii) Schmieden mit Hämmern,

iii) Aufbringen von schmelzflüssigen metallischen Schutzschichten;

c) Eisenmetallgießereien;

d) Anlagen zum Schmelzen, einschließlich Legieren von Nichteisenmetallen, darunter auch Wiedergewinnungsprodukte (Raffination, Gießen usw.), mit Ausnahme von Edelmetallen;

e) Anlagen zur Oberflächenbehandlung von Metallen und Kunststoffen durch ein elektrolytisches oder chemisches Verfahren;

f) Bau und Montage von Kraftfahrzeugen und Bau von Kraftfahrzeugmotoren;

g) Schiffswerften;

h) Anlagen für den Bau und die Instandsetzung von Luftfahrzeugen;

i) Bau von Eisenbahnmaterial;

j) Tiefen mit Hilfe von Sprengstoffen;

k) Anlagen zum Rösten und Sintern von Erz.

5. MINERALVERARBEITENDE INDUSTRIE

a) Kokereien (Kohletrockendestillation);

b) Anlagen zur Zementherstellung;

c) Anlagen zur Gewinnung von Asbest und zur Herstellung von Erzeugnissen aus Asbest (nicht durch Anhang I erfasste Projekte);

d) Anlagen zur Herstellung von Glas einschließlich Anlagen zur Herstellung von Glasfasern;

e) Anlagen zum Schmelzen mineralischer Stoffe einschließlich Anlagen zur Herstellung von Mineralfasern;

f) Herstellung von keramischen Erzeugnissen durch Brennen, und zwar insbesondere von Dachziegeln, Ziegelsteinen, feuerfesten Steinen, Fliesen, Steinzeug oder Porzellan.

6. CHEMISCHE INDUSTRIE (NICHT DURCH ANHANG I ERFASSTE PROJEKTE)

a) Behandlung von chemischen Zwischenerzeugnissen und Erzeugung von Chemikalien;

b) Herstellung von Schädlingsbekämpfungsmitteln und pharmazeutischen Erzeugnissen, Farben und Anstrichmitteln, Elastomeren und Peroxiden;

c) Speicherung und Lagerung von Erdöl, petrochemischen und chemischen Erzeugnissen.

7. NAHRUNGS- UND GENUSSMITTELINDUSTRIE

a) Erzeugung von Ölen und Fetten pflanzlicher und tierischer Herkunft;

b) Fleisch- und Gemüsekonservenindustrie;

c) Erzeugung von Milchprodukten;

d) Brauereien und Mälzereien;

e) Süßwaren und Siruppherstellung;

f) Anlagen zum Schlachten von Tieren;

g) Industrielle Herstellung von Stärken;

h) Fischmehl- und Fischölfabriken;

i) Zuckerfabriken.

8. TEXTIL-, LEDER-, HOLZ- UND PAPIERINDUSTRIE

a) Industrieanlagen zur Herstellung von Papier und Pappe (nicht durch Anhang I erfasste Projekte);
b) Anlagen zur Vorbehandlung (Waschen, Bleichen, Mercerisieren) oder zum Färben von Fasern oder Textilien;
c) Anlagen zum Gerben von Häuten und Fellen;
d) Anlagen zur Erzeugung und Verarbeitung von Zellstoff und Zellulose.

9. VERARBEITUNG VON GUMMI

Erzeugung und Verarbeitung von Erzeugnissen aus Elastomeren.

10. INFRASTRUKTURPROJEKTE

a) Anlage von Industriezonen;
b) Städtebauprojekte, einschließlich der Errichtung von Einkaufszentren und Parkplätzen;
c) Bau von Eisenbahnstrecken sowie von intermodalen Umschlaganlagen und Terminals (nicht durch Anhang I erfasste Projekte);
d) Bau von Flugplätzen (nicht durch Anhang I erfasste Projekte);
e) Bau von Straßen, Häfen und Hafenanlagen, einschließlich Fischereihäfen (nicht durch Anhang I erfasste Projekte);
f) Bau von Wasserstraßen (soweit nicht durch Anhang I erfasst), Flusskanalisierungs- und Stromkorrekturarbeiten;
g) Talsperren und sonstige Anlagen zum Aufstauen eines Gewässers oder zum dauernden Speichern von Wasser (nicht durch Anhang I erfasste Projekte);
h) Straßenbahnen, Stadtschnellbahnen in Hochlage, Untergrundbahnen, Hängebahnen oder ähnliche Bahnen besonderer Bauart, die ausschließlich oder vorwiegend der Personenbeförderung dienen;
i) Öl- und Gaspipelines sowie Pipelines für den Transport von CO_2-Strömen für die Zwecke der geologischen Speicherung (nicht durch Anhang I erfasste Projekte);
j) Bau von Wasserfernleitungen;
k) Bauten des Küstenschutzes zur Bekämpfung der Erosion und meerestechnische Arbeiten, die geeignet sind, Veränderungen der Küste mit sich zu bringen (zum Beispiel Bau von Deichen, Molen, Hafendämmen und sonstigen Küstenschutzbauten), mit Ausnahme der Unterhaltung und Wiederherstellung solcher Bauten;
l) Grundwasserentnahme- und künstliche Grundwasserauffüllungssysteme, soweit nicht durch Anhang I erfasst;
m) Bauvorhaben zur Umleitung von Wasserressourcen von einem Flusseinzugsgebiet in ein anderes, soweit nicht durch Anhang I erfasst.

11. SONSTIGE PROJEKTE

a) Ständige Renn- und Teststrecken für Kraftfahrzeuge;
b) Abfallbeseitigungsanlagen (nicht durch Anhang I erfasste Projekte);
c) Abwasserbehandlungsanlagen (nicht durch Anhang I erfasste Projekte);
d) Schlammlagerplätze;
e) Lagerung von Eisenschrott, einschließlich Schrottwagen;
f) Prüfstände für Motoren, Turbinen oder Reaktoren;
g) Anlagen zur Herstellung künstlicher Mineralfasern;

   h) Anlagen zur Wiedergewinnung oder Vernichtung von explosionsgefährlichen Stoffen;
   i) Tierkörperbeseitigungsanlagen.
12. FREMDENVERKEHR UND FREIZEIT
   a) Skipisten, Skilifte, Seilbahnen und zugehörige Einrichtungen;
   b) Jachthäfen;
   c) Feriendörfer und Hotelkomplexe außerhalb von städtischen Gebieten und zugehörige Einrichtungen;
   d) ganzjährig betriebene Campingplätze;
   e) Freizeitparks.
13. a) Die Änderung oder Erweiterung von bereits genehmigten, durchgeführten oder in der Durchführungsphase befindlichen Projekten des Anhangs I oder dieses Anhangs, die erhebliche nachteilige Auswirkungen auf die Umwelt haben können (nicht durch Anhang I erfasste Änderung oder Erweiterung);
   b) Projekte des Anhangs I, die ausschließlich oder überwiegend der Entwicklung und Erprobung neuer Verfahren oder Erzeugnisse dienen und nicht länger als zwei Jahre betrieben werden.

ANHANG II.A

ANGABEN GEMÄSS ARTIKEL 4 ABSATZ 4
(VOM PROJEKTTRÄGER ZU LIEFERNDE ANGABEN ZU DEN IN ANHANG II AUFGEFÜHRTEN PROJEKTEN)

1. Eine Beschreibung des Projekts, im Besonderen:
   a) eine Beschreibung der physischen Merkmale des gesamten Projekts und, soweit relevant, der Abrissarbeiten;
   b) eine Beschreibung des Projektstandortes, insbesondere der ökologischen Empfindlichkeit der geografischen Räume, die durch das Projekt möglicherweise beeinträchtigt werden.
2. Eine Beschreibung der Umweltaspekte, die von dem Projekt möglicherweise erheblich beeinträchtigt werden.
3. Eine alle vorliegenden Informationen über mögliche erhebliche Auswirkungen erfassende Beschreibung dieser Auswirkungen des Projekts auf die Umwelt infolge
   a) der erwarteten Rückstände und Emissionen und gegebenenfalls der Abfallerzeugung;
   b) der Nutzung der natürlichen Ressourcen, insbesondere Boden, Flächen, Wasser und biologische Vielfalt.
4. Den in Anhang III aufgeführten Kriterien ist, soweit relevant, bei der Zusammenstellung der Informationen gemäß den Nummern 1 bis 3 Rechnung zu tragen.

ANHANG III

AUSWAHLKRITERIEN GEMÄSS ARTIKEL 4 ABSATZ 3 (KRITERIEN FÜR DIE ENTSCHEIDUNG, OB FÜR DIE IN ANHANG II AUFGEFÜHRTEN PROJEKTE EINE UMWELTVERTRÄGLICHKEITSPRÜFUNG DURCHGEFÜHRT WERDEN SOLLTE)

1. **Merkmale der Projekte**

   Die Merkmale der Projekte sind insbesondere hinsichtlich folgender Punkte zu beurteilen:

   a) Größe und Ausgestaltung des gesamten Projekts;

   b) Kumulierung mit anderen bestehenden und/oder genehmigten Projekten und Tätigkeiten;

   c) Nutzung natürlicher Ressourcen, insbesondere Flächen, Boden, Wasser und biologische Vielfalt;

   d) Abfallerzeugung;

   e) Umweltverschmutzung und Belästigungen;

   f) Risiken schwerer Unfälle und/oder von Katastrophen, die für das betroffene Projekt relevant sind, einschließlich solcher, die wissenschaftlichen Erkenntnissen zufolge durch den Klimawandel bedingt sind;

   g) Risiken für die menschliche Gesundheit (z.B. durch Wasserverunreinigungen oder Luftverschmutzung).

2. **Standort der Projekte**

   Die ökologische Empfindlichkeit der geografischen Räume, die durch die Projekte möglicherweise beeinträchtigt werden, muss unter Berücksichtigung insbesondere folgender Punkte beurteilt werden:

   a) bestehende und genehmigte Landnutzung;

   b) Reichtum, Verfügbarkeit, Qualität und Regenerationsfähigkeit der natürlichen Ressourcen (einschließlich Boden, Flächen, Wasser und biologische Vielfalt) des Gebiets und seines Untergrunds;

   c) Belastbarkeit der Natur unter besonderer Berücksichtigung folgender Gebiete:

      i) Feuchtgebiete, ufernahe Bereiche, Flussmündungen,

      ii) Küstengebiete und Meeresumwelt,

      iii) Bergregionen und Waldgebiete,

      iv) Naturreservate und -parks;

      v) durch die einzelstaatliche Gesetzgebung ausgewiesene Schutzgebiete; von den Mitgliedstaaten gemäß der Richtlinie 92/43/EWG und der Richtlinie 2009/147/EG ausgewiesene Natura-2000-Gebiete;

      vi) Gebiete, in denen die für das Projekt relevanten und in der Unionsgesetzgebung festgelegten Umweltqualitätsnormen bereits nicht eingehalten wurden oder bei denen von einer solchen Nichteinhaltung ausgegangen wird;

      vii) Gebiete mit hoher Bevölkerungsdichte,

      viii) historisch, kulturell oder archäologisch bedeutende Landschaften und Stätten.

3. **Art und Merkmale der potenziellen Auswirkungen**
Die möglichen erheblichen Auswirkungen der Projekte auf die Umwelt sind anhand der in den Nummern 1 und 2 dieses Anhangs aufgeführten Kriterien zu beurteilen; insbesondere ist den Auswirkungen des Projekts auf die in Artikel 3 Absatz 1 genannten Faktoren unter Berücksichtigung der folgenden Punkte Rechnung zu tragen:
a) Umfang und räumliche Ausdehnung der Auswirkungen (beispielsweise geografisches Gebiet und Anzahl der voraussichtlich betroffenen Personen);
b) Art der Auswirkungen;
c) grenzüberschreitender Charakter der Auswirkungen;
d) Schwere und Komplexität der Auswirkungen;
e) Wahrscheinlichkeit von Auswirkungen;
f) erwarteter Zeitpunkt des Eintretens, Dauer, Häufigkeit und Reversibilität der Auswirkungen;
g) Kumulierung der Auswirkungen mit den Auswirkungen anderer bestehender und/oder genehmigter Projekte;
h) Möglichkeit, die Auswirkungen wirksam zu verringern.

ANHANG IV

ANGABEN GEMÄSS ARTIKEL 5 ABSATZ 1
(ANGABEN FÜR DEN UVP-BERICHT)

1. Eine Beschreibung des Projekts, darunter insbesondere
a) eine Beschreibung des Standorts des Projekts,
b) eine Beschreibung der physischen Merkmale des gesamten Projekts, soweit relevant einschließlich der erforderlichen Abrissarbeiten, und der Anforderungen in Bezug auf den Flächenbedarf während der Bau- und der Betriebsphase,
c) eine Beschreibung der wichtigsten Merkmale der Betriebsphase des Projekts (insbesondere von Produktionsprozessen), z.B. Energiebedarf und Energieverbrauch, Art und Menge der verwendeten Materialien und natürlichen Ressourcen (einschließlich Wasser, Flächen, Boden und biologische Vielfalt),
d) eine Abschätzung, aufgeschlüsselt nach Art und Quantität, der erwarteten Rückstände und Emissionen (z.B. Verschmutzung des Wassers, der Luft, des Bodens und Untergrunds, Lärm, Erschütterungen, Licht, Wärme, Strahlung) sowie der Menge und Arten des während der Bau- und Betriebsphase erzeugten Abfalls.
2. Eine Beschreibung der durch den Projektträger untersuchten vernünftigen Alternativen (z.B. in Bezug auf Projektdesign, Technologie, Standort, Größe und Umfang), die für das vorgeschlagene Projekt und seine spezifischen Merkmale relevant sind, und Angabe der wesentlichen Auswahlgründe im Hinblick auf die ausgewählte Variante einschließlich eines Vergleichs der Umweltauswirkungen.
3. Eine Beschreibung der relevanten Aspekte des aktuellen Umweltzustands (Basisszenario) und eine Übersicht über seine voraussichtliche Entwicklung bei Nichtdurchführung des Projekts, soweit natürliche Entwicklungen gegen-

über dem Basisszenario mit zumutbarem Aufwand auf der Grundlage der verfügbaren Umweltinformationen und wissenschaftlichen Erkenntnissen bewertet werden können.

4. Eine Beschreibung der von dem Projekt möglicherweise erheblich beeinträchtigten Faktoren gemäß Artikel 3 Absatz 1: Bevölkerung, menschliche Gesundheit, biologische Vielfalt (z.B. Fauna und Flora, Flächen (z.B. Flächenverbrauch), Boden (z.B. organische Substanz, Bodenerosion, Bodenverdichtung, Bodenversiegelung), Wasser (z.B. hydromorphologische Veränderungen, Quantität und Qualität), Luft, Klima (z.B. Treibhausgasemissionen, anpassungsrelevante Auswirkungen), Sachgüter, kulturelles Erbe einschließlich architektonischer und archäologischer Aspekte und Landschaft.

5. Eine Beschreibung der möglichen erheblichen Auswirkungen des Projekts auf die Umwelt unter anderem infolge

   a) des Baus und des Vorhandenseins des Projekts, soweit relevant einschließlich Abrissarbeiten,

   b) der Nutzung der natürlichen Ressourcen, insbesondere Flächen, Boden, Wasser und biologische Vielfalt, wobei soweit möglich die nachhaltige Verfügbarkeit dieser Ressourcen zu berücksichtigen ist,

   c) der Emission von Schadstoffen, Lärm, Erschütterungen, Licht, Wärme und Strahlung, der Verursachung von Belästigungen und der Beseitigung und Verwertung von Abfällen,

   d) der Risiken für die menschliche Gesundheit, das kulturelle Erbe oder die Umwelt (z.B. durch Unfälle oder Katastrophen),

   e) der Kumulierung der Auswirkungen mit anderen bestehenden und/oder genehmigten Projekten unter Berücksichtigung etwaiger bestehender Umweltprobleme in Bezug auf möglicherweise betroffene Gebiete mit spezieller Umweltrelevanz oder die Nutzung von natürlichen Ressourcen,

   f) der Auswirkung des Projekts auf das Klima (z.B. Art und Ausmaß der Treibhausgasemissionen) und der Anfälligkeit des Projekts in Bezug auf den Klimawandel,

   g) der eingesetzten Techniken und Stoffe.

   Die Beschreibung der möglichen erheblichen Auswirkungen auf die Faktoren gemäß Artikel 3 Absatz 1 sollte sich auf die direkten und die etwaigen indirekten, sekundären, kumulativen, grenzüberschreitenden, kurzfristigen, mittelfristigen und langfristigen, ständigen und vorübergehenden, positiven und negativen Auswirkungen des Projekts erstrecken. Diese Beschreibung sollte den auf Unionsebene oder auf Ebene der Mitgliedstaaten festgelegten Umweltschutzzielen, die für das Projekt von Bedeutung sind, Rechnung tragen.

6. Eine Beschreibung der Methoden oder Nachweise, die zur Ermittlung und Bewertung der erheblichen Umweltauswirkungen genutzt wurden, einschließlich Einzelheiten im Hinblick auf Schwierigkeiten (z. B. technische Lücken oder fehlende Kenntnisse), die bei der Zusammenstellung der erforderlichen Informationen auftraten, und die wichtigsten Unsicherheiten.

7. Eine Beschreibung der geplanten Maßnahmen, mit denen festgestellte erhebliche nachteilige Auswirkungen auf die Umwelt vermieden, verhindert, verringert und soweit möglich ausgeglichen werden sollen, und gegebenenfalls der geplanten Überwachungsmechanismen (z.B. der Vorbereitung einer nach Abschluss des Projekts vorzunehmenden Untersuchung). In dieser Beschreibung ist zu erläutern, inwieweit erhebliche nachteilige Auswirkungen auf die

Umwelt vermieden, verhindert, verringert oder ausgeglichen werden, wobei sowohl die Bauphase als auch die Betriebsphase abzudecken ist.

8. Eine Beschreibung der zu erwartenden erheblichen nachteiligen Auswirkungen des Projekts auf die Umwelt, die durch die Anfälligkeit des Projekts für Risiken schwerer Unfälle und/oder Katastrophen bedingt sind, die für das betroffene Projekt von Bedeutung sind. Relevante verfügbare und im Rahmen von Risikobewertungen gemäß der Unionsgesetzgebung, beispielsweise der Richtlinie 2012/18/EU des Europäischen Parlaments und des Rates[1)] und der Richtlinie 2009/71/Euratom des Rates [2)] oder im Rahmen einschlägiger Bewertungen aufgrund der nationalen Gesetzgebung gewonnene Informationen können für diesen Zweck genutzt werden, sofern die Anforderungen dieser Richtlinie erfüllt sind. Soweit angemessen sollte diese Beschreibung Maßnahmen zur Verhinderung oder Verminderung der erheblichen nachteiligen Auswirkungen solcher Ereignisse auf die Umwelt sowie Einzelheiten in Bezug auf Bereitschafts- und vorgesehene Bekämpfungsmaßnahmen für derartige Krisenfälle umfassen.

9. Eine nichttechnische Zusammenfassung der gemäß Nummern 1 bis 8 übermittelten Angaben.

10. Eine Referenzliste der Quellen, die für die im Bericht enthaltenen Beschreibungen und Bewertungen herangezogen wurden.

ANHANG V

TEIL A
Aufgehobene Richtlinie mit Liste ihrer nachfolgenden Änderungen

(gemäß Artikel 14)

Richtlinie 85/337/EWG des Rates (ABl. L 175 vom 5. 7. 1985, S. 40).	
Richtlinie 97/11/EG des Rates (ABl. L 73 vom 14. 3. 1997, S. 5).	
Richtlinie 2003/35/EG des Europäischen Parlaments und des Rates (ABl. L 156 vom 25. 6. 2003, S. 17).	Nur Artikel 3
Richtlinie 2009/31/EG des Europäischen Parlaments und des Rates (ABl. L 140 vom 5. 6. 2009, S. 114).	Nur Artikel 31

TEIL B
Liste der Fristen für die Umsetzung in innerstaatliches Recht

(gemäß Artikel 14)

---

1) Amtliche Fußnote: Richtlinie 2012/18/EU des Europäischen Parlaments und des Rates vom 4. Juli 2012 zur Beherrschung der Gefahren schwerer Unfälle mit gefährlichen Stoffen, zur Änderung und anschließenden Aufhebung der Richtlinie 96/82/EG des Rates (ABl. L 197 vom 24. 7. 2012, S. 1).

2) Amtliche Fußnote: Richtlinie 2009/71/Euratom des Rates vom 25. Juni 2009 über einen Gemeinschaftsrahmen für die nukleare Sicherheit kerntechnischer Anlagen (ABl. L 172 vom 2. 7. 2009, S. 18).

Richtlinie	Umsetzungsfrist
85/337/EWG	3. Juli 1988
97/11/EG	14. März 1999
2003/35/EG	25. Juni 2005
2009/31/EG	25. Juni 2011

(Vom Abdruck des Anhangs VI wurde abgesehen)

452 Richtlinie 2003/4/EG des Europäischen Parlaments und des Rates vom 28. Januar 2003 über den Zugang der Öffentlichkeit zu Umweltinformationen und zur Aufhebung der Richtlinie 90/313/EWG des Rates

(ABl. L 41 vom 14. 2. 2003 S. 26)

Inhaltsübersicht*

DAS EUROPÄISCHE PARLAMENT UND DER RAT DER EUROPÄISCHEN UNION –

gestützt auf den Vertrag zur Gründung der Europäischen Gemeinschaft, insbesondere auf Artikel 175 Absatz 1,

auf Vorschlag der Kommission[1)],

nach Stellungnahme des Europäischen Wirtschafts- und Sozialausschusses[2)],

nach Stellungnahme des Ausschusses der Regionen[3)],

gemäß dem Verfahren des Artikels 251 des Vertrags[4)], aufgrund des vom Vermittlungsausschuss am 8. November 2002 gebilligten gemeinsamen Entwurfs,

in Erwägung nachstehender Gründe:

(1) Der erweiterte Zugang der Öffentlichkeit zu umweltbezogenen Informationen und die Verbreitung dieser Informationen tragen dazu bei, das Umweltbewusstsein zu schärfen, einen freien Meinungsaustausch und eine wirksamere Teilnahme der Öffentlichkeit an Entscheidungsverfahren in Umweltfragen zu ermöglichen und letztendlich so den Umweltschutz zu verbessern.

(2) Die Richtlinie 90/313/EWG des Rates vom 7. Juni 1990 über den freien Zugang zu Informationen über die Umwelt[5)] hat durch die Einführung von Maßnahmen zur Ausübung des Rechts auf Zugang der Öffentlichkeit zu

---

* Nicht amtlich.

1) Amtliche Fußnote: ABl. C 337 E vom 28. 11. 2000, S. 156, und ABl. C 240 E vom 28. 8. 2001, S. 289.

2) Amtliche Fußnote: ABl. C 116 vom 20. 4. 2001, S. 43.

3) Amtliche Fußnote: ABl. C 148 vom 18. 5. 2001, S. 9.

4) Amtliche Fußnote: Stellungnahme des Europäischen Parlaments vom 14. März 2001 (ABl. C 343 vom 5. 12. 2001, S. 165), Gemeinsamer Standpunkt des Rates vom 28. Januar 2002 (ABl. C 113 E vom 14. 5. 2002, S. 1) und Beschluss des Europäischen Parlaments vom 30. Mai 2002 (noch nicht im Amtsblatt veröffentlicht). Beschluss des Rates vom 16. Dezember 2002 und Beschluss des Europäischen Parlaments vom 18. Dezember 2002.

5) Amtliche Fußnote: ABl. L 158 vom 23. 6. 1990, S. 56.

Umweltinformationen einen Wandlungsprozess hinsichtlich der Art und Weise, in der Behörden mit Offenheit und Transparenz umgehen, eingeleitet, der ausgebaut und fortgesetzt werden sollte. Die vorliegende Richtlinie erweitert den bisher aufgrund der Richtlinie 90/313/EWG gewährten Zugang.

(3) Nach Artikel 8 der genannten Richtlinie sind die Mitgliedstaaten verpflichtet, der Kommission über ihre Erfahrungen Bericht zu erstatten; auf dieser Grundlage erstellt die Kommission einen Bericht an das Europäische Parlament und den Rat und fügt ihm etwaige Vorschläge zur Änderung der Richtlinie bei, die sie für zweckmäßig hält.

(4) In dem Bericht gemäß Artikel 8 der genannten Richtlinie werden konkrete Probleme bei der praktischen Anwendung der Richtlinie genannt.

(5) Am 25. Juni 1998 unterzeichnete die Europäische Gemeinschaft das Übereinkommen der UN-Wirtschaftskommission für Europa über den Zugang zu Informationen, die Öffentlichkeitsbeteiligung an Entscheidungsverfahren und den Zugang zu Gerichten in Umweltangelegenheiten („Übereinkommen von Aarhus“). Die Bestimmungen des Gemeinschaftsrechts müssen im Hinblick auf den Abschluss des Übereinkommens durch die Europäische Gemeinschaft mit dem Übereinkommen übereinstimmen.

(6) Im Interesse größerer Transparenz ist es zweckmäßig, die Richtlinie 90/313/EWG nicht zu ändern, sondern zu ersetzen. Auf diese Weise wird den Betroffenen ein einheitlicher, klarer und zusammenhängender Rechtstext vorgelegt.

(7) Die Unterschiede der in den Mitgliedstaaten geltenden Vorschriften über den Zugang zu umweltbezogenen Informationen im Besitz der Behörden können in der Gemeinschaft zu einer Ungleichheit hinsichtlich des Zugangs zu solchen Informationen oder hinsichtlich der Wettbewerbsbedingungen führen.

(8) Es muss gewährleistet werden, dass jede natürliche oder juristische Person ohne Geltendmachung eines Interesses ein Recht auf Zugang zu bei Behörden vorhandenen oder für diese bereitgehaltenen Umweltinformationen hat.

(9) Ferner ist es notwendig, dass Behörden Umweltinformationen insbesondere unter Verwendung von Informations- und Kommunikationstechnologien so umfassend wie möglich öffentlich zugänglich machen und verbreiten. Die zukünftige Entwicklung dieser Technologien sollte bei der Berichterstattung über diese Richtlinie und bei ihrer Überprüfung berücksichtigt werden.

(10) Die Bestimmung des Begriffs „Umweltinformationen“ sollte dahin gehend präzisiert werden, dass Informationen jeder Form zu folgenden Bereichen erfasst werden: Zustand der Umwelt; Faktoren, Maßnahmen oder Tätigkeiten, die Auswirkungen auf die Umwelt haben oder haben können oder die dem Schutz der Umwelt dienen; Kosten/Nutzen-Analysen und wirtschaftliche Analysen im Rahmen solcher Maßnahmen oder Tätigkeiten; außerdem Informationen über den Zustand der menschlichen Gesundheit und Sicherheit einschließlich der Kontamination der Lebensmittelkette, Lebensbedingungen der Menschen, Kulturstätten und Bauwerke, soweit sie von einem der genannten Aspekte betroffen sind oder betroffen sein können.

(11) Um dem in Artikel 6 des Vertrags festgelegten Grundsatz, wonach die Erfordernisse des Umweltschutzes bei der Festlegung und Durchführung der

Gemeinschaftspolitiken und -maßnahmen einzubeziehen sind, Rechnung zu tragen, sollte die Bestimmung des Begriffs „Behörden“ so erweitert werden, dass davon Regierungen und andere Stellen der öffentlichen Verwaltung auf nationaler, regionaler oder lokaler Ebene erfasst werden, unabhängig davon, ob sie spezifische Zuständigkeiten für die Umwelt wahrnehmen oder nicht. Die Begriffsbestimmung sollte ebenfalls auf andere Personen oder Stellen ausgedehnt werden, die im Rahmen des einzelstaatlichen Rechts umweltbezogene Aufgaben der öffentlichen Verwaltung erfüllen, sowie auf andere Personen oder Stellen, die unter deren Aufsicht tätig sind und öffentliche Zuständigkeiten im Umweltbereich haben oder entsprechende Aufgaben wahrnehmen.

(12) Umweltinformationen, die materiell von anderen Stellen für Behörden bereitgehalten werden, sollten ebenfalls in den Geltungsbereich dieser Richtlinie fallen.

(13) Umweltinformationen sollten Antragstellern so rasch wie möglich und innerhalb einer angemessenen Frist zugänglich gemacht werden, wobei vom Antragsteller genannte Fristen berücksichtigt werden sollten.

(14) Die Behörden sollten Umweltinformationen in der vom Antragsteller gewünschten Form bzw. dem gewünschten Format zugänglich machen, es sei denn, die Informationen sind bereits in einer anderen Form bzw. einem anderen Format öffentlich zugänglich oder es erscheint sinnvoll, sie in einer anderen Form bzw. einem anderen Format zugänglich zu machen. Ferner sollten die Behörden verpflichtet sein, sich in angemessener Weise darum zu bemühen, dass bei ihnen vorhandene oder für sie bereitgehaltene Umweltinformationen in unmittelbar reproduzierbaren und mit elektronischen Mitteln zugänglichen Formen bzw. Formaten vorliegen.

(15) Die Mitgliedstaaten sollten die praktischen Vorkehrungen treffen, nach denen derartige Informationen wirksam zugänglich gemacht werden. Diese Vorkehrungen stellen sicher, dass die Information wirksam und leicht zugänglich ist und für die Öffentlichkeit zunehmend durch öffentliche Telekommunikationsnetze einschließlich öffentlich zugänglicher Listen der Behörden und Verzeichnisse oder Listen über bei Behörden vorhandene oder für sie bereitgehaltene Umweltinformationen zugänglich wird.

(16) Das Recht auf Information beinhaltet, dass die Bekanntgabe von Informationen die allgemeine Regel sein sollte und dass Behörden befugt sein sollten, Anträge auf Zugang zu Umweltinformationen in bestimmten, genau festgelegten Fällen abzulehnen. Die Gründe für die Verweigerung der Bekanntgabe sollten eng ausgelegt werden, wobei das öffentliche Interesse an der Bekanntgabe gegen das Interesse an der Verweigerung der Bekanntgabe abgewogen werden sollten. Die Gründe für die Verweigerung von Informationen sind dem Antragsteller innerhalb der in dieser Richtlinie festgelegten Frist mitzuteilen.

(17) Behörden sollten Umweltinformationen auszugsweise zugänglich machen, sofern es möglich ist, unter die Ausnahmebestimmungen fallende von anderen gewünschten Informationen zu trennen.

(18) Die Behörden sollten für die Übermittlung von Umweltinformationen eine Gebühr erheben können, die jedoch angemessen sein sollte. Dies beinhaltet, dass die Gebühr grundsätzlich die tatsächlichen Kosten der Anfertigung des betreffenden Materials nicht übersteigen darf. Fälle, in denen eine Vorauszahlung verlangt wird, sollten beschränkt werden. In besonderen Fällen, in denen die Behörden Umweltinformationen zu kommerziellen Zwe-

cken zugänglich machen und in denen dies notwendig ist, um die weitere Sammlung und Veröffentlichung solcher Informationen zu gewährleisten, wird eine marktübliche Gebühr als angemessen angesehen; es kann eine Vorauszahlung verlangt werden. Ein Gebührenverzeichnis sollte zusammen mit Informationen über die Umstände, unter denen eine Gebühr erhoben oder erlassen werden kann, veröffentlicht und den Antragstellern zugänglich gemacht werden.

(19) Antragsteller sollten die Handlungen oder Unterlassungen von Behörden in Bezug auf einen Antrag auf dem Verwaltungs- oder Rechtsweg anfechten können.

(20) Behörden sollten sich darum bemühen sicherzustellen, dass bei einer Zusammenstellung von Umweltinformationen durch sie oder für sie die Informationen verständlich, exakt und vergleichbar sind. Da dies ein wichtiger Faktor für die Bewertung der Qualität der bereitgestellten Information ist, sollte das zur Erhebung der Informationen angewandte Verfahren ebenfalls auf Antrag offen gelegt werden.

(21) Um das allgemeine Umweltbewusstsein zu erhöhen und den Umweltschutz zu verbessern, sollten die Behörden für ihre Aufgaben relevante Umweltinformationen, insbesondere – sofern verfügbar – unter Verwendung von Computer-Telekommunikation und/oder elektronischer Technologien, soweit angemessen zugänglich machen und verbreiten.

(22) Diese Richtlinie sollte alle vier Jahre nach ihrem Inkrafttreten vor dem Hintergrund der gewonnenen Erfahrungen und nach Vorlage der entsprechenden Berichte der Mitgliedstaaten bewertet und auf dieser Grundlage überarbeitet werden. Die Kommission sollte dem Europäischen Parlament und dem Rat einen Bewertungsbericht vorlegen.

(23) Da die Ziele dieser Richtlinie auf Ebene der Mitgliedstaaten nicht ausreichend erreicht werden können und daher besser auf Gemeinschaftsebene zu erreichen sind, kann die Gemeinschaft im Einklang mit dem in Artikel 5 des Vertrags niedergelegten Subsidiaritätsprinzip tätig werden. Entsprechend dem Verhältnismäßigkeitsprinzip nach demselben Artikel geht die Richtlinie nicht über das für die Erreichung dieser Ziele erforderliche Maß hinaus.

(24) Die Bestimmungen dieser Richtlinie berühren nicht das Recht der Mitgliedstaaten, Vorschriften beizubehalten oder einzuführen, die der Öffentlichkeit einen breiteren Zugang zu Informationen gestatten, als in dieser Richtlinie vorgesehen –

HABEN FOLGENDE RICHTLINIE ERLASSEN:

Artikel 1 Ziele

Mit dieser Richtlinie werden folgende Ziele verfolgt:

a) die Gewährleistung des Rechts auf Zugang zu Umweltinformationen, die bei Behörden vorhanden sind oder für sie bereitgehalten werden, und die Festlegung der grundlegenden Voraussetzungen und praktischer Vorkehrungen für die Ausübung dieses Rechts sowie

b) die Sicherstellung, dass Umweltinformationen selbstverständlich zunehmend öffentlich zugänglich gemacht und verbreitet werden, um eine möglichst umfassende und systematische Verfügbarkeit und Verbreitung von Umweltinformationen in der Öffentlichkeit zu erreichen. Dafür wird die Verwendung insbesondere von Computer-Telekommunikation und/oder elektronischen Technologien gefördert, soweit diese verfügbar sind.

Artikel 2 Begriffsbestimmungen

Im Sinne dieser Richtlinie bezeichnet der Ausdruck:

1. „Umweltinformationen" sämtliche Informationen in schriftlicher, visueller, akustischer, elektronischer oder sonstiger materieller Form über
   a) den Zustand von Umweltbestandteilen wie Luft und Atmosphäre, Wasser, Boden, Land, Landschaft und natürliche Lebensräume einschließlich Feuchtgebiete, Küsten- und Meeresgebiete, die Artenvielfalt und ihre Bestandteile, einschließlich genetisch veränderter Organismen, sowie die Wechselwirkungen zwischen diesen Bestandteilen,
   b) Faktoren wie Stoffe, Energie, Lärm und Strahlung oder Abfall einschließlich radioaktiven Abfalls, Emissionen, Ableitungen oder sonstiges Freisetzen von Stoffen in die Umwelt, die sich auf die unter Buchstabe a) genannten Umweltbestandteile auswirken oder wahrscheinlich auswirken,
   c) Maßnahmen (einschließlich Verwaltungsmaßnahmen), wie z.B. Politiken, Gesetze, Pläne und Programme, Umweltvereinbarungen und Tätigkeiten, die sich auf die unter den Buchstaben a) und b) genannten Umweltbestandteile und -faktoren auswirken oder wahrscheinlich auswirken, sowie Maßnahmen oder Tätigkeiten zum Schutz dieser Elemente,
   d) Berichte über die Umsetzung des Umweltrechts,
   e) Kosten/Nutzen-Analysen und sonstige wirtschaftliche Analysen und Annahmen, die im Rahmen der unter Buchstabe c) genannten Maßnahmen und Tätigkeiten verwendet werden, und
   f) den Zustand der menschlichen Gesundheit und Sicherheit gegebenenfalls einschließlich der Kontamination der Lebensmittelkette, Bedingungen für menschliches Leben sowie Kulturstätten und Bauwerke in dem Maße, in dem sie vom Zustand der unter Buchstabe a) genannten Umweltbestandteile oder – durch diese Bestandteile – von den unter den Buchstaben b) und c) aufgeführten Faktoren, Maßnahmen oder Tätigkeiten betroffen sind oder sein können;
2. „Behörde"
   a) die Regierung oder eine andere Stelle der öffentlichen Verwaltung, einschließlich öffentlicher beratender Gremien, auf nationaler, regionaler oder lokaler Ebene,
   b) natürliche oder juristische Personen, die aufgrund innerstaatlichen Rechts Aufgaben der öffentlichen Verwaltung, einschließlich bestimmter Pflichten, Tätigkeiten oder Dienstleistungen im Zusammenhang mit der Umwelt wahrnehmen und
   c) natürliche oder juristische Personen, die unter der Kontrolle einer unter Buchstabe a) genannten Stelle oder einer unter Buchstabe b) genannten Person im Zusammenhang mit der Umwelt öffentliche Zuständigkeiten haben, öffentliche Aufgaben wahrnehmen oder öffentliche Dienstleistungen erbringen.

   Die Mitgliedstaaten können vorsehen, dass diese Begriffsbestimmung keine Gremien oder Einrichtungen umfasst, soweit sie in gerichtlicher oder gesetzgebender Eigenschaft handeln. Wenn ihre verfassungsmäßigen Bestimmungen zum Zeitpunkt der Annahme dieser Richtlinie kein Überprüfungsverfahren im

Sinne von Artikel 6 vorsehen, können die Mitgliedstaaten diese Gremien oder Einrichtungen von dieser Begriffsbestimmung ausnehmen;

3. „bei einer Behörde vorhandene Informationen" Umweltinformationen, die sich in ihrem Besitz befinden und die von dieser Behörde erstellt worden oder bei ihr eingegangen sind;
4. „für eine Behörde bereitgehaltene Informationen" Umweltinformationen, die materiell von einer natürlichen oder juristischen Person für eine Behörde bereitgehalten werden;
5. „Antragsteller" eine natürliche oder juristische Person, die Zugang zu Umweltinformationen beantragt;
6. „Öffentlichkeit" eine oder mehrere natürliche oder juristische Personen und, in Übereinstimmung mit den innerstaatlichen Rechtsvorschriften oder der innerstaatlichen Praxis, deren Vereinigungen, Organisationen oder Gruppen.

Artikel 3 Zugang zu Umweltinformationen auf Antrag

(1) Die Mitgliedstaaten gewährleisten, dass Behörden gemäß den Bestimmungen dieser Richtlinie verpflichtet sind, die bei ihnen vorhandenen oder für sie bereitgehaltenen Umweltinformationen allen Antragstellern auf Antrag zugänglich zu machen, ohne dass diese ein Interesse geltend zu machen brauchen.

(2) Umweltinformationen sind dem Antragsteller vorbehaltlich des Artikels 4 und unter Berücksichtigung etwaiger vom Antragsteller angegebener Termine wie folgt zugänglich zu machen:

a) sobald wie möglich, spätestens jedoch innerhalb eines Monats nach Eingang des Antrags bei der Behörde nach Absatz 1 oder
b) innerhalb von zwei Monaten nach Eingang des Antrags bei der Behörde, falls die Information derart umfangreich und komplex ist, dass die unter Buchstabe a) genannte einmonatige Frist nicht eingehalten werden kann. In diesem Fall ist dem Antragsteller die Verlängerung der Frist unter Angabe von Gründen so bald wie möglich, in jedem Fall jedoch vor Ablauf der einmonatigen Frist, mitzuteilen.

(3) Ist ein Antrag zu allgemein formuliert, so fordert die Behörde den Antragsteller so bald wie möglich, spätestens jedoch innerhalb der in Absatz 2 Buchstabe a) vorgesehenen Frist, auf, den Antrag zu präzisieren, und unterstützt ihn dabei, indem sie ihn beispielsweise über die Nutzung der in Absatz 5 Buchstabe c) genannten öffentlichen Verzeichnisse unterrichtet. Die Behörden können in Fällen, in denen ihnen dies angemessen erscheint, den Antrag gemäß Artikel 4 Absatz 1 Buchstabe c) ablehnen.

(4) Falls ein Antragsteller eine Behörde ersucht, ihm Umweltinformationen in einer bestimmten Form oder einem bestimmten Format (beispielsweise als Kopie) zugänglich zu machen, so entspricht die Behörde diesem Antrag, es sei denn,

a) die Informationen sind bereits in einer anderen, den Antragstellern leicht zugänglichen Form bzw. einem anderen, den Antragstellern leicht zugänglichen Format, insbesondere gemäß Artikel 7, öffentlich verfügbar, oder
b) es ist für die Behörde angemessen, die Informationen in einer anderen Form bzw. einem anderen Format zugänglich zu machen; in diesem Fall sind die Gründe für die Wahl dieser anderen Form bzw. dieses anderen Formats anzugeben.

Zur Durchführung dieses Absatzes bemühen sich die Behörden in angemessener Weise darum, dass die bei ihnen vorhandenen oder für sie bereitgehaltenen Umweltinformationen in unmittelbar reproduzierbaren und über Computer-Telekommunikationsnetze oder andere elektronische Mittel zugänglichen Formen oder Formaten vorliegen.

Die Gründe, aus denen es abgelehnt wird, die Informationen auszugsweise oder vollständig in der gewünschten Form oder dem gewünschten Format zugänglich zu machen, sind dem Antragsteller innerhalb der in Absatz 2 Buchstabe a) genannten Frist mitzuteilen.

(5) Zur Durchführung dieses Artikels tragen die Mitgliedstaaten dafür Sorge, dass

a) Beamte verpflichtet werden, die Öffentlichkeit in dem Bemühen um Zugang zu Informationen zu unterstützen,

b) Listen von Behörden öffentlich zugänglich sind und

c) die praktischen Vorkehrungen festgelegt werden, um sicherzustellen, dass das Recht auf Zugang zu Umweltinformationen wirksam ausgeübt werden kann, wie:

- Benennung von Auskunftsbeamten,
- Aufbau und Unterhaltung von Einrichtungen zur Einsichtnahme in die gewünschten Informationen,
- Verzeichnisse oder Listen betreffend Umweltinformationen im Besitz von Behörden oder Informationsstellen mit klaren Angaben, wo solche Informationen zu finden sind.

Die Mitgliedstaaten stellen sicher, dass die Behörden die Öffentlichkeit angemessen über die ihr aus dieser Richtlinie erwachsenden Rechte unterrichten und hierzu in angemessenem Umfang Informationen, Orientierung und Beratung bieten.

Artikel 4 Ausnahmen

(1) Die Mitgliedstaaten können vorsehen, dass ein Antrag auf Zugang zu Umweltinformationen in folgenden Fällen abgelehnt wird:

a) Die gewünschte Information ist nicht bei der Behörde, an die der Antrag gerichtet ist, vorhanden und wird auch nicht für diese bereitgehalten. In diesem Fall leitet die Behörde, falls ihr bekannt ist, dass die betreffende Information bei einer anderen Behörde vorhanden ist oder für diese bereitgehalten wird, den Antrag möglichst rasch an diese andere Behörde weiter und setzt den Antragsteller hiervon in Kenntnis oder informiert ihn darüber, bei welcher Behörde er diese Informationen ihres Erachtens beantragen kann.

b) Der Antrag ist offensichtlich missbräuchlich.

c) Der Antrag ist unter Berücksichtigung von Artikel 3 Absatz 3 zu allgemein formuliert.

d) Der Antrag betrifft Material, das gerade vervollständigt wird, oder noch nicht abgeschlossene Schriftstücke oder noch nicht aufbereitete Daten.

e) Der Antrag betrifft interne Mitteilungen, wobei das öffentliche Interesse an einer Bekanntgabe dieser Informationen zu berücksichtigen ist.

Wird die Ablehnung damit begründet, dass der Antrag Material betrifft, das gerade vervollständigt wird, so benennt die Behörde die Stelle, die das Material vorbereitet, sowie den voraussichtlichen Zeitpunkt der Fertigstellung.

(2) Die Mitgliedstaaten können vorsehen, dass ein Antrag auf Zugang zu Umweltinformationen abgelehnt wird, wenn die Bekanntgabe negative Auswirkungen hätte auf:

a) die Vertraulichkeit der Beratungen von Behörden, sofern eine derartige Vertraulichkeit gesetzlich vorgesehen ist;

b) internationale Beziehungen, die öffentliche Sicherheit oder die Landesverteidigung;

c) laufende Gerichtsverfahren, die Möglichkeiten einer Person, ein faires Verfahren zu erhalten, oder die Möglichkeiten einer Behörde, Untersuchungen strafrechtlicher oder disziplinarischer Art durchzuführen;

d) Geschäfts- oder Betriebsgeheimnisse, sofern diese durch einzelstaatliches oder gemeinschaftliches Recht geschützt sind, um berechtigte wirtschaftliche Interessen, einschließlich des öffentlichen Interesses an der Wahrung der Geheimhaltung von statistischen Daten und des Steuergeheimnisses, zu schützen;

e) Rechte an geistigem Eigentum;

f) die Vertraulichkeit personenbezogener Daten und/oder Akten über eine natürliche Person, sofern diese der Bekanntgabe dieser Informationen an die Öffentlichkeit nicht zugestimmt hat und sofern eine derartige Vertraulichkeit nach innerstaatlichem oder gemeinschaftlichem Recht vorgesehen ist;

g) die Interessen oder den Schutz einer Person, die die beantragte Information freiwillig zur Verfügung gestellt hat, ohne dazu gesetzlich verpflichtet zu sein oder verpflichtet werden zu können, es sei denn, dass diese Person der Herausgabe der betreffenden Information zugestimmt hat;

h) den Schutz der Umweltbereiche, auf die sich die Informationen beziehen, wie z.B. die Aufenthaltsorte seltener Tierarten.

Die in den Absätzen 1 und 2 genannten Ablehnungsgründe sind eng auszulegen, wobei im Einzelfall das öffentliche Interesse an der Bekanntgabe zu berücksichtigen ist. In jedem Einzelfall wird das öffentliche Interesse an der Bekanntgabe gegen das Interesse an der Verweigerung der Bekanntgabe abgewogen. Die Mitgliedstaaten dürfen aufgrund des Absatzes 2 Buchstaben a), d), f), g) und h) nicht vorsehen, dass ein Antrag abgelehnt werden kann, wenn er sich auf Informationen über Emissionen in die Umwelt bezieht.

Die Mitgliedstaaten stellen in diesem Rahmen und für die Anwendung der Bestimmung des Buchstaben f) sicher, dass die Anforderungen der Richtlinie 95/46/EG des Europäischen Parlaments und des Rates vom 24. Oktober 1995 zum Schutz natürlicher Personen bei der Verarbeitung personenbezogener Daten und zum freien Datenverkehr[1)] eingehalten werden.

(3) Sieht ein Mitgliedstaat Ausnahmen vor, so kann er einen öffentlich zugänglichen Kriterienkatalog erarbeiten, anhand dessen die betreffende Behörde über die Behandlung eines Antrags entscheiden kann.

(4) Bei den Behörden vorhandene oder für diese bereitgehaltene Umweltinformationen, zu denen Zugang beantragt wurde, sind auszugsweise zugänglich zu machen, sofern es möglich ist, unter die Ausnahmebestimmungen von Absatz 1 Buchstaben d) und e) oder Absatz 2 fallende Informationen von den anderen beantragten Informationen zu trennen.

(5) Die Weigerung, beantragte Informationen auszugsweise oder vollständig zugänglich zu machen, ist dem Antragsteller in Schriftform oder auf elektroni-

1) Amtliche Fußnote: ABl. L 281 vom 23. 11. 1995, S. 31.

schem Wege, wenn der Antrag selbst schriftlich gestellt wurde oder wenn der Antragsteller darum ersucht hat, innerhalb der in Artikel 3 Absatz 2 Buchstabe a) oder gegebenenfalls Buchstabe b) genannten Frist mitzuteilen. In der Mitteilung sind die Gründe für die Verweigerung der Information zu nennen, und der Antragsteller ist über das Beschwerdeverfahren nach Artikel 6 zu unterrichten.

Artikel 5 Gebühren

(1) Der Zugang zu öffentlichen Verzeichnissen oder Listen, die gemäß Artikel 3 Absatz 5 eingerichtet und geführt werden, und die Einsichtnahme in die beantragten Informationen an Ort und Stelle sind gebührenfrei.

(2) Die Behörden können für die Bereitstellung von Umweltinformationen eine Gebühr erheben, die jedoch eine angemessene Höhe nicht überschreiten darf.

(3) Sofern Gebühren erhoben werden, veröffentlichen die Behörden ein entsprechendes Gebührenverzeichnis sowie Informationen über die Umstände, unter denen eine Gebühr erhoben oder erlassen werden kann, und machen dies den Antragstellern zugänglich.

Artikel 6 Zugang zu den Gerichten

(1) Die Mitgliedstaaten stellen sicher, dass ein Antragsteller, der der Ansicht ist, sein Antrag auf Zugang zu Informationen sei von einer Behörde nicht beachtet, fälschlicherweise (ganz oder teilweise) abgelehnt, unzulänglich beantwortet oder auf andere Weise nicht in Übereinstimmung mit den Artikeln 3, 4 oder 5 bearbeitet worden, Zugang zu einem Verfahren hat, in dessen Rahmen die Handlungen oder Unterlassungen der betreffenden Behörde von dieser oder einer anderen Behörde geprüft oder von einer auf gesetzlicher Grundlage geschaffenen unabhängigen und unparteiischen Stelle auf dem Verwaltungsweg überprüft werden können. Dieses Verfahren muss zügig verlaufen und darf keine oder nur geringe Kosten verursachen.

(2) Ferner stellen die Mitgliedstaaten sicher, dass der Antragsteller neben dem Überprüfungsverfahren nach Absatz 1 auch Zugang zu einem Überprüfungsverfahren, in dessen Rahmen die Handlungen oder Unterlassungen der Behörde überprüft werden können, und zwar vor einem Gericht oder einer anderen auf gesetzlicher Grundlage geschaffenen unabhängigen und unparteiischen Stelle hat, deren Entscheidungen endgültig sein können. Die Mitgliedstaaten können des Weiteren vorsehen, dass Dritte, die durch die Offenlegung von Informationen belastet werden, ebenfalls Rechtsbehelfe einlegen können.

(3) Nach Absatz 2 getroffene endgültige Entscheidungen sind für die Behörde, die über die Informationen verfügt, verbindlich. Die Entscheidung ist schriftlich zu begründen, zumindest dann, wenn der Zugang zu Informationen nach diesem Artikel abgelehnt wird.

Artikel 7 Verbreitung von Umweltinformationen

(1) Die Mitgliedstaaten ergreifen die notwendigen Maßnahmen, um sicherzustellen, dass Behörden die für ihre Aufgaben relevanten und bei ihnen vorhandenen oder für sie bereitgehaltenen Umweltinformationen aufbereiten, damit eine aktive und systematische Verbreitung in der Öffentlichkeit erfolgen kann, insbesondere unter Verwendung von Computer-Telekommunikation und/oder elektronischen Technologien, soweit diese verfügbar sind.

Die unter Verwendung von Computer-Telekommunikation und/oder elektronischen Technologien zugänglich gemachten Informationen müssen nicht Daten umfassen, die vor Inkrafttreten dieser Richtlinie erhoben wurden, es sei denn, diese Daten sind bereits in elektronischer Form vorhanden.

Die Mitgliedstaaten sorgen dafür, dass Umweltinformationen zunehmend in elektronischen Datenbanken zugänglich gemacht werden, die der Öffentlichkeit über öffentliche Telekommunikationsnetze leicht zugänglich sind.

(2) Die Informationen, die zugänglich zu machen und zu verbreiten sind, werden gegebenenfalls aktualisiert und umfassen zumindest Folgendes:

a) den Wortlaut völkerrechtlicher Verträge, Übereinkünfte und Vereinbarungen sowie gemeinschaftlicher, nationaler, regionaler oder lokaler Rechtsvorschriften über die Umwelt oder mit Bezug zur Umwelt;
b) Politiken, Pläne und Programme mit Bezug zur Umwelt;
c) Berichte über die Fortschritte bei der Umsetzung der unter Buchstaben a) und b) genannten Punkte, sofern solche Berichte von den Behörden in elektronischer Form ausgearbeitet worden sind oder bereitgehalten werden;
d) Umweltzustandsberichte nach Absatz 3;
e) Daten oder Zusammenfassungen von Daten aus der Überwachung von Tätigkeiten, die sich auf die Umwelt auswirken oder wahrscheinlich auswirken;
f) Genehmigungen, die erhebliche Auswirkungen auf die Umwelt haben, und Umweltvereinbarungen oder einen Hinweis darauf, wo diese Informationen im Rahmen von Artikel 3 beantragt oder gefunden werden können;
g) Umweltverträglichkeitsprüfungen und Risikobewertungen betreffend die in Artikel 2 Nummer 1 Buchstabe a) genannten Umweltbestandteile oder einen Hinweis darauf, wo diese Informationen im Rahmen von Artikel 3 beantragt oder gefunden werden können.

(3) Unbeschadet aller aus dem Gemeinschaftsrecht erwachsenden spezifischen Pflichten zur Berichterstattung ergreifen die Mitgliedstaaten die erforderlichen Maßnahmen, um sicherzustellen, dass in regelmäßigen Abständen von nicht mehr als vier Jahren nationale und gegebenenfalls regionale bzw. lokale Umweltzustandsberichte veröffentlicht werden; diese Berichte müssen Informationen über die Umweltqualität sowie über Umweltbelastungen enthalten.

(4) Unbeschadet aller aus dem Gemeinschaftsrecht erwachsenden spezifischen Verpflichtungen treffen die Mitgliedstaaten die erforderlichen Vorkehrungen, um zu gewährleisten, dass Behörden im Fall einer unmittelbaren Bedrohung der menschlichen Gesundheit oder der Umwelt unabhängig davon, ob diese Folge menschlicher Tätigkeit ist oder eine natürliche Ursache hat, sämtliche ihnen vorliegenden oder für sie bereitgehaltenen Informationen unmittelbar und unverzüglich verbreiten, die es der eventuell betroffenen Öffentlichkeit ermöglichen könnten, Maßnahmen zur Abwendung oder Begrenzung von Schäden infolge dieser Bedrohung zu ergreifen.

(5) Für die Verpflichtungen nach diesem Artikel können die Ausnahmen gemäß Artikel 4 Absätze 1 und 2 Anwendung finden.

(6) Die Mitgliedstaaten können die Anforderungen dieses Artikels erfüllen, indem sie Verknüpfungen zu Internet-Seiten einrichten, auf denen die Informationen zu finden sind.

Artikel 8 Qualität von Umweltinformationen

(1) Soweit möglich, gewährleisten die Mitgliedstaaten, dass alle Informationen, die von ihnen oder für sie zusammengestellt werden, aktuell, exakt und vergleichbar sind.

(2) Auf Antrag beantworten die Behörden Anträge auf Informationen nach Artikel 2 Nummer 1 Buchstabe b), indem sie dem Antragsteller mitteilen, wo – sofern verfügbar – Informationen über die zur Erhebung der Informationen angewandten Messverfahren, einschließlich der Verfahren zur Analyse, Probenahme und Vorbehandlung der Proben, gefunden werden können, oder indem sie auf ein angewandtes standardisiertes Verfahren hinweisen.

Artikel 9 Überprüfungsverfahren

(1) Die Mitgliedstaaten erstatten bis zum 14. Februar 2009 Bericht über die bei der Anwendung der Richtlinie gewonnenen Erfahrungen.

Sie übermitteln der Kommission ihren Bericht bis zum 14. August 2009.

Spätestens am 14. Februar 2004 übermittelt die Kommission den Mitgliedstaaten ein Dokument, in dem sie den Mitgliedstaaten klare Vorgaben für deren Berichterstattung macht.

(2) Auf der Grundlage der Erfahrungen und unter Berücksichtigung der Entwicklungen im Bereich der Computer-Telekommunikation und/oder der elektronischen Technologien erstellt die Kommission einen Bericht an das Europäische Parlament und den Rat und fügt ihm etwaige Änderungsvorschläge bei.

Artikel 10 Umsetzung

Die Mitgliedstaaten setzen die Rechts- und Verwaltungsvorschriften in Kraft, die erforderlich sind, um dieser Richtlinie bis zum 14. Februar 2005 nachzukommen. Sie setzen die Kommission unverzüglich davon in Kenntnis.

Wenn die Mitgliedstaaten diese Vorschriften erlassen, nehmen sie in den Vorschriften selbst oder durch einen Hinweis bei der amtlichen Veröffentlichung auf diese Richtlinie Bezug. Die Mitgliedstaaten regeln die Einzelheiten der Bezugnahme.

Artikel 11 Aufhebung

Die Richtlinie 90/313/EWG wird zum 14. Februar 2005 aufgehoben.

Bezugnahmen auf die aufgehobene Richtlinie gelten als Bezugnahmen auf die vorliegende Richtlinie und sind nach Maßgabe der Entsprechungstabelle im Anhang zu lesen.

Artikel 12 Inkrafttreten

Diese Richtlinie tritt am Tag ihrer Veröffentlichung im *Amtsblatt der Europäischen Union* in Kraft.*

Artikel 13 Adressaten

Diese Richtlinie ist an alle Mitgliedstaaten gerichtet.

(Vom Abdruck des Anhangs Entsprechungstabellen wurde abgesehen)

---

* Die Veröffentlichung erfolgte am 14. Februar 2003.

453 Verordnung (EG) Nr. 1013/2006 des Europäischen Parlaments und des Rates vom 14. Juni 2006 über die Verbringung von Abfällen

(ABl. L 190 vom 12. 7. 2006 S. 1, ber. ABl. L 318 vom 28. 11. 2008 S. 15, ber. ABl. L 334 vom 13. 12. 2013 S. 46, ber. ABl. L 277 vom 22. 10. 2015 S. 61), geändert durch Verordnung (EG) Nr. 1379/2007 der Kommission vom 26. November 2007 (ABl. L 309 vom 27. 11. 2007 S. 7, ber. ABl. L 299 vom 8. 11. 2008 S. 50), durch Verordnung (EG) Nr. 669/2008 der Kommission vom 15. Juli 2008 (ABl. L 188 vom 16. 7. 2008 S. 7), durch Verordnung (EG) Nr. 219/2009 des Europäischen Parlaments und des Rates vom 11. März 2009 (ABl. L 87 vom 31. 3. 2009 S. 109), durch Verordnung (EG) Nr. 308/2009 der Kommission vom 15. April 2009 (ABl. L 97 vom 16. 4. 2009 S. 8), durch Richtlinie 2009/31/EG des Europäischen Parlaments und des Rates vom 23. April 2009 (ABl. L 140 vom 5. 6. 2009 S. 114), durch Verordnung (EU) Nr. 413/2010 der Kommission vom 12. Mai 2010 (ABl. L 119 vom 13. 5. 2010 S. 1), durch Verordnung (EU) Nr. 664/2011 der Kommission vom 11. Juli 2011 (ABl. L 182 vom 12. 7. 2011 S. 2), durch Verordnung (EU) Nr. 135/2012 der Kommission vom 16. Februar 2012 (ABl. L 46 vom 17. 2. 2012 S. 30), durch Verordnung (EU) Nr. 255/2013 der Kommission vom 20. März 2013 (ABl. L 79 vom 21. 3. 2013 S. 19), durch Verordnung (EU) Nr. 1257/2013 des Europäischen Parlaments und des Rates vom 20. November 2013 (ABl. L 330 vom 10. 12. 2013 S. 1), durch Verordnung (EU) Nr. 660/2014 des Europäischen Parlaments und des Rates vom 15. Mai 2014 (ABl. L 189 vom 27. 6. 2014 S. 135), durch Verordnung (EU) Nr. 1234/2014 der Kommission vom 18. November 2014 (ABl. L 332 vom 19. 11. 2014 S. 15), durch Verordnung (EU) 2015/2002 der Kommission vom 10. November 2015 (ABl. L 294 vom 11. 11. 2015 S. 1)

Inhaltsübersicht*

* Nicht amtlich.

Anhang IV Liste von Abfällen, die dem Verfahren der vorherigen schriftlichen Notifizierung und Zustimmung unterliegen („Gelbe" Abfallliste) *(vom Abdruck wurde abgesehen)*

Anhang IVa In Anhang III aufgeführte Abfälle, die dem Verfahren der vorherigen schriftlichen Notifizierung und Zustimmung unterliegen (Art. 3 Abs. 3) *(vom Abdruck wurde abgesehen)*

Anhang V Abfälle, für die das Ausfuhrverbot des Art. 36 gilt *(vom Abdruck wurde abgesehen)*

Anhang VI Formblatt für Anlagen mit Vorabzustimmung (Art. 14) *(vom Abdruck wurde abgesehen)*

Anhang VII Mitzuführenden Informationen für die Verbringung der in Art. 3 Abs. 2 und 4 genannten Abfälle *(vom Abdruck wurde abgesehen)*

Anhang VIII Leitlinien für eine umweltgerechte Behandlung (Art. 49) *(vom Abdruck wurde abgesehen)*

Anhang IX Zusätzlicher Fragebogen für die Berichterstattung durch die Mitgliedstaaten gemäß Art. 51 Abs. 2 *(vom Abdruck wurde abgesehen)*

DAS EUROPÄISCHE PARLAMENT UND DER RAT DER EUROPÄISCHEN UNION

gestützt auf den Vertrag zur Gründung der Europäischen Gemeinschaft, insbesondere auf Artikel 175 Absatz 1,

auf Vorschlag der Kommission,

nach Stellungnahme des Europäischen Wirtschafts- und Sozialausschusses[1)],

nach Anhörung des Ausschusses der Regionen,

gemäß dem Verfahren des Artikels 251 des Vertrags[2)],

in Erwägung nachstehender Gründe:

(1) Wichtigster und vorrangiger Zweck und Gegenstand dieser Verordnung ist der Umweltschutz; ihre Auswirkungen auf den internationalen Handel sind zweitrangig.

(2) Die Verordnung (EWG) Nr. 259/93 des Rates vom 1. Februar 1993 zur Überwachung und Kontrolle der Verbringung von Abfällen in der, in die und aus der Europäischen Gemeinschaft[3)] wurde bereits mehrfach in erheblichem Umfang geändert und bedarf einer erneuten Änderung. Es ist insbesondere notwendig, den Inhalt der Entscheidung 94/774/EG der Kommission vom 24. November 1994 über den einheitlichen Begleitschein gemäß der Verordnung (EWG) Nr. 259/93 des Rates[4)] sowie der Entscheidung 1999/412/EG der Kommission vom 3. Juni 1999 über einen Fragebogen für die Berichterstattung der Mitgliedstaaten gemäß Artikel 41 Absatz 2 der Verordnung (EWG) Nr. 259/93 des Rates[5)] in die genannte Verordnung einzubeziehen. Die Verordnung (EWG) Nr. 259/93 sollte deshalb im Interesse der Klarheit ersetzt werden.

(3) Der Beschluss 93/98/EWG des Rates[6)] betraf den Abschluss – im Namen der Gemeinschaft – des Basler Übereinkommens vom 22. März 1989 über die Kontrolle der grenzüberschreitenden Verbringung von gefährlichen Abfällen

---

1) Amtliche Fußnote: ABl. C 108 vom 30. 4. 2004, S. 58.

2) Amtliche Fußnote: Stellungnahme des Europäischen Parlaments vom 19. November 2003 (ABl. C 87 E vom 7. 4. 2004, S. 281), Gemeinsamer Standpunkt des Rates vom 24. Juni 2005 (ABl. C 206 E vom 23. 8. 2005, S. 1) und Standpunkt des Europäischen Parlaments vom 25. Oktober 2005 (noch nicht im Amtsblatt veröffentlicht). Beschluss des Rates vom 29. Mai 2006.

3) Amtliche Fußnote: ABl. L 30 vom 6. 2. 1993, S. 1. Zuletzt geändert durch die Verordnung (EG) Nr. 2557/2001 der Kommission (ABl. L 349 vom 31. 12. 2001, S. 1).

4) Amtliche Fußnote: ABl. L 310 vom 3. 12. 1994, S. 70.

5) Amtliche Fußnote: ABl. L 156 vom 23. 6. 1999, S. 37.

6) Amtliche Fußnote: ABl. L 39 vom 16. 2. 1993, S. 1.

und ihrer Entsorgung[1], dessen Vertragspartei die Gemeinschaft seit 1994 ist. Durch Verabschiedung der Verordnung (EWG) Nr. 259/93 hat der Rat Regeln zur Beschränkung und Kontrolle solcher Verbringungen erstellt, die unter anderem darauf abzielen, das bestehende Gemeinschaftssystem für die Überwachung und Kontrolle der Verbringung von Abfällen mit den Vorschriften des Basler Übereinkommens in Einklang zu bringen.

(4) Der Beschluss 97/640/EG des Rates[2] betraf die Genehmigung – im Namen der Gemeinschaft – der Änderung des Basler Übereinkommens gemäß der Entscheidung III/1 der Konferenz der Vertragsparteien. Durch diese Änderung wurde jegliche Ausfuhr von zur Beseitigung bestimmten gefährlichen Abfällen aus in Anhang VII des Übereinkommens aufgeführten Staaten in dort nicht aufgeführte Staaten verboten sowie ab dem 1. Januar 1998 jegliche derartige Ausfuhr von zur Verwertung bestimmten gefährlichen Abfällen gemäß Artikel 1 Absatz 1 Buchstabe a des Übereinkommens. Die Verordnung (EWG) Nr. 259/93 wurde durch die Verordnung (EG) Nr. 120/97 des Rates[3] entsprechend geändert.

(5) Da die Gemeinschaft den Beschluss C(2001)107 endg. des OECD-Rates zur Änderung des Beschlusses C(92)39 endg. über die Kontrolle der grenzüberschreitenden Verbringung von zur Verwertung bestimmten Abfällen (nachstehend „OECD-Beschluss“ genannt) gebilligt hat, um die Abfalllisten mit dem Basler Übereinkommen in Einklang zu bringen und bestimmte andere Vorschriften zu ändern, muss der Inhalt jenes Beschlusses in das Gemeinschaftsrecht übernommen werden.

(6) Die Gemeinschaft hat das Stockholmer Übereinkommen vom 22. Mai 2001 über persistente organische Schadstoffe unterzeichnet.

(7) Die Überwachung und Kontrolle der Verbringung von Abfällen müssen so organisiert und geregelt werden, dass der Notwendigkeit, die Qualität der Umwelt und der menschlichen Gesundheit zu erhalten, zu schützen und zu verbessern, Rechnung getragen und eine gemeinschaftsweit einheitlichere Anwendung der Verordnung gefördert wird.

(8) Die in Artikel 4 Absatz 2 Buchstabe d des Basler Übereinkommens begründete Verpflichtung, die Verbringung gefährlicher Abfälle auf ein Mindestmaß zu beschränken, das mit der umweltgerechten und wirksamen Behandlung solcher Abfälle vereinbar ist, muss auch beachtet werden.

(9) Das in Artikel 4 Absatz 1 des Basler Übereinkommens verankerte Recht jeder Vertragspartei, die Einfuhr gefährlicher Abfälle oder von in Anhang II dieses Übereinkommens aufgeführten Abfällen zu verbieten, muss ebenfalls beachtet werden.

(10) Die Verbringung von Abfällen, die beim Einsatz von Streitkräften oder Hilfsorganisationen anfallen, sollte vom Anwendungsbereich dieser Verordnung ausgenommen werden, wenn diese Abfälle in besonderen Situationen in die Gemeinschaft eingeführt werden (dies schließt auch die Durchfuhr innerhalb der Gemeinschaft ein, wenn die Abfälle in die Gemeinschaft verbracht werden). Bei solchen Verbringungen sollten die Vorschriften des Völkerrechts und internationaler Übereinkommen eingehalten werden. In diesen Fällen sollte jede für die Durchfuhr zuständige Behörde und die zustän-

1) Amtliche Fußnote: ABl. L 39 vom 16. 2. 1993, S. 3.
2) Amtliche Fußnote: ABl. L 272 vom 4. 10. 1997, S. 45.
3) Amtliche Fußnote: ABl. L 22 vom 24. 1. 1997, S. 14.

dige Behörde am Bestimmungsort in der Gemeinschaft im Voraus über die Verbringung und deren Bestimmungsort unterrichtet werden.

(11) Redundanz mit der Verordnung (EG) Nr. 1774/2002 des Europäischen Parlaments und des Rates vom 3. Oktober 2002 mit Hygienevorschriften für nicht für den menschlichen Verzehr bestimmte tierische Nebenprodukte[1)], die bereits Bestimmungen zur gesamten Sendung, Kanalisierung und Verbringung (Einsammlung, Beförderung, Behandlung, Verarbeitung, Nutzung, Verwertung oder Beseitigung, Aufzeichnungen, Begleitpapiere und Rückverfolgbarkeit) von tierischen Nebenprodukten in der, in die und aus der Gemeinschaft enthält, muss vermieden werden.

(12) Die Kommission sollte bis zum Zeitpunkt des Inkrafttretens dieser Verordnung über das Verhältnis zwischen bestehenden sektoriellen Regelungen für die Gesundheit von Tier und Mensch und den Bestimmungen dieser Verordnung Bericht erstatten und bis zu diesem Zeitpunkt alle erforderlichen Vorschläge zur Anpassung dieser Regelungen an diese Verordnung vorlegen, um ein gleichwertiges Kontrollniveau zu erreichen.

(13) Wenngleich die Überwachung und Kontrolle der Verbringung von Abfällen innerhalb eines Mitgliedstaats in dessen Zuständigkeitsbereich fällt, sollten die nationalen Regelungen für die Verbringung von Abfällen der erforderlichen Kohärenz mit den Gemeinschaftsregelungen Rechnung tragen, damit ein hohes Schutzniveau für Umwelt und menschliche Gesundheit sichergestellt ist.

(14) Im Fall von Verbringungen von zur Beseitigung bestimmten Abfällen und von zur Verwertung bestimmten Abfällen, die nicht in den Anhängen III, IIIA oder IIIB aufgeführt sind, ist es zweckmäßig, ein Höchstmaß an Überwachung und Kontrolle sicherzustellen, indem die vorherige schriftliche Zustimmung solcher Verbringungen vorgeschrieben wird. Ein entsprechendes Verfahren sollte seinerseits die vorherige Notifizierung einschließen, damit die zuständigen Behörden angemessen informiert sind und sie alle zum Schutz der menschlichen Gesundheit und der Umwelt notwendigen Maßnahmen treffen können. Außerdem sollte es den zuständigen Behörden ermöglichen, begründete Einwände gegen eine derartige Verbringung zu erheben.

(15) Im Fall von Verbringungen von zur Verwertung bestimmten Abfällen, die in den Anhängen III, IIIA oder IIIB aufgeführt sind, ist es zweckmäßig, ein Mindestmaß an Überwachung und Kontrolle sicherzustellen, indem vorgeschrieben wird, dass bei solchen Verbringungen bestimmte Informationen mitzuführen sind.

(16) Angesichts der Notwendigkeit einer einheitlichen Anwendung dieser Verordnung und des ordnungsgemäßen Funktionierens des Binnenmarkts ist es erforderlich, im Interesse der Effizienz vorzuschreiben, dass Notifizierungen über die zuständige Behörde am Versandort abzuwickeln sind.

(17) Ferner sollte das System von Sicherheitsleistungen oder entsprechenden Versicherungen geklärt werden.

(18) Angesichts der Verantwortung der Abfallerzeuger für eine umweltgerechte Behandlung sollten die Notifizierungs- und Begleitformulare für die Verbringung von Abfällen – soweit praktikabel – von den Abfallerzeugern ausgefüllt werden.

---

1) Amtliche Fußnote: ABl. L 273 vom 10. 10. 2002, S. 1. Zuletzt geändert durch die Verordnung (EG) Nr. 416/2005 der Kommission (ABl. L 66 vom 12. 3. 2005, S. 10).

(19) Im Interesse der Rechtssicherheit und zur Gewährleistung einer einheitlichen Anwendung dieser Verordnung sowie des ordnungsgemäßen Funktionierens des Binnenmarktes ist es notwendig, Verfahrensgarantien für den Notifizierenden zu schaffen.

(20) Bei der Verbringung von zur Beseitigung bestimmten Abfällen sollten die Mitgliedstaaten die Grundsätze der Nähe, des Vorrangs für die Verwertung und der Entsorgungsautarkie auf gemeinschaftlicher und nationaler Ebene gemäß der Richtlinie 2006/12/EG des Europäischen Parlaments und des Rates vom 5. April 2006 über Abfälle[1] berücksichtigen, indem sie im Einklang mit dem Vertrag Maßnahmen ergreifen, um solche Verbringungen allgemein oder teilweise zu verbieten oder um systematisch Einwand dagegen zu erheben. Außerdem sollte der in der Richtlinie 2006/12/EG enthaltenen Vorschrift Rechnung getragen werden, wonach die Mitgliedstaaten ein integriertes und angemessenes Netz von Abfallbeseitigungsanlagen zu errichten haben, das es der Gemeinschaft insgesamt erlaubt, die Entsorgungsautarkie bei der Abfallbeseitigung zu erreichen, und es jedem einzelnen Mitgliedstaat ermöglicht, diese Autarkie anzustreben, wobei die geografischen Gegebenheiten oder der Bedarf an besonderen Anlagen für bestimmte Abfallarten zu berücksichtigen sind. Die Mitgliedstaaten sollten auch in der Lage sein sicherzustellen, dass die Abfallbehandlungsanlagen, die unter die Richtlinie 96/61/EG des Rates vom 24. September 1996 über die integrierte Vermeidung und Verminderung der Umweltverschmutzung[2] fallen, in Übereinstimmung mit der für die Anlage erteilten Genehmigung die besten verfügbaren Techniken im Sinne dieser Richtlinie anwenden, und dass die Abfälle im Einklang mit den verbindlichen gemeinschaftsrechtlichen Umweltschutzstandards für die Abfallbeseitigung behandelt werden.

(21) Im Fall von zur Verwertung bestimmten Abfällen sollten die Mitgliedstaaten in der Lage sein sicherzustellen, dass die Abfallbehandlungsanlagen, die unter die Richtlinie 96/61/EG fallen, in Übereinstimmung mit der für die Anlage erteilten Genehmigung die besten verfügbaren Techniken im Sinne dieser Richtlinie anwenden. Die Mitgliedstaaten sollten auch in der Lage sein sicherzustellen, dass die Abfälle im Einklang mit den verbindlichen gemeinschaftsrechtlichen Umweltschutzstandards für die Abfallverwertung und unter Beachtung des Artikels 7 Absatz 4 der Richtlinie 2006/12/EG im Einklang mit Abfallbewirtschaftungsplänen behandelt werden, die gemäß der genannten Richtlinie erstellt wurden, um die Einhaltung verbindlicher gemeinschaftsrechtlicher Verwertungs- oder Recyclingverpflichtungen sicherzustellen.

(22) Die Ausarbeitung verbindlicher Vorschriften für Abfallanlagen und die Behandlung spezifischer Abfallmaterialien auf Gemeinschaftsebene kann zusätzlich zu den bestehenden Bestimmungen des Gemeinschaftsrechts dazu beitragen, dass gemeinschaftsweit ein hohes Umweltschutzniveau erreicht, auf die Schaffung von gemeinschaftsweit einheitlichen Ausgangsbedingungen für Recycling hingearbeitet und sichergestellt wird, dass die Schaffung eines wirtschaftlich tragfähigen Binnenmarkts für das Recycling nicht behindert wird. Deshalb ist es notwendig, gemeinschaftsweit für gleiche Ausgangsbedingungen für das Recycling zu sorgen, indem gegebenenfalls in bestimmten Bereichen gemeinsame Standards angewandt werden, einschließ-

---

1) Amtliche Fußnote: ABl. L 114 vom 27. 4. 2006, S. 9.

2) Amtliche Fußnote: ABl. L 257 vom 10. 10. 1996, S. 26. Zuletzt geändert durch die Verordnung (EG) Nr. 166/2006 des Europäischen Parlaments und des Rates (ABl. L 33 vom 4. 2. 2006, S. 1).

lich für Sekundärmaterialien, um die Qualität des Recycling zu steigern. Die Kommission sollte so bald wie möglich auf der Grundlage einer weiteren Prüfung im Rahmen der Abfallstrategie gegebenenfalls Vorschläge für solche Standards für bestimmte Abfälle und bestimmte Recyclinganlagen vorlegen und dabei die bestehenden Rechtsvorschriften der Gemeinschaft und der Mitgliedstaaten berücksichtigen. Zwischenzeitlich sollte es unter bestimmten Bedingungen möglich sein, Einwände gegen geplante Verbringungen zu erheben, wenn die damit verbundene Verwertung nicht im Einklang mit dem nationalen Recht des Versandstaates für die Abfallverwertung steht. Die Kommission sollte in der Zwischenzeit auch die Situation in Bezug auf etwaige unerwünschte Verbringungen von Abfällen in die neuen Mitgliedstaaten weiter verfolgen und erforderlichenfalls geeignete Vorschläge zum Vorgehen in solchen Fällen unterbreiten.

(23) Im Sinne des UNECE-Übereinkommens über den Zugang zu Informationen, die Öffentlichkeitsbeteiligung an Entscheidungsverfahren und den Zugang zu Gerichten in Umweltangelegenheiten vom 25. Juni 1998 (Übereinkommen von Århus) sollten die Mitgliedstaaten aufgefordert sein, sicherzustellen, dass die betreffenden zuständigen Behörden auf geeigneten Wegen Informationen über die Notifizierungen von Verbringungen öffentlich zugänglich machen, sofern diese Angaben nach nationalem oder Gemeinschaftsrecht nicht vertraulich sind.

(24) Es sollte vorgeschrieben werden, dass Abfälle, deren Verbringung nicht wie vorgesehen abgeschlossen werden kann, in den Versandstaat zurückzunehmen oder auf andere Weise zu verwerten oder beseitigen sind.

(25) Außerdem sollte verbindlich vorgeschrieben werden, dass eine für die illegale Verbringung von Abfällen verantwortliche Person die betreffenden Abfälle zurücknehmen oder auf andere Weise verwerten oder beseitigen sollte. Unterbleibt dies, so sollten die zuständigen Behörden am Versand- bzw. Bestimmungsort selbst tätig werden.

(26) Der Geltungsbereich des zum Schutz der Umwelt in den betreffenden Staaten gemäß dem Basler Übereinkommen verhängten Verbots der Ausfuhr aus der Gemeinschaft von Abfällen, die zur Beseitigung in einem Drittstaat bestimmt sind, der kein Staat der EFTA (European Free Trade Association) ist, muss geklärt werden.

(27) Staaten, die Vertragsparteien des Abkommens über den Europäischen Wirtschaftsraum sind, können die für Verbringungen innerhalb der Gemeinschaft vorgesehenen Kontrollverfahren anwenden.

(28) Auch der Geltungsbereich des ebenfalls zum Schutz der Umwelt in den betreffenden Staaten gemäß dem Basler Übereinkommen verhängten Verbots der Ausfuhr gefährlicher Abfälle, die zur Verwertung in einem Staat bestimmt sind, für den der OECD-Beschluss nicht gilt, muss geklärt werden. Insbesondere müssen Unklarheiten in Bezug auf die Liste der Abfälle, für die dieses Verbot gilt, ausgeräumt werden, und es muss sichergestellt werden, dass diese auch die in Anlage II des Basler Übereinkommens aufgeführten Abfälle – nämlich Haushaltsabfälle und Rückstände aus der Verbrennung von Haushaltsabfällen – umfasst.

(29) Spezielle Regelungen für die Ausfuhr nicht gefährlicher Abfälle, die zur Verwertung in Staaten bestimmt sind, für die der OECD-Beschluss nicht gilt, sollten beibehalten und zu einem späteren Zeitpunkt vereinfacht werden.

(30) Die Einfuhr von zur Beseitigung bestimmten Abfällen in die Gemeinschaft sollte erlaubt sein, wenn der Ausfuhrstaat Vertragspartei des Basler Über-

einkommens ist. Die Einfuhr von zur Verwertung bestimmten Abfällen in die Gemeinschaft sollte erlaubt sein, wenn der Ausfuhrstaat ein Staat ist, für den der OECD-Beschluss gilt oder der Vertragspartei des Basler Übereinkommens ist. In anderen Fällen sollte die Einfuhr jedoch nur erlaubt sein, wenn der Ausfuhrstaat an bilaterale oder multilaterale Übereinkünfte oder Vereinbarungen gebunden ist, die mit dem Gemeinschaftsrecht vereinbar sind und mit Artikel 11 des Basler Übereinkommens in Einklang stehen, außer wenn dies während Krisensituationen, friedenschaffenden oder friedenserhaltenden Einsätzen oder Krieg nicht möglich ist.

(31) Diese Verordnung sollte im Einklang mit dem internationalen Seerecht angewandt werden.

(32) Diese Verordnung sollte mit den im Beschluss 2001/822/EG des Rates vom 27. November 2001 über die Assoziation der überseeischen Länder und Gebiete mit der Europäischen Gemeinschaft („Übersee-Assoziationsbeschluss")[1] enthaltenen Vorschriften zur Ein- und Ausfuhr von Abfällen in bzw. aus überseeische(n) Länder(n) und Gebiete(n) im Einklang stehen.

(33) Die erforderlichen Maßnahmen sollten ergriffen werden, um sicherzustellen, dass die innergemeinschaftliche Verbringung von Abfällen und die Einfuhr von Abfällen in die Gemeinschaft in Übereinstimmung mit der Richtlinie 2006/12/EG und anderen gemeinschaftsrechtlichen Vorschriften über Abfälle so erfolgt, dass während der gesamten Dauer der Verbringung, einschließlich der Verwertung oder Beseitigung im Empfängerstaat, die menschliche Gesundheit nicht gefährdet wird und keine Verfahren oder Methoden verwendet werden, die die Umwelt schädigen könnten. Bei nicht verbotenen Ausfuhren von Abfällen aus der Gemeinschaft sollten Bemühungen unternommen werden, um sicherzustellen, dass die Abfälle während der gesamten Verbringung und der Verwertung oder Beseitigung im Empfängerdrittstaat in umweltgerechter Weise behandelt werden. Die Anlage, die die Abfälle erhält, sollte im Einklang mit Standards zum Schutz der menschlichen Gesundheit und der Umwelt betrieben werden, die den im Gemeinschaftsrecht festgelegten Standards im Wesentlichen entsprechen. Es sollte eine Liste unverbindlicher Leitlinien, die als Anhaltspunkte für umweltgerechte Behandlung von Abfällen herangezogen werden können, erstellt werden.

(34) Die Mitgliedstaaten sollten die Kommission anhand der dem Sekretariat des Basler Übereinkommens übermittelten Berichte sowie auf der Grundlage eines separaten Fragebogens über die Umsetzung dieser Verordnung unterrichten.

(35) Die sichere und umweltgerechte Abwrackung von Schiffen muss sichergestellt werden, um die menschliche Gesundheit und die Umwelt zu schützen. Außerdem ist darauf hinzuweisen, dass ein Schiff nach Artikel 2 des Basler Übereinkommens als Abfall eingestuft und gleichzeitig gemäß anderen internationalen Rechtsvorschriften als Schiff definiert sein kann. Es ist wichtig, an die laufenden Arbeiten zu erinnern, die auch die Zusammenarbeit zwischen der Internationalen Arbeitsorganisation (ILO), der Internationalen Seeschifffahrtsorganisation (IMO) und dem Sekretariat des Basler Übereinkommens umfassen, um weltweit verbindliche Vorschriften aufzustellen, die für eine effiziente und wirksame Lösung der Probleme im Zusammenhang mit der Abwrackung von Schiffen sorgen.

---

1) Amtliche Fußnote: ABl. L 314 vom 30. 11. 2001, S. 1.

(36) Eine wirksame internationale Zusammenarbeit bei der Kontrolle von Abfallverbringungen ist für die Gewährleistung der Kontrolle von Verbringungen gefährlicher Abfälle wesentlich. Der Informationsaustausch, die gemeinsame Übernahme von Verantwortung und Initiativen zur Zusammenarbeit zwischen der Gemeinschaft und ihren Mitgliedstaaten sowie Drittstaaten sollten gefördert werden, um eine verträgliche Abfallbehandlung sicherzustellen.

(37) Bestimmte Anhänge zu dieser Verordnung sollten von der Kommission nach dem in Artikel 18 Absatz 3 der Richtlinie 2006/12/EG genannten Verfahren erlassen werden. Dieses Verfahren sollte auch auf Änderungen der Anhänge Anwendung finden, die erforderlich werden, um dem wissenschaftlichen und technischen Fortschritt, Änderungen der einschlägigen gemeinschaftlichen Rechtsvorschriften oder Ereignissen in Verbindung mit dem OECD-Beschluss oder dem Basler Übereinkommen und anderen damit zusammenhängenden internationalen Übereinkommen und Vereinbarungen Rechnung zu tragen.

(38) Bei der Ausarbeitung der Anweisungen für das Ausfüllen der Notifizierungs- und Begleitformulare nach Anhang IC sollte die Kommission unter Berücksichtigung des OECD-Beschlusses und des Basler Übereinkommens unter anderem darlegen, dass die Notifizierungs- und Begleitformulare möglichst zwei Seiten umfassen sollten, und einen genauen Zeitplan für das Ausfüllen der Notifizierungs- und Begleitformulare der Anhänge IA und IB unter Berücksichtigung des Anhangs II festlegen. Darüber hinaus sollten in den Fällen, in denen die Begriffe und Anforderungen des OECD-Beschlusses oder des Basler Übereinkommens von Begriffen und Anforderungen dieser Verordnung abweichen, die spezifischen Anforderungen näher ausgeführt werden.

(39) Bei der Prüfung der in Anhang IIIA aufzunehmenden Abfallgemische sollten unter anderem folgende Informationen berücksichtigt werden: die Eigenschaften der Abfälle, wie zum Beispiel ihre möglichen gefährlichen Eigenschaften, ihr Kontaminierungspotenzial und ihre physikalische Beschaffenheit, sowie die Behandlungsaspekte, wie zum Beispiel die technologische Fähigkeit zur Verwertung der Abfälle und die umweltspezifischen Vorteile, die sich aus der Verwertung ergeben, einschließlich der Frage, ob die umweltgerechte Behandlung der Abfälle beeinträchtigt werden könnte. Die Kommission sollte sich darum bemühen, diesen Anhang möglichst vor dem Inkrafttreten dieser Verordnung, spätestens jedoch sechs Monate nach diesem Termin, fertig zu stellen.

(40) Zusätzliche Maßnahmen zur Durchführung dieser Verordnung sollten ebenfalls von der Kommission nach dem in Artikel 18 Absatz 3 der Richtlinie 2006/12/EG genannten Verfahren erlassen werden. Diese sollten unter anderem ein Verfahren zur Berechnung der Sicherheitsleistung oder entsprechenden Versicherung umfassen, das von der Kommission nach Möglichkeit vor dem Zeitpunkt der Anwendung dieser Verordnung erstellt werden sollte.

(41) Die zur Durchführung dieser Verordnung erforderlichen Maßnahmen sollten gemäß dem Beschluss 1999/468/EG des Rates vom 28. Juni 1999 zur Festlegung der Modalitäten für die Ausübung der der Kommission übertragenen Durchführungsbefugnisse[1)] erlassen werden.

---

1) Amtliche Fußnote: ABl. L 184 vom 17. 7. 1999, S. 23.

(42) Da das Ziel dieser Verordnung, nämlich die Gewährleistung des Umweltschutzes bei der Verbringung von Abfällen, auf Ebene der Mitgliedstaaten nicht ausreichend erreicht werden kann und daher wegen seines Umfangs und seiner Wirkungen besser auf Gemeinschaftsebene zu erreichen ist, kann die Gemeinschaft im Einklang mit dem in Artikel 5 des Vertrags niedergelegten Subsidiaritätsprinzip tätig werden. Entsprechend dem in demselben Artikel genannten Verhältnismäßigkeitsprinzip geht diese Verordnung nicht über das für die Erreichung dieses Ziels erforderliche Maß hinaus –

HABEN FOLGENDE VERORDNUNG ERLASSEN:

TITEL I

GELTUNGSBEREICH UND BEGRIFFSBESTIMMUNGEN

Artikel 1 Geltungsbereich

(1) In dieser Verordnung werden Verfahren und Kontrollregelungen für die Verbringung von Abfällen festgelegt, die von dem Ursprung, der Bestimmung, dem Transportweg, der Art der verbrachten Abfälle und der Behandlung der verbrachten Abfälle am Bestimmungsort abhängen.

(2) Diese Verordnung gilt für die Verbringung von Abfällen:

a) zwischen Mitgliedstaaten innerhalb der Gemeinschaft oder mit Durchfuhr durch Drittstaaten;
b) aus Drittstaaten in die Gemeinschaft;
c) aus der Gemeinschaft in Drittstaaten;
d) mit Durchfuhr durch die Gemeinschaft von und nach Drittstaaten.

(3) Diese Verordnung gilt nicht für

a) das Abladen von Abfällen an Land, einschließlich der Abwässer und Rückstände, aus dem normalen Betrieb von Schiffen und Offshore-Bohrinseln, sofern diese Abfälle unter das Internationale Übereinkommen zur Verhütung der Meeresverschmutzung durch Schiffe von 1973 in der Fassung des Protokolls von 1978 (Marpol 73/78) oder andere bindende internationale Übereinkünfte fallen;
b) Abfälle, die in Fahrzeugen und Zügen sowie an Bord von Luftfahrzeugen und Schiffen anfallen, und zwar bis zum Zeitpunkt des Abladens dieser Abfälle zwecks Verwertung oder Beseitigung;
c) die Verbringung radioaktiver Abfälle im Sinne des Artikels 2 der Richtlinie 92/3/Euratom des Rates vom 3. Februar 1992 zur Überwachung und Kontrolle der Verbringungen radioaktiver Abfälle von einem Mitgliedstaat in einen anderen, in die Gemeinschaft und aus der Gemeinschaft[1)];
d) Verbringungen, die unter die Zulassungsanforderungen der Verordnung (EG) Nr. 1774/2002 fallen;
e) die Verbringung von Abfällen im Sinne des Artikels 2 Absatz 1 Buchstabe b Ziffern ii, iv und v der Richtlinie 2006/12/EG, sofern für diese Verbringung bereits andere gemeinschaftsrechtliche Vorschriften mit ähnlichen Bestimmungen gelten;
f) die Verbringung von Abfällen aus der Antarktis in die Gemeinschaft im Einklang mit dem Umweltschutzprotokoll zum Antarktis-Vertrag (1991);

---

1) Amtliche Fußnote: ABl. L 35 vom 12. 2. 1992, S. 24.

g) die Einfuhr in die Gemeinschaft von Abfällen, die beim Einsatz von Streitkräften oder Hilfsorganisationen in Krisensituationen oder im Rahmen friedenschaffender oder friedenserhaltender Maßnahmen anfallen, sofern diese Abfälle von den betreffenden Streitkräften oder Hilfsorganisationen oder in ihrem Auftrag direkt oder indirekt in den Empfängerstaat verbracht werden. In diesen Fällen ist jede für die Durchfuhr zuständige Behörde sowie die zuständige Behörde am Bestimmungsort in der Gemeinschaft im Voraus über die Verbringung und den Bestimmungsort zu unterrichten;

h) die Verbringung von CO_2 für die Zwecke der geologischen Speicherung gemäß der Richtlinie 2009/31/EG des Europäischen Parlaments und des Rates vom 23. April 2009 über die geologische Speicherung von Kohlendioxid[1];

i) Schiffe, die die Flagge eines Mitgliedstaats führen und in den Anwendungsbereich der Verordnung (EU) Nr. 1257/2013 des Europäischen Parlaments und des Rates[2)] fallen.

(4) Die Verbringung von Abfällen aus der Antarktis in Staaten außerhalb der Gemeinschaft mit Durchfuhr durch die Gemeinschaft unterliegt den Bestimmungen der Artikel 36 und 49.

(5) Die Verbringung von Abfällen ausschließlich innerhalb eines Mitgliedstaates unterliegt lediglich Artikel 33.

Artikel 2 Begriffsbestimmungen

Im Sinne dieser Verordnung bezeichnet der Ausdruck:

1. „Abfälle" Abfälle im Sinne des Artikels 1 Absatz 1 Buchstabe a der Richtlinie 2006/12/EG;
2. „gefährliche Abfälle" Abfälle im Sinne des Artikels 1 Absatz 4 der Richtlinie 91/689/EWG des Rates vom 12. Dezember 1991 über gefährliche Abfälle[3)];
3. „Abfallgemisch" Abfälle, die aus der absichtlichen oder unabsichtlichen Vermischung von zwei oder mehr unterschiedlichen Abfällen resultieren, wobei es für das Gemisch keinen Einzeleintrag in den Anhängen III, IIIB, IV und IVA gibt. Eine einzelne Verbringung von Abfällen, die zwei oder mehr voneinander getrennte Abfälle umfasst, ist kein Abfallgemisch;
4. „Beseitigung" die Beseitigung im Sinne des Artikels 1 Absatz 1 Buchstabe e der Richtlinie 2006/12/EG;
5. „vorläufige Beseitigung" die Beseitigungsverfahren D 13 bis D 15 im Sinne des Anhangs IIA der Richtlinie 2006/12/EG;
6. „Verwertung" die Verwertung im Sinne des Artikels 1 Absatz 1 Buchstabe f der Richtlinie 2006/12/EG;
7. „vorläufige Verwertung" die Verwertungsverfahren R 12 und R 13 im Sinne des Anhangs IIB der Richtlinie 2006/12/EG;

---

1 Amtliche Fußnote: ABl. L 140 vom 5. 6. 2009, S. 114.

2) Amtliche Fußnote: Verordnung (EU) Nr. 1257/2013 des Europäischen Parlaments und des Rates vom 20. November 2013 über das Recycling von Schiffen und zur Änderung der Verordnung (EG) Nr. 1013/2006 und der Richtlinie 2009/16/EG (ABl. L 330 vom 10. 12. 2013, S. 1).

3) Amtliche Fußnote: ABl. L 377 vom 31. 12. 1991, S. 20. Geändert durch die Richtlinie 94/31/EG (ABl. L 168 vom 2. 7. 1994, S. 28).

7a. „Wiederverwendung“ Wiederverwendung im Sinne des Artikels 3 Nummer 13 der Richtlinie 2008/98/EG des Europäischen Parlaments und des Rates[1];

8. „umweltgerechte Behandlung“ das Ergreifen aller praktisch durchführbaren Maßnahmen, die sicherstellen, dass Abfälle so behandelt werden, dass der Schutz der menschlichen Gesundheit und der Umwelt vor den nachteiligen Auswirkungen, die solche Abfälle haben können, sichergestellt ist;

9. „Erzeuger“ jede Person, durch deren Tätigkeit Abfälle anfallen („Ersterzeuger“), und/oder jede Person, die Vorbehandlungen, Vermischungen oder sonstige Behandlungen vornimmt, die eine Veränderung der Natur oder der Zusammensetzung dieser Abfälle bewirken („Neuerzeuger“) (im Sinne des Artikels 1 Absatz 1 Buchstabe b der Richtlinie 2006/12/EG);

10. „Besitzer“ den Erzeuger der Abfälle oder die natürliche oder juristische Person, in deren Besitz sich die Abfälle befinden (im Sinne des Artikels 1 Absatz 1 Buchstabe c der Richtlinie 2006/12/EG);

11. „Einsammler“ jede Person, die das Abfalleinsammeln im Sinne des Artikels 1 Absatz 1 Buchstabe g der Richtlinie 2006/12/EG durchführt;

12. „Händler“ jede Person, die in eigener Verantwortung handelt, wenn sie Abfälle kauft und anschließend verkauft, auch solche Händler, die die Abfälle nicht materiell in Besitz nehmen, und wie in Artikel 12 der Richtlinie 2006/12/EG aufgeführt;

13. „Makler“ jede Person, die für die Verwertung oder die Beseitigung von Abfällen für andere sorgt, auch solche Makler, die die Abfälle nicht materiell in Besitz nehmen, wie in Artikel 12 der Richtlinie 2006/12/EG aufgeführt;

14. „Empfänger“ die Person oder das Unternehmen, die bzw. das der Gerichtsbarkeit des Empfängerstaats unterliegt und zu der bzw. dem die Abfälle zur Verwertung oder Beseitigung verbracht werden;

15. „Notifizierender“
    a) im Falle einer Verbringung, die in einem Mitgliedstaat beginnt, eine der Gerichtsbarkeit dieses Mitgliedstaates unterliegende natürliche oder juristische Person, die beabsichtigt, eine Verbringung von Abfällen durchzuführen oder durchführen zu lassen, und zur Notifizierung verpflichtet ist. Der Notifizierende ist eine der nachfolgend aufgeführten Personen oder Einrichtungen in der Rangfolge der Nennung:
        i) der Ersterzeuger oder
        ii) der zugelassene Neuerzeuger, der vor der Verbringung Verfahren durchführt, oder
        iii) ein zugelassener Einsammler, der aus verschiedenen kleinen Mengen derselben Abfallart aus verschiedenen Quellen Abfälle für eine Verbringung zusammengestellt hat, die an einem bestimmten, in der Notifizierung genannten Ort beginnen soll, oder
        iv) ein eingetragener Händler, der von einem Ersterzeuger, Neuerzeuger oder zugelassenen Einsammler im Sinne der Ziffern i, ii und iii schriftlich ermächtigt wurde, in dessen Namen als Notifizierender aufzutreten, oder
        v) ein eingetragener Makler, der von einem Ersterzeuger, Neuerzeuger oder zugelassenen Einsammler im Sinne der Ziffern i, ii und iii

---

1) Amtliche Fußnote: Richtlinie 2008/98/EG des Europäischen Parlaments und des Rates vom 19. November 2008 über Abfälle und zur Aufhebung bestimmter Richtlinien (ABl. L 312 vom 22. 11. 2008, S. 3).

schriftlich ermächtigt wurde, in dessen Namen als Notifizierender aufzutreten, oder

vi) wenn alle in den Ziffern i, ii, iii, iv und v – soweit anwendbar – genannten Personen unbekannt oder insolvent sind, der Besitzer.

Sollte ein Notifizierender im Sinne der Ziffern iv oder v es versäumen, eine der in den Artikeln 22 bis 25 festgelegten Rücknahmeverpflichtungen zu erfüllen, so gilt der Ersterzeuger, Neuerzeuger bzw. zugelassene Einsammler im Sinne der Ziffern i, ii oder iii, der diesen Händler oder Makler ermächtigt hat, in seinem Namen aufzutreten, für die Zwecke der genannten Rücknahmeverpflichtungen als Notifizierender. Bei illegaler Verbringung, die von einem Händler oder Makler im Sinne der Ziffern iv oder v notifiziert wurde, gilt die in den Ziffern i, ii oder iii genannte Person, die diesen Händler oder Makler ermächtigt hat, in ihrem Namen aufzutreten, für die Zwecke dieser Verordnung als Notifizierender;

b) im Falle der Einfuhr in oder der Durchfuhr durch die Gemeinschaft von nicht aus einem Mitgliedstaat stammenden Abfällen jede der folgenden der Gerichtsbarkeit des Versandstaats unterliegenden natürlichen oder juristischen Personen, die eine Verbringung von Abfällen durchzuführen oder durchführen zu lassen beabsichtigen oder durchführen ließen, d.h. entweder

i) die von den Rechtsvorschriften des Versandstaats bestimmte Person oder in Ermangelung einer solchen Bestimmung

ii) die Person, die während der Ausfuhr Besitzer der Abfälle war;

16. „Basler Übereinkommen" das Basler Übereinkommen vom 22. März 1989 über die Kontrolle der grenzüberschreitenden Verbringung von gefährlichen Abfällen und ihrer Entsorgung;

17. „OECD-Beschluss" den Beschluss C(2001)107 endg. des OECD-Rates zur Änderung des Beschlusses C(92)39 endg. über die Kontrolle der grenzüberschreitenden Verbringung von zur Verwertung bestimmten Abfällen;

18. „zuständige Behörde"

a) im Falle von Mitgliedstaaten die von einem Mitgliedstaat nach Artikel 53 benannte Stelle oder

b) im Falle eines Nichtmitgliedstaats, der Vertragspartei des Basler Übereinkommens ist, die von diesem Nichtmitgliedstaat für die Zwecke des Übereinkommens gemäß Artikel 5 desselben als zuständige Behörde benannte Stelle oder

c) im Falle eines weder in Buchstabe a noch in Buchstabe b genannten Staates die Stelle, die von dem betreffenden Staat oder der betreffenden Region als zuständige Behörde bestimmt wurde, oder, in Ermangelung einer solchen Bestimmung, diejenige Behörde des Staates bzw. der Region, in deren Zuständigkeitsbereich die Verbringung von zur Verwertung, Beseitigung bzw. Durchfuhr bestimmten Abfällen fällt;

19. „*zuständige Behörde* am Versandort" die zuständige Behörde des Gebiets, von dem aus die Verbringung beginnen soll oder beginnt;

20. „zuständige Behörde am Bestimmungsort" die zuständige Behörde des Gebiets, in das die Verbringung erfolgen soll oder erfolgt oder in dem Abfälle vor der Verwertung oder Beseitigung in einem Gebiet, das nicht der Gerichtsbarkeit eines Staates unterliegt, verladen werden;

21. „für die Durchfuhr zuständige Behörde" die zuständige Behörde des Staats – mit Ausnahme des Staats der zuständigen Behörde am Versand-

oder am Bestimmungsort –, durch den die Verbringung erfolgen soll oder erfolgt;

22. „Versandstaat" jeden Staat, von dem aus eine Verbringung von Abfällen beginnen soll oder beginnt;
23. „Empfängerstaat" jeden Staat, in den Abfälle zur Verwertung oder Beseitigung oder zur Verladung vor der Verwertung oder Beseitigung in einem Gebiet, das nicht der Gerichtsbarkeit eines Staates unterliegt, verbracht werden sollen oder verbracht werden;
24. „Durchfuhrstaat" jeden Staat mit Ausnahme des Versand- und des Empfängerstaats, durch den die Verbringung von Abfällen erfolgen soll oder erfolgt;
25. „der Gerichtsbarkeit eines Staates unterliegendes Gebiet" jedes Land- oder Meeresgebiet, innerhalb dessen ein Staat im Einklang mit dem Völkerrecht Verwaltungs- und Regelungsbefugnisse in Bezug auf den Schutz der menschlichen Gesundheit oder der Umwelt ausübt;
26. „überseeische Länder und Gebiete" die in Anhang IA des Beschlusses 2001/822/EG aufgeführten überseeischen Länder und Gebiete;
27. „Ausfuhrzollstelle der Gemeinschaft" die Zollstelle im Sinne des Artikels 161 Absatz 5 der Verordnung (EWG) Nr. 2913/92 des Rates vom 12. Oktober 1992 zur Festlegung des Zollkodex der Gemeinschaften[1)];
28. „Ausgangszollstelle der Gemeinschaft" die Zollstelle im Sinne des Artikels 793 Absatz 2 der Verordnung (EWG) Nr. 2454/93 der Kommission vom 2. Juli 1993 mit Durchführungsvorschriften zu der Verordnung (EWG) Nr. 2913/92 des Rates zur Festlegung des Zollkodex der Gemeinschaften[2)];
29. „Eingangszollstelle der Gemeinschaft" die Zollstelle, zu der in das Zollgebiet der Gemeinschaft verbrachte Abfälle gemäß Artikel 38 Absatz 1 der Verordnung (EWG) Nr. 2913/92 zu befördern sind;
30. „Einfuhr" jede Verbringung von Abfällen in die Gemeinschaft mit Ausnahme der Durchfuhr durch die Gemeinschaft;
31. „Ausfuhr" eine Verbringung von Abfällen aus der Gemeinschaft mit Ausnahme der Durchfuhr durch die Gemeinschaft;
32. „Durchfuhr" eine Verbringung von Abfällen, die durch einen oder mehrere Staaten mit Ausnahme des Versand- oder Empfängerstaats erfolgt oder erfolgen soll;
33. „Transport" die Beförderung von Abfällen auf der Straße, der Schiene, dem Luftweg, dem Seeweg oder Binnengewässern;
34. „Verbringung" den Transport von zur Verwertung oder Beseitigung bestimmten Abfällen, der erfolgt oder erfolgen soll:
    a) zwischen zwei Staaten oder
    b) zwischen einem Staat und überseeischen Ländern und Gebieten oder anderen Gebieten, die unter dem Schutz dieses Staates stehen, oder
    c) zwischen einem Staat und einem Landgebiet, das völkerrechtlich keinem Staat angehört, oder
    d) zwischen einem Staat und der Antarktis oder
    e) aus einem Staat durch eines der oben genannten Gebiete oder

---

1) Amtliche Fußnote: ABl. L 302 vom 19. 10. 1992, S. 1. Zuletzt geändert durch die Verordnung (EG) Nr. 648/2005 des Europäischen Parlaments und des Rates (ABl. L 117 vom 4. 5. 2005, S. 13).

2) Amtliche Fußnote: ABl. L 253 vom 11. 10. 1993, S. 1. Zuletzt geändert durch die Verordnung (EG) Nr. 215/2006 (ABl. L 38 vom 9. 2. 2006, S. 11).

f) innerhalb eines Staates durch eines der oben genannten Gebiete und der in demselben Staat beginnt und endet, oder

g) aus einem geografischen Gebiet, das nicht der Gerichtsbarkeit eines Staates unterliegt, in einen Staat;

35. „illegale Verbringung“ jede Verbringung von Abfällen, die

a) ohne Notifizierung an alle betroffenen zuständigen Behörden gemäß dieser Verordnung erfolgt oder

b) ohne die Zustimmung der betroffenen zuständigen Behörden gemäß dieser Verordnung erfolgt oder

c) mit einer durch Fälschung, falsche Angaben oder Betrug erlangten Zustimmung der betroffenen zuständigen Behörden erfolgt oder

d) in einer Weise erfolgt, die den Notifizierungs- oder Begleitformularen sachlich nicht entspricht, oder

e) in einer Weise erfolgt, die eine Verwertung oder Beseitigung unter Verletzung gemeinschaftlicher oder internationaler Bestimmungen bewirkt, oder

f) den Artikeln 34, 36, 39, 40, 41 und 43 widerspricht oder

g) in Bezug auf eine Verbringung von Abfällen im Sinne des Artikel 3 Absätze 2 und 4 dadurch gekennzeichnet ist, dass

i) die Abfälle offensichtlich nicht in den Anhängen III, IIIA oder IIIB aufgeführt sind oder

ii) Artikel 3 Absatz 4 verletzt wurde oder

iii) die Verbringung der Abfälle auf eine Weise geschieht, die dem in Anhang VII aufgeführten Dokument sachlich nicht entspricht;

35a. „Kontrolle“ Maßnahmen, die von den beteiligten Behörden unternommen werden, um festzustellen, ob eine Einrichtung, ein Unternehmen, ein Makler, ein Händler, eine Abfallverbringung oder die damit verbundene Verwertung oder Beseitigung die einschlägigen Vorschriften dieser Verordnung erfüllt.

TITEL II

VERBRINGUNG INNERHALB DER GEMEINSCHAFT MIT ODER OHNE DURCHFUHR DURCH DRITTSTAATEN

Artikel 3 Allgemeiner Verfahrensrahmen

(1) Die Verbringung folgender Abfälle unterliegt dem Verfahren der vorherigen schriftlichen Notifizierung und Zustimmung im Sinne der Bestimmungen dieses Titels:

a) falls zur Beseitigung bestimmt:
alle Abfälle;

b) falls zur Verwertung bestimmt:

i) in Anhang IV aufgeführte Abfälle, einschließlich u.a. der in den Anhängen II und VIII des Basler Übereinkommens aufgeführten Abfälle;

ii) in Anhang IVA aufgeführte Abfälle;

iii) nicht als Einzeleintrag in Anhang III, IIIB, IV oder IVA eingestufte Abfälle;

iv) nicht als Einzeleintrag in Anhang III, IIIB, IV oder IVA eingestufte Abfallgemische, sofern sie nicht in Anhang IIIA aufgeführt sind.

(2) Die Verbringung folgender zur Verwertung bestimmter Abfälle unterliegt den allgemeinen Informationspflichten gemäß Artikel 18, sofern die verbrachte Abfallmenge mehr als 20 kg beträgt:

a) in Anhang III oder IIIB aufgeführte Abfälle;
b) nicht als Einzeleintrag in Anhang III eingestufte Gemische aus zwei oder mehr in Anhang III aufgeführten Abfällen, sofern die Zusammensetzung dieser Gemische ihre umweltgerechte Verwertung nicht erschwert und solche Gemische gemäß Artikel 58 in Anhang IIIA aufgeführt sind.

(3) Auf die in Anhang III aufgeführten Abfälle werden die einschlägigen Bestimmungen in Ausnahmefällen so angewandt, als wären sie in Anhang IV aufgeführt, wenn sie eine der in Anhang III der Richtlinie 91/689/EWG aufgeführten gefährlichen Eigenschaften aufweisen. Diese Fälle werden gemäß Artikel 58 behandelt.

(4) Die Verbringung von Abfällen, die ausdrücklich zur Laboranalyse bestimmt sind, um ihre physikalischen oder chemischen Eigenschaften zu prüfen oder ihre Eignung für Verwertungs- oder Beseitigungsverfahren zu ermitteln, unterliegt nicht dem Verfahren der vorherigen schriftlichen Notifizierung und Zustimmung gemäß Absatz 1. Stattdessen gelten die Verfahrensvorschriften des Artikels 18. Die von der Ausnahmeregelung gedeckte Abfallmenge der ausdrücklich zur Laboranalyse bestimmten Abfälle bemisst sich nach der Mindestmenge, die zur ordnungsgemäßen Durchführung der Analyse in jedem Einzelfall notwendig ist, und darf 25 kg nicht übersteigen.

(5) Die Verbringung von gemischten Siedlungsabfällen (Abfallschlüssel 20 03 01), die in privaten Haushaltungen eingesammelt worden sind – einschließlich wenn dabei auch solche Abfälle anderer Erzeuger eingesammelt werden –, zu Verwertungs- oder Beseitigungsanlagen unterliegt gemäß dieser Verordnung den gleichen Bestimmungen wie die Verbringung von zur Beseitigung bestimmten Abfällen.

KAPITEL 1

Vorherige schriftliche Notifizierung und Zustimmung

Artikel 4 Notifizierung

Beabsichtigt der Notifizierende die Verbringung von Abfällen gemäß Artikel 3 Absatz 1 Buchstabe a oder b, so muss er bei und über die zuständige Behörde am Versandort eine vorherige schriftliche Notifizierung einreichen und im Falle einer Sammelnotifizierung Artikel 13 beachten.

Bei der Einreichung einer Notifizierung sind folgende Voraussetzungen zu erfüllen:

1. Notifizierungs- und Begleitformulare:

   Die Notifizierung erfolgt anhand folgender Unterlagen:

   a) Notifizierungsformular gemäß Anhang IA und

   b) Begleitformular gemäß Anhang IB.

   Bei der Einreichung einer Notifizierung füllt der Notifizierende das Notifizierungsformular und – soweit relevant – das Begleitformular aus.

Ist der Notifizierende nicht der Ersterzeuger gemäß Artikel 2 Nummer 15 Buchstabe a Ziffer i, so sorgt der Notifizierende dafür, dass auch dieser Erzeuger oder eine der in Artikel 2 Nummer 15 Buchstabe a Ziffer ii oder iii genannten Personen, sofern dies durchführbar ist, das Notifizierungsformular gemäß Anhang IA unterzeichnet.

Das Notifizierungsformular und das Begleitformular werden an den Notifizierenden von der zuständigen Behörde am Versandort herausgegeben.

2. Informationen und Unterlagen im Notifizierungs- und Begleitformular:

   Der Notifizierende gibt die in Anhang II Teil 1 aufgeführten Informationen und Unterlagen im Notifizierungsformular an oder fügt sie diesem bei.

   Der Notifizierende gibt die in Anhang II Teil 2 aufgeführten Informationen und Unterlagen im Begleitformular an oder fügt sie diesem soweit möglich bei der Notifizierung bei.

   Eine Notifizierung gilt als ordnungsgemäß ausgeführt, wenn die zuständige Behörde am Versandort der Auffassung ist, dass das Notifizierungs- und das Begleitformular gemäß Unterabsatz 1 ausgefüllt worden sind.

3. Zusätzliche Informationen und Unterlagen:

   Ersucht eine der betroffenen zuständigen Behörden um zusätzliche Informationen und Unterlagen, so werden diese vom Notifizierenden zur Verfügung gestellt. In Anhang II Teil 3 sind zusätzliche Informationen und Unterlagen aufgeführt, die verlangt werden können.

   Eine Notifizierung gilt als ordnungsgemäß abgeschlossen, wenn die zuständige Behörde am Bestimmungsort der Auffassung ist, dass das Notifizierungs- und das Begleitformular ausgefüllt und die in Anhang II Teil 1 und Teil 2 aufgeführten Informationen und Unterlagen sowie etwaige nach diesem Absatz verlangte zusätzliche Informationen und Unterlagen gemäß Anhang II Teil 3 vom Notifizierenden bereitgestellt wurden.

4. Abschluss eines Vertrags zwischen Notifizierendem und Empfänger:

   Der Notifizierende schließt mit dem Empfänger gemäß Artikel 5 einen Vertrag über die Verwertung oder Beseitigung der notifizierten Abfälle.

   Den beteiligten zuständigen Behörden ist bei der Notifizierung der Nachweis über den Abschluss dieses Vertrages oder eine Erklärung zur Bestätigung seines Bestehens nach Anhang IA vorzulegen. Der Notifizierende oder der Empfänger hat der zuständigen Behörde auf Ersuchen eine Kopie dieses Vertrages oder den für die betroffene zuständige Behörde als zufrieden stellend geltenden Nachweis zu übermitteln.

5. Hinterlegung von Sicherheitsleistungen oder Abschluss entsprechender Versicherungen:

   Gemäß Artikel 6 werden Sicherheitsleistungen hinterlegt oder entsprechende Versicherungen abgeschlossen. Der Notifizierende gibt zu diesem Zweck durch Ausfüllen des entsprechenden Teils des Notifizierungsformulars nach Anhang IA eine entsprechende Erklärung ab.

   Die Sicherheitsleistungen oder entsprechenden Versicherungen (oder sofern die zuständige Behörde dies gestattet, der Nachweis über diese Sicherheitsleistungen oder entsprechenden Versicherungen oder eine Erklärung zur Bestätigung ihres Bestehens) sind bei der Notifizierung als Teil des Notifizierungsformulars oder, falls die zuständige Behörde dies auf der Grundlage nationaler Rechtsvorschriften erlaubt, vor Beginn der Verbringung vorzulegen.

6. Geltungsbereich der Notifizierung:

Eine Notifizierung muss die Verbringung der Abfälle vom ursprünglichen Versandort einschließlich ihrer vorläufigen und nicht vorläufigen Verwertung oder Beseitigung umfassen.

Erfolgen die anschließenden vorläufigen oder nicht vorläufigen Verfahren in einem anderen Staat als dem ersten Empfängerstaat, so sind das nicht vorläufige Verfahren und sein Bestimmungsort in der Notifizierung anzugeben und Artikel 15 Buchstabe f einzuhalten.

Jede Notifizierung betrifft nur einen einzigen Abfallidentifizierungscode, mit Ausnahme von:

a) nicht als Einzeleintrag in Anhang III, IIIB, IV oder IVA eingestufte Abfälle. In diesem Fall ist nur eine Abfallart anzugeben;

b) nicht als Einzeleintrag in Anhang III, IIIB, IV oder IVA eingestufte Abfallgemische, es sei denn, sie sind in Anhang IIIA aufgeführt. In diesem Fall ist der Code jedes Abfallanteils in der Reihenfolge seiner Bedeutung anzugeben.

Artikel 5 Vertrag

(1) Jede notifizierungspflichtige Verbringung von Abfällen muss Gegenstand eines Vertrags zwischen dem Notifizierenden und dem Empfänger über die Verwertung oder Beseitigung der notifizierten Abfälle sein.

(2) Der Vertrag muss bei der Notifizierung für die Dauer der Verbringung abgeschlossen und wirksam sein, bis eine Bescheinigung gemäß Artikel 15 Buchstabe e, Artikel 16 Buchstabe e oder gegebenenfalls Artikel 15 Buchstabe d ausgestellt wird.

(3) Der Vertrag umfasst die Verpflichtung

a) des Notifizierenden zur Rücknahme der Abfälle gemäß Artikel 22 und Artikel 24 Absatz 2, falls die Verbringung oder die Verwertung oder Beseitigung nicht in der vorgesehenen Weise abgeschlossen wurde oder illegal erfolgt ist;

b) des Empfängers zur Verwertung oder Beseitigung der Abfälle gemäß Artikel 24 Absatz 3, falls ihre Verbringung illegal erfolgt ist;

c) der Anlage zur Vorlage einer Bescheinigung gemäß Artikel 16 Buchstabe e darüber, dass die Abfälle gemäß der Notifizierung und den darin festgelegten Bedingungen sowie den Vorschriften dieser Verordnung verwertet oder beseitigt wurden.

(4) Sind die verbrachten Abfälle zur vorläufigen Verwertung oder Beseitigung bestimmt, so umfasst der Vertrag folgende zusätzliche Verpflichtungen:

a) die Verpflichtung der Empfängeranlage zur Vorlage der Bescheinigungen gemäß Artikel 15 Buchstabe d und gegebenenfalls Buchstabe e darüber, dass die Abfälle gemäß der Notifizierung und den darin festgelegten Bedingungen sowie den Vorschriften dieser Verordnung verwertet oder beseitigt wurden, und

b) soweit anwendbar, die Verpflichtung des Empfängers zur Einreichung einer Notifizierung bei der ursprünglich zuständigen Behörde am Versandort des ursprünglichen Versandstaats gemäß Artikel 15 Buchstabe f Ziffer ii.

(5) Werden die Abfälle zwischen zwei Einrichtungen, die derselben juristischen Person zuzurechnen sind, verbracht, so kann der Vertrag durch eine Erklärung der juristischen Person ersetzt werden, in der diese sich zur Verwertung oder Beseitigung der notifizierten Abfälle verpflichtet.

Artikel 6 Sicherheitsleistung

(1) Für jede notifizierungspflichtige Verbringung von Abfällen müssen Sicherheitsleistungen hinterlegt oder entsprechende Versicherungen abgeschlossen werden, die Folgendes abdecken:

a) Transportkosten;

b) Kosten der Verwertung oder Beseitigung, einschließlich aller erforderlichen vorläufigen Verfahren, und

c) Lagerkosten für 90 Tage.

(2) Die Sicherheitsleistungen oder entsprechenden Versicherungen sind dazu bestimmt, die Kosten zu decken, die anfallen,

a) wenn eine Verbringung oder die Verwertung oder Beseitigung nicht in der vorgesehenen Weise abgeschlossen werden kann; dieser Fall ist in Artikel 22 geregelt;

b) wenn eine Verbringung oder die Verwertung oder Beseitigung illegal ist; dieser Fall ist in Artikel 24 geregelt.

(3) Die Sicherheitsleistungen oder entsprechenden Versicherungen müssen von dem Notifizierenden oder von einer anderen in seinem Namen handelnden natürlichen oder juristischen Person bei der Notifizierung oder, falls die zuständige Behörde, die die Sicherheitsleistungen oder entsprechenden Versicherungen genehmigt, dies gestattet, spätestens bei Beginn der Verbringung hinterlegt bzw. abgeschlossen werden, wirksam sein und spätestens bei Beginn der notifizierten Verbringung für diese gültig sein.

(4) Die zuständige Behörde am Versandort genehmigt die Sicherheitsleistungen oder entsprechenden Versicherungen einschließlich Form, Wortlaut und Deckungsbetrag.

Bei einer Einfuhr in die Gemeinschaft überprüft die zuständige Behörde am Bestimmungsort jedoch den Deckungsbetrag und genehmigt erforderlichenfalls zusätzliche Sicherheitsleistungen oder entsprechende Versicherungen.

(5) Die Sicherheitsleistungen oder entsprechenden Versicherungen müssen für die notifizierte Verbringung und die Durchführung der Verwertung oder Beseitigung der notifizierten Abfälle gültig sein und diese abdecken.

Die Sicherheitsleistungen oder entsprechenden Versicherungen sind freizugeben, wenn die betroffene zuständige Behörde die Bescheinigung gemäß Artikel 16 Buchstabe e oder bei vorläufiger Verwertung oder Beseitigung gegebenenfalls gemäß Artikel 15 Buchstabe e erhalten hat.

(6) Abweichend von Absatz 5 können die Sicherheitsleistungen oder entsprechenden Versicherungen für den Fall, dass die verbrachten Abfälle zur vorläufigen Verwertung oder Beseitigung bestimmt sind und ein weiteres Verwertungs- oder Beseitigungsverfahren im Empfängerstaat erfolgt, freigegeben werden, wenn die Abfälle die vorläufige Anlage verlassen und die betroffene zuständige Behörde die in Artikel 15 Buchstabe d genannte Bescheinigung erhalten hat. In diesem Fall muss jede weitere Verbringung zu einer Verwertungs- oder Beseitigungsanlage durch eine neue Sicherheitsleistung oder entsprechende Versicherung abgedeckt sein, es sei denn, die zuständige Behörde des Bestimmungsortes ist der Auffassung, dass eine solche Sicherheitsleistung oder entsprechende Versicherung nicht erforderlich ist. In diesem Fall ist die zuständige Behörde am Bestimmungsort für die Verpflichtungen, die sich bei illegaler Verbringung ergeben, oder für die Rücknahme verantwortlich, wenn die Verbringung oder das weitere Beseitigungs- oder Verwertungsverfahren nicht wie vorgesehen abgeschlossen werden können.

(7) Die zuständige Behörde innerhalb der Gemeinschaft, die die Sicherheitsleistung oder entsprechende Versicherung genehmigt hat, hat Zugriff darauf und nimmt die entsprechenden Mittel zur Einhaltung der sich aus den Artikeln 23 und 25 ergebenden Verpflichtungen, einschließlich für Zahlungen an andere betroffene Behörden, in Anspruch.

(8) Bei einer Sammelnotifizierung gemäß Artikel 13 können anstelle einer Sicherheitsleistung oder entsprechenden Versicherung für die gesamte Sammelnotifizierung mehrere einzelne Sicherheitsleistungen oder entsprechende Versicherungen für Teile der Sammelnotifizierung hinterlegt bzw. abgeschlossen werden. In derartigen Fällen müssen die Sicherheitsleistungen oder entsprechenden Versicherungen spätestens bei Beginn der notifizierten Verbringung, die abzudecken ist, gültig sein.

Die Sicherheitsleistungen oder entsprechenden Versicherungen sind freizugeben, wenn die betroffene zuständige Behörde die Bescheinigung für die betreffenden Abfälle gemäß Artikel 16 Buchstabe e oder bei vorläufiger Verwertung oder Beseitigung gegebenenfalls gemäß Artikel 15 Buchstabe e erhalten hat. Absatz 6 gilt entsprechend.

(9) Die Mitgliedstaaten unterrichten die Kommission über die von ihnen nach diesem Artikel erlassenen nationalen Rechtsvorschriften.

Artikel 7 Übermittlung der Notifizierung durch die zuständige Behörde am Versandort

(1) Ist die Notifizierung nach Artikel 4 Absatz 2 Nummer 2 ordnungsgemäß ausgeführt worden, so behält die zuständige Behörde am Versandort eine Kopie der Notifizierung und übermittelt die Notifizierung der zuständigen Behörde am Bestimmungsort mit Kopien an die für die Durchfuhr zuständige(n) Behörde(n) und setzt den Notifizierenden hiervon in Kenntnis. Dies muss innerhalb von drei Werktagen nach Eingang der Notifizierung erfolgen.

(2) Ist die Notifizierung nicht ordnungsgemäß ausgeführt, so muss die zuständige Behörde am Versandort den Notifizierenden gemäß Artikel 4 Absatz 2 Nummer 2 um weitere Informationen und Unterlagen ersuchen.

Dies muss innerhalb von drei Werktagen nach Eingang der Notifizierung erfolgen.

In diesen Fällen verfügt die zuständige Behörde am Versandort über drei Werktage ab Eingang der ersuchten Informationen und Unterlagen, um der Anforderung nach Absatz 1 nachzukommen.

(3) Ist die Notifizierung nach Artikel 4 Absatz 2 Nummer 2 ordnungsgemäß ausgeführt worden, so kann die zuständige Behörde am Versandort innerhalb von drei Werktagen beschließen, nicht mit der Notifizierung fortzufahren, falls sie Einwände gegen die Verbringung im Sinne der Artikel 11 und 12 hat.

Sie unterrichtet den Notifizierenden unverzüglich von ihrer Entscheidung und diesen Einwänden.

(4) Hat die zuständige Behörde am Versandort die Notifizierung nicht gemäß Absatz 1 innerhalb von 30 Tagen ab ihrem Eingang weitergeleitet, so hat sie dem Notifizierenden auf dessen Antrag hin eine mit Gründen versehene Erklärung zu übermitteln. Dies gilt nicht, wenn dem Ersuchen um Informationen gemäß Absatz 2 nicht nachgekommen worden ist.

Artikel 8 Ersuchen der betroffenen zuständigen Behörden um Informationen und Unterlagen und Empfangsbestätigung der zuständigen Behörde am Bestimmungsort

(1) Ist eine der betroffenen zuständigen Behörden nach Übermittlung der Notifizierung durch die zuständige Behörde am Versandort der Auffassung, dass zusätzliche Informationen und Unterlagen gemäß Artikel 4 Absatz 2 Nummer 3 erforderlich sind, so ersucht sie den Notifizierenden um diese Informationen und Unterlagen und unterrichtet die anderen zuständigen Behörden von diesem Ersuchen. Dies muss innerhalb von drei Werktagen nach Eingang der Notifizierung erfolgen. In diesen Fällen verfügen die betroffenen zuständigen Behörden über drei Werktage ab Eingang der ersuchten Informationen und Unterlagen, um die zuständige Behörde des Bestimmungsortes zu unterrichten.

(2) Ist die zuständige Behörde am Bestimmungsort der Auffassung, dass die Notifizierung gemäß Artikel 4 Absatz 2 Nummer 3 ordnungsgemäß abgeschlossen wurde, so übermittelt sie dem Notifizierenden eine Empfangsbestätigung und den anderen betroffenen zuständigen Behörden Kopien davon. Dies muss innerhalb von drei Werktagen nach Eingang der ordnungsgemäß abgeschlossenen Notifizierung erfolgen.

(3) Hat die zuständige Behörde am Bestimmungsort den Eingang der Notifizierung nicht gemäß Absatz 2 innerhalb von 30 Tagen ab ihrem Eingang bestätigt, so hat sie dem Notifizierenden auf dessen Antrag hin eine mit Gründen versehene Erklärung zu übermitteln.

Artikel 9 Zustimmungen durch die zuständigen Behörden am Versandort und am Bestimmungsort sowie durch die für die Durchfuhr zuständigen Behörden und Fristen für Transport, Verwertung oder Beseitigung

(1) Die zuständigen Behörden am Bestimmungsort und am Versandort sowie die für die Durchfuhr zuständigen Behörden verfügen nach der Übermittlung der Empfangsbestätigung durch die zuständige Behörde am Bestimmungsort gemäß Artikel 8 über eine Frist von 30 Tagen, um in Bezug auf die notifizierte Verbringung schriftlich eine der folgenden ordnungsgemäß mit Gründen versehenen Entscheidungen zu treffen:

a) Zustimmung ohne Auflagen;

b) mit Auflagen gemäß Artikel 10 verbundene Zustimmung oder

c) Erhebung von Einwänden gemäß den Artikeln 11 und 12.

Werden innerhalb der genannten Frist von 30 Tagen keine Einwände erhoben, so gilt eine stillschweigende Zustimmung der für die Durchfuhr zuständigen Behörde als erteilt.

(2) Die zuständigen Behörden am Bestimmungsort und am Versandort sowie gegebenenfalls die für die Durchfuhr zuständigen Behörden übermitteln dem Notifizierenden innerhalb der in Absatz 1 genannten Frist von 30 Tagen schriftlich ihre Entscheidung und die Gründe dafür; Kopien der Schreiben werden den anderen betroffenen zuständigen Behörden übersandt.

(3) Die zuständigen Behörden am Bestimmungsort und am Versandort sowie gegebenenfalls die für die Durchfuhr zuständigen Behörden erteilen ihre schriftliche Zustimmung durch entsprechendes Abstempeln, Unterzeichnen und Datieren des Notifizierungsformulars oder der ihnen übermittelten Kopien dieses Formulars.

(4) Die schriftliche Zustimmung zu einer geplanten Verbringung erlischt nach Ablauf von einem Kalenderjahr ab dem Datum ihrer Erteilung oder ab einem in dem Notifizierungsformular angegebenen späteren Datum. Dies gilt jedoch nicht, falls von den betroffenen zuständigen Behörden ein kürzerer Zeitraum angegeben wird.

(5) Eine stillschweigende Zustimmung zu einer geplanten Verbringung erlischt ein Kalenderjahr nach Ablauf der in Absatz 1 genannten Frist von 30 Tagen.

(6) Die geplante Verbringung darf nur erfolgen, wenn die in Artikel 16 Buchstaben a und b genannten Anforderungen erfüllt sind, und nur so lange, wie die stillschweigenden oder schriftlichen Zustimmungen aller zuständigen Behörden gültig sind.

(7) Die Verwertung oder Beseitigung von Abfällen im Zusammenhang mit einer geplanten Verbringung muss spätestens ein Kalenderjahr nach Erhalt der Abfälle durch die Anlage abgeschlossen sein, sofern von den betroffenen zuständigen Behörden kein kürzerer Zeitraum angegeben wird.

(8) Die zuständigen Behörden widerrufen ihre Zustimmung, wenn sie davon Kenntnis erlangen, dass

a) die Zusammensetzung der Abfälle nicht der Notifizierung entspricht oder
b) die mit der Verbringung verbundenen Auflagen nicht erfüllt werden oder
c) die Abfälle nicht entsprechend der Genehmigung für die Anlage, in der das betreffende Verfahren durchgeführt wird, verwertet oder beseitigt werden oder
d) die Abfälle in einer Weise verbracht, verwertet oder beseitigt werden oder wurden, die nicht den Informationen entspricht, die im Notifizierungsformular und im Begleitformular angegeben oder diesen beigefügt sind.

(9) Jeder Widerruf einer Zustimmung erfolgt mittels einer förmlichen Nachricht an den Notifizierenden, von der den anderen betroffenen zuständigen Behörden sowie dem Empfänger Kopien übermittelt werden.

Artikel 10 Auflagen für eine Verbringung

(1) Die zuständigen Behörden am Versandort und am Bestimmungsort und die für die Durchfuhr zuständigen Behörden verfügen über eine Frist von 30 Tagen ab dem Zeitpunkt der Übermittlung der Empfangsbestätigung durch die zuständige Behörde am Bestimmungsort gemäß Artikel 8, um ihre Zustimmung zur notifizierten Verbringung mit Auflagen zu verbinden. Diese Auflagen können sich auf einen oder mehrere der in Artikel 11 oder Artikel 12 aufgeführten Gründe stützen.

(2) Die zuständigen Behörden am Versandort und am Bestimmungsort und die für die Durchfuhr zuständigen Behörden können innerhalb der in Absatz 1 genannten Frist von 30 Tagen auch Auflagen für den Transport der Abfälle in ihrem Zuständigkeitsbereich festlegen. Diese Transportauflagen dürfen nicht strenger sein als die Auflagen für ähnliche Verbringungen, die ausschließlich in ihrem Zuständigkeitsbereich durchgeführt werden, und müssen geltenden Vereinbarungen, insbesondere einschlägigen internationalen Übereinkünften, angemessen Rechnung tragen.

(3) Die zuständigen Behörden am Versandort und am Bestimmungsort und die für die Durchfuhr zuständigen Behörden können innerhalb der in Absatz 1 genannten Frist von 30 Tagen auch festlegen, dass ihre Zustimmung als widerrufen gilt, falls die Sicherheitsleistungen oder entsprechenden Versicherungen nicht gemäß Artikel 6 Absatz 3 spätestens bei Beginn der Verbringung gültig sind.

(4) Auflagen werden dem Notifizierenden von der zuständigen Behörde, die diese festlegt, schriftlich mitgeteilt; die betroffenen zuständigen Behörden erhalten Kopien hiervon.

Die Auflagen werden von der betreffenden zuständigen Behörde im Notifizierungsformular angegeben oder diesem beigefügt.

(5) Die zuständige Behörde am Bestimmungsort kann innerhalb der in Absatz 1 genannten Frist von 30 Tagen auch vorschreiben, dass die Anlage, die die Abfälle erhält, die Eingänge, Ausgänge und/oder den Bestand der Abfälle sowie die damit verbundenen Verwertungs- und Beseitigungsverfahren, so, wie sie in der Notifizierung angegeben sind, für die Geltungsdauer der Notifizierung regelmäßig aufzeichnet. Diese Aufzeichnungen sind von einer rechtlich für die Anlage verantwortlichen Person zu unterzeichnen und innerhalb eines Monats nach Abschluss der notifizierten Verwertung oder Beseitigung an die zuständige Behörde am Bestimmungsort zu übermitteln.

Artikel 11 Einwände gegen die Verbringung von zur Beseitigung bestimmten Abfällen

(1) Bei der Notifizierung einer geplanten Verbringung von zur Beseitigung bestimmten Abfällen können die zuständigen Behörden am Bestimmungsort und am Versandort innerhalb einer Frist von 30 Tagen ab dem Zeitpunkt der Übermittlung der Empfangsbestätigung durch die zuständige Behörde am Bestimmungsort gemäß Artikel 8 im Einklang mit dem Vertrag begründete Einwände erheben, die sich auf einen oder mehrere der folgenden Gründe stützen:

a) Die geplante Verbringung oder Beseitigung würde nicht im Einklang mit Maßnahmen stehen, die zur Umsetzung der Grundsätze der Nähe, des Vorrangs der Verwertung und der Entsorgungsautarkie auf gemeinschaftlicher und nationaler Ebene gemäß der Richtlinie 2006/12/EG ergriffen wurden, um die Verbringung von Abfällen allgemein oder teilweise zu verbieten oder um gegen jegliche Verbringungen Einwände zu erheben; oder

b) die geplante Verbringung oder Beseitigung würde nicht im Einklang mit nationalen Rechtsvorschriften zum Schutz der Umwelt, zur Wahrung der öffentlichen Sicherheit und Ordnung oder zum Schutz der Gesundheit stehen, die in dem Einwände erhebenden Staat vorgenommene Handlungen betreffen; oder

c) der Notifizierende oder der Empfänger wurde in der Vergangenheit wegen illegaler Verbringungen oder anderer rechtswidriger Handlungen auf dem Gebiet des Umweltschutzes verurteilt. In diesem Fall können die zuständigen Behörden am Versandort und am Bestimmungsort jede Verbringung, an der die betreffende Person beteiligt ist, gemäß nationalen Rechtsvorschriften ablehnen; oder

d) der Notifizierende oder die Anlage hat bei früheren Verbringungen wiederholt die Artikel 15 und 16 nicht eingehalten; oder

e) der Mitgliedstaat möchte sein Recht nach Artikel 4 Absatz 1 des Basler Übereinkommens wahrnehmen, die Einfuhr von gefährlichen Abfällen oder von in Anhang II dieses Übereinkommens genannten Abfällen zu verbieten; oder

f) die geplante Verbringung oder Beseitigung verstößt gegen Verpflichtungen aus internationalen Übereinkommen, die von einem oder mehreren betroffenen Mitgliedstaaten oder der Gemeinschaft geschlossen wurden; oder

g) die geplante Verbringung oder Beseitigung steht unter Berücksichtigung geografischer Gegebenheiten oder der Notwendigkeit besonderer Anlagen für bestimmte Abfallarten nicht im Einklang mit der Richtlinie 2006/12/EG, insbesondere den Artikeln 5 und 7,

i) wonach der Grundsatz der Entsorgungsautarkie auf gemeinschaftlicher und nationaler Ebene angewendet werden muss oder

ii) wenn die besondere Anlage Abfälle zu beseitigen hat, die an einem näher gelegenen Ort anfallen, und die zuständige Behörde solchen Abfällen Vorrang eingeräumt hat oder

iii) wonach sichergestellt werden muss, dass die Verbringung im Einklang mit Abfallbewirtschaftungsplänen steht; oder

h) die Abfälle sollen in einer Anlage behandelt werden, die unter die Richtlinie 96/61/EG fällt, aber nicht die besten verfügbaren Techniken im Sinne des Artikels 9 Absatz 4 der genannten Richtlinie in Übereinstimmung mit der für die Anlage erteilten Genehmigung anwendet; oder

i) es handelt sich um gemischte Siedlungsabfälle aus privaten Haushaltungen (Abfallschlüssel 20 03 01); oder

j) die betreffenden Abfälle werden nicht im Einklang mit verbindlichen gemeinschaftsrechtlichen Umweltschutzstandards für die Beseitigung behandelt, und zwar auch in Fällen, in denen befristete Ausnahmen gewährt werden.

(2) Die für die Durchfuhr zuständige(n) Behörde(n) kann (können) innerhalb der in Absatz 1 genannten Frist von 30 Tagen nur auf Absatz 1 Buchstaben b, c, d und f gestützte begründete Einwände erheben.

(3) Werden in einem Mitgliedstaat, der Versandstaat ist, gefährliche Abfälle in so geringen jährlichen Gesamtmengen erzeugt, dass die Einrichtung neuer besonderer Beseitigungsanlagen in diesem Mitgliedstaat unwirtschaftlich wäre, so gilt Absatz 1 Buchstabe a nicht.

Die zuständige Behörde am Bestimmungsort arbeitet mit der zuständigen Behörde am Versandort, die der Auffassung ist, dass der vorliegende Absatz und nicht Absatz 1 Buchstabe a Anwendung finden sollte, zusammen, um das Problem bilateral zu lösen.

Wird keine zufrieden stellende Lösung gefunden, so kann jeder Mitgliedstaat die Angelegenheit an die Kommission verweisen. Entschieden wird dann nach dem in Artikel 59a Absatz 2 genannten Regelungsverfahren.

(4) Sind die zuständigen Behörden der Auffassung, dass die Probleme, die zu den Einwänden geführt haben, innerhalb der in Absatz 1 genannten Frist von 30 Tagen gelöst wurden, so unterrichten sie den Notifizierenden unverzüglich schriftlich hierüber und senden dem Empfänger und den anderen betroffenen zuständigen Behörden Kopien.

(5) Werden die Probleme, die zu den Einwänden geführt haben, nicht innerhalb der in Absatz 1 genannten Frist von 30 Tagen gelöst, so wird die Notifizierung ungültig. Beabsichtigt der Notifizierende weiterhin, die Verbringung vorzunehmen, so ist eine erneute Notifizierung einzureichen, es sei denn, alle betroffenen zuständigen Behörden und der Notifizierende treffen eine anders lautende Übereinkunft.

(6) Maßnahmen, die ein Mitgliedstaat gemäß Absatz 1 Buchstabe a ergreift, um die Verbringung von zur Beseitigung bestimmten Abfällen ganz oder teilweise zu verbieten oder gegen jegliche Verbringung von Abfällen Einwände zu erheben, oder Maßnahmen nach Absatz 1 Buchstabe e sind der Kommission unverzüglich mitzuteilen, die die anderen Mitgliedstaaten informiert.

Artikel 12 Einwände gegen die Verbringung von zur Verwertung bestimmten Abfällen

(1) Bei der Notifizierung einer geplanten Verbringung von zur Verwertung bestimmten Abfällen können die zuständigen Behörden am Bestimmungsort und am Versandort innerhalb einer Frist von 30 Tagen ab dem Zeitpunkt der Übermittlung der Empfangsbestätigung durch die zuständige Behörde am Bestimmungsort gemäß Artikel 8 im Einklang mit dem Vertrag begründete Einwände erheben, die sich auf einen oder mehrere der folgenden Gründe stützen:

a) Die geplante Verbringung oder Verwertung würde nicht im Einklang mit der Richtlinie 2006/12/EG, insbesondere den Artikeln 3, 4, 7 und 10 der genannten Richtlinie stehen; oder

b) die geplante Verbringung oder Verwertung würde nicht im Einklang mit nationalen Rechtsvorschriften zum Schutz der Umwelt, zur Wahrung der öffentlichen Sicherheit und Ordnung oder zum Schutz der Gesundheit stehen, die in dem Einwände erhebenden Staat vorgenommene Handlungen betreffen; oder

c) die geplante Verbringung oder Verwertung würde nicht im Einklang mit nationalen Rechtsvorschriften im Versandstaat betreffend die Abfallverwertung stehen, auch dann, wenn die geplante Verbringung Abfälle betreffen würde, die zur Verwertung in einer Anlage bestimmt sind, deren Standards für die Behandlung dieser bestimmten Abfälle weniger streng sind als im Versandstaat, wobei die Notwendigkeit eines reibungslosen Funktionierens des Binnenmarktes zu beachten ist.

   Dies gilt nicht, sofern

   i) eine entsprechende Gemeinschaftsgesetzgebung insbesondere für Abfälle besteht und sofern Anforderungen, die mindestens so streng sind wie die in der Gemeinschaftsgesetzgebung enthaltenen, in die nationalen Rechtsvorschriften zur Umsetzung dieser Gemeinschaftsgesetzgebung aufgenommen worden sind;

   ii) das Verwertungsverfahren im Empfängerstaat unter Bedingungen erfolgt, die weitgehend den in den nationalen Rechtsvorschriften des Versandstaats genannten Bedingungen entsprechen;

   iii) die nationalen Rechtsvorschriften im Versandstaat, die nicht unter Ziffer i fallen, nicht gemäß der Richtlinie 98/34/EG des Europäischen Parlaments und des Rates vom 22. Juni 1998 über ein Informationsverfahren auf dem Gebiet der Normen und technischen Vorschriften und der Vorschriften für die Dienste der Informationsgesellschaft[1] notifiziert worden sind, wenn die genannte Richtlinie dies verlangt; oder

d) der Notifizierende oder der Empfänger wurde in der Vergangenheit wegen illegaler Verbringungen oder anderer rechtswidriger Handlungen auf dem Gebiet des Umweltschutzes verurteilt. In diesem Fall können die zuständigen Behörden am Versandort und am Bestimmungsort jede Verbringung, an der die betreffende Person beteiligt ist, nach nationalen Rechtsvorschriften ablehnen; oder

e) der Notifizierende oder die Anlage hat bei früheren Verbringungen wiederholt die Artikel 15 und 16 nicht eingehalten; oder

f) die geplante Verbringung oder Verwertung verstößt gegen Verpflichtungen aus internationalen Übereinkommen, die von einem oder mehreren betroffenen Mitgliedstaaten oder der Gemeinschaft geschlossen wurden; oder

---

1) Amtliche Fußnote: ABl. L 204 vom 21. 7. 1998, S. 37. Zuletzt geändert durch die Beitrittsakte von 2003.

g) der Anteil an verwertbarem und nicht verwertbarem Abfall, der geschätzte Wert der letztlich verwertbaren Stoffe oder die Kosten der Verwertung und die Kosten der Beseitigung des nicht verwertbaren Anteils rechtfertigen unter wirtschaftlichen und/oder ökologischen Gesichtspunkten keine Verwertung; oder

h) die verbrachten Abfälle sind zur Beseitigung und nicht zur Verwertung bestimmt; oder

i) die Abfälle sollen in einer Anlage behandelt werden, die unter die Richtlinie 96/61/EG fällt, aber nicht die besten verfügbaren Techniken im Sinne des Artikels 9 Absatz 4 der genannten Richtlinie in Übereinstimmung mit der für die Anlage erteilten Genehmigung anwendet; oder

j) die betreffenden Abfälle werden nicht im Einklang mit verbindlichen Umweltschutzstandards für Verwertungsverfahren oder verbindlichen gemeinschaftsrechtlichen Verwertungs- oder Recyclingverpflichtungen behandelt, und zwar auch in den Fällen, in denen befristete Ausnahmen gewährt werden; oder

k) die betreffenden Abfälle werden nicht nach Abfallbewirtschaftungsplänen behandelt, die gemäß Artikel 7 der Richtlinie 2006/12/EG erstellt wurden, um die Einhaltung verbindlicher Verwertungs- und Recyclingverpflichtungen des Gemeinschaftsrechts zu gewährleisten.

(2) Die für die Durchfuhr zuständige(n) Behörde(n) kann (können) innerhalb der in Absatz 1 genannten Frist von 30 Tagen auf Absatz 1 Buchstaben b, d, e und f gestützte begründete Einwände gegen die geplante Verbringung erheben.

(3) Sind die zuständigen Behörden der Auffassung, dass die Probleme, die zu den Einwänden geführt haben, innerhalb der in Absatz 1 genannten Frist von 30 Tagen gelöst wurden, so unterrichten sie den Notifizierenden unverzüglich schriftlich darüber und senden dem Empfänger und den anderen betroffenen zuständigen Behörden Kopien.

(4) Werden die Probleme, die zu den Einwänden geführt haben, nicht innerhalb der in Absatz 1 genannten Frist von 30 Tagen gelöst, so wird die Notifizierung ungültig. Beabsichtigt der Notifizierende weiterhin, die Verbringung vorzunehmen, so ist eine erneute Notifizierung einzureichen, es sei denn, alle betroffenen zuständigen Behörden und der Notifizierende treffen eine anders lautende Übereinkunft.

(5) Einwände, die von den zuständigen Behörden gemäß Absatz 1 Buchstabe c erhoben werden, müssen der Kommission von den Mitgliedstaaten gemäß Artikel 51 mitgeteilt werden.

(6) Der Mitgliedstaat, der Versandstaat ist, unterrichtet die Kommission und die anderen Mitgliedstaaten über die nationalen Rechtsvorschriften, auf die sich die von den zuständigen Behörden gemäß Absatz 1 Buchstabe c erhobenen Einwände stützen können, und gibt dabei an, für welche Abfälle und Verwertungsverfahren diese Einwände gelten, bevor diese Rechtsvorschriften zur Erhebung begründeter Einwände herangezogen werden.

Artikel 13 Sammelnotifizierung

(1) Der Notifizierende kann eine Sammelnotifizierung, die mehrere Verbringungen abdeckt, einreichen, falls für jede einzelne Verbringung Folgendes gilt:

a) die Abfälle weisen im Wesentlichen ähnliche physikalische und chemische Eigenschaften auf, und

b) die Abfälle werden zum gleichen Empfänger und zur gleichen Anlage verbracht, und

c) der im Notifizierungsformular angegebene Transportweg ist der gleiche.

(2) Kann aufgrund unvorhergesehener Umstände nicht der gleiche Transportweg eingehalten werden, so teilt der Notifizierende dies den betroffenen zuständigen Behörden so bald wie möglich und nach Möglichkeit vor Beginn der Verbringung mit, falls die Notwendigkeit einer Änderung bereits bekannt ist.

Ist die Änderung des Transportwegs vor Beginn der Verbringung bekannt und sind andere als die von der Sammelnotifizierung betroffenen zuständigen Behörden daran beteiligt, so darf die Sammelnotifizierung nicht verwendet werden, und es ist eine neue Notifizierung einzureichen.

(3) Die betroffenen zuständigen Behörden können ihre Zustimmung zu einer Sammelnotifizierung von der späteren Vorlage zusätzlicher Informationen und Unterlagen gemäß Artikel 4 Absatz 2 Nummern 2 und 3 abhängig machen.

Artikel 14 Verwertungsanlagen mit Vorabzustimmung

(1) Die zuständigen Behörden am Bestimmungsort, in deren Zuständigkeit spezielle Verwertungsanlagen fallen, können beschließen, dafür Vorabzustimmungen auszustellen.

Solche Entscheidungen sind auf einen bestimmten Zeitraum begrenzt und können jederzeit widerrufen werden.

(2) Im Falle einer gemäß Artikel 13 eingereichten Sammelnotifizierung kann die zuständige Behörde am Bestimmungsort die in Artikel 9 Absätze 4 und 5 genannte Gültigkeitsdauer für die Zustimmung im Einvernehmen mit den anderen betroffenen zuständigen Behörden auf bis zu drei Jahre verlängern.

(3) Zuständige Behörden, die beschließen, eine Vorabzustimmung gemäß den Absätzen 1 und 2 auszustellen, übermitteln der Kommission und gegebenenfalls dem OECD-Sekretariat folgende Angaben:

a) den Namen, die Registriernummer und die Anschrift der Verwertungsanlage,

b) die Beschreibung der angewandten Technologien einschließlich R-Code(s),

c) die in den Anhängen IV und IVA aufgeführten Abfälle oder die Abfälle, für die der Beschluss gilt,

d) die von der Vorabzustimmung betroffene Gesamtmenge,

e) die Gültigkeitsdauer,

f) etwaige Änderungen der Vorabzustimmung,

g) etwaige Änderungen der notifizierten Informationen und

h) etwaige Widerrufe der Vorabzustimmung.

Dazu wird das Formular in Anhang VI verwendet.

(4) Abweichend von den Artikeln 9, 10, und 12 unterliegen gemäß Artikel 9 erteilte Zustimmungen, gemäß Artikel 10 erteilte Auflagen und gemäß Artikel 12 erhobene Einwände der betroffenen zuständigen Behörden einer Frist von sieben Werktagen ab dem Zeitpunkt der Übermittlung der Empfangsbestätigung durch die zuständige Behörde am Bestimmungsort gemäß Artikel 8.

(5) Unbeschadet des Absatzes 4 kann die zuständige Behörde am Versandort entscheiden, dass mehr Zeit notwendig ist, um vom Notifizierenden weitere Informationen oder Unterlagen zu erhalten.

In diesem Fall teilt die zuständige Behörde dies dem Notifizierenden innerhalb von sieben Werktagen schriftlich mit; Kopien werden den anderen betroffenen zuständigen Behörden übersandt.

Der insgesamt benötigte Zeitraum darf 30 Tage ab dem Zeitpunkt der Übermittlung der Empfangsbestätigung durch die zuständige Behörde am Bestimmungsort gemäß Artikel 8 nicht überschreiten.

Artikel 15 Zusätzliche Bestimmungen zur vorläufigen Verwertung und Beseitigung

Die Verbringung von Abfällen, die zur vorläufigen Verwertung oder Beseitigung bestimmt sind, unterliegt folgenden zusätzlichen Bestimmungen:

a) Ist eine Verbringung von Abfällen zur vorläufigen Verwertung oder Beseitigung bestimmt, so müssen alle Anlagen, in denen die nachfolgende vorläufige und nicht vorläufige Verwertung oder Beseitigung vorgesehen ist, zusätzlich zu der ersten vorläufigen Verwertung oder Beseitigung ebenfalls im Notifizierungsformular angegeben werden.

b) Die zuständigen Behörden am Versandort und am Bestimmungsort dürfen einer Verbringung von zur vorläufigen Verwertung oder Beseitigung bestimmten Abfällen nur dann zustimmen, wenn nach Artikel 11 oder 12 keine Gründe gegen die Verbringung von Abfällen zu den Anlagen, in denen die nachfolgende vorläufige oder nicht vorläufige Verwertung oder Beseitigung erfolgen soll, vorliegen.

c) Die betroffene Anlage, die die vorläufige Verwertung oder Beseitigung vornimmt, bestätigt die Entgegennahme der Abfälle schriftlich innerhalb von drei Tagen nach deren Erhalt.

   Diese Bestätigung ist im Begleitformular anzugeben oder diesem beizufügen. Die besagte Anlage übermittelt dem Notifizierenden und den betroffenen zuständigen Behörden unterzeichnete Kopien des um diese Bestätigung ergänzten Begleitformulars.

d) Die Anlage, die die vorläufige Verwertung oder Beseitigung der Abfälle vornimmt, bescheinigt unter ihrer Verantwortung so bald wie möglich, spätestens jedoch 30 Tage nach Abschluss der vorläufigen Verwertung oder Beseitigung und nicht später als ein Kalenderjahr nach Erhalt der Abfälle oder innerhalb eines kürzeren Zeitraums gemäß Artikel 9 Absatz 7, den Abschluss der vorläufigen Verwertung oder Beseitigung.

   Diese Bescheinigung ist im Begleitformular anzugeben oder diesem beizufügen.

   Die besagte Anlage übermittelt dem Notifizierenden und den betroffenen zuständigen Behörden unterzeichnete Kopien des um diese Bescheinigung ergänzten Begleitformulars.

e) Liefert eine Anlage zur Verwertung oder Beseitigung von Abfällen, die die vorläufige Verwertung oder Beseitigung von Abfällen vornimmt, die Abfälle zur nachfolgenden vorläufigen oder nicht vorläufigen Verwertung oder Beseitigung an eine im Empfängerstaat gelegene Anlage, so muss sie so bald wie möglich, spätestens jedoch ein Kalenderjahr nach Lieferung der Abfälle oder innerhalb eines kürzeren Zeitraums gemäß Artikel 9 Absatz 7, eine Bescheinigung von dieser Anlage über die Durchführung der nachfolgenden nicht vorläufigen Verwertung oder Beseitigung erhalten.

   Die besagte Anlage, die die vorläufige Verwertung oder Beseitigung vornimmt, übermittelt dem Notifizierenden und den betroffenen zuständigen Behörden unverzüglich die entsprechende(n) Bescheinigung(en) unter Angabe der Verbringung(en), auf die die Bescheinigung(en) sich bezieht bzw. beziehen.

f) Eine Lieferung gemäß Buchstabe e an eine Anlage

   i) im ursprünglichen Versandstaat oder in einem anderen Mitgliedstaat bedarf einer erneuten Notifizierung gemäß den Bestimmungen dieses Titels oder

   ii) in einem Drittstaat bedarf einer erneuten Notifizierung gemäß den Bestimmungen dieser Verordnung, wobei die Bestimmungen in Bezug auf die betroffenen zuständigen Behörden auch für die ursprüngliche zuständige Behörde im ursprünglichen Versandstaat gelten.

Artikel 16 Nach der Zustimmung zu einer Verbringung greifende Vorschriften

Nach der Zustimmung zu einer notifizierten Verbringung durch die betroffenen zuständigen Behörden füllen alle beteiligten Unternehmen das Begleitformular oder im Falle einer Sammelnotifizierung die Begleitformulare an den entsprechenden Stellen aus, unterzeichnen es bzw. sie und behalten selbst eine Kopie bzw. Kopien davon. Folgende Anforderungen sind zu erfüllen:

a) Ausfüllen des Begleitformulars durch den Notifizierenden: Sobald der Notifizierende die Zustimmung der zuständigen Behörden am Versandort und am Bestimmungsort sowie der für die Durchfuhr zuständigen Behörden erhalten hat bzw. die stillschweigende Zustimmung der Letzteren voraussetzen kann, trägt er das tatsächliche Datum der Verbringung in das Begleitformular ein und füllt dieses ansonsten soweit wie möglich aus.

b) Vorherige Mitteilung des tatsächlichen Beginns der Verbringung: Der Notifizierende übermittelt den betroffenen zuständigen Behörden und dem Empfänger mindestens drei Werktage vor Beginn der Verbringung unterzeichnete Kopien des gemäß Buchstabe a ausgefüllten Begleitformulars.

c) Bei jedem Transport mitzuführende Unterlagen: Der Notifizierende behält eine Kopie des Begleitformulars. Bei jedem Transport sind das Begleitformular sowie Kopien des Notifizierungsformulars, die die von den betroffenen zuständigen Behörden erteilten schriftlichen Zustimmungen sowie die entsprechenden Auflagen enthalten, mitzuführen. Das Begleitformular wird von der Anlage, die die Abfälle erhält, aufbewahrt.

d) Schriftliche Bestätigung des Erhalts der Abfälle durch die Anlage: Die Anlage bestätigt die Entgegennahme der Abfälle schriftlich innerhalb von drei Tagen nach deren Erhalt.
   Diese Bestätigung ist im Begleitformular anzugeben oder diesem beizufügen.

   Die Anlage übermittelt dem Notifizierenden und den betroffenen zuständigen Behörden unterzeichnete Kopien des um diese Bestätigung ergänzten Begleitformulars.

e) Bescheinigung der nicht vorläufigen Verwertung oder Beseitigung durch die Anlage: Die Anlage, die die nicht vorläufige Verwertung oder Beseitigung vornimmt, bescheinigt unter ihrer Verantwortung so bald wie möglich, spätestens jedoch 30 Tage nach Abschluss der nicht vorläufigen Verwertung oder Beseitigung und nicht später als ein Kalenderjahr nach Erhalt der Abfälle oder innerhalb eines kürzeren Zeitraums gemäß Artikel 9 Absatz 7, den Abschluss der nicht vorläufigen Verwertung oder Beseitigung der Abfälle.

   Diese Bescheinigung ist im Begleitformular anzugeben oder diesem beizufügen.

Die Anlage übermittelt dem Notifizierenden und den betroffenen zuständigen Behörden unterzeichnete Kopien des um diese Bescheinigung ergänzten Begleitformulars.

Artikel 17 Änderungen der Verbringung nach der Zustimmung

(1) Bei erheblichen Änderungen der Einzelheiten und/oder Bedingungen einer Verbringung mit Zustimmung, einschließlich Änderungen der vorgesehenen Menge, des Transportwegs, der Beförderung, des Zeitpunkts der Verbringung oder des Transportunternehmens, unterrichtet der Notifizierende die betroffenen zuständigen Behörden und den Empfänger unverzüglich und, sofern möglich, vor Beginn der Verbringung.

(2) In solchen Fällen ist eine erneute Notifizierung einzureichen, es sei denn, alle betroffenen zuständigen Behörden sind der Ansicht, dass die beabsichtigten Änderungen keine erneute Notifizierung erfordern.

(3) Berühren derartige Änderungen andere zuständige Behörden als die von der ursprünglichen Notifizierung betroffenen, so ist eine erneute Notifizierung einzureichen.

KAPITEL 2
Allgemeine Informationspflichten

Artikel 18 Abfälle, für die bestimmte Informationen mitzuführen sind

(1) Die beabsichtigte Verbringung von Abfällen im Sinne des Artikels 3 Absätze 2 und 4 unterliegt folgenden Verfahrensvorschriften:

a) Damit die Verbringung solcher Abfälle besser verfolgt werden kann, hat die der Gerichtsbarkeit des Versandstaats unterliegende Person, die die Verbringung veranlasst, sicherzustellen, dass das in Anhang VII enthaltene Dokument mitgeführt wird.

b) Das in Anhang VII enthaltene Dokument ist von der Person, die die Verbringung veranlasst, vor Durchführung derselben und von der Verwertungsanlage oder dem Labor und dem Empfänger bei der Übergabe der betreffenden Abfälle zu unterzeichnen.

(2) Der in Anhang VII genannte Vertrag über die Verwertung der Abfälle zwischen der Person, die die Verbringung veranlasst, und dem Empfänger muss bei Beginn der Verbringung wirksam sein und für den Fall, dass die Verbringung oder Verwertung der Abfälle nicht in der vorgesehenen Weise abgeschlossen werden kann oder dass sie als illegale Verbringung durchgeführt wurde, für die Person, die die Verbringung veranlasst, oder, falls diese zur Durchführung der Verbringung oder der Verwertung der Abfälle nicht in der Lage ist (z.B. bei Insolvenz), für den Empfänger die Verpflichtung enthalten,

a) die Abfälle zurückzunehmen oder deren Verwertung auf andere Weise sicherzustellen und

b) erforderlichenfalls in der Zwischenzeit für deren Lagerung zu sorgen.

Der betreffenden zuständigen Behörde ist auf Ersuchen von der Person, die die Verbringung veranlasst, oder vom Empfänger eine Kopie dieses Vertrages zu übermitteln.

(3) Die Mitgliedstaaten können zum Zwecke der Kontrolle, Durchsetzung, Planung und statistischen Erhebung nach nationalem Recht die in Absatz 1 genann-

ten Informationen über Verbringungen anfordern, die von diesem Artikel erfasst werden.

(4) Die in Absatz 1 genannten Informationen sind vertraulich zu behandeln, sofern dies nach Gemeinschafts- und nationalem Recht erforderlich ist.

KAPITEL 3

Allgemeine Vorschriften

Artikel 19 Verbot der Vermischung von Abfällen bei der Verbringung

Ab dem Beginn der Verbringung bis zur Entgegennahme in einer Verwertungs- oder Beseitigungsanlage dürfen im Notifizierungsformular oder in Artikel 18 genannte Abfälle nicht mit anderen Abfällen vermischt werden.

Artikel 20 Aufbewahrung von Unterlagen und Informationen

(1) Alle in Bezug auf eine notifizierte Verbringung an die zuständigen Behörden gerichteten oder von diesen verschickten Unterlagen sind von den zuständigen Behörden, vom Notifizierenden, vom Empfänger und von der Anlage, die die Abfälle erhält, mindestens drei Jahre lang, gerechnet ab Beginn der Verbringung, innerhalb der Gemeinschaft aufzubewahren.

(2) Gemäß Artikel 18 Absatz 1 angegebene Informationen sind von der Person, die die Verbringung veranlasst, vom Empfänger und von der Anlage, die die Abfälle erhält, mindestens drei Jahre lang ab dem Zeitpunkt des Beginns der Verbringung innerhalb der Gemeinschaft aufzubewahren.

Artikel 21 Zugang der Öffentlichkeit zu Notifizierungen

Die zuständigen Behörden am Versand- bzw. Bestimmungsort können auf geeigneten Wegen wie dem Internet Informationen über die Notifizierungen von Verbringungen, denen sie zugestimmt haben, öffentlich zugänglich machen, sofern diese Angaben nach nationalem oder Gemeinschaftsrecht nicht vertraulich sind.

KAPITEL 4

Rücknahmeverpflichtungen

Artikel 22 Rücknahme, wenn eine Verbringung nicht wie vorgesehen abgeschlossen werden kann

(1) Erhält eine der betroffenen zuständigen Behörden Kenntnis davon, dass eine Verbringung von Abfällen, einschließlich ihrer Verwertung oder Beseitigung, nicht gemäß den Bedingungen des Notifizierungs- und des Begleitformulars und/oder des in Artikel 4 Absatz 2 Nummer 4 und Artikel 5 genannten Vertrags abgeschlossen werden kann, so unterrichtet sie unverzüglich die zuständige Behörde am Versandort. Weist eine Verwertungs- oder Beseitigungsanlage zu ihr verbrachte Abfälle zurück, so unterrichtet sie unverzüglich die zuständige Behörde am Bestimmungsort hiervon.

(2) Die zuständige Behörde am Versandort stellt außer in den in Absatz 3 genannten Fällen sicher, dass die betreffenden Abfälle von dem Notifizierenden gemäß der in Artikel 2 Nummer 15 festgelegten Rangfolge oder, falls dies nicht mög-

lich ist, von der zuständigen Behörde selbst oder von einer in ihrem Namen handelnden natürlichen oder juristischen Person in das Gebiet ihrer Gerichtsbarkeit oder ein anderes Gebiet im Versandstaat zurückgenommen werden.

Dies erfolgt innerhalb von 90 Tagen oder innerhalb eines anderen, von den betroffenen zuständigen Behörden einvernehmlich festgelegten Zeitraums, nachdem die zuständige Behörde am Versandort von der Undurchführbarkeit der Verbringung mit Zustimmung der Abfälle oder ihrer Verwertung oder Beseitigung und den Gründen hierfür Kenntnis erhalten hat oder von der zuständigen Behörde am Bestimmungsort oder den für die Durchfuhr zuständigen Behörden schriftlich davon benachrichtigt wurde. Ausgangspunkt entsprechender Benachrichtigungen können Informationen sein, die den zuständigen Behörden am Bestimmungsort oder den für die Durchfuhr zuständigen Behörden unter anderem durch die übrigen zuständigen Behörden übermittelt wurden.

(3) Die Rücknahmeverpflichtung gemäß Absatz 2 gilt nicht, wenn die am Versand- und Bestimmungsort sowie für die Durchfuhr jeweils zuständigen Behörden, die mit der Beseitigung oder Verwertung der Abfälle befasst sind, der Auffassung sind, dass die Abfälle auf andere Weise im Empfängerstaat oder andernorts vom Notifizierenden oder, falls dies nicht möglich ist, von der zuständigen Behörde am Versandort oder von einer in ihrem Namen handelnden natürlichen oder juristischen Person verwertet oder beseitigt werden können.

Die Rücknahmeverpflichtung gemäß Absatz 2 gilt nicht, wenn die verbrachten Abfälle im Laufe des in der betreffenden Einrichtung durchgeführten Verfahrens in irreversibler Weise mit anderen Abfällen vermischt wurden, bevor eine betroffene zuständige Behörde Kenntnis davon erlangt hat, dass die notifizierte Verbringung nicht wie in Absatz 1 vorgesehen abgeschlossen werden kann. Diese Gemische sind auf andere Weise gemäß Unterabsatz 1 zu verwerten oder zu beseitigen.

(4) Im Falle der Rücknahme gemäß Absatz 2 ist eine erneute Notifizierung einzureichen, es sei denn, alle beteiligten zuständigen Behörden sind der Ansicht, dass ein hinreichend begründeter Antrag der ursprünglich zuständigen Behörde am Versandort ausreicht.

Eine neue Notifizierung ist gegebenenfalls vom ursprünglichen Notifizierenden oder, falls dies nicht möglich ist, von jeder anderen natürlichen oder juristischen Person im Sinne des Artikels 2 Nummer 15 oder, falls dies nicht möglich ist, von der ursprünglich zuständigen Behörde am Versandort oder von einer in ihrem Namen handelnden natürlichen oder juristischen Person einzureichen.

Die zuständigen Behörden dürfen sich weder der Rückfuhr von Abfällen, deren Verbringung nicht abgeschlossen werden kann, noch den entsprechenden Verwertungs- oder Beseitigungsverfahren widersetzen.

(5) Im Falle alternativer Vorkehrungen außerhalb des ursprünglichen Empfängerstaats gemäß Absatz 3 ist gegebenenfalls eine neue Notifizierung vom ursprünglichen Notifizierenden oder, falls dies nicht möglich ist, von jeder anderen natürlichen oder juristischen Person im Sinne des Artikels 2 Nummer 15 oder, falls dies nicht möglich ist, von der ursprünglich zuständigen Behörde am Versandort oder von einer in ihrem Namen handelnden natürlichen oder juristischen Person einzureichen.

Erfolgt eine solche neue Notifizierung durch den Notifizierenden, so ist sie auch bei der zuständigen Behörde des ursprünglichen Versandstaats einzureichen.

(6) Im Falle alternativer Vorkehrungen im ursprünglichen Empfängerstaat gemäß Absatz 3 bedarf es keiner erneuten Notifizierung, und ein hinreichend be-

gründeter Antrag ist ausreichend. Solch ein hinreichend begründeter Antrag, mit dem um Zustimmung zu der alternativen Vorkehrung ersucht wird, ist von dem ursprünglich Notifizierenden an die zuständige Behörde am Bestimmungsort und am Versandort oder, falls dies nicht möglich ist, von der ursprünglich zuständigen Behörde am Versandort an die zuständige Behörde am Bestimmungsort zu übermitteln.

(7) Bedarf es keiner erneuten Notifizierung gemäß Absatz 4 oder 6, so ist vom ursprünglichen Notifizierenden oder, falls dies nicht möglich ist, von jeder anderen natürlichen oder juristischen Person im Sinne des Artikels 2 Nummer 15 oder, falls dies nicht möglich ist, von der ursprünglich zuständigen Behörde am Versandort oder von einer in ihrem Namen handelnden natürlichen oder juristischen Person ein neues Begleitformular gemäß Artikel 15 bzw. Artikel 16 auszufüllen.

Wird von der ursprünglich zuständigen Behörde am Versandort gemäß Absatz 4 oder 5 eine erneute Notifizierung eingereicht, so bedarf es keiner neuen Sicherheitsleistungen oder entsprechender Versicherungen.

(8) Die Verpflichtung des Notifizierenden und die ergänzende Verpflichtung des Versandstaats, die Abfälle zurückzunehmen oder für eine andere Verwertung oder Beseitigung zu sorgen, enden, wenn die Anlage die in Artikel 16 Buchstabe e oder gegebenenfalls in Artikel 15 Buchstabe e genannte Bescheinigung über die nicht vorläufige Verwertung oder Beseitigung ausgestellt hat. Im Falle einer vorläufigen Verwertung oder Beseitigung gemäß Artikel 6 Absatz 6 endet die ergänzende Verpflichtung des Versandstaats, wenn die Anlage die in Artikel 15 Buchstabe d genannte Bescheinigung ausgestellt hat.

Stellt eine Anlage eine Bescheinigung über die Beseitigung oder Verwertung aus, die zu einer illegalen Verbringung führt und in deren Folge die Sicherheitsleistungen freigegeben werden, so finden die Artikel 24 Absatz 3 und Artikel 25 Absatz 2 Anwendung.

(9) Werden in einem Mitgliedstaat Abfälle aus einer Verbringung einschließlich ihrer Verwertung oder Beseitigung entdeckt, die nicht abgeschlossen werden kann, so obliegt es der für das betreffende Gebiet zuständigen Behörde, sicherzustellen, dass Vorkehrungen für die sichere Lagerung der Abfälle bis zu deren Rückfuhr oder alternativen nicht vorläufigen Verwertung oder Beseitigung in anderer Weise getroffen werden.

Artikel 23 Kosten der Rücknahme, wenn eine Verbringung nicht abgeschlossen werden kann

(1) Die Kosten der Rückfuhr von Abfällen, deren Verbringung nicht abgeschlossen werden kann, einschließlich der Kosten des Transports, der Verwertung oder der Beseitigung gemäß Artikel 22 Absatz 2 oder 3, sowie ab dem Zeitpunkt, zu dem die zuständige Behörde am Versandort von der Undurchführbarkeit einer Verbringung von Abfällen oder ihrer Verwertung oder Beseitigung Kenntnis erhalten hat, die Kosten der Lagerung gemäß Artikel 22 Absatz 9, werden folgendermaßen angelastet:

a) dem Notifizierenden gemäß der in Artikel 2 Nummer 15 festgelegten Rangfolge oder, falls dies nicht möglich ist,

b) gegebenenfalls anderen natürlichen oder juristischen Personen oder, falls dies nicht möglich ist,

c) der zuständigen Behörde am Versandort oder, falls dies nicht möglich ist,

d) nach anderweitiger Vereinbarung der betroffenen zuständigen Behörden.

(2) Gemeinschaftliche oder nationale haftungsrechtliche Vorschriften bleiben von diesem Artikel unberührt.

Artikel 24 Rücknahme von Abfällen bei illegaler Verbringung

(1) Entdeckt eine zuständige Behörde eine Verbringung, die sie für illegal hält, so unterrichtet sie unverzüglich die anderen betroffenen zuständigen Behörden.

(2) Hat der Notifizierende die illegale Verbringung zu verantworten, so sorgt die zuständige Behörde am Versandort dafür, dass die betreffenden Abfälle

a) vom Notifizierenden de facto zurückgenommen werden oder, falls keine Notifizierung eingereicht wurde,

b) vom Notifizierenden de jure zurückgenommen werden oder, falls dies nicht möglich ist,

c) von der zuständigen Behörde am Versandort selbst oder einer in ihrem Namen handelnden natürlichen oder juristischen Person zurückgenommen werden oder, falls dies nicht möglich ist,

d) von der zuständigen Behörde am Versandort selbst oder einer in ihrem Namen handelnden natürlichen oder juristischen Person im Empfängerstaat oder im Versandstaat auf andere Weise verwertet oder beseitigt werden oder, falls dies nicht möglich ist,

e) mit dem Einverständnis aller betroffenen zuständigen Behörden von der zuständigen Behörde am Versandort selbst oder einer in ihrem Namen handelnden natürlichen oder juristischen Person in einem anderen Staat auf andere Weise verwertet oder beseitigt werden.

Diese Rücknahme, Verwertung oder Beseitigung erfolgt innerhalb von 30 Tagen oder innerhalb eines anderen, von den betroffenen zuständigen Behörden einvernehmlich festgelegten Zeitraums, nachdem die zuständige Behörde am Versandort von der illegalen Verbringung Kenntnis erhalten hat oder von der zuständigen Behörde am Bestimmungsort oder den für die Durchfuhr zuständigen Behörden schriftlich von der illegalen Verbringung und den Gründen dafür benachrichtigt wurde. Ausgangspunkt entsprechender Benachrichtigungen können Informationen sein, die den zuständigen Behörden am Bestimmungsort oder den für die Durchfuhr zuständigen Behörden unter anderem durch die übrigen zuständigen Behörden übermittelt wurden.

Im Falle der Rücknahme gemäß Buchstaben a, b und c ist eine erneute Notifizierung einzureichen, es sei denn, alle betroffenen zuständigen Behörden sind der Ansicht, dass ein hinreichend begründeter Antrag der ursprünglich zuständigen Behörde am Versandort ausreicht.

Die erneute Notifizierung ist von den in Buchstabe a, b oder c genannten Personen oder Behörden in dieser Reihenfolge einzureichen.

Keine zuständige Behörde darf sich der Rückfuhr von illegal verbrachten Abfällen widersetzen. Im Falle alternativer Vorkehrungen gemäß Buchstaben d und e durch die zuständige Behörde am Versandort reicht die ursprünglich zuständige Behörde am Versandort oder eine in ihrem Namen handelnde natürliche oder juristische Person eine erneute Notifizierung ein, es sei denn, alle beteiligten zuständigen Behörden sind der Ansicht, dass ein hinreichend begründeter Antrag derselben ausreicht.

(3) Hat der Empfänger die illegale Verbringung zu verantworten, so sorgt die zuständige Behörde am Bestimmungsort dafür, dass die betreffenden Abfälle auf umweltgerechte Weise

a) vom Empfänger oder, falls dies nicht möglich ist,

b) von der zuständigen Behörde selbst oder einer in ihrem Namen handelnden natürlichen oder juristischen Person

verwertet oder beseitigt werden.

Die Verwertung oder Beseitigung erfolgt innerhalb von 30 Tagen oder innerhalb eines anderen, von den betroffenen zuständigen Behörden einvernehmlich festgelegten Zeitraums, nachdem die zuständige Behörde am Bestimmungsort von der illegalen Verbringung Kenntnis erhalten hat oder von den zuständigen Behörden am Versandort oder den für die Durchfuhr zuständigen Behörden schriftlich von der illegalen Verbringung und den Gründen dafür benachrichtigt wurde. Ausgangspunkt entsprechender Benachrichtigungen können Informationen sein, die den zuständigen Behörden am Versandort oder den für die Durchfuhr zuständigen Behörden unter anderem durch die anderen zuständigen Behörden übermittelt wurden.

Zu diesem Zweck arbeiten die betroffenen zuständigen Behörden erforderlichenfalls bei der Verwertung oder Beseitigung der Abfälle zusammen.

(4) Bedarf es keiner erneuten Notifizierung, so ist von der für die Rücknahme verantwortlichen Person oder, falls dies nicht möglich ist, von der ursprünglich zuständigen Behörde am Versandort ein neues Begleitformular gemäß Artikel 15 oder Artikel 16 auszufüllen.

Wird von der ursprünglich zuständigen Behörde am Versandort eine erneute Notifizierung eingereicht, so bedarf es keiner neuen Sicherheitsleistungen oder entsprechender Versicherungen.

(5) Insbesondere in Fällen, in denen weder der Notifizierende noch der Empfänger für die illegale Verbringung verantwortlich gemacht werden kann, arbeiten die betroffenen zuständigen Behörden zusammen um sicherzustellen, dass die betreffenden Abfälle verwertet oder beseitigt werden.

(6) Wird im Falle einer vorläufigen Verwertung oder Beseitigung gemäß Artikel 6 Absatz 6 eine illegale Verbringung nach Abschluss der vorläufigen Verwertung oder Beseitigung festgestellt, so endet die ergänzende Verpflichtung des Versandstaats, die Abfälle zurückzunehmen oder für eine andere Verwertung oder Beseitigung zu sorgen, wenn die Anlage die in Artikel 15 Buchstabe d genannte Bescheinigung ausgestellt hat.

Stellt die Anlage eine Bescheinigung über die Verwertung oder Beseitigung aus, die zu einer illegalen Verbringung führt und in deren Folge die Sicherheitsleistungen freigegeben werden, so finden Absatz 3 und Artikel 25 Absatz 2 Anwendung.

(7) Werden Abfälle aus einer illegalen Verbringung entdeckt, so obliegt es der für das betreffende Gebiet zuständigen Behörde, sicherzustellen, dass Vorkehrungen für die sichere Lagerung der Abfälle bis zu deren Rückfuhr oder nicht vorläufigen Verwertung oder Beseitigung auf andere Weise getroffen werden.

(8) Die Artikel 34 und 36 gelten nicht für die Rückfuhr illegal verbrachter Abfälle in einen Versandstaat, der unter die in diesen Artikeln enthaltenen Verbote fällt.

(9) Im Falle einer illegalen Verbringung im Sinne des Artikels 2 Nummer 35 Buchstabe g unterliegt die Person, die die Verbringung veranlasst, den gleichen im vorliegenden Artikel begründeten Verpflichtungen wie der Notifizierende.

(10) Gemeinschaftliche oder nationale haftungsrechtliche Vorschriften bleiben von diesem Artikel unberührt.

Artikel 25 Kosten der Rücknahme von Abfällen bei illegaler Verbringung

(1) Die Kosten der Rückfuhr von Abfällen aus einer illegalen Verbringung einschließlich der Kosten des Transports, der Verwertung oder der Beseitigung gemäß Artikel 24 Absatz 2 sowie ab dem Zeitpunkt, zu dem die zuständige Behörde am Versandort von der illegalen Verbringung Kenntnis erhalten hat, die Kosten der Lagerung gemäß Artikel 24 Absatz 7 werden folgendermaßen angelastet:

a) dem Notifizierenden de facto gemäß der in Artikel 2 Nummer 15 festgelegten Rangfolge oder, falls keine Notifizierung eingereicht wurde,

b) dem Notifizierenden de jure oder gegebenenfalls anderen natürlichen oder juristischen Personen oder, falls dies nicht möglich ist,

c) der zuständigen Behörde am Versandort.

(2) Die Kosten der Verwertung oder Beseitigung gemäß Artikel 24 Absatz 3 einschließlich der möglichen Kosten des Transports und der Lagerung gemäß Artikel 24 Absatz 7 werden folgendermaßen angelastet:

a) dem Empfänger oder, falls dies nicht möglich ist,

b) der zuständigen Behörde am Bestimmungsort.

(3) Die Kosten der Verwertung oder Beseitigung gemäß Artikel 24 Absatz 5 einschließlich der möglichen Kosten des Transports und der Lagerung gemäß Artikel 24 Absatz 7 werden folgendermaßen angelastet:

a) dem Notifizierenden gemäß der in Artikel 2 Nummer 15 festgelegten Rangfolge und/oder dem Empfänger nach Maßgabe der Entscheidung der beteiligten zuständigen Behörden oder, falls dies nicht möglich ist,

b) gegebenenfalls anderen natürlichen oder juristischen Personen oder, falls dies nicht möglich ist,

c) den zuständigen Behörden am Versandort und am Bestimmungsort.

(4) Im Falle einer illegalen Verbringung im Sinne des Artikels 2 Nummer 35 Buchstabe g unterliegt die Person, die die Verbringung veranlasst, den gleichen im vorliegenden Artikel begründeten Verpflichtungen wie der Notifizierende.

(5) Gemeinschaftliche oder nationale haftungsrechtliche Vorschriften bleiben von diesem Artikel unberührt.

KAPITEL 5

Allgemeine Verwaltungsvorschriften

Artikel 26 Form der Benachrichtigungen

(1) Die unten aufgeführten Unterlagen und Informationen können per Post versandt werden:

a) die Notifizierung einer beabsichtigten Verbringung gemäß den Artikeln 4 und 13;

b) ein Ersuchen um Informationen und Unterlagen gemäß den Artikeln 4, 7 und 8;

c) die Übermittlung von Informationen und Unterlagen gemäß den Artikeln 4, 7 und 8;

d) die schriftliche Zustimmung zu einer notifizierten Verbringung gemäß Artikel 9;

e) Auflagen für eine Verbringung gemäß Artikel 10;

f) Einwände gegen eine Verbringung gemäß den Artikeln 11 und 12;

g) Angaben zu Entscheidungen über die Ausstellung von Vorabzustimmungen für bestimmte Verwertungsanlagen gemäß Artikel 14 Absatz 3;

h) die schriftliche Bestätigung des Erhalts der Abfälle gemäß den Artikeln 15 und 16;

i) die Bescheinigung über die Verwertung oder Beseitigung der Abfälle gemäß den Artikeln 15 und 16;

j) Vorabinformationen zum tatsächlichen Beginn der Verbringung gemäß Artikel 16;

k) Informationen über Änderungen in Bezug auf die Verbringung nach der Zustimmung gemäß Artikel 17 und

l) die gemäß den Titeln IV, V und VI zu übermittelnden schriftlichen Zustimmungen und Begleitformulare.

(2) Mit Zustimmung der betroffenen zuständigen Behörden und des Notifizierenden können die in Absatz 1 aufgeführten Unterlagen alternativ auf folgende Weise übermittelt werden:

a) per Fax oder

b) per Fax mit nachträglicher Übersendung per Post oder

c) per E-Mail mit digitaler Unterschrift. In diesem Falle gilt anstelle der geforderten Stempelung und Unterzeichnung die digitale Unterschrift, oder

d) per E-Mail ohne digitale Unterschrift mit nachträglicher Übersendung per Post.

(3) Die gemäß Artikel 16 Buchstabe c und Artikel 18 bei jedem Transport mitzuführenden Unterlagen können in elektronischer Form mit digitalen Unterschriften erstellt werden, sofern sie während des Transports jederzeit lesbar gemacht werden können und dies für die betroffenen zuständigen Behörden annehmbar ist.

(4) Die in Absatz 1 aufgeführten Unterlagen und Informationen können mit Zustimmung der betroffenen zuständigen Behörden und des Notifizierenden per elektronischem Datenaustausch mit elektronischer Signatur oder elektronischer Authentifizierung gemäß der Richtlinie 1999/93/EG des Europäischen Parlaments und des Rates[1)] oder mit einem vergleichbaren elektronischen Authentifizierungssystem, das das gleiche Sicherheitsniveau bietet, eingereicht und ausgetauscht werden.

Um die Umsetzung des ersten Unterabsatzes zu erleichtern, erlässt die Kommission, soweit machbar, Durchführungsrechtsakte zur Festlegung der technischen und organisatorischen Vorschriften für die praktische Durchführung des elektronischen Datenaustauschs zur Übermittlung von Unterlagen und Informationen. Die Kommission berücksichtigt dabei alle einschlägigen internationalen Normen und stellt sicher, dass diese Vorschriften mit der Richtlinie 1999/93/EG im Einklang stehen oder mindestens das gleiche Sicherheitsniveau wie nach dieser Richtlinie bieten. Diese Durchführungsrechtsakte werden gemäß dem in Artikel 59a Absatz 2 genannten Prüfverfahren erlassen.

---

1) Amtliche Fußnote: Richtlinie 1999/93/EG des Europäischen Parlaments und des Rates vom 13. Dezember 1999 über gemeinschaftliche Rahmenbedingungen für elektronische Signaturen (ABl. L 13 vom 19. 1. 2000, S. 12).

Artikel 27 Sprache

(1) Alle gemäß den Bestimmungen dieses Titels übermittelten Notifizierungen, Informationen, Unterlagen oder sonstigen Nachrichten sind in einer Sprache bereitzustellen, die für die betroffenen zuständigen Behörden annehmbar ist.

(2) Auf Verlangen der betroffenen zuständigen Behörden hat der Notifizierende beglaubigte Übersetzungen in einer Sprache vorzulegen, die für diese Behörden annehmbar ist.

Artikel 28 Differenzen bezüglich der Einstufung

(1) Können die zuständigen Behörden am Versandort und am Bestimmungsort kein Einvernehmen über die Unterscheidung zwischen Abfällen und Nichtabfällen erzielen, so wird das betreffende Material als Abfälle behandelt. Das Recht des Bestimmungslandes, das verbrachte Material nach seinem Eintreffen gemäß seinen nationalen Rechtsvorschriften zu behandeln, bleibt hiervon unberührt, sofern diese Rechtsvorschriften mit dem Gemeinschaftsrecht oder dem Völkerrecht vereinbar sind.

(2) Können die zuständigen Behörden am Versandort und am Bestimmungsort kein Einvernehmen darüber erzielen, ob notifizierte Abfälle als in Anhang III, IIIA, IIIB oder IV aufgeführte Abfälle einzustufen sind, so werden die betreffenden Abfälle als in Anhang IV aufgeführte Abfälle angesehen.

(3) Können die zuständigen Behörden am Versandort und am Bestimmungsort kein Einvernehmen darüber erzielen, ob eine Abfallbehandlung als Verwertung oder als Beseitigung einzustufen ist, so gelten die Bestimmungen für die Beseitigung.

(4) Die Absätze 1 bis 3 gelten nur für die Zwecke dieser Verordnung; die Rechte der Beteiligten zur gerichtlichen Klärung etwaiger diesbezüglicher Streitigkeiten bleiben hiervon unberührt.

Artikel 29 Verwaltungskosten

Dem Notifizierenden können angemessene und verhältnismäßige Verwaltungskosten für die Durchführung des Notifizierungs- und Überwachungsverfahrens sowie übliche Kosten angemessener Analysen und Kontrollen auferlegt werden.

Artikel 30 Abkommen für Grenzgebiete

(1) In Ausnahmefällen, wenn die spezifische geografische oder demografische Situation es erfordert, können die Mitgliedstaaten bilaterale Abkommen zur Erleichterung des Notifizierungsverfahrens für Verbringungen spezifischer Abfallströme bezüglich der grenzüberschreitenden Verbringung zur nächstgelegenen geeigneten Anlage, die sich im Grenzgebiet zwischen diesen Mitgliedstaaten befindet, abschließen.

(2) Solche bilateralen Abkommen können auch abgeschlossen werden, wenn die Verbringung von Abfällen aus einem Versandstaat und ihre Behandlung im Versandstaat mit einer Durchfuhr durch einen anderen Mitgliedstaat verbunden ist.

(3) Die Mitgliedstaaten können solche Abkommen auch mit Staaten abschließen, die Vertragsparteien des Abkommens über den Europäischen Wirtschaftsraum sind.

(4) Diese Abkommen werden der Kommission vor Beginn ihrer Anwendung notifiziert.

KAPITEL 6

Verbringung innerhalb der Gemeinschaft mit Durchfuhr durch Drittstaaten

Artikel 31 Verbringung von zur Beseitigung bestimmten Abfällen

Bei der Verbringung von zur Beseitigung bestimmten Abfällen innerhalb der Gemeinschaft mit Durchfuhr durch einen oder mehrere Drittstaaten hat die zuständige Behörde am Versandort zusätzlich zu den Bestimmungen dieses Titels bei der zuständigen Behörde der Drittstaaten anzufragen, ob sie eine schriftliche Zustimmung für die geplante Verbringung erteilen möchte:

a) für Vertragsparteien des Basler Übereinkommens innerhalb von 60 Tagen, es sei denn, sie hat auf dieses Recht nach den Bestimmungen dieses Übereinkommens verzichtet, oder

b) für Staaten, die nicht Vertragsparteien des Basler Übereinkommens sind, innerhalb eines zwischen den zuständigen Behörden vereinbarten Zeitraums.

Artikel 32 Verbringung von zur Verwertung bestimmten Abfällen

(1) Bei der Verbringung von zur Verwertung bestimmten Abfällen innerhalb der Gemeinschaft mit Durchfuhr durch einen oder mehrere Drittstaaten, für die der OECD-Beschluss nicht gilt, findet Artikel 31 Anwendung.

(2) Bei einer Verbringung von zur Verwertung bestimmten Abfällen innerhalb der Gemeinschaft, einschließlich der Verbringung zwischen Orten im selben Mitgliedstaat, mit Durchfuhr durch einen oder mehrere Drittstaaten, für die der OECD-Beschluss gilt, kann die in Artikel 9 genannte Zustimmung stillschweigend erteilt werden; werden keine Einwände erhoben oder Auflagen erteilt, so kann die Verbringung 30 Tage ab dem Zeitpunkt der Übermittlung der Empfangsbestätigung durch die zuständige Behörde am Bestimmungsort gemäß Artikel 8 beginnen.

TITEL III

VERBRINGUNGEN AUSSCHLIESSLICH INNERHALB DER MITGLIEDSTAATEN

Artikel 33 Anwendung dieser Verordnung auf Verbringungen ausschließlich innerhalb der Mitgliedstaaten

(1) Die Mitgliedstaaten legen eine geeignete Regelung für die Überwachung und Kontrolle der Verbringung von Abfällen ausschließlich innerhalb ihres Zuständigkeitsgebiets fest. Hierbei ist der erforderlichen Kohärenz zwischen dieser Regelung und der gemeinschaftlichen Regelung nach den Titeln II und VII Rechnung zu tragen.

(2) Die Mitgliedstaaten teilen der Kommission ihre Regelungen für die Überwachung und Kontrolle der Verbringung von Abfällen mit. Die Kommission unterrichtet die anderen Mitgliedstaaten hiervon.

(3) Die Mitgliedstaaten können die Regelung nach den Titeln II und VII in ihrem Zuständigkeitsgebiet anwenden.

TITEL IV
AUSFUHR AUS DER GEMEINSCHAFT IN DRITTSTAATEN

KAPITEL 1
Ausfuhr von zur Beseitigung bestimmten Abfällen

Artikel 34 Ausfuhrverbot unter Ausnahme der EFTA-Staaten

(1) Jegliche Ausfuhr von zur Beseitigung bestimmten Abfällen aus der Gemeinschaft ist verboten.

(2) Das Ausfuhrverbot in Absatz 1 gilt nicht für die Ausfuhr von zur Beseitigung bestimmten Abfällen in EFTA-Staaten, die auch Vertragsparteien des Basler Übereinkommens sind.

(3) Die Ausfuhr von zur Beseitigung bestimmten Abfällen in EFTA-Staaten, die auch Vertragsparteien des Basler Übereinkommens sind, ist jedoch auch verboten,

a) wenn der betreffende EFTA-Staat die Einfuhr derartiger Abfälle verbietet oder

b) wenn die zuständige Behörde am Versandort Grund zu der Annahme hat, dass die Abfälle im betreffenden Empfängerstaat nicht auf umweltgerechte Weise im Sinne des Artikels 49 behandelt werden.

(4) Die Rücknahmeverpflichtungen gemäß Artikel 22 und 24 werden von dieser Bestimmung nicht berührt.

Artikel 35 Verfahren bei der Ausfuhr in EFTA-Staaten

(1) Bei der Ausfuhr von zur Beseitigung bestimmten Abfällen aus der Gemeinschaft in EFTA-Staaten, die Vertragsparteien des Basler Übereinkommens sind, gelten die Bestimmungen des Titels II entsprechend mit den in den Absätzen 2 und 3 aufgeführten Anpassungen und Ergänzungen.

(2) Es gelten folgende Anpassungen:

a) Die für die Durchfuhr zuständige Behörde außerhalb der Gemeinschaft verfügt ab dem Zeitpunkt der Übermittlung ihrer Bestätigung des Empfangs der Notifizierung über eine Frist von 60 Tagen, um zusätzliche Informationen zu der notifizierten Verbringung anzufordern, um ihre stillschweigende Zustimmung zu erteilen, wenn der betroffene Staat beschlossen hat, keine vorherige schriftliche Zustimmung zu verlangen, und die anderen Vertragsparteien gemäß Artikel 6 Absatz 4 des Basler Übereinkommens davon unterrichtet hat, oder ihre schriftliche Zustimmung mit oder ohne Auflagen zu erteilen; und

b) die zuständige Behörde am Versandort in der Gemeinschaft trifft ihre Entscheidung über die Erteilung der Zustimmung für die Verbringung gemäß Artikel 9 erst, nachdem sie die schriftliche Zustimmung der zuständigen Behörde am Bestimmungsort und gegebenenfalls die stillschweigende oder schriftliche Zustimmung der für die Durchfuhr zuständigen Behörde außerhalb der Gemeinschaft erhalten hat, frühestens jedoch 61 Tage nach Übermittlung der Empfangsbestätigung der für die Durchfuhr zuständigen Behörde. Die zuständige Behörde am Versandort kann ihre Entscheidung vor Ablauf der Frist von 61 Tagen treffen, wenn sie die schriftliche Zustimmung der anderen betroffenen zuständigen Behörden erhalten hat.

(3) Es gelten folgende zusätzliche Bestimmungen:

a) Die für die Durchfuhr zuständige Behörde in der Gemeinschaft bestätigt dem Notifizierenden den Empfang der Notifizierung;

b) die zuständige Behörde am Versandort und gegebenenfalls die für die Durchfuhr zuständigen Behörden in der Gemeinschaft übermitteln der Ausfuhrzollstelle und der Ausgangszollstelle der Gemeinschaft eine abgestempelte Kopie ihrer Entscheidungen zur Zustimmung zu der betreffenden Verbringung;

c) der Transporteur legt der Ausfuhrzollstelle und der Ausgangszollstelle der Gemeinschaft eine Kopie des Begleitformulars vor;

d) sobald die Abfälle die Gemeinschaft verlassen haben, übermittelt die Ausgangszollstelle der Gemeinschaft der zuständigen Behörde am Versandort in der Gemeinschaft eine abgestempelte Kopie des Begleitformulars, worin festgestellt wird, dass die Abfälle die Gemeinschaft verlassen haben;

e) hat die zuständige Behörde am Versandort in der Gemeinschaft 42 Tage, nachdem die Abfälle die Gemeinschaft verlassen haben, von der Anlage noch keine Nachricht über den Eingang der Abfälle erhalten, so teilt sie dies unverzüglich der zuständigen Behörde am Bestimmungsort mit; und

f) der in Artikel 4 Absatz 2 Nummer 4 und Artikel 5 genannte Vertrag muss folgende Bestimmungen enthalten:

   i) Stellt eine Anlage eine unrichtige Bescheinigung über die Beseitigung aus, in deren Folge die Sicherheitsleistungen freigegeben werden, so trägt der Empfänger die Kosten, die sich aus der Verpflichtung zur Rückfuhr der Abfälle in das Zuständigkeitsgebiet der zuständigen Behörde am Versandort und aus der Verwertung oder Beseitigung der Abfälle auf eine andere, umweltgerechte Weise ergeben;

   ii) innerhalb von drei Tagen nach Erhalt der zur Beseitigung bestimmten Abfälle übermittelt die Anlage dem Notifizierenden und den betroffenen zuständigen Behörden unterzeichnete Kopien des vervollständigten Begleitformulars, mit Ausnahme der in Ziffer iii genannten Bescheinigung über die Beseitigung; und

   iii) die Anlage bescheinigt unter ihrer Verantwortung so bald wie möglich, spätestens jedoch 30 Tage nach Abschluss der Beseitigung und nicht später als ein Kalenderjahr nach Erhalt der Abfälle, dass die Beseitigung der Abfälle abgeschlossen ist, und übermittelt dem Notifizierenden und den betroffenen zuständigen Behörden unterzeichnete Kopien des Begleitformulars, die diese Bescheinigung enthalten.

(4) Die Verbringung darf nur erfolgen, wenn

a) der Notifizierende eine schriftliche Zustimmung der zuständigen Behörde am Versandort, am Bestimmungsort und gegebenenfalls der für die Durchfuhr zuständigen Behörden außerhalb der Gemeinschaft erhalten hat und die erteilten Auflagen erfüllt sind;

b) ein wirksamer Vertrag gemäß Artikel 4 Absatz 2 Nummer 4 und Artikel 5 zwischen dem Notifizierenden und dem Empfänger geschlossen wurde;

c) wirksame Sicherheitsleistungen oder entsprechende Versicherungen gemäß Artikel 4 Absatz 2 Nummer 5 und Artikel 6 hinterlegt bzw. abgeschlossen wurden; und

d) die umweltgerechte Behandlung gemäß Artikel 49 sichergestellt ist.

(5) Im Falle der Ausfuhr von Abfällen müssen diese zur Beseitigung in einer Anlage bestimmt sein, die gemäß dem geltenden nationalen Recht im Empfängerstaat in Betrieb ist oder dafür eine Genehmigung besitzt.

(6) Entdeckt eine Ausfuhrzollstelle oder eine Ausgangszollstelle der Gemeinschaft eine illegale Verbringung, so unterrichtet sie unverzüglich die zuständige Behörde im Staat der Zollstelle, die ihrerseits

a) unverzüglich die zuständige Behörde am Versandort in der Gemeinschaft unterrichtet und

b) sicherstellt, dass die Abfälle so lange in Verwahrung genommen werden, bis die zuständige Behörde am Versandort anderweitig entschieden und ihre Entscheidung der zuständigen Behörde im Staat der Zollstelle, in dem die Abfälle verwahrt werden, schriftlich mitgeteilt hat.

KAPITEL 2
Ausfuhr von zur Verwertung bestimmten Abfällen

Abschnitt 1
Ausfuhr in Staaten, für die der OECD-Beschluss nicht gilt

Artikel 36 Ausfuhrverbot

(1) Die Ausfuhr folgender zur Verwertung bestimmter Abfälle aus der Gemeinschaft in Staaten, für die der OECD-Beschluss nicht gilt, ist verboten:

a) in Anhang V aufgeführte gefährliche Abfälle;

b) in Anhang V Teil 3 aufgeführte Abfälle;

c) gefährliche Abfälle, die nicht in einem Einzeleintrag in Anhang V eingestuft sind;

d) Gemische gefährlicher Abfälle sowie Gemische gefährlicher und nicht gefährlicher Abfälle, die nicht in einem Einzeleintrag in Anhang V eingestuft sind;

e) Abfälle, die vom Empfängerstaat gemäß Artikel 3 des Basler Übereinkommens als gefährlich notifiziert worden sind;

f) Abfälle, deren Einfuhr der Empfängerstaat verboten hat, oder

g) Abfälle, die nach der begründeten Annahme der zuständigen Behörde am Versandort im betreffenden Empfängerstaat nicht auf umweltgerechte Weise im Sinne des Artikels 49 behandelt werden.

(2) Die Rücknahmeverpflichtungen gemäß Artikel 22 und 24 werden von dieser Bestimmung nicht berührt.

(3) Die Mitgliedstaaten können in Ausnahmefällen auf der Grundlage von Belegen, die von dem Notifizierenden in geeigneter Weise vorzulegen sind, festlegen, dass bestimmte in Anhang V aufgeführte gefährliche Abfälle von dem Ausfuhrverbot auszunehmen sind, wenn sie keine der in Anhang III der Richtlinie 91/689/EWG genannten Eigenschaften aufweisen, wobei hinsichtlich der in dem genannten Anhang aufgeführten Eigenschaften H3 bis H8, H10 und H11 die Grenzwerte der Entscheidung 2000/532/EG der Kommission vom 3. Mai 2000 zur Ersetzung der Entscheidung 94/3/EG über ein Abfallverzeichnis gemäß Artikel 1 Buchstabe a der Richtlinie 75/442/EWG des Rates über Abfälle und der Entscheidung 94/904/EG des Rates über ein Verzeichnis gefährlicher Abfälle im Sinne von Arti-

kel 1 Absatz 4 der Richtlinie 91/689/EWG des Rates über gefährliche Abfälle[1] zu berücksichtigen sind.

(4) Die Tatsache, dass ein Abfall nicht in Anhang V als gefährlicher Abfall aufgeführt ist oder dass er in Anhang V Teil 1 Liste B aufgeführt ist, steht in Ausnahmefällen der Einstufung als gefährlich nicht entgegen, so dass er unter das Ausfuhrverbot fällt, wenn er eine der in Anhang III der Richtlinie 91/689/EWG aufgeführten Eigenschaften aufweist, wobei hinsichtlich der in dem genannten Anhang aufgeführten Eigenschaften H3 bis H8, H10 und H11 die Grenzwerte der Entscheidung 2000/532/EG der Kommission zu berücksichtigen sind, wie dies in Artikel 1 Absatz 4 zweiter Gedankenstrich der Richtlinie 91/689/EWG und im einleitenden Absatz des Anhangs III der vorliegenden Verordnung vorgesehen ist.

(5) In den in den Absätzen 3 und 4 genannten Fällen unterrichtet der betreffende Mitgliedstaat vor seiner Entscheidung den vorgesehenen Empfängerstaat. Die Mitgliedstaaten teilen der Kommission solche Fälle vor Ende jeden Kalenderjahres mit. Die Kommission leitet diese Informationen an alle Mitgliedstaaten und an das Sekretariat des Basler Übereinkommens weiter. Aufgrund der erhaltenen Informationen kann die Kommission Stellung nehmen und gegebenenfalls Anhang V gemäß Artikel 58 anpassen.

Artikel 37 Verfahren bei der Ausfuhr von in den Anhängen III oder IIIA aufgeführten Abfällen

(1) In Bezug auf Abfälle, die in den Anhängen III oder IIIA aufgeführt sind und deren Ausfuhr nicht gemäß Artikel 36 verboten ist, ersucht die Kommission innerhalb von 20 Tagen ab Inkrafttreten dieser Verordnung schriftlich jeden Staat, für den der OECD-Beschluss nicht gilt,

i) um die schriftliche Bestätigung, dass die Abfälle zur Verwertung in diesem Staat aus der Gemeinschaft ausgeführt werden dürfen, und

ii) um Hinweise zum etwaigen Kontrollverfahren, das im Empfängerstaat angewandt würde.

Die Staaten, für die der OECD-Beschluss nicht gilt, können zwischen folgenden Optionen wählen:

a) Verbot oder

b) Verfahren der vorherigen schriftlichen Notifizierung und Zustimmung gemäß Artikel 35 oder

c) keine Kontrolle im Empfängerstaat.

(2) Vor dem Beginn der Anwendung der vorliegenden Verordnung erlässt die Kommission eine Verordnung, die alle gemäß Absatz 1 eingegangenen Antworten berücksichtigt, und unterrichtet den mit Artikel 18 der Richtlinie 2006/12/EG eingesetzten Ausschuss.

Hat ein Staat keine Bestätigung gemäß Absatz 1 erteilt oder ist aus irgendwelchen Gründen an einen Staat kein Ersuchen ergangen, so gilt Absatz 1 Buchstabe b.

Die Kommission aktualisiert die erlassene Verordnung regelmäßig.

(3) Gibt ein Staat an, dass die Verbringung bestimmter Abfälle keinerlei Kontrolle unterliegt, so gilt Artikel 18 für solche Verbringungen entsprechend.

---

1) Amtliche Fußnote: ABl. L 226 vom 6. 9. 2000, S. 3. Zuletzt geändert durch die Entscheidung 2001/573/EG des Rates (ABl. L 203 vom 28. 7. 2001, S. 18).

(4) Im Falle der Ausfuhr von Abfällen müssen diese zur Verwertung in einer Anlage bestimmt sein, die gemäß dem geltenden nationalen Recht im Empfängerstaat in Betrieb ist oder dafür eine Genehmigung besitzt.

(5) Auf die Verbringung von Abfällen, die nicht als Einzeleintrag in Anhang III eingestuft sind, oder die Verbringung von Abfallgemischen, die nicht als Einzeleintrag in Anhang III oder IIIA eingestuft sind, oder die Verbringung von in Anhang IIIB eingestuften Abfällen findet Absatz 1 Buchstabe b Anwendung, sofern die Ausfuhr dieser Abfälle bzw. Abfallgemische nicht nach Artikel 36 verboten ist.

Abschnitt 2
Ausfuhr in Staaten, für die der OECD-Beschluss gilt

Artikel 38 Ausfuhr von in den Anhängen III, IIIA, IIIB, IV und IVA aufgeführten Abfällen

(1) Bei der Ausfuhr von in den Anhängen III, IIIA, IIIB, IV und IVA aufgeführten Abfällen sowie von nicht als Einzeleintrag in Anhang III, IV oder IVA eingestuften Abfällen oder Abfallgemischen aus der Gemeinschaft, die zur Verwertung in Staaten bestimmt sind, für die der OECD-Beschluss gilt, mit oder ohne Durchfuhr durch Staaten, für die der OECD-Beschluss gilt, gelten die Bestimmungen von Titel II entsprechend mit den in den Absätzen 2, 3 und 5 genannten Anpassungen und Ergänzungen.

(2) Es gelten die folgenden Anpassungen:

a) Die in Anhang IIIA aufgeführten für ein vorläufiges Verfahren bestimmten Abfallgemische unterliegen dem Verfahren der vorherigen schriftlichen Notifizierung und Zustimmung, wenn eine nachfolgende vorläufige oder nicht vorläufige Verwertung oder Beseitigung in einem Staat erfolgen soll, für den der OECD-Beschluss nicht gilt;

b) die in Anhang IIIB aufgeführten Abfälle unterliegen dem Verfahren der vorherigen schriftlichen Notifizierung und Zustimmung;

c) die gemäß Artikel 9 erforderliche Zustimmung kann von der zuständigen Behörde am Bestimmungsort außerhalb der Gemeinschaft in Form einer stillschweigenden Zustimmung erteilt werden.

(3) Für die Ausfuhr von in Anhang IV und IVA aufgeführten Abfällen gelten folgende zusätzliche Bestimmungen:

a) Die zuständige Behörde am Versandort und gegebenenfalls die für die Durchfuhr zuständigen Behörden in der Gemeinschaft übermitteln der Ausfuhrzollstelle und der Ausgangszollstelle der Gemeinschaft eine abgestempelte Kopie ihrer Entscheidung zur Zustimmung der Verbringung;

b) der Transporteur legt der Ausfuhrzollstelle und der Ausgangszollstelle der Gemeinschaft eine Kopie des Begleitformulars vor;

c) sobald die Abfälle die Gemeinschaft verlassen haben, übermittelt die Ausgangszollstelle der Gemeinschaft der zuständigen Behörde am Versandort in der Gemeinschaft eine abgestempelte Kopie des Begleitformulars, worin festgestellt wird, dass die Abfälle die Gemeinschaft verlassen haben;

d) hat die zuständige Behörde am Versandort in der Gemeinschaft 42 Tage nachdem die Abfälle die Gemeinschaft verlassen haben von der Anlage noch keine Nachricht über den Eingang der Abfälle erhalten, so teilt sie dies unverzüglich der zuständigen Behörde am Bestimmungsort mit; und

e) der in Artikel 4 Absatz 2 Nummer 4 und Artikel 5 genannte Vertrag muss folgende Bestimmungen enthalten:
   i) Stellt eine Anlage eine unrichtige Bescheinigung über die Verwertung aus, in deren Folge die Sicherheitsleistungen freigegeben werden, so trägt der Empfänger die Kosten, die sich aus der Verpflichtung zur Rückfuhr der Abfälle in das Zuständigkeitsgebiet der zuständigen Behörde am Versandort und aus der Verwertung oder Beseitigung der Abfälle auf eine andere, umweltgerechte Weise ergeben;
   ii) innerhalb von drei Tagen nach Erhalt der zur Verwertung bestimmten Abfälle übermittelt die Anlage dem Notifizierenden und den betroffenen zuständigen Behörden unterzeichnete Kopien des vervollständigten Begleitformulars, mit Ausnahme der in Ziffer iii genannten Bescheinigung über die Verwertung; und
   iii) die Anlage bescheinigt unter ihrer Verantwortung so bald wie möglich, spätestens jedoch 30 Tage nach Abschluss der Verwertung und nicht später als ein Kalenderjahr nach Erhalt der Abfälle, dass die Verwertung der Abfälle abgeschlossen ist, und übermittelt dem Notifizierenden und den betroffenen zuständigen Behörden unterzeichnete Kopien des Begleitformulars, die diese Bescheinigung enthalten.

(4) Die Verbringung darf nur erfolgen, wenn

a) der Notifizierende die schriftliche Zustimmung der zuständigen Behörden am Versandort, am Bestimmungsort und gegebenenfalls der für die Durchfuhr zuständigen Behörden erhalten hat oder die stillschweigende Zustimmung der zuständigen Behörde am Bestimmungsort und der für die Durchfuhr zuständigen Behörden außerhalb der Gemeinschaft erteilt wurde oder vorausgesetzt werden kann und die erteilten Auflagen erfüllt sind;
b) Artikel 35 Absatz 4 Buchstaben b, c und d erfüllt ist.

(5) Umfasst die in Absatz 1 beschriebene Ausfuhr von in den Anhängen IV und IVA aufgeführten Abfällen die Durchfuhr durch einen Staat, für den der OECD-Beschluss nicht gilt, so gelten folgende Anpassungen:

a) Die für die Durchfuhr zuständige Behörde, für die der OECD-Beschluss nicht gilt, verfügt ab dem Zeitpunkt der Übermittlung ihrer Bestätigung des Empfangs der Notifizierung über eine Frist von 60 Tagen, um zusätzliche Informationen zu der notifizierten Verbringung anzufordern, um ihre stillschweigende Zustimmung zu erteilen, wenn der betroffene Staat beschlossen hat, keine vorherige schriftliche Zustimmung zu verlangen, und die anderen Vertragsparteien gemäß Artikel 6 Absatz 4 des Basler Übereinkommens davon unterrichtet hat, oder ihre schriftliche Zustimmung mit oder ohne Auflagen zu erteilen; und
b) die zuständige Behörde am Versandort in der Gemeinschaft trifft ihre Entscheidung über die Erteilung der Zustimmung für die Verbringung gemäß Artikel 9 erst, nachdem sie die stillschweigende oder schriftliche Zustimmung der für die Durchfuhr zuständigen Behörde, für die der OECD-Beschluss nicht gilt, erhalten hat, frühestens jedoch 61 Tage ab dem Zeitpunkt der Übermittlung der Empfangsbestätigung der für die Durchfuhr zuständigen Behörde. Die zuständige Behörde am Versandort kann ihre Entscheidung vor Ablauf der Frist von 61 Tagen treffen, wenn sie die schriftliche Zustimmung der anderen betroffenen zuständigen Behörden erhalten hat.

(6) Im Falle der Ausfuhr von Abfällen müssen diese zur Verwertung in einer Anlage bestimmt sein, die gemäß dem geltenden nationalen Recht im Empfängerstaat in Betrieb ist oder dafür eine Genehmigung besitzt.

(7) Entdeckt eine Ausfuhrzollstelle oder eine Ausgangszollstelle der Gemeinschaft eine illegale Verbringung, so unterrichtet sie unverzüglich die zuständige Behörde im Staat der Zollstelle, die ihrerseits

a) unverzüglich die zuständige Behörde am Versandort in der Gemeinschaft unterrichtet und

b) sicherstellt, dass die betreffenden Abfälle so lange in Verwahrung genommen werden, bis die zuständige Behörde am Versandort anderweitig entschieden und ihre Entscheidung der zuständigen Behörde im Staat der Zollstelle, in dem die Abfälle verwahrt werden, schriftlich mitgeteilt hat.

KAPITEL 3

Allgemeine Vorschriften

Artikel 39 Ausfuhren in die Antarktis

Die Ausfuhr von Abfällen aus der Gemeinschaft in die Antarktis ist verboten.

Artikel 40 Ausfuhr in überseeische Länder und Gebiete

(1) Die Ausfuhr von zur Beseitigung bestimmten Abfällen aus der Gemeinschaft in überseeische Länder und Gebiete ist verboten.

(2) Für Ausfuhren von zur Verwertung bestimmten Abfällen in überseeische Länder und Gebiete gilt das Verbot des Artikels 36 entsprechend.

(3) Für Ausfuhren von zur Verwertung bestimmten Abfällen in überseeische Länder und Gebiete, die nicht unter das in Absatz 2 genannte Verbot fallen, gelten die Bestimmungen von Titel II entsprechend.

TITEL V

EINFUHR IN DIE GEMEINSCHAFT AUS DRITTSTAATEN

KAPITEL 1

Einfuhr von zur Beseitigung bestimmten Abfällen

Artikel 41 Einfuhrverbot unter Ausnahme von Vertragsparteien des Basler Übereinkommens oder von Staaten, mit denen Übereinkünfte bestehen, sowie von anderen Gebieten während Krisen- oder Kriegssituationen

(1) Die Einfuhr von zur Beseitigung bestimmten Abfällen in die Gemeinschaft ist verboten; mit Ausnahme von Einfuhren aus

a) Staaten, die Vertragsparteien des Basler Übereinkommens sind, oder

b) anderen Staaten, mit denen die Gemeinschaft oder die Gemeinschaft und ihre Mitgliedstaaten bilaterale oder multilaterale Übereinkünfte oder Vereinbarungen gemäß Artikel 11 des Basler Übereinkommens geschlossen haben, die mit dem Gemeinschaftsrecht vereinbar sind, oder

c) anderen Staaten, mit denen einzelne Mitgliedstaaten gemäß Absatz 2 bilaterale Übereinkünfte oder Vereinbarungen geschlossen haben, oder

d) anderen Gebieten in Fällen, in denen ausnahmsweise während Krisen- oder Kriegssituationen oder bei friedenschaffenden oder friedenserhaltenden Einsätzen keine bilaterale Übereinkunft oder Vereinbarung gemäß Buchstabe b oder c geschlossen werden kann oder im Versandstaat keine zuständige Behörde benannt wurde bzw. handlungsfähig ist.

(2) Einzelne Mitgliedstaaten können in Ausnahmefällen für die Beseitigung besonderer Abfälle in diesen Mitgliedstaaten bilaterale Übereinkünfte und Vereinbarungen schließen, wenn die Behandlung dieser Abfälle im Versandstaat nicht in umweltgerechter Weise im Sinne des Artikels 49 erfolgen würde.

Diese Übereinkünfte und Vereinbarungen müssen mit dem Gemeinschaftsrecht vereinbar sein und mit Artikel 11 des Basler Übereinkommens in Einklang stehen.

Diese Übereinkünfte und Vereinbarungen müssen gewährleisten, dass die Beseitigung in einer genehmigten Anlage durchgeführt wird und den Anforderungen einer umweltgerechten Behandlung genügt.

Die Übereinkünfte und Vereinbarungen müssen ferner gewährleisten, dass die Abfälle im Versandstaat erzeugt werden und die Beseitigung ausschließlich in dem Mitgliedstaat erfolgt, der das Abkommen oder die Vereinbarung geschlossen hat.

Diese Übereinkünfte und Vereinbarungen sind der Kommission vor ihrem Abschluss zu notifizieren. In Notfällen können sie jedoch bis spätestens einen Monat nach Abschluss notifiziert werden.

(3) Den gemäß Absatz 1 Buchstaben b und c geschlossenen bilateralen oder multilateralen Übereinkünften oder Vereinbarungen sind die Verfahrensvorschriften des Artikels 42 zugrunde zu legen.

(4) Die in Absatz 1 Buchstaben a, b und c genannten Staaten müssen der zuständigen Behörde des Empfängermitgliedstaats zuvor einen hinreichend begründeten Antrag unterbreiten, der sich darauf stützt, dass sie die technische Kapazität und die erforderlichen Anlagen für die umweltgerechte Beseitigung der Abfälle nicht besitzen und billigerweise nicht erwerben können.

Artikel 42 Verfahrensvorschriften für Einfuhren aus einer Vertragspartei des Basler Übereinkommens oder aus anderen Gebieten während Krisen- oder Kriegssituationen

(1) Bei der Einfuhr von zur Beseitigung bestimmten Abfällen in die Gemeinschaft aus Staaten, die Vertragsparteien des Basler Übereinkommens sind, gelten die Bestimmungen von Titel II entsprechend mit den in den Absätzen 2 und 3 aufgeführten Anpassungen und Ergänzungen.

(2) Es gelten folgende Anpassungen:

a) Die für die Durchfuhr zuständige Behörde außerhalb der Gemeinschaft verfügt ab dem Zeitpunkt der Übermittlung ihrer Bestätigung des Empfangs der Notifizierung über eine Frist von 60 Tagen, um zusätzliche Informationen zu der notifizierten Verbringung anzufordern, um ihre stillschweigende Zustimmung zu erteilen, wenn der betroffene Staat beschlossen hat, keine vorherige schriftliche Zustimmung zu verlangen, und die anderen Vertragsparteien gemäß Artikel 6 Absatz 4 des Basler Übereinkommens davon unterrichtet hat, oder ihre schriftliche Zustimmung mit oder ohne Auflagen zu erteilen, und

b) während Krisen- oder Kriegssituationen oder bei friedenschaffenden oder friedenserhaltenden Einsätzen gemäß Artikel 41 Absatz 1 Buchstabe d ist keine Zustimmung der zuständigen Behörden am Versandort erforderlich.

(3) Es gelten folgende zusätzlichen Bestimmungen:

a) Die für die Durchfuhr zuständige Behörde in der Gemeinschaft bestätigt dem Notifizierenden den Empfang der Notifizierung; die betroffenen zuständigen Behörden erhalten Kopien hiervon;

b) die zuständige Behörde am Bestimmungsort und gegebenenfalls die für die Durchfuhr zuständigen Behörden in der Gemeinschaft übermitteln der Eingangszollstelle der Gemeinschaft eine abgestempelte Kopie ihrer Entscheidungen zur Zustimmung zu der betreffenden Verbringung;

c) der Transporteur legt der Eingangszollstelle der Gemeinschaft eine Kopie des Begleitformulars vor; und

d) nach Erledigung der erforderlichen Zollförmlichkeiten übermittelt die Eingangszollstelle der Gemeinschaft der zuständigen Behörde am Bestimmungsort und den für die Durchfuhr zuständigen Behörden in der Gemeinschaft eine abgestempelte Kopie des Begleitformulars, worin festgestellt wird, dass die Abfälle in die Gemeinschaft verbracht wurden.

(4) Die Verbringung darf erst erfolgen, wenn:

a) der Notifizierende eine schriftliche Zustimmung der zuständigen Behörden am Versandort, am Bestimmungsort und gegebenenfalls der für die Durchfuhr zuständigen Behörden erhalten hat und die erteilten Auflagen erfüllt sind;

b) ein wirksamer Vertrag gemäß Artikel 4 Absatz 2 Nummer 4 und Artikel 5 zwischen dem Notifizierenden und dem Empfänger geschlossen wurde;

c) eine wirksame Sicherheitsleistung oder entsprechende Versicherung gemäß Artikel 4 Absatz 2 Nummer 5 und Artikel 6 hinterlegt bzw. abgeschlossen wurde und

d) die umweltgerechte Behandlung gemäß Artikel 49 sichergestellt ist.

(5) Entdeckt eine Eingangszollstelle der Gemeinschaft eine illegale Verbringung, so unterrichtet sie unverzüglich die zuständige Behörde im Staat der Zollstelle, die ihrerseits

a) unverzüglich die zuständige Behörde am Bestimmungsort in der Gemeinschaft unterrichtet, die die zuständige Behörde am Versandort außerhalb der Gemeinschaft unterrichtet, und

b) sicherstellt, dass die betreffenden Abfälle so lange in Verwahrung genommen werden, bis die zuständige Behörde am Versandort außerhalb der Gemeinschaft anderweitig entschieden und ihre Entscheidung der zuständigen Behörde im Staat der Zollstelle, in dem die Abfälle verwahrt werden, schriftlich mitgeteilt hat.

KAPITEL 2

Einfuhr von zur Verwertung bestimmten Abfällen

Artikel 43 Einfuhrverbot unter Ausnahme von Staaten, für die der OECD-Beschluss gilt, von Vertragsparteien des Basler Übereinkommens, von Staaten, mit denen Übereinkünfte bestehen, sowie von anderen Gebieten während Krisen- oder Kriegssituationen

(1) Die Einfuhr von zur Verwertung bestimmten Abfällen in die Gemeinschaft ist verboten, mit Ausnahme von Einfuhren aus

a) Staaten, für die der OECD-Beschluss gilt, oder

b) anderen Staaten, die Vertragsparteien des Basler Übereinkommens sind, oder

c) anderen Staaten, mit denen die Gemeinschaft oder die Gemeinschaft und ihre Mitgliedstaaten bilaterale oder multilaterale Übereinkünfte oder Vereinbarungen gemäß Artikel 11 des Basler Übereinkommens geschlossen haben, die mit dem Gemeinschaftsrecht vereinbar sind, oder

d) anderen Staaten, mit denen einzelne Mitgliedstaaten gemäß Absatz 2 bilaterale Übereinkünfte oder Vereinbarungen geschlossen haben, oder

e) anderen Gebieten in den Fällen, in denen ausnahmsweise in Krisen- oder Kriegssituationen oder bei friedenschaffenden oder friedenserhaltenden Einsätzen keine bilaterale Übereinkunft oder Vereinbarung gemäß Buchstabe c oder d geschlossen werden kann oder im Versandstaat keine zuständige Behörde benannt wurde bzw. handlungsfähig ist.

(2) Einzelne Mitgliedstaaten können in Ausnahmefällen bilaterale Übereinkünfte oder Vereinbarungen für die Verwertung besonderer Abfälle in diesen Mitgliedstaaten schließen, wenn die Behandlung dieser Abfälle im Versandstaat nicht in umweltgerechter Weise gemäß Artikel 49 erfolgen würde.

In solchen Fällen findet Artikel 41 Absatz 2 Anwendung.

(3) Den gemäß Absatz 1 Buchstaben c und d geschlossenen bilateralen oder multilateralen Übereinkünften oder Vereinbarungen sind, soweit relevant, die Verfahrensvorschriften nach Artikel 42 zugrunde zu legen.

Artikel 44 Verfahrensvorschriften für Einfuhren aus einem Staat, für den der OECD-Beschluss gilt, oder aus anderen Gebieten während Krisen- oder Kriegssituationen

(1) Bei der Einfuhr von zur Verwertung bestimmten Abfällen in die Gemeinschaft aus bzw. durch Staaten, für die der OECD-Beschluss gilt, gelten die Bestimmungen von Titel II entsprechend mit den in den Absätzen 2 und 3 aufgeführten Anpassungen und Ergänzungen.

(2) Es gelten folgende Anpassungen:

a) Die gemäß Artikel 9 erforderliche Zustimmung kann von der zuständigen Behörde am Versandort außerhalb der Gemeinschaft stillschweigend erteilt werden;

b) die vorherige schriftliche Notifizierung gemäß Artikel 4 kann vom Notifizierenden eingereicht werden und

c) in den in Artikel 43 Absatz 1 Buchstabe e genannten Krisen- oder Kriegssituationen oder bei friedenschaffenden oder friedenserhaltenden Einsätzen ist keine Zustimmung der zuständigen Behörden am Versandort erforderlich.

(3) Darüber hinaus ist Artikel 42 Absatz 3 Buchstaben b, c und d einzuhalten.

(4) Die Verbringung darf erst erfolgen, wenn

a) der Notifizierende die schriftliche Zustimmung der zuständigen Behörden am Versandort, am Bestimmungsort und gegebenenfalls der für die Durchfuhr zuständigen Behörden erhalten hat oder die stillschweigende Zustimmung der zuständigen Behörde am Versandort außerhalb der Gemeinschaft erteilt wurde oder vorausgesetzt werden kann und die erteilten Auflagen erfüllt sind;

b) ein wirksamer Vertrag gemäß Artikel 4 Absatz 2 Nummer 4 und Artikel 5 zwischen dem Notifizierenden und dem Empfänger geschlossen wurde;

c) eine wirksame Sicherheitsleistung oder entsprechende Versicherung gemäß Artikel 4 Absatz 2 Nummer 5 und Artikel 6 hinterlegt bzw. abgeschlossen wurde und

d) die umweltgerechte Behandlung gemäß Artikel 49 sichergestellt ist.

(5) Entdeckt eine Eingangszollstelle der Gemeinschaft eine illegale Verbringung, so unterrichtet sie unverzüglich die zuständige Behörde im Staat der Zollstelle, die ihrerseits

a) unverzüglich die zuständige Behörde am Bestimmungsort in der Gemeinschaft unterrichtet, die die zuständige Behörde am Versandort außerhalb der Gemeinschaft unterrichtet, und

b) sicherstellt, dass die betreffenden Abfälle so lange in Verwahrung genommen werden, bis die zuständige Behörde am Versandort außerhalb der Gemeinschaft anderweitig entschieden und ihre Entscheidung der zuständigen Behörde im Staat der Zollstelle, in dem die Abfälle verwahrt werden, schriftlich mitgeteilt hat.

Artikel 45 Verfahrensvorschriften für Einfuhren aus einem Staat, für den der OECD-Beschluss nicht gilt und der Vertragspartei des Basler Übereinkommens ist, oder aus anderen Gebieten während Krisen- oder Kriegssituationen

Bei der Einfuhr von zur Verwertung bestimmten Abfällen in die Gemeinschaft

a) aus einem Staat, für den der OECD-Beschluss nicht gilt, oder

b) durch einen Staat, für den der OECD-Beschluss nicht gilt und der Vertragspartei des Basler Übereinkommens ist,

gilt Artikel 42 entsprechend.

KAPITEL 3

Allgemeine Vorschriften

Artikel 46 Einfuhr aus überseeischen Ländern und Gebieten

(1) Für Einfuhren von Abfällen aus überseeischen Ländern und Gebieten in die Gemeinschaft gilt Titel II entsprechend.

(2) Ein oder mehrere überseeische Länder und Gebiete und die Mitgliedstaaten, mit denen sie verbunden sind, können auf Verbringungen aus den überseeischen Ländern und Gebieten in den betreffenden Mitgliedstaat nationale Verfahren anwenden.

(3) Mitgliedstaaten, die Absatz 2 anwenden, unterrichten die Kommission über die angewandten nationalen Verfahren.

TITEL VI
DURCHFUHR DURCH DIE GEMEINSCHAFT AUS UND NACH DRITTSTAATEN

KAPITEL 1
Durchfuhr von zur Beseitigung bestimmten Abfällen

Artikel 47 Durchfuhr von zur Beseitigung bestimmten Abfällen durch die Gemeinschaft

Für die Durchfuhr von zur Beseitigung bestimmten Abfällen durch Mitgliedstaaten von und nach Drittstaaten gilt Artikel 42 entsprechend mit den nachstehenden Anpassungen und Ergänzungen:

a) Die erste und die letzte für die Durchfuhr zuständige Behörde in der Gemeinschaft übermitteln gegebenenfalls der Eingangs- und der Ausgangszollstelle der Gemeinschaft jeweils eine abgestempelte Kopie der Entscheidungen zur Zustimmung zu der Verbringung oder, falls sie ihre stillschweigende Zustimmung erteilt haben, eine Kopie der Empfangsbestätigung gemäß Artikel 42 Absatz 3 Buchstabe a und

b) sobald die Abfälle die Gemeinschaft verlassen haben, übermittelt die Ausgangszollstelle der Gemeinschaft den für die Durchfuhr zuständigen Behörden in der Gemeinschaft eine abgestempelte Kopie des Begleitformulars, worin festgestellt wird, dass die Abfälle die Gemeinschaft verlassen haben.

KAPITEL 2
Durchfuhr von zur Verwertung bestimmten Abfällen

Artikel 48 Durchfuhr von zur Verwertung bestimmten Abfällen durch die Gemeinschaft

(1) Für die Durchfuhr von zur Verwertung bestimmten Abfällen durch Mitgliedstaaten von und nach Staaten, für die der OECD-Beschluss nicht gilt, gilt Artikel 47 entsprechend.

(2) Für die Durchfuhr von zur Verwertung bestimmten Abfällen durch die Mitgliedstaaten von und nach Staaten, für die der OECD-Beschluss gilt, gilt Artikel 44 entsprechend mit den nachstehenden Anpassungen und Ergänzungen:

a) Die erste und die letzte für die Durchfuhr zuständige Behörde in der Gemeinschaft übermitteln gegebenenfalls der Eingangs- und der Ausgangszollstelle der Gemeinschaft jeweils eine abgestempelte Kopie der Entscheidungen zur Zustimmung zu der Verbringung oder, falls sie ihre stillschweigende Zustimmung erteilt haben, eine Kopie der Empfangsbestätigung gemäß Artikel 42 Absatz 3 Buchstabe a und

b) sobald die Abfälle die Gemeinschaft verlassen haben, übermittelt die Ausgangszollstelle der Gemeinschaft der/den für die Durchfuhr zuständigen Behörde(n) in der Gemeinschaft eine abgestempelte Kopie des Begleitformulars, worin festgestellt wird, dass die Abfälle die Gemeinschaft verlassen haben.

(3) Für die Durchfuhr von zur Verwertung bestimmten Abfällen durch Mitgliedstaaten von einem Staat, für den der OECD-Beschluss nicht gilt, nach einem

Staat, für den der OECD-Beschluss gilt, oder umgekehrt, ist Absatz 1 in Bezug auf den Staat, für den der OECD-Beschluss nicht gilt, und Absatz 2 in Bezug auf den Staat, für den der OECD-Beschluss gilt, anwendbar.

TITEL VII
SONSTIGE BESTIMMUNGEN

KAPITEL 1
Zusätzliche Verpflichtungen

Artikel 49 Umweltschutz

(1) Der Erzeuger, der Notifizierende und andere an der Verbringung von Abfällen und/oder ihrer Verwertung oder Beseitigung beteiligte Unternehmen treffen die erforderlichen Maßnahmen, um sicherzustellen, dass alle verbrachten Abfälle während der gesamten Verbringung und während ihrer Verwertung und Beseitigung ohne Gefährdung der menschlichen Gesundheit und in umweltgerechter Weise behandelt werden.

Dazu gehört insbesondere – wenn die Verbringung innerhalb der Gemeinschaft erfolgt – die Einhaltung der Bestimmungen des Artikels 4 der Richtlinie 2006/12/EG sowie der anderen Abfallgesetzgebung der Gemeinschaft.

(2) Im Falle der Ausfuhr aus der Gemeinschaft verfährt die zuständige Behörde am Versandort in der Gemeinschaft folgendermaßen:

a) Sie schreibt vor und bemüht sich sicherzustellen, dass alle ausgeführten Abfälle während der gesamten Verbringung einschließlich der Verwertung gemäß Artikel 36 und 38 oder Beseitigung gemäß Artikel 34 im Empfängerdrittstaat in umweltgerechter Weise behandelt werden;
b) sie untersagt die Ausfuhr von Abfällen in Drittstaaten, wenn sie Grund zu der Annahme hat, dass die Abfälle nicht gemäß den Anforderungen des Buchstaben a behandelt werden.

Bei dem betroffenen Abfallverwertungs- oder-beseitigungsverfahren kann eine umweltgerechte Behandlung unter anderem dann angenommen werden, wenn der Notifizierende oder die zuständige Behörde im Empfängerstaat nachweisen kann, dass die Anlage, die die Abfälle erhält, im Einklang mit Standards zum Schutz der menschlichen Gesundheit und der Umwelt betrieben wird, die den im Gemeinschaftsrecht festgelegten Standards weitgehend entsprechen.

Diese Annahme lässt die Gesamtbeurteilung der umweltgerechten Behandlung während der gesamten Verbringung einschließlich der Verwertung oder Beseitigung im Empfängerdrittstaat unberührt.

Als Hinweise für die umweltgerechte Behandlung von Abfällen können die in Anhang VIII aufgeführten Leitlinien herangezogen werden.

(3) Im Falle der Einfuhr in die Gemeinschaft verfährt die zuständige Behörde am Bestimmungsort in der Gemeinschaft folgendermaßen:

a) Sie schreibt vor und stellt durch Ergreifen der erforderlichen Maßnahmen sicher, dass alle in ihr Zuständigkeitsgebiet verbrachten Abfälle während der gesamten Verbringung einschließlich der Verwertung oder Beseitigung im Empfängerstaat gemäß Artikel 4 der Richtlinie 2006/12/EG und der übrigen Abfallgesetzgebung der Gemeinschaft ohne Gefährdung der menschlichen Gesundheit und ohne Verwendung von Verfahren oder Methoden behandelt werden, die die Umwelt schädigen können;

b) sie untersagt die Einfuhr von Abfällen aus Drittstaaten, wenn sie Grund zu der Annahme hat, dass die Abfälle nicht gemäß den Anforderungen des Buchstaben a behandelt werden.

Artikel 50 Durchsetzung der Vorschriften in den Mitgliedstaaten

(1) Die Mitgliedstaaten legen Vorschriften für Sanktionen fest, die bei einem Verstoß gegen diese Verordnung zu verhängen sind, und treffen alle erforderlichen Maßnahmen zur Sicherstellung ihrer Anwendung. Die Sanktionen müssen wirksam, verhältnismäßig und abschreckend sein. Die Mitgliedstaaten unterrichten die Kommission über ihre nationalen Rechtsvorschriften zur Verhinderung und Ermittlung von illegalen Verbringungen und über die für derartige Verbringungen vorgesehenen Sanktionen.

(2) Die Mitgliedstaaten sehen im Zuge der Maßnahmen zur Durchsetzung dieser Verordnung unter anderem Kontrollen von Einrichtungen, Unternehmen, Maklern und Händlern gemäß Artikel 34 der Richtlinie 2008/98/EG und Kontrollen von Verbringungen von Abfällen und der damit verbundenen Verwertung oder Beseitigung vor.

(2a) Bis zum 1. Januar 2017 stellen die Mitgliedstaaten sicher, dass für ihr gesamtes geografisches Gebiet ein oder mehrere Pläne – entweder getrennt oder als klar abgegrenzter Teil von anderen Plänen – für gemäß Absatz 2 durchzuführende Kontrollen erstellt werden (im Folgenden „Kontrollplan"). Die Kontrollpläne basieren auf einer Risikobewertung für spezifische Abfallströme und Ursprünge illegaler Verbringungen unter Berücksichtigung, sofern verfügbar und angebracht, nachrichtendienstlicher Daten, z.B. Daten über Ermittlungen von Polizei und Zollbehörden sowie Analysen krimineller Tätigkeiten. Mit der Risikobewertung soll unter anderem die erforderliche Mindestzahl von Kontrollen ermittelt werden, einschließlich materieller Kontrollen von Einrichtungen, Unternehmen, Maklern, Händlern und Abfallverbringungen oder von der damit verbundenen Verwertung oder Beseitigung. Ein Kontrollplan enthält folgende Elemente:

a) die Ziele und Prioritäten der Kontrollen, einschließlich einer Beschreibung, wie diese Prioritäten ausgewählt wurden,

b) das geografische Gebiet, für das der Kontrollplan gilt,

c) Angaben zu den geplanten Kontrollen, einschließlich Angaben zu materiellen Kontrollen,

d) die den einzelnen an Kontrollen beteiligten Behörden zugewiesenen Aufgaben,

e) Regelungen für die Zusammenarbeit zwischen den an Kontrollen beteiligten Behörden,

f) Angaben zu den Schulungen der Kontrolleure zu Fragen in Bezug auf Kontrollen und

g) Angaben zu den personellen, finanziellen und sonstigen Ressourcen für die Umsetzung des Kontrollplans.

Ein Kontrollplan wird mindestens alle drei Jahre überprüft und gegebenenfalls aktualisiert. Bei dieser Überprüfung wird bewertet, in welchem Umfang die Ziele und andere Elemente dieses Kontrollplans umgesetzt wurden.

(3) Die Kontrolle von Verbringungen kann insbesondere folgendermaßen vorgenommen werden:

a) am Herkunftsort mit dem Erzeuger, Besitzer oder Notifizierenden,

b) am Bestimmungsort, einschließlich der vorläufigen und der nicht vorläufigen Verwertung oder Beseitigung, mit dem Empfänger oder der Anlage,

c) an den Außengrenzen der Union und/oder

d) während der Verbringung innerhalb der Union.

(4) Die Kontrollen von Verbringungen umfassen die Prüfung von Unterlagen, Identitätsprüfungen und gegebenenfalls die Kontrolle der Beschaffenheit der Abfälle.

(4a) Um festzustellen, ob es sich bei Stoffen oder Gegenständen, die auf der Straße, der Schiene, dem Luftweg, dem Seeweg oder auf Binnengewässern befördert werden, nicht um Abfälle handelt, können die an Kontrollen beteiligten Behörden die natürliche oder juristische Person, in deren Besitz sich der Stoff oder Gegenstand befindet oder die die Beförderung des Stoffes oder Gegenstands veranlasst, unbeschadet der Richtlinie 2012/19/EU des Europäischen Parlaments und des Rates[1)] auffordern, folgende schriftliche Nachweise zu übermitteln:

a) Nachweis über den Herkunfts- und Bestimmungsort des betreffenden Stoffes oder Gegenstands und

b) Nachweis, dass es sich nicht um Abfälle handelt, gegebenenfalls einschließlich eines Nachweises der Funktionsfähigkeit.

Für die Zwecke des Unterabsatzes 1 ist ferner der Schutz des betreffenden Stoffes oder Gegenstands vor Beschädigung während der Beförderung, Verladung und Entladung, etwa durch sachgemäße Verpackung und geeignete Lagerung, festzustellen.

(4b) Die an Kontrollen beteiligten Behörden können zu dem Schluss kommen, dass es sich bei den betreffenden Stoffen oder Gegenständen um Abfälle handelt, wenn

- die in Absatz 4a genannten oder gemäß anderen Rechtsvorschriften der Union erforderlichen Nachweise, um festzustellen, dass es sich bei Stoffen oder Gegenständen nicht um Abfälle handelt, nicht innerhalb der von ihnen festgelegten Frist übermittelt wurden oder
- sie der Auffassung sind, dass die ihnen zur Verfügung stehenden Nachweise und Informationen nicht ausreichend für eine Beurteilung sind oder sie der Auffassung sind, dass der Schutz vor Beschädigung nach Absatz 4a Unterabsatz 2 nicht ausreichend ist.

Unter solchen Umständen wird die Beförderung des betreffenden Stoffes oder Gegenstands oder die Verbringung der betreffenden Abfälle als illegale Verbringung angesehen. Folglich wird sie gemäß den Artikeln 24 und 25 behandelt, und die an Kontrollen beteiligten Behörden informieren unverzüglich die zuständige Behörde des Landes, in dem die betreffende Kontrolle stattgefunden hat, darüber.

(4c) Um festzustellen, ob eine Verbringung von Abfällen im Einklang mit dieser Verordnung steht, können die an Kontrollen beteiligten Behörden von dem Notifizierenden, der die Verbringung veranlassenden Person, dem Besitzer, dem Transporteur, dem Empfänger und der die Abfälle entgegennehmenden Anlage verlangen, innerhalb einer von ihnen festgelegten Frist die betreffenden schriftlichen Nachweise an sie zu übermitteln.

---

1) Amtliche Fußnote: Richtlinie 2012/19/EU des Europäischen Parlaments und des Rates vom 4. Juli 2012 über Elektro- und Elektronik-Altgeräte (ABl. L 197 vom 24. 7. 2012, S. 38).

Um festzustellen, ob eine Verbringung von Abfällen, die den allgemeinen Informationspflichten nach Artikel 18 unterliegt, zur Verwertung im Einklang mit Artikel 49 bestimmt ist, können die an Kontrollen beteiligten Behörden die Person, die die Verbringung veranlasst, auffordern, die betreffenden schriftlichen Nachweise zu übermitteln, die von der vorläufigen und nicht vorläufigen Verwertungsanlage stammen und, falls nötig, von der zuständigen Behörde am Bestimmungsort bestätigt wurden.

(4d) Wurden die in Absatz 4c genannten Nachweise bei den an Kontrollen beteiligten Behörden nicht innerhalb der von ihnen festgelegten Frist übermittelt oder sind diese Behörden der Auffassung, dass die ihnen zur Verfügung stehenden Nachweise und Informationen nicht ausreichend für eine Beurteilung sind, wird die betreffende Verbringung als illegale Verbringung angesehen. Folglich wird sie gemäß den Artikeln 24 und 25 behandelt, und die an Kontrollen beteiligten Behörden informieren unverzüglich die zuständige Behörde des Landes, in dem die Kontrolle stattgefunden hat, darüber.

(4e) Bis zum 18. Juli 2015 erlässt die Kommission im Wege von Durchführungsrechtsakten eine vorläufige Entsprechungstabelle zwischen den in der Verordnung (EWG) Nr. 2658/87 des Rates[1)] enthaltenen Codes der Kombinierten Nomenklatur und den Einträgen der in den Anhängen III, IIIA, IIIB, IV, IVA und V der vorliegenden Verordnung aufgeführten Abfällen. Die Kommission hält diese Entsprechungstabelle auf dem neuesten Stand, um Änderungen an dieser Nomenklatur und an den in diesen Anhängen aufgeführten Einträgen Rechnung zu tragen, sowie um etwaige von der Weltzollorganisation neu festgelegte abfallbezogene Codes der Nomenklatur des Harmonisierten Systems aufzunehmen.

Diese Durchführungsrechtsakte werden gemäß dem in Artikel 59a Absatz 2 genannten Prüfverfahren erlassen.

(5) Die Mitgliedstaaten erleichtern die Verhinderung und Erkennung illegaler Verbringungen durch bilaterale und multilaterale Zusammenarbeit. Sie tauschen relevante Informationen über Verbringungen von Abfällen, Abfallströme, Wirtschaftsteilnehmer und Anlagen sowie Erfahrungen und Kenntnisse über Durchsetzungsmaßnahmen, einschließlich der gemäß Absatz 2a dieses Artikels durchgeführten Risikobewertung, im Rahmen der etablierten Strukturen, insbesondere des Netzes der gemäß Artikel 54 benannten Anlaufstellen, aus.

(6) Die Mitgliedstaaten benennen die Personen in ihren Dienststellen, die für die in Absatz 5 genannte Zusammenarbeit verantwortlich sind, und benennen die Kontaktstelle(n) für die in Absatz 4 genannten Kontrollen der Beschaffenheit der Abfälle. Diese Informationen werden an die Kommission übermittelt, die den in Artikel 54 genannten Anlaufstellen ein zusammengestelltes Verzeichnis zuleitet.

(7) Auf Ersuchen eines anderen Mitgliedstaates kann ein Mitgliedstaat Durchsetzungsmaßnahmen gegen Personen ergreifen, die der illegalen Verbringung von Abfällen verdächtig sind und sich in seinem Hoheitsgebiet befinden.

Artikel 51 Berichte der Mitgliedstaaten

(1) Zum Ende jedes Kalenderjahres übermittelt jeder Mitgliedstaat der Kommission eine Kopie des Berichts für das vorangegangene Kalenderjahr, den er gemäß Artikel 13 Absatz 3 des Basler Übereinkommens erstellt und dem Sekretariat des Basler Übereinkommens übermittelt hat.

---

1) Amtliche Fußnote: Verordnung (EWG) Nr. 2658/87 des Rates vom 23. Juli 1987 über die zolltarifliche und statistische Nomenklatur sowie den Gemeinsamen Zolltarif (ABl. L 256 vom 7. 9. 1987, S. 1).

(2) Zum Ende jedes Kalenderjahres erstellen die Mitgliedstaaten einen auf den zusätzlichen Fragebogen in Anhang IX gestützten Bericht über das vorangegangene Jahr und übermitteln ihn der Kommission. Innerhalb eines Monats nach der Übermittlung dieses Berichts an die Kommission machen die Mitgliedstaaten auch den Abschnitt des Berichts zu Artikel 24 und Artikel 50 Absätze 1, 2 und 2 a einschließlich der Tabelle 5 des Anhangs IX, zusammen mit ihnen zweckmäßig erscheinenden Erläuterungen – auch auf elektronischem Wege über das Internet – öffentlich zugänglich. Die Kommission erstellt ein Verzeichnis der Hyperlinks der Mitgliedstaaten, die in dem Abschnitt zu Artikel 50 Absatz 2 und Absatz 2a des Anhangs IX aufgeführt sind, und macht es auf ihrer Website öffentlich zugänglich.

(3) Die von den Mitgliedstaaten gemäß den Absätzen 1 und 2 erstellten Berichte werden der Kommission in elektronischer Form übermittelt.

(4) Die Kommission erstellt anhand dieser Berichte alle drei Jahre einen Bericht über die Durchführung dieser Verordnung durch die Gemeinschaft und ihre Mitgliedstaaten.

Artikel 52 Internationale Zusammenarbeit

Die Mitgliedstaaten arbeiten – soweit angemessen und erforderlich im Benehmen mit der Kommission – mit anderen Vertragsparteien des Basler Übereinkommens und mit zwischenstaatlichen Organisationen zusammen, indem sie unter anderem Informationen austauschen und/oder gemeinsam nutzen, umweltgerechte Technologien fördern und entsprechende Regeln bewährter Verfahren entwickeln.

Artikel 53 Benennung der zuständigen Behörden

Die Mitgliedstaaten benennen die für die Durchführung dieser Verordnung zuständige(n) Behörde(n). Jeder Mitgliedstaat benennt nur eine einzige für die Durchfuhr zuständige Behörde.

Artikel 54 Benennung von Anlaufstellen

Die Mitgliedstaaten und die Kommission benennen jeweils eine oder mehrere Anlaufstellen, die um Auskunft ersuchende Personen oder Unternehmen informieren oder beraten. Die Anlaufstelle der Kommission leitet alle an sie gerichteten Anfragen, die die Anlaufstellen der Mitgliedstaaten betreffen, an diese weiter; dasselbe gilt in umgekehrter Richtung.

Artikel 55 Benennung von Eingangs- und Ausgangszollstellen der Gemeinschaft

Die Mitgliedstaaten können bestimmte Eingangs- und Ausgangszollstellen der Gemeinschaft für die Verbringung von Abfällen in die bzw. aus der Gemeinschaft benennen. Entscheiden sich die Mitgliedstaaten für die Benennung solcher Zollstellen, so dürfen Abfallverbringungen weder beim Eingang noch beim Verlassen der Gemeinschaft andere Grenzübergangsstellen in einem Mitgliedstaat passieren.

Artikel 56 Notifizierung von Benennungen und diesbezügliche Informationen

(1) Die Mitgliedstaaten unterrichten die Kommission über die Benennungen

a) der zuständigen Behörden gemäß Artikel 53,

b) der Anlaufstellen gemäß Artikel 54 und

c) gegebenenfalls der Eingangs- und Ausgangszollstellen der Gemeinschaft gemäß Artikel 55.

(2) Bezüglich dieser Benennungen übermitteln die Mitgliedstaaten der Kommission folgende Informationen:

a) Name(n),
b) Anschrift(en),
c) E-Mail-Adresse(n),
d) Telefonnummer(n),
e) Faxnummer(n) und
f) Sprachen, die für die zuständigen Behörden annehmbar sind.

(3) Die Mitgliedstaaten teilen der Kommission unverzüglich alle Änderungen dieser Informationen mit.

(4) Diese Informationen sowie alle Änderungen derselben werden der Kommission in elektronischer Form und auf Ersuchen auch auf Papier übermittelt.

(5) Die Kommission veröffentlicht auf ihrer Webseite Listen der benannten zuständigen Behörden, Anlaufstellen und Eingangs- und Ausgangszollstellen der Gemeinschaft und aktualisiert diese erforderlichenfalls.

KAPITEL 2
Sonstige Bestimmungen

Artikel 57 Zusammenkünfte der Anlaufstellen

Die Kommission hält auf Ersuchen der Mitgliedstaaten oder wenn anderweitig Bedarf hierfür besteht regelmäßig Zusammenkünfte der Anlaufstellen ab, um Fragen im Zusammenhang mit der Durchführung dieser Verordnung zu erörtern. Betroffene Kreise sind zu diesen Zusammenkünften oder Teilen dieser Zusammenkünfte einzuladen, sofern alle Mitgliedstaaten und die Kommission dies für angemessen halten.

Artikel 58 Änderung der Anhänge

(1) Der Kommission wird die Befugnis übertragen, delegierte Rechtsakte nach Artikel 58a zu erlassen, um Folgendes zu ändern:

a) die Anhänge IA, IB, IC, II, III, IIIA, IIIB, IV, V, VI und VII, um den im Rahmen des Basler Übereinkommens und des OECD-Beschlusses vereinbarten Änderungen Rechnung zu tragen;
b) Anhang V, um den vereinbarten Änderungen des Abfallverzeichnisses gemäß Artikel 7 der Richtlinie 2008/98/EG Rechnung zu tragen;
c) Anhang VIII, um im Rahmen von einschlägigen internationalen Übereinkommen und Vereinbarungen gefassten Beschlüssen Rechnung zu tragen.

Artikel 58a Ausübung der Befugnisübertragung

(1) Die Befugnis zum Erlass delegierter Rechtsakte wird der Kommission unter den in diesem Artikel festgelegten Bedingungen übertragen.

(2) Die Befugnis zum Erlass delegierter Rechtsakte gemäß Artikel 58 wird der Kommission für einen Zeitraum von fünf Jahren ab dem 17. Juli 2014 übertragen. Die Kommission erstellt spätestens neun Monate vor Ablauf des Zeitraums von

fünf Jahren einen Bericht über die Befugnisübertragung. Die Befugnisübertragung verlängert sich stillschweigend um Zeiträume gleicher Länge, es sei denn, das Europäische Parlament oder der Rat widersprechen einer solchen Verlängerung spätestens drei Monate vor Ablauf des jeweiligen Zeitraums.

(3) Die Befugnisübertragung gemäß Artikel 58 kann vom Europäischen Parlament oder vom Rat jederzeit widerrufen werden. Der Beschluss über den Widerruf beendet die Übertragung der in diesem Beschluss angegebenen Befugnis. Er wird am Tag nach seiner Veröffentlichung im Amtsblatt der Europäischen Union oder zu einem im Beschluss über den Widerruf angegebenen späteren Zeitpunkt wirksam. Die Gültigkeit von delegierten Rechtsakten, die bereits in Kraft sind, wird von dem Beschluss über den Widerruf nicht berührt.

(4) Sobald die Kommission einen delegierten Rechtsakt erlässt, übermittelt sie ihn gleichzeitig dem Europäischen Parlament und dem Rat.

(5) Ein delegierter Rechtsakt, der gemäß Artikel 58 erlassen wurde, tritt nur in Kraft, wenn weder das Europäische Parlament noch der Rat innerhalb einer Frist von zwei Monaten nach Übermittlung dieses Rechtsakts an das Europäische Parlament und den Rat Einwände erhoben haben oder wenn vor Ablauf dieser Frist das Europäische Parlament und der Rat beide der Kommission mitgeteilt haben, dass sie keine Einwände erheben werden. Auf Initiative des Europäischen Parlaments oder des Rates wird diese Frist um zwei Monate verlängert.

Art. 59 *(weggefallen)*

§ 59a Ausschussverfahren

(1) Die Kommission wird von dem durch Artikel 39 der Richtlinie 2008/98/EG eingesetzten Ausschuss unterstützt. Dieser Ausschuss ist ein Ausschuss im Sinne der Verordnung (EU) Nr. 182/2011.

(2) Wird auf diesen Absatz Bezug genommen, so gilt Artikel 5 der Verordnung (EU) Nr. 182/2011.

Gibt der Ausschuss keine Stellungnahme ab, so erlässt die Kommission den Durchführungsrechtsakt nicht und Artikel 5 Absatz 4 Unterabsatz 3 der Verordnung (EU) Nr. 182/2011 findet Anwendung.

Artikel 60 Überprüfung

(1) Bis zum 15. Juli 2006 schließt die Kommission ihre Überprüfung des Verhältnisses zwischen bestehenden sektoriellen Regelungen für die Gesundheit von Tier und Mensch, einschließlich der die Verbringung von Abfällen betreffenden Regelungen der Verordnung (EG) Nr. 1774/2002, und den Vorschriften dieser Verordnung ab. Erforderlichenfalls sind im Rahmen dieser Überprüfung geeignete Vorschläge vorzulegen, um in Bezug auf die Verfahren und die Kontrollregelungen für die Verbringung solcher Abfälle ein gleichwertiges Niveau zu erreichen.

(2) Innerhalb von fünf Jahren nach dem 12. Juli 2007 überprüft die Kommission die Anwendung von Artikel 12 Absatz 1 Buchstabe c einschließlich seiner Auswirkungen auf den Umweltschutz und das Funktionieren des Binnenmarktes. Dem Bericht werden erforderlichenfalls geeignete Vorschläge zur Änderung dieser Bestimmung beigefügt.

(2a) Bis zum 31. Dezember 2020 führt die Kommission unter Berücksichtigung unter anderem der gemäß Artikel 51 erstellten Berichte eine Überprüfung dieser Verordnung durch und legt die Ergebnisse dem Europäischen Parlament und dem Rat vor, gegebenenfalls zusammen mit einem Legislativvorschlag. Bei dieser

Überprüfung betrachtet die Kommission insbesondere die Wirksamkeit des Artikels 50 Absatz 2a bei der Bekämpfung illegaler Verbringungen unter Berücksichtigung umweltbezogener, sozialer und wirtschaftlicher Aspekte.

Artikel 61 Aufhebungen

(1) Die Verordnung (EWG) Nr. 259/93 und die Entscheidung 94/774/EG werden mit Wirkung ab dem 12. Juli 2007 aufgehoben.

(2) Verweisungen auf die aufgehobene Verordnung (EWG) Nr. 259/93 gelten als Verweisungen auf die vorliegende Verordnung.

(3) Die Entscheidung 1999/412/EG wird mit Wirkung vom 1. Januar 2008 aufgehoben.

Artikel 62 Übergangsbestimmungen

(1) Jede Verbringung, die notifiziert wurde und für die die zuständige Behörde am Bestimmungsort vor dem 12. Juli 2007 eine Empfangsbestätigung ausgestellt hat, unterliegt den Bestimmungen der Verordnung (EWG) Nr. 259/93.

(2) Verbringungen, denen die betroffenen zuständigen Behörden gemäß der Verordnung (EWG) Nr. 259/93 zugestimmt haben, sind spätestens ein Jahr nach dem 12. Juli 2007 abzuschließen.

(3) Die Berichterstattung gemäß Artikel 41 Absatz 2 der Verordnung (EWG) Nr. 259/93 und Artikel 51 der vorliegenden Verordnung erfolgt für das Jahr 2007 auf der Grundlage des in der Entscheidung 1999/412/EG vorgesehenen Fragebogens.

Artikel 63 Übergangsregelungen für bestimmte Mitgliedstaaten

(1) Bis zum 31. Dezember 2010 unterliegen alle Verbringungen nach Lettland von zur Verwertung bestimmten Abfällen, die in den Anhängen III und IV aufgeführt sind, sowie Verbringungen von zur Verwertung bestimmten Abfällen, die in diesen Anhängen nicht aufgeführt sind, dem Verfahren der vorherigen schriftlichen Notifizierung und Zustimmung gemäß Titel II.

Abweichend von Artikel 12 erheben die zuständigen Behörden Einwände gegen Verbringungen von zur Verwertung bestimmten Abfällen, die in den Anhängen III und IV aufgeführt sind, sowie gegen Verbringungen von zur Verwertung bestimmten Abfällen, die in diesen Anhängen nicht aufgeführt sind, die für eine Anlage bestimmt sind, für die eine vorübergehende Ausnahme von bestimmten Vorschriften der Richtlinie 96/61/EG gilt; dies gilt für die Dauer der vorübergehenden Ausnahme für die Bestimmungsanlage.

(2) Bis zum 31. Dezember 2012 unterliegen alle Verbringungen nach Polen von zur Verwertung bestimmten Abfällen, die in Anhang III aufgeführt sind, dem Verfahren der vorherigen schriftlichen Notifizierung und Zustimmung gemäß Titel II.

Abweichend von Artikel 12 können die zuständigen Behörden aus den in Artikel 11 genannten Gründen bis zum 31. Dezember 2007 Einwände gegen Verbringungen der folgenden in den Anhängen III und IV aufgeführten und zur Verwertung bestimmten Abfälle nach Polen erheben:

B2020 und GE020 (Glasabfälle)

B2070

B2080

B2100

B2120

B3010 und GH013 (Feste Kunststoffabfälle)

B3020 (Abfälle aus Papier)

B3140 (Altreifen)

Y46

Y47

A1010 und A1030 (nur die auf Arsen und Quecksilber bezogenen Gedankenstriche)

A1060

A1140

A2010

A2020

A2030

A2040

A3030

A3040

A3070

A3120

A3130

A3160

A3170

A3180 (gilt nur für polychlorierte Naphthaline (PCN))

A4010

A4050

A4060

A4070

A4090

AB030

AB070

AB120

AB130

AB150

AC060

AC070

AC080

AC150

AC160

AC260

AD150

Außer für Glasabfälle und Abfälle aus Papier sowie Altreifen kann dieser Zeitraum nach dem in Artikel 59a Absatz 2 genannten Regelungsverfahren bis spätestens zum 31. Dezember 2012 verlängert werden.

Abweichend von Artikel 12 können die zuständigen Behörden aus den in Artikel 11 genannten Gründen bis zum 31. Dezember 2012 Einwände gegen Verbringungen folgender Abfälle nach Polen erheben:

a) folgende zur Verwertung bestimmte Abfälle, die in Anhang IV aufgeführt sind:

   A2050

   A3030

   A3180 mit Ausnahme von polychlorierten Naphthalinen (PCN)

   A3190

   A4110

   A4120

   RB020

   und

b) von zur Verwertung bestimmten Abfällen, die in den Anhängen nicht aufgeführt sind.

Abweichend von Artikel 12 erheben die zuständigen Behörden Einwände gegen Verbringungen von zur Verwertung bestimmten Abfällen, die in den Anhängen III und IV der Verordnung aufgeführt sind, sowie gegen Verbringungen von zur Verwertung bestimmten Abfällen, die in diesen Anhängen nicht aufgeführt sind, die für eine Anlage bestimmt sind, für die eine vorübergehende Ausnahme von bestimmten Vorschriften der Richtlinie 96/61/EG gilt; dies gilt für die Dauer der vorübergehenden Ausnahme für die Bestimmungsanlage.

(3) Bis zum 31. Dezember 2011 unterliegen alle Verbringungen in die Slowakei von zur Verwertung bestimmten Abfällen, die in den Anhängen III und IV aufgeführt sind, sowie Verbringungen von zur Verwertung bestimmten Abfällen, die in diesen Anhängen nicht aufgeführt sind, dem Verfahren der vorherigen schriftlichen Notifizierung und Zustimmung gemäß Titel II.

Abweichend von Artikel 12 erheben die zuständigen Behörden Einwände gegen Verbringungen von zur Verwertung bestimmten Abfällen, die in den Anhängen III und IV aufgeführt sind, sowie gegen Verbringungen von zur Verwertung bestimmten Abfällen, die in diesen Anhängen nicht aufgeführt sind, die für eine Anlage bestimmt sind, für die eine vorübergehende Ausnahme von bestimmten Vorschriften der Richtlinien 94/67/EG[1] und 96/61/EG, der Richtlinie 2000/76/EG des Europäischen Parlaments und des Rates vom 4. Dezember 2000 über die Verbrennung von Abfällen[2] und der Richtlinie 2001/80/EG des Europäischen Parlaments und des Rates vom 23. Oktober 2001 zur Begrenzung von Schadstoffemissionen von Großfeuerungsanlagen in die Luft[3] gilt; dies gilt für die Dauer der vorübergehenden Ausnahme für die Bestimmungsanlage.

(4) Bis zum 31. Dezember 2014 unterliegen alle Verbringungen nach Bulgarien von zur Verwertung bestimmten Abfällen, die in Anhang III aufgeführt sind, dem Verfahren der vorherigen schriftlichen Notifizierung und Zustimmung gemäß Titel II.

Abweichend von Artikel 12 können die zuständigen bulgarischen Behörden aus den in Artikel 11 genannten Gründen bis zum 31. Dezember 2009 Einwände gegen Verbringungen der folgenden in den Anhängen III und IV aufgeführten und zur Verwertung bestimmten Abfälle nach Bulgarien erheben:

B2070

B2080

B2100

B2120

Y46

Y47

A1010 und A1030 (nur die auf Arsen und Quecksilber bezogenen Gedankenstriche)

A1060

A1140

A2010

A2020

A2030

A2040

A3030

A3040

A3070

A3120

A3130

A3160

1) Amtliche Fußnote: ABl. L 365 vom 31. 12. 1994, S. 34.
2) Amtliche Fußnote: ABl. L 332 vom 28. 12. 2000, S. 91.
3) Amtliche Fußnote: ABl. L 309 vom 27. 11. 2001, S. 1. Geändert durch die Beitrittsakte von 2003.

A3170

A3180 (gilt nur für polychlorierte Naphthaline (PCN))

A4010

A4050

A4060

A4070

A4090

AB030

AB070

AB120

AB130

AB150

AC060

AC070

AC080

AC150

AC160

AC260

AD150

Dieser Zeitraum kann nach dem in Artikel 59a Absatz 2 genannten Regelungsverfahren bis spätestens zum 31. Dezember 2012 verlängert werden.

Abweichend von Artikel 12 können die zuständigen bulgarischen Behörden aus den in Artikel 11 genannten Gründen bis zum 31. Dezember 2009 Einwände gegen Verbringungen folgender Abfälle nach Bulgarien erheben:

a) folgende zur Verwertung bestimmte Abfälle, die in Anhang IV aufgeführt sind:

A2050

A3030

A3180 mit Ausnahme von polychlorierten Naphthalinen (PCN)

A3190

A4110

A4120

RB020

und

b) von zur Verwertung bestimmten Abfällen, die nicht in den Anhängen aufgeführt sind.

Abweichend von Artikel 12 erheben die zuständigen bulgarischen Behörden Einwände gegen Verbringungen von zur Verwertung bestimmten Abfällen, die in den Anhängen III und IV aufgeführt sind, sowie gegen Verbringungen von zur Verwertung bestimmten Abfällen, die in diesen Anhängen nicht aufgeführt sind, die für eine Anlage bestimmt sind, für die eine vorübergehende Ausnahme von bestimmten Vorschriften der Richtlinie 96/61/EG oder der Richtlinie 2001/80/EG gilt; dies gilt für die Dauer der vorübergehenden Ausnahme für die Bestimmungsanlage.

(5) Bis zum 31. Dezember 2015 unterliegen alle Verbringungen nach Rumänien von zur Verwertung bestimmten Abfällen, die in Anhang III aufgeführt sind, dem Verfahren der vorherigen schriftlichen Notifizierung und Zustimmung gemäß Titel II.

Abweichend von Artikel 12 können die zuständigen rumänischen Behörden aus den in Artikel 11 genannten Gründen bis zum 31. Dezember 2011 Einwände gegen Verbringungen der folgenden in den Anhängen III und IV aufgeführten und zur Verwertung bestimmten Abfälle nach Rumänien erheben:

B2070

B2100 mit Ausnahme von Aluminiumoxidabfällen

B2120

B4030

Y46

Y47

A1010 und A1030 (nur die auf Arsen, Quecksilber und Thallium bezogenen Gedankenstriche)

A1060

A1140

A2010

A2020

A2030

A3030

A3040

A3050

A3060

A3070

A3120

A3130

A3140

A3150

A3160

A3170

A3180 (gilt nur für polychlorierte Naphthaline (PCN))

A4010

A4030

A4040

A4050

A4080

A4090

A4100

A4160

AA060

AB030

AB120

AC060

AC070

AC080

AC150

AC160

AC260

AC270

AD120

AD150

Dieser Zeitraum kann nach dem in Artikel 59a Absatz 2 genannten Regelungsverfahren bis spätestens zum 31. Dezember 2015 verlängert werden.

Abweichend von Artikel 12 können die zuständigen rumänischen Behörden aus den in Artikel 11 genannten Gründen bis zum 31. Dezember 2011 Einwände gegen Verbringungen folgender Abfälle nach Rumänien erheben:

a) folgende zur Verwertung bestimmte Abfälle, die in Anhang IV aufgeführt sind:

   A2050

   A3030

   A3180 mit Ausnahme von polychlorierten Naphthalinen (PCN)

   A3190

   A4110

A4120

RB020

und

b) von zur Verwertung bestimmten Abfällen, die nicht in den Anhängen aufgeführt sind.

Dieser Zeitraum kann nach dem in Artikel 59a Absatz 2 genannten Regelungsverfahren bis spätestens zum 31. Dezember 2015 verlängert werden.

Abweichend von Artikel 12 erheben die zuständigen rumänischen Behörden Einwände gegen Verbringungen von zur Verwertung bestimmten Abfällen, die in den Anhängen III und IV der Verordnung aufgeführt sind, sowie gegen Verbringungen von zur Verwertung bestimmten Abfällen, die in diesen Anhängen nicht aufgeführt sind, die für eine Anlage bestimmt sind, für die eine vorübergehende Ausnahme von bestimmten Vorschriften der Richtlinien 96/61/EG, 2000/76/EG oder 2001/80/EG gilt; dies gilt für die Dauer der vorübergehenden Ausnahme für die Bestimmungsanlage.

(6) Wird in diesem Artikel im Zusammenhang mit den in Anhang III aufgeführten Abfällen Bezug auf Titel II genommen, so finden Artikel 3 Absatz 2, Artikel 4 Absatz 2 Nummer 5 und die Artikel 6, 11, 22, 23, 24, 25 und 31 keine Anwendung.

Artikel 64 Inkrafttreten und Anwendung

(1) Diese Verordnung tritt am dritten Tag nach ihrer Veröffentlichung im Amtsblatt der Europäischen Union in Kraft.

Sie gilt ab dem 12. Juli 2007.

(2) Sollte das Datum des Beitritts von Bulgarien oder Rumänien später liegen als das Datum der in Absatz 1 genannten Anwendung, so gilt Artikel 63 Absätze 4 und 5 abweichend von Absatz 1 des vorliegenden Artikels ab dem Datum des Beitritts.

(3) Sofern die betreffenden Mitgliedstaaten dem zustimmen, kann Artikel 26 Absatz 4 vor dem 12. Juli 2007 angewandt werden.

(Vom Abdruck der Anhänge Ia–IX wurde abgesehen)

454 Richtlinie 2000/60/EG des Europäischen Parlaments und des Rates vom 23. Oktober 2000 zur Schaffung eines Ordnungsrahmens für Maßnahmen der Gemeinschaft im Bereich der Wasserpolitik

(ABl. L 327 vom 22. 12. 2000 S. 1), geändert durch Entscheidung Nr. 2455/2001/EG des Europäischen Parlaments und des Rates vom 20. November 2001 (ABl. L 331 vom 15. 12. 2001 S. 1), durch Richtlinie 2008/32/EG des Europäischen Parlaments und des Rates vom 11. März 2008 (ABl. L 81 vom 20. 3. 2008 S. 60), durch Richtlinie 2008/105/EG des Europäischen Parlaments und des Rates vom 16. Dezember 2008 (ABl. L 348 vom 24. 12. 2008 S. 84), durch Richtlinie 2009/31/EG des Europäischen Parlaments und des Rates vom 23. April 2009 (ABl. L 140 vom 5. 6. 2009 S. 114), durch Richtlinie 2013/39/EU des Europäischen Parlaments und des Rates vom 12. August 2013 (ABl. L 226 vom 24. 8. 2013 S. 1), durch Richtlinie 2013/64/EU des Rates vom 17. Dezember 2013 (ABl. L 353 vom 28. 12. 2013 S. 8), durch Richtlinie 2014/101/EU der Kommission vom 30. Oktober 2014 (ABl. L 311 vom 31. 10. 2014 S. 32)

Inhaltsübersicht*

DAS EUROPÄISCHE PARLAMENT UND DER RAT DER EUROPÄISCHEN UNION –

* Nicht amtlich.

gestützt auf den Vertrag zur Gründung der Europäischen Gemeinschaft, insbesondere auf Artikel 175 Absatz 1,

auf Vorschlag der Kommission[1)],

nach Stellungnahme des Wirtschafts- und Sozialausschusses[2)],

nach Stellungnahme des Ausschusses der Regionen[3)],

gemäß dem Verfahren des Artikels 251 des Vertrags[4)], aufgrund des vom Vermittlungsausschuss am 18. Juli 2000 gebilligten gemeinsamen Entwurfs,

in Erwägung nachstehender Gründe:

(1) Wasser ist keine übliche Handelsware, sondern ein ererbtes Gut, das geschützt, verteidigt und entsprechend behandelt werden muss.

(2) In den Schlussfolgerungen des 1988 durchgeführten Frankfurter Ministerseminars über die Wasserpolitik der Gemeinschaft wurden gemeinschaftliche Rechtsvorschriften für die ökologische Wasserqualität gefordert. Der Rat ersuchte die Kommission in seiner Entschließung vom 28. Juni 1988[5)] um die Vorlage von Vorschlägen zur Verbesserung der ökologischen Wasserqualität von Oberflächengewässern in der Gemeinschaft.

(3) In der Erklärung des Haager Ministerseminars über Grundwasser von 1991 wurde auf den Handlungsbedarf zur Vermeidung einer langfristigen Verschlechterung von Güte und Menge des Süßwassers verwiesen und ein Maßnahmenprogramm gefordert, das bis zum Jahr 2000 durchgeführt sein soll. Ziele sind die nachhaltige Bewirtschaftung und der Schutz der Süßwasserressourcen. Der Rat forderte in seinen Entschließungen vom 25. Februar 1992[6)] und vom 20. Februar 1995[7)] ein Aktionsprogramm für Grundwasser und eine Revision der Richtlinie 80/68/EWG des Rates vom 17. Dezember 1979 über den Schutz des Grundwassers gegen Verschmutzung durch bestimmte gefährliche Stoffe[8)] im Rahmen allgemeiner politischer Maßnahmen für den Süßwasserschutz.

(4) Die Nachfrage nach Wasser in ausreichender Menge und angemessener Güte steigt permanent in allen Anwendungsbereichen; dies bringt die Gewässer der Gemeinschaft unter wachsenden Druck. Die Europäische Umweltagentur hat am 10. November 1995 einen aktualisierten Bericht über die Lage der Umwelt in der Europäischen Union für 1995 vorgelegt und auf die Notwendigkeit hingewiesen, die Gewässer der Gemeinschaft sowohl in qualitativer als auch quantitativer Hinsicht zu schützen.

(5) Der Rat nahm am 18. Dezember 1995 Schlussfolgerungen an, in denen unter anderem die Ausarbeitung einer neuen Rahmenrichtlinie zur Festlegung der wesentlichen Grundsätze einer nachhaltigen Wasserschutzpolitik ge-

---

1) Amtliche Fußnote: ABl. C 184 vom 17. 6. 1997, S. 20, ABl. C 16 vom 20. 1. 1998, S. 14 und ABl. C 108 vom 7. 4. 1998, S. 94.

2) Amtliche Fußnote: ABl. C 355 vom 21. 11. 1997, S. 83.

3) Amtliche Fußnote: ABl. C 180 vom 11. 6. 1998, S. 38.

4) Amtliche Fußnote: Stellungnahme des Europäischen Parlaments vom 11. Februar 1999 (ABl. C 150 vom 28. 5. 1999, S. 419), bestätigt am 16. September 1999. Gemeinsamer Standpunkt des Rates vom 22. Oktober 1999 (ABl. C 343 vom 30. 11. 1999, S. 1) und Beschluss des Europäischen Parlaments vom 16. Februar 2000 (noch nicht im Amtsblatt veröffentlicht). Beschluss des Europäischen Parlaments vom 7. September 2000 und Beschluss des Rates vom 14. September 2000.

5) Amtliche Fußnote: ABl. C 209 vom 9. 8. 1988, S. 3.

6) Amtliche Fußnote: ABl. C 59 vom 6. 3. 1992, S. 2.

7) Amtliche Fußnote: ABl. C 49 vom 28. 2. 1995, S. 1.

8) Amtliche Fußnote: ABl. L 20 vom 26. 1. 1980, S. 43. Richtlinie geändert durch die Richtlinie 91/692/EWG (ABl. L 377 vom 31. 12. 1991, S. 48).

fordert und die Kommission ersucht wurde, einen entsprechenden Vorschlag zu unterbreiten.

(6) Am 21. Februar 1996 verabschiedete die Kommission eine Mitteilung an das Europäische Parlament und den Rat über die „Wasserpolitik der Europäischen Union", in der die Grundlagen für eine gemeinschaftliche Wasserpolitik festgelegt wurden.

(7) Am 9. September 1996 legte die Kommission einen Vorschlag für einen Beschluss des Europäischen Parlaments und des Rates über ein Aktionsprogramm zur Eingliederung von Grundwasserschutz und Grundwasserbewirtschaftung[1)] vor. In diesem Vorschlag wies die Kommission auf die Notwendigkeit von Verfahren zur Regelung der Süßwasserentnahme und der Überwachung von Güte und Menge des Süßwassers hin.

(8) Die Kommission hat am 29. Mai 1995 eine Mitteilung an das Europäische Parlament und an den Rat betreffend die sinnvolle Nutzung und Erhaltung von Feuchtgebieten angenommen, in der die große Bedeutung der Feuchtgebiete für den Schutz der Wasserressourcen anerkannt wurde.

(9) Es ist erforderlich, eine integrierte Wasserpolitik der Gemeinschaft zu entwickeln.

(10) Der Rat (25. Juni 1996), der Ausschuss der Regionen (19. September 1996), der Wirtschafts- und Sozialausschuss (26. September 1996) und das Europäische Parlament (23. Oktober 1996) ersuchten die Kommission um die Vorlage eines Vorschlags für eine Richtlinie des Rates zur Schaffung eines Ordnungsrahmens für die Europäische Wasserpolitik.

(11) Gemäß Artikel 174 des Vertrags soll die gemeinschaftliche Umweltpolitik zur Verfolgung der Ziele der Erhaltung und des Schutzes der Umwelt sowie der Verbesserung ihrer Qualität und der umsichtigen und rationellen Verwendung der natürlichen Ressourcen beitragen; diese Politik hat auf den Grundsätzen der Vorsorge und Vorbeugung, auf dem Grundsatz, Umweltbeeinträchtigungen mit Vorrang an ihrem Ursprung zu bekämpfen, sowie auf dem Verursacherprinzip zu beruhen.

(12) Gemäß Artikel 174 des Vertrags berücksichtigt die Gemeinschaft bei der Erarbeitung ihrer Umweltpolitik die verfügbaren wissenschaftlichen und technischen Daten, die Umweltbedingungen in den verschiedenen Regionen der Gemeinschaft sowie die wirtschaftliche und soziale Entwicklung der Gemeinschaft insgesamt, die ausgewogene Entwicklung ihrer Regionen sowie die Vorteile und die Belastung aufgrund des Tätigwerdens bzw. eines Nichttätigwerdens.

(13) Aufgrund der unterschiedlichen Gegebenheiten und des unterschiedlichen Bedarfs innerhalb der Gemeinschaft werden spezifische Lösungen benötigt. Bei der Planung und Durchführung von Maßnahmen zum Schutz und nachhaltigen Gebrauch von Wasser im Rahmen eines Einzugsgebiets muss diese Diversität berücksichtigt werden. Entscheidungen sollten auf einer Ebene getroffen werden, die einen möglichst direkten Kontakt zu der Örtlichkeit ermöglicht, in der Wasser genutzt oder durch bestimmte Tätigkeiten in Mitleidenschaft gezogen wird. Deshalb sollten von den Mitgliedstaaten erstellte Maßnahmenprogramme, die sich an den regionalen und lokalen Bedingungen orientieren, Vorrang genießen.

---

1) Amtliche Fußnote: ABl. C 355 vom 25. 11. 1996, S. 1.

(14) Der Erfolg der vorliegenden Richtlinie hängt von einer engen Zusammenarbeit und kohärenten Maßnahmen auf gemeinschaftlicher, einzelstaatlicher und lokaler Ebene ab. Genauso wichtig sind jedoch Information, Konsultation und Einbeziehung der Öffentlichkeit, einschließlich der Nutzer.

(15) Die Wasserversorgung ist eine Leistung der Daseinsvorsorge im Sinne der Mitteilung der Kommission „Leistungen der Daseinsvorsorge in Europa“[1].

(16) Der Schutz und die nachhaltige Bewirtschaftung von Gewässern müssen stärker in andere politische Maßnahmen der Gemeinschaft integriert werden, so z.B. in die Energiepolitik, die Verkehrspolitik, die Landwirtschaftspolitik, die Fischereipolitik, die Regionalpolitik und die Fremdenverkehrspolitik. Diese Richtlinie soll die Grundlage für einen kontinuierlichen Dialog und für die Entwicklung von Strategien für eine stärkere politische Integration legen. Sie kann somit auch einen bedeutenden Beitrag in anderen Bereichen der Zusammenarbeit zwischen den Mitgliedstaaten, unter anderem im Zusammenhang mit dem Europäischen Raumentwicklungskonzept (ESDP), leisten.

(17) Eine wirksame und kohärente Wasserpolitik muss der Empfindlichkeit von aquatischen Ökosystemen Rechnung tragen, die sich in der Nähe von Küsten oder Ästuarien oder in großen Meeresbuchten oder relativ abgeschlossenen Meeren befinden, da deren Gleichgewicht durch die Qualität der in sie fließenden Binnengewässer stark beeinflusst wird. Der Schutz des Wasserzustands innerhalb von Einzugsgebieten wird zu wirtschaftlichen Vorteilen führen, da er zum Schutz von Fischbeständen, insbesondere von küstennahen Fischbeständen, beiträgt.

(18) Eine gemeinschaftliche Wasserpolitik erfordert einen transparenten, effizienten und kohärenten rechtlichen Rahmen. Die Gemeinschaft sollte in diesem Zusammenhang allgemeine Grundsätze und einen Handlungsrahmen vorgeben. Mit dieser Richtlinie soll ein solcher Rahmen geschaffen, und es sollen die grundlegenden Prinzipien und Strukturen für den Schutz und den nachhaltigen Gebrauch von Wasser in der Gemeinschaft in Übereinstimmung mit dem Subsidiaritätsprinzip koordiniert, integriert und langfristig weiterentwickelt werden.

(19) Ziele der vorliegenden Richtlinie sind die Erhaltung und die Verbesserung der aquatischen Umwelt in der Gemeinschaft, wobei der Schwerpunkt auf der Güte der betreffenden Gewässer liegt. Die mengenmäßige Überwachung spielt bei dem Versuch, eine angemessene Wassergüte zu gewährleisten, eine zusätzliche Rolle, so dass im Hinblick auf das Ziel einer angemessenen Güte auch Maßnahmen in Bezug auf die Wassermenge erlassen werden sollten.

(20) Der mengenmäßige Zustand eines Grundwasserkörpers kann sich auf die ökologische Qualität der mit diesem Grundwasserkörper verbundenen Oberflächengewässer und Landökosysteme auswirken.

(21) Die Gemeinschaft und ihre Mitgliedstaaten sind Vertragsparteien verschiedener internationaler Übereinkommen, die bedeutende Verpflichtungen zum Schutz der Meeresgewässer gegen Verschmutzung beinhalten; hierzu gehören insbesondere das Übereinkommen über den Schutz der Meeresumwelt des Ostseegebiets, das am 9. April 1992 in Helsinki unterzeichnet und

---

1) Amtliche Fußnote: ABl. C 281 vom 26. 9. 1996, S. 3.

mit dem Beschluss 94/157/EG des Rates[1] gebilligt wurde, das Übereinkommen zum Schutz der Meeresumwelt des Nordostatlantiks, das am 22. September 1992 in Paris unterzeichnet und mit dem Beschluss 98/249/EG des Rates[2] gebilligt wurde, das Übereinkommen zum Schutz des Mittelmeeres gegen Verschmutzung, das am 16. Februar 1976 in Barcelona unterzeichnet und mit dem Beschluss 77/585/EWG des Rates[3] gebilligt wurde, sowie das dazugehörige Protokoll über den Schutz des Mittelmeers gegen Verschmutzung vom Lande aus, das am 17. Mai 1980 in Athen unterzeichnet und mit dem Beschluss 83/101/EWG des Rates[4] gebilligt wurde. Diese Richtlinie soll einen Beitrag dazu leisten, dass die Gemeinschaft und ihre Mitgliedstaaten diesen Verpflichtungen nachkommen können.

(22) Diese Richtlinie soll dazu beitragen, dass die Einleitung gefährlicher Stoffe in Wasser schrittweise verringert wird.

(23) Es werden allgemeine Grundsätze benötigt, um Maßnahmen der Mitgliedstaaten zur Verbesserung des Gewässerschutzes in der Gemeinschaft hinsichtlich der Wassermenge und -güte zu koordinieren, einen nachhaltigen Wassergebrauch zu fördern, einen Beitrag zur Lösung der grenzüberschreitenden Wasserprobleme zu leisten, aquatische Ökosysteme und die direkt von ihnen abhängenden Landökosysteme und Feuchtgebiete zu schützen und das Nutzungspotential der Gewässer der Gemeinschaft zu erhalten und zu entwickeln.

(24) Eine gute Wasserqualität sichert die Versorgung der Bevölkerung mit Trinkwasser.

(25) Es sollten gemeinsame Begriffsbestimmungen zur Beschreibung des Zustandes von Gewässern sowohl im Hinblick auf die Güte als auch – soweit für den Umweltschutz von Belang – auf die Menge festgelegt werden. Umweltziele sollen sicherstellen, dass sich die Oberflächengewässer und das Grundwasser in der gesamten Gemeinschaft in einem guten Zustand befinden und eine Verschlechterung des Zustands der Gewässer auf Gemeinschaftsebene verhindert wird.

(26) Die Mitgliedstaaten sollten bestrebt sein, einen zumindest guten Zustand ihrer Gewässer zu erreichen, indem sie unter Berücksichtigung vorhandener Anforderungen auf Gemeinschaftsebene die erforderlichen Maßnahmen im Rahmen integrierter Maßnahmenprogramme festlegen und in die Praxis umsetzen. Wenn sich ein Gewässer bereits in einem guten Zustand befindet, sollte dieser bewahrt bleiben. In Bezug auf Grundwasser sollten nicht nur die Anforderungen für einen guten Zustand erfüllt, sondern auch alle signifikanten und anhaltenden Trends einer Steigerung der Konzentration von Schadstoffen ermittelt und umgekehrt werden.

(27) Das Endziel dieser Richtlinie besteht darin, die Eliminierung prioritärer gefährlicher Stoffe zu erreichen und dazu beizutragen, dass in der Meeresumwelt für natürlich vorkommende Stoffe Konzentrationen in der Nähe der Hintergrundwerte erreicht werden.

(28) Oberflächengewässer und Grundwasserkörper sind prinzipiell erneuerbare natürliche Ressourcen. Aufgrund der natürlichen zeitlichen Verzögerung bei der Bildung und der Erneuerung von Grundwasserressourcen sind früh-

---

1) Amtliche Fußnote: ABl. L 73 vom 16. 3. 1994, S. 19.
2) Amtliche Fußnote: ABl. L 104 vom 3. 4. 1998, S. 1.
3) Amtliche Fußnote: ABl. L 240 vom 19. 9. 1977, S. 1.
4) Amtliche Fußnote: ABl. L 67 vom 12. 3. 1983, S. 1.

zeitige Maßnahmen und eine beständige langfristige Planung von Schutzmaßnahmen nötig, um einen guten Zustand des Grundwassers zu gewährleisten. Bei der Erstellung eines Zeitplans für Maßnahmen zur Erreichung eines guten Zustands des Grundwassers sowie zur Umkehrung aller signifikanten und anhaltenden Trends einer Steigerung der Konzentration von Schadstoffen im Grundwasser sollte dieser natürliche Verzögerungseffekt berücksichtigt werden.

(29) Bei ihren Anstrengungen zur Umsetzung der Ziele dieser Richtlinie und bei der Aufstellung des entsprechenden Maßnahmenprogramms können die Mitgliedstaaten eine stufenweise Durchführung des Maßnahmenprogramms vorsehen, um so die Durchführungskosten auf einen größeren Zeitraum zu verteilen.

(30) Im Hinblick auf eine vollständige und korrekte Umsetzung dieser Richtlinie sollten etwaige Verlängerungen der Fristen anhand geeigneter, eindeutiger und transparenter Kriterien erfolgen und von den Mitgliedstaaten in den Bewirtschaftungsplänen für das Einzugsgebiet begründet werden.

(31) In Fällen, in denen sich menschliche Tätigkeiten oder die natürlichen Gegebenheiten auf einen Wasserkörper in einer Weise auswirken, die es unmöglich oder äußerst kostspielig erscheinen lässt, einen guten Zustand zu erreichen, sind gegebenenfalls weniger strenge Umweltziele anhand geeigneter, eindeutiger und transparenter Kriterien festzulegen, wobei alle praktikablen Vorkehrungen getroffen werden müssen, um einer weiteren Verschlechterung des Gewässerzustands vorzubeugen.

(32) Es kann Gründe für eine Befreiung von der Auflage geben, einer weiteren Verschlechterung des Gewässerzustands vorzubeugen oder einen guten Zustand unter bestimmten Bedingungen zu erreichen, wenn die Nichterfüllung der Auflage auf unvorhergesehene oder außergewöhnliche Umstände, insbesondere Überschwemmungen und Dürren, oder auf neu eingetretene Änderungen der physischen Eigenschaften eines Oberflächenwasserkörpers oder Änderungen des Pegels von Grundwasserkörpern, die aus Gründen des überwiegenden öffentlichen Interesses erfolgt sind, zurückzuführen ist, unter der Voraussetzung, dass alle praktikablen Vorkehrungen getroffen werden, um die negativen Auswirkungen auf den Zustand des Wasserkörpers zu vermindern.

(33) Das Ziel eines guten Gewässerzustands sollte für jedes Einzugsgebiet verfolgt werden, so dass eine Koordinierung der Maßnahmen für Grundwässer und Oberflächengewässer ein und desselben ökologischen, hydrologischen und hydrogeologischen Systems erreicht wird.

(34) Zum Zwecke des Umweltschutzes müssen die qualitativen und quantitativen Aspekte sowohl bei Oberflächengewässern als auch bei Grundwässern stärker integriert werden, wobei die natürlichen Fließbedingungen von Wasser innerhalb des hydrologischen Kreislaufs zu berücksichtigen sind.

(35) Innerhalb von Einzugsgebieten, in denen der Wassergebrauch grenzüberschreitende Auswirkungen haben kann, sind die Anforderungen zur Erreichung der Umweltziele gemäß dieser Richtlinie und insbesondere alle Maßnahmenprogramme für die gesamte Flussgebietseinheit zu koordinieren. Bei Einzugsgebieten, die über das Gebiet der Gemeinschaft hinausgehen, sollten die Mitgliedstaaten für eine geeignete Koordinierung mit den entsprechenden Nichtmitgliedstaaten Sorge tragen. Diese Richtlinie soll einen Beitrag zur Erfüllung der Verpflichtungen der Gemeinschaft aufgrund internationaler Übereinkommen über den Schutz und die Bewirtschaftung

von Gewässern leisten, insbesondere des durch den Beschluss 95/308/EG des Rates[1] genehmigten Übereinkommens der Vereinten Nationen zum Schutz und zur Nutzung grenzüberschreitender Wasserläufe und internationaler Seen und nachfolgender Übereinkünfte über die Anwendung dieses Übereinkommens.

(36) Es ist erforderlich, eine Analyse der Merkmale eines Einzugsgebiets und der Auswirkungen menschlicher Tätigkeiten sowie eine wirtschaftliche Analyse des Wassergebrauchs zu erstellen. Die Entwicklung des Gewässerzustands in der gesamten Gemeinschaft sollte von den Mitgliedstaaten auf systematische und vergleichbare Weise überwacht werden. Die Mitgliedstaaten brauchen diese Informationen, um auf einer soliden Grundlage Maßnahmenprogramme zur Verwirklichung der Ziele dieser Richtlinie entwickeln zu können.

(37) Die Mitgliedstaaten sollten die zur Trinkwasserentnahme genutzten Gewässer ausweisen und die Einhaltung der Bestimmungen der Richtlinie 80/778/EWG des Rates vom 15. Juli 1980 über die Qualität von Wasser für den menschlichen Gebrauch[2] sicherstellen.

(38) In den Maßnahmenprogrammen sollten die Mitgliedstaaten auch den Einsatz wirtschaftlicher Instrumente vorsehen. Der Grundsatz der Deckung der Kosten der Wassernutzung einschließlich umwelt- und ressourcenbezogener Kosten im Zusammenhang mit Beeinträchtigungen oder Schädigungen der aquatischen Umwelt sollte insbesondere entsprechend dem Verursacherprinzip berücksichtigt werden. Hierzu bedarf es einer wirtschaftlichen Analyse der Wassernutzung auf der Grundlage langfristiger Voraussagen für das Angebot und die Nachfrage von Wasser in der Flussgebietseinheit.

(39) Die Auswirkungen von Verschmutzungsunfällen müssen vermieden oder verringert werden. Das Maßnahmenprogramm sollte entsprechende Vorkehrungen umfassen.

(40) Zur Vermeidung und Verminderung der Verschmutzung sollte die gemeinschaftliche Wasserpolitik auf einem kombinierten Konzept beruhen, d.h. sowohl Begrenzung der Verschmutzung an der Quelle durch die Vorgabe von Emissionsgrenzwerten als auch Festlegung von Umweltqualitätsnormen.

(41) Ferner sollten im Hinblick auf die Wassermenge allgemeine Prinzipien für die Wasserentnahme und die Aufstauung festgelegt werden, um die ökologische Nachhaltigkeit für die betroffenen Wassersysteme zu sichern.

(42) Im Gemeinschaftsrecht sollten für bestimmte Schadstoffgruppen oder -familien gemeinsame Umweltqualitätsnormen und Emissionsgrenzwerte als Mindestanforderungen festgelegt werden. Für die Verabschiedung solcher Normen auf Gemeinschaftsebene sind entsprechende Bestimmungen zu erlassen.

(43) Die Wasserverschmutzung durch Einleitungen, Emissionen oder Verluste prioritärer gefährlicher Stoffe muss beendet oder schrittweise eingestellt werden. Das Europäische Parlament und der Rat sollten auf Vorschlag der Kommission festlegen, für welche Stoffe prioritär Maßnahmen zu ergreifen sind und welche spezifischen Maßnahmen gegen die Wasserverschmutzung

1) Amtliche Fußnote: ABl. L 186 vom 5. 8. 1995, S. 42.
2) Amtliche Fußnote: ABl. L 229 vom 30. 8. 1980, S. 11. Richtlinie zuletzt geändert durch die Richtlinie 98/83/EG (ABl. L 330 vom 5. 12. 1998, S. 32).

durch solche Stoffe getroffen werden müssen, wobei alle bedeutenden Verschmutzungsquellen zu berücksichtigen und das Niveau und die Kombination von Begrenzungen unter dem Gesichtspunkt der Kostenwirksamkeit und der Verhältnismäßigkeit zu ermitteln sind.

(44) Die Bestimmung prioritärer gefährlicher Stoffe sollte dem Grundsatz der Vorsorge Rechnung tragen und sich insbesondere auf die Bestimmung von potentiell negativen Auswirkungen des Erzeugnisses und auf eine wissenschaftliche Bewertung des Risikos stützen.

(45) Die Mitgliedstaaten sollten Maßnahmen ergreifen, um die Verschmutzung von Oberflächenwasser durch prioritäre Stoffe zu beseitigen und die Verschmutzung durch andere Stoffe, die sonst das Erreichen der für die Oberflächenwasserkörper festgelegten Ziele durch die Mitgliedstaaten verhindern würden, schrittweise zu verringern.

(46) Um eine Beteiligung der breiten Öffentlichkeit, einschließlich der Wassernutzer, an der Erstellung und Aktualisierung der Bewirtschaftungspläne für die Einzugsgebiete sicherzustellen, ist es nötig, über geplante Maßnahmen in geeigneter Weise zu informieren und über deren Fortschreiten zu berichten, damit die Öffentlichkeit einbezogen werden kann, ehe endgültige Entscheidungen über die nötigen Maßnahmen getroffen werden.

(47) Durch diese Richtlinie sollen Mechanismen geschaffen werden, die es ermöglichen, Hindernisse anzugehen, die einer Verbesserung des Zustands der Gewässer im Wege stehen und nicht in den Geltungsbereich gemeinschaftlicher Wasserschutzvorschriften fallen. Ziel ist die Entwicklung angemessener Gemeinschaftsstrategien zur Überwindung dieser Hindernisse.

(48) Die Kommission sollte jährlich einen aktualisierten Plan für Initiativen vorlegen, die sie im Bereich der Wasserpolitik vorzuschlagen gedenkt.

(49) Diese Richtlinie sollte technische Spezifikationen enthalten, die ein kohärentes Vorgehen innerhalb der Gemeinschaft gewährleisten. Kriterien für die Beurteilung des Gewässerzustands stellen einen wichtigen Schritt nach vorn dar. Die Anpassung bestimmter technischer Aspekte an den technischen Fortschritt und die Normung der Überwachung sowie der Probenahme- und Analysemethoden sollten im Ausschussverfahren erfolgen. Um das Verständnis und eine kohärente Anwendung der Kriterien für die Beschreibung der Flussgebietseinheiten und für die Beurteilung des Gewässerzustands zu fördern, kann die Kommission Leitlinien für die Anwendung dieser Kriterien festlegen.

(50) Die zur Durchführung dieser Richtlinie erforderlichen Maßnahmen sollten gemäß dem Beschluss 1999/468/EG des Rates vom 28. Juni 1999 zur Festlegung der Modalitäten für die Ausübung der der Kommission übertragenen Durchführungsbefugnisse[1)] erlassen werden.

(51) Mit der Umsetzung dieser Richtlinie soll ein Wasser-Schutzniveau erreicht werden, das demjenigen bestimmter früherer Rechtsakte zumindest gleichwertig ist. Diese sollten deshalb aufgehoben werden, sobald die einschlägigen Bestimmungen der vorliegenden Richtlinie voll umgesetzt sind.

(52) In den Bestimmungen dieser Richtlinie wird der in der Richtlinie 76/464/EWG des Rates[2)] geschaffene Handlungsrahmen für die Überwachung der Verschmutzung durch bestimmte gefährliche Stoffe übernommen. Die

---

1) Amtliche Fußnote: ABl. L 184 vom 17. 7. 1999, S. 23.

2) Amtliche Fußnote: ABl. L 129 vom 18. 5. 1976, S. 23. Richtlinie geändert durch die Richtlinie 91/692/EWG (ABl. L 377 vom 31. 12. 1991, S. 48).

Richtlinie 76/464/EWG sollte deshalb aufgehoben werden, sobald die einschlägigen Bestimmungen der vorliegenden Richtlinie voll umgesetzt sind.

(53) Bestehende Gewässerschutzvorschriften sollten vollständig umgesetzt und durchgesetzt werden. Eine ordnungsgemäße Anwendung der Vorschriften zur Umsetzung dieser Richtlinie muss in der gesamten Gemeinschaft durch entsprechende Sanktionen in den Rechtsvorschriften der Mitgliedstaaten gewährleistet sein. Solche Sanktionen müssen wirksam, angemessen und abschreckend sein –

HABEN FOLGENDE RICHTLINIE ERLASSEN:

Artikel 1 Ziel

Ziel dieser Richtlinie ist die Schaffung eines Ordnungsrahmens für den Schutz der Binnenoberflächengewässer, der Übergangsgewässer, der Küstengewässer und des Grundwassers zwecks

a) Vermeidung einer weiteren Verschlechterung sowie Schutz und Verbesserung des Zustands der aquatischen Ökosysteme und der direkt von ihnen abhängenden Landökosysteme und Feuchtgebiete im Hinblick auf deren Wasserhaushalt,

b) Förderung einer nachhaltigen Wassernutzung auf der Grundlage eines langfristigen Schutzes der vorhandenen Ressourcen,

c) Anstrebens eines stärkeren Schutzes und einer Verbesserung der aquatischen Umwelt, unter anderem durch spezifische Maßnahmen zur schrittweisen Reduzierung von Einleitungen, Emissionen und Verlusten von prioritären Stoffen und durch die Beendigung oder schrittweise Einstellung von Einleitungen, Emissionen und Verlusten von prioritären gefährlichen Stoffen;

d) Sicherstellung einer schrittweisen Reduzierung der Verschmutzung des Grundwassers und Verhinderung seiner weiteren Verschmutzung; und

e) Beitrag zur Minderung der Auswirkungen von Überschwemmungen und Dürren,

womit beigetragen werden soll

- zu einer ausreichenden Versorgung mit Oberflächen- und Grundwasser guter Qualität, wie es für eine nachhaltige, ausgewogene und gerechte Wassernutzung erforderlich ist;
- zu einer wesentlichen Reduzierung der Grundwasserverschmutzung;
- zum Schutz der Hoheitsgewässer und der Meeresgewässer;
- zur Verwirklichung der Ziele der einschlägigen internationalen Übereinkommen einschließlich derjenigen, die auf die Vermeidung und Beseitigung der Verschmutzung der Meeresumwelt abzielen, durch Gemeinschaftsmaßnahmen gemäß Artikel 16 Absatz 3 zur Beendigung oder schrittweisen Einstellung von Einleitungen, Emissionen oder Verlusten von prioritären gefährlichen Stoffen, und zwar mit dem Endziel, in der Meeresumwelt für natürlich anfallende Stoffe Konzentrationen in der Nähe der Hintergrundwerte und für anthropogene synthetische Stoffe Konzentrationen nahe Null zu erreichen.

Artikel 2 Begriffsbestimmungen

Im Sinne dieser Richtlinie gelten folgende Begriffsbestimmungen:

1. „Oberflächengewässer“: die Binnengewässer mit Ausnahme des Grundwassers sowie die Übergangsgewässer und Küstengewässer, wobei im Hinblick

auf den chemischen Zustand ausnahmsweise auch die Hoheitsgewässer eingeschlossen sind;

2. „Grundwasser“: alles unterirdische Wasser in der Sättigungszone, das in unmittelbarer Berührung mit dem Boden oder dem Untergrund steht;
3. „Binnengewässer“: alle an der Erdoberfläche stehenden oder fließenden Gewässer sowie alles Grundwasser auf der landwärtigen Seite der Basislinie, von der aus die Breite der Hoheitsgewässer gemessen wird;
4. „Fluss“: ein Binnengewässer, das größtenteils an der Erdoberfläche fließt, teilweise aber auch unterirdisch fließen kann;
5. „See“: ein stehendes Binnenoberflächengewässer;
6. „Übergangsgewässer“: die Oberflächenwasserkörper in der Nähe von Flussmündungen, die aufgrund ihrer Nähe zu den Küstengewässern einen gewissen Salzgehalt aufweisen, aber im wesentlichen von Süßwasserströmungen beeinflusst werden;
7. „Küstengewässer“: die Oberflächengewässer auf der landwärtigen Seite einer Linie, auf der sich jeder Punkt eine Seemeile seewärts vom nächsten Punkt der Basislinie befindet, von der aus die Breite der Hoheitsgewässer gemessen wird, gegebenenfalls bis zur äußeren Grenze eines Übergangsgewässers;
8. „künstlicher Wasserkörper“: ein von Menschenhand geschaffener Oberflächenwasserkörper;
9. „erheblich veränderter Wasserkörper“: ein Oberflächenwasserkörper, der durch physikalische Veränderungen durch den Menschen in seinem Wesen erheblich verändert wurde, entsprechend der Ausweisung durch den Mitgliedstaat gemäß Anhang II;
10. „Oberflächenwasserkörper“: ein einheitlicher und bedeutender Abschnitt eines Oberflächengewässers, z.B. ein See, ein Speicherbecken, ein Strom, Fluss oder Kanal, ein Teil eines Stroms, Flusses oder Kanals, ein Übergangsgewässer oder ein Küstengewässerstreifen;
11. „Grundwasserleiter“: eine unter der Oberfläche liegende Schicht oder Schichten von Felsen oder anderen geologischen Formationen mit hinreichender Porosität und Permeabilität, so dass entweder ein nennenswerter Grundwasserstrom oder die Entnahme erheblicher Grundwassermengen möglich ist;
12. „Grundwasserkörper“: ein abgegrenztes Grundwasservolumen innerhalb eines oder mehrerer Grundwasserleiter;
13. „Einzugsgebiet“: ein Gebiet, aus welchem über Ströme, Flüsse und möglicherweise Seen der gesamte Oberflächenabfluss an einer einzigen Flussmündung, einem Ästuar oder Delta ins Meer gelangt;
14. „Teileinzugsgebiet“: ein Gebiet, aus welchem über Ströme, Flüsse und möglicherweise Seen der gesamte Oberflächenabfluss an einem bestimmten Punkt in einen Wasserlauf (normalerweise einen See oder einen Zusammenfluss von Flüssen) gelangt;
15. „Flussgebietseinheit“: ein gemäß Artikel 3 Absatz 1 als Haupteinheit für die Bewirtschaftung von Einzugsgebieten festgelegtes Land- oder Meeresgebiet, das aus einem oder mehreren benachbarten Einzugsgebieten und den ihnen zugeordneten Grundwässern und Küstengewässern besteht;
16. „zuständige Behörde“: eine gemäß Artikel 3 Absatz 2 oder 3 bestimmte Behörde oder mehrere solcher Behörden;

17. „Zustand des Oberflächengewässers“: die allgemeine Bezeichnung für den Zustand eines Oberflächenwasserkörpers auf der Grundlage des jeweils schlechteren Wertes für den ökologischen und den chemischen Zustand;
18. „guter Zustand des Oberflächengewässers“: der Zustand eines Oberflächenwasserkörpers, der sich in einem zumindest „guten“ ökologischen und chemischen Zustand befindet;
19. „Zustand des Grundwassers“: die allgemeine Bezeichnung für den Zustand eines Grundwasserkörpers auf der Grundlage des jeweils schlechteren Wertes für den mengenmäßigen und den chemischen Zustand;
20. „guter Zustand des Grundwassers“: der Zustand eines Grundwasserkörpers, der sich in einem zumindest „guten“ mengenmäßigen und chemischen Zustand befindet;
21. „ökologischer Zustand“: die Qualität von Struktur und Funktionsfähigkeit aquatischer, in Verbindung mit Oberflächengewässern stehender Ökosysteme gemäß der Einstufung nach Anhang V;
22. „guter ökologischer Zustand“: der Zustand eines entsprechenden Oberflächenwasserkörpers gemäß der Einstufung nach Anhang V;
23. „gutes ökologisches Potential“: der Zustand eines erheblich veränderten oder künstlichen Wasserkörpers, der nach den einschlägigen Bestimmungen des Anhangs V entsprechend eingestuft wurde;
24. „guter chemischer Zustand eines Oberflächengewässers“: der chemische Zustand, der zur Erreichung der Umweltziele für Oberflächengewässer gemäß Artikel 4 Absatz 1 Buchstabe a) erforderlich ist, das heißt der chemische Zustand, den ein Oberflächenwasserkörper erreicht hat, in dem kein Schadstoff in einer höheren Konzentration als den Umweltqualitätsnormen vorkommt, die in Anhang IX und gemäß Artikel 16 Absatz 7 oder in anderen einschlägigen Rechtsvorschriften der Gemeinschaft über Umweltqualitätsnormen auf Gemeinschaftsebene festgelegt sind;
25. „guter chemischer Zustand des Grundwassers“: der chemische Zustand eines Grundwasserkörpers, der alle in Tabelle 2.3.2 des Anhangs V aufgeführten Bedingungen erfüllt;
26. „mengenmäßiger Zustand“: eine Bezeichnung des Ausmaßes, in dem ein Grundwasserkörper durch direkte und indirekte Entnahme beeinträchtigt wird;
27. „verfügbare Grundwasserressource“: die langfristige mittlere jährliche Neubildung des Grundwasserkörpers abzüglich des langfristigen jährlichen Abflusses, der erforderlich ist, damit die in Artikel 4 genannten ökologischen Qualitätsziele für die mit ihm in Verbindung stehenden Oberflächengewässer erreicht werden und damit jede signifikante Verschlechterung des ökologischen Zustands dieser Gewässer und jede signifikante Schädigung der mit ihnen in Verbindung stehenden Landökosysteme vermieden wird;
28. „guter mengenmäßiger Zustand“: der Zustand gemäß Tabelle 2.1.2 des Anhangs V;
29. „gefährliche Stoffe“: Stoffe oder Gruppen von Stoffen, die toxisch, persistent und bioakkumulierbar sind, und sonstige Stoffe oder Gruppen von Stoffen, die in ähnlichem Maße Anlass zu Besorgnis geben;
30. „prioritäre Stoffe“: Stoffe, die nach Artikel 16 Absatz 2 bestimmt werden und in Anhang X aufgeführt sind. Zu diesen Stoffen gehören auch die prioritären gefährlichen Stoffe, das heißt die Stoffe, die nach Artikel 16 Absätze 3 und 6

bestimmt werden und für die Maßnahmen nach Artikel 16 Absätze 1 und 8 ergriffen werden müssen;

31. „Schadstoff“: jeder Stoff, der zu einer Verschmutzung führen kann, insbesondere Stoffe des Anhangs VIII;

32. „unmittelbare Einleitung in das Grundwasser“: Einleitung von Schadstoffen in das Grundwasser ohne Versickern durch den Boden oder den Untergrund;

33. „Verschmutzung“: die durch menschliche Tätigkeiten direkt oder indirekt bewirkte Freisetzung von Stoffen oder Wärme in Luft, Wasser oder Boden, die der menschlichen Gesundheit oder der Qualität der aquatischen Ökosysteme oder der direkt von ihnen abhängenden Landökosysteme schaden können, zu einer Schädigung von Sachwerten führen oder eine Beeinträchtigung oder Störung des Erholungswertes und anderer legitimer Nutzungen der Umwelt mit sich bringen;

34. „Umweltziele“: die in Artikel 4 festgelegten Ziele;

35. „Umweltqualitätsnorm“: die Konzentration eines bestimmten Schadstoffs oder einer bestimmten Schadstoffgruppe, die in Wasser, Sedimenten oder Biota aus Gründen des Gesundheits- und Umweltschutzes nicht überschritten werden darf;

36. „kombinierter Ansatz“: die Begrenzung von Einleitungen und Emissionen in Oberflächengewässer nach dem in Artikel 10 beschriebenen Ansatz;

37. „Wasser für den menschlichen Gebrauch“: Wasser entsprechend der Definition der Richtlinie 80/778/EWG in der durch die Richtlinie 98/83/EG geänderten Fassung;

38. „Wasserdienstleistungen“: alle Dienstleistungen, die für Haushalte, öffentliche Einrichtungen oder wirtschaftliche Tätigkeiten jeder Art folgendes zur Verfügung stellen:

    a) Entnahme, Aufstauung, Speicherung, Behandlung und Verteilung von Oberflächen- oder Grundwasser;

    b) Anlagen für die Sammlung und Behandlung von Abwasser, die anschließend in Oberflächengewässer einleiten;

39. „Wassernutzung“: die Wasserdienstleistungen sowie jede andere Handlung entsprechend Artikel 5 und Anhang II mit signifikanten Auswirkungen auf den Wasserzustand.

    Diese Definition gilt für die Zwecke des Artikels 1 und der wirtschaftlichen Analyse gemäß Artikel 5 und Anhang III Buchstabe b);

40. „Emmissionsgrenzwert“: die im Verhältnis zu bestimmten spezifischen Parametern ausgedrückte Masse, die Konzentration und/oder das Niveau einer Emission, die in einem oder mehreren Zeiträumen nicht überschritten werden dürfen. Die Emissionsgrenzwerte können auch für bestimmte Gruppen, Familien oder Kategorien von Stoffen, insbesondere für die in Artikel 16 genannten, festgelegt werden.

    Die Emissionsgrenzwerte für Stoffe gelten normalerweise an dem Punkt, an dem die Emissionen die Anlage verlassen, wobei eine etwaige Verdünnung bei der Festsetzung der Grenzwerte nicht berücksichtigt wird. Bei der indirekten Einleitung in das Wasser kann die Wirkung einer Kläranlage bei der Festsetzung der Emissionsgrenzwerte der Anlage berücksichtigt werden, sofern ein insgesamt gleichwertiges Umweltschutzniveau sichergestellt wird und es nicht zu einer höheren Belastung der Umwelt kommt;

41. „Emissionsbegrenzung“: Begrenzungen, die auf eine spezifische Beschränkung von Emissionen, beispielsweise die Einhaltung von Emissionsgrenzwerten, oder auf sonstige Beschränkungen oder Auflagen hinsichtlich der Wirkung, der Natur oder sonstiger Merkmale von Emissionen oder emissionsbeeinflussenden Betriebsbedingungen abzielen. Der Gebrauch des Begriffs „Emissionsbegrenzung“ in dieser Richtlinie beinhaltet in Bezug auf Bestimmungen anderer Richtlinien in keiner Weise eine Neuauslegung der betreffenden Bestimmungen.

Artikel 3 Koordinierung von Verwaltungsvereinbarungen innerhalb einer Flussgebietseinheit

(1) Die Mitgliedstaaten bestimmen die einzelnen Einzugsgebiete innerhalb ihres jeweiligen Hoheitsgebiets und ordnen sie für die Zwecke dieser Richtlinie jeweils einer Flussgebietseinheit zu. Kleine Einzugsgebiete können gegebenenfalls mit größeren Einzugsgebieten zusammengelegt werden oder mit benachbarten kleinen Einzugsgebieten eine Flussgebietseinheit bilden. Grundwässer, die nicht in vollem Umfang in einem einzigen Einzugsgebiet liegen, werden genau bestimmt und der am nächsten gelegenen oder am besten geeigneten Flussgebietseinheit zugeordnet. Auch die Küstengewässer werden bestimmt und der bzw. den am nächsten gelegenen oder am besten geeigneten Flussgebietseinheit(en) zugeordnet.

(2) Die Mitgliedstaaten sorgen für geeignete Verwaltungsvereinbarungen, einschließlich der Bestimmung der geeigneten zuständigen Behörde, damit diese Richtlinie innerhalb jeder Flussgebietseinheit ihres Hoheitsgebiets angewandt wird.

(3) Die Mitgliedstaaten sorgen dafür, dass ein Einzugsgebiet, das auf dem Hoheitsgebiet von mehr als einem Mitgliedstaat liegt, einer internationalen Flussgebietseinheit zugeordnet wird. Auf Antrag der betroffenen Mitgliedstaaten wird die Kommission tätig, um die Zuordnung zu derartigen internationalen Flussgebietseinheiten zu erleichtern.

Jeder Mitgliedstaat sorgt für die geeigneten Verwaltungsvereinbarungen, einschließlich der Bestimmung der geeigneten zuständigen Behörde, damit diese Richtlinie innerhalb des in sein Hoheitsgebiet fallenden Teils einer internationalen Flussgebietseinheit angewandt wird.

(4) Die Mitgliedstaaten sorgen dafür, dass die Anforderungen dieser Richtlinie zur Erreichung der Umweltziele nach Artikel 4 und insbesondere alle Maßnahmenprogramme für die gesamte Flussgebietseinheit koordiniert werden. Im Falle internationaler Flussgebietseinheiten sorgen die betroffenen Mitgliedstaaten gemeinsam für diese Koordinierung und können zu diesem Zweck bestehende Strukturen nutzen, die auf internationale Übereinkommen zurückgehen. Auf Antrag der betroffenen Mitgliedstaaten wird die Kommission tätig, um die Festlegung der Maßnahmenprogramme zu erleichtern.

(5) Wenn eine Flussgebietseinheit über das Gebiet der Gemeinschaft hinausgeht, so bemühen sich der oder die betroffenen Mitgliedstaaten um eine geeignete Koordinierung mit den entsprechenden Nichtmitgliedstaaten, um die Ziele dieser Richtlinie in der gesamten Flussgebietseinheit zu erreichen. Die Mitgliedstaaten sorgen für die Anwendung der Vorschriften dieser Richtlinie in ihrem Hoheitsgebiet.

(6) Die Mitgliedstaaten können eine bestehende nationale oder internationale Stelle als zuständige Behörde im Sinne dieser Richtlinie bestimmen.

(7) Die Mitgliedstaaten bestimmen die zuständigen Behörden bis zu dem in Artikel 24 genannten Zeitpunkt.

(8) Die Mitgliedstaaten übermitteln der Kommission spätestens sechs Monate nach dem in Artikel 24 genannten Zeitpunkt eine Liste ihrer zuständigen Behörden sowie der zuständigen Behörden aller internationalen Einrichtungen, an denen sie beteiligt sind. Sie legen für jede zuständige Behörde die in Anhang I aufgeführten Informationen vor.

(9) Die Mitgliedstaaten unterrichten die Kommission über jegliche Veränderungen der gemäß Absatz 8 gemachten Angaben innerhalb von drei Monaten nach Wirksamwerden der Veränderung.

Artikel 4 Umweltziele

(1) In Bezug auf die Umsetzung der in den Bewirtschaftungsplänen für die Einzugsgebiete festgelegten Maßnahmenprogramme gilt folgendes:

a) bei Oberflächengewässern:

i) die Mitgliedstaaten führen, vorbehaltlich der Anwendung der Absätze 6 und 7 und unbeschadet des Absatzes 8, die notwendigen Maßnahmen durch, um eine Verschlechterung des Zustands aller Oberflächenwasserkörper zu verhindern;

ii) die Mitgliedstaaten schützen, verbessern und sanieren alle Oberflächenwasserkörper, vorbehaltlich der Anwendung der Ziffer iii betreffend künstliche und erheblich veränderte Wasserkörper, mit dem Ziel, spätestens 15 Jahre nach Inkrafttreten dieser Richtlinie gemäß den Bestimmungen des Anhangs V, vorbehaltlich etwaiger Verlängerungen gemäß Absatz 4 sowie der Anwendung der Absätze 5, 6 und 7 und unbeschadet des Absatzes 8 einen guten Zustand der Oberflächengewässer zu erreichen;

iii) die Mitgliedstaaten schützen und verbessern alle künstlichen und erheblich veränderten Wasserkörper mit dem Ziel, spätestens 15 Jahre nach Inkrafttreten dieser Richtlinie gemäß den Bestimmungen des Anhang V, vorbehaltlich etwaiger Verlängerungen gemäß Absatz 4 sowie der Anwendung der Absätze 5, 6 und 7 und unbeschadet des Absatzes 8 ein gutes ökologisches Potential und einen guten chemischen Zustand der Oberflächengewässer zu erreichen;

iv) die Mitgliedstaaten führen gemäß Artikel 16 Absätze 1 und 8 die notwendigen Maßnahmen durch mit dem Ziel, die Verschmutzung durch prioritäre Stoffe schrittweise zu reduzieren und die Einleitungen, Emissionen und Verluste prioritärer gefährlicher Stoffe zu beenden oder schrittweise einzustellen;

unbeschadet der in Artikel 1 genannten einschlägigen internationalen Übereinkommen im Hinblick auf die betroffenen Vertragsparteien;

b) bei Grundwasser:

i) die Mitgliedstaaten führen, vorbehaltlich der Anwendung der Absätze 6 und 7, unbeschadet des Absatzes 8 und vorbehaltlich der Anwendung des Artikels 11 Absatz 3 Buchstabe j), die erforderlichen Maßnahmen durch, um die Einleitung von Schadstoffen in das Grundwasser zu verhindern oder zu begrenzen und eine Verschlechterung des Zustands aller Grundwasserkörper zu verhindern;

ii) die Mitgliedstaaten schützen, verbessern und sanieren alle Grundwasserkörper und gewährleisten ein Gleichgewicht zwischen Grundwasserentnahme und -neubildung mit dem Ziel, spätestens 15 Jahre nach Inkrafttreten dieser Richtlinie gemäß den Bestimmungen des Anhangs V, vorbehaltlich etwaiger Verlängerungen gemäß Absatz 4 sowie der Anwendung der Absätze 5, 6 und 7, unbeschadet des Absatzes 8 und vorbehaltlich des Artikels 11 Absatz 3 Buchstabe j) einen guten Zustand des Grundwassers zu erreichen;

iii) die Mitgliedstaaten führen die erforderlichen Maßnahmen durch, um alle signifikanten und anhaltenden Trends einer Steigerung der Konzentration von Schadstoffen aufgrund der Auswirkungen menschlicher Tätigkeiten umzukehren und so die Verschmutzung des Grundwassers schrittweise zu reduzieren.

Die Maßnahmen zum Erreichen einer Trendumkehr werden gemäß Artikel 17 Absätze 2, 4 und 5 unter Berücksichtigung der in den einschlägigen gemeinschaftlichen Rechtsvorschriften festgelegten Normen vorbehaltlich der Anwendung der Absätze 6 und 7 und unbeschadet des Absatzes 8 durchgeführt;

c) bei Schutzgebieten:

Die Mitgliedstaaten erfüllen spätestens 15 Jahre nach Inkrafttreten dieser Richtlinie alle Normen und Ziele, sofern die gemeinschaftlichen Rechtsvorschriften, auf deren Grundlage die einzelnen Schutzgebiete ausgewiesen wurden, keine anderweitigen Bestimmungen enthalten.

In Bezug auf Mayotte als Gebiet in äußerster Randlage im Sinne des Artikels 349 des Vertrags über die Arbeitsweise der Europäischen Union (im Folgenden „Mayotte") enden die Fristen nach Buchstabe a Ziffern ii und iii, Buchstabe b Ziffer ii und Buchstabe c am 22. Dezember 2021.

(2) Ist ein bestimmter Wasserkörper von mehr als einem der in Absatz 1 genannten Ziele betroffen, so gilt das weiterreichende Ziel.

(3) Die Mitgliedstaaten können einen Oberflächenwasserkörper als künstlich oder erheblich verändert einstufen, wenn

a) die zum Erreichen eines guten ökologischen Zustands erforderlichen Änderungen der hydromorphologischen Merkmale dieses Körpers signifikante negative Auswirkungen hätten auf:

   i) die Umwelt im weiteren Sinne,

   ii) die Schiffahrt, einschließlich Hafenanlagen, oder die Freizeitnutzung,

   iii) die Tätigkeiten, zu deren Zweck das Wasser gespeichert wird, wie Trinkwasserversorgung, Stromerzeugung oder Bewässerung,

   iv) die Wasserregulierung, den Schutz vor Überflutungen, die Landentwässerung, oder

   v) andere ebenso wichtige nachhaltige Entwicklungstätigkeiten des Menschen,

b) die nutzbringenden Ziele, denen die künstlichen oder veränderten Merkmale des Wasserkörpers dienen, aus Gründen der technischen Durchführbarkeit oder aufgrund unverhältnismäßiger Kosten nicht in sinnvoller Weise durch andere Mittel erreicht werden können, die eine wesentlich bessere Umweltoption darstellen.

Diese Einstufung und deren Gründe sind in dem gemäß Artikel 13 erforderlichen Bewirtschaftungsplan für das Einzugsgebiet im einzelnen darzulegen und alle sechs Jahre zu überprüfen.

(4) Die in Absatz 1 vorgesehenen Zeitspannen können zum Zweck der stufenweisen Umsetzung der Ziele für Wasserkörper verlängert werden, sofern sich der Zustand des beeinträchtigten Wasserkörpers nicht weiter verschlechtert und die folgenden Bedingungen alle erfüllt sind:

a) Der betreffende Mitgliedstaat gelangt zu dem Schluss, dass sich vernünftiger Einschätzung nach nicht alle erforderlichen Verbesserungen des Zustands der Wasserkörper innerhalb der in Absatz 1 genannten Fristen erreichen lassen, und zwar aus wenigstens einem der folgenden Gründe:
   i) der Umfang der erforderlichen Verbesserungen kann aus Gründen der technischen Durchführbarkeit nur in Schritten erreicht werden, die den vorgegebenen Zeitrahmen überschreiten;
   ii) die Verwirklichung der Verbesserungen innerhalb des vorgegebenen Zeitrahmens würde unverhältnismäßig hohe Kosten verursachen;
   iii) die natürlichen Gegebenheiten lassen keine rechtzeitige Verbesserung des Zustands des Wasserkörpers zu.
b) Die Verlängerung der Frist und die entsprechenden Gründe werden in dem in Artikel 13 genannten Bewirtschaftungsplan für das Einzugsgebiet im einzelnen dargelegt und erläutert.
c) Die Verlängerungen gehen nicht über den Zeitraum zweier weiterer Aktualisierungen des Bewirtschaftungsplans für das Einzugsgebiet hinaus, es sei denn, die Ziele lassen sich aufgrund der natürlichen Gegebenheiten nicht innerhalb dieses Zeitraums erreichen.
d) Der Bewirtschaftungsplan für das Einzugsgebiet enthält eine Zusammenfassung derjenigen Maßnahmen nach Artikel 11, die als erforderlich angesehen werden, um die Wasserkörper bis zum Ablauf der verlängerten Frist schrittweise in den geforderten Zustand zu überführen, die Gründe für jede signifikante Verzögerung bei der Umsetzung dieser Maßnahmen und den voraussichtlichen Zeitplan für die Durchführung dieser Maßnahmen. Die aktualisierten Fassungen des Bewirtschaftungsplans für das Einzugsgebiet enthalten eine Überprüfung der Durchführung dieser Maßnahmen und eine Zusammenfassung aller etwaigen zusätzlichen Maßnahmen.

(5) Die Mitgliedstaaten können sich für bestimmte Wasserkörper die Verwirklichung weniger strenger Umweltziele als in Absatz 1 gefordert vornehmen, wenn sie durch menschliche Tätigkeiten, wie gemäß Artikel 5 Absatz 1 festgelegt, so beeinträchtigt sind oder ihre natürlichen Gegebenheiten so beschaffen sind, dass das Erreichen dieser Ziele in der Praxis nicht möglich oder unverhältnismäßig teuer wäre, und die folgenden Bedingungen alle erfüllt sind:

a) Die ökologischen und sozioökonomischen Erfordernisse, denen solche menschlichen Tätigkeiten dienen, können nicht durch andere Mittel erreicht werden, die eine wesentlich bessere und nicht mit unverhältnismäßig hohen Kosten verbundene Umweltoption darstellen.
b) Die Mitgliedstaaten tragen Sorge dafür, dass
   - im Hinblick auf Oberflächengewässer unter Berücksichtigung der Auswirkungen, die infolge der Art der menschlichen Tätigkeiten oder der Verschmutzung nach vernünftigem Ermessen nicht hätten vermieden werden können, der bestmögliche ökologische und chemische Zustand erreicht wird;
   - im Hinblick auf das Grundwasser unter Berücksichtigung der Auswirkungen, die infolge der Art der menschlichen Tätigkeiten oder der Verschmut-

zung nach vernünftigem Ermessen nicht hätten vermieden werden können, die geringstmöglichen Veränderungen des guten Grundwasserzustands erfolgen.

c) Es erfolgt keine weitere Verschlechterung des Zustands des betreffenden Wasserkörpers.

d) Die weniger strengen Umweltziele und die Gründe hierfür werden in dem in Artikel 13 genannten Bewirtschaftungsplan für das Einzugsgebiet im einzelnen dargelegt, und diese Ziele werden alle sechs Jahre überprüft.

(6) Eine vorübergehende Verschlechterung des Zustands von Wasserkörpern verstößt nicht gegen die Anforderungen dieser Richtlinie, wenn sie durch aus natürlichen Ursachen herrührende oder durch höhere Gewalt bedingte Umstände, die außergewöhnlich sind oder nach vernünftiger Einschätzung nicht vorhersehbar waren, insbesondere starke Überschwemmungen oder lang anhaltende Dürren, oder durch Umstände bedingt sind, die durch nach vernünftiger Einschätzung nicht vorhersehbare Unfälle entstanden sind, und wenn sämtliche nachstehenden Bedingungen erfüllt sind:

a) Es werden alle praktikablen Vorkehrungen getroffen, um eine weitere Verschlechterung des Zustands zu verhindern und um die Verwirklichung der Ziele dieser Richtlinie in anderen, nicht von diesen Umständen betroffenen Wasserkörpern nicht zu gefährden.

b) In dem Bewirtschaftungsplan für das Einzugsgebiet wird festgehalten, unter welchen Bedingungen solche Umstände, die außergewöhnlich sind oder nach vernünftiger Einschätzung nicht vorhersehbar waren, geltend gemacht werden können und welche Indikatoren hierbei zu verwenden sind.

c) Die Maßnahmen, die unter solchen außergewöhnlichen Umständen zu ergreifen sind, sind in dem Maßnahmenprogramm aufgeführt und gefährden nicht die Wiederherstellung des Zustands des Wasserkörpers, wenn die außergewöhnlichen Umstände vorüber sind.

d) Die Auswirkungen von Umständen, die außergewöhnlich sind oder nach vernünftiger Einschätzung nicht vorhersehbar waren, werden jährlich überprüft, und es werden vorbehaltlich der in Absatz 4 Buchstabe a) aufgeführten Gründe alle praktikablen Maßnahmen ergriffen, um den Zustand, den der Wasserkörper hatte, bevor er von solchen Umständen betroffen wurde, so bald wie nach vernünftiger Einschätzung möglich wiederherzustellen.

e) In die nächste aktualisierte Fassung des Bewirtschaftungsplans für das Einzugsgebiet wird eine zusammenfassende Darlegung der Auswirkungen der Umstände und der Maßnahmen, die entsprechend den Buchstaben a) und d) getroffen wurden bzw. noch zu treffen sind, aufgenommen.

(7) Die Mitgliedstaaten verstoßen nicht gegen diese Richtlinie, wenn:

- das Nichterreichen eines guten Grundwasserzustandes, eines guten ökologischen Zustands oder gegebenenfalls eines guten ökologischen Potentials oder das Nichtverhindern einer Verschlechterung des Zustands eines Oberflächen oder Grundwasserkörpers die Folge von neuen Änderungen der physischen Eigenschaften eines Oberflächenwasserkörpers oder von Änderungen des Pegels von Grundwasserkörpern ist, oder
- das Nichtverhindern einer Verschlechterung von einem sehr guten zu einem guten Zustand eines Oberflächenwasserkörpers die Folge einer neuen nachhaltigen Entwicklungstätigkeit des Menschen ist

und die folgenden Bedingungen alle erfüllt sind:

a) Es werden alle praktikablen Vorkehrungen getroffen, um die negativen Auswirkungen auf den Zustand des Wasserkörpers zu mindern;

b) die Gründe für die Änderungen werden in dem in Artikel 13 genannten Bewirtschaftungsplan für das Einzugsgebiet im einzelnen dargelegt, und die Ziele werden alle sechs Jahre überprüft;

c) die Gründe für die Änderungen sind von übergeordnetem öffentlichem Interesse und/oder der Nutzen, den die Verwirklichung der in Absatz 1 genannten Ziele für die Umwelt und die Gesellschaft hat, wird übertroffen durch den Nutzen der neuen Änderungen für die menschliche Gesundheit, die Erhaltung der Sicherheit der Menschen oder die nachhaltige Entwicklung; und

d) die nutzbringenden Ziele, denen diese Änderungen des Wasserkörpers dienen sollen, können aus Gründen der technischen Durchführbarkeit oder aufgrund unverhältnismäßiger Kosten nicht durch andere Mittel, die eine wesentlich bessere Umweltoption darstellen, erreicht werden.

(8) Ein Mitgliedstaat, der die Absätze 3, 4, 5, 6 und 7 zur Anwendung bringt, trägt dafür Sorge, dass dies die Verwirklichung der Ziele dieser Richtlinie in anderen Wasserkörpern innerhalb derselben Flussgebietseinheit nicht dauerhaft ausschließt oder gefährdet und mit den sonstigen gemeinschaftlichen Umweltschutzvorschriften vereinbar ist.

(9) Es müssen Schritte unternommen werden, um sicherzustellen, dass die Anwendung der neuen Bestimmungen, einschließlich der Anwendung der Absätze 3, 4, 5, 6 und 7, zumindest das gleiche Schutzniveau wie die bestehenden gemeinschaftlichen Rechtsvorschriften gewährleistet.

Artikel 5 Merkmale der Flussgebietseinheit, Überprüfung der Umweltauswirkungen menschlicher Tätigkeiten und wirtschaftliche Analyse der Wassernutzung

(1) Jeder Mitgliedstaat sorgt dafür, dass für jede Flussgebietseinheit oder für den in sein Hoheitsgebiet fallenden Teil einer internationalen Flussgebietseinheit

- eine Analyse ihrer Merkmale,
- eine Überprüfung der Auswirkungen menschlicher Tätigkeiten auf den Zustand der Oberflächengewässer und des Grundwassers und
- eine wirtschaftliche Analyse der Wassernutzung

entsprechend den technischen Spezifikationen gemäß den Anhängen II und III durchgeführt und spätestens vier Jahre nach Inkrafttreten dieser Richtlinie abgeschlossen werden.

(2) Die Analysen und Überprüfungen gemäß Absatz 1 werden spätestens 13 Jahre nach Inkrafttreten dieser Richtlinie und danach alle sechs Jahre überprüft und gegebenenfalls aktualisiert.

Artikel 6 Verzeichnis der Schutzgebiete

(1) Die Mitgliedstaaten sorgen dafür, dass ein Verzeichnis oder mehrere Verzeichnisse aller Gebiete innerhalb der einzelnen Flussgebietseinheiten erstellt wird bzw. erstellt werden, für die gemäß den spezifischen gemeinschaftlichen Rechtsvorschriften zum Schutz der Oberflächengewässer und des Grundwassers oder zur Erhaltung von unmittelbar vom Wasser abhängigen Lebensräumen und Arten ein besonderer Schutzbedarf festgestellt wurde. Sie stellen sicher, dass das Verzeichnis spätestens vier Jahre nach Inkrafttreten dieser Richtlinie erstellt ist.

(2) Das Verzeichnis bzw. die Verzeichnisse enthält bzw. enthalten alle gemäß Artikel 7 Absatz 1 ermittelten Wasserkörper und alle unter Anhang IV fallenden Schutzgebiete.

(3) Das Verzeichnis bzw. die Verzeichnisse der Schutzgebiete wird bzw. werden für jede Flussgebietseinheit regelmäßig überarbeitet und aktualisiert.

Artikel 7 Gewässer für die Entnahme von Trinkwasser

(1) Die Mitgliedstaaten ermitteln in jeder Flussgebietseinheit

- alle Wasserkörper, die für die Entnahme von Wasser für den menschlichen Verbrauch genutzt werden und die durchschnittlich mehr als 10 m^3 täglich liefern oder mehr als 50 Personen bedienen, und
- die für eine solche künftige Nutzung bestimmten Wasserkörper.

Die Mitgliedstaaten überwachen im Einklang mit den Bestimmungen des Anhangs V die Wasserkörper, die nach Anhang V durchschnittlich mehr als 100 m^3 täglich liefern.

(2) Die Mitgliedstaaten stellen sicher, dass jeder Wasserkörper gemäß Absatz 1 nicht nur die Ziele des Artikels 4 gemäß den Anforderungen dieser Richtlinie für Oberflächenwasserkörper, einschließlich der gemäß Artikel 16 auf Gemeinschaftsebene festgelegten Qualitätsnormen, erreicht, sondern dass das gewonnene Wasser unter Berücksichtigung des angewandten Wasseraufbereitungsverfahrens und gemäß dem Gemeinschaftsrecht auch die Anforderungen der Richtlinie 80/778/EWG in der durch die Richtlinie 98/83/EG geänderten Fassung erfüllt.

(3) Die Mitgliedstaaten sorgen für den erforderlichen Schutz der ermittelten Wasserkörper, um eine Verschlechterung ihrer Qualität zu verhindern und so den für die Gewinnung von Trinkwasser erforderlichen Umfang der Aufbereitung zu verringern. Die Mitgliedstaaten können Schutzgebiete für diese Wasserkörper festlegen.

Artikel 8 Überwachung des Zustands des Oberflächengewässers, des Zustands des Grundwassers und der Schutzgebiete

(1) Die Mitgliedstaaten sorgen dafür, dass Programme zur Überwachung des Zustands der Gewässer aufgestellt werden, damit ein zusammenhängender und umfassender Überblick über den Zustand der Gewässer in jeder Flussgebietseinheit gewonnen wird; dabei gilt folgendes:

- bei Oberflächengewässern umfassen diese Programme:
  - i) die Menge und den Wasserstand oder die Durchflussgeschwindigkeit, soweit sie für den ökologischen und chemischen Zustand und das ökologische Potential von Bedeutung sind, sowie
  - ii) den ökologischen und chemischen Zustand und das ökologische Potential;
- bei Grundwasserkörpern umfassen diese Programme die Überwachung des chemischen und des mengenmäßigen Zustands;
- bei Schutzgebieten werden diese Programme durch die Spezifikationen nach denjenigen gemeinschaftlichen Rechtsvorschriften ergänzt, aufgrund deren die einzelnen Schutzgebiete festgelegt worden sind.

(2) Diese Programme müssen spätestens sechs Jahre nach Inkrafttreten dieser Richtlinie anwendungsbereit sein, sofern in den betreffenden Rechtsvorschriften nicht etwas anderes vorgesehen ist. Die Überwachung erfolgt entsprechend den Anforderungen des Anhangs V.

(3) Es werden technische Spezifikationen und standardisierte Verfahren für die Analyse und Überwachung des Wasserzustands festgelegt. Diese Maßnahmen zur Änderung nicht wesentlicher Bestimmungen dieser Richtlinie durch Ergänzung werden nach dem in Artikel 21 Absatz 3 genannten Regelungsverfahren mit Kontrolle erlassen.

Artikel 9 Deckung der Kosten der Wasserdienstleistungen

(1) Die Mitgliedstaaten berücksichtigen unter Einbeziehung der wirtschaftlichen Analyse gemäß Anhang III und insbesondere unter Zugrundelegung des Verursacherprinzips den Grundsatz der Deckung der Kosten der Wasserdienstleistungen einschließlich umwelt- und ressourcenbezogener Kosten.

Die Mitgliedstaaten sorgen bis zum Jahr 2010 dafür,

- dass die Wassergebührenpolitik angemessene Anreize für die Benutzer darstellt, Wasserressourcen effizient zu nutzen, und somit zu den Umweltzielen dieser Richtlinie beiträgt;
- dass die verschiedenen Wassernutzungen, die mindestens in die Sektoren Industrie, Haushalte und Landwirtschaft aufzugliedern sind, auf der Grundlage der gemäß Anhang III vorgenommenen wirtschaftlichen Analyse und unter Berücksichtigung des Verursacherprinzips einen angemessenen Beitrag leisten zur Deckung der Kosten der Wasserdienstleistungen.

Die Mitgliedstaaten können dabei den sozialen, ökologischen und wirtschaftlichen Auswirkungen der Kostendeckung sowie die geographischen und klimatischen Gegebenheiten der betreffenden Region oder Regionen Rechnung tragen.

(2) Die Mitgliedstaaten berichten in ihren Bewirtschaftungsplänen für die Einzugsgebiete die geplanten Schritte zur Durchführung von Absatz 1, die zur Verwirklichung der Umweltziele dieser Richtlinie beitragen werden, sowie über den Beitrag der verschiedenen Wassernutzungen zur Deckung der Kosten der Wasserdienstleistungen.

(3) Dieser Artikel steht der Finanzierung besonderer Vorbeuge- oder Abhilfemaßnahmen zur Verwirklichung der Ziele dieser Richtlinie in keiner Weise entgegen.

(4) Die Mitgliedstaaten verstoßen nicht gegen diese Richtlinie, wenn sie beschließen, in Übereinstimmung mit eingeführten Praktiken die Bestimmungen von Absatz 1 Unterabsatz 2 und damit zusammenhängend die einschlägigen Bestimmungen von Absatz 2 auf eine bestimmte Wassernutzung nicht anzuwenden, sofern dadurch die Zwecke dieser Richtlinie und die Verwirklichung ihrer Ziele nicht in Frage gestellt werden. Die Mitgliedstaaten stellen in den Bewirtschaftungsplänen für die Einzugsgebiete dar, aus welchen Gründen sie Absatz 1 Unterabsatz 2 nicht in vollem Umfang anwenden.

Artikel 10 Kombinierter Ansatz für Punktquellen und diffuse Quellen

(1) Die Mitgliedstaaten sorgen dafür, dass alle in Absatz 2 genannten Einleitungen in Oberflächengewässer entsprechend dem in diesem Artikel festgelegten kombinierten Ansatz begrenzt werden.

(2) Die Mitgliedstaaten sorgen dafür, dass

a) die Emissionsbegrenzung auf der Grundlage der besten verfügbaren Technologien oder

b) die einschlägigen Emissionsgrenzwerte oder

c) bei diffusen Auswirkungen die Begrenzungen, die gegebenenfalls die beste verfügbare Umweltpraxis einschließen,

gemäß

- der Richtlinie 96/61/EG des Rates vom 24. September 1996 über die integrierte Vermeidung und Verminderung der Umweltverschmutzung[1)],
- der Richtlinie 91/271/EWG des Rates vom 21. Mai 1991 über die Behandlung von kommunalem Abwasser[2)],
- der Richtlinie 91/676/EWG des Rates vom 12. Dezember 1991 zum Schutz der Gewässer vor Verunreinigung durch Nitrat aus landwirtschaftlichen Quellen[3)],
- den nach Artikel 16 der vorliegenden Richtlinie erlassenen Richtlinien,
- den in Anhang IX aufgeführten Richtlinien,
- den sonstigen einschlägigen Vorschriften des Gemeinschaftsrechts

spätestens zwölf Jahre nach Inkrafttreten dieser Richtlinie festgelegt und/oder durchgeführt werden, sofern in den betreffenden Rechtsvorschriften nicht etwas anderes vorgesehen ist.

(3) Sind aufgrund eines in dieser Richtlinie, in den in Anhang IX aufgeführten Richtlinien oder in anderen gemeinschaftlichen Rechtsvorschriften festgelegten Qualitätsziels oder Qualitätsstandards strengere Bedingungen als diejenigen erforderlich, die sich aus der Anwendung des Absatzes 2 ergäben, so werden dementsprechend strengere Emissionsbegrenzungen festgelegt.

Artikel 11 Maßnahmenprogramm

(1) Jeder Mitgliedstaat sorgt dafür, dass für jede Flussgebietseinheit oder für den in sein Hoheitsgebiet fallenden Teil einer internationalen Flussgebietseinheit unter Berücksichtigung der Ergebnisse der Analysen gemäß Artikel 5 ein Maßnahmenprogramm festgelegt wird, um die Ziele gemäß Artikel 4 zu verwirklichen. Diese Maßnahmenprogramme können auf Maßnahmen verweisen, die sich auf Rechtsvorschriften stützen, welche auf nationaler Ebene erlassen wurden, und sich auf das gesamte Hoheitsgebiet eines Mitgliedstaats erstrecken. Die Mitgliedstaaten können gegebenenfalls Maßnahmen ergreifen, die für alle Flussgebietseinheiten und/oder für alle in ihrem Hoheitsgebiet liegenden Teile internationaler Flussgebietseinheiten gelten.

(2) Jedes Maßnahmenprogramm enthält die „grundlegenden" Maßnahmen gemäß Absatz 3 und gegebenenfalls „ergänzende" Maßnahmen.

(3) „Grundlegende Maßnahmen" sind die zu erfüllenden Mindestanforderungen und beinhalten

a) Maßnahmen zur Umsetzung gemeinschaftlicher Wasserschutzvorschriften einschließlich der Maßnahmen gemäß den Rechtsvorschriften nach Artikel 10 und Anhang VI Teil A;

b) Maßnahmen, die als geeignet für die Ziele des Artikels 9 angesehen werden;

c) Maßnahmen, die eine effiziente und nachhaltige Wassernutzung fördern, um nicht die Verwirklichung der in Artikel 4 genannten Ziele zu gefährden;

---

1) Amtliche Fußnote: ABl. L 257 vom 10. 10. 1996, S. 26.

2) Amtliche Fußnote: ABl. L 135 vom 30. 5. 1991, S. 40. Richtlinie geändert durch die Richtlinie 98/15/EG der Kommission (ABl. L 67 vom 7. 3. 1998, S. 29).

3) Amtliche Fußnote: ABl. L 375 vom 31. 12. 1991, S. 1.

d) Maßnahmen zur Erreichung der Anforderungen nach Artikel 7, einschließlich Maßnahmen zum Schutz der Wasserqualität, um den den bei der Gewinnung von Trinkwasser erforderlichen Umfang der Aufbereitung zu verringern;

e) Begrenzungen der Entnahme von Oberflächensüßwasser und Grundwasser sowie der Aufstauung von Oberflächensüßwasser, einschließlich eines oder mehrerer Register der Wasserentnahmen und einer Vorschrift über die vorherige Genehmigung der Entnahme und der Aufstauung. Diese Begrenzungen werden regelmäßig überprüft und gegebenenfalls aktualisiert. Die Mitgliedstaaten können Entnahmen oder Aufstauungen, die keine signifikanten Auswirkungen auf den Wasserzustand haben, von diesen Begrenzungen freistellen;

f) Begrenzungen, einschließlich des Erfordernisses einer vorherigen Genehmigung von künstlichen Anreicherungen oder Auffüllungen von Grundwasserkörpern. Das verwendete Wasser kann aus Oberflächengewässern oder Grundwasser stammen, sofern die Nutzung der Quelle nicht die Verwirklichung der Umweltziele gefährdet, die für die Quelle oder den angereicherten oder vergrößerten Grundwasserkörper festgesetzt wurden. Diese Begrenzungen sind regelmäßig zu überprüfen und gegebenenfalls zu aktualisieren;

g) bei Einleitungen über Punktquellen, die Verschmutzungen verursachen können, das Erfordernis einer vorherigen Regelung, wie ein Verbot der Einleitung von Schadstoffen in das Wasser, oder eine vorherige Genehmigung oder eine Registrierung nach allgemein verbindlichen Regeln, die Emissionsbegrenzungen für die betreffenden Schadstoffe, einschließlich Begrenzungen nach den Artikeln 10 und 16, vorsehen. Diese Begrenzungen werden regelmäßig überprüft und gegebenenfalls aktualisiert;

h) bei diffusen Quellen, die Verschmutzungen verursachen können, Maßnahmen zur Verhinderung oder Begrenzung der Einleitung von Schadstoffen. Die Begrenzungen können in Form einer Vorschrift erfolgen, wonach eine vorherige Regelung, wie etwa ein Verbot der Einleitung von Schadstoffen in das Wasser, eine vorherige Genehmigung oder eine Registrierung nach allgemein verbindlichen Regeln erforderlich ist, sofern ein solches Erfordernis nicht anderweitig im Gemeinschaftsrecht vorgesehen ist. Die betreffenden Begrenzungen werden regelmäßig überprüft und gegebenenfalls aktualisiert;

i) bei allen anderen nach Artikel 5 und Anhang II ermittelten signifikanten nachteiligen Auswirkungen auf den Wasserzustand insbesondere Maßnahmen, die sicherstellen, dass die hydromorphologischen Bedingungen der Wasserkörper so beschaffen sind, dass der erforderliche ökologische Zustand oder das gute ökologische Potential bei Wasserkörpern, die als künstlich oder erheblich verändert eingestuft sind, erreicht werden kann. Die diesbezüglichen Begrenzungen können in Form einer Vorschrift erfolgen, wonach eine vorherige Genehmigung oder eine Registrierung nach allgemein verbindlichen Regeln erforderlich ist, sofern ein solches Erfordernis nicht anderweitig im Gemeinschaftsrecht vorgesehen ist. Die betreffenden Begrenzungen werden regelmäßig überprüft und gegebenenfalls aktualisiert;

j) das Verbot einer direkten Einleitung von Schadstoffen in das Grundwasser nach Maßgabe der nachstehenden Vorschriften:

Die Mitgliedstaaten können gestatten, dass geothermisch genutztes Wasser in den Grundwasserleiter, aus dem es stammt, wiedereingeleitet wird.

Sie können ferner unter Festlegung der entsprechenden Bedingungen folgendes gestatten:

- die Einleitung von Wasser, das Stoffe enthält, die bei der Exploration und Förderung von Kohlenwasserstoffen oder bei Bergbauarbeiten anfallen, sowie die Einleitung von Wasser zu technischen Zwecken in geologische Formationen, aus denen Kohlenwasserstoffe oder andere Stoffe gewonnen worden sind, oder in geologische Formationen, die aus natürlichen Gründen für andere Zwecke auf Dauer ungeeignet sind. Solche Einleitungen dürfen keine anderen Stoffe als solche enthalten, die bei den obengenannten Arbeitsvorgängen anfallen;
- die Wiedereinleitung des aus Bergwerken oder Steinbrüchen abgepumpten Wassers oder des wegen Wartungs- und Bauarbeiten abgepumpten Wassers;
- die Einleitung von Erdgas oder Flüssiggas (LPG) zu Speicherungszwecken in geologische Formationen, die aus natürlichen Gründen für andere Zwecke auf Dauer ungeeignet sind;
- die Injektion von Kohlendioxidströmen zur Speicherung in geologische Formationen, die aus natürlichen Gründen für andere Zwecke auf Dauer ungeeignet sind, vorausgesetzt eine solche Injektion erfolgt im Einklang mit der Richtlinie 2009/31/EG des Europäischen Parlaments und des Rates vom 23. April 2009 über die geologische Speicherung von Kohlendioxid[1] oder ist gemäß Artikel 2 Absatz 2 jener Richtlinie aus ihrem Geltungsbereich ausgenommen;
- Einleitung von Erdgas oder Flüssiggas (LPG) zu Speicherungszwecken in andere geologische Formationen, sofern die Sicherheit der Gasversorgung dringend gewährleistet werden muss und hierbei allen derzeit bestehenden oder künftigen Gefahren einer Verschlechterung der Qualität des aufnehmenden Grundwassers vorgebeugt wird;
- Hoch- und Tiefbauarbeiten und ähnliche Arbeiten über oder unter der Erdoberfläche, bei denen ein Kontakt zum Grundwasser entsteht. Hier können die Mitgliedstaaten festlegen, dass solche Arbeiten als genehmigt betrachtet werden müssen, wenn sie im Einklang mit allgemein verbindlichen Regeln, die die Mitgliedstaaten für solche Arbeiten erstellt haben, durchgeführt werden;
- die Einleitung geringfügiger Mengen von Stoffen für wissenschaftliche Zwecke zum Studium, zum Schutz oder zur Sanierung der Wasserkörper, wobei diese Mengen auf das zu diesen Zwecken unbedingt erforderliche Mindestmaß beschränkt bleiben müssen,

sofern derartige Einleitungen das Erreichen der für den betreffenden Grundwasserkörper festgelegten Umweltziele nicht gefährden;

k) im Einklang mit den Maßnahmen, die gemäß Artikel 16 getroffen werden, Maßnahmen zur Beseitigung der Verschmutzung von Oberflächenwasser durch Stoffe, die in der gemäß Artikel 16 Absatz 2 vereinbarten Liste prioritärer Stoffe aufgeführt sind, und der schrittweisen Verringerung der Verschmutzung durch andere Stoffe, die sonst das Erreichen der gemäß Artikel 4 für die betreffenden Oberflächenwasserkörper festgelegten Ziele durch die Mitgliedstaaten verhindern würden;

l) alle erforderlichen Maßnahmen, um Freisetzungen von signifikanten Mengen an Schadstoffen aus technischen Anlagen zu verhindern und den Folgen unerwarteter Verschmutzungen, wie etwa bei Überschwemmungen, vorzubeugen und/oder diese zu mindern, auch mit Hilfe von Systemen zur frühzeitigen Ent-

---

1) Amtliche Fußnote: ABl. L 140 vom 5. 6. 2009, S. 114.

deckung derartiger Vorkommnisse oder zur Frühwarnung und, im Falle von Unfällen, die nach vernünftiger Einschätzung nicht vorhersehbar waren, unter Einschluss aller geeigneter Maßnahmen zur Verringerung des Risikos für die aquatischen Ökosysteme.

(4) „Ergänzende Maßnahmen" sind Maßnahmen, die zusätzlich zu den grundlegenden Maßnahmen geplant und ergriffen werden, um die gemäß Artikel 4 festgelegten Ziele zu erreichen. Anhang VI Teil B enthält eine nichterschöpfende Liste solcher Maßnahmen.

Die Mitgliedstaaten können ergänzende Maßnahmen auch ergreifen, um für einen zusätzlichen Schutz der unter die vorliegende Richtlinie fallenden Gewässer oder eine Verbesserung ihres Zustands zu sorgen; dies gilt auch im Rahmen der Durchführung der einschlägigen internationalen Übereinkommen gemäß Artikel 1.

(5) Geht aus den Überwachungsdaten oder sonstigen Daten hervor, dass die gemäß Artikel 4 für den Wasserkörper festgelegten Ziele voraussichtlich nicht erreicht werden, so sorgt der betreffende Mitgliedstaat dafür, dass

- den Gründen hierfür nachgegangen wird und
- die entsprechenden Zulassungen und Genehmigungen geprüft und gegebenenfalls revidiert werden,
- die Überwachungsprogramme überprüft und gegebenenfalls angepasst werden,
- die zur Erreichung dieser Ziele erforderlichen Zusatzmaßnahmen festgelegt werden, gegebenenfalls einschließlich der Erstellung strengerer Umweltqualitätsnormen nach den Verfahren des Anhangs V.

Wenn diese Gründe auf Umständen natürlicher Art oder höherer Gewalt beruhen, die außergewöhnlich sind oder nach vernünftiger Einschätzung nicht vorhersehbar waren, wie insbesondere starke Überschwemmungen oder lang anhaltende Dürren, kann der Mitgliedstaat feststellen, dass vorbehaltlich des Artikels 4 Absatz 6 Zusatzmaßnahmen in der Praxis nicht durchführbar sind.

(6) Die Mitgliedstaaten treffen bei der Durchführung der Maßnahmen gemäß Absatz 3 alle geeigneten Vorkehrungen, damit die Meeresgewässer nicht zusätzlich verschmutzt werden. Unbeschadet der bestehenden Rechtsvorschriften darf die Durchführung von Maßnahmen gemäß Absatz 3 unter keinen Umständen direkt oder indirekt zu einer erhöhten Verschmutzung der Oberflächengewässer führen. Diese Anforderung gilt nicht, wenn sie eine stärkere Verschmutzung der Umwelt insgesamt bewirken würde.

(7) Die Maßnahmenprogramme müssen spätestens neun Jahre nach Inkrafttreten dieser Richtlinie aufgestellt sein; alle Maßnahmen müssen spätestens zwölf Jahre nach Inkrafttreten dieser Richtlinie in die Praxis umgesetzt sein.

Als Fristen gemäß Unterabsatz 1 werden für Mayotte der 22. Dezember 2015 bzw. der 22. Dezember 2018 festgelegt.

(8) Die Maßnahmenprogramme werden spätestens 15 Jahre nach Inkrafttreten dieser Richtlinie und danach alle sechs Jahre überprüft und nötigenfalls aktualisiert. Neue oder im Rahmen eines aktualisierten Programms geänderte Maßnahmen sind innerhalb von drei Jahren, nachdem sie beschlossen wurden, in die Praxis umzusetzen.

Als Frist gemäß Unterabsatz 1 wird für Mayotte der 22. Dezember 2021 festgelegt.

Artikel 12 Probleme, die nicht auf Ebene der Mitgliedstaaten behandelt werden können

(1) Stellt ein Mitgliedstaat ein Problem fest, das Auswirkungen auf die Bewirtschaftung seiner Wasserressourcen hat, von diesem Mitgliedstaat jedoch nicht gelöst werden kann, so kann er dies der Kommission und jedem anderen betroffenen Mitgliedstaat mitteilen und Empfehlungen zur Lösung dieses Problems machen.

(2) Die Kommission reagiert auf jeden Bericht oder jede Empfehlung der Mitgliedstaaten innerhalb einer Frist von sechs Monaten.

Artikel 13 Bewirtschaftungspläne für die Einzugsgebiete

(1) Die Mitgliedstaaten sorgen dafür, dass für jede Flussgebietseinheit, die vollständig in ihrem Hoheitsgebiet liegt, ein Bewirtschaftungsplan für die Einzugsgebiete erstellt wird.

(2) Liegt eine internationale Flussgebietseinheit vollständig im Gemeinschaftsgebiet, so sorgen die Mitgliedstaaten für eine Koordinierung im Hinblick auf die Erstellung eines einzigen internationalen Bewirtschaftungsplans für die Einzugsgebiete. Wird kein solcher internationaler Bewirtschaftungsplan für die Einzugsgebiete erstellt, so erstellen die Mitgliedstaaten im Hinblick auf das Erreichen der Ziele dieser Richtlinie Bewirtschaftungspläne zumindest für die in ihrem jeweiligen Hoheitsgebiet liegenden Teile der internationalen Flussgebietseinheit.

(3) Erstreckt sich eine internationale Flussgebietseinheit über die Grenzen der Gemeinschaft hinaus, so bemühen sich die Mitgliedstaaten darum, dass ein einziger Bewirtschaftungsplan für die Einzugsgebiete erstellt wird; falls dies nicht möglich ist, muss der Plan zumindest den Teil der internationalen Flussgebietseinheit erfassen, der in ihrem jeweiligen Hoheitsgebiet liegt.

(4) Der Bewirtschaftungsplan für die Einzugsgebiete enthält die in Anhang VII genannten Informationen.

(5) Die Bewirtschaftungspläne für die Einzugsgebiete können durch detailliertere Programme und Bewirtschaftungspläne für Teilgebiete, Sektoren, Problembereiche oder Gewässertypen ergänzt werden, die sich mit besonderen Aspekten der Wasserwirtschaft befassen. Die Durchführung dieser Maßnahmen befreit die Mitgliedstaaten nicht von den übrigen Verpflichtungen im Rahmen dieser Richtlinie.

(6) Die Bewirtschaftungspläne für die Einzugsgebiete werden spätestens neun Jahre nach Inkrafttreten dieser Richtlinie veröffentlicht.

Als Frist gemäß Unterabsatz 1 wird für Mayotte der 22. Dezember 2015 festgelegt.

(7) Die Bewirtschaftungspläne für die Einzugsgebiete werden spätestens 15 Jahre nach Inkrafttreten dieser Richtlinie und danach alle sechs Jahre überprüft und aktualisiert.

Als Frist gemäß Unterabsatz 1 wird für Mayotte der 22. Dezember 2021 festgelegt.

Artikel 14 Information und Anhörung der Öffentlichkeit

(1) Die Mitgliedstaaten fördern die aktive Beteiligung aller interessierten Stellen an der Umsetzung dieser Richtlinie, insbesondere an der Aufstellung, Überprüfung und Aktualisierung der Bewirtschaftungspläne für die Einzugsgebiete. Die Mitgliedstaaten sorgen dafür, dass sie für jede Flussgebietseinheit folgendes

veröffentlichen und der Öffentlichkeit, einschließlich den Nutzern, zugänglich machen, damit diese Stellung nehmen kann:

a) einen Zeitplan und ein Arbeitsprogramm für die Aufstellung des Plans, einschließlich einer Erklärung über die zu treffenden Anhörungsmaßnahmen, und zwar spätestens drei Jahre vor Beginn des Zeitraums, auf den sich der Plan bezieht;

b) einen vorläufigen Überblick über die für das Einzugsgebiet festgestellten wichtigen Wasserbewirtschaftungsfragen, und zwar spätestens zwei Jahre vor Beginn des Zeitraums, auf den sich der Plan bezieht;

c) Entwürfe des Bewirtschaftungsplans für die Einzugsgebiete, und zwar spätestens ein Jahr vor Beginn des Zeitraums, auf den sich der Bewirtschaftungsplan bezieht.

Auf Antrag wird auch Zugang zu Hintergrunddokumenten und -informationen gewährt, die bei der Erstellung des Bewirtschaftungsplanentwurfs herangezogen wurden.

(2) Um eine aktive Einbeziehung und Anhörung zu ermöglichen, räumen die Mitgliedstaaten für schriftliche Bemerkungen zu diesen Unterlagen eine Frist von mindestens sechs Monaten ein.

(3) Die Absätze 1 und 2 gelten auch für die aktualisierten Bewirtschaftungspläne für die Einzugsgebiete.

Artikel 15 Berichterstattung

(1) Die Mitgliedstaaten übermitteln der Kommission und allen betroffenen Mitgliedstaaten innerhalb von drei Monaten nach Veröffentlichung Kopien folgender Bewirtschaftungspläne für die Einzugsgebiete und aller späteren aktualisierten Fassungen:

a) bei Flussgebietseinheiten, die vollständig im Hoheitsgebiet eines Mitgliedstaats liegen, sämtliche gemäß Artikel 13 veröffentlichten Bewirtschaftungspläne für Einzugsgebiete, die dieses Hoheitsgebiet abdecken;

b) bei internationalen Flussgebietseinheiten zumindest den Teil des Bewirtschaftungsplans, der das Hoheitsgebiet des Mitgliedstaats abdeckt.

(2) Die Mitgliedstaaten unterbreiten zusammenfassende Berichte der im Hinblick auf den ersten Bewirtschaftungsplan für das Einzugsgebiet durchgeführten

- Analysen gemäß Artikel 5 und
- Überwachungsprogramme gemäß Artikel 8

binnen drei Monaten nach ihrer Fertigstellung.

(3) Die Mitgliedstaaten legen innerhalb von drei Jahren nach der Veröffentlichung jedes Bewirtschaftungsplans für die Einzugsgebiete oder jeder Aktualisierung gemäß Artikel 13 einen Zwischenbericht mit einer Darstellung der Fortschritte vor, die bei der Durchführung des geplanten Maßnahmenprogramms erzielt wurden.

Artikel 16 Strategien gegen die Wasserverschmutzung

(1) Das Europäische Parlament und der Rat verabschieden spezifische Maßnahmen zur Bekämpfung der Wasserverschmutzung durch einzelne Schadstoffe oder Schadstoffgruppen, die ein erhebliches Risiko für oder durch die aquatische Umwelt darstellen, einschließlich der entsprechenden Risiken für Gewässer, die zur Trinkwasserentnahme genutzt werden. In Bezug auf diese Schadstoffe zielen

die Maßnahmen auf eine schrittweise Reduzierung ab und in Bezug auf prioritäre gefährliche Stoffe gemäß der Definition in Artikel 2 Nummer 30 auf die Beendigung oder schrittweise Einstellung von Einleitungen, Emissionen und Verlusten. Diese Maßnahmen werden aufgrund der Vorschläge erlassen, die die Kommission nach den Verfahren des Vertrags unterbreitet.

(2) Die Kommission legt einen Vorschlag für eine Liste prioritärer Stoffe vor, die unter den Stoffen ausgewählt werden, die ein erhebliches Risiko für bzw. durch die aquatische Umwelt darstellen. Die Vergabe der Prioritäten richtet sich nach dem jeweiligen Risiko für bzw. durch die aquatische Umwelt, das wie folgt bewertet wird:

a) in Form einer Risikobewertung im Rahmen der Verordnung (EWG) Nr. 793/93 des Rates[1)], der Richtlinie 91/414/EWG des Rates[2)] und der Richtlinie 98/8/EG des Europäischen Parlaments und des Rates[3)] oder

b) in Form einer zielgerichteten risikobezogenen Bewertung gemäß den Verfahren der Verordnung (EWG) Nr. 793/93 mit ausschließlicher Prüfung der aquatischen Ökotoxizität und der über die aquatische Umwelt gegebenen Humantoxizität.

Wenn dies zur Einhaltung des in Absatz 4 festgelegten Zeitplans erforderlich ist, sind Stoffe auf der Grundlage ihres Risikos für oder durch die aquatische Umwelt als prioritär für Maßnahmen einzustufen, wobei die Einstufung in Form einer vereinfachten, auf wissenschaftlichen Grundsätzen beruhenden risikobezogenen Bewertung erfolgt, bei der folgende Faktoren besonders berücksichtigt werden:

- Hinweise auf die inhärente Gefährlichkeit des betreffenden Stoffes, insbesondere im Hinblick auf die aquatische Ökotoxizität und auf die im Wege einer aquatischen Exposition gegebene Humantoxizität, und
- Befunde aus der Überwachung über weitverbreitete Formen der Verschmutzung und
- andere nachgewiesene Faktoren, die auf eine weitverbreitete Verschmutzung schließen lassen, z.B. Umfang der Produktion und der Verwendung des betreffenden Stoffs sowie typische Arten der Verwendung.

(3) In dem Vorschlag der Kommission werden auch die prioritären gefährlichen Stoffe genannt. Dabei berücksichtigt die Kommission die Auswahl bedenklicher Stoffe, die in den einschlägigen Gemeinschaftsvorschriften bezüglich gefährlicher Stoffe oder in einschlägigen internationalen Übereinkommen getroffen wird.

(4) Die Kommission überprüft die angenommene Liste prioritärer Stoffe spätestens vier Jahre nach Inkrafttreten dieser Richtlinie und von da an mindestens alle sechs Jahre und legt gegebenenfalls Vorschläge vor.

(5) Die Kommission berücksichtigt bei Erstellung ihres Vorschlags Empfehlungen des Wissenschaftlichen Ausschusses „Toxizität, Ökotoxizität und Umwelt“ sowie Empfehlungen der Mitgliedstaaten, des Europäischen Parlaments, der Europäischen Umweltagentur, der gemeinschaftlichen Forschungsprogramme, internationaler Organisationen, denen die Gemeinschaft angehört, europäischer Wirtschaftsverbände, einschließlich Organisationen, die die kleinen und

1) Amtliche Fußnote: ABl. L 84 vom 5. 4. 1993, S. 1.
2) Amtliche Fußnote: ABl. L 230 vom 19. 8. 1991, S. 1. Richtlinie zuletzt geändert durch die Richtlinie 98/47/EG (ABl. L 191 vom 7. 7. 1998, S. 50).
3) Amtliche Fußnote: ABl. L 123 vom 24. 4. 1998, S. 1.

mittleren Unternehmen vertreten, europäischer Umweltorganisationen sowie jegliche weiteren relevanten Informationen, von denen sie Kenntnis erlangt.

(6) Die Kommission legt für die prioritären Stoffe Vorschläge für Begrenzungen vor zur

- schrittweisen Verringerung von Einleitungen, Emissionen und Verlusten der betreffenden Stoffe und insbesondere
- zur Beendigung oder schrittweisen Einstellung von Einleitungen, Emissionen und Verlusten der gemäß Absatz 3 bestimmten Stoffe, einschließlich eines entsprechenden Zeitplans. Der Zeitplan darf 20 Jahre ab dem Zeitpunkt, zu dem diese Vorschläge gemäß den Bestimmungen dieses Artikels vom Europäischen Parlament und vom Rat angenommen werden, nicht überschreiten.

Sie ermittelt dabei sowohl für Punktquellen als auch für diffuse Quellen unter dem Gesichtspunkt der Kostenwirksamkeit und der Verhältnismäßigkeit das angemessene Niveau und die Kombination von Produkt- und Verfahrenseinschränkungen und berücksichtigt gemeinschaftsweite einheitliche Emissionsgrenzwerte für Verfahrenseinschränkungen. Gemeinschaftliche Maßnahmen zwecks Begrenzung der Emissionen aus technischen Verfahren können gegebenenfalls nach Branchen geordnet werden. Schließen Produkteinschränkungen eine Überprüfung der einschlägigen Genehmigungen in, die gemäß der Richtlinie 91/414/EWG und der Richtlinie 98/8/EG erteilt wurden, so werden die Überprüfungen gemäß diesen Richtlinien durchgeführt. Bei jedem Vorschlag für Begrenzungsmaßnahmen sind spezifische Bestimmungen für deren Überprüfung und Aktualisierung sowie die Bewertung ihrer Wirksamkeit vorzusehen.

(7) Die Kommission schlägt Qualitätsnormen für die Konzentrationen der prioritären Stoffe in Oberflächenwasser, Sedimenten oder Biota vor.

(8) Die Kommission unterbreitet die Vorschläge gemäß den Absätzen 6 und 7 zumindest für die Emissionsbegrenzung von Punktquellen und für die Umweltqualitätsnormen binnen zwei Jahren nach Aufnahme des betreffenden Stoffs in die Liste prioritärer Stoffe. Kommt bei Stoffen, die in die erste Liste prioritärer Stoffe aufgenommen sind, sechs Jahre nach Inkrafttreten dieser Richtlinie keine Einigung auf Gemeinschaftsebene zustande, so legen die Mitgliedstaaten für alle Oberflächengewässer, die von Einleitungen dieser Stoffe betroffen sind, u.a. unter Erwägung aller technischen Möglichkeiten zu ihrer Verminderung Umweltqualitätsnormen und Begrenzungsmaßnahmen für die Hauptquellen dieser Einleitungen fest. Kommt bei Stoffen, die später in die Liste prioritärer Stoffe aufgenommen werden, keine Einigung auf Gemeinschaftsebene zustande, so ergreifen die Mitgliedstaaten die entsprechenden Maßnahmen fünf Jahre nach Aufnahme in die Liste.

(9) Die Kommission kann Strategien gegen die Wasserverschmutzung durch andere Schadstoffe oder Schadstoffgruppen, einschließlich der Verschmutzung durch Unfälle, erarbeiten.

(10) Bei der Erstellung ihrer Vorschläge gemäß den Absätzen 6 und 7 überprüft die Kommission auch alle in Anhang IX aufgeführten Richtlinien. Sie schlägt bis zu dem in Absatz 8 genannten Zeitpunkt eine Überprüfung der Begrenzungsmaßnahmen gemäß Anhang IX für alle in die Liste prioritärer Stoffe aufgenommenen Stoffe vor und unterbreitet Vorschläge für die geeigneten Maßnahmen, einschließlich der etwaigen Aufhebung der Begrenzungsmaßnahmen gemäß Anhang IX für alle anderen Stoffe.

Alle Begrenzungsmaßnahmen gemäß Anhang IX, für die Überprüfungen vorgeschlagen werden, werden mit Inkrafttreten der überprüften Regelung aufgehoben.

(11) Die von der Kommission vorgeschlagene Liste prioritärer Stoffe nach den Absätzen 2 und 3 wird nach ihrer Annahme durch das Europäische Parlament und den Rat Anhang X dieser Richtlinie. Ihre Überprüfung gemäß Absatz 4 erfolgt nach dem gleichen Verfahren.

Artikel 17 Strategien zur Verhinderung und Begrenzung der Grundwasserverschmutzung

(1) Das Europäische Parlament und der Rat erlassen spezielle Maßnahmen zur Verhinderung und Begrenzung der Grundwasserverschmutzung. Diese Maßnahmen dienen dazu, das Ziel eines guten chemischen Zustands des Grundwassers gemäß Artikel 4 Absatz 1 Buchstabe b) zu erreichen; sie werden auf Vorschlag der Kommission, der innerhalb von zwei Jahren nach dem Inkrafttreten dieser Richtlinie vorzulegen ist, nach den im Vertrag festgelegten Verfahren erlassen.

(2) Wenn die Kommission Maßnahmen vorschlägt, berücksichtigt sie die gemäß Artikel 5 und Anhang II durchgeführten Analysen. Entsprechende Maßnahmen werden, sofern die Daten vorliegen, zu einem früheren Zeitpunkt vorgeschlagen und umfassen folgendes:

a) Kriterien für die Beurteilung eines guten chemischen Zustands des Grundwassers gemäß Anhang II Randnummer 2.2 und Anhang V Randnummern 2.3.2 und 2.4.5;

b) Kriterien für die Ermittlung signifikanter und anhaltender steigender Trends sowie für die Festlegung der gemäß Anhang V Randnummer 2.4.4 anzusetzenden Ausgangspunkte für die Trendumkehr.

(3) Maßnahmen, die sich aus der Anwendung von Absatz 1 ergeben, sind in die nach Artikel 11 erforderlichen Maßnahmenprogramme aufzunehmen.

(4) Liegen keine auf Gemeinschaftsebene gemäß Absatz 2 festgelegten Kriterien vor, so stellen die Mitgliedstaaten spätestens fünf Jahre nach Inkrafttreten dieser Richtlinie geeignete Kriterien auf.

(5) Liegen keine auf nationaler Ebene gemäß Absatz 4 festgelegten Kriterien vor, so liegt der Ausgangspunkt für die Trendumkehr bei höchstens 75 % des Niveaus der Qualitätsnormen, die in bestehenden, auf das Grundwasser anwendbaren Rechtsvorschriften der Gemeinschaft festgelegt sind.

Artikel 18 Bericht der Kommission

(1) Die Kommission veröffentlicht spätestens zwölf Jahre nach Inkrafttreten dieser Richtlinie und von da an alle sechs Jahre einen Bericht über die Umsetzung dieser Richtlinie und legt ihn dem Europäischen Parlament und dem Rat vor.

(2) Dieser Bericht enthält folgende Informationen:

a) einen Überblick über den Stand der Umsetzung dieser Richtlinie;

b) einen mit der Europäischen Umweltagentur abgestimmten Überblick über den Zustand von Oberflächen- und Grundwasser in der Gemeinschaft;

c) eine Übersicht über die gemäß Artikel 15 vorgelegten Bewirtschaftungspläne für die Einzugsgebiete, einschließlich Empfehlungen für die Verbesserung künftiger Pläne;

d) eine Zusammenfassung der Stellungnahmen zu allen Berichten und Empfehlungen, die die Mitgliedstaaten der Kommission gemäß Artikel 12 vorlegen;

e) eine Zusammenfassung aller gemäß Artikel 16 entwickelter Vorschläge, Begrenzungsmaßnahmen und Strategien;

f) eine Zusammenfassung der Antworten auf Bemerkungen des Europäischen Parlaments und des Rates zu früheren Berichten über die Umsetzung.

(3) Die Kommission veröffentlicht ferner einen Bericht über den Stand der Umsetzung, der sich auf die zusammenfassenden Berichte der Mitgliedstaaten gemäß Artikel 15 Absatz 2 stützt, und legt diesen Bericht spätestens zwei Jahre nach den in den Artikeln 5 und 8 genannten Zeitpunkten dem Europäischen Parlament und den Mitgliedstaaten vor.

(4) Die Kommission veröffentlicht innerhalb von drei Jahren nach Veröffentlichung der einzelnen Berichte gemäß Absatz 1 einen Zwischenbericht, in dem auf der Grundlage der Zwischenberichte der Mitgliedstaaten nach Artikel 15 Absatz 3 der Stand der Umsetzung dargelegt wird. Dieser Zwischenbericht wird dem Europäischen Parlament und dem Rat vorgelegt.

(5) Die Kommission beruft gegebenenfalls im Einklang mit dem Berichterstattungszyklus eine Konferenz der an der Wasserpolitik der Gemeinschaft interessierten Stellen aus den einzelnen Mitgliedstaaten ein; Zweck dieser Konferenz ist die Kommentierung des Durchführungsberichts der Kommission sowie der Erfahrungsaustausch.

Zu den Teilnehmern sollten Vertreter der zuständigen Behörden, des Europäischen Parlaments, der nichtstaatlichen Organisationen, der Sozial- und Wirtschaftspartner, der Verbraucherorganisationen, Wissenschaftler und weitere Sachverständige gehören.

Artikel 19 Pläne für künftige Maßnahmen der Gemeinschaft

(1) Die Kommission legt dem in Artikel 21 genannten Ausschuss jährlich informationshalber einen indikativen Plan von für die nahe Zukunft geplanten Maßnahmen vor, die Auswirkungen auf Wasserschutzvorschriften haben; hierzu gehören auch Maßnahmen im Rahmen der gemäß Artikel 16 entwickelten Vorschläge, Begrenzungsmaßnahmen und Strategien. Die Kommission unterbreitet spätestens zwei Jahre nach Inkrafttreten dieser Richtlinie die erste Vorlage dieser Art.

(2) Die Kommission überprüft diese Richtlinie spätestens 19 Jahre nach ihrem Inkrafttreten und schlägt gegebenenfalls erforderliche Änderungen vor.

Artikel 20 Technische Anpassungen dieser Richtlinie

(1) Die Anhänge I und III sowie Anhang V Randnummer 1.3.6 können unter Berücksichtigung der Zeiträume für die Überprüfung und Aktualisierung der Bewirtschaftungspläne für das Einzugsgebiet gemäß Artikel 13 an den wissenschaftlichen und technischen Fortschritt angepasst werden. Diese Maßnahmen zur Änderung nicht wesentlicher Bestimmungen dieser Richtlinie werden nach dem in Artikel 21 Absatz 3 genannten Regelungsverfahren mit Kontrolle erlassen.

Die Kommission kann erforderlichenfalls nach dem in Artikel 21 Absatz 2 genannten Regelungsverfahren Leitlinien für die Durchführung der Anhänge II und V festlegen.

(2) Für die Übermittlung und Verarbeitung von Daten, einschließlich statistischer und kartografischer Daten, können technische Formate für die Zwecke des Absatzes 1 nach dem in Artikel 21 Absatz 2 genannten Regelungsverfahren festgelegt werden.

Artikel 21 Ausschussverfahren

(1) Die Kommission wird von einem Ausschuss unterstützt.

(2) Wird auf diesen Absatz Bezug genommen, so gelten die Artikel 5 und 7 des Beschlusses 1999/468/EG unter Beachtung von dessen Artikel 8.

Der Zeitraum nach Artikel 5 Absatz 6 des Beschlusses 1999/468/EG wird auf drei Monate festgesetzt.

(3) Wird auf diesen Absatz Bezug genommen, so gelten Artikel 5a Absätze 1 bis 4 und Artikel 7 des Beschlusses 1999/468/EG unter Beachtung von dessen Artikel 8.

Artikel 22 Aufhebung von Rechtsakten und Übergangsbestimmungen

(1) Folgende Rechtsakte werden sieben Jahre nach Inkrafttreten dieser Richtlinie aufgehoben:

- Richtlinie 75/440/EWG des Rates vom 16. Juni 1975 über die Qualitätsanforderungen an Oberflächenwasser für die Trinkwassergewinnung in den Mitgliedstaaten[1)],
- Entscheidung 77/795/EWG des Rates vom 12. Dezember 1977 zur Einführung eines Gemeinsamen Verfahrens zum Informationsaustausch über die Qualität des Oberflächensüßwassers in der Gemeinschaft[2)];
- Richtlinie 79/869/EWG des Rates vom 9. Oktober 1979 über die Meßmethoden sowie über die Häufigkeit der Probenahmen und der Analysen des Oberflächenwassers für die Trinkwassergewinnung in den Mitgliedstaaten[3)],

(2) Folgende Rechtsakte werden 13 Jahre nach Inkrafttreten dieser Richtlinie aufgehoben:

- Richtlinie 78/659/EWG des Rates vom 18. Juli 1978 über die Qualität von Süßwasser, das schutz- und verbesserungsbedürftig ist, um das Leben von Fischen zu erhalten[4)];
- Richtlinie 79/923/EWG des Rates vom 30. Oktober 1979 über die Qualitätsanforderungen an Muschelgewässer[5)];
- Richtlinie 80/68/EWG des Rates vom 17. Dezember 1979 über den Schutz des Grundwassers gegen Verschmutzung durch bestimmte gefährliche Stoffe;
- Richtlinie 76/464/EWG, mit Ausnahme des Artikels 6, der mit Inkrafttreten der vorliegenden Richtlinie aufgehoben wird.

(3) Für die Richtlinie 76/464/EWG gelten folgende Übergangsbestimmungen:

a) Die gemäß Artikel 16 der vorliegenden Richtlinie festgelegte Liste prioritärer Stoffe ersetzt die in der Mitteilung der Kommission an den Rat vom 22. Juni 1982 enthaltene Liste der prioritären Stoffe;

b) für die Zwecke des Artikels 7 der Richtlinie 76/464/EWG können die Mitgliedstaaten die in der vorliegenden Richtlinie vorgesehenen Grundsätze für die

---

1) Amtliche Fußnote: ABl. L 194 vom 25. 7. 1975, S. 26. Richtlinie zuletzt geändert durch die Richtlinie 91/692/EWG.

2) Amtliche Fußnote: ABl. L 334 vom 24. 12. 1977, S. 29. Entscheidung zuletzt geändert durch die Beitrittsakte von 1994.

3) Amtliche Fußnote: ABl. L 271 vom 29. 10. 1979, S. 44. Richtlinie zuletzt geändert durch die Beitrittsakte von 1994.

4) Amtliche Fußnote: ABl. L 222 vom 14. 8. 1978, S. 1. Richtlinie zuletzt geändert durch die Beitrittsakte von 1994.

5) Amtliche Fußnote: ABl. L 281 vom 10. 11. 1979, S. 47. Richtlinie geändert durch die Richtlinie 91/692/EWG.

Feststellung von Verschmutzungsproblemen und der sie verursachenden Stoffe, die Festlegung von Qualitätsnormen und die Verabschiedung von Maßnahmen anwenden.

(4) Die Umweltziele gemäß Artikel 4 und die Qualitätsnormen, die in Anhang IX und nach Artikel 16 Absatz 7 festgelegt sind und von den Mitgliedstaaten gemäß Anhang V für nicht auf der Liste prioritärer Stoffe stehende Stoffe und nach Artikel 16 Absatz 8 hinsichtlich prioritärer Stoffe, für die keine Gemeinschaftsnormen vorgegeben sind, festgelegt werden, gelten im Sinne des Artikels 2 Nummer 7 und des Artikels 10 der Richtlinie 96/61/EG als Umweltqualitätsnormen.

(5) Ist ein auf der Liste prioritärer Stoffe nach Artikel 16 stehender Stoff nicht in Anhang VIII dieser Richtlinie oder in Anhang III der Richtlinie 96/61/EG enthalten, so wird er darin aufgenommen.

(6) Bei Oberflächenwasserkörpern müssen mit den Umweltzielen, die im Rahmen des ersten Bewirtschaftungsplans für das Einzugsgebiet gemäß dieser Richtlinie festgelegt werden, als Mindestregelung Qualitätsnormen wirksam werden, die zumindest ebenso streng sind wie die zur Durchführung der Richtlinie 76/464/EWG erforderlichen Normen.

Artikel 23 Sanktionen

Die Mitgliedstaaten legen Sanktionen für Verstöße gegen die zur Umsetzung dieser Richtlinie erlassenen innerstaatlichen Bestimmungen fest. Die festgelegten Sanktionen müssen wirksam, angemessen und abschreckend sein.

Artikel 24 Umsetzung

(1) Die Mitgliedstaaten erlassen die Rechts- und Verwaltungsvorschriften, die erforderlich sind, um dieser Richtlinie spätestens ab dem 22. Dezember 2003 nachzukommen. Sie setzen die Kommission unverzüglich davon in Kenntnis.

Wenn die Mitgliedstaaten Vorschriften nach Unterabsatz 1 erlassen, nehmen sie in den Vorschriften selbst oder durch einen Hinweis bei der amtlichen Veröffentlichung auf diese Richtlinie Bezug. Die Mitgliedstaaten regeln die Einzelheiten der Bezugnahme.

(2) Die Mitgliedstaaten teilen der Kommission den Wortlaut der wichtigsten innerstaatlichen Rechtsvorschriften mit, die sie auf dem unter diese Richtlinie fallenden Gebiet erlassen. Die Kommission unterrichtet die anderen Mitgliedstaaten hiervon.

Artikel 25 Inkrafttreten

Diese Richtlinie tritt am Tag ihrer Veröffentlichung im *Amtsblatt der Europäischen Gemeinschaften* in Kraft.*

Artikel 26 Adressaten

Diese Richtlinie ist an die Mitgliedstaaten gerichtet.

(Vom Abdruck der Anhänge wurde abgesehen)

---

* Die Veröffentlichung erfolgte am 22. Dezember 2000.

455 Richtlinie 2010/75/EU des europäischen Parlaments und des Rates vom 24. November 2010 über Industrieemissionen (integrierte Vermeidung und Verminderung der Umweltverschmutzung)

(ABl. L 334 vom 17. 12. 2010 S. 17, ber. ABl. L 158 vom 19. 6. 2012 S. 25)

Inhaltsübersicht*

* Nicht amtlich.

DAS EUROPÄISCHE PARLAMENT UND DER RAT DER EUROPÄISCHEN UNION –

gestützt auf den Vertrag über die Arbeitsweise der Europäischen Union, insbesondere auf Artikel 192 Absatz 1,

auf Vorschlag der Europäischen Kommission,

nach Stellungnahme des Europäischen Wirtschafts- und Sozialausschusses[1)],

nach Stellungnahme des Ausschusses der Regionen[2)],

1) Amtliche Fußnote: ABl. C 182 vom 4. 8. 2009, S. 46.
2) Amtliche Fußnote: ABl. C 325 vom 19. 12. 2008, S. 60.

gemäß dem ordentlichen Gesetzgebungsverfahren[1)],

in Erwägung nachstehender Gründe:

(1) Die Richtlinien 78/176/EWG des Rates vom 20. Februar 1978 über Abfälle aus der Titandioxid-Produktion[2)], 82/883/EWG des Rates vom 3. Dezember 1982 über die Einzelheiten der Überwachung und Kontrolle der durch die Ableitungen aus der Titandioxidproduktion betroffenen Umweltmedien[3)], 92/112/EWG des Rates vom 15. Dezember 1992 über die Modalitäten zur Vereinheitlichung der Programme zur Verringerung und späteren Unterbindung der Verschmutzung durch Abfälle der Titandioxid-Industrie[4)], 1999/13/EG des Rates vom 11. März 1999 über die Begrenzung von Emissionen flüchtiger organischer Verbindungen, die bei bestimmten Tätigkeiten und in bestimmten Anlagen bei der Verwendung organischer Lösungsmittel entstehen[5)], 2000/76/EG des Europäischen Parlaments und des Rates vom 4. Dezember 2000 über die Verbrennung von Abfällen[6)], 2001/80/EG des Europäischen Parlaments und des Rates vom 23. Oktober 2001 zur Begrenzung von Schadstoffemissionen von Großfeuerungsanlagen in die Luft[7)] und 2008/1/EG des Europäischen Parlaments und des Rates vom 15. Januar 2008 über die integrierte Vermeidung und Verminderung der Umweltverschmutzung[8)] müssen in wesentlichen Punkten geändert werden. Aus Gründen der Klarheit sollten die genannten Richtlinien daher neu gefasst werden.

(2) Um in Einklang mit dem Verursacher- und Vorsorgeprinzip die Umweltverschmutzung durch Industrietätigkeiten zu vermeiden, zu vermindern und so weit wie möglich zu beseitigen, muss ein allgemeiner Rahmen für die Kontrolle der wichtigsten Industrietätigkeiten aufgestellt werden, der vorzugsweise Eingriffe an der Quelle vorsieht, eine umsichtige Bewirtschaftung der natürlichen Ressourcen gewährleistet und, sofern erforderlich, der Wirtschaftslage und den lokalen Besonderheiten des Ortes, an dem die Industrietätigkeit erfolgt, Rechnung trägt.

(3) Gesonderte Konzepte, die lediglich der Verminderung der Emissionen jeweils in Luft, Wasser oder Boden dienen, können dazu führen, dass die Verschmutzung von einem Umweltmedium auf ein anderes verlagert wird, anstatt die Umwelt insgesamt zu schützen. Deswegen empfiehlt es sich, ein integriertes Konzept für die Vermeidung und Verminderung von Emissionen in Luft, Wasser und Boden, für die Abfallwirtschaft, für Energieeffizienz und für die Verhütung von Unfällen aufzustellen. Ein solcher Ansatz wird zudem dazu beitragen, durch die Angleichung der Umweltbilanzanforderungen an Industrieanlagen in der Union gleiche Wettbewerbsbedingungen zu schaffen.

(4) Es empfiehlt sich, die Rechtsvorschriften über Industrieanlagen zu überarbeiten und die geltenden Bestimmungen zu vereinfachen und klarer zu ge-

---

1) Amtliche Fußnote: Standpunkt des Europäischen Parlaments vom 10. März 2009 (ABl. C 87E vom 1. 4. 2010, S. 191) und Standpunkt des Rates in erster Lesung vom 15. Februar 2010 (ABl. C 107E vom 27. 4. 2010, S. 1). Standpunkt des Europäischen Parlaments vom 7. Juli 2010 (noch nicht im Amtsblatt veröffentlicht) und Beschluss des Rates vom 8. November 2010.

2) Amtliche Fußnote: ABl. L 54 vom 25. 2. 1978, S. 19.

3) Amtliche Fußnote: ABl. L 378 vom 31. 12. 1982, S. 1.

4) Amtliche Fußnote: ABl. L 409 vom 31. 12. 1992, S. 11.

5) Amtliche Fußnote: ABl. L 85 vom 29. 3. 1999, S. 1.

6) Amtliche Fußnote: ABl. L 332 vom 28. 12. 2000, S. 91.

7) Amtliche Fußnote: ABl. L 309 vom 27. 11. 2001, S. 1.

8) Amtliche Fußnote: ABl. L 24 vom 29. 1. 2008, S. 8.

stalten, unnötigen Verwaltungsaufwand abzubauen und die Schlussfolgerungen der Mitteilungen der Kommission vom 21. September 2005 über die thematische Strategie zur Luftreinhaltung (nachstehend „thematische Strategie zur Luftreinhaltung" genannt), vom 22. September 2006 über die thematische Strategie für den Bodenschutz und vom 21. Dezember 2005 über die thematische Strategie für Abfallvermeidung und -recycling umzusetzen, die in der Folge zu dem Beschluss Nr. 1600/2002/EG des Europäischen Parlaments und des Rates vom 22. Juli 2002 über das sechste Umweltaktionsprogramm der Europäischen Gemeinschaft[1] ergangen sind. Diese Mitteilungen geben Ziele für den Schutz der menschlichen Gesundheit und der Umwelt vor, die ohne weitere Verringerung der Emissionen aus Industrietätigkeiten nicht erreicht werden können.

(5) Um die Vermeidung und Verminderung der Umweltverschmutzung zu gewährleisten, sollte jede Anlage nur mit einer Genehmigung oder – im Falle von bestimmten Anlagen und Tätigkeiten, bei denen organische Lösungsmittel verwendet werden – einer Genehmigung oder einer Registrierung betrieben werden.

(6) Es ist Sache der Mitgliedstaaten, die Vorgehensweise für die Zuweisung von Verantwortlichkeiten an die Betreiber von Anlagen zu bestimmen, sofern die Einhaltung dieser Richtlinie gewährleistet ist. Daher können sich die Mitgliedstaaten dafür entscheiden, für jede Anlage einem verantwortlichen Betreiber eine Genehmigung zu erteilen oder – wenn mehrere Betreiber vorhanden sind, die unterschiedliche Teile einer Anlage betreiben – die Verantwortlichkeit jedes einzelnen Betreibers genau festzulegen. Ist nach dem derzeit geltenden Recht eines Mitgliedstaats nur ein verantwortlicher Betreiber für jede Anlage vorgesehen, so kann der betreffende Mitgliedstaat beschließen, dieses Recht beizubehalten.

(7) Zur Erleichterung der Erteilung von Genehmigungen sollten die Mitgliedstaaten Auflagen für bestimmte Kategorien von Anlagen als allgemeine bindende Vorschriften formulieren können.

(8) Es ist wichtig, Unfälle und Vorfälle zu verhindern und ihre Auswirkungen zu begrenzen. Die Haftung in Bezug auf die Auswirkungen von Unfällen und Vorfällen auf die Umwelt soll sich nach einzelstaatlichem Recht und gegebenenfalls nach anderem einschlägigen Unionsrecht bestimmen.

(9) Um Doppelregelungen zu vermeiden, sollte die Genehmigung einer unter die Richtlinie 2003/87/EG des Europäischen Parlaments und des Rates vom 13. Oktober 2003 über ein System für den Handel mit Treibhausgasemissionszertifikaten in der Gemeinschaft[2] fallenden Anlage keine Emissionsgrenzwerte für direkte Emissionen von Treibhausgasen gemäß Anhang I der genannten Richtlinie enthalten, es sei denn, dies ist erforderlich, um sicherzustellen, dass keine erhebliche lokale Umweltverschmutzung verursacht wird, oder wenn eine Anlage aus dem genannten System ausgeschlossen wurde.

(10) Im Einklang mit Artikel 193 des Vertrags über die Arbeitsweise der Europäischen Union (AEUV) hindert diese Richtlinie die Mitgliedstaaten nicht daran, verstärkte Schutzmaßnahmen beizubehalten oder zu ergreifen, zum Beispiel Vorschriften für die Treibhausgasemission, sofern solche Maßnah-

---

1) Amtliche Fußnote: ABl. L 242 vom 10. 9. 2002, S. 1.
2) Amtliche Fußnote: ABl. L 275 vom 25. 10. 2003, S. 32.

men mit den Verträgen vereinbar sind und der Kommission notifiziert wurden.

(11) Die Betreiber sollten Genehmigungsanträge stellen, die die Angaben enthalten, die die zuständige Behörde für die Festlegung von Genehmigungsauflagen benötigt. Die Betreiber sollten in der Lage sein, bei der Beantragung von Genehmigungen die Daten zu verwenden, die sich aus der Anwendung der Richtlinie 85/337/EWG des Rates vom 27. Juni 1985 über die Umweltverträglichkeitsprüfung bei bestimmten öffentlichen und privaten Projekten[1] und der Richtlinie 96/82/EG des Rates vom 9. Dezember 1996 zur Beherrschung der Gefahren bei schweren Unfällen mit gefährlichen Stoffen[2] ergeben.

(12) Die Genehmigung sollte alle Maßnahmen enthalten, die für ein hohes Schutzniveau für die Umwelt als Ganzes erforderlich sind und mit denen sichergestellt wird, dass die Anlage im Einklang mit den allgemeinen Prinzipien der Grundpflichten der Betreiber betrieben wird. Die Genehmigung sollte darüber hinaus Emissionsgrenzwerte für Schadstoffe oder äquivalente Parameter bzw. äquivalente technische Maßnahmen, angemessene Vorschriften für den Boden- und Grundwasserschutz sowie Überwachungsvorschriften aufweisen. Den Genehmigungsauflagen sollten die besten verfügbaren Techniken zugrunde liegen.

(13) Um die besten verfügbaren Techniken zu bestimmen und um Ungleichgewichte in der Union beim Umfang der Emissionen aus Industrietätigkeiten zu beschränken, sollten im Wege eines Informationsaustauschs mit Interessenvertretern Referenzdokumente für die besten verfügbaren Techniken (nachstehend „BVT-Merkblätter" genannt) erstellt, überprüft und gegebenenfalls aktualisiert werden; die zentralen Elemente der BVT-Merkblätter (nachstehend „BVT-Schlussfolgerungen" genannt) werden im Rahmen des Ausschussverfahrens festgelegt. Diesbezüglich sollte die Kommission im Wege des Ausschussverfahrens Leitlinien für die Erhebung von Daten sowie für die Ausarbeitung der BVT-Merkblätter und die entsprechenden Qualitätssicherungsmaßnahmen festlegen. BVT-Schlussfolgerungen sollten bei der Festlegung der Genehmigungsauflagen als Referenz dienen. Andere Informationsquellen können diese ergänzen. Die Kommission sollte sich bemühen, die BVT-Merkblätter spätestens acht Jahre nach Veröffentlichung der Vorgängerversion zu aktualisieren.

(14) Um für einen effizienten und aktiven Informationsaustausch zu sorgen, der zu qualitativ hochwertigen BVT-Merkblättern führt, sollte die Kommission ein auf transparente Weise arbeitendes Forum einrichten. Es sollten praktische Vorkehrungen für den Informationsaustausch und die Zugänglichkeit der BVT-Merkblätter getroffen werden, um insbesondere zu gewährleisten, dass die Mitgliedstaaten und die Akteure auf der Grundlage bestehender Leitlinien Daten in ausreichender Menge und von ausreichender Qualität bereitstellen und damit die Bestimmung der besten verfügbaren Techniken und der Zukunftstechniken ermöglichen.

(15) Es ist wichtig, den zuständigen Behörden ausreichenden Spielraum für die Festlegung von Emissionsgrenzwerten zu gewähren, die sicherstellen, dass die Emissionen unter normalen Betriebsbedingungen die mit den besten verfügbaren Techniken assoziierten Emissionswerte nicht überschreiten.

---

1) Amtliche Fußnote: ABl. L 175 vom 5. 7. 1985, S. 40.
2) Amtliche Fußnote: ABl. L 10 vom 14. 1. 1997, S. 13.

Hierzu kann die zuständige Behörde Emissionsgrenzwerte festlegen, die hinsichtlich der angewandten Werte, Fristen und Referenzbedingungen von den mit den besten verfügbaren Techniken assoziierten Emissionswerten abweichen, sofern durch die Ergebnisse der Emissionsüberwachung nachgewiesen werden kann, dass die Emissionen die mit den besten verfügbaren Techniken assoziierten Emissionswerte nicht überschritten haben. Die Einhaltung der in Genehmigungen festgelegten Emissionsgrenzwerte führt zu Emissionen, die unter diesen Emissionsgrenzwerten liegen.

(16) Um besonderen Gegebenheiten Rechnung zu tragen, bei denen die Anwendung von mit den besten verfügbaren Techniken assoziierten Emissionswerten, gemessen am Umweltnutzen, zu unverhältnismäßig hohen Kosten führen würde, sollten die zuständigen Behörden Emissionsgrenzwerte festlegen dürfen, die von diesen Werten abweichen. Solchen Abweichungen sollte eine Bewertung aufgrund klar definierter Kriterien zugrunde liegen. Die Emissionsgrenzwerte dieser Richtlinie sollten nicht überschritten werden. Keinesfalls sollte eine wesentliche Umweltverschmutzung verursacht werden, und es sollte ein hoher Schutz der Umwelt insgesamt erzielt werden.

(17) Damit die Betreiber Zukunftstechniken erproben können, die ein höheres allgemeines Umweltschutzniveau oder zumindest das gleiche Umweltschutzniveau und größere Kostenersparnisse bieten könnten als bestehende beste verfügbare Techniken, sollte die zuständige Behörde befristete Ausnahmen von den mit den besten verfügbaren Techniken assoziierten Emissionswerten genehmigen können.

(18) Änderungen einer Anlage können zu einer höheren Umweltverschmutzung führen. Die Betreiber sollten alle geplanten Änderungen, die Auswirkungen auf die Umwelt haben können, der zuständigen Behörde mitteilen müssen. Wesentliche Änderungen von Anlagen, die erhebliche negative Auswirkungen auf die menschliche Gesundheit oder auf die Umwelt haben können, sollten nicht ohne eine gemäß dieser Richtlinie erteilte Genehmigung erfolgen dürfen.

(19) Das Ausbringen von Dung und Gülle trägt in erheblichem Maße zur Schadstoffbelastung von Luft und Wasser bei. Damit die in der thematischen Strategie zur Luftreinhaltung und in den Wasserschutzvorschriften der Union vorgegebenen Ziele erreicht werden können, muss die Kommission überprüfen, inwieweit es erforderlich ist, durch die Anwendung der besten verfügbaren Techniken die zur Verminderung dieser Emissionen am besten geeigneten Maßnahmen festzulegen.

(20) Die Intensivhaltung von Geflügel und Rindern trägt in erheblichem Maße zur Schadstoffbelastung von Luft und Wasser bei. Damit die in der thematischen Strategie zur Luftreinhaltung und in den Wasserschutzvorschriften der Union vorgegebenen Ziele erreicht werden können, muss die Kommission überprüfen, inwieweit es erforderlich ist, zwecks Festlegung des Geltungsbereichs dieser Richtlinie differenzierte Kapazitätsgrenzen für unterschiedliche Geflügelarten festzulegen und die zur Verminderung der Emissionen aus Rinderzuchtanlagen am besten geeigneten Maßnahmen festzulegen.

(21) Um Entwicklungen bei den besten verfügbaren Techniken oder anderen Änderungen an einer Anlage Rechnung zu tragen, sollten die Genehmigungsauflagen regelmäßig überprüft und erforderlichenfalls auf den neues-

ten Stand gebracht werden, insbesondere dann, wenn neue oder aktualisierte BVT-Schlussfolgerungen festgelegt wurden.

(22) Wenn in speziellen Fällen bei der Überprüfung und Aktualisierung der Genehmigungsauflagen festgestellt wird, dass möglicherweise mehr als vier Jahre ab der Veröffentlichung einer Entscheidung zu BVT-Schlussfolgerungen benötigt werden, um neue beste verfügbare Techniken einzuführen, können die zuständigen Behörden in den Genehmigungsauflagen einen längeren Zeitraum festlegen, wenn dies auf der Grundlage der in dieser Richtlinie festgelegten Kriterien gerechtfertigt ist.

(23) Es muss dafür gesorgt werden, dass der Betrieb einer Anlage nicht zu einer Verschlechterung der Qualität des Bodens oder des Grundwassers führt. Die Genehmigungsauflagen sollten daher angemessene Maßnahmen zur Vermeidung der Verschmutzung von Boden und Grundwasser und die regelmäßige Überwachung dieser Maßnahmen einschließen, damit ein unbeabsichtigtes Austreten oder Auslaufen sowie Vorfälle oder Unfälle während der Nutzung der Betriebseinrichtung und während der Lagerung vermieden werden. Darüber hinaus ist die Überwachung von Boden und Grundwasser hinsichtlich relevanter gefährlicher Stoffe erforderlich, um mögliche Verschmutzungen von Boden und Grundwasser frühzeitig feststellen und somit geeignete Abhilfemaßnahmen ergreifen zu können, bevor die Verschmutzung sich ausbreitet. Bei der Festlegung der Häufigkeit der Überwachung können die Art der Vorbeugungsmaßnahmen und das Ausmaß und die Häufigkeit ihrer Überwachung berücksichtigt werden.

(24) Um sicherzustellen, dass der Betrieb einer Anlage keine Verschlechterung der Qualität von Boden und Grundwasser bewirkt, muss der Stand der Boden- und Grundwasserverunreinigung in einem Bericht über den Ausgangszustand festgehalten werden. Der Bericht über den Ausgangszustand sollte ein praktisches Instrument sein, das es erlaubt, so weit wie möglich einen quantifizierten Vergleich zwischen dem in dem Bericht beschriebenen Zustand eines Geländes und dem Zustand des Geländes nach der endgültigen Einstellung der Tätigkeiten anzustellen, um festzustellen, ob eine erhebliche Erhöhung der Verschmutzung von Boden und Grundwasser stattgefunden hat. Der Bericht über den Ausgangszustand sollte daher Informationen auf der Grundlage verfügbarer Daten über Boden- und Grundwassermessungen sowie historischer Daten bezüglich der bisherigen Nutzung des Geländes enthalten.

(25) Gemäß dem Verursacherprinzip sollten die Mitgliedstaaten, wenn sie das Ausmaß der Verschmutzung von Boden und Grundwasser durch den Betreiber bewerten, die die Verpflichtung auslösen würde, das Gelände in den im Bericht über den Ausgangszustand beschriebenen Zustand zurückzuversetzen, die Genehmigungsauflagen, die während der gesamten Laufzeit der betreffenden Tätigkeit galten, berücksichtigen sowie die für die Anlage getroffenen Maßnahmen zur Vermeidung von Verschmutzung und den relativen Anstieg der Verschmutzung im Vergleich zu der im Bericht über den Ausgangszustand festgestellten Verschmutzungsbelastung. Die Haftung für Verschmutzung, die nicht durch den Betreiber verursacht wurde, wird durch das einschlägige nationale und gegebenenfalls anderes einschlägiges Unionsrecht geregelt.

(26) Zur wirksamen Durchführung und Durchsetzung dieser Richtlinie sollten die Betreiber regelmäßig der zuständigen Behörde über die Einhaltung der Genehmigungsauflagen berichten müssen. Die Mitgliedstaaten sollten da-

für sorgen, dass der Betreiber und die zuständige Behörde im Falle der Nichtbeachtung dieser Richtlinie jeweils die notwendigen Maßnahmen treffen und ein System von Umweltinspektionen einführen. Die Mitgliedstaaten sollten gewährleisten, dass ausreichend Personal bereitgestellt wird, das über die notwendigen Fähigkeiten und Qualifikationen verfügt, um diese Inspektionen effektiv durchzuführen.

(27) Gemäß dem Übereinkommen von Aarhus über den Zugang zu Informationen, die Öffentlichkeitsbeteiligung an Entscheidungsverfahren und den Zugang zu Gerichten in Umweltangelegenheiten[1)] ist eine effektive Beteiligung der Öffentlichkeit an der Entscheidungsfindung notwendig, damit einerseits die Öffentlichkeit Meinungen und Bedenken äußern kann, die für die Entscheidung von Belang sein können, und andererseits die Entscheidungsträger diese Meinungen und Bedenken berücksichtigen können, so dass der Entscheidungsprozess nachvollziehbarer und transparenter wird und in der Öffentlichkeit das Bewusstsein für Umweltbelange sowie die Unterstützung für die getroffenen Entscheidungen wächst. Als Beitrag zum Schutz des Rechts, in einer für die Gesundheit und das Wohlbefinden des Einzelnen angemessenen Umwelt zu leben, sollte die betroffene Öffentlichkeit Zugang zu Rechtsmitteln haben.

(28) Die Verfeuerung von Brennstoff in Anlagen mit einer Feuerungswärmeleistung von weniger als 50 MW trägt in erheblichem Maße zur Schadstoffbelastung der Luft bei. Damit die in der thematischen Strategie zur Luftreinhaltung vorgegebenen Ziele erreicht werden können, muss die Kommission überprüfen, inwieweit es erforderlich ist, die zur Verminderung der Emissionen aus den betreffenden Anlagen am besten geeigneten Maßnahmen festzulegen. Bei dieser Überprüfung sind die Besonderheiten von Feuerungsanlagen in Einrichtungen des Gesundheitswesens zu berücksichtigen, insbesondere in Bezug auf ihren außergewöhnlichen Einsatz in Notfällen.

(29) Großfeuerungsanlagen tragen erheblich zu Emissionen von Schadstoffen in die Luft bei, die sich in erheblichem Maße auf die menschliche Gesundheit und auf die Umwelt auswirken. Um diese Auswirkungen zu verringern und auf die Einhaltung der Richtlinie 2001/81/EG des Europäischen Parlaments und des Rates vom 23. Oktober 2001 über nationale Emissionshöchstmengen für bestimmte Luftschadstoffe[2)] sowie die Verwirklichung der in der thematischen Strategie zur Luftreinhaltung festgelegten Ziele hinzuarbeiten, müssen auf Unionsebene strengere Emissionsgrenzwerte für bestimmte Kategorien von Feuerungsanlagen und Schadstoffen festgelegt werden.

(30) Die Kommission sollte überprüfen, ob unionsweit geltende Emissionsgrenzwerte festgelegt und die in Anhang V für bestimmte Großfeuerungsanlagen festgelegten Emissionsgrenzwerte geändert werden müssen, wobei der Überprüfung und Aktualisierung der einschlägigen BVT-Merkblätter Rechnung zu tragen ist. In diesem Zusammenhang sollte die Kommission die Besonderheit der Energiesysteme von Raffinerien berücksichtigen.

(31) Aufgrund der Merkmale bestimmter einheimischer fester Brennstoffe ist es angezeigt, auf Feuerungsanlagen, die mit den genannten Brennstoffen betrieben werden, Schwefel-Mindestabscheidegrade anstelle von Emissionsgrenzwerten für Schwefeldioxid anzuwenden. Da es aufgrund der spezifischen Merkmale von Ölschiefer gegebenenfalls nicht möglich ist, die

1) Amtliche Fußnote: ABl. L 124 vom 17. 5. 2005, S. 4.
2) Amtliche Fußnote: ABl. L 309 vom 27. 11. 2001, S. 22.

gleichen schwefelemissionsmindernden Techniken anzuwenden oder die gleiche Effizienz der Schwefelabscheidung wie bei anderen Brennstoffen zu erreichen, sollte darüber hinaus für Anlagen, die mit dem genannten Brennstoff betrieben werden, ein geringfügig niedrigerer Schwefel-Mindestabscheidegrad festgelegt werden.

(32) Im Falle einer plötzlichen Unterbrechung der Versorgung mit schwefelarmem festem Brennstoff oder Gas aufgrund einer ernsten Mangellage sollte die zuständige Behörde befristete Ausnahmen gewähren können, aufgrund deren die Emissionen aus den betroffenen Feuerungsanlagen die Emissionsgrenzwerte dieser Richtlinie überschreiten dürfen.

(33) Der betreffende Betreiber sollte eine Feuerungsanlage nicht länger als 24 Stunden nach einer Betriebsstörung oder einem Ausfall der Abgasreinigungsanlage betreiben, und die Betriebsdauer ohne Abgasreinigung sollte innerhalb eines 12-Monats-Zeitraums 120 Stunden nicht überschreiten, um die negativen Folgen der Umweltverschmutzung zu beschränken. Besteht allerdings ein vorrangiges Bedürfnis an der Aufrechterhaltung der Energieversorgung oder soll ein Gesamtanstieg der Emissionen durch den Betrieb einer anderen Feuerungsanlage vermieden werden, so können die zuständigen Behörden auch eine Ausnahme von diesen Fristen gewähren.

(34) Im Hinblick auf ein hohes Umwelt- und Gesundheitsschutzniveau und zur Vermeidung der grenzüberschreitenden Verbringung von Abfällen zu Anlagen, für deren Betrieb weniger strenge Umweltnormen gelten, müssen für Abfallverbrennungs- und -mitverbrennungsanlagen in der Union strenge Betriebsbedingungen, technische Anforderungen und Emissionsgrenzwerte festgelegt und aufrechterhalten werden.

(35) Die Verwendung organischer Lösungsmittel bei bestimmten Tätigkeiten und in bestimmten Anlagen führt zur Freisetzung organischer Verbindungen in die Luft, aus denen lokal oder grenzüberschreitend fotochemische Oxidantien gebildet werden, die die natürlichen Ressourcen und die menschliche Gesundheit schädigen. Deswegen müssen vorbeugende Maßnahmen gegen die Verwendung organischer Lösungsmittel getroffen werden und es ist vorzuschreiben, dass die Emissionsgrenzwerte für organische Verbindungen und die geeigneten Betriebsbedingungen einzuhalten sind. Betreibern sollte gestattet werden, die Anforderungen eines Reduzierungsplans anstelle der Emissionsgrenzwerte gemäß der vorliegenden Richtlinie einzuhalten, wenn andere Maßnahmen, wie die Verwendung lösungsmittelarmer oder lösungsmittelfreier Produkte oder Techniken, alternative Wege für Emissionsminderungen in gleicher Höhe bieten.

(36) Titandioxid produzierende Anlagen können die Luft und das Wasser in beträchtlichem Maße verschmutzen. Um diese Auswirkungen zu verringern, müssen auf Unionsebene strengere Emissionsgrenzwerte für bestimmte Schadstoffe festgelegt werden.

(37) Bezüglich der Einbeziehung von Anlagen zur Herstellung von keramischen Erzeugnissen durch Brennen in den Geltungsbereich der einzelstaatlichen Rechts- und Verwaltungsvorschriften, die zur Einhaltung dieser Richtlinie erlassen wurden, sollten die Mitgliedstaaten zur Gewährleistung einer eindeutigen Auslegung des Geltungsbereichs anhand der Eigenschaften des jeweiligen nationalen Industriesektors entscheiden, ob sie sowohl das Kriterium der Produktionskapazität als auch das der Ofenkapazität anwenden oder nur eines dieser beiden Kriterien.

(38) Zur Vereinfachung der Berichterstattung und zur Verringerung unnötigen Verwaltungsaufwands sollte die Kommission Methoden festlegen, um die Verfahren für die Bereitstellung der Angaben nach dieser Richtlinie auf die sonstigen Anforderungen des Unionsrechts und insbesondere der Verordnung (EG) Nr. 166/2006 des Europäischen Parlaments und des Rates vom 18. Januar 2006 über die Schaffung eines Europäischen Schadstofffreisetzungs- und -verbringungsregisters[1)] abzustimmen.

(39) Um einheitliche Durchführungsbedingungen zu gewährleisten, sollten der Kommission Durchführungsbefugnisse erteilt werden, Leitlinien zur Erhebung von Daten, zur Ausarbeitung von BVT-Merkblättern und zur entsprechenden Qualitätssicherung, einschließlich der Angemessenheit ihres Inhalts und Formats, anzunehmen, Beschlüsse zu den BVT-Schlussfolgerungen zu fassen, detaillierte Vorschriften zur Bestimmung der An- und Abfahrzeiten und für nationale Übergangspläne für Großfeuerungsanlagen festzulegen sowie festzulegen, welche Art von Informationen die Mitgliedstaaten in welcher Form und mit welcher Häufigkeit der Kommission übermitteln müssen. Nach Artikel 291 AEUV müssen die allgemeinen Regeln und Grundsätze, nach denen die Mitgliedstaaten die Wahrnehmung der Durchführungsbefugnisse durch die Kommission kontrollieren, im Voraus durch eine gemäß dem ordentlichen Gesetzgebungsverfahren erlassene Verordnung festgelegt werden. Bis zur Annahme dieser neuen Verordnung gilt weiterhin der Beschluss 1999/468/EG des Rates vom 28. Juni 1999 zur Festlegung der Modalitäten für die Ausübung der der Kommission übertragenen Durchführungsbefugnisse[2)], mit Ausnahme des Regelungsverfahrens mit Kontrolle, das nicht anwendbar ist.

(40) Der Kommission sollte die Befugnis übertragen werden, gemäß Artikel 290 AEUV delegierte Rechtsakte zur Festlegung des Termins, ab dem die kontinuierlichen Messungen der Emissionen von Schwermetallen, Dioxinen und Furanen in die Luft durchgeführt werden müssen und zur Anpassung bestimmter Teile der Anhänge V, VI und VII an den wissenschaftlichen und technischen Fortschritt zu erlassen. Im Falle von Abfallverbrennungsanlagen und Abfallmitverbrennungsanlagen kann dies unter anderem die Festlegung von Kriterien für die Genehmigung von Ausnahmen von der kontinuierlichen Überwachung der Gesamtstaubemissionen einschließen. Es ist von besonderer Wichtigkeit, dass die Kommission bei ihren vorbereitenden Arbeiten angemessene Konsultationen – auch auf Expertenebene – durchführt.

(41) Damit eine beträchtliche Umweltverschmutzung, beispielsweise durch Schwermetalle, Dioxine und Furane, angegangen werden kann, sollte die Kommission – gestützt auf eine Bewertung der Anwendung der besten verfügbaren Techniken bei bestimmten Tätigkeiten oder der Auswirkungen dieser Tätigkeiten auf die Umwelt insgesamt – Vorschläge für unionsweit geltende Mindestanforderungen in Bezug auf Emissionsgrenzwerte sowie in Bezug auf Überwachungs- und Einhaltungsvorschriften vorlegen.

(42) Die Mitgliedstaaten sollten für den Fall des Verstoßes gegen die aufgrund dieser Richtlinie erlassenen innerstaatlichen Vorschriften Sanktionen vorsehen und sicherstellen, dass diese angewandt werden. Diese Sanktionen sollten wirksam, verhältnismäßig und abschreckend sein.

---

1) Amtliche Fußnote: ABl. L 33 vom 4. 2. 2006, S. 1.

2) Amtliche Fußnote: ABl. L 184 vom 17. 7. 1999, S. 23.

(43) Damit genügend Zeit bleibt, um die bestehenden Anlagen technisch an die neuen Bestimmungen dieser Richtlinie anzupassen, sollten einige neue Bestimmungen für diese Anlagen erst nach einer festen Frist nach dem Beginn der Anwendung dieser Richtlinie gelten. Feuerungsanlagen benötigen ausreichend Zeit für den Einbau der notwendigen Abgasreinigungsanlagen, um die Emissionsgrenzwerte in Anhang V einhalten zu können.

(44) Da die Ziele dieser Richtlinie, nämlich die Gewährleistung eines hohen Umweltschutzniveaus und die Verbesserung der Umweltqualität, auf Ebene der Mitgliedstaaten nicht ausreichend verwirklicht werden können und daher wegen der grenzüberschreitenden Wirkung von Umweltverschmutzung aus Industrietätigkeiten besser auf Unionsebene zu verwirklichen sind, kann die Union im Einklang mit dem in Artikel 5 des Vertrags über die Europäische Union niedergelegten Subsidiaritätsprinzip tätig werden. Entsprechend dem in demselben Artikel genannten Verhältnismäßigkeitsprinzip geht diese Richtlinie nicht über das für die Erreichung dieser Ziele erforderliche Maß hinaus.

(45) Diese Richtlinie steht im Einklang mit den Grundrechten und Grundsätzen, die insbesondere mit der Charta der Grundrechte der Europäischen Union anerkannt wurden. Die Richtlinie zielt insbesondere darauf ab, die Anwendung von Artikel 37 jener Charta zu fördern.

(46) Die Pflicht zur Umsetzung dieser Richtlinie in innerstaatliches Recht betrifft nur jene Bestimmungen, die im Vergleich zu den bisherigen Richtlinien inhaltlich geändert wurden. Die Pflicht zur Umsetzung der inhaltlich unveränderten Bestimmungen ergibt sich aus den bisherigen Richtlinien.

(47) Nach Nummer 34 der Interinstitutionellen Vereinbarung über bessere Rechtsetzung[1)] sind die Mitgliedstaaten aufgefordert, für ihre eigenen Zwecke und im Interesse der Union eigene Tabellen aufzustellen, aus denen im Rahmen des Möglichen die Entsprechungen zwischen dieser Richtlinie und den Umsetzungsmaßnahmen zu entnehmen sind, und diese Tabellen zu veröffentlichen.

(48) Diese Richtlinie sollte die Pflichten der Mitgliedstaaten hinsichtlich der in Anhang IX Teil B genannten Fristen für die Umsetzung der dort genannten Richtlinien in innerstaatliches Recht und für die Anwendung dieser Richtlinien unberührt lassen –

HABEN FOLGENDE RICHTLINIE ERLASSEN:

KAPITEL I

ALLGEMEINE BESTIMMUNGEN

Artikel 1 Gegenstand

Diese Richtlinie regelt die integrierte Vermeidung und Verminderung der Umweltverschmutzung infolge industrieller Tätigkeiten. Sie sieht auch Vorschriften zur Vermeidung und, sofern dies nicht möglich ist, zur Verminderung von Emissionen in Luft, Wasser und Boden und zur Abfallvermeidung vor, um ein hohes Schutzniveau für die Umwelt insgesamt zu erreichen.

1) Amtliche Fußnote: ABl. C 321 vom 31. 12. 2003, S. 1.

Artikel 2 Geltungsbereich

(1) Diese Richtlinie gilt für die in den Kapiteln II bis VI genannten industriellen Tätigkeiten, die eine Umweltverschmutzung verursachen.

(2) Diese Richtlinie gilt nicht für Forschungstätigkeiten, Entwicklungsmaßnahmen oder die Erprobung von neuen Produkten und Verfahren.

Artikel 3 Begriffsbestimmungen

Im Sinne dieser Richtlinie bezeichnet der Ausdruck:

1. „Stoff" chemische Elemente und ihre Verbindungen, ausgenommen folgende Stoffe:
   a) radioaktive Stoffe gemäß Artikel 1 der Richtlinie 96/29/Euratom des Rates vom 13. Mai 1996 zur Festlegung der grundlegenden Sicherheitsnormen für den Schutz der Gesundheit der Arbeitskräfte und der Bevölkerung gegen die Gefahren durch ionisierende Strahlungen[1];
   b) genetisch veränderte Mikroorganismen gemäß Artikel 2 Buchstabe b der Richtlinie 2009/41/EG des Europäischen Parlaments und des Rates vom 6. Mai 2009 über die Anwendung genetisch veränderter Mikroorganismen in geschlossenen Systemen[2];
   c) genetisch veränderte Organismen gemäß Artikel 2 Absatz 2 der Richtlinie 2001/18/EG des Europäischen Parlaments und des Rates vom 12. März 2001 über die absichtliche Freisetzung genetisch veränderter Organismen in die Umwelt[3];
2. „Umweltverschmutzung" die durch menschliche Tätigkeiten direkt oder indirekt bewirkte Freisetzung von Stoffen, Erschütterungen, Wärme oder Lärm in Luft, Wasser oder Boden, die der menschlichen Gesundheit oder der Umweltqualität schaden oder zu einer Schädigung von Sachwerten bzw. zu einer Beeinträchtigung oder Störung von Annehmlichkeiten und anderen legitimen Nutzungen der Umwelt führen können;
3. „Anlage" eine ortsfeste technische Einheit, in der eine oder mehrere der in Anhang I oder Anhang VII Teil 1 genannten Tätigkeiten sowie andere unmittelbar damit verbundene Tätigkeiten am selben Standort durchgeführt werden, die mit den in den genannten Anhängen aufgeführten Tätigkeiten in einem technischen Zusammenhang stehen und die Auswirkungen auf die Emissionen und die Umweltverschmutzung haben können;
4. „Emission" die von Punktquellen oder diffusen Quellen der Anlage ausgehende direkte oder indirekte Freisetzung von Stoffen, Erschütterungen, Wärme oder Lärm in die Luft, das Wasser oder den Boden;
5. „Emissionsgrenzwert" die im Verhältnis zu bestimmten spezifischen Parametern ausgedrückte Masse, die Konzentration und/oder das Niveau einer Emission, die in einem oder mehreren Zeiträumen nicht überschritten werden dürfen;
6. „Umweltqualitätsnorm" die Gesamtheit von Anforderungen, die zu einem gegebenen Zeitpunkt in einer gegebenen Umwelt oder einem bestimmten Teil davon nach den Rechtsvorschriften der Union erfüllt werden müssen;

---

1) Amtliche Fußnote: ABl. L 159 vom 29. 6. 1996, S. 1.
2) Amtliche Fußnote: ABl. L 125 vom 21. 5. 2009, S. 75.
3) Amtliche Fußnote: ABl. L 106 vom 17. 4. 2001, S. 1.

7. „Genehmigung“ eine schriftliche Genehmigung zum Betrieb einer Anlage, Feuerungsanlage, Abfallverbrennungsanlage oder Abfallmitverbrennungsanlage oder eines Teils von diesen;
8. „allgemeine bindende Vorschriften“ Emissionsgrenzwerte oder andere Bedingungen, zumindest auf Sektorebene, die zur direkten Verwendung bei der Formulierung von Genehmigungsauflagen festgelegt werden;
9. „wesentliche Änderung“ eine Änderung der Beschaffenheit oder der Funktionsweise oder eine Erweiterung der Anlage, Feuerungsanlage, Abfallverbrennungsanlage oder Abfallmitverbrennungsanlage, die erhebliche nachteilige Auswirkungen auf die menschliche Gesundheit oder die Umwelt haben kann;
10. „beste verfügbare Techniken“ den effizientesten und fortschrittlichsten Entwicklungsstand der Tätigkeiten und entsprechenden Betriebsmethoden, der bestimmte Techniken als praktisch geeignet erscheinen lässt, als Grundlage für die Emissionsgrenzwerte und sonstige Genehmigungsauflagen zu dienen, um Emissionen in und Auswirkungen auf die gesamte Umwelt zu vermeiden oder, wenn dies nicht möglich ist, zu vermindern:
    a) „Techniken“: sowohl die angewandte Technologie als auch die Art und Weise, wie die Anlage geplant, gebaut, gewartet, betrieben und stillgelegt wird;
    b) „verfügbare Techniken“: die Techniken, die in einem Maßstab entwickelt sind, der unter Berücksichtigung des Kosten/Nutzen-Verhältnisses die Anwendung unter in dem betreffenden industriellen Sektor wirtschaftlich und technisch vertretbaren Verhältnissen ermöglicht, gleich, ob diese Techniken innerhalb des betreffenden Mitgliedstaats verwendet oder hergestellt werden, sofern sie zu vertretbaren Bedingungen für den Betreiber zugänglich sind;
    c) „beste“: die Techniken, die am wirksamsten zur Erreichung eines allgemein hohen Schutzniveaus für die Umwelt insgesamt sind;
11. „BVT-Merkblatt“ ein aus dem gemäß Artikel 13 organisierten Informationsaustausch hervorgehendes Dokument, das für bestimmte Tätigkeiten erstellt wird und insbesondere die angewandten Techniken, die derzeitigen Emissions- und Verbrauchswerte, die für die Festlegung der besten verfügbaren Techniken sowie der BVT-Schlussfolgerungen berücksichtigten Techniken sowie alle Zukunftstechniken beschreibt, wobei den Kriterien in Anhang III besonders Rechnung getragen wird;
12. „BVT-Schlussfolgerungen“ ein Dokument, das die Teile eines BVT-Merkblatts mit den Schlussfolgerungen zu den besten verfügbaren Techniken, ihrer Beschreibung, Informationen zur Bewertung ihrer Anwendbarkeit, den mit den besten verfügbaren Techniken assoziierten Emissionswerten, den dazugehörigen Überwachungsmaßnahmen, den dazugehörigen Verbrauchswerten sowie gegebenenfalls einschlägigen Standortsanierungsmaßnahmen enthält;
13. „mit den besten verfügbaren Techniken assoziierte Emissionswerte“ den Bereich von Emissionswerten, die unter normalen Betriebsbedingungen unter Verwendung einer besten verfügbaren Technik oder einer Kombination von besten verfügbaren Techniken entsprechend der Beschreibung in den BVT-Schlussfolgerungen erzielt werden, ausgedrückt als Mittelwert für einen vorgegebenen Zeitraum unter spezifischen Referenzbedingungen;
14. „Zukunftstechnik“ eine neue Technik für eine industrielle Tätigkeit, die bei gewerblicher Nutzung entweder ein höheres allgemeines Umweltschutzni-

veau oder zumindest das gleiche Umweltschutzniveau und größere Kostenersparnisse bieten könnte als bestehende beste verfügbare Techniken;

15. „Betreiber" jede natürliche oder juristische Person, die die Anlage, Feuerungsanlage, Abfallverbrennungsanlage oder Abfallmitverbrennungsanlage vollständig oder teilweise betreibt oder besitzt oder der – sofern in den einzelstaatlichen Rechtsvorschriften vorgesehen – die ausschlaggebende wirtschaftliche Verfügungsmacht über deren technischen Betrieb übertragen worden ist;

16. „Öffentlichkeit" eine oder mehrere natürliche oder juristische Personen und, in Übereinstimmung mit den innerstaatlichen Rechtsvorschriften oder der innerstaatlichen Praxis, deren Vereinigungen, Organisationen oder Gruppen;

17. „betroffene Öffentlichkeit" die von einer Entscheidung über die Erteilung oder Aktualisierung einer Genehmigung oder von Genehmigungsauflagen betroffene oder wahrscheinlich betroffene Öffentlichkeit oder die Öffentlichkeit mit einem Interesse daran; im Sinne dieser Begriffsbestimmung haben Nichtregierungsorganisationen, die sich für den Umweltschutz einsetzen und alle nach innerstaatlichem Recht geltenden Voraussetzungen erfüllen, ein Interesse;

18. „gefährliche Stoffe" Stoffe oder Gemische gemäß Artikel 3 der Verordnung (EG) Nr. 1272/2008 des Europäischen Parlaments und des Rates vom 16. Dezember 2008 über die Einstufung, Kennzeichnung und Verpackung von Stoffen und Gemischen[1)];

19. „Bericht über den Ausgangszustand" Informationen über den Stand der Verschmutzung des Bodens und des Grundwassers durch die relevanten gefährlichen Stoffe;

20. „Grundwasser" Grundwasser im Sinne des Artikels 2 Nummer 2 der Richtlinie 2000/60/EG des Europäischen Parlaments und des Rates vom 23. Oktober 2000 zur Schaffung eines Ordnungsrahmens für Maßnahmen der Gemeinschaft im Bereich der Wasserpolitik[2)];

21. „Boden" die oberste Schicht der Erdkruste, die sich zwischen dem Grundgestein und der Oberfläche befindet. Der Boden besteht aus Mineralpartikeln, organischem Material, Wasser, Luft und lebenden Organismen;

22. „Umweltinspektionen" alle Maßnahmen, einschließlich Besichtigungen vor Ort, Überwachung der Emissionen und Überprüfung interner Berichte und Folgedokumente, Überprüfung der Eigenkontrolle, Prüfung der angewandten Techniken und der Eignung des Umweltmanagements der Anlage, die von der zuständigen Behörde oder in ihrem Namen zur Prüfung und Förderung der Einhaltung der Genehmigungsauflagen durch die Anlagen und gegebenenfalls zur Überwachung ihrer Auswirkungen auf die Umwelt getroffen werden;

23. „Geflügel" Geflügel gemäß Artikel 2 Nummer 1 der Richtlinie 90/539/EWG des Rates vom 15. Oktober 1990 über die tierseuchenrechtlichen Bedingungen für den innergemeinschaftlichen Handel mit Geflügel und Bruteiern für ihre Einfuhr aus Drittländern[3)]

24. „Brennstoff" alle festen, flüssigen oder gasförmigen brennbaren Stoffe;

---

1) Amtliche Fußnote: ABl. L 353 vom 31. 12. 2008, S. 1.
2) Amtliche Fußnote: ABl. L 327 vom 22. 12. 2000, S. 1.
3) Amtliche Fußnote: ABl. L 303 vom 31. 10. 1990, S. 6.

25. „Feuerungsanlage“ jede technische Einrichtung, in der Brennstoffe im Hinblick auf die Nutzung der dabei erzeugten Wärme oxidiert werden;
26. „Schornstein“ eine Konstruktion, die einen oder mehrere Kanäle aufweist, über die Abgase in die Luft abgeleitet werden;
27. „Betriebsstunden“ den in Stunden ausgedrückten Zeitraum, indem sich eine Feuerungsanlage vollständig oder teilweise in Betrieb befindet und Emissionen in die Luft abgibt, ohne die Zeitabschnitte des An- und Abfahrens;
28. „Schwefelabscheidegrad“ das Verhältnis der Schwefelmenge, die von einer Feuerungsanlage in einem bestimmten Zeitraum nicht in die Luft abgeleitet wird, zu der Schwefelmenge des Festbrennstoffs, der im gleichen Zeitraum in die Feuerungsanlage eingebracht und verbraucht wird;
29. „einheimischer fester Brennstoff“ ein natürlich vorkommender fester Brennstoff, der in einer eigens für diesen Brennstoff konzipierten Feuerungsanlage verfeuert wird und der vor Ort gewonnen wird;
30. „maßgeblicher Brennstoff“ unter den Brennstoffen, die in einer Destillations- oder Konversionsrückstände aus der Rohölraffinierung allein oder zusammen mit anderen Brennstoffen für den Eigenverbrauch verfeuernden Mehrstofffeuerungsanlage verwendet werden, den Brennstoff mit dem höchsten Emissionsgrenzwert nach Anhang V Teil 1 oder – im Falle von mehreren Brennstoffen mit gleichem Emissionsgrenzwert – den Brennstoff, der von diesen Brennstoffen die größte Wärmemenge liefert;
31. „Biomasse“
    a) Produkte land- oder forstwirtschaftlichen Ursprungs aus pflanzlichem Material, die als Brennstoff zur energetischen Rückgewinnung verwendet werden können;
    b) nachstehende Abfälle
        i) pflanzliche Abfälle aus der Land- und Forstwirtschaft;
        ii) pflanzliche Abfälle aus der Nahrungsmittelindustrie, falls die erzeugte Wärme genutzt wird;
        iii) faserige pflanzliche Abfälle aus der Herstellung von natürlichem Zellstoff und aus der Herstellung von Papier aus Zellstoff, sofern sie am Herstellungsort mitverbrannt werden und die erzeugte Wärme genutzt wird;
        iv) Korkabfälle;
        v) Holzabfälle mit Ausnahme von Holzabfällen, die infolge einer Behandlung mit Holzschutzmitteln oder infolge einer Beschichtung halogenorganische Verbindungen oder Schwermetalle enthalten können, und zu denen insbesondere solche Holzabfälle aus Bau- und Abbruchabfällen gehören;
32. „Mehrstofffeuerungsanlage“ eine Feuerungsanlage, die gleichzeitig oder wechselweise mit zwei oder mehr Brennstoffen beschickt werden kann;
33. „Gasturbine“ jede rotierende Maschine, die thermische Energie in mechanische Arbeit umwandelt und hauptsächlich aus einem Verdichter, aus einer Brennkammer, in der Brennstoff zur Erhitzung des Arbeitsmediums oxidiert wird, und aus einer Turbine besteht;
34. „Gasmotor“ einen nach dem Ottoprinzip arbeitenden Verbrennungsmotor mit Fremdzündung des Kraftstoffs bzw. – im Falle von Zweistoffmotoren – mit Selbstzündung des Kraftstoffs;

35. „Dieselmotor“ einen nach dem Dieselprinzip arbeitenden Verbrennungsmotor mit Selbstzündung des Kraftstoffs;
36. „kleines, isoliertes Netz“ ein kleines, isoliertes Netzsystem im Sinne des Artikels 2 Nummer 26 der Richtlinie 2003/54/EG des Europäischen Parlaments und des Rates vom 26. Juni 2003 über gemeinsame Vorschriften für den Elektrizitätsbinnenmarkt[1];
37. „Abfall“ Abfälle gemäß der Begriffsbestimmung in Artikel 3 Nummer 1 der Richtlinie 2008/98/EG des Europäischen Parlaments und des Rates vom 19. November 2008 über Abfälle[2];
38. „gefährliche Abfälle“ gefährliche Abfälle gemäß der Begriffsbestimmung in Artikel 3 Nummer 2 der Richtlinie 2008/98/EG;
39. „gemischte Siedlungsabfälle“ Abfälle aus Haushaltungen sowie gewerbliche, industrielle Abfälle und Abfälle aus Einrichtungen, die aufgrund ihrer Beschaffenheit oder Zusammensetzung den Abfällen aus Haushaltungen ähnlich sind, jedoch ausgenommen die unter Position 20 01 des Anhangs der Entscheidung 2000/532/EG[3] genannten Fraktionen, die getrennt am Entstehungsort eingesammelt werden, und anderen, unter Position 20 02 dieses Anhangs genannten Abfalls;
40. „Abfallverbrennungsanlage“ jede ortsfeste oder nicht ortsfeste technische Einheit oder Anlage, die zur thermischen Behandlung von Abfällen mit oder ohne Nutzung der Verbrennungswärme mittels Verbrennung durch Oxidation von Abfällen und anderen thermischen Behandlungsverfahren wie Pyrolyse, Vergasung und Plasmaverfahren eingesetzt wird, wenn die bei der Behandlung entstehenden Stoffe anschließend verbrannt werden;
41. „Abfallmitverbrennungsanlage“ jede ortsfeste oder nicht ortsfeste technische Einheit, deren Hauptzweck in der Energieerzeugung oder der Produktion stofflicher Erzeugnisse besteht und in der Abfall als Regel- oder Zusatzbrennstoff verwendet oder im Hinblick auf die Beseitigung thermisch behandelt wird, und zwar mittels Verbrennung durch Oxidation von Abfällen und andere thermische Behandlungsverfahren wie Pyrolyse, Vergasung und Plasmaverfahren, wenn die bei der Behandlung entstehenden Stoffe anschließend verbrannt werden;
42. „Nennkapazität“ die Summe der vom Hersteller angegebenen und vom Betreiber bestätigten Verbrennungskapazitäten aller Öfen einer Abfallverbrennungs- oder Abfallmitverbrennungsanlage, wobei der Heizwert des Abfalls, ausgedrückt in der pro Stunde verbrannten Abfallmenge, zu berücksichtigen ist;
43. „Dioxine“ und „Furane“ alle in Anhang VI Teil 2 genannten polychlorierten Dibenzo-p-Dioxine und Dibenzofurane;
44. „organische Verbindung“ eine Verbindung, die zumindest das Element Kohlenstoff und eines oder mehrere der Elemente Wasserstoff, Halogene, Sauerstoff, Schwefel, Phosphor, Silizium oder Stickstoff enthält, ausgenommen Kohlenstoffoxide sowie anorganische Karbonate und Bikarbonate;

---

1) Amtliche Fußnote: ABl. L 176 vom 15. 7. 2003, S. 37.

2) Amtliche Fußnote: ABl. L 312 vom 22. 11. 2008, S. 3.

3) Amtliche Fußnote: Entscheidung 2000/532/EG der Kommission vom 3. Mai 2000 zur Ersetzung der Entscheidung 94/3/EG über ein Abfallverzeichnisgemäß Artikel 1 Buchstabe a) der Richtlinie 75/442/EWG des Rates über Abfälle und der Entscheidung 94/904/EG des Rates über ein Verzeichnis gefährlicher Abfälle im Sinne von Artikel 1 Absatz 4 der Richtlinie 91/689/EWG über gefährliche Abfälle (ABl. L 226 vom 6. 9. 2000, S. 3).

45. „flüchtige organische Verbindung“ eine organische Verbindung und der Kreosotanteil, die bzw. der bei 293,15 K einen Dampfdruck von 0,01 kPa oder mehr hat oder unter den jeweiligen Verwendungsbedingungen eine entsprechende Flüchtigkeit aufweist;
46. „organisches Lösungsmittel“ eine flüchtige organische Verbindung, die zu einem der folgenden Zwecke verwendet wird:
    a) ohne sich chemisch zu verändern allein oder in Kombination mit anderen Stoffen zur Auflösung von Rohstoffen, Produkten oder Abfallstoffen;
    b) als Reinigungsmittel zur Auflösung von Verschmutzungen;
    c) als Lösungsmittel;
    d) als Dispersionsmittel;
    e) als Mittel zur Einstellung der Viskosität;
    f) als Mittel zur Einstellung der Oberflächenspannung;
    g) als Weichmacher;
    h) als Konservierungsmittel;
47. „Beschichtungsstoff“ Beschichtungsstoff gemäß Artikel 2 Nummer 8 der Richtlinie 2004/42/EG des Europäischen Parlaments und des Rates vom 21. April 2004 über die Begrenzung der Emissionen flüchtiger organischer Verbindungen aufgrund der Verwendung organischer Lösemittel in bestimmten Farben und Lacken und in Produkten der Fahrzeugreparaturlackierung[1].

Artikel 4 Genehmigungspflicht

(1) Die Mitgliedstaaten treffen die erforderlichen Maßnahmen, um sicherzustellen, dass keine Anlage, Feuerungsanlage, Abfallverbrennungsanlage oder Abfallmitverbrennungsanlage ohne eine Genehmigung betrieben wird.

Abweichend von Unterabsatz 1 können die Mitgliedstaaten ein Verfahren für die Registrierung von Anlagen festlegen, die ausschließlich unter Kapitel V fallen.

Das Registrierungsverfahren ist in einer bindenden Vorschrift festgelegt und sieht mindestens vor, dass der Betreiber die zuständige Behörde über seine Absicht unterrichtet, eine Anlage zu betreiben.

(2) Die Mitgliedstaaten können vorsehen, dass eine Genehmigung für zwei oder mehr Anlagen oder Anlagenteile gilt, die vom selben Betreiber am selben Standort betrieben werden.

Gilt eine Genehmigung für zwei oder mehr Anlagen, so muss sie Auflagen enthalten, mit denen sichergestellt wird, dass jede Anlage die Anforderungen dieser Richtlinie erfüllt.

(3) Die Mitgliedstaaten können vorsehen, dass eine Genehmigung für mehrere Teile einer Anlage gilt, die von verschiedenen Betreibern betrieben wird. In diesen Fällen werden in der Genehmigung die Verantwortlichkeiten jedes Betreibers genau angegeben.

Artikel 5 Erteilung einer Genehmigung

(1) Unbeschadet sonstiger Anforderungen aufgrund einzelstaatlichen Rechts oder Unionsrechts erteilt die zuständige Behörde eine Genehmigung, wenn die Anlage den Anforderungen dieser Richtlinie entspricht.

---

1) Amtliche Fußnote: ABl. L 143 vom 30. 4. 2004, S. 87.

(2) Die Mitgliedstaaten treffen die erforderlichen Maßnahmen für eine vollständige Koordinierung der Genehmigungsverfahren und der Genehmigungsauflagen, wenn bei diesen Verfahren mehrere zuständige Behörden oder mehr als ein Betreiber mitwirken oder wenn mehr als eine Genehmigung erteilt wird, um ein wirksames integriertes Konzept aller für diese Verfahren zuständigen Behörden sicherzustellen.

(3) Handelt es sich um eine neue Anlage oder um eine wesentliche Änderung, für die Artikel 4 der Richtlinie 85/337/EWG gilt, so sind im Rahmen des Verfahrens zur Erteilung der Genehmigung alle einschlägigen Angaben oder Ergebnisse zu prüfen und zu verwenden, die aufgrund der Artikel 5, 6, 7 und 9 jener Richtlinie vorliegen.

Artikel 6 Allgemeine bindende Vorschriften

Unbeschadet der Genehmigungspflicht können die Mitgliedstaaten Auflagen für bestimmte Kategorien von Anlagen, Feuerungsanlagen, Abfallverbrennungsanlagen oder Abfallmitverbrennungsanlagen in Form von allgemeinen bindenden Vorschriften vorsehen.

Werden allgemeine bindende Vorschriften erlassen, so genügt es, wenn in der Genehmigung auf diese Vorschriften verwiesen wird.

Artikel 7 Vorfälle und Unfälle

Unbeschadet der Richtlinie 2004/35/EG des Europäischen Parlaments und des Rates vom 21. April 2004 über Umwelthaftung zur Vermeidung und Sanierung von Umweltschäden[1] treffen die Mitgliedstaaten bei allen Vorfällen oder Unfällen mit erheblichen Umweltauswirkungen die erforderlichen Maßnahmen, um sicherzustellen, dass

a) der Betreiber die zuständige Behörde unverzüglich unterrichtet;
b) der Betreiber unverzüglich die Maßnahmen zur Begrenzung der Umweltauswirkungen und zur Vermeidung weiterer möglicher Vorfälle und Unfälle ergreift;
c) die zuständige Behörde den Betreiber dazu verpflichtet, alle weiteren geeigneten Maßnahmen zu treffen, die ihres Erachtens zur Begrenzung der Umweltauswirkungen und zur Vermeidung weiterer möglicher Vorfälle und Unfälle erforderlich sind.

Artikel 8 Nichteinhaltung der Anforderungen

(1) Die Mitgliedstaaten treffen die erforderlichen Maßnahmen, um sicherzustellen, dass die Genehmigungsauflagen eingehalten werden.

(2) Bei einer Nichteinhaltung der Genehmigungsauflagen stellen die Mitgliedstaaten Folgendes sicher:

a) der Betreiber informiert unverzüglich die zuständige Behörde;
b) der Betreiber ergreift unverzüglich die erforderlichen Maßnahmen, um sicherzustellen, dass die Einhaltung der Anforderungen so schnell wie möglich wieder hergestellt wird;
c) die zuständige Behörde verpflichtet den Betreiber, alle weiteren geeigneten Maßnahmen zu treffen, die ihres Erachtens erforderlich sind, um die Einhaltung der Anforderungen wieder herzustellen.

---

1) Amtliche Fußnote: ABl. L 143 vom 30. 4. 2004, S. 56.

Wenn ein Verstoß gegen die Genehmigungsauflagen eine unmittelbare Gefährdung der menschlichen Gesundheit verursacht oder eine unmittelbare erhebliche Gefährdung der Umwelt darstellt, wird der weitere Betrieb der Anlage, Feuerungsanlage, Abfallverbrennungsanlage, Abfallmitverbrennungsanlage oder des betreffenden Teils der Anlage ausgesetzt, bis die erneute Einhaltung der Anforderungen gemäß Unterabsatz 1 Buchstaben b und c sichergestellt ist.

Artikel 9 Treibhausgasemissionen

(1) Sind Treibhausgasemissionen einer Anlage in Anhang I der Richtlinie 2003/87/EG in Zusammenhang mit einer in dieser Anlage durchgeführten Tätigkeit aufgeführt, so enthält die Genehmigung keine Emissionsgrenzwerte für direkte Emissionen dieses Gases, es sei denn, dies ist erforderlich, um sicherzustellen, dass keine erhebliche lokale Umweltverschmutzung verursacht wird.

(2) Den Mitgliedstaaten steht es frei, für die in Anhang I der Richtlinie 2003/87/EG aufgeführten Tätigkeiten keine Energieeffizienzanforderungen in Bezug auf Verbrennungseinheiten oder andere Einheiten am Standort, die Kohlendioxid ausstoßen, festzulegen.

(3) Falls erforderlich, wird die Genehmigung durch die zuständigen Behörden entsprechend geändert.

(4) Die Absätze 1 bis 3 gelten nicht für Anlagen, die gemäß Artikel 27 der Richtlinie 2003/87/EG vorübergehend aus dem System für den Handel mit Treibhausgasemissionszertifikaten in der Union ausgeschlossen sind.

KAPITEL II

VORSCHRIFTEN FÜR DIE IN ANHANG I AUFGEFÜHRTEN TÄTIGKEITEN

Artikel 10 Geltungsbereich

Dieses Kapitel gilt für die Tätigkeiten, die in Anhang I aufgelistet sind und bei denen gegebenenfalls die in dem genannten Anhang festgelegten Kapazitätsschwellen erreicht werden.

Artikel 11 Allgemeine Prinzipien der Grundpflichten der Betreiber

Die Mitgliedstaaten treffen die erforderlichen Maßnahmen, damit die Anlage nach folgenden Prinzipien betrieben wird:

a) Es werden alle geeigneten Vorsorgemaßnahmen gegen Umweltverschmutzungen getroffen;

b) die besten verfügbaren Techniken werden angewandt;

c) es werden keine erheblichen Umweltverschmutzungen verursacht;

d) die Erzeugung von Abfällen wird gemäß der Richtlinie 2008/98/EG vermieden;

e) falls Abfälle erzeugt werden, werden sie entsprechend der Prioritätenfolge und im Einklang mit der Richtlinie 2008/98/EG zur Wiederverwendung vorbereitet, recycelt, verwertet oder, falls dies aus technischen oder wirtschaftlichen Gründen nicht möglich ist, beseitigt, wobei Auswirkungen auf die Umwelt vermieden oder vermindert werden;

f) Energie wird effizient verwendet;

g) es werden die notwendigen Maßnahmen ergriffen, um Unfälle zu verhindern und deren Folgen zu begrenzen;

h) bei einer endgültigen Stilllegung werden die erforderlichen Maßnahmen getroffen, um jegliche Gefahr einer Umweltverschmutzung zu vermeiden und den in Artikel 22 beschriebenen zufrieden stellenden Zustand des Betriebsgeländes wiederherzustellen.

Artikel 12 Genehmigungsantrag

(1) Die Mitgliedstaaten treffen die erforderlichen Maßnahmen, damit ein Genehmigungsantrag eine Beschreibung von Folgendem enthält:

a) Anlage sowie Art und Umfang ihrer Tätigkeiten;

b) Roh- und Hilfsstoffe, sonstige Stoffe und Energie, die in der Anlage verwendet oder erzeugt werden;

c) Quellen der Emissionen aus der Anlage;

d) Zustand des Anlagengeländes;

e) gegebenenfalls einen Bericht über den Ausgangszustand gemäß Artikel 22 Absatz 2;

f) Art und Menge der vorhersehbaren Emissionen aus der Anlage in jedes einzelne Umweltmedium sowie Feststellung von erheblichen Auswirkungen der Emissionen auf die Umwelt;

g) vorgesehene Technologie und sonstige Techniken zur Vermeidung der Emissionen aus der Anlage oder, sofern dies nicht möglich ist, Verminderung derselben;

h) Maßnahmen zur Vermeidung, zur Vorbereitung, zur Wiederverwendung, zum Recycling und zur Verwertung der von der Anlage erzeugten Abfälle;

i) sonstige vorgesehene Maßnahmen zur Erfüllung der Vorschriften bezüglich der allgemeinen Prinzipien der Grundpflichten der Betreiber gemäß Artikel 11;

j) vorgesehene Maßnahmen zur Überwachung der Emissionen in die Umwelt;

k) die wichtigsten vom Antragsteller geprüften Alternativen zu den vorgeschlagenen Technologien, Techniken und Maßnahmen in einer Übersicht.

Der Genehmigungsantrag muss ferner eine nichttechnische Zusammenfassung der in Unterabsatz 1 genannten Angaben enthalten.

(2) Wenn Angaben gemäß den Anforderungen der Richtlinie 85/337/EWG oder ein Sicherheitsbericht gemäß der Richtlinie 96/82/EG oder sonstige Informationen in Erfüllung anderer Rechtsvorschriften eine der Anforderungen von Absatz 1 erfüllen, können sie in den Antrag aufgenommen oder diesem beigefügt werden.

Artikel 13 BVT-Merkblätter und Informationsaustausch

(1) Zur Erstellung, Überprüfung und erforderlichenfalls Aktualisierung der BVT-Merkblätter organisiert die Kommission einen Informationsaustausch zwischen den Mitgliedstaaten, den betreffenden Industriezweigen, den Nichtregierungsorganisationen, die sich für den Umweltschutz einsetzen, und der Kommission.

(2) Es findet ein Informationsaustausch insbesondere über folgende Themen statt:

a) Leistungsfähigkeit der Anlagen und Techniken in Bezug auf Emissionen, gegebenenfalls ausgedrückt als kurz- und langfristige Mittelwerte sowie assoziierte Referenzbedingungen, Rohstoffverbrauch und Art der Rohstoffe, Wasserverbrauch, Energieverbrauch und Abfallerzeugung;

b) angewandte Techniken, zugehörige Überwachung, medienübergreifende Auswirkungen, wirtschaftliche Tragfähigkeit und technische Durchführbarkeit sowie Entwicklungen bei diesen Aspekten;

c) beste verfügbare Techniken und Zukunftstechniken, die nach der Prüfung der in den Buchstaben a und b aufgeführten Aspekte ermittelt worden sind.

(3) Die Kommission richtet ein Forum aus Vertretern der Mitgliedstaaten, der betreffenden Industriezweige und der sich für den Umweltschutz einsetzenden Nichtregierungsorganisationen ein, das sie regelmäßig einberuft.

Die Kommission holt die Stellungnahme des Forums zu den praktischen Vorkehrungen für den Informationsaustausch und insbesondere zu Folgendem ein:

a) Geschäftsordnung des Forums;

b) Arbeitsprogramm für den Informationsaustausch;

c) Leitlinien für die Erhebung von Daten;

d) Leitlinien für die Ausarbeitung der BVT-Merkblätter und die entsprechenden Qualitätssicherungsmaßnahmen einschließlich der geeigneten Inhalte und des angemessenen Formats der BVT-Merkblätter.

Die in den Buchstaben c und d des zweiten Unterabsatzes genannten Leitlinien berücksichtigen die Stellungnahme des Forums und werden nach dem in Artikel 75 Absatz 2 genannten Regelungsverfahren angenommen.

(4) Die Kommission holt die Stellungnahme des Forums zu dem vorgeschlagenen Inhalt der BVT-Merkblätter ein, macht sie öffentlich zugänglich und berücksichtigt diese Stellungnahme bei den Verfahren gemäß Absatz 5.

(5) Zur Annahme der BVT-Schlussfolgerungen werden Beschlüsse nach dem in Artikel 75 Absatz 2 genannten Regelungsverfahren erlassen.

(6) Nach der Annahme eines Beschlusses gemäß Absatz 5 macht die Kommission unverzüglich das betreffende BVT-Merkblatt öffentlich zugänglich und sorgt dafür, dass die BVT-Schlussfolgerungen in allen Amtssprachen der Union verfügbar sind.

(7) Bis zur Annahme eines einschlägigen Beschlusses gemäß Absatz 5 gelten die Schlussfolgerungen zu den besten verfügbaren Techniken aus BVT-Merkblättern, die von der Kommission vor dem in Artikel 83 genannten Zeitpunkt angenommen wurden, für die Zwecke dieses Kapitels als BVT-Schlussfolgerungen; hiervon ausgenommen ist Artikel 15 Absätze 3 und 4.

Artikel 14 Genehmigungsauflagen

(1) Die Mitgliedstaaten sorgen dafür, dass die Genehmigung alle Maßnahmen umfasst, die zur Erfüllung der in den Artikeln 11 und 18 genannten Genehmigungsvoraussetzungen notwendig sind.

Diese Maßnahmen umfassen mindestens Folgendes:

a) Emissionsgrenzwerte für die Schadstoffe der Liste in Anhang II und für sonstige Schadstoffe, die von der betreffenden Anlage unter Berücksichtigung der Art der Schadstoffe und der Gefahr einer Verlagerung der Verschmutzung von einem Medium auf ein anderes in relevanter Menge emittiert werden können;

b) angemessene Auflagen zum Schutz des Bodens und des Grundwassers sowie Maßnahmen zur Überwachung und Behandlung der von der Anlage erzeugten Abfälle;

c) angemessene Anforderungen für die Überwachung der Emissionen, in denen Folgendes festgelegt ist:
   i) die Messmethodik, die Messhäufigkeit und das Bewertungsverfahren; und
   ii) die Vorgabe, dass in den Fällen, in denen Artikel 15 Absatz 3 Buchstabe b angewendet wird, die Ergebnisse der genannten Emissionsüberwachung für die gleichen Zeiträume und Referenzbedingungen verfügbar sein müssen wie für die mit den besten verfügbaren Techniken assoziierten Emissionswerte;
d) eine Verpflichtung, der zuständigen Behörde regelmäßig – mindestens jährlich – Folgendes vorzulegen:
   i) Informationen auf der Grundlage der Ergebnisse der in Buchstabe c genannten Emissionsüberwachung und sonstige erforderliche Daten, die der zuständigen Behörde die Prüfung der Einhaltung der Genehmigungsauflagen ermöglichen; und
   ii) in den Fällen, in denen Artikel 15 Absatz 3 Buchstabe b angewendet wird, eine Zusammenfassung der Ergebnisse der Emissionsüberwachung, die einen Vergleich mit den mit den besten verfügbaren Techniken assoziierten Emissionswerten ermöglicht;
e) angemessene Anforderungen für die regelmäßige Wartung und für die Überwachung der Maßnahmen zur Vermeidung der Verschmutzung von Boden und Grundwasser gemäß Buchstabe b sowie angemessene Anforderungen für die wiederkehrende Überwachung von Boden und Grundwasser auf die relevanten gefährlichen Stoffe, die wahrscheinlich vor Ort anzutreffen sind, unter Berücksichtigung möglicher Boden- und Grundwasserverschmutzungen auf dem Gelände der Anlage;
f) Maßnahmen im Hinblick auf von den normalen Betriebsbedingungen abweichende Bedingungen, wie das An- und Abfahren, das unbeabsichtigte Austreten von Stoffen, Störungen, kurzzeitiges Abfahren sowie die endgültige Stilllegung des Betriebs;
g) Vorkehrungen zur weitestgehenden Verminderung der weiträumigen oder grenzüberschreitenden Umweltverschmutzung;
h) Bedingungen für die Überprüfung der Einhaltung der Emissionsgrenzwerte oder einen Verweis auf die geltenden anderweitig genannten Anforderungen.

(2) Für die Zwecke von Absatz 1 Buchstabe a können die Emissionsgrenzwerte durch äquivalente Parameter bzw. äquivalente technische Maßnahmen, die ein gleichwertiges Umweltschutzniveau gewährleisten, erweitert oder ersetzt werden.

(3) Die BVT-Schlussfolgerungen dienen als Referenzdokument für die Festlegung der Genehmigungsauflagen.

(4) Unbeschadet des Artikels 18 darf die zuständige Behörde strengere Genehmigungsauflagen vorgeben, als sie mit der Verwendung der in den BVT-Schlussfolgerungen beschriebenen besten verfügbaren Techniken einzuhalten sind. Die Mitgliedstaaten können Regeln festlegen, nach denen die zuständige Behörde solche strengeren Auflagen vorgeben kann.

(5) Legt die zuständige Behörde Genehmigungsauflagen auf der Grundlage einer besten verfügbaren Technik fest, die in keiner der einschlägigen BVT-Schlussfolgerungen beschrieben ist, so gewährleistet sie, dass

a) diese Technik unter besonderer Berücksichtigung der in Anhang III aufgeführten Kriterien bestimmt wird; und
b) die Anforderungen des Artikels 15 erfüllt werden.

Enthalten die in Unterabsatz 1 genannten BVT-Schlussfolgerungen keine mit den besten verfügbaren Techniken assoziierten Emissionsgrenzwerte, so sorgt die zuständige Behörde dafür, dass die in Unterabsatz 1 genannte Technik ein Umweltschutzniveau gewährleistet, das den in den BVT-Schlussfolgerungen beschriebenen besten verfügbaren Techniken gleichwertig ist.

(6) Liegen für eine Tätigkeit oder einen Typ eines Produktionsprozesses, die bzw. der innerhalb einer Anlage durchgeführt wird, keine BVT-Schlussfolgerungen vor oder decken diese Schlussfolgerungen nicht alle potenziellen Umweltauswirkungen der Tätigkeit oder des Prozesses ab, so legt die zuständige Behörde nach vorheriger Konsultation des Betreibers auf der Grundlage der besten verfügbaren Techniken, die sie für die betreffenden Tätigkeiten oder Prozesse bestimmt hat, die Genehmigungsauflagen fest, wobei sie den Kriterien des Anhangs III besonders Rechnung trägt.

(7) Für die in Anhang I Nummer 6.6 genannten Anlagen gelten die Absätze 1 bis 6 dieses Artikels unbeschadet von Tierschutzvorschriften.

Artikel 15 Emissionsgrenzwerte, äquivalente Parameter und äquivalente technische Maßnahmen

(1) Die Emissionsgrenzwerte für Schadstoffe gelten an dem Punkt, an dem die Emissionen die Anlage verlassen, wobei eine etwaige Verdünnung vor diesem Punkt bei der Festsetzung der Grenzwerte nicht berücksichtigt wird.

Bei der indirekten Einleitung von Schadstoffen in das Wasser kann die Wirkung einer Kläranlage bei der Festsetzung der Emissionsgrenzwerte der betreffenden Anlage berücksichtigt werden, sofern ein insgesamt gleichwertiges Umweltschutzniveau sichergestellt wird und es nicht zu einer höheren Belastung der Umwelt kommt.

(2) Die in Artikel 14 Absätze 1 und 2 genannten Emissionsgrenzwerte, äquivalenten Parameter und äquivalenten technischen Maßnahmen sind vorbehaltlich des Artikels 18 auf die besten verfügbaren Techniken zu stützen, ohne dass die Anwendung einer bestimmten Technik oder Technologie vorgeschrieben wird.

(3) Die zuständige Behörde legt Emissionsgrenzwerte fest, mit denen sichergestellt wird, dass die Emissionen unter normalen Betriebsbedingungen die mit den besten verfügbaren Techniken assoziierten Emissionswerte, wie sie in den Entscheidungen über die BVT-Schlussfolgerungen gemäß Artikel 13 Absatz 5 festgelegt sind, nicht überschreiten, und trifft hierzu eine der beiden folgenden Maßnahmen:

a) Festlegung von Emissionsgrenzwerten, die die mit den besten verfügbaren Techniken assoziierten Emissionswerte nicht überschreiten. Diese Emissionsgrenzwerte werden für die gleichen oder kürzere Zeiträume und unter denselben Referenzbedingungen ausgedrückt wie die mit den besten verfügbaren Techniken assoziierten Emissionswerte; oder

b) Festlegung von Emissionsgrenzwerten, die in Bezug auf Werte, Zeiträume und Referenzbedingungen von den in Buchstabe a aufgeführten Emissionsgrenzwerten abweichen.

Kommt Buchstabe b zur Anwendung, so bewertet die zuständige Behörde mindestens jährlich die Ergebnisse der Emissionsüberwachung, um sicherzustellen, dass die Emissionen unter normalen Betriebsbedingungen die mit den besten verfügbaren Techniken assoziierten Emissionswerte nicht überschritten haben.

(4) Abweichend von Absatz 3 und unbeschadet des Artikels 18 kann die zuständige Behörde in besonderen Fällen weniger strenge Emissionsgrenzwerte

festlegen. Solche Ausnahmeregelungen dürfen nur angewandt werden, wenn eine Bewertung ergibt, dass die Erreichung der mit den besten verfügbaren Techniken assoziierten Emissionswerte entsprechend der Beschreibung in den BVT-Schlussfolgerungen aus den folgenden Gründen gemessen am Umweltnutzen zu unverhältnismäßig höheren Kosten führen würde:

a) geografischer Standort und lokale Umweltbedingungen der betroffenen Anlage; oder
b) technische Merkmale der betroffenen Anlage.

Die zuständige Behörde dokumentiert die Gründe für die Anwendung des Unterabsatzes 1 und die Ergebnisse der Analyse sowie die Begründung der festgelegten Auflagen im Anhang der Genehmigungsauflagen.

Die nach dem ersten Unterabsatz festgelegten Emissionsgrenzwerte dürfen die gegebenenfalls in den Anhängen dieser Richtlinie festgesetzten Emissionsgrenzwerte jedoch nicht überschreiten.

Die zuständige Behörde stellt in jedem Fall sicher, dass keine erheblichen Umweltverschmutzungen verursacht werden und ein hohes Schutzniveau für die Umwelt insgesamt erreicht wird.

Die Kommission kann auf der Grundlage der nach Artikel 72 Absatz 1 von den Mitgliedstaaten vorgelegten Informationen, insbesondere hinsichtlich der Anwendung dieses Absatzes, erforderlichenfalls die Kriterien, die bei der Anwendung dieses Absatzes zu berücksichtigen sind, in Leitlinien bewerten und weiter erläutern.

Die zuständige Behörde führt als Teil jeder Überprüfung der Genehmigungsauflagen gemäß Artikel 21 eine erneute Bewertung der Anwendung des Unterabsatzes 1 durch.

(5) Die zuständige Behörde kann für einen Gesamtzeitraum von höchstens neun Monaten vorübergehende Abweichungen von den Auflagen gemäß den Absätzen 2 und 3 dieses Artikels und Artikel 11 Buchstaben a und b für die Erprobung und Anwendung von Zukunftstechniken genehmigen, sofern nach dem festgelegten Zeitraum die Anwendung der betreffenden Technik beendet wird oder im Rahmen der Tätigkeit mindestens die mit den besten verfügbaren Techniken assoziierten Emissionswerte erreicht werden.

Artikel 16 Überwachungsauflagen

(1) Die Überwachungsauflagen gemäß Artikel 14 Absatz 1 Buchstabe c stützen sich gegebenenfalls auf die in den BVT-Schlussfolgerungen beschriebenen Überwachungsergebnisse.

(2) Die Häufigkeit der wiederkehrenden Überwachung gemäß Artikel 14 Absatz 1 Buchstabe e wird von der zuständigen Behörde in Form von Genehmigungsauflagen für jede einzelne Anlage oder in Form allgemeiner bindender Vorschriften festgelegt.

Unbeschadet des Unterabsatzes 1 wird die wiederkehrende Überwachung mindestens alle fünf Jahre für das Grundwasser und mindestens alle zehn Jahre für den Boden durchgeführt, es sei denn diese Überwachung erfolgt anhand einer systematischen Beurteilung des Verschmutzungsrisikos.

Artikel 17 Allgemeine bindende Vorschriften für die in Anhang I aufgeführten Tätigkeiten

(1) Bei der Festlegung von allgemeinen bindenden Vorschriften stellen die Mitgliedstaaten sicher, dass ein integriertes Konzept und ein gleich hohes Schutzniveau für die Umwelt wie mit Genehmigungsauflagen gewährleistet werden.

(2) Die allgemeinen bindenden Vorschriften stützen sich auf die besten verfügbaren Techniken, ohne dass die Anwendung einer bestimmten Technik oder Technologie vorgeschrieben wird, um die Einhaltung der Artikel 14 und 15 zu gewährleisten.

(3) Die Mitgliedstaaten tragen dafür Sorge, dass die allgemeinen bindenden Vorschriften aktualisiert werden, um die Entwicklungen bei den besten verfügbaren Techniken zu berücksichtigen und um die Einhaltung von Artikel 21 sicherzustellen.

(4) Bei Erlass der allgemeinen bindenden Vorschriften gemäß den Absätzen 1 bis 3 wird in den Vorschriften selbst oder durch einen Hinweis bei ihrer amtlichen Veröffentlichung auf diese Richtlinie Bezug genommen.

Artikel 18 Umweltqualitätsnormen

Erfordert eine Umweltqualitätsnorm strengere Auflagen, als durch die Anwendung der besten verfügbaren Techniken zu erfüllen sind, so werden unbeschadet anderer Maßnahmen, die zur Einhaltung der Umweltqualitätsnormen ergriffen werden können, zusätzliche Auflagen in der Genehmigung vorgesehen.

Artikel 19 Entwicklungen bei den besten verfügbaren Techniken

Die Mitgliedstaaten sorgen dafür, dass die zuständige Behörde die Entwicklungen bei den besten verfügbaren Techniken und die Veröffentlichung neuer oder aktualisierter BVT-Schlussfolgerungen verfolgt oder darüber unterrichtet wird, und macht die diesbezüglichen Informationen der betroffenen Öffentlichkeit zugänglich.

Artikel 20 Änderungen der Anlagen durch die Betreiber

(1) Die Mitgliedstaaten treffen die erforderlichen Maßnahmen, damit der Betreiber der zuständigen Behörde beabsichtigte Änderungen der Beschaffenheit oder der Funktionsweise oder eine Erweiterung der Anlage, die Auswirkungen auf die Umwelt haben können, mitteilt. Gegebenenfalls aktualisiert die zuständige Behörde die Genehmigung.

(2) Die Mitgliedstaaten treffen die erforderlichen Maßnahmen, um zu gewährleisten, dass keine vom Betreiber geplante, wesentliche Änderung ohne eine zuvor nach dieser Richtlinie erteilte Genehmigung durchgeführt wird.

Der Genehmigungsantrag und die Entscheidung der zuständigen Behörde umfassen diejenigen Anlagenteile und in Artikel 12 genannten Einzelheiten, die von der wesentlichen Änderung betroffen sein können.

(3) Jede Änderung der Beschaffenheit oder der Funktionsweise oder Erweiterung einer Anlage gilt als wesentlich, wenn die Änderung oder Erweiterung für sich genommen die Kapazitätsschwellenwerte in Anhang I erreicht.

Artikel 21 Überprüfung und Aktualisierung der Genehmigungsauflagen durch die zuständige Behörde

(1) Die Mitgliedstaaten treffen die erforderlichen Maßnahmen, damit die zuständige Behörde alle Genehmigungsauflagen gemäß den Absätzen 2 bis 5 regel-

mäßig überprüft und gegebenenfalls im Hinblick auf die Einhaltung der Bestimmungen dieser Richtlinie diese Auflagen auf den neuesten Stand bringt.

(2) Auf Anfrage der zuständigen Behörde übermittelt der Betreiber ihr alle für die Überprüfung der Genehmigungsauflagen erforderlichen Informationen, insbesondere Ergebnisse der Emissionsüberwachung und sonstige Daten, die ihr einen Vergleich des Betriebs der Anlage mit den besten verfügbaren Techniken gemäß der Beschreibung in den geltenden BVT-Schlussfolgerungen und mit den mit den besten verfügbaren Techniken assoziierten Emissionswerten ermöglichen.

Die zuständige Behörde zieht für die Überprüfung der Genehmigungsauflagen die im Zuge der Überwachung oder Inspektionen erlangten Informationen heran.

(3) Innerhalb von vier Jahren nach der Veröffentlichung von Entscheidungen über BVT-Schlussfolgerungen nach Artikel 13 Absatz 5 zur Haupttätigkeit einer Anlage stellt die zuständige Behörde sicher, dass

a) alle Genehmigungsauflagen für die betreffende Anlage überprüft und erforderlichenfalls auf den neuesten Stand gebracht werden, um die Einhaltung dieser Richtlinie und gegebenenfalls insbesondere des Artikels 15 Absätze 3 und 4 zu gewährleisten;

b) die betreffende Anlage diese Genehmigungsauflagen einhält.

Bei der Überprüfung wird allen für die betreffende Anlage geltenden und seit der Ausstellung oder letzten Überprüfung der Genehmigung gemäß Artikel 13 Absatz 5 neuen oder aktualisierten BVT-Schlussfolgerungen Rechnung getragen.

(4) Wird eine Anlage von keinen BVT-Schlussfolgerungen erfasst, so werden die Genehmigungsauflagen überprüft und erforderlichenfalls aktualisiert, wenn Entwicklungen bei den besten verfügbaren Techniken eine erhebliche Verminderung der Emissionen ermöglichen.

(5) Die Genehmigungsauflagen werden zumindest in folgenden Fällen überprüft und erforderlichenfalls aktualisiert:

a) Die durch die Anlage verursachte Umweltverschmutzung ist so stark, dass die in der Genehmigung festgelegten Emissionsgrenzwerte überprüft oder in der Genehmigung neue Emissionsgrenzwerte vorgesehen werden müssen;

b) die Betriebssicherheit erfordert die Anwendung anderer Techniken;

c) es muss eine neue oder überarbeitete Umweltqualitätsnorm gemäß Artikel 18 eingehalten werden.

Artikel 22 Stilllegung

(1) Unbeschadet der Richtlinien 2000/60/EG und 2004/35/EG, der Richtlinie 2006/118/EG des Europäischen Parlaments und des Rates vom 12. Dezember 2006 zum Schutz des Grundwassers vor Verschmutzung und Verschlechterung[1)] und den einschlägigen Rechtsvorschriften der Union über den Bodenschutz legt die zuständige Behörde Genehmigungsauflagen fest, um sicherzustellen, dass bei endgültiger Einstellung der Tätigkeiten die Absätze 3 und 4 eingehalten werden.

(2) Werden im Rahmen einer Tätigkeit relevante gefährliche Stoffe verwendet, erzeugt oder freigesetzt, so muss der Betreiber mit Blick auf eine mögliche Verschmutzung des Bodens und Grundwassers auf dem Gelände der Anlage einen Bericht über den Ausgangszustand erstellen und diesen der zuständigen Behörde unterbreiten, bevor die Anlage in Betrieb genommen oder die Genehmigung für die Anlage erneuert wird, und zwar erstmals nach dem 7. Januar 2013.

---

1) Amtliche Fußnote: ABl. L 372 vom 27. 12. 2006, S. 19.

Der Bericht über den Ausgangszustand enthält die Informationen, die erforderlich sind, um den Stand der Boden- und Grundwasserverschmutzung zu ermitteln, damit ein quantifizierter Vergleich mit dem Zustand bei der endgültigen Einstellung der Tätigkeiten gemäß Absatz 3 vorgenommen werden kann.

Der Bericht über den Ausgangszustand muss mindestens die folgenden Informationen enthalten:

a) Informationen über die derzeitige Nutzung und, falls verfügbar, über die frühere Nutzung des Geländes;

b) falls verfügbar, bestehende Informationen über Boden- und Grundwassermessungen, die den Zustand zum Zeitpunkt der Erstellung des Bericht widerspiegeln, oder alternativ dazu neue Boden- und Grundwassermessungen bezüglich der Möglichkeit einer Verschmutzung des Bodens und des Grundwassers durch die gefährlichen Stoffe, die durch die betreffende Anlage verwendet, erzeugt oder freigesetzt werden sollen.

Erfüllen Informationen, die nach Maßgabe anderer einzelstaatlicher Rechtsvorschriften oder Rechtsvorschriften der Union erstellt wurden, die Anforderungen dieses Absatzes, so können diese Informationen in den vorzulegenden Bericht über den Ausgangszustand aufgenommen oder diesem beigefügt werden.

Die Kommission erstellt Leitlinien für den Inhalt des Berichts über den Ausgangszustand.

(3) Bei endgültiger Einstellung der Tätigkeiten bewertet der Betreiber den Stand der Boden- und Grundwasserverschmutzung durch relevante gefährliche Stoffe, die durch die Anlage verwendet, erzeugt oder freigesetzt werden. Wurden durch die Anlage erhebliche Boden- oder Grundwasserverschmutzungen mit relevanten gefährlichen Stoffen im Vergleich zu dem im Bericht über den Ausgangszustand gemäß Absatz 2 angegebenen Zustand verursacht, so ergreift der Betreiber die erforderlichen Maßnahmen zur Beseitigung dieser Verschmutzung, um das Gelände in jenen Zustand zurückzuführen. Zu diesem Zweck kann die technische Durchführbarkeit solcher Maßnahmen berücksichtigt werden.

Sofern die Verschmutzung von Boden und Grundwasser auf dem Gelände eine ernsthafte Gefährdung der menschlichen Gesundheit oder der Umwelt als Folge der genehmigten Tätigkeiten darstellt, die der Betreiber durchgeführt hat, bevor die Genehmigung für die Anlage erstmals nach dem 7. Januar 2013 aktualisiert wurde, ergreift der Betreiber bei endgültiger Einstellung der Tätigkeit unbeschadet des Unterabsatzes 1 und unter Berücksichtigung der gemäß Artikel 12 Absatz 1 Buchstabe d festgelegten Auflagen für das Gelände der Anlage die erforderlichen Maßnahmen zur Beseitigung, Verhütung, Eindämmung oder Verringerung relevanter gefährlicher Stoffe, damit das Gelände unter Berücksichtigung seiner derzeitigen oder genehmigten künftigen Nutzung keine solche Gefährdung mehr darstellt.

(4) Ist der Betreiber nicht verpflichtet, einen Bericht über den Ausgangszustand gemäß Absatz 2 zu erstellen, so trifft er bei der endgültigen Einstellung der Tätigkeiten unter Berücksichtigung der gemäß Artikel 12 Absatz 1 Buchstabe d festgelegten Auflagen für das Gelände der Anlage die erforderlichen Maßnahmen zur Beseitigung, Verhütung, Eindämmung oder Verringerung relevanter gefährlicher Stoffe, damit das Gelände unter Berücksichtigung seiner derzeitigen oder genehmigten künftigen Nutzung keine ernsthafte Gefährdung für die menschliche Gesundheit oder die Umwelt als Folge einer Verschmutzung von Boden und Grundwasser durch die genehmigten Tätigkeiten mehr darstellt.

Artikel 23 Umweltinspektionen

(1) Die Mitgliedstaaten führen ein System für Umweltinspektionen von Anlagen ein, das die Prüfung der gesamten Bandbreite an Auswirkungen der betreffenden Anlagen auf die Umwelt umfasst.

Die Mitgliedstaaten stellen sicher, dass die Betreiber den zuständigen Behörden jede notwendige Unterstützung dabei gewähren, etwaige Vor-Ort-Besichtigungen und Probenahmen durchzuführen und die zur Erfüllung ihrer Pflichten im Rahmen dieser Richtlinie erforderlichen Informationen zu sammeln.

(2) Die Mitgliedstaaten stellen sicher, dass alle Anlagen auf nationaler, regionaler oder lokaler Ebene durch einen Umweltinspektionsplan abgedeckt sind, und sorgen dafür, dass dieser Plan regelmäßig überprüft und gegebenenfalls aktualisiert wird.

(3) Jeder Umweltinspektionsplan umfasst Folgendes:

a) eine allgemeine Bewertung der wichtigen Umweltprobleme;

b) den räumlichen Geltungsbereich des Inspektionsplans;

c) ein Verzeichnis der in den Geltungsbereich des Plans fallenden Anlagen;

d) Verfahren für die Aufstellung von Programmen für routinemäßige Umweltinspektionen gemäß Absatz 4;

e) Verfahren für nicht routinemäßige Umweltinspektionen gemäß Absatz 5;

f) gegebenenfalls Bestimmungen für die Zusammenarbeit zwischen verschiedenen Inspektionsbehörden.

(4) Auf der Grundlage der Inspektionspläne erstellt die zuständige Behörde regelmäßig Programme für routinemäßige Umweltinspektionen, in denen auch die Häufigkeit der Vor-Ort-Besichtigungen für die verschiedenen Arten von Anlagen angegeben ist.

Der Zeitraum zwischen zwei Vor-Ort-Besichtigungen richtet sich nach einer systematischen Beurteilung der mit der Anlage verbundenen Umweltrisiken und darf ein Jahr bei Anlagen der höchsten Risikostufe und drei Jahre bei Anlagen der niedrigsten Risikostufe nicht überschreiten.

Wurde bei einer Inspektion festgestellt, dass eine Anlage in schwerwiegender Weise gegen die Genehmigungsauflagen verstößt, so erfolgt innerhalb der nächsten sechs Monaten nach dieser Inspektion eine zusätzliche Vor-Ort-Besichtigung.

Die systematische Beurteilung der Umweltrisiken stützt sich mindestens auf folgende Kriterien:

a) potenzielle und tatsächliche Auswirkungen der betreffenden Anlagen auf die menschliche Gesundheit und auf die Umwelt unter Berücksichtigung der Emissionswerte und -typen, der Empfindlichkeit der örtlichen Umgebung und des Unfallrisikos;

b) bisherige Einhaltung der Genehmigungsauflagen;

c) Teilnahme des Betreibers am Unionssystem für das Umweltmanagement und die Umweltbetriebsprüfung (EMAS) gemäß der Verordnung (EG) Nr. 1221/2009[1)].

Die Kommission kann Leitlinien zu den Kriterien für die Beurteilung der Umweltrisiken annehmen.

---

1) Amtliche Fußnote: Verordnung (EG) Nr. 1221/2009 des Europäischen Parlaments und des Rates vom 25. November 2009 über die freiwillige Beteiligung von Organisationen an einem Gemeinschaftssystem für das Umweltmanagement und die Umweltbetriebsprüfung (EMAS) (ABl. L 342 vom 22. 12. 2009, S. 1).

(5) Nicht routinemäßige Umweltinspektionen werden durchgeführt, um bei Beschwerden wegen ernsthaften Umweltbeeinträchtigungen, bei ernsthaften umweltbezogenen Unfällen und Vorfällen und bei Verstößen gegen die Vorschriften sobald wie möglich und gegebenenfalls vor der Ausstellung, Erneuerung oder Aktualisierung einer Genehmigung Untersuchungen vorzunehmen.

(6) Nach jeder Vor-Ort-Besichtigung erstellt die zuständige Behörde einen Bericht mit den relevanten Feststellungen bezüglich der Einhaltung der Genehmigungsauflagen durch die betreffende Anlage und Schlussfolgerungen zur etwaigen Notwendigkeit weiterer Maßnahmen.

Der Bericht wird dem betreffenden Betreiber binnen zwei Monaten nach der Vor-Ort-Besichtigung übermittelt. Die zuständige Behörde macht den Bericht gemäß der Richtlinie 2003/4/EG des Europäischen Parlaments und des Rates vom 28. Januar 2003 über den Zugang der Öffentlichkeit zu Umweltinformationen[1)] der Öffentlichkeit binnen vier Monaten nach der Vor-Ort-Besichtigung zugänglich.

Die zuständige Behörde stellt unbeschadet des Artikels 8 Absatz 2 sicher, dass der Betreiber alle in dem Bericht aufgeführten erforderlichen Maßnahmen binnen angemessener Fristen ergreift.

Artikel 24 Zugang zu Informationen und Beteiligung der Öffentlichkeit am Genehmigungsverfahren

(1) Die Mitgliedstaaten stellen sicher, dass die betroffene Öffentlichkeit frühzeitig und in effektiver Weise die Möglichkeit erhält, sich an folgenden Verfahren zu beteiligen:

a) Erteilung einer Genehmigung für neue Anlagen;

b) Erteilung einer Genehmigung für wesentliche Änderungen;

c) Erteilung oder Aktualisierung einer Genehmigung für eine Anlage, für die die Anwendung von Artikel 15 Absatz 4 vorgeschlagen wird;

d) Aktualisierung der Genehmigung oder der Genehmigungsauflagen für eine Anlage im Einklang mit Artikel 21 Absatz 5 Buchstabe a.

Für diese Beteiligung gilt das in Anhang IV genannte Verfahren.

(2) Wurde eine Entscheidung über die Erteilung, Überprüfung oder Aktualisierung einer Genehmigung getroffen, so macht die zuständige Behörde der Öffentlichkeit – in Bezug auf die Buchstaben a, b und f auch über das Internet – folgende Informationen zugänglich:

a) den Inhalt der Entscheidung einschließlich einer Kopie der Genehmigung sowie späterer Aktualisierungen;

b) die Gründe, auf denen die Entscheidung beruht;

c) die Ergebnisse der vor der Entscheidung durchgeführten Konsultationen und ihre Berücksichtigung im Rahmen der Entscheidung;

d) die Bezeichnung des für die betreffende Anlage oder Tätigkeit maßgeblichen BVT-Merkblatts;

e) Angaben zur Festlegung der in Artikel 14 genannten Genehmigungsauflagen einschließlich der Emissionsgrenzwerte in Bezug zu den besten verfügbaren Techniken und mit den besten verfügbaren Techniken assoziierten Emissionswerten;

---

1) Amtliche Fußnote: ABl. L 41 vom 14. 2. 2003, S. 26.

f) im Falle der Gewährung einer Ausnahme gemäß Artikel 15 Absatz 4 die genauen Gründe für die Gewährung der Ausnahme nach den Kriterien des genannten Absatzes und die damit verbundenen Auflagen;

(3) Die zuständige Behörde macht der Öffentlichkeit ferner Folgendes – zumindest in Bezug auf Buchstabe a auch über das Internet – zugänglich:

a) relevante Informationen zu den vom Betreiber bei der endgültigen Einstellung der Tätigkeiten getroffenen Maßnahmen gemäß Artikel 22;

b) die Ergebnisse der entsprechend den Genehmigungsauflagen erforderlichen Überwachung der Emissionen, die bei der zuständigen Behörde vorliegen.

(4) Die Absätze 1, 2 und 3 dieses Artikels gelten vorbehaltlich der Einschränkungen in Artikel 4 Absätze 1 und 2 der Richtlinie 2003/4/EG.

Artikel 25 Zugang zu Gerichten

(1) Die Mitgliedstaaten stellen im Rahmen ihrer innerstaatlichen Rechtsvorschriften sicher, dass Mitglieder der betroffenen Öffentlichkeit Zugang zu einem Überprüfungsverfahren vor einem Gericht oder einer anderen auf gesetzlicher Grundlage geschaffenen unabhängigen und unparteiischen Stelle haben, um die materiellrechtliche und verfahrensrechtliche Rechtmäßigkeit von Entscheidungen, Handlungen oder Unterlassungen gemäß Artikel 24 anzufechten, sofern die folgenden Bedingungen erfüllt sind:

a) Sie haben ein ausreichendes Interesse;

b) sie machen eine Rechtsverletzung geltend, sofern das Verwaltungsverfahrensrecht bzw. Verwaltungsprozessrecht eines Mitgliedstaats dies als Voraussetzung erfordert.

(2) Die Mitgliedstaaten legen fest, in welchem Verfahrensstadium die Entscheidungen, Handlungen oder Unterlassungen angefochten werden können.

(3) Was als ausreichendes Interesse und als Rechtsverletzung gilt, bestimmen die Mitgliedstaaten im Einklang mit dem Ziel, der betroffenen Öffentlichkeit einen weitreichenden Zugang zu Gerichten zu gewähren.

Zu diesem Zweck gilt das Interesse jeder Nichtregierungsorganisation, die sich für den Umweltschutz einsetzt und alle nach innerstaatlichem Recht geltenden Voraussetzungen erfüllt, als ausreichend im Sinne von Absatz 1 Buchstabe a.

Derartige Organisationen gelten auch als Träger von Rechten, die – im Sinne von Absatz 1 Buchstabe b – verletzt werden können.

(4) Die Absätze 1, 2 und 3 schließen die Möglichkeit eines vorangehenden Überprüfungsverfahrens bei einer Verwaltungsbehörde nicht aus und lassen das Erfordernis einer Ausschöpfung der verwaltungsbehördlichen Überprüfungsverfahren vor der Einleitung gerichtlicher Überprüfungsverfahren unberührt, sofern ein derartiges Erfordernis nach innerstaatlichem Recht besteht.

Die betreffenden Verfahren werden fair, gerecht, zügig und nicht übermäßig teuer durchgeführt.

(5) Die Mitgliedstaaten stellen sicher, dass der Öffentlichkeit praktische Informationen über den Zugang zu verwaltungsbehördlichen und gerichtlichen Überprüfungsverfahren zugänglich gemacht werden.

Artikel 26 Grenzüberschreitende Auswirkungen

(1) Stellt ein Mitgliedstaat fest, dass der Betrieb einer Anlage erhebliche nachteilige Auswirkungen auf die Umwelt eines anderen Mitgliedstaats haben könnte,

oder stellt ein Mitgliedstaat, der möglicherweise davon erheblich berührt wird, ein entsprechendes Ersuchen, so teilt der Mitgliedstaat, in dessen Hoheitsgebiet die Genehmigung nach Artikel 4 oder Artikel 20 Absatz 2 beantragt wurde, dem anderen Mitgliedstaat die nach Anhang IV erforderlichen oder bereitgestellten Angaben zum gleichen Zeitpunkt mit, zu dem er sie der Öffentlichkeit zur Verfügung stellt.

Diese Angaben dienen als Grundlage für notwendige Konsultationen im Rahmen der bilateralen Beziehungen beider Mitgliedstaaten auf der Basis von Gegenseitigkeit und Gleichwertigkeit.

(2) Die Mitgliedstaaten sorgen im Rahmen ihrer bilateralen Beziehungen dafür, dass in den in Absatz 1 genannten Fällen die Anträge auch der Öffentlichkeit des möglicherweise betroffenen Mitgliedstaats während eines angemessenen Zeitraums zugänglich gemacht werden, damit sie dazu Stellung nehmen kann, bevor die zuständige Behörde ihre Entscheidung trifft.

(3) Die zuständige Behörde berücksichtigt die Ergebnisse der Konsultationen nach den Absätzen 1 und 2, wenn sie über den Antrag entscheidet.

(4) Die zuständige Behörde setzt alle nach Absatz 1 konsultierten Mitgliedstaaten von der Entscheidung über den Antrag in Kenntnis und übermittelt ihnen die in Artikel 24 Absatz 2 genannten Informationen. Jeder konsultierte Mitgliedstaat ergreift die erforderlichen Maßnahmen um sicherzustellen, dass diese Informationen der betroffenen Öffentlichkeit in seinem Hoheitsgebiet in geeigneter Weise zugänglich sind.

Artikel 27 Zukunftstechniken

(1) Die Mitgliedstaaten fördern gegebenenfalls die Entwicklung und Anwendung von Zukunftstechniken; dies gilt insbesondere für die in den BVT-Merkblättern bestimmten Zukunftstechniken.

(2) Die Kommission legt Leitlinien zur Unterstützung der Mitgliedstaaten bei der Förderung der Entwicklung und Anwendung von Zukunftstechniken gemäß Absatz 1 fest.

KAPITEL III

SONDERVORSCHRIFTEN FÜR FEUERUNGSANLAGEN

Artikel 28 Geltungsbereich

Dieses Kapitel gilt für Feuerungsanlagen, deren Feuerungswärmeleistung 50 MW oder mehr beträgt, unabhängig davon, welche Art von Brennstoff verwendet wird.

Dieses Kapitel gilt nicht für folgende Feuerungsanlagen:

a) Anlagen, in denen die Verbrennungsprodukte unmittelbar zum Erwärmen, zum Trocknen oder zu einer anderweitigen Behandlung von Gegenständen oder Materialien verwendet werden;

b) Nachverbrennungsanlagen, die dafür ausgelegt sind, die Abgase durch Verbrennung zu reinigen, und die nicht als unabhängige Feuerungsanlagen betrieben werden;

c) Einrichtungen zum Regenerieren von Katalysatoren für katalytisches Kracken;

d) Einrichtungen für die Umwandlung von Schwefelwasserstoff in Schwefel;

e) in der chemischen Industrie verwendete Reaktoren;

f) Koksöfen;

g) Winderhitzer (cowpers);

h) technische Geräte, die zum Antrieb von Fahrzeugen, Schiffen oder Flugzeugen eingesetzt werden;

i) Gasturbinen und Gasmotoren, die auf Offshore-Plattformen eingesetzt werden;

j) Anlagen, die als Brennstoff andere feste oder flüssige Abfälle als die gemäß Artikel 3 Nummer 31 Buchstabe b verwenden.

Artikel 29 Aggregationsregeln

(1) Werden die Abgase von zwei oder mehreren gesonderten Feuerungsanlagen über einen gemeinsamen Schornstein abgeleitet, so gilt die von solchen Anlagen gebildete Kombination als eine einzige Feuerungsanlage und für die Berechnung der Feuerungswärmeleistung werden ihre Kapazitäten addiert.

(2) Werden zwei oder mehrere gesonderte Feuerungsanlagen, für die am oder nach dem 1. Juli 1987 erstmals eine Genehmigung erteilt oder durch deren Betreiber zu diesem Zeitpunkt oder danach ein vollständiger Antrag auf eine Genehmigung eingereicht wurde, derart errichtet, dass ihre Abgase unter Berücksichtigung technischer und wirtschaftlicher Faktoren nach dem Urteil der zuständigen Behörde über einen gemeinsamen Schornstein abgeleitet werden könnten, so gilt die von solchen Anlagen gebildete Kombination als eine einzige Feuerungsanlage und für die Berechnung der Feuerungswärmeleistung werden ihre Kapazitäten addiert.

(3) Für die Berechnung der Feuerungswärmeleistung einer in den Absätzen 1 und 2 beschriebenen Kombination gesonderter Feuerungsanlagen werden einzelne Feuerungsanlagen mit einer Feuerungswärmeleistung von weniger als 15 MW nicht berücksichtigt.

Artikel 30 Emissionsgrenzwerte

(1) Die Ableitung der Abgase aus Feuerungsanlagen erfolgt auf kontrollierte Weise über einen Schornstein mit einem oder mehreren Abgaszügen, dessen Höhe so berechnet wird, dass die menschliche Gesundheit und Umwelt geschützt bleiben.

(2) Alle Genehmigungen für Anlagen, die Feuerungsanlagen umfassen, für die vor dem 7. Januar 2013 eine Genehmigung erteilt oder für die von deren Betreibern vor diesem Zeitpunkt ein vollständiger Genehmigungsantrag gestellt wurde, sofern solche Anlagen spätestens am 7. Januar 2014 in Betrieb genommen werden, enthalten Auflagen, die gewährleisten, dass die Emissionen dieser Anlagen in die Luft die in Anhang V Teil 1 festgelegten Emissionsgrenzwerte nicht überschreiten.

Alle Genehmigungen für Anlagen, die Feuerungsanlagen umfassen, für die eine Ausnahme gemäß Artikel 4 Absatz 4 der Richtlinie 2001/80/EG bewilligt wurde und die nach dem 1. Januar 2016 betrieben werden, enthalten Auflagen, die gewährleisten, dass die Emissionen dieser Anlagen in die Luft die in Anhang V Teil 2 festgelegten Emissionsgrenzwerte nicht überschreiten.

(3) Alle Genehmigungen für Anlagen, die Feuerungsanlagen umfassen, die nicht unter Absatz 2 fallen, enthalten Auflagen, die gewährleisten, dass die Emis-

sionen dieser Anlagen in die Luft die in Anhang V Teil 2 festgelegten Emissionsgrenzwerte nicht überschreiten.

(4) Die in Anhang V Teile 1 und 2 festgelegten Emissionsgrenzwerte sowie die in Anhang V Teil 5 festgelegten Mindest-Schwefelabscheidegrade gelten für die Emissionen jedes gemeinsamen Schornsteins im Verhältnis zu der Feuerungswärmeleistung der gesamten Feuerungsanlage. Ist in Anhang V vorgesehen, dass Emissionsgrenzwerte für einen Teil einer Feuerungsanlage mit begrenzter Betriebsstundenzahl angewandt werden können, so gelten diese Grenzwerte für die Emissionen dieses Teils der Anlage, werden jedoch im Verhältnis zu der Feuerungswärmeleistung der gesamten Feuerungsanlage festgelegt.

(5) Die zuständige Behörde kann eine Abweichung von der Verpflichtung zur Einhaltung der in den Absätzen 2 und 3 vorgesehenen Emissionsgrenzwerte für Schwefeldioxid für eine Dauer von bis zu sechs Monaten bei Feuerungsanlagen gewähren, in denen zu diesem Zweck normalerweise ein schwefelarmer Brennstoff verfeuert wird, wenn der Betreiber aufgrund einer sich aus einer ernsten Mangellage ergebenden Unterbrechung der Versorgung mit schwefelarmem Brennstoff nicht in der Lage ist, diese Grenzwerte einzuhalten.

Die Mitgliedstaaten unterrichten die Kommission unverzüglich über jede gemäß Unterabsatz 1 gewährte Abweichung.

(6) Die zuständige Behörde kann eine Abweichung von der Verpflichtung zur Einhaltung der in den Absätzen 2 und 3 vorgesehenen Emissionsgrenzwerte in den Fällen gewähren, in denen eine Feuerungsanlage, in der nur gasförmiger Brennstoff verfeuert wird, wegen einer plötzlichen Unterbrechung der Gasversorgung ausnahmsweise auf andere Brennstoffe ausweichen muss und aus diesem Grund mit einer Abgasreinigungsanlage ausgestattet werden müsste. Eine solche Abweichung wird für einen Zeitraum von nicht mehr als zehn Tagen gewährt, es sei denn, es ist ein vorrangiges Bedürfnis für die Aufrechterhaltung der Energieversorgung gegeben.

Der Betreiber unterrichtet die zuständige Behörde umgehend über jeden einzelnen Fall gemäß Unterabsatz 1.

Die Mitgliedstaaten unterrichten die Kommission umgehend über jede gemäß Unterabsatz 1 gewährte Abweichung.

(7) Wird eine Feuerungsanlage erweitert, so gelten für den erweiterten von der Änderung betroffenen Teil der Anlage die in Anhang V Teil 2 festgelegten Emissionsgrenzwerte, die nach Maßgabe der Feuerungswärmeleistung der gesamten Feuerungsanlage festgelegt werden. Im Falle der Änderung einer Feuerungsanlage, die sich möglicherweise auf die Umwelt auswirkt und einen Teil einer Anlage mit einer Feuerungswärmeleistung von 50 MW oder mehr betrifft, gelten die in Anhang V Teil 2 festgelegten Emissionsgrenzwerte für den Teil der Anlage, der im Verhältnis zur Feuerungswärmeleistung der gesamten Feuerungsanlage umgestellt wurde.

(8) Die in Anhang V Teilen 1 und 2 festgelegten Emissionsgrenzwerte gelten nicht für folgende Feuerungsanlagen:

a) Dieselmotoren;

b) Ablaugekessel in Anlagen für die Zellstofferzeugung.

(9) Für die folgenden Feuerungsanlagen überprüft die Kommission auf der Grundlage der besten verfügbaren Techniken, ob unionsweit geltende Emissionsgrenzwerte festgelegt werden müssen und ob die in Anhang V festgelegten Emissionsgrenzwerte geändert werden müssen:

a) in Absatz 8 genannte Feuerungsanlagen;
b) Feuerungsanlagen in Raffinerien, die Destillations- oder Konversionsrückstände aus der Rohölraffinierung allein oder zusammen mit anderen Brennstoffen für den Eigenverbrauch verfeuern, unter Berücksichtigung der Besonderheit der Energiesysteme von Raffinerien;
c) Feuerungsanlagen, die andere Gase als Erdgas verfeuern;
d) Feuerungsanlagen in Chemieanlagen, die flüssige Produktionsrückstände als nichtkommerziellen Brennstoff für den Eigenverbrauch verfeuern.

Die Kommission übermittelt die Ergebnisse dieser Überprüfung bis zum 31. Dezember 2013 dem Europäischen Parlament und dem Rat, gegebenenfalls zusammen mit einem Gesetzgebungsvorschlag.

Artikel 31 Schwefelabscheidegrad

(1) Auf Feuerungsanlagen, die mit einheimischem festen Brennstoff betrieben werden und die in Artikel 30 Absätze 2 und 3 genannten Emissionsgrenzwerte für Schwefeldioxid aufgrund der Merkmale dieses Brennstoffs nicht einhalten können, dürfen die Mitgliedstaaten stattdessen, nachdem die zuständige Behörde die in Artikel 72 Absatz 4 Buchstabe a genannten technischen Daten zuvor validiert hat, die in Anhang V Teil 5 festgelegten Mindest-Schwefelabscheidegrade nach Maßgabe der in Anhang V Teil 6 festgelegten Einhaltungsvorschriften anwenden.

(2) Für Feuerungsanlagen, die mit einheimischem festem Brennstoff befeuert werden und Abfall mitverbrennen und die die Werte für $C_{Verfahren}$ für Schwefeldioxid gemäß Anhang VI Teil 4 Nummern 3.1 oder 3.2 aufgrund der Eigenschaften der einheimischen festen Brennstoffe nicht einhalten können, können die Mitgliedstaaten gemäß den in Anhang V Teil 6 festgelegten Einhaltungsregeln stattdessen die in Anhang V Teil 5 festgelegten Mindest-Schwefelabscheidegrade anwenden. Entscheiden die Mitgliedstaaten, diesen Absatz anzuwenden, so beläuft sich C_{Abfall} im Sinne von Anhang VI Teil 4 Nummer 1 auf 0 mg/Nm^3.

(3) Die Kommission überprüft bis zum 31. Dezember 2019 die in Anhang V Teil 5 festgelegte Möglichkeit, Mindest-Schwefelabscheidegrade anzuwenden, wobei sie insbesondere den besten verfügbaren Techniken und den mit verringerten Schwefeldioxid-Emissionen verbundenen Vorteilen Rechnung trägt.

Artikel 32 Nationaler Übergangsplan

(1) Im Zeitraum vom 1. Januar 2016 bis zum 30. Juni 2020 können die Mitgliedstaaten einen nationalen Übergangsplan für Feuerungsanlagen erstellen und durchführen, die vor dem 27. November 2002 erstmals eine Genehmigung erhalten haben oder für die vor diesem Zeitpunkt von deren Betreibern ein vollständiger Genehmigungsantrag gestellt wurde, sofern die Anlage spätestens am 27. November 2003 in Betrieb genommen wurde. Für jede darin erfasste Feuerungsanlage erstreckt sich der Plan auf die Emissionen eines oder mehrerer der folgenden Schadstoffe: Stickstoffoxide, Schwefeldioxid und Staub. Bei Gasturbinen werden nur die Stickstoffoxidemissionen in den Plan einbezogen.

Der nationale Übergangsplan erstreckt sich nicht auf die folgenden Feuerungsanlagen:

a) die Anlagen, auf die Artikel 33 Absatz 1 Anwendung findet;
b) die Anlagen in Raffinerien, die aus Raffinerierückständen oder aus Destillations- oder Konversionsrückständen aus der Rohölraffinierung gewonnene Gase

mit niedrigem Heizwert allein oder zusammen mit anderen Brennstoffen für den Eigenverbrauch verfeuern;

c) die Anlagen, auf die Artikel 35 Anwendung findet;

d) die Anlagen, denen nach Artikel 4 Absatz 4 der Richtlinie 2001/80/EG eine Ausnahme gewährt wurde.

(2) Die von dem Plan erfassten Feuerungsanlagen können in Bezug auf Schadstoffe, auf die sich der Plan erstreckt, von der Einhaltung der in Artikel 30 Absatz 2 genannten Emissionsgrenzwerte oder gegebenenfalls der in Artikel 31 genannten Schwefelabscheidegrade freigestellt werden.

Die am 31. Dezember 2015 geltenden Emissionsgrenzwerte für Schwefeldioxide, Stickstoffoxide und Staub, die in der Genehmigung der Feuerungsanlage insbesondere nach Maßgabe der Richtlinien 2001/80/EG und 2008/1/EG festgelegt sind, müssen mindestens beibehalten werden.

Feuerungsanlagen mit einer Feuerungswärmeleistung von mehr als 500 MW, die feste Brennstoffe verfeuern und die nach dem 1. Juli 1987 erstmals eine Genehmigung erhalten haben, müssen die in Anhang V Teil 1 festgelegten Stickstoffoxid-Emissionsgrenzwerte einhalten.

(3) Im nationalen Übergangsplan ist für jeden Schadstoff, auf den sich der Plan erstreckt, eine Obergrenze für die höchstzulässigen jährlichen Gesamtemissionen für alle von dem Plan erfassten Anlagen vorzugeben, wobei diese Obergrenze auf der tatsächlichen Feuerungswärmeleistung am 31. Dezember 2010, den jährlichen Betriebsstunden und dem Brennstoffverbrauch jeder einzelnen Anlage – ermittelt als Durchschnitt der letzten zehn Betriebsjahre bis einschließlich 2010 – beruht.

Die Obergrenze für das Jahr 2016 wird auf der Grundlage der in den Anhängen III bis VII der Richtlinie 2001/80/EG festgelegten einschlägigen Emissionsgrenzwerte oder gegebenenfalls auf der Grundlage der in Anhang III der Richtlinie 2001/80/EG festgelegten Schwefelabscheidegrade berechnet. Im Falle von Gasturbinen werden die in Anhang VI Teil B der Richtlinie 2001/80/EG für diese Anlagen festgelegten Emissionsgrenzwerte für Stickstoffoxide herangezogen. Die Obergrenze für die Jahre 2019 und 2020 wird auf der Grundlage der in Anhang V Teil 1 der vorliegenden Richtlinie festgelegten einschlägigen Emissionsgrenzwerte oder gegebenenfalls der in Anhang V Teil 5 der vorliegenden Richtlinie festgelegten einschlägigen Schwefelabscheidegrade berechnet. Die Obergrenzen für die Jahre 2017 und 2018 müssen so festgelegt werden, dass sich zwischen 2016 und 2019 eine lineare Senkung der Obergrenzen ergibt.

Wird eine in den nationalen Übergangsplan einbezogene Anlage geschlossen oder fällt sie nicht mehr in den Geltungsbereich des Kapitels III, so darf dies nicht zur Folge haben, dass die jährlichen Gesamtemissionen aus den verbleibenden Anlagen des Plans ansteigen.

(4) Der nationale Übergangsplan muss auch Bestimmungen über Überwachung und Berichterstattung enthalten, die den nach Artikel 41 Buchstabe b aufgestellten Durchführungsbestimmungen entsprechen, sowie die Maßnahmen, die für jede einzelne Anlage vorgesehen sind, um sicherzustellen, dass die ab 1. Juli 2020 geltenden Emissionsgrenzwerte fristgerecht eingehalten werden.

(5) Die Mitgliedstaaten teilen der Kommission ihre jeweiligen nationalen Übergangspläne spätestens bis zum 1. Januar 2013 mit.

Die Kommission bewertet die Pläne und sofern die Kommission innerhalb von zwölf Monaten nach Eingang eines Plans keine Einwände erhoben hat, geht der betreffende Mitgliedstaat davon aus, dass sein Plan akzeptiert wurde.

Gelangt die Kommission zu der Auffassung, dass der Plan nicht mit den gemäß Artikel 41 Buchstabe b festgelegten Durchführungsvorschriften übereinstimmt, so teilt sie dem betreffenden Mitgliedstaat mit, dass sein Plan nicht akzeptiert werden kann. Für die Bewertung einer neuen Fassung eines Plans, die ein Mitgliedstaat der Kommission übermittelt, beträgt die in Unterabsatz 2 genannte Frist sechs Monate.

(6) Die Mitgliedstaaten unterrichten die Kommission über alle späteren Änderungen an den Plänen.

Artikel 33 Ausnahme für beschränkte Laufzeit

(1) Im Zeitraum vom 1. Januar 2016 bis zum 31. Dezember 2023 können Feuerungsanlagen von der Einhaltung der Emissionsgrenzwerte nach Artikel 30 Absatz 2 und gegebenenfalls der Schwefelabscheidegrade nach Artikel 31 sowie von der Einbeziehung in den nationalen Übergangsplan nach Artikel 32 ausgenommen werden, sofern die folgenden Bedingungen erfüllt sind:

a) Der Betreiber der Feuerungsanlage verpflichtet sich in einer schriftlichen Erklärung, die spätestens bis zum 1. Januar 2014 der zuständigen Behörde vorzulegen ist, die Anlage ab 1. Januar 2016 höchstens 17500 Betriebsstunden und längstens bis zum 31. Dezember 2023 zu betreiben;

b) der Betreiber muss der zuständigen Behörde jedes Jahr eine Übersicht über die Zahl der ab dem 1. Januar 2016 geleisteten Betriebsstunden vorlegen;

c) die in der Genehmigung der Feuerungsanlage insbesondere gemäß den Anforderungen der Richtlinien 2001/80/EG und 2008/1/EG festgelegten, am 31. Dezember 2015 geltenden, Emissionsgrenzwerte für Schwefeldioxid, Stickstoffoxide und Staub werden während der Restlaufzeit der Feuerungsanlage mindestens beibehalten; Feuerungsanlagen mit einer Feuerungswärmeleistung von mehr als 500 MW, die feste Brennstoffe verfeuern und die nach dem 1. Juli 1987 erstmals eine Genehmigung erhalten haben, müssen die in Anhang V Teil 1 festgelegten Stickstoffoxid-Emissionsgrenzwerte einhalten; und

d) der Feuerungsanlage wurde keine Ausnahme nach Artikel 4 Absatz 4 der Richtlinie 2001/80/EG bewilligt.

(2) Jeder Mitgliedstaat übermittelt der Kommission spätestens am 1. Januar 2016 eine Liste aller Feuerungsanlagen, auf die Absatz 1 Anwendung findet, einschließlich ihrer Feuerungswärmeleistung, der Arten verwendeter Brennstoffe und der geltenden Emissionsgrenzwerte für Schwefeldioxide, Stickstoffoxide und Staub. In Bezug auf die Anlagen, für die Absatz 1 gilt, übermitteln die Mitgliedstaaten der Kommission jährlich eine Übersicht über die ab dem 1. Januar 2016 geleisteten Betriebsstunden.

(3) Bei Feuerungsanlagen, die am 6. Januar 2011 Teil eines kleinen isolierten Netzes sind und auf die zu diesem Zeitpunkt mindestens 35 % der Elektrizitätsversorgung innerhalb dieses Netzes entfallen, beträgt für den Fall, dass sie die in Artikel 30 Absatz 2 genannten Emissionsgrenzwerte aufgrund ihrer technischen Merkmale nicht einhalten können, die in Absatz 1 Buchstabe a des vorliegenden Artikels genannte Höchstzahl der ab 1. Januar 2020 und längstens bis zum 31. Dezember 2023 zulässigen Betriebsstunden 18000; ferner gilt als der in Absatz 1 Buchstabe b und in Absatz 2 des vorliegenden Artikels genannte Zeitpunkt der 1. Januar 2020.

(4) Bei Feuerungsanlagen mit einer Feuerungswärmeleistung von mehr als 1500 MW, die vor dem 31. Dezember 1986 in Betrieb genommen wurden und einheimische feste Brennstoffe mit einem Nettobrennwert von weniger als 5800 kJ/

kg, einem Feuchtigkeitsgehalt von mehr als 45 Gewichtsprozent, einem kombinierten Flüssigkeits- und Aschegehalt von mehr als 60 Gewichtsprozent und ein Kalziumoxidgehalt in der Asche von mehr als 10 % verfeuern, beträgt die in Absatz 1 Buchstabe a genannte Höchstzahl der zulässigen Betriebsstunden 32000.

Artikel 34 Kleine isolierte Netze

(1) Bis zum 31. Dezember 2019 dürfen Feuerungsanlagen, die am 6. Januar 2011 Teil kleiner isolierter Netze sind, von der Einhaltung der in Artikel 30 Absatz 2 genannten Emissionsgrenzwerte und gegebenenfalls der in Artikel 31 genannten Schwefelabscheidegrade freigestellt werden. Bis zum 31. Dezember 2019 werden die in den Genehmigungen dieser Feuerungsanlagen insbesondere nach den Anforderungen der Richtlinien 2001/80/EG und 2008/1/EG festgelegten Emissionsgrenzwerte mindestens beibehalten.

(2) Feuerungsanlagen mit einer Feuerungswärmeleistung von mehr als 500 MW, die feste Brennstoffe verfeuern und die nach dem 1. Juli 1987 erstmals eine Genehmigung erhalten haben, müssen die in Anhang V Teil 1 festgelegten Stickstoffoxid-Emissionsgrenzwerte einhalten.

(3) Befinden sich im Hoheitsgebiet eines Mitgliedstaats durch dieses Kapitel erfasste Feuerungsanlagen, die Teil eines kleinen isolierten Netzes sind, so übermittelt dieser Mitgliedstaat der Kommission vor dem 7. Januar 2013 eine Liste dieser Feuerungsanlagen, den gesamten jährlichen Energieverbrauch des kleinen isolierten Netzes und die durch den Verbund mit anderen Netzen erzielte Energiemenge.

Artikel 35 Fernwärmeanlagen

(1) Bis zum 31. Dezember 2022 können Feuerungsanlagen von der Einhaltung der in Artikel 30 Absatz 2 genannten Emissionsgrenzwerte und der in Artikel 31 genannten Schwefelabscheidungsgrade befreit werden, sofern folgende Bedingungen erfüllt sind:

a) die Feuerungswärmeleistung der Feuerungsanlage beträgt nicht mehr als 200 MW;

b) die Anlage hat vor dem 27. November 2002 eine erste Genehmigung erhalten oder der Betreiber dieser Anlage hat vor diesem Zeitpunkt einen vollständigen Genehmigungsantrag gestellt, sofern die Anlage spätestens am 27. November 2003 in Betrieb genommen wurde;

c) mindestens 50 % der erzeugten Nutzwärme der Anlage, berechnet als gleitender Durchschnitt über einen Zeitraum von fünf Jahren, wird in Form von Dampf oder Warmwasser an ein öffentliches Fernwärmenetz abgegeben; und

d) die in der Genehmigung der Anlage insbesondere nach Maßgabe der Richtlinien 2001/80/EG und 2008/1/EG festgelegten, am 31. Dezember 2015 geltenden, Emissionsgrenzwerte für Schwefeldioxide, Stickstoffoxid und Staub werden bis zum 31. Dezember 2022 mindestens beibehalten.

(2) Jeder Mitgliedstaat übermittelt der Kommission spätestens am 1. Januar 2016 eine Liste aller Feuerungsanlagen, auf die Absatz 1 Anwendung findet, einschließlich ihrer Feuerungswärmeleistung, der Arten verwendeter Brennstoffe und der geltenden Emissionsgrenzwerte für Schwefeldioxide, Stickstoffoxide und Staub. Ferner unterrichten die Mitgliedstaaten bei allen Feuerungsanlagen, für die Absatz 1 gilt, in Bezug auf den dort genannten Zeitraum die Kommission jährlich über den Anteil der erzeugten Nutzwärme der Anlage, der in Form von Dampf oder Warmwasser an ein öffentliches Fernwärmenetz abgegeben wurde,

berechnet als gleitender Durchschnitt über einen Zeitraum der vorangegangenen fünf Jahre.

Artikel 36 Geologische Speicherung von Kohlendioxid

(1) Die Mitgliedstaaten stellen sicher, dass die Betreiber aller Feuerungsanlagen mit einer elektrischen Nennleistung von 300 MW oder mehr, für die die ursprüngliche Baugenehmigung oder in Ermangelung eines solchen Verfahrens die ursprüngliche Betriebsgenehmigung nach Inkrafttreten der Richtlinie 2009/31/EG des Europäischen Parlaments und des Rates vom 23. April 2009 über die geologische Speicherung von Kohlendioxid[1] erteilt wurde, geprüft haben, ob die folgenden Bedingungen erfüllt sind:

a) geeignete Speicherstätten sind verfügbar;

b) die Transportvorrichtungen sind technisch und wirtschaftlich machbar;

c) die Nachrüstung für die Kohlendioxidabscheidung ist technisch und wirtschaftlich machbar.

(2) Sind die in Absatz 1 festgelegten Bedingungen erfüllt, so muss die zuständige Behörde dafür sorgen, dass auf dem Anlagengelände angemessener Platz für die Kohlendioxidabscheidung und -komprimierung vorgesehen wird. Die zuständige Behörde bestimmt auf der Grundlage der in Absatz 1 genannten Prüfung und sonstiger verfügbarer Informationen, insbesondere über den Schutz der Umwelt und der menschlichen Gesundheit, ob die Bedingungen erfüllt sind.

Artikel 37 Betriebsstörung oder Ausfall der Abgasreinigungsanlage

(1) Die Mitgliedstaaten stellen sicher, dass in der Genehmigung geeignete Maßnahmen für den Fall einer Betriebsstörung oder des Ausfalls der Abgasreinigungsanlage vorgesehen werden.

(2) Im Fall eines Ausfalls muss die zuständige Behörde den Betreiber veranlassen, den Betrieb der Anlage einzuschränken oder gänzlich einzustellen, wenn eine Rückkehr zum Normalbetrieb nicht innerhalb von 24 Stunden erreicht wird, oder aber die Anlage mit einem schadstoffarmen Brennstoff weiter zu betreiben.

Der Betreiber benachrichtigt die zuständige Behörde innerhalb von 48 Stunden nach der Betriebsstörung oder dem Ausfall der Abgasreinigungsanlage.

Die Gesamtbetriebsdauer ohne Abgasreinigung darf 120 Stunden innerhalb eines 12-Monats-Zeitraums nicht übersteigen.

Die zuständige Behörde kann Abweichungen von den Fristen gemäß den Unterabsätzen 1 und 3 in einem der folgenden Fälle gewähren:

a) es ist ein vorrangiges Bedürfnis für die Aufrechterhaltung der Energieversorgung gegeben,

b) die Feuerungsanlage, in der der Ausfall der Abgasreinigungsanlage aufgetreten ist, würde für einen begrenzten Zeitraum durch eine andere Anlage ersetzt, die einen Gesamtanstieg der Emissionen verursachen würde.

Artikel 38 Überwachung der Emissionen in die Luft

(1) Die Mitgliedstaaten gewährleisten, dass die Überwachung der Luftschadstoffe gemäß Anhang V Teil 3 durchgeführt wird.

---

[1] Amtliche Fußnote: ABl. L 140 vom 5. 6. 2009, S. 114.

(2) Einbau und Funktionieren der automatisierten Messsysteme müssen kontrolliert werden und jedes Jahr müssen die Überwachungstests gemäß Anhang V Teil 3 durchgeführt werden.

(3) Die zuständige Behörde legt die Probenahme- oder Messstellen für die Überwachung von Emissionen fest.

(4) Alle Überwachungsergebnisse müssen auf solch eine Weise aufgezeichnet, verarbeitet und dargestellt werden, die es der zuständigen Behörde ermöglicht, die Einhaltung der Betriebsbedingungen und der in der Genehmigung angegebenen Emissionsgrenzwerte zu überprüfen.

Artikel 39 Einhaltung der Emissionsgrenzwerte

Die Emissionsgrenzwerte für Luft gelten als eingehalten, wenn die Bedingungen gemäß Anhang V Teil 4 erfüllt sind.

Artikel 40 Mehrstofffeuerungsanlagen

(1) Im Fall von Mehrstofffeuerungsanlagen, die gleichzeitig mit zwei oder mehr Brennstoffen beschickt werden, setzt die zuständige Behörde die Emissionsgrenzwerte nach folgenden Schritten fest:

a) Bestimmung des Emissionsgrenzwerts für jeden einzelnen Brennstoff und jeden einzelnen Schadstoff entsprechend der Feuerungswärmeleistung der gesamten Anlage gemäß Anhang V Teile 1 und 2;

b) Ermittlung der gewichteten Emissionsgrenzwerte für die einzelnen Brennstoffe; diese Werte erhält man, indem man die einzelnen Grenzwerte gemäß Buchstabe a mit der Wärmeleistung der einzelnen Brennstoffe multipliziert und das Produkt durch die Summe der von allen Brennstoffen zugeführten Wärmeleistung dividiert;

c) Addieren der gewichteten Emissionsgrenzwerte für die einzelnen Brennstoffe.

(2) Im Fall von Mehrstofffeuerungsanlagen, die unter Artikel 30 Absatz 2 fallen und die Destillations- und Konversionsrückstände aus der Rohölraffinierung allein oder zusammen mit anderen Brennstoffen für den Eigenverbrauch verfeuern, können anstatt der gemäß Absatz 1 festgelegten Emissionsgrenzwerte folgende Emissionsgrenzwerte angewendet werden:

a) wenn während des Betriebs der Feuerungsanlage der vom maßgeblichen Brennstoff erbrachte Anteil an der Summe der von allen Brennstoffen zugeführten Wärmeleistung 50 % oder mehr beträgt: der gemäß Anhang V Teil 1 für den maßgeblichen Brennstoff festgelegte Emissionsgrenzwert;

b) wenn der vom maßgeblichen Brennstoff erbrachte Anteil an der Summe der von allen Brennstoffen zugeführten Wärmeleistung weniger als 50 % beträgt: der nach folgenden Schritten bestimmte Emissionsgrenzwert:

   i) Bestimmung der Emissionsgrenzwerte für jeden der verwendeten Brennstoffe entsprechend der Feuerungswärmeleistung der Anlage gemäß Anhang V Teil 1;

   ii) Berechnung des Emissionsgrenzwerts des maßgeblichen Brennstoffs entsprechend der Feuerungswärmeleistung der Anlage, indem der nach Ziffer i für den betreffenden Brennstoff bestimmte Emissionsgrenzwert mit dem Faktor 2 multipliziert wird und von diesem Produkt der Emissionsgrenzwert des verwendeten Brennstoffs mit dem niedrigsten Emissionsgrenzwert gemäß Anhang V Teil 1 subtrahiert wird;

iii) Bestimmung des gewichteten Emissionsgrenzwerts für jeden verwendeten Brennstoff, indem der nach den Ziffern i und ii bestimmte Emissionsgrenzwert mit der Wärmeleistung des betreffenden Brennstoffs multipliziert wird und dieses Produkt durch die Summe der von allen Brennstoffen zugeführten Wärmeleistung dividiert wird;

iv) Aggregation der nach Ziffer iii bestimmten gewichteten Emissionsgrenzwerte.

(3) Im Fall von Mehrstofffeuerungsanlagen, die unter Artikel 30 Absatz 2 fallen und die Destillations- und Konversionsrückstände aus der Rohölraffinierung allein oder zusammen mit anderen Brennstoffen für den Eigenverbrauch verfeuern, können die durchschnittlichen Emissionsgrenzwerte für Schwefeldioxid gemäß Anhang V Teil 7 anstatt der gemäß Absatz 1 oder 2 dieses Artikels festgelegten Emissionsgrenzwerte angewandt werden.

Artikel 41 Durchführungsbestimmungen

(1) Es werden Durchführungsbestimmungen erlassen für

a) die Festlegung der Zeitabschnitte des An- und Abfahrens gemäß Artikel 3 Nummer 27 und Anhang V Teil 4 Nummer 1; und

b) die nationalen Übergangspläne gemäß Artikel 32 und insbesondere die Festlegung von Emissionsobergrenzen und die dazugehörige Überwachung und Berichterstattung.

Diese Durchführungsbestimmungen werden nach dem in Artikel 75 Absatz 2 genannten Regelungsverfahren erlassen. Die Kommission unterbreitet spätestens zum 7. Juli 2011 einen geeigneten Vorschlag.

KAPITEL IV

SONDERVORSCHRIFTEN FÜR ABFALLVERBRENNUNGSANLAGEN UND ABFALLMITVERBRENNUNGSANLAGEN

Artikel 42 Anwendungsbereich

(1) Dieses Kapitel gilt für Abfallverbrennungsanlagen und Abfallmitverbrennungsanlagen, die feste oder flüssige Abfälle verbrennen oder mitverbrennen.

Dieses Kapitel gilt nicht für Vergasungs- oder Pyrolyseanlagen, wenn die Gase, die bei dieser thermischen Behandlung der Abfälle entstehen, vor ihrer Verbrennung so weit gereinigt werden, dass sie nicht mehr als Abfall gelten und keine höheren Emissionen verursachen können, als bei der Verbrennung von Erdgas anfallen.

Für die Zwecke dieses Kapitels umfassen Abfallverbrennungsanlagen und Abfallmitverbrennungsanlagen alle Verbrennungslinien oder Mitverbrennungslinien, die Annahme und Lagerung des Abfalls, die auf dem Gelände befindlichen Vorbehandlungsanlagen, das Abfall-, Brennstoff- und Luftzufuhrsystem, die Kessel, die Abgasbehandlungsanlagen, die auf dem Gelände befindlichen Anlagen zur Behandlung und Lagerung von Rückständen und Abwasser, die Schornsteine, die Vorrichtungen und Systeme zur Kontrolle der Verbrennungs- oder Mitverbrennungsvorgänge, zur Aufzeichnung und Überwachung der Verbrennungs- oder Mitverbrennungsbedingungen.

Werden für die thermische Behandlung von Abfällen andere Prozesse als die Oxidation wie z.B. Pyrolyse, Vergasung oder Plasmaverfahren durchgeführt, so muss die Abfallverbrennungsanlage oder Abfallmitverbrennungsanlage sowohl den Prozess der thermischen Behandlung als auch den anschließenden Verbrennungsprozess einschließen.

Falls die Mitverbrennung in solch einer Weise erfolgt, dass der Hauptzweck der Anlage nicht in der Energieerzeugung oder der Produktion stofflicher Erzeugnisse, sondern in der thermischen Behandlung von Abfällen besteht, gilt die Anlage als Abfallverbrennungsanlage.

(2) Dieses Kapitel gilt nicht für folgende Anlagen:

a) Anlagen, in denen ausschließlich folgende Abfälle behandelt werden:
   i) Abfälle gemäß Artikel 3 Nummer 31 Buchstabe b,
   ii) radioaktive Abfälle,
   iii) Tierkörper im Sinne der Verordnung (EG) Nr. 1774/2002 des Europäischen Parlaments und des Rates vom 3. Oktober 2002 mit Hygienevorschriften für nicht für den menschlichen Verzehr bestimmte tierische Nebenprodukte[1)]
   iv) Abfälle, die beim Aufsuchen von Erdöl- und Erdgasvorkommen und deren Förderung auf Bohrinseln entstehen und dort verbrannt werden,
b) Versuchsanlagen für Forschungs-, Entwicklungs- und Prüfzwecke zur Verbesserung des Verbrennungsprozesses, in denen weniger als 50 Tonnen Abfälle pro Jahr behandelt werden.

Artikel 43 Begriffsbestimmung für Rückstände

Für die Zwecke dieses Kapitels bezeichnet „Rückstände“ alle flüssigen oder festen Abfälle, die in einer Abfallverbrennungs- oder Abfallmitverbrennungsanlage entstehen.

Artikel 44 Genehmigungsantrag

(1) Der Genehmigungsantrag für eine Abfallverbrennungs- oder Abfallmitverbrennungsanlage umfasst eine Beschreibung der Maßnahmen, die geplant sind, um die Einhaltung folgender Anforderungen zu gewährleisten:

a) den Anforderungen dieses Kapitels entsprechende Auslegung und Ausrüstung sowie entsprechende Wartung und entsprechender Betrieb der Anlage, unter Berücksichtigung der zu verbrennenden oder mit zu verbrennenden Abfallarten;
b) soweit durchführbar, Nutzung der bei der Verbrennung oder Mitverbrennung entstehenden Wärme durch Erzeugung von Wärme, Dampf oder Elektrizität;
c) Reduzierung der Mengen und der Schädlichkeit von Rückständen auf ein Minimum und gegebenenfalls ihre Verwertung;
d) Beseitigung der Rückstände, die weder vermieden noch vermindert noch verwertet werden können, unter Einhaltung der einzelstaatlichen und der Unionsvorschriften.

---

1) Amtliche Fußnote: ABl. L 273 vom 10. 10. 2002, S. 1.

Artikel 45 Genehmigungsauflagen

(1) In der Genehmigung ist Folgendes festgelegt:

a) eine Liste aller Abfallarten, die behandelt werden können, die nach Möglichkeit mindestens die Abfallarten in dem mit der Entscheidung 2000/532/EG aufgestellten Europäischen Abfallverzeichnis ausweist und gegebenenfalls Angaben zur Menge jeder Abfallart enthält;

b) gesamte Abfallverbrennungs- oder -mitverbrennungskapazität der Anlage;

c) die Grenzwerte für Emissionen in die Luft und ins Wasser;

d) die Anforderungen für pH-Wert, Temperatur und die Abwassermenge pro Zeiteinheit;

e) Probenahme- und Messverfahren und deren Häufigkeit im Hinblick auf die Einhaltung der Bedingungen für die Emissionsüberwachung;

f) die höchstzulässige Dauer technisch unvermeidbarer Abschaltungen, Störungen oder Ausfälle der Reinigungs- oder der Messvorrichtungen, während deren die Emissionen in die Luft und die Abwassereinleitungen die vorgeschriebenen Emissionsgrenzwerte überschreiten dürfen.

(2) Zusätzlich zu den Anforderungen gemäß Absatz 1 sind in der Genehmigung für eine Abfallverbrennungsanlage oder Abfallmitverbrennungsanlage, in der gefährliche Abfälle eingesetzt werden, folgende Angaben zu machen:

a) eine Liste der Mengen der verschiedenen Arten von gefährlichen Abfällen, die behandelt werden können;

b) die minimalen und maximalen Massenströme dieser gefährlichen Abfälle, ihr geringster und höchster Heizwert und ihr maximaler Gehalt an polychlorierten Biphenylen, Pentachlorphenol, Chlor, Fluor, Schwefel, Schwermetallen und sonstigen Schadstoffen.

(3) Die Mitgliedstaaten können die in der Genehmigung aufzuführenden Abfallarten auflisten, die in bestimmten Kategorien von Abfallmitverbrennungsanlagen mitverbrannt werden können.

(4) Die zuständigen Behörden nehmen regelmäßig eine Überprüfung und bei Bedarf eine Anpassung der Genehmigungsbedingungen vor.

Artikel 46 Reduzierung der Emissionen

(1) Die Abgase aus Abfallverbrennungsanlagen und Abfallmitverbrennungsanlagen sind kontrolliert mit Hilfe von Schornsteinen abzuleiten, deren Höhe so auszulegen ist, dass der Schutz der menschlichen Gesundheit und der Umwelt gewährleistet ist.

(2) Die Emissionen aus Abfallverbrennungsanlagen und Abfallmitverbrennungsanlagen in die Luft dürfen die in Anhang VI Teile 3 und 4 festgelegten oder in Teil 4 des genannten Anhangs vorgegebenen Emissionsgrenzwerte nicht überschreiten.

Werden in einer Abfallmitverbrennungsanlage mehr als 40 % der freigesetzten Wärme mit gefährlichen Abfällen erzeugt oder werden in der Anlage unaufbereitete gemischte Siedlungsabfälle mitverbrannt, so gelten die in Anhang VI Teil 3 festgelegten Emissionsgrenzwerte.

(3) Das Einleiten des bei der Abgasreinigung anfallenden Abwassers in Gewässer ist, soweit dies praktisch möglich ist, zu begrenzen und die Konzentrationen an Schadstoffen dürfen die in Anhang VI Teil 5 festgelegten Emissionsgrenzwerte nicht überschreiten.

(4) Die Emissionsgrenzwerte gelten an dem Ort, an dem das Abwasser aus der Abgasreinigung aus der Abfallverbrennungsanlage und Abfallmitverbrennungsanlage abgeleitet wird.

Wird Abwasser aus der Abgasreinigung außerhalb der Abfallverbrennungsanlage und Abfallmitverbrennungsanlage in einer nur für die Behandlung dieser Abwasserart bestimmten Behandlungsanlage behandelt, so sind die in Anhang VI Teil 5 genannten Emissionsgrenzwerte am Ort der Abwasserableitung aus der Behandlungsanlage anzuwenden. Wird das Abwasser aus der Abgasreinigung zusammen mit Wasser anderer Herkunft innerhalb oder außerhalb des Standorts behandelt, so berechnet der Betreiber die erforderlichen Massenbilanzen anhand der Ergebnisse der Messungen gemäß Anhang VI Teil 6 Nummer 3, um die Emissionsniveaus in den endgültig eingeleiteten Wassermengen zu bestimmen, die dem Abwasser aus der Abgasreinigung zugeschrieben werden können.

Unter keinen Umständen darf eine Verdünnung des Abwassers erfolgen, um die in Anhang VI Teil 5 genannten Emissionsgrenzwerte einzuhalten.

(5) Die Gelände von Abfallverbrennungsanlagen und Abfallmitverbrennungsanlagen, einschließlich der dazugehörigen Abfalllagerflächen sind so auszulegen und zu nutzen, dass unerlaubtes und unbeabsichtigtes Freisetzen von Schadstoffen in den Boden, in das Oberflächenwasser und das Grundwasser vermieden wird.

Für das auf dem Gelände der Abfallverbrennungsanlage und Abfallmitverbrennungsanlage anfallende verunreinigte Regenwasser und für verunreinigtes Wasser, das bei Störungen oder der Brandbekämpfung anfällt, muss Speicherkapazität vorgesehen werden. Die Speicherkapazität muss so bemessen sein, dass das anfallende Wasser erforderlichenfalls geprüft und vor der Einleitung behandelt werden kann.

(6) Unbeschadet des Artikels 50 Absatz 4 Buchstabe c darf die Abfallverbrennung in der Abfallverbrennungs- oder Abfallmitverbrennungsanlage oder in einzelnen Öfen, die Teil einer Abfallverbrennungs- oder Abfallmitverbrennungsanlage sind, bei Überschreitung der Emissionsgrenzwerte unter keinen Umständen mehr als vier Stunden ununterbrochen fortgesetzt werden.

Die Gesamtzeit des Betriebs unter diesen Bedingungen darf, auf ein ganzes Jahr bezogen, 60 Stunden nicht überschreiten.

Die zeitliche Beschränkung gemäß Unterabsatz 2 gilt für jene Öfen, die an eine einzelne Abgasreinigungseinrichtung angeschlossen sind.

Artikel 47 Ausfall

Bei einem Ausfall muss der Betreiber den Betrieb so schnell wie möglich vermindern oder ganz einstellen, bis die normalen Betriebsbedingungen wieder hergestellt sind.

Artikel 48 Emissionsüberwachung

(1) Die Mitgliedstaaten gewährleisten, dass die Emissionsüberwachung gemäß Anhang VI Teile 6 und 7 durchgeführt wird.

(2) Einbau und Funktionieren der automatisierten Messsysteme müssen kontrolliert werden und jedes Jahr müssen die Überwachungstests gemäß Anhang VI Teil 6 Nummer 1 durchgeführt werden.

(3) Die zuständige Behörde legt die Probenahme- oder Messstellen für die Überwachung von Emissionen fest.

(4) Alle Überwachungsergebnisse müssen auf solch eine Weise aufgezeichnet, verarbeitet und dargestellt werden, die es der zuständigen Behörde ermöglicht, die Einhaltung der Betriebsbedingungen und der in der Genehmigung angegebenen Emissionsgrenzwerte zu überprüfen.

(5) Sobald geeignete Messverfahren in der Union verfügbar sind, legt die Kommission mittels delegierter Rechtsakte gemäß Artikel 76 und unter den in den Artikeln 77 und 78 festgelegten Bedingungen den Termin fest, ab dem die kontinuierlichen Messungen der Emissionen von Schwermetallen, Dioxinen und Furanen in die Luft durchgeführt werden müssen.

Artikel 49 Einhaltung der Emissionsgrenzwerte

Emissionsgrenzwerte für Luft und Wasser gelten als eingehalten, wenn die Bedingungen gemäß Anhang VI Teil 8 erfüllt sind.

Artikel 50 Betriebsbedingungen

(1) Abfallverbrennungsanlagen müssen so betrieben werden, dass mit dem erzielten Verbrennungsgrad in der Schlacke und Rostasche ein Gehalt an organisch gebundenem Gesamtkohlenstoff von weniger als 3 % oder ein Glühverlust von weniger als 5 % des Trockengewichts des verbrannten Stoffes eingehalten wird. Erforderlichenfalls müssen Techniken der Abfallvorbehandlung angewandt werden.

(2) Abfallverbrennungsanlagen sind so auszulegen, auszurüsten, zu errichten und zu betreiben, dass die Temperatur des bei der Verbrennung von Abfällen entstehenden Gases nach der letzten Zuführung von Verbrennungsluft kontrolliert, gleichmäßig und selbst unter den ungünstigsten Bedingungen mindestens zwei Sekunden lang auf mindestens 850°C erhöht wird.

Abfallmitverbrennungsanlagen sind so auszulegen, auszurüsten, zu errichten und zu betreiben, dass die Temperatur des bei der Mitverbrennung von Abfällen entstehenden Gases kontrolliert und gleichmäßig und selbst unter den ungünstigsten Bedingungen mindestens zwei Sekunden lang auf mindestens 850°C erhöht wird.

Wenn gefährliche Abfälle mit einem Gehalt von mehr als 1 Gewichtsprozent an halogenierten organischen Stoffen, berechnet als Chloride, verbrannt oder mitverbrannt werden, ist zur Einhaltung der Bestimmungen der Unterabsätze 1 und 2 eine Temperatur von mindestens 1100°C erforderlich.

Die Temperaturen gemäß den Unterabsätzen 1 und 3 werden bei Abfallverbrennungsanlagen in der Nähe der Innenwand des Brennraums gemessen. Die zuständige Behörde kann genehmigen, dass die Messungen an einer anderen repräsentativen Stelle des Brennraums erfolgen.

(3) Jeder Brennraum einer Abfallverbrennungsanlage muss mit mindestens einem Hilfsbrenner ausgestattet sein. Dieser wird automatisch eingeschaltet, wenn die Temperatur der Verbrennungsgase nach der letzten Zuführung von Verbrennungsluft unter die in Absatz 2 angegebenen Temperaturen sinkt. Er ist auch bei An- und Abfahrvorgängen der Anlage einzusetzen, um zu gewährleisten, dass diese Temperaturen zu jedem Zeitpunkt dieser Betriebsvorgänge – und solange sich unverbrannter Abfall im Brennraum befindet – aufrechterhalten bleiben.

Der Hilfsbrenner darf nicht mit Brennstoff gespeist werden, der höhere Emissionen zur Folge haben kann als die Verbrennung von Gasöl gemäß Artikel 2 Nummer 2 der Richtlinie 1999/32/EG des Rates vom 26. April 1999 über eine Verringerung des Schwefelgehalts bestimmter flüssiger Kraft- oder Brennstoffe[1]) von Flüssiggas oder Erdgas.

(4) In den Abfallverbrennungs- und Abfallmitverbrennungsanlagen kommt ein automatisches System zum Einsatz, um die Beschickung mit Abfall unter folgenden Umständen zu verhindern:

a) während des Anfahrvorgangs bis zum Erreichen der in Absatz 2 dieses Artikels festgelegten Temperatur oder der gemäß Artikel 51 Absatz 1 vorgegebenen Temperatur;

b) bei jedem Absinken der Temperatur unter die in Absatz 2 dieses Artikels festgelegte Temperatur oder unter die gemäß Artikel 51 Absatz 1 vorgegebene Temperatur;

c) wenn die kontinuierlichen Messungen ergeben, dass ein Emissionsgrenzwert wegen einer Störung oder eines Ausfalls der Abgasreinigungseinrichtungen überschritten wird.

(5) Jede von Abfallverbrennungsanlagen oder Abfallmitverbrennungsanlagen erzeugte Wärme muss, soweit praktikabel, genutzt werden.

(6) Infektiöse klinische Abfälle werden ohne vorherige Vermischung mit anderen Abfallarten und ohne direkte Handhabung in die Feuerung verbracht.

(7) Die Mitgliedstaaten sorgen dafür, dass die Abfallverbrennungsanlage oder Abfallmitverbrennungsanlage von einer natürlichen Person betrieben und kontrolliert wird, die die zur Leitung der Anlage erforderliche Kompetenz besitzt.

Artikel 51 Genehmigung zur Änderung der Betriebsbedingungen

(1) Sofern die sonstigen Anforderungen dieses Kapitels erfüllt sind, können die zuständigen Behörden Anforderungen zulassen, die sich von den in Artikel 50 Absätze 1, 2 und 3 und in Bezug auf die Temperatur in Absatz 4 des genannten Artikels festgelegten Anforderungen unterscheiden und in der Genehmigung für bestimmte Abfallarten oder bestimmte thermische Verfahren näher festgelegt werden. Die Mitgliedstaaten können Vorschriften für diese Genehmigungen erlassen.

(2) Die Änderung der Betriebsbedingungen von Abfallverbrennungsanlagen darf jedoch im Vergleich zu den Rückständen, die unter den in Artikel 50 Absätze 1, 2 und 3 festgelegten Bedingungen zu erwarten wären, keine höheren Rückstandsmengen oder Rückstände mit einem höheren Gehalt an organischen Schadstoffen zur Folge haben.

(3) Emissionen von organisch gebundenem Gesamtkohlenstoff und Kohlenmonoxid aus Abfallmitverbrennungsanlagen, für die eine Änderung der Betriebsbedingungen gemäß Absatz 1 genehmigt wurde, müssen auch die in Anhang VI Teil 3 festgelegten Emissionsgrenzwerte einhalten.

Emissionen von organisch gebundenem Gesamtkohlenstoff aus Rindenkesseln in der Zellstoff- und Papierindustrie, in denen Abfälle am Entstehungsort mitverbrannt werden und die vor dem 28. Dezember 2002 in Betrieb waren und für die vor diesem Zeitpunkt eine Genehmigung erteilt worden ist und für die eine Änderung der Betriebsbedingungen gemäß Absatz 1 genehmigt wurde, müssen auch die Emissionsgrenzwerte in Anhang VI Teil 3 einhalten.

(4) Die Mitgliedstaaten teilen der Kommission alle gemäß den Absätzen 1, 2 und 3 genehmigten Betriebsbedingungen und die Ergebnisse der vorgenommenen

---

1) Amtliche Fußnote: ABl. L 121 vom 11. 5. 1999, S. 13.

Prüfungen zusammen mit den Informationen mit, die ihr zur Einhaltung der Berichterstattungspflicht gemäß Artikel 72 übermittelt werden.

Artikel 52 Anlieferung und Annahme des Abfalls

(1) Der Betreiber einer Abfallverbrennungsanlage oder Abfallmitverbrennungsanlage hat alle erforderlichen Vorsichtsmaßnahmen hinsichtlich der Anlieferung und Annahme der Abfälle zu ergreifen, um die Verschmutzung der Luft, des Bodens, des Oberflächen- und Grundwassers, andere Belastungen der Umwelt, Geruchs- und Lärmbelästigungen sowie direkte Gefahren für die menschliche Gesundheit zu vermeiden oder, soweit es praktikabel ist, zu begrenzen.

(2) Der Betreiber hat vor der Annahme des Abfalls in der Abfallverbrennungsanlage oder Abfallmitverbrennungsanlage die Masse einer jeden Abfallart nach Möglichkeit gemäß dem mit der Entscheidung 2000/532/EG aufgestellten Europäischen Abfallverzeichnis zu bestimmen.

(3) Der Betreiber trägt vor Annahme gefährlicher Abfälle in der Abfallverbrennungs- oder Abfallmitverbrennungsanlage die verfügbaren Angaben über die Abfälle zusammen, damit festgestellt werden kann, ob die Genehmigungsbedingungen nach Artikel 45 Absatz 2 erfüllt sind.

Diese Angaben müssen Folgendes umfassen:

a) alle verwaltungsmäßigen Angaben über den Entstehungsprozess, die in den in Absatz 4 Buchstabe a genannten Dokumenten enthalten sind;

b) physikalische und – soweit praktikabel – chemische Zusammensetzung der Abfälle und alle sonstigen erforderlichen Angaben zur Beurteilung der Eignung für den vorgesehenen Verbrennungsprozess;

c) Gefahrenmerkmale der Abfälle, Stoffe, mit denen sie nicht vermischt werden dürfen, und Vorsichtsmaßnahmen beim Umgang mit den Abfällen.

(4) Der Betreiber muss vor Annahme gefährlicher Abfälle in der Abfallverbrennungsanlage oder Abfallmitverbrennungsanlage mindestens folgende Verfahren durchführen:

a) Es sind die Dokumente zu prüfen, die in der Richtlinie 2008/98/EG und gegebenenfalls in der Verordnung (EG) Nr. 1013/2006 des Europäischen Parlaments und des Rates vom 14. Juni 2006 über die Verbringung von Abfällen[1)] und den Rechtsvorschriften für Gefahrguttransporte vorgeschrieben sind;

b) sofern dies nicht unangemessen ist, sind möglichst vor dem Abladen repräsentative Proben zu nehmen, um durch Kontrollen zu überprüfen, ob die Abfälle den Angaben nach Absatz 3 entsprechen, und den zuständigen Behörden die Feststellung der Art der behandelten Abfälle zu ermöglichen.

Die Proben gemäß Buchstabe b sind nach der Verbrennung oder Mitverbrennung des betreffenden Abfalls mindestens einen Monat lang aufzubewahren.

(5) Die zuständige Behörde kann für Abfallverbrennungsanlagen oder Abfallmitverbrennungsanlagen, die Teil einer unter Kapitel II fallenden Anlage sind und nur innerhalb der Anlage entstandene Abfälle verbrennen oder mitverbrennen, Ausnahmen von den Absätzen 2, 3 und 4 gewähren.

---

1) Amtliche Fußnote: ABl. L 190 vom 12. 7. 2006, S. 1.

Artikel 53 Rückstände

(1) Rückstände sind hinsichtlich Menge und Schädlichkeit auf ein Minimum zu beschränken. Die Rückstände sind soweit angezeigt in der Anlage selbst oder außerhalb dieser zu verwerten.

(2) Die Beförderung und Zwischenlagerung von Trockenrückständen in Form von Staub hat so zu erfolgen, dass diffuse Emissionen dieser Rückstände in die Umwelt vermieden werden.

(3) Vor der Festlegung des Entsorgungsweges für die Beseitigung oder Verwertung der Rückstände sind die physikalischen und chemischen Eigenschaften und das Schadstoffpotenzial der Rückstände mit geeigneten Tests zu ermitteln. Diese Tests betreffen die gesamte lösliche Fraktion und die lösliche Schwermetallfraktion.

Artikel 54 Wesentliche Änderung

Eine Änderung des Betriebs einer Abfallverbrennungsanlage oder Abfallmitverbrennungsanlage, die nur nichtgefährliche Abfälle einsetzt, in eine unter Kapitel II fallende Anlage, die die Verbrennung oder Mitverbrennung gefährlicher Abfälle mit sich bringt, gilt als wesentliche Änderung.

Artikel 55 Berichterstattung und Information der Öffentlichkeit über Abfallverbrennungs- und Abfallmitverbrennungsanlagen

(1) Anträge auf neue Genehmigungen für Abfallverbrennungsanlagen oder Abfallmitverbrennungsanlagen werden für einen angemessenen Zeitraum der Öffentlichkeit an einem oder mehreren Orten zugänglich gemacht, um der Öffentlichkeit vor der Entscheidung der zuständigen Behörde Gelegenheit zur Stellungnahme zu den Anträgen zu geben. Diese Entscheidung mit mindestens einer Abschrift der Genehmigung und alle späteren Aktualisierungen müssen der Öffentlichkeit ebenfalls zugänglich gemacht werden.

(2) Für Abfallverbrennungsanlagen oder Abfallmitverbrennungsanlagen mit einer Nennkapazität von zwei Tonnen pro Stunde oder mehr werden in dem Bericht gemäß Artikel 72 Informationen über das Funktionieren und die Überwachung der Anlage geliefert und wird Rechenschaft über die Durchführung des Verbrennungs- oder Mitverbrennungsprozesses und über die Emissionen in die Luft und ins Wasser im Vergleich zu den Emissionsgrenzwerten abgelegt. Diese Information ist der Öffentlichkeit zugänglich zu machen.

(3) Eine Liste der Abfallverbrennungsanlagen oder Abfallmitverbrennungsanlagen mit einer Nennkapazität von weniger als zwei Tonnen pro Stunde wird von der zuständigen Behörde erstellt und der Öffentlichkeit zugänglich gemacht.

KAPITEL V

SONDERVORSCHRIFTEN FÜR ANLAGEN UND TÄTIGKEITEN, BEI DENEN ORGANISCHE LÖSUNGSMITTEL EINGESETZT WERDEN

Artikel 56 Anwendungsbereich

Dieses Kapitel gilt für Tätigkeiten, die in Anhang VII Teil 1 aufgelistet sind und bei denen gegebenenfalls die in dem genannten Anhang Teil 2 festgelegten Schwellenwerte für den Lösungsmittelverbrauch erreicht werden.

Artikel 57 Begriffsbestimmungen

Im Sinne dieses Kapitels bezeichnet der Ausdruck:

1. „bestehende Anlage“ eine Anlage, die am 29. März 1999 in Betrieb war oder für die vor dem 1. April 2001 eine Genehmigung erteilt oder Registrierung vorgenommen worden ist oder für die der Betreiber vor diesem Zeitpunkt einen vollständigen Genehmigungsantrag gestellt hat, sofern sie spätestens am 1. April 2002 in Betrieb genommen wurde;
2. „Abgase“ die aus einem Schornstein oder einer Vorrichtung zur Emissionsminderung endgültig in die Luft freigesetzten Gase, die flüchtige organische Verbindungen oder sonstige Schadstoffe enthalten;
3. „diffuse Emissionen“ alle nicht in Abgasen enthaltenen Emissionen flüchtiger organischer Verbindungen in die Luft, den Boden oder das Wasser sowie Lösungsmittel, die in einem Produkt enthalten sind, soweit in Anhang VII Teil 2 nicht anders angegeben;
4. „Gesamtemissionen“ die Summe der diffusen Emissionen und der Emissionen in Abgasen;
5. „Mischung“ Mischung im Sinne der Begriffsbestimmung in Artikel 3 Absatz 2 der Verordnung (EG) Nr. 1907/2006 des Europäischen Parlaments und des Rates vom 18. Dezember 2006 zur Registrierung, Bewertung, Zulassung und Beschränkung chemischer Stoffe (REACH) und zur Schaffung einer Europäischen Chemikalienagentur[1)]
6. „Klebstoff“ jede Mischung, einschließlich aller organischen Lösungsmittel oder Mischungen, die für ihre Gebrauchstauglichkeit organische Lösungsmittel enthalten müssen, die dazu verwendet wird, Einzelteile eines Produkts zusammenzukleben;
7. „Druckfarbe“ eine Mischung, einschließlich aller organischen Lösungsmittel oder Mischungen, die für ihre Gebrauchstauglichkeit organische Lösungsmittel enthalten müssen, die in einem Druckverfahren für das Bedrucken einer Oberfläche mit Text oder Bildern verwendet wird;
8. „Klarlack“ einen durchsichtigen Beschichtungsstoff;
9. „Verbrauch“ die Gesamtmenge an organischen Lösungsmitteln, die in einer Anlage je Kalenderjahr oder innerhalb eines beliebigen Zwölfmonatszeitraums eingesetzt wird, abzüglich aller flüchtigen organischen Verbindungen, die zur Wiederverwendung zurück gewonnen werden;
10. „eingesetzte Lösungsmittel“ die Menge der organischen Lösungsmittel und ihre Menge in Mischungen, die bei der Durchführung einer Tätigkeit verwendet werden, einschließlich der innerhalb und außerhalb der Anlage zurück gewonnenen Lösungsmittel, die jedes Mal zu berücksichtigen sind, wenn sie zur Durchführung der Tätigkeit verwendet werden;
11. „Wiederverwendung“ die Verwendung organischer Lösungsmittel, die aus einer Anlage für technische oder kommerzielle Zwecke zurück gewonnen werden; dazu zählt die Nutzung als Brennstoff, nicht jedoch die Endlagerung zurückgewonnener organischer Lösungsmittel als Abfall;
12. „gefasste Bedingungen“ Bedingungen, unter denen eine Anlage so betrieben wird, dass die bei der Tätigkeit freigesetzten flüchtigen organischen Verbindungen erfasst und entweder durch einen Schornstein oder eine Vorrichtung

---

1) Amtliche Fußnote: ABl. L 396 vom 30. 12. 2006, S. 1.

zur Emissionsminderung kontrolliert abgeleitet und somit nicht vollständig diffus emittiert werden;

13. „An- und Abfahren" die Vorgänge, mit denen der Betriebs- oder Bereitschaftszustand einer Tätigkeit, eines Gerätes oder eines Behälters hergestellt oder beendet wird, ausgenommen regelmäßig wiederkehrende Phasen bei einer Tätigkeit.

Artikel 58 Substitution gefährlicher Stoffe

Stoffe oder Mischungen, denen aufgrund ihres Gehalts an flüchtigen organischen Verbindungen, die gemäß der Verordnung (EG) Nr. 1272/2008 als karzinogen, mutagen oder reproduktionstoxisch eingestuft sind, die Gefahrenhinweise H340, H350, H350i, H360D oder H360F zugeordnet oder die mit diesen Hinweisen zu kennzeichnen sind, werden in kürzestmöglicher Frist soweit wie möglich durch weniger schädliche Stoffe oder Mischungen ersetzt.

Artikel 59 Reduzierung der Emissionen

(1) Die Mitgliedstaaten ergreifen die erforderlichen Maßnahmen, um bei jeder Anlage sicherzustellen, dass

a) die Emissionen an flüchtigen organischen Verbindungen aus den Anlagen die Emissionsgrenzwerte für Abgase und die Grenzwerte für die diffusen Emissionen oder die Grenzwerte für die Gesamtemissionen nicht überschreiten und die anderen Anforderungen des Anhangs VII Teile 2 und 3 eingehalten werden;

b) die Anlagen die Anforderungen des Reduzierungsplans gemäß Anhang VII Teil 5 erfüllen, sofern eine Emissionsminderung in der gleichen Höhe erzielt wird, wie dies bei Anwendung der Emissionsgrenzwerte gemäß Buchstabe a der Fall wäre.

Die Mitgliedstaaten berichten der Kommission gemäß Artikel 72 Absatz 1 über die in Bezug auf die gleichwertige Emissionsminderung gemäß Buchstabe b erzielten Fortschritte.

(2) Weist der Betreiber gegenüber der zuständigen Behörde nach, dass die Einhaltung der Grenzwerte für diffuse Emissionen bei einer einzelnen Anlage technisch und wirtschaftlich nicht machbar ist, so kann die zuständige Behörde abweichend von Absatz 1 Buchstabe a genehmigen, dass die Emissionen die Emissionsgrenzwerte überschreiten, sofern keine wesentlichen Risiken für die menschliche Gesundheit oder die Umwelt zu erwarten sind und der Betreiber gegenüber der zuständigen Behörde nachweist, dass die besten verfügbaren Techniken verwendet werden.

(3) Abweichend von Absatz 1 kann die zuständige Behörde für die in der Tabelle des Anhangs VII Teil 2 unter Nummer 8 aufgeführten Beschichtungstätigkeiten, die nicht unter gefassten Bedingungen ausgeführt werden können, genehmigen, dass die Emissionen der Anlage die Anforderungen jenes Absatzes nicht erfüllen, sofern der Betreiber gegenüber der zuständigen Behörde nachweist, dass die Einhaltung dieser Anforderungen technisch und wirtschaftlich nicht machbar ist und dass die besten verfügbaren Techniken verwendet werden.

(4) Die Mitgliedstaaten erstatten der Kommission im Einklang mit Artikel 72 Absatz 2 über die Ausnahmen gemäß den Absätzen 2 und 3 dieses Artikels Bericht.

(5) Zum Schutz der Gesundheit der Allgemeinheit und der Umwelt müssen Emissionen entweder von flüchtigen organischen Verbindungen, denen die Gefah-

renhinweise H340, H350, H350i, H360D oder H360F zugeordnet sind oder die mit diesen Hinweisen zu kennzeichnen sind, oder von flüchtigen halogenierten organischen Verbindungen, denen die Gefahrenhinweise H341 oder H351 zugeordnet sind oder die mit diesen Hinweisen zu kennzeichnen sind, unter gefassten Bedingungen behandelt werden, soweit dies technisch und wirtschaftlich machbar ist; diese Emissionen dürfen die einschlägigen Emissionsgrenzwerte in Anhang VII Teil 4 nicht überschreiten.

(6) Bei Anlagen, in denen zwei oder mehr Tätigkeiten jeweils die Schwellenwerte nach Anhang VII Teil 2 überschreiten, gilt Folgendes:

a) Bei den in Absatz 5 festgelegten Stoffen sind die Anforderungen dieses Absatzes für die jeweilige Tätigkeit einzeln einzuhalten.
b) Bei allen anderen Stoffen
   i) sind entweder die Anforderungen nach Absatz 1 für jede Tätigkeit einzeln einzuhalten; oder
   ii) dürfen die Gesamtemissionen von flüchtigen organischen Verbindungen nicht die Werte überschreiten, die bei Anwendung von Ziffer i erreicht worden wären.

(7) Es werden alle geeigneten Vorsichtsmaßnahmen ergriffen, um die Emissionen von flüchtigen organischen Verbindungen während der An- und Abfahrvorgänge so gering wie möglich zu halten.

Artikel 60 Emissionsüberwachung

Die Mitgliedstaaten gewährleisten entweder durch Angabe in den Genehmigungsbedingungen oder durch Festlegung allgemeiner bindender Vorschriften, dass die Messungen der Emissionen gemäß Anhang VII Teil 6 durchgeführt werden.

Artikel 61 Einhaltung der Emissionsgrenzwerte

Die Emissionsgrenzwerte für Abgase gelten als eingehalten, wenn die Bedingungen gemäß Anhang VII Teil 8 erfüllt sind.

Artikel 62 Berichterstattung über die Einhaltung der Vorschriften

Der Betreiber übermittelt der zuständigen Behörde auf Anfrage die Angaben, die es dieser gestatten, die Einhaltung folgender Parameter zu überprüfen:

a) Emissionsgrenzwerte für Abgase, Grenzwerte der diffusen Emissionen und Gesamtemissionsgrenzwerte;
b) Anforderungen des Reduzierungsplans nach Anhang VII Teil 5;
c) gemäß Artikel 59 Absätze 2 und 3 gewährte Abweichungen.

Dies kann eine gemäß Anhang VII Teil 7 erstellte Lösungsmittelbilanz einschließen.

Artikel 63 Wesentliche Änderung bestehender Anlagen

(1) Wird die maximale Masse der in einer Anlage eingesetzten organischen Lösungsmittel, gemittelt über einen Tag, sofern die Anlage unter anderen Bedingungen als denen des An- und Abfahrens und der Wartung der Ausrüstung entsprechend ihrer Auslegung betrieben wird, geändert, so gilt dies als wesentliche Änderung, wenn sie zu einer Erhöhung der Emissionen flüchtiger organischer Verbindungen führt, die folgende Werte übersteigt:

a) 25 % bei einer Anlage, die entweder Tätigkeiten, die in den unteren Schwellenwertbereich der Nummern 1, 3, 4, 5, 8, 10, 13, 16 oder 17 der Tabelle in Anhang VII Teil 2 fallen, oder Tätigkeiten, die unter eine andere Nummer des Anhangs VII Teil 2 fallen, durchführt und einen Lösungsmittelverbrauch von weniger als 10 t/Jahr hat;

b) 10 % bei allen anderen Anlagen.

(2) Bei bestehenden Anlagen, an denen eine wesentliche Änderung vorgenommen wird oder die infolge einer wesentlichen Änderung erstmals unter diese Richtlinie fallen, wird der betreffende Anlagenteil, der einer wesentlichen Änderung unterzogen wird, entweder als Neuanlage oder als bestehende Anlage eingestuft, sofern die Gesamtemissionen der gesamten Anlage nicht den Wert übersteigen, der erreicht worden wäre, wenn der wesentlich geänderte Anlagenteil als Neuanlage behandelt worden wäre.

(3) Im Falle einer wesentlichen Änderung überprüft die zuständige Behörde, ob die Anlage die Anforderungen dieser Richtlinie erfüllt.

Artikel 64 Informationsaustausch über die Substitution organischer Lösungsmittel

Die Kommission organisiert einen Informationsaustausch mit den Mitgliedstaaten, der betreffenden Industrie und Nichtregierungsorganisationen, die sich für den Umweltschutz einsetzen, über die Verwendung organischer Lösungsmittel und ihrer potenziellen Ersatzstoffe sowie über Techniken, die die potenziell geringsten Auswirkungen auf Luft, Wasser, Boden, die Ökosysteme und die menschliche Gesundheit haben.

Es findet ein Informationsaustausch über folgende Themen statt:

a) die Gebrauchstauglichkeit;

b) die potenziellen Auswirkungen auf die menschliche Gesundheit im Allgemeinen und die Exposition am Arbeitsplatz im Besonderen;

c) die potenziellen Auswirkungen auf die Umwelt;

d) die wirtschaftlichen Auswirkungen, insbesondere das Kosten-Nutzen-Verhältnis der verfügbaren Alternativen.

Artikel 65 Zugang zu Informationen

(1) Die Entscheidung der zuständigen Behörde einschließlich mindestens einer Abschrift der Genehmigung sowie etwaige Aktualisierungen sind der Öffentlichkeit zugänglich zu machen.

Die für Anlagen geltenden allgemeinen bindenden Vorschriften und das Verzeichnis der genehmigungs- und registrierungspflichtigen Anlagen sind der Öffentlichkeit zugänglich zu machen.

(2) Die Ergebnisse der gemäß Artikel 60 durchzuführenden Überwachung der Emissionen, die der zuständigen Behörde vorliegen, sind ebenfalls der Öffentlichkeit zugänglich zu machen.

(3) Die Absätze 1 und 2 dieses Artikels gelten vorbehaltlich der Einschränkungen des Artikels 4 Absätze 1 und 2 der Richtlinie 2003/4/EG.

KAPITEL VI
SONDERVORSCHRIFTEN FÜR TITANDIOXID PRODUZIERENDE ANLAGEN

Artikel 66 Geltungsbereich

Dieses Kapitel gilt für Anlagen, die Titandioxid produzieren.

Artikel 67 Verbot der Einleitung von Abfällen

Die Mitgliedstaaten verbieten die Einleitung folgender Abfälle in ein Gewässer, Meere oder Ozeane:

a) feste Abfälle;

b) Mutterlaugen, die in der Filtrationsphase nach Hydrolyse der Titansulfatlösung in Anlagen, die das Sulfatverfahren anwenden, anfallen, einschließlich der mit solchen Laugen vermischten sauren Abfälle, die insgesamt mehr als 0,5 % freie Schwefelsäure und verschiedene Schwermetalle enthalten, darunter auch Mutterlaugen, die verdünnt wurden, bis sie 0,5 % oder weniger freie Schwefelsäure enthalten;

c) Abfälle aus Anlagen, die das Chloridverfahren anwenden, mit einem Gehalt an freier Salzsäure und verschiedenen Schwermetallen von mehr als 0,5 %, einschließlich Abfälle, die verdünnt wurden, bis sie 0,5 % oder weniger freie Salzsäure enthalten;

d) Filtersalze, Schlämme und flüssige Abfälle, die bei der Behandlung (Konzentrierung oder Neutralisierung) der in den Buchstaben b und c genannten Abfälle anfallen und verschiedene Schwermetalle enthalten, nicht jedoch neutralisierte und gefilterte bzw. geklärte Abfälle, die Schwermetalle nur in Spuren enthalten und die vor jeglicher Verdünnung einen pH-Wert von mehr als 5,5 aufweisen.

Artikel 68 Verminderung der Emissionen ins Wasser

Die von den Anlagen ins Wasser abgeleiteten Emissionen dürfen die in Anhang VIII Teil 1 festgelegten Emissionsgrenzwerte nicht überschreiten.

Artikel 69 Vermeidung und Verminderung von Emissionen in die Luft

(1) Emissionen von Säuretröpfchen aus den Anlagen sind zu vermeiden.

(2) Die von den Anlagen ausgehenden Emissionen in die Luft dürfen die Emissionsgrenzwerte in Anhang VIII Teil 2 nicht überschreiten.

Artikel 70 Überwachung der Emissionen

(1) Die Mitgliedstaaten stellen sicher, dass die Emissionen ins Wasser überwacht werden, damit die zuständigen Behörden die Einhaltung der Genehmigungsauflagen und des Artikels 68 überprüfen können.

(2) Die Mitgliedstaaten stellen sicher, dass die Emissionen in die Luft überwacht werden, damit die zuständigen Behörden die Einhaltung der Genehmigungsauflagen und des Artikels 69 überprüfen können. Diese Überwachung umfasst zumindest die Überwachung der Emissionen gemäß Anhang VIII Teil 3.

(3) Die Überwachung wird nach CEN-Normen oder, sofern diese nicht zur Verfügung stehen, nach ISO-Normen, nationalen oder anderen internationalen Nor-

men durchgeführt, mit denen sichergestellt werden kann, dass Daten von gleicher wissenschaftlicher Qualität erhoben werden.

KAPITEL VII
AUSSCHUSS, ÜBERGANGS- UND SCHLUSSBESTIMMUNGEN

Artikel 71 Zuständige Behörden

Die Mitgliedstaaten benennen die für die Wahrnehmung der Pflichten aufgrund dieser Richtlinie zuständigen Behörden.

Artikel 72 Berichterstattung durch die Mitgliedstaaten

(1) Die Mitgliedstaaten stellen sicher, dass die Kommission Informationen erhält über die Umsetzung dieser Richtlinie, über repräsentative Daten über Emissionen und sonstige Arten von Umweltverschmutzung, über Emissionsgrenzwerte, über die Anwendung der besten verfügbaren Techniken gemäß den Artikeln 14 und 15, insbesondere über die Gewährung von Ausnahmen gemäß Artikel 15 Absatz 4, sowie über Fortschritte bei der Entwicklung und Anwendung von Zukunftstechniken gemäß Artikel 27. Die Mitgliedstaaten stellen diese Informationen in elektronischer Form zur Verfügung.

(2) Es wird nach dem in Artikel 75 Absatz 2 genannten Regelungsverfahren festgelegt, welche Art von Informationen die Mitgliedstaaten in welcher Form und mit welcher Häufigkeit gemäß Absatz 1 zu übermitteln haben. Dazu gehört auch die Bestimmung der speziellen Tätigkeiten und Schadstoffe, für die die in Absatz 1 genannten Angaben zur Verfügung zu stellen sind.

(3) Die Mitgliedstaaten erstellen ab 1. Januar 2016 eine jährliche Aufstellung der Schwefeldioxid-, Stickstoffoxid- und Staubemissionen und des Energieinputs für alle von Kapitel III erfassten Feuerungsanlagen.

Unter Berücksichtigung der in Artikel 29 festgelegten Aggregationsregeln erhält die zuständige Behörde folgende Angaben für jede Feuerungsanlage:

a) Feuerungswärmeleistung der Feuerungsanlage (in MW);
b) Art der Feuerungsanlage: Kesselfeuerung, Gasturbine, Gasmotor, Dieselmotor, andere (genau anzugeben);
c) Datum der Betriebsaufnahme der Feuerungsanlage;
d) Jahresgesamtemissionen (in t/Jahr) an Schwefeldioxid, Stickstoffoxiden und Staub (als Schwebstoffe insgesamt);
e) Zahl der Betriebsstunden der Feuerungsanlage;
f) jährlicher Gesamtenergieinput, bezogen auf den Nettobrennwert (in TJ pro Jahr), aufgeschlüsselt in die folgenden Brennstoffkategorien: Steinkohle, Braunkohle, Biomasse, Torf, andere feste Brennstoffe (genau anzugeben), flüssige Brennstoffe, Erdgas, sonstige Gase (genau anzugeben).

Die in diesen Aufstellungen enthaltenen Jahresangaben für jede einzelne Anlage werden der Kommission auf Anfrage zur Verfügung gestellt.

Alle drei Jahre wird der Kommission innerhalb von zwölf Monaten nach Ablauf des betreffenden Dreijahreszeitraums eine Zusammenfassung dieser Aufstellungen zur Verfügung gestellt. In dieser Zusammenfassung sind die Angaben zu Feuerungsanlagen in Raffinerien gesondert aufgeführt.

Die Kommission macht den Mitgliedstaaten und der Öffentlichkeit gemäß der Richtlinie 2003/4/EG innerhalb von 24 Monaten nach Ablauf des betreffenden Dreijahreszeitraums eine Zusammenfassung des Vergleichs und der Bewertung der Aufstellungen zugänglich.

(4) Die Mitgliedstaaten übermitteln der Kommission ab dem 1. Januar 2016 jährlich folgende Daten:

a) für Feuerungsanlagen, auf die Artikel 31 Anwendung findet, den Schwefelgehalt der verwendeten heimischen festen Brennstoffe und den erzielten Schwefelabscheidegrad, gemittelt über jeden Monat. Im ersten Jahr der Anwendung von Artikel 31 wird auch die technische Begründung dafür übermittelt, warum die Einhaltung der in Artikel 30 Absätze 2 und 3 genannten Emissionsgrenzwerte nicht durchführbar ist; und

b) für Feuerungsanlagen, die im gleitenden Durchschnitt über einen Zeitraum von fünf Jahren nicht mehr als 1500 Betriebsstunden pro Jahr in Betrieb sind, die Zahl der Betriebsstunden pro Jahr.

Artikel 73 Überprüfung

(1) Auf der Grundlage der in Artikel 72 genannten Informationen übermittelt die Kommission dem Europäischen Parlament und dem Rat bis zum 7. Januar 2016 und danach alle drei Jahre einen Bericht zur Überprüfung der Umsetzung dieser Richtlinie.

Dieser Bericht umfasst eine Bewertung der Frage, ob ein Tätigwerden der Union durch Festlegung bzw. Aktualisierung unionsweit geltender Mindestanforderungen in Bezug auf Emissionsgrenzwerte sowie in Bezug auf Überwachungs- und Einhaltungsvorschriften für Tätigkeiten im Rahmen der in den drei vorhergehenden Jahren angenommenen BVT-Schlussfolgerungen erforderlich ist; dies erfolgt auf der Grundlage folgender Kriterien:

a) Auswirkungen der betreffenden Tätigkeiten auf die Umwelt insgesamt; und

b) Stand der Anwendung der besten verfügbaren Techniken (BVT) bei diesen Tätigkeiten.

In dieser Bewertung wird die in Artikel 13 Absatz 4 genannte Stellungnahme des Forums berücksichtigt.

Kapitel III und Anhang V dieser Richtlinie gelten als Festlegung der unionsweit geltenden Mindestanforderungen bei Großfeuerungsanlagen.

Der Bericht wird erforderlichenfalls von einem Gesetzgebungsvorschlag begleitet. Wird bei der im zweiten Unterabsatz genannten Bewertung festgestellt, dass die Union tätig werden muss, so umfasst der Gesetzgebungsvorschlag Bestimmungen zur Festlegung oder Aktualisierung von unionsweit geltenden Mindestanforderungen in Bezug auf Emissionsgrenzwerte sowie in Bezug auf Überwachungs- und Einhaltungsvorschriften zur Bewertung der betroffenen Tätigkeiten.

(2) Die Kommission überprüft bis 31. Dezember 2012, ob die folgenden Emissionen reduziert werden müssen:

a) Emissionen aus der Verbrennung von Brennstoffen in Anlagen mit einer Feuerungswärmeleistung von weniger als 50 MW;

b) Emissionen aus der intensiven Rinderhaltung; und

c) Emissionen aus der Ausbringung von Dung und Gülle.

Die Kommission übermittelt die Ergebnisse dieser Überprüfung dem Europäischen Parlament und dem Rat, gegebenenfalls zusammen mit einem Gesetzgebungsvorschlag.

(3) Die Kommission berichtet dem Europäischen Parlament und dem Rat bis zum 31. Dezember 2011 darüber, ob Folgendes in Anhang I festgelegt werden muss:

a) differenzierte Kapazitätsschwellen für die Haltung unterschiedlicher Geflügelarten einschließlich des Sonderfalls von Wachteln;

b) Kapazitätsschwellen für die gleichzeitige Haltung verschiedener Arten von Tieren in der gleichen Anlage.

Die Kommission übermittelt die Ergebnisse dieser Überprüfung dem Europäischen Parlament und dem Rat, gegebenenfalls zusammen mit einem Gesetzgebungsvorschlag.

Artikel 74 Änderungen der Anhänge

Damit die Bestimmungen dieser Richtlinie auf der Grundlage der besten verfügbaren Techniken an den wissenschaftlichen und technischen Fortschritt angepasst werden können, erlässt die Kommission gemäß Artikel 76 und unter den in den Artikeln 77 und 78 festgelegten Bedingungen delegierte Rechtsakte zur Anpassung von Anhang V Teile 3 und 4, Anhang VI Teile 2, 6, 7 und 8 und Anhang VII Teile 5, 6, 7 und 8 an den wissenschaftlichen und technischen Fortschritt.

Artikel 75 Ausschussverfahren

(1) Die Kommission wird von einem Ausschuss unterstützt.

(2) Wird auf diesen Absatz Bezug genommen, so gelten die Artikel 5 und 7 des Beschlusses 1999/468/EG unter Beachtung von dessen Artikel 8.

Der Zeitraum nach Artikel 5 Absatz 6 des Beschlusses 1999/468/EG wird auf drei Monate festgesetzt.

Artikel 76 Ausübung der Befugnisübertragung

(1) Die Befugnis zum Erlass der in Artikel 48 Absatz 5 und Artikel 74 genannten delegierten Rechtsakte wird der Kommission für einen Zeitraum von fünf Jahren ab dem 6. Januar 2011 übertragen. Die Kommission erstellt spätestens sechs Monate vor Ablauf des Zeitraums von fünf Jahren einen Bericht über die übertragene Befugnis. Die Befugnisübertragung verlängert sich automatisch um Zeiträume gleicher Länge, es sei denn, das Europäische Parlament oder der Rat widerrufen sie gemäß Artikel 77.

(2) Sobald die Kommission einen delegierten Rechtsakt erlässt, übermittelt sie ihn gleichzeitig dem Europäischen Parlament und dem Rat.

(3) Die der Kommission übertragene Befugnis zum Erlass delegierter Rechtsakte unterliegt den in den Artikeln 77 und 78 festgelegten Bedingungen.

Artikel 77 Widerruf der Befugnisübertragung

(1) Die Befugnisübertragung nach Artikel 48 Absatz 5 und Artikel 74 kann vom Europäischen Parlament oder vom Rat jederzeit widerrufen werden.

(2) Das Organ, das ein internes Verfahren eingeleitet hat, um darüber zu beschließen, ob eine Befugnisübertragung widerrufen werden soll, bemüht sich, das andere Organ und die Kommission innerhalb einer angemessenen Frist vor der

endgültigen Beschlussfassung zu unterrichten, und nennt dabei die übertragene Befugnis, die widerrufen werden könnte, sowie die etwaigen Gründe für einen Widerruf.

(3) Der Widerrufsbeschluss beendet die Übertragung der in diesem Beschluss angegebenen Befugnisse. Der Beschluss wird sofort oder zu einem darin angegebenen späteren Zeitpunkt wirksam. Die Gültigkeit von delegierten Rechtsakten, die bereits in Kraft sind, wird davon nicht berührt. Der Beschluss wird im *Amtsblatt der Europäischen Union* veröffentlicht.

Artikel 78 Einwände gegen delegierte Rechtsakte

(1) Das Europäische Parlament oder der Rat können gegen einen delegierten Rechtsakt innerhalb einer Frist von zwei Monaten ab dem Datum der Übermittlung Einwände erheben.

Auf Initiative des Europäischen Parlaments oder des Rates wird diese Frist um zwei Monate verlängert.

(2) Haben bis zum Ablauf der in Absatz 1 genannten Frist weder das Europäische Parlament noch der Rat Einwände gegen den delegierten Rechtsakt erhoben, so wird dieser im *Amtsblatt der Europäischen Union* veröffentlicht und tritt zu dem darin genannten Datum in Kraft.

Der delegierte Rechtsakt kann vor Ablauf dieser Frist im *Amtsblatt der Europäischen Union* veröffentlicht werden und in Kraft treten, wenn das Europäische Parlament und der Rat beide der Kommission mitgeteilt haben, dass sie nicht die Absicht haben, Einwände zu erheben.

(3) Erheben entweder das Europäische Parlament oder der Rat innerhalb der in Absatz 1 genannten Frist Einwände gegen einen delegierten Rechtsakt, so tritt dieser nicht in Kraft. Das Organ, das Einwände gegen den delegierten Rechtsakt vorbringt, erläutert die Gründe für seine Einwände gegen den delegierten Rechtsakt.

Artikel 79 Sanktionen

Die Mitgliedstaaten legen fest, welche Sanktionen bei einem Verstoß gegen die innerstaatlichen Vorschriften zur Umsetzung dieser Richtlinie zu verhängen sind. Die Sanktionen müssen wirksam, verhältnismäßig und abschreckend sein. Die Mitgliedstaaten teilen der Kommission die entsprechenden Bestimmungen bis zum7. Januar 2013 mit und melden ihr umgehend alle Änderungen dieser Bestimmungen.

Artikel 80 Umsetzung

(1) Die Mitgliedstaaten erlassen die erforderlichen Rechts- und Verwaltungsvorschriften, um Artikel 2, Artikel 3 Nummern 8, 11 bis 15, 18 bis 23, 26 bis 30, 34 bis 38 und 41, Artikel 4 Absätze 2 und 3, Artikel 7, Artikel 8 und 10, Artikel 11 Buchstaben e und h, Artikel 12 Absatz 1 Buchstaben e und h, Artikel 13 Absatz 7, Artikel 14 Absatz 1 Buchstabe c Ziffer ii, Artikel 14 Absatz 1 Buchstaben d, e, f und h, Artikel 14 Absätze 2 bis 7, Artikel 15 Absätze 2 bis 5, Artikel 16, 17 und 19, Artikel 21 Absätze 2 bis 5, Artikel 22, 23, 24, 27, 28 und 29, Artikel 30 Absätze 1, 2, 3, 4, 7 und 8, Artikel 31, 32, 33, 34, 35, 36, 38 und 39, Artikel 40 Absätze 2 und 3, Artikel 42 und 43, Artikel 45 Absatz 1, Artikel 58, Artikel 59 Absatz 5, Artikel 63, Artikel 65 Absatz 3, Artikel 69, 70, 71, 72 und 79, und Anhang I Unterabsatz 1 sowie Anhang I Nummern 1.1, 1.4, 2.5 Buchstabe b, 3.1, 4, 5, 6.1 Buchstabe c, 6.4 Buchstabe b, 6.10 und 6.11, Anhang II, Anhang III Nummer 12,

Anhang V, Anhang VI Teil 1 Buchstabe b, Teil 4 Nummern 2.2, 2.4, 3.1 und 3.2, Teil 6 Nummern 2.5 und 2.6 sowie Teil 8 Nummer 1.1 Buchstabe d, Anhang VII Teil 4 Nummer 2, Teil 5 Nummer 1, Teil 7 Nummer 3, Anhang VIII Teil 1 Nummern 1 und 2 Buchstabe c, Teil 2 Nummern 2 und 3 und Teil 3 bis zum 7. Januar 2013 nachzukommen.

Sie wenden diese Vorschriften ab dem gleichen Datum an.

Bei Erlass dieser Vorschriften nehmen die Mitgliedstaaten in den Vorschriften selbst oder durch einen Hinweis bei der amtlichen Veröffentlichung auf diese Richtlinie Bezug. Die Mitgliedstaaten legen die Einzelheiten der Bezugnahme fest.

(2) Die Mitgliedstaaten teilen der Kommission den Wortlaut der wichtigsten innerstaatlichen Rechtsvorschriften mit, die sie auf dem unter diese Richtlinie fallenden Gebiet erlassen.

Artikel 81 Aufhebung

(1) Die Richtlinien 78/176/EWG, 82/883/EWG, 92/112/EWG, 1999/13/EG, 2000/76/EG und 2008/1/EG, geändert durch die in Anhang IX Teil A aufgeführten Rechtsakte, werden mit Wirkung vom 7. Januar 2014 aufgehoben, unbeschadet der Verpflichtungen der Mitgliedstaaten bezüglich der Fristen für die Umsetzung der in Anhang IX Teil B aufgeführten Richtlinien in nationales Recht und ihrer Anwendung.

(2) Die Richtlinie 2001/80/EG, geändert durch die in Anhang IX Teil A aufgeführten Rechtsakte, wird mit Wirkung vom 1. Januar 2016 aufgehoben, unbeschadet der Verpflichtungen der Mitgliedstaaten bezüglich der Fristen für die Umsetzung der in Anhang IX Teil B aufgeführten Richtlinien in nationales Recht und ihrer Anwendung.

(3) Verweise auf die aufgehobenen Richtlinien gelten als Verweise auf die vorliegende Richtlinie und sind nach Maßgabe der Entsprechungstabelle in Anhang X zu lesen.

Artikel 82 Übergangsbestimmungen

(1) Bei Anlagen, die Tätigkeiten gemäß Anhang I, Nummer 1.1 für Tätigkeiten mit einer Feuerungswärmeleistung von mehr als 50 MW, Nummern 1.2 und 1.3, Nummer 1.4 Buchstabe a, Nummern 2.1 bis 2.6, Nummern 3.1 bis 3.5, Nummern 4.1 bis 4.6 für Tätigkeiten betreffend die Erzeugung durch chemische Prozesse, Nummern 5.1 und 5.2 für in der Richtlinie 2008/1/EG erfasste Tätigkeiten, Nummer 5.3 Buchstabe a Ziffern i und ii, Nummer 5.4, Nummer 6.1 Buchstaben a und b, Nummern 6.2 und 6.3, Nummer 6.4 Buchstabe a, Nummer 6.4 Buchstabe b für in der Richtlinie 2008/1/EG erfasste Tätigkeiten, Nummer 6.4 Buchstabe c und Nummern 6.5 bis 6.9 durchführen und die vor dem7. Januar 2013 in Betrieb sind und für die vor diesem Zeitpunkt eine Genehmigung erteilt oder für die vor diesem Zeitpunkt von deren Betreibern ein vollständiger Genehmigungsantrag gestellt wurde, sofern sie spätestens am 7. Januar 2014 in Betrieb genommen werden, wenden die Mitgliedstaaten die gemäß Artikel 80 Absatz 1 erlassenen Rechts- und Verwaltungsvorschriften ab dem 7. Januar 2014 an, mit Ausnahme des Kapitels III und des Anhangs V.

(2) Bei Anlagen, die Tätigkeiten gemäß Anhang I, Nummer 1.1 für Tätigkeiten mit einer Feuerungswärmeleistung von 50 MW, Nummer 1.4 Buchstabe b, Nummern 4.1 bis 4.6 für Tätigkeiten betreffend die Erzeugung durch biologische Prozesse, Nummern 5.1 und 5.2 für nicht in der Richtlinie 2008/1/EG erfasste Tätig-

keiten, Nummer 5.3 Buchstabe a Ziffern iii bis v, Nummer 5.3 Buchstabe b, Nummern 5.5 und 5.6, Nummer 6.1 Buchstabe c, Nummer 6.4 Buchstabe b für nicht in der Richtlinie 2008/1/EG erfasste Tätigkeiten und Nummern 6.10 und 6.11 durchführen und die vor dem 7. Januar 2013 in Betrieb sind, wenden die Mitgliedstaaten die gemäß dieser Richtlinie erlassenen Rechts- und Verwaltungsvorschriften ab dem 7. Juli 2015 an, mit Ausnahme der Kapitel III und IV und der Anhänge V und VI.

(3) Bei Feuerungsanlagen gemäß Artikel 30 Absatz 2 wenden die Mitgliedstaaten ab dem 1. Januar 2016 die Rechts- und Verwaltungsvorschriften an, die gemäß Artikel 80 Absatz 1 erlassen wurden, um Kapitel III und Anhang V nachzukommen.

(4) Bei Feuerungsanlagen gemäß Artikel 30 Absatz 3 wenden die Mitgliedstaaten ab dem 7. Januar 2013 die Richtlinie 2001/80/EG nicht mehr an.

(5) Anhang VI Teil 4 Nummer 3.1 gilt für Feuerungsanlagen mit Abfallmitverbrennung bis zum:

a) 31. Dezember 2015 für Feuerungsanlagen gemäß Artikel 30 Absatz 2;

b) 6. Januar 2013 für Feuerungsanlagen gemäß Artikel 30 Absatz 3.

(6) Anhang VI Teil 4 Nummer 3.2 gilt für Feuerungsanlagen mit Abfallmitverbrennung ab dem:

a) 1. Januar 2016 für Feuerungsanlagen gemäß Artikel 30 Absatz 2;

b) 7. Januar 2013 für Feuerungsanlagen gemäß Artikel 30 Absatz 3

(7) Artikel 58 findet ab dem 1. Juni 2015 Anwendung. Bis zu diesem Zeitpunkt werden Stoffe oder Mischungen, denen aufgrund ihres Gehalts an flüchtigen organischen Verbindungen, die gemäß der Verordnung (EG) Nr. 1272/2008 als karzinogen, mutagen oder reproduktionstoxisch eingestuft sind, die Gefahrenhinweise H340, H350, H350i, H360D oder H360F oder die R-Sätze R45, R46, R49, R60 oder R61 zugeordnet sind oder diemit diesen Hinweisen oder Sätzen zu kennzeichnen sind, in kürzestmöglicher Frist soweit wie möglich durch weniger schädliche Stoffe oder Mischungen ersetzt.

(8) Artikel 59 Absatz 5 findet ab dem 1. Juni 2015 Anwendung. Bis zu diesem Zeitpunkt müssen zum Schutz der Gesundheit der Allgemeinheit und der Umwelt Emissionen entweder von flüchtigen organischen Verbindungen, denen die Gefahrenhinweise H340, H350, H350i, H360D oder H360F oder die R-Sätze R45, R46, R49, R60 oder R61 zugeordnet sind oder die mit diesen Hinweisen oder Sätzen zu kennzeichnen sind, oder von flüchtigen halogenierten organischen Verbindungen, denen die Gefahrenhinweise H341 oder H351 oder die R-Sätze R40 oder R68 zugeordnet sind oder die mit diesen Hinweisen oder Sätzen zu kennzeichnen sind, unter gefassten Bedingungen behandelt werden, soweit dies technisch und wirtschaftlich machbar ist; diese Emissionen dürfen die einschlägigen Emissionsgrenzwerte in Anhang VII Teil 4 nicht überschreiten.

(9) Anhang VII Teil 4 Nummer 2 findet ab dem 1. Juni 2015 Anwendung. Bis zu diesem Zeitpunkt ist bei Emissionen von flüchtigen halogenierten organischen Verbindungen, denen der Gefahrenhinweis H341 oder H351 oder der R-Satz R40 oder R68 zugeordnet ist oder die mit dem betreffenden Hinweis bzw. R-Satz zu kennzeichnen sind, ein Emissionsgrenzwert von 20 mg/Nm^3 einzuhalten, wenn der Massenstrom der Summe der emittierten Verbindungen, die zu einer Kennzeichnung mit dem Gefahrenhinweis H341 oder H351 oder dem R-Satz R40 oder R68 führen, 100 g/h oder mehr beträgt. Der Emissionsgrenzwert bezieht sich auf die Summe der Massen der einzelnen Verbindungen.

Artikel 83 Inkrafttreten

Diese Richtlinie tritt am zwanzigsten Tag nach ihrer Veröffentlichung im *Amtsblatt der Europäischen Union* in Kraft.*

Artikel 84 Adressaten

Diese Richtlinie ist an die Mitgliedstaaten gerichtet.

ANHANG I

Kategorien von Tätigkeiten nach Artikel 10

Die im Folgenden genannten Schwellenwerte beziehen sich allgemein auf Produktionskapazitäten oder Leistungen. Werden mehrere unter derselben Tätigkeitsbeschreibung mit einem Schwellenwert aufgeführte Tätigkeiten in ein und derselben Anlage durchgeführt, so addieren sich die Kapazitäten dieser Tätigkeiten. Bei Abfallbehandlungstätigkeiten erfolgt diese Berechnung auf der Ebene der Tätigkeiten nach den Nummern 5.1, 5.3.a und 5.3.b.

Die Kommission stellt Leitlinien für Folgendes auf:

a) Beziehungen zwischen den in diesem Anhang und den in den Anhängen I und II der Richtlinie 2008/98/EG beschriebenen Abfallbehandlungstätigkeiten; und

b) Auslegung des Begriffs „industrieller Maßstab“ in Bezug auf die in diesem Anhang beschriebenen Tätigkeiten der chemischen Industrie.

1. Energiewirtschaft

1.1. Verbrennung von Brennstoffen in Anlagen mit einer Feuerungswärmeleistung von 50 MW oder mehr

1.2. Raffinieren von Mineralöl und Gas.

1.3. Erzeugung von Koks.

1.4. Vergasung oder Verflüssigung von

a) Kohle;

b) anderen Brennstoffen in Anlagen mit einer Feuerungswärmeleistung von 20 MW oder mehr.

2. Herstellung und Verarbeitung von Metallen

2.1. Rösten oder Sintern von Metallerz einschließlich sulfidischer Erze.

2.2. Herstellung von Roheisen oder Stahl (Primär- oder Sekundärschmelzung) einschließlich Stranggießen mit einer Kapazität von mehr als 2,5 t pro Stunde.

2.3. Verarbeitung von Eisenmetallen:

a) Warmwalzen mit einer Leistung von mehr als 20 t Rohstahl pro Stunde;

b) Schmieden mit Hämmern, deren Schlagenergie 50 Kilojoule pro Hammer überschreitet, bei einer Wärmeleistung von über 20 MW;

c) Aufbringen von schmelzflüssigen metallischen Schutzschichten mit einer Verarbeitungskapazität von mehr als 2 t Rohstahl pro Stunde.

---

* Die Veröffentlichung erfolgte am 17. Dezember 2010.

2.4. Betrieb von Eisenmetallgießereien mit einer Produktionskapazität von über 20 t pro Tag.

2.5. Verarbeitung von Nichteisenmetallen:

a) Gewinnung von Nichteisenrohmetallen aus Erzen, Konzentraten oder sekundären Rohstoffen durch metallurgische Verfahren, chemische Verfahren oder elektrolytische Verfahren;

b) Schmelzen von Nichteisenmetallen, einschließlich Legierungen, darunter auch Wiedergewinnungsprodukte und Betrieb von Gießereien, die Nichteisen-Metallgussprodukte herstellen, mit einer Schmelzkapazität von mehr als 4 t pro Tag bei Blei und Kadmium oder 20 t pro Tag bei allen anderen Metallen.

2.6. Oberflächenbehandlung von Metallen oder Kunststoffen durch ein elektrolytisches oder chemisches Verfahren, wenn das Volumen der Wirkbäder 30 m^3 übersteigt.

3. Mineralverarbeitende Industrie

3.1. Herstellung von Zement, Kalk und Magnesiumoxid:

a) Herstellung von Zementklinkern in Drehrohröfen mit einer Produktionskapazität von über 500 t pro Tag oder in anderen Öfen mit einer Produktionskapazität von über 50 t pro Tag;

b) Herstellung von Kalk in Öfen mit einer Produktionskapazität von über 50 t pro Tag;

c) Herstellung von Magnesiumoxid in Öfen mit einer Produktionskapazität von über 50 t pro Tag.

3.2. Gewinnung von Asbest oder Herstellung von Erzeugnissen aus Asbest.

3.3. Herstellung von Glas einschließlich Glasfasern mit einer Schmelzkapazität von über 20 t pro Tag.

3.4. Schmelzen mineralischer Stoffe einschließlich der Herstellung von Mineralfasern mit einer Schmelzkapazität von über 20 t pro Tag.

3.5. Herstellung von keramischen Erzeugnissen durch Brennen, und zwar insbesondere von Dachziegeln, Ziegelsteinen, feuerfesten Steinen, Fliesen, Steinzeug oder Porzellan mit einer Produktionskapazität von über 75 t pro Tag und/oder einer Ofenkapazität von über 4 m^3 und einer Besatzdichte von über 300 kg/m^3 pro Ofen.

4. Chemische Industrie

Im Sinne dieses Abschnitts ist die Herstellung im Sinne der Kategorien von Tätigkeiten des Abschnitts 4 die Herstellung der in den Nummern 4.1 bis 4.6 genannten Stoffe oder Stoffgruppen durch chemische oder biologische Umwandlung im industriellen Umfang.

4.1. Herstellung von organischen Chemikalien wie

a) einfachen Kohlenwasserstoffen (lineare oder ringförmige, gesättigte oder ungesättigte, aliphatische oder aromatische);

b) sauerstoffhaltigen Kohlenwasserstoffen, insbesondere Alkohole, Aldehyde, Ketone, Carbonsäuren, Ester und Estergemische, Acetate, Ether, Peroxide und Epoxide;

c) schwefelhaltigen Kohlenwasserstoffen;

d) stickstoffhaltigen Kohlenwasserstoffen, insbesondere Amine, Amide, Nitroso-, Nitro- oder Nitratverbindungen, Nitrile, Cyanate, Isocyanate;

e) phosphorhaltigen Kohlenwasserstoffen;
f) halogenhaltigen Kohlenwasserstoffen;
g) metallorganischen Verbindungen;
h) Kunststoffen (Polymeren, Chemiefasern, Fasern auf Zellstoffbasis);
i) synthetischen Kautschuken;
j) Farbstoffen und Pigmenten;
k) oberflächenaktiven Stoffen und Tensiden.

4.2. Herstellung von anorganischen Chemikalien wie
a) Gase wie Ammoniak, Chlor und Chlorwasserstoff, Fluor und Fluorwasserstoff, Kohlenstoffoxiden, Schwefelverbindungen, Stickstoffoxiden, Wasserstoff, Schwefeldioxid, Phosgen;
b) Säuren wie Chromsäure, Flusssäure, Phosphorsäure, Salpetersäure, Salzsäure, Schwefelsäure, Oleum, schwefelige Säuren;
c) Basen wie Ammoniumhydroxid, Kaliumhydroxid, Natriumhydroxid;
d) Salze wie Ammoniumchlorid, Kaliumchlorat, Kaliumkarbonat, Natriumkarbonat, Perborat, Silbernitrat;
e) Nichtmetalle, Metalloxide oder sonstige anorganische Verbindungen wie Kalziumkarbid, Silicium, Siliciumkarbid.

4.3. Herstellung von phosphor-, stickstoff- oder kaliumhaltigen Düngemitteln (Einnährstoff- oder Mehrnährstoffdünger).

4.4. Herstellung von Pflanzenschutzmitteln oder Bioziden.

4.5. Herstellung von Arzneimitteln einschließlich Zwischenerzeugnissen

4.6. Herstellung von Explosivstoffen.

5. Abfallbehandlung

5.1. Beseitigung oder Verwertung von gefährlichen Abfällen mit einer Kapazität von über 10 t pro Tag im Rahmen einer oder mehrerer der folgenden Tätigkeiten:
a) biologische Behandlung;
b) physikalisch-chemische Behandlung;
c) Vermengung oder Vermischung vor der Durchführung einer der anderen in den Nummern 5.1 und 5.2 genannten Tätigkeiten;
d) Neuverpacken vor der Durchführung einer der anderen in den Nummern 5.1 und 5.2 genannten Tätigkeiten;
e) Rückgewinnung/Regenerierung von Lösungsmitteln;
f) Verwertung/Rückgewinnung von anderen anorganischen Stoffen als Metallen und Metallverbindungen;
g) Regenerierung von Säuren oder Basen;
h) Wiedergewinnung von Bestandteilen, die der Bekämpfung von Verunreinigungen dienen;
i) Wiedergewinnung von Katalysatorenbestandteilen;
j) Erneute Ölraffination oder andere Wiederverwendungsmöglichkeiten von Öl;
k) Oberflächenaufbringung.

5.2. Beseitigung oder Verwertung von Abfällen in Abfallverbrennungsanlagen oder in Abfallmitverbrennungsanlagen

a) für die Verbrennung nicht gefährlicher Abfälle mit einer Kapazität von über 3 t pro Stunde;

b) für gefährliche Abfälle mit einer Kapazität von über 10 t pro Tag.

5.3. a) Beseitigung nicht gefährlicher Abfälle mit einer Kapazität von über 50 t pro Tag im Rahmen einer oder mehrerer der folgenden Tätigkeiten und unter Ausschluss der Tätigkeiten, die unter die Richtlinie 91/271/EWG des Rates vom 21. Mai 1991 über die Behandlung von kommunalem Abwasser[1)] fallen:

i) biologische Behandlung;

ii) physikalisch-chemische Behandlung;

iii) Abfallvorbehandlung für die Verbrennung oder Mitverbrennung;

iv) Behandlung von Schlacken und Asche;

v) Behandlung von metallischen Abfällen – unter Einschluss von Elektro- und Elektronik-Altgeräten sowie von Altfahrzeugen und ihren Bestandteilen – in Schredderanlagen.

b) Verwertung – oder eine Kombination aus Verwertung und Beseitigung – von nichtgefährlichen Abfällen mit einer Kapazität von mehr als 75 t pro Tag im Rahmen einer der folgenden Tätigkeiten und unter Ausschluss der unter die Richtlinie 91/271/EWG fallenden Tätigkeiten:

i) biologische Behandlung;

ii) Abfallvorbehandlung für die Verbrennung oder Mitverbrennung;

iii) Behandlung von Schlacken und Asche;

iv) Behandlung von metallischen Abfällen – unter Einschluss von Elektro- und Elektronik-Altgeräten sowie von Altfahrzeugen und ihren Bestandteilen – in Schredderanlagen.

Besteht die einzige Abfallbehandlungstätigkeit in der anaeroben Vergärung, so gilt für diese Tätigkeit ein Kapazitätsschwellenwert von 100 t pro Tag.

5.4. Deponien im Sinne des Artikels 2 Buchstabe g der Richtlinie 1999/31/EG des Rates vom 26. April 1999 über Abfalldeponien[2)] mit einer Aufnahmekapazität von über 10 t Abfall pro Tag oder einer Gesamtkapazität von über 25000 t, mit Ausnahme der Deponien für Inertabfälle.

5.5. Zeitweilige Lagerung von gefährlichen Abfällen, die nicht unter Nummer 5.4 fallen, bis zur Durchführung einer der in den Nummern 5.1, 5.2, 5.4 und 5.6 aufgeführten Tätigkeiten mit einer Gesamtkapazität von über 50 t, mit Ausnahme der zeitweiligen Lagerung – bis zur Sammlung – auf dem Gelände, auf dem die Abfälle erzeugt worden sind.

5.6. Unterirdische Lagerung gefährlicher Abfälle mit einer Gesamtkapazität von über 50 t.

6. Sonstige Tätigkeiten

6.1. Herstellung von folgenden Produkten in Industrieanlagen:

a) Zellstoff aus Holz oder anderen Faserstoffen;

b) Papier oder Pappe mit einer Produktionskapazität von über 20 t pro Tag;

---

1) Amtliche Fußnote: ABl. L 135 vom 30. 5. 1991, S. 40.

2) Amtliche Fußnote: ABl. L 182 vom 16. 7. 1999, S. 1.

c) eine oder mehrere der folgenden Arten von Platten auf Holzbasis mit einer Produktionskapazität von über 600 m^3 pro Tag: Grobspanplatten (OSB-Platten), Spanplatten oder Faserplatten.

6.2. Vorbehandlung (Waschen, Bleichen, Mercerisieren) oder Färben von Textilfasern oder Textilien mit einer Verarbeitungskapazität von über 10 t pro Tag

6.3. Gerben von Häuten oder Fellen mit einer Verarbeitungskapazität von mehr als 12 t Fertigerzeugnissen pro Tag.

6.4. a) Betrieb von Schlachthäusern mit einer Produktionskapazität von mehr als 50 t Schlachtkörper pro Tag.

b) Behandlung und Verarbeitung, mit alleiniger Ausnahme der Verpackung, folgender Rohstoffe, unabhängig davon, ob sie zuvor verarbeitet wurden oder nicht, zur Herstellung von Nahrungsmitteln oder Futtererzeugnissen aus

i) ausschließlich tierischen Rohstoffen (mit alleiniger Ausnahme von Milch) mit einer Produktionskapazität von mehr als 75 t Fertigerzeugnissen pro Tag;

ii) ausschließlich pflanzlichen Rohstoffen mit einer Produktionskapazität von mehr als 300 t Fertigerzeugnissen pro Tag oder 600 t pro Tag, sofern die Anlage an nicht mehr als 90 aufeinander folgenden Tagen im Jahr in Betrieb ist;

iii) tierischen und pflanzlichen Rohstoffen sowohl in Mischerzeugnissen als auch in ungemischten Erzeugnissen mit einer Produktionskapazität (in Tonnen Fertigerzeugnisse) pro Tag von mehr als

- 75, wenn A 10 oder mehr beträgt; oder
- [300 – (22,5 × A)] in allen anderen Fällen,

wobei „A“ den gewichtsprozentualen Anteil der tierischen Stoffe an der Produktionskapazität von Fertigerzeugnissen darstellt.

Die Verpackung ist im Endgewicht des Erzeugnisses nicht enthalten.

Dieser Unterabschnitt gilt nicht, wenn es sich bei dem Rohstoff ausschließlich um Milch handelt.

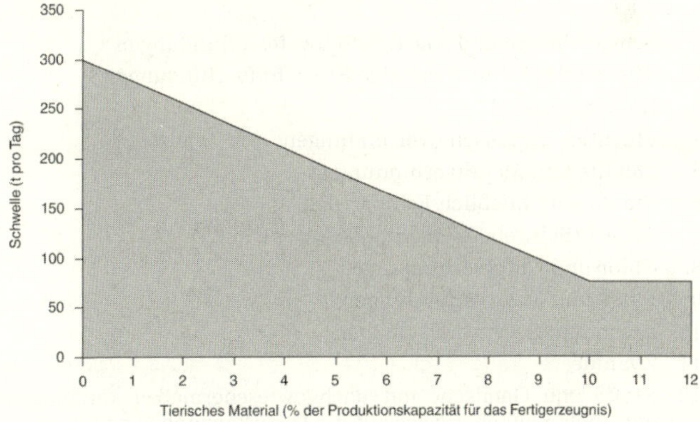

c) ausschließliche Behandlung und Verarbeitung von Milch, wenn die eingehende Milchmenge 200 t pro Tag übersteigt (Jahresdurchschnittswert).

6.5. Beseitigung oder Verwertung von Tierkörpern oder tierischen Abfällen mit einer Verarbeitungskapazität von mehr als 10 t pro Tag.

6.6. Intensivhaltung oder -aufzucht von Geflügel oder Schweinen

a) mit mehr als 40000 Plätzen für Geflügel

b) mit mehr als 2000 Plätzen für Mastschweine (Schweine über 30 kg) oder

c) mit mehr als 750 Plätzen für Säue.

6.7. Behandlung von Oberflächen von Stoffen, Gegenständen oder Erzeugnissen unter Verwendung von organischen Lösungsmitteln, insbesondere zum Appretieren, Bedrucken, Beschichten, Entfetten, Imprägnieren, Kleben, Lackieren, Reinigen oder Tränken, mit einer Verbrauchskapazität von mehr als 150 kg organischen Lösungsmitteln pro Stunde oder von mehr als 200 t pro Jahr.

6.8. Herstellung von Kohlenstoff (Hartbrandkohle) oder Elektrographit durch Brennen oder Graphitieren.

6.9. Abscheidung von CO_2-Strömen aus Anlagen, die unter diese Richtlinie fallen, zur geologischen Speicherung gemäß der Richtlinie 2009/31/EG.

6.10. Konservierung von Holz und Holzerzeugnissen mit Chemikalien mit einer Produktionskapazität von mehr als 75 m^3 pro Tag, sofern sie nicht ausschließlich der Bläueschutzbehandlung dient.

6.11. Eigenständig betriebene Behandlung von Abwasser, das nicht unter die Richtlinie 91/271/EWG fällt und von einer unter Kapitel II fallenden Anlage eingeleitet wird.

ANHANG II

Schadstoffliste

LUFT

1. Schwefeloxide und sonstige Schwefelverbindungen
2. Stickstoffoxide und sonstige Stickstoffverbindungen
3. Kohlenmonoxid
4. Flüchtige organische Verbindungen
5. Metalle und Metallverbindungen
6. Staub, einschließlich Feinpartikel
7. Asbest (Schwebeteilchen und Fasern)
8. Chlor und Chlorverbindungen
9. Fluor und Fluorverbindungen
10. Arsen und Arsenverbindungen
11. Zyanide
12. Stoffe und Gemische mit nachgewiesenermaßen karzinogenen, mutagenen oder sich möglicherweise auf die Fortpflanzung auswirkenden Eigenschaften, die sich über die Luft auswirken
13. Polychlordibenzodioxine und Polychlordibenzofurane

WASSER

1. Halogenorganische Verbindungen und Stoffe, die im wässrigen Milieu halogenorganische Verbindungen bilden
2. Phosphororganische Verbindungen
3. Zinnorganische Verbindungen
4. Stoffe und Gemische mit nachgewiesenermaßen in wässrigem Milieu oder über wässriges Milieu übertragbaren karzinogenen, mutagenen oder sich möglicherweise auf die Fortpflanzung auswirkenden Eigenschaften
5. Persistente Kohlenwasserstoffe sowie beständige und bioakkumulierbare organische Giftstoffe
6. Zyanide
7. Metalle und Metallverbindungen
8. Arsen und Arsenverbindungen
9. Biozide und Pflanzenschutzmittel
10. Schwebestoffe
11. Stoffe, die zur Eutrophierung beitragen (insbesondere Nitrate und Phosphate)
12. Stoffe, die sich ungünstig auf den Sauerstoffgehalt auswirken (und sich mittels Parametern wie BSB und CSB usw. messen lassen)
13. Stoffe, die in Anhang X der Richtlinie 2000/60/EG aufgeführt sind

ANHANG III

Kriterien für die Ermittlung der besten verfügbaren Techniken

1. Einsatz abfallarmer Technologie.
2. Einsatz weniger gefährlicher Stoffe.
3. Förderung der Rückgewinnung und Wiederverwertung der bei den einzelnen Verfahren erzeugten und verwendeten Stoffe und gegebenenfalls der Abfälle.
4. Vergleichbare Verfahren, Vorrichtungen und Betriebsmethoden, die mit Erfolg im industriellen Maßstab erprobt wurden.
5. Fortschritte in der Technologie und in den wissenschaftlichen Erkenntnissen.
6. Art, Auswirkungen und Menge der jeweiligen Emissionen.
7. Zeitpunkte der Inbetriebnahme der neuen oder der bestehenden Anlagen.
8. Für die Einführung einer besseren verfügbaren Technik erforderliche Zeit.
9. Verbrauch an Rohstoffen und Art der bei den einzelnen Verfahren verwendeten Rohstoffe (einschließlich Wasser) sowie Energieeffizienz.
10. Die Notwendigkeit, die Gesamtwirkung der Emissionen und die Gefahren für die Umwelt so weit wie möglich zu vermeiden oder zu verringern.
11. Die Notwendigkeit, Unfällen vorzubeugen und deren Folgen für die Umwelt zu verringern.
12. Von internationalen Organisationen veröffentlichte Informationen.

ANHANG IV

Öffentlichkeitsbeteiligung an Entscheidungsverfahren

1. Die Öffentlichkeit wird (durch öffentliche Bekanntmachung oder auf anderem geeignetem Wege, wie durch elektronische Medien, soweit diese zur Verfügung stehen) frühzeitig im Verlauf des Entscheidungsverfahrens, spätestens jedoch, sobald die Informationen nach vernünftigem Ermessen zur Verfügung gestellt werden können, über Folgendes informiert:
   a) den Genehmigungsantrag oder gegebenenfalls den Vorschlag zur Aktualisierung einer Genehmigung oder von Genehmigungsauflagen im Einklang mit Artikel 21 einschließlich der Beschreibung der in Artikel 12 Absatz 1 aufgeführten Punkte;
   b) gegebenenfalls die Tatsache, dass im Rahmen der Entscheidung eine einzelstaatliche oder grenzüberschreitende Umweltverträglichkeitsprüfung oder Konsultationen zwischen den Mitgliedstaaten gemäß Artikel 26 erforderlich sind;
   c) genaue Angaben zu den jeweiligen Behörden, die für die Entscheidung zuständig sind, bei denen relevante Informationen erhältlich sind bzw. bei denen Stellungnahmen oder Fragen eingereicht werden können, sowie zu vorgesehenen Fristen für die Übermittlung von Stellungnahmen oder Fragen;
   d) die Art möglicher Entscheidungen oder, soweit vorhanden, den Entscheidungsentwurf;
   e) gegebenenfalls die Einzelheiten zu einem Vorschlag zur Aktualisierung einer Genehmigung oder von Genehmigungsauflagen;
   f) die Angaben dazu, wann, wo und in welcher Weise die einschlägigen Informationen zugänglich sind;
   g) die Einzelheiten zu den Bestimmungen für die Beteiligung und Konsultation der Öffentlichkeit nach Nummer 5.
2. Die Mitgliedstaaten stellen sicher, dass der betroffenen Öffentlichkeit innerhalb eines angemessenen zeitlichen Rahmens Folgendes zugänglich gemacht wird:
   a) in Übereinstimmung mit den einzelstaatlichen Rechtsvorschriften die wichtigsten Berichte und Empfehlungen, die der bzw. den zuständigen Behörden zu dem Zeitpunkt vorliegen, zu dem die betroffene Öffentlichkeit nach Nummer 1 informiert wird;
   b) in Übereinstimmung mit der Richtlinie 2003/4/EG andere als die in Nummer 1 genannten Informationen, die für die Entscheidung nach Artikel 5 der vorliegenden Richtlinie von Bedeutung sind und die erst zugänglich werden, nachdem die betroffene Öffentlichkeit nach Nummer 1 informiert wurde.
3. Die betroffene Öffentlichkeit hat das Recht, der zuständigen Behörde gegenüber Stellung zu nehmen und Meinungen zu äußern, bevor eine Entscheidung getroffen wird.
4. Die Ergebnisse der Konsultationen nach diesem Anhang sind bei der Entscheidung in angemessener Weise zu berücksichtigen.
5. Die Mitgliedstaaten treffen genaue Vorkehrungen dafür, wie die Öffentlichkeit unterrichtet (beispielsweise durch Anschläge innerhalb eines gewissen Umkreises oder Veröffentlichung in Lokalzeitungen) und die betroffene Öffent-

lichkeit angehört (beispielsweise durch Aufforderung zu schriftlichen Stellungnahmen oder durch eine öffentliche Anhörung) wird. Der Zeitrahmen für die verschiedenen Phasen muss so gewählt werden, dass ausreichend Zeit zur Verfügung steht, um die Öffentlichkeit zu informieren, und dass der betroffenen Öffentlichkeit ausreichend Zeit zur effektiven Vorbereitung und Beteiligung während des umweltbezogenen Entscheidungsverfahrens vorbehaltlich dieses Anhangs gegeben wird.

(Vom Abdruck der Anhänge V–X wurde abgesehen)

456 Richtlinie 92/43/EWG des Rates vom 21. Mai 1992 zur Erhaltung der natürlichen Lebensräume sowie der wildlebenden Tiere und Pflanzen

(ABl. L 206 vom 22. 7. 1992 S. 7), geändert durch Beitrittsakte vom 24. Juni 1994 (ABl. C 241 vom 29. 8. 1994 S. 21), durch Richtlinie 97/62/EG des Rates vom 27. Oktober 1997 (ABl. L 305 vom 8. 11. 1997 S. 42), durch Beitrittsakte vom 16. April 2003 (ABl. L 236 vom 23. 9. 2003 S. 33), durch Verordnung (EG) Nr. 1882/2003 des Europäischen Parlaments und des Rates vom 29. September 2003 (ABl. L 284 vom 31. 10. 2003 S. 1), durch Richtlinie 2006/105/EG des Rates vom 20. November 2006 (ABl. L 363 vom 20. 12. 2006 S. 368, ber. ABl. L 80 vom 21. 3. 2007 S. 15, ber. ABl. L 95 vom 29. 3. 2014 S. 70), durch Richtlinie 2013/17/EU des Rates vom 13. Mai 2013 (ABl. L 158 vom 10. 6. 2013 S. 193)

Inhaltsübersicht*

---

* Nicht amtlich.

Anhang III Kriterien zur Auswahl besonderer Schutzgebiete *(vom Abdruck wurde abgesehen)*
Anhang IV Streng zu schützende Tier- und Pflanzenarten *(vom Abdruck wurde abgesehen)*
Anhang V Tier- und Pflanzenarten von gemeinschaftlichem Interesse, deren Entnahme aus der Natur Gegenstand von Verwaltungsmaßnahmen sein können *(vom Abdruck wurde abgesehen)*
Anhang VI Verbotene Methoden und Mittel des Fangs, der Tötung und Beförderung *(vom Abdruck wurde abgesehen)*

DER RAT DER EUROPÄISCHEN GEMEINSCHAFTEN –

gestützt auf den Vertrag zur Gründung der Europäischen Wirtschaftsgemeinschaft, insbesondere auf Artikel 130s,

auf Vorschlag der Kommission[1)],

nach Stellungnahme des Europäischen Parlaments[2)],

nach Stellungnahme des Wirtschafts- und Sozialausschusses[3)],

in Erwägung nachstehender Gründe:

Wie in Artikel 130r des Vertrages festgestellt wird, sind Erhaltung, Schutz und Verbesserung der Qualität der Umwelt wesentliches Ziel der Gemeinschaft und von allgemeinem Interesse; hierzu zählt auch der Schutz der natürlichen Lebensräume sowie der wildlebenden Tiere und Pflanzen.

Das Aktionsprogramm der Europäischen Gemeinschaften für den Umweltschutz (1987–1992)[4)] enthält Bestimmungen hinsichtlich der Erhaltung der Natur und der natürlichen Ressourcen.

Hauptziel dieser Richtlinie ist es, die Erhaltung der biologischen Vielfalt zu fördern, wobei jedoch die wirtschaftlichen, sozialen, kulturellen und regionalen Anforderungen berücksichtigt werden sollen. Diese Richtlinie leistet somit einen Beitrag zu dem allgemeinen Ziel einer nachhaltigen Entwicklung. Die Erhaltung der biologischen Vielfalt kann in bestimmten Fällen die Fortführung oder auch die Förderung bestimmter Tätigkeiten des Menschen erfordern.

Der Zustand der natürlichen Lebensräume im europäischen Gebiet der Mitgliedstaaten verschlechtert sich unaufhörlich. Die verschiedenen Arten wildlebender Tiere und Pflanzen sind in zunehmender Zahl ernstlich bedroht. Die bedrohten Lebensräume und Arten sind Teil des Naturerbes der Gemeinschaft, und die Bedrohung, der sie ausgesetzt sind, ist oft grenzübergreifend; daher sind zu ihrer Erhaltung Maßnahmen auf Gemeinschaftsebene erforderlich.

Bestimmte natürliche Lebensraumtypen und bestimmte Arten sind angesichts der Bedrohung, der sie ausgesetzt sind, als prioritär einzustufen, damit Maßnahmen zu ihrer Erhaltung zügig durchgeführt werden können.

Zur Wiederherstellung oder Wahrung eines günstigen Erhaltungszustandes der natürlichen Lebensräume und der Arten von gemeinschaftlichem Interesse sind besondere Schutzgebiete auszuweisen, um nach einem genau festgelegten Zeitplan ein zusammenhängendes europäisches ökologisches Netz zu schaffen.

Alle ausgewiesenen Gebiete sind in das zusammenhängende europäische ökologische Netz einzugliedern, und zwar einschließlich der nach der Richtlinie 79/409/EWG des Rates vom 2. April 1979 über die Erhaltung der wildlebenden

---

1) Amtliche Fußnote: ABl. Nr. C 247 vom 21. 9. 1988, S. 3, und ABl. Nr. C 195 vom 3. 8. 1990, S. 1.
2) Amtliche Fußnote: ABl. Nr. C 75 vom 20. 3. 1991, S. 12.
3) Amtliche Fußnote: ABl. Nr. C 31 vom 6. 2. 1991, S. 25.
4) Amtliche Fußnote: ABl. Nr. C 328 vom 7. 12. 1987, S. 1.

Vogelarten[1] derzeit oder künftig als besondere Schutzgebiete ausgewiesenen Gebiete.

In jedem ausgewiesenen Gebiet sind entsprechend den einschlägigen Erhaltungszielen die erforderlichen Maßnahmen durchzuführen.

Die Gebiete, die als besondere Schutzgebiete ausgewiesen werden könnten, werden von den Mitgliedstaaten vorgeschlagen; außerdem ist jedoch ein Verfahren vorzusehen, wonach in Ausnahmefällen auch ohne Vorschlag eines Mitgliedstaats die Ausweisung eines Gebiets möglich ist, wenn die Gemeinschaft dies für die Erhaltung eines prioritären natürlichen Lebensraumstyps oder für das Überleben einer prioritären Art für unbedingt erforderlich hält.

Pläne und Projekte, die sich auf die mit der Ausweisung eines Gebiets verfolgten Erhaltungsziele wesentlich auswirken könnten, sind einer angemessenen Prüfung zu unterziehen.

Es wird anerkannt, daß die Einleitung von Maßnahmen zugunsten der Erhaltung prioritärer natürlicher Lebensräume und prioritärer Arten von gemeinschaftlichem Interesse eine gemeinsame Verantwortung aller Mitgliedstaaten ist. Dies kann jedoch zu einer übermäßigen finanziellen Belastung mancher Mitgliedstaaten führen, da zum einen derartige Lebensräume und Arten in der Gemeinschaft ungleich verteilt sind und zum anderen im besonderen Fall der Erhaltung der Natur das Verursacherprinzip nur in begrenztem Umfang Anwendung finden kann.

Es besteht deshalb Einvernehmen darüber, daß in diesem Ausnahmefall eine finanzielle Beteiligung der Gemeinschaft im Rahmen der Mittel vorgesehen werden muß, die aufgrund der Beschlüsse der Gemeinschaft bereitgestellt werden.

Im Rahmen der Landnutzungs- und Entwicklungspolitik ist die Pflege von Landschaftselementen, die von ausschlaggebender Bedeutung für wildlebende Tiere und Pflanzen sind, zu fördern.

Es sind Vorkehrungen zu treffen, durch die sich eine Überwachung des Erhaltungszustandes der in dieser Richtlinie genannten natürlichen Lebensräume und Arten sicherstellen läßt.

Ergänzend zur Richtlinie 79/409/EWG ist ein allgemeines Schutzsystem für bestimmte Tier- und Pflanzenarten vorzusehen. Für bestimmte Arten sind Regulierungsmaßnahmen vorzusehen, wenn dies aufgrund ihres Erhaltungszustands gerechtfertigt ist; hierzu zählt auch das Verbot bestimmter Fang- und Tötungsmethoden, wobei unter gewissen Voraussetzungen Abweichungen zulässig sein müssen.

Zur Überwachung der Umsetzung dieser Richtlinie erstellt die Kommission in regelmäßigen Zeitabständen einen zusammenfassenden Bericht, der insbesondere auf den Informationen beruht, die ihr die Mitgliedstaaten über die Durchführung der aufgrund dieser Richtlinie erlassenen einzelstaatlichen Vorschriften übermitteln.

Für die Durchführung dieser Richtlinie ist ein Ausbau der wissenschaftlichen und technischen Erkenntnisse unerläßlich; daher gilt es, die hierzu erforderliche Forschung und wissenschaftliche Arbeit zu fördern.

---

1) Amtliche Fußnote: ABl. Nr. L 103 vom 25. 4. 1979, S. 1. Richtlinie zuletzt geändert durch die Richtlinie 91/244/EWG (ABl. Nr. L 115 vom 8. 5. 1991, S. 41).

Aufgrund des technischen und wissenschaftlichen Fortschritts muß eine Anpassung der Anhänge möglich sein. Es ist ein Verfahren für die Anpassung der Anhänge durch den Rat vorzusehen.

Zur Unterstützung der Kommission bei der Durchführung dieser Richtlinie und insbesondere bei den Beschlüssen über die gemeinschaftliche Mitfinanzierung ist ein Regelungsausschuß einzusetzen.

Es sind ergänzende Maßnahmen zur Regelung der Wiederansiedlung bestimmter heimischer Tier- und Pflanzenarten sowie der eventuellen Ansiedlung nicht heimischer Arten vorzusehen.

Für eine wirksame Durchführung dieser Richtlinie sind Aufklärungsmaßnahmen und eine allgemeine Unterrichtung über die Ziele der Richtlinie unerläßlich –

HAT FOLGENDE RICHTLINIE ERLASSEN:

Begriffsbestimmungen

Artikel 1 (Definitionen)

Im Sinne dieser Richtlinie bedeutet:

a) *„Erhaltung“:* alle Maßnahmen, die erforderlich sind, um die natürlichen Lebensräume und die Populationen wildlebender Tier- und Pflanzenarten in einem günstigen Erhaltungszustand im Sinne des Buchstabens e) oder i) zu erhalten oder diesen wiederherzustellen.

b) *„Natürlicher Lebensraum“:* durch geographische, abiotische und biotische Merkmale gekennzeichnete völlig natürliche oder naturnahe terrestrische oder aquatische Gebiete.

c) *„Natürliche Lebensräume von gemeinschaftlichem Interesse“:* diejenigen Lebensräume, die in dem in Artikel 2 erwähnten Gebiet

   i) im Bereich ihres natürlichen Vorkommens vom Verschwinden bedroht sind
   oder

   ii) infolge ihres Rückgangs oder aufgrund ihres an sich schon begrenzten Vorkommens ein geringes natürliches Verbreitungsgebiet haben
   oder

   iii) typische Merkmale einer oder mehrerer der folgenden neun biogeografischen Regionen aufweisen: alpine, atlantische, boreale, kontinentale, makaronesische, mediterrane, pannonische Region sowie Schwarzmeer- und Steppenregion.

   Diese Lebensraumtypen sind in Anhang I aufgeführt bzw. können dort aufgeführt werden.

d) *„Prioritäre natürliche Lebensraumtypen“:* die in dem in Artikel 2 genannten Gebiet vom Verschwinden bedrohten natürlichen Lebensraumtypen, für deren Erhaltung der Gemeinschaft aufgrund der natürlichen Ausdehnung dieser Lebensraumtypen im Verhältnis zu dem in Artikel 2 genannten Gebiet besondere Verantwortung zukommt; diese prioritären natürlichen Lebensraumtypen sind in Anhang I mit einem Sternchen (*) gekennzeichnet;

e) *„Erhaltungszustand eines natürlichen Lebensraums“:* die Gesamtheit der Einwirkungen, die den betreffenden Lebensraum und die darin vorkommenden charakteristischen Arten beeinflussen und die sich langfristig auf seine natürliche Verbreitung, seine Struktur und seine Funktionen sowie das Überleben seiner charakteristischen Arten in dem in Artikel 2 genannten Gebiet auswirken können.

Der „Erhaltungszustand“ eines natürlichen Lebensraums wird als „günstig“ erachtet, wenn

- sein natürliches Verbreitungsgebiet sowie die Flächen, die er in diesem Gebiet einnimmt, beständig sind oder sich ausdehnen und
- die für seinen langfristigen Fortbestand notwendige Struktur und spezifischen Funktionen bestehen und in absehbarer Zukunft wahrscheinlich weiterbestehen werden
  und
- der Erhaltungszustand der für ihn charakteristischen Arten im Sinne des Buchstabens i) günstig ist.

f) *„Habitat einer Art“:* durch spezifische abiotische und biotische Faktoren bestimmter Lebensraum, in dem diese Art in einem der Stadien ihres Lebenskreislaufs vorkommt.

g) *„Arten von gemeinschaftlichem Interesse“:* Arten, die in dem in Artikel 2 bezeichneten Gebiet

   i) bedroht sind, außer denjenigen, deren natürliche Verbreitung sich nur auf Randzonen des vorgenannten Gebietes erstreckt und die weder bedroht noch im Gebiet der westlichen Paläarktis potentiell bedroht sind, oder

   ii) potentiell bedroht sind, d.h., deren baldiger Übergang in die Kategorie der bedrohten Arten als wahrscheinlich betrachtet wird, falls die ursächlichen Faktoren der Bedrohung fortdauern, oder

   iii) selten sind, d.h., deren Populationen klein und, wenn nicht unmittelbar, so doch mittelbar bedroht oder potentiell bedroht sind. Diese Arten kommen entweder in begrenzten geographischen Regionen oder in einem größeren Gebiet vereinzelt vor, oder

   iv) endemisch sind und infolge der besonderen Merkmale ihres Habitats und/oder der potentiellen Auswirkungen ihrer Nutzung auf ihren Erhaltungszustand besondere Beachtung erfordern.

   Diese Arten sind in Anhang II und/oder Anhang IV oder Anhang V aufgeführt bzw. können dort aufgeführt werden.

h) *„Prioritäre Arten“:* die unter Buchstabe g) Ziffer i) genannten Arten, für deren Erhaltung der Gemeinschaft aufgrund ihrer natürlichen Ausdehnung im Verhältnis zu dem in Artikel 2 genannten Gebiet besondere Verantwortung zukommt; diese prioritären Arten sind in Anhang II mit einem Sternchen (*) gekennzeichnet.

i) *„Erhaltungszustand einer Art“:* die Gesamtheit der Einflüsse, die sich langfristig auf die Verbreitung und die Größe der Populationen der betreffenden Arten in dem in Artikel 2 bezeichneten Gebiet auswirken können.

   Der Erhaltungszustand wird als „günstig“ betrachtet, wenn

   - aufgrund der Daten über die Populationsdynamik der Art anzunehmen ist, daß diese Art ein lebensfähiges Element des natürlichen Lebensraumes, dem sie angehört, bildet und langfristig weiterhin bilden wird, und
   - das natürliche Verbreitungsgebiet dieser Art weder abnimmt noch in absehbarer Zeit vermutlich abnehmen wird und
   - ein genügend großer Lebensraum vorhanden ist und wahrscheinlich weiterhin vorhanden sein wird, um langfristig ein Überleben der Populationen dieser Art zu sichern.

j) *„Gebiet“:* ein geographisch definierter Bereich mit klar abgegrenzter Fläche.

k) *„Gebiet von gemeinschaftlicher Bedeutung“:* Gebiet, das in der oder den biogeographischen Region(en), zu welchen es gehört, in signifikantem Maße dazu beiträgt, einen natürlichen Lebensraumtyp des Anhangs I oder eine Art des Anhangs II in einem günstigen Erhaltungszustand zu bewahren oder einen solchen wiederherzustellen und auch in signifikantem Maße zur Kohärenz des in Artikel 3 genannten Netzes „Natura 2000“ und/oder in signifikantem Maße zur biologischen Vielfalt in der biogeographischen Region beitragen kann.

Bei Tierarten, die große Lebensräume beanspruchen, entsprechen die Gebiete von gemeinschaftlichem Interesse den Orten im natürlichen Verbreitungsgebiet dieser Arten, welche die für ihr Leben und ihre Fortpflanzung ausschlaggebenden physischen und biologischen Elemente aufweisen.

l) *„Besonderes Schutzgebiet“:* ein von den Mitgliedstaaten durch eine Rechts- oder Verwaltungsvorschrift und/oder eine vertragliche Vereinbarung als ein von gemeinschaftlicher Bedeutung ausgewiesenes Gebiet, in dem die Maßnahmen, die zur Wahrung oder Wiederherstellung eines günstigen Erhaltungszustandes der natürlichen Lebensräume und/oder Populationen der Arten, für die das Gebiet bestimmt ist, erforderlich sind, durchgeführt werden.

m) *„Exemplar“:* jedes Tier oder jede Pflanze – lebend oder tot – der in Anhang IV und Anhang V aufgeführten Arten, jedes Teil oder jedes aus dem Tier oder der Pflanze gewonnene Produkt sowie jede andere Ware, die aufgrund eines Begleitdokuments, der Verpackung, eines Zeichens, eines Etiketts oder eines anderen Sachverhalts als Teil oder Derivat von Tieren oder Pflanzen der erwähnten Arten identifiziert werden kann.

n) *„Ausschuß“:* der aufgrund des Artikels 20 eingesetzte Ausschuß.

Artikel 2 (Ziel der Richtlinie)

(1) Diese Richtlinie hat zum Ziel, zur Sicherung der Artenvielfalt durch die Erhaltung der natürlichen Lebensräume sowie der wildlebenden Tiere und Pflanzen im europäischen Gebiet der Mitgliedstaaten, für das der Vertrag Geltung hat, beizutragen.

(2) Die aufgrund dieser Richtlinie getroffenen Maßnahmen zielen darauf ab, einen günstigen Erhaltungszustand der natürlichen Lebensräume und wildlebenden Tier- und Pflanzenarten von gemeinschaftlichem Interesse zu bewahren oder wiederherzustellen.

(3) Die aufgrund dieser Richtlinie getroffenen Maßnahmen tragen den Anforderungen von Wirtschaft, Gesellschaft und Kultur sowie den regionalen und örtlichen Besonderheiten Rechnung.

Erhaltung der natürlichen Lebensräume und der Habitate der Arten

Artikel 3 (Natura 2000)

(1) Es wird ein kohärentes europäisches ökologisches Netz besonderer Schutzgebiete mit der Bezeichnung „Natura 2000“ errichtet. Dieses Netz besteht aus Gebieten, die die natürlichen Lebensraumtypen des Anhangs I sowie die Habitate der Arten des Anhang II umfassen, und muß den Fortbestand oder gegebenenfalls die Wiederherstellung eines günstigen Erhaltungszustandes dieser natürlichen Lebensraumtypen und Habitate der Arten in ihrem natürlichen Verbreitungsgebiet gewährleisten.

Das Netz „Natura 2000“ umfaßt auch die von den Mitgliedstaaten aufgrund der Richtlinie 79/409/EWG ausgewiesenen besonderen Schutzgebiete.

(2) Jeder Staat trägt im Verhältnis der in seinem Hoheitsgebiet vorhandenen in Absatz 1 genannten natürlichen Lebensraumtypen und Habitate der Arten zur Errichtung von Natura 2000 bei. Zu diesen Zweck weist er nach den Bestimmungen des Artikels 4 Gebiete als besondere Schutzgebiete aus, wobei er den in Absatz 1 genannten Zielen Rechnung trägt.

(3) Die Mitgliedstaaten werden sich, wo sie dies für erforderlich halten, bemühen, die ökologische Kohärenz von Natura 2000 durch die Erhaltung und gegebenenfalls die Schaffung der in Artikel 10 genannten Landschaftselemente, die von ausschlaggebender Bedeutung für wildlebende Tiere und Pflanzen sind, zu verbessern.

Artikel 4 (Erstellung von Gebietslisten durch die Mitgliedstaaten und die Kommission, Gebiete von gemeinschaftlicher Bedeutung)

(1) Anhand der in Anhang III (Phase 1) festgelegten Kriterien und einschlägiger wissenschaftlicher Informationen legt jeder Mitgliedstaat eine Liste von Gebieten vor, in der die in diesen Gebieten vorkommenden natürlichen Lebensraumtypen des Anhangs I und einheimischen Arten des Anhangs II aufgeführt sind. Bei Tierarten, die große Lebensräume beanspruchen, entsprechen diese Gebiete den Orten im natürlichen Verbreitungsgebiet dieser Arten, welche die für ihr Leben und ihre Fortpflanzung ausschlaggebenden physischen und biologischen Elemente aufweisen. Für im Wasser lebende Tierarten, die große Lebensräume beanspruchen, werden solche Gebiete nur vorgeschlagen, wenn sich ein Raum klar abgrenzen läßt, der die für das Leben und die Fortpflanzung dieser Arten ausschlaggebenden physischen und biologischen Elemente aufweist. Die Mitgliedstaaten schlagen gegebenenfalls die Anpassung dieser Liste im Lichte der Ergebnisse der in Artikel 11 genannten Überwachung vor.

Binnen drei Jahren nach der Bekanntgabe dieser Richtlinie wird der Kommission diese Liste gleichzeitig mit den Informationen über die einzelnen Gebiete zugeleitet. Diese Informationen umfassen eine kartographische Darstellung des Gebietes, seine Bezeichnung, seine geographische Lage, seine Größe sowie die Daten, die sich aus der Anwendung der in Anhang III (Phase 1) genannten Kriterien ergeben, und werden anhand eines von der Kommission nach dem Verfahren des Artikels 21 ausgearbeiteten Formulars übermittelt.

(2) Auf der Grundlage der in Anhang III (Phase 2) festgelegten Kriterien und im Rahmen der neun in Artikel 1 Buchstabe c) Ziffer iii) erwähnten biogeographischen Regionen sowie des in Artikel 2 Absatz 1 genannten Gesamtgebietes erstellt die Kommission jeweils im Einvernehmen mit den Mitgliedstaaten aus den Listen der Mitgliedstaaten den Entwurf einer Liste der Gebiete von gemeinschaftlicher Bedeutung, in der die Gebiete mit einem oder mehreren prioritären natürlichen Lebensraumtyp(en) oder einer oder mehreren prioritären Art(en) ausgewiesen sind.

Die Mitgliedstaaten, bei denen Gebiete mit einem oder mehreren prioritären natürlichen Lebensraumtyp(en) und einer oder mehreren prioritären Art(en) flächenmäßig mehr als 5 v.H. des Hoheitsgebiets ausmachen, können im Einvernehmen mit der Kommission beantragen, daß die in Anhang III (Phase 2) angeführten Kriterien bei der Auswahl aller in ihrem Hoheitsgebiet liegenden Gebiete von gemeinschaftlicher Bedeutung flexibler angewandt werden.

Die Liste der Gebiete, die als Gebiete von gemeinschaftlicher Bedeutung ausgewählt wurden und in der die Gebiete mit einem oder mehreren prioritären natürlichen Lebensraumtyp(en) oder einer oder mehreren prioritären Art(en) ausgewiesen sind, wird von der Kommission nach dem Verfahren des Artikels 21 festgelegt.

(3) Die in Absatz 2 erwähnte Liste wird binnen sechs Jahren nach Bekanntgabe dieser Richtlinie erstellt.

(4) Ist ein Gebiet aufgrund des in Absatz 2 genannten Verfahrens als Gebiet von gemeinschaftlicher Bedeutung bezeichnet worden, so weist der betreffende Mitgliedstaat dieses Gebiet so schnell wie möglich – spätestens aber binnen sechs Jahren – als besonderes Schutzgebiet aus und legt dabei die Prioritäten nach Maßgabe der Wichtigkeit dieser Gebiete für die Wahrung oder die Wiederherstellung eines günstigen Erhaltungszustandes eines natürlichen Lebensraumtyps des Anhangs I oder einer Art des Anhangs II und für die Kohärenz des Netzes Natura 2000 sowie danach fest, inwieweit diese Gebiete von Schädigung oder Zerstörung bedroht sind.

(5) Sobald ein Gebiet in die Liste des Absatzes 2 Unterabsatz 3 aufgenommen ist, unterliegt es den Bestimmungen des Artikels 6 Absätze 2, 3 und 4.

Artikel 5 (Bilaterales Konzertierungsverfahren im Ausnahmefall)

(1) In Ausnahmefällen, in denen die Kommission feststellt, daß ein Gebiet mit einem prioritären natürlichen Lebensraumtyp oder einer prioritären Art in einer nationalen Liste nach Artikel 4 Absatz 1 nicht aufgeführt ist, das ihres Erachtens aufgrund von zuverlässigen einschlägigen wissenschaftlichen Daten für den Fortbestand dieses prioritären natürlichen Lebensraumtyps oder das Überleben dieser prioritären Art unerläßlich ist, wird ein bilaterales Konzertierungsverfahren zwischen diesem Mitgliedstaat und der Kommission zum Vergleich der auf beiden Seiten verwendeten wissenschaftlichen Daten eingeleitet.

(2) Herrschen nach einem Konzertierungszeitraum von höchstens sechs Monaten weiterhin Meinungsverschiedenheiten, so übermittelt die Kommission dem Rat einen Vorschlag über die Auswahl des Gebietes als Gebiet von gemeinschaftlicher Bedeutung.

(3) Der Rat beschließt einstimmig innerhalb von drei Monaten ab dem Zeitpunkt, zu dem er mit diesem Vorschlag befaßt worden ist.

(4) Während der Konzertierungsphase und bis zur Beschlußfassung des Rates unterliegt das betreffende Gebiet den Bestimmungen des Artikels 6 Absatz 2.

Artikel 6 (Erhaltungs- und Schutzpflichten der Mitgliedstaaten)

(1) Für die besonderen Schutzgebiete legen die Mitgliedstaaten die nötigen Erhaltungsmaßnahmen fest, die gegebenenfalls geeignete, eigens für die Gebiete aufgestellte oder in andere Entwicklungspläne integrierte Bewirtschaftungspläne und geeignete Maßnahmen rechtlicher, administrativer oder vertraglicher Art umfassen, die den ökologischen Erfordernissen der natürlichen Lebensraumtypen nach Anhang I und der Arten nach Anhang II entsprechen, die in diesen Gebieten vorkommen.

(2) Die Mitgliedstaaten treffen die geeigneten Maßnahmen, um in den besonderen Schutzgebieten die Verschlechterung der natürlichen Lebensräume und der Habitate der Arten sowie Störungen von Arten, für die die Gebiete ausgewiesen worden sind, zu vermeiden, sofern solche Störungen sich im Hinblick auf die Ziele dieser Richtlinie erheblich auswirken könnten.

(3) Pläne oder Projekte, die nicht unmittelbar mit der Verwaltung des Gebietes in Verbindung stehen oder hierfür nicht notwendig sind, die ein solches Gebiet

jedoch einzeln oder in Zusammenwirkung mit anderen Plänen und Projekten erheblich beeinträchtigen könnten, erfordern eine Prüfung auf Verträglichkeit mit den für dieses Gebiet festgelegten Erhaltungszielen. Unter Berücksichtigung der Ergebnisse der Verträglichkeitsprüfung und vorbehaltlich des Absatzes 4 stimmen die zuständigen einzelstaatlichen Behörden dem Plan bzw. Projekt nur zu, wenn sie festgestellt haben, daß das Gebiet als solches nicht beeinträchtigt wird, und nachdem sie gegebenenfalls die Öffentlichkeit angehört haben.

(4) Ist trotz negativer Ergebnisse der Verträglichkeitsprüfung aus zwingenden Gründen des überwiegenden öffentlichen Interesses einschließlich solcher sozialer oder wirtschaftlicher Art ein Plan oder Projekt durchzuführen und ist eine Alternativlösung nicht vorhanden, so ergreift der Mitgliedstaat alle notwendigen Ausgleichsmaßnahmen, um sicherzustellen, daß die globale Kohärenz von Natura 2000 geschützt ist. Der Mitgliedstaat unterrichtet die Kommission über die von ihm ergriffenen Ausgleichsmaßnahmen.

Ist das betreffende Gebiet ein Gebiet, das einen prioritären natürlichen Lebensraumtyp und/oder eine prioritäre Art einschließt, so können nur Erwägungen im Zusammenhang mit der Gesundheit des Menschen und der öffentlichen Sicherheit oder im Zusammenhang mit maßgeblichen günstigen Auswirkungen für die Umwelt oder, nach Stellungnahme der Kommission, andere zwingende Gründe des überwiegenden öffentlichen Interesses geltend gemacht werden.

Artikel 7 (Verhältnis zur Vogelschutzrichtlinie)

Was die nach Artikel 4 Absatz 1 der Richtlinie 79/409/EWG zu besonderen Schutzgebieten erklärten oder nach Artikel 4 Absatz 2 derselben Richtlinie als solche anerkannten Gebiete anbelangt, so treten die Verpflichtungen nach Artikel 6 Absätze 2, 3 und 4 der vorliegenden Richtlinie ab dem Datum für die Anwendung der vorliegenden Richtlinie bzw. danach ab dem Datum, zu dem das betreffende Gebiet von einem Mitgliedstaat entsprechend der Richtlinie 79/409/EWG zum besonderen Schutzgebiet erklärt oder als solches anerkannt wird, an die Stelle der Pflichten, die sich aus Artikel 4 Absatz 4 Satz 1 der Richtlinie 79/409/EWG ergeben.

Artikel 8 (Finanzierung, Aktionsrahmen)

(1) Die Mitgliedstaaten übermitteln der Kommission zusammen mit ihren Vorschlägen für Gebiete, die als besondere Schutzgebiete mit prioritäten natürlichen Lebensraumtypen und/oder prioritären Arten ausgewiesen werden können, gegebenenfalls ihre Schätzungen bezüglich der finanziellen Beteiligung der Gemeinschaft, die ihres Erachtens für die Erfüllung ihrer Verpflichtungen nach Artikel 6 Absatz 1 erforderlich ist.

(2) Die Kommission erarbeitet im Benehmen mit jedem betroffenen Mitgliedstaat für die Gebiete von gemeinschaftlichem Interesse, für die eine finanzielle Beteiligung beantragt wird, die Maßnahmen, die für die Wahrung oder Wiederherstellung eines günstigen Erhaltungszustands der prioritären natürlichen Lebensraumtypen und der prioritären Arten in den betreffenden Gebieten wesentlich sind, und ermittelt die Gesamtkosten dieser Maßnahmen.

(3) Die Kommission ermittelt im Benehmen mit den betreffenden Mitgliedstaaten die für die Durchführung der Maßnahmen nach Absatz 2 erforderliche Finanzierung einschließlich der finanziellen Beteiligung der Gemeinschaft; dabei berücksichtigt sie unter anderem die Konzentration der prioritären natürlichen Lebensraumtypen und/oder prioritären Arten im Hoheitsgebiet des Mitgliedstaats und die Belastung jedes Mitgliedstaats durch die erforderlichen Maßnahmen.

(4) Entsprechend der Schätzung nach den Absätzen 2 und 3 legt die Kommission unter Berücksichtigung der nach den einschlägigen Gemeinschaftsinstrumenten verfügbaren Finanzmittel gemäß dem Verfahren des Artikels 21 einen prioritären Aktionsrahmen von Maßnahmen fest, die eine finanzielle Beteiligung umfassen und zu treffen sind, wenn das Gebiet gemäß Artikel 4 Absatz 4 ausgewiesen worden ist.

(5) Maßnahmen, die mangels ausreichender Mittel in dem vorgenannten Aktionsrahmen nicht berücksichtigt worden sind bzw. in diesen Aktionsrahmen aufgenommen wurden, für die die erforderliche finanzielle Beteiligung jedoch nicht oder nur teilweise vorgesehen wurde, werden nach dem Verfahren des Artikels 21 im Rahmen der alle zwei Jahre erfolgenden Überprüfung des Aktionsrahmens erneut geprüft und können bis dahin von den Mitgliedstaaten zurückgestellt werden. Bei dieser Überprüfung wird gegebenenfalls der neuen Situation in dem betreffenden Gebiet Rechnung getragen.

(6) In Gebieten, in denen von einer finanziellen Beteiligung abhängige Maßnahmen zurückgestellt werden, sehen die Mitgliedstaaten von neuen Maßnahmen ab, die zu einer Verschlechterung des Zustands dieser Gebiete führen können.

Artikel 9 (Periodische Beurteilung durch die Kommission)

Die Kommission beurteilt im Rahmen des Verfahrens nach Artikel 21 in regelmäßigen Zeitabständen den Beitrag von Natura 2000 zur Verwirklichung der in den Artikeln 2 und 3 genannten Ziele. In diesem Zusammenhang kann die Aufhebung der Klassifizierung als besonderes Schutzgebiet in den Fällen erwogen werden, in denen die gemäß Artikel 11 beobachtete natürliche Entwicklung dies rechtfertigt.

Artikel 10 (Förderung der Pflege bedeutender Landschaftselemente durch die Mitgliedstaaten)

Die Mitgliedstaaten werden sich dort, wo sie dies im Rahmen ihrer Landnutzungs- und Entwicklungspolitik, insbesondere zur Verbesserung der ökologischen Kohärenz von Natura 2000, für erforderlich halten, bemühen, die Pflege von Landschaftselementen, die von ausschlaggebender Bedeutung für wildlebende Tiere und Pflanzen sind, zu fördern.

Hierbei handelt es sich um Landschaftselemente, die aufgrund ihrer linearen, fortlaufenden Struktur (z.B. Flüsse mit ihren Ufern oder herkömmlichen Feldrainen) oder ihrer Vernetzungsfunktion (z.B. Teiche oder Gehölze) für die Wanderung, die geographische Verbreitung und den genetischen Austausch wildlebender Arten wesentlich sind.

Artikel 11 (Überwachung des Erhaltungszustandes durch die Mitgliedstaaten)

Die Mitgliedstaaten überwachen den Erhaltungszustand der in Artikel 2 genannten Arten und Lebensräume, wobei sie die prioritären natürlichen Lebensraumtypen und die prioritären Arten besonders berücksichtigen.

Artenschutz

Artikel 12 (Schutz bedrohter Tierarten)

(1) Die Mitgliedstaaten treffen die notwendigen Maßnahmen, um ein strenges Schutzsystem für die in Anhang IV Buchstabe a) genannten Tierarten in deren natürlichen Verbreitungsgebieten einzuführen; dieses verbietet:

a) alle absichtlichen Formen des Fangs oder der Tötung von aus der Natur entnommenen Exemplaren dieser Arten;

b) jede absichtliche Störung dieser Arten, insbesondere während der Fortpflanzungs-, Aufzucht-, Überwinterungs- und Wanderungszeiten;

c) jede absichtliche Zerstörung oder Entnahme von Eiern aus der Natur;

d) jede Beschädigung oder Vernichtung der Fortpflanzungs- oder Ruhestätten.

(2) Für diese Arten verbieten die Mitgliedstaaten Besitz, Transport, Handel oder Austausch und Angebot zum Verkauf oder Austausch von aus der Natur entnommenen Exemplaren; vor Beginn der Anwendbarkeit dieser Richtlinie rechtmäßig entnommene Exemplare sind hiervon ausgenommen.

(3) Die Verbote nach Absatz 1 Buchstaben a) und b) sowie nach Absatz 2 gelten für alle Lebensstadien der Tiere im Sinne dieses Artikels.

(4) Die Mitgliedstaaten führen ein System zur fortlaufenden Überwachung des unbeabsichtigten Fangs oder Tötens der in Anhang IV Buchstabe a) genannten Tierarten ein. Anhand der gesammelten Informationen leiten die Mitgliedstaaten diejenigen weiteren Untersuchungs- oder Erhaltungsmaßnahmen ein, die erforderlich sind, um sicherzustellen, daß der unbeabsichtigte Fang oder das unbeabsichtigte Töten keine signifikanten negativen Auswirkungen auf die betreffenden Arten haben.

Artikel 13 (Schutz bedrohter Pflanzenarten)

(1) Die Mitgliedstaaten ergreifen die erforderlichen Maßnahmen, um ein striktes Schutzsystem für die in Anhang IV Buchstabe b) angegebenen Pflanzenarten aufzubauen, das folgendes verbietet:

a) absichtliches Pflücken, Sammeln, Abschneiden, Ausgraben oder Vernichten von Exemplaren solcher Pflanzen in deren Verbreitungsräumen in der Natur;

b) Besitz, Transport, Handel oder Austausch und Angebot zum Verkauf oder zum Austausch von aus der Natur entnommenen Exemplaren solcher Pflanzen; vor Beginn der Anwendbarkeit dieser Richtlinie rechtmäßig entnommene Exemplare sind hiervon ausgenommen.

(2) Die Verbote nach Absatz 1 Buchstaben a) und b) gelten für alle Lebensstadien der Pflanzen im Sinne dieses Artikels.

Artikel 14 (Verhältnis zur Überwachung gem. Art. 11)

(1) Die Mitgliedstaaten treffen, sofern sie es aufgrund der Überwachung gemäß Artikel 11 für erforderlich halten, die notwendigen Maßnahmen, damit die Entnahme aus der Natur von Exemplaren der wildlebenden Tier- und Pflanzenarten des Anhangs V sowie deren Nutzung mit der Aufrechterhaltung eines günstigen Erhaltungszustands vereinbar sind.

(2) Werden derartige Maßnahmen für erforderlich gehalten, so müssen sie die Fortsetzung der Überwachung gemäß Artikel 11 beinhalten. Außerdem können sie insbesondere folgendes umfassen:

- Vorschriften bezüglich des Zugangs zu bestimmten Bereichen;
- das zeitlich oder örtlich begrenzte Verbot der Entnahme von Exemplaren aus der Natur und der Nutzung bestimmter Populationen;
- die Regelung der Entnahmeperioden und/oder -formen;

- die Einhaltung von dem Erhaltungsbedarf derartiger Populationen Rechnung tragenden waidmännischen oder fischereilichen Regeln bei der Entnahme von Exemplaren;
- die Einführung eines Systems von Genehmigungen für die Entnahme oder von Quoten;
- die Regelung von Kauf, Verkauf, Feilhalten, Besitz oder Transport zwecks Verkauf der Exemplare;
- das Züchten in Gefangenschaft von Tierarten sowie die künstliche Vermehrung von Pflanzenarten unter streng kontrollierten Bedingungen, um die Entnahme von Exemplaren aus der Natur zu verringern;
- die Beurteilung der Auswirkungen der ergriffenen Maßnahmen.

Artikel 15 (Verbot bestimmter Fang- und Tötungsgeräte)

In bezug auf den Fang oder das Töten der in Anhang V Buchstabe a) genannten wildlebenden Tierarten sowie in den Fällen, in denen Ausnahmen gemäß Artikel 16 für die Entnahme, den Fang oder die Tötung der in Anhang IV Buchstabe a) genannten Arten gemacht werden, verbieten die Mitgliedstaaten den Gebrauch aller nichtselektiven Geräte, durch die das örtliche Verschwinden von Populationen dieser Tierarten hervorgerufen werden könnte oder sie schwer gestört werden könnten, insbesondere

a) den Gebrauch der in Anhang VI Buchstabe a) genannten Fang- und Tötungsgeräte;
b) jede Form des Fangs oder Tötens mittels der in Anhang VI Buchstabe b) genannten Transportmittel.

Artikel 16 (Ausnahmen)

(1) Sofern es keine anderweitige zufriedenstellende Lösung gibt und unter der Bedingung, daß die Populationen der betroffenen Art in ihrem natürlichen Verbreitungsgebiet trotz der Ausnahmeregelung ohne Beeinträchtigung in einem günstigen Erhaltungszustand verweilen, können die Mitgliedstaaten von den Bestimmungen der Artikel 12, 13 und 14 sowie des Artikels 15 Buchstaben a) und b) im folgenden Sinne abweichen:

a) zum Schutz der wildlebenden Tiere und Pflanzen und zur Erhaltung der natürlichen Lebensräume;
b) zur Verhütung ernster Schäden insbesondere an Kulturen und in der Tierhaltung sowie an Wäldern, Fischgründen und Gewässern sowie an sonstigen Formen von Eigentum;
c) im Interesse der Volksgesundheit und der öffentlichen Sicherheit oder aus anderen zwingenden Gründen des überwiegenden öffentlichen Interesses, einschließlich solcher sozialer oder wirtschaftlicher Art oder positiver Folgen für die Umwelt;
d) zu Zwecken der Forschung und des Unterrichts, der Bestandsauffüllung und Wiederansiedlung und der für diese Zwecke erforderlichen Aufzucht, einschließlich der künstlichen Vermehrung von Pflanzen;
e) um unter strenger Kontrolle, selektiv und in beschränktem Ausmaß die Entnahme oder Haltung einer begrenzten und von den zuständigen einzelstaatlichen Behörden spezifizierten Anzahl von Exemplaren bestimmter Tier- und Pflanzenarten des Anhangs IV zu erlauben.

(2) Die Mitgliedstaaten legen der Kommission alle zwei Jahre einen mit dem vom Ausschuß festgelegten Modell übereinstimmenden Bericht über die nach Absatz 1 genehmigten Ausnahmen vor. Die Kommission nimmt zu diesen Ausnahmen binnen zwölf Monaten nach Erhalt des Berichts Stellung und unterrichtet darüber den Ausschuß.

(3) In den Berichten ist folgendes anzugeben:

a) die Arten, für die die Ausnahmeregelung gilt, und der Grund der Ausnahme, einschließlich der Art der Risiken sowie gegebenenfalls der verworfenen Alternativlösungen und der benutzten wissenschaftlichen Daten;
b) die für Fang oder Tötung von Tieren zugelassenen Mittel, Einrichtungen oder Methoden und die Gründe für ihren Gebrauch;
c) die zeitlichen und örtlichen Umstände der Ausnahmegenehmigungen;
d) die Behörde, die befugt ist, zu erklären, daß die erforderlichen Voraussetzungen erfüllt sind, bzw. zu kontrollieren, ob sie erfüllt sind, und die beschließen kann, welche Mittel, Einrichtungen oder Methoden innerhalb welcher Grenzen und von welchen Stellen verwendet werden dürfen sowie welche Personen mit der Durchführung betraut werden;
e) die angewandten Kontrollmaßnahmen und die erzielten Ergebnisse.

Information

Artikel 17 (Information)

(1) Alle sechs Jahre nach Ablauf der in Artikel 23 vorgesehenen Frist erstellen die Mitgliedstaaten einen Bericht über die Durchführung der im Rahmen dieser Richtlinie durchgeführten Maßnahmen. Dieser Bericht enthält insbesondere Informationen über die in Artikel 6 Absatz 1 genannten Erhaltungsmaßnahmen sowie die Bewertung der Auswirkungen dieser Maßnahmen auf den Erhaltungszustand der Lebensraumtypen des Anhangs I und der Arten des Anhangs II sowie die wichtigsten Ergebnisse der in Artikel 11 genannten Überwachung. Dieser Bericht, dessen Form mit dem vom Ausschuß aufgestellten Modell übereinstimmt, wird der Kommission übermittelt und der Öffentlichkeit zugänglich gemacht.

(2) Die Kommission arbeitet auf der Grundlage der in Absatz 1 erwähnten Berichte einen zusammenfassenden Bericht aus. Dieser Bericht enthält eine zweckdienliche Bewertung der erzielten Fortschritte, insbesondere des Beitrags von Natura 2000 zur Verwirklichung der in Artikel 3 aufgeführten Ziele. Der Teil des Berichtsentwurfs, der die von einem Mitgliedstaat übermittelten Informationen betrifft, wird den Behörden des betreffenden Mitgliedstaats zur Überprüfung unterbreitet. Die endgültige Fassung des Berichts wird zunächst dem Ausschuß unterbreitet und wird spätestens zwei Jahre nach Vorlage der Berichte gemäß Absatz 1 sowie des Kommissionsberichts veröffentlicht und den Mitgliedstaaten, dem Europäischen Parlament, dem Rat und dem Wirtschafts- und Sozialausschuß zugeleitet.

(3) Die Mitgliedstaaten können die nach dieser Richtlinie ausgewiesenen Gebiete durch vom Ausschuß eigens hierzu erarbeitete Gemeinschaftsschilder kennzeichnen.

Forschung

Artikel 18 (Forschung)

(1) Die Mitgliedstaaten und die Kommission fördern die erforderliche Forschung und die notwendigen wissenschaftlichen Arbeiten im Hinblick auf die Ziele nach Artikel 2 und die Verpflichtung nach Artikel 11. Sie tauschen Informationen aus im Hinblick auf eine gute Koordinierung der Forschung auf den Ebenen der Mitgliedstaaten und der Gemeinschaft.

(2) Besondere Aufmerksamkeit wird den wissenschaftlichen Arbeiten gewidmet, die zur Durchführung der Artikel 4 und 10 erforderlich sind; die grenzüberschreitende Zusammenarbeit zwischen Mitgliedstaaten auf dem Gebiet der Forschung wird gefördert.

Verfahren zur Änderung der Anhänge

Artikel 19 (Verfahren zur Änderung der Anhänge)

Die Änderungen, die zur Anpassung der Anhänge I, II, III, V und VI an den technischen und wissenschaftlichen Fortschritt erforderlich sind, werden vom Rat auf Vorschlag der Kommission mit qualifizierter Mehrheit beschlossen.

Die Änderungen, die zur Anpassung des Anhangs IV an den technischen und wissenschaftlichen Fortschritt erforderlich sind, werden vom Rat auf Vorschlag der Kommission einstimmig beschlossen.

Ausschuß

Artikel 20 (Ausschuß)

Die Kommission wird von einem Ausschuss unterstützt.

Artikel 21

(1) Wird auf diesen Artikel Bezug genommen, so gelten die Artikel 5 und 7 des Beschlusses 1999/468/EG[1)] unter Beachtung von dessen Artikel 8.

Der Zeitraum nach Artikel 5 Absatz 6 des Beschlusses 1999/468/EG wird auf drei Monate festgesetzt.

(2) Der Ausschuss gibt sich eine Geschäftsordnung.

Ergänzende Bestimmungen

Artikel 22 (Ergänzende Bestimmungen)

Bei der Ausführung der Bestimmungen dieser Richtlinie gehen die Mitgliedstaaten wie folgt vor:

a) Sie prüfen die Zweckdienlichkeit einer Wiederansiedlung von in ihrem Hoheitsgebiet heimischen Arten des Anhangs IV, wenn diese Maßnahme zu deren Erhaltung beitragen könnte, vorausgesetzt, eine Untersuchung hat unter Berücksichtigung unter anderem der Erfahrungen der anderen Mitgliedstaaten

---

1) Amtliche Fußnote: Beschluss 1999/468/EG des Rates vom 28. Juni 1999 zur Festlegung der Modalitäten für die Ausübung der der Kommission übertragenen Durchführungsbefugnisse (ABl. L 184 vom 17. 7. 1999, S. 23).

oder anderer Betroffener ergeben, daß eine solche Wiederansiedlung wirksam zur Wiederherstellung eines günstigen Erhaltungszustandes der betreffenden Arten beiträgt, und die Wiederansiedlung erfolgt erst nach entsprechender Konsultierung der betroffenen Bevölkerungskreise;

b) sie sorgen dafür, daß die absichtliche Ansiedlung in der Natur einer in ihrem Hoheitsgebiet nicht heimischen Art so geregelt wird, daß weder die natürlichen Lebensräume in ihrem natürlichen Verbreitungsgebiet noch die einheimischen wildlebenden Tier- und Pflanzenarten geschädigt werden; falls sie es für notwendig erachten, verbieten sie eine solche Ansiedlung. Die Ergebnisse der Bewertungsstudien werden dem Ausschuß zur Unterrichtung mitgeteilt;

c) sie fördern erzieherische Maßnahmen und die allgemeine Information in bezug auf die Notwendigkeit des Schutzes der wildlebenden Tier- und Pflanzenarten und der Erhaltung ihrer Habitate sowie natürlichen Lebensräume.

Schlußbestimmungen

Artikel 23 (Inkrafttreten)

(1) Die Mitgliedstaaten erlassen die erforderlichen Rechts- und Verwaltungsvorschriften, um dieser Richtlinie binnen zwei Jahren nach ihrer Bekanntgabe nachzukommen. Sie setzen die Kommission unverzüglich davon in Kenntnis.

(2) Wenn die Mitgliedstaaten Vorschriften nach Absatz 1 erlassen, nehmen sie in den Vorschriften selbst oder durch einen Hinweis bei der amtlichen Veröffentlichung auf diese Richtlinie Bezug. Die Mitgliedstaaten regeln die Einzelheiten der Bezugnahme.

(3) Die Mitgliedstaaten teilen der Kommission den Wortlaut der wichtigsten innerstaatlichen Rechtsvorschriften mit, die sie auf dem unter diese Richtlinie fallenden Gebiet erlassen.

Artikel 24 (Adressaten der Richtlinie)

Diese Richtlinie ist an die Mitgliedstaaten gerichtet.

(Vom Abdruck der Anhänge I–VI wurde abgesehen)

46 Datenschutz und Transparenz

461 Verordnung (EU) 2016/679 des Europäischen Parlaments und des Rates vom 27. April 2016 zum Schutz natürlicher Personen bei der Verarbeitung personenbezogener Daten, zum freien Datenverkehr und zur Aufhebung der Richtlinie 95/46/EG (Datenschutz-Grundverordnung)

(ABl. L 119 vom 4. 5. 2016 S. 1, ber. ABl. L 314 vom 22. 11. 2016 S. 72)

Inhaltsübersicht*

* Nicht amtlich.

DAS EUROPÄISCHE PARLAMENT UND DER RAT DER EUROPÄISCHEN UNION –

gestützt auf den Vertrag über die Arbeitsweise der Europäischen Union, insbesondere auf Artikel 16,

auf Vorschlag der Europäischen Kommission,

nach Zuleitung des Entwurfs des Gesetzgebungsakts an die nationalen Parlamente,

nach Stellungnahme des Europäischen Wirtschafts- und Sozialausschusses[1)]

---

1) Amtliche Fußnote: ABl. C 229 vom 31. 7. 2012, S. 90.

nach Stellungnahme des Ausschusses der Regionen[1]),

gemäß dem ordentlichen Gesetzgebungsverfahren[2]),

in Erwägung nachstehender Gründe:

(1) Der Schutz natürlicher Personen bei der Verarbeitung personenbezogener Daten ist ein Grundrecht. Gemäß Artikel 8 Absatz 1 der Charta der Grundrechte der Europäischen Union (im Folgenden „Charta") sowie Artikel 16 Absatz 1 des Vertrags über die Arbeitsweise der Europäischen Union (AEUV) hat jede Person das Recht auf Schutz der sie betreffenden personenbezogenen Daten.

(2) Die Grundsätze und Vorschriften zum Schutz natürlicher Personen bei der Verarbeitung ihrer personenbezogenen Daten sollten gewährleisten, dass ihre Grundrechte und Grundfreiheiten und insbesondere ihr Recht auf Schutz personenbezogener Daten ungeachtet ihrer Staatsangehörigkeit oder ihres Aufenthaltsorts gewahrt bleiben. Diese Verordnung soll zur Vollendung eines Raums der Freiheit, der Sicherheit und des Rechts und einer Wirtschaftsunion, zum wirtschaftlichen und sozialen Fortschritt, zur Stärkung und zum Zusammenwachsen der Volkswirtschaften innerhalb des Binnenmarkts sowie zum Wohlergehen natürlicher Personen beitragen.

(3) Zweck der Richtlinie 95/46/EG des Europäischen Parlaments und des Rates[3]) ist die Harmonisierung der Vorschriften zum Schutz der Grundrechte und Grundfreiheiten natürlicher Personen bei der Datenverarbeitung sowie die Gewährleistung des freien Verkehrs personenbezogener Daten zwischen den Mitgliedstaaten.

(4) Die Verarbeitung personenbezogener Daten sollte im Dienste der Menschheit stehen. Das Recht auf Schutz der personenbezogenen Daten ist kein uneingeschränktes Recht; es muss im Hinblick auf seine gesellschaftliche Funktion gesehen und unter Wahrung des Verhältnismäßigkeitsprinzips gegen andere Grundrechte abgewogen werden. Diese Verordnung steht im Einklang mit allen Grundrechten und achtet alle Freiheiten und Grundsätze, die mit der Charta anerkannt wurden und in den Europäischen Verträgen verankert sind, insbesondere Achtung des Privat- und Familienlebens, der Wohnung und der Kommunikation, Schutz personenbezogener Daten, Gedanken-, Gewissens- und Religionsfreiheit, Freiheit der Meinungsäußerung und Informationsfreiheit, unternehmerische Freiheit, Recht auf einen wirksamen Rechtsbehelf und ein faires Verfahren und Vielfalt der Kulturen, Religionen und Sprachen.

(5) Die wirtschaftliche und soziale Integration als Folge eines funktionierenden Binnenmarkts hat zu einem deutlichen Anstieg des grenzüberschreitenden Verkehrs personenbezogener Daten geführt. Der unionsweite Austausch personenbezogener Daten zwischen öffentlichen und privaten Akteuren einschließlich natürlichen Personen, Vereinigungen und Unternehmen hat zugenommen. Das Unionsrecht verpflichtet die Verwaltungen der Mitgliedstaaten, zusammenzuarbeiten und personenbezogene Daten aus-

---

1) Amtliche Fußnote: ABl. C 391 vom 18. 12. 2012, S. 127.

2) Amtliche Fußnote: Standpunkt des Europäischen Parlaments vom 12. März 2014 (noch nicht im Amtsblatt veröffentlicht) und Standpunkt des Rates in erster Lesung vom 8. April 2016 (noch nicht im Amtsblatt veröffentlicht). Standpunkt des Europäischen Parlaments vom 14. April 2016.

3) Amtliche Fußnote: Richtlinie 95/46/EG des Europäischen Parlaments und des Rates vom 24. Oktober 1995 zum Schutz natürlicher Personen bei der Verarbeitung personenbezogener Daten und zum freien Datenverkehr (ABl. L 281 vom 23. 11. 1995, S. 31).

zutauschen, damit sie ihren Pflichten nachkommen oder für eine Behörde eines anderen Mitgliedstaats Aufgaben durchführen können.

(6) Rasche technologische Entwicklungen und die Globalisierung haben den Datenschutz vor neue Herausforderungen gestellt. Das Ausmaß der Erhebung und des Austauschs personenbezogener Daten hat eindrucksvoll zugenommen. Die Technik macht es möglich, dass private Unternehmen und Behörden im Rahmen ihrer Tätigkeiten in einem noch nie dagewesenen Umfang auf personenbezogene Daten zurückgreifen. Zunehmend machen auch natürliche Personen Informationen öffentlich weltweit zugänglich. Die Technik hat das wirtschaftliche und gesellschaftliche Leben verändert und dürfte den Verkehr personenbezogener Daten innerhalb der Union sowie die Datenübermittlung an Drittländer und internationale Organisationen noch weiter erleichtern, wobei ein hohes Datenschutzniveau zu gewährleisten ist.

(7) Diese Entwicklungen erfordern einen soliden, kohärenteren und klar durchsetzbaren Rechtsrahmen im Bereich des Datenschutzes in der Union, da es von großer Wichtigkeit ist, eine Vertrauensbasis zu schaffen, die die digitale Wirtschaft dringend benötigt, um im Binnenmarkt weiter wachsen zu können. Natürliche Personen sollten die Kontrolle über ihre eigenen Daten besitzen. Natürliche Personen, Wirtschaft und Staat sollten in rechtlicher und praktischer Hinsicht über mehr Sicherheit verfügen.

(8) Wenn in dieser Verordnung Präzisierungen oder Einschränkungen ihrer Vorschriften durch das Recht der Mitgliedstaaten vorgesehen sind, können die Mitgliedstaaten Teile dieser Verordnung in ihr nationales Recht aufnehmen, soweit dies erforderlich ist, um die Kohärenz zu wahren und die nationalen Rechtsvorschriften für die Personen, für die sie gelten, verständlicher zu machen.

(9) Die Ziele und Grundsätze der Richtlinie 95/46/EG besitzen nach wie vor Gültigkeit, doch hat die Richtlinie nicht verhindern können, dass der Datenschutz in der Union unterschiedlich gehandhabt wird, Rechtsunsicherheit besteht oder in der Öffentlichkeit die Meinung weit verbreitet ist, dass erhebliche Risiken für den Schutz natürlicher Personen bestehen, insbesondere im Zusammenhang mit der Benutzung des Internets. Unterschiede beim Schutzniveau für die Rechte und Freiheiten von natürlichen Personen im Zusammenhang mit der Verarbeitung personenbezogener Daten in den Mitgliedstaaten, vor allem beim Recht auf Schutz dieser Daten, können den unionsweiten freien Verkehr solcher Daten behindern. Diese Unterschiede im Schutzniveau können daher ein Hemmnis für die unionsweite Ausübung von Wirtschaftstätigkeiten darstellen, den Wettbewerb verzerren und die Behörden an der Erfüllung der ihnen nach dem Unionsrecht obliegenden Pflichten hindern. Sie erklären sich aus den Unterschieden bei der Umsetzung und Anwendung der Richtlinie 95/46/EG.

(10) Um ein gleichmäßiges und hohes Datenschutzniveau für natürliche Personen zu gewährleisten und die Hemmnisse für den Verkehr personenbezogener Daten in der Union zu beseitigen, sollte das Schutzniveau für die Rechte und Freiheiten von natürlichen Personen bei der Verarbeitung dieser Daten in allen Mitgliedstaaten gleichwertig sein. Die Vorschriften zum Schutz der Grundrechte und Grundfreiheiten von natürlichen Personen bei der Verarbeitung personenbezogener Daten sollten unionsweit gleichmäßig und einheitlich angewandt werden. Hinsichtlich der Verarbeitung personenbezogener Daten zur Erfüllung einer rechtlichen Verpflichtung

oder zur Wahrnehmung einer Aufgabe, die im öffentlichen Interesse liegt oder in Ausübung öffentlicher Gewalt erfolgt, die dem Verantwortlichen übertragen wurde, sollten die Mitgliedstaaten die Möglichkeit haben, nationale Bestimmungen, mit denen die Anwendung der Vorschriften dieser Verordnung genauer festgelegt wird, beizubehalten oder einzuführen. In Verbindung mit den allgemeinen und horizontalen Rechtsvorschriften über den Datenschutz zur Umsetzung der Richtlinie 95/46/EG gibt es in den Mitgliedstaaten mehrere sektorspezifische Rechtsvorschriften in Bereichen, die spezifischere Bestimmungen erfordern. Diese Verordnung bietet den Mitgliedstaaten zudem einen Spielraum für die Spezifizierung ihrer Vorschriften, auch für die Verarbeitung besonderer Kategorien von personenbezogenen Daten (im Folgenden „sensible Daten"). Diesbezüglich schließt diese Verordnung nicht Rechtsvorschriften der Mitgliedstaaten aus, in denen die Umstände besonderer Verarbeitungssituationen festgelegt werden, einschließlich einer genaueren Bestimmung der Voraussetzungen, unter denen die Verarbeitung personenbezogener Daten rechtmäßig ist.

(11) Ein unionsweiter wirksamer Schutz personenbezogener Daten erfordert die Stärkung und präzise Festlegung der Rechte der betroffenen Personen sowie eine Verschärfung der Verpflichtungen für diejenigen, die personenbezogene Daten verarbeiten und darüber entscheiden, ebenso wie – in den Mitgliedstaaten – gleiche Befugnisse bei der Überwachung und Gewährleistung der Einhaltung der Vorschriften zum Schutz personenbezogener Daten sowie gleiche Sanktionen im Falle ihrer Verletzung.

(12) Artikel 16 Absatz 2 AEUV ermächtigt das Europäische Parlament und den Rat, Vorschriften über den Schutz natürlicher Personen bei der Verarbeitung personenbezogener Daten und zum freien Verkehr solcher Daten zu erlassen.

(13) Damit in der Union ein gleichmäßiges Datenschutzniveau für natürliche Personen gewährleistet ist und Unterschiede, die den freien Verkehr personenbezogener Daten im Binnenmarkt behindern könnten, beseitigt werden, ist eine Verordnung erforderlich, die für die Wirtschaftsteilnehmer einschließlich Kleinstunternehmen sowie kleiner und mittlerer Unternehmen Rechtssicherheit und Transparenz schafft, natürliche Personen in allen Mitgliedstaaten mit demselben Niveau an durchsetzbaren Rechten ausstattet, dieselben Pflichten und Zuständigkeiten für die Verantwortlichen und Auftragsverarbeiter vorsieht und eine gleichmäßige Kontrolle der Verarbeitung personenbezogener Daten und gleichwertige Sanktionen in allen Mitgliedstaaten sowie eine wirksame Zusammenarbeit zwischen den Aufsichtsbehörden der einzelnen Mitgliedstaaten gewährleistet. Das reibungslose Funktionieren des Binnenmarkts erfordert, dass der freie Verkehr personenbezogener Daten in der Union nicht aus Gründen des Schutzes natürlicher Personen bei der Verarbeitung personenbezogener Daten eingeschränkt oder verboten wird. Um der besonderen Situation der Kleinstunternehmen sowie der kleinen und mittleren Unternehmen Rechnung zu tragen, enthält diese Verordnung eine abweichende Regelung hinsichtlich des Führens eines Verzeichnisses für Einrichtungen, die weniger als 250 Mitarbeiter beschäftigen. Außerdem werden die Organe und Einrichtungen der Union sowie die Mitgliedstaaten und deren Aufsichtsbehörden dazu angehalten, bei der Anwendung dieser Verordnung die besonderen Bedürfnisse von Kleinstunternehmen sowie von kleinen und

mittleren Unternehmen zu berücksichtigen. Für die Definition des Begriffs „Kleinstunternehmen sowie kleine und mittlere Unternehmen" sollte Artikel 2 des Anhangs zur Empfehlung 2003/361/EG der Kommission[1]) maßgebend sein.

(14) Der durch diese Verordnung gewährte Schutz sollte für die Verarbeitung der personenbezogenen Daten natürlicher Personen ungeachtet ihrer Staatsangehörigkeit oder ihres Aufenthaltsorts gelten. Diese Verordnung gilt nicht für die Verarbeitung personenbezogener Daten juristischer Personen und insbesondere als juristische Person gegründeter Unternehmen, einschließlich Name, Rechtsform oder Kontaktdaten der juristischen Person.

(15) Um ein ernsthaftes Risiko einer Umgehung der Vorschriften zu vermeiden, sollte der Schutz natürlicher Personen technologieneutral sein und nicht von den verwendeten Techniken abhängen. Der Schutz natürlicher Personen sollte für die automatisierte Verarbeitung personenbezogener Daten ebenso gelten wie für die manuelle Verarbeitung von personenbezogenen Daten, wenn die personenbezogenen Daten in einem Dateisystem gespeichert sind oder gespeichert werden sollen. Akten oder Aktensammlungen sowie ihre Deckblätter, die nicht nach bestimmten Kriterien geordnet sind, sollten nicht in den Anwendungsbereich dieser Verordnung fallen.

(16) Diese Verordnung gilt nicht für Fragen des Schutzes von Grundrechten und Grundfreiheiten und des freien Verkehrs personenbezogener Daten im Zusammenhang mit Tätigkeiten, die nicht in den Anwendungsbereich des Unionsrechts fallen, wie etwa die nationale Sicherheit betreffende Tätigkeiten. Diese Verordnung gilt nicht für die von den Mitgliedstaaten im Rahmen der Gemeinsamen Außen- und Sicherheitspolitik der Union durchgeführte Verarbeitung personenbezogener Daten.

(17) Die Verordnung (EG) Nr. 45/2001 des Europäischen Parlaments und des Rates[2]) gilt für die Verarbeitung personenbezogener Daten durch die Organe, Einrichtungen, Ämter und Agenturen der Union. Die Verordnung (EG) Nr. 45/2001 und sonstige Rechtsakte der Union, die diese Verarbeitung personenbezogener Daten regeln, sollten an die Grundsätze und Vorschriften der vorliegenden Verordnung angepasst und im Lichte der vorliegenden Verordnung angewandt werden. Um einen soliden und kohärenten Rechtsrahmen im Bereich des Datenschutzes in der Union zu gewährleisten, sollten die erforderlichen Anpassungen der Verordnung (EG) Nr. 45/2001 im Anschluss an den Erlass der vorliegenden Verordnung vorgenommen werden, damit sie gleichzeitig mit der vorliegenden Verordnung angewandt werden können.

(18) Diese Verordnung gilt nicht für die Verarbeitung von personenbezogenen Daten, die von einer natürlichen Person zur Ausübung ausschließlich persönlicher oder familiärer Tätigkeiten und somit ohne Bezug zu einer beruflichen oder wirtschaftlichen Tätigkeit vorgenommen wird. Als persönliche oder familiäre Tätigkeiten könnte auch das Führen eines Schriftverkehrs oder von Anschriftenverzeichnissen oder die Nutzung sozialer Netze

---

1) Amtliche Fußnote: Empfehlung der Kommission vom 6. Mai 2003 betreffend die Definition der Kleinstunternehmen sowie der kleineren und mittleren Unternehmen (C (2003) 1422) (ABl. L 124 vom 20. 5. 2003, S. 36).

2) Amtliche Fußnote: Verordnung (EG) Nr. 45/2001 des Europäischen Parlaments und des Rates vom 18. Dezember 2000 zum Schutz natürlicher Personen bei der Verarbeitung personenbezogener Daten durch die Organe und Einrichtungen der Gemeinschaft und zum freien Datenverkehr (ABl. L 8 vom 12. 1. 2001, S. 1).

und Online-Tätigkeiten im Rahmen solcher Tätigkeiten gelten. Diese Verordnung gilt jedoch für die Verantwortlichen oder Auftragsverarbeiter, die die Instrumente für die Verarbeitung personenbezogener Daten für solche persönlichen oder familiären Tätigkeiten bereitstellen.

(19) Der Schutz natürlicher Personen bei der Verarbeitung personenbezogener Daten durch die zuständigen Behörden zum Zwecke der Verhütung, Ermittlung, Aufdeckung oder Verfolgung von Straftaten oder der Strafvollstreckung, einschließlich des Schutzes vor und der Abwehr von Gefahren für die öffentliche Sicherheit, sowie der freie Verkehr dieser Daten sind in einem eigenen Unionsrechtsakt geregelt. Deshalb sollte diese Verordnung auf Verarbeitungstätigkeiten dieser Art keine Anwendung finden. Personenbezogene Daten, die von Behörden nach dieser Verordnung verarbeitet werden, sollten jedoch, wenn sie zu den vorstehenden Zwecken verwendet werden, einem spezifischeren Unionsrechtsakt, nämlich der Richtlinie (EU) 2016/680 des Europäischen Parlaments und des Rates[1)] unterliegen. Die Mitgliedstaaten können die zuständigen Behörden im Sinne der Richtlinie (EU) 2016/680 mit Aufgaben betrauen, die nicht zwangsläufig für die Zwecke der Verhütung, Ermittlung, Aufdeckung oder Verfolgung von Straftaten oder der Strafvollstreckung, einschließlich des Schutzes vor und der Abwehr von Gefahren für die öffentliche Sicherheit, ausgeführt werden, so dass die Verarbeitung von personenbezogenen Daten für diese anderen Zwecke insoweit in den Anwendungsbereich dieser Verordnung fällt, als sie in den Anwendungsbereich des Unionsrechts fällt. In Bezug auf die Verarbeitung personenbezogener Daten durch diese Behörden für Zwecke, die in den Anwendungsbereich dieser Verordnung fallen, sollten die Mitgliedstaaten spezifischere Bestimmungen beibehalten oder einführen können, um die Anwendung der Vorschriften dieser Verordnung anzupassen. In den betreffenden Bestimmungen können die Auflagen für die Verarbeitung personenbezogener Daten durch diese zuständigen Behörden für jene anderen Zwecke präziser festgelegt werden, wobei der verfassungsmäßigen, organisatorischen und administrativen Struktur des betreffenden Mitgliedstaats Rechnung zu tragen ist. Soweit diese Verordnung für die Verarbeitung personenbezogener Daten durch private Stellen gilt, sollte sie vorsehen, dass die Mitgliedstaaten einige Pflichten und Rechte unter bestimmten Voraussetzungen mittels Rechtsvorschriften beschränken können, wenn diese Beschränkung in einer demokratischen Gesellschaft eine notwendige und verhältnismäßige Maßnahme zum Schutz bestimmter wichtiger Interessen darstellt, wozu auch die öffentliche Sicherheit und die Verhütung, Ermittlung, Aufdeckung und Verfolgung von Straftaten oder die Strafvollstreckung zählen, einschließlich des Schutzes vor und der Abwehr von Gefahren für die öffentliche Sicherheit. Dies ist beispielsweise im Rahmen der Bekämpfung der Geldwäsche oder der Arbeit kriminaltechnischer Labors von Bedeutung.

(20) Diese Verordnung gilt zwar unter anderem für die Tätigkeiten der Gerichte und anderer Justizbehörden, doch könnte im Unionsrecht oder im Recht der Mitgliedstaaten festgelegt werden, wie die Verarbeitungsvorgänge und Verarbeitungsverfahren bei der Verarbeitung personenbezoge-

1) Amtliche Fußnote: Richtlinie (EU) 2016/680 des Europäischen Parlaments und des Rates vom 27. April 2016 zum Schutz natürlicher Personen bei der Verarbeitung personenbezogener Daten durch die zuständigen Behörden zum Zwecke der Verhütung, Aufdeckung, Untersuchung oder Verfolgung von Straftaten oder der Strafvollstreckung sowie zum freien Datenverkehr und zur Aufhebung des Rahmenbeschlusses 2000/383/JI des Rates (ABl. L 119 vom 4. 5. 2016 S. 89).

ner Daten durch Gerichte und andere Justizbehörden im Einzelnen auszusehen haben. Damit die Unabhängigkeit der Justiz bei der Ausübung ihrer gerichtlichen Aufgaben einschließlich ihrer Beschlussfassung unangetastet bleibt, sollten die Aufsichtsbehörden nicht für die Verarbeitung personenbezogener Daten durch Gerichte im Rahmen ihrer justiziellen Tätigkeit zuständig sein. Mit der Aufsicht über diese Datenverarbeitungsvorgänge sollten besondere Stellen im Justizsystem des Mitgliedstaats betraut werden können, die insbesondere die Einhaltung der Vorschriften dieser Verordnung sicherstellen, Richter und Staatsanwälte besser für ihre Pflichten aus dieser Verordnung sensibilisieren und Beschwerden in Bezug auf derartige Datenverarbeitungsvorgänge bearbeiten sollten.

(21) Die vorliegende Verordnung berührt nicht die Anwendung der Richtlinie 2000/31/EG des Europäischen Parlaments und des Rates[1)] und insbesondere die der Vorschriften der Artikel 12 bis 15 jener Richtlinie zur Verantwortlichkeit von Anbietern reiner Vermittlungsdienste. Die genannte Richtlinie soll dazu beitragen, dass der Binnenmarkt einwandfrei funktioniert, indem sie den freien Verkehr von Diensten der Informationsgesellschaft zwischen den Mitgliedstaaten sicherstellt.

(22) Jede Verarbeitung personenbezogener Daten im Rahmen der Tätigkeiten einer Niederlassung eines Verantwortlichen oder eines Auftragsverarbeiters in der Union sollte gemäß dieser Verordnung erfolgen, gleich, ob die Verarbeitung in oder außerhalb der Union stattfindet. Eine Niederlassung setzt die effektive und tatsächliche Ausübung einer Tätigkeit durch eine feste Einrichtung voraus. Die Rechtsform einer solchen Einrichtung, gleich, ob es sich um eine Zweigstelle oder eine Tochtergesellschaft mit eigener Rechtspersönlichkeit handelt, ist dabei nicht ausschlaggebend.

(23) Damit einer natürlichen Person der gemäß dieser Verordnung gewährleistete Schutz nicht vorenthalten wird, sollte die Verarbeitung personenbezogener Daten von betroffenen Personen, die sich in der Union befinden, durch einen nicht in der Union niedergelassenen Verantwortlichen oder Auftragsverarbeiter dieser Verordnung unterliegen, wenn die Verarbeitung dazu dient, diesen betroffenen Personen gegen Entgelt oder unentgeltlich Waren oder Dienstleistungen anzubieten. Um festzustellen, ob dieser Verantwortliche oder Auftragsverarbeiter betroffenen Personen, die sich in der Union befinden, Waren oder Dienstleistungen anbietet, sollte festgestellt werden, ob der Verantwortliche oder Auftragsverarbeiter offensichtlich beabsichtigt, betroffenen Personen in einem oder mehreren Mitgliedstaaten der Union Dienstleistungen anzubieten. Während die bloße Zugänglichkeit der Website des Verantwortlichen, des Auftragsverarbeiters oder eines Vermittlers in der Union, einer E-Mail-Adresse oder anderer Kontaktdaten oder die Verwendung einer Sprache, die in dem Drittland, in dem der Verantwortliche niedergelassen ist, allgemein gebräuchlich ist, hierfür kein ausreichender Anhaltspunkt ist, können andere Faktoren wie die Verwendung einer Sprache oder Währung, die in einem oder mehreren Mitgliedstaaten gebräuchlich ist, in Verbindung mit der Möglichkeit, Waren und Dienstleistungen in dieser anderen Sprache zu bestellen, oder die Erwähnung von Kunden oder Nutzern, die sich in

---

1) Amtliche Fußnote: Richtlinie 2000/31/EG des Europäischen Parlaments und des Rates vom 8. Juni 2000 über bestimmte rechtliche Aspekte der Dienste der Informationsgesellschaft, insbesondere des elektronischen Geschäftsverkehrs, im Binnenmarkt („Richtlinie über den elektronischen Geschäftsverkehr") (ABl. L 178 vom 17. 7. 2000, S. 1).

der Union befinden, darauf hindeuten, dass der Verantwortliche beabsichtigt, den Personen in der Union Waren oder Dienstleistungen anzubieten.

(24) Die Verarbeitung personenbezogener Daten von betroffenen Personen, die sich in der Union befinden, durch einen nicht in der Union niedergelassenen Verantwortlichen oder Auftragsverarbeiter sollte auch dann dieser Verordnung unterliegen, wenn sie dazu dient, das Verhalten dieser betroffenen Personen zu beobachten, soweit ihr Verhalten in der Union erfolgt. Ob eine Verarbeitungstätigkeit der Beobachtung des Verhaltens von betroffenen Personen gilt, sollte daran festgemacht werden, ob ihre Internetaktivitäten nachvollzogen werden, einschließlich der möglichen nachfolgenden Verwendung von Techniken zur Verarbeitung personenbezogener Daten, durch die von einer natürlichen Person ein Profil erstellt wird, das insbesondere die Grundlage für sie betreffende Entscheidungen bildet oder anhand dessen ihre persönlichen Vorlieben, Verhaltensweisen oder Gepflogenheiten analysiert oder vorausgesagt werden sollen.

(25) Ist nach Völkerrecht das Recht eines Mitgliedstaats anwendbar, z.B. in einer diplomatischen oder konsularischen Vertretung eines Mitgliedstaats, so sollte die Verordnung auch auf einen nicht in der Union niedergelassenen Verantwortlichen Anwendung finden.

(26) Die Grundsätze des Datenschutzes sollten für alle Informationen gelten, die sich auf eine identifizierte oder identifizierbare natürliche Person beziehen. Einer Pseudonymisierung unterzogene personenbezogene Daten, die durch Heranziehung zusätzlicher Informationen einer natürlichen Person zugeordnet werden könnten, sollten als Informationen über eine identifizierbare natürliche Person betrachtet werden. Um festzustellen, ob eine natürliche Person identifizierbar ist, sollten alle Mittel berücksichtigt werden, die von dem Verantwortlichen oder einer anderen Person nach allgemeinem Ermessen wahrscheinlich genutzt werden, um die natürliche Person direkt oder indirekt zu identifizieren, wie beispielsweise das Aussondern. Bei der Feststellung, ob Mittel nach allgemeinem Ermessen wahrscheinlich zur Identifizierung der natürlichen Person genutzt werden, sollten alle objektiven Faktoren, wie die Kosten der Identifizierung und der dafür erforderliche Zeitaufwand, herangezogen werden, wobei die zum Zeitpunkt der Verarbeitung verfügbare Technologie und technologische Entwicklungen zu berücksichtigen sind. Die Grundsätze des Datenschutzes sollten daher nicht für anonyme Informationen gelten, d.h. für Informationen, die sich nicht auf eine identifizierte oder identifizierbare natürliche Person beziehen, oder personenbezogene Daten, die in einer Weise anonymisiert worden sind, dass die betroffene Person nicht oder nicht mehr identifiziert werden kann. Diese Verordnung betrifft somit nicht die Verarbeitung solcher anonymer Daten, auch für statistische oder für Forschungszwecke.

(27) Diese Verordnung gilt nicht für die personenbezogenen Daten Verstorbener. Die Mitgliedstaaten können Vorschriften für die Verarbeitung der personenbezogenen Daten Verstorbener vorsehen.

(28) Die Anwendung der Pseudonymisierung auf personenbezogene Daten kann die Risiken für die betroffenen Personen senken und die Verantwortlichen und die Auftragsverarbeiter bei der Einhaltung ihrer Datenschutzpflichten unterstützen. Durch die ausdrückliche Einführung der „Pseudonymisierung" in dieser Verordnung ist nicht beabsichtigt, andere Datenschutzmaßnahmen auszuschließen.

(29) Um Anreize für die Anwendung der Pseudonymisierung bei der Verarbeitung personenbezogener Daten zu schaffen, sollten Pseudonymisierungsmaßnahmen, die jedoch eine allgemeine Analyse zulassen, bei demselben Verantwortlichen möglich sein, wenn dieser die erforderlichen technischen und organisatorischen Maßnahmen getroffen hat, um – für die jeweilige Verarbeitung – die Umsetzung dieser Verordnung zu gewährleisten, wobei sicherzustellen ist, dass zusätzliche Informationen, mit denen die personenbezogenen Daten einer speziellen betroffenen Person zugeordnet werden können, gesondert aufbewahrt werden. Der für die Verarbeitung der personenbezogenen Daten Verantwortliche, sollte die befugten Personen bei diesem Verantwortlichen angeben.

(30) Natürlichen Personen werden unter Umständen Online-Kennungen wie IP-Adressen und Cookie-Kennungen, die sein Gerät oder Software-Anwendungen und -Tools oder Protokolle liefern, oder sonstige Kennungen wie Funkfrequenzkennzeichnungen zugeordnet. Dies kann Spuren hinterlassen, die insbesondere in Kombination mit eindeutigen Kennungen und anderen beim Server eingehenden Informationen dazu benutzt werden können, um Profile der natürlichen Personen zu erstellen und sie zu identifizieren.

(31) Behörden, gegenüber denen personenbezogene Daten aufgrund einer rechtlichen Verpflichtung für die Ausübung ihres offiziellen Auftrags offengelegt werden, wie Steuer- und Zollbehörden, Finanzermittlungsstellen, unabhängige Verwaltungsbehörden oder Finanzmarktbehörden, die für die Regulierung und Aufsicht von Wertpapiermärkten zuständig sind, sollten nicht als Empfänger gelten, wenn sie personenbezogene Daten erhalten, die für die Durchführung – gemäß dem Unionsrecht oder dem Recht der Mitgliedstaaten – eines einzelnen Untersuchungsauftrags im Interesse der Allgemeinheit erforderlich sind. Anträge auf Offenlegung, die von Behörden ausgehen, sollten immer schriftlich erfolgen, mit Gründen versehen sein und gelegentlichen Charakter haben, und sie sollten nicht vollständige Dateisysteme betreffen oder zur Verknüpfung von Dateisystemen führen. Die Verarbeitung personenbezogener Daten durch die genannten Behörden sollte den für die Zwecke der Verarbeitung geltenden Datenschutzvorschriften entsprechen.

(32) Die Einwilligung sollte durch eine eindeutige bestätigende Handlung erfolgen, mit der freiwillig, für den konkreten Fall, in informierter Weise und unmissverständlich bekundet wird, dass die betroffene Person mit der Verarbeitung der sie betreffenden personenbezogenen Daten einverstanden ist, etwa in Form einer schriftlichen Erklärung, die auch elektronisch erfolgen kann, oder einer mündlichen Erklärung. Dies könnte etwa durch Anklicken eines Kästchens beim Besuch einer Internetseite, durch die Auswahl technischer Einstellungen für Dienste der Informationsgesellschaft oder durch eine andere Erklärung oder Verhaltensweise geschehen, mit der die betroffene Person in dem jeweiligen Kontext eindeutig ihr Einverständnis mit der beabsichtigten Verarbeitung ihrer personenbezogenen Daten signalisiert. Stillschweigen, bereits angekreuzte Kästchen oder Untätigkeit der betroffenen Person sollten daher keine Einwilligung darstellen. Die Einwilligung sollte sich auf alle zu demselben Zweck oder denselben Zwecken vorgenommenen Verarbeitungsvorgänge beziehen. Wenn die Verarbeitung mehreren Zwecken dient, sollte für alle diese Verarbeitungszwecke eine Einwilligung gegeben werden. Wird die betroffene

Person auf elektronischem Weg zur Einwilligung aufgefordert, so muss die Aufforderung in klarer und knapper Form und ohne unnötige Unterbrechung des Dienstes, für den die Einwilligung gegeben wird, erfolgen.

(33) Oftmals kann der Zweck der Verarbeitung personenbezogener Daten für Zwecke der wissenschaftlichen Forschung zum Zeitpunkt der Erhebung der personenbezogenen Daten nicht vollständig angegeben werden. Daher sollte es betroffenen Personen erlaubt sein, ihre Einwilligung für bestimmte Bereiche wissenschaftlicher Forschung zu geben, wenn dies unter Einhaltung der anerkannten ethischen Standards der wissenschaftlichen Forschung geschieht. Die betroffenen Personen sollten Gelegenheit erhalten, ihre Einwilligung nur für bestimme Forschungsbereiche oder Teile von Forschungsprojekten in dem vom verfolgten Zweck zugelassenen Maße zu erteilen.

(34) Genetische Daten sollten als personenbezogene Daten über die ererbten oder erworbenen genetischen Eigenschaften einer natürlichen Person definiert werden, die aus der Analyse einer biologischen Probe der betreffenden natürlichen Person, insbesondere durch eine Chromosomen, Desoxyribonukleinsäure (DNS)- oder Ribonukleinsäure (RNS)-Analyse oder der Analyse eines anderen Elements, durch die gleichwertige Informationen erlangt werden können, gewonnen werden.

(35) Zu den personenbezogenen Gesundheitsdaten sollten alle Daten zählen, die sich auf den Gesundheitszustand einer betroffenen Person beziehen und aus denen Informationen über den früheren, gegenwärtigen und künftigen körperlichen oder geistigen Gesundheitszustand der betroffenen Person hervorgehen. Dazu gehören auch Informationen über die natürliche Person, die im Zuge der Anmeldung für sowie der Erbringung von Gesundheitsdienstleistungen im Sinne der Richtlinie 2011/24/EU des Europäischen Parlaments und des Rates[1)] für die natürliche Person erhoben werden, Nummern, Symbole oder Kennzeichen, die einer natürlichen Person zugeteilt wurden, um diese natürliche Person für gesundheitliche Zwecke eindeutig zu identifizieren, Informationen, die von der Prüfung oder Untersuchung eines Körperteils oder einer körpereigenen Substanz, auch aus genetischen Daten und biologischen Proben, abgeleitet wurden, und Informationen etwa über Krankheiten, Behinderungen, Krankheitsrisiken, Vorerkrankungen, klinische Behandlungen oder den physiologischen oder biomedizinischen Zustand der betroffenen Person unabhängig von der Herkunft der Daten, ob sie nun von einem Arzt oder sonstigem Angehörigen eines Gesundheitsberufes, einem Krankenhaus, einem Medizinprodukt oder einem In-Vitro-Diagnostikum stammen.

(36) Die Hauptniederlassung des Verantwortlichen in der Union sollte der Ort seiner Hauptverwaltung in der Union sein, es sei denn, dass Entscheidungen über die Zwecke und Mittel der Verarbeitung personenbezogener Daten in einer anderen Niederlassung des Verantwortlichen in der Union getroffen werden; in diesem Fall sollte die letztgenannte als Hauptniederlassung gelten. Zur Bestimmung der Hauptniederlassung eines Verantwortlichen in der Union sollten objektive Kriterien herangezogen werden; ein Kriterium sollte dabei die effektive und tatsächliche Ausübung von Managementtätigkeiten durch eine feste Einrichtung sein, in deren Rah-

---

1) Amtliche Fußnote: Richtlinie 2011/24/EU des Europäischen Parlaments und des Rates vom 9. März 2011 über die Ausübung der Patientenrechte in der grenzüberschreitenden Gesundheitsversorgung (ABl. L 88 vom 4. 4. 2011, S. 45).

men die Grundsatzentscheidungen zur Festlegung der Zwecke und Mittel der Verarbeitung getroffen werden. Dabei sollte nicht ausschlaggebend sein, ob die Verarbeitung der personenbezogenen Daten tatsächlich an diesem Ort ausgeführt wird. Das Vorhandensein und die Verwendung technischer Mittel und Verfahren zur Verarbeitung personenbezogener Daten oder Verarbeitungstätigkeiten begründen an sich noch keine Hauptniederlassung und sind daher kein ausschlaggebender Faktor für das Bestehen einer Hauptniederlassung. Die Hauptniederlassung des Auftragsverarbeiters sollte der Ort sein, an dem der Auftragsverarbeiter seine Hauptverwaltung in der Union hat, oder – wenn er keine Hauptverwaltung in der Union hat – der Ort, an dem die wesentlichen Verarbeitungstätigkeiten in der Union stattfinden. Sind sowohl der Verantwortliche als auch der Auftragsverarbeiter betroffen, so sollte die Aufsichtsbehörde des Mitgliedstaats, in dem der Verantwortliche seine Hauptniederlassung hat, die zuständige federführende Aufsichtsbehörde bleiben, doch sollte die Aufsichtsbehörde des Auftragsverarbeiters als betroffene Aufsichtsbehörde betrachtet werden und diese Aufsichtsbehörde sollte sich an dem in dieser Verordnung vorgesehenen Verfahren der Zusammenarbeit beteiligen. Auf jeden Fall sollten die Aufsichtsbehörden des Mitgliedstaats oder der Mitgliedstaaten, in dem bzw. denen der Auftragsverarbeiter eine oder mehrere Niederlassungen hat, nicht als betroffene Aufsichtsbehörden betrachtet werden, wenn sich der Beschlussentwurf nur auf den Verantwortlichen bezieht. Wird die Verarbeitung durch eine Unternehmensgruppe vorgenommen, so sollte die Hauptniederlassung des herrschenden Unternehmens als Hauptniederlassung der Unternehmensgruppe gelten, es sei denn, die Zwecke und Mittel der Verarbeitung werden von einem anderen Unternehmen festgelegt.

(37) Eine Unternehmensgruppe sollte aus einem herrschenden Unternehmen und den von diesem abhängigen Unternehmen bestehen, wobei das herrschende Unternehmen dasjenige sein sollte, das zum Beispiel aufgrund der Eigentumsverhältnisse, der finanziellen Beteiligung oder der für das Unternehmen geltenden Vorschriften oder der Befugnis, Datenschutzvorschriften umsetzen zu lassen, einen beherrschenden Einfluss auf die übrigen Unternehmen ausüben kann. Ein Unternehmen, das die Verarbeitung personenbezogener Daten in ihm angeschlossenen Unternehmen kontrolliert, sollte zusammen mit diesen als eine „Unternehmensgruppe" betrachtet werden.

(38) Kinder verdienen bei ihren personenbezogenen Daten besonderen Schutz, da Kinder sich der betreffenden Risiken, Folgen und Garantien und ihrer Rechte bei der Verarbeitung personenbezogener Daten möglicherweise weniger bewusst sind. Ein solcher besonderer Schutz sollte insbesondere die Verwendung personenbezogener Daten von Kindern für Werbezwecke oder für die Erstellung von Persönlichkeits- oder Nutzerprofilen und die Erhebung von personenbezogenen Daten von Kindern bei der Nutzung von Diensten, die Kindern direkt angeboten werden, betreffen. Die Einwilligung des Trägers der elterlichen Verantwortung sollte im Zusammenhang mit Präventions- oder Beratungsdiensten, die unmittelbar einem Kind angeboten werden, nicht erforderlich sein.

(39) Jede Verarbeitung personenbezogener Daten sollte rechtmäßig und nach Treu und Glauben erfolgen. Für natürliche Personen sollte Transparenz dahingehend bestehen, dass sie betreffende personenbezogene Daten er-

hoben, verwendet, eingesehen oder anderweitig verarbeitet werden und in welchem Umfang die personenbezogenen Daten verarbeitet werden und künftig noch verarbeitet werden. Der Grundsatz der Transparenz setzt voraus, dass alle Informationen und Mitteilungen zur Verarbeitung dieser personenbezogenen Daten leicht zugänglich und verständlich und in klarer und einfacher Sprache abgefasst sind. Dieser Grundsatz betrifft insbesondere die Informationen über die Identität des Verantwortlichen und die Zwecke der Verarbeitung und sonstige Informationen, die eine faire und transparente Verarbeitung im Hinblick auf die betroffenen natürlichen Personen gewährleisten, sowie deren Recht, eine Bestätigung und Auskunft darüber zu erhalten, welche sie betreffende personenbezogene Daten verarbeitet werden. Natürliche Personen sollten über die Risiken, Vorschriften, Garantien und Rechte im Zusammenhang mit der Verarbeitung personenbezogener Daten informiert und darüber aufgeklärt werden, wie sie ihre diesbezüglichen Rechte geltend machen können. Insbesondere sollten die bestimmten Zwecke, zu denen die personenbezogenen Daten verarbeitet werden, eindeutig und rechtmäßig sein und zum Zeitpunkt der Erhebung der personenbezogenen Daten feststehen. Die personenbezogenen Daten sollten für die Zwecke, zu denen sie verarbeitet werden, angemessen und erheblich sowie auf das für die Zwecke ihrer Verarbeitung notwendige Maß beschränkt sein. Dies erfordert insbesondere, dass die Speicherfrist für personenbezogene Daten auf das unbedingt erforderliche Mindestmaß beschränkt bleibt. Personenbezogene Daten sollten nur verarbeitet werden dürfen, wenn der Zweck der Verarbeitung nicht in zumutbarer Weise durch andere Mittel erreicht werden kann. Um sicherzustellen, dass die personenbezogenen Daten nicht länger als nötig gespeichert werden, sollte der Verantwortliche Fristen für ihre Löschung oder regelmäßige Überprüfung vorsehen. Es sollten alle vertretbaren Schritte unternommen werden, damit unrichtige personenbezogene Daten gelöscht oder berichtigt werden. Personenbezogene Daten sollten so verarbeitet werden, dass ihre Sicherheit und Vertraulichkeit hinreichend gewährleistet ist, wozu auch gehört, dass Unbefugte keinen Zugang zu den Daten haben und weder die Daten noch die Geräte, mit denen diese verarbeitet werden, benutzen können.

(40) Damit die Verarbeitung rechtmäßig ist, müssen personenbezogene Daten mit Einwilligung der betroffenen Person oder auf einer sonstigen zulässigen Rechtsgrundlage verarbeitet werden, die sich aus dieser Verordnung oder – wann immer in dieser Verordnung darauf Bezug genommen wird – aus dem sonstigen Unionsrecht oder dem Recht der Mitgliedstaaten ergibt, so unter anderem auf der Grundlage, dass sie zur Erfüllung der rechtlichen Verpflichtung, der der Verantwortliche unterliegt, oder zur Erfüllung eines Vertrags, dessen Vertragspartei die betroffene Person ist, oder für die Durchführung vorvertraglicher Maßnahmen, die auf Anfrage der betroffenen Person erfolgen, erforderlich ist.

(41) Wenn in dieser Verordnung auf eine Rechtsgrundlage oder eine Gesetzgebungsmaßnahme Bezug genommen wird, erfordert dies nicht notwendigerweise einen von einem Parlament angenommenen Gesetzgebungsakt; davon unberührt bleiben Anforderungen gemäß der Verfassungsordnung des betreffenden Mitgliedstaats. Die entsprechende Rechtsgrundlage oder Gesetzgebungsmaßnahme sollte jedoch klar und präzise sein und ihre Anwendung sollte für die Rechtsunterworfenen gemäß der Rechtsprechung des Gerichtshofs der Europäischen Union (im Folgenden „Gerichtshof“)

und des Europäischen Gerichtshofs für Menschenrechte vorhersehbar sein.

(42) Erfolgt die Verarbeitung mit Einwilligung der betroffenen Person, sollte der Verantwortliche nachweisen können, dass die betroffene Person ihre Einwilligung zu dem Verarbeitungsvorgang gegeben hat. Insbesondere bei Abgabe einer schriftlichen Erklärung in anderer Sache sollten Garantien sicherstellen, dass die betroffene Person weiß, dass und in welchem Umfang sie ihre Einwilligung erteilt. Gemäß der Richtlinie 93/13/EWG des Rates[1)] sollte eine vom Verantwortlichen vorformulierte Einwilligungserklärung in verständlicher und leicht zugänglicher Form in einer klaren und einfachen Sprache zur Verfügung gestellt werden, und sie sollte keine missbräuchlichen Klauseln beinhalten. Damit sie in Kenntnis der Sachlage ihre Einwilligung geben kann, sollte die betroffene Person mindestens wissen, wer der Verantwortliche ist und für welche Zwecke ihre personenbezogenen Daten verarbeitet werden sollen. Es sollte nur dann davon ausgegangen werden, dass sie ihre Einwilligung freiwillig gegeben hat, wenn sie eine echte oder freie Wahl hat und somit in der Lage ist, die Einwilligung zu verweigern oder zurückzuziehen, ohne Nachteile zu erleiden.

(43) Um sicherzustellen, dass die Einwilligung freiwillig erfolgt ist, sollte diese in besonderen Fällen, wenn zwischen der betroffenen Person und dem Verantwortlichen ein klares Ungleichgewicht besteht, insbesondere wenn es sich bei dem Verantwortlichen um eine Behörde handelt, und es deshalb in Anbetracht aller Umstände in dem speziellen Fall unwahrscheinlich ist, dass die Einwilligung freiwillig gegeben wurde, keine gültige Rechtsgrundlage liefern. Die Einwilligung gilt nicht als freiwillig erteilt, wenn zu verschiedenen Verarbeitungsvorgängen von personenbezogenen Daten nicht gesondert eine Einwilligung erteilt werden kann, obwohl dies im Einzelfall angebracht ist, oder wenn die Erfüllung eines Vertrags, einschließlich der Erbringung einer Dienstleistung, von der Einwilligung abhängig ist, obwohl diese Einwilligung für die Erfüllung nicht erforderlich ist.

(44) Die Verarbeitung von Daten sollte als rechtmäßig gelten, wenn sie für die Erfüllung oder den geplanten Abschluss eines Vertrags erforderlich ist.

(45) Erfolgt die Verarbeitung durch den Verantwortlichen aufgrund einer ihm obliegenden rechtlichen Verpflichtung oder ist die Verarbeitung zur Wahrnehmung einer Aufgabe im öffentlichen Interesse oder in Ausübung öffentlicher Gewalt erforderlich, muss hierfür eine Grundlage im Unionsrecht oder im Recht eines Mitgliedstaats bestehen. Mit dieser Verordnung wird nicht für jede einzelne Verarbeitung ein spezifisches Gesetz verlangt. Ein Gesetz als Grundlage für mehrere Verarbeitungsvorgänge kann ausreichend sein, wenn die Verarbeitung aufgrund einer dem Verantwortlichen obliegenden rechtlichen Verpflichtung erfolgt oder wenn die Verarbeitung zur Wahrnehmung einer Aufgabe im öffentlichen Interesse oder in Ausübung öffentlicher Gewalt erforderlich ist. Desgleichen sollte im Unionsrecht oder im Recht der Mitgliedstaaten geregelt werden, für welche Zwecke die Daten verarbeitet werden dürfen. Ferner könnten in diesem Recht die allgemeinen Bedingungen dieser Verordnung zur Regelung

1) Amtliche Fußnote: Richtlinie 93/13/EWG des Rates vom 5. April 1993 über missbräuchliche Klauseln in Verbraucherverträgen (ABl. L 95 vom 21. 4. 1993, S. 29).

der Rechtmäßigkeit der Verarbeitung personenbezogener Daten präzisiert und es könnte darin festgelegt werden, wie der Verantwortliche zu bestimmen ist, welche Art von personenbezogenen Daten verarbeitet werden, welche Personen betroffen sind, welchen Einrichtungen die personenbezogenen Daten offengelegt, für welche Zwecke und wie lange sie gespeichert werden dürfen und welche anderen Maßnahmen ergriffen werden, um zu gewährleisten, dass die Verarbeitung rechtmäßig und nach Treu und Glauben erfolgt. Desgleichen sollte im Unionsrecht oder im Recht der Mitgliedstaaten geregelt werden, ob es sich bei dem Verantwortlichen, der eine Aufgabe wahrnimmt, die im öffentlichen Interesse liegt oder in Ausübung öffentlicher Gewalt erfolgt, um eine Behörde oder um eine andere unter das öffentliche Recht fallende natürliche oder juristische Person oder, sofern dies durch das öffentliche Interesse einschließlich gesundheitlicher Zwecke, wie die öffentliche Gesundheit oder die soziale Sicherheit oder die Verwaltung von Leistungen der Gesundheitsfürsorge, gerechtfertigt ist, eine natürliche oder juristische Person des Privatrechts, wie beispielsweise eine Berufsvereinigung, handeln sollte.

(46) Die Verarbeitung personenbezogener Daten sollte ebenfalls als rechtmäßig angesehen werden, wenn sie erforderlich ist, um ein lebenswichtiges Interesse der betroffenen Person oder einer anderen natürlichen Person zu schützen. Personenbezogene Daten sollten grundsätzlich nur dann aufgrund eines lebenswichtigen Interesses einer anderen natürlichen Person verarbeitet werden, wenn die Verarbeitung offensichtlich nicht auf eine andere Rechtsgrundlage gestützt werden kann. Einige Arten der Verarbeitung können sowohl wichtigen Gründen des öffentlichen Interesses als auch lebenswichtigen Interessen der betroffenen Person dienen; so kann beispielsweise die Verarbeitung für humanitäre Zwecke einschließlich der Überwachung von Epidemien und deren Ausbreitung oder in humanitären Notfällen insbesondere bei Naturkatastrophen oder vom Menschen verursachten Katastrophen erforderlich sein.

(47) Die Rechtmäßigkeit der Verarbeitung kann durch die berechtigten Interessen eines Verantwortlichen, auch eines Verantwortlichen, dem die personenbezogenen Daten offengelegt werden dürfen, oder eines Dritten begründet sein, sofern die Interessen oder die Grundrechte und Grundfreiheiten der betroffenen Person nicht überwiegen; dabei sind die vernünftigen Erwartungen der betroffenen Person, die auf ihrer Beziehung zu dem Verantwortlichen beruhen, zu berücksichtigen. Ein berechtigtes Interesse könnte beispielsweise vorliegen, wenn eine maßgebliche und angemessene Beziehung zwischen der betroffenen Person und dem Verantwortlichen besteht, z.B. wenn die betroffene Person ein Kunde des Verantwortlichen ist oder in seinen Diensten steht. Auf jeden Fall wäre das Bestehen eines berechtigten Interesses besonders sorgfältig abzuwägen, wobei auch zu prüfen ist, ob eine betroffene Person zum Zeitpunkt der Erhebung der personenbezogenen Daten und angesichts der Umstände, unter denen sie erfolgt, vernünftigerweise absehen kann, dass möglicherweise eine Verarbeitung für diesen Zweck erfolgen wird. Insbesondere dann, wenn personenbezogene Daten in Situationen verarbeitet werden, in denen eine betroffene Person vernünftigerweise nicht mit einer weiteren Verarbeitung rechnen muss, könnten die Interessen und Grundrechte der betroffenen Person das Interesse des Verantwortlichen überwiegen. Da es dem Gesetzgeber obliegt, per Rechtsvorschrift die Rechtsgrundlage für die Verarbeitung personenbezogener Daten durch die Behörden zu schaffen, sollte

diese Rechtsgrundlage nicht für Verarbeitungen durch Behörden gelten, die diese in Erfüllung ihrer Aufgaben vornehmen. Die Verarbeitung personenbezogener Daten im für die Verhinderung von Betrug unbedingt erforderlichen Umfang stellt ebenfalls ein berechtigtes Interesse des jeweiligen Verantwortlichen dar. Die Verarbeitung personenbezogener Daten zum Zwecke der Direktwerbung kann als eine einem berechtigten Interesse dienende Verarbeitung betrachtet werden.

(48) Verantwortliche, die Teil einer Unternehmensgruppe oder einer Gruppe von Einrichtungen sind, die einer zentralen Stelle zugeordnet sind, können ein berechtigtes Interesse haben, personenbezogene Daten innerhalb der Unternehmensgruppe für interne Verwaltungszwecke, einschließlich der Verarbeitung personenbezogener Daten von Kunden und Beschäftigten, zu übermitteln. Die Grundprinzipien für die Übermittlung personenbezogener Daten innerhalb von Unternehmensgruppen an ein Unternehmen in einem Drittland bleiben unberührt.

(49) Die Verarbeitung von personenbezogenen Daten durch Behörden, Computer-Notdienste (Computer Emergency Response Teams – CERT, beziehungsweise Computer Security Incident Response Teams – CSIRT), Betreiber von elektronischen Kommunikationsnetzen und -diensten sowie durch Anbieter von Sicherheitstechnologien und -diensten stellt in dem Maße ein berechtigtes Interesse des jeweiligen Verantwortlichen dar, wie dies für die Gewährleistung der Netz- und Informationssicherheit unbedingt notwendig und verhältnismäßig ist, d.h. soweit dadurch die Fähigkeit eines Netzes oder Informationssystems gewährleistet wird, mit einem vorgegebenen Grad der Zuverlässigkeit Störungen oder widerrechtliche oder mutwillige Eingriffe abzuwehren, die die Verfügbarkeit, Authentizität, Vollständigkeit und Vertraulichkeit von gespeicherten oder übermittelten personenbezogenen Daten sowie die Sicherheit damit zusammenhängender Dienste, die über diese Netze oder Informationssysteme angeboten werden bzw. zugänglich sind, beeinträchtigen. Ein solches berechtigtes Interesse könnte beispielsweise darin bestehen, den Zugang Unbefugter zu elektronischen Kommunikationsnetzen und die Verbreitung schädlicher Programmcodes zu verhindern sowie Angriffe in Form der gezielten Überlastung von Servern („Denial of service"-Angriffe) und Schädigungen von Computer- und elektronischen Kommunikationssystemen abzuwehren.

(50) Die Verarbeitung personenbezogener Daten für andere Zwecke als die, für die die personenbezogenen Daten ursprünglich erhoben wurden, sollte nur zulässig sein, wenn die Verarbeitung mit den Zwecken, für die die personenbezogenen Daten ursprünglich erhoben wurden, vereinbar ist. In diesem Fall ist keine andere gesonderte Rechtsgrundlage erforderlich als diejenige für die Erhebung der personenbezogenen Daten. Ist die Verarbeitung für die Wahrnehmung einer Aufgabe erforderlich, die im öffentlichen Interesse liegt oder in Ausübung öffentlicher Gewalt erfolgt, die dem Verantwortlichen übertragen wurde, so können im Unionsrecht oder im Recht der Mitgliedstaaten die Aufgaben und Zwecke bestimmt und konkretisiert werden, für die eine Weiterverarbeitung als vereinbar und rechtmäßig erachtet wird. Die Weiterverarbeitung für im öffentlichen Interesse liegende Archivzwecke, für wissenschaftliche oder historische Forschungszwecke oder für statistische Zwecke sollte als vereinbarer und rechtmäßiger Verarbeitungsvorgang gelten. Die im Unionsrecht oder im

Recht der Mitgliedstaaten vorgesehene Rechtsgrundlage für die Verarbeitung personenbezogener Daten kann auch als Rechtsgrundlage für eine Weiterverarbeitung dienen. Um festzustellen, ob ein Zweck der Weiterverarbeitung mit dem Zweck, für den die personenbezogenen Daten ursprünglich erhoben wurden, vereinbar ist, sollte der Verantwortliche nach Einhaltung aller Anforderungen für die Rechtmäßigkeit der ursprünglichen Verarbeitung unter anderem prüfen, ob ein Zusammenhang zwischen den Zwecken, für die die personenbezogenen Daten erhoben wurden, und den Zwecken der beabsichtigten Weiterverarbeitung besteht, in welchem Kontext die Daten erhoben wurden, insbesondere die vernünftigen Erwartungen der betroffenen Person, die auf ihrer Beziehung zu dem Verantwortlichen beruhen, in Bezug auf die weitere Verwendung dieser Daten, um welche Art von personenbezogenen Daten es sich handelt, welche Folgen die beabsichtigte Weiterverarbeitung für die betroffenen Personen hat und ob sowohl beim ursprünglichen als auch beim beabsichtigten Weiterverarbeitungsvorgang geeignete Garantien bestehen.
Hat die betroffene Person ihre Einwilligung erteilt oder beruht die Verarbeitung auf Unionsrecht oder dem Recht der Mitgliedstaaten, was in einer demokratischen Gesellschaft eine notwendige und verhältnismäßige Maßnahme zum Schutz insbesondere wichtiger Ziele des allgemeinen öffentlichen Interesses darstellt, so sollte der Verantwortliche die personenbezogenen Daten ungeachtet der Vereinbarkeit der Zwecke weiterverarbeiten dürfen. In jedem Fall sollte gewährleistet sein, dass die in dieser Verordnung niedergelegten Grundsätze angewandt werden und insbesondere die betroffene Person über diese anderen Zwecke und über ihre Rechte einschließlich des Widerspruchsrechts unterrichtet wird. Der Hinweis des Verantwortlichen auf mögliche Straftaten oder Bedrohungen der öffentlichen Sicherheit und die Übermittlung der maßgeblichen personenbezogenen Daten in Einzelfällen oder in mehreren Fällen, die im Zusammenhang mit derselben Straftat oder derselben Bedrohung der öffentlichen Sicherheit stehen, an eine zuständige Behörde sollten als berechtigtes Interesse des Verantwortlichen gelten. Eine derartige Übermittlung personenbezogener Daten im berechtigten Interesse des Verantwortlichen oder deren Weiterverarbeitung sollte jedoch unzulässig sein, wenn die Verarbeitung mit einer rechtlichen, beruflichen oder sonstigen verbindlichen Pflicht zur Geheimhaltung unvereinbar ist.

(51) Personenbezogene Daten, die ihrem Wesen nach hinsichtlich der Grundrechte und Grundfreiheiten besonders sensibel sind, verdienen einen besonderen Schutz, da im Zusammenhang mit ihrer Verarbeitung erhebliche Risiken für die Grundrechte und Grundfreiheiten auftreten können. Diese personenbezogenen Daten sollten personenbezogene Daten umfassen, aus denen die rassische oder ethnische Herkunft hervorgeht, wobei die Verwendung des Begriffs „rassische Herkunft" in dieser Verordnung nicht bedeutet, dass die Union Theorien, mit denen versucht wird, die Existenz verschiedener menschlicher Rassen zu belegen, gutheißt. Die Verarbeitung von Lichtbildern sollte nicht grundsätzlich als Verarbeitung besonderer Kategorien von personenbezogenen Daten angesehen werden, da Lichtbilder nur dann von der Definition des Begriffs „biometrische Daten" erfasst werden, wenn sie mit speziellen technischen Mitteln verarbeitet werden, die die eindeutige Identifizierung oder Authentifizierung einer natürlichen Person ermöglichen. Derartige personenbezogene Daten sollten nicht verarbeitet werden, es sei denn, die Verarbeitung ist in den in dieser Ver-

ordnung dargelegten besonderen Fällen zulässig, wobei zu berücksichtigen ist, dass im Recht der Mitgliedstaaten besondere Datenschutzbestimmungen festgelegt sein können, um die Anwendung der Bestimmungen dieser Verordnung anzupassen, damit die Einhaltung einer rechtlichen Verpflichtung oder die Wahrnehmung einer Aufgabe im öffentlichen Interesse oder die Ausübung öffentlicher Gewalt, die dem Verantwortlichen übertragen wurde, möglich ist. Zusätzlich zu den speziellen Anforderungen an eine derartige Verarbeitung sollten die allgemeinen Grundsätze und andere Bestimmungen dieser Verordnung, insbesondere hinsichtlich der Bedingungen für eine rechtmäßige Verarbeitung, gelten. Ausnahmen von dem allgemeinen Verbot der Verarbeitung dieser besonderen Kategorien personenbezogener Daten sollten ausdrücklich vorgesehen werden, unter anderem bei ausdrücklicher Einwilligung der betroffenen Person oder bei bestimmten Notwendigkeiten, insbesondere wenn die Verarbeitung im Rahmen rechtmäßiger Tätigkeiten bestimmter Vereinigungen oder Stiftungen vorgenommen wird, die sich für die Ausübung von Grundfreiheiten einsetzen.

(52) Ausnahmen vom Verbot der Verarbeitung besonderer Kategorien von personenbezogenen Daten sollten auch erlaubt sein, wenn sie im Unionsrecht oder dem Recht der Mitgliedstaaten vorgesehen sind, und – vorbehaltlich angemessener Garantien zum Schutz der personenbezogenen Daten und anderer Grundrechte – wenn dies durch das öffentliche Interesse gerechtfertigt ist, insbesondere für die Verarbeitung von personenbezogenen Daten auf dem Gebiet des Arbeitsrechts und des Rechts der sozialen Sicherheit einschließlich Renten und zwecks Sicherstellung und Überwachung der Gesundheit und Gesundheitswarnungen, Prävention oder Kontrolle ansteckender Krankheiten und anderer schwerwiegender Gesundheitsgefahren. Eine solche Ausnahme kann zu gesundheitlichen Zwecken gemacht werden, wie der Gewährleistung der öffentlichen Gesundheit und der Verwaltung von Leistungen der Gesundheitsversorgung, insbesondere wenn dadurch die Qualität und Wirtschaftlichkeit der Verfahren zur Abrechnung von Leistungen in den sozialen Krankenversicherungssystemen sichergestellt werden soll, oder wenn die Verarbeitung im öffentlichen Interesse liegenden Archivzwecken, wissenschaftlichen oder historischen Forschungszwecken oder statistischen Zwecken dient. Die Verarbeitung solcher personenbezogener Daten sollte zudem ausnahmsweise erlaubt sein, wenn sie erforderlich ist, um rechtliche Ansprüche, sei es in einem Gerichtsverfahren oder in einem Verwaltungsverfahren oder einem außergerichtlichen Verfahren, geltend zu machen, auszuüben oder zu verteidigen.

(53) Besondere Kategorien personenbezogener Daten, die eines höheren Schutzes verdienen, sollten nur dann für gesundheitsbezogene Zwecke verarbeitet werden, wenn dies für das Erreichen dieser Zwecke im Interesse einzelner natürlicher Personen und der Gesellschaft insgesamt erforderlich ist, insbesondere im Zusammenhang mit der Verwaltung der Dienste und Systeme des Gesundheits- oder Sozialbereichs, einschließlich der Verarbeitung dieser Daten durch die Verwaltung und die zentralen nationalen Gesundheitsbehörden zwecks Qualitätskontrolle, Verwaltungsinformationen und der allgemeinen nationalen und lokalen Überwachung des Gesundheitssystems oder des Sozialsystems und zwecks Gewährleistung der Kontinuität der Gesundheits- und Sozialfürsorge und der grenzüberschreitenden Gesundheitsversorgung oder Sicherstellung

und Überwachung der Gesundheit und Gesundheitswarnungen oder für im öffentlichen Interesse liegende Archivzwecke, zu wissenschaftlichen oder historischen Forschungszwecken oder statistischen Zwecken, die auf Rechtsvorschriften der Union oder der Mitgliedstaaten beruhen, die einem im öffentlichen Interesse liegenden Ziel dienen müssen, sowie für Studien, die im öffentlichen Interesse im Bereich der öffentlichen Gesundheit durchgeführt werden. Diese Verordnung sollte daher harmonisierte Bedingungen für die Verarbeitung besonderer Kategorien personenbezogener Gesundheitsdaten im Hinblick auf bestimmte Erfordernisse harmonisieren, insbesondere wenn die Verarbeitung dieser Daten für gesundheitsbezogene Zwecke von Personen durchgeführt wird, die gemäß einer rechtlichen Verpflichtung dem Berufsgeheimnis unterliegen. Im Recht der Union oder der Mitgliedstaaten sollten besondere und angemessene Maßnahmen zum Schutz der Grundrechte und der personenbezogenen Daten natürlicher Personen vorgesehen werden. Den Mitgliedstaaten sollte gestattet werden, weitere Bedingungen – einschließlich Beschränkungen – in Bezug auf die Verarbeitung von genetischen Daten, biometrischen Daten oder Gesundheitsdaten beizubehalten oder einzuführen. Dies sollte jedoch den freien Verkehr personenbezogener Daten innerhalb der Union nicht beeinträchtigen, falls die betreffenden Bedingungen für die grenzüberschreitende Verarbeitung solcher Daten gelten.

(54) Aus Gründen des öffentlichen Interesses in Bereichen der öffentlichen Gesundheit kann es notwendig sein, besondere Kategorien personenbezogener Daten auch ohne Einwilligung der betroffenen Person zu verarbeiten. Diese Verarbeitung sollte angemessenen und besonderen Maßnahmen zum Schutz der Rechte und Freiheiten natürlicher Personen unterliegen. In diesem Zusammenhang sollte der Begriff „öffentliche Gesundheit“ im Sinne der Verordnung (EG) Nr. 1338/2008 des Europäischen Parlaments und des Rates[1)] ausgelegt werden und alle Elemente im Zusammenhang mit der Gesundheit wie den Gesundheitszustand einschließlich Morbidität und Behinderung, die sich auf diesen Gesundheitszustand auswirkenden Determinanten, den Bedarf an Gesundheitsversorgung, die der Gesundheitsversorgung zugewiesenen Mittel, die Bereitstellung von Gesundheitsversorgungsleistungen und den allgemeinen Zugang zu diesen Leistungen sowie die entsprechenden Ausgaben und die Finanzierung und schließlich die Ursachen der Mortalität einschließen. Eine solche Verarbeitung von Gesundheitsdaten aus Gründen des öffentlichen Interesses darf nicht dazu führen, dass Dritte, unter anderem Arbeitgeber oder Versicherungs- und Finanzunternehmen, solche personenbezogene Daten zu anderen Zwecken verarbeiten.

(55) Auch die Verarbeitung personenbezogener Daten durch staatliche Stellen zu verfassungsrechtlich oder völkerrechtlich verankerten Zielen von staatlich anerkannten Religionsgemeinschaften erfolgt aus Gründen des öffentlichen Interesses.

(56) Wenn es in einem Mitgliedstaat das Funktionieren des demokratischen Systems erfordert, dass die politischen Parteien im Zusammenhang mit Wahlen personenbezogene Daten über die politische Einstellung von Personen sammeln, kann die Verarbeitung derartiger Daten aus Gründen des

---

1) Amtliche Fußnote: Verordnung (EG) Nr. 1338/2008 des Europäischen Parlaments und des Rates vom 16. Dezember 2008 zu Gemeinschaftsstatistiken über öffentliche Gesundheit und über Gesundheitsschutz und Sicherheit am Arbeitsplatz (ABl. L 354 vom 31. 12. 2008, S. 70).

öffentlichen Interesses zugelassen werden, sofern geeignete Garantien vorgesehen werden.

(57) Kann der Verantwortliche anhand der von ihm verarbeiteten personenbezogenen Daten eine natürliche Person nicht identifizieren, so sollte er nicht verpflichtet sein, zur bloßen Einhaltung einer Vorschrift dieser Verordnung zusätzliche Daten einzuholen, um die betroffene Person zu identifizieren. Allerdings sollte er sich nicht weigern, zusätzliche Informationen entgegenzunehmen, die von der betroffenen Person beigebracht werden, um ihre Rechte geltend zu machen. Die Identifizierung sollte die digitale Identifizierung einer betroffenen Person – beispielsweise durch Authentifizierungsverfahren etwa mit denselben Berechtigungsnachweisen, wie sie die betroffene Person verwendet, um sich bei dem von dem Verantwortlichen bereitgestellten Online-Dienst anzumelden – einschließen.

(58) Der Grundsatz der Transparenz setzt voraus, dass eine für die Öffentlichkeit oder die betroffene Person bestimmte Information präzise, leicht zugänglich und verständlich sowie in klarer und einfacher Sprache abgefasst ist und gegebenenfalls zusätzlich visuelle Elemente verwendet werden. Diese Information könnte in elektronischer Form bereitgestellt werden, beispielsweise auf einer Website, wenn sie für die Öffentlichkeit bestimmt ist. Dies gilt insbesondere für Situationen, wo die große Zahl der Beteiligten und die Komplexität der dazu benötigten Technik es der betroffenen Person schwer machen, zu erkennen und nachzuvollziehen, ob, von wem und zu welchem Zweck sie betreffende personenbezogene Daten erfasst werden, wie etwa bei der Werbung im Internet. Wenn sich die Verarbeitung an Kinder richtet, sollten aufgrund der besonderen Schutzwürdigkeit von Kindern Informationen und Hinweise in einer dergestalt klaren und einfachen Sprache erfolgen, dass ein Kind sie verstehen kann.

(59) Es sollten Modalitäten festgelegt werden, die einer betroffenen Person die Ausübung der Rechte, die ihr nach dieser Verordnung zustehen, erleichtern, darunter auch Mechanismen, die dafür sorgen, dass sie unentgeltlich insbesondere Zugang zu personenbezogenen Daten und deren Berichtigung oder Löschung beantragen und gegebenenfalls erhalten oder von ihrem Widerspruchsrecht Gebrauch machen kann. So sollte der Verantwortliche auch dafür sorgen, dass Anträge elektronisch gestellt werden können, insbesondere wenn die personenbezogenen Daten elektronisch verarbeitet werden. Der Verantwortliche sollte verpflichtet werden, den Antrag der betroffenen Person unverzüglich, spätestens aber innerhalb eines Monats zu beantworten und gegebenenfalls zu begründen, warum er den Antrag ablehnt.

(60) Die Grundsätze einer fairen und transparenten Verarbeitung machen es erforderlich, dass die betroffene Person über die Existenz des Verarbeitungsvorgangs und seine Zwecke unterrichtet wird. Der Verantwortliche sollte der betroffenen Person alle weiteren Informationen zur Verfügung stellen, die unter Berücksichtigung der besonderen Umstände und Rahmenbedingungen, unter denen die personenbezogenen Daten verarbeitet werden, notwendig sind, um eine faire und transparente Verarbeitung zu gewährleisten. Darüber hinaus sollte er die betroffene Person darauf hinweisen, dass Profiling stattfindet und welche Folgen dies hat. Werden die personenbezogenen Daten bei der betroffenen Person erhoben, so sollte dieser darüber hinaus mitgeteilt werden, ob sie verpflichtet ist, die personenbezogenen Daten bereitzustellen, und welche Folgen eine Zurückhal-

tung der Daten nach sich ziehen würde. Die betreffenden Informationen können in Kombination mit standardisierten Bildsymbolen bereitgestellt werden, um in leicht wahrnehmbarer, verständlicher und klar nachvollziehbarer Form einen aussagekräftigen Überblick über die beabsichtigte Verarbeitung zu vermitteln. Werden die Bildsymbole in elektronischer Form dargestellt, so sollten sie maschinenlesbar sein.

(61) Dass sie betreffende personenbezogene Daten verarbeitet werden, sollte der betroffenen Person zum Zeitpunkt der Erhebung mitgeteilt werden oder, falls die Daten nicht von ihr, sondern aus einer anderen Quelle erlangt werden, innerhalb einer angemessenen Frist, die sich nach dem konkreten Einzelfall richtet. Wenn die personenbezogenen Daten rechtmäßig einem anderen Empfänger offengelegt werden dürfen, sollte die betroffene Person bei der erstmaligen Offenlegung der personenbezogenen Daten für diesen Empfänger darüber aufgeklärt werden. Beabsichtigt der Verantwortliche, die personenbezogenen Daten für einen anderen Zweck zu verarbeiten als den, für den die Daten erhoben wurden, so sollte er der betroffenen Person vor dieser Weiterverarbeitung Informationen über diesen anderen Zweck und andere erforderliche Informationen zur Verfügung stellen. Konnte der betroffenen Person nicht mitgeteilt werden, woher die personenbezogenen Daten stammen, weil verschiedene Quellen benutzt wurden, so sollte die Unterrichtung allgemein gehalten werden.

(62) Die Pflicht, Informationen zur Verfügung zu stellen, erübrigt sich jedoch, wenn die betroffene Person die Information bereits hat, wenn die Speicherung oder Offenlegung der personenbezogenen Daten ausdrücklich durch Rechtsvorschriften geregelt ist oder wenn sich die Unterrichtung der betroffenen Person als unmöglich erweist oder mit unverhältnismäßig hohem Aufwand verbunden ist. Letzteres könnte insbesondere bei Verarbeitungen für im öffentlichen Interesse liegende Archivzwecke, zu wissenschaftlichen oder historischen Forschungszwecken oder zu statistischen Zwecken der Fall sein. Als Anhaltspunkte sollten dabei die Zahl der betroffenen Personen, das Alter der Daten oder etwaige geeignete Garantien in Betracht gezogen werden.

(63) Eine betroffene Person sollte ein Auskunftsrecht hinsichtlich der sie betreffenden personenbezogenen Daten, die erhoben worden sind, besitzen und dieses Recht problemlos und in angemessenen Abständen wahrnehmen können, um sich der Verarbeitung bewusst zu sein und deren Rechtmäßigkeit überprüfen zu können. Dies schließt das Recht betroffene Personen auf Auskunft über ihre eigenen gesundheitsbezogenen Daten ein, etwa Daten in ihren Patientenakten, die Informationen wie beispielsweise Diagnosen, Untersuchungsergebnisse, Befunde der behandelnden Ärzte und Angaben zu Behandlungen oder Eingriffen enthalten. Jede betroffene Person sollte daher ein Anrecht darauf haben zu wissen und zu erfahren, insbesondere zu welchen Zwecken die personenbezogenen Daten verarbeitet werden und, wenn möglich, wie lange sie gespeichert werden, wer die Empfänger der personenbezogenen Daten sind, nach welcher Logik die automatische Verarbeitung personenbezogener Daten erfolgt und welche Folgen eine solche Verarbeitung haben kann, zumindest in Fällen, in denen die Verarbeitung auf Profiling beruht. Nach Möglichkeit sollte der Verantwortliche den Fernzugang zu einem sicheren System bereitstellen können, der der betroffenen Person direkten Zugang zu ihren personenbezogenen Daten ermöglichen würde. Dieses Recht sollte die Rechte und

Freiheiten anderer Personen, etwa Geschäftsgeheimnisse oder Rechte des geistigen Eigentums und insbesondere das Urheberrecht an Software, nicht beeinträchtigen. Dies darf jedoch nicht dazu führen, dass der betroffenen Person jegliche Auskunft verweigert wird. Verarbeitet der Verantwortliche eine große Menge von Informationen über die betroffene Person, so sollte er verlangen können, dass die betroffene Person präzisiert, auf welche Information oder welche Verarbeitungsvorgänge sich ihr Auskunftsersuchen bezieht, bevor er ihr Auskunft erteilt.

(64) Der Verantwortliche sollte alle vertretbaren Mittel nutzen, um die Identität einer Auskunft suchenden betroffenen Person zu überprüfen, insbesondere im Rahmen von Online-Diensten und im Fall von Online-Kennungen. Ein Verantwortlicher sollte personenbezogene Daten nicht allein zu dem Zweck speichern, auf mögliche Auskunftsersuchen reagieren zu können.

(65) Eine betroffene Person sollte ein Recht auf Berichtigung der sie betreffenden personenbezogenen Daten besitzen sowie ein „Recht auf Vergessenwerden", wenn die Speicherung ihrer Daten gegen diese Verordnung oder gegen das Unionsrecht oder das Recht der Mitgliedstaaten, dem der Verantwortliche unterliegt, verstößt. Insbesondere sollten betroffene Personen Anspruch darauf haben, dass ihre personenbezogenen Daten gelöscht und nicht mehr verarbeitet werden, wenn die personenbezogenen Daten hinsichtlich der Zwecke, für die sie erhoben bzw. anderweitig verarbeitet wurden, nicht mehr benötigt werden, wenn die betroffenen Personen ihre Einwilligung in die Verarbeitung widerrufen oder Widerspruch gegen die Verarbeitung der sie betreffenden personenbezogenen Daten eingelegt haben oder wenn die Verarbeitung ihrer personenbezogenen Daten aus anderen Gründen gegen diese Verordnung verstößt. Dieses Recht ist insbesondere wichtig in Fällen, in denen die betroffene Person ihre Einwilligung noch im Kindesalter gegeben hat und insofern die mit der Verarbeitung verbundenen Gefahren nicht in vollem Umfang absehen konnte und die personenbezogenen Daten – insbesondere die im Internet gespeicherten – später löschen möchte. Die betroffene Person sollte dieses Recht auch dann ausüben können, wenn sie kein Kind mehr ist. Die weitere Speicherung der personenbezogenen Daten sollte jedoch rechtmäßig sein, wenn dies für die Ausübung des Rechts auf freie Meinungsäußerung und Information, zur Erfüllung einer rechtlichen Verpflichtung, für die Wahrnehmung einer Aufgabe, die im öffentlichen Interesse liegt oder in Ausübung öffentlicher Gewalt erfolgt, die dem Verantwortlichen übertragen wurde, aus Gründen des öffentlichen Interesses im Bereich der öffentlichen Gesundheit, für im öffentlichen Interesse liegende Archivzwecke, zu wissenschaftlichen oder historischen Forschungszwecken oder zu statistischen Zwecken oder zur Geltendmachung, Ausübung oder Verteidigung von Rechtsansprüchen erforderlich ist.

(66) Um dem „Recht auf Vergessenwerden" im Netz mehr Geltung zu verschaffen, sollte das Recht auf Löschung ausgeweitet werden, indem ein Verantwortlicher, der die personenbezogenen Daten öffentlich gemacht hat, verpflichtet wird, den Verantwortlichen, die diese personenbezogenen Daten verarbeiten, mitzuteilen, alle Links zu diesen personenbezogenen Daten oder Kopien oder Replikationen der personenbezogenen Daten zu löschen. Dabei sollte der Verantwortliche, unter Berücksichtigung der verfügbaren Technologien und der ihm zur Verfügung stehenden Mittel, angemessene

Maßnahmen – auch technischer Art – treffen, um die Verantwortlichen, die diese personenbezogenen Daten verarbeiten, über den Antrag der betroffenen Person zu informieren.

(67) Methoden zur Beschränkung der Verarbeitung personenbezogener Daten könnten unter anderem darin bestehen, dass ausgewählte personenbezogenen Daten vorübergehend auf ein anderes Verarbeitungssystem übertragen werden, dass sie für Nutzer gesperrt werden oder dass veröffentliche Daten vorübergehend von einer Website entfernt werden. In automatisierten Dateisystemen sollte die Einschränkung der Verarbeitung grundsätzlich durch technische Mittel so erfolgen, dass die personenbezogenen Daten in keiner Weise weiterverarbeitet werden und nicht verändert werden können. Auf die Tatsache, dass die Verarbeitung der personenbezogenen Daten beschränkt wurde, sollte in dem System unmissverständlich hingewiesen werden.

(68) Um im Fall der Verarbeitung personenbezogener Daten mit automatischen Mitteln eine bessere Kontrolle über die eigenen Daten zu haben, sollte die betroffene Person außerdem berechtigt sein, die sie betreffenden personenbezogenen Daten, die sie einem Verantwortlichen bereitgestellt hat, in einem strukturierten, gängigen, maschinenlesbaren und interoperablen Format zu erhalten und sie einem anderen Verantwortlichen zu übermitteln. Die Verantwortlichen sollten dazu aufgefordert werden, interoperable Formate zu entwickeln, die die Datenübertragbarkeit ermöglichen. Dieses Recht sollte dann gelten, wenn die betroffene Person die personenbezogenen Daten mit ihrer Einwilligung zur Verfügung gestellt hat oder die Verarbeitung zur Erfüllung eines Vertrags erforderlich ist. Es sollte nicht gelten, wenn die Verarbeitung auf einer anderen Rechtsgrundlage als ihrer Einwilligung oder eines Vertrags erfolgt. Dieses Recht sollte naturgemäß nicht gegen Verantwortliche ausgeübt werden, die personenbezogenen Daten in Erfüllung ihrer öffentlichen Aufgaben verarbeiten. Es sollte daher nicht gelten, wenn die Verarbeitung der personenbezogenen Daten zur Erfüllung einer rechtlichen Verpflichtung, der der Verantwortliche unterliegt, oder für die Wahrnehmung einer ihm übertragenen Aufgabe, die im öffentlichen Interesse liegt oder in Ausübung einer ihm übertragenen öffentlichen Gewalt erfolgt, erforderlich ist. Das Recht der betroffenen Person, sie betreffende personenbezogene Daten zu übermitteln oder zu empfangen, sollte für den Verantwortlichen nicht die Pflicht begründen, technisch kompatible Datenverarbeitungssysteme zu übernehmen oder beizubehalten. Ist im Fall eines bestimmten Satzes personenbezogener Daten mehr als eine betroffene Person tangiert, so sollte das Recht auf Empfang der Daten die Grundrechte und Grundfreiheiten anderer betroffener Personen nach dieser Verordnung unberührt lassen. Dieses Recht sollte zudem das Recht der betroffenen Person auf Löschung ihrer personenbezogenen Daten und die Beschränkungen dieses Rechts gemäß dieser Verordnung nicht berühren und insbesondere nicht bedeuten, dass die Daten, die sich auf die betroffene Person beziehen und von ihr zur Erfüllung eines Vertrags zur Verfügung gestellt worden sind, gelöscht werden, soweit und solange diese personenbezogenen Daten für die Erfüllung des Vertrags notwendig sind. Soweit technisch machbar, sollte die betroffene Person das Recht haben, zu erwirken, dass die personenbezogenen Daten direkt von einem Verantwortlichen einem anderen Verantwortlichen übermittelt werden.

(69) Dürfen die personenbezogenen Daten möglicherweise rechtmäßig verarbeitet werden, weil die Verarbeitung für die Wahrnehmung einer Aufgabe, die im öffentlichen Interesse liegt oder in Ausübung öffentlicher Gewalt – die dem Verantwortlichen übertragen wurde, – oder aufgrund des berechtigten Interesses des Verantwortlichen oder eines Dritten erforderlich ist, sollte jede betroffene Person trotzdem das Recht haben, Widerspruch gegen die Verarbeitung der sich aus ihrer besonderen Situation ergebenden personenbezogenen Daten einzulegen. Der für die Verarbeitung Verantwortliche sollte darlegen müssen, dass seine zwingenden berechtigten Interessen Vorrang vor den Interessen oder Grundrechten und Grundfreiheiten der betroffenen Person haben.

(70) Werden personenbezogene Daten verarbeitet, um Direktwerbung zu betreiben, so sollte die betroffene Person jederzeit unentgeltlich insoweit Widerspruch gegen eine solche – ursprüngliche oder spätere – Verarbeitung einschließlich des Profilings einlegen können, als sie mit dieser Direktwerbung zusammenhängt. Die betroffene Person sollte ausdrücklich auf dieses Recht hingewiesen werden; dieser Hinweis sollte in einer verständlichen und von anderen Informationen getrennten Form erfolgen.

(71) Die betroffene Person sollte das Recht haben, keiner Entscheidung – was eine Maßnahme einschließen kann – zur Bewertung von sie betreffenden persönlichen Aspekten unterworfen zu werden, die ausschließlich auf einer automatisierten Verarbeitung beruht und die rechtliche Wirkung für die betroffene Person entfaltet oder sie in ähnlicher Weise erheblich beeinträchtigt, wie die automatische Ablehnung eines Online-Kreditantrags oder Online-Einstellungsverfahren ohne jegliches menschliche Eingreifen. Zu einer derartigen Verarbeitung zählt auch das „Profiling“, das in jeglicher Form automatisierter Verarbeitung personenbezogener Daten unter Bewertung der persönlichen Aspekte in Bezug auf eine natürliche Person besteht, insbesondere zur Analyse oder Prognose von Aspekten bezüglich Arbeitsleistung, wirtschaftliche Lage, Gesundheit, persönliche Vorlieben oder Interessen, Zuverlässigkeit oder Verhalten, Aufenthaltsort oder Ortswechsel der betroffenen Person, soweit dies rechtliche Wirkung für die betroffene Person entfaltet oder sie in ähnlicher Weise erheblich beeinträchtigt. Eine auf einer derartigen Verarbeitung, einschließlich des Profilings, beruhende Entscheidungsfindung sollte allerdings erlaubt sein, wenn dies nach dem Unionsrecht oder dem Recht der Mitgliedstaaten, dem der für die Verarbeitung Verantwortliche unterliegt, ausdrücklich zulässig ist, auch um im Einklang mit den Vorschriften, Standards und Empfehlungen der Institutionen der Union oder der nationalen Aufsichtsgremien Betrug und Steuerhinterziehung zu überwachen und zu verhindern und die Sicherheit und Zuverlässigkeit eines von dem Verantwortlichen bereitgestellten Dienstes zu gewährleisten, oder wenn dies für den Abschluss oder die Erfüllung eines Vertrags zwischen der betroffenen Person und einem Verantwortlichen erforderlich ist oder wenn die betroffene Person ihre ausdrückliche Einwilligung hierzu erteilt hat. In jedem Fall sollte eine solche Verarbeitung mit angemessenen Garantien verbunden sein, einschließlich der spezifischen Unterrichtung der betroffenen Person und des Anspruchs auf direktes Eingreifen einer Person, auf Darlegung des eigenen Standpunkts, auf Erläuterung der nach einer entsprechenden

Bewertung getroffenen Entscheidung sowie des Rechts auf Anfechtung der Entscheidung. Diese Maßnahme sollte kein Kind betreffen.
Um unter Berücksichtigung der besonderen Umstände und Rahmenbedingungen, unter denen die personenbezogenen Daten verarbeitet werden, der betroffenen Person gegenüber eine faire und transparente Verarbeitung zu gewährleisten, sollte der für die Verarbeitung Verantwortliche geeignete mathematische oder statistische Verfahren für das Profiling verwenden, technische und organisatorische Maßnahmen treffen, mit denen in geeigneter Weise insbesondere sichergestellt wird, dass Faktoren, die zu unrichtigen personenbezogenen Daten führen, korrigiert werden und das Risiko von Fehlern minimiert wird, und personenbezogene Daten in einer Weise sichern, dass den potenziellen Bedrohungen für die Interessen und Rechte der betroffenen Person Rechnung getragen wird und mit denen verhindert wird, dass es gegenüber natürlichen Personen aufgrund von Rasse, ethnischer Herkunft, politischer Meinung, Religion oder Weltanschauung, Gewerkschaftszugehörigkeit, genetischer Anlagen oder Gesundheitszustand sowie sexueller Orientierung zu diskriminierenden Wirkungen oder zu Maßnahmen kommt, die eine solche Wirkung haben. Automatisierte Entscheidungsfindung und Profiling auf der Grundlage besonderer Kategorien von personenbezogenen Daten sollten nur unter bestimmten Bedingungen erlaubt sein.

(72) Das Profiling unterliegt den Vorschriften dieser Verordnung für die Verarbeitung personenbezogener Daten, wie etwa die Rechtsgrundlage für die Verarbeitung oder die Datenschutzgrundsätze. Der durch diese Verordnung eingerichtete Europäische Datenschutzausschuss (im Folgenden „Ausschuss“) sollte, diesbezüglich Leitlinien herausgeben können.

(73) Im Recht der Union oder der Mitgliedstaaten können Beschränkungen hinsichtlich bestimmter Grundsätze und hinsichtlich des Rechts auf Unterrichtung, Auskunft zu und Berichtigung oder Löschung personenbezogener Daten, des Rechts auf Datenübertragbarkeit und Widerspruch, Entscheidungen, die auf der Erstellung von Profilen beruhen, sowie Mitteilungen über eine Verletzung des Schutzes personenbezogener Daten an eine betroffene Person und bestimmten damit zusammenhängenden Pflichten der Verantwortlichen vorgesehen werden, soweit dies in einer demokratischen Gesellschaft notwendig und verhältnismäßig ist, um die öffentliche Sicherheit aufrechtzuerhalten, wozu unter anderem der Schutz von Menschenleben insbesondere bei Naturkatastrophen oder vom Menschen verursachten Katastrophen, die Verhütung, Aufdeckung und Verfolgung von Straftaten oder die Strafvollstreckung – was auch den Schutz vor und die Abwehr von Gefahren für die öffentliche Sicherheit einschließt – oder die Verhütung, Aufdeckung und Verfolgung von Verstößen gegen Berufsstandsregeln bei reglementierten Berufen, das Führen öffentlicher Register aus Gründen des allgemeinen öffentlichen Interesses sowie die Weiterverarbeitung von archivierten personenbezogenen Daten zur Bereitstellung spezifischer Informationen im Zusammenhang mit dem politischen Verhalten unter ehemaligen totalitären Regimen gehört, und zum Schutz sonstiger wichtiger Ziele des allgemeinen öffentlichen Interesses der Union oder eines Mitgliedstaats, etwa wichtige wirtschaftliche oder finanzielle Interessen, oder die betroffene Person und die Rechte und Freiheiten anderer Personen, einschließlich in den Bereichen soziale Sicherheit, öffentliche Gesundheit und humanitäre Hilfe, zu schützen. Diese Beschränkungen sollten mit der Charta und mit der Europäischen Konven-

tion zum Schutz der Menschenrechte und Grundfreiheiten im Einklang stehen.

(74) Die Verantwortung und Haftung des Verantwortlichen für jedwede Verarbeitung personenbezogener Daten, die durch ihn oder in seinem Namen erfolgt, sollte geregelt werden. Insbesondere sollte der Verantwortliche geeignete und wirksame Maßnahmen treffen müssen und nachweisen können, dass die Verarbeitungstätigkeiten im Einklang mit dieser Verordnung stehen und die Maßnahmen auch wirksam sind. Dabei sollte er die Art, den Umfang, die Umstände und die Zwecke der Verarbeitung und das Risiko für die Rechte und Freiheiten natürlicher Personen berücksichtigen.

(75) Die Risiken für die Rechte und Freiheiten natürlicher Personen – mit unterschiedlicher Eintrittswahrscheinlichkeit und Schwere – können aus einer Verarbeitung personenbezogener Daten hervorgehen, die zu einem physischen, materiellen oder immateriellen Schaden führen könnte, insbesondere wenn die Verarbeitung zu einer Diskriminierung, einem Identitätsdiebstahl oder -betrug, einem finanziellen Verlust, einer Rufschädigung, einem Verlust der Vertraulichkeit von dem Berufsgeheimnis unterliegenden personenbezogenen Daten, der unbefugten Aufhebung der Pseudonymisierung oder anderen erheblichen wirtschaftlichen oder gesellschaftlichen Nachteilen führen kann, wenn die betroffenen Personen um ihre Rechte und Freiheiten gebracht oder daran gehindert werden, die sie betreffenden personenbezogenen Daten zu kontrollieren, wenn personenbezogene Daten, aus denen die rassische oder ethnische Herkunft, politische Meinungen, religiöse oder weltanschauliche Überzeugungen oder die Zugehörigkeit zu einer Gewerkschaft hervorgehen, und genetische Daten, Gesundheitsdaten oder das Sexualleben oder strafrechtliche Verurteilungen und Straftaten oder damit zusammenhängende Sicherungsmaßregeln betreffende Daten verarbeitet werden, wenn persönliche Aspekte bewertet werden, insbesondere wenn Aspekte, die die Arbeitsleistung, wirtschaftliche Lage, Gesundheit, persönliche Vorlieben oder Interessen, die Zuverlässigkeit oder das Verhalten, den Aufenthaltsort oder Ortswechsel betreffen, analysiert oder prognostiziert werden, um persönliche Profile zu erstellen oder zu nutzen, wenn personenbezogene Daten schutzbedürftiger natürlicher Personen, insbesondere Daten von Kindern, verarbeitet werden oder wenn die Verarbeitung eine große Menge personenbezogener Daten und eine große Anzahl von betroffenen Personen betrifft.

(76) Eintrittswahrscheinlichkeit und Schwere des Risikos für die Rechte und Freiheiten der betroffenen Person sollten in Bezug auf die Art, den Umfang, die Umstände und die Zwecke der Verarbeitung bestimmt werden. Das Risiko sollte anhand einer objektiven Bewertung beurteilt werden, bei der festgestellt wird, ob die Datenverarbeitung ein Risiko oder ein hohes Risiko birgt.

(77) Anleitungen, wie der Verantwortliche oder Auftragsverarbeiter geeignete Maßnahmen durchzuführen hat und wie die Einhaltung der Anforderungen nachzuweisen ist, insbesondere was die Ermittlung des mit der Verarbeitung verbundenen Risikos, dessen Abschätzung in Bezug auf Ursache, Art, Eintrittswahrscheinlichkeit und Schwere und die Festlegung bewährter Verfahren für dessen Eindämmung betrifft, könnten insbesondere in Form von genehmigten Verhaltensregeln, genehmigten Zertifizierungsver-

fahren, Leitlinien des Ausschusses oder Hinweisen eines Datenschutzbeauftragten gegeben werden. Der Ausschuss kann ferner Leitlinien für Verarbeitungsvorgänge ausgeben, bei denen davon auszugehen ist, dass sie kein hohes Risiko für die Rechte und Freiheiten natürlicher Personen mit sich bringen, und angeben, welche Abhilfemaßnahmen in diesen Fällen ausreichend sein können.

(78) Zum Schutz der in Bezug auf die Verarbeitung personenbezogener Daten bestehenden Rechte und Freiheiten natürlicher Personen ist es erforderlich, dass geeignete technische und organisatorische Maßnahmen getroffen werden, damit die Anforderungen dieser Verordnung erfüllt werden. Um die Einhaltung dieser Verordnung nachweisen zu können, sollte der Verantwortliche interne Strategien festlegen und Maßnahmen ergreifen, die insbesondere den Grundsätzen des Datenschutzes durch Technik (data protection by design) und durch datenschutzfreundliche Voreinstellungen (data protection by default) Genüge tun. Solche Maßnahmen könnten unter anderem darin bestehen, dass die Verarbeitung personenbezogener Daten minimiert wird, personenbezogene Daten so schnell wie möglich pseudonymisiert werden, Transparenz in Bezug auf die Funktionen und die Verarbeitung personenbezogener Daten hergestellt wird, der betroffenen Person ermöglicht wird, die Verarbeitung personenbezogener Daten zu überwachen, und der Verantwortliche in die Lage versetzt wird, Sicherheitsfunktionen zu schaffen und zu verbessern. In Bezug auf Entwicklung, Gestaltung, Auswahl und Nutzung von Anwendungen, Diensten und Produkten, die entweder auf der Verarbeitung von personenbezogenen Daten beruhen oder zur Erfüllung ihrer Aufgaben personenbezogene Daten verarbeiten, sollten die Hersteller der Produkte, Dienste und Anwendungen ermutigt werden, das Recht auf Datenschutz bei der Entwicklung und Gestaltung der Produkte, Dienste und Anwendungen zu berücksichtigen und unter gebührender Berücksichtigung des Stands der Technik sicherzustellen, dass die Verantwortlichen und die Verarbeiter in der Lage sind, ihren Datenschutzpflichten nachzukommen. Den Grundsätzen des Datenschutzes durch Technik und durch datenschutzfreundliche Voreinstellungen sollte auch bei öffentlichen Ausschreibungen Rechnung getragen werden.

(79) Zum Schutz der Rechte und Freiheiten der betroffenen Personen sowie bezüglich der Verantwortung und Haftung der Verantwortlichen und der Auftragsverarbeiter bedarf es – auch mit Blick auf die Überwachungs- und sonstigen Maßnahmen von Aufsichtsbehörden – einer klaren Zuteilung der Verantwortlichkeiten durch diese Verordnung, einschließlich der Fälle, in denen ein Verantwortlicher die Verarbeitungszwecke und -mittel gemeinsam mit anderen Verantwortlichen festlegt oder ein Verarbeitungsvorgang im Auftrag eines Verantwortlichen durchgeführt wird.

(80) Jeder Verantwortliche oder Auftragsverarbeiter ohne Niederlassung in der Union, dessen Verarbeitungstätigkeiten sich auf betroffene Personen beziehen, die sich in der Union aufhalten, und dazu dienen, diesen Personen in der Union Waren oder Dienstleistungen anzubieten – unabhängig davon, ob von der betroffenen Person eine Zahlung verlangt wird – oder deren Verhalten, soweit dieses innerhalb der Union erfolgt, zu beobachten, sollte einen Vertreter benennen müssen, es sei denn, die Verarbeitung erfolgt gelegentlich, schließt nicht die umfangreiche Verarbeitung besonderer Kategorien personenbezogener Daten oder die Verarbeitung von per-

sonenbezogenen Daten über strafrechtliche Verurteilungen und Straftaten ein und bringt unter Berücksichtigung ihrer Art, ihrer Umstände, ihres Umfangs und ihrer Zwecke wahrscheinlich kein Risiko für die Rechte und Freiheiten natürlicher Personen mit sich oder bei dem Verantwortlichen handelt es sich um eine Behörde oder öffentliche Stelle. Der Vertreter sollte im Namen des Verantwortlichen oder des Auftragsverarbeiters tätig werden und den Aufsichtsbehörden als Anlaufstelle dienen. Der Verantwortliche oder der Auftragsverarbeiter sollte den Vertreter ausdrücklich bestellen und schriftlich beauftragen, in Bezug auf die ihm nach dieser Verordnung obliegenden Verpflichtungen an seiner Stelle zu handeln. Die Benennung eines solchen Vertreters berührt nicht die Verantwortung oder Haftung des Verantwortlichen oder des Auftragsverarbeiters nach Maßgabe dieser Verordnung. Ein solcher Vertreter sollte seine Aufgaben entsprechend dem Mandat des Verantwortlichen oder Auftragsverarbeiters ausführen und insbesondere mit den zuständigen Aufsichtsbehörden in Bezug auf Maßnahmen, die die Einhaltung dieser Verordnung sicherstellen sollen, zusammenarbeiten. Bei Verstößen des Verantwortlichen oder Auftragsverarbeiters sollte der bestellte Vertreter Durchsetzungsverfahren unterworfen werden.

(81) Damit die Anforderungen dieser Verordnung in Bezug auf die vom Auftragsverarbeiter im Namen des Verantwortlichen vorzunehmende Verarbeitung eingehalten werden, sollte ein Verantwortlicher, der einen Auftragsverarbeiter mit Verarbeitungstätigkeiten betrauen will, nur Auftragsverarbeiter heranziehen, die – insbesondere im Hinblick auf Fachwissen, Zuverlässigkeit und Ressourcen – hinreichende Garantien dafür bieten, dass technische und organisatorische Maßnahmen – auch für die Sicherheit der Verarbeitung – getroffen werden, die den Anforderungen dieser Verordnung genügen. Die Einhaltung genehmigter Verhaltensregeln oder eines genehmigten Zertifizierungsverfahrens durch einen Auftragsverarbeiter kann als Faktor herangezogen werden, um die Erfüllung der Pflichten des Verantwortlichen nachzuweisen. Die Durchführung einer Verarbeitung durch einen Auftragsverarbeiter sollte auf Grundlage eines Vertrags oder eines anderen Rechtsinstruments nach dem Recht der Union oder der Mitgliedstaaten erfolgen, der bzw. das den Auftragsverarbeiter an den Verantwortlichen bindet und in dem Gegenstand und Dauer der Verarbeitung, Art und Zwecke der Verarbeitung, die Art der personenbezogenen Daten und die Kategorien von betroffenen Personen festgelegt sind, wobei die besonderen Aufgaben und Pflichten des Auftragsverarbeiters bei der geplanten Verarbeitung und das Risiko für die Rechte und Freiheiten der betroffenen Person zu berücksichtigen sind. Der Verantwortliche und der Auftragsverarbeiter können entscheiden, ob sie einen individuellen Vertrag oder Standardvertragsklauseln verwenden, die entweder unmittelbar von der Kommission erlassen oder aber nach dem Kohärenzverfahren von einer Aufsichtsbehörde angenommen und dann von der Kommission erlassen wurden. Nach Beendigung der Verarbeitung im Namen des Verantwortlichen sollte der Auftragsverarbeiter die personenbezogenen Daten nach Wahl des Verantwortlichen entweder zurückgeben oder löschen, sofern nicht nach dem Recht der Union oder der Mitgliedstaaten, dem der Auftragsverarbeiter unterliegt, eine Verpflichtung zur Speicherung der personenbezogenen Daten besteht.

(82) Zum Nachweis der Einhaltung dieser Verordnung sollte der Verantwortliche oder der Auftragsverarbeiter ein Verzeichnis der Verarbeitungstätig-

keiten, die seiner Zuständigkeit unterliegen, führen. Jeder Verantwortliche und jeder Auftragsverarbeiter sollte verpflichtet sein, mit der Aufsichtsbehörde zusammenzuarbeiten und dieser auf Anfrage das entsprechende Verzeichnis vorzulegen, damit die betreffenden Verarbeitungsvorgänge anhand dieser Verzeichnisse kontrolliert werden können.

(83) Zur Aufrechterhaltung der Sicherheit und zur Vorbeugung gegen eine gegen diese Verordnung verstoßende Verarbeitung sollte der Verantwortliche oder der Auftragsverarbeiter die mit der Verarbeitung verbundenen Risiken ermitteln und Maßnahmen zu ihrer Eindämmung, wie etwa eine Verschlüsselung, treffen. Diese Maßnahmen sollten unter Berücksichtigung des Stands der Technik und der Implementierungskosten ein Schutzniveau – auch hinsichtlich der Vertraulichkeit – gewährleisten, das den von der Verarbeitung ausgehenden Risiken und der Art der zu schützenden personenbezogenen Daten angemessen ist. Bei der Bewertung der Datensicherheitsrisiken sollten die mit der Verarbeitung personenbezogener Daten verbundenen Risiken berücksichtigt werden, wie etwa – ob unbeabsichtigt oder unrechtmäßig – Vernichtung, Verlust, Veränderung oder unbefugte Offenlegung von oder unbefugter Zugang zu personenbezogenen Daten, die übermittelt, gespeichert oder auf sonstige Weise verarbeitet wurden, insbesondere wenn dies zu einem physischen, materiellen oder immateriellen Schaden führen könnte.

(84) Damit diese Verordnung in Fällen, in denen die Verarbeitungsvorgänge wahrscheinlich ein hohes Risiko für die Rechte und Freiheiten natürlicher Personen mit sich bringen, besser eingehalten wird, sollte der Verantwortliche für die Durchführung einer Datenschutz-Folgenabschätzung, mit der insbesondere die Ursache, Art, Besonderheit und Schwere dieses Risikos evaluiert werden, verantwortlich sein. Die Ergebnisse der Abschätzung sollten berücksichtigt werden, wenn darüber entschieden wird, welche geeigneten Maßnahmen ergriffen werden müssen, um nachzuweisen, dass die Verarbeitung der personenbezogenen Daten mit dieser Verordnung in Einklang steht. Geht aus einer Datenschutz-Folgenabschätzung hervor, dass Verarbeitungsvorgänge ein hohes Risiko bergen, das der Verantwortliche nicht durch geeignete Maßnahmen in Bezug auf verfügbare Technik und Implementierungskosten eindämmen kann, so sollte die Aufsichtsbehörde vor der Verarbeitung konsultiert werden.

(85) Eine Verletzung des Schutzes personenbezogener Daten kann – wenn nicht rechtzeitig und angemessen reagiert wird – einen physischen, materiellen oder immateriellen Schaden für natürliche Personen nach sich ziehen, wie etwa Verlust der Kontrolle über ihre personenbezogenen Daten oder Einschränkung ihrer Rechte, Diskriminierung, Identitätsdiebstahl oder -betrug, finanzielle Verluste, unbefugte Aufhebung der Pseudonymisierung, Rufschädigung, Verlust der Vertraulichkeit von dem Berufsgeheimnis unterliegenden Daten oder andere erhebliche wirtschaftliche oder gesellschaftliche Nachteile für die betroffene natürliche Person. Deshalb sollte der Verantwortliche, sobald ihm eine Verletzung des Schutzes personenbezogener Daten bekannt wird, die Aufsichtsbehörde von der Verletzung des Schutzes personenbezogener Daten unverzüglich und, falls möglich, binnen höchstens 72 Stunden nachdem ihm die Verletzung bekannt wurde, unterrichten, es sei denn, der Verantwortliche kann im Einklang mit dem Grundsatz der Rechenschaftspflicht nachweisen, dass die Verletzung des Schutzes personenbezogener Daten voraussichtlich nicht

zu einem Risiko für die persönlichen Rechte und Freiheiten natürlicher Personen führt. Falls diese Benachrichtigung nicht binnen 72 Stunden erfolgen kann, sollten in ihr die Gründe für die Verzögerung angegeben werden müssen, und die Informationen können schrittweise ohne unangemessene weitere Verzögerung bereitgestellt werden.

(86) Der für die Verarbeitung Verantwortliche sollte die betroffene Person unverzüglich von der Verletzung des Schutzes personenbezogener Daten benachrichtigen, wenn diese Verletzung des Schutzes personenbezogener Daten voraussichtlich zu einem hohen Risiko für die persönlichen Rechte und Freiheiten natürlicher Personen führt, damit diese die erforderlichen Vorkehrungen treffen können. Die Benachrichtigung sollte eine Beschreibung der Art der Verletzung des Schutzes personenbezogener Daten sowie an die betroffene natürliche Person gerichtete Empfehlungen zur Minderung etwaiger nachteiliger Auswirkungen dieser Verletzung enthalten. Solche Benachrichtigungen der betroffenen Person sollten stets so rasch wie nach allgemeinem Ermessen möglich, in enger Absprache mit der Aufsichtsbehörde und nach Maßgabe der von dieser oder von anderen zuständigen Behörden wie beispielsweise Strafverfolgungsbehörden erteilten Weisungen erfolgen. Um beispielsweise das Risiko eines unmittelbaren Schadens mindern zu können, müssten betroffene Personen sofort benachrichtigt werden, wohingegen eine längere Benachrichtigungsfrist gerechtfertigt sein kann, wenn es darum geht, geeignete Maßnahmen gegen fortlaufende oder vergleichbare Verletzungen des Schutzes personenbezogener Daten zu treffen.

(87) Es sollte festgestellt werden, ob alle geeigneten technischen Schutz- sowie organisatorischen Maßnahmen getroffen wurden, um sofort feststellen zu können, ob eine Verletzung des Schutzes personenbezogener Daten aufgetreten ist, und um die Aufsichtsbehörde und die betroffene Person umgehend unterrichten zu können. Bei der Feststellung, ob die Meldung unverzüglich erfolgt ist, sollten die Art und Schwere der Verletzung des Schutzes personenbezogener Daten sowie deren Folgen und nachteilige Auswirkungen für die betroffene Person berücksichtigt werden. Die entsprechende Meldung kann zu einem Tätigwerden der Aufsichtsbehörde im Einklang mit ihren in dieser Verordnung festgelegten Aufgaben und Befugnissen führen.

(88) Bei der detaillierten Regelung des Formats und der Verfahren für die Meldung von Verletzungen des Schutzes personenbezogener Daten sollten die Umstände der Verletzung hinreichend berücksichtigt werden, beispielsweise ob personenbezogene Daten durch geeignete technische Sicherheitsvorkehrungen geschützt waren, die die Wahrscheinlichkeit eines Identitätsbetrugs oder anderer Formen des Datenmissbrauchs wirksam verringern. Überdies sollten solche Regeln und Verfahren den berechtigten Interessen der Strafverfolgungsbehörden in Fällen Rechnung tragen, in denen die Untersuchung der Umstände einer Verletzung des Schutzes personenbezogener Daten durch eine frühzeitige Offenlegung in unnötiger Weise behindert würde.

(89) Gemäß der Richtlinie 95/46/EG waren Verarbeitungen personenbezogener Daten bei den Aufsichtsbehörden generell meldepflichtig. Diese Meldepflicht ist mit einem bürokratischen und finanziellen Aufwand verbunden und hat dennoch nicht in allen Fällen zu einem besseren Schutz personenbezogener Daten geführt. Diese unterschiedslosen allgemeinen Melde-

pflichten sollten daher abgeschafft und durch wirksame Verfahren und Mechanismen ersetzt werden, die sich stattdessen vorrangig mit denjenigen Arten von Verarbeitungsvorgängen befassen, die aufgrund ihrer Art, ihres Umfangs, ihrer Umstände und ihrer Zwecke wahrscheinlich ein hohes Risiko für die Rechte und Freiheiten natürlicher Personen mit sich bringen. Zu solchen Arten von Verarbeitungsvorgängen gehören insbesondere solche, bei denen neue Technologien eingesetzt werden oder die neuartig sind und bei denen der Verantwortliche noch keine Datenschutz-Folgenabschätzung durchgeführt hat bzw. bei denen aufgrund der seit der ursprünglichen Verarbeitung vergangenen Zeit eine Datenschutz-Folgenabschätzung notwendig geworden ist.

(90) In derartigen Fällen sollte der Verantwortliche vor der Verarbeitung eine Datenschutz-Folgenabschätzung durchführen, mit der die spezifische Eintrittswahrscheinlichkeit und die Schwere dieses hohen Risikos unter Berücksichtigung der Art, des Umfangs, der Umstände und der Zwecke der Verarbeitung und der Ursachen des Risikos bewertet werden. Diese Folgenabschätzung sollte sich insbesondere mit den Maßnahmen, Garantien und Verfahren befassen, durch die dieses Risiko eingedämmt, der Schutz personenbezogener Daten sichergestellt und die Einhaltung der Bestimmungen dieser Verordnung nachgewiesen werden soll.

(91) Dies sollte insbesondere für umfangreiche Verarbeitungsvorgänge gelten, die dazu dienen, große Mengen personenbezogener Daten auf regionaler, nationaler oder supranationaler Ebene zu verarbeiten, eine große Zahl von Personen betreffen könnten und – beispielsweise aufgrund ihrer Sensibilität – wahrscheinlich ein hohes Risiko mit sich bringen und bei denen entsprechend dem jeweils aktuellen Stand der Technik in großem Umfang eine neue Technologie eingesetzt wird, sowie für andere Verarbeitungsvorgänge, die ein hohes Risiko für die Rechte und Freiheiten der betroffenen Personen mit sich bringen, insbesondere dann, wenn diese Verarbeitungsvorgänge den betroffenen Personen die Ausübung ihrer Rechte erschweren. Eine Datenschutz-Folgenabschätzung sollte auch durchgeführt werden, wenn die personenbezogenen Daten für das Treffen von Entscheidungen in Bezug auf bestimmte natürliche Personen im Anschluss an eine systematische und eingehende Bewertung persönlicher Aspekte natürlicher Personen auf der Grundlage eines Profilings dieser Daten oder im Anschluss an die Verarbeitung besonderer Kategorien von personenbezogenen Daten, biometrischen Daten oder von Daten über strafrechtliche Verurteilungen und Straftaten sowie damit zusammenhängende Sicherungsmaßregeln verarbeitet werden. Gleichermaßen erforderlich ist eine Datenschutz-Folgenabschätzung für die weiträumige Überwachung öffentlich zugänglicher Bereiche, insbesondere mittels optoelektronischer Vorrichtungen, oder für alle anderen Vorgänge, bei denen nach Auffassung der zuständigen Aufsichtsbehörde die Verarbeitung wahrscheinlich ein hohes Risiko für die Rechte und Freiheiten der betroffenen Personen mit sich bringt, insbesondere weil sie die betroffenen Personen an der Ausübung eines Rechts oder der Nutzung einer Dienstleistung bzw. Durchführung eines Vertrags hindern oder weil sie systematisch in großem Umfang erfolgen. Die Verarbeitung personenbezogener Daten sollte nicht als umfangreich gelten, wenn die Verarbeitung personenbezogene Daten von Patienten oder von Mandanten betrifft und durch einen einzelnen Arzt, sonstigen Angehörigen eines Gesundheitsberufes oder Rechtsanwalt er-

folgt. In diesen Fällen sollte eine Datenschutz-Folgenabschätzung nicht zwingend vorgeschrieben sein.

(92) Unter bestimmten Umständen kann es vernünftig und unter ökonomischen Gesichtspunkten zweckmäßig sein, eine Datenschutz-Folgenabschätzung nicht lediglich auf ein bestimmtes Projekt zu beziehen, sondern sie thematisch breiter anzulegen – beispielsweise wenn Behörden oder öffentliche Stellen eine gemeinsame Anwendung oder Verarbeitungsplattform schaffen möchten oder wenn mehrere Verantwortliche eine gemeinsame Anwendung oder Verarbeitungsumgebung für einen gesamten Wirtschaftssektor, für ein bestimmtes Marktsegment oder für eine weit verbreitete horizontale Tätigkeit einführen möchten.

(93) Anlässlich des Erlasses des Gesetzes des Mitgliedstaats, auf dessen Grundlage die Behörde oder öffentliche Stelle ihre Aufgaben wahrnimmt und das den fraglichen Verarbeitungsvorgang oder die fraglichen Arten von Verarbeitungsvorgängen regelt, können die Mitgliedstaaten es für erforderlich erachten, solche Folgeabschätzungen vor den Verarbeitungsvorgängen durchzuführen.

(94) Geht aus einer Datenschutz-Folgenabschätzung hervor, dass die Verarbeitung bei Fehlen von Garantien, Sicherheitsvorkehrungen und Mechanismen zur Minderung des Risikos ein hohes Risiko für die Rechte und Freiheiten natürlicher Personen mit sich bringen würde, und ist der Verantwortliche der Auffassung, dass das Risiko nicht durch in Bezug auf verfügbare Technologien und Implementierungskosten vertretbare Mittel eingedämmt werden kann, so sollte die Aufsichtsbehörde vor Beginn der Verarbeitungstätigkeiten konsultiert werden. Ein solches hohes Risiko ist wahrscheinlich mit bestimmten Arten der Verarbeitung und dem Umfang und der Häufigkeit der Verarbeitung verbunden, die für natürliche Personen auch eine Schädigung oder eine Beeinträchtigung der persönlichen Rechte und Freiheiten mit sich bringen können. Die Aufsichtsbehörde sollte das Beratungsersuchen innerhalb einer bestimmten Frist beantworten. Allerdings kann sie, auch wenn sie nicht innerhalb dieser Frist reagiert hat, entsprechend ihren in dieser Verordnung festgelegten Aufgaben und Befugnissen eingreifen, was die Befugnis einschließt, Verarbeitungsvorgänge zu untersagen. Im Rahmen dieses Konsultationsprozesses kann das Ergebnis einer im Hinblick auf die betreffende Verarbeitung personenbezogener Daten durchgeführten Datenschutz-Folgenabschätzung der Aufsichtsbehörde unterbreitet werden; dies gilt insbesondere für die zur Eindämmung des Risikos für die Rechte und Freiheiten natürlicher Personen geplanten Maßnahmen.

(95) Der Auftragsverarbeiter sollte erforderlichenfalls den Verantwortlichen auf Anfrage bei der Gewährleistung der Einhaltung der sich aus der Durchführung der Datenschutz-Folgenabschätzung und der vorherigen Konsultation der Aufsichtsbehörde ergebenden Auflagen unterstützen.

(96) Eine Konsultation der Aufsichtsbehörde sollte auch während der Ausarbeitung von Gesetzes- oder Regelungsvorschriften, in denen eine Verarbeitung personenbezogener Daten vorgesehen ist, erfolgen, um die Vereinbarkeit der geplanten Verarbeitung mit dieser Verordnung sicherzustellen und insbesondere das mit ihr für die betroffene Person verbundene Risiko einzudämmen.

(97) In Fällen, in denen die Verarbeitung durch eine Behörde – mit Ausnahmen von Gerichten oder unabhängigen Justizbehörden, die im Rahmen ihrer

justiziellen Tätigkeit handeln -, im privaten Sektor durch einen Verantwortlichen erfolgt, dessen Kerntätigkeit in Verarbeitungsvorgängen besteht, die eine regelmäßige und systematische Überwachung der betroffenen Personen in großem Umfang erfordern, oder wenn die Kerntätigkeit des Verantwortlichen oder des Auftragsverarbeiters in der umfangreichen Verarbeitung besonderer Kategorien von personenbezogenen Daten oder von Daten über strafrechtliche Verurteilungen und Straftaten besteht, sollte der Verantwortliche oder der Auftragsverarbeiter bei der Überwachung der internen Einhaltung der Bestimmungen dieser Verordnung von einer weiteren Person, die über Fachwissen auf dem Gebiet des Datenschutzrechts und der Datenschutzverfahren verfügt, unterstützt werden. Im privaten Sektor bezieht sich die Kerntätigkeit eines Verantwortlichen auf seine Haupttätigkeiten und nicht auf die Verarbeitung personenbezogener Daten als Nebentätigkeit. Das erforderliche Niveau des Fachwissens sollte sich insbesondere nach den durchgeführten Datenverarbeitungsvorgängen und dem erforderlichen Schutz für die von dem Verantwortlichen oder dem Auftragsverarbeiter verarbeiteten personenbezogenen Daten richten. Derartige Datenschutzbeauftragte sollten unabhängig davon, ob es sich bei ihnen um Beschäftigte des Verantwortlichen handelt oder nicht, ihre Pflichten und Aufgaben in vollständiger Unabhängigkeit ausüben können.

(98) Verbände oder andere Vereinigungen, die bestimmte Kategorien von Verantwortlichen oder Auftragsverarbeitern vertreten, sollten ermutigt werden, in den Grenzen dieser Verordnung Verhaltensregeln auszuarbeiten, um eine wirksame Anwendung dieser Verordnung zu erleichtern, wobei den Besonderheiten der in bestimmten Sektoren erfolgenden Verarbeitungen und den besonderen Bedürfnissen der Kleinstunternehmen sowie der kleinen und mittleren Unternehmen Rechnung zu tragen ist. Insbesondere könnten in diesen Verhaltensregeln – unter Berücksichtigung des mit der Verarbeitung wahrscheinlich einhergehenden Risikos für die Rechte und Freiheiten natürlicher Personen – die Pflichten der Verantwortlichen und der Auftragsverarbeiter bestimmt werden.

(99) Bei der Ausarbeitung oder bei der Änderung oder Erweiterung solcher Verhaltensregeln sollten Verbände und oder andere Vereinigungen, die bestimmte Kategorien von Verantwortlichen oder Auftragsverarbeitern vertreten, die maßgeblichen Interessenträger, möglichst auch die betroffenen Personen, konsultieren und die Eingaben und Stellungnahmen, die sie dabei erhalten, berücksichtigen.

(100) Um die Transparenz zu erhöhen und die Einhaltung dieser Verordnung zu verbessern, sollte angeregt werden, dass Zertifizierungsverfahren sowie Datenschutzsiegel und -prüfzeichen eingeführt werden, die den betroffenen Personen einen raschen Überblick über das Datenschutzniveau einschlägiger Produkte und Dienstleistungen ermöglichen.

(101) Der Fluss personenbezogener Daten aus Drittländern und internationalen Organisationen und in Drittländer und internationale Organisationen ist für die Ausweitung des internationalen Handels und der internationalen Zusammenarbeit notwendig. Durch die Zunahme dieser Datenströme sind neue Herausforderungen und Anforderungen in Bezug auf den Schutz personenbezogener Daten entstanden. Das durch diese Verordnung unionsweit gewährleistete Schutzniveau für natürliche Personen sollte jedoch bei der Übermittlung personenbezogener Daten aus der Union an

Verantwortliche, Auftragsverarbeiter oder andere Empfänger in Drittländern oder an internationale Organisationen nicht untergraben werden, und zwar auch dann nicht, wenn aus einem Drittland oder von einer internationalen Organisation personenbezogene Daten an Verantwortliche oder Auftragsverarbeiter in demselben oder einem anderen Drittland oder an dieselbe oder eine andere internationale Organisation weiterübermittelt werden. In jedem Fall sind derartige Datenübermittlungen an Drittländer und internationale Organisationen nur unter strikter Einhaltung dieser Verordnung zulässig. Eine Datenübermittlung könnte nur stattfinden, wenn die in dieser Verordnung festgelegten Bedingungen zur Übermittlung personenbezogener Daten an Drittländer oder internationale Organisationen vorbehaltlich der übrigen Bestimmungen dieser Verordnung von dem Verantwortlichen oder dem Auftragsverarbeiter erfüllt werden.

(102) Internationale Abkommen zwischen der Union und Drittländern über die Übermittlung von personenbezogenen Daten einschließlich geeigneter Garantien für die betroffenen Personen werden von dieser Verordnung nicht berührt. Die Mitgliedstaaten können völkerrechtliche Übereinkünfte schließen, die die Übermittlung personenbezogener Daten an Drittländer oder internationale Organisationen beinhalten, sofern sich diese Übereinkünfte weder auf diese Verordnung noch auf andere Bestimmungen des Unionsrechts auswirken und ein angemessenes Schutzniveau für die Grundrechte der betroffenen Personen umfassen.

(103) Die Kommission darf mit Wirkung für die gesamte Union beschließen, dass ein bestimmtes Drittland, ein Gebiet oder ein bestimmter Sektor eines Drittlands oder eine internationale Organisation ein angemessenes Datenschutzniveau bietet, und auf diese Weise in Bezug auf das Drittland oder die internationale Organisation, das bzw. die für fähig gehalten wird, ein solches Schutzniveau zu bieten, in der gesamten Union Rechtssicherheit schaffen und eine einheitliche Rechtsanwendung sicherstellen. In derartigen Fällen dürfen personenbezogene Daten ohne weitere Genehmigung an dieses Land oder diese internationale Organisation übermittelt werden. Die Kommission kann, nach Abgabe einer ausführlichen Erklärung, in der dem Drittland oder der internationalen Organisation eine Begründung gegeben wird, auch entscheiden, eine solche Feststellung zu widerrufen.

(104) In Übereinstimmung mit den Grundwerten der Union, zu denen insbesondere der Schutz der Menschenrechte zählt, sollte die Kommission bei der Bewertung des Drittlands oder eines Gebiets oder eines bestimmten Sektors eines Drittlands berücksichtigen, inwieweit dort die Rechtsstaatlichkeit gewahrt ist, der Rechtsweg gewährleistet ist und die internationalen Menschenrechtsnormen und -standards eingehalten werden und welche allgemeinen und sektorspezifischen Vorschriften, wozu auch die Vorschriften über die öffentliche Sicherheit, die Landesverteidigung und die nationale Sicherheit sowie die öffentliche Ordnung und das Strafrecht zählen, dort gelten. Die Annahme eines Angemessenheitsbeschlusses in Bezug auf ein Gebiet oder einen bestimmten Sektor eines Drittlands sollte unter Berücksichtigung eindeutiger und objektiver Kriterien wie bestimmter Verarbeitungsvorgänge und des Anwendungsbereichs anwendbarer Rechtsnormen und geltender Rechtsvorschriften in dem Drittland erfolgen. Das Drittland sollte Garantien für ein angemessenes Schutzniveau bieten, das dem innerhalb der Union gewährleisteten Schutzniveau

der Sache nach gleichwertig ist, insbesondere in Fällen, in denen personenbezogene Daten in einem oder mehreren spezifischen Sektoren verarbeitet werden. Das Drittland sollte insbesondere eine wirksame unabhängige Überwachung des Datenschutzes gewährleisten und Mechanismen für eine Zusammenarbeit mit den Datenschutzbehörden der Mitgliedstaaten vorsehen, und den betroffenen Personen sollten wirksame und durchsetzbare Rechte sowie wirksame verwaltungsrechtliche und gerichtliche Rechtsbehelfe eingeräumt werden.

(105) Die Kommission sollte neben den internationalen Verpflichtungen, die das Drittland oder die internationale Organisation eingegangen ist, die Verpflichtungen, die sich aus der Teilnahme des Drittlands oder der internationalen Organisation an multilateralen oder regionalen Systemen insbesondere im Hinblick auf den Schutz personenbezogener Daten ergeben, sowie die Umsetzung dieser Verpflichtungen berücksichtigen. Insbesondere sollte der Beitritt des Drittlands zum Übereinkommen des Europarates vom 28. Januar 1981 zum Schutz des Menschen bei der automatischen Verarbeitung personenbezogener Daten und dem dazugehörigen Zusatzprotokoll berücksichtigt werden. Die Kommission sollte den Ausschuss konsultieren, wenn sie das Schutzniveau in Drittländern oder internationalen Organisationen bewertet.

(106) Die Kommission sollte die Wirkungsweise von Feststellungen zum Schutzniveau in einem Drittland, einem Gebiet oder einem bestimmten Sektor eines Drittlands oder einer internationalen Organisation überwachen; sie sollte auch die Wirkungsweise der Feststellungen, die auf der Grundlage des Artikels 25 Absatz 6 oder des Artikels 26 Absatz 4 der Richtlinie 95/46/EG erlassen werden, überwachen. In ihren Angemessenheitsbeschlüssen sollte die Kommission einen Mechanismus für die regelmäßige Überprüfung von deren Wirkungsweise vorsehen. Diese regelmäßige Überprüfung sollte in Konsultation mit dem betreffenden Drittland oder der betreffenden internationalen Organisation erfolgen und allen maßgeblichen Entwicklungen in dem Drittland oder der internationalen Organisation Rechnung tragen. Für die Zwecke der Überwachung und der Durchführung der regelmäßigen Überprüfungen sollte die Kommission die Standpunkte und Feststellungen des Europäischen Parlaments und des Rates sowie der anderen einschlägigen Stellen und Quellen berücksichtigen. Die Kommission sollte innerhalb einer angemessenen Frist die Wirkungsweise der letztgenannten Beschlüsse bewerten und dem durch diese Verordnung eingesetzten Ausschuss im Sinne der Verordnung (EU) Nr. 182/2011 des Europäischen Parlaments und des Rates[1)] sowie dem Europäischen Parlament und dem Rat über alle maßgeblichen Feststellungen Bericht erstatten.

(107) Die Kommission kann feststellen, dass ein Drittland, ein Gebiet oder ein bestimmter Sektor eines Drittlands oder eine internationale Organisation kein angemessenes Datenschutzniveau mehr bietet. Die Übermittlung personenbezogener Daten an dieses Drittland oder an diese internationale Organisation sollte daraufhin verboten werden, es sei denn, die Anforderungen dieser Verordnung in Bezug auf die Datenübermittlung vorbehaltlich geeigneter Garantien, einschließlich verbindlicher interner Daten-

---

1) Amtliche Fußnote: Verordnung (EU) Nr. 182/2011 des Europäischen Parlaments und des Rates vom 16. Februar 2011 zur Festlegung der allgemeinen Regeln und Grundsätze, nach denen die Mitgliedstaaten die Wahrnehmung der Durchführungsbefugnisse durch die Kommission kontrollieren (ABl. L 55 vom 28. 2. 2011, S. 13).

schutzvorschriften und auf Ausnahmen für bestimmte Fälle werden erfüllt. In diesem Falle sollten Konsultationen zwischen der Kommission und den betreffenden Drittländern oder internationalen Organisationen vorgesehen werden. Die Kommission sollte dem Drittland oder der internationalen Organisation frühzeitig die Gründe mitteilen und Konsultationen aufnehmen, um Abhilfe für die Situation zu schaffen.

(108) Bei Fehlen eines Angemessenheitsbeschlusses sollte der Verantwortliche oder der Auftragsverarbeiter als Ausgleich für den in einem Drittland bestehenden Mangel an Datenschutz geeignete Garantien für den Schutz der betroffenen Person vorsehen. Diese geeigneten Garantien können darin bestehen, dass auf verbindliche interne Datenschutzvorschriften, von der Kommission oder von einer Aufsichtsbehörde angenommene Standarddatenschutzklauseln oder von einer Aufsichtsbehörde genehmigte Vertragsklauseln zurückgegriffen wird. Diese Garantien sollten sicherstellen, dass die Datenschutzvorschriften und die Rechte der betroffenen Personen auf eine der Verarbeitung innerhalb der Union angemessene Art und Weise beachtet werden; dies gilt auch hinsichtlich der Verfügbarkeit von durchsetzbaren Rechten der betroffenen Person und von wirksamen Rechtsbehelfen einschließlich des Rechts auf wirksame verwaltungsrechtliche oder gerichtliche Rechtsbehelfe sowie des Rechts auf Geltendmachung von Schadenersatzansprüchen in der Union oder in einem Drittland. Sie sollten sich insbesondere auf die Einhaltung der allgemeinen Grundsätze für die Verarbeitung personenbezogener Daten, die Grundsätze des Datenschutzes durch Technik und durch datenschutzfreundliche Voreinstellungen beziehen. Datenübermittlungen dürfen auch von Behörden oder öffentlichen Stellen an Behörden oder öffentliche Stellen in Drittländern oder an internationale Organisationen mit entsprechenden Pflichten oder Aufgaben vorgenommen werden, auch auf der Grundlage von Bestimmungen, die in Verwaltungsvereinbarungen – wie beispielsweise einer gemeinsamen Absichtserklärung –, mit denen den betroffenen Personen durchsetzbare und wirksame Rechte eingeräumt werden, aufzunehmen sind. Die Genehmigung der zuständigen Aufsichtsbehörde sollte erlangt werden, wenn die Garantien in nicht rechtsverbindlichen Verwaltungsvereinbarungen vorgesehen sind.

(109) Die dem Verantwortlichen oder dem Auftragsverarbeiter offenstehende Möglichkeit, auf die von der Kommission oder einer Aufsichtsbehörde festgelegten Standard-Datenschutzklauseln zurückzugreifen, sollte den Verantwortlichen oder den Auftragsverarbeiter weder daran hindern, die Standard-Datenschutzklauseln auch in umfangreicheren Verträgen, wie zum Beispiel Verträgen zwischen dem Auftragsverarbeiter und einem anderen Auftragsverarbeiter, zu verwenden, noch ihn daran hindern, ihnen weitere Klauseln oder zusätzliche Garantien hinzuzufügen, solange diese weder mittelbar noch unmittelbar im Widerspruch zu den von der Kommission oder einer Aufsichtsbehörde erlassenen Standard-Datenschutzklauseln stehen oder die Grundrechte und Grundfreiheiten der betroffenen Personen beschneiden. Die Verantwortlichen und die Auftragsverarbeiter sollten ermutigt werden, mit vertraglichen Verpflichtungen, die die Standard-Schutzklauseln ergänzen, zusätzliche Garantien zu bieten.

(110) Jede Unternehmensgruppe oder jede Gruppe von Unternehmen, die eine gemeinsame Wirtschaftstätigkeit ausüben, sollte für ihre internationalen Datenübermittlungen aus der Union an Organisationen derselben Unter-

nehmensgruppe oder derselben Gruppe von Unternehmen, die eine gemeinsame Wirtschaftstätigkeit ausüben, genehmigte verbindliche interne Datenschutzvorschriften anwenden dürfen, sofern diese sämtliche Grundprinzipien und durchsetzbaren Rechte enthalten, die geeignete Garantien für die Übermittlungen beziehungsweise Kategorien von Übermittlungen personenbezogener Daten bieten.

(111) Datenübermittlungen sollten unter bestimmten Voraussetzungen zulässig sein, nämlich wenn die betroffene Person ihre ausdrückliche Einwilligung erteilt hat, wenn die Übermittlung gelegentlich erfolgt und im Rahmen eines Vertrags oder zur Geltendmachung von Rechtsansprüchen, sei es vor Gericht oder auf dem Verwaltungswege oder in außergerichtlichen Verfahren, wozu auch Verfahren vor Regulierungsbehörden zählen, erforderlich ist. Die Übermittlung sollte zudem möglich sein, wenn sie zur Wahrung eines im Unionsrecht oder im Recht eines Mitgliedstaats festgelegten wichtigen öffentlichen Interesses erforderlich ist oder wenn sie aus einem durch Rechtsvorschriften vorgesehenen Register erfolgt, das von der Öffentlichkeit oder Personen mit berechtigtem Interesse eingesehen werden kann. In letzterem Fall sollte sich eine solche Übermittlung nicht auf die Gesamtheit oder ganze Kategorien der im Register enthaltenen personenbezogenen Daten erstrecken dürfen. Ist das betreffende Register zur Einsichtnahme durch Personen mit berechtigtem Interesse bestimmt, sollte die Übermittlung nur auf Anfrage dieser Personen oder nur dann erfolgen, wenn diese Personen die Adressaten der Übermittlung sind, wobei den Interessen und Grundrechten der betroffenen Person in vollem Umfang Rechnung zu tragen ist.

(112) Diese Ausnahmen sollten insbesondere für Datenübermittlungen gelten, die aus wichtigen Gründen des öffentlichen Interesses erforderlich sind, beispielsweise für den internationalen Datenaustausch zwischen Wettbewerbs-, Steuer- oder Zollbehörden, zwischen Finanzaufsichtsbehörden oder zwischen für Angelegenheiten der sozialen Sicherheit oder für die öffentliche Gesundheit zuständigen Diensten, beispielsweise im Falle der Umgebungsuntersuchung bei ansteckenden Krankheiten oder zur Verringerung und/oder Beseitigung des Dopings im Sport. Die Übermittlung personenbezogener Daten sollte ebenfalls als rechtmäßig angesehen werden, wenn sie erforderlich ist, um ein Interesse, das für die lebenswichtigen Interessen – einschließlich der körperlichen Unversehrtheit oder des Lebens – der betroffenen Person oder einer anderen Person wesentlich ist, zu schützen und die betroffene Person außerstande ist, ihre Einwilligung zu geben. Liegt kein Angemessenheitsbeschluss vor, so können im Unionsrecht oder im Recht der Mitgliedstaaten aus wichtigen Gründen des öffentlichen Interesses ausdrücklich Beschränkungen der Übermittlung bestimmter Kategorien von Daten an Drittländer oder internationale Organisationen vorgesehen werden. Die Mitgliedstaaten sollten solche Bestimmungen der Kommission mitteilen. Jede Übermittlung personenbezogener Daten einer betroffenen Person, die aus physischen oder rechtlichen Gründen außerstande ist, ihre Einwilligung zu erteilen, an eine internationale humanitäre Organisation, die erfolgt, um eine nach den Genfer Konventionen obliegende Aufgabe auszuführen oder um dem in bewaffneten Konflikten anwendbaren humanitären Völkerrecht nachzukommen, könnte als aus einem wichtigen Grund im öffentlichen Interesse notwendig oder als im lebenswichtigen Interesse der betroffenen Person liegend erachtet werden.

(113) Übermittlungen, die als nicht wiederholt erfolgend gelten können und nur eine begrenzte Zahl von betroffenen Personen betreffen, könnten auch zur Wahrung der zwingenden berechtigten Interessen des Verantwortlichen möglich sein, sofern die Interessen oder Rechte und Freiheiten der betroffenen Person nicht überwiegen und der Verantwortliche sämtliche Umstände der Datenübermittlung geprüft hat. Der Verantwortliche sollte insbesondere die Art der personenbezogenen Daten, den Zweck und die Dauer der vorgesehenen Verarbeitung, die Situation im Herkunftsland, in dem betreffenden Drittland und im Endbestimmungsland berücksichtigen und angemessene Garantien zum Schutz der Grundrechte und Grundfreiheiten natürlicher Personen in Bezug auf die Verarbeitung ihrer personenbezogener Daten vorsehen. Diese Übermittlungen sollten nur in den verbleibenden Fällen möglich sein, in denen keiner der anderen Gründe für die Übermittlung anwendbar ist. Bei wissenschaftlichen oder historischen Forschungszwecken oder bei statistischen Zwecken sollten die legitimen gesellschaftlichen Erwartungen in Bezug auf einen Wissenszuwachs berücksichtigt werden. Der Verantwortliche sollte die Aufsichtsbehörde und die betroffene Person von der Übermittlung in Kenntnis setzen.

(114) In allen Fällen, in denen kein Kommissionsbeschluss zur Angemessenheit des in einem Drittland bestehenden Datenschutzniveaus vorliegt, sollte der Verantwortliche oder der Auftragsverarbeiter auf Lösungen zurückgreifen, mit denen den betroffenen Personen durchsetzbare und wirksame Rechte in Bezug auf die Verarbeitung ihrer personenbezogenen Daten in der Union nach der Übermittlung dieser Daten eingeräumt werden, damit sie weiterhin die Grundrechte und Garantien genießen können.

(115) Manche Drittländer erlassen Gesetze, Vorschriften und sonstige Rechtsakte, die vorgeben, die Verarbeitungstätigkeiten natürlicher und juristischer Personen, die der Rechtsprechung der Mitgliedstaaten unterliegen, unmittelbar zu regeln. Dies kann Urteile von Gerichten und Entscheidungen von Verwaltungsbehörden in Drittländern umfassen, mit denen von einem Verantwortlichen oder einem Auftragsverarbeiter die Übermittlung oder Offenlegung personenbezogener Daten verlangt wird und die nicht auf eine in Kraft befindliche internationale Übereinkunft wie etwa ein Rechtshilfeabkommen zwischen dem ersuchenden Drittland und der Union oder einem Mitgliedstaat gestützt sind. Die Anwendung dieser Gesetze, Verordnungen und sonstigen Rechtsakte außerhalb des Hoheitsgebiets der betreffenden Drittländer kann gegen internationales Recht verstoßen und dem durch diese Verordnung in der Union gewährleisteten Schutz natürlicher Personen zuwiderlaufen. Datenübermittlungen sollten daher nur zulässig sein, wenn die Bedingungen dieser Verordnung für Datenübermittlungen an Drittländer eingehalten werden. Dies kann unter anderem der Fall sein, wenn die Offenlegung aus einem wichtigen öffentlichen Interesse erforderlich ist, das im Unionsrecht oder im Recht des Mitgliedstaats, dem der Verantwortliche unterliegt, anerkannt ist.

(116) Wenn personenbezogene Daten in ein anderes Land außerhalb der Union übermittelt werden, besteht eine erhöhte Gefahr, dass natürliche Personen ihre Datenschutzrechte nicht wahrnehmen können, insbesondere sich gegen die unrechtmäßige Nutzung oder Offenlegung dieser Informationen zu schützen. Ebenso kann es vorkommen, dass Aufsichtsbehörden Beschwerden nicht nachgehen oder Untersuchungen nicht durchführen können, die einen Bezug zu Tätigkeiten außerhalb der Grenzen ihres Mit-

gliedstaats haben. Ihre Bemühungen um grenzüberschreitende Zusammenarbeit können auch durch unzureichende Präventiv- und Abhilfebefugnisse, widersprüchliche Rechtsordnungen und praktische Hindernisse wie Ressourcenknappheit behindert werden. Die Zusammenarbeit zwischen den Datenschutzaufsichtsbehörden muss daher gefördert werden, damit sie Informationen austauschen und mit den Aufsichtsbehörden in anderen Ländern Untersuchungen durchführen können. Um Mechanismen der internationalen Zusammenarbeit zu entwickeln, die die internationale Amtshilfe bei der Durchsetzung von Rechtsvorschriften zum Schutz personenbezogener Daten erleichtern und sicherstellen, sollten die Kommission und die Aufsichtsbehörden Informationen austauschen und bei Tätigkeiten, die mit der Ausübung ihrer Befugnisse in Zusammenhang stehen, mit den zuständigen Behörden der Drittländer nach dem Grundsatz der Gegenseitigkeit und gemäß dieser Verordnung zusammenarbeiten.

(117) Die Errichtung von Aufsichtsbehörden in den Mitgliedstaaten, die befugt sind, ihre Aufgaben und Befugnisse völlig unabhängig wahrzunehmen, ist ein wesentlicher Bestandteil des Schutzes natürlicher Personen bei der Verarbeitung personenbezogener Daten. Die Mitgliedstaaten sollten mehr als eine Aufsichtsbehörde errichten können, wenn dies ihrer verfassungsmäßigen, organisatorischen und administrativen Struktur entspricht.

(118) Die Tatsache, dass die Aufsichtsbehörden unabhängig sind, sollte nicht bedeuten, dass sie hinsichtlich ihrer Ausgaben keinem Kontroll- oder Überwachungsmechanismus unterworfen werden bzw. sie keiner gerichtlichen Überprüfung unterzogen werden können.

(119) Errichtet ein Mitgliedstaat mehrere Aufsichtsbehörden, so sollte er mittels Rechtsvorschriften sicherstellen, dass diese Aufsichtsbehörden am Kohärenzverfahren wirksam beteiligt werden. Insbesondere sollte dieser Mitgliedstaat eine Aufsichtsbehörde bestimmen, die als zentrale Anlaufstelle für eine wirksame Beteiligung dieser Behörden an dem Verfahren fungiert und eine rasche und reibungslose Zusammenarbeit mit anderen Aufsichtsbehörden, dem Ausschuss und der Kommission gewährleistet.

(120) Jede Aufsichtsbehörde sollte mit Finanzmitteln, Personal, Räumlichkeiten und einer Infrastruktur ausgestattet werden, wie sie für die wirksame Wahrnehmung ihrer Aufgaben, einschließlich derer im Zusammenhang mit der Amtshilfe und Zusammenarbeit mit anderen Aufsichtsbehörden in der gesamten Union, notwendig sind. Jede Aufsichtsbehörde sollte über einen eigenen, öffentlichen, jährlichen Haushaltsplan verfügen, der Teil des gesamten Staatshaushalts oder nationalen Haushalts sein kann.

(121) Die allgemeinen Anforderungen an das Mitglied oder die Mitglieder der Aufsichtsbehörde sollten durch Rechtsvorschriften von jedem Mitgliedstaat geregelt werden und insbesondere vorsehen, dass diese Mitglieder im Wege eines transparenten Verfahrens entweder – auf Vorschlag der Regierung, eines Mitglieds der Regierung, des Parlaments oder einer Parlamentskammer – vom Parlament, der Regierung oder dem Staatsoberhaupt des Mitgliedstaats oder von einer unabhängigen Stelle ernannt werden, die nach dem Recht des Mitgliedstaats mit der Ernennung betraut wird. Um die Unabhängigkeit der Aufsichtsbehörde zu gewährleisten, sollten ihre Mitglieder ihr Amt integer ausüben, von allen mit den Aufgaben ihres Amts nicht zu vereinbarenden Handlungen absehen und während ihrer Amtszeit keine andere mit ihrem Amt nicht zu vereinbarende entgeltliche

oder unentgeltliche Tätigkeit ausüben. Die Aufsichtsbehörde sollte über eigenes Personal verfügen, das sie selbst oder eine nach dem Recht des Mitgliedstaats eingerichtete unabhängige Stelle auswählt und das ausschließlich der Leitung des Mitglieds oder der Mitglieder der Aufsichtsbehörde unterstehen sollte.

(122) Jede Aufsichtsbehörde sollte dafür zuständig sein, im Hoheitsgebiet ihres Mitgliedstaats die Befugnisse auszuüben und die Aufgaben zu erfüllen, die ihr mit dieser Verordnung übertragen wurden. Dies sollte insbesondere für Folgendes gelten: die Verarbeitung im Rahmen der Tätigkeiten einer Niederlassung des Verantwortlichen oder Auftragsverarbeiters im Hoheitsgebiet ihres Mitgliedstaats, die Verarbeitung personenbezogener Daten durch Behörden oder private Stellen, die im öffentlichen Interesse handeln, Verarbeitungstätigkeiten, die Auswirkungen auf betroffene Personen in ihrem Hoheitsgebiet haben, oder Verarbeitungstätigkeiten eines Verantwortlichen oder Auftragsverarbeiters ohne Niederlassung in der Union, sofern sie auf betroffene Personen mit Wohnsitz in ihrem Hoheitsgebiet ausgerichtet sind. Dies sollte auch die Bearbeitung von Beschwerden einer betroffenen Person, die Durchführung von Untersuchungen über die Anwendung dieser Verordnung sowie die Förderung der Information der Öffentlichkeit über Risiken, Vorschriften, Garantien und Rechte im Zusammenhang mit der Verarbeitung personenbezogener Daten einschließen.

(123) Die Aufsichtsbehörden sollten die Anwendung der Bestimmungen dieser Verordnung überwachen und zu ihrer einheitlichen Anwendung in der gesamten Union beitragen, um natürliche Personen im Hinblick auf die Verarbeitung ihrer Daten zu schützen und den freien Verkehr personenbezogener Daten im Binnenmarkt zu erleichtern. Zu diesem Zweck sollten die Aufsichtsbehörden untereinander und mit der Kommission zusammenarbeiten, ohne dass eine Vereinbarung zwischen den Mitgliedstaaten über die Leistung von Amtshilfe oder über eine derartige Zusammenarbeit erforderlich wäre.

(124) Findet die Verarbeitung personenbezogener Daten im Zusammenhang mit der Tätigkeit einer Niederlassung eines Verantwortlichen oder eines Auftragsverarbeiters in der Union statt und hat der Verantwortliche oder der Auftragsverarbeiter Niederlassungen in mehr als einem Mitgliedstaat oder hat die Verarbeitungstätigkeit im Zusammenhang mit der Tätigkeit einer einzigen Niederlassung eines Verantwortlichen oder Auftragsverarbeiters in der Union erhebliche Auswirkungen auf betroffene Personen in mehr als einem Mitgliedstaat bzw. wird sie voraussichtlich solche Auswirkungen haben, so sollte die Aufsichtsbehörde für die Hauptniederlassung des Verantwortlichen oder Auftragsverarbeiters oder für die einzige Niederlassung des Verantwortlichen oder Auftragsverarbeiters als federführende Behörde fungieren. Sie sollte mit den anderen Behörden zusammenarbeiten, die betroffen sind, weil der Verantwortliche oder Auftragsverarbeiter eine Niederlassung im Hoheitsgebiet ihres Mitgliedstaats hat, weil die Verarbeitung erhebliche Auswirkungen auf betroffene Personen mit Wohnsitz in ihrem Hoheitsgebiet hat oder weil bei ihnen eine Beschwerde eingelegt wurde. Auch wenn eine betroffene Person ohne Wohnsitz in dem betreffenden Mitgliedstaat eine Beschwerde eingelegt hat, sollte die Aufsichtsbehörde, bei der Beschwerde eingelegt wurde, auch eine betroffene Aufsichtsbehörde sein. Der Ausschuss sollte – im Rahmen seiner Aufgaben

in Bezug auf die Herausgabe von Leitlinien zu allen Fragen im Zusammenhang mit der Anwendung dieser Verordnung – insbesondere Leitlinien zu den Kriterien ausgeben können, die bei der Feststellung zu berücksichtigen sind, ob die fragliche Verarbeitung erhebliche Auswirkungen auf betroffene Personen in mehr als einem Mitgliedstaat hat und was einen maßgeblichen und begründeten Einspruch darstellt.

(125) Die federführende Behörde sollte berechtigt sein, verbindliche Beschlüsse über Maßnahmen zu erlassen, mit denen die ihr gemäß dieser Verordnung übertragenen Befugnisse ausgeübt werden. In ihrer Eigenschaft als federführende Behörde sollte diese Aufsichtsbehörde für die enge Einbindung und Koordinierung der betroffenen Aufsichtsbehörden im Entscheidungsprozess sorgen. Wird beschlossen, die Beschwerde der betroffenen Person vollständig oder teilweise abzuweisen, so sollte dieser Beschluss von der Aufsichtsbehörde angenommen werden, bei der die Beschwerde eingelegt wurde.

(126) Der Beschluss sollte von der federführenden Aufsichtsbehörde und den betroffenen Aufsichtsbehörden gemeinsam vereinbart werden und an die Hauptniederlassung oder die einzige Niederlassung des Verantwortlichen oder Auftragsverarbeiters gerichtet sein und für den Verantwortlichen und den Auftragsverarbeiter verbindlich sein. Der Verantwortliche oder Auftragsverarbeiter sollte die erforderlichen Maßnahmen treffen, um die Einhaltung dieser Verordnung und die Umsetzung des Beschlusses zu gewährleisten, der der Hauptniederlassung des Verantwortlichen oder Auftragsverarbeiters im Hinblick auf die Verarbeitungstätigkeiten in der Union von der federführenden Aufsichtsbehörde mitgeteilt wurde.

(127) Jede Aufsichtsbehörde, die nicht als federführende Aufsichtsbehörde fungiert, sollte in örtlichen Fällen zuständig sein, wenn der Verantwortliche oder Auftragsverarbeiter Niederlassungen in mehr als einem Mitgliedstaat hat, der Gegenstand der spezifischen Verarbeitung aber nur die Verarbeitungstätigkeiten in einem einzigen Mitgliedstaat und nur betroffene Personen in diesem einen Mitgliedstaat betrifft, beispielsweise wenn es um die Verarbeitung von personenbezogenen Daten von Arbeitnehmern im spezifischen Beschäftigungskontext eines Mitgliedstaats geht. In solchen Fällen sollte die Aufsichtsbehörde unverzüglich die federführende Aufsichtsbehörde über diese Angelegenheit unterrichten. Nach ihrer Unterrichtung sollte die federführende Aufsichtsbehörde entscheiden, ob sie den Fall nach den Bestimmungen zur Zusammenarbeit zwischen der federführenden Aufsichtsbehörde und anderen betroffenen Aufsichtsbehörden gemäß der Vorschrift zur Zusammenarbeit zwischen der federführenden Aufsichtsbehörde und anderen betroffenen Aufsichtsbehörden (im Folgenden „Verfahren der Zusammenarbeit und Kohärenz“) regelt oder ob die Aufsichtsbehörde, die sie unterrichtet hat, den Fall auf örtlicher Ebene regeln sollte. Dabei sollte die federführende Aufsichtsbehörde berücksichtigen, ob der Verantwortliche oder der Auftragsverarbeiter in dem Mitgliedstaat, dessen Aufsichtsbehörde sie unterrichtet hat, eine Niederlassung hat, damit Beschlüsse gegenüber dem Verantwortlichen oder dem Auftragsverarbeiter wirksam durchgesetzt werden. Entscheidet die federführende Aufsichtsbehörde, den Fall selbst zu regeln, sollte die Aufsichtsbehörde, die sie unterrichtet hat, die Möglichkeit haben, einen Beschlussentwurf vorzulegen, dem die federführende Aufsichtsbehörde bei der Ausarbeitung ihres Beschlussentwurfs im Rahmen dieses Verfahrens

der Zusammenarbeit und Kohärenz weitestgehend Rechnung tragen sollte.

(128) Die Vorschriften über die federführende Behörde und das Verfahren der Zusammenarbeit und Kohärenz sollten keine Anwendung finden, wenn die Verarbeitung durch Behörden oder private Stellen im öffentlichen Interesse erfolgt. In diesen Fällen sollte die Aufsichtsbehörde des Mitgliedstaats, in dem die Behörde oder private Einrichtung ihren Sitz hat, die einzige Aufsichtsbehörde sein, die dafür zuständig ist, die Befugnisse auszuüben, die ihr mit dieser Verordnung übertragen wurden.

(129) Um die einheitliche Überwachung und Durchsetzung dieser Verordnung in der gesamten Union sicherzustellen, sollten die Aufsichtsbehörden in jedem Mitgliedstaat dieselben Aufgaben und wirksamen Befugnisse haben, darunter, insbesondere im Fall von Beschwerden natürlicher Personen, Untersuchungsbefugnisse, Abhilfebefugnisse und Sanktionsbefugnisse und Genehmigungsbefugnisse und beratende Befugnisse, sowie – unbeschadet der Befugnisse der Strafverfolgungsbehörden nach dem Recht der Mitgliedstaaten – die Befugnis, Verstöße gegen diese Verordnung den Justizbehörden zur Kenntnis zu bringen und Gerichtsverfahren anzustrengen. Dazu sollte auch die Befugnis zählen, eine vorübergehende oder endgültige Beschränkung der Verarbeitung, einschließlich eines Verbots, zu verhängen. Die Mitgliedstaaten können andere Aufgaben im Zusammenhang mit dem Schutz personenbezogener Daten im Rahmen dieser Verordnung festlegen. Die Befugnisse der Aufsichtsbehörden sollten in Übereinstimmung mit den geeigneten Verfahrensgarantien nach dem Unionsrecht und dem Recht der Mitgliedstaaten unparteiisch, gerecht und innerhalb einer angemessenen Frist ausgeübt werden. Insbesondere sollte jede Maßnahme im Hinblick auf die Gewährleistung der Einhaltung dieser Verordnung geeignet, erforderlich und verhältnismäßig sein, wobei die Umstände des jeweiligen Einzelfalls zu berücksichtigen sind, das Recht einer jeden Person, gehört zu werden, bevor eine individuelle Maßnahme getroffen wird, die nachteilige Auswirkungen auf diese Person hätte, zu achten ist und überflüssige Kosten und übermäßige Unannehmlichkeiten für die Betroffenen zu vermeiden sind. Untersuchungsbefugnisse im Hinblick auf den Zugang zu Räumlichkeiten sollten im Einklang mit besonderen Anforderungen im Verfahrensrecht der Mitgliedstaaten ausgeübt werden, wie etwa dem Erfordernis einer vorherigen richterlichen Genehmigung. Jede rechtsverbindliche Maßnahme der Aufsichtsbehörde sollte schriftlich erlassen werden und sie sollte klar und eindeutig sein; die Aufsichtsbehörde, die die Maßnahme erlassen hat, und das Datum, an dem die Maßnahme erlassen wurde, sollten angegeben werden und die Maßnahme sollte vom Leiter oder von einem von ihm bevollmächtigten Mitglied der Aufsichtsbehörde unterschrieben sein und eine Begründung für die Maßnahme sowie einen Hinweis auf das Recht auf einen wirksamen Rechtsbehelf enthalten. Dies sollte zusätzliche Anforderungen nach dem Verfahrensrecht der Mitgliedstaaten nicht ausschließen. Der Erlass eines rechtsverbindlichen Beschlusses setzt voraus, dass er in dem Mitgliedstaat der Aufsichtsbehörde, die den Beschluss erlassen hat, gerichtlich überprüft werden kann.

(130) Ist die Aufsichtsbehörde, bei der die Beschwerde eingereicht wurde, nicht die federführende Aufsichtsbehörde, so sollte die federführende Aufsichtsbehörde gemäß den Bestimmungen dieser Verordnung über Zusam-

menarbeit und Kohärenz eng mit der Aufsichtsbehörde zusammenarbeiten, bei der die Beschwerde eingereicht wurde. In solchen Fällen sollte die federführende Aufsichtsbehörde bei Maßnahmen, die rechtliche Wirkungen entfalten sollen, unter anderem bei der Verhängung von Geldbußen, den Standpunkt der Aufsichtsbehörde, bei der die Beschwerde eingereicht wurde und die weiterhin befugt sein sollte, in Abstimmung mit der zuständigen Aufsichtsbehörde Untersuchungen im Hoheitsgebiet ihres eigenen Mitgliedstaats durchzuführen, weitestgehend berücksichtigen.

(131) Wenn eine andere Aufsichtsbehörde als federführende Aufsichtsbehörde für die Verarbeitungstätigkeiten des Verantwortlichen oder des Auftragsverarbeiters fungieren sollte, der konkrete Gegenstand einer Beschwerde oder der mögliche Verstoß jedoch nur die Verarbeitungstätigkeiten des Verantwortlichen oder des Auftragsverarbeiters in dem Mitgliedstaat betrifft, in dem die Beschwerde eingereicht wurde oder der mögliche Verstoß aufgedeckt wurde, und die Angelegenheit keine erheblichen Auswirkungen auf betroffene Personen in anderen Mitgliedstaaten hat oder haben dürfte, sollte die Aufsichtsbehörde, bei der eine Beschwerde eingereicht wurde oder die Situationen, die mögliche Verstöße gegen diese Verordnung darstellen, aufgedeckt hat bzw. auf andere Weise darüber informiert wurde, versuchen, eine gütliche Einigung mit dem Verantwortlichen zu erzielen; falls sich dies als nicht erfolgreich erweist, sollte sie die gesamte Bandbreite ihrer Befugnisse wahrnehmen. Dies sollte auch Folgendes umfassen: die spezifische Verarbeitung im Hoheitsgebiet des Mitgliedstaats der Aufsichtsbehörde oder im Hinblick auf betroffene Personen im Hoheitsgebiet dieses Mitgliedstaats; die Verarbeitung im Rahmen eines Angebots von Waren oder Dienstleistungen, das speziell auf betroffene Personen im Hoheitsgebiet des Mitgliedstaats der Aufsichtsbehörde ausgerichtet ist; oder eine Verarbeitung, die unter Berücksichtigung der einschlägigen rechtlichen Verpflichtungen nach dem Recht der Mitgliedstaaten bewertet werden muss.

(132) Auf die Öffentlichkeit ausgerichtete Sensibilisierungsmaßnahmen der Aufsichtsbehörden sollten spezifische Maßnahmen einschließen, die sich an die Verantwortlichen und die Auftragsverarbeiter, einschließlich Kleinstunternehmen sowie kleiner und mittlerer Unternehmen, und an natürliche Personen, insbesondere im Bildungsbereich, richten.

(133) Die Aufsichtsbehörden sollten sich gegenseitig bei der Erfüllung ihrer Aufgaben unterstützen und Amtshilfe leisten, damit eine einheitliche Anwendung und Durchsetzung dieser Verordnung im Binnenmarkt gewährleistet ist. Eine Aufsichtsbehörde, die um Amtshilfe ersucht hat, kann eine einstweilige Maßnahme erlassen, wenn sie nicht binnen eines Monats nach Eingang des Amtshilfeersuchens bei der ersuchten Aufsichtsbehörde eine Antwort von dieser erhalten hat.

(134) Jede Aufsichtsbehörde sollte gegebenenfalls an gemeinsamen Maßnahmen von anderen Aufsichtsbehörden teilnehmen. Die ersuchte Aufsichtsbehörde sollte auf das Ersuchen binnen einer bestimmten Frist antworten müssen.

(135) Um die einheitliche Anwendung dieser Verordnung in der gesamten Union sicherzustellen, sollte ein Verfahren zur Gewährleistung einer einheitlichen Rechtsanwendung (Kohärenzverfahren) für die Zusammenarbeit zwischen den Aufsichtsbehörden eingeführt werden. Dieses Verfahren sollte insbesondere dann angewendet werden, wenn eine Aufsichtsbe-

hörde beabsichtigt, eine Maßnahme zu erlassen, die rechtliche Wirkungen in Bezug auf Verarbeitungsvorgänge entfalten soll, die für eine bedeutende Zahl betroffener Personen in mehreren Mitgliedstaaten erhebliche Auswirkungen haben. Ferner sollte es zur Anwendung kommen, wenn eine betroffene Aufsichtsbehörde oder die Kommission beantragt, dass die Angelegenheit im Rahmen des Kohärenzverfahrens behandelt wird. Dieses Verfahren sollte andere Maßnahmen, die die Kommission möglicherweise in Ausübung ihrer Befugnisse nach den Verträgen trifft, unberührt lassen.

(136) Bei Anwendung des Kohärenzverfahrens sollte der Ausschuss, falls von der Mehrheit seiner Mitglieder so entschieden wird oder falls eine andere betroffene Aufsichtsbehörde oder die Kommission darum ersuchen, binnen einer festgelegten Frist eine Stellungnahme abgeben. Dem Ausschuss sollte auch die Befugnis übertragen werden, bei Streitigkeiten zwischen Aufsichtsbehörden rechtsverbindliche Beschlüsse zu erlassen. Zu diesem Zweck sollte er in klar bestimmten Fällen, in denen die Aufsichtsbehörden insbesondere im Rahmen des Verfahrens der Zusammenarbeit zwischen der federführenden Aufsichtsbehörde und den betroffenen Aufsichtsbehörden widersprüchliche Standpunkte zu dem Sachverhalt, vor allem in der Frage, ob ein Verstoß gegen diese Verordnung vorliegt, vertreten, grundsätzlich mit einer Mehrheit von zwei Dritteln seiner Mitglieder rechtsverbindliche Beschlüsse erlassen.

(137) Es kann dringender Handlungsbedarf zum Schutz der Rechte und Freiheiten von betroffenen Personen bestehen, insbesondere wenn eine erhebliche Behinderung der Durchsetzung des Rechts einer betroffenen Person droht. Eine Aufsichtsbehörde sollte daher hinreichend begründete einstweilige Maßnahmen in ihrem Hoheitsgebiet mit einer festgelegten Geltungsdauer von höchstens drei Monaten erlassen können.

(138) Die Anwendung dieses Verfahrens sollte in den Fällen, in denen sie verbindlich vorgeschrieben ist, eine Bedingung für die Rechtmäßigkeit einer Maßnahme einer Aufsichtsbehörde sein, die rechtliche Wirkungen entfalten soll. In anderen Fällen von grenzüberschreitender Relevanz sollte das Verfahren der Zusammenarbeit zwischen der federführenden Aufsichtsbehörde und den betroffenen Aufsichtsbehörden zur Anwendung gelangen, und die betroffenen Aufsichtsbehörden können auf bilateraler oder multilateraler Ebene Amtshilfe leisten und gemeinsame Maßnahmen durchführen, ohne auf das Kohärenzverfahren zurückzugreifen.

(139) Zur Förderung der einheitlichen Anwendung dieser Verordnung sollte der Ausschuss als unabhängige Einrichtung der Union eingesetzt werden. Damit der Ausschuss seine Ziele erreichen kann, sollte er Rechtspersönlichkeit besitzen. Der Ausschuss sollte von seinem Vorsitz vertreten werden. Er sollte die mit der Richtlinie 95/46/EG eingesetzte Arbeitsgruppe für den Schutz der Rechte von Personen bei der Verarbeitung personenbezogener Daten ersetzen. Er sollte aus dem Leiter einer Aufsichtsbehörde jedes Mitgliedstaats und dem Europäischen Datenschutzbeauftragten oder deren jeweiligen Vertretern gebildet werden. An den Beratungen des Ausschusses sollte die Kommission ohne Stimmrecht teilnehmen und der Europäische Datenschutzbeauftragte sollte spezifische Stimmrechte haben. Der Ausschuss sollte zur einheitlichen Anwendung der Verordnung in der gesamten Union beitragen, die Kommission insbesondere im Hinblick auf das Schutzniveau in Drittländern oder internationalen Organi-

sationen beraten und die Zusammenarbeit der Aufsichtsbehörden in der Union fördern. Der Ausschuss sollte bei der Erfüllung seiner Aufgaben unabhängig handeln.

(140) Der Ausschuss sollte von einem Sekretariat unterstützt werden, das von dem Europäischen Datenschutzbeauftragten bereitgestellt wird. Das Personal des Europäischen Datenschutzbeauftragten, das an der Wahrnehmung der dem Ausschuss gemäß dieser Verordnung übertragenen Aufgaben beteiligt ist, sollte diese Aufgaben ausschließlich gemäß den Anweisungen des Vorsitzes des Ausschusses durchführen und diesem Bericht erstatten.

(141) Jede betroffene Person sollte das Recht haben, bei einer einzigen Aufsichtsbehörde insbesondere in dem Mitgliedstaat ihres gewöhnlichen Aufenthalts eine Beschwerde einzureichen und gemäß Artikel 47 der Charta einen wirksamen gerichtlichen Rechtsbehelf einzulegen, wenn sie sich in ihren Rechten gemäß dieser Verordnung verletzt sieht oder wenn die Aufsichtsbehörde auf eine Beschwerde hin nicht tätig wird, eine Beschwerde teilweise oder ganz abweist oder ablehnt oder nicht tätig wird, obwohl dies zum Schutz der Rechte der betroffenen Person notwendig ist. Die auf eine Beschwerde folgende Untersuchung sollte vorbehaltlich gerichtlicher Überprüfung so weit gehen, wie dies im Einzelfall angemessen ist. Die Aufsichtsbehörde sollte die betroffene Person innerhalb eines angemessenen Zeitraums über den Fortgang und die Ergebnisse der Beschwerde unterrichten. Sollten weitere Untersuchungen oder die Abstimmung mit einer anderen Aufsichtsbehörde erforderlich sein, sollte die betroffene Person über den Zwischenstand informiert werden. Jede Aufsichtsbehörde sollte Maßnahmen zur Erleichterung der Einreichung von Beschwerden treffen, wie etwa die Bereitstellung eines Beschwerdeformulars, das auch elektronisch ausgefüllt werden kann, ohne dass andere Kommunikationsmittel ausgeschlossen werden.

(142) Betroffene Personen, die sich in ihren Rechten gemäß dieser Verordnung verletzt sehen, sollten das Recht haben, nach dem Recht eines Mitgliedstaats gegründete Einrichtungen, Organisationen oder Verbände ohne Gewinnerzielungsabsicht, deren satzungsmäßige Ziele im öffentlichem Interesse liegen und die im Bereich des Schutzes personenbezogener Daten tätig sind, zu beauftragen, in ihrem Namen Beschwerde bei einer Aufsichtsbehörde oder einen gerichtlichen Rechtsbehelf einzulegen oder das Recht auf Schadensersatz in Anspruch zu nehmen, sofern dieses im Recht der Mitgliedstaaten vorgesehen ist. Die Mitgliedstaaten können vorsehen, dass diese Einrichtungen, Organisationen oder Verbände das Recht haben, unabhängig vom Auftrag einer betroffenen Person in dem betreffenden Mitgliedstaat eine eigene Beschwerde einzulegen, und das Recht auf einen wirksamen gerichtlichen Rechtsbehelf haben sollten, wenn sie Grund zu der Annahme haben, dass die Rechte der betroffenen Person infolge einer nicht im Einklang mit dieser Verordnung stehenden Verarbeitung verletzt worden sind. Diesen Einrichtungen, Organisationen oder Verbänden kann unabhängig vom Auftrag einer betroffenen Person nicht gestattet werden, im Namen einer betroffenen Person Schadenersatz zu verlangen.

(143) Jede natürliche oder juristische Person hat das Recht, unter den in Artikel 263 AEUV genannten Voraussetzungen beim Gerichtshof eine Klage auf Nichtigerklärung eines Beschlusses des Ausschusses zu erheben. Als Adressaten solcher Beschlüsse müssen die betroffenen Aufsichtsbehörden,

die diese Beschlüsse anfechten möchten, binnen zwei Monaten nach deren Übermittlung gemäß Artikel 263 AEUV Klage erheben. Sofern Beschlüsse des Ausschusses einen Verantwortlichen, einen Auftragsverarbeiter oder den Beschwerdeführer unmittelbar und individuell betreffen, so können diese Personen binnen zwei Monaten nach Veröffentlichung der betreffenden Beschlüsse auf der Website des Ausschusses im Einklang mit Artikel 263 AEUV eine Klage auf Nichtigerklärung erheben. Unbeschadet dieses Rechts nach Artikel 263 AEUV sollte jede natürliche oder juristische Person das Recht auf einen wirksamen gerichtlichen Rechtsbehelf bei dem zuständigen einzelstaatlichen Gericht gegen einen Beschluss einer Aufsichtsbehörde haben, der gegenüber dieser Person Rechtswirkungen entfaltet. Ein derartiger Beschluss betrifft insbesondere die Ausübung von Untersuchungs-, Abhilfe- und Genehmigungsbefugnissen durch die Aufsichtsbehörde oder die Ablehnung oder Abweisung von Beschwerden. Das Recht auf einen wirksamen gerichtlichen Rechtsbehelf umfasst jedoch nicht rechtlich nicht bindende Maßnahmen der Aufsichtsbehörden wie von ihr abgegebene Stellungnahmen oder Empfehlungen. Verfahren gegen eine Aufsichtsbehörde sollten bei den Gerichten des Mitgliedstaats angestrengt werden, in dem die Aufsichtsbehörde ihren Sitz hat, und sollten im Einklang mit dem Verfahrensrecht dieses Mitgliedstaats durchgeführt werden. Diese Gerichte sollten eine uneingeschränkte Zuständigkeit besitzen, was die Zuständigkeit, sämtliche für den bei ihnen anhängigen Rechtsstreit maßgebliche Sach- und Rechtsfragen zu prüfen, einschließt. Wurde eine Beschwerde von einer Aufsichtsbehörde abgelehnt oder abgewiesen, kann der Beschwerdeführer Klage bei den Gerichten desselben Mitgliedstaats erheben.

Im Zusammenhang mit gerichtlichen Rechtsbehelfen in Bezug auf die Anwendung dieser Verordnung können einzelstaatliche Gerichte, die eine Entscheidung über diese Frage für erforderlich halten, um ihr Urteil erlassen zu können, bzw. müssen einzelstaatliche Gerichte in den Fällen nach Artikel 267 AEUV den Gerichtshof um eine Vorabentscheidung zur Auslegung des Unionsrechts – das auch diese Verordnung einschließt – ersuchen. Wird darüber hinaus der Beschluss einer Aufsichtsbehörde zur Umsetzung eines Beschlusses des Ausschusses vor einem einzelstaatlichen Gericht angefochten und wird die Gültigkeit des Beschlusses des Ausschusses in Frage gestellt, so hat dieses einzelstaatliche Gericht nicht die Befugnis, den Beschluss des Ausschusses für nichtig zu erklären, sondern es muss im Einklang mit Artikel 267 AEUV in der Auslegung des Gerichtshofs den Gerichtshof mit der Frage der Gültigkeit befassen, wenn es den Beschluss für nichtig hält. Allerdings darf ein einzelstaatliches Gericht den Gerichtshof nicht auf Anfrage einer natürlichen oder juristischen Person mit Fragen der Gültigkeit des Beschlusses des Ausschusses befassen, wenn diese Person Gelegenheit hatte, eine Klage auf Nichtigerklärung dieses Beschlusses zu erheben – insbesondere wenn sie unmittelbar und individuell von dem Beschluss betroffen war –, diese Gelegenheit jedoch nicht innerhalb der Frist gemäß Artikel 263 AEUV genutzt hat.

(144) Hat ein mit einem Verfahren gegen die Entscheidung einer Aufsichtsbehörde befasstes Gericht Anlass zu der Vermutung, dass ein dieselbe Verarbeitung betreffendes Verfahren – etwa zu demselben Gegenstand in Bezug auf die Verarbeitung durch denselben Verantwortlichen oder Auftragsverarbeiter oder wegen desselben Anspruchs – vor einem zuständigen Gericht in einem anderen Mitgliedstaat anhängig ist, so sollte es mit diesem Ge-

richt Kontakt aufnehmen, um sich zu vergewissern, dass ein solches verwandtes Verfahren existiert. Sind verwandte Verfahren vor einem Gericht in einem anderen Mitgliedstaat anhängig, so kann jedes später angerufene Gericht das Verfahren aussetzen oder sich auf Anfrage einer Partei auch zugunsten des zuerst angerufenen Gerichts für unzuständig erklären, wenn dieses später angerufene Gericht für die betreffenden Verfahren zuständig ist und die Verbindung von solchen verwandten Verfahren nach seinem Recht zulässig ist. Verfahren gelten als miteinander verwandt, wenn zwischen ihnen eine so enge Beziehung gegeben ist, dass eine gemeinsame Verhandlung und Entscheidung geboten erscheint, um zu vermeiden, dass in getrennten Verfahren einander widersprechende Entscheidungen ergehen.

(145) Bei Verfahren gegen Verantwortliche oder Auftragsverarbeiter sollte es dem Kläger überlassen bleiben, ob er die Gerichte des Mitgliedstaats anruft, in dem der Verantwortliche oder der Auftragsverarbeiter eine Niederlassung hat, oder des Mitgliedstaats, in dem die betroffene Person ihren Aufenthaltsort hat; dies gilt nicht, wenn es sich bei dem Verantwortlichen um eine Behörde eines Mitgliedstaats handelt, die in Ausübung ihrer hoheitlichen Befugnisse tätig geworden ist.

(146) Der Verantwortliche oder der Auftragsverarbeiter sollte Schäden, die einer Person aufgrund einer Verarbeitung entstehen, die mit dieser Verordnung nicht im Einklang steht, ersetzen. Der Verantwortliche oder der Auftragsverarbeiter sollte von seiner Haftung befreit werden, wenn er nachweist, dass er in keiner Weise für den Schaden verantwortlich ist. Der Begriff des Schadens sollte im Lichte der Rechtsprechung des Gerichtshofs weit auf eine Art und Weise ausgelegt werden, die den Zielen dieser Verordnung in vollem Umfang entspricht. Dies gilt unbeschadet von Schadenersatzforderungen aufgrund von Verstößen gegen andere Vorschriften des Unionsrechts oder des Rechts der Mitgliedstaaten. Zu einer Verarbeitung, die mit der vorliegenden Verordnung nicht im Einklang steht, zählt auch eine Verarbeitung, die nicht mit den nach Maßgabe der vorliegenden Verordnung erlassenen delegierten Rechtsakten und Durchführungsrechtsakten und Rechtsvorschriften der Mitgliedstaaten zur Präzisierung von Bestimmungen der vorliegenden Verordnung im Einklang steht. Die betroffenen Personen sollten einen vollständigen und wirksamen Schadenersatz für den erlittenen Schaden erhalten. Sind Verantwortliche oder Auftragsverarbeiter an derselben Verarbeitung beteiligt, so sollte jeder Verantwortliche oder Auftragsverarbeiter für den gesamten Schaden haftbar gemacht werden. Werden sie jedoch nach Maßgabe des Rechts der Mitgliedstaaten zu demselben Verfahren hinzugezogen, so können sie im Verhältnis zu der Verantwortung anteilmäßig haftbar gemacht werden, die jeder Verantwortliche oder Auftragsverarbeiter für den durch die Verarbeitung entstandenen Schaden zu tragen hat, sofern sichergestellt ist, dass die betroffene Person einen vollständigen und wirksamen Schadenersatz für den erlittenen Schaden erhält. Jeder Verantwortliche oder Auftragsverarbeiter, der den vollen Schadenersatz geleistet hat, kann anschließend ein Rückgriffsverfahren gegen andere an derselben Verarbeitung beteiligte Verantwortliche oder Auftragsverarbeiter anstrengen.

(147) Soweit in dieser Verordnung spezifische Vorschriften über die Gerichtsbarkeit – insbesondere in Bezug auf Verfahren im Hinblick auf einen gerichtlichen Rechtsbehelf einschließlich Schadenersatz gegen einen Ver-

antwortlichen oder Auftragsverarbeiter – enthalten sind, sollten die allgemeinen Vorschriften über die Gerichtsbarkeit, wie sie etwa in der Verordnung (EU) Nr. 1215/2012 des Europäischen Parlaments und des Rates[1] enthalten sind, der Anwendung dieser spezifischen Vorschriften nicht entgegenstehen.

(148) Im Interesse einer konsequenteren Durchsetzung der Vorschriften dieser Verordnung sollten bei Verstößen gegen diese Verordnung zusätzlich zu den geeigneten Maßnahmen, die die Aufsichtsbehörde gemäß dieser Verordnung verhängt, oder an Stelle solcher Maßnahmen Sanktionen einschließlich Geldbußen verhängt werden. Im Falle eines geringfügigeren Verstoßes oder falls voraussichtlich zu verhängende Geldbuße eine unverhältnismäßige Belastung für eine natürliche Person bewirken würde, kann anstelle einer Geldbuße eine Verwarnung erteilt werden. Folgendem sollte jedoch gebührend Rechnung getragen werden: der Art, Schwere und Dauer des Verstoßes, dem vorsätzlichen Charakter des Verstoßes, den Maßnahmen zur Minderung des entstandenen Schadens, dem Grad der Verantwortlichkeit oder jeglichem früheren Verstoß, der Art und Weise, wie der Verstoß der Aufsichtsbehörde bekannt wurde, der Einhaltung der gegen den Verantwortlichen oder Auftragsverarbeiter angeordneten Maßnahmen, der Einhaltung von Verhaltensregeln und jedem anderen erschwerenden oder mildernden Umstand. Für die Verhängung von Sanktionen einschließlich Geldbußen sollte es angemessene Verfahrensgarantien geben, die den allgemeinen Grundsätzen des Unionsrechts und der Charta, einschließlich des Rechts auf wirksamen Rechtsschutz und ein faires Verfahren, entsprechen.

(149) Die Mitgliedstaaten sollten die strafrechtlichen Sanktionen für Verstöße gegen diese Verordnung, auch für Verstöße gegen auf der Grundlage und in den Grenzen dieser Verordnung erlassene nationale Vorschriften, festlegen können. Diese strafrechtlichen Sanktionen können auch die Einziehung der durch die Verstöße gegen diese Verordnung erzielten Gewinne ermöglichen. Die Verhängung von strafrechtlichen Sanktionen für Verstöße gegen solche nationalen Vorschriften und von verwaltungsrechtlichen Sanktionen sollte jedoch nicht zu einer Verletzung des Grundsatzes „ne bis in idem“, wie er vom Gerichtshof ausgelegt worden ist, führen.

(150) Um die verwaltungsrechtlichen Sanktionen bei Verstößen gegen diese Verordnung zu vereinheitlichen und ihnen mehr Wirkung zu verleihen, sollte jede Aufsichtsbehörde befugt sein, Geldbußen zu verhängen. In dieser Verordnung sollten die Verstöße sowie die Obergrenze der entsprechenden Geldbußen und die Kriterien für ihre Festsetzung genannt werden, wobei diese Geldbußen von der zuständigen Aufsichtsbehörde in jedem Einzelfall unter Berücksichtigung aller besonderen Umstände und insbesondere der Art, Schwere und Dauer des Verstoßes und seiner Folgen sowie der Maßnahmen, die ergriffen worden sind, um die Einhaltung der aus dieser Verordnung erwachsenden Verpflichtungen zu gewährleisten und die Folgen des Verstoßes abzuwenden oder abzumildern, festzusetzen sind. Werden Geldbußen Unternehmen auferlegt, sollte zu diesem Zweck der Begriff „Unternehmen“ im Sinne der Artikel 101 und 102 AEUV verstanden werden. Werden Geldbußen Personen auferlegt, bei denen es sich nicht

---

1) Amtliche Fußnote: Verordnung (EU) Nr. 1215/2012 des Europäischen Parlaments und des Rates vom 12. Dezember 2012 über die gerichtliche Zuständigkeit und die Anerkennung und Vollstreckung von Entscheidungen in Zivil- und Handelssachen (ABl. L 351 vom 20. 12. 2012, S. 1).

um Unternehmen handelt, so sollte die Aufsichtsbehörde bei der Erwägung des angemessenen Betrags für die Geldbuße dem allgemeinen Einkommensniveau in dem betreffenden Mitgliedstaat und der wirtschaftlichen Lage der Personen Rechnung tragen. Das Kohärenzverfahren kann auch genutzt werden, um eine kohärente Anwendung von Geldbußen zu fördern. Die Mitgliedstaaten sollten bestimmen können, ob und inwieweit gegen Behörden Geldbußen verhängt werden können. Auch wenn die Aufsichtsbehörden bereits Geldbußen verhängt oder eine Verwarnung erteilt haben, können sie ihre anderen Befugnisse ausüben oder andere Sanktionen nach Maßgabe dieser Verordnung verhängen.

(151) Nach den Rechtsordnungen Dänemarks und Estlands sind die in dieser Verordnung vorgesehenen Geldbußen nicht zulässig. Die Vorschriften über die Geldbußen können so angewandt werden, dass die Geldbuße in Dänemark durch die zuständigen nationalen Gerichte als Strafe und in Estland durch die Aufsichtsbehörde im Rahmen eines Verfahrens bei Vergehen verhängt wird, sofern eine solche Anwendung der Vorschriften in diesen Mitgliedstaaten die gleiche Wirkung wie die von den Aufsichtsbehörden verhängten Geldbußen hat. Daher sollten die zuständigen nationalen Gerichte die Empfehlung der Aufsichtsbehörde, die die Geldbuße in die Wege geleitet hat, berücksichtigen. In jeden Fall sollten die verhängten Geldbußen wirksam, verhältnismäßig und abschreckend sein.

(152) Soweit diese Verordnung verwaltungsrechtliche Sanktionen nicht harmonisiert oder wenn es in anderen Fällen – beispielsweise bei schweren Verstößen gegen diese Verordnung – erforderlich ist, sollten die Mitgliedstaaten eine Regelung anwenden, die wirksame, verhältnismäßige und abschreckende Sanktionen vorsieht. Es sollte im Recht der Mitgliedstaaten geregelt werden, ob diese Sanktionen strafrechtlicher oder verwaltungsrechtlicher Art sind.

(153) Im Recht der Mitgliedstaaten sollten die Vorschriften über die freie Meinungsäußerung und Informationsfreiheit, auch von Journalisten, Wissenschaftlern, Künstlern und/oder Schriftstellern, mit dem Recht auf Schutz der personenbezogenen Daten gemäß dieser Verordnung in Einklang gebracht werden. Für die Verarbeitung personenbezogener Daten ausschließlich zu journalistischen Zwecken oder zu wissenschaftlichen, künstlerischen oder literarischen Zwecken sollten Abweichungen und Ausnahmen von bestimmten Vorschriften dieser Verordnung gelten, wenn dies erforderlich ist, um das Recht auf Schutz der personenbezogenen Daten mit dem Recht auf Freiheit der Meinungsäußerung und Informationsfreiheit, wie es in Artikel 11 der Charta garantiert ist, in Einklang zu bringen. Dies sollte insbesondere für die Verarbeitung personenbezogener Daten im audiovisuellen Bereich sowie in Nachrichten- und Pressearchiven gelten. Die Mitgliedstaaten sollten daher Gesetzgebungsmaßnahmen zur Regelung der Abweichungen und Ausnahmen erlassen, die zum Zwecke der Abwägung zwischen diesen Grundrechten notwendig sind. Die Mitgliedstaaten sollten solche Abweichungen und Ausnahmen in Bezug auf die allgemeinen Grundsätze, die Rechte der betroffenen Person, den Verantwortlichen und den Auftragsverarbeiter, die Übermittlung von personenbezogenen Daten an Drittländer oder an internationale Organisationen, die unabhängigen Aufsichtsbehörden, die Zusammenarbeit und Kohärenz und besondere Datenverarbeitungssituationen erlassen. Sollten diese Abweichungen oder Ausnahmen von Mitgliedstaat zu Mitgliedstaat

unterschiedlich sein, sollte das Recht des Mitgliedstaats angewendet werden, dem der Verantwortliche unterliegt. Um der Bedeutung des Rechts auf freie Meinungsäußerung in einer demokratischen Gesellschaft Rechnung zu tragen, müssen Begriffe wie Journalismus, die sich auf diese Freiheit beziehen, weit ausgelegt werden.

(154) Diese Verordnung ermöglicht es, dass bei ihrer Anwendung der Grundsatz des Zugangs der Öffentlichkeit zu amtlichen Dokumenten berücksichtigt wird. Der Zugang der Öffentlichkeit zu amtlichen Dokumenten kann als öffentliches Interesse betrachtet werden. Personenbezogene Daten in Dokumenten, die sich im Besitz einer Behörde oder einer öffentlichen Stelle befinden, sollten von dieser Behörde oder Stelle öffentlich offengelegt werden können, sofern dies im Unionsrecht oder im Recht der Mitgliedstaaten, denen sie unterliegt, vorgesehen ist. Diese Rechtsvorschriften sollten den Zugang der Öffentlichkeit zu amtlichen Dokumenten und die Weiterverwendung von Informationen des öffentlichen Sektors mit dem Recht auf Schutz personenbezogener Daten in Einklang bringen und können daher die notwendige Übereinstimmung mit dem Recht auf Schutz personenbezogener Daten gemäß dieser Verordnung regeln. Die Bezugnahme auf Behörden und öffentliche Stellen sollte in diesem Kontext sämtliche Behörden oder sonstigen Stellen beinhalten, die vom Recht des jeweiligen Mitgliedstaats über den Zugang der Öffentlichkeit zu Dokumenten erfasst werden. Die Richtlinie 2003/98/EG des Europäischen Parlaments und des Rates[1)] lässt das Schutzniveau für natürliche Personen in Bezug auf die Verarbeitung personenbezogener Daten gemäß den Bestimmungen des Unionsrechts und des Rechts der Mitgliedstaaten unberührt und beeinträchtigt diesen in keiner Weise, und sie bewirkt insbesondere keine Änderung der in dieser Verordnung dargelegten Rechte und Pflichten. Insbesondere sollte die genannte Richtlinie nicht für Dokumente gelten, die nach den Zugangsregelungen der Mitgliedstaaten aus Gründen des Schutzes personenbezogener Daten nicht oder nur eingeschränkt zugänglich sind, oder für Teile von Dokumenten, die nach diesen Regelungen zugänglich sind, wenn sie personenbezogene Daten enthalten, bei denen Rechtsvorschriften vorsehen, dass ihre Weiterverwendung nicht mit dem Recht über den Schutz natürlicher Personen in Bezug auf die Verarbeitung personenbezogener Daten vereinbar ist.

(155) Im Recht der Mitgliedstaaten oder in Kollektivvereinbarungen (einschließlich „Betriebsvereinbarungen“) können spezifische Vorschriften für die Verarbeitung personenbezogener Beschäftigtendaten im Beschäftigungskontext vorgesehen werden, und zwar insbesondere Vorschriften über die Bedingungen, unter denen personenbezogene Daten im Beschäftigungskontext auf der Grundlage der Einwilligung des Beschäftigten verarbeitet werden dürfen, über die Verarbeitung dieser Daten für Zwecke der Einstellung, der Erfüllung des Arbeitsvertrags einschließlich der Erfüllung von durch Rechtsvorschriften oder durch Kollektivvereinbarungen festgelegten Pflichten, des Managements, der Planung und der Organisation der Arbeit, der Gleichheit und Diversität am Arbeitsplatz, der Gesundheit und Sicherheit am Arbeitsplatz sowie für Zwecke der Inanspruchnahme der mit der Beschäftigung zusammenhängenden individuel-

---

1) Amtliche Fußnote: Richtlinie 2003/98/EG des Europäischen Parlaments und des Rates vom 17. November 2003 über die Weiterverwendung von Informationen des öffentlichen Sektors (ABl. L 345 vom 31. 12. 2003, S. 90).

len oder kollektiven Rechte und Leistungen und für Zwecke der Beendigung des Beschäftigungsverhältnisses.

(156) Die Verarbeitung personenbezogener Daten für im öffentlichen Interesse liegende Archivzwecke, zu wissenschaftlichen oder historischen Forschungszwecken oder zu statistischen Zwecken sollte geeigneten Garantien für die Rechte und Freiheiten der betroffenen Person gemäß dieser Verordnung unterliegen. Mit diesen Garantien sollte sichergestellt werden, dass technische und organisatorische Maßnahmen bestehen, mit denen insbesondere der Grundsatz der Datenminimierung gewährleistet wird. Die Weiterverarbeitung personenbezogener Daten zu im öffentlichen Interesse liegende Archivzwecken, zu wissenschaftlichen oder historischen Forschungszwecken oder zu statistischen Zwecken erfolgt erst dann, wenn der Verantwortliche geprüft hat, ob es möglich ist, diese Zwecke durch die Verarbeitung von personenbezogenen Daten, bei der die Identifizierung von betroffenen Personen nicht oder nicht mehr möglich ist, zu erfüllen, sofern geeignete Garantien bestehen (wie z.B. die Pseudonymisierung von personenbezogenen Daten). Die Mitgliedstaaten sollten geeignete Garantien in Bezug auf die Verarbeitung personenbezogener Daten für im öffentlichen Interesse liegende Archivzwecke, zu wissenschaftlichen oder historischen Forschungszwecken oder zu statistischen Zwecken vorsehen. Es sollte den Mitgliedstaaten erlaubt sein, unter bestimmten Bedingungen und vorbehaltlich geeigneter Garantien für die betroffenen Personen Präzisierungen und Ausnahmen in Bezug auf die Informationsanforderungen sowie der Rechte auf Berichtigung, Löschung, Vergessenwerden, zur Einschränkung der Verarbeitung, auf Datenübertragbarkeit sowie auf Widerspruch bei der Verarbeitung personenbezogener Daten zu im öffentlichen Interesse liegende Archivzwecken, zu wissenschaftlichen oder historischen Forschungszwecken oder zu statistischen Zwecken vorzusehen. Im Rahmen der betreffenden Bedingungen und Garantien können spezifische Verfahren für die Ausübung dieser Rechte durch die betroffenen Personen vorgesehen sein – sofern dies angesichts der mit der spezifischen Verarbeitung verfolgten Zwecke angemessen ist – sowie technische und organisatorische Maßnahmen zur Minimierung der Verarbeitung personenbezogener Daten im Hinblick auf die Grundsätze der Verhältnismäßigkeit und der Notwendigkeit. Die Verarbeitung personenbezogener Daten zu wissenschaftlichen Zwecken sollte auch anderen einschlägigen Rechtsvorschriften, beispielsweise für klinische Prüfungen, genügen.

(157) Durch die Verknüpfung von Informationen aus Registern können Forscher neue Erkenntnisse von großem Wert in Bezug auf weit verbreiteten Krankheiten wie Herz-Kreislauferkrankungen, Krebs und Depression erhalten. Durch die Verwendung von Registern können bessere Forschungsergebnisse erzielt werden, da sie auf einen größeren Bevölkerungsanteil gestützt sind. Im Bereich der Sozialwissenschaften ermöglicht die Forschung anhand von Registern es den Forschern, entscheidende Erkenntnisse über den langfristigen Zusammenhang einer Reihe sozialer Umstände zu erlangen, wie Arbeitslosigkeit und Bildung mit anderen Lebensumständen. Durch Register erhaltene Forschungsergebnisse bieten solide, hochwertige Erkenntnisse, die die Basis für die Erarbeitung und Umsetzung wissensgestützter politischer Maßnahmen darstellen, die Lebensqualität zahlreicher Menschen verbessern und die Effizienz der Sozialdienste verbessern können. Zur Erleichterung der wissenschaftlichen For-

schung können daher personenbezogene Daten zu wissenschaftlichen Forschungszwecken verarbeitet werden, wobei sie angemessenen Bedingungen und Garantien unterliegen, die im Unionsrecht oder im Recht der Mitgliedstaaten festgelegt sind.

(158) Diese Verordnung sollte auch für die Verarbeitung personenbezogener Daten zu Archivzwecken gelten, wobei darauf hinzuweisen ist, dass die Verordnung nicht für verstorbene Personen gelten sollte. Behörden oder öffentliche oder private Stellen, die Aufzeichnungen von öffentlichem Interesse führen, sollten gemäß dem Unionsrecht oder dem Recht der Mitgliedstaaten rechtlich verpflichtet sein, Aufzeichnungen von bleibendem Wert für das allgemeine öffentliche Interesse zu erwerben, zu erhalten, zu bewerten, aufzubereiten, zu beschreiben, mitzuteilen, zu fördern, zu verbreiten sowie Zugang dazu bereitzustellen. Es sollte den Mitgliedstaaten ferner erlaubt sein vorzusehen, dass personenbezogene Daten zu Archivzwecken weiterverarbeitet werden, beispielsweise im Hinblick auf die Bereitstellung spezifischer Informationen im Zusammenhang mit dem politischen Verhalten unter ehemaligen totalitären Regimen, Völkermord, Verbrechen gegen die Menschlichkeit, insbesondere dem Holocaust, und Kriegsverbrechen.

(159) Diese Verordnung sollte auch für die Verarbeitung personenbezogener Daten zu wissenschaftlichen Forschungszwecken gelten. Die Verarbeitung personenbezogener Daten zu wissenschaftlichen Forschungszwecken im Sinne dieser Verordnung sollte weit ausgelegt werden und die Verarbeitung für beispielsweise die technologische Entwicklung und die Demonstration, die Grundlagenforschung, die angewandte Forschung und die privat finanzierte Forschung einschließen. Darüber hinaus sollte sie dem in Artikel 179 Absatz 1 AEUV festgeschriebenen Ziel, einen europäischen Raum der Forschung zu schaffen, Rechnung tragen. Die wissenschaftlichen Forschungszwecke sollten auch Studien umfassen, die im öffentlichen Interesse im Bereich der öffentlichen Gesundheit durchgeführt werden. Um den Besonderheiten der Verarbeitung personenbezogener Daten zu wissenschaftlichen Forschungszwecken zu genügen, sollten spezifische Bedingungen insbesondere hinsichtlich der Veröffentlichung oder sonstigen Offenlegung personenbezogener Daten im Kontext wissenschaftlicher Zwecke gelten. Geben die Ergebnisse wissenschaftlicher Forschung insbesondere im Gesundheitsbereich Anlass zu weiteren Maßnahmen im Interesse der betroffenen Person, sollten die allgemeinen Vorschriften dieser Verordnung für diese Maßnahmen gelten.

(160) Diese Verordnung sollte auch für die Verarbeitung personenbezogener Daten zu historischen Forschungszwecken gelten. Dazu sollte auch historische Forschung und Forschung im Bereich der Genealogie zählen, wobei darauf hinzuweisen ist, dass diese Verordnung nicht für verstorbene Personen gelten sollte.

(161) Für die Zwecke der Einwilligung in die Teilnahme an wissenschaftlichen Forschungstätigkeiten im Rahmen klinischer Prüfungen sollten die einschlägigen Bestimmungen der Verordnung (EU) Nr. 536/2014 des Europäischen Parlaments und des Rates[1)] gelten.

---

1) Amtliche Fußnote: Verordnung (EU) Nr. 536/2014 des Europäischen Parlaments und des Rates vom 16. April 2014 über klinische Prüfungen mit Humanarzneimitteln und zur Aufhebung der Richtlinie 2001/20/EG Text von Bedeutung für den EWR (ABl. L 158 vom 27. 5. 2014, S. 1).

(162) Diese Verordnung sollte auch für die Verarbeitung personenbezogener Daten zu statistischen Zwecken gelten. Das Unionsrecht oder das Recht der Mitgliedstaaten sollte in den Grenzen dieser Verordnung den statistischen Inhalt, die Zugangskontrolle, die Spezifikationen für die Verarbeitung personenbezogener Daten zu statistischen Zwecken und geeignete Maßnahmen zur Sicherung der Rechte und Freiheiten der betroffenen Personen und zur Sicherstellung der statistischen Geheimhaltung bestimmen. Unter dem Begriff „statistische Zwecke" ist jeder für die Durchführung statistischer Untersuchungen und die Erstellung statistischer Ergebnisse erforderliche Vorgang der Erhebung und Verarbeitung personenbezogener Daten zu verstehen. Diese statistischen Ergebnisse können für verschiedene Zwecke, so auch für wissenschaftliche Forschungszwecke, weiterverwendet werden. Im Zusammenhang mit den statistischen Zwecken wird vorausgesetzt, dass die Ergebnisse der Verarbeitung zu statistischen Zwecken keine personenbezogenen Daten, sondern aggregierte Daten sind und diese Ergebnisse oder personenbezogenen Daten nicht für Maßnahmen oder Entscheidungen gegenüber einzelnen natürlichen Personen verwendet werden.

(163) Die vertraulichen Informationen, die die statistischen Behörden der Union und der Mitgliedstaaten zur Erstellung der amtlichen europäischen und der amtlichen nationalen Statistiken erheben, sollten geschützt werden. Die europäischen Statistiken sollten im Einklang mit den in Artikel 338 Absatz 2 AEUV dargelegten statistischen Grundsätzen entwickelt, erstellt und verbreitet werden, wobei die nationalen Statistiken auch mit dem Recht der Mitgliedstaaten übereinstimmen müssen. Die Verordnung (EG) Nr. 223/2009 des Europäischen Parlaments und des Rates[1] enthält genauere Bestimmungen zur Vertraulichkeit europäischer Statistiken.

(164) Hinsichtlich der Befugnisse der Aufsichtsbehörden, von dem Verantwortlichen oder vom Auftragsverarbeiter Zugang zu personenbezogenen Daten oder zu seinen Räumlichkeiten zu erlangen, können die Mitgliedstaaten in den Grenzen dieser Verordnung den Schutz des Berufsgeheimnisses oder anderer gleichwertiger Geheimhaltungspflichten durch Rechtsvorschriften regeln, soweit dies notwendig ist, um das Recht auf Schutz der personenbezogenen Daten mit einer Pflicht zur Wahrung des Berufsgeheimnisses in Einklang zu bringen. Dies berührt nicht die bestehenden Verpflichtungen der Mitgliedstaaten zum Erlass von Vorschriften über das Berufsgeheimnis, wenn dies aufgrund des Unionsrechts erforderlich ist.

(165) Im Einklang mit Artikel 17 AEUV achtet diese Verordnung den Status, den Kirchen und religiöse Vereinigungen oder Gemeinschaften in den Mitgliedstaaten nach deren bestehenden verfassungsrechtlichen Vorschriften genießen, und beeinträchtigt ihn nicht.

(166) Um die Zielvorgaben dieser Verordnung zu erfüllen, d.h. die Grundrechte und Grundfreiheiten natürlicher Personen und insbesondere ihr Recht auf Schutz ihrer personenbezogenen Daten zu schützen und den freien Verkehr personenbezogener Daten innerhalb der Union zu gewährleisten,

[1] Amtliche Fußnote: Verordnung (EG) Nr. 223/2009 des Europäischen Parlaments und des Rates vom 11. März 2009 über europäische Statistiken und zur Aufhebung der Verordnung (EG, Euratom) Nr. 1101/2008 des Europäischen Parlaments und des Rates über die Übermittlung von unter die Geheimhaltungspflicht fallenden Informationen an das Statistische Amt der Europäischen Gemeinschaften, der Verordnung (EG) Nr. 322/97 des Rates über die Gemeinschaftsstatistiken und des Beschlusses 89/382/EWG, Euratom des Rates zur Einsetzung eines Ausschusses für das Statistische Programm der Europäischen Gemeinschaften (ABl. L 87 vom 31. 3. 2009, S. 164).

sollte der Kommission die Befugnis übertragen werden, gemäß Artikel 290 AEUV Rechtsakte zu erlassen. Delegierte Rechtsakte sollten insbesondere in Bezug auf die für Zertifizierungsverfahren geltenden Kriterien und Anforderungen, die durch standardisierte Bildsymbole darzustellenden Informationen und die Verfahren für die Bereitstellung dieser Bildsymbole erlassen werden. Es ist von besonderer Bedeutung, dass die Kommission im Zuge ihrer Vorbereitungsarbeit angemessene Konsultationen, auch auf der Ebene von Sachverständigen, durchführt. Bei der Vorbereitung und Ausarbeitung delegierter Rechtsakte sollte die Kommission gewährleisten, dass die einschlägigen Dokumente dem Europäischen Parlament und dem Rat gleichzeitig, rechtzeitig und auf angemessene Weise übermittelt werden.

(167) Zur Gewährleistung einheitlicher Bedingungen für die Durchführung dieser Verordnung sollten der Kommission Durchführungsbefugnisse übertragen werden, wenn dies in dieser Verordnung vorgesehen ist. Diese Befugnisse sollten nach Maßgabe der Verordnung (EU) Nr. 182/2011 des Europäischen Parlaments und des Rates ausgeübt werden. In diesem Zusammenhang sollte die Kommission besondere Maßnahmen für Kleinstunternehmen sowie kleine und mittlere Unternehmen erwägen.

(168) Für den Erlass von Durchführungsrechtsakten bezüglich Standardvertragsklauseln für Verträge zwischen Verantwortlichen und Auftragsverarbeitern sowie zwischen Auftragsverarbeitern; Verhaltensregeln; technische Standards und Verfahren für die Zertifizierung; Anforderungen an die Angemessenheit des Datenschutzniveaus in einem Drittland, einem Gebiet oder bestimmten Sektor dieses Drittlands oder in einer internationalen Organisation; Standardschutzklauseln; Formate und Verfahren für den Informationsaustausch zwischen Verantwortlichen, Auftragsverarbeitern und Aufsichtsbehörden im Hinblick auf verbindliche interne Datenschutzvorschriften; Amtshilfe; sowie Vorkehrungen für den elektronischen Informationsaustausch zwischen Aufsichtsbehörden und zwischen Aufsichtsbehörden und dem Ausschuss sollte das Prüfverfahren angewandt werden.

(169) Die Kommission sollte sofort geltende Durchführungsrechtsakte erlassen, wenn anhand vorliegender Beweise festgestellt wird, dass ein Drittland, ein Gebiet oder ein bestimmter Sektor in diesem Drittland oder eine internationale Organisation kein angemessenes Schutzniveau gewährleistet, und dies aus Gründen äußerster Dringlichkeit erforderlich ist.

(170) Da das Ziel dieser Verordnung, nämlich die Gewährleistung eines gleichwertigen Datenschutzniveaus für natürliche Personen und des freien Verkehrs personenbezogener Daten in der Union, von den Mitgliedstaaten nicht ausreichend verwirklicht werden kann, sondern vielmehr wegen des Umfangs oder der Wirkungen der Maßnahme auf Unionsebene besser zu verwirklichen ist, kann die Union im Einklang mit dem in Artikel 5 des Vertrags über die Europäische Union (EUV) verankerten Subsidiaritätsprinzip tätig werden. Entsprechend dem in demselben Artikel genannten Grundsatz der Verhältnismäßigkeit geht diese Verordnung nicht über das für die Verwirklichung dieses Ziels erforderliche Maß hinaus.

(171) Die Richtlinie 95/46/EG sollte durch diese Verordnung aufgehoben werden. Verarbeitungen, die zum Zeitpunkt der Anwendung dieser Verordnung bereits begonnen haben, sollten innerhalb von zwei Jahren nach dem Inkrafttreten dieser Verordnung mit ihr in Einklang gebracht werden. Be-

ruhen die Verarbeitungen auf einer Einwilligung gemäß der Richtlinie 95/46/EG, so ist es nicht erforderlich, dass die betroffene Person erneut ihre Einwilligung dazu erteilt, wenn die Art der bereits erteilten Einwilligung den Bedingungen dieser Verordnung entspricht, so dass der Verantwortliche die Verarbeitung nach dem Zeitpunkt der Anwendung der vorliegenden Verordnung fortsetzen kann. Auf der Richtlinie 95/46/EG beruhende Entscheidungen bzw. Beschlüsse der Kommission und Genehmigungen der Aufsichtsbehörden bleiben in Kraft, bis sie geändert, ersetzt oder aufgehoben werden.

(172) Der Europäische Datenschutzbeauftragte wurde gemäß Artikel 28 Absatz 2 der Verordnung (EG) Nr. 45/2001 konsultiert und hat am 7. März 2012[1)] eine Stellungnahme abgegeben.

(173) Diese Verordnung sollte auf alle Fragen des Schutzes der Grundrechte und Grundfreiheiten bei der Verarbeitung personenbezogener Daten Anwendung finden, die nicht den in der Richtlinie 2002/58/EG des Europäischen Parlaments und des Rates[2)] bestimmte Pflichten, die dasselbe Ziel verfolgen, unterliegen, einschließlich der Pflichten des Verantwortlichen und der Rechte natürlicher Personen. Um das Verhältnis zwischen der vorliegenden Verordnung und der Richtlinie 2002/58/EG klarzustellen, sollte die Richtlinie entsprechend geändert werden. Sobald diese Verordnung angenommen ist, sollte die Richtlinie 2002/58/EG einer Überprüfung unterzogen werden, um insbesondere die Kohärenz mit dieser Verordnung zu gewährleisten –

HABEN FOLGENDE VERORDNUNG ERLASSEN:

KAPITEL I

Allgemeine Bestimmungen

Artikel 1 Gegenstand und Ziele

(1) Diese Verordnung enthält Vorschriften zum Schutz natürlicher Personen bei der Verarbeitung personenbezogener Daten und zum freien Verkehr solcher Daten.

(2) Diese Verordnung schützt die Grundrechte und Grundfreiheiten natürlicher Personen und insbesondere deren Recht auf Schutz personenbezogener Daten.

(3) Der freie Verkehr personenbezogener Daten in der Union darf aus Gründen des Schutzes natürlicher Personen bei der Verarbeitung personenbezogener Daten weder eingeschränkt noch verboten werden.

Artikel 2 Sachlicher Anwendungsbereich

(1) Diese Verordnung gilt für die ganz oder teilweise automatisierte Verarbeitung personenbezogener Daten sowie für die nichtautomatisierte Verarbeitung personenbezogener Daten, die in einem Dateisystem gespeichert sind oder gespeichert werden sollen.

---

1) Amtliche Fußnote: ABl. C 192 vom 30. 6. 2012, S. 7.

2) Amtliche Fußnote: Richtlinie 2002/58/EG des Europäischen Parlaments und des Rates vom 12. Juli 2002 über die Verarbeitung personenbezogener Daten und den Schutz der Privatsphäre in der elektronischen Kommunikation (Datenschutzrichtlinie für elektronische Kommunikation) (ABl. L 201 vom 31. 7. 2002, S. 37).

(2) Diese Verordnung findet keine Anwendung auf die Verarbeitung personenbezogener Daten

a) im Rahmen einer Tätigkeit, die nicht in den Anwendungsbereich des Unionsrechts fällt,
b) durch die Mitgliedstaaten im Rahmen von Tätigkeiten, die in den Anwendungsbereich von Titel V Kapitel 2 EUV fallen,
c) durch natürliche Personen zur Ausübung ausschließlich persönlicher oder familiärer Tätigkeiten,
d) durch die zuständigen Behörden zum Zwecke der Verhütung, Ermittlung, Aufdeckung oder Verfolgung von Straftaten oder der Strafvollstreckung, einschließlich des Schutzes vor und der Abwehr von Gefahren für die öffentliche Sicherheit.

(3) Für die Verarbeitung personenbezogener Daten durch die Organe, Einrichtungen, Ämter und Agenturen der Union gilt die Verordnung (EG) Nr. 45/2001. Die Verordnung (EG) Nr. 45/2001 und sonstige Rechtsakte der Union, die diese Verarbeitung personenbezogener Daten regeln, werden im Einklang mit Artikel 98 an die Grundsätze und Vorschriften der vorliegenden Verordnung angepasst.

(4) Die vorliegende Verordnung lässt die Anwendung der Richtlinie 2000/31/EG und speziell die Vorschriften der Artikel 12 bis 15 dieser Richtlinie zur Verantwortlichkeit der Vermittler unberührt.

Artikel 3 Räumlicher Anwendungsbereich

(1) Diese Verordnung findet Anwendung auf die Verarbeitung personenbezogener Daten, soweit diese im Rahmen der Tätigkeiten einer Niederlassung eines Verantwortlichen oder eines Auftragsverarbeiters in der Union erfolgt, unabhängig davon, ob die Verarbeitung in der Union stattfindet.

(2) Diese Verordnung findet Anwendung auf die Verarbeitung personenbezogener Daten von betroffenen Personen, die sich in der Union befinden, durch einen nicht in der Union niedergelassenen Verantwortlichen oder Auftragsverarbeiter, wenn die Datenverarbeitung im Zusammenhang damit steht

a) betroffenen Personen in der Union Waren oder Dienstleistungen anzubieten, unabhängig davon, ob von diesen betroffenen Personen eine Zahlung zu leisten ist;
b) das Verhalten betroffener Personen zu beobachten, soweit ihr Verhalten in der Union erfolgt.

(3) Diese Verordnung findet Anwendung auf die Verarbeitung personenbezogener Daten durch einen nicht in der Union niedergelassenen Verantwortlichen an einem Ort, der aufgrund Völkerrechts dem Recht eines Mitgliedstaats unterliegt.

Artikel 4 Begriffsbestimmungen

Im Sinne dieser Verordnung bezeichnet der Ausdruck:

1. „personenbezogene Daten" alle Informationen, die sich auf eine identifizierte oder identifizierbare natürliche Person (im Folgenden „betroffene Person") beziehen; als identifizierbar wird eine natürliche Person angesehen, die direkt oder indirekt, insbesondere mittels Zuordnung zu einer Kennung wie einem Namen, zu einer Kennnummer, zu Standortdaten, zu einer Online-Kennung oder zu einem oder mehreren besonderen Merkmalen, die Ausdruck

der physischen, physiologischen, genetischen, psychischen, wirtschaftlichen, kulturellen oder sozialen Identität dieser natürlichen Person sind, identifiziert werden kann;

2. „Verarbeitung" jeden mit oder ohne Hilfe automatisierter Verfahren ausgeführten Vorgang oder jede solche Vorgangsreihe im Zusammenhang mit personenbezogenen Daten wie das Erheben, das Erfassen, die Organisation, das Ordnen, die Speicherung, die Anpassung oder Veränderung, das Auslesen, das Abfragen, die Verwendung, die Offenlegung durch Übermittlung, Verbreitung oder eine andere Form der Bereitstellung, den Abgleich oder die Verknüpfung, die Einschränkung, das Löschen oder die Vernichtung;
3. „Einschränkung der Verarbeitung" die Markierung gespeicherter personenbezogener Daten mit dem Ziel, ihre künftige Verarbeitung einzuschränken;
4. „Profiling" jede Art der automatisierten Verarbeitung personenbezogener Daten, die darin besteht, dass diese personenbezogenen Daten verwendet werden, um bestimmte persönliche Aspekte, die sich auf eine natürliche Person beziehen, zu bewerten, insbesondere um Aspekte bezüglich Arbeitsleistung, wirtschaftliche Lage, Gesundheit, persönliche Vorlieben, Interessen, Zuverlässigkeit, Verhalten, Aufenthaltsort oder Ortswechsel dieser natürlichen Person zu analysieren oder vorherzusagen;
5. „Pseudonymisierung" die Verarbeitung personenbezogener Daten in einer Weise, dass die personenbezogenen Daten ohne Hinzuziehung zusätzlicher Informationen nicht mehr einer spezifischen betroffenen Person zugeordnet werden können, sofern diese zusätzlichen Informationen gesondert aufbewahrt werden und technischen und organisatorischen Maßnahmen unterliegen, die gewährleisten, dass die personenbezogenen Daten nicht einer identifizierten oder identifizierbaren natürlichen Person zugewiesen werden;
6. „Dateisystem" jede strukturierte Sammlung personenbezogener Daten, die nach bestimmten Kriterien zugänglich sind, unabhängig davon, ob diese Sammlung zentral, dezentral oder nach funktionalen oder geografischen Gesichtspunkten geordnet geführt wird;
7. „Verantwortlicher" die natürliche oder juristische Person, Behörde, Einrichtung oder andere Stelle, die allein oder gemeinsam mit anderen über die Zwecke und Mittel der Verarbeitung von personenbezogenen Daten entscheidet; sind die Zwecke und Mittel dieser Verarbeitung durch das Unionsrecht oder das Recht der Mitgliedstaaten vorgegeben, so kann der Verantwortliche beziehungsweise können die bestimmten Kriterien seiner Benennung nach dem Unionsrecht oder dem Recht der Mitgliedstaaten vorgesehen werden;
8. „Auftragsverarbeiter" eine natürliche oder juristische Person, Behörde, Einrichtung oder andere Stelle, die personenbezogene Daten im Auftrag des Verantwortlichen verarbeitet;
9. „Empfänger" eine natürliche oder juristische Person, Behörde, Einrichtung oder andere Stelle, der personenbezogene Daten offengelegt werden, unabhängig davon, ob es sich bei ihr um einen Dritten handelt oder nicht. Behörden, die im Rahmen eines bestimmten Untersuchungsauftrags nach dem Unionsrecht oder dem Recht der Mitgliedstaaten möglicherweise personenbezogene Daten erhalten, gelten jedoch nicht als Empfänger; die Verarbeitung dieser Daten durch die genannten Behörden erfolgt im Einklang mit den geltenden Datenschutzvorschriften gemäß den Zwecken der Verarbeitung;
10. „Dritter" eine natürliche oder juristische Person, Behörde, Einrichtung oder andere Stelle, außer der betroffenen Person, dem Verantwortlichen, dem Auf-

tragsverarbeiter und den Personen, die unter der unmittelbaren Verantwortung des Verantwortlichen oder des Auftragsverarbeiters befugt sind, die personenbezogenen Daten zu verarbeiten;

11. „Einwilligung" der betroffenen Person jede freiwillig für den bestimmten Fall, in informierter Weise und unmissverständlich abgegebene Willensbekundung in Form einer Erklärung oder einer sonstigen eindeutigen bestätigenden Handlung, mit der die betroffene Person zu verstehen gibt, dass sie mit der Verarbeitung der sie betreffenden personenbezogenen Daten einverstanden ist;

12. „Verletzung des Schutzes personenbezogener Daten" eine Verletzung der Sicherheit, die, ob unbeabsichtigt oder unrechtmäßig, zur Vernichtung, zum Verlust, zur Veränderung, oder zur unbefugten Offenlegung von beziehungsweise zum unbefugten Zugang zu personenbezogenen Daten führt, die übermittelt, gespeichert oder auf sonstige Weise verarbeitet wurden;

13. „genetische Daten" personenbezogene Daten zu den ererbten oder erworbenen genetischen Eigenschaften einer natürlichen Person, die eindeutige Informationen über die Physiologie oder die Gesundheit dieser natürlichen Person liefern und insbesondere aus der Analyse einer biologischen Probe der betreffenden natürlichen Person gewonnen wurden;

14. „biometrische Daten" mit speziellen technischen Verfahren gewonnene personenbezogene Daten zu den physischen, physiologischen oder verhaltenstypischen Merkmalen einer natürlichen Person, die die eindeutige Identifizierung dieser natürlichen Person ermöglichen oder bestätigen, wie Gesichtsbilder oder daktyloskopische Daten;

15. „Gesundheitsdaten" personenbezogene Daten, die sich auf die körperliche oder geistige Gesundheit einer natürlichen Person, einschließlich der Erbringung von Gesundheitsdienstleistungen, beziehen und aus denen Informationen über deren Gesundheitszustand hervorgehen;

16. „Hauptniederlassung"
    a) im Falle eines Verantwortlichen mit Niederlassungen in mehr als einem Mitgliedstaat den Ort seiner Hauptverwaltung in der Union, es sei denn, die Entscheidungen hinsichtlich der Zwecke und Mittel der Verarbeitung personenbezogener Daten werden in einer anderen Niederlassung des Verantwortlichen in der Union getroffen und diese Niederlassung ist befugt, diese Entscheidungen umsetzen zu lassen; in diesem Fall gilt die Niederlassung, die derartige Entscheidungen trifft, als Hauptniederlassung;
    b) im Falle eines Auftragsverarbeiters mit Niederlassungen in mehr als einem Mitgliedstaat den Ort seiner Hauptverwaltung in der Union oder, sofern der Auftragsverarbeiter keine Hauptverwaltung in der Union hat, die Niederlassung des Auftragsverarbeiters in der Union, in der die Verarbeitungstätigkeiten im Rahmen der Tätigkeiten einer Niederlassung eines Auftragsverarbeiters hauptsächlich stattfinden, soweit der Auftragsverarbeiter spezifischen Pflichten aus dieser Verordnung unterliegt;

17. „Vertreter" eine in der Union niedergelassene natürliche oder juristische Person, die von dem Verantwortlichen oder Auftragsverarbeiter schriftlich gemäß Artikel 27 bestellt wurde und den Verantwortlichen oder Auftragsverarbeiter in Bezug auf die ihnen jeweils nach dieser Verordnung obliegenden Pflichten vertritt;

18. „Unternehmen" eine natürliche und juristische Person, die eine wirtschaftliche Tätigkeit ausübt, unabhängig von ihrer Rechtsform, einschließlich Perso-

nengesellschaften oder Vereinigungen, die regelmäßig einer wirtschaftlichen Tätigkeit nachgehen;

19. „Unternehmensgruppe" eine Gruppe, die aus einem herrschenden Unternehmen und den von diesem abhängigen Unternehmen besteht;

20. „verbindliche interne Datenschutzvorschriften" Maßnahmen zum Schutz personenbezogener Daten, zu deren Einhaltung sich ein im Hoheitsgebiet eines Mitgliedstaats niedergelassener Verantwortlicher oder Auftragsverarbeiter verpflichtet im Hinblick auf Datenübermittlungen oder eine Kategorie von Datenübermittlungen personenbezogener Daten an einen Verantwortlichen oder Auftragsverarbeiter derselben Unternehmensgruppe oder derselben Gruppe von Unternehmen, die eine gemeinsame Wirtschaftstätigkeit ausüben, in einem oder mehreren Drittländern;

21. „Aufsichtsbehörde" eine von einem Mitgliedstaat gemäß Artikel 51 eingerichtete unabhängige staatliche Stelle;

22. „betroffene Aufsichtsbehörde" eine Aufsichtsbehörde, die von der Verarbeitung personenbezogener Daten betroffen ist, weil
    a) der Verantwortliche oder der Auftragsverarbeiter im Hoheitsgebiet des Mitgliedstaats dieser Aufsichtsbehörde niedergelassen ist,
    b) diese Verarbeitung erhebliche Auswirkungen auf betroffene Personen mit Wohnsitz im Mitgliedstaat dieser Aufsichtsbehörde hat oder haben kann oder
    c) eine Beschwerde bei dieser Aufsichtsbehörde eingereicht wurde;

23. „grenzüberschreitende Verarbeitung" entweder
    a) eine Verarbeitung personenbezogener Daten, die im Rahmen der Tätigkeiten von Niederlassungen eines Verantwortlichen oder eines Auftragsverarbeiters in der Union in mehr als einem Mitgliedstaat erfolgt, wenn der Verantwortliche oder Auftragsverarbeiter in mehr als einem Mitgliedstaat niedergelassen ist, oder
    b) eine Verarbeitung personenbezogener Daten, die im Rahmen der Tätigkeiten einer einzelnen Niederlassung eines Verantwortlichen oder eines Auftragsverarbeiters in der Union erfolgt, die jedoch erhebliche Auswirkungen auf betroffene Personen in mehr als einem Mitgliedstaat hat oder haben kann;

24. „maßgeblicher und begründeter Einspruch" einen Einspruch gegen einen Beschlussentwurf im Hinblick darauf, ob ein Verstoß gegen diese Verordnung vorliegt oder ob beabsichtigte Maßnahmen gegen den Verantwortlichen oder den Auftragsverarbeiter im Einklang mit dieser Verordnung steht, wobei aus diesem Einspruch die Tragweite der Risiken klar hervorgeht, die von dem Beschlussentwurf in Bezug auf die Grundrechte und Grundfreiheiten der betroffenen Personen und gegebenenfalls den freien Verkehr personenbezogener Daten in der Union ausgehen;

25. „Dienst der Informationsgesellschaft" eine Dienstleistung im Sinne des Artikels 1 Nummer 1 Buchstabe b der Richtlinie (EU) 2015/1535 des Europäischen Parlaments und des Rates[1)];

26. „internationale Organisation" eine völkerrechtliche Organisation und ihre nachgeordneten Stellen oder jede sonstige Einrichtung, die durch eine zwi-

---

1) Amtliche Fußnote: Richtlinie (EU) 2015/1535 des Europäischen Parlaments und des Rates vom 9. September 2015 über ein Informationsverfahren auf dem Gebiet der technischen Vorschriften und der Vorschriften für die Dienste der Informationsgesellschaft (ABl. L 241 vom 17. 9. 2015, S. 1).

schen zwei oder mehr Ländern geschlossene Übereinkunft oder auf der Grundlage einer solchen Übereinkunft geschaffen wurde.

KAPITEL II
Grundsätze

Artikel 5 Grundsätze für die Verarbeitung personenbezogener Daten

(1) Personenbezogene Daten müssen

a) auf rechtmäßige Weise, nach Treu und Glauben und in einer für die betroffene Person nachvollziehbaren Weise verarbeitet werden („Rechtmäßigkeit, Verarbeitung nach Treu und Glauben, Transparenz“);

b) für festgelegte, eindeutige und legitime Zwecke erhoben werden und dürfen nicht in einer mit diesen Zwecken nicht zu vereinbarenden Weise weiterverarbeitet werden; eine Weiterverarbeitung für im öffentlichen Interesse liegende Archivzwecke, für wissenschaftliche oder historische Forschungszwecke oder für statistische Zwecke gilt gemäß Artikel 89 Absatz 1 nicht als unvereinbar mit den ursprünglichen Zwecken („Zweckbindung“);

c) dem Zweck angemessen und erheblich sowie auf das für die Zwecke der Verarbeitung notwendige Maß beschränkt sein („Datenminimierung“);

d) sachlich richtig und erforderlichenfalls auf dem neuesten Stand sein; es sind alle angemessenen Maßnahmen zu treffen, damit personenbezogene Daten, die im Hinblick auf die Zwecke ihrer Verarbeitung unrichtig sind, unverzüglich gelöscht oder berichtigt werden („Richtigkeit“);

e) in einer Form gespeichert werden, die die Identifizierung der betroffenen Personen nur so lange ermöglicht, wie es für die Zwecke, für die sie verarbeitet werden, erforderlich ist; personenbezogene Daten dürfen länger gespeichert werden, soweit die personenbezogenen Daten vorbehaltlich der Durchführung geeigneter technischer und organisatorischer Maßnahmen, die von dieser Verordnung zum Schutz der Rechte und Freiheiten der betroffenen Person gefordert werden, ausschließlich für im öffentlichen Interesse liegende Archivzwecke oder für wissenschaftliche und historische Forschungszwecke oder für statistische Zwecke gemäß Artikel 89 Absatz 1 verarbeitet werden („Speicherbegrenzung“);

f) in einer Weise verarbeitet werden, die eine angemessene Sicherheit der personenbezogenen Daten gewährleistet, einschließlich Schutz vor unbefugter oder unrechtmäßiger Verarbeitung und vor unbeabsichtigtem Verlust, unbeabsichtigter Zerstörung oder unbeabsichtigter Schädigung durch geeignete technische und organisatorische Maßnahmen („Integrität und Vertraulichkeit“);

(2) Der Verantwortliche ist für die Einhaltung des Absatzes 1 verantwortlich und muss dessen Einhaltung nachweisen können („Rechenschaftspflicht“).

Artikel 6 Rechtmäßigkeit der Verarbeitung

(1) Die Verarbeitung ist nur rechtmäßig, wenn mindestens eine der nachstehenden Bedingungen erfüllt ist:

a) Die betroffene Person hat ihre Einwilligung zu der Verarbeitung der sie betreffenden personenbezogenen Daten für einen oder mehrere bestimmte Zwecke gegeben;

b) die Verarbeitung ist für die Erfüllung eines Vertrags, dessen Vertragspartei die betroffene Person ist, oder zur Durchführung vorvertraglicher Maßnahmen erforderlich, die auf Anfrage der betroffenen Person erfolgen;

c) die Verarbeitung ist zur Erfüllung einer rechtlichen Verpflichtung erforderlich, der der Verantwortliche unterliegt;

d) die Verarbeitung ist erforderlich, um lebenswichtige Interessen der betroffenen Person oder einer anderen natürlichen Person zu schützen;

e) die Verarbeitung ist für die Wahrnehmung einer Aufgabe erforderlich, die im öffentlichen Interesse liegt oder in Ausübung öffentlicher Gewalt erfolgt, die dem Verantwortlichen übertragen wurde;

f) die Verarbeitung ist zur Wahrung der berechtigten Interessen des Verantwortlichen oder eines Dritten erforderlich, sofern nicht die Interessen oder Grundrechte und Grundfreiheiten der betroffenen Person, die den Schutz personenbezogener Daten erfordern, überwiegen, insbesondere dann, wenn es sich bei der betroffenen Person um ein Kind handelt.

Unterabsatz 1 Buchstabe f gilt nicht für die von Behörden in Erfüllung ihrer Aufgaben vorgenommene Verarbeitung.

(2) Die Mitgliedstaaten können spezifischere Bestimmungen zur Anpassung der Anwendung der Vorschriften dieser Verordnung in Bezug auf die Verarbeitung zur Erfüllung von Absatz 1 Buchstaben c und e beibehalten oder einführen, indem sie spezifische Anforderungen für die Verarbeitung sowie sonstige Maßnahmen präziser bestimmen, um eine rechtmäßig und nach Treu und Glauben erfolgende Verarbeitung zu gewährleisten, einschließlich für andere besondere Verarbeitungssituationen gemäß Kapitel IX.

(3) Die Rechtsgrundlage für die Verarbeitungen gemäß Absatz 1 Buchstaben c und e wird festgelegt durch

a) Unionsrecht oder

b) das Recht der Mitgliedstaaten, dem der Verantwortliche unterliegt.

Der Zweck der Verarbeitung muss in dieser Rechtsgrundlage festgelegt oder hinsichtlich der Verarbeitung gemäß Absatz 1 Buchstabe e für die Erfüllung einer Aufgabe erforderlich sein, die im öffentlichen Interesse liegt oder in Ausübung öffentlicher Gewalt erfolgt, die dem Verantwortlichen übertragen wurde. Diese Rechtsgrundlage kann spezifische Bestimmungen zur Anpassung der Anwendung der Vorschriften dieser Verordnung enthalten, unter anderem Bestimmungen darüber, welche allgemeinen Bedingungen für die Regelung der Rechtmäßigkeit der Verarbeitung durch den Verantwortlichen gelten, welche Arten von Daten verarbeitet werden, welche Personen betroffen sind, an welche Einrichtungen und für welche Zwecke die personenbezogenen Daten offengelegt werden dürfen, welcher Zweckbindung sie unterliegen, wie lange sie gespeichert werden dürfen und welche Verarbeitungsvorgänge und -verfahren angewandt werden dürfen, einschließlich Maßnahmen zur Gewährleistung einer rechtmäßig und nach Treu und Glauben erfolgenden Verarbeitung, wie solche für sonstige besondere Verarbeitungssituationen gemäß Kapitel IX. Das Unionsrecht oder das Recht der Mitgliedstaaten müssen ein im öffentlichen Interesse liegendes Ziel verfolgen und in einem angemessenen Verhältnis zu dem verfolgten legitimen Zweck stehen.

(4) Beruht die Verarbeitung zu einem anderen Zweck als zu demjenigen, zu dem die personenbezogenen Daten erhoben wurden, nicht auf der Einwilligung der betroffenen Person oder auf einer Rechtsvorschrift der Union oder der Mitgliedstaaten, die in einer demokratischen Gesellschaft eine notwendige und verhältnismäßige Maßnahme zum Schutz der in Artikel 23 Absatz 1 genannten Ziele

darstellt, so berücksichtigt der Verantwortliche – um festzustellen, ob die Verarbeitung zu einem anderen Zweck mit demjenigen, zu dem die personenbezogenen Daten ursprünglich erhoben wurden, vereinbar ist – unter anderem

a) jede Verbindung zwischen den Zwecken, für die die personenbezogenen Daten erhoben wurden, und den Zwecken der beabsichtigten Weiterverarbeitung,
b) den Zusammenhang, in dem die personenbezogenen Daten erhoben wurden, insbesondere hinsichtlich des Verhältnisses zwischen den betroffenen Personen und dem Verantwortlichen,
c) die Art der personenbezogenen Daten, insbesondere ob besondere Kategorien personenbezogener Daten gemäß Artikel 9 verarbeitet werden oder ob personenbezogene Daten über strafrechtliche Verurteilungen und Straftaten gemäß Artikel 10 verarbeitet werden,
d) die möglichen Folgen der beabsichtigten Weiterverarbeitung für die betroffenen Personen,
e) das Vorhandensein geeigneter Garantien, wozu Verschlüsselung oder Pseudonymisierung gehören kann.

Artikel 7 Bedingungen für die Einwilligung

(1) Beruht die Verarbeitung auf einer Einwilligung, muss der Verantwortliche nachweisen können, dass die betroffene Person in die Verarbeitung ihrer personenbezogenen Daten eingewilligt hat.

(2) Erfolgt die Einwilligung der betroffenen Person durch eine schriftliche Erklärung, die noch andere Sachverhalte betrifft, so muss das Ersuchen um Einwilligung in verständlicher und leicht zugänglicher Form in einer klaren und einfachen Sprache so erfolgen, dass es von den anderen Sachverhalten klar zu unterscheiden ist. Teile der Erklärung sind dann nicht verbindlich, wenn sie einen Verstoß gegen diese Verordnung darstellen.

(3) Die betroffene Person hat das Recht, ihre Einwilligung jederzeit zu widerrufen. Durch den Widerruf der Einwilligung wird die Rechtmäßigkeit der aufgrund der Einwilligung bis zum Widerruf erfolgten Verarbeitung nicht berührt. Die betroffene Person wird vor Abgabe der Einwilligung hiervon in Kenntnis gesetzt. Der Widerruf der Einwilligung muss so einfach wie die Erteilung der Einwilligung sein.

(4) Bei der Beurteilung, ob die Einwilligung freiwillig erteilt wurde, muss dem Umstand in größtmöglichem Umfang Rechnung getragen werden, ob unter anderem die Erfüllung eines Vertrags, einschließlich der Erbringung einer Dienstleistung, von der Einwilligung zu einer Verarbeitung von personenbezogenen Daten abhängig ist, die für die Erfüllung des Vertrags nicht erforderlich sind.

Artikel 8 Bedingungen für die Einwilligung eines Kindes in Bezug auf Dienste der Informationsgesellschaft

(1) Gilt Artikel 6 Absatz 1 Buchstabe a bei einem Angebot von Diensten der Informationsgesellschaft, das einem Kind direkt gemacht wird, so ist die Verarbeitung der personenbezogenen Daten des Kindes rechtmäßig, wenn das Kind das sechzehnte Lebensjahr vollendet hat. Hat das Kind noch nicht das sechzehnte Lebensjahr vollendet, so ist diese Verarbeitung nur rechtmäßig, sofern und soweit diese Einwilligung durch den Träger der elterlichen Verantwortung für das Kind oder mit dessen Zustimmung erteilt wird.

Die Mitgliedstaaten können durch Rechtsvorschriften zu diesen Zwecken eine niedrigere Altersgrenze vorsehen, die jedoch nicht unter dem vollendeten dreizehnten Lebensjahr liegen darf.

(2) Der Verantwortliche unternimmt unter Berücksichtigung der verfügbaren Technik angemessene Anstrengungen, um sich in solchen Fällen zu vergewissern, dass die Einwilligung durch den Träger der elterlichen Verantwortung für das Kind oder mit dessen Zustimmung erteilt wurde.

(3) Absatz 1 lässt das allgemeine Vertragsrecht der Mitgliedstaaten, wie etwa die Vorschriften zur Gültigkeit, zum Zustandekommen oder zu den Rechtsfolgen eines Vertrags in Bezug auf ein Kind, unberührt.

Artikel 9 Verarbeitung besonderer Kategorien personenbezogener Daten

(1) Die Verarbeitung personenbezogener Daten, aus denen die rassische und ethnische Herkunft, politische Meinungen, religiöse oder weltanschauliche Überzeugungen oder die Gewerkschaftszugehörigkeit hervorgehen, sowie die Verarbeitung von genetischen Daten, biometrischen Daten zur eindeutigen Identifizierung einer natürlichen Person, Gesundheitsdaten oder Daten zum Sexualleben oder der sexuellen Orientierung einer natürlichen Person ist untersagt.

(2) Absatz 1 gilt nicht in folgenden Fällen:

a) Die betroffene Person hat in die Verarbeitung der genannten personenbezogenen Daten für einen oder mehrere festgelegte Zwecke ausdrücklich eingewilligt, es sei denn, nach Unionsrecht oder dem Recht der Mitgliedstaaten kann das Verbot nach Absatz 1 durch die Einwilligung der betroffenen Person nicht aufgehoben werden,

b) die Verarbeitung ist erforderlich, damit der Verantwortliche oder die betroffene Person die ihm bzw. ihr aus dem Arbeitsrecht und dem Recht der sozialen Sicherheit und des Sozialschutzes erwachsenden Rechte ausüben und seinen bzw. ihren diesbezüglichen Pflichten nachkommen kann, soweit dies nach Unionsrecht oder dem Recht der Mitgliedstaaten oder einer Kollektivvereinbarung nach dem Recht der Mitgliedstaaten, das geeignete Garantien für die Grundrechte und die Interessen der betroffenen Person vorsieht, zulässig ist,

c) die Verarbeitung ist zum Schutz lebenswichtiger Interessen der betroffenen Person oder einer anderen natürlichen Person erforderlich und die betroffene Person ist aus körperlichen oder rechtlichen Gründen außerstande, ihre Einwilligung zu geben,

d) die Verarbeitung erfolgt auf der Grundlage geeigneter Garantien durch eine politisch, weltanschaulich, religiös oder gewerkschaftlich ausgerichtete Stiftung, Vereinigung oder sonstige Organisation ohne Gewinnerzielungsabsicht im Rahmen ihrer rechtmäßigen Tätigkeiten und unter der Voraussetzung, dass sich die Verarbeitung ausschließlich auf die Mitglieder oder ehemalige Mitglieder der Organisation oder auf Personen, die im Zusammenhang mit deren Tätigkeitszweck regelmäßige Kontakte mit ihr unterhalten, bezieht und die personenbezogenen Daten nicht ohne Einwilligung der betroffenen Personen nach außen offengelegt werden,

e) die Verarbeitung bezieht sich auf personenbezogene Daten, die die betroffene Person offensichtlich öffentlich gemacht hat,

f) die Verarbeitung ist zur Geltendmachung, Ausübung oder Verteidigung von Rechtsansprüchen oder bei Handlungen der Gerichte im Rahmen ihrer justiziellen Tätigkeit erforderlich,

g) die Verarbeitung ist auf der Grundlage des Unionsrechts oder des Rechts eines Mitgliedstaats, das in angemessenem Verhältnis zu dem verfolgten Ziel steht, den Wesensgehalt des Rechts auf Datenschutz wahrt und angemessene und spezifische Maßnahmen zur Wahrung der Grundrechte und Interessen der betroffenen Person vorsieht, aus Gründen eines erheblichen öffentlichen Interesses erforderlich,

h) die Verarbeitung ist für Zwecke der Gesundheitsvorsorge oder der Arbeitsmedizin, für die Beurteilung der Arbeitsfähigkeit des Beschäftigten, für die medizinische Diagnostik, die Versorgung oder Behandlung im Gesundheits- oder Sozialbereich oder für die Verwaltung von Systemen und Diensten im Gesundheits- oder Sozialbereich auf der Grundlage des Unionsrechts oder des Rechts eines Mitgliedstaats oder aufgrund eines Vertrags mit einem Angehörigen eines Gesundheitsberufs und vorbehaltlich der in Absatz 3 genannten Bedingungen und Garantien erforderlich,

i) die Verarbeitung ist aus Gründen des öffentlichen Interesses im Bereich der öffentlichen Gesundheit, wie dem Schutz vor schwerwiegenden grenzüberschreitenden Gesundheitsgefahren oder zur Gewährleistung hoher Qualitäts- und Sicherheitsstandards bei der Gesundheitsversorgung und bei Arzneimitteln und Medizinprodukten, auf der Grundlage des Unionsrechts oder des Rechts eines Mitgliedstaats, das angemessene und spezifische Maßnahmen zur Wahrung der Rechte und Freiheiten der betroffenen Person, insbesondere des Berufsgeheimnisses, vorsieht, erforderlich, oder

j) die Verarbeitung ist auf der Grundlage des Unionsrechts oder des Rechts eines Mitgliedstaats, das in angemessenem Verhältnis zu dem verfolgten Ziel steht, den Wesensgehalt des Rechts auf Datenschutz wahrt und angemessene und spezifische Maßnahmen zur Wahrung der Grundrechte und Interessen der betroffenen Person vorsieht, für im öffentlichen Interesse liegende Archivzwecke, für wissenschaftliche oder historische Forschungszwecke oder für statistische Zwecke gemäß Artikel 89 Absatz 1 erforderlich.

(3) Die in Absatz 1 genannten personenbezogenen Daten dürfen zu den in Absatz 2 Buchstabe h genannten Zwecken verarbeitet werden, wenn diese Daten von Fachpersonal oder unter dessen Verantwortung verarbeitet werden und dieses Fachpersonal nach dem Unionsrecht oder dem Recht eines Mitgliedstaats oder den Vorschriften nationaler zuständiger Stellen dem Berufsgeheimnis unterliegt, oder wenn die Verarbeitung durch eine andere Person erfolgt, die ebenfalls nach dem Unionsrecht oder dem Recht eines Mitgliedstaats oder den Vorschriften nationaler zuständiger Stellen einer Geheimhaltungspflicht unterliegt.

(4) Die Mitgliedstaaten können zusätzliche Bedingungen, einschließlich Beschränkungen, einführen oder aufrechterhalten, soweit die Verarbeitung von genetischen, biometrischen oder Gesundheitsdaten betroffen ist.

Artikel 10 Verarbeitung von personenbezogenen Daten über strafrechtliche Verurteilungen und Straftaten

Die Verarbeitung personenbezogener Daten über strafrechtliche Verurteilungen und Straftaten oder damit zusammenhängende Sicherungsmaßregeln aufgrund von Artikel 6 Absatz 1 darf nur unter behördlicher Aufsicht vorgenommen werden oder wenn dies nach dem Unionsrecht oder dem Recht der Mitgliedstaaten, das geeignete Garantien für die Rechte und Freiheiten der betroffenen Personen vorsieht, zulässig ist. Ein umfassendes Register der strafrechtlichen Verurteilungen darf nur unter behördlicher Aufsicht geführt werden.

Artikel 11 Verarbeitung, für die eine Identifizierung der betroffenen Person nicht erforderlich ist

(1) Ist für die Zwecke, für die ein Verantwortlicher personenbezogene Daten verarbeitet, die Identifizierung der betroffenen Person durch den Verantwortlichen nicht oder nicht mehr erforderlich, so ist dieser nicht verpflichtet, zur bloßen Einhaltung dieser Verordnung zusätzliche Informationen aufzubewahren, einzuholen oder zu verarbeiten, um die betroffene Person zu identifizieren.

(2) Kann der Verantwortliche in Fällen gemäß Absatz 1 des vorliegenden Artikels nachweisen, dass er nicht in der Lage ist, die betroffene Person zu identifizieren, so unterrichtet er die betroffene Person hierüber, sofern möglich. In diesen Fällen finden die Artikel 15 bis 20 keine Anwendung, es sei denn, die betroffene Person stellt zur Ausübung ihrer in diesen Artikeln niedergelegten Rechte zusätzliche Informationen bereit, die ihre Identifizierung ermöglichen.

KAPITEL III
Rechte der betroffenen Person

Abschnitt 1
Transparenz und Modalitäten

Artikel 12 Transparente Information, Kommunikation und Modalitäten für die Ausübung der Rechte der betroffenen Person

(1) Der Verantwortliche trifft geeignete Maßnahmen, um der betroffenen Person alle Informationen gemäß den Artikeln 13 und 14 und alle Mitteilungen gemäß den Artikeln 15 bis 22 und Artikel 34, die sich auf die Verarbeitung beziehen, in präziser, transparenter, verständlicher und leicht zugänglicher Form in einer klaren und einfachen Sprache zu übermitteln; dies gilt insbesondere für Informationen, die sich speziell an Kinder richten. Die Übermittlung der Informationen erfolgt schriftlich oder in anderer Form, gegebenenfalls auch elektronisch. Falls von der betroffenen Person verlangt, kann die Information mündlich erteilt werden, sofern die Identität der betroffenen Person in anderer Form nachgewiesen wurde.

(2) Der Verantwortliche erleichtert der betroffenen Person die Ausübung ihrer Rechte gemäß den Artikeln 15 bis 22. In den in Artikel 11 Absatz 2 genannten Fällen darf sich der Verantwortliche nur dann weigern, aufgrund des Antrags der betroffenen Person auf Wahrnehmung ihrer Rechte gemäß den Artikeln 15 bis 22 tätig zu werden, wenn er glaubhaft macht, dass er nicht in der Lage ist, die betroffene Person zu identifizieren.

(3) Der Verantwortliche stellt der betroffenen Person Informationen über die auf Antrag gemäß den Artikeln 15 bis 22 ergriffenen Maßnahmen unverzüglich, in jedem Fall aber innerhalb eines Monats nach Eingang des Antrags zur Verfügung. Diese Frist kann um weitere zwei Monate verlängert werden, wenn dies unter Berücksichtigung der Komplexität und der Anzahl von Anträgen erforderlich ist. Der Verantwortliche unterrichtet die betroffene Person innerhalb eines Monats nach Eingang des Antrags über eine Fristverlängerung, zusammen mit den Gründen für die Verzögerung. Stellt die betroffene Person den Antrag elektronisch, so ist sie nach Möglichkeit auf elektronischem Weg zu unterrichten, sofern sie nichts anderes angibt.

(4) Wird der Verantwortliche auf den Antrag der betroffenen Person hin nicht tätig, so unterrichtet er die betroffene Person ohne Verzögerung, spätestens aber innerhalb eines Monats nach Eingang des Antrags über die Gründe hierfür und über die Möglichkeit, bei einer Aufsichtsbehörde Beschwerde einzulegen oder einen gerichtlichen Rechtsbehelf einzulegen.

(5) Informationen gemäß den Artikeln 13 und 14 sowie alle Mitteilungen und Maßnahmen gemäß den Artikeln 15 bis 22 und Artikel 34 werden unentgeltlich zur Verfügung gestellt. Bei offenkundig unbegründeten oder – insbesondere im Fall von häufiger Wiederholung – exzessiven Anträgen einer betroffenen Person kann der Verantwortliche entweder

a) ein angemessenes Entgelt verlangen, bei dem die Verwaltungskosten für die Unterrichtung oder die Mitteilung oder die Durchführung der beantragten Maßnahme berücksichtigt werden, oder
b) sich weigern, aufgrund des Antrags tätig zu werden.

Der Verantwortliche hat den Nachweis für den offenkundig unbegründeten oder exzessiven Charakter des Antrags zu erbringen.

(6) Hat der Verantwortliche begründete Zweifel an der Identität der natürlichen Person, die den Antrag gemäß den Artikeln 15 bis 21 stellt, so kann er unbeschadet des Artikels 11 zusätzliche Informationen anfordern, die zur Bestätigung der Identität der betroffenen Person erforderlich sind.

(7) Die Informationen, die den betroffenen Personen gemäß den Artikeln 13 und 14 bereitzustellen sind, können in Kombination mit standardisierten Bildsymbolen bereitgestellt werden, um in leicht wahrnehmbarer, verständlicher und klar nachvollziehbarer Form einen aussagekräftigen Überblick über die beabsichtigte Verarbeitung zu vermitteln. Werden die Bildsymbole in elektronischer Form dargestellt, müssen sie maschinenlesbar sein.

(8) Der Kommission wird die Befugnis übertragen, gemäß Artikel 92 delegierte Rechtsakte zur Bestimmung der Informationen, die durch Bildsymbole darzustellen sind, und der Verfahren für die Bereitstellung standardisierter Bildsymbole zu erlassen.

Abschnitt 2

Informationspflicht und Recht auf Auskunft zu personenbezogenen Daten

Artikel 13 Informationspflicht bei Erhebung von personenbezogenen Daten bei der betroffenen Person

(1) Werden personenbezogene Daten bei der betroffenen Person erhoben, so teilt der Verantwortliche der betroffenen Person zum Zeitpunkt der Erhebung dieser Daten Folgendes mit:

a) den Namen und die Kontaktdaten des Verantwortlichen sowie gegebenenfalls seines Vertreters;
b) gegebenenfalls die Kontaktdaten des Datenschutzbeauftragten;
c) die Zwecke, für die die personenbezogenen Daten verarbeitet werden sollen, sowie die Rechtsgrundlage für die Verarbeitung;
d) wenn die Verarbeitung auf Artikel 6 Absatz 1 Buchstabe f beruht, die berechtigten Interessen, die von dem Verantwortlichen oder einem Dritten verfolgt werden;

e) gegebenenfalls die Empfänger oder Kategorien von Empfängern der personenbezogenen Daten und

f) gegebenenfalls die Absicht des Verantwortlichen, die personenbezogenen Daten an ein Drittland oder eine internationale Organisation zu übermitteln, sowie das Vorhandensein oder das Fehlen eines Angemessenheitsbeschlusses der Kommission oder im Falle von Übermittlungen gemäß Artikel 46 oder Artikel 47 oder Artikel 49 Absatz 1 Unterabsatz 2 einen Verweis auf die geeigneten oder angemessenen Garantien und die Möglichkeit, wie eine Kopie von ihnen zu erhalten ist, oder wo sie verfügbar sind.

(2) Zusätzlich zu den Informationen gemäß Absatz 1 stellt der Verantwortliche der betroffenen Person zum Zeitpunkt der Erhebung dieser Daten folgende weitere Informationen zur Verfügung, die notwendig sind, um eine faire und transparente Verarbeitung zu gewährleisten:

a) die Dauer, für die die personenbezogenen Daten gespeichert werden oder, falls dies nicht möglich ist, die Kriterien für die Festlegung dieser Dauer;

b) das Bestehen eines Rechts auf Auskunft seitens des Verantwortlichen über die betreffenden personenbezogenen Daten sowie auf Berichtigung oder Löschung oder auf Einschränkung der Verarbeitung oder eines Widerspruchsrechts gegen die Verarbeitung sowie des Rechts auf Datenübertragbarkeit;

c) wenn die Verarbeitung auf Artikel 6 Absatz 1 Buchstabe a oder Artikel 9 Absatz 2 Buchstabe a beruht, das Bestehen eines Rechts, die Einwilligung jederzeit zu widerrufen, ohne dass die Rechtmäßigkeit der aufgrund der Einwilligung bis zum Widerruf erfolgten Verarbeitung berührt wird;

d) das Bestehen eines Beschwerderechts bei einer Aufsichtsbehörde;

e) ob die Bereitstellung der personenbezogenen Daten gesetzlich oder vertraglich vorgeschrieben oder für einen Vertragsabschluss erforderlich ist, ob die betroffene Person verpflichtet ist, die personenbezogenen Daten bereitzustellen, und welche mögliche Folgen die Nichtbereitstellung hätte und

f) das Bestehen einer automatisierten Entscheidungsfindung einschließlich Profiling gemäß Artikel 22 Absätze 1 und 4 und – zumindest in diesen Fällen – aussagekräftige Informationen über die involvierte Logik sowie die Tragweite und die angestrebten Auswirkungen einer derartigen Verarbeitung für die betroffene Person.

(3) Beabsichtigt der Verantwortliche, die personenbezogenen Daten für einen anderen Zweck weiterzuverarbeiten als den, für den die personenbezogenen Daten erhoben wurden, so stellt er der betroffenen Person vor dieser Weiterverarbeitung Informationen über diesen anderen Zweck und alle anderen maßgeblichen Informationen gemäß Absatz 2 zur Verfügung.

(4) Die Absätze 1, 2 und 3 finden keine Anwendung, wenn und soweit die betroffene Person bereits über die Informationen verfügt.

Artikel 14 Informationspflicht, wenn die personenbezogenen Daten nicht bei der betroffenen Person erhoben wurden

(1) Werden personenbezogene Daten nicht bei der betroffenen Person erhoben, so teilt der Verantwortliche der betroffenen Person Folgendes mit:

a) den Namen und die Kontaktdaten des Verantwortlichen sowie gegebenenfalls seines Vertreters;

b) zusätzlich die Kontaktdaten des Datenschutzbeauftragten;

c) die Zwecke, für die die personenbezogenen Daten verarbeitet werden sollen, sowie die Rechtsgrundlage für die Verarbeitung;

d) die Kategorien personenbezogener Daten, die verarbeitet werden;

e) gegebenenfalls die Empfänger oder Kategorien von Empfängern der personenbezogenen Daten;

f) gegebenenfalls die Absicht des Verantwortlichen, die personenbezogenen Daten an einen Empfänger in einem Drittland oder einer internationalen Organisation zu übermitteln, sowie das Vorhandensein oder das Fehlen eines Angemessenheitsbeschlusses der Kommission oder im Falle von Übermittlungen gemäß Artikel 46 oder Artikel 47 oder Artikel 49 Absatz 1 Unterabsatz 2 einen Verweis auf die geeigneten oder angemessenen Garantien und die Möglichkeit, eine Kopie von ihnen zu erhalten, oder wo sie verfügbar sind.

(2) Zusätzlich zu den Informationen gemäß Absatz 1 stellt der Verantwortliche der betroffenen Person die folgenden Informationen zur Verfügung, die erforderlich sind, um der betroffenen Person gegenüber eine faire und transparente Verarbeitung zu gewährleisten:

a) die Dauer, für die die personenbezogenen Daten gespeichert werden oder, falls dies nicht möglich ist, die Kriterien für die Festlegung dieser Dauer;

b) wenn die Verarbeitung auf Artikel 6 Absatz 1 Buchstabe f beruht, die berechtigten Interessen, die von dem Verantwortlichen oder einem Dritten verfolgt werden;

c) das Bestehen eines Rechts auf Auskunft seitens des Verantwortlichen über die betreffenden personenbezogenen Daten sowie auf Berichtigung oder Löschung oder auf Einschränkung der Verarbeitung und eines Widerspruchsrechts gegen die Verarbeitung sowie des Rechts auf Datenübertragbarkeit;

d) wenn die Verarbeitung auf Artikel 6 Absatz 1 Buchstabe a oder Artikel 9 Absatz 2 Buchstabe a beruht, das Bestehen eines Rechts, die Einwilligung jederzeit zu widerrufen, ohne dass die Rechtmäßigkeit der aufgrund der Einwilligung bis zum Widerruf erfolgten Verarbeitung berührt wird;

e) das Bestehen eines Beschwerderechts bei einer Aufsichtsbehörde;

f) aus welcher Quelle die personenbezogenen Daten stammen und gegebenenfalls ob sie aus öffentlich zugänglichen Quellen stammen;

g) das Bestehen einer automatisierten Entscheidungsfindung einschließlich Profiling gemäß Artikel 22 Absätze 1 und 4 und – zumindest in diesen Fällen – aussagekräftige Informationen über die involvierte Logik sowie die Tragweite und die angestrebten Auswirkungen einer derartigen Verarbeitung für die betroffene Person.

(3) Der Verantwortliche erteilt die Informationen gemäß den Absätzen 1 und 2

a) unter Berücksichtigung der spezifischen Umstände der Verarbeitung der personenbezogenen Daten innerhalb einer angemessenen Frist nach Erlangung der personenbezogenen Daten, längstens jedoch innerhalb eines Monats,

b) falls die personenbezogenen Daten zur Kommunikation mit der betroffenen Person verwendet werden sollen, spätestens zum Zeitpunkt der ersten Mitteilung an sie, oder,

c) falls die Offenlegung an einen anderen Empfänger beabsichtigt ist, spätestens zum Zeitpunkt der ersten Offenlegung.

(4) Beabsichtigt der Verantwortliche, die personenbezogenen Daten für einen anderen Zweck weiterzuverarbeiten als den, für den die personenbezogenen Daten erlangt wurden, so stellt er der betroffenen Person vor dieser Weiterverarbeitung Informationen über diesen anderen Zweck und alle anderen maßgeblichen Informationen gemäß Absatz 2 zur Verfügung.

(5) Die Absätze 1 bis 4 finden keine Anwendung, wenn und soweit

a) die betroffene Person bereits über die Informationen verfügt,

b) die Erteilung dieser Informationen sich als unmöglich erweist oder einen unverhältnismäßigen Aufwand erfordern würde; dies gilt insbesondere für die Verarbeitung für im öffentlichen Interesse liegende Archivzwecke, für wissenschaftliche oder historische Forschungszwecke oder für statistische Zwecke vorbehaltlich der in Artikel 89 Absatz 1 genannten Bedingungen und Garantien oder soweit die in Absatz 1 des vorliegenden Artikels genannte Pflicht voraussichtlich die Verwirklichung der Ziele dieser Verarbeitung unmöglich macht oder ernsthaft beeinträchtigt; in diesen Fällen ergreift der Verantwortliche geeignete Maßnahmen zum Schutz der Rechte und Freiheiten sowie der berechtigten Interessen der betroffenen Person, einschließlich der Bereitstellung dieser Informationen für die Öffentlichkeit,

c) die Erlangung oder Offenlegung durch Rechtsvorschriften der Union oder der Mitgliedstaaten, denen der Verantwortliche unterliegt und die geeignete Maßnahmen zum Schutz der berechtigten Interessen der betroffenen Person vorsehen, ausdrücklich geregelt ist oder

d) die personenbezogenen Daten gemäß dem Unionsrecht oder dem Recht der Mitgliedstaaten dem Berufsgeheimnis, einschließlich einer satzungsmäßigen Geheimhaltungspflicht, unterliegen und daher vertraulich behandelt werden müssen.

Artikel 15 Auskunftsrecht der betroffenen Person

(1) Die betroffene Person hat das Recht, von dem Verantwortlichen eine Bestätigung darüber zu verlangen, ob sie betreffende personenbezogene Daten verarbeitet werden; ist dies der Fall, so hat sie ein Recht auf Auskunft über diese personenbezogenen Daten und auf folgende Informationen:

a) die Verarbeitungszwecke;

b) die Kategorien personenbezogener Daten, die verarbeitet werden;

c) die Empfänger oder Kategorien von Empfängern, gegenüber denen die personenbezogenen Daten offengelegt worden sind oder noch offengelegt werden, insbesondere bei Empfängern in Drittländern oder bei internationalen Organisationen;

d) falls möglich die geplante Dauer, für die die personenbezogenen Daten gespeichert werden, oder, falls dies nicht möglich ist, die Kriterien für die Festlegung dieser Dauer;

e) das Bestehen eines Rechts auf Berichtigung oder Löschung der sie betreffenden personenbezogenen Daten oder auf Einschränkung der Verarbeitung durch den Verantwortlichen oder eines Widerspruchsrechts gegen diese Verarbeitung;

f) das Bestehen eines Beschwerderechts bei einer Aufsichtsbehörde;

g) wenn die personenbezogenen Daten nicht bei der betroffenen Person erhoben werden, alle verfügbaren Informationen über die Herkunft der Daten;

h) das Bestehen einer automatisierten Entscheidungsfindung einschließlich Profiling gemäß Artikel 22 Absätze 1 und 4 und – zumindest in diesen Fällen – aussagekräftige Informationen über die involvierte Logik sowie die Tragweite und die angestrebten Auswirkungen einer derartigen Verarbeitung für die betroffene Person.

(2) Werden personenbezogene Daten an ein Drittland oder an eine internationale Organisation übermittelt, so hat die betroffene Person das Recht, über die geeigneten Garantien gemäß Artikel 46 im Zusammenhang mit der Übermittlung unterrichtet zu werden.

(3) Der Verantwortliche stellt eine Kopie der personenbezogenen Daten, die Gegenstand der Verarbeitung sind, zur Verfügung. Für alle weiteren Kopien, die die betroffene Person beantragt, kann der Verantwortliche ein angemessenes Entgelt auf der Grundlage der Verwaltungskosten verlangen. Stellt die betroffene Person den Antrag elektronisch, so sind die Informationen in einem gängigen elektronischen Format zur Verfügung zu stellen, sofern sie nichts anderes angibt.

(4) Das Recht auf Erhalt einer Kopie gemäß *Absatz 1b** darf die Rechte und Freiheiten anderer Personen nicht beeinträchtigen.

Abschnitt 3

Berichtigung und Löschung

Artikel 16 Recht auf Berichtigung

Die betroffene Person hat das Recht, von dem Verantwortlichen unverzüglich die Berichtigung sie betreffender unrichtiger personenbezogener Daten zu verlangen. Unter Berücksichtigung der Zwecke der Verarbeitung hat die betroffene Person das Recht, die Vervollständigung unvollständiger personenbezogener Daten – auch mittels einer ergänzenden Erklärung – zu verlangen.

Artikel 17 Recht auf Löschung („Recht auf Vergessenwerden")

(1) Die betroffene Person hat das Recht, von dem Verantwortlichen zu verlangen, dass sie betreffende personenbezogene Daten unverzüglich gelöscht werden, und der Verantwortliche ist verpflichtet, personenbezogene Daten unverzüglich zu löschen, sofern einer der folgenden Gründe zutrifft:

a) Die personenbezogenen Daten sind für die Zwecke, für die sie erhoben oder auf sonstige Weise verarbeitet wurden, nicht mehr notwendig.

b) Die betroffene Person widerruft ihre Einwilligung, auf die sich die Verarbeitung gemäß Artikel 6 Absatz 1 Buchstabe a oder Artikel 9 Absatz 2 Buchstabe a stützte, und es fehlt an einer anderweitigen Rechtsgrundlage für die Verarbeitung.

c) Die betroffene Person legt gemäß Artikel 21 Absatz 1 Widerspruch gegen die Verarbeitung ein und es liegen keine vorrangigen berechtigten Gründe für die Verarbeitung vor, oder die betroffene Person legt gemäß Artikel 21 Absatz 2 Widerspruch gegen die Verarbeitung ein.

d) Die personenbezogenen Daten wurden unrechtmäßig verarbeitet.

e) Die Löschung der personenbezogenen Daten ist zur Erfüllung einer rechtlichen Verpflichtung nach dem Unionsrecht oder dem Recht der Mitgliedstaaten erforderlich, dem der Verantwortliche unterliegt.

---

* Richtig wohl: *Absatz 3*.

f) Die personenbezogenen Daten wurden in Bezug auf angebotene Dienste der Informationsgesellschaft gemäß Artikel 8 Absatz 1 erhoben.

(2) Hat der Verantwortliche die personenbezogenen Daten öffentlich gemacht und ist er gemäß Absatz 1 zu deren Löschung verpflichtet, so trifft er unter Berücksichtigung der verfügbaren Technologie und der Implementierungskosten angemessene Maßnahmen, auch technischer Art, um für die Datenverarbeitung Verantwortliche, die die personenbezogenen Daten verarbeiten, darüber zu informieren, dass eine betroffene Person von ihnen die Löschung aller Links zu diesen personenbezogenen Daten oder von Kopien oder Replikationen dieser personenbezogenen Daten verlangt hat.

(3) Die Absätze 1 und 2 gelten nicht, soweit die Verarbeitung erforderlich ist

a) zur Ausübung des Rechts auf freie Meinungsäußerung und Information;
b) zur Erfüllung einer rechtlichen Verpflichtung, die die Verarbeitung nach dem Recht der Union oder der Mitgliedstaaten, dem der Verantwortliche unterliegt, erfordert, oder zur Wahrnehmung einer Aufgabe, die im öffentlichen Interesse liegt oder in Ausübung öffentlicher Gewalt erfolgt, die dem Verantwortlichen übertragen wurde;
c) aus Gründen des öffentlichen Interesses im Bereich der öffentlichen Gesundheit gemäß Artikel 9 Absatz 2 Buchstaben h und i sowie Artikel 9 Absatz 3;
d) für im öffentlichen Interesse liegende Archivzwecke, wissenschaftliche oder historische Forschungszwecke oder für statistische Zwecke gemäß Artikel 89 Absatz 1, soweit das in Absatz 1 genannte Recht voraussichtlich die Verwirklichung der Ziele dieser Verarbeitung unmöglich macht oder ernsthaft beeinträchtigt, oder
e) zur Geltendmachung, Ausübung oder Verteidigung von Rechtsansprüchen.

Artikel 18 Recht auf Einschränkung der Verarbeitung

(1) Die betroffene Person hat das Recht, von dem Verantwortlichen die Einschränkung der Verarbeitung zu verlangen, wenn eine der folgenden Voraussetzungen gegeben ist:

a) die Richtigkeit der personenbezogenen Daten von der betroffenen Person bestritten wird, und zwar für eine Dauer, die es dem Verantwortlichen ermöglicht, die Richtigkeit der personenbezogenen Daten zu überprüfen,
b) die Verarbeitung unrechtmäßig ist und die betroffene Person die Löschung der personenbezogenen Daten ablehnt und stattdessen die Einschränkung der Nutzung der personenbezogenen Daten verlangt;
c) der Verantwortliche die personenbezogenen Daten für die Zwecke der Verarbeitung nicht länger benötigt, die betroffene Person sie jedoch zur Geltendmachung, Ausübung oder Verteidigung von Rechtsansprüchen benötigt, oder
d) die betroffene Person Widerspruch gegen die Verarbeitung gemäß Artikel 21 Absatz 1 eingelegt hat, solange noch nicht feststeht, ob die berechtigten Gründe des Verantwortlichen gegenüber denen der betroffenen Person überwiegen.

(2) Wurde die Verarbeitung gemäß Absatz 1 eingeschränkt, so dürfen diese personenbezogenen Daten – von ihrer Speicherung abgesehen – nur mit Einwilligung der betroffenen Person oder zur Geltendmachung, Ausübung oder Verteidigung von Rechtsansprüchen oder zum Schutz der Rechte einer anderen natürlichen oder juristischen Person oder aus Gründen eines wichtigen öffentlichen Interesses der Union oder eines Mitgliedstaats verarbeitet werden.

(3) Eine betroffene Person, die eine Einschränkung der Verarbeitung gemäß Absatz 1 erwirkt hat, wird von dem Verantwortlichen unterrichtet, bevor die Einschränkung aufgehoben wird.

Artikel 19 Mitteilungspflicht im Zusammenhang mit der Berichtigung oder Löschung personenbezogener Daten oder der Einschränkung der Verarbeitung

Der Verantwortliche teilt allen Empfängern, denen personenbezogenen Daten offengelegt wurden, jede Berichtigung oder Löschung der personenbezogenen Daten oder eine Einschränkung der Verarbeitung nach Artikel 16, Artikel 17 Absatz 1 und Artikel 18 mit, es sei denn, dies erweist sich als unmöglich oder ist mit einem unverhältnismäßigen Aufwand verbunden. Der Verantwortliche unterrichtet die betroffene Person über diese Empfänger, wenn die betroffene Person dies verlangt.

Artikel 20 Recht auf Datenübertragbarkeit

(1) Die betroffene Person hat das Recht, die sie betreffenden personenbezogenen Daten, die sie einem Verantwortlichen bereitgestellt hat, in einem strukturierten, gängigen und maschinenlesbaren Format zu erhalten, und sie hat das Recht, diese Daten einem anderen Verantwortlichen ohne Behinderung durch den Verantwortlichen, dem die personenbezogenen Daten bereitgestellt wurden, zu übermitteln, sofern

a) die Verarbeitung auf einer Einwilligung gemäß Artikel 6 Absatz 1 Buchstabe a oder Artikel 9 Absatz 2 Buchstabe a oder auf einem Vertrag gemäß Artikel 6 Absatz 1 Buchstabe b beruht und

b) die Verarbeitung mithilfe automatisierter Verfahren erfolgt.

(2) Bei der Ausübung ihres Rechts auf Datenübertragbarkeit gemäß Absatz 1 hat die betroffene Person das Recht, zu erwirken, dass die personenbezogenen Daten direkt von einem Verantwortlichen einem anderen Verantwortlichen übermittelt werden, soweit dies technisch machbar ist.

(3) Die Ausübung des Rechts nach Absatz 1 des vorliegenden Artikels lässt Artikel 17 unberührt. Dieses Recht gilt nicht für eine Verarbeitung, die für die Wahrnehmung einer Aufgabe erforderlich ist, die im öffentlichen Interesse liegt oder in Ausübung öffentlicher Gewalt erfolgt, die dem Verantwortlichen übertragen wurde.

(4) Das Recht gemäß Absatz 2 darf die Rechte und Freiheiten anderer Personen nicht beeinträchtigen.

Abschnitt 4

Widerspruchsrecht und automatisierte Entscheidungsfindung im Einzelfall

Artikel 21 Widerspruchsrecht

(1) Die betroffene Person hat das Recht, aus Gründen, die sich aus ihrer besonderen Situation ergeben, jederzeit gegen die Verarbeitung sie betreffender personenbezogener Daten, die aufgrund von Artikel 6 Absatz 1 Buchstaben e oder f erfolgt, Widerspruch einzulegen; dies gilt auch für ein auf diese Bestimmungen gestütztes Profiling. Der Verantwortliche verarbeitet die personenbezogenen Daten nicht mehr, es sei denn, er kann zwingende schutzwürdige Gründe für die Verarbeitung nachweisen, die die Interessen, Rechte und Freiheiten der betroffe-

nen Person überwiegen, oder die Verarbeitung dient der Geltendmachung, Ausübung oder Verteidigung von Rechtsansprüchen.

(2) Werden personenbezogene Daten verarbeitet, um Direktwerbung zu betreiben, so hat die betroffene Person das Recht, jederzeit Widerspruch gegen die Verarbeitung sie betreffender personenbezogener Daten zum Zwecke derartiger Werbung einzulegen; dies gilt auch für das Profiling, soweit es mit solcher Direktwerbung in Verbindung steht.

(3) Widerspricht die betroffene Person der Verarbeitung für Zwecke der Direktwerbung, so werden die personenbezogenen Daten nicht mehr für diese Zwecke verarbeitet.

(4) Die betroffene Person muss spätestens zum Zeitpunkt der ersten Kommunikation mit ihr ausdrücklich auf das in den Absätzen 1 und 2 genannte Recht hingewiesen werden; dieser Hinweis hat in einer verständlichen und von anderen Informationen getrennten Form zu erfolgen.

(5) Im Zusammenhang mit der Nutzung von Diensten der Informationsgesellschaft kann die betroffene Person ungeachtet der Richtlinie 2002/58/EG ihr Widerspruchsrecht mittels automatisierter Verfahren ausüben, bei denen technische Spezifikationen verwendet werden.

(6) Die betroffene Person hat das Recht, aus Gründen, die sich aus ihrer besonderen Situation ergeben, gegen die sie betreffende Verarbeitung sie betreffender personenbezogener Daten, die zu wissenschaftlichen oder historischen Forschungszwecken oder zu statistischen Zwecken gemäß Artikel 89 Absatz 1 erfolgt, Widerspruch einzulegen, es sei denn, die Verarbeitung ist zur Erfüllung einer im öffentlichen Interesse liegenden Aufgabe erforderlich.

Artikel 22 Automatisierte Entscheidungen im Einzelfall einschließlich Profiling

(1) Die betroffene Person hat das Recht, nicht einer ausschließlich auf einer automatisierten Verarbeitung – einschließlich Profiling – beruhenden Entscheidung unterworfen zu werden, die ihr gegenüber rechtliche Wirkung entfaltet oder sie in ähnlicher Weise erheblich beeinträchtigt.

(2) Absatz 1 gilt nicht, wenn die Entscheidung

a) für den Abschluss oder die Erfüllung eines Vertrags zwischen der betroffenen Person und dem Verantwortlichen erforderlich ist,

b) aufgrund von Rechtsvorschriften der Union oder der Mitgliedstaaten, denen der Verantwortliche unterliegt, zulässig ist und diese Rechtsvorschriften angemessene Maßnahmen zur Wahrung der Rechte und Freiheiten sowie der berechtigten Interessen der betroffenen Person enthalten oder

c) mit ausdrücklicher Einwilligung der betroffenen Person erfolgt.

(3) In den in Absatz 2 Buchstaben a und c genannten Fällen trifft der Verantwortliche angemessene Maßnahmen, um die Rechte und Freiheiten sowie die berechtigten Interessen der betroffenen Person zu wahren, wozu mindestens das Recht auf Erwirkung des Eingreifens einer Person seitens des Verantwortlichen, auf Darlegung des eigenen Standpunkts und auf Anfechtung der Entscheidung gehört.

(4) Entscheidungen nach Absatz 2 dürfen nicht auf besonderen Kategorien personenbezogener Daten nach Artikel 9 Absatz 1 beruhen, sofern nicht Artikel 9 Absatz 2 Buchstabe a oder g gilt und angemessene Maßnahmen zum Schutz der Rechte und Freiheiten sowie der berechtigten Interessen der betroffenen Person getroffen wurden.

Abschnitt 5
Beschränkungen

Artikel 23 Beschränkungen

(1) Durch Rechtsvorschriften der Union oder der Mitgliedstaaten, denen der Verantwortliche oder der Auftragsverarbeiter unterliegt, können die Pflichten und Rechte gemäß den Artikeln 12 bis 22 und Artikel 34 sowie Artikel 5, insofern dessen Bestimmungen den in den Artikeln 12 bis 22 vorgesehenen Rechten und Pflichten entsprechen, im Wege von Gesetzgebungsmaßnahmen beschränkt werden, sofern eine solche Beschränkung den Wesensgehalt der Grundrechte und Grundfreiheiten achtet und in einer demokratischen Gesellschaft eine notwendige und verhältnismäßige Maßnahme darstellt, die Folgendes sicherstellt:

a) die nationale Sicherheit;

b) die Landesverteidigung;

c) die öffentliche Sicherheit;

d) die Verhütung, Ermittlung, Aufdeckung oder Verfolgung von Straftaten oder die Strafvollstreckung, einschließlich des Schutzes vor und der Abwehr von Gefahren für die öffentliche Sicherheit;

e) den Schutz sonstiger wichtiger Ziele des allgemeinen öffentlichen Interesses der Union oder eines Mitgliedstaats, insbesondere eines wichtigen wirtschaftlichen oder finanziellen Interesses der Union oder eines Mitgliedstaats, etwa im Währungs-, Haushalts- und Steuerbereich sowie im Bereich der öffentlichen Gesundheit und der sozialen Sicherheit;

f) den Schutz der Unabhängigkeit der Justiz und den Schutz von Gerichtsverfahren;

g) die Verhütung, Aufdeckung, Ermittlung und Verfolgung von Verstößen gegen die berufsständischen Regeln reglementierter Berufe;

h) Kontroll-, Überwachungs- und Ordnungsfunktionen, die dauernd oder zeitweise mit der Ausübung öffentlicher Gewalt für die unter den Buchstaben a bis e und g genannten Zwecke verbunden sind;

i) den Schutz der betroffenen Person oder der Rechte und Freiheiten anderer Personen;

j) die Durchsetzung zivilrechtlicher Ansprüche.

(2) Jede Gesetzgebungsmaßnahme im Sinne des Absatzes 1 muss insbesondere gegebenenfalls spezifische Vorschriften enthalten zumindest in Bezug auf

a) die Zwecke der Verarbeitung oder die Verarbeitungskategorien,

b) die Kategorien personenbezogener Daten,

c) den Umfang der vorgenommenen Beschränkungen,

d) die Garantien gegen Missbrauch oder unrechtmäßigen Zugang oder unrechtmäßige Übermittlung;

e) die Angaben zu dem Verantwortlichen oder den Kategorien von Verantwortlichen,

f) die jeweiligen Speicherfristen sowie die geltenden Garantien unter Berücksichtigung von Art, Umfang und Zwecken der Verarbeitung oder der Verarbeitungskategorien,

g) die Risiken für die Rechte und Freiheiten der betroffenen Personen und

h) das Recht der betroffenen Personen auf Unterrichtung über die Beschränkung, sofern dies nicht dem Zweck der Beschränkung abträglich ist.

KAPITEL IV

Verantwortlicher und Auftragsverarbeiter

Abschnitt 1

Allgemeine Pflichten

Artikel 24 Verantwortung des für die Verarbeitung Verantwortlichen

(1) Der Verantwortliche setzt unter Berücksichtigung der Art, des Umfangs, der Umstände und der Zwecke der Verarbeitung sowie der unterschiedlichen Eintrittswahrscheinlichkeit und Schwere der Risiken für die Rechte und Freiheiten natürlicher Personen geeignete technische und organisatorische Maßnahmen um, um sicherzustellen und den Nachweis dafür erbringen zu können, dass die Verarbeitung gemäß dieser Verordnung erfolgt. Diese Maßnahmen werden erforderlichenfalls überprüft und aktualisiert.

(2) Sofern dies in einem angemessenen Verhältnis zu den Verarbeitungstätigkeiten steht, müssen die Maßnahmen gemäß Absatz 1 die Anwendung geeigneter Datenschutzvorkehrungen durch den Verantwortlichen umfassen.

(3) Die Einhaltung der genehmigten Verhaltensregeln gemäß Artikel 40 oder eines genehmigten Zertifizierungsverfahrens gemäß Artikel 42 kann als Gesichtspunkt herangezogen werden, um die Erfüllung der Pflichten des Verantwortlichen nachzuweisen.

Artikel 25 Datenschutz durch Technikgestaltung und durch datenschutzfreundliche Voreinstellungen

(1) Unter Berücksichtigung des Stands der Technik, der Implementierungskosten und der Art, des Umfangs, der Umstände und der Zwecke der Verarbeitung sowie der unterschiedlichen Eintrittswahrscheinlichkeit und Schwere der mit der Verarbeitung verbundenen Risiken für die Rechte und Freiheiten natürlicher Personen trifft der Verantwortliche sowohl zum Zeitpunkt der Festlegung der Mittel für die Verarbeitung als auch zum Zeitpunkt der eigentlichen Verarbeitung geeignete technische und organisatorische Maßnahmen – wie z.B. Pseudonymisierung –, die dafür ausgelegt sind, die Datenschutzgrundsätze wie etwa Datenminimierung wirksam umzusetzen und die notwendigen Garantien in die Verarbeitung aufzunehmen, um den Anforderungen dieser Verordnung zu genügen und die Rechte der betroffenen Personen zu schützen.

(2) Der Verantwortliche trifft geeignete technische und organisatorische Maßnahmen, die sicherstellen, dass durch Voreinstellung grundsätzlich nur personenbezogene Daten, deren Verarbeitung für den jeweiligen bestimmten Verarbeitungszweck erforderlich ist, verarbeitet werden. Diese Verpflichtung gilt für die Menge der erhobenen personenbezogenen Daten, den Umfang ihrer Verarbeitung, ihre Speicherfrist und ihre Zugänglichkeit. Solche Maßnahmen müssen insbesondere sicherstellen, dass personenbezogene Daten durch Voreinstellungen nicht ohne Eingreifen der Person einer unbestimmten Zahl von natürlichen Personen zugänglich gemacht werden.

(3) Ein genehmigtes Zertifizierungsverfahren gemäß Artikel 42 kann als Faktor herangezogen werden, um die Erfüllung der in den Absätzen 1 und 2 des vorliegenden Artikels genannten Anforderungen nachzuweisen.

Artikel 26 Gemeinsam für die Verarbeitung Verantwortliche

(1) Legen zwei oder mehr Verantwortliche gemeinsam die Zwecke der und die Mittel zur Verarbeitung fest, so sind sie gemeinsam Verantwortliche. Sie legen in einer Vereinbarung in transparenter Form fest, wer von ihnen welche Verpflichtung gemäß dieser Verordnung erfüllt, insbesondere was die Wahrnehmung der Rechte der betroffenen Person angeht, und wer welchen Informationspflichten gemäß den Artikeln 13 und 14 nachkommt, sofern und soweit die jeweiligen Aufgaben der Verantwortlichen nicht durch Rechtsvorschriften der Union oder der Mitgliedstaaten, denen die Verantwortlichen unterliegen, festgelegt sind. In der Vereinbarung kann eine Anlaufstelle für die betroffenen Personen angegeben werden.

(2) Die Vereinbarung gemäß Absatz 1 muss die jeweiligen tatsächlichen Funktionen und Beziehungen der gemeinsam Verantwortlichen gegenüber betroffenen Personen gebührend widerspiegeln. Das Wesentliche der Vereinbarung wird der betroffenen Person zur Verfügung gestellt.

(3) Ungeachtet der Einzelheiten der Vereinbarung gemäß Absatz 1 kann die betroffene Person ihre Rechte im Rahmen dieser Verordnung bei und gegenüber jedem einzelnen der Verantwortlichen geltend machen.

Artikel 27 Vertreter von nicht in der Union niedergelassenen Verantwortlichen oder Auftragsverarbeitern

(1) In den Fällen gemäß Artikel 3 Absatz 2 benennt der Verantwortliche oder der Auftragsverarbeiter schriftlich einen Vertreter in der Union.

(2) Die Pflicht gemäß Absatz 1 des vorliegenden Artikels gilt nicht für

a) eine Verarbeitung, die gelegentlich erfolgt, nicht die umfangreiche Verarbeitung besonderer Datenkategorien im Sinne des Artikels 9 Absatz 1 oder die umfangreiche Verarbeitung von personenbezogenen Daten über strafrechtliche Verurteilungen und Straftaten im Sinne des Artikels 10 einschließt und unter Berücksichtigung der Art, der Umstände, des Umfangs und der Zwecke der Verarbeitung voraussichtlich nicht zu einem Risiko für die Rechte und Freiheiten natürlicher Personen führt, oder

b) Behörden oder öffentliche Stellen.

(3) Der Vertreter muss in einem der Mitgliedstaaten niedergelassen sein, in denen die betroffenen Personen, deren personenbezogene Daten im Zusammenhang mit den ihnen angebotenen Waren oder Dienstleistungen verarbeitet werden oder deren Verhalten beobachtet wird, sich befinden.

(4) Der Vertreter wird durch den Verantwortlichen oder den Auftragsverarbeiter beauftragt, zusätzlich zu diesem oder an seiner Stelle insbesondere für Aufsichtsbehörden und betroffene Personen bei sämtlichen Fragen im Zusammenhang mit der Verarbeitung zur Gewährleistung der Einhaltung dieser Verordnung als Anlaufstelle zu dienen.

(5) Die Benennung eines Vertreters durch den Verantwortlichen oder den Auftragsverarbeiter erfolgt unbeschadet etwaiger rechtlicher Schritte gegen den Verantwortlichen oder den Auftragsverarbeiter selbst.

Artikel 28 Auftragsverarbeiter

(1) Erfolgt eine Verarbeitung im Auftrag eines Verantwortlichen, so arbeitet dieser nur mit Auftragsverarbeitern, die hinreichend Garantien dafür bieten, dass geeignete technische und organisatorische Maßnahmen so durchgeführt werden, dass die Verarbeitung im Einklang mit den Anforderungen dieser Verordnung erfolgt und den Schutz der Rechte der betroffenen Person gewährleistet.

(2) Der Auftragsverarbeiter nimmt keinen weiteren Auftragsverarbeiter ohne vorherige gesonderte oder allgemeine schriftliche Genehmigung des Verantwortlichen in Anspruch. Im Fall einer allgemeinen schriftlichen Genehmigung informiert der Auftragsverarbeiter den Verantwortlichen immer über jede beabsichtigte Änderung in Bezug auf die Hinzuziehung oder die Ersetzung anderer Auftragsverarbeiter, wodurch der Verantwortliche die Möglichkeit erhält, gegen derartige Änderungen Einspruch zu erheben.

(3) Die Verarbeitung durch einen Auftragsverarbeiter erfolgt auf der Grundlage eines Vertrags oder eines anderen Rechtsinstruments nach dem Unionsrecht oder dem Recht der Mitgliedstaaten, der bzw. das den Auftragsverarbeiter in Bezug auf den Verantwortlichen bindet und in dem Gegenstand und Dauer der Verarbeitung, Art und Zweck der Verarbeitung, die Art der personenbezogenen Daten, die Kategorien betroffener Personen und die Pflichten und Rechte des Verantwortlichen festgelegt sind. Dieser Vertrag bzw. dieses andere Rechtsinstrument sieht insbesondere vor, dass der Auftragsverarbeiter

a) die personenbezogenen Daten nur auf dokumentierte Weisung des Verantwortlichen – auch in Bezug auf die Übermittlung personenbezogener Daten an ein Drittland oder eine internationale Organisation – verarbeitet, sofern er nicht durch das Recht der Union oder der Mitgliedstaaten, dem der Auftragsverarbeiter unterliegt, hierzu verpflichtet ist; in einem solchen Fall teilt der Auftragsverarbeiter dem Verantwortlichen diese rechtlichen Anforderungen vor der Verarbeitung mit, sofern das betreffende Recht eine solche Mitteilung nicht wegen eines wichtigen öffentlichen Interesses verbietet;

b) gewährleistet, dass sich die zur Verarbeitung der personenbezogenen Daten befugten Personen zur Vertraulichkeit verpflichtet haben oder einer angemessenen gesetzlichen Verschwiegenheitspflicht unterliegen;

c) alle gemäß Artikel 32 erforderlichen Maßnahmen ergreift;

d) die in den Absätzen 2 und 4 genannten Bedingungen für die Inanspruchnahme der Dienste eines weiteren Auftragsverarbeiters einhält;

e) angesichts der Art der Verarbeitung den Verantwortlichen nach Möglichkeit mit geeigneten technischen und organisatorischen Maßnahmen dabei unterstützt, seiner Pflicht zur Beantwortung von Anträgen auf Wahrnehmung der in Kapitel III genannten Rechte der betroffenen Person nachzukommen;

f) unter Berücksichtigung der Art der Verarbeitung und der ihm zur Verfügung stehenden Informationen den Verantwortlichen bei der Einhaltung der in den Artikeln 32 bis 36 genannten Pflichten unterstützt;

g) nach Abschluss der Erbringung der Verarbeitungsleistungen alle personenbezogenen Daten nach Wahl des Verantwortlichen entweder löscht oder zurückgibt, sofern nicht nach dem Unionsrecht oder dem Recht der Mitgliedstaaten eine Verpflichtung zur Speicherung der personenbezogenen Daten besteht;

h) dem Verantwortlichen alle erforderlichen Informationen zum Nachweis der Einhaltung der in diesem Artikel niedergelegten Pflichten zur Verfügung stellt und Überprüfungen – einschließlich Inspektionen –, die vom Verantwortlichen oder einem anderen von diesem beauftragten Prüfer durchgeführt werden, ermöglicht und dazu beiträgt.

Mit Blick auf Unterabsatz 1 Buchstabe h informiert der Auftragsverarbeiter den Verantwortlichen unverzüglich, falls er der Auffassung ist, dass eine Weisung gegen diese Verordnung oder gegen andere Datenschutzbestimmungen der Union oder der Mitgliedstaaten verstößt.

(4) Nimmt der Auftragsverarbeiter die Dienste eines weiteren Auftragsverarbeiters in Anspruch, um bestimmte Verarbeitungstätigkeiten im Namen des Verantwortlichen auszuführen, so werden diesem weiteren Auftragsverarbeiter im Wege eines Vertrags oder eines anderen Rechtsinstruments nach dem Unionsrecht oder dem Recht des betreffenden Mitgliedstaats dieselben Datenschutzpflichten auferlegt, die in dem Vertrag oder anderen Rechtsinstrument zwischen dem Verantwortlichen und dem Auftragsverarbeiter gemäß Absatz 3 festgelegt sind, wobei insbesondere hinreichende Garantien dafür geboten werden müssen, dass die geeigneten technischen und organisatorischen Maßnahmen so durchgeführt werden, dass die Verarbeitung entsprechend den Anforderungen dieser Verordnung erfolgt. Kommt der weitere Auftragsverarbeiter seinen Datenschutzpflichten nicht nach, so haftet der erste Auftragsverarbeiter gegenüber dem Verantwortlichen für die Einhaltung der Pflichten jenes anderen Auftragsverarbeiters.

(5) Die Einhaltung genehmigter Verhaltensregeln gemäß Artikel 40 oder eines genehmigten Zertifizierungsverfahrens gemäß Artikel 42 durch einen Auftragsverarbeiter kann als Faktor herangezogen werden, um hinreichende Garantien im Sinne der Absätze 1 und 4 des vorliegenden Artikels nachzuweisen.

(6) Unbeschadet eines individuellen Vertrags zwischen dem Verantwortlichen und dem Auftragsverarbeiter kann der Vertrag oder das andere Rechtsinstrument im Sinne der Absätze 3 und 4 des vorliegenden Artikels ganz oder teilweise auf den in den Absätzen 7 und 8 des vorliegenden Artikels genannten Standardvertragsklauseln beruhen, auch wenn diese Bestandteil einer dem Verantwortlichen oder dem Auftragsverarbeiter gemäß den Artikeln 42 und 43 erteilten Zertifizierung sind.

(7) Die Kommission kann im Einklang mit dem Prüfverfahren gemäß Artikel 93 Absatz 2 Standardvertragsklauseln zur Regelung der in den Absätzen 3 und 4 des vorliegenden Artikels genannten Fragen festlegen.

(8) Eine Aufsichtsbehörde kann im Einklang mit dem Kohärenzverfahren gemäß Artikel 63 Standardvertragsklauseln zur Regelung der in den Absätzen 3 und 4 des vorliegenden Artikels genannten Fragen festlegen.

(9) Der Vertrag oder das andere Rechtsinstrument im Sinne der Absätze 3 und 4 ist schriftlich abzufassen, was auch in einem elektronischen Format erfolgen kann.

(10) Unbeschadet der Artikel 82, 83 und 84 gilt ein Auftragsverarbeiter, der unter Verstoß gegen diese Verordnung die Zwecke und Mittel der Verarbeitung bestimmt, in Bezug auf diese Verarbeitung als Verantwortlicher.

Artikel 29 Verarbeitung unter der Aufsicht des Verantwortlichen oder des Auftragsverarbeiters

Der Auftragsverarbeiter und jede dem Verantwortlichen oder dem Auftragsverarbeiter unterstellte Person, die Zugang zu personenbezogenen Daten hat, dürfen diese Daten ausschließlich auf Weisung des Verantwortlichen verarbeiten, es sei denn, dass sie nach dem Unionsrecht oder dem Recht der Mitgliedstaaten zur Verarbeitung verpflichtet sind.

Artikel 30 Verzeichnis von Verarbeitungstätigkeiten

(1) Jeder Verantwortliche und gegebenenfalls sein Vertreter führen ein Verzeichnis aller Verarbeitungstätigkeiten, die ihrer Zuständigkeit unterliegen. Dieses Verzeichnis enthält sämtliche folgenden Angaben:

a) den Namen und die Kontaktdaten des Verantwortlichen und gegebenenfalls des gemeinsam mit ihm Verantwortlichen, des Vertreters des Verantwortlichen sowie eines etwaigen Datenschutzbeauftragten;

b) die Zwecke der Verarbeitung;

c) eine Beschreibung der Kategorien betroffener Personen und der Kategorien personenbezogener Daten;

d) die Kategorien von Empfängern, gegenüber denen die personenbezogenen Daten offengelegt worden sind oder noch offengelegt werden, einschließlich Empfänger in Drittländern oder internationalen Organisationen;

e) gegebenenfalls Übermittlungen von personenbezogenen Daten an ein Drittland oder an eine internationale Organisation, einschließlich der Angabe des betreffenden Drittlands oder der betreffenden internationalen Organisation, sowie bei den in Artikel 49 Absatz 1 Unterabsatz 2 genannten Datenübermittlungen die Dokumentierung geeigneter Garantien;

f) wenn möglich, die vorgesehenen Fristen für die Löschung der verschiedenen Datenkategorien;

g) wenn möglich, eine allgemeine Beschreibung der technischen und organisatorischen Maßnahmen gemäß Artikel 32 Absatz 1.

(2) Jeder Auftragsverarbeiter und gegebenenfalls sein Vertreter führen ein Verzeichnis zu allen Kategorien von im Auftrag eines Verantwortlichen durchgeführten Tätigkeiten der Verarbeitung, die Folgendes enthält:

a) den Namen und die Kontaktdaten des Auftragsverarbeiters oder der Auftragsverarbeiter und jedes Verantwortlichen, in dessen Auftrag der Auftragsverarbeiter tätig ist, sowie gegebenenfalls des Vertreters des Verantwortlichen oder des Auftragsverarbeiters und eines etwaigen Datenschutzbeauftragten;

b) die Kategorien von Verarbeitungen, die im Auftrag jedes Verantwortlichen durchgeführt werden;

c) gegebenenfalls Übermittlungen von personenbezogenen Daten an ein Drittland oder an eine internationale Organisation, einschließlich der Angabe des betreffenden Drittlands oder der betreffenden internationalen Organisation, sowie bei den in Artikel 49 Absatz 1 Unterabsatz 2 genannten Datenübermittlungen die Dokumentierung geeigneter Garantien;

d) wenn möglich, eine allgemeine Beschreibung der technischen und organisatorischen Maßnahmen gemäß Artikel 32 Absatz 1.

(3) Das in den Absätzen 1 und 2 genannte Verzeichnis ist schriftlich zu führen, was auch in einem elektronischen Format erfolgen kann.

(4) Der Verantwortliche oder der Auftragsverarbeiter sowie gegebenenfalls der Vertreter des Verantwortlichen oder des Auftragsverarbeiters stellen der Aufsichtsbehörde das Verzeichnis auf Anfrage zur Verfügung.

(5) Die in den Absätzen 1 und 2 genannten Pflichten gelten nicht für Unternehmen oder Einrichtungen, die weniger als 250 Mitarbeiter beschäftigen, es sei denn, die von ihnen vorgenommene Verarbeitung birgt ein Risiko für die Rechte und Freiheiten der betroffenen Personen, die Verarbeitung erfolgt nicht nur gelegentlich oder es erfolgt eine Verarbeitung besonderer Datenkategorien gemäß Ar-

tikel 9 Absatz 1 bzw. die Verarbeitung von personenbezogenen Daten über strafrechtliche Verurteilungen und Straftaten im Sinne des Artikels 10.

Artikel 31 Zusammenarbeit mit der Aufsichtsbehörde

Der Verantwortliche und der Auftragsverarbeiter und gegebenenfalls deren Vertreter arbeiten auf Anfrage mit der Aufsichtsbehörde bei der Erfüllung ihrer Aufgaben zusammen.

Abschnitt 2
Sicherheit personenbezogener Daten

Artikel 32 Sicherheit der Verarbeitung

(1) Unter Berücksichtigung des Stands der Technik, der Implementierungskosten und der Art, des Umfangs, der Umstände und der Zwecke der Verarbeitung sowie der unterschiedlichen Eintrittswahrscheinlichkeit und Schwere des Risikos für die Rechte und Freiheiten natürlicher Personen treffen der Verantwortliche und der Auftragsverarbeiter geeignete technische und organisatorische Maßnahmen, um ein dem Risiko angemessenes Schutzniveau zu gewährleisten; diese Maßnahmen schließen unter anderem Folgendes ein:

a) die Pseudonymisierung und Verschlüsselung personenbezogener Daten;
b) die Fähigkeit, die Vertraulichkeit, Integrität, Verfügbarkeit und Belastbarkeit der Systeme und Dienste im Zusammenhang mit der Verarbeitung auf Dauer sicherzustellen;
c) die Fähigkeit, die Verfügbarkeit der personenbezogenen Daten und den Zugang zu ihnen bei einem physischen oder technischen Zwischenfall rasch wiederherzustellen;
d) ein Verfahren zur regelmäßigen Überprüfung, Bewertung und Evaluierung der Wirksamkeit der technischen und organisatorischen Maßnahmen zur Gewährleistung der Sicherheit der Verarbeitung.

(2) Bei der Beurteilung des angemessenen Schutzniveaus sind insbesondere die Risiken zu berücksichtigen, die mit der Verarbeitung verbunden sind, insbesondere durch – ob unbeabsichtigt oder unrechtmäßig – Vernichtung, Verlust, Veränderung oder unbefugte Offenlegung von beziehungsweise unbefugten Zugang zu personenbezogenen Daten, die übermittelt, gespeichert oder auf andere Weise verarbeitet wurden.

(3) Die Einhaltung genehmigter Verhaltensregeln gemäß Artikel 40 oder eines genehmigten Zertifizierungsverfahrens gemäß Artikel 42 kann als Faktor herangezogen werden, um die Erfüllung der in Absatz 1 des vorliegenden Artikels genannten Anforderungen nachzuweisen.

(4) Der Verantwortliche und der Auftragsverarbeiter unternehmen Schritte, um sicherzustellen, dass ihnen unterstellte natürliche Personen, die Zugang zu personenbezogenen Daten haben, diese nur auf Anweisung des Verantwortlichen verarbeiten, es sei denn, sie sind nach dem Recht der Union oder der Mitgliedstaaten zur Verarbeitung verpflichtet.

Artikel 33 Meldung von Verletzungen des Schutzes personenbezogener Daten an die Aufsichtsbehörde

(1) Im Falle einer Verletzung des Schutzes personenbezogener Daten meldet der Verantwortliche unverzüglich und möglichst binnen 72 Stunden, nachdem

ihm die Verletzung bekannt wurde, diese der gemäß Artikel 55 zuständigen Aufsichtsbehörde, es sei denn, dass die Verletzung des Schutzes personenbezogener Daten voraussichtlich nicht zu einem Risiko für die Rechte und Freiheiten natürlicher Personen führt. Erfolgt die Meldung an die Aufsichtsbehörde nicht binnen 72 Stunden, so ist ihr eine Begründung für die Verzögerung beizufügen.

(2) Wenn dem Auftragsverarbeiter eine Verletzung des Schutzes personenbezogener Daten bekannt wird, meldet er diese dem Verantwortlichen unverzüglich.

(3) Die Meldung gemäß Absatz 1 enthält zumindest folgende Informationen:

a) eine Beschreibung der Art der Verletzung des Schutzes personenbezogener Daten, soweit möglich mit Angabe der Kategorien und der ungefähren Zahl der betroffenen Personen, der betroffenen Kategorien und der ungefähren Zahl der betroffenen personenbezogenen Datensätze;

b) den Namen und die Kontaktdaten des Datenschutzbeauftragten oder einer sonstigen Anlaufstelle für weitere Informationen;

c) eine Beschreibung der wahrscheinlichen Folgen der Verletzung des Schutzes personenbezogener Daten;

d) eine Beschreibung der von dem Verantwortlichen ergriffenen oder vorgeschlagenen Maßnahmen zur Behebung der Verletzung des Schutzes personenbezogener Daten und gegebenenfalls Maßnahmen zur Abmilderung ihrer möglichen nachteiligen Auswirkungen.

(4) Wenn und soweit die Informationen nicht zur gleichen Zeit bereitgestellt werden können, kann der Verantwortliche diese Informationen ohne unangemessene weitere Verzögerung schrittweise zur Verfügung stellen.

(5) Der Verantwortliche dokumentiert Verletzungen des Schutzes personenbezogener Daten einschließlich aller im Zusammenhang mit der Verletzung des Schutzes personenbezogener Daten stehenden Fakten, von deren Auswirkungen und der ergriffenen Abhilfemaßnahmen. Diese Dokumentation muss der Aufsichtsbehörde die Überprüfung der Einhaltung der Bestimmungen dieses Artikels ermöglichen.

Artikel 34 Benachrichtigung der von einer Verletzung des Schutzes personenbezogener Daten betroffenen Person

(1) Hat die Verletzung des Schutzes personenbezogener Daten voraussichtlich ein hohes Risiko für die persönlichen Rechte und Freiheiten natürlicher Personen zur Folge, so benachrichtigt der Verantwortliche die betroffene Person unverzüglich von der Verletzung.

(2) Die in Absatz 1 genannte Benachrichtigung der betroffenen Person beschreibt in klarer und einfacher Sprache die Art der Verletzung des Schutzes personenbezogener Daten und enthält zumindest die in Artikel 33 Absatz 3 Buchstaben b, c und d genannten Informationen und Maßnahmen.

(3) Die Benachrichtigung der betroffenen Person gemäß Absatz 1 ist nicht erforderlich, wenn eine der folgenden Bedingungen erfüllt ist:

a) der Verantwortliche geeignete technische und organisatorische Sicherheitsvorkehrungen getroffen hat und diese Vorkehrungen auf die von der Verletzung betroffenen personenbezogenen Daten angewandt wurden, insbesondere solche, durch die die personenbezogenen Daten für alle Personen, die nicht zum Zugang zu den personenbezogenen Daten befugt sind, unzugänglich gemacht werden, etwa durch Verschlüsselung;

b) der Verantwortliche durch nachfolgende Maßnahmen sichergestellt hat, dass das hohe Risiko für die Rechte und Freiheiten der betroffenen Personen gemäß Absatz 1 aller Wahrscheinlichkeit nach nicht mehr besteht;

c) dies mit einem unverhältnismäßigen Aufwand verbunden wäre. In diesem Fall hat stattdessen eine öffentliche Bekanntmachung oder eine ähnliche Maßnahme zu erfolgen, durch die die betroffenen Personen vergleichbar wirksam informiert werden.

(4) Wenn der Verantwortliche die betroffene Person nicht bereits über die Verletzung des Schutzes personenbezogener Daten benachrichtigt hat, kann die Aufsichtsbehörde unter Berücksichtigung der Wahrscheinlichkeit, mit der die Verletzung des Schutzes personenbezogener Daten zu einem hohen Risiko führt, von dem Verantwortlichen verlangen, dies nachzuholen, oder sie kann mit einem Beschluss feststellen, dass bestimmte der in Absatz 3 genannten Voraussetzungen erfüllt sind.

Abschnitt 3

Datenschutz-Folgenabschätzung und vorherige Konsultation

Artikel 35 Datenschutz-Folgenabschätzung

(1) Hat eine Form der Verarbeitung, insbesondere bei Verwendung neuer Technologien, aufgrund der Art, des Umfangs, der Umstände und der Zwecke der Verarbeitung voraussichtlich ein hohes Risiko für die Rechte und Freiheiten natürlicher Personen zur Folge, so führt der Verantwortliche vorab eine Abschätzung der Folgen der vorgesehenen Verarbeitungsvorgänge für den Schutz personenbezogener Daten durch. Für die Untersuchung mehrerer ähnlicher Verarbeitungsvorgänge mit ähnlich hohen Risiken kann eine einzige Abschätzung vorgenommen werden.

(2) Der Verantwortliche holt bei der Durchführung einer Datenschutz-Folgenabschätzung den Rat des Datenschutzbeauftragten, sofern ein solcher benannt wurde, ein.

(3) Eine Datenschutz-Folgenabschätzung gemäß Absatz 1 ist insbesondere in folgenden Fällen erforderlich:

a) systematische und umfassende Bewertung persönlicher Aspekte natürlicher Personen, die sich auf automatisierte Verarbeitung einschließlich Profiling gründet und die ihrerseits als Grundlage für Entscheidungen dient, die Rechtswirkung gegenüber natürlichen Personen entfalten oder diese in ähnlich erheblicher Weise beeinträchtigen;

b) umfangreiche Verarbeitung besonderer Kategorien von personenbezogenen Daten gemäß Artikel 9 Absatz 1 oder von personenbezogenen Daten über strafrechtliche Verurteilungen und Straftaten gemäß Artikel 10 oder

c) systematische umfangreiche Überwachung öffentlich zugänglicher Bereiche.

(4) Die Aufsichtsbehörde erstellt eine Liste der Verarbeitungsvorgänge, für die gemäß Absatz 1 eine Datenschutz-Folgenabschätzung durchzuführen ist, und veröffentlicht diese. Die Aufsichtsbehörde übermittelt diese Listen dem in Artikel 68 genannten Ausschuss.

(5) Die Aufsichtsbehörde kann des Weiteren eine Liste der Arten von Verarbeitungsvorgängen erstellen und veröffentlichen, für die keine Datenschutz-Folgenabschätzung erforderlich ist. Die Aufsichtsbehörde übermittelt diese Listen dem Ausschuss.

(6) Vor Festlegung der in den Absätzen 4 und 5 genannten Listen wendet die zuständige Aufsichtsbehörde das Kohärenzverfahren gemäß Artikel 63 an, wenn solche Listen Verarbeitungstätigkeiten umfassen, die mit dem Angebot von Waren oder Dienstleistungen für betroffene Personen oder der Beobachtung des Verhaltens dieser Personen in mehreren Mitgliedstaaten im Zusammenhang stehen oder die den freien Verkehr personenbezogener Daten innerhalb der Union erheblich beeinträchtigen könnten.

(7) Die Folgenabschätzung enthält zumindest Folgendes:

a) eine systematische Beschreibung der geplanten Verarbeitungsvorgänge und der Zwecke der Verarbeitung, gegebenenfalls einschließlich der von dem Verantwortlichen verfolgten berechtigten Interessen;

b) eine Bewertung der Notwendigkeit und Verhältnismäßigkeit der Verarbeitungsvorgänge in Bezug auf den Zweck;

c) eine Bewertung der Risiken für die Rechte und Freiheiten der betroffenen Personen gemäß Absatz 1 und

d) die zur Bewältigung der Risiken geplanten Abhilfemaßnahmen, einschließlich Garantien, Sicherheitsvorkehrungen und Verfahren, durch die der Schutz personenbezogener Daten sichergestellt und der Nachweis dafür erbracht wird, dass diese Verordnung eingehalten wird, wobei den Rechten und berechtigten Interessen der betroffenen Personen und sonstiger Betroffener Rechnung getragen wird.

(8) Die Einhaltung genehmigter Verhaltensregeln gemäß Artikel 40 durch die zuständigen Verantwortlichen oder die zuständigen Auftragsverarbeiter ist bei der Beurteilung der Auswirkungen der von diesen durchgeführten Verarbeitungsvorgänge, insbesondere für die Zwecke einer Datenschutz-Folgenabschätzung, gebührend zu berücksichtigen.

(9) Der Verantwortliche holt gegebenenfalls den Standpunkt der betroffenen Personen oder ihrer Vertreter zu der beabsichtigten Verarbeitung unbeschadet des Schutzes gewerblicher oder öffentlicher Interessen oder der Sicherheit der Verarbeitungsvorgänge ein.

(10) Falls die Verarbeitung gemäß Artikel 6 Absatz 1 Buchstabe c oder e auf einer Rechtsgrundlage im Unionsrecht oder im Recht des Mitgliedstaats, dem der Verantwortliche unterliegt, beruht und falls diese Rechtsvorschriften den konkreten Verarbeitungsvorgang oder die konkreten Verarbeitungsvorgänge regeln und bereits im Rahmen der allgemeinen Folgenabschätzung im Zusammenhang mit dem Erlass dieser Rechtsgrundlage eine Datenschutz-Folgenabschätzung erfolgte, gelten die Absätze 1 bis 7 nur, wenn es nach dem Ermessen der Mitgliedstaaten erforderlich ist, vor den betreffenden Verarbeitungstätigkeiten eine solche Folgenabschätzung durchzuführen.

(11) Erforderlichenfalls führt der Verantwortliche eine Überprüfung durch, um zu bewerten, ob die Verarbeitung gemäß der Datenschutz-Folgenabschätzung durchgeführt wird; dies gilt zumindest, wenn hinsichtlich des mit den Verarbeitungsvorgängen verbundenen Risikos Änderungen eingetreten sind.

Artikel 36 Vorherige Konsultation

(1) Der Verantwortliche konsultiert vor der Verarbeitung die Aufsichtsbehörde, wenn aus einer Datenschutz-Folgenabschätzung gemäß Artikel 35 hervorgeht, dass die Verarbeitung ein hohes Risiko zur Folge hätte, sofern der Verantwortliche keine Maßnahmen zur Eindämmung des Risikos trifft.

(2) Falls die Aufsichtsbehörde der Auffassung ist, dass die geplante Verarbeitung gemäß Absatz 1 nicht im Einklang mit dieser Verordnung stünde, insbesondere weil der Verantwortliche das Risiko nicht ausreichend ermittelt oder nicht ausreichend eingedämmt hat, unterbreitet sie dem Verantwortlichen und gegebenenfalls dem Auftragsverarbeiter innerhalb eines Zeitraums von bis zu acht Wochen nach Erhalt des Ersuchens um Konsultation entsprechende schriftliche Empfehlungen und kann ihre in Artikel 58 genannten Befugnisse ausüben. Diese Frist kann unter Berücksichtigung der Komplexität der geplanten Verarbeitung um sechs Wochen verlängert werden. Die Aufsichtsbehörde unterrichtet den Verantwortlichen oder gegebenenfalls den Auftragsverarbeiter über eine solche Fristverlängerung innerhalb eines Monats nach Eingang des Antrags auf Konsultation zusammen mit den Gründen für die Verzögerung. Diese Fristen können ausgesetzt werden, bis die Aufsichtsbehörde die für die Zwecke der Konsultation angeforderten Informationen erhalten hat.

(3) Der Verantwortliche stellt der Aufsichtsbehörde bei einer Konsultation gemäß Absatz 1 folgende Informationen zur Verfügung:

a) gegebenenfalls Angaben zu den jeweiligen Zuständigkeiten des Verantwortlichen, der gemeinsam Verantwortlichen und der an der Verarbeitung beteiligten Auftragsverarbeiter, insbesondere bei einer Verarbeitung innerhalb einer Gruppe von Unternehmen;
b) die Zwecke und die Mittel der beabsichtigten Verarbeitung;
c) die zum Schutz der Rechte und Freiheiten der betroffenen Personen gemäß dieser Verordnung vorgesehenen Maßnahmen und Garantien;
d) gegebenenfalls die Kontaktdaten des Datenschutzbeauftragten;
e) die Datenschutz-Folgenabschätzung gemäß Artikel 35 und
f) alle sonstigen von der Aufsichtsbehörde angeforderten Informationen.

(4) Die Mitgliedstaaten konsultieren die Aufsichtsbehörde bei der Ausarbeitung eines Vorschlags für von einem nationalen Parlament zu erlassende Gesetzgebungsmaßnahmen oder von auf solchen Gesetzgebungsmaßnahmen basierenden Regelungsmaßnahmen, die die Verarbeitung betreffen.

(5) Ungeachtet des Absatzes 1 können Verantwortliche durch das Recht der Mitgliedstaaten verpflichtet werden, bei der Verarbeitung zur Erfüllung einer im öffentlichen Interesse liegenden Aufgabe, einschließlich der Verarbeitung zu Zwecken der sozialen Sicherheit und der öffentlichen Gesundheit, die Aufsichtsbehörde zu konsultieren und deren vorherige Genehmigung einzuholen.

Abschnitt 4
Datenschutzbeauftragter

Artikel 37 Benennung eines Datenschutzbeauftragten

(1) Der Verantwortliche und der Auftragsverarbeiter benennen auf jeden Fall einen Datenschutzbeauftragten, wenn

a) die Verarbeitung von einer Behörde oder öffentlichen Stelle durchgeführt wird, mit Ausnahme von Gerichten, die im Rahmen ihrer justiziellen Tätigkeit handeln,
b) die Kerntätigkeit des Verantwortlichen oder des Auftragsverarbeiters in der Durchführung von Verarbeitungsvorgängen besteht, welche aufgrund ihrer Art, ihres Umfangs und/oder ihrer Zwecke eine umfangreiche regelmäßige und

systematische Überwachung von betroffenen Personen erforderlich machen, oder

c) die Kerntätigkeit des Verantwortlichen oder des Auftragsverarbeiters in der umfangreichen Verarbeitung besonderer Kategorien von Daten gemäß Artikel 9 oder von personenbezogenen Daten über strafrechtliche Verurteilungen und Straftaten gemäß Artikel 10 besteht.

(2) Eine Unternehmensgruppe darf einen gemeinsamen Datenschutzbeauftragten ernennen, sofern von jeder Niederlassung aus der Datenschutzbeauftragte leicht erreicht werden kann.

(3) Falls es sich bei dem Verantwortlichen oder dem Auftragsverarbeiter um eine Behörde oder öffentliche Stelle handelt, kann für mehrere solcher Behörden oder Stellen unter Berücksichtigung ihrer Organisationsstruktur und ihrer Größe ein gemeinsamer Datenschutzbeauftragter benannt werden.

(4) In anderen als den in Absatz 1 genannten Fällen können der Verantwortliche oder der Auftragsverarbeiter oder Verbände und andere Vereinigungen, die Kategorien von Verantwortlichen oder Auftragsverarbeitern vertreten, einen Datenschutzbeauftragten benennen; falls dies nach dem Recht der Union oder der Mitgliedstaaten vorgeschrieben ist, müssen sie einen solchen benennen. Der Datenschutzbeauftragte kann für derartige Verbände und andere Vereinigungen, die Verantwortliche oder Auftragsverarbeiter vertreten, handeln.

(5) Der Datenschutzbeauftragte wird auf der Grundlage seiner beruflichen Qualifikation und insbesondere des Fachwissens benannt, das er auf dem Gebiet des Datenschutzrechts und der Datenschutzpraxis besitzt, sowie auf der Grundlage seiner Fähigkeit zur Erfüllung der in Artikel 39 genannten Aufgaben.

(6) Der Datenschutzbeauftragte kann Beschäftigter des Verantwortlichen oder des Auftragsverarbeiters sein oder seine Aufgaben auf der Grundlage eines Dienstleistungsvertrags erfüllen.

(7) Der Verantwortliche oder der Auftragsverarbeiter veröffentlicht die Kontaktdaten des Datenschutzbeauftragten und teilt diese Daten der Aufsichtsbehörde mit.

Artikel 38 Stellung des Datenschutzbeauftragten

(1) Der Verantwortliche und der Auftragsverarbeiter stellen sicher, dass der Datenschutzbeauftragte ordnungsgemäß und frühzeitig in alle mit dem Schutz personenbezogener Daten zusammenhängenden Fragen eingebunden wird.

(2) Der Verantwortliche und der Auftragsverarbeiter unterstützen den Datenschutzbeauftragten bei der Erfüllung seiner Aufgaben gemäß Artikel 39, indem sie die für die Erfüllung dieser Aufgaben erforderlichen Ressourcen und den Zugang zu personenbezogenen Daten und Verarbeitungsvorgängen sowie die zur Erhaltung seines Fachwissens erforderlichen Ressourcen zur Verfügung stellen.

(3) Der Verantwortliche und der Auftragsverarbeiter stellen sicher, dass der Datenschutzbeauftragte bei der Erfüllung seiner Aufgaben keine Anweisungen bezüglich der Ausübung dieser Aufgaben erhält. Der Datenschutzbeauftragte darf von dem Verantwortlichen oder dem Auftragsverarbeiter wegen der Erfüllung seiner Aufgaben nicht abberufen oder benachteiligt werden. Der Datenschutzbeauftragte berichtet unmittelbar der höchsten Managementebene des Verantwortlichen oder des Auftragsverarbeiters.

(4) Betroffene Personen können den Datenschutzbeauftragten zu allen mit der Verarbeitung ihrer personenbezogenen Daten und mit der Wahrnehmung ihrer

Rechte gemäß dieser Verordnung im Zusammenhang stehenden Fragen zu Rate ziehen.

(5) Der Datenschutzbeauftragte ist nach dem Recht der Union oder der Mitgliedstaaten bei der Erfüllung seiner Aufgaben an die Wahrung der Geheimhaltung oder der Vertraulichkeit gebunden.

(6) Der Datenschutzbeauftragte kann andere Aufgaben und Pflichten wahrnehmen. Der Verantwortliche oder der Auftragsverarbeiter stellt sicher, dass derartige Aufgaben und Pflichten nicht zu einem Interessenkonflikt führen.

Artikel 39 Aufgaben des Datenschutzbeauftragten

(1) Dem Datenschutzbeauftragten obliegen zumindest folgende Aufgaben:

a) Unterrichtung und Beratung des Verantwortlichen oder des Auftragsverarbeiters und der Beschäftigten, die Verarbeitungen durchführen, hinsichtlich ihrer Pflichten nach dieser Verordnung sowie nach sonstigen Datenschutzvorschriften der Union bzw. der Mitgliedstaaten;

b) Überwachung der Einhaltung dieser Verordnung, anderer Datenschutzvorschriften der Union bzw. der Mitgliedstaaten sowie der Strategien des Verantwortlichen oder des Auftragsverarbeiters für den Schutz personenbezogener Daten einschließlich der Zuweisung von Zuständigkeiten, der Sensibilisierung und Schulung der an den Verarbeitungsvorgängen beteiligten Mitarbeiter und der diesbezüglichen Überprüfungen;

c) Beratung – auf Anfrage – im Zusammenhang mit der Datenschutz-Folgenabschätzung und Überwachung ihrer Durchführung gemäß Artikel 35;

d) Zusammenarbeit mit der Aufsichtsbehörde;

e) Tätigkeit als Anlaufstelle für die Aufsichtsbehörde in mit der Verarbeitung zusammenhängenden Fragen, einschließlich der vorherigen Konsultation gemäß Artikel 36, und gegebenenfalls Beratung zu allen sonstigen Fragen.

(2) Der Datenschutzbeauftragte trägt bei der Erfüllung seiner Aufgaben dem mit den Verarbeitungsvorgängen verbundenen Risiko gebührend Rechnung, wobei er die Art, den Umfang, die Umstände und die Zwecke der Verarbeitung berücksichtigt.

Abschnitt 5
Verhaltensregeln und Zertifizierung

Artikel 40 Verhaltensregeln

(1) Die Mitgliedstaaten, die Aufsichtsbehörden, der Ausschuss und die Kommission fördern die Ausarbeitung von Verhaltensregeln, die nach Maßgabe der Besonderheiten der einzelnen Verarbeitungsbereiche und der besonderen Bedürfnisse von Kleinstunternehmen sowie kleinen und mittleren Unternehmen zur ordnungsgemäßen Anwendung dieser Verordnung beitragen sollen.

(2) Verbände und andere Vereinigungen, die Kategorien von Verantwortlichen oder Auftragsverarbeitern vertreten, können Verhaltensregeln ausarbeiten oder ändern oder erweitern, mit denen die Anwendung dieser Verordnung beispielsweise zu dem Folgenden präzisiert wird:

a) faire und transparente Verarbeitung;

b) die berechtigten Interessen des Verantwortlichen in bestimmten Zusammenhängen;

c) Erhebung personenbezogener Daten;

d) Pseudonymisierung personenbezogener Daten;

e) Unterrichtung der Öffentlichkeit und der betroffenen Personen;

f) Ausübung der Rechte betroffener Personen;

g) Unterrichtung und Schutz von Kindern und Art und Weise, in der die Einwilligung des Trägers der elterlichen Verantwortung für das Kind einzuholen ist;

h) die Maßnahmen und Verfahren gemäß den Artikeln 24 und 25 und die Maßnahmen für die Sicherheit der Verarbeitung gemäß Artikel 32;

i) die Meldung von Verletzungen des Schutzes personenbezogener Daten an Aufsichtsbehörden und die Benachrichtigung der betroffenen Person von solchen Verletzungen des Schutzes personenbezogener Daten;

j) die Übermittlung personenbezogener Daten an Drittländer oder an internationale Organisationen oder

k) außergerichtliche Verfahren und sonstige Streitbeilegungsverfahren zur Beilegung von Streitigkeiten zwischen Verantwortlichen und betroffenen Personen im Zusammenhang mit der Verarbeitung, unbeschadet der Rechte betroffener Personen gemäß den Artikeln 77 und 79.

(3) Zusätzlich zur Einhaltung durch die unter diese Verordnung fallenden Verantwortlichen oder Auftragsverarbeiter können Verhaltensregeln, die gemäß Absatz 5 des vorliegenden Artikels genehmigt wurden und gemäß Absatz 9 des vorliegenden Artikels allgemeine Gültigkeit besitzen, können auch von Verantwortlichen oder Auftragsverarbeitern, die gemäß Artikel 3 nicht unter diese Verordnung fallen, eingehalten werden, um geeignete Garantien im Rahmen der Übermittlung personenbezogener Daten an Drittländer oder internationale Organisationen nach Maßgabe des Artikels 46 Absatz 2 Buchstabe e zu bieten. Diese Verantwortlichen oder Auftragsverarbeiter gehen mittels vertraglicher oder sonstiger rechtlich bindender Instrumente die verbindliche und durchsetzbare Verpflichtung ein, die geeigneten Garantien anzuwenden, auch im Hinblick auf die Rechte der betroffenen Personen.

(4) Die Verhaltensregeln gemäß Absatz 2 des vorliegenden Artikels müssen Verfahren vorsehen, die es der in Artikel 41 Absatz 1 genannten Stelle ermöglichen, die obligatorische Überwachung der Einhaltung ihrer Bestimmungen durch die Verantwortlichen oder die Auftragsverarbeiter, die sich zur Anwendung der Verhaltensregeln verpflichten, vorzunehmen, unbeschadet der Aufgaben und Befugnisse der Aufsichtsbehörde, die nach Artikel 55 oder 56 zuständig ist.

(5) Verbände und andere Vereinigungen gemäß Absatz 2 des vorliegenden Artikels, die beabsichtigen, Verhaltensregeln auszuarbeiten oder bestehende Verhaltensregeln zu ändern oder zu erweitern, legen den Entwurf der Verhaltensregeln bzw. den Entwurf zu deren Änderung oder Erweiterung der Aufsichtsbehörde vor, die nach Artikel 55 zuständig ist. Die Aufsichtsbehörde gibt eine Stellungnahme darüber ab, ob der Entwurf der Verhaltensregeln bzw. der Entwurf zu deren Änderung oder Erweiterung mit dieser Verordnung vereinbar ist und genehmigt diesen Entwurf der Verhaltensregeln bzw. den Entwurf zu deren Änderung oder Erweiterung, wenn sie der Auffassung ist, dass er ausreichende geeignete Garantien bietet.

(6) Wird durch die Stellungnahme nach Absatz 5 der Entwurf der Verhaltensregeln bzw. der Entwurf zu deren Änderung oder Erweiterung genehmigt und beziehen sich die betreffenden Verhaltensregeln nicht auf Verarbeitungstätigkeiten in mehreren Mitgliedstaaten, so nimmt die Aufsichtsbehörde die Verhaltensregeln in ein Verzeichnis auf und veröffentlicht sie.

(7) Bezieht sich der Entwurf der Verhaltensregeln auf Verarbeitungstätigkeiten in mehreren Mitgliedstaaten, so legt die nach Artikel 55 zuständige Aufsichtsbehörde – bevor sie den Entwurf der Verhaltensregeln bzw. den Entwurf zu deren Änderung oder Erweiterung genehmigt – ihn nach dem Verfahren gemäß Artikel 63 dem Ausschuss vor, der zu der Frage Stellung nimmt, ob der Entwurf der Verhaltensregeln bzw. der Entwurf zu deren Änderung oder Erweiterung mit dieser Verordnung vereinbar ist oder – im Fall nach Absatz 3 dieses Artikels – geeignete Garantien vorsieht.

(8) Wird durch die Stellungnahme nach Absatz 7 bestätigt, dass der Entwurf der Verhaltensregeln bzw. der Entwurf zu deren Änderung oder Erweiterung mit dieser Verordnung vereinbar ist oder – im Fall nach Absatz 3 – geeignete Garantien vorsieht, so übermittelt der Ausschuss seine Stellungnahme der Kommission.

(9) Die Kommission kann im Wege von Durchführungsrechtsakten beschließen, dass die ihr gemäß Absatz 8 übermittelten genehmigten Verhaltensregeln bzw. deren genehmigte Änderung oder Erweiterung allgemeine Gültigkeit in der Union besitzen. Diese Durchführungsrechtsakte werden gemäß dem Prüfverfahren nach Artikel 93 Absatz 2 erlassen.

(10) Die Kommission trägt dafür Sorge, dass die genehmigten Verhaltensregeln, denen gemäß Absatz 9 allgemeine Gültigkeit zuerkannt wurde, in geeigneter Weise veröffentlicht werden.

(11) Der Ausschuss nimmt alle genehmigten Verhaltensregeln bzw. deren genehmigte Änderungen oder Erweiterungen in ein Register auf und veröffentlicht sie in geeigneter Weise.

Artikel 41 Überwachung der genehmigten Verhaltensregeln

(1) Unbeschadet der Aufgaben und Befugnisse der zuständigen Aufsichtsbehörde gemäß den Artikeln 57 und 58 kann die Überwachung der Einhaltung von Verhaltensregeln gemäß Artikel 40 von einer Stelle durchgeführt werden, die über das geeignete Fachwissen hinsichtlich des Gegenstands der Verhaltensregeln verfügt und die von der zuständigen Aufsichtsbehörde zu diesem Zweck akkreditiert wurde.

(2) Eine Stelle gemäß Absatz 1 kann zum Zwecke der Überwachung der Einhaltung von Verhaltensregeln akkreditiert werden, wenn sie

a) ihre Unabhängigkeit und ihr Fachwissen hinsichtlich des Gegenstands der Verhaltensregeln zur Zufriedenheit der zuständigen Aufsichtsbehörde nachgewiesen hat;

b) Verfahren festgelegt hat, die es ihr ermöglichen, zu bewerten, ob Verantwortliche und Auftragsverarbeiter die Verhaltensregeln anwenden können, die Einhaltung der Verhaltensregeln durch die Verantwortlichen und Auftragsverarbeiter zu überwachen und die Anwendung der Verhaltensregeln regelmäßig zu überprüfen;

c) Verfahren und Strukturen festgelegt hat, mit denen sie Beschwerden über Verletzungen der Verhaltensregeln oder über die Art und Weise, in der die Verhaltensregeln von dem Verantwortlichen oder dem Auftragsverarbeiter angewendet werden oder wurden, nachgeht und diese Verfahren und Strukturen für betroffene Personen und die Öffentlichkeit transparent macht, und

d) zur Zufriedenheit der zuständigen Aufsichtsbehörde nachgewiesen hat, dass ihre Aufgaben und Pflichten nicht zu einem Interessenkonflikt führen.

(3) Die zuständige Aufsichtsbehörde übermittelt den Entwurf der Kriterien für die Akkreditierung einer Stelle nach Absatz 1 gemäß dem Kohärenzverfahren nach Artikel 63 an den Ausschuss.

(4) Unbeschadet der Aufgaben und Befugnisse der zuständigen Aufsichtsbehörde und der Bestimmungen des Kapitels VIII ergreift eine Stelle gemäß Absatz 1 vorbehaltlich geeigneter Garantien im Falle einer Verletzung der Verhaltensregeln durch einen Verantwortlichen oder einen Auftragsverarbeiter geeignete Maßnahmen, einschließlich eines vorläufigen oder endgültigen Ausschlusses des Verantwortlichen oder Auftragsverarbeiters von den Verhaltensregeln. Sie unterrichtet die zuständige Aufsichtsbehörde über solche Maßnahmen und deren Begründung.

(5) Die zuständige Aufsichtsbehörde widerruft die Akkreditierung einer Stelle gemäß Absatz 1, wenn die Voraussetzungen für ihre Akkreditierung nicht oder nicht mehr erfüllt sind oder wenn die Stelle Maßnahmen ergreift, die nicht mit dieser Verordnung vereinbar sind.

(6) Dieser Artikel gilt nicht für die Verarbeitung durch Behörden oder öffentliche Stellen.

Artikel 42 Zertifizierung

(1) Die Mitgliedstaaten, die Aufsichtsbehörden, der Ausschuss und die Kommission fördern insbesondere auf Unionsebene die Einführung von datenschutzspezifischen Zertifizierungsverfahren sowie von Datenschutzsiegeln und -prüfzeichen, die dazu dienen, nachzuweisen, dass diese Verordnung bei Verarbeitungsvorgängen von Verantwortlichen oder Auftragsverarbeitern eingehalten wird. Den besonderen Bedürfnissen von Kleinstunternehmen sowie kleinen und mittleren Unternehmen wird Rechnung getragen.

(2) Zusätzlich zur Einhaltung durch die unter diese Verordnung fallenden Verantwortlichen oder Auftragsverarbeiter können auch datenschutzspezifische Zertifizierungsverfahren, Siegel oder Prüfzeichen, die gemäß Absatz 5 des vorliegenden Artikels genehmigt worden sind, vorgesehen werden, um nachzuweisen, dass die Verantwortlichen oder Auftragsverarbeiter, die gemäß Artikel 3 nicht unter diese Verordnung fallen, im Rahmen der Übermittlung personenbezogener Daten an Drittländer oder internationale Organisationen nach Maßgabe von Artikel 46 Absatz 2 Buchstabe f geeignete Garantien bieten. Diese Verantwortlichen oder Auftragsverarbeiter gehen mittels vertraglicher oder sonstiger rechtlich bindender Instrumente die verbindliche und durchsetzbare Verpflichtung ein, diese geeigneten Garantien anzuwenden, auch im Hinblick auf die Rechte der betroffenen Personen.

(3) Die Zertifizierung muss freiwillig und über ein transparentes Verfahren zugänglich sein.

(4) Eine Zertifizierung gemäß diesem Artikel mindert nicht die Verantwortung des Verantwortlichen oder des Auftragsverarbeiters für die Einhaltung dieser Verordnung und berührt nicht die Aufgaben und Befugnisse der Aufsichtsbehörden, die gemäß Artikel 55 oder 56 zuständig sind.

(5) Eine Zertifizierung nach diesem Artikel wird durch die Zertifizierungsstellen nach Artikel 43 oder durch die zuständige Aufsichtsbehörde anhand der von dieser zuständigen Aufsichtsbehörde gemäß Artikel 58 Absatz 3 oder – gemäß Artikel 63 – durch den Ausschuss genehmigten Kriterien erteilt. Werden die Kriterien vom Ausschuss genehmigt, kann dies zu einer gemeinsamen Zertifizierung, dem Europäischen Datenschutzsiegel, führen.

(6) Der Verantwortliche oder der Auftragsverarbeiter, der die von ihm durchgeführte Verarbeitung dem Zertifizierungsverfahren unterwirft, stellt der Zertifizierungsstelle nach Artikel 43 oder gegebenenfalls der zuständigen Aufsichtsbehörde alle für die Durchführung des Zertifizierungsverfahrens erforderlichen Informationen zur Verfügung und gewährt ihr den in diesem Zusammenhang erforderlichen Zugang zu seinen Verarbeitungstätigkeiten.

(7) Die Zertifizierung wird einem Verantwortlichen oder einem Auftragsverarbeiter für eine Höchstdauer von drei Jahren erteilt und kann unter denselben Bedingungen verlängert werden, sofern die einschlägigen Voraussetzungen weiterhin erfüllt werden. Die Zertifizierung wird gegebenenfalls durch die Zertifizierungsstellen nach Artikel 43 oder durch die zuständige Aufsichtsbehörde widerrufen, wenn die Voraussetzungen für die Zertifizierung nicht oder nicht mehr erfüllt werden.

(8) Der Ausschuss nimmt alle Zertifizierungsverfahren und Datenschutzsiegel und -prüfzeichen in ein Register auf und veröffentlicht sie in geeigneter Weise.

Artikel 43 Zertifizierungsstellen

(1) Unbeschadet der Aufgaben und Befugnisse der zuständigen Aufsichtsbehörde gemäß den Artikeln 57 und 58 erteilen oder verlängern Zertifizierungsstellen, die über das geeignete Fachwissen hinsichtlich des Datenschutzes verfügen, nach Unterrichtung der Aufsichtsbehörde – damit diese erforderlichenfalls von ihren Befugnissen gemäß Artikel 58 Absatz 2 Buchstabe h Gebrauch machen kann – die Zertifizierung. Die Mitgliedstaaten stellen sicher, dass diese Zertifizierungsstellen von einer oder beiden der folgenden Stellen akkreditiert werden:

a) der gemäß Artikel 55 oder 56 zuständigen Aufsichtsbehörde;

b) der nationalen Akkreditierungsstelle, die gemäß der Verordnung (EG) Nr. 765/2008 des Europäischen Parlaments und des Rates[1] im Einklang mit EN-ISO/IEC 17065/2012 und mit den zusätzlichen von der gemäß Artikel 55 oder 56 zuständigen Aufsichtsbehörde festgelegten Anforderungen benannt wurde.

(2) Zertifizierungsstellen nach Absatz 1 dürfen nur dann gemäß dem genannten Absatz akkreditiert werden, wenn sie

a) ihre Unabhängigkeit und ihr Fachwissen hinsichtlich des Gegenstands der Zertifizierung zur Zufriedenheit der zuständigen Aufsichtsbehörde nachgewiesen haben;

b) sich verpflichtet haben, die Kriterien nach Artikel 42 Absatz 5, die von der gemäß Artikel 55 oder 56 zuständigen Aufsichtsbehörde oder – gemäß Artikel 63 – von dem Ausschuss genehmigt wurden, einzuhalten;

c) Verfahren für die Erteilung, die regelmäßige Überprüfung und den Widerruf der Datenschutzzertifizierung sowie der Datenschutzsiegel und -prüfzeichen festgelegt haben;

d) Verfahren und Strukturen festgelegt haben, mit denen sie Beschwerden über Verletzungen der Zertifizierung oder die Art und Weise, in der die Zertifizierung von dem Verantwortlichen oder dem Auftragsverarbeiter umgesetzt wird oder wurde, nachgehen und diese Verfahren und Strukturen für betroffene Personen und die Öffentlichkeit transparent machen, und

---

1) Amtliche Fußnote: Verordnung (EG) Nr. 765/2008 des Europäischen Parlaments und des Rates vom 9. Juli 2008 über die Vorschriften für die Akkreditierung und Marktüberwachung im Zusammenhang mit der Vermarktung von Produkten und zur Aufhebung der Verordnung (EWG) Nr. 339/93 des Rates (ABl. L 218 vom 13. 8. 2008, S. 30).

e) zur Zufriedenheit der zuständigen Aufsichtsbehörde nachgewiesen haben, dass ihre Aufgaben und Pflichten nicht zu einem Interessenkonflikt führen.

(3) Die Akkreditierung von Zertifizierungsstellen nach den Absätzen 1 und 2 erfolgt anhand der Kriterien, die von der gemäß Artikel 55 oder 56 zuständigen Aufsichtsbehörde oder – gemäß Artikel 63 – von dem Ausschuss genehmigt wurden. Im Fall einer Akkreditierung nach Absatz 1 Buchstabe b des vorliegenden Artikels ergänzen diese Anforderungen diejenigen, die in der Verordnung (EG) Nr. 765/2008 und in den technischen Vorschriften, in denen die Methoden und Verfahren der Zertifizierungsstellen beschrieben werden, vorgesehen sind.

(4) Die Zertifizierungsstellen nach Absatz 1 sind unbeschadet der Verantwortung, die der Verantwortliche oder der Auftragsverarbeiter für die Einhaltung dieser Verordnung hat, für die angemessene Bewertung, die der Zertifizierung oder dem Widerruf einer Zertifizierung zugrunde liegt, verantwortlich. Die Akkreditierung wird für eine Höchstdauer von fünf Jahren erteilt und kann unter denselben Bedingungen verlängert werden, sofern die Zertifizierungsstelle die Anforderungen dieses Artikels erfüllt.

(5) Die Zertifizierungsstellen nach Absatz 1 teilen den zuständigen Aufsichtsbehörden die Gründe für die Erteilung oder den Widerruf der beantragten Zertifizierung mit.

(6) Die Anforderungen nach Absatz 3 des vorliegenden Artikels und die Kriterien nach Artikel 42 Absatz 5 werden von der Aufsichtsbehörde in leicht zugänglicher Form veröffentlicht. Die Aufsichtsbehörden übermitteln diese Anforderungen und Kriterien auch dem Ausschuss. Der Ausschuss nimmt alle Zertifizierungsverfahren und Datenschutzsiegel in ein Register auf und veröffentlicht sie in geeigneter Weise.

(7) Unbeschadet des Kapitels VIII widerruft die zuständige Aufsichtsbehörde oder die nationale Akkreditierungsstelle die Akkreditierung einer Zertifizierungsstelle nach Absatz 1, wenn die Voraussetzungen für die Akkreditierung nicht oder nicht mehr erfüllt sind oder wenn eine Zertifizierungsstelle Maßnahmen ergreift, die nicht mit dieser Verordnung vereinbar sind.

(8) Der Kommission wird die Befugnis übertragen, gemäß Artikel 92 delegierte Rechtsakte zu erlassen, um die Anforderungen festzulegen, die für die in Artikel 42 Absatz 1 genannten datenschutzspezifischen Zertifizierungsverfahren zu berücksichtigen sind.

(9) Die Kommission kann Durchführungsrechtsakte erlassen, mit denen technische Standards für Zertifizierungsverfahren und Datenschutzsiegel und -prüfzeichen sowie Mechanismen zur Förderung und Anerkennung dieser Zertifizierungsverfahren und Datenschutzsiegel und -prüfzeichen festgelegt werden. Diese Durchführungsrechtsakte werden gemäß dem in Artikel 93 Absatz 2 genannten Prüfverfahren erlassen.

KAPITEL V

Übermittlungen personenbezogener Daten an Drittländer oder an internationale Organisationen

Artikel 44 Allgemeine Grundsätze der Datenübermittlung

Jedwede Übermittlung personenbezogener Daten, die bereits verarbeitet werden oder nach ihrer Übermittlung an ein Drittland oder eine internationale Organisation verarbeitet werden sollen, ist nur zulässig, wenn der Verantwortliche und der Auftragsverarbeiter die in diesem Kapitel niedergelegten Bedingungen einhalten und auch die sonstigen Bestimmungen dieser Verordnung eingehalten werden; dies gilt auch für die etwaige Weiterübermittlung personenbezogener Daten durch das betreffende Drittland oder die betreffende internationale Organisation an ein anderes Drittland oder eine andere internationale Organisation. Alle Bestimmungen dieses Kapitels sind anzuwenden, um sicherzustellen, dass das durch diese Verordnung gewährleistete Schutzniveau für natürliche Personen nicht untergraben wird.

Artikel 45 Datenübermittlung auf der Grundlage eines Angemessenheitsbeschlusses

(1) Eine Übermittlung personenbezogener Daten an ein Drittland oder eine internationale Organisation darf vorgenommen werden, wenn die Kommission beschlossen hat, dass das betreffende Drittland, ein Gebiet oder ein oder mehrere spezifische Sektoren in diesem Drittland oder die betreffende internationale Organisation ein angemessenes Schutzniveau bietet. Eine solche Datenübermittlung bedarf keiner besonderen Genehmigung.

(2) Bei der Prüfung der Angemessenheit des gebotenen Schutzniveaus berücksichtigt die Kommission insbesondere das Folgende:

a) die Rechtsstaatlichkeit, die Achtung der Menschenrechte und Grundfreiheiten, die in dem betreffenden Land bzw. bei der betreffenden internationalen Organisation geltenden einschlägigen Rechtsvorschriften sowohl allgemeiner als auch sektoraler Art – auch in Bezug auf öffentliche Sicherheit, Verteidigung, nationale Sicherheit und Strafrecht sowie Zugang der Behörden zu personenbezogenen Daten – sowie die Anwendung dieser Rechtsvorschriften, Datenschutzvorschriften, Berufsregeln und Sicherheitsvorschriften einschließlich der Vorschriften für die Weiterübermittlung personenbezogener Daten an ein anderes Drittland bzw. eine andere internationale Organisation, die Rechtsprechung sowie wirksame und durchsetzbare Rechte der betroffenen Person und wirksame verwaltungsrechtliche und gerichtliche Rechtsbehelfe für betroffene Personen, deren personenbezogene Daten übermittelt werden,

b) die Existenz und die wirksame Funktionsweise einer oder mehrerer unabhängiger Aufsichtsbehörden in dem betreffenden Drittland oder denen eine internationale Organisation untersteht und die für die Einhaltung und Durchsetzung der Datenschutzvorschriften, einschließlich angemessener Durchsetzungsbefugnisse, für die Unterstützung und Beratung der betroffenen Personen bei der Ausübung ihrer Rechte und für die Zusammenarbeit mit den Aufsichtsbehörden der Mitgliedstaaten zuständig sind, und

c) die von dem betreffenden Drittland bzw. der betreffenden internationalen Organisation eingegangenen internationalen Verpflichtungen oder andere Verpflichtungen, die sich aus rechtsverbindlichen Übereinkünften oder Instrumenten sowie aus der Teilnahme des Drittlands oder der internationalen Organisation an multilateralen oder regionalen Systemen insbesondere in Bezug auf den Schutz personenbezogener Daten ergeben.

(3) Nach der Beurteilung der Angemessenheit des Schutzniveaus kann die Kommission im Wege eines Durchführungsrechtsaktes beschließen, dass ein Drittland, ein Gebiet oder ein oder mehrere spezifische Sektoren in einem Drittland oder eine internationale Organisation ein angemessenes Schutzniveau im Sinne des Absatzes 2 des vorliegenden Artikels bieten. In dem Durchführungs-

rechtsakt ist ein Mechanismus für eine regelmäßige Überprüfung, die mindestens alle vier Jahre erfolgt, vorzusehen, bei der allen maßgeblichen Entwicklungen in dem Drittland oder bei der internationalen Organisation Rechnung getragen wird. Im Durchführungsrechtsakt werden der territoriale und der sektorale Anwendungsbereich sowie gegebenenfalls die in Absatz 2 Buchstabe b des vorliegenden Artikels genannte Aufsichtsbehörde bzw. genannten Aufsichtsbehörden angegeben. Der Durchführungsrechtsakt wird gemäß dem in Artikel 93 Absatz 2 genannten Prüfverfahren erlassen.

(4) Die Kommission überwacht fortlaufend die Entwicklungen in Drittländern und bei internationalen Organisationen, die die Wirkungsweise der nach Absatz 3 des vorliegenden Artikels erlassenen Beschlüsse und der nach Artikel 25 Absatz 6 der Richtlinie 95/46/EG erlassenen Feststellungen beeinträchtigen könnten.

(5) Die Kommission widerruft, ändert oder setzt die in Absatz 3 des vorliegenden Artikels genannten Beschlüsse im Wege von Durchführungsrechtsakten aus, soweit dies nötig ist und ohne rückwirkende Kraft, soweit entsprechende Informationen – insbesondere im Anschluss an die in Absatz 3 des vorliegenden Artikels genannte Überprüfung – dahingehend vorliegen, dass ein Drittland, ein Gebiet oder ein oder mehrere spezifischer Sektor in einem Drittland oder eine internationale Organisation kein angemessenes Schutzniveau im Sinne des Absatzes 2 des vorliegenden Artikels mehr gewährleistet. Diese Durchführungsrechtsakte werden gemäß dem Prüfverfahren nach Artikel 93 Absatz 2 erlassen.

In hinreichend begründeten Fällen äußerster Dringlichkeit erlässt die Kommission gemäß dem in Artikel 93 Absatz 3 genannten Verfahren sofort geltende Durchführungsrechtsakte.

(6) Die Kommission nimmt Beratungen mit dem betreffenden Drittland bzw. der betreffenden internationalen Organisation auf, um Abhilfe für die Situation zu schaffen, die zu dem gemäß Absatz 5 erlassenen Beschluss geführt hat.

(7) Übermittlungen personenbezogener Daten an das betreffende Drittland, das Gebiet oder einen oder mehrere spezifische Sektoren in diesem Drittland oder an die betreffende internationale Organisation gemäß den Artikeln 46 bis 49 werden durch einen Beschluss nach Absatz 5 des vorliegenden Artikels nicht berührt.

(8) Die Kommission veröffentlicht im *Amtsblatt der Europäischen Union* und auf ihrer Website eine Liste aller Drittländer beziehungsweise Gebiete und spezifischen Sektoren in einem Drittland und aller internationalen Organisationen, für die sie durch Beschluss festgestellt hat, dass sie ein angemessenes Schutzniveau gewährleisten bzw. nicht mehr gewährleisten.

(9) Von der Kommission auf der Grundlage von Artikel 25 Absatz 6 der Richtlinie 95/46/EG erlassene Feststellungen bleiben so lange in Kraft, bis sie durch einen nach dem Prüfverfahren gemäß den Absätzen 3 oder 5 des vorliegenden Artikels erlassenen Beschluss der Kommission geändert, ersetzt oder aufgehoben werden.

Artikel 46 Datenübermittlung vorbehaltlich geeigneter Garantien

(1) Falls kein Beschluss nach Artikel 45 Absatz 3 vorliegt, darf ein Verantwortlicher oder ein Auftragsverarbeiter personenbezogene Daten an ein Drittland oder eine internationale Organisation nur übermitteln, sofern der Verantwortliche oder der Auftragsverarbeiter geeignete Garantien vorgesehen hat und sofern den betroffenen Personen durchsetzbare Rechte und wirksame Rechtsbehelfe zur Verfügung stehen.

(2) Die in Absatz 1 genannten geeigneten Garantien können, ohne dass hierzu eine besondere Genehmigung einer Aufsichtsbehörde erforderlich wäre, bestehen in

a) einem rechtlich bindenden und durchsetzbaren Dokument zwischen den Behörden oder öffentlichen Stellen,
b) verbindlichen internen Datenschutzvorschriften gemäß Artikel 47,
c) Standarddatenschutzklauseln, die von der Kommission gemäß dem Prüfverfahren nach Artikel 93 Absatz 2 erlassen werden,
d) von einer Aufsichtsbehörde angenommenen Standarddatenschutzklauseln, die von der Kommission gemäß dem Prüfverfahren nach Artikel 93 Absatz 2 genehmigt wurden,
e) genehmigten Verhaltensregeln gemäß Artikel 40 zusammen mit rechtsverbindlichen und durchsetzbaren Verpflichtungen des Verantwortlichen oder des Auftragsverarbeiters in dem Drittland zur Anwendung der geeigneten Garantien, einschließlich in Bezug auf die Rechte der betroffenen Personen, oder
f) einem genehmigten Zertifizierungsmechanismus gemäß Artikel 42 zusammen mit rechtsverbindlichen und durchsetzbaren Verpflichtungen des Verantwortlichen oder des Auftragsverarbeiters in dem Drittland zur Anwendung der geeigneten Garantien, einschließlich in Bezug auf die Rechte der betroffenen Personen.

(3) Vorbehaltlich der Genehmigung durch die zuständige Aufsichtsbehörde können die geeigneten Garantien gemäß Absatz 1 auch insbesondere bestehen in

a) Vertragsklauseln, die zwischen dem Verantwortlichen oder dem Auftragsverarbeiter und dem Verantwortlichen, dem Auftragsverarbeiter oder dem Empfänger der personenbezogenen Daten im Drittland oder der internationalen Organisation vereinbart wurden, oder
b) Bestimmungen, die in Verwaltungsvereinbarungen zwischen Behörden oder öffentlichen Stellen aufzunehmen sind und durchsetzbare und wirksame Rechte für die betroffenen Personen einschließen.

(4) Die Aufsichtsbehörde wendet das Kohärenzverfahren nach Artikel 63 an, wenn ein Fall gemäß Absatz 3 des vorliegenden Artikels vorliegt.

(5) Von einem Mitgliedstaat oder einer Aufsichtsbehörde auf der Grundlage von Artikel 26 Absatz 2 der Richtlinie 95/46/EG erteilte Genehmigungen bleiben so lange gültig, bis sie erforderlichenfalls von dieser Aufsichtsbehörde geändert, ersetzt oder aufgehoben werden. Von der Kommission auf der Grundlage von Artikel 26 Absatz 4 der Richtlinie 95/46/EG erlassene Feststellungen bleiben so lange in Kraft, bis sie erforderlichenfalls mit einem nach Absatz 2 des vorliegenden Artikels erlassenen Beschluss der Kommission geändert, ersetzt oder aufgehoben werden.

Artikel 47 Verbindliche interne Datenschutzvorschriften

(1) Die zuständige Aufsichtsbehörde genehmigt gemäß dem Kohärenzverfahren nach Artikel 63 verbindliche interne Datenschutzvorschriften, sofern diese

a) rechtlich bindend sind, für alle betreffenden Mitglieder der Unternehmensgruppe oder einer Gruppe von Unternehmen, die eine gemeinsame Wirtschaftstätigkeit ausüben, gelten und von diesen Mitgliedern durchgesetzt werden, und dies auch für ihre Beschäftigten gilt,
b) den betroffenen Personen ausdrücklich durchsetzbare Rechte in Bezug auf die Verarbeitung ihrer personenbezogenen Daten übertragen und

c) die in Absatz 2 festgelegten Anforderungen erfüllen.

(2) Die verbindlichen internen Datenschutzvorschriften nach Absatz 1 enthalten mindestens folgende Angaben:

a) Struktur und Kontaktdaten der Unternehmensgruppe oder Gruppe von Unternehmen, die eine gemeinsame Wirtschaftstätigkeit ausüben, und jedes ihrer Mitglieder;
b) die betreffenden Datenübermittlungen oder Reihen von Datenübermittlungen einschließlich der betreffenden Arten personenbezogener Daten, Art und Zweck der Datenverarbeitung, Art der betroffenen Personen und das betreffende Drittland beziehungsweise die betreffenden Drittländer;
c) interne und externe Rechtsverbindlichkeit der betreffenden internen Datenschutzvorschriften;
d) die Anwendung der allgemeinen Datenschutzgrundsätze, insbesondere Zweckbindung, Datenminimierung, begrenzte Speicherfristen, Datenqualität, Datenschutz durch Technikgestaltung und durch datenschutzfreundliche Voreinstellungen, Rechtsgrundlage für die Verarbeitung, Verarbeitung besonderer Kategorien von personenbezogenen Daten, Maßnahmen zur Sicherstellung der Datensicherheit und Anforderungen für die Weiterübermittlung an nicht an diese internen Datenschutzvorschriften gebundene Stellen;
e) die Rechte der betroffenen Personen in Bezug auf die Verarbeitung und die diesen offenstehenden Mittel zur Wahrnehmung dieser Rechte einschließlich des Rechts, nicht einer ausschließlich auf einer automatisierten Verarbeitung – einschließlich Profiling – beruhenden Entscheidung nach Artikel 22 unterworfen zu werden sowie des in Artikel 79 niedergelegten Rechts auf Beschwerde bei der zuständigen Aufsichtsbehörde beziehungsweise auf Einlegung eines Rechtsbehelfs bei den zuständigen Gerichten der Mitgliedstaaten und im Falle einer Verletzung der verbindlichen internen Datenschutzvorschriften Wiedergutmachung und gegebenenfalls Schadenersatz zu erhalten;
f) die von dem in einem Mitgliedstaat niedergelassenen Verantwortlichen oder Auftragsverarbeiter übernommene Haftung für etwaige Verstöße eines nicht in der Union niedergelassenen betreffenden Mitglieds der Unternehmensgruppe gegen die verbindlichen internen Datenschutzvorschriften; der Verantwortliche oder der Auftragsverarbeiter ist nur dann teilweise oder vollständig von dieser Haftung befreit, wenn er nachweist, dass der Umstand, durch den der Schaden eingetreten ist, dem betreffenden Mitglied nicht zur Last gelegt werden kann;
g) die Art und Weise, wie die betroffenen Personen über die Bestimmungen der Artikel 13 und 14 hinaus über die verbindlichen internen Datenschutzvorschriften und insbesondere über die unter den Buchstaben d, e und f dieses Absatzes genannten Aspekte informiert werden;
h) die Aufgaben jedes gemäß Artikel 37 benannten Datenschutzbeauftragten oder jeder anderen Person oder Einrichtung, die mit der Überwachung der Einhaltung der verbindlichen internen Datenschutzvorschriften in der Unternehmensgruppe oder Gruppe von Unternehmen, die eine gemeinsame Wirtschaftstätigkeit ausüben, sowie mit der Überwachung der Schulungsmaßnahmen und dem Umgang mit Beschwerden befasst ist;
i) die Beschwerdeverfahren;
j) die innerhalb der Unternehmensgruppe oder Gruppe von Unternehmen, die eine gemeinsame Wirtschaftstätigkeit ausüben, bestehenden Verfahren zur Überprüfung der Einhaltung der verbindlichen internen Datenschutzvor-

schriften. Derartige Verfahren beinhalten Datenschutzüberprüfungen und Verfahren zur Gewährleistung von Abhilfemaßnahmen zum Schutz der Rechte der betroffenen Person. Die Ergebnisse derartiger Überprüfungen sollten der in Buchstabe h genannten Person oder Einrichtung sowie dem Verwaltungsrat des herrschenden Unternehmens einer Unternehmensgruppe oder der Gruppe von Unternehmen, die eine gemeinsame Wirtschaftstätigkeit ausüben, mitgeteilt werden und sollten der zuständigen Aufsichtsbehörde auf Anfrage zur Verfügung gestellt werden;

k) die Verfahren für die Meldung und Erfassung von Änderungen der Vorschriften und ihre Meldung an die Aufsichtsbehörde;

l) die Verfahren für die Zusammenarbeit mit der Aufsichtsbehörde, die die Befolgung der Vorschriften durch sämtliche Mitglieder der Unternehmensgruppe oder Gruppe von Unternehmen, die eine gemeinsame Wirtschaftstätigkeit ausüben, gewährleisten, insbesondere durch Offenlegung der Ergebnisse von Überprüfungen der unter Buchstabe j genannten Maßnahmen gegenüber der Aufsichtsbehörde;

m) die Meldeverfahren zur Unterrichtung der zuständigen Aufsichtsbehörde über jegliche für ein Mitglied der Unternehmensgruppe oder Gruppe von Unternehmen, die eine gemeinsame Wirtschaftstätigkeit ausüben, in einem Drittland geltenden rechtlichen Bestimmungen, die sich nachteilig auf die Garantien auswirken könnten, die die verbindlichen internen Datenschutzvorschriften bieten, und

n) geeignete Datenschutzschulungen für Personal mit ständigem oder regelmäßigem Zugang zu personenbezogenen Daten.

(3) Die Kommission kann das Format und die Verfahren für den Informationsaustausch über verbindliche interne Datenschutzvorschriften im Sinne des vorliegenden Artikels zwischen Verantwortlichen, Auftragsverarbeitern und Aufsichtsbehörden festlegen. Diese Durchführungsrechtsakte werden gemäß dem Prüfverfahren nach Artikel 93 Absatz 2 erlassen.

Artikel 48 Nach dem Unionsrecht nicht zulässige Übermittlung oder Offenlegung

Jegliches Urteil eines Gerichts eines Drittlands und jegliche Entscheidung einer Verwaltungsbehörde eines Drittlands, mit denen von einem Verantwortlichen oder einem Auftragsverarbeiter die Übermittlung oder Offenlegung personenbezogener Daten verlangt wird, dürfen unbeschadet anderer Gründe für die Übermittlung gemäß diesem Kapitel jedenfalls nur dann anerkannt oder vollstreckbar werden, wenn sie auf eine in Kraft befindliche internationale Übereinkunft wie etwa ein Rechtshilfeabkommen zwischen dem ersuchenden Drittland und der Union oder einem Mitgliedstaat gestützt sind.

Artikel 49 Ausnahmen für bestimmte Fälle

(1) Falls weder ein Angemessenheitsbeschluss nach Artikel 45 Absatz 3 vorliegt noch geeignete Garantien nach Artikel 46, einschließlich verbindlicher interner Datenschutzvorschriften, bestehen, ist eine Übermittlung oder eine Reihe von Übermittlungen personenbezogener Daten an ein Drittland oder an eine internationale Organisation nur unter einer der folgenden Bedingungen zulässig:

a) die betroffene Person hat in die vorgeschlagene Datenübermittlung ausdrücklich eingewilligt, nachdem sie über die für sie bestehenden möglichen Risiken derartiger Datenübermittlungen ohne Vorliegen eines Angemessenheitsbeschlusses und ohne geeignete Garantien unterrichtet wurde,

b) die Übermittlung ist für die Erfüllung eines Vertrags zwischen der betroffenen Person und dem Verantwortlichen oder zur Durchführung von vorvertraglichen Maßnahmen auf Antrag der betroffenen Person erforderlich,

c) die Übermittlung ist zum Abschluss oder zur Erfüllung eines im Interesse der betroffenen Person von dem Verantwortlichen mit einer anderen natürlichen oder juristischen Person geschlossenen Vertrags erforderlich,

d) die Übermittlung ist aus wichtigen Gründen des öffentlichen Interesses notwendig,

e) die Übermittlung ist zur Geltendmachung, Ausübung oder Verteidigung von Rechtsansprüchen erforderlich,

f) die Übermittlung ist zum Schutz lebenswichtiger Interessen der betroffenen Person oder anderer Personen erforderlich, sofern die betroffene Person aus physischen oder rechtlichen Gründen außerstande ist, ihre Einwilligung zu geben,

g) die Übermittlung erfolgt aus einem Register, das gemäß dem Recht der Union oder der Mitgliedstaaten zur Information der Öffentlichkeit bestimmt ist und entweder der gesamten Öffentlichkeit oder allen Personen, die ein berechtigtes Interesse nachweisen können, zur Einsichtnahme offensteht, aber nur soweit die im Recht der Union oder der Mitgliedstaaten festgelegten Voraussetzungen für die Einsichtnahme im Einzelfall gegeben sind.

Falls die Übermittlung nicht auf eine Bestimmung der Artikel 45 oder 46 – einschließlich der verbindlichen internen Datenschutzvorschriften – gestützt werden könnte und keine der Ausnahmen für einen bestimmten Fall gemäß dem ersten Unterabsatz anwendbar ist, darf eine Übermittlung an ein Drittland oder eine internationale Organisation nur dann erfolgen, wenn die Übermittlung nicht wiederholt erfolgt, nur eine begrenzte Zahl von betroffenen Personen betrifft, für die Wahrung der zwingenden berechtigten Interessen des Verantwortlichen erforderlich ist, sofern die Interessen oder die Rechte und Freiheiten der betroffenen Person nicht überwiegen, und der Verantwortliche alle Umstände der Datenübermittlung beurteilt und auf der Grundlage dieser Beurteilung geeignete Garantien in Bezug auf den Schutz personenbezogener Daten vorgesehen hat. Der Verantwortliche setzt die Aufsichtsbehörde von der Übermittlung in Kenntnis. Der Verantwortliche unterrichtet die betroffene Person über die Übermittlung und seine zwingenden berechtigten Interessen; dies erfolgt zusätzlich zu den der betroffenen Person nach den Artikeln 13 und 14 mitgeteilten Informationen.

(2) Datenübermittlungen gemäß Absatz 1 Unterabsatz 1 Buchstabe g dürfen nicht die Gesamtheit oder ganze Kategorien der im Register enthaltenen personenbezogenen Daten umfassen. Wenn das Register der Einsichtnahme durch Personen mit berechtigtem Interesse dient, darf die Übermittlung nur auf Anfrage dieser Personen oder nur dann erfolgen, wenn diese Personen die Adressaten der Übermittlung sind.

(3) Absatz 1 Unterabsatz 1 Buchstaben a, b und c und sowie Absatz 1 Unterabsatz 2 gelten nicht für Tätigkeiten, die Behörden in Ausübung ihrer hoheitlichen Befugnisse durchführen.

(4) Das öffentliche Interesse im Sinne des Absatzes 1 Unterabsatz 1 Buchstabe d muss im Unionsrecht oder im Recht des Mitgliedstaats, dem der Verantwortliche unterliegt, anerkannt sein.

(5) Liegt kein Angemessenheitsbeschluss vor, so können im Unionsrecht oder im Recht der Mitgliedstaaten aus wichtigen Gründen des öffentlichen Interesses ausdrücklich Beschränkungen der Übermittlung bestimmter Kategorien von personenbezogenen Daten an Drittländer oder internationale Organisationen vorgesehen werden. Die Mitgliedstaaten teilen der Kommission derartige Bestimmungen mit.

(6) Der Verantwortliche oder der Auftragsverarbeiter erfasst die von ihm vorgenommene Beurteilung sowie die angemessenen Garantien im Sinne des Absatzes 1 Unterabsatz 2 des vorliegenden Artikels in der Dokumentation gemäß Artikel 30.

Artikel 50 Internationale Zusammenarbeit zum Schutz personenbezogener Daten

In Bezug auf Drittländer und internationale Organisationen treffen die Kommission und die Aufsichtsbehörden geeignete Maßnahmen zur

a) Entwicklung von Mechanismen der internationalen Zusammenarbeit, durch die die wirksame Durchsetzung von Rechtsvorschriften zum Schutz personenbezogener Daten erleichtert wird,

b) gegenseitigen Leistung internationaler Amtshilfe bei der Durchsetzung von Rechtsvorschriften zum Schutz personenbezogener Daten, unter anderem durch Meldungen, Beschwerdeverweisungen, Amtshilfe bei Untersuchungen und Informationsaustausch, sofern geeignete Garantien für den Schutz personenbezogener Daten und anderer Grundrechte und Grundfreiheiten bestehen,

c) Einbindung maßgeblicher Interessenträger in Diskussionen und Tätigkeiten, die zum Ausbau der internationalen Zusammenarbeit bei der Durchsetzung von Rechtsvorschriften zum Schutz personenbezogener Daten dienen,

d) Förderung des Austauschs und der Dokumentation von Rechtsvorschriften und Praktiken zum Schutz personenbezogener Daten einschließlich Zuständigkeitskonflikten mit Drittländern.

KAPITEL VI

Unabhängige Aufsichtsbehörden

Abschnitt 1

Unabhängigkeit

Artikel 51 Aufsichtsbehörde

(1) Jeder Mitgliedstaat sieht vor, dass eine oder mehrere unabhängige Behörden für die Überwachung der Anwendung dieser Verordnung zuständig sind, damit die Grundrechte und Grundfreiheiten natürlicher Personen bei der Verarbeitung geschützt werden und der freie Verkehr personenbezogener Daten in der Union erleichtert wird (im Folgenden „Aufsichtsbehörde").

(2) Jede Aufsichtsbehörde leistet einen Beitrag zur einheitlichen Anwendung dieser Verordnung in der gesamten Union. Zu diesem Zweck arbeiten die Aufsichtsbehörden untereinander sowie mit der Kommission gemäß Kapitel VII zusammen.

(3) Gibt es in einem Mitgliedstaat mehr als eine Aufsichtsbehörde, so bestimmt dieser Mitgliedstaat die Aufsichtsbehörde, die diese Behörden im Ausschuss ver-

tritt, und führt ein Verfahren ein, mit dem sichergestellt wird, dass die anderen Behörden die Regeln für das Kohärenzverfahren nach Artikel 63 einhalten.

(4) Jeder Mitgliedstaat teilt der Kommission bis spätestens 25. Mai 2018 die Rechtsvorschriften, die er aufgrund dieses Kapitels erlässt, sowie unverzüglich alle folgenden Änderungen dieser Vorschriften mit.

Artikel 52 Unabhängigkeit

(1) Jede Aufsichtsbehörde handelt bei der Erfüllung ihrer Aufgaben und bei der Ausübung ihrer Befugnisse gemäß dieser Verordnung völlig unabhängig.

(2) Das Mitglied oder die Mitglieder jeder Aufsichtsbehörde unterliegen bei der Erfüllung ihrer Aufgaben und der Ausübung ihrer Befugnisse gemäß dieser Verordnung weder direkter noch indirekter Beeinflussung von außen und ersuchen weder um Weisung noch nehmen sie Weisungen entgegen.

(3) Das Mitglied oder die Mitglieder der Aufsichtsbehörde sehen von allen mit den Aufgaben ihres Amtes nicht zu vereinbarenden Handlungen ab und üben während ihrer Amtszeit keine andere mit ihrem Amt nicht zu vereinbarende entgeltliche oder unentgeltliche Tätigkeit aus.

(4) Jeder Mitgliedstaat stellt sicher, dass jede Aufsichtsbehörde mit den personellen, technischen und finanziellen Ressourcen, Räumlichkeiten und Infrastrukturen ausgestattet wird, die sie benötigt, um ihre Aufgaben und Befugnisse auch im Rahmen der Amtshilfe, Zusammenarbeit und Mitwirkung im Ausschuss effektiv wahrnehmen zu können.

(5) Jeder Mitgliedstaat stellt sicher, dass jede Aufsichtsbehörde ihr eigenes Personal auswählt und hat, das ausschließlich der Leitung des Mitglieds oder der Mitglieder der betreffenden Aufsichtsbehörde untersteht.

(6) Jeder Mitgliedstaat stellt sicher, dass jede Aufsichtsbehörde einer Finanzkontrolle unterliegt, die ihre Unabhängigkeit nicht beeinträchtigt und dass sie über eigene, öffentliche, jährliche Haushaltspläne verfügt, die Teil des gesamten Staatshaushalts oder nationalen Haushalts sein können.

Artikel 53 Allgemeine Bedingungen für die Mitglieder der Aufsichtsbehörde

(1) Die Mitgliedstaaten sehen vor, dass jedes Mitglied ihrer Aufsichtsbehörden im Wege eines transparenten Verfahrens ernannt wird, und zwar

- vom Parlament,
- von der Regierung,
- vom Staatsoberhaupt oder
- von einer unabhängigen Stelle, die nach dem Recht des Mitgliedstaats mit der Ernennung betraut wird.

(2) Jedes Mitglied muss über die für die Erfüllung seiner Aufgaben und Ausübung seiner Befugnisse erforderliche Qualifikation, Erfahrung und Sachkunde insbesondere im Bereich des Schutzes personenbezogener Daten verfügen.

(3) Das Amt eines Mitglieds endet mit Ablauf der Amtszeit, mit seinem Rücktritt oder verpflichtender Versetzung in den Ruhestand gemäß dem Recht des betroffenen Mitgliedstaats.

(4) Ein Mitglied wird seines Amtes nur enthoben, wenn es eine schwere Verfehlung begangen hat oder die Voraussetzungen für die Wahrnehmung seiner Aufgaben nicht mehr erfüllt.

Artikel 54 Errichtung der Aufsichtsbehörde

(1) Jeder Mitgliedstaat sieht durch Rechtsvorschriften Folgendes vor:

a) die Errichtung jeder Aufsichtsbehörde;

b) die erforderlichen Qualifikationen und sonstigen Voraussetzungen für die Ernennung zum Mitglied jeder Aufsichtsbehörde;

c) die Vorschriften und Verfahren für die Ernennung des Mitglieds oder der Mitglieder jeder Aufsichtsbehörde;

d) die Amtszeit des Mitglieds oder der Mitglieder jeder Aufsichtsbehörde von mindestens vier Jahren; dies gilt nicht für die erste Amtszeit nach 24. Mai 2016, die für einen Teil der Mitglieder kürzer sein kann, wenn eine zeitlich versetzte Ernennung zur Wahrung der Unabhängigkeit der Aufsichtsbehörde notwendig ist;

e) die Frage, ob und – wenn ja – wie oft das Mitglied oder die Mitglieder jeder Aufsichtsbehörde wiederernannt werden können;

f) die Bedingungen im Hinblick auf die Pflichten des Mitglieds oder der Mitglieder und der Bediensteten jeder Aufsichtsbehörde, die Verbote von Handlungen, beruflichen Tätigkeiten und Vergütungen während und nach der Amtszeit, die mit diesen Pflichten unvereinbar sind, und die Regeln für die Beendigung des Beschäftigungsverhältnisses.

(2) Das Mitglied oder die Mitglieder und die Bediensteten jeder Aufsichtsbehörde sind gemäß dem Unionsrecht oder dem Recht der Mitgliedstaaten sowohl während ihrer Amts- beziehungsweise Dienstzeit als auch nach deren Beendigung verpflichtet, über alle vertraulichen Informationen, die ihnen bei der Wahrnehmung ihrer Aufgaben oder der Ausübung ihrer Befugnisse bekannt geworden sind, Verschwiegenheit zu wahren. Während dieser Amts- beziehungsweise Dienstzeit gilt diese Verschwiegenheitspflicht insbesondere für die von natürlichen Personen gemeldeten Verstößen gegen diese Verordnung.

Abschnitt 2
Zuständigkeit, Aufgaben und Befugnisse

Artikel 55 Zuständigkeit

(1) Jede Aufsichtsbehörde ist für die Erfüllung der Aufgaben und die Ausübung der Befugnisse, die ihr mit dieser Verordnung übertragen wurden, im Hoheitsgebiet ihres eigenen Mitgliedstaats zuständig.

(2) Erfolgt die Verarbeitung durch Behörden oder private Stellen auf der Grundlage von Artikel 6 Absatz 1 Buchstabe c oder e, so ist die Aufsichtsbehörde des betroffenen Mitgliedstaats zuständig. In diesem Fall findet Artikel 56 keine Anwendung.

(3) Die Aufsichtsbehörden sind nicht zuständig für die Aufsicht über die von Gerichten im Rahmen ihrer justiziellen Tätigkeit vorgenommenen Verarbeitungen.

Artikel 56 Zuständigkeit der federführenden Aufsichtsbehörde

(1) Unbeschadet des Artikels 55 ist die Aufsichtsbehörde der Hauptniederlassung oder der einzigen Niederlassung des Verantwortlichen oder des Auftragsverarbeiters gemäß dem Verfahren nach Artikel 60 die zuständige federführende

Aufsichtsbehörde für die von diesem Verantwortlichen oder diesem Auftragsverarbeiter durchgeführte grenzüberschreitende Verarbeitung.

(2) Abweichend von Absatz 1 ist jede Aufsichtsbehörde dafür zuständig, sich mit einer bei ihr eingereichten Beschwerde oder einem etwaigen Verstoß gegen diese Verordnung zu befassen, wenn der Gegenstand nur mit einer Niederlassung in ihrem Mitgliedstaat zusammenhängt oder betroffene Personen nur ihres Mitgliedstaats erheblich beeinträchtigt.

(3) In den in Absatz 2 des vorliegenden Artikels genannten Fällen unterrichtet die Aufsichtsbehörde unverzüglich die federführende Aufsichtsbehörde über diese Angelegenheit. Innerhalb einer Frist von drei Wochen nach der Unterrichtung entscheidet die federführende Aufsichtsbehörde, ob sie sich mit dem Fall gemäß dem Verfahren nach Artikel 60 befasst oder nicht, wobei sie berücksichtigt, ob der Verantwortliche oder der Auftragsverarbeiter in dem Mitgliedstaat, dessen Aufsichtsbehörde sie unterrichtet hat, eine Niederlassung hat oder nicht.

(4) Entscheidet die federführende Aufsichtsbehörde, sich mit dem Fall zu befassen, so findet das Verfahren nach Artikel 60 Anwendung. Die Aufsichtsbehörde, die die federführende Aufsichtsbehörde unterrichtet hat, kann dieser einen Beschlussentwurf vorlegen. Die federführende Aufsichtsbehörde trägt diesem Entwurf bei der Ausarbeitung des Beschlussentwurfs nach Artikel 60 Absatz 3 weitestgehend Rechnung.

(5) Entscheidet die federführende Aufsichtsbehörde, sich mit dem Fall nicht selbst zu befassen, so befasst die Aufsichtsbehörde, die die federführende Aufsichtsbehörde unterrichtet hat, sich mit dem Fall gemäß den Artikeln 61 und 62.

(6) Die federführende Aufsichtsbehörde ist der einzige Ansprechpartner der Verantwortlichen oder der Auftragsverarbeiter für Fragen der von diesem Verantwortlichen oder diesem Auftragsverarbeiter durchgeführten grenzüberschreitenden Verarbeitung.

Artikel 57 Aufgaben

(1) Unbeschadet anderer in dieser Verordnung dargelegter Aufgaben muss jede Aufsichtsbehörde in ihrem Hoheitsgebiet

a) die Anwendung dieser Verordnung überwachen und durchsetzen;

b) die Öffentlichkeit für die Risiken, Vorschriften, Garantien und Rechte im Zusammenhang mit der Verarbeitung sensibilisieren und sie darüber aufklären. Besondere Beachtung finden dabei spezifische Maßnahmen für Kinder;

c) im Einklang mit dem Recht des Mitgliedsstaats das nationale Parlament, die Regierung und andere Einrichtungen und Gremien über legislative und administrative Maßnahmen zum Schutz der Rechte und Freiheiten natürlicher Personen in Bezug auf die Verarbeitung beraten;

d) die Verantwortlichen und die Auftragsverarbeiter für die ihnen aus dieser Verordnung entstehenden Pflichten sensibilisieren;

e) auf Anfrage jeder betroffenen Person Informationen über die Ausübung ihrer Rechte aufgrund dieser Verordnung zur Verfügung stellen und gegebenenfalls zu diesem Zweck mit den Aufsichtsbehörden in anderen Mitgliedstaaten zusammenarbeiten;

f) sich mit Beschwerden einer betroffenen Person oder Beschwerden einer Stelle, einer Organisation oder eines Verbandes gemäß Artikel 80 befassen, den Gegenstand der Beschwerde in angemessenem Umfang untersuchen und den Beschwerdeführer innerhalb einer angemessenen Frist über den Fortgang und das Ergebnis der Untersuchung unterrichten, insbesondere, wenn eine weitere Untersuchung oder Koordinierung mit einer anderen Aufsichtsbehörde notwendig ist;

g) mit anderen Aufsichtsbehörden zusammenarbeiten, auch durch Informationsaustausch, und ihnen Amtshilfe leisten, um die einheitliche Anwendung und Durchsetzung dieser Verordnung zu gewährleisten;

h) Untersuchungen über die Anwendung dieser Verordnung durchführen, auch auf der Grundlage von Informationen einer anderen Aufsichtsbehörde oder einer anderen Behörde;

i) maßgebliche Entwicklungen verfolgen, soweit sie sich auf den Schutz personenbezogener Daten auswirken, insbesondere die Entwicklung der Informations- und Kommunikationstechnologie und der Geschäftspraktiken;

j) Standardvertragsklauseln im Sinne des Artikels 28 Absatz 8 und des Artikels 46 Absatz 2 Buchstabe d festlegen;

k) eine Liste der Verarbeitungsarten erstellen und führen, für die gemäß Artikel 35 Absatz 4 eine Datenschutz-Folgenabschätzung durchzuführen ist;

l) Beratung in Bezug auf die in Artikel 36 Absatz 2 genannten Verarbeitungsvorgänge leisten;

m) die Ausarbeitung von Verhaltensregeln gemäß Artikel 40 Absatz 1 fördern und zu diesen Verhaltensregeln, die ausreichende Garantien im Sinne des Artikels 40 Absatz 5 bieten müssen, Stellungnahmen abgeben und sie billigen;

n) die Einführung von Datenschutzzertifizierungsmechanismen und von Datenschutzsiegeln und -prüfzeichen nach Artikel 42 Absatz 1 anregen und Zertifizierungskriterien nach Artikel 42 Absatz 5 billigen;

o) gegebenenfalls die nach Artikel 42 Absatz 7 erteilten Zertifizierungen regelmäßig überprüfen;

p) die Kriterien für die Akkreditierung einer Stelle für die Überwachung der Einhaltung der Verhaltensregeln gemäß Artikel 41 und einer Zertifizierungsstelle gemäß Artikel 43 abfassen und veröffentlichen;

q) die Akkreditierung einer Stelle für die Überwachung der Einhaltung der Verhaltensregeln gemäß Artikel 41 und einer Zertifizierungsstelle gemäß Artikel 43 vornehmen;

r) Vertragsklauseln und Bestimmungen im Sinne des Artikels 46 Absatz 3 genehmigen;

s) verbindliche interne Vorschriften gemäß Artikel 47 genehmigen;

t) Beiträge zur Tätigkeit des Ausschusses leisten;

u) interne Verzeichnisse über Verstöße gegen diese Verordnung und gemäß Artikel 58 Absatz 2 ergriffene Maßnahmen und

v) jede sonstige Aufgabe im Zusammenhang mit dem Schutz personenbezogener Daten erfüllen.

(2) Jede Aufsichtsbehörde erleichtert das Einreichen von in Absatz 1 Buchstabe f genannten Beschwerden durch Maßnahmen wie etwa die Bereitstellung eines Beschwerdeformulars, das auch elektronisch ausgefüllt werden kann, ohne dass andere Kommunikationsmittel ausgeschlossen werden.

(3) Die Erfüllung der Aufgaben jeder Aufsichtsbehörde ist für die betroffene Person und gegebenenfalls für den Datenschutzbeauftragten unentgeltlich.

(4) Bei offenkundig unbegründeten oder – insbesondere im Fall von häufiger Wiederholung – exzessiven Anfragen kann die Aufsichtsbehörde eine angemes-

sene Gebühr auf der Grundlage der Verwaltungskosten verlangen oder sich weigern, aufgrund der Anfrage tätig zu werden. In diesem Fall trägt die Aufsichtsbehörde die Beweislast für den offenkundig unbegründeten oder exzessiven Charakter der Anfrage.

Artikel 58 Befugnisse

(1) Jede Aufsichtsbehörde verfügt über sämtliche folgenden Untersuchungsbefugnisse, die es ihr gestatten,

a) den Verantwortlichen, den Auftragsverarbeiter und gegebenenfalls den Vertreter des Verantwortlichen oder des Auftragsverarbeiters anzuweisen, alle Informationen bereitzustellen, die für die Erfüllung ihrer Aufgaben erforderlich sind,

b) Untersuchungen in Form von Datenschutzüberprüfungen durchzuführen,

c) eine Überprüfung der nach Artikel 42 Absatz 7 erteilten Zertifizierungen durchzuführen,

d) den Verantwortlichen oder den Auftragsverarbeiter auf einen vermeintlichen Verstoß gegen diese Verordnung hinzuweisen,

e) von dem Verantwortlichen und dem Auftragsverarbeiter Zugang zu allen personenbezogenen Daten und Informationen, die zur Erfüllung ihrer Aufgaben notwendig sind, zu erhalten,

f) gemäß dem Verfahrensrecht der Union oder dem Verfahrensrecht des Mitgliedstaats Zugang zu den Geschäftsräumen, einschließlich aller Datenverarbeitungsanlagen und -geräte, des Verantwortlichen und des Auftragsverarbeiters zu erhalten.

(2) Jede Aufsichtsbehörde verfügt über sämtliche folgenden Abhilfebefugnisse, die es ihr gestatten,

a) einen Verantwortlichen oder einen Auftragsverarbeiter zu warnen, dass beabsichtigte Verarbeitungsvorgänge voraussichtlich gegen diese Verordnung verstoßen,

b) einen Verantwortlichen oder einen Auftragsverarbeiter zu verwarnen, wenn er mit Verarbeitungsvorgängen gegen diese Verordnung verstoßen hat,

c) den Verantwortlichen oder den Auftragsverarbeiter anzuweisen, den Anträgen der betroffenen Person auf Ausübung der ihr nach dieser Verordnung zustehenden Rechte zu entsprechen,

d) den Verantwortlichen oder den Auftragsverarbeiter anzuweisen, Verarbeitungsvorgänge gegebenenfalls auf bestimmte Weise und innerhalb eines bestimmten Zeitraums in Einklang mit dieser Verordnung zu bringen,

e) den Verantwortlichen anzuweisen, die von einer Verletzung des Schutzes personenbezogener Daten betroffenen Person entsprechend zu benachrichtigen,

f) eine vorübergehende oder endgültige Beschränkung der Verarbeitung, einschließlich eines Verbots, zu verhängen,

g) die Berichtigung oder Löschung von personenbezogenen Daten oder die Einschränkung der Verarbeitung gemäß den Artikeln 16, 17 und 18 und die Unterrichtung der Empfänger, an die diese personenbezogenen Daten gemäß Artikel 17 Absatz 2 und Artikel 19 offengelegt wurden, über solche Maßnahmen anzuordnen,

h) eine Zertifizierung zu widerrufen oder die Zertifizierungsstelle anzuweisen, eine gemäß den Artikel 42 und 43 erteilte Zertifizierung zu widerrufen, oder die Zertifizierungsstelle anzuweisen, keine Zertifizierung zu erteilen, wenn die Voraussetzungen für die Zertifizierung nicht oder nicht mehr erfüllt werden,

i) eine Geldbuße gemäß Artikel 83 zu verhängen, zusätzlich zu oder anstelle von in diesem Absatz genannten Maßnahmen, je nach den Umständen des Einzelfalls,

j) text die Aussetzung der Übermittlung von Daten an einen Empfänger in einem Drittland oder an eine internationale Organisation anzuordnen.

(3) Jede Aufsichtsbehörde verfügt über sämtliche folgenden Genehmigungsbefugnisse und beratenden Befugnisse, die es ihr gestatten,

a) gemäß dem Verfahren der vorherigen Konsultation nach Artikel 36 den Verantwortlichen zu beraten,

b) zu allen Fragen, die im Zusammenhang mit dem Schutz personenbezogener Daten stehen, von sich aus oder auf Anfrage Stellungnahmen an das nationale Parlament, die Regierung des Mitgliedstaats oder im Einklang mit dem Recht des Mitgliedstaats an sonstige Einrichtungen und Stellen sowie an die Öffentlichkeit zu richten,

c) die Verarbeitung gemäß Artikel 36 Absatz 5 zu genehmigen, falls im Recht des Mitgliedstaats eine derartige vorherige Genehmigung verlangt wird,

d) eine Stellungnahme abzugeben und Entwürfe von Verhaltensregeln gemäß Artikel 40 Absatz 5 zu billigen,

e) Zertifizierungsstellen gemäß Artikel 43 zu akkreditieren,

f) im Einklang mit Artikel 42 Absatz 5 Zertifizierungen zu erteilen und Kriterien für die Zertifizierung zu billigen,

g) Standarddatenschutzklauseln nach Artikel 28 Absatz 8 und Artikel 46 Absatz 2 Buchstabe d festzulegen,

h) Vertragsklauseln gemäß Artikel 46 Absatz 3 Buchstabe a zu genehmigen,

i) Verwaltungsvereinbarungen gemäß Artikel 46 Absatz 3 Buchstabe b zu genehmigen

j) verbindliche interne Vorschriften gemäß Artikel 47 zu genehmigen.

(4) Die Ausübung der der Aufsichtsbehörde gemäß diesem Artikel übertragenen Befugnisse erfolgt vorbehaltlich geeigneter Garantien einschließlich wirksamer gerichtlicher Rechtsbehelfe und ordnungsgemäßer Verfahren gemäß dem Unionsrecht und dem Recht des Mitgliedstaats im Einklang mit der Charta.

(5) Jeder Mitgliedstaat sieht durch Rechtsvorschriften vor, dass seine Aufsichtsbehörde befugt ist, Verstöße gegen diese Verordnung den Justizbehörden zur Kenntnis zu bringen und gegebenenfalls die Einleitung eines gerichtlichen Verfahrens zu betreiben oder sich sonst daran zu beteiligen, um die Bestimmungen dieser Verordnung durchzusetzen.

(6) Jeder Mitgliedstaat kann durch Rechtsvorschriften vorsehen, dass seine Aufsichtsbehörde neben den in den Absätzen 1, 2 und 3 aufgeführten Befugnissen über zusätzliche Befugnisse verfügt. Die Ausübung dieser Befugnisse darf nicht die effektive Durchführung des Kapitels VII beeinträchtigen.

Artikel 59 Tätigkeitsbericht

Jede Aufsichtsbehörde erstellt einen Jahresbericht über ihre Tätigkeit, der eine Liste der Arten der gemeldeten Verstöße und der Arten der getroffenen Maßnahmen nach Artikel 58 Absatz 2 enthalten kann. Diese Berichte werden dem nationalen Parlament, der Regierung und anderen nach dem Recht der Mitgliedstaaten bestimmten Behörden übermittelt. Sie werden der Öffentlichkeit, der Kommission und dem Ausschuss zugänglich gemacht.

KAPITEL VII
Zusammenarbeit und Kohärenz

Abschnitt 1
Zusammenarbeit

Artikel 60 Zusammenarbeit zwischen der federführenden Aufsichtsbehörde und den anderen betroffenen Aufsichtsbehörden

(1) Die federführende Aufsichtsbehörde arbeitet mit den anderen betroffenen Aufsichtsbehörden im Einklang mit diesem Artikel zusammen und bemüht sich dabei, einen Konsens zu erzielen. Die federführende Aufsichtsbehörde und die betroffenen Aufsichtsbehörden tauschen untereinander alle zweckdienlichen Informationen aus.

(2) Die federführende Aufsichtsbehörde kann jederzeit andere betroffene Aufsichtsbehörden um Amtshilfe gemäß Artikel 61 ersuchen und gemeinsame Maßnahmen gemäß Artikel 62 durchführen, insbesondere zur Durchführung von Untersuchungen oder zur Überwachung der Umsetzung einer Maßnahme in Bezug auf einen Verantwortlichen oder einen Auftragsverarbeiter, der in einem anderen Mitgliedstaat niedergelassen ist.

(3) Die federführende Aufsichtsbehörde übermittelt den anderen betroffenen Aufsichtsbehörden unverzüglich die zweckdienlichen Informationen zu der Angelegenheit. Sie legt den anderen betroffenen Aufsichtsbehörden unverzüglich einen Beschlussentwurf zur Stellungnahme vor und trägt deren Standpunkten gebührend Rechnung.

(4) Legt eine der anderen betroffenen Aufsichtsbehörden innerhalb von vier Wochen, nachdem sie gemäß Absatz 3 des vorliegenden Artikels konsultiert wurde, gegen diesen Beschlussentwurf einen maßgeblichen und begründeten Einspruch ein und schließt sich die federführende Aufsichtsbehörde dem maßgeblichen und begründeten Einspruch nicht an oder ist der Ansicht, dass der Einspruch nicht maßgeblich oder nicht begründet ist, so leitet die federführende Aufsichtsbehörde das Kohärenzverfahren gemäß Artikel 63 für die Angelegenheit ein.

(5) Beabsichtigt die federführende Aufsichtsbehörde, sich dem maßgeblichen und begründeten Einspruch anzuschließen, so legt sie den anderen betroffenen Aufsichtsbehörden einen überarbeiteten Beschlussentwurf zur Stellungnahme vor. Der überarbeitete Beschlussentwurf wird innerhalb von zwei Wochen dem Verfahren nach Absatz 4 unterzogen.

(6) Legt keine der anderen betroffenen Aufsichtsbehörden Einspruch gegen den Beschlussentwurf ein, der von der federführenden Aufsichtsbehörde innerhalb der in den Absätzen 4 und 5 festgelegten Frist vorgelegt wurde, so gelten die federführende Aufsichtsbehörde und die betroffenen Aufsichtsbehörden als mit dem Beschlussentwurf einverstanden und sind an ihn gebunden.

(7) Die federführende Aufsichtsbehörde erlässt den Beschluss und teilt ihn der Hauptniederlassung oder der einzigen Niederlassung des Verantwortlichen oder gegebenenfalls des Auftragsverarbeiters mit und setzt die anderen betroffenen Aufsichtsbehörden und den Ausschuss von dem betreffenden Beschluss ein-

schließlich einer Zusammenfassung der maßgeblichen Fakten und Gründe in Kenntnis. Die Aufsichtsbehörde, bei der eine Beschwerde eingereicht worden ist, unterrichtet den Beschwerdeführer über den Beschluss.

(8) Wird eine Beschwerde abgelehnt oder abgewiesen, so erlässt die Aufsichtsbehörde, bei der die Beschwerde eingereicht wurde, abweichend von Absatz 7 den Beschluss, teilt ihn dem Beschwerdeführer mit und setzt den Verantwortlichen in Kenntnis.

(9) Sind sich die federführende Aufsichtsbehörde und die betreffenden Aufsichtsbehörden darüber einig, Teile der Beschwerde abzulehnen oder abzuweisen und bezüglich anderer Teile dieser Beschwerde tätig zu werden, so wird in dieser Angelegenheit für jeden dieser Teile ein eigener Beschluss erlassen. Die federführende Aufsichtsbehörde erlässt den Beschluss für den Teil, der das Tätigwerden in Bezug auf den Verantwortlichen betrifft, teilt ihn der Hauptniederlassung oder einzigen Niederlassung des Verantwortlichen oder des Auftragsverarbeiters im Hoheitsgebiet ihres Mitgliedstaats mit und setzt den Beschwerdeführer hiervon in Kenntnis, während die für den Beschwerdeführer zuständige Aufsichtsbehörde den Beschluss für den Teil erlässt, der die Ablehnung oder Abweisung dieser Beschwerde betrifft, und ihn diesem Beschwerdeführer mitteilt und den Verantwortlichen oder den Auftragsverarbeiter hiervon in Kenntnis setzt.

(10) Nach der Unterrichtung über den Beschluss der federführenden Aufsichtsbehörde gemäß den Absätzen 7 und 9 ergreift der Verantwortliche oder der Auftragsverarbeiter die erforderlichen Maßnahmen, um die Verarbeitungstätigkeiten all seiner Niederlassungen in der Union mit dem Beschluss in Einklang zu bringen. Der Verantwortliche oder der Auftragsverarbeiter teilt der federführenden Aufsichtsbehörde die Maßnahmen mit, die zur Einhaltung des Beschlusses ergriffen wurden; diese wiederum unterrichtet die anderen betroffenen Aufsichtsbehörden.

(11) Hat – in Ausnahmefällen – eine betroffene Aufsichtsbehörde Grund zu der Annahme, dass zum Schutz der Interessen betroffener Personen dringender Handlungsbedarf besteht, so kommt das Dringlichkeitsverfahren nach Artikel 66 zur Anwendung.

(12) Die federführende Aufsichtsbehörde und die anderen betroffenen Aufsichtsbehörden übermitteln einander die nach diesem Artikel geforderten Informationen auf elektronischem Wege unter Verwendung eines standardisierten Formats.

Artikel 61 Gegenseitige Amtshilfe

(1) Die Aufsichtsbehörden übermitteln einander maßgebliche Informationen und gewähren einander Amtshilfe, um diese Verordnung einheitlich durchzuführen und anzuwenden, und treffen Vorkehrungen für eine wirksame Zusammenarbeit. Die Amtshilfe bezieht sich insbesondere auf Auskunftsersuchen und aufsichtsbezogene Maßnahmen, beispielsweise Ersuchen um vorherige Genehmigungen und eine vorherige Konsultation, um Vornahme von Nachprüfungen und Untersuchungen.

(2) Jede Aufsichtsbehörde ergreift alle geeigneten Maßnahmen, um einem Ersuchen einer anderen Aufsichtsbehörde unverzüglich und spätestens innerhalb eines Monats nach Eingang des Ersuchens nachzukommen. Dazu kann insbesondere auch die Übermittlung maßgeblicher Informationen über die Durchführung einer Untersuchung gehören.

(3) Amtshilfeersuchen enthalten alle erforderlichen Informationen, einschließlich Zweck und Begründung des Ersuchens. Die übermittelten Informationen werden ausschließlich für den Zweck verwendet, für den sie angefordert wurden.

(4) Die ersuchte Aufsichtsbehörde lehnt das Ersuchen nur ab, wenn

a) sie für den Gegenstand des Ersuchens oder für die Maßnahmen, die sie durchführen soll, nicht zuständig ist oder

b) ein Eingehen auf das Ersuchen gegen diese Verordnung verstoßen würde oder gegen das Unionsrecht oder das Recht der Mitgliedstaaten, dem die Aufsichtsbehörde, bei der das Ersuchen eingeht, unterliegt.

(5) Die ersuchte Aufsichtsbehörde informiert die ersuchende Aufsichtsbehörde über die Ergebnisse oder gegebenenfalls über den Fortgang der Maßnahmen, die getroffen wurden, um dem Ersuchen nachzukommen. Die ersuchte Aufsichtsbehörde erläutert gemäß Absatz 4 die Gründe für die Ablehnung des Ersuchens.

(6) Die ersuchten Aufsichtsbehörden übermitteln die Informationen, um die von einer anderen Aufsichtsbehörde ersucht wurde, in der Regel auf elektronischem Wege unter Verwendung eines standardisierten Formats.

(7) Ersuchte Aufsichtsbehörden verlangen für Maßnahmen, die sie aufgrund eines Amtshilfeersuchens getroffen haben, keine Gebühren. Die Aufsichtsbehörden können untereinander Regeln vereinbaren, um einander in Ausnahmefällen besondere aufgrund der Amtshilfe entstandene Ausgaben zu erstatten.

(8) Erteilt eine ersuchte Aufsichtsbehörde nicht binnen eines Monats nach Eingang des Ersuchens einer anderen Aufsichtsbehörde die Informationen gemäß Absatz 5, so kann die ersuchende Aufsichtsbehörde eine einstweilige Maßnahme im Hoheitsgebiet ihres Mitgliedstaats gemäß Artikel 55 Absatz 1 ergreifen. In diesem Fall wird von einem dringenden Handlungsbedarf gemäß Artikel 66 Absatz 1 ausgegangen, der einen im Dringlichkeitsverfahren angenommenen verbindlichen Beschluss des Ausschuss gemäß Artikel 66 Absatz 2 erforderlich macht.

(9) Die Kommission kann im Wege von Durchführungsrechtsakten Form und Verfahren der Amtshilfe nach diesem Artikel und die Ausgestaltung des elektronischen Informationsaustauschs zwischen den Aufsichtsbehörden sowie zwischen den Aufsichtsbehörden und dem Ausschuss, insbesondere das in Absatz 6 des vorliegenden Artikels genannte standardisierte Format, festlegen. Diese Durchführungsrechtsakte werden gemäß dem in Artikel 93 Absatz 2 genannten Prüfverfahren erlassen.

Artikel 62 Gemeinsame Maßnahmen der Aufsichtsbehörden

(1) Die Aufsichtsbehörden führen gegebenenfalls gemeinsame Maßnahmen einschließlich gemeinsamer Untersuchungen und gemeinsamer Durchsetzungsmaßnahmen durch, an denen Mitglieder oder Bedienstete der Aufsichtsbehörden anderer Mitgliedstaaten teilnehmen.

(2) Verfügt der Verantwortliche oder der Auftragsverarbeiter über Niederlassungen in mehreren Mitgliedstaaten oder werden die Verarbeitungsvorgänge voraussichtlich auf eine bedeutende Zahl betroffener Personen in mehr als einem Mitgliedstaat erhebliche Auswirkungen haben, ist die Aufsichtsbehörde jedes dieser Mitgliedstaaten berechtigt, an den gemeinsamen Maßnahmen teilzunehmen. Die gemäß Artikel 56 Absatz 1 oder Absatz 4 zuständige Aufsichtsbehörde lädt die Aufsichtsbehörde jedes dieser Mitgliedstaaten zur Teilnahme an den gemeinsamen Maßnahmen ein und antwortet unverzüglich auf das Ersuchen einer Aufsichtsbehörde um Teilnahme.

(3) Eine Aufsichtsbehörde kann gemäß dem Recht des Mitgliedstaats und mit Genehmigung der unterstützenden Aufsichtsbehörde den an den gemeinsamen Maßnahmen beteiligten Mitgliedern oder Bediensteten der unterstützenden Aufsichtsbehörde Befugnisse einschließlich Untersuchungsbefugnisse übertragen oder, soweit dies nach dem Recht des Mitgliedstaats der einladenden Aufsichtsbehörde zulässig ist, den Mitgliedern oder Bediensteten der unterstützenden Aufsichtsbehörde gestatten, ihre Untersuchungsbefugnisse nach dem Recht des Mitgliedstaats der unterstützenden Aufsichtsbehörde auszuüben. Diese Untersuchungsbefugnisse können nur unter der Leitung und in Gegenwart der Mitglieder oder Bediensteten der einladenden Aufsichtsbehörde ausgeübt werden. Die Mitglieder oder Bediensteten der unterstützenden Aufsichtsbehörde unterliegen dem Recht des Mitgliedstaats der einladenden Aufsichtsbehörde.

(4) Sind gemäß Absatz 1 Bedienstete einer unterstützenden Aufsichtsbehörde in einem anderen Mitgliedstaat im Einsatz, so übernimmt der Mitgliedstaat der einladenden Aufsichtsbehörde nach Maßgabe des Rechts des Mitgliedstaats, in dessen Hoheitsgebiet der Einsatz erfolgt, die Verantwortung für ihr Handeln, einschließlich der Haftung für alle von ihnen bei ihrem Einsatz verursachten Schäden.

(5) Der Mitgliedstaat, in dessen Hoheitsgebiet der Schaden verursacht wurde, ersetzt diesen Schaden so, wie er ihn ersetzen müsste, wenn seine eigenen Bediensteten ihn verursacht hätten. Der Mitgliedstaat der unterstützenden Aufsichtsbehörde, deren Bedienstete im Hoheitsgebiet eines anderen Mitgliedstaats einer Person Schaden zugefügt haben, erstattet diesem anderen Mitgliedstaat den Gesamtbetrag des Schadenersatzes, den dieser an die Berechtigten geleistet hat.

(6) Unbeschadet der Ausübung seiner Rechte gegenüber Dritten und mit Ausnahme des Absatzes 5 verzichtet jeder Mitgliedstaat in dem Fall des Absatzes 1 darauf, den in Absatz 4 genannten Betrag des erlittenen Schadens anderen Mitgliedstaaten gegenüber geltend zu machen.

(7) Ist eine gemeinsame Maßnahme geplant und kommt eine Aufsichtsbehörde binnen eines Monats nicht der Verpflichtung nach Absatz 2 Satz 2 des vorliegenden Artikels nach, so können die anderen Aufsichtsbehörden eine einstweilige Maßnahme im Hoheitsgebiet ihres Mitgliedstaats gemäß Artikel 55 ergreifen. In diesem Fall wird von einem dringenden Handlungsbedarf gemäß Artikel 66 Absatz 1 ausgegangen, der eine im Dringlichkeitsverfahren angenommene Stellungnahme oder einen im Dringlichkeitsverfahren angenommenen verbindlichen Beschluss des Ausschusses gemäß Artikel 66 Absatz 2 erforderlich macht.

Abschnitt 2
Kohärenz

Artikel 63 Kohärenzverfahren

Um zur einheitlichen Anwendung dieser Verordnung in der gesamten Union beizutragen, arbeiten die Aufsichtsbehörden im Rahmen des in diesem Abschnitt beschriebenen Kohärenzverfahrens untereinander und gegebenenfalls mit der Kommission zusammen.

Artikel 64 Stellungnahme des Ausschusses

(1) Der Ausschuss gibt eine Stellungnahme ab, wenn die zuständige Aufsichtsbehörde beabsichtigt, eine der nachstehenden Maßnahmen zu erlassen. Zu diesem

Zweck übermittelt die zuständige Aufsichtsbehörde dem Ausschuss den Entwurf des Beschlusses, wenn dieser

a) der Annahme einer Liste der Verarbeitungsvorgänge dient, die der Anforderung einer Datenschutz-Folgenabschätzung gemäß Artikel 35 Absatz 4 unterliegen,

b) eine Angelegenheit gemäß Artikel 40 Absatz 7 und damit die Frage betrifft, ob ein Entwurf von Verhaltensregeln oder eine Änderung oder Ergänzung von Verhaltensregeln mit dieser Verordnung in Einklang steht,

c) der Billigung der Kriterien für die Akkreditierung einer Stelle nach Artikel 41 Absatz 3 oder einer Zertifizierungsstelle nach Artikel 43 Absatz 3 dient,

d) der Festlegung von Standard-Datenschutzklauseln gemäß Artikel 46 Absatz 2 Buchstabe d und Artikel 28 Absatz 8 dient,

e) der Genehmigung von Vertragsklauseln gemäß Artikels 46 Absatz 3 Buchstabe a dient, oder

f) der Annahme verbindlicher interner Vorschriften im Sinne von Artikel 47 dient.

(2) Jede Aufsichtsbehörde, der Vorsitz des Ausschusses oder die Kommission können beantragen, dass eine Angelegenheit mit allgemeiner Geltung oder mit Auswirkungen in mehr als einem Mitgliedstaat vom Ausschuss geprüft wird, um eine Stellungnahme zu erhalten, insbesondere wenn eine zuständige Aufsichtsbehörde den Verpflichtungen zur Amtshilfe gemäß Artikel 61 oder zu gemeinsamen Maßnahmen gemäß Artikel 62 nicht nachkommt.

(3) In den in den Absätzen 1 und 2 genannten Fällen gibt der Ausschuss eine Stellungnahme zu der Angelegenheit ab, die ihm vorgelegt wurde, sofern er nicht bereits eine Stellungnahme zu derselben Angelegenheit abgegeben hat. Diese Stellungnahme wird binnen acht Wochen mit der einfachen Mehrheit der Mitglieder des Ausschusses angenommen. Diese Frist kann unter Berücksichtigung der Komplexität der Angelegenheit um weitere sechs Wochen verlängert werden. Was den in Absatz 1 genannten Beschlussentwurf angeht, der gemäß Absatz 5 den Mitgliedern des Ausschusses übermittelt wird, so wird angenommen, dass ein Mitglied, das innerhalb einer vom Vorsitz angegebenen angemessenen Frist keine Einwände erhoben hat, dem Beschlussentwurf zustimmt.

(4) Die Aufsichtsbehörden und die Kommission übermitteln unverzüglich dem Ausschuss auf elektronischem Wege unter Verwendung eines standardisierten Formats alle zweckdienlichen Informationen, einschließlich – je nach Fall – einer kurzen Darstellung des Sachverhalts, des Beschlussentwurfs, der Gründe, warum eine solche Maßnahme ergriffen werden muss, und der Standpunkte anderer betroffener Aufsichtsbehörden.

(5) Der Vorsitz des Ausschusses unterrichtet unverzüglich auf elektronischem Wege

a) unter Verwendung eines standardisierten Formats die Mitglieder des Ausschusses und die Kommission über alle zweckdienlichen Informationen, die ihm zugegangen sind. Soweit erforderlich stellt das Sekretariat des Ausschusses Übersetzungen der zweckdienlichen Informationen zur Verfügung und

b) je nach Fall die in den Absätzen 1 und 2 genannte Aufsichtsbehörde und die Kommission über die Stellungnahme und veröffentlicht sie.

(6) Die zuständige Aufsichtsbehörde nimmt den in Absatz 1 genannten Beschlussentwurf nicht vor Ablauf der in Absatz 3 genannten Frist an.

(7) Die in Absatz 1 genannte Aufsichtsbehörde trägt der Stellungnahme des Ausschusses weitestgehend Rechnung und teilt dessen Vorsitz binnen zwei Wochen nach Eingang der Stellungnahme auf elektronischem Wege unter Verwendung eines standardisierten Formats mit, ob sie den Beschlussentwurf beibehalten oder ändern wird; gegebenenfalls übermittelt sie den geänderten Beschlussentwurf.

(8) Teilt die betroffene Aufsichtsbehörde dem Vorsitz des Ausschusses innerhalb der Frist nach Absatz 7 des vorliegenden Artikels unter Angabe der maßgeblichen Gründe mit, dass sie beabsichtigt, der Stellungnahme des Ausschusses insgesamt oder teilweise nicht zu folgen, so gilt Artikel 65 Absatz 1.

Artikel 65 Streitbeilegung durch den Ausschuss

(1) Um die ordnungsgemäße und einheitliche Anwendung dieser Verordnung in Einzelfällen sicherzustellen, erlässt der Ausschuss in den folgenden Fällen einen verbindlichen Beschluss:

a) wenn eine betroffene Aufsichtsbehörde in einem Fall nach Artikel 60 Absatz 4 einen maßgeblichen und begründeten Einspruch gegen einen Beschlussentwurf der federführenden Behörde eingelegt hat oder die federführende Behörde einen solchen Einspruch als nicht maßgeblich oder nicht begründet abgelehnt hat. Der verbindliche Beschluss betrifft alle Angelegenheiten, die Gegenstand des maßgeblichen und begründeten Einspruchs sind, insbesondere die Frage, ob ein Verstoß gegen diese Verordnung vorliegt;

b) wenn es widersprüchliche Standpunkte dazu gibt, welche der betroffenen Aufsichtsbehörden für die Hauptniederlassung zuständig ist,

c) wenn eine zuständige Aufsichtsbehörde in den in Artikel 64 Absatz 1 genannten Fällen keine Stellungnahme des Ausschusses einholt oder der Stellungnahme des Ausschusses gemäß Artikel 64 nicht folgt. In diesem Fall kann jede betroffene Aufsichtsbehörde oder die Kommission die Angelegenheit dem Ausschuss vorlegen.

(2) Der in Absatz 1 genannte Beschluss wird innerhalb eines Monats nach der Befassung mit der Angelegenheit mit einer Mehrheit von zwei Dritteln der Mitglieder des Ausschusses angenommen. Diese Frist kann wegen der Komplexität der Angelegenheit um einen weiteren Monat verlängert werden. Der in Absatz 1 genannte Beschluss wird begründet und an die federführende Aufsichtsbehörde und alle betroffenen Aufsichtsbehörden übermittelt und ist für diese verbindlich.

(3) War der Ausschuss nicht in der Lage, innerhalb der in Absatz 2 genannten Fristen einen Beschluss anzunehmen, so nimmt er seinen Beschluss innerhalb von zwei Wochen nach Ablauf des in Absatz 2 genannten zweiten Monats mit einfacher Mehrheit der Mitglieder des Ausschusses an. Bei Stimmengleichheit zwischen den Mitgliedern des Ausschusses gibt die Stimme des Vorsitzes den Ausschlag.

(4) Die betroffenen Aufsichtsbehörden nehmen vor Ablauf der in den Absätzen 2 und 3 genannten Fristen keinen Beschluss über die dem Ausschuss vorgelegte Angelegenheit an.

(5) Der Vorsitz des Ausschusses unterrichtet die betroffenen Aufsichtsbehörden unverzüglich über den in Absatz 1 genannten Beschluss. Er setzt die Kommission hiervon in Kenntnis. Der Beschluss wird unverzüglich auf der Website des Ausschusses veröffentlicht, nachdem die Aufsichtsbehörde den in Absatz 6 genannten endgültigen Beschluss mitgeteilt hat.

(6) Die federführende Aufsichtsbehörde oder gegebenenfalls die Aufsichtsbehörde, bei der die Beschwerde eingereicht wurde, trifft den endgültigen Beschluss auf der Grundlage des in Absatz 1 des vorliegenden Artikels genannten Beschlusses unverzüglich und spätestens einen Monat, nachdem der Europäische Datenschutzausschuss seinen Beschluss mitgeteilt hat. Die federführende Aufsichtsbehörde oder gegebenenfalls die Aufsichtsbehörde, bei der die Beschwerde eingereicht wurde, setzt den Ausschuss von dem Zeitpunkt, zu dem ihr endgültiger Beschluss dem Verantwortlichen oder dem Auftragsverarbeiter bzw. der betroffenen Person mitgeteilt wird, in Kenntnis. Der endgültige Beschluss der betroffenen Aufsichtsbehörden wird gemäß Artikel 60 Absätze 7, 8 und 9 angenommen. Im endgültigen Beschluss wird auf den in Absatz 1 genannten Beschluss verwiesen und festgelegt, dass der in Absatz 1 des vorliegenden Artikels genannte Beschluss gemäß Absatz 5 auf der Website des Ausschusses veröffentlicht wird. Dem endgültigen Beschluss wird der in Absatz 1 des vorliegenden Artikels genannte Beschluss beigefügt.

Artikel 66 Dringlichkeitsverfahren

(1) Unter außergewöhnlichen Umständen kann eine betroffene Aufsichtsbehörde abweichend vom Kohärenzverfahren nach Artikel 63, 64 und 65 oder dem Verfahren nach Artikel 60 sofort einstweilige Maßnahmen mit festgelegter Geltungsdauer von höchstens drei Monaten treffen, die in ihrem Hoheitsgebiet rechtliche Wirkung entfalten sollen, wenn sie zu der Auffassung gelangt, dass dringender Handlungsbedarf besteht, um Rechte und Freiheiten von betroffenen Personen zu schützen. Die Aufsichtsbehörde setzt die anderen betroffenen Aufsichtsbehörden, den Ausschuss und die Kommission unverzüglich von diesen Maßnahmen und den Gründen für deren Erlass in Kenntnis.

(2) Hat eine Aufsichtsbehörde eine Maßnahme nach Absatz 1 ergriffen und ist sie der Auffassung, dass dringend endgültige Maßnahmen erlassen werden müssen, kann sie unter Angabe von Gründen im Dringlichkeitsverfahren um eine Stellungnahme oder einen verbindlichen Beschluss des Ausschusses ersuchen.

(3) Jede Aufsichtsbehörde kann unter Angabe von Gründen, auch für den dringenden Handlungsbedarf, im Dringlichkeitsverfahren um eine Stellungnahme oder gegebenenfalls einen verbindlichen Beschluss des Ausschusses ersuchen, wenn eine zuständige Aufsichtsbehörde trotz dringenden Handlungsbedarfs keine geeignete Maßnahme getroffen hat, um die Rechte und Freiheiten von betroffenen Personen zu schützen.

(4) Abweichend von Artikel 64 Absatz 3 und Artikel 65 Absatz 2 wird eine Stellungnahme oder ein verbindlicher Beschluss im Dringlichkeitsverfahren nach den Absätzen 2 und 3 binnen zwei Wochen mit einfacher Mehrheit der Mitglieder des Ausschusses angenommen.

Artikel 67 Informationsaustausch

Die Kommission kann Durchführungsrechtsakte von allgemeiner Tragweite zur Festlegung der Ausgestaltung des elektronischen Informationsaustauschs zwischen den Aufsichtsbehörden sowie zwischen den Aufsichtsbehörden und dem Ausschuss, insbesondere des standardisierten Formats nach Artikel 64, erlassen.

Diese Durchführungsrechtsakte werden gemäß dem Prüfverfahren nach Artikel 93 Absatz 2 erlassen.

Abschnitt 3
Europäischer Datenschutzausschuss

Artikel 68 Europäischer Datenschutzausschuss

(1) Der Europäische Datenschutzausschuss (im Folgenden „Ausschuss") wird als Einrichtung der Union mit eigener Rechtspersönlichkeit eingerichtet.

(2) Der Ausschuss wird von seinem Vorsitz vertreten.

(3) Der Ausschuss besteht aus dem Leiter einer Aufsichtsbehörde jedes Mitgliedstaats und dem Europäischen Datenschutzbeauftragten oder ihren jeweiligen Vertretern.

(4) Ist in einem Mitgliedstaat mehr als eine Aufsichtsbehörde für die Überwachung der Anwendung der nach Maßgabe dieser Verordnung erlassenen Vorschriften zuständig, so wird im Einklang mit den Rechtsvorschriften dieses Mitgliedstaats ein gemeinsamer Vertreter benannt.

(5) Die Kommission ist berechtigt, ohne Stimmrecht an den Tätigkeiten und Sitzungen des Ausschusses teilzunehmen. Die Kommission benennt einen Vertreter. Der Vorsitz des Ausschusses unterrichtet die Kommission über die Tätigkeiten des Ausschusses.

(6) In den in Artikel 65 genannten Fällen ist der Europäische Datenschutzbeauftragte nur bei Beschlüssen stimmberechtigt, die Grundsätze und Vorschriften betreffen, die für die Organe, Einrichtungen, Ämter und Agenturen der Union gelten und inhaltlich den Grundsätzen und Vorschriften dieser Verordnung entsprechen.

Artikel 69 Unabhängigkeit

(1) Der Ausschuss handelt bei der Erfüllung seiner Aufgaben oder in Ausübung seiner Befugnisse gemäß den Artikeln 70 und 71 unabhängig.

(2) Unbeschadet der Ersuchen der Kommission gemäß Artikel 70 Absatz 1 Buchstabe b und Absatz 2 ersucht der Ausschuss bei der Erfüllung seiner Aufgaben oder in Ausübung seiner Befugnisse weder um Weisung noch nimmt er Weisungen entgegen.

Artikel 70 Aufgaben des Ausschusses

(1) Der Ausschuss stellt die einheitliche Anwendung dieser Verordnung sicher. Hierzu nimmt der Ausschuss von sich aus oder gegebenenfalls auf Ersuchen der Kommission insbesondere folgende Tätigkeiten wahr:

a) Überwachung und Sicherstellung der ordnungsgemäßen Anwendung dieser Verordnung in den in den Artikeln 64 und 65 genannten Fällen unbeschadet der Aufgaben der nationalen Aufsichtsbehörden;

b) Beratung der Kommission in allen Fragen, die im Zusammenhang mit dem Schutz personenbezogener Daten in der Union stehen, einschließlich etwaiger Vorschläge zur Änderung dieser Verordnung;

c) Beratung der Kommission über das Format und die Verfahren für den Austausch von Informationen zwischen den Verantwortlichen, den Auftragsverarbeitern und den Aufsichtsbehörden in Bezug auf verbindliche interne Datenschutzvorschriften;

d) Bereitstellung von Leitlinien, Empfehlungen und bewährten Verfahren zu Verfahren für die Löschung gemäß Artikel 17 Absatz 2 von Links zu personenbezogenen Daten oder Kopien oder Replikationen dieser Daten aus öffentlich zugänglichen Kommunikationsdiensten;

e) Prüfung – von sich aus, auf Antrag eines seiner Mitglieder oder auf Ersuchen der Kommission – von die Anwendung dieser Verordnung betreffenden Fragen und Bereitstellung von Leitlinien, Empfehlungen und bewährten Verfahren zwecks Sicherstellung einer einheitlichen Anwendung dieser Verordnung;

f) Bereitstellung von Leitlinien, Empfehlungen und bewährten Verfahren gemäß Buchstabe e des vorliegenden Absatzes zur näheren Bestimmung der Kriterien und Bedingungen für die auf Profiling beruhenden Entscheidungen gemäß Artikel 22 Absatz 2;

g) Bereitstellung von Leitlinien, Empfehlungen und bewährten Verfahren gemäß Buchstabe e des vorliegenden Absatzes für die Feststellung von Verletzungen des Schutzes personenbezogener Daten und die Festlegung der Unverzüglichkeit im Sinne des Artikels 33 Absätze 1 und 2, und zu den spezifischen Umständen, unter denen der Verantwortliche oder der Auftragsverarbeiter die Verletzung des Schutzes personenbezogener Daten zu melden hat;

h) Bereitstellung von Leitlinien, Empfehlungen und bewährten Verfahren gemäß Buchstabe e des vorliegenden Absatzes zu den Umständen, unter denen eine Verletzung des Schutzes personenbezogener Daten voraussichtlich ein hohes Risiko für die Rechte und Freiheiten natürlicher Personen im Sinne des Artikels 34 Absatz 1 zur Folge hat;

i) Bereitstellung von Leitlinien, Empfehlungen und bewährten Verfahren gemäß Buchstabe e des vorliegenden Absatzes zur näheren Bestimmung der in Artikel 47 aufgeführten Kriterien und Anforderungen für die Übermittlungen personenbezogener Daten, die auf verbindlichen internen Datenschutzvorschriften von Verantwortlichen oder Auftragsverarbeitern beruhen, und der dort aufgeführten weiteren erforderlichen Anforderungen zum Schutz personenbezogener Daten der betroffenen Personen;

j) Bereitstellung von Leitlinien, Empfehlungen und bewährten Verfahren gemäß Buchstabe e des vorliegenden Absatzes zur näheren Bestimmung der Kriterien und Bedingungen für die Übermittlungen personenbezogener Daten gemäß Artikel 49 Absatz 1;

k) Ausarbeitung von Leitlinien für die Aufsichtsbehörden in Bezug auf die Anwendung von Maßnahmen nach Artikel 58 Absätze 1, 2 und 3 und die Festsetzung von Geldbußen gemäß Artikel 83;

l) Überprüfung der praktischen Anwendung der unter den Buchstaben e und f genannten Leitlinien, Empfehlungen und bewährten Verfahren;

m) Bereitstellung von Leitlinien, Empfehlungen und bewährten Verfahren gemäß Buchstabe e des vorliegenden Absatzes zur Festlegung gemeinsamer Verfahren für die von natürlichen Personen vorgenommene Meldung von Verstößen gegen diese Verordnung gemäß Artikel 54 Absatz 2;

n) Förderung der Ausarbeitung von Verhaltensregeln und der Einrichtung von datenschutzspezifischen Zertifizierungsverfahren sowie Datenschutzsiegeln und -prüfzeichen gemäß den Artikeln 40 und 42;

o) Akkreditierung von Zertifizierungsstellen und deren regelmäßige Überprüfung gemäß Artikel 43 und Führung eines öffentlichen Registers der akkreditierten Einrichtungen gemäß Artikel 43 Absatz 6 und der in Drittländern niedergelassenen akkreditierten Verantwortlichen oder Auftragsverarbeiter gemäß Artikel 42 Absatz 7;

p) Präzisierung der in Artikel 43 Absatz 3 genannten Anforderungen im Hinblick auf die Akkreditierung von Zertifizierungsstellen gemäß Artikel 42;

q) Abgabe einer Stellungnahme für die Kommission zu den Zertifizierungsanforderungen gemäß Artikel 43 Absatz 8;

r) Abgabe einer Stellungnahme für die Kommission zu den Bildsymbolen gemäß Artikel 12 Absatz 7;

s) Abgabe einer Stellungnahme für die Kommission zur Beurteilung der Angemessenheit des in einem Drittland oder einer internationalen Organisation gebotenen Schutzniveaus einschließlich zur Beurteilung der Frage, ob das Drittland, das Gebiet, ein oder mehrere spezifische Sektoren in diesem Drittland oder eine internationale Organisation kein angemessenes Schutzniveau mehr gewährleistet. Zu diesem Zweck gibt die Kommission dem Ausschuss alle erforderlichen Unterlagen, darunter den Schriftwechsel mit der Regierung des Drittlands, dem Gebiet oder spezifischen Sektor oder der internationalen Organisation;

t) Abgabe von Stellungnahmen im Kohärenzverfahren gemäß Artikel 64 Absatz 1 zu Beschlussentwürfen von Aufsichtsbehörden, zu Angelegenheiten, die nach Artikel 64 Absatz 2 vorgelegt wurden und um Erlass verbindlicher Beschlüsse gemäß Artikel 65, einschließlich der in Artikel 66 genannten Fälle;

u) Förderung der Zusammenarbeit und eines wirksamen bilateralen und multilateralen Austauschs von Informationen und bewährten Verfahren zwischen den Aufsichtsbehörden;

v) Förderung von Schulungsprogrammen und Erleichterung des Personalaustausches zwischen Aufsichtsbehörden sowie gegebenenfalls mit Aufsichtsbehörden von Drittländern oder mit internationalen Organisationen;

w) Förderung des Austausches von Fachwissen und von Dokumentationen über Datenschutzvorschriften und -praxis mit Datenschutzaufsichtsbehörden in aller Welt;

x) Abgabe von Stellungnahmen zu den auf Unionsebene erarbeiteten Verhaltensregeln gemäß Artikel 40 Absatz 9 und

y) Führung eines öffentlich zugänglichen elektronischen Registers der Beschlüsse der Aufsichtsbehörden und Gerichte in Bezug auf Fragen, die im Rahmen des Kohärenzverfahrens behandelt wurden.

(2) Die Kommission kann, wenn sie den Ausschuss um Rat ersucht, unter Berücksichtigung der Dringlichkeit des Sachverhalts eine Frist angeben.

(3) Der Ausschuss leitet seine Stellungnahmen, Leitlinien, Empfehlungen und bewährten Verfahren an die Kommission und an den in Artikel 93 genannten Ausschuss weiter und veröffentlicht sie.

(4) Der Ausschuss konsultiert gegebenenfalls interessierte Kreise und gibt ihnen Gelegenheit, innerhalb einer angemessenen Frist Stellung zu nehmen. Unbeschadet des Artikels 76 macht der Ausschuss die Ergebnisse der Konsultation der Öffentlichkeit zugänglich.

Artikel 71 Berichterstattung

(1) Der Ausschuss erstellt einen Jahresbericht über den Schutz natürlicher Personen bei der Verarbeitung in der Union und gegebenenfalls in Drittländern und internationalen Organisationen. Der Bericht wird veröffentlicht und dem Europäischen Parlament, dem Rat und der Kommission übermittelt.

(2) Der Jahresbericht enthält eine Überprüfung der praktischen Anwendung der in Artikel 70 Absatz 1 Buchstabe l genannten Leitlinien, Empfehlungen und bewährten Verfahren sowie der in Artikel 65 genannten verbindlichen Beschlüsse.

Artikel 72 Verfahrensweise

(1) Sofern in dieser Verordnung nichts anderes bestimmt ist, fasst der Ausschuss seine Beschlüsse mit einfacher Mehrheit seiner Mitglieder.

(2) Der Ausschuss gibt sich mit einer Mehrheit von zwei Dritteln seiner Mitglieder eine Geschäftsordnung und legt seine Arbeitsweise fest.

Artikel 73 Vorsitz

(1) Der Ausschuss wählt aus dem Kreis seiner Mitglieder mit einfacher Mehrheit einen Vorsitzenden und zwei stellvertretende Vorsitzende.

(2) Die Amtszeit des Vorsitzenden und seiner beiden Stellvertreter beträgt fünf Jahre; ihre einmalige Wiederwahl ist zulässig.

Artikel 74 Aufgaben des Vorsitzes

(1) Der Vorsitz hat folgende Aufgaben:

a) Einberufung der Sitzungen des Ausschusses und Erstellung der Tagesordnungen,

b) Übermittlung der Beschlüsse des Ausschusses nach Artikel 65 an die federführende Aufsichtsbehörde und die betroffenen Aufsichtsbehörden,

c) Sicherstellung einer rechtzeitigen Ausführung der Aufgaben des Ausschusses, insbesondere der Aufgaben im Zusammenhang mit dem Kohärenzverfahren nach Artikel 63.

(2) Der Ausschuss legt die Aufteilung der Aufgaben zwischen dem Vorsitzenden und dessen Stellvertretern in seiner Geschäftsordnung fest.

Artikel 75 Sekretariat

(1) Der Ausschuss wird von einem Sekretariat unterstützt, das von dem Europäischen Datenschutzbeauftragten bereitgestellt wird.

(2) Das Sekretariat führt seine Aufgaben ausschließlich auf Anweisung des Vorsitzes des Ausschusses aus.

(3) Das Personal des Europäischen Datenschutzbeauftragten, das an der Wahrnehmung der dem Ausschuss gemäß dieser Verordnung übertragenen Aufgaben beteiligt ist, unterliegt anderen Berichtspflichten als das Personal, das an der Wahrnehmung der dem Europäischen Datenschutzbeauftragten übertragenen Aufgaben beteiligt ist.

(4) Soweit angebracht, erstellen und veröffentlichen der Ausschuss und der Europäische Datenschutzbeauftragte eine Vereinbarung zur Anwendung des vorliegenden Artikels, in der die Bedingungen ihrer Zusammenarbeit festgelegt sind und die für das Personal des Europäischen Datenschutzbeauftragten gilt, das an der Wahrnehmung der dem Ausschuss gemäß dieser Verordnung übertragenen Aufgaben beteiligt ist.

(5) Das Sekretariat leistet dem Ausschuss analytische, administrative und logistische Unterstützung.

(6) Das Sekretariat ist insbesondere verantwortlich für

a) das Tagesgeschäft des Ausschusses,

b) die Kommunikation zwischen den Mitgliedern des Ausschusses, seinem Vorsitz und der Kommission,
c) die Kommunikation mit anderen Organen und mit der Öffentlichkeit,
d) den Rückgriff auf elektronische Mittel für die interne und die externe Kommunikation,
e) die Übersetzung sachdienlicher Informationen,
f) die Vor- und Nachbereitung der Sitzungen des Ausschusses,
g) die Vorbereitung, Abfassung und Veröffentlichung von Stellungnahmen, von Beschlüssen über die Beilegung von Streitigkeiten zwischen Aufsichtsbehörden und von sonstigen vom Ausschuss angenommenen Dokumenten.

Artikel 76 Vertraulichkeit

(1) Die Beratungen des Ausschusses sind gemäß seiner Geschäftsordnung vertraulich, wenn der Ausschuss dies für erforderlich hält.

(2) Der Zugang zu Dokumenten, die Mitgliedern des Ausschusses, Sachverständigen und Vertretern von Dritten vorgelegt werden, wird durch die Verordnung (EG) Nr. 1049/2001 des Europäischen Parlaments und des Rates[1)] geregelt.

KAPITEL VIII

Rechtsbehelfe, Haftung und Sanktionen

Artikel 77 Recht auf Beschwerde bei einer Aufsichtsbehörde

(1) Jede betroffene Person hat unbeschadet eines anderweitigen verwaltungsrechtlichen oder gerichtlichen Rechtsbehelfs das Recht auf Beschwerde bei einer Aufsichtsbehörde, insbesondere in dem Mitgliedstaat ihres Aufenthaltsorts, ihres Arbeitsplatzes oder des Orts des mutmaßlichen Verstoßes, wenn die betroffene Person der Ansicht ist, dass die Verarbeitung der sie betreffenden personenbezogenen Daten gegen diese Verordnung verstößt.

(2) Die Aufsichtsbehörde, bei der die Beschwerde eingereicht wurde, unterrichtet den Beschwerdeführer über den Stand und die Ergebnisse der Beschwerde einschließlich der Möglichkeit eines gerichtlichen Rechtsbehelfs nach Artikel 78.

Artikel 78 Recht auf wirksamen gerichtlichen Rechtsbehelf gegen eine Aufsichtsbehörde

(1) Jede natürliche oder juristische Person hat unbeschadet eines anderweitigen verwaltungsrechtlichen oder außergerichtlichen Rechtsbehelfs das Recht auf einen wirksamen gerichtlichen Rechtsbehelf gegen einen sie betreffenden rechtsverbindlichen Beschluss einer Aufsichtsbehörde.

(2) Jede betroffene Person hat unbeschadet eines anderweitigen verwaltungsrechtlichen oder außergerichtlichen Rechtbehelfs das Recht auf einen wirksamen gerichtlichen Rechtsbehelf, wenn die nach den Artikeln 55 und 56 zuständige Aufsichtsbehörde sich nicht mit einer Beschwerde befasst oder die betroffene Person nicht innerhalb von drei Monaten über den Stand oder das Ergebnis der gemäß Artikel 77 erhobenen Beschwerde in Kenntnis gesetzt hat.

---

1) Amtliche Fußnote: Verordnung (EG) Nr. 1049/2001 des Europäischen Parlaments und des Rates vom 30. Mai 2001 über den Zugang der Öffentlichkeit zu Dokumenten des Europäischen Parlaments, des Rates und der Kommission (ABl. L 145 vom 31. 5. 2001, S. 43).

(3) Für Verfahren gegen eine Aufsichtsbehörde sind die Gerichte des Mitgliedstaats zuständig, in dem die Aufsichtsbehörde ihren Sitz hat.

(4) Kommt es zu einem Verfahren gegen den Beschluss einer Aufsichtsbehörde, dem eine Stellungnahme oder ein Beschluss des Ausschusses im Rahmen des Kohärenzverfahrens vorangegangen ist, so leitet die Aufsichtsbehörde diese Stellungnahme oder diesen Beschluss dem Gericht zu.

Artikel 79 Recht auf wirksamen gerichtlichen Rechtsbehelf gegen Verantwortliche oder Auftragsverarbeiter

(1) Jede betroffene Person hat unbeschadet eines verfügbaren verwaltungsrechtlichen oder außergerichtlichen Rechtsbehelfs einschließlich des Rechts auf Beschwerde bei einer Aufsichtsbehörde gemäß Artikel 77 das Recht auf einen wirksamen gerichtlichen Rechtsbehelf, wenn sie der Ansicht ist, dass die ihr aufgrund dieser Verordnung zustehenden Rechte infolge einer nicht im Einklang mit dieser Verordnung stehenden Verarbeitung ihrer personenbezogenen Daten verletzt wurden.

(2) Für Klagen gegen einen Verantwortlichen oder gegen einen Auftragsverarbeiter sind die Gerichte des Mitgliedstaats zuständig, in dem der Verantwortliche oder der Auftragsverarbeiter eine Niederlassung hat. Wahlweise können solche Klagen auch bei den Gerichten des Mitgliedstaats erhoben werden, in dem die betroffene Person ihren Aufenthaltsort hat, es sei denn, es handelt sich bei dem Verantwortlichen oder dem Auftragsverarbeiter um eine Behörde eines Mitgliedstaats, die in Ausübung ihrer hoheitlichen Befugnisse tätig geworden ist.

Artikel 80 Vertretung von betroffenen Personen

(1) Die betroffene Person hat das Recht, eine Einrichtung, Organisationen oder Vereinigung ohne Gewinnerzielungsabsicht, die ordnungsgemäß nach dem Recht eines Mitgliedstaats gegründet ist, deren satzungsmäßige Ziele im öffentlichem Interesse liegen und die im Bereich des Schutzes der Rechte und Freiheiten von betroffenen Personen in Bezug auf den Schutz ihrer personenbezogenen Daten tätig ist, zu beauftragen, in ihrem Namen eine Beschwerde einzureichen, in ihrem Namen die in den Artikeln 77, 78 und 79 genannten Rechte wahrzunehmen und das Recht auf Schadensersatz gemäß Artikel 82 in Anspruch zu nehmen, sofern dieses im Recht der Mitgliedstaaten vorgesehen ist.

(2) Die Mitgliedstaaten können vorsehen, dass jede der in Absatz 1 des vorliegenden Artikels genannten Einrichtungen, Organisationen oder Vereinigungen unabhängig von einem Auftrag der betroffenen Person in diesem Mitgliedstaat das Recht hat, bei der gemäß Artikel 77 zuständigen Aufsichtsbehörde eine Beschwerde einzulegen und die in den Artikeln 78 und 79 aufgeführten Rechte in Anspruch zu nehmen, wenn ihres Erachtens die Rechte einer betroffenen Person gemäß dieser Verordnung infolge einer Verarbeitung verletzt worden sind.

Artikel 81 Aussetzung des Verfahrens

(1) Erhält ein zuständiges Gericht in einem Mitgliedstaat Kenntnis von einem Verfahren zu demselben Gegenstand in Bezug auf die Verarbeitung durch denselben Verantwortlichen oder Auftragsverarbeiter, das vor einem Gericht in einem anderen Mitgliedstaat anhängig ist, so nimmt es mit diesem Gericht Kontakt auf, um sich zu vergewissern, dass ein solches Verfahren existiert.

(2) Ist ein Verfahren zu demselben Gegenstand in Bezug auf die Verarbeitung durch denselben Verantwortlichen oder Auftragsverarbeiter vor einem Gericht in

einem anderen Mitgliedstaat anhängig, so kann jedes später angerufene zuständige Gericht das bei ihm anhängige Verfahren aussetzen.

(3) Sind diese Verfahren in erster Instanz anhängig, so kann sich jedes später angerufene Gericht auf Antrag einer Partei auch für unzuständig erklären, wenn das zuerst angerufene Gericht für die betreffenden Klagen zuständig ist und die Verbindung der Klagen nach seinem Recht zulässig ist.

Artikel 82 Haftung und Recht auf Schadenersatz

(1) Jede Person, der wegen eines Verstoßes gegen diese Verordnung ein materieller oder immaterieller Schaden entstanden ist, hat Anspruch auf Schadenersatz gegen den Verantwortlichen oder gegen den Auftragsverarbeiter.

(2) Jeder an einer Verarbeitung beteiligte Verantwortliche haftet für den Schaden, der durch eine nicht dieser Verordnung entsprechende Verarbeitung verursacht wurde. Ein Auftragsverarbeiter haftet für den durch eine Verarbeitung verursachten Schaden nur dann, wenn er seinen speziell den Auftragsverarbeitern auferlegten Pflichten aus dieser Verordnung nicht nachgekommen ist oder unter Nichtbeachtung der rechtmäßig erteilten Anweisungen des für die Datenverarbeitung Verantwortlichen oder gegen diese Anweisungen gehandelt hat.

(3) Der Verantwortliche oder der Auftragsverarbeiter wird von der Haftung gemäß Absatz 2 befreit, wenn er nachweist, dass er in keinerlei Hinsicht für den Umstand, durch den der Schaden eingetreten ist, verantwortlich ist.

(4) Ist mehr als ein Verantwortlicher oder mehr als ein Auftragsverarbeiter bzw. sowohl ein Verantwortlicher als auch ein Auftragsverarbeiter an derselben Verarbeitung beteiligt und sind sie gemäß den Absätzen 2 und 3 für einen durch die Verarbeitung verursachten Schaden verantwortlich, so haftet jeder Verantwortliche oder jeder Auftragsverarbeiter für den gesamten Schaden, damit ein wirksamer Schadensersatz für die betroffene Person sichergestellt ist.

(5) Hat ein Verantwortlicher oder Auftragsverarbeiter gemäß Absatz 4 vollständigen Schadenersatz für den erlittenen Schaden gezahlt, so ist dieser Verantwortliche oder Auftragsverarbeiter berechtigt, von den übrigen an derselben Verarbeitung beteiligten für die Datenverarbeitung Verantwortlichen oder Auftragsverarbeitern den Teil des Schadenersatzes zurückzufordern, der unter den in Absatz 2 festgelegten Bedingungen ihrem Anteil an der Verantwortung für den Schaden entspricht.

(6) Mit Gerichtsverfahren zur Inanspruchnahme des Rechts auf Schadenersatz sind die Gerichte zu befassen, die nach den in Artikel 79 Absatz 2 genannten Rechtsvorschriften des Mitgliedstaats zuständig sind.

Artikel 83 Allgemeine Bedingungen für die Verhängung von Geldbußen

(1) Jede Aufsichtsbehörde stellt sicher, dass die Verhängung von Geldbußen gemäß diesem Artikel für Verstöße gegen diese Verordnung gemäß den Absätzen 5 und 6 in jedem Einzelfall wirksam, verhältnismäßig und abschreckend ist.

(2) Geldbußen werden je nach den Umständen des Einzelfalls zusätzlich zu oder anstelle von Maßnahmen nach Artikel 58 Absatz 2 Buchstaben a bis h und i verhängt. Bei der Entscheidung über die Verhängung einer Geldbuße und über deren Betrag wird in jedem Einzelfall Folgendes gebührend berücksichtigt:

a) Art, Schwere und Dauer des Verstoßes unter Berücksichtigung der Art, des Umfangs oder des Zwecks der betreffenden Verarbeitung sowie der Zahl der von der Verarbeitung betroffenen Personen und des Ausmaßes des von ihnen erlittenen Schadens;

b) Vorsätzlichkeit oder Fahrlässigkeit des Verstoßes;
c) jegliche von dem Verantwortlichen oder dem Auftragsverarbeiter getroffenen Maßnahmen zur Minderung des den betroffenen Personen entstandenen Schadens;
d) Grad der Verantwortung des Verantwortlichen oder des Auftragsverarbeiters unter Berücksichtigung der von ihnen gemäß den Artikeln 25 und 32 getroffenen technischen und organisatorischen Maßnahmen;
e) etwaige einschlägige frühere Verstöße des Verantwortlichen oder des Auftragsverarbeiters;
f) Umfang der Zusammenarbeit mit der Aufsichtsbehörde, um dem Verstoß abzuhelfen und seine möglichen nachteiligen Auswirkungen zu mindern;
g) Kategorien personenbezogener Daten, die von dem Verstoß betroffen sind;
h) Art und Weise, wie der Verstoß der Aufsichtsbehörde bekannt wurde, insbesondere ob und gegebenenfalls in welchem Umfang der Verantwortliche oder der Auftragsverarbeiter den Verstoß mitgeteilt hat;
i) Einhaltung der nach Artikel 58 Absatz 2 früher gegen den für den betreffenden Verantwortlichen oder Auftragsverarbeiter in Bezug auf denselben Gegenstand angeordneten Maßnahmen, wenn solche Maßnahmen angeordnet wurden;
j) Einhaltung von genehmigten Verhaltensregeln nach Artikel 40 oder genehmigten Zertifizierungsverfahren nach Artikel 42 und
k) jegliche anderen erschwerenden oder mildernden Umstände im jeweiligen Fall, wie unmittelbar oder mittelbar durch den Verstoß erlangte finanzielle Vorteile oder vermiedene Verluste.

(3) Verstößt ein Verantwortlicher oder ein Auftragsverarbeiter bei gleichen oder miteinander verbundenen Verarbeitungsvorgängen vorsätzlich oder fahrlässig gegen mehrere Bestimmungen dieser Verordnung, so übersteigt der Gesamtbetrag der Geldbuße nicht den Betrag für den schwerwiegendsten Verstoß.

(4) Bei Verstößen gegen die folgenden Bestimmungen werden im Einklang mit Absatz 2 Geldbußen von bis zu 10000000 EUR oder im Fall eines Unternehmens von bis zu 2 % seines gesamten weltweit erzielten Jahresumsatzes des vorangegangenen Geschäftsjahrs verhängt, je nachdem, welcher der Beträge höher ist:
a) die Pflichten der Verantwortlichen und der Auftragsverarbeiter gemäß den Artikeln 8, 11, 25 bis 39, 42 und 43;
b) die Pflichten der Zertifizierungsstelle gemäß den Artikeln 42 und 43;
c) die Pflichten der Überwachungsstelle gemäß Artikel 41 Absatz 4.

(5) Bei Verstößen gegen die folgenden Bestimmungen werden im Einklang mit Absatz 2 Geldbußen von bis zu 20000000 EUR oder im Fall eines Unternehmens von bis zu 4 % seines gesamten weltweit erzielten Jahresumsatzes des vorangegangenen Geschäftsjahrs verhängt, je nachdem, welcher der Beträge höher ist:
a) die Grundsätze für die Verarbeitung, einschließlich der Bedingungen für die Einwilligung, gemäß den Artikeln 5, 6, 7 und 9;
b) die Rechte der betroffenen Person gemäß den Artikeln 12 bis 22;
c) die Übermittlung personenbezogener Daten an einen Empfänger in einem Drittland oder an eine internationale Organisation gemäß den Artikeln 44 bis 49;
d) alle Pflichten gemäß den Rechtsvorschriften der Mitgliedstaaten, die im Rahmen des Kapitels IX erlassen wurden;

e) Nichtbefolgung einer Anweisung oder einer vorübergehenden oder endgültigen Beschränkung oder Aussetzung der Datenübermittlung durch die Aufsichtsbehörde gemäß Artikel 58 Absatz 2 oder Nichtgewährung des Zugangs unter Verstoß gegen Artikel 58 Absatz 1.

(6) Bei Nichtbefolgung einer Anweisung der Aufsichtsbehörde gemäß Artikel 58 Absatz 2 werden im Einklang mit Absatz 2 des vorliegenden Artikels Geldbußen von bis zu 20000000 EUR oder im Fall eines Unternehmens von bis zu 4 % seines gesamten weltweit erzielten Jahresumsatzes des vorangegangenen Geschäftsjahrs verhängt, je nachdem, welcher der Beträge höher ist.

(7) Unbeschadet der Abhilfebefugnisse der Aufsichtsbehörden gemäß Artikel 58 Absatz 2 kann jeder Mitgliedstaat Vorschriften dafür festlegen, ob und in welchem Umfang gegen Behörden und öffentliche Stellen, die in dem betreffenden Mitgliedstaat niedergelassen sind, Geldbußen verhängt werden können.

(8) Die Ausübung der eigenen Befugnisse durch eine Aufsichtsbehörde gemäß diesem Artikel muss angemessenen Verfahrensgarantien gemäß dem Unionsrecht und dem Recht der Mitgliedstaaten, einschließlich wirksamer gerichtlicher Rechtsbehelfe und ordnungsgemäßer Verfahren, unterliegen.

(9) Sieht die Rechtsordnung eines Mitgliedstaats keine Geldbußen vor, kann dieser Artikel so angewandt werden, dass die Geldbuße von der zuständigen Aufsichtsbehörde in die Wege geleitet und von den zuständigen nationalen Gerichten verhängt wird, wobei sicherzustellen ist, dass diese Rechtsbehelfe wirksam sind und die gleiche Wirkung wie die von Aufsichtsbehörden verhängten Geldbußen haben. In jeden Fall müssen die verhängten Geldbußen wirksam, verhältnismäßig und abschreckend sein. Die betreffenden Mitgliedstaaten teilen der Kommission bis zum 25. Mai 2018 die Rechtsvorschriften mit, die sie aufgrund dieses Absatzes erlassen, sowie unverzüglich alle späteren Änderungsgesetze oder Änderungen dieser Vorschriften.

Artikel 84 Sanktionen

(1) Die Mitgliedstaaten legen die Vorschriften über andere Sanktionen für Verstöße gegen diese Verordnung – insbesondere für Verstöße, die keiner Geldbuße gemäß Artikel 83 unterliegen – fest und treffen alle zu deren Anwendung erforderlichen Maßnahmen. Diese Sanktionen müssen wirksam, verhältnismäßig und abschreckend sein.

(2) Jeder Mitgliedstaat teilt der Kommission bis zum 25. Mai 2018 die Rechtsvorschriften, die er aufgrund von Absatz 1 erlässt, sowie unverzüglich alle späteren Änderungen dieser Vorschriften mit.

KAPITEL IX

Vorschriften für besondere Verarbeitungssituationen

Artikel 85 Verarbeitung und Freiheit der Meinungsäußerung und Informationsfreiheit

(1) Die Mitgliedstaaten bringen durch Rechtsvorschriften das Recht auf den Schutz personenbezogener Daten gemäß dieser Verordnung mit dem Recht auf freie Meinungsäußerung und Informationsfreiheit, einschließlich der Verarbeitung zu journalistischen Zwecken und zu wissenschaftlichen, künstlerischen oder literarischen Zwecken, in Einklang.

(2) Für die Verarbeitung, die zu journalistischen Zwecken oder zu wissenschaftlichen, künstlerischen oder literarischen Zwecken erfolgt, sehen die Mitgliedstaaten Abweichungen oder Ausnahmen von Kapitel II (Grundsätze), Kapitel III (Rechte der betroffenen Person), Kapitel IV (Verantwortlicher und Auftragsverarbeiter), Kapitel V (Übermittlung personenbezogener Daten an Drittländer oder an internationale Organisationen), Kapitel VI (Unabhängige Aufsichtsbehörden), Kapitel VII (Zusammenarbeit und Kohärenz) und Kapitel IX (Vorschriften für besondere Verarbeitungssituationen) vor, wenn dies erforderlich ist, um das Recht auf Schutz der personenbezogenen Daten mit der Freiheit der Meinungsäußerung und der Informationsfreiheit in Einklang zu bringen.

(3) Jeder Mitgliedstaat teilt der Kommission die Rechtsvorschriften, die er aufgrund von Absatz 2 erlassen hat, sowie unverzüglich alle späteren Änderungsgesetze oder Änderungen dieser Vorschriften mit.

Artikel 86 Verarbeitung und Zugang der Öffentlichkeit zu amtlichen Dokumenten

Personenbezogene Daten in amtlichen Dokumenten, die sich im Besitz einer Behörde oder einer öffentlichen Einrichtung oder einer privaten Einrichtung zur Erfüllung einer im öffentlichen Interesse liegenden Aufgabe befinden, können von der Behörde oder der Einrichtung gemäß dem Unionsrecht oder dem Recht des Mitgliedstaats, dem die Behörde oder Einrichtung unterliegt, offengelegt werden, um den Zugang der Öffentlichkeit zu amtlichen Dokumenten mit dem Recht auf Schutz personenbezogener Daten gemäß dieser Verordnung in Einklang zu bringen.

Artikel 87 Verarbeitung der nationalen Kennziffer

Die Mitgliedstaaten können näher bestimmen, unter welchen spezifischen Bedingungen eine nationale Kennziffer oder andere Kennzeichen von allgemeiner Bedeutung Gegenstand einer Verarbeitung sein dürfen. In diesem Fall darf die nationale Kennziffer oder das andere Kennzeichen von allgemeiner Bedeutung nur unter Wahrung geeigneter Garantien für die Rechte und Freiheiten der betroffenen Person gemäß dieser Verordnung verwendet werden.

Artikel 88 Datenverarbeitung im Beschäftigungskontext

(1) Die Mitgliedstaaten können durch Rechtsvorschriften oder durch Kollektivvereinbarungen spezifischere Vorschriften zur Gewährleistung des Schutzes der Rechte und Freiheiten hinsichtlich der Verarbeitung personenbezogener Beschäftigtendaten im Beschäftigungskontext, insbesondere für Zwecke der Einstellung, der Erfüllung des Arbeitsvertrags einschließlich der Erfüllung von durch Rechtsvorschriften oder durch Kollektivvereinbarungen festgelegten Pflichten, des Managements, der Planung und der Organisation der Arbeit, der Gleichheit und Diversität am Arbeitsplatz, der Gesundheit und Sicherheit am Arbeitsplatz, des Schutzes des Eigentums der Arbeitgeber oder der Kunden sowie für Zwecke der Inanspruchnahme der mit der Beschäftigung zusammenhängenden individuellen oder kollektiven Rechte und Leistungen und für Zwecke der Beendigung des Beschäftigungsverhältnisses vorsehen.

(2) Diese Vorschriften umfassen angemessene und besondere Maßnahmen zur Wahrung der menschlichen Würde, der berechtigten Interessen und der Grundrechte der betroffenen Person, insbesondere im Hinblick auf die Transparenz der Verarbeitung, die Übermittlung personenbezogener Daten innerhalb einer Unter-

nehmensgruppe oder einer Gruppe von Unternehmen, die eine gemeinsame Wirtschaftstätigkeit ausüben, und die Überwachungssysteme am Arbeitsplatz.

(3) Jeder Mitgliedstaat teilt der Kommission bis zum 25. Mai 2018 die Rechtsvorschriften, die er aufgrund von Absatz 1 erlässt, sowie unverzüglich alle späteren Änderungen dieser Vorschriften mit.

Artikel 89 Garantien und Ausnahmen in Bezug auf die Verarbeitung zu im öffentlichen Interesse liegenden Archivzwecken, zu wissenschaftlichen oder historischen Forschungszwecken und zu statistischen Zwecken

(1) Die Verarbeitung zu im öffentlichen Interesse liegenden Archivzwecken, zu wissenschaftlichen oder historischen Forschungszwecken oder zu statistischen Zwecken unterliegt geeigneten Garantien für die Rechte und Freiheiten der betroffenen Person gemäß dieser Verordnung. Mit diesen Garantien wird sichergestellt, dass technische und organisatorische Maßnahmen bestehen, mit denen insbesondere die Achtung des Grundsatzes der Datenminimierung gewährleistet wird. Zu diesen Maßnahmen kann die Pseudonymisierung gehören, sofern es möglich ist, diese Zwecke auf diese Weise zu erfüllen. In allen Fällen, in denen diese Zwecke durch die Weiterverarbeitung, bei der die Identifizierung von betroffenen Personen nicht oder nicht mehr möglich ist, erfüllt werden können, werden diese Zwecke auf diese Weise erfüllt.

(2) Werden personenbezogene Daten zu wissenschaftlichen oder historischen Forschungszwecken oder zu statistischen Zwecken verarbeitet, können vorbehaltlich der Bedingungen und Garantien gemäß Absatz 1 des vorliegenden Artikels im Unionsrecht oder im Recht der Mitgliedstaaten insoweit Ausnahmen von den Rechten gemäß der Artikel 15, 16, 18 und 21 vorgesehen werden, als diese Rechte voraussichtlich die Verwirklichung der spezifischen Zwecke unmöglich machen oder ernsthaft beeinträchtigen und solche Ausnahmen für die Erfüllung dieser Zwecke notwendig sind.

(3) Werden personenbezogene Daten für im öffentlichen Interesse liegende Archivzwecke verarbeitet, können vorbehaltlich der Bedingungen und Garantien gemäß Absatz 1 des vorliegenden Artikels im Unionsrecht oder im Recht der Mitgliedstaaten insoweit Ausnahmen von den Rechten gemäß der Artikel 15, 16, 18, 19, 20 und 21 vorgesehen werden, als diese Rechte voraussichtlich die Verwirklichung der spezifischen Zwecke unmöglich machen oder ernsthaft beeinträchtigen und solche Ausnahmen für die Erfüllung dieser Zwecke notwendig sind.

(4) Dient die in den Absätzen 2 und 3 genannte Verarbeitung gleichzeitig einem anderen Zweck, gelten die Ausnahmen nur für die Verarbeitung zu den in diesen Absätzen genannten Zwecken.

Artikel 90 Geheimhaltungspflichten

(1) Die Mitgliedstaaten können die Befugnisse der Aufsichtsbehörden im Sinne des Artikels 58 Absatz 1 Buchstaben e und f gegenüber den Verantwortlichen oder den Auftragsverarbeitern, die nach Unionsrecht oder dem Recht der Mitgliedstaaten oder nach einer von den zuständigen nationalen Stellen erlassenen Verpflichtung dem Berufsgeheimnis oder einer gleichwertigen Geheimhaltungspflicht unterliegen, regeln, soweit dies notwendig und verhältnismäßig ist, um das Recht auf Schutz der personenbezogenen Daten mit der Pflicht zur Geheimhaltung in Einklang zu bringen. Diese Vorschriften gelten nur in Bezug auf personenbezogene Daten, die der Verantwortliche oder der Auftragsverarbeiter bei einer Tätigkeit erlangt oder erhoben hat, die einer solchen Geheimhaltungspflicht unterliegt.

(2) Jeder Mitgliedstaat teilt der Kommission bis zum 25. Mai 2018 die Vorschriften mit, die er aufgrund von Absatz 1 erlässt, und setzt sie unverzüglich von allen weiteren Änderungen dieser Vorschriften in Kenntnis.

Artikel 91 Bestehende Datenschutzvorschriften von Kirchen und religiösen Vereinigungen oder Gemeinschaften

(1) Wendet eine Kirche oder eine religiöse Vereinigung oder Gemeinschaft in einem Mitgliedstaat zum Zeitpunkt des Inkrafttretens dieser Verordnung umfassende Regeln zum Schutz natürlicher Personen bei der Verarbeitung an, so dürfen diese Regeln weiter angewandt werden, sofern sie mit dieser Verordnung in Einklang gebracht werden.

(2) Kirchen und religiöse Vereinigungen oder Gemeinschaften, die gemäß Absatz 1 umfassende Datenschutzregeln anwenden, unterliegen der Aufsicht durch eine unabhängige Aufsichtsbehörde, die spezifischer Art sein kann, sofern sie die in Kapitel VI niedergelegten Bedingungen erfüllt.

KAPITEL X

Delegierte Rechtsakte und Durchführungsrechtsakte

Artikel 92 Ausübung der Befugnisübertragung

(1) Die Befugnis zum Erlass delegierter Rechtsakte wird der Kommission unter den in diesem Artikel festgelegten Bedingungen übertragen.

(2) Die Befugnis zum Erlass delegierter Rechtsakte gemäß Artikel 12 Absatz 8 und Artikel 43 Absatz 8 wird der Kommission auf unbestimmte Zeit ab dem 24. Mai 2016 übertragen.

(3) Die Befugnisübertragung gemäß Artikel 12 Absatz 8 und Artikel 43 Absatz 8 kann vom Europäischen Parlament oder vom Rat jederzeit widerrufen werden. Der Beschluss über den Widerruf beendet die Übertragung der in diesem Beschluss angegebenen Befugnis. Er wird am Tag nach seiner Veröffentlichung im *Amtsblatt der Europäischen Union* oder zu einem im Beschluss über den Widerruf angegebenen späteren Zeitpunkt wirksam. Die Gültigkeit von delegierten Rechtsakten, die bereits in Kraft sind, wird von dem Beschluss über den Widerruf nicht berührt.

(4) Sobald die Kommission einen delegierten Rechtsakt erlässt, übermittelt sie ihn gleichzeitig dem Europäischen Parlament und dem Rat.

(5) Ein delegierter Rechtsakt, der gemäß Artikel 12 Absatz 8 und Artikel 43 Absatz 8 erlassen wurde, tritt nur in Kraft, wenn weder das Europäische Parlament noch der Rat innerhalb einer Frist von drei Monaten nach Übermittlung dieses Rechtsakts an das Europäische Parlament und den Rat Einwände erhoben haben oder wenn vor Ablauf dieser Frist das Europäische Parlament und der Rat beide der Kommission mitgeteilt haben, dass sie keine Einwände erheben werden. Auf Veranlassung des Europäischen Parlaments oder des Rates wird diese Frist um drei Monate verlängert.

Artikel 93 Ausschussverfahren

(1) Die Kommission wird von einem Ausschuss unterstützt. Dieser Ausschuss ist ein Ausschuss im Sinne der Verordnung (EU) Nr. 182/2011.

(2) Wird auf diesen Absatz Bezug genommen, so gilt Artikel 5 der Verordnung (EU) Nr. 182/2011.

(3) Wird auf diesen Absatz Bezug genommen, so gilt Artikel 8 der Verordnung (EU) Nr. 182/2011 in Verbindung mit deren Artikel 5.

KAPITEL XI
Schlussbestimmungen

Artikel 94 Aufhebung der Richtlinie 95/46/EG

(1) Die Richtlinie 95/46/EG wird mit Wirkung vom 25. Mai 2018 aufgehoben.

(2) Verweise auf die aufgehobene Richtlinie gelten als Verweise auf die vorliegende Verordnung. Verweise auf die durch Artikel 29 der Richtlinie 95/46/EG eingesetzte Gruppe für den Schutz von Personen bei der Verarbeitung personenbezogener Daten gelten als Verweise auf den kraft dieser Verordnung errichteten Europäischen Datenschutzausschuss.

Artikel 95 Verhältnis zur Richtlinie 2002/58/EG

Diese Verordnung erlegt natürlichen oder juristischen Personen in Bezug auf die Verarbeitung in Verbindung mit der Bereitstellung öffentlich zugänglicher elektronischer Kommunikationsdienste in öffentlichen Kommunikationsnetzen in der Union keine zusätzlichen Pflichten auf, soweit sie besonderen in der Richtlinie 2002/58/EG festgelegten Pflichten unterliegen, die dasselbe Ziel verfolgen.

Artikel 96 Verhältnis zu bereits geschlossenen Übereinkünften

Internationale Übereinkünfte, die die Übermittlung personenbezogener Daten an Drittländer oder internationale Organisationen mit sich bringen, die von den Mitgliedstaaten vor dem 24. Mai 2016 abgeschlossen wurden und die im Einklang mit dem vor diesem Tag geltenden Unionsrecht stehen, bleiben in Kraft, bis sie geändert, ersetzt oder gekündigt werden.

Artikel 97 Berichte der Kommission

(1) Bis zum 25. Mai 2020 und danach alle vier Jahre legt die Kommission dem Europäischen Parlament und dem Rat einen Bericht über die Bewertung und Überprüfung dieser Verordnung vor. Die Berichte werden öffentlich gemacht.

(2) Im Rahmen der Bewertungen und Überprüfungen nach Absatz 1 prüft die Kommission insbesondere die Anwendung und die Wirkungsweise

a) des Kapitels V über die Übermittlung personenbezogener Daten an Drittländer oder an internationale Organisationen insbesondere im Hinblick auf die gemäß Artikel 45 Absatz 3 der vorliegenden Verordnung erlassenen Beschlüsse sowie die gemäß Artikel 25 Absatz 6 der Richtlinie 95/46/EG erlassenen Feststellungen,
b) des Kapitels VII über Zusammenarbeit und Kohärenz.

(3) Für den in Absatz 1 genannten Zweck kann die Kommission Informationen von den Mitgliedstaaten und den Aufsichtsbehörden anfordern.

(4) Bei den in den Absätzen 1 und 2 genannten Bewertungen und Überprüfungen berücksichtigt die Kommission die Standpunkte und Feststellungen des Europäischen Parlaments, des Rates und anderer einschlägiger Stellen oder Quellen.

(5) Die Kommission legt erforderlichenfalls geeignete Vorschläge zur Änderung dieser Verordnung vor und berücksichtigt dabei insbesondere die Entwicklungen in der Informationstechnologie und die Fortschritte in der Informationsgesellschaft.

Artikel 98 Überprüfung anderer Rechtsakte der Union zum Datenschutz

Die Kommission legt gegebenenfalls Gesetzgebungsvorschläge zur Änderung anderer Rechtsakte der Union zum Schutz personenbezogener Daten vor, damit ein einheitlicher und kohärenter Schutz natürlicher Personen bei der Verarbeitung sichergestellt wird. Dies betrifft insbesondere die Vorschriften zum Schutz natürlicher Personen bei der Verarbeitung solcher Daten durch die Organe, Einrichtungen, Ämter und Agenturen der Union und zum freien Verkehr solcher Daten.

Artikel 99 Inkrafttreten und Anwendung

(1) Diese Verordnung tritt am zwanzigsten Tag nach ihrer Veröffentlichung im *Amtsblatt der Europäischen Union* in Kraft.*

(2) Sie gilt ab dem 25. Mai 2018.

Diese Verordnung ist in allen ihren Teilen verbindlich und gilt unmittelbar in jedem Mitgliedstaat.

---

* Die Veröffentlichung erfolgte am 4. Mai 2016.

462 Verordnung (EG) Nr. 1049/2001 des Europäischen Parlaments und des Rates vom 30. Mai 2001 über den Zugang der Öffentlichkeit zu Dokumenten des Europäischen Parlaments, des Rates und der Kommission

(ABl. L 145 vom 31. 5. 2001 S. 43)

Inhaltsübersicht*

DAS EUROPÄISCHE PARLAMENT UND DER RAT DER EUROPÄISCHEN UNION –

gestützt auf den Vertrag zur Gründung der Europäischen Gemeinschaft, insbesondere auf Artikel 255 Absatz 2,

auf Vorschlag der Kommission[1)],

gemäß dem Verfahren des Artikels 251 des Vertrags[2)],

in Erwägung nachstehender Gründe:

(1) In Artikel 1 Absatz 2 des Vertrags über die Europäische Union, wonach der Vertrag eine neue Stufe bei der Verwirklichung einer immer engeren Union der Völker Europas darstellt, in der die Entscheidungen möglichst offen und möglichst bürgernah getroffen werden, ist das Prinzip der Transparenz verankert.

(2) Transparenz ermöglicht eine bessere Beteiligung der Bürger am Entscheidungsprozess und gewährleistet eine größere Legitimität, Effizienz und Verantwortung der Verwaltung gegenüber dem Bürger in einem demokratischen System. Transparenz trägt zur Stärkung der Grundsätze der Demokratie und der Achtung der Grundrechte bei, die in Artikel 6 des EU-Vertrags und in der Charta der Grundrechte der Europäischen Union verankert sind.

(3) In den Schlussfolgerungen des Europäischen Rates von Birmingham, Edinburgh und Kopenhagen wurde die Notwendigkeit betont, die Arbeit der

---

* Nicht amtlich.

1) Amtliche Fußnote: ABl. C 177 E vom 27. 6. 2000, S. 70.

2) Amtliche Fußnote: Stellungnahme des Europäischen Parlaments vom 3. Mai 2001 (noch nicht im Amtsblatt veröffentlicht) und Beschluss des Rates vom 28. Mai 2001.

Organe der Union transparenter zu machen. Diese Verordnung konsolidiert die Initiativen, die die Organe bereits ergriffen haben, um die Transparenz des Entscheidungsprozesses zu verbessern.

(4) Diese Verordnung soll dem Recht auf Zugang der Öffentlichkeit zu Dokumenten größtmögliche Wirksamkeit verschaffen und gemäß Artikel 255 Absatz 2 des EG-Vertrags die allgemeinen Grundsätze und Einschränkungen dafür festlegen.

(5) Da der Zugang zu Dokumenten im Vertrag über die Gründung der Europäischen Gemeinschaft für Kohle und Stahl und im Vertrag zur Gründung der Europäischen Atomgemeinschaft nicht geregelt ist, sollten sich das Europäische Parlament, der Rat und die Kommission gemäß der Erklärung Nr. 41 zur Schlussakte des Vertrags von Amsterdam bei Dokumenten im Zusammenhang mit Tätigkeiten, die sich aus diesen beiden Verträgen ergeben, von dieser Verordnung leiten lassen.

(6) Ein umfassenderer Zugang zu Dokumenten sollte in den Fällen gewährt werden, in denen die Organe, auch im Rahmen übertragener Befugnisse, als Gesetzgeber tätig sind, wobei gleichzeitig die Wirksamkeit ihrer Entscheidungsprozesse zu wahren ist. Derartige Dokumente sollten in größtmöglichem Umfang direkt zugänglich gemacht werden.

(7) Gemäß Artikel 28 Absatz 1 und Artikel 41 Absatz 1 des EU-Vertrags gilt das Zugangsrecht auch für Dokumente aus den Bereichen der Gemeinsamen Außen- und Sicherheitspolitik sowie der polizeilichen und justiziellen Zusammenarbeit in Strafsachen. Jedes Organ sollte seine Sicherheitsbestimmungen beachten.

(8) Um die vollständige Anwendung dieser Verordnung auf alle Tätigkeiten der Union zu gewährleisten, sollten alle von den Organen geschaffenen Einrichtungen die in dieser Verordnung festgelegten Grundsätze anwenden.

(9) Bestimmte Dokumente sollten aufgrund ihres hochsensiblen Inhalts einer besonderen Behandlung unterliegen. Regelungen zur Unterrichtung des Europäischen Parlaments über den Inhalt derartiger Dokumente sollten durch interinstitutionelle Vereinbarung getroffen werden.

(10) Um die Arbeit der Organe transparenter zu gestalten, sollten das Europäische Parlament, der Rat und die Kommission Zugang nicht nur zu Dokumenten gewähren, die von den Organen erstellt wurden, sondern auch zu Dokumenten, die bei ihnen eingegangen sind. In diesem Zusammenhang wird daran erinnert, dass ein Mitgliedstaat gemäß der Erklärung Nr. 35 zur Schlussakte des Vertrags von Amsterdam die Kommission oder den Rat ersuchen kann, ein aus dem betreffenden Mitgliedstaat stammendes Dokument nicht ohne seine vorherige Zustimmung an Dritte weiterzuleiten.

(11) Grundsätzlich sollten alle Dokumente der Organe für die Öffentlichkeit zugänglich sein. Der Schutz bestimmter öffentlicher und privater Interessen sollte jedoch durch Ausnahmen gewährleistet werden. Es sollte den Organen gestattet werden, ihre internen Konsultationen und Beratungen zu schützen, wo dies zur Wahrung ihrer Fähigkeit, ihre Aufgaben zu erfüllen, erforderlich ist. Bei der Beurteilung der Ausnahmen sollten die Organe in allen Tätigkeitsbereichen der Union die in den Rechtsvorschriften der Gemeinschaft verankerten Grundsätze über den Schutz personenbezogener Daten berücksichtigen.

(12) Alle Bestimmungen über den Zugang zu Dokumenten der Organe sollten mit dieser Verordnung in Einklang stehen.

(13) Um die uneingeschränkte Wahrung des Rechts auf Zugang zu gewährleisten, sollte ein Verwaltungsverfahren in zwei Phasen zur Anwendung kommen, mit der zusätzlichen Möglichkeit, den Rechtsweg zu beschreiten oder Beschwerde beim Bürgerbeauftragten einzulegen.

(14) Jedes Organ sollte die notwendigen Maßnahmen ergreifen, um die Öffentlichkeit über die neuen geltenden Rechtsvorschriften zu informieren und sein Personal entsprechend auszubilden und so die Bürger bei der Ausübung der ihnen durch diese Verordnung gewährten Rechte zu unterstützen. Um den Bürgern die Ausübung dieser Rechte zu erleichtern, sollte jedes Organ ein Dokumentenregister zugänglich machen.

(15) Diese Verordnung zielt weder auf eine Änderung des Rechts der Mitgliedstaaten über den Zugang zu Dokumenten ab, noch bewirkt sie eine solche Änderung; es versteht sich jedoch von selbst, dass die Mitgliedstaaten aufgrund des Prinzips der loyalen Zusammenarbeit, das für die Beziehungen zwischen den Organen und den Mitgliedstaaten gilt, dafür sorgen sollten, dass sie die ordnungsgemäße Anwendung dieser Verordnung nicht beeinträchtigen, und dass sie die Sicherheitsbestimmungen der Organe beachten sollten.

(16) Bestehende Rechte der Mitgliedstaaten sowie der Justiz- oder Ermittlungsbehörden auf Zugang zu Dokumenten werden von dieser Verordnung nicht berührt.

(17) Gemäß Artikel 255 Absatz 3 des EG-Vertrags legt jedes Organ in seiner Geschäftsordnung Sonderbestimmungen hinsichtlich des Zugangs zu seinen Dokumenten fest. Der Beschluss 93/731/EG des Rates vom 20. Dezember 1993 über den Zugang der Öffentlichkeit zu den Ratsdokumenten[1)], der Beschluss 94/90/EGKS, EG, Euratom der Kommission vom 8. Februar 1994 über den Zugang der Öffentlichkeit zu den der Kommission vorliegenden Dokumenten[2)], der Beschluss 97/632/EG, EGKS, Euratom des Europäischen Parlaments vom 10. Juli 1997 über den Zugang der Öffentlichkeit zu den Dokumenten des Europäischen Parlaments[3)] sowie die Bestimmungen über die vertrauliche Behandlung von Schengen-Dokumenten sollten daher nötigenfalls geändert oder aufgehoben werden –

HABEN FOLGENDE VERORDNUNG ERLASSEN:

Artikel 1 Zweck

Zweck dieser Verordnung ist es:

a) die Grundsätze und Bedingungen sowie die aufgrund öffentlicher oder privater Interessen geltenden Einschränkungen für die Ausübung des in Artikel 255 des EG-Vertrags niedergelegten Rechts auf Zugang zu Dokumenten des Europäischen Parlaments, des Rates und der Kommission (nachstehend „Organe" genannt) so festzulegen, dass ein größtmöglicher Zugang zu Dokumenten gewährleistet ist,

---

1) Amtliche Fußnote: ABl. L 340 vom 31. 12. 1993, S. 43. Beschluss zuletzt geändert durch den Beschluss 2000/527/EG (ABl. L 212 vom 23. 8. 2000, S. 9).

2) Amtliche Fußnote: ABl. L 46 vom 18. 2. 1994, S. 58. Beschluss geändert durch den Beschluss 96/567/EG, EGKS, Euratom (ABl. L 247 vom 28. 9. 1996, S. 45).

3) Amtliche Fußnote: ABl. L 263 vom 25. 9. 1997, S. 27.

b) Regeln zur Sicherstellung einer möglichst einfachen Ausübung dieses Rechts aufzustellen, und

c) eine gute Verwaltungspraxis im Hinblick auf den Zugang zu Dokumenten zu fördern.

Artikel 2 Zugangsberechtigte und Anwendungsbereich

(1) Jeder Unionsbürger sowie jede natürliche oder juristische Person mit Wohnsitz oder Sitz in einem Mitgliedstaat hat vorbehaltlich der in dieser Verordnung festgelegten Grundsätze, Bedingungen und Einschränkungen ein Recht auf Zugang zu Dokumenten der Organe.

(2) Die Organe können vorbehaltlich der gleichen Grundsätze, Bedingungen und Einschränkungen allen natürlichen oder juristischen Personen, die keinen Wohnsitz oder Sitz in einem Mitgliedstaat haben, Zugang zu Dokumenten gewähren.

(3) Diese Verordnung gilt für alle Dokumente eines Organs, das heißt Dokumente aus allen Tätigkeitsbereichen der Union, die von dem Organ erstellt wurden oder bei ihm eingegangen sind und sich in seinem Besitz befinden.

(4) Unbeschadet der Artikel 4 und 9 werden Dokumente der Öffentlichkeit entweder auf schriftlichen Antrag oder direkt in elektronischer Form oder über ein Register zugänglich gemacht. Insbesondere werden Dokumente, die im Rahmen eines Gesetzgebungsverfahrens erstellt wurden oder eingegangen sind, gemäß Artikel 12 direkt zugänglich gemacht.

(5) Sensible Dokumente im Sinne von Artikel 9 Absatz 1 unterliegen der besonderen Behandlung gemäß jenem Artikel.

(6) Diese Verordnung berührt nicht das etwaige Recht auf Zugang der Öffentlichkeit zu Dokumenten im Besitz der Organe, das sich aus internationalen Übereinkünften oder aus Rechtsakten der Organe zu deren Durchführung ergibt.

Artikel 3 Begriffsbestimmungen

Im Sinne dieser Verordnung bedeutet:

a) „Dokument": Inhalte unabhängig von der Form des Datenträgers (auf Papier oder in elektronischer Form, Ton-, Bild- oder audiovisuelles Material), die einen Sachverhalt im Zusammenhang mit den Politiken, Maßnahmen oder Entscheidungen aus dem Zuständigkeitsbereich des Organs betreffen;

b) „Dritte": alle natürlichen und juristischen Personen und Einrichtungen außerhalb des betreffenden Organs, einschließlich der Mitgliedstaaten, der anderen Gemeinschafts- oder Nicht-Gemeinschaftsorgane und -einrichtungen und der Drittländer.

Artikel 4 Ausnahmeregelung

(1) Die Organe verweigern den Zugang zu einem Dokument, durch dessen Verbreitung Folgendes beeinträchtigt würde:

a) der Schutz des öffentlichen Interesses im Hinblick auf:
- die öffentliche Sicherheit,
- die Verteidigung und militärische Belange,
- die internationalen Beziehungen,
- die Finanz-, Währungs- oder Wirtschaftspolitik der Gemeinschaft oder eines Mitgliedstaats;

b) der Schutz der Privatsphäre und der Integrität des Einzelnen, insbesondere gemäß den Rechtsvorschriften der Gemeinschaft über den Schutz personenbezogener Daten.

(2) Die Organe verweigern den Zugang zu einem Dokument, durch dessen Verbreitung Folgendes beeinträchtigt würde:

- der Schutz der geschäftlichen Interessen einer natürlichen oder juristischen Person, einschließlich des geistigen Eigentums,
- der Schutz von Gerichtsverfahren und der Rechtsberatung,
- der Schutz des Zwecks von Inspektions-, Untersuchungs- und Audittätigkeiten,

es sei denn, es besteht ein überwiegendes öffentliches Interesse an der Verbreitung.

(3) Der Zugang zu einem Dokument, das von einem Organ für den internen Gebrauch erstellt wurde oder bei ihm eingegangen ist und das sich auf eine Angelegenheit bezieht, in der das Organ noch keinen Beschluss gefasst hat, wird verweigert, wenn eine Verbreitung des Dokuments den Entscheidungsprozess des Organs ernstlich beeinträchtigen würde, es sei denn, es besteht ein überwiegendes öffentliches Interesse an der Verbreitung.

Der Zugang zu einem Dokument mit Stellungnahmen zum internen Gebrauch im Rahmen von Beratungen und Vorgesprächen innerhalb des betreffenden Organs wird auch dann, wenn der Beschluss gefasst worden ist, verweigert, wenn die Verbreitung des Dokuments den Entscheidungsprozess des Organs ernstlich beeinträchtigen würde, es sei denn, es besteht ein überwiegendes öffentliches Interesse an der Verbreitung.

(4) Bezüglich Dokumente Dritter konsultiert das Organ diese, um zu beurteilen, ob eine der Ausnahmeregelungen der Absätze 1 oder 2 anwendbar ist, es sei denn, es ist klar, dass das Dokument verbreitet werden muss bzw. nicht verbreitet werden darf.

(5) Ein Mitgliedstaat kann das Organ ersuchen, ein aus diesem Mitgliedstaat stammendes Dokument nicht ohne seine vorherige Zustimmung zu verbreiten.

(6) Wenn nur Teile des angeforderten Dokuments einer der Ausnahmen unterliegen, werden die übrigen Teile des Dokuments freigegeben.

(7) Die Ausnahmen gemäß den Absätzen 1 bis 3 gelten nur für den Zeitraum, in dem der Schutz aufgrund des Inhalts des Dokuments gerechtfertigt ist. Die Ausnahmen gelten höchstens für einen Zeitraum von 30 Jahren. Im Falle von Dokumenten, die unter die Ausnahmeregelungen bezüglich der Privatsphäre oder der geschäftlichen Interessen fallen, und im Falle von sensiblen Dokumenten können die Ausnahmen erforderlichenfalls nach Ablauf dieses Zeitraums weiter Anwendung finden.

Artikel 5 Dokumente in den Mitgliedstaaten

Geht einem Mitgliedstaat ein Antrag auf ein in seinem Besitz befindliches Dokument zu, das von einem Organ stammt, so konsultiert der Mitgliedstaat – es sei denn, es ist klar, dass das Dokument verbreitet werden muss bzw. nicht verbreitet werden darf – das betreffende Organ, um eine Entscheidung zu treffen, die die Verwirklichung der Ziele dieser Verordnung nicht beeinträchtigt.

Der Mitgliedstaat kann den Antrag stattdessen an das Organ weiterleiten.

Artikel 6 Anträge

(1) Anträge auf Zugang zu einem Dokument sind in schriftlicher, einschließlich elektronischer, Form in einer der in Artikel 314 des EG-Vertrags aufgeführten Sprachen zu stellen und müssen so präzise formuliert sein, dass das Organ das betreffende Dokument ermitteln kann. Der Antragsteller ist nicht verpflichtet, Gründe für seinen Antrag anzugeben.

(2) Ist ein Antrag nicht hinreichend präzise, fordert das Organ den Antragsteller auf, den Antrag zu präzisieren, und leistet ihm dabei Hilfe, beispielsweise durch Informationen über die Nutzung der öffentlichen Dokumentenregister.

(3) Betrifft ein Antrag ein sehr umfangreiches Dokument oder eine sehr große Zahl von Dokumenten, so kann sich das Organ mit dem Antragsteller informell beraten, um eine angemessene Lösung zu finden.

(4) Die Organe informieren die Bürger darüber, wie und wo Anträge auf Zugang zu Dokumenten gestellt werden können, und leisten ihnen dabei Hilfe.

Artikel 7 Behandlung von Erstanträgen

(1) Ein Antrag auf Zugang zu einem Dokument wird unverzüglich bearbeitet. Dem Antragsteller wird eine Empfangsbescheinigung zugesandt. Binnen fünfzehn Arbeitstagen nach Registrierung des Antrags gewährt das Organ entweder Zugang zu dem angeforderten Dokument und macht es innerhalb dieses Zeitraums gemäß Artikel 10 zugänglich oder informiert den Antragsteller schriftlich über die Gründe für die vollständige oder teilweise Ablehnung und über dessen Recht, gemäß Absatz 2 dieses Artikels einen Zweitantrag zu stellen.

(2) Im Fall einer vollständigen oder teilweisen Ablehnung kann der Antragsteller binnen fünfzehn Arbeitstagen nach Eingang des Antwortschreibens des Organs einen Zweitantrag an das Organ richten und es um eine Überprüfung seines Standpunkts ersuchen.

(3) In Ausnahmefällen, beispielsweise bei einem Antrag auf Zugang zu einem sehr umfangreichen Dokument oder zu einer sehr großen Zahl von Dokumenten, kann die in Absatz 1 vorgesehene Frist um fünfzehn Arbeitstage verlängert werden, sofern der Antragsteller vorab informiert wird und eine ausführliche Begründung erhält.

(4) Antwortet das Organ nicht innerhalb der vorgeschriebenen Frist, so hat der Antragsteller das Recht, einen Zweitantrag einzureichen.

Artikel 8 Behandlung von Zweitanträgen

(1) Ein Zweitantrag ist unverzüglich zu bearbeiten. Binnen fünfzehn Arbeitstagen nach Registrierung eines solchen Antrags gewährt das Organ entweder Zugang zu dem angeforderten Dokument und macht es innerhalb dieses Zeitraums gemäß Artikel 10 zugänglich oder teilt schriftlich die Gründe für die vollständige oder teilweise Ablehnung mit. Verweigert das Organ den Zugang vollständig oder teilweise, so unterrichtet es den Antragsteller über mögliche Rechtsbehelfe, das heißt, Erhebung einer Klage gegen das Organ und/oder Einlegen einer Beschwerde beim Bürgerbeauftragten nach Maßgabe der Artikel 230 bzw. 195 des EG-Vertrags.

(2) In Ausnahmefällen, beispielsweise bei einem Antrag auf Zugang zu einem sehr umfangreichen Dokument oder zu einer sehr großen Zahl von Dokumenten, kann die in Absatz 1 vorgesehene Frist um fünfzehn Arbeitstage verlängert werden, sofern der Antragsteller vorab informiert wird und eine ausführliche Begründung erhält.

(3) Antwortet das Organ nicht innerhalb der vorgeschriebenen Frist, gilt dies als abschlägiger Bescheid und berechtigt den Antragsteller, nach Maßgabe der einschlägigen Bestimmungen des EG-Vertrags Klage gegen das Organ zu erheben und/oder Beschwerde beim Bürgerbeauftragten einzulegen.

Artikel 9 Behandlung sensibler Dokumente

(1) Sensible Dokumente sind Dokumente, die von den Organen, den von diesen geschaffenen Einrichtungen, von den Mitgliedstaaten, Drittländern oder internationalen Organisationen stammen und gemäß den Bestimmungen der betreffenden Organe zum Schutz grundlegender Interessen der Europäischen Union oder eines oder mehrerer Mitgliedstaaten in den in Artikel 4 Absatz 1 Buchstabe a) genannten Bereichen, insbesondere öffentliche Sicherheit, Verteidigung und militärische Belange, als „TRÈS SECRET/TOP SECRET", „SECRET" oder „CONFIDENTIEL" eingestuft sind.

(2) Anträge auf Zugang zu sensiblen Dokumenten im Rahmen der Verfahren der Artikel 7 und 8 werden ausschließlich von Personen bearbeitet, die berechtigt sind, Einblick in diese Dokumente zu nehmen. Unbeschadet des Artikels 11 Absatz 2 entscheiden diese Personen außerdem darüber, welche Hinweise auf sensible Dokumente in das öffentliche Register aufgenommen werden können.

(3) Sensible Dokumente werden nur mit Zustimmung des Urhebers im Register aufgeführt oder freigegeben.

(4) Die Entscheidung eines Organs über die Verweigerung des Zugangs zu einem sensiblen Dokument ist so zu begründen, dass die durch Artikel 4 geschützten Interessen nicht beeinträchtigt werden.

(5) Die Mitgliedstaaten ergreifen geeignete Maßnahmen, um zu gewährleisten, dass bei der Bearbeitung von Anträgen auf Zugang zu sensiblen Dokumenten die in diesem Artikel und in Artikel 4 vorgesehenen Grundsätze beachtet werden.

(6) Die Bestimmungen der Organe über sensible Dokumente werden öffentlich gemacht.

(7) Die Kommission und der Rat unterrichten das Europäische Parlament hinsichtlich sensibler Dokumente gemäß den zwischen den Organen vereinbarten Regelungen.

Artikel 10 Zugang im Anschluss an einen Antrag

(1) Der Zugang zu den Dokumenten erfolgt je nach Wunsch des Antragstellers entweder durch Einsichtnahme vor Ort oder durch Bereitstellung einer Kopie, gegebenenfalls in elektronischer Form. Die Kosten für die Anfertigung und Übersendung von Kopien können dem Antragsteller in Rechnung gestellt werden. Diese Kosten dürfen die tatsächlichen Kosten für die Anfertigung und Übersendung der Kopien nicht überschreiten. Die Einsichtnahme vor Ort, Kopien von weniger als 20 DIN-A4-Seiten und der direkte Zugang in elektronischer Form oder über das Register sind kostenlos.

(2) Ist ein Dokument bereits von dem betreffenden Organ freigegeben worden und für den Antragsteller problemlos zugänglich, kann das Organ seiner Verpflichtung zur Gewährung des Zugangs zu Dokumenten nachkommen, indem es den Antragsteller darüber informiert, wie er das angeforderte Dokument erhalten kann.

(3) Die Dokumente werden in einer vorliegenden Fassung und Form (einschließlich einer elektronischen oder anderen Form, beispielsweise Braille-

Schrift, Großdruck oder Bandaufnahme) zur Verfügung gestellt, wobei die Wünsche des Antragstellers vollständig berücksichtigt werden.

Artikel 11 Register

(1) Im Hinblick auf die wirksame Ausübung der Rechte aus dieser Verordnung durch die Bürger macht jedes Organ ein Dokumentenregister öffentlich zugänglich. Der Zugang zum Register sollte in elektronischer Form gewährt werden. Hinweise auf Dokumente werden unverzüglich in das Register aufgenommen.

(2) Das Register enthält für jedes Dokument eine Bezugsnummer (gegebenenfalls einschließlich der interinstitutionellen Bezugsnummer), den Gegenstand und/oder eine kurze Beschreibung des Inhalts des Dokuments sowie das Datum des Eingangs oder der Erstellung und der Aufnahme in das Register. Die Hinweise sind so abzufassen, dass der Schutz der in Artikel 4 aufgeführten Interessen nicht beeinträchtigt wird.

(3) Die Organe ergreifen unverzüglich die erforderlichen Maßnahmen zur Einrichtung eines Registers, das spätestens zum 3. Juni 2002 funktionsfähig ist

Artikel 12 Direkter Zugang in elektronischer Form oder über ein Register

(1) Die Organe machen, soweit möglich, die Dokumente direkt in elektronischer Form oder über ein Register gemäß den Bestimmungen des betreffenden Organs öffentlich zugänglich.

(2) Insbesondere legislative Dokumente, d.h. Dokumente, die im Laufe der Verfahren zur Annahme von Rechtsakten, die in den oder für die Mitgliedstaaten rechtlich bindend sind, erstellt wurden oder eingegangen sind, sollten vorbehaltlich der Artikel 4 und 9 direkt zugänglich gemacht werden.

(3) Andere Dokumente, insbesondere Dokumente in Verbindung mit der Entwicklung von Politiken oder Strategien, sollten soweit möglich direkt zugänglich gemacht werden.

(4) Wird der direkte Zugang nicht über das Register gewährt, wird im Register möglichst genau angegeben, wo das Dokument aufzufinden ist.

Artikel 13 Veröffentlichung von Dokumenten im Amtsblatt

(1) Neben den Rechtsakten, auf die in Artikel 254 Absätze 1 und 2 des EG-Vertrags und Artikel 163 Absatz 1 des Euratom-Vertrags Bezug genommen wird, werden vorbehaltlich der Artikel 4 und 9 der vorliegenden Verordnung folgende Dokumente im Amtsblatt veröffentlicht:

a) Vorschläge der Kommission;

b) Gemeinsame Standpunkte des Rates gemäß den in den Artikeln 251 und 252 des EG-Vertrags genannten Verfahren und ihre Begründung sowie die Standpunkte des Europäischen Parlaments in diesen Verfahren;

c) Rahmenbeschlüsse und Beschlüsse im Sinne des Artikels 34 Absatz 2 des EU-Vertrags;

d) vom Rat aufgrund des Artikels 34 Absatz 2 des EU-Vertrags erstellte Übereinkommen;

e) zwischen den Mitgliedstaaten gemäß Artikel 293 des EG-Vertrags unterzeichnete Übereinkommen;

f) von der Gemeinschaft oder gemäß Artikel 24 des EU-Vertrags geschlossene internationale Übereinkünfte

(2) Folgende Dokumente werden, soweit möglich, im Amtsblatt veröffentlicht:

a) dem Rat von einem Mitgliedstaat gemäß Artikel 67 Absatz 1 des EG-Vertrags oder Artikel 34 Absatz 2 des EU-Vertrags unterbreitete Initiativen;

b) Gemeinsame Standpunkte im Sinne des Artikels 34 Absatz 2 des EU-Vertrags;

c) Richtlinien, die nicht unter Artikel 254 Absätze 1 und 2 des EG-Vertrags fallen, Entscheidungen, die nicht unter Artikel 254 Absatz 1 des EG-Vertrags fallen, sowie Empfehlungen und Stellungnahmen.

(3) Jedes Organ kann in seiner Geschäftsordnung festlegen, welche weiteren Dokumente im Amtsblatt veröffentlicht werden.

Artikel 14 Information

(1) Jedes Organ ergreift die notwendigen Maßnahmen, um die Öffentlichkeit über die Rechte zu informieren, die sie gemäß dieser Verordnung hat.

(2) Die Mitgliedstaaten arbeiten mit den Organen bei der Bereitstellung von Informationen für die Bürger zusammen.

Artikel 15 Verwaltungspraxis in den Organen

(1) Die Organe entwickeln eine gute Verwaltungspraxis, um die Ausübung des durch diese Verordnung gewährleisteten Rechts auf Zugang zu Dokumenten zu erleichtern.

(2) Die Organe errichten einen interinstitutionellen Ausschuss, der bewährte Praktiken prüft, mögliche Konflikte behandelt und künftige Entwicklungen im Bereich des Zugangs der Öffentlichkeit zu Dokumenten erörtert.

Artikel 16 Vervielfältigung von Dokumenten

Diese Verordnung gilt unbeschadet geltender Urheberrechtsvorschriften, die das Recht Dritter auf Vervielfältigung oder Nutzung der freigegebenen Dokumente einschränken.

Artikel 17 Berichte

(1) Jedes Organ legt jährlich einen Bericht über das Vorjahr vor, in dem die Zahl der Fälle aufgeführt ist, in denen das Organ den Zugang zu Dokumenten verweigert hat, sowie die Gründe für diese Verweigerungen und die Zahl der sensiblen Dokumente, die nicht in das Register aufgenommen wurden.

(2) Spätestens zum 31. Januar 2004 veröffentlicht die Kommission einen Bericht über die Anwendung der Grundsätze dieser Verordnung und legt Empfehlungen vor, gegebenenfalls mit Vorschlägen für die Überprüfung dieser Verordnung und für ein Aktionsprogramm für die von den Organen zu ergreifenden Maßnahmen.

Artikel 18 Durchführungsmaßnahmen

(1) Jedes Organ passt seine Geschäftsordnung an die Bestimmungen dieser Verordnung an. Diese Anpassungen werden am 3. Dezember 2001 wirksam.

(2) Innerhalb von sechs Monaten nach Inkrafttreten dieser Verordnung prüft die Kommission die Vereinbarkeit der Verordnung (EWG, Euratom) Nr. 354/83 des Rates vom 1. Februar 1983 über die Freigabe der historischen Archive der Europäischen Wirtschaftsgemeinschaft und der Europäischen Atomgemein-

schaft[1)] mit dieser Verordnung, um zu gewährleisten, dass die Dokumente so umfassend wie möglich aufbewahrt und archiviert werden.

(3) Innerhalb von sechs Monaten nach Inkrafttreten dieser Verordnung prüft die Kommission die Vereinbarkeit der geltenden Vorschriften über den Zugang zu Dokumenten mit dieser Verordnung.

Artikel 19 Inkrafttreten

Diese Verordnung tritt am dritten Tag nach ihrer Veröffentlichung im *Amtsblatt der Europäischen Gemeinschaften* in Kraft.*

Sie gilt ab dem 3. Dezember 2001.

Diese Verordnung ist in allen ihren Teilen verbindlich und gilt unmittelbar in jedem Mitgliedstaat.

1) Amtliche Fußnote: ABl. L 43 vom 15. 2. 1983, S. 1.
* Die Veröffentlichung erfolgte am 31. Mai 2001.

47 Zivilrecht/Verbraucherschutz

471 Richtlinie 2008/48/EG des Europäischen Parlaments und des Rates vom 23. April 2008 über Verbraucherkreditverträge und zur Aufhebung der Richtlinie 87/102/EWG des Rates

(ABl. L 133 vom 22. 5. 2008 S. 66, ber. ABl. L 207 vom 11. 8. 2009 S. 14, ber. ABl. L 199 vom 31. 7. 2010 S. 40, ber. ABl. L 234 vom 10. 9. 2011 S. 46), geändert durch Richtlinie 2011/90/EU der Kommission vom 14. November 2011 (ABl. L 296 vom 15. 11. 2011 S. 35), durch Richtlinie 2014/17/EU des Europäischen Parlaments und des Rates vom 4. Februar 2014 (ABl. L 60 vom 28. 2. 2014 S. 34), durch Verordnung (EU) 2016/1011 des Europäischen Parlaments und des Rates vom 8. Juni 2016 (ABl. L 171 vom 29. 6. 2016 S. 1)

Inhaltsübersicht*

* Nicht amtlich.

DAS EUROPÄISCHE PARLAMENT UND DER RAT DER EUROPÄISCHEN UNION –

gestützt auf den Vertrag zur Gründung der Europäischen Gemeinschaft, insbesondere auf Artikel 95,

auf Vorschlag der Kommission,

nach Stellungnahme des Europäischen Wirtschafts- und Sozialausschusses[1)],

gemäß dem Verfahren des Artikels 251 des Vertrags[2)],

in Erwägung nachstehender Gründe:

(1) Die Richtlinie 87/102/EWG des Rates vom 22. Dezember 1986 zur Angleichung der Rechts- und Verwaltungsvorschriften der Mitgliedstaaten über den Verbraucherkredit[3)] enthält Rechtsvorschriften auf Gemeinschaftsebene für Verbraucherkreditverträge.

(2) 1995 legte die Kommission einen Bericht über die Anwendung der Richtlinie 87/102/EWG vor und führte eine breit angelegte Befragung der betroffenen Kreise durch. 1997 legte sie einen zusammenfassenden Bericht über die Reaktionen zu dem Bericht aus dem Jahr 1995 vor. 1996 wurde ein zweiter Bericht über die Anwendung der Richtlinie 87/102/EWG ausgearbeitet.

(3) Aus diesen Berichten und Befragungen geht hervor, dass sich die Rechtsvorschriften der Mitgliedstaaten auf dem Gebiet der Vergabe von Krediten an natürliche Personen im Allgemeinen und von Verbraucherkrediten im Besonderen stark unterscheiden. Eine Analyse der innerstaatlichen Rechtsvorschriften zur Umsetzung der Richtlinie 87/102/EWG zeigt in der Tat, dass die Mitgliedstaaten aufgrund unterschiedlicher innerstaatlicher Gegebenheiten rechtlicher oder wirtschaftlicher Natur über die Richtlinie 87/102/EWG hinaus eine Reihe von Verbraucherschutzmechanismen anwenden.

(4) In einigen Fällen, in denen Mitgliedstaaten verschiedene zwingende Rechtsvorschriften erlassen haben, die strenger sind als die Bestimmungen der Richtlinie 87/102/EWG, führt die sich aus diesen nationalen Unterschieden ergebende Sach- und Rechtslage zum einen zu Verzerrungen im Wettbewerb der Kreditgeber in der Gemeinschaft und behindert den Binnenmarkt. Sie schränkt zum anderen die Möglichkeiten der Verbraucher ein, das stetig zunehmende Angebot an grenzüberschreitenden Verbraucherkrediten unmittelbar zu nutzen. Diese Verzerrungen und Einschrän-

---

1) Amtliche Fußnote: ABl. C 234 vom 30. 9. 2003, S. 1.

2) Amtliche Fußnote: Stellungnahme des Europäischen Parlaments vom 20. April 2004 (ABl. C 104 E vom 30. 4. 2004, S. 233). Gemeinsamer Standpunkt des Rates vom 20. September 2007 (ABl. C 270 E vom 13. 11. 2007, S. 1) und Standpunkt des Europäischen Parlaments vom 16. Januar 2008 (noch nicht im Amtsblatt veröffentlicht). Beschluss des Rates vom 7. April 2008.

3) Amtliche Fußnote: ABl. L 42 vom 12. 2. 1987, S. 48. Zuletzt geändert durch die Richtlinie 98/7/EG des Europäischen Parlaments und des Rates (ABl. L 101 vom 1. 4. 1998, S. 17).

kungen können wiederum Folgen für die Nachfrage nach Waren und Dienstleistungen haben.

(5) In den letzten Jahren hat sich bei den Kreditformen, die Verbrauchern angeboten und von ihnen in Anspruch genommen werden, vieles geändert. Es gibt heute neue Kreditinstrumente, die immer stärkere Verwendung finden. Deshalb ist es zweckmäßig, die geltenden Bestimmungen zu ändern und gegebenenfalls ihren Geltungsbereich auszudehnen.

(6) Gemäß dem Vertrag umfasst der Binnenmarkt einen Raum ohne Binnengrenzen, in dem der freie Verkehr von Waren und Dienstleistungen sowie die Niederlassungsfreiheit gewährleistet sind. Die Entwicklung eines transparenteren und effizienteren Kreditmarkts innerhalb dieses Raums ohne Binnengrenzen ist für die Förderung grenzüberschreitender Geschäftstätigkeiten von entscheidender Bedeutung.

(7) Um die Entwicklung eines reibungslos funktionierenden Binnenmarkts bei Verbraucherkrediten zu erleichtern, muss in einigen Schlüsselbereichen ein harmonisierter gemeinschaftsrechtlicher Rahmen geschaffen werden. Im Hinblick auf die permanente Weiterentwicklung des Marktes für Verbraucherkredite und die zunehmende Mobilität der europäischen Bürger kann ein zukunftsweisendes Gemeinschaftsrecht, das sich künftigen Kreditformen anpassen kann und das den Mitgliedstaaten einen angemessenen Gestaltungsspielraum bei der Umsetzung lässt, zu einem modernen Verbraucherkreditrecht beitragen.

(8) Zur Sicherung des Vertrauens der Verbraucher ist es wichtig, dass der Markt ein ausreichendes Verbraucherschutzniveau bietet. Auf diese Weise sollte der freie Verkehr von Kreditangeboten unter den bestmöglichen Bedingungen für Kreditanbieter wie auch für Kreditnehmer unter gebührender Berücksichtigung der Besonderheiten in den einzelnen Mitgliedstaaten stattfinden können.

(9) Eine vollständige Harmonisierung ist notwendig, um allen Verbrauchern in der Gemeinschaft ein hohes und vergleichbares Maß an Schutz ihrer Interessen zu gewährleisten und um einen echten Binnenmarkt zu schaffen. Den Mitgliedstaaten sollte es deshalb nicht erlaubt sein, von dieser Richtlinie abweichende innerstaatliche Bestimmungen beizubehalten oder einzuführen. Diese Einschränkung sollte jedoch nur in den Fällen gelten, in denen Vorschriften durch diese Richtlinie harmonisiert werden. Soweit es keine solchen harmonisierten Vorschriften gibt, sollte es den Mitgliedstaaten freigestellt bleiben, innerstaatliche Rechtsvorschriften beizubehalten oder einzuführen. Dementsprechend können die Mitgliedstaaten beispielsweise innerstaatliche Rechtsvorschriften über die gesamtschuldnerische Haftung des Verkäufers oder Dienstleistungserbringers und des Kreditgebers beibehalten oder einführen. Ein weiteres Beispiel für diese Möglichkeit könnte sein, dass die Mitgliedstaaten innerstaatliche Rechtsvorschriften über die Aufhebung eines Kauf- oder Dienstleistungsvertrags für den Fall beibehalten oder einführen, dass der Verbraucher sein Widerrufsrecht von dem Kreditvertrag ausübt. In dieser Hinsicht sollte es den Mitgliedstaaten im Falle von unbefristeten Kreditverträgen gestattet sein, einen Mindestzeitraum zwischen dem Zeitpunkt, zu dem der Kreditgeber die Rückzahlung verlangt, und dem Termin, zu dem der Kredit zurückgezahlt sein muss, festzulegen.

(10) Mit den Begriffsbestimmungen dieser Richtlinie wird der Bereich der Harmonisierung festgelegt. Die Verpflichtung der Mitgliedstaaten zur Umset-

zung der Bestimmungen dieser Richtlinie sollte sich daher nur auf den durch diese Begriffsbestimmungen festgelegten Bereich erstrecken. Diese Richtlinie sollte die Mitgliedstaaten jedoch nicht daran hindern, nach Maßgabe des Gemeinschaftsrechts die Bestimmungen dieser Richtlinie auch auf Bereiche anzuwenden, die nicht in deren Geltungsbereich fallen. So könnte ein Mitgliedstaat für Kreditverträge, die nicht in den Geltungsbereich der Richtlinie fallen, innerstaatliche Vorschriften beibehalten oder einführen, die den Bestimmungen dieser Richtlinie oder manchen ihrer Bestimmungen außerhalb des Geltungsbereichs dieser Richtlinie ganz oder zum Teil entsprechen, beispielsweise für Kreditverträge über einen Betrag von weniger als 200 EUR oder von mehr als 75000 EUR. Ferner könnten die Mitgliedstaaten die Bestimmungen dieser Richtlinie auch auf verbundene Kredite anwenden, die nicht unter die Begriffsbestimmung dieser Richtlinie für verbundene Kreditverträge fallen. Somit könnten die Vorschriften für verbundene Kreditverträge auf Kreditverträge angewendet werden, die nur zum Teil der Finanzierung eines Kauf- oder Dienstleistungsvertrags dienen.

(11) Im Falle spezifischer Kreditverträge, für die nur gewisse Bestimmungen dieser Richtlinie gelten, sollte es den Mitgliedstaaten nicht gestattet sein, innerstaatliche Vorschriften zu erlassen, mit denen andere Bestimmungen dieser Richtlinie umgesetzt werden. Es sollte den Mitgliedstaaten jedoch weiterhin freigestellt sein, solche Kreditverträge, soweit sie andere als die von dieser Richtlinie harmonisierten Aspekte betreffen, auch künftig durch innerstaatliche Vorschriften zu regeln.

(12) Verträge über die wiederkehrende Erbringung von Dienstleistungen oder über die Lieferung von Waren gleicher Art, bei denen der Verbraucher für die Dauer der Erbringung bzw. Lieferung Teilzahlungen leistet, können sich hinsichtlich der Interessenlage der Vertragspartner und hinsichtlich der Art und Weise und der Durchführung der Geschäfte erheblich von den unter diese Richtlinie fallenden Kreditverträgen unterscheiden. Deshalb sollte klargestellt werden, dass derartige Verträge nicht als Kreditverträge im Sinne der Richtlinie gelten. Zu derartigen Verträgen würde zum Beispiel ein Versicherungsvertrag gehören, bei dem für die Versicherung monatliche Teilzahlungen erbracht werden.

(13) Diese Richtlinie sollte nicht gelten für bestimmte Arten von Kreditverträgen, z.B. einen Zahlungsaufschub gewährende Debit-Karten, nach deren Vertragsbedingungen der Kredit innerhalb von drei Monaten zu tilgen ist und lediglich geringfügige Kosten anfallen.

(14) Durch Grundpfandrechte gesicherte Kreditverträge sollten vom Geltungsbereich dieser Richtlinie ausgeschlossen sein. Es handelt sich hierbei um eine besondere Form des Kredits. Ferner sollten Kreditverträge, die für den Erwerb oder die Erhaltung von Eigentumsrechten an einem Grundstück oder einem bestehenden oder geplanten Gebäude bestimmt sind, vom Geltungsbereich dieser Richtlinie ausgeschlossen sein. Kreditverträge sollten jedoch nicht lediglich aus dem Grund vom Geltungsbereich dieser Richtlinie ausgeschlossen werden, dass sie der Renovierung oder der Wertsteigerung eines bestehenden Gebäudes dienen.

(15) Die Bestimmungen der Richtlinie gelten unabhängig davon, ob der Kreditgeber eine natürliche oder eine juristische Person ist. Die Richtlinie berührt jedoch nicht das Recht der Mitgliedstaaten, im Einklang mit dem Gemein-

schaftsrecht die Bereitstellung von Verbraucherkrediten ausschließlich auf juristische Personen oder bestimmte juristische Personen zu beschränken.

(16) Gewisse Bestimmungen der Richtlinie sollten für natürliche und für juristische Personen (Kreditvermittler) gelten, die in Ausübung ihrer gewerblichen oder beruflichen Tätigkeit gegen ein Entgelt Kreditverträge vorstellen oder Verbrauchern anbieten, Verbrauchern bei den Vorarbeiten zum Abschluss von Kreditverträgen behilflich sind oder für den Kreditgeber Kreditverträge mit Verbrauchern abschließen. Organisationen, die zulassen, dass mit ihrer Identität für Kreditprodukte, beispielsweise Kreditkarten, geworben wird, und die ihren Mitgliedern diese Produkte zudem empfehlen, sollten nicht als Kreditvermittler im Sinne dieser Richtlinie gelten.

(17) Diese Richtlinie regelt lediglich bestimmte Pflichten der Kreditvermittler gegenüber dem Verbraucher. Den Mitgliedstaaten sollte es daher freigestellt bleiben, zusätzliche Pflichten für Kreditvermittler beizubehalten oder einzuführen, darunter die Bedingungen, nach denen Kreditvermittler von Verbrauchern, die ihre Dienste in Anspruch nehmen, ein Entgelt erheben können.

(18) Entsprechend der Richtlinie 2005/29/EG des Europäischen Parlaments und des Rates vom 11. Mai 2005 über unlautere Geschäftspraktiken im binnenmarktinternen Geschäftsverkehr zwischen Unternehmen und Verbrauchern (Richtlinie über unlautere Geschäftspraktiken)[1] sollten die Verbraucher insbesondere bei der Veröffentlichung von Informationen durch den Kreditgeber vor unlauteren oder irreführenden Geschäftspraktiken geschützt sein. Dennoch ist es angebracht, in dieser Richtlinie besondere Bestimmungen für die Werbung für Kreditverträge und über bestimmte Standardinformationen vorzusehen, die die Verbraucher erhalten sollten, damit sie insbesondere verschiedene Angebote miteinander vergleichen können. Diese Informationen sollten in klarer, prägnant gefasster Form an optisch hervorgehobener Stelle durch ein repräsentatives Beispiel erteilt werden. Es sollte eine Obergrenze angegeben werden, sofern der Gesamtkreditbetrag nicht als Summe der zur Verfügung gestellten Beträge dargestellt werden kann, insbesondere sofern der Kreditvertrag dem Verbraucher die Inanspruchnahme freistellt und mit einer Begrenzung hinsichtlich des Betrages versieht. Die Obergrenze sollte den Kredithöchstbetrag bezeichnen, der dem Verbraucher zur Verfügung gestellt werden kann. Außerdem sollte es den Mitgliedstaaten freigestellt bleiben, in Bezug auf Werbung, die keine Informationen über die Kosten des Kredits enthält, Informationsanforderungen in ihrem innerstaatlichen Recht vorzusehen.

(19) Damit der Verbraucher in voller Sachkenntnis entscheiden kann, sollten ihm vor dem Abschluss des Kreditvertrags ausreichende Informationen über die Bedingungen und Kosten des Kredits sowie über die Verpflichtungen, die er mit dem Vertrag eingeht, gegeben werden, die er mitnehmen und prüfen kann. Im Interesse einer größtmöglichen Transparenz und Vergleichbarkeit der Angebote sollten diese Informationen sich insbesondere auf den effektiven Jahreszins beziehen, der innerhalb der gesamten Gemeinschaft auf die gleiche Art zu berechnen ist. Da der effektive Jahreszins in diesem Stadium nur anhand eines Beispiels angegeben werden kann, sollte dieses Beispiel repräsentativ sein. Deshalb sollte es beispielsweise der durchschnittlichen Laufzeit und dem Gesamtbetrag des gewährten

1) Amtliche Fußnote: ABl. L 149 vom 11. 6. 2005, S. 22.

Kredits bei der betreffenden Art von Kreditvertrag entsprechen und sich gegebenenfalls auf die gekauften Waren beziehen. Bei der Auswahl des repräsentativen Beispiels sollte auch die Häufigkeit des Abschlusses bestimmter Kreditverträge auf einem speziellen Markt berücksichtigt werden. Was den Sollzinssatz, die Periodizität der Teilzahlungen und die Anrechnung der Zinsen auf das Darlehen anbelangt, so sollten die Kreditgeber bei dem jeweiligen Verbraucherkredit ihre herkömmlichen Berechnungsmethoden anwenden.

(20) Die Gesamtkosten des Kredits für den Verbraucher sollten sämtliche Kosten umfassen, einschließlich der Zinsen, Provisionen, Steuern, Entgelte für Kreditvermittler und alle sonstigen Entgelte, die der Verbraucher im Zusammenhang mit dem Kreditvertrag zu zahlen hat, mit Ausnahme der Notargebühren. Die tatsächliche Kenntnis des Kreditgebers von diesen Kosten sollte objektiv beurteilt werden, wobei die Anforderungen an die berufliche Sorgfalt zu berücksichtigen sind.

(21) Kreditverträge, bei denen der Sollzinssatz entsprechend der Veränderung eines im Kreditvertrag genannten Referenzzinssatzes regelmäßig angepasst wird, sollten nicht als Kreditverträge mit festem Sollzinssatz gelten.

(22) Den Mitgliedstaaten sollte es freigestellt bleiben, innerstaatliche Vorschriften beizubehalten oder einzuführen, die dem Kreditgeber untersagen, den Verbraucher im Zusammenhang mit dem Kreditvertrag zu verpflichten, ein Bankkonto zu eröffnen oder eine Vereinbarung über eine andere Nebenleistung zu schließen oder für die Kosten oder Gebühren im Zusammenhang mit entsprechenden Bankkonten oder anderen Nebenleistungen aufzukommen. In denjenigen Mitgliedstaaten, in denen solche kombinierten Angebote zulässig sind, sollten die Verbraucher vor Abschluss des Kreditvertrags über Nebenleistungen informiert werden, die Voraussetzung für die Gewährung des Kredits überhaupt oder nach den vorgesehenen Vertragsbedingungen sind. Die Kosten für diese Nebenleistungen sollten in die Berechnung der Gesamtkosten des Kredits mit einbezogen werden; anderenfalls, also wenn der Betrag dieser Kosten nicht im Voraus bestimmt werden kann, sollten die Verbraucher in der Vorvertragsphase angemessen darüber unterrichtet werden, dass solche Kosten anfallen. Es ist davon auszugehen, dass der Kreditgeber von den Kosten für die Nebenleistungen, die er selbst oder für einen Dritten dem Verbraucher anbietet, Kenntnis hat, es sei denn, deren Preis hängt von spezifischen Merkmalen oder der besonderen Situation des Verbrauchers ab.

(23) Bei bestimmten Kreditverträgen ist es jedoch zweckmäßig, die Anforderungen dieser Richtlinie in Bezug auf die vorvertragliche Information unter Berücksichtigung des besonderen Charakters dieser Verträge so einzuschränken, dass die Verbraucher zwar angemessen geschützt, die Kreditgeber oder gegebenenfalls die Kreditvermittler aber nicht unverhältnismäßig belastet werden.

(24) Der Verbraucher muss vor dem Abschluss des Kreditvertrags umfassend informiert werden, und zwar unabhängig davon, ob ein Kreditvermittler am Absatz des Kredits beteiligt ist. Deshalb sollten die Anforderungen an die vorvertragliche Information generell auch für Kreditvermittler gelten. Wenn jedoch der Warenlieferant und der Dienstleistungserbringer nur in untergeordneter Funktion als Kreditvermittler tätig werden, ist es nicht gerechtfertigt, ihnen die rechtliche Verpflichtung aufzuerlegen, die vorvertraglichen Informationen gemäß dieser Richtlinie zu erteilen. Der Waren-

lieferant und der Dienstleistungserbringer können beispielsweise als Kreditvermittler in untergeordneter Funktion angesehen werden, wenn ihre Tätigkeit als Kreditvermittler nicht der Hauptzweck ihrer gewerblichen oder beruflichen Tätigkeit ist. In diesen Fällen ist dennoch ein ausreichend hohes Verbraucherschutzniveau erreicht, da der Kreditgeber dafür sorgen muss, dass der Verbraucher alle vorvertraglichen Informationen erhält, und zwar entweder von dem Kreditvermittler, wenn der Kreditgeber und der Kreditvermittler dies so vereinbaren, oder auf eine andere geeignete Weise.

(25) Die Frage, ob die Informationen, die dem Verbraucher vor Abschluss des Kreditvertrags zu geben sind, möglicherweise verbindlichen Charakter haben, und die Dauer des Zeitraums, während dessen der Kreditgeber an diese Informationen gebunden sein soll, können von den Mitgliedstaaten geregelt werden.

(26) Die Mitgliedstaaten sollten unter Berücksichtigung der besonderen Merkmale des Kreditmarkts in ihrem jeweiligen Land geeignete Maßnahmen zur Förderung verantwortungsvoller Verfahren in allen Phasen der Kreditvergabe ergreifen. Zu diesen Maßnahmen kann beispielsweise die Unterrichtung und Aufklärung der Verbraucher, einschließlich Warnungen vor dem Risiko des Zahlungsverzugs oder der Überschuldung, gehören. Insbesondere auf dem expandierenden Kreditmarkt ist es wichtig, dass Kreditgeber nicht verantwortungslos in der Kreditvergabe tätig werden oder Kredite ohne vorherige Beurteilung der Kreditwürdigkeit vergeben, und die Mitgliedstaaten sollten die erforderlichen Kontrollen durchführen, um derartige Verhaltensweisen zu unterbinden und sie sollten die erforderlichen Sanktionsmittel für jene Kreditgeber bestimmen, die sich so verhalten. Unbeschadet der Bestimmungen der Richtlinie 2006/48/EG des Europäischen Parlaments und des Rates vom 14. Juni 2006 über die Aufnahme und Ausübung der Tätigkeit der Kreditinstitute[1)] über das Kreditrisiko sollten Kreditgeber dafür verantwortlich sein, in jedem Einzelfall die Bewertung der Kreditwürdigkeit des Verbrauchers zu prüfen. Zu diesem Zweck sollten sie nicht nur die vom Verbraucher im Rahmen der Vorbereitung des betreffenden Kreditvertrags, sondern auch die während einer schon länger bestehenden Geschäftsbeziehung erteilten Auskünfte heranziehen dürfen. Die Behörden der Mitgliedstaaten könnten den Kreditgebern geeignete Anweisungen erteilen und Leitlinien vorgeben. Auch die Verbraucher sollten mit Umsicht vorgehen und ihre vertraglichen Verpflichtungen erfüllen.

(27) Obgleich der Verbraucher Anspruch auf vorvertragliche Informationen hat, kann es sein, dass er darüber hinaus noch weitere Unterstützung braucht, um entscheiden zu können, welcher der ihm angebotenen Kreditverträge seinen Bedürfnissen und seiner finanziellen Situation am besten entspricht. Deshalb sollten die Mitgliedstaaten dafür sorgen, dass Kreditgeber diese Unterstützung in Bezug auf die Kreditprodukte, die sie dem Verbraucher anbieten, leisten. Gegebenenfalls sollten die entsprechenden vorvertraglichen Informationen sowie die Hauptmerkmale der angebotenen Produkte dem Verbraucher persönlich erläutert werden, so dass er ihre möglichen Auswirkungen auf seine wirtschaftliche Situation einschätzen kann. Diese Verpflichtung, dem Verbraucher Unterstützung zu leisten, sollte gegebenenfalls auch für Kreditvermittler gelten. Die Mitgliedstaaten sollten festlegen können, zu welchem Zeitpunkt und in welchem Umfang diese

---

1) Amtliche Fußnote: ABl. L 177 vom 30. 6. 2006, S. 1. Zuletzt geändert durch die Richtlinie 2008/24/EG (ABl. L 81 vom 20. 3. 2008, S. 38).

Erläuterungen dem Verbraucher zu geben sind, wobei den besonderen Umständen, unter denen der Kredit angeboten wird, dem Bedarf des Verbrauchers an Unterstützung und der Art des jeweiligen Kreditprodukts Rechnung zu tragen ist.

(28) Zur Bewertung der Kreditsituation des Verbrauchers sollte der Kreditgeber auch die einschlägigen Datenbanken konsultieren; aufgrund der rechtlichen und sachlichen Umstände kann es erforderlich sein, dass sich derartige Konsultationen im Umfang unterscheiden. Damit der Wettbewerb zwischen Kreditgebern nicht verzerrt wird, sollte Kreditgebern aus anderen Mitgliedstaaten der Zugang zu privaten oder öffentlichen Datenbanken betreffend Verbraucher in einem Mitgliedstaat, in dem sie nicht niedergelassen sind, unter Bedingungen gewährt werden, die keine Diskriminierung gegenüber den Kreditgebern dieses Mitgliedstaats darstellen.

(29) Wird eine Entscheidung, mit der ein Kreditantrag abgelehnt wird, auf eine Datenbankabfrage gestützt, so sollte der Kreditgeber den Verbraucher darüber und über die Angaben der konsultierten Datenbank unterrichten. Der Kreditgeber sollte hierzu jedoch nicht verpflichtet sein, wenn eine solche Unterrichtung nach anderen Gemeinschaftsvorschriften, beispielsweise Rechtsvorschriften über Geldwäsche oder Terrorismusfinanzierung, nicht zulässig ist. Außerdem sollten solche Informationen nicht gegeben werden, wenn dies Zielen der öffentlichen Ordnung oder der öffentlichen Sicherheit, wie beispielsweise der Verhütung, Ermittlung, Feststellung und Verfolgung von Straftaten, zuwiderlaufen würde.

(30) Diese Richtlinie regelt nicht Aspekte des Vertragsrechts, die die Wirksamkeit von Kreditverträgen betreffen. Daher können die Mitgliedstaaten in diesem Bereich mit dem Gemeinschaftsrecht in Einklang stehende innerstaatliche Bestimmungen beibehalten oder einführen. Die Mitgliedstaaten können die Rechtsvorschriften für Angebote über den Abschluss eines Kreditvertrags festlegen, insbesondere den Zeitpunkt, an dem ein solches Angebot abgegeben wird und den Zeitraum, während dessen es für den Kreditgeber bindend sein soll. Wird ein Angebot zum selben Zeitpunkt abgegeben wie die vorvertragliche Information gemäß dieser Richtlinie, so sollte es wie alle weiteren Informationen, die der Kreditgeber dem Verkäufer erteilen möchte, in einem gesonderten Dokument überreicht werden, das dem Formular „Europäische Standardinformationen für Verbraucherkredite“ beigefügt werden kann.

(31) Alle notwendigen Informationen über die Rechte und Pflichten, die sich für den Verbraucher aus dem Kreditvertrag ergeben, sollten in klarer, prägnanter Form im Kreditvertrag enthalten sein, damit der Verbraucher diese zur Kenntnis nehmen kann.

(32) Damit die Transparenz umfassend gewährleistet ist, sollte der Verbraucher sowohl im vorvertraglichen Stadium als auch beim Abschluss des Kreditvertrags Informationen über den Sollzinssatz erhalten. Während des Vertragsverhältnisses sollte der Verbraucher über Änderungen des variablen Sollzinssatzes und die sich daraus für die Zahlungen ergebenden Änderungen informiert werden. Dies gilt unbeschadet innerstaatlicher Rechtsvorschriften, die sich nicht auf die Information des Verbrauchers beziehen und die die Bedingungen für Änderungen der Sollzinssätze und anderer wirtschaftlicher Umstände des Kredits – sofern sie nicht Zahlungen betreffen – und die Folgen solcher Änderungen regeln, beispielsweise Regelungen, dass der Kreditgeber den Sollzinssatz nur dann ändern darf, wenn ein triftiger

Grund dafür vorliegt, oder dass es dem Verbraucher freisteht, im Falle einer Änderung des Sollzinssatzes oder anderer wirtschaftlicher Umstände des Kredits den Kreditvertrag zu beenden.

(33) Die Vertragsparteien sollten das Recht haben, einen Kreditvertrag mit unbefristeter Laufzeit ordentlich zu kündigen. Enthält der Kreditvertrag eine entsprechende Vereinbarung, so sollte der Kreditgeber außerdem das Recht haben, aus sachlich gerechtfertigten Gründen das Recht des Verbrauchers auf Inanspruchnahme von Kreditbeträgen aufgrund eines unbefristeten Kreditvertrags auszusetzen. Zu diesen Gründen können beispielsweise der Verdacht auf eine nicht zulässige oder missbräuchliche Verwendung des Kredits oder ein beträchtlich erhöhtes Risiko, dass der Verbraucher seiner Verpflichtung zur Zurückzahlung des Kredits nicht nachkommen kann, gehören. Diese Richtlinie berührt nicht die innerstaatlichen Rechtsvorschriften des Vertragsrechts betreffend die Rechte der Vertragsparteien, den Kreditvertrag aufgrund eines Vertragsbruchs zu beenden.

(34) Zur Angleichung der Art und Weise der Ausübung des Widerrufsrechts auf verwandten Sachgebieten ist ein Recht auf Widerruf vom Vertrag vorzusehen, das entsprechend den in der Richtlinie 2002/65/EG des Europäischen Parlaments und des Rates vom 23. September 2002 über den Fernabsatz von Finanzdienstleistungen für Verbraucher[1)] vorgesehenen Bedingungen ohne Angabe von Gründen in Anspruch genommen werden kann und keine Vertragsstrafe nach sich zieht.

(35) Tritt ein Verbraucher von einem Kreditvertrag, aufgrund dessen er Waren erhalten hat, zurück und handelt es sich dabei insbesondere um einen Ratenkauf oder einen Miet- oder Leasingvertrag, nach dem eine Verpflichtung zum Erwerb besteht, so sollte diese Richtlinie unbeschadet anderer Vorschriften der Mitgliedstaaten gelten, die die Rückgabe der Waren oder damit zusammenhängende Fragen regeln.

(36) In einigen Fällen sehen innerstaatliche Vorschriften bereits vor, dass die Mittel dem Verbraucher erst nach Ablauf einer bestimmten Frist bereitgestellt werden. In derartigen Fällen möchte der Verbraucher unter Umständen sicherstellen, dass er die erworbenen Waren oder Dienstleistungen vorzeitig erhält. Für verbundene Kreditverträge können die Mitgliedstaaten daher ausnahmsweise vorsehen, dass dann, wenn der Verbraucher den vorzeitigen Empfang ausdrücklich in Anspruch nimmt, die Frist für die Ausübung des Widerrufrechts auf jene Frist verkürzt wird, die für die Bereitstellung der Mittel gilt.

(37) Bei verbundenen Kreditverträgen stehen der Erwerb einer Ware oder einer Dienstleistung mit dem zu diesem Zwecke abgeschlossenen Kreditvertrag in einem gegenseitigen Abhängigkeitsverhältnis. Übt der Verbraucher sein Recht auf Widerruf vom Kaufvertrag nach dem Gemeinschaftsrecht aus, so sollte er auch nicht mehr an den damit verbundenen Kreditvertrag gebunden sein. Dies sollte nicht die innerstaatlichen Rechtsvorschriften für verbundene Kreditverträge in den Fällen berühren, in denen ein Kaufvertrag hinfällig geworden ist oder in denen der Verbraucher sein Widerrufsrecht nach innerstaatlichem Recht ausgeübt hat. Ferner sollte dies auch nicht die dem Verbraucher im Rahmen der innerstaatlichen Vorschriften eingeräumten Rechte berühren, wonach zwischen dem Verbraucher und einem Waren-

---

1) Amtliche Fußnote: ABl. L 271 vom 9. 10. 2002, S. 16. Zuletzt geändert durch die Richtlinie 2007/64/EG (ABl. L 319 vom 5. 12. 2007, S. 1).

lieferanten oder Dienstleistungserbringer weder eine Verpflichtung eingegangen noch eine Zahlung geleistet werden darf, solange der Verbraucher den Kreditvertrag, mit dem der Erwerb der betreffenden Waren oder Dienstleistungen finanziert werden soll, nicht unterzeichnet hat.

(38) Unter bestimmten Bedingungen sollte der Verbraucher die Möglichkeit haben, bei Problemen im Zusammenhang mit dem Kaufvertrag Rechte gegenüber dem Kreditgeber geltend zu machen. Die Mitgliedstaaten sollten jedoch festlegen, in welchem Umfang und unter welchen Bedingungen der Verbraucher seine Rechte gegenüber dem Lieferanten geltend machen muss, insbesondere indem er Klage gegen den Lieferanten erhebt, bevor er diese gegenüber dem Kreditgeber geltend machen kann. Diese Richtlinie sollte nicht dazu führen, dass Verbraucher der Rechte verlustig gehen, die ihnen die innerstaatlichen Rechtsvorschriften über die gesamtschuldnerische Haftung des Verkäufers oder Dienstleistungserbringers und des Kreditgebers einräumen.

(39) Dem Verbraucher sollte gestattet werden, seine Verbindlichkeiten vor Ablauf der im Kreditvertrag vereinbarten Frist zu erfüllen. Im Falle einer vorzeitigen Rückzahlung eines Teils oder der gesamten Kreditsumme sollte der Kreditgeber eine Entschädigung für die unmittelbar mit der vorzeitigen Rückzahlung des Kredits zusammenhängenden Kosten verlangen können, wobei auch mögliche Einsparungen des Kreditgebers zu berücksichtigen sind. Bei der Festlegung der Berechnungsmethode für die Entschädigung müssen allerdings mehrere Grundsätze eingehalten werden. Die Berechnung der dem Kreditnehmer geschuldeten Entschädigung sollte transparent sein und schon im vorvertraglichen Stadium und in jedem Fall während der Ausführung des Kreditvertrags für den Verbraucher verständlich sein. Darüber hinaus sollte die Berechnungsmethode für den Kreditgeber leicht anzuwenden sein und die Überprüfung der Entschädigung durch die zuständigen Aufsichtsbehörden erleichtert werden. Aus diesen Gründen und da Verbraucherkredite aufgrund ihrer Laufzeit und ihres Umfangs nicht über langfristige Finanzierungsmechanismen finanziert werden, sollte der Höchstbetrag der Entschädigung in Form eines Pauschalbetrags festgelegt werden. Dieser Ansatz spiegelt die Besonderheit von Verbraucherkrediten wider und greift möglichen anderen Ansätzen für andere, über langfristige Finanzierungsmechanismen finanzierte Kreditprodukte, wie beispielsweise festverzinsliche Hypothekendarlehen nicht vor.

(40) Die Mitgliedstaaten sollten das Recht haben, vorzusehen, dass ein Kreditgeber nur dann eine Entschädigung für vorzeitige Rückzahlung verlangen kann, wenn der Rückzahlungsbetrag innerhalb eines Zwölfmonatszeitraums einen von den Mitgliedstaaten festgelegten Schwellenwert überschreitet. Bei der Festlegung dieses Schwellenwerts, der nicht höher als 10000 EUR sein sollte, sollten die Mitgliedstaaten beispielsweise das Durchschnittsvolumen der Verbraucherkredite in ihrem jeweiligen Markt mitberücksichtigen.

(41) Bei Abtretung der Rechte des Kreditgebers aus einem Kreditvertrag sollte die Rechtsstellung des Verbrauchers nicht verschlechtert werden. Der Verbraucher sollte auch angemessen informiert werden, wenn die Rechte aus dem Kreditvertrag an einen Dritten abgetreten werden. Tritt der ursprüngliche Kreditgeber jedoch mit dem Einverständnis des Zessionars dem Verbraucher gegenüber nach wie vor als Kreditgeber auf, so hat der Verbraucher kein wesentliches Interesse daran, über die Abtretung informiert zu

werden. Deshalb wäre es übertrieben, in solchen Fällen auf EU-Ebene eine Pflicht zur Unterrichtung des Verbrauchers über die Abtretung vorzusehen.

(42) Es sollte den Mitgliedstaaten weiterhin freistehen, innerstaatliche Vorschriften über kollektive Kommunikationswege einzuführen oder beizubehalten, wenn dies für Zwecke erforderlich ist, die mit der Wirksamkeit komplexer Geschäfte, wie der Verbriefung von Krediten oder der Veräußerung von Aktiva im Falle der Zwangsliquidation von Banken im Verwaltungswege, in Zusammenhang stehen.

(43) Im Interesse der Förderung der Errichtung und des Funktionierens des Binnenmarkts und zwecks Gewährleistung eines hohen Verbraucherschutzniveaus in der gesamten Gemeinschaft ist die Vergleichbarkeit der Angaben zu den effektiven Jahreszinsen in der gesamten Gemeinschaft zu gewährleisten. Obgleich in der Richtlinie 87/102/EWG eine einheitliche mathematische Formel zur Berechnung des effektiven Jahreszinses vorgegeben wurde, ist dieser noch nicht in der gesamten Gemeinschaft in vollem Umfang vergleichbar. In den einzelnen Mitgliedstaaten werden unterschiedliche Kostenfaktoren bei der Berechnung berücksichtigt. In der vorliegenden Richtlinie sollten daher die Gesamtkosten des Kredits für den Verbraucher eindeutig und umfassend definiert werden.

(44) Zur Gewährleistung der Transparenz und der Stabilität des Marktes sollten die Mitgliedstaaten bis zu einer weiteren Harmonisierung sicherstellen, dass geeignete Maßnahmen im Hinblick auf die Kontrolle oder Überwachung der Tätigkeit von Kreditgebern getroffen werden.

(45) Diese Richtlinie steht im Einklang mit den Grundrechten sowie den Grundsätzen, die insbesondere mit der Charta der Grundrechte der Europäischen Union anerkannt wurden. Insbesondere soll mit dieser Richtlinie die Einhaltung der Bestimmungen über den Schutz personenbezogener Daten, das Eigentumsrecht, das Diskriminierungsverbot, den Schutz des Familien- und Berufslebens und den Schutz der Verbraucher gemäß der Charta der Grundrechte der Europäischen Union in vollem Umfang gewährleistet werden.

(46) Da das Ziel dieser Richtlinie, nämlich die Festlegung gemeinsamer Regeln für bestimmte Aspekte der Rechts- und Verwaltungsvorschriften der Mitgliedstaaten auf dem Gebiet des Verbraucherkredits, von den Mitgliedstaaten nicht ausreichend verwirklicht werden kann und daher besser auf Gemeinschaftsebene zu verwirklichen ist, kann die Gemeinschaft im Einklang mit dem in Artikel 5 des Vertrags niedergelegten Subsidiaritätsprinzip tätig werden. Entsprechend dem in demselben Artikel genannten Grundsatz der Verhältnismäßigkeit geht diese Richtlinie nicht über das zur Erreichung dieses Ziels erforderliche Maß hinaus.

(47) Die Mitgliedstaaten sollten Regelungen über die Sanktionen festlegen, die bei Verstößen gegen die aufgrund dieser Richtlinie erlassenen innerstaatlichen Vorschriften zu verhängen sind, und für deren Anwendung sorgen. Die Wahl der Sanktionen bleibt zwar den Mitgliedstaaten überlassen, doch sollten die vorgesehenen Sanktionen wirksam, verhältnismäßig und abschreckend sein.

(48) Die zur Durchführung dieser Richtlinie erforderlichen Maßnahmen sollten gemäß dem Beschluss 1999/468/EG des Rates vom 28. Juni 1999 zur Festle-

gung der Modalitäten für die Ausübung der der Kommission übertragenen Durchführungsbefugnisse[1] erlassen werden.

(49) Insbesondere sollte die Kommission die Befugnis erhalten, zusätzliche Annahmen festzulegen, die bei der Berechnung des effektiven Jahreszinses zugrunde gelegt werden. Da es sich hierbei um Maßnahmen von allgemeiner Tragweite handelt, die eine Änderung nicht wesentlicher Bestimmungen der vorliegenden Richtlinie bewirken, sind sie nach dem Regelungsverfahren mit Kontrolle des Artikels 5a des Beschlusses 1999/468/EG zu erlassen.

(50) Nach Nummer 34 der Interinstitutionellen Vereinbarung über bessere Rechtsetzung[2] sind die Mitgliedstaaten aufgefordert, für ihre eigenen Zwecke und im Interesse der Gemeinschaft eigene Tabellen aufzustellen, aus denen im Rahmen des Möglichen die Entsprechungen zwischen dieser Richtlinie und den Umsetzungsmaßnahmen zu entnehmen sind, und diese zu veröffentlichen.

(51) In Anbetracht der zahlreichen Änderungen, die infolge der Weiterentwicklung des Verbraucherkreditsektors an der Richtlinie 87/102/EWG vorzunehmen sind, sollte diese Richtlinie daher im Interesse der Klarheit des Gemeinschaftsrechts aufgehoben und durch die vorliegende Richtlinie ersetzt werden –

HABEN FOLGENDE RICHTLINIE ERLASSEN:

KAPITEL I

GEGENSTAND, GELTUNGSBEREICH UND BEGRIFFSBESTIMMUNGEN

Artikel 1 Gegenstand

Ziel dieser Richtlinie ist die Harmonisierung bestimmter Aspekte der Rechts- und Verwaltungsvorschriften der Mitgliedstaaten über Verbraucherkreditverträge.

Artikel 2 Geltungsbereich

(1) Diese Richtlinie gilt für Kreditverträge.

(2) Diese Richtlinie gilt nicht für:

a) Kreditverträge, die entweder durch eine Hypothek oder eine vergleichbare Sicherheit, die in einem Mitgliedstaat gewöhnlich für unbewegliches Vermögen genutzt wird, oder durch ein Recht an unbeweglichem Vermögen gesichert sind;

b) Kreditverträge, die für den Erwerb oder die Erhaltung von Eigentumsrechten an einem Grundstück oder einem bestehenden oder geplanten Gebäude bestimmt sind;

c) Kreditverträge, bei denen der Gesamtkreditbetrag weniger als 200 EUR oder mehr als 75000 EUR beträgt;

d) Miet- oder Leasingverträge, bei denen weder in dem Vertrag selbst noch in einem gesonderten Vertrag eine Verpflichtung zum Erwerb des Miet- bzw.

---

1) Amtliche Fußnote: ABl. L 184 vom 17. 7. 1999, S. 23. Geändert durch den Beschluss 2006/512/EG (ABl. L 200 vom 22. 7. 2006, S. 11).

2) Amtliche Fußnote: ABl. C 321 vom 31. 12. 2003, S. 1.

Leasinggegenstands vorgesehen ist; von einer solchen Verpflichtung ist auszugehen, wenn der Kreditgeber darüber einseitig entscheidet;

e) Kreditverträge in Form von Überziehungsmöglichkeiten, bei denen der Kredit binnen eines Monats zurückzuzahlen ist;

f) zins- und gebührenfreie Kreditverträge und Kreditverträge, nach denen der Kredit binnen drei Monaten zurückzuzahlen ist und bei denen nur geringe Kosten anfallen;

g) Verträge über Kredite, die Arbeitnehmern vom Arbeitgeber als Nebenleistung zinsfrei oder zu einem niedrigeren effektiven Jahreszins als dem marktüblichen gewährt werden und die nicht der breiten Öffentlichkeit angeboten werden;

h) Kreditverträge, die mit einer Wertpapierfirma im Sinne des Artikels 4 Absatz 1 der Richtlinie 2004/39/EG des Europäischen Parlaments und des Rates vom 21. April 2004 über Märkte für Finanzinstrumente[1)] oder mit Kreditinstituten im Sinne des Artikels 4 der Richtlinie 2006/48/EG geschlossen werden und die es einem Anleger erlauben sollen, ein Geschäft zu tätigen, das eines oder mehrere der in Anhang I Abschnitt C der Richtlinie 2004/39/EG genannten Instrumente betrifft, wenn die Wertpapierfirma oder das Kreditinstitut, die/das den Kredit gewährt, an diesem Geschäft beteiligt ist;

i) Kreditverträge, die Ergebnis eines Vergleichs vor einem Richter oder einer anderen gesetzlich befugten Stelle sind;

j) Kreditverträge, die die unentgeltliche Stundung einer bestehenden Forderung zum Gegenstand haben;

k) Kreditverträge, nach deren Abschluss der Verbraucher zur Hinterlegung eines Gegenstands als Sicherheit beim Kreditgeber verpflichtet ist und bei denen sich die Haftung des Verbrauchers ausschließlich auf diesen Pfandgegenstand beschränkt;

l) Kreditverträge, die Darlehen zum Gegenstand haben, die einem begrenzten Kundenkreis im Rahmen gesetzlicher Bestimmungen im Gemeinwohlinteresse gewährt werden, sei es zu einem niedrigeren als dem marktüblichen Zinssatz oder zinslos oder zu anderen, für den Verbraucher günstigeren als den marktüblichen Bedingungen und zu Zinssätzen, die nicht über den marktüblichen Zinssätzen liegen.

(2a) Ungeachtet des Absatzes 2 Buchstabe c gilt diese Richtlinie für unbesicherte Kreditverträge, die zum Zwecke der Renovierung einer Wohnimmobilie abgeschlossen werden und bei denen der Gesamtkreditbetrag mehr als 75000 EUR beträgt.

(3) Auf Kreditverträge in Form einer Überziehungsmöglichkeit, bei denen der Kredit nach Aufforderung oder binnen drei Monaten zurückzuzahlen ist, finden lediglich die Artikel 1 bis 3, Artikel 4 Absatz 1, Artikel 4 Absatz 2 Buchstaben a bis c, Artikel 4 Absatz 4, die Artikel 6 bis 9, Artikel 10 Absatz 1, Artikel 10 Absatz 4 und Absatz 5, Artikel 12, Artikel 15, Artikel 17 sowie die Artikel 19 bis 32 Anwendung.

(4) Auf Kreditverträge in Form von Überschreitung finden lediglich die Artikel 1 bis 3, 18, 20 sowie 22 bis 32 Anwendung.

(5) Die Mitgliedstaaten können festlegen, dass lediglich die Artikel 1 bis 4, 6, 7 und 9, Artikel 10 Absatz 1, Absatz 2 Buchstaben a bis h sowie Buchstabe l,

---

1) Amtliche Fußnote: ABl. L 145 vom 30. 4. 2004, S. 1. Zuletzt geändert durch die Richtlinie 2008/10/EG (ABl. L 76 vom 19. 3. 2008, S. 33).

Artikel 10 Absatz 4 sowie die Artikel 11, 13 und 16 bis 32 für Kreditverträge gelten, die von einer Organisation geschlossen werden, die

a) zum gegenseitigen Nutzen ihrer Mitglieder eingerichtet wurde,

b) Gewinne ausschließlich für ihre Mitglieder erzielt,

c) einen nach innerstaatlichen Rechtsvorschriften vorgeschriebenen sozialen Zweck erfüllt,

d) nur von ihren Mitgliedern Ersparnisse erhält und verwaltet und auch nur für ihre Mitglieder Finanzierungsquellen erschließt und

e) Kredite auf der Grundlage eines effektiven Jahreszinses gewährt, der unter den marktüblichen Zinssätzen liegt oder durch innerstaatliches Recht nach oben hin begrenzt ist,

und deren Mitgliedschaft auf Personen beschränkt ist, die in einem bestimmten Bezirk wohnen oder beschäftigt sind, als Arbeitnehmer oder Rentner bei einem bestimmten Arbeitgeber beschäftigt sind bzw. waren oder auf Personen, die andere Anforderungen erfüllen, die nach innerstaatlichem Recht die Voraussetzung für das Bestehen einer gemeinsamen Verbindung zwischen den Mitgliedern bilden.

Die Mitgliedstaaten können Kreditverträge, die von einer solchen Organisation geschlossen werden, vom Geltungsbereich dieser Richtlinie ausnehmen, wenn der Gesamtwert aller bestehenden Kreditverträge der Organisation im Verhältnis zum Gesamtwert aller bestehenden Kreditverträge in dem Mitgliedstaat, in dem die Organisation niedergelassen ist, unbedeutend ist und der Gesamtwert aller bestehenden Kreditverträge aller derartigen Organisationen in dem betreffenden Mitgliedstaat weniger als 1 % des Gesamtwerts aller bestehenden Kreditverträge in diesem Mitgliedstaat ausmacht.

Die Mitgliedstaaten überprüfen jährlich, ob die Voraussetzungen für die Anwendung derartiger Ausnahmen weiterhin erfüllt sind, und ergreifen Maßnahmen, um die Ausnahmen zu widerrufen, wenn sie zu der Auffassung gelangen, dass die Voraussetzungen nicht mehr erfüllt sind.

(6) Die Mitgliedstaaten können festlegen, dass für Kreditverträge, die vorsehen, dass Kreditgeber und Verbraucher Vereinbarungen über Stundungs- oder Rückzahlungsmodalitäten treffen, wenn der Verbraucher seinen Verpflichtungen aus dem ursprünglichen Kreditvertrag nicht nachgekommen ist, lediglich die Artikel 1 bis 4, 6, 7, 9, Artikel 10 Absatz 1, Artikel 10 Absatz 2 Buchstaben a bis i, l und r, Artikel 10 Absatz 4 sowie die Artikel 11, 13, 16 und 18 bis 32 gelten, sofern

a) durch solche Vereinbarungen voraussichtlich ein Gerichtsverfahren wegen Nichterfüllung der Zahlungsverpflichtungen vermieden werden kann und

b) der Verbraucher dadurch im Vergleich zum ursprünglichen Kreditvertrag nicht schlechter gestellt wird.

Fällt der Kreditvertrag jedoch unter Absatz 3, so gelten nur die Bestimmungen jenes Absatzes.

Artikel 3 Begriffsbestimmungen

Für die Zwecke dieser Richtlinie bezeichnet der Ausdruck

a) „Verbraucher“ eine natürliche Person, die bei den von dieser Richtlinie erfassten Geschäften zu einem Zweck handelt, der nicht ihrer beruflichen oder gewerblichen Tätigkeit zugerechnet werden kann;

b) „Kreditgeber“ eine natürliche oder juristische Person, die in Ausübung ihrer gewerblichen oder beruflichen Tätigkeit einen Kredit gewährt oder zu gewähren verspricht;

c) „Kreditvertrag“ einen Vertrag, bei dem ein Kreditgeber einem Verbraucher einen Kredit in Form eines Zahlungsaufschubs, eines Darlehens oder einer sonstigen ähnlichen Finanzierungshilfe gewährt oder zu gewähren verspricht; ausgenommen sind Verträge über die wiederkehrende Erbringung von Dienstleistungen oder über die Lieferung von Waren gleicher Art, bei denen der Verbraucher für die Dauer der Erbringung oder Lieferung Teilzahlungen für diese Dienstleistungen oder Waren leistet;

d) „Überziehungsmöglichkeit“ einen ausdrücklichen Kreditvertrag, bei dem der Kreditgeber dem Verbraucher Beträge zur Verfügung stellt, die das aktuelle Guthaben auf dem laufenden Konto des Verbrauchers überschreiten;

e) „Überschreitung“ eine stillschweigend akzeptierte Überziehung, bei der der Kreditgeber dem Verbraucher Beträge zur Verfügung stellt, die das aktuelle Guthaben auf dem laufenden Konto des Verbrauchers oder die vereinbarte Überziehungsmöglichkeit überschreiten;

f) „Kreditvermittler“ eine natürliche oder juristische Person, die nicht als Kreditgeber handelt und die in Ausübung ihrer gewerblichen oder beruflichen Tätigkeit gegen ein Entgelt, das aus einer Geldzahlung oder einem sonstigen vereinbarten wirtschaftlichen Vorteil bestehen kann,

   i) Verbrauchern Kreditverträge vorstellt oder anbietet,

   ii) Verbrauchern bei anderen als den in Ziffer i genannten Vorarbeiten zum Abschluss von Kreditverträgen behilflich ist oder

   iii) für den Kreditgeber Kreditverträge mit den Verbrauchern abschließt;

g) „Gesamtkosten des Kredits für den Verbraucher“ sämtliche Kosten, einschließlich der Zinsen, Provisionen, Steuern und Kosten jeder Art – ausgenommen Notargebühren –, die der Verbraucher im Zusammenhang mit dem Kreditvertrag zu zahlen hat und die dem Kreditgeber bekannt sind; Kosten für Nebenleistungen im Zusammenhang mit dem Kreditvertrag, insbesondere Versicherungsprämien, sind ebenfalls enthalten, wenn der Abschluss des Vertrags über diese Nebenleistung eine zusätzliche zwingende Voraussetzung dafür ist, dass der Kredit überhaupt oder nach den vorgesehenen Vertragsbedingungen gewährt wird;

h) „vom Verbraucher zu zahlender Gesamtbetrag“ die Summe des Gesamtkreditbetrags und der Gesamtkosten des Kredits für den Verbraucher;

i) „effektiver Jahreszins“ die Gesamtkosten des Kredits für den Verbraucher, die als jährlicher Prozentsatz des Gesamtkreditbetrags ausgedrückt sind, soweit zutreffend einschließlich der Kosten gemäß Artikel 19 Absatz 2;

j) „Sollzinssatz“ den als festen oder variablen periodischen Prozentsatz ausgedrückten Zinssatz, der auf jährlicher Basis auf die in Anspruch genommenen Kredit-Auszahlungsbeträge angewandt wird;

k) „fester Sollzinssatz“ wenn der Kreditgeber und der Verbraucher im Kreditvertrag einen einzigen Sollzinssatz für die gesamte Laufzeit des Kreditvertrags oder mehrere Sollzinssätze für verschiedene Teilzeiträume der Gesamtlaufzeit vereinbaren, wobei ausschließlich ein bestimmter fester Prozentsatz zugrunde gelegt wird. Sind in dem Kreditvertrag nicht alle Sollzinssätze festgelegt, so gilt der Sollzinssatz nur für diejenigen Teilzeiträume der Gesamtlaufzeit als vereinbart, für die die Sollzinssätze ausschließlich durch einen bei Abschluss des Kreditvertrags vereinbarten bestimmten festen Prozentsatz festgelegt wurden;

l) „Gesamtkreditbetrag" die Obergrenze oder die Summe aller Beträge, die aufgrund eines Kreditvertrags zur Verfügung gestellt werden;

m) „dauerhafter Datenträger" jedes Medium, das es dem Verbraucher gestattet, an ihn persönlich gerichtete Informationen derart zu speichern, dass er sie in der Folge für eine den Zwecken der Informationen angemessene Dauer einsehen kann, und das die unveränderte Wiedergabe der gespeicherten Informationen ermöglicht;

n) „verbundener Kreditvertrag" einen Kreditvertrag, bei dem

   i) der betreffende Kredit ausschließlich der Finanzierung eines Vertrags über Lieferung bestimmter Waren oder die Erbringung einer bestimmten Dienstleistung dient und

   ii) diese beiden Verträge objektiv betrachtet eine wirtschaftliche Einheit bilden; von einer wirtschaftlichen Einheit ist auszugehen, wenn der Warenlieferant oder der Dienstleistungserbringer den Kredit zugunsten des Verbrauchers finanziert oder wenn sich der Kreditgeber im Falle der Finanzierung durch einen Dritten bei der Vorbereitung oder dem Abschluss des Kreditvertrags der Mitwirkung des Warenlieferanten oder des Dienstleistungserbringers bedient oder wenn im Kreditvertrag ausdrücklich die spezifischen Waren oder die Erbringung einer spezifischen Dienstleistung angegeben sind.

KAPITEL II

INFORMATIONSPFLICHTEN UND VORVERTRAGLICHE PFLICHTEN

Artikel 4 Standardinformationen, die in die Werbung aufzunehmen sind

(1) Werden in der Werbung für Kreditverträge Zinssätze oder sonstige, auf die Kosten eines Kredits für den Verbraucher bezogene Zahlen genannt, so muss die Werbung die in diesem Artikel angegebenen Standardinformationen enthalten.

Diese Verpflichtung gilt nicht, wenn innerstaatliche Vorschriften verlangen, dass bei der Werbung für Kreditverträge, die keine Angaben über den Zinssatz oder Zahlenangaben über dem Verbraucher entstehende Kosten des Kredits im Sinne von Unterabsatz 1 enthält, der effektive Jahreszins anzugeben ist.

(2) Die Standardinformationen nennen folgende Elemente in klarer, prägnanter und auffallender Art und Weise anhand eines repräsentativen Beispiels:

a) fester oder variabler Sollzinssatz oder fester und variabler Sollzinssatz, zusammen mit Einzelheiten aller für den Verbraucher anfallenden, in die Gesamtkreditkosten einbezogenen Kosten;

b) Gesamtkreditbetrag;

c) effektiver Jahreszins; die Mitgliedstaaten können vorsehen, dass bei Kreditverträgen im Sinne des Artikels 2 Absatz 3 kein effektiver Jahreszins angegeben werden muss;

d) falls zutreffend, Laufzeit des Kreditvertrags;

e) im Falle eines Kredits in Form eines Zahlungsaufschubs für eine bestimmte Ware oder Dienstleistung, Barzahlungspreis und Betrag etwaiger Anzahlungen und

f) gegebenenfalls vom Verbraucher zu zahlender Gesamtbetrag sowie der Betrag der Teilzahlungen.

(3) Ist der Abschluss eines Vertrags über die Inanspruchnahme einer Nebenleistung, insbesondere eines Versicherungsvertrags, im Zusammenhang mit dem Kreditvertrag zwingende Voraussetzung dafür, dass der Kredit überhaupt oder nach den vorgesehenen Vertragsbedingungen gewährt wird, und können die Kosten der Nebenleistung nicht im Voraus bestimmt werden, so ist auf die Verpflichtung zum Abschluss jenes Vertrags ebenfalls in klarer, prägnanter Form an optisch hervorgehobener Stelle zusammen mit dem effektiven Jahreszinssatz hinzuweisen.

(4) Dieser Artikel gilt unbeschadet der Richtlinie 2005/29/EG.

Artikel 5 Vorvertragliche Informationen

(1) Rechtzeitig bevor der Verbraucher durch einen Kreditvertrag oder ein Angebot gebunden ist, gibt der Kreditgeber und gegebenenfalls der Kreditvermittler dem Verbraucher auf der Grundlage der vom Kreditgeber angebotenen Kreditbedingungen und gegebenenfalls der vom Verbraucher geäußerten Präferenzen und vorgelegten Auskünfte die Information, die der Verbraucher benötigt, um verschiedene Angebote zu vergleichen und eine fundierte Entscheidung darüber zu treffen, ob er einen Kreditvertrag schließen will. Diese Informationen werden auf Papier oder einem anderen dauerhaften Datenträger mittels des Formulars „Europäische Standardinformationen für Verbraucherkredite“ in Anhang II mitgeteilt. Die Informationspflichten des Kreditgebers nach diesem Absatz und nach Artikel 3 Absätze 1 und 2 der Richtlinie 2002/65/EG gelten als erfüllt, wenn er das Formular „Europäische Standardinformationen für Verbraucherkredite“ vorgelegt hat.

Diese Informationen müssen Folgendes erläutern:

a) die Art des Kredits;

b) die Identität und die Anschrift des Kreditgebers sowie gegebenenfalls die Identität und die Anschrift des beteiligten Kreditvermittlers;

c) den Gesamtkreditbetrag und die Bedingungen für die Inanspruchnahme;

d) die Laufzeit des Kreditvertrags;

e) bei Krediten in Form eines Zahlungsaufschubs für eine bestimmte Ware oder Dienstleistung und bei verbundenen Kreditverträgen die Ware oder die Dienstleistung und den Barzahlungspreis;

f) den Sollzinssatz, die Bedingungen für die Anwendung des Sollzinssatzes und, soweit vorhanden, Indizes oder Referenzzinssätze, die auf den anfänglichen Sollzinssatz Anwendung finden, ferner die Zeiträume, Bedingungen und die Art und Weise der Anpassung des Sollzinssatzes. Gelten unter bestimmten Umständen unterschiedliche Sollzinssätze, so sind die oben genannten Informationen für alle anzuwendenden Sollzinssätze zu erteilen;

g) den effektiven Jahreszins und den vom Verbraucher zu zahlenden Gesamtbetrag, erläutert durch ein repräsentatives Beispiel unter Angabe sämtlicher in die Berechnung des Jahreszinses einfließenden Annahmen; hat der Verbraucher dem Kreditgeber seine Wünsche in Bezug auf eines oder mehrere Elemente seines Kredits mitgeteilt, beispielsweise in Bezug auf die Laufzeit des Kreditvertrags oder den Gesamtkreditbetrag, so muss der Kreditgeber diese Elemente berücksichtigen; sofern ein Kreditvertrag unterschiedliche Verfahren der Inanspruchnahme mit jeweils unterschiedlichen Entgelten oder Sollzinssätzen vorsieht, und der Kreditgeber die Vermutung nach Anhang I Teil II Buchstabe b trifft, so weist er darauf hin, dass andere Mechanismen der Inanspruchnahme bei der Art des Kreditvertrags zu einem höheren effektiven Jahreszins führen können;

h) den Betrag, die Anzahl und die Periodizität der vom Verbraucher zu leistenden Zahlungen und gegebenenfalls die Reihenfolge, in der die Zahlungen auf verschiedene ausstehende Restbeträge, für die unterschiedliche Sollzinssätze gelten, zum Zwecke der Rückzahlung angerechnet werden;

i) gegebenenfalls die Entgelte für die Führung eines oder mehrerer Konten für die Buchung der Zahlungsvorgänge und der in Anspruch genommenen Kreditbeträge, es sei denn, die Eröffnung eines entsprechenden Kontos ist fakultativ, zusammen mit den Entgelten für die Verwendung eines Zahlungsmittels, mit dem sowohl Zahlungsvorgänge als auch Abhebungen getätigt werden können, sonstige Entgelte aufgrund des Kreditvertrags und die Bedingungen, unter denen diese Entgelte geändert werden können;

j) falls zutreffend, den Hinweis auf vom Verbraucher bei Abschluss des Kreditvertrags zu zahlende Notargebühren;

k) gegebenenfalls die Verpflichtung, einen mit dem Kreditvertrag zusammenhängenden Vertrag, insbesondere über eine Versicherung, abzuschließen, wenn der Abschluss eines solchen Vertrags Voraussetzung dafür ist, dass der Kredit überhaupt oder nach den vorgesehenen Vertragsbedingungen gewährt wird;

l) den anwendbaren Satz der Verzugszinsen und die Art und Weise seiner etwaigen Anpassung sowie gegebenenfalls anfallende Verzugskosten;

m) einen Warnhinweis zu den Folgen ausbleibender Zahlungen;

n) die gegebenenfalls verlangten Sicherheiten;

o) das Bestehen oder Nichtbestehen eines Widerrufsrechts;

p) das Recht auf vorzeitige Rückzahlung und gegebenenfalls die Informationen zum Anspruch des Kreditgebers auf Entschädigung sowie zur Art der Berechnung dieser Entschädigung gemäß Artikel 16;

q) das Recht des Verbrauchers auf unverzügliche und unentgeltliche Unterrichtung gemäß Artikel 9 Absatz 2 über das Ergebnis einer Datenbankabfrage zur Beurteilung der Kreditwürdigkeit;

r) das Recht des Verbrauchers, auf Verlangen unentgeltlich eine Kopie des Kreditvertragsentwurfs zu erhalten. Diese Bestimmung gilt nicht, wenn der Kreditgeber zum Zeitpunkt der Beantragung nicht zum Abschluss eines Kreditvertrags mit dem Verbraucher bereit ist und

s) gegebenenfalls den Zeitraum, während dessen der Kreditgeber an die vorvertraglichen Informationen gebunden ist.

Wird in dem Kreditvertrag auf einen Referenzwert im Sinne des Artikels 3 Absatz 1 Nummer 3 der Verordnung (EU) 2016/1011 des Europäischen Parlaments und des Rates[1)] Bezug genommen, teilt der Kreditgeber oder gegebenenfalls der Kreditvermittler dem Verbraucher in einem eigenen Dokument, das dem Formular „Europäische Standardinformationen für Verbraucherkredite" beigefügt wer-

---

1) Amtliche Fußnote: Verordnung (EU) 2016/1011 des Europäischen Parlaments und des Rates vom 8. Juni 2016 über Indizes, die bei Finanzinstrumenten und Finanzkontrakten als Referenzwert oder zur Messung der Wertentwicklung eines Investmentfonds verwendet werden, und zur Änderung der Richtlinien 2008/48/EG und 2014/17/EU sowie der Verordnung (EU) Nr. 596/2014 (ABl. L 171 vom 29. 6. 2016, S. 1).

den kann, den Namen des Referenzwerts und seines Administrators sowie dessen mögliche Auswirkungen auf den Verbraucher mit.

Etwaige zusätzliche Informationen des Kreditgebers für den Verbraucher sind in einem gesonderten Dokument zu erteilen, das dem betreffenden Formular „Europäische Standardinformationen für Verbraucherkredite" beigefügt werden kann.

(2) Bei fernmündlicher Kommunikation im Sinne von Artikel 3 Absatz 3 der Richtlinie 2002/65/EG muss die nach Artikel 3 Absatz 3 Buchstabe b zweiter Gedankenstrich der genannten Richtlinie zu liefernde Beschreibung der Hauptmerkmale der Finanzdienstleistung jedoch zumindest die in Absatz 1 Buchstaben c, d, e, f und h des vorliegenden Artikels vorgesehenen Angaben und den anhand eines repräsentativen Beispiels erläuterten effektiven Jahreszins sowie den vom Verbraucher zu zahlenden Gesamtbetrag enthalten.

(3) Wurde der Vertrag auf Ersuchen des Verbrauchers mittels eines Fernkommunikationsmittels geschlossen, das die Erteilung der Informationen gemäß Absatz 1 nicht gestattet, insbesondere in dem in Absatz 2 genannten Fall, teilt der Kreditgeber dem Verbraucher unverzüglich nach Abschluss des Kreditvertrags die vollständigen vorvertraglichen Informationen mittels des Formulars für Europäische Standardinformationen für Verbraucherkredite mit.

(4) Auf Verlangen erhält der Verbraucher zusätzlich zu dem Formular „Europäische Standardinformationen für Verbraucherkredite" unentgeltlich eine Kopie des Kreditvertragsentwurfs. Diese Bestimmung gilt nicht, wenn der Kreditgeber zum Zeitpunkt der Beantragung nicht zum Abschluss eines Kreditvertrags mit dem Verbraucher bereit ist.

(5) Dienen bei einem Kreditvertrag vom Verbraucher geleistete Zahlungen nicht der unmittelbaren Tilgung seiner Schuld im Verhältnis zum Gesamtkreditbetrag, sondern der Bildung von Kapital innerhalb der Zeiträume und zu den Bedingungen, die im Kreditvertrag oder in einem Zusatzvertrag zum Kreditvertrag vorgesehen sind, so muss aus den nach Absatz 1 bereitgestellten vorvertraglichen Informationen klar und prägnant hervorgehen, dass der Kreditvertrag oder der Zusatzvertrag keine Garantie für die Rückzahlung des aufgrund des Kreditvertrags in Anspruch genommenen Gesamtbetrags vorsieht, es sei denn, eine solche Garantie wird gegeben.

(6) Die Mitgliedstaaten stellen sicher, dass Kreditgeber und gegebenenfalls Kreditvermittler dem Verbraucher angemessene Erläuterungen geben, gegebenenfalls durch Erläuterung der vorvertraglichen Informationen gemäß Absatz 1, der Hauptmerkmale der angebotenen Produkte und der möglichen spezifischen Auswirkungen der Produkte auf den Verbraucher, einschließlich der Konsequenzen bei Zahlungsverzug des Verbrauchers, damit der Verbraucher in die Lage versetzt wird, zu beurteilen, ob der Vertrag seinen Bedürfnissen und seiner finanziellen Situation gerecht wird. Die Mitgliedstaaten können die Art und Weise dieser Unterstützung sowie deren Umfang und die Frage, durch wen sie zu geben ist, den besonderen Umständen der Situation, in der der Kreditvertrag angeboten wird, der Person, der er angeboten wird, und der Art des angebotenen Kredits anpassen.

Artikel 6 Vorvertragliche Informationspflichten bei bestimmen Kreditverträgen in Form von Überziehungsmöglichkeiten und bei bestimmten, speziellen Kreditverträgen

(1) Rechtzeitig bevor der Verbraucher durch einen Kreditvertrag oder ein Angebot für einen Kreditvertrag im Sinne von Artikel 2 Absätze 3, 5 oder 6 gebun-

den ist, erteilt der Kreditgeber und gegebenenfalls der Kreditvermittler dem Verbraucher auf der Grundlage der vom Kreditgeber angebotenen Kreditbedingungen und gegebenenfalls der vom Verbraucher geäußerten Präferenzen und vorgelegten Auskünfte die Informationen, die der Verbraucher benötigt, um verschiedene Angebote zu vergleichen und eine fundierte Entscheidung darüber zu treffen, ob er einen Kreditvertrag schließen will.

Diese Informationen müssen folgende Angaben enthalten:

a) die Art des Kredits;

b) die Identität und die Anschrift des Kreditgebers sowie gegebenenfalls die Identität und die Anschrift des beteiligten Kreditvermittlers;

c) den Gesamtkreditbetrag;

d) die Laufzeit des Kreditvertrags;

e) den Sollzinssatz, die Bedingungen für die Anwendung des Sollzinssatzes sowie Indizes oder Referenzzinssätze, die auf den anfänglichen Sollzinssatz Anwendung finden; die vom Zeitpunkt des Vertragsabschlusses des Kreditvertrags an zu zahlenden Entgelte und gegebenenfalls die Bedingungen, unter denen diese Entgelte geändert werden können;

f) den effektiven Jahreszins, erläutert anhand repräsentativer Beispiele unter Angabe sämtlicher in die Berechnung des Jahreszinses einfließenden Annahmen;

g) die Bedingungen und das Verfahren zur Beendigung des Kreditvertrags;

h) bei Kreditverträgen nach Artikel 2 Absatz 3 gegebenenfalls den Hinweis, dass der Verbraucher jederzeit zur Rückzahlung des gesamten Kreditbetrags aufgefordert werden kann;

i) den Zinssatz, der im Verzugsfall Anwendung findet, und die Art und Weise seiner etwaigen Anpassung sowie gegebenenfalls anfallende Verzugskosten;

j) das Recht des Verbrauchers auf unverzügliche und unentgeltliche Unterrichtung gemäß Artikel 9 Absatz 2 über das Ergebnis einer Datenbankabfrage zur Beurteilung der Kreditwürdigkeit;

k) bei Kreditverträgen nach Artikel 2 Absatz 3 Angaben zu den ab Abschluss des Kreditvertrags einschlägigen Kosten und, sofern zutreffend die Bedingungen, nach denen diese Kosten geändert werden können;

l) gegebenenfalls den Zeitraum, während dessen der Kreditgeber an die vorvertraglichen Informationen gebunden ist.

Diese Informationen werden auf Papier oder einem anderen dauerhaften Datenträger mitgeteilt und alle in gleicher Weise optisch hervorgehoben. Dies kann mittels des Formulars „Europäische Standardinformationen für Verbraucherkredite“ in Anhang III geschehen. Die Informationspflichten des Kreditgebers nach dem vorliegenden Absatz und nach Artikel 3 Absätze 1 und 2 der Richtlinie 2002/65/EG gelten als erfüllt, wenn er das Formular „Europäische Standardinformationen für Verbraucherkredite“ vorgelegt hat.

(2) Die Mitgliedstaaten können vorsehen, dass bei Kreditverträgen im Sinne des Artikels 2 Absatz 3 kein effektiver Jahreszins angegeben werden muss.

(3) Bei Kreditverträgen im Sinne des Artikels 2 Absätze 5 und 6 ist der Verbraucher gemäß Absatz 1 des vorliegenden Artikels auch über Folgendes zu informieren:

a) den Betrag, die Anzahl und die Periodizität der vom Verbraucher zu leistenden Zahlungen und gegebenenfalls die Reihenfolge, in der die Zahlungen auf verschiedene ausstehende Restbeträge, für die unterschiedliche Sollzinssätze gelten, zum Zwecke der Rückzahlung angerechnet werden, und

b) das Recht auf vorzeitige Rückzahlung und gegebenenfalls die Informationen zum Anspruch des Kreditgebers auf Entschädigung sowie zur Art der Festlegung dieser Entschädigung.

Fällt der Kreditvertrag jedoch unter Artikel 2 Absatz 3, so gelten nur die in Absatz 1 des vorliegenden Artikels genannten Bestimmungen.

(4) Bei fernmündlicher Kommunikation oder falls der Verbraucher verlangt, dass die Überziehungsmöglichkeit sofort zur Verfügung steht, muss die Beschreibung der Hauptmerkmale der Finanzdienstleistung zumindest die in Absatz 1 Buchstaben c, e, f und h vorgesehenen Angaben enthalten. Im Falle von Kreditverträgen im Sinne von Absatz 3 muss die Beschreibung der Hauptmerkmale außerdem eine Bestimmung der Laufzeit des Kreditvertrags enthalten.

(5) Ungeachtet der Ausnahmeregelung des Artikels 2 Absatz 2 Buchstabe e sehen die Mitgliedstaaten für Kreditverträge in Form einer Überziehungsmöglichkeit, bei denen der Kredit innerhalb eines Monats zurückzuzahlen ist, zumindest die Anforderungen des Absatzes 4 Satz 1 des vorliegenden Artikels vor.

(6) Auf Verlangen erhält der Verbraucher zusätzlich zu den in den Absätzen 1 bis 4 genannten Informationen unentgeltlich eine Kopie des Kreditvertragsentwurfs mit den vertraglichen Informationen gemäß Artikel 10, sofern dieser Anwendung findet. Diese Bestimmung gilt nicht, wenn der Kreditgeber zum Zeitpunkt der Beantragung nicht zum Abschluss eines Kreditvertrags mit dem Verbraucher bereit ist.

(7) In dem Fall, dass der Vertrag auf Ersuchen des Verbrauchers mittels eines Fernkommunikationsmittels geschlossen wurde, das die Erteilung der Informationen gemäß den Absätzen 1 und 3, einschließlich der in Absatz 4 genannten Fälle, nicht gestattet, kommt der Kreditgeber unverzüglich nach Abschluss des Kreditvertrags seinen Verpflichtungen gemäß den Absätzen 1 und 3 nach, indem er dem Verbraucher die vertraglichen Informationen gemäß Artikel 10, sofern dieser Anwendung findet, vorlegt.

Artikel 7 Ausnahmen von den vorvertraglichen Informationspflichten

Die Artikel 5 und 6 gelten nicht für Warenlieferanten oder Dienstleistungserbringer, die nur in untergeordneter Funktion als Kreditvermittler beteiligt sind. Die Verpflichtung des Kreditgebers, dem Verbraucher die in diesen Artikeln genannten vorvertraglichen Informationen mitzuteilen, wird hiervon nicht berührt.

Artikel 8 Verpflichtung zur Bewertung der Kreditwürdigkeit des Verbrauchers

(1) Die Mitgliedstaaten stellen sicher, dass vor Abschluss des Kreditvertrages der Kreditgeber die Kreditwürdigkeit des Verbrauchers anhand ausreichender Informationen bewertet, die er gegebenenfalls beim Verbraucher einholt und erforderlichenfalls anhand von Auskünften aus der in Frage kommenden Datenbank. Diejenigen Mitgliedstaaten, die die Kreditgeber gesetzlich dazu verpflichten, die Kreditwürdigkeit aufgrund der Abfrage einer entsprechenden Datenbank zu beurteilen, können diese Anforderung beibehalten.

(2) Die Mitgliedstaaten stellen sicher, dass, sofern die Parteien übereinkommen, den Gesamtkreditbetrag nach Abschluss des Kreditvertrages zu ändern, der Kreditgeber die ihm zur Verfügung stehenden Finanzinformationen über den Verbraucher auf den neuen Stand bringt und die Kreditwürdigkeit des Verbrauchers vor jeder deutlichen Erhöhung des Gesamtkreditbetrags bewertet.

KAPITEL III
ZUGANG ZU DATENBANKEN

Artikel 9 Zugang zu Datenbanken

(1) Jeder Mitgliedstaat stellt bei grenzüberschreitenden Krediten sicher, dass Kreditgeber aus anderen Mitgliedstaaten Zugang zu den in seinem Hoheitsgebiet zur Bewertung der Kreditwürdigkeit des Verbrauchers verwendeten Datenbanken haben. Der Zugang ist ohne Diskriminierung zu gewähren.

(2) Wird ein Kreditantrag aufgrund einer Datenbankabfrage abgelehnt, so unterrichtet der Kreditgeber den Verbraucher unverzüglich und unentgeltlich über das Ergebnis dieser Abfrage und über die Angaben der betreffenden Datenbank.

(3) Die Unterrichtung erfolgt, es sei denn, sie ist nach anderen gemeinschaftsrechtlichen Vorschriften nicht zulässig oder läuft Zielen der öffentlichen Ordnung oder der öffentlichen Sicherheit zuwider.

(4) Dieser Artikel gilt unbeschadet der Richtlinie 95/46/EG des Europäischen Parlaments und des Rates vom 24. Oktober 1995 zum Schutz natürlicher Personen bei der Verarbeitung personenbezogener Daten und zum freien Datenverkehr[1)].

KAPITEL IV
INFORMATION UND RECHTE AUS KREDITVERTRÄGEN

Artikel 10 Zwingende Angaben in Kreditverträgen

(1) Kreditverträge werden auf Papier oder auf einem anderen dauerhaften Datenträger erstellt.

Alle Vertragsparteien erhalten eine Ausfertigung des Kreditvertrags. Innerstaatliche Vorschriften über die Gültigkeit des Abschlusses von Kreditverträgen, die mit dem Gemeinschaftsrecht in Einklang stehen, bleiben unberührt.

(2) Im Kreditvertrag ist in klarer, prägnanter Form Folgendes anzugeben:

a) die Art des Kredits;

b) die Identität und Anschriften der Vertragsparteien sowie gegebenenfalls die Identität und die Anschrift des beteiligten Kreditvermittlers;

c) die Laufzeit des Kreditvertrags;

d) der Gesamtkreditbetrag und die Bedingungen für die Inanspruchnahme;

e) bei Krediten in Form eines Zahlungsaufschubs für eine bestimmte Ware oder Dienstleistung oder bei verbundenen Kreditverträgen die Ware oder die Dienstleistung und der Barzahlungspreis;

f) der Sollzinssatz, die Bedingungen für die Anwendung des Sollzinssatzes und, soweit vorhanden, Indizes oder Referenzzinssätze, die sich auf den anfänglichen Sollzinssatz beziehen, ferner die Zeiträume, Bedingungen und die Art und Weise der Anpassung des Sollzinssatzes; gelten unter verschiedenen Umständen unterschiedliche Sollzinssätze, so sind die genannten Informationen für alle anzuwendenden Sollzinssätze zu erteilen;

---

1) Amtliche Fußnote: ABl. L 281 vom 23. 11. 1995, S. 31. Geändert durch die Verordnung (EG) Nr. 1882/2003 (ABl. L 284 vom 31. 10. 2003, S. 1).

g) der effektive Jahreszins und der vom Verbraucher zu zahlender Gesamtbetrag, berechnet zum Zeitpunkt des Abschlusses des Kreditvertrages; anzugeben sind alle in die Berechnung dieses Zinses einfließenden Annahmen;

h) der Betrag, die Anzahl und die Periodizität der vom Verbraucher zu leistenden Zahlungen und gegebenenfalls die Reihenfolge, in der die Zahlungen auf verschiedene ausstehende Restbeträge, für die unterschiedliche Sollzinssätze gelten, zum Zwecke der Rückzahlung angerechnet werden;

i) im Falle der Darlehenstilgung bei einem Kreditvertrag mit fester Laufzeit das Recht des Verbrauchers auf Antrag kostenlos und zu jedem beliebigen Zeitpunkt während der Gesamtlaufzeit des Kreditvertrags eine Aufstellung in Form eines Tilgungsplans zu erhalten.

Aus dem Tilgungsplan geht hervor, welche Zahlungen in welchen Zeitabständen zu leisten sind und welche Bedingungen für diese Zahlungen gelten; in dem Plan sind die einzelnen periodischen Rückzahlungen nach der Darlehenstilgung, den nach dem Sollzinssatz berechneten Zinsen und gegebenenfalls allen zusätzlichen Kosten aufzuschlüsseln; im Falle eines Kreditvertrags, bei dem kein fester Zinssatz vereinbart wurde oder die zusätzlichen Kosten geändert werden können, ist in dem Tilgungsplan in klarer und prägnanter Form anzugeben, dass die Daten im Tilgungsplan nur bis zur nächsten Änderung des Sollzinssatzes oder der zusätzlichen Kosten gemäß dem Kreditvertrag Gültigkeit haben;

j) ist die Zahlung von Entgelten und Zinsen ohne Kapitaltilgung vorgesehen, so ist eine Aufstellung der Zeiträume und Bedingungen für die Zahlung der Sollzinsen und der damit verbundenen wiederkehrenden und nicht wiederkehrenden Entgelte zu erstellen;

k) gegebenenfalls die Entgelte für die Führung eines oder mehrerer Konten für die Buchung der Zahlungsvorgänge und der in Anspruch genommenen Kreditbeträge, es sei denn, die Eröffnung eines Kontos ist fakultativ, zusammen mit den Entgelten für die Verwendung eines Zahlungsmittels, mit dem sowohl Zahlungsvorgänge als auch Abhebungen getätigt werden können, sonstige Entgelte aufgrund des Kreditvertrags und die Bedingungen, unter denen diese Entgelte geändert werden können;

l) der Satz der Verzugszinsen gemäß der zum Zeitpunkt des Abschlusses des Kreditvertrags geltenden Regelung und die Art und Weise seiner etwaigen Anpassung sowie gegebenenfalls anfallende Verzugskosten;

m) einen Warnhinweis zu den Folgen ausbleibender Zahlungen;

n) soweit zutreffend, ein Hinweis, dass Notargebühren anfallen;

o) gegebenenfalls die verlangten Sicherheiten und Versicherungen;

p) das Bestehen oder Nichtbestehen eines Widerrufsrechts sowie die Frist und die anderen Modalitäten für die Ausübung des Widerrufsrechts, einschließlich der Angaben zu der Verpflichtung des Verbrauchers, das in Anspruch genommene Kapital zurückzuzahlen, den Zinsen gemäß Artikel 14 Absatz 3 Buchstabe b und der Höhe der Zinsen pro Tag;

q) Informationen über die aus Artikel 15 erwachsenden Rechte und über die Bedingungen für die Ausübung dieser Rechte;

r) das Recht auf vorzeitige Rückzahlung, das Verfahren bei vorzeitiger Rückzahlung und gegebenenfalls Informationen zum Anspruch des Kreditgebers auf Entschädigung sowie zur Art der Berechnung dieser Entschädigung;

s) die einzuhaltenden Modalitäten bei der Ausübung des Rechts auf Kündigung des Kreditvertrags;

t) die Angabe, ob der Verbraucher Zugang zu einem außergerichtlichen Beschwerde- und Rechtsbehelfsverfahren hat, und gegebenenfalls die Voraussetzungen für diesen Zugang;
u) gegebenenfalls weitere Vertragsbedingungen;
v) gegebenenfalls der Name und die Anschrift der zuständigen Aufsichtsbehörde.

(3) Sofern Absatz 2 Buchstabe i Anwendung findet, stellt der Kreditgeber dem Verbraucher kostenlos und zu jedem beliebigen Zeitpunkt während der Gesamtlaufzeit des Kreditvertrages eine Aufstellung in Form eines Tilgungsplans zur Verfügung.

(4) Dienen bei einem Kreditvertrag vom Verbraucher geleistete Zahlungen nicht der unmittelbaren Tilgung seiner Schuld im Verhältnis zum Gesamtkreditbetrag, sondern der Bildung von Kapital innerhalb der Zeiträume und zu den Bedingungen, die im Kreditvertrag oder in einem Zusatzvertrag zum Kreditvertrag vorgesehen sind, so muss aus den nach Absatz 2 bereitgestellten Informationen klar und prägnant hervorgehen, dass der Kreditvertrag oder der Zusatzvertrag keine Garantie für die Rückzahlung des aufgrund des Kreditvertrags in Anspruch genommenen Gesamtkreditbetrags vorsieht, es sei denn, eine solche Garantie wird gegeben.

(5) Bei Kreditverträgen in Form von Überziehungsmöglichkeiten nach Artikel 2 Absatz 3 ist in klarer, prägnanter Form Folgendes anzugeben:
a) die Art des Kredits;
b) die Identität und Anschriften der Vertragsparteien sowie gegebenenfalls die Identität und die Anschrift des beteiligten Kreditvermittlers;
c) die Laufzeit des Kreditvertrags;
d) der Gesamtbetrag des Kredits und die Bedingungen für die Inanspruchnahme;
e) der Sollzinssatz, die Bedingungen für die Anwendung des Sollzinssatzes und, soweit vorhanden, Indizes oder Referenzzinssätze, die sich auf den anfänglichen Sollzinssatz beziehen, ferner die Zeiträume, Bedingungen und die Art und Weise der Anpassung des Sollzinssatzes und sofern unter verschiedenen Umständen unterschiedliche Sollzinssätze gelten, so sind die genannten Informationen für alle anzuwendenden Sollzinssätze zu erteilen;
f) der effektive Jahreszins und die Gesamtkosten des Kredites für den Verbraucher, berechnet zum Zeitpunkt des Abschlusses des Kreditvertrags; anzugeben sind alle in die Berechnung dieses Zinses einfließenden Annahmen gemäß Artikel 19 Absatz 2 in Verbindung mit Artikel 3 Buchstaben g und i. Die Mitgliedstaaten können vorsehen, dass bei Kreditverträgen im Sinne des Artikels 2 Absatz 3 der effektive Jahreszins nicht angegeben werden muss;
g) der Hinweis, dass der Verbraucher jederzeit zur Rückzahlung des gesamten Kreditbetrags aufgefordert werden kann;
h) die einzuhaltenden Modalitäten bei der Ausübung des Rechts auf Kündigung des Kreditvertrags und
i) Angaben über die vom Zeitpunkt des Vertragsabschlusses des Kreditvertrags an einschlägigen Entgelte und soweit zutreffend die Bedingungen, unter denen diese Entgelte geändert werden können.

Artikel 11 Angaben zum Sollzinssatz

(1) Gegebenenfalls ist der Verbraucher über eine Änderung des Sollzinssatzes auf Papier oder einem anderen dauerhaften Datenträger zu informieren, bevor

die Änderung wirksam wird. Dabei ist der Betrag der nach dem Wirksamwerden des neuen Sollzinssatzes zu leistenden Zahlungen anzugeben; ändern sich die Anzahl oder die Periodizität der zu leistenden Zahlungen, so sind auch hierzu Einzelheiten anzugeben.

(2) Die Vertragsparteien können jedoch in dem Kreditvertrag vereinbaren, dass die Information nach Absatz 1 dem Verbraucher in regelmäßigen Abständen erteilt wird, wenn die Änderung des Sollzinssatzes auf eine Änderung eines Referenzzinssatzes zurückgeht, der neue Referenzzinssatz auf geeigneten Wegen öffentlich zugänglich gemacht wird und die Information über den neuen Referenzzinssatz außerdem in den Geschäftsräumen des Kreditgebers eingesehen werden kann.

Artikel 12 Verpflichtungen bei Kreditverträgen in Form einer Überziehungsmöglichkeit

(1) Wird einem Verbraucher ein Kredit in Form einer Überziehungsmöglichkeit eingeräumt, so wird er regelmäßig mittels eines Kontoauszugs auf Papier oder einem anderen dauerhaften Datenträger informiert, der folgende Einzelheiten enthält:

a) den genauen Zeitraum, auf den sich der Kontoauszug bezieht;

b) die in Anspruch genommenen Beträge und das Datum der Inanspruchnahme;

c) den Saldo sowie das Datum des letzten Kontoauszugs;

d) den neuen Saldo;

e) das jeweilige Datum und den jeweiligen Betrag der Zahlungen des Verbrauchers;

f) den angewandten Sollzinssatz;

g) etwaige erhobene Entgelte;

h) den gegebenenfalls zu zahlenden Mindestbetrag.

(2) Darüber hinaus ist der Verbraucher auf Papier oder einem anderen dauerhaften Datenträger über Erhöhungen des Sollzinssatzes oder der erhobenen Entgelte zu unterrichten bevor die Änderung wirksam wird.

Die Vertragsparteien können jedoch in dem Kreditvertrag vereinbaren, dass die Information über die Änderung des Sollzinssatzes nach Maßgabe des Absatzes 1 zu erteilen ist, wenn diese Änderung auf eine Änderung eines Referenzzinssatzes zurückgeht, der neue Referenzzinssatz auf geeigneten Wegen öffentlich zugänglich gemacht wird und die Information über den neuen Referenzzinssatz außerdem in den Geschäftsräumen des Kreditgebers eingesehen werden kann.

Artikel 13 Unbefristete Kreditverträge

(1) Der Verbraucher kann einen unbefristeten Kreditvertrag jederzeit unentgeltlich ordentlich kündigen, es sei denn, die Parteien haben eine Kündigungsfrist vereinbart. Die Kündigungsfrist darf einen Monat nicht überschreiten.

Enthält der Kreditvertrag eine entsprechende Vereinbarung, so kann der Kreditgeber einen unbefristeten Kreditvertrag unter Einhaltung einer mindestens zweimonatigen Kündigungsfrist ordentlich kündigen; die Kündigung ist dem Verbraucher auf Papier oder einem anderen dauerhaften Datenträger mitzuteilen.

(2) Enthält der Kreditvertrag eine entsprechende Vereinbarung, so kann der Kreditgeber aus sachlich gerechtfertigten Gründen dem Verbraucher das Recht auf Inanspruchnahme von Kreditbeträgen aufgrund eines unbefristeten Kredit-

vertrags entziehen. Der Kreditgeber hat den Verbraucher über die Entziehung und die Gründe hierfür möglichst vor, spätestens jedoch unverzüglich nach der Entziehung auf Papier oder einem anderen dauerhaften Datenträger zu informieren, es sei denn, eine solche Unterrichtung ist nach anderen Gemeinschaftsvorschriften nicht zulässig oder läuft Zielen der öffentlichen Ordnung oder der öffentlichen Sicherheit zuwider.

Artikel 14 Widerrufsrecht

(1) Der Verbraucher kann innerhalb von vierzehn Kalendertagen ohne Angabe von Gründen den Kreditvertrag widerrufen.

Diese Widerrufsfrist beginnt

a) entweder am Tag des Abschlusses des Kreditvertrags oder

b) an dem Tag, an dem der Verbraucher die Vertragsbedingungen und die Informationen gemäß Artikel 10 erhält, sofern dieser nach dem in Buchstabe a des vorliegenden Unterabsatzes genannten Datum liegt.

(2) Sofern bei verbundenen Kreditverträgen nach der Begriffsbestimmung in Artikel 3 Buchstabe n das bei Inkrafttreten der Richtlinie geltende innerstaatliche Recht bereits vorsieht, dass die Mittel dem Verbraucher nicht vor Ablauf einer speziellen Frist bereitgestellt werden dürfen, können die Mitgliedstaaten ausnahmsweise vorsehen, dass die in Absatz 1 genannte Frist auf ausdrücklichen Wunsch des Verbrauchers auf diese spezielle Frist verkürzt werden kann.

(3) Übt der Verbraucher sein Widerrufsrecht aus, so

a) erklärt er den Widerruf, um diesen vor Ablauf der in Absatz 1 genannten Frist wirksam werden zu lassen, gegenüber dem Kreditgeber entsprechend den Informationen, die der Kreditgeber ihm gemäß Artikel 10 Absatz 2 Buchstabe p gegeben hat, in einer Weise, die einen Nachweis nach Maßgabe des innerstaatlichen Rechts ermöglicht. Die Widerrufsfrist gilt als gewahrt, wenn diese Mitteilung, sofern sie auf Papier oder einem anderen dauerhaften Datenträger erfolgt, der dem Kreditgeber zur Verfügung steht und zu dem er Zugang hat, vor Fristablauf abgesandt wird, und

b) zahlt er dem Kreditgeber unverzüglich, spätestens jedoch binnen 30 Kalendertagen nach Absendung der Widerrufserklärung an den Kreditgeber das Darlehen einschließlich der ab dem Zeitpunkt der Inanspruchnahme des Kredits bis zum Zeitpunkt der Rückzahlung des Darlehens aufgelaufenen Zinsen zurück. Die Zinsen sind auf der Grundlage des vereinbarten Sollzinssatzes zu berechnen. Der Kreditgeber hat im Falle des Widerrufs keinen Anspruch auf weitere vom Verbraucher zu leistende Entschädigungen, mit Ausnahme von Entschädigungen für Entgelte, die der Kreditgeber an Behörden entrichtet hat und nicht zurückverlangen kann.

(4) Wird eine Nebenleistung im Zusammenhang mit dem Kreditvertrag vom Kreditgeber oder von einem Dritten aufgrund einer Vereinbarung zwischen dem Dritten und dem Kreditgeber erbracht, so ist der Verbraucher nicht mehr an die Vereinbarung über die Nebenleistung gebunden, wenn er sein Recht auf Widerruf vom Kreditvertrag gemäß diesem Artikel ausübt.

(5) Verfügt der Verbraucher über ein Widerrufsrecht gemäß den Absätzen 1, 3 und 4, so finden Artikel 6 und 7 der Richtlinie 2002/65/EG und Artikel 5 der Richtlinie 85/577/EWG des Rates vom 20. Dezember 1985 betreffend den Verbrau-

cherschutz im Falle von außerhalb von Geschäftsräumen geschlossenen Verträgen[1] keine Anwendung.

(6) Die Mitgliedstaaten können vorsehen, dass die Absätze 1 bis 4 nicht für Kreditverträge gelten, die nach geltenden Rechtsvorschriften unter Mitwirkung eines Notars geschlossen werden müssen, sofern der Notar bestätigt, dass die Rechte des Verbrauchers gemäß den Artikeln 5 und 10 gewahrt sind.

(7) Dieser Artikel berührt nicht innerstaatliche Rechtsvorschriften, die eine Frist vorsehen, innerhalb deren die Ausführung des Vertrags nicht beginnen kann.

Artikel 15 Verbundene Kreditverträge

(1) Hat der Verbraucher ein Recht auf Widerruf von einem Vertrag über die Lieferung von Waren oder die Erbringung von Dienstleistungen ausgeübt, das auf Gemeinschaftsrecht beruht, so ist er an einen damit verbundenen Kreditvertrag nicht mehr gebunden.

(2) Werden die unter einen verbundenen Kreditvertrag fallenden Waren oder Dienstleistungen nicht oder nur teilweise geliefert oder entsprechen sie nicht dem Warenlieferungs- oder Dienstleistungsvertrag, so kann der Verbraucher Rechte gegen den Kreditgeber geltend machen, wenn er nach den geltenden Rechtsvorschriften oder den Bestimmungen des Warenlieferungs- oder Dienstleistungsvertrags seine Rechte gegen den Lieferanten oder den Dienstleistungserbringer geltend gemacht hat, diese aber nicht durchsetzen konnte. Die Mitgliedstaaten bestimmen, in welchem Maße und unter welchen Bedingungen diese Rechtsmittel ausgeübt werden können.

(3) Dieser Artikel gilt unbeschadet innerstaatlicher Rechtsvorschriften, nach denen ein Kreditgeber gegenüber jeglichen Ansprüchen, die der Verbraucher gegen den Lieferanten bzw. Dienstleistungserbringer haben könnte, als Gesamtschuldner verpflichtet ist, wenn der Erwerb von Waren oder Dienstleistungen vom Lieferanten über einen Kreditvertrag finanziert wird.

Artikel 16 Vorzeitige Rückzahlung

(1) Der Verbraucher ist berechtigt, seine Verbindlichkeiten aus einem Kreditvertrag jederzeit ganz oder teilweise zu erfüllen. In solchen Fällen hat der Verbraucher das Recht auf Ermäßigung der Gesamtkosten des Kredits, die sich nach den Zinsen und den Kosten für die verbleibende Laufzeit des Vertrags richtet.

(2) Der Kreditgeber kann im Falle der vorzeitigen Rückzahlung des Kredits eine angemessene und objektiv gerechtfertigte Entschädigung für die möglicherweise entstandenen, unmittelbar mit der vorzeitigen Rückzahlung des Kredits zusammenhängenden Kosten verlangen, wenn die vorzeitige Rückzahlung in einen Zeitraum fällt, für den ein fester Sollzinssatz vereinbart wurde.

Die Entschädigung darf 1 % des vorzeitig zurückgezahlten Kreditbetrags nicht überschreiten, wenn der Zeitraum zwischen der vorzeitigen Rückzahlung und dem Zeitpunkt des vereinbarten Ablaufs des Kreditvertrags ein Jahr überschreitet. Überschreitet der Zeitraum nicht ein Jahr, darf die Entschädigung 0,5 % des vorzeitig zurückgezahlten Kreditbetrags nicht überschreiten.

(3) Eine Entschädigung für vorzeitige Rückzahlung darf nicht verlangt werden,

a) wenn die Rückzahlung aufgrund eines Versicherungsvertrags erfolgt, der vereinbarungsgemäß die Rückzahlung des Kredits gewährleisten soll,

---

1) Amtliche Fußnote: ABl. L 372 vom 31. 12. 1985, S. 31.

b) im Falle von Überziehungsmöglichkeiten oder
c) wenn die Rückzahlung in einen Zeitraum fällt, für den kein fester Sollzinssatz vereinbart wurde.

(4) Die Mitgliedstaaten können vorsehen,

a) dass der Kreditgeber diese Entschädigung nur dann verlangen darf, wenn der Betrag der vorzeitigen Rückzahlung den im jeweiligen innerstaatlichen Recht vorgesehenen Schwellenwert überschreitet. Der Schwellenwert darf nicht höher sein als 10000 EUR innerhalb eines Zwölfmonatszeitraums;
b) dass der Kreditgeber ausnahmsweise eine höhere Entschädigung verlangen kann, wenn er nachweist, dass der aus der vorzeitigen Rückzahlung entstandene Verlust den nach Absatz 2 bestimmten Betrag übersteigt.

Übersteigt die vom Kreditgeber beanspruchte Entschädigung den tatsächlich erlittenen Verlust, so kann der Verbraucher eine entsprechende Verminderung fordern.

In diesem Fall besteht der Verlust in der Differenz zwischen dem ursprünglich vereinbarten Zinssatz und dem Zinssatz, zu dem der Kreditgeber den vorzeitig zurückgezahlten Betrag auf dem Markt zum Zeitpunkt der vorzeitigen Rückzahlung als Kredit ausreichen kann und zwar unter Berücksichtigung der Auswirkung der vorzeitigen Rückzahlung auf die Verwaltungskosten.

(5) Keinesfalls darf die Entschädigung den Zinsbetrag übersteigen, den der Verbraucher in der Zeit zwischen der vorzeitigen Rückzahlung und dem vereinbarten Ende der Laufzeit des Kreditvertrags bezahlt hätte.

Artikel 17 Forderungsabtretung

(1) Werden die Ansprüche des Kreditgebers aus einem Kreditvertrag oder der Kreditvertrag selbst an einen Dritten abgetreten, so kann der Verbraucher dem neuen Gläubiger gegenüber die Einreden geltend machen, die ihm gegen den ursprünglichen Kreditgeber zustanden, und zwar einschließlich der Aufrechnung von Gegenforderungen, soweit dies in dem betreffenden Mitgliedstaat zulässig ist.

(2) Der Verbraucher ist über die Abtretung gemäß Absatz 1 zu unterrichten, es sei denn, der ursprüngliche Kreditgeber tritt mit dem Einverständnis des Zessionars dem Verbraucher gegenüber nach wie vor als Kreditgeber auf.

Artikel 18 Überschreitung

(1) Ein Vertrag über die Eröffnung eines laufenden Kontos, der dem Verbraucher die Möglichkeit der Überschreitung einräumt, muss zusätzlich die Informationen gemäß Artikel 6 Absatz 1 Buchstabe e enthalten. Der Kreditgeber muss auf jeden Fall diese Informationen regelmäßig auf Papier oder einem anderen dauerhaften Datenträger mitteilen.

(2) Im Falle einer erheblichen Überschreitung für die Dauer von mehr als einem Monat teilt der Kreditgeber dem Verbraucher unverzüglich auf Papier oder einem anderen dauerhaften Datenträger Folgendes mit:

a) das Vorliegen einer Überschreitung;
b) den betreffenden Betrag;
c) den Sollzinssatz;
d) etwaige Vertragsstrafen, Entgelte oder Verzugszinsen.

(3) Dieser Artikel gilt unbeschadet innerstaatlicher Rechtsvorschriften, wonach der Kreditgeber ein anderes Kreditprodukt anbieten muss, wenn die Dauer der Überschreitung beträchtlich ist.

KAPITEL V
EFFEKTIVER JAHRESZINS

Artikel 19 Berechnung des effektiven Jahreszinses

(1) Der effektive Jahreszins, der auf Jahresbasis die Gleichheit zwischen den Gegenwartswerten der gesamten gegenwärtigen oder künftigen Verpflichtungen (in Anspruch genommene Kreditbeträge, Tilgungszahlungen und Entgelte) des Kreditgebers und des Verbrauchers herstellt, wird anhand der mathematischen Formel in Teil I des Anhangs I berechnet.

(2) Für die Berechnung des effektiven Jahreszinses sind die Gesamtkosten des Kredits für den Verbraucher maßgebend, mit Ausnahme der Kosten, die er bei Nichterfüllung einer seiner Verpflichtungen aus dem Kreditvertrag zu tragen hat, sowie der Kosten mit Ausnahme des Kaufpreises, die er beim Erwerb von Waren oder Dienstleistungen unabhängig davon zu tragen hat, ob es sich um ein Bar- oder ein Kreditgeschäft handelt.

Die Kosten für die Führung eines Kontos, auf dem sowohl Zahlungen als auch in Anspruch genommene Kreditbeträge verbucht werden, die Kosten für die Verwendung eines Zahlungsmittels, mit dem sowohl Zahlungen getätigt als auch Kreditbeträge in Anspruch genommen werden können, sowie sonstige Kosten für Zahlungsgeschäfte werden als Gesamtkosten des Kredits für den Verbraucher berücksichtigt, es sei denn, die Eröffnung des Kontos ist fakultativ und die mit dem Konto verbundenen Kosten sind im Kreditvertrag oder in einem anderen mit dem Verbraucher geschlossenen Vertrag klar und getrennt ausgewiesen.

(3) Bei der Berechnung des effektiven Jahreszinses wird von der Annahme ausgegangen, dass der Kreditvertrag für den vereinbarten Zeitraum gilt und dass Kreditgeber und Verbraucher ihren Verpflichtungen unter den im Kreditvertrag niedergelegten Bedingungen und zu den dort niedergelegten Terminen nachkommen.

(4) In Kreditverträgen mit Klauseln, nach denen der Sollzinssatz und gegebenenfalls die Entgelte, die im effektiven Jahreszins enthalten sind, deren Quantifizierung zum Zeitpunkt seiner Berechnung aber nicht möglich ist, geändert werden können, wird bei der Berechnung des effektiven Jahreszinses von der Annahme ausgegangen, dass der Sollzinssatz und die sonstigen Kosten gemessen an der ursprünglichen Höhe fest bleiben und bis zum Ende des Kreditvertrags gelten.

(5) Erforderlichenfalls kann für die Berechnung des effektiven Jahreszinses von den in Anhang I genannten zusätzlichen Annahmen ausgegangen werden.

Reichen die in diesem Artikel und in Teil II des Anhangs I genannten Annahmen für eine einheitliche Berechnung des effektiven Jahreszinses nicht aus oder sind sie nicht auf die wirtschaftliche Marktlage abgestimmt, so kann die Kommission die zur Berechnung des effektiven Jahreszinses erforderlichen zusätzlichen Annahmen festlegen oder die bestehenden Annahmen ändern. Diese Maßnahmen zur Änderung nicht wesentlicher Bestimmungen dieser Richtlinie werden nach dem Regelungsverfahren mit Kontrolle gemäß Artikel 25 Absatz 2 erlassen.

KAPITEL VI

KREDITGEBER UND KREDITVERMITTLER

Artikel 20 Regulierung von Kreditgebern

Die Mitgliedstaaten stellen sicher, dass Kreditgeber von einer Einrichtung oder Behörde beaufsichtigt werden, die unabhängig von Finanzeinrichtungen ist, oder einer Regulierung unterliegen. Dies berührt nicht die Richtlinie 2006/48/EG.

Artikel 21 Bestimmte Pflichten des Kreditvermittlers gegenüber den Verbrauchern

Die Mitgliedstaaten stellen sicher, dass

a) ein Kreditvermittler sowohl in seiner Werbung als auch in den für die Verbraucher bestimmten Unterlagen auf den Umfang seiner Befugnisse hinweist und insbesondere deutlich macht, ob er ausschließlich mit einem oder mehreren Kreditgebern oder als unabhängiger Kreditmakler arbeitet;

b) das gegebenenfalls vom Verbraucher an den Kreditvermittler für dessen Dienste zu zahlende Entgelt dem Verbraucher bekannt gegeben und vor Abschluss des Kreditvertrages zwischen Verbraucher und Kreditvermittler auf Papier oder einem anderen dauerhaften Datenträger vereinbart wird;

c) das gegebenenfalls vom Verbraucher an den Kreditvermittler für dessen Dienste zu zahlende Entgelt dem Kreditgeber vom Kreditvermittler zur Berechnung des effektiven Jahreszinses mitgeteilt wird.

KAPITEL VII

DURCHFÜHRUNGSMASSNAHMEN

Artikel 22 Harmonisierung und Unabdingbarkeit dieser Richtlinie

(1) Soweit diese Richtlinie harmonisierte Vorschriften enthält, dürfen die Mitgliedstaaten keine Bestimmungen in ihrem innerstaatlichen Recht aufrechterhalten oder einführen, die von den Bestimmungen dieser Richtlinie abweichen.

(2) Die Mitgliedstaaten stellen sicher, dass Verbraucher auf die Rechte, die ihnen mit den innerstaatlichen Vorschriften eingeräumt werden, die zur Anwendung dieser Richtlinie erlassen wurden oder dieser Richtlinie entsprechen, nicht verzichten können.

(3) Die Mitgliedstaaten stellen ferner sicher, dass die Vorschriften, die sie gemäß dieser Richtlinie verabschieden, nicht durch eine besondere Gestaltung der Verträge umgangen werden können, insbesondere durch die Einbeziehung der Inanspruchnahme von Kreditbeträgen oder von Kreditverträgen, die in den Geltungsbereich dieser Richtlinie fallen, in Kreditverträge, deren Eigenart oder Zweck es erlauben würde, sie ihrer Anwendung zu entziehen.

(4) Die Mitgliedstaaten treffen die erforderlichen Maßnahmen, um sicherzustellen, dass Verbrauchern der durch diese Richtlinie gewährte Schutz nicht dadurch entzogen wird, dass das Recht eines Drittstaats als das auf den Kreditvertrag anzuwendende Recht gewählt wird, wenn dieser Vertrag einen engen Zusammenhang mit dem Gebiet eines oder mehrerer Mitgliedstaaten aufweist.

Artikel 23 Sanktionen

Die Mitgliedstaaten legen für Verstöße gegen die aufgrund dieser Richtlinie erlassenen innerstaatlichen Vorschriften Sanktionen fest und treffen die zu ihrer Anwendung erforderlichen Maßnahmen. Die Sanktionen müssen wirksam, verhältnismäßig und abschreckend sein.

Artikel 24 Außergerichtliche Streitbeilegung

(1) Die Mitgliedstaaten tragen dafür Sorge, dass angemessene und wirksame außergerichtliche Verfahren zur Beilegung verbraucherrechtlicher Streitigkeiten, die Kreditverträge betreffen, vorhanden sind; dabei sind gegebenenfalls die bestehenden Einrichtungen zu nutzen.

(2) Die Mitgliedstaaten ermutigen diese Einrichtungen zur Zusammenarbeit, damit auch grenzüberschreitende Rechtsstreitigkeiten über Kreditverträge beigelegt werden können.

Artikel 25 Ausschussverfahren

(1) Die Kommission wird von einem Ausschuss unterstützt.

(2) Wird auf diesen Absatz Bezug genommen, so gelten Artikel 5a Absätze 1 bis 4 und Artikel 7 des Beschlusses 1999/468/EG unter Beachtung von dessen Artikel 8.

Artikel 26 Unterrichtung der Kommission

Macht ein Mitgliedstaat von der Möglichkeit nach Artikel 2 Absätze 5 und 6, Artikel 4 Absatz 1, Artikel 4 Absatz 2 Buchstabe c, Artikel 6 Absatz 2, Artikel 10 Absatz 1, Artikel 10 Absatz 5 Buchstabe f, Artikel 14 Absatz 2, sowie Artikel 16 Absatz 4 Gebrauch, Alternativregelungen zu erlassen, so setzt er die Kommission hiervon sowie von allen nachfolgenden Änderungen in Kenntnis. Die Kommission macht diese Informationen auf einer Internetseite oder auf eine andere leicht zugängliche Weise bekannt. Die Mitgliedstaaten treffen die erforderlichen Maßnahmen, um ihren einheimischen Kreditgebern und Verbrauchern diese Informationen zur Kenntnis zu bringen.

Artikel 27 Umsetzung

(1) Die Mitgliedstaaten erlassen und veröffentlichen bis spätestens zum 11. Juni 2010 die Vorschriften, die erforderlich sind, um dieser Richtlinie nachzukommen. Sie übermitteln der Kommission unverzüglich den Wortlaut dieser Bestimmungen.

Sie wenden diese Vorschriften ab dem 11. Juni 2010 an.

Bis zum 1. Juli 2018 beschließen und veröffentlichen die Mitgliedstaaten die erforderlichen Vorschriften zur Erfüllung von Artikel 5 Absatz 1 Unterabsatz 3 und teilen sie der Kommission mit. Sie wenden diese Vorschriften ab dem 1. Juli 2018 an.

Wenn die Mitgliedstaaten diese Vorschriften erlassen, nehmen sie in den Vorschriften selbst oder durch einen Hinweis bei der amtlichen Veröffentlichung auf diese Richtlinie Bezug. Die Mitgliedstaaten regeln die Einzelheiten der Bezugnahme.

(2) Die Kommission überprüft alle fünf Jahre, und zwar erstmals am 11. Juni 2013 die in dieser Richtlinie und ihren Anhängen festgelegten Schwellenbeträge und die Prozentsätze, anhand derer der Betrag der Entschädigung bei einer vor-

zeitigen Rückzahlung berechnet wird, und bewertet sie im Lichte der wirtschaftlichen Trends in der Gemeinschaft und der Lage auf dem betreffenden Markt. Sie überwacht ferner, welche Auswirkungen die Möglichkeit alternativer Regelungen gemäß Artikel 2 Absätze 5 und 6, Artikel 4 Absatz 1, Artikel 4 Absatz 2 Buchstabe c, Artikel 6 Absatz 2, Artikel 10 Absatz 1, Artikel 10 Absatz 5 Buchstabe f, Artikel 14 Absatz 2 sowie Artikel 16 Absatz 4 auf den Binnenmarkt und die Verbraucher hat. Die Ergebnisse werden dem Europäischen Parlament und dem Rat, gegebenenfalls zusammen mit einem Vorschlag zur Änderung der Schwellenbeträge und der Prozentsätze sowie der Möglichkeiten der genannten alternativen Regelungen vorgelegt.

Artikel 28 Umrechnung der in Euro ausgedrückten Beträge in Landeswährung

(1) Für die Zwecke dieser Richtlinie wenden die Mitgliedstaaten, die die in Euro ausgedrückten Beträge in ihre Landeswährung umrechnen, zunächst den am Tag der Annahme dieser Richtlinie geltenden Wechselkurs an.

(2) Die Mitgliedstaaten können die sich aus der Umrechnung ergebenden Beträge um höchstens 10 EUR auf- oder abrunden.

KAPITEL VIII
ÜBERGANGS- UND SCHLUSSBESTIMMUNGEN

Artikel 29 Aufhebung

Die Richtlinie 87/102/EWG wird mit Wirkung vom 11. Juni 2010 aufgehoben.

Artikel 30 Übergangsmaßnahmen

(1) Diese Richtlinie gilt nicht für die am Tag des Inkrafttretens der innerstaatlichen Umsetzungsmaßnahmen bereits laufenden Kreditverträge.

(2) Die Mitgliedstaaten stellen jedoch sicher, dass die Artikel 11, 12, 13 und 17 sowie Artikel 18 Absatz 1 Satz 2 und Absatz 2 auch auf am Tag des Inkrafttretens der innerstaatlichen Umsetzungsmaßnahmen bereits laufende unbefristete Kreditverträge angewendet werden.

Artikel 31 Inkrafttreten

Diese Richtlinie tritt am zwanzigsten Tag nach ihrer Veröffentlichung im *Amtsblatt der Europäischen Union* in Kraft.*

Artikel 32 Adressaten

Diese Richtlinie ist an die Mitgliedstaaten gerichtet.

(Vom Abdruck der Anhänge wurde abgesehen)

* Die Veröffentlichung erfolgte am 22. Mai 2008.

472 Verordnung (EG) Nr. 593/2008 des Europäischen Parlaments und des Rates vom 17. Juni 2008 über das auf vertragliche Schuldverhältnisse anzuwendende Recht (Rom I)

(ABl. L 177 vom 4. 7. 2008 S. 6, ber. ABl. L 309 vom 24. 11. 2009 S. 87)

Inhaltsübersicht*

DAS EUROPÄISCHE PARLAMENT UND DER RAT DER EUROPÄISCHEN UNION –

gestützt auf den Vertrag zur Gründung der Europäischen Gemeinschaft, insbesondere auf Artikel 61 Buchstabe c und Artikel 67 Absatz 5, zweiter Gedankenstrich,

auf Vorschlag der Kommission,

nach Stellungnahme des Europäischen Wirtschafts- und Sozialausschusses[1)],

gemäß dem Verfahren des Artikels 251 des Vertrags[2)],

in Erwägung nachstehender Gründe:

(1) Die Gemeinschaft hat sich zum Ziel gesetzt, einen Raum der Freiheit, der Sicherheit und des Rechts zu erhalten und weiterzuentwickeln. Zur schrittweisen Schaffung dieses Raums muss die Gemeinschaft im Bereich der justi-

---

* Nicht amtlich.

1) Amtliche Fußnote: ABl. C 318 vom 23. 12. 2006, S. 56.

2) Amtliche Fußnote: Stellungnahme des Europäischen Parlaments vom 29. November 2007 (noch nicht im Amtsblatt veröffentlicht) und Beschluss des Rates vom 5. Juni 2008.

ziellen Zusammenarbeit in Zivilsachen, die einen grenzüberschreitenden Bezug aufweisen, Maßnahmen erlassen, soweit sie für das reibungslose Funktionieren des Binnenmarkts erforderlich sind.

(2) Nach Artikel 65 Buchstabe b des Vertrags schließen diese Maßnahmen solche ein, die die Vereinbarkeit der in den Mitgliedstaaten geltenden Kollisionsnormen und Vorschriften zur Vermeidung von Kompetenzkonflikten fördern.

(3) Auf seiner Tagung vom 15. und 16. Oktober 1999 in Tampere hat der Europäische Rat den Grundsatz der gegenseitigen Anerkennung von Urteilen und anderen Entscheidungen von Justizbehörden als Eckstein der justiziellen Zusammenarbeit in Zivilsachen unterstützt und den Rat und die Kommission ersucht, ein Maßnahmenprogramm zur Umsetzung dieses Grundsatzes anzunehmen.

(4) Der Rat hat am 30. November 2000 ein gemeinsames Maßnahmenprogramm der Kommission und des Rates zur Umsetzung des Grundsatzes der gegenseitigen Anerkennung gerichtlicher Entscheidungen in Zivil- und Handelssachen verabschiedet[1)]. Nach dem Programm können Maßnahmen zur Harmonisierung der Kollisionsnormen dazu beitragen, die gegenseitige Anerkennung gerichtlicher Entscheidungen zu vereinfachen.

(5) In dem vom Europäischen Rat am 5. November 2004 angenommenen Haager Programm[2)] wurde dazu aufgerufen, die Beratungen über die Regelung der Kollisionsnormen für vertragliche Schuldverhältnisse („Rom I") energisch voranzutreiben.

(6) Um den Ausgang von Rechtsstreitigkeiten vorhersehbarer zu machen und die Sicherheit in Bezug auf das anzuwendende Recht sowie den freien Verkehr gerichtlicher Entscheidungen zu fördern, müssen die in den Mitgliedstaaten geltenden Kollisionsnormen im Interesse eines reibungslos funktionierenden Binnenmarkts unabhängig von dem Staat, in dem sich das Gericht befindet, bei dem der Anspruch geltend gemacht wird, dasselbe Recht bestimmen.

(7) Der materielle Anwendungsbereich und die Bestimmungen dieser Verordnung sollten mit der Verordnung (EG) Nr. 44/2001 des Rates vom 22. Dezember 2000 über die gerichtliche Zuständigkeit und die Anerkennung und Vollstreckung von Entscheidungen in Zivil- und Handelssachen („Brüssel I")[3)] und der Verordnung (EG) Nr. 864/ 2007 des Europäischen Parlaments und des Rates vom 11. Juli 2007 über das auf außervertragliche Schuldverhältnisse anzuwendende Recht („Rom II")[4)] im Einklang stehen.

(8) Familienverhältnisse sollten die Verwandtschaft in gerader Linie, die Ehe, die Schwägerschaft und die Verwandtschaft in der Seitenlinie umfassen. Die Bezugnahme in Artikel 1 Absatz 2 auf Verhältnisse, die mit der Ehe oder anderen Familienverhältnissen vergleichbare Wirkungen entfalten, sollte nach dem Recht des Mitgliedstaats, in dem sich das angerufene Gericht befindet, ausgelegt werden.

(9) Unter Schuldverhältnisse aus Wechseln, Schecks, Eigenwechseln und anderen handelbaren Wertpapieren sollten auch Konnossemente fallen, soweit

1) Amtliche Fußnote: ABl. C 12 vom 15. 1. 2001, S. 1.
2) Amtliche Fußnote: ABl. C 53 vom 3. 3. 2005, S. 1.
3) Amtliche Fußnote: ABl. L 12 vom 16. 1. 2001, S. 1. Zuletzt geändert durch die Verordnung (EG) Nr. 1791/ 2006 (ABl. L 363 vom 20. 12. 2006, S. 1).
4) Amtliche Fußnote: ABl. L 199 vom 31. 7. 2007, S. 40.

die Schuldverhältnisse aus dem Konnossement aus dessen Handelbarkeit entstehen.

(10) Schuldverhältnisse, die aus Verhandlungen vor Abschluss eines Vertrags entstehen, fallen unter Artikel 12 der Verordnung (EG) Nr. 864/2007. Sie sollten daher vom Anwendungsbereich dieser Verordnung ausgenommen werden.

(11) Die freie Rechtswahl der Parteien sollte einer der Ecksteine des Systems der Kollisionsnormen im Bereich der vertraglichen Schuldverhältnisse sein.

(12) Eine Vereinbarung zwischen den Parteien, dass ausschließlich ein Gericht oder mehrere Gerichte eines Mitgliedstaats für Streitigkeiten aus einem Vertrag zuständig sein sollen, sollte bei der Feststellung, ob eine Rechtswahl eindeutig getroffen wurde, einer der zu berücksichtigenden Faktoren sein.

(13) Diese Verordnung hindert die Parteien nicht daran, in ihrem Vertrag auf ein nichtstaatliches Regelwerk oder ein internationales Übereinkommen Bezug zu nehmen.

(14) Sollte die Gemeinschaft in einem geeigneten Rechtsakt Regeln des materiellen Vertragsrechts, einschließlich vertragsrechtlicher Standardbestimmungen, festlegen, so kann in einem solchen Rechtsakt vorgesehen werden, dass die Parteien entscheiden können, diese Regeln anzuwenden.

(15) Wurde eine Rechtswahl getroffen und sind alle anderen Elemente des Sachverhalts in einem anderen als demjenigen Staat belegen, dessen Recht gewählt wurde, so sollte die Rechtswahl nicht die Anwendung derjenigen Bestimmungen des Rechts dieses anderen Staates berühren, von denen nicht durch Vereinbarung abgewichen werden kann. Diese Regel sollte unabhängig davon angewandt werden, ob die Rechtswahl zusammen mit einer Gerichtsstandsvereinbarung getroffen wurde oder nicht. Obwohl keine inhaltliche Änderung gegenüber Artikel 3 Absatz 3 des Übereinkommens von 1980 über das auf vertragliche Schuldverhältnisse anzuwendende Recht[1] („Übereinkommen von Rom") beabsichtigt ist, ist der Wortlaut der vorliegenden Verordnung so weit wie möglich an Artikel 14 der Verordnung (EG) Nr. 864/2007 angeglichen.

(16) Die Kollisionsnormen sollten ein hohes Maß an Berechenbarkeit aufweisen, um zum allgemeinen Ziel dieser Verordnung, nämlich zur Rechtssicherheit im europäischen Rechtsraum, beizutragen. Dennoch sollten die Gerichte über ein gewisses Ermessen verfügen, um das Recht bestimmen zu können, das zu dem Sachverhalt die engste Verbindung aufweist.

(17) Soweit es das mangels einer Rechtswahl anzuwendende Recht betrifft, sollten die Begriffe „Erbringung von Dienstleistungen" und „Verkauf beweglicher Sachen" so ausgelegt werden wie bei der Anwendung von Artikel 5 der Verordnung (EG) Nr. 44/2001, soweit der Verkauf beweglicher Sachen und die Erbringung von Dienstleistungen unter jene Verordnung fallen. Franchiseverträge und Vertriebsverträge sind zwar Dienstleistungsverträge, unterliegen jedoch besonderen Regeln.

(18) Hinsichtlich des mangels einer Rechtswahl anzuwendenden Rechts sollten unter multilateralen Systemen solche Systeme verstanden werden, in denen Handel betrieben wird, wie die geregelten Märkte und multilateralen Handelssysteme im Sinne des Artikels 4 der Richtlinie 2004/39/EG des Europäischen Parlaments und des Rates vom 21. April 2004 über Märkte für Finanz-

1 Amtliche Fußnote: ABl. C 334 vom 30. 12. 2005, S. 1.

instrumente[2], und zwar ungeachtet dessen, ob sie sich auf eine zentrale Gegenpartei stützen oder nicht.

(19) Wurde keine Rechtswahl getroffen, so sollte das anzuwendende Recht nach der für die Vertragsart spezifizierten Regel bestimmt werden. Kann der Vertrag nicht einer der spezifizierten Vertragsarten zugeordnet werden oder sind die Bestandteile des Vertrags durch mehr als eine der spezifizierten Vertragsarten abgedeckt, so sollte der Vertrag dem Recht des Staates unterliegen, in dem die Partei, welche die für den Vertrag charakteristische Leistung zu erbringen hat, ihren gewöhnlichen Aufenthalt hat. Besteht ein Vertrag aus einem Bündel von Rechten und Verpflichtungen, die mehr als einer der spezifizierten Vertragsarten zugeordnet werden können, so sollte die charakteristische Leistung des Vertrags nach ihrem Schwerpunkt bestimmt werden.

(20) Weist ein Vertrag eine offensichtlich engere Verbindung zu einem anderen als dem in Artikel 4 Absätze 1 und 2 genannten Staat auf, so sollte eine Ausweichklausel vorsehen, dass das Recht dieses anderen Staats anzuwenden ist. Zur Bestimmung dieses Staates sollte unter anderem berücksichtigt werden, ob der betreffende Vertrag in einer sehr engen Verbindung zu einem oder mehreren anderen Verträgen steht.

(21) Kann das bei Fehlen einer Rechtswahl anzuwendende Recht weder aufgrund der Zuordnung des Vertrags zu einer der spezifizierten Vertragsarten noch als das Recht des Staates bestimmt werden, in dem die Partei, die die für den Vertrag charakteristische Leistung zu erbringen hat, ihren gewöhnlichen Aufenthalt hat, so sollte der Vertrag dem Recht des Staates unterliegen, zu dem er die engste Verbindung aufweist. Bei der Bestimmung dieses Staates sollte unter anderem berücksichtigt werden, ob der betreffende Vertrag in einer sehr engen Verbindung zu einem oder mehreren anderen Verträgen steht.

(22) In Bezug auf die Auslegung von „Güterbeförderungsverträgen" ist keine inhaltliche Abweichung von Artikel 4 Absatz 4 Satz 3 des Übereinkommens von Rom beabsichtigt. Folglich sollten als Güterbeförderungsverträge auch Charterverträge für eine einzige Reise und andere Verträge gelten, die in der Hauptsache der Güterbeförderung dienen. Für die Zwecke dieser Verordnung sollten der Begriff „Absender" eine Person bezeichnen, die mit dem Beförderer einen Beförderungsvertrag abschließt, und der Begriff „Beförderer" die Vertragspartei, die sich zur Beförderung der Güter verpflichtet, unabhängig davon, ob sie die Beförderung selbst durchführt.

(23) Bei Verträgen, bei denen die eine Partei als schwächer angesehen wird, sollte die schwächere Partei durch Kollisionsnormen geschützt werden, die für sie günstiger sind als die allgemeinen Regeln.

(24) Insbesondere bei Verbraucherverträgen sollte die Kollisionsnorm es ermöglichen, die Kosten für die Beilegung von Rechtsstreitigkeiten zu senken, die häufig einen geringen Streitwert haben, und der Entwicklung des Fernabsatzes Rechnung zu tragen. Um die Übereinstimmung mit der Verordnung (EG) Nr. 44/2001 zu wahren, ist zum einen als Voraussetzung für die Anwendung der Verbraucherschutznorm auf das Kriterium der ausgerichteten Tätigkeit zu verweisen und zum anderen auf die Notwendigkeit, dass dieses Kriterium in der Verordnung (EG) Nr. 44/2001 und der vorliegenden Verordnung einheitlich ausgelegt wird, wobei zu beachten ist, dass eine gemeinsame Erklä-

---

2 Amtliche Fußnote: ABl. L 145 vom 30. 4. 2004, S. 1. Zuletzt geändert durch die Richtlinie 2008/10/EG (ABl. L 76 vom 19. 3. 2008, S. 33).

rung des Rates und der Kommission zu Artikel 15 der Verordnung (EG) Nr. 44/2001 ausführt, „dass es für die Anwendung von Artikel 15 Absatz 1 Buchstabe c nicht ausreicht, dass ein Unternehmen seine Tätigkeiten auf den Mitgliedstaat, in dem der Verbraucher seinen Wohnsitz hat, oder auf mehrere Staaten - einschließlich des betreffenden Mitgliedstaats -, ausrichtet, sondern dass im Rahmen dieser Tätigkeiten auch ein Vertrag geschlossen worden sein muss." Des Weiteren heißt es in dieser Erklärung, „dass die Zugänglichkeit einer Website allein nicht ausreicht, um die Anwendbarkeit von Artikel 15 zu begründen; vielmehr ist erforderlich, dass diese Website auch den Vertragsabschluss im Fernabsatz anbietet und dass tatsächlich ein Vertragsabschluss im Fernabsatz erfolgt ist, mit welchem Mittel auch immer. Dabei sind auf einer Website die benutzte Sprache oder die Währung nicht von Bedeutung."

(25) Die Verbraucher sollten dann durch Regelungen des Staates ihres gewöhnlichen Aufenthalts geschützt werden, von denen nicht durch Vereinbarung abgewichen werden kann, wenn der Vertragsschluss darauf zurückzuführen ist, dass der Unternehmer in diesem bestimmten Staat eine berufliche oder gewerbliche Tätigkeit ausübt. Der gleiche Schutz sollte gewährleistet sein, wenn ein Unternehmer zwar keine beruflichen oder gewerblichen Tätigkeiten in dem Staat, in dem der Verbraucher seinen gewöhnlichen Aufenthalt hat, ausübt, seine Tätigkeiten aber - unabhängig von der Art und Weise, in der dies geschieht - auf diesen Staat oder auf mehrere Staaten, einschließlich dieses Staates, ausrichtet und der Vertragsschluss auf solche Tätigkeiten zurückzuführen ist.

(26) Für die Zwecke dieser Verordnung sollten Finanzdienstleistungen wie Wertpapierdienstleistungen und Anlagetätigkeiten und Nebendienstleistungen nach Anhang I Abschnitt A und Abschnitt B der Richtlinie 2004/39/EG, die ein Unternehmer für einen Verbraucher erbringt, sowie Verträge über den Verkauf von Anteilen an Organismen für gemeinsame Anlagen in Wertpapieren, selbst wenn sie nicht unter die Richtlinie 85/611/EWG des Rates vom 20. Dezember 1985 zur Koordinierung der Rechts- und Verwaltungsvorschriften betreffend bestimmte Organismen für gemeinsame Anlagen in Wertpapieren (OGAW)[1] fallen, Artikel 6 der vorliegenden Verordnung unterliegen. Daher sollten, wenn die Bedingungen für die Ausgabe oder das öffentliche Angebot bezüglich übertragbarer Wertpapiere oder die Zeichnung oder der Rückkauf von Anteilen an Organismen für gemeinsame Anlagen in Wertpapieren erwähnt werden, darunter alle Aspekte fallen, durch die sich der Emittent bzw. Anbieter gegenüber dem Verbraucher verpflichtet, nicht aber diejenigen Aspekte, die mit der Erbringung von Finanzdienstleistungen im Zusammenhang stehen.

(27) Es sollten verschiedene Ausnahmen von der allgemeinen Kollisionsnorm für Verbraucherverträge vorgesehen werden. Eine solche Ausnahme, bei der die allgemeinen Regeln nicht gelten, sollten Verträge sein, die ein dingliches Recht an unbeweglichen Sachen oder die Miete oder Pacht unbeweglicher Sachen zum Gegenstand haben, mit Ausnahme von Verträgen über Teilzeitnutzungsrechte an Immobilien im Sinne der Richtlinie 94/47/EG des Europäischen Parlaments und des Rates vom 26. Oktober 1994 zum Schutz der Er-

---

1 Amtliche Fußnote: ABl. L 375 vom 31. 12. 1985, S. 3. Zuletzt geändert durch die Richtlinie 2008/18/EG des Europäischen Parlaments und des Rates (ABl. L 76 vom 19. 3. 2008, S. 42).

werber im Hinblick auf bestimmte Aspekte von Verträgen über den Erwerb von Teilzeitnutzungsrechten an Immobilien[2].

(28) Es muss sichergestellt werden, dass Rechte und Verpflichtungen, die ein Finanzinstrument begründen, nicht der allgemeinen Regel für Verbraucherverträge unterliegen, da dies dazu führen könnte, dass für jedes der ausgegebenen Instrumente ein anderes Recht anzuwenden wäre, wodurch ihr Wesen verändert würde und ihr fungibler Handel und ihr fungibles Angebot verhindert würden. Entsprechend sollte auf das Vertragsverhältnis zwischen dem Emittenten bzw. dem Anbieter und dem Verbraucher bei Ausgabe oder Angebot solcher Instrumente nicht notwendigerweise die Anwendung des Rechts des Staates des gewöhnlichen Aufenthalts des Verbrauchers zwingend vorgeschrieben sein, da die Einheitlichkeit der Bedingungen einer Ausgabe oder eines Angebots sichergestellt werden muss. Gleiches sollte bei den multilateralen Systemen, die von Artikel 4 Absatz 1 Buchstabe h erfasst werden, gelten, in Bezug auf die gewährleistet sein sollte, dass das Recht des Staates des gewöhnlichen Aufenthalts des Verbrauchers nicht die Regeln berührt, die auf innerhalb solcher Systeme oder mit dem Betreiber solcher Systeme geschlossene Verträge anzuwenden sind.

(29) Werden für die Zwecke dieser Verordnung Rechte und Verpflichtungen, durch die die Bedingungen für die Ausgabe, das öffentliche Angebot oder das öffentliche Übernahmeangebot bezüglich übertragbarer Wertpapiere festgelegt werden, oder die Zeichnung oder der Rückkauf von Anteilen an Organismen für gemeinsame Anlagen in Wertpapieren genannt, so sollten darunter auch die Bedingungen für die Zuteilung von Wertpapieren oder Anteilen, für die Rechte im Falle einer Überzeichnung, für Ziehungsrechte und ähnliche Fälle im Zusammenhang mit dem Angebot sowie die in den Artikeln 10, 11, 12 und 13 geregelten Fälle fallen, so dass sichergestellt ist, dass alle relevanten Vertragsaspekte eines Angebots, durch das sich der Emittent bzw. Anbieter gegenüber dem Verbraucher verpflichtet, einem einzigen Recht unterliegen.

(30) Für die Zwecke dieser Verordnung bezeichnen die Begriffe „Finanzinstrumente“ und „übertragbare Wertpapiere“ diejenigen Instrumente, die in Artikel 4 der Richtlinie 2004/39/EG genannt sind.

(31) Die Abwicklung einer förmlichen Vereinbarung, die als ein System im Sinne von Artikel 2 Buchstabe a der Richtlinie 98/26/EG des Europäischen Parlaments und des Rates vom 19. Mai 1998 über die Wirksamkeit von Abrechnungen in Zahlungs- sowie Wertpapierliefer- und -abrechnungssystemen[3] ausgestaltet ist, sollte von dieser Verordnung unberührt bleiben.

(32) Wegen der Besonderheit von Beförderungsverträgen und Versicherungsverträgen sollten besondere Vorschriften ein angemessenes Schutzniveau für zu befördernde Personen und Versicherungsnehmer gewährleisten. Deshalb sollte Artikel 6 nicht im Zusammenhang mit diesen besonderen Verträgen gelten.

(33) Deckt ein Versicherungsvertrag, der kein Großrisiko deckt, mehr als ein Risiko, von denen mindestens eines in einem Mitgliedstaat und mindestens eines in einem dritten Staat belegen ist, so sollten die besonderen Regelungen für Versicherungsverträge in dieser Verordnung nur für die Risiken gel-

---

2 Amtliche Fußnote: ABl. L 280 vom 29. 10. 1994, S. 83.
3 Amtliche Fußnote: ABl. L 166 vom 11. 6. 1998, S. 45.

ten, die in dem betreffenden Mitgliedstaat bzw. den betreffenden Mitgliedstaaten belegen sind.

(34) Die Kollisionsnorm für Individualarbeitsverträge sollte die Anwendung von Eingriffsnormen des Staates, in den der Arbeitnehmer im Einklang mit der Richtlinie 96/71/EG des Europäischen Parlaments und des Rates vom 16. Dezember 1996 über die Entsendung von Arbeitnehmern im Rahmen der Erbringung von Dienstleistungen[4] entsandt wird, unberührt lassen.

(35) Den Arbeitnehmern sollte nicht der Schutz entzogen werden, der ihnen durch Bestimmungen gewährt wird, von denen nicht oder nur zu ihrem Vorteil durch Vereinbarung abgewichen werden darf.

(36) Bezogen auf Individualarbeitsverträge sollte die Erbringung der Arbeitsleistung in einem anderen Staat als vorübergehend gelten, wenn von dem Arbeitnehmer erwartet wird, dass er nach seinem Arbeitseinsatz im Ausland seine Arbeit im Herkunftsstaat wieder aufnimmt. Der Abschluss eines neuen Arbeitsvertrags mit dem ursprünglichen Arbeitgeber oder einem Arbeitgeber, der zur selben Unternehmensgruppe gehört wie der ursprüngliche Arbeitgeber, sollte nicht ausschließen, dass der Arbeitnehmer als seine Arbeit vorübergehend in einem anderen Staat verrichtend gilt.

(37) Gründe des öffentlichen Interesses rechtfertigen es, dass die Gerichte der Mitgliedstaaten unter außergewöhnlichen Umständen die Vorbehaltsklausel („ordre public“) und Eingriffsnormen anwenden können. Der Begriff „Eingriffsnormen“ sollte von dem Begriff „Bestimmungen, von denen nicht durch Vereinbarung abgewichen werden kann“, unterschieden und enger ausgelegt werden.

(38) Im Zusammenhang mit der Übertragung der Forderung sollte mit dem Begriff „Verhältnis“ klargestellt werden, dass Artikel 14 Absatz 1 auch auf die dinglichen Aspekte des Vertrags zwischen Zedent und Zessionar anwendbar ist, wenn eine Rechtsordnung dingliche und schuldrechtliche Aspekte trennt. Allerdings sollte mit dem Begriff „Verhältnis“ nicht jedes beliebige möglicherweise zwischen dem Zedenten und dem Zessionar bestehende Verhältnis gemeint sein. Insbesondere sollte sich der Begriff nicht auf die der Übertragung einer Forderung vorgelagerten Fragen erstrecken. Vielmehr sollte er sich ausschließlich auf die Aspekte beschränken, die für die betreffende Übertragung einer Forderung unmittelbar von Bedeutung sind.

(39) Aus Gründen der Rechtssicherheit sollte der Begriff „gewöhnlicher Aufenthalt“, insbesondere im Hinblick auf Gesellschaften, Vereine und juristische Personen, eindeutig definiert werden. Im Unterschied zu Artikel 60 Absatz 1 der Verordnung (EG) Nr. 44/2001, der drei Kriterien zur Wahl stellt, sollte sich die Kollisionsnorm auf ein einziges Kriterium beschränken, da es für die Parteien andernfalls nicht möglich wäre, vorherzusehen, welches Recht auf ihren Fall anwendbar ist.

(40) Die Aufteilung der Kollisionsnormen auf zahlreiche Rechtsakte sowie Unterschiede zwischen diesen Normen sollten vermieden werden. Diese Verordnung sollte jedoch die Möglichkeit der Aufnahme von Kollisionsnormen für vertragliche Schuldverhältnisse in Vorschriften des Gemeinschaftsrechts über besondere Gegenstände nicht ausschließen.

Diese Verordnung sollte die Anwendung anderer Rechtsakte nicht ausschließen, die Bestimmungen enthalten, die zum reibungslosen Funktionieren des

4 Amtliche Fußnote: ABl. L 18 vom 21. 1. 1997, S. 1.

Binnenmarkts beitragen sollen, soweit sie nicht in Verbindung mit dem Recht angewendet werden können, auf das die Regeln dieser Verordnung verweisen. Die Anwendung der Vorschriften im anzuwendenden Recht, die durch die Bestimmungen dieser Verordnung berufen wurden, sollte nicht die Freiheit des Waren- und Dienstleistungsverkehrs, wie sie in den Rechtsinstrumenten der Gemeinschaft wie der Richtlinie 2000/31/EG des Europäischen Parlaments und des Rates vom 8. Juni 2000 über bestimmte rechtliche Aspekte der Dienste der Informationsgesellschaft, insbesondere des elektronischen Geschäftsverkehrs, im Binnenmarkt („Richtlinie über den elektronischen Geschäftsverkehr")[1] ausgestaltet ist, beschränken.

(41) Um die internationalen Verpflichtungen, die die Mitgliedstaaten eingegangen sind, zu wahren, darf sich die Verordnung nicht auf internationale Übereinkommen auswirken, denen ein oder mehrere Mitgliedstaaten zum Zeitpunkt der Annahme dieser Verordnung angehören. Um den Zugang zu den Rechtsakten zu erleichtern, sollte die Kommission anhand der Angaben der Mitgliedstaaten ein Verzeichnis der betreffenden Übereinkommen im *Amtsblatt der Europäischen Union* veröffentlichen.

(42) Die Kommission wird dem Europäischen Parlament und dem Rat einen Vorschlag unterbreiten, nach welchen Verfahren und unter welchen Bedingungen die Mitgliedstaaten in Einzel- und Ausnahmefällen in eigenem Namen Übereinkünfte mit Drittländern über sektorspezifische Fragen aushandeln und abschließen dürfen, die Bestimmungen über das auf vertragliche Schuldverhältnisse anzuwendende Recht enthalten.

(43) Da das Ziel dieser Verordnung auf Ebene der Mitgliedstaaten nicht ausreichend verwirklicht werden kann und daher wegen des Umfangs und der Wirkungen der Verordnung besser auf Gemeinschaftsebene zu verwirklichen ist, kann die Gemeinschaft im Einklang mit dem in Artikel 5 des Vertrags niedergelegten Subsidiaritätsprinzip tätig werden. Entsprechend dem ebenfalls in diesem Artikel festgelegten Grundsatz der Verhältnismäßigkeit geht diese Verordnung nicht über das zur Erreichung ihres Ziels erforderliche Maß hinaus.

(44) Gemäß Artikel 3 des Protokolls über die Position des Vereinigten Königreichs und Irlands im Anhang zum Vertrag über die Europäische Union und im Anhang zum Vertrag zur Gründung der Europäischen Gemeinschaft beteiligt sich Irland an der Annahme und Anwendung dieser Verordnung.

(45) Gemäß den Artikeln 1 und 2 und unbeschadet des Artikels 4 des Protokolls über die Position des Vereinigten Königreichs und Irlands im Anhang zum Vertrag über die Europäische Union und zum Vertrag zur Gründung der Europäischen Gemeinschaft beteiligt sich das Vereinigte Königreich nicht an der Annahme dieser Verordnung, die für das Vereinigte Königreich nicht bindend oder anwendbar ist.

(46) Gemäß den Artikeln 1 und 2 des Protokolls über die Position Dänemarks im Anhang zum Vertrag über die Europäische Union und dem Vertrag zur Gründung der Europäischen Gemeinschaft beteiligt sich Dänemark nicht an der Annahme dieser Verordnung, die für Dänemark nicht bindend oder anwendbar ist –

HABEN FOLGENDE VERORDNUNG ERLASSEN:

---

1 Amtliche Fußnote: ABl. L 178 vom 17. 7. 2000, S. 1.

KAPITEL I
ANWENDUNGSBEREICH

Artikel 1 Anwendungsbereich

(1) Diese Verordnung gilt für vertragliche Schuldverhältnisse in Zivil- und Handelssachen, die eine Verbindung zum Recht verschiedener Staaten aufweisen.

Sie gilt insbesondere nicht für Steuer- und Zollsachen sowie verwaltungsrechtliche Angelegenheiten.

(2) Vom Anwendungsbereich dieser Verordnung ausgenommen sind:

a) der Personenstand sowie die Rechts-, Geschäfts- und Handlungsfähigkeit von natürlichen Personen, unbeschadet des Artikels 13;

b) Schuldverhältnisse aus einem Familienverhältnis oder aus Verhältnissen, die nach dem auf diese Verhältnisse anzuwendenden Recht vergleichbare Wirkungen entfalten, einschließlich der Unterhaltspflichten;

c) Schuldverhältnisse aus ehelichen Güterständen, aus Güterständen aufgrund von Verhältnissen, die nach dem auf diese Verhältnisse anzuwendenden Recht mit der Ehe vergleichbare Wirkungen entfalten, und aus Testamenten und Erbrecht;

d) Verpflichtungen aus Wechseln, Schecks, Eigenwechseln und anderen handelbaren Wertpapieren, soweit die Verpflichtungen aus diesen anderen Wertpapieren aus deren Handelbarkeit entstehen;

e) Schieds- und Gerichtsstandsvereinbarungen;

f) Fragen betreffend das Gesellschaftsrecht, das Vereinsrecht und das Recht der juristischen Personen, wie die Errichtung durch Eintragung oder auf andere Weise, die Rechts- und Handlungsfähigkeit, die innere Verfassung und die Auflösung von Gesellschaften, Vereinen und juristischen Personen sowie die persönliche Haftung der Gesellschafter und der Organe für die Verbindlichkeiten einer Gesellschaft, eines Vereins oder einer juristischen Person;

g) die Frage, ob ein Vertreter die Person, für deren Rechnung er zu handeln vorgibt, Dritten gegenüber verpflichten kann, oder ob ein Organ einer Gesellschaft, eines Vereins oder einer anderen juristischen Person diese Gesellschaft, diesen Verein oder diese juristische Person gegenüber Dritten verpflichten kann;

h) die Gründung von „Trusts" sowie die dadurch geschaffenen Rechtsbeziehungen zwischen den Verfügenden, den Treuhändern und den Begünstigten;

i) Schuldverhältnisse aus Verhandlungen vor Abschluss eines Vertrags;

j) Versicherungsverträge aus von anderen Einrichtungen als den in Artikel 2 der Richtlinie 2002/83/EG des Europäischen Parlaments und des Rates vom 5. November 2002 über Lebensversicherungen[1] genannten Unternehmen durchgeführten Geschäften, deren Zweck darin besteht, den unselbstständig oder selbstständig tätigen Arbeitskräften eines Unternehmens oder einer Unternehmensgruppe oder den Angehörigen eines Berufes oder einer Berufsgruppe im Todes- oder Erlebensfall oder bei Arbeitseinstellung oder bei Minderung der Erwerbstätigkeit oder bei arbeitsbedingter Krankheit oder Arbeitsunfällen Leistungen zu gewähren.

---

1 Amtliche Fußnote: ABl. L 345 vom 19. 12. 2002, S. 1. Zuletzt geändert durch die Richtlinie 2008/19/EG (ABl. L 76 vom 19. 3. 2008, S. 44).

(3) Diese Verordnung gilt unbeschadet des Artikels 18 nicht für den Beweis und das Verfahren.

(4) Im Sinne dieser Verordnung bezeichnet der Begriff „Mitgliedstaat“ die Mitgliedstaaten, auf die diese Verordnung anwendbar ist. In Artikel 3 Absatz 4 und Artikel 7 bezeichnet der Begriff jedoch alle Mitgliedstaaten.

Artikel 2 Universelle Anwendung

Das nach dieser Verordnung bezeichnete Recht ist auch dann anzuwenden, wenn es nicht das Recht eines Mitgliedstaats ist.

KAPITEL II

EINHEITLICHE KOLLISIONSNORMEN

Artikel 3 Freie Rechtswahl

(1) Der Vertrag unterliegt dem von den Parteien gewählten Recht. Die Rechtswahl muss ausdrücklich erfolgen oder sich eindeutig aus den Bestimmungen des Vertrags oder aus den Umständen des Falles ergeben. Die Parteien können die Rechtswahl für ihren ganzen Vertrag oder nur für einen Teil desselben treffen.

(2) Die Parteien können jederzeit vereinbaren, dass der Vertrag nach einem anderen Recht zu beurteilen ist als dem, das zuvor entweder aufgrund einer früheren Rechtswahl nach diesem Artikel oder aufgrund anderer Vorschriften dieser Verordnung für ihn maßgebend war. Die Formgültigkeit des Vertrags im Sinne des Artikels 11 und Rechte Dritter werden durch eine nach Vertragsschluss erfolgende Änderung der Bestimmung des anzuwendenden Rechts nicht berührt.

(3) Sind alle anderen Elemente des Sachverhalts zum Zeitpunkt der Rechtswahl in einem anderen als demjenigen Staat belegen, dessen Recht gewählt wurde, so berührt die Rechtswahl der Parteien nicht die Anwendung derjenigen Bestimmungen des Rechts dieses anderen Staates, von denen nicht durch Vereinbarung abgewichen werden kann.

(4) Sind alle anderen Elemente des Sachverhalts zum Zeitpunkt der Rechtswahl in einem oder mehreren Mitgliedstaaten belegen, so berührt die Wahl des Rechts eines Drittstaats durch die Parteien nicht die Anwendung der Bestimmungen des Gemeinschaftsrechts – gegebenenfalls in der von dem Mitgliedstaat des angerufenen Gerichts umgesetzten Form –, von denen nicht durch Vereinbarung abgewichen werden kann.

(5) Auf das Zustandekommen und die Wirksamkeit der Einigung der Parteien über das anzuwendende Recht finden die Artikel 10, 11 und 13 Anwendung.

Artikel 4 Mangels Rechtswahl anzuwendendes Recht

(1) Soweit die Parteien keine Rechtswahl gemäß Artikel 3 getroffen haben, bestimmt sich das auf den Vertrag anzuwendende Recht unbeschadet der Artikel 5 bis 8 wie folgt:

a) Kaufverträge über bewegliche Sachen unterliegen dem Recht des Staates, in dem der Verkäufer seinen gewöhnlichen Aufenthalt hat.

b) Dienstleistungsverträge unterliegen dem Recht des Staates, in dem der Dienstleister seinen gewöhnlichen Aufenthalt hat.

c) Verträge, die ein dingliches Recht an unbeweglichen Sachen sowie die Miete oder Pacht unbeweglicher Sachen zum Gegenstand haben, unterliegen dem Recht des Staates, in dem die unbewegliche Sache belegen ist.

d) Ungeachtet des Buchstabens c unterliegt die Miete oder Pacht unbeweglicher Sachen für höchstens sechs aufeinander folgende Monate zum vorübergehenden privaten Gebrauch dem Recht des Staates, in dem der Vermieter oder Verpächter seinen gewöhnlichen Aufenthalt hat, sofern der Mieter oder Pächter eine natürliche Person ist und seinen gewöhnlichen Aufenthalt in demselben Staat hat.

e) Franchiseverträge unterliegen dem Recht des Staates, in dem der Franchisenehmer seinen gewöhnlichen Aufenthalt hat.

f) Vertriebsverträge unterliegen dem Recht des Staates, in dem der Vertriebshändler seinen gewöhnlichen Aufenthalt hat.

g) Verträge über den Kauf beweglicher Sachen durch Versteigerung unterliegen dem Recht des Staates, in dem die Versteigerung abgehalten wird, sofern der Ort der Versteigerung bestimmt werden kann.

h) Verträge, die innerhalb eines multilateralen Systems geschlossen werden, das die Interessen einer Vielzahl Dritter am Kauf und Verkauf von Finanzinstrumenten im Sinne von Artikel 4 Absatz 1 Nummer 17 der Richtlinie 2004/39/EG nach nicht diskretionären Regeln und nach Maßgabe eines einzigen Rechts zusammenführt oder das Zusammenführen fördert, unterliegen diesem Recht.

(2) Fällt der Vertrag nicht unter Absatz 1 oder sind die Bestandteile des Vertrags durch mehr als einen der Buchstaben a bis h des Absatzes 1 abgedeckt, so unterliegt der Vertrag dem Recht des Staates, in dem die Partei, welche die für den Vertrag charakteristische Leistung zu erbringen hat, ihren gewöhnlichen Aufenthalt hat.

(3) Ergibt sich aus der Gesamtheit der Umstände, dass der Vertrag eine offensichtlich engere Verbindung zu einem anderen als dem nach Absatz 1 oder 2 bestimmten Staat aufweist, so ist das Recht dieses anderen Staates anzuwenden.

(4) Kann das anzuwendende Recht nicht nach Absatz 1 oder 2 bestimmt werden, so unterliegt der Vertrag dem Recht des Staates, zu dem er die engste Verbindung aufweist.

Artikel 5 Beförderungsverträge

(1) Soweit die Parteien in Bezug auf einen Vertrag über die Beförderung von Gütern keine Rechtswahl nach Artikel 3 getroffen haben, ist das Recht des Staates anzuwenden, in dem der Beförderer seinen gewöhnlichen Aufenthalt hat, sofern sich in diesem Staat auch der Übernahmeort oder der Ablieferungsort oder der gewöhnliche Aufenthalt des Absenders befindet. Sind diese Voraussetzungen nicht erfüllt, so ist das Recht des Staates des von den Parteien vereinbarten Ablieferungsorts anzuwenden.

(2) Soweit die Parteien in Bezug auf einen Vertrag über die Beförderung von Personen keine Rechtswahl nach Unterabsatz 2 getroffen haben, ist das anzuwendende Recht das Recht des Staates, in dem die zu befördernde Person ihren gewöhnlichen Aufenthalt hat, sofern sich in diesem Staat auch der Abgangsort oder der Bestimmungsort befindet. Sind diese Voraussetzungen nicht erfüllt, so ist das Recht des Staates anzuwenden, in dem der Beförderer seinen gewöhnlichen Aufenthalt hat.

Als auf einen Vertrag über die Beförderung von Personen anzuwendendes Recht können die Parteien im Einklang mit Artikel 3 nur das Recht des Staates wählen,

a) in dem die zu befördernde Person ihren gewöhnlichen Aufenthalt hat oder

b) in dem der Beförderer seinen gewöhnlichen Aufenthalt hat oder

c) in dem der Beförderer seine Hauptverwaltung hat oder

d) in dem sich der Abgangsort befindet oder

e) in dem sich der Bestimmungsort befindet.

(3) Ergibt sich aus der Gesamtheit der Umstände, dass der Vertrag im Falle fehlender Rechtswahl eine offensichtlich engere Verbindung zu einem anderen als dem nach Absatz 1 oder 2 bestimmten Staat aufweist, so ist das Recht dieses anderen Staates anzuwenden.

Artikel 6 Verbraucherverträge

(1) Unbeschadet der Artikel 5 und 7 unterliegt ein Vertrag, den eine natürliche Person zu einem Zweck, der nicht ihrer beruflichen oder gewerblichen Tätigkeit zugerechnet werden kann („Verbraucher"), mit einer anderen Person geschlossen hat, die in Ausübung ihrer beruflichen oder gewerblichen Tätigkeit handelt („Unternehmer"), dem Recht des Staates, in dem der Verbraucher seinen gewöhnlichen Aufenthalt hat, sofern der Unternehmer

a) seine berufliche oder gewerbliche Tätigkeit in dem Staat ausübt, in dem der Verbraucher seinen gewöhnlichen Aufenthalt hat, oder

b) eine solche Tätigkeit auf irgend einer Weise auf diesen Staat oder auf mehrere Staaten, einschließlich dieses Staates, ausrichtet

und der Vertrag in den Bereich dieser Tätigkeit fällt.

(2) Ungeachtet des Absatzes 1 können die Parteien das auf einen Vertrag, der die Anforderungen des Absatzes 1 erfüllt, anzuwendende Recht nach Artikel 3 wählen. Die Rechtswahl darf jedoch nicht dazu führen, dass dem Verbraucher der Schutz entzogen wird, der ihm durch diejenigen Bestimmungen gewährt wird, von denen nach dem Recht, das nach Absatz 1 mangels einer Rechtswahl anzuwenden wäre, nicht durch Vereinbarung abgewichen werden darf.

(3) Sind die Anforderungen des Absatzes 1 Buchstabe a oder b nicht erfüllt, so gelten für die Bestimmung des auf einen Vertrag zwischen einem Verbraucher und einem Unternehmer anzuwendenden Rechts die Artikel 3 und 4.

(4) Die Absätze 1 und 2 gelten nicht für:

a) Verträge über die Erbringung von Dienstleistungen, wenn die dem Verbraucher geschuldeten Dienstleistungen ausschließlich in einem anderen als dem Staat erbracht werden müssen, in dem der Verbraucher seinen gewöhnlichen Aufenthalt hat;

b) Beförderungsverträge mit Ausnahme von Pauschalreiseverträgen im Sinne der Richtlinie 90/314/EWG des Rates vom 13. Juni 1990 über Pauschalreisen[1];

c) Verträge, die ein dingliches Recht an unbeweglichen Sachen oder die Miete oder Pacht unbeweglicher Sachen zum Gegenstand haben, mit Ausnahme der Verträge über Teilzeitnutzungsrechte an Immobilien im Sinne der Richtlinie 94/47/EG;

---

1 Amtliche Fußnote: ABl. L 158 vom 23. 6. 1990, S. 59.

d) Rechte und Pflichten im Zusammenhang mit einem Finanzinstrument sowie Rechte und Pflichten, durch die die Bedingungen für die Ausgabe oder das öffentliche Angebot und öffentliche Übernahmeangebote bezüglich übertragbarer Wertpapiere und die Zeichnung oder den Rückkauf von Anteilen an Organismen für gemeinsame Anlagen in Wertpapieren festgelegt werden, sofern es sich dabei nicht um die Erbringung von Finanzdienstleistungen handelt;

e) Verträge, die innerhalb der Art von Systemen geschlossen werden, auf die Artikel 4 Absatz 1 Buchstabe h Anwendung findet.

Artikel 7 Versicherungsverträge

(1) Dieser Artikel gilt für Verträge nach Absatz 2, unabhängig davon, ob das gedeckte Risiko in einem Mitgliedstaat belegen ist, und für alle anderen Versicherungsverträge, durch die Risiken gedeckt werden, die im Gebiet der Mitgliedstaaten belegen sind. Er gilt nicht für Rückversicherungsverträge.

(2) Versicherungsverträge, die Großrisiken im Sinne von Artikel 5 Buchstabe d der Ersten Richtlinie 73/239/EWG des Rates vom 24. Juli 1973 zur Koordinierung der Rechts- und Verwaltungsvorschriften betreffend die Aufnahme und Ausübung der Tätigkeit der Direktversicherung (mit Ausnahme der Lebensversicherung)[2] decken, unterliegen dem von den Parteien nach Artikel 3 der vorliegenden Verordnung gewählten Recht.

Soweit die Parteien keine Rechtswahl getroffen haben, unterliegt der Versicherungsvertrag dem Recht des Staats, in dem der Versicherer seinen gewöhnlichen Aufenthalt hat. Ergibt sich aus der Gesamtheit der Umstände, dass der Vertrag eine offensichtlich engere Verbindung zu einem anderen Staat aufweist, ist das Recht dieses anderen Staates anzuwenden.

(3) Für Versicherungsverträge, die nicht unter Absatz 2 fallen, dürfen die Parteien nur die folgenden Rechte im Einklang mit Artikel 3 wählen:

a) das Recht eines jeden Mitgliedstaats, in dem zum Zeitpunkt des Vertragsschlusses das Risiko belegen ist;

b) das Recht des Staates, in dem der Versicherungsnehmer seinen gewöhnlichen Aufenthalt hat;

c) bei Lebensversicherungen das Recht des Mitgliedstaats, dessen Staatsangehörigkeit der Versicherungsnehmer besitzt;

d) für Versicherungsverträge, bei denen sich die gedeckten Risiken auf Schadensfälle beschränken, die in einem anderen Mitgliedstaat als dem Mitgliedstaat, in dem das Risiko belegen ist, eintreten können, das Recht jenes Mitgliedstaats;

e) wenn der Versicherungsnehmer eines Vertrags im Sinne dieses Absatzes eine gewerbliche oder industrielle Tätigkeit ausübt oder freiberuflich tätig ist und der Versicherungsvertrag zwei oder mehr Risiken abdeckt, die mit dieser Tätigkeit in Zusammenhang stehen und in unterschiedlichen Mitgliedstaaten belegen sind, das Recht eines betroffenen Mitgliedstaats oder das Recht des Staates des gewöhnlichen Aufenthalts des Versicherungsnehmers.

Räumen in den Fällen nach den Buchstaben a, b oder e die betreffenden Mitgliedstaaten eine größere Wahlfreiheit bezüglich des auf den Versicherungsvertrag anwendbaren Rechts ein, so können die Parteien hiervon Gebrauch machen.

---

2 Amtliche Fußnote: ABl. L 228 vom 16. 8. 1973, S. 3. Zuletzt geändert durch die Richtlinie 2005/68/EG des Europäischen Parlaments und des Rates (ABl. L 323 vom 9. 12. 2006, S. 1).

Soweit die Parteien keine Rechtswahl gemäß diesem Absatz getroffen haben unterliegt der Vertrag dem Recht des Mitgliedstaats, in dem zum Zeitpunkt des Vertragsschlusses das Risiko belegen ist.

(4) Die folgenden zusätzlichen Regelungen gelten für Versicherungsverträge über Risiken, für die ein Mitgliedstaat eine Versicherungspflicht vorschreibt:

a) Der Versicherungsvertrag genügt der Versicherungspflicht nur, wenn er den von dem die Versicherungspflicht auferlegenden Mitgliedstaat vorgeschriebenen besonderen Bestimmungen für diese Versicherung entspricht. Widerspricht sich das Recht des Mitgliedstaats, in dem das Risiko belegen ist, und dasjenige des Mitgliedstaats, der die Versicherungspflicht vorschreibt, so hat das letztere Vorrang.

b) Ein Mitgliedstaat kann abweichend von den Absätzen 2 und 3 vorschreiben, dass auf den Versicherungsvertrag das Recht des Mitgliedstaats anzuwenden ist, der die Versicherungspflicht vorschreibt.

(5) Deckt der Vertrag in mehr als einem Mitgliedstaat belegene Risiken, so ist für die Zwecke von Absatz 3 Unterabsatz 3 und Absatz 4 der Vertrag als aus mehreren Verträgen bestehend anzusehen, von denen sich jeder auf jeweils nur einen Mitgliedstaat bezieht.

(6) Für die Zwecke dieses Artikels bestimmt sich der Staat, in dem das Risiko belegen ist, nach Artikel 2 Buchstabe d der Zweiten Richtlinie 88/357/EWG des Rates vom 22. Juni 1988 zur Koordinierung der Rechts- und Verwaltungsvorschriften für die Direktversicherung (mit Ausnahme der Lebensversicherung) und zur Erleichterung der tatsächlichen Ausübung des freien Dienstleistungsverkehrs[1], und bei Lebensversicherungen ist der Staat, in dem das Risiko belegen ist, der Staat der Verpflichtung im Sinne von Artikel 1 Absatz 1 Buchstabe g der Richtlinie 2002/83/EG.

Artikel 8 Individualarbeitsverträge

(1) Individualarbeitsverträge unterliegen dem von den Parteien nach Artikel 3 gewählten Recht. Die Rechtswahl der Parteien darf jedoch nicht dazu führen, dass dem Arbeitnehmer der Schutz entzogen wird, der ihm durch Bestimmungen gewährt wird, von denen nach dem Recht, das nach den Absätzen 2, 3 und 4 des vorliegenden Artikels mangels einer Rechtswahl anzuwenden wäre, nicht durch Vereinbarung abgewichen werden darf.

(2) Soweit das auf den Arbeitsvertrag anzuwendende Recht nicht durch Rechtswahl bestimmt ist, unterliegt der Arbeitsvertrag dem Recht des Staates, in dem oder andernfalls von dem aus der Arbeitnehmer in Erfüllung des Vertrags gewöhnlich seine Arbeit verrichtet. Der Staat, in dem die Arbeit gewöhnlich verrichtet wird, wechselt nicht, wenn der Arbeitnehmer seine Arbeit vorübergehend in einem anderen Staat verrichtet.

(3) Kann das anzuwendende Recht nicht nach Absatz 2 bestimmt werden, so unterliegt der Vertrag dem Recht des Staates, in dem sich die Niederlassung befindet, die den Arbeitnehmer eingestellt hat.

(4) Ergibt sich aus der Gesamtheit der Umstände, dass der Vertrag eine engere Verbindung zu einem anderen als dem in Absatz 2 oder 3 bezeichneten Staat aufweist, ist das Recht dieses anderen Staates anzuwenden.

1 Amtliche Fußnote: ABl. L 172 vom 4. 7. 1988, S. 1. Zuletzt geändert durch die Richtlinie 2005/14/EG des Europäischen Parlaments und des Rates (ABl. L 149 vom 11. 6. 2005, S. 14).

Artikel 9 Eingriffsnormen

(1) Eine Eingriffsnorm ist eine zwingende Vorschrift, deren Einhaltung von einem Staat als so entscheidend für die Wahrung seines öffentlichen Interesses, insbesondere seiner politischen, sozialen oder wirtschaftlichen Organisation, angesehen wird, dass sie ungeachtet des nach Maßgabe dieser Verordnung auf den Vertrag anzuwendenden Rechts auf alle Sachverhalte anzuwenden ist, die in ihren Anwendungsbereich fallen.

(2) Diese Verordnung berührt nicht die Anwendung der Eingriffsnormen des Rechts des angerufenen Gerichts.

(3) Den Eingriffsnormen des Staates, in dem die durch den Vertrag begründeten Verpflichtungen erfüllt werden sollen oder erfüllt worden sind, kann Wirkung verliehen werden, soweit diese Eingriffsnormen die Erfüllung des Vertrags unrechtmäßig werden lassen. Bei der Entscheidung, ob diesen Eingriffsnormen Wirkung zu verleihen ist, werden Art und Zweck dieser Normen sowie die Folgen berücksichtigt, die sich aus ihrer Anwendung oder Nichtanwendung ergeben würden.

Artikel 10 Einigung und materielle Wirksamkeit

(1) Das Zustandekommen und die Wirksamkeit des Vertrags oder einer seiner Bestimmungen beurteilen sich nach dem Recht, das nach dieser Verordnung anzuwenden wäre, wenn der Vertrag oder die Bestimmung wirksam wäre.

(2) Ergibt sich jedoch aus den Umständen, dass es nicht gerechtfertigt wäre, die Wirkung des Verhaltens einer Partei nach dem in Absatz 1 bezeichneten Recht zu bestimmen, so kann sich diese Partei für die Behauptung, sie habe dem Vertrag nicht zugestimmt, auf das Recht des Staates ihres gewöhnlichen Aufenthalts berufen.

Artikel 11 Form

(1) Ein Vertrag, der zwischen Personen geschlossen wird, die oder deren Vertreter sich zum Zeitpunkt des Vertragsschlusses in demselben Staat befinden, ist formgültig, wenn er die Formerfordernisse des auf ihn nach dieser Verordnung anzuwendenden materiellen Rechts oder die Formerfordernisse des Rechts des Staates, in dem er geschlossen wird, erfüllt.

(2) Ein Vertrag, der zwischen Personen geschlossen wird, die oder deren Vertreter sich zum Zeitpunkt des Vertragsschlusses in verschiedenen Staaten befinden, ist formgültig, wenn er die Formerfordernisse des auf ihn nach dieser Verordnung anzuwendenden materiellen Rechts oder die Formerfordernisse des Rechts eines der Staaten, in denen sich eine der Vertragsparteien oder ihr Vertreter zum Zeitpunkt des Vertragsschlusses befindet, oder die Formerfordernisse des Rechts des Staates, in dem eine der Vertragsparteien zu diesem Zeitpunkt ihren gewöhnlichen Aufenthalt hatte, erfüllt.

(3) Ein einseitiges Rechtsgeschäft, das sich auf einen geschlossenen oder zu schließenden Vertrag bezieht, ist formgültig, wenn es die Formerfordernisse des materiellen Rechts, das nach dieser Verordnung auf den Vertrag anzuwenden ist oder anzuwenden wäre, oder die Formerfordernisse des Rechts des Staates erfüllt, in dem dieses Rechtsgeschäft vorgenommen worden ist oder in dem die Person, die das Rechtsgeschäft vorgenommen hat, zu diesem Zeitpunkt ihren gewöhnlichen Aufenthalt hatte.

(4) Die Absätze 1, 2 und 3 des vorliegenden Artikels gelten nicht für Verträge, die in den Anwendungsbereich von Artikel 6 fallen. Für die Form dieser Verträge

ist das Recht des Staates maßgebend, in dem der Verbraucher seinen gewöhnlichen Aufenthalt hat.

(5) Abweichend von den Absätzen 1 bis 4 unterliegen Verträge, die ein dingliches Recht an einer unbeweglichen Sache oder die Miete oder Pacht einer unbeweglichen Sache zum Gegenstand haben, den Formvorschriften des Staates, in dem die unbewegliche Sache belegen ist, sofern diese Vorschriften nach dem Recht dieses Staates

a) unabhängig davon gelten, in welchem Staat der Vertrag geschlossen wird oder welchem Recht dieser Vertrag unterliegt, und

b) von ihnen nicht durch Vereinbarung abgewichen werden darf.

Artikel 12 Geltungsbereich des anzuwendenden Rechts

(1) Das nach dieser Verordnung auf einen Vertrag anzuwendende Recht ist insbesondere maßgebend für

a) seine Auslegung,

b) die Erfüllung der durch ihn begründeten Verpflichtungen,

c) die Folgen der vollständigen oder teilweisen Nichterfüllung dieser Verpflichtungen, in den Grenzen der dem angerufenen Gericht durch sein Prozessrecht eingeräumten Befugnisse, einschließlich der Schadensbemessung, soweit diese nach Rechtsnormen erfolgt,

d) die verschiedenen Arten des Erlöschens der Verpflichtungen sowie die Verjährung und die Rechtsverluste, die sich aus dem Ablauf einer Frist ergeben,

e) die Folgen der Nichtigkeit des Vertrags.

(2) In Bezug auf die Art und Weise der Erfüllung und die vom Gläubiger im Falle mangelhafter Erfüllung zu treffenden Maßnahmen ist das Recht des Staates, in dem die Erfüllung erfolgt, zu berücksichtigen.

Artikel 13 Rechts-, Geschäfts- und Handlungsunfähigkeit

Bei einem zwischen Personen, die sich in demselben Staat befinden, geschlossenen Vertrag kann sich eine natürliche Person, die nach dem Recht dieses Staates rechts-, geschäfts- und handlungsfähig wäre, nur dann auf ihre sich nach dem Recht eines anderen Staates ergebende Rechts-, Geschäfts- und Handlungsunfähigkeit berufen, wenn die andere Vertragspartei bei Vertragsschluss diese Rechts-, Geschäfts- und Handlungsunfähigkeit kannte oder infolge von Fahrlässigkeit nicht kannte.

Artikel 14 Übertragung der Forderung

(1) Das Verhältnis zwischen Zedent und Zessionar aus der Übertragung einer Forderung gegen eine andere Person („Schuldner") unterliegt dem Recht, das nach dieser Verordnung auf den Vertrag zwischen Zedent und Zessionar anzuwenden ist.

(2) Das Recht, dem die übertragene Forderung unterliegt, bestimmt ihre Übertragbarkeit, das Verhältnis zwischen Zessionar und Schuldner, die Voraussetzungen, unter denen die Übertragung dem Schuldner entgegengehalten werden kann, und die befreiende Wirkung einer Leistung durch den Schuldner.

(3) Der Begriff „Übertragung" in diesem Artikel umfasst die vollkommene Übertragung von Forderungen, die Übertragung von Forderungen zu Sicherungs-

zwecken sowie von Pfandrechten oder anderen Sicherungsrechten an Forderungen.

Artikel 15 Gesetzlicher Forderungsübergang

Hat eine Person („Gläubiger“) eine vertragliche Forderung gegen eine andere Person („Schuldner“) und ist ein Dritter verpflichtet, den Gläubiger zu befriedigen, oder hat er den Gläubiger aufgrund dieser Verpflichtung befriedigt, so bestimmt das für die Verpflichtung des Dritten gegenüber dem Gläubiger maßgebende Recht, ob und in welchem Umfang der Dritte die Forderung des Gläubigers gegen den Schuldner nach dem für deren Beziehung maßgebenden Recht geltend zu machen berechtigt ist.

Artikel 16 Mehrfache Haftung

Hat ein Gläubiger eine Forderung gegen mehrere für dieselbe Forderung haftende Schuldner und ist er von einem der Schuldner ganz oder teilweise befriedigt worden, so ist für das Recht dieses Schuldners, von den übrigen Schuldnern Ausgleich zu verlangen, das Recht maßgebend, das auf die Verpflichtung dieses Schuldners gegenüber dem Gläubiger anzuwenden ist. Die übrigen Schuldner sind berechtigt, diesem Schuldner diejenigen Verteidigungsmittel entgegenzuhalten, die ihnen gegenüber dem Gläubiger zugestanden haben, soweit dies gemäß dem auf ihre Verpflichtung gegenüber dem Gläubiger anzuwendenden Recht zulässig wäre.

Artikel 17 Aufrechnung

Ist das Recht zur Aufrechnung nicht vertraglich vereinbart, so gilt für die Aufrechnung das Recht, dem die Forderung unterliegt, gegen die aufgerechnet wird.

Artikel 18 Beweis

(1) Das nach dieser Verordnung für das vertragliche Schuldverhältnis maßgebende Recht ist insoweit anzuwenden, als es für vertragliche Schuldverhältnisse gesetzliche Vermutungen aufstellt oder die Beweislast verteilt.

(2) Zum Beweis eines Rechtsgeschäfts sind alle Beweisarten des Rechts des angerufenen Gerichts oder eines der in Artikel 11 bezeichneten Rechte, nach denen das Rechtsgeschäft formgültig ist, zulässig, sofern der Beweis in dieser Art vor dem angerufenen Gericht erbracht werden kann.

KAPITEL III

SONSTIGE VORSCHRIFTEN

Artikel 19 Gewöhnlicher Aufenthalt

(1) Für die Zwecke dieser Verordnung ist der Ort des gewöhnlichen Aufenthalts von Gesellschaften, Vereinen und juristischen Personen der Ort ihrer Hauptverwaltung.

Der gewöhnliche Aufenthalt einer natürlichen Person, die im Rahmen der Ausübung ihrer beruflichen Tätigkeit handelt, ist der Ort ihrer Hauptniederlassung.

(2) Wird der Vertrag im Rahmen des Betriebs einer Zweigniederlassung, Agentur oder sonstigen Niederlassung geschlossen oder ist für die Erfüllung gemäß dem Vertrag eine solche Zweigniederlassung, Agentur oder sonstigen Niederlas-

sung verantwortlich, so steht der Ort des gewöhnlichen Aufenthalts dem Ort gleich, an dem sich die Zweigniederlassung, Agentur oder sonstige Niederlassung befindet.

(3) Für die Bestimmung des gewöhnlichen Aufenthalts ist der Zeitpunkt des Vertragsschlusses maßgebend.

Artikel 20 Ausschluss der Rück- und Weiterverweisung

Unter dem nach dieser Verordnung anzuwendenden Recht eines Staates sind die in diesem Staat geltenden Rechtsnormen unter Ausschluss derjenigen des Internationalen Privatrechts zu verstehen, soweit in dieser Verordnung nichts anderes bestimmt ist.

Artikel 21 Öffentliche Ordnung im Staat des angerufenen Gerichts

Die Anwendung einer Vorschrift des nach dieser Verordnung bezeichneten Rechts kann nur versagt werden, wenn ihre Anwendung mit der öffentlichen Ordnung („ordre public") des Staates des angerufenen Gerichts offensichtlich unvereinbar ist.

Artikel 22 Staaten ohne einheitliche Rechtsordnung

(1) Umfasst ein Staat mehrere Gebietseinheiten, von denen jede eigene Rechtsnormen für vertragliche Schuldverhältnisse hat, so gilt für die Bestimmung des nach dieser Verordnung anzuwendenden Rechts jede Gebietseinheit als Staat.

(2) Ein Mitgliedstaat, in dem verschiedene Gebietseinheiten ihre eigenen Rechtsnormen für vertragliche Schuldverhältnisse haben, ist nicht verpflichtet, diese Verordnung auf Kollisionen zwischen den Rechtsordnungen dieser Gebietseinheiten anzuwenden.

Artikel 23 Verhältnis zu anderen Gemeinschaftsrechtsakten

Mit Ausnahme von Artikel 7 berührt diese Verordnung nicht die Anwendung von Vorschriften des Gemeinschaftsrechts, die in besonderen Bereichen Kollisionsnormen für vertragliche Schuldverhältnisse enthalten.

Artikel 24 Beziehung zum Übereinkommen von Rom

(1) Diese Verordnung tritt in den Mitgliedstaaten an die Stelle des Übereinkommens von Rom, außer hinsichtlich der Hoheitsgebiete der Mitgliedstaaten, die in den territorialen Anwendungsbereich dieses Übereinkommens fallen und für die aufgrund der Anwendung von Artikel 299 des Vertrags diese Verordnung nicht gilt.

(2) Soweit diese Verordnung die Bestimmungen des Übereinkommens von Rom ersetzt, gelten Bezugnahmen auf dieses Übereinkommen als Bezugnahmen auf diese Verordnung.

Artikel 25 Verhältnis zu bestehenden internationalen Übereinkommen

(1) Diese Verordnung berührt nicht die Anwendung der internationalen Übereinkommen, denen ein oder mehrere Mitgliedstaaten zum Zeitpunkt der Annahme dieser Verordnung angehören und die Kollisionsnormen für vertragliche Schuldverhältnisse enthalten.

(2) Diese Verordnung hat jedoch in den Beziehungen zwischen den Mitgliedstaaten Vorrang vor den ausschließlich zwischen zwei oder mehreren Mitglied-

staaten geschlossenen Übereinkommen, soweit diese Bereiche betreffen, die in dieser Verordnung geregelt sind.

Artikel 26 Verzeichnis der Übereinkommen

(1) Die Mitgliedstaaten übermitteln der Kommission bis spätestens 17. Juni 2009 die Übereinkommen nach Artikel 25 Absatz 1. Kündigen die Mitgliedstaaten nach diesem Stichtag eines dieser Übereinkommen, so setzen sie die Kommission davon in Kenntnis.

(2) Die Kommission veröffentlicht im *Amtsblatt der Europäischen Union* innerhalb von sechs Monaten nach Erhalt der in Absatz 1 genannten Übermittlung

a) ein Verzeichnis der in Absatz 1 genannten Übereinkommen;

b) die in Absatz 1 genannten Kündigungen.

Artikel 27 Überprüfungsklausel

(1) Die Kommission legt dem Europäischen Parlament, dem Rat und dem Europäischen Wirtschafts- und Sozialausschuss bis spätestens 17. Juni 2013 einen Bericht über die Anwendung dieser Verordnung vor. Diesem Bericht werden gegebenenfalls Vorschläge zur Änderung der Verordnung beigefügt. Der Bericht umfasst:

a) eine Untersuchung über das auf Versicherungsverträge anzuwendende Recht und eine Abschätzung der Folgen etwaiger einzuführender Bestimmungen und

b) eine Bewertung der Anwendung von Artikel 6, insbesondere hinsichtlich der Kohärenz des Gemeinschaftsrechts im Bereich des Verbraucherschutzes.

(2) Die Kommission legt dem Europäischen Parlament, dem Rat und dem Europäischen Wirtschafts- und Sozialausschuss bis 17. Juni 2010 einen Bericht über die Frage vor, ob die Übertragung einer Forderung Dritten entgegengehalten werden kann, und über den Rang dieser Forderung gegenüber einem Recht einer anderen Person. Dem Bericht wird gegebenenfalls ein Vorschlag zur Änderung dieser Verordnung sowie eine Folgenabschätzung der einzuführenden Bestimmungen beigefügt.

Artikel 28 Zeitliche Anwendbarkeit

Diese Verordnung wird auf Verträge angewandt, die ab dem 17. Dezember 2009 geschlossen werden.

KAPITEL IV
SCHLUSSBESTIMMUNGEN

Artikel 29 Inkrafttreten und Anwendbarkeit

Diese Verordnung tritt am zwanzigsten Tag nach ihrer Veröffentlichung im *Amtsblatt der Europäischen Union* in Kraft.

Sie gilt ab 17. Dezember 2009, mit Ausnahme des Artikels 26, der ab dem 17. Juni 2009 gilt.

Diese Verordnung ist in allen ihren Teilen verbindlich und gilt gemäß dem Vertrag zur Gründung der Europäischen Gemeinschaft unmittelbar in den Mitgliedstaaten.

473 Verordnung (EG) Nr. 864/2007 des Europäischen Parlaments und des Rates vom 11. Juli 2007 über das auf außervertragliche Schuldverhältnisse anzuwendende Recht (Rom II)

(ABl. L 199 vom 31. 7. 2007 S. 40, ber. ABl. L 310 vom 9. 11. 2012 S. 52)

Inhaltsübersicht*

DAS EUROPÄISCHE PARLAMENT UND DER RAT DER EUROPÄISCHEN UNION –

gestützt auf den Vertrag zur Gründung der Europäischen Gemeinschaft, insbesondere auf Artikel 61 Buchstabe c und Artikel 67,

auf Vorschlag der Kommission,

nach Stellungnahme des Europäischen Wirtschafts- und Sozialausschusses[1],

---

* Nicht amtlich.

1 Amtliche Fußnote: ABl. C 241 vom 28. 9. 2004, S. 1.

gemäß dem Verfahren des Artikels 251 des Vertrags, aufgrund des vom Vermittlungsausschuss am 25. Juni 2007 gebilligten gemeinsamen Entwurfs[2],

in Erwägung nachstehender Gründe:

(1) Die Gemeinschaft hat sich zum Ziel gesetzt, einen Raum der Freiheit, der Sicherheit und des Rechts zu erhalten und weiterzuentwickeln. Zur schrittweisen Schaffung eines solchen Raums muss die Gemeinschaft im Bereich der justiziellen Zusammenarbeit in Zivilsachen, die einen grenzüberschreitenden Bezug aufweisen, Maßnahmen erlassen, soweit sie für das reibungslose Funktionieren des Binnenmarkts erforderlich sind.

(2) Nach Artikel 65 Buchstabe b des Vertrags schließen diese Maßnahmen auch solche ein, die die Vereinbarkeit der in den Mitgliedstaaten geltenden Kollisionsnormen und Vorschriften zur Vermeidung von Kompetenzkonflikten fördern.

(3) Auf seiner Tagung vom 15. und 16. Oktober 1999 in Tampere hat der Europäische Rat den Grundsatz der gegenseitigen Anerkennung von Urteilen und anderen Entscheidungen von Justizbehörden als Eckstein der justiziellen Zusammenarbeit in Zivilsachen unterstützt und den Rat und die Kommission ersucht, ein Maßnahmenprogramm zur Umsetzung dieses Grundsatzes anzunehmen.

(4) Der Rat hat am 30. November 2000 ein gemeinsames Maßnahmenprogramm der Kommission und des Rates zur Umsetzung des Grundsatzes der gegenseitigen Anerkennung gerichtlicher Entscheidungen in Zivil- und Handelssachen[3] angenommen. Nach dem Programm können Maßnahmen zur Harmonisierung der Kollisionsnormen dazu beitragen, die gegenseitige Anerkennung gerichtlicher Entscheidungen zu vereinfachen.

(5) In dem vom Europäischen Rat am 5. November 2004 angenommenen Haager Programm[4] wurde dazu aufgerufen, die Beratungen über die Regelung der Kollisionsnormen für außervertragliche Schuldverhältnisse („Rom II") energisch voranzutreiben.

(6) Um den Ausgang von Rechtsstreitigkeiten vorhersehbarer zu machen und die Sicherheit in Bezug auf das anzuwendende Recht sowie den freien Verkehr gerichtlicher Entscheidungen zu fördern, müssen die in den Mitgliedstaaten geltenden Kollisionsnormen im Interesse eines reibungslos funktionierenden Binnenmarkts unabhängig von dem Staat, in dem sich das Gericht befindet, bei dem der Anspruch geltend gemacht wird, dieselben Verweisungen zur Bestimmung des anzuwendenden Rechts vorsehen.

(7) Der materielle Anwendungsbereich und die Bestimmungen dieser Verordnung sollten mit der Verordnung (EG) Nr. 44/2001 des Rates vom 22. Dezember 2000 über die gerichtliche Zuständigkeit und die Anerkennung und Vollstreckung von Entscheidungen in Zivil- und Handelssachen[5] (Brüssel I) und den Instrumenten, die das auf vertragliche Schuldverhältnisse anzuwendende Recht zum Gegenstand haben, in Einklang stehen.

---

2 Amtliche Fußnote: Stellungnahme des Europäischen Parlaments vom 6. Juli 2005 (ABl. C 157 E vom 6. 7. 2006, S. 371), Gemeinsamer Standpunkt des Rates vom 25. September 2006 (ABl. C 289 E vom 28. 11. 2006, S. 68) und Standpunkt des Europäischen Parlaments vom 18. Januar 2007 (noch nicht im Amtsblatt veröffentlicht). Legislative Entschließung des Europäischen Parlaments vom 10. Juli 2007 und Beschluss des Rates vom 28. Juni 2007.

3 Amtliche Fußnote: ABl. C 12 vom 15. 1. 2001, S. 1.

4 Amtliche Fußnote: ABl. C 53 vom 3. 3. 2005, S. 1.

5 Amtliche Fußnote: ABl. L 12 vom 16. 1. 2001, S. 1. Zuletzt geändert durch die Verordnung (EG) Nr. 1791/2006 (ABl. L 363 vom 20. 12. 2006, S. 1).

(8) Diese Verordnung ist unabhängig von der Art des angerufenen Gerichts anwendbar.

(9) Forderungen aufgrund von „acta iure imperii“ sollten sich auch auf Forderungen gegen im Namen des Staates handelnde Bedienstete und auf die Haftung für Handlungen öffentlicher Stellen erstrecken, einschließlich der Haftung amtlich ernannter öffentlicher Bediensteter. Sie sollten daher vom Anwendungsbereich dieser Verordnung ausgenommen werden.

(10) Familienverhältnisse sollten die Verwandtschaft in gerader Linie, die Ehe, die Schwägerschaft und die Verwandtschaft in der Seitenlinie umfassen. Die Bezugnahme in Artikel 1 Absatz 2 auf Verhältnisse, die mit der Ehe oder anderen Familienverhältnissen vergleichbare Wirkungen entfalten, sollte nach dem Recht des Mitgliedstaats, in dem sich das angerufene Gericht befindet, ausgelegt werden.

(11) Der Begriff des außervertraglichen Schuldverhältnisses ist von Mitgliedstaat zu Mitgliedstaat verschieden definiert. Im Sinne dieser Verordnung sollte der Begriff des außervertraglichen Schuldverhältnisses daher als autonomer Begriff verstanden werden. Die in dieser Verordnung enthaltenen Regeln des Kollisionsrechts sollten auch für außervertragliche Schuldverhältnisse aus Gefährdungshaftung gelten.

(12) Das anzuwendende Recht sollte auch für die Frage gelten, wer für eine unerlaubte Handlung haftbar gemacht werden kann.

(13) Wettbewerbsverzerrungen im Verhältnis zwischen Wettbewerbern aus der Gemeinschaft sind vermeidbar, wenn einheitliche Bestimmungen unabhängig von dem durch sie bezeichneten Recht angewandt werden.

(14) Das Erfordernis der Rechtssicherheit und die Notwendigkeit, in jedem Einzelfall Recht zu sprechen, sind wesentliche Anforderungen an einen Rechtsraum. Diese Verordnung bestimmt die Anknüpfungskriterien, die zur Erreichung dieser Ziele am besten geeignet sind. Deshalb sieht diese Verordnung neben einer allgemeinen Regel Sonderregeln und, in bestimmten Fällen, eine „Ausweichklausel“ vor, die ein Abweichen von diesen Regeln erlaubt, wenn sich aus der Gesamtheit der Umstände ergibt, dass die unerlaubte Handlung eine offensichtlich engere Verbindung mit einem anderen Staat aufweist. Diese Gesamtregelung schafft einen flexiblen Rahmen kollisionsrechtlicher Regelungen. Sie ermöglicht es dem angerufenen Gericht gleichfalls, Einzelfälle in einer angemessenen Weise zu behandeln.

(15) Zwar wird in nahezu allen Mitgliedstaaten bei außervertraglichen Schuldverhältnissen grundsätzlich von der lex loci delicti commissi ausgegangen, doch wird dieser Grundsatz in der Praxis unterschiedlich angewandt, wenn sich Sachverhaltselemente des Falles über mehrere Staaten erstrecken. Dies führt zu Unsicherheit in Bezug auf das anzuwendende Recht.

(16) Einheitliche Bestimmungen sollten die Vorhersehbarkeit gerichtlicher Entscheidungen verbessern und einen angemessenen Interessenausgleich zwischen Personen, deren Haftung geltend gemacht wird, und Geschädigten gewährleisten. Die Anknüpfung an den Staat, in dem der Schaden selbst eingetreten ist (lex loci damni), schafft einen gerechten Ausgleich zwischen den Interessen der Person, deren Haftung geltend gemacht wird, und der Person, die geschädigt wurde, und entspricht der modernen Konzeption der zivilrechtlichen Haftung und der Entwicklung der Gefährdungshaftung.

(17) Das anzuwendende Recht sollte das Recht des Staates sein, in dem der Schaden eintritt, und zwar unabhängig von dem Staat oder den Staaten, in dem

bzw. denen die indirekten Folgen auftreten könnten. Daher sollte bei Personen- oder Sachschäden der Staat, in dem der Schaden eintritt, der Staat sein, in dem die Verletzung erlitten beziehungsweise die Sache beschädigt wurde.

(18) Als allgemeine Regel in dieser Verordnung sollte die „lex loci damni" nach Artikel 4 Absatz 1 gelten. Artikel 4 Absatz 2 sollte als Ausnahme von dieser allgemeinen Regel verstanden werden; durch diese Ausnahme wird eine besondere Anknüpfung für Fälle geschaffen, in denen die Parteien ihren gewöhnlichen Aufenthalt in demselben Staat haben. Artikel 4 Absatz 3 sollte als „Ausweichklausel" zu Artikel 4 Absätze 1 und 2 betrachtet werden, wenn sich aus der Gesamtheit der Umstände ergibt, dass die unerlaubte Handlung eine offensichtlich engere Verbindung mit einem anderen Staat aufweist.

(19) Für besondere unerlaubte Handlungen, bei denen die allgemeine Kollisionsnorm nicht zu einem angemessenen Interessenausgleich führt, sollten besondere Bestimmungen vorgesehen werden.

(20) Die Kollisionsnorm für die Produkthaftung sollte für eine gerechte Verteilung der Risiken einer modernen, hochtechnisierten Gesellschaft sorgen, die Gesundheit der Verbraucher schützen, Innovationsanreize geben, einen unverfälschten Wettbewerb gewährleisten und den Handel erleichtern. Die Schaffung einer Anknüpfungsleiter stellt, zusammen mit einer Vorhersehbarkeitsklausel, im Hinblick auf diese Ziele eine ausgewogene Lösung dar. Als erstes Element ist das Recht des Staates zu berücksichtigen, in dem die geschädigte Person beim Eintritt des Schadens ihren gewöhnlichen Aufenthalt hatte, sofern das Produkt in diesem Staat in den Verkehr gebracht wurde. Die weiteren Elemente der Anknüpfungsleiter kommen zur Anwendung, wenn das Produkt nicht in diesem Staat in Verkehr gebracht wurde, unbeschadet von Artikel 4 Absatz 2 und der Möglichkeit einer offensichtlich engeren Verbindung mit einem anderen Staat.

(21) Die Sonderregel nach Artikel 6 stellt keine Ausnahme von der allgemeinen Regel nach Artikel 4 Absatz 1 dar, sondern vielmehr eine Präzisierung derselben. Im Bereich des unlauteren Wettbewerbs sollte die Kollisionsnorm die Wettbewerber, die Verbraucher und die Öffentlichkeit schützen und das reibungslose Funktionieren der Marktwirtschaft sicherstellen. Durch eine Anknüpfung an das Recht des Staates, in dessen Gebiet die Wettbewerbsbeziehungen oder die kollektiven Interessen der Verbraucher beeinträchtigt worden sind oder beeinträchtigt zu werden drohen, können diese Ziele im Allgemeinen erreicht werden.

(22) Außervertragliche Schuldverhältnisse, die aus einem den Wettbewerb einschränkenden Verhalten nach Artikel 6 Absatz 3 entstanden sind, sollten sich auf Verstöße sowohl gegen nationale als auch gegen gemeinschaftliche Wettbewerbsvorschriften erstrecken. Auf solche außervertraglichen Schuldverhältnisse sollte das Recht des Staates anzuwenden sein, in dessen Gebiet sich die Einschränkung auswirkt oder auszuwirken droht. Wird der Markt in mehr als einem Staat beeinträchtigt oder wahrscheinlich beeinträchtigt, so sollte der Geschädigte seinen Anspruch unter bestimmten Umständen auf das Recht des Mitgliedstaats des angerufenen Gerichts stützen können.

(23) Für die Zwecke dieser Verordnung sollte der Begriff der Einschränkung des Wettbewerbs Verbote von Vereinbarungen zwischen Unternehmen, Beschlüssen von Unternehmensvereinigungen und abgestimmten Verhaltensweisen, die eine Verhinderung, Einschränkung oder Verfälschung des Wettbewerbs in einem Mitgliedstaat oder innerhalb des Binnenmarktes bezwe-

cken oder bewirken, sowie das Verbot der missbräuchlichen Ausnutzung einer beherrschenden Stellung in einem Mitgliedstaat oder innerhalb des Binnenmarktes erfassen, sofern solche Vereinbarungen, Beschlüsse, abgestimmte Verhaltensweisen oder Missbräuche nach den Artikeln 81 und 82 des Vertrags oder dem Recht eines Mitgliedstaats verboten sind.

(24) „Umweltschaden" sollte eine nachteilige Veränderung einer natürlichen Ressource, wie Wasser, Boden oder Luft, eine Beeinträchtigung einer Funktion, die eine natürliche Ressource zum Nutzen einer anderen natürlichen Ressource oder der Öffentlichkeit erfüllt, oder eine Beeinträchtigung der Variabilität unter lebenden Organismen umfassen.

(25) Im Falle von Umweltschäden rechtfertigt Artikel 174 des Vertrags, wonach ein hohes Schutzniveau erreicht werden sollte, und der auf den Grundsätzen der Vorsorge und Vorbeugung, auf dem Grundsatz, Umweltbeeinträchtigungen vorrangig an ihrem Ursprung zu bekämpfen, sowie auf dem Verursacherprinzip beruht, in vollem Umfang die Anwendung des Grundsatzes der Begünstigung des Geschädigten. Die Frage, wann der Geschädigte die Wahl des anzuwendenden Rechts zu treffen hat, sollte nach dem Recht des Mitgliedstaats des angerufenen Gerichts entschieden werden.

(26) Bei einer Verletzung von Rechten des geistigen Eigentums gilt es, den allgemein anerkannten Grundsatz der lex loci protectionis zu wahren. Im Sinne dieser Verordnung sollte der Ausdruck „Rechte des geistigen Eigentums" dahin interpretiert werden, dass er beispielsweise Urheberrechte, verwandte Schutzrechte, das Schutzrecht sui generis für Datenbanken und gewerbliche Schutzrechte umfasst.

(27) Die exakte Definition des Begriffs „Arbeitskampfmaßnahmen", beispielsweise Streikaktionen oder Aussperrung, ist von Mitgliedstaat zu Mitgliedstaat verschieden und unterliegt den innerstaatlichen Vorschriften der einzelnen Mitgliedstaaten. Daher wird in dieser Verordnung grundsätzlich davon ausgegangen, dass das Recht des Staates anzuwenden ist, in dem die Arbeitskampfmaßnahmen ergriffen wurden, mit dem Ziel, die Rechte und Pflichten der Arbeitnehmer und der Arbeitgeber zu schützen.

(28) Die Sonderbestimmung für Arbeitskampfmaßnahmen nach Artikel 9 lässt die Bedingungen für die Durchführung solcher Maßnahmen nach nationalem Recht und die im Recht der Mitgliedstaaten vorgesehene Rechtsstellung der Gewerkschaften oder der repräsentativen Arbeitnehmerorganisationen unberührt.

(29) Für Schäden, die aufgrund einer anderen Handlung als aus unerlaubter Handlung, wie ungerechtfertigter Bereicherung, Geschäftsführung ohne Auftrag oder Verschulden bei Vertragsverhandlungen, entstanden sind, sollten Sonderbestimmungen vorgesehen werden.

(30) Der Begriff des Verschuldens bei Vertragsverhandlungen ist für die Zwecke dieser Verordnung als autonomer Begriff zu verstehen und sollte daher nicht zwangsläufig im Sinne des nationalen Rechts ausgelegt werden. Er sollte die Verletzung der Offenlegungspflicht und den Abbruch von Vertragsverhandlungen einschließen. Artikel 12 gilt nur für außervertragliche Schuldverhältnisse, die in unmittelbarem Zusammenhang mit den Verhandlungen vor Abschluss eines Vertrags stehen. So sollten in den Fällen, in denen einer Person während der Vertragsverhandlungen ein Personenschaden zugefügt wird, Artikel 4 oder andere einschlägige Bestimmungen dieser Verordnung zur Anwendung gelangen.

(31) Um den Grundsatz der Parteiautonomie zu achten und die Rechtssicherheit zu verbessern, sollten die Parteien das auf ein außervertragliches Schuldverhältnis anzuwendende Recht wählen können. Die Rechtswahl sollte ausdrücklich erfolgen oder sich mit hinreichender Sicherheit aus den Umständen des Falles ergeben. Bei der Prüfung, ob eine solche Rechtswahl vorliegt, hat das Gericht den Willen der Parteien zu achten. Die Möglichkeit der Rechtswahl sollte zum Schutz der schwächeren Partei mit bestimmten Bedingungen versehen werden.

(32) Gründe des öffentlichen Interesses rechtfertigen es, dass die Gerichte der Mitgliedstaaten unter außergewöhnlichen Umständen die Vorbehaltsklausel (ordre public) und Eingriffsnormen anwenden können. Insbesondere kann die Anwendung einer Norm des nach dieser Verordnung bezeichneten Rechts, die zur Folge haben würde, dass ein unangemessener, über den Ausgleich des entstandenen Schadens hinausgehender Schadensersatz mit abschreckender Wirkung oder Strafschadensersatz zugesprochen werden könnte, je nach der Rechtsordnung des Mitgliedstaats des angerufenen Gerichts als mit der öffentlichen Ordnung („ordre public") dieses Staates unvereinbar angesehen werden.

(33) Gemäß den geltenden nationalen Bestimmungen über den Schadensersatz für Opfer von Straßenverkehrsunfällen sollte das befasste Gericht bei der Schadensberechnung für Personenschäden in Fällen, in denen sich der Unfall in einem anderem Staat als dem des gewöhnlichen Aufenthalts des Opfers ereignet, alle relevanten tatsächlichen Umstände des jeweiligen Opfers berücksichtigen, insbesondere einschließlich tatsächlicher Verluste und Kosten für Nachsorge und medizinische Versorgung.

(34) Zur Wahrung eines angemessenen Interessenausgleichs zwischen den Parteien müssen, soweit dies angemessen ist, die Sicherheits- und Verhaltensregeln des Staates, in dem die schädigende Handlung begangen wurde, selbst dann beachtet werden, wenn auf das außervertragliche Schuldverhältnis das Recht eines anderen Staates anzuwenden ist. Der Begriff „Sicherheits- und Verhaltensregeln" ist in dem Sinne auszulegen, dass er sich auf alle Vorschriften bezieht, die in Zusammenhang mit Sicherheit und Verhalten stehen, einschließlich beispielsweise der Straßenverkehrssicherheit im Falle eines Unfalls.

(35) Die Aufteilung der Kollisionsnormen auf zahlreiche Rechtsakte sowie Unterschiede zwischen diesen Normen sollten vermieden werden. Diese Verordnung schließt jedoch die Möglichkeit der Aufnahme von Kollisionsnormen für außervertragliche Schuldverhältnisse in Vorschriften des Gemeinschaftsrechts in Bezug auf besondere Gegenstände nicht aus.

Diese Verordnung sollte die Anwendung anderer Rechtsakte nicht ausschließen, die Bestimmungen enthalten, die zum reibungslosen Funktionieren des Binnenmarkts beitragen sollen, soweit sie nicht in Verbindung mit dem Recht angewendet werden können, auf das die Regeln dieser Verordnung verweisen. Die Anwendung der Vorschriften im anzuwendenden Recht, die durch die Bestimmungen dieser Verordnung berufen wurden, sollte nicht die Freiheit des Waren- und Dienstleistungsverkehrs, wie sie in den Rechtsinstrumenten der Gemeinschaft wie der Richtlinie 2000/31/EG des Europäischen Parlaments und des Rates vom 8. Juni 2000 über bestimmte rechtliche Aspekte der Dienste der Informationsgesellschaft, insbesondere des elektronischen Geschäftsverkehrs, im Binnenmarkt („Richtlinie über den elektronischen Geschäftsverkehr")[1] ausgestaltet ist, beschränken.

(36) Um die internationalen Verpflichtungen, die die Mitgliedstaaten eingegangen sind, zu wahren, darf sich die Verordnung nicht auf internationale Übereinkommen auswirken, denen ein oder mehrere Mitgliedstaaten zum Zeitpunkt der Annahme dieser Verordnung angehören. Um den Zugang zu den Rechtsakten zu erleichtern, sollte die Kommission anhand der Angaben der Mitgliedstaaten ein Verzeichnis der betreffenden Übereinkommen im *Amtsblatt der Europäischen Union* veröffentlichen.

(37) Die Kommission wird dem Europäischen Parlament und dem Rat einen Vorschlag unterbreiten, nach welchen Verfahren und unter welchen Bedingungen die Mitgliedstaaten in Einzel- und Ausnahmefällen in eigenem Namen Übereinkünfte mit Drittländern über sektorspezifische Fragen aushandeln und abschließen dürfen, die Bestimmungen über das auf außervertragliche Schuldverhältnisse anzuwendende Recht enthalten.

(38) Da das Ziel dieser Verordnung auf Ebene der Mitgliedstaaten nicht ausreichend verwirklicht werden kann und daher wegen des Umfangs und der Wirkungen der Verordnung besser auf Gemeinschaftsebene zu verwirklichen ist, kann die Gemeinschaft im Einklang mit dem in Artikel 5 des Vertrags niedergelegten Subsidiaritätsprinzip tätig werden. Entsprechend dem ebenfalls in diesem Artikel festgelegten Grundsatz der Verhältnismäßigkeit geht diese Verordnung nicht über das für die Erreichung dieses Ziels erforderliche Maß hinaus.

(39) Gemäß Artikel 3 des Protokolls über die Position des Vereinigten Königreichs und Irlands im Anhang zum Vertrag über die Europäische Union und im Anhang zum Vertrag zur Gründung der Europäischen Gemeinschaft beteiligen sich das Vereinigte Königreich und Irland an der Annahme und Anwendung dieser Verordnung.

(40) Gemäß den Artikeln 1 und 2 des dem Vertrag über die Europäische Union und dem Vertrag zur Gründung der Europäischen Gemeinschaft beigefügten Protokolls über die Position Dänemarks beteiligt sich Dänemark nicht an der Annahme dieser Verordnung, die für Dänemark nicht bindend oder anwendbar ist –

HABEN FOLGENDE VERORDNUNG ERLASSEN:

KAPITEL I

ANWENDUNGSBEREICH

Artikel 1 Anwendungsbereich

(1) Diese Verordnung gilt für außervertragliche Schuldverhältnisse in Zivil- und Handelssachen, die eine Verbindung zum Recht verschiedener Staaten aufweisen. Sie gilt insbesondere nicht für Steuer- und Zollsachen, verwaltungsrechtliche Angelegenheiten oder die Haftung des Staates für Handlungen oder Unterlassungen im Rahmen der Ausübung hoheitlicher Rechte („acta iure imperii").

(2) Vom Anwendungsbereich dieser Verordnung ausgenommen sind

a) außervertragliche Schuldverhältnisse aus einem Familienverhältnis oder aus Verhältnissen, die nach dem auf diese Verhältnisse anzuwendenden Recht vergleichbare Wirkungen entfalten, einschließlich der Unterhaltspflichten;

1 Amtliche Fußnote: ABl. L 178 vom 17. 7. 2000, S. 1.

b) außervertragliche Schuldverhältnisse aus ehelichen Güterständen, aus Güterständen aufgrund von Verhältnissen, die nach dem auf diese Verhältnisse anzuwendenden Recht mit der Ehe vergleichbare Wirkungen entfalten, und aus Testamenten und Erbrecht;

c) außervertragliche Schuldverhältnisse aus Wechseln, Schecks, Eigenwechseln und anderen handelbaren Wertpapieren, sofern die Verpflichtungen aus diesen anderen Wertpapieren aus deren Handelbarkeit entstehen;

d) außervertragliche Schuldverhältnisse, die sich aus dem Gesellschaftsrecht, dem Vereinsrecht und dem Recht der juristischen Personen ergeben, wie die Errichtung durch Eintragung oder auf andere Weise, die Rechts- und Handlungsfähigkeit, die innere Verfassung und die Auflösung von Gesellschaften, Vereinen und juristischen Personen, die persönliche Haftung der Gesellschafter und der Organe für die Verbindlichkeiten einer Gesellschaft, eines Vereins oder einer juristischen Person sowie die persönliche Haftung der Rechnungsprüfer gegenüber einer Gesellschaft oder ihren Gesellschaftern bei der Pflichtprüfung der Rechnungslegungsunterlagen;

e) außervertragliche Schuldverhältnisse aus den Beziehungen zwischen den Verfügenden, den Treuhändern und den Begünstigten eines durch Rechtsgeschäft errichteten „Trusts";

f) außervertragliche Schuldverhältnisse, die sich aus Schäden durch Kernenergie ergeben;

g) außervertragliche Schuldverhältnisse aus der Verletzung der Privatsphäre oder der Persönlichkeitsrechte, einschließlich der Verleumdung.

(3) Diese Verordnung gilt unbeschadet der Artikel 21 und 22 nicht für den Beweis und das Verfahren.

(4) Im Sinne dieser Verordnung bezeichnet der Begriff „Mitgliedstaat" jeden Mitgliedstaat mit Ausnahme Dänemarks.

Artikel 2 Außervertragliche Schuldverhältnisse

(1) Im Sinne dieser Verordnung umfasst der Begriff des Schadens sämtliche Folgen einer unerlaubten Handlung, einer ungerechtfertigten Bereicherung, einer Geschäftsführung ohne Auftrag („Negotiorum gestio") oder eines Verschuldens bei Vertragsverhandlungen („Culpa in contrahendo").

(2) Diese Verordnung gilt auch für außervertragliche Schuldverhältnisse, deren Entstehen wahrscheinlich ist.

(3) Sämtliche Bezugnahmen in dieser Verordnung auf

a) ein schadensbegründendes Ereignis gelten auch für schadensbegründende Ereignisse, deren Eintritt wahrscheinlich ist, und

b) einen Schaden gelten auch für Schäden, deren Eintritt wahrscheinlich ist.

Artikel 3 Universelle Anwendung

Das nach dieser Verordnung bezeichnete Recht ist auch dann anzuwenden, wenn es nicht das Recht eines Mitgliedstaats ist.

KAPITEL II
UNERLAUBTE HANDLUNGEN

Artikel 4 Allgemeine Kollisionsnorm

(1) Soweit in dieser Verordnung nichts anderes vorgesehen ist, ist auf ein außervertragliches Schuldverhältnis aus unerlaubter Handlung das Recht des Staates anzuwenden, in dem der Schaden eintritt, unabhängig davon, in welchem Staat das schadensbegründende Ereignis oder indirekte Schadensfolgen eingetreten sind.

(2) Haben jedoch die Person, deren Haftung geltend gemacht wird, und die Person, die geschädigt wurde, zum Zeitpunkt des Schadenseintritts ihren gewöhnlichen Aufenthalt in demselben Staat, so unterliegt die unerlaubte Handlung dem Recht dieses Staates.

(3) Ergibt sich aus der Gesamtheit der Umstände, dass die unerlaubte Handlung eine offensichtlich engere Verbindung mit einem anderen als dem in den Absätzen 1 oder 2 bezeichneten Staat aufweist, so ist das Recht dieses anderen Staates anzuwenden. Eine offensichtlich engere Verbindung mit einem anderen Staat könnte sich insbesondere aus einem bereits bestehenden Rechtsverhältnis zwischen den Parteien – wie einem Vertrag – ergeben, das mit der betreffenden unerlaubten Handlung in enger Verbindung steht.

Artikel 5 Produkthaftung

(1) Unbeschadet des Artikels 4 Absatz 2 ist auf ein außervertragliches Schuldverhältnis im Falle eines Schadens durch ein Produkt folgendes Recht anzuwenden:

a) das Recht des Staates, in dem die geschädigte Person beim Eintritt des Schadens ihren gewöhnlichen Aufenthalt hatte, sofern das Produkt in diesem Staat in Verkehr gebracht wurde, oder anderenfalls

b) das Recht des Staates, in dem das Produkt erworben wurde, falls das Produkt in diesem Staat in Verkehr gebracht wurde, oder anderenfalls

c) das Recht des Staates, in dem der Schaden eingetreten ist, falls das Produkt in diesem Staat in Verkehr gebracht wurde.

Jedoch ist das Recht des Staates anzuwenden, in dem die Person, deren Haftung geltend gemacht wird, ihren gewöhnlichen Aufenthalt hat, wenn sie das Inverkehrbringen des Produkts oder eines gleichartigen Produkts in dem Staat, dessen Recht nach den Buchstaben a, b oder c anzuwenden ist, vernünftigerweise nicht voraussehen konnte.

(2) Ergibt sich aus der Gesamtheit der Umstände, dass die unerlaubte Handlung eine offensichtlich engere Verbindung mit einem anderen als dem in Absatz 1 bezeichneten Staat aufweist, so ist das Recht dieses anderen Staates anzuwenden. Eine offensichtlich engere Verbindung mit einem anderen Staat könnte sich insbesondere aus einem bereits bestehenden Rechtsverhältnis zwischen den Parteien – wie einem Vertrag – ergeben, das mit der betreffenden unerlaubten Handlung in enger Verbindung steht.

Artikel 6 Unlauterer Wettbewerb und den freien Wettbewerb einschränkendes Verhalten

(1) Auf außervertragliche Schuldverhältnisse aus unlauterem Wettbewerbsverhalten ist das Recht des Staates anzuwenden, in dessen Gebiet die Wettbe-

werbsbeziehungen oder die kollektiven Interessen der Verbraucher beeinträchtigt worden sind oder wahrscheinlich beeinträchtigt werden.

(2) Beeinträchtigt ein unlauteres Wettbewerbsverhalten ausschließlich die Interessen eines bestimmten Wettbewerbers, ist Artikel 4 anwendbar.

(3)

a) Auf außervertragliche Schuldverhältnisse aus einem den Wettbewerb einschränkenden Verhalten ist das Recht des Staates anzuwenden, dessen Markt beeinträchtigt ist oder wahrscheinlich beeinträchtigt wird.

b) Wird der Markt in mehr als einem Staat beeinträchtigt oder wahrscheinlich beeinträchtigt, so kann ein Geschädigter, der vor einem Gericht im Mitgliedstaat des Wohnsitzes des Beklagten klagt, seinen Anspruch auf das Recht des Mitgliedstaats des angerufenen Gerichts stützen, sofern der Markt in diesem Mitgliedstaat zu den Märkten gehört, die unmittelbar und wesentlich durch das den Wettbewerb einschränkende Verhalten beeinträchtigt sind, das das außervertragliche Schuldverhältnis begründet, auf welches sich der Anspruch stützt; klagt der Kläger gemäß den geltenden Regeln über die gerichtliche Zuständigkeit vor diesem Gericht gegen mehr als einen Beklagten, so kann er seinen Anspruch nur dann auf das Recht dieses Gerichts stützen, wenn das den Wettbewerb einschränkende Verhalten, auf das sich der Anspruch gegen jeden dieser Beklagten stützt, auch den Markt im Mitgliedstaat dieses Gerichts unmittelbar und wesentlich beeinträchtigt.

(4) Von dem nach diesem Artikel anzuwendenden Recht kann nicht durch eine Vereinbarung gemäß Artikel 14 abgewichen werden.

Artikel 7 Umweltschädigung

Auf außervertragliche Schuldverhältnisse aus einer Umweltschädigung oder einem aus einer solchen Schädigung herrührenden Personen- oder Sachschaden ist das nach Artikel 4 Absatz 1 geltende Recht anzuwenden, es sei denn, der Geschädigte hat sich dazu entschieden, seinen Anspruch auf das Recht des Staates zu stützen, in dem das schadensbegründende Ereignis eingetreten ist.

Artikel 8 Verletzung von Rechten des geistigen Eigentums

(1) Auf außervertragliche Schuldverhältnisse aus einer Verletzung von Rechten des geistigen Eigentums ist das Recht des Staates anzuwenden, für den der Schutz beansprucht wird.

(2) Bei außervertraglichen Schuldverhältnissen aus einer Verletzung von gemeinschaftsweit einheitlichen Rechten des geistigen Eigentums ist auf Fragen, die nicht unter den einschlägigen Rechtsakt der Gemeinschaft fallen, das Recht des Staates anzuwenden, in dem die Verletzung begangen wurde.

(3) Von dem nach diesem Artikel anzuwendenden Recht kann nicht durch eine Vereinbarung nach Artikel 14 abgewichen werden.

Artikel 9 Arbeitskampfmaßnahmen

Unbeschadet des Artikels 4 Absatz 2 ist auf außervertragliche Schuldverhältnisse in Bezug auf die Haftung einer Person in ihrer Eigenschaft als Arbeitnehmer oder Arbeitgeber oder der Organisationen, die deren berufliche Interessen vertreten, für Schäden, die aus bevorstehenden oder durchgeführten Arbeitskampfmaßnahmen entstanden sind, das Recht des Staates anzuwenden, in dem die Arbeitskampfmaßnahme erfolgen soll oder erfolgt ist.

KAPITEL III

UNGERECHTFERTIGTE BEREICHERUNG, GESCHÄFTSFÜHRUNG OHNE AUFTRAG UND VERSCHULDEN BEI VERTRAGSVERHANDLUNGEN

Artikel 10 Ungerechtfertigte Bereicherung

(1) Knüpft ein außervertragliches Schuldverhältnis aus ungerechtfertigter Bereicherung, einschließlich von Zahlungen auf eine nicht bestehende Schuld, an ein zwischen den Parteien bestehendes Rechtsverhältnis – wie einen Vertrag oder eine unerlaubte Handlung – an, das eine enge Verbindung mit dieser ungerechtfertigten Bereicherung aufweist, so ist das Recht anzuwenden, dem dieses Rechtsverhältnis unterliegt.

(2) Kann das anzuwendende Recht nicht nach Absatz 1 bestimmt werden und haben die Parteien zum Zeitpunkt des Eintritts des Ereignisses, das die ungerechtfertigte Bereicherung zur Folge hat, ihren gewöhnlichen Aufenthalt in demselben Staat, so ist das Recht dieses Staates anzuwenden.

(3) Kann das anzuwendende Recht nicht nach den Absätzen 1 oder 2 bestimmt werden, so ist das Recht des Staates anzuwenden, in dem die ungerechtfertigte Bereicherung eingetreten ist.

(4) Ergibt sich aus der Gesamtheit der Umstände, dass das außervertragliche Schuldverhältnis aus ungerechtfertigter Bereicherung eine offensichtlich engere Verbindung mit einem anderen als dem in den Absätzen 1, 2 und 3 bezeichneten Staat aufweist, so ist das Recht dieses anderen Staates anzuwenden.

Artikel 11 Geschäftsführung ohne Auftrag

(1) Knüpft ein außervertragliches Schuldverhältnis aus Geschäftsführung ohne Auftrag an ein zwischen den Parteien bestehendes Rechtsverhältnis – wie einen Vertrag oder eine unerlaubte Handlung – an, das eine enge Verbindung mit dieser Geschäftsführung ohne Auftrag aufweist, so ist das Recht anzuwenden, dem dieses Rechtsverhältnis unterliegt.

(2) Kann das anzuwendende Recht nicht nach Absatz 1 bestimmt werden und haben die Parteien zum Zeitpunkt des Eintritts des schadensbegründenden Ereignisses ihren gewöhnlichen Aufenthalt in demselben Staat, so ist das Recht dieses Staates anzuwenden.

(3) Kann das anzuwendende Recht nicht nach den Absätzen 1 oder 2 bestimmt werden, so ist das Recht des Staates anzuwenden, in dem die Geschäftsführung erfolgt ist.

(4) Ergibt sich aus der Gesamtheit der Umstände, dass das außervertragliche Schuldverhältnis aus Geschäftsführung ohne Auftrag eine offensichtlich engere Verbindung mit einem anderen als dem in den Absätzen 1, 2 und 3 bezeichneten Staat aufweist, so ist das Recht dieses anderen Staates anzuwenden.

Artikel 12 Verschulden bei Vertragsverhandlungen

(1) Auf außervertragliche Schuldverhältnisse aus Verhandlungen vor Abschluss eines Vertrags, unabhängig davon, ob der Vertrag tatsächlich geschlossen wurde oder nicht, ist das Recht anzuwenden, das auf den Vertrag anzuwenden ist oder anzuwenden gewesen wäre, wenn er geschlossen worden wäre.

(2) Kann das anzuwendende Recht nicht nach Absatz 1 bestimmt werden, so ist das anzuwendende Recht

a) das Recht des Staates, in dem der Schaden eingetreten ist, unabhängig davon, in welchem Staat das schadensbegründende Ereignis oder indirekte Schadensfolgen eingetreten sind, oder,
b) wenn die Parteien zum Zeitpunkt des Eintritts des schadensbegründenden Ereignisses ihren gewöhnlichen Aufenthalt in demselben Staat haben, das Recht dieses Staates, oder,
c) wenn sich aus der Gesamtheit der Umstände ergibt, dass das außervertragliche Schuldverhältnis aus Verhandlungen vor Abschluss eines Vertrags eine offensichtlich engere Verbindung mit einem anderen als dem in den Buchstaben a oder b bezeichneten Staat aufweist, das Recht dieses anderen Staates.

Artikel 13 Anwendbarkeit des Artikels 8

Auf außervertragliche Schuldverhältnisse aus einer Verletzung von Rechten des geistigen Eigentums ist für die Zwecke dieses Kapitels Artikel 8 anzuwenden.

KAPITEL IV
FREIE RECHTSWAHL

Artikel 14 Freie Rechtswahl

(1) Die Parteien können das Recht wählen, dem das außervertragliche Schuldverhältnis unterliegen soll:

a) durch eine Vereinbarung nach Eintritt des schadensbegründenden Ereignisses; oder
b) wenn alle Parteien einer kommerziellen Tätigkeit nachgehen, auch durch eine vor Eintritt des schadensbegründenden Ereignisses frei ausgehandelte Vereinbarung.

Die Rechtswahl muss ausdrücklich erfolgen oder sich mit hinreichender Sicherheit aus den Umständen des Falles ergeben und lässt Rechte Dritter unberührt.

(2) Sind alle Elemente des Sachverhalts zum Zeitpunkt des Eintritts des schadensbegründenden Ereignisses in einem anderen als demjenigen Staat belegen, dessen Recht gewählt wurde, so berührt die Rechtswahl der Parteien nicht die Anwendung derjenigen Bestimmungen des Rechts dieses anderen Staates, von denen nicht durch Vereinbarung abgewichen werden kann.

(3) Sind alle Elemente des Sachverhalts zum Zeitpunkt des Eintritts des schadensbegründenden Ereignisses in einem oder mehreren Mitgliedstaaten belegen, so berührt die Wahl des Rechts eines Drittstaats durch die Parteien nicht die Anwendung – gegebenenfalls in der von dem Mitgliedstaat des angerufenen Gerichts umgesetzten Form – der Bestimmungen des Gemeinschaftsrechts, von denen nicht durch Vereinbarung abgewichen werden kann.

KAPITEL V
GEMEINSAME VORSCHRIFTEN

Artikel 15 Geltungsbereich des anzuwendenden Rechts

Das nach dieser Verordnung auf außervertragliche Schuldverhältnisse anzuwendende Recht ist insbesondere maßgebend für

a) den Grund und den Umfang der Haftung einschließlich der Bestimmung der Personen, die für ihre Handlungen haftbar gemacht werden können;

b) die Haftungsausschlussgründe sowie jede Beschränkung oder Teilung der Haftung;

c) das Vorliegen, die Art und die Bemessung des Schadens oder der geforderten Wiedergutmachung;

d) die Maßnahmen, die ein Gericht innerhalb der Grenzen seiner verfahrensrechtlichen Befugnisse zur Vorbeugung, zur Beendigung oder zum Ersatz des Schadens anordnen kann;

e) die Übertragbarkeit, einschließlich der Vererbbarkeit, des Anspruchs auf Schadenersatz oder Wiedergutmachung;

f) die Personen, die Anspruch auf Ersatz eines persönlich erlittenen Schadens haben;

g) die Haftung für die von einem anderen begangenen Handlungen;

h) die Bedingungen für das Erlöschen von Verpflichtungen und die Vorschriften über die Verjährung und die Rechtsverluste, einschließlich der Vorschriften über den Beginn, die Unterbrechung und die Hemmung der Verjährungsfristen und der Fristen für den Rechtsverlust.

Artikel 16 Eingriffsnormen

Diese Verordnung berührt nicht die Anwendung der nach dem Recht des Staates des angerufenen Gerichts geltenden Vorschriften, die ohne Rücksicht auf das für das außervertragliche Schuldverhältnis maßgebende Recht den Sachverhalt zwingend regeln.

Artikel 17 Sicherheits- und Verhaltensregeln

Bei der Beurteilung des Verhaltens der Person, deren Haftung geltend gemacht wird, sind faktisch und soweit angemessen die Sicherheits- und Verhaltensregeln zu berücksichtigen, die an dem Ort und zu dem Zeitpunkt des haftungsbegründenden Ereignisses in Kraft sind.

Artikel 18 Direktklage gegen den Versicherer des Haftenden

Der Geschädigte kann seinen Anspruch direkt gegen den Versicherer des Haftenden geltend machen, wenn dies nach dem auf das außervertragliche Schuldverhältnis oder nach dem auf den Versicherungsvertrag anzuwendenden Recht vorgesehen ist.

Artikel 19 Gesetzlicher Forderungsübergang

Hat eine Person („der Gläubiger") aufgrund eines außervertraglichen Schuldverhältnisses eine Forderung gegen eine andere Person („den Schuldner") und hat ein Dritter die Verpflichtung, den Gläubiger zu befriedigen, oder befriedigt er den Gläubiger aufgrund dieser Verpflichtung, so bestimmt das für die Verpflichtung des Dritten gegenüber dem Gläubiger maßgebende Recht, ob und in welchem Umfang der Dritte die Forderung des Gläubigers gegen den Schuldner nach dem für deren Beziehungen maßgebenden Recht geltend zu machen berechtigt ist.

Artikel 20 Mehrfache Haftung

Hat ein Gläubiger eine Forderung gegen mehrere für dieselbe Forderung haftende Schuldner und ist er von einem der Schuldner vollständig oder teilweise befriedigt worden, so bestimmt sich der Anspruch dieses Schuldners auf Ausgleich durch die anderen Schuldner nach dem Recht, das auf die Verpflichtung dieses Schuldners gegenüber dem Gläubiger aus dem außervertraglichen Schuldverhältnis anzuwenden ist.

Artikel 21 Form

Eine einseitige Rechtshandlung, die ein außervertragliches Schuldverhältnis betrifft, ist formgültig, wenn sie die Formerfordernisse des für das betreffende außervertragliche Schuldverhältnis maßgebenden Rechts oder des Rechts des Staates, in dem sie vorgenommen wurde, erfüllt.

Artikel 22 Beweis

(1) Das nach dieser Verordnung für das außervertragliche Schuldverhältnis maßgebende Recht ist insoweit anzuwenden, als es für außervertragliche Schuldverhältnisse gesetzliche Vermutungen aufstellt oder die Beweislast verteilt.

(2) Zum Beweis einer Rechtshandlung sind alle Beweisarten des Rechts des angerufenen Gerichts oder eines der in Artikel 21 bezeichneten Rechte, nach denen die Rechtshandlung formgültig ist, zulässig, sofern der Beweis in dieser Art vor dem angerufenen Gericht erbracht werden kann.

KAPITEL VI

SONSTIGE VORSCHRIFTEN

Artikel 23 Gewöhnlicher Aufenthalt

(1) Für die Zwecke dieser Verordnung ist der Ort des gewöhnlichen Aufenthalts von Gesellschaften, Vereinen und juristischen Personen der Ort ihrer Hauptverwaltung.

Wenn jedoch das schadensbegründende Ereignis oder der Schaden aus dem Betrieb einer Zweigniederlassung, einer Agentur oder einer sonstigen Niederlassung herrührt, steht dem Ort des gewöhnlichen Aufenthalts der Ort gleich, an dem sich diese Zweigniederlassung, Agentur oder sonstige Niederlassung befindet.

(2) Im Sinne dieser Verordnung ist der gewöhnliche Aufenthalt einer natürlichen Person, die im Rahmen der Ausübung ihrer beruflichen Tätigkeit handelt, der Ort ihrer Hauptniederlassung.

Artikel 24 Ausschluss der Rück- und Weiterverweisung

Unter dem nach dieser Verordnung anzuwendenden Recht eines Staates sind die in diesem Staat geltenden Rechtsnormen unter Ausschluss derjenigen des Internationalen Privatrechts zu verstehen.

Artikel 25 Staaten ohne einheitliche Rechtsordnung

(1) Umfasst ein Staat mehrere Gebietseinheiten, von denen jede für außervertragliche Schuldverhältnisse ihre eigenen Rechtsnormen hat, so gilt für die Bestimmung des nach dieser Verordnung anzuwendenden Rechts jede Gebietseinheit als Staat.

(2) Ein Mitgliedstaat, in dem verschiedene Gebietseinheiten ihre eigenen Rechtsnormen für außervertragliche Schuldverhältnisse haben, ist nicht verpflichtet, diese Verordnung auf Kollisionen zwischen den Rechtsordnungen dieser Gebietseinheiten anzuwenden.

Artikel 26 Öffentliche Ordnung im Staat des angerufenen Gerichts

Die Anwendung einer Vorschrift des nach dieser Verordnung bezeichneten Rechts kann nur versagt werden, wenn ihre Anwendung mit der öffentlichen Ordnung („ordre public") des Staates des angerufenen Gerichts offensichtlich unvereinbar ist.

Artikel 27 Verhältnis zu anderen Gemeinschaftsrechtsakten

Diese Verordnung berührt nicht die Anwendung von Vorschriften des Gemeinschaftsrechts, die für besondere Gegenstände Kollisionsnormen für außervertragliche Schuldverhältnisse enthalten.

Artikel 28 Verhältnis zu bestehenden internationalen Übereinkommen

(1) Diese Verordnung berührt nicht die Anwendung der internationalen Übereinkommen, denen ein oder mehrere Mitgliedstaaten zum Zeitpunkt der Annahme dieser Verordnung angehören und die Kollisionsnormen für außervertragliche Schuldverhältnisse enthalten.

(2) Diese Verordnung hat jedoch in den Beziehungen zwischen den Mitgliedstaaten Vorrang vor den ausschließlich zwischen zwei oder mehreren Mitgliedstaaten geschlossenen Übereinkommen, soweit diese Bereiche betreffen, die in dieser Verordnung geregelt sind.

KAPITEL VII
SCHLUSSBESTIMMUNGEN

Artikel 29 Verzeichnis der Übereinkommen

(1) Die Mitgliedstaaten übermitteln der Kommission spätestens 11. Juli 2008 die Übereinkommen gemäß Artikel 28 Absatz 1. Kündigen die Mitgliedstaaten nach diesem Stichtag eines dieser Übereinkommen, so setzen sie die Kommission davon in Kenntnis.

(2) Die Kommission veröffentlicht im *Amtsblatt der Europäischen Union* innerhalb von sechs Monaten nach deren Erhalt

i) ein Verzeichnis der in Absatz 1 genannten Übereinkommen;

ii) die in Absatz 1 genannten Kündigungen.

Artikel 30 Überprüfungsklausel

(1) Die Kommission legt dem Europäischen Parlament, dem Rat und dem Europäischen Wirtschafts- und Sozialausschuss bis spätestens 20. August 2011 einen

Bericht über die Anwendung dieser Verordnung vor. Diesem Bericht werden gegebenenfalls Vorschläge zur Anpassung der Verordnung beigefügt. Der Bericht umfasst:

i) eine Untersuchung über Auswirkungen der Art und Weise, in der mit ausländischem Recht in den verschiedenen Rechtsordnungen umgegangen wird, und darüber, inwieweit die Gerichte in den Mitgliedstaaten ausländisches Recht aufgrund dieser Verordnung in der Praxis anwenden;

ii) eine Untersuchung der Auswirkungen von Artikel 28 der vorliegenden Verordnung im Hinblick auf das Haager Übereinkommen vom 4. Mai 1971 über das auf Verkehrsunfälle anzuwendende Recht.

(2) Die Kommission legt dem Europäischen Parlament, dem Rat und dem Europäischen Wirtschafts- und Sozialausschuss bis spätestens 31. Dezember 2008 eine Untersuchung zum Bereich des auf außervertragliche Schuldverhältnisse aus der Verletzung der Privatsphäre oder der Persönlichkeitsrechte anzuwendenden Rechts vor, wobei die Regeln über die Pressefreiheit und die Meinungsfreiheit in den Medien sowie die kollisionsrechtlichen Aspekte im Zusammenhang mit der Richtlinie 95/46/EG des Europäischen Parlaments und des Rates vom 24. Oktober 1995 zum Schutz natürlicher Personen bei der Verarbeitung personenbezogener Daten und zum freien Datenverkehr[1] zu berücksichtigen sind.

Artikel 31 Zeitliche Anwendbarkeit

Diese Verordnung wird auf schadensbegründende Ereignisse angewandt, die nach ihrem Inkrafttreten eintreten.

Artikel 32 Zeitpunkt des Beginns der Anwendung

Diese Verordnung gilt ab dem 11. Januar 2009, mit Ausnahme des Artikels 29, der ab dem 11. Juli 2008 gilt.

Diese Verordnung ist in allen ihren Teilen verbindlich und gilt gemäß dem Vertrag zur Gründung der Europäischen Gemeinschaft unmittelbar in den Mitgliedstaaten.

Erklärung der Kommission zur Überprüfungsklausel (Artikel 30)

Die Kommission wird auf entsprechende Aufforderung durch das Europäische Parlament und den Rat im Rahmen von Artikel 30 der Verordnung Rom II hin, bis spätestens Dezember 2008 eine Untersuchung zu dem auf außervertragliche Schuldverhältnisse aus der Verletzung der Privatsphäre oder der Persönlichkeitsrechte anwendbaren Recht vorlegen. Die Kommission wird allen Aspekten Rechnung tragen und erforderlichenfalls geeignete Maßnahmen ergreifen.

Erklärung der Kommission zu Straßenverkehrsunfällen

In Anbetracht der unterschiedlichen Höhe des Schadenersatzes, der den Opfern von Straßenverkehrsunfällen in den Mitgliedstaaten zugesprochen wird, ist die Kommission bereit, die spezifischen Probleme zu untersuchen, mit denen EU-Ansässige bei Straßenverkehrsunfällen in einem anderen Mitgliedstaat als dem ihres gewöhnlichen Aufenthalts konfrontiert sind. Die Kommission wird dem Europäischen Parlament und dem Rat bis Ende 2008 hierzu eine Untersuchung zu allen Optionen einschließlich Versicherungsaspekten vorlegen, wie die Position gebietsfremder Unfallopfer verbessert werden kann. Diese Untersuchung würde den Weg zur Ausarbeitung eines Grünbuches bahnen.

Erklärung der Kommission zur Behandlung ausländischen Rechts

1 Amtliche Fußnote: ABl. L 281 vom 23. 11. 1995, S. 31.

In Anbetracht der unterschiedlichen Behandlung ausländischen Rechts in den Mitgliedstaaten wird die Kommission, sobald die Untersuchung vorliegt, spätestens aber vier Jahre nach Inkrafttreten der Verordnung Rom II eine Untersuchung zur Anwendung ausländischen Rechts in Zivil- und Handelssachen durch die Gerichte der Mitgliedstaaten unter Berücksichtigung der Ziele des Haager Programms veröffentlichen. Die Kommission ist bereit, erforderlichenfalls geeignete Maßnahmen zu ergreifen.

474 Richtlinie 1999/44/EG des Europäischen Parlaments und des Rates vom 25. Mai 1999 zu bestimmten Aspekten des Verbrauchsgüterkaufs und der Garantien für Verbrauchsgüter

(ABl. L 171 vom 7. 7. 1999 S. 12), geändert durch Richtlinie des Europäischen Parlaments und des Rates vom 25. Oktober 2011 (ABl. L 304 vom 22. 11. 2011 S. 64)

Inhaltsübersicht*

DAS EUROPÄISCHE PARLAMENT UND DER RAT DER EUROPÄISCHEN UNION -

gestützt auf den Vertrag zur Gründung der Europäischen Gemeinschaft, insbesondere auf Artikel 95,

auf Vorschlag der Kommission[1)],

nach Stellungnahme des Wirtschafts- und Sozialausschusses[2)],

gemäß dem Verfahren des Artikels 251 des Vertrags, aufgrund des vom Vermittlungsausschuß am 18. März 1999 gebilligten gemeinsamen Entwurfs[3)],

in Erwägung nachstehender Gründe:

(1) Nach Artikel 153 Absätze 1 und 3 des Vertrags leistet die Gemeinschaft durch die Maßnahmen, die sie nach Artikel 95 des Vertrags erläßt, einen Beitrag zur Erreichung eines hohen Verbraucherschutzniveaus.

(2) Der Binnenmarkt umfaßt einen Raum ohne Binnengrenzen, in dem der freie Verkehr von Waren, Personen, Dienstleistungen und Kapital gewährleistet ist. Der freie Warenverkehr betrifft nicht nur den gewerblichen Handel, sondern auch Privatpersonen. Dies bedeutet, daß es den Verbrauchern aus einem Mitgliedstaat möglich sein muß, auf der Grundlage angemessener einheitlicher Mindestvorschriften über den Kauf von Verbrauchsgütern im Hoheitsgebiet eines anderen Mitgliedstaats frei einzukaufen.

(3) Die Rechtsvorschriften der Mitgliedstaaten über den Kauf von Verbrauchsgütern weisen Unterschiede auf; dies hat zur Folge, daß die einzelstaatlichen

---

* Nicht amtlich.

1) Amtliche Fußnote: ABl. C 307 vom 16. 10. 1996, S. 8, und ABl. C 148 vom 14. 5. 1998, S. 12.

2) Amtliche Fußnote: ABl. C 66 vom 3. 3. 1997, S. 5.

3) Amtliche Fußnote: Stellungnahme des Europäischen Parlaments vom 10. März 1998 (ABl. C 104 vom 6. 4. 1998, S. 30), Gemeinsamer Standpunkt des Rates vom 24. September 1998 (ABl. C 333 vom 30. 10. 1998, S. 46) und Beschluß des Europäischen Parlaments vom 17. Dezember 1998 (ABl. C 98 vom 9. 4. 1999, S. 226). Beschluß des Europäischen Parlaments vom 5. Mai 1999 und Beschluß des Rates vom 17. Mai 1999.

Absatzmärkte für Verbrauchsgüter uneinheitlich sind und bei den Verkäufern Wettbewerbsverzerrungen eintreten können.

(4) Dem Verbraucher, der die Vorzüge des Binnenmarkts dadurch nutzen möchte, daß er sich Waren in einem anderen Mitgliedstaat als in seinem Wohnsitzland beschafft, fällt eine fundamentale Aufgabe bei der Vollendung des Binnenmarkts zu; es muß verhindert werden, daß neue künstliche Grenzen entstehen und die Märkte abgeschottet werden. Die Möglichkeiten der Verbraucher haben durch die neuen Kommunikationstechnologien, die einen leichten Zugang zu den Vertriebssystemen in anderen Mitgliedstaaten oder in Drittländern bieten, deutlich zugenommen. Ohne eine Mindestharmonisierung der Bestimmungen über den Verbrauchsgüterkauf könnte die Weiterentwicklung des Warenkaufs mit Hilfe der neuen Fernkommunikationstechniken behindert werden.

(5) Die Schaffung eines gemeinsamen Mindestsockels von Verbraucherrechten, die unabhängig vom Ort des Kaufs der Waren in der Gemeinschaft gelten, stärkt das Vertrauen der Verbraucher und gestattet es ihnen, die durch die Schaffung des Binnenmarkts gebotenen Vorzüge besser zu nutzen.

(6) Schwierigkeiten der Verbraucher und Konflikte mit den Verkäufern haben ihre Ursache vor allem in der Vertragswidrigkeit von Waren. Infolgedessen erweist sich eine Angleichung der einzelstaatlichen Rechtsvorschriften über den Verbrauchsgüterkauf in dieser Hinsicht als geboten. Eine solche Angleichung darf jedoch nicht die Bestimmungen und Grundsätze des innerstaatlichen Rechts über die Regelung der vertraglichen und außervertraglichen Haftung beeinträchtigen.

(7) Waren müssen vor allem vertragsgemäß sein. Der Grundsatz der Vertragsmäßigkeit kann als gemeinsames Element der verschiedenen einzelstaatlichen Rechtstraditionen betrachtet werden. Im Rahmen bestimmter einzelstaatlicher Rechtstraditionen ist es möglicherweise nicht möglich, sich allein auf diesen Grundsatz zu stützen, um ein Mindestmaß an Verbraucherschutz zu gewährleisten. Insbesondere im Rahmen solcher Rechtstraditionen könnte es nützlich sein, zusätzliche innerstaatliche Bestimmungen vorzusehen, um den Verbraucherschutz für den Fall zu gewährleisten, daß die Parteien sich entweder nicht auf spezifische Vertragsklauseln geeinigt haben oder aber Vertragsklauseln vorgesehen oder Vereinbarungen getroffen haben, aufgrund deren die Rechte des Verbrauchers unmittelbar oder mittelbar außer Kraft gesetzt oder eingeschränkt werden. Soweit sich diese Rechte aus dieser Richtlinie ergeben, sind solche Vertragsklauseln oder Vereinbarungen für den Verbraucher nicht bindend.

(8) Um die Anwendung des Grundsatzes der Vertragsmäßigkeit zu erleichtern, ist es sinnvoll, eine widerlegbare Vermutung der Vertragsmäßigkeit einzuführen, die die meisten normalen Situationen abdeckt. Diese Vermutung stellt keine Einschränkung des Grundsatzes der Vertragsfreiheit dar. In Ermangelung spezifischer Vertragsklauseln sowie im Fall der Anwendung der Mindestschutzklausel können die in dieser Vermutung genannten Elemente verwendet werden, um die Vertragswidrigkeit der Waren zu bestimmen. Die Qualität und die Leistung, die der Verbraucher vernünftigerweise erwarten kann, hängen unter anderem davon ab, ob die Güter neu oder gebraucht sind. Die in der Vermutung genannten Elemente gelten kumulativ. Ist ein bestimmtes Element aufgrund der Umstände des betreffenden Falls offenkundig unanwendbar, so behalten die übrigen Elemente der Vermutung dennoch ihre Gültigkeit.

(9) Der Verkäufer muß dem Verbraucher gegenüber unmittelbar für die Vertragsmäßigkeit der Güter haften. Dieser klassische Grundsatz ist in den Rechtsvorschriften der Mitgliedstaaten verankert. Der Verkäufer muß allerdings nach Maßgabe des innerstaatlichen Rechts den Hersteller, einen früheren Verkäufer innerhalb derselben Vertragskette oder eine andere Zwischenperson in Regreß nehmen können, es sei denn, daß er auf dieses Recht verzichtet hat. Diese Richtlinie berührt nicht den Grundsatz der Vertragsfreiheit in den Beziehungen zwischen dem Verkäufer, dem Hersteller, einem früheren Verkäufer oder einer anderen Zwischenperson. Die einzelstaatlichen Rechtsvorschriften bestimmen, gegen wen und wie der Verkäufer Regreß nehmen kann.

(10) Bei Vertragswidrigkeit eines Gutes muß der Verbraucher das Recht haben, die unentgeltliche Herstellung des vertragsgemäßen Zustands des Gutes zu verlangen, wobei er zwischen einer Nachbesserung und einer Ersatzlieferung wählen kann; andernfalls muß er Anspruch auf Minderung des Kaufpreises oder auf Vertragsauflösung haben.

(11) Zunächst kann der Verbraucher vom Verkäufer die Nachbesserung des Gutes oder eine Ersatzlieferung verlangen, es sei denn, daß diese Abhilfen unmöglich oder unverhältnismäßig wären. Ob eine Abhilfe unverhältnismäßig ist, müßte objektiv festgestellt werden. Unverhältnismäßig sind Abhilfen, die im Vergleich zu anderen unzumutbare Kosten verursachen; bei der Beantwortung der Frage, ob es sich um unzumutbare Kosten handelt, sollte entscheidend sein, ob die Kosten der Abhilfe deutlich höher sind als die Kosten einer anderen Abhilfe.

(12) In Fällen von Vertragswidrigkeit kann der Verkäufer dem Verbraucher zur Erzielung einer gütlichen Einigung stets jede zur Verfügung stehende Abhilfemöglichkeit anbieten. Die Entscheidung über die Annahme oder Ablehnung des betreffenden Vorschlags bleibt dem Verbraucher anheimgestellt.

(13) Um es dem Verbraucher zu ermöglichen, den Binnenmarkt zu nutzen und Verbrauchsgüter in einem anderen Mitgliedstaat zu erwerben, sollte empfohlen werden, daß der Hersteller von Verbrauchsgütern, die in mehreren Mitgliedstaaten verkauft werden, im Interesse des Verbrauchers dem Verbrauchsgut eine Liste mit mindestens einer Ansprechadresse in jedem Mitgliedstaat, in dem die Ware vertrieben wird, beifügt.

(14) Die Bezugnahmen auf den Zeitpunkt der Lieferung bedeuten nicht, daß die Mitgliedstaaten ihre Vorschriften über den Gefahrübergang ändern müssen.

(15) Die Mitgliedstaaten können vorsehen, daß eine dem Verbraucher zu leistende Erstattung gemindert werden kann, um der Benutzung der Ware Rechnung zu tragen, die durch den Verbraucher seit ihrer Lieferung erfolgt ist. Die Regelungen über die Modalitäten der Durchführung der Vertragsauflösung können im innerstaatlichen Recht festgelegt werden.

(16) Gebrauchte Güter können aufgrund ihrer Eigenart im allgemeinen nicht ersetzt werden. Bei diesen Gütern hat der Verbraucher deshalb in der Regel keinen Anspruch auf Ersatzlieferung. Die Mitgliedstaaten können den Parteien gestatten, für solche Güter eine kürzere Haftungsdauer zu vereinbaren.

(17) Es ist zweckmäßig, den Zeitraum, innerhalb dessen der Verkäufer für Vertragswidrigkeiten haftet, die zum Zeitpunkt der Lieferung des Gutes bestanden, zu begrenzen. Die Mitgliedstaaten können ferner eine Frist vorsehen, innerhalb deren die Verbraucher ihre Ansprüche geltend machen können, sofern diese Frist nicht vor Ablauf von zwei Jahren ab dem Zeitpunkt der

Lieferung endet. Wird in innerstaatlichen Rechtsvorschriften für den Beginn einer Frist ein anderer Zeitpunkt als die Lieferung des Gutes festgelegt, so darf die Gesamtdauer der in den innerstaatlichen Rechtsvorschriften festgelegten Frist einen Zeitraum von zwei Jahren ab dem Zeitpunkt der Lieferung nicht unterschreiten.

(18) Für den Fall einer Nachbesserung oder einer Ersatzlieferung sowie für den Fall von Verhandlungen zwischen dem Verkäufer und dem Verbraucher über eine gütliche Regelung können die Mitgliedstaaten gemäß ihren innerstaatlichen Rechtsvorschriften gegebenenfalls die Hemmung oder Unterbrechung des Zeitraums, während dessen Vertragswidrigkeiten offenbar werden müssen, und der Verjährungsfrist vorsehen.

(19) Den Mitgliedstaaten sollte die Möglichkeit eingeräumt werden, eine Frist festzusetzen, innerhalb deren die Verbraucher den Verkäufer über Vertragswidrigkeiten unterrichten müssen. Die Mitgliedstaaten können ein höheres Niveau des Verbraucherschutzes gewährleisten, indem sie keine derartige Verpflichtung einführen. In jedem Fall sollten die Verbraucher für die Unterrichtung des Verkäufers über das Vorliegen einer Vertragswidrigkeit überall in der Gemeinschaft über einen Zeitraum von mindestens zwei Monaten verfügen.

(20) Die Mitgliedstaaten sollten vorbeugende Maßnahmen ergreifen, damit eine solche Unterrichtungsfrist die Verbraucher bei grenzüberschreitenden Käufen nicht benachteiligt. Alle Mitgliedstaaten sollten die Kommission über ihre in bezug auf diese Bestimmung gewählte Lösung unterrichten. Die Kommission sollte die Auswirkungen der unterschiedlichen Anwendung dieser Bestimmung auf die Verbraucher und den Binnenmarkt beobachten. Informationen über die von einem Mitgliedstaat gewählte Lösung sollten den übrigen Mitgliedstaaten, den Verbrauchern und den Verbraucherorganisationen gemeinschaftsweit zugänglich gemacht werden. Daher sollte im *Amtsblatt der Europäischen Gemeinschaften* eine Übersicht über die Lage in allen Mitgliedstaaten veröffentlicht werden.

(21) Bei bestimmten Warengattungen ist es üblich, daß die Verkäufer oder die Hersteller auf ihre Erzeugnisse Garantien gewähren, die die Verbraucher gegen alle Mängel absichern, die innerhalb einer bestimmten Frist offenbar werden können. Diese Praxis kann zu mehr Wettbewerb am Markt führen. Solche Garantien stellen zwar rechtmäßige Marketinginstrumente dar, sollten jedoch den Verbraucher nicht irreführen. Um sicherzustellen, daß der Verbraucher nicht irregeführt wird, sollten die Garantien bestimmte Informationen enthalten, unter anderem eine Erklärung, daß die Garantie nicht die gesetzlichen Rechte des Verbrauchers berührt.

(22) Die Vertragsparteien dürfen die den Verbrauchern eingeräumten Rechte nicht durch Vereinbarung einschränken oder außer Kraft setzen, da dies den gesetzlichen Schutz aushöhlen würde. Dieser Grundsatz hat auch für Klauseln zu gelten, denen zufolge dem Verbraucher jede zum Zeitpunkt des Vertragsschlusses bestehende Vertragswidrigkeit des Verbrauchsguts bekannt war. Der dem Verbraucher aufgrund dieser Richtlinie gewährte Schutz darf nicht dadurch geschmälert werden, daß das Recht eines Nichtmitgliedstaats als das auf den betreffenden Vertrag anzuwendende Recht gewählt worden ist.

(23) Die diesbezüglichen Rechtsvorschriften und die Rechtsprechung der Mitgliedstaaten zeugen von dem zunehmenden Bemühen, den Verbrauchern ein hohes Schutzniveau zu gewährleisten. Angesichts dieser Entwicklung und

der zu erwartenden Erfahrung mit der Durchführung dieser Richtlinie kann es sich als notwendig erweisen, eine stärkere Harmonisierung in Erwägung zu ziehen, die insbesondere eine unmittelbare Haftung des Herstellers für ihm zuzuschreibende Mängel vorsieht.

(24) Die Mitgliedstaaten sollten auf dem unter diese Richtlinie fallenden Gebiet strengere Bestimmungen zur Gewährleistung eines noch höheren Verbraucherschutzniveaus erlassen oder beibehalten können.

(25) Entsprechend der Empfehlung der Kommission vom 30. März 1998 betreffend die Grundsätze für Einrichtungen, die für die außergerichtliche Beilegung von Verbraucherrechtsstreitigkeiten zuständig sind[1], können die Mitgliedstaaten Einrichtungen schaffen, die eine unparteiische und effiziente Beschwerdebehandlung im nationalen und grenzüberschreitenden Rahmen gewährleisten und die von den Verbrauchern als Vermittler in Anspruch genommen werden können.

(26) Zum Schutz der Kollektivinteressen der Verbraucher ist es angebracht, diese Richtlinie in das im Anhang der Richtlinie 98/27/EG des Europäischen Parlaments und des Rates vom 19. Mai 1998 über Unterlassungsklagen zum Schutz der Verbraucherinteressen[2] enthaltene Richtlinienverzeichnis aufzunehmen –

HABEN FOLGENDE RICHTLINIE ERLASSEN:

Artikel 1 Geltungsbereich und Begriffsbestimmungen

(1) Zweck dieser Richtlinie ist die Angleichung der Rechts- und Verwaltungsvorschriften der Mitgliedstaaten zu bestimmten Aspekten des Verbrauchsgüterkaufs und der Garantien für Verbrauchsgüter zur Gewährleistung eines einheitlichen Verbraucherschutz-Mindestniveaus im Rahmen des Binnenmarkts.

(2) Im Sinne dieser Richtlinie bezeichnet der Ausdruck

a) „Verbraucher" jede natürliche Person, die im Rahmen der unter diese Richtlinie fallenden Verträge zu einem Zweck handelt, der nicht ihrer beruflichen oder gewerblichen Tätigkeit zugerechnet werden kann;

b) „Verbrauchsgüter" bewegliche körperliche Gegenstände, mit Ausnahme von
   - Gütern, die aufgrund von Zwangsvollstreckungsmaßnahmen oder anderen gerichtlichen Maßnahmen verkauft werden,
   - Wasser und Gas, wenn sie nicht in einem begrenzten Volumen oder in einer bestimmten Menge abgefüllt sind,
   - Strom;

c) „Verkäufer" jede natürliche oder juristische Person, die aufgrund eines Vertrags im Rahmen ihrer beruflichen oder gewerblichen Tätigkeit Verbrauchsgüter verkauft;

d) „Hersteller" den Hersteller von Verbrauchsgütern, deren Importeur für das Gebiet der Gemeinschaft oder jede andere Person, die sich dadurch, daß sie ihren Namen, ihre Marke oder ein anderes Kennzeichen an den Verbrauchsgütern anbringt, als Hersteller bezeichnet;

e) „Garantie" jede von einem Verkäufer oder Hersteller gegenüber dem Verbraucher ohne Aufpreis eingegangene Verpflichtung, den Kaufpreis zu erstatten, das Verbrauchsgut zu ersetzen oder nachzubessern oder in sonstiger Weise Ab-

---

1) Amtliche Fußnote: ABl. L 115 vom 17. 4. 1998, S. 31.
2) Amtliche Fußnote: ABl. L 166 vom 11. 6. 1998, S. 51.

hilfe zu schaffen, wenn das Verbrauchsgut nicht den in der Garantieerklärung oder in der einschlägigen Werbung genannten Eigenschaften entspricht;

f) „Nachbesserung“ bei Vertragswidrigkeit die Herstellung des vertragsgemäßen Zustands des Verbrauchsgutes.

(3) Die Mitgliedstaaten können festlegen, daß unter „Verbrauchsgütern“ keine gebrauchten Güter zu verstehen sind, die in einer öffentlichen Versteigerung verkauft werden, bei der die Verbraucher die Möglichkeit haben, dem Verkauf persönlich beizuwohnen.

(4) Als Kaufverträge im Sinne dieser Richtlinie gelten auch Verträge über die Lieferung herzustellender oder zu erzeugender Verbrauchsgüter.

Artikel 2 Vertragsmäßigkeit

(1) Der Verkäufer ist verpflichtet, dem Verbraucher dem Kaufvertrag gemäße Güter zu liefern.

(2) Es wird vermutet, daß Verbrauchsgüter vertragsgemäß sind, wenn sie

a) mit der vom Verkäufer gegebenen Beschreibung übereinstimmen und die Eigenschaften des Gutes besitzen, das der Verkäufer dem Verbraucher als Probe oder Muster vorgelegt hat;

b) sich für einen bestimmten vom Verbraucher angestrebten Zweck eignen, den der Verbraucher dem Verkäufer bei Vertragsschluß zur Kenntnis gebracht hat und dem der Verkäufer zugestimmt hat;

c) sich für die Zwecke eignen, für die Güter der gleichen Art gewöhnlich gebraucht werden;

d) eine Qualität und Leistungen aufweisen, die bei Gütern der gleichen Art üblich sind und die der Verbraucher vernünftigerweise erwarten kann, wenn die Beschaffenheit des Gutes und gegebenenfalls die insbesondere in der Werbung oder bei der Etikettierung gemachten öffentlichen Äußerungen des Verkäufers, des Herstellers oder dessen Vertreters über die konkreten Eigenschaften des Gutes in Betracht gezogen werden.

(3) Es liegt keine Vertragswidrigkeit im Sinne dieses Artikels vor, wenn der Verbraucher zum Zeitpunkt des Vertragsschlusses Kenntnis von der Vertragswidrigkeit hatte oder vernünftigerweise nicht in Unkenntnis darüber sein konnte oder wenn die Vertragswidrigkeit auf den vom Verbraucher gelieferten Stoff zurückzuführen ist.

(4) Der Verkäufer ist durch die in Absatz 2 Buchstabe d) genannten öffentlichen Äußerungen nicht gebunden, wenn er

- nachweist, daß er die betreffende Äußerung nicht kannte und vernünftigerweise nicht davon Kenntnis haben konnte,
- nachweist, daß die betreffende Äußerung zum Zeitpunkt des Vertragsschlusses berichtigt war, oder
- nachweist, daß die Kaufentscheidung nicht durch die betreffende Äußerung beeinflußt sein konnte.

(5) Ein Mangel infolge unsachgemäßer Montage des Verbrauchsgutes wird der Vertragswidrigkeit gleichgestellt, wenn die Montage Bestandteil des Kaufvertrags über das Verbrauchsgut war und vom Verkäufer oder unter dessen Verantwortung vorgenommen wurde. Das gleiche gilt, wenn das zur Montage durch den Verbraucher bestimmte Erzeugnis vom Verbraucher montiert worden ist und die unsachgemäße Montage auf einen Mangel in der Montageanleitung zurückzuführen ist.

Artikel 3 Rechte des Verbrauchers

(1) Der Verkäufer haftet dem Verbraucher für jede Vertragswidrigkeit, die zum Zeitpunkt der Lieferung des Verbrauchsgutes besteht.

(2) Bei Vertragswidrigkeit hat der Verbraucher entweder Anspruch auf die unentgeltliche Herstellung des vertragsgemäßen Zustands des Verbrauchsgutes durch Nachbesserung oder Ersatzlieferung nach Maßgabe des Absatzes 3 oder auf angemessene Minderung des Kaufpreises oder auf Vertragsauflösung in bezug auf das betreffende Verbrauchsgut nach Maßgabe der Absätze 5 und 6.

(3) Zunächst kann der Verbraucher vom Verkäufer die unentgeltliche Nachbesserung des Verbrauchsgutes oder eine unentgeltliche Ersatzlieferung verlangen, sofern dies nicht unmöglich oder unverhältnismäßig ist.

Eine Abhilfe gilt als unverhältnismäßig, wenn sie dem Verkäufer Kosten verursachen würde, die

- angesichts des Werts, den das Verbrauchsgut ohne die Vertragswidrigkeit hätte,
- unter Berücksichtigung der Bedeutung der Vertragswidrigkeit und
- nach Erwägung der Frage, ob auf die alternative Abhilfemöglichkeit ohne erhebliche Unannehmlichkeiten für den Verbraucher zurückgegriffen werden könnte,

verglichen mit der alternativen Abhilfemöglichkeit unzumutbar wären.

Die Nachbesserung oder die Ersatzlieferung muß innerhalb einer angemessenen Frist und ohne erhebliche Unannehmlichkeiten für den Verbraucher erfolgen, wobei die Art des Verbrauchsgutes sowie der Zweck, für den der Verbraucher das Verbrauchsgut benötigte, zu berücksichtigen sind.

(4) Der Begriff „unentgeltlich" in den Absätzen 2 und 3 umfaßt die für die Herstellung des vertragsgemäßen Zustands des Verbrauchsgutes notwendigen Kosten, insbesondere Versand-, Arbeits- und Materialkosten.

(5) Der Verbraucher kann eine angemessene Minderung des Kaufpreises oder eine Vertragsauflösung verlangen,

- wenn der Verbraucher weder Anspruch auf Nachbesserung noch auf Ersatzlieferung hat oder
- wenn der Verkäufer nicht innerhalb einer angemessenen Frist Abhilfe geschaffen hat oder
- wenn der Verkäufer nicht ohne erhebliche Unannehmlichkeiten für den Verbraucher Abhilfe geschaffen hat.

(6) Bei einer geringfügigen Vertragswidrigkeit hat der Verbraucher keinen Anspruch auf Vertragsauflösung.

Artikel 4 Rückgriffsrechte

Haftet der Letztverkäufer dem Verbraucher aufgrund einer Vertragswidrigkeit infolge eines Handelns oder Unterlassens des Herstellers, eines früheren Verkäufers innerhalb derselben Vertragskette oder einer anderen Zwischenperson, so kann der Letztverkäufer den oder die Haftenden innerhalb der Vertragskette in Regreß nehmen. Das innerstaatliche Recht bestimmt den oder die Haftenden, den oder die der Letztverkäufer in Regreß nehmen kann, sowie das entsprechende Vorgehen und die Modalitäten.

Artikel 5 Fristen

(1) Der Verkäufer haftet nach Artikel 3, wenn die Vertragswidrigkeit binnen zwei Jahren nach der Lieferung des Verbrauchsgutes offenbar wird. Gilt nach dem innerstaatlichen Recht für die Ansprüche nach Artikel 3 Absatz 2 eine Verjährungsfrist, so endet sie nicht vor Ablauf eines Zeitraums von zwei Jahren ab dem Zeitpunkt der Lieferung.

(2) Die Mitgliedstaaten können vorsehen, daß der Verbraucher den Verkäufer zur Inanspruchnahme seiner Rechte über die Vertragswidrigkeit binnen zwei Monaten nach dem Zeitpunkt, zu dem er die Vertragswidrigkeit festgestellt hat, unterrichten muß.

Die Mitgliedstaaten unterrichten die Kommission über ihre bezüglich dieses Absatzes gewählte Lösung. Die Kommission überwacht die Auswirkungen dieser den Mitgliedstaaten eingeräumten Möglichkeit auf die Verbraucher und den Binnenmarkt.

Die Kommission erstellt bis zum 7. Januar 2003 einen Bericht über die von den Mitgliedstaaten bezüglich dieses Absatzes gewählte Lösung. Dieser Bericht wird im *Amtsblatt der Europäischen Gemeinschaften* veröffentlicht.

(3) Bis zum Beweis des Gegenteils wird vermutet, daß Vertragswidrigkeiten, die binnen sechs Monaten nach der Lieferung des Gutes offenbar werden, bereits zum Zeitpunkt der Lieferung bestanden, es sei denn, diese Vermutung ist mit der Art des Gutes oder der Art der Vertragswidrigkeit unvereinbar.

Artikel 6 Garantien

(1) Die Garantie muß denjenigen, der sie anbietet, zu den in der Garantieerklärung und der einschlägigen Werbung angegebenen Bedingungen binden.

(2) Die Garantie muß

- darlegen, daß der Verbraucher im Rahmen der geltenden innerstaatlichen Rechtsvorschriften über den Verbrauchsgüterkauf gesetzliche Rechte hat, und klarstellen, daß diese Rechte von der Garantie nicht berührt werden;
- in einfachen und verständlichen Formulierungen den Inhalt der Garantie und die wesentlichen Angaben enthalten, die für die Inanspruchnahme der Garantie notwendig sind, insbesondere die Dauer und den räumlichen Geltungsbereich des Garantieschutzes sowie Namen und Anschrift des Garantiegebers.

(3) Auf Wunsch des Verbrauchers muß diesem die Garantie schriftlich zur Verfügung gestellt werden oder auf einem anderen dauerhaften Datenträger enthalten sein, der dem Verbraucher zur Verfügung steht und ihm zugänglich ist.

(4) Die Mitgliedstaaten, in denen das Verbrauchsgut in Verkehr gebracht wird, können, soweit dies mit den Vorschriften des Vertrags vereinbar ist, für ihr Gebiet vorschreiben, daß die Garantie in einer oder in mehreren Sprachen abzufassen ist, die der jeweilige Mitgliedstaat unter den Amtssprachen der Gemeinschaft auswählt.

(5) Werden für eine Garantie die Anforderungen der Absätze 2, 3 oder 4 nicht erfüllt, so berührt dies in keinem Fall die Gültigkeit dieser Garantie; der Verbraucher kann sie weiterhin geltend machen und ihre Einhaltung verlangen.

Artikel 7 Unabdingbarkeit

(1) Vertragsklauseln oder mit dem Verkäufer vor dessen Unterrichtung über die Vertragswidrigkeit getroffene Vereinbarungen, durch welche die mit dieser

Richtlinie gewährten Rechte unmittelbar oder mittelbar außer Kraft gesetzt oder eingeschränkt werden, sind für den Verbraucher gemäß dem innerstaatlichen Recht nicht bindend.

Im Fall gebrauchter Güter können die Mitgliedstaaten vorsehen, daß der Verkäufer und der Verbraucher sich auf Vertragsklauseln oder Vereinbarungen einigen können, denen zufolge der Verkäufer weniger lange haftet als in Artikel 5 Absatz 1 vorgesehen. Diese kürzere Haftungsdauer darf ein Jahr nicht unterschreiten.

(2) Die Mitgliedstaaten treffen die erforderlichen Maßnahmen, damit dem Verbraucher der durch diese Richtlinie gewährte Schutz nicht dadurch vorenthalten wird, daß das Recht eines Nichtmitgliedstaats als das auf den Vertrag anzuwendende Recht gewählt wird, sofern dieser Vertrag einen engen Zusammenhang mit dem Gebiet der Mitgliedstaaten aufweist.

Artikel 8 Innerstaatliches Recht und Mindestschutz

(1) Andere Ansprüche, die der Verbraucher aufgrund innerstaatlicher Rechtsvorschriften über die vertragliche oder außervertragliche Haftung geltend machen kann, werden durch die aufgrund dieser Richtlinie gewährten Rechte nicht berührt.

(2) Die Mitgliedstaaten können in dem unter diese Richtlinie fallenden Bereich mit dem Vertrag in Einklang stehende strengere Bestimmungen erlassen oder aufrechterhalten, um ein höheres Schutzniveau für die Verbraucher sicherzustellen.

Artikel 8a Berichtspflichten

(1) Erlässt ein Mitgliedstaat gemäß Artikel 8 Absatz 2 strengere Verbraucherschutzvorschriften als die in Artikel 5 Absätzen 1 bis 3 und Artikel 7 Absatz 1 vorgesehenen, so setzt er die Kommission hiervon sowie von allen nachfolgenden Änderungen in Kenntnis.

(2) Die Kommission stellt sicher, dass die in Absatz 1 genannten Informationen den Verbrauchern und den Unternehmern leicht zugänglich sind, u.a. auf einer speziellen Webseite.

(3) Die Kommission leitet die in Absatz 1 genannten Informationen an die anderen Mitgliedstaaten und das Europäische Parlament weiter. Die Kommission hört die Beteiligten zu diesen Informationen an.

Artikel 9

Die Mitgliedstaaten ergreifen geeignete Maßnahmen zur Unterrichtung der Verbraucher über das innerstaatliche Recht, mit dem diese Richtlinie umgesetzt wird, und rufen, falls angebracht, Berufsorganisationen dazu auf, die Verbraucher über ihre Rechte zu unterrichten.

Artikel 10 *(Änderungsvorschrift)*

Artikel 11 Umsetzung

(1) Die Mitgliedstaaten setzen die Rechts- und Verwaltungsvorschriften in Kraft, die erforderlich sind, um dieser Richtlinie spätestens ab dem 1. Januar 2002 nachzukommen. Sie setzen die Kommission unverzüglich davon in Kenntnis.

Wenn die Mitgliedstaaten diese Vorschriften erlassen, nehmen sie in den Vorschriften selbst oder durch einen Hinweis bei der amtlichen Veröffentlichung auf diese Richtlinie Bezug. Die Mitgliedstaaten regeln die Einzelheiten der Bezugnahme.

(2) Die Mitgliedstaaten teilen der Kommission den Wortlaut der innerstaatlichen Rechtsvorschriften mit, die sie auf dem unter diese Richtlinie fallenden Gebiet erlassen.

Artikel 12 Überprüfung

Die Kommission überprüft die Anwendung dieser Richtlinie spätestens zum 7. Juli 2006 und legt dem Europäischen Parlament und dem Rat einen Bericht vor. In dem Bericht ist unter anderem zu prüfen, ob Veranlassung besteht, eine unmittelbare Haftung des Herstellers einzuführen; der Bericht ist gegebenenfalls mit Vorschlägen zu versehen.

Artikel 13 Inkrafttreten

Diese Richtlinie tritt am Tag ihrer Veröffentlichung im *Amtsblatt der Europäischen Gemeinschaften* in Kraft.*

Artikel 14

Diese Richtlinie ist an die Mitgliedstaaten gerichtet.

* Die Veröffentlichung erfolgte am 7. Juli 1999.

5 Grundgesetz und nationale Ausführungsgesetze

51 Grundgesetz für die Bundesrepublik Deutschland (GG*)

vom 23. Mai 1949 (BGBl. S. 1), in der im Bundesgesetzblatt Teil III, Gliederungsnummer 100-1, veröffentlichten bereinigten Fassung, zuletzt geändert durch Gesetz vom 13. Juli 2017 (BGBl. I S. 2347)

– Auszug –

Artikel 16a (Asylrecht)

(1) Politisch Verfolgte genießen Asylrecht.

(2) Auf Absatz 1 kann sich nicht berufen, wer aus einem Mitgliedstaat der Europäischen Gemeinschaften oder aus einem anderen Drittstaat einreist, in dem die Anwendung des Abkommens über die Rechtsstellung der Flüchtlinge und der Konvention zum Schutze der Menschenrechte und Grundfreiheiten sichergestellt ist. Die Staaten außerhalb der Europäischen Gemeinschaften, auf die die Voraussetzungen des Satzes 1 zutreffen, werden durch Gesetz, das der Zustimmung des Bundesrates bedarf, bestimmt. In den Fällen des Satzes 1 können aufenthaltsbeendende Maßnahmen unabhängig von einem hiergegen eingelegten Rechtsbehelf vollzogen werden.

(3) Durch Gesetz, das der Zustimmung des Bundesrates bedarf, können Staaten bestimmt werden, bei denen auf Grund der Rechtslage, der Rechtsanwendung und der allgemeinen politischen Verhältnisse gewährleistet erscheint, daß dort weder politische Verfolgung noch unmenschliche oder erniedrigende Bestrafung oder Behandlung stattfindet. Es wird vermutet, daß ein Ausländer aus einem solchen Staat nicht verfolgt wird, solange er nicht Tatsachen vorträgt, die die Annahme begründen, daß er entgegen dieser Vermutung politisch verfolgt wird.

(4) Die Vollziehung aufenthaltsbeendender Maßnahmen wird in den Fällen des Absatzes 3 und in anderen Fällen, die offensichtlich unbegründet sind oder als offensichtlich unbegründet gelten, durch das Gericht nur ausgesetzt, wenn ernstliche Zweifel an der Rechtmäßigkeit der Maßnahme bestehen; der Prüfungsumfang kann eingeschränkt werden und verspätetes Vorbringen unberücksichtigt bleiben. Das Nähere ist durch Gesetz zu bestimmen.

(5) Die Absätze 1 bis 4 stehen völkerrechtlichen Verträgen von Mitgliedstaaten der Europäischen Gemeinschaften untereinander und mit dritten Staaten nicht entgegen, die unter Beachtung der Verpflichtungen aus dem Abkommen über die Rechtsstellung der Flüchtlinge und der Konvention zum Schutze der Menschenrechte und Grundfreiheiten, deren Anwendung in den Vertragsstaaten sichergestellt sein muß, Zuständigkeitsregelungen für die Prüfung von Asylbegehren einschließlich der gegenseitigen Anerkennung von Asylentscheidungen treffen.

---

* Der vollständige Text ist abgedruckt in den VSVen unter der Gliederungsziffer 1000.

Artikel 23 (Mitwirkung von Bundestag und Bundesrat an der Entwicklung der Europäischen Union)

(1) Zur Verwirklichung eines vereinten Europas wirkt die Bundesrepublik Deutschland bei der Entwicklung der Europäischen Union mit, die demokratischen, rechtsstaatlichen, sozialen und föderativen Grundsätzen und dem Grundsatz der Subsidiarität verpflichtet ist und einen diesem Grundgesetz im wesentlichen vergleichbaren Grundrechtsschutz gewährleistet. Der Bund kann hierzu durch Gesetz mit Zustimmung des Bundesrates Hoheitsrechte übertragen. Für die Begründung der Europäischen Union sowie für Änderungen ihrer vertraglichen Grundlagen und vergleichbare Regelungen, durch die dieses Grundgesetz seinem Inhalt nach geändert oder ergänzt wird oder solche Änderungen oder Ergänzungen ermöglicht werden, gilt Artikel 79 Abs. 2 und 3.

(1a) Der Bundestag und der Bundesrat haben das Recht, wegen Verstoßes eines Gesetzgebungsakts der Europäischen Union gegen das Subsidiaritätsprinzip vor dem Gerichtshof der Europäischen Union Klage zu erheben. Der Bundestag ist hierzu auf Antrag eines Viertels seiner Mitglieder verpflichtet. Durch Gesetz, das der Zustimmung des Bundesrates bedarf, können für die Wahrnehmung der Rechte, die dem Bundestag und dem Bundesrat in den vertraglichen Grundlagen der Europäischen Union eingeräumt sind, Ausnahmen von Artikel 42 Abs. 2 Satz 1 und Artikel 52 Abs. 3 Satz 1 zugelassen werden.

(2) In Angelegenheiten der Europäischen Union wirken der Bundestag und durch den Bundesrat die Länder mit. Die Bundesregierung hat den Bundestag und den Bundesrat umfassend und zum frühestmöglichen Zeitpunkt zu unterrichten.

(3) Die Bundesregierung gibt dem Bundestag Gelegenheit zur Stellungnahme vor ihrer Mitwirkung an Rechtsetzungsakten der Europäischen Union. Die Bundesregierung berücksichtigt die Stellungnahmen des Bundestages bei den Verhandlungen. Das Nähere regelt ein Gesetz.

(4) Der Bundesrat ist an der Willensbildung des Bundes zu beteiligen, soweit er an einer entsprechenden innerstaatlichen Maßnahme mitzuwirken hätte oder soweit die Länder innerstaatlich zuständig wären.

(5) Soweit in einem Bereich ausschließlicher Zuständigkeiten des Bundes Interessen der Länder berührt sind oder soweit im übrigen der Bund das Recht zur Gesetzgebung hat, berücksichtigt die Bundesregierung die Stellungnahme des Bundesrates. Wenn im Schwerpunkt Gesetzgebungsbefugnisse der Länder, die Einrichtung ihrer Behörden oder ihre Verwaltungsverfahren betroffen sind, ist bei der Willensbildung des Bundes insoweit die Auffassung des Bundesrates maßgeblich zu berücksichtigen; dabei ist die gesamtstaatliche Verantwortung des Bundes zu wahren. In Angelegenheiten, die zu Ausgabenerhöhungen oder Einnahmeminderungen für den Bund führen können, ist die Zustimmung der Bundesregierung erforderlich.

(6) Wenn im Schwerpunkt ausschließliche Gesetzgebungsbefugnisse der Länder auf den Gebieten der schulischen Bildung, der Kultur oder des Rundfunks betroffen sind, wird die Wahrnehmung der Rechte, die der Bundesrepublik Deutschland als Mitgliedstaat der Europäischen Union zustehen, vom Bund auf einen vom Bundesrat benannten Vertreter der Länder übertragen. Die Wahrnehmung der Rechte erfolgt unter Beteiligung und in Abstimmung mit der Bundesregierung; dabei ist die gesamtstaatliche Verantwortung des Bundes zu wahren.

(7) Das Nähere zu den Absätzen 4 bis 6 regelt ein Gesetz, das der Zustimmung des Bundesrates bedarf.

Artikel 24 (Übertragung von Hoheitsrechten, kollektives Sicherheitssystem, internationale Schiedsgerichtsbarkeit)

(1) Der Bund kann durch Gesetz Hoheitsrechte auf zwischenstaatliche Einrichtungen übertragen.

(1a) Soweit die Länder für die Ausübung der staatlichen Befugnisse und die Erfüllung der staatlichen Aufgaben zuständig sind, können sie mit Zustimmung der Bundesregierung Hoheitsrechte auf grenznachbarschaftliche Einrichtungen übertragen.

(2) Der Bund kann sich zur Wahrung des Friedens einem System gegenseitiger kollektiver Sicherheit einordnen; er wird hierbei in die Beschränkungen seiner Hoheitsrechte einwilligen, die eine friedliche und dauerhafte Ordnung in Europa und zwischen den Völkern der Welt herbeiführen und sichern.

(3) Zur Regelung zwischenstaatlicher Streitigkeiten wird der Bund Vereinbarungen über eine allgemeine, umfassende, obligatorische, internationale Schiedsgerichtsbarkeit beitreten.

Artikel 28 (Landesverfassungen: Homogenitätsklausel, Garantie der kommunalen Selbstverwaltung, Gewährleistungspflicht des Bundes)

(1) Die verfassungsmäßige Ordnung in den Ländern muß den Grundsätzen des republikanischen, demokratischen und sozialen Rechtsstaates im Sinne dieses Grundgesetzes entsprechen. In den Ländern, Kreisen und Gemeinden muß das Volk eine Vertretung haben, die aus allgemeinen, unmittelbaren, freien, gleichen und geheimen Wahlen hervorgegangen ist. Bei Wahlen in Kreisen und Gemeinden sind auch Personen, die die Staatsangehörigkeit eines Mitgliedstaates der Europäischen Gemeinschaft besitzen, nach Maßgabe von Recht der Europäischen Gemeinschaft wahlberechtigt und wählbar. In Gemeinden kann an die Stelle einer gewählten Körperschaft die Gemeindeversammlung treten.

(2) Den Gemeinden muß das Recht gewährleistet sein, alle Angelegenheiten der örtlichen Gemeinschaft im Rahmen der Gesetze in eigener Verantwortung zu regeln. Auch die Gemeindeverbände haben im Rahmen ihres gesetzlichen Aufgabenbereiches nach Maßgabe der Gesetze das Recht der Selbstverwaltung. Die Gewährleistung der Selbstverwaltung umfaßt auch die Grundlagen der finanziellen Eigenverantwortung; zu diesen Grundlagen gehört eine den Gemeinden mit Hebesatzrecht zustehende wirtschaftskraftbezogene Steuerquelle.

(3) Der Bund gewährleistet, daß die verfassungsmäßige Ordnung der Länder den Grundrechten und den Bestimmungen der Absätze 1 und 2 entspricht.

Artikel 45 (Ausschuß für die Angelegenheiten der Europäischen Union)

Der Bundestag bestellt einen Ausschuß für die Angelegenheiten der Europäischen Union. Er kann ihn ermächtigen, die Rechte des Bundestages gemäß Artikel 23 gegenüber der Bundesregierung wahrzunehmen. Er kann ihn auch ermächtigen, die Rechte wahrzunehmen, die dem Bundestag in den vertraglichen Grundlagen der Europäischen Union eingeräumt sind.

Artikel 50 (Mitwirkung der Länder an der Ausübung der Staatsgewalt des Bundes)

Durch den Bundesrat wirken die Länder bei der Gesetzgebung und Verwaltung des Bundes und in Angelegenheiten der Europäischen Union mit.

Artikel 52 (Präsident, Einberufung, Beschlußfassung, Geschäftsordnung, Öffentlichkeit der Verhandlungen, Europakammer, Ausschüsse)

(1) Der Bundesrat wählt seinen Präsidenten auf ein Jahr.

(2) Der Präsident beruft den Bundesrat ein. Er hat ihn einzuberufen, wenn die Vertreter von mindestens zwei Ländern oder die Bundesregierung es verlangen.

(3) Der Bundesrat faßt seine Beschlüsse mit mindestens der Mehrheit seiner Stimmen. Er gibt sich eine Geschäftsordnung. Er verhandelt öffentlich. Die Öffentlichkeit kann ausgeschlossen werden.

(3a) Für Angelegenheiten der Europäischen Union kann der Bundesrat eine Europakammer bilden, deren Beschlüsse als Beschlüsse des Bundesrates gelten; die Anzahl der einheitlich abzugebenden Stimmen der Länder bestimmt sich nach Artikel 51 Abs. 2.

(4) Den Ausschüssen des Bundesrates können andere Mitglieder oder Beauftragte der Regierungen der Länder angehören.

Artikel 79 (Änderungen des Grundgesetzes, Verbot der Verfassungsdurchbrechung, Mehrheitserfordernis, Bestandsklausel)

(1) Das Grundgesetz kann nur durch ein Gesetz geändert werden, das den Wortlaut des Grundgesetzes ausdrücklich ändert oder ergänzt. Bei völkerrechtlichen Verträgen, die eine Friedensregelung, die Vorbereitung einer Friedensregelung oder den Abbau einer besatzungsrechtlichen Ordnung zum Gegenstand haben oder der Verteidigung der Bundesrepublik zu dienen bestimmt sind, genügt zur Klarstellung, daß die Bestimmungen des Grundgesetzes dem Abschluß und dem Inkraftsetzen der Verträge nicht entgegenstehen, eine Ergänzung des Wortlautes des Grundgesetzes, die sich auf diese Klarstellung beschränkt.

(2) Ein solches Gesetz bedarf der Zustimmung von zwei Dritteln der Mitglieder des Bundestages und zwei Dritteln der Stimmen des Bundesrates.

(3) Eine Änderung dieses Grundgesetzes, durch welche die Gliederung des Bundes in Länder, die grundsätzliche Mitwirkung der Länder bei der Gesetzgebung oder die in den Artikeln 1 und 20 niedergelegten Grundsätze berührt werden, ist unzulässig.

Artikel 88 (Bundesbank)

Der Bund errichtet eine Währungs- und Notenbank als Bundesbank. Ihre Aufgaben und Befugnisse können im Rahmen der Europäischen Union der Europäischen Zentralbank übertragen werden, die unabhängig ist und dem vorrangigen Ziel der Sicherung der Preisstabilität verpflichtet.

Artikel 104a (Verteilung der Ausgaben zwischen Bund und Ländern, Geldleistungsgesetze, Finanzhilfen)

(1) Der Bund und die Länder tragen gesondert die Ausgaben, die sich aus der Wahrnehmung ihrer Aufgaben ergeben, soweit dieses Grundgesetz nichts anderes bestimmt.

(2) Handeln die Länder im Auftrage des Bundes, trägt der Bund die sich daraus ergebenden Ausgaben.

(3) Bundesgesetze, die Geldleistungen gewähren und von den Ländern ausgeführt werden, können bestimmen, daß die Geldleistungen ganz oder zum Teil vom Bund getragen werden. Bestimmt das Gesetz, daß der Bund die Hälfte der Ausgaben oder mehr trägt, wird es im Auftrage des Bundes durchgeführt.

(4) Bundesgesetze, die Pflichten der Länder zur Erbringung von Geldleistungen, geldwerten Sachleistungen oder vergleichbaren Dienstleistungen gegenüber Dritten begründen und von den Ländern als eigene Angelegenheit oder nach Absatz 3 Satz 2 im Auftrag des Bundes ausgeführt werden, bedürfen der Zustimmung des Bundesrates, wenn daraus entstehende Ausgaben von den Ländern zu tragen sind.

(5) Der Bund und die Länder tragen die bei ihren Behörden entstehenden Verwaltungsausgaben und haften im Verhältnis zueinander für eine ordnungsmäßige Verwaltung. Das Nähere bestimmt ein Bundesgesetz, das der Zustimmung des Bundesrates bedarf.

(6) Bund und Länder tragen nach der innerstaatlichen Zuständigkeits- und Aufgabenverteilung die Lasten einer Verletzung von supranationalen oder völkerrechtlichen Verpflichtungen Deutschlands. In Fällen länderübergreifender Finanzkorrekturen der Europäischen Union tragen Bund und Länder diese Lasten im Verhältnis 15 zu 85. Die Ländergesamtheit trägt in diesen Fällen solidarisch 35 vom Hundert der Gesamtlasten entsprechend einem allgemeinen Schlüssel; 50 vom Hundert der Gesamtlasten tragen die Länder, die die Lasten verursacht haben, anteilig entsprechend der Höhe der erhaltenen Mittel. Das Nähere regelt ein Bundesgesetz, das der Zustimmung des Bundesrates bedarf.

Artikel 109 (Haushaltswirtschaft des Bundes und der Länder, gesamtwirtschaftliches Gleichgewicht)

(1) Bund und Länder sind in ihrer Haushaltswirtschaft selbständig und voneinander unabhängig.

(2) Bund und Länder erfüllen gemeinsam die Verpflichtungen der Bundesrepublik Deutschland aus Rechtsakten der Europäischen Gemeinschaft auf Grund des Artikels 104 des Vertrags zur Gründung der Europäischen Gemeinschaft zur Einhaltung der Haushaltsdisziplin und tragen in diesem Rahmen den Erfordernissen des gesamtwirtschaftlichen Gleichgewichts Rechnung.

(3) Die Haushalte von Bund und Ländern sind grundsätzlich ohne Einnahmen aus Krediten auszugleichen. Bund und Länder können Regelungen zur im Auf- und Abschwung symmetrischen Berücksichtigung der Auswirkungen einer von der Normallage abweichenden konjunkturellen Entwicklung sowie eine Ausnahmeregelung für Naturkatastrophen oder außergewöhnliche Notsituationen, die sich der Kontrolle des Staates entziehen und die staatliche Finanzlage erheblich beeinträchtigen, vorsehen. Für die Ausnahmeregelung ist eine entsprechende Tilgungsregelung vorzusehen. Die nähere Ausgestaltung regelt für den Haushalt des Bundes Artikel 115 mit der Maßgabe, dass Satz 1 entsprochen ist, wenn die Einnahmen aus Krediten 0,35 vom Hundert im Verhältnis zum nominalen Bruttoinlandsprodukt nicht überschreiten. Die nähere Ausgestaltung für die Haushalte der Länder regeln diese im Rahmen ihrer verfassungsrechtlichen Kompetenzen mit der Maßgabe, dass Satz 1 nur dann entsprochen ist, wenn keine Einnahmen aus Krediten zugelassen werden.

(4) Durch Bundesgesetz, das der Zustimmung des Bundesrates bedarf, können für Bund und Länder gemeinsam geltende Grundsätze für das Haushaltsrecht, für eine konjunkturgerechte Haushaltswirtschaft und für eine mehrjährige Finanzplanung aufgestellt werden.

(5) Sanktionsmaßnahmen der Europäischen Gemeinschaft im Zusammenhang mit den Bestimmungen in Artikel 104 des Vertrags zur Gründung der Europäischen Gemeinschaft zur Einhaltung der Haushaltsdisziplin tragen Bund und Län-

der im Verhältnis 65 zu 35. Die Ländergesamtheit trägt solidarisch 35 vom Hundert der auf die Länder entfallenden Lasten entsprechend ihrer Einwohnerzahl; 65 vom Hundert der auf die Länder entfallenden Lasten tragen die Länder entsprechend ihrem Verursachungsbeitrag. Das Nähere regelt ein Bundesgesetz, das der Zustimmung des Bundesrates bedarf.

52 Gesetz über die Zusammenarbeit von Bundesregierung und Deutschem Bundestag in Angelegenheiten der Europäischen Union (EUZBBG)

vom 4. Juli 2013 (BGBl. I S. 2170)

Inhaltsübersicht*

§ 1 Mitwirkung des Bundestages

(1) In Angelegenheiten der Europäischen Union wirkt der Bundestag an der Willensbildung des Bundes mit und hat das Recht zur Stellungnahme. Die Bundesregierung hat ihn umfassend und zum frühestmöglichen Zeitpunkt zu unterrichten.

(2) Angelegenheiten der Europäischen Union im Sinne von Artikel 23 des Grundgesetzes sind insbesondere Vertragsänderungen und entsprechende Änderungen auf der Ebene des Primärrechts sowie Rechtsetzungsakte der Europäischen Union. Um eine Angelegenheit der Europäischen Union handelt es sich auch bei völkerrechtlichen Verträgen und intergouvernementalen Vereinbarungen, wenn sie in einem Ergänzungs- oder sonstigen besonderen Näheverhältnis zum Recht der Europäischen Union stehen.

§ 2 Ausschuss für die Angelegenheiten der Europäischen Union

Der Bundestag bestellt einen Ausschuss für die Angelegenheiten der Europäischen Union. Der Bundestag kann den Ausschuss ermächtigen, für ihn Stellungnahmen abzugeben. Er kann ihn ermächtigen, die Rechte des Bundestages gemäß Artikel 23 des Grundgesetzes gegenüber der Bundesregierung wahrzunehmen. Er kann ihn auch ermächtigen, die Rechte wahrzunehmen, die dem Bundestag in den vertraglichen Grundlagen der Europäischen Union eingeräumt sind.

§ 3 Grundsätze der Unterrichtung

(1) Die Bundesregierung unterrichtet den Bundestag in Angelegenheiten der Europäischen Union umfassend, zum frühestmöglichen Zeitpunkt und fortlau-

* Nicht amtlich.

fend. Diese Unterrichtung erfolgt grundsätzlich schriftlich durch die Weiterleitung von Dokumenten oder die Abgabe von eigenen Berichten der Bundesregierung, darüber hinaus mündlich. Der mündlichen Unterrichtung kommt lediglich eine ergänzende und erläuternde Funktion zu. Die Bundesregierung stellt sicher, dass diese Unterrichtung die Befassung des Bundestages ermöglicht.

(2) Die Unterrichtung erstreckt sich insbesondere auf die Willensbildung der Bundesregierung, die Vorbereitung und den Verlauf der Beratungen innerhalb der Organe der Europäischen Union, die Stellungnahmen des Europäischen Parlaments, der Europäischen Kommission und der anderen Mitgliedstaaten der Europäischen Union sowie die getroffenen Entscheidungen. Dies gilt auch für alle vorbereitenden Gremien und Arbeitsgruppen.

(3) Die Pflicht zur Unterrichtung umfasst auch die Vorbereitung und den Verlauf der Beratungen der informellen Ministertreffen, des Eurogipfels, der Eurogruppe sowie vergleichbarer Institutionen, die auf Grund völkerrechtlicher Verträge und sonstiger Vereinbarungen, die in einem Ergänzungs- oder sonstigen besonderen Näheverhältnis zum Recht der Europäischen Union stehen, zusammentreten. Dies gilt auch für alle vorbereitenden Gremien und Arbeitsgruppen.

(4) Der Kernbereich exekutiver Eigenverantwortung der Bundesregierung bleibt von den Unterrichtungspflichten unberührt.

(5) Der Bundestag kann auf einzelne Unterrichtungen verzichten, es sei denn, dass eine Fraktion oder fünf Prozent der Mitglieder des Bundestages widersprechen.

§ 4 Übersendung von Dokumenten und Berichtspflichten

(1) Die Unterrichtung des Bundestages nach § 3 erfolgt insbesondere durch Übersendung von allen bei der Bundesregierung eingehenden

1. Dokumenten
   a) der Organe der Europäischen Union, der informellen Ministertreffen, des Ausschusses der Ständigen Vertreter und sonstiger Ausschüsse und Arbeitsgruppen des Rates,
   b) des Eurogipfels, der Eurogruppe und vergleichbarer Institutionen, die auf der Grundlage von völkerrechtlichen Verträgen und sonstigen Vereinbarungen, die in einem Ergänzungs- oder sonstigen besonderen Näheverhältnis zum Recht der Europäischen Union stehen, zusammentreten,
   c) aller die Institutionen nach den Buchstaben a und b vorbereitenden Gremien und Arbeitsgruppen;
2. Berichten der Ständigen Vertretung der Bundesrepublik Deutschland bei der Europäischen Union beziehungsweise der Bundesregierung zu
   a) Sitzungen der in Nummer 1 genannten Institutionen,
   b) Sitzungen des Europäischen Parlaments und seiner Ausschüsse,
   c) Einberufungen, Verhandlungen und Ergebnissen von Trilogen,
   d) Beschlüssen der Europäischen Kommission.

Der Bundestag muss bereits im Voraus und so rechtzeitig informiert werden, dass er sich über den Gegenstand der Sitzungen sowie die Position der Bundesregierung eine Meinung bilden und auf die Verhandlungslinie und das Abstimmungsverhalten der Bundesregierung Einfluss nehmen kann. Berichte über Sitzungen müssen zumindest die von der Bundesregierung und von anderen Staaten vertretenen Positionen, den Verlauf der Verhandlungen und Zwischen- und Endergebnisse darstellen sowie über eingelegte Parlamentsvorbehalte unterrichten.

(2) Die Bundesregierung übersendet dem Bundestag zudem

1. Dokumente und Informationen über Initiativen, Stellungnahmen, Konsultationsbeiträge, Programmentwürfe und Erläuterungen der Bundesregierung für Organe der Europäischen Union, informelle Ministertreffen sowie den Eurogipfel, die Eurogruppe und vergleichbare Institutionen auf der Grundlage von völkerrechtlichen Verträgen und sonstigen Vereinbarungen, die in einem Ergänzungs- oder sonstigen besonderen Näheverhältnis zum Recht der Europäischen Union stehen,
2. entsprechende Initiativen, Stellungnahmen, Konsultationsbeiträge und Erläuterungen der Regierungen von Mitgliedstaaten der Europäischen Union,
3. entsprechende Initiativen, Stellungnahmen, Konsultationsbeiträge und Erläuterungen des Bundesrates und der Länder sowie
4. Sammelweisungen für den deutschen Vertreter im Ausschuss der Ständigen Vertreter.

Dies gilt auch für alle vorbereitenden Gremien und Arbeitsgruppen.

(3) Die Bundesregierung gibt Auskunft über ihr vorliegende inoffizielle Dokumente zu Angelegenheiten der Europäischen Union und stellt diese auf Anforderung frühestmöglich zur Verfügung.

(4) Vor Tagungen des Europäischen Rates, des Rates, der informellen Ministertreffen, des Eurogipfels, der Eurogruppe und vergleichbarer Institutionen auf der Grundlage von völkerrechtlichen Verträgen und sonstigen Vereinbarungen, die in einem Ergänzungs- oder sonstigen besonderen Näheverhältnis zum Recht der Europäischen Union stehen, unterrichtet die Bundesregierung den Bundestag schriftlich und mündlich zu jedem Beratungsgegenstand. Diese Unterrichtung umfasst die Grundzüge des Sach- und Verhandlungsstandes sowie die Verhandlungslinie der Bundesregierung sowie deren Initiativen. Nach den Tagungen unterrichtet die Bundesregierung schriftlich und mündlich über die Ergebnisse.

(5) Die Bundesregierung übersendet dem Bundestag regelmäßig, mindestens vierteljährlich, Frühwarnberichte über aktuelle politische Entwicklungen in Angelegenheiten der Europäischen Union.

(6) Die Bundesregierung unterrichtet den Bundestag ferner

1. über die Einleitung von Vertragsverletzungsverfahren nach den Artikeln 258 und 260 des Vertrags über die Arbeitsweise der Europäischen Union durch Übermittlung von Mahnschreiben und mit Gründen versehenen Stellungnahmen sowie erläuternden Informationen und Dokumenten, insbesondere der Antwortschreiben der Bundesregierung, soweit diese Verfahren die ausgebliebene, unvollständige oder fehlerhafte Umsetzung von Richtlinien durch den Bund betreffen,
2. über Verfahren vor dem Gerichtshof der Europäischen Union, bei denen die Bundesrepublik Deutschland Verfahrensbeteiligte ist. Zu Verfahren, an denen sich die Bundesregierung beteiligt, übermittelt sie die entsprechenden Dokumente, und
3. auf Anforderung über weitere Verfahren vor dem Gerichtshof der Europäischen Union und übermittelt die entsprechenden Dokumente, soweit sie ihr vorliegen.

§ 5 Vorhaben der Europäischen Union

(1) Vorhaben der Europäischen Union (Vorhaben) im Sinne dieses Gesetzes sind insbesondere

1. Vorschläge und Initiativen für Beschlüsse zur Aufnahme von Verhandlungen zu Änderungen der vertraglichen Grundlagen der Europäischen Union,
2. Vorschläge und Initiativen für Beschlüsse zur Aufnahme von Verhandlungen zur Vorbereitung von Beitritten zur Europäischen Union,
3. Vorschläge und Initiativen für Beschlüsse gemäß Artikel 140 Absatz 2 des Vertrages über die Arbeitsweise der Europäischen Union zur Einführung des Euro,
4. Vorschläge für Gesetzgebungsakte der Europäischen Union,
5. Verhandlungsmandate für die Europäische Kommission zu Verhandlungen über völkerrechtliche Verträge der Europäischen Union,
6. Beratungsgegenstände, Initiativen sowie Verhandlungsmandate und Verhandlungsrichtlinien für die Europäische Kommission im Rahmen der gemeinsamen Handelspolitik und der Welthandelsrunden,
7. Mitteilungen, Stellungnahmen, Grün- und Weißbücher sowie Empfehlungen der Europäischen Kommission,
8. Berichte, Aktionspläne und Politische Programme der Organe der Europäischen Union,
9. Interinstitutionelle Vereinbarungen der Organe der Europäischen Union,
10. Haushalts- und Finanzplanung der Europäischen Union,
11. Entwürfe zu völkerrechtlichen Verträgen und sonstigen Vereinbarungen, wenn sie in einem Ergänzungs- oder sonstigen besonderen Näheverhältnis zum Recht der Europäischen Union stehen,
12. Beratungsgegenstände, Vorschläge und Initiativen, die im Rahmen von völkerrechtlichen Verträgen und Vereinbarungen im Sinne von Nummer 11 behandelt werden.

(2) Vorhaben im Sinne dieses Gesetzes sind auch Vorschläge und Initiativen der Europäischen Union, bei denen eine Mitwirkung des Bundestages nach dem Integrationsverantwortungsgesetz vom 22. September 2009 (BGBl. I S. 3022) in der jeweils geltenden Fassung erforderlich ist.*

(3) Für Angelegenheiten

1. des Europäischen Stabilitätsmechanismus gelten unbeschadet der §§ 1 bis 4 die Bestimmungen des ESM-Finanzierungsgesetzes vom 13. September 2012 (BGBl. I S. 1918) in der jeweils geltenden Fassung,
2. der Europäischen Finanzstabilisierungsfazilität gelten unbeschadet der §§ 1 bis 4 die Bestimmungen des Stabilisierungsmechanismusgesetzes vom 22. Mai 2010 (BGBl. I S. 627) in der jeweils geltenden Fassung,
3. der Gemeinsamen Außen- und Sicherheitspolitik und der Gemeinsamen Sicherheits- und Verteidigungspolitik

gilt § 7.

§ 6 Förmliche Zuleitung, Berichtsbogen und Umfassende Bewertung, Abschluss von EU-Gesetzgebungsverfahren

(1) Die Bundesregierung übersendet dem Bundestag alle Vorhaben mit einem Zuleitungsschreiben (förmliche Zuleitung). Das Zuleitungsschreiben enthält auf der Grundlage des zuzuleitenden Dokuments die folgenden Hinweise:

---

* Abgedruckt unter Nr. 57.

1. den wesentlichen Inhalt und die Zielsetzung des Vorhabens,
2. das Datum des Erscheinens des betreffenden Dokuments in deutscher Sprache,
3. die Rechtsgrundlage,
4. das anzuwendende Verfahren und
5. die Benennung des federführenden Bundesministeriums.

(2) Die Bundesregierung übermittelt binnen zwei Wochen nach förmlicher Zuleitung eines Vorhabens einen Bericht gemäß der Anlage (Berichtsbogen). Dieser enthält insbesondere die Bewertung des Vorhabens hinsichtlich seiner Vereinbarkeit mit den Grundsätzen der Subsidiarität und der Verhältnismäßigkeit.

(3) Zu Vorschlägen für Gesetzgebungsakte der Europäischen Union übermittelt die Bundesregierung zudem binnen zwei Wochen nach Überweisung an die Ausschüsse des Bundestages, spätestens jedoch zu Beginn der Beratungen in den Ratsgremien, eine Umfassende Bewertung. Neben Angaben zur Zuständigkeit der Europäischen Union zum Erlass des vorgeschlagenen Gesetzgebungsaktes und zu dessen Vereinbarkeit mit den Grundsätzen der Subsidiarität und Verhältnismäßigkeit enthält diese Bewertung im Rahmen einer umfassenden Abschätzung der Folgen für die Bundesrepublik Deutschland Aussagen insbesondere in rechtlicher, wirtschaftlicher, finanzieller, sozialer und ökologischer Hinsicht zu Regelungsinhalt, Alternativen, Kosten, Verwaltungsaufwand und Umsetzungsbedarf. Zu anderen Vorhaben im Sinne von § 5 Absatz 1 erfolgt die Erstellung einer entsprechenden Umfassenden Bewertung nur auf Anforderung.

(4) Bei eilbedürftigen Vorhaben verkürzen sich die Fristen der Absätze 2 und 3 so, dass eine rechtzeitige Unterrichtung und die Gelegenheit zur Stellungnahme nach § 8 Absatz 1 Satz 1 für den Bundestag gewährleistet sind. Ist eine besonders umfangreiche Bewertung erforderlich, kann die Frist verlängert werden.

(5) Darüber hinaus erstellt die Bundesregierung zu besonders komplexen oder bedeutsamen Vorhaben auf Anforderung vertiefende Berichte.

(6) Die Bundesregierung unterrichtet den Bundestag über den Abschluss eines Gesetzgebungsverfahrens der Europäischen Union; diese Unterrichtung enthält auch eine Bewertung, ob die Bundesregierung den Gesetzgebungsakt mit den Grundsätzen der Subsidiarität und Verhältnismäßigkeit für vereinbar hält; bei Richtlinien informiert die Bundesregierung über die zu berücksichtigenden Fristen für die innerstaatliche Umsetzung und den Umsetzungsbedarf.

§ 7 Gemeinsame Außen- und Sicherheitspolitik und Gemeinsame Sicherheits- und Verteidigungspolitik

(1) Im Bereich der Gemeinsamen Außen- und Sicherheitspolitik und der Gemeinsamen Sicherheits- und Verteidigungspolitik unterrichtet die Bundesregierung umfassend, fortlaufend und zum frühestmöglichen Zeitpunkt. Die Unterrichtung erfolgt in der Regel schriftlich. Sie umfasst die Zuleitung einer Übersicht der absehbar zur Beratung anstehenden Rechtsakte, deren Bewertung und eine Einschätzung über den weiteren Beratungsverlauf. Über Tagungen des Europäischen Rates und des Rates, die Beschlüsse und Schlussfolgerungen im Bereich der Gemeinsamen Außen- und Sicherheitspolitik und der Gemeinsamen Sicherheits- und Verteidigungspolitik zum Gegenstand haben, gilt § 4 Absatz 4 entsprechend.

(2) Ergänzend leitet die Bundesregierung dem Bundestag auf Anforderung Dokumente von grundsätzlicher Bedeutung nach Maßgabe des § 6 Absatz 1 zu. § 6 Absatz 2 gilt entsprechend.

(3) Zudem unterrichtet die Bundesregierung fortlaufend und zeitnah mündlich über alle relevanten Entwicklungen im Bereich der Gemeinsamen Außen- und Sicherheitspolitik und der Gemeinsamen Sicherheits- und Verteidigungspolitik.

(4) Über die Sitzungen des Politischen und Sicherheitspolitischen Komitees unterrichtet die Bundesregierung die zuständigen Ausschüsse des Bundestages mündlich.

§ 8 Stellungnahmen des Bundestages

(1) Vor ihrer Mitwirkung an Vorhaben gibt die Bundesregierung dem Bundestag Gelegenheit zur Stellungnahme. Hierzu übermittelt die Bundesregierung dem Bundestag fortlaufend aktualisierte Informationen über den Beratungsablauf, die es ermöglichen, den für eine Stellungnahme geeigneten Zeitpunkt zu bestimmen, und teilt mit, bis zu welchem Zeitpunkt auf Grund des Beratungsverlaufs eine Stellungnahme angemessen erscheint.

(2) Gibt der Bundestag eine Stellungnahme ab, legt die Bundesregierung diese ihren Verhandlungen zugrunde. Die Bundesregierung unterrichtet fortlaufend über die Berücksichtigung der Stellungnahme in den Verhandlungen.

(3) Der Bundestag kann seine Stellungnahme im Verlauf der Beratung des Vorhabens anpassen und ergänzen. Absatz 2 Satz 1 gilt entsprechend.

(4) Macht der Bundestag von der Gelegenheit zur Stellungnahme gemäß Artikel 23 Absatz 3 Satz 1 des Grundgesetzes Gebrauch, legt die Bundesregierung in den Verhandlungen einen Parlamentsvorbehalt ein, wenn der Beschluss des Bundestages in einem seiner wesentlichen Belange nicht durchsetzbar ist. Die Bundesregierung unterrichtet den Bundestag in einem gesonderten Bericht unverzüglich darüber. Dieser Bericht muss der Form und dem Inhalt nach angemessen sein, um eine Beratung in den Gremien des Bundestages zu ermöglichen. Vor der abschließenden Entscheidung bemüht sich die Bundesregierung, Einvernehmen mit dem Bundestag herzustellen. Dies gilt auch dann, wenn der Bundestag bei Vorhaben der Europäischen Union zu Fragen der kommunalen Daseinsvorsorge Stellung nimmt. Das Recht der Bundesregierung, in Kenntnis der Stellungnahme des Bundestages aus wichtigen außen- oder integrationspolitischen Gründen abweichende Entscheidungen zu treffen, bleibt unberührt.

(5) Nach der abschließenden Beschlussfassung unterrichtet die Bundesregierung den Bundestag unverzüglich schriftlich, insbesondere über die Durchsetzung seiner Stellungnahme. Sollten nicht alle Belange der Stellungnahme berücksichtigt worden sein, benennt die Bundesregierung auch die Gründe hierfür. Auf Verlangen eines Viertels der Mitglieder des Bundestages erläutert die Bundesregierung diese Gründe im Rahmen einer Plenardebatte.

§ 9 Aufnahme von Verhandlungen über Beitritte und Vertragsänderungen

(1) Mit der Unterrichtung über Vorschläge und Initiativen für Beschlüsse zur Aufnahme von Verhandlungen

1. zur Vorbereitung eines Beitritts zur Europäischen Union oder
2. zu Änderungen der vertraglichen Grundlagen der Europäischen Union

weist die Bundesregierung den Bundestag auf sein Recht zur Stellungnahme nach § 8 hin.

(2) Vor der abschließenden Entscheidung im Rat oder im Europäischen Rat soll die Bundesregierung Einvernehmen mit dem Bundestag herstellen. Das Recht der Bundesregierung, in Kenntnis der Stellungnahme des Bundestages aus wich-

tigen außen- oder integrationspolitischen Gründen abweichende Entscheidungen zu treffen, bleibt unberührt.

§ 9a Einführung des Euro in einem Mitgliedstaat

(1) Mit der Unterrichtung über Vorschläge und Initiativen für Beschlüsse des Rates gemäß Artikel 140 Absatz 2 des Vertrages über die Arbeitsweise der Europäischen Union zur Einführung des Euro in einem weiteren Mitgliedstaat weist die Bundesregierung den Bundestag auf sein Recht zur Stellungnahme nach § 8 hin.

(2) Vor der abschließenden Entscheidung im Rat soll die Bundesregierung mit dem Bundestag Einvernehmen herstellen. Das Recht der Bundesregierung, in Kenntnis der Stellungnahme des Bundestages aus wichtigen außen- oder integrationspolitischen Gründen abweichende Entscheidungen zu treffen, bleibt unberührt.

§ 10 Zugang zu Datenbanken, vertrauliche Behandlung von Dokumenten

(1) Die Bundesregierung eröffnet dem Bundestag im Rahmen der Datenschutzvorschriften Zugang zu Dokumentendatenbanken der Europäischen Union, die ihr zugänglich sind.

(2) Die Dokumente der Europäischen Union werden grundsätzlich offen weitergegeben. Die Sicherheitseinstufung der Organe der Europäischen Union über eine besondere Vertraulichkeit wird vom Bundestag beachtet. Eine für diese Dokumente oder für andere im Rahmen dieses Gesetzes an den Bundestag zu übermittelnden Informationen, Berichte und Mitteilungen eventuell erforderliche nationale Einstufung als vertraulich wird vor Versendung von der Bundesregierung vorgenommen und vom Bundestag beachtet. Die Gründe für die Einstufung sind auf Anforderung zu erläutern.

(3) Dem besonderen Schutzbedürfnis laufender vertraulicher Verhandlungen trägt der Bundestag durch eine vertrauliche Behandlung Rechnung.

§ 11 Verbindungsbüro des Bundestages

(1) Der Bundestag kann über ein Verbindungsbüro unmittelbare Kontakte zu Einrichtungen der Europäischen Union pflegen, soweit dies der Wahrnehmung seiner Mitwirkungsrechte in Angelegenheiten der Europäischen Union dient. Die Fraktionen des Bundestages entsenden Vertreter in das Verbindungsbüro.

(2) Die Bundesregierung unterstützt über die Ständige Vertretung der Bundesrepublik Deutschland bei der Europäischen Union und die bilaterale Botschaft der Bundesrepublik Deutschland beim Königreich Belgien das Verbindungsbüro des Bundestages im Hinblick auf seine fachlichen Aufgaben.

§ 12 Inkrafttreten, Außerkrafttreten

Dieses Gesetz tritt am Tag nach der Verkündung in Kraft.* Gleichzeitig tritt das Gesetz über die Zusammenarbeit von Bundesregierung und Deutschem Bundestag in Angelegenheiten der Europäischen Union vom 12. März 1993 (BGBl. I S. 311, 1780), das zuletzt durch Artikel 2 des Gesetzes vom 13. September 2012 (BGBl. 2012 II S. 1006) geändert worden ist, außer Kraft.

---

* Die Verkündung erfolgte am 12. Juli 2013.

Anlage
(zu § 6 Absatz 2)

Berichtsbogen

Thema:

Sachgebiet:

Rats-Dok.-Nr.:

KOM.-Nr.:

Nr. des interinstitutionellen Dossiers:

Nr. der Bundesratsdrucksache:

Nachweis der Zulässigkeit für europäische Regelungen:

(Prüfung der Rechtsgrundlage)

Subsidiaritätsprüfung:

Verhältnismäßigkeitsprüfung:

Zielsetzung:

Inhaltliche Schwerpunkte:

Politische Bedeutung:

Was ist das besondere deutsche Interesse?

Bisherige Position des Bundestages:

Position des Bundesrates:

Position des Europäischen Parlaments:

Bisherige Position der Bundesregierung:

Meinungsstand im Rat:

Verfahrensstand (Stand der Befassung) und Zeitplan:

Finanzielle Auswirkungen:

Zeitplan für die Behandlung im
a) Bundesrat:
b) Europäischen Parlament:
c) Rat:

53 Gesetz über die Zusammenarbeit von Bund und Ländern in Angelegenheiten der Europäischen Union

vom 12. März 1993 (BGBl. I S. 313), geändert durch Gesetze vom 5. September 2006 (BGBl. I S. 2098), vom 22. September 2009 (BGBl. I S. 3031)

Inhaltsübersicht*

§ 1 (Mitwirkung des Bundesrates)

In Angelegenheiten der Europäischen Union wirken die Länder durch den Bundesrat mit.

§ 2 (Unterrichtung durch die Bundesregierung)

Die Bundesregierung unterrichtet den Bundesrat unbeschadet des Artikels 2 des Gesetzes zu den Verträgen vom 25. März 1957 zur Gründung der Europäischen Wirtschaftsgemeinschaft und der Europäischen Atomgemeinschaft vom 27. Juli 1957 (BGBl. II S. 753) umfassend und zum frühestmöglichen Zeitpunkt über alle Vorhaben im Rahmen der Europäischen Union, die für die Länder von Interesse sein könnten.

§ 3 (Stellungnahme des Bundesrates)

Vor der Festlegung der Verhandlungsposition zu einem Vorhaben der Europäischen Union gibt die Bundesregierung dem Bundesrat rechtzeitig Gelegenheit zur Stellungnahme binnen angemessener Frist, soweit Interessen der Länder berührt sind.

§ 4 (Beteiligung von Ländervertretern)

(1) Soweit der Bundesrat an einer entsprechenden innerstaatlichen Maßnahme mitzuwirken hätte oder soweit die Länder innerstaatlich zuständig wären, beteiligt die Bundesregierung vom Bundesrat benannte Vertreter der Länder an Beratungen zur Festlegung der Verhandlungsposition zu dem Vorhaben.

(2) Gegenstand der Beratungen nach Absatz 1 ist auch die Anwendung der §§ 5 und 6 auf das Vorhaben. Dabei ist zwischen Bund und Ländern ein Einvernehmen anzustreben.

---

* Nicht amtlich.

§ 5 (Berücksichtigung der Stellungnahme des Bundesrates; Einvernehmen)

(1) Soweit in einem Bereich ausschließlicher Zuständigkeiten des Bundes Interessen der Länder berührt sind oder soweit im übrigen der Bund das Recht zur Gesetzgebung hat, berücksichtigt die Bundesregierung die Stellungnahme des Bundesrates bei der Festlegung der Verhandlungsposition zu dem Vorhaben.

(2) Wenn bei einem Vorhaben im Schwerpunkt Gesetzgebungsbefugnisse der Länder betroffen sind und der Bund kein Recht zur Gesetzgebung hat oder ein Vorhaben im Schwerpunkt die Einrichtung der Behörden der Länder oder ihre Verwaltungsverfahren betrifft, ist insoweit bei Festlegung der Verhandlungsposition durch die Bundesregierung die Stellungnahme des Bundesrates maßgeblich zu berücksichtigen; im übrigen gilt Absatz 1. Die gesamtstaatliche Verantwortung des Bundes, einschließlich außen-, verteidigungs- und integrationspolitisch zu bewertender Fragen, ist zu wahren. Stimmt die Auffassung der Bundesregierung nicht mit der Stellungnahme des Bundesrates überein, ist ein Einvernehmen anzustreben. Zur Herbeiführung dieses Einvernehmens erfolgt erneute Beratung der Bundesregierung mit Vertretern der Länder. Kommt ein Einvernehmen nicht zustande und bestätigt der Bundesrat daraufhin seine Auffassung mit einem mit zwei Dritteln seiner Stimmen gefaßten Beschluß, so ist die Auffassung des Bundesrates maßgebend. Die Zustimmung der Bundesregierung ist erforderlich, wenn Entscheidungen zu Ausgabenerhöhungen oder Einnahmeminderungen für den Bund führen können.

(3) *weggefallen*

§ 6 (Verhandlungsführung durch Ländervertreter)

(1) Bei einem Vorhaben, bei dem der Bundesrat an einer entsprechenden innerstaatlichen Maßnahme mitzuwirken hätte oder bei dem die Länder innerstaatlich zuständig wären oder das sonst wesentliche Interessen der Länder berührt, zieht die Bundesregierung auf Verlangen Vertreter der Länder zu den Verhandlungen in den Beratungsgremien der Kommission und des Rates hinzu, soweit ihr dies möglich ist. Die Verhandlungsführung liegt bei der Bundesregierung; Vertreter der Länder können mit Zustimmung der Verhandlungsführung Erklärungen abgeben.

(2) Wenn im Schwerpunkt ausschließliche Gesetzgebungsbefugnisse der Länder auf den Gebieten der schulischen Bildung, der Kultur oder des Rundfunks betroffen sind, überträgt die Bundesregierung die Verhandlungsführung in den Beratungsgremien der Kommission und des Rates und bei Ratstagungen in der Zusammensetzung der Minister auf einen Vertreter der Länder. Für diese Ratstagungen kann vom Bundesrat nur ein Mitglied einer Landesregierung im Ministerrang benannt werden. Die Ausübung der Rechte durch den Vertreter der Länder erfolgt unter Teilnahme von und in Abstimmung mit dem Vertreter der Bundesregierung. Die Abstimmung der Verhandlungsposition mit dem Vertreter der Bundesregierung im Hinblick auf eine sich ändernde Verhandlungslage erfolgt entsprechend den für die interne Willensbildung geltenden Regeln und Kriterien. Der Bundesrat kann für Ratstagungen in der Zusammensetzung der Minister, bei denen Vorhaben behandelt werden, die nicht im Schwerpunkt ausschließliche Gesetzgebungsbefugnisse der Länder in den Bereichen schulische Bildung, Kultur oder Rundfunk, jedoch sonstige ausschließliche Gesetzgebungsbefugnisse der Länder betreffen, als Vertreter der Länder Mitglieder von Landesregierungen im Ministerrang benennen, die berechtigt sind, in Abstimmung mit dem Vertreter der Bundesregierung Erklärungen abzugeben. Betrifft ein Vorhaben ausschließliche Gesetzgebungsbefugnisse der Länder, jedoch nicht im Schwerpunkt die Bereiche

schulische Bildung, Kultur oder Rundfunk, so übt die Bundesregierung die Verhandlungsführung in den Beratungsgremien der Kommission und des Rates und bei Ratstagungen in der Zusammensetzung der Minister in Abstimmung mit dem Vertreter der Länder aus.

(3) Absatz 2 gilt nicht für die Rechte, die der Bundesrepublik Deutschland als Vorsitz im Rat zustehen. Bei der Ausübung dieser Rechte setzt sich die Bundesregierung, soweit Vorhaben im Sinne des Absatzes 2 Satz 1 betroffen sind, mit dem Vertreter der Länder ins Benehmen.

(4) Auf Tagesordnungspunkte der Ratstagungen, die der Rat ohne Aussprache genehmigt, findet Absatz 2 keine Anwendung, wenn diese Behandlung mit dem Vertreter der Länder abgestimmt worden ist.

§ 7 (Rechtsschutz vor dem EuGH)

(1) Die Bundesregierung macht auf Verlangen des Bundesrates unbeschadet eigener Klagerechte der Länder von den im Vertrag über die Europäische Union vorgesehenen Klagemöglichkeiten Gebrauch, soweit die Länder durch ein Handeln oder Unterlassen von Organen der Union in Bereichen ihrer Gesetzgebungsbefugnisse betroffen sind und der Bund kein Recht zur Gesetzgebung hat. Dabei ist die gesamtstaatliche Verantwortung des Bundes, einschließlich außen-, verteidigungs- und integrationspolitisch zu bewertender Fragen, zu wahren.

(2) Absatz 1 gilt entsprechend, wenn die Bundesregierung im Verfahren vor dem Europäischen Gerichtshof Gelegenheit zur Stellungnahme hat.

(3) Hinsichtlich der Prozeßführung vor dem Europäischen Gerichtshof stellt die Bundesregierung in den in den Absätzen 1 und 2 genannten Fällen sowie für Vertragsverletzungsverfahren, in denen die Bundesrepublik Deutschland Partei ist, mit dem Bundesrat Einvernehmen her, soweit Gesetzgebungsbefugnisse der Länder betroffen sind und der Bund kein Recht zur Gesetzgebung hat.

(4) Über die Einlegung des zulässigen Rechtsmittels beim Europäischen Gerichtshof gegen eine länderübergreifende Finanzkorrektur der Europäischen Gemeinschaften stellt die Bundesregierung mit den betroffenen Ländern Einvernehmen her. Wird das Einvernehmen nicht erzielt, ist die Bundesregierung auf ausdrückliches Verlangen betroffener Länder zur Einlegung des Rechtsmittels verpflichtet. In diesem Fall werden die Kosten des Rechtsmittelverfahrens von den Ländern getragen, welche die Einlegung des Rechtsmittels verlangt haben.

§ 8 (Errichtung von Länderbüros)

Die Länder können unmittelbar zu Einrichtungen der Europäischen Union ständige Verbindungen unterhalten, soweit dies zur Erfüllung ihrer staatlichen Befugnisse und Aufgaben nach dem Grundgesetz dient. Die Länderbüros erhalten keinen diplomatischen Status. Stellung und Aufgaben der Ständigen Vertretung in Brüssel als Vertretung der Bundesrepublik Deutschland bei den Europäischen Gemeinschaften gelten uneingeschränkt auch in den Fällen, in denen die Wahrnehmung der Rechte, die der Bundesrepublik Deutschland als Mitgliedstaat der Europäischen Union zustehen, auf einen Vertreter der Länder übertragen wird.

§ 9 (Einzelheitenregelung der Unterrichtung und Beteiligung*)

Einzelheiten der Unterrichtung und Beteiligung der Länder nach diesem Gesetz sowie nach dem Integrationsverantwortungsgesetz vom 22. September 2009 (BGBl. I S. 3022) sind in der Anlage geregelt. Weitere Einzelheiten bleiben einer Vereinbarung zwischen Bund und Ländern vorbehalten.

§ 10 (Pflicht zur Wahrung des Rechts der Gemeinden)

(1) Bei Vorhaben der Europäischen Union ist das Recht der Gemeinden und Gemeindeverbände zur Regelung der Angelegenheiten der örtlichen Gemeinschaft zu wahren und sind ihre Belange zu schützen.

(2) Nimmt der Bundesrat bei Vorhaben der Europäischen Union zu Fragen der kommunalen Daseinsvorsorge Stellung, ist die Stellungnahme von der Bundesregierung unter den Voraussetzungen des § 5 zu berücksichtigen. Die Beteiligungsrechte des Bundesrates gemäß § 5 Absatz 2 bleiben unberührt.

§ 11 (Ausnahmeregelung für die GASP)

Dieses Gesetz gilt nicht für den Bereich der Gemeinsamen Außen- und Sicherheitspolitik der Europäischen Union.

§ 12 (Geltung für Vorhaben mit beabsichtigten Ratsbeschlüssen)

Dieses Gesetz gilt auch für Vorhaben, die auf Beschlüsse des Rates und der im Rat vereinigten Vertreter der Regierungen der Mitgliedstaaten gerichtet sind.

§ 13 (Weitere Ländermitwirkung nach § 9)

Die in § 9 genannte Vereinbarung kann weitere Fälle vorsehen, in denen die Länder entsprechend diesem Gesetz mitwirken.

§ 14 (Vertretung der Länder und Kommunen im Ausschuss der Regionen)

(1) Vor der Zustimmung zu einem Beschluss über die Zusammensetzung des Ausschusses der Regionen nach Artikel 305 Absatz 2 des Vertrags über die Arbeitsweise der Europäischen Union stellt die Bundesregierung das Einvernehmen mit dem Bundesrat her. Die gesamtstaatliche Verantwortung des Bundes ist zu wahren.

(2) Die Bundesregierung schlägt dem Rat als Mitglieder des Ausschusses der Regionen und deren Stellvertreter die von den Ländern benannten Vertreter vor. Die Länder regeln ein Beteiligungsverfahren für die Gemeinden und Gemeindeverbände, das sichert, daß diese auf Vorschlag der kommunalen Spitzenverbände mit drei gewählten Vertretern im Regionalausschuß vertreten sind.

§ 15 (Außerkrafttreten)

Artikel 2 des Gesetzes vom 19. Dezember 1986 zur Einheitlichen Europäischen Akte vom 28. Februar 1986 (BGBl. II S. 1102) tritt mit Inkrafttreten dieses Gesetzes außer Kraft.

---

* Näheres regelt die Vereinbarung vom 29. Oktober 1993 zwischen der Bundesregierung und den Regierungen der Länder über die Zusammenarbeit in Angelegenheiten der Europäischen Union in Ausführung von § 9 EuZBLG vom 12. 3. 1993 (Bundesanzeiger Nr. 226 vom 2. 12. 1993, S. 10425). Das Integrationsverantwortungsgesetz ist unter Nr. 57 abgedruckt.

§ 16 (Inkrafttreten)

Dieses Gesetz tritt mit dem Tage der Gründung der Europäischen Union in Kraft. Dieser Tag ist im Bundesgesetzblatt bekanntzugeben.* Abweichend von Satz 1 tritt § 5 Abs. 3 am 1. Januar 1993 in Kraft.

Anlage
(zu § 9)

I. Allgemeine Bestimmungen

1. Die Regierungen von Bund und Ländern stellen durch geeignete institutionelle und organisatorische Vorkehrungen sicher, dass die Handlungsfähigkeit der Bundesrepublik Deutschland und eine flexible Verhandlungsführung in Angelegenheiten der Europäischen Union gewährleistet sind. Bund und Länder setzen sich bei Gesprächen auf Ebene der Europäischen Union nicht in Widerspruch zu abgestimmten Positionen. Im Sinne einer Frühwarnung unterrichten Bund und Länder einander über Entwicklungen in Angelegenheiten der Europäischen Union, die in beidseitigem Interesse liegen.
2. Die Informations- und Mitwirkungsrechte der Länder im Hinblick auf Vorhaben der Europäischen Union beschränken sich nicht auf rechtsverbindliche Handlungsinstrumente der Europäischen Union, sondern erstrecken sich auch auf Grünbücher, Weißbücher, Aktionsprogramme, Mitteilungen und Empfehlungen. Vorhaben sind auch so genannte Gemischte Beschlüsse und die Vorbereitung und der Abschluss völkerrechtlicher Abkommen.
3. Unterrichtet die Bundesregierung den Bundestag oder die deutschen Mitglieder des Europäischen Parlaments schriftlich über Vorhaben der Europäischen Union in Bereichen, in denen die Länder die Verhandlungsführung haben, erfolgt diese Unterrichtung in Absprache mit den vom Bundesrat benannten Vertretern der Länder.

II. Unterrichtung des Bundesrates

1. Die Bundesregierung unterrichtet den Bundesrat nach Maßgabe dieses Gesetzes umfassend, zum frühestmöglichen Zeitpunkt, fortlaufend und in der Regel schriftlich über alle Vorhaben, die für die Länder von Interesse sein könnten. Dies geschieht insbesondere durch Übersendung von der Bundesregierung vorliegenden
   a) Dokumenten
      aa) der Europäischen Kommission, soweit sie an den Rat gerichtet oder der Bundesregierung auf sonstige Weise offiziell zugänglich gemacht worden sind. Die Bundesregierung trägt dafür Sorge, dass bei Vorhaben, die ausschließliche Gesetzgebungsmaterien der Länder betreffen oder deren wesentliche Interessen berühren, dem Bundesrat auch der Bundesregierung vorliegende vorbereitende Papiere der Kommission zur Verfügung gestellt werden, die für die Meinungsbildung des Bundesrates von Bedeutung sein können. Dies gilt auch für inoffizielle Dokumente (so genannte „non papers“);

* Gemäß Bekanntmachung vom 25. Oktober 1993 (BGBl. I S. 1780) ist das Gesetz am 1. November 1993 in Kraft getreten.

bb) des Europäischen Rates, des Rates, der informellen Ministertreffen und der Ratsgremien.

b) Berichten und Mitteilungen von Organen der Europäischen Union über Sitzungen

aa) des Europäischen Rates, des Rates und der informellen Ministertreffen;

bb) des Ausschusses der Ständigen Vertreter und sonstiger Ausschüsse oder Arbeitsgruppen des Rates;

cc) der Beratungsgremien bei der Europäischen Kommission.

c) Berichten der Ständigen Vertretung der Bundesrepublik Deutschland bei der Europäischen Union über

aa) Sitzungen des Rates und der Ratsgruppen (einschließlich der Berichte über Sitzungen der Freunde der Präsidentschaft sowie der Antici-Gruppe), der informellen Ministertreffen und des Ausschusses der Ständigen Vertreter;

bb) Sitzungen des Europäischen Parlaments und seiner Ausschüsse;

cc) Entscheidungen der Europäischen Kommission;

dd) geplante Rechtsakte.

Die Empfänger haben dafür Sorge zu tragen, dass diese Berichte nur an einen begrenzten Personenkreis in den jeweils zuständigen obersten Landesbehörden weitergeleitet werden.

d) Dokumenten und Informationen über Initiativen, Stellungnahmen und Erläuterungen der Bundesregierung für Organe der Europäischen Union, einschließlich der Sammelweisung für den deutschen Vertreter im Ausschuss der Ständigen Vertreter sowie Initiativen der Regierungen von Mitgliedstaaten der Europäischen Union gegenüber Rat und Europäischer Kommission, die der Bundesregierung offiziell zugänglich gemacht werden und die für die Meinungsbildung der Länder von Bedeutung sind.

Die Unterrichtung umfasst auch Vorhaben, die auf Beschlüsse der im Rat vereinigten Vertreter der Regierungen der Mitgliedstaaten gerichtet sind.

Im Übrigen erfolgt die Unterrichtung mündlich.

2. Mit der Unterrichtung nach § 2 und nach dieser Anlage übermittelt die Bundesregierung dem Bundesrat die Angaben der Europäischen Kommission und die ihr vorliegenden Angaben der Mitgliedstaaten im Rahmen der Gesetzesfolgenabschätzung zu den Folgen des Vorhabens insbesondere in rechtlicher, wirtschaftlicher, finanzieller, sozialer und ökologischer Hinsicht.

3. Die Berichtsbögen zu Vorhaben der Europäischen Union und die Umfassenden Bewertungen zu Gesetzgebungsakten, die dem Bundestag nach § 7 des Gesetzes über die Zusammenarbeit von Bundesregierung und Deutschem Bundestag in Angelegenheiten der Europäischen Union übermittelt werden, lässt die Bundesregierung dem Bundesrat gleichzeitig zukommen.

4. Die Ministerien des Bundes und der Länder eröffnen sich untereinander und dem Bundesrat im Rahmen der geltenden Datenschutzvorschriften Zugang zu ressortübergreifenden Dokumentendatenbanken zu Vorhaben im Rahmen der Europäischen Union. Die Bundesregierung wird sich bemühen, dass Dokumentendatenbanken der Europäischen Union, die den Regierungen der Mitgliedstaaten zugänglich sind, auch dem Bundesrat und den Regierungen der Länder zugänglich gemacht werden. Einzelheiten müssen gesondert geregelt werden.

5. Die Dokumente der Europäischen Union werden grundsätzlich offen weitergegeben. Die Sicherheitseinstufung der Organe der Europäischen Union über eine besondere Vertraulichkeit wird vom Bundesrat beachtet. Eine für diese Dokumente oder für andere im Rahmen dieses Gesetzes an den Bundesrat zu übermittelnde Informationen, Berichte und Mitteilungen eventuell erforderliche nationale Einstufung als vertraulich wird vor Versendung von der Bundesregierung vorgenommen und vom Bundesrat beachtet. Die Gründe für die Einstufung sind auf Anforderung zu erläutern.

III. Vorbereitende Beratungen

1. Die Bundesregierung lädt die Ländervertreter zu Beratungen zur Festlegung der Verhandlungsposition zu Vorhaben ein, soweit der Bundesrat an einer entsprechenden innerstaatlichen Maßnahme mitzuwirken hätte oder soweit die Länder innerstaatlich zuständig wären. Dabei soll auch Einvernehmen über die Anwendung von den §§ 5 und 6 auf ein Vorhaben angestrebt werden.
2. Bei der Einordnung eines Vorhabens unter die Regelungen dieses Gesetzes ist auf den konkreten Inhalt der Vorlage der Europäischen Union abzustellen. Die Zuordnung der Zuständigkeit des Bundes oder der Länder folgt aus der innerstaatlichen Kompetenzordnung.

   Bei Beurteilung der Frage, ob bei einem Vorhaben der Bund im nationalen Bereich das Recht zur Gesetzgebung hat, ist in den in Artikel 72 Absatz 2 des Grundgesetzes genannten Gebieten der konkurrierenden Gesetzgebung auch darauf abzustellen, ob eine Erforderlichkeit bundesgesetzlicher Regelung im Sinne von Artikel 72 Absatz 2 des Grundgesetzes bestehen würde.

   In den Bereichen, in denen die Länder das Recht der Abweichungsgesetzgebung nach Artikel 72 Absatz 3 des Grundgesetzes haben, berücksichtigt die Bundesregierung die Stellungnahme des Bundesrates bei der Festlegung der Verhandlungsposition. Stimmt die Auffassung der Bundesregierung nicht mit der Stellungnahme des Bundesrates überein, unterrichtet die Bundesregierung den Bundesrat und lädt die vom Bundesrat benannten Ländervertreter zur Beratung ein, um eine übereinstimmende Haltung anzustreben.

   Hinsichtlich des Regelungsschwerpunkts des Vorhabens ist darauf abzustellen, ob eine Materie im Mittelpunkt des Vorhabens steht oder ganz überwiegend Regelungsgegenstand ist. Das ist nicht nur quantitativ bestimmbar, sondern auch das Ergebnis einer qualitativen Beurteilung.

   Stimmt die Auffassung der Bundesregierung darüber, ob bei einem Vorhaben der Europäischen Union im Schwerpunkt Gesetzgebungsbefugnisse der Länder, die Einrichtung ihrer Behörden oder ihre Verwaltungsverfahren betroffen sind, nicht mit der Haltung des Bundesrates überein, unterrichtet die Bundesregierung den Bundesrat und lädt unverzüglich die vom Bundesrat benannten Ländervertreter zur Beratung ein, um eine übereinstimmende Haltung zu erzielen.
3. In den Fällen, in denen innerstaatlich eine Zusammenarbeit von Bund und Ländern vorgesehen ist, ist bei der Festlegung der Verhandlungsposition – auch auf Ebene der Europäischen Union – ein gemeinsames Vorgehen anzustreben; Bund und Länder streben im Bereich der Forschungspolitik entsprechend der Regelung des Artikels 91b des Grundgesetzes auch im Rahmen der Europäischen Union ein gemeinsames Vorgehen an. Entsprechend wird bei Festlegung der Verhandlungsposition verfahren, wenn der Regelungsschwerpunkt des Vorhabens nur schwer feststellbar ist.

4. Bund und Länder nutzen regelmäßige Sitzungen des Ausschusses für Fragen der Europäischen Union des Bundesrates – bei Bedarf beziehungsweise Verlangen einer Seite auch in politischer Besetzung – zu einem frühzeitigen Austausch über aktuelle Entwicklungen auf Ebene der Europäischen Union.

   Die Willensbildung der Länder bleibt dem Bundesratsverfahren vorbehalten. Ein neuer Sachstand auf Ebene der Europäischen Union kann eine erneute Befassung erforderlich machen.

IV. Stellungnahme des Bundesrates

1. Um die rechtzeitige Abgabe einer Stellungnahme zu ermöglichen, informiert die Bundesregierung den Bundesrat bei allen Vorhaben, die Interessen der Länder berühren, über den zeitlichen Rahmen der Behandlung in den Ratsgremien.

   Je nach Verhandlungslage teilt die Bundesregierung dem Bundesrat auch mit, bis zu welchem Zeitpunkt eine Stellungnahme wegen der sich aus dem Verfahrensablauf der Europäischen Union ergebenden zeitlichen Vorgaben noch berücksichtigt werden kann.

   Ist aus Sicht der Bundesregierung bereits im Vorfeld von Vorhaben der Europäischen Union die Einbringung einer deutschen Position angezeigt, fordert die Bundesregierung den Bundesrat auf, Stellung zu nehmen.
2. Der Bundesrat kann seine Stellungnahme im Verlauf der Beratung des Vorhabens in den Gremien der Europäischen Union anpassen und ergänzen. Zu diesem Zweck unterrichtet die Bundesregierung den Bundesrat durch ständige Kontakte – in einer der Sache jeweils angemessenen Form – und weist darauf hin, wenn sich die Beschlussgrundlage wesentlich geändert hat und deshalb eine aktualisierte Stellungnahme des Bundesrates erforderlich ist.
3. Stimmt in den Fällen von § 5 Absatz 2 die Auffassung der Bundesregierung nicht mit der Stellungnahme des Bundesrates überein, unterrichtet sie den Bundesrat und lädt unverzüglich die vom Bundesrat benannten Ländervertreter zur erneuten Beratung ein, um möglichst Einvernehmen zu erzielen. Die Länder weisen darauf hin, dass das Einvernehmen gegebenenfalls unter den Vorbehalt einer Beschlussfassung des Bundesrates zu stellen ist. Kommt dieses Einvernehmen nicht zustande, beschließt der Bundesrat unverzüglich darüber, ob seine Stellungnahme aufrechterhalten wird.
4. Weicht die Bundesregierung von einer Stellungnahme des Bundesrates ab, so teilt sie auf Verlangen des Bundesrates nach Abschluss eines Vorhabens die maßgeblichen Gründe mit.

V. Umsetzung von Recht der Europäischen Union

1. Die Bundesregierung nimmt im Interesse einer rechtzeitigen Ergreifung der erforderlichen Verfahrensschritte für Rechtsakte der Europäischen Union, für deren Umsetzung ausschließlich die Länder zuständig sind, sowie für Rechtsakte der Europäischen Union, die von Bund und Ländern durch jeweils eigene Umsetzungsmaßnahmen gemeinsam umzusetzen sind, frühzeitig Kontakt mit den Ländern auf. Die Bundesregierung lässt die Listen mit dem aktuellen Stand der umzusetzenden Rechtsakte, die sie dem Bundestag übermittelt, dem Bundesrat gleichzeitig zukommen.
2. Die Bundesregierung unterrichtet den Bundesrat über die Einleitung von Vertragsverletzungsverfahren nach den Artikeln 258, 260 des Vertrags über die Arbeitsweise der Europäischen Union durch Übermittlung von Mahnschreiben

und mit Gründen versehenen Stellungnahmen, soweit diese Verfahren die Nichtumsetzung von Richtlinien durch ein Land oder mehrere Länder betreffen. In diesen Fällen fertigt die Bundesregierung ihre Stellungnahmen in Abstimmung mit den betroffenen Ländern.

VI. Verfahren vor den Europäischen Gerichten

1. Im Hinblick auf die hier zu wahrenden Verfahrensfristen unterrichtet die Bundesregierung den Bundesrat unverzüglich von allen Dokumenten und Informationen über Verfahren vor dem Europäischen Gerichtshof und dem Gericht erster Instanz, an denen die Bundesregierung beteiligt ist. Dies gilt auch für Urteile zu Verfahren, an denen sich die Bundesregierung beteiligt.
2. Macht die Bundesregierung bei Vorliegen der Voraussetzungen von § 7 Absatz 1 auf Beschluss des Bundesrates von den im Vertrag über die Europäische Union und im Vertrag über die Arbeitsweise der Europäischen Union vorgesehenen Klagemöglichkeiten Gebrauch, so fertigt sie die Klageschrift in Abstimmung mit den Ländern. Von den Ländern wird hierfür rechtzeitig eine ausführliche Stellungnahme zur Sache zur Verfügung gestellt. Die Prozessführung erfolgt in Abstimmung mit den Ländern.

   Entsprechendes gilt, wenn die Bundesregierung das zulässige Rechtsmittel beim Europäischen Gerichtshof gegen eine länderübergreifende Finanzkorrektur der Europäischen Union im Einvernehmen mit den betroffenen Ländern oder auf ausdrückliches Verlangen betroffener Länder nach § 7 Absatz 4 einlegt. Bei Vertragsverletzungsverfahren gegen die Bundesrepublik Deutschland, bei denen eine Haftung eines oder mehrerer Länder gegenüber dem Bund nach Artikel 104a Absatz 6 Satz 1 des Grundgesetzes in Betracht kommt, erfolgt die Prozessführung insoweit ebenfalls in Abstimmung mit den Ländern.
3. Nummer 2 gilt entsprechend, wenn die Bundesregierung in Verfahren vor dem Europäischen Gerichtshof Gelegenheit zur Stellungnahme hat.

VII. Vertragsrevision, Beitritt und Assoziierungsverhandlungen der Europäischen Union

1. Hinsichtlich des Artikels 48 des Vertrags über die Europäische Union gilt:

   Beabsichtigt der Rat, einen Beschluss zur Aufnahme von Verhandlungen zu Änderungen der vertraglichen Grundlagen der Europäischen Union zu fassen, informiert die Bundesregierung den Bundesrat und unterrichtet über ihre Willensbildung.

   Der Bundesrat wird über die Verhandlungen unterrichtet, soweit Länderinteressen betroffen sein könnten. Das gilt auch für den Fall, dass die Verhandlungen wiederum von Persönlichen Beauftragten geführt werden sollten.

   Die Bundesregierung berücksichtigt die Stellungnahme des Bundesrates bei den Verhandlungen in entsprechender Anwendung von § 5.

   Die Länder können mit einem Beobachter – maximal zwei Beobachtern, falls ausschließliche Länderkompetenzen betroffen sind – an Ressortgesprächen zur Vorbereitung der Regierungskonferenzen sowie – soweit möglich von Fall zu Fall – an den Regierungskonferenzen selbst teilnehmen.
2. Hinsichtlich des Artikels 49 des Vertrags über die Europäische Union gilt:

   Beabsichtigt der Rat, einen Beschluss zur Aufnahme von Verhandlungen zur Vorbereitung von Beitritten zur Europäischen Union zu fassen, informiert die Bundesregierung den Bundesrat und unterrichtet über ihre Willensbildung.

Der Bundesrat wird über die Verhandlungen unterrichtet, soweit Länderinteressen betroffen sein könnten. Die Bundesregierung informiert auf Wunsch den Ausschuss für Fragen der Europäischen Union des Bundesrates über die Entwicklung von Beitrittsverhandlungen.

Die Bundesregierung berücksichtigt die Stellungnahme des Bundesrates bei den Verhandlungen in entsprechender Anwendung von § 5.

Die Länder können mit einem Ländervertreter an Ressortabstimmungen der Verhandlungsposition sowie – soweit möglich – an der Ratsarbeitsgruppe „Erweiterung“ teilnehmen, wenn der konkret zu behandelnde Fragenbereich die ausschließliche Gesetzgebungskompetenz der Länder oder deren wesentliche Interessen berührt.

3. Hinsichtlich des Artikels 217 des Vertrags über die Arbeitsweise der Europäischen Union sowie für die Abkommen nach Artikel 207 Absatz 3 des Vertrags über die Arbeitsweise der Europäischen Union gelten die Regelungen dieses Gesetzes mit der Ausnahme, dass sich die Teilnahme des Ländervertreters auf die Verhandlungen in der Ratsgruppe zur Aushandlung des Mandats für die Kommission beschränkt.

54 Gesetz über die Wahl der Abgeordneten des Europäischen Parlaments aus der Bundesrepublik Deutschland (Europawahlgesetz – EuWG)

in der Fassung der Bekanntmachung vom 8. März 1994 (BGBl. I S. 423, ber. S. 555), geändert durch Gesetze vom 21. Mai 1999 (BGBl. I S. 1023), vom 15. August 2003 (BGBl. I S. 1655), vom 17. März 2008 (BGBl. I S. 394), durch Entscheidung des BVerfG vom 9. November 2011 (BGBl. I S. 2252), vom 7. Oktober 2013 (BGBl. I S. 3749), durch Entscheidung des BVerfG vom 26. Februar 2014 (BGBl. I S. 271)

Inhaltsübersicht*

Erster Abschnitt

Wahl der Abgeordneten des Europäischen Parlaments aus der Bundesrepublik Deutschland

§ 1 Allgemeine Wahlrechtsgrundsätze

Auf die Bundesrepublik Deutschland entfallen 96 Abgeordnete des Europäischen Parlaments. Sie werden in allgemeiner, unmittelbarer, freier, gleicher und geheimer Wahl für fünf Jahre gewählt.

---

* Nicht amtlich.

Seite 1164

§ 2 Wahlsystem, Sitzverteilung

(1) Die Wahl erfolgt nach den Grundsätzen der Verhältniswahl mit Listenwahlvorschlägen. Listenwahlvorschläge können für ein Land oder als gemeinsame Liste für alle Länder aufgestellt werden. Jeder Wähler hat eine Stimme.

(2) Für die Sitzverteilung werden die für jeden Wahlvorschlag abgegebenen Stimmen zusammengezählt. Listen für einzelne Länder desselben Wahlvorschlagsberechtigten gelten dabei als verbunden, soweit nicht erklärt wird, daß eine oder mehrere beteiligte Listen von der Listenverbindung ausgeschlossen sein sollen. Verbundene Listen gelten bei der Sitzverteilung im Verhältnis zu den übrigen Wahlvorschlägen als ein Wahlvorschlag.

(3) Die zu besetzenden Sitze werden auf die Wahlvorschläge wie folgt verteilt. Jeder Wahlvorschlag erhält so viele Sitze, wie sich nach Teilung seiner gesamten Stimmen im Wahlgebiet durch einen Zuteilungsdivisor ergeben. Zahlenbruchteile unter 0,5 werden auf die darunter liegende ganze Zahl abgerundet, solche über 0,5 werden auf die darüber liegende ganze Zahl aufgerundet. Zahlenbruchteile, die gleich 0,5 sind, werden so aufgerundet oder abgerundet, dass die Gesamtzahl der zu vergebenden Sitze eingehalten wird; ergeben sich dabei mehrere mögliche Sitzzuteilungen, so entscheidet das vom Bundeswahlleiter zu ziehende Los. Der Zuteilungsdivisor ist so zu bestimmen, dass insgesamt so viele Sitze auf die Landeslisten entfallen, wie Sitze zu vergeben sind. Dazu wird zunächst die Gesamtzahl der Stimmen, die alle zu berücksichtigenden Wahlvorschläge erhalten haben, durch die Gesamtzahl der Sitze geteilt. Entfallen danach mehr Sitze auf die Wahlvorschläge, als Sitze zu vergeben sind, ist der Zuteilungsdivisor so heraufzusetzen, dass sich bei der Berechnung die zu vergebende Sitzzahl ergibt; entfallen zu wenig Sitze auf die Wahlvorschläge, ist der Zuteilungsdivisor entsprechend herunterzusetzen.

(4) Erhält bei der Verteilung der Sitze nach Absatz 3 ein Wahlvorschlag, auf den mehr als die Hälfte der Gesamtzahl der Stimmen aller zu berücksichtigenden Wahlvorschläge entfallen ist, nicht mehr als die Hälfte der zu vergebenden Sitze, werden ihm abweichend von Absatz 3 Satz 2 bis 7 weitere Sitze zugeteilt, bis auf ihn ein Sitz mehr als die Hälfte der zu vergebenden Sitze entfällt. Die verbleibenden zu vergebenden Sitze werden nach Absatz 3 Satz 2 bis 7 den übrigen Wahlvorschlägen zugeteilt.

(5) Die auf die Wahlvorschläge entfallenden Sitze werden in der dort festgelegten Reihenfolge besetzt. Bewerber, die auf zwei Listen für einzelne Länder (§ 9 Absatz 3 Satz 3) gewählt sind, bleiben auf der Liste unberücksichtigt, auf der sie an späterer Stelle benannt sind; bei Benennung auf den Listen an gleicher Stelle entscheidet das vom Bundeswahlleiter zu ziehende Los, auf welcher Liste sie gewählt sind. Entfallen auf einen Wahlvorschlag mehr Sitze als Bewerber benannt sind, so bleiben diese Sitze unbesetzt.

(6) Die auf eine Listenverbindung entfallenden Sitze werden auf die beteiligten Listen für die einzelnen Länder entsprechend Absatz 3 Satz 2 bis 7 verteilt. Absatz 5 gilt entsprechend.

(7) *Bei der Verteilung der Sitze auf die Wahlvorschläge werden nur Wahlvorschläge berücksichtigt, die mindestens 3 Prozent der im Wahlgebiet abgegebenen gültigen Stimmen erhalten haben.**

§ 3 Gliederung des Wahlgebietes

(1) Wahlgebiet ist das Gebiet der Bundesrepublik Deutschland.

(2) Das Wahlgebiet wird für die Stimmabgabe in Wahlbezirke eingeteilt.

§ 4 Geltung des Bundeswahlgesetzes

Soweit in diesem Gesetz nichts anderes bestimmt ist, gelten für die Wahl der Abgeordneten die Vorschriften der Abschnitte zwei bis sieben des Bundeswahlgesetzes über die Wahlorgane, das Wahlrecht, die Vorbereitung der Wahl, die Wahlhandlung, die Feststellung des Wahlergebnisses und die Nach- und Wiederholungswahlen sowie die Vorschriften des § 49a des Bundeswahlgesetzes über Ordnungswidrigkeiten und die Vorschrift des § 54 des Bundeswahlgesetzes über Fristen und Termine in der jeweils geltenden Fassung entsprechend.

§ 5 Wahlorgane

(1) Wahlorgane sind

- der Bundeswahlleiter und der Bundeswahlausschuß für das Wahlgebiet,
- ein Landeswahlleiter und ein Landeswahlausschuß für jedes Land,
- ein Kreiswahlleiter und ein Kreiswahlausschuß für jeden Kreis und für jede kreisfreie Stadt ein Stadtwahlleiter und Stadtwahlausschuß,
- ein Wahlvorsteher und ein Wahlvorstand für jeden Wahlbezirk und
- mindestens ein Wahlvorsteher und ein Wahlvorstand für jeden Kreis und für jede kreisfreie Stadt zur Feststellung des Briefwahlergebnisses. Wieviel Briefwahlvorstände zu bilden sind, um das Ergebnis der Briefwahl noch am Wahltage feststellen zu können, bestimmt der Kreiswahlleiter oder der Stadtwahlleiter.

(2) Zur Feststellung des Briefwahlergebnisses können Wahlvorsteher und Wahlvorstände statt für jeden Kreis für einzelne oder mehrere kreisangehörige Gemeinden eingesetzt werden; die Anordnung trifft die Landesregierung oder die von ihr bestimmte Stelle.

(3) Die Wahlvorstände bestehen aus dem Wahlvorsteher als Vorsitzendem, seinem Stellvertreter und weiteren drei bis sieben vom Wahlvorsteher berufenen Wahlberechtigten als Beisitzern; die Landesregierung oder die von ihr bestimmte Stelle kann anordnen, daß die Gemeindebehörde die Beisitzer des Wahlvorstandes und der Kreiswahlleiter oder der Stadtwahlleiter, im Falle einer Anordnung nach Absatz 2 die Gemeindebehörde die Beisitzer des Wahlvorstandes zur Feststellung des Briefwahlergebnisses allein oder im Einvernehmen mit dem Wahlvorsteher berufen. Bei Berufung der Beisitzer sind die in dem jeweiligen Bezirk vertretenen Parteien nach Möglichkeit zu berücksichtigen.

---

* Entscheidung des BVerfG vom 26. Februar 2014 – 2 BvE 2/13, 2 BvE 5/13, 2 BvE 6/13, 2 BvE 7/13, 2 BvE 8/13, 2 BvE 9/13, 2 BvE 10/13, 2 BvE 12/13, 2 BvR 2220/13, 2 BvR 2221/13, 2 BvR 2238/13 – (BGBl. I S. 271):

§ 2 Absatz 7 des Gesetzes über die Wahl der Abgeordneten des Europäischen Parlaments aus der Bundesrepublik Deutschland (Europawahlgesetz – EuWG) in seiner am 10. Oktober 2013 in Kraft getretenen Fassung (Bundesgesetzblatt Teil I Seite 3749) verletzt die Beschwerdeführer in ihrem Grundrecht aus Artikel 3 Absatz 1 des Grundgesetzes und ist daher nichtig.

(4) § 49a Abs. 3 des Bundeswahlgesetzes gilt entsprechend mit der Maßgabe, daß Verwaltungsbehörde im Sinne des § 36 Abs. 1 Nr. 1 des Gesetzes über Ordnungswidrigkeiten der Stadtwahlleiter ist, wenn ein Wahlberechtigter das Amt eines Wahlvorstehers, stellvertretenden Wahlvorstehers oder eines Beisitzers im Wahlvorstand oder im Stadtwahlausschuß einer kreisfreien Stadt unberechtigt ablehnt oder sich ohne genügende Entschuldigung den Pflichten eines solchen Amtes entzieht.

§ 6 Wahlrecht, Ausübung des Wahlrechts

(1) Wahlberechtigt sind alle Deutschen im Sinne des Artikels 116 Abs. 1 des Grundgesetzes, die am Wahltage

1. das achtzehnte Lebensjahr vollendet haben,
2. seit mindestens drei Monaten
   a) in der Bundesrepublik Deutschland oder
   b) in den übrigen Mitgliedstaaten der Europäischen Union
   eine Wohnung innehaben oder sich sonst gewöhnlich aufhalten,
3. nicht nach § 6a Abs. 1 vom Wahlrecht ausgeschlossen sind.

Die Voraussetzungen nach Satz 1 Nr. 2 sind auch bei einem dreimonatigen aufeinanderfolgenden Aufenthalt in den in Satz 1 Nr. 2 Buchstabe a und b genannten Gebieten erfüllt.

(2) Wahlberechtigt sind auch die nach § 12 Abs. 2 des Bundeswahlgesetzes zum Deutschen Bundestag wahlberechtigten Deutschen.

(3) Wahlberechtigt sind auch alle Staatsangehörigen der übrigen Mitgliedstaaten der Europäischen Union (Unionsbürger), die in der Bundesrepublik Deutschland eine Wohnung innehaben oder sich sonst gewöhnlich aufhalten und die am Wahltage

1. das achtzehnte Lebensjahr vollendet haben,
2. seit mindestens drei Monaten
   a) in der Bundesrepublik Deutschland oder
   b) in den übrigen Mitgliedstaaten der Europäischen Union
   eine Wohnung innehaben oder sich sonst gewöhnlich aufhalten,
3. nicht nach § 6a Abs. 2 vom Wahlrecht ausgeschlossen sind.

Die Voraussetzungen nach Satz 1 Nr. 2 sind auch bei einem dreimonatigen aufeinanderfolgenden Aufenthalt in den in Satz 1 Nr. 2 Buchstabe a und b genannten Gebieten erfüllt.

(4) Das Wahlrecht darf nur einmal und nur persönlich ausgeübt werden. Das gilt auch für Wahlberechtigte, die zugleich in einem anderen Mitgliedstaat der Europäischen Union zum Europäischen Parlament wahlberechtigt sind.

(5) Wer einen Wahlschein hat, kann an der Wahl in dem Kreis oder in der kreisfreien Stadt, in dem der Wahlschein ausgestellt ist,

a) durch Stimmabgabe in einem beliebigen Wahlbezirk oder
b) durch Briefwahl

teilnehmen.

§ 6a Ausschluß vom Wahlrecht

(1) Ein Deutscher ist vom Wahlrecht ausgeschlossen, wenn

1. er infolge Richterspruchs das Wahlrecht nicht besitzt,

2. zur Besorgung aller seiner Angelegenheiten ein Betreuer nicht nur durch einstweilige Anordnung bestellt ist; dies gilt auch, wenn der Aufgabenkreis des Betreuers die in § 1896 Abs. 4 und § 1905 des Bürgerlichen Gesetzbuchs bezeichneten Angelegenheiten nicht erfaßt,
3. er sich auf Grund einer Anordnung nach § 63 in Verbindung mit § 20 des Strafgesetzbuches in einem psychiatrischen Krankenhaus befindet.

(2) Ein Unionsbürger ist vom Wahlrecht ausgeschlossen, wenn

1. bei ihm eine der Voraussetzungen des Absatzes 1 Nr. 1 bis 3 erfüllt ist oder
2. er in dem Mitgliedstaat der Europäischen Union, dessen Staatsangehörigkeit er besitzt (Herkunfts-Mitgliedstaat), infolge einer zivil- oder strafrechtlichen Einzelfallentscheidung das Wahlrecht zum Europäischen Parlament nicht besitzt.

§ 6b Wählbarkeit

(1) Wählbar ist, wer am Wahltage

1. Deutscher im Sinne des Artikels 116 Abs. 1 des Grundgesetzes ist und
2. das achtzehnte Lebensjahr vollendet hat.

(2) Wählbar ist auch ein Unionsbürger, der in der Bundesrepublik Deutschland eine Wohnung innehat oder sich sonst gewöhnlich aufhält und der am Wahltage

1. die Staatsangehörigkeit eines Mitgliedstaates der Europäischen Union besitzt und
2. das achtzehnte Lebensjahr vollendet hat.

(3) Nicht wählbar ist ein Deutscher, der

1. nach § 6a Abs. 1 vom Wahlrecht ausgeschlossen ist oder
2. infolge Richterspruchs die Wählbarkeit oder die Fähigkeit zur Bekleidung öffentlicher Ämter nicht besitzt.

(4) Nicht wählbar ist ein Unionsbürger, der

1. nach § 6a Abs. 2 Nr. 1 in der Bundesrepublik Deutschland vom Wahlrecht ausgeschlossen ist,
2. nach § 6a Abs. 2 Nr. 2 im Herkunfts-Mitgliedstaat vom Wahlrecht ausgeschlossen ist,
3. infolge Richterspruchs in der Bundesrepublik Deutschland die Wählbarkeit oder die Fähigkeit zur Bekleidung öffentlicher Ämter nicht besitzt oder
4. infolge einer Einzelfallentscheidung im Sinne von Artikel 6 Absatz 1 der Richtlinie 93/109/EG des Rates vom 6. Dezember 1993 über die Einzelheiten der Ausübung des aktiven und passiven Wahlrechts bei den Wahlen zum Europäischen Parlament für Unionsbürger mit Wohnsitz in einem Mitgliedstaat, dessen Staatsangehörigkeit sie nicht besitzen (ABl. L 329 vom 30. 12. 1993, S. 34), die zuletzt durch die Richtlinie 2013/1/EU (ABl. L 26 vom 26. 1. 2013, S. 27) geändert worden ist, im Herkunfts-Mitgliedstaat die Wählbarkeit nicht besitzt.

§ 6c Verbot der mehrfachen Bewerbung zur Wahl

Niemand kann sich gleichzeitig in der Bundesrepublik Deutschland und in einem anderen Mitgliedstaat der Europäischen Union zur Wahl bewerben.

§ 7 Wahltag

Die Bundesregierung bestimmt nach Maßgabe der Festsetzung des Wahlzeitpunktes durch den Rat der Europäischen Union und im Rahmen der in den Artikeln 10 und 11 des Aktes zur Einführung allgemeiner unmittelbarer Wahlen der Mitglieder des Europäischen Parlaments (BGBl. 1977 II S. 733), zuletzt geändert durch Beschluß des Rates der Europäischen Gemeinschaften vom 25. Juni 2002 und 23. September 2002 (BGBl. 2003 II S. 810), festgelegten Zeitspanne den Tag der Hauptwahl (Wahltag). Der Wahltag ist im Bundesgesetzblatt bekanntzugeben.

§ 8 Wahlvorschlagsrecht

(1) Wahlvorschläge können nach Maßgabe des § 9 Abs. 5 von Parteien und von sonstigen mitgliedschaftlich organisierten, auf Teilnahme an der politischen Willensbildung und Mitwirkung in Volksvertretungen ausgerichteten Vereinigungen mit Sitz, Geschäftsleitung, Tätigkeit und Mitgliederbestand in den Gebieten der Mitgliedstaaten der Europäischen Union (sonstige politische Vereinigungen) eingereicht werden.

(2) Eine Partei oder eine sonstige politische Vereinigung kann entweder Listen für einzelne Länder, und zwar in jedem Land nur eine Liste, oder eine gemeinsame Liste für alle Länder einreichen. Die Entscheidung über die Einreichung einer gemeinsamen Liste für alle Länder oder von Listen für einzelne Länder trifft der Vorstand des Bundesverbandes oder, wenn ein Bundesverband nicht besteht, die Vorstände der nächstniedrigen Gebietsverbände im Wahlgebiet gemeinsam, oder eine andere in der Satzung des Wahlvorschlagsberechtigten hierfür vorgesehene Stelle.

§ 9 Inhalt und Form der Wahlvorschläge

(1) Wahlvorschläge von Parteien müssen den Namen der einreichenden Partei und, sofern sie eine Kurzbezeichnung verwendet, auch diese enthalten. Wahlvorschläge von sonstigen politischen Vereinigungen müssen deren Namen und, sofern sie ein Kennwort verwenden, auch dieses enthalten. Der Bezeichnung ihres Wahlvorschlages kann eine Partei den Namen und die Kurzbezeichnung ihres europäischen Zusammenschlusses und eine sonstige politische Vereinigung den Namen und die Kurzbezeichnung ihrer Mitgliedsvereinigung im Wahlgebiet anfügen.

(2) In dem Wahlvorschlag müssen die Namen der Bewerber in erkennbarer Reihenfolge aufgeführt sein. Neben jedem Bewerber kann ein Ersatzbewerber aufgeführt werden.

(3) Ein Deutscher kann als Bewerber oder Ersatzbewerber in einem Wahlvorschlag nur benannt werden, wenn er nicht gleichzeitig in einem anderen Mitgliedstaat der Europäischen Union als Bewerber benannt ist. Ein Bewerber oder Ersatzbewerber in einer gemeinsamen Liste für alle Länder kann nur in einem Wahlvorschlag benannt werden; dabei kann ein Bewerber zugleich als Ersatzbewerber benannt werden. Ein Bewerber in einer Liste für ein Land kann auch noch als Bewerber in einer Liste desselben Wahlvorschlagsberechtigten für ein weiteres Land benannt werden; sofern er nur in einem Wahlvorschlag benannt ist, kann er in diesem zugleich als Ersatzbewerber benannt werden. Ein Ersatzbewerber kann in einem Wahlvorschlag nicht mehrfach als solcher benannt werden. Bewerber und Ersatzbewerber können nur vorgeschlagen werden, wenn sie ihre Zustimmung dazu schriftlich erteilt haben; die Zustimmung ist unwiderruflich.

(4) Listen für einzelne Länder von Parteien müssen von den Vorständen der Landesverbände oder, wenn Landesverbände nicht bestehen, von den Vorständen

der nächstniedrigen Gebietsverbände, die im Bereich des Landes liegen, unterzeichnet sein. Gemeinsame Listen für alle Länder müssen von den Vorständen der Bundesverbände der Parteien oder, wenn Bundesverbände nicht bestehen, von den Vorständen der nächstniedrigen Gebietsverbände, die im Wahlgebiet liegen, unterzeichnet sein. Die Sätze 1 und 2 gelten sinngemäß auch für Wahlvorschläge von sonstigen politischen Vereinigungen.

(5) Listen für einzelne Länder von Parteien und sonstigen politischen Vereinigungen, die nicht im Europäischen Parlament, im Deutschen Bundestag oder einem Landtag seit deren letzter Wahl auf Grund eigener Wahlvorschläge im Wahlgebiet ununterbrochen mit mindestens fünf Abgeordneten vertreten sind, müssen außerdem von 1 vom Tausend der Wahlberechtigten des betreffenden Landes bei der letzten Wahl zum Europäischen Parlament, jedoch höchstens 2000 Wahlberechtigten, persönlich und handschriftlich unterzeichnet sein. Gemeinsame Listen für alle Länder von Wahlvorschlagsberechtigten im Sinne des Satzes 1 müssen außerdem von 4000 Wahlberechtigten persönlich und handschriftlich unterzeichnet sein. Die Wahlberechtigung muß im Zeitpunkt der Unterzeichnung gegeben sein und ist bei Einreichung des Wahlvorschlages nachzuweisen.

(6) In jedem Wahlvorschlag sollen eine Vertrauensperson und eine stellvertretende Vertrauensperson bezeichnet werden. Fehlt diese Bezeichnung, so gilt die Person, die als erste unterzeichnet hat, als Vertrauensperson, und diejenige, die als zweite unterzeichnet hat, als stellvertretende Vertrauensperson.

§ 10 Aufstellung der Wahlvorschläge

(1) Als Bewerber oder als Ersatzbewerber kann in einem Wahlvorschlag nur benannt werden, wer nicht Mitglied einer anderen Partei ist und in einer besonderen oder allgemeinen Vertreterversammlung der Partei oder in einer Mitgliederversammlung zur Wahl der Bewerber hierzu gewählt worden ist.

(2) Besondere Vertreterversammlung ist eine Versammlung von Parteivertretern, die für die Aufstellung der Bewerber gewählt worden ist. Allgemeine Vertreterversammlung ist eine Versammlung von Parteivertretern, die nach der Satzung der Partei allgemein für bevorstehende Wahlen gewählt worden ist. Die Vertreter in der besonderen oder allgemeinen Vertreterversammlung müssen unmittelbar aus der Mitte einer oder mehrerer Mitgliederversammlungen oder aus der Mitte von Vertreterversammlungen gewählt worden sein, die ihrerseits entweder aus der Mitte einer oder mehrerer Mitgliederversammlungen oder aus der Mitte einer oder mehrerer dazwischen geschalteter Vertreterversammlungen hervorgegangen sind. Mitgliederversammlung zur Wahl der Bewerber für eine gemeinsame Liste für alle Länder und der Vertreter für eine Vertreterversammlung ist eine Versammlung der Mitglieder der Partei, die im Zeitpunkt ihres Zusammentritts zum Europäischen Parlament wahlberechtigt sind. Mitgliederversammlung zur Wahl der Bewerber für eine Liste für ein Land und der Vertreter für eine Vertreterversammlung ist eine Versammlung der Mitglieder der Partei, die im Zeitpunkt ihres Zusammentritts in dem betreffenden Land, unabhängig von späteren Grenzveränderungen zwischen den Ländern, zum Europäischen Parlament wahlberechtigt sind.

(3) Die Vertreter für die Vertreterversammlungen und die Bewerber werden in geheimer Abstimmung gewählt; dies gilt auch für die Festlegung der Reihenfolge der Bewerber in dem Wahlvorschlag. Jeder stimmberechtigte Teilnehmer der Versammlung ist hierbei vorschlagsberechtigt. Den Bewerbern ist Gelegenheit zu geben, sich und ihr Programm der Versammlung in angemessener Zeit vorzustellen. Die Wahlen der Vertreter für die Vertreterversammlungen dürfen nicht früher als

zwölf Monate, die Wahlen der Bewerber nicht früher als neun Monate vor Beginn des Jahres durchgeführt werden, in dem die Wahl des Europäischen Parlaments ansteht.

(4) Der Vorstand des Bundesverbandes oder, wenn ein Bundesverband nicht besteht, die Vorstände der nächstniedrigen Gebietsverbände im Wahlgebiet gemeinsam, oder eine andere in der Satzung der Partei hierfür vorgesehene Stelle können gegen den Beschluß einer Mitglieder- oder Vertreterversammlung über die Bewerberaufstellung für eine gemeinsame Liste für alle Länder Einspruch erheben. Bei einem Beschluß einer Mitglieder- oder Vertreterversammlung über die Bewerberaufstellung für eine Liste für ein Land können der Vorstand des Landesverbandes oder, wenn Landesverbände nicht bestehen, die Vorstände der nächstniedrigen Gebietsverbände, die im Bereich des Landes liegen, gemeinsam oder eine andere in der Satzung der Partei hierfür vorgesehene Stelle Einspruch erheben. Auf einen solchen Einspruch ist die Abstimmung zu wiederholen. Ihr Ergebnis ist endgültig.

(5) Das Nähere über die Wahl der Vertreter für die Vertreterversammlungen, über die Einberufung und Beschlußfähigkeit der Mitglieder- oder Vertreterversammlungen sowie über das Verfahren für die Wahl der Bewerber regeln die Parteien durch ihre Satzungen.

(6) Über die Versammlung zur Aufstellung des Wahlvorschlages ist eine Niederschrift mit Angaben über Ort und Zeit der Versammlung, Form der Einladung, Zahl der erschienenen Mitglieder oder Vertreter und Ergebnis der Abstimmung anzufertigen; sie ist von dem Leiter der Versammlung und zwei von dieser bestimmten Teilnehmern zu unterzeichnen.

(7) Die Absätze 1 bis 6 gelten für sonstige politische Vereinigungen sinngemäß.

§ 11 Einreichung der Wahlvorschläge, Erklärung über die Verbindung von Listen für einzelne Länder

(1) Listen für ein Land und gemeinsame Listen für alle Länder sind dem Bundeswahlleiter spätestens am dreiundachtzigsten Tage vor der Wahl bis 18 Uhr schriftlich einzureichen.

(2) Mit dem Wahlvorschlag sind dem Bundeswahlleiter vorzulegen:

1. die Zustimmungserklärungen der in den Wahlvorschlag aufgenommenen Bewerber und Ersatzbewerber (§ 9 Abs. 3 Satz 4),

1a. für Deutsche die Bescheinigungen der zuständigen Gemeindebehörden über die Wählbarkeit der vorgeschlagenen Bewerber und Ersatzbewerber,

1b. für Unionsbürger die Bescheinigungen der zuständigen deutschen Gemeindebehörden, daß sie dort eine Wohnung innehaben oder ihren sonstigen gewöhnlichen Aufenthalt haben und nicht gemäß § 6b Abs. 4 Nr. 1 oder 3 von der Wählbarkeit ausgeschlossen sind,

1c. für Unionsbürger die Versicherungen an Eides statt über die Staatsangehörigkeit, das Geburtsdatum und den Geburtsort, die letzte Anschrift im Herkunfts-Mitgliedstaat, die Anschrift in der Bundesrepublik Deutschland, die Gebietskörperschaft oder den Wahlkreis des Herkunfts-Mitgliedstaates, in dem sie zuletzt eingetragen waren, sowie darüber, dass sie sich nicht gleichzeitig in einem anderen Mitgliedstaat der Europäischen Union zur Wahl bewerben und dass sie im Herkunfts-Mitgliedstaat nicht von der Wählbarkeit ausgeschlossen sind (§ 6b Absatz 4 Nummer 2 und 4),

1d. *weggefallen*

2. eine Ausfertigung der Niederschrift über die Aufstellung des Wahlvorschlages (§ 10 Abs. 6), wobei der Leiter der Versammlung und zwei von dieser bestimmte Teilnehmer gegenüber dem Wahlleiter an Eides statt zu versichern haben, dass die Anforderungen gemäß § 10 Abs. 3 Satz 1 bis 3 beachtet worden sind,
3. in den Fällen des § 9 Abs. 5 die erforderlichen gültigen Unterschriften mit dem Nachweis der Wahlberechtigung der Unterzeichner,
4. die schriftliche Satzung, das Programm, die Namen und Anschriften der Vorstandsmitglieder (§ 9 Abs. 4) sowie der Nachweis, daß die Mitglieder des Vorstandes demokratisch gewählt sind, sofern die Partei oder die sonstige politische Vereinigung nicht im Europäischen Parlament, im Deutschen Bundestag oder in einem Landtag seit deren letzter Wahl auf Grund eigener Wahlvorschläge im Wahlgebiet ununterbrochen mit mindestens fünf Abgeordneten vertreten ist.

Der Bundeswahlleiter ist zur Abnahme von Versicherungen an Eides Statt zuständig; er gilt als Behörde im Sinne des § 156 des Strafgesetzbuches. Auf die Aufnahme der Versicherungen an Eides Statt findet § 27 des Verwaltungsverfahrensgesetzes Anwendung.

(3) Soll eine Liste oder sollen mehrere Listen für einzelne Länder von der Listenverbindung ausgeschlossen sein (§ 2 Abs. 2 Satz 2), haben die Vertrauensperson des Wahlvorschlages und die stellvertretende Vertrauensperson dies durch gemeinsame schriftliche Erklärung dem Bundeswahlleiter spätestens am dreiundachtzigsten Tage vor der Wahl bis 18 Uhr mitzuteilen.

§ 12 Änderung und Zurücknahme von Wahlvorschlägen

(1) Ein Wahlvorschlag kann nach Ablauf der Einreichungsfrist nur durch gemeinsame schriftliche Erklärung der Vertrauensperson und der stellvertretenden Vertrauensperson und nur dann geändert werden, wenn ein Bewerber oder Ersatzbewerber stirbt oder die Wählbarkeit verliert. Das Verfahren nach § 10 braucht nicht eingehalten zu werden; der Unterschriften nach § 9 Abs. 5 bedarf es nicht. Nach der Entscheidung über die Zulassung eines Wahlvorschlages (§ 14) ist jede Änderung ausgeschlossen.

(2) Ein Wahlvorschlag kann durch gemeinsame schriftliche Erklärung der Vertrauensperson und der stellvertretenden Vertrauensperson zurückgenommen werden, solange nicht über seine Zulassung (§ 14) entschieden ist. In den Fällen des § 9 Abs. 5 kann auch die Mehrheit der Unterzeichner durch eine von ihnen persönlich und handschriftlich vollzogene Erklärung den Wahlvorschlag zurücknehmen.

(3) Wenn ein Bewerber nach der Zulassung des Wahlvorschlages, aber noch vor der Wahl stirbt oder die Wählbarkeit verliert, tritt an seine Stelle der Ersatzbewerber, sofern ein solcher für ihn benannt ist.

§ 13 Beseitigung von Mängeln

(1) Der Bundeswahlleiter hat die Wahlvorschläge unverzüglich nach Eingang zu prüfen. Stellt er bei einem Wahlvorschlag Mängel fest, so benachrichtigt er sofort die Vertrauensperson des Wahlvorschlages und fordert sie auf, behebbare Mängel rechtzeitig zu beseitigen.

(2) Nach Ablauf der Einreichungsfrist können nur noch Mängel an sich gültiger Wahlvorschläge behoben werden. Ein gültiger Wahlvorschlag liegt nicht vor, wenn

1. die Bezeichnung des Wahlvorschlagsberechtigten nach § 9 Abs. 1 fehlt,
2. die nach § 9 Abs. 4 und 5 erforderlichen gültigen Unterschriften mit dem Nachweis der Wahlberechtigung der Unterzeichner nach Absatz 5 dieser Vorschrift fehlen, es sei denn, der Nachweis kann infolge von Umständen, die der Wahlvorschlagsberechtigte nicht zu vertreten hat, nicht rechtzeitig vorgelegt werden,
3. die nach § 11 Abs. 1 erforderliche Form oder Frist nicht gewahrt ist,
4. die nach § 11 Abs. 2 Nr. 1, 1a, 1b, 1c, 2 und 4 erforderlichen Erklärungen, Niederschriften, Versicherungen oder Unterlagen nicht vorgelegt oder abgegeben sind.

(3) Nach der Entscheidung über die Zulassung eines Wahlvorschlages (§ 14) ist jede Mängelbeseitigung ausgeschlossen.

(4) Gegen Verfügungen des Bundeswahlleiters im Mängelbeseitigungsverfahren kann die Vertrauensperson des Wahlvorschlages den Bundeswahlausschuss anrufen.

§ 14 Zulassung der Wahlvorschläge, Entscheidung über die Verbindung von Listen für einzelne Länder

(1) Der Bundeswahlausschuss entscheidet am zweiundsiebzigsten Tage vor der Wahl für alle Wahlorgane verbindlich über alle Voraussetzungen für die Zulassung der Listen für einzelne Länder und der gemeinsamen Listen für alle Länder. Zu der Sitzung sind die Vertrauenspersonen der Wahlvorschläge zu laden.

(2) Der Bundeswahlausschuss hat Wahlvorschläge zurückzuweisen, wenn sie

1. verspätet eingereicht sind oder
2. den Anforderungen nicht entsprechen, die durch dieses Gesetz und die dazu erlassene Wahlordnung aufgestellt sind, es sei denn, daß in diesen Vorschriften etwas anderes bestimmt ist.

Sind die Anforderungen nur hinsichtlich einzelner Bewerber oder Ersatzbewerber nicht erfüllt, so werden ihre Namen aus dem Wahlvorschlag gestrichen. Teilt ein anderer Mitgliedstaat der Europäischen Union die Wahlbewerbung eines Deutschen in diesem Mitgliedstaat oder bezüglich eines seiner Staatsangehörigen dessen fehlendes Wahlrecht (§ 6b Absatz 4 Nummer 2) oder dessen fehlende Wählbarkeit (§ 6b Absatz 4 Nummer 4) in diesem Mitgliedstaat mit, so ist dessen Name aus dem Wahlvorschlag zu streichen. An die Stelle eines gestrichenen Bewerbers tritt dessen Ersatzbewerber, sofern ein solcher benannt ist. Vor der Entscheidung sind die erschienenen Vertrauenspersonen der betroffenen Wahlvorschläge zu hören.

(3) Die Entscheidung über die Zulassung der Wahlvorschläge ist in der Sitzung des Wahlausschusses bekanntzugeben.

(4) Weist der Bundeswahlausschuss einen Wahlvorschlag ganz oder teilweise zurück, so kann binnen vier Tagen nach Bekanntgabe der Entscheidung Beschwerde beim Bundeswahlausschuss eingelegt werden. Beschwerdeberechtigt sind die Vertrauensperson des Wahlvorschlages und der Bundeswahlleiter. Der Bundeswahlleiter kann auch gegen eine Entscheidung, durch die ein Wahlvorschlag zugelassen wird, Beschwerde erheben. In der Beschwerdeverhandlung sind die erschienenen Beteiligten zu hören. Die Entscheidung über die Beschwerde muß spätestens am zweiundfünfzigsten Tage vor der Wahl getroffen werden.

(4a) Soweit der Bundeswahlausschuss einen Wahlvorschlag wegen fehlenden Wahlvorschlagsrechts nach § 8 Absatz 1 zurückweist, kann eine Partei oder Vereinigung binnen vier Tagen nach Bekanntgabe der Entscheidung Beschwerde zum Bundesverfassungsgericht erheben. Die Vorschriften der §§ 96a bis 96d des Gesetzes über das Bundesverfassungsgericht gelten mit Ausnahme des § 96a Absatz 1 entsprechend. Im Falle einer Beschwerde zum Bundesverfassungsgericht ist die Wirksamkeit der Entscheidung des Bundeswahlausschusses bis zu einer Entscheidung des Bundesverfassungsgerichts, längstens bis zum Ablauf des zweiundfünfzigsten Tages vor der Wahl gehemmt; der Bundeswahlausschuss ist berechtigt, der Beschwerde durch Abänderung seiner Entscheidung abzuhelfen.

(5) Der Bundeswahlleiter macht die zugelassenen Wahlvorschläge (Listen für die einzelnen Länder und gemeinsame Listen für alle Länder) spätestens am achtundvierzigsten Tage vor der Wahl öffentlich bekannt.

(6) Der Bundeswahlausschuß entscheidet am zweiundsiebzigsten Tage vor der Wahl über Erklärungen nach § 11 Abs. 3. Absatz 2 Satz 1 gilt entsprechend. Die Entscheidung ist in der Sitzung des Bundeswahlausschusses bekanntzugeben. Absatz 4 gilt entsprechend. Der Bundeswahlleiter macht im Rahmen seiner Bekanntmachung nach Absatz 5 die Listenverbindungen und die Listen, für die rechtswirksam eine Erklärung nach § 11 Abs. 3 abgegeben wurde, öffentlich bekannt.

§ 15 Stimmzettel

(1) Die Stimmzettel und die zugehörigen Umschläge für die Briefwahl werden für jedes Land amtlich hergestellt.

(2) Der Stimmzettel enthält

1. die Überschrift „Wahl der Abgeordneten des Europäischen Parlaments“,
2. die Namen der Parteien und, sofern sie eine Kurzbezeichnung verwenden, auch diese, bei sonstigen politischen Vereinigungen deren Namen und, sofern sie ein Kennwort verwenden, auch dieses,
3. die Bezeichnung der Wahlvorschläge als Listen für einzelne Länder oder gemeinsame Listen für alle Länder sowie bei Listen für einzelne Länder die Angabe des Landes, für das der Wahlvorschlag aufgestellt ist, und
4. die ersten zehn Bewerber der zugelassenen Wahlvorschläge mit Vor- und Familiennamen, Beruf oder Stand, Ort der Wohnung (Hauptwohnung) sowie bei Bewerbern für gemeinsame Listen für alle Länder zusätzlich die Abkürzung des Landes, in dem der Ort der Wohnung liegt.

§ 9 Abs. 1 Satz 3 gilt entsprechend.

(3) Die Reihenfolge der Wahlvorschläge auf den Stimmzetteln richtet sich in den einzelnen Ländern nach der Zahl der Stimmen, die die Parteien und sonstigen politischen Vereinigungen bei der letzten Wahl zum Europäischen Parlament mit ihrem Wahlvorschlag in dem betreffenden Land erreicht haben. Die übrigen Wahlvorschläge schließen sich in alphabetischer Reihenfolge der Namen der Wahlvorschlagsberechtigten an.

§ 16 Stimmabgabe

(1) Gewählt wird mit amtlichen Stimmzetteln.

(2) Der Wähler gibt seine Stimme in der Weise ab, daß er durch ein auf den Stimmzettel gesetztes Kreuz oder auf andere Weise eindeutig kenntlich macht, welchem Wahlvorschlag sie gelten soll. Der Wähler faltet daraufhin den Stimmzettel in der Weise, dass seine Stimmabgabe nicht erkennbar ist, und wirft ihn in die Wahlurne.

§ 17 Wahlgeräte

Zur Erleichterung der Abgabe und Zählung der Stimmen können an Stelle von Stimmzetteln und Wahlurnen Wahlgeräte benutzt werden, deren Bauart und Verwendung nach der Bundeswahlgeräteverordnung durch das Bundesministerium des Innern zugelassen ist.

§ 18 Feststellung des Wahlergebnisses

(1) Nach Beendigung der Wahlhandlung stellt der Wahlvorstand fest, wieviel Stimmen im Wahlbezirk auf die einzelnen Wahlvorschläge abgegeben worden sind. Der für die Briefwahl eingesetzte Wahlvorstand stellt fest, wieviel durch Briefwahl abgegebene Stimmen auf die einzelnen Wahlvorschläge entfallen.

(2) Die Kreiswahl- und Stadtwahlausschüsse stellen fest, wieviel Stimmen in den Kreisen und kreisfreien Städten für die einzelnen Wahlvorschläge abgegeben worden sind. Sie haben das Recht der Nachprüfung der Feststellungen der Wahlvorstände.

(3) Die Landeswahlausschüsse stellen fest, wieviel Stimmen in den Ländern für die einzelnen Wahlvorschläge abgegeben worden sind.

(4) Der Bundeswahlausschuß stellt fest, wieviel Stimmen für die einzelnen Wahlvorschläge insgesamt abgegeben worden sind, wieviel Sitze auf die einzelnen Wahlvorschläge entfallen und welche Bewerber gewählt sind.

§ 19 Benachrichtigung der gewählten Bewerber

Der Bundeswahlleiter benachrichtigt die gewählten Bewerber und weist sie darauf hin, dass sie nach der abschließenden Feststellung des Ergebnisses für das Wahlgebiet durch den Bundeswahlausschuss (§ 18 Abs. 4) die Mitgliedschaft im Europäischen Parlament mit Eröffnung der ersten Sitzung nach der Wahl erlangen.

§ 20 Unterrichtung über das Wahlergebnis

Nach Ablauf der gesetzlichen Frist (§ 19) teilt der Bundeswahlleiter dem Präsidenten des Deutschen Bundestages unverzüglich die Namen der in das Europäische Parlament gewählten und der auf den Wahlvorschlägen verbliebenen Bewerber und Ersatzbewerber mit. Der Präsident des Deutschen Bundestages übermittelt das Wahlergebnis insgesamt unverzüglich dem Präsidenten des Europäischen Parlaments.

Zweiter Abschnitt

Erwerb und Verlust der Mitgliedschaft im Europäischen Parlament

§ 21 Erwerb der Mitgliedschaft im Europäischen Parlament

(1) Ein gewählter Bewerber erwirbt die Mitgliedschaft im Europäischen Parlament nach abschließender Feststellung des Ergebnisses für das Wahlgebiet durch den Bundeswahlausschuss (§ 18 Abs. 4) mit der Eröffnung der ersten Sitzung des Europäischen Parlaments nach der Wahl. Eine Ablehnung des Erwerbs der Mitgliedschaft muss vor der ersten Sitzung gegenüber dem Bundeswahlleiter schriftlich erfolgen. Eine Erklärung unter Vorbehalt gilt als Ablehnung. Die Erklärung kann nicht widerrufen werden.

(2) Bei einer Listennachfolge (§ 24) oder Wiederholungswahl (§ 4 in Verbindung mit § 44 des Bundeswahlgesetzes) wird die Mitgliedschaft im Europäischen

Parlament mit dem frist- und formgerechten Eingang der auf die Benachrichtigung erfolgenden Annahmeerklärung beim Bundeswahlleiter erworben, jedoch nicht vor Ausscheiden des ursprünglich gewählten Abgeordneten. Gibt der Listennachfolger oder durch Wiederholungswahl Gewählte bis zum Ablauf der Frist keine oder keine formgerechte Erklärung ab, so gilt die Nachfolge oder Wahl zu diesem Zeitpunkt als angenommen. Absatz 1 Satz 3 und 4 gilt entsprechend.

§ 22 Ende und Verlust der Mitgliedschaft im Europäischen Parlament

(1) Die Mitgliedschaft im Europäischen Parlament endet mit der Eröffnung der ersten Sitzung des neu gewählten Parlaments.

(2) Ein Abgeordneter verliert die Mitgliedschaft im Europäischen Parlament bei

1. Ungültigkeit des Erwerbs der Mitgliedschaft,

1a. Fehlen der Wählbarkeit eines Unionsbürgers am Wahltag im Herkunfts-Mitgliedstaat infolge einer Einzelfallentscheidung im Sinne von Artikel 6 Absatz 1 der Richtlinie 93/109/EG des Rates vom 6. Dezember 1993 über die Einzelheiten der Ausübung des aktiven und passiven Wahlrechts bei den Wahlen zum Europäischen Parlament für Unionsbürger mit Wohnsitz in einem Mitgliedstaat, dessen Staatsangehörigkeit sie nicht besitzen (ABl. L 329 vom 30. 12. 1993, S. 34), die zuletzt durch die Richtlinie 2013/1/EU (ABl. L 26 vom 26. 1. 2013, S. 27) geändert worden ist,

2. Neufeststellung des Wahlergebnisses,

3. Wegfall einer Voraussetzung seiner jederzeitigen Wählbarkeit,

4. Verzicht,

5. Feststellung der Verfassungswidrigkeit der Partei oder der Teilorganisation einer Partei, der er angehört, durch das Bundesverfassungsgericht nach Artikel 21 Abs. 2 Satz 2 des Grundgesetzes,

6. rechtskräftigem Verbot der politischen Vereinigung, der er angehört, im Wahlgebiet,

7. Annahme der Wahl zum Bundespräsidenten,

8. Ernennung zum Richter des Bundesverfassungsgerichts,

9. Ernennung zum Parlamentarischen Staatssekretär,

10. Ernennung zum Wehrbeauftragten des Deutschen Bundestages,

11. Ernennung zum Bundesbeauftragten für den Datenschutz,

11a. *weggefallen*

12. Annahme der Wahl oder Ernennung zum Mitglied einer Landesregierung,

13. Berufung in eine der in Artikel 7 Abs. 1 oder Abs. 2 des Aktes zur Einführung allgemeiner unmittelbarer Wahlen der Abgeordneten des Europäischen Parlaments (BGBl. 1977 II S. 733), zuletzt geändert durch Beschluss des Rates der Europäischen Gemeinschaften vom 25. Juni 2002 und 23. September 2002 (BGBl. 2003 II S. 810), genannten Funktionen,

14. Berufung in eine Funktion, die nach anderen gesetzlichen Vorschriften mit der Mitgliedschaft im Europäischen Parlament unvereinbar ist, sowie

15. Übernahme des Amtes des Staatsoberhauptes, eines Richters des Verfassungsgerichts, des Mitglieds einer mit einer deutschen Landesregierung vergleichbaren Regierung sowie Übernahme des einem Parlamentarischen Staatssekretär in der Bundesrepublik Deutschland vergleichbaren Amtes in einem anderen Mitgliedstaat der Europäischen Union.

(3) Der Verzicht ist nur wirksam, wenn er zur Niederschrift des Präsidenten des Europäischen Parlaments, eines Notars, der seinen Sitz in der Bundesrepublik Deutschland hat, oder eines zur Vornahme von Beurkundungen ermächtigten Bediensteten einer Auslandsvertretung der Bundesrepublik Deutschland erklärt wird. Die notarielle oder bei einer Auslandsvertretung abgegebene Verzichtserklärung hat der Abgeordnete dem Präsidenten des Europäischen Parlaments zu übermitteln. Der Verzicht kann nicht widerrufen werden. Der Bundeswahlleiter ist vom Verzichtenden durch Übersendung einer Ausfertigung der Verzichtserklärung zu unterrichten.

(4) Wird eine Partei oder die Teilorganisation einer Partei durch das Bundesverfassungsgericht nach Artikel 21 Abs. 2 Satz 2 des Grundgesetzes für verfassungswidrig erklärt, verlieren die Abgeordneten ihre Mitgliedschaft im Europäischen Parlament und die Listennachfolger ihre Anwartschaft, sofern sie dieser Partei oder Teilorganisation in der Zeit zwischen der Antragstellung (§ 43 des Gesetzes über das Bundesverfassungsgericht) und der Verkündung der Entscheidung (§ 46 des Gesetzes über das Bundesverfassungsgericht) angehört haben. Die Sitze dieser Abgeordneten bleiben unbesetzt.

(5) Absatz 4 gilt entsprechend, wenn eine sonstige politische Vereinigung auf Grund des Vereinsgesetzes im Wahlgebiet rechtskräftig verboten worden ist.

§ 23 Entscheidung über den Verlust der Mitgliedschaft

(1) Über den Verlust der Mitgliedschaft nach § 22 Abs. 2 wird entschieden

1. im Falle der Nummer 1 im Wahlprüfungsverfahren,
2. im Fall der Nummern 1a, 2, 5, 6, 14 und 15 durch den Ältestenrat des Deutschen Bundestages,
3. im Fall der Nummer 3, wenn der Verlust der Wählbarkeit durch rechtskräftigen Richterspruch eingetreten ist, durch Beschluss des Ältestenrates des Deutschen Bundestages, im Übrigen im Wahlprüfungsverfahren,
4. im Fall der Nummern 7 bis 12 durch den Präsidenten des Deutschen Bundestages,
5. im Falle der Nummern 4 und 13 vom Europäischen Parlament, indem es das Freiwerden des Sitzes feststellt.

(2) Wird über den Verlust der Mitgliedschaft im Wahlprüfungsverfahren entschieden, so scheidet der Abgeordnete mit der Rechtskraft der Entscheidung aus dem Europäischen Parlament aus.

(3) Entscheidet der Ältestenrat oder der Präsident des Deutschen Bundestages über den Verlust der Mitgliedschaft, so scheidet der Abgeordnete mit der Zustellung der Entscheidung aus dem Europäischen Parlament aus. Die Entscheidung ist unverzüglich von Amts wegen zu treffen. Innerhalb von zwei Wochen nach Zustellung der Entscheidung kann der Betroffene die Entscheidung des Deutschen Bundestages über den Verlust der Mitgliedschaft im Wahlprüfungsverfahren beantragen. Die Zustellung erfolgt nach den Vorschriften des Verwaltungszustellungsgesetzes.

(4) Entscheidet das Europäische Parlament über den Verlust der Mitgliedschaft, so scheidet der Abgeordnete mit der Verkündung der Entscheidung über das Freiwerden des Sitzes aus dem Europäischen Parlament aus.

(5) Der Präsident des Deutschen Bundestages unterrichtet den Präsidenten des Europäischen Parlaments unverzüglich über den Grund und den Zeitpunkt des Verlustes der Mitgliedschaft, wenn darüber im Wahlprüfungsverfahren oder

durch den Ältestenrat oder den Präsidenten des Deutschen Bundestages entschieden worden ist.

§ 24 Berufung von Listennachfolgern

(1) Wenn ein gewählter Bewerber stirbt oder dem Bundeswahlleiter schriftlich die Ablehnung der Wahl erklärt oder wenn ein Abgeordneter stirbt oder sonst nachträglich aus dem Europäischen Parlament ausscheidet, so wird der Sitz durch seinen Ersatzbewerber besetzt. Ist ein Ersatzbewerber nicht benannt oder ist dieser vorher ausgeschieden oder scheidet er später aus, so wird der Sitz durch den nächsten noch nicht für gewählt erklärten Bewerber aus dem Wahlvorschlag besetzt, für den der Ausgeschiedene bei der Wahl aufgetreten ist. Bei der Nachfolge bleiben diejenigen Bewerber und Ersatzbewerber unberücksichtigt, die seit dem Zeitpunkt der Aufstellung des Wahlvorschlages aus dieser Partei oder politischen Vereinigung ausgeschieden oder Mitglied einer anderen Partei oder politischen Vereinigung geworden sind. Unberücksichtigt bleiben ebenso Ersatzbewerber, die als gewählte Bewerber ihre Wahl abgelehnt oder als Abgeordnete auf ihre Mitgliedschaft im Europäischen Parlament verzichtet haben. Ist die Liste erschöpft, so bleibt der Sitz unbesetzt.

(2) Ein noch nicht für gewählt erklärter Bewerber oder ein Ersatzbewerber verliert seine Anwartschaft als Listennachfolger, wenn er dem Bundeswahlleiter schriftlich seinen Verzicht erklärt. Der Verzicht kann nicht widerrufen werden.

(3) Die Feststellung, wer als Listennachfolger eintritt, trifft der Bundeswahlleiter. Die §§ 20 und 21 gelten entsprechend. Er benachrichtigt den Listennachfolger und fordert ihn auf, binnen einer Woche schriftlich zu erklären, ob er die Nachfolge annimmt.

Dritter Abschnitt
Schlußbestimmungen

§ 25 Wahlkosten, Wahlordnung

(1) § 50 des Bundeswahlgesetzes gilt entsprechend.

(2) Das Bundesministerium des Innern erläßt zur Durchführung dieses Gesetzes durch Rechtsverordnung, die nicht der Zustimmung des Bundesrates bedarf, eine Wahlordnung. Es wird ermächtigt, die Bundeswahlordnung und die Bundeswahlgeräteverordnung für entsprechend anwendbar zu erklären und in der Wahlordnung besondere Vorschriften zu treffen insbesondere über

1. die Wahlorgane,
2. die Vorbereitung der Wahl, einschließlich Inhalt und Form der Wahlvorschläge nebst der dazugehörigen Unterlagen, ihrer Einreichung, Überprüfung, Mängelbeseitigung und Zulassung sowie Form und Inhalt des Stimmzettels und des Wahlumschlages,
3. die Wahlbeteiligung von Wahlberechtigten, die in den Gebieten der übrigen Mitgliedstaaten der Europäischen Union leben,

3a. die Vorbereitung der Wahl für Unionsbürger,

4. die Briefwahl,
5. die Abgabe und Aufnahme von Versicherungen an Eides Statt,
6. die Wahlzeit,
7. die Ermittlung und die Feststellung des Wahlergebnisses,

8. die Benachrichtigung der gewählten Bewerber,
9. die Überprüfung der Wahl,
10. die Berufung von Listennachfolgern,
11. die Durchführung von Nach- und Wiederholungswahlen.

§ 26 Wahlprüfung und Anfechtung

(1) Über die Gültigkeit der Wahl und die Verletzung von Rechten bei der Vorbereitung oder Durchführung der Wahl wird im Wahlprüfungsverfahren entschieden.

(2) Für das Wahlprüfungsverfahren gelten die Bestimmungen des Wahlprüfungsgesetzes mit Ausnahme des § 6 Abs. 3 Buchstabe e, des § 14 Satz 2 und des § 16 Abs. 2 und 3 in der jeweils geltenden Fassung entsprechend.

(3) Gegen die Entscheidung des Deutschen Bundestages im Wahlprüfungsverfahren ist die Beschwerde an das Bundesverfassungsgericht zulässig. Die Beschwerde kann der Abgeordnete, dessen Mitgliedschaft bestritten ist, eine wahlberechtigte Person oder eine Gruppe von wahlberechtigten Personen, deren Einspruch vom Deutschen Bundestag verworfen worden ist, oder eine Gruppe von wenigstens acht Abgeordneten des Europäischen Parlaments aus der Bundesrepublik Deutschland binnen einer Frist von zwei Monaten seit der Beschlußfassung des Deutschen Bundestages beim Bundesverfassungsgericht erheben; die Beschwerde ist innerhalb dieser Frist zu begründen. Für die Beschwerde an das Bundesverfassungsgericht gelten die Vorschriften des Gesetzes über das Bundesverfassungsgericht entsprechend.

(4) Im übrigen können Entscheidungen und Maßnahmen, die sich unmittelbar auf das Wahlverfahren beziehen, nur mit den in diesem Gesetz sowie in der Wahlordnung vorgesehenen Rechtsbehelfen angefochten werden.

§ 27 *(weggefallen)*

§ 28 Staatliche Mittel für sonstige politische Vereinigungen

(1) Sonstige politische Vereinigungen, die sich im Wahlgebiet an der Wahl der Abgeordneten des Europäischen Parlaments mit eigenen Wahlvorschlägen beteiligt und nach dem endgültigen Wahlergebnis mindestens 0,5 vom Hundert der im Wahlgebiet abgegebenen gültigen Stimmen erzielt haben, erhalten für jede erzielte gültige Stimme jährlich 0,70 Euro. Abweichend von Satz 1 erhalten sie für bis zu 4 Millionen Stimmen 0,85 Euro je Stimme. Die Mittel sind im Bundeshaushaltsplan auszubringen.

(2) Die Vorschriften des Parteiengesetzes über die Pflicht zur öffentlichen Rechenschaftslegung gelten entsprechend. Die Pflicht zur Rechenschaftslegung beginnt mit dem Jahr, in dem die Wahl stattfindet, und endet mit dem Jahr, in dem der letzte aus dem Wahlvorschlag der sonstigen politischen Vereinigung gewählte Bewerber aus dem Europäischen Parlament ausgeschieden ist.

(3) Die Vorschriften des Parteiengesetzes über die absolute Obergrenze finden keine Anwendung; die Vorschriften über die relative Obergrenze gelten entsprechend.

(4) Die Vorschriften des Parteiengesetzes über das Auszahlungsverfahren und die Abschlagszahlungen gelten entsprechend.

§ 29 *(weggefallen)*

§ 30 *(Inkrafttreten)*

55 Gesetz über die Rechtsverhältnisse der Mitglieder des Europäischen Parlaments aus der Bundesrepublik Deutschland (Europaabgeordnetengesetz – EuAbgG)

vom 6. April 1979 (BGBl. I S. 413), geändert durch Gesetze vom 22. September 1980 (BGBl. I S. 1752), vom 22. Dezember 1983 (BGBl. I S. 1513), vom 11. März 1985 (BGBl. I S. 540), vom 30. Juli 1985 (BGBl. I S. 1623), vom 18. November 1986 (BGBl. I S. 2039), vom 23. Juli 1987 (BGBl. I S. 1674), vom 25. Juli 1988 (BGBl. I S. 1081), vom 15. August 1989 (BGBl. I S. 1598), vom 18. Dezember 1989 (BGBl. I S. 2209), vom 18. Dezember 1989 (BGBl. I S. 2210), vom 14. November 1990 (BGBl. I S. 2466), vom 7. Januar 1992 (BGBl. I S. 2), vom 22. April 1993 (BGBl. I S. 462), vom 27. Dezember 1993 (BGBl. I S. 2378), vom 26. Mai 1994 (BGBl. I S. 1014), vom 4. November 1994 (BGBl. I S. 3346), vom 15. Dezember 1995 (BGBl. I S. 1718), vom 31. Mai 1996 (BGBl. I S. 718), vom 19. Juni 1996 (BGBl. I S. 843), vom 20. Juli 2000 (BGBl. I S. 1037), vom 15. August 2003 (BGBl. I S. 1655), vom 25. März 2004 (BGBl. I S. 459), vom 21. Dezember 2004 (BGBl. I S. 3590), vom 22. Dezember 2007 (BGBl. I S. 3212), vom 17. März 2008 (BGBl. I S. 394), vom 23. Oktober 2008 (BGBl. I S. 2020), vom 11. Juli 2014 (BGBl. I S. 906)

Inhaltsübersicht*

---

* Nicht amtlich.

Erster Abschnitt

Mandatsbewerbung und Mandatsausübung

§ 1 Anwendungsbereich

Dieses Gesetz gilt für Bewerber um ein Mandat für das Europäische Parlament in der Bundesrepublik Deutschland und für Mitglieder des Europäischen Parlaments, die in der Bundesrepublik Deutschland gewählt worden sind, soweit nicht die Vorschriften des Abgeordnetenstatuts des Europäischen Parlaments Anwendung finden.

§ 2 Freies Mandat

Die Mitglieder des Europäischen Parlaments sind an Aufträge und Weisungen nicht gebunden und nur ihrem Gewissen unterworfen.

§ 3 Schutz der Mandatsbewerber und der Mandatsausübung

(1) Niemand darf gehindert werden, sich um ein Mandat im Europäischen Parlament zu bewerben, es zu erwerben, anzunehmen oder auszuüben.

(2) Benachteiligungen am Arbeitsplatz im Zusammenhang mit der Bewerbung um ein Mandat sowie dem Erwerb, der Annahme und Ausübung eines Mandats sind unzulässig.

(3) Eine Kündigung oder Entlassung wegen des Erwerbs, der Annahme oder Ausübung des Mandats ist unzulässig. Im übrigen ist eine Kündigung nur aus wichtigem Grunde zulässig. Der Kündigungsschutz beginnt mit der Aufstellung des Bewerbers durch das dafür zuständige Organ des Wahlvorschlagsberechtigten. Er gilt ein Jahr nach Beendigung des Mandats fort.

§ 4 Wahlvorbereitungsurlaub, Berufs- und Betriebszeiten

(1) Einem Bewerber um ein Mandat im Europäischen Parlament ist zur Vorbereitung seiner Wahl innerhalb der letzten zwei Monate vor dem Wahltag auf Antrag Urlaub von bis zu zwei Monaten zu gewähren. Ein Anspruch auf Fortzahlung der Bezüge besteht für die Dauer der Beurlaubung nicht.

(2) § 4 des Abgeordnetengesetzes gilt entsprechend.

§ 5 Indemnität und Immunität

Die Indemnität und Immunität der Mitglieder des Europäischen Parlaments bestimmt sich nach den Artikeln 9 und 10 des Protokolls über die Vorrechte und Befreiungen der Europäischen Gemeinschaften im Anhang zum Vertrag zur Einsetzung eines gemeinsamen Rates und einer gemeinsamen Kommission der Europäischen Gemeinschaften vom 8. April 1965 (BGBl. 1965 II S. 1453, 1482). Dabei richtet sich der Umfang der Indemnität nach den Bestimmungen des Grundgesetzes.

§ 6 Zeugnisverweigerungsrecht

Die Mitglieder des Europäischen Parlaments sind berechtigt, über Personen, die ihnen in ihrer Eigenschaft als Mitglieder oder denen sie in dieser Eigenschaft Tatsachen anvertraut haben, sowie über diese Tatsachen selbst das Zeugnis zu verweigern. Soweit dieses Zeugnisverweigerungsrecht reicht, ist die Beschlagnahme von Schriftstücken unzulässig.

Zweiter Abschnitt

Unvereinbarkeiten, Angehörige des öffentlichen Dienstes

§ 7 Unvereinbarkeit von Ämtern, Funktionen und Mandaten mit der Mitgliedschaft im Europäischen Parlament

Die in § 22 Abs. 2 Nr. 7 bis 15 des Europawahlgesetzes aufgeführten Ämter, Funktionen und Mandate sind mit der Mitgliedschaft im Europäischen Parlament unvereinbar. Ihr Inhaber erwirbt die Mitgliedschaft im Europäischen Parlament nach seiner Wahl nur, wenn er spätestens bis zur Eröffnung der ersten Sitzung des Europäischen Parlaments nach der Wahl oder in den Fällen des § 21 Abs. 2 des Europawahlgesetzes bis zur Annahmeerklärung gegenüber dem Bundeswahlleiter aus diesem Amt, dieser Funktion oder diesem Mandat ausscheidet.

§ 8 Angehörige des öffentlichen Dienstes

(1) Die Absätze 2 und 3 gelten für die Angehörigen des öffentlichen Dienstes des Bundes, der Länder, der Gemeinden und anderer Körperschaften, Anstalten und Stiftungen des öffentlichen Rechts und ihrer Verbände mit Ausnahme der öffentlich-rechtlichen Religionsgesellschaften und ihrer Verbände.

(2) Stimmt ein Beamter, Richter, Berufssoldat, Soldat auf Zeit oder Arbeitnehmer seiner Aufstellung als Bewerber für die Wahl zum Europäischen Parlament zu, ist ihm auf Antrag innerhalb der letzten zwei Monate vor dem Wahltag der zur Vorbereitung seiner Wahl erforderliche Urlaub unter Wegfall der Besoldung oder des Arbeitsentgelts zu gewähren.

(3) Die §§ 5 bis 9 und 36 Abs. 1 und 2 des Abgeordnetengesetzes, § 36 Abs. 2 des Deutschen Richtergesetzes, § 25 des Soldatengesetzes, soweit er die Wahl zum Deutschen Bundestag betrifft, und die auf Grund des § 10 des Abgeordnetengesetzes erlassenen Gesetze sind entsprechend anzuwenden.

Dritter Abschnitt

Leistungen an die Mitglieder des Europäischen Parlaments, an ehemalige Mitglieder und ihre Hinterbliebenen

§ 9 Entschädigung

Ein Mitglied des Europäischen Parlaments, das sich nach Artikel 25 Abs. 1 des Abgeordnetenstatuts des Europäischen Parlaments für die Anwendung dieses Gesetzes entscheidet, erhält eine monatliche Entschädigung gemäß § 11 Abs. 1, 3 und 4 des Abgeordnetengesetzes.

§ 10 Freifahrtberechtigung und Erstattung von Fahrkosten

Ein Mitglied des Europäischen Parlaments hat das Recht auf freie Benutzung aller Verkehrsmittel der Deutschen Bahn AG. Benutzt es in Ausübung des Mandats innerhalb des Bundesgebietes Flugzeuge, Schlafwagen oder sonstige schienengebundene Beförderungsmittel außerhalb des öffentlichen Personennahverkehrs, so werden die Kosten gegen Nachweis erstattet. Dies gilt nicht, soweit ein Anspruch auf Erstattung von Fahrkosten durch das Europäische Parlament besteht. § 16 Abs. 2 des Abgeordnetengesetzes gilt entsprechend.

§ 10a Inanspruchnahme von Leistungen des Deutschen Bundestages

Ein Mitglied des Europäischen Parlaments erhält zur Abgeltung seiner durch das Mandat veranlaßten Aufwendungen eine Aufwandsentschädigung. Sie umfaßt die Mitbenutzung eines Büroraumes am Sitz des Bundestages, die Benutzung von Verkehrsmitteln gemäß § 10, die Benutzung der Dienstfahrzeuge und der Fernmeldeanlagen des Bundestages sowie sonstige Sach- und Dienstleistungen des Bundestages nach Maßgabe der Ausführungsbestimmungen des Ältestenrates.

§ 10b Leistungen an ehemalige Mitglieder des Europäischen Parlaments und ihre Hinterbliebenen

Die Vorschriften des Fünften Abschnitts und § 32 Abs. 4 bis 8, §§ 35, 35a, 35b, 35c, 37 und 38 Abs. 1 des Abgeordnetengesetzes finden auf vor dem Inkrafttreten des Abgeordnetenstatuts des Europäischen Parlaments ausgeschiedene Mitglieder des Europäischen Parlaments sowie auf Mitglieder des Europäischen Parlaments, die sich nach Artikel 25 Abs. 1 des Abgeordnetenstatuts des Europäischen Parlaments für die Anwendung dieses Gesetzes entscheiden, und ihre Hinterbliebenen mit den Maßgaben Anwendung, daß

1. in dem Fall, daß Leistungen aus der Unfallversicherung des Europäischen Parlaments in Anspruch genommen werden, der Versorgungsanspruch nach diesem Gesetz bis zur Höhe der Versicherungsleistung ruht,
2. die Versorgung solange ruht, bis die Versicherungsleistung aus der Lebensversicherung oder sonstige vergleichbare Leistungen des Europäischen Parlaments erreicht sind,
3. § 22 Abs. 2 Nr. 3 des Europawahlgesetzes an die Stelle des § 15 Abs. 2 Nr. 2 des Bundeswahlgesetzes tritt.

Zeiten der Mitgliedschaft im Europäischen Parlament gelten als Zeiten der Mitgliedschaft im Bundestag. Versorgungsansprüche nach diesem Gesetz ruhen neben einer Abgeordnetenentschädigung nach § 11 des Abgeordnetengesetzes. § 29 Abs. 3 bis 9 des Abgeordnetengesetzes findet entsprechende Anwendung.*

§ 11 Zuschuß zu den Kosten in Krankheits-, Pflege- und Geburtsfällen

Die Vorschriften des Sechsten Abschnitts des Abgeordnetengesetzes finden auf vor Inkrafttreten des Abgeordnetenstatuts des Europäischen Parlaments ausgeschiedene Mitglieder des Europäischen Parlaments und ihre Hinterbliebenen Anwendung. § 28 des Abgeordnetengesetzes findet auf Mitglieder des Europäischen Parlaments entsprechende Anwendung.

§ 12 Beginn und Ende der Ansprüche, Zahlungsvorschriften

(1) Die in den §§ 9 bis 11 geregelten Ansprüche entstehen mit dem Tag der Feststellung des Bundeswahlausschusses (§ 18 Abs. 4 des Europawahlgesetzes) oder der Annahme des Mandats.

(2) Die Entschädigung nach § 9 wird monatlich im voraus gezahlt. Ist nur ein Teil zu leisten, so wird für jeden Kalendertag ein Dreißigstel gezahlt.

---

* Gemäß Artikel 3 Absatz 2 des Fünfundzwanzigsten Gesetzes zur Änderung des Abgeordnetengesetzes und Einundzwanzigstes Gesetz zur Änderung des Europaabgeordnetengesetzes vom 21. Dezember 2004 (BGBl. I S. 3590) gilt bei der Anwendung des Europaabgeordnetengesetzes § 25b Abs. 5 des Abgeordnetengesetzes ab dem Tag der ersten Sitzung des 7. Europäischen Parlaments entsprechend. Der Tag der ersten Sitzung war der 14. Juli 2009.

(3) Ausgeschiedene Mitglieder erhalten die Entschädigung nach § 9 bis zum Ende des Monats, in dem sie ausgeschieden sind. Die Rechte nach § 10 erlöschen 14 Tage nach Ausscheiden aus dem Europäischen Parlament.

(4) Die Bestimmung des § 31 des Abgeordnetengesetzes findet sinngemäß Anwendung auf Leistungen nach diesem Gesetz.

Vierter Abschnitt
Anrechnung beim Zusammentreffen mehrerer Bezüge aus öffentlichen Kassen

§ 13 Anrechnung

(1) Die Entschädigung nach diesem Gesetz ruht, sofern das Abgeordnetengesetz des Bundes oder eines Landes keine anderweitige Regelung getroffen hat,

1. neben einer Abgeordnetenentschädigung, die nach dem Abgeordnetengesetz eines Landes gewährt wird, bis zur Höhe dieser Entschädigung,
2. neben einer Versorgung, die nach dem Abgeordnetengesetz des Bundes oder eines Landes gewährt wird, bis zur Höhe dieser Versorgung,
3. neben einer Versorgung als Abgeordneter, die nach den einschlägigen Gesetzen der übrigen Mitgliedstaaten der Europäischen Union gewährt wird, bis zur Höhe dieser Versorgung.

(2) § 29 Abs. 1, 2, 6, 7 und 9 des Abgeordnetengesetzes gilt entsprechend mit der Maßgabe, daß als Bezüge beziehungsweise Versorgungsbezüge aus einem Amtsverhältnis oder aus einer Verwendung im öffentlichen Dienst auch die Bezüge und Versorgungsbezüge eines anderen Mitgliedstaates der Europäischen Union gelten, die auf Grund eines vergleichbaren Amtsverhältnisses oder einer entsprechenden Verwendung im öffentlichen Dienst gewährt werden.

(3) Treffen Entschädigung, Übergangsgeld, Ruhegehalt und Versorgung für Hinterbliebene nach dem Abgeordnetenstatut des Europäischen Parlaments mit auf Bundesrecht beruhenden anderen Bezügen aus öffentlichen Kassen zusammen, so gelten die Anrechnungs- und Ruhensbestimmungen des Abgeordnetengesetzes (§ 29) sinngemäß. Dabei tritt an die Stelle des Ruhens oder der Kürzung der Bezüge nach dem Abgeordnetenstatut des Europäischen Parlaments ein Ruhen oder eine Kürzung der Bezüge aus anderen öffentlichen Kassen in jeweils entsprechender Höhe. Ferner ruhen Bezüge nach diesem Gesetz neben Bezügen nach dem Abgeordnetenstatut des Europäischen Parlaments in Höhe des Betrages, um den diese Bezüge die Höchstversorgungsbezüge nach dem Abgeordnetengesetz übersteigen.

56 Gesetz über die allgemeine Freizügigkeit von Unionsbürgern (Freizügigkeitsgesetz/EU – FreizügG/EU)

vom 30. Juli 2004 (BGBl. I S. 1950)[*], geändert durch Gesetze vom 21. Juni 2005 (BGBl. I S. 1818), vom 7. Dezember 2006 (BGBl. I S. 2814), vom 20. Juli 2007 (BGBl. I S. 1566), vom 19. August 2007 (BGBl. I S. 1970), vom 26. Februar 2008 (BGBl. I S. 215), vom 12. April 2011 (BGBl. I S. 610), vom 23. Juni 2011 (BGBl. I S. 1266), vom 22. November 2011 (BGBl. I S. 2258), vom 20. Dezember 2011 (BGBl. I S. 2854), vom 21. Januar 2013 (BGBl. I S. 86), vom 17. Juni 2013 (BGBl. I S. 1555), vom 2. Dezember 2014 (BGBl. I S. 1922), vom 27. Juli 2015 (BGBl. I S. 1386), vom 20. Oktober 2015 (BGBl. I S. 1722), vom 21. Dezember 2015 (BGBl. I S. 2557), vom 8. Juni 2017 (BGBl. I S. 1570), vom 20. Juli 2017 (BGBl. I S. 2780)

Inhaltsübersicht[**]

§ 1 Anwendungsbereich

Dieses Gesetz regelt die Einreise und den Aufenthalt von Staatsangehörigen anderer Mitgliedstaaten der Europäischen Union (Unionsbürger) und ihrer Familienangehörigen.

§ 2 Recht auf Einreise und Aufenthalt

(1) Freizügigkeitsberechtigte Unionsbürger und ihre Familienangehörigen haben das Recht auf Einreise und Aufenthalt nach Maßgabe dieses Gesetzes.

(2) Unionsrechtlich freizügigkeitsberechtigt sind:

1. Unionsbürger, die sich als Arbeitnehmer oder zur Berufsausbildung aufhalten wollen,

1a. Unionsbürger, die sich zur Arbeitsuche aufhalten, für bis zu sechs Monate und darüber hinaus nur, solange sie nachweisen können, dass sie weiterhin Arbeit suchen und begründete Aussicht haben, eingestellt zu werden,

2. Unionsbürger, wenn sie zur Ausübung einer selbständigen Erwerbstätigkeit berechtigt sind (niedergelassene selbständige Erwerbstätige),

3. Unionsbürger, die, ohne sich niederzulassen, als selbständige Erwerbstätige Dienstleistungen im Sinne des Artikels 57 des Vertrages über die Arbeits-

---

* Artikel 2 des Zuwanderungsgesetzes. Gemäß Artikel 15 Abs. 1 dieses Gesetzes ist § 11 Satz 1, soweit er auf §§ 69 und 99 des Aufenthaltsgesetzes verweist, am 6. August 2004 in Kraft getreten. Im Übrigen tritt das Freizügigkeitsgesetz/EU gemäß Artikel 15 Abs. 3 am 1. Januar 2005 in Kraft.

** Nicht amtlich.

weise der Europäischen Union erbringen wollen (Erbringer von Dienstleistungen), wenn sie zur Erbringung der Dienstleistung berechtigt sind,
4. Unionsbürger als Empfänger von Dienstleistungen,
5. nicht erwerbstätige Unionsbürger unter den Voraussetzungen des § 4,
6. Familienangehörige unter den Voraussetzungen der §§ 3 und 4,
7. Unionsbürger und ihre Familienangehörigen, die ein Daueraufenthaltsrecht erworben haben.

(3) Das Recht nach Absatz 1 bleibt für Arbeitnehmer und selbständig Erwerbstätige unberührt bei
1. vorübergehender Erwerbsminderung infolge Krankheit oder Unfall,
2. unfreiwilliger durch die zuständige Agentur für Arbeit bestätigter Arbeitslosigkeit oder Einstellung einer selbständigen Tätigkeit infolge von Umständen, auf die der Selbständige keinen Einfluss hatte, nach mehr als einem Jahr Tätigkeit,
3. Aufnahme einer Berufsausbildung, wenn zwischen der Ausbildung und der früheren Erwerbstätigkeit ein Zusammenhang besteht; der Zusammenhang ist nicht erforderlich, wenn der Unionsbürger seinen Arbeitsplatz unfreiwillig verloren hat.

Bei unfreiwilliger durch die zuständige Agentur für Arbeit bestätigter Arbeitslosigkeit nach weniger als einem Jahr Beschäftigung bleibt das Recht aus Absatz 1 während der Dauer von sechs Monaten unberührt.

(4) Unionsbürger bedürfen für die Einreise keines Visums und für den Aufenthalt keines Aufenthaltstitels. Familienangehörige, die nicht Unionsbürger sind, bedürfen für die Einreise eines Visums nach den Bestimmungen für Ausländer, für die das Aufenthaltsgesetz gilt. Der Besitz einer gültigen Aufenthaltskarte, auch der eines anderen Mitgliedstaates der Europäischen Union, entbindet nach Artikel 5 Abs. 2 der Richtlinie 2004/38/EG des Europäischen Parlaments und des Rates vom 29. April 2004 über das Recht der Unionsbürger und ihrer Familienangehörigen, sich im Hoheitsgebiet der Mitgliedstaaten frei zu bewegen und aufzuhalten und zur Änderung der Verordnung (EWG) Nr. 1612/68 und zur Aufhebung der Richtlinien 64/221/EWG, 68/360/EWG, 73/148/EWG, 75/34/EWG, 75/35/EWG, 90/364/EWG, 90/365/EWG und 93/96/EWG (ABl. EU Nr. L 229 S. 35)* von der Visumpflicht.

(5) Für einen Aufenthalt von Unionsbürgern von bis zu drei Monaten ist der Besitz eines gültigen Personalausweises oder Reisepasses ausreichend. Familienangehörige, die nicht Unionsbürger sind, haben das gleiche Recht, wenn sie im Besitz eines anerkannten oder sonst zugelassenen Passes oder Passersatzes sind und sie den Unionsbürger begleiten oder ihm nachziehen.

(6) Für die Ausstellung des Visums werden keine Gebühren erhoben.

(7) Das Nichtbestehen des Rechts nach Absatz 1 kann festgestellt werden, wenn feststeht, dass die betreffende Person das Vorliegen einer Voraussetzung für dieses Recht durch die Verwendung von gefälschten oder verfälschten Dokumenten oder durch Vorspiegelung falscher Tatsachen vorgetäuscht hat. Das Nichtbestehen des Rechts nach Absatz 1 kann bei einem Familienangehörigen, der nicht Unionsbürger ist, außerdem festgestellt werden, wenn feststeht, dass er dem Unionsbürger nicht zur Herstellung oder Wahrung der familiären Lebensgemeinschaft nachzieht oder ihn nicht zu diesem Zweck begleitet. Einem Familienange-

---

* Abgedruckt unter Nr. 421.

hörigen, der nicht Unionsbürger ist, kann in diesen Fällen die Erteilung der Aufenthaltskarte oder des Visums versagt werden oder seine Aufenthaltskarte kann eingezogen werden. Entscheidungen nach den Sätzen 1 bis 3 bedürfen der Schriftform.

§ 3 Familienangehörige

(1) Familienangehörige der in § 2 Abs. 2 Nr. 1 bis 5 genannten Unionsbürger haben das Recht nach § 2 Abs. 1, wenn sie den Unionsbürger begleiten oder ihm nachziehen. Für Familienangehörige der in § 2 Abs. 2 Nr. 5 genannten Unionsbürger gilt dies nach Maßgabe des § 4.

(2) Familienangehörige sind

1. der Ehegatte, der Lebenspartner und die Verwandten in gerader absteigender Linie der in § 2 Abs. 2 Nr. 1 bis 5 und 7 genannten Personen oder ihrer Ehegatten oder Lebenspartner, die noch nicht 21 Jahre alt sind,
2. die Verwandten in gerader aufsteigender und in gerader absteigender Linie der in § 2 Abs. 2 Nr. 1 bis 5 und 7 genannten Personen oder ihrer Ehegatten oder Lebenspartner, denen diese Personen oder ihre Ehegatten oder Lebenspartner Unterhalt gewähren.

(3) Familienangehörige, die nicht Unionsbürger sind, behalten beim Tod des Unionsbürgers ein Aufenthaltsrecht, wenn sie die Voraussetzungen des § 2 Abs. 2 Nr. 1 bis 3 oder Nr. 5 erfüllen und sich vor dem Tod des Unionsbürgers mindestens ein Jahr als seine Familienangehörigen im Bundesgebiet aufgehalten haben. § 3 Abs. 1 und 2 sowie die §§ 6 und 7 sind für Personen nach Satz 1 nicht anzuwenden; insoweit ist das Aufenthaltsgesetz anzuwenden.

(4) Die Kinder eines freizügigkeitsberechtigten Unionsbürgers und der Elternteil, der die elterliche Sorge für die Kinder tatsächlich ausübt, behalten auch nach dem Tod oder Wegzug des Unionsbürgers, von dem sie ihr Aufenthaltsrecht ableiten, bis zum Abschluss einer Ausbildung ihr Aufenthaltsrecht, wenn sich die Kinder im Bundesgebiet aufhalten und eine Ausbildungseinrichtung besuchen.

(5) Ehegatten oder Lebenspartner, die nicht Unionsbürger sind, behalten bei Scheidung oder Aufhebung der Ehe oder Aufhebung der Lebenspartnerschaft ein Aufenthaltsrecht, wenn sie die für Unionsbürger geltenden Voraussetzungen des § 2 Abs. 2 Nr. 1 bis 3 oder Nr. 5 erfüllen und wenn

1. die Ehe oder die Lebenspartnerschaft bis zur Einleitung des gerichtlichen Scheidungs- oder Aufhebungsverfahrens mindestens drei Jahre bestanden hat, davon mindestens ein Jahr im Bundesgebiet,
2. ihnen durch Vereinbarung der Ehegatten oder der Lebenspartner oder durch gerichtliche Entscheidung die elterliche Sorge für die Kinder des Unionsbürgers übertragen wurde,
3. es zur Vermeidung einer besonderen Härte erforderlich ist, insbesondere weil dem Ehegatten oder dem Lebenspartner wegen der Beeinträchtigung seiner schutzwürdigen Belange ein Festhalten an der Ehe oder der Lebenspartnerschaft nicht zugemutet werden konnte, oder
4. ihnen durch Vereinbarung der Ehegatten oder der Lebenspartner oder durch gerichtliche Entscheidung das Recht zum persönlichen Umgang mit dem minderjährigen Kind nur im Bundesgebiet eingeräumt wurde.

§ 3 Abs. 1 und 2 sowie die §§ 6 und 7 sind für Personen nach Satz 1 nicht anzuwenden; insoweit ist das Aufenthaltsgesetz anzuwenden.

(6) *weggefallen*

§ 4 Nicht erwerbstätige Freizügigkeitsberechtigte

Nicht erwerbstätige Unionsbürger und ihre Familienangehörigen, die den Unionsbürger begleiten oder ihm nachziehen, haben das Recht nach § 2 Abs. 1, wenn sie über ausreichenden Krankenversicherungsschutz und ausreichende Existenzmittel verfügen. Hält sich der Unionsbürger als Student im Bundesgebiet auf, haben dieses Recht nur sein Ehegatte, Lebenspartner und seine Kinder, denen Unterhalt gewährt wird.

§ 4a Daueraufenthaltsrecht

(1) Unionsbürger, die sich seit fünf Jahren ständig rechtmäßig im Bundesgebiet aufgehalten haben, haben unabhängig vom weiteren Vorliegen der Voraussetzungen des § 2 Abs. 2 das Recht auf Einreise und Aufenthalt (Daueraufenthaltsrecht). Ihre Familienangehörigen, die nicht Unionsbürger sind, haben dieses Recht, wenn sie sich seit fünf Jahren mit dem Unionsbürger ständig rechtmäßig im Bundesgebiet aufgehalten haben. § 3 Absatz 1 und 2 ist für Personen nach Satz 2 nicht anzuwenden; insoweit sind die Vorschriften des Aufenthaltsgesetzes zum Familiennachzug zu Inhabern einer Erlaubnis zum Daueraufenthalt - EU entsprechend anzuwenden.

(2) Abweichend von Absatz 1 haben Unionsbürger nach § 2 Abs. 2 Nr. 1 bis 3 vor Ablauf von fünf Jahren das Daueraufenthaltsrecht, wenn sie

1. sich mindestens drei Jahre ständig im Bundesgebiet aufgehalten und mindestens während der letzten zwölf Monate im Bundesgebiet eine Erwerbstätigkeit ausgeübt haben und
   a) zum Zeitpunkt des Ausscheidens aus dem Erwerbsleben das 65. Lebensjahr erreicht haben oder
   b) ihre Beschäftigung im Rahmen einer Vorruhestandsregelung beenden oder
2. ihre Erwerbstätigkeit infolge einer vollen Erwerbsminderung aufgeben,
   a) die durch einen Arbeitsunfall oder eine Berufskrankheit eingetreten ist und einen Anspruch auf eine Rente gegenüber einem Leistungsträger im Bundesgebiet begründet oder
   b) nachdem sie sich zuvor mindestens zwei Jahre ständig im Bundesgebiet aufgehalten haben oder
3. drei Jahre ständig im Bundesgebiet erwerbstätig waren und anschließend in einem anderen Mitgliedstaat der Europäischen Union erwerbstätig sind, ihren Wohnsitz im Bundesgebiet beibehalten und mindestens einmal in der Woche dorthin zurückkehren; für den Erwerb des Rechts nach den Nummern 1 und 2 gelten die Zeiten der Erwerbstätigkeit in einem anderen Mitgliedstaat der Europäischen Union als Zeiten der Erwerbstätigkeit im Bundesgebiet.

Soweit der Ehegatte oder der Lebenspartner des Unionsbürgers Deutscher nach Artikel 116 des Grundgesetzes ist oder diese Rechtsstellung durch Eheschließung mit dem Unionsbürger bis zum 31. März 1953 verloren hat, entfallen in Satz 1 Nr. 1 und 2 die Voraussetzungen der Aufenthaltsdauer und der Dauer der Erwerbstätigkeit.

(3) Familienangehörige eines verstorbenen Unionsbürgers nach § 2 Abs. 2 Nr. 1 bis 3, die im Zeitpunkt seines Todes bei ihm ihren ständigen Aufenthalt hatten, haben das Daueraufenthaltsrecht, wenn

1. der Unionsbürger sich im Zeitpunkt seines Todes seit mindestens zwei Jahren im Bundesgebiet ständig aufgehalten hat,

2. der Unionsbürger infolge eines Arbeitsunfalls oder einer Berufskrankheit gestorben ist oder
3. der überlebende Ehegatte oder Lebenspartner des Unionsbürgers Deutscher nach Artikel 116 des Grundgesetzes ist oder diese Rechtsstellung durch Eheschließung mit dem Unionsbürger vor dem 31. März 1953 verloren hat.

(4) Die Familienangehörigen eines Unionsbürgers, der das Daueraufenthaltsrecht nach Absatz 2 erworben hat, haben ebenfalls das Daueraufenthaltsrecht, wenn sie bei dem Unionsbürger ihren ständigen Aufenthalt haben.

(5) Familienangehörige nach § 3 Abs. 3 bis 5 erwerben das Daueraufenthaltsrecht, wenn sie sich fünf Jahre ständig rechtmäßig im Bundesgebiet aufhalten.

(6) Der ständige Aufenthalt wird nicht berührt durch

1. Abwesenheiten bis zu insgesamt sechs Monaten im Jahr oder
2. Abwesenheit zur Ableistung des Wehrdienstes oder eines Ersatzdienstes sowie
3. eine einmalige Abwesenheit von bis zu zwölf aufeinander folgenden Monaten aus wichtigem Grund, insbesondere auf Grund einer Schwangerschaft und Entbindung, schweren Krankheit, eines Studiums, einer Berufsausbildung oder einer beruflichen Entsendung.

(7) Eine Abwesenheit aus einem seiner Natur nach nicht nur vorübergehenden Grund von mehr als zwei aufeinander folgenden Jahren führt zum Verlust des Daueraufenthaltsrechts.

§ 5 Aufenthaltskarten, Bescheinigung über das Daueraufenthaltsrecht

(1) Freizügigkeitsberechtigten Familienangehörigen, die nicht Unionsbürger sind, wird von Amts wegen innerhalb von sechs Monaten, nachdem sie die erforderlichen Angaben gemacht haben, eine Aufenthaltskarte für Familienangehörige von Unionsbürgern ausgestellt, die fünf Jahre gültig sein soll. Eine Bescheinigung darüber, dass die erforderlichen Angaben gemacht worden sind, erhält der Familienangehörige unverzüglich.

(2) Die zuständige Ausländerbehörde kann verlangen, dass die Voraussetzungen des Rechts nach § 2 Abs. 1 drei Monate nach der Einreise glaubhaft gemacht werden. Für die Glaubhaftmachung erforderliche Angaben und Nachweise können von der zuständigen Meldebehörde bei der meldebehördlichen Anmeldung entgegengenommen werden. Diese leitet die Angaben und Nachweise an die zuständige Ausländerbehörde weiter. Eine darüber hinausgehende Verarbeitung oder Nutzung durch die Meldebehörde erfolgt nicht.

(3) Das Vorliegen oder der Fortbestand der Voraussetzungen des Rechts nach § 2 Absatz 1 kann aus besonderem Anlass überprüft werden.

(4) Sind die Voraussetzungen des Rechts nach § 2 Abs. 1 innerhalb von fünf Jahren nach Begründung des ständigen rechtmäßigen Aufenthalts im Bundesgebiet entfallen oder liegen diese nicht vor, kann der Verlust des Rechts nach § 2 Abs. 1 festgestellt und bei Familienangehörigen, die nicht Unionsbürger sind, die Aufenthaltskarte eingezogen werden. § 4a Abs. 6 gilt entsprechend.

(5) Auf Antrag wird Unionsbürgern unverzüglich ihr Daueraufenthaltsrecht bescheinigt. Ihren daueraufenthaltsberechtigten Familienangehörigen, die nicht Unionsbürger sind, wird innerhalb von sechs Monaten nach Antragstellung eine Daueraufenthaltskarte ausgestellt.

(6) Für den Verlust des Daueraufenthaltsrechts nach § 4a Abs. 7 gilt Absatz 4 Satz 1 entsprechend.

§ 5a Vorlage von Dokumenten

(1) Die zuständige Behörde darf in den Fällen des § 5 Absatz 2 von einem Unionsbürger den gültigen Personalausweis oder Reisepass und im Fall des

1. § 2 Abs. 2 Nr. 1 eine Einstellungsbestätigung oder eine Beschäftigungsbescheinigung des Arbeitgebers,
2. § 2 Abs. 2 Nr. 2 einen Nachweis über seine selbständige Tätigkeit,
3. § 2 Abs. 2 Nr. 5 einen Nachweis über ausreichenden Krankenversicherungsschutz und ausreichende Existenzmittel

verlangen. Ein nicht erwerbstätiger Unionsbürger im Sinne des § 2 Abs. 2 Nr. 5, der eine Bescheinigung vorlegt, dass er im Bundesgebiet eine Hochschule oder andere Ausbildungseinrichtung besucht, muss die Voraussetzungen nach Satz 1 Nr. 3 nur glaubhaft machen.

(2) Die zuständige Behörde darf von Familienangehörigen in den Fällen des § 5 Absatz 2 oder für die Ausstellung der Aufenthaltskarte einen anerkannten oder sonst zugelassenen gültigen Pass oder Passersatz und zusätzlich Folgendes verlangen:

1. einen Nachweis über das Bestehen der familiären Beziehung, bei Verwandten in absteigender und aufsteigender Linie einen urkundlichen Nachweis über Voraussetzungen des § 3 Abs. 2,
2. eine Meldebestätigung des Unionsbürgers, den die Familienangehörigen begleiten oder dem sie nachziehen.

§ 6 Verlust des Rechts auf Einreise und Aufenthalt

(1) Der Verlust des Rechts nach § 2 Abs. 1 kann unbeschadet des § 2 Absatz 7 und des § 5 Absatz 4 nur aus Gründen der öffentlichen Ordnung, Sicherheit oder Gesundheit (Artikel 45 Absatz 3, Artikel 52 Absatz 1 des Vertrages über die Arbeitsweise der Europäischen Union) festgestellt und die Bescheinigung über das Daueraufenthaltsrecht oder die Aufenthaltskarte oder Daueraufenthaltskarte eingezogen werden. Aus den in Satz 1 genannten Gründen kann auch die Einreise verweigert werden. Die Feststellung aus Gründen der öffentlichen Gesundheit kann nur erfolgen, wenn es sich um Krankheiten mit epidemischem Potenzial im Sinne der einschlägigen Rechtsinstrumente der Weltgesundheitsorganisation und sonstige übertragbare, durch Infektionserreger oder Parasiten verursachte Krankheiten handelt, sofern gegen diese Krankheiten Maßnahmen im Bundesgebiet getroffen werden, und wenn die Krankheit innerhalb der ersten drei Monate nach Einreise auftritt.

(2) Die Tatsache einer strafrechtlichen Verurteilung genügt für sich allein nicht, um die in Absatz 1 genannten Entscheidungen oder Maßnahmen zu begründen. Es dürfen nur im Bundeszentralregister noch nicht getilgte strafrechtliche Verurteilungen und diese nur insoweit berücksichtigt werden, als die ihnen zu Grunde liegenden Umstände ein persönliches Verhalten erkennen lassen, das eine gegenwärtige Gefährdung der öffentlichen Ordnung darstellt. Es muss eine tatsächliche und hinreichend schwere Gefährdung vorliegen, die ein Grundinteresse der Gesellschaft berührt.

(3) Bei der Entscheidung nach Absatz 1 sind insbesondere die Dauer des Aufenthalts des Betroffenen in Deutschland, sein Alter, sein Gesundheitszustand, seine familiäre und wirtschaftliche Lage, seine soziale und kulturelle Integration in Deutschland und das Ausmaß seiner Bindungen zum Herkunftsstaat zu berücksichtigen.

(4) Eine Feststellung nach Absatz 1 darf nach Erwerb des Daueraufenthaltsrechts nur aus schwerwiegenden Gründen getroffen werden.

(5) Eine Feststellung nach Absatz 1 darf bei Unionsbürgern und ihren Familienangehörigen, die ihren Aufenthalt in den letzten zehn Jahren im Bundesgebiet hatten, und bei Minderjährigen nur aus zwingenden Gründen der öffentlichen Sicherheit getroffen werden. Für Minderjährige gilt dies nicht, wenn der Verlust des Aufenthaltsrechts zum Wohl des Kindes notwendig ist. Zwingende Gründe der öffentlichen Sicherheit können nur dann vorliegen, wenn der Betroffene wegen einer oder mehrerer vorsätzlicher Straftaten rechtskräftig zu einer Freiheits- oder Jugendstrafe von mindestens fünf Jahren verurteilt oder bei der letzten rechtskräftigen Verurteilung Sicherungsverwahrung angeordnet wurde, wenn die Sicherheit der Bundesrepublik Deutschland betroffen ist oder wenn vom Betroffenen eine terroristische Gefahr ausgeht.

(6) Die Entscheidungen oder Maßnahmen, die den Verlust des Aufenthaltsrechts oder des Daueraufenthaltsrechts betreffen, dürfen nicht zu wirtschaftlichen Zwecken getroffen werden.

(7) Wird der Pass, Personalausweis oder sonstige Passersatz ungültig, so kann dies die Aufenthaltsbeendigung nicht begründen.

(8) Vor der Feststellung nach Absatz 1 soll der Betroffene angehört werden. Die Feststellung bedarf der Schriftform.

§ 7 Ausreisepflicht

(1) Unionsbürger oder ihre Familienangehörigen sind ausreisepflichtig, wenn die Ausländerbehörde festgestellt hat, dass das Recht auf Einreise und Aufenthalt nicht besteht. In dem Bescheid soll die Abschiebung angedroht und eine Ausreisefrist gesetzt werden. Außer in dringenden Fällen muss die Frist mindestens einen Monat betragen. Wird ein Antrag nach § 80 Abs. 5 der Verwaltungsgerichtsordnung gestellt, darf die Abschiebung nicht erfolgen, bevor über den Antrag entschieden wurde.

(2) Unionsbürger und ihre Familienangehörigen, die ihr Freizügigkeitsrecht nach § 6 Abs. 1 verloren haben, dürfen nicht erneut in das Bundesgebiet einreisen und sich darin aufhalten. Unionsbürgern und ihren Familienangehörigen, bei denen das Nichtbestehen des Freizügigkeitsrechts nach § 2 Absatz 7 festgestellt worden ist, kann untersagt werden, erneut in das Bundesgebiet einzureisen und sich darin aufzuhalten. Dies soll untersagt werden, wenn ein besonders schwerer Fall, insbesondere ein wiederholtes Vortäuschen des Vorliegens der Voraussetzungen des Rechts auf Einreise und Aufenthalt, vorliegt oder wenn ihr Aufenthalt die öffentliche Ordnung und Sicherheit der Bundesrepublik Deutschland in erheblicher Weise beeinträchtigt. Bei einer Entscheidung nach den Sätzen 2 und 3 findet § 6 Absatz 3, 6 und 8 entsprechend Anwendung. Das Verbot nach den Sätzen 1 bis 3 wird von Amts wegen befristet. Die Frist ist unter Berücksichtigung der Umstände des Einzelfalles festzusetzen und darf fünf Jahre nur in den Fällen des § 6 Absatz 1 überschreiten. Die Frist beginnt mit der Ausreise. Ein nach angemessener Frist oder nach drei Jahren gestellter Antrag auf Aufhebung oder auf Verkürzung der festgesetzten Frist ist innerhalb von sechs Monaten zu bescheiden.

§ 8 Ausweispflicht

(1) Unionsbürger und ihre Familienangehörigen sind verpflichtet,

1. bei der Einreise in das oder der Ausreise aus dem Bundesgebiet einen Pass oder anerkannten Passersatz

a) mit sich zu führen und

b) einem zuständigen Beamten auf Verlangen zur Prüfung vorzulegen,

2. für die Dauer des Aufenthalts im Bundesgebiet den erforderlichen Pass oder Passersatz zu besitzen,
3. den Pass oder Passersatz sowie die Aufenthaltskarte, die Bescheinigung des Daueraufenthalts und die Daueraufenthaltskarte den mit der Ausführung dieses Gesetzes betrauten Behörden auf Verlangen vorzulegen, auszuhändigen und vorübergehend zu überlassen, soweit dies zur Durchführung oder Sicherung von Maßnahmen nach diesem Gesetz erforderlich ist.

(1a) Unionsbürger und ihre Familienangehörigen sind verpflichtet, die in Absatz 1 Nummer 3 genannten Dokumente auf Verlangen einer zur Überprüfung der Identität befugten Behörde vorzulegen und es ihr zu ermöglichen, das Gesicht mit dem Lichtbild im Dokument abzugleichen.

(2) Die mit dem Vollzug dieses Gesetzes betrauten Behörden dürfen unter den Voraussetzungen des Absatzes 1 Nr. 3 die auf dem elektronischen Speicher- und Verarbeitungsmedium eines Dokumentes nach Absatz 1 gespeicherten biometrischen und sonstigen Daten auslesen, die benötigten biometrischen Daten beim Inhaber des Dokumentes erheben und die biometrischen Daten miteinander vergleichen. Biometrische Daten nach Satz 1 sind nur die Fingerabdrücke, das Lichtbild und die Irisbilder. Die Polizeivollzugsbehörden, die Zollverwaltung und die Meldebehörden sind befugt, Maßnahmen nach Satz 1 zu treffen, soweit sie die Echtheit des Dokumentes oder die Identität des Inhabers überprüfen dürfen. Die nach den Sätzen 1 und 3 erhobenen Daten sind unverzüglich nach Beendigung der Prüfung der Echtheit des Dokumentes oder der Identität des Inhabers zu löschen.

§ 9 Strafvorschriften

(1) Mit Freiheitsstrafe bis zu drei Jahren oder mit Geldstrafe wird bestraft, wer unrichtige oder unvollständige Angaben macht oder benutzt, um für sich oder einen anderen eine Aufenthaltskarte, eine Daueraufenthaltskarte oder eine Bescheinigung über das Daueraufenthaltsrecht zu beschaffen oder eine so beschaffte Urkunde wissentlich zur Täuschung im Rechtsverkehr gebraucht.

(2) Mit Freiheitsstrafe bis zu einem Jahr oder mit Geldstrafe wird bestraft, wer entgegen § 7 Abs. 2 Satz 1 in das Bundesgebiet einreist oder sich darin aufhält.

(3) Gegenstände, auf die sich eine Straftat nach Absatz 1 bezieht, können eingezogen werden.

§ 10 Bußgeldvorschriften

(1) Ordnungswidrig handelt, wer

1. entgegen § 8 Absatz 1 Nummer 1 Buchstabe b oder Nummer 3 ein dort genanntes Dokument nicht oder nicht rechtzeitig vorlegt oder
2. entgegen § 8 Absatz 1a ein dort genanntes Dokument nicht oder nicht rechtzeitig vorlegt oder einen Abgleich mit dem Lichtbild nicht oder nicht rechtzeitig ermöglicht.

(2) Ordnungswidrig handelt, wer vorsätzlich oder leichtfertig entgegen § 8 Abs. 1 Nr. 2 einen Pass oder Passersatz nicht besitzt.

(3) Ordnungswidrig handelt, wer vorsätzlich oder fahrlässig entgegen § 8 Abs. 1 Nr. 1 Buchstabe a einen Pass oder Passersatz nicht mit sich führt.

(4) Die Ordnungswidrigkeit kann in den Fällen der Absätze 1 und 3 mit einer Geldbuße bis zu dreitausend Euro, in den übrigen Fällen mit einer Geldbuße bis zu tausend Euro geahndet werden.

(5) Verwaltungsbehörde im Sinne des § 36 Abs. 1 Nr. 1 des Gesetzes über Ordnungswidrigkeiten ist in den Fällen der Absätze 1 und 3 die in der Rechtsverordnung nach § 58 Abs. 1 des Bundespolizeigesetzes bestimmte Bundespolizeibehörde.

§ 11 Anwendung des Aufenthaltsgesetzes

(1) Auf Unionsbürger und ihre Familienangehörigen, die nach § 2 Abs. 1 das Recht auf Einreise und Aufenthalt haben, finden § 3 Abs. 2, § 11 Absatz 8, die §§ 13, 14 Abs. 2, die §§ 36, 44 Abs. 4, die §§ 45a, 46 Absatz 2, § 50 Absatz 3 bis 6, § 59 Absatz 1 Satz 6 und 7, §§ 69, 73, 74 Abs. 2, § 77 Abs. 1, die §§ 80, 82 Abs. 5, die §§ 85 bis 88, 90, 91, 95 Abs. 1 Nr. 4 und 8, Abs. 2 Nr. 2, Abs. 4, die §§ 96, 97, 98 Abs. 2 Nr. 2, Abs. 2a, 3 Nr. 3, Abs. 4 und 5 sowie § 99 des Aufenthaltsgesetzes entsprechende Anwendung. § 73 des Aufenthaltsgesetzes ist zur Feststellung von Gründen gemäß § 6 Abs. 1 anzuwenden. § 78 des Aufenthaltsgesetzes ist für die Ausstellung von Aufenthaltskarten nach § 5 Absatz 1 Satz 1 und Daueraufenthaltskarten nach § 5 Absatz 5 Satz 2 entsprechend anzuwenden. Aufenthaltskarten nach § 5 Absatz 1 Satz 1 tragen die Bezeichnung „Aufenthaltskarte (Familienangehöriger EU)“ und Daueraufenthaltskarten nach § 5 Absatz 5 Satz 2 die Bezeichnung „Daueraufenthaltskarte (Familienangehöriger EU)“. Für Aufenthaltskarten nach § 5 Absatz 1 Satz 1 und Daueraufenthaltskarten nach § 5 Absatz 5 Satz 2 wird in der Zone für das automatische Lesen anstelle der Abkürzungen nach § 78 Absatz 2 Satz 2 Nummer 1 des Aufenthaltsgesetzes die Abkürzung „AF“ verwandt. Unter den Voraussetzungen des § 78a Absatz 1 Satz 1 des Aufenthaltsgesetzes können Aufenthaltskarten nach § 5 Absatz 1 Satz 1 und Daueraufenthaltskarten nach § 5 Absatz 5 Satz 2 auf einem einheitlichen Vordruck ausgestellt werden. Für Aufenthaltskarten nach § 5 Absatz 1 Satz 1 und Daueraufenthaltskarten nach § 5 Absatz 5 Satz 2 gilt § 105b des Aufenthaltsgesetzes entsprechend. Die Verpflichtungen aus § 82 Abs. 5 Satz 1 Nr. 1 des Aufenthaltsgesetzes gelten entsprechend für Unionsbürger, deren Lichtbilder zur Führung der Ausländerdateien benötigt werden. Die Mitteilungspflichten nach § 87 Absatz 2 Satz 1 Nummer 1 bis 3 des Aufenthaltsgesetzes bestehen insoweit, als die dort genannten Umstände auch für die Feststellung nach § 2 Absatz 7, § 5 Absatz 4 und § 6 Abs. 1 entscheidungserheblich sein können. § 88a Absatz 1 Satz 1, 3 und 4 des Aufenthaltsgesetzes findet entsprechende Anwendung, soweit die Übermittlung von teilnehmerbezogenen Daten im Rahmen der Durchführung von Integrationskursen nach § 44 Absatz 4 des Aufenthaltsgesetzes, zur Überwachung einer Eingliederungsvereinbarung nach dem Zweiten Buch Sozialgesetzbuch oder zur Durchführung des Einbürgerungsverfahrens erforderlich ist. Das Aufenthaltsgesetz findet auch dann Anwendung, wenn es eine günstigere Rechtsstellung vermittelt als dieses Gesetz.

(2) Hat die Ausländerbehörde das Nichtbestehen oder den Verlust des Rechts nach § 2 Abs. 1 festgestellt, findet das Aufenthaltsgesetz Anwendung, sofern dieses Gesetz keine besonderen Regelungen trifft.

(3) Zeiten des rechtmäßigen Aufenthalts nach diesem Gesetz unter fünf Jahren entsprechen den Zeiten des Besitzes einer Aufenthaltserlaubnis, Zeiten über fünf Jahren dem Besitz einer Niederlassungserlaubnis.

§ 11a Verordnungsermächtigung

Das Bundesministerium des Innern wird ermächtigt, durch Rechtsverordnung mit Zustimmung des Bundesrates die Einzelheiten der Ausstellung von Aufenthaltskarten nach § 5 Absatz 2 Satz 1 und Daueraufenthaltskarten nach § 5 Absatz 6 Satz 2 entsprechend § 99 Absatz 1 Nummer 13a Satz 1 des Aufenthaltsgesetzes sowie Einzelheiten des Prüfverfahrens entsprechend § 34 Nummer 4 des Personalausweisgesetzes und Einzelheiten zum elektronischen Identitätsnachweis entsprechend § 34 Nummer 5 bis 7 des Personalausweisgesetzes festzulegen.

§ 12 Staatsangehörige der EWR-Staaten

Dieses Gesetz gilt auch für Staatsangehörige der EWR-Staaten und ihre Familienangehörigen im Sinne dieses Gesetzes.

§ 13 Staatsangehörige der Beitrittsstaaten

Soweit nach Maßgabe des Beitrittsvertrages eines Mitgliedstaates zur Europäischen Union abweichende Regelungen anzuwenden sind, findet dieses Gesetz Anwendung, wenn die Beschäftigung durch die Bundesagentur für Arbeit nach § 284 Absatz 1 des Dritten Buches Sozialgesetzbuch genehmigt wurde.

§ 14 Bestimmungen zum Verwaltungsverfahren

Von den in § 11 Abs. 1 in Verbindung mit § 87 Absatz 1, 2 Satz 1 und 2, Abs. 4 Satz 1, 2 und 4, §§ 90, 91 Abs. 1 und 2, § 99 Abs. 1 und 2 des Aufenthaltsgesetzes getroffenen Regelungen des Verwaltungsverfahrens kann durch Landesrecht nicht abgewichen werden.

§ 15 Übergangsregelung

Eine vor dem 28. August 2007 ausgestellte Aufenthaltserlaubnis-EU gilt als Aufenthaltskarte für Familienangehörige eines Unionsbürgers fort.

57 Gesetz über die Wahrnehmung der Integrationsverantwortung des Bundestages und des Bundesrates in Angelegenheiten der Europäischen Union (Integrationsverantwortungsgesetz – IntVG)

vom 22. September 2009 (BGBl. I S. 3022)*, geändert durch Gesetz vom 1. Dezember 2009 (BGBl. I S. 3822)

Inhaltsübersicht**

§ 1 Integrationsverantwortung

(1) Der Bundestag und der Bundesrat nehmen in Angelegenheiten der Europäischen Union ihre Integrationsverantwortung insbesondere nach Maßgabe der folgenden Bestimmungen wahr.

(2) Der Bundestag und der Bundesrat sollen über Vorlagen nach diesem Gesetz in angemessener Frist beraten und Beschluss fassen und dabei die für die Beschlussfassung auf der Ebene der Europäischen Union maßgeblichen Fristvorgaben berücksichtigen.

§ 2 Vereinfachtes Vertragsänderungsverfahren

Eine Zustimmung der Bundesrepublik Deutschland zu einem Beschluss des Europäischen Rates gemäß Artikel 48 Absatz 6 Unterabsatz 2 und 3 des Vertrags über die Europäische Union erfolgt durch ein Gesetz gemäß Artikel 23 Absatz 1 des Grundgesetzes.

§ 3 Besondere Vertragsänderungsverfahren

(1) Eine Zustimmung der Bundesrepublik Deutschland zu einem Beschluss des Rates gemäß Artikel 218 Absatz 8 Unterabsatz 2 Satz 2 oder gemäß Artikel 311 Absatz 3 des Vertrags über die Arbeitsweise der Europäischen Union erfolgt durch ein Gesetz gemäß Artikel 23 Absatz 1 des Grundgesetzes.

(2) Absatz 1 gilt auch für Bestimmungen, die der Rat gemäß Artikel 25 Absatz 2, Artikel 223 Absatz 1 Unterabsatz 2 oder Artikel 262 des Vertrags über die Arbeitsweise der Europäischen Union erlässt.

---

* Artikel 1 des Gesetzes über die Ausweitung und Stärkung der Rechte des Bundestages und des Bundesrates in Angelegenheiten der Europäischen Union. Gemäß Artikel 4 dieses Gesetzes ist das IntVG am 25. September 2009 in Kraft getreten.

** Nicht amtlich.

(3) Der deutsche Vertreter im Europäischen Rat darf einem Beschlussvorschlag gemäß Artikel 42 Absatz 2 Unterabsatz 1 Satz 2 des Vertrags über die Europäische Union nur zustimmen oder sich bei einer Beschlussfassung enthalten, nachdem der Bundestag hierzu einen Beschluss gefasst hat. Einen entsprechenden Antrag im Bundestag kann auch die Bundesregierung stellen. Ohne einen solchen Beschluss des Bundestages muss der deutsche Vertreter im Europäischen Rat den Beschlussvorschlag ablehnen. Nachdem ein Beschluss des Europäischen Rates gemäß Artikel 42 Absatz 2 Unterabsatz 1 Satz 2 des Vertrags über die Europäische Union gefasst worden ist, erfolgt eine Zustimmung der Bundesrepublik Deutschland durch ein Gesetz gemäß Artikel 23 Absatz 1 des Grundgesetzes.

§ 4 Brückenklauseln

(1) Der deutsche Vertreter im Europäischen Rat darf einem Beschlussvorschlag gemäß Artikel 48 Absatz 7 Unterabsatz 1 Satz 1 oder Unterabsatz 2 des Vertrags über die Europäische Union nur zustimmen oder sich bei einer Beschlussfassung enthalten, nachdem hierzu ein Gesetz gemäß Artikel 23 Absatz 1 des Grundgesetzes in Kraft getreten ist. Ohne ein solches Gesetz muss der deutsche Vertreter im Europäischen Rat den Beschlussvorschlag ablehnen.

(2) Der deutsche Vertreter im Rat darf einem Beschlussvorschlag gemäß Artikel 81 Absatz 3 Unterabsatz 2 des Vertrags über die Arbeitsweise der Europäischen Union nur zustimmen oder sich bei einer Beschlussfassung enthalten, nachdem hierzu ein Gesetz gemäß Artikel 23 Absatz 1 des Grundgesetzes in Kraft getreten ist. Ohne ein solches Gesetz muss der deutsche Vertreter im Rat den Beschlussvorschlag ablehnen.

§ 5 Zustimmung im Europäischen Rat bei besonderen Brückenklauseln

(1) Der deutsche Vertreter im Europäischen Rat darf einem Beschlussvorschlag gemäß Artikel 31 Absatz 3 des Vertrags über die Europäische Union oder gemäß Artikel 312 Absatz 2 Unterabsatz 2 des Vertrags über die Arbeitsweise der Europäischen Union nur zustimmen oder sich bei einer Beschlussfassung enthalten, nachdem der Bundestag hierzu einen Beschluss gefasst hat. Einen entsprechenden Antrag im Bundestag kann auch die Bundesregierung stellen. Ohne einen solchen Beschluss des Bundestages muss der deutsche Vertreter im Europäischen Rat den Beschlussvorschlag ablehnen.

(2) Zusätzlich zu dem Beschluss des Bundestages muss der Bundesrat einen entsprechenden Beschluss gefasst haben, wenn Gebiete betroffen sind,

1. für welche eine Gesetzgebungszuständigkeit des Bundes nicht besteht,
2. für welche die Länder gemäß Artikel 72 Absatz 2 des Grundgesetzes das Recht zur Gesetzgebung haben,
3. für welche die Länder gemäß Artikel 72 Absatz 3 oder Artikel 84 Absatz 1 des Grundgesetzes abweichende Regelungen treffen können oder
4. deren Regelung durch ein Bundesgesetz der Zustimmung des Bundesrates bedarf.

§ 6 Zustimmung im Rat bei besonderen Brückenklauseln

(1) Der deutsche Vertreter im Rat darf einem Beschlussvorschlag gemäß Artikel 153 Absatz 2 Unterabsatz 4, Artikel 192 Absatz 2 Unterabsatz 2 oder Artikel 333 Absatz 1 oder Absatz 2 des Vertrags über die Arbeitsweise der Europäischen Union nur zustimmen oder sich bei einer Beschlussfassung enthalten, nach-

dem der Bundestag hierzu einen Beschluss gefasst hat. § 5 Absatz 1 Satz 2 und 3 gilt entsprechend.

(2) § 5 Absatz 2 gilt entsprechend.

§ 7 Kompetenzerweiterungsklauseln

(1) Der deutsche Vertreter im Rat darf einem Beschlussvorschlag gemäß Artikel 83 Absatz 1 Unterabsatz 3 oder Artikel 86 Absatz 4 des Vertrags über die Arbeitsweise der Europäischen Union nur zustimmen oder sich bei einer Beschlussfassung enthalten, nachdem hierzu ein Gesetz gemäß Artikel 23 Absatz 1 des Grundgesetzes in Kraft getreten ist. Ohne ein solches Gesetz muss der deutsche Vertreter im Rat den Beschlussvorschlag ablehnen.

(2) Absatz 1 gilt entsprechend für Satzungsänderungen gemäß Artikel 308 Absatz 3 des Vertrags über die Arbeitsweise der Europäischen Union.

§ 8 Flexibilitätsklausel

Der deutsche Vertreter im Rat darf einem Vorschlag zum Erlass von Vorschriften gemäß Artikel 352 des Vertrags über die Arbeitsweise der Europäischen Union nur zustimmen oder sich bei einer Beschlussfassung enthalten, nachdem hierzu ein Gesetz gemäß Artikel 23 Absatz 1 des Grundgesetzes in Kraft getreten ist. Ohne ein solches Gesetz muss der deutsche Vertreter im Rat den Vorschlag zum Erlass von Vorschriften ablehnen.

§ 9 Notbremsemechanismus

(1) Der deutsche Vertreter im Rat muss in den Fällen des Artikels 48 Absatz 2 Satz 1, des Artikels 82 Absatz 3 Unterabsatz 1 Satz 1 und des Artikels 83 Absatz 3 Unterabsatz 1 Satz 1 des Vertrags über die Arbeitsweise der Europäischen Union beantragen, den Europäischen Rat zu befassen, wenn der Bundestag ihn hierzu durch einen Beschluss angewiesen hat.

(2) Wenn im Schwerpunkt Gebiete im Sinne des § 5 Absatz 2 betroffen sind, muss der deutsche Vertreter im Rat einen Antrag nach Absatz 1 auch dann stellen, wenn ein entsprechender Beschluss des Bundesrates vorliegt.

§ 10 Ablehnungsrecht bei Brückenklauseln

(1) Für die Ablehnung einer Initiative des Europäischen Rates gemäß Artikel 48 Absatz 7 Unterabsatz 3 des Vertrags über die Europäische Union gilt:

1. Wenn bei einer Initiative im Schwerpunkt ausschließliche Gesetzgebungszuständigkeiten des Bundes betroffen sind, kann der Bundestag die Ablehnung der Initiative beschließen.
2. In allen anderen Fällen kann der Bundestag oder der Bundesrat die Ablehnung der Initiative beschließen.

(2) Der Präsident des Bundestages oder der Präsident des Bundesrates unterrichtet die Präsidenten der zuständigen Organe der Europäischen Union über die Ablehnung der Initiative und setzt die Bundesregierung darüber in Kenntnis.

(3) Die Absätze 1 und 2 gelten entsprechend für einen Vorschlag der Europäischen Kommission für einen Beschluss des Rates gemäß Artikel 81 Absatz 3 Unterabsatz 3 des Vertrags über die Arbeitsweise der Europäischen Union.

§ 11 Subsidiaritätsrüge

(1) Der Bundestag und der Bundesrat können in ihren Geschäftsordnungen regeln, wie eine Entscheidung über die Abgabe einer begründeten Stellungnahme gemäß Artikel 6 des Protokolls über die Anwendung der Grundsätze der Subsidiarität und der Verhältnismäßigkeit herbeizuführen ist.

(2) Der Präsident des Bundestages oder der Präsident des Bundesrates übermittelt die begründete Stellungnahme an die Präsidenten der zuständigen Organe der Europäischen Union und setzt die Bundesregierung darüber in Kenntnis.

§ 12 Subsidiaritätsklage

(1) Auf Antrag eines Viertels seiner Mitglieder ist der Bundestag verpflichtet, eine Klage gemäß Artikel 8 des Protokolls über die Anwendung der Grundsätze der Subsidiarität und der Verhältnismäßigkeit zu erheben. Auf Antrag eines Viertels seiner Mitglieder, die die Erhebung der Klage nicht stützen, ist deren Auffassung in der Klageschrift deutlich zu machen.

(2) Der Bundesrat kann in seiner Geschäftsordnung regeln, wie ein Beschluss über die Erhebung einer Klage gemäß Absatz 1 herbeizuführen ist.

(3) Die Bundesregierung übermittelt die Klage im Namen des Organs, das über ihre Erhebung gemäß Absatz 1 oder gemäß Absatz 2 beschlossen hat, unverzüglich an den Gerichtshof der Europäischen Union.

(4) Das Organ, das die Erhebung der Klage gemäß Absatz 1 oder gemäß Absatz 2 beschlossen hat, übernimmt die Prozessführung vor dem Gerichtshof der Europäischen Union.

(5) Wird im Bundestag oder im Bundesrat ein Antrag zur Erhebung einer Klage gemäß Absatz 1 oder gemäß Absatz 2 gestellt, so kann das andere Organ eine Stellungnahme abgeben.

§ 13 Unterrichtung

(1) Die Bundesregierung hat den Bundestag und den Bundesrat in Angelegenheiten dieses Gesetzes umfassend, zum frühestmöglichen Zeitpunkt, fortlaufend und in der Regel schriftlich zu unterrichten. Einzelheiten der Unterrichtungspflichten aufgrund des Gesetzes über die Zusammenarbeit von Bundesregierung und Deutschem Bundestag in Angelegenheiten der Europäischen Union vom 12. März 1993 (BGBl. I S. 311), das durch Artikel 2 Absatz 1 des Gesetzes vom 17. November 2005 (BGBl. I S. 3178) geändert worden ist,* des Gesetzes über die Zusammenarbeit von Bund und Ländern in Angelegenheiten der Europäischen Union vom 12. März 1993 (BGBl. I S. 313, 1780), das zuletzt durch Artikel 2 des Gesetzes vom 5. September 2006 (BGBl. I S. 2098) geändert worden ist,** und anderer Regelungen bleiben unberührt.

(2) Die Bundesregierung unterrichtet den Bundestag und den Bundesrat, wenn der Rat in Vorbereitung einer Initiative des Europäischen Rates nach Artikel 48 Absatz 7 des Vertrags über die Europäische Union befasst wird. Das Gleiche gilt, wenn der Europäische Rat eine derartige Initiative ergriffen hat. Die Bundesregierung unterrichtet den Bundestag und den Bundesrat über einen Vorschlag der Europäischen Kommission nach Artikel 81 Absatz 3 Unterabsatz 2 des Vertrags über die Arbeitsweise der Europäischen Union.

---

* Abgedruckt unter Nr. 52.

** Abgedruckt unter Nr. 53.

(3) Die Bundesregierung übermittelt dem Bundestag und dem Bundesrat binnen zwei Wochen nach Zuleitung von Initiativen, Vorschlägen oder Beschlüssen, auf die sich die vorstehenden Bestimmungen beziehen, eine ausführliche Erläuterung der Folgen für die vertraglichen Grundlagen der Europäischen Union sowie eine Bewertung der integrationspolitischen Notwendigkeit und Auswirkungen. Ferner erläutert die Bundesregierung,

1. ob es zur Mitwirkung des Bundestages und des Bundesrates eines Gesetzes gemäß Artikel 23 Absatz 1 Satz 2 oder 3 des Grundgesetzes bedarf;
2. wenn das Verfahren nach § 9 in Betracht kommt, ob Entwürfe zu Gesetzgebungsakten gemäß
   a) Artikel 48 Absatz 1 des Vertrags über die Arbeitsweise der Europäischen Union wichtige Aspekte des deutschen Systems der sozialen Sicherheit, insbesondere dessen Geltungsbereich, Kosten oder Finanzstruktur, verletzen oder dessen finanzielles Gleichgewicht beeinträchtigen würden,
   b) Artikel 82 Absatz 2 oder Artikel 83 Absatz 1 oder 2 des Vertrags über die Arbeitsweise der Europäischen Union grundlegende Aspekte der deutschen Strafrechtsordnung berühren würden.

(4) Bei eilbedürftigen Vorlagen verkürzt sich die Frist des Absatzes 3 so, dass eine der Integrationsverantwortung angemessene Behandlung in Bundestag und Bundesrat gewährleistet ist. Ist eine besonders umfangreiche Bewertung erforderlich, kann die Frist verlängert werden.

(5) Über einen Antrag eines anderen Mitgliedstaates im Rat gemäß Artikel 48 Absatz 2 Satz 1, Artikel 82 Absatz 3 Unterabsatz 1 Satz 1 oder Artikel 83 Absatz 3 Unterabsatz 1 Satz 1 des Vertrags über die Arbeitsweise der Europäischen Union unterrichtet die Bundesregierung den Bundestag und den Bundesrat unverzüglich schriftlich. Diese Unterrichtung umfasst die Gründe des Antragstellers.

(6) Zu Vorschlägen für Gesetzgebungsakte der Europäischen Union übermittelt die Bundesregierung binnen zwei Wochen nach Überweisung an die Ausschüsse des Bundestages, spätestens jedoch zu Beginn der Beratungen in den Ratsgremien, eine umfassende Bewertung. Sie enthält Angaben zur Zuständigkeit der Europäischen Union zum Erlass des vorgeschlagenen Gesetzgebungsaktes und zu dessen Vereinbarkeit mit den Grundsätzen der Subsidiarität und Verhältnismäßigkeit.

(7) Die Bundesregierung unterrichtet Bundestag und Bundesrat zum frühestmöglichen Zeitpunkt über den Abschluss eines Gesetzgebungsverfahrens der Europäischen Union. Diese Unterrichtung enthält auch eine Bewertung, ob die Bundesregierung den Gesetzgebungsakt mit den Grundsätzen der Subsidiarität und der Verhältnismäßigkeit für vereinbar hält.

58 Gesetz zur Koordinierung der Systeme der sozialen Sicherheit in Europa

vom 22. Juni 2011 (BGBl. I S. 1202)*, geändert durch Gesetze vom 15. Februar 2013 (BGBl. I S. 254), vom 3. Dezember 2015 (BGBl. I S. 2178), vom 11. November 2016 (BGBl. I S. 2500)

Inhaltsübersicht**

§ 1 Anwendungsbereich

Dieses Gesetz regelt die Zuständigkeit der deutschen Sozialversicherungsträger und anderer für die soziale Sicherheit zuständiger Träger und Behörden bei der Anwendung und Durchführung folgender Verordnungen in ihrer jeweils geltenden Fassung:

1. der Verordnung (EG) Nr. 883/2004 des Europäischen Parlaments und des Rates vom 29. April 2004 zur Koordinierung der Systeme der sozialen Sicherheit (ABl. L 166 vom 30. 4. 2004, S. 1, L 200 vom 7. 6. 2004, S. 1)***, die zuletzt durch die Verordnung (EG) Nr. 988/2009 (ABl. L 284 vom 30. 10. 2009, S. 43) geändert worden ist, und
2. der Verordnung (EG) Nr. 987/2009 des Europäischen Parlaments und des Rates vom 16. September 2009 zur Festlegung der Modalitäten für die Durchführung der Verordnung (EG) Nr. 883/2004 über die Koordinierung der Systeme der sozialen Sicherheit (ABl. L 284 vom 30. 10. 2009, S. 1).

§ 2 Zuständige Behörde

Das Bundesministerium für Arbeit und Soziales ist zuständige Behörde nach Artikel 1 Buchstabe m der Verordnung (EG) Nr. 883/2004.

§ 3 Verbindungsstelle für die berufsständischen Versorgungseinrichtungen

(1) Die Arbeitsgemeinschaft Berufsständischer Versorgungseinrichtungen nimmt die Funktion einer Verbindungsstelle nach Artikel 1 Absatz 2 Buchstabe b der Verordnung (EG) Nr. 987/2009 für den Bereich der berufsständischen Versorgungseinrichtungen wahr. Zu ihren Aufgaben gehören insbesondere

1. die Koordinierung der Verwaltungshilfe und des Datenaustauschs für den Bereich der berufsständischen Versorgungseinrichtungen bei grenzüberschreitenden Sachverhalten,
2. Aufklärung, Beratung und Information.

---

* Artikel 1 des Gesetzes zur Koordinierung der Systeme der sozialen Sicherheit in Europa und zur Änderung anderer Gesetze. Gemäß Artikel 13 Absatz 1 dieses Gesetzes ist das Gesetz zur Koordinierung der Systeme der sozialen Sicherheit in Europa am 29. Juni 2011 in Kraft getreten.

** Nicht amtlich.

*** Abgedruckt unter Nr. 449.

(2) Außerdem wird der Arbeitsgemeinschaft die Aufgabe übertragen, die weitere Anwendbarkeit der deutschen Rechtsvorschriften zu prüfen und für eine Person darüber zu entscheiden, die

1. vorübergehend in einen anderen Mitgliedstaat entsandt oder dort vorübergehend selbstständig tätig ist und
2. nicht Mitglied einer gesetzlichen Krankenkasse, jedoch Mitglied einer berufsständischen Versorgungseinrichtung ist.

(3) Zur Erfüllung ihrer Aufgaben nach den Absätzen 1 und 2 darf die Arbeitsgemeinschaft den berufsständischen Versorgungseinrichtungen die erforderlichen Daten zur automatisierten Verarbeitung von Dokumenten oder strukturierten Dokumenten übermitteln oder nach Festlegung des Verfahrens mit den Versorgungseinrichtungen die Verarbeitung der Daten übernehmen. Diese Daten gelten als Sozialdaten, auf welche die Bestimmungen zum Sozialgeheimnis nach § 35 des Ersten Buches Sozialgesetzbuch und zum Schutz der Sozialdaten nach dem Zweiten Kapitel des Zehnten Buches Sozialgesetzbuch Anwendung finden.

§ 4 Verbindungsstelle für Familienleistungen

Die Bundesagentur für Arbeit, Familienkasse Direktion, nimmt die Funktion der Verbindungsstelle nach Artikel 1 Absatz 2 Buchstabe b der Verordnung (EG) Nr. 987/2009 für die Familienleistungen nach Artikel 3 Absatz 1 Buchstabe j der Verordnung (EG) Nr. 883/2004 (Kindergeld nach dem Abschnitt X des Einkommensteuergesetzes, Kindergeld und Kinderzuschlag nach dem Bundeskindergeldgesetz, Elterngeld und Betreuungsgeld nach dem Bundeselterngeld- und Elternzeitgesetz sowie Landeserziehungsgeld nach den Rechtsvorschriften der Länder betreffend Erziehungsgeld) wahr. Zu ihren Aufgaben gehören insbesondere

1. die Koordinierung der Verwaltungshilfe und des Datenaustauschs für den Bereich der Familienleistungen bei grenzüberschreitenden Sachverhalten,
2. Aufklärung, Beratung und Information.

§ 5 Koordinierungsstelle für die Systeme der Beamtenversorgung

Die Generalzolldirektion nimmt im Zusammenwirken mit der Deutschen Rentenversicherung Bund (§ 127a Absatz 2 des Sechsten Buches Sozialgesetzbuch) die Funktion einer Koordinierungsstelle für die deutschen Systeme der Beamtenversorgung wahr. Zu den Aufgaben der Generalzolldirektion in diesem Bereich gehören insbesondere die Koordinierung der Verwaltungshilfe und der Datenaustausch mit anderen Mitgliedstaaten bei grenzüberschreitenden Sachverhalten. Sie darf personenbezogene Daten erheben, verarbeiten und nutzen, soweit dies zur Erfüllung ihrer Aufgaben nach den Sätzen 1 und 2 erforderlich ist. Diese Daten gelten als Sozialdaten, auf welche die Bestimmungen zum Sozialgeheimnis nach § 35 des Ersten Buches Sozialgesetzbuch und zum Schutz der Sozialdaten nach dem Zweiten Kapitel des Zehnten Buches Sozialgesetzbuch Anwendung finden.

§ 6 Zugangsstellen

(1) Zugangsstellen für den elektronischen Datenaustausch nach Artikel 1 Absatz 2 Buchstabe a der Verordnung (EG) Nr. 987/2009 sind

1. der Spitzenverband Bund der Krankenkassen, Deutsche Verbindungsstelle Krankenversicherung – Ausland,

a) für den Bereich der Leistungen bei Krankheit sowie der Leistungen bei Mutterschaft und gleichgestellter Leistungen bei Vaterschaft (Artikel 3 Absatz 1 Buchstabe a und b der Verordnung (EG) Nr. 883/2004),

b) für den Bereich des anwendbaren Rechts in den Fällen

aa) des Artikels 15 der Verordnung (EG) Nr. 987/2009, wenn die deutschen Rechtsvorschriften gelten,

bb) des Artikels 16 der Verordnung (EG) Nr. 987/2009, wenn der Wohnort der betreffenden Person in Deutschland liegt,

cc) des Artikels 17 der Verordnung (EG) Nr. 987/2009,

dd) des Artikels 18 der Verordnung (EG) Nr. 987/2009;

2. die Deutsche Gesetzliche Unfallversicherung e.V., Deutsche Verbindungsstelle Unfallversicherung – Ausland, für den Bereich der Leistungen bei Arbeitsunfällen und Berufskrankheiten sowie des Sterbegeldes (Artikel 3 Absatz 1 Buchstabe f und g der Verordnung (EG) Nr. 883/2004);

3. die Datenstelle der Rentenversicherung

a) für den Bereich der Leistungen bei Invalidität, bei Alter und an Hinterbliebene sowie der Vorruhestandsleistungen (Artikel 3 Absatz 1 Buchstabe c bis e und i der Verordnung (EG) Nr. 883/2004),

b) für den Bereich des anwendbaren Rechts in den Fällen

aa) des Artikels 15 der Verordnung (EG) Nr. 987/2009, wenn die Rechtsvorschriften eines anderen Mitgliedstaates gelten,

bb) des Artikels 16 der Verordnung (EG) Nr. 987/2009, wenn der Wohnort der betreffenden Person außerhalb Deutschlands liegt;

4. die Bundesagentur für Arbeit für den Bereich der Leistungen bei Arbeitslosigkeit (Artikel 3 Absatz 1 Buchstabe h der Verordnung (EG) Nr. 883/2004);

5. die Bundesagentur für Arbeit, Familienkasse Direktion, für den Bereich der Familienleistungen (Artikel 3 Absatz 1 Buchstabe j der Verordnung (EG) Nr. 883/2004).

(2) Die Aufgaben der Zugangsstellen umfassen im Rahmen ihres jeweiligen Zuständigkeitsbereichs auch den elektronischen Datenaustausch zur Koordinierung der Verwaltungshilfe. Das schließt auch die Verarbeitung der von der Verwaltungskommission für die Koordinierung der Systeme der sozialen Sicherheit festgelegten Dokumente und strukturierten Dokumente in automatisierten Dateien im erforderlichen Umfang ein. Die Zugangsstellen können für die Durchführung der Verordnung (EG) Nr. 883/2004 den Verbindungsstellen und Trägern im Geltungsbereich dieses Gesetzes eine Datei zur automatisierten Verarbeitung der Dokumente oder strukturierten Dokumente zur Verfügung stellen oder die Verarbeitung im Rahmen einer Datenverarbeitung im Auftrag übernehmen.

§ 7 Verordnungsermächtigungen

(1) Das Bundesministerium für Arbeit und Soziales wird ermächtigt, durch Rechtsverordnung mit Zustimmung des Bundesrates folgende Vereinbarungen mit anderen Mitgliedstaaten in Kraft zu setzen:

1. Vereinbarungen nach Artikel 84 Absatz 4 der Verordnung (EG) Nr. 883/2004 über die Einzelheiten der Durchführung des Beitragseinzugsverfahrens und des Zwangsbeitreibungsverfahrens und

2. Vereinbarungen nach Artikel 9 Absatz 1 der Verordnung (EG) Nr. 987/2009 zur Festlegung von abweichenden Verfahren über die verwaltungsmäßige Durch-

führung der Verordnung (EG) Nr. 883/2004, soweit sie Familienleistungen der Länder betreffen.

(2) Das Bundesministerium für Arbeit und Soziales wird ermächtigt, durch Rechtsverordnung ohne Zustimmung des Bundesrates folgende Vereinbarungen mit anderen Mitgliedstaaten in Kraft zu setzen:

1. Vereinbarungen nach Artikel 35 Absatz 3 der Verordnung (EG) Nr. 883/2004 über das Erstattungsverfahren oder den Erstattungsverzicht für Sachleistungen bei Krankheit, Mutterschaft sowie für gleichgestellte Leistungen bei Vaterschaft,
2. Vereinbarungen nach Artikel 41 Absatz 2 der Verordnung (EG) Nr. 883/2004 über das Erstattungsverfahren oder den Erstattungsverzicht für Sachleistungen bei Arbeitsunfällen und Berufskrankheiten,
3. Vereinbarungen nach Artikel 65 Absatz 8 der Verordnung (EG) Nr. 883/2004 über das Erstattungsverfahren oder den Erstattungsverzicht für Leistungen bei Arbeitslosigkeit,
4. Vereinbarungen nach Artikel 86 der Verordnung (EG) Nr. 883/2004 mit Luxemburg über die Anwendung und Dauer des in Artikel 65 Absatz 7 der Verordnung (EG) Nr. 883/2004 genannten Erstattungszeitraums für Leistungen bei Arbeitslosigkeit,
5. Vereinbarungen nach Artikel 9 Absatz 1 der Verordnung (EG) Nr. 987/2009 zur Festlegung von abweichenden Verfahren über die verwaltungsmäßige Durchführung der Verordnung (EG) Nr. 883/2004, soweit sie nicht Familienleistungen der Länder betreffen, sowie
6. Vereinbarungen nach Artikel 87 Absatz 5 der Verordnung (EG) Nr. 987/2009 über spezifische Vorschriften und Verfahren, durch die die Voraussetzungen verbessert werden, um eine teilweise oder vollständige Wiederaufnahme der Arbeit durch Antragsteller und Leistungsempfänger und ihre Teilnahme an Systemen und Programmen, die im Aufenthalts- oder Wohnmitgliedstaat zur Verfügung stehen, zu erreichen.

Stichwortverzeichnis

Die fetten Zahlen bezeichnen die Ordnungsnummer, die mageren Zahlen oder Buchstaben bezeichnen die Artikel, §§ oder Nummern der Vorschrift.